JN300998

法存立の
歴史的基盤

木庭 顕

東京大学出版会

本書の刊行に当っては，学術出版振興基金の助成を受けた．

ROMAN ORIGINS OF THE LAW OF POSSESSION
Akira KOBA
University of Tokyo Press, 2009
ISBN978-4-13-036136-1

はしがき

　以下の論考は，『政治の成立』（東京大学出版会，1997 年），『デモクラシーの古典的基礎』（同，2003 年）に続く「第三部」であり，三部作を締めくくるものである．したがって，論述は前二作を論理的に前提して行われる．とりわけ『政治の成立』において定義した術語はそのまま用いられる．またそればかりでなく，様々な内容が前提され，例えば対比などがなされる．確かに，前二作の舞台がギリシャであったのに対して，この論考はローマを舞台とする．しかし，やがて明らかにするとおり，扱われる対象自体，前二作のそれとの間に連続性を有する（引用に際してそれぞれ POL，DEM と略記する）．

　以上のことは，奇跡的に関心を持った法律家に困難を与えるであろう．言語・記号・神話ばかりか叙事詩・叙情詩・悲劇などにたっぷり身を沈めなければテクニカルな法学的議論に行き着かないのであるから．否，この論考内においても，神話的伝承や喜劇や叙情詩が延々と論じられる．逆にこれらに関心を有したこれまでの読者は，今回はテクニカルな法学的議論が登場するというので，やれやれ専門外だと，肩の荷を降ろすかもしれない．このような事情は確かに遺憾であるが，しかしまた，著者の意図の帰結そのものであることに留意されたい．

　もとより，依然として実験的な論考であり，解答であるより遥かに問題そのものの叙述である．また，註における文献の挙示は最小限であり，到底網羅的でない．モノグラフを別途用意しなければならない部分ばかりである．例によって，ひとまず全体像を提出するという目的に照らし，御宥恕願いたい．もっとも今回はとりわけ，コメントに値しない膨大な量の文献に遭遇した．一面で，Momigliano/Lepore/Gabba の線までの文献が一種無効になっている事態が存し，他面で，近年の研究水準が底知れない低下を示すからである．さらにまた，ローマ法学の水準が，元来他分野に大きく遅れていたのみならず，近年明らかに解消に向かっているからである．実際今回惨状を目の当たりにした．

この論考は，既に「Momigliano/Lepore/Gabba」と書いたことからも知られるように，或る伝統に依拠してなされる．その資格が著者に有るかどうかは疑わしいとしても．とりわけ Ettore Lepore への依拠が如何に大きいかはテクストから自ずから判明するだろう．Cicero に関する彼の研究に惹かれて門を叩いて以来，Liv. VIII に関する彼の講義を聴くことから始めて，あらゆる点で彼の批判が炸裂するのに接した．Emilio Gabba とは，lex Sempronia に関する激論が忘れられない．彼の研究も隅々までこの論考を貫いているのを読者は見出すであろう．彼らを（礼賛こそすれ）実質的に忘却することへの抗議からこの論考が成り立っていると言われたとしても著者は名誉としか感じないであろう．

　他方それでも，1985 年以来の（東京大学法学部における）「ローマ法」の講義の受講者には特別の謝意を表しなければならない．この論考はほぼその輪郭を踏襲している．毎年，極めて少数が難解極まりない講義に最後まで関わる忍耐心を有した．（かなり多くが研究者になったためもあって）一人また一人と記憶できるくらいであるが，彼ら抜きにはこの「第三部」はありえなかったであろう．余りにも環境とかけ離れた内容に照らして，彼らの忍耐心は想像を絶していたと言うことができる．

　それからまた，アルカイック期のローマということになれば，恩師たる片岡輝夫教授にも謝意を表しなければならない．考えてみればやっと一周して学恩の原点に立ち返ったことになる．

　編集上の責任は，三度，羽鳥和芳に帰属し，再度，矢吹有鼓がこれを助けた．

2009 年 1 月

木庭　顕

目　次

はしがき

0　問題，および問題解決の系譜 …………………………………………… 1
 0　問題の定式化 ……………………………………………………………… 3
  0・1 (3) ／0・2 (6) ／0・3 (9)
 1　占有概念の再発見 ……………………………………………………… 13
 2　Critique の開始 ………………………………………………………… 19
  2・0 (19) ／2・1 (21) ／2・2 (23) ／2・3 (25) ／2・4 (28)
 3　Critique の分裂 ………………………………………………………… 33
  3・0 (33) ／3・1 (33) ／3・2 (36) ／3・3 (39) ／3・4 (43)
 4　Critique の展開 ………………………………………………………… 51
  4・0 (51) ／4・1 (51) ／4・2 (55) ／4・3 (58) ／4・4 (62)
  4・5 (63)
 5　Critique の集大成とその限界 ………………………………………… 67
  5・0 (67) ／5・1 (67) ／5・2 (71) ／5・3 (74) ／5・4 (76)
  5・5 (77) ／5・6 (79) ／5・7 (80)
 6　われわれの方法 ………………………………………………………… 83

I　ローマの共和革命 ……………………………………………………… 85
 1　伝承批判の出発点 ……………………………………………………… 87
  1・0 (87) ／1・1 (88) ／1・2 (93) ／1・3 (101) ／1・4 (111)
 2　Sp. Cassius …………………………………………………………… 114
  2・1 (114) ／2・2 (116) ／2・3 (125) ／2・4 (129) ／2・5 (130)

2·6 (133) ／2·7 (140)

3　Romulus と Tatius ……………………………………………………… 143

 3·1 (143) ／3·2 (154) ／3·3 (160) ／3·4 (168)

4　Romulus と Remus …………………………………………………… 175

 4·0 (175) ／4·1 (176) ／4·2 (182) ／4·3 (189) ／4·4 (195)
 4·5 (199) ／4·6 (204)

5　Servius Tullius ………………………………………………………… 208

 5·0 (208) ／5·1 (210) ／5·2 (213) ／5·3 (216) ／5·4 (222)
 5·5 (227)

6　Brutus と Publicola …………………………………………………… 233

 6·0 (233) ／6·1 (234) ／6·2 (238) ／6·3 (245) ／6·4 (252)
 6·5 (256)

7　Coriolanus, そして共和革命の帰結 ………………………………… 265

 7·0 (265) ／7·1 (266) ／7·2 (271) ／7·3 (277) ／7·4 (281)
 7·5 (289) ／7·6 (295) ／7·7 (299) ／7·8 (305)

Excursus　考古学的徴表 …………………………………………………… 311

 exc·0 (311) ／exc·1 (315) ／exc·2 (317) ／exc·3 (322)
 exc·4 (327)

II　Verginia ………………………………………………………………… 331

0　序 ………………………………………………………………………… 333

 0·1 (333) ／0·2 (333) ／0·3 (335) ／0·4 (336) ／0·5 (337)

1　変動の徴候 ……………………………………………………………… 339

 1·1 (339) ／1·2 (344) ／1·3 (355) ／1·4 (362) ／1·5 (367)

2　新しい社会構造 ………………………………………………………… 372

 2·0 (372) ／2·1 (373) ／2·2 (379) ／2·3 (382) ／2·4 (393)
 2·5 (400) ／2·6 (407) ／2·7 (411) ／2·8 (418) ／2·9 (426)
 2·10 (433)

3　exemplum iuridicum ·· 440
　　　　3・1（440）／3・2（450）／3・3（455）／3・4（460）／3・5（469）
　　　　3・6（473）／3・7（476）／3・8（479）／3・9（482）
　　4　lex agraria ··· 487
　　　　4・0（487）／4・1（488）／4・2（492）／4・3（497）／4・4（503）
　　　　4・5（507）／4・6（513）／4・7（521）
　　5　nexum ··· 526
　　　　5・0（526）／5・1（529）／5・2（534）／5・3（541）／5・4（548）
　　　　5・5（555）／5・6（563）／5・7（572）

III　BONA FIDES ·· 583
　　0 ··· 585
　　1　法学の出現 ·· 586
　　　　1・1（586）／1・2（592）／1・3（602）／1・4（609）／1・5（615）
　　　　1・6（620）／1・7（626）／1・8（629）／1・9（633）
　　2　socii ·· 638
　　　　2・0（638）／2・1（640）／2・2（647）／2・3（653）／2・4（661）
　　　　2・5（668）／2・6（677）／2・7（687）／2・8（694）
　　3　BONA FIDES の社会構造 ··· 699
　　　　3・0（699）／3・1（701）／3・2（711）／3・3（721）／3・4（727）
　　　　3・5（732）／3・6（748）／3・7（755）／3・8（766）／3・9（784）
　　　　3・10（792）
　　4　BONA FIDES の諸原理──契約法の基礎 ··· 798
　　　　4・0（798）／4・1（799）／4・2（808）／4・3（817）／4・4（826）
　　　　4・5（835）／4・6（839）／4・7（844）／4・8（850）／4・9（861）
　　　　4・10（866）

IV　占有概念の再構造化 ·· 879
　　0　序 ·· 881
　　　　0・1（881）／0・2（882）

1　Gracchi ……………………………………………………………… 884
　　1・1 (884) ／1・2 (889) ／1・3 (897) ／1・4 (903) ／1・5 (911)
　　1・6 (917) ／1・7 (919) ／1・8 (926)
2　領域上の複合体 …………………………………………………… 928
　　2・0 (928) ／2・1 (929) ／2・2 (941) ／2・3 (958)
3　dominium ………………………………………………………… 970
　　3・0 (970) ／3・1 (971) ／3・2 (978) ／3・3 (992)
　　3・4 (1002) ／3・5 (1015) ／3・6 (1028) ／3・7 (1040)
　　3・8 (1064) ／3・9 (1076)
4　政治の瓦解 ………………………………………………………… 1082
　　4・0 (1082) ／4・1 (1084) ／4・2 (1093) ／4・3 (1102)
　　4・4 (1117) ／4・5 (1132) ／4・6 (1140) ／4・7 (1151)
5　ディアレクティカの隠遁 ………………………………………… 1155
　　5・0 (1155) ／5・1 (1156) ／5・2 (1172) ／5・3 (1186)
　　5・4 (1201) ／5・5 (1217) ／5・6 (1224) ／5・7 (1251)
Excursus　「その後」に関する若干のエピローグ ……………… 1268
　　exc・1 (1268) ／exc・2 (1271) ／exc・3 (1274) ／exc・4 (1277)
　　exc・5 (1279) ／exc・6 (1281)

V　結：法の概念について ……………………………………… 1283

イメージ図 …………………………………………………………… 1297
地図 …………………………………………………………………… 1298

文献表 ………………………………………………………………… 1303
事項索引 ……………………………………………………………… 1337
人名・地名索引 ……………………………………………………… 1345

0
問題，および問題解決の系譜

0 問題の定式化

0・1

　何らかの対象が何らかの主体に帰属している，その関係の正しさをわれわれは様々に概念しうるが，A) 今，当のその主体はおろかその周囲も全て一致してその帰属関係を正しいと考えているとしよう．B) しかし別の主体がその対象と或る特別の関係を現に保持しているとき，帰属の「正しい」主体といえども，そしてその周囲といえども，この特別の関係を解体しえない，解体して正しい帰属関係を実現するということができない，まして他の主体が解体しようとすれば速やかに防御される，「正しい」主体であろうとなかろうと解体しようとした者には強い制裁が向かう，という立場が実は存在する．

　もっとも，その「特別の関係」の内容が問題である．それについてこの立場は，C) それが或る狭く厳格な要件に服することを要求する．

　この論考は，何と，この立場に関するものである，と言えば狐につままれたような気になる方々も有ろうと思われる．しかしこの論考は，そのような立場を採ることは一体何を意味するのか，採りうるための条件は何か，ということを，そもそも初めてそのような立場が現れた時の社会に関する歴史学的考察を通じて，明らかにするものである．ますます呆れる読者が多いに違いない．

　いずれにせよ，その「狭い厳格な要件」の内容次第で話は変わってくるだろう．事実として有力に存在する B) C) の立場は，実はもちろんこの点に関してその「或る特定の内容」を常に要求してきた．この立場は，法律家であれば既にお気付きのように，実は法の立場である．法律家でなければ A) の立場こそ法の立場であるように見るから，そのような人々は「もしそうだとすれば法

律家とは何と奇妙な考えをする人々なのだろう」とあらためて思うだろう．それでも何とそれが法の立場である．そしてその「狭い厳格な要件」は「占有」である．すると再び非法律家のため息が聞こえそうである．

　もっとも，この「占有」という「狭い厳格な要件」は，法律家にとっても鬼門である．法律家であれば誰しもが漠然と一定のことを概念するものの，いざ厳密ないし理論的に解明しようとすると謎であり[1]，概念規定は古くから難問中の難問とされる．現在では皆諦めてほとんど放棄されているほどである．使わないわけではないのにメンテナンスはなされない気の毒な用具である．

　この論考はこの「難問中の難問」に挑戦する試みでもあるが，しかしそれよりも，そもそもこの立場自体何を意味するかということを，概念規定を越えて，つまり社会全体の多くの層にまたがるあらゆる副次的な次元をも含めて，探究する．この立場は一体社会全体をどう方向付けようとするものであるのか．

　実は，法の立場を採ればB）C）を選択することになるというばかりではなく，B）C）の立場を採り「占有」で要件を絞ることが，法の立場に立つということのそもそもの意味である．法の立場を採ることの他の帰結は実はここから導き出される．法が「占有」に尽きる，法的観念体系の基礎が「占有」である，と言えば，法律家にとっても現在ではやや意外であろう[2]．かくしてこの論考はさらに，このことをも論証する．何故「占有」が法の基礎であるのか．つまりさしあたりは「占有」という原理が何故どうして形成されたか，ということを，社会全体の方向付けの次元で考察する．そして繰り返せば，その含意は，およそ法という立場が登場したことにはどのような意味が有ったか，ということである．実際「占有」原理はその後の発展の中で法的観念体系の基幹部分を次々に派生させていく，ということが追跡される．

　いずれにせよ，B）C）の思考様式自体高度のものであり，そのうえ「占有」などという難解な概念でそれを画するということになればますます高度である．そうしたことが思い付かれたとしても社会としてはなかなかそれが定着しないであろうことは想像に難くない．だからこそこの論考を試みるのである，とも言いうる．何故ならば，この研究は，占有の概念規定をしてそれを使えるようにすることによりも，そもそも社会の中に一体如何なる条件が有れば「占有」ないし法は（単なる紙の上の理念でなく）実際に作動するのか，或る重要な価

値を現実に保障しうるのか，という問いに対して向けられる．そうであるから，「占有」という概念を理論的に解明するとしても，それは社会構造のレヴェルでなされる．社会構造の概念については前の二論考で詳細に述べてきた．その中に屈折体という道具概念も登場した．屈折体とそれを指示する語の関係，そして概念化の問題，は単純ではないが，いずれにせよ語よりも概念よりも前に「占有」の背後に有る屈折体そのものがわれわれの対象であり，それはまさに，これほど定着しにくい概念・制度を相手にしては，一体何が社会の中でこれを定着させるのであろうかという探究抜きに思考しても無意味であるからである．

さらには，われわれには現在法的観念体系が極度の混乱に陥っているという認識が有る．その根底のところに占有概念の不機能が有り，その理由は多岐にわたるが，いずれにせよ現代の社会に相応しい仕方ではこの概念が展開されていないということが有る．したがって，これまでの時代においてもしてきたように，まずは占有概念から始めなければ法的観念体系全体の再建は不可能である．もっとも，この論考は直接には再建自体には関わらない．そのための小さな準備作業にすぎない．

〔0・1・1〕 凡そ法的観念体系において「占有」は最も難解な概念として知られる．「占有」という語を駆使することができるのは，熟達の法律家に限られ，素人には最も意外な帰結をもたらす概念である．この点を極初歩的に例解すれば以下のようになる．

Aという人ないし法的主体が「自分のもの」を実力によってBに奪われたとしよう．このことを否定的に評価する点で多くの社会は一致するだろう．しかし次にAがそれを実力によって奪い返したとき，社会はどのようにこれに対処するか．それがAのものであることが明らかであったとしても，とにかくこのことを許さない，とすればそれは素人の少々素朴な感情に反する．もっとも，Aが実力を行使したことについては多少の非難が有りうる．しかしBが先に実力を行使したのである．かつAがそれを支配することが正しいことは明白である．ならば何故Aが致命的に失格するのか，通常は余り理解されない．無理解はさらに反発にも替わりうる．Aに対して刑事的な制裁を科す，奪い返されたBにAに対する損害賠償請求を認める，奪い返されたBにそのものを一旦返させる，奪い返されそうになったBが反撃・撃退するのを許す，そもそもAがそれを自分のものとする権利を最終的に失わせる，等々，の具体的な帰結が現れて来ると一層である．凡そ実力による秩序攪乱を排する，勝手に取り返してはならない，という唯一の正当化の筋道も力尽きる．正しい実力行使を国家が独占しているのである，これの発動を求めて裁判すべきであった，というのが唯一の可能なアポロジーであるが，ところがこの一連の帰結の全てがそこから導かれるわけではない．高々Aに対する刑事的制裁が導かれるのみであろう．Bを保護する部分は出て来ない．にもかかわらず古くから「盗人にもれっきとした占有が有る」と法律の教科書に書かれると，法律家はこれだから奇人変人だということになる．逆に，「占有」の概念は決しておよそ実力行使一般を排除するのではない．正しい実力行使と不法な実力行使を区別するメ

ルクマールに関わる．もしBが「占有」を得ていないならば，Aは占有を失っておらず，Aの行為は一転正しいものになる．逆に，盗人であろうと，占有を得た以上は侵害を撃退する行為は（方法さえ適切ならば）正しいのである．つまり設例においてはAが非難されるばかりかBの（前回のでなく，その場における防御的な）実力行使の方は正当化される余地が有ったのである．このとき最も重要とされるのは，「元来BがAのものを奪ったのである，したがってそれはAに帰属することが正しい」という思考が完璧に遮断されるということである．法はここに全力を注ぐ．つまり（運命を分ける）占有の有無は，（例えば「私のものである」というような）他の正当化論拠を完全に排除して判定される．当事者が対象物と関わる仕方の形態のみを判定するのである．ここから（先に述べた）「占有」の概念の高度に技術的で素人にとって意外な性質が出てくる．

そもそも「凡そ実力を排除する」という思考には深刻なディレンマが伏在している．「奪う」のも「実力」によるが，「保持する」のも「実力」による．全て否定するということは何か強大な唯一の実力だけを頂点に認めるということを意味する．全ての関係は極度にプリケアリアスなものになる．「権威有る実力」の出動を待望するという「私的実力行使」（「自力執行」）禁止思考も同様である．逆に，「占有」は「権威有る実力」を排除する．「しかるべき手続を経なければならない」と上に述べたが，実はこの時「権威有る実力」を待つということは全く含意されない．それなのに何故Bは従うのであろうか．従う保障はあるのか．強大な実力が最後にものを言うのではないか．しかしならばそのときそこに「占有」は（少なくとも真正には）成り立っていない．「占有」は「権威有る実力」という装置を不要にする仕組みを含意する．否，そこにこそこの概念の真骨頂がある．そしてまさにこの点がまた極めて意外な印象を与えるのである．さらにまた，実際この「占有」という概念は，単なる「実力行使の禁止」からは全く説明の付かない，膨大で高度な発展型を有するに至る．

〔0・1・2〕 この論考に接する法律家は，何故占有を論ずるはずが法全体を論ずると僭称し，しかも内容は社会構造の全面分析なのか，社会構造の全面分析が何故喜劇や叙情詩を扱うのか，と訝しく思うだろう．少なくとも書名は内容と一致していないではないかと．しかし事実として占有が法の基礎的概念（鉄や半導体のようなもの）であり，そしてそれが難解であるのは社会構造における最も厄介な問題と深く関わるからであり，まただからこそ占有概念は常に挫折してきたのである．しかるに，ここにこそ法的観念体系に固有の特殊な思考が有る．したがって，われわれは何故このような思考を装備して制度を組み立てねばならないのか，そもそもそれをすべきか，ということをここで考えなければならない．われわれが何故法を持たねばならないのかと問うならばここにおいてである．そしてここで最も鋭く法は自らの問題と切り結んでいる．法が崩れるときはここから崩れる．その意味でも基礎である．しかるに専門家すら現在では事の重大さに気付いていない．安易にこれを捨てるという可能性さえ有る．否，捨てるという明確な意識すら持ちえずなし崩しになる可能性が大である．基盤はおろかそれが何かすら判然としなくなっている．わからない，難解である，とすら感じなくなっている．10世紀間途絶えたことの無い悩みであるというのに．

0・2

前二論考では政治とデモクラシーにつき，やはり「根底から再建するため」ということで一定の前提作業がなされた．そのときにはギリシャについての歴史学的探究が具体的手段であった．そうする理由については詳しく述べられた．

さて「占有」＝法についてはどうすればよいであろうか．もちろん，法の再建のために「占有」から始めるということ自体一つの賭けであるが，これは長い伝統が有るので一応承認することとして，しかしならばまずは現代社会において「占有」が置かれている現状を精密に分析することが極めて重要であると考えられる．われわれもまたこれを強く望む．ここでこそ「占有」＝法の意義を再確認しなければならない．しかしながら，長い年月を経て「占有」の概念は明快な形姿を全く失っている．様々に形を変えて散開し，確かに存在はしているが，混乱し変質している．まず，「占有」という語を追いかけてもほとんど無意味である．現代の法律家は，最後に残った「そのままこの語を使うべき部分」においてさえ，使わないか正しくは使わなくなり，すると凡そ使わない態度はむしろ良識を示す，ということにさえなっている．まして，深いところで「占有」と関係する様々な制度や概念を精確にそのようなものとして把握するということは，どこを見渡しても余り行われないように思われる．そもそも「占有」が法的観念体系再建の鍵を握っているということさえ忘れ去られている．すると第一の課題は迂遠なことにまず，どうしてこのような事態が生じたかの探究である．少なくとも 19 世紀以降の経過を丹念に辿る必要があることは疑いない．そこには近代史の膨大な作業が待っている．がしかしわれわれは同時に 19 世紀の状況自体既に分厚く積み上げられてきたその帰結であることに気付く．すると作業は次々と遡るようにして行われざるをえない．しかもずっと追いかけていくならば，突然或る不連続点に辿りつく．或る出発点がいきなり外から与えられるように見えるのである．つまり 11-12 世紀のイタリアでいきなり遥か昔のローマから舞い降りたように見えるのである．するとわれわれは，この最後のことを含めて何か混乱に混乱が積み重ねられていき見通しがきかない，そのような事態をまず分解して把握しなければならない．一枚一枚剥がしていかねばならない．かつ，積み上がりの関係は捩れ切っている．

すると探索の果てに「何をどう受け取ったか」の問題が現れ，そしてその最初のところでローマが現れ，「何をどう受け取ったか」のその「何を」の解明はローマ自体の解明に懸かるということになる．しかもこれはさしあたり極度に陳腐な言明である．法のことであれば，全てローマに遡るに決まっているではないか？　そもそも「占有」であろうと何であろうと議論を再構築するとき

にはローマから始めるのは判で押したような伝統であったろう，ほんの数十年前までは．この論考はその繰り返しか？　政治やデモクラシーに比しても古典，この場合はしかしローマ，の地位は一層動かないように見える．しかし少なくともギリシャでなくローマであるのは何故か．互いに無関係のことであるから別のところに遡るのは当然か？　しかしこれは遡りか？　旅行趣味か？　しかしそれにしてもギリシャとローマは近くはないか？　政治・デモクラシーと法もまたそう言えば近くはないか？　単なる遡りは何故不適切か？　その事柄を採ることの意味，それを本気で採るならば引き受けなければならない基盤の探究，が欠けるからではないか？　このような探究のためには，全体を捉えかつ大きく突き放すことができなければならない．自分達自身の現実・所与と鋭く断絶する意識がなければならない．と同時に外から受け取るものに対しても鵜呑みにするのでなく，厳密に吟味する態度が保持されなければならない．なおかつ，受け取るそのものの内部にこの種の緊張関係が既に存するのでなければならない．さもなければ受け取った瞬間に無反省な思考に曝されるであろう．しかるに，ギリシャ・ローマのテクストはこの両方の条件を満たす唯一のものであった．自分達の現実とギリシャ・ローマを往復する中で，この論考の如き作業は 500 年以上も前から行われてきたのである．人文主義である．法学がともかくも一個の断絶の意識の中でローマから「占有」＝法を一応受け取ったその後に，人文主義は混乱を打開するための作業を行った．ローマだけでなくギリシャを視野に入れるのが彼らの戦略的圧倒の所以であった．それは，同時に政治とデモクラシーを視野に入れる，戦略的優位であった．だからこそこの論考は政治とデモクラシーに関する前二つの論考を前提とする．同じ社会構造の概念を用いる．とはいえ以下に見るように，法に関する限り，人文主義のインパクトには二重に疑問符が付く．人文主義のインパクトを拒否する法学の方が有力であったこと，人文主義のインパクトを受け取ったと称する法学の人文主義的方法の質に疑問の余地が有ること．こうして，法に関する限りわれわれの作業は単に人文主義的方法を最新ヴァージョンにするだけにはとどまりえない．何故法に関して人文主義的方法は一種の齟齬を来すのか．

　とはいえこの最後の点を念頭に置きながら，われわれの論考は以下のように論証対象を設定する．「占有」原理をメルクマールとする法の立場の基盤をな

す社会構造，つまりそれを生みだしまたそれが創ろうと目指す社会構造，を探究するのであるが，これまで政治とデモクラシーについて採ったのと同じ方法を用いる．同じ人文主義に基づき，同じく古典との関係で探求する．今回はギリシャでなくローマが直接の対象となるが，しかし対象にも仮設として連続性を想定する．そしてそれを論証する．法の基礎となった社会構造，その原型，われわれが対話すべきその原型，は，これまでの二つの論考で見てきた二つの層が層を成した社会構造のさらにその上に積み重なるようにして形成されたのではないか．第一のもの，政治を成立させる社会構造，の或る特殊な類型の上には直接にのっている．第二のもの，政治の上にのってデモクラシーを形成させた社会構造，に対しては，これを論理的に前提しながらも並行的に対抗ヴァージョンを樹立する関係に立つ．前二者はギリシャで初めて登場したし，それが以後も範型として作用した．これに対して，法を支える社会構造はローマで初めて登場し，以後これが圧倒的な範型として意識された．しかしローマではギリシャでの先立つ経験こそが土台となった．かつ踏襲されるのではなく，修正された．これがまさにわれわれの論証の対象である．

0・3

人文主義の方法を採用することとして，ならば当然に "Corpus Iuris Civilis" のテクストを越えて例えばCiceroの法廷弁論の平面で探索することが考えられる．ここでわれわれは，或る発展した型における占有概念がその社会にとって何のために必要であったか，ということを大雑把に見ることはできる．ところが，実はその占有概念も或る決定的なところで既に変形したものであり，突き詰めて考えるとき，われわれはその概念の内在的なパラドックスに頭をフラフラにせざるをえない．しっかりと原型を捉えてから出発しなければ考察すること自体極めて危険である，という代物である．こうしてわれわれはCiceroの時代のさらに向こう側に遡らざるをえない．しかるに，Ciceroの時代の向こう側は同時代の史料を欠く世界である．しかもなお暗闇たるに遠く，何かが分厚くしかし明確に積み上がってくる，独特の仕方で．ならば，極度に発達した伝承批判の水準が要求される．事実，人文主義の少なくとも一翼はこの点に蓄積を有する．それでもなお，占有のようなテクニカルな概念の生成を探るとき

に，スペキュレーションによるならばともかく，厳密な歴史学の対象にするなど気違い沙汰である，というのが今日良識的な見解である．19 世紀の初頭に最後に冒険が行われて以来久しいが，伝承批判が本気であればあるほど再度の挑戦は無謀であると考えられてきた．事実この論考の問いに答えうる伝承批判の方法と水準は存在しない．否，存在しえないように見える．われわれが政治やデモクラシーを扱ったときに土台としえた種類の先行研究を見出しえない．それを改良して得られた，これまでの二論考で使った方法も，流石にここでは不適格か．

　しかしながら，何故装備は他ならぬここで尽きるのであろうか．占有の概念には長い過去があり，しかるに今その本当の意義をあらためて問わねばならない，他方，歴史学にも長い伝統（人文主義）があり，しかるに今この特定の問題に対しては解答する方法が無い，のであれば，この二つの行き詰まりの間には関係が有るのではないか．政治・デモクラシーにおけるのと少なくとも同程度にわれわれは今日法的観念体系全体の極度の混乱に直面している．この論考のように問題を設定するのは何も知的好奇心の故ではない．政治を土台にして積み上がる全観念体系の基礎付けは，そこに貫通する或る基本価値の喪失が致命的であり切実であると感ずるが故になされる．法について言えば，根底的な知的作業の欠落は政治・デモクラシー以上に深刻である．人文主義の頃から通じてそうである．しかるに今根底から再建しなければならないとき，（政治やデモクラシーの側から積み直すのは当然としてその先）法に特有の事情が立ちはだかる．否，それは法に特有の財産でもある．つまり現在基本的な法的諸概念は 19 世紀初頭のドイツで鋳造されたが，この時新しい歴史学の方法および Critique の提起と一体となってそれら新しい質の法的諸概念が提案されたのである．この時にもまさに占有についての見直しが決定的な画期であり出発点であった．しかもやがてこの概念の起源について論じられた．以後決してこの最後の作業は行われず結論のみが踏襲されることになったが，現在の法と歴史学の両方はこれらの作業の上にのっており，したがってそれら全部が行き詰まっているのであると見なければならない．すると，むしろ新しい方法の試金石こそが占有ないし法である．そもそも政治やデモクラシーの基礎を問うということになると途端に露呈する方法上の問題をクリアするためにわれわれは新しい

方法を用意した．それは政治・デモクラシーがその基礎においてその外から侵食され崩されることにどう対処するかという点を補うべく構築され，凡そ政治を持たない社会から何を土台として政治が築かれるのかと問うときの武器であった．それはまた政治とデモクラシーの間の関係を明らかにした．政治・デモクラシーが（Critique の無効を介して）「占有」＝法で躓くとすれば，同じ方法再構築の課題が有りはしないか．他方で，どうやら政治・デモクラシーを前提に法が発達する，つまりギリシャでの蓄積を移植する形でローマで法を生み出す発展が有った，という予測が立つ．しかもなお，その発展の関係は順調ではなく，不協和は最後までつきまとう．しかしもしわれわれの方法が両者を同時に視野に入れる観測点を用意できれば，ギリシャに対してローマが有する位置を把握するのに資すると同時に，政治・デモクラシーと法の間の厄介な関係について何か知見をもたらすかもしれない．

　人文主義的方法の中枢に存する歴史学および Critique はデモクラシーの帰趨と関わる．占有概念の基礎をも同時に問いうる Critique を準備するということになると，デモクラシー一般を概括的に再建するばかりか有力な一支脈を取り込むということを意味する．われわれの予測では，「占有」という概念の形成過程の追跡を通じて凡そ民事法・民事裁判という概念が生まれる瞬間とその理由・意義を特定することが出来る．民事法，或いは同じことだが市民法，は言うまでもなく市民社会の生命線である．するとわれわれは，デモクラシーと密接かつ複雑な関係を取り結ぶ，この市民社会について省察を巡らすことになる．もちろん政治およびデモクラシーとの関係において．すると，法的概念体系全体が「占有」という概念の発展形態として捉えうるから，政治およびデモクラシーとの関係において法の概念とその存在意義を特定することにもなり，しかもそれは大きく市民社会の基礎付けの一支柱であることになる．

　そのような思惑を秘めてこの論考は展開されるが，その前に，一種繰り返しになる[1]が，「占有」＝法に関する限り，これまでこの論考と同種の試みがどのような軌跡を辿って現在に至っているかを簡単に振り返る．つまり人文主義的方法で「占有」＝法をローマとの関係で全面的に見直す，という試みの小史である．これを本格的にするためにはそれぞれの時代における占有概念の状況を歴史学的に分析できなければならないが，例によってこの点はこの論考の力

の及ぶところではない．かすかに予感しながら方法の歴史を見るばかりである．

〔0・3・1〕 われわれの作業ないし方法が引き継ぐ伝統について，POL 0-6, I-6Exc-1, Exc-2 において明らかにした他，「政治的法的観念体系成立の諸前提」（岩波講座「社会科学の方法」VI, 1993）において述べた．骨格はこれに尽きているが，以下では法との関係ではどうかという別の角度から再述される．ただし事実上，法学と Critique の訣別が（19世紀初頭を例外として）定着した人文主義後については叙述対象が乏しくならざるをえず，Critique 一般の系譜につきこれまで書いてきたことの要約以上に出ない．

1 占有概念の再発見

　西ヨーロッパの人々が占有概念と悪戦苦闘する様子は古くに Bruns によって見事に描かれ，かつ現在の歴史学の水準で研究し直されることは依然行われていない．否，Bruns の研究すら十分に理解されなくなったと言える，以上，彼の研究を理解し直すことからわれわれが出発することには十分な意義がある．

　まずわれわれは，Bruns の論述が中世のローマ法学者の学説を並べていくものと著しく異なることに着目しなければならない．確かに Glossatores，とりわけ Bassianus と Azo，の占有理解が叙述の出発点に置かれる点は通常と何ら変わりない．しかし彼らの占有理解の不十分さが示唆される[1]や否や叙述は教会法に切り替わる．教会法についての叙述は長く，その決定的な貢献は強調されている．しかし子細に読むと極めて意図的に描かれるのは或る種のディレンマであり，しかもそのディレンマは，自身精度の高い占有概念を有して初めて描きうる種類のものである[2]．いずれにせよ論述の進行は 14 世紀にローマ法の側に戻り，しかも，それまでの教会法の成果が如何に十分には吸収されないかということが述べられる．ともかく，Postglossatores はかくも大きく Glossatores と隔てて叙述され，しかもその占有概念は後者のそれを踏襲するばかりで進歩がないとされる[3]．ならば何故両者をこのように隔てなければならないのか．Bruns によれば最も重要な変化が 14 世紀に，しかも実務の中から生じ，そしてどこまで意識的にか彼らによって初めてひとまず満足のいく占有概念が記述されるからである．Bruns がここで分水嶺と考えるのは，summarissimum という手続であり，これが「占有訴訟」に付加され初めて占有訴訟の実質が確保される，と Bruns は考える．これと同時に占有の概念が初めて混乱無く像を結ぶ，というのである[4]．summarissimum についての議論を Bruns はさら

に 15-16 世紀の必ずしも第一級ではない一連の実務的法学者の中にトレースしていく．16 世紀の大人文主義法学者達は必ずしもこのレヴェルで十分に事柄を捉えたわけではなかった，ということが示唆される．

　これが単なる起源や沿革の探究でないことは明らかである．個々の法学者がローマ法源の "possessio" を理解するときの不鮮明は，現実の手続，とりわけ民事訴訟手続，の中で占有概念が十分には機能しないことと関連付けて捉えられている．それを機能させることに最も意欲的な教会組織はしかし固有の問題をはらんでいる．Bruns が視野の正面に置いているのは結局 11-16 世紀の北中部イタリアの諸都市（および若干の南フランス）の状況である．不十分にしか理解しなかったとしても占有概念を欲したのは（教会組織を除けば）12-14 世紀のそれらコムーネであり，そしてそこで，（仮にローマ法から採取したにせよ，その採取した）種が蒔かれたのである．14-16 世紀に遂に本格的に占有概念が手続の中で動いたとすると，ローマの真の占有訴訟が理解されたからではなく，蒔かれた種が自発的に発芽したからである，ということになる．ともかく，Bruns の研究は強く 14 世紀のコムーネの構造変化を指示する[5]．社会構造，この場合コムーネが持つ領域の性質，の何らかの変化が問題の正体であるという予想が成り立つ．そして 20 世紀の後半以降この分野での研究の蓄積が歴史学において際立つ．欠けているのは占有と法学者の参加だけである．

　とはいえ，Bruns の画像の限界をもまたわれわれは意識せざるをえない．初めて訴訟手続の実質において占有が概念された意義の大きさは彼の主張するとおりとして，当時の北中部イタリア社会に限ったとしても全体として見たとき彼のこの実務像は（正しいとしても）やや突出しており，社会構造のレヴェルで徹底されえない，ないし安定しきれないという予測は容易である[6]．それにしてもこの 14-15 世紀において人文主義はこの方面において何をしていたのであろうか．

　　〔1・1〕 Glossatores の占有理解について Bruns が描き出す限界は，そもそも summarissimum や unde vi といったことへ視野が及ばないというにとどまらない，或いはまた占有の概念規定と占有訴訟の関連付けが希薄であるというレヴェルのことではない．彼らは基本的に物（不動産）の現実支配から出発しまた強くそれに拘束される．広い意味の民事訴訟に際してとにかく物の現実支配に着目しまず誰がそれを有するか暫定的に確定しなければ解決の論理が成り立たない，ということは認識しやすいことであるが，しかしそこから占有概念への距

離はまだ遠い．Glossatores は明らかにこのレヴェルで思考し，かつ物の現実的支配者の決定に関心を有し，そしてその関心と決定方法をローマ法源から受け取ったのである．"possessio" という語はこれを媒介した．

問題はその決定の方法であるということになる．ここでは大きく Bassianus の "jus rem detinendi sibi" と Azo の "corporalis rei detentio" が対立した．物がそこへ戻る「べき」点を指し示す度合いが前者においてヨリ大きいが，現に Bassianus と共通の立場に立つ Placentinus は "animus domini" を要請する．そして対立軸は予想される方へとずれていく．「現実支配」は元来一義的決定になじまない．多くの人が事実のレヴェルでその物に関わりうるのである．するとどうしても「現実支配」は支配する者の重畳へと関心を引っ張られる．Placentinus は誰かが他人の名で或いは他人のために支配しているときその者には占有は認められず本人だけが占有すると考える．帰着点が予め決定されているというのである．Azo はこれに対し，自分の名で他人のために占有すれば "animus sibi possidendi" を認めうるとする．

同じような対立軸は別の仕方でも現れる．人と物のフィジカルな関わりは相対的である．直接か（他人を介して）間接かというのとは別途に，身体的か精神的かという軸を立てうる．Bassianus は，animus を以てするのが civilis 市民的な占有であり，corpus を以てするのが naturalis 自然的な占有である，と明快である．どちらにせよここへ帰りうるという自信を有する．これに対し，Azo にとっては出発点において人は身体と精神の両方で占有し，これが "possessio naturalis" である．初めから精神だけによるものは認められない．しかし農場をしばらく留守にしたからと言って占有を失うわけではない．これが "possessio civilis" である，というのである．つまりこの概念構成を通じて，占有或いは支配自体は失われることなく物が戻ってくるのである．

Savigny の批判にかかわらず近代以降にも持ち越されるこうした混乱は，払拭しようのないものであったに違いない．何故ならば，物の単純な現実支配が意義を失い，したがって複数の者が同時にそこへ関わりうるという前提が克服される，関係の一義性が出発点で保障されている，ということがないからである．これらのことは最終的には社会構造により，そして多くの制度の積み重なりを通じて，確保する以外にない．

こうして Glossatores は占有訴訟をよく理解しているように見えながら，奇妙な議論をも展開する．実力により追い出されても占有は精神によって保持されたままである（Bassianus および Azo とも），かくして占有訴訟において原告としても被告としても勝利しうる，確かにローマ法源はこうは言わず占有を失ったかの如くに扱うが，それは占有訴訟原告たる追い出された者はまさに原告として争点決定時点で占有を持たないことが認定されるからである，また追い出された者の取り返しに対して追い出した者は占有訴訟で保護されない……．関係は常に一義的でなければならない，追い出してしまった者が作る関係も一義的である，故に占有訴訟で保護され，追い出されてしまった者は保護されない……，というローマ法が指示する（われわれの初学者さえ知っている）初歩的概念はなかなか理解されない．もちろん追い出されようとするとき，或いは追い出された直後に迅速な手続が発動されるのでなければ大原則たる一義的関係の破壊自体が許容されることになる．その手続はどのようにすれば効果的か，について，まだ思考が及ばないのはまして当然である．

〔1・2〕 Bruns が着目する教会法の興味深い発展は何よりもまず exceptio spolii に関わる（S. 137ff.）．駆逐された方の司教が一旦全てを回復された後でなければ召喚に応じない，という抗弁をし容認されるのである．9世紀半ば以降の "Pseudo-Isidorus" と呼ばれる（公会議のテクストを捏造したり合成したり他の卑俗ローマ法・部族法典系の「法源」をねじ曲げて解釈したりして法源を偽装する）テクスト群に現れる．このテクストが少しずつ正規の教令によ

って援用され，11-12世紀の教会組織確立期に全面的に法源に組み込まれる．その一角を exceptio spolii が占めたということになる．

　exceptio spolii は確かに占有概念が含意する原則を思い起こさせるし，事実また近代の占有訴訟制度の重要な淵源の一つである（いきなり裁許状等の書面を出して争う，或いは de-tentio を持つ側が書面による正統化を迫られる，などという G. Diurni, *Le situazioni possessorie nel Medioevo: età langobardo-franco,* Milano, 1988 が描く 8-10 世紀のイタリアの状況を見ると actio spolii の画期性が理解できる）．しかし，出発点において占有とは全く異なる思考を前提にしている，ということを Bruns は見逃さない（S. 144ff.）．何よりも刑事裁判の糺問手続が前提となっており，原状を回復する主体は相手方当事者ではなく教会組織そのものである（職権による）．つまり，「抗弁」すると取り戻しが行われるが，取り戻した方がそこから言わばじっくりと糺問にさらされるのである．権威ある判定なしに勝手に事態を動かしてはならないという思考である．権原の一義的発給の徹底を最優先させようというのである．回復はそのコロラリーにすぎない．

　しかも，にもかかわらず exceptio spolii は正反対の方向に誤解されていく．Bruns は Gratianus の教令集による Pseudo-Isidorus 受容につき繊細な分析を繰り広げる（S. 163ff.）が，そこで彼は，causa を提示した後 quaestio を立てて canon に至るというテクストの形態がその後の決定的な誤解に大きく道を拓くということを示唆している．つまり，前提問題があり，その中で回復が行われ，そしてそれがその後の手続の条件となる，という連鎖があったとしても Gratianus 教令集のスタイルによって分断されたようにも見えてしまう．すると canon の一つは無条件に返還を命じているようにも読めるのである．Canon Redintegranda 自体，Editio Romana によって復元されるまで "ante accusationem..." というテクスト後段を落とされて流布した可能性があるという．こうして続く 12 世紀の註釈において回復のための独立の訴訟，まさに actio spolii，が概念されていき，このときしかもそれは（ローマ法の「物の condictio」という苦肉作の影響をも受けて）端的な取戻訴訟と理解されることになる．

　Bruns は 13 世紀の Liber Extra, Liber Sextus といった法源の層を分析してさらに面白い教会法の動きを伝える（p. 173ff.）．つまり，一方で何と condictio ex c. Red. という形で第三者にまで取り戻しが追求する傾向が生ずると同時に，他方で教皇達は懸命にこれを否定する．この時，ローマ法の unde vi（言うならば「占有回収の訴え」）が典拠とされる．教会法独自の制度的前提の外で事柄がローマ法モデルで動き始めているのである．それにしても，権原の一義的発給の確保のために，事柄が理由無く動くことを理由抜きに許さない，ことから出発したはずであるのに，理由無く動いたことを理由抜きに元に戻すという部分がうまく行かず，理由を根拠に物をどこまでも追いかけ取り戻す方向へとどうしても流される，という点に根本的な課題がよく表現されている．その取り戻しのための実力はどうしても容認される．それを糾弾しようとすればその者は「自分こそ実力で奪われた，だから取り返したのだ」という抗弁をするようになる．そしてそのときにこそ exceptio spolii が使われた，というのである．

　14-15 世紀に condictio ex c. Red. は教会法学者の間で不動の地位を獲得する．Bruns の総括（S. 229）によれば，「誰でも一度その物を占有すれば全くこのことだけを根拠としてあらゆる現在の占有者に対して返還を請求できるようになった，相手が請求者の占有喪失の正当性を証明しない限り」ということになる．

〔1・3〕　Bruns は，教会法に関する長大な叙述の後に初めて，Glossatores の後中断したままのローマ法学の叙述に帰る（S. 246ff）．つまり 14 世紀ないし Postglossatores のところでこそ真の画期と断絶が存在するというのである．しかし彼らのメリットは少ない．既に 13 世紀

1 占有概念の再発見

の後半から教会法の考え方が極めて消極的ながら逆流してくる．つまり Redintegranda の影響が徐々に見られるようになり，実務にも浸透していく (S. 256ff.). その間, しかしローマ法学者の占有の概念の方は Glossatores の少々不毛な把握を踏襲するばかりであった (S. 252ff.) というのである．Bruns が強調するのは徹底して実務であり, 頂点を (15 世紀前半に活躍した) Paolo de Castro の鑑定集に見る (S. 265ff.).

〔1・4〕 Summarissimum は教会法の影響で実務が発展させたとされる (S. 261ff.). 既に 13 世紀に教会法は強い職権主義原則の基づいて (弁論主義的審理を禁じて) 暫定的に一方に占有を付与する手続を発達させ始める (S. 233). 手続の区分と権原論証禁止が導かれる．Bruns は，Andreae が Durantis のテクストに付したコメントの中に登場する Bologna の事案に着目する．Rector civitatis (podesta ?) が相互侵奪に割って入り，どちらも占有訴訟の被告となろうとしないためにおよそ訴訟にならない状況を職権による暫定付与で解決したのである．この時はこの手続は占有訴訟に前置されたものではなかった. むしろそれに取って替わり本案の訴訟を導いたと思われる．ところが 14 世紀になると, 疎明と職権判断という簡易の審理により即決で暫定占有を付与しておいて占有訴訟に入る，という実務が急速に拡大し，15-16 世紀には支配的になる．これを少なくとも Baldus が受容し (S. 263)，やがて Paulus Castrensis において全面的な法学的表現を得ることになる (S. 265ff.).

〔1・5〕 こうしてわれわれは, 14-16 世紀イタリア都市について大規模な歴史学的な研究を行い summarissimum の総合的な評価を得る，という極度に刺激的な目標を獲得するが，現在この目標の達成は望むべくもない．14-16 世紀イタリア都市の領域の性質についての研究を蓄積していく以外にない．Bruns 自身，何故 summarissimum が 14 世紀に現れるのか，そのことは 14 世紀の社会構造の変化とどのように関係しているのか，summarissimum の限界がまたイタリア諸都市共和国のどのような構造的限界と絡まり合っているのか，といった諸問題を全然意識していない，とは考えられない．しかしその問題を追究する理論的実証的手段を持たなかったことだけは確かである．

しかるにわれわれの関心はまさにこれらの点にある．おぼろげながら浮かぶ印象は，それらの都市共和国においてようやく一種独立の市民的結合が生まれたとしても，依然政治システムの緊張の中でその市民社会が保障されていたのでないか, 占有の問題は仲裁前置の如き様相を呈し, したがってむしろデモクラシーの方と親和的であったのではないか，というものである．ところがデモクラシーの不全から政治が崩壊して行くにつれ，しかし市民的結合だけは残る，むしろ強く意識される，バックアップする制度 (「政治権力」) の方は次々と質を落としても保存される——．その時, 占有の質までが保存されるかどうか, は別の問題である．

〔1・6〕 Bruns が転回点を見る 14 世紀はイタリアの諸都市の構造が大きく変化する時点でもある．人文主義が羽ばたきデモクラシーへの胎動が感知される．その時に実務の側から注目すべき変化が生じたというのである．そのデモクラシーの方は熟することなく都市共和国の政治システムを破壊していく．このことの重要性をわれわれはかつて確認した．しかるに，summarissimum は一見これに構うことなく 15-16 世紀に花開いていく．このギャップは何を意味するだろうか．この時何故占有概念自体の認識は深まらないのだろうか．Redintegranda の幅広い受容と summarissimum は衝突しないのか．

そもそも Bruns の summarissimum 評価に二義的な面が存在する．一方で鋭い手続区分，本案審理の意識的排除，という困難な点がクリアされた点に着目する．占有訴訟自体原告―被告の構造を持つから，これを決めなければ手続を開始できない．すると占有訴訟準備―占有訴訟―本案訴訟と手続はどうしても三区分となるように見える．しかし他方で, 一層特定

的な問題，すなわち interdictum の問題が意識されている．まず実力の応酬をやめさせるという思考である．Bruns 自身，summarissimum には二つの思考回路があり，実力停止から占有訴訟さらには本案訴訟準備へと変遷していく，と考えるようである (S. 261)．そして，本案準備は一つでよい (possessorium がこれにあたるべきである) から，17 世紀になると三区分は批判され始める，とする (S. 270)．

かくして summarissimum の浮上自体多義的で，一方で確かに占有理解の深化を物語るが，しかしどこかで大きくその理解は捻れている．Bologna の事案はどのように考えても実力衝突の仲裁による解決で，政治システムに固有のものである．占有の概念装備は表皮の部分にとどまる．また簡易の審理はそれ自体として極めて多くのことを意味する．どのような趣旨でそうなのか見極めなければ到底占有訴訟の実質がどこまで理解されたか判断しえない．まして職権判断はそれ自身微妙な問題である．誰がそうするのか，背後の政治組織はどうか．そもそもこの場合には当事者の申し立てなしに職権で実力紛争に介入しうるのであるが，このような形態と処分権主義に基づく職権審理とでは全く異なる．これらの問題は mutatis mutandis に全てローマの interdictum の解釈の問題であり，今日まで争われ，そして Bruns の時代に一定の先入見が大きな壁として構築されつつあった．

われわれは現在のところ Bruns の所論を吟味する余裕を持たないが，以上の疑問をさしあたり (Bruns が頂点に置く) De Castro のテクストに簡単にぶつけることのみを試みよう．*Consiliorum eminentissimi iuris interpretis Pauli de Castro* の ed. Venezia, 1570 によることしかできなかったが，Bruns が引く II, 3 は，やはりこれだけを引くのでは少なくとも一方的であるという印象をもたらす．占有への言及を全体として評価するとき，幾つかの限界が目を射る．例えば I, 43 でも summarissimum は (ここでもこの語は現れないながら) はっきりと意識されているが，これは "extraordinarium" 故に別系統なのであり，ordo iudiciarius に大きく依存している．もちろん l' organisation judiciaire に支えられていることは占有訴訟にとって望ましいことではあるが，しかしここでは接続が拒否されている．対審構造が無く praeiudicium も形成せず単純な実力行使差し止め型であるために "extraordinarium" なのである．I, 401 では，possessorium もまた "diffinitiva" であることが強調され，これは possessorium の独立に資するようであるが，libellus の別，つまり証書実務に深く根ざしていて，どこまで占有概念の理解の故かわからない．I, 10 は，Siena の都市法によることを正当化した後，占有の吟味に移る．"domina" たる買主＝債権者＝質権者はその "castrum" を失った．旧来と同一の "procurator" が彼女のために占有を開始したにすぎなかったが，債務者はおそらく抵抗せずに実力行使に遭い，二重構造は破壊された．この consilium は，証書実務への方式適合から占有訴訟を認める．しかしにもかかわらず，占有改定の意義，果たして possessio naturalis をも domina が得たか，等を論じた後，取り戻しを否定する．一面で正しい占有理解が存するが，信用がからんだときにヨリ複雑な占有概念を用い，そしてこれを占有訴訟に結び付ける，ということはできない．dominium 内部の信用の構造，担保的売買の問題性，信用が入ったときの占有の守り方，等々について到底 Cicero さえ十分に読んでいない．Bruns の De Castro 評価がバランスを欠く所以である．いずれにせよ事案は全て当然所領の (しばしば相続がらみの) 争奪であり，これを Pistoia 等の都市法に管轄させようとするが，それでも単位自体の中に枝分節を深く内包している以上，必ず占有はどこかで不全の症状を示すはずである．むしろ驚きは，にもかかわらず早くも占有をとにもかくにも概念することが始まった点に存する．

2　Critique の開始

2・0

　12 世紀，Digesta のテクストに法学者が possessio という語を見出したとき，それまで（Codex や部族法典等を通じて）慣れ親しんだ語法と共通のものも確認できたであろうが，少々高度な見慣れないものも発見したはずである．後者を通じて占有概念の難解さが強く人々の頭に焼き付いたとすると，少なくとも，難解な Digesta のテクストの意味を解読するための作業は工夫されてしかるべきである．事実初期からこれに欠けはせず，問題の 14 世紀にもなればスコラ哲学の論理学的装備が既に十分に活用されたと言われる．

　もちろんその工夫の性質は立てられる問題の性質に依存する．われわれの問題は，そもそも占有などという概念を何故持たねばならないのか，持つとして，どのような基盤があれば持ちうるのか，というものであった．何故持たねばならないかを考えるということは，持つということはどういうことかを厳密に認識するということであり，後者はまた，持つと社会の全体がどのように変わるかということを厳密に認識するということである．このように思考するとき，必然的に，占有という語で何かが概念されているとして，それは果たして厳密な意味で占有と言えるものであるのか，という疑問が絶えず浮上する．光線の最初の角度のわずかなズレも地中深くに及ぶ頃にはどうにもならないものになっているからである．占有概念そのものにつき精密な識別が要求されてくる．占有という語が漠然たる意味しか有しない事態が現実を覆っている場合，この識別は直ちに鋭い現実批判となるはずである．このとき，識別を支えるべき基準がどこかに得られなければならない．現実の漠然たる概念と鋭く突き合わせ

うる別のクリアな概念がどこかに無ければ始まらない．この場合それはローマからやってきたテクストを解釈することによって得られるものであり続ける．念のため確認すれば，そのテクストにクリアな概念が存在しているというのでない．解釈作業から導かれるというのである．何故ならば，言語のように，一度たまたま（恣意性）そのようにして得られ，そのような生態を持ってしまったからである．しかるに，そのローマのテクストを解釈するとき，そのテクストの全体を整合的に解釈しえただけでは不十分である．少なくともその外に他の多くのテクストがあり，その背後に基盤たる社会が厳然と存在する．これらのテクストを動員し，そうした基盤へと広く出ていく，のでなくしてどうして厳密でありえよう．厳密でなくしてわざわざ参照する価値がどうして存在しよう．かつこの全体作業は自分達自身の現実についての厳密な認識作業とパラレルに進行するはずである．鋭く差異を識別し，両者の間に緊張関係を樹立する，一方を自明として他方を見る，ことを拒否する，のでなければこの種の作業に何の価値も無い．

　以上のようなわれわれの問題設定，とそこから導かれる方法，は実はその起源を14世紀に持つ．このことは余りにも著名な事実であり論証を要しない．不思議なことに占有概念が曲がりなりにも動き出した時期と一致する．さぞかし占有概念の基盤につき厳密な識別が行われたに違いない．

　ところが，既に示唆したように，全くそうではなかったのである．そもそも占有概念の本格的始動が実務のイニシャティヴによるものであったということは既に述べた．それを前にして，Digestaの解釈に工夫をこらす側は一体何をしたか．上に述べたようには決して問題を設定しなかった．したがってその方法はわれわれが期待するものでは決してない．

　では一体誰が何の問題につきどのテクストを相手にそうした問題設定と方法を工夫し始めたのか．おかしなことに，何と当のローマの「他の多くのテクスト」を相手に，しかも占有の基盤という問題について，しかしこのことを全く意識せずに，したがって当然法学者外の者達が，そのこと，即ちCritiqueを開始したのである．それにしても何故同じ14世紀のイタリア都市共和国においてなのか．しかも何故こうして全くすれ違ってしまうのか．

2・1

 とはいえ，Critique が占有と切り結ばなかったとしても，そもそも何故 Critique が始まったのか，そのような問題設定と方法を誰がどうして必要としたのか，を確認しておくことは不可欠である．およそわれわれの問題設定と方法の出発点であるから政治とデモクラシーを論ずる際に既に確認し終わっているものの，占有とのすれ違いには触れなかった．

 ローマの古い時代に関する Critique に基づいた研究，否，およそ Critique そのもの，が Francesco Petrarca（1304-74）に遡ることは疑いない．もちろん，およそパラデイクマの取捨選択，とりわけ推論による導出，について厳格な基準を設けること，したがって当然にテクストの解釈についてそのようにすること，はそれ以前に堅固に発達していた．その装備の根底に Aristoteles があり，それはまた，Aristoteles のテクストにそれ以前のギリシャの〈批判〉が刈り込まれて整理・凍結されていたということによる．しかし，真の Critique が甦るにはこうした厳格な基準による論理操作とは異なる思考が基盤とならねばならない．都市共和国の政治空間における Cicero と修辞学の存在はこのオルターナティヴへと通ずる道であると考えられた．自由な論拠付けを支えるパラデイクマ群は古典のテクストから採られる．そのパラデイクマ群の中で，個々人が主体的に課題に立ち向かう．これが閉じた典拠を秘かに中和してしまうはずである．Petrarca の *de viris illustribus* もそうした役割を担うジャンルに属する．

 ところが，この作品には或る目立たない軌道修正の痕跡がはっきりと見て取れる．そもそも Petrarca はこの作品に長い期間関わり，ほとんど遺作として今日に伝わる．1338-39 年にスタートし，1341-43 年に或る重要な段階に達した後，最晩年に違う形態でまとめられる．明確な主張を著した "Prohemium" は 1351-53 年の段階の第一稿をもとに最晩年に書き改められたものとされるが，いずれにせよ，最初の構想から大きく隔たる可能性がある．そもそも神話・経典の中の人物が省かれ，ローマの歴史上の人物に絞られる．その過程において Petrarca はジャンルから抜け出し，そして同時に Critique に到達したのである．

 事実 "Prohemium" によれば Petrarca の執筆の目的は既にあらゆる混濁をそぎ落とされ研ぎ澄まされたものとなっている[1]．うっかり読むと余りに平凡に

しか見えないほどである．"quare scriptorum clarissimorum vestigiis insistere oportet, nec tamen verba transcribere sed res ipsas"（「そういうわけで尊重すべき著作者達の航跡にしっかりと付かねばならないのであるが，しかしだからといってその言葉をそのまま書き写すのではなく，事物そのものを書き写すのである」）と彼が言うとき，まず古典のテクストないし史料なしに進むことを決してしないということ，しかし同時にそれはあくまで史料であり自分はその向こうの事物それ自体に迫るということ，この二つが宣言されている．古典の人物像を勝手に描いて exemplum とすることが批判される限りにおいて，ジャンルを離れ厳格な基準へと向かっている．ならば古典のテクストの権威に服するのか．そうではない．確かにテクストを解釈する．しかしその解釈の方向が違っているのである．res ipsae は今や向こうではなくこちら側にある．解釈は言い換えでもあるが，ならば何故言い換えねばならないか．Petrarca は "si nec eisdem verbis uti licet et clarioribus non datur, quid sit tertium patet"（「もし同じ言葉は使えず言い換えねばならないとして，にもかかわらずより明晰な言葉を与え得なかったならば，一体何で別途書き記す必要があったのかということになること必定である」）と述べる．こうして一つのテクストに多くの解釈が派生していくのとは反対に，多くの史料をかいくぐって一つの事物に接近していく．それもまた言語表現であるが，質的に違う明晰さを得ていなければならない．"ea que scripturus sum, quamvis apud alios auctores sint, non tamen ita penes eos collocata reperiuntur : quedam enim que apud unum desunt ab altero mutuatus sum, quedam brevius, quedam clarius, quedam que brevitas obscura faciebat expressius, quedam que apud alios carptim dicta erant coniunxi et ex diversorum dictis unum feci"（「私がこれから書くことは確かに他の著作者にも見出しうることであるが，しかしその場合決して同じようには配列されていない．実際，或る場合にはそのうちの一人の著述には欠けているものを他から融通したし，或る場合には一層短く，或る場合には短さ故に不明確になっているのを一層明確にした．或る場合には多くの者達のもとでばらばらに言われていることを繋ぎ合わせ，また様々に言われていることを材料にそれを一つのこととした」）と彼が述べる所以である．この結果，Romulus 以下の各項目は 19 世紀の大百科事典の人物の項目，或いは dictionnaire raisonné を遠くに彷彿とさせるもの

となる．つまり直接作動するパラデイクマの要素，exemplum の要素，"moralistique" な部分は完全に消えて無味乾燥とさえ言えるものになる．われわれの本論における主人公の一人 Lucius Iunius Brutus の項も，共和革命において彼が果たした政治的役割のみを簡潔にまとめるものであり，劇的要素は綺麗にそぎ落とされている．多く Livius に依拠していることが明らかであるとしても，それは Livius にも例えば共和革命につきどこか突き放した筆致というものがあるからである．

　Petrarca がここへ辿りついた道筋は容易に理解できる．彼の精神の遍歴はそれ自体一つの世界史的事件であり，圧倒的な影響と膨大な研究を生んできたが，少なくとも 1340 年代において，一方で比較的単純な共和政理念（「二人の Brutus」！）が大きく揺らぎ，他方で Cicero の手紙の発見という彼自身の古典学的功績を通じて Cicero の複雑な軌跡についていけない単純さを自覚したということがあり，これらは Critique に向かわせるに十分な動機であろう．何故ならば，政治構造も人々の意識も共和政モデルの単純な追求では収まらなくなり，そのもう一つ根底に何があるかを探り，そしてこれを通じて事態を一層繊細に識別しなければならなくなった，ということだからである．

　　　〔2・1・1〕　ed. Martellotti, Firenze, 1964.

2・2

　Petrarca の強い影響下に古典研究を始める Giovanni Boccaccio (1313-75) は，基本線において Petrarca に忠実ながら，興味深いヴァリエーションを示す．*Genealogia deorum gentilium, De casibus virorum illustrium, De mulieribus claris* はいずれも Boccaccio が 1350 年代から死の年まで手を入れ続ける力作であり，性格はわれわれが見た Petrarca の作品とよく似る．しかしそれでも幾つかの点で異なる野心が顔をのぞかせる．*Decameron* の作者が意識的に向かったのは神話の世界である．無批判故にでは毛頭なく，言わば反 exemplum の宝庫がそこにあるのを見出したからである．「端的な exemplum を Critique によって厳密に精錬する」ことから離脱する（歴史学的 Critique とは異なる）もう一つの仕方は，古典の中で異彩を放つ反転像を使う仕方である．exemplum たるから堕ちて行ってスキャンダラスな問題でありうる人物を取り上げれば，このこ

とに対応して，多くの論争的な対抗ヴァージョンや互いに対立する評価に満ち満ちているのが発見されるはずである．それらに加担せずに人物像を確定していく，といった作業は一個の Critique でありうる．

最も興味深いのは *De mulieribus claris* のケースである．女性を取り上げること自体，少々複雑な問題に取り組む決意の産物であるが，さらに彼は以下のように述べる．"Nec volo legenti videatur incongruum si Penelopi, Lucretie Sulpitieve, pudicissimis matronis, immixtas Medeam, Floram Semproniamque compererint, vel conformes eisdem, quibus pregrande sed pernitiozum forte fuit ingenium. Non enim est animus michi hoc claritatis nomen adeo strictim summere, ut semper in virtutem videatur exire; quin imo in ampliorem sensum——bona cum pace legentium——trahere et illas intelligere claras quas quocunque ex facinore orbi vulgato sermone notissimas novero"（「Penelopeia や Lucretia や Sulpicia のような最高に貞淑な夫人達に加えて Medea や Flora や Sempronia といった類が混じっているのを発見したとしても，読者諸賢にはあながち不適当とは思われないのではないかと期待する．確かに彼女達のスケールの大きさは同時に大変な毒気を含むものではあったが．実際私は「際立つ性質」（claritas）という語を常に「価値ある性質」（virtus）に帰着するものと解する意図を持たない．そうではなく，読者諸賢のお許しを得て，敢えてより広い意味に理解しようと思う．何にせよ何かし遂げたことにより全世界でそのことが語られ最高に著名な女性であるということを私が把握した以上はその彼女達こそが「誉れ高い」（clarae）のであると理解しよう」[1] と．古典世界におけるパラデイクマの存在と流布は吟味され，勝手な興味で取り扱うのではないが，しかしまた何らかプラスの価値に沿う exemplum たるを基準とは決してしない，というのである．決してディアクロニクな識別がなされているわけではないが複数のヴァージョンが参照されていることは確実で，しばしば異説への言及がある．

かくして，Eva から始まる列伝は，Medea のみならず Niobe, Klytaimnestra, Deianeira, Helene 等を含むことになる．もちろん Klytaimnestra の行為の深い理由は全く理解されない．Agamemnon に落ち度があるにせよ余りにひどい報復である．Orestes が絶賛される所以である．しかし他方 Lucretia が称賛されるかというとそれほどではない．美しさ故に（"infelix equidem pulcritudo

2 Critique の開始

eius") 致命的な社会変動を結果してしまった，というのが叙述の基本線である．ほとんど Helene との混同である．Coriolanus の母 Veturia を取り上げて得られる結論はさらにあらぬ方向へ行く．女達を顕彰して Fortuna Muliebris 神殿が建設されると同時に元老院が女達に装身具を身に付けさせかつそれを固有財産とすることを認める決議をした，ことに触れると，ここにコメントを集中させ，女達の装身具等の弊害，男を従属させる悪弊，等々を述べる．完全に Hesiodos の観念世界である．Verginia を取り上げれば，粗悪な司法と濫訴の有害さを嘆く．

確かにローマの伝承群の中における Lavinia 以下の女性像の重要性（II 参照）に気付いてアプローチしている．しかしながらその意識は両義的である．一方で，Homeros や Hesiodos が cognatique な関係に着目し警戒さえした，その影響を強く被る．他方でしかしそれに飽きたらず一歩出ようとしている．とはいえそれは Klytaimnestra をもう一度切り返す方向に短絡していく．Antigone が何故大々的に取り上げられないのか不思議なくらいである．

もっとも，Antigone の線が大きく発展せしめられる予感もまた存在しない．ローマの伝承群の中の女性像を詰めていくことの方にむしろヨリ大きな可能性があったのかもしれない．いずれにせよ，そのようにして見ると，Petrarca にはない moralistique な結論の存在の意味に少し光があたる．つまり極めて陳腐に直接的に参照される exemplum，ただしその女性像からは少々遠いところに置き直された（だからこそ陳腐に見える）exemplum（教訓），これは明らかにディアレクティカ（この場合 Critique）からの退避である．素朴な市井人たる意識でしかなかったとしても，まさにその点で明らかに彼は法の基礎に接近したのである．このような exemplum は法に似る．しかも素材はローマの伝承でそこに女性像さえある．

とはいえわれわれはここでも占有とすれ違ったまま終わる．一瞬の差のように見えて，架橋しうべくもなかったということになる．

〔2・2・1〕 ed. Zaccaria, Milano, 1969.

2・3

ほぼ二世代後，Salutati を経て Leonardo Bruni (1364-1444) とともに

Firenze の政治的中枢に陣取った人文主義と Critique は一旦完結し，その後の議論の範型が出来上がる．Bruni は，ギリシャ語を含めて古典のテクストの当時最先端の研究者であり，他方で Firenze の政治体制を知り尽くしてこれを操った．以後長く系譜をなすべく「自分達の世界の側」にも Critique を及ぼし，Firenze の政治史に精力的に取り組む（*Historia florentini populi*）．ローマに関する彼の Critique が並大抵のものでないことは，彼の思想を凝縮して示す代表作 *De militia*（1421）自体が雄弁に物語るところである．

Laudatio florentinae urbis（1403?）がよく示すように，Bruni は Firenze を誇るのに政治体制の自由（共和政）のみならずそれを支える市民社会を以てする（「真の自由」）ことを知っている．何よりも Firenze の社会構造それ自体がこの認識を導く．Firenze 都市中心の建築のみならず領域の側の villa をも称えることができるのである[1]．だとすれば，*Dialogi ad Petrum Paulum Elistrum*（1408?）に見られる「Brutus!」の解釈も要注意である．既に Petrarca が「単純 Brutus」に熱狂する素朴さを脱したのであったが，共和政の父 Lucius Brutus 以上に Caesar 殺しの M. Brutus を擁護して Dante にさえ失望を表明する[2] Bruni の視線の先には，構造化された市民社会の側から専制を倒すという装置が有るはずである[3]．

De militia の成熟した論旨はこのことをよく裏付ける．（例えば「戦士階層」を備える）Platon や Hippodamos の「哲学的」モデルよりもローマの現実の体制に指針を求める Bruni は，「Romulus の国制」に仮託して，第一に市民団と兵員が全く分かれずに一体であること，第二にしかし限られた時間においてのみ市民は兵員として勤め，残余はそれぞれの仕事に戻ること，第三に宣誓によって厳密な規律に服すること，第四に以上のような手続によるのでない限り決して戦ってはならないこと，を主張する．どのようにしてこれが導かれたかは明示されないが，政治システムの軍事化の方式についてのこのような見通しは何らかのテクストへの単純な依拠によっては到底得られない．明らかに Livius でなく Plout. Rom. 13 が出発点であるに違いない．しかし Romulus の死に関するエピソード（Liv. I, 16）が軍事化の儀礼に関わることを洞察して引き，Cicero の *De officiis* から大 Cato の息子の軍務に関するエピソードを引く．裁判等市民的責務への復帰の事例は数限りなく引きえたであろうし，Cincinnatus

が登場しないのが不思議なくらいであるが，何よりも，そうであることを知っているというのでなく，どのような市民的リソースが復帰を必然とするかについて洞察しているということが重要であり，だからこそ Machiavelli 以降 De militia は周知のトポスを提供していく．つまり軍制の問題ではなく，政治システムと市民社会の関係が論じられたのである．

こうして，equites の表徴としての黄金の意義を比較的長く論ずる後半の論旨も同様の見通しに基づくものである．身分制，ないし身分の開放性，に絡んで（ローマにおいて）激しく争われたこの論点は，結局多くの古事学的断片を遺したのであるが，Bruni がそれを知悉していること自体は驚くに値しないとしても，軍事化の方式自体首長制の儀礼を用いること，ここから騎兵に栄誉を与えることの積極的な意義が生まれること，それがしかし開放されていることが必要であること，結局全員つまり平民にも全ての軍務が開かれていることが不可欠であること，そして（便宜首長制の儀礼を借りるだけであるから）表徴は最小限用いることとし決して本当に甦らせてはならないこと，の把握がそこから導かれたとすれば，Bruni の工房は訪れるに足る．とどのつまりは黄金とて市井の道具である．ましてこれを巡る人々の複雑な意識は社会自体に深く根ざす．

Bruni において市民社会は政治システムの資源として確固たる地位を有するに至っている．デモクラシーが視野に入っているからに違いない．しかし，築くべき市民社会の資源はどこに眠っているのだろうか．

> [2・3・1]　ita hec extra urbem edificia universos circum montes collesque et planitiem occupant.... At quanta horum edificiorum magnificentia est, quantum decus, quantus ornatus! (ed. Viti, Torino, 1996)　都市中心の建築がこうした領域の豊かさに対応して他と違うということも示唆されている．
>
> [2・3・2]　illud autem gravius atque intolerabile, quod M. Brutum, hominem iustitia, modestia, magnitudine animi omnique denique virtutis laude prestantem, ob Caesarem interfectum libertatemque populi romani ex faucibus latronum evulsam summo supplicio damnavit; Iunium vero Brutum ob regem exactum in campis Elysiis posuit.... Quamobrem, si sceleratus Marcus, sceleratiorem esse Iunium necesse est; sin autem Iunius laudandus, quod regem exegerit, cur non Marcus in celum tollendus, quod tyrannum occiderit? (*ibid.*)
>
> [2・3・3]　最新の Bruni 研究は J. Pocock, *Barbarism and Religion, III: The First Decline and Fall*, Cambridge, 2003, p. 153ff. に見ることができる．そこでは *Istorie* における Bruni にとっての「市民社会」が Gracchi/socii/Asinius Pollio の視座であり，（帝政に堕落するローマあるいは Sulla に抗する）「同盟都市」フィレンツェのイメージが存在すること，が論証されている．

Etrusci のクローズアップもこの脈絡で捉えられる．一方で Muratori/Gibbon の系譜を意識し，他方で Gabba/Schiavone の研究を取り入れた，こうした Pocock の視座は彼自身の先行研究の限界をも克服するものである．翻って考えれば Pocock の言う "First Decline and Fall" の主題，すなわち "Decline and Fall" の複合化，は政治システム復活（「共和政」）それ自体のコロラリーでなく，その成熟と複合化に対応するということになる．ただし Pocock 自身は，彼自身の旧著に拘束され，Machiavelli から Harrington と追うに従って（折角 lex agraria に出ながら）議論を再び軍制へと回収する傾向を示す．

2·4

Critique は Lorenzo Valla (1407-57) において早くも頂点を極めることとなる．彼はナポリに拠を構え，例えば，教会の地位を基礎付ける文書（「コンスタンティヌスの贈与」）の言葉を考証し偽書たるを証明するということを易々と行い（*De falso credita et ementita Constantini donatione*），名を轟かせ，晩年はもちろん当のローマに迎えられる．自分の時代のラテン語と古代のラテン語，そしてコンスタンティヌスの時代のラテン語，これらを識別できる，ということは，およそ彼を philologie の始祖たらしめるに十分であるが，実はその後の philologie が必ずしも得意としない一層高度な思考を彼は備えている．

Elegantiae linguae Latinae は，彼の時代のみならず当の古代ローマの著述家の語の使用の混乱を指摘する，現在読んでも痛快な一書である[1]が，philologique に精密な知見に基づくというばかりか，およそ語というものについての確固たる理論に裏付けられている．格好の標的は（権威有る！）古代ローマのそれを含む法学者であるが，その理由をよく示すのは，Varro の vas という語の定義を批判する項目（Lib. VI, Cap. 31）である．Varro はもちろんローマ第一の古事学者言語学者であり，したがって Valla に言わせれば "omnium consensu Romanorum eruditissimus et linguae Latinae peritissimus" である．その Varro の定義は "qui pro altero vadimonium promittebant" というもので，つまり出頭保証金を他人のために提供する者のかつての呼称にすぎないと Varro は解説したことになる．これに対して Valla は，Pythagoras 派の圏内に起源を持つ伝承（自らの生命をかけて友人のために出頭保障をする者とこの者のために必死で出頭するその友人の話）を引いてまず政治的連帯との関係を示唆した後，より具体的に exemplum iuridicum としての K. Quinctius 伝承を示し，その保証人が金銭に転換され，そして被告人が解放されうる，即ち亡命しうるようになる，

という変化を捉える．Valla は第一に，語の背後に必ずパラデイクマを見ようとし，第二に，それにはヴァージョン変化があり，そして語はそのヴァージョン変化を貫く軸を構成する，ということを見通し，第三に，だからこそ語をこの変化にかかわりなくそこに在る実体に対応するかのように考えることが生まれるが，これが大きな誤解の源となっていく，ということまでをも示唆する．
Digesta の法学者達の fundus, ager, villa, praedium といった語の使用を批判する Lib. VI, Cap. 41 においては，まず，建物を含めて何か土地の上の対象物を概念するのか，それともそれを取り去った土地そのものを概念するのか，でこれらの語を割り振り，しかしどう割り振るかでてんでにばらばらとなる法学者の混乱ぶりを伝え，さらにそこに，耕作されているかどうか，都市中心のものかどうか，がクロスしていき，挙げ句の果てには，Modestinus のように possessio までをもこの混乱に投げ込む者まで登場する，という事態を軽快に活写していく．Modestinus によると，ager 土地と possessio 占有は区別されねばならない，ager 土地そのものは所有権に関わり，possessio 占有は使用に関わる．しかし Valla によればこれは笑止千万で[2]，「瑕疵あるリンゴ」の瑕疵とリンゴを比べるようなものである．つまり「意味の軸」に同一性が存在しないにもかかわらず，関係の帰着点がたまたま同一であるために一本の「意味の軸」上に並べて分類し genus-species の体系を拵えたがる傾向に対する痛烈な批判である．Valla がこうした混乱の背景をどこまで摑んでいたかは定かでない．権利の対象を何かそこにある物体のように考えたがる背景には，土地の上の関係（政治，デモクラシー，市民社会……）を精緻に組み立てることが崩壊して土地そのものを端的に摑む以外に確かなものはない，建物さえどけたがる，という事情がある．占有が理解されなくなり，理解しようとするとき何かこれだと記してやりとりしたくなる，という傾向である．もし Valla がこれらの事情を視野に入れていないとしても，翻って考えるならば，彼の方法は占有という概念を捉える唯一の道であるということになる．

　言うまでもなく，以上のような認識を Valla に可能とさせたのは堅固な哲学的装備であり，それは *Dialecticae disputationes* で全面的に展開されている．これをここで吟味することはできないが，われわれがわれわれの方法として明らかにしてきたものの直接の基礎である．その後の世代そしてわれわれが付け加

ええたものは大きくなく，達しない部分は大きい．このことを自白することはもちろんわれわれにとっては首尾一貫したことである．ここから発する伝統に身を置くことが目標とされたのであるから．

それでもなおかつ，われわれはこの方法を直接適用する考えを持たなかった．ここに還るにせよ，最大限遠回りし，混迷を深めることさえ辞さなかったのである．Valla から見てそれはどの方向になるのだろうか．

Valla はローマの古い時代に関する伝承の批判においても必ず最初の例として引用される人物である．Critique，特にこの方面での Critique の標識とさえなっていくのは *Duo Tarquinii Lucius ac Aruns, Prisci Tarquinii filijue an nepotes fuerint, aduersus Liuium* と題する小論であり，ここで Valla は，7 代目の王 Tarquinius Superbus が 5 代目の Tarquinius Priscus の果たして息子であるか孫であるかを論ずる．Valla は Liv. I, 46, 4 を囲繞する．両ヴァージョンを見出した Livius は迷いつつも息子説を採る．これに対して Valla は敢えて孫説に立つと宣言する．ただし，「何か外の史料によるのでも，外から採ってきた論理によるのでもなく，著者自身の言うところ，Livius 自身の自白による」(neque hoc externis testibus, aut aliunde sumptis rationibus, sed suo autoris testimonio, suaque ipsius confessione)，と．De Beaufort, Savigny, そしてわれわれ自身，等々，幾度となく（しかし違う意味で）戻ることになる黄金律がここにある．Livius のテクスト自体への Critique，これは以後長く結局はアヴァンギャルドであり続ける．かつその Critique の基本線は chronologie である．Livius のテクストの内部を密なグリルが走る．幾つもの cognatique な関係が絡んでストーリーが複線的に展開される．Tarquinia に Demaratos がやって来てその息子 Lucumo が Tanaquil と婚姻関係を結ぶ．二人はローマに居を移し，Ancus 王の下で頭角を現した Lucumo は王位を獲得する．このときのやや複雑なジェネアロジーと傍系の出発（Collatinus の系譜）は Valla に決定的な論拠を提供することになる．続いて，"Anci filij duo" の不満，これを押さえて「奴隷の子」Servius Tullius を王位に据える Tanaquil の真意．これを伝える Livius のテクスト（I, 41, 3）の緻密な解釈がもう一つ Valla にとって決め手になる．Servius の娘達と Tarquinius の側の若者達の婚姻，後者による Servius 殺害，そしてその Lucius Tarquinius の登位．系譜間の交錯こそが勝手な chronologie を許さ

2 Critique の開始

ない．つまりそうした関係の横への広がりが syntagmatisme を生み出すのである．Valla はこれを精緻に追跡する．にもかかわらず，奇妙なことにこれは syntagmatisme のもう一つの雄 philologisme と重なってしまう．つまり Livius のテクストの内部で閉じてしまうのである．確かにわれわれはこうして，勝手に蓋然性の判断をしない，他の何か権威有るテクストに合っているかどうかで判断しない，等のことに辿りついた．そればかりでなく，（この場合 Livius）批判の典拠もまたテクストの中に求めるという何度でも繰り返し登場する方法的態度の原典をわれわれはここに持つ．しかしどうして Livius をたじろがせたそのヴァージョン対抗自体に関心がいかないのだろうか．そこに何があるか．Herodotos ならばそこに興味を持ち，Hekataios の syntagmatisme は時空をもっと大きく駆けめぐり，Sokrates の philologisme はまた全く別の次元で地を這ったであろう．

　Valla の Critique はデモクラシーを支える道具立てとして全てを取りそろえるものでさえある．古典のテクストの世界の中で十全に生きうる．しかしそれはギリシャでは広大な与件との鋭い緊張関係の中で組み上がっていったものであった．それと同等のものが無いのは当然であるとしても，しかし問題は，その先，彼自身の現実との関係で，それと同等のものを新たに構築しなければならないという点に存する．そしてそのためにはまた元に戻り古典のテクストに対してもう一段踏み込んだ操作が必要なのである．もちろん現代までを含めても最も踏み込んだものと言って過言ではない．それでも次の Machiavelli の動機がどうしても不可欠だったのである．

　まして Valla の法学者批判は，多くの点で問題を投げかける．Valla の Critique が全く正統的なものであればあるほど，ディアレクティカからの或る独特の逸脱を完膚無きまでに解体してしまう．しかしさらに掘り下げれば，十分な条件がそろったときには或る逸脱に驚くほど創造的な道が分岐して開かれることをも見抜けたはずである．法学者の思考は所詮カリカチャーにしか向かないかもしれないが，その原点にはなお Critique 不浸透の（或いは独特の Critique を要する）世界があり，分析を待っている，ということの認識に辿り着けたはずである．さしあたりは，Varro はしかしどうしてそれでもあのように思考するのかという問題である．もっとも，この問題にも一番近付いたのは Valla で

あり，これから以後 Critique の変転はここから遠ざかる一方であった．

〔2・4・1〕　*Opera omnia,* ed. Garin による．

〔2・4・2〕　agrumque definiens...sed ridicule a possessione distinguit, ne dicam imperite, loquens de possessione, quando significat qualitatem, non quando significat substantiam....

3 Critique の分裂

3·0

Critique が全面的に再発進したという事実はその後のわれわれにとって土台となることであり，全ての基盤である．この論考もこの上にのみ成り立つ．しかし，Valla によって最も正統的な Critique の基本が樹立されたとすると，ほぼ一世紀の後に N. Machiavelli (1469-1527) の手によって最も決定的な「基本との断絶」が達成される．彼によってもたらされた鋭い緊張こそがその後のわれわれの思考世界の豊かな諸対抗の全てを準備したと言うことができる．そしてそのことは間違いなく多くの人々によって確認されてきた．

3·1

Machiavelli が，"secondo cancelliere" として外交に従事するという活動形態からしても，人文主義から出発しその前提を共有した，そして完全な人文主義的装備を身に付けている，ことは疑いない．それでも，フィレンツェ共和国の実質的終末期に位置し，1512 年には失職，1513 年に *Il principe* を売り込む，姿は，Orti Orcellari のサークルに連座したとしても，他方で彼を最も名高い人文主義批判者とせしめるに十分であるようにも見える．Machiavelli 解釈はかくして現在でも研究者にとって最も魅力的な論争主題の一つであるが，その主著 *Discorsi sopra la prima deca di Tito Liivo* の第一巻序文は，彼自身が後の論争の余地を一切封じるほど明確に自己の立場を定式化するものである．

Machiavelli は何よりも，誰も踏み入ったことのない道というものを強烈に意識している（"ho deliberato entrare per una via, la quale, non essendo suta ancora da alcuno trita). それは非常に困難な道であるが，その目標の価値を考えたときには如何なる労苦にも値する，というのである[1]. しかもそれはスキャンダルたりうる.「地理的冒険でもない限り真に新しい様式というものを排撃するのが人の常であるけれども」(Ancora che per la invidia natura degli uomini sia sempre suto non altrimenti periculoso trovare modi ed ordini nyovi che si fusse cercare acque e terre incognite) と皮肉って彼は筆を起こす. 他面, このような表現で未知の領分というものが指示され, 同時にそれの追究が深い自然の衝動に基づく (spinto da quel naturale desiderio) ことも明らかにされる. この限りで Machiavelli は今や初めて人文主義の外に出る積もりである. もっとも,「地理的冒険」を皮肉った以上はその「外」は単純な代物ではありえない. 一体未知の領分はどこにあるのか.「たとえ私の乏しい才能と現在の事柄についての少ない経験と古代の事柄についての不確かな情報とがこの私の試みを欠点多きもの益少なきものにしようとも, 少なくとも何らかの先駆けになってくれるだろう……」(E se lo ingegno povero, la poca esperienza delle cose presenti e la debole notizia delle antiche faranno questo mio conato difettivo e di non molta utilità, daranno almeno la via ad alcuno...) というのであるから, やはり古代に還る, ないし依然として現代と古代を往復する, 積もりである. すると, 人文主義に拠って立ったまましかしそれを未知のところまで掘り下げるということであるに違いない. 事実彼は直ちに, 古代が賛美されその美術品が高価で売買されその建築が模倣されるにもかかわらず, 歴史が伝える事績については「称えるばかりで実行に移すことはできず, それどころか, その基本的なことを余りにことごとくはずすので, 古代の美点はわれわれにはもう何の痕跡もとどめないほどである」(più presto ammirate che imitate, anzi, in tanto da ciascuno in ogni minima cosa fuggite, che di quella antique virtù no ci è rimasto alcun segno), と続ける. 人文主義が既に antiquario の思考に傾くことの痛烈な批判がまずある. さらに Machiavelli は, 人文主義が現代の現実の基礎的な部分に真のメスを入れる力を持たないことにそうした事態の所以を見出しているものと思われる. とはいえ, 紛争と病気において古代の処方箋はそのまま用いられているではないか. 政治システムの保持となると (nello ordinare le republiche, nel mantenere li stati, nel governare e regni) 突如古代の範型に駆け込

む者が無くなる (non si truova principe né republica che agli esempi delli antiqui ricorra) のならば，ただこれを改善すればよいということか．そうではないだろう，この分野に出ると突如こうなる理由はやはりあるだろう．法学や医学と違って政治システムとの関連では範型を押さえればよいというのでなく，歴史の真の把握，真の意味の理解，内に秘められたエッセンスの吟味 (il che credo che nasca...dal non avere vera cognizione delle storie, per non trarne leggendole quel senso né gustare di loro quel sapore che le hanno in sé), が必要とされる．つまり，政治の存立を支える基盤の認識が無ければ政治を実現しえない，真のメスを入れることがどうしても要求される，——というのである．つまり，政治の特殊性，そして政治との関連において社会構造，が初めて明確に概念されたのである．しかしそれにしても，法につき同じことは何故問題にならないのだろうか．

いずれにせよ Machiavelli が選択するのは，敢えて Livius のテクストにつく，という一見最も陳腐な方法である．大きく引き下がって政体論から出発して見せる (I, 2) Machiavelli は，Lykourgos と Solon の平衡と調整の事業を確認すると，しかしいきなり，ローマは Lykourgos も Solon も持たなかった，と切り返す．歴史が政体を形成した，というクリシェではない．立法者のかわりに輝くのは Plebe (平民) と Senato (元老院) の衝突それ自体，Solon が必死に調整した当の対象である．唖然とする読者に対して Machiavelli はこともなげに論証していく．まず Romulus と続く王達は，一応それに従えば自由に生きられる (conformi al vivere libero) 法律を制定したが，王国をつくったまでで共和国ではなかったから，自由のために整えておくべきことがたくさん欠けた (vi mancavano mote cose che era necessario ordinare in favore della libertà). しかし王を追放した者達も potestà regia は保持し，したがって最初は Consoli と Senato の体制で，Principato と Ottimati の二要素の混合にすぎなかった．これに対して il Popolo が蜂起し，tribuni plebis (護民官) が創出され初めて政治システムは完結する．問題は，何故ここに至ったか，その基礎は何か，その原動力は何か，であるが，それがまさに Plebe と Senato の対立である (I, 3). Machiavelli が Livius を読んで何を把握するかというと，共和革命が実質 secessio と tribuni plebis の存在に先送りされているということである．真の自

由に至る二段階が綺麗に把握され，それはデモクラシーに見えるが，しかし実在するのは一つの構造である．この岩盤において再び事態は一つに見え，そして政治とデモクラシーの層位は消える．もちろん伝承はこれを強力に支持する．Machiavelli の到底凡庸でない眼力が冴えるが，しかしその岩盤自体の stratigraphie はどうであろうか．

〔3・1・1〕 ed. Bonfantini, Milano, 1954. Machiavelli については DEM で既に詳しく触れたが，今回は直接に素材が重なるので，再訪することとする．

3・2

この単一の構造は決して目立ちはしないが作品全体を強固に貫く．第 II 巻はもっぱら軍事に関わるように見えるが，軍事化の方式と政治システムの関係を論ずるものではなく，戦争においてこそ各政治体制の基盤が試されるということの展開である．基盤の作用は指揮官の心理にまで及び，他方翻って指導者はその基盤ないし自己の力の冷徹な認識を要求される（ほとんど Hekataios）．その中で，例の二元構造を分裂と見て攻めればとんでもない目に遭う，それは強い構造を意味する，という指摘が目を射る (II-25)．第 III 巻は内的な体制転覆を論ずるが，ここでも二元的構造を前提としてその上で立論がなされる (III-11, 19) [1]．

とはいえ，その二元的構造が分解せずに一つの構造を結びうるための条件の探究も Machiavelli は忘れない．否，全編に横溢するのはこちらのモティフである．二元的構造提示後，論述は Livius のテクストの冒頭につき直し，したがって王政期に言及されるが，そのポイントは宗教特に儀礼である (I, 11-15)．次いで一旦共和革命に浮上したとしても，大事なのは一回的事件ではなく，「自由を偶然得ても保持の方が難しい」と述べ affectatio regni の問題を扱い，"I figliuoli di Bruto" の件を絶賛しつつ "il popolo non corrotto" の旗を掲げる (I-16)．17ff. の一種の digressione は王政論であり，対して君主制下如何に "corrotto" たり易いかが述べられる．そしてもちろんこの "corrotto" の脈絡で "armi proprie" の旋律が導入され (I-21)，すると Livius のテクスト上は王政期に戻り，Orazii/Curiazii (22) から軍制が論じられる．Machiavelli は，"armi proprie" を，Gracchi 以来の脈絡（土地保有，Aristoteles 流「中間層」）におい

3 Critique の分裂

てではなく moitié の原理がもたらす深い共和的メンタリティーに結びつけたことになる．いずれにせよ叙述はこのように回転しながら進み，軍制から再び共和革命に戻り，一旦の結論に至る（I-25）が，この主題もまた周知の如く全編を貫き，第 II 巻で金銭の無力（10ff.），傭兵の無力（20ff.），virtù の優位（30ff.）というように全面展開されるほか，第 III 巻でも「隷従して生きたいという国民を自由にしようとしてもそれは余りに難しく危険であるのは，自由に生きたいという国民を隷従させようとするのがそうであるのと同じである」（III-8: Perché tanto è difficile e pericoloso volere fare libero uno popolo che voglia vivere servo, quanto è volere fare servo uno popolo che voglia vivere libero）という決定的な断言を生む．

しかるに，摘出される実体のこのような一義性は，観点の一義性に対応している．Machiavelli の照準は政治システムの存立という一点に実に容赦なく定められていて，既に述べたように[2]，たとえばデモクラシーは切り捨てられる．デモクラシーが視野に入らないというのではない．それどころか深い考察すら認められる．しかしながらそれは，デモクラシーを予感させる要因が政治システムの存立に対してもたらす攪乱要因を分析して政治システムを防護するためにほかならない．I-27-32 の "popolo ingrato" 問題，35ff. の Decemvirato 攻撃，53ff. の Veii/moltitudine 論，等々，全てそのように理解しうる．反対に政治的決定の一義性，政治権力の基底性（II-14, 15, 28 etc.）は徹底的に強調される．第 III 巻においては共和革命すら体制転覆論の一こまであり，"stato" の保持のためにはぎりぎりの決断をしうるリーダーシップが求められ，そこでは政治とは反対の原理たる奸計（fraude）すら求められる[3]．このこと自身，問題状況の方は既にデモクラシーのものであることを物語る[4]が，その鋭い洞察は鋭ければ鋭いほど大きな疑問符を読み手にもたらす．

もちろんここに Critique が無いわけではない．それどころか，一切予断とクリシェを排して自分で判断する仮借無い Critique が有る．しかしそれは（Machiavelli の欲するところに従って）Valla をその極とする人文主義的 Critique とは正反対である．Valla において一旦成熟した Critique の遠い母体はデモクラシーであった．否，Critique がデモクラシーを支えるはずではないか．ただし，デモクラシーを支えるもう一つの柱は完全に構築されていっただろう

か．しかしギリシャにおけると異なって Critique の側が全てを受け持たなければならないのではないか．Machiavelli は Valla の成熟した世界さえ捨て Critique によって敢えて社会構造に切り込む．たとえあのように素晴らしい戯曲をもものしたとしても．しかしそのときにその Critique は必要な装備を持たない．誰もが指摘するように，Machiavelli の論述はテクストからいきなり飛躍し，事例からいきなり極端な一般化が行われる．直感と洞察のみが際立つこととなる．Decemvirato を扱いながらデモクラシーの積極的基礎付けに向かうことができない[5]のは，Critique の単一性に帰因するが，その前に，凡そ Critique が消えてしまったような印象を読者にもたらす．"legge agraria" (I-37) をも Plebe と Nobilità の対立からしか見ない．領域と「Aristoteles の中間層」の切り捨ては既に述べたように意識的なものであった（それは抗デモクラシーの故である）としても，Decemvirato も "legge agraria" も実はもう一つ別系統の事象に関わるのではないか．以後長く無視されるにしても，この別系統の方にイタリアの社会は資源を有していくのではないか．それを無視して果たして絶望しうるか．

　それでも Machiavelli による社会構造の発見は，Critique そのものの再発見に続いて決定的な意義を有する．Critique そのものが判断を二段に分節させ，ディアレクティカを復元したとすれば，社会構造は，Critique そのものを二段に分節させ，デモクラシーに対応するフル・ヴァージョンの Critique を用意させる（Hekataios を想起せよ）．これがとにかく全面的なもの（全事象を視野に入れるもの）でなければならないとすれば，Machiavelli による新しい次元とスケールの獲得は，初めて本格的な再生を試みたものとさえ言うことができる．

　他方，まさに初めて全面的なものであったが故に，研ぎ澄まされた単一性が出現し，Critique の分節というもう一つの生命線はほとんど消えてしまう．かくして第一に考察は政治システムの単一性にのみ方向付けられ，第二に大胆さは Critique の射程を越えてしまう，すなわち Critique が元来留保したり少なくとも別のクリテリウムによって Critique が行われる部分に，必要な方法抜きに挑戦することとなる．

　以上の両面は今日に至るまでの Critique の巨大な思考の運動の全てに深く

刻まれることとなる．

〔3・2・1〕 III-11：La potenza de' Tribuni della plebe nella città di Roma fu grande, e fu necessaria, come molte volte da noi è stato discorso：perché altrimenti non si sarebbe potuto porre freno all'ambizione della Nobilità, la quale arebbe molto tempo innanzi corrotta quella republica, che la non si corruppe.

〔3・2・2〕 DEM, p. 18.

〔3・2・3〕 L. Brutus の扱いは完璧であり，III, 2 で共和革命前の狂気の装い，III, 3 で息子達の件，がクローズ・アップされている．

〔3・2・4〕 cf. III, 16, 19.

〔3・2・5〕 III, 26 では Ardea の娘の一件が取り上げられながら，Ardea への外の力の介入に注目がいき，娘については "le donne...rovine" と見当はずれの考察となる．「娘」こそが全ての原動力であったというのに．

3・3

Machiavelli が踏み出した一歩の大きさは何度繰り返して強調しても過ぎるということはない．如何に大きな欠落を伴ったとしても，むしろ Homeros や Hekataios からの伝統に真に踏みとどまり，なおかつこれを正面から大きく更新しようとしたものと位置付けることができる．大きく更新するのでなければ到底伝統を受け止めえない．そしてわれわれの論考もまた Machiavelli の踏み出した道を歩むものである．

逆に，既に見たように，Machiavelli は，古典をひたすら字義通りに追いかけこれを（われわれの言葉を使うならば）もっぱら再現的パラデイクマ（exemplum）とする傾向に対して十分に懐疑的である．そのときに彼は，個別の分野の（それも）細部へ関心を集中させる者達の存在を示唆している．今日のわれわれの antiquarianism についての学問的関心は全て Momigliano に負い[1]，彼の功績により Critique したがって全学問分野に antiquarianism が巨大な正負の遺産を遺したことが意識され，その経過を跡付けることは思想史・歴史学の最も核心的な課題とされるに至っているが，Machiavelli がこの antiquarianism を示唆していることは疑いない．確かに antiquarianism のピークはその世紀（16 世紀）の少なくとも後半以降むしろ 17 世紀に入ってから訪れるが，Momigliano は Peiresc からその印象的な叙述を始める[2]一方で，発端を Flavio Biondo および Poliziano に，したがって 17 世紀でなく 15 世紀前半に，求めることを忘れない[3]．もちろん Momigliano が典型像の中に織り込む libertin, érudit, Pyrrhonisme, Galilei への帰依, 等々の要素が直ちに揃うことはない. しかし物的な論拠の特権視などの徴候は存在し, ちなみに Machiavelli の一種物理学的な基層観念とも通ずる. すると課題は, antiquarianism を発端からその変化において捉え, 同時にその antiquarianism をもたらす要因を変化において捉える, ということになる. これが Machiavelli の対抗意識を理解するための前提作業となる.

ここで本格的な研究を準備することはできないが, 第一の要因は, ローマそしてナポリにおいて教皇や君主の下で人文主義的な Critique が展開されるという点である. つまり Biondo はもちろん Valla においてすら (彼自身の Critique のスケールは全然違うとはいえ) その philologisme は antiquarianism の方へも持って行かれる怖れを内包するものであるということである. 現に 16 世紀初頭パリへ移植されると, フランソワ 1 世による宮廷の質的転換に関わる (Budé)[4]. 古典の全ての文物が政治システム (「共和政」) の存在を論理的に前提しているということは, Critique を貫徹すれば不可避の認識である. Critique 自体がそうである. 返す刀で自分達の現実を切れば, 共和政やデモクラシーの基盤とその瓦解の問題が身を切る問題として自分の方に迫ってくるはずである. Bruni から Machiavelli の線においてこの点で強烈なクレッシェンドが認められる. しかし Pocock の最新の研究によれば[5], Biondo が幾ら人文主義的歴史観を共有しているとはいえ, "First Decline and Fall" は問題それ自体ではなくその論理的な前提で, むしろ帝政期をバネとしてこれを克服した新しい世界を築くことが重要なのである. その土台は不思議なことに, 政治システムの変遷にお構いなく石のように厳然と横たわり続ける物, それを実現しそれを拠とする生活, でありうる. いずれにせよここでも「近代」への先回りは古典への固執が準備する.

第二の要因は, 最近の Poliziano 研究[6]が明らかにする如く, 15 世紀末にフィレンツェの共和政が分解していくとき, 古典墨守と自由な飛躍が (さしあたりは文体や文芸上の問題として) 鋭く対立するようになる, という点である. もちろん後者が共和政の原点に帰る方向, 人文主義の主流, と一致する. そうなると, Machiavelli に流れ着くのは, 一層やせ細って孤立した本流である, ということになる.

3 Critique の分裂

しかるに，Sigonio (ca. 1520-84) に至ると，既に Machiavelli のそれと正反対の性質の Critique が偉大な成熟を遂げてそびえ立っているのをわれわれは見ることになる．Sigonio の視野は或る種の全体性を有しており，彼を antiquarian の列に含ましめることには（如何に通例とはいえ）躊躇を覚えるほどである．代表作 De antiquo iure civium Romanorum は驚くべきことに現在でもそのまま通用する正確なハンドブックである[7]．ローマ市民たる条件は何で，ローマ市民は如何なる権利を有するか，如何なる組織に属し，如何なる制度にどのように関わるか，どのような身分や階層に属し，やがて政務官にでもなれば如何なる権限を行使しうるか．Critique は行き届き，個々のテクストに振られて基本を誤るということがない．著者の如何なるバイアスも消え去り，現代の最も専門的な学術水準に在るが如くで，分析者は言葉を失う．最良のローマ国制の体系書であろうか．

しかし，この精度はどこから出てくるのか．テクストとその意味を知り尽くす philologie か．しかしそれにしては挙げられるテクストは時代やジャンルを捨象されて横一列に並ぶ．そもそも共和政盛期のローマ市民が標準であるとしても，帝政期にも通用するかの如きパースペクティヴで書かれている．共和末のあの大変動はどこへ言ったのだろうか．このようにしてようやく疑問というものを持ちえたわれわれの目に焼き付くのは，そして決して自明でないのは，彼の視点が一ローマ市民に何が出来て何が出来ないかという関心に貫かれているということである．それは大いに様々であり，かつ変化する．しかしそれでも全てのローマ市民にとって一律でかつそれが一義的であるようなことが有ればどうであろうか．それだけが確かで，ならばそれが Critique の基準となるではないか．何故そうか，何が基盤か，どうしてそれは失われるか，等々のことは全く書かれない．しかしそれは思弁の領分に属するというのであろう．他方，日常的恒常的要素に関する限り，中でもローマ市民の自由とこれを支える制度（自由身分のための取り戻し訴訟等）には最初の関心が寄せられる．

もう一つの特徴は，この作品が De antiquo iure Italiae および De antiquo iure provinciarum[8] と三部作をなすということである．同じ視点は同盟都市，そして属州民に拡張されているのである．われわれは Bruni の「socii という視点」を見たばかりである．それは政治的にアクティヴかつ自由な結合体であり，ロ

ーマ中心の崩壊に抗した．Sigonio に同じ動機を認めることはもちろん容易である．しかしそれは拡散している．ローマ中心の崩壊に抗するというより，それと無関係に遠くで確保されることは何か，が今や Sigonio の関心である．

それでいてなおかつ，Sigonio のテクストに狭義の法学者は決して生々しい興味を惹かれないだろう．裁判制度・組織の精緻な概説たる *De iudiciis* も，あくまで政治制度としての裁判制度の叙述であり，法学的関心は示されない．そもそも諸裁判は並列され，interdictum と本案の関係，praeiudicium と争点決定，のような法学者が好むポイントをことごとくはずすのである．かくしてここに有るのは，どんなに拡散したとしても依然デモクラシーであり，決して狭義の市民社会ではない．或いは，別種の市民社会である．事実，既に述べたように[9] *De republica Atheniensium* は成熟したデモクラシー論であり，デモクラシーの制度理解のエッセンスを示す．成熟の意味は，無論 Aristoteles ないし Ath. Pol. のそれである．デモクラシーの理解自体が「国制史」的「古事学」的になると言われる紀元前4世紀の波長である．その点，Aristoteles のデモクラシー理解の核心をなすイメージが「領域の奥深くにあって職業特に農耕に専心し，滅多なことでは都市中心の政治に関わらない中間層」であったことを想いださざるをえない（あの非政治的な Platon の中核イメージがデモクラティックな demiourgos であったという皮肉も同時に）．大きく拡散させれば，そしてその隔絶の度合いを強めれば，libertin たる érudit に近付かないか．だとすれば，本格的な市民社会には Machiavelli の方が遥かに接近したことになる．何故ならば彼には *Mandragola* があるではないか．

〔3・3・1〕 A. Momigliano, Ancient history and the antiquarian, in : Id., *Contributo alla storia degli studi classici*, Roma, 1979, p. 67ss. (or., 1950); Id., The rise of antiquarian research, in : Id., *The Classical Foundations of Modern Historiography*, Berkeley, 1990, p. 54ff.

〔3・3・2〕 Momigliano, The rise of antiquarian research, p. 54f.

〔3・3・3〕 *Ibid.*, p. 70.

〔3・3・4〕 cf. L. Delaruelle, *Guillaume Budé : les origins, les débuts, les idées maîtresses,* Paris, 1970 (1907).

〔3・3・5〕 Pocock, *Barbarism and Religion*, III, p. 179ff.

〔3・3・6〕 P. Godman, *From Poliziano to Machiavelli. Florentine Humanism in the High Renaissance,* Princeton, 1998.

〔3・3・7〕 ed. Leiden, 1576.

〔3・3・8〕 ともに ed. Venezia, 1562.

〔3・3・9〕 DEM, p. 24.

3・4

　以上全ての Critique の発展は法の世界にどのように影響したであろうか．もちろん大きな断絶を前提としてここまで Critique を辿ってきたのである．しかしずいぶんと遅れて，16 世紀半ばになって（Machiavelli の直後に），実は Critique は少なくとも法学の世界に劇的に登場する，と言われる．この点についてどのように考えればよいか．

　まず，直ちに額面通りに受け取るわけには行かない理由を概括的状況の中に認めることができる．16 世紀半ばイタリアでは，如何に不完全とはいえ存続してきた政治が失われ，かつ法学が「人文主義」を受け取るのは政治の伝統の全く無いイタリア外であり，そこに政治の樹立が有った痕跡は無い．政治の存在抜きに真の Critique が発展しようもないではないか．「人文主義法学」がその発端と帰結においてフランスの王権と密接であったことは疑いを容れない．もっとも，法学すなわちローマ法学自体イタリアの都市共和国と不可分のものとして生まれながらその外でも発展してきた．他方，antiquarianism が形を成していく 16 世紀半ばまで降りてくると，ここからフランスの状況へ渡って行くことも不可能ではない．Sigonio 流の堅固な市民的自由を保障すべく王権が再構成されることは可能ではないか，共和革命抜きに．しかしそれでは古典が拠って立つ前提を大きく覆すことになるではないか．否，その前提の精密な認識は，それを抜き去り，そして何かそれ抜きのエッセンスのみを把握することを可能にしはしないか．しかしこの二次的蒸留物の精製は果たして人文主義の名に値するか．他方 antiquarianism の方は格段のスケールアップである．壺の真贋がよく政治変動に耐える如くに市民の自由は不可侵である，どころではない．やがて，政治権力自体如何なる政治変動にも耐え動かされないように良く概念され，その（真贋判定）メルクマールを与えられる．Sigonio にとってこの条件は Athenai 国制の微視的部品保存によってしか得られないものであった．しかし，部品の一式よりも改鋳された単一の王権は遥かに政治権力のエッセンスを体現しやすいのではないか．

　こうした Critique の逆用，ないし逆転，は実は既に G. Budé (1468-1540) に

おいて明確に認めることができる．Budé はフランス王権の庇護下フランスで初めて philologie を確立した（ギリシャ語を厳密に読んだ！）人物であるが，したがって人文主義の中でも Valla の決定的な影響を受けることになる．彼は，Valla が語の使用に関して Bartolus ばかりかローマの法学者達自身を攻撃した，その点を受け，Accursius の註解に対抗し，*Digesta* のテクストに全く異なる性質の註釈を付けていく．この代表作 *Annotationes ad libros pandectarum* (1508) が Valla の方法を或る意味でそのまま模倣するものであることは直ちに明らかである[1]．D.I.2.2.24 は，Pomponius の例の「ローマ法史」のうちの「各種政務官起源論」が平民諸官職の部分にさしかかったところである．secessio がその起源に深く関わるのでこれに触れなければならず，さらにそのまた起源に触れるとそこに Verginia 事件が現れる．"vindicias filiae suae a se abdixisse" (Mommsen 版)「（Verginius が）自分の娘に対する保有権を奪われた（非道を主張して）」の "abdicasse" または "abdixisse" は "abiudicasse" でなければならない，というのが Budé の註釈であり，以下その理由が二十数頁にわたって述べられる．直ちに Livius と Cicero から物の喪失に関わる "abiudicare" が動員されるのは当然であるが，さらに大規模な digressio に及ぶその理由を Budé は明記する．すなわち，Accursius は十二表法に関する様々な伝承，例えば（Pomponius がそのまま記載してくる）Hermodoros に関する（"de Graeco exploratore"）伝承，を無批判に受け取るが，これでは到底正しい解釈に辿りつくわけにはいかない——．

問題はしかし Critique の方法と目的である．"... quonam modo ipse in tanta iuris per alia atque alia secula varietate, certus esse sententiae potuit? Multae enim antinomiae dissolui et explicari sine eius rei cognitione nequeunt, quam Accursius ignoravit."（「世紀を隔てて法がかくも変転する中で一体彼自身どうして確かな考えを持ちえたであろうか，実際，Accursius が知らない事柄の認識無しには多くの矛盾点は解消解明されえないのである」）と Budé は正確に意図を明らかにしている．Budé は一直線に vindiciae という語の解明に向かう．Verginia 事件，Vindicius 事件——．神話的伝承も排除しないではないか？否，彼は一切の脈絡（神話的パラデイクマの対抗の豊かな響き！）を完全に消去して語の使用法だけを抜き取る．人身のひとまずの確保——．これは物を巡

3 Critique の分裂

る争いの中間占有に似るではないか．Pseudo-Asconius による Cic. Verr. への註解を引くことを忘れない．占有の基本原理がまさにそこに有るではないか！しかし Budé は気が付かない．これは本当の占有ではない，"non iusta et absoluta possessio, sed fiduciaria, veluti depositaria"（!?）——．Budé はそれっきり fiducia から fideicommissum へとそれていく．それでも sponsio, mancipatio, vadimonium... とまだまだ期待を抱かせる．しかし占有の問題の重大さは理解されないのである．Cicero の法廷弁論を駆使して語の背後に生々しい exemplum を再現する．この限りで Valla の方法に忠実である．しかし，Budé には "Dialecticae disputationes" が到底備わっていない．単一の exemplum に（この場合で言えば複数の）概念（さえも）が縮減されるのである．とりとめもなく続く長大な Budé の概念遍歴であるが，実は強固に或るイメージへと全体が収斂している．つまり物や人身を単純に遮られずに把握する事態である．そのことが持つ脈絡の無限のニュアンスの差こそが生命（占有か占有でないか，それが成り立つか成り立たないか）であるというのに．確かに，Budé がまだ明示しえない単一の exemplum は強力である．しかしこれの抽出という意味の Critique は，Budé が如何に Valla を意識しようと正反対の性質のものであろう．

Le Duaren（1509-59）は，（遺された書簡が示すように）Budé とも近い関係にあり，そして Alciato（1492-1550）の跡を襲って Bourges の学問的運動の中心人物の一人となるが，早くも法学の伝統の内部において言明の学問的正当性の問題を強烈に意識している．哲学をモデルとして素材が（個々の概念構成だけでなく）全体として加工されなければならない，というのである．このため，*Digesta* と *Codex* にタイトル毎の註解を付すという形式を維持しながらも，こうして形成されたユニットを（*Digesta* と *Codex* さえ今や混ぜて）体系的に配列する．標題自体（例えば "In Lib. XLI Pandectarum seu Digestorum. In Tit. I. De acquirendo rerum dominio arficiosa ac methodica tractatio"[2]）このことを強烈に意識したものとなる．こうしてこのレヴェルでまず Critique が作動するということになるが，しかしそれだけではない．Budé 風の philologie がもう一段進んだ形で用いられているのをわれわれは見ることになる．例えば "In (Dig.) Tit. De acquirenda vel amittenda possessione" の Cap. I はまさに "Quid sit possessio" と題されるが，語の背後に単純なパラデイクマを見てここに全てを

還元する方法は徹底される．そして後者が代替的にそのまま機能させられていく（Budé との相違）．対象物の端的な直接支配を示唆する Theophilus 文を「最も単純であるから，断然真実である」としてここに固い基礎を探る[3]．そんなことを言っても意思だけで占有を保持しうるではないか，という反論はあっさり切り捨て，出掛けて不在でも占有を失わないのはまさに法が現実支配をフィクションするためである，とする．しかもここに possessio civilis を見るから，基本型にそのまま corporalis を当て，しかもこれを naturalis とも同一視する，という単純化にとどまらず，civilis 自体基本型のアナロジーでしか捉えられない．こうして，detentio から出発したからといって決してこれを尊重しようというのでない，ということになる．占有が大変難解な主題で現に当時のフランスで論争が絶えない[4]，という理由をわざわざ序文を付して述べた後に Duarenus は占有に関する長大な excursus ("alter commentarius") を用意するが，ここでは，同様の議論を一層詳しく展開して「直接的支配」の様々な段階化（colonus, procurator 等々の介在等）について論じた後，"juris vel facti" 問題に "juris et facti" と答える．detentio から出発しながらその現実支配の足をどこまでも天に向かって伸ばす（naturalis-civilis の二項両極を結ぶ軸も重ねる），というのが Duarenus の構想であり，何とそこに（相続等の原因によって自動的に占有をも獲得しうるというローマ法が知らない原理を有する）慣習法も収まる[5]．だからこそ "sed etiam juris" であるというのである．Duarenus は *Disputationes Anniversariae* において dominium を "ius de re aliqua corporali plene ac libere disponendi" と定義し，Accursiani の "directum-utile" を "veteres" が知らない用語法としつつも擁護すべく「永小作権者には actio utilis があたかも dominus に対するかのように与えられる」と述べ，proprietas と possessio には全然共通点が無い，と折角言いながら，前者に iudicia があるように後者に interdicta がある，とアナロジーで両者を結んでしまう．貫く基本イメージは，所有権者がなおかつ直接的に対象物を把握する，というものである．

"In (D.) Tit. De origine juris" がほとんど Pomponius 文を離れて（テクストに対する手続抜きに）ドラスティクな歴史像を示すのは当然である．「初めローマ国民は何ら確かな法を持たず，王の手に全ての統治が委ねられていた」("Imprimis populus Romanus nullo certo iure utebatur, sed omnia manu Regis gubernabantur...")．ところが他方このことは「書かれた法律よりはむしろ良き慣習が妥当していた」("plusque apud eos valebant boni mores, quam ullae leges scriptae...")ことを妨げないのである．それでも Romulus 以来形成される leges regiae を解体することのみに共和革命の意味が認められる．共和革命の実質は護民官権力に等置されるが，その破壊力の結果再び「国民は如何なる確かな法をも持たずむしろ慣習によった」("populus consuetudine magis, quam ullo jure certo usus est")のであり，そしてこの慣習を引き継ぐように 20 年後 Decemviri が十二表法を制定し，これが全ての公法私法の源となる．ここには強固な二元論がある．政治システムと慣習，前者を破壊して後者，これを基礎に新しい二元的構成．つまり私法を支える何かを基礎として，政治システムの法も樹立されるのである．

　慣習法や封建法の研究とともにそこから強い政治的スローガンが生まれるであろうことはもはや疑う余地がない．その最も強烈な個性が Fr. Hotman (1524-90) であることについて異論を見ないであろう．その場合にはわれわれの問題にどのような解答が与えられるであろうか．*De Legibus XII Tabularum tripartita*[6] は現在でも新鮮さを失わないテクストである．第一部 "De iure sacrorum legis XII Tabularum fragmenta" および第二部 "De iure publico legis XII Tab. fragmenta" は，arcaizzante な伝承に徹底的に忠実に，太古からの慣習に結び付けての解釈＝再構成を展開する．第三部 "De iure privato" に至ってもなお家族法ばかりで，usus auctoritas も相隣関係に埋没する（しかしこれは別の意味で悪くない直感である；cf. infra）．民事訴訟に至っても同じ arcaizzante な調子は続き，19 世紀の Gaius 発見以後と混同しそうな感覚にとらわれるが，末尾にやっと vindiciae が登場する．Gellius のテクストにつき emendatio を伴う精密な解釈を施し，ただしそこから一気に飛躍する（この手続は飛躍を含めて意識される）[7]．そして "Vindiciae autem nihil aliud tum fuisse, quam possessionem" という結論を導く（後にわれわれは別の経路で同じ結論に到達する）．物について争うとき，どちらが占有者かを praetor が決めなければならない，やがてここに edictum が発達し，"nec vi nec clam..." 等の文言が生まれる，と[8]．しかしここで Hotman は Fest. s. v. superstites との矛盾に気付く．証人が要らないはずであるのにそれが要求されているからである．Hotman の解釈

は「領域で praetor 抜きで争うときには証人が必要である」という partitio で[9]，これに沿って二本立ての十二表法テクスト再構成を行う．「慣習」は領域に着目させる限りで社会構造に目を開かせ，そこから，法廷手続＝権原に対する占有の独自の意義にまで限りなく接近させる．にもかかわらず，すぐに続く部分で，Verginia 伝承が扱われながらこれは causa liberalis に限定された意義を有するのみであるとしか捉えられない．おそらく認識の精密さ故に．DH, XI と Liv. III の両方が引かれる[10]が，二つのヴァージョンの違いは分析されない．Fest.-Gell. もまた調和的に解された．こうして causa liberalis そのものが十二表法に規定されたとされるばかりか，有因主義的所有権移転原理の裏のヴァージョン[11]も（見事に叙述されつつ）十二表法に帰せしめられる．Hotman においてさえ，Critique 移転に伴うバイアスは克服されない．

とはいえ，今や私法が不純物抜きの完結した概念世界として記述されうるようになる．Doneau (1527-91) まで辿り着くと，*Commentarii de iure civili* において比較のため "de origine iuris" への註釈を読もうとしても，それは望み薄である．法の定義，法の目的，そして続くのは早くも人の身分であり，物であり，その末尾にわれわれは占有を見出す．つまり usucapio からその中心的要件としての possessio に入るのである (Lib. V, Cap. VI)．語源に関する *Digesta* 内のテクストに抜け目無く着目して定義した後，しっかりと有体物の実体的な把握を概念の基礎に置き，しかし直ちにそれと占有が同一でないことを綺麗に叙述する．もっとも，そのメルクマールは何と "Justa causa" である．とはいえ，占有する権利というものは存在せず，失えば終わりであること，"solo animo" のように見える場合も少なくとも一旦は実際に把握したのでなければならないこと，等々は実に見事に理解されている．占有訴訟についても同様である．ただし，占有概念との関係については凡そ論じようがない．何故ならば今度は不法行為の末尾で実力規制の脈絡で論じられるからである (Lib. XV, Cap. XXXII)．もちろん両方の議論は見事に整合的である．

Donellus が全くその Critique の舞台裏を見せないのに対して Bodin (1530-96) はこの点で過ぎるくらいに赤裸々である．*Methodus ad facilem historiarum cognitionem* は標題からして "cognitio facilis" つまり「正しい方法で要点を捉え，あてもなく彷徨わない」ことをスローガンとして掲げる．歴史探究の課題は，

3 Critique の分裂

直ちにそれに従うことのできる内容，praecepta ないし exempla の摘出である．しかもそれは将来に向かって役立つものでなければならない[12]．そうでなければ不経済であると言わんばかりに．Historia を三分し自然と神をそれぞれ排除した後 (Cap. I)，われわれにとって（後述）興味深いことに，Cic. De orat. の annales 再評価を Critique の基礎に置く．つまり早くも儀礼的 exempla（探究）固有の厳格さと一義性に向かって軌道を定めたことになる．Cap. II の ramisme，大テーブルの上に再現さるべき大普遍史の構想，もこの儀礼的 exempla の上にのみ樹立されることに注意しなければならない．ともかくこうして res publica から status が抽出されるが，それは当然政治システムの具体的外延の上に超然と聳えて不可侵の儀礼的同一性であろう．もっとも，興味深いことに，議論は一見正反対の方向に向かう．Cap. III は人間のミクロの行為から出発し，一方で政治体の形成を一瞥した後，しかし人間の全生活についての antiquarius な探究が示唆される．したがって政治もまた「政治生活」の領分となるに違いない．しかも Cap. V ではその習俗が如何に自然によって決定されているかが（後の議論を先取りするかのように）論じられているのである．Cap. VI で議論が政治システムに戻ったときに如何に見事に寄託という法学的形象が公法的関係の概念化のために用いられるかということは既に見た通りである[13]．そうした原イメージは以上のような手続により抽出されるものであり，したがって習俗と自然にその根を（ramisme の必然性を持って）深く張り巡らせているのである．Bodin はそれを綺麗にひっくり返し却って政治システム存立の超然性の保障のために使ったのである．

〔3・4・1〕 ed. Basel, 1557 の復刻版 (1966) による．

〔3・4・2〕 ed. Leiden, 1584.

〔3・4・3〕 "Inter ceteras possessionis definitiones, quae vulgo proditae sunt, ut simplicissima, ita longe verissima mihi Theophili definitio videtur...."

〔3・4・4〕 "partem...non modo utilissimam, verum etiam obscuresimam...maxime in Gallia nostra, in qua frequentissimae sunt controversiae de possessione in judiciis : nec quisquam est in foro versatus, qui de eo dubitet. Difficultas non tam in verbis ipsis, quam in rebus versatur in quibus mira deprehenditur subtilitas...."

〔3・4・5〕 "Est et apud nos usitata possessio, quae sine ullo facto, aut etiam animo transfertur juris auctoritate : et fuit incognita veteribus Jurisconsultis ; sed moribus nostris est receptissima. Haeres moribus nostris, mortuo eo, cui haeres extitit, statim acquirit possessionem rerum haerediariarum. Iure Romano statim quidem acquirit dominium rerum haereditariarum,

possessionem autem non acquirit."
[3・4・6] ed. Leiden, 1564.
[3・4・7] Huius initium ex XII tabulis reliquum exstat apud Gell. Libro XX cap. IX. Caetera ex coniectura supplevimus : de qua ex illo toto Gelli loco cuius faciemus existimandi copiam. Nam illum a nobis emendatum infra describemus.
[3・4・8] Ius vindiciarium, inquit, est cum litigatur de ea re apud praetorem, cuius incertum est quis debeat esse possessor....Quod cum ita esset, caput hoc de vindiciis decernendis facili coniectura supplevimus, earumque rationem, apud illud ius, quod postea Praetores in edictum perpetuum retulerunt, accomodavimus....Nam quod illi possesionem eis se daturos edicunt, qui neque vi, neque clam, neque precario possidet, id nos uno doli mali nomine, sententiam potius quam verba secuti, complexi sumus.
[3・4・9] Quamquam difficile dictu est, ius illud quod Festus significat, capitis huius partem fuisse. Nam si in iure vindiciae sumebantur, nimirum testium satis erat. Existimarem igitur sanxisse legem, ut si Praetore absente litigatores vindicias sumerent, cum scilicet in agrum et rem praesentem profecti essent, aliquot testibus praesentibus id facerent.
[3・4・10] ――ubi de assertione Virginiae puellae commemorans, scribit, Numitorium ipsius avunculum et assertorem, postulasse ab Appio Claudio Decemviro, ut legem a se in XII Tabul. perscriptam servaret, in qua ita cautum esset:――. Id est, Eius qui in servitutem ex libertate asseritur, dominium usque ad exitum iudicii non cum esse, qui contra libertatem, sed qui pro libertate pugnat.――Livio quoque; lib. III idem significat, cum ita scribit:――. Videtur autem Livius eodem loco significare, cautum eadem lege fuisse, ut cui vindiciae secundum libertatem addicerentur――.
[3・4・11] Ut vendita res, quamvis tradita, nisi aes datum, satisve eo nomine factum esset, dominum non mutaret...Venditae vero res et traditae, non aliter emptori acquiruntur, quam si is venditori precium soluerit, vel alio modo ei satisfecerit.... IV-3-3-9 参照.
[3・4・12] proem.: verum etiam quae omnino sunt sunt expetenda, quae fugienda, quid honestum, quae optimae leges, quae optima respublica, quae beata vita...(ed. Amsterdam, 1650 (1967)).
[3・4・13] DEM 0-3-1-2 = p. 24.

4 Critique の展開

4·0

 Critique が初めて法に向かったとしても，それは全体性の回復ではなく，Critique 分裂の一光景にすぎなかった．とすると，「法と社会構造」どころか「法とデモクラシー」や「法と政治」すら本格的に関連付けられることは無かったということになる．否，イタリア諸都市での実験を終わって，そもそも政治からして初めて基礎付けられなければならなかった．そこに早くもデモクラシーが絡まることはむしろ妨害要因でさえあった．イタリア諸都市の失敗は，ギリシャ・ローマの失敗に続いて，大きな強迫観念ばかりを遺した．人文主義の遺産は 17-18 世紀において，まず散り散りになり，そしてまた可能な限りの変奏のもとに，それぞれの航跡を辿る．以下，既にデモクラシー論の系譜として述べたところと大いに重複するが，ローマに焦点をあて直し，微かに法をにらむようにして，再確認する．

4·1

 まず占有をひとまず正確に発見し終えた人々の動向であるが，第一に学説において，その認識が比較的安定的に維持されていった反面，あくまでその遺産の上に固執し，大きな認識の転換は行われない．その証拠に，Critique が百花繚乱の様相を呈するにもかかわらずそこからのインパクトは最低限にとどまる．法学に関する限り分裂は，相互作用のダイナミズムさえもたらさずに固定される．政治やデモクラシー，哲学，歴史学，等々から孤立する姿は早くも見られる．中心的なフランスの法学においてそうであり，イタリアは人文主義以前に

とどまり，ドイツ（「普通法学」）もそれに近いと評しうる．オランダでのみ新しい試みがなされたが，法学に関する限り実り豊かとは言えなかった．政治やデモクラシーの面で先頭を切るイングランドでもまた，そもそも「占有の再発見」も「人文主義法学」も（密やかな影響を除くと）受け取らなかったにせよ，法ないし法学の相対的孤立は（ここではことのほか積極的な意味をも有したとはいえ）明白であった．「ローマ法」がそこに有ろうと無かろうと，つまり人々がそう意識しようとしまいと，Critique を伴う生きたローマ法がそこに無いことにはかわりなかった．むろん，そのことに何の意味も無いのではない．内包はともあれ，「市民社会」を政治再発見や「民主化」の動乱から守るためにはこれも必要と考えられた．本論で述べるように Critique を表面上容れないのは法の本性による部分が有るが，しかし元来は Critique を水面下深く埋め込む．ところがおよそこれを拒否する体質が有るとすると，ローマ帝政期に続いて近世の歴史の中で DNA に埋め込まれたと見られる．Critique を受け付けないと本当の基盤を獲得しえないが，しかし冒険をすれば何もかも失うのではないかという不安は法律家に固有のものとして残った．

　しかしそれでも実務において占有概念が着実に定着していたのであるならばよいではないか．その点はどうなのか．今後の研究をまたねばならないが，通念として安定した地位を，フランスやイタリアで獲得したとしても，深刻な軋轢とディレンマにさいなまれたこともまた確かであると思われる．試みに，16世紀後半から17世紀初頭の北イタリアの実務で活躍した Giacomo Menochio (1532-1607) の著作を覗いてみる．*De adipiscenda, retinenda et recuperanda possessione, doctissima commentaria* は版を重ね広く流布したと思われるが，この三分法の後それぞれをさらに分類していくという叙述方法が採られ，さらにその内部は "quaestiones" のスタイルで徹底したカズイスティクである．ローマ法源，Cicero (Fulcinius!)，教会法源，Glossatores，人文主義法学，各種裁判例，都市条例，等々全てを区別無く引きまくる．このようにして例えば De ret. III, Q62 は，占有侵害の態様は多種多様であると述べ[1]，Baldus を引用しつつ「永小作人が所有権者の占有を否定すれば駆逐可能である」とし[2]，また colonus が他人に果実を引き渡せば dominus の占有を侵害したとみなしうる[3]，とする．その事例は豊富に挙げられる．Q66 は possessorium と petitorium の

4 Critique の展開

併合は可能かという問題であるが，非常に難しい[4]とした上で，ケースのジャングルを出現させる．III, 10 (proem.) では，後の版において加えた註の形で，As. ad Cic. Verr. の "lis vindiciarum" に触れる．「旧版で Budaeus を引き，これは現在のフランスで Recredentia と呼ばれている旨書いたが，今やそれは疑わしい」．所有権の争いではなく，将来の占有のみを争う場合に付与されるのではないか，だとすればこれは俗に言う summarissimum のことではないか（lis vindiciarum とは別物である）[5]．Menochio のこの発言の背景については予断を許さないが，フランス人文主義が「起源」に発掘したものが容易に慣習的制度の曖昧さと習合し，一見占有概念に基づく争いの復元に見えて，実は単純に実力支配者が誰かを認定しているだけではないか，という疑念がここには存する．「われわれの制度に当てはめれば summarissimum にすぎない」というのである．しかし summarissimum 自体脈絡をはずれているという推測がここから成り立つ．Bruns はこれを以て占有訴訟の独立が達成されたと見たが，考えてみればローマにおいて interdictum がここまで肥大することは無い．占有で全てを決着する傾向が強いローマでさえ．そもそも占有で全てを決着するということと，その手続が possessorium-petitorium の脈絡から切れるということは，異なる．possessorium-petitorium の区分が難しくなっていることを Menochio が認識するという事態が存すればなおさら，諸々の概念がそれぞれに習合してバラバラになりつつあることを覗わせる．De recup. になると一気に封建法色が強くなり，そこに付された responsa を覗く限り，占有も，様々な権力が交錯する非常に雑多な構造の局所局所を暫定的に安定させる道具でしかない，という印象が得られる．確かに占有は圧倒的なパラデイクマとなった．概念自体は一応正確に理解されている．しかし普及し安定すると同時に混乱も始まっている．もちろん歴史的認識から得られたモデルをそのまま適用することは論外である．否，この態度こそが事態を紛糾させ，認識自体を錯乱させている．逆に一層深く懸隔を認識するのでなければならなかったであろう．一層深く目の前の問題を認識することに繋がる．この観点からは人文主義法学の認識は（ローマに関して）方法・内容共に全く不正確ということにならざるをえない．

　主として教会の周辺で活躍した Postius の著作 *Tractatus mandati de manutenendo sive summarissimi possessori*[6]には，一層（定着するも）混乱した実務の

状況が描かれる．possessor は被告となって訴訟上有利な地位に立つ（Observatio I）が，訴訟継続中の占有保持命令には二種（iudicium 中と終了後）が有り（Obs. II），非常に多くの名称で呼ばれるが，summarissimum と ordinarium の区別自体は必ずしも貫かれない現状が存する（Obs. III）．職権かつ extraiudicialiter に両当事者を審問して手続は開始される（Obs. V）が，では何に対して与えられるかと言えば，"iusta legitima possessio" に対してであり（Obs. XI），auctoritas iudicis によって既に poss. を与えられていた者には無条件である（Obs. XII）．問題は「固有の権原」（auctoritas propria）に基づいて請求する者をどうするか（Obs. XIIIff.）であるが，Postius は否定説であり（Obs. XIV），権原毎に証人（！）を通じて精査しなければならない（Obs. XIX）という．各都市の実務が盛んに引かれ，traditio の要件は書面による儀礼的行為を要するとされ（Obs. XXII），土地台帳も参照される（XXVII）．こうして，教会に関する quasi possessio を含めて，多くの細かい exceptio をどう処理するかに関する実例の列挙が延々と続くことになる．論述よりもこの部分が長いためにデータベースの様相を呈する．証人の人定，宣誓の問題，通訳に至るまで，実務的主題が続く．Menochio も引かれるが，Menochio に残っていた人文主義の残影はもはや無い．明らかに後に Savigny が一掃したくなる状況である．

既に Antonio Merenda の悩みは深刻である．*Controversia iuris* の III, 19 は "De summarissimo iudicio retinendae possessionis, an sit ei locus cessante timore rixarum" と題される．そもそも summarissimum は両当事者が占有訴訟に乗って来ない恐れ，実力衝突に赴く恐れ，に対応するものである[7]．その場合に判事がヨリ良く自分の占有を弁じたてた者に暫定的に所持を許す[8]．しかしこれが正義に反するという有力な反対説が存する．武力衝突を回避することも重要であるが，正義に反する決定というものもあってはならない[9]．実際占有していても対象物にアクセスできないときは占有を失う[10]．summarissimum はこの状態を作り出す．いずれにせよ実力衝突の恐れが無くなったときは不必要かつ不当である[11]．以上の Merenda の発言を導いているのは，第一に，possessorium が本案化し（或いは，possessio の概念が正義を含むものになっており），summarissimum が占有訴訟として機能する，第二に，その summarissimum は

4 Critiqueの展開

もっぱら治安維持の方向で考えられる，第三に，かくして全体が実力（その職権規制）と権原＝正義に分裂してしまっている，という状況である．占有は武力衝突を回避するための必要悪にすぎず，その危険が過ぎ去れば不要である，ということになる．しかもこれが summarissimum について言われ，possessorium は二重に宙に浮いている．そもそも interdictum のところが若干でも争訟になり全体が三段にイメージされれば[12]，苦肉の策であるとはいえ，いつかは混乱する．

〔4・1・1〕 ed. Köln, 1614 : quot modiis possit considerari possessionis turbatio ? Et vere dicendum est variis modis, vix enim comprehendi possunt, cum plura sint negotia, quam vocabula.

〔4・1・2〕 emphyteotam expelli posse, si negat domino possessionem, cum ex ea negatione possessionem introvertere et ea male uti credatur....

〔4・1・3〕 ...colonus dominum, cum alteri tradit fructus....

〔4・1・4〕 an hoc iudicium possessorium cum petitorio in uno eodem libello possit cumulari ? Alta est et perdifficilis, ac etiam perplex iuris quaestio, quae omnium ingenita exercuit. ego, quo res clarius elucescat, aliquot casus ex ordine distinguam atque constituam.

〔4・1・5〕 ...concedi solet non cum de proprietate, sed cum de sola possessione futura quaestio est, et iudicium possessorium summarissimum vulgo appellant. いずれの日にか解明したいパッセージである．

〔4・1・6〕 ed. Torino, 1645.

〔4・1・7〕 ...iustus timor adest ne partes, quae possidere contendunt, rixentur....

〔4・1・8〕 ...quia summarie et omisso ordine iudiciali qui longum tempus postulat, iudex inquirit, quis melius de possessione sua doceat, eumque absque praeiudicio possessionis, si forte penes adversarium adsit, interim in detentione rei conservat, ac defendit iubens eius adversario, ne ei molestiam inferat.

〔4・1・9〕 ...sed adversus iuris rationem efficere non potest, ut is contra quem lata est sententia in hoc iudicio, possessionem, si forte possessor sit, retineat....Iniuria enim fieret possessori, si detentio adversarij eius possessione potior esset.

〔4・1・10〕 ...nam traditum est, eum, qui possessor est, si ad rem addeat, et non audeat eam ingredi, illico possessionem amittere....Ius enim civile non patitur, ut is rei possessor intelligatur, qui rem, quam possidere adire, et ad libitum corpore tenere non et audet....

〔4・1・11〕 ...hoc cessat inutile, et iniquum....Iniquum esset hoc remedium, si competeret, ubi cessat timor armorum, quia non semel accidet, eam, qui detinet quidem rem, sed non possidet....

〔4・1・12〕 ...cum magno incommodo possessoris, percipere fructus rei, quos deinde per tres conformes sententias repetere cogitur.

4・2

法学が Critique から遠ざかる間，しかし Critique の方では四分五裂の中，多くの生産的な対抗が生まれ，非常な社会的軋轢と迫害さえ経て，後に振り返

ればやがて Critique の世紀をさえ認定できるほどである．まず何と言っても重要であるのは Descartes, Hobbes, Galilei であり，彼らの深いインパクトが次々に発生させるエコーである．ここでは代表としてまず Descartes (1596-1650) を取り上げよう．彼の Critique がわれわれの脈絡において持つ意味は，Machiavelli の跡を追って古典のテクストを徹底的に離れるそのことの哲学的装備を思弁したことである．Machiavelli の「序文」と Descartes の「序文」は余りにも類似する．Machiavelli が人文主義と antiquarianism の両極を同時に切って捨てたとすれば，Descartes は人文主義と社会学の両極を切って捨てた，のである[1]．後者にはおそらく Machiavelli も含まれようが，しかし構図が再現されることに注意を払わなければならない．Descartes にとって古典からの認識というものは信頼できない．「古典」の中にはスコラ学も含まれるし，文学的要素はとりわけ多く滲むが，これらの点に幻惑されてはならない．人文主義本体が的である．さて，しかし人文主義者は決して自分達の現実から目を背けず，古典に対して盲目的に臣従するのではなかった．双方に対して批判が向けられた．その現実はどうか．Descartes にとってそこから得られる経験的データも到底依拠しうるものではない．批判の矛先はかくして一方で古典そのものに加えて人文主義となり，他方で現状のみならず凡そ現実一般となる．第一に意外にもこれは人文主義の思考回路そのものである．ただし極限まで増幅されている．第二に（全く新しい要素として）反転，唯一信頼できるものとして，批判を遂行する自分自身，そしてその自分自身が直結する神の存在，が置かれる．あとはその批判の道具立てである（syntagmatisme を支える）クリテリウムのみが残る．つまり数学的明証性のみである．これほど単純なことは無いし，これほど決定的なことも無い．何よりも法学はお手上げである．

　Hobbes (1588-1679) を読むとわれわれは，この新しい批判がそのまま適用されていることと同時に，そうした批判の眼目が政治の再発見，再構築，であることを理解する[2]．政治は人文主義以前のイタリア都市で再発見されていたではないか．人文主義はデモクラシーすら先取りするではないか．しかし第一に，ここまで見てきたようにまさに早熟なデモクラシー故に政治は極度に混乱していた．第二に，当時のヨーロッパの新条件下で本当に成り立つのかどうか，まさに実験が行われようとしていた．Hobbes は一方で Thoukydides（遡れば

Homeros）譲りの破壊的ディアレクティカを根底の素材に対して向ける．冷たい物理的法則と深い猜疑心に満ちた心身二元構造により，人々の間を繋ぐものは完璧に切断されてしまい，Descartes が凡そ信頼できる経験的認識というものを一掃したように，Hobbes も，従いうる典拠のメッセージをしかし本当に受け取りうるのか，その確かさを破壊する．政治システムの存立，すなわち「公権力」の樹立，は全ての世俗的で怪しい権力の破壊の端的な論理的コロラリーとして捉えられる．「お前は論理を探究して自動的にそれらを破壊し終わった以上，再び自動的にこの公権力を受容したことになる」と説かれる．これはもちろん Descartes に劣らずスキャンダラスな発言である．

　さて，問題はこれがわれわれの問題にどう響いたかである．法学に対しては若干の例外が疑われる他は何のイムパクトも無かったようである．占有概念は古典的形姿を机上で発見され，しかし現実には混乱の極を彷徨い，Descartes が世に出たことさえ知らぬげである．ましてその基礎付け，政治やデモクラシーとの関係，はもうすっかり遠い話である．しかしながら，その基礎付けのための素材，人文主義的ディアレクティカの相手，かつてそれがその古典的形姿を曲がりなりにも再発見させた素材，はどうか．つまり古い時代のローマに関する探究はどうか．面白いことに，これは Critique の試金石，Critique を巡る派手な論争の焦点であり続けた．舞台はオランダに移る．明らかにこれはイタリアに続いて最初に政治を再発見した社会である．Homeros 流最深部からのディアレクティカを遂行するためには神の概念，そして聖書のパラデイクマ，に対してそれを施すことは欠かせない．イタリアの人文主義者はこれを正面からはしえなかった．しかし Erasmus 以来，聖書に対する Critique 適用とその反動の大混乱は少なくともオランダで一定の果実を得たように思われる．Grotius は人文主義的ディアレクティカを政治的に使いえた．そうした空気の中で，例えば Cluverius（1580-1623）は早々にローマ史に関する Pyrrhonisme に到達する[3]．この後 Critique の帰趨を計るバロメータ，恣意性の名の下にその記号，となるのは carmina であり，これこそがわれわれのこの論考の試金石でもある．つまりローマの古い時代に関する伝承，（前人文主義期のイタリアを経由して）具体的な政治制度のモデルとして政治的言語を支える伝承，はそもそも全く架空の作り話にすぎないというのであるが，そのときに若干のテクスト

に言及される文芸的形式の口頭伝承（「歌謡」）が引照されるのである．典拠を使っての攻撃は人文主義そのものであるが，これが全否定の道具となったことが注目に値する．Pyrrhonisme と Descartes の間の関係は難しい問題であるが，この空気が先鋭的な知識人の間で大いに吸われたことは疑いない．もちろん大変多義的であり，一方で自然科学のスキャンダラスな発展を彩ると同時に，他方では宗教上の改革派と反改革派両方の武器でありえた．

Pyrrhonisme の基盤形成的功績は Descartes のそれと並んで幾ら強調しても強調しすぎることはない．以後，どのように先鋭な Critique をしようともこの洗礼をくぐっているかどうかは決定的な差異となる．つまり，具体的な方法的提案のもとに確かな認識の可能性を再建しようとする試みがあったとしても，Descartes の問題提起を受け容れたそれと，単にそれを拒否して蓋然性にすがるそれとでは，全く異なるということである．そしてこれはその後も響き続けるばかりか，例えば Bayle (1647-1706) 等の手によって深められていく．18世紀啓蒙期一杯，或る角度からはこのタイプの（政治的）Critique の時代であったと言って過言ではない．

〔4・2・1〕　*Discours de la méthode* 冒頭の一人称は何よりも強烈である．他との絶対的差異は「私」を完全に切り取るが，これによってこそ「誰でも」の普遍が現れる．Critique の動機は最初から鳴り響くが，それはこの脈絡に在る．そしてその「私」が人文主義をくぐる．つまり明証的なものを求めて Critique を既に経ている．決してそれはスコラ学のことではないことには，Brutus の子殺しさえ登場するからである．第一の切り返しは "je quittai entièrement l'étude des lettres. Et me résolvant de ne chercher plus d'autre science, que celle qui se pourrait trouver moi-même, ou bien dans le grand livre du monde" であるが，最初の「私自身」は経験であり，したがって旅であり，さしずめ社会学である．しかし真の「私自身」はこれをもう一度切り返すときに初めて現れる．"Mais après que j'eus employé quelque expérience, ju pris un jour résolution d'étudier aussi en moi-même". ということは経験の主体としての自己をよほど研ぎ澄ますということである．イオニアから Sokrates に至る伝統を人文主義に続いて受け継ぐものであり，POL で示したとおりわれわれの論考の岩盤の一つである．

〔4・2・2〕　cf. POL. p. 126ff.

〔4・2・3〕　cf. H. J. Erasmus. *The Origins of Rome in Historiography from Petrarch to Perizonius,* Leiden, 1962, p. 60ff.

4・3

われわれにとっての最大の関心は，Descartes 後，人々が第一にどこまで深く受け容れるか，第二に何に拠って反撃するか，である．大前提として，にも

4 Critique の展開

かかわらず総体として様々な大きな壁が立ち塞がり，今日に至るまで変わらない，ということがある．それだけに試みが真剣であるほど，Critique はヨリ先鋭になり，基礎付けは深度を増す．総じて，懸命に政治およびデモクラシーの土台を探っている図であると解しうるが，とりわけ後者の側は極めて興味深いヴァリアントを幾つも生む．そしてその中の一部分をわれわれは市民社会の基礎付けを探る試みとして位置付けうる．そこにさえ広義狭義様々なヴァリアントの存在を見出しうる．

まず，16 世紀から発達を続ける antiquarianism は，Machiavelli や Descartes の批判にもかかわらずますます強固な基盤を築く．そしてこれが今や相互作用の重要な因子として全体のインタープレイに参画するのである．Momigliano によって発掘されたその意義についてわれわれは繰り返す必要が無い．antiquarianism は内部に堅固に閉じた Critique を保持する．秘かに哲学的 Critique と通じ合う[1]．

他方これと全く別の方角から Descartes に対する修正動議が提出される．何と言っても圧倒的な地位を占めるのが Spinoza（1632-1677）である[2]．*Tractatus theologico-politicus* における明示的な Hobbes 批判，*Ethica* における同じく名指しの Descartes 批判，について研究も多いが，再確認すれば，全てを一掃した上で，知覚によって受け取ったものから想像力を批判的に働かせ真実に迫る人間の能力，この意味の Critique の活動の内部にこそ存在する確かさ，を明晰に論証した．この転換は続けてすぐ決定的であり，Descartes 主義と並んで（ないしはその中から）Spinoza 主義のアカデミーが簇生し，「当局」は躍起になる．

Spinoza との関係は論証されないが，この脈絡でわれわれにとって重要であるのは（同じオランダの）Perizonius（1651-1715）であり，この論考の重要な先駆の一つである．主著 *Animadversiones historicae*（1685）[3]は，文献の内部に史料の史料に言及した部分を徹底的に検索・摘出し，その性質についてコメントしていく．それらの信憑性やバイアスについては否定的に評価されることも多く，Pyrrhonisme と変わらないかにさえ見える．しかしまさにそうした考察は既に古い時代のローマ史に関する一個の具体的な記述になっている[4]．Carmina についての記述は確かに cap. VI の冒頭数頁を占めるにすぎない[5]．しか

しながらそれが社会の中で生きた言わば実在を大いに肯定している．決して Carmina を，伝承全否定を言うための道具に使うのではない[6]．しかもこれに耽溺する各民族史の antiquarian な傾向を突き放すように叙述は淡泊である．Carmina をそのまま信頼することは決してないと予測させる．つまりここには初めて伝承吟味の手続における一つの道具というものが概念されている．初めて「史料の史料」を具体的に想定したということになる．史料の概念が二重分節したのである．そこから伝承の取捨選択の道が開ける．例えば Carmina は具体的パラデイクマを含むと考えられるから，まずこれを形成するときの人々の知覚，それをヴァーチャルに受け取るわれわれの知覚，が真実でないとして批判されこそすれ，Critique によって修正し何らか真実に近いものに近づけうる，ということになる[7]．*Animadversiones historicae* においては，人文主義との隔たりは全体を覆う懐疑の姿勢からして明白であるが，Descartes 修正の部分はその懐疑に対する細部における注意深い抑制にしか差し当たり読み取りえない．この点ドラマティックに彼の立場を露出させることになるのは，1689年の *De origine et natura imperii, in primis regii*[8]である．これは直接に政治闘争の文脈に立つものであり，共和的政治的階層の立場の擁護であり，Hobbes 流王権の弾劾である．ローマの王権が imperium の概念の étiologie を担って政治的階層の認証にこそ基礎を持つことを弁証する Perizonius の姿は Pyrrhoniste のそれでは到底なく，批判によって濾過されれば核心に至りうると考える立場に立つものである．このことを際立たせることになるのは Huberus（1636-94）による余裕綽々の攻撃（*De jure popularis, optimatium, et regalis imperii, sine vi, et a sui juris populo, constituti*, 16)[9]であり，これは言わば Livius にさえ Hobbes を読み込むものであり，Perizonius が（テクストでなく）Hobbes の概念装置に対して如何に無理解であるかが描かれる．

　他方，視野を広げれば，17 世紀の終わりから Spinoza とパラレルな形而上学が他にも出現すると同時に，18 世紀に入ると Momigliano によって "philosophic history" と名付けられるジャンルの歴史記述が登場する．Critique でありながら歴史記述であり，ストーリーを有することが特徴であるが，にもかかわらず単なるストーリーと考えると大きく裏切られる省察に満ちる．これらは全て言うならば Spinoza の土台にのっていると考えられる．具体的なパラデイ

4 Critique の展開

クマは，Descares を受け容れる形で徹頭徹尾 Critique に曝されているが，精錬されてなお残るパラデイクマは留保されており，これが具体的に展開される．だからこそ Momigliano が着目したように具体的なストーリーが現に書かれた．もっとも，これも Momigilano が指摘するように，概してローマについては"philosophic history" は行われない．Thoukydides 以来，このジャンルは現代史でなければならない．

　以上は全てデモクラシーの模索として捉えることができる．或いは，政治的に十分活動的なタイプの市民社会構築の試みである．この点で，小さな私的拠点に立て籠もりたい antiquarianism の対極に立つ．いずれにせよ，Descartes/Hobbes を経由する限り根底的なディアレクティカを経ており，如何に今日不十分に見えるとはいえ，暗に，Machiavelli が開始した政治システムを成り立たしめる条件としての社会構造の問題の探究をしているのである．Spinoza は，それさえ越えて，根底につきディアレクティカを張り巡らせる道具立てを既に構築し始めている．それは同時にデモクラシーの模索であるが，しかしそのデモクラシーの基礎は反対に政治存立の条件を補強するとも捉えられており，かくして決して Descartes/Hobbes の原点を忘却しない．

〔4・3・1〕　もう一度 Momigliano, *Classical Foundations* の不朽の頁（p. 54ff.）を確認しよう．Peiresc の人物像に焦点をあてた Momigliano は，Gassendi との関係を通じて antiquarianism が「手で触れられるものしか信じない」ことよりして Pyrrhonisme と通じること，社会的カテゴリーとしては "libertin érudit" の形態を取ること，にもかかわらず（カトリックにも改革派にもコミットしないくせに）Galilei を擁護して枢機卿に警告することも辞さないこと，Herodotos の autopsie に共感すること，制度・法・宗教・財政等の「ハンドブック」を書く傾向を有すること，等を実に具体的に描く．（ヘレニズム期における誕生を振り返った後）p. 71ff. では 17 世紀以降に筆を進めるが，重要な指摘は，1690 年から 1740 年の間にカトリック側が antiquarian の Critique を獲得した（Mabillon, Montfaucon, Tillemont, Muratori）結果，聖書批判から Spinoza にさえ至った側の Critique と分裂し（百科全書派は érudition に宣戦布告し），このため Gibbon がパリに見出した状況が生まれる，というものである（p. 75）．

〔4・3・2〕　Spinoza については，DEM, p. 23ff. の他，福岡安都子『国家・教会・自由：スピノザ・ホッブズの旧約テクスト解釈を巡る対抗』（2008）を参照．後者は Spinoza の Critique の質に関してその歴史的意義を鮮やかに照らし出すが，同時に突出した先駆性をも強く印象付ける．

〔4・3・3〕　ただし ed. Altenburg, 1771 による．この作品については A. Momigliano, Perizonius, Niebuhr and the character of early Roman tradition, in: Id., *Secondo contributo alla storia degli studi classici*, Roma, 1960, p. 71s. に極上の記述が有る．

〔4・3・4〕　たとえばその後の常套となりかつ Perizonius の独創とも言えない点であるが，Galli の侵攻が Annales Maximi を灰燼に帰せしめたはずである，とされる（Caput V, p. 185ff.）．しかしこれが hypercritique の口実となるのでなく，逆に praetor maximus の釘打ち儀礼等，Fabius Pictor に至るまでの具体的な情報経路の研究となり，自ずからそれは共和政前期史そのものとなる．

〔4・3・5〕　R. T. Ridley, *The Historical Observations of Jakob Perizonius,* Rome, 1991, p. 247ff. は Momigliano さえ一面的に解して過小評価するが，初めから Niebuhr ないし「民族版自由主義」を見ようとするからであり，的はずれである．

〔4・3・6〕　Erasmus, *The origins of Rome,* p. 63 は Momigliano が Perizonius にスポットライトをあてて Cluverius を過小評価すると抗議するが，Momigliano は「史料の史料」に関する思考を追跡しているから，Cluverius と Perizonius, そして Perizonius と Niebuhr の決定的な差異を見逃さない．"Nor was he the first to mention the "carmina"…But…he was the first to introduce the "carmina" into a concrete discussion on the relation between poetry and historiography in Rome. Perizonius worked for a "via media" between the phrrhonists of his own time and the credulous traditionalists of any time.…knew that Cluverius in memorable pages had denied the traditional story of the origins of Rome…"（Momigliano, Perizonius, p. 71s.）．

〔4・3・7〕　cf. *De fide historiarum contra Pyrronismum historicum*（ed. Leiden, 1702）．このテクストは本格的な思想史的研究を待っているように思われる．

〔4・3・8〕　テクストは 1698 年の *Opera minora* による．

〔4・3・9〕　テクストは，1746 年の *Opera minora* による．なお，17 世紀オランダにおける Critique と法学の交錯について考察することは今後の課題としたい．

4・4

　以上の全てに，法学は少なくとも根底のところでは無縁であった[1]．しかしながら，Descartes 修正の方向において，そして Spinoza に依拠しつつ，しかしこれをも修正する第三の道が，やがて閉ざされ誰にも気付かれなくなったとはいえ，しばらくの間見えていた．そしてこれが一瞬法学と交わったのである．Gravina（1664-1718）はナポリの Descartes 派運動から出発し，Spinoza の圧倒的影響を受け，知覚から imaginatio を経て真実に至る道を選択しながら，なおも，明らかに通常の Critique に耐えない偽りであるパラデイクマにも「真実」を見出しうるとした[2]．つまり彼の文芸理論は，直ちに心理的効果を得る点にフィクションの価値を認めるのでなく，それらのパラデイクマはそれ自身として価値を内在させるとする．この点で批評は十分に成り立つという．むしろそうした非現実的なパラデイクマを介在させること，例えば劇場・演劇にこそ，市民社会の存立基盤を見たのである．彼は市民法つまりはローマ法の専門家であり，この面では完全に人文主義風の「ローマ法史」を記し[3]，なおかつそこ

に言うならばHobbes批判の政治構想を忍ばせたのである．こうして彼の諸著作は啓蒙の時代のスタンダードな書物となった．

この道は差し当たりは袋小路であったが，これよりも一見もっと行き止まりと見える，否，もう完全に時代錯誤と見える，のがVicoの著作であり[4]，もちろんDescartesを全面的に否定する．否，Critiqueそのものの拒否である．法学，すなわち「ローマ法」を大いに頼みとしたが，全く法学者ではなかった．Critiqueの拒否はあらゆる立ち止まりと媒介の拒否であり，現実に対するほとんど瞬間的魔術的作用の確かさのみが依拠しうるものとされる．そしてそこに立て籠もって干渉を拒否する．この限りでantiquarianismに秘かに通じている．いずれにおいても19世紀の意味の自由主義の完全な先駆けである．

[4・4・1] 自然法論の外の固有に法学的なジャンルにおいて自然法論との習合を避けて新しいCritiqueの状況と切り結んだケースがどれだけ有ったかわからないが，もちろん，Gravinaの他にも例外は存在した．少なくともJ. Domat (1625-96) は興味深い対象であるが，しかし大きな観点から見れば，人文主義の法学転移と自然法流単純化の狭間で輝いたにすぎないように思われる．*Les lois civiles dans leur ordre naturel* (1689-94) は，人文主義法学の成果と各種慣習法を"règles"によって整理し合理的に記述し直す．諾成契約から始まり自由な人格が続く叙述は心地よいが，占有の部分は，Donellusの成果を無難にこなしつつも，正統性に傾斜し，占有の固有の意味を看過する．

[4・4・2] Gravinaはこの論考にとって重要であるが，われわれの分析は既に「G. V. Gravinaのための小さな覚え書」国家学会雑誌111巻7-8号（1998）において示した．さらにDEM, p. 25f. でこれを要約した．

[4・4・3] *Specimen*にせよ*Origines*にせよ，ローマ史はPerizonius流の史料学的部分を欠く．しかしVicoのCritique欠如とは根本的に異なる．バランスよく史料によってコントロールされているのみならず，古典テクスト全体に対する広い視野が明白である．加えてHobbes以来の論争パラデイクマを下敷にし，論争に加わり，しかもこれを具体的にローマ史で論証する．つまりは"philosophic history"の先駆を（Giannoneの前に）われわれは見出す．Montesquieuにとってこれが地下室に降りるための階段になったのは当然である．

[4・4・4] Vicoに関するわれわれの見解もまた「Gravina覚え書」において提示したところである．

4・5

Vicoを無視しうるエピソードとしつつ，18世紀の初頭からパリを中心に初めて二つのCritique，つまり哲学のそれとantiquarianismのそれが衝突し相互作用する[1]．"philosophic history"の発展はこれと並行する[2]．"érudition"は，狭くはantiquarianismが偏狭を脱して「哲学的なだけのCritique」を攻撃しう

るに至った形態を指す．おそらく "érudition" は論争における表面上の敗北にもかかわらず深い痕跡を遺したと見られる．そうでなければそれ以後の Critique の具体的な展開は説明されない．

例えば Montesquieu でさえ，確かに "érudition" の観点からは批判を免れないとしても，これ抜きにはあの作品は理解されない[3]．彼は "érudition" を文字通りには受け取らず，そのさらに底に未知の領分，Machiavelli が予言した領分，が横たわっていることを直感したものと思われる．彼の antiquarianism はアマチュアのものと見せて，実は antiquarinism には全然興味が無く，政治や市民社会の社会的条件を直感的に指示する道具としているのである．むしろ社会人類学的メカニズムが存すると言った方が真実に近い．逆に言えば Spinoza が丁寧に理論化したプロセスは飛んでしまっている．それはわれわれにとって社会構造探究の限界であり，彼らにとってはデモクラシーのデフィシットである．その限りで Montesquieu は狭い意味の市民社会に舵を切った．それでいて彼の志向は全く法学的でなく，またしても法学は蚊帳の外である．

われわれの論考にとって直接の土台となるのが De Beaufort（1703-95）である．長く hypercritique の代名詞として扱われてきたが，近年の研究[4]が明らかにするとおりこれは不当であり，"philosophic history" と antiquarianism の統合を初めて実現した人物である．「ローマ史」からストーリーが消え，しかし他方 antiquarianism の体系的退屈さから遠い．伝承批判の具体的根拠として初めて épigraphie, numismatique, archéologie を用いるが，後者を基準として伝承全批判を繰り広げるのではなく，伝承形成過程を再構成する中で両者を相互批判的に用いる．*Dissertation sur l' incertitude des cinq premiers siècle de l' Histoire romaine*（1738）序文[5]は "L' Académie des Inscriptions" での論争からスタートする．蓋然性の観点からローマ史の一つ一つの記事の信憑性を剝奪する De Poully[6]に対して，antiquarian な性質の史料を論拠にしてローマ史の権威を擁護する Sallier[7]．De Beaufort は特に前者と一緒にされることを警戒しそれとの違いを強調する．彼らが見ることのできた史料さえ残っていないのに古代の歴史家をどうして批判しうるというのか，私は古代の史料自体を使って批判し，不確かさを論証する，と．Sallier の典拠に対しても批判を欠かさない．（既に久しく信憑性問題の鍵を握るものとして存在が信じられてきた）神官団の年代

記（Annales Maximi）や各氏族内の伝承について，Servius や Macrobius を除けば Cicero の微妙なテクストしか無く，Varro も Livius も黙する，と．本論に入ると De Beaufort はまず理性と啓蒙の方の動機を鳴らす．ギリシャで歴史学がようやく始まるのは Herodotos からであり，社会が一定の発展を遂げて"lumière"がさすのでなければ到底信頼できる歴史記述は始まらない．しかるにローマの発展はずっと遅れる．3世紀になってようやく最初の歴史家が現れ，彼らとて不正確であったことには，4世紀初めの Galli の侵攻により全ての記録が消失したからである．ところが現行の「ローマ史」は最初期から重要な事蹟で埋まっている．"lumière"ないし Critique が欠けたのである．王政期来全ての戦争は不正な攻撃に対する正しい戦争であるとされるのは明らかに誤りである．ただし私はこの批判を直ちに発動しようとは思わない，批判自体の側に典拠が有る場合にだけ行う……．本格的な史料批判に史学史的考察を以てすることの嚆矢である．史料学が歴史学の主戦場になるための重要な一里塚である．

事実 De Beaufort は Livius 自身による fabula 批判ばかりか，Liv, VII, 3 の釘打ち儀礼への懐疑を指摘する．Fasti についても Cicero や Dionysios 自身の不安視を引く．ローマ人の monumenti 固執癖を確認しつつ，高々条約，十二表法，等々，システムや慣習に該当する事柄につき情報を得ることができるのみであり，出来事や年代には遠く及ばない，とする．Polybios の「ローマ＝カルタゴ条約」テクストに関する考察は出色である．Pol. において署名が「Brutus-Horatius」とされるに対して，年代記系テクストは「Brutus-Collatinus」「Brutus-Valerius」「Valerius-Horatius」という consul の組み合わせのみを伝える．Dodwell や Ryckius は Pol. の誤りとし，Perizonius は両者を調和させようとするが，自分は（Pol. は到底素朴な歴史家ではないということを理由に）不確かさのみを論証する，とする．De Beaufort は政治的性質の史料と antiquarian なそれの使い方を区別するのみならず，後者について初めて歴史学的批判を構想した．後者にもバイアスが有るというのである．その証拠力をチェックし，伝承と対等に突き合わせる．特に貨幣に関する史料批判は鮮やかである．また，最初の歴史家 Fabius Pictor が一体何を史料としえたかという問いを立てるが，これも画期的なことであった．

人文主義がテクスト内の重層的批判を精密に行うとすれば，人文主義後の批

判は様々なヴァージョンにおいてテクストの外から批判をぶつけた．これは再度一からディアレクティカを組み立てることを意味すると同時に，自ずから Machiavelli の構想に従って政治存立の基盤を政治的観念体系の底にまで降りて探ることをも意味した．その最新のヴァージョンは "philosophic history" のそれであり，既にデモクラシーに向かう分節された政治的観念体系存立の根底を模索している．もしこれと antiquarianism が一つのディアレクティカの中に置かれたとすると，デモクラシーの資源でありながらデモクラシー不全の要因でもあった，政治を欠き立ち枯れた（しかし）強固な市民社会構成要素を，今デモクラシーに統合しようという試みが始まったのである．確かに，政治にとって全体社会は単一でなければならない．ディアレクティカは単一でなければならない．単一性を欠けばそれだけで不全を意味し，根底を築くに障害となる．

〔4・5・1〕　M. Raskolnikoff, *Histoire romaine et critique historique dans l'Europe des lumières,* Rome, 1992, p. 29sqq. が詳細に描く．

〔4・5・2〕　Momigliano の視点を全面的に展開したのが J. Pocock, *Barbarism and Religion, II: Narratives of Civil Government,* Princeton, 1999 であり，そこでは Pyrrhoniste/Descartes の Critique を反転させたところに "philosophic history" が現れるという Momigliano の分析が決して忘れられていない．"narrative" の問題も Momigliano が Herodotos と Thoukydides を対比する，或いは antiquarian の思考を特徴付ける，ときに常に意識するものであるが，Pocock の叙述は "narrative" 回復の近世的意味を具体的に再現した．「Critique を重視しすぎる Momigliano に対して Pocock が一部アメリカの修辞的（ポストモダン？）歴史叙述主義から批判を向けた」という批評ほど愚かなものはない．Momigliano 自身，この傾向を皮肉った．

〔4・5・3〕　Montesquieu については，「諸前提」234 頁，253 頁，参照．Pocock, *The First Decline and Fall,* p. 338ff. はこの論考が関心を持つ相には触れない．具体的な社会像，ローマ像，に関心を有し，Critique の質にではないからである．

〔4・5・4〕　それだけを取り上げるのでなく L'Académie des Inscriptions におけるその前史を押さえることによって Raskolnikoff, *Histoire romaine et critique historique* は De Beaufort を実に立体的に描き出した．Pocock, *The First Decline and Fall,* p. 360ff. もその最良の頁であり，Raskolnikoff を深く理解する．

〔4・5・5〕　ed. Paris, 1866 による．

〔4・5・6〕　cf. Raskolnikoff, *Histoire romaine et critique historique,* p. 99sqq.

〔4・5・7〕　cf. Raskolnikoff, *Histoire romaine et critique historique,* p. 125sqq.

5 Critiqueの集大成とその限界

5・0

De Beaufort を前兆として，18 世紀末から 19 世紀初めにかけて，実際に単一性の追求は始まる．19 世紀初頭以降新しいディアレクティカ標準型が完成する．われわれが見なければならないのはその秘訣と限界である[1]．何故ならば第一にローマが主役を務め，第二に初めて法学が先頭に立つからである．そしてその次には，当然のことながらこの限界を指摘して挑戦する諸々の試みも概観しなければならない[2]．

[5・0・1] この点については「Savignyによる占有概念の構造転換とその射程」海老原明夫編『法の近代とポストモダン』(1993) において詳述し POL I-6-Exc1-5 で確認したので，それを再度確認するにとどめる．

[5・0・2] 実証主義批判のうち，ローマ史に内在した部分でかつこの論考にとって直接の土台になったものについての簡単な位置付けは POL I-6-Exc1-6, 7 で触れられた．Critique が最も深刻であったのがローマに関してであったため，われわれの方法の或る部分は既にローマ史学を起源とする．いずれにせよ，この部分は今回はやや詳細に分析し直される．他方，実証主義批判の哲学的背景については，POL I に対する多くの註で触れられたほか，I-6-Exc2 はそのために置かれた補論である．今回はローマ史との関係に絞って簡単に触れるにとどめる．いずれにせよ，0-4 に続いてこの 0-5 後半においても法学は全く姿を見せる必要が無いため，われわれの叙述はその分だけ簡略化しうる．

5・1

Niebuhr (1776-1831) の仕事はこの (第三部たる) 論考の前に直接立ちはだかる．凡そ「近代の歴史学」，実証主義，の祖であるばかりか，凡そ近代の占有理論の祖である Savigny (1779-1861) にそれを編み出す方法のみならず内容における実質的基盤を提供した．この Savigny の占有理論から凡そ「近代の法

学」が始まるから，これに対しても Niebuhr は責任を有すると言って過言ではない．主著 *Römische Geschichte* の第一版第一巻 (Berlin, 1811) の "Vorwort" は，18 世紀の議論を意識しつつ，「ローマ史の最初の四世紀の不確かさが指摘され，十分に批判的でない Livius の叙述に非難がなされる．しかしわれわれの基準をそのまま適用してよいものであろうか．われわれはお話や虚偽の部分を切り捨てなければならないと考えている．そして Critique にとっては切り捨てで十分であろう (mag dem Kritiker genügen)．"der Kritiker" には，怪しい歴史の化けの皮をはがし個々の点に鋭い考察を巡らし他の大部分を闇に包まれたままにしておいても十分であろう．しかし歴史家には事実を具体的に肯定することが求められる (Der Historiker aber bedarf Positives)．真実らしく見え信頼できる叙述というものが要求される．しかしどうやって批判に耐えるか．出来事の前提には「諸民族の精神に内在する枠組と基本法」(die Verfassung und Grundgesetze als Ethos der Nation) が存在する．これについてならば少々確かなことに辿り着けるかもしれない」と述べる．これを基準とし合致している出来事だけを "historisch" と見なす．伝承の断片からモザイクを完成する方法は不適であり，これは限られた経験からは全体が見えないことに対応する，と．Critique に対して antiquarian な領分を拠点に対抗する動機はなお残っている．しかしその拠点は何か総合的なシステムであり，個々的な Critique が批判されている．この総合性において Machiavelli と Montesquieu の「基底への関心」が継承されている．しかるに今や初めて具体的な史料操作によって分析がなされるという．かつ，批判の際の道具であるにすぎなかったものが今 "Positives" に置き換えられようとしている．ただしこれは単に antiquarian な領分以上のもの (Nationen) を指し示し，暗い未来を予言している．

もっとも，この "Ethos der Nation" は第二版 (1827 年) では落とされ，所詮方法的仮設にすぎない．本論の叙述は目の覚めるほど新しい．Fabius Pictor のソースにギリシャ側からの歴史記述を見ると，その記述タームは確かに "Nationen" であり，Oinotoroi, Pelasgoi, ……等々の交替の歴史である．これが今や歴史の主体であり，テリトリーを占拠し合うが，一層重要であるのはまさにその変動であり，「国民」(ein neues Volk) は所詮その合成にすぎない．このことは，人々が歴史よりも前に個々の諸族毎に口頭伝承を持つことに対応

し，ローマ国民になる前に持たれたこの口頭伝承こそその豊かさにおいて公式の年代記の貧しさと対照的であり，これが Cato や Varro の antiquarianism のテクストに流れ込んだ．かくして Niebuhr にとってこの "Dichtung" ないし Carmina は Critique の道具として決定的であると同時に具体的なパラデイクマを提供しうるものであり，しかもそれまでとは全く異なって，その具体的パラデイクマは失われていて再構成されなければならないとされる．基体となる部族統合でさえ所与として安定しないのであるから，再構成自体 Critique を欠かすわけにはいかない．少なくとも第二版においては Niebuhr は Aeneas 伝承や Troia からの植民伝承について批判的である．Carmina は神話にすぎない．むしろこれが Latini の伝承であるのか，遅い時期のギリシャの文芸の作用か，が探究される．早くも Troia 伝承のギリシャからの伝播経路が Naevius に至るまで再構成される．その限りで文芸における表面的影響の産物でなく，経路における歴史的実体を反映している．これらの方法はむしろ Lepore のそれに直結するほど新鮮であり，一見これをステレオタイプに踏襲するかのごとくその後の民族史観の概説とは対極的である．

「Romulus＝Remus」伝承は近隣の二つの部族単位の合体に伴う新たな神話的系譜の創設であり，Timaios がこれを収集し，別系統（Lavinium ?）で発達しつつあった Aeneas 伝承とジェネアロジクな接合が行われる．"Also lautete die römische Dichtung"！ Fabius Pictor が見出したのは既にこれである．確かにこれは歴史に関わらない，何故どのように形成されたのか謎に包まれる（... das Gesetz ihrer Refraktion unbekannt ist）．しかしこれは夢とは異なり勝手に書かれた遅い時期の詩でもない．"nicht ohne einen verborgenen Grund realer Wahrheit"！と述べた Niebuhr はいきなり見てきたように具体的な状況の再構成に向かう．確かにまだ方法が1ピース欠けている．それでも Niebuhr は共和初期の政治的階層内部の激しい党派争いが年代記から隠されていることを，9人の有力者の処刑に関する墓標史料に言及する記事から推測する．そこには consul 表には現れない氏族が有る．むしろ後の tribuni plebis に見える氏族名である．かくして Niebuhr は plebs に固有の伝承を公式外に存在するものと措定する．

われわれにとって格別の意味を持つのはもちろん lex agraria に関する excursus である．初版では lex Licinia に関して，二版以降では Sp. Cassius に関して，設けられたこの補論こそ占有はおろか全法学の運命を決した．lex agraria は Machiavelli 以来致命的トポスの一つであり，土地保有再編への政治的介入が，政治の基礎としての安定した土地保有体制を再生させるのか，それとも却って不安定とさせるのか，争われてきた．いずれにせよここからは地下に坑道が伸びる．しかるに Niebuhr は，何と lex agraria は ager publicus にのみ関わり決して一般の土地保有を侵害しない，ということを論証したのである．画期的なこの学説は現在に至るまで支配的である．さて，lex agraria の対象はテクスト上 "possessio" である．Niebuhr はこの possessio もまた ager publicus の上のものであると考えた．それは安定的な土地保有たる所有権に至らないものである．かくして lex agraria による介入は保障付きで正当化され，不安定なもののみを攻撃し，安定的なものを誤爆しない．この partitio が Niebuhr のヨーロッパ大の見通し，否，ヨーロッパ外への見通し，に基づくことは疑いない．前提の社会構造を吟味した上で lex agraria（農地革命）を適用するのでなければ大変な混乱を招く．それでいて lex agraria の占有理念に実に忠実である．Niebuhr は架空の札を一枚持つ．それはこの場合 vectigal 課税地から遠くインドを回り，Oinotroi 等諸族が持ったとされる土地上の関係にまで延長を持つ．plebs はその闘争によって安定不可侵の土地保有を勝ち取っていくが，元来の性質のものが clientela および precarium とともに外に残る．こうして古い土地保有体制と征服地との間に共通要素が綺麗に設定され，史料の謎が説明される．同時に緊張感が維持され，lex agraria を巡る動態も理解される．

　かくして近代の実証主義は必ず架空の特権的データを設定する．既存のデータ内部で満足せず，かと言って外に理論を作るのでなく，外にデータを置くのであるが，外である以上それは少なくとも初めは想定されたものである．次には「有るはずの」そのデータを発掘するロマンが生まれる．ロマンが無くとも新しいデータを次々に組み込む．人々がこのようにしているとき一体何をしているのか．極めて異質な素材間において異質性を尊重しつつなおかつ単一のディアレクティカを構えているのである．発展の異なる諸社会間に勝手な幻想を抱かず理念を使い分けるなどのときに適する．いずれにせよ社会構造を斟酌するための最新の方法である．問題は，この方法を採るとき特権的架空データ X

に対応して思考が体系的機能的になることである．Xは直ちに結論を体現するのでなく批判の道具である．少なくとも Niebuhr の原点においてはこのことは遵守されている．しかしどうしても X>a, b, c,……になってしまう．また現に X が発見された，実現した，という効果ないし機能に関心が向けられる．政治・デモクラシー・法の前に立ち塞がる社会構造の問題，あるいはそれを基礎付ける条件の問題，に本当にこの方法によって立ち向かえるであろうか．

5・2

Savigny の *Das Recht des Besitzes* は 1803 年に公刊されるから，1810 年以降になるベルリン大学での Niebuhr との交流や彼の *Römische Geschichte* 以前のことであり，全く Niebuhr から独立の作品である．しかしそこにはものの見事に同型の史料操作が見られる．Savigny はもう一度 "possessio" という語を登場させる全テクストを総ざらいする．しかも個々の作品の置かれた脈絡に十分注意を払い立体的な見通しの中でそれをするから，完全に人文主義の方法を蘇生させていることになる．確認すれば，このような見通しを持ったとしても概念に対して単純に体系的整理を施すことは可能であり，人文主義法学が現にしたことであった．possessio の場合，既に史料自体が "possessio civilis"-"possessio naturalis" ないしメルクマールとしての animus や corpus といった要素の概念を知っていた．これらを使ってどのように整理するかは法学者の腕の見せ所であった．先に見たようにそれも廃れ，一応の体系を持ったまま概して思考は実務の中に埋没していた．表面上，Savigny のしていることも人文主義的整理と変わらないように見え，実務に埋没した分を一掃したことにのみ新鮮さが有ったかのように見える．現に Savigny もまた一応の新しい整理案を提出する．しかし第一に，今や整理はドラスティックに法的効果のみによってなされる．つまり usucapio をもたらすか，interdictum による保護をもたらすのみか，何ももたらさないか．しかるに彼の中心的な関心はこうした具体的な点に在るのではない．第二に，これらを通じて或る作用が一貫している．その作用が個々の制度に反応して個々の法的効果が生まれるにすぎない．しかるに一貫する作用は原理のようなものかというとそうではない．本来は一類型として史料テクストによって示されるべき範型である．その具体的範型を Savigny は所持 detentio に「所有権者としての意思」animus domini 加わった形態に見る．これこそが占有であるというのである．ヴァリアントの中にしかしこれを端的に示すものは無い．否，原理的に無い．有る，ないし有った，はずである，という領分にその史料は置かれている．具体的に置かれている．初版ではしかし示されないから，提示の箇所は飛躍にしか見えない．他がこれで鮮やかに説明されるから人々が感嘆の声を上げるというのみである．つまり Savigny がこの時点でどこまで新しい方法に自覚的であったか疑わしい．Niebuhr との接触の後の版になって初めて，第一に "Basilica"（ビザンツ時代）から Scholia の或る箇所が今更発掘されたように指摘される．遅い時期の注釈がそれだとは？ 否，地下を潜って古い観念がここに流れ込んだということもある．第二に（これは全く Niebuhr をそのまま受容して）始原の時期に原型が措定される．

　もっとも，Niebuhr 後の版における Niebuhr 受容の問題は単純ではない．Niebuhr にとって，自由の核としての Kant 流の「所有権」こそが生命であり，「占有」は「公有地」の上で「所有権」と交わらないように隔離される．本来 Savigny の animus domini とは鋭い緊張関係に立つはずである．しかしわれわれは彼らの思考空間に敏感でなければならない．彼らがこのように形式的具体的符合に拘泥するであろうか．どちらも（内容こそ違え）占有を（クリアかつ独自に捉えつつ）実質的には「所有権」の影に隠れた存在にしてしまう点で一致する．一方は括り出される形で，他方は奉仕する形で．二人の間には構造的な共鳴が成り立ったと思われる．ただし Niebuhr はこれに当惑し，Savigny は奇貨として利用した．いずれにせよ占有概念にとっては既に決定的なことが起こってしまった．Niebuhr の ager publicus 学説が私法上の占有概念と接合されたばかりか，前者がヘゲモニーを与えられ，私法上の占有概念を立て直そうにも必ずそこから攻められてしまう戦術高地が出来上がったのである．以後今日に至るまで Savigny の占有概念がわれわれの全てを支配するから，この戦術高地は，われわれの占有概念を根本から考え直すときに大きく立ちはだかっていることになる．

　事実，その後の占有概念は整理の具体的図式こそ修正されるが，基本的に Savigny の立てたパラデイクマに従う．そればかりか，やがて占有は分類されなくなり，多くのヴァリアントが忘れられる．さらには占有概念自体無視ない

5 Critiqueの集大成とその限界

し否定されるようになる．そして今日ではSavigny自体全く理解されなくなる．そうであればなおのこと，一体Savignyが何をしたことになるのか，明確に把握されなければならない．しかも問題は占有にとどまらない．実は凡そ全ての法学的概念がSavignyによって占有に対すると同じ（ローマからのテクストの上の）操作を施され，改鋳されたのである．否，Savigny後も彼の方法を使って人々は改鋳作業を続けた．やがてはローマからのテクスト以外に素材が採られ，その方法が適用される．その方法が適用されて法典が出来上がればこれに対して適用された．これが実証主義法学であり，中心的な役割を果たしたドイツ法学に対しては「パンデクテン法学」の名も与えられている．

われわれのこれまでの考察はSavignyの作業の意義について余すところ無く光を照射する．何と言っても，17世紀以来のCritiqueの文脈から完全に孤立していた法学が，何と劇的にそこへ復帰したことか．人文主義への復帰以上のことを企てているという意識はSavignyに十分に認められる．そして単に復帰したばかりではない．全く新しいCritiqueを提案し，そして法学を越え多くの分野においてそれにヘゲモニーさえ与えたのである．なるほど，それらにおいて，例えば実証主義的歴史学において，誰もがSavignyの名を意識するのではなかった．Niebuhrの名でさえ意識されなかった．しかし実証史学においては紛れもなくNiebuhrでなくSavignyのヴァージョンが支配したのである．既に見たようにNiebuhrのCarminaは触媒にすぎず，そこに適用さるべき原理が書き込まれているのではなかった．Savignyのヴァージョンにおいてはまだ見ぬ（やがて発見される）テクストωには実際に機能する概念が書き込まれており，A, B, C,……はそれのヴァリアントとして体系的に整理され，やがて(Savigny後)それらは不要品として廃棄される．第一にこれは強力な一元的ディアレクティカであり，単一性は完璧に保障されている．第二に，"philosophic history"とantiquarianismの統合は一層緻密に完成された．したがって本来，デモクラシーにまで発達したヴァージョンの政治システムへ頑固で自立した市民社会をさえ組み込む究極のCritiqueが編み出されていてしかるべきである．ただ，antiquarianismの素材A, B, C,……はそれらの外ないし根底にそれらを突き抜けるωをヴァーチャルに想定されており，その支配下にある．哲学的意味のCritiqueは実はこのωに潜んでいる（それはデータ超越的批判

を担保する）から，極めて転倒したことに，antiquarianism のイデアの如き基礎の上に全体が政治的に統合されているのである．第三に，こうしてこのディアレクティカは決して社会構造を勘案しないのではない．Niebuhr のヴァージョンにヨリ明示的に現れているように，彼らの議論は過ぎるくらいに社会構造，社会的条件，の問題に敏感である．しかしながら逆に，その違いを乗り越えて機能する概念を樹立する法学に発展してしまうことによって，逆説的に社会構造を無視してしまう．とりわけ政治・デモクラシー・法を厳密に成り立たしめる社会構造をあくまで追求することから遠い．そのようなことになる要因は，Savigny の場合において明白であるように，様々な素材の内部にあるヴァージョン対抗を極小化し調和させてしまう点に存する．Savigny の精度が高くなればなるほどそこでディアレクティカは終止符を打たれ，次の世代はそこで得られたものを適用するだけになる．それが場合を問わず実によく機能するのである．

5・3

それでも 19 世紀ドイツのローマ法学は Savigny の跡を追って全ての法的概念世界を全面的に塗り返す仕事を遺した．とりわけその量と体系的徹底の点において目覚ましいものである．その影響は表面上明らかであるより遥かに広範囲に及び，フランスとイタリアはもとより，英語圏に達する．そしてヨーロッパの外に流れ出るときの装備になる．現在法学的概念資産の帳簿上のアイテムは基本的にこの水準に在る．

それでいて，Savigny 後の法学は Critique の歴史に何かを刻むということが無い．そればかりかそれ以降の Critique の発展をその限界においてさえ分有しない．創造的な時期のドイツ法学は Savigny の方法を全面的に適用するばかりであるし，これに対する批判，つまり実証主義批判は多く法学批判となり，法社会学から新カント派，リアリズム法学から新自然法論，利益法学から経済学まで，多くの言説がなされても少なくとも諸々の法学的概念を改鋳するということは一切無い．高々，実証主義法学の諸概念が崩されているという事態が残存するのみである．実証主義法学への批判は少なくとも 20 世紀に入る頃より流行とさえなるが，外から単発的批判を打ち込むだけであり，部分的破壊に

成功して法学をますます悪くするばかりで，Savigny がしたのと同じ規模の作業をして全面的に創り換える作業は行われたことがない．

　実証主義はそのような有様であるが，他方 Savigny の影響を被る前の層の残存を探し出すことにも苦労する．フランスの法学ないしローマ法学も次々と Savigny 亜流の影響下に立ち，そしてローマ法学は 20 世紀の後半には消えてしまう．もっとも，これは表面であり，伝統的諸層は秘かに残存しているという見方も成り立たないわけではない．しかしそのように見たとしても，この諸層が創造の母胎となっているということは全くないと言わざるをえない．

　しかもなお，現実が創造を不要としているということはない．既存の法学的概念装置が現代になればなるほど無力であることは早くから認識され続けてきた．20 世紀の世界史は法にとっておぞましいものである．そして現在に至るまで法は何一つ解決できない．このことは，誰一人気付かないが，占有概念が忘却され空洞化される過程と完全にパラレルである．両者の間の因果関係はまだ証明されない．しかし完全に歩を一にする．偶然であるとすれば珍しい．占有については 19 世紀において盛んに議論され，争われた．例えば「所有権者としての意思」か「自己のためにする意思」でよいか，債権的権利者のために認められるか，という論点．また，「代理占有」等の新しい概念．「ゲルマン法」の "Gewere" からの挑戦．しかしその過程でなされた最も重要なことは，18 世紀までの伝統的な占有関連概念装置が一切合切放棄されたことである．例えば possessio civilis-naturalis の区別．interdictum の諸類型．bonorum possessio の理解．占有が問題でなくなったのは，例えばフランスにおけるように実務で占有および占有訴訟が定着した故であるとも考えうる．仮にそうだとしても，しかし占有を定着させた伝統的分野が経済社会の表舞台から消えていったことにも対応しているのではないか．それが回り舞台の装置によって引っ込み，替わりに出て来た新しい分野は，新たなヴァージョンの占有概念を必要とするにもかかわらず，その部分は空のままに置かれている．いずれにせよ，20 世紀になってからは本格的な占有論は一度も書かれないのである．だからこそ，ローマ法学は有意味な出番を持たなかった．

5・4

　ローマ史学は，18 世紀の Critique にとって最良の試金石であったように，19 世紀ドイツにおいて最高の実証主義的 Critique が結実する場になる．確かに一見法学と同じ歩調であるように見える．しかしその代表である Th. Mommsen が，1849 年の革命において挫折すると同時に，「パンデクテン法学」に幻滅したところから出発したことを忘れるわけにはいかない．高い峰々[1]の上に一段高く聳える彼の最も厳格な実証主義的 Critique は，既に Niebuhr の綱領が予言するように，ローマの政治システムを微動だにしない国法学的体系に仕上げることにおいて最も精緻に発揮される．急速に実証主義的 Critique の緊迫感を失い自己展開を始めるローマ法学とは明らかに一線を引くことができる[2]．それを裏付けるように，Mommsen は同時にまた碑文の集成において決定的であり，antiquarian な土台が如何に重要であるか，また antiquarianism を如何にもはやこの名を使う気がしなくなるほどまでに高度なものに変身させたか，を読む者に思い知らせる．

　史料の史料に着目することは 18 世紀の遺産であるが，今やこれが新しい Philologie の武器を備えて体系的に追究されるようになる．ローマ史は相対的に遅い時期の歴史記述しか遺さず，共和政史の大半を史料の史料を奥深く探るのでなければ書けないという事情を抱える．このことがローマ年代記の体系的再構成に研究を向かわせ，実証主義は年代記諸層の解析において大きな成果を挙げる．H. Peter の名をこの文脈において挙げないわけにはいかない[3]．ドイツの "Quellenkunde" の分厚い蓄積が出来上がるにつれ，ローマ史学は極度に専門的な訓練を受けた者のみがなしうるフィールドになっていく．

　Niebuhr の Carmina はもちろんロマンティシズムの芽を包含している．かつて antiquarianism の装備によってしか分け入ることができなかった領分，例えば言語や神話，にそれまでとは全く異なる性質の相貌が与えられる．始原における意味が豊かなファンタジーで推測される．このとき大きな障害となるのは「民族」の概念であり[4]，始原や写本の ω のように事柄を神秘化し，19 世紀後半以降の自由主義とともにイデオロギーを帯びていく．やがて「インド＝ヨーロッパ」神話，「アーリア」神話を生み，人種理論にさえ転化していく．それ

でもそこに潜んでいるのは実証主義の思考である．比較言語学，比較神話学，等々の発達は全て実証主義的体系性の道具として比較が用いられることを示している．われわれにとってこうしたジャンルの発達とバイアスは，Machiavelli 以来，政治等々を成立させる土台となる領分において政治等々を成り立たせる種類の Critique が効かなくなる，ということにどう対処するか，と考えてきただけに，大きな問題を突き付ける．

〔5・4・1〕　Mommsen の他に少なくとも Schwegler の名を挙げないわけにはいかない．A. Schwegler, *Römische Geschichte, I*, Tübingen, 1853 は，神話的伝承を丹念に批判するに際し，徹底した史学史的考察を通じて Quellenforschung を遂行し，儀礼のみを古来から確かに伝わるとする．ethnos は批判の道具たるのみであり，これに実体は与えられない．Mommsen のパラレルな部分において批判のプロセスが消え，諸制度が ethnos に埋め込まれる，ことと対比すると興味深い．

〔5・4・2〕　少数の創造的なローマ法学者は多かれ少なかれ antiquarian な性質を備える．例えば Huschke や Bruns の名を挙げることができる．これに対して Jhering などは早々に本格的な史料操作＝実証主義的手続から遠ざかる．

〔5・4・3〕　記念碑として，*Historicorum Romanorum Reliquiae*, Leipzig, 1906 が記憶されるべきである．本論中に何度も引用される．

〔5・4・4〕　vgl. K. O. Müller, *Die Dorier*, Breslau, 1824. ただし 1844 年の補訂版による．

5・5

実証主義の生命線が Critique であることは当然であるが，19-20 世紀の変わり目に登場する E. Pais のローマ史学[1]が大きな転換点であったとすると，それはその "hypercritique" が実証主義批判の先触れであったからである．つまり彼の "hypercritique" は実証主義の史料操作を直撃するものであった．ω を置く手続を無根拠ないしロマン派的夢想として葬れば実証主義が言いうることは極めて限られてくる．18 世紀以前に差し戻される．この点で人々が 18 世紀の "hypercritique" を思い出したとしても無理からぬが，しかしその意義は全然異なっていた．

実証主義批判が，実証主義と密接な関係を有した 19 世紀自由主義の一支脈に最初に現れるのは興味深いが，その時ローマ史が一つの役割を果たした．Fustel de Coulanges はほとんど Vico のようにローマの家単位と守護神 Penates に立て籠もって実証主義的ディアレクティカを拒否した[2]．そして社会学が意識されることによって実証主義がはっきりと批判されるようになる時，M. Weber は端的にローマ史，ローマ法，の分野でしかも Mommsen を批判して出発した[3]．agrimensores のテクストに対する Weber の思考手続は，破片の大本にオリジナルを復旧する点に新しさを有するのではない．そのステップを無視して或る（しかしまだ機能的な）システムを想定する．Durkheim もまた，antiquarianism がカヴァーした領分に向けてディアレクティカを復権しようとしたと評価しうるが，しかし他方，Fustel de Coulanges を一つの土台とし，具体的な Critique の手続はまさに Montesquieu を先駆とする態様において必ずしも明示されない[4]．

実証主義がかりそめに達成した全体的なディアレクティカに統合されることを拒否する点で，社会学は Momigliano が指摘したとおり antiquarianism の遺産を受け継ぐが，時としては端的に antiquarianism の装備そのものを使う．20世紀のローマ史を顕著に彩ることになる prosopography はまさにそうした政治社会学である．面白いことに実証主義に近い（ただ未知のデータの存在を否定する点で違うだけの）社会学ほど antiquarianism と全く思考が同型になる．

さて，社会学が Critique というよりは他の道具を用いてデータからいきなり背後のシステムを導出するとき，そのシステムは当初はまだ実証主義を引き摺って機能的な性質のものであった．それは具体的に作動して何らかの効果を現しうると少なくとも想定されていた．これに対して[5]，J. Frazer は実証主義本隊のみならず比較神話学の形態を取ったその別働隊に対する批判を遂行した人物として位置付けうるし，Cambridge の学派全体がそうであるが，その機能を初めて実際のものからヴァーチャルなものに移した．儀礼の中だけに概念は実現される．神話はそのために存在する．ここでもなお，何かの実現が想定されている限り実証主義との関係を保っているが，やがて，分析結果として得られるパラデイクマは一切の現実平面を離れる．現実平面での動きはこのパラデイクマとの paradigmatique な関係を一切有しない．まず，F. de Saussure は比較言語学に対する批判から出発したが，少なくとも言語ないし記号に関して，paradigmatique な連関を完全に切断した．音声が概念を呼び出す関係は何らの paradigmatique なモデルに従うのでもないから，完全に恣意的であり，また概念が呼び出されたとしてもそれが実現という paradigmatique な連関を保障されているわけではない．*L'anneé sociologique* の学派はこの方向の実証主義批判

の最も大きな母胎の一つである．そして Mauss の仕事抜きに Lévi-Strauss はありえない．Lévi-Strauss は，事象を人々が把握するときに変化を越えて一定のコードが維持され，変化も差異もこのコードによってのみ意味を得ていると考え，このコードが従う特定のパラデイクマを構造と呼んだ．そればかりでなく，逆にあらゆる事象はコードを供給するものとして作用することができると考えたから，それによれば，機能が全く理解できない社会的事象も無意味であるのではないことになる．Mauss を受け継いで事象自体を（Saussure の意味の）記号と捉えたことになる．

〔5・5・1〕 E. Pais, *Storia di Roma, 1 : Critica della tradizione sino alla caduta del Decemvirato,* Torino, 1898 ; *2 : Critica della tradizione dalla caduta del Decemvirato all' intervento di Pirro,* Torino, 1899. 後期のバランスの取れた作品と比較する必要がある．cf. Raskolnikoff, *Histoire romaine et critique historique,* p. 779sqq.

〔5・5・2〕 DEM, 0-4-1-2 所掲文献の他，cf. R. Di Donato, Prima di Gernet ? La città da Fustel a Glotz : metodo storico e scienza sociale, in : Id., *Per una antropologia storica del mondo antico,* Firenze, 1990, p. 3ss.

〔5・5・3〕 M. Weber, *Die römische Agrargeschichte in ihrer Bedeutung für das Staats-und Privatrecht,* Stuttgart, 1891.

〔5・5・4〕 DEM, 0-4-1-3 所掲文献参照．

〔5・5・5〕 以下，Cambridge 学派とフランス社会人類学および構造主義については POL および DEM で繰り返し扱ったことの要約である．

5・6

以上のように再確認した実証主義批判はもちろん哲学的な基盤を有した．もっとも，ここではこれを考察する余裕はない[1]．何よりも，実証主義の方の哲学的基盤についてわれわれは明らかにしえない．Kant や Hegel が深く関わることは疑いないとしても，彼らは到底実証主義のパラレルではありえない．他方，少なくとも実証主義的諸学の側から見る限り実証主義批判の最初の哲学的イムパクトが Nietzsche によってもたらされたことは明らかであるとしても，その後の諸々の哲学者が実証主義批判を完結させたかどうか，定かではない．最も重要であるのが Wittgenstein と Husserl であることは疑いないが，それ以上に何が言えるだろうか．他は批判であるのか，混乱であるのかわからない．

〔5・6・1〕 その文脈において必要な限度で POL I-6-Exc2-2 がこの問題に触れた．

5·7

　以上のような実証主義批判の諸相はわれわれのジャンルにどのような影響を及ぼしたであろうか．ギリシャ学についてはこれを既に論じたので，ローマ学に限って述べれば，まずローマ法学を全く孤立したものとして除外することができる．そして他の諸学も，ギリシャに関してほどは生々しく影響を受けなかった．一つには Mommsen とともに実証主義の堅固な牙城であったということがある．元来，実証主義に適する若干の個性をローマ史自体が有する．つまり儀礼の圧倒的優越であり，これが儀礼的効果における実証を許すのである．ritualism すら歯が立たないのは，ritualism はあくまで神話を説明する道具であるからである．ローマにおいては神話が極めて未発達である．

　替わりに圧倒的となるのは「機能的」「実証主義的」つまり実は antiquarian な社会学であり，既に述べたように prosopography は clientela 関係と並んでローマ史学の代名詞にさえなる．M. Gelzer の記念碑的著書の序文を読めば事情は一目瞭然である．史料の無いところを体系によって埋めることを拒否する，と彼は宣言する．Fr. Münzer の極上の prosopography は "Pauly-Wissowa" という元来 antiquarian な性質の装備と不可分の関係において生まれた．同じことが実は構造主義の影響について言える．構造主義は Dumézil と Benveniste においてローマ学に受容されたことになっているが，彼らは（少なくとも Saussure と Lévi-Strauss の）構造主義を全く理解せず，インド=ヨーロッパ学の意味における「実証主義」の方法によって実質 antiquarian な研究をしたにすぎない．

　むしろ，ローマ史学に相応しく，Critique の深奥部からこそ受け継ぐべきものが生まれた．そこでは実証主義批判は意識されるどころか，むしろ実証主義擁護が意識されているが，にもかかわらず実証主義批判の最も有力な手掛かりが内包されている．それらは全て 20 世紀後半の早い時期，いわゆる戦後に属する．第一は G. Tibilettti の stratigraphique な史料操作[1]であり，単純なテクスト形成史のものであった stratigraphie を初めて伝承内容のレヴェルに移植した．第二は E. Gabba (1924-) の，史料のバイアスから実体歴史分析を行う手法[2]であり，一個の方法として理論的意味が追求されることが無かったとし

ても極めて重要な意義を有する．第三は E. Lepore (1924-90) の，stratigraphique な史料批判からヴィジョンの変化を想定し，この変化を社会構造の変化に結び付ける方法である．彼は特に ethnos に関する伝承の背後に構造変化を読み解こうとした[3]．さらには，その社会構造の具体的様相として，都市と領域の関係，特に領域組織の態様，が鍵になる要素であるという決定的な認識を確立した．このことは Pompei に関する彼の最初期の作品[4]に既に顕著であるが，その頃の Cicero に関する大著[5]は以上のような見通しを最も高度に考え抜かれたテクストに適用しようとするものであった．以上の全てはわれわれの論考において不可欠の出発点である．

　なおかつ，われわれのここまでの Critique の系譜に関する考察を直接導いた Momigliano (1908-87) がローマ史に関して著した作品[6]はわれわれにとって格別の意味を有する．十数年若い Lepore と Gabba に決定的な影響を与えた．Critique の歴史を知り抜いている彼は，まず antiquarianism が鍵を握っていることに鋭く着目し，antiquarianism の理性の最大の批判者でありながら，敢えて分析の軸を考古学を含む antiquarian な性質の史料に置く．なおかつこうした史料に反 antiquarian な性質の Critique を向けるばかりか，De Beaufort が試みた使い方をも避ける．Momigliano 自身の言い方をわれわれの側で当てはめれば，これは philosophy と antiquarianism の正しい統合，デモクラシーと市民社会の正しい融合，つまり真のデモクラシー，ではない，とりわけ真に Machiavelli の問題に答えて社会構造を把握したことにはならない，まず史料の性質の違いを保存する形で Critique の全体化が遂行されなければならない，ということになる．Momigliano は antiquarian な性質の伝承の形成メカニズムに着目する．そこに有るのは儀礼であり，これが時を越えて変動しない事態である．しかるにこれこそが，同じ形態であればこそ意味の変化を担う．しかもこの変化は構造的な要因にのみ反応する．それがおそらく社会構造である．これを経由して他の性質の伝承を批判的に位置付ける．以上のような Momigliano の方法が何を意味しているかと言えば，市民社会の底に潜んで antiquarian な性質のデータが微かに伝える政治・デモクラシー・法の基底部分につき，初めてディアクロニクな観点を適用しているということになる．stratigraphie は初めてディアクロニクな性質を帯びる．それは既にギリシャ史におい

て Gernet が採用した方法であり，Lepore が受け継ぐものであったが，Momigliano は彼独自の Critique と史料に関する（史学史的に基礎付けられた）立体的な見通しを持って多層的に方法を用いたのである．

〔5・7・1〕 G. Tibiletti, Il possesso dell' ager publicus e le norme de modo agrorum sino ai Gracchi, *Athenaeum,* 24, 1948.

〔5・7・2〕 E. Gabba, Studi su Dionigi da Alicarnasso, I-, *Athenaeum,* 38-, 1960-.

〔5・7・3〕 E. Lepore, *Ricerche sull' antico Eporo. Le origini storiche e gli interessi greci,* Napoli, 1962 で実験された方法は，Magna Graecia や Campania に適用され，ローマの支配以前と以後の間の構造変化に目が注がれる．頂点は，Gli Ausoni : leggende delle origini, tradizioni etniche e realtà culturali (1977), in : Id., *Origini e strutture della Campania antica,* Bologna, 1989 ; Timeo in strabone V, 4, 3C 242-243 e le origini Campane, *ibid.* である．

〔5・7・4〕 E. Lepore, Orientamenti per la storia sociale di Pompei, in : AA. VV., *Pompeiana,* Napoli, 1950, p. 144ss.

〔5・7・5〕 E. Lepore, *Il princeps ciceroniano e gli ideali politici della tarda repubblica,* Napoli, 1954.

〔5・7・6〕 一篇を選ぶとすれば，A. Momigliano, An interim report on the origins of Rome, *JRS,* 53, 1963 である．以下これを論ずる．

6　われわれの方法

　われわれがわれわれの設定した問題に挑戦するとき，どのようにすべきか．政治とデモクラシーの基礎付けに関して発達してきたCritique，人文主義の基本的な思考を受け継ぐべきことは，設定された問題故に動かない．占有ないし法に関する考察は確かにその圏内になければならず，しかるにそこから脱落し続けてきた．最後の目覚しい統合の後も呆気無く再びはぐれてしまった．まずはここを回復しなければならない．とはいえ，人文主義の方法ないしCritique自体再建ないし革新を必要とする．政治もデモクラシーも袋小路に陥って基礎付けを欠いている．実証主義の限界を克服しなければならないのに，実証主義批判はむしろCritiqueを解体しさえした．そこでわれわれは実証主義批判の様々な試みの問題点を解明し，そして新しいCritiqueを提案した．このときSaussureの試みを直接のステップとすることが最も確かな道であることを既に論証した．それは，政治を基礎付ける社会構造を探究するという目的のための論証であった．そして政治やデモクラシーの条件を社会構造の概念を使って考察した．この序の冒頭で予告したように，このとき構築した方法により社会構造を探究することが占有や法に関しても決して不適当ではないということはこれまでの経過から十分に予測できるように思われる．ローマに関してもCritiqueの系譜は基本的に同じであり，おそらく同じ課題に直面している．

　とはいえ，ローマ，そして法学，となるとやはり若干の特殊要因は加わる．もっとも，それはマイナス要因であるばかりではない．実証主義批判がCritique一般の批判を伴い，ギリシャ学がこの圧力をまともに受けたのに対して，ローマ学はCritiqueの本拠であっただけに，Critiqueに内在する批判的な試みを生み出した．Critiqueの洗練，ディアクロニクな性質のstratigraphieの採用，

等々の点は他には見られない．実証主義の段階において年代記に関する史料批判・史料学は最高水準であった．これが例えば構造主義への没批判的な傾斜を免れるために極めて有効である（Dumézil は結局受け容れられなかった）．それでも，高度の神話学的分析はローマに関してはなされなかった．ディアクロニクな性質の stratigraphie もまた実はパラデイクマのヴァージョン偏差の分析の一つである．しかし豊富なヴァリアントを現実平面とは異なる次元で扱う，ということは困難であった．そうすると，Critique の系譜を通じて看て取れる問題，ヴァージョン偏差を保存したままなおかつ Critique を遂行することが難しいという課題，はサンクロニクな単一平面性においてローマに関しては一層際立って立ちはだかるということになる．とりわけ現実平面と「神話」平面の間におけるギャップを指摘して成功を収めたパリ学派に該当する作品が生まれなかったという不利益条件をわれわれは抱える．ギリシャ学に先駆けてローマ学が崩壊した事情にはこのこともまた貢献したに違いない．結局実証主義的 Critique ないしおよそ Critique が，ないし学問分野自体が，実質においては消失しつつあるのが現状である．

　しかるにわれわれは伝承のヴァージョン偏差を徹底的に利用する方法を社会構造分析のために提案した．これはそのまま使用しうるであろう．問題は，ここでは一方で儀礼中心の所与を前にしてパラデイクマのヴァージョン偏差の分析が困難に曝されるということ，他方で同時代の史料を剥奪されて初めから固く堆積したヴァージョンに対して何らかの遡及方法を見出さなければならないということ，である．後者については，これが逆に方法の蓄積をも意味する点，述べたばかりである．しかしこうした困難にもかかわらず，われわれはトロール網で浚うようにして，社会構造を遡れるだけ遡るしかない．そのとき何に遭遇したならば法や占有の成立を言いうるのか，は予め決めるわけにはいかない．それだけを探しに行くわけにはいかない．それが何かを突きとめるための遡及行であるから．占有に繋がるものの形状も性質も知らないで総ざらえする．そもそも，基礎にある構造と基礎の上に在る目的物との間が直接系譜等で真っ直ぐ繋がっていることはない．

　こうして以下の論考は，そもそもどこまで遡及しうるのか，から検討を開始する以外にない．

I
ローマの共和革命

1　伝承批判の出発点

1・0

　序で述べたところに従えば，われわれの課題は極めて単純に共和末以前のローマ社会につきその社会構造とその変化を分析することである．問題設定に従ってもちろんそれは新しい Critique に則って行われなければならない．しかしそのようにすれば自ずからわれわれは占有概念の形成過程の解明に至るはずである．つまり，われわれは，そうした概念が一体いつ誕生したのかも敢えて知らずに，むしろ社会構造を全面的に追いかける，ということになる．

　しかるに，社会構造とは，パラデイクマにヴァージョン対抗を与えるところのものである．したがってわれわれはパラデイクマのヴァージョン対抗のあり方を調べなくてはならない．すると，Critique によってわれわれが社会構造に辿りつくためには，われわれに当時の諸々のパラデイクマが与えられなければならない．しかし，（まさにローマ史が試金石となってきた所以の一つであるが）これは簡単には与えられず，むしろ Critique によってこれに辿りつかねばならない．政治の場合もデモクラシーの場合も，成立の時代のテクストがわれわれの手に存在し，これを分析することができた．確かにそれは実際に起こった出来事をそのまま記したものではなかった．しかしこのことは却って好都合で，われわれはパラデイクマの極めて意識的なヴァージョン対抗をふんだんに分析しえた．ところが今回，同時代のテクストが伝わるその時代には，占有概念は既に時と変遷を経てそびえ立っているのである．ここから遡らねばならない．

　むろん，遡ることこそ Critique の独壇場であり，われわれに大きな蓄積が遺されていることは見た通りである．しかしそれらはわれわれが辿りつきたい

「パラデイクマのヴァージョン対抗」を探索したものではなかった．かくしてわれわれは独自に，かつそれ自身早くも新しい Critique の方法に従って，分析の素材を探らねばならない．そのときに，困難の原因でもあれば唯一の突破口でもあるのは，新しい Critique の方法に従えば史料批判の問題と社会構造分析の問題は同一である，ということである．史料批判の対象たるバイアスは，社会構造自体，それも遡りの対象たるディアクロニクな積み重なりそのもの，から来るのである．

1・1

われわれに今日遺されたテクストは引用断片を含めれば紀元前3世紀末まで遡るが，まずは初めてわれわれが多くのテクストを一斉に手にする紀元前1世紀に限定して，ローマ社会の基本的な繊維素であるパラデイクマにアプローチしなければならない．それらこそが蓄積の上に形成されたものであるに違いない．もっとも，この時期までに「ローマ社会」は空間的に広大なものとなっているから，そのどこを，遡るための入り口とすればよいのか，一見途方に暮れざるをえない．しかしこの点に関する限りわれわれは容易に問題を解決しうる．この時期までにローマでは既に政治が存在し，デモクラシーでさえ少なくともイッシューとしては存在している，ことが極めて蓋然的である（もっとも，この点こそは後に厳密に確認される）．そこに焦点を置き探索を進めることができる．社会構造全体をコマンドする位置を政治が占めるからである[1]．

しかるに，政治とは何であったか．ディアレクティカを根底に有し，それ故に特殊な社会構造の上にのっているはずである．直ちにここへ入って行きうるであろうか．否，ローマの場合，政治から入ろうとすると，ディアレクティカではなくどうしても政治的パラデイクマ自体から出発せざるをえなくなる．われわれが気付く社会構造の第一の特徴であるが，ここでは政治的パラデイクマがそのまま端的に従うべきパラデイクマとして厳密に確定される傾向が存在する[2]．exemplum は，パラデイクマを広義で示すラテン語であるが，しばしばヨリ強く再現的に働くパラデイクマが合意される．このことは反面ディアレクティカの欠落を，したがって政治の欠落をさえ，推定させる[3]．発達した叙事詩，そして悲劇，が希薄で，叙情詩は別の色調を帯びる[4]．われわれが欲しい

パラデイクマを直接扱っているはずの歴史学自体が，exemplum として政治的パラデイクマを扱う．それへの二重の批判を欠落させほとんど歴史学でないが如くである[5]．ならばやはり政治も悲劇も存在しないか．存在するように見えるのは見かけだけか．しかしそれにしてはまた不思議なことに，(後述のように) exemplum には豊富な étiologie が付着しており，ここに鋭いヴァージョン対抗が見られるのである．つまり，批判的思考があるにしては無批判的だが，神話的思考が放置されているにしてはいやに批判的である，そうしたパラデイクマが横行しているのである．とにかくわれわれはこれらから出発してみる以外にない．

　exemplum そのものについてならば，儀礼的思考のおかげで古くから確実に伝承されたという確証をわれわれは有する[6]．選任された神官団が改選されるが故に書き残さねばならなかった儀礼指示の書の存在が知られ，そうした神官団こそが政治的パラデイクマそのものを儀礼的手続によって分節・裁可しているから，これは有力な手掛かりである．そうした規範に支配される政務官自身が従うべき exemplum 自体も別途書き残され，そして編集されて手引きとなっていく．もっとも，これは直ちにはわれわれの役には立たない．われわれは単に遡ろうとしているのではなく，パラデイクマの対抗関係それ自体のディアクロニクな対抗を識別し，社会構造をディアクロニクな見通しのもとに分析しなければならない．他方，exemplum として政治的パラデイクマが蓄積されている[7]とき，ディアクロニクな対抗は意識的に極小化されている．或る具体的なパラデイクマがかつて再現的に作用し，それがまたそのとおりに再現的に作用する，という観念に exemplum は多くを負っている．ディアクロニクな分析は困難を極めざるをえない[8]．共和末においてその政治的パラデイクマは複雑に発展しており，堆積の結果たるその基幹部分がそのまま層を成して地表に露出しわれわれのディアクロニクな分析を待っている，ということは一般的には多くはない．

　ところが，そのような少数の事態がこの時期のむしろ最後に訪れるのである．少なくともローマ共和政最後の数十年は政治的パラデイクマが剝ぎ取られ崩壊していく過程である．危機は深く感じ取られた．このときに政治的パラデイクマの基層は鋭く意識され，そしてそれがそのまま言語による確定をうる[9]．し

かもなお最後であるからこそ意識的に伝統に則り（抽象的なエッセンスとしてでなく）具体的な exemplum として表現される．それが言語によって確定されテクストとして遺されたならば，われわれにとってまさにそれは地震が古い地層を地表面に放り出したようなものである[10]．しかるに，そのようなテクストを遺した者として最高級の者であるのは疑いなく M. Tullius Cicero である．特に，変転する政治遍歴を経た後に凡そ政治的パラデイクマについて深く省察を巡らした紀元前 50 年代の作品 De re publica は最適である．Platon の航跡を追って政治的パラデイクマに哲学的操作を加えるこの対話篇において，一方で政治的パラデイクマは抽象的なレヴェルで扱われるものの，他方で新しい構想が具体的モデルとして提示され，中で第 II 巻は，出発点としてローマの政治的パラデイクマ自体を再確認しようとするものである[11]．これを踏まえ直すことは決してそこに帰ることを意味しなかったが，Cicero はあくまでその遺産の上に新しい体制を築くことを模索した．さて，踏まえ直すときに，Cicero はどのような方法を採用するだろうか．Cicero はローマの政治的パラデイクマのあり方が上に述べたような特徴を持つことをもちろん知り抜いている．対話篇の主人公 Scipio は Cato を援用しつつ，ローマの政治的パラデイクマが哲学的モデルの適用に適さず，したがって単一の立法者に帰する神話になじまない，多くの時を経て形成されていくと捉えねばならない，ということを強調する[12]．exemplum 自体の stratification なしには（"sine rerum usu ac vetustate"）行かないのである[13]．すると問題は Cicero が再構成するこの stratification がどこまで信頼できるかである．

　Cicero がクロノロジクに編成されたパラデイクマ集積体の基底に置くのは王権である．叙述は最初の王 Romulus の極めて意識的な都市建設，場所の選定，から始まり，王制は王政期の叙述を通じてしっかりと概念規定される．もちろん，だから最初に王制が有った，とはならず，おそらくこれは共和革命を説明するための論理的な前提であろう．しかしだからといって共和革命の方も本当に有ったとは限らないが，それでもふと気付くのは，王制樹立のクーデタに対する刑事訴追の事例である[14]．ここでテクストの波長が変わる．そもそもこれには異様に大きなスペースが与えられ，27, 49 において Sp. Cassius, M. Manlius, Sp. Maelius につき "regnum occupare voluisse dicti sunt"（ed. Bréguet）と述

べられた後，次の時期へと移行するパッセージの叙述の部分で，もう一度 Sp. Cassius の刑事訴追が大きく取り上げられる (35, 60) と，同じく政務官に対する刑事訴追に関する lex Tarpeia Aternia と lex Iulia Papiria が，「共和初年から54 年目」「そこから 20 年目」というクロノロジーで述べられるのである．王政期叙述のよく整理された理論的トーンと反対に，何故こう些末に拘泥するのか．三件は exemplum として重なり，Sp. Cassius の件は基本の exemplum として意識されている．それらの間の複雑なディアクロニクなヴァージョン偏差が，立法という形式にも助けられ，「54」「20」という数字を正確に刻むのである．「共和初年」は依然不確かであるが，「54 年目」と意識された年にはほぼ確実に王制を拒否する強力な屈折体が定着しヴァリエーションをすら生んでいたのである．これが共和政の terminus ante quem である．巡り巡って Cicero にその意識が伝わったとすれば，その頃 Sp. Cassius 事件は確実に exemplum として存在していた．Cicero は，次の時代に叙述を移すときに，このディアクロニクな延長を持つ屈折体のそのディアクロニクな延長（Sp. Cassius → lex Tarpeia）が気になったのである．

それにしても Cicero はこの「共和歴」を一貫させている．"ab urbe condita" のクロノロジーが少なくとも Fabius Pictor や Polybios から知られる[15]から，独創でないにしても何らかの吟味の所産であり，元来信頼できるのは共和初年からの相対的年代にすぎない，という考えの表明である．33, 57 では Mons Sacer が「16 年目」とされ，ここで 54−16＝38 という数字が比較的信頼できることが知られ，さらに 32, 56 の T. Larcius の「最初の dictator」で 16−10＝6 という確かな数字に漂着する．"fere" は数字自体に対してのものでなく，共和初年の不確かさに対するものであろう．

いずれにせよ以上は lex Tarpeia Aternia の頃の段階での「相対的に確かな記憶」であるにとどまる．しかしながら，おそらくその時期，5 世紀半ば，に初めて「書かれた」（刻印された），それ以前に，年を正確に刻むことが行われ始め，事件は年とともに記憶されたのである（その記憶の内容の信憑性は保障されないが，記憶が有ったこと自体について，われわれは Cicero ないしそのソースを信頼してよいのではないか──それともこれをでっちあげる理由が何かあるだろうか──）．現在 499 年とされる T. Larcius は，一年任期の「年を刻

む」(eponymous) 政務官 (Cicero の言う potestas annua) の terminus ante quem であり, Cicero が Mons Sacer につきここだけ "Post. Cominio Sp. Cassio consulibus" とすることを重視するならば, この二人についてもそのことが疑われる. つまり Fasti Consulares の原型が早い段階であったかもしれないということであるが, ただし, 二名の consul がいたとは限らない. まして年ごとに出来事を記録する annales が存在したとも限らない.

〔1・1・1〕 政治の成立は全体性を要求する. つまりどこかに取り残された部分があれば成立していない. cf. POL.

〔1・1・2〕 直接的に働く政治的パラデイクマの優越は, 伝統的には, 共和末のローマの人々の意識と用語法に従い, "mos maiorum" 或いは "mores" として政治システムが捉えられ, かつこれが religio と結びついていた, と説明される (cf. M. Pani, *Politica in Roma antica*, Roma, 1997, p. 34ss.). 後者の点は, 最も粗雑には「宗教」そのものとの結び付きと捉えられるが, 多くの場合精確に認識されているように, 儀礼との関係であり, 儀礼的パラデイクマにしばしばゼロ=パラデイクマが関与しているということである. religio 自体, 儀礼的パラデイクマの特徴, すなわち機械的な再現を要するが, しかし機械的に再現されさえすればよく, それ以上は要求されない, という概念である. 以上の点は周知であるが, しかしこの側面がギリシャの政治的パラデイクマのあり方と対比されるのでなく, 政治そのものとでさえなく, 近代の公法と対置されるのは大変的はずれである. 逆に, 政治を敢えて法的思考で捉える近代の公法こそがこのローマの思考を良くも悪しくも承け継ぐ.

〔1・1・3〕 まずはディアレクティカそのものによって, 次には二重の批判 (〈批判〉) によって, 単純な exemplum 思考は跡形も無くなっていなければならないはずである. cf. POL ; DEM.

〔1・1・4〕 優れた概観が A. La Penna, La cultura letteraria, in : A. Momigliano, A. Schiavone, edd., *Storia di Roma, IV. Caratteri e morfologie,* Torino, 1989, p. 771ss. によって得られる.

〔1・1・5〕 ローマの「歴史学」の性格に関して, 初めに参照 (或いは味読) さるべきはもちろん, A. Momigliano, *The Classical Foundations,* p. 88ff. である.

〔1・1・6〕 さしあたり A. Giovannini, Il passaggio dalle istituzioni monarchiche all' istituzioni repubbliche, in : AA. VV., *Bilancio critico su Roma arcaica fra monarchia e repubblica,* Roma, 1993, p. 76ss. が優れた概観である.

〔1・1・7〕 T. J. Cornell, The value of the literary tradition concerning Archaic Rome, in : K. A. Raaflaub, ed., *Social Struggles in Archaic Rome. New Perspectives on the Conflicts of the Orders,* Berkeley, 1986, p. 52ff. はこの点を捉えて伝承の基本にそのまま信憑性を認めようとするが, ディアクロニクな分析の装備を有しなければ Critique は何ら保障されない.

〔1・1・8〕 既に述べたように, Momigliano, Lepore と並んで E. Gabba は伝承批判の到達点を構成するが, 彼はその骨子を以下のように表現する. "studiare nelle sue varie fasi storiche il farsi di questo complesso patrimonio tradizionale, nelle sue varie motivazioni ed in rapporto al mutare delle circostanze, significa propriamente esaminare lo stesso svolgimento della storia di Roma, nei suoi aspetti politici, istituzionali, culturali" (Problemi di metodo per la storia di Roma arcaica, Id., *Roma arcaica. Storia e storiografia,* Roma, 2000, p. 11＝*Bilancio critico*). ここではこの方法はさしあたり "la immaginata continuità istituzionale, con la conseguenza di una probabile e possibile ricostruzione del passato sull'esperienza della realtà del presente" という認識のコロラ

1 伝承批判の出発点

リーであり，狭義の Critique の問題である．しかしそれが同時に直ちに歴史学の基幹の推論となり，内容となる，ということは意識されている．この点がまさにこの論考の基本的な方法と重なる部分である．もちろん，Lepore はさらに意識的にこの方法を追求したし，この論考はその理論的な基礎付けに腐心してきた (cf. POL)．実際，Gabba が意識するようにローマの場合に特にこの方法が必要である，と同時に，ディアクロニクな問題が深刻であるから，ここでこそヨリ発達した方法が必要とされる，という面がある．

[1・1・9] E. Lepore, Il pensiero politico romano del I secolo, in : A. Momigliano, A. Schiavone, edd., *Storia di Roma, II, 1 : La repubblica imperiale,* Torino, 1990, p. 857ss. が高度の見通しを提供し追随を許さない．

[1・1・10] 共和政を擁護しようとする立場ばかりから古い地層が掘り起こされたとは限らない．以下にしばしば遭遇するように共和政を破壊する側から古い地層の大胆な利用が行われたのである．否，そのどちらかは区別がつきにくいばかりかそもそも区別の根拠が有るのかさえ問題である．共和末元首政初期の顕著な特徴である．

[1・1・11] Cicero の思想およびその発展の中でこの第 II 巻を位置付けようとするときにも，Lepore, Il pensiero politico, p. 870s. の極めて立体的な像が決定的に重要である．

[1・1・12] Cic. Rep. II, 1, 3 : "nostra autem res publica non unius esset ingenio sed multorum, nec una hominis vita sed aliquot constituta saeculis et aetatibus."

[1・1・13] Cicero の「歴史学」については，修辞学に従属させたとして，伝統的に否定的な見解 (B. Shimron, Ciceronian Historiography, *Latomus,* 33, 1974, p. 232 が付けるレッテルによると「Mommsen-Drumann 的理解」) が支配する．しかし，例えば E. Rawson, Cicero the historian and Cicero the antiquarian, *JRS,* 62, 1972, p. 35ff. は特に "philosophical minded" な antiquarian の線に立って "scepticism of the annalistic tradition" を保持する Cicero 像を描く．すると，Cicero に乗ずることは，annalistica の Critique をさらに批判したいわれわれには有力な渡し船になりうる．

[1・1・14] 例えばこのように刑事裁判に絞って exemplum を抜き出し annalistica に対して革新的態度を取る Critique 自体，もちろん Cicero の独創とは限らない．従来の典拠探しとは一線を画しつつ，J.-L. Ferrary, L'archéologie du *de re publica* (2, 2, 4-37, 63) : Cicéron entre Polybe et Platon, *JRS,* 74, 1984, p. 89 は，Decemviri 追放＝lex Valeria＝provocatio を国制の完成と見る視座が Polybios に遡り，Polybios は Cato に基づく，とする．われわれが推定する (infra) Cato の姿勢にとって示唆的である．かつ Ferrary は，449 年に混合政体の完成を見る (共和初年に tribunus plebis と provocatio を既に見る) Cicero と，anakyklosis の中の寡頭政の転覆とする (449 年に初めて tribunus plebis と provocatio を見る) Polybios の差違を見逃していない．

[1・1・15] cf. A. Momigliano, Le origini di Roma, in : Id., *Roma arcaica,* Firenze, 1989 (＝The origins of Rome, *Cambridge Ancient History,* VII, 2 ed.＝ *Settimo contributo*), p. 23.

1・2

Cicero が政治的パラデイクマの基幹を抜き出そうとするとき，蓄積された exempla につき具体的な手がかりを持ちこれに操作を加える，ということが判明したとすれば，その手がかりとは一体どのようなものであったろうか．

Cicero がその根底に既に「年代の付された exemplum」を見ている，或いは少なくとも想定している，ことは上に見た通り疑いない．つまり exemplum 自体の集積書だけでなく，これを年代展開したものを持っているのである[1]．その最初の年代が Sp. Cassius で，それを最初に刻印したのが 5 世紀半ばで，Sp. Cassius より遡る分は共和革命と王政期に配分された，とさしあたり想定しうる．*Rep.* 内に限っても年代展開した形態とおぼしきものが登場する．I, 16, 25 では日食に関する Ennius の詩行が引かれ，これが "Annales Maximi" において確認される（"apud Ennium et in maximis annalibus"）．II, 15, 28 では，Numa が果たして Pythagoras の弟子かどうかという問題につき，"Annales Publici" に十分な典拠を見出せない（"neque vero satis id annalium publicorum auctoritate declaratum uidemus"）とされる．"Annales Maximi" ないし "Annales Publici" とは一体何か．Cicero よりもずっと後のテクストからはそのように題される 80 巻の書物の存在が知られ，他方で多くのテクストはその原型たる如くに見える神官団の（石版に記した）記録に言及する[2]．後述の Cicero のテクストをもとに，石版を書物にして刊行したのは紀元前 2 世紀後半の pontifex maximus (cos. 133) たる Publius Mucius Scaevola であったとする説が Mommsen 以来有力でもある[3]．Cicero が見ているのはこれなのか[4]．Sp. Cassius について？日食について？　他方これよりも以前の 3 世紀末（Fabius Pictor）から "annales" と呼ばれる（編年体とはいえ）本格的な歴史叙述のジャンルが発達したのは動かない事実である．これと石版と刊行形態 "Annales Maximi" の関係はどのようなものか．"Annales Maximi" は，序で既に見たように，古くから凡そローマに関する Critique にとって主要な関門の一つとなってきた．物的な形態の史料に特権的な地位を認める思考からすれば，神官団が毎年出来事を記録した石版の存在は絶対の切り札を意味する．ここに遡る伝承は信頼できるということになる．歴史叙述のジャンルとしての annales の起源に神官団作成の "Annales Maximi" が有ったという一時期の古典学説ができあがる．ところが，"Annales Maximi" の内容はおろか存在すら霧に包まれ定かでない．原 "Annales Maximi" は誰かが手に取って見たという痕跡を全く遺さず，それどころか，刊行された形態でさえ直接引用に基づく断片を遺さないのである．"Annales Maximi" が史料学上の激しい論争を呼び，やがて学説がそれに疲れ切

1 伝承批判の出発点

った,としても無理もない.

　この問題にアプローチするためには注意深い弁別が不可欠である. 歴史叙述のジャンルとしての annales の祖であれば, Sp. Cassius 伝承のような exemplum, 具体的なパラデイクマ, を含むはずである. これと日食の記録とは大いに異なる. 儀礼の記録とさえ異なる. 鍵になるテクストは Cic. *De oratore,* II, 12, 52 (ed. Kumaniecki) である[5]. この対話篇 (55年) において Cicero は主人公 Antonius に歴史叙述と弁論術の関係について語らせている. その基本的な視点はかくしてギリシャとローマの比較ということになる. Antonius は, ギリシャの歴史叙述と比較してそんなに卑下する必要はない,「彼らだって初めはわが Cato, Pictor, Piso のようなスタイルで書いていたのである. つまり historia も annales をアレインジしたもの以外の何ものでもなかったのである」(Graeci quoque ipsi sic initio scriptitarunt, ut noster Cato, ut Pictor, ut Piso. Erat enim historia nihil aliud nisi annalium confectio), と述べる. すると続けて「そのことのために (cuius rei...causa) pontifex maximus (神官団の長) が従事した」とされる. このことはさらに「公共の記憶を保持するためにローマの体制の創始以来 P. Mucius まで各年の全ての出来事を pontifex maximus が文字に刻んだ」(cuius rei memoriaeque publicae retinendae causa ab initio rerum Romanarum usque ad P. Mucium pontificem maximum res omnis singulorum annorum mandabat litteris pontifex maximus) と言い換えられる. スタイルが起源に還元され, その起源にはスタイルを説明するための実体が与えられる. 確かに, ギリシャでは歴史学はこのような起源を持たない. Critique の発展はデモクラシーと関係し, 弁論術との複雑な関係はデモクラシーの複雑な発展とパラレルである. annales と呼ばれる歴史叙述のジャンルが違うスタイルを持つとすれば, ローマでこうした発展が無いか少なくとも少々違った発展が見られたからであろう. ギリシャとの関係自体は動かないとすれば, それとは少なくとも異なったデモクラシーと Critique の伝統, したがって政治的パラデイクマ自体の異なった形態, が存在する, という問題が背後にあるはずである. 特定の, しかもこのような性質の, 起源に還元して捉えられるということ自体, このことを強く推定させる.

　事実, テクストは政治的パラデイクマのあり方 (exemplum, そのまま繰り

返されるべき先例としての出来事) に関わるばかりでなく，デモクラシー本体に関わる．一体何故 pontifex は「出来事を文字に刻む」と言うのか．「白い板の上に記載し，その石版を都市中心に掲げ，こうして公衆にそれを認識する機会が与えられるようにした」(efferebatque in album et proponebat tabulam domi, potestas ut esset populo cognoscendi). 歴史学とデモクラシーの関係は元来 (少なくともギリシャでは) このように単純ではありえない．しかし Cicero がギリシャとの対抗を強く意識する脈絡で，ローマ型デモクラシーの或る関係が強烈にイメージされた．"Annales Maximi" はその瞬間においてのみ異例の具体的な姿を取った．その瞬間においてのみ歴史叙述のジャンルとしての annales に接近した．かくしてその姿は Cicero の思弁に依存している．事実，この姿，とりわけ石版の目的と機能，はこのテクストの影響下にある遅い時期のそれを含めて他のテクストには全く見られず，孤立している．ちなみに，4 世紀末から 3 世紀初頭のローマ独特の民主化の過程 (後述) において (伝承上) Ap. Claudius Caecus とその「解放奴隷」Cn. Flavius は決定的な役割を担っているが，こちらの伝承群では「神官団が保持していた暦 fasti の公開」(法廷開催日の公開) が増幅して伝えられていき，ついには「訴訟フォーミュラの解放」にまで発展していく．しかも決定的なメタモルフォシスが Cicero のテクスト上で検出されるのである．以後のテクストにおいては徐々に正真正銘の「神官団の法学」があったかのように伝承が発展していく．しかもその実体が理想化されていく．丁度そのように，「ローマの歴史学」たる annales というジャンルの起源に，或る幻影が立ち現れた．後には Publius Mucius の刊行物と混同され，それが原石版の引用であるかの如くイメージされることになったのである[6]．Cicero においてさえ "Annales Publici", "Annales Maximi", "Annales Pontificum" 等呼称は安定しない．"Annales publici" は Cicero 独特の目的・機能観の反映である．Cicero のテクストにおいてさえ全体として見れば，「歴史叙述のジャンルとしての annales の始原における神官団の記録」という概念は蜃気楼である．高々，クロノロジーのために別系統と思われる「神官団に由来する記録」をコントロールの手段として使うにすぎない．

　他方，われわれは Cato のテクストの断片 (F77 P, ap. Gell. II, 28, 4ff.) を有する．彼の著書 *Origines* の中で「pontifex maximus のもとに置かれている石版に

1 伝承批判の出発点

ある通りに書くことは好まない，つまり穀物価格の高騰（飢饉）の度毎に，日食月食の度毎に，またその他の災厄の度毎にただそれを書くことを好まない」（non lubet scribere, quod in tabula apud pontificem maximum est, quotiens annona cara, quotiens lunae aut solis lumine caligo aut quid obstiterit) と述べられたとすれば，Cato は，暦と密接に関係して出来事を刻む石版の存在を知っていることになる．彼は自らの著作とそれを鋭く対置しているが，ともかくそれは暦 (fasti) を出発点としている．暦は一年周期で正確に同一日に同一のことが行われることを保障する．儀礼には不可欠の用具である[7]．日食月食の記録はこの暦の上に行われる必要があるが，しかしそれを記録すればパラデイクマの再現でなく其の年の特異性を記すものとなる．凶作もそうである．暦と並行して年を刻む営為がそこにある．ローマには fasti と並んで一年任期の政務官名で年を刻む Fasti Consulares が存在する[8]．凱旋の記録を中心としてそこには最低限の出来事が書き込まれる．Cato が言うのがこれであるかどうかは定かでない．念のためこれとは別に pontifex maximus が年毎の出来事を記録していたとしよう．問題は書き込まれたことの内容である．Cato はまさにそれを問題としている．そして，その記録がパラデイクマを具体的には含まないものであるために到底自分の著作の基礎とはならない，と述べているのである[9]．さて，Cic. De domo sua, 32, 86 は "annales populi Romani et monumenta vetustatis" を典拠として用いる．二つ別個のものというよりは同一の編年体の記録を指すと思われるが，これにより Cicero が論証するのは，K. Quinctius および M. Furius Camillus および C. Servilius Ahala の（民会での）訴追事件，その結果としての亡命，という exemplum である．確かに裁判（しかも民会）であれば選挙と並んで暦と密接であるはずである．かつ（テクストが破損しているために不確定であるものの）Rep. II に K. Quinctius の名は見えないが，ともかくわれわれはあのテクストの近傍，Sp. Cassius の間近，に再び立つことになる．しかしながら，もし Cato がこれを見てパラデイクマ欠如を不満に思ったとすれば，彼が欲したのはこの種の記事ではなくそれ以上，例えばそれを syntagmatique に展開した部分，étiologie であったから，それは暦に書き込まれていなかった，単に儀礼発動の有無だけが記され，Cicero はそれを年代チェックにのみ使った，ということになる．Cato の時代に既に儀礼的 exemplum のみは編年展開されて

いた[10]としても，Cato はむしろこの特に編年を嫌ったと思われる．antiquarius の始祖（ante litteram）として，クロノロジーそしてとりわけディアクロニクな観点抜きに儀礼とその étiologie をしかしたっぷりと書きたかったに違いない．

ちなみにローマの場合，暦においても，そこから分化して形成される編年体の記録においても，まさに政治システムの生態と不可分の，或る特殊性が存在する[11]．月の周期を太陽の周期に合わせるためには調整が必要である．この調整につき，伝承は一致して「暦の上に大きな空白期間」（intercalatio）の人工的設定という画期を意識し，Numa などにこれを帰せしめる[12]．その一ヴァージョンは 472 年の lex Pinaria Furia を指示し，しかもこれは Varro が採るところであった[13]という（Macr. I, 13）．この intercalatio はテクニカルなものでもありうる．しかし厳密に一年任期たる権限，すなわちどのようにして必ず一年で権力の保持者から権力を奪うかということを厳格に追求する意識，のためにこれを強調し長く取ることもできるのである．共和末の暦においてそれは 13 番目の月の如く 20 日を越える[14]．暦の上のアジェンダは（テリトリー上ではないが）時間軸上にパラデイクマを枝分節させている．これがテリトリー上の枝分節と不可分であることは言うまでもない[15]．これを一切遮断して一旦枝分節を白紙に戻すために intercalatio は有効である．その日々においては何もすべきことが指示されない．一年周期の更新を断絶として鋭く刻む．社会編成は一旦全て解かれる．軍事化の方式そして民会の立法や裁判のように〈分節〉を一旦解消して形成しなおす時に最適である．exemplum はディアクロニクな癒着をも帰結しうるが，政治システムの決定，共和政，はこの癒着を最も嫌う．同じ王が今年もこの儀礼を行う，ということがあってはならない．同じように一年で更迭され一年前と同じように就任するものがいたとしても，それは全く新しくなければならない．

なおかつその暦を，断絶のみならず一年周期のディアクロニクな偏差を画するための軸として意識するならば，むしろ暦と別個に年を刻むに違いない[16]．Fasti Consulares の分化は共和政の確立と不可分であったはずである．暦とともに記憶するはずの exemplum をむしろヴァリアントにおいて原型と区別して記録するならば編年体は有用である．紀元前 400 年のものであることがほぼ判

1 伝承批判の出発点

明している[17]．Ennius の日食記事は5世紀末に優にこれを書き込める状態に原 annales があったことを示す．神官団が儀礼の先例を有する，それが暦年表の側に落とされる，とすれば最初に exemplum のディアクロニクなヴァリアントを意識した瞬間であろう．つまり Sp. Cassius が初めて引かれかつ変化を被った時，Cicero の第二の時点である．なおかつそれは étiologie を含まない．

[1・2・1] Giovannini, Il passaggio は libri augurales の次に各種 commentarii つまり libri magistratuum を列挙し信憑性の高い史料と見なした上で，ここから，共和革命最初の民会開催が Servius Tullius の commentarii によったという伝承を使って共和革命の「国法学的正統性」を論証しようとする．しかし，共和末の完全にサンクロニクな exemplum の言語記述と，これに「Servius Tullius の」というディアクロニクな見通しを付した観念，の間にはギャップが有る．他にも Iuno Moneta 神殿との関係が深い libri lintei や，aedilis plebis の懲罰権との関係で蓄積された exemplum に関わると見られる libri, のように多くの媒体が知られるが，これを再編してクロノロジクな見通しを与えるという作業の登場は別のことであり，各種 exemplum の記載が大雑把に十二表法の時代に遡りうるとしても，クロノロジクな編成は後のことであり，到底王政期には遡らない．「Servius Tullius の commentarii」という伝承はさらにずっと後の或るヴァージョンに対応し，むしろ何故敢えてこのような特定のヴァージョンによる centuria 民会がここに主張されるのか，と問わねばならない．

[1・2・2] B. W. Frier, *Libri Annales Pontificum maximorum : the Origins of the Annalistic Tradition*, Roma, 1979, p. 29ff.

[1・2・3] Frier, *Libri Annales*, p. 161ff.

[1・2・4] M. Fleck, *Cicero als Historiker*, Stuttgart, 1993, S. 93ff. は，Cicero の「歴史認識」のソースを問いながら Annales Maximi 素朴実在説によるのみならず，年代記系と antiquarian 系の識別もしない．

[1・2・5] Frier, *Libri Annales*, p. 161ff. はこのテクストを全編のテーゼ論証にとっての軸とする．しかし，第一にこのテクストを文字通りに受け取り，神官団の記録目的の社会学的分析にまで及び，第二に遅いテクストを全てそれに合わせて読む．

[1・2・6] この論点において未だに輝きを失わず出発点となるのは K. W. Nitzsch, *Die Römische Annalistik von ihren ersten Anfängen bis auf Valerius Antias*, Berlin, 1873 である．彼は決して Cicero の視点や共和末の伝承変容を扱うわけではないが，以下のようにして annales maximi の起源を推理する．Liv. と DH の記事の比較から Liv. のみに見られる短い記述を古い層と仮定し，これらを抜き出して性質を分析する．その中核にギリシャ系祭祀への関心を見出す (S. 193ff.) と，Ceres 神殿とその女神官団（後述）に着目し (S. 206ff.)，ここから aedilis plebis に承け継がれる，が故に matronae への罰金記事が説明される (S. 210ff.)，とし，最古の層はかくして plebs の視点に基づくのであるが，これに対して Diod. に流れ込む Cn. Flavius による対抗的な Fasti 公開＝annales 編纂があり (S. 221ff.)，これを再度 Fabii に近い初代 plebs 出身 pontifex maximus たる Coruncanius が切り返すところで annales maximi が成立する (S. 237ff.)，というのである．ギリシャ世界とのチャンネルを plebs のサークルに見出す点や stratigraphie に，実証主義的史料批判の頂点が見て取れる．しかしもちろん，一個の視点が一個の制度的記述主体に結び付くことは無かったであろう（そのように思考して確かな確証を求めるのが良き実証主義の精神であるが）．また一個の制度的記述 (exempla 集積) 内部に多くの視点が同居していたであろう．

〔1・2・7〕　cf. A. K. Michels, *The Calendar of the Roman Republic,* Princeton, 1967, p. 24ff., 31.

〔1・2・8〕　Fasti Consulares (et Triumphales)（特に Capitolini）に関する膨大な文献〔刊本としては A. Degrassi, *Inscriptiones Italiae, XIII, 1,* Roma, 1947）を列挙することはここでは無意味である．基本として Th. Mommsen, *Die römische Chronologie bis auf Caesar,* Berlin, 1859, S. 110ff. および（後述の）Werner, *Der Beginn,* さらに暦との関係について K. Hanell, Probleme der römischen Fasti, in: AA. VV., *Les origines de la république romaine. Neuf exposes suivis de discussions*（*Entretiens Fondation Hardt 13*）〔*ORR*〕, Genève, 1967, S. 175ff が明快な説明を与える．最近の研究としては F. Mora, *Fasti e schemi cronologici. La riorganizzazione annalistica del passato remoto romano,* Stuttgart, 1999, p. 56ss. を挙げるにとどめる．少なくとも Augustus によって記念物化された形態（Capitolini）のものが暦から直ちに分化したかどうかは確かに疑問である．所謂 Libri Lintei の存在もあり，exemplum のクロノロジクな整理をはさんで，ここからさらに "annales" と "Fasti Consulares" が分化したのであるかもしれない．Mora は後者が4世紀後半に形をなしたと推定する．

〔1・2・9〕　E Rawson, Prodigy lists and the use of the "Annales Maximi", in: Ead., *Roman Culture and Society. Collected Papers,* Oxford, 1991, p. 1ff. は，Liv. の prodigia が Ann. Max. から出たとは思われない特徴を有することを指摘する．そもそも少なすぎるし，2世紀の socii に関するものばかり多い，と．そうした記録は無かったか，有ったとしても annales が使わなかったか，のどちらかであるとする．おそらく，使ったけれども年代の符合をチェックするためだけであったろう．Cato が欲した「内容」は口頭伝承によったであろう．

〔1・2・10〕　しかし後に Ovidius が暦に儀礼のパラデイクマはおろかその étiologie までをも書き込み直して文芸化しえた．この時に Fasti Consulares や Triumphales が参考とされて戦勝・凱旋が叙述された．壊滅的敗北は少なくとも（Galli に対する）dies Alliensis が暦自体に記念日として書き込まれているが，他の日についても決して Ovidius のゼロからの創造ではありえなかったことについては，A. Fraschetti, Ovidio, i Fabii e la battaglia del Cremera, *MEFRA,* 110, 1998, p. 737ss. が説得的に論証している．

〔1・2・11〕　既に Mommsen, *Chronologie,* S. 9ff. が徹底して特殊性を強調している．つまり Numa 暦の特殊性を説明するために彼は極めて恣意的な太陽暦が先行したとさえ想定する．それはギリシャのものの恣意的な改変に基づくという．そしてそれが十二表法の時に Numa 暦に作り替えられるのであるが，intercalatio の有る年（閏年）には intercalatio の月は二月に食い込むように設定され，二月がその分早く終わる（S. 21）．つまり通常年でも二月末に intercalatio 上のアジェンダ，Terminalia（「終点」）後の Regifugia（「王の逃亡」）が置かれうるのである．共和体制安定期にギリシャからのイムパクトでいきなりここへ至ったのではないか．Lex Pinaria とともに．Mommsen が否定する（S. 47ff.）十ヶ月起源説もあながち捨て去るべきものではない．大幅な空白期を有する部族連合の儀礼に関する暦が発掘されたのであったかもしれない．

〔1・2・12〕　cf. Michels, *Calendar,* p. 145ff.

〔1・2・13〕　cf. Michels, *Calendar,* p. 101, 127. Macrobius のテクストは諸ヴァージョンを列挙するが，ローマ独特の斬新な intercalatio の起源は後述のように共和初期の「Numa のモーメント」に帰せしめることができるように思われる．Hemina がこれを Decemviri に引き下げたことにつき，cf. M. Chassignet, Étiologie, Étymologie et Éponymie chez Cassius Hemina: Mécanisme et fonction, *LEC,* 66, 1998, p. 331.

〔1・2・14〕　カレンダーは碑文の形で共和後期には forum で公開された．こうして多くの碑文史料が遺されたが，所謂ユリウス暦以前の共和期カレンダーを唯一証言するのは Antium で

1 伝承批判の出発点　　　　　　　　　　　101

20世紀前半に発見された "Fasti Antiates Maiores"（簡単には A. Degrassi, *Inscriptiones Latinae Liberae Rei Publicae*, I, Firenze, 1957, p. 23ff.）である．intercalatio のイメージを摑むためには p. 40f. を参照．

[1・2・15]　J. Rüpke, *Kalendar und Öffentlichkeit. Die Geschichte der Repräsentation und religiösen Qualifikation von Zeit in Rom*, Berlin, 1995, S. 23ff. はカレンダーの機能をシステム理論を使って説明しようとするが，結局はその機能が一義的に与えられていて，社会構造との間に複雑な関係を持ちうるということが看過されている．ローマも「ヒエラルヒッシュに構造化された社会」の一種として扱われてしまう単純さと関係している．しかしわれわれは既に Hesiodos がカレンダーという何でもない用具から素晴らしい武器を作り上げるのを見たし，ローマのカレンダーはまた全く特殊な形態を有する．そのことを見通すためにはどうしても（ジェネアロジーと密接に連関した）クロノロジーと共に暦の極めて一般的な作用を概括しておく必要がある．つまり，そもそもパラデイクマを提示すること自体，それを様々に解釈した人々の動きを統合して枝分節状にする．しかし時間軸の問題は常に存在し，そして昨日と今日に提示されたパラデイクマが相互干渉することも典型的な枝分節の態様である．しかしここを統御して segmentation を「合理化」することは可能である．もちろんこれは「その日」の agenda の完璧に統一された実現を意味しないから，ヒエラルキアはまだ生まれない．しかしともかく，暦は枝分節組織内の様々な営みを媒介しうるのである．

[1・2・16]　例の Cn. Flavius が Concordia 神殿を奉納した時（304年），わざわざ「Capitolinum の神殿が奉納された 203 年後に」（CCIII annis post Capitolinam dedicatam）と銅版に刻んだと伝えられる（Plin. NH, XXXIII, 1, 19）．Mommsen 以来多くの学説がそのように考えるように，共和暦は実際には Iupiter 神殿奉納を起点として数えられたと思われる．もちろんこれと Fasti Consulares の関係は自明ではない．R. Werner, *Der Beginn der römischen Republik*, München, 1963, S. 210ff. は詳細な分析の後，結論として Capitolium 奉納を王政期のこととし，したがって共和元年とは符合しないとする．ところが後にこれが共和元年とされ，その時に遡って Fasti Consulares 上に架空の政務官名が補われた，というのである．Fabius Pictor はこの作業の未完成時に書いたので，なお暦それ自体による年代に従った（post reges exactos としても様々な対ギリシャ・シンクロニズムによった），Cassius Hemina 後初めて eponym なシステムになった，というのが Werner の結論である．鋭い指摘であるが，共和初早い時点で暦と eponym なシステムの連動が達成され，人為的に "post Capitolinam dedicatam" が設定されたのではないか．Cn. Flavius はこの連関を発掘して突き付けているのである（vgl. Hanell, Probleme, in : *ORR*, S. 183ff.）．

[1・2・17]　Michels, *Calendar*, p. 126.

1・3

かくして，Fabius Pictor が annales という（とはいえ全く歴史学の一類型たる性質を有する）ジャンルを創始する以前において，政務官表と神官団の儀礼書と，儀礼的パラデイクマのみを暦年展開した記録以外にはなく，étiologie は少なくとも十分には書かれることが無かった[1]．ギリシャでは初期から，確かに書かれはしなかったが韻文によって言語が強くパラデイクマを確定した．ロ

ーマでこれが生じなかったとすると，所作としての儀礼の継承が，厳密でない対抗に大いに開かれた（野放しの）口頭伝承と結び付いていた，という仮説が成り立つ[2]．

もちろん，このような事情はギリシャ／ローマ間における歴史学の性格の相違を帰結する（歴史学はデモクラシーのコロラリーであるからその発達の様相が全然異なるに違いない）が，他面で，ローマは独自に政治的パラデイクマの儀礼的厳密さを武器とする別種の Critique を生むことができた．fabula を避けて共和暦の年代の刻みに忠実に従うという姿勢である．その上で大いに étiologie を展開する，というのが Cato の考えであったはずである[3]．つまり不満を感じたとしても素材の特性を生かす Critique をし，決してギリシャ・モデルに走らない．逆にしっかり exemplum を基軸に取りうる限り，儀礼から神話へと叙述を拡張していくことを辞さない．その限りで，ギリシャの歴史学とは正反対の方向を目指す考えである[4]．Cato の annales 批判[5]は新種の Critique を目指すものであった．やがて，歴史学と大きく対立するジャンルとしての古事学を発達させる．しかしそのときに Cato が素材としえたものは確かに存在したのである．そのうちの若干を（むしろギリシャ志向の）annales が既に掬い出しつつあった[6]として，それにも満足できない Cato は大規模に採集し始め，それはそのまま共和末まで続く．それはギリシャの歴史学の Critique の枠をはみ出すものであり，Cicero はこれに警戒的であったが，しかし Livius にさえ多く流れ込み，そして誰よりも Dionysios によって大規模に annales と合体させられたのである．このときギリシャ風の修辞を伴う歴史学と Cato の脱 annales は捻れた形で連合させられることになる[7]．そしてそこには遅れて発達した文学，つまり文芸化されたパラデイクマ，が合流していった．

こうしてわれわれの課題は全て先送りされることとなる．annales が補い Cato が大規模に蒐集し始めたパラデイクマを取り扱わなければならない．すなわち，われわれの遡及行の出発点は再措定され，それは例えば Cato が素材としたパラデイクマであり，それがどのようなものであったのか，その質こそが問題であるということになる．

そもそも先にわれわれが取った出発点は exempla としての政治的パラデイクマであった．そのときわれわれはローマにおける政治の存在が蓋然的であると

1 伝承批判の出発点

述べた．凡そ共和政のモデルを提供してきたローマに政治が無いとする結論は確かに馬鹿げている．しかしわれわれは政治の概念を厳密に定義した．その政治が果たして本当に存在するだろうか．この点でも，étiologique なパラデイクマにディアレクティカの痕跡がある，として政治の存在をあくまで想定してきたし，確かにそこには鋭いヴァージョン対抗があり，それらは明確に加工されているのであるが，とはいえ，ギリシャとの違いも歴然である．何よりも Homeros がいないではないか．叙事詩と〈神話〉が未発達ではないか．それでどうして政治が有ると言えるのか．exempla として政治的パラデイクマの見事な発達は却って嫌疑さえ抱かせるのではないか．見かけ上政治が存在しながら実は実質がないということを識別するためにこそ，われわれの社会構造の概念は有効なのではないか．

　もっとも，紀元前3世紀後半以降，ローマでも「叙事詩」が現れる[8]．何故かくも遅いのか．ヘレニズム世界との直接の融合がもたらした表面的な事象，表面的な模倣か．それでも，叙事詩の一つの頂点としての *Aeneis* が厳然と存在し，Livius と Dionysios の「年代記」の側にも豊富な叙事詩的素材が含まれる．政治的パラデイクマ自体の蓄積の記憶と連続的である，すなわち，〈神話〉化が不十分であるという重大な瑕疵が認められるし，発達に大きな制約があったことが感じられるが，しかしこれらの存在を無視してローマの社会構造は全く分析しえないであろう．われわれの出発点，Cic. Rep. II が（annales の定番からさえ）意識的に落とすパラデイクマは実際非常に多い．（テクストの破損が大きいために判断に一定のリスクが伴うが）何と言っても Romulus 以前，特に Aeneas について Cicero は完全に無視するし，Tullus Hostilius に結びつけられる Alba 関係の伝承，Horatius 伝承，も切り捨てられる．Servius Tullius 関係の激しい伝承のヴァージョン対抗，文芸化の痕跡を強くとどめるあの一群の話，も姿を見せず，もっぱら centuria 制が混合政体との関連で詳しく分析される．Lucretia, Brutus, Publicola, Verginia のエピソードが内容抜きに顔を出してはいるが，Coriolanus 初め共和初期の色彩豊かな個性はもちろん出る幕を与えられない．

　これらが3世紀末以降の文芸によって姿を見せたとして，その文芸の大きな特徴は，まず圧倒的にギリシャの影響下にあるということであった[9]．240年

頃 Magna Graecia からの人々（Tarentum 出身の Livius Andronicus）が小さな学究的サークルで悲劇を再現したことから始まり，素材もギリシャから採られる．続いて Naevius が叙事詩を試みるが，題材は近過去の出来事である．220年頃から，Fabius Pictor が annales というジャンルを出発させるが，題材をローマに採るものの言語はギリシャ語であり[10]，これが初期の annales を特徴付けさえする．また素材は極めてしばしばギリシャ側の歴史学がローマの古い伝承を取り扱ったものであると言われる[11]．第二の特徴は，叙事詩だけが先行するのでなく，悲劇，喜劇[12]，歴史学，ほぼ同時に一斉に登場する，という点である．反面ギリシャでは早くに発達する叙情詩が遅れる[13]．これらのことは全てローマの体制が南イタリアのギリシャ諸都市を或る独特の形態において組み込んでいったことに対応し，われわれは第 III 章でこのことを詳細に分析する．しかし他方，翻って考えれば，ギリシャ世界との関係はこの時点で始まったのではない[14]．3 世紀後半の関係は，少なくとも 5 世紀初頭以来の関係の積み重なりの上に成り立っている．Fabius Pictor がローマについてギリシャ語でしかもギリシャ側の先行テクストを使って書くとき，それは初めて知ったギリシャの文物をいきなり模倣するというのではない．5 世紀初頭の Cumae では，少なくとも（既述の）Aristodemos の事績が記録される中で[15]，Etrusci を駆逐すべく Latini のために介入したこと，さらに Tarquinius Superbus の亡命を受け入れたこと，が書かれている[16]．この時期の共和政樹立をほとんど確かなものとさせる史料であると言ってよいが，そればかりでなく，この時代のローマ社会の変動は既にギリシャからの影響抜きに考えられない[17]．Ceres 神殿建設という（編年刻印の観点から）最も確かな伝承において示される通りである[18]．その頃の人々の意識を編んだ諸々のパラデイクマのヴァージョンに既にギリシャからのイムパクトがあり，それをその後ギリシャ側の歴史家が Herodotos のようにして採集し解釈していく．Fabius Pictor はこれらを再解釈し，しかし独自の編年体の伝統に接ぎ木したのである．以上は既に大変複雑な相互作用であり，それ自身大きな規模の社会変動に対応する．

　Fabius Pictor とほぼ同時に Ennius が叙事詩を著し，しかも "Annales" と題する．ラテン語でしかも「神話」から現代の事象までが編年的に連続して謳われる叙事詩である．Ennius は以後ローマ社会で大きな典拠として生き続け，

しかも面白いことに annales と同じ扱いをされさえする.「叙事詩を書く」という対ギリシャ関係の中で「編年記」が内容上増幅され, 血肉を帯びていく. 今日断片しかわれわれの手に無いが, その断片を眺めて誰でも気付くのが, 共和初期を遥かに遡る王政期に属する「神話」が大変豊かであることである. 特に Romulus 以前の叙述の分厚さが巻数に関する情報から推測される. 同様のことが Fabius Pictor の断片についても指摘され, ギリシャ経由の「起源伝承」と近過去しか annales の作者達には得られなかったのではないか, と指摘される[19]. しかしたとえば Coriolanus についての詳しい叙述を既に Fabius Pictor が有していたことが明らかである[20]から, 共和前期についての叙述が乏しかったというより,「神話」期の伝承が圧倒的に豊かであった, というように捉えるべきである. そしてわれわれの課題はまさにこの種の伝承の素性であった.

何と言ってもその特徴はヴァージョン対抗の豊かさである. そうするとさしあたりこれはソースたるギリシャの歴史家に帰せしめうる (Herodotos を見よ). しかしながら彼らとて自分達の側で一方的にディアレクティカを施すということはできない. 素材の側に少なくとも萌芽が有ったに違いない. 彼らが掬ったところをさらに (何らかの理由で) 取り返すようにして引き継ぐことになった当のローマの人々が易々とまたディアレクティカを増幅しえたとすると, 彼らの間にその対抗的な意識が元々ビルティンされていたと推測される. だからこそギリシャの歴史家達がかつてそこからそれを汲み取りえたのである. そして今ローマ側で自分達の材料で補いうるのである. ちなみに少し後に Cato がもう一段別の方角を目指したときにも, 同じ「神話」期の同じ素材が大きく取り上げられる. こうしてわれわれは, Cic. Rep. II が切り捨てる「王政期」伝承に関する限り, ソースを想定することができる[21]. ギリシャ側歴史叙述が全くの好奇心に基づくものでなかったとすれば, 社会構造の変動にギリシャ側が深く関わった時期に, その基本の屈折が採取された, ということである. つまりギリシャ側の屈折との対抗を通じてローマ側素材が知覚された. 第一の時期は共和革命の頃の「国際」関係である. 第二の時期は Etrusci の背後に在る一個の勢力としてのローマの体制が気になり始める頃であり, この第二の時期の歴史家, 例えば Timaios などが Fabius Pictor の直接の素材であり, Timaios は第一の時期から蒐集を stratiphique に受け継いだであろう. 第三はラテン語

annalesが既にそれに対して反応する2世紀のギリシャ史家であり、その頃確立されたローマの支配体制（sociiの社会構造）を反映する[22]．この層も以下の分析の中で明らかになるとおり、極めて重要である．それとてその時点の出来事を述べたものではない．その時点での所与たるパラデイクマを大きく屈折させたものであった．つまり蓄積された「王政期」伝承に反応するものであった．蓄積の開始、つまりギリシャ側からローマ内パラデイクマを屈折させつつ蒐集する作業の開始、が、ギリシャ社会との社会構造上の大規模な関わりが生まれたのが共和革命時であった限りで、共和革命時を遡らないとすれば、（「王政期」伝承の）パラデイクマの屈折は「王政期」ではなく、端的に共和革命に関わる[23]．かつ、われわれにとってはここから社会構造に深く入っていけば十分である．占有概念は既に「王政期」にあったのかもしれない．しかしいずれにせよわれわれの大きな座標軸は政治の成立である．政治の成立とそのときの社会構造の特徴が分析できれば出発点として十分なのである．その時に既に占有概念が有るのであれば、必ずそこに痕跡が有るはずである．

では、Machiavelliにあれだけ大きなイムパクトを与えた共和前期を彩るパラデイクマ群はどうか[24]．全て後代の装飾か．

いずれにしてもそれらはほとんど全てannalesの初期から顔を出している[25]．創作されたとしてもそれ以前である．そして何よりも、以下の節に論証する通り、「王政期」伝承との間に隠れたヴァージョン対抗関係を有する．すると、少なくとも或る時点で、上に述べたディアレクティカの結果が蓄蔵されたその兵器廠から採られた素材に対抗的な働きかけが行われた、ということになる．しかるに、他方そうしたエピソードはいずれも、特に刑事裁判を中心とする、exemplumに付着したétiologieである．したがって少なくとも、annalesの作者が上述の兵器廠を使ってétiologieを増幅した結果である．そしていきなりゼロから増幅が行われたとは考えにくいから、何らかの時点で既に行われていたに違いない．

そのように考えると、最も早い時点では、以下のような経過が有ったものと推定できる．或る刑事裁判の成立を支える人々の意識は、さしあたり「王政期」伝承の屈折の側に投影され、これが翻って社会構造を支えたに違いない．ギリシャの側の歴史家が採集したのもこれである．彼らはこのとき大きな影響

を与えた後であるから，共犯の関係に立つ．しかしすぐ次の時点でその刑事事件は参照され，そして或るとき再解釈されざるをえない．このとき「王政期」伝承再解釈と並んで，これと相互干渉をしながら，当の exemplum の étiologique な部分が初めて意識される，つまりヴァージョン対抗するのである．こちらの側のプロセスは十分にはギリシャ側に伝わらないに違いない．しかしそうしたパラデイクマの存在を否定しえないのは，それら自身が明確なヴァージョン対抗を示すのみならず，「王政期」伝承との間にくっきりとした関係を示すからである．逆に，こうした営為を通じて「王政期」伝承もまたいつの間にか逆浸潤を被り，いずれも étiologie の如きものになり，〈神話〉の観点からすると縮減されるのである．他方，暦はこの外に立った．暦の編年体は exemplum 本体を見出して登録したが，内容と étiologie を含まなかった．annales は整理のためにそれを利用したが，暦と annales が習合するのは Cicero の時代になってからである．

〔1·3·1〕 Annales Maximi がどこまでの内容を Fabius Pictor 以前に獲得していたかに関する最も優れた指摘は，E. Gabba, Considerazioni sulla tradizione letteraria sulle orgini della repubblica, in: Id., *Roma arcaica* (=*ORR*), p. 35ss. に見られる．共和暦と annales の関係を重く見る Gabba は，色彩豊かな王政期伝承がいつ加わるかを鍵と考える．DH, I, 73, 1 から，annales 作者が原 "Annales Maximi" から王政期伝承を複数ヴァージョンで引き出しえたことを確認し，後述のように王政期伝承にギリシャ側歴史記述の影が濃いのは明らかであるから，Fabius Pictor のソースはギリシャ側か Annales Maximi かという論争は意味が無く，Fabius Pictor 以前に Annales Maximi がギリシャ側を受容していた，とする．つまり石版の発展型が既に公開用に長い王政期分序章を有した，というのである．そしてその年代を4世紀とする．Numa と Pythagoras の関係に関する伝承の起源を Tarentum の Pythagoras 教団のサークルとそこからローマへの影響ルートに探る Gabba の論証は見事である．しかしながら Dionysios は，annales の作者達の思考様式を言っているのであり，多くのヴァージョンを何か一つの手がかりから引き出した，逆に言えばそこにヴァージョン対抗も収斂してしまう，ということが言いたいのである．すると，仮にその手がかりが王政期分序章に有ったとしても，それは多くのヴァージョンを含む豊かなものであったのではない．とはいえ，基軸の儀礼体系とその登録簿たる記録が王政期伝承の目録をクロノロジクに支えうるようになっていたこと，つまり Fabius Pictor 以降の創作でないこと，その変化が Magna Graecia との関係で4世紀に生じたこと，の知見は貴重である．

〔1·3·2〕 J. Poucet, Les préoccupations étiologiques dans la tradition "historique" sur les origines et les rois de Rome, *Latomus*, 51, 1992, p. 295sqq. は，M. Piérart, L'historien ancien face aux mythes et aux légendes. 1. Les limites de la rationalisation, *LEC*, 51, 1983, p. 61 の対比論を参考に，ローマの étiologie がコスモロジーにかかわらずもっぱら都市ローマに限定される，と指摘する．これはローマの政治システムが厳格に儀礼をのみチャンネルとして統御されたことのコロラリーである．だからこそ étiologie のところにディアレクティカがかかる．この

点，Poucet が p. 299sqq. で "variations" の過剰なまでの存在を説明しようとして結局解答を得られないことが示唆的である．

〔1・3・3〕　cf. La Penna, La cultura letteraria, p. 785f.

〔1・3・4〕　C. Letta, L' "Italia dei *mores romani*" nelle *origines* di Catone, *Athenaeum,* 62, 1984, p. 3ss., 416ss. は，反ギリシャの核心を "filosabinismo" と捉える．旧 annales に対して，隠れたディアレクティカのギリシャ風復元を目指した Fabius Pictor とは正反対の方向で批判するとき，Numa から Claudii までの儀礼主義の線でパラデイクマを拡幅する，étiologie を展開する，という選択肢が生まれる．Sabini は（Letta の言うように）反 Etrusci のみならず，反 Latini（その結果反 Graeci）でもあるだろう．部族原理の発掘の仕方に関わる．

〔1・3・5〕　Cato の *Origines* の性質についての諸説は A. E. Astin, *Cato the Censor,* Oxford, 1978, p. 216ff. によって概観できるが，Astin 自身は Fabius Pictor 等との違いを極小化して解釈し（vgl. W. Kierdorf, Catos "Origines" und die Anfänge der römischen Geschichtsschreibung, *Chiron,* 10, 1980, S. 205ff.），無内容な結論に至る．Nepos, Cato, III, 3 のテクストは，一回限りの固有名詞の世界（Fasti Consulares はそうである）でなく持続的なパラデイクマの実体を記述した（"sed sine nominibus res notavit"）ことを明記している．

〔1・3・6〕　初期 annales に関する先行研究を吟味する余裕は無いが，E. Rawson, The first Latin annalists, in : Ead., *Roman Culture,* p. 246ff. が Cassius Hemina についてバランスの取れたスケッチを提供するのが大変印象的である．Cato の亜流とする説を斥けて，儀礼と étiologie に傾くにしても同時にギリシャへの深い関心が認められるとする．Chassignet, Étiologie, p. 321sqq, もまた，Aricia のギリシャ起源等 socii 支持や Numa 伝承等 Pythagorisme の影響や反 Romulisation の傾向を見出している．そうだとすれば，2世紀半ばにラテン語で書き始めた頃の annales はまだ Fabius Pictor の原点を見失っていない．以下この論考で重要な役割りを果たす Romulus 伝承都市版や Aeneas 伝承の一定ヴァージョン（600人の従者や30都市等）の重要な経路となった．裏から言えば，Cato の具体的パラデイクマ回復はまさに，Fabius Pictor から来た道が antiquarianism と Piso 風簡潔の二股に分岐する交差点である．

〔1・3・7〕　E. Gabba, *Dionysius and the History of Archaic Rome,* Berkeley, 1991, p. 97ff.

〔1・3・8〕　叙事詩につき，La Penna, La cultura letteratura, p. 781ss.

〔1・3・9〕　「ローマ文学」の遅い登場と「ギリシャ化」の関係については，差し当たり B. Gentili, G. Cerri, *La letteratura di Roma arcaica e l'Ellenismo,* Torino, 2005, p. 57ss. に依拠することができる．文学の概念の最新版と（ギリシャからの影響自体は早くから認められるという）最新の歴史学的研究の成果を踏まえる．社会構造の変化に本格的に関連付ける作業は III-3 でなされる．

〔1・3・10〕　Cic. De div., I, 43 ; DH, I, 6, 2. Gabba, Tradizione letteraria, p. 30 ; Problemi di metodo, p. 13 は，これを Magna Graecia の人々を読み手として書かれたためと見る．しかし，A. Momigliano, Linee per una valutazione di Fabio Pittore, in : Id., *Roma arcaica,* Firenze, 1989（= *RAL,* 1960 = *Terzo contributo*), p. 397ss. は遥かに複雑な事情を「ギリシャ語」の背後に読み取る．ソースの問題，ギリシャの歴史学との格闘，そして新たな伝統の創始，等々．「Gelzer 以来のプロパガンディスト説」は完全に解体されている．Momigliano の高度な知性が光る．

〔1・3・11〕　かくして Fabius Pictor のテクストは存外豊富な（étiologique な）内容を有していたと考えられる．この点に関する学説史を含め，vgl. D. Timpe, Fabius Pictor und die Anfänge der römischen Historiographie, *ANRW, I, 2,* Berlin, 1972, S. 928ff.

〔1・3・12〕　演劇が登場する milieu について，La Penna, La cultura letteraria, p. 776ss.

〔1・3・13〕　叙情詩発達の特殊性について，La Penna, La cultura letteraria, p. 788ss.

1 伝承批判の出発点

[1・3・14]　Gabba, Tradizione letteraria, p. 30ss.; Problemi di metodo, p. 13ss.; La nascita dell'idea di Roma nel mondo Greco, in: Id., *Roma arcaica* (= *Rivista Storica Italiana*, 109, 1997), p. 55ss. 5世紀初めからの事態を視野に入れるものの，4-3世紀の変わり目の時期を標準版伝承確定にとって決定的とする．しかし伝承の交錯の背後には，単にギリシャからの影響やローマのCampania進出以上に社会構造全体の連動を視野に入れなければならない (cf. E Lepore, Parallelismi, riflessi, incidenza degli avvenimenti del contesto mediterraneo in Italia, dans: AA. VV., *Crise et transformation des sociétés archaïques de l'Italie antique au Ve siècle av. J.-C.*, Roma, 1990, p. 289ss.; Id., Il mediterraneo e i popoli italici nella transizione del V secolo, in: Momigliano/Schiavone, *Storia di Roma*, 1, p. 485ss.)．もちろん，これはLeporeのId., in: AA. VV., *Storia di Napoli, I*, Napoli, 1967以来一貫したアプローチである．

[1・3・15]　Gabba, Tradizione letteraria, p. 32; Problemi di metodo, p. 14. 様々な伝承経路や元のソースについては多くの仮説が存在する (cf. A. Alföldi, *Early Rome and the Latins*, Ann Arbor, 1963, p. 56ff.) が，ここでは立ち入らない．

[1・3・16]　A. Mele, Aristodemo, Cuma e il Lazio, in: AA. VV., *Etruria e Lazio arcaico*, Roma, 1987, p. 155ss. は，緻密な伝承批判 (特にPloutarchosのテクストに流れ込んだAristodemos伝承の分析) によってCumaeが成熟したデモクラシーへ移行したことを確認した後 (cf. DEM III-1-1-3, p. 683ff.)，Latiniとローマへのそこからの影響が実質的なものであったことを論証している．共和革命自体この脈絡に確固として立つ故に伝承の骨格に信憑性を認めうる，という含意である．

[1・3・17]　こうした視角が決定的な地位を占めるに至ったのは，AA. VV., *Les origines de la république romaine. Neuf exposés suivis de discussions* (*Entretiens Fondation Hardt 13* (= *ORR*)，Geneve, 1967においてであり，この書物は共和政の起源に関する研究にとって最重要な一里塚となっている．MomiglianoとGabbaのイムパクトと並んでGjerstadの考古学的功績 (ギリシャからの陶器の輸入の検証) がそこでは大きな役割を演じている．これはTarantoにおけるMagna Graeciaに関する毎年のconvegno，そこにおけるLeporeの主導，と連動していくことになる．

[1・3・18]　「Siciliaからの輸入」説に対して，G. Wissowa, *Religion und Kultus der Römer*, München, 1912, S. 298はNeapolis/Veliaを挙げる．しかしH. Le Bonniec, *Le culte de Cérès à Rome. Des origines à la fin de la République*, Paris, 1958, p. 246は極めて説得的にCumaeとの関係を論証し，現在でもこの点は動かない (cf. O. de Casanove, Le sanctuaire de Cérès jusqu'à la deuxième secession de la plebe. Remarques sur l'évolution d'un culte public, AA. VV., *Crise et transformation*, p. 382sqq.).

[1・3・19]　Gabba, Tradizione letteraria, p. 25ss. これに対してMomigliano, Una valutazione di Fabio Pittore, p. 403は同じ事実を彼の意識的なアプローチの所産と見る ("egli accettò i due punti focali dell'interesse Greco per Roma")．MomiglianoにとってFabius Pictorはこの二極双方においてギリシャ側historieとローマ的パラデイクマ蓄積法の間の緊張を糧として一つの偉大な伝統を創出した人物である．

[1・3・20]　F17 P.

[1・3・21]　王政期伝承を巡っては依然幾つもの混乱が見られる．特に，MomiglianoやGabbaがギリシャ経由でこれらを復権したことを奇貨とし，そのまま信憑性を有するものとして恣意的にそこから抜き出し考古学的知見や社会人類学の図式を当てはめる傾向が存在する (カリカチャーに近い例としてB. Linke, *Von der Verwandschaft zum Staat. Die Entstehung politischer Organisationsformen in der frühromischen Geschichte*, Stuttgart, 1995がある)．MomiglianoがAn interim report (*cit. infra*) の冒頭で第二次世界大戦前の思想状況下で Critique が消えたことと戦後復活したことを（重大な意味を込めて）確認したことを思い出させる皮肉な現象である．とりわけ社会学的図式（「支配の合理化」「制度化」など）が Critique を流し去る場合が目立つ．お粗末な水準が出来上がりつつあるという感想を抱かざるをえない．他方，Critique を維持する側もいつの間にかそれが機械的になってしまう．J. Poucet, *Les origines de Rome. Tradition et histoire,* Bruxelles, 1985 は，stratigraphie を意識的に用いる点で貴重である（Etrusci 王権についての *Les rois de Rome. Tradition et histoire,* Louvain-la-Neuve, 2000 も同様）．最初の4代の王に関する伝承につき historicisant のアプローチを丹念に批判し，考古学的データを使っても論証されないと結論する．étiologie と儀礼的思考を読み取ることも忘れない．しかし，伝承の基本の同一性を措定し（p. 59sq.），ヴァリアントを全て後発に帰せしめる（cf. p. 236sqq.）．motifs classés と motifs libres を幹と枝に見立てて識別するしかないのである（p. 238sqq.）．核に何を見るか，échec に追い込まれざるをえず，懐疑的ながら Dumézil, Schilling, Briquel 流の三機能説を受け入れ（p. 171sq.），この「インド・ヨーロッパ的な核」にフォークロアが，次にギリシャ的脚色が，最後にローマの脚色が（p. 199sq.）付け加わる，といった陳腐な結果に終わる．"question de signification"（p. 279sqq.）では何もすることができない．

〔1・3・22〕 cf. E. Gabba, Storiografia greca e imperialismo romano (III-I secolo a. C.), in : Id., *Aspetti culturali dell'imperialismo romano,* Firenze, 1993, p. 16ss. Polybios がこのジェネアロジーばかりの「歴史」を拒否することと対比される．既に焦点は II-2 で分析する Aeneas 伝承であるが，Romulus 伝承にも重要な層を発掘しうる．

〔1・3・23〕 もちろん，それらのパラデイクマが「現実の出来事」から採られた可能性が全く無いというのではない．特に Etrusci 王権に関する伝承は質が異なり，素材は一層直接的である．しかしその場合でもわれわれにとって重要であるのはそれがどのように屈折させられているかということである．もとより，「現実の出来事」自体屈折体の内部に在る．われわれは，Romulus は神話的存在だが Numa は実在した，とか，Horatius 伝承は神話だが Alba Longa の解体は本当にあった，というようなアプローチを到底採ることができない．基本的に hypercritique を離脱した Niebuhr 以来の実証主義が発達させた方法であり，A. Bernardi, La Roma dei re fra storia e leggenda, in : Momigliano/Schiavone, *Storia di Roma, 1,* p. 181ss. に至るまで枚挙に暇が無く，20世紀の前半には既に基盤を失って暴走した．その隘路を避けるためには，Alba Longa 解体という伝承を生む現実が7世紀の Latium にあったかどうか，と問うのでなければならない．そのときに I Colli Albani の考古学的痕跡が希薄化することを挙げても無意味である．物的解体の話ではなく，何か部族の構造の変化を言っているに違いないからである．"Alba" はここでは恣意的であり，そうした平面を取り去ってなお残る部分を，何かの考古学的痕跡と重ね合わせなければならない．もっとも，この論考は8-6世紀の歴史を書くことに関与しない．

〔1・3・24〕 T. Cornell, Alcune riflessioni sulla formazione della storiografia su Roma arcaica, in : *Studi in onore di U. Coli. Roma arcaica e le recenti scoperte archeologiche,* Milano, 1980, p. 30s. は，王政期よりも共和初に i racconti poetici が集中するという Momigliano の指摘を修正し，"l'età eroica di Roma può essere identificata con il periodo della tarda monarchia e la prima repubblica" と述べ，都市の物的骨格の形成に伴って，その物的痕跡に una vasta quantità di racconti vivaci e romanzeschi が付着した，とする．

〔1・3・25〕 Fabius Pictor, F14, 15, 16, 17 P. 〈神話〉的伝承と現代史の中間について Fabius Pictor が冷淡な結果共和前期が比較的小さなスペースで扱われる，という事情は，彼らが共

1　伝承批判の出発点　　　　　　　　　　111

和初期の i racconti poetici を知らなかったということを意味しない．Fabius Pictor の態度に
ついては後述のような別の説明が可能である．

1・4

　以上のような考察はもちろん伝承批判の出発点であるにすぎない．しかしな
がら，以上のように想定することによって初めて，Livius や Dionysios のテク
ストの上に現れるパラデイクマの質を考慮しうるように思われる．われわれの
関心はそれらのパラデイクマが果たしてかつてその通りに実現されたものなの
か（史実なのか）に在るのではない．パラデイクマのヴァージョン対抗の屈折
を見たいのである．そのとき，テクストが示すパラデイクマの奇妙な質こそが
説明されなければならない．Cicero の説明から発してそれに拘泥しながらわれ
われは推論を重ねてきた．最も重要であるのは，神話にしては史実のようで，
史実とはしかし到底思われず，荒唐無稽にもかかわらずいやにリアルで文学に
しては無味乾燥で質の劣る，一連の話である．こうしたものが何故そのような
形になっているのかを辿ることこそがわれわれの目的すなわち社会構造の変化
の分析に資するのである．否，全く同じことである．

　この点は裏側から「ローマの宗教が神話を持たない」というように解釈され
てきた．神話が少なくとも未発達なのである．ローマ宗教史研究においてもそ
の評価は二分されてきた．ローマの宗教が原始的な段階にとどまったのか，
それとも早くに合理化されて脱神話化したのか[1]．しかしここではギリシャとの
正確な比較のみが有意義である[2]．ギリシャで神話が発達したのは何故か．そ
もそもそれは〈神話〉であり，特殊な思考の産物であった．元来文芸的なもの
であり，これを或る特殊な目的のために意識的に宗教に利用したのであった．
つまり神々を巡るパラデイクマの解体と再利用が図られたのであった．しかも
Critique の発達はこのことのコロラリーであった．もっとも，Critique は〈神
話〉を限定し，やがて Platon とともに〈神話〉自体の批判，文芸自体の批判，
に及び，またはこれを様々な効用故に擁護する諸学派が現れる．まず，ローマ
ではこれらのこと全てが起こらなかったと言うことができる[3]．しかしなお神
話が野放しにされたのではない．そうでなければとりわけ無味乾燥であるとい
う印象は出てこない．ギリシャとの比較は決定的に重要であるが，それはギリ

シャの尺度をただ適用するということとは異なる．Critique 不全だろうと〈神話〉不全だろうと．既に再三示唆するように，ローマでは，儀礼ないし exemplum を基軸としてのみ発達するようにパラデイクマがコントロールされたのである．étiologie がどのように豊かに展開されようと，exemplum という syntagmatique な延長を押さえられてしまっているのである．étiologie に神々が登場しようとも，このことに変わりはない．つまりディアレクティカが exemplum を引きちぎらないように保障されているのである．

すると問題は，何故このようになるのか，このことは何を意味するか，である．われわれの出発点は共和革命を基礎付けた意識におけるパラデイクマのヴァージョン屈折である．以上のような根本的な性質がこの時の事柄で説明できなければならない．そうでなければわれわれの想定は誤っていたことになる．つまり，こうした根本的な性質はローマの政治存立を支えた社会構造の特殊性に起因するであろう，と予測でき，その検証こそがわれわれに課された課題である，ということになる．しかもこの点は実は，何故ギリシャでなくローマだけが占有概念を発達させたか，そしてまた何故民事法すなわち法を発達させたか，何故政治システムをこれとのアナロジーで捉える（「公法」「刑事法」）道を開いたか，という問いへの解答を引き出す．

こうして主軸となる伝承批判につき一定の見通しを持ってわれわれは出発しうることになったが，もちろん，以上で念頭に置いた主軸の伝承以外に多くの素材が存在し，そしてその外に，地表面に遺された痕跡が存在する．

〔1・4・1〕 F. Graf, Der Mythos bei den Römern. Forschungs-und Problemgeschichte, in: Id., ed., *Mythos in mythenloser Gesellschaft. Das Paradigma Roms,* Stuttgart, 1993, S. 25ff. は，ロマン主義とギリシャモデルが Quellenkritik の実証主義と出遭ったところで通説たる「未発達」説（Wissowa, Latte）が生まれたが，Usener と Otto に続いて Koch が "Entmythisierung" の立場（「合理化」説）に到達し，これが Brelich と Burkert の ritualism に繋がると概観する．「今やローマにも神話が有る！」．しかしどのように強弁しようとギリシャの〈神話〉は無い．否，儀礼しか無いのにこれが神話だと強弁するのは，よく見るとその étiologie は特殊で〈神話〉の一種と見うるから，二重の破廉恥であり，Koch-Burkert の方法が Critique を欠く故に（実証主義でさえ識別できた）ディアレクティカを見逃す根深いイデオロギーを持つことを分析しえない姿勢のコロラリーである．

〔1・4・2〕 E. Gabba, Dionigi, Varrone e la religione senza miti, in: Id., *Roma arcaica* (=*Rivista Storica Italiana,* 96, 1984), p. 179ss. は，DH, II, 18-23 において Dionysios 自身がこのことを意識する様子を見事に捉えた分析である．Diodoros や Strabon との比較，そして Platon やストア派以来の思想史を踏まえた上で，そこからだけでは（一見そうした topos の再現に見え

1 伝承批判の出発点

るが）このテクストが解釈しえないこと，Dionysios がローマをギリシャ起源と見て言わば本格的な軸を作って比較したからこそ，なおも残る差異を正確に位置づけえたこと，それを "un'autonoma decisione politica, che ha voluto intenzionalmente creare la differenza" に帰せしめえたこと，要するにギリシャ思想史の脈絡においてこうして全く新たな地平を拓きえたこと，を論証する．

〔1・4・3〕 N. M. Horsfall, Myth and mythography at Rome, in : J. N. Bremmer et al., edd., *Roman Myth and Mythography,* London, 1987, p. 1ff. は，ローマが（少なくとも一群の伝承において）「神話分析」を拒否するのは，自由に創作されたものであるからであるとする．しかし Homeros こそ最大限に文芸化したのである．そのことによって大きな社会構造を基礎付けた．すると Horsfall が挙げるテクストは別の文芸化の概念を示唆している．2 世紀以降の都市の階層が社会構造／政治システムの骨格・基盤でなくその部分的な一空間をのみ形成する，という事態がこれを生む．これはやがてデモクラシーにおいてより一層政治に対抗的な文芸の概念を確立させ，この概念の方がスタンダードとさえなる．以下，この層に属するヴァージョンにわれわれも頻繁に遭遇することになる（Acca Larentia 伝承等）．

2　Sp. Cassius

2・1

　われわれは探究の出発点を便宜 Sp. Cassius に取ることとする．Cic. Rep. II を信頼する限りにおいて，exemplum として捉えられた政治的パラデイクマが年代をもって遡りうる確かな上限がこの Sp. Cassius の処罰であるからである．その近傍に secessio や dictator が存在するが，若干の分析の後にこれらに帰ることとする．

　われわれの伝承批判の方法に従い，この exemplum 自体は比較的確かであると想定することとする[1]．そうしておいて，それにどのような意味があったのか，何故処罰されたのか，どのように処罰されたのか，等々のレヴェルでは多くの伝承ヴァージョンが対立し定まらなかった，当初から定まらず exemplum としての射程も不確かなままに推移した，と考えることとする．実際そのレヴェルでは多くのヴァージョンが存在したことが知られており，それらのヴァージョン対抗の分析がわれわれの課題になる．ディアクロニクな変容をかいくぐって当初における対抗関係を万が一突き止めることができれば，われわれの目的を達することになる．突き止める対象について別の言葉を用いるならば，Sp. Cassius を処罰させるに至った人々の意識，その時に働いていた観念構造，ということになる．それを解剖するためには，そこで働いていたパラデイクマのヴァージョン対抗を解析するしかない，というのがわれわれの立場である[2]．

　Cic. Rep. II, 27, 49 によれば，Sp. Cassius の罪，crimen，の内容は "regnum occupare voluisse" である．王政の権力を目指したことそれ自体である．これが罪であるということは，そこには既に共和政があり，それを支える意識があ

るということになる．少なくとも表見的には政治システムがある，ということになる．そしてこの罪の内容はおそらく Sp. Cassius と同じだけ遡る，と思われる[3]．共和政開始の時点につき Cicero の観念が信頼できることについて既に述べたが，これまでの論述に登場したギリシャ側の歴史学的認識，特に Cumae におけるそれ，はこれを大きく補強する．すなわち Etrusci からの解放，最後の王の亡命，等々．

　Diod. XI, 37 もまた以上の結論を補強する．Diod. のテクストは一般に比較的古い時期の annales をそのまま転載または要約すると解される[4]が，Diod. の以下の表現は Cicero のテクストと符合する．すなわち Diod. の "Σπόριος δὲ Κάσσιος, ὁ κατὰ τὸν προηγούμενον ἐνιαυτὸν ὑπατεύσας, δόξας ἐπιθέσθαι τυραννίδι καὶ καταγνωσθείς, ἀνῃρέθη" (ed. Vogel)「前年の consul であった Spurius Cassius は，tyrannis を目指したという嫌疑をかけられ，弾劾され，処刑された」という記述は，Sp. Cassius 処罰の事実と，その罪が王政を目指したことである点，この二つだけを伝える．もちろん，最初期において仮に何かに刻まれたとしたときその記述は「処罰」のみであったろう．しかしそのときに crimen 自体は論ずる余地無く明確である，と考えられたに違いない．理解の対立，ヴァージョン対抗，は，では何故王政を目指したことになるのか，というレヴェル，つまり訴因のレヴェル，に在ったに違いない．Diod. はギリシャ側の出来事との並行関係からしてこれを 479 年とするクロノロジーを有しており，Magna Graecia 圏の伝承を批判する作業の延長でこれに十分な裏付けを見ているはずである．つまりローマの共和革命が Cumae と直接の関係を有したことから発生するエコーの内部にこの伝承を置きうる，という感覚があるはずである．tyrannis に対する刑事裁判というカテゴリーならばその脈絡で躊躇なく使いえた．ギリシャで，それが凡そ crimen そして刑事裁判の概念そのもの，原型，であることは自明である．政治システムの存在は凡そ刑事裁判を特殊なものにする．つまり弾劾主義を樹立するが，Diod. の表現は，必ずしもテクニカルでないものの，"δόξας" を訴追，"καταγνωσθείς" を判決，そして "ἀνῃρέθη" を単純に存在の抹消と読めば，最小限のことを暗示しているとも解される．するとこの事件は政治システムそのものの破壊への対処をローマにおいて公定するものである，と Diod. が理解しているものと考えられる．という

ことは，そこに共和政ないし政治システムの概念が厳然と存在し始めたのである，と彼は理解していることになる．

〔2・1・1〕　P. Panitschek, Sp. Cassius, Sp. Maeliue, M. Manlius als exempla maiorum, *Philologus*, 133, 1989, S. 231ff. は，Sp. Cassius 等の一連の伝承が伝統的 exemplum では到底ありえないネガティヴな内容を有するから共和末の激動から生まれたとする．パラデイクマの作用を全く知らない．

〔2・1・2〕　基本はもちろん E. Gabba, Dionigi d'Alicarnasso sul processo di Spurio Cassio, in : Id., *Roma arcaica* (= *La storia del diritto nel quadro delle scienze storiche. Atti del I convegno internazionale della Società Italiana di Storia del Diritto*, Firenze, 1966), p. 141ss. である．共和末の層をディアクロニクに引き剝がすことが目標であるが，その裏側に原型についての貴重な示唆が有る．この時点（1966 年）で言わば初めて本格的な伝承批判の方法を「法制史」それも「ローマ法」にもたらそうとしたものである．しかしこの無償の贈与が受け取られた形跡は無い．

〔2・1・3〕　cf. Gabba, Sul processo di Spurio Cassio, p. 143. Diodoros のヴァージョンに比して父が（訴追者としてであれ）現れたことに着目する．

〔2・1・4〕　cf. Gabba, Sul processo di Spurio Cassio, p. 142. 父の影が無いことを確認する．Volterra の説を引用し後述の「家父長刑罰権説」に大きな疑問を呈する．Diodoros/Piso 原型説は既に Th. Mommsen, Sp. Cassius, M. Manlius, Sp. Maelius, die drei Demagogen der älteren republikanischen Zeit, in Id., *Römische Forschungen* 〔*RF*〕, *II*, Berlin, 1879, S. 173 に見られる．

2・2

もし以上のように言うことができるとすれば，Sp. Cassius の exemplum のさらに底の方でこれを基礎付けるべく働いていたパラデイクマのヴァージョン対抗を分析することによって，直ちに共和政したがって政治を支えた要因に辿りつくことになる．つまり，共和革命を達成した人々（或いはすぐ次の世代の人々）が有した考えの X 線写真である．

底で働いた「パラデイクマのヴァージョン対抗」を分析するということは，さしあたり，Sp. Cassius を弾劾するときに人々がそれを何故だと考えたかを探究することになる．その前提には，一体 Sp. Cassius は何をしたと人々が理解したかということがある．このレヴェルでは鋭い対立があったに違いなく，その中には crimen の成立を否定する考えがあったに違いなく，また翻って何が crimen か，何が王政を樹立することになるのか，について多くの考えが拮抗していたに違いない（逆に言えば凡そ王政を樹立することが crimen である，否，crimen とは王政を樹立することである，という理解については争いが無かった，ということである）．共和末に戦わされるヴァージョン対立はもちろ

んこのレヴェルに集中する．そしてそれらは，そのままのものでは決してないが，しかしそれらの何らかの原型を，初発の時点で持ったのではないか．

　一体何故 Sp. Cassius は王位をねらったと判断されたのか．何をしたからそうだというのか．Cicero の答えは "de occupando regno molientem, summa apud populum gratia florentem" (35-60) である．つまり王位を占めるべく準備・計画した（予備の完遂），さらに具体的には「人々の間における最高の支持にまで登り詰めた」，ということである．これが何と何と何を意味しそのうちの何が Sp. Cassius に遡るのか，否，そもそも遡る部分があるのか，をわれわれは探究しなければならない．そしてそのためには他のヴァージョンを調べなくてはならない．

　まず Dionysios は，間接話法ながら，論告の演説を要点で再現し，こうして訴因を分節してみせる (DH, VIII, 77f.)．第一に部族同盟を構成する Latini に戦利品の三分の一を与えたこと，第二に屈服してローマに従った他の部族連合単位 Hernici にやはり三分の一を与えたこと，第三に公共の財を人々に分配する法律を (senatus 元老院の承認も同僚の承認も無しに) 提案したこと，第四にそればかりか Latini や Hernici への譲与を通じ有るはずの公共財を失わせたこと，第五に tribuni plebis 護民官の反対も聞き入れなかったこと．Cicero の gratia は詳細な内容を帯びたことになるが，そのポイントは確かに lex agraria である．少なくとも共和末の理解によれば，それは ager publicus 公有地を分与することに関わる[1]．それはもちろん民会の決議を要する．しかし，lex agraria が直ちに違法である，とはされていない．それが Latini や Hernici に対して行われたこと，若干の手続，とりわけ senatus の probouleusis が欠けたこと，が非難されているのである．他方 tribuni plebis への言及は，plebs 平民を Sp. Cassius が敵に回したらしいことを示唆する．つまり Latini や Hernici のためにローマ市民とりわけ plebs を裏切ったことが問題とされていることになる．しかしこれは王政 regnum とどのように結びつくのか．

　これに対して Liv. II, 41, 8ff. (ed. Bayet) は少々違うヴァージョンを伝える．"Cassius, quia in agraria largitione ambitiosus in socios eoque ciuibus uilior erat, ut alio munere sibi reconciliaret ciuium animos, iubere "pro Siculo frumento pecuniam acceptam retribui populo". Id uero haud secus quam praesentem mercedem regni aspernata plebes ; adeo propter suspicionem insitam regni, uelut abundarent omnia, munera eius [in animis hominum] respuebantur."「Cassius は，ふんだんな土地の譲与を通じて積極的に同盟者達の間に支持基盤を築いたその分だけ代償的に市民達に対しても大安売りをしようとし，また新たな貢献で市民達の心を取り戻すべく，Sicilia で穀物を買い付けるべく受け取った金銭を人々に分配するように命じた．これはしかし王位の対価たる現金で plebs 平民を侮辱するに等しかった．かくして，人々の心に根付いた[2]王位樹立猜疑心の故に，彼の貢献は拒絶された，全て満ち足りていると言わんばかりに」．ここでは lex agraria は直接の訴因では全くない．このパッセージの強調点は明らかに或る跳ね返りのメカニズムである．socii に対する給付が市民からの反発を招くのを怖れた Sp. Cassius が何かをしようとした，それが訴因を構成したのである．それはしかも拒絶された．しようとした行為につき Livius は金銭の介在を見逃していない．その金銭は穀物の買い付けのためのものであったというのである．確かに，市民への直接の働きかけでなければ王たる権力の樹立には到底繋がらないであろう．Livius の説明の方が説得力を有するが，しかしどちらのヴァージョンにせよ奇妙な印象は拭えず，特に Latini や Hernici そして socii と他方のローマ市民という二項関係が単純な「違法な権力基盤」の観念を著しく阻害し，しかもそこで二つのヴァージョンは対立している．

　いずれにせよ，socii という理解や ager publicus そして lex agraria 自体，Gracchi 以降の歴史を色濃く投影したアナクロニズムである，という史料批判は確立されたものであり，とりわけ Dionysios に関する E. Gabba の研究[3]はそうした分析の水準を一挙に高めた．そうであれば，一見上のヴァージョン対抗は分析するに足るものではなく，高々遅い時期の対立の反映であるにすぎない，ようにも見える．

　しかし他方，この共和初期に Latini の部族同盟（Nomen Latinum ラテン同盟）が何らかの役割を演じたことは伝承に深く刻まれている[4]．Castor 神殿の建設についてその建設自体の記録を疑うことは極めて困難であるが，神殿の étiologie は Regillus 湖畔における Latini との決戦における votum 奉納誓約を告げる．Cumae が Latini の部族連合軍を助けて Aricia で Etrusci を破ったことについては既に述べた．さらに，ローマは元来 Nomen Latinum の一構成員であ

るが，そのローマと Nomen Latinum 間の戦いを受けた和平の条約は，"Foedus Cassianum" として Sp. Cassius の名を冠するのである．この条約の記憶も極めて固い層に属する[5]．

まず Dionysios は，叙述の進行を中断して Cumae の歴史に深く立ち入る中で，Arikenoi すなわち Aricia の人々が Etrusci の王 Porsenna に圧迫されて Cumae に助けを求めた出来事を取り上げる（VII, 5）．既に述べた通り，この記事のソースは，それが Cumae の「年代記」に遡るという有力説[6]が妥当するかどうかは別として，全く独自のものであることは疑いない[7]．504 年という年代が特定されており，そしてこれはローマ側の記憶と一致する．すなわち Liv. II, 14 は，"Vicus Tuscus" についての toponomastique で étiologique な記述の中で，Porsenna が Aricia で敗北し敗残兵がローマに逃げ込んだと述べる．

Cumae 側の干渉の脈絡は明らかであり，それは既にわれわれが見た Aristodemos の権力奪取過程に属する[8]．つまり，新しい権力基盤を蓄えつつあった Aristodemos を排除するために Cumae の貴族は彼を敢えて派遣するが，Aristodemos は従来とは異なる兵員（下層民からなる軍事組織）を得て，海から入って Aricia の近くで Etrusci 軍を破り，権力基盤を不動のものとするのである．Aricia は Nemi を後ろに持ち，Latini の部族同盟の中心である．他方，Aristodemos の背景に存する Cumae の社会構造変化，デモクラシーへの変動，が部族組織の再覚醒を伴ったこと，これにより領域そして後背地が問題の鍵を握ったこと，も疑いない．Dionysios 自身の記述によると，この 20 年前の Cumae 前方の大会戦で後背地諸部族の連合体を Cumae は破っており，Campania の奥深くに Cumae が本格的に手を付け始めたことが十分窺える[9]．

Latini の組織がこうしたスペクトルの中でどのような位置を占めるのか，Cumae 貴族にとっては定かではなかったであろう．自都市についてさえ，領域の組織が Aristodemos によって一気に上昇し，反対に領域奥深くに投げ込まれた自分達の子孫がヨリ分節された関係を獲得して再度上昇し返す，といった大変動につき見通しを持ちえなかったであろう．しかし或る連動のメカニズムが働いて[10]，少なくとも結果的に Latini の部族組織が Cumae の領域組織（新しい軍事編成）と連携して Etrusci を駆逐したのであり，公式ヴァージョンにおいてはそれは共和革命に対する Porsenna の干渉戦争を排除したにすぎなか

った[11]にせよ，それでも何らかの意味でその二つの組織は共和革命自体に寄与したのである[12]．後のローマの地位が投影され，ローマだけが別格でLatiniはその外に立つように見えるが，この部分を割り引けばLatiniの役割はもっと大きかったと理解しなければならないであろう[13]．

しかしながら，二つ目の確かな徴表，Regillus湖畔での戦い，はローマとLatiniの間に鋭い亀裂が有り，直ちにそれが顕在化したことを示す．こちらの側の伝承においては間違いなく部族同盟の傍らに追放された王Tarquinius Superbus自身が居るのである[14]．まず，「Postumus CominiusとT. Larciusがconsulであった年」（501年，DHによれば499年）に別の同盟中心地Ferentinumで同盟の集会が開かれ，Tarquinius自らの，そして娘婿たるOctavius Mamilius[15]の主導の下に，ローマを排除するばかりか，戦いの準備が決定される（DH, V, 50-51; Liv. II, 18）．もっとも，Liviusが従うヴァージョンはこの時点にdictatorという制度の起源を置き，そして二年後にRegillus湖畔を登場させるが，DHが従うヴァージョンは，498年（DHにとっての496年）「Q. CloeliusとT. Larciusがconsulの年」にもう一度Ferentinumに同盟各都市を集め，dictatorの起源をここに求めると同時にやはり二年後にRegillus湖畔で両者を戦わせる（DH, V, 59ff.）．この記事の方がむしろLiv. II, 18に対応するのである．

伝承の混線にdictatorの起源が関係していることは疑いない．何故ならば，Liv. II, 18がLatiniの動きをdictator任命の動機とするのに対し，DHは次の年における内政への連動をはさんで二年後にもう一度Latiniを動かし（61ff.），しかもこれを国内の借財問題に再度連動させ（63ff.），それへの対策としてLarciusのdictator職を位置付けるのである（70f.）[16]．Livius自身，「どの年か，誰がconsulの時か，つまりconsulたる誰が信用できないからか――Tarquiniiに通じているから信用できないという理由での不信任であったという説さえ有る――，誰が最初のdictatorであったか，定かでない」（Sed nec quo anno, nec quibus consulibus quia ex factione Tarquiniana essent――id quoque enim traditur――parum creditum sit, nec quis primum dictator creatus sit, satis constat）と述べる．さらに，「最も古い作者達によれば」（apud ueterrimos auctores）dictatorがT. Larciusで副官たる「騎兵長官」magister equitumがSp.

2 Sp. Cassius

Cassius であったが，M' Valerius が dictator であったという有力説がある，と続ける[17]．Livius 自身は dictator は consul 経験者でなければならないからという理由で前説を採るが，二年後 Regillus 湖での dictator たる Postumius はこの原則に反することになり，この点を弁解するように，さらに三年後（496年）の consul たる Postumius と Verginius のうち Postumius が Verginius 不信のため dictator になり Regillus 湖で戦った，というヴァージョンを付加する (II, 21, 2-4)．われわれは期せずして Cic. Rep. II が相対的に確かな道標とした dictator 創設に至ったことになる[18]．まさにその exemplum の étiologie が激しいヴァージョン対抗によって引きちぎられている，ことが判明したわけであるが，exemplum の存立自体，そしてそれが何か核心に触れるものであること，は一層強く推定されるのである．

そればかりか，われわれはここで再び Sp. Cassius に遭遇しているのである．そもそも最初の Ferentinum の前年（502年，DH にとっての 500年），Sp. Cassius は Op. Verginius と共に consul を務めたことになっている．DH, V, 49 は，Cassius が Sabini に対する戦勝を祝い，Verginius が Latini の都市 Cameria を残酷に処遇した，というヴァージョンを採るが，Liv. II, 17 は二人揃って Aurunci の都市 Pometia を征服・破壊したとする．必ずしも意味のはっきりしないこのエピソードにより何か転調が始まることは疑いなく，他方，二つの記事の背後に有るであろう複雑なヴァージョン対抗の一貫した軸は，おそらく，後背地の首長（"principes securi percussi"）を解体するか，それとも Latini の組織単位を抹消するか，であったろう．両説の間にも，Cassius 対 Verginius の間にもこの軸が認められる．もしその発信源が十分に遡るとするならば，ローマの路線は，少なくとも部族組織をそのまま生かし・したがって首長制を温存し・かつまた後背地の組織とも広く連繋する思考とは分岐し始めた，と考えられる．つまり，そうした微妙な転回点が存在し，なおかつ依然部族組織のなにがしか，特にそれを再編した何らかの形態，は積極的に必要とされた，のでなければヴァージョン対抗は説明できないし，そのような両義的な事態を仮定しなければ突然の如き Ferentinum とそこへの Tarquinii のプレゼンスは理解できない．これら全ての屈折をもたらす構造を捉ええない．

すると，その構造は到底ローマの外の問題ではありえない．Latini の部族組

織と共に Tarquinii を駆逐したのであれば，Ferentinum に集結したヴァージョンの同盟には加担しえなくとも，新たな組織原理が一定以上旧来のものから離れれば困難を覚える者が出て来て当然である．まして，王の追放のために部族的組織を利用しつつも今後は別の原理でとりわけ領域を編成しようという動きが有ったときには，強く反発するはずである．Ferentinum の問題はたちまち内側の不安定に連動する[19]．dictator が果たして何に対するものかについての理解を巡って激しい対立が直ちに生まれたとして当然である．その dictator 職に Sp. Cassius は副官として関わり，微妙な分岐点のただ中で行動し，またその後そのようにし続けていくのである．そうした行為の全てが訴追の対象となった行為の前提に存在し，それらの理解を巡る対抗は訴追の理解自体に響いて来るはずである．

[2・2・1] こうした表現の背後に存する問題の実体については I-7 で扱う．

[2・2・2] "in animis hominum" は写本上（おそらく一致して）［……］の位置に在るが，"suspicionem ⟨in animis hominum⟩ insitam" の方に飛ばすことが行われ，Conway もこれを採る．校訂としてこのことが可能かどうかはわからないが，心理を言うために思わず入ったフレーズが位置をシンコペーションさせたと思われる．スタイルとして Conway の方が正しく，訳はここだけこれに従った．ただしテクストとしてはおそらく［……］の括弧を取り去ることが正しい．

[2・2・3] E. Gabba, Studi su Dionigi da Alicarnasso, III: La proposta di legge agraria di Spurio Cassio, in: Id., *Roma arcaica* (= *Athenaeum*, 42, 1964), p. 129ss. Mommsen, Sp. Cassius etc., S. 161ff. も lex agraria と socii を共和末からの投影と断ずる．なお，D. Capanelli, Appunti sulla rogatio agraria di Spurio Cassio, in: F. Serrao ed., *Legge e società nella repubblica romana, I*, Napoli, 1981, p. 30ss. は，Gabba を批判して特に D. H. を文字通りに受け取り，Sp. Cassius の lex agraria は失敗でさえなく，S. C. とともに受け継がれ，plebs の運動に起点となった，と結論付ける．単に史料批判を放棄したにとどまる．

[2・2・4] この時期の Nomen Latinum をどう見るかは，無論，およそ Latini をどのように見るかということの試金石となる．以下に繰り返し説くように，この論考は共和革命における Latini の役割を最大限に見積もることとなる．しかしながら Niebuhr 以来の伝統に従って ethnos や「民族」に歴史のアクターを見る傾向に棹差すことを全く意味しない．そのようなアプローチが克服されていく中（cf. R. De Francisci, *Primordia civitatis*, Roma, 1959, p. 130ss.）最後の抵抗を示すのが例えば 1963 年の Alföldi, *Early Rome and the Latins* であるが，彼は，伝承が早くから Latini に対するローマの優位を描く点を徹底して批判し（ethnos 批判が却って「ローマ一国」論に陥る点を突き），部族の構造が都市同盟の形となって遅くまで残存していると考え，遅い時期のテクストに記録される祭祀をそのまま歴史的実体として太古に遡らせ，「民族移動」とともに不動のものとしてどこかから Latium の地にもたらされたとする．遠方ユーラシア内陸についての民俗学的記述をさえ引用するのである．しかし第一に「部族社会」の要素は多様であり，中で同盟形態が優越してくるのは何を意味するのかが問われなければならない．第二に一旦部族結合を大きく否定する力が働いたに違いなく，

2　Sp. Cassius

これ自身部族的結合の道具箱の中から飛び出したのかもしれないが，しかしこれに大きく反発するバネとして共和初期の Nomen Latinum が方向付けられていった．つまり同一の「部族社会」なるものが存続し続けたというのではない．そして第三にその部族的結合なる道具箱が大きな役割を果たしたとしても，どの部品もことごとく大きく加工されていたはずである．既にギリシャ都市が領域を組織するときに施した高度な操作についてわれわれは見た．そしてそのような操作を理解するためにこそ POL II で措定したようにその道具箱を理論的に整理しておく必要があったのである．

〔2・2・5〕　現在でも Sp. Cassius を plebs のチャンピオンと見る通念が根強いが，この点 Mommsen, Sp. Cassius etc., S. 158ff. の把握は正確であり，Sp. Cassius の二回目の consulatus は secessio および Corioli 攻略戦と同じ年であるはずであるのに Sp. Cassius がこの二つの出来事と全く交わらないことを指摘し，"die doppelte Quelle" を推定する．その一方に条約と consul 表があるというのである．つまり大方の学説（contra Alföldi, *Early Rome and the Latins*, p. 113ff.）が認める条約の信憑性は Sp. Cassius と plebs との間の微妙な亀裂に光をあてる問題であるということになる．

〔2・2・6〕　Alföldi, *Early Rome and the Latins*, p. 56ff.

〔2・2・7〕　A. Momigliano, Le origini della Repubblica Romana, in: Id., *Roma arcaica* (= *Rivista Storica Italiana*, 81, 1969 = *Quinto contributo*), p. 139: "Questo sincronismo con la storia di Cuma costituisce l'argomento isolato più solido a sostegno della cronologia romana della repubblica."

〔2・2・8〕　DEM III-1-1-3.

〔2・2・9〕　cf. Mele, Aristodemo, p. 167ss.

〔2・2・10〕　Mele, Aristodemo, p. 171ss. は Nemi の祭祀が Artemis へと習合していく（このことは考古学的に論証される）伝播経路として Cumae が有力たること，神話的ジェネアロジーの伝播についても同様であること，を指摘する．しかし Cumae での変化の質をどれだけこれらの「伝播」が véhiculer しえたか，やや無差別に「ギリシャからの影響」が扱われたきらいがある．

〔2・2・11〕　Alföldi, *Early Rome and the Latins*, p. 75ff. は逆に Porsenna に大きな役割を与え，例えば Larcius などもその遺産たる Etrusci の分子であるとする．確かに第二段階で Latini との亀裂が生ずるとき，Porsenna は微妙な役割を果たす．Alföldi は Latini の側には「残存」という役割しか認めえないようである．Porsenna の動きも単純化してしまう．

〔2・2・12〕　われわれは，Cicero の Sp. Cassius をベースキャンプとして共和革命に接近することとし，さらに Cumae と Aricia から入る道を目指した．Momigliano, Le origini della Repubblica Romana, p. 136 もまた Porsenna 駆逐を決定的な転回点と認める．しかしもちろん共和革命自体はそれ以前に達成されているとするのである．しかも，多くの懐疑的な学説に抗して革命的なプロセスの存在を肯定する．遅くに引き下げたり徐々に形成されたとする学説を批判し，伝承を敢えて信頼するのである．étiologie を王政期に遡らせ後代の exemplum にとってかわらせる伝承に引っ張られ，また元首政期の叙述によって一層幻惑され，古くから解釈はこの点で曖昧となる．これに比して Momigliano はギリシャの影響を受けた貴族達の極めて計画的自覚的な王政転覆を想定する．この論考も基本的にこの考えを踏襲する．しかしながらわれわれは，そのギリシャからの影響の道筋に Cumae ばかりでなく Sp. Cassius や Nomen Latinum 自体を見る．初発にそれが有り，Aricia は結末にすぎない，と考えるのである．そうでなければ，後述するように，Porsenna を巡るジグザグや Latini を巡る対立が説明できない．Momigliano は（伝承が共和元年に位置づける）rex sacrorum のアイデアがギリシャ起源たることを重視し（Le origini della Repubblica Romana, p. 144ss.; Il rex sacrorum e l'origine della repubblica, *Roma arcaica* (= *Studi Volterra*, Milano, 1969 = *Quinto contributo*), p. 165ss.), 一年任期の単独官の存在を想定する学説の弱さを突いて consul 制を Livius 通りに共和元年に遡らせる (Le origini della Repubblica Romana, p. 147ss.; Praetor maximus e questioni affini, *Roma arcaica* (= *Studi Grosso*, Torino, 1968 = *Quarto contributo*), p. 171ss.) が, この二つの記事は, 少なくとも内容のある étiologie ではないだけに, 直ちには信頼できない.

〔2・2・13〕 J. Heurgon, *Rome et la méditerranée occidentale jusqu'aux guerres puniques*, Paris, 1969 は広い脈絡でローマ史を位置付ける優れた概観であるが, Alföldi とともに Porsenna の側に Tarquinii 追放の功績を帰する (p. 262) 点が短絡である. Porsenna を巡るジグザグは I-7 で分析されるが, Heurgon は, 第一段階 (Aricia) と第二段階 (Regillus) を区別しないから, 後述の Cato の断片における Nomen Latinum を端的に Porsenna を破った Aricia の Latini と解する. つまり初めから Tarquinii と Latini は連繫していて, Porsenna とローマ共和政は同義である, ということになる. Porsenna が初め Tarquinii のために干渉したという伝承は斥け, Aristodemos もまた (最後にその亡命を受け入れることからして) 初めから反革命であるというのである. 戦線の複雑な入れ替わりと背後の社会構造を一切顧慮しない.

〔2・2・14〕 Mele, Aristodemo, p. 176s. は, Liv. のヴァージョンに比して DH のヴァージョンにおいて Aristodemos による後の Tarquinius 亡命受け入れが決して無条件ではないことを重視し, Artsitodemos の親共和路線を一貫させるが, ローマも Cumae も (おそらくそれぞれに) Latini=Artistodemos の線からさらに一歩踏み出すときには後者は置いて行かれるのではないか. DH のヴァージョンこそ Aristodemos の混迷を伝える. その正規弾劾主義は彼個人のものであるより, ローマにそれが輸入されてできた exemplum の逆投影ではないか.

〔2・2・15〕 Mele, Aristodemo, p. 174ss. はその神話的ジェネアロジーが伝承の "subodissiaco" の層, 6世紀後半の南 Etruria と Latium に良く適合すること, を論証するが, Cumae 経由はよいとしても, これをも Aristodemos に関連付けるのはどうか.

〔2・2・16〕 E. Gabba, Dionigi e la dittatura a Roma, in: Id., *Roma arcaica* (= a cura di E. Gabba, *Tria corda. Scritti in onore di A. Momigliano*, Como, 1983), p. 165ss. は, ディアクロニクな観点からの史料批判の模範例であり, しかもそれを基礎に同じ Dionysios のテクストに反応する Adam Ferguson, Montesquieu, Rousseau, John Adams を広く視野に入れ, こうしたテクスト分析の威力を見せつける.

〔2・2・17〕 Rawson, Cicero the antiquarian は, Brutus, 14-16 を引いて, 第一次 secessio 後の M. Valerius の dictatura という異説が Cicero の annalistica 批判の手掛かりだったと推測する.

〔2・2・18〕 dictator の起源を直接論ずることがここでの趣旨ではないが, 以下で展開するように結局後述 De Sanctis-Momigliano の dictator Albanus 説を大きく修正しつつ承け継ぐことになる. 学説の状況を俯瞰するには依然として F. De Martino, *Storia della costituzione romana*, I, 2 ed., Napoli, 1972 [*StCost. I*], p. 275ss. が有用である. 伝統的には, Etrusci 王権下の "magister populi" を起源とする説が有力であり, 他方 De Martino は両説共批判し, 共和体制独自のものとするようである. しかもこの étiologie を扱わず, もっぱら dictator の権限からの思弁に頼る. いずれにしても沿革へのアプローチはやや混乱を免れないように思われる. むしろ dictatura の根底に存する imperium の概念を支えるものは何かということが議論の焦点たるべきである. すると, 何かの資源を探さざるをえず, Nomen Latinum は確かにどこかで作用したのである. もちろん, "magister populi"-"magister equitum" の側もどこかで加わってくる, ないし, 初めから潜在している. G. Valditara, *Studi sul magister populi. Dagli ausiliari militari del rex ai primi magistrati repubblicani*, Milano, 1989 は, 後に見るような

2 Sp. Cassius

Etrusci 王権伝承を丹念に分析し magister populi の具体像を固めておいて，しかも部分的に Momigliano 説を受け入れ，まず Nomen Latinum 内で王が追放された結果 dictator がこれにとってかわる，そのポストを Regillus 後 Foedus Cassianum 体制下でローマが独占する（p. 196ss.），magister populi はこれと別であり，5世紀一杯かかってゆっくり dictator にとってかわる（p. 353ss.），という一層分節的な像を提出する．しかし，Nomen Latinum の dictator 職を単純に乗っ取ったわけではないし，これが再び置き換わったとするわけにも行かない．素材はともかく基盤は一義的であり，そしてそれは大きな断絶によって形成されたに違いない．断絶のためのダイナミズムは複雑であっても．

〔2・2・19〕 後に登場する provocatio の効かない公権力を有する「内政目的」の dictator，或いは（Adam Ferguson らに大きな影響を与える）政治システム建て直しのための dictatura ("costituente")，の原型に M' Valerius の姿が在ることについて，Gabba, Dionigi e la dittatura, p. 172ss. 結局，Latini 切捨ての前後二つのヴァージョンの間の熾烈な戦いが Sp. Cassius 対 M'Valerius となる．後者は，一方で secessio を切り崩し，返す刀で Coriolanus を切る．後者が司法作用に擬せられることは注目に値する．むしろ plebs の働きであり dictator の作用ではないが．

2・3

Sp. Cassius が dictator の活動に関わったとした場合，その活動の性格は彼の crimen の内容と無関係ではなかったはずであるが，実はその活動自体，Nomen Latinum に深く結びついていた可能性が有る．Dionysios は dictator の起源についての excursus においてギリシャ起源説を長々と展開するが，最後に（V, 74, 4）反対説を紹介する．"Λικίννιος δὲ παρ' Ἀλβανῶν οἴεται τὸν δικτάτορα Ῥωμαίους εἰληφέναι" (ed. Jacoby)「Licinius は dictator を Albani を経てローマが採用したと考える」(=F10 P)．後期年代記作者の一人 Licinius Macer は dictator の起源を Latini の部族同盟に求めるヴァージョンを採ったことが明白である．Alba は Nomen Latinum のかつての中心であったというのが確固たる理解であるからである．この Licinius の断片はさらに続けて，Amulius と Numitor の死後王制に換えて一年任期のこの官職が創設された，とする．Alba は伝承上ローマの母都市であり，Amulius と Numitor は Romulus の一代前になるから，ローマに王権が確立される一方で Alba の側は王制なしの純粋部族制に移行した，と強調されていることになる．いずれにせよ，dictator は Latini の蜂起に対するものでなく，Latini の側の制度そのものである，という理解がありうるのである[1]．

それ ばかりか，annales とは少し違う探究の側に立つ Cato の断片 (F58 P)

は "Lucum Dianium in nemore Aricino Egerius Laevius Tusculanus dedicavit dictator Latinus"「Aricia 近傍の森の Diana のための神域は，ラテン同盟の dictator たる Tusculum 出身の Egerius Laevius が奉納したものである」と伝える．上に見た Ferentinum に関する記事がいずれも Tusculum 主導と Aricia の役割を強調し，またローマを同盟から排除するかどうかを争点とする，ことからして，ローマとの亀裂が Regillus 湖での決戦を招く時期に Cato の記事を関連付ける Momigliano 等の説は説得的である[2]．事実テクストは "Hi populi communiter Tusculanus, Aricinus, Lanuvinus, Laurens, Coranus, Tuburtis, Pometinus, Ardeatis Rutulus" と続け，ローマは排除されている．

さらに，Fest. p. 276 L は紀元前 1 世紀の古事学者 Cincius[3] を引用し，"Albanos rerum potitos usque ad Tullum regem; Alba deinde diruta usque ad P. Decius Murum cos.. Populos Latinos ad caput Ferentinae, quod est, sub monte Albano, consulere solitos et imperium communi consilio administrare"「(praetor が任務に出発するための儀礼は) Tullus (Hostilius) 王までは Albani のものであった．Alba が解体された後 P. Decius Mus が consul の時までは Latini の諸部族が管轄した．彼らは Ferentina の頂きすなわち Alba の山の麓で合議し共同の決議で imperium 指揮権を運用するならわしであった」というテクストを伝える．始点が Romulus から Alba 滅亡の Tullus Hostilius の時点に降りている他，終点も 4 世紀後半の Nomen Latinum 解体の時点とされ，また続く部分でローマからもその指揮権を執る者が出たことが示唆されるなど，Licinius のヴァージョンや Cato のそれに比較して反ローマ色が弱いが，その分，同盟軍の指揮権を執る者は praetor と呼ばれ，それがそのまま (dictator でなく) ローマの通常政務官制度に継承された[4]，という把握を窺わせる．

同じ Cincius に基づくことが明示されている Livius のテクスト，VII, 3, 5ff. (ed. Bayet) は以下のように伝える．"Lex uetusta est, priscis litteris uerbisque scripta, ut qui "praetor maximus" sit idibus Septembribus clavum pangat...Eum clavum, quia rarae per ea tempora litterae erant, notam numeri annorum fuisse ferunt"「太古の法律があり，原初の文字と言葉で書かれている，praetor maximus たる者が第 7 月の中日 (13 日) に釘を打つべしと．……その頃には文字は滅多に使われなかったので，その釘は年を数えるための覚えであったと言わ

れる」．"praetor maximus"という耳慣れない呼称自体，われわれの視線を遠くへもたらす[5]が，その単一性はまたdictatorを想起させ，事実この年，たっぷり4世紀に入った時点であるのに，災厄を払うために敢えて釘打ち儀礼のためのdictatorが選出されたのである．CinciusはEtrusciにおける同種の儀礼との比較を行ったと見られるが，するとこれもLatiniの部族組織に固有のものであった可能性がある．"vetusta lex"はそうしたニュアンスを十分に窺わせる．つまり部族同盟の枝分節組織を一時解消する（合同軍を作る）軍事化と，暦の分節を揃えて年を一義的に刻む営為は，綺麗に重なるのである．しかも既に述べたように，これがローマの共和政において全く新たな根本的な意義を獲得したかもしれない．そもそも最高権力を一年に制限するということである．こうしたディアクロニクな通路と意味の転換こそが，Ciceroが着目した原annalesのメカニズムの背後にあったと考えられる．そしてその根底に，若干のヴァージョンはLatiniの部族組織を支える装置を見るのである．

以上のような推測が許されるとするならば，Larcius-Cassiusのdictator職は，Latiniの動きに対抗する措置であったばかりか，それ自身Latiniの同盟組織のメカニズムを通じて形成されたものであった可能性が高い[6]．むしろ先手を打って同盟の軍事化自体を簒奪したのである．同盟の側の本格的な軍事化にあらためて対置されたのは次のPostumius-Aebutiusのdictator職であろう．これがRegillus湖畔で戦う．つまり真っ二つに分裂した軍事組織の正面衝突であったはずである．こうした経過こそはdictatorの起源や性格を著しく把握しにくいものにしたはずである．

すると，Sp. Cassiusの権力基盤の原点にはおそらく部族の組織原理があり，しかもヨリ特定的には部族の枝分節組織つまり部族単位を横断する軍事化の力があった，ということになる．それは単に人を横断的に結集するというばかりではない．通常とは違う給付の流れを発生させる．

[2・3・1] Gabba, Dionigi e la dittatura, p. 165.
[2・3・2] A. Momigliano, Ricerche sulle magistrature romane (1931), in: Id., *Roma arcaica* (= *Quarto contributo*), p. 262; Id., Sul "dies natalis" del santuario federale di Diana sull'Aventino, *ibid.* (= *RAL*, XVII, 7-12, 1962 = *Terzo contributo*), p. 119.
[2・3・3] A. Momigliano, Praetor maximus e questioni affini, p. 171.
[2・3・4] われわれの基本的な論証点は，共和革命における〈分節〉達成のためのディアレク

ティカにおいて，一旦圧殺されていた部族組織の観念体系諸層が一斉に加工され資源となった，というものであるが，dictator の系譜という狭い範囲で思考するものではない．この点，S. Mazzarino, *Dalla monarchia allo stato repubblicano,* Catania, 1945, p. 191ss. が dictator Latinus からローマの dictator を導くときのその意義付けが何故かくも混乱するかと言えば，まさに共和政の意義を任期や権限の定まった政務官制度に限ることに基づく．実際共和革命の不連続点はどこかへ消えてしまう．共和初の dictator は非常設官としての起源であり，それ以前に magister populi と融合する過程があり (p. 192)，それは Mastarna 伝承がそこに属するところの Etrusci, Latini, Umbri 共通の現象 (koine culturale) であり (p. 95ss.)，一斉に様々な呼称の政務官が王に取って替わったのである，というのである．碑史史料の論拠が年代の点で極めて薄弱であるし，dictator Albanus から「Alba にも……」と言うときの Alba が何かさえはっきりしない．何よりも Servius Tullius (ないしこれと等価な Etrusci 諸都市の事象) と共和政の区別が (結局は重装歩兵戦術が云々，とされる点によって一層) 無意味なものとなってしまう．危機における部族連合体の軍事化というイタリア半島のこの辺りに広く分布する特徴 (I-8 参照) をかすめながら，政治システムの理解が極めて幼稚であるために奇妙な結論に逢着してしまう．

〔2・3・5〕　この問題についての決定的な論考は J. Heurgon, Magistratures romaines et magistratures etrusques, in : *ORR,* p. 97ff. である．共和革命の「国際的な」脈絡の一つのして Etrusci の存在を強調する彼は，しかし Mazzarino と異なって碑文上の多くの官職名が中部イタリアが一斉に collégialité を獲得したように解すのでなく，"zilaθ puθne" を複数の中の単独最上級者とし (p. 112sqq.)，Livius のテクストの praetor maximus (p. 104sqq.) と重ねる．つまり共和革命後何年間かの体制はこれであり，後に二名の同僚制へ移行した (これはローマの独創であった) とする．他の多くの仮説を論駁する Heurgon の議論は説得的であり，翌年の Momigliano による批判にもかかわらず，ローマはこの段階を経過したと考えられる．ただし，(Momigliano の言うように) dictator Albanus は大きな転換点であり，かつこれこそが後に imperium と consul 制に至る．そしてこの軌道の修正にも大きな意味がある．Heurgon が Capua に至るまで広い分布を捉えているのは部族同盟 (例えば Etrusci の Dodekapolis) の軍事化であり，擬似都市中心も多くその拠点である (cf. infra) が，中で Latini は最も原始的で遡行的な素材を提供したと考えられる．

〔2・3・6〕　既に示唆してきたように，以上のテクストの分析および dictator の起源については Momigliano, Ricerche sulle magistrature romane (1931) が決定的な貢献をなした．Momigliano の極めて若い頃のこの作品は，dictatura の étiologie と Foedus Cassianum の年代の一致という，われわれの論考にとっても柱となる，着想を G. De Sanctis のクラスの同級生 Emanuele Testa から受け取ったことを明記する．またこれを論証に結び付ける Momigliano の推論は見事である．われわれは辛うじて以下の点を付け加えるにとどまる．すなわち，ローマが初め同盟都市の一員として，やがて同盟自体を乗っ取り，通常政務官の外で dictator を選んで供給した，という仮説は，なるほど，後代の dictator の選出方法や「国法上の」位置をよく説明するが，dictator が持ちえた内政上の深い権限と根底的な軍事的動員力を説明しない．外であれば内の縛りを無視しうるかもしれないが，他方浸透には限界となるのではないか．鋳造し直した過程，その前提として対抗的な関係，を想定せざるをえないのではないか．すると，Momigliano が短絡を警戒する imperium や annalité との間にも媒介された関係を描きうるのではないか．伝承の混同はその通りとして，深いところでならば根の一致を認めうるのではないか．

2・4

　Regillus 後，Dionysios のヴァージョンによれば Sp. Cassius は対 Latini 最強硬論を採る（VI, 20）．これが VI, 95 の条約内容と合致しない点を E. Gabba は鋭く突いて史料のバイアスを検証しようとする[1]．確かに，VI, 95 のテクストは Latini に大変有利な条件を連ねており，少なくともローマと Latini は完全に対等である[2]．相互援助条約であるばかりか，戦利品を対等に分配することが明示されている．なおかつこれが Sp. Cassius の手によるものであることは動かないように思われる．Foedus Cassianum という表現は VI, 95 には見られないが，この年の consul の一人は Sp. Cassius とされる．Liv. II, 33, 4 も "Iis consulibus Latinis populis ictum foedus"「彼らが consul である時 Latini 諸部族と条約が締結された」と簡潔であるが，しかし 33, 9 において "tantumque sua laude obstitit famae consulis Marcius ut, nisi foedus cum Latinis in columna aenea insculuptum monumento esset ab Sp. Cassio uno, quia collega afuerat, ictum, Postumius Cominium bellum gessisse cum Volscis memoria cessisset"「Marcius（＝Coriolanus）への称賛は consul の評判をかきけすほどで，もし銅柱に Latini との条約が刻み込まれていなかったならば，同僚が不在のため Sp. Cassius が一人で締結したこと，Postumius Cominius の方は Volsci と戦ったこと，などは忘れ去られていたことだろう」と述べて条約と Sp. Cassius の特別の関係を示唆している．Cic. Pro Balb. 23, 53 からも，共和末に条約テクストなるものが存在していたことは確かであり，人々はしかもそれをそのまま Sp. Cassius に帰して怪しまないのである．

　しかしもちろんそのはずである．Latini へ，そしてローマ市民へ，の大規模な無差別な領域と財と金銭の給付こそは Sp. Cassius の罪状である．彼は，Regillus 湖畔で撃破した部族同盟体に厳しい分，自分の側の同種の組織については明確な概念を有していたはずである[3]．それは部族連合体というより，領域の組織であったろう．ギリシャ都市においてこの領域の組織が如何に部族的諸観念の大胆な再解釈によって生み出されるかということを見た．デモクラシーにおいてそれが再び全面に出るのである．そしてその時領域の組織の政治的形態は様々であった．Sp. Cassius の構想がその中でどういう位置を占めるか，

われわれは確かな論拠を持たないが，一方で旧来の組織に鋭く対立するものであったことは疑いない．しかし他方で，領域の組織の政治的な役割を高く評価するものであったに違いない[4]．つまり Nomen Latinum をほとんど都市同盟に作り替える試みである．だからこそ，Foedus Cassianum はその名をとどめたのである．何故ならば，4 世紀に入ってから Latini 間にローマは本格的な同盟都市体制を築き，そして Latini を一層本格的に組み込み Nomen Latinum を解体してからも，より広い意味の「同盟者」socii の体制は 1 世紀初頭に至るまで，ローマの軍事体制の根幹であり続けるからである．Livius は Sp. Cassius の罪状を表現するのにこの "socii" という語を使った，ということをわれわれは見た．

すると，Sp. Cassius の処罰の意味は一層明確になってくる．以上のような Foedus Cassianum の役割は少なくとも一旦否定されたのではないか．つまり，領域の組織は彼の構想とは正反対の方向に進んでいったのではないか．

[2・4・1] Gabba, Legge agraria di Spurio Cassio, p. 129ff.
[2・4・2] Werner, Beginn, S. 459ff. は平等たることを吟味して再確認した後，これを決定的論拠として，年代引き下げを試みる．Regillus 後の Latini が平等でありえない以上，しばらくして Volsci 等が共通の敵として浮上した 460 年代のものである，というのである．Werner は Regillus 後直ちに Latini が示す親ローマ的態度を Volsci の登場と関連付ける術を心得る (S. 443)．しかしこれを Latini の性格の複合性，それへのアプローチの対立，等に結びつけないため，直ちにではありえないと考えてしまう．
[2・4・3] この亀裂は Latini の実体にも対応する．Werner, Beginn, S. 339ff. は，第一次ローマ＝カルタゴ条約 (Pol, III, 22) を分析し，Latini に対するヘゲモニーが揺らいで守備的になっている状態を読み取り，共和革命直後，Tusculum を中心とする Latini の反乱に遭遇して海岸の Latini 諸都市の確保に躍起であるとする．年代付けを除いて，重要な指摘である．Etrusci 王権下に抑圧された Latini が浮上するとする見方 (S. 369ff.) も示唆的である．しかし共和革命後 Regillus 前夜の微妙な時期にのみこの条約が想定する勢力図は符合することになる．Latini の浮上も Foedus Cassianum も一瞬のことであり，Latini の亀裂もまたそうである．
[2・4・4] 注目すべきは国際私法上の規定である．Fest. p. 166 L からして要式行為に関してと思われるが，法律行為締結地に裁判管轄を認める (Werner, Beginn, S. 451ff.)．後述の十二表法以降にむしろ効果を発揮する規定であり，338 年の Nomen Latinum 解体はこの体制の破壊でありえ，しかしその後 socii との関連で復活したかもしれないのである．

2・5

Foedus Cassianum の年（493 年）は実は secessio の年である．secessio に関する伝承は不思議なことに Sp. Cassius を全く登場させない．彼の訴追に関す

2 Sp. Cassius

る記事が Latini とローマの plebs を鋭く対立させるのを見た．しかし他方，dictator 創設に関する記事においては，ヨリ内政を重視するヴァージョンが作用しており，内政の不安定をもたらした要因は secessio を促したとされる要因と同じであった．こうしたヴァージョンにヨリ近い DH, VI, 49 は，緊急の時だからこそ貴族と平民の両方にとって納得が得易い Sp. Cassius の組が選ばれた，と述べて関係を意識している．しかしそれでも，その関係は直接でないと理解している．Sp. Cassius の処罰につき明確な記述を持つ Cicero のテクストも，"sexto decimo fere anno Postumo Cominio Sp. Cassio consulibus"（Rep. II, 33, 57）というようにまさに彼の名と共に secessio を記憶しながら，役割には一切言及しない．Livius の表現（II, 33: "Per secessionem plebes Sp. Cassius et Postumius Cominius consulatum inierunt. Iis consulibus cum Latinis populis ictum foedus"）は奇妙に空々しく，二つの事象の間に意識的に不気味な沈黙を横たわらせている．二つの伝承が交錯を避けること自体重要な対抗関係である[1]．確かに，それぞれが独自の巨大な屈折体に属する．特に secessio の方はディアクロニクな混線が激しく，そもそもこの時点に遡るかどうかが不確かである．しかし，Cicero のテクストではこれも確かな年代を有し，何らかの事件が有ったこと自体は相対的に信頼しうると思われる．形態や理由は全くその限りではないが，そしてこの時に本当に tribuni plebis 護民官が創設されたかどうかも定かでないが，plebs という概念に関わる何かが有ったことは否定できないように思われる．するとわれわれは，一方に socii という巨大屈折体を，他方に plebs という巨大屈折体を，見ていることになる．この両者が交わろうとしないこと，にもかかわらず複雑な相互干渉をすること，は共和末の事象からして明らかである．Gabba が Sp. Cassius に関する DH の記事に Gracchi の改革立法，とりわけ lex agraria，の投影を見るとき，tribunus plebis としての Ti. Gracchus の事績に関わるから，それは同時に伝承上二つの屈折体が混線したことを指摘したことになる．しかし他方，Gabba 自身，Appianos のテクストの分析を通じて，Gracchi の事業の背後に如何に深く socii の存亡が懸かっていたかを明らかにしたのである．そうでなくとも，一連の激動は bellum sociale という一つの終着点を持つことは周知である．

その終着点で，socii が独自の個別的政治システムを持ち続けられるかどう

か，ということが懸かっていた．mutatis mutandis に，すると，共和初期領域の組織にどれだけ独自の政治システムとしての実質を残すか，それとも，中心の政治システムの存在に対応する単一の横断的結合体を構築させるか，という緊張関係があったのではないか．両者を共に否定する方向が仮に採られていき，採られようとしていた，とするならば，両者は緩やかに連繋しうるはずであるが，しかし突き詰めれば鋭く対立せざるをえない．

この分岐点の解明は，Sp. Cassius の活動の意義（そして何故 crimen か）を特定するためには不可欠である．とりわけ，後の「第二次 secessio」に関する伝承を投影しすぎるかもしれないが，secessio もまたその観念的リソースを部族的組織に持つ，とすれば，Sp. Cassius の近傍に有る Latini の部族同盟と Mons Sacer に結集した組織の関係は，社会構造全体を見るために一つの決定的なポイントとなる．secessio はアムニスティーの対象となり，やがて Sp. Cassius は処刑される，というのが保存されていく伝承となった．

secessio の問題を全面的に扱うことはここではできないが，Sp. Cassius とのコントラストに限って言えば，Sp. Cassius の側には部族連合と部族単位相互の間の結集と分散のメカニズムがあり，したがってそれが軍事化解除後の部族原理的再分配を見込むのに対して，secessio の側には，軍事化したままの組織形態をそのまま利用するという要素が顕著である．そもそもそれは従軍拒否の集団行動であり，戦地での不服従である．すると，どちらにも軍事化である以上 moitié メカニズムが働いた，としても，secessio は，ギリシャで言えば（政治成立期の）phratria に近い領域組織を概念することになり[2]，他方 Sp. Cassius の方は，むしろデモクラシーの空気を十分に吸って，phyle の如き領域組織，否，都市同盟をすら，を志向することになった，と考えられる．

以上のように仮に考えるとするならば，Sp. Cassius の行為には重大な意味があり，これを crimen と考える意識もまたこれに劣らず分厚いものであった，少なくとも分厚く積み上がり微妙に分化した連関を何らか明確に切り取らねばならなかった，ということになる．共和革命自体部族的組織の覚醒を背景に有し，しかもその覚醒は，当然のことながら，どのような方向でもどのような深度でもありうるから，多く分岐し，その中の一つの具体的な方向が，単に不採用たるのみならず新体制にとって致命的とされたのである．明らかに直接的に

は或る給付もしくは給付の計画が捉えられた．その給付は部族連合と部族単位の間の横断的結集―復元・再分配というメカニズムを通じて末端まで行き渡るものであった．それは単純に枝分節原理に乗るものではない．しかし一方で万が一〈分節〉組織体が形成されつつあったとするならば，その障壁を浸透して比較的平等に給付を及ぼすものであろう．しかも他方で軍事化組織の直接構成員に限るものでもないから，この軍事化組織にのみ〈分節〉組織体縦断を認める立場からしても脅威であるに違いない．それはむしろデモクラシー下の〈二重分節〉的再分配に似たものであったろう．ギリシャ都市の後背地で，そうした観念自体珍しいものではなかったと考えられる．しかしそれに見合う社会構造が準備されていたかどうかはまた別問題である．

〔2・5・1〕 cf. Mommsen, Sp. Cassius etc. *loc. cit.*
〔2・5・2〕 K. Raaflaub, The conflicts of the orders, in: Id., ed., *Social Struggles*, p. 37f. は，plebs がギリシャの影響を一層強く受けたという Momigliano の説を激しく攻撃する．社会の一部分だけがというのはおかしいというのである．奇妙な独断である．

2・6

もちろん，「訴因」は訴追の形態と密接に関係し，訴追の形態はまたその行為を違法と考える体制の論理に従う．万が一共和革命が同時に政治の成立を意味するならば，犯罪の概念が今や一義的に確定しうる．その政治システムの破壊という要件に一義的に絞られる．と同時に訴追は厳格な弾劾主義に基づいて行われたはずである．確かに弾劾主義どころか家内刑事裁判を示唆するように見える「父」ヴァージョンが有り，伝承は不透明であるが，これらのヴァージョンはどうやら遅い時期の付加物と見られる．

とはいえ，ならば何故「父」ヴァージョンが有るのか．遅い浮上は無価値を意味しない．まず Cicero の記述 (Rep. II, 35, 60) は簡潔に "quaestor accusavit eumque ut audistis cum pater in ea culpa esse conperisse se dixisset, cedente populo morte mactauit"「quaestor が訴追した，そして Sp. Cassius の父が自分で，息子がまさにその罪に該当することを発見したと申し述べたと言われるが，とにかく quaestor が民会の裁可を得て Sp. Cassius を死に処した」と述べる．cum 以下につき留保が認められ，これが "cedente populo"（民会の裁可）というクッションの介在とどのように関係するのか興味深いが，とにかく quaestor

が自ら訴追から処刑までを行った，とする点で，後に一層テクニカルな意味で弾劾主義が確立される目を持って敢えて糾問（ただし弾劾主義内のそれ）が強調されている．父の役割は高々その手続の微かな分節に介在するのみである．

　Livius は cum 以下と主文を二つの対立するヴァージョンとして描き，そしてその優劣につき決定的な判断を留保する（Liv. II, 41, 10ff.）．"Sunt qui patrem auctorem eius supplicii ferant: eum, cognita domi causa, uerberasse ac necasse peculiumque filii Cereri consecrauisse; signum inde factum esse et inscriptum: "Ex Cassia familia datum." Inuenio apud quosdam, idque propius fidem est, a quaestoribus Caesone Fabio et L. Valerio diem dictam perduellionis, damnatumque populi iudicio, dirutas publice aedes."「父がその身体刑＝死刑の主であったとする者がある．家で職権審理が行われ，拷問処刑し，息子の特有財産を Ceres に奉納した，そして記念物が作られ，「Cassius の家によって贈られた」と刻まれた，というのである．或る者達の記述にはしかし以下のようなヴァージョンを私は見出す．そしてこの方がヨリ信頼しうると思われる．quaestor の Caeso Fabius と L. Valerius によって反逆罪（perduellio）の廉で訴追され，民会の決定によって弾劾され，家が取り壊され公的な空間とされた」というのである．まず quaestor が二名に増えている．これは理由の無いことではない．perduellio に対しては duumviri perduellionis が立つ，というのが有力なヴァージョンであるからである．そもそも quaestor は parricidium 殺人に対して立つのではないか．いずれにせよ，訴追は Cicero におけるよりも本格的に弾劾主義によって描かれる．そしてその分，対抗ヴァージョン側で父の関与は独立し，単独で，糾問主義どころか，凡そ裁判と広い意味の弾劾主義を拒否するものになっている[1]．Cicero のパッセージにおいて父の関与こそがむしろ辛うじて quaestor の手続の進行を一旦は遮り弾劾主義を保障していたことからすると，父の役割は正反対である．反射的に息子の側に peculium が現れる．quaestores のヴァージョンが家自体の破壊を強調するのに，"ex Cassia familia" と，家産の一部が寄進された如くに言われる[2]．

　Dionysios の記述は一層複雑である．二人の quaestores のヴァージョンを中心に据える（VIII, 77）が，三人の息子を登場させ，しかし彼らの懇願は減刑に繋がらず，結局 quaestores 自ら引っ立てて処刑が行われる（78）．処刑の方

法として Tarpeia の断崖が言及される．対抗ヴァージョンの方も複雑である．Dionysios は「父」ヴァージョンの方が遥かに信憑性を欠くとするが，それでも多くの著者がこちらを採る以上書き記さないで過ごすことはできない，と述べる (79)．そして彼によるとそのヴァージョンは，父が自ら senatus に告発し，senatus の弾劾を得て，しかし自ら処刑した，とするのである[3]．父は probouleusis を行うかの如くである．Dionysios は Livius と異なり論拠を付し自分の preference を基礎付ける．伝承上ローマにおける父の厳格さはよく知られている，としてまず Brutus や Manlius のケースを引き，だからこそこの対抗ヴァージョンも無視できないのであるとしつつ，しかし Tellus 神殿に家全体が没収されていること[4]，寄進により Ceres のための像が作られ，しかもこのことが刻まれていること，を挙げ，ローマの財産制度では息子の（完全）独立は無いから，父がいればこのようなことは生じえない，と論ずるのである．Livius の peculium と綺麗に対応する．しかもこの論点は長い屈折体の存在を意味する．Plin. NH, 34, 15 そして Val. Max. V, 8, 2 に至るまでエコーが続くからである．こうして Dionysios の頭はぐるぐると回転して止まらないことになる．この時 Sp. Cassius の息子達も処刑されたが，senatus は結果このことを見直すことになった，ということを伝える (80)．これがしかし Sulla の時に再逆転すること，ギリシャにおける tyrannos 処罰のあり方との比較，等々Dionysios の叙述は豊富であるが，いずれにせよ犯罪において個人のみの責任を問うという大原則[5]の étiologie に事が懸からしめられたのである．

　以上を通じて，弾劾主義の原点[6]がここに置かれることは動かず，「父」ヴァージョンはその弾劾主義が段階を追って発展していくときにその手続，特に捜査や告発，を区切る原動力として位置付けられる．しかしその原動力自体は後の或る時期に固有の問題群を独自に産み，結果，何かの内部に複合体を与えるかどうか，そこにどう介入するか，という別の問いがこの脈略にも入り込む[7]．Livius の「父」ヴァージョンはこの点を極大化させたものである．しかも捜査 inquisitio をそのまま判決とする（"causa cognita"）が如き傾向を有する点で極めて新しい層のバイアスを感じさせずにはおかない．20 世紀の前半に流行した，古い「家内裁判権」の名残をここに見る諸説は，見当違いである以上に特定のバイアスを無意識に帯びたことになる[8]．

しかしそうしたそれ自身ディアクロニクに長い動因も，さらにその底にもう一段の層を秘めている，と考えざるをえない．というのも，父と息子のパラデイクマは大きく散乱して分布し独自の langue を形成している．この観点からは，quaestores ヴァージョンと「父」ヴァージョンが対抗していると見ることはできず，「父」ヴァージョンは Sp. Cassius 弾劾の意味を一段降りて例解するレベルのものである，と見ざるをえない．それを意識の底から呼び出したエイジェントは元首政期の家の構造であったとしても，「父」ヴァージョンは，それ自身固有のヴァージョン分岐を通じて Sp. Cassius 弾劾を支える意識を例解しうるからこそ浮上したのではないか．事実，このヴァージョンを捨てると言いながら Liv. も DH も書き記す誘惑から逃れられない．表面に浮上して quaestores ヴァージョンと直接対抗するようになったのも刑事裁判の根本 exemplum と反応するからこそであり，浮上すれば受け入れられないアナクロニズムになるが，しかし父ヴァージョンはそれでも示唆的なのである．実際，万が一政治が成立したのであるならば，そもそも刑事裁判を通じて刑罰を科すということは何を意味するのかを根源から問い直す営みがあったはずである．凡そ人類学的に知られる多くの懲罰の形態はいずれも〈分節〉を欠いた社会構造のものである．何故 Sp. Cassius を罰しうるのか．罰することは何に該るのか．さしあたり父（pater）が息子（filius）の存在を抹消することである，という解答があったことになる．この enigma はどのようにすれば解けるのか．Dionysios 自身の観察，すなわちローマでは父が厳格さを発揮して息子を処罰する事例が数多く知られるという観察，はわれわれに至るまでその後の全ての人々が共有するところのものである．凡そ pater-filius パラデイクマはローマではあらゆる伝承に遍く浸透しており，ほとんど完全に「記号」と化しているが如きである．そうであれば何故 pater-filius かと問うことは無意味であることになる．それは「恣意的である」ことになる．なおかつそれらはその通りに再現されたとは思えないパラデイクマであり，だからこそ「記号」のように一貫して現れる，とすればそれは〈神話〉のレベルにあり，もっぱら社会構造を媒介している．

　以上のように考えうるとして，pater-filius のパラデイクマが作動したこと自体注目に値するものの，まずはどのような pater-filius が働いたのか，そのど

の部分でヴァージョン対抗が生じているのかを確かめなければならない．もちろん 480 年代に pater-filius が働いたかどうかも開かれた問題である．しかし Dionysios 自身が直ちに気付くエコーが存在する．もちろん Lucius Iunius Brutus の手による息子達の処刑である．伝承はこれを共和元年に位置付ける．これはこれで一方で Vindicius という exemplum の étiologie であり，他方，同時に大きなスケールを誇る Brutus 伝承群は際立った〈神話〉的性質を示す．したがって問題を解決するよりもたらす分の方が多いが，それでもこれだけ根を張った伝承が共和初期に何らの芽も有しないということは到底考えにくい．とりわけ半世紀後に全体として大きく対抗を受けるようになることが明らかであり，するとその段階で初めて伝承の輪郭が明瞭になったということがあったかもしれないが，しかしともかくその時点から振り返って「あの時の意識はどうだったか」と考えれば答えは Brutus であり，そしてそれは多分当たっていて，そうでなくとも最も貴重な証言なのである．

　もし Sp. Cassius の pater-filius がこの Brutus の pater-filius に先送りされるとするならば，Sp. Cassius の iudicium publicum を基礎付けた意識は大きな岩盤に根ざしたものであるというばかりか，その意識がさらに自己を反省したその先に Brutus 伝承がある，ということになる．二つは決して同じことではない．しかし Brutus 事件をあのように明瞭に形にしうる意識こそが初めて現実の Sp. Cassius の crimen を捉え，そしてその裁判と処罰の形態を決定しうるのである．政治成立時に固有のディアレクティカの痕跡である．

　もちろん Brutus 伝承の方は逆に Sp. Cassius のために有るのではない．Brutus 伝承の存在は 480 年代に確かに pater-filius が働いたであろうことを強く推測させるが，これ以前に既に，稠密なヴァージョン対抗の複合体の中にあったはずである．その総体にアプローチすることは先に送ることとして，Sp. Cassius との関係ではどの部分が反応するであろうか．もちろん crimen 自体，つまるところ王政復古の企て，adfectatio regni である．Brutus 伝承においてそれはどのように捉えられていたか．王政復古のクーデタはどのような人脈を通じて計画されたか．"Vitelliis Aquiliisque fratribus primo commissa res est. Vitelliorum soror consuli nupta Bruto erat, iamque ex eo matrimonio adulescentes erant liberi, Titus Tiberiusque: eos quoque in societatem consilii auunculi adsumunt."「Vitellii と Aquilii の兄弟達が中心的な役割を担った．Vitellii 兄弟の姉妹の一人（soror）は consul たる Brutus の妻であった．この婚姻から生まれた子供達は既に若者の年代になっていて，Titus と Tiberius と名付けられていた．母方の叔父達（avunculi）は彼らをもまた謀議の共同の中へと引き入れた」(Liv. II, 4, 1ff.). 再び事柄はジェネアロジクな展開を示す．pater-filius に対抗するように soror と avunculus が登場するのである．これにより filius 切除の意味はここでは鋭く特定される．母方の系譜を通じて組織が及んでくる．これを切断することが不可避であった，というのである．cognatique な結節の破砕である．

さて，われわれは Sp. Cassius の背後に Latini の部族組織を見た．その組織を通じての財の給付が断罪されたのである．部族組織は定義上 cognatique な結合関係を組み上げるようにして成り立つ．クーデタを準備した秘密結社の結合形式と同型である．Brutus 伝承においてはまるで発達した人類学におけるように純度の高い形態が摘出されている．訴追の重要な論拠ないし原理がここにあるということになる．

Dionysios は Ferentinum と Regillus の中間年に興味深いエピソードを置く（VI, 1). Latini に嫁いだローマの女と Romani に嫁いだ Latini の女に対して，どちらにも住んでよいという措置が取られたところ，二人を除いて全員ローマを選んだというのである．もちろん何か遅い時期のイッシューに反応しているのであって，到底こうしたことがこの時期に遡るとは思われない．それでもこれは到底 Dionysios の創作ではありえないから，この時代の Nomen Latinum の問題が cognatique な関係の整理と関係しても不思議はない，と後の時代の人が十分に考ええた，ということになる．

しかしそれにしても奇妙ではないか．部族組織の覚醒が共和革命に寄与したのではなかったのか．部族組織が王政復古を画策し，共和的権力によって断罪される？ cognatique な結合を切断することにこそ王制が関わるのではないか．子殺しこそが王権のエッセンスではないか．ところがそれが王権を解体するとは奇妙ではないか．

もちろん，部族組織のメカニズムからは何であれ出て来る．軍事化のメカニズム，moitié，首長制，等々．王制自身，テリトリーの上の部族的関係を超越

し否定し蹂躙する反面，それを通じて広く多くのテリトリー単位の上に君臨しているのでもある．その上，首長制，王制，には多くのタイプがあった．Homeros のテクストにわれわれは大パノラマを見出したのであった．

そうすると，打倒された現実の王権が確かに Brutus 事件におけるが如き権力基盤を有した，ということではない．それは大パノラマから自由に素材を採って新しい体制にとっての致命傷を独自に形にしたものである．それを致命傷とする新しい体制もまた同様に単純なモデルを拒否する独創的なものであったに違いない．だからこそ，全く正反対のヴェクトルの交錯によってしか摑むことができない．既に見たように Dionysios は処刑の形態につき，「Tarpeia の断崖」と特定してくる．言うまでもなく，Tarpeia は Romulus のローマを攻める Sabini の王 Tatius の買収に応じた娘である．"Huius filiam virginem auro corrumpit Tatius ut armatos in arcem accipiat"「(守備隊長 Tarpeius の) 若い娘を Tatius は黄金で陥落させた，そして武装した兵士達を arx（都市中心の軍事的中枢たる急峻な砦）に入り込ませた」(Liv. I, 11, 5)．多くのヴァージョンで彩られることになるこのパラデイクマの骨子が Tarpeia の抹殺，この浸透の切断，にあることは疑いない．そしてこの伝承は凡そ王権というものを例解する大規模な対抗的パラデイクマ群の一隅に位置しているのである．緩やかに言って Tarpeia 処断は王の権力によったのである．Sp. Cassius を処罰しうるとすればそれは広義の imperium 以外に無いが，他方，Romulus という一点に結びつけて imperium に関する主要な exemplum は用意される．すると，王政復古ないし王の如き権力樹立の試みを処断したのは，最後の場面において，王の権力であったことになる．

pater-filius は王権を解体する，がしかしそれは王権である．

〔2・6・1〕 Th. Mommsen, *Römisches Strafrecht* [*StrafR*], Graz, 1899, S. 20f. はこれを Hauszucht と捉え，"nach der jüngeren Version (Plinius h. n. 34, 4, 15 ; Val. Max. 5, 8, 2 ; Liv. 2, 41 ; Dion. 8, 79...)" と正確無比である．ちなみに，Sp. Cassius のケースは「国家法上の犯罪」をも Hauszucht で処罰しえた例とされる．もちろん，国家法が禁ずることでなくとも家内部では処罰されうる，とされる．「遅いヴァージョン」は必ずしも彼の体系にとって無意味でない．

〔2・6・2〕 Mommsen, Sp. Cassius etc., p. 173ff. は，弾劾と父子関係の関係に関する元来の伝承の曖昧さから，これをどちらかに引き付けて合理的に理解しようとする両極が働いて iudicium publicum 説と iudicium domesticum 説に分裂した，とする．

〔2・6・3〕 Y. Thomas, Remarques sur la jurisdiction domestique à Rome, dans : AA. VV., *Parenté et* stratégies familiales dans l'antiquité romaine, Roma, 1990, p. 470 は，元首政期の家内裁判において consilium が用いられた痕跡とする．

[2・6・4] cf. A. Vigourt, L'intention criminelle et son châtiment : les condamnations des aspirants à la tyrannie, dans : AA. VV., *L'invention des grands hommes de la Rome antique,* Paris, 2001, p. 277sq. 都市中心の拠点の解体は crimen 処罰の重要な要素であり，以下でも Valerius Publicola の Velia の家の解体等の exemplum に多数触れるが，この要素と父子関係・個人責任原則が絡まるのは，共に〈分節〉単位の最小限を残すかどうかという屈折体に関わるからである．政治にとって〈分節〉単位の存立は不可侵であるが，それが枝分節拠点となり透明性を害すれば破壊しなければならない，というディレンマである．伝承はこのディレンマから共和末の複雑な社会構造を吸ってあらぬ方向に発展したと見られる．

[2・6・5] cf. Vigourt, L'intention criminelle, p. 276.

[2・6・6] 広義の弾劾主義に基づく刑事裁判が原則となること，つまりおよそ裁判が無ければ刑罰が無いということ，は政治の成立の中心的なメルクマールの一つであるが，われわれはこの Sp. Cassius の exemplum こそはローマにおいてそれを画するものと考える．つまり，これ以前におよそ刑事裁判・刑事法は無い．しかし，Sp. Cassius の exemplum は，Mommsen, StrafR から B. Santalucia, *Diritto e processo penale nell'antica Roma,* Milano, 1989 に至るまで，不当にも，そのような扱いを受けた形跡が無い．Hausgericht に災いされ，また perduellio の各論に限局され，provocatio という太い鉱脈が暗にここを経由して Horatius 伝承に遡る，ということも気付かれない．

[2・6・7] Thomas, Remarques sur la jurisdiction domestique はこの点を明らかにした功績を有する．彼は Volterra を批判して家内部の裁判権の存在を肯定するが，(最初に手続分節をもたらす動因となる) 十二表法譲りの pater familias の vitae necisque potestas とも厳重に区別し (p. 468)，審判人団 consilium が広く (p. 457sqq.) しかも息子と娘に対して異なる仕方で様々に (p. 465) 介入することを論拠として実証する．むしろ元首政期に新しい観念構造が築かれたことを雄弁に示す実証であり，刑事裁判の変質もこれと無縁ではないが，さらに家の内部構造の変化 (IV 参照) が微妙に影響している．

[2・6・8] cf. E. Volterra, Il preteso tribunale domestico in diritto romano, *RISG,* ser. 3, 2, 1948, p. 103ss.

2・7

以上の考察からわれわれは，少なくとも，単一のパラデイクマ，王制であったり「王を持たない」「共和政をする」であったりする単一のパラデイクマ，をとにかく持つ，という事態があったとは全く考えられていない，ということを言うことができる．王権のパラデイクマが部族のそれと同じくこのように引き裂かれているということは，どちらも本気で解体された，つまりむしろ突き詰めて利用された，内在するヴァージョン対抗が極大化された，ということを意味する．ディアレクティカが遂行されたことを強く推測させる．

pater-filius 自身同じディアレクティカにさらされた．ローマの体制は父の権

2 Sp. Cassius

威が支えたという式の解釈を伝承の対抗具合は全く寄せ付けない．何故ならば，既に見たように，息子の抹殺ばかりが語られるのではない．そもそも Sp. Cassius は息子なのか父なのか．父は息子であったし，息子は父になりうる．Sp. Cassius の息子は確かに処刑されたが，これはネガティヴな exemplum とされる．何故息子固有の資産 peculium が問題とされるのであろうか．父のみを処罰し息子が存続すれば，pater-filius 継承の王権は生き残るのではないか．あらゆる王権の存続を保障すること，これが政治システムの根幹であったのではなかったか．デモクラシーになると市民が一人一人王になったのではなかったか．否，反対に，〈分節〉頂点の存立とは，分肢を切り落としてでも幹が生き残るということではなかったか．しかしこのとき〈二重分節〉的に事柄が理解されていはしないか．否，まさにそのように理解すべきであり，だからこそ家が没収され，mutatis mutandis に家内の peculium にまでエコーが及ぶのではないか．いずれにせよ，こうした意味連関において pater-filius は犯罪と刑罰の概念自体に含まれている．息子まで罰するか，は現実の問題である．exemplum それ自体の平面に pater-filius が浮出するのはこのためである．この平面で強調されたのは息子の抹消でなく，息子の不可罰（個人責任）であったろう．ところが次の時代に，息子は罰しても父は罰しない，という〈神話〉レヴェルの観念が作動する．実は財産刑（と同時にテクニカルな意味での弾劾主義）への移行であるが，これが原 pater-filius にスポット・ライトをあてながらそこへ遡る．〈神話〉レヴェルにあった息子の抹殺が再浮上し，しかも familia や domus，さらには peculium が犠牲にされる息子の分身として付着するのである．「一人一人の王の存続の保障」こそは原弾劾主義の基本である．単純な懲罰を許さない．この点に光をあてるとするならば，pater-filius 分肢を強調し，被訴追主体は pater とともに独立を保ち，処断されたとしてもそれは高々 filius にすぎない，と考えることになる．Cicero のテクストがそうするように．pater-filius を animus-corpus へと展開すれば，犯罪は corpus（実行行為と結果）により，処罰も corpus に向けられるが，責任は単一無二の頂点たる animus に帰する（故意），ということになる．確かに，政治的結合は corpus＝領域のレヴェルにではなく animus＝精神・言語・理念の側に在る．

かくして，pater-filius は固有の対抗関係の中で重要な原理を樹立するのに寄

与したことになる．凡そ「父の権威」を掲げて徹底させるといった水準に人々があれば決して達成されない事柄である．刑事裁判とは何か，刑罰と何か，について考え込み，容易に一義的な解答を与えない，ような営為がここにある．それを通じてしか政治が出来上がらないことはかつてわれわれが論証したとおりである．

　無論ここまで扱った全てが直ちに共和初期の人々の意識の内部で遂行されたとは限らない．しかし多くを割り引いてもなお，以下に見るように，やはり共和初期の人々の意識において大規模なディアレクティカが達成されたと見なければならない．exemplum をことごとく遡らせて出来上がった如きあの奇妙な現存の王政期伝承の基本部分は，この時代の痕跡である．決して王政期の事績を伝えない替わりに，全てが遅い時代の創作というわけでもない，のである．

3 Romulus と Tatius

3·1

　Sp. Cassius 伝承と余りにも密接な関係を有するため混線どころか元来の同一性さえ疑われるのが第三代の王 Tullus Hostilius の治世下に位置付けられる Horatius 伝承である．刑事裁判に関する最も重要な exemplum iuridicum を含む[1]．ローマと Alba はどちらがどちらを併合するかを決めるために代表選手三人ずつを出して決闘させる．唯一生き残った M. Horatius はローマ側の選手で，ローマの勝利となり，M. Horatius は凱旋入城して来る．出迎える群衆の中に彼の姉妹の一人があり，一見 M. Horatius に駆け寄るが如くでしかしそうではなく，倒された敵の一人 Curiatius の許嫁として編んで贈った衣装を M. Horatius が戦利品として持つのを見てのことだったのである．怒った M. Horatius は直ちに彼女を手に掛ける．この行為が crimen の実行行為そのものとなる．

　儀礼的言語行為のフォーミュラを含めて手続に詳細な Livius は，この crimen を perduellio と規定する．そして訴追のために duumviri が立てられたとする（I. 26. 5）．perduellio は反逆罪，つまり共和国制自体の破壊，つまりは王権の樹立，を少なくとも後には意味するが，しかし何故 Horatius の行為が perduellio なのだろうか．parricidium（親族殺し，父殺し，殺人）ではないか[2]．しかしそれならば quaestores が立つのでなければならないのではないか[3]．Sp. Cassius の場合に perduellio ならば duumviri のはずが quaestores が立った，そのことと奇妙に入れ替わって転倒しているではないか．そればかりではない．Sp. Cassius 伝承と密接な関係を有する Brutus の息子達の事件にお

いて soror の語が一瞬光った．ところが今回は逆に Horatius が soror を切って捨てた行為が crimen を構成するのである．他方，父がやはりここでも決定的な役割を果たし，自分で処罰しえたのにしなかったのは息子が正しいからである，と訴追に対して抗弁し立ちふさがる．その態度は正反対である．

　関連の深さは以上にとどまらない．Alba は Nomen Latinum の母都市である．そこからの独立ないし中心の破壊が伝承の骨格を成す．Sp. Cassius と Nomen Latinum は切っても切り離せない関係にある．他方ここでは，決闘によって決着することを宣誓する一種の仲裁条約の締結が exemplum として刻まれている（Liv. I. 24, 3ff.）．これは凡そ foedus（条約）一般の範型とされる．しかるに，"foedus ictum" の契機は Sp. Cassius という人物に関する記憶の中枢に有る．

　Sp. Cassius の訴追とのコントラストは一種鏡に映したような不思議な関係であるが，少々屈折している．soror 切断が謳歌されるかと思うと，soror 結合が嫌われるかの如きモメントも有り，しかし soror 結合でなく soror 切断の方が crimen となるが，なおかつこの crimen に対する訴追は免訴の結果を見る（absoluere: Liv. I, 26, 7 ; 12, ed. Bayet）．Sp. Cassius の下敷きとして Horatius を見る場合にも，下敷きの側ではヴェクトルが正反対たるばかりか，逆風による強い対抗を受けている．すると，下敷きは単なる exemplum ではなく正真正銘の構造，屈折体である．主動機と反対動機の原理的な激突があり，その激突は根底的で揺るがないということである．

　その激突は明らかにディアレクティカのものである．それは exemplum iuridicum の部分のみならずパラデイクマの対抗全体が保障しているはずである．もちろん Horatii と Curiatii の決闘は，Livius が "nec ferme res antiqua alia est nobilior"「古の事柄でこれほど著名なことも他に無いほどである」（I, 24, 1）と言う如く，余りにも知られた伝承である．格好の文芸的素材であり，叙事詩的でもあれば悲劇的でもある．Ennius がその叙事詩においてたっぷりと扱ったことが断片から確認できる（Enn. Ann. 138ff. V.）．もっとも，Ennius はその叙事詩を結局は "annales" に回収し，exemplum の系列との連続性を保ち，言わば完全な文芸化は拒否したのであり，そしてまた他方，ローマの悲劇は，少ない発達の程度自体も問題であるが，ギリシャからもっぱら素材を採り，この Horatius 伝承すら取り上げた形跡は無い．それでも，特に soror 切り捨ての部

3　Romulus と Tatius

分はそっくりそのまま悲劇の素材であり，Horatius の「妹」は一見余りにもよく Antigone に似る．そうした観点を強調するが如くに，Dionysios の叙述は徹底してジェネアロジクに問題を設定する．Livius にとって，三人の選手達は共に三つ子であるが，相互には何らジェネアロジクな関係が無い．むしろ Horatia が有する許嫁の関係が「唯一そこ」という緊張感を生んでいる．ところが Dionysios が伝えるヴァージョン（III, 13）によると，Alba 側の Siccius という者に双子の娘があり，それぞれ Alba の Curiatius とローマの Horatius に嫁ぎ，そしてそれぞれ三つ子の兄弟を産んだ，のである．許嫁の関係は従兄弟婚を前提しており，兄妹は Dionysios の叙述の中ではこの点を巡って激しくやり合う（III, 21, 5f.）．焦点は，兄弟（$\alpha\delta\epsilon\lambda\phi\acute{o}\varsigma$）と従兄弟（$\alpha\nu\epsilon\psi\iota\acute{o}\varsigma$）たる許嫁のどちらが大事か，というものである（ed. Sautel）．これに対応して Horatia 殺しの罪は，perduellio ではなく，同族の血を流した点（parricidium）であり，その穢れである（22, 3ff.）．ジェネアロジクなパラデイクマのレヴェルに徹底して降りて行けば〈神話化〉が達成されるのではないか．Dionysios の解釈は interpretatio Graeca に自ずから傾く．"Oresteia" におけるような agnatique な原理と cognatique な原理の全面対決である．もちろん Dionysios を驚かせるのは，M. Horatius の父が平然と息子を称え，皆も Horatia の娘に全く感動せず，あわや切り捨てたまま物事が一直線に進行しかねない一方的展開である（21, 7ff.）．ローマの特殊性を見る Dionysios の目がきらりと光る．Horatia の方も敢然と自己主張し，次々と支持者が連帯する，のでなければ悲劇は確かに成り立たない．それでも Horatia 切り捨てを crimen とするモーメントは存在する．Dionysios のヴァージョンでは，一部の人々が血の穢れを言い立てて「告訴」し，王は決めかねて民会に決定を委ねる（22, 3ff.）．無罪の決定の後もなお心残りで穢れを払う儀礼を命ずる（22, 6ff.）．つまり切り返しはあり，それを結局再度切り返したことになる．そして，基本は Agamemnon を殺した Klytaimestra を殺した Orestes の如き Horatius と彼のための（父を中心とする）連帯である．確かに悲劇においては Orestes がさらにもう一度疑問に曝された．そうして初めて二重のディアレクティカが完成した．この部分の欠落がローマの Horatius 伝承を安易なパラデイクマに転落しうるものにしている．Dionysios はやはり Horatius 英雄視のモーメントの強さに，どこか何かの不全を嗅ぎ取っている．

それでも，辛うじて何かの骨格が残っていると判断しているのである．

確かに儀礼，exemplum, étiologie, annales という思考がたちまち全体を覆ってくるとしても，「Horatii と Curiatii」の話に潜む鋭い緊張感や痛みは少なくとも 3 世紀の終わり以降増幅されえた．Achilleus や Meleagros の範型が作用しえたのである．ならば，いずれにせよ何か強烈な切断がイムパクトとして伝わってくる話が 3 世紀末以前に既に形成されていたと考えられる[4]．何よりもの証左が Sp. Cassius であり，明らかに Horatius 伝承は Sp. Cassius 事件の中で基本的な形をなしていったと考えられる．それはもとより直接の étiologie ではない．Brutus の息子達の話に比べても遠くに置かれている．そしてその叙事詩的性格を考えるならば，Sp. Cassius の刑事裁判を基礎付ける意識の中でもさらに基礎的な部分を明るみに出すものであったに違いない．つまり，Sp. Cassius が目指した一つの方向のさしあたりの否定とそれへの抵抗ということを越えて，共和革命そのものを支える柱たる観念構造に関わる．前者の対抗は後者が必然的にもたらす選択肢であり，その分岐もローマの社会構造を後々まで規定するが，前者の対抗は後者の対抗の一つのヴァリエーションであり，後者の存在こそが前者の可能性さえ開いたのではないか．そうした大きな対抗の骨子は，Dionysios がギリシャ・デモクラシー期の対抗で解釈しようとしてズレてしまう種類のもの，しかしズレながらギリシャ・デモクラシー期の対抗のディアクロニクな祖型（すなわち政治成立期の形態）に該当するものを何とか再現している性質のものである．

さて，ならば Horatius の公訴棄却はどのようにして実現するか．この過程に，基本の大きなディアレクティカが作用しているはずである．そして自ずから裁判の概念とその基盤を基礎付けているはずである．Livius のヴァージョンに従うならばそれは二段の先送りによる．Horatius 処罰はもちろん王 rex のところへ懸かるが，「自分が判決をし処罰する主体となるのを避けるため」(26, 5: ne ipse...secundum iudicium supplicii auctor esset) 民会を召集し (concilio populi aduocato), perduellio の判決を行う（断罪する）ための duumviri 二人委員を法律に従って任命する (duumuiros qui perduellionem iudicent secundum legem facio) のである．選出された duumviri が断罪したところ，しかし王のバックアップを得て (auctore Tullo) 被告人 Horatius は民会へ ad populum

「抗告」provocatio する[5]．そしてこの抗告審たる民会が公訴を却下するのである．王がこのようにするのは何かの圧力を感じたからであるとされ，DH のヴァージョンは反対の圧力を事後に王が受け取ったことを想起させる．つまりここに根底の二原理対抗が作用しているのであるが，王が自ら supplicium しにくいのは（Livius のヴァージョンにおいて）パラデイクマ内部すなわち儀礼内部で或る隊形を厳然と取った人々がそこにずらりと勢ぞろいしているからである．そうでなければ soror の側の同情と相拮抗するはずである．その隊形とは一体どのようにして取られたものか．事件はもちろん一つのコーダにすぎず，伝承本体たる決闘をわれわれは忘れるわけにはいかない．

　Horatius 伝承は部族単位の完全な分節を実現するという話である．結節点たる Alba の解体・吸収という過激な結末が待つ．cognatique な結合を切断し枝分節体を分解するというパラデイクマである．しかしもちろんそのままではただの軍事化しか帰結せず，〈分節〉は達成されない．パラデイクマの精緻な加工を要する．その中には，部族単位などを超えて広く多様な分子が連帯するのでなければならず，Horatia こそはその連帯の連結環である，といった要素も含まれる．それらも含みながら新しい或る水平的結合体を準備する複雑なヴァージョン操作の痕跡が遺されている．

　Horatius 伝承は，実は刑事裁判に関する exemplum の他に monumenta, つまり儀礼の物的痕跡と多く関連付けられ，それらとともに記憶されている．儀礼は神話的パラデイクマの再現であり，凡そパラデイクマの再現作用に深く関わる．地表面上の物体は或るパラデイクマの何かの切片に関わる対抗軸をそのまま実現して，ヴァージョン対抗を超越する．これはヴァージョン対抗に対して無関心たるべき儀礼にとって，様々な対抗に流されないための絶好の杭になる．そのようにして儀礼的パラデイクマは記憶されるのである．

　Horatius 伝承にとって第一の monumenta は，Fossa Cluilia である（Liv. I, 23, 3 ; DH, III, 4）．Alba の支配者（imperitabat : Liv. I, 22, 4）Gaius Cluilius 率いる軍勢とローマ軍が最初に対峙したローマ郊外の地において，Cluilius の側が陣営を構えた地点に在る構築物，溝，である．ローマ都市中心とその外を二つの極で表現したものである．第二の monumenta は Pila Horatia という場所の名であり，forum の特定のポイントに立つ柱に Horatius が Curiatii から奪った武具を

安置する (Liv. I, 26, 10; DH, III, 22, 9). これについては，Livius が極めて重要な記述をする．Livius は duumviri に訴追を命ずるフォーミュラの文言 (lex horrendi carminis: I, 26, 6) を伝える[6]が，その恐ろしい文言は次のようである．"Duumviri perduellionem iudicent; si a duumviris provocarit, prouocatione certato; si uincent, caput obnubito; infelici arbori reste suspendito; uerberato vel intra pomerium uel extra pomerium"「duumviri は裁判をせよ，もし被告人が抗告すれば抗告審を戦え，それに勝てば被告人の頭を覆え，そして不幸の木に縄で吊せ，pomerium の内でも外でも鞭打て」．pomerium は都市中心を空間的に画するための帯状地であるが，抗告審で父 P. Horatius は，その通りにできるならして見ろ，救国の英雄に対して，とすごんで見せる中で，"I, caput obnube liberatoris urbis huius; arbore infelici suspende; verbera vel intra pomerium, modo inter illa pila et spolia hostium, vel extra pomerium inter sepulcra Curiatiorum" (26, 11)「行け，この都市中心の解放者の頭を覆え，不幸の木に吊せ，pomerium の中で鞭打て，ただしあの武具 (pila)，敵からの戦利品の目の前で，pomerium の外でも，ただし Curiatii の墓の目の前で」と叫ぶ．文言自体の stratigraphie は大きな問題を突き付ける[7]が，奇妙なことに，処刑行為の後に鞭打ちが付け加えられ，しかもこれが都市中心の内外に分節され，その分節を支える極として，Pila Horatia と Sepulchra Curiatiorum が物的装置として使われているのである．継承される武具と屍の分節は Homeros において極めて重要な意義を有した．つまり都市中心と領域の分節という政治の成立にとって不可欠の前提と深く関係した．すると，文言の意味ははっきりしてくる．「頭を覆え」「吊せ」は，元来身体刑 (supplicium) の態様であったにせよ，ここでは animus-corpus 分節の上部 (caput) にのみ関わる．すると，処罰は都市中心と領域の二段に分節される．これと，後に立論するところに合わせて「抗告」と訳した exemplum のポイントの一つ provocatio がもたらす手続分節とは密接に関連する．何か古いフォーミュラを意識的に発掘した挙げ句，これに "intra pomerium, extra pomerium" という分節を与えて甦らせた，と考えられる．

決闘が Curiatii を全滅させ，Horatii を一人だけ残すことにも同様の儀礼的な意味がある．一方は都市中心で単一の頂点を形成し，三つ子は解消され，他

方はそのまま領域の側で地に眠るのである．また，伝承が Alba の徹底破壊を強調する (Liv. I, 29 ; DH, III, 31) 理由もよく理解できる．その結果，Alba の gentes がローマへと組み込まれるが，これも当然である．領域に何か枝分節組織の結節点となるものが有っては政治システムは台無しであり，隠れた権力の伏在を一掃するのが共和政の第一の意義である．この点，Alba の側は当初から挑発的で油断ならず，ずるがしこく描かれる (Liv. I, 22, 3 ; DH, III, 2-3)．Cluilius の後継 Mettius Fufetius は和平後の裏切り (Liv. I, 27 ; DH, III, 23-24) 故に罰せられる．もっとも，Liv. においては陰謀と言うよりもどっちつかずの曖昧さとして描かれる．Alba の徹底破壊はこれの直接的帰結とされる．DH, III, 27 が描く M. Horatius, すなわち奸計によって入城し実は Alba を破壊に向かわせる彼の行為，はエコーたる反撃ヴァージョンの存在を推測させ，しかしいずれにせよ不廉直が一つの焦点なのである．

Cluilius や Mettius Fufetius の行動様式がこのように力を込めて描かれるのはまた，foedus ictum の étiologie たることと深く関係する．DH, III, 3 に描かれるやりとりがこの点を例解するのに最適である．既に条約を締結した二国間における正戦という exemplum がここで提示される．既存の条約は戦争を禁じ，不法に対してはまず賠償を要求すべし，賠償支払いが拒否された時のみ攻撃が正当化される，としている．Alba 側の挑発行為から発した応酬はしかし不明確な状況を創り出し，先に賠償を請求し先に拒否された方が正しい戦いをすることになるので，双方が使節派遣を急ぐ．Alba 側はかくして請求を受理すること自体を拒否し，ローマの使節は賠償請求が拒否されたと見なすことになる．もちろんこの全てが原 exemplum に含まれたわけはない．しかし（占有概念とさえ深い関係を有する）このように発達した「国際的」緊張関係をディアクロニクな延長線上に持ちうるパラデイクマが存在する，というのである．

原 exemplum 自体は Liv. I, 24, 4ff. と DH, III, 18 に見出されるが，まず Dionysios は通常の宣誓儀礼として簡単に触れるにとどまる (3 に送られている) ものの，それでも *"καὶ φυλάξειν τὰς ὁμολογίας βεβαίους, μηδένα προσάγοντες αὐταῖς δόλον αὐτοί τε καὶ γένος τὸ ἐξ αὐτῶν"* 「なされた合意を遵守し，双方および双方の一族に悪意を向けないこと」との文言を加え，基本原理を逃さない．Livius の方は文言自体をそのまま伝える．"foedera alia aliis legibus, ceterum eodem modo omnia fiunt"「それぞれの条約はそれぞれのテクストを持つが，しかし全てこの様式によってなされる」と，公式の exemplum たることを確認した後，まず Fetialis という神官が王に対して "Iubesne me, rex, cum patre patrato populi Albani foedus ferire"「王よ，私に命ずるか，pater patratus と共に Alba の民と条約を締結することを」ときき，王は同意すると "puram tollito"「穢れ無き葉を摘め」と命じ，続いてその者を全権大使（nuntius）とする儀礼が続く．そこには "quod sine fraude mea populique Romani Quiritius fiat"「私とローマ国民に対して信認違反が無い限り」という抗弁が付されている．続いて全体の保障人 pater patratus「父なる父」を立てる儀礼が行われるが，pater のパラデイクマの作用は "pater patratus ad ius iurandum patrandum"「父なる父が宣誓誓約（ius iurandum）を父の保障化に置くべし」という文言に現れている．つまり pater 化は無分節空間に置くことを意味する．一切の抗弁がその先許されないのである．一切の屈曲や折れ返りが遮断される．長い文言を Livius 自身省略したことを明記するが，中に相手に向かって "Audi, pater patrate populi Albani" という pater patratus が動詞化されている部分がある．繰り返される "dolo malo" の文句は DH と軌を一にするが，国際的信義の関係が一層発達した段階の付加物であるに違いない．

　枝分節組織から選び抜かれた三兄弟がそれぞれ連帯して競う，それを見守り結果に従う信義が前提に存在する，その信義にはこのように特別の質が与えられている．そして勝負の結果は一義的であり，都市中心―領域の方向性の一義的たることと関連付けられている．こうしたパラデイクマの加工，舞台設定，の上に初めて枝分節の重層性を断ち切って審級を一義的にする，つまり人的組織の結合を完全に水平的にししかも唯一の線の上に揃える，ということが観念される．もちろんこれはまだ〈分節〉ではない．仲裁を基礎付ける信義それ自体が都市中心の新しい政治的階層の原理である[8]というのでない．しかし Od. XXIV のようにそれは〈分節〉のための不可欠の資源である．これにこそ，Horatia の動機を正面からぶつけうるのである．

　以上の全てによって準備された隊列を前にして rex はたじろいだ，ということになる．たじろいで一体事をどこに投げ出すか．ここで duumviri にまつわる文言が重要なヒントを与える．明らかに領域の側に投げ出すのである．恐ろ

3 Romulus と Tatius

しい（lex horrendi carminis）応報原理へと．ただし応報主体は二人委員という形態に分節されているが，それでもそれは被告人を自らの手で押し籠める存在である[9]．しかしながら，今やまさに都市中心と領域は鋭く分節している．領域のしがらみから開放された空間が成立している．その固い結合のところに事案は戻って来る．鋭く対抗的に．後にこの審級は（もう一度）領域内の（しかし新しい）第二の横断的結合体となる．つまり ad populum は ad plebem に変換され，言わば第三の先送りが制度化される．このときに弾劾主義は成熟し，「抗告」という語をわれわれも安んじて使うことができるようになる．しかしそれ以前の層としてはっきりと認定できる水準[10]において，訴追と判定主体，裁判長と被告人，これらが分節的な関係を結び，そしてその前提として〈分節〉が有り，判定主体も〈分節〉している，という裁判の概念が要求するものが準備されているのである[11]．

ありえないジェネアロジーと儀礼によって結合は今や soror ないし Horatia の一点に懸かるようになっている．かくして cognatique な関係の切断は一義的に例解されうる．その切断こそは〈分節〉であるか．否，今やそれは一義的な〈分節〉単位結合媒体の破壊である（Horatia からの対抗）．すると不可欠の切断は同時に〈分節〉体系の破壊 crimen であろう．そうした事態の除去はどうするか．しかし除去すれば今度は〈分節〉頂点を一つ破壊してしまう．これもまた crimen ではないか．まさに，この絶対の二律背反以外に，〈分節〉を担うものはない．そして周到に積み上げて形成された結合体がこの二律背反を引き受ける．そして論理的に crimen は一義的になり，訴追の形態も論理的に決定される．

[3・1・1] 学説は，多少ともそのまま「ラテン王政期の事実」に関連付けるもの（例えば Santalucia, *Diritto e processo penale*, p. 13s.）の他，完全に神話分析と exemplum iuridicum の分析に分裂する．パラデイクマの生態からしてこの分裂は致命的である．つまり étiologie が〈神話〉レヴェルに置かれているのである．伝承は exemplum＝制度自体でなくその基盤にアプローチしている．

[3・1・2] 現に DH, III, 22, 3 ; Fest. p. 380L ; Val. Max. VIII, 1, 1 などは parricidium とする．背景には，後に DH のヴァージョンを詳しく分析するように重要な対抗が潜んでいる．Th. Mommsen, *Römisches Strafrecht*, Berlin, 1899, S. 528, Anm. 1 は，duumviri と provocatio の exemplum が Horatius 伝承によって例解されねばならなかったために perduellio でなければならなくなった，とする．これを批判する Chr. H. Brecht, *Perduellio. Eine Studie zu ihrer begrifflichen Abgrenzung im römischen Strafrecht bis zum Ausgang der Republik*, München, 1938, S.

128ff. は，逆に Horatii の方が無理に provocatio を Valerii から奪取したという Arangio-Ruiz の説を参考としつつ，実体法すなわち perduellio (Livius のヴァージョン) が伝承の核心であり，これを伝える後述の lex が最も信憑性を有するとする．しかしそうするとどうしてこの事案が parricidium でなく perduellio なのかという古い疑問が復活することになる．そこで Brecht は Exkurs を付し (S. 163ff.)，Horatius の裁判外執行を政治的犯罪と解する (R. M. Ogilvie, *A Commentary on Livy Books 1-5,* Oxford, 1965, p. 114f.; A. Magdelain, Remarques sur la perduellio, dans: Id., *Jus imperium auctoritas. Etudes de droit romain,* Roma, 1990 (=*Historia,* 22, 1973), p. 504 はこれを支持する). しかし Mommsen のように捻れを認めるべきである．Horatius 伝承がおよそ裁判を例解することに必然が有り，したがって duumviri と perduellio でなければならず，その体制下では殺人 (〈分節〉頂点破壊) と政治システム破壊は同義である．他方後述のように，perduellio と parricidium の分岐が 5 世紀半ば以降の弾劾主義の成熟と同時に生じ，伝承の分裂はここから生じた．

〔3・1・3〕 Mommsen 以来，quaestores が共和的制度であるから annalistica が王政期に遡らせえなかったとする見解が有力である (cf. Magdelain, Remarques sur la perduellio, p. 502sq.). しかし duumviri と quaestores の分岐もまた 5 世紀半ば以降の発展の所産である. 〈神話〉レヴェルに属する共和初の原 Horatius 伝承について対応する exemplum を再構成することに大きな意味は無い (Sp. Cassius 自体がそれに該当する) が，強いて言えば，王権から公的な訴追者が分離した点に exemplum としての意義が求められる.

〔3・1・4〕 それとも，決闘のパラデイクマによって「愛国心」や「戦士の initiation」が謳歌されていた，この骨格に soror のモティフが後に対抗的に加わった，こうしてディアレクティカの痕跡を遺すようになるのはようやく 3 世紀のことである，否，Ennius の断片にすら soror は認められないから，それより後のことである，か．しかし，刑事裁判制度の十分な発達を意識の中枢で支えてきたヴァージョン対抗の原型が早くにあったはずである．こちらの面は soror 抜きには考えられない．そして Sp. Cassius 伝承との絡みがこれを裏付ける．発達した形態を取るのは後のことでも，この時に既に基本的な対抗の芽はあったはずである．さしあたりは，Sp. Cassius 切除の滔々たる歩調と，秘かにこれを悲しむ動機，の潜在的な対抗である．刑事訴追手続自体に分節を与えるのは後に後者の役割となるであろう，こうして soror は日の目を見る，がしかしその前に soror は隠れて存在していなければならない．そもそもディアクロニクな対抗とは P1-Q1/P2-Q2 のように進行し，P1 と Q2 の対抗を捉えて P から Q へと考えの変化を想定しても無意味である．この場合制度を成り立たせているものはそのような思考法ではない．

〔3・1・5〕 かくしてこのパラデイクマはテクニカルには provocatio の exemplum であることになる．ここからわれわれは直ちに (Sp. Cassius にではなく) lex Valeria (それも 509, 449, 300 年の三つのそれ) に送られる．したがって provocatio 自体については後に述べることになり，ここでは provocatio のパラデイクマの下に隠れている裁判そのもののパラデイクマに着目する．なお，Santalucia, *loc. cit.* は，provocatio はアナクロニズムとしても，王の裁判権が実際に 7 世紀末に民会によって制約され始めた，と論ずるが，疑問である．

〔3・1・6〕 Brecht, *Perduellio,* S. 142ff. がこれを分析の中心に置いたのは卓見である．しかしその余りこれだけを抜き出してしまい，Horatius 伝承自体を切り捨ててしまった．

〔3・1・7〕 A. Magdelain, Provocatio ad populum, dans: Id., *Jus imperium auctoritas* (=*Estudios Iglesias,* 1988), p. 575 はこの文言を 300 年の lex Valeria によって provocatio が初めて制定された後の「擬似王政期立法」の産物とする．つまり政務官の coercitio に対するそれまでの任意の抗告に対して，consul coercitio を ad populum に基礎付けることを初めて必要的と

したため，provocatio が裁判手続化する，そのときの制裁であった，というのである．これは consul の職権による政治犯罪処罰と異なってしかしほとんど発動されずに神話化された，とする．テクニカルな provocatio も後述のように5世紀半ば以降の発展（449年の lex Valeria）の産物であるから，少なくともこの時までにはこうした文言は呼び出されたと思われるが，その前に裁判自体の〈神話〉的 exemplum において何らかの形態のものが呼び出されていたはずである．

〔3・1・8〕 Hobbes, *De cive* における ius iurandum の役割を想起されたい．

〔3・1・9〕 B. Santalucia, Osservazioni sui duumviri perduellionis e sul procedimento duumvirale, in: Id., *Studi di diritto penale romano,* Roma, 1994, p. 35ss. はこの側面をよく切り出すことに成功している．特に，63年の Rabirius 事件において突如亡霊のように忘れられていたこの神話的手続が現れる事情を Caesar のねらいに的確に結び付ける．Cic. Pro Rabir. 3, 9 の "sublatum" を，provocatio 抜きのはずが consul たる Cicero の特別措置で民会に持ち込まれた，と解する．しかしおよそ perduellio が provocatio を許さない刑事手続であり・Horatius 伝承のその部分は削除され・現に王の恩赦によってのみ（"clemente legis interprete"）ad populum となった，という解釈は短絡である．provocatio の意味が多層的であるとしても，これを除いてパラデイクマは全く成り立たず，Santalucia がそのようなわけで核とする lex horrendi carminis 自体に含まれている．Caesar はまさに（Sulla の quaestiones の精緻化した弾劾主義ばかりか「民会刑事訴訟」に流れ込む弾劾主義の完成型自体を嫌って）Horatius パラデイクマの一面のみを綺麗に洞察して切り離して使い，plebs の応報原理という単一審級を呼び覚まそうとした．しかしこれは元来裁判の概念を構成するディアレクティカの一要素にすぎないから，Cicero は同じ Horatius パラデイクマ全体を用いて切り返すことができたのである．

〔3・1・10〕 "ad populum" は Sp. Cassius 弾劾の段階で senatus から陪審が選出される形態に一旦落ち着いたと見られる．DH は senatus の役割を強調する一ヴァージョンを伝える．Coriolanus 弾劾についてさえ senatus の介在を残そうとするヴァージョンを採る．一般民会に置き換わるのは十二表法による（V. infra）．

〔3・1・11〕 Horatius 伝承を裁判＝刑事裁判の exemplum として直視したのは唯一人 Mommsen であったことになる．Mommsen, *StrR,* S. 161ff. は，最終的な刑事裁判権は市民団そのものに帰属するという観念によって徹底的に貫かれ，記念碑的である．およそ共和初から "der magistratisch-comitiale Strafprozess" が確立されたとするのである．まさにこのために lex Valeria から Horatius 伝承にかけて底を流れる太い脈絡を直感しえたのである．ただし，それだけに exemplum のディアクロニカな混線に巻き込まれ，政務官の糾問式の刑事裁判の判決に対して provocatio が行われ "Volksgericht" に「控訴」される，という独特の形態を構想する．このためには，Horatius 伝承を額面通りに受け取り王政期にさえ最終恩赦権（主権の表徴としての最後の恣意的権力）の某が人民に在ったとするを辞さない．そもそも provocatio でさえこのような性質のものと解し，「控訴」審とは違って判決の修正は許されず，認証するか破棄するかしかない，とするのである．致命的な部分は，刑事裁判の概念自体に陪審（と裁判長の分節）が含まれないことである．これが ad populum へ，つまり国法学的問題へ，ズレてしまった．主権（公法）を populus に基礎付けることへ驚嘆すべき執念を見せるが余り，「主権を」「populus に基礎付ける」という二段がクリアに分節される（「主権」imperium 概念が自立する）反面，このことと「populus に基礎付けられた主権が」「さらに制約される」という二段が混同されて後者は前者の中に消えてしまう．テクニカルには，二段の弾劾主義が識別しえないということになる．さて，まさにこの点で（W.

Kunkel, *Untersuchungen zur Entwicklung des römischen Kriminalverfahrens in vorsullanischer Zeit*, München, 1962, S. 21ff. によって定着するに至った）Mommsen 批判学説は大きくわれわれの認識を前進させた．"der magistratisch-comitiale Strafprozess" を虚妄として完璧に葬り去った（vgl. Chr. H. Brecht, Zum römischen Komitialverfahren, *SZ*, 59, 1939, S. 261ff.)) と言うことができる．「民会刑事訴訟」は実体を欠き，有るのは身分闘争における実力行使の応酬でしかないというのである（A. W. Lintott, Provocatio. From the struggle of the orders to the principate, *ANRW*, I, 2, 1972, S. 226ff. になると，「民会刑事裁判」も provocatio も "self-help" として原始的刑罰原理に属するとまでされる）．確かに，この第二のバネこそが第二段の弾劾主義と，そして何よりも provocatio を，準備する．この点の認識は Mommsen 学説を正しく修正するはずである．そのように学説が動いてしかるべきであった．しかし現実には初期の刑事裁判を全て流し去り，結果としておよそ刑事裁判の起源と（したがってその）概念自体を全て流し去ってしまった．大きく寄与したのは，刑事裁判の「政治性」を非正規の表徴とし，「日常的」「一般的」犯罪概念に固執するアプローチである．なるほど，Kunkel の「一般的犯罪概念」は Sulla の改革の分析に際して決定的な貢献をなした．しかし他面，およそ刑事裁判と犯罪の概念がどのように「国法学的に」構成されるかという問題は消えてしまった．Mommsen のスケールの大きな洞察に到底及ばないのである．

3・2

既に述べたように，伝承が Alba を中心に据え部族連合全体に舞台設定したことは極めて重要である．持てるジェネアロジクなパノラマの総動員が企図されたと見るべきである．もちろん，共和革命における Latini 部族組織の覚醒が背景に有ると思われる．しかしそれとは別の次元で，丁度 Homeros において Achaioi と Troes の双方に潜在的諸要素が網羅的に大区分されかつ蒸留されシステマティクに対決させられたように，習合し区別が曖昧になり癒着した社会関係に内在する緊張・対抗関係を増幅し分解する思考作業が何かしら行われたのである．如何にそれがギリシャからの影響によるものであったとしても．その蒸留・精製を媒介するのが，決闘である．Homeros におけると同様に，決闘のための陣形を採らせること，これが「遠心分離」のために不可欠である．DH, III, 18 は両方の側がその時どのような形態で決戦を見守ったかに詳しい．そして，決闘の結果によって全体の勝敗を決する，それを尊重する，という点に宣誓・誓約が関わるのである．このとき両集団間の信義の関係は特別のものであるが，これはその両集団の形成のされ方の特殊な性質からしか出て来ないであろう．元来ジェネアロジクに深く相互に編まれた関係にある，つまり同じ部族連合の内部にある，こと，それを今全く対称的に二つに分け，しかもそれ

それを全く水平的な関係にすること，そしてそれをそのままテリトリー上に配置すること，こうした操作が行われている．

　これは絶対にありえないパラデイクマである．だからこそ，われわれはディアレクティカの痕跡を見出す．彼らにとってもこれは現実の世界では絶対に起こりえないことであり，しかしそれを構想しえた．一人の娘がこの大きな脈絡を一切度外視し，したがってこれだけ明確に引かれた線をまたぎ，ただ一人の許嫁との間に築く小さな単位，このありえない事柄もまた構想されえた．こちらの側は未だ強く自己主張するに至らない．しかし（後述のように）この芽からやがて何かが伸びて大きく開花する．この時にも pater-filius 分節が効き，しかも今回は pater は filius を護ってなおかつこちらにつく．さらにもう一段対抗は屈曲し，ius iurandum で結ばれた結合体の側（娘を犠牲に供した側）が filius 擁護のために連帯するのは娘のためでもある．こちらに provocatio という exemplum が付着する．裏を返せばその前に刑事裁判そのものの exemplum が樹立されていたことになる．duumviri 選出時，provocatio 時（ここに言わば provocatio II が付く），の二つの ad populum の動機，Dionysios の（Athenai 流）dikasterion 創設というヴァージョン，はいずれも，懲罰の手続を一旦公的な場，公開の場，に置く，ということを指示して来る．その意味は多様かつ多重であるが，手続の屈折の前に，「公開」「公的空間」ということの特定がある．既に述べたように，漠然と「人々」というのでなく，そこには決闘のために陣形を整えた如き人々がいなければならない．何よりも否定されているのは，Cluilius や Mettius Fufetius が拠って立つ組織とメンタリティーであり，様々な枝分節の結び目の介在である．いずれにせよ，重要な制度と概念が，何とありえない出来事の構想に懸かっているということになる．

　もっとも，共和初の人々に構想の手掛かりを与えるものが全く無かったわけではない．もちろん本当の決闘をしていたはずもなく，その記憶すら無かったはずである．しかしこれと似たことはどこかに有ると予感したはずである．そう，王制のための儀礼である．儀礼的なものならば，この種の決闘もありうることである．

　ならばそれを人々は日常的に見ていて構想に至ったか．第一に，Horatius 伝承が描くものは王制のための儀礼から内容的に大きく隔たっている．奇妙なジ

ェネアロジーを持った三つ子どうしの争いとなっている．Dionysios のヴァージョンであれば，これは丁度部族の三分法そのものが二組対峙していることになる．第二に，人類学者が描くような王制の儀礼を日常的に体験していたであろうか．そうした形では滅多にドラマタイズされないし，そもそもそれには様々なタイプがあるし，そもそもそのタイプの「王制」があったかどうか，否，王制そのものがあったかどうか，われわれは予断を許されない．

　むしろ，意識の底に眠っていたものを掘り起こしありえない方向に増幅した，のでなければ，日常的な素材を少し加工しただけではとても，このような形象には至らないであろう．これは，しばらく休眠中の Latini 部族組織の覚醒が大きな役割を果たしたのではないか，という先の推測と符合する．すると，王制の儀礼を手掛かりとしたとしても，それはそれでどこか遠くへ意識し直したはずである．つまり儀礼そのものの〈神話〉化であり，そして（ローマの特徴として）それをまた再儀礼化して exemplum としたはずである．「Horatii と Curiatii」から「裁判」が出たように．

　Horatius 伝承と強い関わりを示すのは，「建国」したばかりの Romulus 率いるローマに対して Tatius 率いる Sabini が攻めかかり，すんでの所でローマが陥落する，という事柄に関する一連の伝承である．全体を Tatius 伝承と呼ぶこととすると，その中に重要なポイントとして一騎討ちが含まれるのである（「Horatii と Curiatii」も「決闘」であるよりも（単独ではなくとも）「一騎討ち」である）．Dionysios によれば（II, 42, 5, ed. Vogel），それは Sabini 側の勇士 Mettius Curtius と Romulus 自身の間で行われた（τῶν ἡγεμόνων αὐτῶν συμπεσόντων ἀλλήλοις μέγας καὶ καλὸς ἀγών）．Ploutarchos によれば（Rom. 16, 3, ed. Flacelière）前哨戦たる Caenina の戦いで，Caenina の将 Acron と Romulus の間で行われた．この時 Romulus が奪った武具が spolia opima として Iupiter Feretrius 神殿に奉納された，とされる．Ploutarchos が選んだヴァージョンは Varro のものであることが明記され（16, 6），したがって古事学的探究の折り紙付きであることになる[1]．DH, II, 33f. も Caenina の王と Romulus の戦いに触れ，これを Iupiter Feretrius 神殿への奉納に関連付けるが，これは「正規の」一騎討ちによるのでなく遭遇戦にすぎず，また Dionysios は凱旋の儀礼につき Ploutarchos により（明らかに Varro を典拠として）訂正されている．

他方，Ploutarchos は Curtius については何ら一騎討ちの事実を伝えない（18, 5）．以上に対して，Livius はまず Caenina の件につき "regem in proelio obtruncat" と素っ気なく（I, 10, 4），辛うじてしか一騎討ちを読み取らせず，しかし Iupiter Feretrius への奉納誓約 votum については文言自体（haec tibi victor Romulus rex regia arma fero, templumque...dedico...）を転載するなど詳しく，特にこれが最初の神域の奉納であることを記している（haec templi est origo quod primum omnium Romae sacratum est）．そして一騎討ちを断固やはり Mettius Curtius のところに位置付け，そして相手を Romulus でなく，Hostius Hostilius である，と特定するのである．Plout. Rom. 18, 6 はこの Hostilius につき，決して Curtius の一騎打ちの相手とはしないにもかかわらず，Tullus Hostilius 王の祖父であるとする[2]．

Pila Horatia と spolia opima の間に働くアナロジーは明らかである．Iuppiter Feretrius のための神殿を通じてここでは一層現実の〈都市中心—領域〉分節に接近させられている．しかしもちろん，共和初期から始まる本格的な神殿建設自体の exemplum がそこにあるのではない．既に述べた通り，都市中心の政治空間を形成するためには神殿等〈神話〉的パラデイクマの極めて意識的な再現実化を以てする必要があるが，それは儀礼の利用であって儀礼自体ではない．ローマでは，これと区別されて「元の儀礼」が保存されたに違いない[3]．このため spolia opima と templum の連関が儀礼的に保存され，Varro はこれに固執するのである．これはおそらく〈神話〉の方が厳密に展開されないからであろう．しかしともかくその儀礼の出発点に一騎討ちがある，ということになる．ところが，否，それは無い，という対抗ヴァージョンが存在する．一騎討ちは，そうではなく別の機会に Sabini 主力と Romani 主力の決戦の際になされた，というのである．これは何故か．大きく言ってこちらの方が親〈神話〉（反儀礼）ヴァージョンである．これはまた何故か．

しかしそもそも，都市中心と領域の関係はそんなに一方的で図式的なものだったであろうか．領域は武具を剥ぎ取られた屍の投げ捨てられた空間であったか．一面ではそれは儀礼の一義性によって画されなければならない関係である．Varro こそが正しい．しかしそれを支えるディアレクティカが無ければ単なる儀礼的関係になり，政治的空間は出来上がらない．支えるディアレクティカの

ためには〈神話〉が必要である．逆にこれが発達していればこそ，何より次の時代領域からこそ大きく発展が開始されうるのであるし，それを準備する芽は初めから秘かに用意されているのである．こうした観点に立つヴァージョンは Livius によって最もよく保存されている．しかもこのヴァージョンにおいては，都市中心の空間は単純な二項関係を脱してそれ自身極めてよく分節されて現れるのである．

　Caenina でない方の一騎討ちの場所はそれ自身 topographique かつ toponomastique に記念されている．各ヴァージョンにおいて動かないのはむしろこの部分（対抗の軸）であり，その場所は Lacus Curtius と呼ばれる．lacus は湖ないし低湿地を意味するが，Plout. Rom, 18, 5 は，一騎討ちを伝えず，Curtius が馬でここへ突っ込み自分だけ辛うじて脱出した，とする．DH, II, 42, 5 は，Romulus-Curtius の一騎討ちの中で Curtius がここへ後退せざるをえなくなり，沈む Curtius をローマ側が見切ったにもかかわらず Curtius が生還した，と述べる．Liv. I, 12, 10 は，Curtius と Hostilius の一騎討ちで Curtius が勝利した[4]後の戦闘で Curtius が驚いた馬によってはまりこんだ沼地から脱出する様を描く（Lacus Curtius という名への言及は 13, 5）．ここでは武具ではなく馬が重要な役割を果たしている．つまり人馬の分節を概念し，馬の方が足を取られるが，いずれにせよ Curtius は脱出する．この時馬ごとかどうか，馬はどこまで切り離されなければならないか，の点でヴァージョン対抗が発生しているのである．そしてその馬が沈む場所は領域ではない．Capitolium と Palatium の間の谷である．この点に固執する叙述を展開するのがまさに Livius である[5]．全ては（既に述べたように）Sabini の側がローマの都市中心の中枢たる要害の空間 arx を奪取したことから始まる（12, 1: Tenuere tamen arcem Sabini）．この丘が Capitolium である．ならば Romani は仕方なく下からこの丘を囲む以外になくなる．隣の Palatium の丘との間の狭い空間に展開する．下が不利で Romani は撃退される（一騎討ちはこの場面でなされる）．この時明らかに Romani は Palatium の方に逃げる．というのも「かつての Palatium 入り口で」（ad ueterem portam Palati）Romulus が以下のように祈願するからである．"Iuppiter, tuis iussus auibus hic in Palatio prima urbi fundamenta ieci. Arcem iam scelere emptam Sabini habent; inde huc armati superata media ualle tendunt; at tu, pater deum hominumque, hinc saltem arce hostem..."「Iupiter よ，汝の徴に命じられて私はかつてここ Palatium に都市の基礎を定めた．今 Sabini が奸計によって空の arx を保持し，次いで中間の谷を乗り越えてここへ攻め及ぼうとしている．しかし神々と人々の父たる汝こそ，せめてここ（中間）から敵を除きたまえ」．Romulus は Iupiter Stator 神殿を奉納誓約するが，祈願の対象は，何と，丘と丘の中間を解放することである．この後，Sabini が降りてきて，その中間たる低地に Curtius がはまるのである．ここから Romani が形勢を逆転させる．しかし押し戻すだけで決着せず，"Romani Sabinique in media conualle duorum montium redintegrant proelium"「Romani と Sabini は丘と丘の間のただ中で決戦を再開した」ということになる．

後の都市中心の分節構造の étiologie がここにあることが明白で，しかも arx＝Capitolium に対する Palatium の分立の保障が懸かっているのである．Palatium の方が領域に該当するが，しかしこちらが抵抗していて，その分丘としてせり上がって来る．対応して両者譲らないという結末が用意される．一騎討ちのモティフは spolia とその儀礼の方へではなく，こちらへと展開されるのである．一騎討ちの信義は何ら強調されないが，替わりに，両者並び立つ構造がくっきりと現れる．これに対応して Capitolium に対抗する Palatium の次元が都市中心内部に構造化されるのである．政治的空間を一層積極的に基礎付けようというのである．

〔3・2・1〕 cf. Varr. LL, V, 148ff. この点，J. Poucet, Préoccupations érudites dans la tradition du règne de Romulus, AC, 50, 1981, p. 671 が重要である．実はここにディアクロニクな対抗が絡まり，クロノロジクな対抗ヴァージョンとして Varro 等により列挙される．Poucet は，362年ヴァージョン，445年ヴァージョン，Romulus ヴァージョン，の三層を，2世紀後半に antiquarianism により確定された内容が（特に年代記の）歴史記述により展開され膨れた結果と見る．つまりこれが "Romulisation" であるというのである．儀礼的パラデイクマが軸で，étiologie が付着するという構造の指摘としては正しいが，これが順序どおりにしかも共和末に起こったと考えるのは単純にすぎる．われわれは，「共和革命ヴァージョン」に内包された対抗がまたしても甦る，と考える．362年ヴァージョン等は「共和革命ヴァージョン」が機能した痕跡であり，自動的にディアクロニクな対抗ヴァージョンの所在を示すことになる．

〔3・2・2〕 つまり第三代の王 Tullus Hostilius はこの Hostilius の息子が Romulus の娘婿となるというジェネアロジーを持つことになる．第二代 Numa と第四代 Ancus の間にも「母方の祖父」関係が伝えられる（Etrusci 王権については端的な娘婿＝後継者の関係が顕著である）．P. M. Martin, L'idée de royauté à Rome: de la Rome royale au consensus républicain〔Royauté I〕, Clermont-Ferrand, 1982, p. 19sqq. は，この "par cognation" の関係につき，根底の la réalité で

あったとする．これが la règle agnatique と衝突し伝承の歪みをもたらし，説明しきれない部分が選挙で補われる，というのである．Martin はこの葛藤を人類学的に普遍的とするが，むしろ共和中期の大きな観念構造の変化と関係するように思われる．王統伝承の整備の時期の特定に有用な徴表である．

[3・2・3] 典型的な "le phénomène de la romulisation" (Poucet, *Les origines,* p. 200) であるが，"ces préoccupations étiologique" は実際には多くの場合この二段のメカニズムによると思われる．

[3・2・4] DH, III, 1, 2 は Tullus Hostilius 王の出自を説明する際にこの人物に戻り，しかし Sabini との戦いで死んだとのみ述べ，Romulus と Tatius の両王によって Forum の最重要部分に葬られたとする．都市中心の構成と関係する．なお，C. Ampolo, La storiografia su Roma arcaica e i documenti, in : a cura di E. Gabba, *Tria corda. Scritti in onore di A. Momigliano,* Como, 1983, p. 19s. はこれを Livius の記事と混ぜて決闘の帰結とし，Romulus にも暗に重ねて II, 54, 2 の対 Cameria 戦勝記念と組み合わせて Volcanal と関係付ける．しかし DH は Volcanal とは言っておらず，決闘の脈絡からも切り離していて，彼が同一の碑文史料を見もせずに別のこととして用いた，と言うのは当たらない．物的痕跡をも論拠として（厳密に用いるのでなく）パラデイクマの中に取り込んでしまう傾向を有するのは古事学系のテクストも同じで，言わば物的痕跡をも聖域でなくヴァージョン化してしまうためである．Ampolo が R. Martin, *Recherches sur l'agora grecque,* Paris, 1951, p. 47sqq. を的確に引いて指摘する (p. 24) ように heroon が agora と密接に関連する「ギリシャモデル」が有るとしても，これに従っているのは物的痕跡自体でなく DH である．それは Medullia の登場からしても Fest. p. 184L と同ヴァージョンであり，Lapis Niger に関する．決闘も Volcanal も少しずつ異なる都市中心構成ヴァージョンであり，forum は中心なのか下なのか，という緊張に関わる．同一の伝承群に位置するからと言って直ちに Volcanal と Lapis Niger を強引に topographique に同一視するのは疑問である．

[3・2・5] cf. M. Jaeger, *Livy's Written Rome,* Ann Arbor, 1997, p. 30ff.

3・3

さて，決戦の結果は和解である．Romulus は Sabini の側のリーダー Tatius と王権を共同する（Liv. I, 13, 4 : regnum consociant）．Romulus と Tatius の王権共同こそが樹立された政治的関係である，ということになる．

しかしこの奇妙な王権共同は具体的には何をもたらすか．何かの exemplum が位置付けられていなければならないであろう．最も明快であるのは，Plout. であり，100 人の Sabini が patrici として編入されると同時に，3 tribus と各 10 の 30 curia の体制が生まれたと述べられる（Rom. 20, 1ff.）．Livius も 30 curia への分割をここへ置くが，しかし tribus とは関係付けず，替わりに騎兵の単位 centuriae equitum を三つ創設したと述べる．各個の固有名詞はしかし 3 tribus と同一である．Dionysios は「Romulus の国制」[1] を建国のすぐ後で体系

的に記述する（II, 7ff.）ためか，curia 等々は全く Sabini と関連付けられない．こうした背景に置いて見ると，Cic. Rep. II, 8, 14 の何気ない記述の重要性が浮かび上がる．Cicero は，"regnum suum sociavit" と王権共同を確認した後，patres の制度，tribus＋curia の制度が，Tatius の関与を伴って創られたとしつつ，「しかしながら」（quamquam ... tamen ...）と大きく切り返し，Tatius の死後は「むしろもう全く Romulus が単独で統治した」（multo etiam magis Romulus regnavit）と述べる．そして直ちに imperium を持ち出し（singulari imperio et potestate regia），これに auspicium（imperium 行使，特にその開始，の一義性を保障するための記号操作）をかぶせる．Liv. や Plout. においてさえ imperium だけは Romulus の建国と同時に位置付けられてしまっているのに対し，Cicero の把握の精度は格段に高い．つまり，(Sabini の女達の名前が各 curia に付けられた，というヴァージョンの是非が賑やかに論ぜられるなど) 伝承上，Romulus-Tatius 体制はまず curia をもたらし[2]，そして王権共同の解消後 imperium をもたらすのである．imperium も Romulus-Tatius 体制，したがってあの一騎討ちや丘のやりとり，を経なければ出て来ないのである．

しかし curia と imperium はどう関係するか[3]．Cicero は二代目の王 Numa の登位につき，"quamquam populus curiatis eum comitiis regem esse iusserat, tamen ipse de suo imperio curiatam legem tulit"「国民が comitia curiata（curia 民会）を通じて自分を王に任命したのであるが，しかし自ら自分の imperium に関する curia 民会の法律（lex curiata de imperio）を成立させた」と述べる．つまり，curia は王の選出母体となるが，それだけでは足りず，別途 imperium 付与の儀礼が curia によって行われるのである．共和末に，実権のある民会が他へ移って久しいにもかかわらず，儀礼的な comitia curiata が imperium 付与立法を政務官認証行為の如くに行うことはよく知られる．

しかしそれにしても，何故 curia は imperium を基礎付けうるのであろうか（民会だから政務官を選挙して当然というところで思考を停止するわけにはいかない）．curia とは何か[4]．もちろんこれに imperium の精確な概念内容が懸かっている．

第一に，Cicero の叙述を信頼するならば，curia は Romulus と Tatius の二頭並立と関係し，imperium はそれの解消と関係する，ことが明らかである．し

かし imperium は一旦二頭並立を経なければ無効である，というのである．第二に，全体の論理構成は，一騎討ちないしそれを準備する二つの陣営の対峙から出発する．これが二頭並立のメカニズムと深く関わり，そうしておいてそれを一元化する，という第二のメカニズムが作動する．われわれは「Horatii と Curiatii」を準備したメカニズムを追い求めて伝承と共にここまで来たのであった．

　もちろんわれわれは既に Curiatii，Curtius，curia という音の響きの中に居る．これに加えて Tatius は Sabini 都市 Cures の出身とされ，Cures に関する Dionysios の excursus (II, 48) はさらに，Cures の起源が以下のようであると述べる．つまり，一人の娘が Mars か Quirinus の神殿へと choros（唱舞）の儀礼のために入ったところ，突然神に取り憑かれ，その息子を産んだ，彼は軍事面で頭角を現し都市を築いた，という．そして，一説には Quirinus から Cures となったが，他の説では槍を意味する "curis" から Cures となった，と付け加え，おそらく全体につき，Varro が典拠たることを示す．軍事化のメカニズム，そして軍事化した集団がそのままテリトリーに降りるメカニズム[5]，が強く意識され，それが部族形成のジェネアロジーに投影されている．Dionysios は II, 7 で単独のリーダーを頂く集団として curia を描くが，これも Varro の影響である．というのも 47, 4 で，curia の名がそれぞれ Sabini の女の名を起源とする，という説に対する反対者として Varro を挙げ，それぞれリーダーの名を冠したという彼のヴァージョンを伝えるからである[6]．〈神話〉から退避し儀礼に厳格に付く彼の基本姿勢が確認される．

　何故ならば，「Sabini の女」の側にこそ華麗な〈神話〉が発達しているからである．そしてそれらのヴァージョン対抗は，単純に見える軍事化のメカニズムが実はディアレクティカを通じて大いに精錬されていることを明らかにする．そもそも何故 Romani と Sabini は対峙するに至ったか．そこには Troia 戦争と全く同じ動機，Herodotos のディアクロニクな洞察を導いたあの動機，"$\dot{\alpha}\rho\pi\acute{\alpha}\zeta\epsilon\iota\nu$" (DH, II, 30, 4) が見出される．すなわち，Romulus は祭礼と競技のために近隣の者達を集め，娘達を奪取させたのである．娘達を略取された Sabini は怒って軍事行動を起こすことになる[7]．Romulus の動機につき，Dionysios は，自身は同盟促進説を採るが，婚姻政策と並んで，戦争のための

3 Romulus と Tatius

口実という説を挙げる (31, 1)．つまり，ローマではここから凡そ婚姻という制度そのものの étiologie が豊富に発展していくのであるが，その根底にはやはりジェネアロジクなパラデイクマのレヴェルでの強烈なディアレクティカが控えているのである．大きなトラウマを走らせ，ジェネアロジクなバランスを引きちぎる．ギリシャとの比較に通じた Dionysios は curia を phratria で訳し (II, 7)，確かに phratria が根底に moitié の原理を有するのをわれわれは見た[8]し，moitié は軍事化のための重要な装置であり，またそこから形成された新しい絆がそのまま領域の上で連帯することによって phratria が生まれたのであったが，しかし単に moitié 儀礼を復活させただけでは何も起こらない．そこにはいつもと変わらぬ部族社会があるだけである．根底で働いているジェネアロジクなパラデイクマに激震が加わらなければならない．

phratria においては，部族形成神話のジェネアロジクな結び付きの基幹たる AX に moitié が再収容され，やって来た A が X の娘を他（X の若者）と争って獲得する，という戦いの緊張を付与された．そこで現れる集団の区分が再度テリトリーに着地するためにもこの assimilation は有用であった．他方，その当の AX はそうした原点から大きく隔たる方向へ変質させられる．「A が X の娘を奪って連れて来てしまう」というパラデイクマは，意味の軸上対極に立つ点で重要な役割を果たす．AX の基本動機，つまり AX の混住，が全く成り立たなくなるからである．切れた二集団間において初めて Hobbes の関係が現出する．moitié 儀礼を擬する AX として一層過激なものになり，人工的になり，儀礼を脱し，本当の戦いに近付くであろう．何よりも住み分ける要素が皆無になる．

パラデイクマのこうした加工，つまり構想ないしファンタジー，がテリトリー上の集団の〈分節〉のために共和初の人々にとって不可欠であったに違いない．imperium を排他的に争う両当事者間のゼロか全てかの鋭い関係[9]，全線にわたって一切の架橋が排される関係，と，政治システムを形成する〈分節〉主体相互の関係，信義と同盟の関係，は無論異なるレヴェルのものであるが，しかし互いに互いを論理的に要請する．前者が徹底していなければ後者を刻むわけにはいかない．後者が成り立っていなければ前者は不徹底にとどまる．imperium は迂回され骨抜きにされ留保される．

Sabiniの女達はまさに後者（信義と同盟）の象徴でもある．ヴァーチャルなレヴェルで根源的な軍事化を誘発しながら，実は一人一人個別的な存在を主張する．そもそも一人の若者が一人の娘を得るという大前提の下に事が進行するが，しかしその組み合わせは枝分節組織の論理を払拭した偶発的なものでなければならない（Liv. I, 9, 11 : forte）．にもかかわらずここにTalassius伝承が付着し，しかもこれが婚姻という結合関係の儀礼とされるに至る[10]．或る美しい娘を略取する集団（a globo Talasii）に対して人々が「誰のところへ」（cuinam eam ferrent）ときくと，答は「誰もそれを侵害しないため」（ne quis uiolaret）であった，という．Plout. Rom. 15は，さらに進んで，有力集団が他集団から奪おうとするのは阻止されたというヴァージョンを伝える．いずれにせよどのヴァージョンも一斉に，"Talasia"という音が婚礼を祝う歌のジャンルを指示するそのétiologieとしてこのパラデイクマを位置づける．また ibid., 14等，中でHersiliaという女が誰に嫁いだか，RomulusかHostiliusか，とヴァージョン分岐が盛んに行われるが，同様の関心を示す．curiaが一つ一つ彼女達の名を冠したかどうかというヴァージョン対抗も同様の点に関係する．Ploutarchosに考察を強いる婚姻儀礼中の戦闘的要素（ibid., 15, 6f.）はそのままConsualiaという祭礼，暦の上の「Sabiniの女達」の再現実化，つまり流動化・軍事化の方面に繋がり，Varroの儀礼尊重ヴァージョンを正当化するが，その儀礼を支える〈神話〉が実現する関係は一層繊細である．女達一人一人の役割を強調し，儀礼のレヴェルでも彼女達に幾つもの特権を与える．或いは，この点で多くのヴァージョンを発生させる．Romulus-Tatius並立の和解はもちろんこの女達（娘でなく突如 "Sabinae mulieres"）が一人一人父・兄弟と今や夫たる者の間に立って達成されたものである（Liv. I, 13 ; DH, II, 45 ; Plout. Rom, 19）．Hersiliaの大演説にスポットライトをあてるヴァージョン（ibid., 19 ; DH, II, 45）があったとして不思議はない．

　とはいえ婚姻のexemplumがここに置かれた趣旨はもちろんéchangeの拒絶である．Sabiniの女達の強奪の直接的意義はéchangeの排除である．その上で信義の関係を築く，ということがSabiniの女達に託された使命である．こうして，échangeの拒否ということの複雑な実質がそれ自身追究の対象となっていく．この側面を端的に表現し，だからこそ大論争の的となるのがTarpeia伝

承である．Tarpeia という娘が，まさに Tatius が Capitolium を囲んだその時，Tatius との間で取引し，黄金の腕輪と引き替えに城門を秘かに開けるということになる．しかし，「その左腕のもの」を要求する Tarpeia への信義に欠けるところの無い Tatius は，腕輪とともに左腕で持った楯によって Tarpeia を圧死させる．échange の通路が叩き切られること，この点に疑いはない．切られるのは同時に cognatique な結節環としての娘であり，したがってこのパラデイクマは「Sabinae の強奪」の裏のヴァージョンである．他面で，Plout. Rom. 18, 1 が強調するように，"Tarpeia" はここでも都市中心の一地点を儀礼化するのであり，それは身体刑（supplicium）の場，つまり断崖から突き落として刑を執行するその場所なのである．Sp. Cassius 伝承の中にわれわれは "Tarpeia" を既に見出した．Sp. Cassius の組織が浸透していく通路と Tarpeia という侵入口は共通の要素を持つ．crimen とその処断はかくして論理的に関係していることになる．政治システムの危険はこの入り口から入って来る．Livius は "auro corrumpit"（I, 11, 6）と明快である．

しかし他方，凡そ échange を規制していれば政治が出来上がるのでないことはかつてわれわれが強調した点である．そもそも社会構造が成り立たない．échange というパラデイクマに必要な質のヴァージョン対抗を与えなければならない．この点，Livius は Tatius が買収をもちかけた（ibid.）というヴァージョンを採るが，Fabius と Cincius のヴァージョンであることを明記する Dionysios は，Tarpeia の側の提案を Tatius が奇貨としたのであると考える（II, 38, 3）．これは Dionysios にとって疑いの無い前提である．というのは，反対側のヴァージョン，前期年代記作者の代表格たる Piso のヴァージョン，を Dionysios は直ちに対置し，こちらによれば（38, 3f.；39, 1），Tarpeia は祖国を救うために Tatius をワナにかけようとしたのであり，「左腕のもの」という表現の両義性を利用して武具を引き渡させ[11]，一網打尽にする，というのが計画であった．しかしこの点を Tatius 側に密告され，言わば祖国のために犠牲となったのである．Piso は個人的なヴァージョンを創作するタイプとは程遠い上に，Liv. I, 11, 8f. の二つのヴァージョンの対抗は，古くから Piso のヴァージョンが存在したことを示す．つまり，Livius は「左腕」の解釈につき留保し，二説を並記するのである．一方（additur fabula, quod uulgo...）は，左腕に黄

金の腕輪をするのが Sabini の慣習であった，とし，他方（sunt qui...dicant）は，「左手にあるものを引き渡せという約定に基づき武具を請求した」(ex pacto tradendi quod in sinistris manibus essent derecto arma petisse) ところ「詐欺に気付かれその対価によってそのまま断ち切られた」(fraude uisam agere sua ipsam peremptam mercede), とする．左腕は武具と黄金を結ぶ軸であり，これがヴァージョンを分け，一方を採れば Tarpeia はむしろ聖化されることになる．つまり切れたきり，甦って再びジェネアロジクに活性化するということが無いことが保障されるという意味においてゼロ＝パラデイクマに接続されるのである．この視角から見れば Tarpeia が後述の Lucretia のダブレットであることは明白である．こうして，Plout. Rom. 17, 5 の「Tarpeia は Tatius の娘で，Romulus によって奪取されていた」というヴァージョンの説明がつく．Tatius は Sp. Cassius の父とも同じ立場に立つことになる．対極には当然 Tarpeia を arx 守備隊の長官 Tarpeius の娘とする標準ヴァージョンが現れることになる．それは，Tarpeius 自身も訴追されたという Sulpicius Galba-Juba の強調ヴァージョンを生むことにもなる (ibid., 5).

いずれにせよ，崇高な二重スパイは échange を高度に利用したことになる．逆にこれをも含めた échange の魔力を叩き切るのも échange 以外にはありえない．Tarpeia を破滅させるのはポトラッチである．いずれにせよ勝負に出た Tarpeia に襲いかかるのは返せないくらいの対価であり，これが彼女をノックアウトする．Plout. ibid., 4 は Sabini の兵士達が腕輪だろうと楯だろうと一斉に投げつけ Tarpeia を襲う様を叙述する．「左」は明らかに軸たる固定財（res mancipi）に対する流動財の側を表現する．その洪水が襲い，軸をも破壊するのである．

〔3・3・1〕　E. Gabba, Studi su Dionigi da Alicarnasso, I: La costituzione di Romolo, in: Id., *Roma arcaica* (*Athenaeum,* 38, 1960), p. 69ss. はこの部分のソースを Sulla 時代の Sulla 派のパンフレットに同定する．Romulus があり，patres があり，senatus は何か領域 (tribus) から直接選ばれて支柱として返り咲く．Sabini も curia も吹き飛ばす勢いであるが，patres/senatus 体制が Romulus/imperium に結び付くとしても，それは前者のヘゲモニーの下においてであり，後述のように (I-7) われわれは Fabii の手による curia 操作の帰結と考えるから，このパンフレットの短絡はやはり際立つ．なお，Gabba に対しては J. P. V. D. Balsdon, Dionysius on Romulus: a political pamphlet?, *JRS,* 61, 1971. p. 18ff. に鋭い批判がある．Pohlenz 等の "Tendenzschrift" 説を論駁し，antiquarian の正統的な伝承に従うのではないか，という批判

3 Romulus と Tatius　　　　　　　　　　　　　　　　167

であるが，第 IV 章で詳述する Sulla 体制を Gabba は熟知しており，Sulla 以後の antiquarianism は優に新体制支持でありうる．平準化短絡化は彼らのものである．

〔3・3・2〕　curia についても最も基本的な研究は A. Momigliano, Rapporto provissorio sulle origini di Roma, in : Id., *Roma arcaica*(＝An interim report on the origins of Rome, *JRS*, 53, 1963＝ *Terzo Contributo*), p. 93ss. である．

〔3・3・3〕　最も優れた分析は A. Magdelain, *Recherches sur l'* "*imperium*". *La loi curiate et les auspices d'investiture,* Paris, 1968 である．もちろん何故 curia が imperium を導きうるのかという問題にアプローチするものではない．しかし Mommsen の国法体系において暗黙の法が選挙結果を予め権限に結びつけていると考えられること（法律実証主義）に反対し，lex curiata こそが annalité と関連して毎年「制定」するのであることを多くのテクストの精確な読みによって見事に論証している．つまり単なる認証でなく手続の二重が不可欠であるというのである．確かに，imperium 自体を設営する行為が必要であるに違いない．選挙＝競技自体のルールとは別であることが望ましい．

〔3・3・4〕　以下，curia を moitié とポトラッチそして首長制儀礼・軍事化に関連付ける論述を行うが，幾つかの点が障害となって学説はこのようには考えない．後述の phratria への同定でさえ決定的とは考えられておらず，その意義について学説は定かでない．何よりも非軍事性と領域性（Momigliano, Rapporto provissorio, p. 98s.）がある．しかし前者は後に述べる変遷の帰結であり，また，軍事組織自体と imperium 正統化儀礼の関係を間接化するためでもある．後者は，moitié をそのままテリトリーに展開し直すローマ独特の重大な傾向の故である．DH の思弁や考古学的データからすると，ローマはこれを遺産として受け取った可能性が有り，なおかつ共和政は結局は領域性を儀礼的なレヴェルに転換して克服しているのである．すなわち tribus は決して curiatim ではない．それでもその tribus の原点において軍事化組織をそのままテリトリーに降ろす発想が強く生きるのではあるが．他方，Momigliano は非血縁性，非 ethnos 性（Titienses が Sabini で Ramnenses が Latini 等々でないこと）を明確に把握し，Dumézil の「3」のドグマを鮮やかに批判し，何よりも Tavole Iguvine を以て人類学的分析に替える術を知っているのである．Gubbio (Umbria) で発見された碑文は，紀元前 2 世紀頃の地方都市の祭祀について記したものにすぎないが，一定の区分内の成人男子全員が都市域を一義的に画する儀礼に参加する，その時の隊形がまさに 5＋5＝10 である．そのようにしてこの特別の祭祀団体のメンバー fratres は auctor などを選挙で選出するのである．

〔3・3・5〕　Heurgon, *Rome et la méditerranée occidentale,* p. 219 が高く評価する De Martino, *StCost I*, p. 149 の指摘によると，curia は gens 制を掣肘する役割をも持ったという．枝分節組織に対しては確かにそのように働く．逆に gens 制は共和初の領域の状況のコロラリーであり，curia 制が深い淵から甦ると同時に確立される（I-9 参照）．

〔3・3・6〕　これだけ伝承が Sabini との関係を伝えるのに，元来 Sabini の制度であった式の議論を排する（これ自身は正しい）ばかりで，Romulus/Tatius に結びつける学説が見当たらない．例えば R. E. A. Palmer, *The Archaic Community of the Romans,* Cambridge, 1970 は最近の最もまとまった curia 論であるが，curia にかつての村落を見，それらが集住して連合体をつくった（伝承通り 8 世紀），とする．区分を横断して人々を集める動機は掬い出すが，儀礼的にさえ捉ええず，歴史的経過そのものと考えてしまい，curia との関係が定かでない儀礼まで curia を通じてかつての村落巡りに遡るなどと在らぬ方向に行ってしまう．

〔3・3・7〕　このパラデイクマはジェネアロジーの大きなヴァージョン対抗の中に位置していることを見失ってはならない．さもなければ，たとえば婚姻といった個別制度とのみこのパラ

デイクマを関連付ける陥穽にはまりこむ．事実圧倒的多数の学説は Fest. p. 364L 等のローマ人自身の儀礼志向に導かれて婚姻儀礼に略奪婚の痕跡を見る．

〔3・3・8〕　cf. POL IV-3-3, p. 356ff.

〔3・3・9〕　もちろん，首長制の儀礼が深く関係する．しかしだからといって「王権」に「魔術的」性質を見るのは分析放棄である．無分節要請は確かにこの語を呼び出しやすく，儀礼自体をパラデイクマの進行の中から切り出す儀礼，auspicium，はその記号的性質からしてますます魔術を連想させ，これをまた王権に投影してしまう (cf. U. Coli, *Regnum*, Roma, 1951 ; Heurgon, *Rome et la méditerranée occidentale,* p. 202) が，これは事の一義性を保障するための道具立てであり，まして現実に魔術的王政が存在したことを何ら含意しない．

〔3・3・10〕　かくして婚姻儀礼の中に（古い，「インド．ヨーロッパの」）略奪の要素をそのまま見る (B. Liou-Gille, L'enlèvement des Sabines, *Latomus,* 50, 1991, p. 342sqq.) こと自体誤りである．étiologie 自体が反対の意味を伝える．切断を前提としはするが，ポイントはその後の和解である．また，J. R. Jannot, Enquête sur l'enlèvements des Sabines, dans : AA. VV., *La Rome des premières siècles. Légende et histoire,* Firenze, 1992, p. 131sqq. は，Silenos が若い娘をさらう Dionysos 圏内の婚姻儀礼に Sabini 組み込みの歴史的事実が重なった，というように解するが，logos 自体に Dionysos 的要素は皆無である．

〔3・3・11〕　J. Gagé, *La chute des Tarquins et débuts de la république romaine,* Paris, 1976, p. 34sqq. は，Capitolium の丘に武器庫と武器を祓う Sabini 系儀礼を見る．「Tarpeia の墓」等と Tatius/軍事化伝承儀礼地点との間の符合や後述の Manlius Capitolinus 伝承との共鳴を論拠とする．armilustrium の祭祀や月のシンボリズムとの関連付けは傾聴に値するが，Etrusci 以前の具体的な祭祀像ではありえない．共和政の軍事化儀礼（curia 等々）との関連で増幅されていく観念複合体である．

3・4

以上のようにしてパラデイクマのヴァージョン対抗を組み立てていくとき，基本の要素として作用しているのはもちろん Romani/Sabini の dualisme である[1]．Romani は Latini の一部族にすぎないから，実際には Latini/Sabini の dualisme が概念されていることになる．これがわれわれの理論図式の AX に該当するという仮説を既に提示した．Latini の（部族組織そのものを蘇生させるとともにその）部族組織を構成する様々なパラデイクマの諸層を次々と掘り起こしヴァージョン対抗を増幅していく，このときに Sabini はどうしても脚光を浴びせかけなければならない存在であったに違いない．部族組織の組成に関わり，そしてまたそれを利用して多くの操作がなされるのである．もっとも，現実の表面においては，A が優越的であるテリトリーの向こう側に X が優越するテリトリーが広がっている，というような「分布」が観念されている．そうした中で強く Latini と Sabini の（同一地点）共住を掲げれば，それだけで

3 Romulus と Tatius

そこに特異な空間が現出する．ローマが Latini の一部族たることから脱却することさえ可能とするかもしれない．「Romulus と Tatius」は全てこのための精巧な仕掛けである．

しかしながら，共住はもう一度切断される．Sp. Cassius は処断される．Tatius は Lavinium で殺される（Liv. I, 14, 1ff.; DH, II, 51f.; Plout. Rom., 23）．Tatius の一党に属する者が Lavinium からの使節に不法を働いた．しかも Tatius 自身代償を払うことに応じない．Tatius の組織は他の〈分節〉組織が都市中心に在る組織頂点にそれぞれアクセスする垂直の道を阻んだのである．Lavinium の神殿への自由な通行はこのアクセス経路を儀礼的に体現している．しかし Tatius にしてみれば，〈分節〉的集団が横に連なってそれぞれそのまま領域を割拠するのではなかったか．それらの間の実力衝突には（頂点の破壊でない限り）政治システムは関与しえない．まさに案の定，彼自身 Lavinium に行ったところで Lavinium の人々 Laurentes によって報復される．そしてこれにも政治システムは関与しえない．ここでは Lavinium は領域の代名詞である．Tatius は自らの論理の餌食になる．しかるに，DH のヴァージョンは少々異なる．Tatius の組織が自分の方から出向いて Laurentes に不法を働く．これの苦情のための使節が失敗に終わると次に Lavinium に向かった Tatius がそこで殺されるのである．しかも，DH, II, 52, 3 および Plout. Rom., 23, 3 の多数説によると Tatius は Romulus とともにそこへ祭祀のため赴いたのであるが，DH, *ibid.*, 4 の Licinius によれば Tatius は単独であった．Licinius は，Tatius はこの時謝罪に訪れた，とする．Tatius はあくまで échangiste としてむしろ枝分節原理を体現する．実力の応酬，個別的な賠償，等々．DH, II, 51, 2 のみがおそらく Licinius の影響下に Tatius の側の「気持ち」を代弁する．すなわち裁判無しの引渡には応じえないというのである[2]．新しい領域の負の側面を体現しているのは Tatius ではなく Laurentes の方であるということである．おそらく元来は，Sp. Cassius 失脚に対応して，無制限の領域実力組織間衝突の中で Tatius は倒れた．そのようなパラデイクマはむしろ共和初期の領域の性質を既に疑問視するものであり，反対にこの負の側面を Tatius に押しつけるヴァージョンにも疑問視の論調が認められる．まさに，支配的な原理が後に逆の方向に転換する（V. infra）中で Tatius は「無制限の領域実力組織間衝突」の側に回らさ

れたと考えられる．この時 Lavinium 自体その役割を変えていることであろう．Licinius Macer はこのすりかわりをかいくぐって原ヴァージョンを探り当てたことになる．

　この伝承には微かに，Lavinium の人々 Laurentes の祭祀・儀礼か Sabini の祭祀・儀礼[3]か，という（後述のようにディアクロニクな）対立が示唆されている．そもそも，繰り返し述べるように事実としてローマではディアレクティカを大規模な〈神話〉によって遂行する余裕がない．その帰結たる政治システム（〈分節〉保障装置）を直接儀礼によって画し，その儀礼を厳密に人々が共有するのである．étiologie において当然ディアレクティカは或る程度発達する（そうでなければ政治システムを保障する儀礼そのものが出来上がらない）が，それがどれだけ深く人々の意識の中で徹底されていくかはわからない．étiologie の内容がオープンで（つまり意味がオープンで）どちらへ発展するかわからない儀礼が，神託のように，そこに置かれるのである．そうであればこそ，儀礼自体のヴァージョンは深刻な問題を招く．儀礼はヴァージョン無感覚ないしヴァージョン超越的性質を有するが，それだけに最初にどう定めるかが全てを分けるのである．

　中で，ここまで述べてきた〈神話〉に対応する儀礼・祭祀の層，Sabini と Tatius の層[4]，は基本をなす，と共和末まで意識されている．そして Sabini 出身の二代目の王 Numa Pompilius[5]のところにまとめて exemplum が置かれるのである．

　Numa に関する伝承には分厚く後代の層が付着している．それに関しては優れた研究[6]が存在し，4世紀後半から3世紀にかけて Magna Graecia の Pythagoras 教団との接触がそうした層を築いていった，と明らかにされている．それに対応する社会構造がローマに形成されつつあったということになる．するとここでの問題は，そうした層が他ならぬ Numa に付着するのは何故か，どのような要因をそれまでの Numa 伝承が有していたのか，ということになる．

　もちろん最も固いのは儀礼に密接に結びついた部分である．そこにわれわれは一連の神官団を見出す[7]．それら神官団を創設したのが Numa である，点で伝承はヴァージョンを超えて一致する．まず最初に際立つのは，それら神官団の役割がここまでわれわれが見てきた〈神話〉と深い関係にあるということで

ある.

　第一に，Vestaのための巫女VestalesはHoratiaとTarpeiaの不可侵性（聖化された側面）に対応している．Plout., Num., 10, 1は四人のVestalesのうちの一人をTarpeiaと呼ぶ．Liv. I, 20, 3は単純にAlba起源とするが，DH, II, 65は鋭いヴァージョン対抗を伝える．つまりRomulusの創設とする説がAlba起源と連帯の関係にあり，この時Romulusの母がexemplumになるが，しかしDionysiosによれば反対説の方が有利である．何故ならばRomulusの母は後述のように結局Romulus達を懐妊するのである．RomulusはVestalesの職務たる火の維持を各curiaにつき定めたのみである，というのがDionysiosが加担するヴァージョンであり，こうしてNumaによる創設に独自の意義を留保する．

　LiviusがHoratius伝承の中に位置付けるFetialesと彼らの儀礼は，外交上の宣誓誓約ないし条約締結に関わるが，DH, II, 77およびPlout. Num., 12, 5ff.はNumaの創設した神官の中の柱の一つに数える．DionysiosはGelliusの異説「Ardea起源説」を伝え（77, 2），Ardeaは先述のLaviniumと近い関係にあるから，Liviusのヴァージョンと並んでFetialesをSabiniからLatiniに，それもSp. Cassius（Foedus Cassianum！）を排除したLatiniに，取り戻す試みである．部族同盟内の制度ではないか，というのである．

　Liv. I, 20, 4; DH, II, 70f.; Plout. Num., 13で大きな役割を占めるのが12人のSaliiであり，これはMarsのための戦士であり踊り手である[8]．DionysiosはCures起源を強調すると同時に，Hostilius王の時に対SabiniのSaliiが任命されたとも述べる．彼はII, 48でCuresの起源について論じているが，そのジェネアロジーは軍事化のためのinitiationを強く示唆する．つまりここまで見てきた「二つに割れた軍事集団の決戦」がSaliiによってそのまま再現されていると考えることができる．

　神官はここでは結局〈神話〉を再現実化するための存在である．共和革命において〈神話〉を構築しても，それは儀礼の形を通じてのみ保障されていった．したがって儀礼の重要性は繰り返すまでもないが，しかし発掘した儀礼は同時にしばしば，〈神話〉の再現実化でなく，一歩進んで端的な現実化へともたらされたことを思い返す必要がある．imperiumの獲得は本当の殺し合いではないが，しかし毎年の祭礼における単なる芝居でもない．真剣勝負なのである．

そのimperiumの保持者が実現する軍事化と遂行する戦いは一層そうである．にもかかわらず，〈神話〉化と儀礼を一旦くぐっているのでなければ，制度自体が出て来ない．伝承はNumaに，この次元を確保して際限の無い軍事化を阻止するための障壁を作る役割[9]を与えたのである．Romulusの方向を修正しようとするNumaの姿を盛んに伝えるのはこのためである[10]．この点を，Liviusのみが伝えるFlamenという神官の微妙な性質がよく物語る．DH. が一言触れるだけでPlout. が全く無視するこのFlamenは，戦いへと傾きがちになったことに抗して「王の職務のうち神々に関することが見捨てられないように」（ne sacra regiae vicis desererentur）定められた．特にFlamen DialisはIuppiterに仕え，王の分身であり，Numaは兼務し，玉座を司った．王やがてimperium保持者が儀礼の再現実化を体現するとすれば，〈神話〉の再現実化すなわち儀礼にとどまる分身が必要なのである．

　もっとも，その次元にぴたりと貼り付いていてくれなければ危険である．彼自身が現実化して権力を持てばひどいことになってしまう[11]．悲劇の如くに政治に抗して儀礼の次元を決して離れないという動機が現れることになる．Gell. X, 15が伝えるFlamen Dialisに課される長大な禁忌のリスト[12]は，このことを雄弁に物語っている．これはまさにあのPythagoras教団の馬鹿げた禁忌を思い起こさせる．どこまで行っても儀礼の次元という水平的同一性は，皆で禁忌を保ち誰も逸脱しないという連帯に置き換えうる．もちろん自動的に置き換わるわけではないが，政治システムの保障理念とそれは整合的でありうる．Numaは（既存の？）Flamen Dialisを自分で占め，MarsとQuirinusのためのそれを創設した，とLiviusは微妙な書き方をする．他にも多くのFlamenが知られ，他方禁忌はFlamen Dialis一人のためのものに最後はなってしまうが，Flamen団にこそGelliusがFabius PictorとVarroの権威において伝える禁忌は相応しいであろう．DH. とPlout. が揃って伝えるSaliiに関するétiologie, すなわち天から盾が降ってきて，神々が遣わしたものに違いないということになるが，これを盗まれないようにVeturius Mamuriusという者に精巧な複製を作らせ合わせて12個とした，という話も同様のことを指示する．OdysseiaにおけるKyklopsのパラデイクマとの親近性は余りにも明白である．完全に水平的な同一性である．

実際, これを領域に実現してしまえばどうか[13]. 領域の組織の積極的再建の方向は Sp. Cassius と Tatius のそれに関する限り Horatia/Tarpeia 切断を差し向けられて切り捨てられた. 少しニュアンスの違う Numa のそれならばどうか. curia の祭祀をも創始したとされる (DH, II, 64) し, curia ならばそのまま領域に立てる. それは phratria ではないか. 否, Sp. Cassius 自身 (論告とは違って) この方向を目指したのかもしれない. しかしともかくこれを領域の上に展開する選択肢は隠れ, 秘かに温存されて次の時代を待つことになる. その時代になると, Numa は晴れて Pythagoras の弟子となり, 領域の奥深くで如何なるジェネアロジーにも依存せず, nymphe の Egeria と親しく交わる.

〔3・4・1〕 Sabini 問題につき (Niebuhr 以降の) 学説整理として J. Poucet, Les Sabins aux origines de Rome. Orientation et problèmes, *ANRW, I, 1,* 1972, p. 48sqq. が有用である. 一方で民族単位の歴史解釈の柱となり, 他方で3世紀以降の Sabini 組み込みの投影にすぎないとされ, Critique の絶好の機会であった. Poucet 自身は, Tatius 伝承という核と "processus de sabinisation croissante" から成ると考える (p. 95). つまり周辺の人々の組み込みが Sabini という表徴を得て, これ (Claudii や Herdonius など) が多くの要素を組み込んで肥大していく, というのである.

〔3・4・2〕 領域組織のリンチを警戒するヴァージョンは明らかに plebs の視点からの「裁判無くして刑罰無し」解釈を含む (cf. infra). Lavinium がその plebs 独自のリンチ裁判権を体現する可能性はゼロであるから, そのようなものの存在を推定する学説はこの点でも不可解である (cf. II-1-3-5).

〔3・4・3〕 P. Pouthier, *Ops et la conception divine de l'abondance dans la religion romaine jusqu'à la mort d'Auguste,* Rome, 1981, p. 31sqq. は「Tatius がもたらした」祭祀につき, 都市でない方, 後背地の側, と理解し, Ops につきこれを forum 内の topographie によって例解する.

〔3・4・4〕 Martin, *Royauté I,* p. 116sqq. は「Tatius の祭祀」の多さを Numa の祭祀のダブレットたるに帰せしめる. しかしダブレットは故なしには生じない. また, Romulus-Tatius, Romulus-Numa, Numa-Numa Marcius がいずれも rex-pontifex の二元性として重なるからでもない. Tatius は部族観念複合体呼び出しの鍵であり, 文字通りの再現が領域の横断的組織実現に至ることが挫折した後, 亡霊とならざるをえないが, しかし Numa に何ほどかが継承され, Numa はずっと後に形を変えた領域横断組織によって理想化されえたのである. もちろん, 「Numa の体制」は後述の Fabii のものであり, Sp. Cassius 切除のコロラリーである. しかし同時に「領域への直接性」を可能な限り政治的な性質のものにしよう, 文字通りのものにすまい, という傾向を有し, (次項 I-4 で扱う) Romulus (の) 批判を内在させているのである.

〔3・4・5〕 次項 I-4 で見るように, Romulus の死の一ヴァージョンは senatores の役割を強調する. そして Numa への承継手続は curia を基盤として senatus 主導の interregnum によって行われる, というのが主力のヴァージョンである. Romulus のところでなく, 実はここに senatus や patres, auctoritas といった概念の étiologie が置かれるのである (cf. Martin, *Royauté I,* p. 45sqq.; Mannino, *L'"auctoritas patrum",* Milano, 1979, p. 19ss.).

〔3・4・6〕 E. Gabba, The collegia of Numa: problems of method and political ideas, in: Id., *Roma arcaica*(=*JRS,* 74, 1984), p. 219ss.

〔3・4・7〕 神官団，sacerdotes の collegium の発達はローマの特徴である．De Martino, *StCost I*, p. 134ss. のように王権を制約する貴族ないし gentes の側の力を示すとするのが通念であるが，伝承は Numa を使ってその意義を正確に特定している．

〔3・4・8〕 われわれは後述のように少なくとも共和初 Fabii 覇権時に「Numa の体制」は固まったと考えるが，その「神話」部分は「脱神話派」の側から「Ennius 以降」に帰せしめられ，以てこれこそギリシャ的でない普通の「神話」である，とされる（J. N. Bremmer, Three Roman aetiological myths, in : Graf, hrsg., *Mythos in mythenloser Gesellschaft*, S. 160ff.）．確かに（直ぐ後に述べるように）天から降って来た盾の十二の複製というヴァージョンは儀礼の再現機能と demiourgos が結び付いていて少々新しい層に属す．しかしそれ以前の層が無く，これこそがローマ神話の，否，神話そのものの，本質である，というのはこのヴァージョンの解釈としても誤りである．対抗と屈折体を無視するから．

〔3・4・9〕 あらゆる儀礼がそのような障壁たりうるが，一つ重要なものに暦が有る．既に触れたように暦は Numa に帰せしめられる．暦はその日にアジェンダに書かれたことをそのままするというパラデイクマ再現に関わるが，その刻みは同時に枝分節の刻みでもある．空白ないし intercalatio は無分節ないし軍事化に資する．反対に暦が必ず一周して通常に復すならば少なくともその軍事化を必ず終了させる．社会の中の，軍事化した部分とそうでない部分の間の分節を一年保てたとしても，その分節自体一年経つと解消する．なお，lex curiata を除く軍事化と儀礼の関係についてはローマでは事細かに規律されるために膨大な文献が存在するが，儀礼をそのまま受け取りそこからディアレクティカによって重要な機能を意識的に引き出す彼らの営みに触れるものは少ない．むしろ近年の研究の方が退化する傾向を見せる（例えば，J. Rüpke, *Domi militiae. Die religiöse Konstruktion des Krieges in Rom*, Stuttgart, 1990, S. 22ff.）．

〔3・4・10〕 De Francisci, *Primordia*, p. 514ss. は imperium の前提に auspicium が置かれることを，魔術的な力を持った ductor が神々の力に繋ぎとめられて制度化安定化した姿たる rex inauguratus へ移行することと関連付け，主として Numa の像に後者を見る．背景には Palatium が Collis を吸収し（p. 561ss.）rex が機能分化して magistratus が必要とされる変化が概念される（p. 597ss.）．

〔3・4・11〕 pontifex maximus の創設（Liv., I, 20, 5f.; DH., II, 73; Plout., Num., 9）は，二つの次元を区分する，つまり現実化を再現実化＝儀礼によってコントロールする，ことを専門とする神官職を作るに他ならない．

〔3・4・12〕 cf. J. H. Vangaard, *The Flamen. A Study in the History and Sociology of Roman Religion*, Copenhagen, 1988, p. 88ff.

〔3・4・13〕 Plout. Num., 17 のみは少なくとも都市中心の同業者団体 collegium への拡張を Numa に帰す．

4 Romulus と Remus

4・0

　既に示唆した通り，例えば，「Sabinae 強奪」は部族形成神話の人工的な一ヴァージョンである．（およそありえない類の）集団と集団の cognatique な結合を造形し，しかも強奪という非交換の要素を極大化して見せたのである．Danaides のパラデイクマと同型である．他方，ヴァージョン対抗のディアクロニクに貫通する基軸は固定されており，これが儀礼を支える．そしてその儀礼が敢えて現実化される．例えば，imperium・軍事化手続と政治的関係が導かれる．他方，よく構造化されたヴァージョン対抗が étiologie のレヴェルで発達しており，単純な原理に退行することを排除している．この場合 Sabinae は両立と和解をも担っている．

　以上の如きパラデイクマとそのヴァージョン対抗は何らか中心的な役割を共和革命直後のローマ社会で果たしたと思われる．他方，そこから醸成される政治的関係のアナロジーで領域の上の横断的結合関係を形成することは，同じだけの中心性を持ちえず，まして制度的な領域組織，とりわけ種類物再分配関係の規律，においては，こうした屈折体は，たとえ根強い抵抗を示したとしても，決して優勢ではなかったと思われる．というのも，Sabinae と結合したその"Romani" の男達自体一体どこから現れたのか，という（ギリシャで領域編成に関わった）第二段の étiologie になると，ヴァージョン対抗の色調は大きく変化するからである．この部分が大きく発達したことは確かであり，またこのこと自体重要な徴表である．つまり，最も標準的な「Romulus 伝承」「ローマ建国」伝承である．この部分はしかし，案の定，直ちに儀礼化される（つまり

直接的な étiologie たる）度合いが相対的に少ない．他方，ならば大いに本格的な〈神話〉かというと必ずしもそうでもない．中心的な exemplum との syntagmatique な関係を保つ．すると，以下のように考える以外にない．つまり，言うならば，政治＝都市中心の平面に上がる前の領域の日常的な隊形に関わる，と．Sabinae を強奪し，Sabini と戦う，和解し並存する，その以前に人々はどうであったか．領域から都市中心にやって来て軍事編成に服するか投票するか，その領域で人々はどうか．実際いわゆる「ローマ建国伝承」は，都市中心の政治的関係を基礎付けるよりも遥かに，そこから伸びる人的組織が領域とどのような関係を持つか，に関わる．この面で激烈なヴァージョン対抗関係を示すのである．

4・1

既に示唆した通り，"Sabini" に呼応するのは "Latini" であるはずで，伝承の "Romani" はそれだけで微かな緊張感をもたらす．ローマは "Latini" を「優越クラン」とするテリトリー上に在る，"Latini" という部族連合体のテリトリーに属する，はずである．部族組織の諸原理が発掘・加工されるときに蘇生・浮上するのは Latini となるはずであった．「Sabinae 強奪」伝承が形成されるとき，Latini/Sabini の脈絡にこれを置くことが一番自然なことであったろう．その Latini の若者達とは，X，たとえば Latinus，の娘のところへやって来た A がその娘と三兄弟 X1, X2, X3 をもうけた，その子孫であった，というように．しかし伝承はまさにこの周辺で鋭い屈折を示す．

DH, I, 73, 2[1] はわれわれの期待に最も接近するように見える（ed. Fromentin）．Troia から Aeneas が Aborigines の王 Latinus のところへやって来る．Aeneas の息子達に Latinus は王権の一部を分割して継がせる（$\delta\iota\alpha\delta\dot{o}\chi o \upsilon \varsigma \ \mu\acute{\epsilon}\rho o \upsilon \varsigma \ \tau\iota\nu\grave{o}\varsigma \ \tau\tilde{\eta}\varsigma \ \dot{\epsilon}\alpha\upsilon\tau o\tilde{\upsilon} \ \dot{\alpha}\rho\chi\tilde{\eta}\varsigma$）．しかしこのヴァージョンは奇妙な歪みも見せる．息子達と Latinus との間のジェネアロジクな関係は否定され，土地の者達とやって来た者達の間の信義の保障のため「人質とされた」（$\dot{o}\mu\eta\rho\epsilon\acute{\upsilon}\sigma\alpha\nu\tau o\varsigma$）というのである．DH, I, 72, 5 は Agathokles の事績を書いたと言われる Kallias のヴァージョン[2]を伝えるが，それによると，Aborigines の王 Latinus は Troia から来た人々の中の一人の女と結婚し，その三人の息子が「Romylos と Romos と Telegonos」であった．つまり一方は cognatique な結合を否定して男子をいきなり挿入し，他方は男ではなく女がやって来るという構成を採る．前者につき Dionysios はローマ側のヴァージョンであることを明記しており，他方後者はヘレニズム期のギリシャ世界で書かれたヴァージョンである．

これらのヴァージョンのこの歪みが自明でないことには，Dionysios は Kallias のヴァージョンに続いて Xenagoras のヴァージョン[3]を記し，それによると Odysseus がやって来て Kirke との間に Romos, Anteias, Ardeias の三兄弟をもうけた．これらはローマ，Antium, Ardea に対応すると考えられ，とにかく部族形成神話の通常のパターンに従っている．もっとも，今度は Odysseus の nostos 伝承の一派生型となってしまっており，Kirke が誰の娘かわからない．とはいえ，このヴァージョンこそが相対的に最も古い起源を有する．というのも，Hesiodos の *Theogonia* に6世紀になってから付加されたと見られる部分（1013）に，Odysseus と Kirke の息子として Agrios と Latinos という名が見える．イタリア半島の諸部族でどのような部族形成神話が形成されていたのか，それ自体多様かつ大いに発達したものであったに違いない．しかしこの地帯にギリシャからの植民都市が建設される8世紀末以降，その後背地で大きな地殻変動が生じ，部族形成神話が大きな歪みを受ける．ギリシャ植民都市はなおかつこれを再解釈・再編することを伴って領域形成ないし後背地編成を行ったと考えられる．一方で nostoi 伝承，とりわけ Odysseus 伝承，に仮託されて AX の A が Achaioi に転換される．他方で A として Herakles が好んで取り上げられる．Homeros においてネガティヴな形象であった Herakles，破壊的なポトラッチと逆客殺しを特徴とする Herakles，は réciprocité に付け込んで枝分節を破壊し領域を形成するという Odysseus 的課題に大いに寄与する[4]．かつそれは後に部族組織を再形成させないタイプである．その限りで，後背地首長連合体とも利益を共有しうるのである[5]．これに対して Odysseus は明らかに（あれだけ元来 Hesiodos と対抗するものでありながら）ここでは部族再形成に加担する．つまり，「三人の息子」が生まれるか，「一人」かは大きな違いで，なおかつ両者は複雑に駆け引きし，具体的な部族単位と首長連合体との間でパラデイクマは大いに屈折するはずである．

もっとも，「Odysseus と Kirke」は一層進んだヴァージョンを示す．Kirke

はほとんど nymphe であり，王の娘ではない．われわれはむしろ Peleus と Thetis の結合に送られる．Peleus と Thetis の如き結合は，古くは極端な無分節体の動機を表した（Myrmidones は後背地補助軍事力の極端なカリカチャーで，体制内に決定的なアンバランスをもたらす）にもかかわらず，6世紀には変質し大流行となり，領域・周辺からのデモクラシーを目指しての上昇を媒介した，ことを既に見た．他方，この地帯の一角，Etruria でも6世紀に Peleus と Thetis は愛されたテーマである．そしてまた，ジェネアロジクなアンバランスというパラデイクマを発生させつつデモクラシーへの変化が Cumae において強く刻まれていることもわれわれは見た．その Cumae のギリシャ植民都市から見て後背地に在る Latium 一帯が初め，首長層を組織化して軍事的な補助力を供給させる相手方と見られたことは十分に考えられる[6]．そしてやがて，少なくとも Latium よりは Cumae に近い地帯，Campania 等，において，同型のジェネアロジーが「Peleus の結婚」という意義を獲得する転換が生じたはずである．問題は，そうした意識の存する地帯と連続的に広がるテリトリーに在って，同様の意識の変動を経験する層が有ったかどうかである．

DH, I, 72 は Hellanikos のヴァージョン[7]を引く．Hellanikos[8]は5世紀後半 Attika の "Atthidographer" の一人である[9]が，「Argos の女神官団とその各代ごとに起こったこと」（$\tau\grave{\alpha}\varsigma\ \iota\varepsilon\rho\varepsilon\acute{\iota}\alpha\varsigma\ \tau\grave{\alpha}\varsigma\ \acute{\varepsilon}\nu\ \H{A}\rho\gamma\varepsilon\iota\ \varkappa\alpha\grave{\iota}\ \tau\grave{\alpha}\ \varkappa\alpha\theta'\ \acute{\varepsilon}\varkappa\acute{\alpha}\sigma\tau\eta\nu\ \pi\rho\alpha\chi\theta\acute{\varepsilon}\nu\tau\alpha$）を書いた．その中の記述によると，Molossia から Aineias が Odysseus「の後に」（$\mu\varepsilon\tau'\ '\!Ο\delta\upsilon\sigma\sigma\acute{\varepsilon}\alpha$）やって来たが，Rome という Troia の女が他の女達をかきたてて（$\tau\alpha\hat{\iota}\varsigma\ \H{\alpha}\lambda\lambda\alpha\iota\varsigma\ T\rho\omega\acute{\alpha}\sigma\iota\ \pi\alpha\rho\alpha\varkappa\varepsilon\lambda\varepsilon\upsilon\sigma\alpha\mu\acute{\varepsilon}\nu\eta\nu$）共に船に火を放ち，航海を続けられなくし，人々はやむをえず定住した，というのである．"$\mu\varepsilon\tau'\ '\!Ο\delta\upsilon\sigma\sigma\acute{\varepsilon}\alpha$" は写本が分かれ，"$\mu\varepsilon\tau'\ '\!Ο\delta\upsilon\sigma\sigma\acute{\varepsilon}\omega\varsigma$"「Odysseus と一緒に」も有力であるが，Odysseus と Aineias はディアクロニクに対抗的であるということが表現に影を落としている，と解しうる．いずれにせよ「Troia の女達」が Achaioi に取って代わって主役に躍り出たのである[10]．しかもそのままその直系にローマが位置付けられ，父は誰でもよく，ならば奴隷か神である方が相応しい．そのように考えると，「Argos 女神官団」は強い響きを得る．われわれは Argos における決定的な社会構造の変化を gynécocratie が媒介するのを見た．女達だけが残ったポリスを，その女達が，そして奴隷との間にもう

けた息子達が，支えるのである．Rome のように「鼓舞する女詩人」Telesilla の存在もあった[11]．また，Argos の Hera 神殿が重要な役割を演じていた．そもそも女が単独でジェネアロジーを開始するということ，これは Peleus を一歩進めて Danae と Perseus の母子を思い描かせる．領域の単位，〈二重分節〉単位，を間違っても侵害させない，という意識である．Kirke という亡霊のようで血肉の欠ける存在から，Rome という機転と判断力に優れた成熟した女へ，という変化は看過しえない厚みを持つ．Argos から発した電波が Cumae の北方で反射して発信源でキャッチされたのである．Troades「Troia の女達」は一層遠心的な動機を強調する．政治システム外の要素が領域に独自の自由な組織を持つ，というメッセージさえ読みとれる．つまり Cumae などと無関係に．

Dionysios はすぐに続けて Aristoteles のヴァージョン[12]を引き，こちらの方では，"Opikoi" の地たる "Latinion" で Troia の捕虜たる女達が船に火を放った，と言われる．嵐に流され「長く海を彷徨った」($\pi o \lambda \lambda \alpha \chi \tilde{\eta} \ \tau o \tilde{v} \ \pi \epsilon \lambda \acute{\alpha} \gamma o v \varsigma$)，ようやく「陸を見て」($\tau \grave{\eta} v \ \gamma \tilde{\eta} v \ \imath \delta \acute{o} v \tau \alpha \varsigma$)喜んだ，等，海と陸の対比が叙述を貫く．Hellanikos のヴァージョンにもあった「海に飽きる」という要素を，ここでは Troia の女達ばかりか，皆が共有するようである．しかしそれを優先し船を焼くのはやはり彼女達である．ここでは彼女達は捕虜であり，連れた Achaioi が帰国後彼女達を奴隷とするのを嫌った，とテクストは述べるが，むしろ，Troades に Aineias が加わって高い正統性を得たヴァージョンを危険視して再度引きずり落とそうとするものである．

われわれはこうして Kallias のヴァージョンが含んだ（女性アクターがいきなり横付けされるという）奇妙な要素の出自を確かめえた．しかも，Kallias のヴァージョンとは異なって，原型に近い Hellanikos のヴァージョンは，後代に標準（canonique）となるヴァージョンとは余りにも異なる[13]．なおかつそれは共和革命からしばらくして採集されたものである．

Plout. Rom. 1 は，「ローマの起源」に関する伝承を大きく二つに分け，Pelasgoi がやって来たとするか，Troes がやって来たとするか，であると述べる．そして後者のうち Hellanikos のヴァージョンを真っ先に挙げる．ここには Aineias の名はやはり無く，他方女達は（捕虜としてではなく）夫達と居る．

Plout. ibid., 2, 1 は Rome の他ヴァージョンを列挙していく．Italos と Leukaria の娘である，というヴァージョンは，ギリシャからと思われる Leukaria に cognatique な結合を持たせる．しかもその娘が Rome であるにすぎない．Leukaria の存在が希薄な分だけ Peleus に戻ったのであるが，独立より subalternité が際立つことになる．別のヴァージョンでは，Herakles が先行し，その系譜の娘が Rome で，これに Aineias またはその息子が結び付く．ここでは Rome は全く対称的な役割に転換させられている．単なる AX の X の娘に近く，後に見る標準ヴァージョンに乗っ取られたのである．そしてそれは部族形成神話の原型に戻るかの外観を有する．

しかし他方，Plout., ibid. は，Diomedes が Emathion を送り込み，その息子が Romos であった，というヴァージョンを伝える．ibid., 2, 2 は，Aineias が Phorbos の娘 Dexitheia との間にもうけたのが Romulus と Remus の兄弟であった，というヴァージョンを記す．イタリア半島に来る前に生まれていた，というのである．この Dexitheia に娘たる Rome を帰すが，しかしこれを Latinos と cognatique に結びつけ，しかしまた Latinos を Telemachos の息子とする，という手の込んだヴァージョンも存在する（ibid., 3）．つまりジェネアロジクに完結的な起源がギリシャから得られるかどうか，は一つの争点であり，Rome は完結性の方に適合的であったが，しかし Romulus の側も完結性の点で逆襲し，他方 Rome も cognatique な結合の側から侵食されるのである．そのときにはむしろ，Herakles の存在が示すように，首長制のニュアンスが強く出る．デモクラシーやこれに仮託した独立の横断的結合（Troades）は虚妄であるというのである．

Ploutarchos が対置する Pelasgoi ヴァージョンはどうであろうか．Pelasgos を Aischylos の筆に助けられて見たわれわれは，これもまた何らか領域とデモクラシーに関わると見ざるをえない．ただしいずれにせよ Ploutarchos はその実例を明かさない．

〔4・1・1〕 DH, I, 72, 1 は Romulus 伝承導入にあたって多くのヴァージョン対立が有ることを断り，それを紹介する中で以下に見るように Aeneas 伝承に一部触れざるをえない．他方これより前に Aeneas 伝承はその位置で別途扱っている．Dionysios 自身によるこの識別をわれわれは重視する（別のジャンル，別のソース，そして別のディアクロニクな層，を見ているのではないか）．したがって Latini の起源に必ず Aeneas を置くとは決まっていないというアプローチを採る．Latini の起源を Aeneas が独占するのは別の過程による．かくして，発達し分化した Aeneas 伝承は II で分析される．

[4・1・2] FGH Nr. 564 F5 Jacoby. vgl. F. Jacoby, *Die Fragmente der griechischen Historiker, IIIb, Kommentar,* Berlin, 1955, S. 525f. 一貫して Aeneas 正統ヴァージョン成立を遅く見ようとする J. Perret, *Les origines de la légende troyenne de Rome,* Paris, 1942, p. 402sqq. はこのヴァージョンをさえ Aeneas 伝承群に入れない. これは Aeneas 伝承の伝承批判の基礎を確立した作品であり, 正統ヴァージョンを投影して全てを解する傾向の一掃に貢献した. こうした Critique により, Aeneas の公式ヴァージョンとは全く異なることはもちろん Aeneas すら登場させない多くの隣接ヴァージョンを独自に分析する視角が得られる. ただし, Perret は公式ヴァージョンの遅い成立のみを論証し, それに至らないヴァージョンをギリシャ的恣意的理解の産物として流し去る. われわれはこの点では遥かに複雑な経過を想定する.

[4・1・3] FGH Nr. 240 F29 Jacoby. cf. E. Gabba, Sulla valorizzazione politica della leggenda delle origini troiane di Roma (III-II secolo a. C.), in : Id., *Aspetti culturali,* p. 106.

[4・1・4] "culture-hero" モデル (cf. G. S. Kirk, *The Nature of Greek Myths,* London, 1974, p. 197ff.) がギリシャ植民都市域における Herakles 伝承によく当てはまると見られ, colonisation ないし文明化, 在来人制圧, といった脈絡で解されてきた. しかし J. de la Genière, Essai sur les véhicules de la légende d'Héraclès en Occident, dans : AA. VV. *Le myhte grec dans l'Italie antique. Fonction et image,* Roma, 1999, p. 13 が鋭く指摘するように, Ionia では Herakles 伝承が十分には分布しないことを説明できない. 個々のヴァージョンに即した分析が要求される. この点, G. Capdeville, Héraclès et ses hôtes, *ibid.,* p. 29sqq. がこの場合有意味なヴァージョン群を的確に切り出す. これまでの学説に制約されながらも Eryx ないし Sicilia の Herakles に対して Kroton と Lokroi のヴァージョンが持つ特殊性を指摘する.

[4・1・5] そもそも Herakles 伝承はギリシャ都市とは独自に発達していた可能性が有る. 例えば A.-M. Adam, Monstres et divinités tricéphales dans l'Italie primitive. A propos de deux figurines de bronze étrusques, *MEFRA,* 97, 1985, p. 577sqq. は, 主として Etruria に広く分布する三頭の怪物のブロンズ像を「Herakles と Geryon」に準拠して解釈し, Propert. IV, 9, 10 から Cacus も三頭でありえたことを援用する. Praeneste の Erulus (Verg. Aen. VIII, 561f.) も三つの魂に三つの体と三つの生命を有し三度死ぬ, として, 切っても切っても再生する土着の力を象徴すると解す. しかし, 「3」という数字が示唆するのは明らかに部族組織であり, その重畳を首長制原理が切断しようとするのである. これに対し, de la Genière, *op. cit.,* p. 14 が指摘する Metapontion 後背地に見られる Herakles は強いコンタクトの中で首長制が組み込まれている姿である.

[4・1・6] Cumae における Herakles につき, cf. N. Valenza Mele, Eracle Euboico a Cuma, dans : AA. VV., *Recherches sur les cultes grecs et l'occident,* I, Napoli, 1979, p. 19sqq.

[4・1・7] cf. Perret, *Légende troyenne,* p. 371sqq. Perret はこの断片を Hellanikos に帰せしめること自体を否定する. 「Aeneas がまだこの段階では Italia に到達しているはずがない」からであるが, 公式ヴァージョンの未形成と Aeneas 伝承の浸透自体とは別個の問題である. Gabba, Valorizzazione, p. 105s. は, *Odyssea* に収集されて以来 3 世紀の Livius Andronicus による *Odysseia* 翻案に至るまでの長い親ギリシャ・ヴァージョンの代表例とする. 彼は Aeneas 否定ヴァージョンないし Aeneas 誹謗ヴァージョンを抵抗の型として 2 世紀に位置付けるときのコントラストのためこのように見る. Aeneas と socii は鋭く対立する場面を持つから, 大変に興味深い指摘であるが, 3 世紀以前に対しても stratigraphique な視角が必要である. そのとき Hellanikos によるヴァージョン化の具体的様相こそ重要な意味を帯びる.

[4・1・8] FGH Nr. 4, F85 Jacoby. vgl. Jacoby, *Die Fragmente der griechischen Historiker, Ia, Kommentar,* Berlin, 1957, S. 457f.

〔4・1・9〕　cf. F. Jacoby, *The Local Chronicles of Ancient Athens,* Oxford, 1949, p. 58.
〔4・1・10〕　同じ DH は I, 48, 1 においてその直前の「Aineias の Troia 脱出」のソースが Hellanikos の "Troika" であることを明かしている（FGH 4F 31 Jacoby）．Perret, *Légende troyenne,* p. 13sqq. はこのヴァージョンが Aineias を Thrakia の Aineia 以遠に行かせるものであったことを否定し，I, 72 の Hellanikos 断片との矛盾を指摘して後者の信憑性否定の論拠とする．しかし Hellanikos はいわゆる mythographos であり，伝承のヴァージョンにコミットするのでなく，これを客観的に収集しているのである．だからこそ DH は両箇所で作品名を明記している．ただし確かに，I, 72 のヴァージョンは Aeneas 伝承の一ヴァージョンというよりは遥かに Troades 伝承の一ヴァージョンである．この点，C. Ampolo, Enea ed Ulisse nel Lazio da Ellanico (FGH4F84) a Festo (432L), *PP,* 47, 1992, p. 321ss. の精力的な信憑性弁護は nostoi/定着伝承一般としての弁護に終始し，そういう伝承一般が有りうる以上これも信頼できるというトートロジーに陥っている．意外な内容だが別の理由で確かに有りうるというのでなければ史料批判にならない．
〔4・1・11〕　DEM, p. 690f.
〔4・1・12〕　cf. Perret, *Légende troyenne,* p. 395sqq.
〔4・1・13〕　この亀裂こそわれわれにとって最も重要な手がかりである．論考の全体がその上に築かれているとさえ言える．cf. A. Momigliano, Come riconciliare greci e troiani (or., 1982), in : Id., *Roma arcaica*(＝*Settimo contributo*), p. 328.

4・2

さて既に触れ始めたように，Ploutarchos は 2, 2ff. で Rome（女）でなく Romulus（男）を始祖とするヴァージョンを並べ始める[1]．その果てに Diokles-Fabius Pictor 説，すなわち標準的な (canonique) ヴァージョン，を置いてこれを詳述するのであるが (3ff.)，こちらの側は一体どこで対抗していくであろうか．

Dionysios はギリシャ側ヴァージョンを列挙した後，ローマ側ヴァージョンに移ると述べ，しかも性質の違いに触れる (I, 73, 1)．ここでは「聖なる板に保存された同一の古いヴァージョンに基づいて各人が何かを書いた」(ἐκ παλαιῶν λόγων ἐν ἱεραῖς δέλτοις σωζομένων ἕκαστός τι παραλαβὼν ἀνέγραψεν) というのである．既に述べた例の問題がここに存するにすぎないが，しかし Dionysios はこの差違を別の重要な差違に結びつける．しばらく幾つかのヴァージョンを並べた後，そのようにして建設されたローマはしかし一端放棄され，後の世代に再建されたのである，と．再建は植民 apoikia と捉えられ，ここでは Alba からとされる．「聖なる板」の信憑性はともかく，少なくとも，ここでは，二段階で事が進む，という大きな軸に諸ヴァージョンが統

合されているのである[2]．Dionysios は二段階を隔てる世代数の計算，そして第二段の絶対年代に関する諸説へと，話を進める．第一段ではこれまで見たヴァージョンとの間の〈神話〉レヴェルにおける対抗が見られる．Romulus と Remus が Aineias の息子か，いや Aineias の娘の息子か，否，Latinus の人質か，否，Aineias の息子 Ascanius-Romulus-Remus 三兄弟のうち Ascanius が Alba その他を，(Romulus でなく！) Remus が Capua と Anchisa と Aeneia と Rome を，建設したか．agnatique に整理された部族形成神話の形態を巡って盛んにやりとりが行われる[3]．しかしこれらは既に Aeneas を共有する．Aeneas が地位を確立した後に発生したヴァージョン対抗である．すると，一旦 Troades がヘゲモニーを握る段階が有ったと想定しうる限りにおいて，これらは Odysseus 等に Aineias が単純に取って替わって出来たのではなく，Troades を切り返す形で生まれたのであろう[4]．Aeneas ヴァージョン以外に明確な二段階ヴァージョンが伝えられていないから，二段階ヴァージョン成立時を Aeneas ヴァージョン成立時に重ねることも可能であるが，しかしその時にはまだ第一段は Aeneas という名以上の定かな内容を持たなかったであろう．二段階ヴァージョンは Troades 等のヴァージョンが激しく戦わされたその場を回避し，その全体を大きく後景に追いやる，点に力を注いだのではないか[5]．第一段が独自の発展を示すのは次の時期においてである（第 II 章）．

　ならばローマ公式ヴァージョン群は第二段をどのように構成したか．Ploutarchos は，Rome から Romulus に移った叙述を，或る一つの要素が加わる方向に締めくくろうとする．すなわち，2, 3 (ed. Flacelière et al.) は，ふいに Rome をまた登場させたかと思うと，「或る者達は，Aineias と Lavinia の娘 Aemulia が Ares との間で Romulus をもうけたとする」(οἱ δ' Αἰμυλίαν τὴν Αἰνείου καὶ Λαβινίας Ἄρει συγγενομένην) と述べる．次の Promathion の長いヴァージョンは同型であり，そして Fabius Pictor のヴァージョンも同様である．つまり Ares＝Mars が父として登場する．Aemulia のヴァージョンはこの要素が Aeneas の側に逆流したケースで後の時期のものであるとして，Promathion のヴァージョンも雑多な要素を吸収し質の悪い文芸化の痕跡をとどめる[6]が，その圧倒的な強調点は，得体の知れない神が娘と結ばれるという要素である．もっとも，王がこれを望み，娘がこれを拒否して女従僕と結ばせ

ようとする，というように逆転し，女従僕の方に息子が生まれこれが遺棄される．父の上昇欲と娘のプライド，しかし結局 clientes の側が上昇回路に乗る．Rome が Latinus と共に相対的に独立の単位を築き護ろうとするのに対し，Mars の側はいつでも壁を越えて浸透して来る．

もちろん Mars の登場というパラデイクマの内容自体が意味を決定するのではない．Troades のあの「女の連帯」には遠いとしても，Danae と Perseus, Herakles, Theseus, Dioskouroi, 等々，デモクラシーを推進したあのジェネアロジーと同型ではないか．しかしながらわれわれは，たとえば Herakles のジェネアロジーがディアクロニクおよびサンクロニクに実に多くの関係を媒介しうるということを知っている[7]．問題はどのような対抗関係に立つかということである．そのときにまず，Troades のヴァージョンばかりか，Rome 単独ヴァージョンに対抗すること，これが重要な意味を持つ．次に，対抗は Mars の子でなくその子の母親がどうかということに関わる．Perseus には母 Danae が寄り添い，Herakles にさえ Alkmene のプレゼンスが見え隠れする．Herakles の妻こそは中心的な問題である．Theseus には母と母方の祖父がいる．しかし Romulus の母はどうか．また Dioskouroi は Pindaros において交互に天と地を行き来し分かち合う．Romulus と Remus はどうか．大きな磁場において，遠方の〈二重分節〉を極とする圏内に在る．この点で Troades と同じかもしれない．しかし，同じ〈二重分節〉の磁場の周縁で，磁場の違う利用の仕方がここに有るのであり，政治システムからの独立を〈二重分節〉が秘かに含意する，その「独立」が別の方角に強調され，磁場からさえ「独立」しようとし，他方自分達相互において，そして自分達の足下に対しては，むしろ無際限の力を獲得するのに使われた，のかもしれない．Euripides のあの問題，〈二重分節〉単位内の小さな単位の保護が〈二重分節〉を保障するという問題，など凡そ知られることなく．

canonique なヴァージョン[8]は既に述べたように大きく世代をずらして「第二の起源」を構えるが，canonique な枠を維持する分，内部に激しいヴァージョン対抗を持つ．その主要な争点の一つがまさに Romulus の母である．Livius の採るヴァージョン（I, 3, 11ff.）は，Amulius が兄弟たる Numitor を王位から引きずり降ろすと同時に Numitor の娘 Rea Silvia を Vestalis と化し，cognatique な結合の可能性，つまりジェネアロジーそのもの，を永遠に奪った（"perpetua virginitate spem partus adimit"），とする．しかし彼女は結局双子を出産する．これにつき，二つのヴァージョンを Livius は話の中に織り込み，暴力によったのではあるが（vi compressa），「本当にそう思ったか，神が咎の主である方が栄誉あることであるからか」（seu ita rata seu quia deus auctor culpae honestior erat），彼女は Mars の子であると言い立てた，とする．Livius はこうして Rea Silvia を重要なヴァージョン分岐点に置き，しかも分岐は，障壁を破って介入する，その仕方や意味に関わるが，護られるべき単位自体には無頓着であり，Rea Silvia がその後どうなったかにつき触れようとしない．

　他方，Fabius Pictor のヴァージョンを伝えているはずの Dionysios は，Rhea Silvia でなく Ilia という名を記し，しかし Rhea Silvia を異説として並記する（I, 76, 3）．そもそもこちらのヴァージョンでは，Aemulius は狩の機会を捉えて Numitor の息子 Aigestos を殺さねばならない（*ibid.*, 2）．さらに（77, 1ff.），Ilia が Mars のための森で身ごもったことを確定した後，Dionysios はヴァージョン並記に入り，彼女を襲ったのは mnesteres の一人であるという説，Aemulius 自身が武具を身に付けてであったという説，そして多数の説として（*οἱ δὲ πλεῖστοι μυθολογοῦσι*）「その聖域が属するところの daimon の似姿」（*τοῦ δαίμονος εἴδωλον, οὗ τὸ χωρίον ἦν*）であったとする説，を述べる．最後のヴァージョンでは，悲観することはない，剛健な双子が生まれるであろう，等々とその daimon が言った，というクリシェが付く．水平的な侵入，垂直的な介入，に対して，このヴァージョンはこの限りで領域の単位の独立をほのかに示唆する（*τὸ χωρίον*）．daimon のように希薄な存在を置くこともこの線に沿う．これもクリシェに従って幼子が遺棄されるならば，われわれは Ion のあのパラデイクマと Kreousa の歓喜を予期してもよいのである．

　Ploutarchos が採るヴァージョン（Rom., 3）はさらに〈二重分節〉の方向を濃厚に保持している．何と，Amulius と Numitor は遺産を分割し，Numitor が王権を，Amulius が財を，取る．しかし財を取った方が強く王権を奪ってしまうのである．われわれはこのヴァージョンを経由して Amulius-Numitor が中心一領域であることを知る．Pelias と Iason の如くに．Ploutarchos のヴァージョンははっきりと一段の上下運動後に事態を設定する．すると他はこれを否定し

ていることになる．つまりギリシャ原型の否定である．Ploutarchos のヴァージョンはこれをローマであらためてひっくり返し直したのであろう．いずれにせよ，Ilia の兄弟の抹殺は明確な意味を帯びてくる．領域の側の拠点の否定，非対称性の強調である．

Ploutarchos は Ilia と Rhea と Silvia の三つの名を並記するが，逆に相手が誰かを無視し，替わりに何と Amulius の娘 Antho を登場させる．Amulius の怒りから Ilia を救うのである．もっとも，Ploutarchos は例の狼の逸話に関連して，狼が Mars のために聖化されており，このため，Mars の子と言い立てた Ilia が信じられたのではないか，とし，ついでのようにして Amulius 自身が武具を付けて現れたというヴァージョンを付け加える．

さて問題は Ilia の処遇である[9]．これにより，Iason や Ion なのかそれとも中心に対する領域の無障壁か，が争われる．政治システムはもちろん或る意味で後者を含意する．しかし〈二重分節〉を設定しその突破を強調しても Amulius になるだけであり，政治は生まれない．枝分節的権力から後発的に独立しようとする者にとって〈二重分節〉が重要な武器であるとして，これにつけ込んで縦の関係の無際限を言い直す，可能性を政治システム樹立の元来の動因の側に与えてよいか．

かくして Dionysios は以下のように述べる (I, 79, 1)．「ここまでは著述者の大多数が同一の事を述べるか，わずかに異なるか，つまりヨリ神話的なことを述べるか，ヨリ真実に近い線を志向するか，であるが，以下についてはてんでに対立する」(*Μέχρι μὲν δὴ τούτων οἱ πλεῖστοι τῶν συγγραφέων τὰ αὐτὰ ἢ μικρὸν παραλλάττοντες, οἱ δ' ἐπὶ τὸ τῇ ἀληθείᾳ ἐοικὸς μᾶλλον, ἀποφαίνουσι, περὶ δὲ τῶν ἐξῆς διαφέρονται.*)．前段は各ヴァージョンの〈神話〉化に関わる．Mars ヴァージョンは端的な Amulius ヴァージョンに比して確かに異なり，その差違自体が重要な意味を形成している．すなわち，政治システムが領域に持つ無障壁の関係は，隠れた権力が存在せず全てが透明であるという意味において絶対的に追求されなければならないが，しかしこれと，現実の領域の上において都市中心の構成員が実力による介入を何時でもなしうる，ということとは異なる．これは Athenai と Sparta の差違でもあった．〈神話〉ないし抽象的なレヴェルと儀礼ないし現実的なレヴェルの差違でもある．なおかつ Dionysios

は，しかしこれとは別の次元に属するのが以下の対抗である，というのである．事実，領域の側から全てを引っくり返さねば政治へと到達しえない．まして，ギリシャ型〈二重文節〉をバネにローマ型政治権力を樹立しようというのである．まずバネたる Ilia はどうなるか．娘は直ちに処刑されたか，監獄の中に押し込められ秘かに処刑されたと信じられたか，それとも例の従姉妹が懇願し救われたか．Dionysios はここで従姉妹同士の連帯を強調し，Amulius 失脚後 Ilia は解放されたとする．とはいえ彼はヴァージョン選択を読者に委ね決してどれかを採ろうとはしない．

Ploutarchos が Ilia を救うヴァージョンを採ることは既に見た通りであるが，実際 Rom., 9, 1 で，Amulius を倒した息子達は「母の父」(metropater) を王位に回復させ，「母に栄誉をささげる」($τ\hat{\eta}\ μητρὶ\ τιμὰς\ πρεπούσας$)．生死はともかく Ilia は無視されていないのである．Ploutarchos が基本的に Fabius Pictor に従うと見られることは重要である．

その同じ頃，叙事詩の側で Ennius が鋭い緊張関係を演出してみせる．Cic. Div. I, 20, 40-41 は Ennius のテクストを引き (Ann. I, F29 Skutsch)，そのテクストによると，Dionysios が伝える daimon のヴァージョンと符合することには，Ilia はその瞬間を夢の中で経験する．それを姉 (germana soror) に語るのである．「彷徨ってなかなかあなたを探すに探せず気さえ遠くなって見失う」(errare uidebar tardaque uestigare et quaerere te neque posse corde capessere) というパッセージは，一方で姉妹の絆を置き，他方にこれを引きちぎる力を表現する．とはいえそれは叙事詩に相応しく大いに〈神話〉化され，さらうのは神的な存在である．しかも夢の中に父が現れ，河によって救われる，という動機が暗示される．その父は，しかも，Numitor でなく Aeneas である[10]．つまり再び Ennius はジェネアロジーを接近させたのである．Aeneas のジェネアロジーと対称的なそれを直ちに往復運動のように繋いだことになる．そこに生まれる回転運動は強い自足的な単位を形造るであろう．とはいえ，Ilia は確かにあの Io[11] を強く想起させるにかかわらず，Io に与えられるあの大規模な解決は考えうべくもなく，Ilia は風のごとくさらわれ，後は河に委ねられる．

その点，河は徹頭徹尾両義的である．捉えがたく，したがって逃げ切るに十分であり，関係の聖化は一旦達成されるかであるが，しかし領域の上の確たる

存在は保障されがたい．後の抒情詩の圏内に余韻を残すとき，Ilia は nymphe という種族の一員と化し（Ov. Fast. II, 598），或いはまた，「余りに嘆く Ilia を懲らしめるべく河が立ちはだかり，Iupiter の気づく間も無く不吉な河岸にて女を滔々と巻き込み沈み込んだ」(Hor. Carm. I, 17ff.: Iliae dum se nimium querenti/iactat ultorem, vagus et sinistra/labitur ripa Iove probante u-/xorius amnis＝ed. Wichham/Garrod) というように，言うならばここでは Danae は海に呑み込まれるのである．

〔4・2・1〕 「8世紀」のローマ史が今日完全に考古学的記述によることになったのは当然で，最近では例えば T. J. Cornell, *The Beginnings of Rome. Italy and Rome from the Bronze Age to the Punic War* (c. 1000-264BC), London, 1995, p. 48ff. にバランスのよい概説を見出すことができる．それでもその考古学的叙述の最中に Romulus 伝承以下を混入させることは跡を絶たず，Cornell をして「全体として史実を反映している」というのが多数説であると言わしめるが，Poucet に従って彼がするように，一旦は関連を断って考えることが正しい．ちなみに Cornell でさえ 7 世紀のネクロポリスの変化（後述）と王統上の個人名変化を関連付けるし，Etrusci 王権伝承（その問題は後述）は正面から取り上げる．

〔4・2・2〕 多くの論者がここに断層を見出し，繋ぎの不自然なジェネアロジーに着目する．問題はこの断層が何を意味するかである．典型的には例えば J. Poucet, La diffusion de la légende d'Énée en Italie centrale et ses rapports avec celle du Romulus, *LEC*, 57, 1989, p. 246sqq. のように，Odysseus/Aineias の側を "hellénocentrique" と見て，これがローマ独自に発展した Romulus 伝承と 4 世紀後半以降（Timaios 等で）初めて出会って harmonisation が試みられた，とする．しかし共和初に既にギリシャからのインパクトが複雑な問題をもたらすことは明らかであり，Odysseus にしても Troades にしても理由があってイタリア社会内部で語られるのである．もちろん「Romulus／土着，Aeneas／ギリシャ」を単純に逆転させる説も，T. J. Cornell, Aeneas and the twins: the development of the Roman foundation legend, *PCPS*, 201, 1975, p. 15 が批判するとおりであり，早くから両者が共存していたと見るべきである．

〔4・2・3〕 Dionysios が真っ先に挙げる「異説」(I, 72, 1)，Aineias と共に逃れた者達の植民 apoikia の一帰結，Aineias の四人の息子 Ascanius, Euryleon, Romulus, Romus のうち Romus が率いた（Romulus でない！）もの，がローマであるにすぎない，という Gergis の Kephalon のヴァージョン，もジェネアロジーにおいて cognatique な結節環を無視する点で「ローマ側」のエコーである．逆に Romulus と Remus が Aineias の息子なのか娘の息子なのかに関する（ローマ側ヴァージョン間の）論争を伝える Dionysios は「それ以上どの父親の子かを識別せずに」(ὅτου δὲ πατρὸς οὐκέτι διορίζοντες) と付け加える．どの母も識別しないヴァージョンを予定する．Plout. Rom. 2, 2f. の Romulus ヴァージョンにおける Dexitheia や Lavinia は貴重な存在である．

〔4・2・4〕 C. J. Classen, Zur Herkunft der Sage von Romulus und Remus, *Historia*, 12, 1963, S. 447ff. は，Rhomos＝Remus の側を手掛かりとして，ギリシャ側 Rhome 構成が，共和初にようやく形をなした Romulus＝Remus ヴァージョンの影響を受けて Rhomos に転じ，さらには Capua/Campania ヴァージョンの影響を吸収していたところ，4 世紀の Sicilia の歴史学であらためて Romulus＝Remus ヴァージョンとアマルガメートされる，と述べる．むしろローマが（共和初に）Rhome を Rhomos しかも Remus に転換したのではないか．

4 Romulus と Remus

〔4・2・5〕 しかし比較的早期に Aeneas 側が大逆襲に転ずる．これこそが II で扱う決定的な第二の社会変動の徴表である．そしてこの第二の層は第一の層の Aeneas ないしむしろ Aineias 伝承と或る程度異質のままであり続ける．つまり別途第一の層が抵抗する．

〔4・2・6〕 cf. Gabba, Tradizioni letterarie, p. 33ss. とはいえ，後述の Tarrutius ヴァージョン等々と共に何らかの原型が 2 世紀に遡るように思われる．つまり Plautus の思考圏である．Mars は clientela から Ap. Claudius Caecus を経て socii の都市ブルジョアジーに脅威を与えるが，他方で socii にとって nobiles の固い〈二重分節〉体制の壁は浸透しなければならない対象である．

〔4・2・7〕 de la Genière, *op. cit.*, p. 16sqq. は 6 世紀以降の Etruria の Herakles が一転むしろ社会的動態（上昇，移住）に関わることを的確に指摘する．

〔4・2・8〕 Romulus 伝承に対するアプローチとしては，もちろん「史実」との関連を探るものが長く主であり，かつ一切の対応を否定する傾向が強かったが，その時に Etrusci に最初の「都市建設」を考古学的に帰せしめたことの反動か，逆に 8 世紀に本当に最初の「都市建設」ないし集住が有ったのだとする見解が最近は少々息を吹き返しつつある．しかしそれらは到底伝承の諸ヴァージョンの細密な分析に基づくものではない．他方，神話分析の対象とされることも多くなったが，ここでは Dumézil 学説に執拗に影響される弊害が認められる．たとえば，D. Briquel, Perspectives comparatives sur la tradition relative à la disparition de Romulus, *Latomus*, 36, 1977, p. 253sqq. は例の「三機能説」に立ちつつ，「インド＝ヨーロッパの双生児」がここローマでは修正されて Castor たる Romulus（第二＝軍事機能）が不死を得て第一機能を横取りしている，ここから Romulus の死を巡る対立ヴァージョンが生まれるとする．伝承がどこでヴァージョン対抗しているか，詰めようとさえしない．Romulus 伝承全体を伝来の儀礼が書き込まれたものと見る A. Schwegler, *Römische Geschichte, I*, Tübingen, 1853（例えば S. 450f.）の偉大さを思い知る．

〔4・2・9〕 J. N. Bremmer, Romulus, Remus and the foundation of Rome, in : Id. et al., edd., *Roman Myth*, p. 27ff. は，ギリシャに広く分布する "the girl's tragedy" を女子の initiation を指示するものと見て（W. Burkert）これと Ilia 伝承を比較する．

〔4・2・10〕 Serv. Aen. I, 273 : Naevius et Ennius Aeneae ex filia nepotem Romulum conditorem urbis tradunt ; VI, 777 : dicit namque Iliam fuisse filiam Aeneae. (ed. Thilo)

〔4・2・11〕 DEM, p. 219.

4・3

　他方，生まれて来る子供達の方はどうか．それが Dionysos のように危険な存在であることは疑いない．Pentheus の如くに Amulius が警戒するのも道理である．しかしここではそれは Dionysos のように牙をむく〈二重分節〉単位でもなければ，Ion のように市民権がそこに懸かる存在であるのでもない．その性質は syntagmatique に分節されたパラデイクマの上で明らかにされていく．各々の切片につき対抗の軸が形成され，それをてんでに切るヴァージョンが対抗していく．その中で子供達の輪郭がわれわれの目の前に現れてくる，という

仕組であり，他方，これらの対抗によって社会構造が形成されるのである．

　幼い Dionysos にとって乳母の存在は決定的である．遺棄された子供達に乳母が現れうるであろうか．もちろん最も canonique なヴァージョンにおいて真っ先に乳母として現れるのは狼である．Livius は，"tenet fama"（「という話がある」）と距離を取りつつ（I, 4, 6），轟々たる河がわずかに残した河川敷の存在を空間的に強調し・まさにそこに一瞬雌狼を登場させ，授乳させる．続いて「王の羊飼いの長」（magister regii pecoris）たる Faustulus が現れ，妻の Larentia に子供達を委ねる[1]．Livius は直ちに異説を対置し，この妻が性的解放性 (uulgato corpore) 故に「雌狼」と渾名されたことから fabula と miraculum が生まれたのではないか，とする．確かな着地点すなわち確かな領域を見出すことが必須であったとして，しかしその領域をどうするか．雌狼が栄光を得るとすればそれは何故か．Larentia ヴァージョンと syntagmatique な関係にあるのではなくむしろ対抗関係にあるのではないか．「雌狼のヴァージョンは言うならば Larentia が淫売であるというに等しい」という攻撃の存在を認めうるのではないか．すると Larentia ヴァージョンはよく定まった単位を，そして雌狼ヴァージョンはそのように収まりかえることをよしとしない心性を，表現するのではないか．後者は連帯・共同でもあれば放恣・僭越でもありうるだろう．

　Dionysios は子供達の帰趨につき激しいヴァージョン対抗を反映して大規模な並行記述を余儀なくされる．Fabius Pictor から Cincius, Cato, Piso という annalistica 本流のヴァージョンとして（I, 79, 4ff.）[2]，Faustulus の中心的な役割に光をあてる．雌狼を見る牧人達は驚いて神々の兆しを感ずるが，中で「豚飼い」の Faustulus は全て事情を知った上で子供達を引き取り，死産したばかりの妻に育てさせる，というのである．微妙なバランスを取ろうという姿勢がここには顕著である．一方で牧人集団から Faustulus は一人よく区別され，夫婦して丁寧に育てる．しかし他方，Larentia の名は挙げられることなく，Faustulus の方が知った上で預かるようにして事を遂行する．上から下に伸びてきた線は，彼ら自身の子に取って替えるようにして（ὑποβαλέσθαι τὰ παιδία）Ilia の子を押し込むのである．

　Aelius Tubero のヴァージョン（古事学系のヴァージョン）はこの点に関する差違を少なくとも大きくは強調しないようである（ibid. 80ff.）が，第三の

「それ以外の者達」(ἕτεροι) のヴァージョン (ibid. 84) は雌狼の話を全面的に否定し，初めから Numitor が新生児をすりかえて Faustulus に託したと解する．Faustulus の妻は Laurentia で，かつて hetaira であったため，hetaira を指すギリシャ語の古語 "lupa" が音韻においてラテン語の「雌狼」に一致するために上のような伝承が生まれた，と考えるのである．このヴァージョンの大きな特徴は，子供達が Faustulus からさらに Gabii に移されギリシャ的教育を受けたとする点にある．2世紀のギリシャ圏同盟都市が強く示唆されるヴァージョンであることは後述 (III) の Plautus (の喜劇における hetaira!) を想起するだけで十分に理解できる[3]．そればかりか，DH, IV, 53-58 は，Sex. Tarquinius が計略により Gabii を奪取するという伝承を伝えており，しかも奇妙なことに，この時 foedus ないし fides (要するに信頼) の exemplum と Iupiter Fidius (ただしまたの名が Sancus) 神殿が成立したとする．信義の尊重を悪用する悪意の exemplum がネガティヴに含意されていることは明白である．Gabii の誹謗中傷なのか，Gabii 侮辱への反撃なのか，微妙で，まさに容易ならぬ駆け引きが展開されているが，その原基が共和革命前夜に置かれたことは見逃すことができない．その領域を巡る緊張対抗関係が，mutatis mutandis に2世紀に再現された，という解釈が可能だったのである．雌狼の否定は領域の固い単位の否定であり，ここでは却って Larentia の性格付け (hetaira) に一致する．そして Numitor の大きな役割は縦の線を強調する．がしかし，だからと言って領域には何も無いか．むしろそれは大きな信頼の中で委ねる関係であり，領域の個別的単位ではないものの，Gabii という「ローマの領域のただ中に立つ都市」において自由が介入・抹殺から護られるのではないか．そしてそれはかつて共和初期に領域に入植した分子が，個別の領域の単位ではなくとも一種の政治的権利 (例えば軍務と穀物供給への権利) を確保したのに相当しはしないか．

Ploutarchos はこの両義性をはっきり意識するヴァージョンの存在を告げる．「或る者達によると，乳母の名こそがその曖昧さによって伝承に神話的性質をもたらしたのである」(Rom. 4, 3: Οἱ δὲ τοὔνομα τῆς τροφοῦ δι' ἀμφιβολίαν ἐπὶ τὸ μυθῶδες ἐκτροπὴν τῇ φήμῃ παρασχεῖν). そしてラテン語における「雌狼」と hetaira の間の関係に言及した後，Flamen Martialis の手による Acca Larentia のための祭礼の存在を明らかにする．しかも Ploutarchos によると，Larentia のための祭礼はもう一つ別にあり，その aitia は，Herakles 神殿の番人が Herakles に対して[4]賭博によるポトラッチを挑み，負けたために Larentia という女を用意した，と語る（*ibid.* 5, 1ff.）．この女は Tarrutius という資産家の男と結ばれ，莫大な遺産を手にし，それを公のために遺贈した，という．ローマ庇護下の同盟都市は信頼の場であると同時にポトラッチと僥倖が支配する場であるのではないか．女はたまたま最初に広場で出会った男（τὸν ἀπαντήσαντα πρῶτον）と結ばれるべく Herakles に命じられる．Ploutarchos は続いて Gabii のヴァージョンを記述する（*ibid.* 6, 1ff.）が，彼にとってはそれはこの最後のヴァージョンの延長線上にある．つまり，Gabii は（今度は）Dionysios の "ἕτεροι" のヴァージョンとこの「Herakles の hetaira」のヴァージョンの間の対抗の軸をなすのである．

二つの基本ヴァージョン間の争いは激烈である．Gell. VII, 7, 5ff.（ed. Marache）は，Acca Larentia を hetaira としつつ，何と王たる Romulus に全財産を遺贈した，という Valerius Antias のヴァージョンを伝える．populus Romanus への遺贈というヴァージョンを添えることも忘れないが，二つのヴァージョンは大いに混線している．Valerius Antias のライヴァル Licinius Macer も負けじと混乱し（Macr. I, 10, 17），Acca Larentia は（hetaira でなく）Romulus の乳母であったにもかかわらず，Etrusci の資産家たる Carutius と結ばれ，そして遺産を Romulus に遺贈するのである（後述 IV における Cic. *Pro Caecina* の分析を参照）[5]．相続財産の根拠が商業か領域かという対立である．領域を Gabii と共に一旦脱したのを再度着地させることの可否が問題とされている．その点，Cato は，hetaira ヴァージョンを採りつつ（*ibid.* 16）populus Romanus への遺贈により四つの領域の単位（agros Turacem, Semurium, Lintirium et Solinium reliquissse）を結果として遺した，とする．

にもかかわらず，既に示唆した通り，3-2 世紀になって急にこれらのヴァージョン対抗が出来上がったとは考えられない．「Herakles の hetaira」のヴァージョンが内容において Romulus と syntagmatique な関係を持たないからと言って，二つが縁もゆかりも無かった，衝突は後のこじつけによる，と考えることはできない．共に暦と基本的な儀礼のレヴェルにしっかりと根を張っているからである．Macrobius は hetaira ヴァージョンを Ancus の頃の話として年代付

けするが，暦と共に年代の上でも大きくずらすことがあったかもしれない．しかし暦の上の陣取り合戦は熾烈で，二つの軸の並立の根底的たること，したがっておそらく共和初からの伝統たること，を推測させる．Ploutarchos は Quaest. Rom. 34 において Dekembrios（12月）における Larentalia という祭礼の存在を伝えるが，続く 35 でその aitia を述べる際に「Herakles の hetaira」ヴァージョンを採用しつつ，別の Larentia, Acca Larentia, Romulus の乳母，のための祭礼を Aprillios（4月）に置いて区別するのである．ところが，Varr. de l. l. VI, 23f. は 12 月の方に Acca Larentia の Larentalia を位置付け，これを "Curia Acculeia" における Angerona と同日とするのである．これはさらに Parentalia との習合を見せ，後者では Manes Serviles が一役を買う．儀礼のレヴェルで〈神話〉上の対抗が強く意識された結果，多くの syntagmatique な切片が生まれている．或いは，Acca と Larenta/Larentia という二重の名は，二つの軸と何らか関係するかもしれない．すると Larenta と Acca は暦の二箇所に陣取って浸透し合い入れ替わりさえする，ということになる．しかもどちらが本拠かわからないほどである．

　Gellius は，祭祀を執行するのは Flamen Martialis ではなく Flamen Quirinalis である，と述べる．二つの軸の混交の一方で，二つの Flamen による区別は維持されたと考えられる．つまり暦ばかりか神官団の区別によって軸の並行が図られたのである．Gellius はさらに，法学者の Massurius Sabinus が「若干の歴史記述に従って」採用するヴァージョンを伝え，それによると，Romulus の乳母の Acca Larentia は，12 人の息子のうち一人を失ったため，替わりに Romulus が自分を息子として与え，こうして自分とそれら兄弟を合して「Arvales の兄弟」を形成した（In illius locum Romulus Accae sese filium dedit seque et ceteros eius filios "fratres Arvales" appellauit），というのである[6]．Dionysios が伝える canonique なヴァージョンの「取って替わる」イメージがここへ再び顔を出す．Arvales という別の神官団の étiologie が強く〈神話〉によって刻印され，連帯の関係によって，中心から領域の上への直接的な足掛かりというヴァージョンが他へと流されないようにしている[7]．

　以上の全ての徴候からして，Acca Larentia を対抗の軸として，Romulus と Herakles が対抗の要素を形成したのは既に共和初のことであったと考えられ

る．共に領域の堅固な小さな単位の存立を最小限にしか認めない．しかしそれは中心からの直接的関係故にか，それともそもそも領域と一線を画するためか．前者はやがて領域の上の小さな単位を容認する方向にディアクロニクに変化しうる．これに対して後者は逆に領域の側に，あくまで土地の上の関係を嫌いつつ，第二の都市（商業）を形成する方向に変化しうる[8]．こうして対抗は続けられるのである．

[4・3・1]　以下 Acca Larentia につき，A. Momigliano, Tre figure mitiche: Tanaquilla, Gaia Cecilia, Acca Larenzia (1938), Id., *Roma arcaica* (= *Quarto contributo*), p. 383ss. が極めて重要である．後述の碑文（Dessau 9522）などから Larentia を Lares 神の母としうるが，Romulus ヴァージョンも Hercules ヴァージョンもこれとの間に恣意的な関係を有する，というのである．このとき Momigliano は本質的な関係を無理に主張する Otto の推論を鋭く批判し，意外にも Hercules ヴァージョンの方こそオリジナルな恣意的脚色であるとする Mommsen の学説を手がかりとする．実際，Larentia と大地に生産力が魔術的に備わっている必要はこれらのヴァージョンの解釈に際して全く必要ない．ただし，Hercules 等への関わりがたとえば祭祀の場所の近さなどの偶然的な因子によるという Pais などの学説を一定程度援用する部分はもちろん（1938 年という年代の）限界である．ヴァージョン偏差の部分は以下に論ずるように意味を有するのである．

[4・3・2]　このパッセージを根拠に J. Poucet, Fabius Pictor et Denys d'Halicarnasse: les enfances de Romulus et Rémus, *Historia*, 25, 1976, p. 201sqq. は，DH の Fabius 言及から大規模な Fabius 断片を採る Mommsen/Peter 以来の学説を批判し，その後の脚色が加わっているからこれほどのディーテイルとともに Fabius Pictor が書いた保障は無いとする．そうかもしれないが，Cincius 以下もそれが Fabius の言うことに含まれると考えて詳細を埋めていったのであり，その通りでなくとも同型の対抗は読み取れたのである．Poucet の議論はなお単純である．ヴァージョンの積み上がりは年代に綺麗に割り振れるが如きではない．

[4・3・3]　伝承の経路ははっきりしないが，共和末の annales にさえ流れ込んでいて不思議はないことには，Rawson, The first Latin annalists, p. 249ff. が明らかにするところによれば，Cassius Hemina は socii ギリシャ都市圏に十分な理解を持ちえた．

[4・3・4]　D. Briquel, La référence à Héraklès de part et d'autre de la révolution de 509, dans: AA. VV., *Le mythe grec*, p. 113sq. が Tarquinii/tyrannus の遺産の側に Herakles を見るのは的はずれであり，Herakles 風領域形成をヘレニズム期の nonchalant 段階（その限りで先祖返り的）Herakles から見た姿である．このヴァージョンが共和初から存在したと見るのは行き過ぎである．遅いヴァージョンにとって引き出しうる意味が有ったというにとどまる．Herakles 自身のプレゼンスはこれとは別に疑いないとしても．

[4・3・5]　この系統の伝承のもう一つの有力な経路は，所謂「Etrusci の歴史学」である．これが socii の系譜に，というより（Caecina に典型を見出しうるように）Cicero 風に再建された municipium という基盤の上に，立ちうることは，E. Rawson, Caesar, Etruria, and the *Disciplina Etrusca*, in: Ead., *Roman Culture*, p. 297ff. がよく分析するところである．Sulla や Caesar に（むしろ bellum sociale 後）抵抗する．

[4・3・6]　他に，Plin. NH, XVIII, 6 と Rutilius Geminus のヴァージョンを伝える Fulg. Exp. Serm. Ant. 7H がある．

〔4・3・7〕 I. Paladino, *Fratres Arvales. Storia di un collegio sacerdotale romano*, Roma, 1988, p. 233ss. は，Faustulus ヴァージョンを variante A，Hercules ヴァージョンを variante B，とした上で，これらを patres の体制，plebs への拡大，に関連付け，Fratres Arvales ヴァージョンたる variante C を Romulus による patres 体制再吸収，すなわち Augustus 体制に位置づける．Fratres Arvales は元首政期に盛んに組織された擬似祭祀団体であり，活動記録 acta は多くの碑文を遺す．その中の一つが Sabini 方言によって詠唱歌 carmen を記録していて，一般にその文言は古いものと考えられている．Gubbio の碑文との親近性もしばしば指摘される．Paladino はそこに patres の領域把握を読み取る．そして A と B の解釈にこれを投影する．しかしこれらのヴァージョンを Romulus の死まで含めて大きく一体のものとし過ぎるきらいがある．Fratres Arvales は「Numa が創設した」正規の祭祀ではない可能性があり，高々領域に自生的に残存したものであったと思われる．端的に patres を示唆する部分は認められない．Gubbio の Fratres Atiedii のように，curia との関係は否定できないが，ローマではこれが直接領域の只中に現れるということはありえない．もっとも，colonia や municipium の名望家ならば patres のように，しかも curia 形態で，領域に関わるかもしれない．共和初期にも周縁に軍事的性質の強い colonia が建設された．そして，それが大きく中央に躍り出るとするならば，Augustus 以前に Sulla の時代が考えられる（cf. IV）．Gabba によって説得的に論証された Dionysios の「Romulus の国制」のソースの近傍に在るかもしれない．Romulus と patres の親密な，そしてそれ以外を排除した，関係であった．

〔4・3・8〕 Gabba, Storiografia greca, p. 20ss. が発掘するギリシャ「地方史」家達がローマを意識して発展させたと思われる．

4・4

　成長後子供達は何をするか．Gabii のヴァージョンにもかかわらずほとんどのヴァージョンにおいて彼らは牧人である．つまり無媒介の実力集団を形成して家畜を追うのである[1]．そして案の定実力衝突の場面を迎える．しかし如何なる集団との間に？　Faustulus が Amulius 直属と概念され，Numitor 配下の牧人達との間の衝突が設定される．そしてヴァージョン対抗の第一のポイントは，まさにこの実力衝突の性質である．そしてここからまさに子供達が実は双子であることが少しずつ大きな意味を持ってくる．

　DH の Fabius Pictor ヴァージョンは，子供達の本拠を Palatinum に定めておいて，Numitor のテリトリーとして向かいの Aventinum を概念し，両者間の衝突をここに演出する（79, 12ff.）．決定的な場面で Romulus はしかし Caenina の祭礼のためにそこに居ない．つまり Sabini 連関（言わば本章の3）に出掛けているのである．かくして Remus こそは部族連関を離れた「純粋実力」連関の主体[2]であることになるが，その Remus は生け捕りにされ連れて行かれてしまう．同じヴァージョンに従うと見られる Plout. Rom. 7, 1ff. は，Aventinum を

明示しない替わりに連れて行かれた先に気を遣う．初め Numitor のもとへ，しかし Numitor が Amulius を怖れ，Amulius のところへ回送されるが，Amulius は処分を Numitor に委ねる判断を示す．〈分節〉的実力集団の相互関係を巡るやりとりである．この点，DH, I, 84 の "ἕτεροι" のヴァージョンは，全てを Numitor の仕組んだ計画に帰せしめ，初めから Alba で Amulius の党派と Numitor の党派の政治的党争を演出し，これを最後内乱に発展させることによって革命を成就させる．

これらのヴァージョンはいずれにせよしかし政治的関係の例解としてしかパラデイクマを理解しないという慎重な態度を保つが，他方，儀礼にヨリ引きつけられるとき，パラデイクマは一層細かい輪郭を示し領域の上の具体的な関係を指示するようになる．Livius は，I, 5 の叙述をいきなり Lupercalia という祭礼の起源から始める．DH, 81, 1ff. の Aelius Tubero のヴァージョンも Lupercalia を場面設定に使うが，Dionysios は Lupercalia の起源を既に詳述しており，それだけに，Livius の場合，Lupercalia とその aitia はこの場面を説明するためにある，とさえ考えうる．そしてその起源は Arkadia とそこから渡って来た Evander に求められる．彼が Palatinum の地に居を定め，祭礼を設立したのである．

Lupercalia の儀礼については多くの史料が残る．Varr. de l. l. VI, 34 (ed. Flobert) は，Februarius (2月) を説明すべく「それはその日に国民が浄められる (februatur) ことからそのように呼ばれる，つまり人の群によって覆われた古の町 Palatinum が裸の Luperci によって祓われるのである」(quod tum februatur populus, id est Lupercis nudis lustratur antiquum oppidum Palatinum gregibus humanis cinctum) と述べる．Plout. Quaest. Rom. 68 や Fest. p. 75 L にエコーを遺す確たる概念である．つまり無分節の概念である．これは凡そ儀礼そのものと符合する．儀礼重視は無分節に親和的であるということである．他面 Cic. Cael. 26 は盛んに "sodales", "sodalitas" という語を使い，"humanitas et leges" 以前というニュアンスを強調する．Ov. Fast. II (ed. Schilling) によれば，Luperci は裸であることを要し (267: nudos...Lupercos; 287: Ipse deus nudus nudos iubet...; 366; corpora nuda etc.)，さらには徹頭徹尾走ることを特徴とする (283: Cur igitur currant...: 285: Ipse deus velox discurrere gaudet...)．これは Plout. Rom. 21, 7 によっても確認できるが，要するに衣服が覆うという

4 Romulus と Remus

関係が作る基体を排除し,各人が個々のテリトリーに定着するということを嫌うのである.Romulus と Remus によって儀礼空間を作る Ovidius は,犠牲獣の分配に関し Remus 率いる Fabii と Romulus 率いる Quintilii を競争関係に立たせる (375ff.). Fest. p. 78 L も "Faviani et Quintiliani appellabantur luperci" と,二つの Luperci が Fabii と Quintilii という二つの gens 集団に擬せられていたことを示唆する.

しかし儀礼のこうした形態と aitia すなわち〈神話〉とはどのように関連するのだろうか. Plout. Rom. 21 は,Romulus が一旦全てを片づけ権力を掌握したことを前提に,彼が創始した祭祀を列挙するが,ここに Lupercalia を含ましめ,Cato の "februata" ヴァージョンを記し,起源につき二説を並べる.すなわち Evander 起源と Romulus 起源であり,(当然ながら) Ploutarchos 自身は「Romulus が遺棄された地点から走る儀礼」故に後者に加担する.この「Romulus 対 Evander」は何を意味するか. Liv. I, 7, 3ff. において Romulus は,Palatinum を都市域の中に含めるにあたり,「Evander が創始した形式に従ってギリシャ風に,Herakles のためにする」(Graeco Herculi, ut ab Euandro instituta erant) ritus を遂行する. Livius は次いで Herakles のための excursus を挿入するが,ここに再び極めて不自然に Evander が現れる[3].つまり,Herakles が Cacus を倒すと,突然そこの支配者は実は Evander であった,と言われる (Euander tum...).しかも「imperium というより auctoritas によって支配していた」(auctoritate magis quam imperio) と思わせぶりである.予知能力を持つ母 Carmenta のおかげで Evander は文字をもたらし,かつ Herakles の素性をよく判断して Cacus 殺しにもかかわらずこれを処罰しない. DH, I, 40 もほぼ同様のヴァージョンを伝えるが,41ff. の別ヴァージョンでは Evander は Faunus と共に Herakles に付き従って来たのであり,中で 43 の枝ヴァージョンでは共に Herakles との間にジェネアロジクな関係を結んでいるのである. Ploutarchos は Lupercalia に近接して Carmentalia についても述べるが,Evander の母たる Carmenta は DH, I, 31 によれば nymphe である. Evander 伝承の特徴は全てをこの母に帰せしめる傾向を有する点にある.すなわち Evander は全て「間接的」であり,Carmenta の傘の下か,Herakles を通じてか,Faunus さえ絡んでか,何か縦に複合的である.「Romulus の政治的直接性・一義性」がこ

れを克服しなければならないのは自明である．

　もっとも，Herakles を孕む部分は到底単純ではない．Etrusci の首長制，Etrusci 王権の tyrannus 風キャンペーン[4]，を経て共和初に部族再生の大きなうねりに抗する必要を感ずる層が Kroton/Lokroi ヴァージョンを妥協の無い方向で受容したかもしれない[5]．patres は一人一人「王」であり，領域に無分節集団を持とうとする．Fabii はその父祖を Herakles とする[6]．他方ローマでは Herakles は Ara Maxima を遺すのみである[7]．Romulus の影であり，かつ孤立して Lupercalia などとは関係しなかったに違いない．日向に出るのは後に Evander と共に初めて可能となる．その時の Herakles は既にデモクラシーのチャンピオンである．Evander はこの Herakles を中和する．バリバリと地を嚙む Herakles を柔らかく包み込む（auctoritate magis quam imperio）．もっとも，Herakles はなおしつこく Evander の下に潜り込んで地歩を築いたと考えられる．そしてそれらは全て次の時代に属する事柄である（II-2 参照）．

〔4・4・1〕　René Martin, Essai d'interprétation économico-sociale de la légende de Romulus, *Latomus*, 26, 1967, p. 297sqq. は "grex iuuenum" を軍事集団にして牧人と捉え，その特殊性によく着目する．戦士もテリトリーに降りて生産しているというのである．Numitor と Amulius 両集団の割拠にも気付く．そうであればしかし共和初の領域の状況（infra）であろう．Martin はここで「三機能説」に災いされて，第三機能と第二機能の癒着によるインド゠ヨーロッパ以来の三機能の崩壊，しかも実際に 8 世紀に生じた牧畜から農耕への革命，というように有らぬ方向に飛躍してしまう．

〔4・4・2〕　Bremmer, Romulus, Remus, p. 38ff. はこれを initiation（かつ Momigliano 等を引いて実質的に moitié）に関連付ける．

〔4・4・3〕　Evander 伝承につき，さしあたり Poucet, *Les origines*, p. 74sqq., 128sqq., 288sq. に基本的な問題群が整理されている．Romulus 伝承の影に意識されたものが浮上するのは次の時期になってからであり，共和初には Evander 伝承が自立していたかどうかわからない．固有の意味は II-2 で明らかにされる．なお，Cornell, *Beginnings*, p. 68ff. は（若干の学説の傾向を反映して）Evander/Hercules の層をポリス前の時期の対ギリシャ交易の痕跡とするが，全く疑問である．

〔4・4・4〕　cf. Briquel, La référence à Héraklès, p. 109sqq.

〔4・4・5〕　J. Bayet, *Les origines de l'Hercule romain*, Paris, 1926, p. 156sqq. は，南イタリアの Herakles 伝承を一覧し，ローマのそれに一番近いものとして Kroton/Lokroi ヴァージョンを選び，ここからの伝播を考える．ただし初めは Faunus が倒されるヴァージョンであったと考え，Evander ヴァージョンへの転換を遅く見る．問題は最初のインパクトの意味であり，かつこれを Etrusci 王権へのそれとも Evander 転換のそれとも区別することである．

〔4・4・6〕　cf. Briquel, La référence à Héraklès, p. 114sqq.

〔4・4・7〕　cf. Capdeville, Héraclès et hôtes, p. 91.

4·5

　実は Romulus は Alba を奪還した後 Palatinum に帰って来る．言わば「領域に降りる」．この行為は一体何を意味するか．Livius が Hercules の祭祀を，そして Ploutarchos が Lupercalia を，位置付けるのがこの syntagmatique な切片においてであることは重要である．つまり双生児は何を更新するかである．Dionysios (I, 85) はこの ktisis を apoikia（植民）として描き，彼自身 apoikia を原動力となしてそれまでの諸 ethne の交替を叙述してきたことと平仄を合わせるが，まさにそれまでの叙述におけるようにここでも moitié に力点を置く．つまり二つのグループが競うようにして入植していくのである．すると何よりも，双生児は moitié を強烈に指示するということになる[1]．双生児の入植は，軍事化形態のはずの moitié がそのままテリトリーに降りてそれを画すのである．もっともここから思わぬ展開となり，それがそのまま Romulus と Remus の対立となり，Remus が命を落とす．すると apoikia も moitié も台無しではないか．Herakles に帰るか．Lupercalia もこれで理解するか．しかし Romulus と Remus ではなかったのか．

　振り返るとわれわれは，単純な部族形成神話から Troades の方へと分岐する道とは正反対の道をやって来たのであり，今や imperium の前提に置かれる「平常隊形」は（首長制の遺産を経由して）中心 Alba から真っ直ぐに領域へと伸びる人的組織として捉えられている．Mars の秘かな子が遺棄されるというのはこのためには好適な構成である．しかし canonique なヴァージョンはここにさらに Romulus と Remus を置く．あらゆる徴表から判断して Romulus と Remus は単純な部族神話の三兄弟のうちのしばしば現れる二人であった．Latini の部族単位をどこか上流で分ける点であった．しかし反対の極として，その部族単位を首長によって画するときのジェネアロジクな根拠であったかもしれない．Herakles や Evander がこれに取って替わりうる．これを切り返すときに，つまり共和初期に，Romulus と Remus を置くヴァージョンは不可欠であった．単に部族パラデイクマの Rhomos/Remus 或いは Romulus に戻ったとしてもそれは首長を基礎付けるのと同型でありうる．

　しかし単純な兄弟ならばどうか．部族組織の諸パラデイクマの大蘇生が有っ

たのではないか．同じ方向で，しかし決定的にズレた地点に辿り着くのがまさに双子である．tribus だが何と moitié と合い覆うというのである．共和初期に何らかの形で Dioskouroi のパラデイクマが作用したことは明らかである．Regillus 湖に Dioskouroi が現れたという伝承，そして Castor 神殿が建設されたという伝承が存在する[2]．特に後者は物的痕跡によって年代の最も確かな伝承である．Regillus 湖は一つの路線を大きく否定する分水嶺である．現在われわれが辿りつつある道の確立に至る転回点であったと言うことができる．

しかし Dioskouroi はこの転回に貢献した後どうなるか．Dioskouroi はこの時期にはギリシャにおいてデモクラシーの一つの担い手である．その特殊なジェネアロジーによって上下二つの審級の互換性を言うための格好のパラデイクマである．それがこの辺りに辿り着くとどうなるか．Dionysios はまさにこの点で大きくヴァージョンを分けて記述しなければならない．まず Remus だけが捕縛されて Alba に連れて行かれるかどうかである．連れて行かれるヴァージョン (I, 79, 4ff.) の中でも Dionysios は Aelius Tubero のヴァージョン (80, 1ff.) に絞って或る点を明らかにする．都市中心では実の父 Numitor が Remus を認知し (81)，領域では養父 Faustulus が Romulus に全てを明かす (80) のである．Livius が採るヴァージョンは二つの認知の同時性を一層強調する (I, 5, 6: Forte et Numitori)．Aelius Tubero はダイナミックな過程を演出し楽しませさえするし，Livius でさえ中から差し伸べられた手を決定的とする (et a domo Numitoris alia comparata manu adiuuat Remus)．「革命」はそうした内外の連携によって達成される．中心から領域へ障壁・分け隔てなしに伸びる人的組織である．等質性と延長を同時に概念するときに「双子」に如くはない．しかし他方，対する (Dionysios の) "ἕτεροι" のヴァージョン (84) は，そもそも Remus だけが先に連行される点を否定する．Plout. Rom. 8, 9 が Fabius Pictor 等の主ヴァージョンを掲げつつも少々神話的として疑問を呈するのと同一波長である．あの Gabii のヴァージョンの線である．ここでは全ては Numitor の策謀に基づくものであった．このような政治的判断 consilium の優越においては，同じ無分節でも，Dioskouroi に活躍の余地はほとんど残されないであろう．Homeros におけるような悲しい存在に戻ることになる．

事実，一旦連帯を達成し再度領域に降直するとき，彼らは必ずしも〈分節〉に

成功しない．moitié 隊形で領域に向かい，そのまま領域を区分して占拠しようとするから，tribus の形成が伝承上ここに現れる．しかし同時に，moitié 隊形であるならば curia 形成から imperium にまで至ってよさそうなものである．否，現にそのように考えるヴァージョンも有力である．言わば Sabini 抜きの imperium であり，先に述べたヴァージョンと鋭く対立する系譜である．二つに分裂した集団はテリトリーを争うが，やがて Romulus は Palatinum に，Remus は Aventinum に，陣取る．ここで両者は鳥占いの競技を行う．どちらを urbs とするかである．"Certabant urbem Romam Remoramne uocarent"「Roma と呼ぶか Remora と呼ぶか，彼らは戦う」と Ennius は歌う (Ann. I, 85 Skutsch)．「全ての者にとり，どちらが勝者か気に懸かる．あたかも consul がどちらのサインを出そうとしているかを待つときのように．皆が今か今かと固唾を呑んでレースコースの出口を見守るときのように，どの色のコースからどの戦車が出てくるかと」(Omnibus cura uiris uter esset induperator./Expectant, ueluti consul quom mittere signum/uolt, omnes auidi spectant ad carceris oras/quam mox emittat pictis e faucibus currus)．「選挙管理をする前 consul」という similitudo は故なしとしない．厳粛な競技の結果勝負がついてローマは建国されるか．

　まさにわれわれの疑念を裏付けるように，Fest. 345 L, s. v. Remurinus ager は以下のように述べる．"Remurinus ager dictus, quia possessus est a Remo, et habitatio Remi Remona. Sed et locus in summo Aventino Remoria dicitur, ubi Remus de urbe condenda fuerat auspicatus."「"Remurinus ager"「Remus のテリトリー」と呼ばれるのは，Remus によって占有されたからである．Remus の住居が Remona と呼ばれるのと同様である．しかし，Aventinum の丘もまた Remoria と呼ばれる．そこに Remus が都市を建設しようとしたからである」．都市と領域，政治的関係とテリトリーのロジック，が相互にずれ込み合うことは不可避というのである．一体どちらのことなのか．やはり，領域の関係をどのように加工してもそれだけでは政治に辿り着かないのではないか．部族の概念装置の総動員こそが必要なのではないか．そう，われわれは，そもそも儀礼の中のその Romulus は何者かを見るために神話のレヴェルに降りたのであった．そのレヴェルでも Lupercalia 等独自の儀礼化が行われた．しかし所詮 imperium には通じていないのである．

伝承はこのことをこれでもかとはっきりさせる．領域の上の二つの無分節集団相互の問題は何か．実力衝突か．もちろん．しかしそれだけではない，というのである．鳥占いの競技により帰趨を決定するという仲裁がなされたのに，Romulus は奸計を用いて Remus を出し抜くのである．怒った Remus は実力衝突を帰結し，その中で命を落とす[3]．Sabini 系ヴァージョンの一騎討ちと綺麗に対照をなす，これを意識したヴァージョンである．

以上の点につき Livius (I, 6, 4ff.) と Dionysios (I, 87) はよく一致し，後者が「衝突の中割って入ろうとした Faustulus が死ぬ」[4]というディーテイルを付け加えるにすぎないが，これには強力な対抗ヴァージョンがあって，そこでは場面が大きく転換される．Diod. VIII, 6 は，Remus に計略を気付かせず，ただ敗北に腹を立てるのみとする．そうしておいて，建設中の都市の壕が狭すぎて役に立たない，というクレームを付けさせ，しかし超えて来る者は誰でも殺して構わないという命令を自分は出す，という Romulus に挑戦した Remus を Celer という者が討つ[5]，という筋書きを設定する．Plout. Rom. 10, 1ff. は，騙されたことに怒った Remus が壕を越えたとしつつ，殺した主体につき Romulus 本人説と Celer 説を対置し，その後に両集団間の衝突を置き，そこで Faustulus に命を落とさせる．共に採用しない異説としてこのヴァージョンを伝える DH と Liv. はそれぞれ Celer 説と Romulus 説によっている．しかし，両ヴァージョンは明らかに相補的でもある[6]．水平的な実力の衝突か，都市―領域間の区分を巡る垂直的な衝突か．前者は後者にずれ込むかどうか．一応 Romulus の勝利を認定しつつ，実質はともかくその形式的正統性を不可侵とし，侵害を直ちに罰する，警護の制度をどのように考えるか（Celer「速い」-Celeres「親衛隊」）[7]．いずれも共和革命後しばらく経った時点の（反 Sp. Cassius 陣営内部における）くすぶった不安を原基とする伝承であるように思われる．そして第二の段階で，Romulus の裏切りの側に領域の状況の混乱の責任を求めるか，(非対称性や確たる障壁を認めえない) Remus の未成熟に責任を求めるか，の分裂が生じたものと思われる．

[4・5・1] "la gémellité sacrée" 自身はよく分布するパラデイクマである（cf. Martin, *Royauté I*, p. 226sqq.）．A. Meurant, *L'idée de gémellité dans la légende des origines de Rome*, Bruxelles, 2000 は，la gémellité universelle と la gémellité indo-européenne と la gémellité romaine という三つの層を分け，まず基本形が「三機能」に適合する過程，すなわち第三機能に対する「外」として

4 Romulus と Remus

表象される「異形」がさらに不死＝第一機能と戦士たる死＝第二機能の二人に分離する過程，を想定し (p. 77sqq.)，次に，戦士＝第二機能が優越するローマ的過程を想定する (p. 96sqq.). Dumézil 学説を受容する分荒唐無稽である．以下に見るように，ギリシャ古典期の Dioskouroi との間に明確な偏差が存在し，これは共和初期の具体的な関係と結び付いたものである．デモクラシーのための特定の観念が，ここでは中心＝領域間の垂直的無媒介に転用されるのである．この点，T. P. Wiseman, *Remus. A Roman Myth*, Cambridge, 1995 は遥かに着実なアプローチを見せる．ギリシャ側テクストを辿って双子の痕跡が見られないことを確認した後 (p. 43ff.)，ローマ側では 4 世紀の Praeneste の鏡に初めて Lares Praestites として双子が現れることを突き止め (p. 63ff.)，296 年の "the Ogulnian Moment" を重視する．ここで祭祀の面での patrici＝plebs 対等化が完成されたのであるが，それに伴って Evander 伝承と Lupercalia に Romulus/Remus がはめこまれた (p. 88)，というのである．「二人の consul」(Mommsen) でも「Latini と Sabini」(Niebuhr) でもない「patrici＝plebs」を Wiseman は提唱し，4 世紀後半における観念世界に多くの貴重なエコーを発見する (p. 103ff.) が，ただし，現に伝わるヴァージョン相互の対抗を十分に説明しない．これらを全て共和末に還元することは不可能である．

〔4・5・2〕 cf. infra I-7-2.

〔4・5・3〕 R. Schilling, Romulus l'élu et Rémus réprouvé, dans: Id., *Rites, cultes, dieux de Rome*, Paris, 1979, p. 103sqq. は「インドヨーロッパの双生児」を法則と見る．伝承批判の手続を完全に欠く．Bremmer, Romulus, Remus, p. 34ff. が示す Dumézil 版双生児と（Remus 殺しを R. Girard 風の秩序創建暴力と見る）Burkert に対する懐疑的姿勢は参照に値する．

〔4・5・4〕 先に述べた Fest. p. 184L は Lapis Niger をこの Faustulus の墓とするヴァージョンと Hostus Hostilius のそれとするヴァージョンを対置する．Romulus/Tatius と Romulus/Remus の二つの脈絡の対抗である．かつ共に下部単位が中間で滅することによって forum を創り出すという観念に与する．他方，F. Coarelli, *Il Foro Romano, I, Periodo arcaico*, Roma, 1983, p. 167s. は，Festus が Romulus の死（昇天）の場所ともすることから，これを Lapis Niger＝Romulus＝Volcanal という topographie の論拠とするが，Romulus-Faustulus 分節はテクストにおいて明確に意識されており，そうとは限らない．

〔4・5・5〕 J.-Cl. Richard, *Les origines de la plèbe romaine. Essai sur la formation du dualisme patricio-plébéen*, Paris, 1978, p. 256 は，Celeres を形成途上の原 patrici であると解する．しかしそれは高々逆であるように思われる．Numa による Celeres の廃止の側にこそ patrici 確立のエコーを見出しうる．Romulus の死に "senatores" の役割を見るヴァージョンも同様である．Richard は，「Romulus の時代」に緩やかな階層分化が発生し，彼らが interregnum という儀礼的メルクマールを通じて閉鎖的身分として形成される，という筋書き (p. 234sqq.) を想定するが，伝承の叙述レヴェルの繋がりから社会像を組み立てることには危険が伴う．Romulus 伝承内には patrici や senatus の実質的 étiologie は全く含まれず，auspicium 等の要素を「後追い」して Romulus のところに付着しているにとどまる．

〔4・5・6〕 P. Drossart, La mort de Rémus chez Ovide, *REL*, 50, 1972, p. 187sqq. は，Romulus 免責を主題とする Ovidius のヴァージョンにつき，政治的というより死者に対する儀礼から説明を試みる．そうだとすると，Ovidius の洞察が元来の屈折体に付着していた「〈分節〉に伴う心身二元論的葬送概念」を発掘したと見なければならない．

〔4・5・7〕 De Martino, *StCost I*, p. 123ss. は後の祭祀に tribuni celerum という痕跡をとどめる Celeres を騎乗する重装歩兵という特殊な軍制，過渡的形態，に関連付け，Etrusci 王権下に導入されたと見る．

4・6

 以上のように，共和初期のローマには領域に特殊な分子が展開し，彼らは特殊な意識を持ったはずである．しかも一身において政治システムの或る根幹を担うのである．つまり，中心以外には如何なる権力も存在しないということである．このことは或る対抗関係の中でなければ実現されない．一方で，全ては政治的関係でありテリトリーには決して直接関与しない，すなわち個別的に占拠しない，という観念が，他方で，とんでもない，それでは隙間に幾らでも重畳するテリトリー割拠が現れるではないか，テリトリーに対しては皆で硬く可能な限り直接的な関係に立たねばならない，という観念が，並存しながら鋭く対立する，ことが必要である．ギリシャではしかし，この対抗関係は領域の組織の多元性によって何段にも先送りされて実現され，領域の上に実際に両原理を体現する人間が生身で現れるなどということはなかった．しかしローマではその生身によって儀礼的に政治システムの一つの柱が支えられたのである．無分節で暴力的にも見えるが，個別利害を超越しているようにも見える，といったキャラクターである．

 Romulus と Remus は畢竟そうした人物像として育っていくのであるが，そうであればこそ，彼ら，特に Romulus の死こそは決定的な瞬間である．何故ならば，既に述べたように，放っておくと，死後神話化[1]を経て儀礼的に占拠するテリトリーこそはテリトリー上の枝分節結節点を構成するからである．

 事実 Romulus の死に関しては多くのヴァージョンが激しく対立する（DH, II, 56, 1: περὶ ἧς πολλοὶ παραδέδονται λόγοι καὶ διάφοροι）．権力の神格化と tyrannus 殺しの間に立って多くの学説がまた議論を戦わせてきた[2]が，対抗の軸を確定することにより，対抗の要素を簡単に発見し，そしてそれを成り立たしめている屈折体に簡単に辿り着くことができる．

 Dionysios は例によって，対抗する大きなヴァージョン群を分ける原理を，神話対儀礼に置く．神話化を進めるヴァージョン（οἱ μὲν οὖν μυθωδέστερα ...）は，ポイントを「突然見えなくなった」（ἀφανῆ γενέσθαι）に置く．Livius もまた，結果として「彼の姿がその集会から見えなくなり，以後 Romulus は決して地上にあることはなかった」（I, 16, 1: ut conspectum eius contioni abstulerit ; nec deinde in terries Romulus fuit）と要点をはずさない．Plout. Rom. 27, 6 は一層明確に「如何なる身体の部分も見えなくなり，如何なる衣服の部分も遺されなかった」(οὔτε μέρος ὤφθη σώματος οὔτε λείψανον ἐσθῆτος) と述べる．つまり，身体，領域，テリトリー，の側において存在が消える，ということである．もちろん，syntagmatique な連関は不可欠である．そしてそれは不連続を強調する．Cicero にとってそれは暦の上の不連続，日蝕であり，突然暗くなり明るくなるともう Romulus は消えているのである（Rep. I, 25）．その後に関する syntagmatique なパラデイクマも用意される．ここで Cicero は当然心身論を正確に用いることができる．「まさにその日蝕の折りに，たとえ自然が人間としての死へと Romulus を連れ去ったとしても，しかし優れた精神 (virtus) は彼を天へと連れ去った，と言われる」(quibus quidem Romulum tenebris etiamsi natura ad humanum exitum abripuit, uirtus tamen in caelum dicitur sustulisse)．基本的に同じヴァージョンを採る Ovidius は，反対ヴァージョンを否定すべく，証人なる者を登場させる．すなわち Alba から Proculus Iulius という人物が突然現れ，Romulus の霊が自分に真実を告げるように命じた，というのである．その核心は，「市民諸君 Quirites に喪に服することを禁ぜよ，汝らの涙でわが聖なる魂を侵すなかれ」(Fasti, II, 505f. : Prohibe lugere Quirites/Nec uiolent lacrimis numina nostra suis) である．つまり神話的パラデイクマの syntagmatique な延長を再現実化する儀礼の禁止である．葬送とその物的形態の墓が拒否されていることになる．Livius もまたこの「事実」を引くことによってこちら側のヴァージョン群に軍配を上げている．Romulus が伝えることを求めたのは将来のローマの偉大さである，と大いにポイントをはずすが．

　反対側のヴァージョン群においても対抗の軸は決してぶれることはない．Livius は，Proculus Iulius のエピソードの導入のため意味深長にも，「既に当時から誰か貴族の長達 (patres) が自らの手で黙々と王を引き裂いたと言い立てる者がいたのではないかと私は思う」(I, 16, 4 : Fuisse credo tum quoque aliquos qui discerptum regem patrum manibus taciti arguerent) と述べる．ここでは対抗が現実のものとして意識されており，しかもその軸が "discerptum"「引き裂かれた」と特定されている．つまり，いずれにせよ身体の消滅・解体

が軸をなし，それが天空へ上昇するか，極小にまで分割され見えなくなるか，の部分に対抗が生ずるのである．しかし誰によってばらばらにされるのか．伝承は圧倒的にここで民衆ではなく元老院ないし patres を指名する．Dionysios は「patrici が殺害を企んだ」(DH, II, 56, 4 : τοὺς πατρικίους βουλεῦσαι τὸν φόνον) と素っ気無いが，それでも patrici を明示し，Plout. Rom. 27, 6 は，反対説として，元老院議員が Hephaistos = Vulcanus 神殿で殺害した[3]とし，前の説を叙述する時と同様に身体を解体することを忘れない．しかも「彼らは身体を分け取り，それぞれ各々の部分を衣服の中に隠して持ち出した」(νείμαντας τὸ σῶμα καὶ μέρος ἕκαστον ἐνθέμενον εἰς τὸν κόλπον ἐξενεγκεῖν) と一層詳細である．明らかにまずは頂点を〈分節〉する行為であり，〈分節〉的諸頂点を生み出す行為である．Iulius の登場ないし挿入はこのことと関係する．すなわち〈分節〉頂点が gens と関係して与えられたのである．

　もっとも，殺害の場所につき再度伝承は対抗する．Vulcanus 神殿に対しては，App. B. C. II, 114 は Caesar 暗殺の先例として元老院議事堂 (βουλευτήριον) を指示し，Val. Max. V, 3, 1 も "in curia lacerauit" と記す．再度ここで〈分節〉と領域からの浮上との間で干渉が生じているのである．その上でそれは apotheosis ヴァージョンの方の場所と対抗する．「他の者達の考えでは，Vulcanus の神殿でもなければ，元老院議員達だけの目の前で消えたのでもなく，都市中心外で民会を主催していた時であった」(Plout. ibid.: ἕτεροι δ᾿ οἴονται μήτ᾿ ἐν τῷ ἱερῷ τοῦ Ἡφαίστου μήτε μόνων τῶν βουλευτῶν παρόντων γενέσθαι τὸν ἀφανισμόν, ἀλλὰ τυχεῖν μὲν ἔξω... ἐκκλησίαν ἄγοντα). 実際，Livius も，「Capra 湿地の広場で兵員を徴するための民会を開いている時（cum ad exercitum recensendum contionem in campo ad Capram paludem haberet) と特定する (cf. Ov. Fasti, II, 491).

　〈分節〉頂点形成の側は領域への直接性，極小化，へ通じ（塊が残ればさらにその中が有ることになる），領域からの超越の側は大きく広がる公共空間を必要とする．

[4・6・1]　Cicero のヴァージョンの「脱神話性」につき，vgl. J. von Ungern-Sternberg, Romulus-Bilder : die Begründung der Republik im Mythos, in : Graf, hrsag., *Mythos in mythenloser Gesellschaft*, S. 99ff..

[4・6・2]　cf. D. Briquel, Perspectives comparatives sur la tradition relative à la disparition de

Romulus, *Latomus*, 36, 1977. 如何に格好のスペキュレーションの対象となるかがわかる. 他にも例えば De Francisci, *Primordia,* p. 491ss. は Romulus の死を魔術的な力を持った王の終焉と考えた.

〔4・6・3〕 Coarelli, *Foro Romano, I,* p. 188ss. Volcanal と民会 (curiata=comitium と centuriata=Campus Martius) に二重の機能的連関を見出し, Lapis Niger の碑文と共に解釈して王が民会を主宰する作用を読み取る. しかし王権の解体のモティフや senatus と民会の二つのニュアンスの対抗をこれでは説明できない.

5 Servius Tullius

5・0

　共和革命時に大規模な部族組織の覚醒があったとして，しかしそれは多くのレヴェルにおいてのことであった．根底に眠っていたパラデイクマを大きく加工して〈神話〉レヴェルで持つことから始まり，都市中心においてそれを儀礼へと加工することを経て，領域の多かれ少なかれ具体的な部族組織の復権，そして部族連合体そのものの再興，に至るまで，多くの層が少しずつ偏差を示し，それら諸層の相互干渉と対抗・緊張関係こそが（それぞれのレヴェルの内部におけるそれと並んで）共和政を支える重要な資源となった．

　しかし他方，以上のようなディアレクティカを支えるためにも，以上の観念複合体全体と鋭く対立する屈折体群がやはり不可欠であり，これが鮮明に意識されなければ，上に述べてきたディアレクティカの精度は増すことがない．すなわち，およそ部族組織を構成する諸観念の全面否定である．或いは全面否定ということはどういうことかに関する具体的な観念像である．それがあってこそ，それによって抑圧されてきたものの復興という概念が可能になる．それは打倒の目標であり，克服の対象である．

　その把握は如何に初歩的とはいえ十分に突き放されているから，後の歴史学の基準からすると如何に「神話的」であっても，一見多分に現実的であるように見える．しかも，ここでも強い儀礼志向のため，Homeros における Troes のような強い〈神話〉的イメージにはならない．ますます「市井」の光景のようになり，事実，共和革命が実際に直面した現実である，少なくともそこから生まれた伝承である，と考えられてきた度合いが相対的にヨリ大きい．もっとも，

それにしては奇妙であることも同時に必ず気付かれてきた．ここまで見てきた伝承と共通の性質，そして相互干渉，がやはり見られるのである．若干はそのまま儀礼化されている．打倒対象の中にexemplumがあるというのはどういうことか．しかし，打倒対象との緊張関係は保たれねばならない．打倒対象自体一つのポジティヴな動機として保存されていくのでなければ政治システムは成り立たない．

今日，紀元前6世紀のローマにEtrusciの征服王権が存在したことを否定する見解はほとんど見られない．この時期の王権の動向として伝えられる伝承は，かくして，大きく批判されながらも，そのまま実証史学の史料として用いられる[1]．もちろんこの時期のEtrusci諸社会がどうであるかは独自の研究価値を持つ課題であり，そのときにこれから分析する伝承は重要な役割を果たし，かつその研究はこの論考の主題にとっても決定的な重要性を有する．とはいえ，ここではまずそれらの伝承が共和革命においてどのような意味を持っていたかのみを分析する．するともちろん多くの「神話的」要素もむしろ復権することになる．別の言い方をすれば，仮に「Etrusciの征服王権」があったとして，それが共和革命においてどのような意義を有したか，何故「征服王権」たることが必要であったか，を問うこととする．「征服王権」と性格付けるのはむしろ近代の学説であるが，それらもまた共和革命に加担している，というわけである．

いずれにしても，Tarquinius Priscus, Servius Tullius, Tarquinius Superbusという三代の最後の王達に関する伝承が特異であることは一目瞭然である．遅くにFabius Pictorの手によってannalesに組み込まれたであろうことは，Romulus-Numa-Hostiliusの場合と同様である．しかし後者と明らかに違って，annalesの言わば「正規部分」のexemplumとの間のparadigmatiqueな関係が希薄である．さらにまた，Fabius Pictorがギリシャ語で著述をしたその背景と関連して，ギリシャの歴史学の視角が投影されるということがジャンルとしてのannalesの特徴であったが，この流れからは相対的に遠いところに以下で扱われる伝承は位置する．そして反対に，Etrusciの社会で独自に伝承され，少なくとも共和末には独自の「歴史学」さえ言うことができるまでになる[2]，パラデイクマ群が存在するのである．かつ，古事学の側はこれに十分な関心を示す．

〔5・0・1〕　Heurgon, *Rome et la méditerranée occidentale*, p. 235: "Avec la dynastie étrusque, les éléments de réalité se font tout à coup plus solides". その中核に Tarquinia, Vulci, Clusium と何波にもわたる軍事的征服があったとする (p. 241).

〔5・0・2〕　Heurgon, *Rome et la méditerranée occidentale*, p. 236.

5・1

　一群の伝承には一貫して明確なモティフが見られる．そもそも前代の王 Ancus Marcius の軍事作戦において，われわれは一隊を指揮する Tarquinius なる人物に遭遇する (DH, III, 39, 3)．彼が Etrusci 社会の出身であることは初めから明示される (ὁ Τυρρηνός...)．彼が騎兵を率いることも注目に値するが (*ibid.*, 40, 4)，とにかくこの人物がやがて王権を獲得し，かつその態様は全く征服などというものではない[1]．

　この人物は元来 Lucumo と名乗っていたということから，Liv. I, 34 と DH, 46-8 はその前歴につき異様に詳細に記述する．しかし，われわれは Romulus が Sabini との決戦に臨む時傍らにやはり Lucumo が居るのを見出す (DH, II, 37, 5 ; 42, 2)．しかも Etrusci の一隊を率いて馳せ参じているのである．Romulus のあの領域直結の無分節集団ではなくして正規の軍事化手続きを経た imperium に寄り添うようにこの Lucumo が現れるのである[2]．この混戦ないしズレ込みは，われわれが軍事化の局面に関わりつつあることを暗示し，かつその軍事化は Romulus のそれとライヴァル関係に立つかもしれないと予感させる．

　Tarquinius Priscus を継ぐのは Servius Tullius であるが，どのようにしてか．ここでこそ伝承は激しく対立する．元首政期に入って Claudius 帝がリヨンで立てさせた碑文は，古くからローマが外の分子を取り立てるのにオープンであったことを誇るものであるが，その一節は以下のように述べる．「(二人の Tarquinius 王の間に) Servius Tullius がはさまる．彼は，われわれの著述家達に従えば戦争捕虜＝奴隷の女 Ocresia から生まれた．もし Etrusci の著述家達に従えば，彼は Caelus Vivenna という者の最も忠実な同志であり，いつ如何なる場合にも付き従う従士であった．Caelus の部隊が運命の変転の中で全ての残党と共に Etruria を退いた後，Caelius の丘に住み着いた．事実彼の指揮

官だった者の名を取って Caelius の丘と呼ばれるのである」(ILS, 212＝CIL, XIII, 1668: insertus Seruius Tullius, si nostros sequimur, captiua natus Ocresia; si Tuscos, Caeli quondam Viuennae sodalis fidelissimus omnisque eius casus comes, postquam uaria fortuna exactus cum omnibus reliquis Caeliani exercitus Etruria excessit, montem Caelium occupauit——[et] a duce suo Caelio ita appellitatum ...). その人物は Etruria では Mastarna と呼ばれた．その Mastarna と Caelus Vivenna との間の固く結ばれた関係は彼らがローマに来る以前に形成されたものであり，その形成には Etrusci 社会の何か劇的な変化が絡んでいる如くである[3]．もちろんそうした結合によって形成されるのは軍事的な性質の集団であるが，その特徴はジェネアロジクな要素を全く欠くということである．Romulus の集団でさえ，テリトリー上の部族原理を否定するものではあったが，moitié 原理によって編成されたものをそのままテリトリー上に貼り付ける (tribus) ものであり，moitié 自体，例えば Romulus/Tatius でさえ，最小限のジェネアロジーによって支えられ，そのジェネアロジーの背後には結局部族の概念があるのである．ところが Mastarna 集団はその限りでない．全く見ず知らずの者が固く結合し，知らない土地にやって来て，しかもそこでもジェネアロジーを作らない．

これは明らかに共和革命の中で一旦は克服されるパラデイクマである．むしろ地下水脈としてやがてローマの支配下に入る Etrusci 社会において伝承され続ける[4]．そしてローマ中央では古事学系のジャンルで再発掘されるが，これを強引に Romulus のところへ吸収する傾向を見せる (cf. DH, II, 36, 2)．Varr. d. l. l. V, 46 (ed. Spengel) は，「Caeles Vivenna の名を取って (Caelius mons という)，彼は Etrusci の高名な隊長であり，自らの軍事集団を持って，Tatius 王と戦う Romulus に援軍 (auxilium) たるべくやって来たと言われる．Caeles の死後，彼らが余りに堅固なところを占拠したために嫌疑なしとはされず，平野の方へ入植したと言われる」(a Cele Vibenna, Tusco duce nobili qui cum sua manu dicitur Romulo venisse auxilio contra Tatium regem. Hinc post Celis obitum, quod nimis munita loca tenerent neque sine suspicione essent, deducti dicuntur in planum) と述べる．先に見た Lucumo がこれのエコーであることは一目瞭然である．しかも，Romulus のところへ押し込めるだけでは足りず，Varro が発見

したヴァージョンは，この集団を領域の側へ追いやり，入植させている．それと同時に，あの人的結合原理 (sodalis fidelissimus) はどこかへ行ってしまい，Vivenna 自身が来たことになっている．この辺りの緊張関係を Tacitus のテクスト (Ann. IV, 65) は精確に映しとっている．「(Caeles Vivenna は) Etrusci の人々のリーダーであり，援助軍 (auxilium) をもたらして，Tarquinius Priscus から (都市中心に) 居所を受け取った，或いは誰か他の王がそれを与えた，というのもこの点では著述家達の見解が対立するからである．他の点に明快で，すなわち大きな軍事集団をもたらして平野の側にさえ，そして forum の近くにさえ，住みなした」(qui, dux gentis Etruscae, cum auxilium tulisset, sedem eam acceperant a Tarquinio Prisco, seu quis alius regum dedit: nam scriptores in eo dissentiunt. Cetera non ambigua sunt, magnas eas copias per plana etiam ac foro propinqua habitauisse)[5]．Romulus-Tarquinius Priscus 間のヴァージョン対抗関係のみならず，定住の形態に関する争いも意識されており，Tacitus は，都市内のヨリ平坦な部分，というイメージを提出し，Tatius 伝承にあった空間分節を再現している．そこには agora があり通商があるとすると，われわれがこの項で扱う他の伝承と大きく符合して来ることになる．Varro も Tacitus も "Mons Caelius" に対するもう一つの étiologie/toponomastique を意識しており，或る地区が "Vicus Tuscus" (「Etrusci 街」ないし「Etrusci 村」) と呼ばれたというのがそれであるが，Tacitus の方がその意義を一層鋭く嗅ぎ取っている，と言うことができる．"Vicus Tuscus" はちなみに，共和初期に Vivenna/Mastarna の如き分子が共和体制に何らか関わったことをわれわれに覗かせる絶好の覗き窓である．すなわち Liv. II, 14, 9 および Fest. P. 487 L は，既に述べた Aricia での戦いで Latini に撃破された Porsenna の残党が収容されたことを伝え，これらのテクストはこれを Vicus Tuscus の étiologie とするのである．ここでは，ローマの体制は Porsenna にもかかわらず微妙に Latini の対岸に立つ．

〔5・1・1〕 cf. J. Poucet, *Les rois de Rome. Tradition et histoire*, Bruxelles, 2000, p. 212sqq. Richard, *Les origines de la plèbe*, p. 312sqq. は，interregnum つまり原 patrici の特権の無視，広い権力基盤，を見る．端的に plebs を権力基盤としたとする見解を含めてこの種の見方は根強い (cf. Heurgon, *Rome et la méditerranée occidentale*, p. 242) が，「幅広い」とは何なのか，テリトリーを含意するとすれば誤りであり，武装して終結する多様な分子という意味であれば，パラデイクマはまさにこの方向を指示する．

〔5・1・2〕 Valditara, *Magister populi*, p. 137ss. にとってはまさにこれが magister populi, 後の

dictator そして consul の原型である．

〔5・1・3〕 M. Torelli, Per una storia dell'Etruria antica, in : AA. VV., *Storia della società italiana*, 1, Milano, 1981, p. 177s.

〔5・1・4〕 さしあたりは Claudius の言う "si Tuscos（auctores）" に対応するが，何と言っても学説が関心を集中させるのが，Vulci の La tomba François の壁画である．しかしこれはヘレニズム期の図像史料であり，何よりもこの時期の Etruria 社会の史料として考古学的脈絡で解釈されなければならない．名前の符合が事件の同一性を保障するわけではない．いずれにせよ何かのパラデイクマの意識的に神話化されたヴァージョンである．したがって，R. Thomsen, *King Servius Tullius. A Historical Synthesis*, Copenhagen, 1980, p. 112ff. のように多くのヴァージョンをこの図像のヴァージョンによって切り捨て，Vulci 出身の condottiere が Tarquinia 系の Tarquinius Priscus を排除して交替したのである（後述の Latini 出身ヴァージョンは「誤り」である），という整理をしてしまうことは全く的はずれである（しかし Martin, *Royauté*, p. 267sqq. や Poucet, *Les rois*, p. 205sqq. はこれに従う）．現に Valditara, *Magister populi*, p. 107s. は，Mastarna＝Servius Tullius は Cneve Tarchunies の Tarquinius Priscus に対するクーデタを鎮圧すべく Vivenna 兄弟を助けた，と同じ資格で反対の想像を膨らます．
V. E. Vernole, *Servius Tullius*, Roma, 2002, p. 197 の懐疑は（後述のように，だからといって伝承を捨てて topologique なデータのみを採ることは正しくないとしても）正当である．もちろんそれでも，上に示唆した 6 世紀の Etruria 社会の大きな変動のエコーが届いていることは排除されない．これと 6 世紀ローマの地での何かがどう絡んでいたかはわからないが，Etrusci 側の経路を共和末のローマが吸収するときに，一種の習合現象が生じたと思われる．

〔5・1・5〕 ed. Goelzer. "tulisset" は Lipsius に遡るが，"portavisset" も有力である．ただし大きく意味を変じない．"tulisset" の方がスタイルの点で Tacitus にとってもソースにとってもよいか．

5・2

「Etrusci 王権」を巡る伝承の太い柱は何と言っても領域のあらゆる組織の破壊である．しかも Romulus 伝承におけるように無分節集団がテリトリーに直接立つという像を示そうとするのではない．領域の問題に対して政治的にのみ関わろうとする動機を先取りするのでもない．破壊の後，無媒介で無関係な状態が現出することになる．

伝承は全ての時期に絶え間なく征服が進行していったように記述するが，中で Tarquinius Priscus の征服事業は或る際立った特徴を有する．Livius (I, 35, 7) は，「まず Latini との戦争を行い，彼らの都市（oppidum）Apiolae を武力で奪取した（ui cepit）．戦利品（praeda）が戦争自体に予め込められた重要性以上に多くもたらされた．」(Bellum primum cum Latinis gessist et oppidum ibi Apiolas ui cepit, praedaque inde maiore quam quanta belli fama fuerat reuecta) と述べる．Dionysios (III, 49) も，Apiolae につき，Latini 中の重要な都市としつ

つ，なおかつ「Apiolae とその他の全ての Latini」(οἱ Ἀπιολανοὶ καὶ οἱ ἄλλοι σύμπαντες Λατίνοι) を敵として指示し，前の王 Ancus との間にあった関係が Tarquinius との間では切れてしまったことを示唆する叙述をする．つまり Ancus は Latini 部族連合の側にあったということである[1]．さらに，不思議なことに Dionysios は Apiolae 攻略が二度の戦闘 (...διττὰς...μάχας...) によったとする．そして都市の物的装置が完全に破壊されたことを丁寧に記述するのである．この Apiolae は幻の単位で，「重要」と言われる割に他の Latini 諸単位に比して痕跡をとどめないが，その Apiolae が破壊されると，その下からぞろぞろ這い出て来るように他の Latini の単位が現れる．しかも Dionysios によれば，それらは，Crustumerium (49)，Nomentum (50)，Collatia (50) というように次々と降伏し，それを受け入れられ破壊されないのである．Livius もまた，Sabini との一大会戦 (I, 36f.) をはさんで 38, 1-4 で同様の経過を伝える．もっとも，Dionysios が微かに差をつけ，Collatia には若干不利な扱いがなされ，その結果甥の Arruns = Egerius がそこに乗り込んで「直轄」する，と解するのに対し，Livius は，Egerius が乗り込み「無条件降伏」deditio のフォーミュラの起源を有する Collatia と同じ扱いを Corniculum, Ficulea, Cameria, Crustumerium, Ameriola, Medullia, Nomentum が受けたと解し，これらを「原 Latini」(Prisci Latini) と称する．彼らの物的拠点はどうなったかについて，興味深いことに Livius はそれらは「破壊され，そうして和平が成った」(capta oppida. Pax deinde est facta) とまとめる．

　Apiolae を拠点とする部族同盟の公式組織はもちろん，個々の単位の公式のプレゼンス（少なくとも oppidum＝arx）も否定されるが，ならば明確で積極的なテリトリーへのアプローチがあるかと言えばそうではなく，あったとしても間接的・例外的・非制度的であった，という把握がこれらの伝承の根底にある．そうした状況の多義性がヴァージョン対立を生んでいるのである．

　このときの破壊の特別の性格は以上にとどまらない．最も重要な点はこれが後の主神殿の建設と不可分であることである．パラデイクマの syntagmatique な延長に神殿建設がある．まさに折り紙つきの étiologie である．暦の上の祭祀を樹立することでもあるし，また端的に物的な装置の実現でもある．物としてそこに厳然として有り，しかもそれが聖化されている．共和政にとって打倒

5 Servius Tullius

対象どころか記憶の柱である．Liv. I, 38, 7 は Iupiter 神殿を Tarquinius Priscus が Sabini との戦いの際に奉納誓約していた（uouerat bello Sabino）と明かす．DH, III, 69, 1 も同様であるが，67ff. によって forum も含む都市中心全体の建設の脈絡で述べられる．と同時に，Dionysios は Tarquinius Priscus の死により建設が中断したとする．基礎を築いたとする Livius が後述の vovere-locare-dedicare の形式の第一段を概念しているのと対照的である．

われわれは「Etrusci 王権」第三代最後の王 Tarquinius Superbus の事業に全く相似形のものを見出す．Liv. I, 53, 2 は「Suessa Pometia を武力で攻略・破壊した」（Suessam Pometiam ui cepit）と簡単に述べるが，55, 1 は「Iupiter 神殿を……二人の Tarquinius 王，父が奉納誓約し息子が完成した，ということになるように……」（ut Iouis templum...Tarquinios reges ambos patrem uouisse, filium perficisse）とし，「（大事業となって）Pometia からの戦利品が建設を完成させるために予定されていたが，基礎を築くために充当されてやっと足りるかどうかであった」（7 : itaque Pometinae manubiae, quae perducendo ad culmen operi destinatas erant, uix in fundamenta suppeditauere）とつなげる．続いて Livius は，Fabius Pictor と Piso の間に額を巡って見解の差異があると述べる．しかしまさにこれが根幹を成す伝承であったことがわかる．他方 Dionysios は，まず Suessa Pometia につき「近隣の全ての者達の中で最も裕福と見られていて，その富故に全ての者達に不快かつ負担な存在であった」（IV, 50, 2 : εὐδαιμονέστατοι δ' ἐδόκουν ἁπάντων εἶναι τῶν πλησιοχώρων καὶ διὰ τὴν πολλὴν εὐτυχίαν ἅπασι λυπηροὶ καὶ βαρεῖς）と特定する（ed. Vogel）．そして Suessa Pometia 解体により莫大な戦利品が得られたとするばかりでなく，「十分の一」（δεκάτη）が神殿のために取り除けられたとする．さらにそこで，知らせを受けた Tarquinius Superbus は一旦 Sabini 方面に臨み，大勝利し（51f.），Suessa Pometia に取って返し戦利品を運びなおすのである．Livius においても実は Suessa Pometia 破壊はむしろ序曲であり，ここから Volsci との長い戦いが始まるとされるが，Dionysios は早速 Tarquinius 王に Volsci のテリトリー深くに攻め込ませる．とにかくここでも何か特殊な構造の外皮の突破が概念されている．部族同盟の主要な結節点，財交換過程の中の蓄蔵点，と思われる．とにかくそれが Iupiter 神殿建設の財源であることは Dionysios にとっても疑う

余地がなく (59), しかも再び "δεκάτη" に言及される.

　都市中心の基盤が神殿であることは既に述べた通りである. 都市中心の形成は本格的な領域の形成と一体であり, 後者のためには枝分節結節点・蓄蔵点・隠れた権力の所在を一掃する必要がある[2]. これはもちろん政治の成立のために不可欠であり, したがってローマ共和政のために不可欠であるが, その過程が共和政成立以前に達成されつつあった, と彼らは考えるのである. その anomalie は認識されていたということになる. しかし裏を返せば, そのことをそのまま受け継ぐのでなく所与として冷静に料理し直した, ということである. 敢えてそうした像を据えて立ち向かったのである. つまりテリトリー上の破壊も中心の物的装置もそれだけでは何でもありうる, 何かを大きく変革しなければそれが政治を意味するようにはしえない, ということが或る時点で理解されたのである. 擬似都市中心の形成自体分岐であり出発であったことは Caeles Vivenna が Etrusci 社会内部で軋轢を持ったことによって知られる. 否, それ以前に Etrusci 社会は別の擬似都市中心を知っていた. すると, それら全てとの決別が共和革命の一つのポイントであったことになる. にもかかわらず, Iupiter 神殿と対応するテリトリー上の破壊は大いなる遺産であったのである.

[5・2・1] Ancus についての希なモノグラフが Th. Camous, *Le roi et le fleuve. Ancus Marcius Rex aux origines de la puissance romaine,* Paris, 2004 であるが, この繋がり, そして「Etrusci 王権によって打倒される」という役回りについては黙し, 事蹟をそのまま「考古学的に検証する」という最近の愚かな先祖返り (Carandini!) に与する. 付着する伝承 (領域拡張=cf. p. 28, "bonus Ancus"=cf. p. 30,「橋」と Numa=cf. p. 32, 曖昧な軍事化=p. 33sqq., Ostia=cf. 36 等々) は全て中心から領域に枝分節で具体的に着地するというイメージを伝える. 無分節軍事集団が超越するという動機の対極である.「軍事的征服」と「複雑さ」(p. 52) と括る読みは読まなかったに等しい.

[5・2・2] 大建築事業が, 考古学の知見をも借りて, 最も確かな事実であるとされる (Heurgon, *Rome et la méditerranée occidentale,* p. 243).

5・3

　その Iupiter 神殿が建設されることになる Capitolium の丘,「Tarpeia の akropolis」, にはしかしそれ以前に様々な神域が存在し, これらを整理することが必要になる. 伝承はこの問題に早速関心を寄せ, そしてそこに上に述べた対立点が現れて来ることになる.

　DH, III, 69, 5 は, 他の神々が移転に同意する中, Terminus と Iuventus だけ

が同意しなかったので Capitolium の神域の中に取り込まれることになった，と伝え，同意取り付け手続を鳥占いによって遂行した Naevius Attus という人物を登場させる (60f.). 貧しい豚飼いの子として生まれた彼は，少年時代，居眠りをして豚を逃がしてしまい，heroes の一人の神域に願をかけ，ようやく発見したものの，返礼として約した「一番大きな葡萄の房」がどこにあるのかわからず途方に暮れた．しかし土地を半分に次々と区切ってはまさに鳥が飛ぶ方向によって限定していき，遂に「一番大きい葡萄の房」に行き着いたのである．第一人者となった Naevius に或る時 Tarquinius Priscus 王がきく，何でも予知できるのならば，今自分が考えていることが可能かどうか内容を知らずに答えよ，と．可能という答えに対して，王は，剃刀で石を切るなどできるはずがない，と勝ち誇るが，Naevius は目の前でそれをやって見せる．どちらのエピソードも「切る」「区分する」ということに関わり，imperium の不可分性の概念に，領域の〈分節〉が鋭く対立している．連続体の一義的切断の観念には，遠く Pythagoras 学派のエコーすら感じさせる．これが無ければ政治システムの政治的決定の一義性もまたありえないのである．imperium はそれに基づくのではなかったか[1].

　Tarquinius Superbus の事業に関連して似たエピソードが現れる．DH, IV, 59, 2 は，工事中に血もしたたる生々しい人の首が掘り出された，と伝える．これを何かの予兆と考えた王は全 Etruria に最良の占い師を探させる．高名な占い師を訪ねたローマの使節はその子供から「予診」を受ける．正しい訊き方をしなければ正しい答えを得られない，というわけである．そして，きっと Capitolium の丘を四方に区分するように地面に線を引いて首がどこで出たかと尋ねるから，これに答えず，ひたすら「ローマ」とか「Tarpeia の丘」と言え，という指示を与えられ，その通りにする (60f.)．仕方なく占い師は「ローマの永遠の支配」を予言せざるをえない（無分節と枝分節，王制と部族，のすれ違い）．Liv. I, 55, 3ff. は，Terminus の脈絡で caput humanum を伝え，占い師のエピソードを無視する．これはしかし表面的なヴァージョンで，水面下には鋭い対立が見て取れる．生首はやはり足すなわち領域の基盤を欠く．imperium の不可分が守られたとしても，それが arcana imperii であるとしても，所詮それだけでは危ういのではないか．

「境界」を意味する Terminus と並んで Iuventus が登場することも偶然ではない．剃刀のエピソードは，Liv. I, 36, 2 によれば騎兵 equites の単位 centuria を増設・倍増することを巡るものである．Romulus による三単位 Ramnes, Titienses, Luceres に固執する Naevius が抵抗したのである．この点 DH, III, 71, 1 はこれを 3 tribus 体制の問題とする．Tarquinius Priscus がこれを増やそうとしたというのである．

そもそも Livius は Romulus-Tatius 体制下に 30 の curia を位置づけ，そこに equites の 3 centuriae を横付けし，上の三つの名（ただし "Ramnenses"）を掲げ，Ramnenses を Romulus に，Titienses を Tatius に，結び付け，Luceres については名の由来も起源も不確かと付け加える（I, 13, 8: nominis et originis causa incerta est）．DH, II, 13 は端的に，これを 3 tribus とし，各 10 curia で 30 curia 体制とするのである．moitié 原理をそのままテリトリーの区分とするときにどうしても 2 を 3 に翻訳する必要が生まれる．しかし curia から imperium を導出し儀礼のレヴェルで軍事化を達成した後，領域の上にもこの装置を利用して人的組織を樹立したいとき，どうしても Romulus のところにこうしたイメージをリソースとして蓄積しなければならない．かつ，中で equites は領域に直接降りない若い patrici の結合体を意味する．Liv. *ibid.* は patres の制を Romulus に創設させている．

imperium と密接な以上のような概念を大きく修正すれば imperium 自体が崩れるではないか．Naevius はそのようにも言っているように見える．「増加」「倍増」は moitié の 2 と tribus の 3 を連関させる論理からの恣意的な逸脱を意味する．共和初から見て，そういうものにすぎない，という負の exemplum の形成である．こうした意味を汲み取るために不可欠であるのは，Servius Tullius による 4 tribus 制の創設の伝承である（Liv. I, 43, 13; DH, IV, 14）．Livius はこれが「領域」といっても都市中心の空間の区分であること（urbe diuisa）を明確に捉え，しかも，明確に分割された給付としての公の負担 tributum を tribus の語源として採る（ut arbitror, ab tributo）．高々逆であるにもかかわらず．Dionysios もこの点明快であり（...χρείας, ἃς ἕκαστον ἔδει τῷ κοινῷ παρέχειν），この関係を儀礼化する祭礼 Compitalia についてさえ触れる．要するに，テリトリーから財，おそらく種類物，がやって来る，それが直ちに全て

5 Servius Tullius

王に帰属するのでなく，都市中心の何らかの人々に帰属し，この平面を「領域」の如くに扱って区分し負担を割り付ける，というようなことが概念されているのである．この中間の平面は，テリトリーに対して一体的・無媒介（暴力的）たらんとする集団にとっても curia から imperium を概念する立場にとっても，Tarquinius Priscus にとっても Naevius にとっても，遺憾であるはずである．結局前者は後者の意見を聴きいれるが，後々まで二つの tribus 概念の調整は難問であり，DH, IV, 15 によると，Fabius Pictor は 30 curia に合わせるべく領域には 26 の tribus が有ったと逆算し，Vennonius は後の 35 tribus 制に合わせるべく 31 とし，Cato は正確にも数は不明，とした，という．

equites を倍増するということは，「領域の上に立つ」階層を「二階建て」にすることを意味する．全体としての性質も微妙に変化するであろう．まずはこれが端的な軍制面に現れるというわけである．そうした要素を後の体制が引きずるからこそこのような伝承上の「横槍」が入る．この点，もっと公式に割って入るのが元老院議員 senatores 倍増の伝承である．Liv. I, 35, 6 は Tarquinius Priscus が「劣格の氏族」(gentes minores) から 100 人を追加した（200 人とした）と言い，DH, IV, 67 はメリットに応じて plebs から 100 人を追加したと言う[2]．新しい原理によって都市中心に立つ関係の存在を示すものであり，そこからもまた後代の patres を構成する者があったことを意味する（後代には patres/equites 二階立てへと概念が整理される）．いずれにせよ curia と patres 体制に imperium が大きく依存するという観念からは，大きな逸脱が生じたことになり，imperium の危機が「過去」というキャンバスに描かれることになる．

もっとも，imperium それ自体，決して curia からのみ出て来るものではない．「Etrusci 王権」にリソースを採るヴァージョンが存在するのである[3]．DH, III, 61 は Etrusci 諸都市に対して勝利した Tarquinius Priscus が彼らから栄誉として "τὰ σύμβολα τῆς ἡγεμονίας"（王者の表徴）を受け取る様を描く．それには，「何人かの者達が探査して述べるところによれば」(ὡς δέ τινες ἱστοροῦσι)，後の imperium の表徴たる 12 の斧が含まれていた．しかし「全ての者達がそれに同意して述べているのではなく」(οὐ μὴν ἅπαντές γε συμφέρονται τοῖς ταῦτα λέγουσιν)，彼らによるともっと古く Romulus が創始したのである．し

かも，「ローマ側の著述家達の多数が書くところによれば」(ὡς οἱ πλεῖστοι γράφουσι τῶν Ῥωμαϊκῶν συγγραφέων) 王はすぐには受け取らずに元老院と民会に諮った．しかしそのようにして 12 の fasces（斧と縄）および 12 人の先導吏 lictores が制度化された，というのである．これに対して Livius (I, 8, 2f.) は，Remus 死後の時点に Romulus が導入したとする説を採る．「imperium の表徴によって自分を敬うべきものにした方が（よいと考え），若干の装束と，とりわけ 12 人の lictores を従えることによって，自分を厳かにした．他の者達は，鳥占いによって王権を Romulus へと指示することになった，その鳥の数から，彼が 12 という数に従った，と考える．私は躊躇無く以下の説に与する．玉座 sella curulis や法服 toga praetexta などが由来する近隣の Etrusci 社会から，吏官 apparitores もその種類のことも，従ってその数自体も由来するのが当然であると考える．実際 Etrusci の制度によると，12 都市が共通の王を選ぶ時には各都市が各一名の lictor を差し出すのであった」(...si ipse se uenerabilem insignibus imperii fecisset, cum cetero habitu se augustiorem, tum maxime lictoribus duodecim sumptis fecit. Alii ab numero auium, quae augurio regnum portenderant, eum secutum numerum putant ; me haud paenitet eorum sententiae esse, quibus et apparitores et hoc genus ab Etruscis finitimis, unde sella curulis, unde toga praetexta sumpta est et numerum quoque ipsum ductum placet, et ita habuisse Etruscos, quod ex duodecim populis communiter creato rege singulos singuli populi lictores dederint.). Romulus したがって curia に imperium を基礎付ける側でさえ，Etrusci の寄与を認めざるをえないのである．そのとき，12 という数字は決定的とみなされ，かつこの数字は都市同盟に進化した部族同盟の軍事化メカニズムを意味すると考えられたのである．

　Liv. I, 45 ; DH, IV, 26 は Servius Tullius につき，Latini の同盟拠点をローマの Diana 神殿に接収する試みを伝え[4]，Dionysios はしかも続いて 12 都市の同盟から成る Etrusci とこの王が戦うことを記す[5]．われわれが Spurius Cassius の周辺において見た，部族同盟の軍事化に対抗的な同種の軍事化の試みが強く想起される．ここでそれが curia 回路の imperium のオルターナティヴであったとすれば，「Etrusci 王権」を多少でも遺産と考える側はこれを投影したに違いなく，ひょっとすると投影しうる現実が有ったのかもしれない．Etrusci 社会

5 Servius Tullius

の亀裂が同種の事態をもたらし，ここからローマの「Etrusci 王権」がさまよい出たのかもしれない．これを Latini との関係で模倣する動きを伝承は Servius Tullius に仮託するのである．

伝承 (Cic. Rep. II, 37: cunctis populi suffragiis; Liv. I, 35, 1f.: Isque primus et petisse ambitiose regnum et orationem dicitur habuisse ad conciliandos plebes animos compositam; DH, III, 48, 3f.) は，Tarquinius Priscus の登位につき，curia/patrici/senatus の制度的装置すなわち interregnum を無視し，むしろ人民の同意に直接由来するかのように描く．ところが Servius Tullius につき Livius は，「初めて人民の（民会の）議決無く patres の意思によって王位に就いた」(I, 41, 6: primus iniussu uoluntate patrum regnauit) と逆を述べ，"sine" を補って「patres の意思なしに」と読む emendation を呼ぶほどである[6]．さらに，民会手続の追完の脈絡では "iniussu populi" とのみ書き，Tarquinius Superbus の反 Servius Tullius 演説では「interregnum を経ることなく，民会も開催せずに，人民の投票も経過せず，patres の裁可も無く」(I, 47, 10: non interregno inito, non comitiis habitis, non per suffragium populi, non auctoribus patribus) と言わせる．DH, IV, 8 は，Servius Tullius が interregnum による正統化を欲し，これに patres が激しく反対する様を描く．かくして彼はいきなり民会に訴えかけざるをえない (9f.)．patres は対抗 interregnum に赴くが，curia 民会の手続，すなわち lex curiata, の段階でひっくり返ることを恐れ，むしろそのまま「非合法」のままに置くこととする．二つのモデルが強い力で反対方向に引っ張るために，パラデイクマはおろかテクストさえもが大きく引きちぎられ，Dionysios はこれを却って政治ドラマに仕立て上げたのである．

〔5・3・1〕 augures と auspicium を古い氏族制貴族の側の抵抗の拠点とする捉え方 (cf. De Martino, StCost I, p. 138ss.) は Naevius のエピソードに関する限りは妥当でない．

〔5・3・2〕 Richard, Les origines de la plèbe, p. 318sqq. は，DH の plebs 説を批判し，Cic. が前提する patrici 内説に傾く．また minores = conscripti 説も批判する．その通りであるが，しかしそのような実体の問題でなく，patrici/plebs と別に何故もう一つ senatus 内に（或いは equites 内にさえ）二元的構造を遺したか，である．

〔5・3・3〕 imperium を Etrusci 王権起源とするかどうかという論点につき，さしあたり De Martino, StrCost I, p. 118ss. を参照．Etrusci 王権は軍事的で絶対的であったから，こちらに imperium の起源がある，とする推論は完全な混乱である．imperium の単一で透明な性質は「軍事的・専制的」と無関係なばかりか，正反対である．共和革命以前には存在しえない．問題は étiologie が何故 Romulus や Etrusci 諸王のところに付くかである．一方には部族組織

のメカニズムが有る．そして他方には領域の枝分節組織の完全な解体ということが有る．かつそれらは imperium の資源ではあってもこれと同義ではないのである．

〔5・3・4〕 Thomsen, *King Servius Tullius*, p. 308ff. は学説（Altheim, Momigliano）が懐疑的な Aricia/Nemi 先行（Wissowa 説）を認め，同盟形式のみ Aventinum から始まるとする．これに対して Poucet, *Les Rois*, p. 271sqq. は，Strab. IV, 1, 5 の Massilia との類比さえ否定して史実性を疑う．しかしポイントは，Momigliano, Sul "dies natalis" が明瞭に意識するように，Diana を Artemis として神域を設定する行為であり，Servius Tullius 独自の軍事化方式とこれは深く関係する．後にこれを Nomen Latinum が乗っ取ってしまい，I-2 で見たような引っ張り合いの挙句 Aventinum-Nemi の二極構造（cf. B. Liou-Gille, Une tentative de reconstruction historique : les cultes fédéraux latins de Diane nemorensis, *PP*, 47, 1992, p. 426）が生まれ，これは次に plebs/Latini に分解してしまう（cf. supra）．

〔5・3・5〕 Thomsen, *King Servius Tullius*, p. 288ff. は，Servius Tullius の対 Etrusci 凱旋を Vulci 系対 Tarquinia 系等の何か Etrusci 内部の抗争と関連付ける．「十二都市」そして Aventinum の Diana 神殿というポイントを綺麗にはずしてしまう．

〔5・3・6〕 cf. Martin, *Royauté*, p. 50sqq.

5・4

その Servius Tullius について，実は Livius も Dionysios も Mastarna ヴァージョンを採らないばかりか，その存在すら示唆せず無視し，これと大きく対抗するヴァージョン群の中で思考する．そもそも，テリトリーを離れて浮上する形態にも様々なものが有り，硬い軍事的な結合体が集団としてテリトリーに関わる結果個々には決してテリトリー占拠の関係が存在しない，という形態を一方の極とすれば，他方の極には，種類物の échange のみを媒介とする関係のために領域からの切断を障壁として利用する，という形態が有る．Servius Tullius が後者を強く連想させる形象であることは tribus の問題に関連して既に示唆した通りであるが，Claudius 帝が言うように，annales の主力はこの方面に大きな屈折体を発展させたようである．

テリトリーを離れる仕方に二つあるということは，ジェネアロジーを切断する仕方に二つあるということを意味する．一方は全く関係の無い分子が sodalis として結合することであり，他方は女奴隷 serva が父不詳の子を産むことである．serva には女主人があり，女主人は家政と家産を化体する存在であり，serva はその構成要素である．他から切れたその serva の息子が一個の主体として独立するとき，到底主人に属する実力集団 servi の一員たりえない．そこから離脱して種類物の échange に特化した媒体たりうる．いずれにせよ伝承が

徹底的に Tarquinius Priscus の妻 Tanaquil の役割を強調し[1]，単純に一人の奴隷を登場させることをしないのはこの故である．

とはいえもちろんこうした意味連関が形成されるのはパラデイクマ自体によってではなく，そのヴァージョン対抗によってである．まず大きく分かれるのは serva の存在を強調するかどうかである．Livius の第一ヴァージョン（I, 39, 1ff.）はいきなり，卑賎の出自と育ち（tam humili cultu）の少年が眠る情景を描き，ところがこの少年の頭が火を噴いている（caput arsisse）のを Tanaquil が発見しこれを神意を表す予兆（prodigium）と解し，自分の子のように育てるばかりか娘を嫁がせる，と続ける．これは既に serva 無視のヴァージョンであるが，その存在は暗黙に前提されている．事実 Livius には「元々奴隷の女から生まれ幼い頃から奴隷として仕えたとは到底信じられない」(credere prohibere serua natum eum pauumque ipsum seruisse) のであり，反対の極へとふれていく．つまり，女奴隷の存在を強調し，それに固有名詞を与えるというのであれば，serva は serva でも実は元来は高貴の身分であったとしなければならない，というのであり，こうして彼は Ocrisia/Corniculum ヴァージョン（I, 39, 5ff.）を採るのである．Tarquinius Priscus が Corniculum を征服したとき，その首長の一人（princeps）の妻 Ocrisia が捕虜＝奴隷となり，Tanaquil に預けられるが，その前に Ocrisia は懐妊しており，こうして，表面はジェネアロジーを剥奪されながらも隠れたジェネアロジーを秘かに維持する存在として描かれるのである．ヴァージョン対抗のポイントが serva であるというわれわれの想定を一層際立たせるのは，同じヴァージョンを伝える Dionysios (IV, 1, 2ff.) が，なおかつ重要な点で対立するからである．つまり Ocrisia が Corniculum の王 basileus の妻であったことはよいとして，彼女自身も高貴の生まれであることが明示され，しかも Tanaquil の下でまず独自に解放される．そして，Corniculum で懐妊したことよりも「奴隷であった期間に」(ἐκ ταύτης τῆς Ὀκρισίας ἔτι δουλευούσης) 出産したことの方が強調される．Dionysios がこの点に奇妙に固執した叙述を見せるのは解釈分岐点の所在を示している．実際彼にとっては serva は動かせない軸である．ローマ側伝承に一層「神話性」の強い別ヴァージョンを（IV, 2, 1ff.: Φέρεται δέ τις ἐν ταῖς ἐπιχωρίοις ἀναγραφαις καὶ ἕτερος）見出しても，その軸を積極的に位置づけるヴァージ

ョンであるが故に，これを直ちに排除することをしないのである．すなわち，出自を特定されない serva たる Ocrisia が Vulcanus の子を産む．この経過を促進したのは Tanaquil である．ここでは父方は抹消されている．

Dionysios にとってこの最後のヴァージョンはそれ自身としては蓋然性を欠くもの（τὸ μύθευμα）であるが，しかしこの欠陥を補う枝ヴァージョンが若干信憑性を回復する（ἧττον ἀπιστεῖσθαι ποιεῖ），という．それは "caput arsisse" すなわち "πῦρ ἀπὸ τῆς κεφαλῆς" である．頭と火はテリトリーと土の反対である．そしてこの要素は Corniculum ヴァージョンには付かない．他方われわれは Romulus の死に際して Vulcanus のプレゼンスを確認した．

Tanaquil-Ocrisia の二重構造，そして Servius Tullius というエイジェント，が構成する要素は，IV で見ることになる共和末の「マネージャー」階層，多くの領域をまたにかけて都市名望家から委託され農場の売買・賃貸・統廃合に関わる階層，を強く連想させる．逆に Corniculum ヴァージョンは，同様にテリトリーから一旦完全に切断されるにしても，各々都市を形成し，なおかつ軍事的な性質を一切持たずにローマ中央の政治システムに対し自律性を保持する階層，端的な領域というよりは通商と信用を担って別種の「領域」を担う階層，をその媒体としたように思われる[2]．そしてこのように分裂しながら，「Etrusci 王権」の共和革命にとっての意義のうちの重要な一部を表象している．つまり，固く結ばれた人的組織の内部に，彼らの拠点を結び目とする échange に携わる分子が有り，その échange における役割の大きさに応じてそれは軍事的な分子と対等な立場に立とうとしたのである．この分子の処遇は本格的な領域の組織が目指された共和革命直後に一つの争点となりえたはずである．どこまで元来のテリトリーのメカニズムたる部族原理（Corniculum）に換算して考える（具体的な再分配の能力，領域への与信，等を含めて評価する）か，それとも全く個人的な物的能力（Hephaistos）によって捉えるか．そしてこれはまた，元来この分子が持っていたに違いない曖昧さと連動していたに違いない[3]．échange を通じてテリトリーへの手がかりでもあれば，武具の実現を通じ武装集団への帰属資格の一つの入り口でもある．

以上のような推論を裏付けるのは Tarquinius Priscus の出自である．ローマへやって来てからのもっぱら軍事的な役割と対照的に，彼がもたらしたのはも

5 Servius Tullius

っぱら富であるとされるのである．彼の父 Korinthos の Demaratos につき Liv. I, 34, 2 は素っ気無いが，DH, III, 46 は詳細である．Korinthos の閉鎖貴族身分 Bacchiadai に属した彼は，海上交易に従事し（ἐμπορεύεσθαι），しかも船主＝荷主＝船長（一重構造）であった（ὁλκάδα τε οἰκείαν ἀνάγων καὶ φόρτον ἴδιον）．Etruria で海上交易の荷を売り抜けて（ἐξεμπολήσας τὸ φόρτον）大儲け（μεγάλα κέρδη）をした彼は，もはや他の港に見向きもせず（οὐκέτι εἰς ἄλλους λιμένας）もっぱら Korinthos と Etruria の間の海上交易にたずさわることになる．固定的な人的関係を使った貴族間の交易である[4]．しかし Korinthos に tyrannos たる Kypselos が現れたために，この人的な関係をつたって（ἔχων δὲ φίλους πολλοὺς καὶ ἀγαθοὺς）Tarquinia に亡命する[5]．そして息子達を名望家に嫁がせる．

伝承はここから 2 世紀ローマ支配下の同盟諸都市（socii）の都市名望家，そのような都市の経済的階層，の観点を露わにする．socii の中でもまず Etrusci 諸都市において伝えられ，Mastarna 伝承とは違ってギリシャ系諸都市にも受け入れられ，Quintus Fabius 以下の annales 主流にも受け入れられた，に違いない[6]．Livius の極めて意識的なターミノロジーに沿って見るならば，Demaratos の死後，息子の一人 Lucumo が「全資産の相続人」（omnium bonorum heres）となる．直前に死んだもう一人の Arruns には死後息子が生まれたが，遺言においてこのことは認識されていなかったのである．ポイントは相続財産 hereditas であり，スリリングな相続問題は，相続財産というものの性質を生々しく例解し，そして次の段階を準備すべくそれが単一化される．Livius によればこの後に Lucumo は Tarquinia の最高位の名望家に生まれた（summo loco nata）Tanaquil と結婚する．

Livius によればその Tanaquil の圧倒的なイニシャティヴで，Lucumo はローマへ移住する．彼は元々政治志向が強い（cupidine maxime ac spe magni honoris）．しかし彼にそのチャンスは与えられなかった（cuius adipiscendi Tarquiniis facultas non fuerat）．何故ならば彼が外国人の出身であったからである（nam ibi quoque peregrina stirpe oriundus erat）．つまりジェネアロジクな結合を欠くために政治的結合に失敗，honos に挫折して「富において強大」（diuitiis potens）たるを生かそうとするのである．この挫折につき，Dionysios

は一層細かく,「第一級の政治的階層においてばかりでなく」($o\dot{v}\chi\ \ddot{o}\pi\omega\varsigma\ \dot{\epsilon}\nu\ \tau o\hat{\iota}\varsigma\ \pi\rho\dot{\omega}\tau o\iota\varsigma$)「中間の階層においても」($\dot{a}\lambda\lambda$' $o\dot{v}\delta$' $\dot{\epsilon}\nu\ \tau o\hat{\iota}\varsigma\ \mu\dot{\epsilon}\sigma o\iota\varsigma$) 挫折した[7], と述べ, socii のレヴェルの事柄であることを示唆する. いずれにせよ, ローマではジェネアロジクな・政治的な結合関係と無関係に「もっぱら各人のメリットに応じて」($\kappa a\tau\dot{a}\ \tau\dot{\eta}\nu\ \dot{a}\xi\dot{\iota}a\nu\ \ddot{\epsilon}\kappa a\tau o\nu$) 政治的権利が設定される, というのが移住の動機である[8]. 全て Servius Tullius の出生に関する serva の動機を説明している[9].

ローマに来ても, その評価は財産を通じて勝ち取られたものである (Romanis conspicuum eum nouitas diuitiaeque faciebant). ローマへ着いたときの prodigium についても Livius と Dionysios は口を揃える. 大きな鷲が飛んで来て Lucumo を帽子をさらうが, 再び飛んで来て被せ直すのである. 一旦切れてゼロから頂点たることを意味する. Tanaquil にとって簡単に解読できる代物であったことは言うまでもない. Livius と Dionysios が唯一対立するのは, 前者が単独の到着を前提に叙述を進める如くに見えるのに対して, 後者が,「友や従者達など, 同じ考えの者達もまた」($\kappa a\grave{\iota}\ \tau\hat{\omega}\nu\ \ddot{a}\lambda\lambda\omega\nu\ \varphi\dot{\iota}\lambda\omega\nu\ \kappa a\grave{\iota}\ o\dot{\iota}\kappa\epsilon\dot{\iota}\omega\nu\ \tau o\grave{v}\varsigma\ \beta ov\lambda o\mu\dot{\epsilon}\nu ov\varsigma$) と多数を示唆する点である[10]. そうであれば, 領域の上にも立てる. 海上交易によって財の丸ごとの移転が可能となる点に敏感であった Dionysios の叙述は, さらに領域にも丸ごと移転しうることを言おうとするのであろうか.

〔5・4・1〕 もとより Tanaquil は「母権社会」Etruria のシンボルである. Heurgon, *Rome et la méditerranée occidentale*, p. 242 などもなお踏襲する.

〔5・4・2〕 Mastarna=Vulci 系支配者説を採る Martin, *Royauté*, p. 267sqq. は, 共和期に反 Tarquinii たるために人気が出て latinisation された, と見る. Corniculum ヴァージョンが具体的にどのようなヴァージョン対抗関係に置かれているかということを吟味しないために単純化が行われる.

〔5・4・3〕 Servius Tullius と Fortuna の間の伝承上強固な関係はここに由来する. J. Champeaux, *Fortuna. Recherches sur le culte de la Fortune à Rome et dans le monde romain des origines à la mort de César, I, Fortuna dans la religion archaïque*, Roma, 1982, p. 249sqq. のように Forum Boarium の Fortuna 神殿の考古学的 stratigraphie と伝承を細かく対応させるのは正しくないとしても, おそらく軍事組織, 交易, の両方に Fortuna は強く関わり, 神殿, 港湾, 倉庫という物的装置はこれを擬似都市中心上に刻印した. Thomsen, *King Servius Tullius*, p. 264 のように Servius Tullius 伝承のかなりの部分がここから発したとすることも間違いではないかもしれない. ただし, Vernole, *Servius Tullius*, p. 62ss. のように, 祭祀中心に伝承を選別する反面, その後の (Fortuna に関して Servius を言う) ディアクロニクな派生ヴァージョン

を topologique な徴表がありさえすれば全て受け容れるのは、サンクロニクな宗教観念叙述を目的とするにせよ、過剰である。

[5・4・4]　cf. A. Mele, *Il commercio greco arcaico. Prexis ed emporie,* Napoli, 1979, p. 47ss.; A. Schnapp, Les voies du commerce grec en occident, dans: AA. VV., *La colonisation grecque en Méditerranée occidentale,* Roma, 1999, p. 63sqq.

[5・4・5]　cf. O. de Casanove, La chronologie des Bacchiades et celle des rois étrusques de Rome, *MEFRA,* 100, 1988, p. 615sqq. Kypselos との年代符合を（Tarquinii 二世代ヴァージョンの修正をもたらす）遅い時期の辻褄合わせとするが、そればかりでなく、特定の都市民圏が作用していたかもしれない。

[5・4・6]　Ogilvie, *Commentary,* p. 141 は、4世紀の Etrusci 都市から出た Etrusci 側ソースを想定する。ただしそれは Demaratus までで、これが似たような Lucumo ローマ移住伝承と annales において融合したとする。しかしむしろ、軍事的才能としての付着と「相続財産と Tanaquil」による付着が大きく対立しているのではないか。

[5・4・7]　Strab. VIII, 6, 20 に反対ヴァージョンがあり、政治的階層を目指すか経済的なままでいるかというディレンマないし屈折体の延長が確認される。

[5・4・8]　C. Ampolo, Demarato. Osservazioni sulla mobilità sociale arcaica, *DArch,* IX-X, 1976-7, p. 333ss. は、7-6世紀 Etruria 墓碑銘から検出されるギリシャ名などから「貴族」間の人的移動を史実とする。様々な échange の形態と人的移動が絡み合っていることは疑いない。しかしここから Ampolo は以後の多くの論文でローマが "città aperta" であったというテーゼを主張し、Claudii のケースなど Demaratus 伝承とは全く違う性質のものを「解放性」の名の下に一括してしまう。

[5・4・9]　上述の Ampolo 説、これを国際交易の観点から支持する M. Torelli, Per la definizione del commercio greco-orientale : il caso di Gravisca, *PP,* 1982, p. 304ss. 等、に反対する F. Zevi, Demarato e il re "corinzio" di Roma, in : AA. VV., *L' incidenza dell' antico. Studi in memoria di Ettore Lepore,* Napoli, 1995, p. 291ss. は、ギリシャ側伝承に対応物が無く、もっぱら Tarquinii の財産形成を説明する伝承であるとし、Cumae に亡命する Tarquinius Priscus の資産返還要求に関連付ける。しかしそもそも伝承は、Tanaquil を経て Servius Tullius のところに焦点を持つ。

[5・4・10]　この点、Plin. NH, XXXV, 152 が Demaratus に工芸の技術集団を従わせることに注意する必要がある。つまり一人では領域に降りられない（「生産」ができない）。ローマ支配下における海岸の Etrusci 諸都市のヘレニズム期から bellum sociale までのディレンマが投影されている。それは mutatis mutandis に Etrusci 王権の対テリトリーディレンマでもある。

5・5

ローマの軍制ばかりかこれを通じて主力民会の起源が Servius Tullius に置かれることには重大な意味が込められているはずである[1]。全体として étiologique な性質の乏しい「Etrusci 王権」に関する伝承の中でこれは確かに突出している[2]。

そもそも軍制・民会は curia と密接なはずである。moitié のメカニズムが軍

事化の制御をよく司る．そしてそれが imperium を基礎付けるから，民会の作用，すなわち枝分節を一掃して開放的で公的な空間を創出する作用，にもこれが適する．しかし共和初おそらくほどなく軍制に関する限り大きな方向転換が行われ，「Etrusci 王権」の軍事集団編成原理の側に大きく傾くのである[3]．

Liv. I, 42, 5 は，Servius Tullius に関して，「実際彼は census を創設した」(Censum enim instituit) と高らかに宣言する．そのポイントは，資産を貨幣価額で評価し，階級に分け，それぞれから 40, 20, 20 というように軍事単位 centuria が構成され，これごとに投票が行われるのである．45 歳を基準に seniores と iuniores に分かれ，iuniores から 100 の 40 倍のように募兵（dilectus）がなされる．決定的に重要な点は，人々が何を保有するか，その種類に関わりなく，種類を縦断し通約するようにして，選別し編成するということである．このことは Livius と Dionysios が大きく袂を分かつヴァージョン分岐点の所在によって確認することができる．Livius はいきなり市民の資産評価が行われた如くに書くが，Dionysios は，既に述べたように Servius Tullius に tribus を編成させている．その tribus は敢えて領域にまで及ぶ[4]．その tribus rustica に人々を登録し，次いでここから募兵し，資産評価を行う（DH, IV, 15）．tribus は言わば原簿である[5]．これはしかし 16 以下の Dionysios 自身の記述，Livius と同一のソースによると見られる部分，と大きく矛盾する．「全ての者が資産評価される」（τιμησαμένον δὲ πάντων）のはよいとしても，「外国人もまた受け入れて同等の権利を与え，ジェネアロジーもはたまたジェネアロジクでない人的関係も全く評価の外に無視し」(22, 3: τοὺς ξένους ὑποδεχόμενοι καὶ μεταδιδόντες τῆς ἰσοπολιτείας φύσιν τ' ἢ τύχην αὐτῶν οὐδεμίαν ἀπαξιοῦντες)，「奴隷の中からも解放して」（τοῖς ἐλευθερουμένοις τῶν θεραπόντων）「彼らをも同等に資産評価した」（καὶ τούτοις τιμήσασθαι τὰς οὐσίας）というのである．tribus を通じて領域に関係を築いていなければならないのではなかったか．ジェネアロジーの無視はテリトリーの無視である．しかも sodales の関係さえ無視するようである．Dionysios はもちろんこうした新しい「市民」達を四つの tribus urbana に登録し直させる[6]．こうして論理的な矛盾は回避されるが，不協和音は残響を残す．

同じ事情は，Livius にも痕跡をとどめる．Livius にとっては軍事集団はテリ

トリーの側に基盤を持たないはずである．領域における tribus との相互干渉は生じない．とはいえ curia も tribus 編成を受け，中心の軍事集団もその限りで三部編成されるのではなかったか．それを equites の三部編成で表現したのではなかったか．これは Tarquinius Priscus の手になったはずである．Liv. I, 43, 8 は，Servius Tullius が既存の 3 tribus の equites を 6 に倍増し，他に 12 を加えて 18 の centuriae とした，という複雑な計算をする．6 centuriae の特権は保存されたらしく，その投票は "equitatum centuriae cum sex suffragiis"（Cic. Rep. II, 39）のように別に扱われ，「"sex suffragia"」「六票」というのは，equites の centuriae の中でも，その数の centuriae に特に付与されるものである．それは Tarquinius Priscus が創設した centuriae である」（Fest. p. 452 L: sex suffragia appellantur in equitum centuriis, quae sunt adiectae ei numero centuriarum; quas Priscus Tarquinius rex constituit）という釈義を遺す．

しかしこうした tribus の側の抵抗にもかかわらず別の原理による軍事編成への逆行は不可欠であったと思われる．その原理が共和革命を担った分子の間に走る深刻な亀裂を架橋する唯一の手段であったからで，後にわれわれは架橋の瞬間を特定するが，架橋のための資源こそが「Servius Tullius の軍制」に求められたのである．

裏を返せば，モデル自体においては領域の分子とそれ以外の分子を何らか公平に遇するという課題は無かったはずである．ただ，出自にかかわりなく一つの拠点にやって来た者を軍事編成する，という要請があり，これが結果としてテリトリーを無視したにすぎなかった，と思われる[7]．もっとも，別の決定的なメルクマールがそこでは機能する．軍事勤務は武具ばかりかその他の面でも蓄蔵財を必要とする．他方高度な軍事編成は軍事活動の果実を一旦完全に共同のものにする．戦利品に限らず，たとえば軍事拠点が交易の絶大な結び目となれば，その中で蓄蔵される財は果実たりうる．全ては王のものか．しかし自力でリソースを持ち寄ったという意識は払拭されないであろう．果実の衡平な分配は不可欠である．ローマでは最初の「鋳造貨幣」が Servius Tullius に帰せしめられる．「Servius 王が最初に銅を鋳造した．それまでは「計量貨幣」が使われていた，と Timaios が伝えている」（Plin. NH, XXXIII, 42: Seruius rex primus signauit aes; antea rudi usos Romae Timaeus tradit）[8]．

一見同じメカニズムがしかし政治システムにおいて不可欠である．政治システムは都市中心の物的装置等を「共有」する関係を必要とするから，同様の財の流れを創り出し，このために負担・再分配の基準を作らなければならない．これはもちろん何らかの評価によってしか可能ではない．政治システムが出来上がると，しかもその評価は偶発的に或る者が持ち寄るものではなく，政治システムとの関係で帰属が決まる（「所有する」）ところのものに基づくようになるであろう．Liviusは最初の財産評価・市民登録における市民数を伝え，しかしすぐにFabius Pictorによる但書を採録する．「著述家の中で最古のFabius Pictorは，その数は武装することのできる者の数であった，と付け加えている」(I, 44, 2: adicit scriptorum antiquissimus Fabius Pictor, eorum qui arma ferre possent eum numerum fuisse). Momiglianoは，Fabius Pictorが，Eutrop. I, 7: sub eo Roma omnibus in censum delatis habuit capita LXXXIII milia ciuium Romanorum cum his, qui in agris erant「（最初にcensusを行った）Servius Tulliusのもとでは，ローマは，censusによって登録された頭数で83,000人の市民を有し，この中には領域に在る（in agris erant）者達が含まれた」にエコーを見出すような概念，すなわち凡そ自由人を数えるという概念，を自らの史料たるTimaiosに見て取り，これを修正した，という仮説を提示する[9]．実際，またしても現れた"in agris erant"は無視しえない要素であり，Dionysiosの史料と軌を一にして，領域を含むということと頭数を全て含むということを連繋させているのである．

　Gell. VI, 13 (ed. Marache) は，「"classici"というのは，五つの階級全ての者を言うのではなく，第一階級の者のみを言う——"infra classem"は，反対に，第二階級以下の全ての階級の者を言う」("classici" dicebantur non omnes, qui in *quin*que classibus erant, sed primae tantum classis homines ..."infra classem" autem appellabantur secundae classis ceterarumque omnium classium ...)と述べ，Fest. p, 100 Lもこれを確認する．何らかの古事学的伝承の中にclassisとinfra classemを区別する思考が記憶されていることになる．Fest. p. 49 Lが伝えるようにclassiciには相続の証人になる特権さえ存在する．凡そclassisを構成しえない者についてはもちろんproletariusという語が有り，classiciとproletariiが対になってもよさそうなものであるのに，十二表法の一条項が示すとおり，

assiduus-proletarius という対が支配的である．もっとも，Gell. XIX, 8, 15 (ed. Hosius) では "classicus adsiduusque" と proletarius が対比されている．classis のみが視野に入るとき，武装のみが計算されたに違いない．観点が変わり領域における地位も計算に入ると，これにより classis に入る者が現れる．"classicus adsiduusque" である．この新しい優越的な地位から排除された者が proletarius であり，adsiduus に対する．それでもヴァーチャルに「都市中心の軍事的階級」たる意識は残る．最高級の領域の資源によってそうであったとしても．これが後々まで classsici と infra classem を区別させるのである[10]．

〔5・5・1〕 穏健な「史実」説が J. C. Richard, L'œuvre de Servius Tullius : essai de mise au point, *RHD,* 61, 1983, p. 181sqq. に見られ，参照に値する．これに対して，"infra classem" に関する Momigliano 学説を一面的に理解し奇妙な歴史像を創るのは，R. E. Mitchell, *Patricians and Plebeians. The Origin of the Roman State,* Ithaca, 1990 である．ローマ共和政における patrici/plebs の二元構造を否定し，Servius Tullius による軍事編成を一元構造の基盤とする (cf. p. 37ff.)．"populus"＝兵員というアイデアのカリカチャーのようにさえ見える．plebs の運動は，確かに，全て兵士のストライキのように見えはする．他方華々しい étiologie を全て取り去れば，残る伝承は Mitchell が着目するものに限られるのもそのとおりである．にもかかわらず，彼が取り去った部分が豊かな社会構造に対応していることも疑いない．

〔5・5・2〕 A. Momigliano, Timeo, Fabio Pittore e il primo censimento di Servio Tullio, in : Id., *Roma arcaica*(＝*St. Rostagni,* Torino, 1963＝*Terzo contributo*), p. 124 : "una delle parti consolidate della tradizione di questo re al tempo di Fabio Pittore". 後述の断片を論拠とする．

〔5・5・3〕 A. Momigliano, Studi sugli ordinamenti centuriati, in : Id., *Roma arcaica*(＝*SDHI,* 4, 1938 ＝*Quarto contributo*), p. 311ff. もちろん，curia の 30 単位体制が centuria 制の中核 60 単位 (Fraccaro の「発見」) に移行し単一の軍団を構成するのは現実の Etrusci 王権の事蹟であるとされる．われわれもこれを必ずしも否定しない．しかし同時に，共和初期に比較的短期にこの振動が (今度は截然と) 意識的に現実化した，と考えるのである．もっとも，まさに Fraccaro が共和初に移行を位置付け，これに対して諸学説が引き下げる，という経過が見られる (cf. Heurgon, *Rome et la méditerranée occidentale,* p. 253sqq.)．

〔5・5・4〕 Richard, *Les origines de la plèbe,* p. 352 は，DH, IV, 13, 1 の公有地分配を多数説に抗して擁護する．Servius Tullius が何かマイナスにテリトリーに働きかけたという意味連関は保存されつづけたと思われる．

〔5・5・5〕 cf. Momigliano, Ordinamenti centuriati, p. 313. 5 世紀後半以降 centuria 制を新しい tribus 制にくくりつけることが課題となる．伝承はこれを投影するが，ということは反対に，意識的にテリトリーから切れるという観念形象があったであろう，というのがわれわれの着眼である．実際に Etrusci 王権の性格と対応していたことをここではわれわれも否定しない．

〔5・5・6〕 E. Gabba, Studi su Dionigi da Alicarnasso II : il regno di Servio Tullio, in : Id., *Roma arcaica,* p. 112ss. は後述の Fabius の断片と結び付け，この "tribù territoriali" 像を 3 世紀の比較的若い時期の状況を投影するものとし，Fabius/Vennonius/Cato という系譜を再構成する．

〔5・5・7〕 Servius Tullius の軍制と民会に関する伝承の stratigraphie ほど膨大な文献を生み出したものもない．ここではさしあたり共和革命にとって遺産であった部分の確定が stratigraphie の目的であることになり，この観点は従来の学説にはもちろん存在しない．その限りにおいてであるが，近年のどちらかと言えば信憑性を認める方向に回帰する傾向 (cf. Heurgon, *Rome et la méditerranée occidentale,* p. 249) には批判的であることになる．評価額の数字については当然 2 世紀の状況を投影したものとするのが多数であり，軍事編成の詳細については〔5・5・3〕で述べた「Fraccaro の発見」が史料批判の最低線を保障するが，重装歩兵戦術の導入とそれに基づく軍団編成および民会構成を史実と考えるのが一般的である．しかし装具の導入と戦術の採用は別であり，後者は社会構造と深く関わるが，これは後代のことである可能性が大きい．そもそも，classis の単一性はその通りとしても，評価を細かく行って装備を区別する発想は重装歩兵戦術になじまない．ギリシャ型のメンタリティーを背後に見るのは少なくとも誤りであり，したがって新しい政治的な民会を想定することはできない．もっとも，これを民会と受け取って利用することが共和初には生じたはずである．

〔5・5・8〕 Timaios の観点の位置付けについては Momigliano, Timeo, Fabio Pittore, p. 123ss. を参照．実際には aes signatum は計量結果をしばしとどめて刻印付き棒片を形成する段階のものであり，刻印・規格ともルーズである (cf. F. Panvini Rosati, Monetazione preromana in Italia. Gli inizi della monetazione romana in Italia e la monetazione romano-campana, in: Id., ed., *La moneta greca e romana,* Roma, 2000, p. 80)．鋳造貨幣を発行し始めるのはローマの場合異例に遅く 4 世紀末になってからである．C. Ampolo, Servius rex primus signavit aes, *PP,* 29, 1974, p. 382ff. は，Sicilia の 6 世紀蓄蔵財痕跡からイタリア半島中部で流通していたと見られる "ramo secco" タイプの aes signatum が発見されたことに基づいて，Servius Tullius がこれを創始したと論じたが，Thomsen, *King Servius Tullius,* p. 204ff. が的確に批判する通り短絡である．つまり標準計量貨幣自体の存在とこの評価基準を何らかの目的のために伴うことは別個のことである．装備糧食等の物的寄与分ばかりでなくテリトリー上の地位を一律に評価するということが共和初に始まると考えられるが，だからといって鋳造貨幣はおろか標準計量貨幣が現れる必要はない．逆に無いからといって前者が否定されるわけではない (contra, Thomsen)．もっとも，計量貨幣自体，端的な金属塊 (aes rude) から aes signatum に至れば性質が違ってくる．この点，H. Zehnacker, Rome: une société archaïque au contact de la monnaie (VIe-IVe siècle), dans: AA. VV., *Crise et transformation,* p. 307sqq. は計量貨幣の独自の機能をそれ自身として捉える貴重な研究であるが，身分表徴から census そして aes alienum/stipendium までを全て (市場でなく) ステータスとして一律に扱うため，規格化の段階を区別しながらもその意味を把握しない．それでも，ローマが周辺の状況に抗して 3 世紀になっても意識的に aes signatum に固執する (aes grave) のは何故かという問題を示唆する点 (p. 326) は重要である．

〔5・5・9〕 Momigliano, Timeo, Fabio Pittore, p. 126s. これは史料批判自体を歴史分析の中枢に据えるアプローチの最高峰である．われわれの論考はこれを大きく遅れて追うにすぎない．

〔5・5・10〕 後述 I-7 で plebs の起源をめぐって引用する Momigliano の一連の論考に大きく依存する．

6 Brutus と Publicola

6・0

　ローマでは，既に述べたように，意識的に保存されるパラデイクマは多くexemplum たる性質を有する．儀礼的であり，相対的にヴァージョン変化に冷淡である．しかし，exemplum には syntagmatique に接続するパラデイクマ，すなわち étiologie, が付加されうる．ローマの場合まずここに鋭いヴァージョン対抗が現れる．つまり〈神話〉の次元が形成される．もっとも，étiologie を脱しないから，どこまで本当の〈神話〉か，われわれは迷うことになる．史実にしてはフィクションのようであることを悩むよりは，文芸にしては余りにも実際の出来事に近い，ことを悩む必要がある．何故そうであるのか，考える必要がある．

　もっとも，étiologie には paradigmatique な原型がしばしば設定されている．「Horatii と Curiatii」のように．このレヴェルではなかなかに立体的なパラデイクマのヴァージョン対抗が構想されており，大きな広がりが現出する．しかも，しばしばここに exemplum そのものが転移してくる．するとこのレヴェルのパラデイクマ全体がまたしても étiologique な性質を帯びることになる．われわれはここまで，第一次的な exemplum との paradigmatique な連関をいちいち確認することなくこの空間を syntagmatique に辿って行った．

　第一次的な exemplum としてわれわれが辿りうるのは精々 Spurius Cassius の弾劾，secessio, Latini 部族同盟との戦争，dictator 職，等々に限られる．imperium, consul, senatus, 民会 (curia), 領域の組織 (tribus), 等々，全て paradigmatique なエコーのレヴェルでしか exemplum を確認できない．換言す

れば，われわれは何故その制度が形成されたかは知っていても，形成された時どのようであったかは知らないのである．おそらく，彼らにして，直接的な exemplum を持ちえなかったのである（共和政の諸制度がいきなり明快に設計されたという意識もフィクションも持ちえなかった）．部族社会の深いメカニズムの時ならぬ復興とそれの全否定が激突した，その火花が一つ一つヴァーチャルな exemplum，制度（それ自体でなく）原型である，というのである．

さてわれわれはここで第一次的な exemplum に再び戻ろうと考える．dictator 職以前に実は幾つかの重要な exemplum が位置付けられているのである．ただし，それらは dictator, secessio 等に比して exemplum としての信憑性に著しく欠ける．われわれは何故そうかということから考察を始めなければならない．

まず何と言っても étiologie の syntagmatique な延長部分が大きく発達している．そしてその部分の〈神話〉化が極大化されている．今日学説はこの部分をむしろ遅い時期の文芸の産物と見なす傾向を有する．悲劇の影響さえ如実であるとする[1]．しかし，このことは大きな振幅でパラデイクマがディアレクティカに曝された結果であるとも考えられる．もちろん，荒唐無稽であれば必ずディアレクティカが作用しているということでは断じてありえない．しかしながら，パラデイクマの屈折の態様は精密に調べなければならない．ひょっとすると，極めて重要な社会構造の変動のためにさしものローマのパラデイクマにおいても exemplum・儀礼思考を呑み込むほどのヴァージョン対抗が発生し，これが後代に，一方では文芸的脚色を生み，他方では単純な tyrannus 打倒ストーリーに置き換わったのかもしれない．事実，étiologique な連関は少なくとも学説からは見失われている．伝承においてさえその傾向が見られるのである．

[6・0・1] cf. Poucet, *Les rois*, p. 274sqq.; Cornell, Beginnings, p. 217.

6・1

共和革命の「実行行為」に関する伝承[1]は，現実の革命史としては余りにも馬鹿馬鹿しすぎて，もちろんこの観点からは誰もこれを扱わない[2]．しかし個々の制度や概念の étiologie として見ると，様相は違ってくる．

一つのクライマックスはもちろん Lucretia である．陵辱された Lucretia は

何をするか．敢えて以下の四人を集め，そこで自害する[3]．Ardea で従軍している夫 Collatinus とローマに居る父 Lucretius は当然である．しかし Lucretia は，Liv. I, 58, 5 によると，事件のあった Collatia から手紙で「それぞれ信頼できる友を連れてお出で下さい」（ut cum singulis fidelibus amicis ueniant）と書く．その結果，Sp. Lucretius は P. Valerius を連れて，Collatinus は L. Iunius Brutus を連れてやって来る（Sp. Lucretius cum P. Valerio Volesi filio, Conlatinus cum L. Iunio Bruto uenit）．その四人が誓約の上死を見届けるのである（Dant ordine omnes fidem）．「全員揃って」というのは一人残らずの結束が固まったということである[4]．Dionysios の演出は異なる．IV, 66 は Lucretia を直ちに現場の Collatia からローマの実家に向かわせる．Lucretia は父に皆を呼び集めるように言う．Lucretia は人々の前で直ちに自害する（67）．Valerius は人々によって Ardea に派遣される．Collatinus へ知らせ，かつ反乱を呼びかけるためである．Brutus は Collatinus と共にやって来る．しかし Dionysios はここでまず Valerius の出自に言及し，さらには 68-69 を使って Brutus の来歴を説明する．この syntagmatisme には実は十分な理由がある．つまり幾つかの syntagmatique な連関が Lucretia の亡骸という一点で交わることが重要なのである．

　そもそもこの四人は替わる替わる共和初年の consul を務めることになる．そこには大いなる collégialité が実現される．それが consul 二名の collégialité であるのか定かでない．2 と言う数字を取って付けたように再構成した痕跡も存する．Plout. Popl. 1, 3ff.（ed. Flacelière）は，初め Brutus 一名を立てるべきところ，王権への怖れから Valerius にも，となるが，選挙の結果 Collatinus が選ばれて Valerius は大いに不満であった，と伝える．四人全員に行き渡る経過はどのヴァージョンでも不自然であり，それぞれの交替エピソードは別の重要な exemplum をなすものの，まさにこれらをうまく交替とともに配列した，という感を否めない．つまり，まずは大いなる collégialité があった，その出自こそが可能な限り対抗的であった，その潜在的対抗がその後じわじわと作用していきさらなる制度を編み出していく，この潜在的対抗が逆投影されて交替エピソードが形成されていき，そこにそれぞれの exemplum がはめ込まれた，のではないか．

大いなる collégialité はしかしそれ自身 étiologie に値する．諸々の政務官の collégialité としても，patres そのもののヨリ政治的なレヴェルの collégialité にしても，これを源泉とするであろう．それが〈分節〉システムである，つまり鋭く対立する性質の分子の結合であること，を言うためには，対立がただのそれではなくディアレクティカのスケールを持つこと，そして連帯もまた如何なる既存の結合原理の踏襲でもないこと，の両方を言う必要がある．これを étiologie にせずに Homeros におけるように一旦心の奥底に深く沈めればもっと完璧である．しかしここではそうではない．にもかかわらず，これに極めて近いパラデイクマ紡ぎ出し作業の痕跡が étiologie の外装の下に認められるのである．

　確かに，Lucretius の娘と Collatinus の間の婚姻に対する侵害が全ての発端であり，かつ重要な一撃は或る cognatique な結合の暴力的破壊である．団結はこの結合自体によって直ちに媒介される如くに見える．cognatique なこの結節点に四人が集まり誓約し，これが共和革命遂行主体となる．この種の結合はまさに部族的結合の基本単位に他ならない．四人の結合はその拡大版であることになる．その限りで，少なくとも遠い下敷きとして早くも部族的観念の再覚醒が作用している．そうであればこそ，Lucretia 原型が共和体制成立から時をおかずして人々の意識に芽生えたとしても，そう不思議ではないことになる．何らか，覚醒された結合観念を鋭く傷付ける行為がパラデイクマとして（何かを素材としつつ）形成されたであろう．しかし，これでは少々無媒介ではないか．如何なる既存の結合原理も踏襲しないという条件に欠けるのではないか．ディアレクティカと政治は本当に成立したのか．

　伝承は明らかにこのことを意識し，不細工にも，ここでも exemplum，ないし擬似 exemplum，として表現を行う．つまり，Lucretia という結節環自体の自害がそれである．これの破壊を問題とすると同時に，やはり切断の動機が潜んでいる．Livius による Lucretia の科白はこうである．「侵害されたのは身体のみであり，精神は穢れていない」（I, 58, 7 : corpus est tantum uiolatum, animus insons）．しかもこれは陳腐なアポロジーではない[5]．「死がそれを証明してくれる」（mors testis erit）．つまり死によって身体を切断し，精神のレヴェルに蒸留される．cognatique な結節環自体がそのようになる，というのである．

Livius は周到に，男達に意思主義（故意）の責任阻却論を持ち出させる（mentem peccare, non corpus, et unde consilium afuerit culpam abesse）．後代の技術的パラデイクマによって原パラデイクマの底に潜む観念の分節を照らし出すのである．そうしておいて，Lucretia にはこの責任阻却論は全く通じないものとして演出する．観念分節は幾何学的に同型ではあっても，全く脈絡が異なる．Lucretia は，死後の連帯が無媒介に cognatique ないし部族組織的なものにとどまるのでなく，何らか高次のもの[6]になることを欲しているのである．このことをしかし exemplum として体現する．つまり儀礼化しつつあるのである（nec ulla deinde impudica Lucretiae exemplo uiuet）．全体として部族組織蘇生の動機と Lucretia パラデイクマが無縁でないとしても，こうしたニュアンスを付け加えるヴァージョンは，明らかに，部族組織蘇生に対して（決して敵対的ではないが）距離を取る側から発信されたものに何らかの起源を持つ．そしてそれは何らか新しい意識の所産であったはずである．

[6・1・1] 既に Schwegler, RR, II, 1 (1856), S. 42tt. が「神話性」故に個々の伝承の信憑性を否定し，しかしながら彼においてはまだ中核の事件（例えば Porsenna 戦争）の存在自体は否定されなかったのに対し，その後の hypercritique を経て，これを克服しても，今日に至るとこれらの伝承を全く扱わないのが普通である．J. Gagé のように正面から取り上げる分析は異端視される．共和革命自体その存在を必ずしも肯定されない．高々 Etrusci 王権の追放のみが当時の国際情勢からして蓋然的とされ，残余は貴族支配の中ゆっくり共和国制として形成されていったと理解される．例えば De Martino, StCost I, p. p. 215ss. は，当初は magister populi/magister equitum が最高権力機関で，collégialité を有する consul は何と身分闘争終結まで待たなければならない，とする（Bleicken も同旨）．A. Guarino, La rivoluzione della plebe, Napoli, 1975, p. 135ss. もほぼ同様に王権打倒の意義を極小化し，王権自体形を変えて生き残った上に，貴族支配自体王権と同義であり，重要であるのはその後の plebs の闘争であるとする．社会が変わるのはこちらによるというのである．plebs の問題は後に扱うが，少なくとも，ならば何故共和革命伝承がこのような形になるのか，説明を要する．

[6・1・2] Cornell, Beginnings, p. 215ff. は例外的に真剣な復権の試みであるが，結局「共和革命が実在した」ことを示す限り信憑性が有るとするにとどまり，却ってディーテイルは扱えない．

[6・1・3] A. Mastrocinque, Lucio Giunio Bruto. Ricerche di storia, religione e diritto sulle origini della repubblica romana, Trento, 1988, p. 119ss. は（Verginia とおなじ plebs の娘であるから）Ceres が守る対象の重大なる侵害と解する．パラデイクマから勝手に特定の機能を読み取り，同じく Ceres に勝手に読み取ったものと，勝手に重ねているだけである．

[6・1・4] Gagé, La chute des Tarquin, p. 65 は，Lucretii/Luceres というように結び付け，この結合体を Lucretia 神の前に結束した若い軍事集団とする．結合分子のジェネアロジーの異質性を完全に無視した議論である．

[6・1・5] J.-L. Voisin, Deux archétypes de la mort volontaire : Lucrèce et Horatius Coclès, dans :

AA. VV., *Rome des premiers siècles*, p. 257sqq. のように穢れを浄めるという風に読む解釈があとを絶たない．共和政のための自己犠牲という通俗共和主義理解に加担してしまう．

〔6・1・6〕 そもそも Lucretia の美点は，他が皆同輩と贅沢な宴会で興ずる（in cor.uiuio luxuque cum aequalibus）ことに優れるのに対して，彼女だけは下女に交じって機織りに精を出す（deditam lanae inter lucubrantes ancillas）ところに在る．Sextus はこれに惹かれるのである．明らかに Hesiodos と Penelopeia が意識されている．もちろん伝承の中からこれを引き出したのはヘレニズム期の人々である．しかしその引き出し方には理由がある．Ogilvie, *Commentary,* p. 222 はこれをも単純に New Comedy 風のクリシェと考えて "luxu" でなく "lusu"（遊戯）を採るが，言葉の通りのよさは日常的な場面の syntagmatique な連関への適合性にすぎず，陳腐な理解に合わせてテクストを陳腐と決めてかか（り emendation まです）る愚行である．

6・2

同様に，多少とも新しい空気を吸った人々がいたとするならば，蒸留された Lucretia によって結ばれるべき人々を，できるだけ互いに対極を構成するように造形したはずである．対極の構成の仕方はかつ明確であったはずである．事実，今日遺されたヴァージョンにおいてなおそのコントラストは鮮明であり，諸テクストはまたそのコントラストの保存に躍起である．

Lucretius はローマにいて Ardea での軍事行動には参加していない．この点で Collatinus と Brutus の組と異なる．その出自は直ちには明らかにされていないが，Lucretia につき DH, IV, 64, 4 は "γυνὴ Ῥωμαία" と述べる．すると Lucretia はローマから Collatia に嫁いだことになる．しかし "γυνὴ Ῥωμαία" はローマと Collatia を対置するものではない．Lucretius と組んでローマに在る Valerius につき，DH, IV, 67, 3 はわざわざ「Tatius と共にローマへ移った Sabini の子孫の一人」"ἑνὸς τῶν ἅμα Τατίῳ παραγενομένων εἰς Ῥώμην Σαβίνων ἀπόγονος" と特定する．もっとも，Plout. Popl. 1, 1 は若干ニュアンスを異にし，やがて Poplicola と呼ばれることになる Valerius は元来 Poplios と呼ばれていたとし，この時間のギャップに合わせて，（共和革命の英雄たる以前には）「Romani と Sabini が戦いを克復して一つの民となる，その原因となった人物」（ἀνδρὸς αἰτιωτάτου γενομένου Ῥωμαίους καὶ Σαβίνους ἐκ πολεμίων ἕνα γενέσθαι δῆμον）の子孫であるとする．確かに，部族複合体の単なる構成員か，高次の結合への錬金術師か，は大きな違いである．伝承上，とりわけ moitié 原理と imperium が絡む位置で Valerius が活動しているのである

から. 彼の出自は部族的結合原理抜きには表現できない, とされていることになる. しかしいずれにせよ, "γυνὴ Ῥωμαία" は Romani (実質 Latini) と Sabini を対比する表現であり[1], すると Lucretius-Valerius は moitié 原理の二項を構成することになる.

他方 Collatinus と Brutus の系譜についても伝承は詳細である. 既に述べたように, Collatia には無条件降伏 deditio フォーミュラの étiologie が付着し, それはまた Tarquinius Priscus の権力との特別の関係によるものとされる. 「王の兄弟の息子たる Egerius が Collatia 駐屯司令官として残された」(Liv. I, 38, 1 : Egerius fratris hic filius erat regis Collatiae in praesidio relictus). 父の死後出生したあの人物である. DH, IV, 64, 3 は, Fabius Pictor が問題の Collatinus をこの Egerius の息子とするのに反対し, 孫であると述べる. Tarquinius Superbus が Tarquinius Priscus の孫であるとすると, 問題を引き起こすのが Tarquinius Superbus の息子であるから, Collatinus がこれと同世代である可能性さえある, とも付け加える. いずれにせよ Collatinus のジェネアロジーの基本は確立されたものであり, 伝承上大変に安定していると見られる. そしてそれによると, 彼らは Tarquinii に属しながら Collatia に外から入って来た. つまりローマの Tarquinii からテリトリーの側へ直接降りる線を表現しているのである. Tarquinii の側から見るとなおかつ中心は維持され, 他方テリトリーに cognatique な結合を形成するのであるから, 丁度枝のようになる.

他方の Brutus の経歴について, 伝承は一層詳細である. 全てをここに集中させると言うことさえできる. われわれも遠くからスタートしなければならない. クーデタによって権力を掌握した Tarquinius Superbus は, Latini に対して新しいアプローチを試みる[2]. Tusculum の Octavius Mamilius に娘を嫁がせるのである. Liv. I, 49, 9 はこの人物を「ラテン同盟内で断然最有力」(longe princeps Latini nominis) と描く (DH も同様). Odysseus と Kirke という例のジェネアロジーを (DH, IV, 45, 1 によるとその息子 Telegonos をも) 有し, 彼との cognatique な結合を通じて Tarquinius Superbus は大きな支持基盤を築く (multos sibi cognatos amicosque eius conciliat). 部族組織内への浸透である (ἐν ἑκάστῃ πόλει). しかもこのジェネアロジクな結合形態は Collatinus のそれと正反対である. さて続いて Tarquinius Superbus はラテン同盟の集会を Ferentinum に召集する (Liv. I, 50, 1ff.; DH, IV, 45, 3ff.). Livius によれば Aricia (!) の, Dionysios によれば Corilla の, Turnus Herdonius[3] という首長がなかなか姿を現さないローマ王を弾劾する演説を行う. 王は反対に, Turnus Herdonius の奴隷達を買収して武器を秘かに集めたかの外見を作り出させ, 遅刻を非難したのは暗殺のタイミングを失したためだ, と言って Latini 諸首長を信用させ, 彼を失脚させることに成功する. この fraus と dolus の動機は Gabii 征服においても強調される (Liv. I, 53, 4ff.; DH, IV, 53-58). 息子の Sextus は Gabii に偽装亡命し, ローマと戦って見せさえする. 十分に権力を握ると密使をローマに送る. 王宮の奥深くで父は芥子の花を切って見せる. Sextus は有力者特に Antistius Petro をローマに通じた廉で処刑するのに成功する. こうしてローマは Gabii を無血征服する.

　以上の伝承中, Livius がラテン同盟そのものを使った (renouatum foedus) 軍事化 (ne ducem suum neue secretum imperium propriaue signa haberent) を暗示している部分 (52, 6) が注目される. 共和初の分岐点でこのパラデイクマは役割を果たし, 4世紀後半のラテン同盟解体期にもう一度甦り, さらには, 既に示唆したように, 2世紀に socii の問題が Gabii のパラデイクマによって思考されていく. この最後のモーメントが fraus と dolus を強調させ, かつこれを確実にエコーとして回収しうる何かがもちろん共和革命内部に存在するのである. Homeros のテクストにおいてこの動機が扱われ, にもかかわらず Odysseus と Diomedes によって逆利用もされること, をわれわれは見た. すると, cognatique な結合と奸計を使った怪しい組織がまず概念され, しかもそれが今や本格的にテリトリーにアプローチし, 真正の部族組織を脅かす, と考えられていることになる. AX 結合の A として一隅を切り取る Collatia の比ではない. 娘を軸とした AX 結合の X として部族同盟の柱に据わることになる. 実は既に見た Suessa Pometia はこうした一連の過程のただ中に置かれる. つまり Iupiter Capitolinus 神殿を実現する本格的な領域形成のための枝分節組織一掃事業である.

　Brutus は周到にもその中枢に置かれる. DH, IV, 68, 1 は彼を Aineias の一党の子孫とする. 既存のジェネアロジクな結合ながら様々な意味で Sabini の対極に立つ. さらに重要なことに, 彼の母は Tarquinia であり, Dionysios によ

ると Tarquinius Priscus の娘であり，Livius によると Tarquinius Superbus の姉妹（I, 56, 7 : sorore regis）である．annales 主力にとっては同じ事であるが，年代計算による修正ヴァージョンによれば食い違うことになる．いずれにせよ，Tarquinii の側の娘を媒介に cognatique に結合しているのであり，Octavius Mamelius と同等ということになる．つまり同じ cognatique な関係ながら Collatinus＝Lucretia 結合と見事に対称的な関係に立つことになる．

　それにもかかわらず，Brutus は父や兄弟を Tarquinius Superbus に殺され財産を奪われる．防御のため愚鈍（brutus）を装い[4]，黙々と王に仕えることになる．Livius はこれを述べるとき「母方の叔父」（avunculus）というキーワードを決して忘れない．折しも蛇が宮殿の木の柱から現れる（或いは疫病）という予兆[5]が出て，Delphoi に[6]その意味をきくことになる（Liv. I, 56, 4ff.; DH, IV, 69, 2ff.）．Titus と Arruns という王の二人の息子に Brutus が同行する．神託は，「汝らのうち最初に母に接吻した者がローマで最高の命令権を保持するだろう」（Imperium summum Romae habebit qui uestrum primus, o iuuenes, osculum matri tulerit）というものであり，Dionysios のみが伝えるヴァージョンでは二人の息子は同時に接吻する約束をする[7]．これが伝承上の如何なる抵抗かはわからないが，imperium 自体は単一でなければならず，そして Brutus のみが真の意味を理解し，ローマへ戻ると真っ先に大地に接吻した，という[8]．芥子の花の頭を切るのは caput humanum の逆であり，テリトリーが貪欲にねらわれている状況である．しかし彼らは本当に領域を構築できるだろうか．否，それができるのは Brutus だけである，と伝承は雄弁に伝える．

　このような寓意的なパラデイクマこそ，先に述べたように，〈神話〉たるべきものが étiologique な思考の鋳型の中に入れられることから流出してくる．Brutus はそのままの姿で政治システムを樹立し都市領域を実現しうるわけでは到底ない．確かに父や兄弟を殺されはしたが，これからさらにこの cognatique な紐帯を切り捨てなければならない時が来る．その前に，自分をも含めて，かくも対極的なジェネアロジーの諸分子が不思議な連帯を達成しなければならない．ローマの軍事組織中枢，そこから伸びるジェネアロジクな枝の対極的二種類，テリトリーの側の結合，（上から降りてきたジェネアロジーの枝を逆に辿り）そこから浮上して軍事組織内に入った分子，等々．

にもかかわらず，伝承は神託に本当に拘束され，共和革命の代名詞を Brutus とし，そして一旦 Brutus が全権を掌握したように伝える[9]．Cicero はまるで共和革命を Brutus 一人の事業とするが如くである（Rep II, 46: L. Brutus depulit a ciuibus suis iniustum illud durae seruitutis iugum）．Valerius は全く別の脈絡（provocatio）で登場するにすぎない（53）．Ov. Fast. 685ff. に至っては，Gabii と Delphoi を延々と叙述し，717 で Brutus の存在を示唆しておいて長い Lucretia の末尾にいきなり Brutus だけを "Brutus adest"（837）で登場させる．つまり全て Brutus の脈絡である．既に示唆したように，Ploutarchos もまた当然のように指揮権が Brutus 一人に帰属するように書き，ここに誰が割って入るか，というように問題を設定する．もちろんこの "summum imperium" は真正の étiologie ではない．「Etrusci 王権」の「正統性」を受け継ぐかに見せる部分は，Brutus によってこそ説明されるのであり，Brutus に合わせて後から作られた可能性がある．他方 imperium の真正の étiologie は〈神話〉レヴェルに深く沈められて間接的に作動する．

Ploutarchos はこの点に黙するが，Livius と Dionysios は共和権力の樹立手続につき実は鋭く対立する．Liv. I, 60, 4 は「続いて二人の consul が Servius Tullius の儀礼指示書に基づき praefects urbis 主宰の comitia centuriata で選出された」（Duo consules inde comitiis centuriatis a preafecto urbis ex commentariis Serui Tulli creati sunt）と述べる．これに対して Dionysios は，Brutus の権限を自明視するローマ側伝承に疑問を持ったのか，これを反映する演出を行う．IV, 71, 5f. で Valerius は consul 選出民会の召集権者を問題にする．王権の装置抜きに儀礼的正統性が得られるはずがないというのである．Valerius はここで comitia curiata を念頭に置いていることを Dionysios は明記する．これに対して Brutus は自分がその装置の一員すなわち celeres の長であることを告げ[10]，結局その資格で民会を召集する．そしてその民会は comitia centuriata である．しかも interregnum を介在させる（IV, 75）Dionysios は「制憲議会」の模様さえ活写し，imperium の儀礼的側面もここで定まったかのように述べる．

何と言っても curia は imperium に関する正統性付与機関として最も大きな権威を有する．王政期伝承も Numa の即位を exemplum として interregnum から lex curiata までの手続を尊重する．「Etrusci 王権」がこれから多かれ少なか

れ逸脱すると捉えられることについては既に述べた．curia はまた Romulus/ Tatius 伝承と不可分である．しかるに，ここでは imperium 付与の民会を celeres の長が召集するというのである．既に見たように celeres の étiologie は Romulus/Remus 伝承の中に組み込まれる．Remus が Celer という男に殺されるのである．Numa が扱いに苦慮するこの celeres という親衛隊は，かくして moitié 組織がそのままテリトリーに降りる時に出現するということになる．ヨリ儀礼的な性質の moitié 組織の対極に立ち，したがって，何らか（端的なテリトリー上の組織であったかもしれない）原型たる curia ならいざ知らず，lex curiata の如きものには全くなじまない．だからこそ comitia centuriata の召集に向かうのか．しかしこの点反対に，Servius Tullius の軍事組織は既に述べたように大いにテリトリーを離脱している．むしろ praefectus urbis の関与もうなずけるかもしれない．しかし軍事組織の主力は Ardea を攻めていたはずであり，DH, IV, 85 によるとその部隊の帰順先が問題となり，結局共和軍の側につくことになる．Ardea が結局このように立ちはだかったことには大きな意味がある．DH, IV, 64 はここへローマからの亡命者 "φυγάδες" が受け入れられていたとする．これは後に領域の構造が再構築されるときに現れる主題である．Liv. I, 57, 1 はこの時 Ardea が Rutuli の都市であったとする．われわれはここで Brutus が Aineias 一党の子孫であるという伝承の脈絡を得る．領域に直接降りる道をブロックする或る一方の仕方の記号に Ardea は成長していく．Aeneas 伝承はその時に基幹的な役割を果たす．裏を返せば，Tarquinii の対テリトリー積極策は破綻したと捉えられているのである．そのような Servius Tullius 軍によって正統性を付与されて imperium が実現するものなのか．Brutus の大地への接吻は何のために行われたのか[11]．

　おそらく Livius と Dionysios の前には共和革命後最初の軍事組織の両義性から発信された伝承の無限の屈折が広がっていたに違いない．元首政期に至るまでこの屈折に養分を供給する要素に欠けるところはない．その中で彼らは，curia ではなく centuria に相対的な重心が在るのを見出す．Brutus が結局主役にとどまっているのである．しかし軍制としてはともかく政治的な観点からも領域の観点からも中途半端ではないか．否，早々にこれら二つの観点の妥協を図らねばならなかった——，否，それを繰り返さねばならなかった——．繰り

返すときに，BrutusとAeneasを結び付けるヴァージョンすら生み出すのである．

[6・2・1]　Gagé, *La chute des Tarquins*, p. 22 ; 53 は Collatia を対 Sabini 戦略の橋頭堡と考えるが，伝承内の緊張関係を勝手に線引した軍事敵対関係によって説明しても無意味である．

[6・2・2]　Gagé, *La chute des Tarquins*, p. 17 はこのニュアンスをよく捉える．しかし Latini を組み込んで一大帝国を作ろうとしたのでなく，それまでの超然を捨ててテリトリーへアプローチしようとしたのである．

[6・2・3]　cf. C. Ampolo, Un supplizio arcaico : l'uccisione di Turnus Herdonius, dans : AA. VV., *Du châtiment dans la cité. Supplices corporels et peine de mort dans le monde antique,* Rome, 1984, p. 91ss.「生き埋め」という逸脱した軍事刑罰の小さな exemplum（cf. Liv. IV, 50, 4＝412年）．

[6・2・4]　「イワンの馬鹿」等々広範に分布するフォークロアとの比較について M. Bettini, Testo letterario e testo folcrorico, in : G. Cavallo et al. edd., *Lo spazio letterario di Roma antica, 1 : La produzione del testo,* Roma, 1989, p. 66ss. が興味深い考察を行う．基本の部分には対抗関係が発達せず（Greimas によるところの isotopie の欠如），木枝，大地への接吻といった lexème を巡ってそれを生ぜしめる lessicalizzare が特徴である，というのである．これは，引用・再利用の手続に文学のエッセンスを見る（ロマン派的「オリジナリティー」幻想から脱却する）Bettini 等のグループの視座が生きた場面である．

[6・2・5]　cf. Accius, Brutus, F1-2 Dangel＝Cic. Div. II, 44-45. こちらの方では，（Tarquinius Superbus 自身の夢の中に）直接的な革命の予兆が現れ，Delphoi を経由せずこれを直ちに直接的に解読する者が登場する．二頭の「血縁関係にある」(consanguinei) 山羊のうち見栄えの良い方を犠牲に供したところもう一方に倒される，というパラデイクマである．親族を剝ぎ取られた Brutus の復讐という筋書きである．おそらく Gabii 伝承と同じ層に属し，3-2 世紀の地方都市の階層の連帯意識が投影されている．prosopography から反 Gracchus＝反 tyrannus に解する E. Gabba, Il "Brutus" di Accio, *Dioniso*, 43, 1969, p. 377ss. はやや疑問である．

[6・2・6]　Poucet, *Les rois,* p. 258sqq. は使節派遣の史実性に否定的な見方を示す．しかしギリシャ（Magna Graecia）との関係は別次元の問題である．

[6・2・7]　テリトリーへの誤った接近と並んで，ギリシャからの誤った影響が示唆される．Gagé, *La chute des Tarquins,* p. 19sqq. は Libri Sibyllini の Cumae からの導入に関して脈絡をよく感知するが，Etrusci と Latini をまたぐ権力を樹立すべく従来の記号操作を超越しようとしたとする部分は，Etrusci 王権一般の性格と，共和革命伝承のサイクルに入って Tarquinius Superbus のところに Libri Sibyllini が付く，ということを捉えない議論である．つまり，Delphoi にしても Libri Sibyllini にしても意識の底に流れ込んでくるギリシャからの風が有ったと人々が考えたことの証左であり，かつそれが記号として多義的であり，その解釈の仕方によって勝ち負けが分かれた，という理解が有ったのである．

[6・2・8]　Mastrocinque, *Lucio Guinio Bruto,* p. 40s. は，Brutus 伝承の多くの部分を（Accius 経由）Euripides 等の影響と切り捨てる粗い処理をした後，Tarquinius Superbus が汚したものを祓う ritualist hero として Brutus を捉え，驚くべきことに，儀礼（しかもこの儀礼）をそのまま共和革命の本質であるとする．Delphoi のエピソードはこの解釈の柱として使われる．そして，Carna＝Mater Larum＝Ceres 等々「平民の家」に対する侵害が，祓うべき穢れの内容をなし，そこに，Brutus を「人身御供回避」ヒーローとする伝承が重なる，とする．神話的であるとして捨てられてきた伝承を復権するときに現在の学説が陥りやすい儀礼思考の典型である．

〔6・2・9〕 Mastrocinque, *Lucio Guinio Bruto*, p. 93ss. は Brutus を端的に plebs と等視するから，共和革命を plebs 革命であるかのように解することになってしまう．

〔6・2・10〕 cf. Gagé, *La chute des Tarquins*, p. 59sqq. しかし，これを Taracia の前に結合する "Taracini" とし，Lucretia の前の Luceres と対置する，点は全く恣意的である．他方，Valditara, *Magister populi*, p. 311ss. はこれを magister equitum と解し，Lucretius の praefectus urbi および Valerius の magister populi と並べる．順繰りに magister populi＝praetor maximus に就任した，collégialité は無く annalité だけが有った，というのである．伝承がジェネアロジーを描くその努力も水泡に帰す．

〔6・2・11〕 Mastrocinque, *Lucio Guinio Bruto*, p. 81ss. は，例によって Servius Tullius に結び付けられた祭祀を列挙し，Brutus との親和性を言い，Servius Tullius への原状回復が共和革命であった如くに解する．

6・3

かくして，共和政すなわち政治の擬似 exemplum は Lucretia の前の連帯と Brutus の軍事組織だけでは足りずに，なお幾つかを数えねばならなかった．確かに，政治システムは軍事化のメカニズムを利用する，と同時に軍事化を完全に統御しなければならない．Brutus の軍事組織は大きな連帯のためには有用でも，果たして軍事化制御の任に耐えるだろうか．Brutus は王権に対して cognatique に入って行き分割しうるジェネアロジーを有する．Tarquinius Superbus の部族利用政策を再度逆手に取る仕方が示唆される．これが多くのディアレクティカ構成要素の中でも主軸である，と伝承は見るが如くである．しかしこの cognatique な関係そのものが気になるではないか．正規の方式を潜脱する軍事化の問題が必ず領域との関係で生じて来る．軍事化したときの形態は無分節であるが，逸脱の引き金はもちろん枝分節であり，cognatique な結合は必ずこの逸脱を培養する．imperium の真髄はその切断においてこそ見られるのではないか．

ようやくわれわれは Sp. Cassius という出発点に戻る．あの真正の exemplum にはヨリ〈神話〉的なエコーがあった．共和革命というパラデイクマのヴァージョン対抗の大アリーナに参加しディアレクティカを完成させるための「出展」である（一層根底に降りるヴァージョンが「Horatii と Curiatii」に認められた）．かくしてそれは見事に「Lucretia 結合」の対極である．「Brutus 切断」と名付けることができる．つまり同じく cognatique な結合でありながら，それが高度な連帯の資源となるのでなく，軍事化の引き金となり，かくして一刀

両断される．その切れ味に政治システムすなわちローマ共和政の全てが懸かることになる．そのような擬似 exemplum を持ち，かくして imperium という概念を練り上げ，（多彩な〈神話〉を発展させるのでなく）その一点で〈分節〉を支えるのが，まさにローマの特徴である．

「最初の犯罪 crimen」はもちろん犯罪 crimen を定義する．それはついに一義的に定義しうる．〈分節〉の破壊である．〈分節〉は単一で一義的である．亡命した Tarquinius 王の再度の使節はもはや財産の返還のみを求めるポーズを取るが，かわりに王政復古のクーデタを秘かに組織する．有力者の息子達はかつて王を囲む若者の集団（iuventus）であった．彼らの心理を再構成する Livius (II, 3, 2) は，「放恣が一層無際限であった」(libido solutior fuerat) という思いを帰せしめる．王権から開放されて自分達が主人になったというのに，かつての方が自由とはどういうことだろうか．そればかりか彼らは「平等の精神で固く連帯していた」(aequales sodalesque) と感ずる．しかし "solutior" が雄弁にこの集団の性質を物語る．「王は，正でも不正でも必要な時はいつでも求めうる人物であり，特別扱いも利益供与も可能であったし，怒ってもくれれば見逃してもくれる．友と敵の区別も知っていた．ところが法（leges: 政治システム）と来た日には盲目で動かしがたい——」(regem hominem esse, a quo impetres ubi ius, ubi iniuria opus sit; esse gratiae locum, esse beneficio, et irasci et ignoscere posse, inter amicum et inimicum discrimen nosse)．〈分節〉は関係を一義的にし，一定の集団を排除して利益を得る自由は無くなる．しかもその関係は厳格に定まる．

違法な軍事化の組織形態につき伝承は確固たる核心を共有する[1]．Liv. II, 4, 1 の表現を借りれば，「Vitellii と Aquillii の兄弟達に事柄の中枢が委ねられた．Vitellii の姉妹の一人は consul の Brutus の妻であり，その婚姻から Titus と Tiberius という二人の子供が生まれ今や青年期に達していた．彼らはこの二人をも母方の叔父の陰謀の共犯関係に (in societatem consilii auunculi) 引き入れた」(Vitelliis Aquilliisque fratribus primo commissa res est. Vitelliorum soror consuli nupta Bruto erat, iamque ex eo matrimonio adulescentes erant liberi, Titus Tiberiusque; eos quoque in societatem consilii auunculi adsumunt.) のである．cognatique な結合を通じて「母方の叔父」が甥に介入し，父の領分を簒奪する，

6 Brutus と Publicola　　　　　　　　　　　　247

というパラデイクマが意識されている．クーデタはこの paradigmatique な作用で例解しうるというのである．もっとも，この組織の具体的な展開になると伝承は早速対抗し始め，屈折体が生きていることを示す．coniuratio の拠点は，Liv. II, 4, 5 によると "apud Vitellios" で，ここでの晩餐における密議を奴隷に聞かれて密告されたことが，Tarquinius 王側に宛てた密書とともに，クーデタにとって致命的となる．しかし DH, V, 7, 2 は，その拠点を Aquillii の側に移動させる．しかも彼らは Collatinus の姉妹の息子達であり（τοῖς ἐκ τῆς Κολλατίνου γεγονόσιν ἀδελφῆς），Collatinus 自身が avunculus の地位に立ち，かくして Collatinus を通じて Tarquinii 自身が直接 cognatique な介入をなしうることになる．もちろんこれは Brutus 自身のジェネアロジーと同型である．Plout. Popl. 3, 4 はこの点さらに「彼ら（Aquillii と Vitellii）全てがそれぞれの母を通じて Collatinus の甥であった」（Οὗτοι πάντες ἦσαν ἀπὸ μητέρων ἀδελφιδοῖ Κολλατίνου）とまで言い切る．

　Aquillii を結び目とするヴァージョンはかくして Collatinus を巻き込むことになるが，この結果，もう一つの大きなヴァージョン対抗点が生まれる．Liv. II, 2, 3ff. は，事件に先立って Collatinus を，Tarquinii とのジェネアロジクな繋がり故のみを以てして（nihil aliud）辞職させている[2]．替わりに Valerius がもう一人の consul となる．これに対して Dionysios と Ploutarchos が従うヴァージョンによれば，Brutus の相手を務めるもう一人の consul は実は Collatinus であったから，現職の consul がもう一人関連することになり，言わば一つのブロックが丸ごと問われる．すると，DH, V, 7, 4 のように，Aquillii 家の奴隷が密告する先が，Liv. II, 4, 6 におけるように（rem ad consules detulit）二人の consul（Brutus と Valerius）ではなく，私人たる Valerius であるということになる．Livius において，二人の consul が直ちに Vitellii の屋敷を捜索し手紙を差し押さえるのに比して，Valerius が私人として或る集団を率い，差押を遂行する．Plout. Popl. 5, 1ff. はさらにこのヴァージョンを発展させる．そもそも Valerius は最初の選挙の結果に不満で，一旦完全に公共の事柄を放棄さえする（2, 1: τὸ πράττειν τὰ κοινὰ παντελῶς ἐξέλιπεν）．かくして Aquillii 家の奴隷が赴くのは，Valerius の妻と弟 Marcus さえもが居る純然たる私的空間である（5, 1）．Publius Valerius 本人は，妻に家を守らせ弟に旧王宮での手紙の差

押を委ねたうえで，DH におけると同じように徒党を率いて Aquillii 家の現場を襲う．いずれにせよここで衝突に至り，consul の介入を待つことになる (6, 1ff.)．

以上二点と連帯の関係に立つヴァージョン対抗がもう一つ存在する．Liv. II, 5, 3 の簡潔な表現，「裏切り者達は弾劾され，身体刑（死刑）が執行された」(damnati proditores sumptumque supplicium), は公式の刑事裁判の存在を疑わせる要素を含まない．もちろん Brutus は父としての立場を押し殺して consul として処刑を命じなければならない．叙述のクライマックスを Livius が逃すはずもなく，「その間ずっと父とその顔・表情は人々にとって見物であった，公共の刑罰の執行という務めの中にも父としての心情が隠せないという点で」(cum inter omne tempus pater uultusque et os eius spectaculo esset, eminente animo patrio inter publicae poenae ministerium) という記念碑的表現を遺す[3]．しかし Dionysios は，8, 1 の初めから，以下の叙述が読者にとって信じがたい残酷さであることにつき警告を発する．そして，Brutus は，死刑が宣告されるやむしろ人々の方が彼や他の者が息子を失う不当を嘆く中で，平然と執行への手続を進めた，とし，Brutus の決然たる態度に驚きを表明する．（厳格さとしての）父のパラデイクマの強調，公共のパラデイクマと（慈悲としての）父のパラデイクマの間の葛藤の欠落，は Ploutarchos が選ぶヴァージョン (6, 1ff.) において頂点に達する．衝突に割って入った Brutus は息子達が居るのを見るや直ちに尋問し，答弁が無いと，直ちに処刑させる．確かに lictores を使うが，これが息子に対する父としての処罰権限の行使であったことがやがて明らかになる (7, 1ff.)．Brutus が立ち去った後，Aquillii は Collatinus を抱き込んで巻き返しを図る．もう一度 Brutus の出番となると，彼は以下のように言う．「息子達に関する限り自分で十分であったが，他の者達については自由人市民に対して投票権が与えられる」(ὅτι τοῖς μὲν υἱοῖς αὐτὸς ἀποχρῶν ἦν δικαστής, περὶ δὲ τῶν ἄλλων τοῖς πολίταις ἐλευθέροις οὖσι ψῆφον δίδωσι)．そして弁論を促すのである．つまり pater パラデイクマとのコントラストで弾劾主義が捉えられたということになる．

大いなる切断は確かに pater パラデイクマによる．父が，cognatique に入って来る干渉を叩き切る．これを〈神話〉レヴェルで働かせることになる．何故

ならば，そのまま適用すれば単なる独裁しか出て来ない．しかしローマでは，consul が現に父でもある儀礼的存在として現実に息子を殺すのである．儀礼が同時に〈神話〉として作用するのではあるが，しかし〈神話〉と現実のパラデイクマの二つの平面を峻別する思考からすると，この二重の意味は大変に曖昧に映る．Brutus 切断が必要であったのならば，現実にクーデタの組織は cognatique であり，それが一貫していなければならない．かくしてそこには Collatinus が居て，Aquillii のような Brutus 外の分子に中心が無ければならない．しかもその組織が現実に Brutus 切断されたというのであれば，まさに子殺しであるから信じがたく（Tantalos は〈神話〉だからこそ政治を媒介しうる），そもそも論理的に Brutus の息子にしか適用されず，他は弾劾主義であったに違いない，となる．Valerius の訴追者としての役割は私人たればたるほどよく表現される．いずれにせよこのような対抗の様子は，Brutus 切断がやはり〈神話〉レヴェルで働くものであり，つまりもっぱら社会構造を媒介するものであり，それがローマの場合極力現実のパラデイクマとして作用し，儀礼を媒介としてのみ維持されるがために，以上のような対抗を引き起こす，ということをわれわれに明らかにしてくれる．

　なおかつ，以上のようなアプローチの対抗は，Brutus 対 Valerius の対抗によって培養されている．Brutus ブロックの現実の解体というヴェクトルがどこかで働き，刑事裁判の弾劾主義の側面を引き出したのである．これに対して，〈神話〉レヴェルに Brutus を保ち抽象的な imperium を基礎付ける立場が公式のパラデイクマ蓄積においては地位を譲らなかったと思われる．Spurius Cassius 伝承において，もう一段発達した弾劾主義の側からこの〈神話〉的パラデイクマ自体が批判されるときに pater-filius が蒸し返されて儀礼の平面に浮出するという点については既に述べた．

　さて，この事件からはもう一つ重要な屈折体が流れ出す．伝承はこぞって密告した奴隷が解放され金銭とともに市民権を付与されたと伝える．DH, V, 7, 3 はその奴隷 Vindicius が Caenina の出身であることを告げるが，結果を伝える 13, 1 は étiologique な話抜きに事実のみである．Brutus 集団への反感しか読み取らないことになる[4]．これに対して Liv. II, 5, 9f. と Plout. 7, 7f. はいずれもこの "Vindicius" から vindicta を使った開放フォーミュラが生まれたとし，Plout.

はしかも後の Appius Claudius Caecus の奴隷解放の exemplum になったと付け加える．何故このような刑事事件が奴隷解放の exemplum であるのか．否，ここに実質的な exemplum の作用が無い[5]からこそ Dionysios は慎重であるに違いない．しかし何かのレヴェルで後の奴隷解放と Vindicius の密告は繋がっているのである．これを屈折体の大きなディアクロニクな延長と伝承が捉えたとしても無理も無いのである．つまり集団内のヨリ下位の分子を自由にすることにより結社を解体することは imperium の基本原理に結び付き，同じメカニズムが後に別のレヴェルで何段か mutatis mutandis に繰り返されるのである．このようにして徹底的に透明な空間を作り出すことはローマ共和政の根幹である．しかし，Ploutarchos の Appius への言及は denigration でもある．つまり奴隷解放は反対組織の拡張のためにも使われて暗転しうる．さらに mutatis mutandis に密告はもちろん元首政の暗黒部分に結び付く．共和革命時のヴァージョン対抗のハーモニーの中でのみどのパラデイクマも政治システムを支えるのであり，切り出されて動いて行けばどれも陳腐なばかりか悪質なものとなる．すべてを儀礼と exemplum によって保障しようとするローマではこの危険は当初より宿命的なものであったと言うことができる．

　クーデタの鎮圧が Collatinus の追放[6]と Valerius の consul 選出を導く経過を DH, V, 10-12 は詳細に，Plout. Popl. 7, 6f. は簡潔に，記す．こうして Valerius 主導で幾つかの措置が取られるが，その第一は，Tarquinius 王がその返却を請求してきた財産の処分の問題である．返却の選択さえ排除されなかったが，クーデタ後は言語道断となる．Plout. Popl. 8, 1ff. は最も詳細にその処分について叙述する．Tarquinii に属するものの最良の部分が Campus Martius の一部にあった．財産をてんでに掠奪させる（διαρπάσαι）のであるが，麦穂がちょうど刈り取られたばかりで束になっていた．人々はなだれこむとこれを領有せず（οὐδὲ χρῆσθαι），全て河に投げ込み，その場所を全く耕作されない無収穫の（ἀργὸν παντάπασι καὶ ἄκαρπον）状態に置いた．しかし河に投下されたものが引っかかって，さらにそこへ加わるものを塞いでこれがからまり増殖し（τῶν ἐπιφερομένων διέξοδον οὐκ ἐχόντων, ἀλλ' ἐνισχομένων καὶ περιπλεκομένων），島が出来る．脈絡は違うが Liv. II, 5, 2ff. も同様で，「その土地の果実を」(quem campi fructum) と正確なラテン語のタームを用いわれわれを助ける[7]．

もっとも，DH, 13, 2ff. の記述のタームは異なる．通常の公有財産の分配の如くに叙述した後に，Campus Martius だけは取らせない，とした上で，元来 Mars のものであるのに Tarquinii が勝手に自分のものにして耕作していた ($\sigma\phi\epsilon\tau\epsilon\rho\iota\sigma\acute{\alpha}\mu\epsilon\nu o\varsigma\ \check{\epsilon}\sigma\pi\epsilon\iota\rho\epsilon\nu$) とする．そしてその果実をも持って行かせない旨の決議がわざわざなされる．河への投げ入れはそのコロラリーであることになる．Dionysios の観点は誰のものかだけであり，公共財の私物化を排除するのみである．果実についても同様である．Livius と Ploutarchos のソースには，しかし，果実を固有の問題と考える視点が明白である．Tarquinii の財産の処分は，公共財そのものを無くすという見地から行われる．しかし Campus Martius は公式の軍事化を実現して見せる場となるのであるから，公共空間には違いない．公共空間は公共財なのではないか．公共空間や皆に属する物的装置は政治システムにとって不可欠であるから，公共財もまた不可欠なのではないか．このギリシャ的観念は綺麗に否定される．公共空間と公共財は区別される．公共空間はおよそ財ではない．区別をもたらすのは果実の概念である．公共空間には果実があってはならないのである．万が一果実の如きものが発生しても，それは分け取りの対象にさえならない．それ自身どこまで行っても元本になり，土台になる．ローマの財政と共和主義の根幹を理解するための exemplum であり，われわれの占有概念に深く関係することは言うまでもない．そして他方，この寓意性こそが，exemplum でも〈神話〉でもない以上，Fabius Pictor をして無視せしめたのかもしれない．王政期伝承や Coriolanus のような〈神話〉性が強い部分と確固たる exemplum の部分に挟まれて，共和初期に関する彼の断片が奇妙にも遺らないのである．

〔6・3・1〕 Gagé, *La chute des Tarquins*, p. 84 は例によってこれを Brutus 指揮下 Taracini に還元するが，これでは彼の言う Luceres 等々と軍事化の形態の識別ができない．政治システム下の軍事化と正反対の形態，cognatique な結合が違法な組織を形成するという点，が重要であり，伝承はこのためにこそ Tarquinius Superbus の権力基盤の「異常さ」を強調しているのである．

〔6・3・2〕 consul 辞任が可能かどうかという exemplum 問題がここに懸かっている点については，cf. Ogilvie, *Commentary*, p. 239. Sulla 時代の annalistica 内対立が反映されているという伝統説だけではこのヴァージョン対抗を説明できない．populares の養分を吸って Brutus ブロックが伝承上生き延びたとしても．

〔6・3・3〕 Ogilvie, *Commentary*, p. 243 は Livius の叙述力に帰するが，以下に述べるようにヴァージョン対抗が潜んでいる．

〔6・3・4〕 Gagé, *La chute des Tarquins*, p. 86 は Vindicius をも magister populi としての Valerius 指揮下の軍事組織構成員とする．伝承を複権するときに Critique を欠いてそのまま社会学的に分析してしまう，「社会的カテゴリー」を固定的に設定してしまう，弱点が見られる．

〔6・3・5〕 ここに manumissio 自体の exemplum を見るのは性急である．cf. Ogilvie, *Commentary*, p. 241.

〔6・3・6〕 罪ある Collatinus の失脚なのか，Tarquinius との血縁故に嫌疑を晴らすため潔く身を引いたのか，のヴァージョン対抗と諸説について，cf. D. Musti, *Tendenze nella storiografia romana e greca su Roma arcaica. Studi su Livio e Dionigi d'Alicarnasso*, Roma, 1970, p. 102ss. この研究は全体に渡って，しかし，Quellenforschung のパロディーのように（Tarquinii 寄りや Valerius 寄りという）傾向をソースに還元しテクストを分解するばかりである．

〔6・3・7〕 もちろん，学説はこの奇妙な伝承に首を傾げるばかりである．cf. Ogilvie, *Commentary*, p. 245.

6・4

政治システムには二つの側面があり，一方はその単一性である．他に社会組織の結節面があってはならない．決定は一義的でなければならず，それが一義的に実現されなければならない．もう一つの側面は透明性である．特定の一点に権力があってはならず，解放されていて「上が無い」のでなければならない．政治システムは閉じていてはならないのである．かくしてまた，imperium 自体が透明でなければならないということになる．

Brutus には共和革命自体とともに単一性の側面が付いて回る．Liv. II, 1 も DH, V, 1 も政治システムの基本の樹立を取って付けたように語るが，他方 Liv. II, 8, 1ff. と DH, V, 19 も政治制度についてのまとまった「創設」を描く．この分裂は単一性と解放性に対応し，そしてそれがちょうど Brutus と Valerius に対応するのである．つまり Liv. II, 1 と DH, V, 1 では王権の引継の面が強調される．もっとも，その単一性の側面は儀礼化される．rex sacrorum が端的な例である．しかしそれでも，Liv. II, 1, 7 が collégiallité よりも annalité を共和元年の重要なメルクマールであると述べるのは，imperium の単一性への固執である．とにかく consul は（二人であるとはいえ）"omnia iura, omnia insignia" を十全に保持するのである．fasces は一方のみが持つ．Dionysios は「一月交替」という別のこだわりを示す．

しかし伝承上 Brutus は早々に死ななければならない（Liv. II, 6, 1-7, 4; DH, V, 14-18; Plout. Popl. 9）．何故これを各テクスト揃って長々と叙述するのか．

Tarquinii との決戦の中で戦死するのであるが，一騎討ちとポトラッチの要素に欠けはしない．そしてこの場合は Brutus が担う要素が転生しなければならないということの暗示である．葬送儀礼と，Valerius による葬送演説もまた，確固たる exemplum である．葬送演説については Dionysios がわざわざ excursus を設けるほどである．

このように Brutus が葬られた後は Valerius の季節である[1]．Collatinus に替わって consul に就任している彼は唯一の consul であり，唯一権力者である．人々の猜疑心が集まる．王の如き権力を，つまり凡そ権力を，保持しようとしているのではないかと．都市中心の彼の家は Velia という急峻な丘の上に在った．ここでも Dionysios はこの種の寓意的 exemplum に冷淡であるが，Ploutarchos のテクストが敏感に反応する (Popl. 10, 3).「その家は forum を上から脅かすような位置に在り，頂点から全ての者を見下ろしていた」(οἰκίαν ἐπικρεναμένην τῇ ἀγορᾷ καὶ καθορῶσαν ἐξ ὕψους ἄπαντα)．Valerius はこれを完璧に破壊し更地にしてしまう．残骸が投下された地が聖化され Vica Poca と名付けられる．Liv. II, 7, 11 は Valerius に「家を平地に降ろすのみならず丘のすぐ下に置く」(deferam non in planum modo aedes, sed colli etiam subiciam) と宣言させている．全ての〈分節〉頂点が都市中心内に拠点を持つこと（「ボス達の共和国」）では十分ではない．その一つ一つが幾何学上の点のように従属的な空間を持たないのでなければならない．これにより初めて公共空間は本当に解放され，最高位に位置することになる．

このエピソードにより Valerius は "Publicola" という名称を得るが，同時に imperium の第二の基礎付けを行う[2]．王権の引継でなく，まさにこれに対抗する態様においてである．つまり，われわれはこの二つ（例えば Liv. II, 1 の imperium 設立と以下の lex Valeria）を syntagmatique に捉えるのでなく対抗的に読むべきである．ただし後者の分析のためにはディアクロニーを必要とする．Valerius は立法の形式を採用するが，その第一の lex は，Liv. II, 8, 2 によると「政務官（magistratus）に対して民会へと (ad populum) provocatio（抗告）することに」(de prouocatione aduersus magistratus ad populum) に関わる．provocatio の exemplum は既に見たように Horatius 伝承の中に設定されている．ここには凡そ裁判，つまり弾劾主義の刑事裁判それ自体，の exemplum が同時

に書き込まれていた．書き込みにはそれに相応しいディアクロニクな段階があり，その相応しさはその段階を構成するヴァージョン対抗の全構造，すなわち社会構造，によって判断される．この識別がディアクロニーである．しかるに，Spurius Cassius 伝承に見る共和初期の刑事裁判には provocatio の余地が無かった．ところがここでは刑事裁判の脈絡さえ抜きに凡そ政務官に対する provocatio が観念されている．これはどういうことであろうか．DH, V. 19, 4 はこの点，「民会によって imperium を受け取るのでない限り誰も imperium 保持者たりえない」(ἄρχοντα μηδένα εἶναι 'Ρωμαίων ὃς ἂν μὴ παρὰ τοῦ δήμου λάβῃ τὴν ἀρχήν) と書く．Livius の第二の法，「王の権力を占めようとする者の首はその財産とともに聖なるものとする（取り上げる，誰でも取り上げ可能とする）」(sacrandoque cum bonis capite eius qui regni occupandi consilia inisset)，は，Dionysios の第二の法，上の法に違背した者を死刑に処し，かつその者の法的保護を奪う（殺した者の責任を阻却する）法，と内容上一致する．つまり Livius の第二の法も Dionysios の第一の法を受けるものとすればよく理解でき，そうでなければ繋がりが不明である．Livius の第一の法の "ad populum" はかくして Dionysios の法の意味に理解されるべきである．この原理を刑事裁判に適用するとどうなるか．処罰権限は imperium から出る．しかし軍事化の権限としての imperium を流用するのでよいだろうか．軍事規律に関する限りそれでよいだろう．しかし刑事裁判権はその都度基礎付けを要するのではないか．ここから刑事裁判において陪審の判断を不可欠とする概念が出る．つまり imperium の行使は民会に基礎付けられた〈分節〉的構成員の議論による政治的決定に基づかなければならず，自分自身の判断によってはならない．そしてここに，後に，一層テクニカルに，被告人の人身を保障する provocatio がディアクロニクに付着したのである．これが Dionysios の第三の法に符合する．つまり，おそらく procvocatio の積もりで，政務官がローマ市民を処罰しようとするとき，「その私人は imperium を民会の審判へと付することができる，民会が投票しない間は，決して imperium を被ることがない」(ἐξεῖναι τῷ ἰδιώτῃ προκαλεῖσθαι τὴν ἀρχὴν ἐπὶ τὴν τοῦ δήμου κρίσιν, πάσχειν δ' ἐν τῷ μεταξὺ χρόνῳ μηδὲν ὑπὸ τῆς ἀρχῆς, ἕως ἂν ὁ δῆμος ὑπὲρ αὐτοῦ ψηφίσηται) と Dionysios は記す．対象が裁判であるのか訴追であるのかはっきりしないのは，

強引にディアクロニクに遡らせたからである．事実，Plout. Popl. 11, 3 は明快である．第一の法は「consul（の訴追）から逃れる者に民会に助けを求めて訴える権利が与えられる」（τὸν δῆμον ἀπὸ τῶν ὑπάτων τῷ φεύγοντι δίκην ἐπικαλεῖσθαι διδούς）と．これが完全なアナクロニズムであることは後に述べる．なお，Ploutarchos の第二は Dionysios の第一と同一である．

　重要なことはここでは imperium がその相貌を一変するということである．民会に根拠を持たなければ如何に一義的決定の一義的遂行であっても決して imperium ではないということである．この原理の上に様々なものが積み上がっていく．

[6・4・1] J. C. Richard, À propos du premier triomphe de Publicola, *MEFRA*, 106, 1994, p. 403sqq. は，共和初年の Fasti Consulares の信憑性を否定する通説に対し，結論を覆すわけではないが再考を求め，Fasti Triumphales の Valerius に信頼できる核を見出す．言わば ante litteram の凱旋が有ったため，ここから逆算して consul 職奪取が伝承上概念され，ここに他の étiologie が付着していった，というのである．われわれの仮説にかなり近い主張である．Collatinus 失脚と Brutus 戦死が流れを変えたように伝承がイメージし，後者は Valerius の凱旋と伝承上不可分である，ことは動かない．ローマ＝カルタゴ条約の署名の問題にも大いに響く．

[6・4・2] 既に Mommsen 自身 imperium の「公的」性格をあれだけ強調しながらそこでは決して lex Valeria を引照しない（vgl. *StR I*, S. 8f., 698f.）．高々 Cic. De lege agraria, II, 7, 17 が引かれるにとどまる．つまり刑事法の領分に限定されているのであり，これは既に Cic. Rep. II, 53f. の書かれ方に符合している．そしてまさに刑事法の領分に追放された上でこの第一の lex Valeria は主として Mommsen 批判学説によって根こそぎその信憑性を否定される（cf. Lintott, Provocatio, p. 227；A. Magdelain, De la coercition capitale du magistrat supérieur au tribunat du peuple, dans : Id., *Jus imperium auctoritas. Études de droit romain*, Paris, 1990, p. 541, etc.）．もちろん公法上の問題が意識されないわけではない．De Martino, *StCost I*, p. 204ss. は現に（珍しく）その観点から論ずる．しかし Cic. *loc. cit.* に引きずられて "libri pontificii" と共に王政期に遡ってしまう．つまり公権力の立憲主義的制約は王政期にも有った，とするのである．この逆転した理由で再び第一次 lex Valeria は抹消される．しかし公権力の公権力たる所以は，その正統化のプロセスのみによらないだろう．公権力の行使は一義性のみを要件としないだろう．デモクラシーに帰因する絶対的な壁以前に，それ自身一定の質を備えていなければ凡そ公権力とは言えないという限定が存在するのではないか．政治的決定の内容が決して〈分節〉システムに違背できないように，正統化された政務官といえどもその行為自体〈分節〉システムに沿った手続を踏まねばならない，というのである．密室での恣意的な懲罰権の行使は許されないのである．伝承は Valerius Publicola とこれを固く結びつけている．lex という形態が与えられたのは 449 年の第二次 lex Valeria が遡ったとしても，早くに基本 exemplum として意識され，第二の Valerius こそむしろ実存した（故事に倣って担ぎ出された），もしくは伝承上の，エコーである可能性がある．

6・5

さて，われわれはここでもう一つのわれわれの出発点，Aricia での戦いに戻ることになる．独立のギリシャ側ソースから，Cumae が Porsenna の Etrusci 軍を撃破し Latini の同盟を助けた，ということをわれわれは知る．ローマ側伝承は当然にこれを記録するが，既に示唆した通り，この Latini の同盟の一員として Etrusci の追放に加わった，とは決して書かない．共和革命を Porsenna 戦争と厳格に区別しようとするのである．

もっとも，貴重なことに伝承は二つの事件の距離について対立する．そもそも Brutus 戦死後，Liv. II, 8, 4 によると Sp. Lucretius が suffectus として consul に選ばれるが，すぐに死んでしまうため，あらためて M. Horatius Fuluillus が重ねて suffectus となる．しかし Livius は早くも覚束ず，「若干の古い著述には consul として Lucretius の名が見当たらない」(apud quosdam auctores non inuenio Lucretium consulem) と付け加える．DH, V, 19, 2 は Velia 事件の最中にさりげなく Horatius 選出のみを置き，Plout. Popl. 12, 5f. は Lucretius-Horatius のヴァージョンを採る．問題はこの Horatius である．Liv. II, 8, 6-8 と Plout. Popl. 13-15 は一致して同一のヴァージョンに従い，この Horatius に直ちに Iupiter Maximus 神殿の奉納 dedicatio をさせる．特に Plout. の叙述は長く，Tarquinii が建設してきたこの神殿の完成をディアクロニクな excursus とともに大々的に喧伝する．そして両者ともに（Liv. II, 9ff.; Plout. Popl. 16ff.）翌共和二年目の consul，Valerius Publicola と T. Lucretius の下に直ちに Porsenna 戦争を開始させるのである．ところが Dionysios は二年目の consul の時には何も無かった（V, 20）とわざわざ断った上で，共和三年目に Porsenna 戦争を先送りし（V, 21ff.），何とこの後にようやく Horatius による Iupiter 神殿奉納を置く．われわれはここで V, 33, 3 にまで到達しているのである．おそらくそのためにこそこのヴァージョンは Livius には無い二回目の Valerius-Horatius を共和 3 年の consul として設定しなければならない．そして共和 4 年には Larcius-Herminius を置き，ここに既に示唆した Vicus Tuscus を位置付ける（V, 36）．共和 2 年目の Porsenna 戦争の末尾に直ちにこれを置く Livius の叙述（II, 14）と対照的である．ここでは Larcius-Herminius 組は一貫して副官のよ

うに扱われる．Liv. の共和 4 年（II, 16），DH の共和 5 年（V, 37），M. Valerius と Postumius の組から両者にとって consul 名は一致するようになり（cf. Plout. Popl. 20, 1），初めて「Porsenna 後」にわれわれは導かれる．

　伝承のこのような状況は，まず Horatius による Iupiter 神殿奉納という核心部分があり，これと Porsenna の先後が争われるのである．Horatius 後置は重要な見方を示唆する．Iupiter 神殿の奉納は共和革命終結に相応しいが，後置であると共和革命と Porsenna 戦争が大いに重なって見えてくるのである．逆に共和元年を強引に共和革命元年に一致させると，その年に神殿の奉納が行われたことになってしまう．Dionysios はこれを批判しながら，なおかつ共和元年の Brutus の suffectus として Valerius が Horatius を任命したというヴァージョンをも採るために，第二の Valerius-Horatius 組を想定せざるをえなかったのである．実は，Horatius の dedicatio 自体は争われないが，その正統性を巡って伝承は激しいやりとりをする．DH, V, 35, 3 は一番冷たく，たまたま Valerius が戦地に在ったので Horatius が名を刻んだだけである，とエピソードを極小化する．しかし Liv. II, 8, 6ff. によると，籤により二人の役割分担が決まったが，Valerius の親族が反発し，Horatius の dedicatio を妨害しようとする．そして儀礼の最中の Horatius に「息子が死んだ，親族が死んだ者は儀礼の資格を持たない」とささやく．しかし Horatius はこれに動かされない．「事実と信じなかったのか，ただ鈍感なだけか，確かな伝承は無いし，解釈も難しい」（Non crediderit factum an tantum animo roboris fuerit, nec traditur certum nec interpretatio est facilis）と Livius は述べる．伝承上激しい攻防が続けられた痕跡である．Plout. Popl. 14, 3ff. は，この攻防を当時の現実として描写し，投票によって決したとする．しかも籤によって役割が決まったというヴァージョンを駁すべく，まさにささやきのエピソードを持ち出し，それが Valerius Publicola の弟 Marcus の虚偽捏造によると断定する．Livius のヴァージョンには Valerius 側が反撃している様子が窺われるが，Ploutarchos のヴァージョンにはそれへの再反撃の痕跡が認められる．全体の根底に Valerius 側からの大規模な攻勢があったに違いなく，このスパイラルから Dionysios のヴァージョンは脱出したいのである．それは Horatius の dedicatio を正規のものとして認知する立場である．

それが，Porsenna 戦争を共和革命内に収める視角と連帯する[1]．部族同盟の役割を大きく見る立場である．Horatius 伝承の Horatius が重ね映しになる．にもかかわらず，秘かに共和革命共同戦線から離脱する勢力が伏在していたに違いない．Plout. のヴァージョンのように Aricia を無視するものがあり，また Liv. II, 14, 5 のように「ローマとの戦争を放棄して」(omisso Romano bello) と方向転換を明示するものもある．Livius はごくわずかの敗残兵を hospitalium の観点からローマが収容しただけであるとする．しかし Dionysios は急にギリシャ側からローマ側にヴァージョンを切り換え，救護と Vicus Tuscus を記すばかりか，「その対価として」($ἀνθ' ὧν$) ローマが「Etrusci の王」から相当の贈与 ($δωρεάν$) を受ける，と述べる (V, 36, 4)．Tiberis 対岸の領域であり，これが儀礼によって刻まれたことを Dionysios は明記する[2]．Liv. II, 15, 6 も実は翌年の consules の下で Porsenna による Tiberis 対岸返還について記すが，そもそも Tarquinii の要請を受けて Porsenna が北方の Clusium から反革命干渉戦争を行っているというのに，その筆致も奇妙に Porsenna に好意的である．まして Plout. Popl. 18 は，他が Porsenna との休戦をローマ側にとって厳しいものとするのに対して，Valerius Publicola が Porsenna を「戦い相手というよりむしろ……ローマにとって大いに貴重な友かつ同盟者になる」($οὐχ\ οὕτω\ πολέμιον\ ὄντα...ὡς\ ἄξιον\ πολλοῦ\ τῇ\ πόλει\ φίλον\ γενέσθαι\ καὶ\ σύμμαχον$) と考える始末である[3]．つまりローマと Tarquinii の間の仲介の役割である．Porsennna と「さらに一層親ローマである」息子の Arruns はむしろ喜々として引き上げる．19, 9 はさらに Porsenna が「もう一つ大盤振る舞いを」($ἄλλην\ τε\ πολλήν\ ἑαυτοῦ\ μεγαλοφροσύνην$) 贈ったと述べる．彼らが獲得していた戦利品を置き去りにして引き上げるのである．「Porsenna 王の財産を売る」(Liv. II, 14, 1: bona Porsennae regis uendendi) という儀礼の étiologie である[4]が，Livius はその解釈の多義性を十分に意識している．つまり戦利品ではあっても元来自分達のものであるからてんでには取らせずに公売に付し財政収入とするのである．Livius の「元来戦争に際して生まれた儀礼が後に平和時にも遺ったか」(aut inter bellum natam esse neque omissam in pace) は公売により透明かつ均等に分配する政治システムの一メカニズムを示唆する．Campus Martius の exemplum がコントラストのために作動する．「敵としてその財産を

売る」(bona hostiliter uendendi)は「人々が突入しててんでに敵として剝ぎ取ることのないように」(ne populo immisso diriperentur hostiliter)にかかる. bona Porsennae の方式は,同じく王の名を使って残余が生まれることのないように厳格に解体するということを例解しながらも,端的に〈分節〉するのでなく Sp. Cassius をさえ仄めかす一段高い「皆のもの」をイメージする.「王の財産の競売などというのでなく自由な恩恵を」(gratiam muneris magis...quam auctionem fortunaeque regiae)意味した,というのはこの含意である.であるとすれば exemplum は確かに Valerius ブロックのものである.否,Valerius Publicola その人のものというより,Aricia で勝利した Latini とその向こうから波動を伝えて来る Cumae のものである.

　Porsenna が伝承上この亀裂の分岐点であったことがもう一群の伝承からも明白である.しかも,それによれば,しばらく後の時代に属する微妙な分岐の投影というばかりか,その亀裂が初発の時点で胚胎していたこと,そしてそうした意識の分裂こそが政治すなわち〈分節〉を達成するに際して決定的であったこと,が確実である.

　Porsenna 戦争における二つの武勇伝は,本格的な〈神話〉でも exemplum でもないから,Fabius Pictor が無視したに違いない性質のものであるが,少なくとも Horatius Cocles 伝承はその圧倒的な分布(Polyb. VI, 55 ; Cic. De leg. II, 10 ; De off. I, 61 ; Gell. IV, 5, 1 ; etc.)からしてローマ社会に深く根ざしていたと考えられる.Ianiculum を占領した Porsenna 軍が敗走するローマ軍を追って Tiberis 河畔に迫るので,唯一の木の橋を渡って都市内に逃げ込み橋を落とさねばならないが,追撃が急でその余裕が与えられない.その時 Horatius Cocles が単独で橋の上に立ちはだかり,しかも自分の後ろの部分で橋を落とさせ,自分は河に飛び込んだのである[5].Cicero 以降顕著で Val. Max. III, 1 ; IV, 2 の段階では定着しているように,一人が祖国のために犠牲になる,自然の摂理に逆らうその強靱さ fortitudo が称えられる.もう一つの要素はその結果立てられる像の存在である.しかしこうした陳腐さをよそに,共和末にはおそらく古事学的探究により,伝承の別の側面が発掘されたと考えられる.というのも,Liv., DH, Plout. がそろって或る決定的な輪郭を与えていて,そしてその点において,一見同じく「祖国のための献身的な犠牲」にすぎない Mucius Scaevola 伝

承と余りにも綺麗にシメトリクなヴァージョン対抗をするのである．逆に，この二つの伝承内部のヴァージョン対抗は希薄で，それぞれ微妙な偏差が大きな対抗に影響されて発生しているものの，それぞれのブロックは相対的によく結束しているのである．

　最も優れたヴァージョンは Plout. Popl. 16 が採るものである．まず Horatius は一人ではなく，「彼と共に他の二人と」（καὶ σὺν αὐτῷ δύο）木の橋の上で立ちはだかる．Herminius と Larcius の組である．DH, V, 23, 2 も "τρεῖς ἄνδρες" とこれを確認する．もっとも Liv. II, 10, 2 は，「しかし（皆が敗走する中）廉恥心が彼の他二人の心を捉えた」（duos tamen cum eo pudor tenuit）と少し距離を置く．さて，Horatius は片目であり，このため "Cocles" と呼ばれる点で伝承は一致する．何故片目か．DH と Liv. は戦傷によるというように簡単に片づけるが，"cocles" が "kyklops" がなまったものであるとする pseudo-étymologie を響かせる Ploutarchos は二つのヴァージョンを並べ，戦傷説に対して，鼻がぺちゃんこで目が一つにくっついているように見えた，という説を紹介する．それぞれの単位の頂点の一義性である．そのジェネアロジーは Dionysios が明らかにする．まず（彼だけがこの年に置く）consul の甥であるとされ，そしてさらに Alba 三兄弟との決戦に臨んだあの Horatius 三兄弟の一人の子孫であると特定する．その Cocles は，Plout. によると，自分が壁（γέφυρα）になって（Liv.: munimentum）「自分と共にある者達」（οἱ σὺν αὐτῷ）が橋を落とす，という協同を実現する．DH のヴァージョンは少し隙間を作り，他の二人が力つきる中，皆が引くように言うのに Cocles はとどまるばかりか，二人に，橋を落とすようにという consul への指示を託す．河に飛び込んだ Cocles は生還する．すると（包囲されて厳しい中）「全員がそれぞれ一日分の糧食を」（ἄπανας ὅσην ἕκαστος ἐν ἡμέρᾳ τροφὴν ἀνήλιστε）Cocles に贈る．同時に「一日で耕しうるだけの土地が」（τῆς χώρας ὅσην αὐτὸς ἐν ἡμέρᾳ περιαρόσειεν）与えられる．DH および Liv. がこぞって同調する部分である．Livius はしかし河のモティフをローマ側クリシェに従って強調する．「父なる Tiberis よ，受け入れたまえ」（Tiberisne pater ... accipias）と．

　それにしても何故このパラデイクマが Horatius 伝承と符合するのだろうか．Alba/Horatii のパラデイクマにわれわれは moitié 原理を見た．そのまま深く降

りていき Sabini/Tatius に同型別ヴァージョンを見出した．しかるに，Valerius Publicola のジェネアロジーはこの Sabini に繋がるのではなかったか．今われわれは Horatius—Valerius 間に基軸となる亀裂の存在を認めつつある．すると，緩やかに結ばれた Alba/Horatii から Sabini/Tatius までのスペクトラムが今分解しつつあることになる．ならば翻って両者の相違を再確認しなければならない．同じ moitié 原理とは言っても，前者では 3 対 3 の決戦が決着し，帰属の一義性が生まれた．Alba から cognatique に入って来る絆を切断して部族の連結が切断された．替わりに当該部族単位内の絆が強調された．ただし Romulus/Remus と異なってテリトリーに直接降りるというのではない．力点は重畳性の否定にある（縦軸を一平面で切る）．対するに後者は，1 対 1 の，それも並立，が謳歌された（唯一の横軸を切る）．頂点の並立である．一義性の強調，つまり竹を割ったように切れるということ，は同じである．しかし Latini/Sabini という切っても切れない内在的な構造が並立のために利用されている．並立する頂点の連帯であるならば Lucretia 結合と親和的であり，これを介して Velia のパラデイクマや lex Valeria とも親和的である．

　このような polarité を概念すると，Cocles 伝承の意義は明白である．一人が皆のために犠牲になる，というパラデイクマでは全くない．全てが一点で結ばれているという一義性を言うための quasi-exemplum なのである．橋の単一性，空間的一義性，は，そこを突破されれば終わりであるという点を示す．しかしそれは，一人を倒してもまたその下に一人居る，ということの否定であり，つまり皆が対等に一列に繋がって連帯している，ということである．だからこそ Cocles と仲間達との関係を何らかの形で表象するヴァージョンが正調なのである．そしてこれからふんだんに見る諸ヴァージョンを吸収して種類物の厳格定量の共有や厳格単位の土地の占有をここに含めていく．つまり明らかにここには〈分節〉概念の一方の極がそのまま存在する．そのような極を析出させるのは，Alba/Horatii から Sabini/Tatius のスペクトラムに展開したパラデイクマ群に対するディアレクティカである．このような極を使った〈分節〉概念表記が決定的に重要であることは言うまでもない．

　すると，同種のパラデイクマとして片づけられがちな Mucius Scaevola 伝承は〈分節〉の正反対の極を見事に描くものであるということが明白である[6]．

もっともここでは内部のヴァージョン対抗がもう少し発達している．だからこそ，Plout. Popl. 17, 2 は，「多くの，しかも異なる，ヴァージョンによって」述べられているが，自分は自分にとって最も説得的な logos によって記す，と言わざるをえない．それによると，Porsenna 軍に包囲されたローマ側から Mucius Scaevola が Porsenna の陣営の中に潜入し，Porsenna を暗殺しようと企てる．しかし間違えてしまい，捕らえられる．右手を火の中に入れる拷問が待っているが，平然と耐えたために Porsenna が感動し，釈放する．この恩恵の対価として（χάριτι）Scaevola は情報を与える．ローマでは 300 人が私と同じ考えを持ち，私はただ籤で選ばれた一番手にすぎない，と．これが Porsenna を動かし何と和平に至る．DH, V, 27ff. is senatus 元老院への C. Mucius Cordus の直訴から始める．彼は patres に向かって（ἄνδρες πατέρες）許しを求め，潜入していく．そしてここでは拷問を免れるための取引材料として「秘密」が明かされ，しかもそれは虚偽（ἀπάτη）であるとされる．「秘密」の内容は詳細である．宣誓で結ばれた同一世代の全員 patrici の（ἐκ τοῦ γένους τῶν πατρικίων ἅπαντες）若者が 300 人互いにそれぞれの計画を秘して一人一人実行していく，それはその方が計画秘匿に容易であるから（ἵνα ῥᾴδιον ἡμῖν ὑπάρχῃ τὸ λαθεῖν），というのである．Porsenna が和平に応ずるのは，これのためでなく，この後の別の軍事的痛手による．Liv. II, 12 も senatus と patres の要素を欠かさないが，Cocles の「秘密」は真実であり，しかも二段になっている．まず，「あなたに対してただ一人私がこの精神（animi）で向かっているのではない，私の後には同じく栄誉を求める長い隊列が存在する」（nec unus in te ego hos animos gessi ; longus post me ordo est idem petentium decus）と言い，「あなた一人に，しかも一人一人が次々と相手である」（uni tibi et cum singulis res erit）と宣戦布告する．この謎に苛立った Porsenna がここで拷問をし，Scaevola が「大きな栄光を知っている者にとって身体（corpus）など如何にもののかずではないか思い知るがよい」（ut sentias quam uile corpus sit iis qui magnam gloriam uident）と言って進んで右手を入れると，慌てて Porsenna は Scaevola を解放する．そして第二段の「秘密」が「われわれローマの選良たる若者達 300 人が秘かに結託した」（tricenti coniurauimus principes iuuentutis Romanae）ということになる．

〈分節〉は横から見れば次々と無限に頂点が現れて来ることに他ならない．横一列で，しかも完全な互換性がある．一方でそれは頂点の専権と捉えられ，Lucretia 結合と同じく心身論が適用されうる．他方で，それは patres 体制，patrici という身分制，そして senatus という機関，に結びつけられている．確かに senatus の étiologie では到底ない．300 という数字が鍵であるが，遠く Romulus に置かれる étiologie を前提として，Liv. II, 1, 10 は早くも Brutus のところで 300 人への増員を伝える．これに対して Dionysios は Velia 事件に付けて（V, 13, 2）これを語り，Ploutarchos は lex Valeria にこのことを付随させる (Popl. 11, 2)．いずれも Valerius の圏内である．Porsenna との取引の動機はここにも入り込む．逆にそれを嫌って取引に Scaevola の虚偽を絡ませるヴァージョンが存在する．そして不思議なことに，片目に対して片手がこのパラデイクマを特徴付ける．頂点が単一であるからこそ逆に一点で結合することが〈分節〉になる，のと同様に，頂点の連帯は身体の一義性の上にしか成り立たない．いずれにせよ，連帯の二局面が明確に把握されている．

身体の無分節体はどのように切られようとも痛手ではない．これを従える Scaevola の豪語は伊達ではない．しかし Cocles は直ちに反撃を開始する．corpus のレヴェルでも同じ一体性を実現して見せる．Porsenna の陣営で捕虜になっていた者の一人（Liv. II, 13, 6 : una ex obsidibus）で Cloelia という娘 (uirgo) があった．Tiberis 河畔の陣営から，彼女は娘達の一隊を率いて (dux agminis uirginum) 泳いで渡り脱走してくる．そして全員無事にそれぞれの親族のところに送り届ける．感心した Porsenna は，しかし Cloelia だけを引き渡すように要求し，ただし一旦戻したならば直ちに無事返す，と約する．双方はこれを完璧に履行したのみならず，Cloelia は他の捕虜（ただし少年 impubes）[7]も連れて帰る．

Plout. Popl. 19, 1ff. および DH, V, 33 のヴァージョンでは，娘達が水浴びをするので警護が目を離した隙に，というように描かれる．つまり，帰属物ではあるが簡単には手を付けてはならないもの，言わば corpus の独自性，が示唆されている．それが一体となり独自に動く．〈分節〉の水平的観点の極致である．しかも速やかに〈分節〉隊形に戻る．この鮮やかな軍事化メカニズムが自発的でありコントロールされていないのを Valerius は気に入らない．Livius のヴ

ァージョンでは儀礼的に追完され，これは果実さえもたらす．しかし Ploutarchos によれば，Publicola 自身が怒って Porsenna に送り届ける．Dionysios によると，怒る Tarquinius に対してローマ側は娘達の独断を言って責任阻却を試み，やはり Valerius が自ら連れ戻す．もっとも，そんなことをすれば Tarquinii がまず娘達をインターセプトしうるし，これを Porsenna の息子 Arruns によって救って貰わねばならない（Plout. と DH）．中でも御自分の娘 Valeria は独力で三人の従者（τρεῖς τινες οἰκέται）と共に脱出なさったのではなかったか（Plout.）．あの石像は Cloelia でなく Valeria ではないか（Plout. の一ヴァージョン）．果実が示唆されることからもわかる通り，実はこのパラデイクマは bona Porsennae と密接に関連する．てんでに取らせるということは，corpus レヴェルの独自の軍事化を認めることである．しかし諸々の頂点ごとのそれならば認められてよいか，どうか，という争いである．

〔6・5・1〕 ヴァージョン偏差の細部について，cf. Musti, *Tendenze,* p. 109ss.

〔6・5・2〕 Werner, *Beginn,* S. 387 は，Aricia にローマが加担しないばかりか敗残兵を受け入れたことはまだ共和政でないことを物語るとさえ解する．共和革命年代引き下げに寄与するのである．Latini であろうと Porsenna であろうと立場は一義的でないことを忘却している．

〔6・5・3〕 Alföldi, *Early Rome and the Latins,* p. 73ff. はここからして Porsenna とローマの間の永続的同盟関係を導き出し，若い共和国の支柱であったとする．

〔6・5・4〕 Campus Martius とのコントラストにつき，cf. B. Liou-Gille, Le butin dans la Rome ancienne, dans: AA. VV., *La Rome des premiers siècles,* p. 164sqq.

〔6・5・5〕 Voisin, Deux archétypes は，生還は後に加わったモティフであり，元来は "un sacrifice propitiatoire" であった，とする．自己犠牲＝共和主義という俗流がどうしても抜けない．

〔6・5・6〕 文献は多くないが，E. Montanari, *Mito e storia nell'annalistica romana delle origini,* Roma, 1990, p. 75ss. は，北欧神話を引く Dumézil を批判し，133 年の P. Mucius Scaevola の行動がこのパラデイクマに倣ったものと言いうるという解釈を示して，"fides publica" という "un modello di comportamento civico" となったと解する．パラデイクマを額面上で受け取り，理念の投影ではなく，実体的先例の拘束を見るのであるが，他の伝承との間で示す細部の対抗等を無視した解釈である．〈神話〉化は明瞭に存在する．

〔6・5・7〕 Gagé, *La chute des Tarquins,* p. 91 は，この obsides を Valerius 固有の軍事集団（magister populi/pubes）に帰せしめるが，到底支持しえない．

7 Coriolanus, そして共和革命の帰結

7・0

　ここでわれわれは再び正規の exemplum が遡る時点に戻ることになる．この点で dictator の起源に関する Liv. II, 18 と DH, V, 70, および DH, V, 73-74 の excursus は重要な意義を有する．なおかつこの étiologie 自体が激しく争われることについては既に分析したところである．

　そもそもわれわれは共和末の政治的パラデイクマ群の stratigraphie から出発した．一つ一つのパラデイクマの現実の出現についてテクストが位置づける年代をわれわれはそのまま受け取るのではない．しかしだからといって徴表として全く無意味であるとは考えないのである．つまりテクストがそこにそれを遡らせていることに意義があると考えるのである．ところが，このアプローチすらも実は政治的パラデイクマ群すなわち共和国制の基幹部分を捉ええない．dictator より遡る或る時点において根幹が形成されたというのがテクストが表出してくる観念であるが，そこから遡る時点に位置づけられるパラデイクマは明らかに性質が違い，依然 exemplum の外形を取ってはくるが，〈神話〉的性質が否めないのである．しかもそこは何層にも降りていく．つまり共和政の基幹を求めてなおかつ何段にも〈神話〉的 exemplum へと先送りされていき，そして不可避的にディアレクティカに巻き込まれるのである．かくも根深い étiologique な思考の中でしかし肝心の部分は étiologie を欠くのである．われわれは辛うじて辿っていくといきなり深い井戸の底に突き落とされる．しかしその井戸の深さをそのまま同一の年代付けが継続しているものとして測っても無意味である．そこからは共和初を起点とする第二段の stratigraphie の対象で

ある，とわれわれは看做した．

　もっとも，以上の事柄を全く逆の側から見ることもできる．われわれが井戸に突き落とされるということは，ディアレクティカが存在したということである．全てが捏造であればこのような伝承の出方は無いし，exemplum が正規に出始めて後の部分との深い関連も見出せないであろう．すると，exemplum が正規に出始めると何故今度は大規模なディアレクティカが消えるのか，という新しい疑問が生ずる．ディアレクティカ自体が政治の成立を左右するだけにこの方が大きな問題かもしれない．われわれが当初から（ギリシャに比しての）ローマ的特徴として考察を先送りしてきた事柄である．事実以後もローマではディアレクティカの本格的な構造化の道は選ばれずに発達半ばの状態に置かれる．これはどうしてであろうか．

7・1

　正規の exemplum が出始める時，syntagmatique に繋がるパラデイクマの列が，想定された時点においてそのまま再現された，とは到底考えられないが，しかし Latini の部族同盟 Nomen Latinum との対峙がそれらのパラデイクマの根底に論理的に前提されている，ということをわれわれは既に見た．つまり Tarquinii との対決が Latini との衝突に大きく切り替わる転調と exemplum 思考への転換が符合していることになる．もちろん，亀裂はあっても Valerius と Horatius，部族組織の組成パラデイクマをディアレクティカによって深く掘り下げる二つのヴァージョン，はまだ同居している．この時点で置いて行かれることになったのは部族組織組成パラデイクマのそのままの再現を目指す方向である．これが Tarquinii の軍事組織のそのままの温存に固執する方向とともに捨てられる．伝承は Latini の陣営に Tarquinii や Mamilius を置く．あたかも反革命に対する戦いが継続しているような外観が生まれる．

　ところが既に示唆した通り，再構築されつつあったばかりの Latini 部族単位がいきなり破壊される．DH, V, 49 は consul の一人 Verginius による Cameria の残虐な破壊を伝える（cf. Liv. II, 19: Crustumeria capta）．Liv. II, 17 の「Aurunci の拠点 Pometia」の破壊とのコントラストにつき既に述べた．Cameria は Corniculum, Ficulea, Crustumerium, Ameriola, Medullia, Nomentum と

並んで Liv. I, 38, 4 の "Prisci Latini" の一員であり，これらは一旦 Tarquinius Priscus によって解体される．われわれは Strab. V, 231 と Plin. NH, III, 70 に "Prisci Latini" のリストを持っているが，他方 DH, V, 61 は Ferentinum に終結した 30 の部族単位を列挙し，ここには Cameria 以下は Nomentum を除き姿を見せない．再構築／破壊の部分とこれへの抵抗のために組織されようとする部族単位は重ならない．

いずれにせよ，Regillus 湖の戦いは内戦である[1]．部族組織解体に恐怖を覚えた側の抵抗である．直前の Praeneste の離反（Liv. II, 19）は Praeneste が独自にローマ型の路線を採ることを意味する．Regillus 湖での勝利はかくしてローマに初めて本格的な領域を創出することを許した[2]．だからこそ，まずはここでの votum が Castor 神殿を実現させる[3]のである（Liv. II, 20；DH, VI, 20）．神殿の多元性[4]は都市中心の空間構成[5]にとって不可欠である．Liv. II, 21 と DH, VI, 1 は Saturnus 神殿[6]の奉納について伝え，Liv. ibid. は Mercurius 神殿[7]の奉納について伝え，逆に DH, VI, 94 のみが Sp. Cassius による Ceres 神殿奉納を記す[8]．Dionysios によると（14ff.）Regillus 後の対 Volsci 戦勝によるもので，Postumius の votum にかかる[9]．

これらの記事の信憑性は暦の上の固い étiologie として相対的に高く，またいずれも戦勝に基づき，したがって戦利品を資源としたに違いなく，枝分節結節点の蓄蔵財の奪取とその（地中海大の市場への）売却，穀物購入，大規模工事の遂行，といったサイクル[10]が作動したに違いない．伝承は豊富にこのことを伝えてくる．

〔7・1・1〕 R. Bloch, *Tite-Live et les premiers siècles de Rome,* Paris, 1965, p. 68sqq. は，475 年頃までは Tarquinii に替わる（Porsenna 以下の）Etrusci が支配したと考えるから，Regillus の勝利は Latini に対する Etrusci の勝利であり，諸神殿の実現は Etrusci の手になる，ということになる．ギリシャ系神殿でさえ Etrusci 経由とされる．旧 Tarquinii 軍事組織の分子残存の限りで正しいが，Cumae を焦点とする信頼できる伝承の骨格と合わない．Etrusci も Osci 諸族も一斉に王政を捨てた，という認識も，共和革命に関するやや素朴すぎる観念に基づく．

〔7・1・2〕 ということは，自ずから Tarquinii の事業を承継する Iupiter 神殿ないし Capitolium と二段になり，かつその二段目が以下に見るように多元化する，ということになる．領域無分節と対応する一元的都市中心はもちろん全く十分ではない（Capitolium ばかりでなくこの第二陣の一群の神殿建設についても着目するように注意を喚起する F. Zevi, I santuari di Roma agli inizi della repubblica, in: AA. VV., *Etruria e Lazio arcaico,* p. 121ss. は貴重な研究である）．他方ローマでは，ギリシャにおけるように多元的な神殿がそれぞれ多元的に＝公的に

実現されるのでなく，個々の神殿をさしあたり単一の〈分節〉体が実現し，それらの間の多元性が公的な空間を創り出すので，神殿とその実現過程の多元性は一層致命的な問題となる．このことは一つ一つの神殿の実現過程を対抗的分節的に把握させ，実際にも伝承上も激しく争奪が行われた，と考えられる．M. Aberson, *Temples votifs et butin de guerre dans la Rome républicaine,* Roma, 1992, p. 29sqq. は，Ceres 神殿につき，Tac. Ann. II, 49 の "quam A. Postumius dictator uouerat" から Postumius の Regillus 湖での vovere を確定した後，DH, VI, 17 に飛び，その vovere の結果その戦利品から建設事業が行われたとする．しかし同箇所が他方で飢饉故の vovere を伝えるため，首をかしげてしまう（事実古くから伝承全体に対する hypercritique の格好の材料とされてきた）．DH は決して Regillus 湖での vovere に加担していない (cf. Le Bonniec, *Le culte de Cérès,* p. 221)．Livius は Castor 神殿の vovere を採り (II, 20, 12)，Ceres 神殿については黙し，DH は Ceres 神殿の dedicare を Sp. Cassius のものとし (VI, 94, 3)，Livius は Sp. Cassius 弾劾の年に Castor 神殿を dedicare させるのである (II, 42, 5)．Aberson はここから Cator＝戦利品型，Ceres＝飢饉型，という類型を引き出すが，他の Saturnus, Mercurius を含めて，同一の大きな財の流れが対立の中で区々に分節していく事態から伝承が発信されていると思われる．

〔7・1・3〕 DH, VI, 13 は Regillus 湖に Dioskouroi が現れたという伝承を採録している．Lokroi の対 Kroton 戦勝を想起させ，したがってギリシャからの影響，そして Lokroi 型の閉鎖的貴族社会等々，が直ちに論じられる (vgl. Wissowa, *Religion und Kultus,* S. 268ff.)．貴族社会を「騎士」の意味に理解する論者には最適の論拠である (vgl. A. Alföldi, *Der frühromische Reiteradel und seine Ehrenabzeichen,* Baden-Baden, 1952, S. 41, Anm. 72)．R. Schilling, Les "Castores" romains à la lumière des traditions indo-européennes, dans : Id., *Rites, cultes,* p. 338sqq. は，何故 Dioskouroi におけるのと違って Castor 優位ないし Castor 単独化なのか，と問い，Etrusci 王権下以来の騎兵の技術的要素と関連させる．しかし Lavinium や Tusculum 等で Dioskouroi が検出されることとの関係を（性質が違うからといって）否定するのは性急であり，5 世紀初頭の具体的な意味のヴァージョンでギリシャの Dioskouroi も理解されなければならない．すると Sagra の戦いも既にやや的はずれであり，その後のデモクラシーのヴァージョンが Latini のところに入ったと見なければならず，Romulus と Remus について既に述べたように，ローマにおいて Castor が浮上したとするとそれはそれら Latini のヴァージョンとの対抗関係においてである．

〔7・1・4〕 異種の，ほとんど共有されないとさえ言える，神殿が並立することが大きな特徴である．儀礼，すなわち空間の実現，だけが目的であり，神話は極小化される．そうでなければこれだけ異質な神々が並立することはありえない．こうしてこの神々の間の関係は謎にとどまる．少なくともギリシャにおけるような明確なジェネアロジーでは結ばれないのである．

〔7・1・5〕 Saturnus, Castor, Mercurius, Ceres の 4 神殿の空間的配置は極めて重要である．第一は Capitolinum のすぐ麓，第二は Forum の中心，第三 (S. B. Platner, T. Ashby, *A Topographical Dictionary of Ancient Rome,* Oxford, 1929, p. 339) と第四 (Platner/Ashby, p. 109f.) は Palatinum を隔てて隣の谷のしかもその先の Aventinum の丘側の麓である．共和初の諸神殿実現が二段になり，第二段が分節している，ということは初めから公共空間が二重分節しているということになる．幾つかの神殿へのギリシャからの影響からしてギリシャ古典期の都市空間二重分節がモデルであることは否定できないように思われる．ところがそれがここでは端的な横一列の多元性のためにひとまず寄与し，ところが後にローマ型の独特のデモクラシーへの移行のために再度作動するのである．456 年の lex Icilia de Aventino まで Ceres 神殿の年代を下げる根強い一部の学説の見解 (cf. Alföldi, *Early Rome and the Latins,* p. 92) はこ

こに根ざすように思われる.

〔7・1・6〕 Livius と DH が共に Sempronius/Minucius coss. の年に奉納されたとするのに対し, DH は前年 consul の T. Larcius の手になるとの異説の存在を記し, さらには Tarquinius Superbus 説さえ有ると述べる. この最後の場合, dedicare 自体は Postumus Cominius によったという. Macr. I, 8, 1 は, Tullus Hostilius 説の存在を記した後, Varro の "De sacris aedibus" 第六巻によると Tarquinius Superbus=locare, T. Larcius (dictator)=dedicare, であり, Gellius によると tribunus militum たる L. Furius であった, と伝える. 対抗軸は明瞭である. 王政期以来の古い機能を置き換えることが問題であること, (何れのテクストからも濃厚に窺えるように) その時にギリシャからの祭祀の輸入が決定的であったこと, その経緯の中で imperium の単一性に依拠して Tarquinii-dictator の線を強調するか, それともそこから引き剥がすようにしての多元性の線を強調するか, が問題となったこと. この Gellius が前 2 世紀の annalist たる Cn. Gellius のことであるとすると, 早い時期の良質の伝承における対立は, dictator=Larcius, tribunus militum=Furius であったと思われる. L. Furius は cos. 474 まで imperium を獲得しない (cf. T. R. S. Broughton, *The Magistrates of the Roman Republic*, New York, p. 1961, p. 28) が, Furii は Sex. Furius (cos. 488) 等共和初期の結節点の一つであり, Fabii 体制下やがて〈分節〉頂点の一つとなる. その一員が dictator から dedicare を奪った, ということである. 他方 Varro は儀礼に忠実な復元の伝統に古事学的に従い, dictator に固執する. 対抗軸がここに来るということは consul がまだ介在しない段階を強く示唆する. 後述のようにわれわれも consul 制の成立を少なくとも 480 年代まで下げて考える.

Saturnus の性質について論ずることは至難の業であるが, 後に財政のシンボルとなっていく連関を挙げることは不可避と思われる (cf. Zevi, I santuarii, p. 122ss.). 蓄蔵財を聖化し費消させない, まさに蓄蔵させる, 機能を有したと思われる. Cic. De nat. deor., II, 25 : "Saturnus est appellatus, quod saturaretur annis" と Varr. de l. l., V, 64 : "ab satu est dictus Saturnus" に従って「蒔種」の作用を見るのが伝統的である (Wissowa, *Religion und Kultus*, S. 204ff.) が, まさに蓄蔵が蒔種の前提である. P. Pouthier, *Ops et la conception divine e l'abondance dans la religion romaine jusqu'à la mort d'Auguste*, Roma 1981, p. 131 が批判するものの, Wissowa がここから大地の生産力の方に行く部分の方が根拠が無く, ところが Pouthier はこれによって「蒔種」を批判する (cf. p. 268).

〔7・1・7〕 vgl. Wissowa, *Religion und Kultus*, S. 304ff. これはギリシャからの ex novo の輸入 (Hermes) とされ, 穀物輸入の商人団との関係も強調される. B. Combet-Farnoux, *Mercure romain. Le culte public de Mercure et la fonction mercantile à Rome de la république archaïque à l'époque augustéenne*, Roma, 1980 は, 第一の点を確認する (p. 4sqq.) ものの, 第二の点には懐疑的である (p. 35sqq.). 確かに, Liv. II, 21, 7 ("Aedes Mercuri dedicata est Idibus Maiis") と 27, 5ff. に記事が分裂しているのは重要な手掛かりであり, 前者は暦ないし Fasti に基づき, 後者は annales に由来する. 後者においては, 両 consul が dedicatio を争い, senatus は populus に決着を付けるように要請したところが単なる centurio たる Laetorius が選ばれてしまった, とされる. Combet-Farnoux はこの異例の展開を Licinius Macer と populares そして Laetorii による伝承上の操作と見る (p. 18sqq.). そしてこれに沿って, senatus が穀物供給の差配 (praeesse annonae) と商人の団体の創設 (mercatorum collegium instituere) と pontifex に代わる儀礼の遂行 (sollemnia pro pontefice suscipere) を委ねた, という部分を (後代の神官団 Mercuriales を投影した) アナクロニズムであるとする. 穀物供給も Ceres の任務であり, Mercurius 神殿はこの段階では特殊な社会機能に対応するものでも plebs に固有のものでもない, というのである. まして senatus が関与する手続自体全くの創作物である, と. しか

し伝承上における Laetorius の侵入はともかくとして，神殿・都市中心建設のための大きな種類物の流れに二次分節（下に委ねるような形態）が生じた，これに従って手続が描かれた，pontifex のコントロールもこの結果はずれた，collegium でなくとも個別物的装置実現体（人的集団）もまた分節した，ことは否定できないと思われる．

[7・1・8] Wissowa, *Religion und Kultus*, S. 298ff. は Ceres, Liber, Libera を完全に Demeter, Dionysos, Kore のローマ版とみなす．これが学説上も動かない認識である．より精密な「輸入経路」の論証は Le Bonniec, *Le culte de Cérès*, p. 242sqq. に見られる．飢饉，（Cumae と密接な）Libri Sibyllini の参照，穀物の輸入，といったことが最も重要な論拠である．他方で Flamen が plebs 出身でなければならないなど共和末に至るまで Ceres が plebs のための女神でさえあることは厳然たる事実である（cf. Le Bonniec, *Le culte de Cérès*, p. 342sqq.）．すると，まさに plebs 主導でギリシャからの影響がインパクトを与えるという事態が想定されることになる．しかし，われわれは dedicare の主 Sp. Cassius と secessio の plebs を決して混同しなかったのではなかったか．Livius はここを書き分け，そしてまさに Ceres 神殿について黙する．無論他方で Sp. Cassius と Ceres の関係も彼の訴追のエピソードに見られるように強固なものである．翻って Sp. Cassius は tribunus plebis として adfectatio regni の罪を犯したという Val. Max. V, 8, 2 のようなヴァージョンまで現れる．しかし plebs と Sp. Cassius との間の鋭い緊張はわれわれが論証したところであり，Sp. Cassius はむしろ plebs にこそ罰せられるのである．Postumius から奪取した［de Casanove, Le sanctuaire de Cérès, p. 385 は Ceres 神殿が初めから plebs のためのものであったのではないとする］のが Sp. Cassius でありそれが secessio の年であるとすると二つのブロックの微妙な関係を物語る．しかし lex agraria などが Sp. Cassius に付着する段階で両ブロックの区別が付かなくなり，Sp. Cassius による dedicatio というヴァージョンが遅く生まれた可能性も否定されない．おそらく脱 Sp. Cassius＝脱ギリシャ＝plebs 化であったろう．Le Bonniec, *Le culte de Cérès*, p. 277sqq. は Ceres-Liber-Libera の triade 自体をギリシャ起源とする多くの学説を丁寧に論駁してこの点こそローマの独自性と主張する．確かに Demeter-Kore と Dionysos は接近しても triade をなすことはないし，そもそも Ceres と Liber/Libera では組み合わせ自体の構造が違う．もっとも，豊穣や種苗に関わる古い観念で漠然と triade を括っても無意味であり，「子」としての Liber＝Dionysos そして Libera＝Kore の役割は重要である．単独で〈二重分節〉体の自由が有るのでなく，二重体として自由が有るということである．すなわち形成途上の plebs は，別の〈分節〉審級としてではなく，入ってくる縦の clientela 関係を Ceres の絶対的な clientela によってブロックする組織であった，ことを示唆する．集団として自由ではあっても内部に各自が自由たる保障は無いのである．無論このことはローマにおける〈二重分節〉形成の特殊性に深い刻印を遺していく．逆に Le Bonniec がヘレニズム期以降の triade 衰退を言う（p. 311）のは当然である．二重体の繁茂にかかわらず「第二の政治的審級」に socii や municipia の形態をとり，ローマ型〈二重分節〉体そのものが横断的に団結し対峙するということはついに成就しなかったのである．

[7・1・9] patrici の中枢に居るはずの Postumius が vovere を担うのは，dedicare が Sp. Cassius に懸かったことからしてもおかしいではないか，という伝統的論点につき，cf. Alföldi, *Early Rome and the Latins*, p. 90; Gagé, *La chute des Tarquins*, p. 153. Ceres＝plebs と決めてかかると，両ヴァージョンが対抗しており争奪戦さえ背後に想定しなければならない，ということを見落とす．

[7・1・10] Zevi, I santuarii, p. 125: "...lo stretto rapporto di interdipendenza funzionale tra le fondazioni templari di questi anni...un sistema di relazioni a sua volta organicamente collegato con la vicenda sociale e politico-istituzionale...Erario pubblico e bronzo pesato, commercio, annona e frumentazioni si legano con connessioni reciprocamente necessarie". ただしこの脈絡の中心に領域の形成というアジェンダが有ったことを見落としてはならない．他方，Aberson, *Temples votifs,* p. 27sqq. は戦利品が神殿建設の財源となり，votum がこれらを繋いでいることを実直に論証するが，特定の戦利品でなければ元来神殿には帰結しないことを見逃す．つまりこの連関に一体何の意味が有るのかである．

7・2

しかし Regillus は終点ではなかった．むしろ激しい対立の火を付けるのである．それは一体何を巡るものであったか．伝承自体にこの問題に答えさせれば確実に「それは借財問題である」という答えが返ってくるであろう[1]．早くからこれを伝える Dionysios に比して慎重な Livius もついに「しかし，Volsci との戦争が大きく立ちはだかろうとしているとき，なおかつ市民団内部が自ら内紛で燃え上がることになる，patres と plebs の間の内戦に至る憎悪のために，とりわけ借財（aes alienum）によって拘束された者たち（nexi）の故に」（II, 23, 1: Sed et bellum Volscum imminebat et ciuitas secum ipsa discors intestino inter patres plebemque flagrabat odio ; maxime propter nexos ob aes alienum.) と述べ始める．Volsci が天空に昇る頃，aes alienum も地平線をまたぐということである．と同時に，plebs なるものが初めて真剣に登場するのである．何故だろうか．Livius は一人の老人に嘆かせる（23, 3ff.）．歴戦の兵士でありながら，第一に戦争により領域の上の施設を破壊されて収穫がない，第二ににもかかわらず財の拠出（tributum）を負担する，第三だから借財を余儀なくされるが，その利息が払えない，等々．かくして借財の帳消しが要求されることになるのは当然である．しかしながら，少なくとも nexum の廃止が日程に上るのは後のことではないか．いきなり aes alienum 問題がここで出て来るのは唐突であり時代錯誤であるのではないか．

まず単純に伝承の言うところから推論すると，軍団の兵士が，なおかつ領域に基盤を有する，ということが前提とされている．後に当然となるこの事態はしかし新しい軍事化の方式が登場しなければありえない．それでも伝承があえて dictator および Regillus 後にこの状況を持って来るとするとアナロジーによって tributum と表現されたものは武装自弁等の自己負担のことである．その

ように解すれば，今，旧来のTarquinii軍事組織内部おいて財の循環が構成員を潤わせたのと異なって，その外すなわち領域の側に基盤を持つが故に循環からはずれて窮地に立つ者が出始めた，という事情を想定することができる[2]．さらに，にもかかわらず彼らは兵役に就く．この時装備ばかりか糧食を誰かから供給されなければならなかった[3]．Tarquinii軍事組織出身者は自弁しえた．しかし彼らは，返さなければならなかったのである[4]．

　しかし誰が一体供給したのだろうか．再びそれは旧Tarquinii軍事組織以外にはない．その幾つかの支配的な頂点である．大規模な組織化は大量の武具と種類物の供給を伴ったはずである．しかしそれは軍事組織の諸頂点が言わば無限定に与えたものであろう．高利貸し（Liv. II, 31, 7 : faeneratores）が信用を供与したように描く部分は少なくとも時代錯誤である．供給の側も受け取る側も個別性を欠いたに違いない．ならば返すというのはどういうことか．ここも時代錯誤か．そうではないだろう．Tarquinii軍事組織外の者は何らか部族組織のロジックによってテリトリーを占拠していたはずであり，その資格で動員されたはずである．さて問題は戦いが終わってからである．領域の組織は全面的に改変される．元来テリトリーを占拠していた関係はどのように評価されるだろうか．その関係こそが解体の対象ではなかったか．二度とそこへ入って行けないのではないか．何故か．彼らをそこから剝ぎ取るときのパラデイクマは，彼らに大量のものが供給されたということ以外にはないであろう．少なくとも，これと相殺されて入植＝領域帰還時に不可欠の戦利品＝種類物ストックは与えられないから土地の上に立てない．もちろん元からの軍事組織構成員は大きな供給源を後ろ盾として替わりにそこへ入って行く．荒れ果てたテリトリーに，ということは全面的に改変されたテリトリーに，ということを意味する．そしてそのテリトリーが領域になる，というのであるが，元来そのテリトリーを別様であれ占拠していた者が新しい原則に基づいてまたその領域を占めるのではどうしていけないのか．それどころか，古い部族原理に内在するメカニズムで軍事編成が行われたではないか．ところが外部の分子がそこに編入され，しかも犠牲の結晶たる新しい領域に彼らの方が先立ってその領域の上に地位を占めるとはどういうことか．

　このように考えた人々が立場の同一性を明確に意識したとすると，それは，

彼らが，旧部族組織をそのまま復元することを拒否すること（Latini との違い）を維持しつつ，そこからの離陸[5]を意味するディアレクティカが意識の多くの層を截然と剝離させていきなおかつ一つの紐帯で結ぶ，事態を受け入れていたからに違いない．彼らは募兵（dilectus）を拒否しようとするが，一旦それに応じてしまっているので，「誓約文言によって consul へと縛られているために」（Liv. II, 32, 1 : quoniam in consulum uerba iurasset）それができない．そこでそのまま郊外の Mons Sacer に立て籠もりむしろ静謐を保つ．つまり，新しい軍事化の方式を逆利用したのである．格好の者達が抽出され，結集したことになる．その上都合のよいことに誓約によって結ばれている．無論これは政治ないし共和政が最も嫌う結社による実力形成である．しかし「リーダーなし」（sine ullo duce）の特殊な形態である．ともかくこのようにして plebs が生まれた[6]．Sp. Cassius の Latini とも Volsci とも差し当たりは区別されうる．

伝承はこの secessio の帰結について曖昧である[7]．特に Dionysios は膨大な分量を費やして senatus の側の議論，そこから和解のための使者が発つこと，和解の交渉における演説の応酬，を叙述していくが，plebs がかちとるのは，aes alienum 問題の解決ではなく，自分達独自の政務官 magistratus を設立し，その人身を聖化する（sacrosancti）ことである（Liv. II, 33, 1）．しかしこうして解散に至る secessio はその後の激しい同様の応酬においてしばらく再現されないばかりか，plebs 固有の組織もしばらくは第一線の活動を見せない．伝承のディアクロニクな混戦が甚だしい第二次 secessio の分を割り引くと，政治組織の樹立よりも，連帯の形態の記憶と当座の解決が重要であった[8]に違いなく，しかしその後の plebs の諸機関の生成が全て伝承上ここへ遡られるのであろう[9]．

替わりに見逃すことができないのは，独自の magistratus 選出の時の plebs の結集隊形である．DH, VI, 89, 1 (ed. Vogel) は，「plebs はかつての phratria (curia) に該当する形態に分かれて」（νημηθεὶς δ' ὁ δῆμος εἰς τὰς τότε οὔσας φράτρας）「一年任期の政務官を」（ἄρχοντας ἐνιαυσίους）選んだ，と述べる．この記事と鋭いコントラストをなすのが，DH, V, 75 (ed. Vogel) である．ここで Dionysios は（彼にとっての）5 年前（496 年）の最初の dictator による軍事編成について記述する．それによると，dictator たる Larcius は，「Servius Tullius によって定められた制度の核心を実施し」（τὸ κράτιστον τῶν ὑπὸ

Σερουίου Τυλλίου κατασταθέντων νομίμων ποιῆσαι)，「全てのローマ人について tribus 毎に財産評価を実現する」（'Ρωμαίοις ἅπασι, τιμήσεις κατὰ φυλὰς τῶν βίων ἐνεγκεῖν)，ように命じた，というのである．この時の副官 magister equitum は Sp. Cassius であり，しかも四個軍団が用意され，二人の consul もそれぞれ一個を率いる．Latini を正面に見たこの動きは，secessio 解決直後の同じく唐突な Foedus Cassianum を強く想起させる．Latini の一部との和解は tribus 原理を生かすものであったろう．しかし他方の分子，Tarquinii 軍事組織固有の分子，にも衡平に軍事編成のチャンスが与えられ，妥協が図られたはずである．当初からの融合は難しく多重的に軍団が編成されたかもしれない．ともかく衡平のためには，Tarquinii 軍事組織内の地位と旧部族内の地位を換算しなければならない．種類物に対する何らかの地位とテリトリーに対する何らかの地位を換算しなければならない．Servius Tullius のシステムはこのことを念頭に置かず，様々な出自の者の武装自弁能力と種類物供給能力を秤に掛けて組織するものであった[10]．今そこにテリトリーの上に有していた何らかの立場を考慮する，というのである．軍事編成されれば領域への復権は正当化されうるし，財の提供を受けたとしても，自らの「資産」を以て寄与した（その果実を犠牲にした）分を戦いの果実から充当され，これで相殺しうる．だからこそ secessio が明けて Liv. II, 34, 1ff. と DH, VII, 1ff. は一斉に frumentatio という次の激烈なイッシューについて述べ始める[11]．戦いの果実をどう分配するかでこの相殺の部分が大きく左右され，secessio 解決策はこれにより骨抜きにもしうるのである．

　以上の推論が正しいとすると，secessio 後すぐに curia から centuria へ転調がなされたことになる．逆に言えば，curia の方は plebs の側に遺る一方，伝承上は最初の dictator に centuria が遡ることになる．つまり étiolcgie の転移である．なおかつ Latini は大きく軌道を修正し，妥協点で均衡に達する．この動きと plebs 主力の動きは軌を一にしたはずである．何故ならば secessio が言わば切り崩されることによって和解が成立したからである．

　それでも，かつての Latini の部族そのままでもなく，新しい centuria 体制でもなく，第三の道，言わば Mons Sacer における隊形をそのまま維持して分立するブロック，curia を原理とし続けるブロック，がどこかにあったはずで

ある．

［7・2・1］　De Martino, *StCost I*, p. 251ss. に典型的に見られるアプローチは，史料自体でさえ決して混同しない「借財」問題と「公有地占有」問題を貴族支配の名の下に一つにし，その結果4世紀半ばまでのっぺらぼうの歴史像を樹立してしまう．

［7・2・2］　A. Momigliano, Osservazioni sulla distinzione fra patrizi e plebei, in : Id., *Roma arcaica* (=AA. VV., *ORR*=*Quarto contributo*), p. 221: "Il movimento plebeo degli *infra classem* crea la plebe : non viceversa". 見事な定式に感嘆する以外に無い．確かに plebs の起源は「Servius Tullius の軍制」の外，付加的階層にあり，Fest. p. 100 L と Gell. VI, 13 への鋭い洞察から centuria 制の stratigraphie を導いた Momigliano の歴史的な直感 (Interim report, 1962) の偉大さを思い知る．いずれにしてもその後，plebs が共和初に初めて形成されるという認識は定着する (Richard, *Les origines de la plèbe* (1976) の他 K. A. Raaflaub, From protection and defense to offense and participation: stages in the conflict of the orders, in : Id., ed., *Social Struggles* (1986), p. 198ff. が指標になる)．

［7・2・3］　飢饉＝穀物配給のメカニズムは領域改変のシグナルである．この後 Sp. Cassius から Sp. Maenius を経て共和末に至るまで，C. Virlouvet, *Famines et émeutes à Rome des origines de la République à la mort de Néron*, Rome, 1985, p. 26sqq. の表が雄弁に物語る (cf. p. 30sqq.)．

［7・2・4］　Richard, *Les origines de la plèbe*, p. 492sqq. は「困窮」を単純に度重なる従軍の負担故にとする．このようにすると plebs 成立が階層分化一般に還元される途が開かれてしまう．Richard 自身が「patrici は存在したが plebs は存在しなかった」とすることに反する．事実 Richard は不満が何故 plebs という強烈な身分意識と固い連帯に結実するのか説明しない (Raaflaub, From protection も同様)．もっともこの点，Id., Sur trois problèmes du premier âge républicain, *MEFRA*, 97, 1985, p. 764sqq. では一歩進んで（都市の plebs と対比された）領域の農民の問題が捉えられ，一方で Hesiodos が引かれ，他方で Samnites の lex sacrata が引かれる．secessio の核心を領域問題，借財問題，そして軍制，に見る視角は共有しうるものである．

［7・2・5］　Gagé, *La chute des Tarquins*, p. 158sq. は一つの結論として plebs を都市に集結しているとイメージし，Mercurius 神殿等に結集する真正都市民と Latium から浮動してきた分子の混合であるとする．後者を率いるのが Sp. Cassius であり，Nomen Latinum や lex agraria に固執した，というのである．問題は逆に領域にどのように再着地するかであった．Sp. Cassius はその方式を巡って当初 secessio のグループと緩やかに結合していたかもしれないが，基本的には別の路線を歩んだ．或いは，少なくともそのように切り崩されたのである．そうでなければ Liv. III, 55, 7 の "qui tribunis plebis...nocuisset" は理解されない．

［7・2・6］　plebs の起源は非常に争われる（学説史の詳細はさしあたり Richard, *Les origines de la plèbe*, p. 1 sqq. に譲る）．もちろん plebs は Machiavelli 以来鍵を握る形象であるが，起源が争われるのは19世紀になってからである (cf. A. Momigliano, Prolegomena a ogni futura metafisica sulla plebe romana, in : Id., *Roma arcaica* (=*Labeo*, 23, 1977=*Sesto contributo*), p. 303). 19世紀版自由主義がここに大きな刻印を遺している．Niebuhr/Schwegler の plebs/clientela 切断のための「別共同体」説は ethnos ないし民族の差異へ発展する．Mommsen は plebs＝clientela と置き，ここから plebs が開放されていく経過を概念した．民族理論へ傾斜する時代になって「民事訴訟法学者」Binder の plebs＝Latini 説はしかし異色の光を放っている．そもそも自由主義は奇妙なパラドックスを抱え込んでいて，Vico や Fustel de Coulanges のような徹底した反 plebs 論者を生む．Fustel にとって plebs は「宗教無き」被差別民である．

いずれにせよ〔7・2・2〕で瞥見したMomiglianoのアプローチが如何に画期的であるかはよく理解できる．現在はこれに従うRichard, *Les origines de la plèbe*, p. 589sqq. のような極めて着実な見解が支配的である．ただし，王政期からの階層分化の緩やかな形成を概念する方向に流れる傾向が見られ，かつてNiebuhrがしたようにclientelaとの鋭い緊張下に自由を確保する，という熱気（cf. Momigliano, Prolegomena, p. 304）は見られない．

〔7・2・7〕 後（II）に述べるように，公式の政治制度の樹立にはこの時には至らなかったとわれわれは考える．これに対してW. Eder, Zwischen Monarchie und Republik : das Volkstribunat in der frühen römischen Republik, in : AA. VV., *Bilancio critico su Roma arcaica fra monarchia e repubblica*, Roma, 1993, S. 107ff. は，plebsが直ちに堅固な組織を持ちえた理由として，Etrusci王権下での都市化の中で貴族に対抗するために王が「自由なclientela」（?）を組織した（その中にAventinumのLatiniがあった）ことを挙げる．しかしEtrusci王権こそclientelaの淵源の一つであり，「市民的基盤」を持ちえたかは疑問であり，patriciの方がLatiniと無縁であるということも考えられない．そもそもplebsが先に「国家形成」してpatriciが後を追うという歴史像自体説得力を欠く．かくしてRaaflaub, From protection, p. 219のように"purely defensive and protective" と見る方が妥当である．ただし，「その後積極的な政治的要求に転じた」としても，この時領域の政治組織が成長しなかったことはローマの社会構造に深い刻印を遺していく．市民社会や法という新しい概念すら用意するのである．tribunus plebisもまたこれに資する限りでの「政治制度」であるという側面を最後まで払拭できない．

〔7・2・8〕 既に見たようにMachiavelliはこのplebsに決定的な役割を付与し，しかし次の時代における役割とのディアクロニクな識別には十分には成功しなかった．Guarino, *La rivoluzione della plebe*, p. 183ss. のようにVico流の極端に走れば，共和革命の側をゼロとしてplebsのこの後の上昇の起点としてのみ493年を捉えることになる．そうではなくRaaflaub, From protection, p. 206のように「防衛期」「上昇期」「獲得期」「融合期」を4世紀に至るまで段階として区切る学説でさえ493年とDecemviriまでは一続きにしてしまう．しかし共和革命にとってのplebsの固有の役割はあらためて検討されなければならない．このような問題設定はMachiavelliにかかわらず極めて希薄である．以下に見るように，それは結局Latiniの役割を承け継いで領域側の審級を確立した点にある．領域の上の具体的な横断的結合は挫折するが，〈分節〉頂点の結合に対抗するヴァーチャルな政治的結合体の記憶は遺り，これが逆説的ながらpatres体制の各clientelaを枝分節関係にせずにsodalesにするのである．

〔7・2・9〕 そのようなわけでtribuni plebisを論ずることは基本的に第II章の課題であるということになる．早くに形成を見るのが依然として大勢であるが，その際にはG. Lobrano, *Il potere dei tribuni della plebe*, Milano, 1982, p. 160ss. のようにEtrusci王権下で反patriciの王権がplebsを培養したというクリシェに依存することが多い．

〔7・2・10〕 Guarino, *La rivoluzione della plebe*, p. 131ss. はMomigliano学説を珍妙にEtrusci王権下に投影し，重装歩兵の充実という軍事上の理由でQuirites/patrici外の雑多な外来分子を組織したが，決してこの二元的区別を捨てなかったため，ここにplebsの原型が成立した，とする．Servius Tulliusの軍制の本体，classisの側に既に開放性が含意されていることを完全に無視した見解である．

〔7・2・11〕 A. Momigliano, Due punti di storia romana arcaica, in : Id., *Roma arcaica* (= *SDHI*, 2, 1936 = *Quarto contributo*), p. 192ss. は，ギリシャとの関係，そこにおけるCeres神殿，等々からfrumentatio問題を（「公有地」問題等々を剝がした後）唯一確かに存在したイッシューとする．とりわけSp. Cassius事件についてそうである．

7·3

「借財問題」と並んで Regillus 後急に浮上するものとしてもう一つ Volsci がある．Dionysios にとっての 504 年の記事，DH, VI, 14-17（Livius は不対応）によると，Regillus 直後にふいにローマは Volsci と戦う[1]．その直前 (13) で DH は Dioskouroi が Regillus 湖に現れて戦ったことを伝え，これも Livius の採るヴァージョンが無視するものである．

この奇妙な前触れの後，翌年のこととして DH, VI, 25 は対 Volsci 戦の準備を伝え，ここではローマは Latini から増援の申し出を受ける．そして Servilius は Suessa Pometia を破壊することに成功する (29)．14-17 が一切の拠点名を挙げないことと対照的である．この記事は同年（しかし Livius にとっては 495 年）に関する Liv. II, 22-25 に対応している．Volsci は直ちに「Cora と Pometia から 300 人の首長達の子供を人質として差し出した」(22, 2 : obsides dant trecentos principum a Cora atque Pometia liberos) が，その後むしろ敵対行動を強め，ローマにとって Latini との和平が進み内には secessio が迫る中，Volsci はローマ軍を襲う．しかし結局ここでも Suessa Pometia の破壊で一旦終止符が打たれる (25)．

Volsci が「突然登場する」のはこればかりではない．Volsci 浮上はやがて束の間の Foedus Cassianum 下に新 Nomen Latinum 体制[2]を生むが，これが挫折し Volsci の危機も去ると Nemi に終結する Latini の 8 都市 (Cat. F58 P) のみがなお残る．その「Latini の 8 都市」の中に，Tusculum, Aricia, Lanuvium, Laurentum, Cora, Tibur, Ardea と並んで Pometia が顔を見せる．ちなみに，Strab. V, 231 と Plin. NH, III, 70 では Pometia は Apiolae と混同されるが，Tarquinius Priscus の Apiolae 破壊がいきなり他の幾つかの「Latini の都市」を現出させたように，Pometia は Tarquinius Superbus の前でいきなり Aurunci から Volsci に変わる (Liv. I, 50, 2)．そもそも，下から出て来る下部単位が Latini から Volsci にシフトする傾向が伝承上認められる．大きな単位を Volsci と呼ぶ場合には，上部をハギとられた後の呼称をハギとられる前の全体に投影しているのではないか．ローマの敵が突然 Latini から Volsci に変わるとすれば，部族単位再建の道 (Latini) が中和され，何か上部をハギとられ最後に残

る固い下部組織で，抵抗が生じ始めたのではないかと考えられる．ローマの課題はこの「Volsci の」組織単位の解体に移りつつあるということになる．30 部族単位は（振り返ると）中間の審級に単位を並べる思考の反映で，しかし今や本格的な解体プロセスを前にして Regillus 後出番を失う．最後に残る固い組織以外に好敵手たりえないのである．もっとも，そのような組織が必ず形成されているとは限らない．下に Volsci 型構造を持たない組織として表象されれば，それは後背地にその存在がしばしば認められる未発達の社会である．それが Aurunci である．

しかし Volsci の社会組織の複雑な性格（或いは "Volsci" がどこかから忽然とやって来た「種族」などではないこと）を窺わせるのは以上にとどまらない．翌年「Vosci を打倒して Velitrae のテリトリーを奪い，Velitrae へ植民者 coloni をローマから送り，植民都市 colonia を設置した」(Liv. II, 31, 4: Volscis deuictis Veliternus ager ademptus; Velitras coloni ab urbe missi et colonia deducta). DH, VI, 42-43 もこれを確認する．続く年，secessio 解決直後，ローマ軍は「Antium の Volsci を壊滅させ，逃走させた．追撃して Longula なる都市中心に押し込め，この城壁を撃破した．それから直ちに，これも Volsci の都市中心 Polusca を破壊した．そして大挙 Corioli へと襲いかかった．」(Liv. II, 33, 4f.: Antiates Volscos fundit fugatque; compulsos in oppidum Longulam persecutus moenibus potitur. Inde protinus Poluscam, item Volscorum, cepit; tum magna ui adortus est Coriolos). DH, VI, 92, 1 は Corioli を Volsci の metropolis であるとし，Antiates は「ジェネアロジクな繋がり故に」(κατὰ τὸ συγγενές) Corioli を助けに来た，と述べる．

Pometia はもちろん，Cora や Velitrae も Latini の拠点でもありうる存在である．これに対して，Antium は海港都市たる故別格としても，Corioli 等は Volsci の拠点以外にありえない．Volsci がこのように「跨って」組織されるとすると，つまり Latini の部族単位にジェネアロジクに繋がる別種の組織が Antium に全く新しい「震源」を見出しつつ新しく結集しようとしているとすれば，Latini の方向転換と secessio 解決後，ローマの領域形成にとってこれが唯一の障害となるのは当然である．かつ取り合いは拠点を一つ一つ地を這うように展開される．

その Volsci の組織につき何か知る手掛かりは有るだろうか．

Corioli を破壊する時に，ローマ側の兵士で圧倒的な武勲を立てる者がいる．C. Marcius である．この時の武勲のためやがて Coriolanus と呼ばれるようになる．この人物は patrici 出身であり，かつ父亡き後母によって育てられ，圧倒的な母の影響下にあった[3]，と言われる（Plout. Coriol. 1, 2ff.）．Regillus 湖で戦闘に参加し，secessio 後 plebs に対し譲歩がなされたことを快く思わない（7, 4）．Corioli では兵士がてんでに戦利品を奪うことに怒り，これをさせなかった（9, 1）[4]．われわれは bona Porsennae のテーマが現れたことに驚く．彼はまた Antiates との決戦において常に最精鋭の真正面に立とうとする（9, 6）．そして戦功の報償として何を望むかきかれた彼は，一切の対価を拒否し栄誉だけで十分であるとするばかりか，Volsci の捕虜の中の一人の友人の自由を願い出るのである（10, 5）[5]．

Coriolanus は戦勝果実の分配を巡って plebs はおろか元老院和解派と激しく争う．secessio 解決の二年後，「大量の穀物が Sicilia から到着，どれだけ plebs に与えるべきか元老院で大議論となる」（Liv. II, 34, 7: magna ui frumenti ex Sicilia aduecta, agitatumque in senatu quanti plebi daretur）．Dionysios がこの前年（D490 年）につき Cumae の Aristodemus のための excursus（VII, 1-11）を挿入するのは，穀物買い付け使節が Cumae にも赴き，これが拒否されたためである．飢饉と農地荒廃を急に伝承が伝えるのは，再入植・領域再形成が喫緊の課題だからであり，戦利品を地中海大の échange のネットワークに流して穀物を獲得すれば大規模なことがなしうる．しかしその穀物を誰にどのように分配するのか，これによって新しい領域に誰がどのように立つのかが変わってくる．戦った者，戦えた者，は当然のこととして無償の給付を要求する．何故ならば既に犠牲を払ったのである．旧来のテリトリー上の地位を資源として「戦えた者」もそのように要求する．しかしこれから潜在的に「戦える者」もそのように要求するかもしれない．彼らが何故追い払われねばならないというのか．かくして穀物の到着は secessio 後の解決を吹き飛ばす．中で，Liv. II, 34, 8ff. および DH, VII, 21ff. はそれぞれ L491 年および D489 年の記事として，Coriolanus が無償ないし安価の分配に激しく抗議し，plebs の反感を買い，ついには実力衝突に至り，これを訴因として訴追され，出奔する，ということを（特に

Dionysios は詳細に）述べる（cf. Plout. Coriol. 16ff.）．出奔の先は Antium であり，彼はやがて Volsci を率いてローマをほとんど征服する．ここで先の「Volsci の中の友人」のエピソードが大きく効いてくる．分配反対の動機が bona Porsennae を極大化したものであることも明らかである．すると，一方で Volsci こそがローマの新しい領域から排除されたものであると言いうる，その反面，Coriolanus 訴追は，この後の Sp. Cassius 訴追に先立って，かつ対称的に，もう一つローマが切り捨てた選択肢を表現している，ということになる[6]．しかも，Volsci と Coriolanus は仮に対極に立つとしても，何か共通点があるということになる．Volsci の正体を知る最大の手掛かりはいずれにしても Coriolanus である[7]．

〔7・3・1〕 Volsci については極端に研究が少ない．Niebuhr 以来山の方から「民族移動」してきて忽然と Latium に現れる，といった歴史像が自明とされてきた．G. Radke, s. v. Volsci, RE, IXA1, coll. 773ff. がほとんど唯一の文献であった．しかし Radke が認めるように，「Volsci のもの」という考古学的メルクマールは得られない．「移動」を言うテクストも存在しない．伝承上5世紀初頭の記述から突然現れる，ことから直ちにどこかから来たに違いないと推論されたにとどまる．もっとも近年 Satricum の発掘が機縁となって若干の注目が集まるようになった．Satricum に Latium としては異例の考古学的 facies の連鎖が認められるのである（後述）．これを Volsci に結び付けるのは容易である．それでもなお，「移動」は根強い先入見であり，F. Coarelli, Roma, i Volsci e il Lazio antico, in : AA. VV., *Crise et transformation* (1990), p. 135ss. は Sabini 方面の土器・文字との相似からも移動方向を考える．実は Volsci が「ふいに現れる」という像に大きく貢献するのが，Polybios が伝える例のローマ＝カルタゴ条約の勢力圏分割において南 Latium が Latini のものとされる，ということがある．つまり共和初の時点で Latini に属したものが Coriolanus 戦争の頃に Volsci のものになる以上，ここで Volsci が山を下ったに違いない，ということであった．それ以前の諸王に関する伝承に登場するわずかの Volsci はアナクロニズムに違いない，と．D. Musti, L'immagine dei Volsci nella storiografia antica, in : AA. VV., *I Volsci*, Roma, 1992, p. 25ss. はこれに抗してそうした少数の伝承を復権させ，7-6世紀の Volsci の存在を示唆する．もっとも依然 ethnos を実体として固定して考えるから，その都度 Volsci と Latini の複雑に入り組む境界線の想定に暇が無い．しかし却って「ふいに現れる」ことにはやはり重大な理由が有るのである．「山から降りて来る」のでなく，テリトリー上の複雑な組成の中でどういう繋がりが意識されるか，という社会構造の変化である．

〔7・3・2〕 Liou-Gille, Une tentative, p. 435sqq. は，Frazer の名と共に著名な例の rex Nemorensis の儀礼をこの新同盟と結び付け，ローマの Regifugium のカウンターパートとする．しかし帝政期に非常に屈折して再浮上するこの儀礼の分析には特別の装置を要し，到底そのままこの同盟に投影するわけにはいかない．また，この儀礼が人類学一般の王権概念に鋭いバイアスを与えてしまった背景には20世紀の一群の根深いイデオロギーが存在するから，ritualism に絡まるその批判が不可欠である．

〔7・3・3〕 cf. Gagé, *La chute des Tarquins*, p. 172.

〔7・3・4〕　cf. Gagé, *La chute des Tarquins,* p. 178.

〔7・3・5〕　cf. Gagé, *La chute des Tarquins,* p. 177.

〔7・3・6〕　Dionysios はここに tribunus plebis 主導「民会刑事訴訟」の exemplum が在ると述べる（VII, 59, 2）．しかしこれは Sp. Cassius 訴追の，鏡に反射したエコーである．まず Livius は極めて単純に，frumentatio 問題で tribuni plebis を侮辱したために plebs のリンチが及びそうになり，むしろこれを阻止するように plebs の iudicium が介入する，と述べる．つまり iudicium 裁判そのもの，つまり訴追と判定合議体の分化，のおぼろげな exemplum であるが，逆に実は少なくとも裁判なしの，つまり弾劾主義の形態の無い，処罰であったことが強く示唆される．その限りで Sp. Cassius 弾劾の反対ヴァージョンでもある．これに対し（cf. J. M. David, Coriolan, figure fondatrice du procès tribunicien. La construction de l'événement, dans : AA. VV., *L'invention des grands hommes de la Rome antique,* Paris, 2001, p. 254），DH, VII, 38-64 の詳細な記述は手続の二重分節を強く意識するものである．すなわち，Sp. Cassius 弾劾の側にもこの二重分節を示唆する要素が付加されているのを見たが，ここが大きく展開されている．そして明らかに後述の K. Quinctius 弾劾に端を発し Ap. Claudius の弾劾に至る段階の刑事訴訟手続の分節が先取りされ細かく書き込まれているのである．Dionysios の記事には，secessio における plebs によって領域で実行された少々自生的な刑事形態がその後の刑事裁判に或る重要な発展を促したという事情が投影されている．

〔7・3・7〕　不思議なことに，Volsci への関心と Coriolanus への関心は学説上完全に剝離してしまっている．意識はしていても架橋する術が無いに違いない．伝承分析の方法と，ethnos への的確なアプローチの両方が求められる．

7・4

　Coriolanus 伝承は，確かに exemplum を設定する側面を全然持たないわけではないが，しかしそれにしては茫漠としており，逆に珍しく正真正銘の〈神話〉に近い内容を持ち，Lucretia や Brutus 以上にそのまま悲劇の素材である[1]．もっとも，それにしては悲劇作品となった形跡が無い[2]．そしてむしろ Fabius Pictor に重要な記述が存在したことをわれわれは他ならぬ Livius の証言により知るのである．「断然に最古の著述家である Fabius のテクストに私は，彼（Coriolanus）が老年まで生きたということを見出す．というのも，彼は晩年に「老いた身には亡命は遥かに辛し」という文句を口癖にしていた，と確かに書かれているからである」（Liv. II, 40, 10f. : Apud Fabium, longe antiquissimum auctorem, usque ad senectutem uixisse eundem inuenio ; refert certe hanc saepe eum exacta aetate usurpasse uocem "multo miserius seni exilium esse".）．王政期伝承でなければ確かな exemplum 以外の断片が無く，したがって共和初の記述が簡単であったに違いないと推測されている Fabius Pictor の annales が，この様子であれば Coriolanus につき長い叙述を持っていたことになる[3]．彼

はここに本当の〈神話〉に近いものを見出したに違いない．そしてそれはギリシャ語のテクストにエコーを残している．すなわち，Dionysios は何と VII, 21 から VIII, 62 までを費やし，しかもその中途の VII, 72 では Latinius のエピソードにからめてたっぷりと Homeros を引用する．儀礼としての競技のギリシャ・ローマ比較である．Ploutarchos もまた Coriol. 32 において Homeros を引用し，Valeria に突如「女達」のパラデイクマが閃いたということの paradigmatique な説明を試みる．Cumae 領域から（ひょっとすると）海路，ローマ南方にギリシャ的観念構造の空気をたっぷり吸った層が培養されたことがあってこそ，これらのテクストはこのようにいきいきと反応しえた，と考えられる．Sp. Cassius の集団は強くギリシャの（しかもデモクラシー形成期の）影響を受け，Ceres 神殿への結集がその一つの鍵となった．そして問題はまさに領域の組織である[4]．同様に，別ヴァージョンの女神が別ヴァージョンのギリシャ・デモクラシー型領域組織を潜在的に鼓吹していた可能性は大いに存在する．

とは言っても，それは Ceres の場合以上に破綻した道筋であり，帰結たる Fortuna Muliebris 神殿は実は領域神殿たるにとどまる．しかもそれは挫折させたことの記念碑である．Coriolanus 伝承解析の難解さは共和革命後のローマの進路の微妙な屈折の理解の難解さのコロラリーである．解析の鍵を握るのは必ず挿入される Latinius 伝承（Liv. II, 36；DH, VII, 68f.；Plout. Coriol. 24f.）である[5]．この syntagmatique な切片なしに全体の脈絡は繋がらない．訴追されて Antium に出奔した Coriolanus は Volsci を率いてローマを攻めるが，その時必ず，ローマの或る祭礼に訪れた Volsci が不当にも排除されたその怒りが直接の引き金であった，とされるのである（Liv. II, 37；DH, VIII, 2ff.；Plout. Coriol. 26）．しかもここでは二つの syntagmatique な進行の符合，サンクロニスム，が強調される．かつて不倶戴天の敵であった Antium の有力者，Attus Tullius と Coriolanus が，まるで Achilleus と Priamos のように，劇的な和解に至って手に手を取り合う，と折しも大競技会（Ludi Magni）が開かれようとしている，否，「再度やり直されようとしている」（Liv. II, 36, 1：Ludi forte ex instauratione magni Romae parabantur）．或いは，Dionysios の叙述に沿えば，競技会やり直しの一件と時を同じくして，Attus と Coriolanus は手を取り合い，そしてこれに乗じて（排除されたという）戦いの口実を作る密議をなす（DE, VIII, 2f.）．

7 Coriolanus, そして共和革命の帰結

Plout. Coriol. 26, 2f. によると，これは偶発であるが，陰謀であったというヴァージョンも存在する．Livius は一瞬偶発のように書いて（Ad eos ludos auctore Attio Tullio uis magna Volscorum uenit.）直ちに実は打ち合わせ通りであったと叙述する．いずれにせよ，Ludi から Volsci が排除されるのであり，これが決定的である．

Ludi のやり直しは儀礼が新しいヴァージョンを帯びたことを意味する．ヴァージョンが一層（二重に）特定されたのである．そしてその特定に étiologie が付く．Latinius は「領域で大部分の時間を過ごして自足する」（DH, VII, 68, 3: αὐτουργὸς δὲ καὶ τὸν πλείω χρόνον τοῦ βίου ζῶν ἐν ἀγρῷ: ed. Vogel）農夫である．Livius はこれに「平民出身」（de plebe homini...）という表現を与える．さてこの領域の農民に夢（somnium, ὄναρ）が下る．夢の中で，Iupiter が以下のように言う．「自分のための行列（pompe）の先頭に最悪かつ不吉な踊り手が置かれた」（Plout, Coriol., 24, 3: κάκιστον ὀρχηστὴν ἔστειλαν αὐτῷ πρὸ τῆς πομπῆς καὶ ἀτερπέστατον: ed. Flacelière et al.）．農夫はこれを直ちに senatus に報告するように命じられたが，理由はともかくこれをなかなか実行しない．すると，息子が死に（Liv.: filium intra paucos dies amisit; DH: τὸν υἱὸν αὐτοῦ νέον），さらに自分の体が麻痺する（Liv.: omnibus membris... pedibus suis; DH: εἰς ἅπαντα τὰ μέλη τοῦ σώματος）．或いはこれが同時に生ずる（Plout.）．〈分節〉単位内の再〈分節〉があるかどうかに関して後にヴァージョン対抗が発生した痕跡がここに有るが，ともかくここでは意味は一つで，〈分節〉単位内の軀体の喪失の危機が言われている．

問題はしかし Iupiter の言う意味である．やっと senatus に報告されても人々は考えあぐねるばかりであるが，やがて人々の記憶の中から或る鮮明なシーンが浮かび上がってくる．その日，Iupiter のための行進が通過する直前，forum で以下のような光景が見られた．「私人たる自分の一奴隷を死刑に処すべく仲間の奴隷達の手を通じて引き回した」"θεράποντα ἴδιον ἐπὶ τιμωρίᾳ θανάτου παραδοὺς τοῖς ὁμοδούλοις ἄγειν" と Dionysios（69, 1）は精確である．Ploutarchos の「他の奴隷に鞭打たせながら forum 中を引き回した」（24, 6: οἰκέτην τις αὑτοῦ παραδοὺς οἰκέταις ἑτέροις ἐκέλευσεν ἐξάγειν δι' ἀγορᾶς μαστιγοῦντας）は「仲間の奴隷達に」（τοῖς ὁμοδούλοις）という水平感を欠く

以外には同じである．この点「或る家長が一人の奴隷を」(seruum quidam pater familiae) とのみ述べる Livius は断然不正確で，ギリシャ的バックボーンが解釈に是非必要であったことを物語る．何故ならば，問題が〈分節〉単位内をどうするか，であったからである．そこには定義上無分節体 (ludi!) が無ければならない．ひとまずこれが都市中心から領域に向かって伸びるのであった．ならば，それは絶対権力者に従うロボットのような人間達の集団であろうか．確かに頂点は明確でなければならない．しかし他方，無分節の趣旨は何であったか．そこに枝分節の結び目が有ってはならないということであり，それはまた支配従属の関係が有ってはならないということであった．独裁者と帰依者の関係は最大の枝分節関係でさえある．必ず腐敗し，実際には様々な枝分節関係の結び目を生むばかりか，際限の無い軍事化を帰結する．ギリシャの領域にはこの問題を解決する装置があったではないか．領域に水平的に結合した人的組織が展開されたではないか．これが鋭く対峙し，領域に間延びした〈分節〉体末端が孕む危険に対処していたのではなかったか．Hesiodɔs が居たではないか．Odysseus がこれを補強しさえしたではないか[6]．ところが新しいローマ共和政と来た日にはどうか．〈分節〉単位内では構成員の一集団が一人の構成員に残虐行為を働き，これに頂点が加担しているではないか．このことは誰が気付くべきことか．領域の人員である．彼が都市中心に報告しなければ政治システムの問題となりえない．逆に言えば，領域の問題であっても（農民の躊躇にもかかわらず）政治システムは介入しなければならない．そうしないとどうなるか．

　残虐に少しずつ死に至らしめられる奴隷は一鞭ごとにうめき飛びはね，これがまるで踊りのようである．Plout. Coriol. 24, 10 は鞭 (furca) ないし棒叩きについて考察する．supplicium という語とともに〈分節〉すなわち自由の反転像を象徴的に表わすことになるためである．しかしこの行進 (pomɾe) というのは何を意味するか．〈分節〉体内の関係と対照的な，〈分節〉それ自体の横一列，各〈分節〉単位の横断的結合体，であるに違いない[7]．その先頭が初めから上から潰されているのである．一つが崩れていれば，やがてシステム全体が崩れる．それを避けるにはどうしたらよいか．各〈分節〉体内に補完的な自由な連帯が無ければならないであろう．これは後の〈二重分節〉体内に全く政治的な

7 Coriolanus，そして共和革命の帰結

関係が無いのと異なる．後者はいわゆる奴隷制であり，デモクラシーのコロラリーである．Plout. は「当時はまだ主人と奴隷との関係は一般的には緩やかだった」と言わずもがなの註釈を加えている．

長大な DH, VII, 72 は pompe をなす一隊一隊につき詳細な記述を行う[8]．子供から競技者，そして神々に至るまでことごとく横一列に並ぶ大行進である．そのいちいちにつき Dionysios は，例えば競技者の格好を Homeros のテクスト内のそれと比較するなど，ギリシャ起源を論証しようとする．それも，現代のギリシャでは廃れたが，Homeros のテクスト等によって復元できるものとの符合が論証される．この点が重大な意味を持つことにつき Dionyisios はよく知り抜いている．つまり，後のローマのギリシャ征服によるのでなく，まさに共和初のエピソードによるというのである．つまりこの時期のギリシャからのインパクトはローマの体制の基本を左右したというのである．このことを補強すべく，Dionysios（VII, 71）は以下のように言う．「（ローマがギリシャを征服した時に古いものに換えてそこから慣習を輸入したと決めつけ私の論拠を弱いと考える人のために）私はまだギリシャはおろか一切海外を支配していなかった時代に由来する論拠を引こうと思う．典拠として私は Quintus Fabius を引こう，さらにその論拠を必要とすることなく．何故ならば彼はローマのことについて包括的に記した最古の人物で，伝聞の典拠のみならず，自分で確かめたことから典拠を得ているからである」(ἐξ ἐκείνου ποιήσομαι τοῦ χρόνου τὴν τέκμαρσιν, ὅτ' οὔπω τὴν τῆς Ἑλλάδος εἶχον ἡγεμονίαν οὐδὲ ἄλλην διαπόντιον οὐδεμίαν ἀρχήν, Κοΐντῳ Φαβίῳ βεβαιωτῇ χρώμενος καὶ οὐδεμιᾶς ἔτι δεόμενος πίστεως ἑτέρας· παλαιότατος γὰρ ἀνὴρ τῶν τὰ Ῥωμαϊκὰ συνταξαμένων, καὶ πίστιν οὐκ ἐξ ὧν ἤκουσε μόνον, ἀλλὰ καὶ ἐξῶν αὐτὸς ἔγνω παρεχόμενος).

その行進が創り出す空間から，いきさつはともかく，Volsci が追い出される．一旦出た凶兆は儀礼を修正してもその分有効たり続ける．つまり記号が呼び出すパラデイクマは現実化する．それは Volsci がもたらす軍事的敗北の危険である．そうすると，奴隷虐待と Volsci 排除はどこかで paradigmatique に繋がっていることになる．しかもこれがあの Marcius，すなわち Coriolanus，排除とも繋がっているというのである．Coriolanus のメンタリティーについてはテクストが余すところ無く伝える．Achilleus そのものである．〈分節〉頂点の若

者達の連帯と無私，剛直と勇気．無論 Achilleus がそのまま現れればそこには破滅しかないが，これを領域の連帯に変換できないか．Achilleus に従う Myrmidones についてわれわれは少々「生の」moitié 隊形と推定した．Dionysios は Ludi に関する長い excursus の中で Hephaistos が鋳抜いた楯に描かれた情景（Achilleus が支配する古い社会）に触れなかっただろうか．Volsci に関するわれわれの推測は，ローマとの戦いへの現れ方からして何らか領域の固い組織ではなかったか[9]．

　もっとも，領域にそのような組織を構えるとすると，Latini, とりわけ Sp. Cassius の「改心した」Latini, との間で深刻な競合関係に立たないか．Sp. Cassius を鼓吹したものが phyle で secessio の plebs が phratria に範を取ったとすると，Volsci は何か．Volsci の組織もどちらかと言えば[10] phratria の方に相応しいのではないか．いずれにせよ Ludi Magni はやり直さねばならなかった．DH, VII, 71 はそれが Regillus 湖における対 Latini 戦勝から始まったとし，Cic. De div. I, 55 は，既に有った Ludi がその戦争によって中断しやり直された，とし，やり直し instauratio 自体の exemplum をここに置き，しかもそのやり直しの際に（Circus で人々が奴隷鞭打ちの不吉を観て）三度のやり直しとなり，その後の年代にようやく農夫の夢が位置付けられる．Macr. I, 11, 3 は何と 279 年に，Autronius Maximus が奴隷を虐待し Annius が夢を見る，というヴァージョンを置き，Hekabe さえ引く．原点において Latini のものを反 Latini に急遽作り替えた，ということと，それを Latini の改心によって再び Latini のために作り替えた，そこに別の方角から横やりが入った，その後復活した，等々の経過が伝承の甚だしい混線を招いている．Latini と Volsci の間の領域の組織を巡る陣取合戦のように．

　Coriolanus 率いる Volsci 軍の軌跡は，以上のことをよく裏付ける．例によって Livius はここでも簡単で（II, 39, 2ff.），Circei のローマ側 colonia を落とした後，Satricum, Longula, Polusca, Corioli, Mugilla を抜き，Lavinium を奪還し，Corbio, Vetelia, Trebium, Labici, Pedum を奪取した後，問題の Fossa Cluilia に辿りつく，とする．この辺りに Latini など居なかったかの如くであり，Volsci の拠点を Volsci が取り返すイメージである．しかし何故そこに Lavinium が入り，しかも奪還がここだけ明示されるのか．

Dionysios の記述は周到である．まず Volsci は Ecetra の部族連合中心で集会を持つ (VIII, 4)．そして何よりも彼の叙述を織りなすのは意外にも Latini である．Coriolanus は扇動演説で Latini のもとへ亡命しない点にさりげなく触れる (6) が，可能な同盟者として "Albani" なるものを登場させる (8)．脈絡は，ローマが近隣の民からテリトリーを奪ったというものである．かくして明らかに Sp. Cassius 構想に乗らない旧 Latini である．さらに，Tullus は一隊を率いて直ちに「Latini のテリトリーに」($εἰς\ τὴν\ Λατίνων\ χώραν$) に侵攻する．それでいて他方の Coriolanus はローマの領域内で plebs の領域占拠を区別して破壊しないようにする (8, 3f.)．Latini と，phratria 原理の plebs は，ここでは厳格に区別される．初めに Circei が落とされるのは同じである (14) が，脅威を感じた Latini は同盟者としてローマに助けを求める (15, 2: $ἀπὸ\ τοῦ\ κοινοῦ\ τῶν\ Λατίνων$)．この時 Foedus Cassianum が援用される ($ἐν\ γὰρ\ ταῖς\ συνθήκαις...$)．逆にローマから見れば Latini は Volsci に対する防壁である．少なくとも一旦 Sp. Cassius の構想と Foedus Cassianum が許容されたのは Volsci に対するものであったのではないか，Volsci の脅威が去ると同時に切り捨てられるのではないか，という嫌疑が生ずる所以である．かくして，Volsci によって最初に血祭りに上げられるは Tolerium である (17, 3) が，これが Latini に属することは明示される ($τοῦ\ Λατίνων\ ὄντας\ ἔθνους$)．次の Bolae (18) も Latini であり，Labici も Latini とされるばかりか，かつて Albani の植民都市であったことまで記される (19)．Pedum も同様，Corbio, Corioli について明示しないが，次の Bovillae については Latini の主要都市の一つとする (20)．Lavinium の特殊性は変わらず，Aineias の Troes の都市とする (21)．しかもここを Coriolanus は抜きえない．Fossa Cluilia はその先に在る．われわれは Plout. Coriol. 27-29 にやや簡略化されながらもほぼ同じ内容の記述を読むことができる．

Latini 型領域組織と Volsci 型領域組織の敷き詰め合いである．

〔7・4・1〕 伝承批判の基本は Th. Mommsen, Die Erzählung von Cn. Marcius, in : Id., *RF II*, S. 136ff. である．(Niebuhr と Schwegler に従って) 歴史的文脈と矛盾し，annales にとって異質の素材であることを論証する．もっとも，異質だからといって Fabius Pictor が取り上げなかったとは限らない．Mommsen は大胆に却って "eine Verherrlichung der Plebs" を読みとり 3 世紀前半をにらむ (S. 150ff.)．Coriolanus が反 plebs の旗手として描かれることからすると奇

妙だが，Volsci との秘かな関係を直感しているのかもしれない．

〔7・4・2〕　cf. Gagé, *La chute des Tarquins*, p. 170. Mommsen, Die Erzählung von Cn. Marcius, S. 146 はそもそも中核部分には悲劇的モティフ自体が希薄とする．

〔7・4・3〕　J. M. David, Les étapes historiques de la construction de la figure de Coriolan, dans : AA. VV., *L'invention des grands hommes*, p. 22 は，Ennius の寄与を想定しつつも，骨格は annalistica の手になると解する．Fortuna Muliebris の儀礼，Latini/Volsci の側の勇者とその年代の記憶，ローマ側への吸収の結果出奔・敵対のストーリーを要するようになる段階，といった narratologique な分析（"cette hiérarchie des contraintes logiques"）を論拠とする．こうした方法の問題点は POL I で述べた通りであり，この stratigraphie に賛成しないが，Fabius Pictor の側で礎石が築かれたことは動かないと思われる．

〔7・4・4〕　cf. Gagé, *La chute des Tarquins*, p. 177 : "un statut de soldats-colons gardiens d'une frontière". Velitrae, Circei 等の colonia と Coriolanus は深く関係する．しかしそれらの colonia が直接 Coriolanus の原理によったとは考えられない．Gagé は，体を張って農地を守る精神がかつての（土地に対する）権利を楯にとって穀物を要求する都市の plebs に反発したと解する（cf. p. 183）が，これでは Volsci の役割りが説明されない．

〔7・4・5〕　Mastrocinque, *Lucio Guinio Bruto*, p. 72ss. は，横暴な貴族に対する平民の反発を見るのみである．

〔7・4・6〕　Lastrigones を Volsci に重ねる伝承が多少とも実在した（cf. M. Cristofani, I Vosci nel Lazio. I modelli di occupazione del territorio, in : AA. VV., *I Vosci*, p. 13）とすると，興味深い．Antium 中心の Volsci は第 II 章で扱われるが，後述の Ecetra 中心の Volsci との間に一定の両極性を有する．つまり海の賊であると観念されるのである．もちろん海の民か山の民かの議論は無意味である．海の上では単一次元の擬似〈分節〉小体が現れやすいのである．

〔7・4・7〕　De Francisci, *Primordia*, p. 175ss. は，gens 内にメンバーを追放しうる合議体が無くてはならないはずであるとし，ここに curia の起源さえ置く．

〔7・4・8〕　J.-P. Thuillier, Denys d'Halicarnasse et les jeux romains (Antiquités Romaines, VII, 72-73), *MEFRA*, 84, 1972, p. 563sqq. は，「Fabius Pictor の対ギリシャ宣伝」説 (Piganiol) を斥けて Dionysios の洞察を復権する．

〔7・4・9〕　cf. supra〔7・2・1〕．なお，Cristofani, I Vosci nel Lazio, p. 13ss. は定住拠点の形態や規模に関する考古的データから Volsci の分布を探るが，その関心は基本的に「どこから来たか」ではあるものの，結果として，4 世紀以降の Samnites や Lucani を先取りする特徴を検出する．つまりもっぱら軍事的に構築された小さな要塞拠点である．他方には次項で取り上げる部族組織軍事化拠点が有ったはずである．

〔7・4・10〕　しかし phratria が moitié を区分原理と捉えて領域の〈分節〉を創り出すのと対照的に，おそらく Volsci は軍事化の無分節をそのままテリトリー上に降ろしたと考えられる．この点で plebs の結合原理との間に落差を有する．しかし，完結的な組織原理として動く場合は希としても（まさに "Volsci" が忽然と現れ忽然と消えるとしても）後の Samnites 等々に同種の形態を見出すのみならず，Tusculum 等の Latini の「都市」や Veii 等 Etrusci の「都市」が部分的にこの形態を組み込んだ時期を持ったと考えられる．しかも Volsci と Coriolanus の親和性において表現されているように，ローマの領域組織は後々までこれを一つのアクセントとして付加する傾向を有し続ける．II-2 で見るように，領域組織の形態を〈二重分節〉に変容させるときにも，phyle を基盤とするギリシャ型のデモクラシーを拒否するニュアンスがつきまとう．DH, I, 16 の所謂 ver sacrum は領域組織の礎地たる Aborigines の資格要件とされ，対する Pelasgi はこれを欠く．軍事的要因 (phratria) は〈分節〉

のために不可欠の発展因であるからであり，にもかかわらず Aborigines だけが Pelasgi を受け入れたのは，本格的なデモクラシーを拒否したからといって Samnites とは同じではない，〈二重分節〉体制を築いているのである，という証である．まるで Latini と Volsci の連合がどこかで実現したかのように（cf. II-5）．それでもなお phratria でない型の軍事化がパラデイクマとして抽出・保存されるのは，後述（II-5）のように領域上の無分節体が一定の積極的な役割を果たす段階が介在するからである．ギリシャ型デモクラシー拒否を補うように．この点，E. Hermon, *Habiter et partager les terres avant les Gracques,* Rome, 2001, p. 75sqq. がもっぱら Sabini という軸を使って Sabini 本体から Servius Tullius 軍や Lapis Satricanus の Valerii を経て Atta Clausus の migratio までを gens の垂直的組織ないし clientela のモデルで一括りにするのは粗雑に過ぎる．主軸の軍事組織が Volsci と鋭く対立すること，Satricum は Volsci の拠点たること，Claudii の clientela は虚偽の〈二重分節〉に転化して（後述の）Manlii のそれと全然違うこと，そもそもローマがあれほど Veii の組織を目の敵にすること，等々を全く看過している．

7·5

その Coriolanus の進撃を一体何が止めたか．もちろんこれこそ伝承のハイライトであり，なおかつローマ史の大きな分岐点である．そしてここまでの考察からするとそれは領域の構造に関わるということになる．進軍が手前，すなわち領域の真っ直中で止まり，そこの溝，Fossa Cluilia, が物的儀礼すなわち munumentum とされ，それにとどまらずそこに Fortuna Muliebris 神殿[1]さえ建てられる，所以である．

Livius（II, 40），Ploutarchos（Coriol. 32-36），Dionysios（VIII, 39-54：ed. Vogel）のヴァージョンはしかし大きく異なる．Livius にとって，窮地に立ったローマ都市中心から進発するのは "matronae" であり，この論考の第 II 章で重要な役割を果たす語が先取りされていることになる．女達の集団の核をなすのは母 mater たる Veturia と妻 uxor たる Volumnia であり，戦場に向かって行進して来た彼女達を迎える Coriolanus に対して話すのは Veturia である．Veturia は祖国に対する裏切りを叱りつけ，Coriolanus は反論せず，黙って引き上げる．そもそも女達の隊列が接近して来るのを見た Coriolanus は仰天し我を忘れる（amens）．これに対して Ploutarchos はまず周到に予め Homeros のテクストを引く（32）．Poplicola の妹 Valeria に或る決定的な考えが浮かぶ，その転機を強調するためである．神々の作用か．しかし Homeros にも自発的な意思や自由な迷いが登場するではないか．ならば二つの種類が有るということか．Valeria の着想は前者に属するのか．Ploutarchos は，ゼロ＝パラデイクマにま

で遡る syntagmatique な連鎖の発進が有ったこと，ただしそれが全てを決定したのでなく人々が大いに対立し迷ったこと，を示唆しつつある．ゼロ＝パラデイクマの多元性と散開，そしてその支配の解体，は政治成立の前提条件であった．Valeria を基点とする syntagmatique なパラデイクマ連鎖と Coriolanus を導く原理は，全く互いに独立に出発し，辿れば同一点に帰着するということなく，正面衝突する，ということが予示される．つまり，Coriolanus 停止は，Livius にとっては何かが上から覆いかぶさるように封殺し無力化した結果であるのに対し，Ploutarchos にとっては対等な原理の水平的な衝突の帰結である．

女達の発進は Livius に登場しないこの Poplicola の妹 Valeria の説得によってもたらされる[2]．彼女が Coriolanus の母 Volumnia と妻 Vergilia を説得するのである．彼女の説得のための武器は明確に特定される．Sabinae の exemplum である．確かに Volumnia にとってこれは夫と息子の戦いであり，Vergilia にとっては父・兄弟と夫の戦いである．女達は未婚の娘でなく cognatique な結節環として捉えられる．Poplicola の遥か向こうには Sabini と Romulus/Tatius 並立の屈折体が有るということをわれわれは確認した．Poplicola は Lucretia 結合の最も正統的な継承者でもある．その Valeria がいきなり因果連鎖抜きに介入するのである[3]．政治のみに生じうることである．事実ここでは Coriolanus 一人の圧殺が目指されるのではない．Coriolanus 説得は Volumnia の独り舞台であることに変わりはないが，彼女は簡潔ながら理路整然と演説をする．Livius において女達の顔を見分ける部下達が Coriolanus の傍らにあったのと対照的に，そこには Volsci の参謀達（probouloi）が居る．つまりともかく Volsci 自体が説得の対象となっているのである．Volumnia の論点摘示は明確である．一方に同胞市民達を滅ぼすということがよくないというパラデイクマがあり，他方にジェネアロジクな繋がりが無いのに固く結ばれた（亡命を受け入れた）その信義を裏切るのは正しくないというパラデイクマがある（οὔτε γὰρ διαφθεῖραι τοὺς πολίτας καλόν, οὔτε τοὺς πεπιστευκότας προδοῦναι δίκαιον）．二つの大原理の激突である．しかも提案されるのは，その両立である（φιλία, ὁμόνοια, εἰρήνη）．Coriolanus 引き上げはあくまで彼の敗北ではなく，大いなる和平なのである．このような政治的タームで結末が彩られること自体，Livius において単一のパラデイクマの儀礼的実現が問題を消してしま

うことに比して，極めて注目すべき事柄である．もっとも，Volumnia の演説に対して，Coriolanus は決して何も言わないわけではないが，しかし議論で応ずるわけでもない（μηδὲν ἀποκρινόμενος）．ぎりぎりのところで Volumnia が提出した切り札によってのみ（ὑπὸ σοῦ μόνης ἡττημένος），しかし明白に敗北したことを認める．

　Dionysios の長大なヴァージョンにおいて以上のことは格段に強調されている．再び母が Veturia で妻が Volumnia であるが，Valeria の存在は際立ち，Valeria が Veturia を説得する場面にも大きなスペースが割かれる（42）．しかし直ちに母の動機が全面に出る（44）点で Ploutarchos のヴァージョンと分岐し[4]，前線に到着した Veturia は息子 Coriolanus に Volsci の兵士達を集めて前線民会形態をとらせるように要求する（45）．Veturia は何とその前で大演説をするつもりである．事実，Veturia の演説は二段階に渡り，しかも間に Coriolanus の鋭い反論が挟まる．明らかに悲劇の agon の場面を意識した構成であり，それに恥じない鮮やかな論戦である．Veturia の最初のアプローチ（46）は極めて平凡に女達の悲惨である．cognatique な結合の，しかしここでは親密さである．これに対する Coriolanus の反論（47）は出奔の激情を克服したかのように不思議と透徹している．撤退は不可能である，というのである．自分を受け入れてくれた人々を裏切りえない，神かけて決して盟約を裏切らないという誓約をしてしまった（ἐγγυητὰς ἔδωκα, μήτε προδώσειν τὸ κοινὸν αὐτῶν），というのである．その上，Coriolanus はタームを政治に限定しない．駆逐された Volsci にその領域を（τὴν χώραν Οὐολούσκοις）返せ，Latini と同等にせよ（τῶν ἴσων ὥσπερ Λατίνοις），というのである．さらには，われわれが分断されないためには，自分が分け取った領域の上に自分が築いた拠点に（πατρίδα τε νέμειν, ἣν ἐγὼ νέμω, καὶ οἶκον, ὃν ἐγὼ κέκτημαι）そちらの方がやってくればよい，と言う．

　これを受けて立つ Veturia の長大な演説（48-53）は，多くの exemplum を駆使するものである．まず大きく Coriolanus の立場を認め，Volsci との間の内部の合意（κοινή γνώμη）が無ければならない，と信義を重視して見せる（48）．しかしそこから反転してこれを両当事者間に転用する．つまりローマと Volsci の間に和解（διαλλαγή）と平和（εἰρήνη）が無ければならず，「如何な

る戦いよりも常に平和が強い」（πᾶσα εἰρήνη παντός ἐστι πολέμου κρείττων）のであり、友人間の共通の基盤（σύμβασις）こそが重要である、これは「政治に携わる者」（οἱ τὰ πολιτικὰ πράττοντες）が最もよく理解しているはずである、云々. 続いて Collatinus が安んじて Lavinium に落ち悠々としていたという exemplum を引く (49) 一方で、敵たる plebs の同盟者たる都市を痛めつけたのだから満足ではないか (50)、と自足を促す. そうしておいて切り札たる強烈なパラデイクマを持ち出す (51). 息子の心身に対して「私の債権」（δανείσματα ἐμά）はどこまでも及び、「お前は永遠に私のものである」（ἐμὸς ἄπαντα τὸν χρόνον ἔσῃ）というのである. これは債務を負った側は無限の主張を許し、どこまでも逃れられない、という極大 réciprocité のパラデイクマであり、中心の或る点から領域に向かって直接無限の長い手が伸びる鮮烈なイメージである. そしてその母を報復のために殺すのか、あの Erinyes[5] に引き渡すのか（τὴν μητέρα ταῖς ἐριννύσι）、母殺しの汚名（τὸ μητροκτόνον ἄγος）を着るのか、と詰め寄る. "Oresteia" におけるあの二大原理激突までもが響き渡る. かと思うと、父無き母子像[6]が現れ（ὀρφανός）、あの〈二重分節〉体の絶対的独立のパラデイクマ、Danae の屈折体、が暗示される. 明らかに、両方合わせて、〈二重分節〉体の二重ゆえに強化された自由が、ここでは都市中心から伸びる単一〈分節〉体の自由のために用いられているのである[7]. おそらく当時のコンテクストであれば、デモクラシーへの波動がローマに伝わると同時に屈曲する瞬間である. Dionysios のギリシャ側ソースがこうしたモーメントを発掘しえたのではないかと思われる. いずれにせよ Veturia はこうしておいて一気に都市中心に帰って見せる (52). （おそらくストア派の影響を受けた）Dionysios の脚色によれば、Lethe の平地（領域）でなく浄き天空に住め、という parabole となる.

　以上のヴァージョン対抗のおかげで、われわれには Coriolanus 伝承核心部が原点において関わる社会構造は明白である. Valerius および Lucretia 結合は政治的結合そのものであるが、何かこの体制をそのまま壁のように押し出して Volsci をブロックするのである. Livius のヴァージョンはおよそ領域固有の〈分節〉連関の拒絶という極を指示している. Ploutarchos においては、各政治的〈分節〉単位内の垂直無分節と下部の水平無分節連帯の拮抗のみが「ボ

スの連合体」たるを克服するとされる．他方 Dionysios のヴァージョンは，この拮抗をギリシャ型〈二重分節〉のアナロジーで捉える．しかしいずれにおいても垂直次元の具体的分節は全く無い．〈分節〉がそのまま領域の上に降りるから，Hesiodos において見たあの緊張，二重の〈分節〉（〈二重分節〉でない），は完全に排除される．領域の上の各〈分節〉単位において生々しい拮抗がほとんど外交的な緊張関係として創出される．これは制度ないし exemplum によってではなくディアレクティカによってのみ維持しうる．かつ，Hesiodos を持たないローマの政治システムはこの一点に懸かっている．外敵たる Volsci との「〈分節〉的関係」は良き paradigmatique な効果を期待しうる．これは (Hesiodos はデモクラシーの方へつながるから) 却って政治の純粋な原点を一瞬可視的に照らし出すであろう[8]．後世の文学にとって大きな魅力たるに違いない．

〔7・5・1〕 これについては後註〔7・5・7〕参照．Servius Tullius の Fortuna 以前の層については議論が分かれる．後には Latium の都市 Praeneste と Volsci の中心都市 Antium で有力な領域神殿が確立される．Champeaux, *Fortuna, I,* p. 198 はそれらが元来 "poliade" な性質を有すると指摘する．周辺部族単位の軍事化拠点であった．Champeaux, *Fortuna, I,* p. 11 によると Praeneste の Fortuna Primigenia 神殿は直接には 4 世紀にしか遡らず，Antium の方も紀元前 19 年の Q. Rustius の鋳造貨幣 (p. 150sqq.) 以前のデータが無い (p. 179) ために祭祀の元来の性質の確定は困難を極めるが，Praeneste につき Champeaux, *Fortuna, I,* p. 24sqq. は，Orcesia の奉納碑文 (3 世紀) を初めとする碑文が (しばしば Iupiter さらには Iuno の) 母か娘かで揺れる，或いはどちらと解すべきか揺れさせる表現をする，ことについての二元説的学説を批判し，courotrophique な機能 (p. 40sqq.) と oraculaire な機能 (p. 55sqq.) を包括する太古の Dea Mater, "Mère originelle" を見る (p. 84sqq.)．しかし Cic. Div. II, 85-87 に登場する神託の étiologie における樹木と洞窟のモティフ (cf. p. 100sqq.) は全て太古の母でなく文字通りの枝分節を表象している．結節点と枝単位の二重性，それら相互の変幻自在，往復 (ここから予言)，等々を暗示している．Iupiter との関係等々が hellénisation と結びつく点 (p. 108sqq.) はその通りであり，Thurii の Timpone Grande で発見された tumulus に属した「死者の書」の mysticisme, Demeter-Kore のサイクル，(ローマにも 4 世紀末に流れ込む) pythagorisme, と結びつける分析は (p. 126sqq.) は鮮やかであるが，これは，Volsci のあの海陸の固い単位相互を連結していた鎖と親和的で，後述のローマ型〈二重分節〉と対立する．他方 (4 世紀の神殿当初からのことであったに違いない，奉納物テラコッタにおける) 娘の登場 (p. 119) は結合環を垂直に二重にする重要な画期であり，こちらは〈二重分節〉への同化に沿う．それが一層抽象的で cosmique な原理になる (p. 142sqq.: "ouranisation") のは 3-2 世紀における新しい〈二重分節〉構造に対応するであろう．

〔7・5・2〕 J. Gagé, *Matronalia. Essai sur les dévotions et les organisations cultuelles des femmes dans ancienne Rome,* Bruxelles, 1963, p. 59sqq. は，この Valeria を Sabinae に重ねて "vierges fortes" で理解し，これと "femmes mariées" との二極で Fortuna Muliebris を理解する (同旨，*La*

〔7・5・3〕 Champeaux, *Fortuna, I*, p. 341sqq. は Valeria に焦点を合わせ matronal な性質により一元的に Fortuna Muliebris を理解し，Gagé の解釈に反対する．確かに Valeria が virgo たる要素はテクストには見当たらない．もっとも，これら諸学説がパラデイクマに登場する女達から直ちに祭祀の性質を導くのはやや性急である．

〔7・5・4〕 D. A. Russell, Plutarch's life of Coriolanus, *JRS*, 53, 1963, p. 21ff. は，Ploutarchos が DH をソースとしたという Mommsen/Peter 説に従いつつも，逸脱点を丹念に列挙していく．ただしこれを他のソースによるよりも Ploutarchos 自身の筆になるものとする．しかし彼の DH 選択も逸脱も意識的なヴァージョン選択であると考えられる．通例彼は多くのヴァージョンを知っている．

〔7・5・5〕 Erinyes ももちろんディアクロニクに多様であるが，ここで立ちはだかるものを例解するのは，Fortuna を通じてこの場面に暗に関わっている Servius Tullius の娘 Tullia が放つ強烈な閃光である．Liv. I, 46-48 と DH, IV, 28-39 は "ferox Tullia" のパラデイクマを詳細に伝える．Liv. I, 46, 3 が「悲劇的悪行の範型」("sceleris tragici exemplum") と言う如く (cf. F. Bellandi, Scelus Tulliae. Storiografia e tipologia tragica in Dionigi, Livio, Ovidio, *PP*, 31, 1976, p. 148ss.)，ここでも Oresteia が意識されているのではという錯覚を誘うものがあり，Liv. I, 48, 7 は Erinyes を連想させるように "His muliebris furiis" と書く．今便宜 Dicnysios のヴァージョンによれば Servius Tullius の二人の娘は Tarquinius Priscus の二人の孫，Lucius と Arruns，に嫁ぐ．しかし Arruns の妻たる方の Tullia は Arruns を見限って同じく野心家の Lucius に賭ける．何と Arruns および Lucius の妻を殺し，Lucius と結ばれ，父の Servius Tullius 王をクーデタで追い落とし，Lucius すなわち Tarquinius Superbus が躊躇する中，これを追いかけさせ，さらには自ら馬車であらためて父を轢き殺す．マクベス夫人とリア王の年長の娘達をかけあわせたような稀代の悪女は素晴らし精彩を放っているが，要するに兄弟間を越境して乗り換え，内側から父を食い破るのである．cognatique な結節環はどのようなディアレクティカに置かれるかで，Lucretia 結合にもなれば，全てを溶解しうるものにもなる．しかしその破壊力こそ有用である場面がある．たとえば領域の基盤を創り出すときである．〈分節〉的に都市中心から領域へと伸びる各〈分節〉体が対抗的横断的な独自の領域組織を嫌えば嫌うほど (Champeaux, *Fortuna, I*, p. 358sq.: "une coloration aristocratique") そうである．こうして Coriolanus 伝承中の女達に化ける．しかしながら，そこには（別の角度からすると）おぞましい組織が現れはしまいか．Volsci をブロックするのに有用でも，しかし都市中心には決して上昇させてはならないだろう．Fossa Cluilia (Fortuna Muliebris) に橋頭堡として眠っていてくれなければならない．部族的組織に対抗する磁力を維持しつつ．

〔7・5・6〕 cf. Gagé, *La chute des Tarquins*, p. 171: "les soins nourriciers envers un ou deux enfants ...déesses-mères, Kourotrophes, ou Fortunes". 場面に子供が登場することが強調される．

〔7・5・7〕 ここから Fortuna Muliebris 神殿の意義が明らかになる．一般に Fortuna 神殿は Servius Tullius に結び付けられる．DH, IV, 27, 7 によるとこの王は Fortuna 神殿を Forum Boarium (échange に関わる民のため) と Tiberis 対岸 (軍事的付着分子のため) に建て，後者は Fortuna Virilis と呼ばれる．そもそもこの王は女神 Fortuna と（女神が夜な夜な通う）「愛人関係」にあったとされ (Ov. Fast. VI, 575ff.; Plout. Fort. Rom. 10; QR, 36)，もとより Ocrisia 一人に育てられた孤児であり，Tanaquil の圧倒的な影響下にある (cf. Gagé, Matronalia, p. 48: "une transaction sociale, par laquelle des jeunes filles de modeste origine auraient été promues moyennant l'accomplissement d'un rite qui pouvait être parfois l'obéissance au caprice d'un seigneur".). Fortuna は，自由な従士関係はもとより échange と流動性を排しない闊達

な結合関係の結節環であり，Tiberis 河畔の拠点に相応しい．ただし，Plout. *ibid.* がおよそ Fortuna 神殿を全てのヴァリエーションにおいて Servius Tullius の創建に懸からしめる勢いであるにもかかわらず，Fortuna Muliebris だけは姿を見せない（Champeaux, *Fortuna, I*, p. 197sq.）．Virilis-Muliebris の（おそらくディアクロニクな）polarité は貫かれるように見える．Fortuna Muliebris は共和政の一連の神殿記事を生まず（Champeaux, *Fortuna, I*, p. 198. なおカレンダーに dies natalis を有しない点につき p. 361），その場所も領域に置かれる．都市中心／領域の polarité が関係するに違いない．他方，4 世紀初頭に一旦破壊された Forum Boarium の Fortuna 神殿は Mater Matuta/Fortuna 神殿として二重化されて正式に復活する．こちらは Liv. の matronae ヴァージョンに対抗し正真正銘の〈二重分節〉単位確立に対応する．このような経過の中で，Fortuna Muliebris は Coriolanus 伝承との関連でしか登場せず（Champeaux, *Fortuna, I*, p. 335），祭祀を物語る碑文史料もほとんど無く後に廃れたと見られる（p. 349）．変幻自在の Fortuna も matronae の集団も，そこから汲み取った強い障壁の観念が秘かに働くことはよいとして，そのままの形で領域に居座られては困るのである．

〔7・5・8〕 Livius のヴァージョンには，ローマ型〈分節〉体制の後継たるローマ型の〈二重分節〉が Volsci を制圧する，というディアクロニクな発展型を看取しうる．ギリシャ側ソースは interpretatio Graeca を加えて却って原点に帰る．原点の成り立ちから言って故国に帰るようなもので不当なことではない．

7・6

Coriolanuss 伝承において，女達の集団が進発する中，Valeria 本人は決してこれに同道している気配が無い．Lucretia 結合は領域には決して降りない．curia は大いに儀礼化され空中に消え，centuria は軍事化の場面で復活する．Sp. Cassius が構想するような，領域の上の現実の tribus は，徐々にその存在を否定されていく[1]．Liv. II, 21, 7 は secessio 直前に 21 tribus の設置を伝える．この時の意図がしかしどうあれ，ローマの tribus は一旦部族的原理を払拭したと考えられる．テリトリーは区分して考えられる．しかしそれは都市中心から直接伸びる〈分節〉単位そのものであり，それに一致したに違いない．〈分節〉単位の存続を保障するのは，patres 制であり，〈分節〉頂点をジェネアロジクに再生産するために擬似的な首長制が採られ，patrici がジェネアロジクに特定される身分制が現れた点はギリシャと共通である[2]．ローマの特徴はそのジェネアロジクな論理 gens と領域分割 tribus が一致する点に在り，事実最古の tribus 名は共和初期の有力な patres を出した gens 名に一致するのである[3]．

この点，標準版の annales は或る重要な exemplum を刻む．Sp. Cassius の弾劾がほぼ確実に 480 年代であるとすると，その直後の 479 年に Livius はその

exemplum を置く．その年の consul たる K. Fabius が属する gens，Fabii は一族を挙げて senatus に赴く（Liv. II, 48, 8 : Tum Fabia gens senatum adiit）．consul は gens を代表して弁ずる（Consul pro gente loquitur...）．「Fabii を Veii の敵として与えよ」（Fabios hostes Veientibus date）．つまり，Etrusci の一都市で宿敵の Veii との戦いを自分達が一手に引き受ける[4]というのである．「あたかも一族の戦争であるかのようにそれをわれわれのものとして私的な負担で遂行する所存である」（Nostrum id nobis uelut familiare bellum priuato sumptu gerere in animo est...）．元老院議事堂（curia）の空間は強調される．「consul は curia から Fabii の隊列を引き連れて出た」（Consul e curia egressus comitante Fabiorum agmine）．「彼らは curia の入り口で元老院勧告議決をじっと待っていた」（qui uestibulo curiae senatus consultum expectantes steterant）．「consul は家に帰った」（domum redit）．domus は都市中心の〈分節〉単位拠点である．ここに翌朝軍事化して集合するよう命令が下る．翌朝そこから「306 人の，全員が patrici で同一の gens に属する，兵士達」（Liv. II, 49, 4 : sex et trecenti milites, omnes patricii, omnes unius gentis）が進発する．Cremera という河のほとりまで前進し大きく張り出す．敵の軍事行動は挑発的掠奪行為のみであり，守備隊の基地（praesidium）を保持するのに Fabii だけで十分だと考えたばかりか，「Etrusci のテリトリーがローマのそれと接する辺り一帯全体を確保すること」（tota regione qua Tuscus ager Romano adiacet, sua tuta omnia）を考える．しかも事実緒戦で華々しい勝利を収める．しかしこれに驕った Fabii は，Veii の側のおびきだしにまんまと引っかかってしまう．気付くと「Cremera から遠く，はるばると平原を隔てた」（Liv. II, 49, 5 : procul a Cremera magno campi interuallo）地点にやって来てしまう．そして待ち伏せ攻撃に遭い，ほとんど全滅してしまう．

　この伝承の分析はもちろん対抗ヴァージョンを通じてのみ可能である．幸い Dionysios（ed. Vogel）は，二つのヴァージョンが有り（DH, IX, 18, 5 : διττὸς φέρεται λόγος）一方はヨリ信頼できないが他方は真実に近いと述べながらも，両方を採録してくれる．一方のヴァージョンによると，gens としての Fabii に帰属する犠牲式が近付いたということで，Cremera の守備隊に居た Fabii が無防備な状態でローマ都市中心に帰ろうとする．これを Veii の部隊が待ち伏せ

攻撃した，というのである．Dionysios は論拠を挙げてこのヴァージョンが疑わしいと述べる．元老院勧告決議も無いのに旗印を立てて全員で隊列を組み戻るなどということがあろうか，都市中心には Fabii に属する年長者（軍事勤務年齢でない者）も居るだろうに．全員が Cremera に出ていたとしても一部が戻ればよかったではないか．こうして Dionysios は Livius と同じ第二のヴァージョンを相対的にヨリ優れたものとする（20, 1ff.）．それを記述する彼のテクストにも同じ空間的分節が明確に表現されている．

　主ヴァージョンでは領域の或る地点，Cremera，からさらにその外への動きが罰せられる．これに対して対抗ヴァージョンではそこから内への動きが罰せられる．いずれも出たその地点からの第二の動きが問題なのであり，この二段の分節が鍵である．主ヴァージョンに言わせれば，〈分節〉単位が領域に降りるとき，あくまで固くコンパクトで単一でなければならない．しかし反対ヴァージョンに言わせれば，都市中心で取る儀礼的隊形と領域の組織は決して混同してはならず，同じものが通用する，つまり一体でありさえすればよい，と考えればとんでもない目に遭う．都市中心と領域の間の二段すなわち分節こそが生命線であり，出た後の戻る第二段は良く区別されて都市中心的でなければならない．そもそも集団をそのように二段に分節しておかなければならない．

　いずれにせよ Fabii はただ一人のみが生き残ることになり，それが辛うじて滅亡を防ぎ，後の栄光に満ちた Fabii の大行進を可能とする．つまり gens の一義性，そして一体性，の exemplum[5]がここにあり，しかもそれがそのまま領域に降り[6]，軍事的に連続的な（「表面張力」の働く）部分を形成するのである[7]．これがローマの領域の原点であり，決定的な特徴である．もちろんやがてそのことはネガティヴに捉えられたに違いない．軍事化のあの方式はどうしたのか．そのことと領域の区分 tribus の一体性とを混同してはならないであろう．ましてやがて後述のローマ型〈二重分節〉が領域の上に登場すると，これはこれの実現に尽くした Fabii にとってネガティヴな家訓であったに違いない[8]．否，Cremera に独自の拠点を構えるという部分，そこからさらに一歩延ばすという二段階，への皮肉も込められている．そして最も新しい層として，"sumptus privatus" や "privata cura" のような元首政期のプロパガンダの中での復権の痕跡も認められる．

Fabii 全滅の日は暦の上の記念日となる．2月13日である（Ov. Fast. II, 195）．Ovidius のテクストはほぼ標準ヴァージョンを伝える．しかし反対ヴァージョンに登場する儀礼も何らの根拠も持たないわけではない．そう，あの Lupercalia につき Ovidius はすぐ続く2月15日につき述べ，377 で Fabii に触れる．Fabii はもちろん Remus と共にあり，Romulus と共にある Quintilii と対をなす．Romulus と Remus のパラデイクマが領域の問題に関わるとわれわれが推測した所以である．

〔7・6・1〕 Sp. Cassius の lex agraria はこの問題をアナクロニズムで捉えたものであることになる．貴族の権力基盤が公有地の寡占（possessio!）に在るというかの大ドグマは根強く，Gabba の決定的な論文の前にも Niese, De Sanctis, Beloch, Carcopino, Momigliano がありながら，De Martino, StCost I, p. 254 などに強固な支持者を見出す．

〔7・6・2〕 既に Porsenna にまつわる伝承の中で周到に patres 制が準備されていくのをわれわれは見てきていることになる．また Romulus/Tatius と Romulus/Remus はその表裏二側面に対応する．パラデイクマの分厚い素材が作用している，その限りでそれは先行所与にも対応しているかもしれない，という点においてわれわれも A. Momigliano, Osservazioni sulla distinzione fra patrizi e plebei, in: Id., *Roma arcaica*（＝AA. VV., *ORR＝Quarto contributo*), p. 209ss. に賛成である．Momigliano は A. Magdelain, "Auspicia ad patres redeunt", *Hommages Bayet*, Paris, 1964, p. 427sqq. を受け容れ，interregnum が senatores でなくその内部の patres のみの権限にとどまる（conscripti や plebs 出身の senatores は排除される）ことから，王政期起源を推論する (p. 221: "i *patres* esistettero durante la monarchia, ma non i plebei...la plebe...esisteva come contrapposizione a *populus*...la formazione della plebe, come unico contrapposto ai patres, è il risultato di un movimento rivoluzionario della prima metà del V sec. a. C....degli *infra classem*")．他方しかし Magdelain 自身のニュアンスは少し違っていて，interregnum の権限を逆に imperium のかつての保持者たることに基づくと考える．

するとむしろ，共和初に（選挙＝競技＝儀礼において）頂点たりえた者が排他的な身分を形成するということになる．P.-Ch. Ranouil, *Recherches sur le patriciat*, Paris, 1975 はこれを一つ一つの gens について検証しようとするものである．確かにやがて patres は imperium を独占する．Richard, Sur trois problèmes, p. 776sqq. が Magdelain/Ranouil を全面的に支持して言うように，patrici をもっぱら共和的政治的階層とする視点は重要である．しかし逆に独占から patres 体制が生まれた，と考えると patrici が官職貴族 nobiles と区別されなくなってしまう．身分制は plebs に consul 職が開放されてからも決して消えない．共和初には patres 体制と imperium は別個に発展したとさえ解される．何故ならば，Momigliano がそれこそ "conscripti" であると「目からうろこ」の解釈を示すように，後に plebs ではないかと疑われる consul が続出するのである．確かに，patrici と populus を（plebs の独立のため）いきなり等置する Niebuhr 流の見解や，(反対に) どこにでも階層分化はあり貴族は居るという類の議論 (Raaflaub, From protection), を拒否するために「法的な」身分制基準を求める視点は重要である．しかし身分制には当然幾つかの人類学的先行モデルが有りうるのであり，伝承はその発掘過程の痕跡をとどめる．その限りで Momigliano の全体像は説得的である（Richard は Patricians and plebeians: the origin of a social dichotomy, in: Raaflaub, ed.,

〔7・6・3〕 後述〔exc・4・9〕参照．

〔7・6・4〕 cf. J.-Cl. Richard, Les Fabii à la Crémère: grandeur et décadence de l'organisation gentilice, dans: AA. VV., *Crise et transformation*, p. 249.

〔7・6・5〕 もちろんこの伝承は gens 制を巡る論議において一つの topos である．いずれにせよ古くにこの制度の発達を認め，Atta Clausus が Sabini の地からそのままローマに移って tribus Claudia を築いたとする伝承 (Liv. II, 16, 5; DH, V, 40, 3; Plout. Popl. 21) をも援用してそのままのものが共和前期以降にも連続的に存続した，とする見解は依然有力である．De Martino, StCost I, p. 11ss.; Hermon, *Habiter et partager*, p. 27; C. Ampolo, Su alcuni mutamenti sociali nel Lazio tra l'VIII e il V secolo, *Darch*, IV-V, 1970-71, p. 45ss. のように周辺のネクロポリスに関する考古学的データから論証するものもある．われわれはそのようには考えない．共和初の領域の性質のコロラリーとしてのみ gens 制を捉える．

〔7・6・6〕 つとに De Francisci, *Primordia*, p. 167ss. は gens 始源説と人工説の両者を批判し，familia がむしろ地縁的に結合し展開して gens が形成されると説いた (p. 162ss.)．その前提として彼は，村落を最初の単位とし (p. 133ss.)，祖先信仰の分析から familia が無限定であることを指摘し (p. 145ss.)，こうして移動等の結果結集しやすかったとする．ただし，これは「王政期前」でなく，共和初の状況である．

〔7・6・7〕 Hermon, *Habiter et partager*, p. 21sqq. は「都市」に gens が先行するという説を採りながらも，それは「垂直的なもの」に変質し，かつそれは「都市」の下に入って貴族制を基礎付ける過程と符合するとする．Claudii の伝承はその際立った syncronisme によってこれらの過程を圧縮しているのであるとも解する．しかし「都市」化における変容を 7-6 世紀に見ることから明らかなように，gens の軍事的性質に着目しながらも regia の軍事組織等々をも含めて凡そ軍事的な要素を一緒くたにするので，gens を巡る伝承の Fabii/Claudii 対称性，その hiatus にさえ気付かない．

〔7・6・8〕 Richard, Les Fabii, p. 253 は，Diod. XI, 53, 6 が単に通常の対 Veii 戦争における Fabii の大量戦死を伝えるにすぎないにもかかわらず，Fabii 自体を伝承媒体としうるという理由によってこの伝承に信憑性を認め (cf. Id., Historiographie et histoire : l'expédition des Fabii à la Crémère, in: Eder, hrsg., *Staat und Staatlichkeit*)，gens 制の歴史的存立と領域の切片への展開を肯定する (p. 258sq.)．ただし彼は他方で (p. 259sqq.) このエピソードが hapax であることに着目し，むしろ gens 制の没落を告げると解する．しかし Momigliano のピーク説も誤りでない．共和初期にピークがあり，そして数十年で直ちに変化を蒙るのである．それでも gens 制度と clientela の無分節は底を流れるパラデイクマとして生き続ける．

7・7

それでも，出来上がったものはわれわれのクリテリウムからして政治であると言いうる．つまり，社会構造上のメルクマールとしての〈分節〉，すなわちテリトリー上の人的組織の〈分節〉，は達成されたと考えられる．少なくともこの時期にはその形になったと思われる伝承の形態，つまり屈折の態様，から

判断する限りそうである．ディアレクティカの痕跡が確かにあり，対抗ヴァージョンの意識的な保存が追求された．今日，北欧学派の大幅な年代引き下げを克服して，多くの学説が 510-480 年の時期に Tiberis 河畔の一地点を中心として共和革命が遂行されたということを認める．ローマ共和政がこの世に出る時点は彼らの意識する通りに比較的よく定まるのである．伝承の内容および伝達経路における Cumae との絡みが年代に関する限り最も重要な論拠である．その共和革命は確かに政治の成立であった．もちろん，「共和元年」に共和国制の全部品が揃ったとは到底考えられない．伝承は「共和元年」に直ちに consul 制を開始させる，のみならず多くの部品をそれ以前に遡らせる．しかし共和初年に関する伝承をそのまま信頼することはできないし，王政期伝承については全く別の扱いが必要である．後者については，一旦共和初期の人々のレンズをくぐらせて解読すること，そしてそのレンズの方に着目すること，がわれわれが提案したアプローチであった．もちろん，だからと言って王政が無かったとか，それらの伝承が現実の出来事と全く無関係であったというのではない．特に Etrusci 王権に関してそうである．それでも，パラデイクマどおりの現実化があったとは限らないし，つまりその過程を経てパラデイクマとされ直したとは限らないし，そもそも全く現実化を予定しないパラデイクマであったかもしれない．いずれにせよ 8-6 世紀の歴史を書くのであれば遠い伝承批判を要する．事実の平面で追うのでなく社会構造を分析するにしても．この論考は今のところこの分野において特にあらためて何かを指摘する用意を持たない．つまり，諸種の要因が複雑に絡まり合って初めて共和国制は出来上がっていった[1]，時間を要した，それでも，その時間はほぼ 30 年以上ではないと断言できる．Cremera の頃に確立されたのである．

　Sp. Cassius のおそらく何度目かの dictator 職ないしその副官職は大きな転機となった．翻って考えれば，彼の大 tribus 構想も，secessio 解体の際の「取引」も，種類物の分配に関する限り，単一の点を経由する échange をもたらす．一元的に多方面を媒介するようなこの権力は，adfectatio regni を構成要件とする刑事訴追の引き金を引かせるに十分である．480 年代半ば，20 年間にわたって激動の中で少しずつ定着してきていたディアレクティカと〈分節〉は，事実，Sp. Cassius の権力の解体に動く．Fasti Consulares はまさにこれを境に一変す

る．Fabius を機軸として有力な patrici の gentes が consul 職を独占するのである．それまでは，plebs に属する gentes の名が見え，頻繁な dictator 職就任者との重複や混線，共和初期にのみ痕跡を遺して消え去った gens 名，等々一般に多かれ少なかれ信憑性を疑われる．少なく見積もっても，patres の体制が patrici 身分の閉鎖によって本格的な再生産体制（身分制）に移行する[2]のはこの時点であり，ひょっとすると，patres の体制自体，（それ以前の時期に事実上の集団指導体制があったとしても）この時期のものかもしれない．

　Sp. Cassius を訴追する二人官の一人を出す Fabii がこの転回点の主役であることは疑いない．Fabii はまず，この訴追のためにヨリ精錬された curia/moitié メカニズムを作動させる．Sp. Cassius 結合体を切るためである．とりわけその横断的な連関の切断が主眼となる．Horatius 伝承の大々的再発掘である．こうして裁判がここで初めて概念されたことになる．それはもちろん exemplum という存在形態を取る．後に様々に分化していくことを視野に入れれば，これは広い意味の弾劾主義に基づく刑事裁判であるということになる．政治成立の重要なメルクマールの一つであった．

　軍制においても，centuria が維持されたとしても，あらためて curia へと基礎付け直される[3]．まさに Fabii 支配下の時期に curia が儀礼化し，かつその意味で公式の軍事化メカニズムになったと考えられる[4]．初めて整理された意識の下，Tatius や Numa 関連の伝承や儀礼そしてそれを担う神官が形をなし，暦の原型が出来上がる．それにより軍事化がコントロールされるのである．そればかりではない．curia が三編成とは別に有する二元対抗要素がそのまま新たに生かされる．勝負のつかない Romulus/Tatius のように．選挙は，centuria で行われたとしても，直接的に軍事的な脈絡を一旦離れて純度の高い政治性を獲得する．しかも軍事化の際には二つの軍団が並立しうるようになる．Romulus/Tatius が再解釈されたのである．こうして collégialité が現れ，imperium は二人にそれぞれ全面的に与えられる[5]．

　これを底の方で秘かに補強したのは secessio の残影である．curia の復権であれば当然であるが，軍団の分立や拒否権 intercessio のパラデイクマはこれを秘かな資源としたと思われる．とはいえ，Fabii は curia をそのまま領域に降ろすことなど全く考えない．ここでは古い動機が持続する．都市中心の抽象

的な空間に着地させるのである．300人の senatores が今や機関として patres を演ずる[6]．政治的空間を分節するのである．curia と senatus の関係はもちろん初めから一義的ではない．10人の senatores がそれぞれ各 curia の代表であるわけではない．しかしながら imperium 保持者が欠けたとき，comitia curiata に imperium が戻ってくるのは当然としても，それは言わば corpus であり animus を欠くから，到底 imperium を行使しえない．そのときどうするか．周知のように "auspicia ad patres redeunt" (Cic. De leg. III, 3, 9 etc.) ということになり，interregnum を senatores が10人ずつ次々に行う．senatus と "curia"（「元老院会議場」）の語の上の連関も顕著である．以上のことは，imperium と auctoritas の関係をもよく説明する．imperium は言わば地上において100パーセントであり，遮られることのない公権力である．しかし判断 (auctoritas) は全面的に都市中心の抽象空間に座る合議体に依存するのである．或いは，直接的に手足を動かす意思でない，上位の方向付けである．

curia が宙に浮いたままであるとすると，領域はどうなるか．よく結束した領域の横断的結合体の存在はとうに排除されていたとしても，もう少し政治的な，種類物の分配や諸々の編成の単位となる，そうした領域の組織もまた今や拒否される．Coriolanus の運命と Cremera の悲劇である．では無か．替わりに curia と完全に切れた21の tribus が置かれる．しかしこれは実質 tribus そのもの（少なくともギリシャ流 phylai）の解体である．何故ならば各 tribus は各々直接都市中心から領域に組織を伸ばす．しかもその編成原理は大規模な clientela を含む擬似 gens 組織，すなわち agnatique な神話的ジェネアロジーで結ばれた集団，なのである．初期の tribus は全て有力 gentes 名を冠し，そして今日都市中心から放射状に伸びるまとまった空間であると推測されるのは当然である[7]．

〔7・7・1〕 大きな変動の推進力として，Latini 部族組織の大覚醒があったことはほぼ確かである．おそらくそれはそれ以前の時期における徹底的な部族組織破壊に対してバネを働かせるものであった．ということは，その破壊を推進した組織がその直前に支配的であったと想定させる．反部族組織を原理とする結合体が有ったと仮定しうる．無分節的な，軍事化の度合いの強い，組織である．あらゆる徴候から判断して，しかし Latini 部族組織がこの軍事組織に取って替わったという単純な事態があったのではない．Latini 部族組織が破壊され潜行した，これを或る形態の軍事組織が推進した，というだけで十分に複合的な現実である．前者は既に幾つかの段階を経てパラデイクマを蓄積していたはずであり，その結果複雑に分化

した意識を有する人々を保持し，また破壊されるときに鋭い緊張の中でその分化は研ぎ澄まされ，そうした意識は様々な対抗的な「理論的」純粋型としててんでに潜行していったかもしれない．対する軍事組織とて同様である．そこでも人々は多くの異なった出自と意識を潜在させていたはずである．変動は，両方の側の人々の幅広い連動によって生じた．可能な限り多様な分子の協同によって達成された，と考えられる．それは性質上，中心の軍事組織が本格的に（つまり複雑な制度に媒介されて）テリトリーとの関係を持つということであり，自ずからつまり「何らかの部族組織」を志向することになる．しかしその具体的含意は極度に多様で対抗的であった．

〔7・7・2〕 再生産装置としての身分制の中核が gens という概念であることは疑いない．これが〈分節〉頂点の再生産を保障するのである．しかしすると，その gens には頂点が有り，それが patres と同義かという問題が生ずる．そもそも gens 自体につき，学説は争うが，共和初期以降の体制として，Mommsen の否定説に与して積極的に gens 内部の水平組織性を主張する De Francisci, *Primordia*, p. 178ss. が説得的である．つまり gens の概念は一義的でも，その頂点は遠い祖先のところにヴァーチャルに置かれるから，現実の頂点は複数存在しうる．この中から patres を再度選び直さなければならない．senatus はこの点と深く関わる．

〔7・7・3〕 Magdelain, *Recherches sur l' "imperium"*, p. 30sqq. は，幾つかのテクストが lex curiata を王政期に遡らせるのは誤りとし，王達は acclamation によって端的に軍事的な性質の正統性を得ていたと考える．選挙は secessio による tribuni plebis 選出がモデルとなり，これを annalité が制限するときに lex curiata が出来上がった，という経過を再構成する．M. Ducos, *Les Romains et la loi. Recheches sur les rapports de la philosophie grecque et de la tradition à la fin de la République*, Paris, 1984, p. 84sqq. はこれを踏襲しつつ「populus の実質的裁可」を 5 世紀後半に下げる．

〔7・7・4〕 既述の lex curiata de imperio の（儀礼的）ステータスが定まったのもこの時と考えられる．翻って見れば，そもそも，部族連合が部族連合横断的な軍事化をなしとげるときに部族連合拠点の神殿で軍事組織が形成される，というメカニズムが存在する．これはまた，部族形成神話に織り込まれているパラデイクマを再現実化して王権を概念するメカニズムと同型である．つまり moitié 原理である．ローマを拠点として結集した新しい集団がこれに着目し，そのために部族同盟を利用したことは疑いない．彼らはしかし，同じメカニズムを異なる方向に働かせる．元来のメカニズムは部族の深い基本原理に根ざしているため，暦によってこの軍事化は規律され，あくまで臨時的なものにとどまる．しかも元来重大な軍事的危機にしか現実化しないのである．ところがローマは，このメカニズムを毎年規則的に働かせるばかりか，常に現実化させることとし，しかも部族形成神話におけるポトラッチの要因をも現実化して復元し，moitié の武装集団が二つに分かれて決戦をしたその勝者のリーダーに全権が委ねられるのである．もちろん，そもそも現実の Latini 部族組織の復活に飽き足りないこと自体ギリシャからの影響である．意識の変化は争い難い段階に至っている．「決戦」を別方向に儀礼化し直し，これに政治的含意を与えることは彼らには容易であったに違いない．こうして curia を基盤に「選挙」が行われる．comitia curiata による imperium 付与，lex curiata de imperio の原型である．選ばれるのは少なくとも後の目から見て dictator である．しかし政務官制度（magistratus）の原型，そして annalité，はこうしてその一歩を踏み出す．ディアレクティカのみがもたらしうる大きな一歩であり，その最も重要な痕跡は Romulus-Tatius〈神話〉に見られる．これはまた Alba-Roma 間分節に関する Horatius 伝承の或る部分をヴァリアントとする．なおかつ事態は三転する．regia の軍事組織，これに対する secessio，ここから centuria 制が主導権を握り，一旦部族と curia は後景に退く．しかし

Sp. Cassius の存在が有り，そして Fabii はこれを切り捨てると同時に返す刀で curia を吸収し，なおかつこれを骨抜きにして儀礼化し，二重の制度を構築したのである．

〔7・7・5〕　もちろん単純な moitié と首長制パラデイクマからは「1」しか出て来ない．Romulus と Tatius のどちらかが勝つのである．それを共存にもたらすディアレクティカについては既に触れたが，一旦 centuria に本当に軍事化が移行し，curia が儀礼的な存在になったこと，これと同一でなく，しかも重なるようにして，もう一つ軍団が分立することが現に起こったこと，が collégialité 成立の要因であったと考えられる．

〔7・7・6〕　300 の背後にはかくして「2」が盛んに見え隠れする．Liv. I, 17, 5ff. は「Romulus の 100 人の senatores」を言うが，DH, II, 47 は Tatius によって早くも 100+100=200 人となった（ただし 100+50 説あり）と述べ，II, 57 は彼ら新旧 100 人ずつが 10 人を単位に interregnum を行って Numa を選出した，とする．Cic. Rep. II, 20, 35 は 150+150=300 人説であり，Liv. I, 35 の Tarquinius Priscus による増員は 100+100（gentes minores）であるように見える．II, 1, 10 は共和元年にさらなる増員で 300 となったとするようである．以上の全てには，部族下部単位 segment 毎に首長を束ねる gerousia の如き形態を moitié 化しようというモティフが存在する．しかし，「3」の背後に「2」が透けて見えるということは，「2」を「3」にもたらそうとする強い動機が働き直したということでもある．そもそも（tribus についてか centuriae equitum についてか分かれるが）Romulus と Tatius に対応する Ramnenses と Titienses に由来のはっきりしない Luceres が加えられたとされるのである．P. Willems *Le sénat de la république romaine. Sa composition et ses attributions, I,* Louvain, 1878, p. 22 は 300 をそれぞれ Romulus/Latini, Tatius/Sabini, Tullus Hostilius/Albani 100 ずつとする．いずれにせよ最終は 300 人である．Th. Mommsen, *Römisches Staatsrecht,* III, 2, Berlin, 1888, S. 846f. は最後の共和元年の「補充」は 300 に対する欠員を plebs が埋めたと解する．「3」への大きな力は 19 世紀の学説を支配し，そこで全てを整理させるが，元来の方向へ引き戻そうとする時に「3」が純化して現れるのである（Liv. I, 30 と DH, II, 29 の Alba からの senatores 受け入れはこの動きのエコーである）．しかも，Fabii の政治的パラデイクマにおいて「2」自体が大きな比重を占めたとすると，「3」はもう一度 Sp. Cassius とともに警戒され，「2」でも「3」でもありうる「300」は慎重に選択されたはずである．まさにこのズレは patres/senatores のズレと深く関係する．Mommsen, *Römisches Staatsrecht,* III, 2, S. 836ff. のように conscripti を plebs とすることは既に述べたように Momigliano によって完全に克服された．しかし問題は何故二元性を senatus 内に残すかである．由来につき様々なヴァージョンが繁茂したとして，imperium/patres の核が存在する点は Momigliano の主張する通りである．しかしそれはかつてそうだったというのでなく（そのように説明されるが），「2」と moitié と鋭い〈分節〉頂点の並立を一方に，「3」と賢慮と合議体を他方に，対抗的に概念することによってのみ senatus が成り立つからではないか．

〔7・7・7〕　L. R. Taylor, *The Voting Districts of the Roman Republic,* Roma, 1960, p. 6 ; 35ff. 21 tribus のうち tribus urbana を除く 17 の位置が精密に考証される．Clustumina を除く全てが gens 名を帯びて放射状に分布する，と彼女は推測する．34 頁の地図が雄弁である．しかし Liv. の tribus Claudia 追加記事や 21 tribus 設定の記事から王政期に tribus rustica が存在したとする点は賛成できない．Servius Tullius の tribus の意義については既に述べた．他方，Latini 部族組織のそのままの残存を遅くまで認める Alföldi, *Early Rome and the Latins,* p. 304ff. が tribus gentilicia の共和初成立に懐疑的なのは当然であるが，逆の誤りである．

7・8

　ギリシャではディアレクティカを多くの人々が共有し，都市中心の儀礼的空間で一層厳密に文字通り〈分節〉が達成され政治が行われるとはいえ，領域でも人々はディアレクティカをし，また別途そこで〈分節〉的関係を築くためのディアレクティカも発達する．しかし以上に見たように，ローマでは領域の人々がディアレクティカを共有すること，とりわけ独自のディアレクティカと〈分節〉的関係を構築すること，は排除される．これが何故なのかは難しい問題であるが，デモクラシーの先行を前にして，複合的な関係をいきなり受容すれば政治そのものがなし崩しになると考えられたためかもしれない．或いはまた単純に，ギリシャ風のディアレクティカの全面的展開の余裕を持ちえなかったのかもしれない．いずれにせよ，都市中心の儀礼という一点で体制が支えられることになる．もちろんその儀礼を支えるに足るディアレクティカは共有される．しかし共有の範囲はFabiiのLupercaliaのように身分制と一致する[1]．そればかりか，Fabiiの都市中心—領域間混同が諫められたように，都市中心におけるディアレクティカ＝儀礼構築の外側におけるディアレクティカ＝儀礼は積極的に排除されるから，領域においては却って極度の軍事化が達成される．都市中心のディアレクティカ＝儀礼は間接的な効果しか持ちえない．そして，間接的故に却って〈分節〉集団間の実力衝突の緊張は全体の〈分節〉体制を補強する．都市中心では人々は素知らぬ顔をして儀礼に同意するのである．すると，さらなる効果として，ディアレクティカを意識して儀礼を成り立たせる，のは彼らの意識の極めて部分的な作業となる．否，やがて儀礼にさえ従えば後は何も問われない，ということになる．儀礼はパラデイクマの厳密な再現であり，大いに機械的である．時空も厳密に限定される．そしてその外はディアレクティカから開放され[2]，大いに「自由」ということになり，しかもこれが〈分節〉システムを助長すると考えられ始めるのである．儀礼のみが政治システムを支えるということは決してネガティヴなことでなく，むしろ儀礼の厳密さを以て支える，政治システムからの逸脱は一義的になるということである，と捉えられ始める．誰の目にも顕著なローマ共和政の特徴，そしてexemplumの絶大な比重，は実は形成間もない領域の性質に基づく．

共和初年から神殿建設を軸として都市中心が物理的に形成されたことは疑いない．それはそれ以前の擬似的な都市中心を一掃して改変するものであった．さらに，領域の形成と都市中心の形成は厳格な方式によって関連付けられた．つまり，枝分節結節点の破壊に伴う蓄蔵財の奪取から始まって，大会戦によるテリトリーの確保，この時の神殿奉納誓約，領域の構築のための穀物買い付けと穀物分配，その一部分を神々に取り除けることを通じて都市中心の形成に還元すること，等々は儀礼によってコントロールされたのである．否，物的装置としての都市中心自体，儀礼的性質のものである．そこにそのとおりに実現されていなければならない．物体によって成り立っているのである．そしてこの都市中心の物的空間の内部で政治的パラデイクマが全く再現的に働く（墨守される）．その通りに実現される，その意味で制度となる．もちろんローマにおいても，儀礼としての政治的パラデイクマが議論の対象となったとき，水面下のディアレクティカが全く意識されなかったのではない．そうでなければわれわれに辛うじて伝わって来ているあのヴァージョン対抗群が存在しえなかったであろう．しかしながら同時に，そのヴァージョン対抗群が一個のジャンルとして儀礼から独立に発展した，という痕跡は極めて乏しいのである．すると，果たして儀礼抜きに，儀礼を忘れたとしても，なおそのディアレクティカは継続され・かつ政治が存立し続けたか，というとそれは極めて覚束ないのである．人々の意識を広く摑み・都市中心や儀礼の装置を破壊されたとしてもなおかつすぐに立ち直りえた，だろうか．ギリシャにおいても政治的空間を画すために儀礼は不可欠であった．しかしそれに比べて相対的にローマでは儀礼は政治的パラデイクマそのものであり[3]，かくして少なくとも一層大きい程度において生命線なのである．

　その儀礼を保持するために，ローマでは神官団の存在が不可欠とされる．何故ならば，儀礼外の空間に居る人々が儀礼を基礎付ける観念体系を完全には装備しないことを想定すると，これらの人々が儀礼空間を侵害するかもしれないという危険に備えて，儀礼空間を現実に占拠してこれを「体現」する具体的な人々がいなければならない．身体の儀礼性によって保障を行う人を決定しておかなくてはならない．しかも政治システムの原理からして聖職者身分の形成を排除しなければならない．こうした集団の設立もまた Fabii が政治的パラデイ

クマを固めた時期のことであったと考えられる[4]．既に述べたように，主ヴァージョンにおいて全て Numa に帰せしめられるからである．中軸を構成するのは Flamen である[5]．就任しうるのは patrici に限られ，幾つものタブーによって縛られる．中で際立つのは都市中心を離れてはならないとするものであり，軍事化にも触れてはならない．死と触れてはならないのはネクロポリスが城壁外になければならないのと同じことである．都市中心の政治的階層たる patrici ないし patres もまた軍指揮官として出て行くときがある．しかし全員が出てしまったらどうなってしまうだろうか．就任者は最も儀礼的な confarreatio という婚姻によらなければならず，この婚姻儀礼自体 Flamines が司る．決して領域の分子と交わらない部分を都市中心の政治的階層の中に最後まで残そうとするのである．Flamen Dialis, Flamen Martialis, Flamen Quirinalis はそれぞれ Iuppiter, Mars, Quirinus という都市中心の中の最も中枢の部分を占拠する神々と相対的に濃い関係を有し，自分を縛りながら，しかも相互に他と儀礼を交換する．

　彼らが儀礼固有の空間に拠って立つとすると，これと儀礼外の空間との間に仲裁的な権力を樹立するのが（既に示唆したように）pontifex maximus であり，儀礼空間内では劣位でありながら，結局神官団全体を規律する[6]．augures の記号操作は，政治的パラデイクマを他から画するというばかりか，そもそもその全体を無効にしうる．パラデイクマ本体の全体が儀礼と捉えられているからである．すると，或る政治手続が遵守されたかどうかは，まさに神官達の視点から一定の外形に適っているかどうかのみの問題となる．人々がその手続の精神を心から共有しているかどうかは問われないのである．心理留保は言わば予定されている．それ以上を求めないのがローマの政治システムの特徴である．

　以上のような体制は，テリトリー上の人的組織の〈分節〉を基盤としているとはいえ，それとして極めて特殊である．ギリシャと同じように政治的階層は形成される．〈分節〉単位諸頂点である．これがそれぞれ領域を直接・無分節に支配してそこに枝分節の結節点が無いのが理想に見える．この点でローマの体制は理想であり，むしろギリシャの領域の組織に近いように見える．しかし実際にはこの体制は首長連合と大差ない．そして政治システムは明らかに頂点協調体制や談合システムとは違う．政治的空間に意識を置くときと，領域に関

わる意識を作動させるときを，うまく使い分けることができればよいが，実際にはそれは極めて難しい．領域に向かって人的組織を動かすときに秘かに枝分節の原理が浸透し，これが政治空間にも逆流してくる．無分節と枝分節の相互流動は極めて容易である．ギリシャではこのためにシステムを二重にした．領域に直接関わらない政治的階層と，ミニマムな単位を作って隙間を極小化した分子の結合体．領域を直ちにはコントロールしえないが純粋に政治的な思考をしうる階層と，領域の上で思考することから脱しえないがそれでもよく水平的に結合し枝分節のメンタリティーを克服している階層．両者の間の鋭い緊張関係．この部分の装置が無いと〈分節〉システムは実現困難と考えられる．

しかるに，今ローマ共和初期の領域の上に立ってみると，このような装置なしにそこへ放り出された気持になるであろう．周囲の人々は果たして〈分節〉体制を支えるディアレクティカを共有し合っているであろうか．Hesiodos も *Odysseia* も無いのではないか．互いに自由と独立を尊重しつつ・しかしそれが脅かされるときには固く連帯するあの横断的組織を創る方向は葬り去られたのではないか．確かに〈分節〉体制には服している．しかしそれは都市中心に頂点を持つ個々の〈分節〉集団相互の激突に際して，その頂点のために体を張る，という一点においてのみではないか．その時だけ，その頂点のために人々は団結する．しかしその線を越えて[7]横断的に繋がるという動機が無ければ，たとえ団結の瞬間似たような気分になったとしても，それは自由な連帯には程遠く，そこにもまた端的に政治が有る，とは言えないであろう．

この問題は意識されたと考えられる．というのも，人々は Coriolanus 伝承を有し，そして Latinus 伝承をその一部とする，からである．A-a1-a2-a3……/B-b1-b2-b3……の〈分節〉体制で，A-a1-a2-a3……のところに支配従属関係が発生しない，A が領域のメンタリティーにいきなり浸潤されることがない，ことを保障するのはここでは唯一 A-a1-a2-a3……の連帯の一体性である．リーダーを中心としスクラムを組むように．Cremera はその輝ける極点である．その内実 a1-a2-a3……のところを tribus というより moitié が充足したであろう．しかし phratria が出来てさえ困ったであろうから，それも置き去りにされる．逆に軍事編成の方へは容易に転換され，そこでは phratria の方向が再び芽生えたであろう．次の段階への変動の決定的な資源でさえあったかもしれ

7 Coriolanus，そして共和革命の帰結

ない．

　いずれにしても，ここでも〈分節〉頂点の合議体は全てでなく，patres/senatus は議論をして決定をするが，これは高々 probouleusis にすぎず，通常は consultum 勧告であり，a1-a2-a3……を含む全体，comitia 民会，による批准を要する．comitia の決定の一つに imperium の付与が有る．その再現実化されたポトラッチ儀礼において，政治的支持の関係は事実上固定的であるが，元来は自由に結合したものであり，信義 fides のみによっている．échange は否定される．こうした関係のみが辛うじてローマ共和政を政治システムたらしめているのである．

　それでも，再三繰り返し述べるようにこの政治システムは特殊であり，したがって限界が有り，と同時にここから全く新しい創造性が生まれる．

〔7・8・1〕 Mitchell, *Patricians and Plebeians*, p. 64ff. は，"Patrici" の政治的階層としての実体を否定し，senatus もろとも全面的に祭祀機能に限定する．このとき curia が鍵と考えられたことは当然である．つまり既述の軍事的機能以外はこの空虚な作用が残るのみというのである．存外伝承の出方に忠実である反面，それを歴史像に短絡させた．

〔7・8・2〕 こうしてわれわれは議論の出発点，D. H. のテクスト，ギリシャ＝ローマ間の「神々のジェネアロジー」発達の差異，に戻る．3 世紀以降のローマは儀礼を儀礼とのみ捉え étiologie にすら警戒してこれを禁圧する，というのは P. Borgeaud, Quelques remarques sur la mythologie divine à Rome, à propos de Denys d'Halicarnasse (Ant. Rom. 2., 18-20), dans: Graf, *Mythos in mythenloser Gesellschaft*, S. 175ff. の的確な分析であるが，外来の祭祀つまり領域に関わる祭祀にのみこの禁忌が関わるということを看過すべきではない．「脱神話性」はディアレクティカのあくまで部分的な欠如に対応する．そして脱ディアレクティカの動機を含むからギリシャに対して独自の意義を主張することも的はずれでないが，それはあくまで「脱神話」の正反対の「脱ディアレクティカ」である．なおかつ「普通の神話」に戻るのでは到底無い．ギリシャ型の〈神話〉つまりディアレクティカを通過さえしているのである．

〔7・8・3〕 極めて重要な点であり，古くから気付かれてきたことであるが，しかし何か儀礼が魔術的な力を持ってそれ自身例えば権力や軍事化をコントロールしうるかのような幼稚な論述が今更のように儀礼の意義に気付いたドイツ語圏の研究に目立つ（例えば Rüpke, *Domi militiae* など）．水面下で働いている étiologie におけるディアレクティカを決して見逃してはならない．しかるに，こうした研究は儀礼ばかり羅列して étiologie には触れもしない．

〔7・8・4〕 今のところこの点を端的に論証する材料を持たない．もちろん，ex nihilo に Fabii が創設したというのではない．あらためて I-3, 4 で見たようなパラデイクマの儀礼化公式ヴァージョンがこのころに固まったのではないかと思われるのみである．それは暦にプロットする試みであったと思われる．しかもなお（少なくともディアクロニクな）ヴァージョン対抗に今後開かれていく．Romulus の死から Poplifugia と Regifugia の祭礼が発達し政治的パラデイクマを画する重要な役割を果たしたとしても，共和末には起源と日付をも含めて諸ヴァージョンが対抗するのである．当該年の神官団にとって儀礼の一義性故に一個のヴァージョンのみが妥当する，というにとどまる．いずれにせよ，われわれの論考の観点からローマ

宗教史を書き直すことは今後の課題である．現在の標準的な言説は，ローマの政治システムの特殊性を度外視していきなり個性を摑もうとし，このときそれぞれの宗教観・宗教学が端的に持ち込まれる．古典的には共同体の構成員たるはこの宗教の共有によった式のものである．こうした点に限界の中で最も禁欲的な Wissowa（実証主義）が最も依拠するに足る所以である．

〔7・8・5〕　依然，Wissowa, *Religion und Kultus,* S. 504ff. が最も優れる．

〔7・8・6〕　これについても Wissowa, *Religion und Kultus,* S. 509ff. の古典的記述に依拠しうる．とりわけ pontifex 団内部と対外的関係の識別に繊細な感覚を示す．

〔7・8・7〕　却ってこの結合は端的に犯罪であるということになる．領域にそのまま伸びた〈分節〉線を蹂躙することになるから．Sp. Cassius に対して向けられた訴因はこれである．

Excursus　考古学的徴表

exc·0

　ここまでわれわれは，パラデイクマが記憶されその様々なヴァージョンが言語によって画されかつ書かれた，その痕跡を扱ってきた．その中にはパラデイクマが現実に再現され，それがパラデイクマとなったり，或いは儀礼として再現されたり，或いはまた現実に再現されたものが次に儀礼として繰り返されたり，といったレヴェルの事象を検討してきた．exemplum や儀礼の占める比重がギリシャに比して圧倒的に大きいという特徴についても述べた．

　パラデイクマが現実に再現されたとき，それは地表面に何らかの痕跡を残す．テリトリー上の問題を巡って人々が動くときにそれは特に重要であることがあり，その痕跡の保存自体が人々のテリトリー上の動きを規定するように意図される．それがそのまま物的に再現されているのであるから，そして空間において排他的一義的であるから，儀礼と同じである．物的儀礼という言葉すら用いうる．儀礼においても空間の一義性は決定的な要因であった．逆に言えば儀礼によってでなければ空間は一義的に画しえない．

　exemplum の思考が多少とも存在すれば，そして空間の一義性（都市と領域，領域の区分，の articulation の先鋭さ）への関心が強ければ，物的儀礼の保存や探求が熱心に行われることは自明である．ローマ都市中心が物的儀礼の巨大な集積体と捉えられたことは言うまでもない．紀元前2世紀以降の古事学的探求の発展は多くのテクストを生み，遺されたもののうち極一部についてはわれわれも見てきた．

　序で述べたように人文主義後の知的状況の中で同種の関心が復活する．その

上をさらにその後覆ったものを剝がしてローマの物的儀礼を探求することが開始される．その後も多くの曲折を経て，19世紀後半には「起源探求」の運動の中でこうした探求はピークに到達し，現在に至るまでこのピークは高原状に持続しているとさえ考えられる[1]．

同種の探求を通じて共和革命にアプローチすることはもちろん不可欠であり，近年はテクストの分析に完全に取って替わったとさえ言うことができる[2]．しかもなお，少なくともこの共和革命の社会構造を探求しなければ到底占有概念が形成されるときの社会構造を突き止めえないのである．その上，われわれの社会構造の定義自体にテリトリーへの関心は内在している．地表面上の痕跡に無関心であるわけにはいかない．占有概念自体この関心を深く共有しているはずである．

もっとも，われわれは発掘自体に目標を有するわけでは全くないし，発掘の手段を持つわけでもない．発掘者がその結果を言語によって記したところを再解釈する以外にない．ところが，当然その再解釈は批判・吟味を要求する．特に，歴史学的解釈，それも恣意的なそれ，を未分節に含んでいるからである．つまり，その物的儀礼をその現実化形態とするところのパラデイクマを再構成し，多くの場合そこにsyntagmatiqueな関連（続きの因果関係）を想像し，このときにテクストによって伝わるパラデイクマをそこにそのまま当てはめるのである．住居が焼かれた痕跡があれば伝承上のどの王の征服の結果かということが論ぜられる．こうしてテリトリー上の痕跡をその固有の特徴において厳密に分析するということはしばしば行われない．しかも発掘報告自体がこうした思考に汚染されるのである．

このように切れ切れに出来事と対応させるアプローチが克服される場合にも，それこそ地を這うHekataios以来のsyntagmatismeが誤解され，様々な「理論的な」因果連鎖によって解釈することが時々の「最新の」方法とされてきた．土器の形態，とりわけ葬送儀礼，の変化や分布は人の集団の移動（民族分布，民族移動，版図拡大等）によって説明されてきた．19世紀前半のドイツに始まるこの方法[3]は極最近まで克服されず猛威を振るい，人種理論と結び付いた暗い歴史を持つ[4]．Dionysios等のethnos移動史観の起源には，部族形成神話の原点の他にギリシャ・デモクラシー期の領域再編問題が有ることについては

既に述べた[5]が，これらが致命的な形態で利用されたことになる．単純な文化史ないし美術史的アプローチを除くと，次に大きな力を持ったのは，社会学的，社会経済史的，アプローチである．今日に至るまで支配的でさえある．副葬品から社会の経済的発達度合いや貧富の差，階層分化，男女格差，に至るまでを論ずるのである[6]．しかし，貧しくとも墓は豪華にするかもしれず，豊かでも墓は貧しく作るかもしれないから，直ちに批判が現れる．社会学的アプローチの一変種として死生観や権力間などのイデオロギー分析をし，このとき図像学を用いる，ことが行われる[7]．

　これらはいずれもしかし因果連鎖思考を有する点で共通している．もちろん「民族移動」アプローチと最新の図像分析を同列には扱えない．後者では注意深く物的痕跡それ自体の上における脈絡が検討される．言わば pragmatics である．それでも，柱となる観点は何か別に必要である．それはまさにテリトリーであり，実は 1960 年代にイタリアの歴史学・考古学，特に南イタリアの所謂 Magna Graecia つまりギリシャ植民都市，とりわけ領域と後背地の探求，において初めてその問題は提起された[8]．これは 1980 年台まで現場の考古学者を大きく鼓吹し，優れた発掘報告が相次いだ．この論考はあらゆる意味においてこの問題提起の系譜を引く．アルカイック期のローマとその周辺，そして Etruria，に関する考古学もこの研究動向において先端を行くものであった．こうして，この論考の問題関心と多量の発掘報告はよく調和してしかるべきであるように見える．

　にもかかわらず，やはり考古学的データの扱いは到底簡単ではない．第一に，考古学の状況は常に不安定で，たとえば領域の組織的な発掘を継続的に遂行することは極めて困難である．或る時期に若干でもこれが目指されたこと自体が奇跡のように思える．60 年代の問題提起の強烈さが理解できる．1990 年前後から逆に急速に後退していったことは必ずしも驚くに値しないであろう．第二に，有効な理論的装備を持ち始めた考古学自体が極めて図式的に歴史像を全く独自に組み立てるようになった．このときにあれだけ警戒されたはずの単純な文献史料の適用が甦ったのである．それがいつの間にか「Romulus は実在した」風のセンセーションに化ける[9]危険性に対して十分に防備されていなかった．第三に，既存の社会人類学モデルをストレートに適用する考古学一般の新

しい動向が外から直接的に流入するようになった．考古学が社会学と同根で古事学の正負の遺産を引きずることについての省察の欠如である．第四に，そればかりか，ギリシャ・ローマ史学自体の退潮を如実に反映する．われわれにとってギリシャ・ローマ社会が有した鋭い批判機能については序で見てきたところであるが，これは常に歴史認識の革新を前提していたし，何よりも Critique を通じて深くその社会の奥に分け入ることを要請した．この Critique が大きく後退し，細かい史料批判を要する共和政期の歴史自体が書かれなくなる，ないし書かれても往年の少し素朴なあの職人的なレヴェルの史料批判すら行われなくなる，とすると，考古学がかつての蒐集趣味に戻ったとしてさえ不思議はない．そのような歴史学にとっても，同様の考古学にとっても，帝政期のローマは格好の素材である．

以下でわれわれは，われわれの共和革命像を支えるかどうか，という関心に基づいて考古学的データ，すなわち諸々の発掘報告やその総括，を全くそれ自体として分析する．われわれの関心についてはこれまで繰り返し述べてきたところであり，神殿，葬送儀礼，王宮，住居，城壁，蓄蔵財，図像，についての具体的な解釈基準も既に明らかにした．テリトリーへの関心は一層注意深くなければならない．これまでのテクストの分析がローマの領域に何か異質のものが認められることを示唆するからである．このため，ギリシャ都市，その後背地，とりわけ Magna Graecia のそれ，との比較は鍵となる．

〔exc・0・1〕 A. Schnapp, *La conquête du passé. Aux origines de l'archéologie*, Paris, 1993.
〔exc・0・2〕 例えば Momigliano et al., edd., *Storia di Roma, 1* の所収の論文を見よ．M. Torelli, Le popolazioni dell'Italia antica: società e forme del potere; F. Coarelli, I santuari, il fiume, gli empori; C. Ampolo, La nascita della città; Id., La città riformata e l'organizzazione centuriata. Lo spazio, il tempo, il sacro nella nuova realtà urbana; M. Torelli, Dalle aristocrazie gentilizie alla nascita della plebe と，考古学者の論文が続く．もちろん考古学者の方が現在は一層社会構造に対して敏感であるから，歓迎すべきことであり，これらの論者は，多かれ少なかれ Momigliano や Lepore の影響を受けているが，他面では，例えば A. Cristofani, ed., *La grande Roma dei Tarquinii*, Roma, 1990 のように，物的装置痕跡に対する曖昧な評価と，版図としてしか把握しない「政治権力の成立」，を組み合わせる思考も次第に復活してきている．復活というのは，この展覧会のスローガンがファシズム期のものであるからである．M. Pallottino はこのスローガンと結び付く代表的な学者であり，弟子達を通じて大きな影響力を有した．彼らは幸い新しい水準を獲得していったが，それでも遺産はゼロではない．
〔exc・0・3〕 序で述べたように，K. O. Müller, *Die Dorier*, 1824 が象徴的である．
〔exc・0・4〕 Ed. Will, *Doriens et Ioniens. Essai sur la valeur du critère ethnique appliqué à l'étude de*

l'histoire et de la civilisation grecque, Paris, 1956 は，学説史を告発する記念碑的労作であり，同時に無根拠を徹底的に実証した．ethnos 中心史観を解体すべく，逆に伝承の ethnos タームの所以を探究し背後に社会構造を探るのが，E. Lepore, Ricerche sull'antico Epiro. Le origini storiche e gli interessi greci, Napoli, 1962 である．驚くべき先駆的研究であり，これを継ぐ者とてない．しかし考古学者達の ethnos タームを一掃するのに秘かに貢献した．A. Schnapp-Gourbeillon, L'invasion dorienne a-t-elle eu lieu ?, L'Histoire, 48, sept. 1982, p. 38sqq. は，こうした成果を歴史教育に還流させようとする試みである．

〔exc・0-5〕 POL IV-3-0; DEM, p. 446f.

〔exc・0-6〕 L. R. Binford, An Archaeological Perspective, New York, 1972; D. L. Clarke, Analytical Archaeology, London, 1978; I. Morris, Death Ritual and Social Structure in Classical Antiquity, Cambridge, 1992.

〔exc・0-7〕 この転換に際して特にイタリアで決定的な役割を果たしたのが Bianchi Bandinelli である．

〔exc・0-8〕 よく知られた転回点は，1967 年の Taranto の学会（Magna Graecia 研究）である．この時のテーマは "La città e il suo territorio" と題された．その中心に居たのが E. Lepore である．M. I. Finley, ed., Les problèmes de la terre, Paris, 1973 はそのエコーが大きな成果を生んだ例である．もっとも，これと並行してイギリスの考古学は独自にテリトリーにアプローチしており，先史時代研究一般においては 60 年代末からと言われるが，われわれの分野では既に 1960 年前後から Ward-Parkins 以下の人々の British School at Rome による Falerii-Veii 方面の大規模な地表面調査の伝統（後掲）を有し，T. W. Potter の重要な研究に帰結することになる．これと，Lepore の影響を受けた Torelli 以下の人々の，対話が 70 年代末から 80 年代にかけて実現した．Magna Graecia 方面では一層大きな展開があったことは言うまでもない．

〔exc・0-9〕 A. Carandini, La nascita di Roma. Dèi, Lari, eroi e uomini all'alba di una civiltà, Torino, 1997.

exc・1

まずよく知られた大前提は，イタリア半島一般において青銅器時代の考古学的痕跡が貧弱であるということである[1]．遠くオリエントやエジプトをも視野に入れれば劇的であるが，エーゲ海方面に比してもそうである．初期条件としての未発達は無視しえない．ミュケーナイ時代後のギリシャと比較しうるが，それに比しても一層単純である，ということになる．

この側面は，他方において半島全体で一様な痕跡が得られる，という別の角度からの印象によって補われる[2]．これも ex nihilo の社会形成にとって有利な条件である．

しかしながら変化と偏差が鉄器時代前期[3]に入ると多くの地点で明瞭になっていく，点で多くの観察が一致する．南イタリアまで含めて中で最も強烈であ

るのは，所謂 Villanoviani の登場である[4]．9世紀に，後に Etruria と呼ばれるようになる地帯を中心として，ポー河流域から Campania まで点々と分布する．9世紀，すなわちギリシャ植民都市の到来（鉄器時代後期）以前，に或る明確な形態を発展させえたことは少なからずその後の発展に影響を与えていく．この人々は，相対的に確固たる様式の壺による火葬儀礼を持っていて，テリトリー上の痕跡がその前，青銅器時代末期の Protovillanoviani[5]に比して安定的で堅固である[6]．しかも，興味深いことに，それは複合型の集住を窺わせる．つまり数キロ隔てて数個のネクロポリスが緩やかにクラスターをなすのである[7]．明らかに相互の関連において互いにその拠点を保存し合っている．おそらく，部族単位内の第二次部族単位（segment）が比較的に永続性を保ち，固定的に捉えられたのである．すると，その限りで，部族の構造は強さを保つことになる．逆に言えば，少なくとも部族大での首長制の発達を拒む構造が有る，ということである．

9世紀に Villanoviani が将来ギリシャ植民都市 Cumae の領域たるべき場所，Capua，に大きな拠点を持ったことは重要な意義を有する[8]．周辺が青銅器時代からの連続性を多かれ少なかれ有する考古学的痕跡を変化させながらも持続させるのと対照的で[9]，（後の）Paestum 郊外に位置する Pontecagnano[10]と並んで，島のような概観を呈する．

[exc・1・1] S. S. Lukesh, Italy and the Apennine culture, in : T. Hackens et al. edd., *Crossroads of the Mediterranean*, Providence, 1984, p. 13ff. ; A. M. Bietti Sestieri, Central and southern Italy in the late bronze age, *ibid.*, p. 55ff. ; R. R. Holloway, *The Archaeology of Early Rome and Latium*, London, 1994, p. 14.

[exc・1・2] B. d'Agostino, in : AA. VV., *Storia del Vallo di Diano, I*, Salerno, 1981, p. 63.

[exc・1・3] イタリア半島全体の青銅器時代や鉄器時代前期（＝都市登場以前，以来現在までが後期である）については，AA. VV., *Popoli e civiltà nell'Italia antica* [PCIA], I-IX, Roma, 1974-89 が大パノラマを与える．

[exc・1・4] M. Zuffa, La civiltà villanoviana, in : *PCIA, V*, Roma, 1976, p. 197ss. ; G. Bartoloni, *La cultura villanoviana. All'inizio della storia etrusca*, Roma, 1989.

[exc・1・5] M. A. Fugazzola Delpino, The Proto-Villanovian : A survey, in : D. Ridgway et al., edd., *Italy before the Romans. The Iron Age, Orientalizing and Etruscan Periods*, London, 1979, p. 31ff. ; M. Harari et al., edd., *Il protovillanoviano al di qua e al di là dell'Appennino*, Como, 2000．個別研究としては例えば，O. Toti et al., *La "civiltà protovillanoviana" dei Monti della Tolfa*, Civitavecchia, 1987 が精緻な発掘報告を提供する．

[exc・1・6] M. Torelli, *Storia degli Etruschi*, Roma-Bari, 1981, p. 37 は，広がりを確定しうる強い

"omogeneità" を強調する．「植民」を言わせるほどに，痕跡が一定なのである．それ自身，堅固さを意味する．なお，この時点で既にこれを何かの ethnos が北からやって来たことに帰せしめる考え方，つまり「Etrusci はどこから来たか」論争，は完全に清算されている．

[exc・1・7] Torelli, *Storia degli Etruschi*, p. 38 は "capillarità" と表現する．

[exc・1・8] E. Lepore, La Campania preromana, in : AA. VV., *Storia della Campania, I,* Napoli, 1978, p. 72s.

[exc・1・9] Capua の状況について，tombe a fossa について，両者間の対照について，B. D'Agostino, La civiltà del ferro nell'Italia meridionale e nella Sicilia, in : *PCIA, II,* Roma, 1974, p. 14ss. が基本である．Villanoviani の Campania プレゼンスは「Capua の Etrusci 起源」伝承との関係で論議を呼んだ．「Etrusci の植民」よりは「影響」の形でテーゼを維持する M. Frederiksen (最終的には The Etruscans in Campania, in : Ridgway et al., edd., *Italy before the Romans*, p. 280f.) と，E. Lepore, Le strutture economiche e sociali, in : AA. VV., *La campania fra il VI e il III secolo a. C.,* Galatina, 1992, p. 177 による留保が参照さるべきである．

[exc・1・10] B. D'Agostino et al., *Pontecagnano, II. La necropoli del Picentino, 1. Le tombe della Prima Età del Ferro,* Napoli, 1988 ; S. De Natale, *Pontecagnano, II. La necropoli di S. Antonio : Propr. ECI, 1. Tombe della Prima Età del Ferro,* Napoli, 1992. コントラストにつき，De Natale, p. 40 で確認することができる．B. D'Agostino, L'ideologia funeraria nell'età del ferro in Campania : Pontecagnano. Nascita di un potere di funzione stabile, in : G. Gnoli et al., edd., *La mort, les morts dans les sociétés anciennes,* Cambridge, 1982, p. 257ff. は (60 年代に発見されて注目されるようになった Pontecagnano のデータに関する暫定的な) まとめであると同時に (Lepore の影響を受けた) 理論的批判的省察の試みである．

exc・2

8 世紀に入ると，Villanoviani の主力は彼らの考古学的痕跡を変化させ始める．学説上 "precoloniale" と呼ばれる (既に見た Lefkandi 等を基地とした) échange の鎖がギリシャから伸びてきて，幾何学紋様式の壺を標識とする階層差が Villanoviani のネクロポリス内で始まる，と言われる[1]．やがてそこに，Campania で「その他」を構成した「竪穴式土葬墓」の系統を引く墓が混じるようになり[2]，様相が複雑化する．そしてその世紀の後半には，クラスターは多元性を希薄化させていき，それらが属する (たとえば) 一つのテラスの中心に何らか特異な空間を構築するようになる[3]．「Etrusci の都市化」と言われるものであるが，そうした解釈には重大な疑問が有る[4]．実際，部族第二次単位の緩やかな連繋体以上のものでないと考えられる．もっとも，このように，各第二次単位の拠点を散開させず，ネクロポリスに関する限り緩やかに集めてそこからテリトリーの占拠を各々行う，という形態は，特殊である．たとえそのテリトリーには第三次第四次の結び目が次々と有ったとしても，少なくとも一

つの審級で水平的関係が概念されているからである．しかもそれが今や空間上で制度化されたと見られる．

ちなみに，Etruria の南の，しかし Cumae の領域には間接的にも関わらない，空白地帯，後の Latium〔巻末地図1参照〕，は I Colli Albani を中心として極めて一般的なタイプの青銅器時代痕跡を検出させ，学説は，土器の様式から緩やかに認められる地域性を Latini の部族連合体の広がりと多かれ少なかれ同一と考えるためか，"la cultura laziale" と呼ぶ[5]．9世紀に鉄器時代に入る[6]と，I Colli Albani から下に「降りる」傾向が示され[7]，830-770 年の la cultura laziale IIB の時期になると竪穴式土葬墓（tomba a fossa）が主流となる[8]．後のローマ都市中心とその近傍も同様であり，そこにも幾つもの痕跡点が散開しているが，IIA から IIB の時期に関しては，かつて Foro のネクロポリスに続いて Esquilino に大規模なネクロポリスが発掘されたという研究史に規定されて二元構造（Latini-Sabini！）が想像され，そしてその sinecismo すら考えられた[9]．しかしローマが8世紀に Palatino/Foro と Esquilino に二元的な集落を持ったという解釈は現在では精密なクロノロジーが発達した結果否定され，むしろ Foro が Esquilino に取って替わられると考えるべきようである[10]．それでも，これを却って Etrusci 諸「都市」の形成とパラレルに考える傾向は残存している[11]．しかしながら，7世紀までを含めても，少なくとも Veii の典型例とは規模が異なる．枝分節の流動性（ひっくり返し合い）は多元的な拠点の入れ替わりや重なりをもたらすから，明確な空間的関係が無ければ Villanoviani と同列には論じえない．

さて7世紀に入ると，Tarquinia や Vulci 等の代表的な Etrusci 諸「都市」はその空間的相貌を一新させる[12]．典型はこの時期に彗星のように現れる Caere である．つまり，Villanoviani のネクロポリス複合体が，今や単一化され，そして何とそれが都市計画されるのである．そしてその墓は一つ一つ圧倒的に monumentalize される．かわりに住居群，まして神殿，の発達は限定される．われわれの観点からすると，しかしテリトリーとの基本関係は変更されていない．ただ，第二次部族単位であったものが，今や端的に首長であり，おそらく第三次第四次レヴェルに下降し，数が増えた，のである．奇妙なことにそれらが部族的関係を保つ．このことは，これら「都市」の構造が有する対ギリ

シャ都市偏差（神殿の多元性や空間の解放等の欠如）からも言えるが，とりわけ領域の副次的痕跡の多様性から言うことができる[13].

問題はこの時期の Capua である．必ずしもよく知られないが，徴表が乏しいということ自体からして，少なくとも中心的な Etrusci 諸「都市」と同等の発展をしないようである[14]．それでも Campania の内陸部[15]が広く「Etrusci の分布域」とされ，かつて諸学説によって彼らの「植民」が概念されていた，ほどに Etruria 諸都市との深い繋がりは保たれていた．つまり，Cumae のギリシャ都市[16]に大いに抗していたことになる[17].

以上の状況は，ヨリ小さい程度においてわれわれの Latium についても言えるかもしれない．ここではとりわけ la cultura laziale IVA (730-630) ないし IVB (630-580) の時期において，Praeneste[18], Osteria dell'Osa[19], Castel di Decima[20], Acqua Acetosa Laurentina[21], 等[22]に集住点と階層差付ネクロポリスと首長墓 (tumulo, tomba a camera) が現れて，戦士たる副葬品や，女性墓の豊かな装飾品，を発掘させる［巻末地図2参照］．

[exc・2・1]　Torelli, *Storia degli Etruschi*, p. 49ss. Lefkandi 等については既に触れた (POL, p. 327).

[exc・2・2]　Torelli, *Storia degli Etruschi*, p. 55 における Torelli の観察．Veii のネクロポリス Quattro Fontanili において8世紀の後半だけで土葬墓が火葬墓の通算に対してさえ7倍となる．

[exc・2・3]　P. Gros, M. Torelli, *Storia dell'urbanistica. Il mondo romano*, Roma-Bari, 1988. p. 10ss. における Tarquinia と Veii に関する記述が最も優れる．次の orientalizzante の時期との中間のこの段階は Tarquinia ではヨリ目立たず，Veii において（分散形態が遅くまで維持される分 "si presenta piuttosto articolata"）明確である．

[exc・2・4]　Torelli, *Storia degli Etruschi*, p. 105ss. に至ってなお，そのようなアプローチから脱却しえない．その結果，Etrusci の「都市」はゆっくりとした "sinecismo"（クラスターとして散開する集落の統一）によって形成される，というように曖昧なイメージになってしまう．そして Romulus の時代すなわち8世紀のローマでも都市建設が行われた，と伝承をそのまま肯定する有様になる．後述のようにこの時の Etrusci の拠点の動向とパラレルな或る動きが認められなくもないからである．しかしそのようにしていくと，凡そ都市というメルクマールを持つ意味が無くなる．また，それでもまだ擬似「都市」でしかない Veii の第二段の変化さえ分析できなくなる．H. D. Andersen, The archaeological evidence for the origin and development of the Etruscan city in the 7th to 6th century BC, in : Id. et al. edd., *Urbanization in the Mediterranean in the 9th to 6th Centuries BC*, Copenhagen, 1997, p. 343ff. のようにメルクマールに疑問を投げかける試みも，結局ギリシャとは全く別のものとして括ってしまうから，理論的意義が出て来ず，切ることができないため比較も難しくなる．なお，それまでの文献ないし「原都市化」を主張する発掘報告の経緯を含めて，B. d'Agostino, Considerazioni sugli inizi del processo di formazione della città etrusca, in : AA. VV., *L' incidenza dell'antico*, p. 315ss. が（見通しが得られないという結論において）有益である.

[exc・2・5]　さしあたり C. J. Smith, *Early Rome and Latium. Economy and Society c. 1000 to 500 BC*, Oxford, 1996, p. 37ff. 青銅器時代最末期，la cultura protovillanoviana の Latium におけるカウンターパートたる所謂 la cultura laziale I.

[exc・2・6]　研究の基礎を築いた労作の一つが P. G. Gierow, *The Iron Age Culture of Latium*, II, 1, Lund, 1964 ; I, Lund, 1966 である. それまでの Müller-Karpe の「様式のみ」＝「民族的同一性」の観点を更新した. 視野をイタリア半島全体に広げて捉える.「何々文化」と言い, 青銅器時代にまたがって "proto-" を付ける整理法は自明ではない.「火葬人」や「土葬人」などという人種が居るわけでもない. 現在では, AA. VV., *Civiltà del Lazio primitivo* [*CLP*], Roma, 1976 が各地点毎の情報を集積する基本書（元来は展覧会カタログ）である.

[exc・2・7]　さしあたり Smith, *Early Rome and Latium*, p. 50ff..

[exc・2・8]　"la tomba a fossa" という koine に関しては, cf. D'Agostino, La civiltà del ferro, in : AA. VV., *PCIA, II*.

[exc・2・9]　cf. Holloway, *The Archaeology*, p. 20ff. 上述の Carandini の極最近の混乱したテーゼはこれの延長線上に有る (Id., Variations sur le thème de Romulus. Réflexions après la parution de l'ouvrage *La nascita di Roma*, dans : M. Reddé et al., edd., *La naissance de la ville dans l'antiquité*, Paris, 2003, p. 15sqq. における Gabba 攻撃を参照).

[exc・2・10]　決定的であったのはここでもスウェーデン隊であり, E. Gjerstad, *Early Rome, I. Stratigraphical Researches in the Forum Romanum and along the Sacra Via*, Lund, 1953 は記念碑的であり, *II, 1, 2. The Tombs*, Lund, 1953, 56, *III. Fortifications, Domestic Architecture, Sanctuaries. Stratigraphic Excavations*, Lund, 1960, *IV, 1, 2. Synthesis of Archaeological Evidence*, Lund, 1966 と続く. ただし文献史料と付き合わせた V と VI は共和革命の年代を半世紀引き下げるもので, 今日支持されていない.

[exc・2・11]　Smith, *Early Rome and Latium*, p. 53. そればかりか, Palatino の方の発掘の進展は却って Romulus 伝承と端的な対応を求めるようになっている (cf. P. Pensabene et al., edd., *Scavi del Palatino I*, Roma, 2001, 10ss.). 共和期の神殿に断絶を隔てて前史が有ったということと, Romulus 伝承を「史実」として甦らせることの間には, 決定的な違いが有る.

[exc・2・12]　Torelli, *Storia degli Etruschi*, p. 112. しかしながら, 後述の Veii を反対極＝異形としても, Tarquinia, Vulci などは Caere ほどの明確な形態を示さない (p. 115s.). 例えば Tarquinia は, 8 世紀におそらく首長達の部族的結合のための祭祀空間が形成され「都市」のような様相を現出させ (M. Bonghi Jovino, Gli scavi nell'abitato di Tarquinia e la scoperta dei "bronzi" in un preliminare inquadramento, Ead. et al., edd., *Tarquinia : ricerche, scavi e prospettive*, Milano, 1987, p. 62s., ; C. Chiaramonte Treré, Altri dati dagli scavi al civita sugli aspetti cultuali e rituali, *Ibid.*, p. 79ss. ; M. Bonghi Jovino, Tarquinia. Monumenti urbani, in : AA. VV., *Dinamiche di sviluppo delle città nell'Etruria meridionale*, Pisa, 2005, p. 309ss.), 巨大墓群の集結に彩られる Caere とニュアンスを異にする. Vulci に関しては, cf. G. Riccioni, Vulci : a topographical and cultural survey, in : Ridgway et al., edd., *Italy before the Romans*, p. 256f. ; A. M. Moretti Sgubini, ed., *Veio, Cerveteri, Vulci. Città d'Etruria a confronto*, Roma, 2001, p. 179ss. ; A. M. Moretti Sgubini, Usi funerari a Vulci, in : AA. VV., *Dinamiche di sviluppo*, p. 523ss. ; A. Cherici, Dinamiche sociali a Vulci : le tombe con armi, *Ibid.*, p. 531ss. 対する Caere については, cf. *Ibid.*, p. 121ss. 首長の「王宮」の跡に神殿が坐るのみで, 擬似公共空間が希薄である. 替わりに豪壮なネクロポリスが発展する (B. Bosio et al., edd., *Gli Etruschi di Cerveteri. La necropoli di Monte Abatone*,

Modena, 1986 ; A. Naso, *La tomba dei Denti di Lupo a Cerveteri,* Firenze, 1991 ; A. Naso, Il tumulo del Sorbo a Caere, in : AA. VV., *Dinamiche di sviluppo,* p. 193ss. ; M. A. Rizzo, Le tombe orientalizzanti di San Paolo a Cerveteri, *Ibid.,* p. 283ss.). なお，こうした差異を無視して Cornell, *Beginnings,* p. 103 は「都市化」＝ポリス化を言い，すぐ後に述べるローマ中心における奇っ怪な建造物と関連づけて「ローマでも都市化した」とする．Veii とローマの間にさえ違いが有るにもかかわらず．そしてそのどれも政治の存在を告げる「都市化」に程遠いにもかかわらず．そして事実ここ（625 年頃）から「国家」が始まるとする歴史学サイドのあやふやな推論には事欠かない．

〔exc・2・13〕 Torelli, *Storia degli Etruschi,* p. 112f. cf. A. Zifferero, La formazione del tessuto rurale nell'agro cerite : una prospettiva di lettura, in : AA. VV., *Dinamiche di sviluppo,* p. 257ss.

〔exc・2・14〕 B. d'Agostino et al., La cultura materiale in età greca, in : AA. VV., *Storia della Campania cit.,* p. 48 ; Id., Il mondo periferico della Magna Grecia, in : AA. VV., *PCIA,* II, p. 188s. D' Agostino は Cumae の存在を重視する．影が薄いとして，それは後述の Veii のようであったかもしれないが，他方 Volsinii（Orvieto）のように首長層の一定の「貴族」化があったようで，後註の Lepore の大胆な推論を支える．

〔exc・2・15〕 7-6 世紀の Campania 内陸の状況については，Capua についてさえ，現在のところまとまった見通しが存在しないようである．断片的な発掘は古くから数多いが，それだけに体系的でないことが致命的である．W. Johannowski, Problemi riguardanti la situazione culturale della Campania interna in raporto con le zone limitrofe fra il VI sec. a. C. e la conquista romana, in : AA. VV., *La Campania fra VI e III,* p. 259ss. はとりわけ Capua に関する貴重な総括であるが，620 年頃を始点に bucchero の様式のみからしか推論しえない上に，6 世紀は空白で，6 世紀末からデータが豊富になる．G. Colonna, Gli Etrusci, *Ibid.,* p. 70s. は碑文だけから推し，Etrusci のプレゼンスは Pontecagnano 方面に限定され，Etrusci の「ヘゲモニー」は 6 世紀末から（cf. F. Parise Badoni, *Ceramica Campana a figure nere, I,* Firenze, 1968）であるとさえ結論する．注目されるのは F. Chiesa, *Aspetti dell'orientalizzante recente in Campania. La tomba 1 di Cales,* Milano, 1993 であり，7 世紀末の（名残のような）首長墓が検証される．直後にこのタイプは単純 bucchero ポイントによって凌駕されたのではないか．後者は Etrusci であろうとなかろうと（Lepore が言語に関して Osci 系とする）"Campani" と呼ばれるようになる，Cumae 領域のデモクラシー主役に関係する．直近後背地の動向はこれを裏付ける．G. Bailo Modesti, *Cairano nell'età arcaica. L'abitato e la necropoli,* Napoli, 1980 は重要な発掘報告であり，7 世紀末以前に痕跡を見出せない．6 世紀にはネクロポリスはギリシャからの輸入品に満ちる．さらに，Pontecagnano 没落と入れ替わるように近傍の Fratte に違う様相の考古学的徴表集中点が現れる（G. Greco et al., edd., *Fratte. Un insediamento etrusco-campano,* Modena, 1990）．Poseidonia（Paestum）に対抗的な都市の拠点である．

〔exc・2・16〕 7-6 世紀の Cumae に関する考古学的データを見るためには，まず現在のイスキア島にあった Pithekousai というギリシャ植民都市ないし emporion（商業基地）に関する発掘報告（G. Buchner et al., *Pithekousai I. La necropoli : tombe 1-723,* Roma, 1993 大冊三巻が中でも決定的である）を把握しておくことが不可欠である．何故ならば，Pithekousai の没落と Cumae 建設は考古学的にも年代を符合させる．Cumae（Kyme）建設は海を捨てていよいよ領域 chora を組織する試みでもあった．この点で B. d'Agostino et al., *Cuma. Le fortificazioni. 1. Lo scavo 1994-2002,* Napoli, 2005 は，城壁のみではあるが初めて Cumae 都市中心に本格的な stratigraphie がもたらされた点で重要であり，現に発掘者は（この発掘報告に先駆けて）一段繊細な識別を行う（B. d'Agostino, Pitecusa e Cuma tra Greci e indigeni, dans : AA. VV., *La colonisation grecque,* p. 51sqq.）．つまり，Pithekousai 建設前の交易と Pithekousai の交易を比較し，ネクロポリスのデータから，後者がジェネアロジクな échange を含んだ，と結論し，対するに，Cumae では，初期城壁の層に後背地首長点におけるような輸入陶器の痕跡が再び濃厚である，という．頂点たる政治的階層は頂点間 échange の主でもあり，領域の人員に対してはジェネアロジクに閉ざされたということである．このことはアルカイック期末のネクロポリスからも裏付けられる（後述の Valenza Mele の古典的な研究が存する）．

〔exc・2・17〕 Lepore, La Campania preromana, p. 76s.

〔exc・2・18〕 Praeneste（今日のパレストリーナ）については，cf. *CLP,* p. 213ss. "Tomba Bernardini" は早くに発見されて研究史上 archetype とされてきた．最近では G. Colonna, Praeneste arcaica e il mondo etrusco-italico, in : AA. VV., *La necropoli di Praeneste. Periodi orientalizzanti e medio repubblicano,* Palestrina, 1992, p. 13ss. に解釈の試みが有るが，影響ないし系列の考察に終始する．

〔exc・2・19〕 A. M. Bietti Sestieri, ed., *La necropoli laziale di Osteria dell'Osa,* Roma, 1992 は，消滅後再利用の無かった墓群クラスターを stratigraphique に分析した完璧な考古学的報告である．変化が緻密に追跡される．「階層分化」と「離脱」，そしてそうした墓の構造については，"testo" の巻の p. 51s., p. 536s., p. 815s., p. 875ss. に記述がある．とりわけ最後の tomba 600 の分析において全く規模が違うながら Etruria の諸々の墓とのパラレリズムが存することが検証される．

〔exc・2・20〕 Castel di Decima については，cf. *CLP,* p. 252ss. ; AA., VV., Castel di Decima, *NSA,* Ser. 8, Vol. 29, 1975, p. 233ss. ; F. Zevi, Alcuni aspetti della necropoli di castel di Decima, *PP,* 22, 1977, p. 241ss. M. Guaitoli, L'abitato di Castel di Decima, *Archeologia Laziale, II,* Roma, 1979, p. 37ss. は，6 世紀一杯住居群が存続する（城壁さえ設けられる）点がネクロポリスのデータと齟齬することを指摘する．なお，G. Bartoloni et al., Aspetti dell'ideologia funeraria nella necropoli di Castel di Decima, in : Gnoli et al., edd., *La mort, les morts,* p. 257ff. に明快かつ十分に批判的なプロフィルが存在し，住居跡とのギャップや後続の稀少痕跡との関係について疑問が呈されている．

〔exc・2・21〕 A. Bedini, Abitato protostorico in località Acqua Acetosa Laurentina, *Archeologia Laziale I,* 1978, p. 30ss. ; Id., *AL II,* 1979, p. 21ss. ; Id., *AL III,* 1980, p. 58ss. ; Id., *AL IV,* 1981, p. 253ss. ; Id, *AL V,* 1983, p. 28ss.

〔exc・2・22〕 Holloway, *The Archaeology,* p. 114ff., p. 156ff. ; Smith, *Early Rome and Latium,* p. 91ff., 98ff. のような概説でも今日この認識は一般化している．さらには，F. Fulminante, *Le "sepolture principesche" nel Latium vetus tra la fine della prima età del ferro e l'inizio dell'età orientalizzante,* Roma, 2003 が理論的総括を試みるが，New Archaeology に引っ張られすぎ，データのニュアンスに必ずしも敏感でなく，クリテリウムに若干の疑問を抱かざるをえない．いずれにせよ 6 世紀前半におけるこのタイプの痕跡の消失，ないしは破壊，こそが興味深い．しかもなお，これを政治の成立と同視しないことが重要である．何故ならばデータを周辺に見回すとき，少なくともローマ自体に大きな異形が存するからである．

exc・3

われわれにとって極めて重要であるのは（7 世紀には大きな発展を見せない）Veii である．ここでは，Villanoviani の複合ネクロポリスを収めるテラス

が，大いに遅れてではあるが，少なくとも6世紀に入る頃には一見本格的な都市とみまごうほどの相貌を呈するようになる[1]．すなわち，豪壮なネクロポリスを発展させないままに，かわりに神殿が現れ[2]，様式は異なるものの，ギリシャの影響を部分的には強く受けるのである[3]．同じことは，Volsinii（オルヴィエート）についても言うことができ，ここではネクロポリスは堅固な碁盤状の構造を持ち，規格化される[4]．

他方で，海岸の諸「都市」[5]はそれぞれ外港を発達させ，そこに重要な「都市」外神殿を建設する[6]．

Capuaでも初めて新しい徴表が出てくる．ここでも神殿と都市外神殿に顕著な痕跡が存在し，何よりも，Cumaeネクロポリスの貴族墓と形式を合わせたものが検出されるのである[7]．これが連動であるのか，対抗的発展であるのか，定かでない．しかし次の時代に，Cumae-Capua間で大規模な社会変動が展開されることを考えると，その素地が出来上がったものと見ることができる．

そして，これこそが他のギリシャ植民都市の後背地と決定的に異なる特徴である．例えばLucaniaでは，ギリシャ都市の後背地に組み込まれた後に初めて顕著な変化が見え始め，しかもそれは高々échangeが首長制痕跡に強いアクセントを与えるというものにすぎない．ギリシャ都市の領域に大きな緊張が走り始める6世紀に入ってから，ようやく部族連合体の神殿がギリシャ流に構築されるという変化が始まり，しかしやがて500年前後からの本格的なデモクラシーへの動向と領域整備の中に一旦完全に呑み込まれる．そしておそらくこれが却って4世紀にかつての結集形態を甦らせ，状況を著しく不安定にするのである[8]．ところがCumaeでは，考古学的痕跡に関する限り，（まるでAristodemosがEtrusciによる征服を一旦食い止めて序でにAriciaのLatiniを救った如くに）一旦ネクロポリスは独自の「民主化」を完成させるが，（貴族の息子達がCapua等のCampaniに助けられてCumaeを奪回するのみならず，その後Campaniは本格的にCumaeを征服する，如くに）やがて完全にCampaniの特徴に覆い尽くされるのである[9]．Veii-Volsinii-Clusium方面からの直接のインパクトは阻止したものの，これに対抗的な別のインパクトに屈したのである．

このことは，Tarquiniiを一旦撃退しながら，次にAriciaのLatiniには敵対的な方向にローマが進むことを強く暗示する．

とはいえその前に，Latium では劇的な異変が生じている．Veii 型発展は少ない程度に Caere や Tarquinia にも及ぶが，他方周縁部に全く別の余波をも生む[10]．Murlo[11]や Acquarossa[12]，そしてローマ[13]において，奇怪な建造物が検出される．多くの仕切り，多くの部屋，ギリシャ神殿のような上層側壁装飾，中庭などに特徴付けられた，閉鎖的複合体たる堅固な建物である．その外には擬似都市的な（つまりテリトリーの論理を排除する）空間が創られる．特に Latium では，この拠点樹立の効果であろうか，ローマ周辺に大きな考古学上の空白域が成立する．つまり点々とあったネクロポリスが 580 年前後に一斉に姿を消すのである[14]．もっとも，Lavinium 等の幾つかの神殿はその限りでない[15]し，Fidenae や Crustumerium のように Veii の外軌道に有ると見られる地点[16]は Veii 型の発展，ということは一部ローマ型の発展，をする．また後方例えば Lanuvium 方面では Castel di Decima 型が温存される[17]．さらに Praeneste などではおそらくローマと同じように周辺に対して独自に作用したのである[18]．

われわれは，ギリシャ植民都市の後背地に比して，同じくそのイムパクトがもたらしたとはいえ，通常より遥かに複雑に入り組み分岐した発展のまだら模様を見ることになる．

とりわけ，échange がギリシャ都市から直接首長に入ってきてこの結び目を肥大させる単純な Lucania 型の発展でなく，第二次部族単位の複合体からさらにこれを受け継ぐ首長連合のようなものが枝分節組織の上に立つ伝統が一方にあり，他方にこれを否定して元来の部族的結合を維持しようとする形態がギリシャ都市に鼓吹されて存在し，これらがしかし単一の échange 頂点の下に強い軍事組織を作り，そして複合的に同居する．反対側には原部族組織の残存物と，それの徹底した否定，他面その痛切な記憶，が有り，流れてきた同居組織の意識とは複雑に共鳴するであろう．

〔exc・3・1〕 Torelli, *Storia degli Etruschi*, p. 139s. 一層詳しい Veii 都市中心概観は，J. Ward-Parkins, *Veii. The Historical Topography of the Ancient City*, London, 1961, p. 27ff. によって得られる．

〔exc・3・2〕 （城壁のすぐ内に位置する）「Campetti の神殿」につき数次の発掘結果を批判的に検討し出版した A. Comella et al., *Materiali votivi del santuario di Campetti a Veio*, Roma, 1990, p. 200ss. は，ローマ側から見れば驚異であることに，6 世紀末から 5 世紀に ex voto のピークを見る．内容は "un culto ctonio" のものであるという．もっとも，ローマ支配下 3 世紀に

(少しずれた位置に) もう一つのピークが有る (先行の L. Vagnetti, *Il deposito votivo di Campetti di Veio* (*materiali degli scavi 1937-1938*), Firenze, 1971 は 6-5 世紀に関する部分だけを検討する). (城壁のすぐ外側に位置する)「Portonaccio の神殿」は, ほぼ同様の年代を持ち, ローマ風に言えば Minerva や Apollo を介して戦士の像に祭祀が重なる. 現在, G. Colonna ed., *Il santuario di Portonaccio a Veio*, Roma, 2002 にようやく (混乱した発掘メモからの) 本格的 stratigraphie の試みがなされた. 肝心のアクロポリス ("Piazza d'Armi") について本格的な発掘報告が存在しないが, 近年発掘自体が再度試みられているようで, Moretti Sgubini, ed., *Veio, Cerveteri, Vulci*, p. 29ss.; G. Bartolini et al., Veio: Piazza d'Armi, in: AA. VV., *Dinamiche di sviluppo*, p. 73ss. によって暫定的な結果を知りうる. 首長の住居と考えられる構築物を先駆けとして, 6 世紀半ばに至って初めて公共空間が出現するようである.

[exc・3・3] しかし問題は領域の状況である. 部族的ないし首長的結節点が検出されるか, ギリシャにおけるように第二次的政治システムの周辺にネクロポリスが整理されるか, それともローマ周辺のように一切の領域組織を否定するか. この点, Veii の領域はイギリス隊の手によって領域の包括的調査が唯一ないし最もなされたところである. しかも近隣の ager Faliscus つまり Veii 北方 Etruria 内陸部との比較において行われた (A. Kahane et al., The Ager Veientanus, north and east of Veii, *PBSR*, 1968, p. 1ff.; A. Kahane, The Ager Veientanus. The area south and west of La Storta, *PBSR*, 1977, p. 138ff.; M. W. Frederiksen, et al., The ancient road systems of the central and northern Ager Faliscus, *PBSR*, 1957, p. 67ff.; G. B. D. Jones, Capena and the Ager Capenas, *PBSR*, 1962, p. 116ff., 1962, p. 100ff.). 中心的な存在たる T. W. Potter は, *The Changing Landscape of South Etruria*, London, 1979 (tr. it., Roma, 1985) を著し, 大略以下のような仮説を提示した. Veii では 7-6 世紀に「集権的」「一極集中」の考古学的痕跡が得られるのに対して, ager Falicus では Falerii, Capena, Nepete 等の拠点は多元的に散開している, と. 彼は仮説を基礎付けるべく副次的拠点の代表たる Narce の詳細な発掘も行った (*A Faliscan Town in South Etruria. Excavations at Narce 1966-71*, London, 1976). しかし基礎データを注意深く読み直すと, 拠点外の様相も異なる. つまり単純な bucchero ポイントによって特徴付けられる Veii に対して, Falerii 方面では tomba a camera が点々と検出される. Narce 等はその海から相対的に突出する結び目であるにすぎない. 前者がギリシャ都市と極めて近いながらもおそらく moitié 軍事化を継続させたにすぎない (その分首長制を否定する) のに対し, 後者は (他の Etrusci 諸都市が首長のみを集住させるような形態を採るのに比して) 首長達が領域状で緩やかに部族結合している (Tarquinia 等典型においても「都市」への集中の度合いは限られた) のである. どちらも Etrusci 都市として異形でありながら, 対照的となり, おそらく対抗的相補的でさえあったと思われる.

[exc・3・4] さしあたり, cf. Torelli, *Storia degli Etruschi*, p. 140. さらに, cf. M. Bonamici et al., *Orvieto. La necropoli di Cannicella*, Roma, 1994.

[exc・3・5] Tarquinia などにも少ない程度において影響が現れる. 祭祀空間が (ギリシャの影響からか擬似公共空間に再編成される (Bonghi Jovino, Gli scavi nell'abitato, p. 64; Chiaramonte Treré, Altri dati, p. 80).

[exc・3・6] さしあたり, cf. Torelli, *Storia degli Etruschi*, p. 149ss. Caere の外港が 6 世紀初めに本格的な祭祀拠点 (Pyrgi) となる点について, vgl. G. Colonna, La Dea di Pyrgi: bilancio aggiornato dei dati archeologici (1978), in: AA. VV., *Die Göttin von Pyrgi. Archäologische, linguistische und religionsgeschichtliche Aspekte*, Firenze, 1981, S. 13ff. Gravisca に在った Tarquinia の外港については, cf. M. Torelli, *PP*, 22, 1977, p. 398ss.

[exc・3・7] D'Agostino et al., in: *Storia della Campania cit.*, p. 49.

〔exc・3・8〕 D. Adamesteanu, Scavi e ricerche archeologiche in Basilicata, AA. VV., *Antiche civiltà lucane*, p. 15ss.; E. Greco, *Archeologia della Magna Grecia*, Roma-Bari, 1992, p. 98ss.

〔exc・3・9〕 N. Valenza Mele, La necropoli cumana di VI e V a. C. o la crisi di una aristocrazia, in: AA. VV., *Nouvelle contribution à l'étude de la société et de la colonisation eubéennes*, Napoli, 1981.

〔exc・3・10〕 Gros, Torelli, *Storia dell'urbanistica*, p. 29ss. この点の認識を大きく前進させたのが，AA. VV., *Aspetti e problemi dell' Etruria interna. Atti dell' VIII convegno nazionale di studi etruschi ed italici, Orvieto, giugno 1972*, Firenze, 1974 である．ちなみに，G. Colonna, La cultura dell' Etruria meridionale interna con particolare riguardo alle necropoli rupestri, *ibid.*, p. 253ss. は，VI sec. と III sec. に独特の領域拠点が "ciclo" を有することを指摘する．それも，San Giuliano や San Giovenale から北の Norchia や Castel d' Asso に中心を移す，という．これらは第 III 章以下で重要な役割を果たすが，その原基が Veii や Acquarossa のフェイズと重なるということになる．cf. M. Menichetti, *Archeologia del potere. Re, immagini e miti a Roma e in Etruria in età arcaica*, 1994, p. 35ss.

〔exc・3・11〕 R. D. De Puma et al., edd., *Murlo and the Etruscans. Art and Society in Ancient Etruria*, Madison, 1994 が現在では散在する発掘報告をまとめて便利ではある（特に，複合多室構造の「王宮」に関する p. 16ff. を参照）が，図像学的分析の解釈部分が（他とのパラレリズムを追跡しながらも）大いに恣意的である．

〔exc・3・12〕 スウェーデン隊の発掘に懸かり，Ch. Wikander, *Acquarossa I. The Painted Architectural Terracotta, Pt. 1.*, Stockholm, 1981 以降の精緻な発掘報告が存する．本文との関連で重要であるのは，E. Rystedt, *Acquarossa IV. Early Etruscan Akroteria from Acquarossa and Poggio Civitate (Murlo)*, Stockholm, 1983, p. 79ff.; M. Strandberg Olofsson, *Acquarossa V. The Head Antefixes and Relief Plaques. Pt. 1: A Reconstruction of a Terracotta Decoration and its Architectural Setting*, Stockholm, 1984, p. 15ff.; O. Wikander, *Acquarossa VI, The Roof-Tiles, Pt. 1: Catalogue and Architectural Context*, Stockholm, 1986, p. 150ff. である．

〔exc・3・13〕 Regia の stratigraphique な分析の総括は，F. E. Brown, New soundings in the Regia, in: AA. VV., *ORR*, p. 47ff., とりわけ平面図の変遷に雄弁に示される．

〔exc・3・14〕 Holloway, *The Archaeology*, p. 170; Smith, *Early Rome and Latium*, p. 141, 186f はなおこの点を確認している．この問題の解釈についてわれわれはかつて一つの仮説を提起し，現在なお改める必要を感じない（「紀元前六，五世紀ラティウムにおける所謂「ネクロポリス不存在」について」，『国家と市民』第二巻，1987 年，489 頁以下）．cf. G. Colonna, Un aspetto oscuro del Lazio antico, *PP*, 22, 1977, p. 131ss.; Cornell, *Beginnings*, p. 105ff.

〔exc・3・15〕 Holloway, *The Archaeology*, p. 128ff.; Smith, *Early Rome and Latium*, p. 134ff. 後述の Satricum に関するオランダ隊の充実した報告の他，M. Almagro-Gorbea, L' area del tempio di Giunone Gabina nel VI-V secolo a. C., *AL IV*, p. 297ss.（スペイン隊の報告），L. Crescenzi, Scavi ad Ardea, *AL V*, p. 38ss. Id., Il caso di Ardea, *AL VI*, p. 345ss.; G. Colonna, I templi del Lazio fino al V secolo compreso, *AL VI*, p. 396ss.; G. Manca di Mores, Terrecotte architettoniche ad i templi di Ardea, *AL XI*, 1993, p. 311ss. を参照．

〔exc・3・16〕 Holloway, *The Archaeology*, p. 124ff.; Smith, *Early Rome and Latium*, p. 130ff. Fidenae については詳細な報告が得られる．L. Quilici, et al., *Fidenae*, Roma, 1986 は緻密な調査を Fidenae 中心について行い，6 世紀に本格的な都市型物的装置を確認する（結論的叙述は，p. 378ss.）．しかもなお，ネクロポリスの希薄さに戸惑い，他方存外領域には（墓が見られないものの）希薄な痕跡ならば密である，という（cf. p. 382ss.）．同様の観察は，Gabii につき P. Zaccagni, Gabii - la città antica ed il territorio, *AL I*, p. 42ss. から，Ardea につき E.

Tortorici, Ardea, *AL IV*, p. 293ss. から得られる.

〔exc・3・17〕 G. Colonna, *PP*, 32, 1977, p. 150ss.; Smith, *Early Rome and Latium*, p. 136f.

〔exc・3・18〕 しかしながら,まさに Praeneste, Tibur, Tusculum といったグループについて全く発掘が進んでいない.ネクロポリス欠如のみが徴表である.

exc・4

5世紀に入っても Latium 一般の「ネクロポリス欠落」は変化しない[1].しかしローマ都市中心は大きく変化する[2].何よりも何代かの破壊と再建築後,Regia の平面図は整理され,言わば象徴的なだけの閉鎖空間になる[3].Forum Boarium の交易拠点を囲い込む神殿は破壊される[4].Capitolium の神殿と,Forum を司る Saturnus 神殿,その他複数の神殿に囲まれ開かれた空間として形成される Forum,そしてこの空間を演出する諸々の構築物,が成立する[5].一面では早くも agora を持ったかの如くであるが,その一元性はそのように言うことを排するであろう.やや変則ながらも都市中心の構造がここに有るとわれわれは考えることができる.

周辺はどうか.Veii ではしかし決してパラレルな変化を認めえない.既に見たように「都市化」のピークは6世紀初頭から見られ,ここで Piazza d'Armi の先端テラスが放棄され,より広いテラスに大規模な城壁が築かれる.堅固な建物にも事欠かない[6].テラスの周縁部には「都市外神殿」が発達する.しかしながら,Capitolium と Forum から成る明確な空間分節は存在しない.複合ネクロポリスが多元性を維持したまま,Piazza d'Armi に部族二次単位レヴェルの moitié 結集拠点が持たれたとすると,おそらくそれがそのまま平常隊形としてテリトリーを制する形態が6世紀のものであろう.この moitié 結集体の軍指揮者は,しかし決してまだ共和政務官ではない.そして,ローマの共和革命の頃,案の定,Veii は考古学的徴表を希薄化させるのである.5世紀は沈黙する.テリトリー占拠枝分節体の解体を意味しはしない[7].ここでも何か破壊が生じた.しかしそれが少なくともローマ型都市中心には結果しなかったのである.あの,取り残された側の Latini と同様の,かつ一層軍事化した,状態に陥ったに違いない.

ローマの郊外では,Lavinium がローマ型領域の編成を取り仕切るように領域神殿として君臨する[8]が,周辺の拠点は,長く消滅したままであるものを除

くと，奇妙な特徴を共有する．やはり，神殿のみ発達させ，しかしそれは Piazza d'Armi のように離れたところにぽつんとしかし立派に立ち，決してアクロポリスが空間を構造化するような事態は生じないのである[9]．そして一見これらと類似するが，年代も特徴も特異な神殿拠点が Satricum に存する[10]．

　Caere や Tarquinia の動向は曖昧である．Veii のように大きく振れることもないかわりに，明確な進展も見られない．確かに，5 世紀初めの Caere では「都市」中心に新しい神殿を建設する動きが見られる[11]．しかしこれが 6 世紀の傾向の延長であるのかないのか，判然としない．首長間の緩やかな部族連合体はますます低いレヴェルの segmentary unit において形成されるものの[12]その性質を変じえなかったのではないか．逆に言えば，領域の根底からの改変はなかったのではないか．

　このように見てくると，ローマが示す全体的な考古学的徴表は唯一である，ということがわかる．神殿建設など，その様式に至るまで共通の要素は多くあるが，周辺のテリトリーの脈絡を入れて考えると，類似の痕跡というものは見られないばかりか，他では都市空間の明確な形成が存在しないのである．

　しかもなお，ローマが示す都市空間はギリシャのそれに比してもちろん特殊である．第一にネクロポリスを欠く．第二に，これら全てがそうであるが，神殿の形態は不完全である．領域もまた奇妙である．そこに何も無い，領域神殿を除いて何も無い，ということが余りにも文字通りに達成されている．しかもこれは 6 世紀からの遺産なのである．領域の軍事化した状態（無分節）が続くことがここに如何なる永続痕跡も遺せなかった理由であろう．今やこのことに積極的意義が見出されたとしても．そればかりか，領域に伸びる人的組織の頂点すら，永続的物的結節点を持ちえない，或いは持とうとしない，のである．これはまたどうしたことか．

　考えてみれば，如何に枝分節を嫌う政治的階層，アルカイック期の貴族，basileis，といえども，相互に通婚することにより再生産され，これは〈分節〉の維持にも資する．そしてそのことを刻みながら葬送儀礼が地表面状の痕跡を遺すのである．この cognatique な結合の方のニュアンスを殊更に強調すればそれは Etrusci のネクロポリスのようになるだろう．そこでは échange の成果も誇られるであろう．しかしこれを嫌うとしても，結び目の痕跡が消えるわけ

はなく，最も austère な形において，しかしその威厳は保つであろう．これすらも根底から否定されたのである．そのような痕跡は天上に遠く消え去り，地上に corpus は遺されなかったのか．しかし翻って考えれば，その方が，神話的なジェネアロジーをそのまま現実化し神話的子孫から巨大な無分節体が流れ出る事態を創り出すためには有用であろう．本当のジェネアロジーによっては到底創り出せない「一族」である．

この結果，われわれは少なくとも考古学的徴表から判断する限り，本格的な政治的階層の発達に懐疑的たらざるをえない．つまり，Palatium に比較的質素とはいえ堅固な拠点を有する個々の集団は，一見極端なまでに〈分節〉しているようでいて，領域から十分に切り離されず，それ自身一方で軍事化したままであり，他方で領域上では事実として不安定で流動的であったに違いない．その限りで Regia の集団のメンタリティーを引きずったに違いない．政治システムというより（Od. XXIV のあの）仲裁のシステムに近かったかもしれない．

要するにわれわれはネクロポリスのみの発達からネクロポリス欠如へと，両極に振れる様を追跡してきたことになる．

〔exc・4・1〕 ただし，cf. A. Bedini, Due nuove tombe a camera presso l'abitato della Laurentina. Nota su alcuni tipi di sepolture nel VI e V secolo a. C., *AL V*, p. 28ss. ローマから見て例外的な首長領域残存にしてしかし副葬品を全く欠く．

〔exc・4・2〕 Gros, Torelli, *Storia dell'urbanistica*, p. 82ss.

〔exc・4・3〕 cf. F. Coarelli, *Il Foro Romano. Periodo arcaico*, Roma, 1983, p. 58ss.

〔exc・4・4〕 cf. F. Coarelli, *Il Foro Romano, III : il Foro Boario dalle origini alla fine della Repubblica*, Roma, 1986, p. 205ss. 比較的近年の発掘動向につき，cf. P. Virgili, Area sacra di Sant' Omobono : una cisterna fra i Templi Gemelli, *AL IX*, 1988, p. 77ss.; I. Ruggiero, La cinta muraria presso il Foro Boario in età arcaica e medio-repubblicana, *AL X*, 1990, p. 23ss.; M. Cristofani, Osservazioni sulle decorazioni fittili arcaiche dal santuario di Sant'Omobono, *ibid.*, p. 31ss.

〔exc・4・5〕 cf. Coarelli, *Il Foro Romano*, p. 132s., 144s. 比較的近年の発掘動向につき，cf. C. Nylander, et al., Indagini al tempio dei Castori, *AL VII*, 19885, p. 135ss.; E Nielsen, Ultime indagini al tempio dei Castori, *AL VIII*, 1987, p. 83ss.; R. T. Scott, Regia-Vesta 1987, *AL IX*, p. 18ss.; B. Poulsen, Ricerche nel Vicus Tuscus lungo il lato ovest del Tempio dei Castori, *ibid.*, p. 27ss.; I. Sciortino et al., Rinvenimento di un deposito votivo presso il clivio capitolino, *AL X*, p. 17ss.; R. T. Scott, Lavori e ricerche nell'area sacra di Vesta 1990-91, *AL XI*, p. 11ss.

〔exc・4・6〕 Moretti Sbubini, ed., *Veio, Cerveteri, Vulci*, p. 17ss.

〔exc・4・7〕 Potter, *Changing Landscape* (*tr. it.*), p. 86ss.

〔exc・4・8〕 AA. VV., *Enea nel Lazio. Archeologia e mito*, Roma, 1981, p. 162ss.

〔exc・4・9〕 さしあたり〔exc・3・15〕所掲文献の他，Ardea につき，AA. VV., *Enea nel Lazio*, p. 10ss., Tibur につき p. 38ss. 他に Tusculum と Praeneste を念頭に置く．発掘データではな

く，後の領域神殿の地形的位置からのみ推量する．事実，4世紀にはいずれも領域神殿の所在地になってしまう．しかしそれ以前にはローマと並行の発展を示していてもおかしくない同盟都市である．にもかかわらず，何かが違う，とすれば，ローマのRegiaの如きものが無かったとして，Veii-Fidenae型のまま，否それ以前のPiazza d'ArmiのVeiiのまま，しかし擬似領域を編成したのではないか．

〔exc・4・10〕　Satricumについてはオランダ隊による膨大かつ詳細な発掘記録がなお刊行中である．6世紀後半から，ローマとは異なる波長において，何層にも渡る本格的なギリシャ型神殿の建設が検証され，5世紀後半に破壊されるも，貧しいネクロポリスを執拗に存続させる．"Poplicola"を含む碑文（[...] ieisteteraipopliosioualesiosio/suodalesmamartei）を有する石材が発見されたため，非常な論議を巻き起こした．cf. C. M. Stibbe et al., *Lapis Satricanus. Archaeological, Epigraphical, Linguistic and Historical Aspects of the New Inscription from Satricum*, Rome, 1980 ; P. Chiarucci et al., edd., *Area sacra di Satricum tra scavo e restituzione*, Roma, 1985 ; R. R. Knoop, *Antefixa Satricana. Sixth-Century Architectural Terracottas from the Sanctuary of Mater Matuta at Satricum*, Assen/Maastricht, 1987 ; M. Maaskant-Kleibrink, *Settlements Excavations at Borgo le Ferriere "Satricum", I: The Campaigns 1979-81*, Groningen, 1987 ; Ead., *II: The Campaigns 1983-87*, Groningen, 1992 ; M. Gnade ed., *The Southwest Necropolis of Satricum. Excavations 1981-86*, Amsterdam, 1992 ; D. J. Waarsenburg, *The Northwest Necropolis of Satricum. An Iron Age Cemetary in Latium Vetus*, Amsterdam, 1995 ; B. Ginge, *Excavations at Satricum（Borgo le Ferriere）1907-10. Northwest Necropolis, Settlement, Sanctuary and Acropolis*, Amsterdam, 1996 ; P. S. Lulof, *Satricum V. The Ridgepole Statues from the Late Archaic Temple at Satricum*, Amsterdam, 1996 ; M. Gnade, *Satricum in the Post-Archaic Period*, Leuven, 2002.

〔exc・4・11〕　Moretti Sgubini, ed., *Veio, Cerveteri, Vulci*, p. 121ss.

〔exc・4・12〕　Torelli, *Storia degli Etruschi*, p. 183s. はEtruria一般につき，6世紀末から5世紀初めに神殿が大々的に建設された後に，考古学的徴表は停滞するとし，p. 201s. はCaereについて5世紀一杯についてtyrannosと民衆支配の傾向を読み取る．確かに，PorsennaやTarquiniiの路線は一定程度本格的に領域を組織しようとしていたと見られ，そしてそれは挫折した模様である．

II

Verginia

0 序

0・1

　われわれのここまでの分析の内部に，占有概念を示唆するものは何も無い．共和革命時に動いたと見られるパラデイクマとその屈折の中に占有概念への手掛かりは存在しなかった．占有，民事訴訟，法，といった大きな観念群の場合，公式の exemplum でなくとも明瞭な屈折体の存在が検出されるはずである．しかしその存在の有無を判断しなければならない厄介な伝承にさえわれわれは遭遇しなかった．影も形も無いのである．このこと自体十分に注目に値する．

　もちろん，占有概念とは何か，がまだわからないのであるから，知らずにこれに触れてしまった可能性は否定し切れない．それは実は意外な内容のものであり，われわれの漠然たる占有概念を当てはめてはいけないのかもしれない．しかしそれにしても，われわれに幻影すら抱かせないのはどういうことか．

　そのうえ，ローマでは強い儀礼的思考の存在があり，とりわけ儀礼的の度合いの強いことが予測される民事訴訟ならば，まして exemplum の痕跡は有って然るべきである．それが無いということは，漠然たる通念に反して，共和初年，470 年代くらいまで，占有概念，そして民事訴訟，法，は存在しなかった，ということを強く推定させる．いずれにせよ，ギリシャには法は無いのである．

0・2

　そればかりではない．占有概念が作動するならば，性質上それはまず土地の上の関係についてである．われわれの方法は，占有概念と独立に既に，テリトリー上の人的組織の問題を重要とみなして出発している．政治成立後は都市と

領域の関係の分析に大きなエネルギーを割く．第Ⅰ章の分析もまたテリトリー上の人的組織の問題に多大の注意を払うものであった．しかしその分析は，占有概念らしきものの存在を認めないにとどまらず，その存在を強く否定するものであった．Cremera は，共和革命の帰結が占有をカテゴリカルに拒否するものであったことを告げている．しかもそれは偶然ではなくローマの政治システムの基本的性質を形作るものであり，そしてそれには理由があった．少なくとも幾つかの明瞭な選択の累積的帰結であった．

　Livius が唯一 possessio の語を使ってくるのは実は「Sp. Cassius の lex agraria」に関連してである．予想通り，ager publicus 公有地の「占有」について言っているように見える．テリトリー上の関係について占有概念が発生するであろうというわれわれの予測は裏付けられるが如くである．しかしこの Livius の記述が全くのアナクロニズムであることは疑いない．lex agraria も ager publicus も有りえない．possessio という語の登場も完全に孤立している．

　それどころか，いずれにせよ Sp. Cassius の構想を完全に拒否することによってローマ独自の政治システムの形成がなされ，これによりローマの都市領域の性質が決まってしまったのである．possessio という語の闖入もまた，高々この排除の痕跡である．もっとも，すると Sp. Cassius の構想の側には占有概念が有ったのであろうか．或る時点で或る者達にはそのように見えたのである．このことは極めて重要である．しかし当面われわれは Sp. Cassius の構想が占有概念形成に直接繋がったとする考えを支える論拠を全く持たない．

　ならばその前はどうか．占有概念が否定されたということは，その前にそれが存在し・かつそれが破壊されたということではないのか．具体的には，第Ⅰ章であれほど問題となった「部族」ないし Latini の組織においてはどうか．Sp. Cassius もこれと無縁でなかったはずである．他方 Etrusci の社会はどうであったろうか．そう言えば，一方に Romulus の heredium や Numa の土地分配といった伝承が有り，他方に Servius Tullius もそのような伝承を持つ．これらの伝承が何故生まれるかはいずれ明らかにしなければならない．しかしながら，これまでのところこれらの伝承は有効なヴァージョン対抗に参加せず，したがって屈折体形成に与らないのである．伝承は焦点を結ばないのである．

　いずれにせよこれらは共和革命前の社会の実像をそのまま伝えるものではあ

りえない．それらの社会に関してわれわれは蓋然性で論ずるわけにもいかない．否，蓋然性から言っても，政治が成立していなければまして占有概念は無いと考えねばならない．際限無い実力の応酬や相互干渉や相互浸透は枝分節概念そのものであり，占有の反対の極に立つが，これを最初に切断するのが政治の任務であった．もちろん，政治が有るからと言って占有概念が有るということは全く無い．またしても，ギリシャには占有概念が無い，ことを想起しなければならない．その上，やがて述べるように，厄介なことに枝分節の概念と占有概念の間には重要な表面的類似点が有り，一瞬両者が見分けにくい姿を取ることがあるのである．しかしそれでも，〈分節〉という大前提が無ければまして到底占有は成り立たない，ということはやがてわれわれが到達する最も重要な結論の一つである．

0・3

かくしてわれわれは，一旦占有を離れて社会構造自体を追跡するという作業をそのまま継続する以外にない．万が一占有らしき屈折体が現れたならば，ひょっとしてそれはそれまでにも秘かに隠れていたのをわれわれが見逃しただけであったのかもしれない，と少し遡って確認することとし，それまでの間は，まだローマ社会が占有概念を持っていないのである，と想定し，果たして何時どのようにして持つに至るのか，という関心を忍ばせつつ社会構造の全体を探求しよう．

その社会構造は例によってパラデイクマの屈折によってのみ検証しうるから，作業の継続は，470年代を過ぎて460年代に至る以降の時期におけるパラデイクマの状態を把握しうるということを条件とする．

もちろん，5世紀半ば以降急にパラデイクマやその実現を伝えてくるジャンルがわれわれに現れた，ということはない．もっとも，われわれは十二表法のテクストを持つ．共和末以降のテクストが文言そのものを記録しているのである．450年という年代も疑うことは大変に難しい．とはいえ，これらのテクストだけでは到底社会構造に至りえない．むしろ中心的な分析対象はこの年代に関してようやく少々安定的に出来事を伝えてくる年代記所収の伝承である．その記述通りのことが起こったとすると，少なくともそのように実現したパラデイク

マは作動していたのであり，その背後に様々な間接的なパラデイクマをも想定できるかもしれない．しかしながら，もちろんこのように仮定するわけにはいかない．われわれは引き続き exemplum の存在を手掛かりとしつつ儀礼的思考を経由して伝承批判を遂行せねばならない．そのうえ，exemplum のレヴェルにとどまっていたのでは社会構造にはアプローチできない．不十分ながら一旦共和初に発達したと推定しえた「神話的」伝承，擬似的な〈神話〉，はその後どうなったか．新しいジャンルが生まれたか．畢竟，第Ⅰ章におけるのと同一の方法が使われることになる．

0・4

第Ⅰ章で軸として使った Sp. Cassius 伝承は，明瞭なディアクロニクな対抗の中に在った．つまりディアクロニクな延長を有する屈折体に属していた．直ちに Sp. Maelius 弾劾，M. Manlius 弾劾，へとその屈折体は伸びるが，Cic. Rep. II, 35, 60 は lex Tarpeia 及び lex Iulia Papiria を次の一里塚として記憶していた．共和 54 年目，74 年目，にその里標は立っていた．この周辺で何らかディアクロニクな意識転換があり，共和初期はさしあたりこの展望台から眺める仕組だったのではないか，と想定した所以である．

他方，Sp. Cassius 伝承自体複雑なヴァージョン対抗を内包し，その或る部分は明らかにディアクロニクな性質を有し，次の時代に大きく対抗に曝されるのではないか，と推定しえた．すると，この部分は（それ自身としてはアナクロニズムに見える）Coriolanus 弾劾手続と親密な関係を有するから，後者に対してもまたわれわれは重大な関心を寄せるべきこととなる．もちろん，これらの背後に Horatius 伝承が聳え，provocatio という基幹 exemplum が広大な裾野を広げている．共に明瞭に激しいディアクロニクな対抗によって引きちぎられていて，それぞれのエコーたる伝承は5世紀半ばから4世紀一杯に渡って年代付けられている．これらが exemplum として作動する，その背後に Horatius 伝承がいつまでも見えていることになる．

以上がわれわれにとっての最も確かな入り口である．

0・5

　共和初に作動したと見られる他の〈神話〉群はどうか．Horatius 伝承のディアクロニーを一つの指標としてそれらの伝承の stratigraphie を構想しうる．すると，以下に見るように，Romulus 伝承は Tarpeia 等 Sabini 系伝承を含めてむしろ先鋭に保存されディアクロニクな変化に対して抵抗したかのように見える．ディアクロニクな対抗はむしろ遅れて第三の段階において付着した模様である（第 III 章）．これは Numa に関する伝承についてさえ言うことができる．第二の段階において決定的に重要なヴァリアントが発達するのは，ジェネアロジクに言えば，Romulus の上流においてである．ギリシャおよびデモクラシーからのインパクトを直接示す伝承群が存在し，Romulus 伝承はこれと鋭い緊張関係を孕んで形成され（或いは発掘・再形成され），かつ結局優位に立ったと考えられる，ということを既に述べた．この章で扱う段階においては，やがて明らかにするように，この力関係が逆転する．もっとも，「Troia の女達」の諸ヴァージョンがそのまま復帰することは決して無かった．むしろローマ独自の全く新しい屈折体が形成に向かったのである．遠い将来において（政治システムの方ではなく）社会そのものの基幹がこのパラデイクマ群の側に置かれるに至ったことには重大な意味がある．そしてこれこそがローマのみが法という独特の観念体系を発達させえた所以である．

　全体として見たときに，exemplum に沿って存在していると見られる伝承，したがって年代記が記述しやすい性質の伝承，の中でひときわ異彩を放ち，かくして明らかにその周辺に異常な磁場が働いていると判定させる，部分が存在する．しかもそれは十二表法制定という，「テクストを書いて確定する」ことが行われたことが確実である事件に関連する．その周辺で伝承は到底修復不能と判断させさえする破断状態を示すのである．伝承の屈折が巨大であるとき，巨大な社会変動があり，かつそれが構造化されたのである，と判断しうる．この場合，伝承の広がりこそ劣るものの，破断の程度においては共和革命を凌ぐとさえ言うことができる．そして，そのヴァージョン対抗を説明するものが，上に述べた「逆転」のパラデイクマが示す屈折を説明するものと一致するのである．伝承の中には端的にダブレットではないかと感じさせるものさえある．

これは同一の屈折体が作動しているからである．そしてまた十二表法こそはローマ社会において衆目の一致するところ「法の起源」なのである．

　現実化されたままのパラデイクマを写したとさえされる度合いの相対的に大きい Etrusci 王権に関する伝承はどうか．これらもまた Servius Tullius のところでディアクロニクな変容を被る．共和革命伝承はどうか．Romulus 伝承と同じく十分に抵抗したと思われる．Coriolanus のところに例外が有るとしても．しかしこれはこれで一つの問題を提起する．つまり，政治システムそれ自体を支える屈折体群が相対的に同一のままに置かれる度合いが強い中で，これに別のものが外から付着・接合させられる，ことによって新しい社会構造が得られたということを示唆するからである．このこと自体社会構造を判定するときの重要な要因である．

1 変動の徴候

1・1

　われわれは Cicero の Critique を一定限度信頼しつつ出発した．Sp. Cassius の弾劾が有り，父が処罰する．これを「民会は許した」(Cic. Rep. II, 35, 60: "cedente populo")．「それと同様にまた共和革命から54年後のあの法律は人々にとって宥恕に満ちたものであった」(Gratamque etiam illam legem quarto circiter et quinquagesimo anno post primos consules)．Sp. Cassius とこの法律の間に一つのディアクロニクな軸が存在している，それは何か基幹的な意義を有する，というのである．その限りにおいてその両端の記憶はクロノロジーを含めて相対的に確かなものである，とわれわれは判断した．そして Sp. Cassius という入り口から共和革命に接近したのであった．さて次の問題はこのディアクロニクな軸の上にどのようなヴァージョン対抗が構築されているか，である．"gratamque etiam" は二つがアナロジーで結ばれることを端的に表現しているが，そのアナロジーの骨子は "grata" で表現されている．「政治的決定が厳格に責任を追及する」ということを緩和する，という概念が働いている．われわれは Sp. Cassius 弾劾自体に関するヴァージョン対抗を見た．一方に父に役割を与えるヴァージョンが有った．おそらく，これがつくりだすヴァージョン偏差は，Sp. Cassius と「この法律」の間のディアクロニクなヴァージョン偏差と一致する（前者への後者の投影）．父の介在，手続上の緩和．

　しかしその法律とは一体何か．罰金と何かの保証金に関わる（de multa et sacramento）．consul たる Sp. Tarpeius と A. Aternius が comitia centuriata で制定した，と特定される．Varro のクロノロジーで言えば454年のことであった

という記憶が明確に保存されていることになる．しかもそれは，20年後 censor たる L. Papirius と P. Pinarius が罰金を科そうとした時，もう一つの lex Iulia Papiria なるものが（家畜の頭数によったそれまでの）額の算定を金銭価額による評価，それも軽減的なもの（leuis aestimatio），に換えた，という記憶と連帯の関係にある．いずれにせよ，"de multa et sacramento" は何のことかわからないが，"leuis aestimatio" は "grata" と綺麗に符合する．かつ Cicero は 36, 61 に入ると "Sed aliquot ante annis..." 「しかしその何年か前には」というように十二表法に関する大きな記述に移る．ディアクロニクな見通しをクロノロジクな尺度に基礎付けるための測量点として，Sp. Cassius-lex Tarpeia Aternia の線を使った後に，後者の平面を十二表法に結びつけたことになる．そうであればこれは大きな平面であり，Cicero が基幹的なディアクロニーを導くのも当然であるということになる．lex Tarpeia Aternia 自体については，それが何故それほどまでに重要であるのか直ちには理解されないとしても．

もちろん，lex Tarpeia Aternia 自体ヴァージョン対抗の渦の中に在る[1]．Gell. XI, 1 は lex Aternia の名の下に伝え，家畜の金銭評価，しかもその定量化，に関わるとする．Fest. p. 270L は，lex Menenia Sestia による multa の額（家畜数）の制限に触れた後，これを金銭に置き換える役割を "lex Tarpeia" に与える．Menenius/Sestius の組は 452 年の consules として出現するから通常 lex Menenia Sestia は 452 年とされるが，するとその後にくるはずの lex Tarpeia の年代付けに窮することになり，奇妙に捻れた別ヴァージョンである．しかし，今これらの捻れの要因を見ると，何かをさしあたり家畜に置き換えるという動機と，その家畜を金銭に置き換えるという動機が共に置き換えであるために混乱し，また，前者も評価であるが，後者が主として評価として意識され，他方，軽減のモティフがこれにつきまとう，というように見ることができる．また，どうしても二段に思考する．するとポイントは，何かをとにかく置き換える関係を重視し，第二の置き換えたる家畜→金銭に惑わされないことである[2]．しかるに何が置き換えられるのか．罰金「刑」であるから，身体刑（supplicium）が置き換えられるのである．身体刑は一種の犠牲と観念されるから，これを家畜（犠牲獣）に置き換えるというのは人々の意識の基本に定着している考えである．つまり，家畜自体（交換の媒体が家畜から金属に移行するとい

1 変動の徴候

うドグマに引っ張られて伝承されるものの）置き換えのモティフを自足的に表現しているのである．次には量目の測定つまり評価が来る．ここには金銭化と軽減のモティフが付着してしまう．こうして Cicero のテクストに戻ると，これが極めて確かな把握に基づくものであることが判明する[3]．内容が特定されない "de multa et sacramento" は明らかにそもそも supplicium を multa に改めた，ということであり，これと別個に何か軽減ということが有り，Cicero はそれを（Fest. のテクストが示唆するように論理的には家畜にもかかりうるにもかかわらず）金銭化と結び付けてしまったのである．

Livius は 454 年についても 452 年についても黙したままである．とはいえ存外 454 年を深く刻んでいる．というのは，この年，元 consul の Romilius と Veturius が訴追・弾劾され，同年の consul たる Tarpeius/Aternius がショックを受けたこと，そして自分達が弾劾されるならば plebs と tribuni plebis が求めてきた法律を絶対に通さないと言って（"et se damnari posse" aiebant, "et plebem et tribunos plebis legem ferre non posse"）抵抗したこと，を伝え（ed. Bayet），そしてまさにこの一種の交換条件の提示から両身分の間に取引が成立し，十二表法起草のための使節をギリシャに派遣するに至る，とするからである（III, 31, 5-8）．言わば lex Tarpeia Aternia の頭越しに十二表法へ連絡が付けられる．替わりに Romilius/Veturius 弾劾が連絡橋をなす．もちろん，Sp. Cassius を始点とするわれわれの鎖の中に易々と収まる．ただし，Romilius を訴追するのは tribunus plebis たる C. Calvius Cicero であり，Veturius を訴追するのは aedilis plebis たる L. Alienus である．そして刑罰は金銭によった．

Livius がここで「罰金問題」につき何のコメントもしないのに対して，Dionysios (ed. Vogel) はまさにここに焦点をあて，自ずから lex Tarpeia Aternia に辿り着き，したがって十二表法に直行することをしない．Romilius を訴追するのはここでは tr. pl. たる Siccius であり，有罪の評決は comitia tributa でなされ，そしてなおかつ（初めて）それが金銭で評価されたのである（DH, X, 49, 6: ἦν δὲ τὸ τίμημα τῆς δίκης ἀργυρικόν）．Dionysios はこの評決に Siccius の意図（πρόνοια）を感じ取る．「被告人が金銭に換算されて罰を受けるのであり，決してそれ以上でないこと」（ὅτι εἰς ἀργύριον ζημιώσεται ὁ ἁλοὺς καὶ εἰς οὐδὲν ἕτερον）を計算に入れると，patrici の抵抗感が弱まり，

plebs も一層進んで訴追するであろう，というのである．Siccius 個人にこの大転換が帰せしめられたことになるが，Dionysios によると (50, 1f.)，これを見た consules の側は恐怖心を抱き，そして plebs の意を迎えようとし，まさにその結果問題の lex を実現するに至るのである．その内容は，全ての政務官に「侵害者に対し職権で罰金刑を科す」権限を与えるというものである．それまでそれができたのは consul だけであったという．ただし罰金額は制限された，と付け加えられる．Dionysios が Romilius 弾劾と lex の間を syntagmatisme によって懸命に繋ごうとしていることは明らかである．そしてそれに成功していない．しかし罰金という syntagmatisme の回転軸だけは見逃していない．この回転軸を巡って réciprocité が展開されるというのである．そして背後に一種の取引の存在が直感される点で Livius におけるのと完全に一致する．しかるに一方の極には，patrici に対する弾劾が金銭に転換されるという明確な事態が存在する．「他方の極が十二表法制定」という Livius の解釈は明らかに飛躍であるが，DH の記述も不可解である．「consul だけに認められた訴追権が tr. pl. にも認められた」という含意であるすると，そもそも Siccius の訴追権自体が向こう側の極自体をなしているのであるから，辻褄が合わない．どうしても逆に plebs の方が訴追される場面を想定しなければ回転軸を隔てる対称性が成り立たない．ならば，plebs にも金銭への転換が認められる，ということを概念するしかない．その時 consul が訴追しているはずであるから，何かの権限が「全ての政務官」に拡張されたとすると，逆にそれは，「tr. pl. が譲歩した点に今や（元来唯一の刑事訴追権者たる）consul も従う」という意味である．すると罰金額の制限の意味も明瞭になる．plebs たる被告人の支払い能力を念頭に置いたものである．すると，転換と軽減というあの二段の構成の意義がはっきりしてくる．DH が伝える lex の内容は二段を一種抗弁の関係（「ただし」）として結ぶ．しかし元来これはまた patrici に対する訴追と plebs に対する訴追が交差して対称の関係に立つ，その相互性の二段でもあるのである．

　残る問題は「Livius は何故この lex の存在を認めないか」である．直ちに働く推理は，年代記系ソースが冷淡であり，古事学系ソースによる発掘をまたねばならなかったということである．Cicero も DH も後者の利用につき定評を有することについては既に述べた．テクストが年代記のグリルへと収めることに

1 変動の徴候

苦労している様子もこの推理を裏付ける．しかしまた，何故この偏差が生まれるのか．

われわれは Gell. II, 11, 1 (ed. Marache) に興味深い記事を持つ．「L. Sicinius Dentatus は Sp. Tarpeius と A. Aternius が consul の年に tribunus plebis であったが，年代記に信ずべき限度を少々超えた事績が書かれている」(L. Sicinium Dentatum, qui tribunus plebi fuit Sp. Tarpeio, A. Aternio consulibus, scriptum est in libris annalibus plus quam credi debeat). Siccius ならぬ Sicinius が訴追ならぬ武勇で鳴らしたというのである．「ローマの Achilleus」と呼ばれたという．ジャンルとしての annales の真骨頂は，原基がどうであれ，パラデイクマ（出来事）をそのまま展開することにある．法律の制定は出来事であるが，その内容は出来事ではない．古事学が後で復元する対象である．制定の事実すら，ジャンルとしてその下敷きに対し敬意を表する（と同時についでに年代の道標を立てる）が如くに，章の末尾に申し訳程度に付け加えられる．Tarpeius/Aternius は言わば hapax の二人組で，Tarpeii も Aternii も幻に近い．そして奇妙なことに 448 年に新任の tribuni plebis はこの二人を職権で同僚として迎える (cooptare). patrici の consul 経験者 (patricios consulares) であるのにである (Liv. III, 65, 1). まるで patrici 一辺倒の世界の中でこの二人組のところにだけ特異点が有り，そこの割れ目から plebs の世界が覗けるが如くである．そもそも Fasti Consulares は 455 年から変調である．Romilius/Veturius, Tarpeius/Aternius, Quinctilius/Curiatius, Menenius/Sestius と聞き慣れないかその後消えていく gens 名を並べる．もっとも，そのうち 4 人は第一次十二表法起草委員 Decemviri として名を連ねる．すると，455 年頃から plebs が一旦完全にヘゲモニーを握り，Tarpeius/Aternius などはその傀儡であったのではないか．Cicero が lex Tarpeia Aternia について comitia centuriata を奇妙に強調するのは，そうでないとするヴァージョンが有ったからであろう．おそらく plebs が被告人の場合も金銭への転換を認める議決が（後の）comitia tributa ないし concilium plebis（の原型）でなされ，これはそのまま十二表法制定の中で吸収されていく．出来事の平面では lex Tarpeia Aternia はかき消される．patrici と妥協する前の plebs の鉄の連帯が Achilleus の武勇に仮託されて伝承される．年代記はもちろんここは掬わない．十二表法への流れだけを叙述し，そして

Livius は意識的にこれに忠実である．他方古事学系ソースは lex Tarpeia Aternia を再構成し，しかし Menenius/Sestius に付けるヴァージョンも出てくる．かつ，刑事司法の観点を取るとこれが Sp. Cassius のカウンターパートたる重要な一里塚であり，古事学こそはクロノロジーに関心を示すから，「共和54年」という認識も生まれる．十二表法制定への動乱の一幕かもしれない事件に「Siccius の訴追による罰金刑」というパラデイクマが刑事司法の脈絡に合わせて付与される．年代記に埋め戻されるときには DH にとってそうであるように syntagmatique な連関のみが創作の対象となる．

〔1・1・1〕 cf. G. Rotondi, *Leges publicae populi romani*, Milano, 1912, p. 200.
〔1・1・2〕 Santalucia, *Diritto e processo penale*, p. 21 は，Mommsen の「政務官が職権で罰金を科しうる権能」という仮説から出発し，制限の趣旨は populus の判断によらない罰金刑の額を制限する点に在った，とする．十二表法の "nisi per" と結び付けたいのであり，十二表法と結び付けること自体誤りではないが，間を繋ぐ論拠は皆無である．出発点たる Mommsen の仮説自体，諸々のテクストの脈絡からは全く出て来ない．
〔1・1・3〕 Mommsen, *StrR*, S. 51, Anm. 1 はかくして軽減＝金銭化の立場を採って Cic. のテクストに軍配を上げる．

1・2

では年代記は lex Tarpeia Aternia の内容を忘れるのであろうか．その exemplum の集積体にこれは欠落したままなのか．出来上がる政治的パラデイクマとしてそれで支障は無いか．lex Tarpeia Aternia など政治システムにとって無視しうる存在か．否，出来事がひたすら流れる exemplum の川の側にも，実は実質は決して欠けない．それどころかこちらの方が正確で，しかも歴史的脈絡を示唆する点も大である．

「何かに換える」，「金銭に換える」という動機は確かに一群の年代記系伝承に執拗に付着している．そもそも出発点の Cic. Rep. II, 36, 61 は一年目の Decemviri 統治下の価値ある exemplum として，その一人 C. Iulius が，「L. Sestius の家から死体が掘り起こされた」というので彼を訴追する時に，「(Decemviri の) 一人一人が provocatio の抗告を免れる」(unus sine prouocatione)「絶対至高の権限を有するにもかかわらず」(cum ipse potestatem summam haberet)「出頭保証人を立てさせた」(uades tamen poposcit)，と伝える．「何故ならば，ローマ市民の人身に関わる (刑事裁判の) 評決を comitia centuriata 以外におい

1 変動の徴候

て禁じたかの栄えある法律を自分は決して無視しようとは思わないからである」(quod se legem illam praeclaram neclecturum negaret, quae de capite ciuis Romani nisi comitiis centuriatis statui uetaret) と言ったというのである．vades を立てる手続は，暫定的にせよ被告人の人身の替わりに別の人間の人身を把握し被告人の身柄を自由にすることを意味する．家畜にしかも終局的に置き換えるまであと一歩である．ここではこの手続は，一方で provocatio と同義であるとされ，他方で "de capite civis Romani nisi comitiis centuriatiis" という十二表法の規定とも同趣旨と解されているのである．もっとも，同じ exemplum を伝える (Moderationis eorum argumentum exemplo unius rei notasse satis erit) Liv. III, 33, 9f. は vades には触れず，およそ Iulius が「職権で裁判する（捕縛したまま処刑する）こともできたのに，自ら民会に訴追者として立ち」(diem dixit et accusator ad populum exstitit, cuius rei uindex legitimus erat) 広義の弾劾主義を維持したと端的に述べる[1]．ここでも Liv. の素材は lex Tarpeia Aternia を無視する如くに「置き換え」のモティフを削除し，両者を十二表法連関の中に組み込む Cic. のソースと対立する．被告人 Sestius を patrici の一員とする点でも，単に "nobilis" とする Cic. と隔たる．

Livius もしくは Livius の直接の素材によるヴァージョン選択は極めて意識的と思われる．vades ないし「置き換え」の問題は patrici が勝ち取った patrici 固有の権利の問題であり，DH におけるように，或いは Liv. 自身が十二表法制定への流れにおいて見るように，patrici と plebs が互いに何かを押さえ合って réciprocité の名において実現するものではありえなかった．かくしてその exemplum は十二表法以前の切り離された時点において，かつ patrici の若い勇士とその父の悲劇として大いに〈神話〉的に描かれねばならなかった．少なくとも (Coriolanus を描いたことが確実な) Quintus Fabius にとってはそうであったろう．社会構造を描き，そしてそのためには派手にヴァージョン対抗に参画しこれを増幅するのでなければならない．最後に法律のテクストが確定されたその年とその規定の技術的内容だけを書いてもしようがないのである．Liv. のソースには既に部分的に古事学系統の伝承の吸収が有ったとしても．

461 年に関する記事において Liv. は「かくして初めて刑事裁判における出頭保証人が認められた」(Hic primus uades publicos dedit) と書く (III, 13, 8)[2]．

Cicero が既に存在しているのを前提に書く vades 制度の公式の exemplum である．そしてそれはまさに裁判例であり，したがってその意味で exemplum iuridicum である．もっとも，常に exemplum iuridicum として伝承され続けて共和末に至ったという保証は無い．確かであるのは，Fabii と並ぶ初期からの patrici の支柱たる Quinctii 内部において伝承され続けたらしいということである．つまり L. Quinctius Cincinnatus の伝記的な伝承が「生き方」の exemplum として継承される，その中の一エピソードが何らかの事情で exemplum iuridicum とされたのである．この時 lex Tarpeia Aternia 伝承との対抗意識が働いたことは想像に難くない．なおかつ以下に見るように転移は何の理由も無くそこへとなされたのではない．基体の伝承はこの exemplum iuridicum を収めるのにまさに相応しいものであった．つまり同一の屈折体に属するのである．であるとすると，われわれにとってはこの vades という制度の基盤を成す社会構造に接近しうる道が開かれたことになる．

　事件は L. Quinctius Cincinnatus の息子，Caeso Quinctius を被告人とする刑事裁判に関わる．訴追するのは tr. pl. たる A. Verginius であるが，直ちに異例であるのは，この時期について盛んに伝えられる同種の事案が全て patrici たる被告人を元 consul とするのに対し，Caeso Quinctius は若者達の集団の傑出したリーダーであるとはいえ何の権限も有しない．つまり tr. pl. による訴追が何らか権限の濫用を訴因としたとすれば，このケースはそれに該らないのである．案の定訴因ははっきりしない．Liv. III, 11, 12f. における A. Verginius の論告は crimen そのものを言う．つまり王の権力に該るものを樹立しようとしたと言う[3]．しかし何故そのように言えるか．8ff. の記述は，Caeso Quinctius が patrici の若者達を率いて（hoc duce）都市中心で tr. pl. や plebs そのものを威圧した（saepe pulsi foro tribuni, fusa ac fugata plebs）等の事実を挙げるのみである．DH, X, 5, 2 も全く同様である．

　しかしながら，DH, X, 5, 2 は直ちに民会の前での弁論の応酬に叙述を移すが，Liv. は 12, 1ff. であらためて弁論の期日を設定し直す．そして DH が父 L. Quinctius Cincinnatus の弁論を直ちに再現し（5, 3ff.）これを一旦成功させるのに対して，Liv. は多くの親族や patrici 有力者の弁論の後におもむろに父を登場させ，効果が曖昧なまま，13, 1 で「人々の間に広まった漠たる敵意の他に，

1 変動の徴候

一つの犯罪事実が被告人を圧迫し始めた」(Premebat reum praeter uolgatam inuidiam crimen unum) と明確に舵を切るのである．"crimen unum" はむしろ初めての訴因の特定に該り，しかも，証人の資格において (testis exstiterat) ではあれ元 tr. pl. たる M. Volscius Fictor が実質訴追するに等しい仕方で論証するのは殺人であり，まるで訴因の変更，そして訴追者の交替，が生じたかのようである．Volscius が言うには，疫病から回復したばかりで弱っていた彼の兄が Caeso の暴力によって倒れ，運ばれたが間もなく息を引き取った，のである．DH, X, 7, 1ff. はこれと同様の弁論を長く採録するが，しかし 6, 1ff. の Verginius の弁論を受けてかつ彼に促されて証言に立つのみであり，弁論と訴因の継続性は強調されている．

二つの到底すっきりしない叙述から透けて見えるのは，何かしら手続の二段階が存在する，ないしは存在するか否かにつき疑義が存在する，ということであり，一方には crimen 一般，すなわち政治システムの破壊一般が，そして他方には殺人，しかも patrici による plebs に対する殺人，が存在する．後者であるならば duumviri perduellionis でなく tr. pl. が訴追に立つ新機軸が理解される．そして，二段階の区分点に父の介入が据わる．もっとも，この点では特に Liv. は歯切れが悪く，それが功を奏さず却ってそのために切り替わるかのように描かれる．或いは，父の介入が本来ならば有効なはずなのに，これを塞ぐ再抗弁の位置に Volscius が置かれる．

父の役割に関する限り好意的な DH は，実はもう一つの分岐点においてやはり父に大きな役割を割り振る．結局期日が延期になり，その間の身柄をどうするかが問題となる．拘束した状態に置くか，「父が主張するように，出頭のための保証人を立てることを認めるか」(X, 8, 2: εἴτ' ἐγγυητὰς δοῦναι τῆς ἀφίξεως, ὥσπερ καὶ ὁ πατὴρ ἠξίου)，が争われ，senatus が「保証金と引き換えに判決までの間人身を自由とする」(χρήμασι διεγγυηθὲν ἐλεύθερον εἶναι τὸ σῶμα μέχρι δίκης) 決定をする[4]．つまり vades への「置き換え」に父の行為 (ほとんど訴訟行為) が不可欠であるかの如くである．そればかりではない．senatus の決定は実はさらに vades を金銭に「置き換える」という別のことを含む[5]．DH は，Caeso が出頭せず亡命する中で，民会における期日と有罪判決の後に出頭保証人が金銭と引き換えに解放される，という構成を取るが，こ

の時「父は自らの財産を大部分売却し，合意された出頭保証人分の金銭を拠出し，自らには Tiberis 川沿いの小さな農場を残すのみで，そこには小さな小屋が有るきりであった．そして僅かな奴隷と共に自身耕作し，労苦の多い辛苦の生活を送り，都市中心を避け，友達とも交わらなかった」(ὁ δὲ πατὴρ αὐτοῦ τὰ πλεῖστα τῆς οὐσίας ἀπεμπολήσας καὶ τὰ ὁμολογηθέντα ὑπὸ τῶν ἐγγυητῶν χρήματα ἀποδοὺς ἑαυτῷ χωρίον ἕν μικρὸν ὑπολειπόμενος πέραν τοῦ Τεβέριος ποταμοῦ, ἐν ᾧ ταπεινή τις ἦν καλύβη, γεωργῶν αὐτόθι μετὰ δούλων ὀλίγων ἐπίπονον καὶ ταλαίπωρον ἔξη βίου ὑπὸ λύπης τε καὶ πενίας, οὔτε πόλιν ὁρῶν οὔτε φίλους ἀσπαζόμενος) と言うのである．第一に金銭への転換は制度的に父の引き受けを前提するが如くであり，第二に父の資産というものを概念させると同時にそれを分節させ，かつその一分節部分に父の存在を局限させる．第三にその局限のされ方に関してテクストは強烈に Hesiodos から Aristoteles に至るディアクロニクに長い観念を意識する．都市中心から遠くに離れて小さく区切られた領域の厳密に単一の切片において自分が直接耕作するのである．或いは隙間を作らないほどに少数の人員を以て占拠するのである．周知の如くローマの共和貴族のエートスを支え続ける理念であるが，ここではその原点が鮮やかにクロスするライトを浴びて立体的にその位置を測定されているのである．DH, X, 5, 1 における Caeso の性格付けは対極を意識したもので，plebs を蹴散らして向かうところ敵なしという（身体および弁論における）圧倒的優越性を強調する．Achilleus かはたまた Hippolytos である．この点では Liv. III, 11, 6f. も完全に歩調を揃える．「出身氏族の顕著さにおいても身体の大きさと強さにおいても当たるところ敵無しの若者で，元来神々からふんだんに与えられた天性に加え自分でも戦場での武勲と政治舞台での雄弁を多く獲得していて，言語においてもフィジカルな力においてもローマでは右に出る者が無いほどであった．政治的階層の頂点が連なる隊列の中でその一角を占めると，たちまち傑出して見え，まるでその声と身体の力で一身に dictator 職と consul 職を遂行するが如く，tribuni と平民派の猛威を一撃で制した」(ferox iuuenis qua nobilitate gentis qua corporis magnitudine et uiribus; ad ea munera data a dis et ipse addiderat multa belli decora facundiamque in foro, ut nemo, non lingua, non manu, promptior in ciuitate haberetur. Hic cum in medio patrum agmine constitisset, eminens inter alios, uelut omnes dictaturas consulatusque gerens in uoce ac uiribus suis, unus impetus tribunicios popularesque procellas sustinebat.）．明らかに父の側における領域の〈二重分節〉に対して，無分節（ferox）のみならず〈分節〉ないし政治システム（facundia in foro, lingua, etc.）が Caeso に託されて強調されている．

しかし Liv. のテクストにおいては，訴因の変更においても vades 導入においても金銭への転換においても父は置いて行かれる存在であり，父の克服が新しい制度の基礎であるかの如くである．父は新しい体制を創って受け止めたというより，まさに新しい体制によって解体される．「金銭は父から残酷に誅求された．その結果全資産を売却し Tiberis 川向こうの道無き奥地の小屋で遠島にあった如くに生活することになった」（Liv. III, 13, 10: Pecunia a patre exacta crudeliter, ut diuenditis omnibus bonis aliquamdiu trans Tiberim ueluti relagatus deuio quodam tugurio uiueret）．領域に確たる基盤を樹立して輝かしく復活するのは強いられた変身の後のことである．つまりここにはむしろ Iason の動機が響いている．

ということは，われわれは手続の exemplum の stratification を Liv. のヴァージョンによってヨリ分節的に見ることができることになる．DH が父の名の下に一体化した部分を引き剝がしうるのである．

まず A. Verginius は tr. pl. として正式に訴追の手続 diem dicere を取り（11, 9），訴追者 accusator として（10）公判の日を迎える（12, 1: iudicio dies）．弁護のために大規模な支持取り付けキャンペーンが既に行われていて（prensabat singulos），その上にジェネアロジクな連関における組織（necessarii）を通じて政治的階層の諸頂点（principes ciuitatis）が結束する．Liv. は彼らの弁論を次々紹介していき，父の弁論はその中に埋没している．これを既述の良く特定された新しい訴因が覆すのである．しかしまさに Volscius の論告が終わると「怒った人々が殺到し，すんでのところでその勢いのまま Caeso は殺害されるところであった」（Liv. III, 13, 3: adeo concitati homines sunt ut haud multum afuerit quin impetu populi Caeso interiret）．「訴因の変更」こそがリンチへの道を切り開いたことになる．Liv. が Volscius に挙示させる訴因は正確である．「殺人」ではあるが，疫病で既に弱っていた者に対する一撃（pugno ictum）が

死を招いた（cecidisse）にすぎない．「瀕死のまま多くの者の手を経て家に運び去られ，しかし結局はその一撃が原因で死んだ，と判断された」（semianimem inter manus domum ablatum, mortuumque inde arbitrari）と Liv. のテクストは奇妙に迂回する．何故 Volscius にこのように言わせなければならないのか，一見理解不能である．しかし明らかに，何かの計画と陰謀によってこの者を殺害する行為が行われたのではない，実力衝突の中で殺害が帰結されたのである，ということが強調されている．そしてそのために，「Caeso が殺した」というパラデイクマは，まず複合的な因果連鎖に分節され，次いでなおかつ死に至るまでの部分もまたさらに syntagmatique に分割されているのである．殺人自体に政治的意図が無い，ということの見事な解析である．被害者が tr. pl. であれば到底こうではありえない．たまたまそうであれば周到な抗弁を要するであろう．patrici であれば政務官でなくともやはり一般的にはこうではありえない．一人一人 patres の少なくとも予備軍であり，〈分節〉集団の頭目であるからである．すると被害者が plebs であることはこの場合決定的で，そのことの刑事法上の意味がパラデイクマの分節によって例解されているのである．非政治性，計画的でないこと，plebs が被害者であること，はもちろん論理的には別のことであるが，なおかつ連帯の関係に在るのである．

しかし，犯罪 crimen とは全く一義的に政治システムの破壊のことで，それ以外は犯罪ではなかったのではないか．patrici の暗殺は確かに政治的自由の破壊であろう．しかし plebs の単なる一人の殺害はどうして政治システムの破壊と関わるだろうか．これは crimen とは言えないであろう．しかし Liv. は "crimen unum" などと言う．これは何を意味するか．

リンチ＝実力衝突へとなだれ込む寸前，「Verginius は Caeso を逮捕しそして勾留するように命ずる」（Verginius arripi iubet hominem et uincula duci）．今度は patrici の方がこれを阻止すべく実力行使の気配を示す．その時，裁判長たる趣で，consul 経験者 T. Quinctius が決定的な文言（13, 4）を吐く．「刑事裁判の被告人として訴追を受け，公判の期日も予定されている者の人身は」（cui rei capitalis dies dicta sit et de quo futurum propediem iudicium,）「決して弾劾手続によって有罪判決を受けることなくしては侵害されてはならない」（eum indemnatum indicta causa non debere uiolari）．リンチに対して「裁判無くして刑

罰無し」が宣言されているのだろうか．確かに「裁判」と言ってもそれ如き手続がただあればよいというのでない．公開，陪審，訴追と訴訟指揮の分離，無罪の推定，被告人の人身の自由，等多くの要件を満たしていなければ裁判とは言えないであろう．しかしそればかりではない．それだけならばリンチの気配に対して直ちに宣言がなされたであろう．しかし間に Verginius の行為，そしてこれを阻止する patrici の行為が介在している．確かに裁判は共和初から行っているはずである．今更大原則をかざして何になるのか．そうではなく，それに新しい意味が今塗り重ねられようとしているのではないか．そもそも plebs 側の勢いが無ければ到底これを新たな crimen とするわけには行かなかったであろう．その勢いをストップすることが「新たな crimen とする」手続きを同時に意味する．その意味で裁判の exemplum 自体の再樹立である．しかし放っておけばおそらく当然に Verginius の糾問手続が発動されたであろう．テクストはそうした勢いを伝える．するとそれまで plebs による patrici の殺害は perduellio と異なって糾問手続によったのではないか．ところがまさにこの場合何と言っても被告人が patrici の一員であり，被害者は plebs である．初めて patrici が立ちふさがる．これを受けて，それまで直接の政治的含意を論理必然的に有してきた crimen のための手続「裁判無くして刑罰無し」が発動された．するとそれはリンチに対してばかりでなく，Verginius の糾問手続に対しても，否，スペシフィクにはむしろこちらに対して作動する．事実この二段は，T. Quinctius の宣言を意図的に二つに区切って引用したその二つがやや意味不明に重複する中に現れている．Verginius の糾問手続とてもちろん訴追の経過の中で現れるものであり，全体の弾劾手続を前提している．すると，前提の弾劾手続の内部にもう一つ弾劾手続が現れるという観念が朧気に浮かび上がって来る．

事実 Caeso の人身はおよそ捕縛されないのではなく，一旦捕縛されたものが解放されるのである．Liv. のテクストはまたしてもジグザグを示す．tr. は反論する．「私は何も裁判無しに身体に対する刑罰を科そうというのでない」(supplicium negat sumpturum se de indemnato)．「そうではなく，人を殺した者に対する処罰の権限が確かに人民に留保されるよう，公判の期日まで未決勾留しようというだけである」(seruaturum tamen in uinculis esse ad iudicii diem, ut, qui hominem necauerit, de eo supplicii sumendi copia populo Romano fiat). 手続は巻き戻された．あらためての勾留請求が行われた．まさにこれに対して，抗告が行われる．しかし誰にか．何と tribuni plebis に対してである．「抗告を受けた tribuni は中間決定（medium decretum）を以て自らの庇護権（ius auxilii）を行使した．勾留を禁じたのである」（appellati tribuni medio decreto ius auxilii sui expediunt）．奇妙ではないか．plebs の被告人が tr. pl. に駆け込んで人身保護を求めるのではないのか．第一，tr. pl. その人が訴追しているはずではないか．制度の exemplum がこの通りであるとすると，明らかに，plebs たる被告人のための制度に patrici たる被告人が後発的に乗ることができるようになった，しかし exemplum の上では一番乗りを patrici が奪って少々時期の遡る Caeso 事件に仮託された，のである．これはまた，plebs による patrici 殺害に対する訴追に倣って tr. pl. が plebs 殺害の patrici を訴追しうるようになる，のみならず plebs たる被告人の人身の取り戻しが認められる，ことを patrici が受け容れる替わりに，tr. pl. のその抗告審級を patrici もまた利用できるようにする，という大きな経過を想定させる[6]．この種の「取引」を伝承が執拗に示唆することは既に見た通りである．

　Liv. のテクストが，このような何段かの exemplum が stratifique に塗り重ねられて出来上がっている，とするならば，極めて混乱しているかに見える vades に関する部分の成り立ちもまた分析可能である．被告人の人身の一旦の解放を認めた tr. pl. にとっても「被告人は出頭しなければならない」(sisti reum) ことに変わりはない．しかし果たして出頭するであろうか．かくして tr. pl. は「出頭しない場合に備えて金銭を人民に対し供託することを認める」(pecuniamque ni sistatur populo promitti placere) と宣言する．何段かにわたることを見たあの「置き換え」問題はいきなり短絡されて pecunia にさえ至っている．出頭保証金 vadimonium の exemplum にすぎないではないか．であるのに Liv. は vades の初の例だなどと言って……．否，またしても巻き戻しが行われる．それにしても額をどう算定するのか，という疑義が出て，何とこの問題が senatus に「送り返される」(reicitur)．"reicitur" は必ずしも「原審級」が senatus に在ったことを含意しないが，しかしそうとも読める．「原審級」が senatus で抗告審が populus で評価算定が senatus に戻った，と解すると極

めて論理的である．しかしこれは最初の弾劾主義の判定審級（陪審の母集団）が senatus であったという重大な結論を帰結する推論である．その点をしばらくおくとしても，まず senatus に審級が移行した途端，redundant にも，その間の身柄をどうするかという問題が浮上する．何と「patres が協議する間，被告人は公に保持される」（reus, dum consulerentur patres, retentus in publico est）ということになる．しかもこのことの意味もわからないうちに読者はいきなり「出頭保証人を立てることが認められた」（Vades dari placuit）と突き付けられる．ここにはテクストの上で明らかな断層が存在する．tr. pl. がそもそも身柄を一旦自由にするかどうかを判断するときにこの決定がなされて然るべきである．ところが額算定のためにと言って問題を引き摺り戻すようにしてここへ持って行き，やっと vades を登場させ，そしてこれを基準に一人幾らかを計算し，こうしてようやく順序が踏まれるのである．その瞬間，vades の exemplum はここに在る，と Livius は宣言する．

　vades は「身代わり」であり，われわれの「置き換え」問題の第一弾である．しかし誰が身代わりになるか．Pythagoras 学派の高邁な連帯を俟つまでもなく，熱く結ばれた友人以外になく，こうしたメンタリティーは政治的階層に固有のものである．Achilleus の身代わりは Patroklos でなくてはならない．そして patrici の被告人のみにこれが許され，かくして彼は自由を保持したまま防御するという弾劾主義の基本を貫徹しえたのである．彼は Pythagoras 学派の青年のように，万難を排し戻って来て公判廷に出頭するであろう[7]．最愛の友の命が懸かっている．"retentus in publico" はこの状態そのものであろう．誰かに匿われているのでなく，vades が皆の前で身を以て保障しているのである．これは凡そ共和革命によって政治システムが樹立され刑事裁判というものが現れた時に既にそうであったに違いない．その時には全てを senatus が判断したのである．集会自体 comitia curiata であったと考えられる．しかしそこでは被告人解放手続は完全には独立していない．審級が同一であるからである．そもそも誰も vades に立たなかったらどうなるか．その意味で，解放は保証されてもいないのである．ところが今，この vades をもう一度「置き換える」手続が成立する．この時，別の審級が現れて人身保護は制度的に保障される．掛け替えのない友人でなく，交換可能な金銭であれば誰でもアクセス可能である．し

かも crimen の概念の拡張に対応している．つまり「政治システムの破壊」の概念が拡張されたのである．政治システムの骨格が枝を伸ばしたということを推定させる．それに見合って，従来糾問的に訴追されたところが，訴追自体の弾劾主義化に曝される．第二の「置き換え」たる vadimonium は一連の概念構成再構造化の結晶なのである．

しかもこれは刑事司法の性格を一変させる．Caeso は vadimonium を支払った以上亡命し（in exilium abiit）もちろん戻ってこない．すると，身体刑 supplicium 自体が行われない，という帰結が待っていることになる．vadimonium は亡命権の保障と死刑の廃止を意味することになる[8]．これが狭義の（テクニカルな意味の）弾劾主義，訴追プロセスの弾劾主義，と連帯の関係に在る，ということになる．

[1・2・1] Ogilvie, *Commentary*, p. 458 はこのヴァージョン偏差に触れず，Cic. の箇所と共に nisi comitiis という十二表法の規定に漠然と関連付けるのみである．

[1・2・2] Mommsen, *StrR*, S. 328 は被告人を "auf freiem Fuss zu prozessiren" ための制度として "paradigmatisch" な面を重視する，"Legende" としつつも．Livius の表現につられて私法から入った制度であるとも解する．かくして vades-vadimonium の stratigraphie が欠ける．Santalucia, *Diritto e processo penale*, p. 54, 55, nt. 15 は記事自体をやはり "leggendari" なものの一つとするが，iudicium populi のサンクロニクな画像の中に vades のみながらとにかく位置付ける．基盤をなす伝承本体の分析が（神話的と断罪されるため）欠落するのが惜しまれる．

[1・2・3] "Libertati obstat; omnes Tarquinios superbia exsuperat. Exspectate dum consul aut dictator fiat, quem priuatum uiribus et audacia regnantem uidetis!"

[1・2・4] G. Crifò, *Ricerche sull' "exilium" nel periodo repubblicano*, Milano, 1961, p. 147ss. は vades 導入を patrici と plebs の妥協の産物であるとする．plebs が和解のため patrici への追及の手を緩めた，というのである．テクストからは全く出て来ないばかりか，（Machiavelli が高く評価した）patrici/plebs 対立の制度構築力を過小評価するものである．

[1・2・5] Crifò, *Exilium*, p. 150ss. は vades/vadimonium を区別しないために，換算の決定的重要性，この二つの段階の区別，テクストの stratification の識別，をいずれも見逃す結果となる．Caeso 事件の "assurdità" に戸惑って文字通りに vadimonium や金銭評価の動機に着目する Mommsen 説を拒否してしまう．

[1・2・6] Mommsen, *StrR*, S. 156 は，tr. pl. の刑事裁判権について，plebs および自分の人身に対する侵害が perduellio に匹敵するという考えに基づくものとする．しかしこれが一般の管轄を得る理由につき，"eine ständige patricische Behörde" が無かったためと，重要なポイントを見逃す．plebs が人身保護と弾劾主義を獲得したことを前提に，これが patrici に拡大するのと引き替えに tr. pl. の対 patrici 訴追が初めて実現したものと考えられる．それが伝承上遡ったのである．

[1・2・7] Damon と Pinthias につき，Hyg. Fab. 257，もちろん太宰治『走れメロス』の遠いソースである．

[1・2・8] 一旦「追放刑」というゲルマニストのドグマに影響されたのを払拭して「亡命権」

を自由のための制度として位置付け直したのは Crifò, *Exilium* の大きな功績である．しかしながら，その論証に性急であるために，vades/vadimonium を重層的に捉えることに失敗し，exilium を卑近な衝突回避と理解する他，結局その自由の内実は何かを捉え損なっている．彼はそもそも gens 制に起源を求め (p. 83ss.)，ここから直ちに元来 patrici のためのものと判断する．しかしこれは政治的階層のエートスを Vico 流の自由主義で誤解したものである．そして vades 導入を gens 制から "statale" な制度への転換点とする (p. 140)．しかし exilium と連帯の関係にあるのは vadimonium であり，したがって別の自由について考察しなければならなかったであろう．

1・3

　Caeso Quinctius 伝承内部の stratigraphie が仮に確かなものであるとしても，それぞれの層の絶対年代は直ちには決まって来ない．vades と弾劾主義の基本が大まかに共和初期に遡るとして，vadimonium の層ないし訴追の弾劾主義化，被告人人身保護審級の独立，はどこに位置付けられるか．lex Tarpeia Aternia が一つの目安となることは，「置き換え」の動機の共通性から明らかであり，これはまた大まかに十二表法のレヴェルに位置するから，こうして大雑把に道標を打ち立てることはできる．

　しかし他方，伝承は，secessio 解決，Sp. Cassius 弾劾，によって消えたはずの plebs の動きにつき，Fabii の体制が絶頂に来る 481-480 年から再び触れ始める[1]．481 年，tr. pl. たる Sp. Licinius が lex agraria を求めて活動し，そのために募兵拒否戦術に訴えたという (Liv. II, 43, 3f.; DH. IX, 1, 2ff.)[2]．lex agraria を通じて Sp. Cassius に繋がるが，lex agraria 自体はアナクロニズムであり，他方伝承の核心は (DH のヴァージョンによると) Ap. Claudius の提案に基づいて tr. pl. 団を切り崩し Licinius を孤立させたということである．後の基本戦術の exemplum ながら，これもアナクロニズムであり，Fabii の新 tribus が強固に領域を割拠するのに伴ってここから排除された分子の動きをその割拠体制そのものによって切り崩した記憶であろう．続く 480 年には tr. pl. たる Ti. Pontificius が全く同じ活動を試みる (liv. II, 44, 1ff; DH, IX, 5, 1)．今度は Liv. が Ap. Claudius と切り崩しを伝える．つまりダブレットである．

　こういうダブレットも無意味な影ではない．Liv. II, 52, 3ff; DH, IX, 27, 1ff. は今度は tr. pl. たる Q. Considius と T. Genucius による T. Menenius 弾劾を伝える (476 年)[3]．奇妙なことに，Liv. がこの二人を例によって lex agraria の推進者

とするばかりかCoriolanus弾劾とのアナロジーを明示するのに対し，DHはもっぱら刑事裁判を問題とし，しかも両テクストにおいて揃って訴因はなんとCremeraにおいて(consulであった)Meneniusが救援に行かなかったことである．ex-consul弾劾はよいとして，plebsの大義と如何なる関係を有するのか．さらにMeneniusには罰金刑が科されるにかかわらず，この汚辱に耐え切れず彼は憤死してしまう．Coriolanus/Sp. Cassiusと繋がってはいるとしても，果してlex agrariaで繋がっているのか弾劾裁判で繋がっているのか．後に二つの線が交わるところにtr. pl.による訴追という事態が生ずる．とにかくこれがMeneniusに逆流し，さらにその先Coriolanusに逆流する．交点にはずっと下流から既にlex agrariaが遡っている．するとこれもMeneniusに遡り，さらにLicinius/Pontificiusのエコーを生み，Sp. Cassiusに達する．そうであるならば，逆にMenenius弾劾はSp. Cassius弾劾に続くものであり，元来はplebsとは無関係である．だからこそ彼は憤死する．Cremeraは新領域体制の勲章であり悲劇である．tribus間の横の連帯の拒否がこれを招いた，とすればSp. Cassiusの掲げた大義が易々とこれにヒットする．

　475年に前年consulのSp. Serviliusが軍事的失敗の故にtr. pl.によって訴追されたという記事(Liv. II, 52, 6ff.; DH, IX, 28, 1ff.)も同様の方向に解しうる．DHが採録する長い弁論はplebsのコーズとは不連続の内容であり，結局全てのtribusが無罪評決であったという部分も余りにもinterpretatio Graecaである．実質plebsの集会たるcomitia tributaの作動は唐突である[4]．473年にはtr. pl.たるGn. Genuciusが前年consulesを訴追する(Liv. II, 54, 2ff.; DH, IX, 37, 1ff.)．訴因につきLiv.はlex agrariaとのみ記し，DHは逆に余りにもテクニカルに「Sp. Cassiusの年に行われた土地分配の元老員決議を実行しない」廉で訴追がなされたとする．いずれもGenuciusの突然の死去により訴追自体が消滅したとする．ここでもおよそ訴追に対してtr. pl.が付着し，つられてSp. Cassiusとlex agrariaが加わったと考えられる．470年のAp. Claudius訴追(Liv. II, 61, 1ff.; DH, IX, 54, 1ff.)も全く同様である．訴因ははっきりせず，DHのヴァージョンではsenatusでのlex agrariaに対する反対演説がそのまま訴追へと経過し，例によって公判前にAp. Claudiusは自死を遂げる(Liv.は病死ヴァージョン)[5]．

1 変動の徴候

　一見連続的な事例ながら大きく隔たるのは 455 年の訴追である．記事自体 DH のみが伝えるにすぎないが，しかしそこでは訴因は「(consul が) 多くの市民を，彼らが tr. pl. の権威に庇護を求めたにもかかわらず，拘束するように命じたこと」(DH, X, 33, 4: *καὶ ὅτι πολλοὺς τῶν πολιτῶν ἐκέλευσαν εἰς τὸ δεσμωτήριον ἀπάγειν τὴν δημαρχικὴν ἐξουσίαν ἐπικαλεσαμένους*) である．"appellati tribuni" を DH がそのソースに見出したことは確実である．そして DH のテクストにおいて人々はその種の訴追に前例が無いかの如くに振る舞う．すなわち，tr. pl. は必死に人々を動員して consul 訴追のための集会を開こうとし，patrici はこれを実力で阻止しようとする (X, 33)．DH の叙述はここから長大なものになる．場面は突如 senatus に移ってここで tr. pl. と consules は弁論の応酬をする (X, 34)．そして senatus が何らの決議をもすることができない事態を受けて plebs が Mons Sacer の再現を予期させる態勢に入る (35)．しかし替わりに consul を処罰する案が出て，しかしそのためには正規の裁判を要するという意見に押され，むしろその追随者を処罰するということになり，しかもこれもせずに一旦正面から lex agraria を目指すこととする．36 以降はほとんど L. Siccius Dentatus 伝承である．lex agraria のための彼の長い演説は Sp. Cassius と Genucius の exemplum を含み，実力衝突における patrici の諸分子の弾劾を暗示する．Icilius がデュー・プロセスを主張する (40) ものの，plebs の集会が投票に移ることを若い patrici が実力で阻止する (41, 3)．計ったように，「consul の追随者たる私人」が plebs の集会にて訴追されることとなる (42, 1ff.)．対象は Cloelii, Postumii, Sempronii と特定される．訴因は tr. pl. の神聖不可侵の侵害である．しかも刑罰は財産に置き換えられる．つまり Ceres のために没収されるのである．43ff. は突然の外敵の動きで lex の実現が遮られ，歴戦の勇士 Siccius は志願し参戦し，しかし死地に赴くに等しい作戦に派遣されて殺されそうになるが，これを切り抜けて帰還し，一層英雄視されるようになる，という伝承を採録する．以上は翌年の lex Tarpeia Aternia の内容と脈絡に完全に連続的であり，十二表法制定過程の実質的開始である．plebs の組織が時を隔ててようやく形をなした瞬間であり，だからこそ tr. pl. による訴追自体初めてのケースであるかの如く述べられる．それは防御的な手段の構築であり，政務官を対象とするものではない．いずれにせよ，ここには

何かの étiologie が有り，そして何よりも Liv. が完全にこれを無視するのである．彼は lex Tarpeia Aternia を無視し，この結果十二表法制定への始動が大変に不自然となる．実際 plebs 側から発信された生き生きとした伝承が無ければこれは DH のようには描きえない．

　461 年の Caeso 事件は 470 年（旧来の刑事裁判）と 455 年（新型の刑事裁判の浮上）の中間に突出して置かれたことになる．Fabii という伝承媒体が Cremera（反省）を伝えるのとシメトリーをなすようにして Quinctii という伝承媒体が Cincinnatus を伝える，その中で遡ったと考えられる．両者はやがて新型の刑事裁判を本格的に完成させるに至る構造創出に寄与したと考えられる．おそらく Cincinnatus は他に先駆けて領域上の実力形成を分散させ，したがって領域の上に固有の拠点を持ち，政治的（〈分節〉単位）頂点間の苛烈な応酬を生き抜いたに違いない．これが filius のパラデイクマをもたらしたのである．そうであるにすぎないならば〈分節〉単位頂点以外抹消に対する訴追が 461 年に現に行われていたという可能性は低い．このレヴェルでの tr. pl. の活動は存在しなかったに違いない．既述の 454 年の（tr. pl. と aedilis plebis による）ex-consules 訴追すら 455 年の plebs の慎重な訴追方針からして何かのエコーが遡った可能性を有する．しかしこれに対して，473 年の Volero Publilius 事件（Liv. II, 55, 4ff.; DH, IX, 39, 1ff.）こそは 455 年と内容的に最も密接である．plebs 出身の歴戦の勇士 Volero は歩兵の一単位を率いる存在（centurio）であったのに，一兵卒として編成される．これに抗議した（DH）或いは従わなかった（Liv.）ために consul は直ちに身体に対する懲罰（supplicium）を執行吏（lictor）に命ずる．DH のヴァージョンは，まず Volero 自身が抵抗し，これに plebs の集団が加勢することによって結局 Volero は脱出し，両者対峙のまま終わる，とする．これに対して Liv. のヴァージョンによると，lictor への命令と同時に Volero は tr. pl. に対して庇護を求め（appellat tribunos），tr. pl. が動かない（cum auxilio nemo esset）のを見て命令があらためて発せられると，「民会」に対して抗告するのである（Prouoco inquit ad populum）．Liv. は，「私は抗告する，plebs の信義に訴えかける，市民諸君連帯してくれ，共に戦った諸君肩を貸してくれ，tribuni には何も依存しえない，彼らこそが諸君の庇護を求める存在なのだから」（prouoco et fidem plebis imploro. Adeste, ciues; adeste

commilitones : nihil est quod expectetis tribunos, quibus ipsis uestro auxilio opus est) という方式に近い文言を採録している．provocatio の étiologie が何故か Horatius 伝承のレヴェルに深く刻まれたのに対して，正規の exemplum iuridicum は明らかにここに在ると見るべきである[6]．そこでは，広義の provocatio が言わば tr. pl. の auxilium と一体であるとすると，狭義の provocatio はこれが機能しないときに例外的に作動するものであるとされている，ことが大変に注目に値する．それでもなお，DH のヴァージョンがそう解するように，provocatio をここに置くことはアナクロニズムであり，ここには後に provocatio という制度を発達させるに至る構造が出来始めていることを物語る事件が有るにすぎない．否，元来はそれすらでなく，そうした構造が後にようやく解決するに至る悲劇的な事件が記憶され，後に問題を例解するに際して機能し続けた，というにすぎないかもしれない．つまり Volero は抵抗できなかったのであるかもしれない．

いずれにせよ，Volero 事件における軍事懲戒権の制限は，刑事訴追権の制限に及ぶ必要があり，後者は伝承上なんと相手を patrici に変えて Caeso 事件で達成される．もっとも，Caeso 訴追において訴因特定のために大きな役割を果たした M. Volscius Fictor に対する刑事裁判手続は新しい原理による如くである．何故ならば「Volscius は有罪判決を受けて Lanuvium へと亡命した」(Liv. III, 29, 6 : Volscius damnatus Lanuuium in exilium abiit) からである．これより前に quaestores の Cornelius/Servilius によって (24, 3)，そして Valerius/T. Quinctius Capitolinus によって (25, 2)，「偽証」を訴因として Volscius は訴追されるが，いずれの場合も tr. pl. の「妨害」によって裁判に至らなかったとされる．そして Caeso の父 Cincinnatus が呼び戻されて dictator となり，これに対して tr. pl. の妨害（おそらく provocatio）が効かないがために，初めて Volscius に対する判決に至ったのである[7]．plebs にとって新原理は一挙に二重の改善を意味した．そもそも quaestores の訴追を前にして vades による基本的弾劾主義さえ獲得していなかったと思われる．つまり quaestores が身柄を保持したまま裁判を迎えていたのである．それが一旦解放されるようになったばかりか vadimonium と exilium まで手に入れた．他方，被告人の身分により訴追者と原理が duumviri/quaestores そして弾劾式／糾問式に分かれていた

ものが，訴因により duumviri perduellionis/quaestores parricidi と分かれるようになる．政治システムの端的な破壊のみが crimen であり，したがって政治的頂点の暗殺とクーデタは（〈分節〉破壊の点で）同じことであった（被告人がどちらの身分かで政治的含意が変わり，したがって手続が変わった）のに対し，今や単純な個々の市民の破壊もまた crimen となり（政治システムの概念が拡張され），したがって plebs 殺害も含まれるようになり，plebs もまた弾劾主義，しかも新式のそれに浴するようになると，これらは全て quaestores が管轄するようになり，しかもしばしばここに弾劾主義の exemplum が付く．かつ，この分化を前提しない Horatius 伝承や Sp. Cassius 伝承は duumviri/quaestores と perduellio/parricidium を共に混ぜ合わせるようにして記述することになる．とにかくこうして plebs も新しい刑事裁判手続における防御手段を装備することになっていったのであるが，455 年には防御ばかりか，相手の政務官の訴追までもが視野に入った，というように伝承が捉えるのである．これらの全てはほぼ 20-30 年の遡及的投影である．しかしあえて時間軸に syntagmatique な延長を与えられて，こうした伝承は全て，十二表法制定過程の中で達成されたことの見事な展開図となっている．複数の制度がどのような論理的連関に立っているのか，われわれは読み取れるのである．そしてそれによりわれわれは何が新しい制度を必要とさせたのか，問題を解決させたのは何であったのか，を知ることができる．

　根底に Cremera (Menenius)，すなわち共和革命後の領域の構造が存在する．領域は垂直に伸びる〈分節〉的人的組織の端的な衝突の場である．これはしばしば「政治的」な性質の弾劾の試みに上昇する（Menenius）．その組織の末端の構成員にとっては，もし組織自体もしくは頂点の庇護が得られなければ何の保障も無いということになる（Volero を見放したのは実は彼の patronus か）．Sp. Cassius の構想が放棄されたことに対して人々はあらためて痛切な思いに駆られる（lex agraria 伝承）．一旦放棄された plebs の横断的結合もまた真剣に欲せられるようになる．Volero に tribuni plebis 選挙のための法案が帰せしめられるのはその故である．Liv. II, 56, 2 と DH, IX, 41, 2 がいずれも (comitia curiata であったものを) comitia tributa に選挙機関を移すということを内容として伝える．Liv. はそうすると clientela が効かなくなるということを，DH は

1 変動の徴候

senatus の probouleusis が効かなくなるということを，挙げて解説する．しかしいずれにせよ tribus 自体が改革されなければ同じ事であるから，この実を結ばない法案に関する伝承はむしろ人々の思い，つまり Volero のことから何故（後に）comitia tributa へ tr. pl. の基礎が移るのかという理由へと連想が働くということ，に関わるにすぎない[8]．それでも，(curia 原理の) 最初の secessio から時を経て plebs の組織が再編されるとき，そのままの再現ではなく，secessio とは微妙にニュアンスを異にする Sp. Cassius の線が選択された，ということがここから読み取れるのである．もっとも，それすら本当に実現するのでない．つまり本格的な領域の横断的組織が発達するのでない．しかし政治的次元で現れるヴァーチャルなその代替物は固い水平連帯そのものを誇るのでなく，何らか個別の市民の存立の保障のために消極的に働くのである．

〔1・3・1〕 F. Serrao, Lotte per la terra e per la casa a Roma dal 485 al 441 a. C., in : Id., ed., *Legge e società I*, p. 51ss. はこれを文字通りに「Sp. Cassius 勢力の継続」と理解して分析する珍しい論文であり，例によって Gabba に対する révisionisme が濃厚であるが，伝承の扱いが余りにも素朴である．

〔1・3・2〕 DH によると Icilius，ただし写本は Sicilius．

〔1・3・3〕 C. Venturini, Il plebiscitum de multa T. Menenio dicenda, in : Serrao, ed., *Legge e società I*, p. 181ss. は，的確にも，二点において既に patrici と plebs の妥協が成り立っているのを見る．すなわち，軍事的 imperium にも刑事手続原則が適用される点，しかし罰金刑に緩和された点．ただし十二表法以後の終着点が伝承上逆流したものとわれわれは見る．

〔1・3・4〕 V. infra.

〔1・3・5〕 既に述べたように近年の学説（J. Bleicken, *Das Volkstribunat der klassischen Republik. Studien zu seiner Entwicklung zwischen 287 und 133 v. Chr.*, München, 1968, S. 5ff.; Lintott, Provocatio etc.）は plebs の「革命裁判」ないしリンチ活動を想定し，「自力救済」などと言う．Bleicken の攻撃の対象が "die Lehre von einer Judikation und einer amtsrechtlichen Koerzition der Tribune" (S. 147) であることはあらためて注目に値する．糾問的＝先進的＝非政治的刑事手続の理念が存在する．Mommsen 学説に帰ろうとする Santalucia, *Diritto e processo penale* も「革命裁判」を肯定し，ただしここから provocatio を切り離すことでこれを救う (cf. p. 25s.)．A. Magdelain, De la coercition capitale du magistrat supérieur au tribunal du peuple, dans : Id., *Ius imperium auctoritas. Études de droit romain*, Paris, 1990, p. 541 は "le tribunal révolutionnaire de la plèbe" でさえも annalistique の創作とする．

〔1・3・6〕 Kunkel, *Kriminalverfahren*, S. 24 はこれを含め一連の provocatio の歴史的実在を全て否定する．

〔1・3・7〕 Crifò, *Exilium*, p. 142ss. はこの点を重視し，Caeso 事件が判決前に exilium に至ったことと対比する．後に plebiscitum が必要とされたことと違ってここでは高度な政治的判断によった，というのである．しかし差異は，一旦解放されてそのまま exilium か，それとも起訴が許されて後に exilium かの点に存するのではないか．

〔1・3・8〕 De Martino, *StCost, I*, p. 346ss. は，comitia curiata が tr. pl. を選出したはずはないから，

高々 "curiatim" にという趣旨であろうと解した上で，それもありえないと否定する．しかし "curiatim" と curia 原理は異なる．De Martino はまた，lex Publilia の趣旨を tribus に登録された土地所有者たる plebs のみを母体とするものと解するが，大まかにはその方向に動いて行くにしても，ここでは組織原理の変更を伝承が示唆するにとどまる．

1・4

455 年ないし 454 年に開始される変動過程により刑事裁判手続が大きく再構造化されたことが確かであるとすると，次の問題はそれが一体何を意味するのか，何がそれをもたらしたのか，である．

刑事裁判手続の変化自体は一連の変動過程の最後に定着したに違いない．455 年および 454 年に関する伝承はその変動の引き金が引かれたように伝えてくる．では，新しい手続が完成したことを示す徴表というものは無いか．十二表法自体例の "nisi per maximum comitiatum" を有する．しかし刑事裁判に関する規定全般を見通すとそれはこれまで見てきた伝承とは著しく波長を異にするものであり，それは別に扱わなければならない．他方われわれは Volero 事件において provocatio に遭遇し，Caeso 事件の "tribuni appellati" も同一の性質を有することを確認した．そもそも vades/vadimonium 自体手続的に同じ構造を持ち，exilium が一方で，他方で罰金刑導入が，これらと共鳴する．もしこれら全てを一枚の看板で表示するとすればそれは provocatio になるであろう[1]．不思議なほど実例が知られず，しかしそれにしては不思議なほどローマ国制の柱とまで言われる，この謎の provocatio は，以上一連の刑事裁判手続の構造変化を一括りするとすれば，確かに重要である．その手続変化をもたらすものが一つの決定的な社会構造の変化であるとするならば，ひょっとすると本当にこれこそが決定的であるのかもしれない．

とはいえ，provocatio は少なくとも共和初，場合により王政期から，存在することになっている．何故またしても provocatio なのか．確かに Horatius 伝承や第一次 lex Valeria について分析する際には既に stratigraphie を施してきた．若干の部分を切り捨ててきた．しかも切り捨てた部分こそがテクニカルに provocatio と言うに相応しいものであった．しかし何故このようなディアクロニクな通路が観念されたのか．付け加わったものは何故決定的なのか．

十二表法を巡る動乱の一つの終点はまたしても lex Valeria, つまり第二次

1 変動の徴候

lex Valeria である．Cicero はこの二つが共に provocatio に関わったと考える[2]．第一は「政務官職に在る者は誰もローマ市民を provocatio に反して殺害・暴行してはならない」(Rep. II, 31, 53: ne quis magistratus ciuem Romanum aduersus prouocationem necaret neue uerneraret) であり，これが王政期から存在したことは libri pontificii によって根拠付けられるが，まず，「全ての判決および刑罰につき provocatio が許されることは十二表法の複数の規定が示すところである」(ab omni iudicio poenaque prouocari licere indicant XII tabulae conpluribus legibus) 上に，Decemviri が sine provocatione で選出されたために，Lucius Valerius Potitus と M. Horatius Barbatus が consul の立法として「如何なる政務官も provocatio の制約を受けないものとして選出されてはならない」と定めた（Lucique Valeri Potiti et M. Horati Barbati... consularis lex sanxit ne qui magistratus sine prouocatione crearetur）とする．imperium に付いたものが裁判に付くという進化が注目に値するが，Decemviri の絡みが特別権限の方へ問題をそらし，真のディアクロニーは消える．第一次について極めて抽象的にしか述べない Livius も，「誰も如何なる政務官をも provocatio の制約を受けないものとして選出してはならない」(III, 55, 5: ne quis ullum magistratum sine prouocatione crearet) と歩調を揃える．しかし進んで「誰でもそのように選出した者は，彼を殺そうとも民事上適法であり，またその殺害は刑事裁判の対象とならないと見なされる」(quis creasset, eum ius fasque esset occidi, neue ea caedes capitalis noxae haberetur) という規定を付加する．明らかに lex Valeria のもう一つの内容として Liv. 自身が伝える「tr. pl. と aediles と陪審たる十人委員を害した者は，その者の一身は Iupiter に捧げられ，その財産は Ceres/Liber/Libera 神の神殿のために売却される」(55, 7: ut qui tribunis plebis, aedilibus, iudicibus decemuiris nocuisset, eius caput Ioui sacrum esset, familia ad aedem Cereris Liberi Liberaeque uenum iret) と共鳴する．これは provocatio の審級を構成する者に対する侵害に制裁を加えるものである．tr. pl. の人身を不可侵とする規定と同一軌道に在る．この切札を破る切札 "sine provocatione" が有ってはならない，というのである．そもそも Liv. は lex Valeria 制定に至る plebs の要求として「tr. pl. 権限および provocatio」(53, 4: potestatem tribuniciam prouocationemque) というように両者一体を強調して伝えている．かつ，まさ

に何かこれらを初めて勝ち取らんとする勢いである．Liv. は慌てて「Decemviri 以前には plebs を守る砦であったものを再度要求したのであるが」(repetebant, quae ante decemuiros creatos auxilia plebis fuerat) と注釈しなければならない．

　第二次 lex Valeria を特徴付けるとするならば，Liv. のテクストのこうした面に依拠して元来の lex Valeria の「裁判無くして刑罰無し」のその裁判の概念を tr. pl. に結び付ける以外にない．原則は事実 Caeso 事件において鮮明に登場した．裁判 iudicium の概念は民会を要求する．人民 populus に基礎付けられた権力といえどもそれだけでは刑罰権を行使しえない．もう一度民会の権能によらなければならない（「公開」とわれわれが簡単に言う原理は実はさらに深い内容を有する）．このとき comitia curiata が含意されているであろうとわれわれは推定した．しかし民会の関与の具体的形態についてわれわれは論じなかった．伝承は黙し，第二次 lex Valeria の方に先送りしてくる．

　しかしこの第二次を巡る磁場をアナクロニズムにもとづいて投影したと見られる Coriolanus 弾劾の DH のヴァージョン (VII, 38ff.) が，実は綺麗に問題を捉えているのである．tr. pl. は領域に至るまで plebs を大動員する．comitia tributa のための布石である．consul の Minucius はしかし senatus の probouleuma に固執する．Sicinius はこれを拒否しようとするが (39)，もう一人の tr. pl. たる Decius の力で plebs はこれに同意し，場面はしたがって senatus に移る (39, 3)．Decius の演説は lex Valeria を引照する (41, 1)．「判決を民会（ないし plebs）に送る」($προκαλεῖσθαι\ τὰς\ κρίσεις\ ἐπὶ\ τὸν\ δῆμον$) 権限が Marcius 召喚の根拠であるというのである．つまり最終権限がこちらに有る以上 probouleuma が仮に無くともできるとする．とはいえ probouleuma の発給は求められ，そしてそれは発給される (57, 1)．そこで被告人 Marcius は訴因 (aitia) の特定を求める．そうでなければ防御できないではないか，と．しかしそれは特定されない．「民会」といっても如何なる民会か．plebs はそれを comitia tributa とすることに成功する (59f.)．Sicinius の「初の論告」(61)．そして民会における審理では，彼の senatus での発言のみならず種類物（戦利品）分配の形態までもが訴因として挙げられ，後者が決定打となる．評決がなされる (64, 6) と，DH は「patrici が民会で弾劾される最初の事例である」

1 変動の徴候

(65, 1) と述べる．まで étiologie そのもののこの記述において，審理は二段階に捉えられ，元来は senatus の側に在るとされる．もっとも，民会 (comitia curiata) の役割は元来も存在した (Decius) のであり，まさに lex Valeria が定めていた．明らかに senatus から陪審が立ち，評決はしかし comitia curiata において裁可・宣言されていたのである．今これが民会，しかも comitia tributa, がもう一度ないし初めて実質的に審理するという方向に解釈され直す．もちろんここには DH の interpretatio Graeca が介在していて，このようにギリシャ風の展開はありえない．つまり comitia tributa は訴追の前に立ちはだかるのである，まるでこちらが probouleuma を発給するが如くに．したがって元来は，tr. pl. が訴追し民会が審理するということは無かったはずである．

このように見てくると，第一次と第二次の lex Valeria を隔てるものとして二つの民会，二つの populus の存在があるということになる[3]．或いは，二つの「民会」の分化が第二の lex Valeria を他から区別するということになる．実は DH は第二について特に provocatio には言及せず (XI, 45)，多くの内容の中で唯一 comitia tributa の一般効力を特筆することとしている．後の第三の lex Valeria が先取りされている可能性が大であるが，それでも，またしても comitia の種類に拘泥を見せる点で示唆的である．そして，tribunicia potestas の確立と provocatio が連帯の関係にある[4]ことは先に見た通りであるから，provocatio を特徴付ける第二の「民会」は同時に tribuni plebis の選出基盤であると考えられる．それは基本的には secessio に結集した plebs のみの集会であるはずである．すると問題はこれと comitia tributa の関係である．Volero 事件の伝承が curia (moitié) 原理からの脱却を思い描いているのではないかと先にわれわれは推測した．しかし comitia tributa それ自体であるとすると，patrici をも含み，かつ DH のテクストに見えるように一般効力を問題とせざるをえない．われわれとしては，provocatio の手続において重要な審級を構成する機関として，後に comitia tributa へと部分的に発展する（これと concilium plebis に分解する）・plebs のみから成る・しかし徐々に性格を変えつつある tribus を編成基盤とする・集会であると考えるしかない[5]．

もし以上のように言うことができるとするならば，provocatio 体制は tribunicia potestas 体制と同義であり[6]，伝承上それは第二の lex Valeria に仮託さ

れている新しい政治体制である．つまり政治的パラデイクマの再構造化が5世紀半ばに（少なくとも）始まったのである．刑事裁判はもちろん政治的パラデイクマの根幹の一つであるからそれ自身軽視できない．しかしおそらくそれにとどまらない大きな構造変化が政治システムにおいて始まったのである．そして刑事裁判に関する限り，その変化の方向は明らかに手続の〈二重分節〉であり，判断・判定の〈二重分節〉である．そうであるとすれば，共和革命において〈分節〉体制が出来上がったのではないかと推測したばかりのわれわれにとってそれは重大な徴表である．

〔1・4・1〕 既に述べたように Mommsen は共和初に provocatio が確立されたと理解する．それは既に述べたように彼がここに裁判そのもの（或いは弾劾主義）の概念を見出すからである．事実彼にとっては provocatio から十二表法の "nisi per maximum comitiatum" までは一直線である（vgl. StrR, S. 163ff.）．

〔1・4・2〕 Kunkel, *Kriminalverfahren*, S. 30 は奇妙なことに，Decemviri が provocatio を取り除いた以上，十二表法は provocatio を含まなかったとする．伝承がこれだけ絡まり合うというのに．

〔1・4・3〕 Santalucia, *Diritto e processo penale*, p. 27 は極めて強引に，provocatio の審級は初め comitia curiata であったが十二表法がこれを comitia centuriata に転換した，これが "nisi per" であり，plebs の寄与である，とする．伝承が先取りにせよ comitia tributa に固執する理由は説明されなければならない．他方，Bleicken, *Das Volkstribunat*, S. 107ff. は "nisi per" を plebs リンチ裁判の禁止と読む．"nisi per" が断片であって脈絡を捉えることが難しいために都合の良いように読まれる傾向があるが，plebs の活動とこの文言を順接的に理解することが伝承の方向に沿う．なおかつ，maximus comitiatus を comitia centuriata（通説：cf. Magdelain, De la coercition capitale, p. 580）等何かに当てはめるのは危険である．いずれにせよ "comitiatus maximus" という表現は異例であり，大きな集会の実質的関与を要求している．senatores たる陪審団でもなく，comitia curiata のように儀礼的なものでもない，plebs が実質的に牛耳るアクティヴな集会という意味ではないか．

〔1・4・4〕 Mommsen, StrR, S. 342 は，"magistratisch-comitial" の手続に移行すると同時に糾問 inquisitio の手続の他に公訴提起手続 anquisitio が必要となる，という重要な指摘を行うが，tr. pl. とは完全に切り離して理解してしまう．これに対して Kunkel 等にとっては provocatio 自体が高々 plebs の実力行使にすぎないという意味で両者は同一である．Santalucia, *loc. cit.* はこれに反対して両者を再び分ける．いずれもしっかりした構造の中で事象を捉えようとしないきらいがある．

〔1・4・5〕 De Martino, StCost, I, p. 390 は comitia tributa の形成を4世紀に入ってから，半ば頃に見る．テクスト上の "comitia tributa" を「tribus 原理によって編成された plebs の集会」と読み替える点でわれわれの見解と一致する．E. S. Stavely, Tribal legislation before the lex Hortensia, *Athenaeum*, 33, 1955, p. 3ss. は，Mommsen が lex Valeria の "ut quod tributim..." に着目したのに倣って comitia tributa の一般効力を早くもここで認める．plebs の（secessio における）元来の組織原理と tribus 原理の間の齟齬に注意を払わない安易な解釈である．

〔1・4・6〕 tribuni plebis の成立時期は第一次 secessio の時点であるというのがもちろん通説で

ある．かくも secessio 伝承が疑われる中で異彩を放つ．伏線となる活動が有ったにせよ 5 世紀半ばに初めて制度として確立されたと考えることはしかしながら重要である．二次的で非常手段的な横断的結合が意味を持つ社会構造が初めて形成され，かつこの構造（〈二重分節〉）が定着したからこそ身分制とともに（近接的な目的が消失した後も）生き続けるのである．例えば W. Eder, Zwischen Monarchie und Republik: das Volkstribunat in der frühen Republik, in: AA. VV., *Bilancio critico,* S. 97ff. などは王亡き後平民を統合するという王の役割を代替して担ったのが護民官であったとし，ここから歴史貫通的に統合のエイジェントとしての護民官を描くが，ならば「統合」が終わっても何故消えないのだろうか．他面で Bleicken, *Volkstribunat,* S. 8 は（「自力救済」, de facto 権力モデルを徹底し）何と 3 世紀までtr. pl. の国制上の「権限」は正式には認められなかったと考える．身分闘争集結まではそれはありえないという予断により勝手に伝承批判してしまう点が非常に恣意的である．

1・5

政治的パラデイクマの変化の全体像を提示することを先送りして，われわれの主目標である社会構造の変化それ自体を目指すための手掛かりを再確認し，次の分析対象たるべきものの所在を突きとめよう．

provocatio を伝承批判の鍵と定めた以上は Horatius 伝承に触れざるをえない．問題の社会構造の変化が 5 世紀半ばに始まったとして，それはどのような刻印を Horatius 伝承に遺しているであろうか．もちろん provocatio そのものがその変化の徴表である以上，provocatio の根本 exemplum である Horatius 伝承は ipso facto にわれわれの主目標である．しかしながら，それは既に共和革命を構成する屈折体複合の重要な一角を占めていた．二つのことはどのように関係するか．

われわれは Horatius 伝承の基本に二つの大きな原理の全面衝突を見出した．これをディアレクティカの存在の遠い証左と見なした．しかしそれは DH が呆れるほど実際には極めて捻れた形で現れた．厳格な政治的判断手続に soror が抵抗するという悲劇が期待されるのに，そもそも残酷な（ferox）処置を罰しようとする・そして soror に加担する・公正な判断に対して，その残酷な処置を正当化する抵抗がなされ，しかもその主は父なのである．provocatio は何とこの父の側，soror 切断の側，につくのである．被告人の権利保護どころかそれはテロルの甘受ではないか．

裁判成立のとき眠っていた部族社会の古い Erinyes がデモクラシーとともに目を覚ますはずではなかったか．しかし provocatio の側には plebs は影も形も

見せない．むしろ反対側の lex horrendi carminis に辛うじて plebs の残映が有り，防御的 provocatio が tr. pl. による訴追へと反転する機会をねらっているようにも見える．

しかるに，以上の捻れこそはわれわれの推論にこの上ない確信をもたらす．Volero 事件を例外として，何故 patrici ばかりが被告人の権利を主張して戦うのか．最重要の Caeso 事件においては父の役割を巡って屈折体ができあがっていたのではないか．ferox な Caeso が何故 provocatio 類似の手続で人身保護されなければならないのか．Sp. Cassius を処断する父の姿は soror 切断を断固支持する Horatius 父の姿と重ならないか．Cassius 父の行為は伝承・学説を共に著しく混乱させ，奇異の念を抱かせたのではなかったか．父は刑事裁判手続に分節をもたらしてはいなかったか．

Decemvir たる Ap. Claudius は plebs を抑圧した専制権力の化身である．第二次 secessio 成功後訴追された彼は何と provocatio を行使する．patrici もまた provocatio しうるということの公式の exemplum たるこのケースはわれわれに逆転の不条理を感じさせるが，実際，伝承自体この不条理感を強くにじませる．「自由を奪う公式の文言が発せられたばかりのその同じ口から，自由を擁護せよという公式の文言が聴かれたので，その場は一瞬静まりかえった」(Liv. III, 56, 6: Audita uox una uindex libertatis ex eo missa ore, quo uindiciae nuper ab libertate dictae erant, silentium fecit)．「provocatio を奪い取った者が provocare し，人民の権利保障を全て剥ぎ取った者が人民擁護の砦にすがる，自由な人身を隷属へと引っ立てようとした者が勾留されようとして自由を守るための保障を盾に取る」(*ibid.*: prouocare qui prouocationem sustulisset, et implorare praesidium populi qui omnia iura populi obtrisset, raptoque in uincula egentem iure libertatis qui liberum corpus in seruitutem addixisset)．Horatius 伝承がわれわれに何とも捻れた印象を与えることと，この歴史的場面において人々が抱く不条理の感情は，完全に符合する．

少なくともここにはパラデイクマのヴァージョン対抗が極めて特殊な屈折を示す強い磁場が有る．それはさしあたりギリシャのデモクラシーを支えた屈折体との対比を通じて最もよく例解しうる．3世紀以降の文芸において意味も無く（？）ギリシャ風に脚色された結果ではありえない．このような執拗な符合

は考えられない．ギリシャにおける屈折体との関係は否定しえないから，するとその発生は，ギリシャ諸都市の社会構造からの影響とこれに対する緊張関係が生々しくローマの社会構造形成に寄与した時点に求める以外にない．共和初期はそうしたことが生じた最も顕著な時代であるが，そこで生じたことについては，既に明らかにしえた．そして現在われわれの目の前にある特殊な屈折は共和初期に成立したであろう屈折を明確に修正するものである．

　もっとも，ギリシャのデモクラシーを基礎付ける屈折体は当然十分に立体的であった．Klytaimestra が決定的な仕事をするとはいえ，Elektra＝Orestes や Antigone＝Polyneikes の連帯はこれと大きく対立する．soror 結合は一義的でない．確かに Orestes が Elektra を殺す事態は考えられない．しかし soror 切断と母殺しはどこが違うだろうか．Orestes が救済されたとするならば，Horatius が provocatio の権利を行使したとしてどこがいけないだろうか．Horatius 伝承の根幹においてさえ，soror 切断が一方的に謳歌されるということはない．王の苦渋こそがパラデイクマに生命を与えている．確かに Caeso 事件や Ap. Claudius 弾劾が大きく伝えられるが，Volero 事件を忘れてはならないし，tr. pl. の活動は時代錯誤が明白なほど強調されている．

　Horatius 伝承の決定的な特徴は，soror 結合と soror 切断の根底的な対抗が，soror 結合に対して soror 切断が抗弁する形態に，置き換わっていることである．同一の対抗が新しいレヴェルにもたらされて連帯が再建されるということがない．もちろん，Volero 事件に顕著であるように，soror 切断に soror 結合が抗弁するという形態が対抗していたに違いない．しかしこの場合も対抗は抗弁という形によって包摂されてしまう．Horatius 伝承において，soror 切断は soror 結合の大きな脈絡の中で一瞬現れるだけである．抗弁であるから．しかしこの一瞬は儀礼として固く実現され，人々の瞼に焼き付く．対抗は基礎の上に抗弁が乗る論理的な関係によって維持される．しかしパラデイクマのヴァージョン対抗が意識のそこに深く沈められ人々があらためて組織を作り直すということは希薄である．Volero 事件において，今度は soror 結合が soror 切断の大きな脈絡の中に一瞬現れる．ならば今度こそは一瞬なりとも連帯が現実のものとなるか．しかし一瞬の連帯は連帯ではない．一定の意識を深く底に沈めた人々相互の間の信頼は時を隔てて戻る．これがとりわけデモクラシーの連帯で

あった．確かに Volero は一瞬 plebs の連帯により人身を保護される．それは儀礼的現実の一義性という強さを有する．しかしその plebs の組織は蜃気楼のように一瞬しか現れないであろう[1]．すると，それは重要である，がしかしそれ自身のためでなくその制度・保障のために便宜形成される組織である，という意味連関が生じてしまう．

　ならば，基礎に soror 結合が有りながら抗弁として soror 切断が保護されるというパラデイクマの paradigmatique な分節は，plebs の結合が個別の分子を一瞬救うというパラデイクマの syntagmatique な分節と共鳴して，共に目的連関に立ってしまう．結局何が生き残り何が大事か．それは保障される被告人の人身であろう．これがアプリオリに重要なのである．しかも儀礼であるから，身体性を有する「実体」としてその重要なものが表現される．その「実体」は原子のように他から切断されていて，とりつく島がないであろう．どうしても（それ自身は一対抗ヴァージョンにすぎないながら）「基礎に soror 結合が有りながら抗弁として soror 切断が保護される」というパラデイクマが優勢となりそのまま exemplum とされるであろう．連帯と結合は後ろでコーラスを務めることになる．

　しかるに，その「実体」は父 pater によって保護される息子 filius であるとされる．Brutus 切断は息子 filius 殺しであった．したがってこれを覆すことの意味は明白である．しかしこの息子は自立しない．父と独立に自分達で連帯するということがない．障壁自体 pater という個別的なものである．それが二重構造になっていて，中の小さな単位を保障せよ，と言っているのである．

　しかし Brutus の息子達は母方の叔父達と結びついていた．Brutus 切断は soror 切断に等しい．ならば今やこれが crimen なのだろうか．それが crimen となった，そのことを無視した息子が同時に新しい原理によって救済されるのだろうか．filius 保護はしかし無償ではなかった．vades のみならず今や vadimonium の制度に服す．pater は filius をそのまま保護するのではない．pater 自体実は第二次的な単位に分解されているのである．Cincinnatus 自身領域の小さな単位に引き籠もり，しかしなおこれを基礎にもう一度大きな政治的栄光を手にする．その基礎となった単位は "prata Quinctia" として exemplum と化す．そのようなものがやがて築かれるということが暗示されているのである．

そのようなものが築かれるということは，Cremera 体制から見た場合，180 度の転換である．他方，filius はどうか．彼もまた別の諸単位と引き換えに pater のもとから切り放される．exilium は supplicium の可能性を排するが，この原理は一旦二重構造で物事を捉え，外皮の中の固い不可侵の単位を概念することと等価なのである[2]．

以上のように言うことができるとするならば，刑事裁判手続の変化，新しい provocatio 体制（lex Valeria 体制），は政治的パラデイクマの大きな構造変化を意味するばかりでなく，社会構造の大きな構造変化に起因しており，そしてこれはまた領域の構造変化を重要な柱としている，という予想が成り立つ．

〔1・5・1〕 P. M. Martin, Des tentatives de tyrannies à Rome au Ve-IVe siècles, dans : Eder, ed., *Staat und Staatlichkeit,* p. 69 は，adfectatio regni に対する刑事訴追制度と tr. pl. 制度の厳格さがローマで tyrannie を防ぎ，tyrannie はデモクラシーへの移行の不可欠な経過点であるから，こうしてローマがデモクラシーへと移行することが妨げられたとする．政治的パラデイクマの儀礼的性格，そしてこれと密接に関係する身分制を使っての保障，がローマの大きな特異性をなすことはその通りである．しかしそうした形態ながら独自の道を辿ってデモクラシーへ移行したことも疑いない．〈二重分節〉をメルクマールとする限りそうである．

〔1・5・2〕 個人責任の原則は元々 Sp. Cassius 事件のパラデイクマ filius patricius によって与えられている．かくして crimen は，たとえ集団が関わろうとも一人一人が政治システムの骨格を破壊したと構成される．破壊は具体的にパラデイクマの実現の次元で，つまり物的にすなわち身体のレヴェルで，生じなければならない．たとえ未遂であってもである．しかし imperium によって介入しそれを除去するときには，個人責任の分どうしても個々人の身体にアプローチせざるをえない．実力，すなわち無分節化した集団，は必ず身体で結合している．そして身体を破壊すれば自ずから精神を破壊することになる．決して彼の精神や想像を罰しているのではないにもかかわらず．supplicium はここから来る．これに対して，今，市民たる主体自体が animus-corpus の二重構造で捉えられ，それが丸ごと不可侵とされる．外被の保護が無ければ不安定であるということになる．すると，実力形成の媒体でありかつ責任のリソースであるものは，この二重構造のさらに下に付くことになる．それは領域に降り，かくして領域の具体的な単位を介して実力が観念されることになる．この部分が抹殺されるのである．論理的なコロラリーは領域からの追放である．都市中心にならば居られるか．否，そこへ入れば supplicium が待っている．厳密に言えば都市中心における政治的陰謀に対しては supplicium 禁止の論理は働かないはずである．それが領域における実力の形成と見なされることによってのみ保障が patrici に拡張される．

2　新しい社会構造

2・0

　前節で伝承批判のための道標となる素材を扱ったとき，stratigraphique な分析作業において，或る前提状況が変化を示し始める，という仮説を置く必要が浮上した．その前提状況とは領域に関わるものであり，なおかつわれわれが前章で共和革命直後に成立したに違いないと考えたその状況であった．それが変化したのではないか，ということである．

　しかしそうであるならば，領域の基本的性格を媒介するパラデイクマ群に，ヴァージョン対抗のあり方の変化が生じていておかしくない．そのパラデイクマ群の外延は前章の分析によれば相当に大きいものであったが，基軸をなすのは Romulus/Remus 伝承であった．まずはこれが大きなディアクロニクな偏差を示すのでなければならない．

　ところがわれわれはそのような Romulus/Remus II なる伝承群の存在を到底想定できない．確かに Romulus/Remus 伝承群もまた多くのディアクロニクなヴァージョン対抗を内包するものであり，われわれもその一端を見た．しかし全面的再編の痕跡に遭遇しなかったばかりか，顕著な「書き換え」は少し後のヘレニズム期，ギリシャ系の同型都市を多く抱える時期にその同盟都市固有の新たな政治性（反領域性）を基礎付けるものであった．言わばそれら諸都市の「ブルジョアジー」の意識が色濃く投影されていた．そもそもわれわれは共和革命を基礎付けたと見られる伝承群全体が大きく「書き換えられる」事態を全く想像できない．骨格がそのまま共和末まで維持され続けたとさえ言うことができる．

2 新しい社会構造

いずれにせよ，手掛かりとした道標による限り，変化はほとんど「直ちに」，すなわち470年代に共和体制が固まったとするとその「直後」の450年代には，始まるのである．510年頃に開始された共和革命はとりあえず幾つかの儀礼を固めるのが精一杯で，人々に意識を深く成熟させる叙事詩すら持たない．政治制度の節目節目を画す意識を涵養するための叙情詩の定着も見ない．ましてその先，パラデイクマのあり方のどこが変わるのか，そのヴァージョン対抗の形態にどのような変化が生ずるのか，われわれには何の分析素材も直ちには与えられない．儀礼，手続の変化，のみが差し当たりわれわれの辿りうる唯一の朧気な痕跡である．その背後に有るはずの意識の変化，われわれが定義するところの社会構造の変化，は隠れたままである．

2・1

RomulusとRemusは真っ直ぐに領域に降り，彼らを遮るものは一切無かった．枝分節の結び目が一切有ってはならない，ということはここでは，彼らがその内部が無分節である人的組織を都市中心から直接に領域へと立たせうる，ということによって与えられていた．しかし今領域の側に身を置いて考えてみれば，そこには固く結束した集団同士の永続的正面衝突の事態が有り，それは到底政治的な関係ではない．都市中心に在る各集団頂点を経由してようやく政治的関係に辿り着きうるにすぎない．この状態が孕む問題はLaviniumにおけるTatius殺害のパラデイクマが予言していた．頂点の連結が破断するのである．

もっとも，この伝承における祭祀の意義は曖昧であった．なるほどLaviniumにおける祭祀への自由な（公的な）参加は各〈分節〉集団に属する領域の分子が確実に都市中心の〈分節〉頂点との結合を保持しうることのparadigmatiqueな例解でありうる．現にLaviniumに重要な領域神殿が在ったとして何ら不思議はない．しかしTatius殺害パラデイクマは必ずしも論理的に祭祀という脈絡を必要とするわけではなく，領域の集団同士の衝突のダイナミズムが有れば十分であったとも言いうる．むしろ共和初期の領域の性質に疑問を感ずる意識がディアクロニクに作用したときにのみ，Laviniumの祭祀という固有の脈絡は大きな意味を獲得し，またこのことのためにLavinium自体が変身

を遂げていくのではないか，と既に示唆したところである．つまり，何故 Lavinium なのか，Lavinium の如何なる祭祀か，と問うとき，われわれは既に共和初の脈絡を離れざるをえないのであり，そしてまさにこのことこそは次の社会変動へと容赦なくわれわれをもたらすのである．

Romulus と Tatius が Lavinium に赴いたのは，「王が都市全体の名において父祖たる神々に ($\tau o \hat{\iota} \varsigma$ $\pi \alpha \tau \rho \dot{\omega} o \iota \varsigma$ $\theta \epsilon o \hat{\iota} \varsigma$) 捧げなければならない」(DH, II, 52, 3: $\dot{\eta}\nu$ $\ddot{\epsilon}\delta\epsilon\iota$ $\tau o \hat{\iota} \varsigma$ $\pi \alpha \tau \rho \dot{\omega} o \iota \varsigma$ $\theta \epsilon o \hat{\iota} \varsigma$ $\dot{\upsilon}\pi\dot{\epsilon}\rho$ $\tau \hat{\eta} \varsigma$ $\pi \acute{o} \lambda \epsilon \omega \varsigma$ $\theta \hat{\upsilon} \sigma \alpha \iota$ $\tau o \dot{\upsilon} \varsigma$ $\beta \alpha \sigma \iota \lambda \epsilon \hat{\iota} \varsigma$) 犠牲のためであった．"$\tau o \hat{\iota} \varsigma$ $\pi \alpha \tau \rho \dot{\omega} o \iota \varsigma$ $\theta \epsilon o \hat{\iota} \varsigma$" が Penates を指すことは明らかである[1]．不思議なことに父祖を体現し家を司るこの神々は，（私的にも祀られるが）公的に祀られるときにはこの Lavinium に在るとされ，ローマ都市中心から政務官が出向くのである[2]．領域神殿の第二の役割は，その先にもう一つ〈分節〉体系を用意するために，とにかくそこまでは自由に・公的に行くことができることを保障する，という点に在る．Lavinium がそのように役割を変えるときに，政務官のプレゼンスは不可欠であり，そしてそれが Penates のためであるとすると，この Penates はその性質からして「その先のもう一つの〈分節〉体系」に関わる可能性が大である．別の観点からすると，Tatius を挫くのは Penates であるということになる．如何に Tatius 自身はむしろ領域無分節体制を自分こそが掣肘したいと願うにせよ．かの Sabinae の隊列を以てしてでも．

しかるにこの Penates は，Sabinae どころか，Aeneas に関わる．「Aineias が Troia から持ち来たり，Lavinium に鎮座させた」(DH, I, 67: $o\dddot{\upsilon}\varsigma$ $A\iota\nu\epsilon\acute{\iota}\alpha\varsigma$ $\dot{\epsilon}\kappa$ $\tau\hat{\eta}\varsigma$ $T\rho\omega\acute{\alpha}\delta o\varsigma$ $\dot{\eta}\nu\acute{\epsilon}\gamma\kappa\alpha\tau o$ $\kappa\alpha\grave{\iota}$ $\kappa\alpha\theta\acute{\iota}\delta\rho\upsilon\sigma\epsilon\nu$ $\dot{\epsilon}\nu$ $\tau\hat{\omega}$ $\Lambda\alpha o\upsilon\ddot{\iota}\nu\acute{\iota}\omega$)[3] この神々の像は，そこから（新たに建設された）Alba へ移されると勝手に Lavinium に帰って来てしまう[4]．「父祖たる神々と生き別れで暮らすこともできないし，さりとてそこを出て放棄した住処に舞い戻るわけにもいかない」($o\ddot{\upsilon}\tau\epsilon$ $\delta\acute{\iota}\chi\alpha$ $\tau\hat{\omega}\nu$ $\pi\alpha\tau\rho\dot{\omega}\omega\nu$ $o\dot{\iota}\kappa\epsilon\hat{\iota}\nu$... $o\ddot{\upsilon}\tau\epsilon$ $\dot{\epsilon}\pi\grave{\iota}$ $\tau\grave{\eta}\nu$ $\dot{\epsilon}\kappa\lambda\epsilon\iota\phi\theta\epsilon\hat{\iota}\sigma\alpha\nu$ $o\ddot{\iota}\kappa\eta\sigma\iota\nu$ $\alpha\hat{\upsilon}\theta\iota\varsigma$ $\dot{\alpha}\nu\alpha\sigma\tau\rho\acute{\epsilon}\phi\epsilon\iota\nu$) と困り果ててついに Lavinium に祭祀と共にそのための若干の人員を残した．Penates は都市の外の特定の場所に a priori に（都市中心より先に，かつどうしても動かせない態様において）位置を占めるのである[5]．そこはしかしもっぱらそのための地点であり，神殿が有っても都市中心ではない．二極的な把握は明白であり，それはローマ/Lavinium に続いて Alba/Lavinium によって具体的な空間の上に

2 新しい社会構造

示される.このような先験的構造が有るならば,領域無分節体制は容易に押しとどめられる.

なおかつ,Dionysios は Herodotos 以来の syntagmatisme の伝統に従って物的な(つまり記号と化した)論拠を挙示する.もっとも,物的論拠を直接確認したのは Timaios であり,Dionysios はこれに対して一線を画する.「(ローマ人が Penates と呼ぶ神々の像の)骨格と形態について,著述家の Timaios は以下のように証言している.Lavinium の宝物殿に安置されている聖遺物は鉄と青銅の「Hermes の杖」および Troia 産のテラコッタである,と.彼自身土地の者達の間で調査したのであるという」($\sigma\chi\acute{\eta}\mu\alpha\tau\sigma\varsigma$ $\delta\grave{\epsilon}$ $\kappa\alpha\grave{\iota}$ $\mu\sigma\rho\phi\hat{\eta}\varsigma$ $\alpha\dot{\upsilon}\tau\hat{\omega}\nu$ $\pi\acute{\epsilon}\rho\iota$ $T\acute{\iota}\mu\alpha\iota\sigma\varsigma$ $\mu\grave{\epsilon}\nu$ $\acute{o}$ $\sigma\upsilon\gamma\gamma\rho\alpha\phi\epsilon\grave{\upsilon}\varsigma$ $\hat{\omega}\delta\epsilon$ $\dot{\alpha}\pi\sigma\phi\alpha\acute{\iota}\nu\epsilon\iota\cdot$ $\kappa\eta\rho\acute{\upsilon}\kappa\epsilon\iota\alpha$ $\sigma\iota\delta\eta\rho\hat{\alpha}$ $\kappa\alpha\grave{\iota}$ $\chi\alpha\lambda\kappa\grave{\alpha}$ $\kappa\alpha\grave{\iota}$ $\kappa\acute{\epsilon}\rho\alpha\mu\sigma\nu$ $T\rho\omega\iota\kappa\grave{o}\nu$ $\epsilon\hat{\iota}\nu\alpha\iota$ $\tau\grave{\alpha}$ $\dot{\epsilon}\nu$ $\tau\sigma\hat{\iota}\varsigma$ $\dot{\alpha}\delta\acute{\upsilon}\tau\sigma\iota\varsigma$ $\tau\sigma\hat{\iota}\varsigma$ $\dot{\epsilon}\nu$ $\Lambda\alpha\sigma\upsilon\ddot{\iota}\nu\acute{\iota}\omega$ $\kappa\epsilon\acute{\iota}\mu\epsilon\nu\alpha$ $\iota\epsilon\rho\acute{\alpha},$ $\pi\upsilon\theta\acute{\epsilon}\sigma\theta\alpha\iota$ $\delta\grave{\epsilon}$ $\alpha\dot{\upsilon}\tau\grave{o}\varsigma$ $\tau\alpha\hat{\upsilon}\tau\alpha$ $\tau\hat{\omega}\nu$ $\dot{\epsilon}\pi\iota\chi\omega\rho\acute{\iota}\omega\nu$).Penates が Aeneas によって Lavinium にもたらされるというパラデイクマは確たる儀礼の étiologie であり,その儀礼の存在は Lavinium において物的なレヴェルで痕跡を遺し,3 世紀初頭の Timaios による権威ある証言を得る[6].しかも étiologie の存在自体物的痕跡に刻まれているのである[7].

儀礼はパラデイクマを必ず現実化させ,物的レヴェルに至る.そこで獲得される「時空内における存在の一義性」の名にかけて,Penates は Lavinium と連帯の関係にある.Varr. LL, V, 144 (ed. Spengel) は「ローマを築くに至る系譜の人々によって最初に Latium に建設された都市は Lavinium である.事実,そこにはわれわれの祖神たる Penates が居る」(Oppidum quod primum conditum in Latio stirpis Romanae, Lavinium : nam ibi dii Penates nostri) と述べる.この連帯の関係に Aeneas は étiologique なレヴェルにおいてではあれ確実に参加する.Lavinium の Penates は徹頭徹尾 Aeneas に結び付けられるようである.しかし何故 Aeneas なのだろうか.答えは父 pater である.Penates に言及する最初のラテン語テクスト断片(3 世紀後半)Naevius, F3 Morel は Aeneas の名は明かさずとも彼の父 Anchises の名をはっきりと刻む[8].Cassius Hemina, ap. Serv. ad Aen. II, 717[9] は Aeneas が父と二人の息子と Penates を運んだとする.Varr. ibid. および ap. Serv. D., ad Aen. II, 636 もほぼ同趣旨である.

Anchises は Homeros 後の層,特に「Aphrodite のための讃歌」において初め

て前面に躍り出る[10]．Augustus 期のレリーフは Stesichoros の詩行を明示に引用する形で Aeneas が父 Anchises を背負って Troia を脱出する様を描く[11]．以後とりわけ西方において Aineias は父に対して献身的な息子の範型となる．このモティフが例えば Etruria に輸入されたりそこで再生産された陶器の上に好んで描かれた形跡が存在する[12]．そもそも Dardanos の系譜は Ganymedes に典型的に現れるように縦に連なる clientela 関係を化体する存在として Homeros によって描かれた．Aphrodite と Anchises の婚姻，そしてそこから生まれる Aineias の特権，は Achilleus のケースと鏡を隔てて対称をなし，それが故に Aineias は一方の極として不滅の地位を与えられた．他ならぬその Aeneas が時を隔てて少なくとも4世紀後半の Lavinium に現れたということになる．Penates の étiologie のために．もちろん，本当に Aeneas が Penates を持って来たのでもなければ，Penates 自体このような遅い時期に初めてこの世に現れたのでもない．しかし或る時期に Penates は Aeneas のパラデイクマによって理解されるようになったのである[13]．

　ちなみに，このパラデイクマは単純な父子関係ではない．(場合により)息子が無力な父を背負って逃避行に出る．母は不存在(Aphrodite)であるが，それは無限定であるからではなく，強力すぎるからである．無分節をもたらすのではなく，一元的な集団の縦の関係の無限の奥行きをもたらす．したがってこれがいつの間にか深い枝分節の深淵と似てきたとしても驚くに当たらない．垂直的関係の頂点にではなく，一番底に実体が在るのである．こうして，共和末の鋭敏な antiquarian の理性は，Samothrake をさらなる起源として発見する．Serv. D. ad Aen. I, 378 および Serv. ad Aen. III, 148 によれば，Varro は Penates が Troia に来る前に Samothrake に在ったとする[14]．前掲 Serv. Ad Aen. II, 717 はさらに同時代のもう一人の antiquarian たる Atticus が Troia 起源を否定し端的に Samothrake 起源とすることを伝える[15]．Serv. D. ad Aen. III, 12 は，Varro が Samothrake の "Dei Magni" の中に Castor と Pollux[16]を含めたということを証言する．Samothrake の秘儀の奥底に男性群像神があり，Penates もそのジャンルに属するという理解である．

　しかしながら，DH, I, 68, 3ff. は話をさらに遡る．Samothrake の Kallistratos という者の historie を引用し，またポスト Homeros の所謂 "Kyklos" のテクス

トを示唆しつつ, Dionysios は, Pallas の娘たる Chryse が Dardanos に嫁ぐ時 Athena からの贈り物を嫁資として持ち来たった, それは Palladia と「大いなる神々」の像であり, これについての秘儀に Chryse は通じていた, 次いで Dardanos が Arkadia から Samothrake へ「逃げた」時にその地にその神々の神殿を建て秘儀を遺したが神々の名は秘した, そして Palladia と神々の像はさらに Dardanos によって Troia へともたらされた, と述べる. 注目すべきは, 始源に娘とその cognatique な関係が置かれ, Aphrodite に抗するように Athena の権威が求められたということである.

DH のこの syntagmatisme はしかも鋭い対抗関係を切り出して来る. Dionysios は Timaios の autopsie に対して大いに懐疑的である. もっともそれは信憑性においてではない. 元来秘儀であるものを「見た」というのは許されないのではないか,「私は, 凡そ他の者達が決まりによって許される以上のことを調べたり知ったりしたと誇るのに対して, 反発を覚える」(νεμεσῶ δὲ καὶ τοῖς ἄλλοις, ὅσοι πλείω τῶν συγχωρουμένων ὑπὸ νόμου ζητεῖν ἢ γινώσκειν ἀξιοῦσιν), というのである. ならば何も見ないか. 否, 彼自身が見て, そしてそのヴァージョンを採るのである.「しかるに, 私自身が見ることによって知り, かつそれについて記すに際して如何なる畏怖心も私を引き留めないのは, 以下のことである」(Ἃ δὲ αὐτός τε ἰδὼν ἐπίσταμαι καὶ δέος οὐδὲν ἀποκωλύει με περὶ αὐτῶν γράφειν τοιάδε ἐστί). 彼自身が見せて貰うのは, Lavinium ではなくローマ都市中心 Forum の近傍の Velia と呼ばれるところの小さな神殿である[17].「その神殿には Troia 起源の神々の像が安置されている. それは誰でも見て罰せられないもので, Penates であることを示す碑文を持っている. それは槍を掲げた二人の若者の座像で, 古い時代の技法による作品である」(ἐν δὲ τούτῳ κεῖνται τῶν Τρωικῶν θεῶν εἰκόνες, ἃς ἅπασιν ὁρᾶν θέμις, ἐπιγραφὴν ἔχουσαι δηλοῦσαν τοὺς Πενάτας. εἰσὶ δὲ νεανίαι δύο καθήμενοι δόρατα διειληφότες, τῆς παλαιᾶς ἔργα τέχνης). 都市中心では不思議と秘儀でもなければ隠されてもいない. のみならず, 明確に一対の若い男子の形態を取っているのである. そしてこれが同じ DH の先のパッセージの "Dei Magni" と同一視される. 先のパッセージはこの引用文の直後に来る. Athena/Palladium との連関はかくして明確に都市中心を指示し, DH は Penates に関し Lavinium に対して明白に宣

戦布告するヴァージョン[18]を選択したことになる．

[2・1・1]　cf. A. Dubourdieu, *Les origines et le développement du culte de Pénates à Rome*, Rome, 1989, p. 341sqq.

[2・1・2]　cf. Dubourdieu, *Pénates*, p. 355sqq.

[2・1・3]　Perret. *Légende troyenne*, p. 340sqq. はこの DH のテクスト全体を Varro に帰せしめるとともに，Penates は元来（後述の）Velia に在ったのであり，Lavinium との結び付け自体 Varro ないし同時代の創作であると考える（cf. p. 611sqq.）．しかし後に見るように Penates の étiologie に関する限り Alba-Velia ヴァージョンは相対的に弱体であり，DH のテクストも Varro とは決まらず，またそうだとしても全てが Varro の創作とは言えない．

[2・1・4]　Dubourdieu, *Pénates*, p. 371 はこの伝承をローマが或る時期に Alba を抹殺し Lavinium をクローズアップしたいと考えた結果と解する．

[2・1・5]　これが heroes/heroon によって充足されるのでないことが重要である．R. Schilling, La déification à Rome. Tradition latine et interférence grecque, *REL*, 58, 1980, p. 137sqq. は，Romulus の例を引き，ローマは heroes というカテゴリーを拒否し，人は端的に（痕跡を遺さず）昇天し神になると考えた，とする．しかし共和末にギリシャ的観念の流入が有り，Aeneas に関する Livius の微妙な表現，Vergilius における明白な「地上の墓と昇天の共存」が生まれた，とする．本格的なディアレクティカが無いから heroes は生まれず，また領域の組織も無いから heroon の二次的利用も無い．Romulus 伝承はそのことを強調するために存する．

[2・1・6]　この Timaios の断片こそ，Aeneas 伝承を巡る大論争の焦点となってきたものである．既述の Hellanikos の断片が曖昧であり，確かだとしてもギリシャ側からの一方的解釈とする余地があるからである（cf. Poucet, La diffusion de la légende d'Énée, p. 239sq.）．次に来るこの Timaios の断片が信頼できる最古（少なくとも 3 世紀初頭，ひょっとすると 4 世紀後半）の情報ということになる（cf. Momigliano, Come riconciliare, p. 331s.; Poucet, *op. cit.*, 240sq.）．その上 Timaios の autopsie は考古学を呼び出す．この Penates が直接呼び出さずとも，Timaios をソースとするとされる Lykophron の記事，さらにこれを介して DH の記事，は Lavinium を発掘させるに十分である．Aeneas 伝承については，一旦ミュケーナイ時代のギリシャからの「植民」などの記憶とされた後，Perret の優れた伝承批判によってこの仮説が解体され，極めて新しく政治的意図の下に形成されたものと考えられるようになった．現在でも多かれ少なかれ懐疑的な学説が有力である（Poucet, *op. cit.*; N. M. Horsfall, The Aeneas legend from Homer to Virgil, in: Bremmer et al. edd., *Roman Myth and Mythography*, p. 12ff.）．ところが，70 年代以降 Lavinium の発掘結果が公になるにつれイタリアにおいて Aeneas 伝承早期成立説が復活するようになった（G. Dury-Moyaers, *Énée et Lavinium. A propos des découvertes archéologiques récentes*, Bruxelles, 1981）．Lavinium の神殿遺構の年代に沿って，早くにギリシャの影響を見る近年の傾向をも援用し，6 世紀から 7 世紀へと遡るのである．これに対してわれわれは，考古学的データはそれ自体の固有の脈絡と装備によって解釈さるべきとする立場を採り，他方 Aeneas 伝承自体については（伝承批判を尊重するものの）全く新しい stratigraphie を要すると考える．

[2・1・7]　Perret, *Légende troyenne*, p. 341 は，Timaios の autopsie が事実としても，物体の解釈は彼の思いこみであるとし，p. 345sqq. では Timaios-Lykophron 間を徹底して切断し，Aeneas 伝承の細部の発達を押し下げる．p. 442sqq. では「思い込み」の背景として Pyrrhos の反ローマ・プロパガンダを置き，これを Aeneas 伝承の動因とする．しかし，Timaios の

「証言」を iconographique に検証する作業は Dubourdieu, *Pénates*, p. 264sqq. において詳細になされている．(Wissowa が "anikonische Symbole" かと驚いた) 物体を (Peirce が言うところの) icon でなく index と解することで確かに Penates を指示しうるとする Dubourdieu の論証はひとまず説得的である．

[2・1・8]　cf. Perret, *Légende troyenne*, p. 479; Dury-Moyaers, *Énée et Lavinium*, p. 73. Dury-Moyaers は，Anchises クローズアップを Naevius の創始とするが，最初のラテン語テクストであれば，むしろ或る傾向を代弁したと見るべきである．Naevius と対立する Ennius が Aeneas に消極的である (cf. Perret, *op. cit.*, p. 490) のと対照的である．

[2・1・9]　F5 Peter＝F6 Chassignet. ただし "Cassio Censorio" という肝心の部分の写本に多くの修正の試みが有る．ここでは Cassius Hemina か，彼のみか，という議論は一応括弧に括りうる．"Servian corpus" の中における "the Verona Commentary" の信憑性の高さ，そのソースにおいて Hemina が広く共有財産となっていること，Hemina が Cato に引き続いて étiologie をよく採集したと見られること，について G. Forsythe, Some notes on the history of Cassius Hemina, *Phoenix*, 44, 1990, p. 335ff. が有る．

[2・1・10]　cf. Dury-Moyaers, *Énée et Lavinium*, p. 45.

[2・1・11]　Dury-Moyaers, *Énée et Lavinium*, p. 48sqq.

[2・1・12]　Alföldi, *Early Rome and the Latins*, p. 283ff.; Dury-Moyaers, *Énée et Lavinium*, p. 166sqq. Horsfall, The Aeneas legend, p. 19 は類似の corpus をもとに否定的な判断を示す．"a founding hero" と考えられたかどうかを基準とするためであるが，多義的なパラデイクマとしてならば或る時代の Etruria における一定程度の役割を認めうるように思われる．

[2・1・13]　N. Horsfall, Some problems in the Aeneas legend, *CQ*, 29, 1979, p. 372ff. は，Homeros 以来の Aeneias 伝承を辿り直した上で，ギリシャ古典期には「父救済」のモティフは優勢であっても，決して sacra 持ち出しのモティフは現れない，と結論する．

[2・1・14]　cf. Dubourdieu, *Pénates*, p. 129sqq.

[2・1・15]　cf. Dubourdieu, *Pénates*, p. 131sq.

[2・1・16]　cf. Dubourdieu, *Pénates*, p. 430sqq.

[2・1・17]　F. Zevi, Note sulla leggenda di Enea in Italia, in: AA. VV. *Gli Etruschi a Roma*, Roma, 1981, p. 156ff. は Velia と Tullus Hostilius の結び付きから強引に Alba 起源とする．Penates を 7 世紀に遡らせ，対抗上 Lavinium のそれに後を追わせ，当時の考古学的 Aeneas ブームを補強した．Dubourdieu, *Pénates*, p. 445sqq. は Zevi の議論がこのようなバイアスを持つにかかわらずこれを採用する．しかし Tullus Hostilius に結び付ける要因自体極めて希薄であり，後者とて Alba と同一ではない．

[2・1・18]　cf. Dubourdieu, *Pénates*, p. 439sqq. Dubourdieu は Velia ヴァージョンを徹底して Lavinium に対抗するところの Alba に結び付けようとする．しかし決定的な論拠に欠けるようである．

2・2

とはいえ，Velia の Penates と Lavinium のそれは，共に Troia から来たという以上に，互いに対抗しながらもその両極間に張られた緊張関係において一体の柱をなし，別の屈折体と大きな対抗関係に立つ．

DHのテクストは「神々の像」に関してDioskouroiを連想させる部分を含む[1]．しかしながら，仮にそうだとしてもそのDioskouroiは決してデモクラシーを媒介したそれではなく，〈分節〉集団内末端の人的組織断片を表現する．何故ならば，Dionysiosが話を遡って辿り着いたのがArkadiaであり，ローマ都市中心に回帰したその地点もまたArkadiaに由来するからである．DHの叙述はもちろん既述（I-4-5）のEvander伝承を受けてのものである．Arkadiaに発したPenatesが巡り巡って，ArkadiaからやってきたEvanderが築いたPalatiumに辿り着けば，二つのsyntagmatiqueな連環が綺麗に閉じる．Evanderは，確かに領域へと伸びる・しかしながらRomulusが克服しなければならなかった「間接的な」・人的関係であった．VeliaのPenatesとLaviniumのPenatesの相補性も，われわれがEvanderとHeraklesの間に予感した相補性に対応している[2]．

　共和初，Evanderはその名前すら明示されたかどうかわからない．Romulusに関する特定の伝承の隠れた下敷でさえあれば論理的に用が足りるのである．他方，名を伴って再浮上する[3]そのterminus ante quemはTimaiosである．LaviniumのPenatesは如上の相補的関係を要求したと考えられる．300年前後に確立していたとするとわれわれはひとまず漠然と4世紀半ば以前に送られる．

　CarmentaliaはEvanderをそのétiologieにおいて固有の要素として含む祭礼である．Evanderの母Carmentaは既に述べたように巨大な枝分節結節環たるnympheであり，Evander周辺のパラデイクマは全てこのCarmentaに負うが如くである．Carmentaliaはカレンダーの上で二重にその位置を占める．何故二重か．étiologieはこの点抜かりがない．Ov. Fast. I, 619ff.とPlout. QR, 56, 278bによると，元老員議決senatus consultumによって馬車の使用を禁止された女達は隊列を組んで（ordo matronarum）抗議し，連帯して罷業し，ついに要求を飲ませたというのである．それが1月11日に引き続く15日の祭礼日である[4]．

　男同士が帰順し忠誠を誓うところから出発するclientela関係の直中にmatronaeが大挙して現れること自体驚異である．nympheたるCarmentaはむしろ無たる故の存在意義を有するのではなかったか．Lupercaliaの前提コンテクストを慎ましやかに構成したEvanderの圏内にこうした要素が付け加わるのは

2 新しい社会構造

明らかにディアクロニクな変遷の結果である．Lupercalia の中枢に Romulus/Remus が有り，そして Fabii/Quinctii が有る，として，大変奇妙に感じられるのはその Lupercalia に付して例えば Ovidius が次のように伝えるときである (Fast. II, 425ff.)．「花嫁よ，何を待つ？ お前が母となるのは，強力な薬草によってでも，祈願の呪い歌によってでも，ない．(Luperci の) 聖なる手に込められた豊饒の鞭打ちを甘受せよ．たちまち舅は待ちに待った祖父の名を得るであろう．それと言うのも，昔，折悪しくも折角嫁いだ娘達が稀にしか出産の期待に応えないことがあった．時の王，Romulus が言ったには，「一体これでは何のために Sabini の女達を略奪したのかわからない．不法を冒してまでしたことが人口の力をもたらさず戦いのみを帰結したとするならば．嫁達など持たなかった方が余程有用であった」．Esquilinus の丘の下に長い年月決して木を切られたことのない森 (lucus) が有った．偉大なる Iuno のものであった．花嫁も花婿も等しくここへやってきた．祈願して跪いた．突然木々の梢がざわめくと，女神は驚くべき言葉を森中に響かせた．Italos の娘なる母達を，聖なる雄山羊が摑むべし．」(Nupta, quid expectas? Non tu pollentibus herbis/nec prece magico carmine mater eris; /Excipe fecundae patienter uerbera dextrae, /Iam socer optatum nomen habebit aui. /Nam fuit illa dies, dura cum sorte maritae/Reddebant uteri pignora rara sui. /"Quid mihi" clamabat "rapuisse Sabinas,"/Romulus (hoc illo sceptra tenente fuit) /"Si mea non uires, sed bellum iniuria fecit? /Vtilius fuerat non habuisse nurus". /Monte sub Esquilio multis incaeduus annis Iunonis magnae nomine lucus erat. /Huc ubi uenerunt, pariter nuptaeque uirique/Suppliciter posito procubuere genu, /Cum subito motae tremuere cacumina siluae/Et dea per lucos mira locuta suos. /"Italidas matres", inquit, "sacer hirtus inito".)．Etruria 出身の予言者がこれを解釈し，雄山羊の皮でできた帯で二人を叩く．Ovidius は出産の女神 Iuno Lucina にこのパラデイクマを緊密に結び付ける．Evander ばかりか Lupercalia そのものが matronae ばかりか Iuno と母達に乗っ取られてしまったかの如くである．"Italidas matres" も注目に値する[5]．Penates 伝承において Aeneas は常にそれを「Italia へともたらした」とされ，Lavinium の明示は遅いテクストに限られる．同盟都市体制の中に Nomen Latinum の動機が生き残り，こうして領域の側の何ら

かのイニシャティヴが表現されるのである．

　Iuno Lucina 神殿の（確かに Esquilinus の丘における）建設は 375 年のこととされる[6]．公式の神殿建設と異なったと見え，年代記系テクストが無視する中で（おそらく antiquarian の系譜に連なる）Plin. NH, XVI, 235 が「建国 379 年の政務官が選ばれなかった（qui fuit sine magistratibus）年」と特定する．かつ祭礼の暦には正規に登録され，Fasti Praenestini は「matronae によって奉納された．Albinus の娘かまたは妻によって奉納誓約されたものであった」（d[edica]ta est per matronas, quam voverat Albin[i filia] vel uxor）と詳細である．政治的空白を生み出すほどの緊張関係の中で matronae が独力で神殿を実現したのである．そして，Lupercalia がその性質を少々変える時点の terminus ante quem は 375 年ということになる．この変化は Evander の対岸からもたらされるものであるが，それは同時に Evander を新たにクローズアップする事情と思われ，そのクローズアップはまた Penates/Aeneas 浮上に対してバランスを取るためであったと考えられるから，こうしてこの最後の浮上は 375 年よりも相当に遡るということになる．

〔2・2・1〕　cf. Alföldi, *Early Rome and the Latins,* p. 268ff.
〔2・2・2〕　cf. I-4-4.
〔2・2・3〕　cf. J. Bayet, Les origines de l'Arcadisme romain, *MEFRA,* 38, 1920, p. 63sqq.; Id., *l'Hércule romain,* p. 183sqq. Bayet は儀礼痕跡が topographique に散開することを指摘する．既に扱った Lupercalia，この Penates 連関，そして Hercules/Cacus 伝承，というように異なる脈絡を連絡する軸となるからである．
〔2・2・4〕　cf. N. Boëls-Janssen, *La vie religieuse des matrones dans la Rome archaïque,* Rome, 1993, p. 290.
〔2・2・5〕　*Ibid.,* p. 304.
〔2・2・6〕　cf. A. Ziolkowski, *The Temples of Mid-Republican Rome and their Historical and Topographical Context,* Rome, 1992, p. 67ff.

2・3

　翻って考えれば，われわれは Aineias に既に遭遇していた．Aineias は Romulus 伝承に対抗的に絡まっており，しかも全く目立たない存在であった．本当に対抗するのはむしろまず Odysseus であり[1]，次には Rhome であった．それが Troades であるとき，辛うじてそこにしばしば父として Aineias が顔を出すのである[2]．これらの伝承を Ploutarchos はもちろん Romulus のために記

2 新しい社会構造

し，そして Dionysios もそうである．DH が Aeneas について記すのは全く別のところであり，そのテクストはまるでわれわれが先に分析したテクストを無視するかの如くである．すると，この Aeneas 伝承固有部分の出自は別途問われなければならないということになる．

われわれは先に，ギリシャ世界とのやりとりを想定し，Rhome と Troades をその中に位置付け，そしてこれが後退し舞台前面を Romulus に譲る過程を想定した．今，しかし逆にそうして出来上がった体制が大きく修正されようとしているならば，このときに最も予想されることは，対抗的関係の中で一旦退いたヴァージョンが形を新たにして再浮上するということである．われわれには Aeneas/Penates の比重はなお不明である．単なる小さな祭祀の étiologie にとどまるかもしれない．しかし Aeneas の名自体既に示唆的である．そしてなお重要であるのは，matronae である．matronae であれば Troades の復活を祝うことが可能なのではないか．Hom. Il. VI すら引くことができるではないか．

にもかかわらず，matronae は直ちには Aeneas に寄り添わない．これまでのところ，高々遠く反発しながらこれと連帯する Evander に浸潤するにとどまる．Aeneas が誇るのは父子関係である．そもそも Homeros において Iuno/Hera が Aineias の敵であることを Latium の人々とて知らないわけがない．あまつさえ Aineias は Hera の不倶戴天の敵 Aphrodite の愛息子である．

新しい Aineias は Rhome を忘れたのだろうか．Troades はおろか娘の出る幕さえ無いのか．再び少しずらして Evander の戦線ではどうか．DH, I, 31 は，Evander が Faunus のもとへやって来て一片のテリトリーを分与されるという「正規」ヴァージョンを伝える．ところが，続けて 32 において「しかし或る者達が探求するところによると，そしてその中には Megalopolis の Polybios が含まれるのであるが，まさにそこで（Palatium で）Pallas という或る若者が死んだことから（Palatium というの）である．この若者は Herakles と Lavinia の息子であり，Lavinia は Evander の娘であった．若者のために母方の祖父（Evander）が丘の上に墳墓を築き，そして Pallantium と名付けたと言われる」(ὡς δέ τινες ἱστοροῦσιν, ὧν ἐστι καὶ Πολύβιος ὁ Μεγαλοπολίτης, ἐπί τινος μειρακίου Πάλλαντος αὐτόθι τελευτήσαντος· τοῦτον δὲ Ἡρακλέους εἶναι παῖδα καὶ Λαουϊνίας τῆς Εὐάνδρου θυγατρός· χώσαντα δ' αὐτῷ τὸν μητροπάτορα τάφον ἐπὶ τῷ λόφῳ Παλλάντιον ἐπὶ τοῦ μειρακίου τὸν τόπον ὀνομάσαι）と述べる．Lavinia という娘は一定の役割を果たし，Evander はこの娘の側に母方の祖父として居る．ただし，来たのは Aineias でなく Herakles である．かつ，その系譜は無惨にも絶たれるかの如くである．ジェネアロジーは拡がっていかず，繊維は形成されない．

確かに，父の去った後，母方の祖父と母にくるまれるように子は子のまま聖化される．不可侵のものとなる．これはほとんど Penates の「若い二人の座像」のダブレットである．しかもそこには母方が有り，母が居るのである．Herakles の名において[3]．しかもこれは Polybios が採録した由緒正しいヴァージョンである．なるほど Rhome からは大きく遠ざかる．しかし cognatique な結合が今や（元来の枝分節を克服して）小さな二重構造の内部にさらなる独立の単位を形成し，これをアプリオリの基礎として二重構造自体，さらにはその連鎖体，が存立していく，という画像が生まれている．

それでも，このヴァージョンは決して Dionysios にとって採ることができるものではない．そしてその論拠は明確である．「しかし私は，如何なる墓も見ないし，そのために捧げられた如何なる追悼歌の儀礼も知らないし，また他の同種のものも全く見ることができなかった」（ἐγὼ μέντοι οὔτε τάφον ἐθεασάμην οὔτε χοὰς ἔμαθον ἐπιτελουμένας οὔτε ἄλλο τῶν τοιουτοτρόπων οὐδὲν ἠδυνήθην ἰδεῖν）．儀礼とその物的痕跡の不存在である．他方 Carmenta の側はそれらに満ち満ちている．このヴァージョンが有力たり続けていくことは疑いない．Evander の周辺が一時期予断を許さないヴァージョン対抗に覆われていたことに変わりはないにしても．

もっとも，強力な核が内蔵されているヴァージョンを Evander のところで構えたとしても，所詮 Evander では決定的とはなりえない．領域の組織そのものを構成する原理にはならない．このためにはジェネアロジーの広がりが必要である．既に Lavinia や Herakles の登場によってわれわれは領域の組織に少しは接近したことになる．Herakleidai の伝承が Doros 神話と絡まり合って如何に領域組織の性質を大きく決定するかについてわれわれは豊富に見て来た．まず Herakles の系譜に大きな可能性を与えることは重要な選択肢である．Evander に関する Polybios のヴァージョンをステップにするかの如くに，な

2 新しい社会構造

お一歩進めたヴァージョンの有ったことを示すテクストがある．DH は Herakles の事績を標準版によって伝えた後 (I, 43)，「しかし或る者達が言うには，その同じ地で Herakles 自身が二人の女によってそれぞれ息子を遺し去って行ったという」(Λέγουσι δέ τινες αὐτὸν καὶ παῖδας ἐν τοῖς χωρίοις τούτοις ἐκ δύο γυναικῶν γενομένους καταλιπεῖν) として別のヴァージョンを紹介する．一人の息子は Polybios のヴァージョンの通りである．しかしもう一人は，Herakles が Italia へ連れて来た Hyperboreoi の娘を母とする Latinus で[4]，Herakles は Argos に帰る時に Aborigines の王 Faunus とこの娘を結婚させたため，Latinus は Faunus の子と信じられている，という．そしてこちらの側にやがて Aeneas が着地するというのである．Polybios のヴァージョンは確かに傍系として消えていく．むしろ断絶である．しかしかわりに別の息子が，大きな系譜の上流に立とうとしている．それはしかも Herakles のほとんど人質 (ἦν πατρὸς εἰς ὁμηρείαν δόντος ἐπήγετο) として連れて来られたのである．Rhome がここでは大いに抵抗している．Latinus を単純に Faunus の子とするヴァージョンに寄生して内から食い破る形において．にもかかわらず，このジェネアロジーは既に Faunus-Latinus が確立された中における小さなエピソードで，ここへやがて Aeneas が来るということが予定さえされているのである．

Aineias/Anchises が西方において（も）早くから広く知られた形跡が有る反面，Aineias 自身がジェネアロジーを創始するというパラデイクマの痕跡はいずれにせよ少々時代を下るかに見える．何よりもの証拠は，最も古い確かなテクストたる Hellanikos ap. DH である．5 世紀半ばから後半において Aineias は (Attika に情報が届く限りにおいて) 依然 Rhome 伝承の付属品であるにすぎない．Troades の驥尾に付して浮上を待っているのである．もっとも，Odysseus という原点と Rhome と（既に形をなしてきた）Aineias の三者を調和させた可能性を否定しきれない[5]．Timaios をソースとすると言われる Lykophr. Alex., 1253f. においてさえ，Latini の 30 部族は強く示唆されるが，そこにあるのは父子関係中心の画像で，Aienias の相手を務める娘は登場しない．DH, I, 73, 1ff. はギリシャ側史料を去ってローマ側に移るが，，そこで初めて Romulus と Remus が Aeneas の息子であるとか，その娘の子であるとか，のヴァージョンが紹介される．しかも既に触れたようにジェネアロジクな関係を否定する「人

質」ヴァージョンが存在する．Fabius Pictor において既に世代を隔てて Aeneas と Romulus を繋ぐ標準ヴァージョンが出来上がっていることを Plout. Rom. 3 によって確認したが，この点は新発見のパピルスからも裏付けられる[6]．Aeneas がジェネアロジーを獲得したとしてもその cognatique な結合は決して高度に活性化したものではない[7]．

さらにまた，Aeneas 伝承は儀礼化された形態をローマ都市中心に持たない[8]．暦において何の地位をも占めない[9]．この点では Evander にさえ遥かに劣るのである．だからこそわれわれは Aeneas 伝承のクロノロジーに関して常に絶望してきたのである．否，大変に懐疑的で，もっぱら遅くに位置付けてきたのである．

しかしながら，これらのことは Aeneas 伝承が重要でなかったということを全く意味しない．そもそも，この種の・ディアレクティカを余り経ない・そのまま儀礼化される定めの・しかも意識的に部族形成神話の原点に戻るような・パラデイクマの生態系は領域の側に存した．Deukalion 伝承，Doros 伝承，Ion のパラデイクマ等々．これらの発掘・調査を得意としたのは Hekataios であった．今日ならば人類学が報告してくるようなジェネアロジーを彼は豊富に記述した．

中に，"Ἀπὸ Κάπυος τοῦ Τρωϊκοῦ" という断片（F63 Jacoby, ap. Steph. Byz.）が有る．さらに 4-3 世紀に下るが，Hegesianax（かの「Gergis の Kephalon」）の断片（F8 Jacoby）が有り，それによると，「Aineias の息子達たる Romos と Romylos によって Capua が建設された」という．Coelius F52 Peter (ap. Serv. Aen. X, 145) は，「Aeneas の従兄弟（sobrinus）たる Capys が Capua を」建設した，と記す[10]．Perret が主張するようにローマの Campania 支配の後に取って付けたようにでっち上げられた伝承ではありえない．ジェネアロジーの上でローマに対して従属的に位置させる要素が無いからである．もちろん，Cumae の領域での Rhome 培養に対して遅れるには違いない．それでもその頃既に Hekataios はさらにその後背地に Capys 伝承による対抗の存在をどこかから嗅ぎつけているのである．5 世紀の半ば以降 Campani が Cumae を圧倒するようになる頃，Troes を部族編成上ジェネアロジックな頂点に置く体制が優勢を誇ったのではないか．するとまずは，この時に並行して Latium で Aeneas 伝承の

勃興が有ったかもしれない．

　Fabius Pictor が十分には取り上げない Aeneas の「婚姻問題」を Cato (*Origines*) が大々的に採録したことは明らかである[11]．この落差はこれらの伝承がやはり領域の組織を巡って発信されたということを裏付ける．まず何よりも，Aeneas は Latinus から領域を受け取った（F8 P=Lib. I, F8 Chassignet：a Latino accepisse agrum）のであり，にもかかわらず境を接するテリトリーに進出して戦った（F9 P=Lib. I, F9 Chassignet：propter inuasos agros contra Latinum Turnumque pugnasse）．しかもその相手は Latinus ばかりではなく，「Latinus と Turnus」という一組である．Latinus は倒れ，Turnus は Mezentius に助力を求める．もっとも，F11 P=Lib. I, F11 Chassignet は若干異なるヴァージョンを採録する．「Aeneas は，Cato が言うように，Italia に来ると Lavinia を妻とした．このために Turnus が怒り，Latinus に対しても Aeneas に対しても戦いを行った」(Aeneas, ut Cato dicit, simul ac uenit ad Italiam, Lauiniam accepit uxorem. Propter quod Turnus iratus, tam in Latinum, quam in Aeneam bella suscepit)．テリトリーと婚姻は戦いの互換的な原因であるとしても，果たして Latinus はどちらと戦って倒れるのか．その Latinus の苦しい立場はもう一つの断片 F12 P=Lib. F12 Chassignet に一層明瞭に現れる．「(Mezentius という人物の瀆神性につきその例証を) 注意深い読者は Cato の「諸起源」第Ⅰ巻に見いだすはずである．Cato によると，Mezentius は Rutuli に対して，Rutuli が神々に奉納していた初穂を自分に差し出すようにと命じたのである．しかし Latini は皆，同様の命令が来るのを恐れて以下のように奉納誓約した．Iuppiter よ，われわれが Mezentius にでなく汝にこれらを贈るということが，もし汝の心に適うならば，われらを勝者にしたまえ，と」(in primo libro Originum Catonis diligens lector inueniet. Ait enim Mezentium Rutulis imperasse ut sibi offerent quas dis primitias offerebant, et Latinos omnes similis imperii metu ita uouisse : Iuppiter, si tibi magis cordi est nos ea tibi dare potius quam Mezentio, uti nos uictores facias)．Mezentius への従属関係からして，Latinus/Turnus が Latini/Rutuli に対応していることは明白である．するとこの部族組織は引き裂かれようとしており，しかし最後は踏みとどまる．

　それにしても，この Turnus とは誰で，Rutuli とは何者か．そもそもどうし

て Latini が岐路に立つのか．Lykophr. のテクストにおいて既に Aeneas は Latini 部族組織と関係を有した．単純にローマの領域たる Lavinium に関わるのではない．Strab. V, 3, 5 は Lavinium に「Latini の Aphrodision」が有るのを記録する．しかしながら Cassius Hemina, ap. Solin. II, 14 : ubi (in agro Laurenti) dum simulacrum quod secum e Sicilia aduexerat, dedicat Veneri matri quae Frutis dicitur（「(Laurentes の領域において) Aeneas は Sicilia から持ち来たった像を Frutis とも呼ばれる母なる Venus に捧げた」)[12] は決して Latini のものたるを含意しない．Lykophron のテクストに Latini が現れた（Alex. 1254）としても，下地をなすと言われる Timaios のテクストにおいてもそうであったということを意味しない．明らかに，Aeneas の Italia 着地の解釈として，ローマの領域たる Laurentes/Lavinium を選ぶか，それともこれを思い切って Latini としてしまうか，という岐路が存在するのである．後者の場合に Lavinia の父は Latinus となるが，それでもなお，その Latinus を結局は Aeneas の敵に与する者として描く余地が残るのである．

そしてその敵はさしあたり Turnus であり Rutuli である．しかし一体誰に対しての敵か．Laurentes に対してか．しかしながら Latinus の帰属次第でそれは Latini に対してにもなる．さらにはおそらく Laurentes に対して Latini を概念する余地も生まれる．

Lavinia を概念し Rutuli を配して関係をはっきりさせることは 2 世紀以降の文芸化の産物か．Cato のテクストは prima facie に反対の結論を示唆する．それを裏付ける道はあるか．われわれは少なくともまず 4 世紀半ばにまで遡りうる．340 年，Nomen Latinum が最終的に解体される過程において，反乱した Latini は厳しく罰せられるが，「Latini のうち Laurentes と Equites Campani は罰を免除された．反乱の同盟から離脱したからである．Laurentes とは条約を更新することに決しられた．以後 Ludi Latini の十日後に毎年更新することとなった」(Liv. VIII, 11, 15 : Extra poenam fuere Latinorum Laurentes Campanorumque equites, quia non desciuerant; cum Laurentibus renouari foedus iussum renouaturque ex eo quotannis post diem decimum Latinarum : ed. Bloch). Rutuli はその都市名 Ardea を以てして Latini の一員たる資格で反乱した側に在って然るべきようにも思われる．しかしながら，この時の Latini 各都市の処分の

2 新しい社会構造

リストに Ardea は登場しない．この間 Ardea は不気味な沈黙を守る．さらに，Strab. *loc. cit.* は「（その Aphrodision のために）Ardea の者達が神殿奴隷として奉仕した」（ἐπιμελοῦνται δ' αὐτοῦ διὰ προπόλων Ἀρδεᾶται）と述べ，Plin. NH, III, 5, 56f. と Pomponius Mela, II, 4, 71 は Aphrodision をむしろ Ardea の近傍に置く．Ardea は Lavinium たりうるかもしれない微妙な位置に立って Lavinium と交錯するのである．

なおかつ，Ardea と Lavinium が Aphrodision を取り合うという単純な事態[13]は想定しえない．何故ならば，"propoloi" は明らかに従属性を表現するし，何よりも Ardea にとって Aphrodite に仕えるのは屈辱であるはずだからである．Plin. NH, XXXV, 115 は，Ardea の Iuno Regina 神殿のために描いた或る画家を称える碑文を書き写す．217 年，Aventinum の Iuno Regina 神殿に matronae が寄進をするが，このとき decemviri が Ardea に赴き一層盛大に犠牲式を行う（Liv. XXII, 1, 19）．Ardea は何と言っても Iuno，それも Iuno Regina の本拠の一つである．ローマから南に降りてかつ海の側に面する Lavinium と Ardea は似た位置に在って互いに近接しているが，それぞれ Iuno と Venus を擁して鋭く対立する．

かつ，Ardea の Iuno Regina と共にわれわれはさらに時代を少々遡ることができる．396 年に Camillus が Veii を攻略すると，Veii の Iuno Regina はそのままローマへ「移り住む」（Liv. V, 21, 1 ; 22, 3）．391 年，その Camillus は弾劾され（Liv. V, 32, 8），Ardea に亡命する．翌年 Galli 来襲の際に，危機を救うのはこの Ardea に亡命していた Camillus である．Camillus は Ardea の人々に呼び掛けて軍事力を組織する（Liv. V, 44）．他方破壊したばかりの Veii にはローマ敗残兵が逃げ込んでいて，包囲されたローマに対して Ardea と Veii の両方から二つの軍事力が進発することになる（Liv. V, 48, 4）．つまり Veii と Ardea は或る意味でパラレルで[14]，Veii から Iuno Regina がローマ中心に上ったとすると，Ardea からの意味もこれに重なり，かつ Ardea には領域神殿として Iuno Regina 神殿が残るのである．ここには中心と領域を上下する（ギリシャならば）デモクラシー形成期固有の出来事の連鎖（パラデイクマ）があり，それが作用している．つまり Iuno Regina の配置・移動の背後には当然に社会組織の再編があり，それは中心―領域間のダイナミズムでもあるのである．

領域を巡る問題であるならば，われわれはさらに一段遡りうる．446年，「Aricia の人々と Ardea の人々が，領域の帰属を巡りしばしば戦闘状態に陥り，交互に打撃を受けて疲弊したためローマ国民に審判を求めた」(Liv. III, 71, 2 : Aricini atque Ardeates de ambiguo agro cum saepe bello certassent, multis in uicem cladibus fessi, iudicem populum Romanum cepere). comitia tributa で投票が行われようとするが，しかし結局は係争地をどちらにも渡さず，ローマの「公有地」"ager publicus" とすることになる．444年，Ardea はローマへ使節を送り，領域を「奪われた」ことに対して返還と賠償を求める．senatus は，populus の決めたこと故仕方がない，しかし時を見計らって senatus にアプローチしてくれば善処する，旨回答する．Livius は，この年は初めて consul 権限を持つ tribuni militum (tribuni militum consulari potestate＝TMCP) が立った年であるとするが，しかし，「interrex の T. Quinctius Barbatus が consules を選任した．L. Papirius Mugillanus と L. Sempronius Atratinus であった．彼らを consul として Ardea は条約を更新した．これ（署名）がこの年彼らが consules であった物的証拠である．その名は古い年代記 (annales prisci) にも政務官表 (libri magistratuum) にも無い．……Licinius Macer は，Ardea との条約にも Iuno Moneta 神殿の布書き (Libri Lintei) にもその名を見出す，と書いている」(Liv. IV, 7, 10ff. : T. Quinctius Barbatus interrex consules creat L. Papirium Mugillanum, L. Sempronium Atratinum. His consulibus cum Ardeatibus foedus renouatum est ; idque monumenti est consules eos illo anno fuisse, qui neque in annalibus priscis neque in libris magistratuum inueniuntur. . . . Licinius Macer auctor est et in foedere Ardeatino et in linteis libris ad Monetae ea inuenta : ed. Bayet)．この少しの食い違いから，われわれは思わぬところで貴重な史料情報を手に入れることになるのであるが，Fasti にも annales の系統にも無い名前が外交文書に登場し，Licinius Macer はこれを発掘し，そして Libri Lintei という何らか傍系の記録から TMCP 一年目にはめ込むのである．Livius は TMCP に対して何らかの事情で suffecti が立つことになり，ために公式の記録からは落ちたと推測する．そして interrex を挿入するヴァージョンを採用する．いずれにせよ，Ardea に対するスタンスが senatus と plebs の間で違う，ということとこのソースの混乱，そして TMCP か consules かという問題，が連動して

2 新しい社会構造

いる，と把握されていることは確かである．ひょっとすると「裏取引」に対応して非公式に交わされた，或いは後にでっち上げられた，「条約」の存在，否，そうした軋轢を発生させる磁場自体の存在，は比較的確かな年代を得ることになる．Aricini と Ardeates の争いと仲裁の事件も相対的に確かな記憶に属するであろう．すると，われわれは Ardea 対 Lavinium の確かな証拠を持たなかったが，これに似た対立を目にしていることになる．つまり Aricia は Nemi の Diana 神殿をメトニミクに言っているとさえ解され，これと Iuno Regina が激突しているのである．正確には，Diana の周りになおも結束する Latini の分布域と，新たに Iuno を擁してそれぞれ新しい体制を築く一帯，これら相互の間の線引きの問題にローマは直面したのである．ローマが後者に加担していくことは疑いない．Camillus と Iuno Regina はそのチャンピオンである．しかし 340 年にはもう一度転換点が訪れ，前者の最終的な否定が主たる出来事であったとしても，後者にも微修正が施されるのである．おそらく領域の体制自体動かされなかったと思われ，Ardea は安泰であるが，しかし Nomen Latinum の政治的部分，つまり「それぞれ新しい体制を築く」の「それぞれ」の部分，はもはや認められなくなり，こうして純粋な領域神殿たる Lavinium の装置が脚光を浴び，ここに Nomen Latinum は移ってしまったかのように解する余地が生まれたのである．

しかしながら，Ardeates 対 Aricini の頃，Iuno 対 Diana の頃，Venus は，たとえ Iuno の側に隠れてであれ，既に秘かに地歩を固めつつあったに違いない．到底都市中心には上がって来ないとしても．少なくとも Aeneas は Penates を運び始めていたことであろう．そしてさらに重要なことは，これとは相対的に区別される，Iuno に寄り添う Aeneas のヴァージョンが一旦準備されたに違いない．

〔2・3・1〕 Odysseus と Aineias をまとめて Romulus に及ばないとする Ampolo, Enea ed Ulisse の理解は間違いではないが，Hellanikos の断片写本に関する例の問題を扱うときに両者同時並存説を唱える (p. 335ss.) のは短絡である．Lykophron のテクスト上に現れる Nanos が (Scholia が言うように) Odysseus のことであるとすると，Aineias に対するその従属性からして「克服」の動機を含むし，克服対象も Liv. I, 49, 9 etc. の Mamilii (Tusculum) のように首長制と関係する場合も，既述の DH, I, 72, 5 の Odysseus/Kirke の三人の息子のように部族組織と関係する場合も，共に存在する．犠牲式に際して頭を覆う（ローマ式）儀礼の étiologie として「Aineias が Odysseus に顔を見られたくない」という動機を伝える一群のテクス

ト (Fest. p. 430ff. L; OGR, 12, 2) の背後には何か (かつて流産した) 正規のギリシャ流領域に対する意識が顔を覗かせる. C. Ampolo, La ricezione dei miti greci nel Lazio: l'esempio di Elpenore ed Ulisse al Circeo, *PP*, 49, 1994, p. 268ss. が扱う「Circei に置かれた Elpenor の墓」の伝承も同様に, Circei に置かれた colonia が Latini に伍してギリシャ型 heroon 領有を主張し抵抗した4世紀末の事態を反映する. Elpenor 葬送の意義については POL において触れた.

〔2・3・2〕 われわれが Hellanikos の断片やその系統を「Aeneas 伝承」とは別に扱うのは, Aeneas 伝承と無関係だからではなく, これとの間に鋭い亀裂を示すからで, 実際対抗は黙示ながら執拗に持続する. 影のようにまつわりついて呪っているのである.

〔2・3・3〕 Herakles の側から見るとこれら一連のヴァージョンの流産, 後に見る Cacus ヴァージョンの標準化, は大きな分岐点である. Bayet, *L'Hércule romain* 以下の学説は流産に災いされて DH が発掘したデモクラシー版 Herakles のこの微かな痕跡を見逃す.

〔2・3・4〕 P. M. Martin, Énée chez Denys d'Halicarnasse. Problèmes de généalogie, *MEFRA*, 101, 1989, p. 134sq. はこの系統のヴァージョンを比較的遅い端的なギリシャ化ヴァージョンとするようである.

〔2・3・5〕 cf. Dury-Moyaers, *Énée et Lavinium*, p. 55.

〔2・3・6〕 *Ibid.*, p. 78.

〔2・3・7〕 「Fabius Pictor の Aeneas」はそれ自身興味深い問題である. 鍵を握るのは Diod. VII, 5 (F5 Peter) である. ここで Diodoros は若干の著者 (例えば Naevius か: cf. Momigliano, Linee per una valutazione di Fabio Pittore, p. 406) が Romulus を Aeneas の娘の息子とする等近接させることに反対し, 中間に長いジェネアロジーを挿入するのが正しいとし, しばらくして Pictor を明示に引用して或る重要なパラデイクマを記述する. 中間を長く取るのが Pictor に依拠する解釈であることは明らかである. 何故ならばそのパラデイクマが以下の内容を持つからである. Aeneas は四つ足の動物に導かれて都市を建設するだろうという予言を得ているが, Italia に上陸して犠牲を捧げようとすると, 「子を孕んだ白い雌豚」が逃げ出し, 或る丘の上で30匹の子豚を出産した. そこで予言に思い至り, 都市を建設しようとするが, さらに夢の中に予兆が現れて30年待つことにした, というのである. Fabii の御家芸「引き延ばし」「先送り」が見事に表現されている. すると, Aeneas-Romulus 間に距離を取るジェネアロジーは, 共和初の迂回, そして Aeneas に距離を取る Pictor の態度, に起因するにせよ, 同時に Pictor はこの距離に二重の意味を込めたのである. 都市─領域間の距離. それは Alba/Lavinium や部族同盟の30単位に重なる. 母豚と子豚がそれを例解する. しかし具体的な部族組織には冷淡で, むしろギリシャからクリアに〈二重分節〉の概念だけを引き出したと考えられる. われわれは子を孕んだ動物の意味について非常に多く扱ってきた. この像は強くコード化されていた. すると Fabius Pictor は〈二重分節〉それ自体には極めて積極的であるということになる. その端的な政治化 (上昇) には警戒的でも. このように推論していくと, Diod. が直前に (VII, 4) 紹介するエピソードも (Perret, *Légende troyenne*, p. 355, 489 に倣って) Pictor のものであるとしてよい. Troia 崩壊の時, 皆が必死に財宝を船に積み込んで脱出しようとする中, Aeneas だけは財宝に目もくれず老いた父 Anchises を背負った. これを見た Achaioi が賞賛し, Aeneas の脱出を許した, というのである. Penates の父子関係は, ここでは支柱を filius の方に持つ. Naevius において Anchises 主導であるのと対照的である.

〔2・3・8〕 Timaios の別の断片 (566 F 36 Jacoby=Polyb. XII, 4b, 1) は Ilion 陥落を記念する馬の犠牲式を伝えるが, これこそ Pyrrhos との宣伝戦という表面に Aeneas が出たケースである. もっとも, Pyrrhos との戦争はイタリア半島諸族の複雑なモザイクの上に展開されるから,

2 新しい社会構造

Volsci 等との緊張関係の中で Aeneas が浮上する，その対抗を引き摺っている．つまり Aeneas の背後の領域問題は構造化されていく．だからこそプロパガンダが成り立つのである．

〔2・3・9〕 Ibid., p. 93 ("...du caractère local de la légende d'Énée...Le héros n'a reçu un culte et n'a été populaire qu'à Lavinium").

〔2・3・10〕 cf. Suet. Iul. 81 ; Serv. ad Aen. I, 2 ; 242 ; II, 35 ; Perret, *Légende troyenne*, p. 315sqq. ; J. Heurgon, *Recherches sur l'histoire, la religion et la civilisation de Capoue préromaine des origines à la deuxième guerre punique*, Paris, 1942, p. 143sqq. ; J. Gagé, Comment Enée est devenu l'ancêtre des Silvii albains, *MEFRA*, 88, 1976, p. 22sqq. Heurgon, p. 321sqq. は Capua 近く Tifata の Diana 神殿に関する伝承（ap. Sil. It. Pun. XIII, 115ff.）を分析し，後述の Verg. Aen. VII の Silvia とも関連付けつつ，Capys や Telephos が直接部族の領域組織の基幹神話に関わった可能性を示唆する．I-4 で DH のテクストを分析した際，われわれも様々な Telephos や「三兄弟」が Capua や Latium の都市に関わるのを見た．なお，Gabba, Valorizzazione, p. 97 はこうしたヴァージョンを，Strab. XIII, 1, 45 に現れる Demetrios の「Aeneias の Troia 衛星都市着地＝ローマ不到達」との対抗関係に置く．大きく見れば確かに 2 世紀における「Aeneas 型領域形成か socii 型構造か」の対抗を「地方史」家が意識した瞬間である．むしろ後者に Romulus 伝承の若干のヴァージョンが収容された．Timaios 自身既に「Aeneas ローマ不着」ヴァージョンに反論する必要を感じている．4 世紀のローマ支配層内部において領域の新しい構造を面白く思わない分子が有ったと思われる．2 世紀にはこれが捩れて socii の反ローマ意識の中で保存されたのである．

〔2・3・11〕 Perret, *Légende troyenne*, p. 541 は Latinus/Amata/Turnus 等の役割（さしずめ actants）の分節自体を Cato の手になるものとする．cf. Horsfall, The Aeneas legend, p. 22.

〔2・3・12〕 F7 Peter＝F8 Chassinet.

〔2・3・13〕 Dubourdieu, *Pénates*, p. 362 ; cf. Zevi, Note sulla leggenda di Enea, p. 147ss.

〔2・3・14〕 M. Sordi, *I rapporti romano-ceriti e l'origine della civitas sine suffragio*, Roma, 1960, p. 13ss. は，Veii を強く意識して Aeneas 伝承を解釈する．Turnus が Etrusci の王 Mezentius の助力を受けるという標準版と，Etrusci（特に Caere）に追われた Mezentius が Turnus に加担する（Etrusci 本体は Aeneas に付く）という Vergilius 版，相互の亀裂に着目し，「反 Etrusci」は実は反 Veii であり，その tyrannus（つまり Mezentius）がヘゲモニーを取った限りにおいての Etruria が念頭に置かれ，他方 Caere 等親ローマの Etruria は tyrannus を追い出してローマに付いたのである，とする．Aeneas と Etrusci の同盟はそれぞれ Ardea と（改心した）Veii のそれに置き換えることができる．Sordi は "pius Camillus" と "pius Aeneas" のパラレリスムにも言及する．しかし Ead., Virgilio e la storia romana del IV secolo, *Athenaeum*, 42, 1964, p. 80ss. は Vergilius の作品自体を 4 世紀の事態の機械的写像の如く解釈するので説得力が薄い．

2・4

Cato が Aeneas 伝承をどのように理解したか，断片のみから判断できることは限られるが，彼がどのようにうまく調和させたとしても，Latinus の動きについて亀裂の存在を抱えることは不可避であったと考えられる．何故ならば，

LatinusとTurnusが共にAeneasと戦ったという伝承と，にもかかわらずAeneasと（Latinusの娘）Laviniaが結ばれたという伝承の両方の存在を，既に認めざるをえなかったからである．後者であればLatinusとの戦いは概念しにくい．否，IasonがMedeiaを獲得した時のような葛藤を想定したとしても，これとTurnusとの戦いは別の機会に行われたとせざるをえないであろう．TurnusとLatinusが初めから固く結びついているならば，Laviniaは少なくとも一旦はTurnusのものである．

　このような想像は決してgratisではない．DH, I, 57 はまずAeneasとLatinusの間に戦い寸前まで行く鋭い緊張関係を走らせ，次いで和平の後，LaviniaをAeneasと結ばせる．その後64において別途Rutuliと戦わせる．Latinusの妻Amataの甥TyrrenosがRutuliに寝返り，まずLatinusが倒れ，さらにMezentius率いるTyrrenoi[1]に支援されたRutuliはAeneasも倒す（Turnusは現れない）．このAeneasの死は重要なexemplumとさえされている．LiviusもI, 1, 6において「二つの対抗ヴァージョン」(duplex fama) の存在に言及し，AeneasとLatinusが対峙するも戦う前に和平が結ばれたのか，それともLatinusが破れてジェネアロジクな関係 (affinitas) が築かれたのか，不明であるとする．いずれにせよ「Latinusは，さらに娘をAeneasに嫁がせ，これによりPenates神という受け皿において私的同盟と公的な同盟という二つの意味を重ね合わせた」(Latinum apud Penates deos domesticum publico adiunxisse foedus filia Aeneae in matrimonium data). そしてI, 2であらためてrex RutulorumたるTurnusを「実はLaviniaの婚約者だった」として今更ながら登場させ，Aeneas＝Latinus連合軍はRutuliを撃破するもののLatinusは倒れ，CaereのMezentiusの介入後Aeneasもこれに続く．しかし彼らとて単純なヴァージョン群しか見出さなかったわけではなく，厄介な問題を抱えていたことを示すことには，DH, I, 57, 2 はわざわざ，Aeneasが現れた時Latinusは既に「Rutuliという名の隣接するethnosと戦っていたのであり，しかも敗戦続きであった」(πολεμοῦντι πρὸς ἔθνος ὅμορον τοὺς καλουμένους Ῥοτόλους καὶ δυσημεροῦντι κατὰ τὰς μάχας) と付け加える．さらに，TroesとAboriginesは誓約に基づいて仰々しく条約を締結し，Troesには「好きなだけ領域を」(58, 1: χώραν ὅσην ἠξίουν) 分け取ることが認められるが，その見返りであるかの

2 新しい社会構造

ように, Amata/Tyrrenos 問題が発生する以前に一度 Rutuli 制圧が行われる (59, 2). これと 64 の戦いは奇妙なデュプリケーションをなす. つまり Dionysios は, 逆に Latini＝Rutuli 連合が Aeneas に対するというヴァージョンを意識しているのではないか.

実際, 一旦 Latinus/（Lavinia/）Aeneas を完結させるヴァージョンとは全く正反対に, Rutuli を初めから中心的な構成要素とし, これに対する戦いを全面展開するヴァージョンが存在しえたのである. その場合, Latini/Latinus は Rutuli の側に呑み込まれてしまう. 言うまでもなく, まさにこれが Vergilius が採りそして思い切り増幅したヴァージョンである. Verg. Aen. (ed. Perret) は初めから Lavinia 問題を中枢に据える.「既に婚姻適齢期に達し何年も婚姻を待つ娘がただ一人でかしずかれている. そしてその娘を大 Latium および全 Ausonia から多くの者達が求める. 他の誰よりも, 美貌の, Turnus が求める」(VII, 52ff.: Sola domum et tantas seruabat filia sedes/iam matura uiro, iam plenis nubilis annis. /Multi illam magno e Latio totaque petebant/Ausonia; petit ante alios pulcherrimus omnis...). しかし, 既に「外から来る男」(externus uir) の存在が予言されており (68f.), また別の予兆に際して Latinus の父 Faunus は,「娘を決して Latini との婚姻関係で結び付けるな, 外から婿達がやって来る, 彼らがわれわれ一族の名を天に昇らしめる」(96ff.: Ne pete conubiis natam sociare Latinis, /.../externi uenient generi, qui sanguine nostrum/nomen in astra ferant...) と宣告する. 結局これとそっくりの文言 (268ff.) で Latinus は Lavinia を Aeneas に持ちかけ, 万事目出度く cognatique な結合が達成される運びとなる. しかし Vergilius はそこにあるはずの緊張を見逃さない. 直ちに Iuno を遠く Argos から出動させる (286ff.). 挙げ句の果てに Iuno は「確かに Lavinia が妻となることは運命によって避けられない. しかしながら, 多くのことをもたらしそれを迂回させ遅らせることはできよう, しかしながら, 二人の王の二つの民を絶滅させることもできよう, そのような対価を払ってでもしたいならば婿も舅も好きに合意するがよい」(314ff.: atque immota manet fatis Lauinia coniunx: /at trahere atque moras tantis licet addere rebus, /at licet amborum populos exscindere regum. /Hac gener atque socer coeant mercede suorum...). Lavinia ないし結合自体は否定されない. しかしそれは一方で世

にも恐ろしいことを呼び出し，かくしてその恐ろしいことと戦う正反対の原理をもまた全面的に展開させねばならないこととなる．その正反対の原理が最終的に Lavinia 結合を完遂させる．しかしそれは余りにも鋭く対抗するがために，(DH があれだけ丁寧に叙述した) Latinus と Aeneas の同盟の動機を (Iuno が呪うが如く) 完全に吹き飛ばし，また Lavinia の人格さえもほとんど消滅させる．つまり Verg. Aen. のヴァージョンは Aeneas と Latinus が共に Rutuli を敵として戦うという動機を一度も見せず，Latinus はもっぱら Aeneas と戦う Rutuli の側に居る．

どうしてそのようなことになるか．もちろん Iuno が今宣言したばかりの大原理がまずは響き渡るのである．

Iuno が動員するのは満を持した Furiae (Erinyes) の一人 Allecto である．「悲惨な戦争，憎悪と裏切り，悪意に満ちた犯罪，を心から愛する」(325f.: cui tristia bella/iraeque insidiaeque et crimina noxia cordi) というのが Vergilius の理解である．Furiae はもちろん姉妹 (sorores) であるが，「心を一つにした兄弟 (fratres) さえ武器を持って戦わせる」(335: Tu potes unanimos armare in proelia fratres)．しかしここでは Thebai におけるのと違って，彼女は真っ直ぐに Amata のところへ赴く．Amata は既に (Troia の者達が着き Turnus との縁談が壊れたことによって)「女の心配と怒りに燃えさかっている」(345: feminae ardentem curaeque iraeque...)．「そこへこの怪獣に取り憑かれて狂乱状態となり，家全体を大混乱に陥れる」(348: quo furibunda domum monstro permisceat omnem)．Vergilius はもちろん Homeros を忘れない，Homeros 風のディアレクティカを目指す以上．何が激突しているのか，その原理を把握している．Amata の異議は，Troia の連中が Helene を奪ったことを論拠とする．cognatique な関係の形態を問題としている．かくして易々と対岸を滑り，あまつさえデモクラシーに下って来る．「でも Turnus だって遠く家系の源泉を辿れば Inachos，そして Akrisios，つまり Mykenai 側中枢の父祖達ですよ」(371f.: Et Turno, si prima domus repetatur origo, /Inachus Acrisiusque mediaeque Mycenae)．Vergilius は Ardea につき「その都市は Acrisios の娘 Danae が植民者達と共に築いたと言われる」(409ff.: quam dicitur urbem/Acrisioneis Danae fundasse colonis) というヴァージョンを押しつける．Rhome ヴァージョンの

2 新しい社会構造

ように先鋭化する前に Cumae 後背地 Latium 南方に Danae/Perseus の如きヴァージョンがあったと推定したわれわれにとって，これは Vergilius の勝手な夢想に基づくものではない．ともかく，Amata の狂気は遍く伝染していく．「それどころか，Bacchus に取り憑かれたかの如くにおぞましいことをエスカレートさせていき，一層大きな狂気を伝染させつつ，森の中へ入って飛び回り，娘を深い森に隠してしまった」(385ff.: Quin etiam siluas simulato numine Bacchi/maius adorta nefas maioremque orsa furorem/euolat et natam frondosis montibus abdit).「このことは Furiae によって胸の火を焚きつけられた母達全てを等しくかき立て，そして彼女らは熱情に駆られるや否や新たな屋根の下を求め，家々を捨て去り，肩で風を切り，髪を風になびかせた」(392ff.: Fama uolat Furiisque accensas pectore matres/idem omnes simul ardor agit noua quaerere tecta;/deseruere domos, uentis dant colla comasque). 閉鎖空間を内から食い破るのは Bacchai の特技である．Amata は Lavinia と Turnus の婚姻を祝う歌を狂ったように歌い続ける．Amata の呼びかけはこうである[2].「おお，凡そ遍く Latini の母達よ」(400: Io matres, audite, ubi quaeque, Latinae).

女達の集団行動を惹き起こした後，Allecto はいよいよ Ardea に赴き，また一仕事する．そこには Iuno の神殿が有り，女神官 Calybe が居る (419). Allecto はこれに乗り移り Turnus を戦いへとかき立てる．しかし Turnus は一応「女王なる Iuno」(438: regia Iuno) の権威を認めつつも「お前は神々の像と神殿のことを考えていればよい」(443: Cura tibi diuom effigies et templa tueri)，和戦は自分達に任せろ，と言って取り合わない．しかし Allecto は怒って Turnus のもっと奥に入り込む．目を覚ました Turnus は突然「狂ったように武具はどこだと叫び，部屋中家中を探し回る，戦いへの情熱が先鋭化し，戦争の悪質な病，そして怒りが加わっていく」(460ff.: Arma amens fremit, arma toro tectisque requirit;/saeuit amor ferri et scelerata insania belli,/ira super…)．たちまち大動員がかかり，Latinus のもとに軍事化が達成される．集結が終わると Turnus は檄を飛ばす (577).「Bacchus に惑わされて深い森の中で踊り狂っている母達の」(580f.: Tum quorum attonitae Baccho nemora auia matres/insultant thiasis…) 息子達も加わる．全て Latini の名において，つまり「王 Latinus の館への集結」(585: regis circumstant tecta Latini) である．

Latinus 自身は孤軍奮闘 Iuno が惹起した大波に抵抗する (586ff.). しかしなすすべがない. こうして Latinus は完全に消えてしまい, 他のヴァージョンにおけるように Turnus と戦うどころではない. 最後 XII, 18ff. で Turnus に対して一騎討ちを虚しく思いとどまらせようとするのみである.

以上のようにして, Vergilius は Aeneas の本当の敵を極大化することに成功する. それは Iuno であり, matres であり, matrona でありうるだろう. Furiae/Erinyes に変身して襲ってくる. 或いはまた Bacchai ともなる. Turnus/Lavinia の婚姻を (Kassandra のそれを祝う Hekabe のように) 虚しく祝う. しかし Iuno でさえ Aeneas/Lavinia の婚姻は認めざるをえない. これを遅らせ, その過程で全てを壊滅させようとするのみである. そして Latinus はもちろん Turnus でさえ Allecto に襲われない限りは全否定へと突っ走ることはないのである. さらに, Lavinia は完全に無色透明で, Helene のように Aeneas と駆け落ちしようというのではない. Aeneas+Lavinia は Venus/Aphrodite でなく Iuno もまた十分に裏書しうる婚姻なのである. それは Lavinia にも大きな役割を与えるヴァージョンとなるはずである. Aeneas のジェネアロジクな切断がまさに Lavinia の権力を謳歌させるというパラデイクマでさえあったかもしれない. Vergilius は殊更これを包み隠すかのようにも思える. 異様なことに, Lavinia はひたすらおらしくしているだけある. これはまさに Vergilius が鋭い対抗ヴァージョンと秘かにかつ苛烈に戦わなければならなかったことの証左ではないか.

否, Aeneas 死後 Lavinia が摂政として (文字通り matrona として) 君臨するとするヴァージョンは有力であったと思われる. 現にそうしたヴァージョンの存在は顕著な痕跡をとどめている. DH, I, 65, 1 によると, Aeneas が Mezentius との戦いで死んだ後, Troia から同道の息子 (Troia からの逃避行の際に既に Ascanius と名を変えた) Euryleon が「Latini に対する支配権を承継する」 ($παρέλαβε\ τὴν\ Λατίνων\ ἡγεμονίαν$). つまりそれは基本的に元来 Latinus のものである. この時彼らは Lavinium で包囲されていて, 苦しい条件で和睦しなければならない. しかし Livius によると事態は全く異なる.「Aeneas の息子の Ascanius は未だ imperium を担いうる年齢には至らなかった. それにもかかわらず, この imperium は彼が成年に達するまで彼のもとに無傷でとどまった.

その間，女性による後見を得て (tutela muliebri) ——実際 Lavinia には十分それに耐える力があった——Latini の体制，（母方）祖父の王権，父の王権，は少年のもとに在り続けた」(I, 3, 1: Nondum maturus imperio Ascanius, Aeneae filius, erat; tamen id imperium ei ad puberem aetatem incolume mansit; tantisper tutela muliebri——tanta indoles in Lavinia erat——res Latina et regnum auitum paternumque puero stetit). Aeneas＋Lavinia 結合の複合的構造が余すところ無く伝えられ，その中で Lavinia は結節環たるを十分に強調されている．このヴァージョンの選択が大変に論争的な性格を持つことを Livius は隠さない．「この少年が Ascanius か，それとも彼より年長の兄で Ilium 陥落前に Creusa を母として生まれ父の逃避行に加わった Iulus か，私としてはこれを巡って争うつもりはない．Iulii 一族はこれが氏族の始祖であると喧伝しているが．かくも古い時代のことにつき一体誰が確実なこととして何かを断言することなどできよう」(3, 2: Haud ambigam——quis enim rem tam ueterem pro certo adfirmet?——hicine fuerit Ascanius an maior quam hic, Creusa matre Ilio incolumi natus comesque inde paternae fugae, quem Iulum eundem Iulia gens auctorem nominis sui nuncupat). 少なくとも Lavinia 結合を迂回しようというヴァージョンが有った[3]ということであり，これを Augustus の側は強力に推進した．Vergilius のヴァージョンがこれだというのではないが，極めて親和的であることは疑いない．そして逆に Lavinia を軸とするヴァージョンは Alba-Lavinium 分節にあたって鮮やかな成功を収めうる．「この Ascanius は，どこで誰を母として生まれようとも，Aeneas から生まれたことは確かであるが，Lavinium が当時としては人口も豊富で裕福な都市に成長すると，母ないし継母にこれを委ね，自分は別の都市を新たに Alba の山の麓に築いた」(3, 3: Is Ascanius, ubicumque et quacumque matre genitus‐certe natum Aenea constat‐, abundante Lavini multitudine florentem iam, ut tum res erant, atque opulentam urbem matri seu nouercae reliquit, nouam ipse aliam sub Albano monte condidit). つまり，Lavinia を軸として Lavinia/Ascanius の二段が Lavinium/Alba の二段となる．ただしすりかわりがあり，実は Alba が軸で Lavinia の方が〈二重分節〉体の下部を構成する．

　以上のようなヴァージョンがまず最初に花開いたとすれば，それはあらゆる

蓋然性の判断からして，Ardea を震源としたに違いなく，Ardea ならば 5 世紀半ばに遡りうる．Lavinium の Aeneas 父子ないし Penates と大きく対抗してローマ領域に梁を渡したに違いない．

Vergilius はまさにこの遺産に着目し，この構造上の太い梁から最大限にディアレクティカを引き出したのである．反 Ardea 側に陣取って．以下も随所で触れるように，大原理相互を戦わせるに際し（一騎討ちを含む）大戦闘場面を展開するのはまさに Homeros を（しばしば余りにも）意識した詩作作業である．Ardea と matronae をここまで敵に回すのは，まさに Homeros に相応しい．まるでデモクラシーや〈二重分節〉から政治や〈分節〉に回帰するかのようではないか．実は，本当にそこへ回帰するのかどうかは大変に怪しい．しかしともかく，Vergilius にこの大ディアレクティカを可能とさせた潜在力が十分に堆積していたのである．その幾つかの個別の層がさしづめ，Aeneas/Penates と Ardea/Iuno が併存する中で蓄積された対抗，Lavinium 浮上の影で沈黙を守る Ardea の Iuno の姿に秘められた緊張関係，等々である．

〔2・4・1〕 M. Sordi, *Il mito troiano e l'eredità etrusca di Roma,* Milano, 1989, p. 17ss. は，Lavinium 発掘の結果ギリシャ世界から Aeneas 伝承が直接到来したという説が有力になったことに反対し，こうした反 Mezentius＝反 Etrusci ヴァージョンが Veii 戦争後の状況の投影であり，正統的なのは Verg. 版の方で，古くから Etruria に Aeneas 伝承が入っていて，ここから Lavinium に到来したのである，とする．Lavinium はローマと切れて Latini に付いたところでギリシャの影響を受け Athena と Odysseus を受容し，ローマ/Etrusci の Troia と対抗し，4 世紀後半の Nomen Latinum 解体後初めてローマと Latini が和解する中で，Aeneas 伝承も Latini 化した，というのである．確かに，ローマが Troades を Aineias で切り返す時に Etrusci の「遺産」が有った可能性は否定できない，しかしもっぱらこのルートであるとするのはどうか．切り返されても Troades の〈二重分節〉の遺産は Etrusci の clientela の遺産よりも大きいのではないか．Verg. において（後述のように）Evander 隊と（逆転）Etrusci 隊が連合して乗船し，Aeneas と共に上陸し直す，のはやはり〈二重分節〉が clientela に対して優位を保つ（Fabius Pictor にとって大事な）状態の subversion ではないか．

〔2・4・2〕 cf. Boëls-Janssen, *La vie religieuse des matrones,* p. 90sqq.

〔2・4・3〕 cf. Martin, Énée...Problèmes de généalogie, p. 125.

2・5

ローマのカレンダーにおける matrona の地位は圧倒的とさえ言うことができる．既に触れたように，Carmentalia（一月）を乗っ取り，Lupercalia（二月）にさえ浸透する．三月一日には Iuno Lucina の dies natalis に合わせて Matronalia 本体を有し，四月には Cerialia，五月には Bona Dea の dies natalis が有り，六月には Mater Matuta のための Matralia と，三月から二月という一年の周期の真ん中を抜いて残りを埋める．

　Ovidius は，feriae publicae でない Matronalia に多くの詩行を割く（Fast. III, 187ff., ed. Schilling）．何よりも étiologie がかの Sabinae であることが注目される．つまり〈分節〉体相互の政治的結合が意識し直されているのであるが，ところがにもかかわらず強調されるのは，既に母となった（203: Iamque fere raptae matrum quoque nomen habebant）Sabinae が徹頭徹尾舅 socer＋婿 gener 間の結合を目指す点である．Romulus の母 Ilia も欠けてはいない（233）が，祭祀の主体がもっぱら matres とされる中でも一際目立つのが，「Latium の母達が正当にも豊饒の時を耕す」(243: Tempora iure colunt Latiae fecunda parentes) ことであり，また「Latini の嫁達によってそこへと Iuno（Lucina）のために神殿が」(Illic a nuribus Iunoni templa Latinis) 建てられたことである．年が更新される，新たに生産のサイクルが始まる，それにあたって matres のパラデイクマが儀礼的に再現される，のである．強く領域を指示する表現である．

　われわれが鍵を握る時期であると考え始めている5世紀半ば以降の変動は，一つの帰結を神殿建設にもたらす．共和初期の一群の神殿建設の後，中断を経て，431年の Apollo の後，396年 Mater Matuta，392年 Iuno Regina，375年 Iuno Lucina，344年 Iuno Moneta と続く．300年前後の別の神殿建設群までの期間は事実上 Iuno が独占する．

　Mater Matuta のための Matralia においては[1]，女達は「自分自身の子供のかわりに自分の姉妹の子を腕に抱く」(Plout. Cam., 5, 2, ed. Flacelière: τὰ τῶν ἀδελφῶν τέκνα πρὸ τῶν ἰδίων ἐναγκαλίζονται)，「自分自身の子供でなく自分の姉妹の子を腕に抱く」(Id., De frat am.; QR, 17, 267: οὐ τοὺς ἑαυτῶν παῖδας, ἀλλὰ τοὺς τῶν ἀδελφῶν ἐναγκαλίζονται)．何故か．Ov. Fast. VI, 475ff., ed. Schilling はこのテーマを全面展開する．bonae matres に祭祀への参加を呼び掛けると，彼は早速謎解きにかかるが，「一体 Matuta とは如何なる女神か」(481: Quae dea sit) という問いの答えは Ino である．つまり Cadmus の娘で Semele の妹である．Semele が Dionysos（＝Bacchus）を産むと Iuno が復讐して

Semeleを焼き殺す．InoはBacchusを救い出し，Iunoの怒りを買うのである．さらにInoの夫Athamasが狂気に取り憑かれ子を殺す．悲嘆に暮れたInoはもう一人の子と海に身を投げるが，「Panopeとその百人の姉妹」(499: Panope centumque sorores) に救われる．かのNereidesである．Inoは何とEvander支配下のLatiumにやって来る．そこには「Ausoniaのさすらう女達が棲みなす」(504: Maeandas Ausonias incoluisse). まるでVergiliusのテクストを増幅するように，OvidiusはIunoをしてこのLatiumの狂った女達を (5-7: Latias Bacchas) 動員させる．「この女はわれわれの歌の輪に友好的な賓客として現れたのではない．奸計により祭祀を詐取し，儀礼を盗もうというのである．罰を食らって当然の咎を持つ」(510ff.: Non uenit haec nostris hospes amica choris; /Fraude petit sacrique parat cognoscere ritum; /Quo possit poenas pendere, pignus habet). 「女達は実力行使（執行）にかかり，子を力ずくで奪い取ろうとする」(515: Iniciuntque manus puerumque reuellere pugnant). さて誰がこれを助けるか．AeneasやEvanderだろうか．しかしそれにしては対象が母子である．まるで大海に船出したDanaeである．子殺しがかかり，子を襲うのは女達である．一方でVergiliusと同じ場面に遭遇してOvidiusがそこに母子を置いて解釈する余地がローマにも有ったということである．そして他方でやはりこのヴァージョン偏差に対応してOvidiusはHerculesを持って来る．微かに示唆したローマにおけるHerculesの両義性をよく示す．

しかしMatutaは集団に対し母子単独で対峙するのではない．そうでなければIno/Leukothekaへの同定は無意味である．女性群像の別の形態が概念されている．Ov. は「何故侍女達が（Matutaの神殿に）アクセスするのを（Inoが）禁ずるのか」(551: Cur uetet ancillas accedere) と問う．現実の儀礼のétiologieの探求である．Ov. は夫Athamasが侍女と関係を持ったためとするが，もちろん *Odysseia* 以来の（KassandraとAgamemnonのパラデイクマなどに受け継がれる）動機で，Inoが担う単位の強い一義性が概念されている．そしてこれがまさにそうした女達の水平的連帯の条件だというのである．「彼女は自分自身は幸福な母親と見えたことはほとんどなかった．（自分のではなく）他の母親の子を彼女のところに連れて行くように．自分自身の子に対してよりもBacchusに対して彼女は成功したのだから」(561ff.: Ipsa parum felix uisa fuisse

2 新しい社会構造

parens. / Alterius prolem melius mandabitis illi: Vtilior Baccho quam fuit illa suis）. もう一つの儀礼上の禁忌の説明である. Bacchai 集団との区別, つまり子を襲うに至るかどうかの境界, が関係するのである. パラデイクマとしては sorores である. このことを Ovidius は Ino を借りて綺麗に表現しえたのである.

かくして Iuno さえ Sororia でありうる[2]. étiologie はしかも Horatius 伝承である (Liv. I, 26, 13; DH, III, 22). 例の tigillum sororium の儀礼と関係する. この場合には soror はさらに大きく兄と婚約者の間の連帯を媒介する役割をも担っていたのであった.

しかし Horatius 伝承が関わったのは〈分節〉体相互の連結であったのではなかったか. 対するに, 母子や子殺しは明らかに〈二重分節〉に関わる. その連帯は〈二重分節〉体の横断的結合を含意する. 質の差はどこまで鋭く認識されているだろうか. Penates ないし Anchises/Aeneas 父子も〈二重分節〉と解せなくはない. しかし〈二重分節〉単位相互の連帯という概念には行き着きそうもない. 否, それどころが Iuno や matronae に対してさえあれだけ警鐘を鳴らした. そうした結合体が本当に政治的意義を獲得してよいのか. このことは, Horatius 伝承の屈折体において soror とは逆の側が provocatio を行って手続に〈二重分節〉をもたらすらしいことと対応している.

そもそも Ovidius の〈神話〉的儀礼解釈にどこまで加担しうるだろうか. sorores を〈神話〉的に解すれば〈二重分節〉の連帯でありうる. これはギリシャにおけるディアレクティカの堆積を前提として成り立つことであり, Ovidius はまさにそこに訴えかけるが, もし文字通りの「姉妹」しかないとしたら, 或いは文字通りに互いに互いの子を交換して Matuta 神殿にやって来るだけであり, paradigmatique な展開が無いとしたらどうであろうか.

Mater Matuta の神殿と祭礼は, 実は Fortuna のそれと組み合わさっている.「Fortuna よ, お前の日も同じ, 同じ創建者 (auctor), 同じ場所」(Ov. Fast. VI, 569: Lux eadem, Fortuna tua est auctorque locusque). この "auctor" はもちろん Servius Tullius である. つまり étiologie は Servius Tullius 伝承である. しかしこの étiologie はもっぱら Fortuna の方に関わる. もちろん祭祀の名宛人は同じ matronae である.「matronae よ, 禁じられた衣服に触れることを避けよ」(ibid., 621: Parcite, matronae, uetitas attingere uestes). 儀礼は直接に作動する

パラデイクマである．最も強い形態の一つとして禁忌がある．名宛人には水平的結社の雰囲気ができる場合がある．しかしこの禁忌は単純に恣意的なものではない．「しかしこのすっぽり覆い尽くした toga の下には誰が隠れているのか．Servius であるのは間違いない．しかしそれにしても隠れる理由として挙げられることは分裂し，私にも疑問がつきまとう」（ibid., 570ff. Sed superiniectis quis latet iste togis？/Seruius est, hoc constat enim；sed causa latendi/Discrepat et dubium me quoque mentis habet）．隠れている者が Servius なのか Fortuna 自身なのか，ヴァージョンが分かれる．しかしもっと重要であるのは衣服で覆われて隠れているということ，そして matronae がこれに触れてはならないということである．何故か．「女神はやっと恐る恐る人目を忍ぶ愛を告白する，天井の者が人間と結ばれることを恥じる，……夜小さな窓から家に入るのを常とした」（ibid., 573ff.：Dum dea furtiuos timide profitetur amores/Caelestemque homini concubuisse pudet/.../Nocte domum parua solita est intrare fenestra）．実は Servius 自身対照的だが同型の（対称的）ジェネアロジーの産物である．捕虜として連れて来られた（captiua）Ocresia に Volcanus が結びつく（ibid., 627ff.）．Numa と Egeria も同一方向に発達したパラデイクマであり，ここには Pythagoras 派の影がさしている．実際，変幻自在，勝手気儘，こそは〈二重分節〉の一つの真骨頂なのではないか．それは cognatique な結合の二項ともが奴隷であったり神であったりすることによって，つまり堅固な政治的結合を持たないことによって，与えられる．matronae といえども，否，matronae こそは Servius を覗いてはならないだろう．matronae こそは覗こうとするだろう．そのような〈二重分節〉単位の自由な・高踏的な結合は matronae の行進とは凡そ異なるであろう．Mater Matuta の祭祀に女奴隷の参加は厳格に禁じられた．対照的に Fortuna は serva を étiologie に含み，matronae に或る禁忌を課すのである．

　既に述べたように（おそらく共和前に遡る）Fortuna はおよそ自由なジェネアロジクな結合の原理であり，最も軽快に結ばれる枝分節を媒介し，かくしてその場限りの échange を司った．共和初期の領域において堅固な moitié 結合体を一掃するために流用された．Ov. Fast. VI, 587ff. は例の Tullia のパラデイクマを詳細に再現し，娘のこのおぞましい顔を見せないために被服で覆ったので

2 新しい社会構造

あるというヴァージョンを紹介する．全てを乗り越え溶解する力である．今，これらを塗り替えるべく，matronae の固い結合を主旋律とする Mater Matuta が現れる．matronae は体制の結節点を体現するに至っている．しかしそれでも，完全に取って替わらないで Fortuna からむしろ優勢な抵抗を受ける．Tullia を動かした Furiae は Ardea の Rutuli を陥れる力を持ち続ける．Fortuna と Mater Matuta は表裏の関係を保つ．polarité を形成するのである．

　7月7日の Nonae Caprotinae では[3]，まさに matrona と serva が立場を入れ替えて扮装し祝う．そしてその étiologie (Plout. Rom. 29 ; Cam. 33 ; Macr. I, 1, 35ff.) はわれわれにとって重要な時期に置かれる．390年，Galli からやっと解放されたローマが弱っているのを見た Latini が「Fidenae の Livius Postumius」を司令官に選んでローマを攻める．彼らはローマに対して滅亡したくなければ「家の長なる母達と娘達をよこせ」(Macr. I, 1, 37 : matres familias sibi et uirgines dederentur) と要求する．Plout. のヴァージョンによると「若い娘達と未婚の女達」(Rom. 29, 6 : παρθένους τε συχνὰς καὶ γυναικῶν τὰς ἀνάνδρους) または「自由人の娘達と女達」(Cam. 33, 3 : παρθένους ἐλευθέρας καὶ γυναῖκας) であり，かつ conubium の回復が理由として挙げられ，Sabinae のパラデイクマも引かれる．さて patres が困っていると，Philotis ないし Tutula と呼ばれる侍女 (ancilla, θεράπαινα) が提案し，彼女を先頭として女奴隷が自由人の女の装束をまとって大挙 Latini の陣営に向かって行進する．それぞれに割り当てられた彼女たちはそれぞれを酔い潰させて，或いは寝ている彼らから武具を奪い，そしてイチジクの木 (caprificus) に登って合図を送る．たちまちそこをローマの兵士達が襲う．こうしてローマは再び救われた，というのでその日を記念して祭礼が行われるのである．そもそも通婚は5世紀半ば以降の最も基幹的な問題の一つである．この脈絡ではまさに〈二重分節〉を創り出すということに関わる．そしてローマ対 Latini，自由人対奴隷，という二階制が絡まると，われわれはたとえば Argos の民主化における伝承等を想起せざるをえない．そこでは大きな垂直的人的代謝が画面一杯に広がった．ところがここでは結局その代謝どころか，何も実現せず，すりかわりは虚偽である．垂直構造はそのまま維持される．Plout. がこれを Poplifugia (7月5日) と同一視するのはこのためである．Poplifugia の étiologie は Romulus の死であり，彼の昇天に驚いた

人々がてんでに名前を呼び合いながら脱兎の如く下って「山羊沼」まで逃げた，というのである．このヴァージョンであると "caprus" において確かに両者は共通である．しかし Romulus に関連してはこのパラデイクマはやはり都市中心の圧倒的な優位と領域無分節を示唆している．Nonae Caprotinae がこれと重なるとすると，新しい構造下においても基本的に事態は変わらない，というメッセージになる．もっとも，ancilla は何故称えられるのか．ギリシャのパラレルな伝承におけるに比して確かに卑屈である．しかしそれでも立場の互換性は儀礼的にパラデイクマとはなっているのである．下部単位が従属的地位を固定されながらも一定の尊重を受ける二重構造が暗示されているのではないか．その場合でも matrona/ancilla が基軸となってその構造を創るという考えが有るのである．

　12月の Bona Dea の祭祀は共和末・元首政期に碑文を含む多くの史料を遺し，盛大かつ注目の的であったことがわかる．それも当然で，「imperium がそこに在るその屋敷で行われる」(Cic. Har. Resp. 17: Fit in ea domo quae est in imperio)．つまり consul 等の都市中心の拠点 (domus)，私宅，で行われる．しかも Vestales が行うばかりか，政界中枢の夫人達 (Cic. pro Mil. 27, 72: nobilissimae feminae) が参加し，夜，酒とともに歌と踊りの無礼講に及ぶ．男は一切近付きえず，domus の主人もそこを明け渡すばかりか，男が使う一切のものを持って出るし，持って出られないものは覆い隠される．まさに Amata 率いる狂える女達の儀礼的原型がここに在るとも言うことができる[4]が，第一に，ここには政治的次元と〈二重分節〉単位との意識的な混同が有る．〈分節〉単位は都市中心に拠点を構えるが，やがてこれは同時に〈二重分節〉単位の拠点でもありうることとなり，両義性が成立する．3世紀以降は同盟都市の domus はこの両義性を生かして独自の次元を形成する (infra) が，おそらくそのことも寄与して，「consul の domus」は政治的空間と〈分節〉単位拠点と〈二重分節〉単位拠点の三項が折り重なるそれ自身倒錯した設定である．第二に，この最後の項を体現する matrona が「consul の domus」を乗っ取ってしまえば，倒錯は完結する．そもそも étiologie は (Plout. QR, 20, 268D)，Faunus の妻 Fauna に仮託して domus 内秩序を強調する．貞淑・廉恥心を極大化させて人前に凡そ出ることさえない完璧な matrona が禁止された飲酒をし，夫は懲

罰権を行使し，彼女を殺害してしまう．三項の分節は最下部頂点を押さえる matrona の完璧なパフォーマンスと domus 内制圧に依存する．ここがはずれるとどうなるか，政治的ないし〈分節〉単位頂点からこの matrona という結節点を潰せば[5]どうなるか，このことを画像にしてみるのが Bona Dea の祭りである．すると，こうした次元相互の分節の混乱を特徴とする元首政期に Bona Dea が脚光を浴び，かつ Iuvenalis に嫌悪される[6]のも，当然である．

[2・5・1]　cf. Boëls-Janssen, *La vie religieuse des matrones*, p. 341sqq.
[2・5・2]　cf. Boëls-Janssen, *La vie religieuse des matrones*, p. 39sqq. soror と関連付けるのは少数説であるが，Boëls-Janssen の反論は（同じく soror 説を採る）Dumézil のドグマを排して説得的である．
[2・5・3]　cf. Boëls-Janssen, *La vie religieuse des matrones*, p. 389sqq.
[2・5・4]　cf. Boëls-Janssen, *La vie religieuse des matrones*, p. 453sqq.
[2・5・5]　Macr. I, 12, 24 の，父たる Faunus の娘たる Fauna に対する暴行というヴァージョンは「潰す」という点だけに反応し，domus という点をすり減らしてしまっている．
[2・5・6]　Iuv. VI, 314-336. Propert. IV, 9 はこの嫌悪を Hercules に託す．Hercules は Bona Dea 側に拒絶されて Ara Maxima を女人禁制にした，という．後述の「Hercules の不毛」と符合する．cf. Bayet, *L'Hercule romain*, p. 369sqq.

2・6

　Iuno は Veii そして Ardea，さらには Lanuvium（Iuno Sospita），と縁が深く，場合によりそこからやって来たとさえ考えられた．Fortuna は（Antium を除くと）これも Latini の有力都市 Praeneste こそが一大拠点である．Mater Matuta は実は Volsci の拠点 Satricum をほとんど本拠とするようでさえある．5 世紀後半から 4 世紀一杯はこれらの女神の季節であり，Venus の側からの反攻は 300 年前後にならないと表には出てこない．しかし Diana はどうか．Aricia と Ardea の争いについては触れたが，ギリシャでは Artemis が〈二重分節〉障壁を守って重要な役割を果たすのではなかったか．他方 Nomen Latinum は Nemi の Diana 神殿を擁し，この時代再評価されつつあるように思われる Servius Tullius は Diana とも深い関係にあった．

　しかし他面，Diana はローマ都市中心に関する限り，Aventinum の Diana 神殿をこの Servius Tullius が創建したという一点を除いて祭祀・儀礼の痕跡を多く持たない．しかし Ov. Fast. III, 269f. は，「しばしば願が叶った女が額に花冠を巻きともした松明を都から（Nemi へと）運ぶ」（Saepe potens uoti, frontem redimita coronis, /Femina lucentes portat ab Vrbe faces). しかもそれは「三つ叉の女神へ松明を運ぶ」(Prop. II, 32: triuiae lumina ferre deae) のである (cf. Hor. Od. III, 22, 4; Ennius ap. Varr. LL, VII, 16). Hercules が目の敵にする「3」であり，部族である．しかしこの votum はどういう性格か．Ovidius の続く行は「強い逃亡者は手と足で王国を維持する」(271: Regna tenent fortes manibus pedibus fugaces) とある．明らかに逃亡奴隷のシェルターが概念されている．8月13日は奴隷が全て一日解放される．Plout. QR, 100 はこの日女達が特別に髪を綺麗にすると述べ，奴隷の女達のしたことを自由人の女達が真似たのではないかと思料する．他方 Servius Tullius が奴隷の子として生まれたのがこの日であったのかとも述べる．Nemi まで松明をともすとすれば，女性もまた奴隷とともに何かから逃れようとするからであろう．それは安産であるかもしれないが，しかし例えば安産のための祭祀であるとは考えられないのである．

　Ovidius は続く詩行で直ちに Egeria と Numa の関係に主題を移す．逃げ込んだ奴隷相互は一切占有原則抜きの「自然状態」に置かれる (cf. Strab. V, 239; Serv. ad Aen. VI, 136) ことを示唆した Ov. は大きく切り返して Egeria/Numa が戦うメンタリティーを一掃したことを強調する．Frazer の名とともに余りにも知られた Rex Nemorensis の伝承は，Diana が設ける巨大な障壁は確かに実力を遮断するが，しかしその内部は定義上実力と実力の無限定の衝突である，という逆説を例解する．逆に自由はその上に立つ者のみの特権であるというのである．確かに〈分節〉単位ないし〈二重分節〉単位内部の構造は保障されていない．無分節たらねばならない．だからこそしかし領域の側にも横断的な組織が有り，かつまたとりわけ〈二重分節〉単位は一切下に隙間を作らないのではなかったか．Diana のシェルターは儀礼的なもので tr. pl. の auxilium のような政治的制度ではない．もしそこに奇妙なパラデイクマが付着し，かつ元首政下スペクタクルを提供したとすると，ローマの〈二重分節〉は，少なくとも Diana の側から保障するという面に関する限り，大きな抜け道が有ったのではないか．

　それでも Ovidius は馬に蹴られた Hippolytos をここへ逃げ込ませる (265; cf. Met. XV, 544ff.). Nomen Latinum の連結環であったものが〈二重分節〉の大シェルターたるに変身することを懸命に概念しようとしているように思われる．

2 新しい社会構造

しかし Vergilius は〈二重分節〉の陣営の中で Diana に大きな比重を与えない．ここでの戦線は Iuno (Hera) と Diana (Artemis) の間にではなく (Bacchylides を想起せよ)，これらをひっくるめた原理とそれに鋭く斬りかかる原理との間に生ずるのである．後者もまた〈二重分節〉の屈折体を構成するとはいえ．そしてこうした Diana の扱いは，Vergilius の時点から大きく過ぎ去った過去を振り返って，動かない正当性を有するように見えたはずである．

まず，Diana 自身は登場しないが Aen. VII, 483ff. は大変に示唆的である[1]．素晴らしい牡鹿が一頭，「生まれたての時に母鹿のもとから離して」(484: quem matris ab ubere raptum) 大事に飼われている．つまり何かが切り放され，その後保護されるのである．保護するのは，王の家畜を管理する Tyrrhus という父自身ではなく，その子供達 (pueri nutribant) である．つまりこれも何かの下の小さな単位である (親に内緒で子供が野良猫を飼うに等しい)．しかも実際には子供達の姉妹の一人 (soror) Silvia が世話 (omnis cura) をする．しかし例の Allecto は Aeneas の息子 Iulus/Ascanius の犬たちをけしかけて森の中に彼を迷い込ませる．Iulus はここで軽率にもその鹿に対して矢を放ってしまい，鹿は傷つく．Silvia は直ちに大声で助けを求める．こうして Troes の若者達と Tyrrhus 配下の若者達との間で戦いとなり，何人かが倒れる．全ては Iuno が仕組んだことで，これはほんの前哨戦にすぎない．

Aeneas と Latini の決戦において，Rutuli のみで足りるはずが Latini 一般に拡大している他に，Latini にはおよそ "Italia" の諸族が加担する．中で，何と Volsci が最も重要な助力を行うこととされる．Turnus が真っ先に声をかけるのは Volusus に対してである．「Volusus よ，お前は Volsci の諸中隊に対して武器を取るように命ぜよ」(XI, 463: Tu, Voluse, armari Volscorum edice maniplis). Messapus と Coras への呼びかけが続く．Amata 率いる母達の大集団 (478: magna matrum regina caterua) の動きはもとより活発で，祈願の奉納をする．Lavinia はひたすら小さくなっているだけである．やっと戦いへと解き放たれて血気盛んな Turnus の前に突然 Camilla が Volsci の一帯を率いて現れる (498: obuia cui Volscorum acie comitante Camilla/occurrit...). Camilla は Aeneas 側に助力している Tyrrheni すなわち Etrusci の騎兵に単独で切りかかると言う．Turnus は「Italia の華たる娘よ」(508: O decus Italiae uirgo) と呼

び掛けて感謝の意を表す．まさにここで Diana が登場する．彼女は「自分に連帯する娘達の聖なる一隊の中から」（533: ex uirginibus sociis sacraque caterua）Opis を選び出し，声をかける．Camilla は Diana にとって特別の存在である．「由緒ある都市 Privernum から Metabus が脱出する時，戦いの中を幼い娘を抱えて逃げる」（540ff.: Priuerno antique Metabus cum excederet urbe, /infantem fugiens media inter proelia belli/sustulit exilio comitem）．彼は森に逃げ込むが，Volsci は散開して追跡して来る．川に出て，泳いで渡ろうとするが，抱えた幼い Camilla がこれを妨げる．Metabus は Camilla を槍の先にくくりつけ Diana (Latonia uirgo) に祈願する．「父自らこの娘をあなたのものとして捧げます」（558: ipse pater famulam uoueo）．「女神よ，あなたのものとしてこの娘を受け取りたまえ」（559f.: Accipe, testor, /diua tuam）．この場面はわれわれが占有概念の核心部分を突くときに決定的な意味を持つ．逆に言えば，Vergilius は意識の底に焼き付いているこの画像を（占有のことを夢にも思わずに，しかし確かにその étiologie を構成する有名なエピソードのことがちらりと頭をよぎる中で）深い淵から引っ張り出したのである．父による娘の聖化は「三つ叉の女神への贈与」（566: donum Triuiae）と言い換えられる．

　Camilla は森の中で父によって育てられる．「Etruria 中の諸都市で多くの母達が彼女を嫁にと欲しがったが無駄だった」（581f.: Multae illam frustra Tyrrhena per oppida matres/optauere nurum...）．cognatique な結合は拒否される．「一人 Diana だけを喜ばせるべく，どこまでも真っ直ぐ突き進み，純真に情熱を傾ける」（582ff.: sola contenta Diana/aeternum telorum et uirginitatis amorem/ intemerata colit...）．しかしその Diana は Camilla の最後を予見している．壮絶な白兵戦．「しかしその中に Camilla は Amazon の如くくっきり際立つ」（648: At medias inter caedes exsultat Amazon）．「周囲を選び抜かれた娘達が固める，Larina, Tulla, そして赤銅の斧を振り下ろす Tarpeia, 皆聖なる Camilla 自身が精鋭として選び出した精華たる，平時には自由闊達，戦時には忠実，な Italos の娘達である」（655ff.: At circum lectae comites, Larinaque uirgo/Tullaque et aeratam quatiens Tarpeia securim, /Italides, quas ipsa decus sibi dia Camilla/delegit pacisque bonas bellique ministras）．Vergilius は Homeros 風に Camilla が倒す者達を列挙していく．しかししつこく付け狙う Arruns によっ

て狙撃され倒れる．Diana は Opis を通じて報復するが，ここから Latini/Rutuli の側は総崩れとなる．Diana はもう一度（836）「三つ叉の女神」（Trivia）と言い換えられる．

娘達の無分節集団は moitié（男女の「半分」）を体現している．その限りで Volsci にこれを結び付ける Vergilius の空想は全く無根拠というわけではない．しかもその根底には部族原理が存在することも疑いない．それでも，Volsci と Latini の間には深い亀裂が有ったのではなかったか．Diana はその Latini の部族同盟の中心である．Vergilius はこれらを引っくるめて葬る大きな見通しに立っている．Volsci の側に相対的にヨリ大きな共感さえ寄せつつ，その中で幼い娘 Camilla の像が moitié に反転してしまうという混乱は簡単に許容されてしまうのである．

〔2・6・1〕 Gagé, Comment Enée, p. 11sqq. は Tyrrhus/Silvius こそが Aeneas が乗っ取る前の元来の Lavinium 部族神話の層の痕跡と考える．論拠は Lavinia の息子 Silvius が Troia からの息子 Silvius に対して持つ伝承上のライヴァル関係である．また Cato F55 Peter において Aeneas 亡き後 Lavinia をかくまう Latinus 王の森番 Agrios の像も援用される．鋭い観察であるが，この対抗はむしろ Aricia/Ardea 対抗のエコーではないかと思われる．

2・7

実際，tribus gentilicia（Cremera!）はおよそ部族の否定でもありうる．これはこのままでよいのだろうか．ここまでのところの対抗ヴァージョン群ないし諸屈折体はどうしても〈二重分節〉を方向として示している．かつどうやらそれは非常に特殊なものであるらしい．しかしながらそうだとすると部族は何らかの意味で再建されなければならないのではないか．領域にも何かがなければならない．どうやら固い横断的組織が依然としてどちらかと言えば否定されるらしいにせよ．そして tribus 再建ならば，〈神話〉的ジェネアロジーが不可欠である．その形態によって組織の性格が識別される．

元来の基本資源は Latini の部族組織の遺産である．しかし少なくとも Vergilius においてはこの遺産は極小化される．そのことを見たばかりである．とはいえゼロではありえない．何故ならばあのおとなしい Lavinia が最後に Aeneas と結ばれるはずであるからである．Aeneas は Penates をもたらしただけではない．どんなに極小化されようとも，Aeneas の浮上は部族的組織が領

域において復権することのコロラリーであり，既に示唆したように，そもそもRomulus伝承のずっとかなたにHekataiosが好んで蒐集するような領域の〈神話〉的ジェネアロジーを発達させること自体，部族的組織復権と関係している．既に述べたように，Aeneasのジェネアロジクな着地は一見遅いように見えるが，実は十分に遡る可能性を有する．否，逆にVergiliusを決して孤立させないくらいにむしろ徐々に希薄化され解体されていくとも見ることができる．

（これも既に示唆したように）少なくともLykophr. Alex. 1253ff. (ed. Mascialino) は，「（Aeneasは）BoreigonoiがLatiniとDauniを支配しているところへ領域を確立し，（Troiaから連れてきた）黒い豚が産んだ数から計算して30の都市を建設した」($κτίσει$ $δὲ$ $χώραν$ $ἐν$ $τόποις$ $Βορειγόνων/ὑπὲρ$ $Λατίνους$ $Δαυνίους$ $τ'$ $ᾠκισμένην,$ $/πύργους$ $τριάκοντ',$ $ἐξαριθμήσας$ $γονὰς$ $/συὸς$ $κελαινῆς$) と伝える．もっとも，Fabius Pictor, F4 Peterにおいては，犠牲に供しようとした白い豚が逃げ，そこで30匹の子豚を産んだ（$τεκεῖν$ $λ'$ $χοίρους$），となり[1]，これはしかも30年の延期と解される．確かにこのためにAlbaへの遷延が生ずるからLatiniの30単位と無関係ではなく，また30匹の子豚を孕むという主題はArtemisの圏内の観念として重要であるが，端的に部族を指示するのを避けて何か抽象的な庇護関係を概念する傾向が見て取れる．事実LiviusはこれをDH, I, 55f. においては逃げた雌豚は単に疲れて休むことによって都市建設の地を指し示すだけである．子豚の動機は消えてしまう．それどころか，Lavinium建設中のTroesに以下のような予兆が現れるとされる．森が自然発火するのを見て「狼が口に乾いた木を満たしこれを火に加えた」(DH, I, 59 : $λύκον$ $μὲν$ $κομίζοντα$ $τῷ$ $στόματι$ $τῆς$ $ξηρᾶς$ $ὕλης$ $ἐπιβάλλειν$ $ἐπὶ$ $τὸ$ $πῦρ$)，そこへ飛んで来た「鷲が炎を煽った」($ἀετὸν...ἀναρριπίζειν...$ $τὴν$ $φλόγα$)，翼の動きで，「ところがこれに対して狐が川につけて濡らした尾で何とか燃えさかる火を鎮めようとした」($τούτοις$ $δὲ$ $τἀναντία$ $μηχανωμένην$ $ἀλώπεκα$ $τὴν$ $οὐρὰν$ $διάβροχον$ $ἐκ$ $τοῦ$ $ποταμοῦ$ $φέρουσαν$ $ἐπιρραπίζειν$ $τὸ$ $καιόμενον$ $πῦρ$). 一進一退の後，結局狼と鷲が勝利する[2]．Aeneasにとってはこれは近隣の者達の反発に遭いながらも栄えるということである．われわれにとっては三つの動物が分裂し，二と火が勝利し，川が破れるということである．

2 新しい社会構造

こうした状況下で，領域の組織に〈神話〉的パラデイクマを提供するとしても Athenai のようなタイプを到底採りえないことは十分に理解できる．しかし Sparta のものであるならばどうであろうか．つまり Herakleidai はどうか．Herakles はこれまで見てきたパラデイクマの周辺に常に活動している．まさに既に述べたように，実は Herakles をジェネアロジーに組み込むヴァージョンは，皆無ではなく，大いに抵抗した痕跡さえ見せた．しかし，終始劣勢であり，「Aeneas のためにさえ必ずしも積極的になれないが，しかしどうしてもというのであれば Herakles でなく Aeneas に限る」という厳たる態度が存在する．何故だろうか．

この問題には，ローマにおける Hercules 伝承の特徴[3]を解明することによって答えるしかない．

Hercules をジェネアロジーに組み込むヴァージョンを，儀礼化されていないから正規のものではないとして斥ける Dionysios であるが，その正規のローマ側ヴァージョンを精確に位置付けるための装備を十分に用意している[4]．ジェネアロジクなヴァージョンを除いてなお，「ヨリ「神話的」なヴァージョンとヨリ真実に近いヴァージョン」（DH, I, 39, 1: τὰ μὲν μυθικώτερα, τὰ δ' ἀληθέστερα）の二つが有るとしてこれを並べるのである．そして前者を叙述し終わると，「しかしながらヨリ真実に近いヴァージョンは以下の通りである．Hercules の事跡を探求 historie というジャンルの枠内で追う者達の多くはこちらの方を支持する」（41, 1: Ὁ δ' ἀληθέστερος, ᾧ πολλοὶ τῶν ἐν ἱστορίας σχήματι τὰς πράξεις αὐτοῦ διηγησαμένων ἐχρήσαντο）と切り返す．Hercules は西の方面でも次々とその力で偉業をなしとげるが，その内容は第一に，「凡そありとあらゆる tyrannis の解体」（καταλύων μὲν εἴ τις εἴη τυραννίς）であり，周辺テリトリーへの圧迫や独立の軍事集団を含む[5]．第二に，「非ギリシャ人をギリシャ人に，海の者達を内陸の者達に混ぜ合わせる」（Ἕλλησί τε βαρβάρους συγκεραννύμενος καὶ θαλαττίοις）ことである．まるで Kleisthenes であり，tyrannis の解体と合わせて完全にデモクラシーが指示されている．特にその領域組織の再編成が念頭に置かれている[6]．これが "Italia" での一般の事跡であるというのである．Aischylos の "Prometheus lyomenos" のパッセージが引かれ，Herakles に Prometheus が Ligyes と Geryon の打倒を託したことが

明らかにされる．もちろんこれが「史実」に近いヴァージョンであるというのではない．Hekataios の Critique の対象となりえた領域組織の原理，それを識別・特定するパラデイクマ，である．そういうものとして Herakles のパラデイクマが具体的なこの脈絡で可能性を持ちえた，という認識が無ければ無闇に Dionysios がここで引用することはありえない．5世紀初頭にギリシャからの屈折体の流入（人の意識の微妙な変化）が顕著であったとして，一旦それが否定された後も5世紀後半から4世紀にかけて，もう一度領域組織を再建するということが，そしてそこで Herakles のパラデイクマに思い至るということが，ありえた，ということである．

もっとも，その Hercules もローマの近辺に来ると一帯の支配者 Cacus[7] を打倒し，連れてきた Arcades/Evander 等々を入植させるのみである．clientela は有っても領域の組織は明確でない．DH の場合それでも〈神話〉ヴァージョンにおいてさえ領域組織への関心が払拭されない．Geryon を倒すと Hercules はその牛達を奪い，Aborigines の地 Pallantium にやって来る．しかしそこには Cacus[8] という「土地の盗賊」(39, 2: ληστής τις ἐπιχώριος) が居る．Hercules が眠りこけている隙に何頭かを奪い，そして洞窟の中へと (εἰς τὸ ἄντρον) 隠す．目を覚ました Hercules は数が足りないので探すが，探しあぐねて洞窟の前へと (ἐπὶ τὸ σπήλαιον) やって来る．しかし Cacus はその前に立ちはだかり，不当な嫌疑だとして「近隣の者達を」(τούς τε πλησίον) 呼び寄せる[9]．何かを深く直感した Hercules は「洞窟へ他の牛達を」(τῷ σπηλαίῳ τὰς ἄλλας βοῦς) 呼び寄せる．洞窟の中の牛達は「共通の」(συννόμος) 鳴き声と匂いをききつけて鳴き返す．こうして発覚するや，Hercules は Cacus を殺すが，さらに「洞窟を地にならして盗人にくれてやった（盗人ごと埋めた）」(ἐπικατασκάπτει τῷ κλωπὶ τὸ σπήλαιον)．Cacus の側にも人員は存在する．しかし牛達は互いに絆を有しているのである．確かにそれは Hercules の下に庇護されている．clientela として領域の人員を務めているかに見える．それが今切り取られる．そしてこれを隠す構造が現れ，知らない振りをする．この時にこそ，牛相互の繋がりが物を言い，そしてこれを Hercules は意識的に使うのである．そのとき，パラデイクマはまさにテクニカルに窃盗 (furtum) のそれでありうる[10]．かつそれは possessio のそれと同型なのであ

る．

　Livius (I, 7, 3ff.) も同じヴァージョンに従う．Cacus は牛達を洞窟に引っ張り込む (in speluncam traxit)．Hercules が洞窟の前まで追求してくる (pergit ad proximam speluncam)．しかし発覚の事情を伝える Livius の筆致は微妙に異なる．「しかしそこで連れて行かれた牝牛達の何頭かが習性として残されたものを求めて鳴いたので」(Inde cum actae boues quaedam ad desiderium, ut fit, relictarum mugissent)．これが Hercules の耳に入り彼が気付いた，というのである．「領域の組織」というニュアンスは完全に陳腐化されている．furtum のパラデイクマでは到底ありえない．

　Vergilius のヴァージョン (Aen. VIII, 185ff.) は一方の極を大きく引っ張り出したものである．まず巨大な廃墟を登場させる．「これを延々と発掘するとその下にはかつて洞窟が有った」(193：Hic spelunca fuit uasto summota recessu) という．Cacus はここでは Volcanus の息子で火を吹く怪物であり，辺り一帯を支配している[11]．Geryon はここでは「三つの生命を持つ」(tergeminus) と形容されるが，その牛を奪ってやって来た Hercules に Vergilius は放牧させる．「牛達は谷と水を覆った」(uallemque boues amnemque tenebant)．ここは Cacus のテリトリーであるから，Hercules は牛を寄託したようなこととなり，こうして Cacus はここでは「四頭の牛を横領した」(quattuor tauros auertit) と表現される．その先は例によって洞窟である (in speluncam) が，発覚は以下の事情による．「牛達は（この放牧地を）去るというので鳴き，その鳴き声で森全体を満たし，それを丘という丘にこだまさせた，洞窟の深い奥から一頭の牝牛が声を返した」(discessu mugire boues atque omne querellis/impleri nemus et colles clamore relinqui)．何か大きく広がった軀体が伝達装置として警報を発する．Cacus は危険を察知して直ちに逃げるが，このとき洞窟をさらなる構築物で頑丈に防備しそこに立て籠もる．「怒りに燃え盛った Hercules は三度 Aventinum の丘全体を隈なく回り，三度岩の構築物を虚しく攻撃し，三度谷に降りて息をついた」(Ter totum feruidus ira/lustrat Auentini montem, ter saxea temptat/limina nequiquam, ter fessus ualle resedit)．解体の対象は「三」の大複合体である[12]．「四頭」の牛をくすねたのは「三」の側の明らかな違法である．Hercules はここでは部族原理の破壊者として現れる．かくして部族原理自体大

きな構造として立ちはだかる．そしてこれを破壊するのは開放的な空間である．無分節に一面に広がっている[13]．この Herakles 像はアルカイック期末，Homeros 後，のそれであるようにも見える．

しかし，Vergilius がその学識でそのような層を発掘したとしても，再現されるときには既に役割を変えており，また Vergilius の全くのペダントリーがここにあるのではなく，ここへ結び付けうる Hercules ヴァージョンがローマ自体に存在していたのである．つまり DH のヴァージョンと洞窟の前で対抗するヴァージョンは確かに有ったのであり，これを Vergilius が post-Homeros 風と共鳴させたのである．そもそも Vergilius はこの話を Evander その人にさせる．もちろん Hercules と Evander は連帯の関係にある actants である．しかしそれだけではない．Vergilius は何と Aeneas と Evander を同時代に置き，そして Italia 諸族の連合を見て窮地に立った Aeneas は Pallantium の Arcades のもとへと赴き，助力を頼むのである．Evander にとって Hercules のパラデイクマは生命線である．まさに Hercules のための祭祀の最中であると場面設定される．そこで語られるのが Hercules による Cacus からの Arcades の解放であるが，すると，Aeneas は Evander に援軍を求めて同時に Hercules のパラデイクマに依拠しようとしたことになる．かつ Aeneas にとってこれは単なる助力ではない．Evander/Pallas 父子は Aeneas にとって決定的である．軍事的にもそうであるが，何よりも Pallas の戦死と葬送は Vergilius の Aeneas にとって戦いの完遂の究極の動機となる．つまり余りにもあからさまに Patroklos のパラデイクマが使われるのである．Nestor/Antilochos 父子の影を見ることもできる．そして Aeneas はまさにおよそありとあらゆる部族原理の諸ヴァージョンを全部敵に回す．それを可能にするのが Hercules/Evander なのである．なおかつ，この Homeros 風は一切，〈二重分節〉に〈分節〉をぶつけているわけではない．政治を再発見しようとしているわけではない．何故ならば，何よりも Aeneas が選択されているからであり，そして父子や父子類似の二重構造が描かれるからである．確かにそれは〈二重分節〉というには余りに縦の関係だけの二重構造ではないか．ただの clientela とどう違うのか．しかしそれでもその clientela の質を転換しようとするかなり膨大な営為の痕跡の上に Vergilius は確実にのっているのである．如何にそれを Homeros 風の政治の再建と

読むことが可能であろうとも．Dante がそのように読み，そして生々しい Homeros に到達しえない中，辛うじてここから政治を受け取ったとしても．

[2・7・1]　cf. Perret, *Les origines de la légende troyenne,* p. 491ff. Alföldi, *Early Rome and the Latins,* p. 271ff. は「部族復活」という彼の構想に従ってこのテーマこそ元来の Latini 部族の徴表であり，それが Aeneas 伝承に取って替わられたとする．Alba と対等に Lavinium も援用されるわけであるが，このテーマは性質上古典期ギリシャの Artemis のパラデイクマであるから，これを受容しうる段階で新しい Latini の組織が援用しているのである．既に述べたように Fabius Pictor は原型の線で理解し直す．Lavinium の考古学的徴表が如何に古い部族拠点に遡ろうとも，Aeneas 伝承群は 5 世紀後半以降の領域の問題の所産である．

[2・7・2]　cf. D. Briquel, L'oiseau ominal, la louve de Mars, la truie féconde, *MEFRA,* 1976, p. 31sqq.

[2・7・3]　既に述べたように，主ヴァージョン Hercules/Cacus 伝承を Kroton/Lokroi ヴァージョンの系譜としたのは Bayet, *L'Hercule romain* の大きな功績である．共和初の領域形成に直接関わった可能性がここから引き出しうる．Bayet は Faunus が相手であったとし，Evander と Cacus の付加を遅く見るのではあるが．そしてまさに Bayet の分析の欠点は，Evander へのすり替わりの段階で異質のパラデイクマに転換される点を把握しない部分に在る．そこに目が行くならば，Hercules が Argei や Bona Dea と絡む伝承がもう少し密接に関連付けられたはずであるし，DH が採集した破片にも言及が有ったはずである．

[2・7・4]　cf. P. M. Martin, Héraklès en Italie d'après Denys d'Halicarnasse (A. R., I, 34-44), *Athenaeum,* 50, 1972, p. 258sqq.「現実の軍事的指導者 Herakles」は「ローマ = ギリシャ起源」の他，Augustus 像の投影であると Martin は結論するが，選ぶヴァージョンの詳細は領域の構造変化を受け止めている．

[2・7・5]　de la Genière, Essai sur les véhicules de la légende d'Héraclès, dans : AA. VV., *Le myhte grec,* p. 11sqq. は「法と秩序」と概括するが，都市建設—政治システム樹立—枝分節解体とは違う層に属する．

[2・7・6]　Martin, *op. cit.,* p. 263 は，"cycle militaire postérieur au cycle primitif des Douze Travaux" と読む．むしろ後者が新しく，かつこれは後者に近く，決して Martin が考えるように単純に軍事的であるのでない．

[2・7・7]　cf. Capdeville, Héraclès et hôtes, p. 84.

[2・7・8]　Cacus については，Fest. 326L が "Historiae Cumanae compositor" が採取したヴァージョンとして Hercules 抜きで強力な支配者たるを伝えるため，Bayet, *L'Hercule romain,* p. 226sqq. (cf. Capdeville, Héraclès et hôtes, p. 85) は Cacus を元来独立の伝承と考える．また Diod. IV, 21, 2 では "Kakios" が Pinarios と並んで Hercules を迎える actant の側に立つ．部族組織のパラデイクマが降下するときの打倒対象（さしずめ Cumae から見た Tarquinii）であった時期が有ったのではないか．Hercules 側に付いたとしてもおかしくない．

[2・7・9]　cf. Bayet, *L'Hercule romain,* p. 203sq. しかし Bayet は各ヴァージョンにおける Cacus のこうした性格付けの差を有意味と考えない．

[2・7・10]　cf. Bayet, *L'Hercule romain,* p. 229sqq. 窃盗の動機を Campania における原型ではなくローマに渡ってから付け加わった（つまり Geryon ヴァージョンと別系統）と見るが，窃盗の態様の細かいヴァージョン偏差は無視される．

[2・7・11]　Propert. IV, 9 と Juvenal. V, 127 にも「三」が登場する（cf. Capdeville, Héraclès et hôtes, p. 84）．もちろん Adam, Monstres cit. が分析対象とした考古学的データも参照さるべきである．

〔2・7・12〕 Cn. Gellius, F7 P を軸とし，Etrusci の図像を引いてその前の層を発掘する，J. P. Small, *Cacus and Marsyas in Etrusco-Roman Legend*, Princeton, 1982, p. 6ff. は，元来は Etrusci における伝承の中で Cacus は重要な占い師であった，これをローマが徐々に仇役に仕立てていった，と考える．Attus Naevius 伝承や Veii 陥落時の占い師の像を引く Small の指摘は的はずれでないと思われる．しかし 4 世紀の過程で早々に Herakles の有力な仇役として Cacus ヴァージョンが浮上していたはずである．

〔2・7・13〕 かくしてローマでは Homeros が嫌った，しかしアルカイック期にギリシャ植民都市域で先兵の役割を果たす，「客殺しの Herakles」，否，「客殺しの試みに逆襲して主人を殺す賓客 Herakles」が主旋律を奏でる (cf. Capdeville, Héraclès et ses hôtes, dans: AA. VV., *Le mythe grec*, p. 83sqq.). Capdeville は Bayet に従って "seulment deux personnages : Hercule et l'hôte qu'il tue" のヴァージョン (Propert. IV, 9 ; Ps.-Plout. Par. min., 38, 315c ; Serv. ad Aen. VIII, 269) を最古の段階と見る．原始的で粗暴な生の réciprocité すなわちポトラッチの破壊作用が共和初期の領域で有効だったのである．この点しかし，「Fabii の祖たる Hercules」(Fest. p. 77L ; Plout. Fab. 1, 2 ; Ov. Fast. II, 237 ; Sil. It. VI, 633-6 ; Juv. VII, 14) は一見単純に共和初に遡るのみと見える (cf. Briquel, La référence à Héraklès, *ibid.*, p. 114sqq.) が，cognatique な関係が強調されるので，むしろ 2-3 で見た（おそらくヘレニズム期の）「反撃」諸ヴァージョンの層を含み，この層は Fabii が正統〈二重分節〉のチャンピオンであった時期の産物であると思われる．したがって Tusculum の Mamilii が Odysseus の系譜を誇るのとは全く意味が異なる．

2・8

むろん，ローマにおいても領域の組織が全く無いわけではなく，tribus は部族原理の系譜を引く正真正銘の領域組織である．tribus gentilicia のような形態に押し込まれたとしてもテリトリーを区分することに変わりなく，なおかつ次の段階で plebs の組織は comitia tributa と密接な関係を保って政治的に自己主張していく．tribus の創建に関わる étiologie にも事欠かず，それは Romulus 伝承の中に堂々と位置付けられていた．もっとも，それは少々不明確で，equites の三区分なのかはっきりせず，また Sabini/Tatius との関連なのか，これと無関係なのか，ヴァージョンが対立していた．いずれにせよ matronae 等々は姿を見せず，また matronae の祭祀に tribus の影は見られなかった．そもそも，tribus は (phylai と等価なものであるならば) 単純な étiologie ではなく〈神話〉的パラデイクマを必要とするはずである．それは端的な「部族」ではありえないのであるから．系譜による segmentation の反対物でさえあるのであるから．

確かにそのレヴェルに Aeneas が居る．しかしそこからは或る特殊なタイプ

の〈二重分節〉が理念のレヴェルで指し示されるばかりで，領域組織へのヒントは意識的に遮断されている．特に Vergilius のように Evander との同盟に力を注げば，そして Latini/Rutuli が en bloc に破砕されれば，領域組織のための〈神話〉的パラデイクマを供給する余地は無い．そうでない場合，確かに Aborigines と Troes の混住が実現するというパラデイクマが現れ Aeneas が領域の区分に関わるのではないかと期待を抱かせる．Alba への移転と Lavinium の残留，Alba からローマへの分岐，そして Nomen Latinum，というようにまさに部族の構造が例解されているではないか．しかし Lavinium は領域神殿の居所にすぎずここでも特殊〈二重分節〉の性質が照らし出されるばかりであり，Alba も破壊される役割の方が重要である．少なくともここから「三人の息子」は決して出て来ない．

tribus 設立にも関わる Romani/Sabini はどうか．変則的な AX の構造を有するではないか．これと Troes/Aborigines は鏡で映したように正反対のヴァージョンではないか．前者から後者への転換こそが tribus 再建の指標ではないか．そう考えて Romani/Sabini にまで遡っても見出されるのは強く一体化し échange を拒否する集団で，Sabinae が辛うじて政治的結合体の絆を例解しているにすぎない．領域のレヴェルの具体的絆など以ての外である．

Lakonia では，具体的なテリトリー占拠を正統化するために，基礎となるグループに対して外から到来するグループが上から覆い被さるというモデルが使われた．Attika では，逆に基礎となるグループが抵抗に成功し切るというモデルが使われた．もっとも，このグループもさらに基礎たるグループを in toto に追ったのであるとされ，基盤における一種の排他性が導かれた．これらは全て，政治構造の〈二重分節〉を用意するために基礎レヴェルを構築したということに他ならない．Attika において理論上要請される「駆逐されたグループ」の存在は，Pelasgoi によって満たされた．これらは必ず存在しなければならない隣接する「外」を（理念的にせよ）概念するために不可欠である．

ローマにとって最初に Pelasgoi の役割を務めるのは Sabini であったと思われる．おそらく Latini/Sabini のパラデイクマによって説明されていたに違いない．この Latini の部族形成神話がそのまま加工されていけば，共和初に部族原理に大掛かりなディアレクティカを仕掛けて多くの素材を得たことの素直

な延長として，領域組織再編にとって理想的であったのではないか．ところが Hercules どころか Aeneas を受け容れ，Latini の遺産は全く別の方向へ飛んでしまう．tribus の具体的再編とは別に，現実の領域の上の人的紐帯はどのように築けばよいのか．"bonus Aeneas" のその "bonus" のみに依存するか．突然そこに舞い降りた者が隣人と友好的に降る舞いうるのがまさに自由な〈二重分節〉関係である．しかし一旦窮した時に身を投げ捨てて助ける者はどこから来るのか．clientela の頂点か．しかし彼は取引に乗らない者を何時でも切り捨てうる．結局，そのような時に現れる人的紐帯は如何なる公式パラデイクマをも持たなかったと思われる．Attika の phratria でさえ，確かに demos に取って替わられたとはいえ，公式のものである．儀礼として作動することを主とするが，これを通じて〈神話〉レヴェルで働く他，若干の決定的な権限を留保する．これをもローマは持たなかった．curia の残存は領域と何の関係も持たない．しかしながら，よく見ると，全く非公式のパラデイクマが秘かに働いていて，抵抗しているのである．これが無ければ実際 plebs の連帯や若干の公式の exemplum に秘かに現れる動機に息を吹きかけるものは存在しないということになり，それらをわれわれは虚妄として斥けなければならなくなる．そうすると〈二重分節〉体制を裏打ちするものを見出せなくなる．

　地下レヴェルで部族パラデイクマを復活させるとき，Aeneas 到来の素地に働きかけるのが最も自然である．それが Latini であるというのは論点先取りであるが，するとそれは誰であったのか．説明したくなければまさに "Aborigines" という呼称に行き着く．十分に古いことが確かめられるが，その抽象性から Aeneas 伝承の発達と同じレヴェルに在ると考えられる．さて，DH こそはこの Aborigines が実はギリシャから来たということに徹底的に固執するのである．Arkadia から来て Siculi を追ったのであるという．(Herakleidai による征服を拒絶するために) autochtones たる Iones がもともと Pelasgoi を追った，というパラデイクマと全く同一である．ならば Siculi は Pelasgoi か．Pelasgoi は性質上追われてあちこちに離散し飛び地を作っている．ところが Dionysios は Aborigines に続いて Pelasgoi も渡って来たと言う[1]．その Pelasgi は Aborigines を駆逐したのか．否，両者は友好的に連合する．その後 Pelasgi が至る所で追われる段階でも Aborigines だけは Pelasgi を見捨てないのである．

2 新しい社会構造

　Pelasgi と Aborigines の連合というパラデイクマは特殊なものであるが，実は重要な鍵を握る．DH はかくして考え抜かれた étiologie をこれに与えている[2]．Pelasgoi は Achaikon Argos の基層をなす人々であり（I, 17），Pelasgos は Zeus が Niobe に生ませた息子である．しかし Pelasgoi は Thessalia へと渡り，ここで再び Poseidon が Larissa に Achaios/Phthios/Pelasgos の三兄弟を生ませ，これがテリトリーを三区分して Achaia/Phthiotis/Pelasgiotis となる．しかし Deukalion 率いる Kouretes/Leleges ないし Aitoloi/Lokroi に駆逐される．つまり再編型「部族」組織によって原生的部族組織が排除されるということである．この時，方々に散る中で，重要な一部が Dodona の神託に基付いて Satornia つまり Italia へやって来る（18）．そして Ombrikoi つまり Umbri の地帯に進入してこれと激しく戦う（19）．まさにこの時 Aborigines の都市 Kotyla つまり Cutiliae に[3]接近し，そして Dodona の神託が与えたパラデイクマがそのまま実現したことを認識する．何故ならば Dodona は「島が浮遊する」（οὗ νᾶσος ὀχεῖται）Kotyle というところへ行くように指示したのであるが，その近傍の湖にはまさに浮遊する島が有ったからである．初め Aborigines は Pelasgoi を撃退しようとするが，Pelasgoi は「自分達を友好的に共住者として」（πρὸς φιλίαν σφᾶς συνοίκους）受け容れるように懇願し，Aborigines も彼らと「同盟関係を」（συμμαχίαν）結ぶこととする．DH は Lucius Mallius（?）なる者の Dodona における見聞（碑文）を引く形で神託の韻文をそのまま記述するが，「島」はギリシャの語彙において〈二重分節〉単位を意味する．「浮遊する島」は，ギリシャ型の〈二重分節〉システムに移行できず取り残されたのであれば，それぞれ固有の第二次政治システムを持たずに単独で浮遊する〈二重分節〉，不完全〈二重分節〉[4]を作りうる環境を求めよ，という謎である．

　とはいえ，Pelasgoi は Dodona が設定した条件をクリアすることができない．神々の怒りに触れて大部分が滅亡していく．神託を仰ぐと（23），「約束したものを支払っていない」（οὐκ ἀπέδοσαν ἅ εὔξαντο），「最も価値の高いもの」（τὰ πλείστου ἄξια）が含まれていない，という答えが返って来る．彼らは途方に暮れる．「全ての果実と家畜を」（καρπῶν τε καὶ βοσκημάτων ἁπάντων）計算に入れていたからである．しかしやがて長老の一人が，最も価値の高いものとは人のことではないか，人身御供をせよということではないか，と考えつく．そ

うであると確認できると，今度は「十分の一」の犠牲者をどう選ぶかで紛争となり，収拾がつかず，分裂・四散してしまう．

Pelasgoi は人身の犠牲に失敗したということになる．しかしこれが何故限界を意味するのか．このことの意味を鋭く照らすのは DH 自身の直前のパッセージである[5]．つまり，対する Aborigines の方は何故繁栄するのかを説明するかの如くに，彼らの軍事的成功のメカニズムが述べられる (16)．「何らかの神に対してその年に生まれた者を奉納・聖化し，武器を装備させ自分達のテリトリーから送り出す」(θεῶν ὅτῳ δὴ καθιεροῦντες ἀνθρώπων ἐτείους γονὰς ἐξέπεμπον ὅπλοις κοσμήσαντες ἐκ τῆς σφετέρας)．枝分節をテリトリー下部単位の連結に概念し直した上で，その連結体＝部族連合へ人員を送り出し軍事化する，なおかつその人身をそのまま他のテリトリーへと降ろしそこを占拠させる，というメカニズムである．Pelasgoi はこれをせずに種類物だけを再分配するのである．

もっとも，それはメリットでもある．Dodona の神託が言うように，軍事化拒否による〈二重分節〉体制の獲得という方向に生かせばどうか．事実そのように考えるヴァージョンが有ったことが裏から伝わる．Saturnalia の起源について述べる Macr. I, 7, 28 (ed. Willis) は，Varro を引いて Pelasgi の同じエピソードを紹介し，Dodona の神託のほぼ同じテクストを掲げる．Cutiliae の湖にも欠けない．藻が浮島を作るなどという説明さえ加えられる[6]．しかしここでは Pelasgi は実際に人身の犠牲を遂行し，それによってまさに Saturnalia を樹立したこととされる (cumque diu humanis captibus Ditem et uirorum uictimis Saturnum placare se crederunt propter oraculum)．なおかつ，ただし後に Hercules がやって来て指導し，人身に換えて人形を以てすることに改革した，というのである[7]．この形態の Pelasgi 攻撃は，「人身御供をしない Pelasgi」を乗っ取って逆側に押し込むものと見られるが，「人身御供をしない」ことの意義は明白に〈二重分節〉である．何故ならば，Macrobius のテクストは一種混線の産物であり[8]，実は Saturnalia における人身のすりかえは Argei に関する一連の伝承に連なる[9]ものであり，ここには Pelasgi は全く登場しない．このパラデイクマは，人身ないし何か本体までは決して執行しない，〈二重分節〉の軀体は譲れない，常に評価し換価する，という基本観念の例解である．

BrauronのArtemisを頂点として[10]，広く分布してデモクラシーを裏打ちし，他方ローマに渡れば占有や人身執行廃止と深い関係を有する．Argeiの儀礼を共和中期以降のものと見る通説[11]は正当である．これに成功するのはPelasgiではなく，ローマの体制それ自体である，というのが動かない理解である．DHが主張するようにPelasgiはこの全体を歩むことに失敗した．Pelasgiは軍事化を拒否するものの「代替」にも失敗した，者達の代名詞になる．しかし第三の道（デモクラシー）はどうか．

Pelasgiは〈二重分節〉体制へと発展しえなかった者達を示す符牒となる．何時の間にか「代替される」というとPelasgiが連想されるようになり，Herculesの指導を受けた相手方にさえなる．そうするともっぱら駆逐されてしまう役柄を引き受けざるをえず，Latium近辺のみでAboriginesの御蔭によりこれに混ざって曲がりなりにも生き延びたことは特筆すべきこととなる．事実，少なくともDHによるとこれこそがLatiniのテリトリーとEtrusciのテリトリーを区分する原理である．Etrusci/TyrrenoiはPelasgoiに取って替わる役割りを担う（DH, I, 26）．Cortonaを残して（交替の証人のようにして残る）．既に見たように，Aeneas伝承にはMezentiusの存在が有り，Caereないし少なくともEtruria出身とされた．最も強力な敵で，Rutuliの側に加担する．AeneasがLatiniの正規ヴァージョンであるとき，Mezentiusの存在は素直に理解しうる．しかしVergiliusはこれを逆転させ，Mezentiusを追放されたtyrannusとし，Etrusci総体はAeneasに助力するものとする．この点でEvanderと同じ位置に立ち，Tarchon以下のEtrusciはEvander/Pallas父子と同じ船で戻り戦う．DHはまさにこの対極に立つということになる．現に彼はTyrrenoi = Pelasgoi説に強く反論する．AeneasのLatini正規ヴァージョンにとって好都合であるにもかかわらず．

のみならず，DionysiosはAeneasを敵に回してさえAborigines＋Pelasgoiの復権を図る．するとTyrrenoiとPelasgoiを区別する線は明確でなければならない．この立場はTyrrenoiを土着とすることになる．DHは"tyrrenoi"を塔tyrgos = Pyrgosから導く[12]．他方外来説は豊富なパラデイクマを発達させ[13]，それらはmoitiéに基づくapoikiaを指導原理とする．これはpyrgoiを有する城砦arxと親和的な観念で，ならばDHもこれを裏書して然るべきように思われ

る．ならば Aborigines と極めて近い（Tyrrenoi も一時期 Pelasgoi と協力し，特に操船術を共有するし，取って替わるにしても軍事的な過程があったのではない）．しかし彼は言語の違い等を論拠に周到に Tyrrenoi＝Aborigines を斥ける．Aborigines が人員を部族連合拠点に拠出する関係と，pyrgoi に何か（例えば墓）を単に終結させる関係の，違いに固執するからであろう．前者は実現しなかった可能性であり，後者は，現に Etrusci を大きく巻き込んでローマの新しい領域が形成される以上（如何に Latini の寄与の方を強調しようと）厳然として現体制の構成部分であり，Vergilius のような方向でこれを理解することは余りにも容易である．それ故にこそ DH にとって，（共に反 Tyrrenoi＝ギリシャ起源たる）Aborigines＋Pelasgoi が結局は実を結ばなかったことこそが重たい現実なのである．

ではこのような Pelasgi と Aborigines の連合という DH にとって大切な観念は一体何を意味するか．Aborigines は固い arx を拠点とするテリトリー占拠の形態を取るように思われる．つまりそのようなところに「残存し」，そのようなところがかつて彼らによって築かれたとされる．moitié 組織による軍事化が基盤にあるとすれば，phratria の構想である．これに対して Pelasgi はこの形態を拒否して鋭い中心を持たずテリトリー上に散開する形態を取る．Falisci/Falerii を DH は念頭に置く．点々と散らばる Aborigines 地帯や Pelasgi 地帯は何かの可能性が実現せず取り残された跡，領域組織実現可能性の墓標のようにも見える．が，興味深いことに DH, I, 20, 5 は Aborigines＋Pelasgi によって築かれたところとして Caere, Pisae, Saturnia を挙げる．二つの原理が縦糸と横糸のように編み上げられた領域を理想とし，その可能性が存在したことを DH は言いたいのかもしれない．これが，この二つのグループが共にギリシャから来た点を彼が強調したまさにその意味である．

なおかつ重大であるのは，実際に実現したと思われる或る抵抗の形態，つまりあくまで領域に組織を構えようという試みの一形態，とこの連合が見事に符合するということである．つまり，Aborigines は Volsci を強く連想させる．同様に Pelasgi はローマの体制から疎外される周辺の Latini を連想させる．われわれは Ardea において Latini/Rutuli と Volsci の一見奇妙な連合が成立するのを Vergilius の筆によって見た．かつ，われわれは項を更めて，同じ連合が

2 新しい社会構造

或る重要なパラデイクマ・exemplum を根底で支えるのを見る．

[2・8・1] D. Briquel, *Les Pélasges en Italie. Recherches sur l'histoire de la légende*, Rome, 1984 はギリシャ起源をプリテンドするための符牒としか Pelasgoi を見ない傾向が有り，このため DH のテクストも彼個人のそうしたバイアスに帰せしめる．例えば Spina と Cortona に Pelasgoi 伝承が有れば，Cortona 方面から Spina に植民する時にこのギリシャとの交易拠点において母都市 Cortona のギリシャ起源が看板として掲げられた（cf. p. 146），Caere に強固な Pelasgi 伝承が有れば，Syrakousai の Dionysios I 世 Pyrgi 強襲（384 年）への反撃（Timaios）である（p. 186sqq.），等々（主として Etrusci がギリシャに遭遇したときに起源が有り，他は Etrusci の観点からの画像の派生であるとする）．しかしそれならば何故 Herakles としないのか．Pelasgoi がギリシャの「記号」コードにおいて持つ厳密な価値を理解しないから大雑把な分析に終わってしまう．

[2・8・2] cf. Briquel, *Pélasges*, p. 355sqq. Briquel はしかし比較的遅い時期（3 世紀）に Dodona 側からのプロパガンダが行われた痕跡とするばかりである（cf. 438sq.）．

[2・8・3] Cutiliae は Sabini の分布域に在る．Briquel, *Pélasges*, p. 432sqq. は何故 Dodona がローマにアプローチするのに Sabina を選んだか，と問い，Varr. ap. DH, I, 14, 5 を引くが，むしろ Sabini/Latini と Pelasgi/Aborigines のパラレリスムを考えた方がよい．領域の構造に敏感な Varr. De r. r. III, 1, 6，そして Zenodotos の断片を伝える DH, II, 49, 1 (ager Reatinus) 等々は，（枝分節組織形成の神話的ジェネアロジーがテリトリーに貼りつくことから生ずる）Sabini/Latini の落差が「ローマ化」/〈二重分節〉化の後にも Sabini 地帯に点々と単純構造の特異点を残す，ことから生ずる伝承であるように思われる．

[2・8・4] Ov. Fast. II, 281 で Evander が Pelasgi を弔うかのような祭祀を持ち込むのも全く的はずれ（Briquel, *Pélasges*, p. 495, nt. 7）なわけではない．

[2・8・5] cf. P. M. Martin, Contribution de Denys d' Halicarnasse à la connaissance du ver sacrum, *Latomus*, 32, 1973, p. 23sqq.「民族移動」メカニズムに繋がる論点だけに，Martin の考察は慎重であるが，結局は実態を人文地理学的に想定し，これをインド＝ヨーロッパ理論に結び付けてしまう．軍事化形態がそのままテリトリーに降りるメカニズムを備えるかどうかという問題が神話的パラデイクマによって扱われているのである．ver sacrum はその問題である．

[2・8・6] おそらく Varro には無い説明と思われる．「島」の屈折体は消失し，ポイントが人身御供関係の étiologie の機械的記憶（Briquel, *Pélasges*, p. 360）に移っている．

[2・8・7] Macrobius のヴァージョンでは，Pelasgi は「Hades に首を捧げよ」を，Hades を Saturnus と解した上で文字通りに受け取る．Briquel, *Pélasges*, p. 359 はニュアンスの差のように解するが，DH では決して Pelasgi は人身御供をしないし，Hercules とネガティヴな対抗に立つこともない．鋭い亀裂が存在する．

[2・8・8] Briquel, *Pélasges*, p. 367sqq. の指摘は的確である．

[2・8・9] Ov. Fast. V, 625ff. が言うならば公式ヴァージョンである．主として Evander が人身御供をやっていたとされるのは当然である（cf. Carandini, *La nascita di Roma*, p. 395ss.）．

[2・8・10] さしあたり，Cl. Montepaone, Artemis taurica a Brauron, in: Ead., *Lo spazio del margine*, Roma, 1999, p. 13ss.

[2・8・11] Latte, *Religionsgeschichte*, S. 412ff. の excursus が大変優れた考察を提供する．なお，すり替えを教えたのは Hercules であるとされるが，この点については，Bayet, *L'Hercule romain*, p. 349sq.

[2・8・12] D. Briquel, *Les Tyrrhènes peuple des tours*, Roma, 1993, p. 192sqq. は，ソースを Varro

から Antiochos へと辿り，384 年 Dionysios（Syrakousai の tyrannos）による海上攻撃の対象としての Etrusci の（海賊の拠点という）イメージから出た pseudo-étymologie であると見る．
〔2・8・13〕 D. Briquel, *L'origine lydienne des Étrusques. Histoire de la doctrine dans l'Antiquité*, Roma, 1991 はまず Hdt. I, 94 を丹念に分析し 6 世紀前半の Lydia 王権のジェネアロジー整備から出発し，東地中海の海上武力組織の錯綜の中からギリシャ側に認知される形態として Etrusci にも一支脈が適用されるようになり，上述の Dionysios の Syrakousai で土着説に対抗する役割を果たした後 Etrusci の側で vulgata として自己受容される（p. 127sqq.），と辿る．

2・9

さて，以上に述べたことの全てから，5 世紀後半から 4 世紀半ば過ぎにかけて，ローマとその周辺で，〈二重分節〉という社会構造の形成に寄与するパラデイクマのヴァージョン対抗が模索された，と判断しうるように思われる．パラデイクマの多くは儀礼・祭祀とその étiologie であり，文芸化の度合いが低く，文芸化された段階のものがあったとしてそれは後のものである．しかしその分，年代と分布につきわれわれは比較的確かな判断を下しうる．

一方で，われわれの解釈のよりどころは非常にしばしばギリシャにおける同種のパラデイクマのヴァージョン対抗であった．テクスト自体が Dionysios や Vergilius を筆頭としてそのような立場を取っているから当然でもある．しかし同時に，ここまで大規模な符合が存在するということになると，共和初に確かなこととして見られたギリシャ（さしあたりは Magna Graecia の諸都市，とりわけ Cumae）からの強い磁場形成作用の延長線上において，ヨリ自覚的で独自の受容・加工・変形作業が有ったのではないか，と推測される[1]．

他方でまさにその独自性ないし捻れこそがわれわれの主要な関心である．そもそも文芸化が希薄で儀礼一辺倒である点が特殊である．しかしそればかりではない．屈折体に明確な特徴が見られる．或いは，ギリシャのヴァージョン対抗群総体と明確にこのヴァージョン対抗群が対抗しているのである．これはほとんど意識的な作業の結果であると思われる．

このタイプのパラデイクマが領域に張り付くように生態系を有し，その分一層儀礼的になることも特徴であるが，そのジャンルのパラデイクマとして Aeneas が選択されたこと自体特筆すべきである．Achilleus（無分節）のカウンターパートがそのまま出現したこと自体驚きであるが，しかも Achilleus とは正反対に全てを包み込む[2]．確かに父子は〈二重分節〉の例解でありうるが，

Orestes の父 Agamemnon は一度 Klytaimestra に殺されているのである．Klytaimestra ないし matronae は確かに十分に強力である．しかしその Klytaimestra を殺す者が居ない．まして Artemis は作動しない．Elektra も Antigone も現れないのである．Aeneas と matronae の間だけに縮減された対抗である．

　パラデイクマの広がりも欠ける．数多くの政治的パラデイクマを次々と下支えするというわけにはいかないであろうと予想される．もっとも，辛うじて編み出されたパラデイクマのヴァージョン対抗を直ちに一粒もこぼさずに儀礼化しようという傾向を感じざるをえない．この回路が働くとき，再三述べるように文芸化は回避されるが，また当然 Critique も発達しない．Critique は大規模な〈神話〉の発達を前提する．その替わりにまさに儀礼主義がヘゲモニーを握るのであるが，しかし儀礼への直行はただ一つ長所を有する．儀礼的パラデイクマは変転せず，頑固に耐える．それ自身動かないばかりか，周囲の流動化に対して障壁を作りうるのである．

　そのように考えたとき，これらの特殊なヴァージョン対抗群が形成する特殊な〈二重分節〉は，定義に忠実に「領域の上の人的組織の分節の形態」に即して例解すれば，以下のようになる．確かに政治システム，〈分節〉システム，の存在を前提する．しかし領域の側でこれを補う第二の組織の存在は予定しない（これはローマの共和革命の特殊性の帰結であり，第 I 章はこのことだけの論証に費やされた）．またこれを再建し，新しい形態で蘇らせようとする傾向は希薄である．この結果，P-p/Q-q で例解するとすれば，PQ 間〈分節〉はしっかりしているが，P-p における P の p への介入にあたって pq の連帯による反撃は働かない．もちろん，その分 pq の組織が p に対して抑圧的であるとき P が保障するという必要は無い．pq は pq の次元ではヨリ自由であるという実感を持つに違いない．そして P の介入から p が逃げる手段は唯一 P を離れて Q に乗り換えることだけである．もしこの自由が無ければこれを〈二重分節〉と呼びうるかどうか疑問である．それでも PQ の結託が生じうるから，この場合 p にとって絶望的である．乗り換え可能性は pQ 間の婚姻によって与えられている．つまり ppp に対して Q の側から切り取るという作用が入る．その回転軸受たる matrona の決定的な重要性はここから来る．さしずめ，Amata を切り裂く Lavinia である．これにより対抗されなければ父子関係 pater-filius は

〈二重分節〉のイメージではありえない．

　さて，以上のことをまるで理論的に解説するかのようなパラデイクマが存在している．どこにか．Ardea にである．何時の出来事のこととしてか．何と 443 年，Aricini/Ardeates 間のテリトリー争いの頃である．われわれの本項における叙述の最後の光景は Pelasgi と Aborigines の連帯であった．これを Volsci と Latini の連帯へと二重写しにすることができるのではないかと述べた．何と 443 年の Ardea においてそれが現れ，対抗を一方の側へと強く引っ張るのである．

　この年，「Ardea からローマに使節が現れる」(Liv. IV, 9, 1: legati ab Ardea ueniunt)．「そして古来の同盟関係と更新されたばかりの条約に基づいて，ほとんど壊滅状態の自都市に対して助力を懇請するのであった」(pro ueterrima societate renouataque foedere recenti auxilium prope euersae urbi implorantes). 既に述べた条約に密接に関係している伝承であることが明らかである．Aricini 対 Ardeates の争いと脈絡を共有することが予想される．"euersa urbs" は "intestina arma" 内戦のことであるが，Livius は「その内戦の原因と端緒は党派争いであったと伝えられる」(quorum causa atque initium traditur ex certamine factionum ortum) と続け，foedus の記録とは別個に以下の伝承が伝えられてきていることを示唆する．つまり，Ardea の内戦までではわれわれは確かな情報を有するのであり，しかしその内戦の由縁についての伝承はそれだけの信憑性をおそらく有しないのである．しかるに，このことは観点を変えると由縁についての伝承が別のジャンルの伝承に属するということである．もしそれが何か fabula のようであれば，われわれはむしろ，内戦に syntagmatique に繋がる現実化した出来事というよりも，内戦の底に口を開けてその由縁と paradigmatique な関係を持つ深い屈折体を目の前に置いていることになる．すると明らかにこの方がわれわれにとって重要な伝承である[3]．仮に同時代に成立したのではなく後になってその屈折体を例解するために発展したのであるとしても．しかもこの最後の場合は一層好都合である．屈折体がディアクロニクな延長を持つ重要なものであることを意味するからである．もっとも，屈折体の存在は認識できなければならない．ヴァージョン対抗が明確に焦点を結んでいるのでなければならない．

2 新しい社会構造

「plebs に属する娘が有り,大層姿形がよいことで評判で,二人の若者が争った.一方は娘と同じ種類の者で,後見人達（tutores）に支えられており,彼ら自身同一の一団（eiuisdem corporis）をなしていた.他方は政治的階層の（nobilis）者で,彼女の姿形以外の何ものにも（nulla re praeterquam forma）心を奪われたのでなかった.こちらの方は最良の人々（optimates）の熱意が支えた.こうした事情故に党派の戦いは娘の家の中までも侵入していった.母の判断では政治的階層の者の方が優れていた.彼女はかねて娘が最高に輝かしい婚姻によって結ばれることを願ってやまなかった.後見人達はこの件においても党派の関係に忠実に自分達の種類の者の側に傾いた.事を家の中で解決することができなかったので法廷へと（in ius）持ち出すこととなった.母の側と後見人達の側の請求が陳述された.政務官は親（母）の側の見解に基づいて婚姻の権（ius nuptiarum）を与えようとした.しかし実力（vis）が勝った.というのも,後見人達は決定の不当を鳴らして公然と forum で自分達の仲間を糾合し,実力を形成し（manu facta）母の家から娘を強奪した.これに対し,最良の者達も一層攻撃的な隊形をなして立ち上がり,不法に対して激怒した若者に付き従った」（Verginem plebeii generis maxime forma notam duo petiere iuuenes, alter uirgini genere par, tutoribus fretus, qui et ipsi eiusdem corporis erant, nobilis alter, nulla re praeterquam studia. Per quae in domum quoque puellae certamen partium penetrauit: nobilis superior iudicio matris esse, quae quam splendidissimis nuptiis iungi puellam uolebat; tutores in ea quoque re partium memores ad suum tendere. Cum res peragi intra parietes nequisset, uentum in ius est. Postulatu audito matris tutorumque, magistratu secundum parentis arbitrium dant ius nuptiarum. Sed uis potentior fuit: namque tutores, inter suae partis homines de iniuria decreti palam in foro contionati, manu facta uirginem ex domo matris rapiunt; aduersus quod infestior coorta optumatium acies sequitur accensum iniuria iuuenem）.こうして戦闘に至り,plebs の側は駆逐され（pulsa plebs）「都市中心を武装したまま発ってとある丘を占拠する」（armata ex urbe profecta, colle quodam capto）.そして「最良の者達が把握していた領域の側を略奪して回った」（in agros optumatium cum ferro ignisque excursiones facit）.内戦は激化し,plebs の方は Volsci に援軍を求め,Volsci は Aequi 出身の

Cluilius を指揮官として部隊を派遣する．nobiles/optimates はローマに援軍を求め，consul の M. Geganius 指揮下の軍勢がやって来る．

　ローマが Ardea 方面に介入し，Volsci と戦ったこと，は annales の核の部分に存在したに違いない．Livius が伝える圧倒的な戦勝がその通りであったかどうかは別として，443 年の事跡として疑わしい部分は存在しない．軍事衝突を伝える部分から Livius の叙述は大きく転調し，ソースの転換を印象づける．問題はその前の「Ardea の娘」のパラデイクマである．第一にこれは cognatique な結合に関するパラデイクマである．しかも，plebs の側へと外（nobiles）から若者が入って来る．"nobiles/optimates" はもちろんそのまま受け取れる語ではない．"patrici" である方が遥かに相応しい．しかしここはローマではなく，Ardea であり，"patres" を使えない．高々やがて nobiles となっていく階層である．その上おそらく，このパラデイクマが関わる屈折体が patrici にではなく nobiles 形成に関わるのである．他方 plebs は相当程度において固有の脈絡のものである．娘には母親が有りながら tutores が周囲を固め，これは一体のもの（eiusdem corporis）として現れる．ここに exogamie の契機が入り込む．そして endogamie を担って plebs の若者がチャンピオンとして立つ．第二に，これは Aeneas のパラデイクマのヴァリアントである．何故ならば，Lavinia を巡る Aeneas と Turnus の対立とそっくりであるからである．しかも重要なことに，少なくとも Vergilius のヴァージョンにおける母 Amata が反 Aeneas であるのに対して，Ardea の娘の場合母は親 nobilis（外来）である．つまり鋭いヴァージョン間の鞘当てが存在する．なおかつ，Vergilius において Ardea こそは反 Aeneas の拠点であるのに対し，何とここでは Ardea の体制は言うならば親 Aeneas＝nobilis である．その上，Vergilius において Volsci が母 Amata の側につくのに対し，ここでは逆である．要するに，明らかに Vergilius の方が激しく「Ardea の娘」に反発しているのである．これが Vergilius の激烈な「反 matronae」と関係することは疑いを容れない．すると「Ardea の娘」の母 mater こそは偉大な matrona の伝統の劈頭を飾るということになる．その原パラデイクマなのである．注目すべきことに全く不自然にも父 pater は現れない．替わりに一体化した tutores が居る．他方母は nobilis の若者を選ぶが，こちらは一人である．"nulla re praeterquam forma" は「全く個人的にこの娘にのみ惹

かれて」ということを意味する．つまり他の打算が無いということで，"forma"を内心のamorと対比する観念を読み込めば陳腐である．第三に都市中心urbsと領域agerの対比が鮮やかである．Livius は手工業者の動向を見逃していないが，都市中心から領域へとnobiles は基盤を伸ばしている．対するにplebs は領域で追われ一転都市中心を占拠するが掃き出され，領域の拠点から中心に向かって攻める．領域の後背地にはVolsci が居る．

　cognatique な結合が二つの階層間に展開され二階建ての場面が生まれること，それが同時に都市中心／領域間のダイナミズムになること，はギリシャのデモクラシー生成期に現れる〈神話〉的，擬似〈神話的〉的パラデイクマに豊富に見られたことである．すぐ南のCumae において，確かにcognatique な結合については言及が無いけれども上層の息子達が下降し帰って来るという伝承が有力に存在した．「Ardea の娘」は明らかにこれらに反応しているのである[4]．

　なおかつギリシャの文芸の影響を受けた遅い時期の陳腐な話であるとは言えないことには，致命的な，或いは構造的な，捻れが存在し，Vergilius に至って完成されたであろうヴァージョンとの対抗に加えて，或いはそれ以上に大きなレヴェルにおいて，ギリシャ側諸ヴァージョンと全体として対抗している．「貴族の娘」のendogamie vs. exogamie ではなく，「平民の娘」を貴族が切り取る話だからである．このことに対応して，plebs は領域の一つの丘に立てこもるのが精一杯で，一旦都市中心を制圧するというプロセスが概念されず，否，そのことをわざわざ否定するかのように "pulsa plebs...ex urbe profecta" と書かれる．誰もきいていないのに．中心／領域の間で大きく階層が代謝するというパラデイクマは現れない，というのである．このような偏差は，多くの屈折体が現実に人々の意識に流れ込んできて，なおかつ深刻な反発が生じ，具体的な場に緊張関係が存在する，場合にだけ形成されるものであろう．この大きな対抗こそは「Ardea の娘」のパラデイクマが「生きていた」ことの証である．話自体の形成が若干遅れるとしても，振り返ったときこの話によって人々が摑んだと思える屈折体は5世紀の後半において現実のものである．かつ，大きな対抗の中に置かれたこの磁場自体が固有の対抗によって形成されることは言うまでもない．後にVergilius が文芸化するに至るヴァージョンは鋭く「Ardea の娘」に挑戦していたに違いない．

そうであるとすると，この屈折体は明らかに〈二重分節〉を支えるものである．その比重は別途問うとして，ギリシャの大きな脈絡においてそのことは明白であるが，具体的な対抗に即しても疑いの余地が無い．「Ardea の娘」と「Vergilius ヴァージョン Aeneas」の間の鏡に映したような対称性にもかかわらず，「Ardea の（平民の）娘」が「Ardea の母」に倣って「貴族の」若者と共に築く単位は平民の中で十分に明確に切り取られる．なおかつこの単位は「貴族の」若者の父の下に緩やかに立つが，このことは明示ないし強調されない．対するに「Vergilius ヴァージョン Aeneas」においてはこの父子関係が決定的に重要であり，母は敵でさえあり，Lavinia における結合は不可欠であるが，決して強調されない．しかしいずれにせよ，Latini たる Ardeates の plebs が何か一体性を保ち決して切り崩されない覚悟で戦うのでなければ緊張関係が成立しない．そしてそれには Volsci が連帯するのである．他方逆に母達すなわち連結器の一体化した大連合が猛威を振るうのでなければ衝突の意味は明白でない．不思議なことにこちらにも Volsci が連帯する．これを切り崩すのは pater-filius 以外にない．以上全ての根底には，テリトリー上の〈分節〉単位 A の内部が aaa……で与えられたとき，それぞれ BCD……を背景にした ba, ca, da, etc. という相対的に独立の単位によって A が切り取られる，というモデルを置いて考えることが最も有用である．aaa……の連帯は重要な動機である．ba 連結器と並んで，B-b の絆も同様である．ただし，aaa……bbb……ccc……というように横断的に繋がっていく連帯はここでは斥けられている．これはデモクラシー独特の自由な連帯であり，だからこそ aaa……は Volsci として表現されるのである．或いは，Latini 自体 ba, ca, da, etc. と aaa……に分化してしまう．これが Aricini との対立であり，そもそも分化したところで "Volsci" が現れる，というのがわれわれの仮説である．

〔2・9・1〕 ローマは新しい領域の構造を獲得していく時 Latium ばかりでなく Etruria をも組み込んだが，その5世紀末から4世紀にかけて，Etruria で Erichthnios や Theseus が重要なパラデイクマとして引照されたことを，共に図像的史料を使って，F.-H. Massa-Pairault, Mythe et identité politique. L'Étrurie du IVe siècle à l'époque hellénistique, dans : Ead., ed., *Le mythe grec*, p. 521sqq, と L. Cerchiai, La rappresentazione di Teseo sulle stele felsinee, *ibid.*, p. 361ss. が検証している．後者は主としてあの Bacchylides の「ダイビングする Theseus」であり，〈二重分節〉単位の明確な切り離しである．前者は Athenai の新しい領域組織が震源であるが，ここではもっぱら子供が原初的に領域に発するという観念に関わり，〈二重分節〉単位単独の基

底性が主張されているものと考えられる.

[2・9・2] cf. A. Sauvage, Les éléments du prestige, le fonctionnement et la nature du pouvoir d'Énée, *REL*, 57, 1979, p. 204sqq.

[2・9・3] 「Ardea の娘」については, もちろん古くから Verginia 伝承との関係が論じられてきた. 例えば E. Pais, *Storia critica di Roma, II*, Roma, 1915 p. 205ss.; Id., *Ancient Legends*, p. 185ff. がダブレットと見るのを G. de Sanctis, *Storia di Roma, II*, Torino, 1907 p. 47ss. が Lucretia と関連付けて徹底的に反論する, といった具合に. ダブレットたる伝承としての無価値を意味し, De Sanctis の論証目標はそれぞれが独自の民間伝承たる点である. 特に Verginia 側の「犠牲」の要素を強調する. しかしながらわれわれにとっては, ダブレットたるは社会構造に深く根を下ろす証拠であり, 事件が史実たるかどうかを問うことは伝承の性質上正しくない. しかるに学説は二つのヴァージョンの差異を微細に分析することを全く怠っている. 伝承の側はそこにこそ全てを賭けてきているというのに.

[2・9・4] ギリシャに存在した伝承からの「派生」と「文芸的テーマ」たるは相乗効果で伝承を歴史学のフィールドから葬るための論拠として使われてきた. 例えば G. Sigward, Römische Fasten und Annalen bei Diodor, *Clio*, 6, 1906, S. 352 は Verginia 伝承について Paus. VII, 47, 6 の Orchomenos に関する記事を挙げる. Artemis 神殿の étiologie であるだけに大変にこれ自体興味深いが, それだけに, ヴァージョンの連続的偏差は丹念に分析される必要がある.

2・10

さて,「Ardea の娘」には, これとの対抗関係が明瞭に看て取れるパラデイクマが組み合わさるようにして伝承されている. それは Verginia 伝承である. だとするともはやこの Verginia 伝承が「Ardea の娘」と同じく 5 世紀半ば以降形成された新しい屈折体から発信されるものであることは明白である. またこのように両者が綺麗に対抗するということは, 両者が社会構造の骨格を支えるものであったことを裏付ける. つまり, Verginia 伝承もまた具体的な形をなしていくのは徐々にであったにせよ, 5 世紀半ばからディアクロニクな延長を持ち始める屈折体を構成し, またこの屈折体を解釈する人々が伝承を編んでいったのである. Verginia 伝承もまた Varro 流のクロノロジーにおいて 449 年に位置付けられる.

独裁化した十二表法起草十人委員 (Decemviri) 体制三年目, Decemvir の一人 Ap. Claudius (もちろん patrici) は「一人の plebs の娘を獲得したいという欲望に取り憑かれる」(Liv. III, 44, 2: uirginis plebeiae stuprandae libido cepit). DH, XI, 28, 3 (ed. Vogel) によると「娘が既に婚姻可能になったところを」(ταύτην τὴν κόρην ἐπίγαμον) 見初めたのであり, ただ, 自分が既婚であり彼女に婚約者が居たことに加えて, まさに Decemviri の立法によって「平民の階

層から婚姻を受け容れる」(ἐκ δημοτικοῦ γένους ἀρνόσασθαι γάμον) ことが禁じられていたため，別の手段に訴えようとしたのである[1]．つまり DH のヴァージョンは双方とも（対等に）はっきり形をなした二つの身分の間の通婚の問題であることを強調する．

娘の父 Verginius はもちろん「平民の出身で」(DH, XI, 28, 1 : ἀνὴρ ἐκ τῶν δημοτικῶν)，Aequi との戦いの戦陣に在って centurio として小隊を率い，戦いにおいても政治的行動においても「模範的」(Liv. III, 44, 2 : uir exempli recti) である．婚約者は Lucius Icilius であり，Liv. によると tr. pl. 経験者（tribunicius）であり，plebs の大義を担うチャンピオンである．DH によると tr. pl. の権力を樹立した（Mons Sacer のあの）Icilius の息子である．つまり「本人」か「息子」かの微妙なニュアンスの差がここにある（ただし決して論理的に互いを排斥しない）．plebs の側に独自に Aa の構造が有るか，a 単独か，の差異である．

母は？ Liv. によると「妻もまた同様の訓育を受け，子供達もそのように訓育されていた」(Perinde uxor instituta fuerat liberique instituebantur)．ところが DH は，「というのもその子は母を亡くしていた」(28, 4 : ἦν γὰρ ὀρφανὴ μητρὸς ἡ παῖς)，から Ap. Claudius は「乳母達に向かって」(πρὸς τὰς τροφοὺς αὐτῆς γυναῖκας) アプローチせざるをえなかった，と述べる．互いにこのディーテイルに固執するのはまさに母の有無が争点だからであり，「Ardea の娘」を知るわれわれにはその理由も明らかである．いずれにせよ，「Ardea の娘」におけるのとは余りにも正反対なことに以下母は全く登場しない．そしてこのようにしてわれわれはこの磁場がかくも強力であることを知る．

次は Ap. Claudius の野望達成の手段である．最初は échange である．Liv. は "pretio et spe" と表現し，DH は乳母に対する財の給付および給付約束を伝える．しかしこれは全く功を奏しない．そこで第二弾として取られる手段はこれと polarité をなす性質のことである．「粗野かつ強引な実力手段（vis）へと心を転換させ，子飼いの者 cliens たる M. Claudius に対し，娘を自らの奴隷であるとして実力で捕縛する任務を与えた」(44, 4f. : ad crudelem superbamque uim animum conuertit. M. Claudio clienti negotium dedit ut uirginem in seruitutem adsereret)．「(Ap. Claudius は M. Claudius を) 最も恥知らずの連中から成る一

2 新しい社会構造

団を伴わせて送り出した．すると M. Claudius は学校へと赴き娘を自らの手中に収めると，白昼堂々 forum を横切って連れ去ろうとした」(28, 5f.: *ἀποστέλλει συχνοὺς τῶν ἀναιδεστάτων ἐπαγόμενον. ὁ δὲ παραγενόμενος ἐπὶ τὸ διδασκαλεῖον ἐπιλαμβάνεται τῆς παρθένου καὶ φανερῶς ἄγειν ἐβούλετο δι' ἀγορᾶς*)．しかし「叫び声があがり多くの群集が殺到したので」(*κραυγῆς δὲ γενομένης καὶ πολλοῦ συνδραμόντος ὄχλου*) 連れて行くのを断念し「政務官のところへ」(*ἐπὶ τὴν ἀρχήν*) 赴く．Liv. のヴァージョンによれば，Verginia が学校から forum に出てきたところを (uenienti in forum) を捕縛するのであり，「娘が（そこで）驚愕の余り立ち尽くす中，市民 Quirites の連帯に訴えかける乳母の叫び声を聞きつけて人々が集まり，口々に民衆派の鏡たるあの Verginius の娘にして Icilius の許嫁ではないかと言い合った」(Pauida puella stupente, ad clamorem nutricis fidem Quiritium implorantis fit concursus; Vergini patris sponsique Icili populare nomen celebratur)．乳母 nutrix はここに顔を出したわけであるが，およそ人々は娘の捕縛に対して反応した，というよりは，乳母から plebs の連帯へと繋がる部分に火がついた，のである．初めから forum の真ん中で事が生ずる，という演出にも対応する．

　人々が一旦制したことの結果，Verginia は裁判長たる Ap. Claudius のもとに連れて来られる．DH によると，「娘とジェネアロジクに繋がる者達」(*οἱ συγγενεῖς τῆς κόρης*) が現れるまで待つこととなり，やがて「母方の叔父たる」(*ὁ πρὸς μητρὸς θεῖος τῆς παρθένου*) Publius Numitorius が「多くの仲間や親族を連れて」(*φίλους τε πολλοὺς ἐπαγόμενος καὶ συγγενεῖς*) 到着，続いて「娘の父によって婚約者と定められた」(*ὁ παρὰ τοῦ πατρὸς ἐνεγγυημένος τὴν κόρην*) Icilius も「plebs の若者の強力な一団を従えて」(*χεῖρα περὶ αὑτὸν ἔχων νέων δημοτικῶν καρτεράν*) 駆けつける．そして直ちにいきなりの捕縛の不当を主張する．これに答える形で M. Claudius が (29, 1ff.) 捕縛の理由を説明する．自分は「娘の主人＝所有権者」(*κύριος δ' αὐτῆς*) であるから法に適っている，というのである．自分の父に長年務めた女奴隷があったが，身ごもった時，Verginius の妻 Numitoria との間で出産後に子供を贈与する約束を交わした，そしてその通りに実行される時，Claudius の側には死産であったと報告がなされた，かくして子は母に返されるべきであり，その母が奴隷である

以上その主人のもとに返されるべきである，と．Numitorius が反論し (30)，父の出席までの間自分が Verginia の身柄を確保すべく主張する．これに対して裁判長たる Ap. Claudius はその間も M. Claudius が身柄を保持するという決定をし (31)，Icilius は実力で阻止しようとするが制圧される．しかし民衆が反発し危険な状況となったため，Ap. Claudius は譲歩し，出頭を保障することを条件に Numitorius 以下に一旦娘を連れて行かせる (32)．しかし他方前線の司令官に命令を発し，父 Verginius に出来事を知らせず引き留めかつ拉致しようとする．ところが Numitorius の息子と Icilius の弟は早馬を飛ばし Verginius に先に事を知らせることに成功し，そして Verginius は命令到達前に許可を得て戻る (33)．そして裁判の日を迎えると，まず父や他の親族が多くの論拠をあげて弁ずる (34)．ところが Ap. Claudius はこれをさえぎって M. Claudius を勝たせる判決を下す (36)．自分の cliens であった M. Claudius の父から事情を個人的に聞いていたというのである．人々は憤激するがこれに従う以外にない (37)．ところが父 Verginius は最後の別れをするための瞬間を得ると，隙をついて娘を殺す．Ap. Claudius は Verginius を逮捕しようとするが，既に民衆は蜂起の状態に至る (38)．

　Liv. によると，先に M. Claudius が捕縛の理由を述べる．自分の家に生まれたが窃盗によって Verginius の家に連れて行かれ，その家のものとされたのである (44, 9: Puellam domi suae natam furtoque inde in domum Vergini translatam suppositam ei esse) と．ところが娘の側が，父の不在故に裁判を延期し，その間の身柄の保持は自分達がすべきである，と主張する．しかし Ap. Claudius はこれを斥ける決定を下す (45, 1ff.)．ここで初めて，つまりこの決定に対して，Numitorius と Icilius が立ち，特に Icilius が鮮やかに論ずる (4ff.)．そしてその効果として Ap. Claudius は M. Claudius に対して裁判においてあらためて娘を請求するように命ずる (46, 1ff.)．Numitorius の息子と Icilius の弟がここで Verginius のところへ発ち (46, 5ff.)，Ap. Claudius の妨害指令は遅れる．裁判の当日，Verginius はボロをまとい祈願する儀礼的パラデイクマの中に身を置いている．若干の matronae が付き従っている (47, 1: comitantibus aliquot matronis)．Verginius 自身が必死に訴えかける．「女達の隊伍は声一つ上げずにひたすら静寂の中で涙を流す」(47, 3: Comitatus muliebris plus tacito fletu quam ulla uox mouebat). しかし Ap. Claudius の判決は M. Claudius の勝訴である. 彼が娘を連れようとするとき, matronae が取り巻いている (47, 6 : circumstantibus matronis). この女達の集団によって (a globo mulierum) ブロックされると, Ap. Claudius はこれを排除する命令を下す (48, 1ff.).「父というのは偽りだったというのであれば安んじて退くことができるので, 娘の傍らで乳母に事の真相をきく」(48, 5 : coram uergine nutricem percontari quid hoc rei sit, ut, si falso pater dictus sum, aequiore hinc animo discedam) と称し「娘と乳母を Cloacina 神殿のそばに」(filiam ac nutricem prope Cloacinae) 連れて行き, ここで娘の胸を貫く. Icilius と Numitorius が Verginia の遺骸を民衆に向かって高々と掲げると,「matronae がこれに続いて叫ぶ, これが子供を産むということの意味か, 貞節の報償なのか, と」(48, 8 : Sequentes clamitant matronae eamne liberorum procreandorum condicionem, ea pudicitiae praemia esse?).

Livius のヴァージョンにおいてはこのように matronae と nutrix が非常に大きな役割を果たし, Numitorius/Icilius の役割は相対的に小さく, 中間の手続問題の判断において圧力をかけるのみである. 反対に, DH のヴァージョンにおいては Numitorius/Icilius は一貫して裁判の一方の主体である. Numitorius は暫定的に身柄を預かる主体としても現れた (30, 3 : αὐτὸς ποιεῖσθαι θεῖος ὢν τῆς κόρης). Verginia 伝承内のこの分裂は何を意味するか.

最も顕著な対抗は何と言っても Verginia 伝承が plebs の側に視座を据えることによってもたらされている. つまり, patrici から plebs の娘を切り取る触手が伸びるときにこれをブロックする集団, Ardea における tutores, の側に加担するヴァージョンであり, 一面でその悲劇が歌い上げられるとともに,「貴族の若者」ならぬ Ap. Claudius は結局 Verginia を獲得することができない. 確かに「貴族に母が加担する」のでなく「父が阻止する」. 真っ向から反対のようである. ならばこの plebs は Volsci と同盟するだろうか.「Ardea の娘」と反対の原理に立って対抗するのであろうか.

しかし他方それにしては奇妙な点が有る. 立ちふさがる集団は性質を変えている. Verginia の背後に現れる plebs のグループは明確に cognatique な連結によって形成されている. 母方の叔父 (avus) や婚約者 (sponsus) ばかりか, 前者の息子や後者の弟が登場する. すると母の存在は論理的には前提されてい

ることになる．もっともこの連帯は微妙なものであるらしい．母によって連結されるにもかかわらず固く水平的な連帯であるのか，否，母によって連結されている以上は何か一つ一つの単位が別の原理で先に存在しているのか．B→ba の切り出し，したがって a を担う matrona の存立が決定的に重要であるのか．否，そればかりかこのメカニズムを通じて b+a や c+a が繋がるのか．ならば男達の集団よりも matronae の行進が重要である．いずれにせよこの集団が cognatique に複合的であれば到底 Volsci とは連帯しえない．否，複合化によって成長した集団の連帯が再び高次の正義を主張しうるのか．いずれにせよ，こうした対抗のみが新しい構造を支えうる．

すると，「父が阻止する」も「Ardea の娘」における対応図式通りの（まさに存在しない）「父」を前提するものではない．父は或る意味ではここでも戦地に出かけ不存在で無力である．折角 cognatique に連結していても，男達の集団は結局なすすべがない．Verginia を渡さないことに成功するのは，父が完全に孤立しそして娘および乳母と密やかな瞬間を持った時である．Liv. のヴァージョンでは乳母が強調され，そしてこれに対応して matronae の壁がこの密やかな瞬間を演出する．このことに対応して，この「悲劇」を観る人々の同情は父と娘の関係の掛け替えの無さに向けられる．父は pater-filius のあの父ではない．これもまた成長を遂げている．むしろ今や filia を持ったかつての filius なのである．この点でも pater-filia でなければならない．もちろんその前に，cognatique な結びつきによって切り取るという基本の要素によってここは filia となるのではあるが．

このように考えると，Verginia 伝承も基本原理を共有することがわかる．つまり同じ〈二重分節〉を支える屈折体を積極的に担う．大きな対抗によって．触手を伸ばす貴族の側も異なって捉えられている．ここでも「貴族の若者」のアプローチは一見純粋に娘に惚れ込んだというものである（Liv. 44, 4: forma excellentem）．つまり全く個人的に見えるが，しかし実は Ap. Claudius と M. Claudius という結託の関係が存在する．Ap. Claudius の欲望であるのに，M. Claudius 個人の請求に見せる，しかも Verginia を奴隷として求める，がしかし背後の Ap. Claudius のためであり，Verginia は請求が実現したあかつきには Ap. Claudius の方へ渡されることが明白である．つまりダミーの関係が有り，

不透明である．"clientela" は，ここでは分節されていない，〈二重分節〉が虚偽である，という意味を帯びている．pater-filius ないし Penates の〈二重分節〉は実は真正ではないことを告発するが如きパラデイクマである．少なくともこの Verginia 伝承のタイプのパラデイクマによって補われなければならない，cognatique な関係の真正性，単位の先験的独立，それらの単位の連帯，が補ってこそ辛うじて〈二重分節〉でありうる，というのである．

〔2・10・1〕 Diod. XII, 25 のヴァージョンが古くから時として相対的に古くヨリ良いヴァージョンであると見られてきた．Liv. や DH のヴァージョンが後期年代記作者にしか遡らないのに対して Polybios や Fabius Pictor に遡るというのである．ポイントの一つは Verginia が原型では貴族ないし patrici の娘とされているという点である（E. Täubler, *Untersuchungen zur Geschichte des Decemvirats und der Zwölftafeln,* Berlin, S. 140 ; J. von Ungern-Sternberg, The formation of the annalistic tradition : the example of the Decemvirate, in : Raaflaub ed., *Social Struggles,* p. 91ff.）．しかしながら，この点は既に Ch. Appleton, Trois épisodes de l'histoire ancienne de Rome : les Sabines, Lucrèce, Virginie, *RHD,* 4s., 3, 1924, p. 620sqq. によって周到に論駁されている．実際 Diod. のヴァージョンはこの場合には粗雑すぎ，有意味な対抗ヴァージョンそれ自体を検出させない．唯一の点，「貴族の娘」は nobiles のこととも理解されうるし，ギリシャ側ヴァージョンに引かれて「平民の娘」を特徴とするローマ型ヴァージョンの意味を捉ええないとも理解しうる．いずれにせよ「Ardea の娘」こそは決定的な反証である．

3 exemplum iuridicum

3・1

　Verginia 伝承においてパラデイクマは集団を生き生きと動かして見せるが，そこで Ap. Claudius を頂点とする集団は M. Claudius を頂点とする集団をその下部単位として含み，したがって複合体として登場する．しかるに Ap. Claudius を頂点とする集団は，ここではローマで政治が成立していることが前提であるから，〈分節〉集団である．もしその下部単位がもう一度〈分節〉的関係を有しているならば，そこには〈二重分節〉システムが有る可能性が高い．しかしまさにその〈二重分節〉的関係が虚偽ではないかという疑いがヴァージョン対抗関係の中で表出されている．他方，Verginius の側の中核は b (Verginius plebeius) a (Numitoria) によって形成されるが，Verginii は patrici にも存在するから Verginius (patricius) B を想定すると，やはり B〈分節〉集団が ba 等々に〈二重分節〉していると見ることができる．こちらの側には他に c (Icilius) b (Verginia) や a (Numitorius) x 等の〈二重分節〉単位をも想定しうる．Verginia 伝承を支える緊張関係は Numitorius/Icilius 集団がその内部で Verginius＝pater をどこまで独立の単位として自立させうるかということによって構成されている．

　〈二重分節〉に関わるパラデイクマのヴァージョンであっても，このような集団を実際にパラデイクマ自体の上に登場させるとは限らない．〈二重分節〉を媒介するパラデイクマの内部に〈二重分節〉，つまりテリトリー上の人的組織の〈二重分節〉がそのまま現れる，という必要は全く無い．しかしともかく，Verginia 伝承においてはそれが現実に現れ，しかも競合するように対抗的に現

3 exemplum iuridicum

れる．Verginia はその存立の指標である．

すると珍しく，これをそのまま舞台に上げれば，われわれは（決して目に見えることの無い抽象的で難解な概念と思われた）〈二重分節〉をこの目で見ることができるのである．何という奇遇であろうか．

しかるに，それがそのまま実現されるならば，これは儀礼である．Verginia 伝承は〈神話〉的パラデイクマ，ないし（文芸化の度合いが低いなどディアレクティカが不完全であるとすると）擬似〈神話〉的パラデイクマ，であるから，神話的パラデイクマの再現実化（これが儀礼の一般的定義であるが，それ）以上に強く儀礼である．否，何か〈神話〉化が不完全であるのは，まさに，〈二重分節〉がそのままそこに実現されているかのように見えるからであるかもしれない．つまり何か儀礼のためのもの，étiologie たるべきもの，である分，擬似〈神話〉的なのかもしれない．

しかし，Verginia 伝承は本当に儀礼化されたのであろうか．

このように考えたときにふと気付くのは，DH のヴァージョンと Liv. のヴァージョンの間に存する（内容というより）波長の著しい相違である．或る意味でそれは常に見られる相違である．しかしこの場合それは明らかに通常よりも極端である．

DH において，Verginia が捕縛された時に直ちに Numitorius が現れ，捕縛したのは「一体誰だ」(XI, 28, 7 : τίς ἐστιν) と訊く．これに答える形で M. Claudius が理由について陳述する．Liv. において全く欠ける部分である．M. Claudius の陳述の内容が贈与か窃盗かで対立することは既に述べたが，贈与は（主人の許しを得ずに奴隷が勝手に合意したことを除けば）それ自体では決して違法ではない．奴隷の女の意思は尊重されている．かくして M. Claudius は（如何なる事情によるにせよ）本来あるべき帰属の状態が変更されていることそれ自体を主張し，とにかくそこへ戻すべきであるという立場を取る．「子供が何か譲り受けた者のものでなく母のものであるのを，自由人の子は自由人たる母のものであるのを，奴隷の子は奴隷たる母のものであるのを，自分の母を所有する者が自分の所有者でもあるのを，正しいとする，全ての人間が共有する法に」(29, 3 : ἐπὶ τὸν κοινὸν ἁπάντων νόμον, ὃς οὐ τῶν ὑποβαλλομένων ἀλλὰ τῶν μητέρων εἶναι τὰ ἔκγονα δικαιοῖ, ἐλευθέρων μὲν οὐσῶν ἐλεύθερα, δούλων δὲ δοῦλα, τοὺς αὐτοὺς ἔχοντα κυρίους οὕς ἄν καὶ αἱ μητέρες αὐτῶν ἔχωσι) 訴えかけるのである．これに対して Numitorius の側は娘の（実）父が確かに Verginius であり，（実）母が確かに Numitoria である，ことの主張に全力を尽くす (30)．Icilius との間の婚約関係さえ主張する．唯一，「この間，十五年以上が経過するのに一度も自分達に対してそのようなことを言おうとしなかった」(ἐν δὲ τοῖς μεταξὺ χρόνοις οὐκ ἐλαττόνων ἢ πεντεκαίδεκα διεληλυθότων ἐτῶν οὐδὲν τοιοῦτον ἐπιχειρήσαντα πρὸς αὐτοὺς εἰπεῖν) と時効に近い抗弁をするのが実質を離れるのみである．Numitorius は父帰還までの Verginia の人身の問題についても，理由を挙げて正義を弁ずる．Decemviri ならば人身保護に関わる立法の主ではないか，人身保護権能を有する tr. pl. を兼ねているではないか，母も無く父が戦地に離れている娘の心細さを考えれば叔父のところへ引き取るのが情理ではないか (ἐλεῆσαι)，等々．この点での決定が憤激を招くと，Ap. Claudius は恩恵として (32, 3: χαρίζεσθαι ὑμῖν) 一旦 Verginia を解放する．裁判の当日も父と一族は「多くの正しく真実のことを論じて弁じた」(34, 1: ἀπελογοῦντο πολλὰ καὶ δίκαια καὶ ἀληθῆ λέγοντες)．論証のポイントは，Numitoria にそのようなことをする動機が無いことである．子供が実際出来たのであるし，万が一養子を取るとしても奴隷の子でなく幾らでもそうしえたし，そもそも男子を選んだであろう，証人がたくさんいると言うが Numitoria がこのようなことを公然とするわけがない，逆に Verginia の出生についての証人は多い，等々．Liv. のテクストにはこの全てが全く存在しない[1]．最後に Ap. Claudius の判断の決め手となるのは，彼がかつて個人的に知り得た事情である (36)．何が真実かを追究するという「実体的真実主義」の観点が濃厚である[2]．要するに，DH はこの事件を一個の政治的決定手続として描いたことになる．話そのものは「ありえない」性質のものでありながら，内容は通常の歴史叙述のものに酷似してくる．

　これに対して Liv. のテクストの追跡は実は決して容易ではない．そもそも Verginia の捕縛自体単なる捕縛ではない．（両身分の対抗が十全でないという如くに）Verginia を plebs の隊列から引き摺り出す必要が無く，彼女は forum 内に単独で居るところを公然捕縛されるのであるが，このときこの場面は切り離されて一個の完結した儀礼的瞬間となる．"forum" も「公然」も政治的言語

によるそれではなく儀礼が上演される舞台上のそれに転換されている．M. Claudius は「捕縛動作を取った」(44, 6 : manum iniecit)，つまり manus iniectio という儀礼[3]を行う，「自分の女奴隷から生まれた女奴隷だ」と叫びつつ ("serua sua natam seruamque" appellans). この後実力行使の隊形は一旦解かれる (iam a ui tuta erat). 「私は法の手続 (ius) に訴える，決して実力 (vis) にでない」(se iure grassari, non ui) と M. Claudius は宣言する．そして Verginia を (?) 「法廷 (ius) へと召喚する」(vocat in ius)[4]．実力 vis と対置されるこの ius は，dike のように，弁論によって何が正しいかを判定する政治的手続（としての裁判）を意味するだろうか．

M. Claudius は裁判長のところへ行くと直ちに窃盗 furtum を主張するが，このことの立証は Verginius 自身の前で行われることが前提であり (probaturumque uel ipso Verginio iudice), かくして彼自身「その間 (Verginius が戻るまで) 女奴隷は所有権者に従うのが衡平である」(interim dominum sequi ancillam aequum esse) と付け加える．つまり interim 問題に直行するのである[5]．Verginia 側 (aduocati puellae) は，父が公務のため不在であるのに訴訟が行われる (dimicare) のは正しくないと，相手が既に認めている点を繰り返すが，interim 問題演出の redundancy であり，彼らも直ちに論理的には次のステップたる点に移る．「彼らは申し立てをする，父の到着まで原状を保全したまま，期日を延期すべし，と」(postulant ut "rem integram in patris aduentum differat")[6]．かつここで（何という飛躍！）明らかに大規模な stratigraphique な解析を要する堆積体が来る．「(Appius) 自ら制定した法律に基づいて「自由身分取り戻しのための手続原則」に従って中間占有が与えらるべし，と」(lege ab ipso lata uindicias det secundum libertatem). しかしいずれにせよ interim 問題を例解するためにこそ Verginia が置かれたことがはっきりする．「婚姻の年齢に達した娘が自由を危険にさらす前に評判を危険にさらすなどということがないように，と」(neu patiatur uirginem adultam famae prius quam libertatis periculum adire). いざ裁判で晴れて自由になったとしてもその間 Ap. Claudius に弄ばれれば取り返しがつかない，という状況の設定は，interim 問題こそが致命的である，ということを言うためのものである[7]．つまり〈神話〉が儀礼に従属している．実際，Ap. Caludius が M. Claudius の後ろに居て，

これは大きな組織であるから，一旦そこへ入ったならば二度と出て来ない．

　stratigraphie は有効であり続ける．Appius は決定 (decretum) を下す (46, 1ff.) が，そこに前置きを付ける (praefatus)．ほとんど praescriptio である．すなわち，secundum libertatem ならば確かに Verginia 側の言う通りで，自分も自由に加担するのに吝かではないが，しかしこれは事案と人による，と．そして決定的な partitio をして見せる．「自由身分へと取り戻そうとする場合は，誰でもが (解放者として) 法律に定められた権能を行使できるが，父の権力に服する女子の場合には，所有権者が占有において劣後する者は (父を除けば) 他に誰も居ない (父が居ない以上所有権者は誰にも劣後しない)，と」(In is enim qui adserantur in libertatem, quia quiuis lege agere possit, id iuris esse ; in ea quae in patris manu sit, neminem esse alium cui dominus possessione cedat). 父を召喚するが，「その間，原告は取得行為を公式に行うことはできない，ただし父を名乗る者が到着するときには必ず娘を出頭させることを誓約することによって娘を保持することはできる」(interea iuris sui iacturam adsertorem non facere quin ducat puellam sistendamque in aduentum eius qui pater dicatur promittat). つまり所有権者たる M. Claudius の側が，終局的に (iuris sui) Verginia を自分のものにすることはできないけれども，暫定的に保持することはできる，というのである．in libertatem ならば誰でもよい (quiuis)，だから Numitorius/Icilius にもしばらく保持する権能が有る，しかし，"in ea quae in patris manu sit" の場合それは cui dominus possessione cedat 以外にありえないという．これは明らかな転倒である．cui dominus possessione cedat は大きなカテゴリーで，pater は特殊である．特殊な場合にだけ一般の原則が適用されるというのは背理である．すると cui dominus possessione cedat が大原則で，pater が特殊な場合である．しかも一般に対して特殊を言うときには転換でなければならない．この場合何か立場が入れ替わるということであろう．かつ，転換というのであれば，cui dominus possessione cedat は既に保持している者に保持させるというニュアンスを含むから，pater が保持しておらず今取り返さなければならないときにも，pater であると主張する方は dominus であると主張する方を凌いで保持しうる (pater が保持していれば原則通りで言う意味が無い)，という原理でなければならない．やがて，「自由人であるとして解放しよ

うとする者は誰でも（quivis）」というように抗弁が拡張される．誰でも解放者として他人の奴隷の前に立つことができ，そのときには必ず自分の側が保持を認められる．相手が理由を言って確かに自分の奴隷であるということを論証しなければならない．つまり，x-pater-quivis という stratification の存在をここに認めることができるのである．テクストと Ap. Claudius はこのように積み重なった諸層をぐるぐると回転させる．本来ならば，quivis が最も上の層であるから一番強い札である．filia であるから pater でなければとは言っても，Verginia が凡そ自由だと主張する者は pater にさえ勝つはずである．暴君たる父を想定すればたちまち理解できる．するとそもそも，pater 優先準則は pater の側が保持していない場合に相手を切り返すものである．つまり相手の保持が前提される．ところがここでは pater は不在で相手に保持が無い．pater をさえ破る quivis という強い札は空を切る．pater→quivis というカテゴリー拡張のみ残影として作用し，一般則に帰るかの如き錯覚が生まれる．Appius は準則の階梯を転倒させてトリック[8]を仕掛けたのである．

しかしともかく，このような思考は全く政治的決定手続のそれではない．特定の場合に特定のパラデイクマが働く，その内部が区分され例外が付される，という切り返し．かつヨリ特殊な方が強力である，等々．特定のパラデイクマがその通りに働く点，それがどの場合に働くかの識別だけが重要な判断である点，全て儀礼に固有のものである．そして，Appius の absurde なトリックは，特殊を主張して排除される者達の像を通じて，その特殊がまだ存在しない残酷な事態をあぶり出す．つまり原儀礼である．儀礼的パラデイクマにおいてはそのパラデイクマに合致していなければ仕方が無い，有無を言わせず排斥される．父が居ないばかりに持って行かれる娘．大勢の者が加勢しても誰も資格が無いという無念さ．

Livius はこの無念さを担う者としてここで初めて Numitorius/Icilius を登場させる．儀礼を前提とすれば効果的な演出である．Icilius の科白[9]が採録される（45, 6ff.）が，これはほとんど脅し・呪いの類で到底政治的空間に置きうる言語ではない．

しかしここから Liv. のテクストは一層奇妙な断層を露出し始める．第一に，Ap. Claudius は裁判の期日を延期するばかりか，暫定的保持に関しても「決定

を出さない」(46, 3: neque decretum interpositurum) と宣言する[10]. つまり転換しない, Verginius 側がそのまま保持する, ということである. Icilius の威圧が効いたかのように. さらにここから場面は戦地の Verginius をどのように期日に間に合わすかというスリルに移行するが, 第二に, ここで不意に「娘を請求する側は相手方に対して, 取り戻し訴訟に応じ保証人を出すように, と異議申し立てをし, かつ Icilius がまさに自ら応じようと言ったので, 丁度戦地の陣屋に使者が道を急ぐその時間を何とか稼がんとするが如くに, 群衆が至るところで手を挙げ, 自分こそはその保証人になる用意があることを Icilius に示した」(46, 7: Cum instaret adsertor puellae ut uindicaret sponsoresque daret, atque id ipsum agi diceret Icilius, sedulo tempus terens dum praeciperent iter nuntii missi in castra, manus tollere undique multitudo et se quisque paratum ad spondendum Icilio ostendere). 涙ぐむ Icilius は感謝の言葉を述べ,「今や保証人は万全に揃った」(sponsorum nunc satis est) と宣言し,「かくして Verginia の取り戻し訴訟は近親者を保証人として(彼らが保持したまま)行われることとなった」(Ita uindicatur Verginia spondentibus propinquis). つまり, interim 問題が蒸し返されているかの如くである. 或いは, この sponsor 手続が置かれて初めて「父不在故の転換」の阻止, 大逆転, Ap. Claudius の翻意, が可能だったのではないか. 辛うじて無念が晴らされたのではないか. すると Liv. のテクストはこの順序をひっくり返したということになる. しかしまた, sponsor 手続が故の無念であったとも考えられる. 何故ならば, 父が不在であれば sponsores とて一体誰のために保証するのか. 保証儀礼が成り立たないではないか. すると, 逆転は, この sponsor に誰でもが立ちうる, 否,「皆」が一体として sponsores になりうる, というその後付着した層によってもたらされるのではないか. いずれにせよ「その後の付着」は Liv. のテクストに幾重もの断層をもたらした. 加わるたびにしかもそれが翻意後本案前のスリルに飛ぶのである. 付着は戦地に居る Verginius との連帯と同一の動因によっているため, Verginia 呼び出しの叙述の中に紛れ込むのである. すると, 原儀礼において逆転をもたらすのは, auctor または "spondentibus propinquis" であったろう. つまり, 皆で Verginia を守り防戦する. しかし pater でないと駄目だと言われる. pater と auctor[11] に〈分節〉して見せる. 次に pater 不在となる. 特別の抗弁

が次々と発達する．等々．Liv. のテクストにおいて "Cum instaret..." が後ろに紛れ込んだ[12]のはまさに，これが vindicatio 手続，本案，の当事者要件そのものであった[13]，ことを示唆する．当座はおろかそもそも守ること自体ができない，というのである．戦地との間のスリルの場面は，或る段階で，父不在でもそれが戦地での勤務であれば，その父が特定されかつこれと区別された親族が sponsores となることによって，資格が認められる，という反撃がなされた痕跡である．そこにさらに，「その sponsores には誰でもなれる」という新しい層が加わった．DH のテクストはこの大雑把な骨格の名残をとどめている．つまり多重的抗弁の積み上がり自体複線的である．

[3・1・1] P. Noailles, Le procès de Virginie, REL, 20, 1942, p. 108 : "il fait plaider les avocats au fond".

[3・1・2] 本案の判決において Ap. Claudius が実体的判断を示すのは DH においてであり，Liv. においてはいきなり M. Claudius に Verginia を付与する．ここから Puchta (*Cursus der Institutionen, I : Geschichte des Rechts bei dem römischen Volk*[10], Leipzig, 1893, S. 477, nt. 1) と Schwegler (*Römische Geschichte, III : Vom ersten Decemvirat bis zu den licinischen Gesetzen*, Tübingen, 1858, S. 52ff.) の「再度の（ただし逆向きの）中間判決」説が生まれる．Appius が欲望を遂げるには中間判決で十分というスリルが占有を例解するという解釈を徹底させるものである．Appleton, Trois épisodes, p. 614 は二つのテクストのスタイルの違いとしてこの説を斥けるが，むしろ問題はギリシャとローマの裁判の違いに深く関わる．

[3・1・3] Appleton, Trois épisodes, p. 617 は，Verginia 伝承が legis actio per manus iniectionem の例解であるという Puchta 以来の説を論駁する．nexum に関する複雑な論点には後に触れることとするが，Appleton が指摘する通り l. a. p. m. i. は自由人を執行段階で捕縛する時の手続である．しかるにここでは可能的な占有のポーズを取って「原告適格」を示すのみである．

[3・1・4] J. C. Van Oven, Le procès de Virginie d'après le récit de Tite Live, TR, 18, 1950, p. 172sqq. は Verginia 伝承復権に最も熱心な論考であり，Verginia つまり（被告でなく）訴訟物自体が召喚されるかに見える部分にもかかわらず，rei vindicatio の正規の原告による in ius vocatio を認定する．しかし全体として後述の Gai. Inst. の記述を下敷きして Liv. のテクストのみを読むために，「復権」は「Gai. テクスト上の vindicatio/contravindicatio と合致する」ことを理由とする．天を仰がざるをえない所以である．Gai. 批判でなければ新鮮な知見は得られない．事実 Gai. からの逸脱部分は Liv. ないしそのソースの無理解か Ap. Claudius の専横に帰せしめられる．こうして占有という論点（interim 問題）は消えてしまう．

[3・1・5] 論理的には interim 問題とは一応別に前提問題として占有の問題が有る．しかしパラデイクマの上では前者によって後者のスリルが例解されている．この時一種の三段構造が概念される．Appleton, Trois épisodes, p. 601 は，父 Verginius が不在でなければ最初の manus iniectio が可能でなかっただろう，"paisiblement, publiquement" に 15 年間娘であったのだから，とする．つまり占有の問題はクリアされていきなり本案となったであろう，と．しかし如何なる場合にも M. Claudius の挑戦は有効であり，Verginius はここで直ちに反撃

して占有を得なければならない．これが後の独立化した占有訴訟である．そのためには M. Claudius を被告にするのがよい．つまり却って彼に manus iniectio をやらせる方がよい．この形の取り合いが中世には summarissimum を生む．しかしいずれにせよ Verginius は（不在でなくとも）これは取らなければならないのである．つまり実際上中間占有付与と同じ次元に立つ．論理的には原告に中間占有を与えておいて本案の日にいきなり逆転させることができるとしても，実際には占有訴訟原告＝即決勝者が中間占有を得るのである．

〔3・1・6〕 Noailles, Virginie, p. 125sqq. がこの延期要求が中間判決の延期であるとするのは余りに技巧的である．つまり後日父があらためて中間占有を請求するというのであるが，タイムラグは挟まった論理的前提たる占有をパラデイクマ上明るみに出す仕掛けであることを見逃している．p. 127sq. が最初の decretum を中間占有の付与でなく lege agere の許可である（直ちに本案に行きかかった）とするのも renvoi というプロットの基底性を看過するものである．

〔3・1・7〕 Appleton, Trois épisodes, p. 600sqq. はこの点を全体の軸に据える優れたテクスト解釈を示す．ただしこの点を "vindiciae pro libertate" という標語を通じて "habeas corpus" の脈絡に限定して理解する．後述のように他面では「古典期に人身保護手続の中だけに遺る legis actio の手続」をその中に読み取る（cf. Noailles, Virginie, p. 106）だけに，中間占有問題と後者とを結び付けることに辿り着かなかったことが惜しまれる．もっとも，中間占有として現れて来る問題が実は本案に先立つ占有それ自体の問題の重要性を例解しているという認識は，問題をあくまで「中間占有」（la possession provissoire）と捉えるうちは出て来ない．

〔3・1・8〕 Appleton, Trois épisodes, p. 596 はこの "astuce profonde" を中心に据えてテクストを読む点で正鵠を射ている．Liv. のテクストが余りに短くしか触れない点を嘆く（p. 604）点も正しい．しかしそのポイントが「Verginia は自由でなく父の権力に服しているから "vindiciae pro libertate" は妥当しない」ことであるとする点，つまり（Hotman, *Tripertita commentatio de legibus XII Tabularum* を引いて）"un conflit entre deux puissances" たるを言ったとする点，は正しくない．もっとテクストに付く必要が有る．

〔3・1・9〕 Appleton, Trois épisodes, p. 607sqq. は当然この部分をそのまま受け取り，Icilius が（父が相手になるのとは異なってそのまま M. Claudius の方に vindiciae が付与されてしまう）不利を顧みずに応戦してしまった，しかしその威力に気圧されて Appius が翻意した，と解する．逆に Noailles, Virginie, p. 109 はこれを文字通りに受け取るのが学説の最大の誤りであるとする．Icilius に rei vindicatio をさせたのが Livius の致命的な誤りだからというのである．この不自然はしかし以下に述べるように全て，パラデイクマ上ここに，反撃の抗弁を次々と書き加えうるように作られた空白が置かれたためである．初めは父不在でなくただ被告側が amorphe であっただけかもしれない．すると auctor を思い付いたところで反撃になる．propinqui spondentes ならば弁論に立つのは Numitorius が相応しいだろう．Icilius は「誰でも」の段階に至って初めてここに立ちえたであろう，等々．なおかつ，これも以下に述べるように，Liv. のテクストはこの空白枠自体を後ろに先送りし，Ap. Claudius の翻意の後，本案準備の過程に位置付けた．これもまた Livius の無理解によるものではなく，これが本案の要件であることを強調するヴァージョンが有ったものと考えられる．いずれにせよこのことがまた Appleton を幻惑した．

〔3・1・10〕 この volta faccia が crux maxima である．Noailles, Virginie, p. 107 は，Verginius が居るヴァージョンと不在ヴァージョンの二つを接合するために期日の延期を演出し，そのためにまた不条理な（"le revirement le plus inattendu...Rien de plus invraisemblable!"）Ap. Claudius の決定が付加された，とする．しかし Icilius の登場や反撃の二段階分裂と同じく

stratiphique な伝承の構造の所産である.

〔3・1・11〕 これが元来 (sponsores パラデイクマによる更新前) は "auctor" という語で指示されたことは，Liv. のテクストより遥かに確かな Cic. Caec. 10, 27 によって確認される (後述). さらには 19, 54 も参照. いずれにせよ, auctor そして auctoritas はこの exemplum において〈二重分節〉の鍵を握る重要性を有することになる. しかるに学説は収拾がつかないほど混迷している. 何よりも Verginia-exemplum はほとんど顧慮されない. Liv. テクスト上 Verginia 召喚の場面に "auctores" の語は現れる (infra: 44, 8: auctoribus qui aderant, "ut sequerentur"「補佐すべく居合わせた者達が付き随った」; "sequeretur" が写本上は有力で，この場合 Verginia 出頭を促す役割になる) のであるが，ポイントにおいてディアクロニクに上位の層が折り重なって見えなくなってしまっているために，学説が見落とすのである. かくしてテクスト上 "auctoritas" の語が登場する後述の usucapio が主戦場となるが, auctoritas は相対的に独自の論題を構成する. 伝統的には単純に権原，特に所有権のソースと解されたが，19 世紀末以来 (現在では Kaser を代表とするようになる) 学説は，権原思考の延長線上に，追奪担保問題を想定し，譲渡人が譲受人に対して抗追奪保障をする機能に着目する. このバイアスが如何に根強いかは，例えば Th. Mayer-Maly, Studien zur Frühgeschichte der Usucapio I, *SZ*, 77, 1960, S. 38 の "auch wenn man auctoritas nicht auf die Gewährschaftspflicht des Vormannes bezieht, unverkennbar im Zeichen der Abhängigkeit der Rechtsstellung eines Sacherwerbers vom Erwerbsvorgang" という思考に如実である. 追奪担保という占有原理と真っ向から衝突するが故にローマ法には縁遠い問題設定をする, のは完全な逸脱であり (cf. H. Lévy-Bruhl, *Deux études: addicere et auctoritas,* Paris, 1942, p. 29), 時代の強いイデオロギーを感じ取らずには居られない. 前主人＝auctor は追奪から保障する権能を有する以上は自分は介入しうる (!). もっともこのバイアスは早くに批判されてもいる (Lévy-Bruhl, *op. cit.*; A.-E., Giffard, Le sens du mot "auctoritas" dans les lois relatives à l' usucapio, *RHD*, 17, 1938, p. 339sqq.; M. Horvat, Réflexions sur l' usucapion et l' auctoritas, *RIDA*, 3, 1956, p. 285sqq.; A. Magdelain, Auctoritas rerum, *RIDA*, 5, 1950, p. 127sqq.). 担保説の一人 F. De Visscher は Horvat に対して自己批判さえし ("Auctoritas" et "mancipium", *SDHI*, 22, 1956, p. 87sqq.), mancipium に一旦限局して議論を立て直し，そうして「権利の源」, ないし「権利の基礎」という P. Noailles (cf. Id., *Fas et Jus,* p. 223sqq.) の概念規定に帰順する (唯一 Noailles, Vindicta, p. 25 は vindex＝adsertor＝auctor とし，さらにこれらを "les fondateurs des droits" と解する，点でわれわれに最も近い). いずれも正しい方向の修正であるが，残念ながらその場合でも, auctor は mancipatio における前主と理解され，ここから権原が移る，ないしここを権「源」として正統化がなされる，という方向にそれてしまう. 儀礼の形態と占有のメカニズムが捉えられないのである.

〔3・1・12〕 この紛れ込みにつき, Noailles, Virginie, p. 131 は "...aucun auteur moderne n'a mis en doute cette vindicatio d'Icilius. Mais toute l'interprétation a été plongée dans une confusion remède."

〔3・1・13〕 本案の日に関する Liv. のテクストの粗雑さはしばしば指摘される. exemplum iuridicum から儀礼本体に移行するのであるから当然である. この点 Noailles, Virginie, p, 134sqq. は, Ap. Claudius の理由付けが欠落するのは furtum 故に直ちに addictio が行われたのであろう，とする. しかしここに一種の執行判決がいきなり来るのであればそれまでのプロットは水泡に帰す. Liv. III, 47, 5: Quem decreto sermonem praetenderit, forsan aliquem uerum auctores antiqui tradiderint: quia nusquam ullum in tanta foeditate decreti ueri similem inuenio, id quod constat nudum uidetur proponendum, decresse uindicias secundum seruitutem

はむしろ前提問題が決定的でここで結着が付くこの事案および凡そローマの民事訴訟ないし凡そ民事訴訟の基本原則を遠回しに示唆するものである．悲劇とするならば，ここを詳しく書き込んだりしつこく演出するのは興ざめなのである．DH がしたように．

3・2

しかしそもそもこの，原儀礼以来一貫して求められる「前提資格」なるもの，は一体何を意味するか．当事者がそれを巡って苦しみ，そしてそれを必死にくぐろうとする，決してその思考自体は否定されない，この先験性は何を意味するか．儀礼的執拗さに意味が有るのか．とりわけ，前節末尾でその位置付けを行った Verginia 伝承のパラデイクマ本体，その〈神話〉的位相，と関係するのか．他でもないそれが儀礼化された，ということに必然性が有るのか．そのパラデイクマに〈二重分節〉集団が身体のレヴェルで現れるということであったが，これは儀礼においても決定的か．以上の連関が認められれば，何かについて或る決定的資格を定めるこの exemplum は社会構造上重大な意義を有し，かつその定礎が置かれたのはまさに 5 世紀半ばであるということになる．

舞台上の人的集団の観点からすると，Ap. Claudius が M. Claudius を使う関係，M. Claudius が請求しているように見えて実は後ろの Ap. Claudius のためにしているのであるという点，は全く別の意味を帯びる．結託は隠れているわけであるから，M. Claudius 個人がひとまず表に現れる．反対の側には，注目すべきことに，常に集団がある．実質的に Verginia を支えているのであるが，しかし肝心の核となる父がいないために，Numitorius/Icilius が出て来ても集団は集団のままである．この対比，polarité，は決定的に重要である．これがために Verginia 側は窮地に陥るのであるから．すると，Ap. Claudius の側は，彼を中心とする実質的集団が，その下部に M. Claudius のところで明確に一個の単位を得ていることになる．この集団は形式上分節しているのである．それがために前提資格を難なく獲得した．なおかつここに Claudii を想定すれば，それは政治システムにおいて一個の〈分節〉集団である．M. Claudius のところでそれが〈二重分節〉しているように見えて来る．これは〈神話〉分析のところで指摘したことであるが，それがそのまま一個の儀礼的資格要件に翻訳されている．儀礼的であるから，実は結託していて〈二重分節〉していない，と

いうことは識別されないのである．

　この翻訳は，Verginia 側の反撃の中で次々とヴァージョン・アップしながら何段にも行われていく．法廷への召喚（uocat in ius）自体儀礼的行為であるが，このとき，Livius は「たまたまそこに居た者達がそのまま付き添って行き保障人となった」（44, 8: Auctoribus qui aderant ut sequerentur）と述べる．この auctores はとにもかくにも召喚の主体 M. Claudius をその下に置いて個別化する．何か amorphe な集団や隠れた個人がしているのではない，ということがはっきりする．これに対して防御側は当初誰が立っているのかはっきりしない[1]．Liv. は苦し紛れに "advocati puellae" などと表現し，DH は初めから Numitorius/Icilius を立たせる．Liv. でさえ interim では彼らを立たせ，このため "spondentibus propinquis" が何のことかわからない．propinqui が立つのでもよいという逆襲が成功した時に Numitorius/Icilius が立つならば綺麗だったろう．もちろんしかしその propinqui はあくまで sponsores として立つ．つまり彼らも sponsores と当事者本人に〈二重分節〉して現れることとしたのである．その時には pater が不在でも資格要件は認めよう．資格要件が認められれば，原状は彼らによる保持であったから，interim でも彼らの勝ちである，というのである．そればかりではない．pater が立つならばそれは絶対の切り札である，仮に M. Claudius が自分の奴隷として長年保持した場合でも，という観念がどこかで逆襲したに違いない．父の不在もこれを妨げず帰還を待つ，しかもその間も父のものである，というのである[2]．pater-filia は脈絡を見ずとも無条件に〈二重分節〉していると認められる，というのである．子を装置として使った Euripides の先験的〈二重分節〉単位を見るようではないか．しかしさらに，凡そ自由であると主張する当事者は全て前提的資格を認める，という逆襲が付加される．つまりそれは誰でもよい，通りすがりの者でもよい，というのである．言うならば，pater が作る〈二重分節〉単位が尊重されるばかりか，結果尊重される filia もまた独立の〈二重分節〉単位と認定する，このことによって相手方にとどめをさし，事態を不可逆的にし，逃げ切ってしまう，というのである．

　この反撃の全てが M. Claudius の側の表見的〈二重分節〉を浮き上がらせてしまう．折角 Verginia を押さえたのに，Verginia のところを解放されると，

自由な単位の上から単に覆い被さりのしかかっただけではないか，ということになる．その上に Ap. Claudius がのしかかっている．しかも裁判長が Ap. Claudius その人である．この頂点の部分までがのしかかりであると，〈二重分節〉していないばかりか，〈二重分節〉体制が取れていないということになる．つまり専制である．通謀・腐敗である．すると，〈二重分節〉の崩壊は〈分節〉体制が危殆に瀕するきっかけとなるし，逆に〈分節〉体制の存立は〈二重分節〉の論理的前提である，ということになる．

　こうなると Claudii の側の前提資格の方が却って怪しい．Verginia との関係で〈二重分節〉単位は固く一つしか有ってはならないだろう．M. Claudius は，それはかつて自分の方に在ったのであるが不当にも奪われた，と言う．ということは現に今反対側に在ることを彼すらも認めるということである．デモクラシーにおいて〈二重分節〉は全体としてしか現れず，個々の局面においてはそれは単純な〈分節〉に見える．二つの〈分節〉単位が帰属を巡って争えば，政治的決定がこれに関与し，その手続が確かに〈二重分節〉に相応しい，とされるまでである．ところがここでは儀礼の御陰で〈二重分節〉がそのまま丸ごとそこに現れている．すると，今そこに有る〈二重分節〉単位 a-aa に対して b がアプローチするときに，それは〈二重分節〉ではありえない．a-aa か b-aa かを政治的に決定するのではないからである．どちらが正しいか，白紙からパラデイクマを構想することのできないロボットを想定しよう．このロボットには形の識別しかできない．今有るパラデイクマ実現の判定である．〈二重分節〉の一義性を前提すると，a と b が二股で aa に対して〈二重分節〉関係を主張することはできないから，そして〈二重分節〉関係にないものは全てヨリ間接的であるとされるから，論理的にありうる形は，b-a-aa か a-b-aa かでしかない．ここでは a-aa が仮定として置かれている．すると b-a-aa である．ならば，a-aa が前提資格として認められた以上，b-a-aa を認容した上で，これを果たして a-b-aa に変更すべきかどうかを政治的に決定する以外にない．こうして a-aa の前提資格問題と interim 問題が同時に解答されることとされるのである．b の側の前提資格は a-b-aa と政治的に決定したときに確かに b は b-aa という固い単位を作りうるかという将来のパラデイクマの判定に依存する漠然としたものに後退する．

3 exemplum iuridicum

　A-B〈分節〉体制においてxの帰属を争うときにもxに対するAないしBの保持は尊重される．Bは自分のものだからと言ってAから実力でxを奪ってはならない．しかしそれは〈分節〉体制が凡そ〈分節〉解消つまり実力の行使を禁ずるからである．判断手続自体がどちらかの状態を前提して進む，それが正しい状態であるという予断のもとに進む，ということはない．ところがここにおけるように〈二重分節〉体制が儀礼の中で実現されるときには，A側かB側かという判断の前に，そもそもA-a，B-b隊形が存在するかどうかが審査される．〈二重分節〉に対応するが如くに判断が二段階になるのである．しかも前提の方は儀礼的形態的判断である．判断が二段になるばかりではない．上に述べたように前提的判断の結果はどちらかに一義的に相対的優位を与えるものになる．もちろんこれを無視してあらためてどちらのものかを政治的に自由に決定するということも可能である．しかしテクストに横溢する考え方は，その相対的優位こそが何にも換え難い価値を有するというものである．つまり現実に今近接的で親密な関係がそこにあるということの尊重である．〈二重分節〉単位というものを，先に〈分節〉単位が有りそれがさらに分節されたものと見るのでなく，下から最も密着する者を尊重するのである．この考えは発展型の方に著しく表現されている．今親密でなくとも，親密な関係へと要求する者は他の理由を問わず優先的に扱われるのである．奴隷を有していれば，他から「実は娘＝自由人だ」と主張する者から絶えずねらわれるということである．どんどん他人の奴隷を解放しうるということである．対する側は本当に自分の奴隷であることを一から証明しなければならない．かくして，interim問題は便宜の問題ではない．そこでヨリ親密な（ヨリ下にもぐった）関係を尊重しうるかどうかはこの種の〈二重分節〉体制にとって死活問題である．

　さて，われわれの目の前には今一個の屈折体が有ることが明らかである．それは特殊な形態の〈二重分節〉を実現する．屈折体はパラデイクマの作用，そのヴァージョン対抗の作用，によってしか存立しない．ここにはそのパラデイクマ，〈神話〉的パラデイクマの一ヴァージョン，がずっと後代になって書き記されて出来上がったテクストが有る．そのテクストから判断する限り，このパラデイクマは同時に儀礼化された．儀礼においてはそのパラデイクマはその通りに実現されるべきこととされ，かつ固定される．しかるにここではその

exemplumは特別な形態のディアクロニクな発展をし，次々と枝ヴァージョンが積み上げられていった形跡を遺したのである．儀礼であるのに，そして儀礼固有の明確で固い同一性を保ちながらも，ディアクロニクな延長を持つ相対的に独自の屈折体の存在が認められる．〈二重分節〉という社会構造を支える多くのヴァージョン対抗群の中で異彩を放つことになる．執拗さにおいて他の〈神話〉的パラデイクマに優るであろう．かつディアクロニクな延長を貫く原理は単一で強固である．

このように強固かつ安定的基礎的であるとすれば，これは何か巨大な射程を有するに違いなく，なおかつそのあらゆる特徴からして，これこそが後に「占有」possessioと呼ばれるようになる原理である[3]．語によって概念を直ちに指示することが無かったとしても，exemplumと原理が成立したのである[4]．すると，占有概念は，或る特殊なタイプの〈二重分節〉に深く関わる．おそらくこれを条件として成り立ち，かつこれを支える重要なデヴァイスである．

儀礼とは言っても，〈神話〉の内部に裁判の場面が組み入れられていてここが儀礼化されるということに注意しなければならない．裁判とは，政治システムにおいて〈分節〉復旧のために〈分節〉形態の改変を行うための政治的決定であり，この趣旨に沿って厳格な手続要件が存在した．そもそも多くの儀礼によって政治的決定の場面は画されているが，中でもこの趣旨からして裁判という政治的決定のジャンルにおいては儀礼の関与の度合いは大きい．その裁判を特殊な方向に一層儀礼化することによってこのVerginiaのexemplum iuridicumが出来上がっていることになる．そして儀礼化が内側から横溢して政治的決定たる裁判の元来の性質を食い破っているのである．

それでも，全体が〈神話〉の中に置かれているために，儀礼＝手続のexemplumとしてはVerginia伝承は稀にしか正面から扱われて来なかった．それが不当であるということについて幾つかの論拠を以下で挙げることができる．

〔3・2・1〕 Appleton, Trois épisodes, p. 602sqq.は，この最も重要な点において，初めadvocatiは自ら応戦しようとした，特にIciliusは反撃の中でそう主張した，しかしながらIcilius対M. Claudiusのrei vindicatioはIciliusにとって本案において不利であるので引き延ばし父を待たざるを得なかった，と解する．しかし引き延ばすと今度は中間占有が問題となり，ここで自由身分訴訟における"vindiciae pro libertate"に期待するが，ここをAp. Claudiusに遮断された，と．しかしIciliusには凡そ被告適格が無い．だからこそa fortioriに中間占有にアクセスできないのである．

〔3・2・2〕 Noailles, Virginie, p. 123sq. は，父しか adsertio in libertatem ができないということが核心であると看破する．しかしそれは二次的である．〈二重分節〉という原理の或る層にすぎない．この点を短絡する Noailles は，中間的 vindiciae の付与を問題の核心と考える Liv. および近代の学説を非難するが，interim 問題が決して致命的でなくはないことの認識と父＝娘の固い関係の先験性とが同じ屈折体に属することを見逃している．だからこそ「父」の点を文字通りに受け取り "Le droit de la famille s'oppose en cette matière au droit civil et l'emporte sur lui" とどこからも出て来ない大原則を振りかざし，"un acte rituel doué d'un pouvoir créateur" を efficace に行いうるのは父だけであるという怪しい人類学に走る．

〔3・2・3〕 完成された段階の占有訴訟を exemplum に重ね合わせるとはっきりする．M. Claudius の最初の行為は実は相手＝被告の占有を前提としている．原告はこれをひっくり返しにかかる．しかしこのときに被告が占有隊形を取れないと（有利な）被告適格を失って占有は転換されてしまう．ここに占有訴訟の余地が生まれる．占有訴訟原告として勝訴すると本案被告という有利な立場に立つ．失敗すると本案原告に回り中間占有を奪われる．かくして，各当事者は本案被告＝占有者になろうとする．同時にこれは占有被侵奪者＝占有訴訟原告である．双方ともこの立場を主張して譲らないときには儀礼がそもそも始まらない．このために後に interdictum の発給が行われ，そして 15 世紀には summarissimum という手続が発達する．

〔3・2・4〕 Verginia 伝承は近年ではそもそも扱われず，扱われたとしても高々 causa liberalis の exemplum iuridicum としてにとどまる．A. Watson, *Rome of the XII Tables,* Princeton, 1975, p. 168f. などは，細部につき後に加えられた法制度を見うるとしつつも，causa liberalis の設立 exemplum とすることさえ拒否する．

3・3

Verginia 伝承は実は十二表法を巡る伝承群の内部にその生態を有する．共和末における標準版を Cic. Rep. II, 37, 62 が正確に伝える．「もちろんあの出来事はよく知られ数多くの文献に書き留められて人々を惹き付ける．とある Decimus Verginius という者が十人委員の一人の激情のために forum の真ん中で自らの手で婚姻前の自分の娘を殺し，当時 Algidus に在った部隊のもとに悲嘆に暮れて逃れた」(Nota scilicet illa res et celebrata monumentis plurimis litterarum, cum Decimus quidam Verginius uirginem filiam propter unius ex illis Xuiris intemperiem in foro sua manu intermisset ac maerens ad exercitum, qui tum erat in Algidum, confugisset). つまり，十二表法起草十人委員の権力の三年目，この暴挙によって人々が蜂起した，という第二次 secessio たる Aventinum の étiologie である．これはまた既述の lex Valeria Horatia (provocatio) を帰結する．かつ，この事実の経過は余りにも馬鹿馬鹿しいので，これをおよそ歴史学の分析対象とする研究は存在しない．

そもそも Decemviri 自体，一年目は大変に善良にも親 plebs で，二年目に再選されると豹変し民衆を抑圧し，三年目には暴君たるの極に達してこの事件を契機として失脚する，と伝えられる[1]が，確かに余りに不自然である．十二表法に関する伝承は全体として著しく不条理であり，この結果，十二表法自体に対して多かれ少なかれ疑いの目が向けられてきた．大規模な立法が企図されるのは，既に見た通り provocatio ないし lex Valeria に向かう大きな動きの中においてである．刑事裁判権ないし imperium を巡って patrici と plebs の間の対峙が先鋭化し，Romilius/Veturius が訴追される，その時に懸案の「imperium を巡る立法」(cf. Liv. III, 9, 5 : rogatio Terentilia) 実現に向かう気運が生ずるのは自然である[2]．しかしまず若干唐突であるのは，patrici 側が積極的に働きかけてイニシャティヴを取る点である[3]．DH, X, 50, 4 はこの意外さを「万人の期待に反した」(παρὰ τὴν ἁπάντων δόξαν) Romilius の賛成演説に託す．Liv. III, 31, 8 は「ただし法案の起草者は必ず patres とする」(daturum leges neminem nisi ex patribus) という patrici の譲歩条件に託す．つまりイニシャティヴは渋々であったというポーズである．第二に脈絡を欠くのはギリシャへの使節の派遣 (Liv. *ibid.*; DH, 52, 4) である[4]．Liv. は Solon にすら言及するが，そもそも patrici の側がギリシャに対して開かれた態度を示したこと自体不可解であるし，その後の経過と断絶している．すなわち第三に最も奇妙であるのは，そのようにして制定された十二表法こそが人々の怒りを招いて革命を引き起こし，lex Valeria に至る点である．Solon 流のギリシャ的立法が問題を解決するという経過自体は何ら不審なものではない[5]が，解決の結果であるはずのこれに対する反発が解決をもたらすという syntagmatique な構成は頭痛を生じせしめる．Decemviri の豹変はこの構成によって強いられた面を持つ．不条理の皺寄せである．

　豹変した Decemviri は二年目において二表を追加する (Liv. III, 34, 7 ; 37, 4) が，ところがこれが「不衡平な法律」(Cic. Rep. II, 37, 63 : iniquae leges) であり，その中に patrici と plebs の通婚の禁止が含まれた (Cic. *ibid.*; DH, X, 60, 5). 数年の後にこれが争点となり，lex Canuleia によって廃止される[6]が，十二表法は十二のままにとどまる．ちなみに，Liv. は (IV, 4, 5 ; 6, 2) 十二表法の下りではこの通婚の問題には触れず，lex Canuleia に関する部分で振り返る形で

Decemviri の立法とするにとどまる（したがって追加二表の問題とは限らないとする立場である）．既に見たように DH は Ap. Claudius があのような手段に出た理由の一つとして婚姻禁止の自縄自縛を挙げるが，実際奇妙であるのは，通婚はこの時期の patrici の側の野望であるのに，patrici の側に在るはずの第二次 Decemviri が通婚を禁止する矛盾である．

　事実，patrici 側の意識は「Ardea の娘」のヴァージョンの方に極めて顕著に表れる．かつ，plebs の中にあの母の如き意識が定着すれば易々と lex Canuleia は実現する．patrici が通婚によって plebs の繊維に切れ目を入れて〈二重分節〉体制を築く，というパラデイクマが主導である点がローマの特徴である．政治システムと〈分節〉体制，横断的結合，のメンタリティーから脱却する際に著しい困難を覚えるのが貴族の側であるギリシャの場合と正反対である．個別に切り取られるときに抱く plebs 側の恐怖をよく伝えるのが Siccius 伝承 (Liv. III, 43 ; DH, XI, 25ff.) であり，これが Verginia と並んで第二次 secessio の原因になったとされる．plebs のリーダーであり secessio を招く人物ではないかと警戒される Siccius を抹殺するために，軍指揮権を有する consul は Siccius を斥候に出し，敵の待ち伏せ攻撃を装って殺したのである．Liv. のヴァージョンにおいては，遺体回収に赴いた兵士達が倒れ方がおかしいというので真実を発見する．DH のヴァージョンでは，Siccius が特別任務と特別報償に誘われてこの任務を引き受けたということにされる．échange の誘惑に引っかかった点で Siccius にも落ち度が有ったとされるのである．〈二重分節〉を補強するための連帯はこれを拒否するための連帯と異なって échange に対して単純な拒否の態度に終始するわけにはいかないだけに，そこにこのような屈折が生じたと思われる．

　しかしこのようにして，十二表法の性格を巡って伝承が極端に混乱し引きちぎられたような様相を呈するのは，これが深い社会構造の変化に関わるものであった（だからこそ大規模なヴァージョン対抗が生ずる）ことを示すばかりでなく，十二表法の性格自体がまさに二つの正反対の方向に引っ張る強い力の交点としてしか把握できないものであったことによる，ということをわれわれに認識させる．そもそも〈二重分節〉自体が原理的にそうである．ましてローマ型のそれは特にそうである．Verginia 伝承において plebs の側の連帯は苦しみ

ながらもこれを受け容れ，しかも反発によってそれを強固なものにしていくのである．これと同様に十二表法も，縦に鋭く楔を打ち込む動機と，これを受け容れつつも横断的組織が反撃する層の，両方から織りなされたに違いない．syntagmatique なパラデイクマとするとき，patrici が主導して plebs が反発するという大きなジグザグとして描かれることになる．Verginia 伝承自体この全体を含むが，しかし他の伝承と組み合わせて眺めれば，「plebs の反撃」の位相に置かれる．第二次 secessio 全体，そして lex Valeria もそうである．しかし実際には secessio が十二表法によって解決され，provocatio もまた十二表法内部の規定によって新たな生命を与えられた（あくまで法源は共和初期の lex Valeria のままとどまった）可能性が有る[7]．そして secessio とその仲裁は Romilius/Veturius 弾劾の年でさえありうる．

　十二表法が政治的パラデイクマの大きな転機を記すものであるという認識は共和末において確固たるものがある．Cic. Rep. は既に紹介したように刑事手続の大きな構造変化の脈絡の中に十二表法を置き，Liv. III, 33, 1 は「ローマ建国 302 年目にもう一度政治システムの形態が変化する」（Anno trecentesimo altero quam condita Roma erat iterum mutatur forma ciuitatis）と書く．もっとも，Liv. においては DH, X, 67, 1 と 5 が区別する二つのこと，Decemviri 政治体制と彼らの立法，が混同されている．かくして新しい「政体」は Decemviri の独裁制，"sine prouocatione"，のみにかかる如くである．また，"condita Roma" は "iterum" と符合せず，「共和革命に続く第二」という Cic. のニュアンスは飛んでしまう．こうした微妙な齟齬は決して看過しえない．Gracchi 以後の（ギリシャ型デモクラシーをも視野に入れた大政治変動に敏感に反応する）annalistica，特に "die jüngere Annalistik"，は決して意識されていなかった十二表法のギリシャ流政体変化における位置を盛んに測定したものと思われる．デモクラシー以前の段階の，アルカイック末の転回点に該当するという認識，したがって nomothetes の活動とパラレルであるという理解，は大きく共有され，Cicero の叙述はそれを一定程度批判して中和したものであろう．表現はその時「ギリシャへの使節の派遣，Solon の立法の学習」というようになる．Liv. にまで少々ちんぷんかんぷんのエコーが存在する．しかし他方には，実は antiquarian の系列の認識が有る．Plin. NH, XXXIV, 11, 21 と Strab. XIV, 1, 25 はおそら

3 exemplum iuridicum 459

くVarroを受け継いで，Ephesos出身のHermodorosという人物がDecemviri
が起草するときに補佐したと伝える[8]．HermodorosはHerakleitosの周辺でよ
く知られた亡命知識人で，既にSolonに関連して述べたように，伝承のこのパ
ターンの方がむしろnomothetesに相応しい．仲裁に相応しく中立でテクニカ
ルで物化された活動が示唆される．ギリシャからの影響というのならば，この
テクニックのことである，という反撃である．共和末の大変動を潜って確立さ
れていく新しい階層の意識である．確かに，いずれにせよ，ギリシャからの波
は押し寄せていたに違いない．共和初ほど直接的でなくしかしひたひたと意識
の中に浸潤するものとして．したがって，どちらのヴァージョンも事実の経過
としてはありえないが，どちらも誤りとは言えないのである．

　なおかつヴァージョン間のこの亀裂は重要である．つまり，大きく〈二重分
節〉に関わるならば確かにギリシャにおける政治的パラデイクマの変化の図式
は応用できるであろう．しかしそれにしては，政治的パラデイクマの変化とは
無関係の事象と捉えうる側面を余りに強く持ち過ぎていて，視点を致命的に分
裂させるのである．

〔3・3・1〕　Von Ungern-Sternberg, The formation, in : Raaflaub ed., *Social Struggles*, p. 85ff. は，後述の通婚禁止規定を異質と見てこれを説明するために「もう一つの十二表法起草委員会」を"invent"した，そしてそのtyrannicalな性質を描くためにVerginia伝承が創られた，とする．権限延長の政治工作は第二次三頭政治の経験を反映するとも指摘する (p. 95ff.)．しかしVerginia伝承は単にtyrannyの例証であるのではないし，通婚禁止はplebs抑圧でなく親plebsであり，(Ardeaの娘にとって自明であるように) 通婚を欲したのはpatriciの方である．

〔3・3・2〕　M. Humbert, La crise politique du Ve siècle et la législation décemvirale, dans : AA. VV., *Crise et transformation*, p. 263sqq. が，plebsの運動を捉える歴史学と個々の条文（断片）に集中する法制史学の間の分裂を批判して政治的背景を個々の規定内容に即して検討しようとするのは貴重であり，近年の研究動向をよく代弁している．既存の規定を公開したにすぎないという説を批判し (p. 265sq.)，"laïcisation"説も"raviver une efficacité religieuse"によって斥ける (p. 266sq.)．こうしてimperiumとの関連という脈絡に着目する．ただし，個々の制度は既存であったが王そして政務官によって恣意的に運用されていた，それを法律に基づくようにして権利保障した，故にimperiumとoligarchieは抑制されただけで大いに生き延びた，とする点は短絡で，単なるspeculationである．

〔3・3・3〕　ここから単純に凡そ貴族の優位を維持するための立法，変動を回避して安定を保つための措置，と解するのがW. Eder, The political significance of the codification of law in archaic societies : an unconventional hypothesis, in : Raaflaub ed., *Social Struggles*, p. 262ff. であるが，そもそも援用されるSolonの立法自体（デモクラシーに直結しないからと言って）そのようなものではないし，plebsが凡そ何か獲得した形跡が無い，というのも速断である．

伝承の襞を丹念に辿ることを怠っている．

〔3・3・4〕　cf. M. Ducos, *L'influence grecque sur la loi des Douze Tables,* Paris, 1978, p. 13sqq.

〔3・3・5〕　Vgl. F. Wieacker, Die XII Tafeln in ihrem Jahrhundert, *ORR,* p. 330sqq.

〔3・3・6〕　圧倒的な通説は十二表法の通婚禁止はその前に確立していた規範を書いたにすぎないと考える．少なくとも patrici 身分の閉鎖のコロラリーとされ，近年でも例えば J. Linderski, Religious aspects of the conflict of the orders: the case of confarreatio, in: *Social Struggles,* p. 244ff. が Noailles/Koschaker 説に従って confarreatio を patrici 身分閉鎖のために創られたと見る．この体制の打破（manus 婚の導入）が lex Canuleia であったとする．しかしこれに対して S. Tondo, Presupposti ed esiti dell'azione del trib. pl. Canuleio, in: AA. VV., *Bilancio critico* は，通婚は存在していたところ plebs の imperium 要求に対して auspicium の血統を守るべく patrici が初めて閉ざした（p. 64），とする．このようにして初めて lex Canuleia と TMCP の関連が説明できるとする．逆に，閉鎖の打破を plebs の一部が嫌ったが lex Canuleia で plebs 主力が実現し，Verginia 伝承と同じようなエコーとして十二表法の「記憶」ないし悪夢が生まれたのである．

〔3・3・7〕　実質この一点において十二表法に関する伝承を救おうとするのが G. Poma, *Tra legislatori e tiranni. Problemi storici e storiografici sull'età dell XII Tavole,* Bologna, 1984 である．Cic. や Diod. を軸として Liv. と DH の諸記事を選別し，政治的パラデイクマの変動に沿う部分を全面的に信用する．lex Terentilia 以来の流れを尊重する点（cf. p. 175ss.），tr. pl. 公認と lex Valeria に帰結を見る姿勢（cf. p. 303ss.），等々はそれ自身として是認できるものであるが，反対にギリシャからの影響の部分，Verginia 伝承等，が全否定されるのは論拠を欠く．これらは確かに étiologie のレヴェルの伝承であり，波長は異なるが，だからといって直ちに "fittizio" であるとは限らない．否，"fittizio" だからこそ重要なデータである．

〔3・3・8〕　cf. Ducos, *L'influence grecque,* p. 25sqq.

3・4

「テクニカル」な側面というのは，パラデイクマの儀礼的側面というように置き換えることができる．政治的パラデイクマは性質上（儀礼を区切りで含むとはいえ）決して儀礼的ではありえなかった．それ自身政治を生きるから，常にディアレクティカに曝される．ところが十二表法の規定の文言自体はしばしば引用されてそのまま伝わる．共和末の人々にとっても珍しい言葉遣いが有るからであり，つまりここでは文言の文字通りの維持が重視されている．文言自体儀礼である．そうでなくとも規定の内容がしばしば引かれる．このときにも多くの場合文言を書き手が見ていると思われる．そしてこれらは人文主義以降逐一集められ，今日断片集の編別は定着しているが，そのソースはほとんど古事学系のテクストである．そしてそこには，儀礼としての文言を越えて，文言が伝える儀礼本体への関心が濃厚である．antiquarian は定義上これに興味を持ち，「テクニカル」な側面というのはさらに antiquarian な側面とさえ言い換

えうる.

　なおかつ，今日伝わる断片は，十二表法の根幹に Verginia 伝承が伝える儀礼が存在した[1]ことを十分にうかがわせるのである.

　既に引用した Liv. のテクスト (III, 44, 12),「自由のための取り戻し訴訟を自ら制定した法律に従って与えよ」(lege ab ipso lata uindicias det secundum libertatem), は, Decemvir たる Ap. Claudius を名宛人とするから, 劇中劇であるとはいえ, この手続が十二表法に書かれていたという理解を前提とする (=Riccobono, VI, 7). もっとも, どこまでが書かれていたかについて直ちに疑問が生ずる. 人身保護機能は, われわれの stratigraphie によれば明らかに何かの段階で加わったものである. 形式的にはもちろん XII Tab. がこれを加えた, つまりその前に何か基体が有った, と解する余地が存する. Pomponius の Enchiridion 断片の「第二部」政務官発展史は, secessio の起源としての Verginia 伝承に触れ (D. I, 2, 24),「Ap. Claudius は, 自分が古い法から十二表法へと持ち来たった法に反して, 彼の娘に対して自ら保護を拒否した」(Appium Claudium contra ius, quod ipse ex vetere iure in duodecim tabulas transtulerat, vindicias filiae suae a se abdixisse) と記す. つまり "vindiciae" の手続自体はそれまでに存在したが, Ap. Claudius はこれを人身保護のために使い, しかし実際の場面で適用を拒否した, というのである. "vindicias dare" は占有原理に従って優越的地位を与える儀礼を指し, 転じて保護そのもののニュアンスを帯びている[2]. 占有, 或いは中間占有でさえ, 如何に脅威に曝された者にとって大きな保障であるかを, Verginia 伝承は遺憾なく印象付けた. そして Pomponius のテクストも, われわれが想定した二段階それ自体を裏付けるものである. 基本の占有原理が有り, 次に人身保護が有る, という[3]. とはいえ, われわれの基本的な社会構造の分析, 屈折体の形態の分析, からするならば, 基体の占有原理自体が十二表法の時期に確立されたものでなければならない. すると, Pomponius は secundum libertatem の十二表法起源という動かない観念から「十二表法自体にこれが書かれた」という理解に短絡し, しかも stratiphique な積み上がりの観念は維持して探索するので, vindiciae の手続自体は十二表法以前に存在した, と考えるに至るのである.

　同じく紀元後 2 世紀の法学者である Gaius のテクストにも同種の混乱がその

影を落としている．Inst. IV, 14 は十二表法を明示的に引きつつ（古えの）或る手続について叙述する[4]が，まず「人身の自由が争われる場合は」（si de libertate hominis controuersia erat）と述べ，次に 16 で「物について訴える場合は」（si in rem agebatur）と対比する．「以下人身に対して訴える場合と同じ手続が続く」（deinde eadem sequebantur quae cum in personam agerentur）という文章が有るので，この解釈は裏付けられる．さて，Gaius が伝える「物に関する手続」の方は，まずその物を法廷で実際に儀礼的に把握して見せる所作を行うと同時に，その者が以下の文言を発する，というものである[5]．「この者は，Quirites の法に基付く限り[6]，それが辿った筋道からして私のもの（奴隷）である，旨私は主張する，これを宣言したことにより私は，まさにあなたに，占有につき挑戦したのであった」（Hunc ego hominem ex iure Quiritium meum esse aio secundum suam causam. Sicut dixi, ecce tibi, vindictam inposui）．この儀礼は完全に Verginia 伝承の儀礼に一致する．M. Claudius は一旦捕縛した Verginia を法廷で解放すると，それが自分の物であることを理由に挙げて（secundum suam causam）[7]，つまりそれが盗まれた物であると主張して，返還請求するのである．この儀礼は自ずから実は原告／被告の区分を前提する．請求を相手方が認容するかしないかの前に，この区分自体が争われうるのである．現に M. Claudius は，このように出たところで自動的に相手方が当事者たる隊形を作りうるかどうかを試していることになる——"Sicut dixi, vindictam inposui" の完了形はこの点に関わる[8]——．そして，Verginia 側（advocati）はこれに失敗し，すんでのところで区分は引っ繰り返されるところであった．まさにこの前提問題を正しく解決できるかどうかが死活問題であると考えるのが占有原理であり，そしてまたその前提問題を解決する基準が占有概念であった．つまりどちらが占有（vindicta）を有するか[9]，という実体がこれを決めるのであり，誤ってはならないと考えるのである．しかるに，Gaius のテクストにおいては，この部分をクリアすべく裁判長たる praetor は相手方に同じことをさせる（aduersarius eadem similiter dicebat et faciebat）．そして双方がそれをしたところで，係争物を離させる（cum uterque uindicasset, praetor dicebat mittite ambo hominem）．綺麗な形態を保って返還請求し返しうる[10]ということは被告適格が存するということである．かくしてその逆返還請求に対して「先に返

還請求した者」(qui prior uindicauerat) すなわち原告が何と被告に (alterum) 請求の原因を尋ねる (postulo anne dicas, qua ex causa uindicaueris). 請求する身でありながら, 相手に向かって, その相手の主張に根拠が無いときには幾ら幾ら払え, という挑戦の文言を付加する[11]. しかしここで被告が原告に同じ事を尋ね, 同じ挑戦をする, から, 元に戻る. こうして, 原告と被告の立場が交換されるのは, それが予め自動的に決まるのでない, 特に先に訴えた方が自動的に原告になるのでない, 極めて重要な実体的な原理によって決まるのである, という思考に基づく. 原告と被告の立場の区別をしないのでも区別を知らないのでも全くない. 事実 Gaius はまさにここで先ほどの文章を置く. つまり後は "in personam" と同様であるというのである. その時は自由の原理に従って被告の立場が定まってくる. そのように, 占有の原理に従って決まる, というのであろう. 「つまり, その後に (儀礼を交換した後), praetor は当事者の一方に vindiciae を付与する, つまりその間においてどちらかを占有者と構成し, 彼に訴訟費用と訴訟物の双方につき, かつ元本と果実の双方につき, 保証人を立てるよう命ずる」(postea praetor secundum alterum eorum uindicias dicebat, id est interim aliquem possessorem constituebat, eumque iubebat praedes aduersario dare litis et uindiciarum, id est rei et fructuum). "id est" は, ここに存在する基本観念を "possessio" という語で指示することは後の段階のものであるという認識に対応する. しかしのみならず, このテクストには, この手続全体の構成 (legis actio sacramento) 以前に vindiciae の手続が太古から存在した, という感覚が (バイアスとして) うかがえる. つまり, 物の現前はそれ自体儀礼であるが, これを利用した儀礼によって帰属を巡る争いに裁定を下す手続がどこか起源に存在している, という "archaiologia" である.

そこから来る "arcaizzante" な調子にもかかわらず, しかし Gaius も事柄は一応捉えている. 人身を巡る手続の前に, しかし何か太古の儀礼にまで飛んでしまわずに, 十二表法固有の層を概念している. そしてこの (物=儀礼の意識的使用という) 層から流れ出た破片を他にも同定しうる. Fest. p. 516ff. L は, "vindiciae" という語について, Cato, Lucilius, Cincius, Serv. Sulpicius の見解を次々に並べていく. 残念ながらテクストの破損によって正確な内容は摑めないが, ポイントは "vindiciae" がどこまで物そのもの (signifiant) か, それ

とも法の平面に属する（signifié）か，である．「係争物のことをこう呼ぶが，むしろ権利のことである，（既に法廷に出て）争う両当事者間でなされる法的手続（ius）であるからである」(appellantur res eae, de quibus controversia est: quod potius dicitur ius quia fit inter eos qui contendunt). Cato の部分は余りにも破損しているが，"praetores secundum populum vindicias dicunt" が読めるとすると，「praetor が評決に従って占有（vindiciae）を（正しい当事者に）与える」となるだけに重大である．Cincius は逆に「vindiciae とは土地（領域の農場）から取ってきて法廷に（in ius）持ち込んだその物自体をかつては指した」(Vindiciae olim dicebantur illae, quae ex fundo sumptae in ius ad latae erant) と書いたようであり，Servius Sulpicius Rufus は法学者の見識にかけて何か区別を試みる．おそらく，端的な対象物指示のとき「単数で vindicia」(singulariter formato vindiciam) と言い，転じて（ab eo）占有の意味になった，としたと思われる．ともかくこのテクストはその先において「もし vindicia をした方が誤っていたならば，そして（他方の）当事者が望めば云々，審判人を三名立てるべし，その審判に基づいてその間の果実につき二倍の損害額を定めよ」(Si vindiciam falsam tulit, si velit is ... tor arbitros tris dato; eorum arbitrio ... fructus duplione damnum decidito) という十二表法のテクストを伝える（Riccobono, XII, 3). Gaius のテクストが伝える原告の負担に対応する．

　同じ性質の議論は Gell. XX, 10 に見られる．"ex iure manum conserere"（法に従って実力を交える）という表現の意味に関する．文法学者にきいたら法学者にきけと先送りされたというエピソードとともに，Ennius の "ex iure" から "in iure manum conserere"（法廷において実力を交える）という表現へと移り，意味の区別を論ずる．つまりこちらは「相手方と共に（対象物を）把握しそのまま儀礼的文言によって請求すること（vindicare），要するに vindicia のことである」(cum adversario simul manu prendere et in ea re sollemnibus verbis vindicare, id est "vindicia"), その物を前にして praetor のもとで「実力を交える」ことは十二表法に基づいて行われた，それが証拠にそこには「法廷において実力を交える者は云々」と書いてある (in quibus ita scriptum est: si qui in iure manum conserunt), というのである (Riccobono, VI, 6). 遠い領域の土地についてはどうするのか，土塊を法廷に持って来て現物のかわりとするのであ

る，等の論議を含めて Fest. のテクストとトポスを共有する．しかし明らかに，Gaius の手続の前段，ないしさらにその前，においては vindiciae でなく manus が対象と当事者の絆を指示する語として選ばれる傾向が有る．いずれにせよ，領域の上の具体的な関係から，形態の儀礼化を経て，占有の確定という決定的な分水嶺を越えて初めて問題は政治的決定の場に登場しうるという仕組である．

　manus は十二表法の断片に再三登場する．Fest. p. 408ff. L は，"Si calvitur pedemve struit, manum endo iacito" という文言（Riccobono, I, 2）を伝える．共和末に既に意味が定かでなくなったと思われるが，「もし奸計によって逃れようとするか，結託で妨げようとするならば，実力を中へぶち込んで摑み取れ」とでも訳しうるか．要するに相手方が十分に分節されてあるべきものを曖昧にして来たときには，B-b は a-aa 間に楔を打ち込んで aa を捕捉してしまえ，というのである．つまりここでは manus はテリトリー上の人的組織の〈二重分節〉した形態のことであり，その内部の関係が「実力」の関係に見える[12]が，実力一般のことでは全くない[13]．相手方を連行せよ，というのとは異なる．通常の編纂ではこれは in ius vocatio（Riccobono, I, 1）の直後に置かれ，召喚に応じない被告に対するものと解されている．しかし既に見たように，Verginia 伝承においては先に manus iniectio が行われ，これを放す形で in ius vocatio がなされ，しかもその相手方は puella である[14]．再構成された I, 1 は "Si in ius vocat, [ito.] Ni it, antestamino : igitur em capito"（召喚されたら応ぜよ，応じなければ証人を呼べ，そして捕縛せよ）であり，当事者を対象とする如くであるが，そもそも I, 2 と重複しかつ矛盾する．この "em capito" を manus iniectio のこととするのは遅い時期の出典テクスト（Porphyr. ad Horat. Sat. I, 9, 74-76）によるが，疑問である．Cic. De leg. II, 4, 9 と Gell. XX, 1, 25 から "Si in ius vocat" という文言は十二表法テクスト暗唱の際に符牒となる冒頭のフレーズらしいことがわかる．しかし直ちに I, 2 に続いたとは考えられない．Gell. XX の脈絡は種類物の給付であり，消費貸借 mutuum したがって nexum である．つまり Tab. III に編成される文言に連なるのである．すぐ次に nexum を論ずるに際し述べるように，a-aa の a を目がけて訴えるか，aa を先に押さえて a を待つか，では根本的な違いが有り，a を目がける場合には Gell. XX, 1, 11＝Tab. I, 3, 或

いは Tab. I, 6-9, のような丁重な召喚が行われ，第二段階で初めて manus iniectio がなされて債務者自体が捕縛される（Gell. XX, 1, 45＝tab. III, 2: Post deinde manus iniectio esto). もちろんまさにこれに対して，後代では人身保護の vindiciae が作動する．このような二段階，a-aa の区別は〈二重分節〉の重要な徴表であり，ここに manus が関わっているのである.

〔3・4・1〕 十二表法が凡そ私法ないし民事法の源泉と見られることは十分に理解できる．われわれは一歩進んでそれを，そもそもそれが初めて民事法ないし占有なる概念を設立した，と解するのであるが，これは既存のどの学説とも鋭く対立する．十二表法が既存ないし伝来の規範をあらためて書き記したものであった，という理解は多くの学説のほとんど不動の前提と化している．5世紀半ばに比較的後の民事法に近い制度群が十二表法の規定通りに存在したと「大胆な」復権を志す Watson, *Rome of the XII Tables* でさえこの点に変わりない．中で，十二表法がそれでも一瞬新しい風を吹き込んだとする L. Amirante, Famiglia, libertà, città nell'epoca decemvirale, AA., VV., *Società e diritto nell'epoca decemvirale*, Napoli, 1988, p. 71ss. も，すぐにそれも pontifices の太古来の活動に再吸収されると（Pomponius のテクストに従って）捉える．同様に A. Magdelain, Les XII tables et le concept de ius, dans : O. Behrends et al., edd., *Zum römischen und neuzeitlichen Gesetzbegriff*, Göttingen, 1987, p. 19 は私法の "des bilans exhaustifs ou presque" であるとし，伝来の規範をただ断片的に書いたものであるという理解を斥け，十二表法は（宗教に関わる）leges regiae の別途存在を予定する完全な "laïcité" に従うと通説批判するが，公法や刑事法を排斥し私法に関する限りでの "l'essentiel d'un droit resté jusque là non écrit" (p. 25) を包括的に書いたものである，という立場は固持する．しかし私法＝民事法自体が実は全く新規に鋭い断絶の意識のもとでゼロから創設されたのである.

〔3・4・2〕 Appleton, Trois épisodes, p. 597sq. は Pomponius 文を目の前に置いて vindiciae を徹底して "la possession provisoire" と訳し続けるが，優れた理解である.

〔3・4・3〕 全ての学説が実際 rei vindicatio と causa liberalis が同じ原理によるとするが，実はここに論理的に難解な飛躍が有る．この点に気付いたのは H. Lévy-Bruhl, *Quelques problèmes du très ancien droit romain. Essai de solutions sociologiques,* Paris, 1934, p. 56sqq. の大きな功績である．A-a-aa において a-aa が vindex なのか，A-a がそうなのか．論理的に詰めれば前者は奴隷として取り戻すばかり，後者は初めから自由なものを取り戻し，どちらも解放にならない．これは占有原理と causa liberalis を習合させて叙述する Verginia 伝承自体の混乱をも帰結したであろう．Lévy-Bruhl 自身は，しかし auctoritas に関する誤った概念に基づいて，前者と公権力の二段が存在した，と考えた．三段では思考しえなかったのである．実際のヴァリエーションは，A-a が aa を取り戻すパラデイクマが父＝娘のように a/aa 間を極小化することによって達成されたと思われる．だからこそ（M. Nicolau, *Causa liberalis,* Paris, 1933, p. 179 sqq. が Verginia 伝承の骨子と早合点する）favor libertatis (vindiciae secundum libertatem)となる.

〔3・4・4〕 以下の legis actio に関するテクストは「前古典期の法」に関するデータとしてほとんど独占的な地位を有するが，テクストが明示するにもかかわらず，十二表法との関連付けは通常十分でない．既に述べたように十二表法自体5世紀半ばというより「太古来の」制度を記したとされるためもあるが，何よりも歴史学の素材とするには余りにも不向きな情報であるためもある．いずれにせよ，一方でこれは（民事訴訟などというものはどこの社会にも

有る中の）古い民事訴訟に関するテクストであるとされるが，他方で所有権に関するテクストであるともされ，そして後者において少々ながら歴史学の素材となる．gens や家族などの様々な「共同所有権」ないし「所有権の無い状態」が一部の学説によって理論的に措定されてきたからである．その最後のヴァージョンである G. Diosdi, *Ownership in Ancient and Preclassical Roman Law*, Budapest, 1970 (p. 48f.) は，「太古以来私的所有権が有った」などという怪しい説に比して遥かに鋭く，gens から家族，そして家族から個人に帰属が一義化される，その最後の変化を十二表法が画する，とする．ただし "meum esse" や "mancipium" の語しかなく，"ownership" に該当する概念は存在しなかった，と．gens Fabia の領域占拠から〈二重分節〉体が現れる，というのに（「家族所有」「農業社会」等，具体的な概念規定には全く論拠を欠くが）イメージとしては近い．しかるにわれわれはこれを占有の原型であると捉えた．「所有権」はどうなるのか．第一にそれまでの「帰属を争う方式」とはどのような関係にあるのか．第二に占有原理といえどもその先帰属を争うわけであるから，やはりそれは「或る種の所有権」の問題ではないのか．第一の問題について述べれば，純然たる政治的決定による帰属確定が論理的に先行するが，共和革命直後の領域においては政治が遠く，結局 tribus gentilicia が帰属を左右したと考えられる．それは多分に「共同」ないし「暫定的」と意識されたはずである．もっとも，暗に部族的概念が残存していたはずであり，これは segmentation の実質を有したはずである．こちらは論理的先行というより「政治的決定方式」を占有原理が修正するときに表に出て働いたはずである．plebs の側の功績である．第二の問題は "auctoritas" 概念に関わるが，3-7 で述べるように，これが占有原理に対して超越的に現れるということはなかったとわれわれは考える．「過去の占有の瑕疵」（窃盗）を遡って争う余地が本案においては許されるのみである．

〔3・4・5〕 M. Kaser. *Eigentum und Besitz im älteren römischen Recht*, Köln, 1956, S. 7ff. はその基本テーゼをこれに基礎付ける．手続がどちらかの "meum esse" の主張を勝たせる趣旨で裁判官は「絶対的権利」("ein absolutes Recht") を決定する義務を有しない，からこれは相対的権利（"ein besseres Recht"），相対的所有権，を巡るものである，と．第一に，これは「所有権」の如何にかかわりなく民事訴訟一般の性質である．第二に，そもそもテクストの読み方として「絶対的権利」との緊張関係を引くのは完全に恣意的であり，第三に，Gaius のテクストについて史料批判が皆無であってこれを鵜呑みにしている．ただし第一に点については，もし原告被告の区別が無いように見る (S. 12) のであれば一個の観察であるが，この部分の分析は無いに等しい (Watson, *Rome of the XII Tables*, p. 125ff. に不十分ながら既に批判が有る)．なおかつ，(高々)原告・被告の区別が無い方が「絶対的所有権」の論拠としてまだしも相応しいであろう．西ヨーロッパの法律家としてここまで基本概念が混乱することが有るということ，(学説は概ね批判的であったとはいえ) それが無視しえない影響力を持ったということ，は衝撃的である．いずれにせよ，「相対性」の論証は Gaius のテクストのみによって冒頭でなされるのみである．また，次の段階との対比に成功していれば（定式はともかく）意味の有る研究であるが，「絶対的所有権」への移行に関する部分 (SS. 277-312) も極めて貧弱である．その意味さえ明確でない．ちなみに，占有＝公有地ドグマは S. 224ff. で極端な形で現れる．かつて土地は全て公有で，その上の「占有」がやがて「私的所有権」になるから後者にも interdictum が及ぶのは当然だが，この外に usus-Besitz という不思議なものが有り (S. 320ff.)，しかも両方の「占有」は融合する……（！？）．

〔3・4・6〕 Magdelain, *Les XII tables et le concept de ius*, p. 23 はここから「相対的所有権」説を批判する．"la garantie collective des Quirites, du corps civique" だから（"la garantie de l'auctor" を原理とする "la propriété relative" でなく）"la propriété absolue" であるというのである．

明晰な批判であるが，しかしローマの場合ギリシャのように第二の政治システムが直接保障するのでもない（Magdelain が Pringsheim を引くにもかかわらず）．「絶対的」という語もややミスリーディングである．

〔3・4・7〕 P. Noailles, Vindicta, RHD, 19, 1941, p. 37 は，通説的 punctuation に異議を唱え，"secundum suam causam" を後ろにかけ，"Secundum suam causam sicut dixi ecce tibi vindictam imposui" と読む．取得原因の意味に解さず，単に "la relation immédiate et dans le présent entre la vindicatio et la vindicta" を指すのみとする．儀礼的現在の単一性により理解しようとする Noailles の姿勢の現れである．しかし完了形はまさに占有と原因の二つの次元に正確に対応すると思われる．Noailles (p. 44) は "ius feci sicut vindictam inposui" の方をも一元的に解そうとし，"A la série vindicere...s'oppose la série parallèle judex, judicare...Je crois reconnaître dans ces actes et dans ces mots comme deux dépôts successifs qui marquent la stratification du terrain juridique" というように見事な理解を示しながら，これを二つの歴史的な層，"la couche primitive" と "la jurisdiction civile"，として把握してしまい，手続の二層たることを（そんな早い時期にまさか，という通説にここでは引きづられて）見落とす．

〔3・4・8〕 この完了形故に，そして "tibi" が有るために，力の行使ではなく，儀礼的現在（状態）の宣言と解さなければならない，というのは Noailles, Vindicta, p. 26sq. の指摘する通りである．その上に，儀礼的現在と，変更によりもたらされるべき正義の対比が存するが．その点，A. Magdelain, De la royauté et du droit. De Romulus à Sabinus, Roma, 1995, p. 77 は二つの "la valeur du verbe efficace" の対決を見て「正しい方が勝つ」「ius とは l'efficacité du verbe のことである」とするが，折角儀礼に着目しても儀礼的言語の特性を理解しないから力の激突に赴いてしまう．自動的にパラデイクマを呼び出す機能とそれを直ちに再現する機能の (Saussure 的) 区別ができないからである．身体で演じられてさえ儀礼は現実を創り出しはしない．signifié のみである．しかも法の場合政治システムにおける儀礼の使い方とも違う．人的組織に polarité を及ぼしヴァーチャルな〈分節〉形態を与え，かつそれはすぐに争いうるのである（"ita ius esto" の "ita" は「直ちに実現」を指す＝p. 80＝のでなく，「どちらにせよそれを」という indifférence を表し，ius はそれを敢えて政治システムで裁可するという意味で，Liv. VII, 17, 12 の "ius ratumque esset" は捨てられるべきではない）．しかるに Magdelain は二つの宣誓の激突を決済する権能を元来王のものであったとし (p. 79)，これが iudex に移って民事訴訟が出来上がるとするばかりである．だからこそ敗れた方は直ちに sacer となってアウトロー状態となるという珍妙な解釈に行き着く (p. 113sqq.)．

〔3・4・9〕 "vindicta" を festuca と等置する通説の前提に存する観念，実力そのものの発揮，それを化体する魔術的な力，"Selbsthilfe"，ゲルマン的慣習との混同，等々に対する徹底的な批判は Noailles, Vindicta, p. 15sqq. の大きな功績である．彼にとっては vindicta は "la force rituelle" を意味する．Jhering 批判と Puchta 再評価も鮮やかである．Kaser, EB は Noailles 論文に遅れて登場することに注意する必要が有る．

〔3・4・10〕 Noailles, Vindicta, p. 41 は contravindicatio が否定詞無しにただ鏡に映したようになされるだけであることに着目している．当事者適格の確認のための擬制的なものであるからである．

〔3・4・11〕 Diosdi, Ownership, p. 102ff. は，この点に幻惑され，Kaser を批判しながらも，何と被告が挙証責任を負うシステムであると解する．ここから furtum 追及が原型であったと推測する．保持している者が「盗んだものではない」ということを何時でも弁解していなければならない，というのである．

〔3・4・12〕 Kaser., EB は徹底的に「実力」("Gewalt") の観念の曖昧さに依拠する．例えば「相

対的」ならば占有ではないか，という批判を想定して，「古い所有権は占有と同じであった」というKrüger説を批判する（S. 10f.）．初めから原因と正当性を争ったというのである．しかしそれは力を行使するための正当性である．かくしてKaserは "die tatsächliche Gewalt" に Eigentum が由来するとする点で Krüger は正しく，"die ursprüngliche Einheit von Eigentum und Besitz" はその通りだがただこれこそ所有権とせずに占有だったとする点が誤りである，と述べる．「民族移動」（！？）後「イタリア定住期」（！？）に既に「習俗のレヴェルでは規制を受けても法的には絶対の」 "Hausgewalt" が有ったというところから出発するのである（S. 3）から当然である．

〔3·4·13〕 P. Noailles, "manum injicere", *RHD*, 4s. 20, 1942, p. 1sqq. は徹底した実力説（"Selbsthilfe"）批判を展開し，manus iniectio が徹頭徹尾 "un acte rituel" であることを論証する．まず，多くのテクストを混ぜて「実力」を言う通説を批判して manus iniectio iudicati と manus iniectio vocati を峻別する．前者について，偽闘を含まず（p. 13sqq.）判決の効力が大きく被さる（p. 17）から全くの儀礼行為であるとし，それでももう一度 manus iniectio をさせるのは，解放者たる者が現れるのをあらためて待ち iudex privatus による判決を公の権力の下で執行するため，と論ずる（p. 18）．m. i. v. については，召喚し従わなければ証人を取るという単一の儀礼的行為を見て，法廷外で引っ立てるときに区別して端的な実力行使を見る通説を批判する（p. 20sqq.）．もっとも，m. i. v. というカテゴリー自体成り立たないように思われる．対象物を把握して挑戦する時に manus 形態が使われるのであり，被告に対して m. i. を行使する，召喚に応じなければ行使する，というのは論理としても混乱している．in ius vocatio と m. i. は別次元に有り，ただ連関しているため遅いテクストで一列に並び，近代の学説において融合したのである．

〔3·4·14〕 Noailles, Virginie, p. 110sqq. が丁寧に Verg. と XII Tab の間の符合を追跡する．そして，自発的出頭を促し，抵抗したら力を，という二段を分析してくるが，少なくともパラデイクマは逆で，力ずくで行って押し返され儀礼化する，という順序が描かれる．儀礼は魔術ではない．鋭い対抗が有って初めて作られる．さらに，Noailles, "manum injicere" p. 32 は「第一の行為＝力はそもそも m. i. でなく第二の行為＝儀礼は凡そ奴隷に対しては in ius vocatio ができないのだから in ius vocatio でない」と両方はずしてしまう通説に反対して正面から扱うが，"un seul acte" と強弁するために，récit のダイナミズムも m. i. と i. i. v. の間の関係も論じられない．"in ius vocat" は確かに奇妙であるが，自由身分を争うときには自由の側が推定されるということが被って表現され，現に Verginia の身分を巡る緊張を通じて〈二重分節〉の原理が例解されるのである．

3·5

manus がよく〈二重分節〉された人的集団を指すとすれば，その内部は無分節でなければならない．つまりその限りでそれは「実力」を意味しうる．しかしそれは〈二重分節〉単位を越えた分節解消による実力形成 vis と対立する概念になる．manus は占有に対応し，vis は占有の侵害のことである，というようになる．かくしてかつて許された〈分節〉単位大の無分節も許されなくなる．かつてはこの〈分節〉単位を越えたり蹂躙したりすることが違法であり，刑事

制裁の対象であった．もっとも，〈二重分節〉単位に対する侵害の意味での vis はまだ決して政治システムすなわち〈分節〉体制そのものの破壊とは直ちには見なされない．新しい儀礼的手続の中で不利に立つというサンクションを有するのみである．

〈二重分節〉単位内に枝分節が有ってはならないという原理は，さしあたり manus と極めて近い語である mancipium という語で指示される．〈二重分節〉頂点がその人的組織構成員および〈二重分節〉されたテリトリーに対して有する関係を言う．直ちに二つのニュアンスを帯びる．一方においては，枝分節の結び目が介在してはならないという意味においてそれは絶対的な関係である．しかし他方においては具体的な〈二重分節〉の形成に関わるから，〈二重分節〉といえども人的組織のことである以上，人と人との絆を高々儀礼で固く縛るということに依存する．なおかつこのように形成された（テリトリーをも含む）〈二重分節〉単位の頂点の軀体は，それがさらに把握する人々（やがては土地建物や家畜） res mancipi, そしてそのようにして拡大した軀体相互間の échange の対象となるもの（種類物等）res nec mancipi, とは厳格に区別される[1]．

mancipium の概念もまた十二表法の基軸の一つであったことは確実である．Fest. p. 176L は "Cincius in Lib. II de officio iurisconsulti" を引いて "cum nexum faciet mancipiumque, uti lingua nuncupassit, ita ius esto"（「nexum や mancipium 関連の行為を行うときには，発せられた文言通りの法的効力が与えられる」）というテクスト（Riccobono, VI, 1）を伝える．後述の nexum と並んで mancipium 関連の行為は厳格な要式行為であり[2]，儀礼的文言の正確さに全てが依存する（解釈の余地が無い），というのである．〈二重分節〉の形成・消滅に関わるからである．

そうした行為の一つに mancipatio が有る[3]．Gaius (Inst. I, 119) がおそらく少々後の形態を伝えるところによると，5人以上の成年のローマ市民が立ち会い（adhibitis non minus quam quinque testibus ciuibus Romanis puberibus），かつ銅片と秤を持つ同じ資格の人物の主宰によって，儀礼が執り行われる．特にこれからその物を自分の mancipium 内に受け入れる（mancipio accipit）者の "hunc ego hominem ex iure Quiritium meum esse aio isque mihi emptus esto hoc aere aeneaque libra"（この者が Quirites の法に基づいて自分の物（奴隷）であ

ることを宣告する，この銅片と秤にかけてこの者は私のものとして買われた）という科白が決定的とされる．もとより儀礼化された échange であり，一種の売買であるが，Verginia の exemplum における spondentes や auctores の如くにここでは testes が人的集団の〈二重分節〉形態をシミュレートする．échange の擬装自体，枝分節を借りて〈二重分節〉を演出するのである．これらの点で，第二次〈分節〉システムが直接に決済して帰属を移転するギリシャ領域の「売買」と（一見似るが）大きく異なる．

　実際この二つの要素，つまり人的集団の〈二重分節〉の擬装と échange の擬装，はしばしば十二表法諸断片の中に登場する．I, 1 の "antestamino" は a 方式（自由人へのアプローチ）の場合に証人を呼ぶことであると解されているし，aa にアプローチして解放するときにはそれでは足りず，A-a という固い形態を作って見せなければならない．Gell. XVI, 10, 5＝I, 4 によると，十二表法は「adsiduus のための取り戻し人 vindex は adsiduus でなければならない，proletarius のための，つまり凡そ市民のための，取り戻し人 vindex は，凡そ誰でも進んでそれをする者でよい」（Adsiduo vindex adsiduus esto. Proletario iam civi, cui, quis volet, vindex esto）と規定した．Verginia の exemplum における in libertatem の要件に符合するが，もっともその分，実は十二表法より若干新しい層ではないかという疑念が晴れない．adsiduus-proletarius に関しては，まず身分制以前ではないかという見解はまさにこれが新しい層に属するという印象からして採りえない．しかし身分制とは違う枠組で書かれているという観察は貴重であり，概念が centuria 制の財産評価と関係していることも動かない．adsiduus はいずれにせよ評価の高い政治的に有意味な分子（A-a の「A-」が明確な a）である．nexum によって a から aa に転落しようとしている adsiduus を救うためには，政治的階層内の具体的な〈二重分節〉の形態が必要で，誰でも形式的に立てばよいというのではない，という制限の考えが存在すると思われる．これは in libertatem の手続を濫用してマス・レヴェルの巨大な政治勢力を作ることを抑止する制度である．だとすれば後述の Ap. Claudius Caecus の時代に相応しく，Ap. Claudius の名を通じて十二表法に遡ったと考えられる．とはいえ，aa にアプローチするときには凡そ A-a の形を作らねばならない，という原型の存在がここから推測される．

さらに，sacramentum 神聖賭金の手続が十二表法に規定されていたことも確実である（Riccobono, II, 1a）．既に登場したように，aa を争うとき，原告は金銭を供し，敗れれば没収される（cf. Varr. de L. L. V, 188）．儀礼の内部にポトラッチ型の échange を内蔵させることになる．政治的性質の〈分節〉再形成でなく，枝分節関係のダイナミズムが擬制されるのである．

しかし枝分節関係の擬制は問題をも孕む．種類物を供給されてそれを返却できなければ領域上の旧来の関係が残ることになる．事実大いに残ったかもしれない．しかし領域の平民がたとえば占有を強固に主張し干渉をはねつけたとしよう．当然種類物供給者は厳密な返却を求める．供給されたままでいるということは論理的に a-aa 関係であるということになり，mancipium に服するということである．こうして今日 Tab. III にまとめられる規定が置かれる．上述の Gell. のテクストが伝えるように，「金銭債務を自白した者または法廷でそのように判定された者には三十日間の猶予が与えられねばならない」（aeris confessi rebusque iure iudicatis XXX dies iusti sunto），そしてその後上述の "post deinde manus iniectio esto" となる．Gell. によるとこのときに「縛る」ことを擬装する儀礼が行われる．a を aa にする公式の行為であり，この nexum[4] こそが mancipium と並んで厳密に儀礼的（officiel）でなければならないとされたのである（上述 VI, 1）．そこには少々恐ろしい行為，否，恐ろしい儀礼が並ぶ．しかし十二表法制定時には少なくとも，〈二重分節〉ないし自由の絶対性，1 か 0 かのその懸隔，越えがたい距離，をそのように表現したと思われる．種類物の供給にすがって生きていく，言いなりになって生きていく，ことを断じて拒否する plebs の意気の現れとも見ることができる．つまり規定の意味は反対に，滅多なことではこの懸隔が埋められない，遅滞に陥ろうと占有の障壁を越える（a にアプローチする）のは並大抵でないことが高らかに宣言されたのである．ただし，そのように厳格に規制されたとしても，種類物の échange が a の aa への転換（自由の喪失）を伴うというのがポトラッチである．〈二重分節〉体制はここに大きな隙間ないし弱点を抱えることとなる．

〔3・5・1〕 res mancipi については P. Bonfante の著名な論文が有る（Res mancipi e nec mancipi, 1888-9＝Forme primitive ed evoluzione della proprietà romana, in : Id., *Scritti giuridici varii, II*, Torino, 1918, p. 1ff.）．これは，たちどころに法の本質を理解させたという彼のこの部分の講義に対応するが，学説の中枢部（cf. p. 304）は，「集団が征服により土地等重要な財を共同

していた（mancipium）頃，共同に属さない財とこれが区別されていた，ところ，集団が分解して familia が現れると，familia＝mancipium となった」という極めて単純な像である．全く歴史学的論証を欠くし，時代も不特定ならば社会構造の概念も粗末であるが，「patres の体制が〈二重分節〉した」というこの論考のテーゼに符合する恐るべき直感力であると言える．

〔3・5・2〕 Kaser, *EB*, S. 107ff. は徹底的に "Barkauf" と捉え，要式性を極小化，要物性を極大化，する．代金支払が所有権移転の要件であり，売主は黙って代金を受け取ることで権原を与える（言葉無しの auctor）．だからこそ réel な感覚を維持して追奪担保責任を負い権原を保障するのである（この意味に auctor が解される）．

〔3・5・3〕 vgl. M. Kaser, *Das römische Privatrecht. I. Das altrömische, das vorklassische und klassische Recht*[2] [*RPR, I*], München, 1971, S. 45. mancipatio については古くから，契約としての売買に力点を置く説と「移転」に力点を置く説の間に対立が有る．実際には要物性 vs. 要式性である．われわれも Diosdi, *Ownership*, p. 84 等々の如くに後者に与する．そして占有のメカニズムを端的に表現したものと解する．したがって，後の有因的不動産売買において "mancipatio nummo uno" が traditio のために使われるのは自然である．

〔3・5・4〕 nexum については II-5 で詳しく扱うが，さしあたり P. Noailles, Nexum, *RHD*, 19, 1940-41, p. 205sqq. が最も優れた文献である．"uti lingua nuncupassit" については p. 262sqq. で論じられる．後述の Varro のテクストに現れる論争はこの規定上の nexum と mancipium の異同を巡るものであり，同一の儀礼行為と同一の原理が貫通しているからこそ Manilius の同一説や遅いテクストの同一視になるとする．しかるに何故 Scaevola の相違説が有りかつこの方が正確かと言えば，nexum は単に債権的であるのでもなくまた物的（réel）であるのでもなく，その中間，つまり縛られてはいる（労働の果実は取られる）が依然自由であり，自由であるが裁判抜きに拘束される，そうした状態の創出行為であるからである，と．しかしこれでは折角二段階に思考し中間をねらい儀礼的性質に着目しても台無しである．「債務」は何よりもただの給付により発生する．これだけで緊縛であった十二表法以前の段階が一つ，しかし十二表法によって民事裁判に関連づけられた上で公式の儀礼がなされるようになると，その帰結は mancipium と酷似することになる．この時，儀礼前状態は新しい意味で「自由」となるが，ここへ儀礼後が，さらにこれが十二表法前へ，投影され，ここから年代記系の記事における「種類物の給付＝債務発生時から既に奴隷 servitium＝mancipium 内状態」というイメージが出る．この曖昧さを払拭するためには nexum を mancipium に付けて考えることが非常に重要であることになる．

3・6

以上のように mancipium は絶対のように見えても必ず具体的な〈二重分節〉の脈絡の中に置かれるが，この関係はそのままジェネアロジクなパラデイクマに投影される．〈分節〉システムの場合でも身分制の維持においてジェネアロジクなパラデイクマは決定的な役割を果たし，patres と patrici がジェネアロジーによって限定された．しかしながら patres と他の人々との間の関係は自由な関係である．〈分節〉的関係であるか，無分節の強い結束である．いずれ

の場合もそこに枝分節の結び目が無いという消極的な意味で自由なのである．〈二重分節〉頂点相互の関係，および内部の関係，はともにこれと変わるわけではない．しかしながら，A-a のところ，そして a-a のところ，にそれまでには無い一層自由な関係が出来上がっている．枝分節の結び目が無いという消極的な意味におけるばかりでなく，それが無いにもかかわらず〈分節〉体系ないし政治システムの固い絆からはずれているのである．aa1 は a に対しても aa2 に対してもこのような関係を持ちえない．しかるに，政治的階層 patres の地位を定めるジェネアロジーは多少とも神話的であったのに対し，今領域の〈二重分節〉単位頂点を定めるのはジェネアロジーによるのならば端的な現実の "patres" である（このタイプの〈二重分節〉が儀礼，すなわち神話の再現実化によって支えられていることのコロラリーである）．共に頂点たる限り父ながら，A は神話的父で a は現実の父であり，相互にジェネアロジーで結ばれてはいず，かくして自由である．しかし，（神話的父の神話性に比例して）patres を定める以外のジェネアロジーは意味が無かったのに対して，現実の父の場合はそうは行かない．現実の父は現実の母や妻や娘に取り囲まれている．現にパラデイクマ上，pater-filius のパラデイクマだけ動かせば済む話ではなくなってくる．すると定義上そこに無数の枝分節が発生してしまう．ジェネアロジーはどのみち発生してしまうし，ならばいっそ pater を利用するのが良いが，しかしそれには副作用が伴うのである．この問題を処理するために，今多くの装置が発達し始める．

　一方で，pater の地位を patres の神話的地位のように絶対のものにする必要が有る．〈二重分節〉単位内部に枝分節が有ってはならない．Papin. Coll. IV, 8 の "deferit in filium vitae necisque potestatem"「（十二表法は父に）息子に対する生殺与奪の権を与えた」という証言（Riccobono, IV, 2a）は（遅い時期のものであるとはいえ）信憑性を有し[1]，だからこそ Gaius (Inst. IV, 79) も "Si pater filium ter venum du[uit] filius a patre liber esto"「もし父が息子を三回売買に出せば，息子は父から自由になる」（Riccobono, IV, 2b）という文言を伝える．

　しかし他方逆に，この最後の文言は（前後の Gaius のテクストからしても）まさに mancipatio を使って却って息子を自由にしようという動機を洩らすものである[2]．Verginia の exemplum において pater-filia の絆によって自由の動

3 exemplum iuridicum

機が謳われたことを想起しなければならない．pater の（他からの）絶対的自由が filia の自由を保障した．しかし同時に，誰でも vindex になりうるという原理が付加されれば，その pater が万が一 filia に対して抑圧的であれば何時でも誰でもこれを解放しうるということになる．pater の絶対権 patria potestas[3] は外ないし上からの介入に対して働くパラデイクマであり，内ないし下に対して文字通り働くものではなく，その場面では有力な反対ヴァージョンから対抗を受ける．

同様に，もし女子が pater のシェルターを欠くに至ったとき，〈二重分節〉頂点の欠如[4] が瓦解を招き，その女子が自由を奪われないように，tutela 後見が用意される（Riccobono, V, 1, 2）．一方で，女子は cognatique な結合と échange の結び目になるから，pater を軸として agnatique な原理を貫かざるをえないが，しかし子と同様に女子も，無権利であるということにはならない．特に指定が無ければ（無遺言ならば）tutores には agnati が就くことが前提となる（Riccobono, V, 4, 5; cf. 2）．Verginia の窮地も父不在中の tutela が発動されればよかったのに，とわれわれは考えるが，その位置に居たのはあの exemplum においては cognati であった．むしろ「Ardea の娘」の方において agnati が登場したが，ネガティヴな役割においてであった．十二表法がこの点でも何らか「逆襲」の位相で書かれた側面を有するということになる．もっとも，Penates の pater-filius は agnati の原理であり，巡り巡ってここへ同調する．すなわち，agnati が有り，その中で pater が明確に単位を区切る，そこが欠ければ agnati がよってたかって簒奪するというのでなく，中から一人の tutor が立って単位を維持する，のである．

かくして同様の考慮から，「行為能力」の欠けた pater familias に対しても，その patria potestas を（後の語によるところの）curator 保佐人のところに置くことになる（Riccobono, V, 7: potestas esto）．furiosus 精神障害の場合が規定された[5] ことは確実で，知的障害（prodigus）[6] も含まれたと思われる．

[3・6・1] Watson, *Rome of the XII Tables,* p. 42ff. は，この絶対性を「緩和する」に W. Kunkel, Das Konsilium im Hausgericht, *SZ,* 83, 1966. S. 219ff. を持ち出すことしか知らない．

[3・6・2] この両義性につき F. Serrao, Individuo, famiglia e società nell'epoca decemvirale, in: AA. VV., *Società e diritto nell'epoca decemvirale,* p. 86ss. が論じるが，人的従属関係の多様性（p. 93）ではなく，〈二重分節〉の微妙な一義性の追求の所産である．

[3・6・3] vgl. Kaser, *RPR, I*, S. 56ff. 一方で gens 制との関係が論じられる反面, "Hausgewalt" の絶対性は太古に遡らされ, 共和革命もその後の patres も無く, ましてそれを克服した pater familias の像は全く存在しない. ただし Kaser の叙述はここでも最も端的で粗野である (その分或る種の残虐行為の歴史的記念碑のようである) というだけで, 19世紀後半以降は多かれ少なかれこうである.

[3・6・4] もちろん, 死亡への対処は最優先であり, XII Tab. は堅固な相続法を有したと考えられる. Riccobono, V, 3-6 はその一部である. 第一に, 〈二重分節〉頂点絶対を刻むべく遺贈が軸となる (cf. Watson, *Rome of the XII Tables*, p. 52ff.). 第二に〈二重分節〉母体たる agnati が要式行為に関与し, だからこそ無遺言の場合あたかも (相続人不在の場合の) 後の hereditatis possessor のようにその内の一人が実際には占有を継承する.

[3・6・5] cf. Watson, *Rome of the XII Tables*, p. 76ff. 〈二重分節〉も政治的〈分節〉を受け継いで厳格な心身二元論の上に立つ.

[3・6・6] cf. Watson, *Rome of the XII Tables*, p. 78ff. furiosus と prodigus の区別は少々驚きである. おそらく〈二重分節〉に固有の配慮である. 一層 corpus 制御に力点が置かれる.

3・7

この観点からして最も重要であるのは Riccobono, VI, 3＝Cic. Top. IV, 23 の "usus auctoritas fundi biennium est" (土地については二年の安定的な使用が権原に匹敵する). この usus-auctoritas ルールの解釈は usucapio 取得時効制度を巡る議論の一つの焦点であった[1]. しかし Verginia の exemplum を重ねて映して見れば, その意義は明らかである. まず usus が何らか占有と関係することは明らかである[2]. 〈二重分節〉の形態は儀礼上例えば「spondentes と当事者本人」のような具体的な一対の人的関係によって演出される. ということは当事者の占有に形態を与える他の者達の関与が常に要求されるということである. それはその都度供給されなければならない. 供給する側の人々は政治システムに直接帰属する〈分節〉頂点でなければならない. patres その人であれば最もよいが, 後述のように今や patres 以外の人々も徐々に政治的階層を担いうるようにはなってきている. さてしかしながら, 今仮に〈二重分節〉の基体は立派に存在しながら, たまたまその担い手との間に〈二重分節〉関係の形態を示す用意の有る者が現れなければどうか. 彼の〈二重分節〉単位は実は立派なものである. かつて法廷において争われ, 彼は立派にそこで〈二重分節〉形態を示して見せることができた. 或いは mancipatio を行った. 前者を擬制する in iure cessio でもよい. ところが今それらの場面で彼のために何らかの意味の「保障人」になった者は全て不在か行方不明である. もちろん今別途その役割

を務めてくれる者でもよいが，皆が彼を嫌って誰もそれをしない．このときにどうするか．儀礼は所詮儀礼であり，かつ A-a という縦の形態だけによる〈二重分節〉は脆弱である．このことは十分に意識されている．実体が有るにもかかわらず彼に占有が無いと見なすことは不当である．usus-auctoritas ルールは，このときに〈二重分節〉形態が有ることを彼が主張しうる（A の存在が擬制される），という趣旨である．auctor は後のテクニカルな制度の中に痕跡をとどめていない[3]が，微かに Verginia の exemplum の in ius vocatio に際して auctores が登場した．語として，auctor は〈二重分節〉の縦の関係を指示するに相応しい．A-a の A の立場である[4]．決して直接的（patria potestas！）でないが，しかし A は a に対して「勧告」的な発言権を有するのである．或いは裏書き的な権能である．つまり，usus は二年で auctoritas を擬制させる，というのである[5]．まさに Verginia の exemplum はこの概念を強く示唆する．A-a と a-aa の相違は有るが，Verginius 不在故の入り口での敗北は儀礼の観客に悔しい思いをさせる．

　もっとも，usus-auctoritas ルールが実質的〈二重分節〉単位保持者をして入り口に立たせたとしても，なお困難が彼を待ち受ける．M. Claudius のように，確かに今彼は〈二重分節〉形態を保ってはいるが，元々それを破って現状を獲得したのである，と相手は主張し，auctores を動員するからである．自分の方の auctores，かつての mancipatio に立ち会ってくれた者達は一人も居ないか，皆が知らないと言って裏切る．彼の周りを結託した集団が取り巻く．これも Verginius の exemplum が強く示唆する状況である．この結託自体を排除する制度（デモクラシー）を有するギリシャの諸概念で装備した DH は，防御側に堂々たる論証・証明戦を挑ませている．しかし問題はこれができないときにどうすればよいか．政治システムの合議以前に保障が作動しなければならない．そもそもローマ的観念においては，DNA 鑑定などで Verginia の出生の秘密が厳密に吟味されればよいとは考えられない．仮に M. Claudius の言うことが真実であろうとも，Verginius は勝たねばならない．何故ならば Verginius は一人の娘を自由であると主張しているからである．そのように発想したとき，usus-auctoritas ルールは再度閃光をもたらす．この同じルールによって彼は既に被告でありえている．原告は syntagmatique なパラデイクマ連鎖を延々と論

証し，如何に現状がかつての占有侵害の帰結であるかを論証しなければならない[6]．しかしもしその syntagmatique な連鎖が完結したとすると，被告はこれを崩すことに苦労する．なにしろ彼のための auctores 等々は現れないのであるから．ところが，彼の拠って立つ基盤は実はもう全く auctores に依存しない，auctoritas を切断してしまっている．何がどうあろうと，忽然と彼の占有は基礎付けられているのである．根拠は別系統である，否，凡そ根拠を不要とする世界に逃げ切っている[7]．例えば mancipatio を主張し証明しても，その前に何が有ったか，と絶えず問題が先送りされ，結局適当なところで陪審の判断となる，ケースと対照的である．もっとも，usus-auctoritas ルールもこの遡りに鑑みて二年という制限を設ける．占有が二年を経ていることは被告が論証しなければならない．そうするとそれ以前の事由（原因，権原）が遮断される．しかし二年を経ていなければたちまち本来のアリーナに戻されるばかりか，ここでは被告の資格すら怪しくなる．いずれにせよ，こうして usus-auctoritas の援用は被告がなし，被告が論証するものである，ということがわかる．原告がこれを援用してその物を寄越せ，というようには使えないのである．まさに占有原理故である．

〔3・7・1〕 vgl. Kaser, *RPR, I*, S. 135. 十二表法は太古からのルールを保存したとされる．しかもそれはまだ必ずしも「取得時効」でない（！？）．Mayer-Maly, Frühgeschichte der Usucapio I はさらに敷衍し，(usucapio pro herede から推して) usucapio は heredium の独立を，usus auctoritas ルールは抗追奪を，目指すものであったと区別する．II, *SZ*, 78, 1961, S. 221ff. では，抗追奪を訴訟法説的に定式化した Kaser の「三機能」の形成を段階的に辿る念の入りようである．Kaser の曖昧さを批判する (p. 197) R. Yaron, Reflections on usucapio, *TR*, 35, 1967, p. 194 も，「前主のタイトルに瑕疵がある場合に譲受人を保護する」のが usucapio の目的，と述べ，担保責任という強迫観念を拭ったものの占有ではなく権原の側に単純化してしまった．われわれの見解は，十二表法が占有原則とともに画期的な保障手段を用意した，というものである．Mayer-Maly, I, S. 30 は「XII Tab. における時効規定の豊富さは既にこの制度が古かったことを示す」と述べるが，むしろ XII Tab. が占有に拘泥したため，しかも plebs の観点から拘泥したため，であろう．一般のモラトリアム手段と法的時効制度が大きく異なるのは，後者が占有原則によって思考を切断しうる点である．これは決定的な離陸であり，追い詰められた最後の一人に楯を用意しようという極めて強い意志が感じられる．

〔3・7・2〕 "usus" という語は，しかしながら，単純な占有より何某か一層固い関係を示唆している．これが auctoritas を擬制するときに代償的に働く．その点をヨリ explicit にする，ないし厳格化する，と usucapio における占有の付加的要件になっていく．他方さしあたり代償的に働いたのは実質的には隣人との非公式の横断的関係であったと考えられる．Yaron, Reflections, p. 209ff. は usus を "suitable use" と解するが，問題は "suitable" の意味であり，Yaron はこれを取り違えるから，(Kaser のあとを追って) 2 世紀に「単なる支配 (posses-

〔3·7·3〕〔3·1·11〕参照.

〔3·7·4〕H. Lévy-Bruhl, *Deux études: addicere et auctoritas,* Paris, 1942, p. 27sqq. において usucapio における auctoritas を扱い, 彼の基本的理解に従って auctor を対象物直接支配者と考えた. 多くの連関が犠牲になる.

〔3·7·5〕"auctoritas" は usucapio との関連でこそ盛んに売主の追奪担保責任の方向に理解されてきた. 既に Diosdi, *Ownership*, p. 85ff. に批判が有る通り, スペキュレーションの産物である. 或いは, 占有メカニズムが実質的に崩壊してしまった遅い時期のテクストによる.

〔3·7·6〕権原を占有とは無関係に発給しうる原理は存在しないということは重要な点である. この点はまず ex silentio に, つまりそのような発給機関が全く現れないということから推測されるが, さらにまた, 唯一発給機関たりうる政治システムの決定がまさに占有判断によって限定されるということから疑いないと思われる. 本案で突然別の原理が出て来て好きなように決定しうる, というのではこの特殊な〈二重分節〉は保たれない. そしてその政治的審級の座に座っているのは auctores であり,〈二重分節〉形態を保障するにすぎない存在であるからである. なおかつその auctoritas が唯一権原を指す語である.

〔3·7·7〕Kaser, *EB*, S. 86ff. は, De Visscher, Kunkel, Leifer に従って手続法説を採り, 被告に取得原因の証明を省くという. しかしそもそもあらゆる場合において被告は取得原因など証明しなくともよい. usucapio の機能はそれだけだから新たな権利を創出せず「相対的所有権」だというが, ここでも Kaser は近代の民事法をも相対的所有権論者にしてしまいかねない. 時効は相手の権原攻撃をアプリオリに遮断するところに意義が有る. 逆に占有攻撃は残るのである. ところが Kaser はここでは usus は単なる事実状態でよく, それは公有地上の「占有」と同じだとする. 要するに precarium? 占有の意義, そしてそれを絞る方向に思考を進めなければ何故時効という制度が存在するのか一向に摑めない. そこになると Kaser は前主による保障ばかり気にする. つまり Rabel に従って auctoritas を後のテクストの actio auctoritatis からして追奪担保責任の方向に解し, またしても「相対的だ」と感激するのである.

3·8

十二表法が〈二重分節〉した領域の単位を具体的に概念し始めたことは明白である. 領域は都市中心から放射状に延びる一体的な tribus によって区分されるだけでなく, さらにその内部にぐるりと境界を持った (Riccobono, VII, 1) 個々の単位, その意味の fundus (したがって「土地」と訳すよりも思い切って「農場」と訳すべきような実体), から構成されるようになる. このような領域の単位は自分達の仲間を通じてそのまま都市中心に連続してはいないから, 都市中心と同じように自由な通路によって都市中心にアクセスできなければ〈二重分節〉単位として死んでしまう. via publica 公道は死活を左右する生命線となる (Riccobno, VII, 6, 7). 同じことが aqua publica 公水について言える

(cf. Riccobno, VII, 8).

　すると，初めてそのような地表面上の〈二重分節〉単位相互の関係の規律が問題となる[1]．共通の patronus が裁定するということはないし，政治システムが直接裁判するということもない．境界を巡る紛争は独自の審級によって仲裁された（Riccobono, VII, 5b: "arbitri"）と考えられる（cf. Riccobono, VII, 2, 8, 9）．

　ならばこの審級においてついに（地下に潜って間もない）部族的結合組織の連帯が蘇ったとしても不思議はない．十二表法が一見古色蒼然たる印象を与えるとすると，そしてその故に古い規範をそのまま書き記したとされるに至るのは，例えば Riccobono, VIII, 2: "Si membrum rup[s]it, ni cum eo pacit, talio esto"「もし四肢を折って，なおかつ和解に達しなかったならば，同害報復せよ」の存在のためである．さらにまた，呪詛を強く警戒し（Riccobono, VIII, 1, 8），領域における furtum 窃盗に対して手続なしのリンチを許す（Riccobono, VIII, 9, 12,）．第二次 secessio が十二表法と関連していることの有力な証左であり，「Ceres に捧げられる」という抹殺の形態はその脈絡でしか解しえない．結果的に réciprocité の厳格な追求のメカニズムが作動したと思われる．

　とはいえ，これらもまた〈二重分節〉を補強する．都市中心における儀礼がいささか表面的にしか保障しない部分を，確かにギリシャにおけるように領域の具体的な第二の政治システムによってではないにしても，潜在的で緊急時にのみ浮上する領域の絆によって支える必要が有る．Verginia の exemplum において，敗れ去るとはいえ Numitorius/Icilius の集団は大きな役割を果たしたし，戦場には兵士達の連帯が有り，matronae は一体化して場を包み込む．そしてまさに，そのポジティヴな部分，実は敗れ去らない部分，がこうした基層とはまた別に制度化される．in libertatem のときには誰でも，という後の原則もその線上に在るが，丁度そこで既に部族組織が生の形では決して現れず「誰でも」の連帯となっているように，"Si membrum rup[s]it, ni cum eo pacit, talio esto" もまた iniuria という制度となる．同害報復はもちろん現実には作動しない．領域において和解または仲裁が行われ，ここでは（懲罰的な）賠償が予定される（Riccobono, VIII, 4）[2]．それに成功しなければ同害報復のスパイラルを覚悟せよ，というのが VIII, 2 である．後にこれが actio によって解されたとしても（cf. VIII, 3, 6），原型は仲裁であったと思われることには，身体に対して

損害を与える行為である iniuria と並んで，境界争いが有り（cf. VIII, 11），これについては仲裁が予定されている（VII, 5）にもかかわらず，後に actio と解されている（VII, 2）からである（cf. VII, 8b）．元来政治システムにとって端的な échange は害悪であるから，賠償思考は嫌われる．枝分節の下部単位の犠牲により贖うということだからである．かくして「身体に対して厳格に身体を」という思考はこのような枝分節特有の拡散を防ぐ重要な思考であり，かつ身体であれば，心身の二重構造間の枝分節は極小である．相隣関係は個々の場面でむしろ〈分節〉を創り出す．だからこそ，一方で領域の審級に限定して賠償思考は機能しなければならず，他方でそこではむしろ仲裁という政治システム類似の思考が適するのである（Hom. Od. XXIV を見よ）．

　furtum 窃盗に対する圧倒的なかつ過剰なまでの警戒感はまさに plebs のものである．領域の組織が秘かに切り崩され，贓物が大きな clientela の中に入って出て来ない，というパラデイクマが与える恐怖心が根底にある[3]．Verginia の覚えた恐怖であり，Siccius の事件が例解するものである．かくして plebs の組織は furtum に対して苛烈かつ全く独自に反応し，iniuria と並ぶジャンルを築く（VIII, 9, 10, 12-16, 19, 20）．リンチを背景に，懲罰的賠償のための独自の審級が立つ．決して刑事裁判ではないことに注意しなければならない．政治システムは出動しないのである．この反 furtum の治外法権領分は十分に強大で，plebs 自身の命綱であるところの usus-auctoritas ルールさえ破る．これが十二表法に遡ると考えられた（VIII, 17＝Gaius, Inst. II, 45）ことには十分な理由が有ると思われる．もっとも，Verginia の exemplum においては何と M. Claudius の方が furtum を主張した．usus-auctoritas ルールがまさにその威力を発揮しようとするその瞬間にである．plebs は自分で仕掛けた罠に陥るのである．これを背景に置くと Verginia 側の悔しさは一層引き立つ．usus-auctoritas の抗弁は res furtiva 贓物の再抗弁によって切断される．つまりわれわれはここに有力な屈折体を一つ発見したことになる．領域の側から大きく反撃して〈二重分節〉という大きな構造を支えようとする，その柱自体がこのような一個の屈折体から成り立っているのである．

　〔3・8・1〕　今日相隣関係規定を共和後期と所有権のところに位置付けるのが一般的である（Vgl. Kaser, *RPR* I, S. 406ff.）．しかし基本は占有である．所有権固有の占有複合が問題を難し

くし，多くの制度がこちらの方から派生する，にせよ．

〔3・8・2〕　A, Manfredini, *Contributi allo studio dell' "iniuria" in età repubblicana*, Milano 1977, p. 61 は，仲裁不調のとき「国家」は同害報復を裁判によって遂行するという．しかしそうした手続は一体どこに有るのか．Manfredini は同害報復が次第に時代遅れになりつつあると言うが，完全に廃れたものを敢えて掘り出した驚きの一撃であり，(仲裁不調の場合放り投げると言って) 仲裁を強いると同時に，賠償に（応酬の観点からも範囲の観点からも）切断効果をもたらす．VIII, 4 が懲罰的であることは矛盾しない．厳密な等価を測定しなければ倍額も算定できないからである．

〔3・8・3〕　furtum の諸層を XII Tab. に帰せしめる多くのテクストに対する批判的分析は，P. Huvelin, *Études sur le furtum dans le très ancien droit romain, I, les sources*, Lyon, 1915, p. 15 sqq. に見ることができる．

3・9

　以上のように，十二表法は，基軸となる一個の儀礼の周囲に，これに応える形の幾つかの儀礼を配置する．基軸となる儀礼自体十二表法によって書かれた可能性が高いが，早い段階で次々とディアクロニクな変容を被り，発達した段階の派生的ヴァージョンの記憶が中心部分を覆い隠している．

　儀礼を言語で書き記すということは，凡そ書くという行為の原点に帰ることでもあるから，理解されやすかったに違いない．一旦儀礼の中に入る者はこれに無条件に従わなければならない．言語はその際にその所作のヴァージョン選択を厳格にする．このことは書かれたテクスト自体が不動であること，そして所作の中で発せられる文言が厳格に固定されること，によって強められる．しかし他方，こうしたテクストの制定が立法の形式を取ったことも注目に値する．前古典期ギリシャの諸々の仲裁的立法の思想的影響は否定しえず，そうであればそれは政治システムを根本から改変する，或いは初めて書く，という意味を有する．つまり個々の政治的決定でなく，その政治的決定が従うべきパラデイクマ自体を決定するのである．lex とは言っても性質が違うことを伝承は過剰なまでに意識している．そして事実，Riccobono, IX, 1-4 ; XII, 5 のような重要な政治的パラデイクマも書かれているのである．とはいえ，それにしては少々異質な儀礼が多く書かれた模様であることも疑いない．ギリシャの nomothetes が決して書かないであろうようなものである[1]．

　もっとも，仔細に見ればそれらの儀礼もまた政治システムの存在を前提としている．だからこそ政治劇のような芝居が展開されるのである．なおかつ儀礼

たる限りにおいて，その内部では十全に発達した政治的判断が遂行されるのではない．物事は儀礼的に進行してしまう．DH の脚色・演出でさえこの点を払拭するのに十分ではない．その分ディアレクティカから切れて独立する（独立したい分だけ基軸の儀礼は十二表法に端的には遡りたがらなかった，だから，十二表法起源という意識は遺っても，中心部分のテクストの痕跡は「自由のための取り戻し」に比して遺らなかった，のではないか）．悲劇がこのメカニズムを使ってデモクラシーのための橋頭堡となったことをわれわれは忘れるべきではない．しかも，ローマではこの儀礼は儀礼たる段階をくぐるとそのまま生の現実となって帰って来るのである．白昼夢であるにすぎない悲劇とは根本的に異なる．

そして，その儀礼，またこれを取り巻く枝葉の諸儀礼，が徹底的に追求するのは或る特殊なタイプの〈二重分節〉である．〈二重分節〉は社会構造を記述するための概念であった．事実ここでも〈二重分節〉が，そしてまさにこのタイプの〈二重分節〉が，社会構造として徐々に確立されていった，ということが他の徴表からして蓋然的である．しかしこの儀礼にはその〈二重分節〉がまるでそのまま現れる．われわれは，幽霊のはずのものをこの目で見てしまった者が頬をつねるように，本当だろうかという思いにとらわれるが，人々はマスゲームをするように〈二重分節〉を実演して見せてくれているのである．〈二重分節〉とは，テリトリー上の人的組織の或る形態のことであった．

とすれば，ローマ社会において〈二重分節〉が定着する過程において，この儀礼が果たした役割は圧倒的であったのではないか．様々なパラデイクマの屈折はむしろこれを後から追ったのではないか．こうして Verginia 伝承は〈神話〉ではなく exemplum iuridicum として保存され，十二表法を巡る伝承の内部に収まる．ということは，〈二重分節〉の社会構造が徐々に熟して最後に十二表法が現れたのではなく，むしろ頂点に加わったこのイムパクトからスタートして，徐々に社会がその性質を変えていったのではないか．儀礼はむろんこの場合直接に社会的現実を創り出す．しかしそればかりでなく，これも社会的現実であるところの人々の意識に働きかけるという側面が大きい．つまり個々のそのケースでなく社会構造に直接アプローチするのである．

しかるに，基軸の儀礼は結局は最後に政治的判断を求める形式のものである

から，一個の政治的手続である．中でも〈分節〉の形態の改変に関わる裁判というジャンルに属する．ところがそれにしては奇妙なことに，前提の儀礼が置かれていて，この儀礼をしえないときには判断手続の入り口で排除されてしまうのである．どのようにたくさんの論拠を持っていようと，どのように来るべきディアレクティカで圧倒的な勝利が予想されようと，こうしてむしろ実質はこの入り口で結着してしまう奇妙な政治的決定手続が現れた，ということになる．

さらに奇妙であるのは，政治的判断における論証が完全に片面的になるということである．もちろん刑事裁判においてもそうである．しかしそれは，その者の〈分節〉単位の存続が懸かった場合，それを破壊する政治システム自体がその理由を論証できなければならない，ということに基づいていた．ところがここでは入り口の手続においてその役割が決まる．つまり論証する者も防御する者も一個人で，かつその役割分化は紙一重なのである．その入り口の指導原理が特殊な〈二重分節〉で，後にpossessioという語で指示されるに至る概念であることは既に述べたが，そればかりでなく，ディアレクティカの段階に入ってももっぱらこの特殊な〈二重分節〉，possessio，のことしか争われないのである．政治的判断は論拠を自由に採り，そして自由に開かれた内容の決定を行いうる．拘束が有ったとしてもそれは政治システムたるから来る実質的なものである．ところがここでは，入り口で取られた儀礼的形態をそのまま通して現実世界に戻すか，それともその逆の形態の方をそうするか，しか判断されず，決定されない．それ以上のことをしてはならないのである．逆にするときにも，何か大きな政治的判断が許されるというのではない．辛うじて時間軸を遡りうるにすぎず，遡って行うのはまたしてもその時点における例の形態の判断，possessio，だけである．

これは明らかに民事訴訟である．最もテクニカルに発達し洗練された意味におけるそれである．とりわけ占有を原理とする訴訟要件の厳格さ，その優越，原告・被告の役割分化の厳密さ，処分権主義と弁論主義．in iure と apud iudicem の二段階[2]はこれらの原則を保障するための障壁である[3]．つまりわれわれは民事訴訟，民事裁判そのもの，が初めて姿を現した瞬間を目撃していることになる．そして，驚くに値しないが，その指導原理は possessio である．

民事裁判を他から区別するのはこの possessio という原理の徹底である．さらに，その徹底は後段の実質的政治的決定においても貫かれる．つまりここでの判断基準もまたすべて possessio から派生する．明らかに，この判断基準と入り口の判断基準を合わせて，それらの大きく発達した諸ヴァージョンの総体を概念するとき，われわれは民事法，市民法，私法，という語を使いうる．

なおかつ，もしローマ社会において「法」(ius, law, droit, Recht, diritto) という語を狭義に使って何らかのことを有効に指示するとすれば，実はこれ以外にない．他は全て政治システムに基本部分を吸収される．他方，これこそが今日広く「法」を（専門家にとっての技術的部分において）特徴付ける思考様式であることも疑いない．つまりその意味で，法は凡そこの時点で初めて現れたのである[4]．

[3・9・1] ギリシャとの比較については Ducos, *Les Romains et la loi*, p. 40sqq. 参照．政治的決定というより動かない規範として何かを保障する ("certitude") という性質がローマの法律についてはヨリ多く認められることは疑いない．儀礼の一義性と政治的決定の一義性を重ねることはローマの独創であり，「権力の恣意」を抑制するばかりか積極的な「権利保障」のために使うということも絶妙の組み合わせから生まれ，単純な儀礼的思考であるのではない．

[3・9・2] Verginia = exemplum のポイントの一つが裁判手続を二段階にする点に存することについて再三強調したが，学説は in iure/apud iudicem という特徴的な二段階訴訟の起源につき多少論じてきている (vgl. M. Kaser, *Das römische Zivilprozessrecht* [*RZPR*], München, 1966, S. 23f.). 王の専権が他機関参与にいつ道を譲るかで争われるようで，Kaser は十二表法以前，legis actio の段階，で既に二段階であったとする．われわれはこれも十二表法によって占有原則とともに初めて定立されたと考える．それが凡そ民事訴訟の最初の定立でもある．つまりこの（訴訟手続の）二段階分節こそは民事訴訟のメルクマールであり，これを欠けばそれは民事訴訟とは言えない．

[3・9・3] 二段階訴訟に関する優れた記述は，H. Lévy-Bruhl, *Recherches sur les actions de la loi*, Paris, 1960, p. 102sqq. に見出しうる．十二表法が古来の慣習によるという観念を捨てはしないものの，王のもとでの sacramentum 手続に対する "provocatio" が apud iudicem であるとし，共和初期から十二表法にかけての激動が王権を支えた gens 制度を解体したためにこの手続構成が生まれたと把握し，「十二表法後の二段階訴訟」が意識的に描かれる．その中でそれまでの Wlassak 等主要な学説が批判される．

[3・9・4] 言うまでもなくこの理解は現在の通常の理解に全く反する．近年でも例えば，M. Bretone, *Storia del diritto romano*, Bari, 1989, p. 71ss. は，「古代諸法」や社会学理論によって法の存在は前提してしまい，その形態のみ論ずる．成立条件は詰められない．唯一 A. Schiavone, *Ius. L'invenzione del diritto in Occidente*, Torino, 2005 が前提として「政治の存在」を意識するが，"protourbano" たる考古学的徴表（8世紀）には幻惑されないものの "un tessuto propriamente politico" を 7 世紀末に置いてしまい (p. 45)，それというのも "una certa centralizzazione del potere" をメルクマールとして選んでしまうからであり，"la nascita della politica" を Serv. Tull. に見る (p. 62) 彼にとっては，王権＝宗教＝儀礼と世俗を橋渡しする

pontifices が ius をコントロールし始めた後，共和革命（p. 70）も身分闘争も pontifices が乗り越えていく障害であり，十二表法によって公開されてしまったとはいえ儀礼＝二段階訴訟は守られ，解釈技術独占を通じて pontifices はむしろ法を取り戻したのである．

4 lex agraria

4·0

　ここまで述べてきたような社会構造の根本的な変化が進行していった場合，人々の組織が領域と関わる仕方，人々の組織が領域の上で展開される仕方，が大きく変わることになるはずである．もちろん，paysage を変貌させ，領域の平面上の区分の形態を変える．これらの点を表徴とする変化につき，領域の構造，領域の形態，といった語を用いても論じてきた．それが5世紀後半以降顕著に見られたのではないか，という予想が立ち，これを検証し，よってもって社会構造の変化を裏付けなければならない．

　しかるに，ローマの場合にとりわけ，この領域の構造，ないし形態，に直接政治的決定が介入しそれを一変させる手段が存在する．広い意味の lex agraria である．伝承を扱う際に既に見え隠れしていたこの lex agraria は，年代記系の伝承上，5世紀後半から4世紀前半にかけての最も重要なイッシューとしてクローズアップされている．lex agraria を巡る問題群を扱うことによりこの時期の領域の大きな構造変化に接近する，という選択は不可避である．

　にもかかわらず，この問題こそが学説史上の最大のネックであった．lex agraria はもっぱら ager publicus に関わる，という Niebuhr 学説が巨大な足跡を印したことをわれわれは序において見た．そこから，まさにその ager publicus の上に possessio という制度が生まれるという学説が発展し定着した．ところがこの possessio と後に呼ばれる概念こそ，新たな社会構造の基幹に位置する儀礼的手続を原パラデイクマとするものに他ならなかった．しかし，われわれの possessio と ager publicus の possessio はまさに ager publicus を隔てて

決して交わることが無い．かくして ager publicus 学説はわれわれの行く手に大きく立ち塞がる．

　伝承もわれわれの味方ではない．年代記は Spurius Cassius に lex agraria の étiologie を置いてくるばかりではない．なにがしかを王政期に遡らせる．古事学系のテクストはさらに厄介である上に，Niebuhr 学説の重要な拠となった[1]．そして既に見たように Niebuhr のイムパクトが深く浸透するとともに遠い過去に「共同体の共同利用地」を投影するようになり，これをローマに移植し，そのときにまさに古事学系のテクストが使われる，という循環が確立されるのである．ager publicus の possessio が patrici と plebs の闘争の主戦場の一つであるというイメージ[2]は，Niebuhr 学説以降の精密な分析により年代記テクストから直接出て来るものであるだけに，否定しがたいように見える．それが共和革命に遡り，さらに設定自体が始原にまで遡るとき，われわれが扱おうとする構造変化との接点はますます無くなるように見える．一旦出来上がった構造を再度構造化し直すときにこそ lex agraria という手段は相応しい．これがわれわれの着眼であるにもかかわらず，lex agraria は始原から有り続けるというのである．すると，われわれの構造変化自体幻ではないか．

〔4・0・1〕　cf. L. Capogrossi Colognesi, I gromatici nella storiografia dell'Ottocento, in : O. Behrends et al., edd., *Die römische Feldmeßkunst. Interdisziplinäre Beiträge zu ihrer Bedeutung für die Zivilisationsgeschichte Roms,* Göttingen, 1992, p. 9ss．Niebuhr が agrimensores のテクスト破片群 corpus に対するテクスト批判の問題を如何に強く意識していたか，という指摘もなされる．それを具体的に実現するのは Lachmann であるが，史料批判とテクスト批判が相俟って新しい Critique の地平を創り出したわけであるから，ここに，そしてこの topos において，決定的な転回点が有ったということになる．

〔4・0・2〕　例えば最も標準的な記述は，De Martino, *StCost, I,* p. 253 に見られる．

4・1

　Niebuhr 以降の探求の到達点は疑い無く Tibiletti の 1948/49 年の論文[1]である．ager publicus の実質は史料上「共同放牧地」と「征服先占地」の両極に分裂し，ここを巡って諸学説が分かれる状態にあった．それぞれには，（主として土地測量家 agrimensores のテクストの破片たる）史料の上に現れる用語として ager compascuus と ager occupatorius が有り，その概念内容がどこまで，そしてどのような，歴史的実体に遡るのかが議論の焦点であった[2]．もちろん，

歴史的発展段階が構想される．その中で Tibiletti の stratigraphie は一個のテクストに鋭く着眼する独創的なものであり，問題に最終的な解決を与えた如くに見えた．

　紀元後 1 世紀の農場経営訓の作者 Columella の *De re rustica*（ed. Dumont）は，C. Licinius が 50 iugera 以上の土地の「占有」を禁じた自分自身の法律に違背して弾劾された，と述べた後，「それだけの面積を保持したことが不遜であると見られたというよりもむしろ，敵が逃亡して荒廃した土地を，ローマ市民たる者が資産力の限度を越えて占有することによってなお一層 (nouo more) 荒廃させることが，一層犯罪的と思われたからであった」(Colum. d. r. r., I, 3, 12: nec magis quia superbum uidebatur tantum loci detinere quam quia flagitiosius, quod hostis profugiendo desolasset agros, nouo more ciuem Romanum supra uires patrimonii possidendo deserere) と理由について思弁を巡らす．「なお一層 (nouo more)」ないし「また新たに」「かててくわえて」と解した部分は，形式的には「新たな慣習に従って」とも読めるため，ということは古い慣習も概念されている，と Tibiletti は判断した[3]．そしてこれを素晴らしい直感で agrimensores のテクストに頻出する或る topos と結び付けた[4]．まず，「Gracchus の立法」に関して「自分自身で占有して耕作しうる (ab ipso coli possit) 面積を超えて占有することは慣習に反すること」(contrarium esse morem, maiorem modum possidere quam qui ab ipso possidente coli possit) を理由として述べるテクスト[5]．敵を駆逐した ager occupatorius に関して個々人が「耕作可能なだけを先占したのみならず，将来耕作しようと欲した (in spem colendi) 分まで確保した」(nec tantum occupauerunt quod colere potuissent, sed quantum in spe‹m› colendi reseruauere) と述べるテクスト[6]．等々．"ab ipso coli possit" が vetus mos に，"in spem colendi" が novus mos に，それぞれ対応するというのである．もっとも，前者が「共同利用地」に対応するということは必ずしも論理的に自明ではない．しかしこの点 Tibiletti は（長い学説の伝統を踏襲するように）中世以降の communi の規律を引き，「共同利用」と "i limiti di un'immediata coltivazione" を同一のことであると主張する[7]．必要頭数に応じた放牧，必要なだけの薪の採取，といった観念が確かに中世以降のイタリアに分布するのである．他方で colonia 建設のための土地測量において ager compascuus すなわち共同放牧地を（他の公共用地とともに）測量・分割せずに残すという実務はこれも agrimensores が広く伝えて来る[8]．これがイタリアの諸「共同体」の始原的慣行に遡るならば，かつローマ自身そのうちの一つであるとすれば，優にローマの起源に遡る[9]．Romulus 伝承はこれを裏付ける，等々と 19 世紀以来の特有のイマジネーションを Tibiletti 学説に再度読み込んでいく余地は大いに有る．

とはいえ，Tibiletti の論証の鎖を繋ぐ決定的なポイントたる "novo more" と "in spem colendi" の解釈自体，到底堅固なものとは言えない．説得力はむしろ stratigraphie ないし意味転換を仮説として提示した鮮やかさに在ったと見るべきである．案の定，1997 年になって Mantovani はとりわけ "novo more" の解釈を解体するに至る[10]．彼によると，この表現は通常単純に新奇なやり方たるを（主としてネガティヴに）指し，少なくとも規範的意味は全く存在しえない．その上，"possidendo" にかかりえず "deserere" にのみかかる．すると漠然と ager publicus の粗放で荒廃した単一の画像しかここには無い．lex Licinia の記憶自体この漠然たる画像の中に埋没している．同様に "ab ipso coli possit" は独立の意義を持たず，これまた "in spem colendi" という単一の問題状況しか読み取れない[11]．それは Hannibal 戦争後以外にない……．われわれもまたこれらのテクスト自身に対する精緻な史料批判が不可欠と考える．Mantovani の作業は重要な一歩であり，さらにその先を進め，そこから翻って何が言えるかを確かめなければならない．しかしとにかくまず最初に落ちるのは，lex agraria にいきなり「共同利用地」のイメージを遠くにせよ読み込む余地である．「共同利用地」のような制度が存在したかどうかとは別に，これは lex agraria とは無関係である．さしあたり lex agraria は征服地先占にのみ関わると考えて出発する以外にない．他方，年代記系のテクストは（王政期に関する若干のものを除いて）全て征服地先占の脈絡で読むことができる．colonia 建設に際して ager compascuus を「残す」という実務が唯一残り，これは全く別個に考えればよい．

しかるに，年代記系テクストに現れる lex agraria については Gabba による堅固な史料批判が既に存在している．Gabba は，既に述べたように Sp. Cassius の lex agraria につき丹念な分析で Gracchi のそれの投影であることを論証

したばかりでなく,「Romulus の heredium」つまり「2 iugera 分配」についてもこれが古事学系ないし土地測量関係のテクストのみに現れることを指摘し[12],年代記系のテクストは王政期につき全て征服地ないし公有地の分配のみを語り「共同利用地」の余地が無いことを分析する.そしてこれらばかりか5世紀の lex agraria もまた Gracchi の時代からの投影であるとし[13],「2 iugera 分配」は4世紀後半の colonia 建設の実際に対応することを突きとめる[14].つまり共和政期前半については「共同利用地」はおろか征服地大規模先占問題さえ存在しないというのである.「ager publicus の占有」問題はほとんど Gracchi 前の状況に専属する問題である,ということになる.

[4・1・1] G. Tibiletti, Il possesso dell' *ager publicus* e le norme *de modo agrorum* sino ai Gracchi, *Athenaeum*, 26, 1948, 27, 1949.

[4・1・2] 例えば Tibiletti の直後には A. Burdese, *Studi sull'ager publicus,* Torino, 1952 が有り, ここでは ager occupatorius が先に持って来られ, patrici による征服地の大規模先占がイメージされる (p. 13ss.). ager compascuus は Samnites 等々の征服の過程で初めて俎上に上った, とされる (p. 36ss.).

[4・1・3] Tibiletti, *op. cit.*, 26, p. 219ss.

[4・1・4] Tibiletti, *op. cit.*, 26, p. 220ss.

[4・1・5] Sic. Flac., *De conditionibus agrorum,* p. 136, 7ff. Lachmann＝p. 99, 23ff., Thulin.

[4・1・6] Sic. Flac., p. 137, 17ff. Lachmann＝p. 101, 9ff. Thulin.

[4・1・7] Tibiletti, *op. cit.*, 27, p. 24ss.＝nt. 2.

[4・1・8] Fest. s. v. compascuus ager ; Hygin. *De cond. agr.,* p. 120, 12ff. Lachmann＝p. 83, 13ff. Thulin, etc.

[4・1・9] 最新のヴァージョンは L. Capogrossi Colognesi, *Persistenza e innovazione nelle strutture territoriali dell'Italia romana. L'ambiguità di una interpretazione storiografica e dei suoi modelli,* Napoli, 2002, p. 6ss.

[4・1・10] D. Mantovani, L'occupazione dell'ager publicus e le sue regole prima del 367 a. C., *Athenaeum,* 85, 1997, p. 578ss. "ager occupatorius" にテクニカルな意味が無いことを論証した P. Botteri, La définition de l' *ager occupatorius, Cahiers du Centre G. Glotz, II,* 1991, p. 45sqq. も参照.

[4・1・11] Mantovani, *op. cit.*, p. 591s.

[4・1・12] E. Gabba, Per la tradizione dell' hereditum romuleo, in : Id., *Roma arcaica* (＝*RIL,* 112, 1978), p. 228ss.

[4・1・13] E. Gabba, Storia e politica nei Gromatici, in : Behrends et al., edd., *Die römische Feldmeßkunst,* p. 407s. 年代記が共和初期に関して伝える ager publicus を巡る政治闘争は gromatici のテクストには影も形も存在せず (p. 401), Appianos と Ploutarchos のタームも gromatici と符合し, これらは軍事目的の colonia, viritim の土地分配, quaestor による ager publicus の売却, 同じくその賃貸, そして大規模先占, の五つであり, 結局最後のものに収斂する, という.

[4・1・14] Gabba, L'heredium romuleo, p. 233.

4・2

　しかしならば lex agraria は（5世紀の後半から始まらなければならない）われわれの探求の対象たる社会構造の変化と全く交点を持たないか．もちろん Gabba 自身そのようには考えない．確かに彼は5世紀のこととして盛んに伝えられる lex agraria の全てに懐疑的である．viritim タイプつまり個別的な土地分割・分配が行われている以上，plebs が patrici の ager publicus 占有を解体する lex agraria は不要であった[1]．しかし5世紀末に軍制の変化により無産の兵士達に stipendium が給されるようになり，彼らもまた入植を希望するようになれば，当然に征服地ないし ager publicus の分配を要求するに至ったであろう，というのである[2]．5世紀末の軍制の根本的改変を主張すること自体自明ではないが，これを含めて貴重な示唆である．

　まず解釈の対象となるのは，DH の王政期に関する部分に現れる土地分配記事である．II, 7, 4 では，Romulus が土地ないし領域を30に均等区分したことが述べられ，これらは curia に割り当てられるが，このとき「神殿・神域へと」（εἰς ἱερὰ καὶ τεμένη）取りのけられた他，「そのうえ公共のためにもなにがしかが」（καί τινα καὶ τῷ κοινῷ）取りのけられた，とされる．もちろんこれは ager compascuus はおろかおよそ ager publicus でありえない．明らかに都市中心の公共空間が概念されている．「均等区分」の強調は領域の結節点の解体を指示しており，おそらくは colonia 建設をモデルとして，およそ政治システム成立に際しての都市中心と領域の厳密な空間的区分がパラデイクマ上のリソースとして書き込まれているのである．

　これに対して Numa に関する II, 74, 2 は個々の占有を概念化したように見える．「各人の領する分を各人のために囲って記した」（ἑκάστῳ περιγράψαι τὴν ἑαυτοῦ κτῆσιν）というのである．境界と境界石が聖化され，Terminalia という儀礼[3]が設立される．公私のテリトリーが区分され，各自の分も定められると échange が起こり，また信頼・信用が醸成される．しかしながら，領域の上の真の占有がこのような境界を幾何学的に一義的に定めさせることはありえない．それは時々において明確とはいえ，政治的に決定されて動かされないものではなく，常に争われ不断に創り出される．するとこのイメージは，政治の存

立に関わる領域上の〈分節〉を端的に画像としたものである．そうした〈分節〉主体がそのまま政治システムを構成することはありえず，Romulus の事蹟のイメージのように，政治集団は何らかの組織を介在させて領域に関わる．さもなければ無分節集団の頭領の連合体の如きものになってしまう．とはいえ，最後の次元で Numa が描くような状況が現出しなければそれもまた政治システムとは言えない．Hesiodos におけるような領域の固い組織であり，そこでは各単位が極小化されていることを強い前提として単純な構造が成り立っていた．Numa のイメージに認められるのはこちらの側からの，Romulus のイメージに対する，対抗である．これもまた colonia モデルで描かれ，やがて現に colonia そのものはそうした役割を果たしたであろう．それは socii の第二次的政治システムであり，やがてそれは取引の空間となり，bona fides を発達させたであろう[4]．しかしいずれにせよ例解されているのは政治システムそのものであり，それが領域とどう向き合うかということである．

　もっとも，Numa に関する記述の中にはもう一つのモデルが現れる．Romulus のための軍事勤務に遅れて従ったが故に領域も戦利品も与えられなかった者達に土地を分与したというのである．その資源は「Romulus が領有していた領域および公共の領域から」(II, 62, 4: *ἀφ' ἧς Ῥωμύλος ἐκέκτητο χώρας καὶ ἀπὸ τῆς δημοσίας*) と表現される．しかしこの二つのカテゴリーは実質的に同一である．Tullus Hostilius に関する III, 1, 4 は，歴代王に属するものとして「相続」される領域の起源を Romulus の軍事的事蹟に基づくものとし，これは「公共の領域」つまり ager publicus ではない，とする．それを今 Tullus Hostilius は分配しようというのである．つまり実体は単一であり，性格は両極を往復する．分配されるときに ager publicus という極が現れる．それは分配を正当化する論理に関わる．Numa はそれを（Romulus のための）軍事勤務に求めた．Servius Tullius は IV, 9, 8 においてこの論理に雄弁な表現を与える．兵士達が獲得した土地を今有力者達が占拠している．これをその兵士達に分配しよう，というのである．つまりここには単一のパラデイクマのみが有り，かつこのモデルと先に見たモデルとの関係は断たれているのである．curia へと分割した領域の外に何か特別の王領地が有ったのではないかと思弁を巡らしても意味が無い．実際このモデルの正確な脈絡を，後に Scaptius という老兵士の口

を借りてわれわれは突き止めることになる.

以上のようなモデルはいずれも Liv. のテクストには姿を見せないものである. 王政期伝承を意識的に様々な政治的理論モデルの実験場とするジャンルの痕跡であると考えられ, われわれは Cic. Rep. II をその典型としてイメージしうる. これに対して DH と Liv. の歩調が初めて揃うのが, Sp. Cassius の lex agraria においてである. 「放置され富裕者によって保持された広大な公共の領域の若干」(DH, VIII, 69, 3 : ...τις χώρα δημοσία πολλὴ παρημελημένη τε καὶ ὑπὸ τῶν εὐπορωτάτων κατεχομένη) と「公共の領域でありながら私人によって占有され……た土地の若干を」"agri aliquantum quem publicum possideri a priuatis" (Liv. II, 41, 2) は完全に符合する. テクスト上に lex agraria, ager publicus, possessio の各語が揃ったことになるが, 既に述べたように Sp. Cassius の行為を特定して行けば行くほど端的な lex agraria は考えにくく, 彼の目的は Latini に連続する旧部族組織の原理によって穀物を供給し, むしろ軍事勤務の外で新しい領域への入植を保障することに在った[5]. もっとも, その限りにおいて領域への土地の分配に関わり, 領域上の組織原理, 領域の構造, にメスを入れる意図を有した. このために「最初の lex agraria」はここへ遡ったと思われる.

かつ, 遡りの経路は実は明白である. Rogatio Cassia のエコーを Liv. は几帳面に記していく[6]. 484 年, tr. pl. の活動の焦点はこの rogatio の実現要求である (Liv. II, 42, 6). もっとも, DH, VIII, 83-86 はこれを一切無視し, 彼の叙述は Volsci との戦争一色である. 続く 483 年, Liv. は引き続いた tr. pl. の活動は完全に中和されてしまうと伝え (II, 42, 8 : uana lex uanique legis auctores), DH, VIII, 87, 3 はこのため募兵拒否のトラブルが発生したと応ずる. 481 年, tr. pl. の Licinius (Liv. II, 43, 3) または Icilius (DH, IX, 1, 3) による lex agraria 要求が伝えられる. 480 年の tr. pl. たる Ti. Pontificius の lex agraria 要求は Liv. II, 44, 1 のみが伝え, DH, IX, 5, 1 は募兵拒否のみである. 479 年, 一転 consul の Fabius が先手を打って領域を分配しようと提案し, senatus に斥けられる (Liv. II, 48, 2). これも DH は無視するが, そしておそらくその Critique は正しいが, 重要な転調が有り, かつそれは(おそらく事実ではないとはいえ)重要なポイントに遡ったのである. しかし Liv. II, 52, 2 (476 年) は元の調性に戻り,

ただし tr. pl. は lex agraria をそこそこで切り上げ，diem dicere に及び，DH, IX, 27 はこちらだけ伝える．Liv. II, 54, 2（474 年）に Sp. Cassius の動機は再度現れるが，DH は無視する．要するに Sp. Cassius の遺産が地下に潜り，領域占拠の支配的な形態に抵抗する，これがやがて十二表法を実現する運動体として浮上する，この経路を lex agraria が遡上するのである．しかし DH はこれに少なくとも懐疑的であり，下流の遡上出発点に有るのは何か別のことであると認識している如くである．その証拠に，Fabius の提案を彼は切り捨てる．するとこれは何か別物で，下流で別途現れる代物である．

　以上のことを自白するかのように，470-469-467 年を最後に Liv. はこの一連の記事に終止符を打つ．十二表法ないし十二表法後には繋がらないということである[7]．470 年，lex agraria に反対する Ap. Claudius の訴追が始まる（Liv. II, 61, 2）．469 年，plebs はそれでも引き伸ばされるのに耐えられない，ところで突如仕組まれたかのように Volsci との戦争が始まる（Liv. II, 63, 2ff.）．その結末は Antium への colonia 建設（467 年）である（Liv. III, 1, 3）．Liv. はここで II, 48, 2 すなわち Fabius のテーマを意識的に duplicate させる．Aemilius に対し先手を打って要求をかわすという動機を再現させる．rogatio Cassia も Fabius の動機も Antium への colonia 建設も緩く同一である，という Liv. の理解が主張されていることになる．DH も久々に lex agraria に明示的に言及する．そればかりか Aemilius とこれに反対する Ap. Claudius の間の論争を再現して見せる（IX, 51, 1ff.）．これも強く Gracchi の時代のタームによって彩られており，rogatio Cassia の時期の論争を伝える記事と同様の史料批判が妥当するように思われるが，しかし DH は問題が異なることを明確に概念化している．つまり，かつて反対の理由が従軍していない分子に対してどうして領域への権利を与えなければならないかであったとすれば，今回は，戦利品と土地を与えたその従軍した分子が貧窮化したからといって自己責任であり，それを何故救ってやらなければならないか（IX, 53, 1ff.），である．裏を返せば提案の趣旨も正反対であるということになる．王政期に関する記述の中で示されたモデルが軸として作動し，二つの lex agraria の性格の違いがクリアに表現されているのである．さらに，従軍した兵士達に端的に土地を与えるというモデルは一旦拒絶され，そして Ap. Claudius 訴追後にあらためて実現した措置は単純な復活で

はなく，何かさらに別のものである，という区別をDHのテクストは概念している．そればかりではない．rogatio Cassiaは例のモデルに照らして正規のlex agrariaではない．今そのモデルの発動の圧力が初めて表に出て来た，最初は一旦拒絶された後に何か別の方向にそらされた，しかしやがて将来本来の形で立ち現れることになるであろう……．

Volsciとの戦争，Antiumへのcolonia建設，一旦の収束，であったとすれば，圧力はまだ本物ではない．胎動は微々たるもので，plebs自身がrogatio Cassiaにおける自分達と現在の自分達を区別しえない．何時の間にか対岸に来てしまっているにかかわらず．Fabiiでさえ後の自分達を投影してのみ実は既にそうだったと意識しうる，ということに気付かない．いずれにせよ仮の収束はもちろん部族原理の復興ではない．Latini/Volsci間の亀裂を突いてVolsciを排除した，その後にLatiniの組織原理を復元する，のでは実はなく，新しい領域の周縁にむしろVolsci型の，ただしローマの都市—領域関係をミニチュアで実現したタイプの，colonia[8]を配置するのである．Coriolanusのブリッジがむしろあらためて生きる．

〔4・2・1〕 Gabba, Storia e politica nei Gromatici, p. 408.
〔4・2・2〕 E. Gabba, Esercito e fiscalità a Roma in età repubblicana, in : Id., *Del buon uso della ricchezza. Saggi di storia economica e sociale del mondo antico*, Milano, 1988 (=AA. VV., *Armées et fiscalité dans le monde antique*, Paris, 1977), p. 127.
〔4・2・3〕 cf. G. Piccaluga, *Terminus. I segni di confine nella religione romana*, Roma, 1974.
〔4・2・4〕 cf. I-〔3・4・4〕.
〔4・2・5〕 Gabbaの史料批判にもかかわらずHermon, *Habiter et partager*, p. 107sq. はrogatio Cassiaを復権し，征服地のoccupatioにつきcolonies fédérales (Sp. Cassius) とassignations viritanes (senatus) の間で揺れたと見る．或る意味で対立軸はその通りであるが，frumentatioしか操作の手段が無くdivisioが問題とならない段階でlex agrariaを先取りして読み込んでもディアクロニクな混乱を増すばかりである．
〔4・2・6〕 A. Manzo, *La lex Licinia Sextia de modo agrorum. Lotte e leggi agrarie tra il V e il IV secolo a. C.*, Napoli, 2001, p. 48ss. はrogatio Cassia以下の「lex agrariaの試み」をほぼ全面的に復権する．共和初期の「閉鎖的」経済への後退とともに土地への関心が高まったというのである．後退したのは史料批判であろう．既にSerrao, Lotte per la terra cit. がそうであった．
〔4・2・7〕 Hermon, *Habiter et partager*, p. 111sqq. は十二表法の前後でlex agrariaの性格が大きく変化することを指摘する．しかしながら，そもそも史料の性格が全然違ってくるのである．
〔4・2・8〕 片岡輝夫「Livius, VIII, 14, 8 と IX, 21, 10 : ローマ初期の市民植民市Antiumの社会構造」同他『古代ローマ法研究と歴史諸科学』(1986), 註6, 17頁以下の詳細な諸学説批判を参照．"colonia" は，実際特に元首政期のニュアンスにおける諸都市分類の道具ではなく，(内実は様々な) 様々な類型の「都市」建設であり，とりわけ古い時代に帰せしめる伝承は，

しばしば moitié 軍事化組織の拠点形成を意味した．これは共和初期の領域の構造に適してその下部に嵌め込みうるから，"colonia civium Romanorum"つまり後の socii 形式拒否という含意に簡単に繋がる．ちなみにこの時の Antium の colonia は広範な領域も海の組織にも手を付けえない島のようなものであったと思われる（cf. infra）．

4・3

　十二表法後も一見 lex agraria の行進はそのまま淡々と続くように見える．しかし 467 年の colonia 建設後年代記は実はしばらく lex agraria を伝えず，十二表法を巡る動きは第一次 secessio の時と様子が異なる．470 年代以前の lex agraria が伝承上の蜃気楼であるとすると，実体と蜃気楼の間にあるはずの隙間は十分である．次に Livius が伝えるのは 424 年を待たねばならない（IV, 36, 2）．以下しばらく lex agraria 要求が続くが，よく見るとこれも決して実現しない．

　それでもこの一連の記事の文脈を探るとき，われわれは初めて lex agraria の本体に遭遇するのである．lex agraria が初めてアジェンダに上ったのはこの時代であると断定しうる．決定的に重要であるのは 446 年の記事である[1]．かの Ardea/Aricia 間対立の年である．ローマはこの両都市の間の領域紛争の仲裁に入る．Ardea は 443 年に例の娘の事件を控えて転機に立つ．そのときのようにローマが Ardea の側に立つかと思いきや，何と結局どちらにも軍配を上げず自分達の ager publicus とする決定を下すのである．仲裁を評決しようとすると突然 Scaptius という plebs 出身の老兵士が立ち上がり発言を求める（Liv. III, 71, 4）．「問題の係争地においてこそかつて私は戦った」（in eo agro de quo agitur militasse），「Corioli の近傍で戦われたあの戦いだ」（cum ad Coriolos sit bellatum），「係争地はかつて Corioli に帰属していた，Corioli が攻略された後は戦争の法に従ってローマ国民の共同の領域になったはずである」（agrum de quo ambigitur finium Coriolanorum fuisse capitisque Coriolis iure belli publicum populi Romani factum），それを Ardea や Aricia が自分のものであると主張するとは驚きだ，体を張って戦った自分達が今や老いてこのように貧困にあえいでいるというのに……．この発言が仲裁者にあるまじき結論へとローマを導いてしまう[2]．驚くのは読者の方であり，plebs の方が何と Ap. Claudius や Coriolanus の如き反 Sp. Cassius の性格の論陣を張り，しかもそれ

が ager publicus 支持なのである．つまり私的簒奪を許さないというのである．その先に lex agraria が有ることは疑いない．そればかりか，相手方に何と Sp. Cassius の側に在ったはずの Latini が居るのである．彼らの領域占拠こそが plebs のそれを排除する簒奪であると主張されている．確かに duplication が疑われるほど構図は変わらず，Corioli への言及は Coriolanus を強く示唆する強力なレトリックである．しかし plebs と lex agraria 要求は反対の極に回ったのである．Fabius/Aemilius の怪しい譲歩が伏線として効いてくる．反 Volsci は反 Latini にエスカレートしたということになる．

　さてしかし，Scaptius の思惑ははずれてしまう．442 年，Ardea の内紛を解決した後，senatus は先年の裁定を恥じ，弱った Ardea を対 Volsci の観点から補強するという名目の下に植民者 coloni の登録を行う（Liv. IV, 11, 4: palam relatum in tabulas）．しかし「Romani より遥かに大きい部分を Rutuli（つまり Ardea の人々）が占める形で登録が行われ」（multo maiore parte Rutulorum colonorum quam Romanorum scripta），「しかも恥ずべき裁定によって横取りされた土地がもっぱら分割・分配されるようにした」（nec ager ullus diuideretur nisi is qui interceptus iudicio infami erat）ために，ローマ側には Rutuli に行渡った残りが配分されただけであった．Ardea に「colonia を設営すべき三人委員」（triumuiri ad coloniam deducendam）が任命されたものの，事実上領域が Ardea に返却されたのである．この措置はもちろん plebs の怒りを買ったが，それは「同盟者 socii に領域を分配したため」（agro adsignando sociis）である．441 年，tr. pl. は「土地を plebs に分配する件で」（de agris diuidendis plebi）senatus を動かすことに失敗する（Liv. IV, 12, 4）．このテクストにおける socii の語は重要である．仲裁の iudicium そして infamia といった概念と連動している．この伝承が生き残った通路をなす屈折体の所在を示す．

　そして 424 年以降の動きは全て Ardea で例解されたパラデイクマに従う[3]．424 年のキャンペーンは Livius によって「公有地を分割し植民都市 colonia を送り領域の占有者に公租 vectigal を課して兵士への報償 stipendium のための金銭をまかなう」（Liv. IV, 36, 2: agri publici diuidendi coloniarumque deducendarum et uectigali possessoribus agrorum imposito in stipendium militum erogandi aeris）というタームで記述される．421 年にも lex agraria はアジェンダの上に

4　lex agraria

有り (43, 6)，420 年には "de agris diuidendis" が senatus へ正式に上程される (44, 7)[4]．彼らの視線の先には具体的な獲物が捉えられている．419 年 Aequi がまたしても戦闘準備に入り，そしてこれに Labici が初めて (noui hostes) 加わる (Liv. IV, 45, 3ff.)．ローマは Labici に外交使節を派遣するが，確信が持てないので，Labici 方面で蜂起の動きが起きないかどうか監視する「任務を Tusculum の人々に与えた」(Tusculanis negotium datum)．Labici は Tusculum の足下，Praeneste と挟む谷の奥に Aequi を臨む地点に在る．第一次的に Tusculum の領域の問題であり，これにローマないしひょっとすると Latini の組織が関与しているのである．418 年，軍事的成功は lex agraria の期待を抱かせるが，senatus はこれを阻止すべく先手を打って ager Labicanus に colonia を建設し，ここに 2500 人の coloni を 2 iugera の土地と共に登録する，という決定をしてしまう (Liv. IV, 47, 7)．これは lex agraria でなく，反 lex agraria である，ことになるが，この点は直ちに一層はっきりする．417 年，tr. pl. が「敵から獲得した領域は個人個人に (viritim) 分割すべし」(ut ager ex hostibus captus uiritim diuideretur) という rogatio を提出するのである (48, 2)[5]．Livius は，この平民会議決により nobiles の大部分の土地が収公されかねない，何故ならばほとんどが敵から奪った土地であるのであるから，と解説してみせる．タームが mutatis mutandis に新しいものに置き換えられているとはいえ，rogatio の標的が領域の現状たる特定の形態として把握されていることは注目に値する．かつ ager Labicanus の 2500 人の coloni はこちらの側に属する．これ自身決して古い形態ではありえないにもかかわらず lex agraria がさらにこれに異議を唱えるからである．Scaptius のパラデイクマはかくしてここでも完全に作動する．"viritim" こそは Scaptius の主張する入植であり，すると 2500 人は反対に Tusculum を中心として多くの Latini を含むはずである[6]．実質は Tusculum 基幹領域の自律的再編である．

　すぐに続いて 415 年 Labici のさらに先で ager Bolanus 問題が出現する．Bolani は Aequi の一単位と見られる (Liv. IV, 49, 3) が，単独で「隣接の ager Labicanus へと」(in confinem agrum Labicanum) 侵入しては新しい coloni を脅かす．しかし簡単に撃破され，tr. pl. の一人が colonia を提案する．「Labici に対するのと同じように」(sicut Labicos) と Livius は混乱した解説を付すが，

これが同僚達によってブロックされ，しかもそのときに senatus の承認が条件として持ち出されていることから，これは別方式の colonia であり，むしろ lex agraria であろう．事実，翌 414 年 Aequi によって奪還されたため Postumius 指揮下の部隊が派遣されると，激しい衝突が起きる (49, 9ff.)．Postumius は兵士達に（約束した？）戦利品を取らせず紀律を押し付ける．ローマに帰る彼を持ちうけるのは，前年に「lex agraria を提案した」(legem agrariam ferenti)，「Bolae にもまた同時に coloni を送ってみせると言った」(simul Bolas quoque ut mitterentur coloni laturum se dicenti)，「何故ならば Bolae の都市中心と領域は武器を取ってこれを攻略した者達のものであってこそ相応しい」(dignum enim esse, qui armis cepissent, eorum urbem agrumque Bolanum esse) と言った，例の tr. pl. である．Postumius はこれと正面から衝突したばかりか，総攻撃を受ける．おそらく再び暗躍しつつある Ap. Claudius（息子）のような patrici 強硬派を含むと思われる．いずれにせよ，これはまさに Scaptius の論理であり，Labici への colonia とまさに衝突したものである．すると Bolae に向けて提案された colonia は正反対の性格のものであったことになる．Livius の叙述は Postumius についての悪意ある描写，しかしながら対する兵士達の獰猛さを言う Postumius の発言の鋭さ，の双方において熱を帯び，ここから発する屈折体が活発に動いた時期に Livius のソースが形成されたことを推定させる．そして Postumius はついに最後石打の方法によりリンチされ殺されてしまう (50, 5)[7]．翌 413 年，波は収まらず lex agraria への圧力は強い (51, 4)．圧力を程よくかわすために，「ager Bolanus の分割という緩和剤が投げ与えられる」(delenimentum animis Bolani agri diuisionem obici)．つまり Labici 方式ながらもう少し多くローマから兵士を混ぜようという調合である．再び Livius は mutatis mutandis にアナクロニズムを使って事態を増幅して見せる．かわそうとした対象は「公有地の不法な占有から patres を駆逐しようとする」(possesso per iniuriam agro publico patres pellebat) ものであったし，反発は，連中は固く保持してきた「公有地をそのまま保持するばかりか」(non in retinendis modo publicis agris) 取ったばかりの「空洞の領域さえをも plebs に分割しない」(ne uacuum quidem agrum plebi diuidere) のか，というものであった，と．征服地ばかりか旧来の領域の全てが念頭に置かれる．基準は不法な占有である．

4　lex agraria

占有はしているが正しくない仕方を通じてであるというのである．そのときは分割され直すべきである，その前提としてそれは ager publicus である，というのである．征服地には占有は成り立っていない．したがって自動的に分割されるべきであるのに，ここもその手続なしに占有していくつもりで，けしからぬ，と畳み掛ける．要するに既存の占有か特殊手続による新占有かであり，後者が lex agraria であるが，全てはどちらが正しい占有かであり，占有が唯一の軸になっているのである．既存の占有が弱ければ lex agraria に脅かされるが，確立されていれば lex agraria こそ破壊であるということになる．Labici-Bolae 方式は（Bolae について緩和された形の）自生的占有形成・追認の方法であり，これを破壊しようとする意識ももはや決して共和初期の領域の形態を志向するものではない．逆に「不法に占有している」側とてそれを残存させている積もりは無い．

412 年 Icilius の lex agraria キャンペーンが有り（Liv. IV, 52, 2），410 年 Menenius の同種のキャンペーンについて Livius は，「もし不正な所有権者 domini が公有地の占有を譲るというのならば」（53, 6 : si iniusti domini possessione agri publici cederent）募兵拒否を解いてもよい，という表現を与えている．Verginia 伝承において Livius が選んだ語彙と一致する．ager publicus とされ（分割され）ることをアプリオリに免れるはずの占有もこの特権を放棄して占有審査の対象とするならば，という趣旨（アナクロニズム）である．Labici-Bolae 方面に限らず（Fidenae-Veii 方面や Volsci-ager Pomptinus 方面等）この時期にローマの最初の固有の領域のすぐ外側に新しい問題が発生し，そこで初めて lex agraria が明確な概念を獲得した．そして Livius の表現は，その意識的なアナクロニズムにもかかわらず，そこで既に占有概念が機能していたことを示唆しており，410 年代の lex agraria 要求とこれを振り切る colonia 建設は占有概念が領域に具体的な形姿を与え始めるその terminus ante quem をなすと考えられる．

なおかつ，以上のことが言えるとするならば，"ager publicus" という語さえ有ったかどうかはわからないが，有ったとしても "ager publicus" は決して ager compascuus の如き共同利用地を指さず，軍団の兵士達が自分達の入植のために先行の土地保有形態の解消を迫るときにその対象領域を指示するにとど

まる，ということになる．これを "ager occupatorius" という語によって後に指示するようになるとしても，それは正確かどうかわからない．何故ならば，そのように区別された領域が初めから別に存在しているわけではなく，ローマの領域の全てが潜在的に指し示されているからである．それは共和初期の領域の性質に由来する．年代記が Ap. Claudius や Coriolanus の口を通して盛んに語らせる点である．軍事組織の構成員が既存のテリトリー上の組織を破壊して入植しているというメカニズムである．Scaptius が語らせる論理はまさにこれである．如何にその性質が変質し，創ろうとする領域の性格が正反対のものになっていようと．確かに，これからローマが本格的に組織しようとする領域にヨリ大きな適用可能性が有る．しかし言わば内に向かって発動されることも妨げられない．基準が有り，また民会の議決を要するにせよ．何よりもこれから創られようとする領域はもちろん何らかの意味で通常のローマの領域であり，他方破壊されようとする土地保有の形態は特殊な平面の上の特殊なものではなく，あらゆる形態を含みうる通常のものである．これに必ず（後に）"possessio" という語が用いられるのは，これから創り出そうとする形態が "possessio" であるからであり，これを反射して解体さるべきものが「不法な possessio」として概念化されるためである．possessio が軸をなすのである．"possessio" が元来もっぱら ager publicus 上のものであるという Niebuhr の偉大なる幻影はかくして朝露のように消える．

〔4・3・1〕 Manzo, *La lex Licinia*, p. 86 も Hermon, *Habiter et partager*, p. 111sqq. も風向きの変化に気付く．しかしいずれも「変化」の内容につき鮮明でない．Hermon は共に "gentilice" なタイプの土地占拠の二類型たる dominium と（ager publicus 上の）usus に（十二表法後）分節して樹立される体制の表現を見る，つまり Scaptius の発言を usus から "viritane" な分配へという（"gentilice" な）道筋の主張と見る．しかし Scaptius の表現が如何に共和初期を彷彿とさせようとも，もう全く違う基盤のものであり，同時に反対側の「同盟型植民都市」方式もむしろ先端的な方策に転身している．だからこそ記事の波長が違ってくるのである．

〔4・3・2〕 民会それも comitia tributa が外交上の案件を扱った，というので学説が概して信憑性を否定することについては，cf. S. Borsacchi, La vicenda dell' agro Coriolano, in: Serrao ed., *Legge e società I*, p. 197ss. Borsacchi にもかかわらず信憑性は有っても手続はまだ正規ではなかったとわれわれは考える．そして仲裁ではなく lex agraria だからこそパラデイクマ上場面が急に民会になる．ager publicus 設定につき民会の裁可が必要であるという準則の先触れである．

〔4・3・3〕 cf. Hermon, *Habiter et partager*, p. 114sqq.

〔4・3・4〕 これらにつき，cf. A. Santili, Le agitazioni agrarie dal 424 a. C. alla presa di Veii, in:

Serrao ed., *Legge e società I*, p. 284ss. lex Cassia の延長線上に捉え，Corioli での転調に気付かない．

〔4・3・5〕 cf. Santili, Le agitazioni, p. 295ss.; Manzo, *La lex Licinia*, p. 94. J. Gagé, "Rogatio Maecilia": la querelle agro-militaire autour de Bolae en 416 av. J.-C. et la probable signification des projets agraires de Sp. Cassius vers 486, *Latomus*, 38, 1979, p. 838sqq. は "viritim" の背後によく Scaptius を見るが，例によってこれを反対側の Sp. Cassius と混同する．辺境への入植が有する（それでいて反 Tusculum, 反 Quinctii と解される）軍事的性質を Bolae にも Sp. Cassius にも見ることはできない．

〔4・3・6〕 M. Humbert, *Municipium et civitas sine suffagio. L'organisation de la conquête jusqu'à la guerre sociale*, Roma, 1978, p. 63 が "colonia Latina" ないし "une colonisation mixte" として優れた理解を見せる．5 世紀の lex agraria の実体を全体として否定する論述の中でこの認識が出る．ただし彼はこれをまさに lex agraria と言われるものの実体とするので，本当の lex agraria が反対側で初めてこの時期に牙をむき始めているのに気付かない．

〔4・3・7〕 cf. Santili, Le agitazioni, p. 300ss. Bolae 方面の領域上の関係に全く注意を払わない．

4・4

さてしかし反対側の，Ardea や Tusculum と協力して新しい領域を築く路線の意義をどのように評価すべきであろうか．かつて，Scaptius のディアクロニクな先行ヴァージョン Coriolanus を前にして Ardea/Tusculum のディアクロニクな先行ヴァージョン Sp. Cassius と Nomen Latinum は排斥された．同じ構図が繰り返されていること，くすぶり続けた Sp. Cassius の遺産が無駄ではなかったことは疑いないが，新しいその実体は何か．今回はむしろ新しい指導層中枢の支持を得ているように思われるが．

Foedus Cassianum はいずれにせよ決して廃棄されたわけではなかったと考えられる．致命的な場面で相互援助条約が作動した形跡すら存在する[1]．しかし内部の部族組織路線は切り捨てられ，Volsci との間に modus vivendi が確立されてからは対 Volsci 軍事リソースとして Latini が積極的に必要とされることも無かったと思われる．これに対して十二表法後に明らかな風向きの変化が有り，十二表法自体への寄与，tr. pl. 制度化への加担，の点は定かではないが，Latini は新しい領域形成のむしろ主役とさえ見なされる．Foedus Cassianum が新しく解釈し直されたとして決して奇妙ではない．しかるに DH, VI, 95 (ed. Jacoby) が伝える foedus の内容であるが，和戦の共同，軍事的相互援助，と並んで戦利品の共有が規定されるのは Sp. Cassius と frumentatio 問題の脈絡で十分理解できるとして，さらにもう一つ注目すべき内容が記される．「私人間の

契約に関する裁判は十日以内に，契約締結がその人達の前で行われたその人々のところで行われる」(τῶν τ' ἰδιωτικῶν συμβολαίων αἱ κρίσεις ἐν ἡμέραις γιγνέσθωσαν δέκα, παρ' οἷς ἄν γένηται τὸ συμβόλαιον). foedus そのものの設立 exemplum は Tarquinius Superbus が Gabii を陥れた出来事に遡る．この時意外にも T. S. は Gabii の都市中心を温存すると同時に「各人が有した資産を保障するとともに彼ら全員に対してローマ市民と同等に扱われる権利（isopoliteia）を授与した」(DH, IV, 58, 3: καὶ τὰς οὐσίας ἃς ἔχουσι συγχωρεῖν καὶ σὺν τούτοις τὴν Ῥωμαίων ἰσοπολιτείαν ἅπασι χαρίζεσθαι) のである．DH は，財産を保障して支持を取り付けたと動機を推測するが，財産に対する固執は尋常ではない．"isopoliteia" という術語については Humbert の優れた研究[2]が有り，決して DH の的はずれなギリシャ的理解ではないことが確実である．ヘレニズム期のギリシャで発達する制度との間の緻密なアナロジーが存在し，市民権付与による組み込みでもなく，劣格市民権付与でもなく，対等かつ相互的に相手の市民権を尊重しつつ自都市で実質的に完全な保障を与える，というものである．政治的権利を切り離して初めて概念しうるものであり，初め metoikoi に対する完全な財産保障をクロスして相互に認め合うことから出発し，やがて包括的に相手市民全員に土地保有を含む財産権の全てを認容するに至る[3]．これをパラデイクマとして引きうるとすると，Gabii が exemplum として選ばれる理由は明白である．Etrusci 王権が早くに例外的に本格的な領域経営に乗り出した場所であるとすると，既存枝分節体解体のシンボルでありうる[4]が，Romulus 伝承群において或るニュアンスの中間政治組織を担うようになる前にも，潜在的に，領域上にいきなり無分節体が林立する方向の対極に立つものであった．とはいえ決して領域に政治的な意味の独立の組織を認める趣旨ではない．こうして，領域の側にあって一種の都市を形成しつつ取引の中心となっていくタイプの組織がイメージとして発芽していく．遡って Romulus の生い立ちに関わるばかりか，T. S. 伝承に逆流し，実はその保障は奸計に基づく虚偽のものである，という怨嗟まで織り込まれる．取引圏として都市で重要なのは信用である．だからこそ Gabii は Dius Fidius 神殿の étiologie を供給するばかりか foedus のそれの受け皿となるが，後の時代のそのような審級の脆さも表現されていくのである．

そのように考えると，symbolaに関する国際私法的規定とousia資産という表現は重要であり，戦利品に限定されることとも相俟って土地に対する権利を排除するという概念が濃厚である．そうでなければこれらが政治システムのパラデイクマに属しその効果の一つであることが理解されない．事実これはlex agrariaの方の屈折体において面白いエコーを生ぜしめ，Tullus Hostiliusに関するDH, 29, 6は，Alba解体後に同じような財産保障が行われたが，このとき土地保有の保障が中核であった，という．まさにArdea/Tusculumのパラデイクマがここに在る（AlbaはもとよりNomen Latinumの古の本拠である）ことになるが，そうすると翻ってFoedus Cassianumは都市／資産／契約／信義連関へと方向付けられる（しかもそれが虚偽だと非難される）前に領域に対する権利の相互保障の方向にも少なくとも一時期解釈されえたのである．

すると，Ardea/TusculumないしLabici/Bolae方式においてLatiniの入植が混合的に認容されることの意義は単なる何かの譲歩ではありえない．遠いその論拠たる条約と同盟も併合前の単なる抵抗の道具ではありえない．軍事同盟が転じて何か領域の側において資産や土地保有といった「財産関係」を紡ぎ出しているのである．5世紀末，さしあたり問題は土地保有である．ローマが占有原理に基づく新しい領域の構造を創り出そうとしていると仮定して，どうやらこのためにLatiniとの協力，何かそうした多元性，が有効であると考える路線（そしてこれに強く反発するブロック）が有ったのである．さらに大胆に推論すれば，〈二重分節〉のためにこそこの多元性が決定的な役割を果たすと考える屈折体がディアクロニクな延長を横たえようとしているのである．

しかしそれにしても，何故多元性は〈二重分節〉に有用であるのか．第一の手掛かりはconubium通婚権である．「Verginia」においても「Ardeaの娘」においても身分間の対立と閉鎖，これを打破する婚姻の関係，が無ければパラデイクマを支える構造は崩壊する．通婚禁止とconubium獲得の二つのモーメントは不可欠である．Decemviriと直後のlex Canuleiaはセットでそれぞれを不滅のものとした．他方後の定式に至るまで同盟関係の柱の一つはconubiumとされる．「国際間の」通婚である．これを具体的なパラデイクマとして，次に進んでわれわれの理論的図式に沿って考えれば，〈二重分節〉体制 $Aa_1Bb_1Aa_2Bb_2$ においてA-Bの〈分節〉のみならずABレヴェルとabレヴェ

ルの分節は決定的に重要であった．もしこの二つの〈分節〉的関係がそれぞれ条約によって裁可された対等な「国際的」関係であった（patrici と plebs は互いに外国人であった）ならばどうであろうか．APBPAQBQ，今二つの〈分節〉関係と言って区別したばかりの次元の区別を知らない，シメトリクな，しかし立派な〈二重分節〉システムである．問題ごとに何らかのルールによって AB か PQ の政治システムに裁判を仰げば済む．Labici/Bolae へは，Romani は PQ として，まるで Tusculani たる AB の領域に isopoliteia を頼りに入って行くように，入植するであろう．逆に Tusculani は AB として，まるで Romani たる PQ の領域に isopoliteia を頼りに入って行くように，入植するであろう（このときむしろ PAQAPBQB）．colonia Latina はこのような不思議なシステムである．

なおかつこのシステムであるならば Verginia モデルないし特に「Ardea の娘」モデルの致命的な弱点を払拭しうる．Ap. Claudius と M. Claudius の関係の如き表見的で実の無い危険な「二重分節」が通用する弊害である．儀礼すなわち形態だけで保障されるしかない社会構造の脆弱性である．その可塑的形態の要所要所を釘で打ちつけるようにして政治的外交的関係に至った同盟を使う，しかも相互にクロスして関係を結ぶ，というのは部族組織の，見違えるような高度な応用である．〈二重分節〉は確かに部族をディアレクティカの資源とする．こうしてローマの新しい領域はギリシャ・デモクラシーの二重の政治システムとは全く違う不思議な同盟体制の中で実現されていく．

もっとも，逆に Verginia モデル本来の柔軟性と自由度，形態を次々に作り出しうる無限の可塑性，法に固有のこの性質，は何ほどか減殺される．現にわれわれは Labici への viritim の入植に際して 2 iugera のみが割り当てられるのを見た．辺境の軍事的 colonia のようにその地に降りてみれば単純な小さな〈分節〉体制しかないのである．2 iugera は〈分節〉単位に与えられる最小保障の数字である．Mommsen が Romulus の heredium をそう解したように各〈分節〉集団にとっての都市中心の抹消禁止のベース・拠点でしかない．AP や BQ は一つ一つ取ってみればそのような単位である．余りにも直接に政治的過ぎるのである．この方式はやがて克服されていく．遥かに大きなダイナミズムの中に消えていく．それでもその記憶が払拭されないのは，後にまた全然別

のヴァージョンで甦り新しい〈二重分節〉を支えるからである．

〔4・4・1〕 Ap. Herdonius 事件は顕著な例である．cf. Liv. III, 15f.; DH, X, 14f.
〔4・4・2〕 Humbert, *Municipium et civitas sine suffagio*, p. 86sqq.
〔4・4・3〕 cf. Humbert, *Municipium et civitas sine suffagio*, p. 123sqq.
〔4・4・4〕 Humbert, *Municipium et civitas sine suffagio*, p. 76sqq. は，王政期の併合政策が Gabii, Latini, Hernici を相手に一旦同盟路線に転換されそのまま5世紀末の一連の「同盟による植民都市建設」に至るとするが，Gabii/Foedus Cassianum 間にさえ鋭い亀裂が有り，そして Gabii 以前はエコーにすぎない，とわれわれは考える．その上，Foedus Cassianum と5世紀末までの間に大きな hiatus が有る．Gabii 以後ずっと続いた同盟路線が Veii 後一気にそして一回的に併合路線へと転換してそれきりであるという Humbert の大きな歴史像には与しえない．後述のように Labici/Bolae 方式の切り捨てと Nomen Latinum 解体はそれ自身固有の大きな事件であるが，さらなる対立のヴァリエーションを経て4世紀半ばに初めてヘゲモニーを一旦握る．

4・5

Labici/Bolae 方式は軍団兵士の入植の可能性を大きく減殺する．その上，軍事作戦の性格からして十分な戦利品の取得は見込めない．Liv. は446年以降間歇的に（例えば「Ardea の娘」の事件におけるように）Nomen Latinum 大のテリトリーから Aequi と Volsci を掃き出す作戦について記す[1]．彼らは Algidus, arx Carventana, Verrugo といった部族の軍事化拠点たる要塞を作り出しては[2]ローマの軍事組織をてこずらせる．しかし406年遂に Volsci の拠点 Anxur を攻略したとしても，Latium 南端の海岸のこの急峻な地は（海上軍事組織に開かれているにせよ）同種の拠点である以上，Liv. のソース（究極的には Fabii）が幾ら強調しても戦利品は高が知れているのである（IV, 59, 10）．だからこそこの年 senatus は senatus consultum を以て「兵士達は公の財源から報償を受け取るべし」（59, 11 : ut stipendium miles de publico accipere）と定め，stipendium という制度がこうして設立される．Anxur を攻めた軍司令官 Fabius は他の部隊の到着を待って戦利品奪取を許可した，と伝えられ，兵士達は大いに潤った如くであるが，一見明らかに stipendium の記事と矛盾する．しかしこの記事のポイントは，戦利品を統一的に「公売」した点に有り，それは今や一律に分配された．これが「stipendium にとってのパラデイクマ」として Fabii によって伝承されたに違いない．Liv. は plebs が狂喜する様を述べる（60, 1ff.）が，これはまさに colonia において Latini に後れを取るあの plebs の

不満を緩和する代償であったからで，軍団経由でなく元来の近隣の土地保有者が入植し，したがって戦利品が極小的にしか得られない，ことを裏から証明する．また，そうすると財源のための負担は既存の占有者にかからざるをえないが，Liv. は，唯一 tr. pl. だけがこの点を見通して喜ばず，「分担金」tributum[3] なしでは（nisi tributo populo indicto）ありえないだろうという予測をした，と状況を描き，事実そのようになり，しかも鋳造銀貨（argentum signum）が無かったので計量銅貨（aes grave）を以てする以外になかった，と述べる．

実際この変化は，資産は有ってもフローに欠ける者の軍団勤務を容易にしたというにとどまらない．frumentatio の形態を取っていた戦利品取得・入植資源確保が今，〈分節〉的であるばかりか，初めて〈二重分節〉的になり，各党派間での〈分節〉から，個人個人への厳密な配分になってきた，ということを意味する．Fabius のパラデイクマは狭くはここに関わる．しかも取る「戦利品」は穀物の量目に換算されるのでは足りず，もっと普遍的な尺度による必要が有る．「供出物を端的に売却する」という方式をとるわけには行かないからである．tributum が様々な（形態を取る財からの）果実を実体とするとき，これを換算しうるのは貨幣以外にない．しかも貨幣さえ有ればよいというのでなく，その前に，果実の基礎となる様々な種類の基体を一律に評価しなければならない．「まず senatus が信用の頂点たるべく財産評価（census）に応じて負担したので，plebs の有力者達，nobiles の盟友，も一致して支払い始めた」(Cum senatus summa fide ex censu contulisset, primores plebis, nobilium amici, ex conposito conferre incipiunt) と Liv. は記す．明らかに今や tributum に応ずる方にも plebs が大きく含まれるが，その前に census が論理的に不可欠なのである．

Liv. IV, 8, 2 は 443 年に「久々の census」が行われたばかりか初めて二名の censor が選出されたことを伝える[4]．これは，装備の能力に従って軍事編成する共和初の Servius Tullius モデルを克服する必要が感じ取られた兆しである．censura は軍事化のルートとは一旦独立に census を遂行するための官職である[5]が，最初の二人に関して伝承は混戦している．前年の 444 年に初めて consul に替わって 3 名の tribuni militum consulari potestate（consul 権限保有の部隊司令官）が選出されたのであるが，これを儀礼上の瑕疵のため augures が

4 lex agraria

無効としてしまった (Liv. IV, 7, 3). こうして interregnum に入り patres に imperium が戻るが，ここで TMCP を選びなおすか consul に戻るかの争いが生じ，結局 Papirius と Sempronius が consul となる．Liv. は，まさにこの二人が翌年 censores となったことにつき，誰もなり手がなく短期の consul に終わった二人に代償を与えたのではないか，と不思議な推量を加える (8, 7). しかるにそもそも前年の「TMCP から consul への交替」自体，既に述べたように独立のソースからの推論の産物である．例の裁定に不服である Ardea からの使節に senatus が「我慢をすれば悪いようにはしない」と密約したその foedus の署名を Licinius Macer が発見し，Iuno Moneta 神殿の記録 Libri Lintei で確認したのである (7, 12). Licinius Macer の暴露は lex agraria の側に立って Rutuli 編入の陰謀に刃を向けている．そしてそれは TMCP 体制自体の虚偽に向かい，その論拠として影の consul が非軍事的に動いた，それも翌 442 年の Rutuli 編入手続への関与であった，というのである．「ager publicus の管理」は後に censor の職権となる．Iuno Moneta 神殿は財政に関わる．軍事化の手続が TMCP に一瞬逃げた隙を突いて二名の consul が二名の censor に化けたのである．443 年の TMCP は当初 hapax である．伝承上は無効とさえされている．おそらく実際の最初の censores は 435 年を待たねばならない (Liv. IV, 22, 7).

それでも，来るべき stipendium/tributum 体制に備えて censores 職が創設されたのではない．むしろこの官職によって旧来の軍事化機能中枢（軍事組織編成）を残そうとしたと考えられる．反対に流出先は TMCP である．謎に包まれるこの制度[6] は 444 年の後 438 年に（6 人まで授権されながら）3 人，433-432 年に 3 人の後 426-424 年に 4 人，422 年に 3 人，420 年に 4 人の後 419 年から初めてコンスタントに 3 人が選ばれていく．以後 376 年まで consul に取って代わったことになるが，伝承は 445 年の rogatio Canuleia に結び付けて plebs の consul 職要求をかわすために TMCP を plebs に開いたとする (Liv. IV, 6, 4). そもそも十二表法後確立されたはずの tr. pl. 制度は不安定で（cf. Liv. III, 65, 1ff.＝448 年）[7]，また意外にも却って無力な面を曝す (65, 8＝447 年). 十二表法で歯止めの役割を果たしたはずのブロックは劣勢で，plebs を切り崩して新たな〈二重分節〉単位を築く patrici の動きが活発である．TMCP はむしろ tr. pl. の組織を蚕食するものであったと考えられる．同じ tribuni であり，

tribus を基本コンセプトとする．したがって「三」ないし「六」が基本の数字であり，「四」は Liv. IV, 31, 1ff. が示すように共和革命のあの四人の連帯の再現であり，これも部族結合のパラデイクマに従う．そしてクロノロジカルな登場の仕方は Ardea から Labici/Bolae へというリズムに符合する．軍事化の方式が今や secessio の記憶[8]を大きくまたいでこれを無力化しつつ Sp. Cassius の Latini 部族結合の方へとシフトしたのである．ひょっとすると Nomen Latinum の軍事化方式に接合可能な仕様が TMCP であったかもしれない．逆にそれならば固有の政治システムの基幹たる軍事編成を「影の consul からやがて censores へ」というように残しておかなければならない．それがまた stipendium/tributum 体制にとって不可欠の準備ともなる．同様の経過を辿るのが quaestor であり[9]，421 年（consul 年）に，"urbani" 2 名を倍増し，plebs に開く（Liv. IV, 43, 1ff.）．元来糾問訴追官であり財産没収に関わった quaestor が軍指揮官を補佐してその財務を担当する．戦利品から stipendium/tributum に至る生命線の部分を司る．TMCP と quaestor の選出民会は comitia centuriata とは別組織で，基本的に原 comitia tributa の方であった[10]と思われる（cf. Liv. IV, 44, 1ff.: comitia tribunicia, comitia quaestorum）．この組織はやがて tr. pl. 選出母体まで乗っ取ってしまう（さらにその後 concilium plebis をその外に別途再建しなければならない）．

　TMCP 体制にシフトしたとすれば，如何に新しいヴァージョンに移行したとはいえ Sp. Cassius の悪夢が patres を捉えたとしても当然である．種類物の循環は〈分節〉単位内で完結していた．かつ単位内では非〈分節〉的であった．ヨリ具体的には軍指揮権者およびこれと連携した patres 各個から真っ直ぐに軍事勤務者に降りるものであった．ところが今や入植自体混合編成であり，乏しい戦利品の分配は軍事組織の外へと次々に連鎖的に流れる．反対に，〈分節〉頂点の個々的な差配による frumentatio は（残ったとしても）今や統合される．戦利品公売と大規模穀物買い付けは一元的に行われ，それが多岐に分配されていくのである．stipendium/tributum 体制が具体的に整備される前にも〈二重分節〉体制自体が，再配分が〈分節〉的に行われることを要請し，これは論理的に結び目の存在を不可避とする．結び目が枝分節を発生させないことは保障されていない．種類物の循環は放っておけば多岐にわたって浸透的な枝

4 lex agraria 511

分節関係となるからである．この点を強く警戒する exemplum として長く記憶されるのが Sp. Maelius 事件（Liv. IV, 13, 1ff.）である[11]．財政問題のソースとして貴重な Libri Lintei によると，440 年から二年間 L. Minucius が praefectus annonae に選出された．穀物供給が imperium とは独立に監督されようとしている．おそらくこの人物を顕彰する伝承として，Maelius という者に対する刑事訴追が記録される．領域の新しい構造を創り出すための種類物の蓄積の需要を表すように飢饉が相次ぐなか，「当時としては圧倒的に富裕な」「騎士身分出身の」（つまり第二列の）Sp. Maelius という者が人的ネットワークを駆使して Etruria から私費を投じて穀物を買い付けた（frumento ex Etruria priuata pecunia per hospitium clientiumque ministeria coempto）．つまり買い付け自体に部族的ネットワークを作動させた．新体制下それは Latini の間にばかりでなく Etrusci の方面にも拡がっているのではないかと十分に推測させる（cf. infra）が，Maelius は買い付けた穀物を大規模に再分配する（largitiones frumenti）[12]．これがまさに王権の如き権力樹立の工作である（de regno agitare）と見なされたのである．その故意（regni consilia）を示すように彼は tr. pl. を買収して consul の訴追をブロックし，plebs を私宅に集結させた（coetus plebis in priuata domo）．仕方なく provocatio の効かない dictator が立てられる．Minucius が senatus に告発し[13]，magister equitum の命令により逮捕，plebs の集団に依拠して抵抗するが，dictator はその場で Maelius を殺害，民会に報告のみされる．quaestores が財産を解体・売却する．都市中心の邸宅は解消されて monumentum とされる．Livius は信じないが，Minucius は敢えて plebs に身分を移して 11 番目の tr. pl. として cooptare され，plebs の抵抗を鎮圧した，とするヴァージョンが存在する（apud quosdam auctores）．

〔4・5・1〕 446（Aequi+Volsci）: III, 66, 5 : Latinum agrum perpopulati sunt ; 443（Volsci）: IV, 9-10（Ardea）; 431（Aequi+Volsci）: IV, 26, 1ff. ; 423（Volsci）: IV, 37 ; 418（Aequi）: IV, 46-47 ; 414（Aequi）: IV, 49, 7ff. ; 410（Aequi+Volsci）: IV, 53, 1ff. ; 409（Aequi+Volsci）: IV, 55 ; 408（Aequi+Volsci）: IV, 56, 1ff. ; 407（Volsci）: IV, 58, 1ff. ; 406（Volsci）: IV, 59．Ardea から Labici/Bolae へというリズムと符合している．

〔4・5・2〕 Liv. IV, 26, 3 の "lex sacrata". "quae maxime apud eos uis cogendae militiae erat" と正確に捉えられている．或いはまた Volsci に関する "Vettius Messius ex Volscis, nobilior uir factis quam genere"（28, 3）も軍事化の特別のメカニズムを言うものである．

〔4・5・3〕 cf. Cl. Nicolet, *Tributum. Recherches sur la fiscalité directe sous la république romaine*, Bonn,

1976, p. 18sqq. 金銭との関係，そしてむしろ信用供与の側面を有した（しばしば償還された）ことを正確に捉える．ただし Veii と関連づけ，しかも大規模長期の従軍に備えた，とする点は不正確で，現に plebs 上層の反発を説明しえない．領域再編成との関係を見ないからである．

〔4・5・4〕 De Martino, *StCost, I,* p. 326ss. は，TMCP とのシンクロニズムから「始めこれと censor 職が未分化であった（367 年に初めて独立した）」とする説を斥け，5 世紀半ばに centuria 制が財産評価に基づくようになったことによるとする．そのとおりであるが，このことは TMCP との関係を排除しない．TMCP との絡まり合いは censor 職成立理由探求の決定的な手がかりである．

〔4・5・5〕 これらの点については G. Pieri, *L'histoire du cens jusqa' à la fin de la république romaine,* Paris, 1968, p. 125sqq. に優れた分析を見出しうる．Pieri は Servius Tullius 伝承を比較的そのまま受け入れて財産評価に遡らせる部分でわれわれと見解を異にするが，Mommsen の censor 創設＝機能分化説を斥け，これに反対する TMCP＝身分闘争連関（censor は patrici の留保分）説を採り，この時期に census 自体軍事的機能から政治制度へと転換したとする（p. 134sqq.）．そして aestimatio や stipendium と深く関係すると解する．ただし，tribus との関係は本来のものではなく，tribus が市民権の基盤となったことを censor が利用して tribus 登録を操作した，と見る．いずれにせよ，われわれは census 自体この時代に登場したと見る．

〔4・5・6〕 De Martino, *StCost, I,* p. 317ss. のように Liv. のヴァージョンをそのまま受け容れる学説は少数派で，共和末における理解自体の多様性を反映して軍事的多正面対応から行政諸機能分化や imperium 分割に至るまで多種多様の仮説が有り，どれも説得力を持ちえないでいる．学説の状況は J. Cl. Richard, Réflexions sur le tribunat consulaire, *MEFRA,* 102, 1990, p. 769sqq. において実に丹念に整理されている．

〔4・5・7〕 Liv. III, 64, 1ff. は注目すべきテクストである．如何にもこの時に tr. pl. 制度が初めて整備されたに相応しく，10 人の tr. pl. が結託して再任され続ける怖れが表面化する．運動体ならばそれでもよいが，政治的パラデイクマの内部に位置を占めるならばこの権力もまた〈分節〉されなければならない．再選「tribus 民会」を主宰した Duillius は現職の票を数えようとせず，再任禁止を強行しようとする．それでは tribus の意思に反するとする抵抗に対しては consul を連れて来て再任禁止の consul 職をパラデイクマとして引き，規定の得票数に達した者が 5 名しかいないとなると cooptare（同僚による指名）させようとする．実際に新任の tr. pl. が cooptare した中に何と patrici の consul 経験者が混じることになる．そしてこれに対しては十人に達するまで何度でも rogatio し続けることを命ずる lex Trebonia が制定される．如何に tr. pl. 団内部に〈分節〉的構造を与えるかという試行錯誤である．

〔4・5・8〕 cf. Richard, Réflexions, p. 782. Richard は decemviri の「十」までを視野に入れる．

〔4・5・9〕 De Martino, *StCost, I,* p. 317ss. は刑事訴追から財務へというこの積み上がりを理解不能とする．しかし先に述べた罰金刑の金銭評価化，例えば 430 年の lex de multarum aestimatione（Liv. IV, 30, 3）と深い関係に有ることは間違いない．

〔4・5・10〕 E. S. Stavely, The significance of the consular tribunes, *JRS,* 43, 1953, p. 30ff. は端的に comitia tributa によって TMCP が選出されたとする．しかし 4 世紀になってはっきりとした形をとる comitia tributa とは異なるであろう．cf. II-1-4．また comitia tributa と concilium plebis の二元性（Mommsen）に反対して patrici をも包含した単一組織を（471 年以来）見る R. Develin, Comitia tributa plebis, *Athenaeum,* 53, 1975, p. 302ss. も，組織原理の断層についての考察を欠いている（K. Sandberg, The concilium plebis as a legislative body during the

Republic, in : U. Paananen, et al. edd., *Senatus Populusque Romanus. Studies in Roman Republican Legislation,* Helsinki, 1993, p. 74ff. も同様にして共和後半の実績を共和初に遡らせ，内政に関する立法は初めから plebs の集会に属したとする）．この時代の一連の記事に comitia tributa の源流を見ることと，(Richard, Réflexions, p. 778 が批判するように) 直ちにその存在を認めることは異なる．この点徹底したターミノロジーにより concilium を「部分集団の排他的結合体」(homogenious gathering) として「公式の投票機関」としての comitia と厳格に区別する J. Farrel, The distinction between comitia and concilium, *Athenaeum,* 64, 1986, p. 407ss. の指摘は有効である．

〔4・5・11〕 J. Gagé, Les chevaliers romains et les grains de Cérès au Ve siècle av. J.-C.. A propos de l'éposode de Spurius Maelius, *Annales ESC,* 25, 1970, p. 287sqq. は，"equites" を，王政期 Celeres 以来のエリートで穀物分配権を有し領域に根を張る (Ardea 問題の Scaptius) 階層が Quinctii＝Tusculum 系に反発した，と解する．領域組織否定の陣営と構築の陣営を混同している．p. 293sqq. で指摘される dictator 選任に関する異説は重要であるが，むしろ Quinctii にとって Maelius が有用でありながら切らねばならないというディレンマを表している．

〔4・5・12〕 cf. A. Momigliano, Due punti di storia romana arcaica, in : Id. *Roma arcaica,* p. 184ss.

〔4・5・13〕 Livius と DH が細部でいちいち対立する伝承を採録するため，古くから批判の的であったところ，Momigliano が frumentatio という的確な脈絡に位置付けて復権した．しかるに A. Pollera, La carestia del 439 c. C. e l'uccisione di Sp. Maelius, *BIDR,* 82, 1979, p. 142ss. は，ヴァージョン偏差を丹念に辿るもののいちいち調和させて全幅の信憑性を与えるため，frumentatio を巡る背景は完全に消えてしまう．Minucius の役割自体不自然なうえに，ここを巡って伝承が激しく対立する，のは（Niebuhr 流に言えば）clientes 層と plebs の間で流通を巡る熾烈な取り合いが存したからである．

4・6

　以上のようにして新しい体制が構築されていく中で lex agraria が積極的な役割を果たすことは遂に無いように思われる．挫折に終わるその試みばかりが伝えられる．Scaptius の要求は満たされることなく終わるのか．或る意味ではそうである．しかし lex agraria 自体は実は 395 年に初めて実現し，そしてここに実質的な exemplum が在ると見られる．つまりこの exemplum を介してわれわれはその概念を得ることができるのである．ただしその意義を理解するために再び少々遡らなければならない．

　438 年，ローマに直近とも言える地点の Tiberis 左岸，Fidenae の colonia が離反し，Veii の王 Lars Tolumnius に加担する．しかも Tolumnius の命令でローマからの使節 legati を殺害する（Liv. IV, 17, 1ff.）．ローマは喉元に橋頭堡を突き付けられた形となり，こうして対 Etrusci の方面に戦線を抱えることになる．しかしかつて M. Sordi が明らかにしたように，ローマが Etrusci 全体と対

立するに至ったとすることはできない．一旦正面に Veii に加えて Falisci が現れるが，彼らが撃破されて Etrusci の都市同盟（dodekapolis）に援助を求めても Voltumna 神殿に集まった同盟の会議（concilium）はこれに応じない決定をする（24, 2）．

しかるに，437 年のその戦闘は極めて特殊であった．騎兵の中の一部隊長（tribunus militum）たる Cornelius Cossus が単独で Tolumnius を倒した[1]ことが勝敗を分けたのである（Liv. IV, 19, 1ff.）．Cossus は奪った武具を Iupiter Feretrius 神殿に奉納するが，まさに「Romulus のそれの傍らに」（prope Romuli spolia）儀礼を踏襲して置かれたのである（20, 3）．それまでは Romulus のみがそれをしたのであった上に，兵士達は Romulus の exemplum を使って武勲を歌った（aequantes cum Romulo）という．しかしこれを奇妙に思う Livius は，自分が見出す全ての文献（omnes ante me auctores）はそのように書くが，この spolia opima は最高軍司令官のみが奉納しうるのではないか，と自問し（20, 6），Iupiter Feretrius 神殿を再建した Augustus と共に自分が中に入って見出したのは「consul たる Cossus」の奉納を伝える碑文であった，と報告する．ならば何故錯誤が生じたかということになる（quis ea in re sit error）が，Cossus が 428 年に consul となった年の前後には戦勝が無いからそのようにしにくかったのか，しかしそもそもそのように大きくずれるものなのか，むしろ 426 年に TMCP となった時 dictator から m. e. に任命されて騎兵を率いているから，この時のことか，と蛇行を繰り返し，結局読者に判断が委ねられる．実際鍵は 426 年に在る．この時 dictator は m. e. たる Cossus に戦術的な指示をし，合図があるまで動くなと命ずる（32, 11）．ここでまさに spolia opima が exemplum として引かれるのである．「丁度あの時王の戦い，至高の奉納（donum opimum），Romulus と Iupiter Feretrius が思い出されたではないか，そして事が達成されたではないか」（tum ut memor regiae pugnae, memor opimi doni Romulique ac Iouis Feretrii rem gereret）と．旧来の武勇はあらためて貴重である．しかしながらそれも今や新しい組織的戦術の中に組み込まなければならない．そのように，spolia opima は Romulus の原理つまり中心に対して領域無分節という政治システムの揺るがない原則を表現しているが，しかしながら今やそれも（Veii のような相手に対しては有用でも）領域の〈二重分節〉と

いう大きな文脈の一局面でしかない，というのが伝承全体のメッセージである．だからそれは一人の tribunus militum の事蹟でなければならず，かつこれに抵抗する意識はどこかに潜行する[2]．たとえ年代記が異口同音に事態を正しく把握していたとしても．兵士達の歌はまさに Scaptius の声である．

以上のように言うことができるならば，逆にローマ軍の正面に現れた Veii 等の軍事力は Romulus の clientes をモデルとしうる[3]，Cremera の Fabii のような，要するに共和初期の如き性質のものである．他の Etrusci 諸都市と異なって Veii では，緩やかに進む新しい領域の構造創出に正面から反対する道がヘゲモニーを取ったのである．事実 426 年にも Veii は使節を派遣して誘うが，これに応じて Veii 側に参戦するのは Fidenae だけであった[4]（31, 6ff.）．

20 年の indutiae は丁度 Labici/Bolae に対応するが，これを挟んで 407 年ローマはあらためて使節と Fetiales を送り賠償請求をしようとするが，Veii は内紛（discordia intestina）状態にあり，様子を見ることとする（Liv. IV, 58, 1ff.）．しかし翌年，Veii が旗幟鮮明にし，Tolumnius のパラデイクマを引いて要求をはねつけると，ローマは Veii に対して宣戦布告する（58, 6f.）．405 年 Veii が囲まれても Voltumna 神殿の Etrusci 同盟の会議は Veii 支援の結論を出しえない（61, 2）．403 年，Veii では長い間の政争に結着を付けるように王が選出される（Liv. V, 1, 3: regem creauere: ed. Bayet）．これは Etrusci 同盟諸都市の気持ちを害する．その理由は，かつて彼が同盟の儀礼／競技（solemnia ludorum）を突然中断させたからである．十二都市の投票によって（suffragio duodecim populorum）彼以外の者が主宰することになったため，怒って，自分の支配下にあった奴隷が大部分を占めた技芸の者達を（artifices, quorum magna pars ipsius serui erant）引き上げたのである．Veii の新体制は，Romulus/Cossus の軍事化がそうであるため TMCP 体制と対立した如くに，同じ部族同盟のヨリ深い軍事化メカニズムに深く関わり，連合体制と鋭く対立するのである．

Veii 解体は圧倒的に TMCP 路線によって遂行される．その要の役割を果たすのは stipendium である．「初めての長い攻城戦」を初めとする複雑な過程を経て初めて兵士達が果実に到達するということに耐えさえしなければならないのである．久しぶりに tr. pl. の扇動が復活する（Liv. V, 2, 2）．401 年，そもそ

も募兵にあたって tributum による財政的手当を考えなければならない (10, 3).
iuniores ばかりでなく seniores も動員するが,「その分 stipendium のための金銭が必要で,するとその分の tributum の割り当てが行われたが,留まってこれを支払う選択を皆嫌がった」(tanto maiore pecunia in stipendium opus erat, eaque tributo conferebatur, inuitis conferentibus qui domi remanebant) 有様である. tr. pl. 体制が再建され (10, 10ff.),その tr. pl. が直ちに旧軍司令官の訴追に向かう (11, 4) とき攻撃対象ははっきりと stipendium/tributum 体制である (11, 5). 勝ち誇った彼らは lex agraria を提案し tributum 割付に veto を行使する (12, 3: legem agrariam promulgant tributumque conferri prohibent). lex agraria と stipendium/tributum 体制は見事に二者択一で捉えられている. そして前者が後者を凌駕する勢いで stipendium も tributum も止まってしまう (12, 7). 仕方なく plebs 出身の P. Licinius Calvus を TMCP に選出するという非常手段が取られる (12, 9). これでようやく tr. pl. の veto が解ける.

396 年,L. Furius Camillus が dictator に選出されローマは遂に Veii を陥落させる. 395 年,これを受けて (Veiis captis) その Veii の故地はどのように処理されたか? 決定の内容は「Volsci の地に colonia を送り,3000 人のローマ市民をそこへ登録する,このための三人委員が選出され,3 と 12 分の 7 iugera を各個人別に分配する」(coloniam in Volscos, quo tria milia ciuium Romanorum scriberentur, deducendam censuerant, triumuirique ad id creati terna iugera et septunces uiritim diuiserant) というものである (24, 4). しかしもちろん plebs は猛反発する. 否,それをかわすための措置である. 何故あの豊かな Veii の故地ではないのか. Veii 破壊の結果は Volsci 故地に行くことか. Livius は tr. pl. の論法をたっぷり再現し,そして彼らに Veii にもう一つ都市中心を建設する双極案を提出させている. そしてこれをこそ lex つまり lex agraria と呼ばせている. 393 年,tr. pl. は執拗にこの lex を推進し,TMCP の選挙を賛成派に勝たせることに成功する. patrici は TMCP を放棄して consul を選ぶ (29, 1ff.). しかしこれが裏目に出て二人の consul 経験者の訴追が成功し (29, 6),Camillus は精力的にこの "lex" への反対キャンペーンを行う (30, 1ff.). patres もこれにならい「生まれ育ったローマを放棄して何故 Veii に住むのか」と隊列を組む. 辛うじて "lex" は阻止される. そのことに余りにも喜んだ senatus は,

ところが「Veiiの領域は各7 iugeraずつplebsに分配される，家長だけでなく，家の全ての子供の頭数も計算に入れられる，これを励みにして大いに子を育てんと欲するように」(30, 8 : ut agri Veientani septena iugera plebi diuiderentur, nec patribus familiae tantum, sed ut omnium in domo liberorum capitum ratio haberetur uellentque in eam spem liberos tollere) という議決をしてしまう．Liviusがかくも濃厚にGracchiの色に染め上げるところからしてもこれが「最初のlex agraria」である．

まず，当初Veiiの故地は何かしら土地保有形態が温存される形で処理されようとした．"in Volscos"との対比でそれがわかる．これがまたTMCP体制，stipendium/tributum体制の中心線であった．そこに存在する基本概念は一個の弁別partitioである．破壊・分割させない部分の外に，破壊・分割させる部分を，政治的に決定するのである．民会の議決が無ければ後者をしてはならない，ということも概念されている．もちろんしかし一転Veii方面にも"in Volscos"と同じやり方を適用すべし，という圧力が加わる．ところが，ここには一種類の刃しかない．それがlex agrariaで，その原理は(破壊・分割を内側に向かって許すものの)「破壊・分割させない部分をもその中に留保する」というさらなるpartitioである．一方的な圧力はSCによって望ましい両義的な線に戻り，それならばpatresは喜んで，lex agrariaにサインするであろう[5]．

ちなみにVeii攻略を巡る伝承は全て，このlex agrariaにもかかわらずager Veientanusは分割されなかったことを示唆する．そもそもこの迂闊なlex agraria自体実行されない．というのもこの後すぐにGalliがローマを襲い，そしてVeiiはその主要な舞台となるのである．389年，「VeiiおよびCapenaeおよびFaleriiの者達のうちこの戦争中にローマの人々のもとに退避していた者達に対して市民権が付与され，この新しい市民達に領域が割り当てられた」(Liv. VI, 4, 4 : in ciuitatem accepti qui Veientium Capenatiumque ac Faliscorum per ea bella transfugerant ad Romanos, agerque his nouis ciuibus adsignatus)．Veii都市中心さえ抹消し領域化できさえすればよい(cf. 4, 5)というのではなかった．Veiiの王のもとに結集した人々こそVeii中心からその領域へと入植しようとして領域の人々と対立していたに違いないから，lex agrariaはこれに加担する

ことになりかねない．全く正反対の方向がそれも周到かつ大規模に準備されていたことはたくさんの徴表が示す．第一は prodigia 予兆である（Liv. V, 15, 1ff.）．Alba の森の湖（lacus in Albano nemore）が雨も降らないのに増水した．この時「一人の Veii の老人が」（senior quidam Veiens）が現れて「この水を抜かなければ Veii は落ちない」と占って見せるが，ローマ側はこの Etrusci 方式（disciplina Etrusca）を信じず，Delphoi に使者を立てる．彼らが戻ると老人と同じ答えを伝える．すなわち水を抜き，領域に甃を作り流し，水路を広く分岐させて海に出す，というものである（16, 9）．領域の物的構造が指示されているばかりか，〈二重分節〉がイメージされ，しかも Veii 側から示唆が来るということは，Veii に存在するその構造を Volsci 方面でも実現せよ，と言い返されたことになり，領域に関するこの双極性こそが鍵だ，というのである．Ardea/Veii の双極性については Aeneas 伝承に関連して既に述べたところである．これが機能すれば反射的に Veii 領域は温存されることになる．

　第二に，攻撃直前に「かつて Servius Tullius によって奉納された Mater Matuta 神殿を再建して奉納すること」（se facturum aedemque Matutae matris refectam dedicaturum, iam ante ab rege Ser. Tullio dedicatam）が誓約（vovere）される（Liv. V, 19, 6）．Mater Matuta と Servius Tullius が何を意味するかについては既に述べた．さらに Camillus は Apollo に対して戦利品の十分の一（decima）を奉納誓約（vovere）する（21, 2）．Veii との第一次の戦争の際に，しかし領域再構築に伴う穀物不足を克服すべく，433 年に Apollo 神殿が奉納誓約され（IV, 25, 3），431 年その奉納（dedicare）を Cn. Iulius が抜け駆けで行い，同僚 consul の怒りを買う（29, 7）．また Veii の Iuno Regina に対してローマに移り住むように提案する．そして仰々しくこれを移転する儀礼を行う．Iuno Regina 神殿のための神域は直ちに Aventinum に設定（locare）され（V, 23, 7），これと初めて区別されて 392 年「この年戦いで dictator として誓約したその同じ者が再び dictator として Iuno Regina 神殿を奉納した，奉納式は matrona 達の大変な熱気に包まれたと伝えられる」（31, 3: Eodem anno aedes Iunonis reginae ab eodem dictatore eodem bello uota dedicatur, celebratamque dedicationem ingenti matronarum studio tradunt）．Iuno Regina 温存が何を意味するかは明白である．matronae との連関について，Ardea とのパラレリズムについ

て，詳しく述べた．Veii は新しい段階の神殿建設の焦点であったのである．実際しばらく途絶えた神殿建設は Apollo を先駆けとしてこの後一連の Iuno を軸として頻繁に続いていく．これを準備するように399年に最初の lectisternium が行われた（Liv. V, 13, 6）ことも重要である．神々は今や〈分節〉隊形を取るばかりか共同の échange の場で〈神話〉的パラデイクマの再現に加わる．そして神殿建設の実現過程自体今や〈二重分節〉する．これを示すのが locare という手続の独立である[6]．中間の物的実現過程を区切って手放す，場合により有償で譲渡する（請負に出す）可能性が開かれたのである．

　第三に，Apollo に対して decima を奉納誓約した Camillus は，執拗にその履行を迫る．Veii 中心ではてんでに戦利品を奪取し，一旦統御するという方策が採られなかった（Liv. V, 20, 1）．このために後になって神官団 pontifices が債務の履行を求めて争いとなる（23, 8）．各人が十分の一を評価してその分を公のものとして返却せよ，というのである．Camillus はこれに加えて計算の基礎として「都市と領域を合わせて売却された額が評価され」(25, 8 : in aestimationem urbs agerque uenit) なければならないと主張し，このため，「matrona 達はこの件を協議するために集会を持ち，共同の決定によって tr. mil. に金や全ての装飾品を持ち来たるべく約し，実際それを共同占有（aerarium）に持ち来たった」(matronae, coetibus ad eam rem consultandam habitis, communi decreto pollicitae tribunis militum aurum et omnia ornamenta sua, in aerarium detulerunt)．Veii の領域の体制が温存されたからこそ，略奪された都市中心からの分では足りずに，手つかずの領域も一旦「取られた」と見なされ，ここに tributum 同様のものが課され，だからこそ matronae からも供出させることになったのである．つまり Veii 領域の matronae は早くもローマの matronae であり，Iuno Regina が彼女たちに囲まれる所以をなすのである．

　実際この時期領域の様子は変わってきている．397年，珍しく Tarquinia から一隊がローマに侵入し領域を略奪する．TMCP の一部はほとんど私的に(prope uoluntariorum coacta manu) 追撃し，Caere の領域を横切って略奪物の奪い返しに成功する（16, 5）．この時二日間「元の持ち主に自分のものを識別する」(ad recognoscendas res dominis) 猶予が与えられる．残余が初めて公売に付されるのである．395年，Veii と連続する Falisci と Capenates をローマは

攻めるが,「都市中心を組織的に攻略しようとしたのでは決してなく,領域を略奪し領域の諸物を持ち去ったのである」(24, 2: non urbes ui aut operibus temptatae sed ager est depopulatus praedaeque rerum agrestium coactae). そしてこれだけで彼らは参ってしまう. 394 年, Camillus も Falisci に対して領域を略奪し,「農場の中心建物に火を付ける」(26, 4: incendiis uillarum). もっとも, Camillus はこの時或る重要な姿勢を示し (27, 1ff.), これは次章で見るように次の方向転換を示す先触れとなる.

[4·6·1] この時 Cossus は iura gentium 違反(外交使節の殺害)への制裁をコーズとして掲げる (19, 3). 外交儀礼の背後にあるはずの部族組織の観念が Tolumnius に対して無効であることが示される. 反射的に Veii/Fidenae 問題はローマに国際法上の重要な問題につき概念を精緻化する機会となっていく. 427 年, Veii に対して直ちに武力反撃してよいかが問題となる. つまり Fetiales を送って賠償を請求し, これが拒否されて初めて武力行使が正当化されるかである (30, 12ff.). 一旦 pax が成立しているケースでなく休戦 indutiae が続きかつその期限が切れていることが考慮される. しかし結局 Fetiales は送られる. さらに populi iussum による必要が有るか, それとも senatus consultum だけで宣戦可能か, が争われ, 前者が勝利する. Latini の枠組の外でも儀礼を完遂するということであり, このようにして規範は一般化する. TMCP や colonia Latina の混成が観念の基底に置く多元性, 〈二重分節〉を支える多元性がこのように具体的沿革的な部族構造を超えて概念されるとき, この種の国際法が成立するのである.

[4·6·2] 434 年の consul 名に関して Liv. IV, 23, 2f. が Licinius Macer と Valerius Antias/Q. Tubero の対立を伝え, しかも彼は Macer も Tubero も同一の史料すなわち Libri Lintei を引いていることに呆れる. 彼は TMCP 説を取る者が無いと指摘しているが, これが伝承上の対抗の源であろう. 同様に, この年に立った dictator (Cossus に指示したのと同じ Aemilius)の手によって censor の任期を一年半に制限する法律が成立する (24, 3ff.). censores は仕返しに Aemilius を tribus から追放し彼の財産を 8 倍に見積もり彼を "aerarius" と見なした (tribu mouerunt octoplicatoque censu aerarium fecerunt). 基盤の tribus からはずされ, 評価が分節した個別の土地を集積する形態でなく全体のみなし資産として把握されること, 言わば Servius Tullius の頃のようにして計算されること, それに応じて tributum が課されること, を意味する. アナクロニズムながら対立の構図をよく例解する.

[4·6·3] cf. J. Heurgon, Les pénates étrusques chez Denys d'Halicarnasse (IX, 5, 4), *Latomus*, 18, 1959, p. 713sqq.

[4·6·4] 20 年の indutiae に入る直前のこの時,「若干の者達がその年代記に」(quidam in annales), Fidenae に艦隊 (classis) が現れて Veii と戦ったと記し, Livius は川幅の問題を挙げてこれを信用しない. しかし Antium の艦隊が Veii を, そして Caere のそれがローマを支援して戦った可能性は否定できない.

[4·6·5] Hermon, *Habiter et partager*, p. 117sqq. は Veii のケースを「初めて同盟方式の軛から解放されてローマが vacuus/usus/gentilice の方向に突っ走る」ものと解する. SC は usus に相対的に対比される dominium への緩和を意味するにすぎないという. Veii 攻略の全体的な脈絡の判断が欠けている. Manzo, *La lex Licinia*, p. 97 も plebs の長年の土地獲得闘争の最初の

偉大な勝利とするが，おそろしく幼稚な解釈である．

〔4・6・6〕 locare に初めから「請負」を読み込むことは直ちには正当化されない．この点 Aberson, *Temples votifs*, p. 102sqq. の慎重な姿勢は評価さるべきである．しかしながら後に「請負」の意味を帯びていく実体も有り，Aberson は「常に存在していた実現プロセスに senatus が関与したことをたまたま Livius が記述したときに locare が現れる」というように変遷を無視するために過程の articulation の重要性に気付かない．

4・7

　390年の後もローマの領域に対するアプローチは基本線においては変わらない．つまりどのような形態を創出するかに関しては同一である．さらにその創出に際して Latium と Etruria の双方において一種の同盟政策が手段として作動する点もしばらくは変わらない．事実 TMCP 体制はなおしばらく健在で，consul 制に復帰するのは別の性質の別の動因に基づく．もっとも，この別の性質の別の動因は390年後徐々に主要な調性をなすに至るから，われわれは390年以後に下るとき lex agraria を離れなければならない．それは既に次節の課題を先取りすることになってしまうから，その分を除き lex agraria に関するエピローグに該当する部分のみを見ると，われわれは直ちに若干の顕著な事実に気付く．

　まず前述の partitio は正確に機能する．Etruria 方面では388年なお Tarquinia の領域で若干の作戦が有る（Liv. VI, 4, 9）が，387年実に共和初以来初めて四つの新 tribus が「新しい市民達によって」（5, 8: ex nouis ciuibus）設立される．これに対して同じ388年 tr. pl. が "leges agrariae" のキャンペーンを突如始める（5, 1）．しかしこれは Volsci 故地「ager Pomptinus を欲求の対象としてちらつかせる」（ostentabatur in spem ager Pomptinus: ed. Bayet）ものであり，もっぱらこれをねらった点で一応 partitio に服する．とはいえ395年の決定の結果に対する何らかの不満は存在するということである．まずやはり tribus 創設は，直ちにではないにせよ，ならば同盟政策はどうなるか，という疑問を抱かせる．他方 Volsci 問題を単なる外的分子の掃き出しと捉えるわけにはいかない．これに Latini の中の不満分子が連動する．389年 Camillus は Lanuvium 近くに出動する（2, 4）．386年，同様の事態に対してローマは Volsci の拠点 Satricum を落とす（7, 8）．Latini との関係が危殆に瀕するほどこの事態

は深刻化していき，Satricum を取り合う経過の後，ようやく 377 年，Mater Matuta 神殿を残して Satricum を破壊する（33, 4）．次節で見るように新しい問題に関連して同盟政策は新しい積極的な意義をすら獲得していき，またかつての意義，つまり領域における〈二重分節〉の構築を側面から保障する作用，も失うわけではない．しかし Latini との政治的な関係は Volsci の分を差し引いてもやはりぎくしゃくし始めているのである．

　同盟諸都市による側面からの保障の弱化が有ったとすれば，ローマから伸びる〈二重分節〉保障の主軸に一層の負担と期待がかかることは容易に理解できる．「Volsci によってよりも政治的階層によって一層領域は不安定になっている」(infestiorem agrum ab nobiliate quam a Volscis) と Livius は tr. pl. に言わせている．「政治的階層の者達が公共の領域をずるずると侵食して占有し，彼らが全部を先取りする前に分配しないと到底 plebs には余地が無い」(nobiles homines in possessionem agri publici grassari, nec, nisi antequam omnia praecipiant diuisus sit, locum ibi plebi fore)．Livius が与える文言は 420-410 年代のそれと酷似するが，しかしもはや既存の土地保有の解体を言っているのではない．既に 3 と 7/12 iugera を得て入植した Scaptius が今何か別に圧迫を受けているのである．向こう側には Volsci が居る．しかしこちら側には "nobiles" が居て，これは "possessio" の触手を伸ばしてくる．挟み撃ちである．Scaptius は守勢に立っている．風向きは変わったのである．圧迫する側はおそらく占有原理に則って正規の領域から瑕疵無く着々と地歩を固めていく．colonia から自分自身の力の及ぶ限り確保する側が悲鳴を上げたくなるのは当然である．

　388 年のこの新しい悲鳴は決して無駄には響かない．377 年，C. Licinius Stolo が tr. pl. として包括的な立法を提案するとき，その一つの柱になって結実する．「領域保有の面積に関する」(de modo agrorum) 立法，正真正銘の lex agraria である[1]．Liv. VI, 34, 5 の文言は「何人も 500 iugera 以上の領域を占有してはならない」(ne quis plus quingenta iugera agri possideret) というものである．初めて逆襲が成功する．lex agraria の partitio の線をずらすのである．占有の体制がしっかり整っているところでも 500 iugera 以上にその占有が及ぶときには lex agraria が発動され，没収・再分割される，というのである．

Livius の記述において概念ははっきりしている．369 年のキャンペーンに彼は「plebs が 2 iugera しか分け与えられないのに，連中は 500 iugera 以上保持しうるというのだ，一人で 300 人の市民分の領域を占有しうるというのに，plebs には家一軒と墓地にも満たないような土地しか自分のものとしえないというのだ」(36, 11 : auderentne postulare ut, cum bina iugera agri plebi diuiderentur, ipsis plus quingenta iugera habere liceret, ut singuli prope trecentorum ciuium possiderent agros, plebeio homini uix ad tectum necessarium aut locum sepulturae suus pateret ager?) という表現を与えている．367 年法案は成立に至る．決して実施されない法律ではない．357 年，皮肉なことに C. Licinius Stolo 自身の占有を一撃する．「この年，C. Licinius Stolo は M. Popilius Laenas によってまさに自らの法律に則って 10000 as の弾劾を受ける．息子と合わせて 1000 iugera の領域を占有したからである．息子を解放することによって脱法行為 fraus legis が行われたのである」(Liv. VII, 16, 9 : Eodem anno C. Licinius Stolo a M. Popilio Laenate sua lege decem milibus aeris est damnatus, quod mille iugerum agri cum filio possideret emancipandoque filium fraudem legi fecisset : ed. Bayet).

ここまで来ると疑問が雪崩を打って氷解していく．Veii に関して senatus が喜びの余り与えた決定の中に有った「子供にも」という文言である．奇妙なこの表現は，「父子合わせて 1000 iugera」とパラデイクマの上で綺麗に符合している．おまけにそれは何度も見てきた pater-filius パラデイクマである．Veii に関する SC は複合体許容であり，lex Licinia は逆に複合体解体である，という理解がなされたのである．反射的に，lex agraria de modo agrorum の趣旨はまさに複合体解体である，ということが fraus legis の具体的形姿を通じて鮮やかに例解されたのである．占有の形式的要件を満たしたとしても，それはまさに領域の上に危険な複合体，私的権力，が樹立されたに等しい場合が有る．占有の単位が一定以上であればその蓋然性は高い．所謂大土地所有の政治学的問題である．他方，占有は民事法の儀礼的手続にだけ支えられていて，虚偽のしかし完璧な占有を幾らでも成り立たせる．Ap. Claudius/M. Claudius である．これを撃つというのである．撃つ方角は Veii だというのである．Licinius が構築した体制それ自体であるというのである．ただし，「複合体許容」というレッテルで攻撃するという具体的アイディアは後述のように Gracchi 時代のもの

であるが．だからこそ Licinius 自身が自業自得という伝承になってしまうのであるが．

すると，lex Licinia de modo agrorum の構想を裏打ちしたのは或る特別の補強段階に入った領域の〈二重分節〉体制であるということになる．ただしその第二段に入る動因を与えたのは古い理念である．抗弁に対する再抗弁として初めて lex Licinia が生まれたのである．古い理念は単純な colonia の側から来る．388 年のキャンペーンに Livius が "in spem" という表現を用いわれわれにおやと思わせる．あの "in spem colendi" の悪夢が甦る．369 年のキャンペーンで用いられるパラデイクマは反対の極 "ab ipso coli possit" を明確に刻む．Scaptius のあの "in spem colendi" はここでは逆転して "ab ipso coli possit" の側に回った．その瞬間新しい領域の方が却って "in spem colendi" のレッテルを貼られ，そして今や規制される．しかしその理念が補完されただけで決して廃棄されたわけではない．

このように考えると Columella のテクスト，agrimensores の諸断片，が全て lex Licinia を焦点とする内容となっていたことが自然と理解しうる．確かに直接的には Gracchi の時代のものであり，その直前を表現したものである．しかしそれとても mutatis mutandis に lex Licinia の前に成立した屈折体を踏襲しているのである．2 世紀に加わった部分は容易に特定しうる．Columella のテクストに顕著な Hesiodos の理念である．領域との間に決して隙間を作らせないという固い覚悟である．直接このパラデイクマが意識されるのは 2 世紀であったに違いない．しかしながらローマの colonia は共和初以来辛うじて Hesiodos の系譜を引く．否，〈二重分節〉体制自体，占有原則自体，その系譜を引く．前者から突き上げられて後者が自己補正したとなればなおさらである．

さて以上に述べたことが正しいとすると，lex agraria de modo agrorum も ager publicus に関わるものではない[2]．ager compascuus に関わるのでないことは言うまでもないが，ager occupatorius ないし未分割の征服地に関わるのでさえない．ager occupatorius という形象は，領域の上の単位が小さな単一のものか，それとも「じりじりと拡大しうるものか」ないし複合的か，という緊張から生まれたものである．後者と連帯の関係にある．それに Scaptius の論拠がかぶさっている．かつこの緊張は凡そ占有という原理に内在する相克に基づ

く. 占有は一方で言わば上から概念される, 政治的〈分節〉体のもう一段の分節として与えられる, がしかし他方常に下から, 地表面から, 決して離れない第一段の〈分節〉体であるという (Hesiodos からの) 対抗を受けるのである.

　Niebuhr 学説にかかわらず, テクストは意外に正確である. Liv. VI, 34, 5 は "ne quis plus quingenta iugera agri possideret" と書き, 決して "agri publici" とは書かなかった. 写本すら誤らなかったのである. Liv. VII, 16, 9 は "quod mille iugerum agri cum filio possideret" と記し, "mille iugerum agri publici" とはしなかった. Liv. VI, 36, 11 は "plus quingenta iugera habere liceret", "suus pateret ager?" という表現を選び, "possidere" すら後に出来たテクニカル・タームではないかと疑わせる. 現に, lex Licinia の内容を伝える最も古いテクスト Cato, ap. Gell. VI, 3, 37 は "si quis plus quingenta iugera habere voluerit" であり, habere を使う限り Niebuhr 学説に従ってさえ a fortiori に ager publicus は排除される. さらに Varro, d. r. r., I, 2, 9 (ed. Heurgon) は "quae uetat plus D iugera habere ciuium Romanum" である.

〔4·7·1〕　もちろんこの lex Licinia de modo agrorum が議論の一つの焦点であり, 現在の古典学説, Tibiletti 学説, は, Gracchi の立法の投影部分を丁寧にはがしつつも, 基本的に lex Licinia の信憑性を救ったことになる. つまり大規模奴隷制農場の制限でなく, 面積の数値がアナクロニズムながら古い共同利用地の規制を系譜的に引くものである, と論証したのである. このとき大前提として colonia 建設等々に関わる lex agraria とこの de modo agrorum は連続的な概念で捉えられたことになる. この点, Manzo, *La lex Licinia*, p. 120sqq. が, Cato のテクストにおいて言及される lex agraria を一連の colonia 立法と切り離して捉え, そうしておいて 4 世紀に奴隷使用の量的規制が有り得たと主張するのは, 完全な混乱である.

〔4·7·2〕　19 世紀以来, ager publicus を前提として lex Licinia を考察することは不文律であり, これを疑う学説はもちろん存在しない. しかしその無理は目に見えている. 例えば Hermon, *Habiter et partager*, p. 143sqq. の解釈は, "gentilice" な要素の緩和, "viritane" 方式と等価なもの, を見るのであるが, ager publicus で usus を制限した結果, dominium モデルの地帯がそうは言ってもまだまだ agnatique な絆から解放されていないため, 却って ager publicus が ager gentilicius たるをより良く脱する, というのである. Niebuhr の苦心も水泡に帰す.

5 nexum

5・0

　既に示唆した通り，年代記の記述の上で380年代から風向きの変化が検出され，われわれは，中心的な争点が端的な領域上の関係というより所謂借財問題に移った，ということを感じ取る．以下に精査するように，漫然と得られる印象として共和初期以来常にこの問題が「係属」しているように見えるのはイリュージョンである．この節は，何故4世紀ローマ社会でこの問題が浮上するか，そしてどのように解決されたか，を探求する．その解決の仕方を理解するためには4世紀のローマ史全体の理解が要求される．ローマ社会の一層の構造化の鍵を握ったのである．

　もちろんこの問題に触れるのはわれわれにとって初めてのことではない．ギリシャでデモクラシーがアジェンダに上るとき，領域問題の中枢部にこの問題が有り，Solonの努力の主たる矛先でもあった，ことをわれわれは見た．ギリシャのデモクラシーはしかも結局この問題に解答を与えることができなかった．そのことも4世紀前半の状況を通じて確認したところである．

　他方，借財ないし債務問題の中核に所謂債務奴隷問題が有り，これはギリシャのデモクラシーが克服したものである．この問題は所謂人的従属関係一般という大きな問題群に属し，その点での基本的な接近法は学説上既にKoschakerからFinleyにかけての研究によって与えられている．なおかつわれわれはFinleyの功績に某かを付け加えてこの接近法に新しいヴァージョンをもたらそうとした[1]．それは実はギリシャとローマの差異を視野に入れたものであり，そのことが以下の分析で生かされることになる．

そもそも政治が成立したとしても，領域の〈分節〉主体は種類物の供給に関して直ちに枝分節に引き戻される危険に遭遇する．しかも政治的〈分節〉頂点との間においてである．この点，ギリシャの領域においては早くから領域独自の政治システムが発達し，これが枝分節への巻き込みを政治的に阻止した．しかし今デモクラシーとともに〈二重分節〉を形成するならば，政治的頂点から入って来る垂直的信用は発達させなければならない．この問題と人身の自由つまり政治的自由を厳密に切り離さなければ〈二重分節〉は容易に枝分節に滑り込んでしまう．Solon の構想は領域の政治的組織を全体の政治機構に取り込んで人身の自由を保障するというものであった．

さてローマではどうか．領域の〈分節〉主体が種類物の供給に関して枝分節に引き戻される危険に対しては対極的な解決が与えられた．政治的頂点からの供給に対して「一人は皆のために，皆は一人のために」という特殊な無分節を概念し，これにより枝分節の要素を極小化したのである．しかしここでも〈二重分節〉が現れる．しかも大変に特殊な形態を有している．第一に「一人は皆のために，皆は一人のために」という原理は廃棄されざるをえない．第二にしかも領域の政治システムが構築されるわけではない．〈二重分節〉自体政治的頂点から伸びる垂直的な関係に依存して構築される．これは種類物がやって来る道と同一であり，事実切り離された部分を影絵として見れば枝分節と区別がつかない．clientela がローマ史固有の問題として君臨する理由の一つである．第三に，確かに Solon の構想に似た横断的組織の介入，つまり tr. pl. の auxilium, は存在するが，どこまで恒常的に働くか疑問である．以下に見るようにこの線は模索されなくはない．しかし結局保障の基本線とはならないのである．或る意味では，もっと巧妙な制度と概念を構想し信用の問題にギリシャにおけるよりも遥かに優れた解決を与ええたためでもある．

そもそも，ローマ型〈二重分節〉が社会構造として定着しなおかつその上に〈二重分節〉の人的組織の形態が現に保障され目に見えるようになるとき，政治的自由の関係，つまり政治的頂点間の自由独立の関係，と市民的自由の関係，つまり〈二重分節〉単位相互の自由独立の関係，それが政治的脈絡からひとまず自由であるということ，の他に，第三の「自由な」関係が生まれる．〈二重分節〉単位頂点が内部に対して持つ関係は隷属ないし不自由を意味することに

なり，かくして初めて隷属は明確に概念化される〈奴隷制〉が，これと区別される同様に垂直的な関係が〈分節〉頂点と〈二重分節〉頂点の間に生じる．それは例えば auctoritas の関係である．かつてそこには〈分節〉単位内の「自由な」結束があった．しかし「自由」が今変質せざるをえない．既に述べた通り戦利品を資源として入植するときに不可欠の蓄積は tributum/stipendium 体制に変わる．stipendium が十分でないとき，政治的頂点からの供給は今や定量的な信用として与えられる．つまり「自由」たる以上きちんと返済しなければならない．各自の部分は明確である．ちなみに信用はもっぱら政治的頂点から入って来る．何故ならば領域形成のメカニズムの内部で信用が働き，それ以外の経路は政治システムにとって危険である．このことを劇的に示したのが Sp. Maelius 事件（横断的信用切除）であった．すると，信用供給者とその相手との関係はもっぱら〈分節〉頂点と〈二重分節〉頂点との間の関係であると考えることができる．ローマに固有の clientela 関係を生み，そして（Ap. Claudius と M. Claudius の関係が示すように）ローマ型〈二重分節〉の最も脆弱で問題の結節である，その結節点に信用の問題が関わってきてしまうのである．

　論理的な問題として，もし債務者が弁済できなかったならばどうなるであろうか．弁済できないでいる，あてがわれている，という状態は今や〈二重分節〉単位内にのみ存在する．したがってそれは〈二重分節〉頂点に従属するその内部の分子の状態である．つまり隷属，ないし奴隷，の状態である．事実十二表法は誇らしげにこのように考えた．しかしながら，自由は一層保障されたのではなかったのか．わずかなことでかくも暗転するのか．ならばいっそかつての「皆は一人のために，一人は皆のために」の方がよかったのではないか．否，そうでなくとも，これは〈二重分節〉体制にとっても危険ではないか．債権者は信用の絆によって曖昧な関係を築き，弁済が無い場合にこれを（如何に厳格な手続が要求されるとはいえ）絶対的な従属の関係に持ち込めるとすれば，ただでさえ微妙な〈二重分節〉の自由は危殆に瀕する．垂直の関係は一気に滑り落ちる危険をはらむ．ねらい打ちにして侵食していけば〈二重分節〉体制自体をも破壊しうるのではないか．ならばこの問題を放置して〈二重分節〉は無いとさえ言えるのではないか．

　〔5・0・1〕　とりわけ DEM, p. 764f.＝III-3-2-2-1 を参照のこと．

5・1

　借財問題はローマ史において慢性的なものであり陳腐な日常であった，というイメージが存する．しかし年代記の記述においても，第一次 secessio に関連する記事を除けば，初めて 385 年に登場する，と言って過言でない．Livius に関しては全くそうである[1]．DH は Servius Tullius のところにこれを書き込み，十二表法前の時期にも第一次 secessio の若干のエコーを設定する．しかしながら，まず Servius Tullius に関する記事は以下のように 4 世紀の事蹟の少々不細工な要約である．DH, IV, 9, 6 は Servius Tullius が軍事勤務に報いるべく私財を投じて債務に困窮する者を救ったと伝える．彼の名を冠する軍制における自弁武装原理と戦利品分配における無分節が表現されているものと考えられるが，しかし記述のタームは完全に後述の Manlius 事件（385-384 年）のそれになっている．記事は続いて王が「以後」（μετὰ ταῦτα）消費貸借の債権者は決して人身を担保に引き当てとしてはならない旨立法したと述べる．これはまさに 326 年の lex Poetelia である．この二つが調和しないまま継ぎ合わされている．要するに借財問題である，という以上の連関は無い．ただし，この二つが時系列において syntagmatique に繋がれたことには注意を払う必要が有る．Manlius 事件と lex Poetelia は何か二つの異なる層に属するのではないかという予想を早くもさせる一方で，問題も二段かつ事象も二段に概念されるということが示唆される．

　第一次 secessio に関する DH の記事についても同様のことが認められる．DH, V, 53, 2 は債務問題により軍務に就けない者が有ることを問題とするが，しかし債務者を通常奴隷とのアナロジーで描いてその「不自由」を訴える．V, 63f では債務問題と軍務が単純に対比され，65 で Solon の立法が引照される．ただし軍事勤務の分だけの帳消しで，69 の妥協案に繋がる．と思うと，しばらくすると鎖に繋ぐこと（in vinculum）の禁止がイッシューとして浮上するが，DH, VI, 24, 1 は Ap. Claudius の口を借りて借財の取り立てのために裁判のマシーンを動かすことを主張する．DH, VI, 26 には，租税債務のために借財し息子達共々（！）奴隷とならざるをえない元兵士が登場する．鎖に繋がれた奴隷達がたちまち集まって来る[2]．人身の問題は存在し，Servius Tullius の法律と同

じ命令が発布されるが，しかしその部分は何か取って付けたようである．何故ならば債務のために軍事勤務から脱落する者が多ければ軍事的リソースの枯渇を招くという論点しか実質的には無いからである．事実37, 1ff. には何が引き当てであれ凡そ債務は免除という観念が登場し，しかも軍事勤務者のみに適用されようとする．41, 3 ではその論理が端的に書かれ，要するに債務問題が悪だ，という観点しかない．一方に軍事勤務と無関係に戦利品＝穀物を分配する方式が有り，他方に軍事勤務に応じてだけ分配しなおかつ装備のために先に負ったものを差し引くという方式が有る．軍事勤務外のことも一定程度評価し，なおかつ後者の点では差し引かない，という妥協が行われたであろうという推定をわれわれは示した．そのことを書くために DH は（ソースに忠実に）Manlius 事件と lex Poetelia しか道具を持たない．そして interpretatio Graeca はこの二つのパラデイクマに articulation（繋がりと連関）をもたらすポイントを知らない．元兵士の場面においてこの DH 版「Manlius 事件」は，（Servius Tullius のところで使われた）債務処理方法と人身執行克服とが作る密接な連関を解体され債務帳消しと人身執行禁止に分裂して現れる．後者を lex Poetelia という別のパラデイクマがリソースとして支え帳尻のみ合わせる．債務者は即一般の奴隷のようで初めから鎖に繋がれているかの如くに描かれる．債務の軛と執行後の軛の区別，前者が自由たりうること，二段の思考を支える民事裁判という区切り，等々は理解の外に在る．この無差別は優れて政治的な手段としての債務帳消しを示唆する．ローマでは決して見られない手段である．DH のテクストは実質この平面を滑る．しかもなお，叙述からはバラバラになった二つの切片として上述の或る二段が透けて見えるのである．

　Liv. のテクストも基本的に同様である．同じ元兵士のエピソード (II, 23) は 4 世紀の，つまり Manlius 事件の，タームを与えられる．とはいえ，ここでは事象の二段が意味の有る連関として明確に捉えられている．元兵士は父祖の土地，続いて他の財産，を剥ぎ取られ，最後に身体に至る (peruenisse ad corpus)．この二段階に呼応するかのように或る対概念が登場する．「債権者に引っ立てられる先は単なる勤務・隷従ではなく拘束と重労働であった」(ductum se ab creditore non seruitium, sed in ergastulum et carnificinam esse)．この箇所でこの状態の者は "nexi" と呼ばれる．ここでもこの nexi に戦争奴隷等が加わ

り哀願することになるが，単なる servitium とこの nexum の区別は債務＝財産執行と身体執行の対比にも読めるし，債務と裁判後執行の対比にも読める．また，債務が servitium しか意味しなかった時代が終わって場合により第二段の nexum に進むことも有るようになった，というようにも読める．とはいえこれがアナクロニズムであることは明白である．この記事は孤立しており，Liv. のこの辺りのテクストにおけるイッシューはもっぱら軍事編成であるからである．むしろ，(DH におけるようには) 解体されずに原型のまま再現された Manlius 事件のパラデイクマがここに有ると見るべきである．

その Liv. のテクストにおいて借財問題が初めて本格的に登場するのがまさに Manlius 事件を伝える記事であり，われわれは 385-384 年の時点に降りる．そしてわれわれの判断によれば，M. Manlius Capitolinus の訴追というパラデイクマを 380 年代に置く伝承の意識は強固な根拠を有する[3]．第一に，まさにここからスタートする消費貸借問題に関する記事は 320 年代に至るまで執拗であり，なおかつ多くの出来事との間の構造的連関を指摘しうる．第二に，一方でこの訴追の前史を通じて Manlius 自身が Camillus という重要な人物に関する伝承との間で激しい相互干渉を起こし，他方で Manlii はこの後の時期に imperia Manliana という exemplum を通じて Fabii と鋭い緊張関係に立ち，この対抗と Manlius 事件の間に密接な関連が認められるのみならず，消費貸借問題解決のスキームの変遷とこの対抗がまた深く関わる，からである．要するに，幾つかの屈折体が一つの連関をなして社会構造を形作っていることが明確に認められる．その重要な一つのリングを Manlius 事件が形成しているのである．そこに認められる屈折体の分析は不可欠である．

或る日ローマ中心の forum で，数々の武勲に輝く centurio (小隊長) が「金銭につき有責判決を受け人身を捕縛される (Liv. VI, 14, 2: iudicatum pecuniae duci). これを見た M. Manlius は一団の者達を率いて (cum caterua sua) forum の真っ只中に (medio foro) 駆けつけ，manus iniectio をかける．そして「共に戦った者がまるで Galli の方が勝ったかの如くに隷従かつ拘束の状態へと捕縛される (in seruitutem ac uincula duci) のを見んがために私はこの手で Capitolium の丘を守り抜いたわけではない」と大見得を切り，債権者に対して人々の目の前で弁済をなし，銅片と秤の儀礼によって債務者を解放した (rem creditori palam populo soluit libraque et aere liberatum emittit).

　第一に，II, 23 との間に極めて周到なヴァージョン対抗が構築されている．決して nexi が大挙して押しかけたりしない．M. Manlius という個人が，しっかりと自分のところに結束する限定的な集団（caterua sua）と共に〈二重分節〉儀礼をして見せる（manus iniectio）．当然それは forum における行為であり，実力の絶対的禁止に服している．もっとも，そうでありながら，否，そうだからこそ私的な実力の培養基となりはしないかという嫌疑を生み，Sp. Cassius と Sp. Maelius の exemplum の引き金を引きかねない．否，まさに私人が公的な役割りを果たすべきという観念からの再抵抗は十分に予期されているし，ならば公的な救済こそが求められるのではないかという線も示唆されている．いずれにせよ，こういうヴァージョン対抗の緊張の中にテクストが置かれている．

　第二に，ここでは何と "nec servitium sed vincula" ではなく "in servitutem ac vincula" と書かれる．確かに "servitium" と "servitus" では大きく隔たるが，同一のものが影に入れば暗転し違って見えるのみとも見うるのである．くびきは二段階に深まるというのでなく，まっさらな自由が一気にゼロになるものと捉えられている．一面でそれは前段の自由の強調であろう．しかし他面でそれは暗転そのものをよしとしないのであるからどこまでも一元的に自由が続くという概念でもある．II, 23 に投影された側とて債務者が裁判を経なければ執行を被らないという自由の観念，〈二重分節〉の観念，を具備している．Manlius にとってもそれは大前提であり決して争われない．問題はその先である．manus iniectio と libra et aere という十二表法の層が某かを保障したその先，それが反作用で結果すること，に対する問題提起である．

　第三に，以上の二点の前提として浮かび上がることであるが，根底に或る強固な exemplum iuridicum が確立されている．forum における場面設定から manus iniectio に至るまでの Verginia 伝承との強い同型性からして，明らかにそれは占有概念の一コロラリーである．消費貸借が有り債務が有る，しかしそれは servitium を排除しないかもしれないが，少なくとも servitus は排除する自由な状態であり，一方の立場からすれば完璧な自由でなければならない．弁済がなされないときには，執行が許されるが，それは裁判を経なければ可能で

ない．まさにここは完全に占有原理と同一である．コロラリーの部分は，消費貸借から生まれる債権者（creditor）の権能が決して債務者（debitor）の占有に触れるものであってはならないということである．種類物の給付は枝分節のメカニズムを引き出すから，介入の大きな力を呼び出す．占有はこれを絶対的に遮断する．つまり，債権は絶対に物的な（réel）な関係から峻別されるという凡そ法一般の大原則がここに在り，それはまさに占有原理とともに Manlius 事件の前の時期に，おそらく十二表法後の時期に，形成されたのである．占有原理の全く論理的な帰結である．

 第四に，しかしわれわれのテクストはこれに何がしかを付け加える固有の exemplum を有する．一ヴァージョンであると同時に下位の屈折体の軸になるのである．Manlius に対する刑事訴追というレヴェルによって一見否定されるかの如くであるが，Manlius の行為を述べる部分はそれにしてはテクニカルに精密である．これは，Manlius の行為が一旦否定されたとしても，後の時期にこの動因を使って発達したヴァージョンが儀礼に結実し，正規の exemplum iuridicum となった，ということを示唆する．すなわち，彼による centurio 解放の方式は，manus iniectio の後に libra et aere をしてそれが弁済の効力を有する，という法学的に厳密なものである．Livius の筆に通常その種の厳密さは期待できないとすれば，なおもソースから生き残ってきた貴重なものである．

 しかしこの新段階は何を意味するだろうか．一段でまっすぐ捉えるヴァージョンとどのような関係に立つだろうか．とりわけ，Manlius の行為が crimen を構成するということとどう接合すればよいか．同一の意味が新方式のメリットでもあれば crimen と捉えさせるのでもあるに違いない．そもそも何故新段階は現れねばならないのか．これらのことを考察するためには Manlius の問題提起の背景を精査しなければならない．

〔5・1・1〕 cf. L. Peppe, *Studi sull'esecuzione personale. I. Debiti e debitori nei primi due secoli della repubblica romana*, Milano, 1981, p. 41.

〔5・1・2〕 債務を負うと同時に年季奉公に入るというタイプの「債務奴隷」はローマには知られないと見るべきである（cf. Peppe, *Esecuzione personale*, p. 167）が，契約と同時に裁判抜きに奴隷化しうる状態になる "nexi" の存在を主張する学説の論拠は，結局 Dionysios の interpretatio Graeca における軍事勤務不可＝人身執行の混同であることになる．そのソースは，Liv. にも投影されている「第一次 secessio に 4 世紀の状況を遡及させる」アナクロニズムである．

〔5・1・3〕 Manlius 伝承の諸ヴァージョンについては，T. P. Wiseman, Topography end rhetoric : the trial of Manlius, Historia, 28, 1979, p. 32ff. が基礎的な分析を行う．ただし nexum は完全に視野の外に置き，Diod. のヴァージョンに従って処刑の事実を中心に見る．とりわけ「Capitolium が見えない場所で」という部分に焦点をあてる．Camillus ヴァージョン，Manlius 司令官ヴァージョン，等々の存在の指摘は的確であるが，Manlius＝Capitolium ヴァージョンの肥大とともに「Tarpeia の符合」が救国と処刑を皮肉に繋ぐうちに Tarpeia がいつの間にか Capitolium にすり替わり，Tarpeia の崖は見えなくとも Capitolium は見えるはずの場所に場面設定されるミスが誘発された，という伝承経路再構成は，「Manlius 処刑」という一行に初めから多くの étiologie が付着していたことを否定しない．ガチョウのエピソードもまた直ちに形成されていたかどうかはわからないが，Camillus への対抗は根の深い伝承である．

5・2

Manlius の行為はもちろん一人の債権者が別の債権者に交替し後者が債務を免除した極めて個別的なものとも見ることができる．しかしながら，その後に出来上がる債務者＝新債権者間の関係はどのようなものか．ギリシャにおけるのと異なって自由な垂直的関係が概念されるローマにおいては，まさにそれが現出したと解される余地が有り，なおかつ，債務免除は「皆は一人のために一人は皆のために」というあの Cremera の動機，懐かしいかつての自由の動機，を想い起こさせないか．しかるにそれは今や〈二重分節〉という公準下で違法でさえあるだろう．しかし違法と言ってもまさに〈二重分節〉単位を支えるためにしているのではないか．

誰よりもまず当の centurio が高らかにかつての自由の動機を鳴らす．「自分の解放者」たるばかりか「ローマ平民の父」に対してこの恩恵に報いよう，と (ut liberatori suo, parenti plebis Romanae, gratiam referant)．危険な，否，元首政を思わせる，réciprocité のメカニズムが暗示される．連関がどこに帰るかである．政治システムに帰るならば安全であるが，そこから切れたところへ帰れば政治システムの単一性を脅かす私的ないし経済的権力[1]を意味するだろう．これを切断する装置は有るのだろうか．

Livius のテクストはこれらの問題に実に敏感に反応する．彼のソースに彼は多種多様の対抗を感じ取りうるのである．そこから採取したトポスを加工して簡潔で小気味良いレトリックを組み立てる．例の centurio 自身，自分が対 Veii 対 Galli の戦いで Penates のために戦ったということを強調する．しかし元本の何倍も弁済してなお襲いかかる利息に追いつかない．全てを失って，な

おこうして自由でいられるのは挙げて Manlius のお蔭であるから，唯一残ったこの身体を彼一人に捧げる，と．彼の発言は多くの支持者を見出し集団は膨れ上がる．Manlius もこれに応える術を知っている．解放のための財源を得るために「Veii の領域に在る農場，彼の資産の主柱」(14, 10: fundum in Veienti, caput patrimonii) を競売に付す．「私の物が何がしか残る限り最後の一片まで，諸君のうち誰一人として有責判決を受けさせない，まして人身執行させたりはしない」(ne quem uestrum, Quirites, donec quicquam in re mea supererit, iudicatum addictumue duci patiar) というのが彼の科白である．あの高貴な精神を復活させて債務問題を一掃しよう，〈二重分節〉の果実たる，その象徴たる，Veii 故地の fundus を解消してフィルムを巻き戻す，というのである．

この立場はこの時代に地歩を固めて以後も長く生命を保ったと思われる．Galli によってローマを落とされたあの経験は何であったのか．何故あのようになったか．どのようにして克服したか．多くのヴァージョンの中で最も有力なものはその後 Camillus 伝の如き媒体に結集していったと思われる．しかしローマを救ったのは Camillus ではなく我等が M. Manlius Capitolinus ではなかったか．Liv. VI, 11 は Camillus に対して黒いライヴァル心を燃やす Manlius の心理を伝えて伏線を張る．他方われわれはこれに導かれてローマ救済の反 Camillus ヴァージョンに行き着く．Capitolium の丘は何と奪われておらず，人々は立て籠もって死守している．しかし或る夜，Veii からの使者が通った痕跡から例の Carmenta の神域のところに秘かに上へと通ずる隘路が有ることを発見した攻撃隊は，「急峻なところでは武具を次々上に手渡ししながら，互いに入れ替わって支え持ち上げながら」(Liv. V, 47, 2: tradentes inde arma ubi quid iniqui esset, alterni innixi subleuantesque in uicem et trahentes alii alios) 這い上がっていく．見張りはおろか犬も気付かない．ところが唯一ガチョウが誤らない (anseres non fefellere)[2]．「それは Iuno のための聖なるガチョウであり，攻囲下のこの飢餓にもかかわらず手を付けられることはなかった」(quibus sacris Iunonis in summa inopia cibi tamen abstinebatur)．その声に反応したのが Manlius であり，這い上がってきた最初の一人を倒し，これが倒れると次々と将棋倒しで落ちていく (cuius casus prolapsi cum proximos sterneret)．要するに，「誰のものでもない」ものを残しておくことが如何に大切か，しか

しそれを守るためには一点でも破られてはならないこと，一点一点が掛け替えの無い致命性を有すること，それに応じて一人ひとりの責任が絶対であり，また相手が如何に縦に繋がって来ようと「一人が皆のために」こそが主要動機たること，を例解する説話である．

結末もそれに相応しい．Manlius は司令官から褒賞を受けるのみならず，兵士達の総意によって贈与される．微かに元首政をほのめかす調子を Livius は与えるが，贈与の中身は伝承に従って儀礼的である．「彼らの全員が一人一人 12 分の 6 labra の小麦と 4 分の 1 リットルのワインを Arx に在った彼の家に持ち寄った，言うのは簡単だが困窮時にこれは恐るべき献身を物語るものである，誰もが一人の者の栄誉のために自分の食料からだましだまし身を削るようにして供出したのであるから」(cui uniuersi selibras farris et quartarios uini ad aedes eius quae in arce erant contulerunt, rem dictu paruam, ceterum inopia fecerat eam argumentum ingens caritatis, cum se quisque uictu suo fraudans detractum corpori atque usibus necessariis ad honorem unius uiri conferret)．種類物に関する〈二重分節〉の拒否である．たとえ自分が困っていても与えるという考えである．Manlius が centurio のためにした行為はこれと同じ原理の対称的な性質のものであることは自明である．つまり二つの伝承は完全に連帯の関係にある．〈二重分節〉体制に突き付けられた政治の強烈で極限的な復権の試みである．他面でこれはギリシャの eranos を想起させるが，いずれにせよ問題は，当然に斥けられるかに見えるこの季節はずれのパラデイクマの浮上が何を意味するかである．

どうやら今や〈二重分節〉体制をメトニミクに表現するのは Veii と Ardea であり，Ardea に立った Camillus がローマを救うというのが有力なヴァージョンである．その線からすると，Camillus を訴追して亡命に追い込んだのが危機の原因であるという立場に行き着く．しかし別の意味連関を認めるヴァージョンが有力である．Liv. V, 35, 4ff. は Clusium を因果連鎖の結び目とする伝承を採用する．Galli の侵攻によって窮地に立った Clusium はローマに助けを求める．33, 2ff. はそもそも Galli 侵攻のきっかけとなったのが Clusium であるという Livius が採らないヴァージョン (traditur fama) をさえ伝える．若き Lucumo の tutor であった Arruns は妻をこの Lucumo に取られて Gallia に出奔

しワインをその地にもたらす．これに魅了された Galli がアルプスを越える，というのである．Livius はもちろん Galli が Etruria に古くから浸透しているということを知っている．つまり問題は Etrusci 諸都市の領域ないし後背地に関わる[3]．しかしながら Arruns の話も同様のことを例解する．それは Lucretia 伝承と同型であり，Ardea の娘の如きパラデイクマに対する強い嫌悪感を伏在させる．しかるにこれはローマの話ではなく Clusium の話である．Clusium はローマと同盟関係に無いが，しかし Veii との戦いにおいては中立を保ったとされる（35, 4）．Camillus は Falerii に重要なエピソードを残しつつ（26, 3ff.）Veii 後の Etrusci 再編に余念が無い．少なくとも潜在的にローマの同盟都市である Clusium は，一種のコラボレーションによって占有原理に則った新しい領域を創り出すためのパートナーである．その領域問題がこじれて今 Galli として結集した分子からテリトリーの分割要求が出されている．応ずるかどうかは Labici/Bolae 路線にとって死活問題である．とはいえ，未知数の相手に慎重を期するのは当然であり，ローマは使節として三人の Fabii を送る．ところが，和平も辞さないはずが，火蓋の切られた戦闘にこの三人が加わったばかりか大暴れし，Galli はひとまず引いてさえ，ローマに対して厳重抗議の使節を送り，「国際法違反」の賠償を求める．ローマの側から，Clusium を支えようとする余り，信義 fides に反する結果となった，これこそが大きな災いを招いた，というのである．

　Camillus の成功に対しても痛烈な批判ヴァージョンが突き付けられる．Arx を Manlius が死守する，外の Galli を Camillus が駆逐する，という対抗のはざまに，Galli が引き上げたのは買収によったというヴァージョンが有る．そもそも Polyb. II, 18, 3 が示す通り，ローマの外では Galli 撤退は彼らの内部事情に基づくという観測が有力である．それでも，Capitolium は落ちなかったというヴァージョンは既に Polybios に知られており，ローマは Galli と休戦しうる実体を残していたとされる．Diod. XIV, 116 が従うヴァージョンは既に Manlius のエピソードを知っており，かつ Diod. はローマが黄金を支払ったという aurum Gallicum 伝承を卒然と並べて来る．否，Manlius の功績が有ったからこそ aurum Gallicum によって無事 Galli が引き上げたという syntagmatique な関係さえ拵える．Diod. は対抗関係を十分に理解せずに採集したと思われる．何故

ならば，aurum Gallicum は，Manlius による死守＝Galli の内部崩壊のヴァージョンと別個に，Manlius 側が Camillus 攻撃の先鋒として繰り出したヴァージョンであるからである．折角取引を拒否して死守したのに，最後は取引によったではないか，という非難である．そのことをはっきりさせるのは Liv. のヴァージョンである．このヴァージョンはアポロジーのために汗だくである．Galli の側がむしろ参って取引に傾いた（V, 48, 7）というばかりか，Galli がこのとき金の計量において不正を働いたというのである．さらに一層批判を意識するかの如くに，「神々と人々はローマ人の生存が金銭で買われるなどということを到底許さなかった」（49, 1：Sed dique homines prohibuere redemptos uiuere Romanos）という合い言葉のもとに，合意された和解内容が履行される直前に何と Camillus が現れて結局 aurum Gallicum は現実化しなかった，というのである．

　もっとも，Camillus ヴァージョンが無からのでっち上げで，「Camillus でなく aurum Gallicum だろう」という攻撃を一方的に浴びる，というのではない．全然別系統のヴァージョンとして，Galli は一旦ローマを完全攻略して南下したのであるが，（Galli が退潮期に入っていたとはいえ）Caere こそがこれを撃破して退却させたのである（Diod. XIV, 117, 7），という理解が有る．これは，Lucius という人物が儀礼のための装置（sacra）を Caere に避難させたという少なくとも Aristoteles に遡る記事（Plout. Cam. 22）と関連させることができるならば，確かで独立性の強いヴァージョンである．Liv. V, 40, 7ff. は L. Albinius という人物にその役割を担わせている．すると，Manlius が抵抗したのは初めこのヴァージョンに対してであり，aurum Gallicum が機雷として敷設されるや，Caere に対する Ardea からの相対的な抵抗も有って，Camillus が対抗正面に取って替わったのではないか．

　こうして，Manlius 弾劾の訴因は何とこの aurum Gallicum ヴァージョン自体に向けられる．消費貸借問題が弾劾を招いたとしても，そこでの弁護のための大展開が新たな訴因を加えることになる．伝承の発展自体を訴追するが如き奇妙な伝承となって戻って来る．訴追のために立った dictator は Manlius を捕縛しようとするが，これは緊迫感に満ちた実力対峙の場面を作り出す（Liv. VI, 15, 1ff.）．dictator は捕縛するにあたって訴因を正確に特定する．取り返された

aurum Gallicum が秘匿されている，これを使えば債務の問題が解決されるのに，という希望を抱かせただけでは犯罪にならない，「信用の根幹を破壊しない限り」(incolumi fide). しかしそのためには実際に秘匿者をあぶり出して債務者を救済して見せなければならない．それが実行できないならば「お前もまた横領に加担したとして」(siue ut et ipse in parte praedae sis) ないし「徴表に根拠がなかったとして」(siue quia uanum indicium est) 逮捕せざるをえない，これ以上虚偽の希望を抱かせるわけにはいかない，と．Camillus 訴追を exemplum とする横領 peculatus の概念は，財の流れの結び目をそれが有ってはならないところに作ることに存する，そのようなものが有るとの風評により人々を動かせば同じことである，真実たることの証として現に自分で秘匿財を解体・分配しない限り，というのである．名誉毀損の「真実性の抗弁とその証明」が peculatus のパラデイクマによって捉えられている．しかし信用とは何か．7ff. の Manlius の反論はこの点を突く．お前達 patres が一人一人しっかり構築していれば決して自分のしていることが脅威で有りえようはずがない，ところが自分達で債務者を縛り上げ基盤を破壊しているではないか，それはお前達が aurum Gallicum を秘匿している関係と同じだ，と．VI, 11 で Livius は Manlius の活動開始に触れて「信用を破壊し始めた」(fidem moliri coepit) という表現を使っている．信用 fides とは，新しい〈二重分節〉体制において A-a, B-b, C-c,……という各繋ぎ目が精確に多元的分節的でしかも a や b や c 内部の関係のように潰れてしまわないことである．後者のこと（各単位の破壊）をしておいて前者（多元性破壊）を問う，否，前者においても aurum Gallicum で分節を曖昧にする，のはお前達ではないかという反論である．確かに，a, b, c……の次元の下に存する領域の「物的な」関係との対比において，（消費貸借を含む）信用の問題と風評の問題は同一の性質を共有する．ともかく，Manlius は Capitolium に向かって祈願する (16, 2) が，結局逮捕される (4).

　このように，消費貸借問題は政治的次元を有する．だからこそ刑事訴追の exemplum に昇格するのである．Livius は叙述の中で人々にはっきりと Sp. Cassius と Sp. Maelius の exemplum を意識させる (17, 1ff.). この連関は強固に後々まで意識され，例えば Val. Max. VI, 3, 1 にまで辿り着く．しかし政治的次元は明らかに今や二つ有るということになる．人々を糾合して端的な実力を形

成したレヴェル．何か信用のレヴェルで破壊を行ったこと．Sp. Cassius と Sp. Maelius も種類物の流れを地に這わせ訴追された．M. Manlius はしかし同様の行為によって同時に二つの次元で破壊したのではないか．何故ならば，Liv. のテクストの奇妙な（syntagmatique な）パラデイクマ接合は，一端強引に M. Manlius が釈放され（17, 7），そして翌年出直すようにして perduellio が起こる，というように叙述する．二重の意味を syntagmatique な展開図に仕立てたのである．今回は古典的である．「私宅に plebs を集め，深夜まで延々と頭目たちと体制の更新についての策を激しく論じた」（18, 3 : aduocata domum plebe, cum principibus nouandarum rerum interdiu noctuque consilia agitat）．Livius の筆致はここからは adfectatio regni の紋切に流れる．TMCP と tr. pl. の両方が一致して訴追にあたる（19, 4）．兄弟たる A. Manlius と T. Manlius すら彼の傍に立たない（19, 2）．しかし他方，「ほとんど 400 人の証人が立った，彼らのために利息抜きで彼が金銭を支出した人々で，その者達は資産売却を免れ，判決を経て人身執行されるのも回避しえた」（20, 6 : homines prope quadringentos produxisse dicitur, quibus sine fenore expensas pecunias tulisset, quorum bona uenire, quos duci addictos prohibuisset）．Manlius が余りに Capitolium に向かって祈願しこれを援用するため，centuria 民会での評決にあたっては Capitolium の見えないところに場所を変えねばならなかったほどである（9ff.）．Arx の Manlius の家[4]は Iuno Moneta 神殿[5]のために没収される（13）．

この続けざまのダブレットは明らかに Liv. が「如何なる著述にも直接には一体如何なる訴因が訴追者によって掲げられたのかついに見出すことができない」（20, 4 ; quae……pertinentia proprie ad regni crimen ab accusatoribus obiecta sint reo, apud neminem auctorem inuenio）と戸惑うことと関係する．第一に crimen の複層性が有る．しかしヨリ高度で政治的な方は何かさらなる秘密を隠しているように思われる．最後の，証人達によって暗示された彼の行為は，政治的次元で何かもっと特定的な破壊を帰結しようとしたのではないか．信用の破壊とは，それをも意味したのではないか．その場合のヒントは Capitolium 一点へのかくも強い固執である．それ以外を全て閃光によって舐め尽くすが如くである．

〔5・2・1〕　cf. J. Gagé, Les clients de Manlius, p. 353 : "ce pouvoir, à première vue plus social que politique". しかし実は政治的であった，というのが彼の主張である．380 年代は政治の復権の始期である．

〔5・2・2〕　留保された公共空間が canes でなく anseres だったというのはしかし反 Manlius であり，したがって Camillus 側からの反撃である．anseres は matronae と深く関係する広義の記号であるからである．

〔5・2・3〕　むしろ，Etrusci がその組織形態を北方に伸ばしていった，その残余が "Galli" であり，アペニン越えで侵入したり，「アペニンの向こう」の住人であったり，という区分は意味をなさない．Liv. の excursus を含めて，M. Torelli, I Galli e gli Etruschi, in: D. Vitali ed., *Celti e Etruschi nell'Italia centro-settentrionale dal V secolo a. C. all romanizzazione*, Bologna, 1987, p. 1ss. が極めて繊細に問題を扱う．

〔5・2・4〕　Gagé, Les clients de Manlius はこれを文字通りに解し，Manlius の権力基盤が実際に Capitolium の丘の上の財の再分配拠点に基づくとする．新たな審級における債務問題解決が種類物の流れに関する結び目を作らないように端的に「Valerius Poplicola 空間」に置く象徴的行為が Iuno Moneta 神殿建設である．一方で Manlius 点を解体し，他方で鋳造貨幣の起点をここに置いて透明にする必要が有った．なお，財政，特に Camillus の側に peculatus の exemplum が付着する点については，後述 IV-3-8-8 を参照．

〔5・2・5〕　Liv. VII, 28, 4ff. と Ovid. Fast. VI, 183ff. が Iuno Moneta 神殿を Camillus に帰するために，論争が有るばかりか，Manlius のガチョウや考古学が Iuno 神殿既存を支持するため，先行説も有力である（cf. A. Ziolkowski, Between geese and the Auguraculum: the origin of the cult of Juno on the Arx, *CP*, 88, 1993, p. 206ff.）が，少なくとも伝承上は vovere-locare-dedicare に沿って Camillus ブロックと Manlius ブロックが激しく取り合う．このことは先行機能が Arx に含まれたということを排除せず，かつそれは別途の Iuno Moneta 神殿である必要がない，点 Ziolkowski の主張の通りである．Moneta という epithet による分化，この時期に一般に見られる Iuno の大行進と分化，に着目されるべきである．つまり Iuno が降りた後，分化した一部の Iuno は昇って帰るのである．なお，一部伝承が「367 年の Camillus」に帰す Concordia 神殿については，（新しい伝承批判の先駆けとして Camillus 伝承の stratigraphie をした）A. Momigliano, Camillus and Concord, in: Id., *Secondo contributo*, p. 89ss.＝*CQ* 36, 1942 が参照されるべきである．後述の Licinius 改革の妥協的性格から出たエコーであるとする結論は説得的である．

5・3

Manlius の行為の水面下で動く政治的対立を理解するためには，視界を空間的に伸ばす必要が有る．既に Caere と Ardea がわれわれの目の前を横切って行った．われわれの 380 年代，Galli 後，空気の変化に呼応するように「Regillus 湖での戦いの後実に百年近くの間ローマ国民との間に決して疑いを容れる余地の無い友好関係を保ってきた」(Liv. VI, 2, 3: qui post pugnam ad lacum Regillum factam per annos prope centum numquam ambigua fide in amicitia populi Romani fuerant) Latini と Hernici が叛旗を翻す．その後 Volsci と連動しながら

Latini の少なくとも一部の分子が不穏な動きを示し続けるが，これは一体何故か？　同年代の Manlius 事件とは何の関係も無いのか？　381 年，Volsci と戦ったローマは捕虜の中に Latini の中核都市の一つ Tusculum の者達を発見する．尋問の結果 Tusculum の公的な関与（publicum consilium）が判明する（Liv. VI, 25, 1）．ローマは直ちに Camillus 指揮下の部隊を派遣する．ところが戦いは起こらない（nec fuit cum Tusculanis bellum）．「決然たる和平の態度で，武力では決して勝ち取ることができないこと，すなわちローマの武力を回避すること，に成功したのである」(pace constanti uim Romanam arcuerunt quam armis non poterant)．どのようにしたかと言えば，「戸を開け放しにして」(patentibus portis urbis; Plout. Cam. 38, 4: ed. Flacelière: τὰς δὲ πύλας εἶχον ἀνεῳγμένας) ローマ軍を迎えたのである．透明で素通しな都市である．しかし決して無ではない．まず領域において「決して農作業をやめず」(non cultus agrorum intermissus; ἐν εἰρήνῃ γεωργούντων)，都市中心において経済活動が何事も無いかのように継続される（τοῦ δὲ δήμου τὸ μὲν βάναυσον ἐπὶ τῶν ἐργαστηρίων ἑωρᾶτο περὶ τὰς τέχνα), Camillus が「入って行って見たものは，戸は開け放され，店は自由に入れるし，全てのものが皆の前に曝け出されており，職人は作業に集中しており」(ingressus urbem ubi patentes ianuas et tabernis apertis proposita omnia in medio uidit intentosque opifices suo quemque operi) 子供は学校で遊技をし女達は買い物している，そのような情景であった．非軍事，経済，はよいとして政治は？　Liv. のヴァージョンではほとんどゼロであるが，Plout. のそれは微かに異なり，「都市の名望家達は agora に toga を着て集まり，政務官達は」(τὸ δ' ἀστεῖον ἐπὶ τῆς ἀγορᾶς ἐν ἱματίοις οἱ ἄρχοντες) 接遇の手配をした，と限定的ながら残す積りである．それに対応するように，Camillus は信義の問題を重視し，決してこの点で信じたわけではなかったが温情によって senatus に取り次ぎ，処置を委ねられると，却って isopoliteia が与えられるようにした，と述べられる．これに対して Liv. においては，Camillus も senatus もすっかり感動し，そして何よりも "dictator Tusculanus" が senatus で大演説を行う (26, 4)．そして彼らは「さしあたりは和平を，そしてほどなく（ローマ）市民権さえ獲得した」(pacem in praesentia nec ita multo post ciuitatem etiam inpetrauerunt) のである．

この isopoliteia を〈二重分節〉の相互保障の意味にはもはや取りえない．領域の上の関係を堅固に保障するためには政治的機能は十全でなければならないが，それは少なくとも大いに減殺され外部性が希薄化されたというのだから，互いに独立の二つの政治システムによる二重の保障たるは疑わしくなる．むしろ端的なローマ市民権付与による内部化が生じた，Tusculum の人達にとっては自分達固有の政治システムを失う替わりにローマのそれに参加しうるようになった，ということであろう．懲罰に値するのか報償に値するのか両義的である事案に相応しい対応でもあろう．しかしならば本当に Tusculum の人々はローマの政治システムに十全な意味で帰属しえたのか．固有の政治システムを完全に失ったのか[1]．確かに都市 Tusculum は透明で素通しの蜃気楼の如きものとなった．しかし蜃気楼として存続する，否，日常の経済的側面は何事も無かったかのように継続するのである．しかもその「経済的」は領域の上だけでなく都市中心にも展開されている．つまり何と都市中心に（ローマから見て）経済にすぎない活動が展開され，観点によってはそれをサポートする限りにおける政治組織は残されるのである．われわれにとってこれは初めての光景ではない．Romulus の養育の場面で領域の上に蜃気楼のように都会的な環境が現れた (I-4-3)．Sex. Tarquinius の奸計は無血開城をもたらした (I-6-2)．そこでは fides がかかっていた．いずれの場合もその都市の名は Gabii であった．画像はさしあたり2世紀のものであると推定された．しかしそれはまた4世紀からスタートするディアクロニクな延長を有するのである．そして後に municipium という符号を獲得する．誰が見ても Tusculum は municipium のパラデイクマとして与えられている．

　この新方式に Latini はむしろしかし消極的で，Etrusci の方面で先に発展したもののように見える．おそらく「Camillus 伝」の如き媒体[2]を通じてわれわれはもう一つ彼に因む無血開城の顕著なパラデイクマを有する．Plout. Cam. 10 は，Camillus が Falerii を攻略しようとするとき子供達を連れて出た教師が裏切って Camillus の陣営に帰順して来た，というエピソードを伝える．しかし Camillus は却って怒り教師を罰するとともに子供達を返した．感激した Falerii の人々 Falisci は Camillus に帰順し，ここでもローマ元老院に連れられて行くと，Camillus に一任がなされ，彼は罰金のみを取って和平を結ぶ．都市中心

の内部では日常が維持され，そこで agoge も行われている．それには元来領域の方へ出て行くモーメントが組み込まれているが，今やこれは領域の単位＝子供達の押さえ合いのメカニズムを帰結している．Labici＝Bolae 方式である．これを当て込んだ教師の行動はしかし Camillus によって厳しく罰せられる．純粋に都市的作用に特化せよ[3]と言わんばかりに．先に見た Camillus の villae 破壊は，villae という現実が出来上がっていることと同時に，Labici＝Bolae 方式の成果の破壊という方向さえ生まれたことを，示すものである．

　Galli 退却後，ローマは原状回復に努めるが，最大の問題は儀礼を成り立たせる装置の復旧である．儀礼はパラデイクマの再現実化が暦の上で途切れないことを生命線とする．決まった自然現象がその季節に起こらなければ祓わねばならないように．Galli によって占領されていたからできなかったでは済まされない．一から設立し直さねばならない．そのためには étiologie を組み直さねばならない．元老院は決定する．「敵に一旦占領された全ての神域は原状回復され線引きし直されねばならない，祓うにあたっては二人委員を通じて儀礼書が参照されねばならない」(Liv. V, 50, 2: fana omnia, quoad ea hostis possedisset, restituerentur terminarenturque, expiatioque eorum in libris per duumuiros quaereretur). 「Caere の人々との間で正式に相互の賓客関係が締結された，彼らがローマ国民の祭祀と神官達の亡命を受け容れてくれたからであり，その恩恵により我が神々と人々の栄誉が断絶せずに済んだからである」(cum Caeretibus hospitium publice fieret, quod sacra populi Romani ac sacerdotes recepisset beneficiosque eius populi non intermissus honos deum immortalium esset). 事実 Liv. V, 40, 7ff. は Galli 急襲による混乱の中で一部神官団が必死に疎開を実現しようとする様を伝え，そして妻子を荷車に載せて避難する途上の L. Albinius という者がこれを見て妻子を降ろしてまで装置一式を救ったと述べる．「そして Caere へと運んだ，神官達はそこへと向かっていたのだった」(et Caere, quo iter sacerdotibus erat, peruexit). （既に述べたように）Albinius の名は救済者として轟き，Manlius よりもむしろこれが例えば Aristoteles に届いていたことが Plout,. Cam. 21 から知られるが，しかし Plout. はここで Caere には言及しない．いずれにせよ，「最初に投票権無しの municipium になったのは Caere であるという説を受け容れる，実際彼らに授与されたのは，確かにロー

マ市民権の栄誉を受け取るものの，しかし様々な案件や負担を免れる，というもので，これは Galli との戦争の際に祭祀を受け容れて護持したことの報償である」Gell. XVI, 13, 6 : Primos autem municipes sine suffragii iure Caerites esse factos accepimus concessumque illis ut ciuitatibus Romanae honorem quidem caperent sed negotiis tamen atque oneribus uacarent pro sacris bello Gallico receptis custoditisque: ed. Hosius). Tusculum のパラデイクマがまざまざと機能している．「municipes というのは municipium のローマ市民のことで，自分の政治システムと法を享受するが，しかし政治的負担はローマ国民との間でただ名誉的にのみ共有する者達である」(Municipes ergo sunt ciues Romani ex municipibus, legibus suis et suo iure utentes, muneris tamen cum populo Romano honorari participes).

「投票権無し」sine suffragio には二つの含意が有りうる．純粋に政治的なパラデイクマにおいては独自の脈絡によるというのが一つ．凡そそのような脈絡を剥奪されてもっぱら「経済的」な脈絡で市民権が概念されるというのがもう一つ．Gell. のテクスト自体にこの両端の間で揺れる様子が見て取れるが，Tusculum のパラデイクマにおいても二つのヴァージョンが同様の揺れを示した．固有の政治システムは有るのかないのか，どこまで実質的か．しかしその外側で市民権など一体何の役に立つのか．ローマのだろうと固有のものだろうと．ローマに関する限りしかし民事訴訟が有る．儀礼を通じて〈二重分節〉が保障されると，そこに自ずと自由身分が概念され，これが市民権に対応する．それはローマの儀礼空間を reference の的とする一つの資格である．そしてこの脈絡は端的に政治的である脈絡から相対的に切り放される．そこに制度の大きな存在理由を有した．このことを念頭に置くと，Caere の事例が祭祀を大きなポイントとしていることが俄然注目される．与えられた civitas sine suffragio と Liv. の記事の hospitium が同じものかどうかはわからない[4]が，核心をなすのはむしろローマと同じ祭祀を共有したということである．その脈絡では Caere の人々はあたかもローマ市民であるかのように振舞うことが可能になった．しかし同時にそれを自分達の中心で行い，少なくともその限りでまだまだ堅固な政治システムを別途維持するのである．"legibus suis" はこの場合はこのような pregnant な意味である．すると翻って Tusculum でも同じことが生

じたはずである．しかしここでは "legibus suis" の意義を極小化するヴァージョンによって対抗を受ける．おそらく何か第二段が有ってその時そこの部分が空洞化した，「もっぱら経済的」というニュアンスにずれ込んだ，という予想が立つ．それが 381 年に遡及した，ばかりかそのようにして Tusculum が Caere に対抗した．これは Camillus と Albinius (de plebe) の対抗にも符合する．

しかしその前にそもそも Tusculum が危うく「叛乱分子」に列せられようとしたのは何故か，つまり何故 Latini が 100 年ぶりに叛旗を翻すか，という問題に帰らなければならない．Tusculum は Labici/Bolae 方面でローマと協働した．新しい領域の構造を創出するときに Latini は不可欠の手掛かりであった．領域の上の関係が二つの政治的中心から二重に保障されるのである．決してそのように概念化されていなかったにせよ言わば二重の市民権によってどちらの裁判所も利用できるという関係である．ところが今，〈二重分節〉を支える儀礼的パラデイクマは単一系をなす，つまり多くのヴァージョンがしかし一続きの syntagmatique な連続体をなすようになったとしよう．端的な占有が脈絡抜きに保障されるよりも，同じ占有保障のメカニズムの中でも auctoritas が強調され，auctores は単一の階層として概念されることになってしまう．Tusculum の一部の分子にとってこの事態は大いに不満で，彼らが場合により，そもそも〈二重分節〉そのものに反対である Volsci と連携したとしても不思議は無い．Nomen Latinum の観点からしてもその相互的 isopoliteia 体制の根幹を崩されることになる．377 年，「裏切った」Tusculum を Latini が攻める (Liv. VI, 33, 6ff.)．しかし Latini はアクロポリスに立て籠もった Tusculani を包囲したもののその外からローマ軍に包囲され内と外から挟撃される．ここでも「中心だけは自分達が，領域はローマが」の原則がこだまする．

しかしそれにしても何故またこのような単一化が企図されたのか．確実に言えることは，占有を移転しやすくなる，ということである．例えば mancipatio によって売却しやすくなる．全てをローマで売買すれば同じ事ではないか，何故このような複雑でわかりにくいシステムを？ 多元的な中心を介して売買することはそれだけで魅力である．占有の移転に必要な〈分節〉を得やすい．それは具体的には以下のように例解しうる．占有を mancipatio によって売却するといっても買主が一元的であったならばどうか？ 売買は種類物の供給によ

る．それが一元的源から流れてきて多くの占有を束ねたらどうか？〈二重分節〉体制にとって大いに好ましくない事態である．Manlius 事件はまさにこのことを例解したではないか？　債権者がそのまま人身の捕縛を通じて占有を吸収してしまうのは大問題である．しかしこれを避けるべく現れる vindex libertatis もまた種類物の供給を通じて危険である．ギリシャの eranos にそれは似るが，あれは政治システムが直接的に媒介することによって〈分節〉的多元的主体が vindex libertatis として現れるということであった．領域の側に政治システムが無いためこの政治的救済の道を持たないローマでは，eranos は巨大権力を発生させてしまう．売買を通じての「民事的な」解決が危険を生まないための唯一の道は，買主が外部の政治システムに属することである[5]．"trans Tiberim" の原初の語義はそうであったろうと思われる．十二表法もまた人身のみをではあれ債権者に直接摑ませたくはなかったのである．しかし，今必要なのは占有の本格的な移転である．領域の問題である．異なる政治システム間に，しかも同一政治システム内の移転を成り立たせうるか？　mancipatio の儀礼がそもそもできないではないか？　まさに Caere/Tusculum 方式はそのために設けられたと考えられる．実に巧妙かつ典型的にローマ的なやり方である．

　しかしそうであるとすれば，380 年代になって債務問題が風向きを変えたことの意義は根底的であるということになる．大きく体制全体を動かしていくのである．

　　〔5・3・1〕　このローマ市民権付与につき sine suffragio 説と optimo iure 説の対立が有る．cf. Humbert, *Municipium*, p. 157sqq. Humbert 自身は後者を支持し，かつ固有の政治システム喪失の点を懲罰と見る．sine suffragio 説の一部が報償のみを強調してこれをもっぱら特権とのみ見ることを批判する視点は重要であるが，他面後述の 338 年体制との混同が有る他，municipium 化の微妙なニュアンスが抜け落ちている．なお Th. Hantos, *Das römische Bundesgenossensystem in Italien*, München, 1983, S. 52ff. は Tusculum を固有の類型として詳細に扱うのはよいが，領土を直接統合した Veii に対して人的組織を存立させたまま直接統合した（全面参加の特権でもある）とする珍妙な社会学的図式に依拠する．

　　〔5・3・2〕　cf. M. Coudry, Camille : construction et fluctuations de la figure d'un grand homme, dans : Ead. et al., edd., *L' invention des grands hommes*, p. 47sqq. Coudry (60sq.) の言うようにこれが元首政のイデオロギーに取り込まれたとすれば，municipium の政治性＝領域構築力の否定と，にもかかわらず一転存立は手厚く保護されること，のバランスが賢慮や公正としてイメージされるということになる．

　　〔5・3・3〕　後進性が幸いして（まるで Latium の都市のように）Falerii 都市中心はアルカイック

なまま存続していく．つまり〈二重分節〉を持たない（かと言って強固に結合したわけでもなく曖昧な首長連合の名残を有する）ことがローマに発する〈二重分節〉の受け皿として好都合なのである．かくして，（散逸した材料に類型学を施す辛抱強い研究である）A. Comella, *I materiali votivi di Falerii*, Roma, 1986 によれば，多元的な神殿が（7-6 世紀と 5-2 世紀という二つの相を有しながらも）実に継続的に活動を続ける（cf. p. 183, 189, 196）．

〔5・3・4〕 Sordi, *Romano-ceriti*, p. 110ss. は Gell. の記事を素直に受け取り CSS が初め特権であった（後に懲罰的意味を持つようになる）と解する．しかし多くの学説は Strab. V, 2, 3 などを根拠にして Caere/CSS を後の CSS＝懲罰の時期に下げる．このとき Liv. のタームは意味を持つことになる．Humbert, *Municipium*, p. 27sqq. は二つのテクストの卒然たる結び付けを周到に批判し，CSS は自立を否定する併合の形式で，390 年は逆に isopoliteia の線を維持している，と考える．しかし，特権かどうかとは無関係に新たな役割が 4 世紀前半に Caere や Tusculum には与えられたと見る以外になく，おそらくそれは CSS であったろう（E. T. Salmon, *Rome and the Latins*, Phoenix, 7, 1953, p. 130 は Sutrium と Nepete に colonia Latina 復活を見る）．4 世紀後半にしかし微かに意味の異なる取り扱いが生じ，CSS もその一環をなし，しかも相対的に不利なタイプである．これらは多く括られて後に municipium という語で指示される（Hantos, *Das römische Bundesgenossensystem*, S. 99ff. は Mommsen を批判しながら一括擬似社会学的ドグマティクを以て思弁する pasticcio を行い，案の定 "teilintegrativer direkter Herrschaft"（独立も半分／統合も半分）などという身の毛のよだつカテゴリーを提案する）が，そうすると 390 年の Caere はこの狭義の CSS ではないように見えて Liv. のタームとなり，しかしそれでも Caere と Tusculum は凡そ municipium というカテゴリーにとって重要な先駆けとなったのである．Caere のメトニミクな語義（「最初の municipium」）は一つの方向へ大きく踏み出したことを記憶するものである．かつそのポイントは CSS であった（原 CSS 体制）．論争に対して一歩距離を取り「municipium の実質の一貫性」と「その受け取られ方の変化」という見方を示す A. N. Sherwin White, *The Roman Citizenship*[2], Oxford, 1973, p. 53ff. は参考に値する．

〔5・3・5〕「貴族制」をよく発達させた Etrusci 諸都市はこの半外部性を充足しつつ eranos をして債務問題を解決する装置として最適であったろう．

5・4

civitas sine suffragio を使う方向は Manlius 危機に対処する側，彼を訴追しその危険を強調する側，のものである．そして彼を礼賛する側も負けてはいない．債務問題の「政治的解決」の方向はしばらくして頭角を現し，しばし主導的な地位を維持し続ける．しかも原 CSS 体制を否定するというより乗っ取る（修正 Manlius）．実際 aes alienum は軍制に直接響く．何故ならば Servius Tullius 制の財産評価 aestimatio において aes alienum をどのように扱うかは大きな争点となりうる．債務超過であれば無産者ということであるから，募兵は成り立たない．軍事的基盤を掘り崩す．380 年，tr. pl. はこの点を突き，「債務 aes alienum を精査し査定を減殺することにより各人がどこまでが自分の財産でど

こまでが他人の財産か，なおかつ自由な身体が残るのか，それともそれまでをも拘束されなければならないのか，を知るまでは」(Liv. VI, 27, 8: donec inspecto aere alieno initaque ratione minuendi eius sciat unus quisque quid sui, quid alieni sit, supersit sibi liberum corpus an id quoque neruo debeatur) 募兵に応じないという戦術に出る．単に債務を抱える以上軍務を勘弁してくれというばかりではない．執行が自由を奪うとして，単なる遅滞によって可能とするのでなく債務超過に至って初めて可能とするように，というのである．つまり執行が必要的に aestimatio つまり census を経るということ，その限りで政治システムの関与を求めるということ，である．でなければ軍制の組み立てとして公正でない，基盤がますます弱体化してもよいのか，という突き付けである．

378 年，「債務 aes alienum を把握するために censor 達が選出された」(Liv. VI, 31, 2: ...aes alienum; cuius noscendi gratia...censores facti...). しかし patres は構わず募兵しようとし，tr. pl. は逆に「何人も tributum を支払ってはならず，金銭消費貸借に基づく債務につき裁判を行ってはならない」(ne quis tributum daret aut ius de pecunia credita diceret) という拒否権発動を行う[1]. もう一つ tributum が絡み，債務問題はますます端的に政治的な問題となる．

377 年，「債務者達に一息つくべく与えられた短い時間も尽きて，裁判が新たに再開される，tributum のために新たに高利消費貸借を締結しなければならない有様で，その負担が軽くなるかもしれないという期待は潰える」(Liv. VI, 32, 1: Paruo interuallo ad respirandum debitoribus dato...celebrari de integro iuris dictio et tantum abesse spes ueteres leuandi fenoris, ut tributo nouum fenus contraheretur). その結果次々と人身執行が実施されていき (34, 2ff.)，まさにその結果であるのが lex Licinia である，と Livius は理解する．「まさに債務 aes alienum 問題の巨大なエネルギー故に，根本的体制変革の機会であるように見えた，その害悪を緩和するためには plebs 自身が最高位の imperium を保持する以外にないように思われた」(35, 1: Occasio uidebatur rerum nouandarum propter ingentium uim aeris alieni, cuius leuamen mali plebes nisi suis in summo imperio locatis nullum speraret). つまり TMCP 体制に終止符が打たれ二名の consul 制に復するばかりか，一名を plebs とすると定められるに至るのである．

しかしながら，aes alienum が rogatio Licinia (35, 4) に結実するのは何故か，その連関は全く定かでない．むしろ唐突でさえあり，これを正面から受け取る学説は無いように見受けられる．否，Livius でさえ空隙を埋めるように或る étiologie を挟んで来る (34, 5ff.)．自分の党派に対する縦の関係ばかりか plebs に対して横断的に影響力を持つ (potentis uiri cum inter sui corporis homines tum etiam ad plebem) M. Fabius Ambustus の長女は patrici の Ser. Sulpicius に，次女は plebs たる C. Licinius Stolo に嫁いでいる．或る日次女が長女を訪ねた折，TMCP つまり imperium 保持者に対する儀礼がなされるのに対して初めて驚き，長女の側の失笑を買う．屈辱感を父に見抜かれ白状すると，父はしかし今にお前の家でも同じ栄誉礼が見られることだろうと慰める．このエピソードは rogatio Licinia のうち "consulumque utique alter ex plebe crearetur" に直結し，遥かに説得的である．他方 aes alienum の方は「第一に債務問題につき，高利債務に充当すべく支払われた部分は元本から差し引き，残余を三年間の均等分割払いとする立法」(unam de aere alieno, ut deducto eo de capite quod usuris pernumeratum esset id quod superesset triennio aequis portionibus persolueretur) という方に直結する．先述の Livius の表現は二つのことを混同しただけか．しかしそもそも何故同一の rogatio にこの二つのことが含まれるのか．その上，既に TMCP として plebs も imperium に参画しているのではなかったのか．二人の Fabiae の話は何も今更のわざとらしさを含まないか．既に lex Canuleia によって Fabii のような patrici は plebs と領域に新しい性質の支持基盤を獲得している．徐々にそこから Licinius のような「婿」gener が上昇していく．新しい政治指導層が形成されていく[2]．そのことに何の疑いも無い．しかし duae Fabiae はよく読むともう少し別の事柄を指示している．何よりも権力の実質でなく儀礼が問題とされている．TMCP の新体制でなく consul 経験者が patres となり auctoritas を独占する体制，これにしかも姉妹が暗示する完全な対称性を伴って与りたい，というのである．その観点から見ると三番目の rogatio は別のように読める．"ne tribunorum militum comitia fierent consulumque utique alter ex plebe crearetur" (TMCP 選出の民会は最早開催されない，そうではなく consul を選出し，その一方は必ず plebs 出身とする)．ポイントは TMCP を廃して consul 制度に戻り，そのための (別原理の) 民会を再建する

ということである.

　そうだとしても一体何故 aes alienum と関係するのか．TMCP とは何であったか．われわれの仮説によれば Nomen Latinum の部族編成にコンパティブルな軍指揮権の形態と軍事化の方式を与えるものであり，軍団は領域編成されたはずである．領域の各単位が新しい tribus に基礎を持つようになったことに対応する．また，Latini 諸都市との協働によって新しい領域の構造を一つ一つ形成していく作業に好適であった．しかし 380 年代からこの路線は放棄される．反対に，census を補強して執行を債務超過まで待ち，aes alienum 問題を aestimatio と絡めて解決する方式が現れる．これは eranos 方式とも適合的な政治的債務処理である．ここにまた軍事編成がかかってくる．「自由な市民」はこの平面で概念され，この基準で区切られるからである．占有をどの tribus に有するかでなく，多くの擬似的な中心に関連付けられる異種の資産の累計の帰属点が市民を定義する．それら多くの擬似的中心をまたがって債務処理・執行も行われるのである．つまり新しい質の aestimatio を伴う centuria 制の再浮上である．

　この時，軍事化の基本方式も大きく転換せざるをえない．再び強く moitié 原理によって方向付けされざるをえない．imperium も再びアナロジーとしてではなく文字通りに実現される．二名の consul に復帰するのは不可避である．しかしそればかりではない．今や軍事化の頂点とは相対的に区別されて，しかし決してもはや領域の上の端的な関係でない，言わばヴァーチャルなレヴェルの「領域」が新たに形成されてその上に市民団が概念される．そしてこの平面を債務処理と執行が滑らなければならない．そして頂点からでなくこのレヴェルから民事訴訟を行わなければならない．領域の上の端的な占有の保障である．もちろん民事訴訟といえども裁判という基本パラデイクマの上に基礎付けられた．裁判は〈分節〉体系の解消・再形成であるから一種の軍事化を経るものであり，imperium を必要とする．民事裁判も小なりといえども imperium を不可欠とするのである．rogatio Licinia の果実はようやく 367 年になって得られるが，その中には "qui ius in urbe diceret"（Liv. VI, 42, 11）「都市中心で民事裁判する」praetor を単一の政務官として設立するものが含まれる[3]．Caere/Tusculum 体制を原 civitas sine suffragio 体制であると把握すれば，原 CSS 体制が

元来の市民権から隔たる分だけ，狭義の imperium からこの別種の imperium を引き剥がしたのである．

　この praetor につき consul と区別せずに基本を軍指揮官であるとする説が有力である[4]が，Fasti の骨格を形成せず，初期においては軍事的な任務は補充的にとどまる．366 年の初代 Sp. Furius Camillus (Liv. VII, 1, 2) を別として，350 年の P. Valerius Poplicola (23, 3)，349 年の L. Pinarius (25, 12-3) はいずれも suffectus にすぎず，341 年の Aemilius (Liv. VIII, 2, 1) は Samnites の使節を元老院に迎え入れる役割りである．336 年の Q. Publilius Philo は最初の plebs として名が挙がり (15, 9)，330 年の L. Papirius (17, 12) は Acerrae に civitas sine suffragio を授与する．320 年の L. Plautius は，彼が病のために ludi が挙行できず dictator を立てたというヴァージョンの紹介の中に登場する (40, 2)．318 年の L. Furius は Capua に後述の praefectus iure dicundo を送る (Liv. IX, 20, 5)．340 年の L. Papirius Crassus のように dictator に指名される (Liv. VIII, 12, 2) など，dictator と縁が深く，かつ非軍事的 dictator と親近性が有る．そしてこれだけしか名前が挙がらないことに示されるように，元来は非軍事的存在だからこそ記録されないのである．

　そもそも "praetor" の語は例の "lex vetusta" のテクスト上に見られた．元来 Nomen Latinum の軍事化と深い関係を有すると解される．これは "dictator" と語を換えることが有り，事実 dictator の起源に関わる．しかるに，Tusculum 事件の記事の中に「Tusculum の "dictator"」が現れ，かつこの表現はローマに対して対抗的な Nomen Latinum の軍指揮官を強く想起させる．あの記事においても「Tusculum 出身の dictator」であった．他方 "lex vetusta" に関するテクストは何と 363 年に関するものである (Liv. VII, 3, 5ff.)．この時釘打ち儀礼のための dictator が立てられたのであるが，何故か元来 "praetor maximus" が行う決まりであったとリマインドされ，それが初代以降の consul の暦の儀礼に転換されたのであるとまで説明される．Livius が記憶を甦らせたばかりでなく，記憶が甦ったのを Livius までが記憶しているのである．すると，何故この時点で甦ったのか．Nomen Latinum の部族メカニズムという鉱脈からまたぞろ何かが汲み出されたということではないか．これは praetor の単一性をよく説明するし，なおかつ consul 制がローマの側で復活した後反対の Latini の側で同

種のしかし非軍事的なメカニズムが構築されたとすれば，原 CSS 体制において Latini や Etrusci の諸都市が有する役割や，しかもそれが新しい意味の領域に該当するから軍事的では有りえないということ，等々と整合的である．

　以上のような変動が本当に実現したとすれば激震を意味するから，具体的な形成プロセスが 377 年から約 10 年に及び，そして少なくとも 5 年間は eponymos の役割を担う政務官を選出できなかったとしても異とするに足りない．軍事化の方式の転換が推進されたとすれば暦年を刻むメカニズムに支障の出る期間が現れることは容易に理解されるし，われわれの理解を裏付ける．それと同時に年代記が事蹟を刻まない[5]とすれば，暦と年代記の関連を立証する有力な傍証たりうる．なおかつ，もしこの突然の政治の季節の到来が 367 年に直結したのであったならば，年代記のこの中断は考えにくい．aes alienum 問題の政治的解決の方向と lex Licinia は現にずれている．二名の consul や一名の praetor とは別の波長が上に重なっている．それは二名の consul の内の一名が plebs でなければという規定，およびその étiologie に見ることができ，また個別債務に着目する借財立法の規定にも現れている．つまり大きな奔流を Licinius はぎりぎり修正した，そのときの視点は反対に，同盟路線を修正した原 CSS 体制からのものであった，と考えられる．

　その étiologie は明らかに lex Canuleia の系譜に属する．〈二重分節〉を形成するために身分制は却って有益であった．AaBb それぞれの形態を維持するときにこの大文字と小文字の儀礼的区別は有効に働く．通婚でさえ，身分制を維持する前提が有ってこそ，交叉して領域に入る関係を通じて〈二重分節〉に寄与するのである．事実 patrici 主導であった．当然逆にその通婚における婿たる plebs の男子が政治的階層に進出することも時間の問題である．つまり政治的階層の緩やかな循環であり，その〈二重分節〉である．TMCP はそのための有用な装置たりえた．ところが今，既に一定程度〈二重分節〉を遂げた政治的階層のその〈二重分節〉がその質を転換させる，ということが予想される．lex Canuleia が想定するメカニズムは明らかに宙に浮く．〈二重分節〉の各単位は社会に深く埋め込まれた内在的装置によって自律的に保障され始めている．われわれは rogatio Licinia が lex de modo agrorum をも含んでいたことを忘れるべきではない[6]．占有はアプリオリに保障される．usucapio も一層強化され

て作動したであろう．自足的かつアプリオリに保障された〈二重分節〉単位は政治システムを離れうることになる．ならば，政治システムの方も〈二重分節〉の脈絡を離れて原 patres 体制に戻りうるか．確かにそのヴェクトルは働いた．しかしそれでも，「政治的階層が全体としてあたかも oligarchy のように社会全体に対する，がその政治的階層内部は〈二重分節〉している」という体制が現出するのである．"consulumque alter" は moitié から来る consul 制の dualisme でさえ〈二重分節〉の「二」に置き換えるということである．身分制は廃されないが，領域の上の〈二重分節〉にとってさえ不要となり，何と舞台の上の〈二重分節〉のために作動する．政治システムと政治的階層のパーフォーマンスもまた屈折を通じて社会構造に寄与するから，〈二重分節〉しなければ軋轢は避けられない．これこそが Licinius による土壇場の逆転がもたらしたものであった．不思議と，市民社会の側の堅固さが決して直ちには政治システムの基盤とはならない原 CSS 体制や同盟体制がそれとなく再浮上する余地を確かに生む．むしろ praetor のところに全て曖昧に統合されている．最も空洞化するのは tribunicia potestas であろう．C. Licinius Stolo は信用問題を Latini/Etrusci を使って解消する方向を秘かに復活させ，しかし一方で彼らの領域上の力を減殺し，他方で本格的なデモクラシーへ組み込むことを拒否する．領域の横断的組織には決して生々しい政治はさせない，というローマの政治システムの特質である．儀礼を共有しつつ他を留保することによって成り立つそのシステムの生命線の維持に関わる問題である．しかしそれでも，政治的階層内で〈二重分節〉しかもローマ型〈二重分節〉が演出されねばならない．そのときに，またしても儀礼的に事が処される．patrici/plebs の組が一時期たくさんの新しい plebs 名を Fasti に登場させる．しかしそれは今や全体としては閉じているのである．したがって，Fabii/Licinii のような組み合わせの形成期に領域で受け皿となった plebs が出揃って尽きると新しい名前は出なくなる．少なくとも緩やかにしかそれ以上開かれない．こうして "nobiles"，"nobilitas" という階層が現れて[7]あたかも身分制が二重になるかの如くになる．

〔5・4・1〕 Peppe, *Esecuzione personale*, p. 140ss. は，十二表法以来の "addicti" 体制からの転換の重要な一歩と見る．perfidia に対する厳格性を緩和し，債権者が懲罰から回収に関心を移した，のであるとする．しかし census や aestimatio との関係は看過する．

〔5・4・2〕 lex Licinia によって政治的階層の解放と拡大を見ることは依然として大勢である．そのことを前提として，lex Licinia 以後新しい緩やかな意味において閉鎖的な政治的階層が再形成される（nobilitas），というように理解することになる．その関係は一種逆説の関係になる．しかし TMCP 体制の中に既に準備段階を見れば，lex Licinia 以降の Fasti に新しい plebs 名が多発することはその果実にすぎず，かつその出方の特殊な態様はその下で進行した事態の具体像に対応するものであるということも，かくして早々に門戸は再び緩やかに閉ざされざるをえないということも，理解される．

〔5・4・3〕 lex Licinia の政治史的解釈は praetor「設立」の意義を極小化せざるをえない．扱わないか，従来の機能がこの形で残ったとするばかりである．

〔5・4・4〕 Mommsen, StR, II, 1³, S. 193 は，TMCP 解消後 2 では足りず 3 を維持するためとし，De Martino, StCost, I, p. 427ss. は "iurisdictio inter cives" (Pomp. D. I, 2, 2, 27) を全否定する．praetor が軍事的権能を持つ劣格同僚であり，かつ collégialité 拒否は王権を連想させるとする．cf. A. Magdelain, "praetor maximus" et "comitiatus maximus", dans: Id., *Ius Imperium Auctoritas*, p. 333.

〔5・4・5〕 Livius の記述の空白について説得的な説明はなされない．cf. S. P. Oakely, *A Commentary on Livy. Books VI-X, Vol. 1 : Introduction and Book VI*, Oxford, 1997, p. 647

〔5・4・6〕 "de modo agrorum" と socii という結び付きにおいて連鎖は Gracchi のところで再現する．ということは原 CSS 体制と "de modo agrorum" はやはり Licinius のところで連動しているということである．

〔5・4・7〕 かくして，nobilitas の形成は単純にローマの政治システムの民主化に対応するものではない．そうでないことを指摘した意義を M. Gelzer（*Die Nobilität der römischen Republik*, 1912）や F. Münzer（*Römische Adelsparteien und Adelsfamilien*, Stuttgart, 1920）の研究は有するが，「oligarchy の鉄の法則」（Michels）が作動したというわけではない．政治的階層の〈二重分節〉は，政治制度自体の〈二重分節〉とともに，鉄の oligarchy や corporatistic な硬直化を防ぐ役割は有したのである．だからこそ，それらを目指す Ap. Claudius Caecus は patres 旧体制の遺産を nobiles 攻撃と結び付けえたのである．この点，K.-J. Hölkeskamp, *Die Entstehung der Nobilität. Studien zur sozialen und politischen Geschichte der Römischen Republik im 4 Jhdt. v. Chr.*, Stuttgart, 1987 は，liberal democracy ないし polyarchy をモデルに nobiles の政治的階層としての拡大と固定を解釈しデモクラシーを救おうとするが，Ap. Claudius Caecus の分析を欠落させることに現れているように，oligarchy でなく polyarchy であるという論証を怠り polyarchy や liberal democracy は所詮政治的階層を固定させるものというところに居直った議論になっている．政治的階層自体の〈二重分節〉も，市民社会の側の独立でさえも，したがって municipium 体制の尊重は，政治的頂点に直ちに政治的資源を攫ませる垂直の峰を築かせないための障壁として，不可欠である．liberal democracy のメリットが有るとすればここであるのに，ダイナミックな参加が無くとも選挙を通じてデモクラシーが有ると後ろ向きのアポロジーとしてこの語が使われる傾向は広く存在する．

5・5

債務問題の政治的解決（修正 Manlius）という方向は 350 年代になると一転次第に基盤を掘り崩されていくようになる．既に述べたように，その基盤は Etrusci/Latini 諸都市が変身を遂げ難しい両義的な役割を果たしていくという

ことに存した．対応して，政治空間は二重化され，頂点からは端的には領域の関係を左右しえない．〈二重分節〉の儀礼的形態はローマ中心の政治的文脈とは相対的には分離された「純粋に私法的な」連関の中で実現される（praetor）．そこでは「外国人たる」，しかしながら「私法的な」脈絡では市民権を有する，Etrusci/Latini が auctores として儀礼的形態を保障する．しかし 350 年代には，反 Manlius と修正 Manlius のこの共通基盤（言わば Licinius）に対して逆襲が試みられる．まず Latini が徹底的にローマ側からの攻撃に曝され，Caere 等々にまでそれが及ぶ．他方で債務問題は「再度燃え上がり」，かつ今回は高利債権者 faeneratores に対する刑事裁判という手段が前面に躍り出てくる．

　そもそも政治空間の〈二重分節〉に対する反動は lex Licinia の直後から始まったと考えられる．364 年の ludi scenici の創始（Liv. VII, 2, 3）はおそらく consul たる Licinius Stolo の手になるもので，まさに政治空間の〈二重分節〉に相応しく，厳粛な儀礼に対して対抗的に，再現的パラデイクマを逸脱させながら syntagmatique に伸ばす擬似空間をもう一つ演出するものである．Livius の考察 (4ff.) は，一方でこれを軍事化の儀礼と対比して Etrusci 起源とする点で，他方でここにヘレニズム期の重大な発展の起点を見ることにおいて，示唆に富む．しかし pestilentia を鎮めるという同じ目的で「古い記憶から引っ張り出された」(repetitum ex seniorum memoria) と言われる例の lex vetusta は，praetor 創設と深い関係に在ると見られる一方で，再現実化したパラデイクマを演ずるはずの「釘打ちのための dictator」が何と本当に軍事化を目指したため，一騒動の種となる (363 年)．dictator たる L. Manlius Imperiosus は dilectus を強行しようとするが「若者達 iuuenes」の反発を招き断念する（Liv. VII, 3, 9）．そればかりではなく，翌 362 年，彼は訴追される (4, 1)．iuvenes に対応してその訴因の中には何と息子 filius の虐待ということが含まれる (4, 4ff.)．またしても伝承上 pater-filius によって，政治空間の〈二重分節〉の問題もまた扱われようとしているのである．反撃も filius を使って行われる[1]．何と当の息子 T. Manlius は自分の件で父が攻撃されているのは耐え難いとして訴追者たる tr. pl. の M. Pomponius を襲って脅迫する (5, 1ff.)．訴追撤回を誓約させ，結果訴追が撤回されるばかりかこの息子は息子の鏡として美徳を称えられることになる．しかもそれにとどまらない．地震が forum に大きな穴を開け

てしまう（6, 1ff.）．これを埋めなければローマの将来は無いという予言が出て人々が苦慮する中，Marcus Curtius という若い騎馬戦士が神々に祈願しつつ飛び込み，人々が奉納物を投げ入れる．Livius は Lacus Curtius の étiologie は Tatius 伝承（Curtius Mettius）ではなくこれであるというヴァージョンを紹介し，どちらとも決めかねると述べる．この devotio という先祖返り的儀礼もまたこの時期の政治空間の構造を巡る対抗関係を構成する重要な一翼を担うことになる．

そしていよいよ翌 361 年にローマは Latini 主力都市の一つ Tibur と戦火を交える．その前哨戦となるのが Hernici との戦い（Liv. VII, 6, 7ff.）であり，Sp. Cassius 以来 Latini が一定の脈絡で登場するときしばしば Hernici は寄り添って姿を見せ，かつ Volsci とは違って親ローマ的である．第一に，plebs 出身の consul, L. Genucius が auspicium の問題をクリアしないまま戦って敗れるという失態が生ずる．第二に，翌年立てられた dictator について Licinius Macer が "comitiorum habendorum causa" であったとする異説を記す（9, 4f.）．しかも第三の奇妙なことに，Hernici を攻めたローマ軍の帰路に対して Tibur が城門を閉ざしたことから Tibur との対立が顕在化するのであるが，この Hernici はいつの間にか Galli にすり替わり[2]，dictator はこれと戦い，そしてあろうことかこれが一騎討ちとなり，しかもこれを買って出て勝利を収めるのが例の息子 T. Manlius である（10, 2ff.）．見逃してはならないのは，この時きちんと dictator の許しを得ていた，と Livius のヴァージョンが先手を打って弁解するが如くに述べる点である．敗れた Galli は Tibur の領域に退避し，そこから Tibur の援助を得て Campania に流れる（11, 1）．こうして 360 年，Tibur とローマの戦いに際して Galli は Tibur に助力し，ローマ都市中心の目の前で決戦が行われた，と Liv. のヴァージョンは伝える（3ff.）．この時も Galli は Tibur に逃げ込み，戦いに実体が無かったのか，plebs 出身の consul たる Poetelius の凱旋は当の Tiburtes によって大いに馬鹿にされた（10）という．

Hernici との，まして Galli との，戦いには極めて不審な点が有り，伝承の混乱，そして王政期伝承への露骨な仮託，はその帰結と思われる．鍵を握るのは，決戦前 Galli が「Labici と Tusculum と Alba 方面の領域をひどく掠奪した，明らかに Tibur の者達が主導して」（1, 3: foedae populationes in Labicano Tusculanoque et Albano agro, haud dubie Tiburtibus ducibus）とされる点である．折角形成された新しい領域の中核が，打撃を受けたことになる．その保障のために Latini は，影ながら大きな役割を担ったはずである．それを外側から崩されようとしているのであるが，そこに Latini 自身が加担している，というのである．そしてローマ足下で奇妙な決戦が行われ，その結着は曖昧である．Latini の介在を葬り去るため，そして，Labici の占有者をローマが直接保障する体制を作るため，Hernici と通謀し Latini が侵害に加担しているとの嫌疑を作り上げる，そして Etruria 諸領域で対処に苦労したあの問題，Galli の問題，さえをも焚きつけて利用する．以上の全ては反 Licinius 勢力の思惑と完全に一致する．そこには Poetelius までが取り込まれ，そして Tiburtes の嘲笑を買うのである．

ちなみに，"Galli" が Latini や Hernici のような部族連合体とは全く異なるタームであることはこの件により明らかである．おそらく部族連合体がジェネアロジクな原理の基盤に据える結合二項体（A/X）の基層の方（X）が複数の連合体を横断して野火のように一体化していくところに意識される帰属である．否，それを相手方が意識するところにできる単位かもしれない．そうであればローマの Galli 恐怖症とも符合する．いずれにせよ，moitié をそのままテリトリーの上に立たせる Volsci の侵食原理とも異なる．

359 年，今度は反対側の「Tarquinia の者達がローマのとりわけ Etruria 側の正面に位置する領域を掠奪しにやって来る」(12, 6: populabundi Tarquinienses fines Romanos, maxime qua ex parte Etruriam adiacent). おそらく事情は同じであったに違いない．切り離しないし切り捨てに一層焦れた点があったかもしれない．いずれにせよ Hernici が連動しているらしいばかりか，ローマは Galli を怖れる（12, 7）．もっとも，このとき Latini 主力は挑発に乗らずにローマに協力する．「古い条約に基づいて」(ex foedere uetusto) 軍事力を送った．つまり原 CSS 体制（Tusculum）や praetor 創設の原動力となった lex vetusta 以下のメカニズムである．こうして決戦は（奇妙なことに Tarquinienses も無視して）今回もそっくりそのまま Galli との一大会戦として行われる．Liv. はここで長々と Sex. Tullius のエピソードを伝える（12, 7ff.）．ここでは centurio は dictator の軍事紀律（disciplina）に忠実な人物に扮して現れる．一騎討ちとは

反対の極の複雑な戦術に堪える存在に成長している．血気にはやるばかりでなく耐えて待たねばならない．これはしかも両義的である．戦術と組織の〈二重分節〉は，一面で「なお一層勝手は許されない」という高度な紀律をもたらすと同時に，他面で機械的な命令の実行でない複雑な判断を各部分が求められる．別の角度から見れば，Latini を初めて連合戦力としてでなく機動的な部分として組み込むということである．そしてそれは決して単一の軍事紀律に還元できないにもかかわらず，このヴァージョンにおいては「遷延によって一端相互不信が生じた司令官と兵士が固い絆を取り戻す」というニュアンスが優越することとなっている．

同じ年またしても Fabius が Etrusci 方面で失敗したことが伝わる (15, 9)．その軍事的失敗は捕虜となったローマ軍兵士を「307 人」Tarquinia 側が殺戮するという事件[3]を結果する．質を取り合うように張られた交互〈二重分節〉の構造の破断である．これがローマからの直接の保障への単一化，そして債務問題に置き換えて言えば Manlius 方式の端的な実行，つまり内部で売買して解決する道の選択，であったことには，翌 357 年「被解放者についての 20 分の 1 税」立法 (lex de vicesima de eorum qui manumitteretur) が行われる (16, 7)．債務を肩代わりして債務者の人身を獲得した者が次に彼を解放する，その手続に対するコントロールをねらったものである．奇妙なことにこの法律は consul の一人が戦地で comitia tributa を開き実現する[4]が，これは前年に初めて tr. pl. の立法が元老院の裁可のもとに (auctoribus patribus) 正規の法律として実を結んだ (15, 12) のと交叉する関係に立つ[5]．後者の内容は "de ambitu"（その設立 exemplum）であるが，Liv. のテクストは「市場や非政治的公共空間で選挙キャンペーンをして回る人々」(qui nundinas et conciliabula obire soliti erant) をねらったものであるとする．早くも Latini/Etrusci 旧都市の変質を見越した立法であり，それによる政治空間の新たな段階を念頭においている．この時また利率を 12 分の 1 に制限する立法 (de unciario fenore) も行われた[6]．いよいよ債権者自体に手を付ける方向が見え始めたのである．債権者ないし faeneratores は確かに Latini でありうる．少なくとも彼らが大量に肩代わりしていた可能性が有る．債権の買占めである．

Licinius Stolo の弾劾 (16, 9) は以上の文脈（原 Manlius への回帰）から生ま

れたものである[7]．翌356年にはTarquiniaおよびFaleriiがあらためて標的となるが，この時Tarquiniaの神官達が異様な絶望的抵抗を示したと伝えられる（17, 3ff.）ことが注目に値する．都市中心の宗教的装備自体に手が及ぶという危機感である．追い詰められて最後に出て来るのは部族同盟である（concitatur omne nomen Etruscum）．明らかに原CSS体制崩壊へと向かう戦いである．355年にはconsulが二人ともpatriciから[8]選ばれる（17, 12ff.）．ローマはTiburからEmplumを奪う（18, 2）．副次的な中心を剝ぎ取って押し並べ，非政治的中心網に再編する作業の一環である．翌年にはさらにSassulaと「他の諸々の副次的中心」（ceteraque oppida）が剝がされる（19, 1）．Tarquiniaに対しては[9]上層を含めてローマは大量虐殺で臨む（2ff.）．政治的中心の抹消は容易ではないことを物語る．Samnitesとの条約締結，同盟関係樹立（foedere in societatem accepti），は反射的効果の一つである[10]．Galliとむしろ秘かな共謀関係にあったのと同様である．Liviusは同じ年にaes alienumを鳴り響かせる（19, 5）が，この文脈ではむしろ反Latiniの調性を帯びる．

353年，TarquiniaにはCaereまでが加担していたという嫌疑が生じ，事実掠奪品の一部は「Caereの領域内に運ばれ，Caereの若者達 iuventus も間違いなく行為に加わっていた」（19, 8: praedaeque partem in Caeritum fines auectam et haud dubie iuuentutem eius populi inter praedatores fuisse）ことが判明する．領域の側に震源が有り，しかもここに貴族層の基盤が有る．しかしCaereは直ちにローマに使節を送り，Tarquiniaの軍事力を領域通過させ若干の分子が引っ張られたことを謝罪し，許しを乞う（20, 1ff.）．もちろん，かつてローマの祭祀を守り，これを共同のものとした故事をふんだんに引照する．結果として，和睦が成立し100年の休戦がなされて元老院決議に記される旨決定される（8: Itaque pax populo Caeriti data indutiasque in centum annos factas in senatus consultum referri placuit）．原CSS体制のexemplumたるCaereに対する措置が如何なるものであったのか，大いに論議を呼ぶ[11]が，従来の権能を剝奪しつつも何がしか都市の機能は却って再建するという微妙な軌道修正の走りをここに見る立場が有ったものと見られる．しかし反Liciniusの波動は収まるところを知らず，consulの一人をplebsとする法律が攻撃されるばかりか，dictator制に移行する線まで示される（21, 1）．

それでも翌352年の quinqueviri mensarii の設立（21, 5ff.）は微妙な変化の先触れでもある．この「債務処理五人委員」は，債務問題の政治的解決（solutionem aeris alieni in publicam curam）のために，「公的な保証を得た上で forum に出納のためのブースを立てて債務を代位弁済した」（aerarium mensis cum aere in foro positis dissoluit, ut populo prius caueretur），または「占有物価額の衡平な評価により債務を帳消しにした」（aestimatio aequis rerum pretiis liberauit）．要するに Manlius 方式の Manlius の部分を quinqueviri に置き換え政治システムの介在を保障した，ないし債権者に占有を取らせるとしても公的な機関が介入した，と推測される[12]．ローマでの内的な直接一元的処理であり，しかも占有原理からして紙一重の危うさを有する．原 CSS 体制切り崩しの所産であるが，しかし政治的解決の分だけ辛うじて風向きが戻り始めているのである（修正 Manlius への部分復帰）．

しかしおそらくこの措置も短期的には占有に対するローマからの直接保障の線で理解され，言うならば Manlius がより集団的で強力になった（原 Manlius）と受け取られたと思われる．というのも年代記は「債務問題解決」の合唱を聴かせ始める（22, 2）．とにかく占有移転による債務帳消しの方式の利便を謳歌するが如くに，「債務弁済のために多くの物の所有権者が変動したために，census の施行が決定された」（quia solutio aeris alieni multarum rerum mutauerat dominos, censum agi placuit）．この脈絡で最初の plebs 出身の censor が現れる（351年）のであることに留意する必要が有る．そればかりか，新しい領域（の中心）処理と公的な金銭債務処理を繋ぐ位置に（Manlius 縁の）Iuno Moneta 神殿（345年：28, 6）が存在することを忘れてはならない．

Liv. は349年に追い詰められた Latini が遂に Ferentinum に集会を持つに至ると記す（25, 3）．しかし戦いの相手はまたしても Galli であり，またしても一騎討ちであり，同一主題の何番目かの変奏が聴かせられるばかりである．26, 3ff. の M. Valerius の兜にカラスがとまって相手をつつき参戦するエピソードは例の固い戦術的二重構造のヴァリエーションであり，大勝利[13]の後348年に「諸身分の協調」（concordia ordinum）が謳歌された（27, 1）とすれば，その concordia は Licinius 路線と反 Licinius 路線の間の妥協ではなく，M. Valerius Corvus（カラス）とカラスとの間の concordia である．利率が12分の1か

ら24分の1に引き下げられたのはその成果であり，Mater Matuta 神殿を残して Satricum を消滅させ，Volsci 最終処理を終えた (28, 5ff.)，のは次への布石でさえある．先述の Iuno Moneta 神殿の実質的財源は，実在の疑わしい (cf. 28, 3) 対 Aurunci 戦ではなく，「aedilis によって訴追された高利貸しに対する厳しい民会の評決」(28, 9: iudicia populi tristia in feneratores facta, quibus ab aedilibus dicta dies esset) に違いない (344 年)．この feneratores は，疑わしいあの「Galli との壮絶な決戦」の度に伝承上無視され伝承の中で冷遇される Latini と置き換えて十分に妥当するのである．

〔5・5・1〕 Livius は息子のこの考えについて，「市民的パラデイクマには到底なりえないが，息子の父に対する献身という点では称賛に値する」(quamquam non ciuilis exempli, sed pietate laudabile) と述べる．pietas はもちろん Aeneas 伝承の専売特許であった．伝承の発展について先に推定したことと符合する．しかしそれは Livius に両義性を気付かせるほどの対立の所産であった．

〔5・5・2〕 ここのところの Livius の叙述は，dictator 樹立に関するヴァージョン対抗を記すことによって不連続を示す，ないし埋めてしまう．Livius は Licinius Macer 以前のヴァージョンに "comitiorum habendorum causa" 説が無いことから反対側を採るが，それがまさに Galli である，ということになる．明らかに Galli ヴァージョンは反 Licinius (Stolo) である．つまり 367 年体制切り崩しに加担している．

〔5・5・3〕 M. Torelli, Delitto religioso. Qualche indizio sulla situazione in Etruria, dans : AA. VV., *Le délit religieux dans la cité antique,* Rome, 1981, p. 1sqq. ; D. Briquel, Sur un episode sanglant des relations entre Rome et les cités etrusques : les massacres de prisonniers au cours de la guerre de 358/1, dans : AA. VV., *La Rome de premiers siècles,* p. 37sqq. は，「宗教的意味」を強調して伝承を救い，「フランソワ墳墓」の壁画から Achilleus による Patroklos 葬送のための Troes 捕虜の犠牲へと辿る．Briquel はしかし例外的な事件であったことを強調する．すると何故それが出たかであり，その点後述の Liv. Vll, 17, 3 における神官団の抵抗の形態が参考にされるべきである．

〔5・5・4〕 もちろんこの国法上の根拠は大論争の的である．さしあたり，cf. A. Di Porto, Il colpo di mano di Sutri e il plebiscitum de populo non se vocando, in : Serrao ed., *Leggi e società, I,* p. 207ss．これについては auctoritas patrum が付与されたが，却って plebs 本隊が嫌った，ということになる．Manlius 路線は逆説的に或る種の plebs に有利であるが，それをよいことに切り崩されては堪らない，というのであろう．

〔5・5・5〕 この頃に comitia tributa は一旦軍事化・立法の両面で完成したと思われる．contra, Stavely, Tribal legislation, p. 8. 367 年の「正常化」は実質 tribus よりであったということを示す．ambitus の exemplum がここに遡ることも興味深い．cf. IV-3-8-7.

〔5・5・6〕 一連の利率立法については，cf. L. Savunen, Debt legislation in the fourth century B. C., in : Paananen et al., edd., *Senatus Populusque,* p. 148ff. この lex Duilia Menenia については，cf. E. Ferenczy, *From Patrician State to the Patricio-Plebeian State,* Amsterdam, 1976, p. 49f.「patrici の反動」との連関を捉える．Appius Claudius Caecus の周囲に現れる構図（下層 plebs の取り込み）を先取りして読み込みすぎるとしても，基本的な位置付けは妥当である．

〔5・5・7〕 この時期 (360-356年) には Fabii と Manlii が交替で consul 職を得ると同時に毎年新しい gens 名を plebs が Fasti の上に加えていく (vgl. Münzer, *Adelsparteien*, S. 24ff.). Fabii/Manlii 連合 (Münzer) を疑う (vgl. Hölkeskamp, *Nobilität*, S. 46) よりも, Fabii/Licinii の後退はさしあたり Fabii の裏切りであったのではないか, と考えさせる. と同時にこの「大連立」が破綻して本格的な路線転換となるのを予測させる. Licinius は確かに同盟路線を修正するが, しかし却って政治システムの本格的な修正を考えたかもしれない. そうではなく政治的階層の儀礼的〈二重分節〉で対応するのである, というのが「大連立」であり, 精力的に新しい plebs が吸収される (少々過大評価としても Münzer の分析, つまり「これら plebs の Latini 出身」論証, は生きる). ここから抜け出た Manlii がようやく一旦勝利を収めると逆にここが閉ざされるのである (Ferenczy, *Patricio-Plebeian State*, p. 52f. は「大連立」に幻惑されて Manlii を親 plebs と見る).

〔5・5・8〕 Münzer, *Adelsparteien*, S. 34 は拡大の一時停止の帰結と見るようである. lex Licinia との「法的」整合性を巡る諸学説については, cf. Oakeley, *Commentary*, p. 652ff.

〔5・5・9〕 4世紀半ばの Tarquinia の動きの背後には, おそらく新しいローマ型領域の構造を拒否する領域における動きが有ったものと推測される. IV-2 で触れる後の castellum が一斉に覚醒して姿を現すが, 典型的な moitié 型軍事化の考古学的徴表を示す.

〔5・5・10〕 M. Sordi, *Roma e i Sanniti nel IV secolo a. C.*, 1969, p. 19ss. は, 反 Etrusci 反 Latini 路線のローマが孤立故に Samnites と結んだとする. しかし何故その路線か, 何故 Samnites か. 外交史的タームでは説明がつかない.

〔5・5・11〕 Sordi, *Romano-ceriti*, p. 73ss. はこの時代に30年続いた (Etrusci 諸都市の「民主化」をモデルとする) Fabii/Licinii の親 Etrusci 路線の破綻があったとする. これが Licinius の失脚, Fabii の失敗, 等々になるという. 風向きの変化はその通りであるが, Etrusci を向いていたものが Latini の方へ, というのではない. Latini との関係を追跡するだけで自明である. これに対して M. Humbert, L' incorporation de Caere dans la civitas Romana, *MEFRA*, 84, 1972, p. 231sqq. は, 第二次ローマ=カルタゴ条約から推してローマが Caere の海軍力を348年までに吸収したと理解し,「最初の CSS」たる Caere はこの353年のことであると結論する.

〔5・5・12〕 A. Storchi Marino, *Quinqueviri mensarii : censo e debiti nel IV secolo*, *Athenaeum*, 81, 1993, p. 213ss. は, テクストの "aequitas", "moderatio", "concordia" をソースからのものとして重視し, 資産を有する富裕 plebs のために売買による解決を促進した, census と関係する以上その売買は mancipatio であった, とする. しかし売買の仲介ではなく信用の供給を行うのが銀行を connotate する "mensarii" の使命である. Manlius の危険性を合議体ならば回避できるというのである. bona と census は (mancipatio ないし正規の占有という脈絡を指示しているのではなく) 帳簿上の処理を介して事を進めていくことを示唆している.

〔5・5・13〕 Ferenczy, *Patricio-Plebeian State*, p. 79ff. はこの年の第二次ローマ=カルタゴ条約を解して「Syrakousai が Galli と結んで Latini を支援した」のに対抗するためであったとする. 後に Appius Claudius が体現する親カルタゴ=反ギリシャ路線の嚆矢をここに見る.

5・6

転機は343年に訪れる. Latium の南東 Campania の (Latium に接する) 縁に位置する Sidicini が内陸山間の Samnites に圧迫され, Campania 平野中心部

Capuaを拠点とするCampaniに助力を求める（Liv. VII, 29, 3ff.）．しかしCampani＋SidiciniはSamnitesに敗れ，Campaniはローマに救援を求める使節を送る．ところがローマはSamnitesとの条約（354年）が有るために動けない．それでも辛うじて懇願ないし警告の使節のみは送ることとし，これが外交儀礼に反する仕方で遇された，というプリーテクストでようやく軍事介入に踏み切る．以上はLiv.のヴァージョンであるが，言わば法的構成の問題以前に明らかにローマ側に路線対立が看て取れる[1]．Campania〔巻末地図3参照〕で形成されてきた複雑な社会構造がローマの視界に入ってきたとき[2]，いずれにせよ（部分的にギリシャ植民都市以来の伝統を引く）都市中心と政治システムをどのように把握しどのように扱うかが一つの焦点となるが，そしてこれがこの方面にどのような領域の構造を築くかということを左右していくが，Capua/Campaniを求心点とする構造を極小化する，という方針こそが反Licinius/強硬Manlius路線に整合的なはずである．ところがかりそめにせよCampani救援の線が出されたのである．もっとも，帰結はCapuaにローマ駐留軍praesidiumを置くというものであった（38, 4）が，これにつきLiv.のテクストは，「もともと軍事紀律の点で最低水準の健全さしか持ち合わせなかったCapuaは，駐留軍兵士達をあらゆる歓楽の手段で軟弱にし，祖国のことを忘れさせた」（Iam tum minime salubris militari disciplinae Capua instrumento omnius uoluptatium delenitos militum animos auertit a memoria patriae）と伝える．"salubritas"というクリシェを使って没政治的環境が指示されている．Samnitesの強く軍事化の進んだ社会編成と対比される形で．親Samnites反Campaniの側からの伝承上の抵抗である．Campaniの社会は〈二重分節〉を通り越して非軍事的枝分節であるというのである．

翌342年のseditio[3]がこのCampania駐留軍を震源とするという伝承は十分に首肯しうる．Liv.は，Capuaの空気が紀律を乱し，直ちに兵士達がCapuaを勝者である自分達のものにしようとした，と続けるが，全く辻褄が合わない．ローマの軍事組織がローマ都市中心＝政治システムに向けて武力を向ける（seditio）という稀に見る事態であり，特に共和末＝元首政初期には最もデリケートに受け取られたであろうから，当然に解釈が争われ，その分多くの対抗ヴァージョンが保存されたに違いない．ポイントの一つは，北上する叛乱部隊

が斥候によって「Tusculum の領域で農耕をする」(Liv. VII, 39, 11 : in Tusculano agrum colere) T. Quinctius を発見するところである．彼を脅迫しリーダーに仕立て上げた，というのである．しかし「Quinctius の農場ではなく，C. Manlius の都市中心の屋敷を襲ってリーダーたるべく連れ出した，そして城門の外 4 マイルのところに出て陣営を構えた」(42, 4f.: nec T. Quincti uillam, sed in aedes C. Manli nocte impetum factum eumque comprehensum ut dux fieret; inde ad quartum lapidem profectus loco munito consedisse) という明白な対抗ヴァージョンが有る．つまり反転の延長上に，領域の拠点を使った伝統的な二重保障を確認しようという動きであるのか，反転を嫌って，ローマから直接の関係により入植することを希望する分子の動きであるのか．Capua の温存は曖昧な状態を作り出したと思われる．この中心が機能しない，ならば仮にここに入植したときに不安である，のかそれともいっそこの中心を解体して自分達で自由に分け捕りたいのか．この叛乱が説得と異例の温情によって解決された，という Liv. のヴァージョンはいずれにせよ事柄の曖昧さを雄弁に物語る．Liv. 自身にとっても同年の lex Genucia との関係は謎である．「これに加えて若干の者の記述に私が見出すのは，護民官の L. Genucius が平民会にかけて高利貸付を禁止したという記事である[4]．それからまた 10 年間は同一人物は同一官職に就けないという決議，同一人物が同一年に二つの官職に就けないという決議，consul の双方が plebs であってよいという決議」(42, 1f.: Praeter haec inuenio apud quosdam L. Genucium tribunum plebis tulisse ad plebem ne fenerare liceret; item aliis plebi scitis cautum ne quis eundem magistratum intra decem annos caperet, neu duos magistratus uno anno gereret, utique liceret consules ambos plebeios creari). そもそも，何度も歴任した consul たる C. Marcius Rutulus (plebs) が軍事組織内に成長しつつあったクーデタ計画を一人一人秘かに剥がして抹殺していくようにして切り崩した (38, 8ff.) ことへの反発 (Siccius のパラデイクマ) がこの立法の内容に繋がるのであるが，それならば Quinctius ヴァージョンの線であり，領域での最小限の絆の存在と対応している．しかし債務問題に関して禁止によって臨む部分は逆である．「かほどに，およそ seditio が有ったということとそれが解決されたということ以外には古事を探求する著者達の間で全く一致が見られない」(42, 7: Adeo nihil praeterquam seditionem fuisse eamque conpositam inter antiquos rerum auctores constat). 両義的ながらしかし何か新しい次元が構築されつつあり，単純な性格付けを阻んでいるのである．

翌341年，Latini に属する Setia と Norba からの苦情に応じてローマは Volsci の Privernum を掃討し，「テリトリーの3分の2を奪う」（Liv. VIII, 1, 3 : agri partes duae ademptae）．しかし，奇妙なことに何かを残したことになる．他方 Samnites と不可侵条約のようなものを締結し（2, 4）今回は Sidicini 攻撃に placet を与える．Sidicini は保護を拒否される（2, 6）．こうして彼らは「既にそうでなくとも内発的に武器を取るべく動いていた Latini へと」（ad Latinos iam sua sponte in arma motos）駆け込む．しかし，「武器を取る」相手はローマではなく Samnites である．反転が Latini を政治的＝軍事的に活性化させ，独力で Samnites に向かう空気を作り出したのである．こうして Latini＋Campani＋Sidicini のブロックが形成される．そうであるからこそ反対派は Samnites を道具として使う．刃が Samnites に対して向けられたにすぎないのにローマは「Latini の十人の指導者を召喚する」（3, 8 : decem principes Latinorum Romam euocauerunt）．「この時 Latini は praetores として Setia 出身の L. Annius と Circei 出身の L. Numisius を有したが，二人とも colonia Romana の出身だったことになる」（Praetores tum duos Latium habebat. L. Annium Setinum et L. Numisium Circeiensem, ambo ex coloniis Romanis）．有力都市の名望家ではなく，単純な〈分節〉構造をそのまま領域の上に降ろしたような colonia の階層である．保障のための政治的中心が遠いことからくる不安が背景に有ったとすれば，前年の seditio と同種である．代表団を率いる Annius は，宗教的儀礼的基盤が同一であること（原 CSS 体制への固執）の他，二名の consul の内一人を Latini から選ぶことを要求するなど，過激な演説を元老院で行い（5, 3ff.），ついに Samnites に向けた矛先はローマに向けられざるをえなくなる．反転が却って Latium/Campania の諸中心の本格的再編成への着手を意味したからこそ，（全否定の脅威に曝された）Tarquinia とは違う意味で，政治的役割に固執する最後の分子が別途結集する形での最後の抵抗が準備されたのである．

もちろん，決戦（340年）は Latium 中心をはずして Capua 方面で行われ（6, 8），Volsci も参加する（cf. 5, 3）[5]．伝承はここに二つのパラデイクマを付着させる．第一は再び "Manli filius" で，consul の一人 T. Manlius の息子が

Tusculum 出身で騎兵部隊を率いる Geminus Maecius と遭遇し一騎討ちをして勝利するものの，軍紀違反で父の consul に処刑されるという事件である (7, 1ff.). 一見「Brutus の息子」の再現でありローマ中心における政治的原理の謳歌であるが，しかしここでは "Manli filius" を微妙に修正し，高度なレベルで Valerius Corvus と切り結んでいるのである．Livius は丁寧な解説を加える (7, 14ff.; 8, 2ff.). 装備戦術も同一で互いに知り尽くした Latini との戦闘は内戦の如き様相を呈するために一層高度な紀律[6]が要求された，と．政治システムの一義性，息子といえども処断する imperia Manliana, はもはや決して政治的頂点の自由独立＝各〈分節〉体の一体性の意味に解されてはならず，高度な〈二重分節〉システムが自ずから社会内の中間的な政治的審級を中和してしまう，個別的権力を解消してしまう，という方向に解さねばならなくなった，ということを伝えるというのである．高度機能分化の方を例解した Corvus の別形である．このことはもう一つのパラデイクマによって裏付けられている．それはもう一方の consul たる P. Decius Mus の devotio である (9, 1ff.). これも一見単純な軍事化謳歌に見えるが，まず Curtius の devotio と対比されなければならない．Livius はヴァージョン偏差に自覚的であり，発端として夢の中のパラデイクマが有ったことに触れ (6, 9ff.), それによれば imperator（頭）を捨てて exercitus（体）を取った方が勝ち，exercitus（体）を捨てて imperator（頭）を取った方が負ける，というのである．もちろん，犠牲は何を犠牲にするかで意味を異にする．むしろ，〈分節〉システムの首長制的素因をこそ切り捨てる（〈二重分節〉の強調），というのである．反射的に，その限りでの Nomen Latinum の解体であるというのである．

339年には Pedum を拠点とする Latini の抵抗が有り (12, 5ff.), しかも「Pedum の中心，そしてこれと接続された同盟都市の部隊が築いた陣営，に関する限り攻略は手つかずに残された」(ad urbem ipsam Pedum castraque sociorum populorum, quae urbi adiuncta erant, integer labor esset). この作業は翌年の consul, L. Furius Camillus によってようやく完遂される．第一に Pedum という第二級の中心が焦点であること，第二に少なくとも二年目にはここに集結する分子は少ないとされること (13, 4), からして「領域を奪われた」(12, 5; 13, 2) Latini の不満は却ってこうした第二列の中心を再活性化する

ローマの方針に反発することを内容とする．これらを切り離されてしまう，というのでそこに駆けつけて立て籠もるのである．逆に言えば a fortiori に第一列の中心は何らかの意味で（第二列と同じ程度の重要性しか与えられないかもしれないが）保存されるわけで，これに甘んずるつもりでさえあれば Pedum に結集して戦ったりはしないのである．339 年 dictator たる Publilius Philo は三つの立法を行う（12, 14ff.）．Pedum 不解体は不首尾ではなく原則の追求であり，かくして立法の内容は全て政治空間の〈二重分節〉の強化に関わる．つまり plebs の組織を外付けする体制から，内側に機能的なものとして取り込もうとするのである[7]．第一に平民会の議決に一般的拘束力を与えようとし，第二に centuria 民会の議決に対する patres の批准を予め含ましめるようにする (ante initum suffragium patres auctores fierent)．

338 年には Latini 等に対する一連の措置が決定され，体制が定まることになる[8]が，この意義を例解するために Liv. は L. Furius Camillus に演説させている（13, 10ff.）．その内容は，「多くの大きな戦いのためにそこから立派な同盟軍がしばしば得られたにかかわらず」(unde sociali egregio exercitu per multa bella magnaque saepe usi estis)，「全 Latium を更地にし，荒涼たる状態に置く」(delere omne Latium, uastas inde solitudines facere) のがよいか，それとも市民権を与えるか，という aut aut である．Gracchi 眼前の光景を意識的にエコーさせるこの言葉遣いは Volsci 解体を予告する excursus (VI, 12, 2ff.) で使われたのと同じ topos に基づくが，それは諸都市の独立をどうするかという問題に関わるのでない．aut aut はどちらもこれを否定する．問題は（ローマから見てその）領域をどうするかである．そこに非政治的中心を残して市民社会の側に取り込むかどうかである．これが "sit Latium deinde an non sit" の意味である．すると 338 年体制（14, 1ff.）の解釈は自ずから決まってくる．Lanuvium に対しては「市民権が付与され，独自の祭祀が認められ，Iuno Sospita の神殿と神域の森は Lanuvium の municipes とローマ国民の共有とする」(ciuitas data sacraque sua reddita, cum eo ut aedes lucusque Sospitae Iunonis communis Lanuuiniis municipibus cum populo Romano esset) とされる．まるで特権付与である．Pedum への参加が明示されたばかりであるのに．同じ立場の Aricia, Nomentum, Pedum にも同じ条件（eodem iure）が提示される．いずれにせよこれら

第二列の中心にとっては "municipes" などと呼ばれて大出世である．では大 Tusculum はどうか．「保持してきた市民権は維持され，公けの計略でなされた叛乱の罪は少数の首謀者に帰せられた（seruata ciuitas quam habebant, crimenque rebellionis a publica fraude in paucos auctores uersum）．一見現状維持であるが，原 CSS は municipium に変容してしまっている．他方 Velitrae は厳しく罰せられる．古くからのローマ市民が居るにかかわらず度々叛乱したというのが理由であるが，「城壁は打ち倒され，元老院は解体され，その議員達はTiberis 川の向こうに住むことを命じられた」（et muri deiecti et senatus inde abductus iussique trans Tiberim habitare）．領域に直接関わる政治的作用は許さない，というのである．彼らの占有も解体されて coloni が送られる．Volsci の拠点 Antium に対する措置も実に奇妙である[9]．新しく植民都市が送り込まれるのはよいとして，「ただし，Antium の者達にも望めば coloni として登録されることが許されるという条件で」（cum eo ut Antiatibus permitteretur si et ipsi adscribi coloni uellent）というのは何を意味するか．「大型の艦船が接収され，Antium の人々には海が禁止され，そして市民権が付与された」（naues inde longae abactae interdictumque mari Antiati populo est et ciuitas data）．貴族層の海賊組織は最も政治的なものである．これを解体して人員を領域の方へと貼り付けるというのである．"noua colonia" は「新しい性質の」とさえ読める．天然の海港も領域の占有に若干の非政治的機能をもたらす中心に転換される．Tibur と Praeneste からは領域を奪う，ということは Pedum のような副次的中心を剝がしたのである．他の Latini 諸都市の領域には手を付けないが，彼らからは「通婚通商権および相互の合議体を奪った」（conubia commerciaque et concilia inter se ademerunt）．要するに原 CSS の相互保障作用とその基盤を解体するということである．Campani の一定上層（equites Campani）には逆に CSS が与えられる[10]．Lanuvium においてさえ「ローマの sacra」でなく "sua sacra" が敢えて保持させられ，mancipatio 等々ローマの儀礼システムへの参画は不要とされた．CSS は確かに独自の政治組織を一層残すが故に与えられるが，それは儀礼システムとは別の利用のためである．ここに Fundi, Formiae[11] が入り，Cumae と Suessula は「Capua と同様に」遇される．

〔5・6・1〕　Ferenczy, *Patricio-Plebeian State*, p. 84ff. が経過のジグザグを Valerius Antias の "falsi-

〔5・6・2〕　fication"に帰してローマ＝Samnitesは一貫していたとするのは明らかに単純化である.
〔5・6・2〕　この点についてはIII-1でもう一度振り返ることになる.
〔5・6・3〕　A. Garzetti, Appio Claudio Cieco nella storia politica del suo tempo, *Athenaeum*, 25, 1947, p. 183によってこの事件の重要性は認識されたが, Humbert, *Municipium*, p. 169はこの事件を介入正当化のための全くのこじつけとする.
〔5・6・4〕　Ferenczy, *Patricio-Plebeian State*, p. 50f.はLatiniとの戦争を控えてpatriciとplebsの妥協が再成立したと見る. 妥協的性格は明らかであるが, 伝承の亀裂を見ればむしろbricolageであり, その意味における失敗であった, と思われる.
〔5・6・5〕　Humbert, *Municipium*, p. 171は, 同盟策から併合策への転換という線で解釈を走らせるため, この戦いをLatini/Campaniの最後の絶望的な抵抗とする.
〔5・6・6〕　VIII, 8の戦術解説について, まずソースにつき, E. Rawson, The literary sources for the pre-Marian army, in : Ead., *Roman Culture*, p. 56f.が重要であり, Varro等のantiquarianな性質の探究＝再構成の成果であるとする. さらにPolyb.との大まかな一致を確認し, Polyb.のソースをtribuni militumの誰かのcommentariiと見た上で, Liv.のソースが探究において一定程度の精度を得たと結論付ける. 内容については様々な解釈が有るが, "manipulatim"な戦術とは要するに横一線で守る重装歩兵戦術に対してこれを二段構えにして修正するものである. そのためにはユニットをはっきりさせ, 水平垂直の対応関係を確定しなければならない. 先制の軽装備隊のそれぞれ後ろに二段の重装備隊が控えて一度破られても立ちはだかるべく入れ替わる. このために武具も分化する (F.-H. Massa Pairault, Notes sur le problème du citoyen en armes : cité romaine et cité étrusque, dans : A.-M. Adam et al. edd., *Guerre et société en Italie aux Ve et IVe siècles avant J.-C. Les indices fournis par l'armement et les techniques de combat*, Paris, 1986, p. 43sqq.). その資源として諸種の伝播が考えられる (cf. A.-M. Adam, Emprunts et échanges de certains types d'armement entre l'Italie et le monde non-méditerranéen aux Ve et IVe siècles avant J.-C., *ibid.*, p. 19sqq.) としてもSamnites起源の伝説 (cf. D. Briquel, La tradition sur l'emprunt d'armes samnites par Rome, *ibid.*, p. 65sqq.) はまさに戦術誕生の瞬間に刻印された記号の恣意性 (A. Rouveret, Tite-Live, Histoire Romaine IX, 40 : la description des armées samnites ou les pièges de la symétrie, *ibid.*, p. 91sqq.) に関わり, むしろ問われねばならないのはこれが何故この時期で十二表法期でないか (cf. W. V. Harris, Roman warfare in the economic and social context of the fourth century B. C., in : Eder, ed., *Staat und Staatlichkeit*, p. 506) である. なおFerenczy, *Patricio-Plebeian State*, p. 108はこの戦術改革に懐疑的であるが, それはAppius Claudius Caecusに全てを帰するためであり, 不当である.
〔5・6・7〕　Garzetti, Appio Claudio Cieco, p. 184ff.はデモクラシーの完成を見るが, 多くの学説と共にAppius Claudius Caecusの先駆と見る混乱に陥っている. Ferenczy, *Patricio-Plebeian State*, p. 54ff.はprobouleumaに焦点をあててnobiles体制の完成を見る. Ducos, *La loi*, p. 110も同様である.
〔5・6・8〕　338年体制をその後のローマの体制の基盤とする点で多くの論者は一致する. しかしその理解は必ずしも一致しない. 焦点は"civitas data"のその"civitas"の意義である. Sherwin White, *Citizenship*, p. 59f.やHumbert, *Municipium*, p. 176sqq.はMommsen学説に抗してCSSでなく"cum suffragio"であったとする. しかしSherwin Whiteが「だからmunicipiumでない」と理解するのに比して, Humbert (p. 191sqq.) は (制裁のはずがcivitas optimo iureであるという一見する矛盾に着目し) COI＝municipiumというカテゴリーの存在を認める. もっとも, それでもSherwin Whiteが (CSSを中核としてmunicipiumを概念する延長として) CCSないしCOIであってさえ自前の政治組織を欠かさないと考えるのに対して,

Humbert に従えば CCS＝municipium であったとて政治的自治は極小化されていて，併合＝tribus 編入が中心的な実態であった．しかし実態から言えば Sherwin White がイメージするように municipium 体制の基礎を固めたのが 338 年体制であり，W. Dahlheim, *Struktur und Entwicklung des römischen Völkerrechts im dritten und zweiten Jahrhundert v. Chr.,* München, 1968, S. 113ff. が理解するように，公式のタイトルではない "municipium" が指示する対象は CCS でも CSS でも colonia でさえもありえたのであり，Dahlheim が唯一排除する socii でさえありえたと考えられる．De Martino, *StCost, II,* p. 79ss. がローマ市民権を与えつつ foedus を締結しうると理解することも参考としうる．いずれにせよ市民権と "autonomia" は別個の問題であるというのである．もっとも H. Galsterer, *Herrschaft und Verwaltung im republikanischen Italien. Die Beziehung Roms zu den Italischen Gemeinden vom Latinerfrieden 338 V. Chr. bis zum Bundesgenossenkrieg 91 V. Chr.,* München, 1976, S. 64ff. がローマ市民による独立政治組織としての oppida civium Romanorum を 338 年体制の基本カテゴリーとして復活させるのは（全てを内的自治組織とする）反対の誤りで，"civitas data" は Mommsen のように理解さるべきであり，ここには原 CSS の実体（sic Galsterer）は無く，政治システムの実質は大幅に削減されている．事実 suffragium が付与されたとも思えない．単に "civitas" と言われるのは直ぐ後の CSS，新しい CSS，とは区別されるからである．これらは Humbert の理解に反して政治組織を積極的に残すタイプのものであり，「懲罰的意味」はしばらく現れない．後述の socii 体制と差別化し内側へ編入しながらなおかつ tribus に反映させずに政治勢力のバランスを維持するべく CSS にとどめるという「不利益」システムが出来るのはおそらく後代のことである（Galsterer, S. 81 は Fest. /Gell. をそのまま受け取り 188 年の CSS 復活以降のものが CSS の全てであると解し，CSS カテゴリーを実質的に解体し Humbert の批判に遭う）．

〔5・6・9〕　この点に関しては片岡「Liv. VIII, 14, 8」の詳細な考察を参照．ただし，およそ colonia が有する複雑な性質というより，この時には旧式の colonia が意識的に更新・転換され，これが一連の「混合式」として表現される．単純〈分節〉構造の総否定である．E. T. Salmon, *Roman Colonization under the Republic,* Ithaca, 1969, p. 70ff. 等の通説が以後の colonia civium Romanorum を（municipium との対比において）colonia maritima などと呼んで（cf. Id., The coloniae maritimae, *Athenaeum,* 41, 1963, p. 3ss.）軍事的に見ることは確かに混乱であり，片岡の後，結論的には G. Graham Mason, The agrarian role of coloniae maritimae, *Historia,* 41, 1992, S. 75ff. も（逆の単純化によってながら）この点を批判する．しかし他面，Salmon 等がここから先の colonia は少なくとも傾向としては単純〈分節〉構造ではなく，municipium 体制に適合したものになる，その一形式となる，ことを言ったとすれば，ここに始点を見ることは全くの間違いではない．さらに，実はこの後の展開は，Antium に海軍を持たせる，つまり socii navales に育てる，方向を指示する．この時は海軍組織が〈二重分節〉体制に沿うものに改変される（「海賊」でなくなる）．いずれにせよ，新 CSS 体制はほとんど municipium 体制であり，政治的性質を極小化しながら，しかし政治システムを敢えて残存させる（ローマ市民権を持ちながらローマにおいて政治をせず，だからといって自都市においても都市は作っても政治をしない）．反射的に領域はローマからの〈二重分節〉体制に合わせて整序されるのは Labici 以来の路線であり，この点は片岡が指摘するとおりである．

〔5・6・10〕　cf. Humbert, *Municipium,* p. 167sq.　Vel. Pat. I, 14, 3 が 334 年に Capua＝CSS を位置付けることと概括してしまうのは疑問である．

〔5・6・11〕　Humbert, *Municipium,* p. 200sq. はこれとこの後の展開を区別せずに一息に Fest. 262L の praefectus iure dicundo に持って行く．

5・7

338年体制の意義をLiv.は"beneficia"に由来する"bona pax"であると形容する（VIII, 15, 1）．その路線は南進する．337年，Sidicini傘下のAurunciがSidiciniに圧迫されるとAurunciの方を助けるが，これは，「Aurunciが怖れの余り集落を捨てて逃亡し妻子共々（現在Suessa Auruncaと呼ばれる）Suessaに立て籠もると，この古い城塞をSidiciniは完全に破壊した」(15, 4 : Auruncos metu oppidum deseruisse profugosque cum coniugibus ac liberis Suessam communisse, quae nunc Aurunca appellatur, moenia antiqua eorum urbemque ab Sidicinis deletam : ed. Bloch) という情報に接したからである．Volsci型moitié型空洞拠点をさえ積極的に維持させようとするが如くである．翌年今度はAusonesが逆にSidiciniと結びついて掃討される (16, 1ff.)．その拠点Calesにはcoloniaが送られることになりtresviriが選出され，領域に手が付けられる (agroque diuidendo)．これはmunicipium路線に対する切り崩し（III-1）の先触れであり[1]，332年に同じ方面でAcerraに civitas sine suffragioが与えられる (17, 12)[2]のは，政治組織を残すというより「municipiumとしての積極的な組み込み」の放棄であり，なおかつ市民権を付与するから，ローマ中央からの絶好の草刈り場を作ってしまう．330年PrivernumとFundiが「叛乱」するとそのリーダーはVitruvius Vaccusであるが，彼は「Fundiで有力者たるばかりかローマでもそうであり，Palatiumに屋敷が有り，そこは建物打ち壊し土地収公の後「Vaccus緑地」と呼ばれている」(19, 4 : uir non domi solum sed etiam Romae clarus ; aedes fuere in Palatio eius, qua Vacci prata diruto aedificio publicatoque solo appellata)．彼らはSetia, Norba, Coraの領域を荒らした後追われてPrivernumに逃げ込むが，ローマ軍の方はFundiで"senatus Fundanorum"に迎えられて入る．ここで伝承はヴァージョン対抗する．一方はこの空洞免責アピールが受け容れられたとし，他方Claudius Quadrigarius[3]によると (19, 13) Fundiの350人の政治的階層のdeditioは「下層の者達 egentes atque humiles）に罪を着せようとしていると見なされてローマ元老院によって受け容れられなかった．いずれにせよ政治的階層が「叛乱し」徹底的に罪に問われる構図が一貫する．それが中心の存続ということとどう関係するか微妙で

あるために複雑なヴァージョン対抗が生ずる．Privernum についても二つのヴァージョン (20, 6 : duplex fama) ができあがる．城塞が武力で制圧されて Vitruvius は捉えられたとするヴァージョンと，その前に降伏し Vitruvius を引き渡したとするヴァージョンである．しかし Privernum の城壁の破壊 (dirutis Priverni muris) は動かず，Privenum の政治的階層は "trans Tiberim" に放逐される．中心は残しても政治的はおろか軍事的にも無意味なものとされる，というのである．にもかかわらず「元老院の裁可の下 Privernum の人々に (ローマ) 市民権が付与されることが民会で決定された」(21, 10 : ex auctoritate patrum latum ad populum est ut Privernatibus civitas daretur)．つまり municipium, 古い CSS の新しいヴァージョンである[4]．

327 年ローマはギリシャ都市が抱える領域問題の吹き溜まりの雪の中に初めて突っ込む．その点で以後の長い歴史の範型を拵えることになるのである．古いギリシャ植民都市 Neapolis は複雑な社会構造を得るに至っていることに対応して都市中心に複雑な構造を有しており，これは少なくとも二重に (22, 5 : duabus urbibus) なっている．「旧都市」Paleopolis と呼ばれる方に対してローマは攻囲戦を遂行する．理由は「ager Campanus と ager Falernus で耕作するローマ市民に対する敵対行動」(multa hostilia aduersus Romanos agrum Campanum Falernumque incolentes) である．Capua の旧領域にローマ直結型の〈二重分節〉が入って来る，するとこれに反発する分子は空洞化された Capua でなく Neapolis の一部に政治的求心点を見た，ということである．Neapolis は相対的に独立の島のような領域を確保しつつ海と交易・金融を政治的資源とする．つまりこれらに政治システムにとっての「領域」を見て政治システムの存在理由と資源を得ているのである．しかし後背地たる Campani のテリトリーでの均衡が崩れて危険な状態になっている．相対的に南の Nolani は Samnites と結合して Paleopolis に入り込み「ギリシャ人が受け容れたというより Nolani が力ずくで」(23, 1 : magis Nolanis cogentibus quam uoluntate Graecorum) 軍事的に占領したような形になる．こうしてローマは再び Samnites と矛を交える道に進んでいくのであるが，今回は Lucani や Apuli 等々，Ionia 海側のギリシャ植民都市の後背地に位置する数々の部族連合体と関わっていくことになる．これらは Tarentum 等それらギリシャ都市が多年にわたって苦しみぬいてきた

相手である．もっとも，これらは Samnites 独特の強い軍事化メカニズムを嫌うのか，却ってローマに服属しようとする (25,3)．しかし他方今度は Tarentum がローマの敵に回ってしまう (25,7)．このように複雑な状況の中で municipium 体制という解は有効でありうるのか？ いずれにせよ，Livius は Samnites 自身が降伏したというヴァージョン (26,6) を採らず Charilaus と Nymphius という Neapolis の政治的階層の二人の指導者 (25,9: principes ciuitatis) が決定的な役割を果たしたというヴァージョンを採る．一方がローマの陣営に行って降伏の交渉をする間に他方は「海軍を使って裏から沿岸を攻める」という口実のもとに籠城軍を引っ張り出し，その隙にローマ軍が侵入する．Livius の判断の根拠は，その後のギリシャ都市が（しばらく先の socii 体制の）範型としていくことになる「ナポリ条約」(26,6: foedus Neapolitanum, eo enim deinde summa rei Graecorum uenit) である[5]．つまり単に旧式の政治的軍事的機能の減殺というばかりでない，新しい，言うならば経済に密接な，しかしヨリ積極的な，政治的機能が展望されているのである．ただし領域問題の泥沼から手を引く方向で．

まさに foedus Neapolitanum の年（326 年）につき Livius は「この年はローマの平民にとってほとんど自由の新たな出発の年となった」(28,1: eo anno plebi Romanae uelut aliud initium libertatis factum est) と書く．「彼らはもはや nexum に拘束されなくなった」(necti desierunt) からであるというのである．この lex Poetelia につき Livius が伝える文言は「何人も，他人に危害を加えた者が賠償するまでの間に負う以外は，決して足枷や鎖に拘束されてはならない，金銭債務に関しては債務者の人身ではなく資産が引き当てとなる」(28,8f.: ne quis, nisi qui noxam meruisset, donec poenam lueret in conpedibus aut in neruo teneretur ; pecuniae creditae bona debitoris, non corpus obnoxium esset) である．特にこの「資産」(bona) 等の用語につき到底正確とは思えないが，他面 Liv. は或る奇妙な étiologie[6] を伝える (28,2ff.)．C. Publilius という美しい若者が父の債務の故に L. Papirius という者に「被拘束者として与えられた」(nexum dedisset) のであるが，Papirius が弄ぶのに抵抗し，虐待に耐えられず脱出し，公共広場に出て助けを求める．これが立法のきっかけであるというのである．一見陳腐であるが，pater-filius のパラデイクマが精確に作用している．債務者

本人でなく filius の方に手を出した（だから専制はここではこのような形態を取る）ことが問題とされているのである．"bona debitoris, non corpus" に対応する．占有そのものとその内奥に核として存在するものが区別されるというのである．しかし占有と，それを占有している人物と，一体区別がつくのか．その関係は manus という語によって表記されて一体である．これは人が人身で何かを把握し繋がっているという儀礼的一体性であり，パラデイクマは再現的に働かなくてはならない．だから切り離せないのである．差し押さえるときには人と物を一緒くたにするしかない．その物を押えている者を押える以外に押える手段は無い．目的物が概念されないからである．ところがそれが今分離されようとしている．このヴァージョンによると lex Poetelia の意義はこれであるという．しかしこの分離はどうして可能になったのか．

　綺麗に響き合うのは翌 325 年に位置付けられる著名な exemplum である[7]．先に見た imperia Manliana の鋭い対抗ヴァージョンである．imperia Manliana 自体既に単純な政治的原理 Brutus の謳歌ではなかった．確かに第二レヴェルの政治権力を許さないという確たる意思に出るものではあるが，それは全くの空白を意味するのでなく複雑な戦術＝よく組みなされた市民社会の繊維＝を指し示していた．さて今，Samnites の方面に出兵したローマの部隊において以下のような事件が起こる．dictator の L. Papirius Cursor は（彼の軍事＝軍事化＝行動の口火を切って正統化する儀礼たる）auspicium に瑕疵が有るとのことで一旦ローマに帰らなければならなくなる（30, 2）．ところがその間に副官 magister equitum の Q. Fabius Maximus Rullianus は斥候からの良い情報をもとに軍事行動に出て大勝利を収める．しかもそれを dictator にでなく直接 senatus へと報告する（30, 10）．怒った Papirius は Manlius の exemplum を胸に秘めて（13）とって返す．この情報を得た Fabius の方は兵士達の集会の前で演説し，自分の行動と勝利が不紀律でなく皆の高度の協働（31, 8：consensus exercitus）を意味するものであることを強調する．しかし他方駆けつけた Papirius は "summum imperium dictatoris"（32, 3）を振りかざすのはもちろんのこと，主として「記号の作動が不確かであったこと」（incertis auspiciis），儀礼構築が混乱していたこと（turbatis religionibus），を強調する．軍事紀律 disciplina militaris をこの観点から描いて見せる．dictator が主催すれば場面は正式の民

会を代替しうるものに転ずる．そうでなくとも dictator の supplicium が炸裂しうる．これに対して Fabius は直ちに「個人の政治的資格を剝奪するのに訴追者と判定者が同一人であること」(32, 9: eundem accusatorem capitis sui ac iudicem esse) の不当を主張して抗弁する．怒った Papirius は直ちに supplicium にかかろうとするが，兵士達が押しとどめる．翌日の出頭命令が出される (33, 3) が，Fabius はローマに脱出する．そして dictator や consul を歴任した父と senatus の庇護の下に入るが，Papirius も追いかけて，そこであらためて逮捕を命ずる (33, 5)．ここで立つのが Fabius 父である．何と Horatius の故事を引いて provocatio をするのである[8]．つまり「tribuni plebis の介入を求め民会に抗告する，そして兵員集会の評決も元老院の評決も及ばない汝の訴追に対して判定しうる機関として，唯一汝の dictator 権限に優ってこれを排しうるこの民会を以って抗弁する」(tribunos plebis appello, prouoco ad populum eumque tibi, fugienti exercitus tui, fugienti senatus iudicium, iudicem fero, qui certe unus plus quam tua dictatura potest polletque) と高らかに宣言する．すると場面はいきなり provocatio のための民会に切り替わる (Ex curia in contionem itur)．Fabius 父の演説と (33, 11ff.) Papirius の反論 (34, 2ff.) は Brutus 以来の imperium の論理と軍指揮官の政治責任（法的無責任），厳罰と温情，等々の間の紋切りに終始し，しかも最後は譲らない Papirius が懇願に免じての恩寵として処罰を断念する (35, 4ff.)，という曖昧な解決に至る．Liv. のテクストはかくして幾つかの対抗ヴァージョンの間で揺れ，しかもディアクロニクな混線と平準化を示す．

　しかしながらこのパラデイクマが置かれていた対抗関係は明白である．同じ Papirius という名の者が pater-filius の構造の内部 filius に直接手を出して人々にブロックされる．Fabius は imperia Manliana の exemplum におけるのと異なって決して単独行動をしたのではなく，高度な協働を自立させたのであり，これに対応して彼は dictator に対して magister equitum の資格を有する．協働が pater-filius の構造に対応し，imperia Manliana が pater-filius を処罰のパラデイクマに使ったのと鋭いコントラストをなす．そしてまさにこのような形で Papirius/Publilius の nexum 問題は政治的空間の構造の性質の問題に置換されているのである．しかるにその新しい性質の政治空間では，儀礼におけるパラ

デイクマの再現実化は，協働の実質さえ有れば，物的に遂行されずとも (incertis auspiciis) 遂行されたと「看做す」ことができる．provocatio のパラデイクマをここで感じ取ることが仮に正しいとしても，一面でそれはテクニカルであり (dictator に対してはどうか，恩赦にすぎないか)，他面では少し焦点がボケていて遠い．にもかかわらずここへ provocatio 自体の exemplum の重要な構成要素が漂着しているから，テクストは一層不鮮明である．むしろ，パラデイクマの骨子は，政治構造としても〈二重分節〉が確立されるのであれば，政治システムは，端的に efficace であるという意味の儀礼性を緩和される，という点に在る．このことは領域上の〈二重分節〉体制をも大きく変える．〈二重分節〉の A-a や B-b が作る形態は本物の〈分節〉頂点 patres を動員せずとも市民がかわるがわるに役柄を分担し合ってもできるということになる．何よりも人々は，儀礼の réel な改変力を使わずに，領域上の形態を尊重しながら言葉を交換し，種類物を政治的に再分配しうるようになる．

　もちろん怖れられるのは，儀礼的一義性を欠いた〈二重分節〉保障メカニズムが統御不可能な隠れた結合体を生みはしないか，透明性を害しないか，ということである．この意識は長く，「〈二重分節〉体の中核となる家婦 matrona の秘密結社」というパラデイクマで与えられることになっていく．そしてまさに伝承はこの時代にその起点を位置付けているのである．337 年，Minucia という Vestalis が生き埋めの刑に処せられる (Liv. VIII, 15, 7f.)．Vestalis はジェネアロジクな，とりわけ cognatique な，切断の象徴である．しかし Minucia はその禁忌を破ったわけではなく，ただ正規よりも世俗的な服装をしただけである．重要なのは彼女の奴隷から密告が有ったということである．二重構造に対してその隠蔽機能を破壊する方向に訴追がなされる[9]．Vindicius のパラデイクマがそのように使われているのである．この点が一層はっきりするのは 331 年の事件 (18, 4ff.) である．疫病で次々と有力者が倒れる中，一人の女従僕 (ancilla quaedam) が aedilis たる Quintus Fabius Maximus のもとを訪ねる．免罪特権と引き換えに (si fides sibi data esset haud futurum noxae indicium) 理由を教えると言う．直ちに consul から senatus へと一件が送られ免罪特権が付与される．すると何と matronae の陰謀が存在し，自分についてくればその現場を押えうる，という．そこからさらに多くの女達へと捜査は及び，中に Cornelia と Sergia という二人の patrici の女が含まれるが，彼女らが薬であると主張し争ったため女従僕は自分の言うことが虚偽であるいうならそれを自ら飲めるはずであると返し，事実彼女らはこれを飲み干して死んでしまう．すると多くの女従僕が次々に密告し，多くの matronae が処罰される．"annales" が参照され（memoria ex annalibus repetita），secessio 時に「釘打ち儀礼の dictator」が選出されたという例に倣ってこれが行われる．これ以後しばらく多発する所謂 "dictator year" は部族同盟の儀礼原型に帰る動きが表面化した結果であり，それは従来に無い規模と質の社会に対して imperium を確立しなければならない要請に基づくもので，かつこのような逆ディアレクティカのために暦に exemplum を登録しておく思考が有用であったのである．

　以上のような体制が nexum を廃止させた[10]．政治システム本体の〈二重分節〉が領域に対する政治システムの非儀礼的出動を可能にし，一方では ispoliteia はおろか原 CSS 体制も，他方では Manlius 式救済を，不要とした．なおかつこれら全ての要素を吸収して財産のみへの包括執行体制ができあがる．それは疑いなく占有原理を大きく補強するものであった．債権と占有の峻別を一歩進め，執行段階でも占有障壁を抜くことを許さない仕組みに移行したのである．もっとも，これで終局の均衡にもたらされたというわけではない．そもそも屈折体，まして占有概念の諸々の派生的屈折体は，まさにそれが法に属し＝したがって政治的法的観念体系に属し＝ディアレクティカを基礎とするが故に，決着のつかない対抗を生きなければならない．lex Poetelia は占有原則から見て弱点を含む．占有者の人格，つまり animus と corpus の全部，こそが占有＝〈二重分節〉単位侵害に対して（物理的にでなく）儀礼の身体性において立ちはだかったのではなかったか．しかし今それを通り越して mancipium の客体を売買することになる．人身の自由は保障されるが，あの政治的解決の基本動機，Manlius の主題，vindex libertatis がまさに債務者の人身を押さえることによって解放するという高貴な調性，はどこに行ってしまうのか．すると却って債権者は執行以前の段階で（売買価額であるとはいえ）mancipium の対象をねらってくるのではないか．ねらっていく場合に障壁は薄い．儀礼の厳粛さは重たい帰結ももたらすが，越え難い障壁でもある．それがヴァーチャルになれば（そして脱政治システムとなれば）反作用も生じる．しかしながら，この

緊張感は十分に意識されたと思われる．その刻印は何代かのディアクロニクな後継ヴァージョンとして生きながらえたのである．Varr. LL, VII, 105 は "nexum" の項目において「nexum とは Manilius によれば秤と銅片を持ってなされる行為の全てで対象には mancipium が含まれる，これに対して Mucius によれば債務を生ぜしめるべく秤と銅片を持ってなされる行為であり，mancipium の対象となるべく与えられるものは対象外である」(Nexum Manilius scribit omne quod per libram et aes geritur, in quo sint mancipia. Mucius quae per aes et libram fiant ut obligentur, praeter quae mancipio dentur.＝Niebuhr/Noailles ed.) と記す[11]．何よりもまず（おそらく1世紀初めの大法学者）Mucius の見解には Publilius のパラデイクマに認められた二段思考が色濃く痕跡をとどめている．他方（2世紀の古事学者）Manilius は儀礼の儀礼としての一義性に固執する．何でも一定の儀礼で把握すればそれが対象物なのである．その厳格さが生命であるというのである（おそらく十二表法の解釈として正しい）．そうでなければこれを解放のためにも使うということができない．

しかし Mucius は敢えて論点を nexum 執行前の法的関係に移し，債権と占有の峻別に固執するのである[12]．Varro はこれに賛成する．その理由は "nexum" を "nec suum fit" にかけた語呂合わせであるが，しかし債権者が占有を決して自分のものにはできない（nec suum）という精神をよく伝える[13]．「それは dictator の[14]C. Poetelius Libo Visolus によって決してしてはならぬと廃棄された，そして資産の全てを尽くしたと宣誓すれば拘束されずに免責されたのである」(Hoc C. Poetelio Libone Visolo dictatore sublatum est ne fieret, et omnes qui bonam copiam jurarunt, ne essent nexi, dissoluti) と続くテクストは同一の調性を保つ．Mucius は人身はおろか mancipium さえ取らせたくなく，全てを資産のレヴェルで処理しようとする[15]．対するに Manilius の儀礼の一義性は責任財産を実体的占有のレヴェルで維持しようとする思考の残影，或いはそこを信用の根底に据えようという思考（所有権の立場）の萌芽，のために作動するようになっている[16]．こうしたディアクロニクな堆積こそ次章以下の分析対象であるが，その基礎こそが338/325年体制によって築かれたのである[17]．

〔5・7・1〕　cf. Humbert, *Municipium*, p. 202sq. が praefectus iure dicundo (318年) へ向けての動きであるとすることに賛成する．

〔5・7・2〕　cf. Humbert, *Municipium,* p. 206.

〔5・7・3〕　F14 P＝Chassignet.

〔5・7・4〕　Humbert, *Municipium,* p. 198 は懐疑的である．DH, XIV, 13；Val Max. VI, 2, 1 などにもかかわらず．

〔5・7・5〕　Dahlheim, *Struktur,* S. 63f. は，DH, XV, 5f. のギリシャ風の見方にも影響されてか，ローマが Samnites に対抗するために Neapolis を味方に引き入れようとしたという力学的な解釈を示す．なるほど，DH にとって Neapolis が提案する foedus は symbola である．しかし III-1 で扱う新しいローマ型 foedus の exemplum がここに在ることを見逃すべきでない．III-2 で扱う新しい自由の概念に繋がる（これはまた Dahlheim の著書の主題ではなかったか）．この点，E. Badian, *Foreign Clientelae,* Oxford, 1958, p. 27 は 3-2 世紀の体制の原点として，deditio でありながら foedus しかも aequum を結びなおかつ protection の下に置かれるという関係を見る．

〔5・7・6〕　なまじ Publilius に着目すると現在の方法であればかくもお粗末になるのかを示す例として M. Di Paolo, Alle origini della "lex Poetelia Papiria de nexis", *Index,* 24, 1996, p. 275ss. が有る．

〔5・7・7〕　少なくとも Machiavelli 以来の解釈史があるにもかかわらず，E. J. Philipps, Roman politics during the second samnites war, *Athenaeum,* 50, 1972, p. 341ff. はパーティー・ポリティクスの（それも混乱した）分析しか示さない．

〔5・7・8〕　C. Masi Doria, Spretum imperium. La contentio tra L. Papirio Cursore e Q. Fabio Rulliano, in：Ead., *Spretum imperium,* Napoli, 2000 は近年では珍しくこのエピソードを扱うが，それを 300 年に provocatio が定着する契機となった事件と位置付ける（p. 96）．しかし provocatio が dictator の権力に対して，そして正規の刑事裁判外で，用いられるという exemplum であるにしては対応する屈曲をパラデイクマが示さない．むしろ大きく政治構造の〈二重分節〉を例解する著名な exemplum，したがってデモクラシーの深い意識に訴えかけるパラデイクマ，となった後に同じ provocatio がここへ再付着したのではないかと思われる．

〔5・7・9〕　Vestalis に対する残虐な処刑は以後確立された範型をなすに至る．A. Fraschetti, La sepoltura delle Vestali e la città, dans：AA. VV., *Du châtiment de la cité,* p. 102 があらためてリストアップするところである．Tarquinius Priscus のところへ patrici 身分閉鎖時の儀礼的禁忌追求（483 年と 472 年）が遡及し，一旦消滅するかに見えたのがいきなりこの Minucia によって復活した，のであることが明白である．すると，ローマは市民社会に十分な政治性を与えないでなおかつ敢えてそれを維持しようとするがために透明性欠落に怯えて時代錯誤の儀礼的思考を文字通りに遂行する愚を犯すのである．Gracchi 以後は，新たな民主化をただただ叩き潰すしかない頑迷さの表徴となる．

〔5・7・10〕　Ferenczy, *Patricio-Plebeian State,* p. 61ff. は，上層 plebs の上昇と奴隷大量供給によって危機に陥った下層 plebs の不満を反 nobiles のブロックが掬った結果であるとする．反対に Harris, Roman warfare in the economic and social context of the fourth century, p. 504ff. は，nobilitas の形成と nexum の廃止はどう関係するかという正しい問いを立てながら答えを短絡させ，恒常的戦争状態に至ったのは支配層の中の競争が激化して軍事的栄光を求めたからで，このため対外戦争からの奴隷供給が増して債務奴隷が不要になった，と典型的な「風＝桶屋」論法を展開する．どちらにせよ nexum 廃止のテクニカルな部分に全く応対しない．

〔5・7・11〕　テクストと解釈につき Noailles, *Nexum,* p. 218sqq. に従う．

〔5・7・12〕　およそ債権と占有の関係一般を論ずるトポスに仕立て上げたということであり，そ

〔5・7・13〕 Varro のテクストはこの後に「支払うべき金銭のために自分の労働を隷属させる自由人は弁済までの間 nexus と呼ばれた」(Liber qui suas operas in servitutem pro pecunia quam debat, dum solveret, nexus vocatur) と続ける．年期奉公型の存在が暗示されているようでもあり，大いに議論を喚起してきた．20 世紀の後半でも例えば G. MacCormack, Nexi, iudicati, addicti in Livy, SZ, 84, 1967, p. 350ff.; Id., The lex Poetelia, Labeo, 19, 1973, p. 306ss. は，nexum を "compulsary" と "voluntary" に分け，前者（addicti）は十二表法後にようやく legis actio を要するようになったが，後者は年期奉公として続いていた，これを廃止したのが lex Poetelia である，という．この二元主義，しかもそれが任意かどうかで分かれるという原則，は全く史料からは出て来ない上に，法的思考として如何にも的はずれである．既に示唆した通りギリシャ的理解が逆流して年代記上にできたカテゴリーであり，Varro はここではとにかく「執行前は自由であった」ということが言いたいがために引いているのみである．

〔5・7・14〕 息子の C. Poetelius Libo Visolus が dictator であった 313 年を示唆する点で Liv. のそれと対抗的なヴァージョンの存在を物語る．他方 Liv. IX, 28, 6 は Nola 攻略を dictator たる Poetelius に帰するヴァージョンを採りつつ，実はこれは consul たる Iunius によるもので Poetelius は clavi fingendi causa によって選出されたのみとする．後述（III-1）の反 municipium のブロックが主導権を握る時期に押し下げ，foedus Neapolitanum とのシンクロニズムを嫌うのである．敵たる "Poetelius" は動かせなくとも．つまり Manlius の動機の真っ直ぐ延長線上の「解放」を「nexum 廃止」に読み込む Manilius 風の観点の作用である．

〔5・7・15〕 A. Magdelain, La loi Poetelia Papiria et la loi Iulia de pecuniis mutuis, dans : St. D'Ors, II, Pamplona, 1987, p. 811sqq. は 47-5 年の Caesar の債務者救済立法の投影とするが，Liv. /Varr. の bona を斥けるのはよいとしても，これでは下がり過ぎであり，Mucius が terminus ante quem として機能すると考える．この点 Kaser, Zivilprozessrecht, S. 104 が「法務官法」を示唆するのは良い線であるが，lex Poetelia が凡そ財物（のみ）の執行という観念に関わらないとすれば誤解であり，後の高度に技術的な資産 bona の概念構成を投影する分がアナクロニズムであるというにすぎない．

〔5・7・16〕 Manilius を cos. 149 とすれば，Mucius との議論はかみ合うものでなく，Manilius は単純に十二表法における意味について発言したと思われる．それが Mucius に対する反対者達（しかもひょっとすると多数派法学者）によって取り上げられたのである（cf. Noailles, Nexum, p. 266sqq.）．そのときの動機こそ所有権であった．

〔5・7・17〕 このような構想は，mancipatio を都市ローマだけでなく少々自由かつ円滑に行うこと，さらには包括執行のための領域独自の組織（socii 諸都市の原型）を必要とする．socii 体制形成までの間に何が機能を埋めていたか，史料は無いが，そこでふと念頭に浮かぶのは La Giostra である．Ardea, Lavinium 方面の極めて中途半端な位置に，少なくとも 19 世紀から城壁の跡が知られ，Ancus Marcius が解体した Tellenae ではないかとされてきた．近年組織的な発掘調査がなされ，M. Moltesen et al., Excavations at La Giostra, Roma, 1994 は，推測されていたとおり，城壁つまりこの拠点の活動年代を陶器から「4 世紀の最後の四分の一から 3 世紀半ばまで」と特定した．一見 Ancus 説は幻と消えるかの如くであるが，しかしローマ防衛拠点とするには極めて奇妙である．年代はむしろ南イタリアや Samnites の軍事化拠点を想起させるが，ローマの懐深くにそのような運動が展開されたという形跡は無い．すると，同様な空気がローマ近傍では別機能を達成したのではないか，という仮説が成り立つ．それは（やはり 4 世紀以降検出される）Etruria の castellum と同一ではないか．後者の機能については後述のようにわれわれは確かな史料を有する．すると，これが Tellenae でない

としても，くるりと一周して「Ancus による解体」という中途半端な伝承と関係しているかもしれない．伝承は Ostia を脈絡に持った．Gabii が領域上と伝承上の両方で記念されたように，Tellenae も消えた伝承が甦る時これに加わり，Ancus のところに登録されたかもしれない．

III

BONA FIDES

0

　占有概念は5世紀半ば以降，基体および種々のヴァリアントの両方において，徐々に確立されていき，新しい全く独創的な〈二重分節〉体制の産物というよりは遥かにその支柱となったと考えられる．しかるに，占有概念を特徴付けるのは「いつまでも具体的なパラデイクマのままでいる」（事例を通じてしか扱いえない）ということであり，その理由についても説明した通りである．そしてそれ故に類い希な paradigmatique な発展可能性を内に秘めることになる．驚くほど，一見全く別の制度や概念がそのヴァリアントであるということになる．われわれは以下で，実際にローマ社会が示して見せた二段階の大きな飛躍を追跡することになる．その飛躍は言うまでもなくわれわれの法的観念体系の基本を全て用意したのみならず，（「契約」や「所有権」がその一例であるように）実に多くの分野におけるわれわれの思考に深い影響を遺すことになっていく．

　第一段の飛躍の端緒は4世紀末に占有の基体部分で始まる新たな展開である．前章の最後に完成を見た体制が落ち着く間もなくローマ社会は次の激動の波に洗われることになる．そして新しい社会構造が大きなスケールで形成されるとともに，これが法というパラデイクマ群に大きな可能性を与えることになる．占有概念を軸としてそのヴァリアントたる屈折体を周到に配置して特定の社会構造を意識的に創り出す活動も開始される．

1 法学の出現

1・1

　共和末の「占有訴訟」は極めてテクニカルに分化した形で存在している．そしてその要の位置に interdictum が存在している．即ち praetor が（防御的であろうとなかろうと無差別に）一切の実力行使を禁止してまずは現状を凍結してしまうのである．丁度奪われたところであるならば奪った方の「占有」が暫定的に追認されることにさえなりかねない．しかし敢えて職権でかつ十分な調査を経ずにそうしてしまう．責任はそれによって暫定的に追認された「占有」を「得た」者（interdictum 請求者＝「占有訴訟」原告）に在るとされ，続く「占有訴訟」で誤りである（彼の方がやはり奪ったのであった）ことが判明すれば彼にとって致命的であることになる．「奪われた」と擬制して一旦戻させ凍結するタイプも既に存在していて，このときは戻させた方（interdictum 請求者＝「占有訴訟」原告）は一目瞭然でその責任を負う．逆に正しいとなれば相手は「奪った」ことになるから直ちに致命的である．さて，この interdictum は，性質上，政務官の一方的命令であり，占有のパラデイクマと異質であるが，一体何時そして何故占有に絡まるようになるのであろうか．

　ほとんど同じことであるが，共和末において「占有訴訟」は一定の自足性を有するに至っており，Verginia 事件において占有の問題が rei vindicatio の前提問題であったことを想起すれば印象は相当に隔たる．もっとも，Verginia 事件においても Ap. Claudius の decretum というものが有って，これが interdictum を強く連想させることは確かである．それでもまさにその interdictum を結晶核として「占有訴訟」の自足性が成り立っているとすると，それは何時か

1 法学の出現

らで何故か．

　共和末の interdictum の文言には今日に至るまで基本的な占有に関する exceptio 抗弁が付加されている．これらは占有を概念するに際して重大な要素であるが，この方向の発展は一体何時始まり，そしてそれは何を意味したか．

　これらの疑問はいずれも interdictum に関わるが，しかるに既に述べたように長く占有概念の起源が ager publicus に求められたために interdictum の関わりは自明と考えられた．そもそも行政的な保護であると．すると interdictum もまた占有そのものとともに始原に遡るということになり，一体何の意義があるのか問えなくなってしまう．要するに行政的警察的保護であり秩序維持であるという以上には．もっともこの点，近年有力な研究[1]が現れて ager publicus 説を前提としつつも interdictum 関与の時代を大きく引き下げることに寄与した．少なくとも発達した形態における限り引き下げることは今日では誰でも承認するように思われる．とはいえその時点についても，ましてその意義については，全く解明されたとは言えない．

　しかるに，例えば Ulpianus の "ad edictum" からの長い抜粋（D. XLIII, 8. 2）によって容易に知られるように，既に共和末（Labeo 前）に公共の空間および公道・公水に関する多種多様の interdictum が発達していた．その文言は例えば "ne quid in loco publico faciat etc." である．これを発するのは praetor であることがテクストから確証されるが，他方で極めてよく似た権能を aedilis が有したことも知られる．もっとも，このことを一般的に（都市中心の機能保持として）言明するテクスト（Cic. de leg. III, 3, 7）が有り，また Clodius が Milo を（公共の空間において実力を形成した廉で）訴追したのは aedilis の資格においてであったとされるが，ローマについては直接の典拠が無く，municipium においてのみ所謂 lex Iulia municipalis に豊富な規定が見出される[2]．そしてここには "vias publicas purgandas curare" や "ne quis in locis publicis quid inaedificatum inmolitumve habeto" 等，"ne quid in loco publico faciat etc." と酷似する概念が現れる．これらを総合すると，この権能は元来 aedilis のものであったところ praetor に取って替わられたが，municipium の脈絡でだけ生き残ったまたは復活しえた，と推測しうる．すると，蓋然的には interdictum は aedilis の性質と深い関係に有るということが予想される．aedilis は元来 plebs

の制度であり (aedilis plebis), Ceres 神殿周辺の諸機能, 穀物の供給や売買の保全, に深く関わる[3]. そして公式の制度となるのは, 既に見たように lex Licinia の後である. 即ち patrici は consul を plebs に解放するのと引き換えに aedilis curulis を二名獲得したのである. 一般的権能が確立されたとすればこの時であり, われわれはたちまち前章最後の場面に引き戻される. praetor が活動を開始した時期でもあり, また municipium 体制の基礎が置かれた時期でもある.

とはいえ, 都市中心＝公共空間をあらゆる実力占拠から守る, 違法な実力はもとより占有をも排除する, ということであるならば, およそ政治と都市の成立とともに不可欠のことであり, 4 世紀の後半が指示される謂れはない. そのような行為は政治システムの破壊として直ちに最高度の刑事訴追の対象となったはずである. 公道 via publica が領域に向かって延びる, それを保全することでさえ十二表法以後の〈二重分節〉体制下で直ちに要請されたはずである. aedilis の権能, 後の praetor の一連の interdictum, はさらに何かが分化しなければ生じえない. しかしその点であるならば 4 世紀後半は極めて示唆的な時代である. つまり端的に政治的であるとは言えない公共空間が municipium 体制とともに成立し, 領域に向かう枝たる公道・公水もそこから発すると概念されうるようになる. praetor の分立自体市民社会の存立のために特化した公共空間の形成と表裏一体である. ギリシャで agora が複数に分化するのと同一であり, かつその著しいヴァリアントである. そもそも十二表法体制下で領域の秩序保持は plebs の自律的組織に任された形跡が有るから, 既に aedilis plebis が活動していたかもしれない. しかし aedilis の強い都市中心志向を考慮すればこれが否定される, としても municipium 体制下の新しい都市空間, つまりさしあたり諸々の municipium の「市民社会や取引のための公共空間」と接続するローマの公共空間は新たに aedilis, そして aedilis curulis, の重要な権能となったことは極めて蓋然的である.

以上述べた点を裏付けるのは少々時代が下がった 213 年の或る事件である. Hannibal 戦争の最中, 不安心理と (Q. Fabius の作戦にも帰因する) 領域の放棄ないし荒廃のために領域の人員 (rustica plebs) が大量にローマ都市中心に流れ込み, これによって似而非呪術家が繁茂する. この脈絡を担当するのが元

1 法学の出現

来 aedilis であると考えられていたことには,「aediles と triumviri capitales は十分にコントロールできなかった責任を元老院によって厳重に追及された, というのも, そうした群衆を forum から排除し祭祀のための怪しい装置を撤去させようと懸命に試みたものの, 彼ら自身危うく蹂躙されるところであったからである」(Liv. XXV, 1, 10: incusati graviter ab senatu aediles triumvirique capitales quod non prohiberent, cum emovere eam multitudinem e foro ac disicere adparatus sacrorum conati essent, haud procul afuit quin violarentur) と記述される (ed. Weißenborn). triumviri capitales は3世紀初頭に設立された (この脈絡に固有の) 刑事訴追官である. 元来 aediles 自身が刑事訴追権能を有したことに留意する必要が有る. 要するに領域から人が非政治的に集結する, そうした空間で発生した事件である. ところがこれが元来儀礼によって構成される政治的な記号空間を脅かす.「ローマ市担当の praetor たる L. Aelimius に元老院はそれらの迷信から市民達を解き放つよう任務が与えられた」(M. Aemilio praetori urbano negotium ab senatu datum est ut eis religionibus populum liberaret). L. Aemilius は元老院議決を様々な集会で読み上げ, 怪しい宗教行為を禁止する布告を出すとともに, とりわけ「何人も公共のそして神々の空間で新奇の儀礼に従った犠牲式を行ってはならない」(neve quis in publico sacrove loco novo aut externo ritu sacrificaret) と規定した. これは interdictum そのものであり, 公共空間に関する interdictum はその限りでここで aediles から praetor に転移したのである.

a fortiori に占有に関する interdictum は praetor にまだ転移していなかった, とは言えない[4]. praetor が行う民事訴訟に interdictum が進出するのが何時か, がわれわれの問題であるが, この点占有に関する interdictum の文言 (Fest. p. 260 L)「当該物件に関する現在の占有状況をそのまま維持せよ, それに対する実力行使を禁ずる, 但し相互に実力によったのでもなければ秘かに出し抜いたのでもなければかりそめでもないものとする (nec vi nec clam nec precario)」(uti nunc possidetis eum fundum quo de agitur, quod nec vi nec clam nec precario alter ab altero possidetis, ita possideatis, adversus ea vim fieri veto) を見ると, この所謂「瑕疵有る占有の抗弁」(exceptio vitiosae possessionis) つまり「平穏公然」要件が付加されている部分が重要なヒントになる. まず Terentius の

喜劇（Eun. 320）の中でこの文言 "nec vi nec clam nec precario" が笑いを誘うために用いられるから，ほぼ160年前後が terminus ante quem であることになる．もちろん interdictum の文言であるとは限らないが，固定された文言の儀礼性が皮肉られている以上，テクニカルに加工された表現が公式の布告で用いられたものであることは疑いなく，ならば interdictum のものである蓋然性が極めて高い．さらにこの時点でこれだけ陳腐化し誰でも知っているとすると，既に Hannibal 戦争後の時期，200年前後，には少なくとも専門的なレヴェルでこの抗弁が存在していたことが確実で，すると interdictum 本体が占有と民事訴訟の領分，したがって praetor の管轄，に姿を現すのは Hannibal 戦争を若干なりとも遡るということになる．

　3世紀半ば以前の praetor で異彩を放つ人物は無いであろうか．何か決定的な変化をもたらした人物の痕跡は記憶されていないであろうか．軍団の多元化とともに praetor は徐々に軍指揮官としての役割をも再度担うようになり，複数選出され，かつ役割分担によって民事裁判には praetor urbanus としての管轄を割り当てられた者が専権で携わるようになる．自ずから軍事的な功績以外は記憶されないことになるが，その中で，苛烈な光を放つのが Ap. Claudius Caecus である．少なくとも295年に praetor を務めたことが知られる彼は，軍事的功績において凡庸であったとしても，法の領分においては絶対の痕跡をとどめる．そもそも295年の praetor に選出されるそのいきさつを Livius は以下のように伝える．Q. Fabius/P. Decius の組と consul 職を争った Ap. Claudius であるが，彼らの方が軍事的能力に優れることが明らかであるのに比して，「狡猾にして（callidus）抜け目の無い，法と雄弁の専門家である，Ap. Claudius のような者は，ローマ都市中心と法廷を司るべきであり，したがって裁判を行うべく praetor に選出されるべきである」(Liv. X, 22, 7: callidos sollertesque, iuris atque eloquentiae consultos, qualis Ap. Claudius esset, urbi ac foro praesides habendos praetoresque ad reddenda iura creantos esse: ed. Walters/Conway) との理由で妥協が成立し，彼らが consul に，そして Ap. Claudius が praetor に，選出された，と．何か新しいことを創意工夫し，しかもそれは何か裏をかいて出し抜くという性質のことである，と概念されている．しかも，紀元後2世紀の法学者 Pomponius が自分達の活動の起源を少々ペダンティックに探ると

1 法学の出現

き[5]彼が発見する有力なヴァージョンによれば，この人物は何か（一種初めて）訴訟に関する文言を掲示して（proposuisset）多くの人々を引き寄せた[6]のであり（D. I, 2, 7），また別のヴァージョンによれば書かれた言語によって同じく多くの人々に文言を知らせ，その書物のタイトルは何と "de usurpationibus"「（占有）簒奪論」であったという（ibid., 36）．このヴァージョンは，まず神話的な王政期儀礼書を共和初に書き記した Papirius を，そして次に例の Decemvir たる Ap. Claudius を，敢えて paradigmatique に重ねた上でこの Ap. Claudius Caecus を登場させる．儀礼と，その儀礼を逆手に取ることと，を先行モデルとしたというのである．Ap. Claudius Caecus はかの Decemvir なみの何か大きな衝撃をもたらし，それは一個の屈折体をすら形成させるほどであったことがうかがわれる．かつ，usurpatio は占有の秘かな乗っ取りを指示する語であり，"nec clam" と強い親近性を感じさせる[7]．もちろん "nec clam" を発案した側でなく，それを発案せざるをえなくさせた側であるというのである．だからこそタイトルは大いに神話的なものになった．否，「法学書」自体神話的なものであるに違いない．しかしそうすると，まず interdictum 本体（の文言）が有り，それに抗弁（の文言）が付く，という関係は，usurpatio に抗して "nec clam" が概念される，という関係と符合することになる．Ap. Claudius が3世紀初頭に初めて interdictum を民事訴訟に持ち込み，何かこれに対抗するようにしてその後 "vitiosa possessio" の抗弁が開発された，という予測が浮かび上がってくる．問題は，そうだとしてもその背後には一体何があったのかであり，この点を検証できなければ仮説は到底維持しえない．

[1・1・1] L. Labruna, *Vim fieri veto. Alle radici di una ideologia*, Napoli, 1971, p. 39ss. は，各種 interdictum の中に "vim fieri veto" 文言を含むものと含まないものが有ることに着目，機能的区分を考える学説に対して「起源が異なる歴史的層に属する」ことを示すものと解する．公道公水に関するものに "vim fieri veto" 文言が無いことから，占有のための interdictum とどちらが古いか，と問題を立て，太古の公有地に後者の起源を見る通説に対して (p. 62ss.)，"vim fieri veto" 文言付加を共和末 vis 規制に求め，あとは Plautus/Terentius に "vim fieri veto" 文言無しの interidictum を見出し，3世紀後半の Liv. に公共ないし祭祀空間に関する interdictum の terminus ante quem を設定すると，自動的に2世紀初頭が占有のための interdictum の出現年代となる．これに対して G. Falcone, Ricerche sull'origine dell'interdetto *uti possidetis*, in: *Annali del seminario giuridico dell'università di Palermo*, 44, 1996 は，Plautus を重視して2世紀初頭では遅すぎると批判する (p. 160s.)．とはいえ，「王政期に遡る」ager publicus の起源にまで直行することなく，4世紀半ばを選び (p. 162)，論証のため ager publicus の歴史を延々と辿る．patrici と plebs の間の闘争が占有保護の脈絡として選ばれるが，patrici が ager publicus 上の占有を独占している間は保護制度があったわけがないから，ようやく plebs にも占有が認められた lex Licinia の頃が interdictum 導入の時点である，というのである．

[1・1・2] Mommsen, *StR*, II, 1, S. 505. vgl. S. 487, 493.

[1・1・3] Mommsen, *StR*, II, 1, S. 477ff.

[1・1・4] この点でわれわれは Labruna, *Vim fieri veto*, p. 69ss. と袂を分かつ．

[1・1・5] "Enchiridion" と題される Pomponius のこの書物は Digesta の inscriptio から一巻本と二巻本が有ったことが知られ，テクストの問題にアプローチする際のトポスとなっている (cf. M. Bretone, *Tecniche e ideologie dei giuristi romani*, Napoli, 1971, p. 111ss.) が，われわれが見出す二つの伝承ヴァージョンがこれと関係している形跡は存在しない．

[1・1・6] Fr.-H. Massa-Pairault, Relations d'Appius Claudius Caecus avec l'Etrurie et la Campanie, dans : Briquel et edd., *Le censeur*, p. 107 は "Centemmanus" を clientela の "ramification" を示唆するものと読み，Campania の Hekatoncheira 祭祀と結び付ける．

[1・1・7] T. Mayer-Maly, Studien zur Frühgeschichte der Usucapio III, *SZ*, 79, 1962, S. 86ff. は "De usurpationibus" を（題名はともかく）usucapio に関する法学書が有ったことの証左であるとする．そうだとするとそれは（Appius 側ではありえないが）抗弁に関わるはずであり，それは，(E. Costa, *L' exceptio doli*, Bologna, 1897 が全く痕跡を見出せないにかかわらず) exceptio doli であった可能性がある．usucapio の領分では bona fides 要件が発達するために，「古典期」には exceptio doli は見出されないのである．この点，Costa の exceptio rei venditae traditae に関する論述 (p. 22ss.) が参考になる．usucapio の要件を満たさないうちは，買主は売主にこれで対抗した，という．

1・2

Ap. Claudius Caecus は伝承上何か星空にみるみる新星が現れて驚異の声を上げさせるに似た存在である．その意義につき少なくとも Mommsen 以来議論が絶えない[1]．「しかるに何と言ってもその年は Ap. Claudius と C Plautius のあの目覚ましい censor 職遂行の年であった」(Liv. IX, 29, 5: Et censura clara eo anno Ap. Claudi et C. Plauti fuit : ed. Walters/Conway)．とはいえこの 312 年はもっぱら Ap. Claudius の名にのみ結びつく．というのは C. Plautius は censor の重要な職務である元老院議員選出[2]に不満で辞職してしまうからである．しかもそれはただの不満でなく，「余りにいかがわしくかつ怨嗟の的となる選出であったためその恥辱の念に耐えかねた」(ob infamem et inuidiosam senatus lectionem uerecundia uictus) のである．Claudii の御家芸たる伝統の頑迷さ (antiquitus insita pertinacia familiae) で[3] censura は単独で遂行されるが，早くも，senatus の「大衆化」と保守的な強硬さは不協和音を奏でる．しかも後

世に名を轟かせるのは「道路を建設し水道を引いた」(uiam muniuit et aquam in urbem duxit) 大土木事業の故である．自力つまり「自己財源」で遂行するとしても同僚や党派内で負担が分配されるはずであるのに，文字通り単独で実現した，ということになる．何かその形態，つまり主体とその事業態様，が異常であることを伝承は盛んに訴えて来る．真っ直ぐに突っ切って伸びるあの「アッピア街道」は確かに尋常な代物ではない[4]．

　consul 達は senatus の不正な構成 (praua lectio) を民会で糾弾し，正不正の区別無く (sine recti prauique discrimine) 恩顧と贔屓によった (ad gratiam et libidinem) そのような選出は遵守しないとして旧来のメンバーを招集する (30, 2)．そのように，元老院を制覇することには Ap. Claudius は成功しないが，しかし彼の新しい政治戦術は 304 年には既に「彼の censor 職によって力をつけた都市中心＝法廷を取り巻く党派」(Liv. IX, 46, 10) を生み出し，「解放奴隷の息子達」(libertinorum filii)[5] をいきなり senatus に送り込むことは斥けられたものの，「都市の卑賤の者達を全ての tribus に分配し都市中心＝裁判も領域も腐食させた」(urbanis humilibus per omnes tribus diuisis forum et campum corrupit) のである[6]．310 年には彼は（「後法は前法を破る」という原則を盾に取り「自分を任命する意思はかつての立法の意思に優る」として）任期を 18 ヶ月に制限する lex Aemilia を無視して (Liv. IX, 33, 4ff.) censura を続け[7]（訴追されてなお），市民権そして市民団編成を操作して何かスキャンダラスなことをしたのであり，その時のキー・ワードはどうやら libertinorum filii である．とにかく「以来，市民団は二つに分解した」(ex eo tempore in duas partes discessit ciuitas) とまで Livius に言わせ，両派はそれぞれ「健全な人民，良き人士を擁護し育てる側」(integer populus, fautor et cultor bonorum) と「都市中心＝裁判を取り巻く党派」(forensis factio) である．対抗の軸が，patrici/plebs でなく，新しい政治的階層 nobiles に対して humiles が組織されるというものに替わったというのである．

　Ap. Claudius 伝承の中核をなすのは疑いなく Cn. Flavius 伝承である[8]．この 304 年の Liv. の記事は実はその一ヴァージョンである．この "forensis factio" が何をしたかと言えば，「書記であり，解放奴隷を父として卑しい境遇のもとに生まれたが，狡知と雄弁に長けた」(Liv. IX, 46, 1 : scriba, patre libertino humili fortuna ortus, ceterum callidus uir et facundus) Cn. Flavius を aedilis curulis に選出させる原動力となったのである[9]. libertorum filii の主題と共に "callidus" という「民事裁判の技術的側面に通じた」ことを示す形容詞が現れ, しかも aedilis に関係しているのである. そして aedilis としての Cn. Flavius は「pontifex 神官団の奥深い安置所にあった市民法を公開し, 暦を forum の白い板に掲示した, 何時法律に基づいて訴訟をしうるかを記すべく」(46,5: ciuile ius, repositum in penetralibus pontificum, euolgauit fastosque circa forum in albo proposuit, ut quando lege agi posset sciretur). われわれは Ap. Claudius がしたことを実は Cn. Flavius がしたと言われたことにもなるが, しかし Pomp. D. 1, 2, 2 は第一部法源史において, Ap. Claudius にすぐ続いて Cn. Flavius が以下のようにしたという微かに異なるヴァージョンを採録している[10].「書記であり彼の解放奴隷の息子であった Cn. Flavius という者がその書物を奪って人民に伝え, そしてこの恩恵行為 munus が大変に有り難がられたために, 彼は tr. pl., そして senator, aedilis に選出された. 訴権を記したこの書物は ius Flavianum と呼ばれた」(7: Cn. Flavius scriba eius libertini filius subreptum librum populo tradidit, et adeo gratum fuit id munus populo, ut tribunus plebis fieret et senator et aedilis curulis. hic liber qui actiones continet, appellatur ius civile Flavianum). Flavius の逆説的挿入[11]は法源から法学, 即ち何かの伝授, へという観点のズレコミに対応している. この小さいが鋭いヴァージョン対抗は, 或る活動が第一レヴェルで生ずるのか第二レヴェルで生ずるのかを巡るもので, 後者を強調すると (Ap. Claudius と Cn. Flavius の間に緊張関係を作ってさえ) 或る逆説的関係をイメージすることになる. そして Liv. のテクストは, 既にそれが一旦完遂されて対立ヴァージョンと和解させられた後の産物である. Cn. Flavius は既に ius civile に関わって Ap. Claudius を乗っ取ってはいるが, その下で別の形態を編み出したというのではなく, また二人の間の絆の方が強調されているからである.

　実際, Cn. Flavius が ius civile に関わり始めるのは共和末であると考えられる. Plin. NH, XXXIII, 18 は, Cn. Flavius が aedilis curulis に選出されたために「(金の) 指輪が投げ捨てられた, という記事が最古の年代記に認められる」(ut anulos abiectos in antiquissimis reperiatur annalibus: ed. Mayhoff) と述べ

1 法学の出現

（anulus 事件）[12]．"antiquissimi annales" に継ぐ層に属する Piso の "Annales" 第三巻からの長い書き写しが Gell. VII, 9 によって遺るが，それによると，comitia tributa の選挙結果を主宰者が認知しなかったために，Cn. Flavius は自ら書記[13]として石版を置いて抗議した（tabula 事件）．また，病気の同僚を見舞ったところ多くの nobiles たる若者達が集まっていて，かつ彼を馬鹿にして敬礼をしなかったところ，権力の表徴である玉座 sella curulis を持って来させた（sella curulis 事件）[14]．比較的古い年代記のスクラップブックとして知られる Diod. のテクストにも aedilis に選出されたスキャンダルのみが見出される（XX, 36）．ius civile には絡まないのである．63 年の Cic. Mur. 25 においてさえ，暦[15]が知られていなかったために訴訟を提起する者はその知識を仰がなければならなかった，ところがそこで Cn. Flavius という書記がこれを公開した，ここに法学の起源が在る，と述べられるにとどまる．確かに法学の脈絡で Cn. Flavius が登場するが，厳密に言えばまだ fasti どまりなのである．50 年の Cic. Att. VI, 1, 8（ed. Shackleton Bailey）において初めて "nec vero pauci sunt auctores Cn. Flavium scribam fastos protulisse actionesque composuisse"（「少なくない著者が書記の Cn. Flavius が暦を公開し訴権［ただしこの肝心の部分で写本は定まらない］を書き記したと書く」）とされる．紀元前 1 世紀に入ってから，法学と nobiles の独占的関係を攻撃する動きが法学批判の様相をさえ帯びるようになり，続いて 50 年代に伝承上 Cn. Flavius 自身に法学を肯定的に担わせさえする「第二列による法学復興」が有った．これは Plin. の stratigraphique な認識とも一致する．anulus 事件は senatores 反発の図であるが，ここに equites 騎士身分も加わっていたとするヴァージョンが有るがそれは誤りである，というのである．「そして球もまた置かれた」（et phaleras positas）という表現から「equites も」という解釈が生じたが，二重表徴（senatores は形式上 equites でもある）が言われただけであり，equites は関係ない，それが証拠に senatores といっても全員ではない，nobiles たる者だけだった，と annales には書かれている，というのである．第二列たる equites が Cn. Flavius の挑戦に対する復旧の側に回ろうとした証左である．このようにして見れば，Liv. IX, 46 のテクスト自体の stratigraphique な構成[16]がはっきりしてくる．Liv. はまず "Inuenio in quibusdam annalibus" と記して tabula 事件を紹介するが，これは Piso

である．続いて Licinius Macer による反対ヴァージョンを掲げる．Cn. Flavius がはっきりと反 nobiles の肯定的な旗手になっていく時期を反映し，彼は既に tr. pl. などを歴任していた，と擁護のキャンペーンが張られる．次に Livius はヴァージョン対抗を越える確かな部分として nobiles/humiles の対立軸を確認し，問題の ius civile と fasti をかすめ，おそらく基層に属すると思われる Concordia 神殿奉納[17]の記事に移る．つまり，その儀礼を pontifex maximus が口移しにしなければならなかったというのである．次に Liv. は sella curulis に戻る．そしてさらに anulus 事件を登場させる（古いヴァージョンを引照する）のであるが，これは，Ap. Claudius の tribus 改革に対してこの年の censor たる Q. Fabius Maximus が humiles を四つの tribus urbanae に閉じこめて中和した，という文脈に置かれる．つまりここでは anulus 事件が反 Macer の文脈にコラージュされてしまう．Livius の属する Augustus 時代には全てを鳥瞰するように平面的に並べることが可能になっている．ちなみに，"in penetralibus pontificum" は単なる保管場所に関する表現であるが，Val. Max. II, 5, 2（紀元後1世紀前半）で儀礼との並行関係が示唆された後，Pomp. D. 1, 2, 2, 6 になるともう少し微妙に，"actiones apud collegium pontificum"（「pontifex 神官団に託された訴権フォーミュラ」）となってしまう．

近代の学説における「法学発生神話」には以上のように到底依拠しえないが，そうした史料批判は却ってディアクロニクに執拗な或る屈折体の存在と実体を確認させる．全く新しい形態の組織がもたらした脅威の刻印である．その組織形態は第一に解放奴隷およびその息子というパラデイクマを鍵としている．第一〈分節〉単位（Ap. Claudius）はまず（libertus という以上）何らかの〈二重分節〉単位（旧主人）の中の分子を（例えば vindex libertatis として）直接捉え（libertus），しかもその息子も押さえるから，pater-filius ごと把握する．自分の方は「中の分子」を解放され返されるということがないのである．これは "usurpatio" という動機，さらに "clam" という動機，と強い親近性を有するパラデイクマである．つまりこの組織は秘かな浸食性を有し，食い込むと強固な細胞を作って容易に排除されない．

そして第二に何か伝達の新しい記号論的形態を原理としている．スキャンダルが全て表徴問題として表現されるし，そもそも Cn. Flavius 自身が scriba で

ある．パラデイクマは物的な記号を使って第三者へと伝達される．つまり〈二重分節〉体制の第一〈分節〉単位から第二〈分節〉単位へと口頭で伝えられるのでなく，第二〈分節〉単位の内部の分子に直接達し，しかもその先もう一段素通しで（物的に）伝達がなされる（filius）のである．かくして三段になり，不特定多数に伝達が拡がっていく．ここにも浸食性が認められる．もちろんこれはそのままほとんど軍事化したまま動員することができる人的組織を基礎付ける．全く新しい支持基盤を Ap. Claudius が獲得したということであり，Cn. Flavius はその paradigmatique なシンボルなのである．humiles を組織しえ，真っ直ぐ突っ切る公道を実現しうるわけである．選挙マシーンとして働かせるならば間違いなく polyarchy 段階突入を印象付ける事態が現れることになる．

　伝達されるパラデイクマは，ローマの政治システムの根幹を支える儀礼的パラデイクマ[18]である．笛の奏者達 tibicines は censor たる Ap. Claudius によって[19]，Iuppiter 神殿において伝統の儀式に則り飲食することを禁じられる（Liv. IX, 30, 5ff.）．これを耐え難いと感じた tibicines は Tibur へと隊列を組んで立ち去ってしまう（uno agmine abierunt）．この結果都市中心では犠牲式に伴う演奏をする者が居なくなり，全ての手続が麻痺してしまう．困った元老院は Tibur に使節を派遣し，Tibur の人々に手助けを頼む．彼らはまず Tibur 元老院議事堂 curia に tibicines を招き入れ説得するが，不調に終わるや一計を案ずる．祭礼の日，各人が各家へと tibicines をてんでに（alii alios）招待する．宴席を歌で華やげようというのである（per speciem celebrandarum cantu epularum）．そしてそれぞれに酒を振る舞って泥酔させ，眠りこけたところを荷車に積み込み，ローマへと運んだのである．翌朝目が覚めるとびっくり，という彼らをローマの人々が取り囲む．そしてとどまるよう懇願すべく，年に三日間好きなように音楽と共に市中を練り歩くことを認めるとの条件を提示する．もちろん伝統の飲食権は復旧される．音曲の演奏という再現的パラデイクマを独占していた集団は，一旦完全に解体されようとするが，ところがそのまま領域へとパラデイクマ拡散の媒体となる．ただし，単純に拡散したのでなく，一旦領域の拠点 Tibur に集結し，そこからしかし開かれた形で散る（alii alios）．ここがこの伝承のポイントである，ことには，ここにこそヴァージョン対抗が発生するのである．Val. Max. II, 5, 4 こそ Liv. のヴァージョンを採るが，Ov.

Fast. VI, 663ff. と Plout. QR, 277 (55) は，一人の解放奴隷 libertus がどんちゃん騒ぎを仕組んだのであるが，「そこへ主人がやって来た」と脅して幌付きの荷車の中へ tibicines を押し込め，こうしてローマへ強制的に戻した，というヴァージョンを採る．これに応じて「禁じたのは Ap. Claudius ではない」とされることになる．われわれは何と抵抗する側こそが Ap. Claudius に固有の組織原理 (libertus!) を発揮するのを見る．抜け出たパラデイクマは秘かに「主人に隠れた libertus」のところへ到達する．ここを捕捉して新たな形態が獲得されるというのである．自ずと既にわれわれはその反対の原理が何であるかを示唆された，つまり Tibur のような第二の都市中心からしかも alii alios の解放性，公然性，透明性，を以て，という理念を開示されたことになるが，この対抗を越えて，儀礼的パラデイクマは結局再回収される，という帰結が重要である．再回収されたとき，パラデイクマの存在形態は変化している．特定の collegium[20] に人的に専属するものではもはやない．しかしだからといって誰にでもできるというものでもない．依然特殊な技芸である．しかし技芸であるならば能力と習熟により誰にでもアクセスすることはできるのである．つまりパラデイクマの伝達は閉ざされてもなく開かれてもなく，半透膜がかかった状態に落ち着いたのである．このことを儀礼的に示すべく，祝祭の日には皆が音曲そのものを言うならば世俗的に楽しむことができるようになった．酩酊 (crapula) や宴会といったことが示す通り，音楽は元来ポトラッチ的 échange，枝分節解消，に寄り添うものである．だからこそ婚姻等領域の儀礼に解放されて然るべきと考えられたのである．それでも専門集団の存在意義は無くならない．P が独占し P と人的に接触する Q のみがパラデイクマの実現を知覚する，という状態は脱するが，P から Q を越えて R へとパラデイクマが伝授され一人歩きしていくとき，パラデイクマは拡散せず，却ってこの経路自体は維持されて機能し続ける．P から次々にパラデイクマは一方向的に伝達され続ける．伝授されても簡単にはそのパラデイクマを実現しえないから，P が R の前に直接現れて実現せざるをえない．これを R が知覚するのである．R が習得する可能性は存在するが，多くを要するので，その R は結局 P の位置に立つことになる．PQR の三段はこの距離をも意味する．いずれにせよ，技芸ないし知のこのような存在形態は "tibicinis Latini modo"（ラテン人の笛吹のように）とい

1 法学の出現

う慣用句を（多分に Appius よりのヴァージョンにおいて）遺すに至った (Cic. Mur. 26). "Latinus" というのはもちろん Tibur のような一旦第二列に出るものの拡散し切らないで求心性・専門性を半ば維持する, という意味である.

〔1・2・1〕 新たに形成された支配層 nobiles との対抗は確たる部分であり, 問題はこれに対して patrici 守旧派の側から攻撃したのか, それとも民衆派であったのか, であり, Niebuhr と Mommsen 以来学説の見解は分かれるが, 最近では Ferenczy, *Patricio-Plebeian State*, p. 120ff. が反 nobiles の偉大な改革者として称える. そうでないイメージは保守的な annales の敵意に由来すると切り捨て, 没落していた Claudii の出身者が疎外された都市民との絆を確立し, ローマを真のデモクラシーへと導いた, とする. さらには M. Humm, *Appius Claudius Caecus. La république accomplie*, Rome, 2005 は笑うべき新説を提出し, 何と「Appius Caecus は nobiles 主流の改革派である」と主張した. 都合の悪い（反 nobiles のレッテルを貼る）伝承は "pontifical-fabienne" として斥け, Claudii から出たものだけを採る (p. 103sqq.). 色のついた伝承より prosopographie を優先するとしながら,「広範な支持」がなければ大事業は達成されないから nobiles 総体の支持を得ていた, という珍妙な結論に至る (p. 115sqq.). それどころかそもそも「nobiles 対反 nobiles」自体共和末伝承のバイアスで実は存在しないとし (p. 122), Appius との関係を明示しないこの時代に関する伝承のうち好きなものを（支配層を代表する）彼に結び付ける.

〔1・2・2〕 Ferenczy, *Patricio-Plebeian State*, p. 152ff. は Diod. XX, 36, 3ff. よりも Liv. を採り,「入れ替え」がポイントであったとした上で, Fest. 290 L を高く評価し, Mommsen 説を発展させ, s. l. の権限を consul から censor に移したと言われる plebiscitum Ovinium の背後に Appius が居たと解す. 同時に選出基準もデモクラティックにしたというが, パラダイクマは設立先例の色彩から遠い. なお Humm, *Appius*, p. 197 は Pomp. 文の「ラテン語表記改革」を, senatus lectio の名簿作成において用いたものであるとして救う. しかし後述の「書く」営為を固定的安定的にして記号作用を貫通的にすることと関係すると思われる.

〔1・2・3〕 反 Claudius 伝承の起源につき, M. Humm, La figure d'Appius Claudius Caecus chez Tite-Live, dans: D. Briquel et al. edd., *Le censeur et les Samnites. Sur Tite-Live IX*, Paris, 2001, p. 73sqq. は, Wiseman の共和末誕生説を斥け, Chichorius の Naevius/P. Claudius Pulcher の海戦 (249) 説を Mazzarino の Annales Maximi 受容によりさらに遡らせ, pontifices/Fabii に至る.

〔1・2・4〕 cf. Humm, *Appius*, p. 484sqq. B. MacBain, Appius Claudius Caecus and the via Appia, *CQ*, 30, 1980, p. 363 は Appius が nobiles 主流の Campania 支持基盤になぐりこみをかける手段が via Appia による恩恵であったとする. そうでもあるが, むしろ支持基盤確保の果実が公共事業である. 既に述べた通りこの時期には locatio の手法は確立しているが, 個々の imperator から censor に locator が移ると, 主体が〈二重分節〉するばかりか, 支持関係を越えての割付, 流動化, 侵食, が可能となる.

〔1・2・5〕 Humm, *Appius*, p. 223sqq. は Cels-Saint-Hilaire に従って libertini を Italia 市民とするが, その中のまた階層が大問題である. 出自はむしろ彼らの奴隷であろう. つまりテクストの焦点の取り違えである. さらに言えば, Diod. が単に「解放奴隷」とし Liv. が「そのまた息子」とする差異は前者に（解放が一回で済む）ギリシャ的観念が現れただけである (Ferenczy, *Patricio-Plebeian State*, p. 155) のではなく, Appius が二重構造でめくり上げ, 二重構造の下部単位まで浸透する, という重要なパラダイクマをローマ側からでなければ捉え

えなかった，ということである．なお，S. Treggiari, *Roman Freedmen during the Late Republic*, Oxford, 1969, p. 38ff. は全く "libertinus" のニュアンスを捉えず，libertini＝humiles の不思議さにも気付かない．

[1・2・6] "urbanis humilibus" は写本の "opes urbanas [,] humilibus...divisis" を修正する Gronovius 以来の伝統に従う．cf. Humm, *Appius*, p. 235sqq. Humm は写本に従い，"humiles" は "urbani" とは限らない，とする．しかしそれであれば Appius の（中央から伸びる）マシーンのニュアンスは出ない．また，libertini/senatus, humiles/tribus と分け，humiles＝libertini も否定する（p. 243sqq.）が，clientela の質の特定に nobiles-humiles の対抗などの polarité が働いていることを否定してもテクストは読めない．"forum et campum corrupit" を，forum は comitia tributa で，campus は centuriata だ，と解するのも同じ誤りである．これは既に Ferenczy, *Patricio-Plebeian State*, p. 166 のものであるが，彼の場合も Mommsen に従って「Kleisthenes 風の本格的 tribus 改革」を見るために，Diod. のテクストさえ「(Appius でなく) 市民が好きな tribus を選べる」と読んでしまう．確かに非土地保有者にも初めて tribus 登録権を与えたとする Mommsen の解釈は示唆的であるが，それは Fraccaro によって批判されているとおり従前からであり，そもそもヴァーチャルな土地保有で登録には足る．Appius はこの絆さえ解除して恣意的に自己の clientela を突っ込んだのである．この点，Garzetti, *Appio Claudio Cieco*, p. 198ss. が「Kleisthenes」を排して clientela を軸に据えた功績は大きい．

[1・2・7] テクストにつき，cf. Ch. Guittard, La tradition manuscrite du livre IX. Problèmes d'établissement du texte, dans: Briquel et al. edd., *Le censeur*, p. 10.

[1・2・8] Ferenczy, *Patricio-Plebeian State* のアプローチの死角を示すことには Cn. Flavius 伝承を分析することが少ない．

[1・2・9] R. A. Bauman, *Lawyers in Roman Republican Politics. A Study of the Roman Jurists in Their Political Setting, 316-82 BC*, München, 1983, p. 50ff. は，"forensis factio" は通常の政治的党派とは違うとし，商工業者の collegium を想定するが，むしろ初めての本格的な政治組織である．

[1・2・10] Cn. Flavius の行為は法学史上決定的であるということになるが，もちろん多くの学説は信憑性を疑う．もっとも，そこには，(元来この伝承と一蓮托生である)「かつては神官団が法学を独占していた」というドグマが存する．F. Schulz, *History of Roman Legal Science*, Oxford, 1946, p. 9f. も「独占」は否定しつつ世俗法学登場の兆しとするが，反面伝承自体には総じて懐疑的である．いずれにせよ事件は極小化され，本格的世俗法学は2世紀にならないと生じない，というのである．これに対して Bauman, *Lawyers*, p. 21ff. と F. D'Ippolito, *Giuristi e sapienti in Roma antica*, Roma-Bari, 1986 は "Ius Flavianum" 全面復権の試みである．ともに Appius Claudius 自体に法学上の大きな役割を認め，そして Appius Claudius 伝承の総体を使って背景を探る．しかし結局そうした伝承を扱う方法を有しないから，Bauman は Stavely-Cassola 学説に引かれて「Flavius が aedilis として商工業者のための actio aedilicia を公開したばかりか praetor peregrinus を先取りした」(p. 39ff.) と完全に転倒する (Appius の集団は領域に展開し，socii/bona fides には敵対的である)．D'Ippolito は，全ての伝承を「Liv. の記述がそのまま信頼しうる」ことの論証に使い (cf. p. 15)，Cic. のテクストをそこに包摂し，こうして Flavius＝法学という Liv. が関知しない事柄までが論証されたことになる．折角伝承総体を扱いながら stratigraphie が皆無である (Pomp. 文自体に Ti. Coruncanius を始点とするヴァージョンの痕跡が存することも無視される)．また，Appius 伝承から社会構造を分析することが無いから，もしテーゼが本当であるとしても "Ius Flavianum" に一体如

何なる意義が有ることになるのか定かでない.

〔1・2・11〕 D'Ippolito, *Giuristi e sapienti*, p. 39ss. は, (Mommsen に従って) Valerius Probus の碑文上略号に関する古事学マニュアルから "Ius Flavianum" の様子を推量し, 書記の権能を大きく評価した上で usurpatio も史実と見る.

〔1・2・12〕 Humm, *Appius*, p. 124 は "nobilitas" を patrici と勝手に読み, Appius/Flavius は反 patrici であるとする.

〔1・2・13〕 Humm, *Appius*, p. 441sqq. は Pomp. 文を優先させて (そこからさえ自動的にはそう読めないが) censor たる Appius の書記であったと解する.

〔1・2・14〕 Humm, *Appius*, p. 125sq. は anulus 伝承とのディアクロニクな関係も無視してここも反 patrici に染める.

〔1・2・15〕 Decemviri が既に公開しており, Mommsen/De Sanctis に従って, Appius 集団が「書いて貫通的に伝えた」点がショッキングであったと解す. Humm, *Appius*, p. 449sqq. は Michels/Rüpke に従って「fas/nefas を記したものを公開した」とするがどうか.「秘密」の意味も定かでない. まして nundinae システム導入による太陽暦への一歩とする解釈は過大評価である.

〔1・2・16〕 cf. Humm, *La figure d'Appius*, p. 69.

〔1・2・17〕 これについては二つの考察が必要である. 第一に Camillus 以来の Concordia イデオロギーの問題 (cf. Momigliano, Camillus and Concord, p. 95ff.). Humm, *Appius*, p. 584sqq. はこれを Pythagoras/homonoia に結び付け Appius を開明派に仕立て上げるが, nobiles の concordia イデオロギーに対する露骨な干渉・乗っ取りにすぎない. 第二にこのような抽象名詞を関する神殿が形成され始めるこの時期の神殿建設の問題. 激しい党派間の争奪戦の末 (censor による形態の登場も相俟って) 事業は一層破片として独立し, これが元来の「epithetos を付しての人格神」表象をさらに進めて epithetos の部分を言わば独立させて括り直す概念構成に向かわせた, と考えられる.

〔1・2・18〕 神殿奉納儀礼の他, Ara Herculis の祭祀, そして tibicines の儀礼, に Appius は関わる. Ara Herculis については Liv. IX, 29, 9ff. も Val. Max. I, 1, 17 も, これを教えた Potitii の 12 の familiae が全滅した, と伝える. R. E. A. Palmer, The censors of 312 B. C. and the state religion, *Historia*, 14, 1965, p. 293ff. は "familiae" を servi の意に解し, Mommsen の「gens 独占からの解放」説を斥けるが, Mommsen 説の方がまだしもエッセンスを捉える. 要するに〈二重分節〉体制の壊滅が言われているのであり,「外来の」(違和感を隠せない)〈二重分節〉儀礼 (cf. Verg. Aen. VIII, 268ff.; Fest. 270L) が解体されたことがスキャンダルなのである. 反射的に「Potitii が独占していた」ことになる.「nobiles 体制内に流通していた」の意味であるが. それが証拠に Potitii は 12 の familiae に〈二重分節〉しているではないか. Potitii が実在であったとしても, それ自身儀礼的存在であり, 全ての gens が某か儀礼を独占していたのではない. 独占自体儀礼なのである.

〔1・2・19〕 Palmer, The censors of 312, p. 308ff. は Liv. のヴァージョンでさえ "proximi censores" であり, 他のヴァージョンには Appius を示すものが何も無い, ことから 318/7 の censores に tibicines 弾圧を帰し, 逆に tibicines 部分復権を Appius の功績とする. この中で Ov. の写本ヴァリアント "callidus" を "Claudius" に読み換える. tibicines パラデイクマのディーテイルに全く立ち入ることのないスペキュレーションである.

〔1・2・20〕 Appius/Pythagoras/Numa 連関につき, Humm, *Appius*, p. 541sqq. が詳細に論ずる.

1・3

　Ap. Claudius が突然新しい性格の組織を築いた，おそらくそれを追って対抗的に他の党派も新しい組織を目指した，その内部ではどうやらパラデイクマの伝達自体新しい様相を帯びたらしい，という推測が正しいとして，これをどのような背景のもとに置いたらよいだろうか[1]．

　前章の最後に見たように，ローマの〈二重分節〉体制は結局 338 年体制ないし 325 年体制において municipium がその鍵を握ることとなった．"municipium" は後代から振り返って言わば「講学上」付けられた名称であり，元首政期に平準化するまで，実は個々それぞれ，ローマ市民権の有無，政治システムの実質，軍事的寄与，財政的負担，等々の点で非常に様々であるが，それでもローマ型〈二重分節〉体制の構造的弱点を埋める唯一の装置である．ギリシャ型のデモクラシーへと移行しないという選択の代償として不可欠であった．そして実はこれが，一つの独創として，その後の世界に遺される様々な新しい制度的発展の可能性を準備することになる．さて，しかしこの体制の発展にとっての障害が直ちに二つ現れた．ギリシャ型デモクラシーへの本格的移行を主張する陣営はしばらく姿を現した痕跡が無いが，第一にローマ中央で，端的で混ざり毛のない〈二重分節〉を思考するグループが有った．imperia Manliana を巡る衝突はこのことを容易に理解させる．そして第二に，Neapolis の一件にうかがわれたように，ギリシャ型デモクラシーによる領域形成に対して強力なオルタナティヴ（「部族回帰型デモクラシー」）を突き付け抵抗し続けた広範なネットワークが有った．

　そもそも municipium は，一面で政治システムとしての固有の機能を犠牲にし，なおかつ，市民社会を陰で支えるという一方向にのみ特化させて政治システムを保つ，という共通の性質を有し，これを旨とした．さて問題は，市民社会のために即ちローマ型〈二重分節〉体制のために機能するということの内容である．さしあたりは儀礼的に占有を保障するということであった．だからこそ CSS が意味を持ち，そして実質さえ骨抜きになれば却って堂々と COI を付与した方がよかったのである．それでいてなお municipium であった．ager Romanus 一般へと解消されなかったのである．municipium はおそらく man-

1 法学の出現

cipatio をする場であり,また stipulatio のためにも役立ったに違いない.誓約を中心要素として要式行為により占有を移転し,種類物の移転を約する,つまり厳格責任を通じて移転したことと同じ(支払手段)になる.これら formel な行為を裏打ちする publicité の空間を municipium は用意した.その空間を支える儀礼と祭祀も不可欠であった.ローマとこれら municipium との関係はもはや Foedus Cassianum とその儀礼的側面たる sponsio によらない.それでもその残映,さらには Gabii との foedus 等のパラデイクマ,が陰に陽に響いていたに違いない.とはいえこの点を緩和し,これらを地下に潜らせなければ市民社会ということにならないから,地位と関係は曖昧になる.

「ナポリ条約」が画期であるのは,少なくとも後世から見て何か新しい意味での foedus が始点を得たからであろう.その輪郭はまだ定まらないし,それに対応する「municipium たる Neapolis」の新しい機能もまだ知られないとしよう.旧 Latini とは違う何かが始まったがまだ何が始まったか誰も知らないのである.他方,同年代にこれと鋭く対立する foedus が有り,少なくとも年代記上,ローマは foedus を巡る議論一色となる.つまり既に述べたように,まず 354 年の Samnites との foedus は重要な topos であり,343 年第一次 Samnites 戦争においてローマは(Campani からの救援要請に対して)「使節派遣—外交儀礼違反—賠償請求—拒否」を経て初めて(foedus にかかわらず)宣戦することに成功するのである.しかも戦いの実態は定かでなく,341 年の条約再締結(既述)は何と,consul たる Aemilius(L. Mamercus)が敵の見えない掃討作戦をしているときに不意に和平を求める Samnites の使節が現れ,Aemilius がローマ元老院への仲介の労を執り実現するのである(Liv. VIII, 1, 7ff.).Samnites はこれにより Sidicini 攻撃を裁可されるが,これは却って Sidicini+Campani+Latini の強固なブロックを形成させてしまう.そのブロックからの攻撃に対する Samnites の苦情は「自分達の強者間同盟は彼らの困窮者庇護型同盟に優る」(2, 9ff.)というものであり,これを年代記にとどめさせたのは Aemilius に一代弁者を見るローマ中央の親 Samnites 反 municipium ブロックである[2].要するに Samnites との foedus は foedus Neapolitanum と鋭く対立する屈折体を構えているのであり,両者間の対立こそが基本的な構造を作っていくことになる.

もっとも，既に述べたようにこの頃から表面上の Latini/Campani 征伐とは別の次元で municipium 体制整備が進んでいく．例の Pedum 制圧をプリテンドしたのはもう一人の Aemilius (12, 6ff.)，Ti. Mamercinus であり，triumphus を拒否され「まるで tr. pl. のように」反 nobiles の反抗的態度をとった，と言われる．Ap. Claudius の先行者に相応しい行動であるが，不満のもう一つの原因は「plebs に」Latini や Campani の領域を分割しないことにあった．municipium 体制は中央から巨大 clientela が大量入植を実現することを阻む．327 年の Neapolis 介入は municipium 路線の頂点に在ったと思われる．しかしまさにこれが対 Samnites 宣戦布告の原因となる．と同時に Aemilius の背後に在ったローマ中央のブロックが触手を伸ばし始める．やがて Ap. Claudius に対抗する nobiles 主流の中心となる若き Q. Fabius Rullianus Maximus を追求する例の Fabius 事件は，彼が Samnites に対して挙げた軍功に対するものである．323 年，tr. pl. たる M. Flavius は Privernum 等への加担の廉で Tusculum を罰する（成人男子全員の処刑）決議案を提出する (37, 8ff.)．Tusculum の人々は tribus を回って運動し，tribus Pollia を除く全てで否決の票を得るが，以後 (Tusculum の在る) tribus Papiria は決して tribus Pollia からの候補に票を入れないと伝えられる．COI を有する municipium の立場をよく物語る事件であるが，municipium 体制切り崩しの動きが息を吹き返し始めたのである．322 年の対 Samnites 作戦の成功は dictator の Cornelius に帰せしめられるが，Liv. は Q. Fabius (cos.) 説の存在することを述べる (40, 1ff.)．そして 321 年，Postumius (cos.) 率いるローマ軍は Caudium 近くの隘路で待ち伏せ攻撃を受け，壊滅して全軍捕虜となる (Liv. IX, 2, 9ff.)．そしてその時，問題の foedus つまり降伏のための取り決めが締結される (5, 1ff.)．

しかし Samnites とは何故彼らとの foedus ばかり問題となるのか．423 年，「Samnites は Etrusci の都市 Capua を征服した」と言われる (Liv. IV, 37, 1)．それ以前から「戦争に疲弊した Etrusci によって都市中心と領域の両方に同盟者として受け容れられていた」(prius bello fatigatis Etruscis in societatem urbis agrorumque accepti) が，この「新しい植民者」(noui coloni) が古い住人 (ueteres incolae) に対してクーデタを起こしたというのである．411 年，飢饉に苦しむローマは穀物を買い付けようとするが，「Capua および Cumae を征服し

たばかりの Samnites によって（Liv. IV, 52, 6: ab Samnitibus qui Capuam habebant Cumasque）手厳しく拒絶される．擬似領域に対して枝分節的 échange によってしか関われない Etrusci の拠点 Capua は領域から後背地に連続する組織に占拠される形で新しい政治組織を得た[3]．Cumae のギリシャ都市についても同様であるが，Neapolis のみはこの波をギリシャ型の「民主化」によって乗り切る．もっとも，"Samnites" は独自の組織原理によって Capua や Nuceria を中心とする緩やかな連合体を形成し，やがてそこに新たな指導層が生まれる．こうして "Campani" という層が誕生し，再び後背地の Samnites との間に不連続線が現れる．これに Campani 支配下の人員が連動するようになる．かくして Neapolis の周囲にはまず Campani が，そしてその下の人員とこれに繋がる広大な Samnites 諸部族連合（Pentri, Hirpini, Caudini などと呼ばれる）が十重二十重に取り囲むという状況が生まれる[4]．既に見たようにローマは，Campani に従属する分子 Sidicini と後背地に繋がって Campani に抗う分子との間の衝突，後者が後背地の部族連合を高度に軍事化し前者を圧迫したこと，を機縁として Campania に介入していったのであり，しかもむしろ Samnites との間の関係を重視した．しかし他方後には Paleopolis[5] に橋頭堡を築いた Nolani つまり Campani 支配下の分子と Samnites をローマは Neapolis のために排除する．その間 equites Campani を軸として人的組み込みを図る[6]が，Neapolis と Samnites の両極を除くスペクトラムに対してローマは扱いに苦慮していく．結局は Campani の体制の性格の曖昧さにたたられ，Cumae が遺した「デモクラシーの失敗」の重荷にのしかかられることになる．

　Samnites は畢竟この大規模な変動がもたらす極化作用の産物である．とりわけ，Campani がテリトリーと échange を強く志向し富と消費に傾くのに反発し，原部族組織をそのまま軍事化する原理によって方向付けられる．Volsci のように小さな部族単位での軍事化組織をそのままテリトリーに降ろして要塞を作るのでなく，テリトリーを超越して連鎖的にここに現れたかと思えばまたあちらにという風に軍事化を達成していく．固定的な軍事的首長層を持つのでなく単発的な軍事的指導者を頂く．最もテリトリーから超然たるその性質において少なくとも，ローマの patrici の意識の古い層に訴えかけるものが有ったはずである．Livius のテクストも反 Fabius へと転調する際に一瞬異様に詳しく

Samnites の内情をしかも共感を込めて伝える．何度目かの趣旨のはっきりしないローマ軍の一方的な侵攻に際して（322年），Samnites は敗北について議論するが，「不正かつ条約に違背した戦いを企図した以上」（Liv. VIII, 39, 10 : impio bello et contra foedus suscepto）」当然のことであるということになり，「祓う」必要を強く感ずるや，戦いの責任者を引き摺り出す．Brutulus Papius という「実力者」（uir nobilis potensque）を引き渡すことに決定し，（結局自害した）彼の遺骸は賠償金と共にローマ側 fetiales によって厳格に扱われる．翌年 Samnites は "imperator" として C. Pontius を選ぶ（IX, 1, 2）．その父 Herennius は一転「圧倒的な賢慮の持ち主」（longe prudentissimus）と形容される．場面も反転している．折角の Samnites の行為は実を結ばず，ローマ側から和平の回復が拒絶されたのである．Pontius は「この使節は決して無駄ではなかった，われわれの方が正義を回復したのだから，それは必ず報われるだろう」と演説する．伝承上早くも論戦がスタートしている．Claudius であれ誰であれ，Liv. のソースに流れ込んだ伝承原型を育んだ意識は強力に親 Samnites であり，後に Samnites の中から忠実な clientes を得たに違いない人物の存在を想定させる．

　もっとも，Liv. のテクストは Samnites の内情に異様に詳しい伝承原型の直ぐ下にこれを批判する層が有ったことをも覗わせる[7]．Caudium の隘路（furculae Caudinae）の罠にかかったローマ全軍をどうするか，ローマ側と同様に Samnites も余りのことに茫然自失となる（3, 4ff.）．C. Pontius は父 Herennius Pontius[8] の意見を求めるべく使者を送るが，回答は「危害を加えず全員解放せよ」というものであった．承伏できないのでもう一度使者を立てると，今度は「逆に全員殺害せよ」と「まるで両義的な神託のよう」（uelut ex ancipiti oraculo）であるので，年齢のせいでとうとう呆けたかと本人を呼び出すと，Herennius の説明が始まる．最良は全員解放してローマを永遠の友とすることだが，それが駄目ならば少なくとも当分の間立ち直れないように全滅させる，その中間，即ち「戦争の法」に従って敗者として遇し辛い条件を課した上で解放するという道，を採れば大きな禍根を遺すことになるだろう，と予言する．しかしまさにこの道が採られることになり，ローマ軍兵士は全員衣服のみを持って軛を表す張られた綱の下をくぐらされる．600騎の騎兵が人質として取ら

れる．既にここまでで主ヴァージョンに対する微妙な批判が明らかである．対等で友好的な信義かそれとも敵味方かという一義的な概念が，要式行為を通じて一方が完全に他方に服するという中間を批判している．前者がむしろ自由な〈二重分節〉関係 A-a であり，後者がむしろ Manlius 型ないし共和初期型 clientela である．そしてこのことに対応して Liv. のテクストは，和平締結行為の解釈を巡って同時代ばかりかその後もずっと争いが存したことを明らかにする．つまり両 consul が Pontius と交わしたことは何であったかという問題である．Liv. は両 consul が「民会の批准が無ければ条約は正式でない，fetiales その他による儀礼的行為も必要である」(5, 1) という留保を付したと述べる．珍しく自分でコメントを付け，「だから一般に信じられているように，そして Claudius (Quadrigarius) がそう書いている (F18 Peter) ように」(Itaque non, ut uolgo credunt Claudiusque etiam scribit) foedus がなされたのでなく，sponsio（という誓約行為）がなされたにすぎない，と強調するのである．その証拠に，誓約行為を行った (spoponderunt) のは consul, legati, quaestores, tribuni militum であり，その名は伝わっているが，fetiales の名は伝わっていないではないか，と．foedus が単一の要式行為でなく，批准の構造を持つ有因的な連関として捉えられている，ことが注目に値する．

実際ローマはこの sponsio を認めず，和平にもかかわらずもう一度侵攻作戦をやり直す．もちろん，批准されないときの責任の問題が無くなるわけではない．consul が締結した行為が無であるということではない．しかし要式行為の世界観からすると「誤って」締結した者を相手に（焼いて食おうが煮て食おうが自由と）委付してしまえば責任の問題に結着を付けうる．その部分を犠牲にするポトラッチである．Liv. は consul たる Postumius に大演説させてこの問題を詳細に扱う (IX, 8f.)．この一大法解釈論（対要式派弁解）が功を奏し，敢えて全く同じ兵士達が編成され，fetiales が Samnites の集会に現れて「この者達を委付する，ローマ国民の意思に反して条約締結を誓約した」と宣言し，Postumius は「私は既に Samnites の市民であり，この裏切りによって国際法に違反した使者であり，かくしてローマ国民は一層の名分を以て戦争を遂行することができる」と言う (10, 8ff.)．11, 1ff. の Pontius の反論には，弁解の層に対して巻き返す基本の層，つまり nobiles 主流の苦しい理論を三百代言的詭弁

と批判する視線,が読み取れる.Pontius の議論の骨子は「全部が手続違背たるか,締結したことを遵守するか」(omnia inrita facis aut pacto stas) という明快なものである.要式行為のメリットはこの一義性であり,破棄しておいて正しいなどということは有りえない.

いずれにせよ,深く対立する二つの信義が衝突して長い屈折体を形成するに至っているのである.衝突の出発点に,Samnites とローマ中央を結ぶ不思議な線[9]が浮かび上がる.ローマ中央で何か蠢く密やかなブロックが確かに存在している.Furculae Caudinae を乗り越える動きを冷ややかに見てこのトラウマに塩を塗り込むブロックが,事実この後確立していくローマの体制全体にとってこのトラウマはトラウマたり続ける.

[1・3・1] 背景にデモクラシーが有ることは疑いない.しかしこれを漠然と捉えると Humm がそうするように Appius を Kleisthenes に仕立て上げることになる.Humm, *Appius*, p. 267sqq. は先述の "manipulatim" の戦術変化から貨幣の出現,Servius Tullius 伝承,comitia tributa, manumissio censu まで全て Appius に帰せしめる.既に十二表法の段階以来の,そしてまた Licinius Stolo や Publilius Philo を経た,デモクラシーの変化の諸段階における複雑な対抗関係は全て吹き飛ぶ.Appius は或る意味でデモクラシーに抵抗し oligarchy を目指したとする方がよほど正しい.

[1・3・2] F. Cassola, *I gruppi politici romani nel III secolo a. C.*, Roma, 1968, p. 127 はこれら Aemilii を Publilius Philo に結び付けるが,形式的符合をのみ捉えて皮相な解釈である.

[1・3・3] E. Lepore, in: *Storia della Campania, I*, p. 82 が基本的である.Neapolis 中心に見る場合には,E. Lepore, in: AA. VV., *Storia di Napoli, I*, Cava dei Tirreni, 1967, p. 141ss. に高度の歴史叙述を見出すことができる.とりわけ Neapolis が Athenai との友好関係において(内陸を断念し)海上に活路を見出し,デモクラシーの構造を獲得する,その過程の分析は鮮やかである.他方,伝承は 420 年代のこととして Capua と Cumae の「Samnites による奪取」を伝え,ギリシャ側伝承はその頃の「Campani の形成」を伝える.Cumae を中心とするデモクラシー下の領域形成が何らかの形で失敗したことがこのことから知られる.明らかに,原部族的諸形態の「氾濫」が生じたのであり,しかも後背地にかけてスペクトラム上の様々な位置のものがまだら模様に分布したに違いない.こうして,首長連合と高度 moitié 軍事化が地理的にも両極に対峙し,「Campani 対 Samnites」の衝突が準備される.以上の亀裂は Neapolis にとっても無傷では済まない問題であり,これがさしあたり Paleopolis 問題となり,やがてローマの介入を要請することとなる.おそらくこれが "equites campani" や "la rivoluzione campana" (B. D'Agostino) の問題である (Lepore, *Le strutture economiche sociali*, p. 180ss.).

[1・3・4] E. T. Salmon, *Samnium and the Samnites*, Cambridge, 1967 は,19 世紀の「民族」史の名残を残す最後の研究である.独自の言語,慣習などを記述し,勃興から消滅までを扱う.どこから来たかと問い,北から入ってきたとする.その Sabelli の一支脈が Campani であり (p. 36ff.),他方 4 世紀に内陸の諸族は連合体を形成する (p. 42).これがここで問題の Samnites であるとする.Volsci 後退後,ローマと Liris 中流域を分け取り,今ともに Campania 北部へ進出しようとして衝突する,というのである.しかし現在では Samnites はもっぱら

考古学が扱う分野となり，tamba a fossa の koine から 4 世紀に戦士層をネクロポリスや神殿から検出させ「都市化」するまで，社会の内的な変化が追跡される．ひとまずの集大成は，AA. VV. *Sannio. Pentri e Ferentani dal VI al I sec. a. C.*, Roma, 1980 であり，とりわけ Pietrabbondante のデータを詳しく公刊した点で極めて重要である (p. 131ss.)．われわれの脈絡にとって，「都市化」と記述されるものが moitié 軍事化拠点の要塞化である点が重要であり，以下この 4 世紀後半の動きには随所で触れなければならない．つまり領域の構造の点で先鋭な対抗形態を意味する．しかもなお，Campochiaro の「Hercules 神殿」のように，2 世紀に忽然と現れ，bellum sociale とともに破壊される (p. 197ss.) socii 並行型も存在した．

〔1·3·5〕 Neapolis 分断状況につき，cf. Lepore, *Storia di Napoli, I*, p. 216ss.; Id., La città romana, in : AA. VV., *Napoli antica*, Napoli, 1985, p. 115ss. Kyme からの二次的植民がそれ自身二波にわたったことから，そして特に古典期になってから第二波が実現したことから，Neapolis は平坦な傾斜地に計画的に作られ (cf. E. Greco, L'impianto urbano di Neapolis greca : aspetti e problemi, in : AA. VV., *Neapolis. Atti del XXV convegno di studi sulla Magna Grecia*, Taranto, 1986, p. 187ss.)，そして伝承は第一波による「旧都市」の存在を記憶する．そして 1949 年になって Pizzofalcone の発掘がこれを裏付けた (cf. S. De Caro, Partenope-Paleopolis ; la necropoli di Pizzofalcone, in : AA. VV., *Napoli antica*, p. 99ss. ; F. Cassola, Problemi di storia neapolitana, in : AA. VV., *Neapolis*, p. 46ss.)．却ってここに Osci 系領域人員が流れ込んだことになる．

〔1·3·6〕 Humm, *Appius*, p. 146sqq. はこの背後にも Appius Caecus を見て，そもそもこれが彼による equites 制度創設であったとする．彼が Campania に支持基盤を持った (p. 133sqq.) ことは確かとしても，複雑な Campania の社会構造のどこに手掛かりを持ったのか．Humm の視野にはこの問題は存在せず，"equites" のみを符牒として二つのことを結び付ける．

〔1·3·7〕 実際に戦いはローマ側の惨敗であったと解する学説が多い．ローマ側の不承認や巻き返しは作り話であるというのである．Ferenczy, *Patricio-Plebeian State*, p. 109f. などもこの敗北が nobiles に致命的な打撃を与え，Appius Claudius の台頭，そして彼による軍制改革，をもたらしたとする．しかし戦いの帰結より，こうした解釈が成り立つほどヴァージョンが争われたということがわれわれにとって重要である．したがって，Sordi, *Roma e i Sanniti*, p. 22ss. のように，Saticula（第二次 Samnites 戦争最終勝利）との対比において Furculae Caudinae での惨敗を第一次 Samnites 戦争に引き上げ，年代をずらす，ことは恣意的である．そもそも Neapolis が発端の「第二次」ははっきりした対立の構図を有し，(Niebuhr のように存在を否定することさえ許される)「第一次」が Latini 問題の付録であったのとは異なる．

〔1·3·8〕 pater-filius のパラデイクマが働いている．しかも consulta がその経路で与えられる．神託の流儀で．Samnites 批判はこの破壊をクローズアップし，nobiles 流 foedus 解釈批判は filius 単独での決然たる態度を強調する．

〔1·3·9〕 畢竟，Ferenczy, *Patricio-Plebeian State* はこの線を発掘した点に大きな功績を有する．この線のみによって全てを解し，それのみを発展の主軸に据えてしまったとはいえ．

1·4

Furculae Caudinae から解放されたローマ敗残兵は Capua の "iuuenes nobiles" によってエスコートされ，Capua に迎えられた (Liv. IX, 6, 10ff.)．municipium 体制に入ったばかりの者達にとって大きなショックだったはずで，後代のター

ム"socii"を使うものの Liv. のテクストはこの空気を掬い取り「忠実な同盟者達の集会での」(in concilio sociorum fidelium) やりとりを再現して見せる. 319年, consul たる L. Papirius Cursor (Fabius 事件の主人公) は一旦ローマ市民となっていた Satricani が Samnites 側に寝返って Samnites 守備隊を置いていたのを攻略するが, この時「二重の裏切り」(16, 9: duplex proditio) によった. Samnites 支持派はその態度を翻し, ローマ支持派はまさに通謀者として. Liv. によると, 一ヴァージョンにおいては Papirius は凱旋した, しかも Liv. のテクストが前年のこととする対 Samnites 戦勝と Luceria 奪還の功績で (12ff.). Liv. はここに Papirius を軍人として称える Papirius 伝の如きを断片的に挿入して見せソースを垣間見せる. 逆に言えば Aemilius/Papirius ブロックに冷ややかな目を向ける視線が有ったということである. 翌318年, Samnites からの使者が foedus の更新を求めるが, 元老院の好意的態度にもかかわらず民会は拒否する (20, 1ff.). この年 Capua に初めて praefectus が送られ始め, praetor の L. Furius によって「法律が与えられた」(legibus datis). Capua の者達自身が紛争に解決が付かず求めたという. municipium という審級を構築できずに「民事の」紛争について儀礼的手続を直接ローマに仰いだ, ということになる[1]. 翌317年, この体制の評判が「同盟者達の間に」(per socios) 広まり (20, 10),「確かな法律も裁判長も無く訴えなければならないと嘆く Antium の者達にもまた, 元老院によって colonia 自身の法制を定める庇護者 patroni が与えられた」(Antiatibus quoque, qui se sine legibus certis, sine magistratibus agere querebantur, dati ab senatu ad iura statuenda ipsius coloniae patroni). Antium は338年体制で構築された, municipium として働く大型の colonia であったはずである. 少なくとも仲裁を行う patroni がローマから直接派遣されたのである.

この年, 両 consul たる C. Iunius Bubulcus と Q. Aemilius Barbula は Apulia/Lucania 方面で活動するが, Teates が「誓って (spondendo) Apulia 全体を押さえさせるから自分達と foedus を結べ, しかも対等の (aequum) foedus でなく支配下に (in dicionem) 入る foedus を」と言って来る (20, 1ff.). さらにその下に縦に入る関係により楔を打ち込むという特徴的な手法である. この時期に盛んに見られる人質 (obsides) を取る征服方式と基本的に同一の形態であ

る．316年のdictatorたるL. Aemiliusの舞台は翌年のdictatorたるQ. Fabiusの側に受け継がれるが，Soraを取り返すべく戦って敗北したとするヴァージョンが有る（23, 5: inuenio apud quosdam）．しかしこの時戦死した副官に替わってC. Fabiusが派遣され最後は勝利した，という伝承上の修復にLiv.は従う．しかしこれをも切り返すように，翌314年のconsul, C. Sulpiciusは[2] Q. Fabiusの部隊を更新してSoraを攻め，今度は内通という例の手法を発揮して落とす（24, 1ff.）．首謀者達はローマへ送られ処刑される．consulesは次に「Samnitesへの寝返り」の陰謀（coniuratio）が大規模に疑われ始めたCampaniaに向かう（25, 1ff.）．捜査inquisitioはローマ中央にさえ及んでいる．その中で，Latiumに最も近い地域に位置するAusonesから三都市12人の「若者達のリーダー」（principes iuuentutis）が密告する．この結果三都市は無抵抗のまま落ちるが，「Ausonesは一族ごと抹消される，叛逆の廉なのかどうか到底定かでないが，とにかくあたかも殲滅戦が戦われたかの如くであった」（deletaque Ausonum gens uix certo defectionis crimine perinde ac si interneciuo bello certasset）．極めて珍しいLiviusの告発を導き出すほど，理由無きジェノサイドが行われたのである．裏切り裏切らせる果てのことである．その仕方で一切の障壁を打ち抜いて最後の一人まで捕捉するメカニズムが働いたことの一つの行き着く先である．Capuaのconiuratioに対する追求も急で（26, 5ff.），dictatorが立てられるや，CapuaのリーダーたるCalavius OviusとCalavius Noviusの二人は自害する．捜査はローマ中央nobilesに及ぶ[3]．流石にnobilesの逆襲によりdictatorが辞任後逆に訴追されるが，これが無罪となるに十分な力をこの勢力は蓄えている．既にAp. Claudiusのcensura claraのわずか二年前である．この勢力がnobilesを攻撃しながら新種のclientela組織を築きつつあることは明白である．

　313年，consulesたるL. Papirius Cursor/C. Iunius BubulcusはBovianumを囲んでいるが，不意にdictatorたるPoeteliusが取って替わるやこれを放棄し，Fregellaeへ急行する（28, 1ff.）．これを戦闘抜き（sine certamine）に落とすと，反転Nolaに向かい[4]，「Samnitesの大集団全体とNolaniの中の領域の分子が城壁の中に籠もる」（Samnitium omnis multitudo et Nolana agrestis contulerat）[5]のを「城壁に対して取り囲むように貼りつく家屋に」（omnia aedificia circumiecta muris) 火をかけて落とす[6]. Papirius 風とは異なるが，しかしこれも Iunius の功績とするヴァージョンが存することを Liv. は伝える (6). 問題の次の 312 年，今度は Sulpicius/Iunius の組が dictator を取り (29, 3) Valerius/Decius の consules の影を薄くする (Decius は「病気」). Liv. は Ap. Claudius による senatores 名簿を嫌ったのが 311 年の consules たる Iunius/Aemilius とする (30, 2) が，以上の分析により共に顕著な Ap. Claudius 派と見られるから，その consules は Valerius/Decius であったのではないか[7].

同じ 311 年，突如「Arretium を除く全ての Etrusci の諸都市」(32, 1: omnes Etruriae populi praeter Arretinos) が叛旗をひるがえし，"socius" たる Sutrium を救うとて Aemilius は喜々として出動する[8]. しかし実際には以後翌年の consul たる Q. Fabius Maximus 主導で Etruria 方面の戦いは進んでいく (35, 1ff.).「socii を助けるために」(ad ferendam opem sociis). しかし奇妙なことに Etrusci は Silva Ciminia に逃げ込み，この深い山と森に入って追撃するかどうかが争点となる (36, 1ff.). Caere で賓客として教育され Etrusci の言葉に堪能な consul の弟 Caeso Fabius または異父弟たる C. Claudius が servus 一人だけを連れて諜報活動をする. 結局 Fabius は勝利するが，実は Perusia でしかも敗北したというヴァージョンが遺る (37, 11). 要するに，Fabius は Etrusci に対する戦いを後背地の掃討に変えてしまい，しかも Caere を媒介として，かつ明確に〈分節〉的に，後背地にアプローチした，というヴァージョンが作られた. そしてこれを崩すヴァージョンが執拗にからまりついた. Capua に対するように将来の municipium が切り崩されていくのを Etruria では何とか阻止しようと Fabius は考えたのである[9]. "omnes populi" と Silva Ciminia のギャップはここから来る.

〔1・4・1〕 praefectus iure dicundo については Humbert, *Municipium*, p. 355sqq. が長い論争に結着を付けると見られる決定的な貢献である. Fest. p. 262L が "neque tamen magistratus suos habebant" と述べるにかかわらず，praefectura とされたはずの Capua がその後も独自の政務官職を有し，211 年に初めて懲罰的に剝奪される. Fest. のテクストが誤りであるとする説は少ないものの，反対に 318 年の記事を疑問視するか，その praefectura が長続きしなかったとする，説が有った. 問題は municipium と praefectura の関係一般，municipium の自治をどの程度のものであったと考えるか，等々と関連する. Humbert は司法権のみは別個であったとする Degrassi の説にヒントを得て，praefectura は municipium と全く別の次元に立つと解する. すると COI であろうと CSS であろうと，colonia であろうと非都市的形態の地で

1 法学の出現 613

あろうと，しかもテリトリー上の区分に関わりなく，praefectura をかぶせることができる．もちろん，ローマ市民権が前提となる．そしてもっぱら民事訴訟のみを扱うことになる．Humbert はしかし Fest. のテクストに挙げられたリストや碑文史料などから，CSS を有する municipium が典型であったと推測する．原 CSS は民事的脈絡においてのみローマ中央との協同を構想するものであった．今は逆にその部分だけローマ直属になる．ただし praefectus を介して．"sine suffragio" に対応して．"sine suffragio" はもはや独立の政治組織を留保することでなく，単にローマの政治システムからはずれていることだけを意味する．いずれにせよ，praefectura は Appius 集団の金城湯池である．否，単純な "civitas data" が曖昧にしたままの tribus 編入の有無を "sine suffragio" が否定する趣旨とすると，"sine suffragio" の新しい意味は反 Appius 集団の対策として別途クローズアップされたものであったかもしれない．

〔1・4・2〕 Liv. のテクストは「両 consul」と曖昧であるが，Sulpicius のみが凱旋し（Act. Tr. 70f. Degrassi），他方の consul たる M. Poetelius については傍系とはいえ C. Poetelius の態度からして Sora/Ausones の処遇を考えにくい点からして，Sulpicius の単独犯であった可能性が高いと考えられる．

〔1・4・3〕 Neapolis をあのように遇した Publilius Philo を Ap. Claudius の先行者とする Cassola, *I gruppi politici* は，この時 Publilius が被疑者とされたことを当然説明できない（p. 126）．Ferenczy, *Patricio-Plebeian State*, p. 131 は陰謀の背後に Appius があったとする．むしろ Appius 派がでっち上げたのに対して nobiles が訴追者を訴追し返したのである（この点 Phillips, Roman politics, p. 343ff. はまたしても混乱している）．

〔1・4・4〕 この地理的不自然はひょっとすると consul 軍と dictator 軍の並立に際して軍功を伝承上取り合い Poetelius が取り過ぎたためかもしれない．

〔1・4・5〕 Pompeii, Nola, Paestum（Poseidonia）の方面は軒並み Samnites ないし Osci によって「征服された」とされる．しかし事態は単純ではない．少なくとも都市中心の貴族層が形成されていたことは疑いない．ならばこれが socii に繋がるかと言えばそうではない．4 世紀に Paestum のネクロポリスを飾る（A. Pontrandolfo et al., Ideologia funeraria e società a Poseidonia nel IV secolo a. C., dans.: Gnoli et al., edd., *La mort, les morts*, p. 299sqq.; Ead., L' Italia meridionale e le prime esperienze della pittura ellenistica nelle officine pestane, dans: A. Rouveret, ed., *L'Italie méridionale et les prmières expériences de la peinture hellénistique*, Rome, 1998, p. 223sqq.）階層は 3 世紀に入ると没落し（Pontrandolfo et al., *Ideologia funeraria*, p. 313），世紀後半にはローマから colonia が送り込まれる．おそらく領域に対してローマが望む関係を持ちえなかった（multitudo agrestis と無媒介に繋がった）都市「貴族」層であり，したがってローマが望んだ socii とは根本的に異質であったと考えられる．4 世紀後半，Fratte に替わって再び再都市化にさえ至った Pontecagnano の短い季節（詳細は A. Serritella, *Pontecagnano, II, 3 : Le nuove aree di necropoli del IV e III sec. a. C.*, Napoli, 1995）は 3 世紀初頭に激しい破壊の痕跡を持つ（B. Tang, ed., *Hellenistic and Roman Pontecagnano. The Danish Excavations*, Napoli, 2007, p. 149）．Paestum においては，領域神殿（multitudo agrestis の結節点?）の発展，したがって一定方向の「デモクラシー化」，は（Campani の場合と同様に）4 世紀の「Osci 化」と連続的であったと見え，5 世紀初頭からの領域神殿は 4 世紀一杯継続し，むしろ 3 世紀に入ってから（われわれのテクストの年代において）放棄される（M. Cipriani, *S. Nicola di Albanella. Scavo di un santuario campestre nel territorio di Poseidonia-Paestum*, Roma, 1989, p. 27）．奉納物が別所にまとめて埋められる．発掘者によれば，廃棄はするが，後ろ髪を引かれたので，中途半端な方法となったという．都市中心は軸受けのように多くの関係を媒介しながら不変の地位を維持し，そして例えば都市中心隣接神殿などはとりわけ継続的に機能

し続ける（cf. R. Miller Ammerman, *The Sanctuary of Santa Venera at Paestum, II: The Votive Terracottas*, Ann Arbor, 2005）が，公共空間中心部に理想的な stratigraphie を行った E. Greco et al., *Poseidonia-Paestum I: La "Curia"*, Rome, 1980; *II: L'Agora*, Rome, 1983; *III: Forum nord*, Rome, 1987 によれば，問題の3世紀前半に（しかしそれまでのものを保存するようにして北側に貼り付け）全く新たな forum が構築される（*III*, p. 68sqq.）. Paestum の南に位置する Velia についてもよく似た「変身」を読み取りうる（cf. C. Bencivenga Trillmich, Il teatro sull'acropoli di Elea, in: G. Greco et al., edd., *Velia. Studi e ricerche*, Modena, 1994, p. 94; G. Greco et al., Le terrecotte architettoniche di età arcaica ed ellenistica da Elea-Velia, *Ibid.*, p. 129ss.; G. Tocco Sciarelli, Spazi pubblici a Velia: l'agora o un santuario?, in: F. Krinzinger, edd., *Velia, I*, Wien, 1999, p. 61ss.; L. Cicala et al., Le indagini stratigrafiche nell' area della c. d. agora di Velia, *Ibid.*, p. 67ss.）．

〔1・4・6〕 ローマによる Campania 制圧の帰結は，少なくとも nobiles 主流の立場からすれば municipium 体制であるべきところ，まさに Capua が歴史的経緯からして不適格であり，このため Campania は Ap. Claudius の領分となる．とはいえ，このことは Campania に municipium 体制が全く構築できなかったことを意味しないし，5世紀後半以来の「Campani 体制」が全く municipium 体制と相容れないということも意味しない．そもそも p. i. d. にもかかわらず Capua にさえ政務官が存在し続けることは後述するとおりである（cf. Heurgon, *Capou préromaine*, p. 231sqq.）し，何よりも領域神殿の活発さが雄弁に非政治的な都市的中心の活動を物語る．とは言っても発掘は稀であり，19世紀の「掠奪」の結果散逸した ex-voto の類型学的研究によるしかないが，中で S. Ciaghi, *Le terrecotte figurate da Cales del museo nazionale di Napoli*, Roma, 1993 は，既に5世紀半ばから独自の類型が祭祀のためのテラコッタ作品に見られることを明らかにし，しかも334年の colonia Latina 設立以後も継続，ないし増強される，という．colonia が相対的に無関係であることには，Capua そのものに関してほぼ同じことが言えるからである．同様に出所詳細不明故に類型学だけからの認識であるが，Capua についても，M. Bonghi Jovino, *Capua preromana. Terrecotte votive, I: Teste isolate e mezzeteste*, Firenze, 1965; Ead., *II: Le statue*, Firenze, 1972; M. Bedello, *III: Testine e busti*, Firenze, 1974; M. Bedello Tata, *IV: Oscilla, Thymiateria, Arulae*, Firenze, 1990; S. Baroni et. al., *V: Piccole figure muliebri panneggiate*, Firenze, 1990 があり，年代は Cales と全く符合する．なお，M. Bonghi Jovino, Aspetti della produzione figurativa. La coroplastica dalla guerra latina all guerra annibalica, in: AA. VV., *La Campania fra il VI e il III*, p. 217ss. は，Cumae に関するデータを加えたものの余り鮮明な像を与えない．Cumae については，M. Catucci et al., *Il deposito votivo dall'acropoli di Cuma*, Roma, 2002 が有り，akropolis の神殿でさえもが4世紀末から領域神殿のような ex-voto を検出させる．ひとまず Cumae もひっそりと municipium に列席したのである．そして事実上同じ機能は「Samnites による征服」時に達成されていたのである．

〔1・4・7〕 Ferenczy, *Patricio-Plebeian State*, p. 134 は Valerius を Appius 支持派にカウントする．

〔1・4・8〕 cf. W. V. Harris, *Rome in Etruria and Umbria*, Oxford, 1971, p. 49ff.

〔1・4・9〕 Etruria は，この後もローマによる「平定」の対象として伝承は記述してくるが，このような「掃討」が実態であったに違いなく，ローマの体制の優等生であり続ける．2世紀には socii の非政治的部分を，したがって2世紀末には先行的 dominium 発達地区（だからこそ軍事化も進み Ti. Gracchus の胸を痛めさせる）を，bellum sociale の例外地区を，Catilina にとっての地盤を，代表し続ける．元首政期に入っても Claudius 帝の愛顧の的である．考古学的には，以上のことは，（後述するように）何よりも Latium と Campania に比して都市中心の建造物の希薄さ（しかし一定程度の発達），神殿の機能のみの例外的発達，伝統の

ネクロポリスに与えられる新たな生命力,として現れる.例えば Tarquinia の主神殿に関して,A. Comella, *Il deposito votivo presso l'Ara della Regina*, Roma, 1982, p. 224s. は,4 世紀末から 2 世紀末ないし 1 世紀初め,とりわけ 2 世紀にこの神殿が活発に ex-voto を集めた,と証言する.新しい都市名望家階層の存在形式はかつてのネクロポリスに収まりやすいから,研究も多いが,例えば,(それぞれ興味が尽きない対象を知らせてくれる) M. Cristofani, *La tomba delle iscrizioni a Cerveteri*, Firenze, 1965 ; H. Blanck et al., *La tomba dei Rilievi di Cerveteri*, Roma, 1986 ; G. Cateni et al., *Le urne di Volterra*, Firenze, 1984 を挙げることができる.他方,既述「フランソワ墓」を含む一連の墓内壁画は微かにこの年代より古く,多く自立した政治的階層の最後のプライドが読み取られる (M. Torelli, Ideologia e rappresentazione nelle tombe tarquiniesi dell'Orco I e II, in : AA. VV., *Ricerche di pittura ellenistica. Lettura e interpretazione della produzione pittorica dal IV secolo a. C. all'ellenismo*, Roma, 1985, p. 7ss. ; F. H., Massa-Pirault, Problemi di lettura della pittura funeraria di Orvieto, *Ibid.*, p. 19ss. ; F. Coarelli, Le pitture della tomba François a Vulci : una proposta di lettura, *Ibid.*, p. 43ss. ; A. Maggiani, Nuovi dati per la ricostruzione del ciclo pittorico della tomba François, *Ibid.*, p. 71ss.) が,むしろローマ支配下,ないし Fabius を呼び込む階層によりそれに先だって,政治的階層としての再出発(或いは遅まきながら首長連合からの脱皮)が図られたのではないか.とはいえ,後述するように南 Etruria では,3 世紀一杯に渡ってネクロポリスが生きたとして,2 世紀以降上述の Caere の墓も継続しない.また,確かに Gravisca の神殿は従来考えられていたよりも長く 2 世紀初めまで生命を保つが,以降は衰退する (A. Comella, *Il materiale votivo tardo di Gravisca*, Roma, 1978).

1・5

Aemilii や Papirius の周辺に発生したブロックは Ap. Claudius によって革命的な増殖を遂げていったと考えられるが,310 年頃からようやく Q. Fabius Maximus を中核とする集団が巻き返しに出て,以後激しい応酬が続く[1]. 309 年は "dictator year" と見られるが,consul たる Fabius に「敵たる」Papirius を dictator として指名させるのに元老院は苦労する (Liv. IX, 38, 9ff.).その上,dictator への imperium 付与を目的とする lex curiata が「不吉な curia からの投票順」であったというクレームにより紛糾する. 310 年の Fabius の同僚 consul たる Marcius は Campania の奥に入った Alifae 近くで多くの衛星拠点 (multa alia castella uicique) を破壊する (38, 1) が,308 年の Fabius の同僚 consul たる Decius は Tarquinii と 40 年の休戦協定を結ぶや Etrusci の中核拠点 Volsinii の衛星拠点 (castella aliquot) を破壊し,stipendium のための負担を課す (41, 6). Fabius ブロックによる Etruria/Umbria/Campania における作戦は他もことごとく municipium 体制整備のための障害除去作業以上に出ないと思われる.しかも,各都市領域の反ローマ分子に引き摺られてその都市が叛

乱し Claudius ブロックの餌食になることを予防する意味さえ込められていた．307 年には Ap. Claudius は（一ヴァージョンによれば in quibusdam annalibus）censor にとどまったままで consul に立候補し，consul に選ばれたものの「ローマにとどまった」(42, 1ff.)．306 年，consul たる Cornelius は Calatia/Sora で守備隊が襲われたのに対処する (43, 1ff.) が，もう一方の Marcius は（ローマと Samnites の中間に位置する）Hernici を降伏させる．或る集団については「ローマ市民権よりもそれを望むというので自らの法体制を回復させまた相互通婚権を認め」(22: quia maluerunt, quam ciuitatem, suae leges redditae conubiumque inter ipsos permissum)，他の集団に対しては「投票権抜きのローマ市民権が与えられ，同盟組織と相互通婚権は剝奪され，政務官職を持つことも，祭祀を施行するためのものの他は，禁じられた」(ciuitas sine suffragii latione data, concilia conubiumque adempta et magistratibus praeter quam sacrorum curatione interdictum)．COI か CSS か suae leges かにかかわらず実質的に同一の municipium に編成されうるということがよく示されている．とはいえ 304 年の Aequi は suae leges か civitas Romana かの間で揺れ，結局多くの拠点を破壊されてしまう (45, 5ff.)．302 年，Aequi は「colonia を送られた[2]ことに憤激して」叛旗をひるがえし，dictator たる C. Iunius Bubulcus の餌食になる (X, 1, 7ff.)．中央直結型の人的組織が形成されたのである．おそらく同様に，この時期に多発する大小部族連合体との間の foedus ないし amicitia の実態は Aequi 型に近いと思われ，ただ Aequi におけるようには直ちに colonia を送る余裕をローマが持たないだけである．これを部族連合体の方が求めるのは自分達の組織のしばしの温存のためであると同時に，Appius ブロックに個別的に凝集していくためと考えられる[3]．

　こうした切り崩しに対して抵抗する側は反対に，考えられないくらいの伝染によって一体性を作り出す．野火のように拡がるあの Galli という存在を想起させるだけでなく，これと連動さえし始める．そしてまさにその広大さは或る意味で Appius の組織の途方も無さに対応するのである．302 年，Marsi に Carseoli という colonia を建設する (Appius ブロック) かたわら，ローマは dictator を選出して Etruria に部隊を進める．Arretium が（急に富裕になったばかりの）Cilnius 一族への反発から内乱状態になったため (Liv. X, 3, 2ff.) で

1 法学の出現

ある[4]が，magister equitum の Aemilius は待ち伏せ攻撃を受けて惨敗する．これが実は Fabius であったとするヴァージョンを Livius は懸命に否定するが，いずれにせよローマは不釣り合いな動員を以てする．legatus たる Cn. Fulvius がゲリラ的トリックを見抜くエピソードは Fabius ブロックに相応しいものの，まさにこれは高々ゲリラ対策にすぎず，それどころか Liv. は手元に (habeo auctores)，実は戦いではなくむしろ Cilnii と下層民の間の紛争を仲裁しただけであった，とするヴァージョンを有する (5, 13)．それでも 299 年，Umbria の Nequinum が内通とトンネルによって落とされ Narnia として colonia が送られる (10, 1ff.) 中で，（怪しくも漠然と）"Etrusci"（と呼称される人々）が，Galli に圧迫されるやこれを対価 (merces) で買収し共に (societas) ローマと戦うということになる．ところがいざというとき Galli は「これは相互不可侵の対価にすぎず，戦うならばテリトリーを寄越せ」と釣り上げ，これに "Etrusci" が応じられないために対価はただ取りされた，というのである (10, 6ff.)．Melampous のパラデイクマのなれの果てであるが，Etrusci/Galli 関係，ローマ介入の意義をよく例解する．ともかく，この結果 Etrusci と戦うべく発った consul の Manlius はあえなく事故死を遂げる (11, 1)．翌 298 年には，ローマは前年の Picentes に続いて Lucani と foedus を締結し (12, 2)[5]，これに対する侵害を口実に Samnites を攻める．不思議なことに一方の consul (Cornelius) は直ちに Etruria に向かって発ち (12, 3)，Volaterrae で戦ったかと思うと引き返し，Falerii にて衛星拠点を破壊しながらも (castellis etiam uicisque inlatus ignis) 都市には手をつけない (urbibus oppugnandis temperatum)．他方の consul (Fulvius) は Bovianum 方面で大勝利を収める．こうなると両方の戦線を地下茎で繋ぎうる Appius ブロックは Fabius ブロックの成果を確実に掠め取りうるのである．municipium の隙間に幾らでもその地下茎を伸ばしうる．297 年の Fabius/Decius は Sutrium/Nepi/Falerii が会議 (concilia) によって組織的に和平 pax を求めるのを受け容れ，Samnites 対策に専心する姿勢を示す．地下茎の分断である (14, 3f.)．296 年にかけて彼らは imperium を延長され proconsul として戦いを続行するが，その隙に Ap. Claudius は Volumnius とともに consul に就任し，それに呼応するが如くに進軍の裏をかいた Samnites のリーダー Gellis Egnatius が何と Etrusci との同盟に成功するのである (18, 1ff.)．し

かもそこに Galli が加わる[6]．Etrusci 方面に当たるのは Appius であるが，一旦 Samnium に発った Volumnius を「呼び戻した，いや戻さない」の争いがこの二人の間で生ずる．筋書に狂いが発生したのである．その間，おそらく Appius ブロックの地盤たる[7]（Capua 郊外の中枢）ager Falernus を「Samnites による掠奪」から守るべく Fabius/Decius が作戦を行う（20, 1ff.）．さらにこれを固めるために Minturnae と Sinuessa（共に海岸）に colonia を建設する（21, 7f.）が，plebiscitum によって praetor に triumviri 選出を命ずる異例の方式も効果無く，coloni の登録は難航する．Appius ブロックの基盤は強固である．この年の選挙（22, 1ff.）において Fabius は consul 就任を固辞するが，しかし結局同僚として Decius を得ることを条件として受諾する．対立候補 Volumnius は自分が Appius と協調できなかったとして「まさに心を一つにする」（uno animo, una mente）Fabius/Decius に賛成する．Appius が praetor に回ったのはこの時である[8]．こうしたヴァージョンは明らかに patrici/plebs たる両 consul 間の貴族的水平的連帯を patrici/plebs 間 clientela に対比する Fabius の側から出たものである．それでも Fabius/Decius 間に緊張関係が無いわけではない（24）が，Appius の妨害工作にもかかわらず（25），これが却って幸いして Fabius/Decius 両 consul は共に Sentinum で Samnites＋Galli（＋Etrusci）との決戦に臨む（27f.）．"uno animo" を実証するように Decius は誓約の上自己犠牲をして見せる（devotio）．Sentinum の意外な位置は "Samnites" の意外な拡がりに対応している．

　Sentinum 後においてこそ局地戦が残り，そしてそこが陣地の取り合いである．praetor たる Appius が Volumnius と共に Formiae, Aesernia, そして別の Capua 近郊 ager Stellas に乗りこむ場面が印象的である（31）．293 年，久々に登場した Papirius（filius）によってローマは，Aquilonia の神域[9]に集結した Samnites 軍事化組織中核を撃破する（38, 1ff.）．292 年，今度は Fabius（Q. Maximus Rullianus）の息子（Q. Maximus Gurges）が対抗して出動するが敗北，解任されるところ父 Rullianus が副官 legatus として付くとして解任を阻止し，そして勝利を得る（Liv. Per. XI）．Samnites に対するヘゲモニーを Fabius ブロックが最終的に安定させるためには 290 年の M' Curius Dentatus の勝利（*ibid.*）を待たなければならない．

1 法学の出現

〔1・5・1〕 Ferenczy, *Patricio-Plebeian State*, p. 182ff. は Appius が Rullianus と巧みに妥協しながら計画を実現していった像を描くが, 伝承を材料とする限り対抗は熾烈を極めた.

〔1・5・2〕 Liv. X, 1, 1ff. (303 年) は Aequi に属した Alba に大型 colonia が送られたとし, この時 Volsci に属した Sora にばかりか Hernici の Frosinates からもテリトリーを大きく奪って colonia を送り込んだ, と付け加える.

〔1・5・3〕 Gn. Flavius の年, 304 年の consul は Sulpicius であり, かつ Marrucini, Marsi, Paeligni, Frentani と広大なテリトリーにまたがる各部族連合が foedus を求めた (Liv. IX, 45, 17). Arpinates と Trebulani はもう少し小さな定住単位であるが, 彼らへの "civitas data" (X, 1, 3) も大いに疑われる. Vestini についても然り (3, 1).

〔1・5・4〕 Harris, *Rome in Etruria*, p. 115ff. はこの事件を「ローマが Etrusci 諸都市上層のために介入した」というテーゼの重要な論拠とするが, Cilnii は伝統的な貴族層に属さない. いずれにせよ Harris の図式は単純過ぎ,「彼らのためである以上自分達のためでなかった」とさらに議論を進める部分は単純を通り越して非論理である.

〔1・5・5〕 "Lucani" については, E. Lepore, La tradizione antica sui Lucani e le origini dell' entità regionale, P. Borrado, ed., *Antiche civiltà lucane*, Galatina, 1975, p. 43ss. が基本である. Magna Graecia ギリシャ植民都市の後背地諸部族の何層にも渡る分化をギリシャ伝承の命名から解析する Lepore は, Samnites 対策に Lucani が利用される側面を第一の亀裂として捉え, さらにその Lucani から反動で Bruttii が分化する, と考える. 考古学において, 何が Lucani の集落で何が Lucani の壺か, と同定することはかくして大変に危険であり, ローマに協力した "Lucani" と Thurii を攻めた "Lucani" も同一であるとは断言できない. 前提としてまず, 6 世紀にギリシャ都市後背地で (しばしば祭祀に特化した) 拠点が一斉に花開く事態が存する. 典型は Serra di Vaglio (全体像は, G. Greco, ed., *Serra di Vaglio. La "Casa dei Pithoi"*, Modena, 1991 から容易に得られる) であり, 7 世紀末から 6 世紀に一見完全にギリシャ風の神殿に見えるが, 神殿ではない, 謎の大型構築物と, 豪華な首長墓が検出され (F. G. Lo Porto et al., *Le "Lastre dei Cavalieri" di Serra di Vaglio*, Roma, 1990; A. Bottini et al., *La necropoli italica di Braida di Vaglio in Basilicata*, Roma, 2003), 5 世紀には小都市を形成し, 4 世紀には城壁を施し (Paestum ないし Velia 圏内海岸の Roccagloriosa にも 4 世紀にコンパクトな都市化・領域組織と城壁構築="le fortificazioni lucane" が見られることについて, cf. M. Gualtieri et al., *Roccagloriosa I. L'abitato: scavo e ricognizione topografica (1976-1986)*, Napoli, 1990, p. 204), しかし 3 世紀に急速に消えていく (cf. M. Gualtieri et al., *Roccagloriosa II. L' oppidum lucano e il territorio*, Napoli, 2001, p. 79ss.). この, しかも 6 世紀の, 形態が "Samnium" と称される地帯で 4 世紀に咲き乱れるのに対して, 例えば Apulia 側 (Tarentum 後背地) Monte Sannace (6 世紀について, A. Ciancio et al., *Monte Sannace. Gli scavi dell' acropoli (1978-1983)*, Galatina, 1989, p. 107ss. は精緻な stratigraphie の成果である) はこれに反応しない, ことが注目される. 4 世紀末以降は「典型的なヘレニズム期」単一大住居が占領する (p. 155ss.). A. Small, ed., *Gravina. An Iron Age Settlement in Apulia, Vol. I: The Site*, London, 1992 からも (発掘方法の違いにもかかわらず) 同じ変遷が明瞭に看て取れる. もっとも, 直接には Metapontum 後背地に位置する Timmari においては, 6 世紀と 4 世紀末 3 世紀前半にピークを持つ墓群クラスターと (少し離れた位置の) 神殿複合体が検出される (F. G. Lo Porto, *Timmari. L' abitato, le necropoli, la stipe votiva*, Roma, 1991). 少なくともハンニバル戦争まではテリトリーを部族的に占拠し, しかも 6 世紀に特徴的な領域ないし後背地の祭祀拠点の性質を 4 世紀末に転換する力さえ持った. さしずめ, Bruttii の相 (この辺りではこれも反逆する "Lucani" であろう) である. かと思うと, 4 世紀の華々しい神殿がそのまま元首政初期まで継続するケース

も存する (D. Adamesteanu et al., *Macchia di Rossano. Il santuario della Mefitis. Rapporto preliminare,* Galatina, 1992；オスク語碑文については M. Lejeune, *Méfitis d'après les dédicaces lucaniennes de Rossano di Vaglio,* Louvain-la-Neuve, 1990 が素晴らしい). Samnites と連動し祭祀拠点が親ローマ的 Lucani の領域展開のために機能する例である（実際には非常に様々なパターンが認められることの概観は，各報告がやや不揃いながら，M. Salvatore, ed., *Basilicata. L'espansionismo romano nel sud-est d'Italia. Il quadro archeologico,* Venosa, 1990 から得られる).

[1・5・6] cf. Massa-Pairault, Relations d'Appius, p. 102sq.

[1・5・7] cf. Massa-Pairault, Relations d'Appius, p. 100sq. 基盤は領域であり，かつ Fabii とも競合している．E. S. Stavely, The political aims of Appius Claudius Caecus, *Historia,* 8, 1959, p. 424ff. は Appius＝Campania を富裕な商工業者中心と見る．senatus や tribus の改革を（都市ローマの零細商工業者でなく）富裕なそれのためとする独特の見解の基礎であるが，完全に混乱している．

[1・5・8] Volumnius の役割につき，Bauman, *Lawyers,* p. 61ff. 参照．

[1・5・9] cf. G. Benedittis, Monte Vairano, dans : AA. VV., *La Romanisation du Samnium aux IIe et Ier siècles av. J.-C.,* Naples, 1991, p. 47sqq.; Id., Alcune riflessioni sull'abitato italico di Monte Vairano, in : Salvatore, ed., *Basilicata. L'espansionismo romano,* p. 253ss. 広く見られる軍事的宗教的拠点の一種ながら，ここは遅くまで何らかの機能を保つようである．

1・6

293 年を最後としてわれわれはしばらく Liv. のテクストに見放されることになる．再度の Aventinum の末の lex Hortensia（287 年？）は plebiscitum に一般的効力を付与したとされ，政治システムはさらなる変動に曝されたということが推測される[1]が，下って 280 年，最晩年の Ap. Claudius が久々に元老院に登院する．そして一大演説を以て Pyrrhos に対する和平を拒絶させるのに成功する（Liv. Per. XIII : venit in curiam et sententia sua tenuit ut id Pyrrhum negaretur)[2]．Epeiros の王 Pyrrhos は象に圧倒された Valerius の部隊を Heraclea で打ち破り，ローマへ進軍する勢いでありながら和平を望み，Kineas をローマに派遣する，がこの Kineas はローマに滞在して結論を待ったもののまさに Appius の一撃のため追われるように引き上げるしかなかった．しかしそもそも何故 Pyrrhos は Italia に？　もちろん Tarentum に助力を頼まれたからであるが，Tarentini は何故 Pyrrhos を招いたか[3]？　もちろんローマと衝突するに至ったからであるが，何故衝突したのか？　たちまち見解は真っ二つに割れる．Liv. Per. XII は，ローマの艦隊が Tarentini に襲われ，率いていた duumvir が戦死し，賠償を求めて使節を派遣したがはねつけられ，宣戦布告になった，と述べる．同様に Zonaras（VIII, 2）は，単に「Valerius の艦隊」とす

るものの，これが襲われ，派遣された Postumius の使節が侮辱されて宣戦となった，とする．ところが App. Samn. VII, 1 (ed. Vierech/Roos) は，確かに海上の事件を一つの要素とはする[4]ものの，そもそものヴァージョンが異なり（「Tarentum 海軍の活動域を制限する条約を不当とする」demagogos たる Philocharis の扇動により Cornelius の艦隊が巡視中に攻撃を受けたとし），そしてヨリ重要な戦争の原因として Thurii 問題を掲げる．Thurii が Tarentum よりもローマを重視することに憤慨した Tarentum は，「Thurii の名望家達を追放し」（τοὺς ἐπιφανεῖς αὐτῶν ἐξέβαλον），ローマ軍守備隊を駆逐した．ローマからの使節は主としてこれに対するもので，追放された Thurii 市民を復権すること（ἐς τὴν πόλιν καταγαγεῖν）と資産の返却と賠償（ἅ τε διηρπάκεσαν αὐτούς, ⟨ἀποκαταστῆσαι⟩ ἢ τὴν ζημίαν τῶν ἀπολομένων, ἀποτῖσαι, σφίσι δ' ἐκδοῦναι τοὺς αἰτίους τῆς παρανομίας）が要求された．政治組織としての確たる存立に疑問符の付く Tarentum 衛星都市たる Thurii の市民の立場に対して示された態度がこのように繊細なタームに基づくものであったとすれば驚きであり，後代の観点が投影されているにせよ，新しい調性が生まれたことを予想させる．なおかつ，DH からの抜粋断片（XIX, 13, 1）は 282 年の consul たる C. Fabricius が Samnites＋Lucani＋Bruttii に攻囲された Thurii を軍事的に解放したことを伝える．Liv. Per. XI は艦隊襲撃よりも前の巻に（284 年？）別の脈絡におけることとして「Lucani に攻められた Thurii に助力を与えることが決定された」（contra quos auxilium Thurinis ferre placuerat）と述べ，Plin. NH, 34, 22 は tr. pl. たる C. Aelius の像を説明して Thurii の感謝を伝えるが，DH からの抜粋の順序に意味が有るとすると，Fabricius の作戦は Postumius 使節の後であることになり，ローマの軍事介入は要求を力で実現するものであったことになる．いずれにせよ Thurii 問題は対 Tarentum 軍事介入と極めて深く結びついているのである．

　もっとも，この立場からすれば Thurii の体制が安泰であればよいことになり，何も Tarentum を解体する必要が無い．Appianos のテクストは確かに Tarentum でクーデタが有ったことを示し，それは Lucani 等と結びついているかもしれない．しかしそこでも原状回復がむしろ望まれる．Heraclea 後 Kineas ローマ到着前，Fabricius は Pyrrhos のもとを使節として訪れ，捕虜の

返還を乞う．そしてこれに成功する（Liv. Per. XIII）．Zonar. VIII, 4 および DH, XIX, 13ff. は Pyrrhos と Fabricius が如何に意気投合したかということを詳細に伝える[5]．とりわけ DH は以後語り継がれるエピソードを Fabricius の言葉として長々と叙述する．Pyrrhos は無償で捕虜を返還するばかりか，「自分は Tarentum や Italiotai（イタリア半島のギリシャ植民都市）を支えたいだけであり，したがってローマとは友好関係を保ちうるはずである，Fabricius 個人に多額の贈与をするから，これにより有力となって是非ローマで和平を推進して欲しい」と申し出る．ところが Fabricius は，「確かに自分は大変に貧しいが，一切の借財も一切の奴隷もなく小さな土地の上の小さな家で生計を維持しながらしかし公職を歴任する栄誉に属しているのであり，貧しさに何ら恥じるところがないし，財を欲するところもない，贈与を受ければ逆に直ちに訴追され，名誉を失うであろう」と応ずる．Pyrrhos はますますローマに惹かれる．作用しているのは Hesiodos 以来の領域の小さな〈分節〉単位の理念である．これが échange を排して信義（互いの廉直さ）を創り出す．その上に和平が築かれるというのである．Ap. Claudius はその和平を拒否したことになるが，エピソードはこれで終わりではない．278 年もう一度 consul となった Fabricius のもとに Pyrrhos 陣営を脱走した医者がやって来て，自分が Pyrrhos に毒を盛って暗殺すると持ちかける．しかし Fabricius は彼を裁判にかけて王のもとへ送還する（Liv. Per. XIII; Zonar. VIII, 5）．

これに対して，App. Samn. VII, 2 によれば，Postumius 使節侮辱の直後，consul の Aemilius が Tarentum の領域[6]に侵入し（ἐς δὲ τὴν Ταραντίνων ἐσβάλλειν），そして責任者引渡を要求してすごんで見せる．これがむしろ Pyrrhos を招く結果になったとされる．DH, XIX, 5 や 8 のような Tarentum の浮薄さを非難するヴァージョンの対極に位置する．実際，ローマから見て問題はこのように都市中心を乗っ取った勢力に存するにもかかわらず，最初の軍事介入は領域に対して行われたと見られる．App. の "Aemilius" が Q. Aemilius Pappus (cos. 282) か L. Aemilius Barbula (cos. 281) かで Fabricius の Thurii 作戦の位置付けが変わってくるが，Zonar. VIII, 2 は（およそ Thurii を無視するだけあって）L. Aemilius に寄り添い，そして Aemilius が Tarentum の領域を襲うばかりか，そこの拠点を占領した（καί τινα χειρώσασθαι φρούρια）ことを

告げる[7]．Fabius がかつて Etruria の castella を破壊したのとは意味が違う．
「その相対的に有力な者達の中から選んで解放した」(καί τινας τῶν δυνατωτέρων ἐλευτερώσαντος)．個別に直接人的に把握し，都市中心には帰らせない積もりである．272 年，なお残った Pyrrhos の部下たる守備隊長 Milon に対して Tarentini が蜂起する (Zonar. VIII, 6)．Nikon をリーダーとするその集団は，都市中心で失敗すると，「自分達固有の領域に在るトアル城塞に拠って立ち，そこから出撃して Milon を攻撃した」(τεῖχος τι τῆς σφετέρας χώρας κατέσχον, κἀκεῖθεν ὁρμώμενοι τῷ Μίλωνα ἐπῇεσαν)[8]．領域に基盤を持つ階層[9]が再び都市中心を取り戻そうとする図がはっきりと描かれている．こうした勢力に Tarentum 都市中心を取り返させるのと，Thurii 復興とは軌を一にするであろう．Tarentum の Thurii に対する政治的支配を排除するということが承認されさえすれば．

 Pyrrhos は Asculum で Decius/Sulpicius (consules) との「勝敗が曖昧な」戦い (279 年) を経て (Liv. Per. XIII; DH, XX, 1-3) 遅くとも 277 年には Sicilia に渡り[10]，275 年には M' Curius Dentatus に敗れて[11]Italia を去る (Lv. Per. XIV) が，Tarentum にとっての帰結は，「和平と自由が与えられた」(Liv. Per. XV: pax et libertas data est) であり，到底 Ap. Claudius の強硬路線が維持されたとは言えない．そもそも両義的な "civitas data" でなく "libertas data" へとタームが変化している．Appius 増殖メカニズムは何らかの意味で阻まれたのである．かつ，卒然と CSS によって municipium 体制を固めるという方向に戻ったわけでもない．ほとんど municipium 断念とさえ言える．つまり "libertas data" は，政治的装置に頼らずに領域自体における秘かな占有保障をしうる装備が，しかも Appius のマシーンに抗する性質において，実現したことを示す．Tarentum の領域にその鍵が見出された．この観点からは Thurii も municipium たるよりは遥かに純然たる「領域の自足的組織」である．

 かくして 278 年に Fabricius はかつて自分が Rhegium に送り込んだ守備隊を厳しく罰する (DH, XX, 4f.; cf. Liv. Per. XII)．Thurii を Lucani から解放した時，Fabricius は同様の脅威ないし Tarentum からの脅威を感じた Rhegium から守備隊駐留を要請され，Campani を 800，Sidicini を 400，派遣する．ところがこの者達は，Rhegium の裕福な市民達が Pyrrhos に内通したとして虐殺し，妻や

娘を奪ったのである．ローマ元老院はこれを知ると直ちに Fabricius (cos.) を派遣し，Fabricius は全員を捕縛した上ローマに送還し，処刑せしめた．Appius ブロックの典型的な手法（その裏）に対して斧を振るって断固原状回復したことになる．DH はそもそも Tarentum/Taras 建設における Parthenai 伝承から説き起こした形跡が有り (XIX, 1)，他方 Campani は例の Aristodemos のパラデイクマを有する．これらのパラデイクマは Mars/Romulus と深い親和性を有し，Messana/Rhegium という海峡の二ギリシャ植民都市を陥れる Campania 出身の傭兵達は「Mars の子達」Mamertini と自称した．これらは少なくともここでは都市中心から領域最下部への直結，そしてその逆ルートつまり領域分子による都市中心無媒介奪取，を示唆する[12]．ローマであるならば大 patronus によって解放される libertus による権力奪取である．そのような者達のメンタリティーが "Partheniai" や "Mamertini" で揶揄されたと考えられる．これを制圧する装備は都市中心と領域の間に障壁を設けることであるが，Fabricius とその周辺は municipium ではない方策を用意しうるのである．例えば Rhegium 政治システムの機能を sacra に限定しようという態度はもはや全く見られず，ならばその全面稼働に事態を託すかというとその気配は全くない．"libertas data" はひとまず「そこはご自由に」という意味である．むしろこの上層市民の，特に領域における，基盤を一つ一つ直接保障しうる，というのである．

[1・6・1] Liv. Per. 11 から，292-285 年の間に tresviri capitales が創設され刑事司法に関わったことが知られる．最も精密な研究は Kunkel, *Kriminalverfahren*, S. 71ff. であり，tresviri が職権で投獄・処刑しえたことは疑いないと考えられる．B. Santalucia, La repressione dei reati comuni in età repubblicana, in: Id., *Studi di diritto penale romano*, Roma, 1994, p. 129ss. は，(Mommsen 学説を或る意味で復活させるべく) これを駁して予審的性格を論証するが，これは共和末の刑事手続複合化の帰結であるように思われる．ただし，Kunkel のように (praetor 固有の糾問手続の延長として)「一般的」犯罪を糾問式に処理する刑事司法の先駆と位置付けるのは疑問である．Kunkel 自身が拒否する帝政期への接続は却って可能かもしれないが，Sulla 刑事司法には全く連ならない．Kunkel 自身認めるように，徹頭徹尾都市ローマの公共空間の "Polizei" が任務であり，公共空間の侵害でありしかも非政治的であるからこそ，糾問式に処理されるのである (C. Cascione, *Tresviri capitales. Storia di una magistratura minore*, Napoli, 1999, p. 143ss. は Kunkel を修正しつつ同様の結論を得ながらなお Santalucia 説の権能も初めから並存したと曖昧である)．したがって奴隷・外国人を含む (Gell. III, 3, 15 の Naevius 検挙事件)．裏を返せば，Appius Claudius 後，都市空間が拡大し，二次的三次的公共空間が領域類似の特徴を示すようになったということである．いずれにせよ決して

1 法学の出現　　　　　　　　　　　　　625

「一般的」犯罪が対象であるのではない.

〔1・6・2〕　Ferenczy, *Patricio-Plebeian State*, p. 204ff. は Appius の態度決定を伝統的な反ギリシャ親カルタゴ政策に従うと解する. K. A. Raaflaub, Rome, Italy, and Appius Claudius Caecus before the Pyrrhyc Wars, in : T. Hackens et al., edd., *The Age of Pyrrhus*, Louvain-la-Neuve, 1992, p. 46ff. は, ラディカルでも反動でもない nobiles 中枢の "statesman" としての Appius を描き, イタリア半島全体に拡大したローマの「勢力圏」を守るという視野をいち早く持った功績を称える. しかしこれらの見解を完全に見当はずれとせざるをえないもっと複雑な事情が存在した.

〔1・6・3〕　以下で参照する Lepore の指摘がありながら, Raaflaub, Rome, Italy..., p. 15ff. は伝統的な(ヘレニズム)外交史の域を脱しない. Syrakousai の Dionysios に対内陸諸族の戦いを依存する基本構図を出発点とし, Archytas の汎ギリシャ都市連合による対処を経て, 4 世紀後半には伝統的な庇護者を見出せなくなり, ローマと Osci 系諸族を戦わせることとしたが, 結局 Pyrrhos を引き入れたのは誤算であり, 混乱のもとであった, という. Tarentum 社会内部の変化を捉えず, したがって「内陸諸族」がこれと連動していることも捉えず, Dionysios と Pyrrhos では介入の構図が入れ替わっていることも理解しない. Pyrrhos のケースは遠く Mithridates に至るまでの構図, ギリシャ都市領域の問題が後方の枝分節結節点を呼び込む図, を先取りしている. Dionysios にはこうした性質は皆無である.

〔1・6・4〕　4 世紀末に Antium の海軍力を吸収し諸列強の海賊掃討に加わり, 311 年には duoviri navales (Liv. IX, 30, 6) を創設した, という脈絡にこのエピソードを位置付け, ローマは第一次ポエニ戦争以前には固有の海軍力を持たなかったとする Polybios に反論する, のは X. Lafon, A propos de l' épisode de Tarente (282 avant J.-C.) : un développement précoce de la politique navale romaine et de sa flotte militaire ? , dans : E. Caire et al. edd., *Guerre et diplomatie romaines* (*IVe-IIIe siècles*), Aix-en-Provence, 2006, p. 277sqq. であるが, むしろ socii navales が水平的な同盟から後の socii 体制に適合的なものに変わろうとする時点のエピソードであろう. duoviri の存在自体 socii 依存と全く矛盾しない.

〔1・6・5〕　App. Samn. X, 4 は, 戦争の原因として classis と Thurii を曖昧に並べることに対応して二つのヴァージョンを並立させる. 即ち本文で述べたヴァージョンと共に(その「Fabricius 伝」的な虚飾を排する意図か) Epeiros に連れて帰ろうとしたというヴァージョンを掲げる. さらには, Pyrrhos が捕虜返還に「和平が成立しなければ戻らねばならない」条件を付けた, とする. そして和平が成立しなかったため, 彼らは戻ったし, また元老院は厳罰を科して戻るようにし向けた(信義!).「質」のパラデイクマの中で或る種の理念への傾斜が記憶されている.

〔1・6・6〕　Tarentum の東側(後の Brundisium 方面)領域について G.-J. L. M. Burgers, *Constructing Messapian Landscapes. Settlement Dynamics, Social Organization and Culture Contact in the Margins of Graeco-Roman Italy*, Amsterdam, 1998, p. 300ff. は, 包括的な調査の末, 初期ヘレニズム期に大規模な「都市化」が生ずるが, 3 世紀半ば以降「ローマ化」により一斉に消滅する, と結論する.「都市化」は前述の "le fortificazioni lucane" に相当するものであり, ローマから見ると領域問題のネックを意味した. なお, Muro Leccese の城壁については, J.-L. Lamboley, *Muro Leccese. Sondages sur la fortification nord*, Rome, 1999 が極めて精度の高い研究を提供する(4-3 世紀という年代が明晰に示される).

〔1・6・7〕　ed. Migne, Paris, 1864.

〔1・6・8〕　E. Lepore, in : AA. VV., *Taranto nella civiltà della Magna Grecia, Atti del X convegno di studi sulla Magna Grecia*, Taranto, 1970, p. 198 : "Una oligarchia agraria già arroccata nella campagna fin dai tempi della guerra tarantina".

〔1・6・9〕　Lepore のテーゼを考古学的に論証しようとしたのが J. C. Carter, The decline of Magna Graecia in the age of Pyrrhus? New evidence from chora, in: Hackens et al., edd., *The Age of Pyrrhus*, p. 104ff. であるが，テーゼの意味を理解しないために完全に混乱してしまった．Metapontion 領域の "farmsite" をプロットする手法を使い，280 年頃の激減を指摘するが，しかしこれは 4 世紀後半に増加するタイプであり，Lepore が念頭に置くのとは正反対かもしれない．現に Carter 自身，303/302 年頃 Sparta の Kleonymos が介入したとき，Metapontion が協力しないために彼は敢えて Lucani に領域を荒らさせ，これへの救済者として登場しておいて金銭を要求した，というエピドードに関連し，しかし自分が検討したサイトからはむしろ Lucani の特徴が濃厚である，と疑問を呈する．事実 Carter が素材とするのは，領域ネクロポリスの諸クラスターであり，また比較的単純構造の農場建物である．つまり，Tarentum の "multitudo" のコロニーが領域にも有ったということである．

〔1・6・10〕　cf. M. B. Borba Florenzano, The coinage of Pyrrhus in Sicily: evidence of a political project, in: Hackens et al., edd., *The Age of Pyrrhus*, p. 207ff.

〔1・6・11〕　この時 tribus 経由の dilectus が行われた．Varr. Men. fr. 195 Cèbe; Val Max. VI, 3, 4; cf. Liv. Per. XIV, 3. なおかつ応じない者の資産は売却された．clientela でなく領域を横断して組織する Curius の特徴を表す（Humm, *Appius*, p. 376 はこれだけ Curius の名がテクストで強調されているのにこの点をも Appius に帰して否定する）．

〔1・6・12〕　Rhegium＝Rhegion については，G. Vallet, *Rhégion et Zancle. Histoire, commerce et civilisation de cités chalcidiennes du détroit de Messine*, Paris, 1958 が古典であり，その後のデータと問題関心を反映した L. Mercuri, *Eubéens en Calabre à l' époque archaïque. Formes de contacts et d' implantation*, Rome, 2004 はアルカイック期 Rhegion に関する包括的モノグラフである．そこから浮かび上がるのは，内陸型寡頭政を保つ Lokroi と海の寡頭政に依拠する Rhegion の当初の連携，Rhegion が Athenai の影響下にデモクラシーに向けて舵を切るときの Lokroi との衝突，このこともあって結局領域を組織しないこと，等である．特に考古学的には領域に "phrourion" しか検出されないということになる．われわれの時期の領域に関する優れた研究は，G. Cordiano et al., *Ricerche storico-topografiche sulle aree confinarie dell' antica chora di Rhegion*, Pisa, 2004 であり，まさに phrourion をタームとして記述がなされ，かつ 4 世紀に大きく入る頃からそれらが消滅する，と観察される（p. 91ss.）．Bruttii 対策のために Syrakousai の Dionysios を呼び込み，300 年前後には同じく Agathokles の救援を得るが，まさにこの Agathokles の傭兵として Mamertini が拠を構える．領域問題解決の失敗故に採った方策が解決を永遠に不可能にするのである．海上においてはおそらくこの限りではなく，襲われたのは海上に〈二重分節〉基盤を持つ豊かな階層であったと思われる．

1・7

しかしそれにしても反 Appius ブロックは何時の間にこのような免疫を獲得したのであろうか．その免疫が或るサークルの濃密なエートスに裏打ちされていたことだけは疑いない[1]．否，そのエートスが伝承の上で著名であるのは，この免疫の重要度に対応する．最良の証人は Cicero である．M' Curius Dentatus は，Samnites との最後の戦い（290 年）に勝って凱旋した後，領域の慎ま

しやかな一画での農耕生活に戻り，Samnites からの贈与を拒否し，かくしてかの L. Quinctius Cincinnatus の範に倣った，というのである (Sen. 55). かのパラデイクマは占有概念の原型に深く関わった．Sen. 43 もまた，Pyrrhos とのエピソードに絡めて「反ギリシャ」禁欲主義という脚色において C. Fabricius/M' Curius/Ti. Coruncanius のサークルを描く[2]．彼らは皆（例の devotio によって Q. Fabius Maximus Rullianus のために自己犠牲した）P. Decius の崇拝者であったと語られる．ということは，彼らの理念において，prata Quinctia は中央の auctor との結び付きの一点において孤立してでも保障されるものではなく，貴族的水平的な信義の関係で互いに結ばれているのである．その間には何の隔てもなく何の隠し立てもない．堂々と議論する forum における両当事者ないし同僚の如き関係であり，それが忽然と領域の真っ直中に現れたのである．その信義の関係は自由で非形式的である．それは政治的関係がそうだからであるからであるが，しかし領域における個別的関係に転移して特異な意識を得ている．foedus を巡るかの論争はそれを，否，それがこれから発展して獲得するさらに発達した形態を，投影して伝承上完成されたものである．

このサークルは占有概念のテクニカルな側面とも無関係でなかったと考えられる．少なくとも lex agraria というジャンルに M' Curius の名前が顔を出す．Plout. Apoph. M' Curii, 1 によると，Curius は征服地が大幅に ager publicus とされ各自に分配される量が少な過ぎると非難され，一人を養う面積で十分である，と答えたという．しかし Val. Max. IV, 3, 5 では微妙にニュアンスが違い，Pyrrhos を破った後の土地分配において自分に割り当てられる分につき 50 iugera でなく普通の兵士の 7 iugera で十分と答えたという．Frontin. Strat. IV, 3, 12 はこの線に従い，それによると，元老院が増量によって顕彰しようとしたのに対して「他が満足するのと同じ分量で満足できないのは悪い市民である」と述べたという．さらにこのテクストは「Sabini を打ち破った時」と明記し，Liv. Per. XI からして 290 年のことであるということになる．以上のような伝承の出方は，「Curius の質朴」というクリシェがしかし或る一つの具体的な反応を示している図であるということを示唆する．相手として在るのは spes colendi と ager occupatorius である．つまり征服地を欲するだけ分け捕るタイプの入植であり，viritim の adsignatio 分割のことが多いとしても，colonia であって

もこれを妨げない．"ager publicus" は本来は少なくとも将来の分配を意味するが，この脈絡では分配せずに元来の関係を維持することを意味する．したがって Vell. Pat. I, 14, 6 が Curius によって Sabini に CSS が与えられたとすることに対応する．Curius は lex agraria の発動に批判的だったということであり，50 や 7 iugera の分配を推進したかのような伝承はその「反対」の理由が混線したために出来上がったのである．Sabini を破り CSS を与えようとしたものの，それは Appius ブロックの餌食となり，Sabini の中の取り入った者や個別的に入り込んだ分子が摑み取るようにしていく．Sic. Flacc. p. 100 Thulin によれば，大きな編み目の測量によって quaestor が土地をどんどん売却していく粗放なやり方 (ager quaestorius) はこの "sabinorum ager" から始まったという．Curius は何らかの手段でこれに立ち向かったのである．Cic. Att. IV, 15, 5 は彼が少なくとも水利に関わったことを示す．

Strab. V, 3, 1 の Fabius Pictor 断片 (F20 Peter) は，「ローマ人は Sabini の主人＝所有権者（κύριοι）となったときに初めて富（τὸ πλοῦτος）を識った」と述べる．例のトポスが反応しているのであるから，征服した Curius が主語であるのではない．Strabon の文脈は，旧 Sabini のテリトリーが「都市が少なく」（πόλεις ὀλίγας）一面葡萄，オリーヴ等商品価値が高い農産物の生産基地である，というものである．それは Strabon の時代（1 世紀末）において Curius 以来の抵抗が結実したのであったかもしれない．つまり municipium が無くとも優良な領域というものを構築できたということである．その新しい道に Curius らが辿り着いたということである．しかし Fabius Pictor (3 世紀末) にとっては依然絶えることのない Appius 集団風の突進が初めて堰を切った場所なのである[3]．もう一つの，しかし完璧でない，地盤は Capua であった．これも奢侈というクリシェを付される．275 年，censor となった Fabricius は元 consul たる Cornelius を senatus から追放する (Liv. Per. XIV ; cf. DH, XX, 13)．単に大きな財をなしたというだけで．

〔1・7・1〕 Curius 伝承については，G. Forni, Manio Curio Dentato uomo democratico, *Athenaeum*, 31, 1953, p. 170ss. が記事を総合する伝統的な手法で扱う．他方，記事を時系列に並べて推移を分析する作業は C. Berrendonner, La formation de la tradition sur M' Curius Dentatus et C. Fabricius Luscius : un homme nouveau peut-il être un grand homme ?, dans : Coudry et al., edd., *L' invention*, p. 97sqq. に譲ることができる．核に存するのが Cato に連結する清貧伝承であるこ

1 法学の出現   629

とがわかる．ただし記事のクロノロジーと伝承のディアクロニーは一致しない．後発に生じたかに見えるパラデイクマの原型もまた核に属した可能性がある．そのようにして単なる「清貧」でなくどのような「清貧」なのかを分析しなければCuriusの時代の分析には役立たないし，屈折体の同定にも失敗する．したがって，A. Vigourt, M' Curius Dentatus et C. Fabricius Luscinus : les grands hommes ne sont pas exeptionnels, *ibid.*, p. 117sqq. が主張するように，Publicola以来のvirtus保持者一般と習合し標準化されてしまったのが確かであるとしても，それでも内部の，ないしこの屈折体が他との間で維持する，対抗を摘出することは可能である．この点，E. Gabba, Allora i Romani conobbero per la prima volta la ricchezza, in : Id., *Del buon uso della ricchezza. Saggi di storia economica e sociale del mondo antico,* Milano, 1988, p. 19ss. のアプローチが模範的である．

〔1・7・2〕　cf. Forni, Manio Curio Dentato, p. 181s.

〔1・7・3〕　Gabba, Allora i Romani, p. 19ss. は，Fabius Pictorのこの断片を，3世紀前半以降ローマの政治的階層の富についての意識が変化していったことを指し示す重要な史料とするが，Curiusとsocii体制は同一線上に存し，これが3世紀からの繁栄を支えたのであり，なおかつ，そこで形成された信用を領域に降ろすCatoでさえ同じ線上に在る限り「富」とは無縁と意識する．Fabius Pictorの反Appius Claudiusの意識は別の形態の「富」を嫌っているのである．Appius Claudiusが甦るかのような2世紀末からの状況こそがこの断片を格言のように遺したと思われる．

1・8

Curius/Fabriciusの質実という屈折体はわれわれに大きな手掛かりを与える．確かに何かが有るのである．しかし一体どのような秘訣か．このサークルに既にTi. Coruncaniusの名が登場した．"Pomponius libro singulari enchiridii"というタイトルを付された断片D. 1, 2, 2は三部構成で，第三部（35ff.）は「市民法に関する学問に専心した数多くの偉大な者達が有った」（Iuris civilis scientiam plurimi et maximi viri professi sunt）で始まるが，第一部でAppius Claudius/Cn. Flaviusが圧倒的な役割を果たしたことからすると意外にも，「Tiberius Coruncanius以前に公けに専心した者は誰も居なかったと伝えられる」（ante Tiberium Coruncanium publice professum neminem traditur）と述べられる[1]．もっとも，"traditur"という珍しくソースを意識した突き放した調子は，このセンテンスをすぐに裏切らせ，「もっとも，それまでにも秘かに市民法の知識を保存すべく尽力する者は居たが，ただ，伝授されたいがためにというよりは任せたいために尋ねてくる者に対して労を執ったにとどまった」（ceteri autem ad hunc vel in latenti ius civile retinere cogitabant solumque consultatoribus vacare potius quam discere volentibus se praestabant）とされたかと思うと

Appius Claudius についての長いパッセージが続き，Sempronius Sophus[2]，Scipio Nasica, Quintus Mucius という順に並べられる．後二者の年代は疑問であるが，テクストは構わず「これらの後に（post hos）Coruncanius が初めて……」と書く[3]．"profiteri/professi" は何か正々堂々と分け隔て無く知識を供給する，そのような専門性を有する，という観念を載せて来る語であると読めるが，それにしても厳しい対抗に曝されたことになる．しかも Cn. Flavius の名が無い以上共和末の nobiles 法学批判というディアクロニクな対抗よりも深刻である．しかし他面われわれは何か本来の意味の法学が Curius/Fabricius サークルで発生したということを知りうるのであり，そうすると，Ap. Claudius ないし Cn. Flavius にそれを見るのは確かに何かのために生じた「神話」であるが，彼らが何か衝撃的なことを始めた，それに抗するために始めたことの一つが法学であった，つまり大きな構造ないし渦を言い当てる限りでやはり重要な手掛かりであった，ということになる．なおかつ，われわれは Curius/Fabricius サークルの思考の基本的な方向，特に領域の構造をどのように持って行くかということに関する方向，を推測しうるのである．

　他方，この時に始まったとされる法学の内容についてもわれわれは多少のデータを有する．Cic. Mur. 25 によれば既に見たようにそれは "cauta iuris consulta" つまり何か予防線を張るための知識であり，その内容は "verba" つまり特定の文言であり，これが伝授されるのである．Cicero はここで相手方の訴訟代理人 Ser. Sulpicius Rufus を攻撃しなければならない．彼は法学において新たなヘゲモニーを獲得しつつある重要な人物である．Cicero は法学そのものを批判する．それは第一列の政治的階層が誇るべきものではない，と．そこに政治システムの基本原理であるディアレクティカを絡ませる．学問 scientia の中で，法学はディアレクティカの点で劣る，と．「文言の個々の字句や点の打ち方などに」（in singulis litteris atque interpunctionibus verborum）携わるものではないか，と．signifiant を切り離し，かつ signifiant 自体がパラデイクマによって動くことに着目し，そのパラデイクマの再現を厳密に追求し，しかもヴァージョン偏差を捨象する，という儀礼的思考をそこに見る．反ディアレクティカである．儀礼であるからパラデイクマのソースが一元的であり，これを保持する者は大きな権力を有し，皆から頼られた（consulebantur）．そこに Cn. Flavius

が現れた．怒った彼らは（irati illi），「自分達の力抜きには訴訟が出来ないようにと」（ne...cognita sine sua opera lege agi posset）特定の文言を考案した（verba quaedam composuerunt）．万事自分達の重要性が維持されるようにと．「Sabini の地に在るその農場は私のものだ」「否，私のものだ」と言い合って審判人が付与される，というので立派に事が進むはずなのに，それを彼らはよしとせず，「Sabinus と呼ばれる地帯に在る農場」と言い，それだけでもうんざりなのに加えて「私はそれを Quirites の法に基づいて私のものであると宣言する」と来る．それで？「かくして差押さえた上でまさにそこへ私は汝を法に基づいて召喚する」となる．かくも華々しい言葉で武装された相手に対して訴えられた方が呆然としていると，まさにそこへ法学者（iuris consultus）が登場する，「Latini の笛吹の如くに」（tibicinis Latini modo）．「汝が差押えの上私を法に基づいて召喚したそこへ私は汝を召喚し返す」．

学説を大きく方向付けて来た Gai. Inst. IV, 30 と実は鋭く対立する理解がここには有る．Gaius のテクストによると，legis actio の儀礼が有り，そしてそれをいきなり脱却する "concepta verba"，つまり方式 formula の提示によって陪審 iudicium に訊くことを特定する時の言語使用，が有ったことになる．しかし Cicero の理解によれば，儀礼を脱する動きに抗して儀礼を復興するところでもう一段文言がクローズアップされる．Cn. Flavius 伝承の部分をもし差し引くならば，むしろ，儀礼を文言のレヴェルに転換させることで，これを文字通りの儀礼からヴァーチャルなものに変えてしまった，というのである．それが法学であり，この言葉だけの儀礼空間をさらに局限する，つまり二段階手続の区切りのところにのみ作動させ，そこまでは完全に自由な言語を許す，段階はさらに別の時期に属する，ということになる．

このような儀礼の文言化は何を意味するか．既に Cicero 自身によって "tibicinis Latini modo" という答が与えられている．このパラデイクマへの遭遇は明らかに，われわれが確たる鉱脈を辿りつつあることの徴候である．

全体的な儀礼であるならば，政治的階層（A, B, C,……）およびこれと直接接触しうる階層（a, b, c,……）しか共有しえない．ただし，その範囲内ではまさに共有されていたのであり，何か神秘的な秘儀であったということはありえない．近年の学説が苦しみ抜く十二表法の公開性と「神官団の秘密知識」との

間の矛盾は実は存在しない．「秘密」のように見えるのは A, B, C,……および a, b, c,……のさらに外側へ直接にはパラデイクマが伝わらない，というところから来る．"tibicinis Latini modo" は A-a-aa というように分節を越えてそのままパラデイクマが伝達される様を表していた．パラデイクマは「山を越えて」くるから，一人歩きし，誰でもアクセスできるが，やりとりの中で勝手に発展させうるというものではない．「公開」（マーケット）は却ってソースから単一方向に流通するという性質を固める．まして，元来は儀礼である．

　さて，元来共有された状態でもヴァージョン対抗は生命である．幸い政治システムが作動しているから，政治的階層はその限りでヴァージョン対抗を創出して争う．しかし儀礼的パラデイクマであるから，占有と民事訴訟に関しては全面的なディアレクティカは施されない．基本パラデイクマを共有したままヴァリアントが発展する．よく syntagmatique に区切られた小さな切片でしか争いえない．そのことは A-a が非対称的で一方的であることにも対応する．A-B 間にならば大規模なディアレクティカが成立もしようが，A→a と B→b がいわば市場獲得を目指して競うのであるから，少なくとも一段 syntagmatique に分節した部分パラデイクマをヴァージョン対抗させるにすぎない．別種の商品間には競争は有りえない．

　今それが A→a→aa と B→b→bb の間に生ずるというのである．まず，ヴァリアントはそれ自身アドリヴではなく固い普遍のものでなければならない．工芸品ではなく規格品になる．文言によってヴァーチャルな空間に移転するとはいえ，文言の儀礼性は強化されるのである．次に，一切片における特定のヴァリアントを承認した上でそれにヴァリアントを付け合う競争になる．P-Q1-R 対 P-Q2-R のうち P-Q1-R を前提として，P-Q11-R か P-Q12-R かを争うのである．このとき Q 自体 syntagmatique に分節されていることは当然として，その下部分節単位がさらに分節する．一種の二重分節である．「但し，自由人へと解放するならば誰でも当事者となりうる」というような（当事者適格という部分ながら）大規模な転換ではなく，「占有している者を被告とする」「但し，その占有が実力で得られたものであれば反対である」に対して，「但し，実力で得られたのでなくとも，公明正大に占有が得られたのでなければ，実力によったと同等と見なす」を付加するが如くに．

[1・8・1] vgl. W. Kunkel, *Herkunft und soziale Stellung der römischen Juristen*², Köln, 1967, S. 7f.

[1・8・2] vgl. Kunkel, *Herkunft*, S. 6. Bauman, *Lawyers*, p. 68 が若干の学説を駁して反 Appius ブロックに位置付けるのは妥当である．Sophus は tr. pl. として lex Aemilia 問題に登場するから，Fabius グループにおける「公法」(儀礼としての政治的パラデイクマ) に精通した分子だったのではないか．ちなみに "Scipio" と "Mucius" については「不詳」(Bauman, *Lawyers*, p. 66) と言う以外にないが，"Q. Mucius" は後述 Cic. De leg. II, 21, 52 の "P. Scaevola" = pontifex maximus との混同か．

[1・8・3] Schulz, *History*, p. 10 は Coruncanius の意義を文字通り極小化する．唯一詳細な分析は Bauman, *Lawyers*, p. 71ff. に見られる．Curius Dentatus や Fabius ブロックには的確に位置付けられ，性格も plebs rustica に結び付けられるが，「重商主義的」Appius グループに対置されるため不正確になる．lex Hortensia や lex Aquilia に結び付けるのはよいとしても論拠を欠くし，後述の Rhegion の事件の背後に Coruncanius の「国際法観」が作用したという説は，Flavius Flaccus の親 Campani 路線に加担したとする点で混乱している．Tusculum 人脈として prosopography を無批判に使うからである．法学については，「最初の法学教師」としてその学問化において Cn. Flavius と区別する説に加担するが，Pomp. 文内部の亀裂を説明しえない．

1・9

　以上のようであったとすれば，Appius 集団に対して Fabius 集団の第二世代 (Curius/Fabricius/Coruncanius) が免疫力をつける過程で法学が成立した，というわれわれの想定に完全に合致する．Cicero のテクストの筆致はこれに従うものであるし，何よりも verba という形態がその方向を強く指示する．

　Appius 集団は儀礼そのものの直接伝授を正面に出して増殖したに違いない．"tibicinis Latini modo" へと誘導される以前の解体・酩酊状態である．領域の〈二重分節〉単位を libertus の形態を通じて下から次々と食い破った．この時に Verginia の exemplum を逆手に取ることが如何に有効であることか！ Ap. Claudius Decemvir がそうした如くに．この時，全体 exemplum を巡る争いから，その一部分を切り出した上でそこのみを争う形態に移ることが有効である．例のヴァリアントのヴァリアントである．そもそも民事訴訟は一瞬における儀礼的判断を核として持ち，これを第一段としてそれと syntagmatique に繋がるパラデイクマの是非を争うものであった．後段は可能な限り政治システムの判断に近づく．それをさせない，或いはほとんど無意味とさせる，ことが Ap. Claudius Decemvir の作戦であったし，そこで使われかかったのが中間判決 decretum であった．人的集団の形態のレヴェルで言えば，縦に入った楔の関係

(M. Claudius-Verginia) がそれだけで評価されて手が付けられないようにすることが肝要である．また，一瞬の判断を絶対化するというのであれば，usucapio は最適である．原因の側からの抗弁は遮断される．さらにこの遮断ということであるならば，政治システムの或る一つの側面は有効である．即ち，因果連鎖遮断効である．特に政治的（公共的）空間を一切の réciprocité 連関から絶つ，そのためには儀礼さえ用いるという側面である．政治的空間の「経済的」占拠は理由を問うことなく反論の余地なく直ちに排除される．しかるに，今この作用を aedilis が担って拡散させつつあったのではなかったか．領域の事柄や取引のための「公共空間」の保持という課題が政治空間に準じて生じてきていた．その権能を使えば直ちに特定の占有状況を凍結できる．遅れれば様々な有力者が次々と現れて立派な形態を主張するだろう[1]．「Verginius が戦地から戻る前」というのは Appius 集団にとって絶対のモットーである．その瞬間をまさに aedilis の interdictum で固定する．すると事態が凍結されるばかりではない．政治システムを動員した責任が問われ，そこだけで結着がつくのである．b の奴隷 bb が fundus を管理していたとしよう．bb が A によって解放され，かつ interdictum によってその地位（占有）を保全されたらどうなるか．B-b 側になす術が無い．追い出すわけにも行かず，（そこに持ち込みさえすれば判断主体たる政治的階層の主流は自分達の味方であるのに）ゆっくり奴隷たるを証明する時間も与えられない．その占有を崩すことは至難の業である．占有付与それ自体の正しさを巡って争うよう挑戦され，それが全てとなる．

304 年の Cn. Flavius の aedilis 職は大変示唆的である．295 年の Appius Claudius の praetura をたっぷり準備したと考えられる．他方，Liv. X, 10 によれば Fabius が（都市中心の仕事の方がよいと言って）299 年の aedilis になったという Macer と Tubero のヴァージョンが有り，Piso はしかし別の名を aedilis として挙げる，という．aedilis としての Fabius の無力を伝えるヴァージョンの存在も示唆される (11, 9)．aedilis/interdictum の利用においてはどうしても Appius 集団の側に軍配が上がると見られる．これに対する Fabius 集団の反撃は当初はもっぱら政治システム自体を効果的に動かそうとするものであった[2]．300 年の lex Ogulnia (Liv. X, 6, 3ff.) は神官団を plebs に解放するというものであった．伝統的な儀礼共有空間を拡張して Appius からの独占的な

流出に対抗しようというのであるが,Appius の強硬な反対の必要が果たして有ったのか,その勢いが阻止された形跡は無い.次は同年の lex Valeria である[3].しかし Decemvir を Valerius が押さえたようには行かなかったのではないか.Liv. 自身,この三回目の provocatio 立法は後の lex Porcia が罰則を定めて初めて実効性を持った,と留保を付ける.いずれにせよ第三の provocatio は政治権力でも刑事司法権力でもなくその外側,例えば interdictum,に対するものであったろう.さらには aedilis 職を取り返しての lex agraria de modo agrorum の発動も伝えられる (13, 14).ager Sabinus にこの後に現れる状況などからすれば一定程度有効であったろう.

それでも 290 年以前には Appius 集団に対する有効な手段は見出されなかったと考えられる.Liv. Per. XI はおそらく 287 年のこととして plebs が借財問題のため長く重大な異議申し立てをした挙げ句 seditio をした,と述べる.そのリーダーが Q. Hortensius であるが,前後数年の空白は何らかの転機であったかもしれない[4].少なくとも municipium 空洞化は aes alienum に基づく addictio を復活させた可能性を含む.addictio は Appius 集団得意の縦の楔の裏返しである.secessio の帰結は定かでないが,おそらく 280 年代後半,Tarentum との戦争の経過の中で初めて Curius ブロックはヘゲモニーを回復したと思われる.法学こそ中心的な武器であった.verba は,儀礼の中であるとはいえ「力」に依拠する実演儀礼を中和してしまう.しかも儀礼自体をむしろ復興する.〈二重分節〉単位を実質的に保障するという原儀礼は彼らにとっては体制の生命線である.その実質を領域の側から表現するといささか抽象的になる.しかしまさにそれを前提要件として認めさせたのである.それはむしろ言語でしか表現できない.近隣との透明で正々堂々たる関係である[5].そこに何かもう一つの政治システムが有ればとも思うが,しかし municipium 構築―破壊の応酬と全く別次元に,理念であるからこそ不滅の水平的結合に基づく信義を措定してもよいのではないか.このフィルターをパスしない占有というものは何か問題を抱えるのではないか.interdictum により前提だけで結着をつけるならば望むところである.言語によってしか指示しえない要件を付け加えようではないか."nec clam" と[6].瞬間,ヴァーチャルな政治システムが領域の上の蜃気楼のように立ち現れる.

その文言にはだれでもアクセスできてかつ儀礼的に安定的である．広く流布して定着すれば，個別のクライアントが訴訟に勝利するばかりか，占有概念自体安定的な実態を保持しうることになる．或る種の clientela 増殖は断ち切られるのである．

これは単なるテクニックや工夫であるにとどまらない．Appius 集団の出現自体ローマの政治構造の大きな変容を物語るが，それ以上に，この小さな工夫は，この先極めて重要な或る構造が大規模に構想されていく，その萌芽となるのである．

〔1・9・1〕 Cic. Caec. 19, 54 (ed. Boulanger)は，"in auctorem praesentem"，つまり auctor が出席する被告に対する，訴訟のフォーミュラにつき，"QUANDOQUE TE IN IURE CONSPICIO"「汝を法廷で目前にする場合は」という文言が有ったことを証言する．しかし実際には auctor は出席しなくともよく，出席が擬制されたという．そうでなく厳格に文言を解したのでは「かの Appius Caecus は到底この訴権を使えなかっただろう」(hac actione Appius ille Caecus uti non posset)．彼の manus longa をよく物語る．

〔1・9・2〕 もちろん，Appius の censura，特に市民登録，を取り消すことは直ちに行われたと考えられが，おそらくいたちごっこにならざるをえなかったであろう．もう一つは既に述べた神殿建設の奪い合いである．いずれにせよ，「300 年以後 Appius の党派は，都市民中心の限界（plebs rustica 取り込みの失敗）故に急速に衰えた」とする Bauman, Lawyers, p. 55ff. の見解は首肯しえない．反 Appius 派は領域の組織においてヘゲモニーを取り返さねばならなかった．

〔1・9・3〕 Ferenczy, Patricio-Plebeian State, p. 190ff. はこれを何と「Appius のデモクラシー」に帰する．

〔1・9・4〕 もちろん lex Hortensia は「plebiscitum に一般的効力を与えた」立法として学説上高く評価される．しかし中核となる伝承が無く，位置付けは困難である．同様の内容が lex Publilia と lex Valeria について伝えられるので，学説は probouleuma を条件としていたのがここではずされたと解する傾向を有する（vgl. J. Bleicken, Lex publica. Gesetz und Recht in der römischen Republik, Berlin, 1975, S. 95, Anm. 23）が，そうだとしても「さらなる完成」よりは「完成に対して緊張の再確認を求めるもの」であるように思われる．まず，Ferenczy, Patricio-Plebeian State, p. 193ff. のように「下層 plebs が蜂起し，Appius のデモクラシーを完成させた」とするのは全く無理である．むしろ Appius 流 clientela の信用侵食に対する反発であったと思われる．Macr. I, 16, 30 は，折角 dies comitiales に集まった "rustici" のためにそれを同時に fas（裁判開催日）とする，という立法内容を伝える．中心直結民が私物化した praetor の司法を解放する動機が認められる．そうであれば plebs は（Appius に蚕食された）tribus の外にあらためて純正 concilia plebis を横断的結合として復権して見せたのかもしれない．つまり comitia tributa と concilia plebis の異同の問題が鍵を握る．Gaius を初め後代の人々にとっては差異が消えて衝撃的な方の事件にのみ「一般効力」が付着し，probouleuma も意識から消えたのではないか．いずれにせよ信用の問題は重要であり（cf. G. Maddox, The economic causes of the lex Hortensia, Latomus, 42, 1983, p. 277ff.），Bleicken, Volkstribunat, S. 12, 18ff. のように「国法学的公認」をここまで引き下げることも，K.-J. Hölkeskamp, Die Entstehung der Nobilität und der Funktionswandel der Volkstribunats: die historische Bedeutung der lex Hortensia de plebiscitis, Id., *Senatus Populusque Romanus. Die politische Kultur der Republik-Dimensionen und Deutungen*, Stuttgart, 2002, S. 70ff. のように（史料が法学テクストに偏在するから）身分闘争集結の画期というより国法学的明確化にすぎないと Bleicken を修正することも，的はずれである．

〔1・9・5〕 Cic. De leg. II, 21, 52 は，(plebs として最初の pontifex maximus たる) Coruncanius の裁決（placuit）として，hereditas 最大部分を取得する者に必要的に祭祀を担わせる内容のものが有ったことを伝える．hereditas は municipium に連動するし，祭祀は政治的権利と関係する．僭脱防止の方策である．

〔1・9・6〕 "exceptio vitiosae possessionis" 導入が占有訴訟そのものに対して後発的であることは多くの学説が当然想定するところであり，例えば Labruna, *Vim fieri veto*, p. 126 は，2 世紀にたっぷり入った時点に，Sulla 後の vis 規制に向かう前奏曲として，位置付ける．後発説の最大の論拠は，"nunc" という文言が "nec vi..." という文言と相容れないから後者は付加物である，というものである．しかし Falcone, *Uti possidetis*, p. 224ss. が鋭く批判するように，"nec vi..." は Labruna の言うような「かつて vis によって獲得したではないか」という蒸し返しを許す抗弁ではありえない．"nec vi" は possessio 自体の同義反復であり，現在に反映されている直近の過去を問題とする．ただし，内在だからといって "nec vi..." が初発から付いていたとする Falcone の見解も支持しえない．"nec vi, nec clam" のうち "nec clam" に着目しなければならない．"nec vi" は現在から直近の過去に微かに遡るニュアンスを付与すると同時に，"nec clam" を "nec vi" と同視するための文言である．いずれにせよ，vis 規制は possessio 概念に内在するから，共和末の vis 問題は別途扱う必要が有る．共和末の占有訴訟の動向の背後に 2 世紀末以降の vis 問題を見ようとする Labruna の姿勢は重要であるが，肝心の vis 問題とは何かが見えていないために混乱している．

2 socii

2・0

　Curius/Fabricius 体制は 338 年体制の延長線上に在り，基本的に，これを突き崩す力に対して予防線を張ろうとするものであった．この構造は長く生命を保ち，後述のように 2 世紀に入っても領域の上に堅固な構えを見せるのみならず，Cicero の時代にも形を変えて生き続ける（"boni viri"）．municipium との関係では，しかしこの構造は微妙な関係に立たざるをえない．もちろん municipium の存立を支持するであろう．しかしながら他方で municipium の具体的な作用を当てにせず，それ抜きでも同等の機能を確保しようというのである．領域の占有の安定を極大化するために領域に独自の秘かな横断的結合を観念する．そもそも 338 年体制は第二次的な政治システムを極小化して残存させるものであった．領域の側に力点が在り，かくして第二次的な政治的結合は単純で端的なものであり，colonia に類似していたであろう．つまりそれ自身において〈二重分節〉構造を持つということが無い．この点に関する限り初期ギリシャの領域の組織や共和初期のローマの patrici 体制と同じであり，なおかつローマ中央の政治システムとの緊張関係が極小化されているから，単純でありながら政治的性格は極端に希薄化しているのである．そうであれば領域上で explicit な政治組織抜きに "nec clam" に結び付いている（後の）boni viri, honesti (Curius/Fabricius 体制）とほとんど変わらない．

　ところが，Curius/Fabricius 体制確立の直後，260 年代末から，第二次的な政治システムの政治的性質を回復させようという動向が現れる．かつ，338 年体制とも Curius/Fabricius 体制とも決して対立せず，むしろその有望な後継者

として現れて来る．言わばmunicipiumをもう一度外側の独立の政治システムとして認め，外交的関係や同盟，条約締結といった脈絡に置き直そうというのである[1]．しかしどうやって政治的性質を回復させるのか．何と，それ自身において〈二重分節〉構造を持たせるという仕方によってであった．それら都市の政治的階層が単純な領域占有者の結合体ではないようにするのである．すると関係は「直接に領域上の」関係ではなくなる．間接的に領域に関わる者達の階層の創出ないし復元である．そうであれば338年体制ともCurius/Fabricius体制とも矛盾しないのは自明である．それらの新しい階層の働きは338年体制におけるmunicipiumの働きと重なるし，彼らはまたCurius/Fabricius体制における領域のboni viriと共存するどころか相補的な関係に立つ．ただ横断的結合の面が明示的になり，その分領域に対して間接的になっただけである．

問題は反対側に存した．視野に入って来たのは多くギリシャ都市であるが，ギリシャ型〈二重分節〉体制ないしデモクラシーに失敗して領域問題を抱え，しかもそれをこじらせている彼らに，ローマ風の〈二重分節〉という難解な構造を今更獲得せよというのか．そもそも政治システム自体崩壊しようとしているのに．また，まさに彼らを悩ませてギリシャ型〈二重分節〉体制に抵抗している組織にしてみれば，新手の敵がやって来た以上のことではない．決して与えられることの無かった健全な選択肢は，まず単純な（Hesiodosのような）政治システムを自分達で持ってみる経験を積むことであったろうに．同じことは，まだ政治ともデモクラシーとも本格的に遭遇していない社会組織についても言える．やがて新しい体制は彼らをも視野に捉え始める．

〔2・0・1〕 20世紀の半ば以降，学説は「ローマ市民のテリトリー」の内外を区別することに固執せずに「ローマの支配」を扱い始める．外は自由で国際法的関係が妥当した，とはもはや考えないのである．しかし中心的な道具概念が「庇護関係」であったこともあって，従属の側面が強調され，sociiの持つ或る独創的な価値については，第IV章で見るGabbaが再発掘した（人文主義以来の）或る学説伝統を除いて，依然見落とされたままである．かくしてBadian, *Foreign Clientelae*, p. 25ff. でさえCOIやCSSが尽きた外側に「同盟体制」を置く思考を遺し，Dahlheim, *Struktur*, S. 117ff. もsociiをmunicipiumの外側に置く．独立か統合かの間でしか思考しない19世紀以来の伝統は逆転して残存しているのである．反対に差異を消去するGalsterer, *Herrschaft und Verwaltung* は，SS. 25-104 が示すようにsociiを fora conciliabula以下の「国内」自治組織の末端に収めてしまい，独自の「国家作用」を官僚組織不在の補充という観点から扱う．敢えて独立の政治システムを保持させる意義は一層見えなくなってしまう．Hantos, *Das Bundesgenossensystem*, S. 150ff. はこうしたギャップを埋めるべく

試みるが，条約を中心に共同防衛体制を見るという Mommsen 流の選択をしながら擬似社会学的方法を被せるので，外的関係措定は端的な力関係を見させるという意味にのみ働き，すると実は内側にありながら統合・参加の度合いのみ劣る，という陳腐な画像がおよそ歴史的脈絡を捨象した図式化から導かれるばかりである．

2・1

278 年の Fabricius による Rhegium 介入は重要な伏線である．ローマから送り込んだ守備隊が古いギリシャ植民都市 Rhegion の政治的階層を亡きものにしようとしたこと自体，Fabricius や少なくとも nobiles 主流の怒りを買った．270 年，再び「ローマと同盟者達の」(DH, XX, 16, 5) 守備隊が Rhegium 市民を殺戮したり亡命に追いやったりした時，consul の C. Genucius は全員を捕らえローマで裁判にかけ，全 tribus 一致の票決で処刑する．Val. Max. II, 7, 15 によるとこの時 tr. pl. M. Fulvius Flaccus が反対したというが，このヴァージョンは Iubellius という者が首謀者であったところその死後は書記の M. Caesius が跡を継いだというのであるから，Appius 集団を見る目というものが投影されている．Rhegium という都市に対する見方は依然 Appius 集団との対抗においてのものであり，socii (Campani) は侵害する側に回っている．それを打ち砕く反射効として Rhegium の市民の財産が回復されるまでである．

ところが，264 年，ローマが Sicilia に部隊を送る時，その選択は全く正反対である．海峡を挟んで Rhegium の対岸 Messana には先に Campani 傭兵隊による軍事的支配が樹立されていた[1]．Polyb. I, 7 によれば Rhegium では Messana の模倣が行われただけである．即ち有力市民を抹殺しその妻子を奪うという仕方である．ただし Messana では，Mamertini と呼ばれるこの Campani の一団は領域を獲得している．その上 Syracusae とカルタゴの向こうを張って周辺の都市に課税し始める (Polyb. I, 8)．ところが Rhegium の体制が壊滅したのみならず，Syracusae に Hieron が現れて 268 年，Mylae の近くで軍事的な敗北を喫する (9)．困った Mamertini はてんでにカルタゴとローマに庇護を求めるが，もちろんローマでは Rhegium で取った方針との間の整合性が問題となり，簡単には結論が出ない (10, 3ff.)．Polyb. によると，それでも Mamertini の要請を受け容れた[2]のは，「(カルタゴが) Lybia と Hispania と島々の全てを支配下に入れた後 Sicilia までそうなれば Italia にとって大いなる脅威である」からで

2 socii

あった.

　Polybios のこの分析には重大な意味が込められている. 西地中海の大きな状況はこれまで何度も大きく入れ替わって来ている. その全てが自動的にローマにとって脅威であるわけではない. そもそも「Italia にとって脅威である」という以上この "Italia" は南イタリアのギリシャ植民都市域を指すものから何か別のものへと変質しつつある[3]. Polyb. のテクストはこの点意識的である. 何と言っても最初に Phokaia を始点とする交易網[4]がティレニア海沿いに Corsica から Massilia そして Hispania 沿岸へと伸びる. 先に分析した〈分節〉的貴族間取引の延長である. 海の上の状況は, テリトリー上より遥かに容易に〈分節〉的関係を築くに適する. Phokaia が開拓したルートに例えば Korinthos や Rhodos が乗りえたに違いない. 540 年頃しかしカルタゴが Phokaia の基地 Alalia (Corsica) を攻略し, (Parmenides の父を含む) 人々は Velia に逃れる. ギリシャ側から見れば, 510 年の Sybaris 解体と並んで新しい性質の領域を構築し新しい性質の échange を樹立する方向への転機となる. 領域に〈分節〉的に浸透しうる交易は海の上の関係をも変えるであろう. しかしその前にカルタゴが立ちはだかったのである. 彼らはおそらく Etrusci の海上勢力 (「海賊」) を従属的同盟関係に置いたに違いない[5]. 524 年には Etrusci は Cumae に迫った. いきなり Etrusci の支配を脱した生まれたばかりのローマ共和政は必死にその条約を踏襲して危害を免れようとする. これが共和元年の consul 名とともに伝わる第一次ローマ＝カルタゴ条約であるが, しかし既にギリシャ側が海の上に新しく一層〈分節〉的な海上組織を築き始めた時である. Cumae での反撃が如何にローマ共和政樹立と密接に関係しているか, は見た通りである. この時期の豊富な穀物供給は新しい交易網の存在無しには考えられない. そのギリシャ側のヘゲモニーは 480 年に Himera でカルタゴとの決戦に勝利した Syracusae によって担われる. やがてここに Athenai が加わり, Neapolis に Athenai 艦隊が寄港するなど海上覇権を謳歌する. 少なくとも 4 世紀半ばまで降りる Demosthenes の弁論中の海上取引は, この空間に花開いたものである. 如何にデモクラシーを支える構造と関係しているか, どこに致命的な弱点が有るか, をわれわれは或る程度分析した. 他方, おそらく 5 世紀半ば以降ローマは門を閉ざし, 4 世紀になるとむしろ, ギリシャ側の海上の構造の一翼を担う

Syracusae の対 Etrusci 攻撃に際して反発を強めるようになる．348 年の第二次ローマ＝カルタゴ条約は第一次と反対に積極的な意味を持ったかもしれない．306 年の条約更新にも Appius 集団の旗印を見ることができるかもしれない．279 年に Pyrrhos に対抗してカルタゴ海軍にローマが依存した時，そのために結ばれた条約にさえ Ap. Claudius の影を読み取りうる．以上の大きな脈絡を前提に考えれば，ローマにとって「カルタゴの脅威」を感ずることは転換である．親 Mamertini たる Appius 集団の本性に反するばかりではない．うまく棲み分けてきた伝統にも反する．ギリシャ側の海上構造に加担していくことを意味する部分も有るが，しかしギリシャ型海上覇権とて棲み分けには成功してきた．それができそうにない，しかも Italia そのものが危機だ，という限り何か新しい構造が構想されている[6]のである，ギリシャの海上支配を受け継ぐにしても．

かくして，Polybios (ed. Büttner-Wobst) は 2 世紀半ばに書きながら現今体制の出発点をローマが「海を越えて Italia の外に出た」(I, 5, 1: $διάβασις\ ἐξ\ Ἰταλίας$) 時点，メッシナ海峡を渡った時点，に求めるのである[7]．Ap. Claudius Caudex (cos.) 指揮下のローマ軍はカルタゴ守備隊を追放した Mamertini に迎え入れられるが，Hieron とカルタゴ軍に挟撃されて苦戦する (I, 11)．何とか Syracusae 側に兵力を集中してこれを撃退・追撃，Syracusae に撤退させるが，Syracusae 攻撃は翌年の coss. に委ねられる．すると Sicilia の各都市は次々とローマに帰順し，Hieron までがそのようにしたときローマは何とこれを受け容れる (I, 16)[8]．その動機について Polyb. は，制海権がカルタゴ側に在る以上補給が困難であるので Syracusae に頼る必要が有った，と述べる．事実 Hieron との条約[9]にはそのことがたっぷりと書かれる．socii の新しい具体像が固まった瞬間である[10]．そもそもローマは本格的な艦隊を持っていない．だからこそ Pyrrhos に対してはカルタゴに依存したが，Messana に渡ったとき，Tarentum と Locri と Velia と Neapolis の艦船に頼った (20, 4)．263 年の部隊編成について Polyb. は四個軍団 (legio) で 1 legio は 4000 の歩兵と 300 の騎兵であったとするが，「このほかに socii が居た」($χωρὶς\ τῶν\ συμμάχων$) とする (16, 1)[11]．現に Panormus 近郊で，カルタゴ軍は「socii の部隊」を襲い，「ローマ人」と socii は軍功を巡って対立する (24, 3)．socii は文字通りには「同盟者」であるが，ローマは彼らを初めて同盟軍としてではなく自分の指

揮下に戦わせ始めたのである．しかもなお，バラバラにして組み込むというのではない．船の場合に（一つの船を維持するための財政力とエキップ組織力において）最も顕著であるが，補給の場合にも（財政を通じて），部隊派遣に際しても（少なくとも徴募・編成において），固有の組織力が要求されるのである．これらに支えられた軍事力が今海の上へ飛び出す．カルタゴとの以後 20 年以上に渡る戦いは結局完全に制海権のみを巡るものであり，海軍力だけがものを言うことになる[12]．260 年以降，カルタゴの海軍力を怖れてローマに付き切れない海岸諸都市の存在を見たローマは急遽独自の海軍力の整備にかかる（I, 20ff.）．ただし当初は惨敗続きであり[13]，256 年に Africa に上陸したローマ軍は 255 年に惨敗し consul たる Regulus が捕らえられる始末である（I, 33），カルタゴ海軍をかいくぐって何とか残存部隊を救出したローマ艦隊は帰路 Camarina 沖で嵐に遭って壊滅する（36）．253 年の派遣海上部隊も座礁して失敗し（39），251 年の段階でローマは海を失い，途方に暮れる．しかし海を取る以外に勝ち目は無いということで，242 年，Lilybaeum 方面に砦を築きカルタゴ海軍を誘い出す（58）．初めて陸戦部隊を搭載せずに戦う（相手は「砦を作られた」というので陸戦部隊の輸送を兼ねた）ことに成功し，初めて海上で勝利する（60f.）．カルタゴは海上力を失っただけで Hamilcar の賢慮に基づき和平に応ずることになる（62）．急ピッチで進められたローマ海軍の構築がどのように行われたかは定かでないが，性質上，海岸の各都市 socii の財政力と技術力・組織力を不可欠とする．このように〈分節〉的な力に支えられた勝利が阻止したのは，海の〈分節〉力を阻害する構造の展開であったはずである．これが「Italia にとっての脅威」である．

　その脅威は具体的にはどのようなものであったか．Polyb. III, 22 によれば，最初のローマ＝カルタゴ条約は或る海域から[14]「ローマとその同盟者」の船の立ち入りを一切[15]禁止することを骨子とする．しかもその海域はカルタゴから見て「後ろ」つまり南と西である．これに対しカルタゴを含む前面においては交易が許されるが，カルタゴ官憲の監視下たるが条件とされ[16]，その場合交換の内容はカルタゴ組織全体の保障の下で決定される[17]．前面には Libya と Sardinia も含まれる．Sicilia のカルタゴ勢力圏内でのみローマ人に最恵国待遇が与えられる[18]．何とこれが Latium にカルタゴが手を出さないこと

の代償なのである．交易のネットワークを広く確保しようというのではない．これを遮断しようというのでもない．入り口は有り，入り口から奥が禁止されるだけであるから．南西地中海の広大な後背地に対しては直接には交易させず，全てカルタゴを一旦通すことが必要である，というのである[19]．すると，カルタゴのところが如何に〈分節〉されていようともそこから先カルタゴ圏内後背地に対しては échange は完全に閉じて枝分節になる．領域を別途組織する原理（Hesiodos または Cremera）を有しないからである．Etrusci の社会構造と同型である．Polybios は二回目の条約（348 年または 306 年[20]）のテクストをも記す（24）が，以上の基本線は変わらない．ただし，第一に禁止区域は南西地中海から北岸つまり西 Hispania に回り込む気配を示している．第二に，第一条約が Nomen Latinum とローマが不可分である共和初の短い時期を示唆するのに対して，第二条約は，Latium にローマが支配下都市と支配下でない都市を有することを前提とし，（たとえ条約締結があったとしても）後者の人員がカルタゴの捕虜になったときカルタゴはローマには返却しない，と規定する．つまりローマの支配権を〈二重分節〉として認識し始めている[21]．第三に，Sardinia と Libya で認められていた交易のアプローチは認められなくなり，ポーチと建物内という開かれた二重構造を前面に持つ度合いが少なくなり，何か内に閉ざした複合構造が築かれ始めている．もっとも，Sicilia はローマ自身との対称性において交易に開かれる．要するに，カルタゴ有力市民を必ず通す échange の流れは変わらないが，そこから先に枝分節循環を与え通商権の如きものを構築しようとし始めているのである．このため何かローマが築き始めた〈二重分節〉構造が自分達のものと対称的であるように映ってしまい，これが極めて不明晰ながら捉えられたのである．

　ローマが脅威に感じたのは，したがって，元来の特殊な枝分節型 échange 網だけでなくその拡張版であり，これが自分達のシステムの発展と衝突することにローマは気付いたのである．ということは何かローマが新しい構想を持ち始めたことを意味し，その構想において socii は不可分のアクターであったということになる．この構造をカルタゴに認めさせた 242 年の講和条約の年，初めて praetor peregrinus が任命される．その任務は "inter peregrinos ius dicit"（外国人相互間について裁判を行う）というものである[22]．これは一見するより

も遥かに奇妙である．外国籍すなわち多元的な政治システムの存在を正面から認めながら，仲裁でも第三者機関でもなくローマ固有の裁判長が手続を構築して裁判が行われるのである．

〔2・1・1〕 さしあたり，cf. G. De Sensi Sestito, La Sicilia dal 289 al 210 a. C., in : E. Gabba et al., edd., *La Sicilia antica, II, 1 : La Sicilia greca dal VI secolo alle guerre puniche,* Napoli, 1980, p. 345ss. 諸都市の領域問題を解決するための軍事化が皮肉にも致命的に領域問題を解決不可能にしていくが，この場合も Agathokles のそうした事業に使われた Campani が Syrakousai 領域に一旦定着した後排除されることが発端となった．彼らが Messana を奪取したのである．

〔2・1・2〕 Cic. のテクストから Messana が所謂 "civitas foederata" であることが明らかであり，その条約の性質が論じられる．H. Horn, *Foedearti. Untersuchungen zur Geschichte ihrer Rechtsstellung im Zeitalter der römischen Republik und des frühen Prinzipats,* Diss. Frankfurt a. M., 1930, S. 39ff. は締結がこの時点であったことを前提として，(Mommsen 流の) 国際法上の法主体性がローマの一方的な要求言わば imperium を妨げない，と論ずる．しかしここでもローマ独特の自由の概念が作用しているにすぎない．しかも一層繊細たることを要求されることには，まさに反 Fabricius に乗る形での介入であったことからして，ローマの fides に全てを委ねるというタイプの deditio が有ったと推定され，同様に「国際的」〈二重分節〉体制たる後の socii 体制とも異なる (かつての対 Capua のような) 関係が想定されている．これが Cic. Verr. に見られる Messana の特権に繋がる．特権は直結を，したがってしばしばヨリ重い負担 (ヨリ立派な貢献) を意味する．Horn を驚かせるに十分である．

〔2・1・3〕 cf. F. W. Walbank, *A Historical Commentary on Polybius, I,* Oxford, 1957, p. 57f. ; E. Gabba, Aspetti culturali dell'imperialismo romano, in : Id., *Aspetti culturali,* p. 56. Gabba は Polybios の時代の支配拡張二路線対立と見事に重ね合わせる (p. 64ss.)．この路線対立については本節で後述する．

〔2・1・4〕 E. Lepore, Strutture della colonizzazione focea in Occidente, in : Id., *Colonie greche dell'occidente antico,* Roma, 1989, p. 111ss. に最高度に精緻な分析を読むことができる．交易それ自体にも，海上の組織や力にも，他方の領域との関連に遠くに近くに影響されて多くの質のものが有ることを識別しようとする．歴史学が到達した超絶的な頂点である．

〔2・1・5〕 Lepore, Parallelismi, dans : AA. VV., *Crise et transformation,* p. 289ss. において極めて立体的でダイナミックな脈絡に置かれる．本文の前後の叙述は大きくこれに依存する，如何にそのディアレクティカの全容を伝ええないものであろうとも．

〔2・1・6〕 B. Bleckmann, *Die römische Nobilität im Ersten Punischen Krieg. Untersuchungen zur aristokratischen Konkurrenz in der Republik,* Berlin, 2002, S. 64ff. は，Polybios に対して Diodoros/Dio Cassius を重視する結果，Rhegion の単純な延長線上で Messana を捉える．同じパーティーポリティクスが働いたと見るのである．しかし (対抗ヴァージョンの存在自体は興味深いが) 言わば空気の変化を的確に把握しているのは Polybios である．

〔2・1・7〕 Polybios のテクストは W. V. Harris, *War and Imperialism in Republican Rome 327-70 B. C.,* Oxford, 1979, p. 107 が示す通りローマの支配拡張 ("imperialism") を論ずるために最適の試金石である．拡張の野心とその過程を検証しようとするものとしてテクストを解し，なおかつ Polyb. の見解を誤りとする，多くの学説に対してする Harris の反論は誤りではないと考えるが，例えば Messana 問題にせよ，Polybios はローマが目指す方向の少々皮肉な切り替わりを見事に捉えているのであり，全体としてその方向には強い (共感ではなくとも) 驚

嘆の念を抱いているのである．これは個々の事件の叙述から明白である．にもかかわらずその底に深いディレンマが有ることも見逃しておらず，批判のトーンを聴くならばここにおいてである．そして両方を合わせて「拡張」はやはり強く意識され意図され構想された結果である．

〔2・1・8〕 Bleckmann, *Die Nobilität im Ersten Punischen Krieg*, S. 92ff. は新 consules の功績欲による対カルタゴ戦拡大のための選択とするが，余りに視野が狭い．

〔2・1・9〕 vgl. Dahlheim, *Struktur*, S. 127ff.

〔2・1・10〕 Cic. Verr. のテクスト解釈問題から始まって以後の Sicilia の体制は論争の的である． civitas foederata たる Messana 他（そしてその後 immunitas を獲得した五都市）を除いて他は decuma を課されるのであるから自由でないとする見解（Badian 等）を J. L. Ferrary, *Philhellénisme et impérialisme. Aspects idéologiques de la conquête romaine du monde hellénistique, de la seconde guerre de Macédoine à la guerre contre Mithridate*, Rome, 1988, p. 5sqq. は批判し，多くの Sicilia 都市は内政面では独立で，支配下に立ったことと矛盾しなかったと論ずる．先述のように foedus に基づく Messana（と実は Syracusae）は特殊であり，他も実質 socii として「同盟軍」を構成し，保護された．物的表現 decuma にそれが変わるとしても．内政ばかりか軍事外交でも「自由」であり，ただ〈二重分節〉体制内に置かれ，しかも〈二重分節〉として不完全なことに，その場面でそうであるというばかりか他の patronus と勝手に庇護関係を結ぶわけにもいかなかった．

〔2・1・11〕 第二次ポエニ戦争開始時のこととして Liv. XXI, 17, 5 は 4000＋300 の Romani に 8000＋900 の socii を１単位軍団と勘定する．これに対して Polyb. II, 24, 3 は 5200＋300 に対して 30000＋4000 である．いずれにせよ既に単位の中に，ただし別個に，組み込まれている．第一次ポエニ戦争においてこの点がどうであるか疑問であるが，Polyb. のテクストは少し事情が違ったように思わせる．なお，２世紀になると（Liv. のテクストによる限り）盛んに「Nomen Latinum の socii」に対する論功が行われ，これは共和末の foedus から伝わる Formula togatorum の文言と一致する．しかし Latini はローマ市民権を与えられ，そうでなくとも municipium 化され，socii でも主要な軍事力供給源でもなかったではないか．しかし， Sherwin White, *Citizenship*, p. 96ff. が指摘するように，Latium と Latinitas は大きく乖離していき，否，Latium さえ新たに Latinitas を獲得し，再 socii 化していった．このとき Foedus Cassianum さえ記憶の底から蘇ったのである．古い socii でさえ colonia Latina と化せば難無く Latinitas を獲得しうる．

〔2・1・12〕 こうして Mamertini 問題はどこか遠くへ行ってしまう．Mamertini は元来 Agathokles に傭兵として雇われた Campani であり，軍事化したままテリトリーの上に降りる傾向を有するが，misthos によってしか媒介されない結合関係は領域上にギリシャでは珍しい水平関係欠如の〈二重分節〉を創り出し不協和音を奏でる．Mamertini はそれさえ拒否して領域の上に軍事集団を構える．そこに至るには少なくとも 200 年来の Syracusae 領域問題の積み重なりが有るが，これはまだ全くローマの関知するところでない．

〔2・1・13〕 Bleckmann, *Die römische Nobilität im Ersten Punischen Krieg*, S. 159ff. は，この時期ローマの対外政策がゆっくり舵を切りつつあると見る伝統的な見方に異議を唱えるが，海上戦力の問題が全く視野に入っていない．党派を分析するならば海上の政治資源に着目しなければならなかったであろう．

〔2・1・14〕 "ἐπέκεινα τοῦ Καλοῦ ἀκρωτηρίου"．これがどの岬を越えてはならないというのか，岬の同定については諸説有るが，カルタゴ北方に突き出た部分に属する点については一致が見られ，禁止海域についても大まかな概念は明確である． cf. Walbank, *Commentary on Poly-*

bius, p. 341f.

〔2・1・15〕 暴風や海賊に追われた者でさえ，船の補修と儀礼のためを除いて「決して取引をしたり給付を発生させてはならない」($μηδὲν ἀγοράζειν μηδὲ λαμβάνειν$).

〔2・1・16〕 "$τοῖς\ δὲ\ κατ'\ ἐμπορίαν\ παραγινομένοις\ μηδὲν\ ἔστω\ τέλος\ πλὴν\ ἐπὶ\ κήρυκι\ ἢ\ γραμματεῖ$". échange に当てられる語が (agorazein から) emporia に変わっている．個別的な取引でなく，むしろ大規模な贈与交換を意味すると思われる．それを目掛けてやって来る，というのであるから規則性の有るものではない．

〔2・1・17〕 "$δημοσίᾳ\ πίστει\ ὀφειλέσθω\ τῷ\ ἀποδομένῳ$". cf. Walbank, *Commentary on Polybius*, p. 342.

〔2・1・18〕 "$ἴσα\ τὰ\ πάντα$".

〔2・1・19〕 cf. A. Toynbee, *Hannibal's Legacy. The Hamnibalic War's Effects on Roman Life*, I, London, 1965, p. 32ff.

〔2・1・20〕 cf. Walbank, *Commentary*, p. 345f.

〔2・1・21〕 cf. Ferrary, *Philhellénisme et impérianisme*, p. 40.

〔2・1・22〕 F. Serrao, *La "iurisdictio" del pretore peregrino*, Milano, p. 10ss. は，"inter peregrinos" がローマ市民と外国人の間の関係を含むことを論証する．要するに異なる政治システム間ということである．

2・2

Polybios はハンニバル戦争の原因を最後のローマ＝カルタゴ条約に深く関係するものとして捉える．彼によると，まず通常挙げられる原因，つまりカルタゴ軍による Saguntum 攻撃と Hiberus 渡河，は「開始」であり原因ではない (III, 6)．医学＝病理のアナロジーを使ってそうした混乱を長々と論駁した Polybios は，次に Q. Fabius の説，即ちローマを攻撃したいという Hannibal の心理，を興味深いものとして取り上げる (8)．Fabius Pictor を一見のみで捨て去ることのないよう戒め注意深く読むよう[1]に勧めると，不意に彼自身の説を提示する (9, 6ff.)．第一に Hannibal の父 Hamilcar が受けた屈辱である[2]．第一次ポエニ戦争で彼は Eryx を守り決して敗北していない積もりである．しかし直後の傭兵隊の叛乱で挽回の機会を失ってしまった．そればかりかつけ込まれて Sardinia 放棄の協定を結ばされた[3]．これが第二の原因であり，そして捲土重来のために Hispania 経営に乗り出した，というのが第三の原因である．しかるに，Lutatius によって調印された最後のローマ＝カルタゴ条約は，ローマとカルタゴ双方の下に同盟者の存在を認め，互いにそれに手を出さないことを定める (27)．カルタゴ側が主張したように「Saguntum はその当時同盟者でなかった」という論拠は認められない（何故ならば互いに一切その後同盟者を

取らないという縛りをかけたとは解釈されない）し，攻撃時に同盟関係になかったという主張も誤りである (29) が，しかし Sardinia を放棄させたこと，Hiberus 渡河を禁じたこと，は元来の条約の基本を逸脱するものであり不当であった (28)．Hamilcar の心理はこの部分に対応する，というのである．

　以上のような Polybios の推論は極めて厳密である．カルタゴはローマ型の開かれた〈二重分節〉を承認した．入り組むようにして互いに同盟者を獲得していくパターンが正当化されるはずであり，Hamilcar の Eryx でさえそのパラデイクマに従いうるが，他方ローマは自身（Sicilia からの絶対的排除は仕方がないとしても）Sardinia や Hiberus という絶対的な地理的ラインを持ち出して決められた構造に反している，というのである．ならば大きくテリトリー全体を包括する支配権をこちらも構想し，それを取り合うことになる，という主張が十分に基礎付けられる．後背地の枝分節系と échange の点だけで結ばれる，ただしその関係を独占する，というカルタゴの伝統的体制とも確かに大きく異なる．Barca 党はカルタゴで政治的には孤立している．中に入って行って échange をコントロールしようというのである．その上で独占しようと．初めてテリトリーを目指すことになる．そこに Saguntum が呑み込まれた．沿岸の半ギリシャ都市は後背地に対して本格的な組織を及ぼしていないからひとたまりもない．ローマは確かに海岸沿いの通商拠点と Hispania にまで socii のネットワークを拡大してきている．しかし都市中心を概念するばかりで，領域から包括的に浸食されようとするとき，為す術がない．都市中心を越えて領域に介入する，それを立て直す，場合により例の伝統的な領域問題に深く手を染める，ということは彼らのカテゴリーに存しない．Thurii でも Rhegium でもそうはしなかった．Mamertini があれほど Syracusae の領域問題から生まれているのに Syracusae に任せることしかしなかった．確かに Appius 集団がかつて有った．領域の構造に関わるというのではないが，領域深く入って行き個別に組織していった．そして Appius 集団がもはや無いとしても C. Flaminius が有り，232 年に Picenum で初めて部族社会を一掃して大規模な viritim の土地分与を行い senatus の反発を買った[4]．確かにこの時期 Italia の北側で Galli や Ligures の掃討戦を始めている．それは Etrusci 諸都市やその外縁の colonia の防備から始まっている．しかし今後どうなるかわからない一つの rebus として方

向付けを待っているにすぎず，いずれにせよこれは socii の領域問題に対する処方箋には全くならず，nobiles 主流の関知するところでさえなかったかもしれない．

いずれにせよ，Saguntum で発生した新事態を捉える枠組をローマが当初十分に保有していなかったことは明らかである．Hannibal が着々と Hispania で地歩を固め Hiberus の向こう側で Saguntum 以外に抵抗する者の無い状態を作り出していく中（Polyb. III, 13, 5ff.），Polyb. によれば Saguntum の度重なる使節に対するローマの反応は鈍く（14），やっと Hannibal に対して使節を送るも一蹴される（15）と，何と Illyricum の方に派兵する（16）．230 年に Epeiros の Phoinike で Italici たる商人達が虐殺されたことに端を発して（II, 8, 8）この方面では紛争が続いているが，ローマ元老院の関心の方向をよく示している．219 年，Hannibal はついに Saguntum を攻めてこれを落とす（17）．しかしこの年のローマの作戦はやはり Illyricum 方面で展開される（18f.）．Saguntum 陥落の報が届いてもまだ白熱した議論は無く，しかしともかくカルタゴに使節を送って Hannibal 引渡か戦争かの aut aut を突き付け（20），ここで Polybios は先の条約論を展開するが，33ff. で Hannibal に叙述を戻すとき，既に 218 年の Hannibal 東進が主題である．

以上に対して，Liv. のテクストはまるでローマ元老院そのままに混乱した様相を呈する．圧迫された Saguntum の使節を 218 年の coss. が受ける（XXI, 6, 3）．ローマの socii が危害を加えられたというので Hannibal からカルタゴへと回るべき使節を送り出す．その間に Saguntum 攻囲が始まる．これがなかなか落ちない間にローマから使節が着くが，Hannibal に追い返されてすぐにカルタゴへ回る（9, 4）．カルタゴでの議論はこの段階，つまりまだ Saguntum が完全には落ちない段階，で行われる．Saguntum はついに陥落する（15, 1）が，この知らせはまさにカルタゴからの使節帰着と同時であった（16, 1）．これが全て 218 年たらねばならないことには，元老院において socii 見殺しが沽券に関わる（pudor）とされて直ちに coss. に出動が命じられねばならないからである．Livius は自分のクロノロジーがうまく機能しないことに気付いて若干の考察を加える（15）が，Polybios はその時代に既に弁解がましいヴァージョンの有ることを知っていて，元老院での伝えられる「socii 救うべし」の大議論

は虚偽であると切り捨てる (20). 危殆に瀕した socii のために軍事介入するというのは対 Samnites 以来の外交戦で既に確立されたパターンである. ローマは何とかここに収めようとし, それに合わせて伝承が作られる. しかし実際には「法的措置」aut aut を突き付けた時には Saguntum は落ちてしまっていた. 占有を完全に失ってしまえば占有訴訟は可能でない. ローマ = Saguntum 関係 A-a の確保ではない, 別のロジックが用意されなければならない. a のところに何か絶対の基準を設けてそれが侵害されている, と言うしかない. Polyb. でさえ素朴「同盟アプローチ」からするとローマに理が有るから Hannibal は Sardinia を持ち出せばよかったのにと悔しがる (15, 10) が, Polyb. が伝える限り Hannibal は新しいアプローチを用意している. Saguntum 内紛に際してローマが与えた仲裁が「不正に」($ἀδίκως$) 政治的指導層の一部を抹殺した, というのである. また Saguntum が不正にカルタゴ同盟者を害した, とも付け加える. 前者こそ Polyb. がローマ側の同盟内に Saguntum が在ることを示す最有力の徴表とするものである (30, 2) が, しかし Hannibal はその関係自体でなく仲裁の内容を問題としている. (形式的な元来の) ローマ型〈二重分節〉への挑戦である. しかもなお, やがて他ならぬローマが採用していく道である, その「正義」をこそ (領域の) ローマ型〈二重分節〉に置き換えて.

　Saguntum は一つのトラウマを遺し, socii を見殺しにした, socii を守らねばならない, という強迫観念は Hannibal につけ込まれ一旦ローマを致命的な危機にさえ追い込む. 逆に Hannibal の方は手足を使うことに長ける. 手足に新しい組織原理を課し, その限りで排他的で, その分平面上に包括的である. 対するローマも反射的に平面を守ろうとする. しかし対抗組織原理を欠く.

　Polybios は Saguntum 後一旦 Carthago Nova に戻って慎重に出直す Hannibal の動きを見逃さず, しかもそこで Hannibal は Hispania 諸族を Africa に, Africa 諸族を Hispania に, 配置する (III, 33, 5ff.). 次に彼はアルプスを越えたイタリア半島側の Galli について慎重に情報を取り連携を固める (34). 彼はアルプスを越えてイタリア半島で戦うというまさかと思わせる戦略を採るが, これは相手の手足を押さえるという作戦である. そのために引き連れて行く自分の手足に関しては, Hispani をわざときっちり半分帰し, どの部分も一時に失われないようにする (35, 6ff.). 手足をあらゆる観点からして市松模様にして

おくという彼の戦略はローマのお株を奪うものである．こうしてHannibalは必ずその土地の広範な部族連合体と連携しつつローヌを渡りアルプスを越える．彼の到着以前にPlacentiaとCremonaという二つのcoloniaは領域の側からGalliの攻撃に曝されている．

Hannibalは敢えてローマの傘の中，手足が伸びた部分，に入り込む選択をしたことになるが，ローマ側の戦術は必ず前に出てまさにその部分で迎撃するという性質を帯びた．最初は218年のcos.たるP. Cornelius Scipioであり，Ticinusで敗北を喫する (62ff.)．そればかりか自分の側の手足たる味方のGalliに寝返られ大きな損害を被る (67)．Clastidiumの穀物基地はBrindisium出身の隊長によってHannibal側に引き渡される (69＝Liv. XXI, 48)．他方ローマ軍はTrebiaの線まで下がり，そこへもう一人のconsulたるSemproniusが合流するが，Hannibalは一計を案じ，手前のPadusからTrebiaまでのGalliのテリトリーを敢えて掠奪，彼らがローマ側に傾き窮状を訴えるようにさせる (69, 5ff.＝Liv., 52)．これを奇貨としたSemproniusはTrebiaの線を出て攻勢に転ずるとHannibalは後退し，Semproniusは勝ち誇る (8ff.)．Hannibalの周到な待ち伏せ作戦は完全に機能し (70, 9ff.＝Liv., 53)，ローマ軍は惨敗することになる (71ff.＝Liv., 54ff.)．

次の年のconsulは例のC. Flaminiusである．彼はアペニン山脈を越えて来るHannibalを迎撃すべくArretiumまで出て来る．他方Hannibalは捕虜の中のsocii出身の者を厚遇し，「自分はItaliaの自由を回復するために，ローマが奪った都市と領域を取り返すのを助けるために，来た」と言って無償で彼らを解放しそれぞれの都市に帰す (77, 3ff.)．手足への徹底的な働きかけである．さらにEtruriaの最も豊かな地帯，FaesulaeからArretiumまで，をこれ見よがしに荒らして見せる (Liv. XXII, 3, 6 ; ed. Dorey : quantam maximam vastitatem potest ostendit)．「sociiの財物が自分の目の前で持ち去られるのを自分のものに対するかの如くに感じた」Flaminiusは，屈辱を感じていきり立ち，「sociiが被った不法行為を償わせるために」(ad vindicandas sociorum iniurias) 突進していく．そして見事に罠にはまり，Trasumennus湖における歴史的な敗北を迎えることになる (82ff.＝Liv., 4ff.)．Liv.によると捕虜となったsociiに対する措置はこの時のものである (7, 5)．ちなみにLiv.は主たるソースが

Fabius Pictor たることを明かす (7, 4) が，Flaminius を見る目は正確であったに違いない．Polyb. は Flaminius の性格を見抜いた Hannibal の慧眼を強調する (III, 80) が，問題はそのメンタリティーがどこから来るかであり，Polyb. 自身が Trebia で Sempronius のものとして見抜いているように，socii のパラデイクマを使って例解する方が有効なのである．つまり関心が縦に単純に伸びる気質である．〈二重分節〉の一側面ではあるが，そこへ一面化されれば clientela として (Ap. Claudius＝M. Claudius のように) カリカチャーとされてしまう．Flaminius は Appius 集団の遺産を受け継いで[5] ager Gallicus において大いにその精神を発揮して見せた．つまり Flaminius の個人的な資質ではなくローマ社会の構造から来る二つの路線が問題となったのである．

　もちろん，この時代を若くして生きた Fabius Pictor の確信には根拠が有る．惨敗に次ぐ惨敗という状況の中で dictator に選出された Q. Fabius Maximus つまり Cunctator (遷延家) である[6]．Polyb. によると，決して出て行かず常に有利なポジションを取って寄り添うように適度な距離を取り続ける彼の戦術は，熟練度に劣り補給に利点が有る自軍の立場を賢察したものである (89, 5ff.)．これは単純な慎重さでも持久戦選択でも防御一辺倒でもない．突出と一か八かを避ける ($\mu\acute{\eta}\tau\epsilon\ \pi\alpha\rho\alpha\beta\acute{\alpha}\lambda\lambda\epsilon\sigma\theta\alpha\iota\ \mu\acute{\eta}\tau\epsilon\ \delta\iota\alpha\kappa\iota\nu\delta\upsilon\nu\epsilon\acute{\upsilon}\epsilon\iota\nu$)，つまり固く一線を水平に守って横に結合する，ということである．そして敵の突出を叩く．Liv. は同じ事を戦略的な観点から捉える．Fabius は敢えて Tibur に召集をかけ，以下のような命令を発布する (Liv. XXII, 11, 4f.)．領域の集積拠点から人々を (軍事的機能を備えた) 諸々の都市中心に移住させ (quibus oppida castellaque immunita essent, uti commigrarent in loca tuta)，同時に物的装置と集積物を破壊させる (tectis incensis ac frugibus corruptis)．これは敵への補給を断つということだけを意味するのではない．もちろん，領域放棄戦術は Perikles 以来の伝統であり，デモクラシーないし〈二重分節〉のメンタリティーの真価である．しかしこのヴァージョンにおいてはそれにとどまらず，一つ一つ単発的に伸びた手足を全て切り払うということを意味する．ここをこそ (枝分節のメカニズムを働かせて糧食を得るという点のみならず) 敵が突いてくるからである．出るならば横一線で，というのである．多元的な都市中心が観念されていることを忘れてはならない．Hannibal が各領域ばかりを荒らすことも，Flaminius が中

心の無い viritim な入植を行ったことも．Tibur への召集というジェスチャーもこの点の誤解を防ぐためである．Fabius はローマ型〈二重分節〉が先の部分の横断的連帯を欠くために突出して叩かれるという弱点，枝分節的弱点，によく気付いたのである．Hannibal こそがそれをよく知って利用し駆け引きしてきたからである．

〔2・2・1〕 Walbank, *Commentary on Polybius*, p. 310 はこの機微を捉えるが，それよりも Fabius 説固有のソースに関心を向けてしまう．

〔2・2・2〕 cf. Walbank, *Commentary on Polybius*, p. 312f.

〔2・2・3〕 cf. Walbank, *Commentary on Polybius*, p. 313f.

〔2・2・4〕 Cassola, *I gruppi politici*, p. 209ss. は公有地の粗放利用にかける富裕者の反発を見て，Flaminius が小規模な土地保有を堅持する政策を採ったと解する．senatus の側に政治体にとっての危機感を読み取る Fraccaro に反対するのである．彼の親「民衆」政策は Polybios によって基盤たる市民団（demos）を破壊する（διαστροφή）端緒であると烙印を押されていることを重視すべきである (II, 21, 8)．

〔2・2・5〕 Cassola, *I gruppi politici*, p. 218 が Flaminius を Fabricius/Curius の後継者と断ずるについては驚く以外にない．「民衆的」「反通商」（後述の lex Claudia）「土地」というレッテルを並べて Curius をイメージしているだけである．Appius も「民衆的」であったことを忘れてはならない．何よりも Trasumennus を無視した議論である．

〔2・2・6〕 Fabius Cuctator を「頑迷な保守主義者」と見て Flaminius の「進歩的民衆主義」と対比する学説の傾向にも首をかしげるが，これに反論したいが余り両者を同一のブロックに収めようとする Cassola, *I gruppi politici*, p. 261ss. の混乱した史料操作にも呆れざるをえない．

2・3

しかし Fabius のように思考するときに最大の問題となるのは他ならぬ socii の社会構造である．既に "oppida castellaque immunita" は一時的にせよ社会構造に手を付けるということである．より根底的にはどうであろうか．colonia や共和初期ローマのように領域に何も構造が無ければよいのか．しかしそれらは縦にのみ強く伸びた個別的人的組織を特徴とするのではなかったか．それは必ずつけ込まれる．むしろギリシャのデモクラシー，その原基たる Hesiodos が必要なのではないか．しかしその伝統がまさに無いか或いは，(Magna Graecia におけるように）領域問題解決の失敗からその伝統を崩壊させてしまっている，これが問題で，Hannibal はこの問題を突き付けにわざわざはるばるやって来たようなものではないか．

一貫した戦略的観点を持つ Hannibal は大きく迂回して Samnium から Apulia

に一旦出る[1]．そこから折れ曲がるようにして Campania を目指すが，彼のもとへ三騎の equites Campani がやって来る（Liv. XXII, 13）．Capua が Hannibal 側へと転ずる第一の動きである[2]．Capua から見るとき手足でなく手足をぶら下げた頭が直接出向いたことになる．しかし既に見てきた通り，equites Campani はローマ中央の有力者と個別的に深く結び付いている．なるほど municipium は形造っているが，ager Campanus 上の占有は全くこれに依存せず praefectus iure dicundo の直接的管轄に属する．しかもなお多くの人員をその内側に抱えたままその頂点に占有が認定される．equites たること，度々一騎討ちの当事者となること，からこの点が推定される．共和初期のローマの如き状態なのである．しかも Cremera の動機を欠いて下に大きな枝分節構造をぶら下げているものと考えられる．Etrusci 以来の伝統を引き摺って．Hannibal がこの弱点を見逃すはずがない．悠然と接近する．Capua と固い同盟を結んで見せて Fabius を誘い出そうとする．Liv. は道を誤ったかのように書く（13）が，Latium に近い Volturnus/Monte Massiccio 方面に陣を構えるのは Fabius を誘うためかもしれない[3]．しかし寄り添ったまま決して動かない Fabius の戦術によって却って包囲され，辛うじて脱出し Apulia に引き上げる（18）．Campania の中でもローマ中央有力者の金城湯池たる ager Falernus にしばらく Hannibal が停滞したことになるから，それを座視した Fabius に対する風当たりは当然に猛烈なものである（23）．伝承は，Hannibal がわざと Fabius 個人の土地だけ掠奪せずにその風当たりを煽った，とする．これに対して Fabius はこれを売却して捕虜の買い戻しの資金とした，と．ager Falernus にはローマからまさに個別的に直接手足が伸びていて，だからこそ Hannibal はこれをねらい，唯一この点を洞察した Fabius 個人の手足を，それを嫌う彼に持たせようとした，というのである．鮮やかなパラデイクマであり，Fabius Pictor から出たとしか考えられない．

mag. eq. の Minucius は Fabius の戦術に不満で，対等の分裂指揮権を要求し，独自に行動しては Hannibal に誘き出され敗れる（27ff.）．翌 216 年の cos. である Terentius は戦術を巡り Fabius と論争する（38）が，慎重派の cos. Aemilius を押さえて Hannibal を追撃し Cannae で大敗を喫する（44ff.）．Trasumennus の Flaminius に続いて cos.（Aemilius）が戦死する．Hannibal は捕虜を利用し

て和平を提案するが，これが拒絶されると，もう一度 Campania に入る．今回は Capua の招きによるものであり，それに至る経過について Liv. のテクストは詳細である[4]．まず Capua では体制自体が腐敗していたこと (Liv. XXIII, 2, 1: omnia corrupta: ed. Weißenborn)，その原因は富に依拠した奢侈であること (luxuriantem longa felicitate atque indulgentia fortunae)，中でも「平民」の放縦 (licentia plebis sine modo libertatem exercentis) が問題であること，を述べる．次に Pacuvius Calavius というリーダーが現れる (2, 2)．彼は政治的階層に属してはいる (nobilis) が，民衆に基盤を持ち (popularis)，「良からぬ技芸によって」(malis artibus) 力を得た．Trasumennus の時に彼は最高政務官であったが，クーデタを試みる．とは言っても「政治システム自体を崩壊させるというよりそれを保たせたまま手に入れる」(4: mallet incolumi quam eversa re publica dominari) ことを考え，まず元老院を召集し，「Appius Claudius の娘によって子をもうけ，娘を M. Livius に嫁がせている自分は到底ローマに対する叛逆を許すわけにはいかない」と演説して騙し議事堂に閉じ込め，次いで民会で演説して閉じ込めた元老院議員を一人一人審査して入れ替えること（頂点連合の個別ポトラッチ）を提案する．これが実現されると senatores はもっぱら plebes におもねる (adulari) ようになる (4, 2)．元老院と民会は実質融合する (4)．まさにこのために奢侈と放恣に全く歯止めが無くなった，というのである．この体制を背にして結局自らが Italia 全体を支配しうると考えるまでに驕り，敗れたばかりの cos. の情けない反応も有って Hannibal に使者を送り[5]，自由と独立を保障されるや，彼を招いて盛大にもてなすことになるが，この伝承の背後に有る観点からすると，問題の所在は明らかである[6]．枝分節型 échange が取り持つ役割によって (malibus artibus) 増幅されて領域に伸びていき，その動態の中で政治的階層と領域の階層の分節が消滅していった，というのである．これが奢侈放縦であり，中心から領域に伸びる échange の縦の線を温存する限りにおいて形の上で政治的階層を残すものであったと評価されている．しかもこれへと Claudii を初めとしてローマ中央からの clientela が触手を伸ばしているのである．

　Hannibal はこの直前に実は「海に面した都市を保持するために」(ut urbem maritimam haberet) Neapolis を攻撃しようとする (1, 5ff.)．そして領域を掠奪

して少数の騎兵に誇示させ，政治的階層に属する若者達（nobiles iuvenes）から成る騎兵が出てくるとこれを待ち伏せして壊滅させる．しかし堅固な城壁に圧倒されて都市中心は攻撃しえない．領域に出た部分は批判されているが，しかし体制は堅固なのである．Hannibal はもう一度 Neapolitani の心を希望と恐怖の両方から獲得しようとする（政治的階層の〈二重分節〉心理によく似た枝分節メカニズムで仕掛ける）が失敗し (14, 5)，Nola に赴く．Liv. のテクストは単純に「上層」と見るのを避けて「政治的指導層」(maxime primores) と呼び (14, 7)，彼らが如何に socii の体制に忠実たらんとしたか (in societatem cum fide perstare) を述べる[7]．領域の人員 (plebs) は掠奪による経済的困難を怖れて Hannibal に付こうとするが，これに応じるふりをして時間を稼ぎ，裏で praetor たる Marcellus に通じておく，という作戦である (14, 10ff.)．手足を十分にはコントロールできないが，政治的階層は十分に堅固である．Nola 出身で socii の中でも最も知られた騎兵であった L. Bantius は Cannae で負傷して Hannibal の捕虜になったが，厚遇され，却って Nola を Hannibal の側へ向けようとするが，この時 Marcellus は巧妙に働きかけて彼を比類無い socius へと取り戻す (15, 7ff.)．結局 Nola を守り抜いた Marcellus は審問を行い (17, 1)，Hannibal に内通した者の財産を収用する (bona eorum iussit publica populi Romani esse)．下層民を一掃したというのでなく，むしろ領域に大きな基盤を持つ富裕な上層を解体したのである．

　この年 Hannibal は Nuceria を落とし，例によって Romani 以外の Italici に対して寛大であるが，Hannibal に帰順する者は少なく，Campania の他の都市に逃げてしまう．特に Nuceria の政治的階層は Cumae へ収容される (15)．翌 215 年，Sicilia で勤務していた 300 騎の equites Campani が帰任し民会の議決により（完全な）ローマ市民権を与えられることになるが，「同時に Campani が公にローマ国民に対して叛乱した以前に遡って Cumae の municipes たるべし」(item uti municipes Cumani essent pridie quam populus Campanus a populo Romano defecissent) ともされた (31, 10)．つまり Cumae 都市中心というオフショアに引き上げたのであるが，これに対して Campani は何とかこの中心を領域の海に引き摺り込もう (rem Cumanam suae dicionis facere) と考え (35, 2)，Hamae での共同祭祀を口実に Cumae 元老院議員団を誘い出そうとする．しか

し通報を受けた Sempronius (cos.) は Cumani に対して「全てを領域から都市中心内に運び込み，城壁の外へ決して出ないよう」(omnia ex agris in urbem convehere et manere intra muros) 命令し，待ち伏せしている Alfius (medix tuticus) 指揮下の Campani の部隊を却って襲い壊滅させる (12ff.)．しかし Hannibal が Capua 近傍の Tifata に在ることを知ると追わずにさっと引き上げる．Hannibal はようやく Cumae 都市中心の攻略にかかるが，Sempronius は Cumae に立て籠もり，ここで攻城構築物に対して対抗構築物をぶつけていく戦術で撃退する (XXIII, 37)．Hannibal は Marcellus が中で守る Nola をもう一度攻めるが，Nola の senatores の中から出た Herennius Bassus と Herius Pettius に対して必死に訴えかけるもローマとの amicitia と fides を強調する彼らの説得に成功せず (43, 9ff.)，撃退される．この時 "plebs" を含めて Nola 全体が歓喜に包まれたという (46, 2)．他方 Fabius (cos.) は Campani を逆に誘き出すために ager Campanus を掠奪し，この結果騎兵どうしの一騎討ちとなる (46, 9ff.)．clientela を引き摺る形を盛んに振り払わせようとしている．

翌 214 年にも Hannibal は孤立感を深めた Capua の要請で Campania に下る (XXIV, 12)．今回は lagus Avernus に（祭祀目的と見せて）陣取る．要するに領域の組織の動員である．Misenum に至るまでの ager Cumanus を掠奪し要港 Puteoli をねらうが，直前に Fabius (cos.) によって陸側からの攻撃に対して要塞化されており (7) 果たせず，腹いせのようにして Neapolis の領域を荒らしただけで引き上げる (13, 6f.)．他方 Fabius は Statius Metius 指揮下の Campani が立て籠もる Casilinum を落とす．この時 Campani の最高政務官 medix tuticus たる (Atella 出身) Cn. Magius 指揮下の軍事化に対処するため Marcellus が協力する (19)．Campani は Capua を中心とする衛星諸都市の連合体であり，部族連合のメカニズムに遡った軍事化はこの時奴隷を対等に含む組織を作ることに成功している．翌 213 年にはしかし 120 人の equites campani がローマ側に帰順し Cn. Fulvius (pr.) に迎えられる (47)．212 年になると Campani は飢えに苦しむ (XXV, 13)．領域に伸びた échange の通路を遮断し，種蒔きをさせないからである．Hannibal によって派遣された Hanno は周辺の同盟者から (ex sociis circa populis)) 穀物を陣営に集め，これを取りに来るように命令する．しかし Campani の領域から運搬の装備がてんでに出て大混乱となる．問題は

穀物そのものでなく物流回路である．

　211 年，もはや政治的階層に見捨てられた（desertam ac proditam a primoribus）Capua を最後の medix tuticus たる Seppius Loesius が引き受ける（XXVI, 6, 13ff.: ed. Weißenborn）．ローマは投降を呼び掛けるが，指導層（principes）は家に籠もる（domibus inclusi）ばかりで元老院を開くことすらできない．手足を失うと機能しない頭であるということである．それでも何とか降伏することになるが，ローマの処置は主としてその頭に向かう．Capua の senatores 達は捕えられて Cales と Teanum に送られる（14, 9）．二人の proconsules のうち Ap. Claudius Pulcher の方が寛容でローマに手紙を送り延命を図ることは予想通りである（15, 2f.）．しかしもう一人の Fulvius Flaccus はこれに先んじていきなり Teanum に現れると Teanum の政務官に命じて Campani を引き出させ，summarius な手続によって処刑してしまう．Cales ではローマからの指示が間に合ったにもかかわらずこれを読ませずに強行する[8]．Atella と Calatia でも同様の処置がなされる（16, 5f.）．確かに，正式の決定もまた Capua に如何なる政治組織体も置いてはならないとするものである（16, 9f.）．「如何なる市民団も，如何なる元老院も，民会も政務官も，あってはならない，公の決定なしに，imperium なしに，如何なることに関しても自分達相互に結合することなく，合意することができない，そのような大衆であるように」（corpus nullum civitatis nec senatum nec plebis concilium nec magistratus esse: sine consilio publico, sine imperio mutitudinem, nullius rei inter se sociam, ad consensum inhabilem fore）．しかしながらこれは決して Capua の政治システムを警戒したものではない．それが頭をもたげたことを嫌ったのではない．逆に，municipium の存立の如何にかかわらず，政治システムが機能せずに領域の組織と渾然一体となり，むしろその周りに怪しい組織を結晶させる核となったことに対する措置である．現に Cumae, Neapolis, Nola の政治システムを高く評価して若干の分子をここに収容しているのである．したがって一方の極にこれら socii の政治組織を海に方向付けて置き，他方の極に何か ager Campanus の組織を置き，これらを何らか截然と関係付ける，つまり都市中心と領域の間に截然たる関係を構築する，ということになる．Capua とて都市の物的外観すら保存される（urbs servata est），ただし「何か耕作者達の住処の如くにして」（ut

esset aliqua aratorum sedes).「その都市に居住すべくむしろ大勢の外来居住民や解放奴隷や支配人や職人が保持される」(urbi frequentandae multitudo incolarum libertinorumque et institorum opificumque retenta). つまり領域の極であり, 何か交易の中心, 物流拠点, のようなものがイメージされている. もちろん, ここには praefectus iure dicundo が置かれ, しかもそれが恒常化される. Liv. は Capua の征服が破壊を伴わない点で称賛に値するものであったと言う[9].

Capua 問題から浮かび上がって来るのは, ローマが Hannibal に弱点を見抜かれて苦しんだ末に到達した一つの解である. それは socii 体制の改編である. socii は municipium や colonia でさえ, 政治的階層の水平的結束力を強めねばならない. むろん, これは政治的特に軍事的独立度を上げるということを全く意味しない. しかし内側においては端的な領域の空間から自らを截然と区別する組織が自立することを求める. その資源は海と領域の両方に求められる. この両者を繋ぐ役割をも要請される. しかしそのときに肝要であるのは, 領域との échange が明確に〈分節〉的たることである. そのための形式については第4節で分析されるが, もう一つ重要であるのは, 領域の組織自体がこれも水平的に結束して堅固であることである. つまり二段の水平的結束体が整然と並び突出させないことが重要である. これが新しい socii 体制であり, 確かにおよそローマと同盟関係にあるという以上にその内容しかも社会構造に具体的なものを要求している.

ならばそれはギリシャのデモクラシーか. 次の問題はこれである.

〔2·3·1〕Hannibal を受け容れるものが何であったのかは大問題であるが, 様々なエピソードに登場する親 Hannibal 分子は, equites Campani に相当する, 旧貴族層であり, Luceria 等に大型の colonia Latina を設置して臨んだローマの姿勢は, 4 世紀後半型の軍事化を抑えるのみで, 処方箋にはなっていなかったと思われる. つまり, Hannibal 戦争以前は, socii の構想は発達した領域の構造を有するギリシャ都市の存在により偶発的に与えられたにすぎず, 自らは, 単純〈二重分節〉構造を一旦束ねるための colonia を設置するくらいのことしかできなかった. 軍事化を去っても, そうした「都市」の階層は領域の人員と直接に繋がって容易に再軍事化する. これらの地域が moitié 祭祀拠点構築と別途に軍事化するのをローマは甘受しなければならなかった. 少なくとも Cannae の惨敗は事実として残る. 以上の推測に対応する考古学的データというものは有りえないが, 例えば M. Mazzei et al., Aspetti della romanizzazione della Daunia, in: Salvatore ed., *Basilicata. L'espansionismo romano*, p. 177 は, まさに貴族層の残存を通じて裏付けるように思われる. ただし彼らはそのまま 2 世紀に socii

体制に, そして2世紀末には villae を通じて dominium 体制に, 適合=変身していく. かくして G. Volpe, *La Daunia nell' età della romanizzazione. Paesaggio agrario, produzione, scambi*, Bari, 1990. p. 36ss. などは, 4世紀に現れた（しかし A. Bottini, *Armi. Gli strumenti della guerra in Lucania*, Bari, 1994 は発掘地点と武具のみを時系列に淡々と並べ, 6世紀の「戦士層」が5世紀に一旦大きく変質し4世紀後半に先祖返りするカーヴを見事に「陳列」する）「戦士貴族層」がそのまま親ローマ分子となって socii 体制における2世紀の繁栄に至るとさえ描く. 両義性, 切り返し, 寝返り, が明らかに犠牲にされた叙述であり, (socii に対するローマの欺瞞を見抜いて利用した) Hannibal の着眼が全く説明できない. Samnium の側について同じ質の概観を有しないが, M. Gaggiotti, La fase ellenistica di Sepino, dans: AA. VV., *La romanisation du Samnium*, p. 35sqq.; Id., Saepinum. Modi e forme della romanizzazione, in: Salvatore ed., *Basilicata. L'espansionismo romano*, p. 257ss. が有益である. そしてこの変身の曖昧さを払拭しようとするかのように lex Sempronia による「都市」形成があり, これは bellum sociale に際して破壊される (cf. W. Johannowsky, L'abitato tardo-ellenistico a Fioccaglia di Flumeri e la romanizzazione dell'Irpinia, *Ibid.*, p. 270; cf. Id., Circello, Casalbore e Flumeri nel quadro della romanizzazione dell'Irpinia, dans: AA. VV., *La romanisation du Samnium*, p. 68sqq.).

〔2・3・2〕 Polyb. III, 90 はこのエピソードには立ち入らないが, socii の構造を政治的にのみ捉えて領域の性質を示唆するエピソードを排除したためであろう. Livius が依拠した Coelius に偶発的に流れ込んだ伝承として切除する J. von Ungern-Sternberg, *Capua im Zweiten Punischen Krieg. Untersuchungen zur römischen Annalistik*, München, 1975, S. 14 は疑問である.

〔2・3・3〕 vgl. Von Ungern-Sternberg, *Capua im Zweiten Punischen Krieg*, S. 16.

〔2・3・4〕 Von Ungern-Sternberg, *Capua im Zweiten Punischen Krieg*, S. 27 は Campani 指導層と繋がりの深い Claudii と Livii にソースを見る. いずれにせよ 6, 8 で Coelius のヴァージョンが捨てられるから, Livius は excursus に関しかなりの選択肢を有したものと思われる.

〔2・3・5〕 Von Ungern-Sternberg, *Capua im Zweiten Punischen Krieg*, S. 46ff. は Liv. XXIII, 6, 6 の "In quibusdam annalibus" につき, Valerius Antias を想定し, 直前にローマへ送ったとするのは Latini 反乱の故事に倣わせようという記述ではないかとする.

〔2・3・6〕 この伝承に対する根源的な懐疑は例えば Von Ungern-Sternberg, *Capua im Zweiten Punischen Krieg*, S. 34ff. に見られる. そもそも Dio Cassius と Diodoros が Hannibal/Capua を216年一回とするのに対して Liv. が ager Falernus から無用に撤退させ出直させるのは不自然であるというのである. 共和末民衆派クーデタ像を投影する Coelius の操作が想定される. tryphe モチーフの鋳型に流し込んだというのである. S. 54ff. では切除の帰結として「Capua 離反には上層下層対立は無関係であった」が導かれる. 確かに「上層=ローマ, 下層=反ローマ」のステレオタイプは誤りであるが, 伝承屈折の背後に有る社会構造をただ削除するのが Critique ではない. 伝承がディアクロニックに混線したとしても, それは意識的でありかつ正しい洞察であるかもしれない. そもそもテクストは単に「上層下層」と言っているのでなく, 都市=領域短絡を精確に捉えている. これは Gracchi の時代にも生じ, 他方 tryphe (Polyb.) の一形態で大いにありうるのである.

〔2・3・7〕 Von Ungern-Sternberg, *Capua im Zweiten Punischen Krieg*, S. 64f. は, 詳細を採らず, ただ上層=ローマの部分だけ他と符合するとして採る. そのパターンが例外的に現れる事例であるというのである. 逆で, ディーテイルこそディーテイルたる故に重要で, 単なるパターンを越える情報がそこにある.

〔2・3・8〕 Liv. XXVI, 16, 1ff. に併記されたヴァージョンの対抗は, Claudii 側からの弁解が元老院の指示を通じて形を取ったのに対して, Fulvius 側が敢えて特別法廷を強調して居直った

ものである. vgl. Von Ungern-Sternberg, *Capua im Zweiten Punischen Krieg*, S. 77ff.

〔2・3・9〕 Liv. は 27, 10ff. で Claudii の側の巻き返しを Campani 陳情団を通じて伝える. ここへ特別法廷事件責任問題が絡み, 他方には将来の repetundae が在る. 「Capua 化」は socii 破壊に該るか, と伝承はレトロスペクティフに問うのであり, これがこの時点から続いていく党派政治と連動する. 実際 Capua は両義的であり, 別の意味で socii も両義的である. Von Ungern-Sternberg, *Capua im Zweiten Punischen Krieg*, S. 85ff. は「Capua 処理条項」記事の党派性を丹念に分析する.

2・4

215 年, Hannibal は Bruttii と結んで Magna Graecia のギリシャ諸都市を攻撃した (Liv. XXIV, 1, 1 ; ed. Dorey : Graecas urbes temptavit). 宿敵 Bruttii が Hannibal についた以上, 諸都市はこれと戦う以外にない (1, 2). Locri では全ての糧食を領域から都市中心内に運び込むが, 奇妙なことに, 大勢の者達が城壁の外に流れ出る. 接近して来た Hamilcar の騎兵隊がこれを押しとどめ, Bruttii の一隊が Locri 城壁前まで行って交渉し降伏を勧告する (4ff.). Locri の政治的階層は初め応じないが, 領域に流れ出て保護された者達が結局人質 (8 : pigneratos) のようなことになって要求を呑む. ローマ守備隊を逃がし, 対等で自由な関係において相互防衛条約を締結する (13). ここでは頭と手足が癒着していることが問題であるのではなく, いざというとき頭と手足はばらばらになり, Locri の政治的階層は領域を把握しえていないのである[1]. 人々は彼らを見捨てて領域に出る. そこには何か基盤となりうるものが有るはずである. 否, 後背地を押さえる Bruttii がその拠点から大きく領域を伸ばし, 蚕食し, 事実上領域無きポリスにさえなっているかもしれない. 都市中心の従属的人員はそこに脱出する. いずれにせよ彼らは Hannibal へと転回することを強く押し進める[2]. Bruttii の組織は堅固であるが, 中心はこれに背を向けるばかりで, デモクラシーは転倒してしまっている, というより, 政治システムの〈二重分節〉に失敗したその残骸しかここには無いのである. ならば Hannibal の格好の餌食である.

Liv. は「平民は反ローマ, 上層は親ローマ」という一般的分裂状態を示唆した後 Croton の Aristomachus を登場させる (2, 9). 彼は「平民のリーダー」(princeps plebis) であり, Hannibal への転回を秘かにねらっているが, この微かなリンクをも引き裂くように, そもそも都市中心内部が荒涼としており,

まるで領域のようなここに Bruttii は易々と入り込み占拠する (10). しかし貴族達は akropolis に逃げ込む. Bruttii も流石にここは簡単には抜けない. 都市中心自体の（デモクラシーに特有の）二重構造が作動して頭は残ったのであるが，全く何の望みも無い. Hanno は荒れ果てた Croton[3] が Bruttii の colonia を受け容れるように説得するが,「Bruttii と儀礼・法律・言語において交わるくらいならば死んだ方がましである」(morituros citius quam inmixti Bruttiis in alienos ritus mores legesque ac mox linguam etiam verterentur) として背を向けるばかりである (3, 12). ここでも Aristomachus の仲介は失敗に終わり, 結局 Locri からの使者が彼らを海路受け容れるということで結着する (15).

214 年, 当時 Avernus 湖に在った Hannibal を Tarentum の貴族の若者達が訪ねる (XXIV, 13).「平民が自分達の手に在り, 政治システムが平民の手に在る」(in potestate iuniorum plebem, in manu plebis rem Tarentinam esse) というのである. 珍しくあの切れた関係, ないし Aristomachus 一人が空しく繋いだ関係, が存在するというのである. しかしローマは, ばらばらでは困るとしても, このようなダイナミックな政治的連関もまた好まないようである. 領域の関係を大きく改変する力を有することを知っているためであろうか. 212 年, Tarentum の Phileas という者が, 使節としてローマに来る機会に, 人質としてローマに在住していた Tarentum と Thurii の者達を解放しようとして捕らえられ, 全員処刑される (XXV, 7, 10ff.). この厳罰主義は一気に情勢を悪化させる. 13 人の Tarentum 貴族の若者達が Hannibal のところに赴き, 彼らの先導で Hannibal は易々と都市中心を制圧する. この時そのうちの二人は毎晩定期的にカルタゴ軍から家畜を掠奪して来るふりをして城門を開けさせるというトリックを用いる (8, 6ff.). 領域への回路こそが鍵を握っているのである. ローマの守備隊はしかし湾の先にこれを閉ざすように突き出た arx に立て籠もり, カルタゴ軍は市街地の側に残された「ローマ人」の家を識別して襲う (10, 7ff.). ローマ＝Latium＝Campania から municipium 体制に慣れた分子がやって来て様々な活動を展開していたに違いない. 彼らを切断＝切除することが Hannibal の関心であり, arx から再び手が伸びて来てこうした枝が再生することを怖れた彼は, arx が海上からの補給により簡単には落ちないと見ると, 自分の方から却って手前に溝を築いて外を内から遮断しようとする (11, 1ff.)[4].

2 socii

貴族抜きに Croton と同じパターンが現れたことになる．しかし逆に，ローマ型の繋がりは御免だと Hannibal の方が閉ざしたのである．いずれにせよ，ローマ風に領域へと関係を構築する方策が伝統的デモクラシーの脈がまだ残存する地帯でこれと対話することが全く出来なかったことを物語るように，Tarentum の arx を補強すべく Metapontum の守備隊を送ってみると Metapontum は挙げて Hannibal になびき，Bruttii を駆逐するためにあれだけの犠牲を払った Thurii でさえ，守備隊長 Atinius が訓練してきた Thurii 出身の上層市民の子弟達（iuventus Thurina）はカルタゴ軍を前にしてさっさと敗走し，簡単に占領されてしまう（15, 4ff.）．Tarentum の政治システムとその municipium の如き Thurii が都市と領域のそれぞれの脈絡で（詰めれば矛盾するところ詰めずに）同居する，というような関係は到底根付かず，灰燼に帰することになる[5]．

Tarentum 駐留の Bruttii 守備隊の長は Tarentum の娘と恋に落ちる．ところがこの娘の兄はローマ軍部隊に勤務する．209 年，Fabius が Tarentum を奪還する時，この繋がりを介して守備隊長を翻意させたことが決定的であった（XXVII, 15, 9ff.）．このような無差別的繊維網こそ，ローマ側の将来に向けての理想である．cognatique な結合はその繊維素でありうる．

同じギリシャ植民都市域とはいえ Sicilia は全く違った様相を呈する．元来ローマは socii の模範たる Hieron の一点[6]において結び付いていた．216 年にも Hieron から大量の物資を積んだ船団が送られ，Ostia に到着している（Liv. XXII, 37）．ところが 215 年にこの Hieron が死ぬと tyrannus に依存する Syracusae の体制の弱点が露呈し，cognatique な関係が複雑に絡まり合う親族間の争いにおよそ tyrannis 打倒を目指す動きも加わって大混乱となる（XXIV, 4ff.）[7]．結局孫の Hieronymos が権力を奪取し，同時にローマへ叛旗を翻す．カルタゴと結び，兵力を進発させるが，Leontini であっけなく暗殺されてしまう．こうして Hieron という殻が割れた後の Sicilia はカルタゴの餌食となってどこへ転ぶかわからない有様である．Syracusae では内戦とクーデタの応酬となり，選挙をしても傭兵を基盤に tyrannis 樹立に野心を燃やす者達が当選する（21ff.）．214 年の consul, M. Claudius Marcellus は Sicilia に兵力を進めると，衛星都市 Leontini から「自分達の領域のための守備隊」（29, 1: praesidium finibus suis）を依頼する使節が Syracusae に到着する．ここで奇妙なことが起き

る．直前の民会で親ローマ路線を採ることに決まっていたのに，選挙で選ばれていた者が非正規軍と傭兵を引き連れて Leontini に赴いたのである (2). Syracusae の政治的指導層は厄介払いとして黙認したと思われる．この部隊は，「同盟都市の領域を守るために」(ad tuendas sociorum agros) Ap. Claudius Pulcher (propraetor) 率いるローマ軍先鋒が現れると，Leontini に入り，Syracusae の傘の下に入ることとローマへの従属を同義と捉えこの双方から独立する気運で昂揚する Leontini の分子を煽る (6ff.). しかし Marcellus の本隊は難無く Leontini を確保し (30, 1ff.), そして掠奪するどころか「全ての財産を原状回復した」(suaque omnia eis resitituebantur). Syracusae 傭兵隊は Herbesus に逃げるが，この部隊を制圧するための Syracusae 正規軍が進発していて，ここには Leontini 破壊・虐殺という誤報が入る．これが兵士達に動揺を与え，指揮官は仕方なく Megara で様子を見ることにする．次に Herbesus を帰順させようとするが，失敗してこれを攻める (30, 11). ところが何と遭遇した両軍は指揮官の制止も聞かず融合してしまい，Syracusae に帰った彼らは反ローマで動くことになる．Marcellus は Syracusae 都市中心を攻略し，問題の略奪行為を働き，Helorus と Herbesus を降伏させ，Megara を徹底的に破壊する (35, 1f.). それでも Himilco が上陸すると Murgantia を初めとして，次々と各都市が離反し，ローマ守備隊を襲って備蓄された糧食を奪う (36, 10). Henna でも同様で (37, 1ff.), Himilco と通じた政治的指導層 (principes) は警戒態勢に入った守備隊長 Pinarius に対して，「もしローマ人に対して奴隷として監視されるのでなく自由人として同盟しているのならば，都市中心とアクロポリスをわれわれの権限の下に置くべきである」(urbem arcemque suae potestatis aiunt debere esse, si liberi in societatem, non servi in custodiam traditi essent Romanis) と要求する．Pinarius はそれが全員の考えかどうか民会を開いて示すように言っておいて，秘かに準備して民会の開かれたその円形劇場を襲い，大量に虐殺する (39, 3ff.).

　Hieron の指導下，Syracusae とその領域の間の関係は不思議な均衡状態に達していた．デモクラシーの破綻と領域問題の隘路は，Syracusae 中心の政治的階層の極小化，misthos を通じて誰でも結局は領域に入植して行けるメカニズムによる循環，Syracusae への恒常的給付と引き換えに与えられる領域の階層

に対する地位保障，等々という奇妙な解を得ていたのである．ローマの municipium 体制と一種相似形である．そしてそうであろうとなかろうとローマは Hieron からの給付さえ確保されれば内部の構造には関心を有しなかった．しかし Hieron の死とカルタゴ軍事力の存在は，Syracusae 領域内の諸都市の政治的意識に火を付ける．Henna はその最重要拠点である．ローマにとって，それらの都市一つ一つを Neapolis のような socii に仕立て上げていくことは理想であったはずで，Syracusae 解体はその方向に進んでもよかったはずである．しかし Henna の一件が示すのは，逆にそれらの政治システムを抹殺するという方向が選ばれたということである．政治的階層を Syracusae にのみ残すというのでもない．横一列の Fabius の構想はここでは一面的に領域の側にだけ形成される．つまり，領域上によく整備された一面に並んだ占有から給付が定率で直接ローマに達するのである．否，Syracusae 等の商人はそのためにこそ役割を認められ，彼らの媒介によってローマの財源となるのである．各都市の隠れた機能が直ちにゼロになるということではない．しかしこのメカニズムのために必要な限度において機能するにすぎず，かくして Sicilia においては socii 体制もこのメカニズムが必要とする若干の仲介点においてのみ妥当するということになる．そうであればこそ，Marcellus を手引きした Syracusae の Sosis はローマ市民権とともに Syracusae 領域内に 500 iugera を与えられ，Hispani を誘導した Moericus はどの年のどの領域だろうと好きに選べる（XXVI, 21, 9ff.; ed. Walsh）．逆に，「多くの者達からは資産が奪われ」(bona quoque multis adempta)，「単純な土地占有の上に生計を立てようにもそれすら残余の資力ではできない」(ita ut ne nudo guidem solo reliquiis direptae fortunae alere sese ac suos possent) ということになった（XXVI, 30, 10）．この苦情に対する SC は曖昧で，多少の原状回復が約されたにとどまる．Appius 集団の手法の方が優ったのである．そうでないとしても，都市に結晶する資産は徹頭徹尾剥奪されたと見られる．Leontini で原状回復されたのも領域の端的な関係であったに違いない．209 年，proconsul たる Valerius は管轄する区域 (provincia) を巡回する（XXVII, 8, 18; ed. Walsh）．「諸々の領域を訪ね，耕作地と非耕作地を記録し，所有権者を称賛もしくは譴責するためであった」(ut uiseret agros cultaque incultis notaret et perinde dominos laudaret castigaretque)．この「所有権者」

(domini) は単純に kyrioi であって，登録上の帰属関係を示す．それでもまだ辛うじて socii 体制がここでも意味を持っていたことを示すことには，205年，Scipio (Africanus) が戦争準備のため Syracusae を訪れると，「ギリシャ人達は，戦争で奪ったまま実力で土地を保持し続けている Italici に属する者達に対して，元老院の裁可を根拠として請求し続けていた．そこで Scipio は何よりもまず公的決定の信頼を回復すべく，一部告示によって，一部あくまで不法に固執する者に対しては裁判によって，Syracusae の者達の占有を回復した」(XXIX, 1, 16f.; ed. Walsh: Graeci res a quibusdam Italici generis eadem ui qua per bellum ceperant retinentibus, concessas sibi ab senatu repetebant. omnium primum ratus tueri publicam fidem, partim edicto, partim iudiciis etiam in pertinaces ad obtinendam iniuriam redditis suas res Syracusanis restituit.)．この結果十分な補給に成功するのである．もちろん，Hannibal 戦争における勝利は全てこの点に懸かっていたのである．

[2・4・1] Lokroi は Kroton と対照的にアルカイックな形態を残す都市として知られる（D. Musti, Problemi della storia di Locri Epizefirii, in: AA. VV., *Locri Epizefirii. Atti del XVI convegno di studi sulla Magna Grecia*, Taranto, 1977, p. 23ss. が最も包括的である）．なお，K. Lomas, *Rome and the Western Greeks 350 BC–AD 200. Conquest and Acculturation in Southern Italy*, London, 1993, p. 68ff. は，全篇でそうであるように，全く各都市の問題を捉えず伝統的外交史と「ローマ化」というタームしか持たない．

[2・4・2] Von Ungern-Sternberg, *Capua im Zweiten Punischen Krieg*, S. 70ff. は二世紀ギリシャ都市に関する記述との類似性からこれもパターンとして史料批判し切除する．しかし空間的パースペクティヴは具体的かつ個性的である（次の Kroton と描き分けられている）．

[2・4・3] Kroton は Magna Graecia におけるデモクラシーないし構造変動の旗手であり，一手に古典期を担う存在であった（さしあたり，cf. A. Mele, Crotone e la sua storia, in: AA. VV., *Crotone. Atti del XXIII convegno di studi sulla Magna Grecia*, Taranto, 1984, p. 9ss.）．領域の改変に真っ先に手を付けたと考えられる．それが壊滅に帰したとすれば，これほど雄弁に領域問題解決失敗を物語る事例は無い．しかし，Campania に関する Lepore の研究の如きものは存在しない（如何にこれが例外的かを思い知らされる）．例えば AA. VV., *La Magna Grecia nell'età romana. Atti del XV convegno di studi sulla Magna Grecia*, Taranto, 1976 の如きこの学会の失敗作を見ると簡単に理解できる．北に比して今日に至るまで絶望的な大土地所有と荒廃は突然ローマ史の中で論ぜられる．

[2・4・4] この後，2世紀の Tarentum について，K. G. Hempel, *La necropoli di Taranto nel II e I a. C.*, Taranto, 2001（結論的考察は p. 129ss.）が興味深い．今や城壁の外に大きく開いてネクロポリスが展開する．ローマ介入のきっかけとなった領域の階層はローマの思うとおりには育たず，むしろかつての誇りの方へ舵を切る．socii の体制にとって，この方が長期的には有益であるはずであるが，ローマの政治的階層は割れているうえに十分に自覚しない．Hannibal にとってはまことに好都合である．ちなみに，ネクロポリスの大きな変化は2世紀の

後半になってからゆっくり起こり，1世紀にならないと完結しない．当然ながらsocii体制への移行は変化を意味せず，municipium体制，ないしsocii体制破壊，が転機となる．なお，Lomas, *Rome and the Western Greeks*, p. 71ff. については Locri 問題におけるのと同じ批判が妥当する．

〔2・4・5〕 後に (cf. IV-1) 取り上げる大問題，Gracchi が一体何をし，また何故したのか，に通じる論争点として，2世紀に Italia が荒廃していくというのは本当か，それはまた何故か，ということが有る．例えば Toynbee, *HL, II,* p. 155ff. は「Italia の peasantry の没落原因」として「マーケット向け牧畜」(標高差を利用した transhumance) と大規模に奴隷を使用する "the Agrigentine agricultural revolution" を挙げる．これが Hannibal 戦争によって領域が荒廃した後に繁茂して「回復」を妨げるとされるのであるが，P. A. Brunt, *Italian Manpower, 225 B. C.-A. D. 14,* Oxford, 1971, p. 269ff. は，colonia が盛んに行われた「北西」を没落する「南東」と区別した Toynbee に部分的に反対し，Hannibal 戦争自体の影響は部分的にとどまり，むしろ Hannibal についた勢力の土地の没収，公有地化と粗放な利用，が重要であるとする．かくして Latium/Etruria の状況は良好で，Campania は復興しえたものの，Bruttium と Magna Graecia を中心とする南部は荒廃して行く一方だった (p. 345ff.) と論ずる．しかし何故 Campania が回復しえたのか．南は本当に軒並み反乱したのか．ギリシャ都市は全体としてローマによく従ったが領域問題に足をすくわれて混線しただけではないか．「その結果としての大規模な没収」は全て「反乱＝没収」という推論のみによっているのではないか．近年，ようやく Toynbee 学説見直しが試みられる (K. Lomas, *Rome and the Western Greeks,* London, 1993; H. Mouristen, *Italian Unification,* London, 1998; E. Gabba et al., Hannibal's Legacy trenta anni dopo, in: E. Lo Cascio et al., edd., *Modalità insediative e strutture agrarie nell'Italia meridionale in età romana,* Bari, 2001, p. 5ss.; M. Gualtieri, *La Lucania Romana. Cultura e società nella documentazione archeologica,* Napoli, 2003, p. 55ss.). しかしそこでは問題がすり替わって混乱が一層深まったようにさえ見える．即ち，「ローマ化」がキーワードとなったため，Augustus 体制化の municipium に比してどれだけ標準化を免れたか，をメルクマールとして議論がなされた．これを肯定するにせよ，否定するにせよ，地域的偏差を強調するにせよ，肝心の問題が理解されない．bellum sociale 以後の様相を読み込むことを否定するのはおそらく正しいと思われる．しかしとりわけ 4-3 世紀に短期間覚醒した後背地の形態の持続，或いはギリシャ都市的要素の残存，は指摘しても無意味である．それが何ら解決を意味しないからである．それらの変容と (ローマからの) colonia 設置がどこまでのことをしえたか，である．ローマが消極的であるように見えたとして，この変容 ("Lucani") に委ねる趣旨であり，そしてこの消極的処方箋は Magna Graecia の積年の領域問題に対して結局無効であり，手の施しようもなかった，のではないか．一応の解が与えられた Campania と Syracusae が例外となったとしても，「南東」で socii を育むことにローマが失敗したことは明らかである．しかし「成功した」「北西」の方法が適用されればよかったということではない．南と socii の観点からは「北西」のあのような質の colonia は見せかけだけ socii 体制に適合するにすぎない，と言うことも可能である．そのうえ，socii 体制に横槍を入れる路線がローマ中央に常に伏在した．つまり個別的な関係によりいきなり「ローマ市民の」占有を実現する分子の存在である．"the Agrigentine revolution" であろうと高度に商業化した牧畜であろうと，socii 各都市に結び付いていればむしろ好都合であったに違いない．

〔2・4・6〕 全ては Hieron の体制の評価に関わる．Cic. Verr. から判断する限り，一応安定した領域組織といえども微妙な均衡の上に成り立っている．つまり，ギリシャでは安定しない政治組織抜きの〈二重分節〉単位が，極小化された組織を通じて，なおかつ種類物の循環を技

巧的に統御することを通じて，辛うじて奇形的に成り立っている．しかし多くの点で危ういバランスである．第一に統括権力自体政治システムの実質を失っている．というのも，領域問題に対して仲裁的に振る舞う tyranni とその軍事組織を Syrakousai が恒常的に抱えてきたからである．特に傭兵という形式において財の再分配が現れる．盛んになされる貨幣鋳造がこれを雄弁に物語る．そしてこれがまさに経常的な財の循環に昇格する．その回路は彼らの入植である．他方 4 世紀半ばからは，入植は強くデモクラシーの形態を意識してなされる（入植に懸かる循環と信用の結び目を「Siculi の拠点」が 5 世紀半ばから Syrakousai の tyrannos に対して対抗的に形成したのに対し，Timoleon 期には両者が習合する：K. Erim, La zecca di Morgantina, in : AA. VV., *Le emissioni dei centri siculi fino all'epoca di Timoleonte e il loro rapporti con la monetazione delle colonie greche di Sicilia. Atti del IV convegno del centro internazionale di studi numismatici,* Napoli, 1973, Roma, 1975, p. 72ss.; G. K. Jenkins, The coinages of Enna, Galaria, Piakos, Imachara, Kephaloidion, *Ibid.,* p. 94ss.; A. Bertino, Emissioni monetali di Abaceno, *Ibid.,* p. 109ss.; R. Ross Halloway, Le monetazioni di Agyrion, Aluntion, Entella, Nakone, Stiela, *Ibid.,* p. 137ss.; E. Lepore, *Ibid.,* p. 148ss. のコメントが特に重要である）．Sparta 風の改革として，土地の再分配が強行され，強く平準化された領域組織が作られる（Timoleon と Agathokles に関して，cf. P. Léveque, De Timoléon à Pyrrhos, *Kokalos,* 14-15, 1968-1969, p. 135ss.; M. Sordi, Il IV e III secolo da Dionigi I a Timoleonte, in : Gabba et al., edd., *La Sicilia antica, II, 1,* p. 257ss.; S. N. Consolo Langher, La Sicilia dalla scomparsa di Timoleonte alla morte di Agatocle, *Ibid.,* p. 291ss.）．これら全ての遺産の上にのり，なおかつ Timoleon-Agathokles の動機を（殺さぬように，しかし）極小化することによって，Hieron の体制が成り立っている．こうした複雑な様相抜きには以下の Leontini を巡る一件は理解できない．なお，Timoleon 期には明確な考古学的徴候も得られている．新種の都市中心の目覚ましい簇生が報告されている．P. Orlandini, La rinascita della Sicilia nell'età di Timoleonte alla luce delle nuove scoperte archeologiche, *Kokalos,* 4, 1958, p. 24ss.; D. Adamesteanu, L'opera di Timoleonte nella Sicilia centro meridionale vista attraverso gli scavi e le ricerche archeologiche, *Ibid.,* p. 31ss.; E. De Miro, Eraclea Minoa e l'epoca di Timoleonte, *Ibid.,* p. 69ss.; A, Di Vita, Camarina e Scornavacche in età timoleontea, *Ibid.,* p. 83ss.; G. Vallet et al., Le repeuplement du Mégara Hyblaea à l'époque de Timoléon, *Ibid.,* p. 100ss.; E. Sjöquist, Timoleonte e Morgantina, *Ibid.,* p. 107ss. が極めて重要である．Morgantina についてはさらに，M. Bell, *Morgantina Studies,* I. Terracottas, Princeton, 1981, p. 22ff., Megara Hyblaia については，G. Vallet et al., *Fouilles de Megara Hyblaea,* IV. Le temple du IV siècle, Rome, 1966 を参照．

〔2・4・7〕 Liv. と Polyb. はほぼ並行で，前者のソースの所在を示す．De Sensi Sestito, La Sicilia dal 289 al 210 a. C., p. 361ss. における経過再構成を参照．

2・5

新しい socii 体制にとって重要な点は，下位の政治システムが中心の政治システムに連動することなく働くことである．CSS から出発して発達してきたこの基本概念は，元来ローマ型〈二重分節〉ないし領域の上の占有という目的のために構築されてきたものであるが，一方でその（第一次ポエニ戦争以後の）完成期において却って socii の政治システムを部分的に復興し実質化させるた

めに，意識的に socii を「外国」とみなし外交関係を樹立する，つまり連動させないという消極的な意味でなく異なる政治システム間の〈分節〉を積極的に生かす方針が採られる．反面，なおかつ socii の関係 P-p1/P-p2 においては p1-p2 のところに実質的な政治システムが作動してはならないという点において連動性を嫌う，つまりギリシャ型デモクラシーを嫌う，方向性は一貫していく[1]．p1-p2 の連帯，つまり socii が相互に連帯して何か発言してくるということ，はまさに全体の連動システムを考えなければならないことを意味する．これを嫌うということは P-p1/p2 間にやはりローマ型〈二重分節〉を概念するということである．この P の部分にしかしどうやって P1-P2 の政治的〈分節〉関係を創り出すのかという点については後に触れる．

以上の点はギリシャの諸都市からしても格段問題ないように見える．慣れない観念ではあるとしても，内部の問題を直接には左右しない．確かに，二段の横断的結合という点で極限まで自分達の側に近付きながら，明示的な政治システムを領域には認めない．そして何より二つの政治システムが連動して領域の関係をダイナミックに規律していくというギリシャ独特の方法は徹頭徹尾排除される．これは時として軋轢をもたらすであろう．しかし，ギリシャ諸都市の外交関係がローマ型 socii 体制に順応できるかどうかは少なくとも全く別問題であるように見える．ところが，既に示唆したとおり，ギリシャにおいてはデモクラシーの問題と外交関係，特に同盟形成，の問題は全く不可分の関係にあった．そもそも Athenai にとって，仮に Attika 内の諸 demos は如何なる意味でも同盟問題を生ぜしめないとしても，Delos 同盟は自分達のデモクラシーと深く結び付いていた．Sparta にとって perioikoi の問題こそが端的にデモクラシーの問題であったばかりか，Messenia 問題は Sparta の体制の帰趨と不可分であった．実は Boiotia や Ionia では同盟の形態が主導して構造変化が進んでいく．Arkadia のように Megalopolis への synoikismos が行われるところもあれば，4 世紀になって Achaia のように同盟が新しい積極的な意味を獲得するところもある．デモクラシーが政治システムの多元性と不可分である以上，このような連関は論理的に必然であった．ローマの socii 体制すら遠くデモクラシーの極端な一ヴァージョンである．そうであるとすると，もし socii 体制にギリシャ諸都市が入るとなれば（各都市の社会構造の問題を別としても）さし

あたり以上のような脈絡が交錯していくことになる．Hannibal が Makedonia に軍事的盟邦を見出したことからローマはギリシャに軍事介入していくことになるが，その時のギリシャ側の主役を務めるのが Achaia 同盟と Aitolia 同盟であるのは，十分に理由の有ることである．

　Achaia 同盟の重要な政治家を父に持つ Polybios はこの点最良の同時代証人である．しかも彼の問題関心自体ローマのその新しい体制の秘訣に向かう．作品冒頭の少ないテクスト残存部に，幸い鮮烈な意識が刻まれている．歴史学の最良の伝統を引いて彼の叙述も digression の連続であるが，第一次ポエニ戦争が終わるとテクストは Hannibal 戦争へと向かう読者の関心をじらすように一転 Achaia 同盟の歴史に移る．以下に見るようにこれは決して身贔屓ではない[2]．Makedonia 征服やローマのその後の対ギリシャ関係の質はここから説き起こさなければ到底摑めない．Livius と違って Polybios は年代記にまとめるのではなく，深く構造をあぶり出していく歴史学の正統に属する．ヴァージョンの取捨選択はこれに方向付けられている．彼によると，Achaia 同盟が Peloponnesos 半島の全体を加入させているということが大前提たる所与として有るが，その理由（aitia）は，「発言の平等と解放性，要するに正真正銘のデモクラシー[3]というシステムと公理」(II, 38, 6: *ἰσηγορίας καὶ παρρητίας καὶ καθόλου δημοκρατίας ἀληθινῆς σύστημα καὶ προαίρεσις*) である．Argos や Sparta の後方に位置する後進的な部族組織残存地帯ではもはやなく，十二の都市の多元性を最大限に生かした〈二重分節〉システムであるからこそ，領域問題に突っ込んでしまって動けず結局は Makedonia の庇護下に入るか tyrannis（一種のボナパルティズム）を樹立するしかない諸都市を次々と引き入れることができた，というのである．3 世紀に入り Makedonia を押し返すようにしてギリシャ国際政治空間の主役に躍り出る．そもそもどのデモクラシーにおいても部族的原理という地下水からの再汲み上げは重要な役割を果たした．思わぬバイパスを発見したのが Achaia 同盟であり，その中興の祖たる Aratos であった，如何にデモクラシーの王道をはずれようとも．

　Achaia 同盟にはしかし，第一に Sparta という活火山がアキレス腱として存在していた．そして第二に対岸の Aitolia 同盟がライヴァルとして存在していた．Aitolia 同盟は Achaia 同盟と歴史的役割は似るものの，Polybios が「好戦

的拡張主義」というレッテルを貼る (45,1) 通り，同盟としての軍事化に秀で，また各都市の構造も首長が領域の組織無しに君臨するというものである (Thessalia に似る). Magna Graecia に多くの植民都市を築きこれらの危機に際して先導役さえ買って出た (39,6) Achaia の各都市が領域の組織を原始的に過ぎると思わせるほど遺すのとは対照的である. Achaia 同盟はまず Kleomenes の Sparta に対抗するために敢えて宿敵 Makedonia と手を結ぶ. しかしこれは次にその Makedonia と直接対立関係にあった Aitoloi との間の戦争を不可避とする (同盟戦争 polemon symmachikon). ローマはまさにここで舞台に登場するのである. つまり Makedonia と Achaioi が Aitoloi に対して戦争をするというその場面である (37,1). これが Polybios に digression を要求した事由であるが，すると，何とローマは Achaioi でなく Aitoloi のために介入していくという巡り合わせとなる. その Aitoloi との同盟は当然に戦略的なものであり，したがって条約のタームは socii 体制構築のそれと微妙な関係に立つものとなる. 215 年の praetor peregrinus であり，Hannibal＝Philippos 連絡の使者を捕縛して以来対 Makedonia 作戦に従事して来ている M. Valerius Laevinus は，211 年，Aetoli 同盟の総会に出席して演説し，条約を締結する (Liv. XXVI, 24; ed. Walsh). 第一に何と Syracusae と Capua の例を (！) 誇示し，第二に socii を培ってきた伝統 (mos colendi socios) を示し，如何に或る者は対等の権利を持つローマ市民団へと受け容れ，或る者はローマ市民になるよりも socii たるにとどまりたいとのことでその境遇にとどめ (alios in ciuitatem atque aequum secum ius accepissent, alios in ea fortuna haberent ut socii esse quam ciues mallent) たかを述べ，第三に Aitoloi はなにしろ海外の最初の socius なのだからこれよりも一層の栄誉を以て迎えられるであろう，と付け加える. Capua のようなケースも有りうるし，市民権は好きなようにするがよいがどちらでも大差無いし，厚遇はするがいずれはこの socii 体制に入って貰いますよ，とも読める. Aitoloi がそのような不吉な解釈をしえたかどうか，Makedonia に対して，Aitoloi は陸からローマは海から攻め，都市と領域は Aitoloi が獲り戦利品はローマが獲る，Korkyra までと Akarnania は Aitoloi のものとする，互いが Makedonia と講和するときには相手に対する不可侵も同時に含ましめる，条約のテクストは Olympia と Capitolium に同時に寄託する，等々の条件で一見対

等の軍事同盟が締結される[4].

　しかし Hannibal 戦争終結後の本格的軍事介入に際しては，様相は全く違ってくる．200 年，Athenai からの使節が Makedonia 王 Philippos の不法をローマ元老院に訴え出てくる（Liv. XXXI, 5）．Athenai には既に Pergamon の Attalos 王と Rhodos が援助して顕彰されている（15）．Athenai は以後も一貫してローマの模範的 socii の一員たり続ける，姉妹都市の如き Neapolis と同じく．その Athenai のエーゲ海の同盟都市を Philippos は攻撃し，ローマと Rhodos 海軍が防衛，その隙にローマは Athenai を急襲して失敗，Philippos は一転 Achaioi の会議（於 Argos）に現れる（25）．会議は Sparta の tyrannos たる Nabis を攻撃するためであったが，Philippos は自分が攻撃するから背後の防備をと持ちかける．しかしこれが Achaioi をローマ側にやらないための奸計と見破った彼らは「同盟の会議では召集に際して予め示された議案以外は審議できない」として拒否する．もっとも，Philippos は逆に敵であるはずの Aitoloi と和睦した関係にある．かつて Hannibal にかかり切りのローマに見放され単独で戦い単独で講和した（205 年），その Aitoloi の会議に，Philippos と Athenai とローマの使者が訪れ演説する（29ff.）[5]．Polyb. をソースとすると思われる Liv. のテクストは演説を再現して明晰である．とりわけ Makedonia 全権代表のそれが．お前のために戦うのだと言いながら，お前が私と和睦するのを禁ずるのがローマのやり方だ，Messana にして然り Syracusae にして然り，自由を守ると言いながら租税を課された属州にしてしまったではないか，独自の会議と独自の法を持ち政務官を選べるお前達のようなことが彼らにできるだろうか，自由に欲するまま同盟者と敵を選ぶ（socium hostemque libere quem velitis lecturi）ことができるだろうか，ローマの praetor が一段高いところに陣取って（excelso in suggestu）いちいち指示することになる……．A-a/B-b のローマ型〈二重分節〉システムにおいて A-a 等の隊形自体は崩すことができない．A-a を b-a に変える自由は無い．しかし Athenai 代表にとってこれはどうでもよい．要するに領域の安定的な関係を Philippos が破壊したというだけで十分非難に値するのである．これこそローマにとって理想の socii 像であり，ローマ代表は何も付け加える点が無いと言えば足りたのである．そして駄目を押すように Rhegium 介入のパラデイクマを持ち出し，Syracusae は「tyrannus から

の解放」ということにしてしまう．内部に立ち入る「socii 防衛」の姿勢である．会議は手続問題に逃げる形で結論持ち越しとなるが，翌 199 年 Aitoloi は突然 Philippos の部隊と交戦する（XXXII, 4）．新しい同盟者 Aitoloi に裏切られた Philippos は古い同盟者 Achaioi のもとに使者を送り，一旦は（有利な条件を示して）同盟を確認することに成功する．しかし翌 198 年，T. Quinctius Flamininus (cos.) が上陸し，Thessalia に兵力を進める（Aitoloi も加わる）と，Achaia 同盟内の政権が移動したこともあり，大きな方向転換が行われる．それを決定する会議に，例によって各代表がやって来て演説する．それを聴いて翌日集まった Achaioi は重苦しい雰囲気に包まれ誰一人発言しない（20ff.）．Philippos との古い同盟に忠義立てするか，それともローマの力になびいて安全を採るか．結局ローマ側へと舵を切るその理由は，Philippos が実際にはできなかったこと，つまり「汝達自身の労苦と危険抜きに（！）汝らを自由へと回復すること」（sine uostro labore et periculo uos in libertatem uindicarent），をローマならば保障するからである．つまり戸惑いながらもローマ型〈二重分節〉が受け容れられているのである．第一列の政治的審級でない方がよいと（ギリシャ型〈二重分節〉は第二列に立つ者を——〈二重分節〉を意識させないほどに——あたかも横断的単純〈分節〉隊形にあるかの如くにする）．個別に自由が保障される方がよいと[6]．そしてそれは Achaioi が（Athenai のように）既に第一列に立たない階層を準備し内部に（ギリシャ型の中でも最も希薄な）〈二重分節〉体制を保持しているからでもある．Aitoloi がローマの体制の中で軍事的にも積極的な役割の有ることを期待し転じていくのと対照的である．

198 年から 197 年にかけて Korinthos（XXXII, 23），Opous（32ff.），Argos（38ff.），Boiotia（XXXIII, 1f.）等々で Flamininus は領域問題の吹き溜まりに突っ込んで Nabis の闖入を許しながらも結果的に Philippos の軍事的プレゼンスを解消するのに成功する（第二次マケドニア戦争）．そして Thessalia（Kynoskephalai）で Philippos と決戦し，これを破る（7ff.）．講和会議（12f.）ではむしろ Aitoloi が問題を発生させる．一種の防波堤として Makedonia を残そうとする Flamininus に対して Aitoloi は自分達の獲る部分をローマと並列関係で主張しようとする．かつて Aitoloi が支配した都市をローマが取り返した場合も当然に自分達に返ると思う．これに対して Flamininus はそれらはあくまでロ

ーマの socii であるという立場を崩さず[7]，Aitoloi が一旦同盟に反して Philippos と和睦した点を非難する．そうした Aitoloi の不満を伏線としつつ，196 年，十人の全権代表団（decem legati）が到着し，正式に条約が結ばれる（30ff.）．その条項は，武装解除や賠償を除くと，二点を骨子とする．第一にギリシャ諸都市の「自由と独自の法」（libertas ac suae leges）であり，第二にそれら都市を（守備隊を撤収した後）「空洞でローマに引き渡す」（vacuas tradere）ことである．つまり「自由」は引渡の対象たることを排除しない．しかもそこに占有のロジックが使われるのである．「ギリシャの解放ないし自由」はかくして何かが取り去られるというのでなく，極めて具体的で積極的な意味を有した[8]．Isthmia 祭において Flamininus が厳かに自由を宣言すると，decem legati は各所に散ってこの自由を事細かく実現すべく働き始める．195 年，Flamininus は Nabis を追い詰める．Nabis の言い分（XXXIV, 31）は明快である．Argos の招きで Philippos を追い出すため Argos を占領した，その後にローマと socii の関係を結んだ，これがどうして違法なのか，と．Flamininus はもはや厳密に外交的な関係のタームで事態を捉えることを許さない（32）[9]．要するにローマとの関係以外に何かが何かを支配していることを（おそらくはまた連合していることさえ）排除するのが彼の目的であり，それが「全ギリシャの自由」なのである．市民社会の自由が保障された公法上の秩序に似る．そしてその秩序保障は各ポリス内部にそのまま及ぶ[10]．講和条約の草稿（35）にはかくして「王の，公の，或いは私人の，奴隷は連れ去っ（解放し）てはならない，連れ去られた場合には所有権者に正しく返還されなければならない」（ne quod inde mancipium regium publicumve aut privatum educeretur, si qua ante educta forent dominis recte restituerentur）という条項が加わる[11]．socii レヴェルの「市民社会」にも適用され「ローマ国民の同盟者たる全ての都市に逃亡者と捕虜が返却されねばならない」（perfugas et captivos omnibus sociis populi Romani civitatibus redderet）ということになる．その他，その改革理念からして至る所介入し変更したその関係の全てを解消し，その介入自体を放棄しなければならない．それは今やほとんど公権力たるかのようにローマの専権なのである．ただし自由を保障する方向で．その点に関する限り Flamininus の言葉は偽りでもなければイデオロギーでもない．Nabis 自身でさえ温存される[12]のであ

る〔48〕.

　以上のようにして，新しいsocii体制は2世紀半ばにかけて着々と樹立されていった[13]．Makedoniaの次はAntiochosからIoniaの諸都市を開放する作業が行われ，戦略的な同盟を概念していたAitoloiの不満が爆発するのを押さえた後，最終的にMakedoniaを解放する[14]頃（168年），ローマの体制はギリシャ諸都市のネットワークを全体として後ろ盾としうるようになったと言える[15]〔巻末地図4参照〕．GalliaとHispania，Africaの沿岸諸都市もまた後背地ネットワークとして加え，Campaniaを核としてLatium/Etruriaそしてアドリア海沿いに至る中南部イタリア半島の新興各都市が作る空間は，socii体制の中枢部となった．SiciliaはSyracusaeを中継点として独特のしかし枢要な位置を占める．Latiumの旧municipium体制はしばらくの間socii体制に同化し，Nomen Latinumさえパラデイクマとしては蘇る．イタリア半島北中部には大規模なcoloniaが建設されていき，これもsocii体制に入るものの一つのrebusたるを脱しない．反面，イタリア半島南部のギリシャ都市はこのネットワークからはずれていき，領域の衛星拠点の方がまだしも枠内に入っていく．そしてまさにこの点に見られるように，socii体制の確立は疑いないとして，その地理的外延に大きな議論の余地が有るばかりか，構造自体に大きな影がさしており，もちろん，これが2世紀の半ばを過ぎれば早くも表面に出て行くのである．

〔2・5・1〕「外」であるのに水平的でなく〈二重分節〉関係つまりその限りで垂直の関係になる，それでいて自由と言う，のはギリシャから見て，そしてそれとは別に近代の学者から見て，大変奇妙に映ることは十分に理解できる．Badian, *Foreign Clientelae*, p. 141ff. などは「法的に曖昧なまま」緊張感無く唯々諾々として軍務を課されるというsocii像を描く．辛うじてItalia外に出てビジネスをして利益を取り返す（p. 152f.）というのである．結局このBadianの場合に典型的であるように，全てをclientela（或いはパトロニッジ）という曖昧なカテゴリーで説明することになる，これこそがローマ人自身の概念であった言わんばかりに．全て無差別に．

〔2・5・2〕Walbank, *Commentary on Polybius*, p. 215 もそのように見るが，テクストの内部というより国際情勢から正当化する．

〔2・5・3〕cf. Walbank, *Commentary on Polybius*, p. 221f.

〔2・5・4〕この条約のAitoloi側のテクストは碑文によって断片が遺る（IG IX^2, 1, 2, 241）．Dahlheim, *Struktur*, S. 181ff. はLiv.のテクストとの間の丁寧な照合を試みる．そしてこれは状況に呼応した一回的なもので何らかの同盟体制を意味するものではなく，戦略的な観点からしてローマの条約としては全く例外的な対等性が見られると結論する（S. 206f.）．むしろローマ型自由ないしsocii体制をまだ適用しないということである．

[2・5・5]　Ferrary, *Philhellénisme et impérialisme*, p. 56 は Polybios をソースとすると考えられる以下のやりとりを扱わない.

[2・5・6]　E. S. Gruen, Greek Πιστις and Roman fides, *Athenaeum*, 60, 1982, p. 50ss. は, 巡り巡って鋭い指摘を行ったことになる. 水平 vs. 垂直, 〈分節〉vs.〈二重分節〉, では事態を捉えられない. ギリシャにも〈二重分節〉は有り, Pistis は垂直的関係に用いられる. 対立は二つの〈二重分節〉概念相互間のものである. だからこそ共存も成り立つ. しかし対立が無いのではない. Gruen のように locus classicus たる Polyb. 20, 9 は完全な誤りであるとするのは正しくない.

[2・5・7]　一つの論点は 212 年のローマ=Aitolia 条約であり, 「戦利品はローマだが被征服都市は Aitoloi」という条項を盾にとる Phaneas に対して Flamininus は「征服されたのと降伏した (ローマに庇護を求めた) のとは違う」という論理を使う. Dahlheim, *Struktur*, S. 193ff. は「そんな区別は条約に書いてない」という Phaneas に理があるとし, 「ギリシャの自由を絶対的に実現する」という Flamininus の立場の新規性を強調する. Ferrary, *Philhellénisme et impérialisme*, p. 67sqq. も, 当初ローマ型〈二重分節〉さえ Flamininus は断念する気であったが, Aitoloi の「Philippos のものでなければ Aitoloi のもの」という論理に直面して対抗的保護に動いた, と解する. しかしそうであるとは限らない. ローマ型〈二重分節〉であろうとギリシャ的自由であろうと Philippos や Aitoloi をまずは駆逐して実現することに変わりはないからである. 第二段階で初めて equivoco は問題となる. ローマで「自由にする」「解放する」と言えば具体的に auctor や vindex libertatis が立つことであり, それ抜きの自由はありえない. 唯一の問題は Philippos や Aitoloi がその vindex たるは認められないか, というものである. そのように主張してみれば面白かったが, ギリシャ側は夢想だにしなかっただろう.

[2・5・8]　Dahlheim, *Struktur*, S. 83ff. の丹念な分析は, deditio によって完全に無権利となるはずなのに何故どのように socii や foederati が立ち上がるのかという彼の関心 (vgl. S. 69ff.) に基づいて, 主としてローマが Philippos 圏内の都市を「解放」したのであり, 絶対的な自由を授与したのでも既存の自由を確認したのでもない, と観察する. しかもそこはローマの圏内であり, 他はこれに干渉してはならず, 干渉すれば攻撃を受ける. A-a を樹立することが自由の付与であり, それはここから B を排除することである. Dahlheim はしかしならばこの時何故 A は a に干渉しないのか, 言葉だけでなく「干渉しない」という意味の自由を実行するのか, と問う (S. 100ff.). 彼の答はローマが組織力を持たないために支配を断念したのであるというものである. 明らかに A-a が見えていない. 何か近代の国際法的概念構成が妥当しない面が有るということを言う (S. 107) が, 実は明晰に近代的法的概念の原点たるものが定式化されてさえいるのである. 彼の失敗はギリシャとローマの自由概念の差という周知の論点をはずしたためでもある. E. S. Gruen, *The Hellenistic World and the Coming of Rome, I*, Berkeley, 1984, p. 132ff. は, ヘレニズム諸王国下の慣行 (「自由付与」) を利用するプロパガンダのみを見る. ローマ側に clientela をしっかり概念する実態が存しないとする批判 (p. 199) は鋭いが, ローマ側にギリシャ理解の人脈が無かった (p. 249) というのは「ギリシャ文化派」を過大に評価したくないことが混入した判断ミスである. 東に体制は拡大したのであり, 二つの自由の概念の間に本格的な干渉は存在したのである.

[2・5・9]　cf. Ferrary, *Philhellénisme et impérialisme*, p. 88sqq.

[2・5・10]　もっとも, Ferrary, *Philhellénisme et impérialisme*, p. 74 が指摘するとおり, 対立軸はローマの fides 対ギリシャの pistis ばかりではなかった. われわれも強調してきた通り, ローマにも Cremera の fides が有り, これは消えることなく Flamininus 路線と対立していく.

2世紀に入って以降でさえカルタゴや Korinthos の破壊が有る．その上 Ferrary は p. 117sqq. でギリシャ側における clientela（無理解よりも）早期適合の原因を探り，「共通の *euergetes*」を頂く観念の既存を碑文を使って論証する．重要な指摘であるが，"clientela" は多くのものを含む未規定の概念であり，Flamininus の〈二重分節〉構想は特定されている．これとヘレニズム期の諸権力とギリシャ諸都市の関係はさらに微妙に異なる．"clientela" を漠然と使ってローマ側の観念を理解する限界が完全には払拭されていない．

〔2・5・11〕 以下，Liv. XXXI-XL のテクストは，ed. Weißenborn-Müller による．

〔2・5・12〕 Dahlheim, *Struktur*, S. 221ff. は Flamininus と Nabis の交渉（Liv. XXXIV, 31f.）について分析し，「条約締結による同盟者」のつもりの Nabis が「ローマを害しないのにその行動を制約され攻められる」のに抗議したのを捉える．しかし議論のかみ合わなさを，Liv. がソースたる Polybios のギリシャ語（条約を前提とする）"symmachos" を（条約の存在を意味しない）"socius" に無理解にも単純に置き換えたためとする．しかし「かみ合わないから史料に問題が有る」という推論は誤りであり，少なくとも「国際法上の」二つの自由の観念のズレは Liv. によって見事に表現されている．

〔2・5・13〕 もちろん解釈と評価は非常に分かれる．〈二重分節〉体制と見たとしても，実はローマ中央に「国際（公）法的」〈分節〉体制が無い．senatus の聴聞と repetundae の法廷が辛うじて有るのみである．それでも III-4 で見る形で作動した実績は残る．根底に理念は存在したのである．したがって，Dahlheim, *Struktur*, S. 260ff. のように（Badian, *Foreign Clientelae* もほぼ同旨）Italia 内で形成された societas（従属）と外の amicitia（自由）が混然となったがローマの圧倒的な力故にのみそれでもよかった，条約という形式の（外での）維持も意味の「変遷」によって説明される，と考えるのは短慮である．私人が自力救済や勝手な公権力の行使を禁じられたとしても自由を奪われるわけではない．

〔2・5・14〕 Aitoloi の問題（cf. Ferrary, *Philhellénisme et impérialisme*, p. 146sqq.）を経て少なくとも第三次マケドニア戦争後の Aemilius Paulus による処理（167年）までの間にローマの方針はさらに発展し，各都市の内部において〈二重分節〉体制が無い場合に「自由でない」として「自由をもたらす」ニュアンスが付け加わる（cf. Ferrary, *op. cit.*, p. 179sqq.）．しかしこの傾向が Italia や Sicilia におけるほど徹底したものであったか，まして後者でも難しかった領域問題の解決に至ったかどうか，は大変疑わしい．tyranni 排除は tyranni が領域問題を生きるからこの解決を通じてすることが望ましいが，果たしてどうだったか．

〔2・5・15〕 R. M. Kallet-Marx, *Hegemony to Empire. The Development of the Roman Imperium in the East from 148 to 62 B. C.*, Berkeley, 1995, p. 95f. は，丁寧な論証の後，「provincia 設立後」も驚くべきほど体制が変わらないと結論する．諸力間紛争がローマの介入を招いたと記述していく例えば Gruen, *The Coming of Rome, II*, p. 514 と比較せよ．

2・6

新しい socii 体制が何を意味したか．これを見るためには財政の分野に目を向けるにしくはない．

既に述べたように（II-4-6），5世紀末から歳入の基礎は〈二重分節〉して tributum が基幹となり，公共機能物的実現過程もまた〈二重分節〉して locare という手続が独立していた．歳入を握った政務官が自力で実現する替わりに，

彼はこれを分割して委ねるのである．引き受けた者は自力で実現する一方で政務官によって束ねられた〈二重分節〉的歳入の一部を割り付けられた，と考えられる．ところがこの時代その様相は一変している．われわれはPolybiosの新鮮な証言を有する[1]．彼は新体制の活力を以下のような面に見て感嘆するのである（VI, 17）．「多くの事業がcensorによってItalia全体を通じて委ねられる形になっており，それは公共物の建造から補修，これは数え切れないのだが，そればかりでなく，多くの河川，港湾，公園，鉱山，農地，等々，要するにおよそローマが支配する全てのものに及ぶ．そしてそれらの事業は全て結局，公告されるや多数の人々の手に落ちることになる仕組みである．……皆が（公共事業の）売買かその売買の結果としての事業の遂行に必然的に関わる．つまり自分自身censorから売り出されたものを買うか，その者達と共同するか，購入されたものに保証を与えるか，自分の資産をそのために公共のものとして供するか」（πολλῶν γὰρ ἔργων ὄντων τῶν ἐκδιδομένων ὑπὸ τῶν τιμητῶν διὰ πάσης Ἰταλίας εἰς τὰς ἐπισκευὰς καὶ κατασκευὰς τῶν δημοσίων, ἅ τις οὐκ ἂν ἐξαριθμήσαιτο ῥαδίως, πολλῶν δὲ ποταμῶν, λιμένων, κηπίων, μετάλλων, χώρας, συλλήβδην ὅσα πέπτωκεν ὑπὸ τὴν Ῥωμαίων δυναστείαν, πάντα χειρίζεσθαι συμβαίνει τὰ προειρημένα διὰ τοῦ πλήθους, ... πάντας ἐνδεδέσθαι ταῖς ὠναῖς καὶ ταῖς ἐργασίαις ταῖς ἐκ τούτων· οἱ μὲν γὰρ ἀγοράζουσι παρὰ τῶν τιμητῶν αὐτοὶ τὰς ἐκδόσεις, οἱ δὲ κοινωνοῦσι τούτοις, οἱ δ' ἐγγυῶνται τοὺς ἠγορακότας, οἱ δὲ τὰς οὐσίας διδόασι περὶ τούτων εἰς τὸ δημόσιον）．政治システムの物的装置の実現を今や主としてcensorが担っていること，物的装置に該当するものが手足を広範に伸ばしていること，Ap. Claudius以後であればわれわれはこれらのことに決して驚かない．この他に神殿の建設が行われ続けているはずである．locareという手法が使われていることも何ら驚きでない[2]．ここでは"ἐκδίδωμι"という動詞が使われており，「外へ与え出す」と観念されている．これに対して何と言っても注目されるのは，そしてPolybiosの強調点は，その相手方である．それがItaliaという概念を与えられて広くそこに分布する階層に及んだというのである．それが多数を横断すること（διὰ τοῦ πλήθους），そして一つの階層がこぞって関わったこと（πάντας ἐνδεδέσθαι），がPolybiosを驚かせる[3]．次にそのlocareは「売買」である（ταῖς ὠναῖς）

と捉えられる．彼らは買うのであり，したがって censor は売りに出すのである．この点，建設のように一見負担を引き受けるように見える（したがって支払われなければ割が合わない）ものも，鉱山や農地のように対価を払っても引き受けると利得できそうなものも，等しく扱われていることに注意しなければならない．第三に，買主の側は多元的で，societas 組合が想定され（κοινωνοῦσι），人的物的保証がこれに次ぐ[4]．"τὰς οὐσίας διδόασι περὶ τούτων εἰς τὸ δημόσιον"という表現は資産を財源として供することを意味する．つまり「買う」行為は信用の供与と同義と捉えられているのである．信用の供与に分厚い或る階層が関わっていき財政を支えている，というのである．すると「買った」者は societas のパートナーと並んで決して自力で事業を実現する者ではない．何らかの財源を予定してこれを当座立て替えるための資金を提供する者である．だからこそ建設事業を「買う」のである．censor は「売る」．この点で locare は大きくその意味を変化させたのである．

　215 年，Scipio 兄弟は Hispania で軍事的成功を収めたものの財力が尽きてローマに手紙を送る．とはいってもローマでも財源は既に枯渇してしまっている．Sicilia と Sardinia からの vectigalia（現物の徴収穀物）もその方面の部隊を支えるのにやっとであるし，大量の戦死で tributum が激減した（Liv. XXIII, 48, 7f.; ed. Dorey）．praetor の Fulvius は「（公共事業の）購入によって資産を拡大してきた者達」(qui redempturis auxissent patrimonia) に対して提案する，「財源の手当がつき次第真っ先に弁済するという条件で」(ea lege...ut, cum pecunia in aerario esset, iis primis solveretur) 供給を引き受けてくれないかと．そして告示を出す．「Hispania の部隊に装備と糧食を供給さるべく，また他の必需品が同盟海軍部隊（socii navales）に供給さるべく，委ねる（locaturus）」(vestimenta frumentum Hispaniensi exercitui praebenda quaeque alia opus essent navalibus sociis, esset locaturus) と．これは全く普通の locatio であるが，「財源の特定が無いまま」という部分が新規であり，かつこれが一個の契約になっている．当日，「19 人の者達からなる三つの組合（societas）が引き受ける（conducere）ために現れた」(49, 1: ad conducendum tres societates aderant hominum undeviginti)[5]．契約の条項として，「敵ないし暴風の威力によって船に加えられた損害についての危険負担は公的なものとする」(quae in naves

inposuissent ab hostium tempestatisque vi publico periculo essent）という一文が付け加えられる．Livius は「私的な金銭で公共の作用が担われた」(privataque pecunia res publica administrata est) と評するが，ミスリーディングであり，「信用によるのでなければ政治システムが物的に維持できない」(48, 9 : nisi fide staret, res publica, opibus non staturam) の方が的確である（ただしテクストに疑義あり）．いずれにせよ，仕組は海上貸付と同じであり，投資組合を作って出資すると，商品を買い付けて船を仕立て，海外での売却益により資金を回収する．この最後の部分が無償となる反面，資金が何らかの財源から回収されるのである．売買がパラデイクマとして作動することには，まず periculum emptoris（買主の危険負担）が意識され，これを特約で逆転させている．代金が支払われていないことに対応すると意識されている．何を買うのか．商品か．事業全体のようにも見える．もしこれを公売に付せば，最高額提示者に落札させることによって最高の供給を censor は確保できるであろう．財源から手当される分の予測によって応札の額が変わってくるであろう．

　この方式は直ちに常態化したと思われる．214 年の censor 達は財源が無いのをよいことに公共事業をしないで済ませようとする．しかしこれは人気の投資先であったらしく，多くの人々がやって来て懇願する，「あたかも財源が有るかのように万事振る舞い locare してください，戦争が終わるまで誰も請求することをしませんから」(XXIV, 18, 11 : ut omnia perinde agerent locarent ac si pecunia in aerario esset : neminem nisi bello confecto pecuniam ab aerario petiturum esse）と．ローマはこの時奴隷を解放させて軍事編成するまでに追い込まれている．その代金を金融再生三人委員（tresviri mensarii）に請求しに来た者達もまた同様の申し出をし，孤児・寡婦のための給付についても「債権者にとって公の信用に対するより安全で神聖な金銭の寄託先は無い」(nusquam eas tutius sanctiusque deponere credentibus qui deferebant quam in publica fide) とばかりに拠出者が現れる．

　しかしこれらの人々は一体どこから湧き出てくるのか[6]．212 年，一つの事件が大きな騒ぎとなる．Pyrgi 出身の M. Postumius という者が詐欺 (fraus) を働いて訴追されそうになり，これを妨げる実力行動については本当に訴追が行われ，彼は vadimonium を使って亡命する (XXV, 3, 8ff.)．詐欺の内容は前

述の約款に関する．危険負担が相手方に在ることを奇貨としてボロ船を仕立てては沈めて実体の無い債権を蓄積していったのである．Liv. のテクストはこの人物像を補強するために Veii の T. Pomponius という者について触れ，彼は Lucania で Hannibal 戦争の残骸を荒らし回ってカルタゴ軍に捕えられる[7]．共通しているのは，「悪質な公共事業請負人 publicani」であるというのでなく，自分と自分直属の人員が糸が切れた凧のように領域の上で実力を使った活動をしているということである．訴追は tr. pl. によって行われるが，Postumius は tr. pl. の一人 C. Servilius Casca と縁戚関係にあると言われ，Casca の intercessio が当然に予測される事態となる．いずれにせよ Postumius 支持の集団は実力を構え，senatus も迂闊には手が出せない．そもそも伝承は一貫して，senatus はこの階層に対して敵対的である，と伝えてくるが，その意味は単純ではない．この場面で，Postumius や Pomponius は Polyb. VI, 17 の階層とは異質と考えられる．その行動様式は到底「信用を提供した者」「出資者」のものではない．しかるに，Pyrgi は Caere の外港であるが，"Pyrgensis" という表現は Caere の政治的階層には属さないことを意味する．"Veientanus" はもっと特殊である．Veii には中心というものが無く，港すらない．単純に反転像を求めれば，港が有り都市の政治組織が有る，というようになる．実際この具体的な社会構造において，socii が形成する，そしてローマがその役割を一転再評価するように見える，諸都市の具体的な政治組織以外に信用を裏打ちするものは見あたらない．ローマの政治システムが最終的な給付を保障するという信用と，これをもとにしてそのローマが得ようとする信用，つまり Polyb. VI, 17 の階層の資金力，が信用間の échange の対象となっているのであるから，後者には独立の信用基盤が無ければならない．そもそもそうでなければ societas など形成しえない．これを支えるものとして socii 各都市の政治システム以外には見あたらないのである．となると，「信用破壊者」Pyrgensis の背後に有るのは（反socii の）Appius 集団後継の clientela である．これに対立する元老院は Fabii のグループがヘゲモニーを握る性質を帯びている．censores に逆の側が就いたとき，目の敵にされるのは逆に Polyb. VI, 17 の階層である．

　そもそもローマが必要としているのは単純な労働力でも物資でもない．既に socii を別個にではなく一体として軍事編成するようになっていて，このこと

は socii 各都市が自分達の政治システムを働かせて募兵を行うということを意味する．もっとも，単純な募兵のためには colonia のような単純なシステムでもよい．各市民の財産を把握しなければ軍事編成は行いえないが，そのためには資産のようなものでなくとも領域の上で直接に把握しているものを評価するのでよい[8]．ところが socii が散らばる広大な空間をまたいで軍事力を展開するためには，一層高度な組織力が不可欠である．補給のためには，領域の上の具体的な物資を現実的な力で把握して搬送するというのでなく，蓄積されて個別の領域上の力から自由になった種類物のストックを瞬時に移転しうるというのでなければならない．このためには信用が不可欠である．Ostia や Puteoli の一定量の穀物を Hispania の商業拠点たる沿岸都市のそれに振り替えるのである．その場合にも，或いはそうでなくとも，Ostia の穀物は軋轢無く Hispania に輸送されねばならない．またそのためには Ostia や Puteoli の倉庫に穀物が軋轢無く流れ込み再び充填する体制になければならない．205 年，いよいよ Africa を目指す Scipio には「新しい艦船を建造するために socii が供給する全てを受け取る」(ut quae ab sociis darentur ad nouas fabricandas naues acciperet) 権限が与えられた (XXVIII, 45, 14 ; ed. Walsh)，「何故ならば彼は来るべき艦隊が公共の負担となることを拒絶したからである」(quia impensae negauerat rei publicae futuram classem) が，加えて Etruria の各都市がそれぞれの能力に応じた寄与をなして consul を助けることを約した[9]．「Caere は同盟海軍力のための穀物他の全ての糧食，Populonia は鉄，Tarquinia は帆のための布，Volaterrae は艦船の内装と穀物」(Caerites frumentum sociis naualibus commeatumque omnis generis, Populonenses ferrum, Tarquinienses lintea in uela, Volaterrani interamenta nauium et frumentum), Arretium は……Perusia と Clusium と Rusellae は……，Umbria 各都市は……，等々．全て大規模に取引される種類物である．これらの供給が円滑になされるとすると，領域とは区別された自由な空間が不可欠であり，それは都市中心とそれによって管理された港湾施設でしかありえない．その空間は，これに端的に介入しないことを前提として，外郭を各都市の政治システムが固めていなければならない．そうでなければ領域の占有のロジックが働いてしまう，倉庫内の穀物のためにも別途占有の概念は働いて貰わなければならないとしても．Polyb. VI, 17 の階層が生息

する環境はいずれにせよこれである.

　Polyb. VI, 17 の階層が信用したがって金融を生きることは明白である[10]. 193 年, 領域に直接向かう消費貸借につきローマは長年取り組んで規制してきた（Liv. XXXV, 7, 2 : civitas faenore laborabat）ところ,「そうした法律の規制対象にならない socii に名義を付け替えるという脱法の道」(via fraudis ut in socios, qui non tenerentur iis legibus, nomina transcriberent）が現れて問題となる. つまり例えばローマ中央から資金が socii を経由して領域のローマ市民に達するのである. そのようにして資金を得た Puteoli の商人が日常の取引の相手方たる Campania の穀物生産者に直接的な信用を供する, つまり農場内の資金を融通する, といった場合を容易に考えることができる. 結局, socii がローマ市民に金銭債権を有する場合には額を申告しなければならない, そして債権者の提起した訴訟においては債務者が選択する法律に従って裁判がなされる (pecuniae creditae, quibus debitor vellet legibus, ius creditori diceretur), とする措置がなされ, さらに「socii およびラテン同盟に属する者に関する限り金銭債務に関してローマ市民と同じ法が適用される」(ut cum sociis ac nomine Latino creditae pecuniae ius idem quod cum civibus Romanis esset）という平民会決議がなされる. ローマ市民でなく socii が被告＝債務者である（領域に立つ）場合にも同様の原則を妥当せしめたのである. ローマ中央から領域に入りがちな信用と socii のところに独自に蓄積される信用とを遮断するという理念が明確に意識されている.

　Cato を一方のメンバーとする 184 年の censores は, 活発に建設事業を進めるが, この時「その特定のことのために布告された金銭を財源として」(ex decreta in eam rem pecunia）その建設が「遂行さるべく locare した」(faciendam locaverunt）のである（XXXIX, 44, 5）. 財源の特定自体は当然のことであるから, これは財源を特定するだけで（具体的な金銭の移転の前に）仕事を割り付けうるようになった, 言うならば先の緊急策（信用依存）が公式化した, ことを示す. この 184 年が最初であるかどうかは不明であるが. 彼らはまた,「現物公租 vectigalia を最高の値で, また財源からの支出（ultro tributa）を最低の値にしたまま, locatio を推進した」(vectigalia summis pretiis, ultro tributa infimis locaverunt). vectigalia は直接の公共への給付であり, したがって多け

れば多い方がよく，これを locare するとき公売に付すならば，大いに値をつり上げて落札させれば censor の成功である．これに対して事業を「買い取った」者がかかって行く先の財源（ultro tributa）からの予定支出は低ければ低いほど公共＝負担者の利益である．vectigalia ばかりでなく建設の方でも高く落札させて低いマージンしか与えなかったらしく，publicani は悲鳴を上げて元老院に泣きつく．元老院は一回目の locatio を無効としたが，censores は「全てをほんの少し低いだけの額で locatio をなした」（omnia eadem paulum imminutis pretiis locaverunt）．このような財源の割付に関して 179 年の記事が初めて "attributio" という語を使う（XL, 46, 16）．この記事が設立的先例を記載したと解する必然性は無いが．それでも大まかに 2 世紀の初頭までに以上のような財政の基本メカニズムは確立されたはずであると言いうるし，そのための前提条件が成熟していたということになるし，その前提条件は Polyb. VI, 17 の階層の存在であり，それは socii 体制が育んだものである．

〔2・6・1〕 cf. Walbank, *Commentary on Polybius*, p. 692ff.; E. Badian, *Publicans and Sinners. Private Enterprise in the Service of the Roman Republic*, Ithaca, 1972, p. 45ff.

〔2・6・2〕 戦利品 manubiae による神殿建設についても censores が関与していくことにつき，cf. Aberson, *Temples votifs*, p. 162sqq.

〔2・6・3〕 socii 体制に対して最も悲観的でその弱点を一番良く知る Toynbee, *HL, II*, p. 341 は "the new Roman busyness men" として結局 publicani しか引きえない．しかしこのテクストを「経済が公共部門に吸収されていた」という方向で解釈することは文脈に反する．Toyenbee が嘆く領域の荒廃は Gracchi の問題としてまた別個であり，他方強力な経済社会と経済的階層が有ったとすれば，ここにのみであった．われわれの argument の一つは，古典世界において経済の自立が有ったとすれば，その鍵は socii 体制のみが握っていた，socii 体制の帰趨ないし限界と古典世界の経済社会のそれは一蓮托生であったというものである．なおかつこれは近代との無媒介な比較，ないし比較拒否，の両方を斥ける唯一の仕方である．つまり歴史学的認識に基づくのであればこのように考えざるをえない．そもそも古典世界に関する経済史，とりわけローマ経済史，は少なくとも国民経済学論争以来，一方に常に primitivist を擁し，安易に「資本主義」を投影しない限りにおいて常に学問的には優勢であった．もちろん，Ed. Meyer を別としても M. Rostovtzeff（*The Social and Economic History of the Roman Empire*, Oxford, 1926）が存在し，中間層ないし「ブルジョアジー」に経済を託す動機は消えはしなかった（cf. Hill, *Middle Class*）．それでも M. I. Finley（*The Ancient Economy*, Berkeley, 1973）の一層精緻な見解は一種決定的であり，「前近代性」はあらゆる角度から確証されたと言ってよい．しかし 1980 年代以降 Finley 批判の修正主義が徐々に勢いを増すことになる．例えば W. V. Harris, Between archaic and modern: some current problems in the history of the Roman economy, in : Id., ed., *The Inscribed Economy. Production and distribution in the Roman empire in the light of* instrumentum domesticum, Ann Arbor, 1993, p. 12ff. は Rostovtzeff と Finley を交互に批判する重要な問題提起であるが，E. Lo Cascio, Introduzione, in : Id., ed., *Credito e moneta*

2 socii

nel mondo romano, Bari, 2003, p. 5ss. が代表するような傾向は言わば Rostovtseff を飛び越えた「近代化」であり，Harris の場合も含めて「消費都市」を起点とする大規模な市場を抽象的に措定してしまう．こうした一般的傾向の中で辛うじて J. H. D'Arms, *Commerce and Social Standing in Ancient Rome,* Cambridge M., 1981, p. 35 がわれわれの Polybios のテクストを，自立性の強い地方都市名望家の存在を伝えるものとする．Plout. Cat. Mai. 21, 5-6 の societas（共同海上貸付）をもその方向に解す．D'Arms の研究は，次の時期の patronus-libertus 間の societas まで一緒にして liberti を socii と同じに扱う点に大きな限界を有するが，A. Schiavone, *La storia spezzata. Roma antica e Occidente moderno,* Roma-Bari, 1996 はこの点一層周到で，(E. Gabba の影響をも受けつつ) socii の階層に萌芽と挫折を見る (M. Picon, Production, artisanat et manufacturière à l'époque romaine. À propos de L'histoire brisée d'Aldo Schiavone, Y. Roman et al., edd., *L'économie antique, une économie de marché,* Lyon, 2008, p. 191sqq. は Finley/Schiavone 間の違いを認識しない)．実際 socii の階層の離陸が失敗した限りにおいて結果として Finley が正しい．ただし Schiavone でさえ挫折に関する批判は精度を欠くのであり，近代の側の経済にやはりこの点において致命的な欠陥が存するという視角を保持しないため批判が一方的な産業資本礼賛に戻ってしまう．これを避けるためには，socii の体制の上に展開される経済社会の質はどのようなものか，そしてそれがどのように変質するか，に関する分析を行う以外にない．この点で最も重要な手掛かりは，やはり Finley の修正に努めてきた J. Andreau の指摘 (cf. III-4) である．彼の最も濃密な思考は (Lepore に対するネクロロジーで締めくくられ Lepore に捧げられた) Id., *Patrimoines échanges et prêts d'argent. L'économie romaine,* Roma, 1997, p. VIIsqq. の書下ろし部分において見ることができる．後述のように，彼の生命線は信用エイジェントと銀行（家）の区別であるが，こうした "statut" 障壁存在 (cf. Modernité économique et statut des manieurs d'argent, *Ibid.,* p. 3sqq.) につき Finley を受け入れつつ，しかし固有の合理性を探求する点で écletisme を標榜する (p. XVII)．しかも区別が曖昧になる傾向をも視野に入れる．しかしこの区別の意味と区別を可能にする構造を詰めない (ただし，おそらく予感している) ために，前者の発達が特定のフェイズに対応し，この二つのカテゴリーは決してサンクロニックなものではない，ことに十分気付かない (cf. IV-3)．様々なカテゴリーの並存 (La cité antique et la vie économique, *Ibid.,* p. 377) やネットワークの発達 (Roman financial systems. Italy, Europe and the mediterranean : relation in banking and busyness during the last centuries BC, *Ibid.,* p. 119sqq.) をもサンクロニックな多様性 (結局は一元性) として捉える傾向を有する．そのためか，英語普及版近著では中世近世との包括的な比較を意識するためもあって，折角信用の主体を (senatores/equites ではない) 諸都市の「エリート」に設定する (J. Andreau, *Banking and Business in the Roman World,* Cambridge, 1999, p. 9) ものの，(前著で示唆された) socii 解体後と仮象的復帰後の区別をしない．これは結局近代との比較をも損なう．

〔2・6・4〕 cf. M. R. Cimma, *Ricerche sulle società di publicani,* Milano, 1981, p. 53ss. これらのカテゴリーが何を意味するかについての論争について詳細である．

〔2・6・5〕 cf. Cimma, *Società di publicani,* p. 6ss., p. 50. societas 自体については III-4 で述べるが，それは資産を構築し政治システムを内包する socii の体制と不可分の関係にある．locatio がこの構造を得るようになると，publicani はむしろ必要的に societas を形成したと考えられる．資力を集積するばかりでなく，共和的財政原理の進んだ段階に対応して透明性を確保するためである．Liv. のテクストは以下続くエピソードを通じて，このことがパラデイクマ堆積の中に刻印されていたことをわれわれに伝える．他方，societas publicanorum についての史料は 1 世紀における変質をカウントして分析されなければならない．例えば manceps に

ついて契約当事者を委任の資格において見る Cimma の見解 (p. 59ss.) は正しいが, "praedes et praedia" が正面に出てくるのは socii の資産から保証人の dominium に担保がシフトすることに対応する. したがって同じ Verr. でも II-I に登場するこの形態と II-II に登場する Sicilia の関税に関する古典的なタイプを同じ資格で体系化することは誤りである. Cimma は後者につき magister を分析し (p. 70ss.), これは代理作用を担ったとするが, ここにしか正規の societas は無く, magister はその中で政治システムとしての societas にとっての政務官に該当する. 最終的に fundus のみを取るというのでなく資産に終始する信用の形態は非常に重畳しうる. Polybios はこれを言ったのであり, "praedes et praedia" と同義 (Cimma) でない.

[2・6・6] (socii に着目するというより) 新しいビジネス階層が地中海全体に展開したと考える学説も広く見られる. 後述のようにローマ法学では新しい民事訴訟や契約の発達を 3-2 世紀に想定されたこの発展に帰せしめるのが通念である. そうした観点から最も注目を集めるのが, Italia 出身者が特に東方ギリシャ都市に多数移住した事実が知られる点である. 事実碑文 (祭祀団体等名簿, 奉納記念, 墓碑銘) から多くの Italia 系の名が検出され, 独自に団体をさえ形成していたと考えられる. J. Hatzfeld, *Les trafiquants italiens dans l'Orient hellénique*, Rome, 1919 は大規模な古典的先駆的研究である. Hatzfeld は東方の碑文を (主として onomastique に) 網羅的に分析し, Delos などの "Romaioi" をローマ中央 (や Etruria 等) に対する意味における (主として南イタリアの) "Italici" つまり socii/ex-socii (分析は 3 世紀から 1 世紀に及ぶ) であるとした. 後述の Gabba による Hispania 在住「ローマ市民」/negotiatores の理解もこの線に沿う. 他方, A. J. N. Wilson, *Emigration from Italy in the Republican Age of Rome*, New York, 1966 は, Italiotai の没落, Campania におけるローマ市民と Osci 系 Campani の融合, などを論拠として Hatzfeld のバイアスを鋭く攻撃した (cf. p. 85ff.). Wilson の観点は colonia を含む人的流出一般であり, したがって西方を含み, 後の Caesar 等による「公的な」移住の前に私的な移住が有ったということを論証しようとする. 以後 prosopography は Delos のデータに対するを中心として精緻になり,「出身」の認定は慎重になされるようになった. しかしそもそも socii 体制は各都市の政治組織を前提にする. 次節次々節で見る発展は確かに諸都市を横断する階層を形成させるが, そして移動も活発になったと考えられるが, しかし彼らは「居留民団」を形成したり土地保有をする必要を有しない. 碑文史料には固有のバイアスが存する. まして Delos は極めて特殊である. Cl. Hasenohr, Chr. Muller, Gentilices et circulation des Italiens: quelques réflexions méthodologiques, dans: AA. VV., *Les Italiens dans le monde grec. IIe siècle av. J-C.-Ier siècle*, Paris, 2002, p. 19sq. が的確に限定付けるように, Delos が 167 年に「自由貿易港」の特権を得たこと自体, 146 年の Korinthos 破壊後に勢いを増したことも, Italici の団体が Capua の祭祀団体に倣って創られるのが 129 年の provincia Asia 設立後であることも, むしろ socii 体制の中に Appius 型直結 clientela の楔が打ち込まれたのが Delos であったことを物語る. socii 体制の危機にすら対応している (cf. E. Deniaux, Les gentes de Délos et la mobilité sociale à Rome au Ier siècle av. J.-C.: l'exemple de Marcus Seius e des Seii, *Ibid.*, p. 29sqq.). そもそも Delos は Athenai に帰属せしめられるが, 初め政治組織を有していたところ, やがて Athenai からの総督のみが機能し, 諸団体は彼に栄誉を与えるだけの存在になる. それすら停止した後, 125 年頃から各種居留民団体による新形式の栄誉授与が行われ, これが prosopography の主要な対象となっている (以上につき, cf. Wilson, *Emigration*, p. 113ff.). ちなみに Athenai では, 2 世紀後半からぽつりぽつり Italici が検出されるにすぎず, 1 世紀半ばにならないと多くならず, collegia は形成されない (S. Follet, Les Italiens à Athènes (IIe siècle av. J.-C.-Ier siècle ap. J.-C.), *ibid.*, p.

〔2・6・7〕 cf. Badian, *Publicans*, p. 18. さらに "What the companies provided was capital and top management" (p. 37). しかし societas の形態を取る前にこれが publicani の役割である. Badian は共和的党派政治のコロラリーとして publicani を描く. それとともに滅びるというのである. しかしそれと共に現れたわけではない.

〔2・6・8〕 それでも census ないし aestimatio は必要である. 204 年の「Latini の 12 coloniae」問題は, 兵員資金とも出せないという苦情に対して census が強制されたものである (cf. Liv. XXIX, 15) が, Galsterer, *Herrschaft und Verwaltung*, S. 110ff. が見るように募兵機能等補完であるのではなく, 政治的機能そしてその延長に資産形成機能を socii (この場合形式的には coloniae) に求めているのである.

〔2・6・9〕 Etrusci 諸都市が socii 体制にどのように取り込まれたかの経過を辿ることは Liv. の欠落部分と重なって難しい作業である. Harris, *Rome in Etruria* はそれを試みる貴重な作品であるが, 帰結を物語るものとしてこの箇所を扱う (p. 89ff.) 中で, それまでに反乱・降伏が検証できる都市がほとんどであることから, foederati も重い負担を課されて特権を意味しないかわりに懲罰的に恣意的介入を許したわけでもない, という結論に達する.

〔2・6・10〕 H. Hill, *The Roman Middle Class in the Republican Period*, Oxford, 1952, p. 48 は「政治と土地から排除されて商業と金融に向かう」という (典型的な) 像を示す. ただし Hill は珍しくこれを肯定的に捉え, 彼らは equites として独立し, ここに「中間階級」成立の可能性が生まれたと考える. しかし, negotiatores と equites の間のギャップが気になる点を除いても, 何が「中間」を支えるかという分析が欠ける.

2・7

新しい socii 体制が遠く Q. Fabius Maximus Rullianus 以来の系譜に属することは自明である. ということは, 反対側の強固な伝統がこの体制の脅威となり続けたであろうことを推定させる. 既に C. Flaminius と ager Gallicus について触れた. Gallia に, そして Samnium 等に, 互いに連関しながら, 次々と大型の colonia が建設されていき, 形式上 socii の体制に入るものの, 実態は全く異なっていた. その Flaminius が強力に推進して senatores の反発を買ったと言われるのが lex Claudia (220 年頃) である (Liv. XXI, 63, 3; ed. Dorey).「元老院議員および元老院議員を父とする者は何人も 300 amphora 以上積載の外洋船を保有してはならない」(ne quis senator cuive senator pater fuisset maritimam navem quae plus quam trecentarum amphorarum esset, haberet) がその内容であるが, 単純に政治的階層の基盤を socii が属する構造からはずそうとするものである[1]. もちろん socii が「外国に留まる」という構造上重要な要素を却って補強する皮肉な結果となったかもしれないが, これが意図ではない. Liv. は船の規模についてそれが「領域から果実を運び出すのに」(ad fructus ex agris vectandos) 十分だからという一見謎の理由を掲げるが，これも単純にこの伝承が socii の社会圏を嫌ったことの反映であろう．

　Flaminius の後継者は明らかに Capua の征服者 Q. Fulvius である．Capua に対する公式の措置は既に述べたように都市中心と領域の癒着を切り裂くというものであり，そのために一帯を純然たる領域に変えてしまう，そしてそこに水平組織を樹立する，ことが目指されたと考えられる．しかし切り裂かれれば隙間ができる．ここを突くことにおいて Fulvius のグループが俊敏でないわけはない．210 年，Campani の陳情団が元老院に招き入れられる．なお生き延びた政治的階層がローマ市民権保持に免じて何とか復権させて貰えないか，というのである（Liv. XXVI, 33, 1ff.）．しかし Hannibal 側についたということで心証は良くならない．民会には「元老院に一任」という提案がなされ，個別的に処理されていく．つまり市民権や縁戚関係という個別の絆を拠としてアプローチし，今個別的に切り取られていくのである．「Capua に住む Atella の Vestia Oppia」は毎日ローマのために祈っていたというので資産と自由（34, 1: bona et libertas）が保障され，ローマ軍捕虜に秘かに食料を提供した売春婦 Pacula Cluvia も同様である．他も同様に個別に吟味され，一部の者は資産を収公され，自分および家族を奴隷として売られ，或いはまた資産の評価額に応じても扱いが異なった．他は全員自由とされたが，ローマ市民権も Nomen Latinum も拒否され，城門が閉ざされた時点で敵のもとにとどまっていた者は ager Campanus から追放され，Tiberis の向こう，しかも河に接しない場所に居住することを命じられ，Capua ないし反ローマの都市にいなかった者は Liris 河の（ローマに向かって）手前に，Hannibal が来る前にローマ側に脱出した者は Volturnus 河の手前に，ただし海から 15 マイル以上離れたところに領域を占有することを許された．Tiberis 河の向こうに移転させられた者は Veii と Sutrium と Nepete 以外の領域は禁じられ，なおかつ 50 iugera に保持が制限された．資産は解体し，土地の上の関係も移動により単純な形態に還元してしまう，ことは原則通りとしても，剥がすのも嵌め込むのも極めて個別的な関係により，そして何よりも公水から遠いところを占有させようとする．これにより通商路から遮断することはできない．孤立した自給体制を築こうというのではない．出口を押さえて拠点となる，échange の結び目になる，ことを妨げる

である．なおかつそこを公的な空間にするというのでは毛頭ない．そこは中央からの入植のために空けられるのであり，端の占有を押さえた彼らが相対的に優位に立ち，競争的に拡張したり他を従属的な位置に置くのである[2]．

　Q. Fulvius Flaccus は没収した領域を locatio に出す (XXVII, 3, 1 ; ed. Walsh : agro qui publicatus erat locando)，しかも全て現物で (frumento)．つまり占有を認めるが現物で穀物を徴収するのである．209 年，この locatio は censores に委ねられる (11, 7f. : ut agrum Campanum fruendum locarent)．ager Campanus の枢要な部分は Cumae や Neapolis を迂回し，そこからの果実は市場を通過することもなく資産という形態を経ることもない．ローマ市民権を与えられずに ager Campanus 内を移転させられた「自由な」Campani の占有は，辛うじて遠い Cumae や Neapolis を目指す以外にないが，ギリシャの領域で領域の組織を持たねば何の保障も無い．であるのに彼らは点々と散らばっているのである．locatio という形式を持った方がまだ有利である．さらに 209 年，「戦争のための金銭が不足したので，ager Campanus のうち Fossa Graeca から海までの領域を売却するよう quaestores に命じられた．ローマ国民のものとなったにもかかわらず Campani 市民が保有している領域が有ればこれを告訴することが認められた．売却価額の十分の一が賞金として与えられた」(XXVIII, 46, 4f. : quia pecunia ad bellum deerat, agri Campani regionem a Fossa Graeca ad mare uersam uendere quaestores iussi, indicio quoque permisso, qui ager ciuis Campani fuisset, ut is publicus populi Romani esset ; indici praemium constitutum, quantae pecuniae ager indicatus esset pars decima)．第一に，ポイントになる部分は先述の通り例えば Fulvius のグループに繋がる者達に「市民法上」占有させる．mancipatio などはしないとしても．これにより Cumae は首を絞められたような状態となり，海に顔を出して息をするしかない．第二に，ager publicus だと言いさえすればどんどんこの部分は拡張する．Fossa Graeca の向こうでなくとも状況は変わらなかったであろう．領域と都市中心を分節的に繋ぐという構想が仮に有ったとしても，これではずたずたに切り崩された状態である．

　200 年，先に述べた「財源不特定のまま引き受けた」者達に対する償還が進捗せず懸案となる中，財源に窮した元老院は，「50 マイルの標柱以内の公有地を彼らに供する，consules は土地の価額を評価すると同時に，それが公有地た

るを示すために 1 iugera につき 1 as の現物徴収を課す，ローマ国民が支払い可能になったとき，もし土地よりも金銭を欲する者があれば，その者はその土地を返却しなければならない」(agri publici qui intra quinquagesimum lapidem esset, copia iis fieret: consules agrum aestimaturos et in iugera asses vectigal testandi causa publicum agrum esse imposituros, ut si quis, cum solvere posset populus, pecuniam habere quam agrum mallet, restitueret agrum populo) という告示を発する (XXXI, 13, 6ff.). そのような土地がまとまって存在するのは Campania 以外にはないから，Cumae 首締めのようにして，Campania 内陸の物的に残された中心の近傍 (50マイル条項) を占有させるというのである．ただしローマ市民としての正式の占有ではない．これを明らかにするためにノミナルな現物徴収が行われる．この措置が示すのは，socii として資産を有する階層が債権を回収するために領域の上に降りようとするということである．Fulvius 集団の金城湯池を切り崩す反面，その分引き込まれているのである．

　189年，諸方に散った Campani は案の定都市中心に拠を持たず，一体どこで財産評価を受ければよいのか，という伺いをローマに提出する (XXXVIII, 28, 4).「ローマで」という答が元老院によって与えられるが，翌年 censores が実際に census を施行するとき，彼らはローマ市民たる女性との婚姻 (ut sibi cives Romanas ducere uxores liceret) と，既にそれとの間にできた子の嫡出性と相続権 (si qui prius duxissent, ut habere eas et nati ante eam diem uti iusti liberi heredesque essent) を要求し認められる (36, 5f.). ローマ中央直結であるが，しかし他方で彼らが資産を形成しつつあること，そしてそれをローマ市民権の外で（ローマ自体をまるで一つの socii たる都市とみなすが如くに）相続財産として保障される必要が生じていること，がうかがわれる．同じ機会に，しかし (civitas sine suffragio を与えられていた) Formiae と Fundi と Arpinum に投票権付きの civitas が与えられ，tribus (Aemilia と Cornelia) に編入される[3]. さらに187年，「全 Latium から多くの者が集まった集会を持ったことを受けて Nomen Latinum に属する socii から使節がやって来て元老院に招き入れられた」(XXXIX, 3, 4ff.). 自分達の市民が大量にローマに流れて行ってしまい，そこで財産評価を受ける，という苦情である．彼らをそれぞれの都市に帰し，そこで財産評価を受けさせる措置が取られるが，socii 体制の空洞化が如何に

恒常的な弱点として問題を発生させ続けるかということがわかる．それでも 180 年には Cumani が自分達の競売・公売手続でラテン語を使うことの許可を求める (XL, 42). 取引所としての生き残りをかけて適応せざるをえないのであるが，ともかく生き残るつもりなのである．しかし 177 年, Latini の流出問題[4]はこのまま放っておけば「都市中心からも領域からも人は消え果て，一兵卒も供給できなくなる」(ut deserta oppida, deserti agri nullum militem dare possint) という警鐘が鳴らされ (XLI, 8, 6)[5], 子供を残して行くことができればローマ市民となってもよいという法律に対する二種類の脱法行為，すなわち一旦残して自分はローマ市民となってからその子供をローマ市民に奴隷として売り主人に開放して貰うか，残す子供が無い場合に養子を取ること，の規制がアジェンダに上る．さらには何の擬装すらなく堂々とローマ市民になりすます例も後を絶たず, Latini たる socii は，そうした者達の送還と，市民権変更目的の養子縁組の禁止，そして市民権変更の無効，を要求する．これは lex Claudia として結実し，一定時点で Latini たる socii として登録された者は一定時点までに全員その都市に帰らなければならないこと，政務官職に就いた者が奴隷解放を行う場合には脱法目的でないことを誓約しなければならないこと，等が規定された．

172 年, consul たる Postumius は ager Campanus を調査し，「私人が無軌道にそれぞれ占有していた」(privati sine discrimine passim possederant) 部分を公的な状態に戻す (recuperata in publicum) ことを試みる (XLII, 19, 1). 売却の時とは逆向きである．ただし Campani の占有をではなく ager publicus となった部分を守るのであるが．そしておそらくこれと連動して, tr. pl. は「censores は ager Campanus から果実が上がるべく locatio を行わなければならない」(ut agrum Campanum censores fruendum locarent) という法律を制定する. Liv. がコメントするには，「Capua 奪取後何年も行われなかったため，私人の強欲が遮られることなく伸張していた」(quod factum tot annis post captam Capuam non fuerat, ut in vacuo vagaretur cupiditas privatorum) という. 現物賦課と引き換えに用益を認める locatio は，占有単位ではなく，広い区域の果実全体を売却するようなことになっていた．つまり買主は落札量の穀物を供給する．彼は予め倉庫にストックを有するはずである．それを ager Campanus から

の果実によって償還される．この形であると，直ちに穀物を軍団に搬送するというのでなく，金銭が介在しないものの ager Campanus は言うならば資産化され，socii の信用が領域上の clientela に切り取られる[6]．

同様の方式は Syracusae の旧領域で広く採用されたことが知られ（lex Hieronica），共和後期の特徴的な現象となっていくが，上のケースのようにどうしても大変に両義的になる．169 年，新任の censores たる C. Claudius と Ti. Sempronius は，「何人も Q. Fulvius と A. Postumius が censores であった時に公の現物賦課（publica vectigalia）と正規の財源（ultro tributa）を引き当てとして請け負った者は，公売に参加することも，彼と組合を組んだりその他同種の立場に立つことも，許されない」(ne quis eorum qui Q. Fulvio A. Postumio censoribus publica vectigalia aut ultro tributa conduxissent ad hastam suam accederet sociumve aut adfinis eius conditionis esset) と布告する (XLIII, 16, 2)．vectigalia に関する限り，連続して「請け負え」ばまるで彼自身が土地を占有するかの如くに見えて来る．資産と信用・金融のレヴェルで動く存在としての性格が曖昧になる．そこでこのような edictum となったと考えられるが，しかし「請け負う」側 publicani からするとこれは脅威である．じっくりと réel な立場に立って債権を実現しようとすると，5 年で関係から離脱しなければならないことは苦痛である．そればかりでなく，彼自身の債務はどうであろうか．彼の資産自体が（消費寄託された穀物の帳簿上の占有でしかないとしても）何らかの歳出の引き当てになっているのである．新しい「請負人」conductor もまた旧「請負人」やそのパートナーや保証人に対して担保債務を追求できたと考えられ，彼は土地からの果実ばかりかこれをも引き当てに考えた．これを本格的に追求されたのでは堪らないというのである．かくして抗議の大合唱の中，以下のような事件に発展する．告示の意味を例解するように伝承は作られる．よりによってローマの forum につながる Via Sacra の脇に（かぶさるように？）建物の壁を有した一人の解放奴隷に対して，censores が「公共空間に建造してはならない」(quod publico inaedificatus esset) という準則に従って取り壊し命令を発した．ところがこの解放奴隷は tr. pl. たる P. Rutilius の clientela に属し，彼は tr. pl. に抗告した (appellati a privato tribuni)．当の Rutilius 以外誰も intercessio しなかったが，Rutilius の intercessio を無視して censores

は当該物を差押え (ad pignera capienda miserunt), 刑事訴追した. Rutilius を頼みとする publicani はその後押しをし, この tr. pl. は「C. Claudius と Ti. Sempronius が公の現物賦課 (publica vectigalia) と正規の財源 (ultro tributa) を引き当てとして請け負わせたことは全て無効である, 初めから locatio はやり直される, だれにでも引き受ける権利が区別無く保障される」(quae publica vectigalia aut ultro tributa C. Caludius et Ti. Sempronius locassent, ea rata locatione esset: ab integro locarentur et ut omnibus redimendi et conducendi promiscue ius esset) という法律を上程する. ところがこれを審議する民会に censores が介入したため, 今度は tr. pl. が censor を訴追する騒ぎとなる. libertinus というパラデイクマは Appius/Fulvius 集団を指示している. これが公共空間に直接足をつけようとしているというのである. 新 censores のねらいは逆にこれを遮断することであったろう. publicani は逆に取り返さなければ大変なことになる事情を抱えていたのである.

〔2・7・1〕 cf. E. Gabba, Ricchezza e classe dirigente romana fra IV e I sec. a. C., in: Id., *Del buon uso*, p. 31ss.

〔2・7・2〕 ローマの「帝国主義」に経済的動機が存在したとする見解は例えば E. Badian, *Roman Imperialism in the Late Republic*[2], Oxford, 1968 などによって批判されてきたが, Harris, *War and Imperialism*, p. 54ff. によって精力的に再反論を得ている. その主要な動機たる「土地」は明らかに (colonia 建設を含む) 領域形成メカニズムの遠い基盤がもたらすものであり, 「戦利品」も同様である. その限りで Harris の批判は妥当し, Badian の議論は曖昧であるが, 拡張の中心的動因たる socii 体制樹立から見るとこれらの要因は深刻な障害であったことも忘れるわけにはいかない.

〔2・7・3〕 むしろ CSS 再浮上であり, 他が socii としてヨリ「不利益に置かれたローマ市民」として遇される. vgl. Galsterer, *Herrschaft und Verwaltung*, S. 66, 81.

〔2・7・4〕 cf. Brunt, *Italian Manpower*, p. 85; W. Broadhead, The local élites of Italy and the crisis of migration in the IInd century BC, in: M. Cébeillac-Gervasoni et al., edd., *Les élites et leur facettes. Les élites locales dans le monde hellénistique et romain*, Rome, 2003, p. 131ff. しかし一般的流出問題ではない. ローマへの登録である. テクストの「荒廃＝兵員不足」というクリシェには一定の注意が必要である. socii の不機能が領域に問題を発生させることは疑いないとしても. 確かに Liv. は盛んに dilectus の困難を伝える. 例えば Toynbee, *HL, II*, p. 95 はこれも "deracination" の大きな原因であったとして Liv. XLII, 34 の Ligustinus のエピソードを引く. しかしながら, もし領域の状況に直結するならば借財問題の燃え上がりが観測されるのでなければならない. しかしこの Ligustinus の演説には長期の従軍に対するランクの上での報償以外の論点は現れない.

〔2・7・5〕 Liv. は, この時 Latini が流出した Fregellae に Samnites が 4000 家族流入したと伝える. Fregellae は Liris 中流域の colonia Latina で, かつて Samnites との係争地であったが, 今や Samnites がそこへの流出を嘆く. F. Coarelli, I Sanniti a Fregellae, dans: AA. VV., *La romanisation du Samnium,* p. 179ss. は, Pompei などの例を引いて, 都市中心の階層が (ローマに流出する他) villa に移動し, 空いたスペースが後背地から埋められる, と推測する. それでも 125 年の破壊まで, Fregellae 都市中心は考古学的には繁栄を謳歌する.

〔2・7・6〕 これとは違う段階に属するが, 2 世紀後半になると, 先述の Delos に対応して Capua で複数の collegium が cultus を基軸に並立する (cf. J. M. Flambard, Les collèges et les élites locales à l'époque républicaine d'après l'exemple de Capoue, dans: AA. VV., *Les Bourgeoisies municipales italiennes aux IIe et Ier siècles av. J.-C.*, Napoli, 1983, p. 75sqq.). cultus を基軸とするということは, 財団風に財の給付を目的とする団体が形成されるということである. ager Campanus との関係は定かでないが, いずれにせよ都市とは相対的に独立に領域と資産の関係が成立する.

2・8

socii の体制の弱点はまだこの他にも存在する[1]. そもそもローマの政治構造の基本は領域に如何なる中心も認めないというものである. municipium でさえ辛うじてのもので, 対 Satricum 圧殺の如きパラデイクマが常に響いている. そしてさらには, 共和初期の軍事化のメカニズムに内在する,〈領域定住拠点(枝分節結節点)掠奪―戦利品による種類物のストック―都市中心の物的装置実現〉が備わっている[2]. これがまた, 領域に如何なる権力の拠点も認めないという政治的権力の一義性を支えたのである. しかるに socii 体制の樹立は空前の軍事化による大規模な阻害勢力駆逐によって初めて実現した. このこと自体, もちろんやがて致命的となっていくが, さしあたりは, socii の保障が, socii の存在を論理的に抹殺することになるメカニズムによって行われる, という矛盾が問題として浮上する.

paradigmatique に作用していく幾つもの事例が第二次ポエニ戦争以後積み重なっていくが, 最初は 212 年の Marcellus による Syracusae 都市中心の物的装置持ち去りである (Liv. XXV, 40f.). 210 年, Sicilia の代表団がローマ元老院で訴える (XXVI, 30ff.). Marcellus の弁明と T. Manlius Torquatus の Siculi 弁護の後, しかし senatus は一種の調停を目指し, 却って Siculi を Marcellus の fides に委ね, patrocinium の関係が樹立され, Sicilia は Marcellus の地盤になってしまう. もっとも, その限りにおいて socii 都市中心の神聖視は原則として認められたのである. 次は Locri である. 205 年, Scipio が Locri を奪還した際, 指揮下の部隊長 (pr.) Pleminius は都市物的装置を掠奪する (XXIX, 8). つまり単純な公共空間の侵奪でなく, それの保障に関わる神殿等儀礼装置の奪

取 (sacrilegium) である．当時 Messana に在った Scipio のもとに Locri の人々が訴えるが，Scipio は tribuni のみを懲罰にかけ，Pleminius は放免する．翌年，ローマ元老院で問題となり，Fabius の論告の後調査団が送られることになる (16ff.)．Locri で審問が行われ，Locri に対して自由および独立の法の付与が宣言されるが，大閲兵式によって調査団を迎えた Scipio に対してはその圧倒的な効果で何もなされない．Pleminius のみ処罰されて惨めな最期を遂げる．

主力がギリシャに向かう間しばらくこの問題は沈静化したかに見える．しかし 173 年，Croton の郊外，Iuno Lacinia 神殿の屋根が剥がされてしまう (XLII, 3)．例の Fulvius Flaccus が何と censor としてこれをしたのである．彼は自分の votum に基づいて Fortuna Equestris 神殿を実現しなければならない．そのために彼は Iuno Lacinia 神殿に目を付け，大々的に船団を仕立ててその大理石をローマに運んだのである．流石に元老院で大問題となり，全てを奉納し直すべく locatio をすることが決定される．

同じ年，Praeneste の Fortuna 神殿[3]に私的に詣でようとする consul の Postumius が事件を引き起こす．Praeneste の政務官が公的にこれを迎えようとしていないとして手紙を送り，公的な支出による歓待を強制したのである (1, 7ff.)．ここでは元老院のかわりに Livius 本人がこれを問題とする．senatores 個々人が賓客関係を結び歓迎を受けることはあっても，socii が socii としてこのような負担を負うことは正しくない，と．大変珍しいことである．この叙述の伏線とする積もりかどうか，Hannibal に対してローマが劣勢であった時にPraenestini が行ったことを彼は記述している (XXIII, 17ff.)．正規の募兵手続が間に合わず Cannae に行けなかった 500 人の Praenestini が Casilinum を守り，M. Anicius 指揮下に包囲されながらも帰還，二倍の stipendium を与えられるが，それでもローマ市民権授与には応じなかったという．

170 年には，ギリシャ方面でさえ，Licinius (procos.) と Lucretius (propr.) の行為が問題となる (XLIII, 4)．Lucretius は戦利品財源 manubiae を Antium 近くの自分の villa に水を引くため流用する．

以上のような行為に対しては確かに徐々に刑事手続が発達していく．既に Pleminius に対して tr. pl. による訴追，iudicium publicum が用意された (Liv. XXIX, 22, 9)．他にも 173 年に Ligures に対する行為を問題にしたケース

(XLII, 21f.) や上の Lucretius を Chalkis からの使節の訴えに応じて tr. pl. が民会で罰金刑を科すことに成功した例などが有る[4]．これらは定まった手続によるものではないが，149年の lex Calpurnia はそうした刑事裁判を常設化し，しかもこれがおよそ常設刑事裁判所の最初だということになる．しかしこの制度自体，一面では脱刑事裁判化したとも評価しうるものである．sacramentum を立てる手続で賠償額を請求させ，これを国際仲裁風に recuperatores に評価させる[5]．socii の都市中心が政治システムの中枢であるならば，この侵害は政治システム破壊であるはずである．徐々にでもそちらの方向に観念されていくことがあってよさそうである．事実そのようにも観念される．しかし他方，ローマ中央至上主義からすると所詮それは領域の事柄にすぎず，財の移転の問題にとどまる．実際徐々に都市中心よりも個々の資産が重要で，そしてその資産の基盤が徐々に都市中心というより独自のものになっていくとき，端的にそのように概念構成する者が力を持つ．Marcellus 事件に関する Liv. のテクストにもその痕跡が遺る（XXVI, 30, 10: bona quoque multis adempta）．sacramentum という儀礼行為を要求するということには遠く Appius 集団の影さえ認めうる．L. Calpurnius Piso Frugi は tr. pl. でありながら iudicium を senatores 専属とした．

〔2・8・1〕 最近の一部の学説は，自由か統合か，統合ならば参加を，と思考してきた伝統の延長線上において，「自由を奪いながら参加を認めなかった」とする像に異議を唱え，「存外無関心で，かわりに保護もしなかった」と主張する（M. Jehne et al. edd., *Herrschaft ohne Integration? Rom und Italien in republikanischen Zeit,* Frankfurt a. M., 2006）．例えば R. Pfeilschifter, "How is the empire?" Roms Wissen um Italien im dritten und zweiten Jahrhundert v. Chr., *Ibid.,* S. 111ff. は「情報伝達手段不在」を指摘し，その分反射的に自由でもあったとする．全く新たな質の二重の政治システムが成り立つかどうかが懸かっているにもかかわらず，およそ何が問題かを全く汲み取ろうとしない（一方的に自分の問題を持ち込む）学問崩壊の一局面である．

〔2・8・2〕 だからこそ，2世紀 Italia の諸都市中心物的装置の動向は重大な関心事である．そもそも2世紀の censores による新方式の大建築事業自体，しばしば Latium や Campania の諸都市ないしそのエクステンションに関わる．領域神殿，そして colonia への膨大な費用投下も疑いのない事実である．にもかかわらず，掠奪の問題を離れても，物的装置充実は都市の政治的機能の再生に繋がったとは考えられない．Magna Graecia 方面の惨状をおくとして，鍵を握る Campania の状況につき，W. Johannowsky, La situazione in Campania, in: AA. VV., *Hellenismus in Mittelitalien,* Göttingen, 1976, S. 267ff. は最も優れた概観であるが，そこから明らかになるのは，第一に（Teanum のそれを典型とする）神殿＝劇場複合体の発達ないし肥大であり，第二に colonia 経由でやがて元首政期には完全に標準化される都市形態（計画）

の普及である．第三に以上を裏打ちする（特に建築素材に関する）新技術である．A. La Regina, Il Sannio, Ibid., s. 219ff. によれば，Samnium において，Aufidena や Pietroabbondante の宗教的中心の破壊は，旧説の主張する如く3世紀初め（とするとローマによるの）でなく3世紀末（とすると Hannibal によるの）であり，ギリシャ風建築様式を取り入れて神殿＝劇場複合体が bellum sociale まで続く．軍事化中枢から順接的に帝政期 municipium へ直行することになる．Hernici の地帯 Alatri では，130-90 年という早い時期に公共建築に関する "curare" 碑文が検出される（F. Zevi, Alatri, Ibid., S. 84ff.）．つまり物的装置を政治的媒介無しに個々の資産（の束）に貼り付けるのである．ということは都市は資産の束になったということである．もちろん，socii 諸都市の中心機能はそれである．しかしそれとて最低限の政治機能があったらばこそではなかったか．M. Torelli の総括（La situazione in Etruria, Ibid., S. 97ff.）によれば，Etruria でも都市中心物的装置維持の傾向は基本である．Tarquinia でも1世紀に入っても依然再装飾の痕跡が有る．Cosa のような colonia の豪華さは例外としても，Clusium, Volaterrae, Perusia, Aretium 等北方では都市中心の物的代謝は健在である．しかし先に都市階層の存続を想定した他ならぬ Caere で2世紀になると都市ネクロポリスの活動停止が見られるに至る．Vulci でも2世紀半ばに伝統的タイプの墓が消える．

[2・8・3] F. Fasolo et al., *Il santuario della Fortuna Primigenia,* Roma, 1953 はこの複雑な構造物の詳細極まりない stratigraphie である（ただし最終的な形の年代付けに関してその後批判されることになる）．それだけ圧倒的な地位を Praeneste においてこの神殿が果たし，Praeneste は元首政期にはこの神殿のみによって同定されることになる．G. Bodei Giglioni, Pecunia fanatica. L'incidenza economica dei templi laziali, in : F. Coarelli, ed., *Studi su Praeneste,* Perugia, 1978, p. 3ss. は重要な研究であり，共和末から既に財政ないし蓄財機能がこれらの神殿の中枢であることを明らかにした後，Tibur の Hercules 神殿と Praeneste の Fortuna 神殿について，東方へも進出した negotiatores の結集点を見る（p. 58ss.）．しかし理論上の municipium として socii 体制の一角を担うこの Praeneste が2世紀において完全に政治システムを失ったのではない．F. Coarelli, Praeneste in età repubblicana. Società e politica, in : AA. VV., *La necropoli di Praeneste,* p. 259ss. は，4世紀半ば以降のデータが（古い発掘によるため）墓碑銘と副葬品それぞればらばらに世界中の博物館に散逸したことを受けて，碑文のみの時系列を形式的に作成し，2世紀に数が格段に少なくなることを突きとめる．しかもこれを「人口減少」とは見ずに「少数の氏族の寡占」と捉える．2世紀後半以降の公共建造碑文における政務官名と一致するという．後述の Cicero の証言と合わせると，確かに政治的階層はむしろ2世紀に増強されるが，少なくとも後半には領域に直接基盤を有する寡頭政的頂点の束と化していて，〈二重分節〉は作れない．これと，政治を離れて特化したビジネス階層が連結しているのである．

[2・8・4] Fr. Pontenay de Fontette, *Leges Repetundarum. Essai sur la répression des actes illicites commis par les magistrats romains au détriment de leurs administrés,* Paris, 1954, p. 15sqq. が元老院と socii というポイントを的確に捉える点で最もバランスが取れた記述を提供する．171年の Hispania に関する一件（Liv. XLIII, 2）が recuperatores そして exilium といった後の re-petundae の骨格を備える先駆であるという点で学説は一致する．

[2・8・5] Cic. Br. 27, 106 が lex Calpurnia の主史料であり，IV-3 で見る碑文テクストにも先行lex としてこれが引かれる．これと Verr. から手続の発展を再構成するのが学説の作業であり，lex Calpurnia の段階では一倍額の填補的賠償の色彩が濃いことから，（ひょっとすると全然別の）condictio に関する "lex Calpurnia" との異同が盛んに論じられる（cf. Pontenay de Fontette, *Leges Repetundarum,* p. 27）．つまり民事的であるというのである．これは Mommsen

にとって弾劾主義民事起源論の貴重な論拠となった．しかし condictio との連関は全く偶発的で，付帯私訴付きながら刑事裁判という大きな脈絡によって事態を捉えなければ誤る．

3 BONA FIDES の社会構造

3・0

　socii たる諸都市は，以上のようにしてローマの体制内へと本格的に組み込まれた．確かに，これらを包含する政治システムは構築されず，socii は「外国人」たるにとどまり続けた．しかしこのことは「ローマ社会」がこの要素抜きにして成り立つということを意味せず，それどころか「ローマ社会」を質的に転換させたと考えられる．ローマ中央の政治的階層の意識，都市ローマに集う下層民の意識，を全く新しいものにしたのである．

　われわれの想定によれば，そもそも基本の社会構造は既に久しくディアレクティカによって支えられていたはずである．〈分節〉と独特の〈二重分節〉が定着していたはずである．基幹のパラデイクマのヴァージョン対抗はこれらのことに相応しい形態を示していたはずである．もしこれに変形が加わり新しい社会構造が生まれたとするならば，基幹パラデイクマのヴァージョン対抗の形態に新しい要素が芽生えているのでなければならない．人々が全く新しい意識を持つということはこのことによってのみ確証しうる．

　さてしかし，ローマのディアレクティカは極めて特殊であった．十分にディアレクティカを経たのではあるが，しかしさしあたりは全く儀礼的である，パラデイクマの働きによってのみ政治を支えるのであった．儀礼の étiologie のみにおいて鋭いヴァージョン対抗が発生し，かつこれが公式のものにならなかった．固い儀礼的パラデイクマのみが共有された．墨守する形で，étiologie の周囲に発生するディアレクティカはかくして言わば水面下に潜る．ディアレクティカはもちろん言語の厳密な使用によってのみ達成される．M0 を厳密に

M1 に変換するとき，同時に M1 と P1 の間の距離・緊張関係を極大化しなければならない．このために，M1 は詰められた言語により固定されて蓄積・伝承される．ギリシャにおいてそれでもそれは書かれず意識的に口頭伝承の形態が保たれた．書かれるのはデモクラシーの段階に入る頃であった．その対象は主として叙事詩というジャンルを形成する．しかし叙情詩もまたこれを補い，デモクラシーへの転換における主役たるを待った．さて，ローマではこれらのことの全てが起こらなかった．現在でも続く論争にもかかわらず少なくともギリシャでのことを前にして有意の存在というものは語りえない．P1 の少なくとも外枠の方を儀礼として固定し，étiologie の方は大きく開いておくという選択がなされたのである．後者はディアクロニクに，そして無意識に，変形していったはずである．この部分を固定すればそれをも儀礼にしかねず，ディアレクティカは死んでしまう．M1 の先に大きく P1 が開かれている，したがって M1 がディアレクティカの終点であり，せめてこれを共有しなければディアレクティカが収斂しない，ギリシャに比して，étiologie はディアレクティカの全過程を支え，帰結は直ちに M ないし領域のレベルにとどまっていずに直接政治的パラデイクマに接続している．もうそのとおりにするのである．この結果，政治は大いに縛られ，その意味付けに関する自由な同床異夢がむしろ自由と〈分節〉の生命線となった．これは当初全くの偶発的不全にすぎなかったと思われるが，やがて独創的な自由の概念を生み，そして何よりも独創的で洋々たる前途を持つ〈二重分節〉の概念をもたらす．

　ディアレクティカの以上のようなあり方が 3 世紀に入って，そしてとりわけ第二次ポエニ戦争後にまで，そのままの形で維持されえたとは到底思われない．4 世紀末に既に foedus を巡って純儀礼的理解は危殆に瀕する．3 世紀に入ると民事司法の領分で儀礼的パラデイクマの新ヴァージョンの供給がもっぱら言語に着目するものに転換してくる．儀礼的思考の緩和に法学は大いに貢献した．否，詰めたパラデイクマを言語で固定的に表現し以下そこからそれの解釈を争う，という意味において，ローマにおける凡そ最初の文献ジャンルは法学であったとさえ言うことができる．それまで文芸の他のジャンルは口頭においても文献としても存在した形跡が無い．儀礼内部の音曲に伴うテクストが口頭で伝承されていたにとどまる．この言語はディアレクティカの内部には置かれない

から文芸とは呼びにくい．しかるに tibicines 伝承はこれにも変化の兆しが有ったことを示唆している．そしてどれもあの Appius Claudius に対抗する側からの動きであり，その時領域に緩やかに概念された横断的結合体は socii の体制の原型であるとも言いうるのである．まして，socii はローマの狭義の政治システムに属さず，その祭祀を共有しない．主力はギリシャ都市である上に，多元的で横断的開放的である．これだけで単純な儀礼主義は通用しないということを推測させる．さらに，このような要素を組み込む，しかも大いに謎たる態様で組み込む，ときには本格的な省察，ゼロからのギリシャ風ディアレクティカ，なしには済まされない．しかも異質な要素を単に組み込むのでなく，組み込む仕方と組み込まない仕方を組み合わせるのである．これはローマ社会に初めて，儀礼には直結しないディアレクティカを強いたものと考えられる．そうでなければ単純な政治の崩壊が待つのみである．

3・1

ローマにおける文学の登場は滑稽なくらい単一の事件として同定される．240 年に Livius Andronicus が「初めてパラデイクマを上演した」(primus fabulam dedit: Cic. Brut., 72, ed. Wilkins). もちろん，「初めて」の意味が大問題である．Cic. のテクストは，Homeros といえども決していきなり現れるのではない，現に彼のテクストの中に Phaiekes のもとで歌が歌われるように先行者の存在が明示されている，ではしかしローマにおいてはどうか，という問題設定のもとに置かれている．Cic. は Ennius の「かつて Faunus 達や予言者達が歌ったものを……」(quos olim Fauni vatesque canebant) という詩句を引き，やはり前提が有ったことを確認し，しかしながらまさにそうした仕方で Homeros に該当するものが Ennius であり或いはその直前の Livius Andronicus である (primus) と言ったことになる．後者の「ラテン語版「オデュッセイア」はブリコラージュの類だし，彼の演劇諸作品は二度と読めたものではないが」(et Odyssia Latina est sic tamquam opus aliquod Daedali et Livianae fabulae non satis dignae quae iterum legantur). このように，Ennius の自負は Livius ないし Naevius を文学以前に貶める[1]が，この点を留保すれば，Livius から Ennius の時期に文学開始の断絶点が存することになる．

Liv. VII, 2, 4ff. は別の角度から事態を捉える．364 年，初めて祝祭 ludi が見せ物を伴うようになる（ludi scenici）．しかしこの時のものは Etrusci によって上演され，しかも楽団に合わせて踊るという「歌の無い」形式であった．やがて若者達が同じ形式を真似る段階になり，続いて satura という形式の詩句が加わるようになる．「さらに何年かの後，Livius（Andronicus）がこの satura から敢えて離れ初めてパラデイクマにヴァージョン形成を与えたと言われる」（Liuius post aliquot annis, qui saturis ausus est primus argumento fabulam serere …dicitur）．所作を音楽によって分節するだけであったものが，儀礼的な文言を含めるようになり，ついには儀礼と相対的に別個に何らかのパラデイクマを本格的に言語分節したというのである．"argumentum" は「筋書」であり，ヴァージョン無感覚の純粋儀礼とは異なって一個のヴァージョンを採択する，ないし独自のヴァージョンを創造する，ことを意味する．ディアレクティカに復帰する試みである．この点を強めるように，彼は初め自作自演したものの，「度重なる再演で声がすり切れたため」フルートの前で少年に歌わせ，自分は一層力を込めて所作を演じ，さらには凡そ演技者が歌から解放されて科白（レチタティーヴォ）のみに専念できるようになった（deuerbiaque tantum ipsorum uoci usus impediebat）[2]．とは言っても，もちろん演劇自体儀礼という形式を借りたディアレクティカへの参加形態である．角度を変えれば儀礼という大枠を決してはずれていないとも見うる．ローマの場合文学がこれをこそ最初の手掛かりとしたということは大いに蓋然的である．それも原 CSS 体制樹立の頃，Etrusci の影響下に少しだけ，儀礼的パラデイクマが syntagmatique な延長部分を獲得し，ここに paradigmatique なヴァージョン展開とその再現実化が施される．この部分が Livius Andronicus とともにやがて独立し開花する，というのがこの Liv. のパッセージの見解である．

　もっとも，ギリシャの悲劇はあくまで政治に対抗して syntagmatique な線を延ばしていきデモクラシーのための防壁を築くということではなかったか．ディアレクティカからの意識的な退避ではなかったか．ところがローマではディアレクティカが本格的に展開されていない以上このことは意味をなさない．ディアレクティカの復元でさえあるという．しかしディアレクティカの本体，叙事詩は復元されないのか．否，Livius Andronicus 自身叙事詩を手がける．

"Odyssia Latina" はどのように不細工だろうと叙事詩である[3]．Fabius Pictor とともに直ちに歴史学も登場する．他の多くのジャンルも．北国の春のようにただ遅いという理由で一斉に開花するのであろうか．しかし儀礼とあれほど近い叙情詩が皆無ではないか．これは何を物語るだろうか．

他方，I-1 で触れた通り，ただ一つ不動の要素はギリシャ・モデルということである[4]．Fabius Pictor がギリシャ語で書いたばかりではない．儀礼から離れるや悲劇と叙事詩の素材は徹底的にギリシャから採られ，しばしば文字通り翻訳に近く，翻案こそを生命としたのである[5]．Livius Andronicus, Naevius, Ennius 等々全て南イタリアのギリシャ都市の出身である[6]．それにしても，何故ジャンルの決まり事にさえなるのであろうか．

「Livius Andronicus が第二次ポエニ戦争に歌を付けた時，その歌は娘達によって歌われたのであるが，ローマ国民の公共の事柄が一層つつがなく進み始めたというので」（Fest. p. 446 L : cum Livius Andronicus bello Punico secundo scribsisset carmen, quod a virginibus est cantatum, quia prosperius respublica populi Romani geri coepta est）彼の栄誉のため Aventinum の Minerva 神殿に公営の常設劇場が設けられた．207 年，「pontifices は，九人一組の娘達が三組都市中心を回って歌うように布告を発した，彼女達は，Iupiter Stator 神殿で Livius が創作したその歌を口述されたのである」（Liv. XXVII, 37, 7f. : Decreuere item pontifices, ut uirgines ter nouenae per urbem euntes carmen canerent, Id cum in Iovis Statoris aede discerent conditum ab Livio poeta carmen）が，Iuno Regina 神殿に凶兆が現れたので，そちらへと隊列を向けなければならなかった．200 年には Livius の例に倣って今度は P. Licinius Tegula が創作する（Liv. XXXI, 12, 8ff.）．「しかしながら Porcius Licinus は，最初に本格的にローマで詩作が始まったときのことを，まさに以下の詩句の形で表現した，この二回目のポエニ戦争のために Musa は軽やかなステップで，その戦い好きの姿をまだ野生のままの Romulus の民の直中へと現した，と」（Gell. XVII, 21, 45 : Porcius autem Licinus serius poeticam Romae coepisse dicit in his versibus : "Poenico bello secundo Musa pinnato gradu/intulit se bellicosam in Romani gentem feram", ed. Hosius）．叙事詩は近過去に属するパラデイクマを総動員する．ディアレクティカが徹底されれば，パラデイクマ総体が直接作動を封じられるまでに加工さ

れる．しかるに，ローマではこの種のパラデイクマは exemplum として常に étiologie 総体に組み込まれ続けた．叙事詩は儀礼へと syntagmatique に接続する étiologique なパラデイクマの総体を相手にすることになる．儀礼の中で再現されるか，その外に立つか，は syntagmatique な連続において相対的である．叙事詩と悲劇の差異は極小化される．なおかつ，〈神話〉化もまた極小化される．ギリシャの悲劇は決して現実のパラデイクマを扱わず，叙事詩によって〈神話〉化された素材にしか働きかけなかった．叙事詩は「歴史」から大きくずれることをねらった．ローマではこの禁忌は守られない[7]．ディアレクティカの有意味な素材が étiologie として存在していて，儀礼に沿ったパラデイクマが現実化する度に先例としてその脈絡がまた étiologie に加わるのであるから，「歴史」と叙事詩・悲劇の重なりは不可避であり，演劇の役割は全く異なるということになる．

　それだけに，「ギリシャ風」は決定的に重要であった．まず étiologie を扱うに際してもギリシャ叙事詩風が保たれた．次に étiologie の中に豊富に混入しているはずのギリシャ的要素に着目された．しかもなお，この他に量的には圧倒的であったと思われる直接ギリシャ素材のものが存する．Aeneas でなく，敢えてライヴァルのヴァージョンでさえある Odysseus を扱うのである．étiologie に対して直接働きかけることの代償動作である．「ギリシャ」は〈神話〉を保障したのである．そしてもう一つのメリットが存在する．ギリシャのディアレクティカに対するディアレクティカである．そのまま踏襲したのではディアレクティカにならない．逆に今や所与として大きく聳え立っているギリシャの観念体系に対して，自分達の，それもギリシャからの素材で編まれてさえいる，étiologie と突き合わせるようにして，ディアレクティカを施さなければ，旧来の儀礼だけではやって行けない．その限りで儀礼の外に出なければならない．なおかつ出てしまわないようにしなければ，ローマ中央の政治システムを維持できないばかりか，ギリシャ的観念体系に対して距離を取るときの支えを失ってしまう．

　初めて表舞台に登場したこのディアレクティカの基幹部分について，しかしわれわれはその内容をほとんど知ることができない．直ちに設定される問題の一つは，ローマの政治システムの基本的性格をどのように見たのか，というも

のである．étiologie に与えられる諸々の新ヴァージョンを観察することで或程度分析可能である．さらにまた，ポエニ戦争はそれぞれローマ内部に鋭い路線対立を抱えていた．それをどこまで（言わば Homeros 風に）基本原理の対立に分解しうるか．もちろん，作者は政治的階層に直接属さず，それを受け手とするばかりである[8]．その上，ギリシャ風たることによって留保付きで存在を許され，根幹の儀礼を侵食しえない．しかしまさにこの最後のことによって作者は一定の距離と自由を確保しえたはずである．単純な礼賛にはなりえず，そしてこのことを通じて受け手たる政治的階層に意義を認められ，意義を認められることを通じて旧来の政治システムにべったりでない公共空間，批評の空間，が生まれ，これをまた政治的階層が自分達を益すると考えた，と思われる．

　その具体相を知るための微かな手掛かりは既に触れた Cic. Brut. も引用する Ennius の断片である．彼の叙事詩 Annales 第七巻冒頭と同定されるこのテクストは，後述の satura 風の調子を色濃く有する Naevius の Bellum Punicum に対する対抗意識の表現とされる．Campania 出身で第一次ポエニ戦争に従軍し 235 年にデビューしたことが知られる Naevius に対して，Ennius は Tarentum 領域に位置する Rudiae の出身で第二次ポエニ戦争従軍中（204 年）に Sardinia で Cato に見出され，169 年に死を迎えるまで丁度前節で見たローマの東方制圧の軍事的履歴をそのまま歌っていく役割りを演ずる．Annales は Aeneas から出発しつつもこうした事蹟を着々と組み込んでいったと考えられる．その他に，悲劇 "Scipio" で大 Scipio を扱い，189 年 Ambracia の M. Fulvius Nobilior をも悲劇に仕立てる．逆に Naevius はトアル喜劇の中で Scipio をからかう（CRF, 108ff. R）．「その軍事力で輝かしく偉大な事蹟を達成した人物でさえ，いかにその事蹟が今なお生き生きと息づきタダ一人諸国民に聳え立つといえども，彼の父は彼を恋人のもとから辛うじて（ギリシャ風）マント一つ（socii と放蕩息子の主題）に身をくるませ引っ立てたものだ」（Etiam qui res magnas manu saepe gessit gloriose, /cuius facta viva nunc vigent, qui apud gentes solus praestat, /eum suus pater cum pallio unod ab amica abduxit）．政治的階層の中の守旧派 Metelli との確執は結局彼の刑事訴追と亡命を招く．

　第一次ポエニ戦争を扱う叙事詩 Bellum Poenicum は亡命の地での晩年の作とされる．舞台の上に現れる抒情詩的瞬間を利用しての諷刺は，多様な韻律を混

用して逃げまくるかのような印象を与える satura の様式と相俟って，ローマ中央の権力構造に対して鋭い緊張感をもたらす．例えば Lib. II, fr. 2 (ed. Mariotti) では以下のように言われる．「両者の妻達は，頭をすっぽりと覆って夜 Troia を抜け出す，二人とも泣きながら，離れるにつれてますます溢れる涙と共に」(amborum uxores//noctu Troiad exibant/capitibus opertis//flentes ambae, abeuntes/lacrimis cum multis)．各脚が二分され（diptych），リズムに自由な変化が与えられることにより，「出る」「覆う」ないし「泣いて去ってもそれが遠くになる」かと思いきや「却って涙が止まらなくなる」という切り替えが見事である[9]．またしても抒情詩的な瞬間を内臓させてパラデイクマの syntagmatique な切片を突き放してヴァージョン化していくのである．一説によれば Mamertini に対して援軍を送るかどうかという分岐点に関わると言われる断片（fr. 34）では，「もし反対にこの武勇の者達を見捨てていたならば，ローマ国民に対する多大の恥辱が諸国民の間で広まったことであろう」(sin illos deserant/fortissimos viros//magnum stuprum populo/fieri per gentis) と述べられる．「あんな連中は見捨てておけ」「しかし勇者ではないか」，「見捨てれば恥辱か」「しかし対外的虚名を追求してどうなる」というディレンマがたったこれだけで淡々と表現される[10]．Scipio に対する皮肉を知るわれわれは Naevius に対する隠れた批判さえ読み取りうるのである．

　Naevius が Bellum Poenicum で Troia に一旦「フラッシュバック」して Aeneas を辿らざるをえなかったように，Ennius もまたここの部分が気になるのであり，しかも分水嶺は第 I 章以来見てきたとおり女達である．彼らが採るギリシャ的素材の中核はデモクラシーを担った Danae や Troades（後 Troia 譚）であり，ここにローマの政治システム自体をどこまで本格的に〈二重分節〉させるかという問題（imperia Manliana 以来の問題）が託されたとみなしうる．そのはずれに socii をかつ外側にどこまで温存するか，尊重するか，という問題が在ったはずである．上に見た Naevius の Troades は悲しく Troia を去るが，そのようにして全く独立の将来を切り開きうる．しかし Ennius の悲劇 Andromacha におけるこの主人公は，全てを失って透明な高貴さを漂わす Euripides の主人公からは決して出てこない以下のような科白（fr. 27h）をもらす．「一体如何なる保護を要求しうるのか，検索しうるのか，どこに亡命権

3 BONA FIDES の社会構造

の保障を託せばよいのか，アクロポリスも都市も奪われて．どこに赴けば，どこに身を寄せればよいのか」(Quid petam praesidi aut exequar ? Quove nunc/auxilio exili aut fugae freta sim ? /arce et urbe orba sum. Quo accedam ? Quo applicem ?)[11]．ローマ型政治システムの儀礼を離れること自体が否定的に捉えられ，領域にもそこから発する praesidium や auxilium が無ければならない，というのである．領域の上の固いシェルターを見通しても，決してその領域に自由な政治的結合体が生まれるということは考ええない．まして中心から発する儀礼を離れてアプリオリに全てを失った個人が保障を受けるなどということはありえない．とはいえ Ennius にとっても，旧来の体制が軍事力によって世界を制圧したというように単純に事態が捉えられるのではもちろんない．むしろ戦いに引っ張り出されたこと自体が痛恨事でさえある．*Annales*, VIII, fr. 1 (ed. Flores) はおそらく第二次ポエニ戦争の部分に対して序を付ける[12]が，「知は中心（公共空間）から追いやられ，事柄は実力＝軍事力によって決せられる．良き弁論家は蔑視され，おぞましい軍人 (miles) が愛される．学識ある言語によって争うのでなく，否，悪意ある言語で互いに敵意を増幅させ，相まみえることすらない．実力を法の儀礼に換えて対峙するのでなく，むしろ端的に軍事的に取られたら取り返し，そして最強の権力を築こうとする，堅固に結託した軍事化の形態で」(pellitur e medio sapientia, vi geritur res ; /spernitur orator bonus, horridus miles amatur ; /haud doctis dictis certantes, nec maledictis/miscent inter sese inimicitias agitantes ; /non ex iure manum consertum, sed magis ferro/rem repetunt regnumque petunt, uadunt/solida ui) といったように，それはむしろ歴史家の批判を思わせる痛切で突き放した調子を持つ．到底 Mamertini に与するとは思えない．しかし明らかに批判の視座は旧体制の側に在り，それでは済まない必然を前にして緊張が極大化されるのである．Homeros を徹底的に意識した hexameter は止め処も無く進んでいく[13]が，Achaioi に対する Apollon の矢の如くにひたすらローマ軍を射抜き続ける不条理な矢の雨を描くのに最適である．何故 socii のために命を落とさねばならないのか．決して socii を破壊しはしないが，しかし socii の体制を積極的に築くことも無いだろう．このことをもっとよく示すのが 268ff. Skusch である[14]．明らかに Cannae 直前の陣営における Servilius が扱われる．「彼はこのように

言うと，一日の大半を最高度の問題につき民会や元老院で建議するのに費やした後しばしば食卓と会話を共にしてきた，そして私事を相談してきた，友を呼んだ．大きなことでも小さなことでも冗談でも心置きなく話せたし，良いことも悪いことも好きなように全て吐き出しても裏切られることは無かった．……悪い方へは如何なる意見も決して説得することができない天性を有し，……学識ある，信義に篤い，愛すべき人物で，……自分の持ち味に満足し，……宜に適ったときだけ発言し，……言葉少なに，忘れ去られ発掘しなければならない伝統に通じ，新旧の習俗と多くの古い法律に通じ神事人事に明るく，それを引くべきところ黙すべきところを良く心得ている．そのような人物に Servilius は，二つの戦闘の間隙に，以下のように話しかけた」(Haec locutus vocat quocum bene saepe libenter/mensam sermonesque suos rerumque suarum/consilium partit, magnam quom lassus diei/partem fuisset de summis rebus regundis/consilio indu foro lato sanctoque senatu ; /quoi res audacter magnas parvasque iocumque/eloqueretur et cuncta malaque et bona dictu/evomeret si qui vellet tutoque locaret ; / . . ./ingenium quoi nulla malum sententia suadet/ . . . doctus, fidelis, /suavis homo . . . suo contentus . . . secunda loquens in tempore . . . verbum/paucum, multa tenens antiqua, sepulta vetustas. quae facit, et mores veteresque novosque tenentem/multorum veterum leges divomque hominumque/prudentem qui dicta loquive tacereve posset: /hunc inter pugnas conpellat Servilius sic). 大いにギリシャ化されてはいるが，全く政治的な人間の理想像がここに有る．socii の間でやがて生き生きと芽生えてくる精神構造と正反対であることをわれわれはやがて見る．しかしまさにこれを対抗関係の中で逆説的に支える意識である．Naevius によるところの Scipio 父子のうち「Serviliusの友人」は父であり，これから花開くのは息子の方である．しかしその Servilius を Cannae に斃れるという運命が待ち受ける．反対側の戦術，Fabius の側，の背後には Polybios に繋がる大きなヴィジョンが有るとわれわれは推定した．そこからして批判されるに至る戦術的視野の狭さの担い手に，Ennius は同情的で，そこに万感の思いを籠める．大きな土台を新しい立体的な構造の中で再確認しているのである．

　Fabius Pictor は以上のような M1 構築に向かうのでなく，素材に対してこの

ような立体的な見通しを持たざるをえない以上いっそその状態をまずは批判的に整理するということを考えたと思われる[15]．Critique ないし二重のディアレクティカである．政治的階層に属する者が却ってこちらに向かったということは大変に興味深い．度々示唆してきたように，Fabius Pictor はしかもギリシャ語で書き，そして exemplum の乾いた羅列をするのでなく，étiologie の諸ヴァージョンを積極的に扱った．Ennius の Annales とは完全にパラレルな作業をしたことになる．しかもこれも示唆してきたように，socii の視点を色濃く反映したヴァージョンの選択さえなされるのである．つまり Ennius-Cato-Cicero というローマ独自の道とは初めから分岐した道の存在を Fabius Pictor は指示している．政治システムそのもの（ないしローマを中心とする国際関係）に〈二重分節〉を与えるアクティヴな構想が実在したということが強く推測される．imperia Manliana に対峙した Fabii の伝統が Cunctator のみならず Pictor にも生きているのである．もちろんこのことはその後の annales が全てこの伝統に忠実であったことを意味しない．Cato による反撃を取り込むばかりかその旗印の下に集まった側面を有する．いずれにせよ Livius と Dionysios には他種類の素材が提供された．それでも歴史学というジャンルはローマでは (Tacitus の Historiae が示すように) impartial でない位置を占めるのである．

[3・1・1] Gentili et al., La letteratura di Roma arcaica, p. 170 によれば，Ennius の標的は Naevius の韻律 ("saturnius") であったという．Ennius は初めて hexameter を使った．

[3・1・2] cf. Gentili et al., La letteratura di Roma arcaica, p. 92.

[3・1・3] Gentili et al., La letteratura di Roma arcaica, p. 155ss. は，「翻訳」における韻律上の工夫，そして違う言語コードに置き換える（原コードに固執しない）手法が（原テクストの深い解釈のみならず）如何に詩的想像をもたらすかを綿密に分析する．

[3・1・4] ギリシャとの関係については再び Gentili et al., La letteratura di Roma arcaica, p. 57ss. が提供する高度の見通しの参照を乞う．共和初期からのギリシャ文化流入を押えたうえで，3 世紀にあらためてギリシャ文学受容となる理由を別途探り，敢えて翻訳が積極的な意義を有したこと，その翻訳は「悪い翻訳」であり独創性の母胎でありえたこと，を論証する．堅固な文学概念を保持してそれ以前の「文学」を正確に把握することによってもたらされた認識である．

[3・1・5] 二次的派生的たることをローマ文学史は宿命として背負うが，近年になってようやく「オリジナル」を偏重するロマン派的文学観および（これと密接に結び付いた）"Quellen-forschung" 中心の実証主義の偏狭さをローマ文学研究も脱しつつある．G. B. Conte, Imitazione e arte allusiva. Modi e funzioni dell'intertestualità, in: G. Cavallo et al. edd., Lo spazio letterario di Roma antica, 1, Roma, 1989, p. 81ss. は G. Pasquali を先駆とするそうした認識の系譜に触れる．cf. Gentili et al., La letteratura di Roma arcaica, p. 74ss. M. Bettini, Le riscritture del mito, *Ibid.*, p. 1ss. は，新規な筋書きを尊重する近代文学に対して，よく知られた筋書きに対してヴァリアントを付加するのが古典の特徴である，と正面から文学の正統を転換して見せる．問題は何故そうかである．パラデイクマに加える操作とヴァージョン対抗を生命とするのはディアレクティカのなせるわざとして，ローマでは儀礼のところで一旦これがブロックされる．そうすると古典の特徴を発揮しうるベースをギリシャのテクストに取らざるをえなかった，のではないか．もちろん，それにはまた理由が有ったと考えられ，それを探るのが本節の課題である．いずれにせよ，こうしてローマ文学の場合「引照」は古典一般よりも大きい程度において顕著な特徴となる．やがてはローマ文学内で互いに引き合う．味はそこに存するということになる（cf. S. M. Goldberg, *Constructing Literature in the Roman Republic*, Cambridge, 2005）．このことは社会構造が皮相であるというよりも，或る特有の複雑さと可能性を有したということを意味するように思われる．

〔3・1・6〕 Magna Graecia における "Italiota" 様式 Attica 赤絵式陶器図像から4世紀におけるギリシャ悲劇喜劇の大規模なプレゼンスを推定するのが O. Taplin, *Comic Angels and Other Approaches to Greek Drama through Vase-Paintings*, Oxford, 1993 であり，特に喜劇に関して reference が一層具体的になるという指摘（p. 30ff.）は興味深い．他方，文学形成において（たとえ liberti にあってさえ）socii の自立意識が大いに働いたことの一つの徴表が作者達の出身ではないか，という指摘を（dionysisme への固執を検証して）行うのが，J. C. Dumont, Les gens de théâtre originaires des municipes, dans : AA. VV., *Bourgeoisies municipales*, p. 333sqq. である．

〔3・1・7〕 Gentili et al., *La letteratura di Roma arcaica*, p. 163. ただし古典期末よりギリシャでも（特にヘレニズム期諸王の事蹟を称えるための）「現代叙事詩」が発達する，ことについての的確な前史確認がなされる．他方，「神話」に赴くも「大歴史」に赴くも日常に超越という点で同じであった，ローマでは「叙事詩」というジャンル自体が少々意識過剰の中に置かれていた，とする鋭い観察が，A. Barchiesi, L'epos, in : Cavallo et al. edd., *Lo spazio letterario, 1*, p. 119 に見られる．

〔3・1・8〕 もちろん，socii の階層が自分達の政治システムのためのディアレクティカをしたはずであり，ギリシャの堆積に依拠しえた Magna Graecia と異なって例えば Latium や Campania 内陸部は独自のヴァージョンを持ったはずである．T. P. Wiseman, *Domi nobiles* and the Roman cultural élite, in : AA. VV., *Bourgeoisies municipales*, p. 299ff. は2世紀における超都市的神殿建設に絡め Cassius Hemina や Cn. Gellius が集めた伝承に着目する．われわれが I や II-2 で扱ったジャンルの伝承であり，ローマのそれとヴァージョン対抗していた．ディアクロニックな stratification を想定して分析を行った．しかし他方，これらのみを独自に扱って socii 諸都市の社会構造を分析しうるほどにはテクストが遺らない．そのうえ Wiseman が指摘するとおり，1世紀に中央へ上って行った階層の意識のバイアスの方がおそらく顕著であろう．

〔3・1・9〕 cf. Gentili et al., *La letteratura di Roma arcaica*, p. 164. "saturnius" の形式における cola の分節をよく効かす韻律についての分析を得ることができる．"a" の音の "assonanza" と "tes" の "omoteleuto" についても．

〔3・1・10〕 cf. Gentili et al., *La letteratura di Roma arcaica*, p. 169.

〔3・1・11〕 cf. Gentili et al., *La letteratura di Roma arcaica*, p. 120ss. Euripides の *Andromache* に対応しない，むしろ *Troades* に対応する，場面を扱うと推測する．なおかつ一人切り離された悲嘆を載せる，その韻律のあやについての分析が見事である．

〔3・1・12〕 cf. Gentili et al., *La letteratura di Roma arcaica*, p. 179s.

〔3・1・13〕 Gentili et al., *La letteratura di Roma arcaica*, p. 170s. は，ローマでおよそ初めて詩作するということへの意識的な取り組みが始まった，その現れが hexameter の全面ラテン語化 (satura への不満) であり，Homeros のみならず Bacchylides 等々の徹底した研究であった，とする．

〔3・1・14〕 cf. Gentili et al., *La letteratura di Roma arcaica*, p. 180s.

〔3・1・15〕 Fabius Pictor および初期 annales については，既に度々触れてきた Momigliano の諸作品が決定的であり，巨視的な位置付けについてはさらに *Classical Foundations*, p. 80ff. が参照されなければならない．

3・2

Liv. VII, 2 の理解によれば Livius Andronicus の登場は一種の反動をもたらす．素人の若者達がこのプロの劇団に背を向け，かつてのように単純な笑劇 (ridicula) に突き進んだ，というのである．これは Campani 等 Osci に根ざすものであり，Campani つまり Capua 郊外の拠点 Atella の名を採って "Atellana" と呼ばれるジャンルが生まれる[1]．しかしそもそも Naevius や Ennius も喜劇を創作し，こちらは徹底的にギリシャの「新喜劇」を翻案する．否，舞台上にギリシャ世界そのものを再現し人物にギリシャ風のマントを着せることから "Palliata" と呼ばれる．つまり Atellana の方へ降りてしまわずとも中間に Naevius がそれて行った方向が存在し，そして Naevius と異なってここに堅固な平面を築いたのが Plautus であった．彼は 251 年頃の生まれと言われ，Naevius と同世代だが，遅くとも 200 年頃から 184 年の死に至るまでの作品 21 篇をわれわれはほぼ完全に読むことができる．事実としてこれが西ヨーロッパの大きな喜劇の伝統の圧倒的な基礎を築いたことは疑いない[2]．以下に見るように，彼はしばしば単なる翻案者ないし卑近なギャグの作り手として軽視されるが，それは全く不当で，以後の世界に多大の遺産を遺すことになる画期的な構造の構築者である[3]．

喜劇もまた都市ローマの儀礼的世界において簡単に育ちえた．否，喜劇こそ育ちえた．元来喜劇は神話化されたパラデイクマの儀礼的再現を syntagmatique に延ばして日常のパラデイクマの方へ逸脱させることにその原点を有する[4]．こちら側，つまり君や僕，が何と舞台に上がっているのである．民事訴訟，占有概念が働くあの場，自体がそうであった．儀礼によって区切られた空間で政治をするというのではなかった．否，政治すらローマではこの様相を帯

びた．先例に従って何かを再演しているのである．それをまた先例としてヴァリアントが再演されるであろう．それらは直ちに再現的パラデイクマとして（「まともな」）日常となる．少なくとも仕切り無く連続している．むしろ Atellana を仕組めばこれが区別になる．領域の現実がこちらへと延びて行けば，forum の儀礼から延びる線に対して執拗な逸脱となる．逸脱のリズムは全てをごちゃまぜにするカーニヴァル風の satura である．このリズムに乗せて政治的階層の立ち居振る舞いなどをパロディーにすれば，悪意有るヴァージョン変更を加えそれを手の付けえないところに逃がしたことになる．地団駄踏んで悔しがる nobiles の表情が目に見えるようである．ただしこれでまだ対話している．しかし Plautus はそこに敢えてギリシャの喜劇そのものを置いてみる[5]．ラテン語によってではあれ，パラデイクマつまり筋書自体を踏襲し，登場人物の名と舞台設定をギリシャとし，ギリシャの衣装を着せる．確かにそうでもしなければこの状況ではディアレクティカにはならない（距離が出ない）．なおかつなぞる対象がディアレクティカからの意識的な退避なのである．しかも意識的な退避によって二重のディアレクティカを保障するというタイプでなく，本当に退避してしまってロバのように動かないというタイプである．

　Plautus の意図は Naevius のそれとは違ってディアレクティカ全面展開ではなかったであろう．彼は palliata のみを書いたからである．Livius Andronicus-Naevius-Ennius という中心線から離れ，或る部分的な屈折体の形成に全てを賭けたものと思われる．彼の場合には「ギリシャ風」をディアレクティカ（距離化）の装置として利用しただけではない．ギリシャ社会に実在した，それも特定の，構造（屈折体）への着目が有る．しかも現にそうした構造を持ったギリシャ社会，その諸都市，を受け容れなければならないからというばかりではない．そこに現れた構造を mutatis mutandis にまさに構造として利用しようとしたのである．たまたまそうした構造を内蔵するギリシャ都市をローマ社会が内蔵するようになる，という事情も存在し Plautus 受容を後押ししたと思われるが，組み込みの現実的政治過程・社会過程は一筋縄ではいかなかったのに対して，Plautus は堅固な屈折体を樹立した．屈折体原型はギリシャにおいて既に喜劇によってのみ与えうるものであった[6]．これをローマ固有の喜劇の脈絡に乗る，と見せて Atellana などと張り合い，全く新しい独創に至った．

3 BONA FIDES の社会構造

　Menandros 等々のギリシャ新喜劇のテクストはほとんど伝わらず，Plautus が何を基礎にして何を付け加えたかは決着のつかない堂々巡りの論争の的であった．しかしギリシャ都市とローマ世界における都市領域の構造の差こそが問題解決の決め手になるであろうことは十分予測できる．何故ならば喜劇が定義上これに関わるからである[7]．20世紀になってから幾つかのパピルスの発見によって姿を現した若干の Menandros のテクスト[8]はいずれにせよこのことを確証する．例えば Samia においても，まず第一に父（Demeas）と息子（Moschion，ただし養子）が居なければ話が始まらない (I)[9]．次いで舞台上も隣に設定される隣人（Nikeratos）が居る (II)．第三に息子は誰であれ一人の娘に惚れなければならない．この場合隣家の息女 Plangion である (III)．第四にしかし息子は娘を強奪してしまう (IV)．多くの場合と同じにこの場合も子供ができてしまう．Moschion は責任を認め (51)，そして第五に結婚によって瑕疵を治癒しようとする (V)．ちなみにこのケースでさえ人々は深く領域に活動の場を持つ．Moschion は領域（畑仕事）から（$\dot{\varepsilon}\xi\ \dot{\alpha}\gamma\rho o\hat{v}$）戻って来たばかりである (38)．この作品は第四から第五へという syntagmatique な切片を強調するためにここにヴァージョン偏差を構えて笑わせる．出産まで行ってしまったのは誤算で，Nikeratos の目を誤魔化すために一時赤ん坊を他へ預けるが，預かったのは何と父の同棲者で芸妓たる Chrysis であった．彼女が赤ん坊をあやしているのを見た Demeas は，「息子の子だ」という使用人の言葉をも誤解し，てっきり息子が自分の同伴者と関係したと思い，悩む．息子を責め切れない父は，誘惑した Chrysis の責任であると考え辛うじて納得することにし，Chrysis を追い出そうとする[10]が，これに息子が抗議する[11]．まさにお前のせいではないかと思う父は追及する．息子が気に病んでいることは別のことであるので，二人の珍問答が繰り広げられるが，やっと赤ん坊は Moschion と Plangion の間の子であるということがわかって落着する．がしかし出て行かねばならないと思った Chrysis から赤ん坊を戻された Plangion がこれを抱いているのを見た Nikeratos がかんかんになって怒り父子をなじりに来る．Demeas の弁明は全く Zeus のパラデイクマによる (594ff.)．秘かに寝室に侵入して子供を作らせるではないか，と．息子と娘の間の実力の問題は，父同士の和解に基づく裁可によって治癒される．領域の問題は政治システムの介入によ

って解決されるのである．ローマに喩えて言えば，占有の問題も本案の問題として解決される．

Plautus は，後に見るように，I と III を忠実に踏襲するが，II，とりわけ IV/V を稀にしか共有せず[12]，領域に対しては意識的に距離を取り，直接に領域に基盤を有する人々を見せない．逆に Menandros の例えば *Epitrepontes* は，父子の問題を欠落させ，III も遠く，IV/V を少々グロテスクにさえ強調する．Charisios は妻 Pamphile と不仲で隣家に逃れて酒と女に溺れる日々を送っているが，それというのも妻が結婚直後に出産したからである．Pamphile はこの子を遺棄し，残存テクストのかなりは，それと知らずに発見されたその子の帰属を巡る仲裁の場面に関わるが，他方，一人の奴隷は赤ん坊のところに遺された遺留品の指輪から主人たる Charisios がその子の父ではないかと気付く．誰だか知らぬ一人の娘が祭りの日に乱暴されるのを見たという（Charisios に雇われた）遊妓 Habrotonon とともに追及し，自白を得る．まさにそこで Habrotonon は Pamphile にばったり，あの時の若い女である，ということになり，結局実力行使は自然治癒していたという結末を迎える．刑事的な糾問と政治的正当化である．たとえ結果が正義でも過程に実力が介在していれば結果さえも認めないというローマの発想と極端に違う．

パピルスの破損が致命的な *Georgos* でも，人々が常に領域に行ったり帰ったりして仕事をしているのであるが，もう一つ確かなのは，母が若い男に向かって自分の娘に対する暴力を非難するということである（28ff.）．しかしこの男は父が用意した結婚から脱走してまで彼女との婚姻を完遂しようとする．ひょっとすると彼女は既に出産を待つ．*Heros* でも（テクストも似たような状態ながら辛うじて推測しうるところによると），暴力は婚姻によって治癒されているが，しかし二人はそれを知らず，他方帰結たる双子（男女）は遺棄された後，羊飼によって養育される．ところが知らない父は今羊飼に対する債権者として，子供達に執行しようとするのである（自分の奴隷の希望を容れて「債務者の娘」と結婚させてやろうとするのはこの意味である）．しかも双子の女の子の方も隣人の若者からの暴力に遭い妊娠する．この状況がどう解決されるのか不明であるが，IV/V が執拗に追求されていることだけは確かである．

ただし，暴力の主題がこの形で出るとは限らない．*Sikyonioi* の状態は容易に

推測を許さないが，全体として，かの Pelasgos の悩みを主題としたのではないかと思われる．即ち，さらわれた Athenai の娘と，養子に出された Athenai の青年が同一の夫婦に育てられるが，青年の実の兄弟と青年自身が彼女を求め，さらにまた両親の相続債権者の追求も有り，彼女は Eleusis に asylum を求める．暴力的な endogamie（領域内問題）は「実は正しい exogamie であった」ということで解決されるのであろうか．デモクラシーにおける〈二重分節〉形成を媒介したパラデイクマの直接の系譜であるだけに気になるところである．しかしこの問題が憂鬱なものであったことを伺わせるのは *Misoumenos* である．軍人 miles たる Thrasonides は捕虜の娘を買って育て，妻にしようとさえ考えるが，彼女 Krateia はどうしてもなびかない．Thrasonides が戦利品として持っている剣が戦死した兄のものであると思っているからである．しかしこれが誤解で，しかも Krateia は Athenai の自由人の娘であった，という結末が用意されているが如くであり，であるとすれば，miles の希望は治癒によって叶えられることになる．残存する部分が miles 批判，否，凡そ戦争批判を強くにじませるものであるだけに，Menandros の苦渋が察しられる．そしてまさに Plautus こそは miles を徹底的に笑いの餌食にし切って痛快至極，自信満々なのである．しかしもう一人の miles，Polemon を主人公とする *Perikeiromene* では，確かに（職業）軍人（傭兵）が大いに揶揄されるものの，結局 Menandros は彼に花束を贈る．どうやら Polemon の家からその恋人 Glyke が逃げ出して隣の家に居る．Polemon は女性に対して性急なばかりか，乱暴に扱い，Glyke の養母亡き後 Glyke の家を買って入って来ている．隣の家の若者 Moschion は Glyke に好意を持ち，また Glyke もこれを抱擁したりするので，Polemon は全然面白くない．ところが Glyke は亡き養母から，遺棄された時に双子の兄が居たと聞いていて，Moschion がそうかと考えているだけである．実はその証拠を家の中に発見し，驚愕して隣に飛び込んだだけである．ところが遠征先から帰って来た Polemon は Moschion が誘惑したとしてなじる．Moschion と Polemon の下僕同士の喧嘩，Moschion の時勢に関する嘆き，に当時の軍事優位のギリシャ社会に対する深いペシミズムが見て取れる．Moschion こそは理想の人格として描かれる．が実の父 Pataikos が現れ，一体誰の裁可で Glyke を妻にしたというのかと Polemon を攻撃するものの，同定の場面に至り，Moschion の恋心は虚しく破綻する．真実，つまり政治的解決，が成就されればされるほど，Polemon，つまり軍事，が成功するのである．「治癒」は青ざめたマニエリスムの様相を呈している．

　こうした場面を少々寓意的にギリシャ都市の領域問題，つまり領域と信用の関係の問題，によって解釈することが決して誤りでないことには，われわれがかつて見た光景，Demosthenes 等の弁論が描き出す光景，がそのまま（比較的保存状態の良い）二つの作品，*Aspis* と *Dyskolos* に見ることができる[13]．*Aspis* においては，ギリシャの相続財産制度 epikleros が扱われる．父と兄弟が失われその家産をそのまま維持するためには女性に相続させる以外にないとなったとき，この女性を epikleros という特別の資格で立てた上で通常男系年長親族に彼女との婚姻を通じて家産を保有させ，こうして家産を保つのである．作品は若い Kleostratos の従者 Daos がその青年の戦死を伝えるところから始まる．父は既に亡く，報告は伯父 Smikrines に対して行われる．ところが Smikrines は戦利品等遺留品の経済的価値を知るや，残された妹を epikleros とした上で（141）これと結婚しようと決意する．実力こそ用いないが，「全てを保持しようとする」（119f.: βούλεται ἔχειν ἅπαντα）行為は彼女を「実力でものにする」（142: κρατεῖν）というメタファーをうる．相続財産を相続財産として保ったまま領域の上の占有（果実収取＝経営）を委ねる，要するに領域の上に占有概念を独自に働かせる，という余地を持たないため，ギリシャ社会はどうしても横一列に財産を並べざるをえず，単位を保とうとするとき，それは直ちに政治的〈分節〉の問題となり[14]，婚姻によって解決し，また epikleros と結婚した男性に全一の支配を認めてしまうことになる．このシステムは領域における関係が独自に展開しているときには単純に暴力的となる．このことを表現するために Menandros は Smikrines の弟 Chairestratos を配し，彼の義理の息子（先妻の子）Chaireas を娘の許婚とし，しかも今日はその婚礼の日であると設定する．Smikrines はここを強引に破ろうとすることになる．Chairestratos の実の娘と問題の娘（従姉妹同士）は幼馴染で大変親しいという関係も用意されている．法律上止めることができない Smikrines の決定を破壊するために，Daos は一計を案ずる．Chairestratos の家はさらにずっと豊かであるから，彼が死ねば（息子とは実の血縁関係が無いから？）もう一つその娘に epikleros

が発生し，今度はこちらと結婚したがるだろう，と計算し，Chairestratos の死を皆で演出するのである．「実は」となったときの結末は伝わらないが，魂胆があらわになって Smikrines は全ての信用を失うであろうことは自明である．あまつさえ，Kleostratos が生きて帰る．実は武具を咄嗟の奇襲に遭って取り違え，そのまま捕虜になっていたのである．二重の婚姻が祝われるであろうことは十分に推測できる．つまり解決はいずれも政治的なものである．実質的制裁，領域に根ざした実質的〈分節〉結合体の復元．

　Dyskolos はさらに明白な例解である．場面は例によって Attika の領域に設定され，トアル phyle の nymphaion に接して家が二軒，その一つに Knemon という老人が住む．彼は誰に対しても徹底的に自分を閉ざして譲らない（7: $δύσκολος\ πρὸς\ ἅπαντας$）．このときとりわけ隣人が概念されている．Knemon は近隣に小さな土地（23: $χωρίδιον$）を保有し耕しているが，一人息子を持つ未亡人と結婚して一女を得たものの離婚し，その娘と二人暮らしである．隣には別れたその妻と息子 Gorgias が住んでいる．さてそこへ Sostratos という若者が狩をしに仲間と共に現れる．彼は都市中心で育ち（41: $ἀστικός$），なおかつ父が近隣に耕地を保有している（41: $γεωργοῦντος\ κτήματα$）．つまり都市の資産家でありながら，領域の土地に「直接」関わっているのである．さて，もちろん Sostratos は娘を見て一目惚れしてしまう．Menandros は少なくとも Bacchylides 以来のクリシェに従う．Ardea の娘の逆パターンである．とりわけ Sostratos に新鮮さを感じさせ（201: $ἐλευθερίως\ γέ\ πως/ἄγροικός\ ἐστιν$），かつどうしてよいかわからないという未熟さを与える．われわれは Apollon が同様の鮮烈な意識を持ったのを見た．相談相手は友人の Chaireas である．彼の partitio 二項分解は実に明確である．これが芸妓 hetaira ででもあったならば「直ちに強奪して持っていくだろう」（59: $εὐθὺς\ ἁρπάσας\ φέρω$），しかし自由人の娘となると話が全然違ってくる（65: $ἕτερός\ τίς\ εἰμ'...$），と．Sostratos はこうしたパラデイクマが全然的外れであると感ずる（69）が，"$ἁρπάσας$" は Herodotos が戦争の動機として挙げた Helene のパラデイクマを示唆するものであり，〈分節〉の根幹に関わり，partitio は〈分節〉単位間か単位内かという分岐を示唆している．しかしそもそもかねてからこの主題は領域に〈二重分節〉単位を創り出すという複雑な過程をも媒介していて，Sostratos に

とって問題がこれに関わるから Chaireas の partitio は見当はずれに映る．それでもわれわれは先の IV の動機が Knemon の態度にさえ光をもたらすことに気付く．若者達はならば父親にアクセスしなければと試みるが，歯が立たない (cf. 130). Knemon の科白 (153ff.) はその理由を雄弁に説明する．今日もまた人々は彼の土地に (εἰς τὸ χωρίον) 侵入してくる．彼は道路沿いの部分では決して耕作しない (παρ᾽ αὐτὴν τὴν ὁδόν...). 丘の上へと逃げる羽目になっても．公共空間に対して開かれていることは生命であるはずである．ところが今やそこからは脅威がやってくる．娘をさらう，金銭と信用がやってくる．「放っておいて欲しい」という意識 (169: ἐρημία) が生まれているのに，土足で上がって来る (178: ἐπηρεασός) のである．しかるに，Menandros が全てを託すのは領域における横断的な結合体，Knemon が最も嫌う隣人であり，兄の Gorgias とその従者 Daos がこれを担う．Daos は Knemon の態度が却って娘を無防備な状態に置くことを鋭く見抜き (218ff.)，Gorgias は外の人間でなくまさに身内たる自分が問題を解決すると決意を表明する (235ff.). その手段は暴力でなく説得であり，かつ Sostratos を変身させることである (249ff.). 接近してきた Sostratos に対していきなり Gorgias は助言を申し入れる．彼が強調するのは限度，境界 (273: πέρας) である．如何に成功しても貧しい者を軽んずるな，と言う (285f.). しかし現に Sostratos は真剣そのものである．そこで Gorgias は Hesiodos の主題を響かす．「全く一人で耕作し，全然人手を使わない，奴隷も使わなければ，近隣の者を賃労働に雇うこともなく，隣人と助け合うこともない」(328ff.: τοῦτ᾽ αὐτὸς γεωργῶν διατελεῖ/μόνος, συνεργὸν δ᾽ οὐδέν᾽ ἀνθρώπων ἔχων, /οὐκ οἰκεῖον, οὐκ ἐκ τοῦ τόπου μισθωτόν, οὐχὶ γείτον᾽) と Knemon の状況を説明すると，「それでも構わない」という Sostratos の的外れな感激をよそに，領域の労働の辛さを語る．そして父に会いに行かなければ，そしてそこに娘が居るかもしれない，ということで Sostratos は敢えて農作業の現場に赴くと言う．Daos の科白，「何だって？ 働くわれわれの横に立つだって？ 野良着をまとって？」(365: ἐργαζομένοις ἡμῖν παρεστήξεις ἔχων/χλανίδα;). 連れ去るのではなく，降りて来る，というこのヴァージョンへの批判的到達がこの作品の全てであると言うことができる．だからこそ Knemon が井戸に落ちる[15]と Sostratos は Gorgias と協力して助けることに成功する

(625ff.).他方 Gorgias は,Sostratos の提案で彼の父 Kallippides が娘＝妹をと申し出るのに対して,これを丁重に断る (821ff.).自分は他人の労苦において実現した富を有しても決して幸せな気分にはなれないと言う.autourgos の理念であり (369),作品全体に流れる Attika 農民賛歌 (604) と符合する.信用供与の拒否である.

[3・2・1] cf. Gentili et al., *La letteratura di Roma arcaica,* p. 16ss.

[3・2・2] このような評価は次註に見るような学説史の中で一旦潜行せざるをえなかったと思われるが,これはドイツの Philologie の特異な欠落点に基づくのであり,西ヨーロッパの側の演劇の伝統の中では Plautus は疑問の余地の無い地位を占める.他方,共和末ローマにおいて,喜劇 (palliata) は弁論において容易に引用しうる知名度を有する反面,創作はおろか上演も徐々に衰えていったことは確実で,まさに philologie の対象と化しつつあった.しかもその中で Plautus が圧倒的な地位を有したということはなく,例えば Caecilius という名はそれを凌いだと言われるし,Casina の前口上からリヴァイヴァル期が有ったと推論すれば衰退期が有ったということにもなり,当初人気を博したとしても後には「高尚な」Terentius よりも低く評価されたとの通念も存在する(以上についての簡単なまとめのためには,cf. H. N. Parker, Plautus vs. Terence : audience and popularity reexamined, *AJP,* 117. 1996, p. 585ff.).しかしながら,Plautus のテクストのみが遺ったという事実は十分に重く,少なくともわれわれの目的にとっては(パラデイクマの内容上の対抗関係を必要とするから)ふんだんに遺されたこのテクストを分析する以外にない.なおかつ,新しい社会構造 (bona fides 概念を支える社会構造) を最も密接に代弁するのが彼のテクスト (が創り出す対抗関係) であったという推測は成り立つ.Terentius との対抗が唯一確かな所与であるが,これがまさにそのことを推測させる.以下に述べるとおり,Terentius においては既にその構造を危機に陥れる要因がそっと姿を現しているのである.すると Plautus の創作活動はその構造自体の草創期,そしてそのリヴァイヴァルはおそらく 130 年代以降の危機への反発,に対応し,さらにジャンル自体の衰滅はその構造の崩壊に,philologie のみによる記憶は影のみが遺ったことに,それぞれ対応している,という予測が成り立つ.大胆に言えば,ドイツの Philologie による解体もまた Plautus がその構造および西側の市民社会と如何に同義であったかを物語る.

[3・2・3] Plautus に関しては,ご多分に漏れず,19 世紀ドイツの Philologie による "Quellenforschung" が研究世界を一色に塗りつぶした.そしてこの場合致命的であったのは,以下に見るように palliata がギリシャ新喜劇の翻案である,或いは翻案であると自己規定された,ために,これを文字通りに受け取ってテクストの全ての部品を原作に還元し,独創を一切否定する,という方向に研究が向かったことであった.この時シアリアスでない要素のみが付加部分として Plautus に残されたため,論理的には飛躍であるが,喜劇というジャンル自体に関する無理解・低評価にさえ接続された.ドイツの Philologie の内部においてこれを批判する最初の試みは E. Fraenkel, *Plautinisches im Plautus,* Berlin, 1922 (= *Elementi Plautini in Plauto,* Firenze, 1960 = *Plautine Elements in Plautus,* Oxford, 2007) であるが,この作品において如何に恐る恐る Plautus の付加部分と純粋に笑わせる部分が復権されるか,を見ると一時期の研究動向の猛威がよくわかる.Fraenkel の研究は今やバイブル化しているが,これは明らかに Quellenforschung の精密さ故でなく,Plautus と喜劇に固有の価値を再認識する動

向の故である．この点で重要であったのは，一般文学研究ないし演劇自体の動向ないし（小説にかわる）演劇自体の再評価とも関連する，E. Segal, *Roman Laughter. The Comedy of Plautus,* Cambridge, Mass., 1968 である．彼は，Plautus の同時代における圧倒的な成功，近代喜劇における圧倒的な影響，にもかかわらず研究においては内容自体低級とされ，おまけにオリジナリティーが否定される，という状況を覆すことをはっきりと論述の目標として掲げる．手段は "context" それも "festival" であり，彼はこれによって社会編成自体を転倒させて問題提起するものとして作品を理解する．笑いは本格的独創的であった，というのである．演劇研究の基本を適用したにすぎないが，しかし以後の研究の基調を築くことに成功した．

もっとも，伝統的な手法の研究が無くなったわけでもなく，また W. S. Anderson, *Barbarian Play. Plautus' Roman Comedy,* Toronto, 1993 のように Fraenkel の線に戻って staratigraphie を新たに生かそうという試みも存在する．また近年最も成功した分析は（これも一般文学研究ないし演出の動向と関係して）"metatheatrical" な要素を強調する T. J. Moore, *The Theater of Plautus. Playing to the Audience,* Austin, 1998 であり，一個の到達点と評しうる．

〔3・2・4〕 喜劇は政務官の財政負担において各種 ludi で上演された（上演の実際的態様については G. E. Duckworth, *The Nature of Roman Comedy. A Study in Popular Entertainment*[2], Meksham, 1994（Princeton, 1952), p. 9, 79ff. が詳細である）．若干の前口上によりパトロンたる政務官の名，したがって上演年，が判明している．ここから言わば pragmatics の分析が可能となるから，これが近年の研究の一つの核となる．Segal, *Roman Laughter,* p. 42ff. の holiday/every day ないし ludi/gravitas の dichotomy ないし reversal の分析は一つの嚆矢を成す．

〔3・2・5〕 ギリシャ新喜劇の翻案という点から Plautus を救うばかりか，まさにその点にこそ独創を見出そうとするのが，Gentili et al., *La letteratura di Roma arcaica,* p. 106ss. である．そもそも悲劇でさえ決して Homeros の観念体系を離れなかった．そのことの理由はたっぷり論じた．喜劇，新喜劇は，題材において限定を持たない故にこそ，紋切りを必要とした（cf. R. L. Hunter, *The New Comedy of Greece and Rome,* Cambridge, 1985, p. 59ff.）．ディアレクティカからの待避は本性である．ローマではこの紋切りを外から借りることに実に微妙な複合的な意味が生じた．登場人物はシミュレートされた現実に対してでなく，他の作品すなわち紋切りそのものに言及して笑わせることができた．パラデイクマの内容ではなくそのヴァージョン変化こそが関心である，という立場に忠実なのである．

〔3・2・6〕 Hunter, *The New Comedy,* p. 9ff. は，ギリシャ＝ローマの新喜劇に貫通する要因として「静かな私的生活を理想とする」「視野の狭さ」を挙げる．choros の脱落や韻律多様性の縮減等も指摘できる．ただし，これらは悲劇との差異である．そして Menandros/Terentius のラインにおいて妥当するが，Plautus についてはヨリ少ない程度においてしか妥当しない．Plautus ないしローマの演劇は音楽を多用し，しかもアリアとレチタティーヴォの二種を用意した（cf. Hunter, *The New Comedy,* p. 45ff.; Gentili et al., *La letteratura di Roma arcaica,* p. 90ss.）．日常と「神話」の中間を意識的に築こうという姿勢の表れである．

〔3・2・7〕 cf. DEM, p. 658f.

〔3・2・8〕 以下テクストは ed. Arnott による．

〔3・2・9〕 Hunter, *The New Comedy,* p. 95ff. は Aristophanes を引用して世代間衝突と解するが，ここでも Menandros/Terentius の線でしか捉えられていない．

〔3・2・10〕 Hunter, *The New Comedy,* p. 87f. はここから新喜劇一般における「女性の地位の低さ」を言うが，Plautus では関係は劇的に逆転する．

〔3・2・11〕 父子間の微妙な関係につき，cf. Hunter, *The New Comedy,* p. 103ff. 確かに，この関係が情緒的になる（息子も父に期待するところがある）のがギリシャ原版の特徴であり，

Plautus においては息子は父を思いきり陥れ笑う．
〔3・2・12〕　Anderson, *Barbarian Play*, p. 65 はこの点を的確に指摘し，"rape" に対する "ratification in marriage" という柱が Plautus においては欠如する，"rape" は "Aulularia" にしか登場しない，しかも本筋でない，結婚は五作品にしか登場しない，と論じながら，これを「愛を真剣に考えずに茶化す」故である（！？），と断ずる (p. 60ff.)．ギリシャの新喜劇を "love-centrism"，"romanticism" によって理解する点がそもそも誤りである．ちなみに彼は Plautus の独創を「（まだ素朴な観客にとって異質な）ギリシャ物質主義を痛快に打ちのめす」点に見る．対ギリシャ優越意識が笑いとなる，とする (p. 139ff.)．すると "love-centrism" 打破も素朴か？　どう考えても "love-centrism" の方が田舎者に相応しく，"pimp" をやっつける悪漢奴隷の手口は極めて（悪い意味においてさえ）"sophisticated" ではないか．であるのに以上のような読み込みを Anderson 自身がするとすれば，"love-centrist" で反 "materialist" たる田舎者は彼自身であるということである．
〔3・2・13〕　ギリシャ新喜劇における "city/country" 問題は例えば Hunter, *The New Comedy*, p. 109ff.; M. Leigh, *Comedy and the Rise of Rome*, Oxford, 2004, p. 111ff. によっても気付かれているが，海／通商を警戒するステレオタイプ化された "Platon/Aristoteles"（領域＝質実）で解されるばかりである．
〔3・2・14〕　Hunter, *The New Comedy*, p. 120ff. は悲劇との関連を指摘する．
〔3・2・15〕　Hunter, *The New Comedy*, p. 65 はこの「井戸」が固定的なトポスであったとする．

3・3

　Menandros においては「政治システムから領域への侵害」と「領域の〈二重分節〉単位相互の侵食」は互いに流動的・等価である．領域の問題が前者から生じ，そしてまたそれを結局は政治システムの問題として処理せざるをえないためである．Kallippides と Sostratos は上の二つの問題をそれぞれ表現しているが，それらは一体たる問題の二つの力点であるにすぎない．Sostratos も中心からやってくるし，Kallippides は領域に直接基盤を有する．言わば縦に長い単位が侵食するのである．それでも息子，或いは（しばしばそれと明示されず要するに）若者，が暴力を克服し（しばしば父の力により）娘と結ばれることは，政治システムが領域の〈二重分節〉単位の存立を，まさに政治的〈分節〉の名において，認知したことになる．喜劇のポイントは，Attika の頑固な農民の autourgos ぶりでなくとも，地を這う不動の視座から事態を捉え直す点に存する．Smikrines をからかったかと思うと哀れな Knemon を笑う，のは視座と視界の両方を突き放す基本に他ならない．

　Plautus が利用するのは明らかにこれである．なおかつ，地を這わずに宙空に浮かぶよう，宙空を這うよう，改変する．これは一石二鳥である．何故なら

ば,「宙空を」「這わせれ」ば,「這う」分ローマの政治的中心から自律することは疑いないが,「宙空に在る」分同時にそれは地から綺麗に分節される. ローマの政治的中心から自律したいのはギリシャ都市である. それはまさに Menandros の問題に苦しんでいる. しかるに,「宙空」という(しかも)「平面」の分節・解放は, 初めて三つの平面を同時に出現させることになる.

 Mostellaria「幽霊屋敷」は Plautus が設計しようとするこの形を端的に現す傑作である. われわれに(十分に)伝わる他の 19 篇の作品は全て, これのヴァリエーションか, 一部を発展させたもの, と見ることさえできるほどである. 舞台にいきなり二人の従僕が登場して言い争うが, Plautus はまずこれにより領域での活動と都市中心での活動の違いとそこからくるメンタリティーの対立を鮮明にしておく. 意識の差異を笑いの素材にするのはむろん新喜劇譲りに違いないが, 創り出した意識の差は明らかに独自のものである[1]. 都市中心の方の意識に政治は存在せず, もっぱら商取引がそこを占拠しているからである. この点には後に触れることとして場面を追うと, 次に登場するのは Philolaches という若者である. Plautus においては, Menandros にとって実は副次的な意味しか持たない「父と息子」pater/filius(上述の I)がパラデイクマとして完全に conventional, 否, 構造的な, 地位を占めている. そして, Menandros には全く見られない特徴として, pater/filius は原則として対立し, しばしばその意識は polarité に置かれるのである[2]. Philolaches の独白はこの観点からする見事な洞察の所産である.「私は繰り返し反省し, ずっと思弁を重ねた, 胸に多くのパラデイクマを立ててみた……そしてそれをあっちに転がしこっちに転がしずっと対抗させてきた, 人間は喩えるならば何に似ているか」(85ff.: Recordatus multum et diu cogitaui/Argumentaque in pectus multa institui/.../Eam rem uoltaui et diu disputaui./Hominem cuius rei .../Similem esse arbitrarer...)[3]. このようにまず息子は哲学する存在である. ディアレクティカをし, 言葉に拘泥する[4]. 選ばれたパラデイクマ(90: exemplum)は「新築の家」である. 彼は観客に向かって論拠(argumenta)を述べる. 人々は建築家を褒め, これをパラデイクマとして(102: exemplum)模倣しようとさえするだろう. しかし管理責任を怠る(indiligens)者が入って家に瑕疵(vitium)が生じ, 嵐がそれを拡張する. それでも管理責任を怠る所有者

(dominus indiligens)が放って置くと家は「建築家の過失無しに」(haud est fabri culpa)完璧に崩壊する．そのように，両親は一生懸命に子供を教育する，やれ文学だ，法だ，立法だ(litteras, iura leges)と．息子は軍務に就き戻って来る．そこからである，果たして如何なる質の家であったのか，が判明するのは．私も建築家の設計に沿っているうちは良い子であった．しかし「私が私の天性を私自身のものへと純化した」(immigraui ingenium in meum)時，建築家の仕事は跡形もなく潰える．嵐がやって来て雹が叩きつける．(政治的階層に固有の)信義，声望，内的資質(fides, fama, virtus)，そしてそれを育てるスポーツ，武術等々など，どうでもよくなり，全ては根底から覆る．さて嵐とは何か．もちろん恋愛である．領域の若い娘か．否，芸妓 meretrix である．語からして音曲を connotate している．ならば Chaireas の partitio が作動して強奪するか．否，このテーマ(IV)は Plautus においては滅多に現れない．meretrix だが強奪するどころか全てを犠牲にしてその前に跪くのである．父が従うパラデイクマ群ないし伝統的政治的階層のメンタリティーは，崩れて滑り落ちる．しかしそこには第一に哲学ないし別のディアレクティカが有り，第二に meretrix が有る．

　もちろんそれは当たり前ではない．Plautus のもう一つの特徴は，meretrix に分厚い意識と大きな声を与えた点である．次の場面(157ff.)，Philolaches が恋い慕う Philematium が登場し，この点をはっきりさせる．水浴を終えたばかりの彼女は冷たい水がこんなに気持良かったことはない，と言う(157)．身支度は全て彼のためであるが，侍女の Scapha は「そんなにしなくとも大変お綺麗ですよ」と突き放す．これをお世辞とみなした Philematium は「好きなのは真実で，嘘は嫌いだ」(181)と真っ直ぐな姿勢を崩さない．そこで Scapha は正面から諌めにかかる．一人の恋人に忠実について行くのは正規の配偶者，家の女主人 matrona のすることで，meretrix のすることではない，今はよくともお前が年をとれば飽きられて捨てられる，と(190)．しかし Philematium は「彼が私だけを自分一人のために自分の負担で解放してくれた，だから私は彼だけに従うべきである」(204: Solam ille me soli sibi suo sumptu liberauit: /Illi me soli censeo esse oportere opsequentem) と動じない．これを立ち聞きしている Philolaches は Scapha の入知恵と Philematium の健気な答えに一喜一憂する．

Plautusの最も美しい場面の一つである．やがて姿を現したPhilolachesとPhilematiumのデュエットでこの幕は閉じる．つまり暴力どころではない．PhilolachesとPhilematiumは互いに"cogito"のegoを発見するようにして結ばれるのである．この結合は領域を超越している．後述のようにそれは何と銀行であるとしても．

　しかしそのようなことが夢想されるだけでなく，実現するのはどうしてであろうか．deus ex machinaとしての政治が介入するか．双方の父が裁可するか．とんでもない．Philematiumが言うように彼女は金銭によって解放されたのである．請け出したのは確かにPhilolachesである．第二幕が開くと（348ff.），彼の家では今日もまたどんちゃん騒ぎである．PhilolachesにPhilematium，そして友人のCallidamatesとその愛人たるmeretrix，が宴を続けている．そこへ従僕のTranioが慌てた様子で「もう御仕舞いだ」と言いながら戻って来る．商用のため海外へ長期で出掛けていたPhilolachesの父Theopropidesが不意に戻って来てしまった．海外での商用と乱痴気騒ぎの放蕩は共にPlautusのテクストにおいて不可欠の設定である．そしてもちろんTheopropidesが乱痴気騒ぎを許すわけがない．酔っ払って眠りこけているCallidamatesが起こされるが，「武器を取ってたたき出せ」などとてんで埒が明かない．政治的階層の語彙はカリカチャーにされている．Tranioがやむなく知恵を出す．「当世，ボスと配下でどちらが有能か，毛頭違わない」（407: Pluma haud interest patronus an cliens probior siet）[5]．切れ者の奴隷が仕組むトリックはこれまたPlautusのテクストにおいて中心的な道具である．つまりfiliusのさらに下に重要な活動が有り，構造は少なくともここから積み上がり，しばしばここが決定的なのである．さてTheopropidesが家の前に現れると（431ff.），皆を家の中に押し込んだTranioはTheopropidesを中に入れない．ノックしただけで「さわったのか，それは大変だ，早く逃げろ」と脅す．何が何だかわからないTheopropidesにすかさず「もう七ヶ月もわれわれは誰一人近付かない，売って引き払ってしまった，何故ならばかつての持ち主が客人を殺したまま葬られずに眠っていることがわかったからである，亡霊がPhilolachesの夢に現れてそのように告げた」と言う．テンポの良いこの辺りの問答は最高度の楽しみを観客に与える．TranioはGrumioの前で都市のビジネスを気取った癖に，政治以前のテリトリー

3 BONA FIDES の社会構造

に固有の客殺しないし réel な呪縛力の世界に生きている．他方これに弱い Theopropides は国際ビジネスのために海外を駆け回っている癖に，ローマの政治的階層の古い意識（例えば gens 制や祖先信仰）を克服しえていない．この組み合わせは構造として何かを欠いて無媒介である．中間に息子の自立が挟まれば，いうことはすぐに予測される．さて，こうして切り抜けた Tranio をまた災難が襲う．高利貸 danista がやって来るのである（532ff.）[6]．高利貸に対する諷刺も優れているが，問題は一体息子が何のために金銭を借りたかである．もちろんこれこそ Philematium 請け出しの金銭である．二人の愛を成就させているのは何と今のところは高利貸である．そして重要なことはその債務が結局は父 Theopropides の責任の上に落ちるということである．Theopropides は追及する，何に使ったかと．Tranio は綺麗な syntagmatisme により「家を息子は，買った，あなたのね」（637f.: Aedis filius/tuus emit）と答える．その瞬間父の顔は輝く．「家をかぁ！」「やっと一人前に本気で市場に出たのだな！」（iam homo in mercatura uortitur）．家に弱い，しかもそこに高利貸の信用が入って平気である，という Theopropides の意識こそは笑いの対象である．家は Philolaches の思弁以来考察されてきている．都市の政治システムの如くに一生懸命立ち上げられても脆く崩れる，しかし客殺しの因縁などが付きまとって容易ではない代物である，つまり〈分節〉単位存立の準拠点である．これは都市中心の家である．がしかし今 Theopropides の利潤追求活動の対象となり，そのためには高利貸の介在も構わず，何よりも息子がそれに参加したことを喜んでいる．放蕩の対極と捉えられる．この心理が無ければ Tranio の話に乗ることはなかっただろう．老人は喜んで支払約束により債務を引き受ける．ここもまた無警戒である．高利貸は御満悦である．それでも Tranio の苦難は去らない．ならばどの家を買ったのかときかれることになる．答えに窮した Tranio は「この隣の家」と言ってしまう（669ff.）．豪邸である．「息子よ，あっぱれ」ということになり，一層上機嫌の父は，Tranio に一息つかせる間も無く「ではその自分の家に入ってみたい」と言い，困らせる．ここで初めて隣人 Simo が登場する．Tranio は彼に「自分の家の新築に役立てるために（Philolaches の独白が伏線として綺麗にヒットする）見学したいと主人が言っている」と話し，Theopropides には「売主は後悔しているから，決してまだ自分

の家だなどと言わないように」と言い含め，かくして一方はただの見学，他方は買った自分の家，とすれ違いながら Tranio の仲立ちで表面的に理解しあう抱腹絶倒の会話が展開されることになる[7]．もちろんやがて事実は露見し，Theopropides は責任追及に乗り出す[8]が，あの二人の愛を実現させる真の deus ex machina が登場する（1122ff.）．Callidamates である．彼が身請けの出費，つまり高利貸しへの支払いを Theopropides に対して塡補することになる．こげついた債務に対する救済融資である．何と放蕩仲間相互の友情が切り札で，放蕩は礼賛されたままに終わる[9]．meretrix と結ばれて息子は自立する．meretrix と放蕩友達の方向における横断的結合に支えられた自立（元来のものでもデモクラシーのそれでもない第三の政治的結合），が謳歌される．反面物笑いの種になるのは父である．息子の自立の真の内容を理解せず，手足としてなしたと思い込んだ事柄に簡単にのめり込む．「家」は新しいディアレクティカを通じて元来の平面から放蕩友達が形成する平面に滑り込んでいき，そこでは隣人間で紳士的に売買されるべきものとされ始めているようである．売買は自由で難しい方式は要らないが，信義を要求されるらしい．いずれにせよ，filius はここに新しい活動の平面を与えられ，pater はその独立を認め，一歩引かなければならない．

〔3・3・1〕 Leigh, *Comedy and the Rise*, p. 102ff. は（危ない）「都市」の側に「ギリシャ」が収まったと見る．しかし Tranio の意識は非常に複雑であり，作品も Cato 風反 Tranio の単純さを有しない．そもそも Cato は都市・通商に対して十分に加担する（infra）．

〔3・3・2〕 Segal, *Roman Laughter*, p. 15ff. が "amans et egens" たる若者に焦点をあてるのは全く正当であり，父の不在を喜び死を望むような息子は，父の権威が圧倒的であるローマ社会にとって転覆そのものである，というのもその通りである．しかし Aeneas の pietas と imperia Manliana は対極である．そして filius の自立は祝祭の白昼夢ではなく，新しい構造を樹立する積極的な意味を持った．要するに，パラデイクマの内容を文字通りに受け取るのでなく，対抗を見て，背後に構造を読み取るべきである．

〔3・3・3〕 以下テクストは ed. Ernout による．

〔3・3・4〕 Segal, *Roman Laughter*, p. 31ff. がギリシャ的設定をアイロニーととるのは正しい．Beaumarchais のスペインのように，異国の振りをしてローマ社会を批判する要素は確かに存在する．しかし劇中でなお「ギリシャ」は filius によってしばしば体現され，Plautus はこれをからかいつつギリシャ的要素の組み込みを現実に模索している．

〔3・3・5〕 Segal, *Roman Laughter* が自説の決定的論拠と考えるのが，主人―奴隷の reversal である（p. 99ff.）．役割りのすり替えはもちろん，愛の奴隷となった息子が奴隷にすがりその言いなりになる場面は多い．

〔3・3・6〕 Segal, *Roman Laughter*, p. 83ff. にとってはこれも日常から出て来た祝祭ぶち壊し屋で

あり，Tranio の芝居をふいにしかねない．danista 登場場面の意識的不連続については，cf. J. C. B. Lowe, Plautine innovations in *Mostellaria* 529-857, *Phoenix* 39, 1985, p. 7ff. しかも danista と Theopropides は意外にも波調を同じくして拍子抜けする Tranio，という演出，アイロニーである．

〔3・3・7〕 error 錯誤については III-4 で分析する．ちなみにこういう部分にこそ Fraenkel (*Plautine Elements*, p. 78ff.) が "expansion of the dialogue" として Plautus 固有要素を見出し，後の研究に大きな影響を与えた．つまり劇の進行を妨げるほどの脱線が行われ，作品を乗っ取ってしまう．Duckworth, *The Nature of Roman Comedy*, p. 163 もそうした側面を神髄として正面から受け取る．もっとも，ここでは Tranio の愉快な苦労以上に二人の紳士の「錯誤」の背景をなすメンタリティーが痛烈に諷刺されている．そもそも Plautus が錯覚や誤解を仕組むとき，必ず鋭く構造に光をあてる．

〔3・3・8〕 Theopropides から supplicium で威圧された Tranio の metatheatrical な科白 "Si amicus Diphilo aut Philemoni es, /Dicito is quo pacto tuus te seruos ludificauerit. /Optumas frustrationes dederis in comoediis"(1149ff.) 「もし Diphilus か Philemon があなたの友人ならば，あなたの奴隷があなたを煙に巻いた仕方を教えてやりなさい，喜劇に最高のトリックを素材として提供できますから」は，supplicium にしたら喜劇にならないでしょう，という Tranio の場外への逃げであるが，一個の構造を結ばせて見せるという Plautus の決意表明でもある．そして Anderson, *Barbarian Play*, p. 58 が言う通り，ローマ的翻案つまりヴァリアントへの強い自信の表れである．それは Anderson が言うように単にトリックのアイデアの新奇性ないし expansion に存するのでなく，新しい構造を創造しえているということについてのものである．

〔3・3・9〕 「原作」においてこの典型的なギリシャ的解決（友情，政治，eranos）がもっと大きな地位を占めたことはほぼ確かである（cf. Anderson, *Barbarian Play*, p. 46）．しかしながら，Plautus が模索する構造においてこれが不可欠の一要素であることも間違いない．ただしそれは直接的に政治的よりは一層自由になる．

3・4

以上の骨格のうち，まず pater-filius 分節に着目しよう．Plautus はこの点を強調するとき，息子が解放してきた meretrix を父が横取りするというヴァージョンを与える．*Mercator* 冒頭，息子 Charinus の長いモノローグにおいて背景が明らかにされる．彼自身はかつて或る meretrix に惚れた苦い経験を持つ．彼女の持ち主たるボス (leno) に手出ししたことが発覚し，父は財産をゆすりとられ，彼は勘当された上信用剝奪＝禁治産 (51f.: Conclamitare tota urbe et praedicere/Omnes tenerent mutuitanti credere) を受ける．彼によると，父は祖父から技芸を一切禁じられ (64: arte cohibitum esse se a patre)，仕事，それも領域の重労働 (multo opere rustico)，一筋であり，そもそも都市中心を見たことがないほど，使用人よりももっと働け，と訓示されて育った．しかし祖父が

死ぬと父は土地を売ってその金銭で船を買い，積荷を載せ，結局は現在見る如く一端の資産を獲得した（74ff.: Agrum se uendidisse atque ea pecunia/Nauim.../parasse atque ea se mercis uectatum undique/Adeo dum, quae tum haberet, peperisset bona）．他方失意の Charinus は或る日決心する，恋を忘れて（amorem missum facere）商いへ赴く（iturum mercatum）．父は船を建造して積荷を購入し，使用人を監視につけ，旅立たせる．Rhodus で息子は大きな財産を得て父に負う部分を差し引いても黒字が出るほどである．要するにこの出資関係が pater-filius の分節，息子の自立，のためのパラデイクマとして使われるのであるが，これと重ねて，今，息子が招かれた席でホストの家の美しい女性に一目惚れし，これを買い取る，という事態が加わる．息子は彼女を船倉に隠し帰港するが，何と父に見つかってしまう．従僕 Acanthio の報告によると父 Demipho はその時彼女を「舐めるようにした」．事実 Demipho は 225ff. のモノローグで夢について語り，その中では，もう一頭の雌山羊を買ってきて猿に預け（commendare）たところが，猿の妻の嫁資を食ってしまい，そうして猿に抗議される．さらに隣人（vicinus）たる Lysimachus に対して愛に狂った老人振りを発揮して呆れられる（272ff.）．Lysimachus は領域に基盤を有し（ruri negotium），villa と vilicus を備える．この日は（何と三件の）陪審を務めるために出て来ている．

　さて一つの決戦場は彼女 Pasicompsa の帰属を巡る法的なものであるが，母のために買ったという口実も虚しく Demipho の手により転売されることになり，この時 Demipho は Lysimachus をダミーたる買い手にする（335ff.）．対するに Charinus は Lysimachus の息子 Eutychus との友情＝連帯[1]に全てを託す（469ff.）．彼を転売買主として立てる．しかし競りに破れ，Lysimachus は競り落とした Pasicompsa を連れて帰って来る（499ff.）．そこで，Philematium の如き Pasicompsa の一途さを Plautus は綺麗に描く．「友のために友情に免じて一肌脱いだ」（amice amico operam dedi）という Lysimachus は「買ったのはお前の主人で，ぞっこんだから解放するだろう，安心しろ」と言う．Pasicompsa はてっきり Charinus のことかと思って喜び，「私達は固く誓い合った，私は彼と，彼は私と．私は彼以外の誰をも夫とせず，彼は私以外の誰をも妻としないことを」（536af.: Et inter nos coniurauimus, ego cum illo et ille mecum, /Ego cum uiro et ille cum muliere nisi cum illo aut ille mecum) と言う.「でも彼には妻が」というLysimachusに,「決してそうではないし,ずっとそうではないだろう」(Neque est neque erit) と動じない.さらに「彼以外の如何なる若者ももはや愛さない」(Nullum adulescentem plus amo) とも言うので, Lysimachus は「確かにあいつは子供に戻って a, m, o, r を一から勉強すると言っていたな,そのうち歯が欠ければ子供に戻るし」と返す以外に無い.ともかくこうした失敗によりCharinus と Eutychus の sodalitas は瓦解し, Charinus は失意の国外放浪[2]を決意する (588ff.).

形勢の逆転はまず, Lysimachus の妻 Dorippa が領域からふいに現れ,自分の家に Pasicompsa が居るのを発見してしまう,ことによって生ずる.彼女は uxor dotata であり,この家の全資産は彼女の嫁資による信用で支えられている (703).「どうりで領域に姿を見せないわけだ」と誤解した彼女は,追及を始める.陪審としての務めにより差し押さえただけだという言い逃れをぶち壊すのは雇われた料理人である. Dorippa を宴会の宛先たる meretrix と勘違いした彼は,「この方がそれですか,どうりでなまめかしい」とやって Lysimachus を青ざめさせ,「奥様が居ないうちに……」と言っては「いやそんなことは言っていない」と弁解させ,「何ですって」と怒る Dorippa に対して「いや,あなたに言っていないのでなく,奥様に言っていないということで」と余計な解説を加える. Dorippa は怒って離婚を仄めかし,行ってしまう[3].以上の要素は *Mostellaria* には無いものであるが,ここでも最後の決め手は若者達の友情である.思いもかけず自分の家で Pasicompsa を発見した Eutychus は, Charinus をつかまえて思いとどまらせるとともに (841ff.),弱ったことになった Lysimachus と Demipho の間に楔を打ち込み, Demipho に非を認めさせる (957ff.).領域との分節的関係が pater の暴走を抑止すると同時に filius/meretrix 離陸の発射台となり,さらにそのために sodalitas と amicitia が働く,というのである.

Casina でもまた冒頭で領域と都市中心の二人の奴隷が言い争う.農場の管理人 vilicus の分際で「何でまた都市中心に這い出てきた?」(98: Quid in urbe reptas?) と Chalinus は Olympio をなじる.「ろくに(マネジャーとして)市場価値も無いくせに」(haud magni preti) と.「都市の事柄に手を出すな」

(urbanis res te apstines).「とっとと領域へ失せろ」(Abi rus). この対立はこの作品では中心の筋立てに関わってくる. Olympio は反撃する.「オレ様は可愛い Casina を妻として領域に引っ張って行くんだ,お前なんか villa (120) に来たらたっぷり重労働で歓待したのち,立派な寝室に閉じ込めて Casina 恋しさに悶えさせてやる」と[4]. Casina は実は女主人が引き取って自分の娘同様に (45f.) 大事に育てた奴隷である. ところが彼女が成人すると主人たる Lysidamus が目をつけ,Olympio に嫁がせその実自分が秘かに (clam) ものにする気でいる. 彼女を育てた Cleostrata はしかし相思相愛の息子に嫁がせたいと考えているが,夫は邪魔なその息子を商用のため海外に飛ばしてしまった. 忠実な Chalinus を立てて応戦するしかない. それでも Cleostrata は大変に戦闘的で (144f.) 料理拒否も辞さない. そしてこの作品では pater を挫く連帯は彼女ら matronae の間に成立する[5]. 隣家 (都市中心) の (vicina) 女主人 Myrrhina との間の場面 (164ff.) は重要である. 自分固有の権利 (190: ius meum) を主張する Cleostrata はその実現の困難を嘆き協力を求める. Myrrhina は法的には全て夫に帰属するはず,と驚き,「しかし Casina は自分自身の負担で (194: meo sumptu) 育てた」という反論に際して「秘かに (clam) 固有財産 (peculium) を持つのはよくない」と言わざるをえない. しかし娘の尊厳は自分の尊厳の試金石であり,向こう側には Lysidamus-Olympio という虚偽の分節が見えていて,到底許すわけには行かないのである. これと filius の自立が問題として連帯の関係にある. そして女達の連帯は成立する. 悲劇のあの大きな伝統を引くが如くに.

  Lysidamus の愛の謳歌が呑気に響くとこれを盗み聴いた Cleostrata との間に火花を散らす応酬が展開される (217ff.). Olympio と Chalinus のどちらか,結局籤で決めることになり,そして Olympio が勝つ. 勝利に酔う Lysidamus/Olympio の二人はグロテスクなべたつきぶり (437ff.) で,二人の間の愛すら語られ,Lysidamus は Olympio の解放を約束するのはもちろん,Olympio を主人呼ばりして媚びる. また婚礼の後領域へ行くふりをして隣家へ,そして直ちに Lysidamus が目的を遂げる,という計画を聞かされた Olympio が「先に連れて行くのでよいのでは,何をまたそんなに焦るのか」(472: Sine prius deduci. Quid, malus, properas?),婚姻後ゆっくり通ってくればよいのに,と言う

くらいである．答えは "Amo" の一言である．Casina を連れ込むため隣家を空けなければならない Lysidamus は，隣人間の信義をフルに頼る．善意で家を使わせるのは友情の証である（515ff.）．Alcesimus は喜んで応ずるが，この善意の悪用は尻尾を出してしまう．「婚礼の手伝いのために奥様を寄越してください」と言うはずの Cleostrata は何か別の相談をするようで Alcesimus を不審がらせ，訴訟上の用件で外出して帰った（563ff.）Lysidamus が，何故言ったとおりにしない，と Cleostrata をなじるや彼女は「他人の夫に媚びるのは matrona のすることではなく，meretrix のすることだ」（585 : Non matronarum officiumst, sed meretricium/Viris alienis subblandier）と啖呵を切る．この結果 Lysidamus と Alcesimus の会見は「断られた」のか「撤回したのか」とぎくしゃくしてしまう．

　婚礼の直前，侍女の Pardalisca がおおげさに緊急事態を Lysidamus に告げる（621ff.）．「花嫁が剣を振り回して暴れている」，「床に来た者は皆殺す，とわめいている」と．Danaides のパロディーである[6]．Lysidamus は驚愕と落胆の余り，「何であんたが？」（673 : Quid cum ea negoti tibist ?）と皮肉られる．それでも辛抱強く婚礼を待つが，女達はご馳走を台無しにするばかりか，徹底的に待たせて焦らす（798ff.）．二人は待ちきれず舌なめずりしながら次第に興奮してくる．ようやく花嫁が連れてこられ引き渡される（815ff.）．領域に行く振りをして隣家に行く，その途中で花婿 Olympio は花嫁にしこたま足を踏まれ肘鉄を食らわされる[7]．なにをやっているのかと替わった Lysidamus も同じ目に遭う．花嫁には Chalinus が扮しているのである．女達はまたとない見世物ということで固唾を呑んで待ち受ける[8]．婚礼の床でひどい目に遭い恥をかいた Olympio と Lysidamus が次々に出て来ては女達にどうしたのかをきかれて，爆笑に次ぐ爆笑[9]．もちろん，西ヨーロッパに長く系譜を遺すパタンである．その根源のところに socii を成す都市の市民階層の矜持が存在する．他方，明らかにあの Ap. Claudius/M. Claudius を徹底的に打ちのめす側の当時最新ヴァージョンであったろう．

〔3・4・1〕　Anderson, *Barbarian Play*, p. 34ff. は Philemon と比較し，Plautus は Euthycus の崇高さを強調する替わりに Charinus の方を茶化した，とする．

〔3・4・2〕　cf. M. Zagagi, Exilium amoris in new comedy, *Hermes*, 116, 1988, p. 197ff.

[3・4・3] Leigh, *Comedy and the Rise*, p. 138ff. は Dorippa の一撃を領域の勝利と見る．息子も「海外」を諦めて領域に再統合される，と．Plautus が用意する複雑な構造に明らかについて行けていない．

[3・4・4] K. McCarthy, Slaves, *Masters and the Art of Authority in Plautine Comedy*, Princeton, 2000, p. 87f. は領域優位のはずの尺度が転倒していると解する．"clever slaves" が "romance" に貢献するという ("naturalistic" な) 喜劇定型 (秩序回復の大団円) に atellana 起源の "farcical" な要素 (転覆したまま) が加わり，この "secondariness" と "dialogism" (Bakhtin) が Plautus の本質と見る彼女にとって Chalinus が前者，Olympio が後者に属する．"represent romance through the discording lens of farce" という作品解釈の鍵の一つであるが，"romance" の方を破壊力有る転覆勢力が体現していることをどう見るか．

[3・4・5] N. W. Slater, *Plautus in Performance. The Theatre of the Mind*, Princeton, 1985 は (Quellenforshcung を脱却し Gentili 等による Italia 的要素発掘に触発され「New Criticism に Plautus がよく抗した」として) Plautus の楽しさを引き出す (回復する) 点において最も成功した作品の一つであるが，p. 84ff. は Cleostrata の「劇作家」としての才能を中心に *Casina* を読む．確かに (特に matrona の servus callidus ぶりは) 異例であり Menandros の静態的イメージの対極であるが，危険水域一杯の "a darker play" という評価には与しえない．Slater がよく描き出す観客と matronae の一体化は，誰が創り手であれこのフィクションが成り立つということに Plautus が賭けるものを持ったためである．"theatre" そのものが Plautus の主題であり，(日常でなく) 既存のテクストこそが素材であった，という Slater の "the metatheatrical" 中心の解釈は一面的であるが，確かにこれも疑いなく Plautus にとって重要であった (p. 166: "Plautus reacts against Menandrian illusionism...Where Menander sought to imitate life, Plautus seeks to have fun"; p. 177: "Metatheatre in Plautus is the celebration of the power of the imagination").

[3・4・6] Slater, *Plautus in Performance*, p. 85 は悲劇のパロディーであるとする．

[3・4・7] Slater, *Plautus in Performance*, p. 86 は Olympio が servus gloriosus をプリテンドしたが，何の智恵を発揮したわけでもなく，ただのワラ人形にすぎない点におかしみを見る．

[3・4・8] metatheatricality が炸裂する．Myrrhina 曰く，「われわれほど狡猾なペテンを仕組んだ劇作家はついぞなかった」(860f.: nec fallaciam astutiorem ullus fecit/poeta atque ut haec est fabre facta ab nobis). Cleostrata が夫を許す理由，「これ以上この長い芝居を長引かせるわけには行きませんもの」(1006: hanc ex longa longiorem ne faciamus fabulam). cf. Slater, *Plautus in Performance*, p. 88f.

[3・4・9] uxor dotata に対するを初めとして matronae を標的とする笑いに事欠かないのが Plautus の作品である．これを Plautus に限らない喜劇の伝統に帰せしめた Moore, *Playing the audience*, p. 165ff. は，この作品がそれをさらにひっくり返し matronae を夫に対して勝利せしめた，点に作品解釈の鍵を見出す．978ff. における Bacchae への言及 (cf. Slater, *Plautus in Performance*, p. 91) は確かに reversal の有力な論拠である．しかしそうした卑近な当て擦りを入り口として使いながら Plautus はもっと大きな楔を打ち込み，大きな梁を渡そうとしている．

3・5

「息子の自立」つまり pater-filius 分節と相並んで成否を分けるのは，meretrix の解放である．Plautus はここに重点を置くヴァリアントを幾つか用意する．すると主題は causa liberalis ということになり，Verginia の exemplum が直接妥当することになる．とはいえ，それは全く新しいヴァージョンとして再登場する．つまり，息子が単純に「改心して良家の娘と結婚し政治社会にインテグレートされる」というパラデイクマによっては新しいヴァージョン対抗・屈折を創り出すことができないのであり，どうしても meretrix が解放されるのでなければならない[1]．別の次元で単位が形成される．つまり別の次元で占有が概念され，かつ（解放と婚姻であり，娘の保護ではないから）その占有は具体的な人的組織ないし領域の占有から解放されていなければならない，ということである．

　Poenulus においても「息子の自立」のためには奴隷の働きが決定的である．filius のところに小さな，しかし堅固な，二重構造が成立しなければ pater-filius 分節は進水しないのである．この作品には pater は登場しないが，filius たる Agorastocles は従者 Milphio に向かっていきなり言う，「多くの事務をお前に委任してきた」（129: res multas tibi mandaui）と．「私は告白する，私の自由も私のこの恵まれた境遇も全てお前とお前の恩恵に負う」（133: Quibus pro benefactis fateor deberi tibi/Et libertatem et multas gratas gratias）．例によって meretrix たる Adelphasium に恋焦がれる彼は，彼女の所有者でこれを操る leno たる Lycus を敵に回さねばならないが，Milphio に助けを求める以外にない．pater-filius 分節は息子の自立ということの他にもう一つ重要な側面を有した．父から息子へと信用が供与され，これを元手に息子は離陸するのである．海上貸付が典型である．これが無い場合，代替的に現れてくるのが filius-servus の二重構造である．とりわけ servus の知恵である．Milphio はアイデアを出す．「今丁度都市中心に来ている」（170: nunc in urbest）vilicus を外国人に仕立て，leno はこれを知らないであろうから，vilicus に金を持たせて女を買わせる．その現場を押え，使用人が金銭を使い込む行為の共犯として法廷に持ち込み全てを剝ぎ取ろう（184ff.），というのである．「praetor は全占有をあなたに付与するだろう」（Addicet praetor familiam totam tibi）．Agoratocles のアリア「船と女と」（210ff.）は海上貸付つまり信用とジェネアロジーつまり構造がパラレルであることを示して興味深いが，するとその女達 Adelphasium

とAnterastilis（姉妹）が登場し，自分達が囚われてしまっていて広く解放者を求めえないことを嘆く．これを立ち聞きする主従二人はあらためて魅惑されるが，特にAdelphasiumは妹をたしなめつつ，投資と収益のバランスを説き（286ff.），また仲間に対する嫉妬を諌めて連帯を強調する（300ff.）．ここでも新しい（bona fidesを担う）通商の倫理はmeretricesを通じて表明され，Agoratoclesなどは「何と心地よい言葉か」（310: uerba tot tam suauia）と感嘆するばかりである．しかし現実には彼女達は新しい階層には無縁の，現物・現金による見本市（mercatus meretricius）に出掛ける．今日はVenusの祭礼で，さしずめ多くのバイヤーが集まるのである．資金の無い二人は止めることもままならず，約束ばかりで少しも解放してくれない，と叱責される．

それでもAgoratoclesは解放と妹の方を約束してMilphioの協力を取り付け打倒lenoに燃え立ち，愛を契約の相手方に喩えて「遅滞は過失さえ許さない」と意味不明に気分を昂揚させる（410ff.）．ところが実際にはここで軍人milesたるAntamoenidesが現れてさっさと手付（arra）を打って買ってしまう（449ff.）．トリックのためまずは証人advocatiを集めるときに急かされた彼らは「走るのは奴隷のすること，自分の負担で働く俺達はゆっくりさ」と歌い無償原則下の倫理を表明する（503ff.）．そのadvocatusとvilicusがいよいよ「主人の金を横領する買い手」になりすましてLycusを騙し（615ff.），そしてまさに現物取引ゆえにこそその（横領の）現場をAgoratoclesは取り押さえる．「現行犯の窃盗である」（785: Manifesto fur es）と．Lycusはしかし逃亡する．確かにvilicusが一役買う．しかし領域の影も形も存在しない．他方，見せ金はどこから出たのだろうか．その金があれば実際に買い取ればよいのに．明らかにこれは本来このように投下することのできない短期信用の金銭である．これを領域に降ろす形でインターセプトつまり横領させたのである．領域に降りるならばvilicusの役割である．このような演出こそは違法性を際立たせる．そして前提問題で相手を倒し，姉妹が正確には誰に属すべきかという実質ないし正義を問う前に，その人身を確保してしまったのである．

他方Plautusはもう一つ別の演出をみずから用意する．Lycusの奴隷Syncerastusが登場すると意外にも現在の仕事とlenoに対する嫌悪感を表明する（823ff.）．"Tuus amicus"（852）と呼びかけるMilphioとの連携，掛け合い，と

なる．そして Syncerastus は真相を明かす（894ff.）．「女達を売った者はこれは贓物だと言った，カルタゴで自由身分だった者達である」（898: Et ille qui eas uendebat dixit se furtiuas uendere: /Ingenuas Carthagine aibat esse）と．Milphio に衝撃が走る．主人の Agoratocles と同じではないか．やはりカルタゴでさらわれ売られてきた彼を亡き養父が育てたのである．むしろ Syncerastus 自身が勧める，「ならば占有を主張すればよい，同一政治システムの名において，causa liberalis 自由身分のための取り戻し訴訟によって」（905: manu eas adserat, /Suas popularis, liberali causa）．そうだ，そうなればお前までも解放される（910: collibertus）と Milphio は快哉を叫ぶ．ヨリ根底的な自由の保障が裏打ちするというわけである．かつそれにとどまらない．カルタゴ人たる Hanno が登場する（930ff.）．Agoratocles と Milphio が causa liberalis について話すのを立ち聞きして「何と甘味な言葉の響きか」（968: quam orationem dulcem）と感動する．彼と二人の間に外国語の音の珍しさと服装の異様さがもたらす滑稽な場面が展開される[2]が，エキゾティズムが排外的な印象を与えることが一切無いのは，実はこの場面が重要だからである[3]．Hanno は Agoratocles の養親と旧友であり，その印（tessera）を携えている．ここから第一の符合・同定の場面に至る．つまり実は Hanno は Agoratocles の伯父だったのである．実の父は既に亡くなった後であるが，Hanno は言わば信託された資産を息子に返却するつもりである（1080ff.）．さらに Milphio は一計を案ずる．「あなたの力が必要だ」（1087: Tua opus est opera）と．「彼女達をあなたの娘だと言って下さい，幼くしてカルタゴでさらわれたと，そして自由身分訴訟を通じて彼女らの占有を取り返してください，自分の娘達同様に」（1100ff. . . . filias dicas tuas, /Surruptasque esse paruulas Carthagine, /Manu liberali causa ambas adseres, /Quasi filiae tuae sint ambae）．ところが何と乳母が登場して娘達の実の父こそ Hanno であるということがわかる．この第二の符合・同定の場面に至って，仕組んだ嘘が全部実はそうだったということになるので，Milphio は「皆自分が言ったことの実現に到達してしまった」（1126: Perduxit omnis ad suam sententiam）と miracolato の様子．二人の娘が祭から帰ってくればもちろん感動の再会が待っているし（1174ff.），違約を追及に来た Antamoenides までが leno 糾弾の隊列に加わる．最後に Lycus の財産をてんでに八つ裂きにして

終わるが，全てが調和する幸福感に満ちた傑作である．何よりもその明るさを支えるのが，(言わば宿敵) カルタゴでさえある外国との間に「国際」causa liberalis が可能であるということである．おそらく原作の影響下に，市民権という権原および政治システムが最後はものを言ったように一見思われる[4]．しかしローマの causa liberalis は自由人であると「主張すれば」(「であれば」でない) 占有＝自由を推定されるというものである．かつ占有のパラデイクマ自体変換を経ており，「自由人である」と主張した以上取り戻しても勝手に扱うことは許されない．つまり，むしろ占有の積み上げこそが最後に権原を生む，権原に至る，のである．権原が支配を正統化するのではない．そのような新しい「占有」が今高度で「国際間の」信義に支えられている．否，むしろだからこそ支えられる．かくして Hanno に in ius vocare が許される (1225ff.)．antestare も，十二表法そのままに．他方 Milphio はカルタゴをどのように持ち出したか．言語の音の恣意性がもたらす可笑しみや服装の奇怪さ，要するに記号の面白さ，によって演出された「外国」は，開かれた空間に多元的な世界が有るからこそ勝手にはできない，ことがもたらす透明性と信頼感の源泉と捉えられ，これが Milphio に絶妙のトリックを思いつかせた．

Pseudolus は類似のヴァリアントであり，ここでも servus は不可欠である．Pseudolus は若主人 Calidorus のために「物でも労務でも良い考えでも何でも給付して助けます」(19: Iuuabo aut re aut opera aut consilio bono) とばかりに献身的である．Calidorus は meretrix からの手紙を持っている．読むと，自分を leno たる Ballio が遠くへ売ってしまい，買主は 15 minae を支払って彼女 Phoenicium を押さえ，やがて残金 5 minae 持った者が来て引っ立てて行くはずである．期限はまさに明日である．何とかしろという Calidorus に対して Pseudolus は「金を借りるあてなど私だってありませんよ」(80: argentum nusquam inuenio mutuum...)，「この私自身を質にでも置かない限りは」(87: si me opponam pignori)，というようにしかし悲観的である[5]．133ff. の Ballio のアリアは闊達で，穀物，食肉，オリーヴ油を大規模に扱う商人をそれぞれ得意客とする meretrix を歌い上げていく．そこへやってくる Calidorus＋Pseudolus との激しいやりとり (230ff.) は，とりわけ Ballio の科白に切味が有って，迫力に満ちる[6]．Calidorus は売買の形態に災いされ[7]，金をずるずるとつぎ込

3 BONA FIDES の社会構造

んでは Phoenicium の身柄を留保しているが，買い切る力が無い，その信用が無いのである．全て無駄になり破滅しかねない．彼があと少し待ってくれと言うのに対し，Ballio は「父の信用で高利貸から借りろ」と突き放し，父に対してそのようなことはできない（pietas）と言う Calidorus には「ならば Phoenicium のかわりに pietas でも抱いて寝ていろ」と追い討ちをかけ，さらに「少し待つどころか，ずっと待つ，否，もう二度と売らない」と言って一旦 Calidorus を狂喜させ，すかさず「もう売ってしまった以上，二度と売らない」（342: nam iam pridem uendidi）となぶる．悪漢が精彩を放つとき，喜劇は負のディアレクティカを飛翔させ，目的に前進する[8]．まして，この Ballio の上を行く悪辣さを Pseudolus が発揮して痛快な逆転を演ずるのである．

その Pseudolus にとって課題は信用をどこかから得て来ることである．基本的にそれは父以外からは出て来ない．かくしてこの作品においては父 Simo が大きな役割を果たす．Simo は息子の一件を醒めた目で見ている（419: Eum uelle amicam liberare）．たまたまそこに居る友人 Callipho はもう少し理解が有り，当然のこと（434: Quid mirum fecit）と見なし，「市民達に一人一人分配することができた」（441: populo uiritim potuit dispertirier），つまり都市の政治的階層に属する，お前が何故これしきのことで，とさらに一層落ち着いている．Pseudolus はまさにこの時をねらって勝負に出る（457ff.）．Simo との間の駆け引きの高度さ，才気の応酬．Simo は「自分から 20 minae 騙し取ろうとしているだろう」と先手を打つ．Pseudolus は敢えて自白する．Simo は，ここを塞がれてさてどうする，と Pseudolus を試すばかりか，自分ばかりか他の誰も信用を与えないように宣告を出す（505: Ne quisquam credat nummum, iam edicam omnibus）と告げる．「信用の穀物庫」（424: commeatus argentarius）としての Simo にねらいを定めた Pseudolus が待っていたのはこのカウンターアタックのタイミングである．さらりと「それでもあなたは私にその金銭を与えるだろう」（508: Tu mihi hercle argentum dabis）「与えるだろう」（510: Dabis）[9]．この挑戦を Simo は受けて立つ．決戦（pugna）[10]，ポトラッチ，に至り，Pseudolus は「高度な悪意で」（527: per doctos dolos）二つのこと，つまり金銭の詐取と彼女の解放，を達成すると約束し，「しかしもし実現したならば，私が leno に渡す金銭をあなたはあなたの意思の名において私に与えなければ

ならない」(535ff.: Sed si effecero/Dabin mihi argentum quod dem lenoni, ilico./Tua uoluntate) というところへ持って行く．合意が成立し，「領域に行く約束をしてしまっていた」(549: Quin rus ut irem iam heri constitueram) Callipho も証人の立場でこの合意に関わる．"tua voluntate" はこれが合意であり，誓約でない，ことを意味する（infra）．

さて，使者 Harpax が残金 5 minae を携えてやって来る（594ff.）．これを目ざとく発見した Pseudolus は接近を試みる．悪意 dolus，背信 perfidia の限りを尽くすことを誓った（580）彼は，その時が来た（614: multos dolos）ことを確信する．早速 Ballio の事務管理者 procurator（608）になりすます．Surus というその名も把握してある．「主人 Ballio に帰属する物と計算を管理しているこの私との関係においてこそ，金銭を受領し，債務を弁済したまえ」(626f.: Mihi hercle uero, qui res rationesque eri/Ballionis curo, argentum accepto et quoi debet dato) というわけである．しかし Harpax は手ごわく，お前がたとえ Iuppiter の金庫番であったとしても信じるものか，「お前なんかに決して金銭の勘定を託さない」(Tibi libellam argenti numquam credam) と強硬である．いずれにせよ，銀行が関与しての弁済が予定されている．そしてまさに信用 fides が懸かっているのである．Pseudolus も「主人よりも私に渡した方が確かだ」とさえ言う．決して金銭を託さない Harpax も，文書 epistula を言付ける．そこには顔のイメージ imago 付の印章 sunbola が有る．これと金銭の両方を持った者にだけ反対給付をする仕組（649ff. qui argentum adferret atque expressam imaginem suam）である．この瞬間，勝負はついたと言える．Calidorus は Pseudolus の依頼で友人の Charinus を連れて来る．「この文書と印章だけは何とかインターセプトした」(716: Epistulam modo hanc intercepi et sumbolam)，「しかしそれでもあと 5 minae の信用（消費貸借 mutua）を創り出さねばならない，今日中に返しますが，というのもお父さんが私に負う債務が有りますから」(732f.: Sed quinque inuentis opus est argenti minis/Mutuis, quas hodie reddam; nam huius mihi debet pater)．この一文がこの作品が全てである．短期の信用を得ることが長期の信用を得るために決定的だ，ということである．インターセプト（intercepi）はこのことである．確かに弁済受領時には一瞬の信用が発生する．繋げばポトラッチに勝って大きな給付がカヴァーしてくれる．

さらに5 minaeの見せ金はCharinusが用意する．そしてこの短期信用こそがPhoeniciumを解放するのである．

　Plautusはこの解放に同調させるために三つのlocatio conductio（infra）をセット・ピースとして嵌め込む（905ff.; 956ff; 1184ff.）．人が人を使う関係である[11]．Ballioが料理人cocusをあくどく雇い，PseudolusがHarpaxになりすますSimiaを雇い，最後にBallioがその後にやって来た本物のHarpaxをてっきりPseudolusに雇われた偽者と思う．つまり実行行為（956ff.）はSimiaの手に委ねられる．SimiaがBallioに対して，自分が探している人物を悪い奴と描けば描くほど，Ballioがそれは自分のことだと信じ込む，場面が爆笑を誘うが，PseudolusはSimiaにHarpaxの主人の名を調べて教えることを忘れていたことに気付き（985）冷や汗をかく．ところがBallioはそんなことよりも記号による認証システムの方を信用している．似姿imagoと印章signumを見てPolymachaeroplagidusという名を言ってしまう．「金を渡して女を連れて行け」（1015: Argentum des, abducas mulierem）と事態はオートマティックに進んでしまう．BallioとSimoは事が済んでしまった以上自分達の勝ちであると宣言する（1052ff.）．（Simoから賭けのことを知らされ警戒していたばかりに）ポトラッチに引き込まれ，早く決着をつけたいという気持がBallioを裏切ったことになる．これもPseudolusの計算である．クライマックスはHarpaxが登場する1103ff.である．Harpaxを偽者と信じてPseudolusのトリックを見破ったと思うBallioは，そういう輩と名望家（boni）を対比して見せ，にもかかわらず今や債権者に追い回されているboniの姿を描写し観客を楽しませる（観客を名宛人とする科白，観客に言及する科白は喜劇の特色である）[12]が，何よりも面白いのはBallioによるHarpaxに対するものものしい尋問である．Harpaxはすっかり怒ってしまう．おそらく20 minaeはHarpaxに返却されるであろう．Calidorusのために短期融資したも同然である．それは賭けに負けたSimoが支払う20 minaeによって充当される．

　*Curculio*はちょうど*Poenulus*と*Pseudolus*を短く合成したような作品である．Phaedromusとmeretrix（Planesium）は熱烈に愛し合っている（172ff.）が，Phaedromusには資力が無く，唯一の頼みは食客parasitus（Curculio）がCariaでする金策である．当地の「親友に対して消費貸借を請う」（68: Petitum argentum a meo sodali mutuum) のである．parasitus はその占有ないし（とりわけ）資産（の占有）から果実が上がっているかどうかのバロメータである．ふらふらで帰着したとしても何とか食べさせて貰って正気を取り戻す (280ff.)[13]．しかしもたらした知らせは良いものではない (328ff.)．友人もまた余裕が無く融資をすることができない．しかしそれでもしぶとく策を携えている (335ff.)．たまたま意気投合した人物 Therapontigonus (miles) から銀行業の Lyco と leno たる Cappadox を識っているかときかれ，識っていると言うと，何と彼は 30 minae で Cappadox から一人の娘を買い (343ff.)，「その金は銀行に在る」(apud trapezitam situm est)．それは Lyco の銀行で，彼は「自分の指輪と共にこれと符合する印章を付した文書を持って来た者に，宝飾品と衣装込みで女を leno から受領すべく役務を提供することを委任した」(ei mandaui, qui anulo/Meo tabellas obsignatas attulisset, ut daret/Operam, ut mulierem a lenone cum auro et ueste abduceret)．しかも Therapontigonus に招かれた Curculio は賭け（ポトラッチ）に勝って例の指輪を手に入れる．連中は早速印章付文書の偽造にとりかかる (365)．つまりまたしてもインターセプトが行われる．ただし違うのは短期信用を銀行が媒介するという点である．Curculio はまず Lyco を信用させて支払委託された金銭を偽文書により動かさなければならない (371ff.)．そして二人して Cappadox のところに出向く (455ff.)[14]．Planesium の引渡そのものに Lyco も立ち会う (487ff.)．しかし金銭は，Therapontigonus に付けられたものが Cappadox に付け替えられただけで，Cappadox は「あとで払い出される，明日支払請求せよ」(526: Dabuntur; cras peti iubebo) と言われる．まず Therapontigonus が怒って Lyco のところへ (533ff.)．しかし Lyco は正当に支払われたので免責されると突き放す．Therapontigonus は次に Cappadox に詰め寄る (557ff.)．しかしここでも正当に債務弁済（引渡）が行われた（債権の準占有）とはねられる．ところがその間に思わぬ事態の展開となる (599ff.)．Planesium は Curculio の指輪を見て不審に思い糾弾する．何と彼女の父が持っていたもので彼女は自由人であることが立証されることになる．そこへなぐりこみをかけるのが Therapontigonus である (610ff.)．「金か女を返せ」という彼の主張は，彼女が自由だという抗弁 (615: Virgo haec libera est) を受けることになる．それどころか贓物 (620) の抗弁

3 BONA FIDES の社会構造

付きで法廷に事が持ち込まれようとする．Therapontigonus は Curculio を奴隷と思って実力に訴えるが，彼は自由人なので「市民の方々，助力を，助力を！」(626: O ciues, ciues!) という絵に描いたような causa liberalis が出現する．助けを求める Planesium．しかしここで事態は三転．「父から譲られた」指輪を取られたいきさつをぶちまけた Therapontigonus に，いきなり Planesium は「私の兄さん！ 御機嫌よう！」と呼びかける．そこから同定と認証の場面が始まる．かくして，短期の信用によって解放された娘は身分という長期の信用によって引き継がれカヴァーされたのである．しかも負担は Therapontigonus のところにとどまらずにこれはすぐに回収されるであろう．何故ならば売買には担保責任条項が付いていたからである (667ff.)．対象物が自由人として追奪されたならば，全ての代金は返却される，と．他方，銀行から払い戻しを受けようとした Cappadox は最初うまく行かず訴訟沙汰にまでなって帰って来る (679ff.)．直ちに執行にかかる Therapontigonus．しかし Cappadox の抗弁は「裁判抜き，証人抜き，に私に対して執行するのか」(695: indemnatum atque intestatum me abripi?) というものであり，何と Planesium 自身がこれを支持する，十分に配慮して扱ってくれた，と．Planesium 解放と同じ原理により自力執行が禁止されるという Plautus の徹底ぶりである．

Rudens は，新喜劇よりは遥かに Euripides を思わせる，*Captivi* と並んで最も美しい作品である．清澄な幸福感に溢れる．Plautus は Homeros 以来の遺産を正面から受け止める．その中に全てを失った女達が居た．そこにデモクラシーが懸かっていた．Plautus はまさにそこに causa liberalis，つまりローマ固有の切り札，を差し向ける．二つの大原理が協力し合う，大同団結．夢であったとしても幸福感をもたらさずにはおかない．そして，これが新しい社会構造を裏から補強すれば，というのは誰しもが抱いた理想であったろう．

Arcturus 星のプロローグはこのヴァリアントをコスモロジーの中に包み込む[15]．Pleusidippus が meretrix たる Palaestra を獲得する寸前に leno たる Labrax が手付を持ち逃げする，というパラデイクマの syntagmatique な進行を「ぴゅうぴゅうと鳴る北風を吹かせ海原を大波で搔きたてる」(69: Increpi hibernum et fluctus moui maritimos) ことによって修正する．Labrax は Sicilia の商人 Charmides と組んで Palaestra と Ampelisca を含む全財産を船に積み込

み出港したのはよいが，この嵐（tempestas）のために船は沈み，Cyrene 郊外の Venus の神域近傍に流れ着く．実はこの場所で Pleutidippus と約束していたのを裏切ったのであったが，脱走を知りつつ Pleusidippus もまたここへやって来る．神域の隣には villa が有り，「昨夜の風」はその屋根に損害を与えたが，そこの使用人 Sceparnio の言葉を借りれば「海では船が，陸では villa が」(152f.: nauis in mari...uilla in terra) 木っ端微塵になったのである．性質の違う二つの殻が破られたのである．一方からは「はかなげな女がたった二人でボートの上に漂い出るのが見える」(162f.: Mulierculas/Video sedentis in scapha solas duas)，と Sceparnio は言い，波 fluctus に翻弄される様を描写し，応援する．最後に岩礁に衝突して投げ出されるが，二人はばらばらに岸に辿り着く．Palaestra は身の不幸を嘆く (185ff.)．しかし救いは leno もまた全てを失って海の藻屑となったであろうことである．Ampelisca にとって絶望の原因は Palaestra の姿を見失ったことである．しかし互いの声を聞きつけて再会 (236ff.)，Ampelisca は「あなたの同盟者，というより半分をくだらない分身」(239: Socia sum nec minor pars mea est quam tua) と叫ぶ．Plautus は大波のままに Danae とその赤子でなく二人の孤立した女を浮かべた．そしてそれを救助するのは（Iphigeneia ならぬ）荒れ果てた神域の貧しい女神官 Ptolemocratia である (258ff.)．

　Labrax＋Charmides もしかし命からがら岸に泳ぎ着き，互いにこんなことになった責任をなすりつけ合い罵り合う (485ff.)．債権者を詐害するための逃亡であったことがわかる．二人は神域から出て来た Sceparnio に出会い，彼は中に居る若い二人の女性について話してしまう (558ff.)．この使用人は，用立てを頼む Charmides に対して，そんな頼みは海にしろ，「あそこなら誰にも禁じられていない，公のものだからな」(572: nemo prohibet, puplicum est)，「質でも置かない限りお前なんかに一銭たりとも信用は与えない」(581: Tibi ego numquam quicquam credam, nisi si accepto pignore)，と言って伝統的な「領域の意識」を鮮明にする．他方ここで villa の主 Daemones が登場，夢 (exempla mira) について語る (593ff.)．「猿が燕の子の巣に接近」(598: Ad hirundinium nidum uisa est simia)，梯子を借りようとするが，これを拒否すると，怒って裁判になる．Daemones は Philomena/Procne のパラデイクマを明示的に引く．

案の定，主人の Pleusidippus を追って到着していた Trachalio が助けを求め飛び出して来る (615ff.). 彼は信義に訴える (imploro fidem) が，しかしそれは近隣の領域の人々 (agricolae, accolae propinqui) のそれであり，「神域に駆けつけよ」は「占有を確保せよ」(uindicate) に，そして最悪の exemplum を拭い去り「exemplum を樹立せよ」(statuite exemplum) に，変換される．神域を asylum とする二人の女に対して土足で踏み込む Labrax が委細構わず実力行使する．彼女達の解放と（息子との）結合に新しい構造の成否が懸かっているのであるが，その助力が今領域の（ローマ的な）古い原理に求められたのである．Athenai (socii) から見て Kyrene という設定，「Cyrene の皆さん」や「Cyrene の法律によれば」は全て「ローマ」と読み替えうる．実際求められたのは (tribuni plebis の) auxilium (642) であり，"ius legesque" である．危急に瀕した Palaestra さえ保障 (683: praesidium) 以外（例えば）悲嘆などは無用と言い放つ．さて，駆けつけるのはそういうわけで Daemones 率いる領域の人員である．Labrax の抗弁は古典的である．「私のものを私が奪って何が悪い」(711: Ius meum ereptum est mihi)，「私に帰属する女奴隷を私の意思に反して私から奪うというのか」(Meas mihi ancillas inuito me eripis) 等々．Trachalio は「私のもの」に着目し政治的判断がここを覆すことに期待する (712ff.)．Labrax にはかすりもしない．彼は Daemones の意見を求める．「許されない，それがここの法律だ」(724: Non licet; est lex apud nos) とローマらしく論拠無しに結論が来る．欲しいなら金を払えという Labrax に Daemones はしかし決然と「たとえわずかなりとも実力を行使した」(729: adferre uim pausillulum) 者は理由抜きに排除されると宣告する．まずはこれが救う．短期信用に相当する．これ抜きには幾ら投下しても間に合わず無駄だったであろう．「むしろそちらの方が実力行使しているではないか」(733: Vi agis mecum) という一見正しい Labrax の抗弁は周到な拘束が長く展開されることによって抵抗の余地無く否定される．

「本案」の第一はようやく駆けつけた Pleusidippus が引き受ける．身請けの手付に関する信義違背の廉で裁判へと連れて行く (839ff.)．ただ彼は売買契約という原因関係につき recuperatores の審級で勝訴しただけであり，この結果 Palaestra は一旦 Pleusidippus の占有に帰する (1282: ad recuperatores modo damnauit...Abiudicata a me modoest Palaestra）が，leno にとって致命的でない．他方第二の，根底的な，「本案」は意外なところからもたらされる（892ff.）．そしてここにまた一つの前提問題（またしても占有問題！）が介在するのである．Daemones の下で働く漁師 Gripus が嵐の後に不漁の海から鞄を釣り上げ，金持ちになることを夢見る．しかしこれを Trachalio に見られてしまう．Palaestra は自分の素性を唯一証拠立てる品の入った子袋を Labrax に奪われ，これが海に沈んだことで悲嘆にくれている．Trachalio は巧みに Gripus に接近する（938ff.）．初めは窃盗（fur）のパラデイクマである（956ff.）．所有者 dominus との関係が論ぜられる．しかし Gripus は「私は現在の帰属先を知っていて，お前は過去の帰属先を知っている」（967: Ego illum noui cuius nunc est: tu illum cuius antehac fuit），そして「現在の所有者は私以外でなく，それは私が私の漁によって取ったものであるからである」（Dominus huic...Nisi ego nemo natust, hunc qui cepi in uenatu meo），堂々と魚を市場で売っていいのは「海は皆のものであることが万人に確かだからである」（Mare quidem commune certost omnibus），と大きく議論を転換して来る[16]．初め同意した Trachalio もたまらず「鞄を魚と同じパラデイクマで扱うこと」（982: comparare uidulum cum piscibus）を否定する．網にかかればみな同じという Gripus に対して，「哲学者」と罵られようと，「鞄」という魚が有るか，同じ店で売っているか，どの種類の魚か，と問い詰める．そして何とか仲裁に同意させる，Gripus は近隣の者でなければならないとこだわるが[17]．1045ff. の Daemones による仲裁の場はクライマックスである．初めて事情を話す Trachalio に対して Gripus はそもそも Palaestra に見せたくない．それでも例によって子袋の内部を当てさせる仕方で納得させることとする．Palaestra が次々と当てていくと Gripus は落胆するが，刻まれた父の名を Palaestra が "Daemones" と言い当てる頃には一同それどころでなくなる．母の名の符合はもう予測の範囲内である．嵐は多くのパラデイクマをこの一点で交わらせた．さらに Trachalio は Daemones に，自分の解放のため Pleusidippus に働きかけるよう依頼して許される（1205ff.）．Ampelisca と結ばれるはずである．せめて残った財産つまり Ampelisca とひょっとしたら鞄をと考える Labrax は Gripus と会う（1281ff.）．意図を知った Gripus はうまく行ったら 1 talentum という stipulatio を獲得，

3 BONA FIDES の社会構造

Labrax を Daemones のところへ連れて行き，Daimones は小袋を除いた鞄を Labrax に交付する．ところが Labrax は誓約を履行しない．Daemones が介入し，Gripus の主人という資格で自分が受け取る．そしてその半分を Ampelisca 解放のために払い戻し，後の半分を Gripus に履行させ，しかし Gripus 解放の対価として自分で受け取り直す[18]．要するにこれらの信用の回転が Pleusidippus＝Palaestra および Trachalio＝Ampelisca という二組を実現し，このそれぞれ自由に動く二項がしかし二重構造を作って働く仕組を形成させる．その隠れた前提として Trachalio と Gripus の論争が有る．単純実力支配を直ちに絶対的な帰属しかも権原にしてしまう考えは実は占有から最も遠い．「公有地」（征服地）だから摑み取りだ，という原理（occupatio）が鋭く批判される．占有は下から確かな事実を積み上げていく．魚ではない．鞄の中には小袋が有り，これは Palaestra の内奥の絆の証しである．占有はこれに近い．"mare commune" が挟まろうともこの絆を奪ってはならない．占有に立ち返る（前半），しかしその占有をヨリ高度な概念にする，この二つのことがこの作品によって指示されている．自動的にそれは Euripides と Verginia の交点を求めたことになる．

〔3・5・1〕 186年の Bacchanalia 事件における Hispala Faecennia はどうしても Plautus を連想させる（例えば，L. Peppe, Le forti donne di Plauto, in : L. Agostiniani et al., edd., *Plauto testimone della società del suo tempo*, Napoli, 2002, p. 81）が，関係は一見するより単純でない．現に学説は気付きながらも分析を避ける傾向を有する（cf. J.-M, Pailler, *Bacchanalia. La répression de 186 av. J.-C. à Rome et en Italie*, Rome, 1988, p. 68, 98）．Liv. XXXIX, 8ff. は Pailler, *Bacchanalia*, p. 196sqq. が仔細に追跡するように，或る頑丈な伝承の存在を覗わせる．特に Campania での Paculla Annia による先行イニシアシオンが二人の「息子」に対するものであったことに光をあてる Pailler の分析（p. 526sqq.）は極めて重要である．Aebutius という「父を亡くし継父の後見下にあった」息子が，後見人としての継父の不誠実のみならず，Bacchus カルト集団への母の入信の犠牲になろうとする．つまり息子の病気に際して願をかけた母は息子にイニシアシオンを施さなければならない．冗談の積もりの Aebutius は気楽に相思相愛の恋人たる meretrix の Hispala にこのことを話すと，Hispala はその危険性を熟知している．彼女自身入信し，解放奴隷 liberta となったところで脱会した．元老院による刑事制裁措置が碑文の形で伝わる（*FIRA, I*, p. 240ss.）この事件の摘発はこの Hispala の密告によって開始された，というのが伝承であるが，Plautus の筋立てと決定的に違うのは，母＝息子が敵役であり，亡き父や父方の叔母（Aebutia）が味方である点である．後者に meretrix は加担する．そして Hispala は元老院議決によって liberta としてのではなく第一列の matrona としての婚姻＝資産管理特権を与えられる（cf. M. Humbert, Hispala Faecenia et l'endogamie des affranchis sous la République, *Index*, 15, 1987, p. 131ss.）．つまり「中間を許さない」点で Plautus に対して対抗ヴァージョンを構成している．causa liberalis/vindex libertatis といっ

たパラデイクマは根底に Vindicius 伝承を有する．つまり密告による結社破壊であり，ローマ共和政はとりわけ中間団体を厳格に拒否した．filius＝meretrix の自立は，一方で絶対に Bacchanalia の如き領域の隠れた集団ではない，というアポロジーのヴァージョンでもあるが，後の Sulla や crimen maiestatis を想起するとき，socii の結合自体違法な結社ではないか，という陰惨な嫌疑も秘かに芽を出さないではない．

〔3・5・2〕 Hanno の科白につきラテン語一つ（950-959）フェニキア語二つ（930-939, 940-949）のヴァージョンが伝わり，写本の問題と絡まるが，ここに Critique の問題を開拓したのは Scaliger や Grotius の大きな功績であった．これらの点については A. S. Gratwick, Hannos Punic speech in the Poenulus of Plautus, Hermes, 99, 1071, p. 25ff. に優れた紹介と考察が存する．Gratwick は，劇的効果が喜劇に固有の意味不明но鱈目外国語の効用によっているのではなく，観客にとって理解できない言葉が脈絡から見事機能することに対する感動が Hanno への共感になって作動する，と読む．Grotius の（これを理解できるものとする）正面切っての philologie に従った解釈である．

〔3・5・3〕 この場面の Hanno の行動に「Poeni 固有の狡猾」を（前口上と合わせて）読み取る典型の最新ヴァージョンは例えば Leigh, Comedy and the Rise, p. 29ff. であり，Hannibal および偏見意識に結び付けるが，これを切り返す動機がテクストにははっきりと認められるのみならず，まさにこの異質性・多元性が新しい構造を支える運命にある．「偏見からの自由は喜劇だからこそ許された」という別の伝statesman説も含めて，自分達の常識・限界を勝手に古典に投影するのはこの分野に限らない．「近代でさえ克服できない問題が克服されていたはずがない」というのは古典に対しては通用しないし，そもそも歴史学の方法としてこの種の決め付けは失格であり，それではテクストを読む意味が無い．この点，G. F. Franko, The characterization of Hanno in Plautus' Poenulus, AJP, 117, 1996, p. 425ff. は例外的に丁寧な読解を示し，対カルタゴ蔑視（"callidus" という特徴づけ）を確認したうえで，その "ethnic humor" の実質を検証しにかかり，その Hanno にローマ的 pietas を持たせるアイロニー，しかしその pietas をも交ぜっ返すアイロニー，それでもその Hanno が最後はローマ法を切り札とするアイロニー，を描き出す．異質な言語間にディアレクティカが展開され，それがもう一段喜劇風に突き放される．

〔3・5・4〕 最後の部分のテクストの不確かさについて，cf. Franko, Characterization, p. 448.

〔3・5・5〕 ただし 125ff.; cf. Slater, Plautus in Performance, p. 121. Pseudolus は観客に向かって（「民会での演説のように」）宣言する，私を信用するな，私に注意せよ．ペテン師としての自信である．

〔3・5・6〕 だからこそ名優 Roscius の当たり役は Pseudolus でなく Ballio であった（cf. Slater, Plautus in Performance, p. 122）．

〔3・5・7〕 G. Williams, Some problems in the construction of Plautus' Pseudolus, Hermes, 84, 1956, p. 427ff. は，miles との arra はギリシャ的＝原作，この相矛盾する二重契約は stipulatio を伴う故に付加部分とする．明らかに機械的に過ぎる．

〔3・5・8〕 388: nolo bis iterari, sat sic longae fiunt fabulae「二度と言わない，ただでさえこの芝居は長すぎる」．

〔3・5・9〕 Williams, Some problems Pseudolus, p. 434ff. は，このペテンが以下の筋書に反映されていないという Leo 以来の懐疑に懸命に答えるが，ペテンを心理的に解するからで，父の信用は立派に利用されたのである．

〔3・5・10〕 Leigh, Comedy and the Rise, p. 49ff. はこの "slave general" の戦術が Hannibal 流 "ambush" であると読むが，観客は Pseudolus を痛快と感じこそすれ，憎むはずが無い．

3 BONA FIDES の社会構造

[3・5・11] 確かに，locatio conductio はそれだけで喜劇になる．特に料理が絡めば，自分の世界が他人の台所で広がる．舞台のように．cf. Slater, *Plautus in Performance*, p. 135f.

[3・5・12] "metatheatrical" な側面に集中する Moore, *Playing to the audience*, p. 92ff. にとって *Pseudolus* こそが頂点である．例えば 720f.，どうする気だという Calidorus に主人公は「この劇は観客のためにやっているんだ，彼らは皆知っている，お前には後から知らせる」と言う．大団円の祝宴に Simo を招く Pseudolus に Simo は「観客を招かないのか」ときくと，Pseudolus は「でも連中は招いてくれたことがないんでねえ」と返した後，観客に向かって「でも一座およびこの演目に拍手喝采を頂けるのならば，明日はお招きしましょう」と綺麗に締める (cf. Slater, *Plautus in Performance*, p. 143)．こうしたギャグはふんだんに見られるが，ジャンルを通じて構造を支えるための不可欠の pragmatics である．最後のどんちゃん騒ぎこそ Plautus のものである，と Williams, Some problems *Pseudolus*, p. 440ff. でさえ論証する．筋書自体でなく，その紛糾に幻惑されることが，作品のポイントであり楽しみである，という A. R. Sharrock, The art of deceit: Pseudolus and the nature of reading, *CQ*, 46, 1996, p. 152ff. も同じ線の解釈である．

[3・5・13] 例えばこの場面に料理人を介在させることが Plautus の独創部分であったと考える E, Fantham, The Curculio of Plautus: an illustration of Plautine methods in adaptation, *CQ*, 15, 1965, p. 93ff. は，そこから生まれるギャグの意味と筋書の混乱について考察するが，基本のテーマは果実のインターセプトであり，料理人の果実を食客がインターセプトする，された料理人が Palinurus の（インターセプトにより引き受けた）夢占いをインターセプトする，というところから来るリズムを創り出しているのは Plautus 自身である．

[3・5・14] この後の幕間，第四幕の序として Choragus の口上が有り，これは当時のローマの取引空間，そこで活躍する人士，に対する諷刺として極上のものである．Moore, *Playing to the audience*, p. 131ff. は，Plautus が「狡猾なギリシャの銀行家に対して信頼しうるローマ貴族」という観客の通念を逆手にとって「鏡に映った自分を見れば実はギリシャ人そっくり」という諷刺をたくらんだ，と解する．意識的な混同にはしかしそれ以上の意味が有る．

[3・5・15] D. Konstan, *Roman Comedy*, Ithaca, 1983, p. 86f. は，Cyrene の郊外といった要素と組み合わせて「都市国家を越えた世界秩序」を読むが，描かれるのはそのような抽象的なものではなく，極めて具体的な構造である．

[3・5・16] Konstan, *Roman Comedy*, p. 75ff. はこの場面を *Rudens* 解釈の基軸とする．Gripus の立場こそ都市の領域さえ越える正義を体現しており，都市の帰属秩序と対立する，と．働いているパラデイクマのヴァージョン偏差を精査しないからこのような短絡的結論に至る．Gripus の論理は，公共空間の中で一瞬無因的に見える魔法のような取引のものであり，この自動性が無主物先占という倒錯を生む．stipulatio が「無因」に見えるのと同じであり，領域の原理の単純化である．このことは Theopropides を参照すれば自明である．

[3・5・17] Gripus による仲裁への懐疑が単純な "moralizing" の批判として喜劇の基本メカニズムによって "véhiculer" されていることについて，cf. Moore, *Playing to the audience*, p. 78ff. この場合には，領域の boni viri の仲裁から bonae fidei iudicia が離陸する，という重要な過程がこれに懸かっている．

[3・5・18] Konstan, *Roman Comedy*, p. 92f. は，都市の政治的裁定を言う Daemones とこれを超越しようとする Labrax の対立を指摘し，和解は結局 "the ideal polity of pety proprietors" を指示し，それはまた "the utopia of the ancient city-state" に還元される，とする．これでは Labrax が冒頭の Arcturus と共鳴するという解釈になってしまい，論理的に破綻している．各登場人物が体現する原理（例えば stipulatio）などを精密に測定しないからである．

3・6

　新しい社会構造の構想における一つの鍵は，如何に自由で「気儘な」連帯と信頼を新たに構築しうるかということである．政治的な結合，誓約による紐帯，等々と異なる質の横断的組織が模索されているのである．ここまでわれわれは息子とその友人の連帯，それとは少し違う息子と従者の間の，縦の関係ではるがしかし十分に熱い，自由闊達な水平的連帯，matronae の連帯，そして少々怪しく明らかに再構築を要するものとして描かれる隣人 vicini の相互利用，を見てきた．そしてこれと並んで，Palaestra/Ampelisca を見たばかりであり，また Poen. 233ff. にも姉妹たる meretrix の姿を認めた．確かに，孤立して切り取られどうにでもされる meretrix の解放が，つまり別の面ではとことん自由に浮遊するこの分子こそが浮上して確固たる保障を得ることが，最も端的な指標である．filius と無事結ばれることはその一つの条件であるが，それは個別的切り取りの別ヴァージョンでもありうる．これがそうでない意味を獲得するためには meretrix 達自身の条件，彼女等の連帯，がこれを補わなければならない．Plautus はこの問題のためにも筆を用いる．

　Cistellaria は lacuna が大きく全貌を詳しく知ることは難しいが，ギリシャ原作を色濃く残すヴァリアントであることは疑いない．Alcesimarchus は meretrix たる Selenium と固く愛を誓った仲であるが，あろうことか父の命で従妹たる Demipho の娘と結婚しようとしており，訣別の場面を迎える（454ff.）．ところが作品後半では Selenium もまた Demipho の娘であることが判明する．彼が乱暴した娘が生んだ子（Selenium）を遺棄し，しかも彼は（従妹の母たる）最初の妻の死後この娘と結婚している．つまり再婚と認知は二重に瑕疵を治癒したのである．「本案」がいきなり問題を解決し，他方 Alcesimarchus は諦める，など工夫を積み上げいく痛快さは欠如する．おそらく Plautus 固有の部分は冒頭の meretrix 達の会話のみであろう．Selenium と Gymnasium は共に meretrix たる母を持つ若い女性で，姉妹の如くに互いに愛し合っている（amaui...amica...soror）．しかし Selenium は一人の若者を一生かけて愛すること（85）を願っている．彼女の母も同意しているが，Gymnasium の母は懐疑的である[1]．まず連帯自身に．「確かにわれわれもまた互いに助け合い友情

3 BONA FIDES の社会構造

を育む階級である，最高位に生まれた最高級の女主人達が友情を育み互いをそれで結び付け合うように」(23ff.: Hunc esse ordinem beniuolentis inter se/Beneque amicitia utier, /Vbi istas uideas summo genere natas, summatis matronas, /Vt amicitiam colunt atque ut eam iunctam bene habent inter se)，しかしそれにも限界があり，結局それぞれ縦の関係に依拠して生きるしかない．そして第二に結婚に (42ff.)．つまり一人の男性と死ぬまでという概念に．結婚は毎晩するものであり，(娘の Gymnasium に言う)「あなたの仕事無しには神々だって何一つできやしない」(51: Sine opera tua nil di horunc facere possunt)．事実，Gymnasium は Selenium がいつに無く悲しそうな風情であるのに気付く．Alcesimarchus との別れ話につき彼女は泣きながら話す．

Epidicus もまた *Cistellaria* と酷似する筋書を下敷きにし，その限りでギリシャ原版の影響を残す．Periphanes が自分のかつての「実力行使」の傷跡を治癒する，その結果生まれた娘を回復する，という話である．しかしながらこの作品の問いは，自分の実の娘ならば解放するが，自分の息子のために meretrix は解放しないのか，実の娘と meretrix は区別されなければならないのか，というものである．そればかりではない．Epidicus という頭の良い奴隷の功績でこの両者が互いに「融通」し合う，つまり「短期信用」によって結ばれるのである．つまり相互に自己の解放を（それと知らずに）助け合うのである．確かにこれこそが新しい自由な連帯である．いずれにせよ原版のパラデイクマは digression によって迂回・遷延し，その方向は meretrix の「権原によらない」解放である[2]．

Periphanes の息子 Stratippocles は自分が惚れた meretrix たる Acropolistis を身請けしておくよう「委任」(47, 90a etc.) して戦地に出掛け，Epidicus はその務めを果たすべく Periphanes に「行方不明の娘がとうとう見つかった」と言って解放させる．ところが Stratippocles は敗戦のために奴隷として売られた娘 Telestis を競り落としてしまい，当座の金銭を用立てた高利貸 danista が現物を押さえたまま付け馬として到着している (55)．danista への弁済が緊急の課題である (104ff.) が，友人の Chaeribulus に「困った時の友人こそが真の友人」(113: Is est amicus qui in re dubia re iuuat) と頼み込むも彼も手元不如意で，全ては Epidicus の才覚に懸かる．「でもどこでそんな金を引っ張り出

せと，どの銀行に融通しろと，言うんですか」(143: Dic modo: unde auferre me uis? a quo trapezita peto?) と嘆く[3]が，彼は結局銀行に替わる手段を見つけていく．その作戦 (250-381) は極めて精巧で，これでもかというスリカエの驚異が作品を支える[4]．父が友人 Apoecides と居る場面をねらい，遠征軍の帰還で港は meretrix で溢れているというところからひとしきり meretrix 論を展開する (213ff.) と，やおらそこで彼女等の噂話を聞いたと言い，それによるとどうやら息子の Stratippocles が meretrix を解放したらしい，と吹き込む．元来息子のことを苦にする (382ff.) 父は Apoecides と相談し，その meretrix を直ちに自分で買い取りかつ直ちに (403: Diuortunt mores uirgini longe ac lupae「堅気の娘（実はこれの方が meretrix とも知らず）と雌狼では行いも違うから接触させるな」) 遠くへ転売，息子は別に結婚させてしまう，ということとなり，Epidicus の筋書通りとなる．もう買い手も見つけてある，十日もあれば資金は回収されます，と乗せてしまう．Apoecides は，裁判に行かねばならないというのに (422) 保証人 cautor に仕立て上げられる．Epidicus は他方笛吹の芸妓 fidicina を雇い (conducere)，彼女には家で行う儀礼のためだと言っておく (cf. 410ff.)．さらに先日「実の娘」と騙して meretrix を買わせたその売主たる leno に「確かに代金は受領した」と宣誓させる．leno はその時のことと錯誤し，Apoecides はこれを裏書する (612)．これだけ仕込んでいれば幾らでも抱腹絶倒の場面が出て来る．まずは (Stratippocles のライヴァルだったはずの) miles が Acropolistis を追奪して登場 (437ff.)．Periphanes はてっきり買主がもう現れたと喜んで（連れられて来ていた雇われ）fidicina を見せるが，「こんなのではない，Acropolistis を出せ」と怒鳴られ面食らう．「実の娘」について名前さえきいていない，ということがここでは暗黙の前提になっている．他方 fidicina は人違いどころの騒ぎでなくそもそも五年来自由身分で (498)，「契約の主体」であるから引渡されるなどもってのほかである．しかし見事に「繋ぎ融資のための繋ぎ融資」という第三の meretrix の役割を果たした．Periphanes が「Acropolistis とは一体誰だ」とその fidicina にきくと，「最近 Stratippocles という若者の尽力で解放されたらしい」という答が返ってくるが，彼は，自分の家にいるあの女のことではなく fidicina にすり替わった第三の女である，としか考えない．次に，再発見されたはずの娘の母たる Phi-

3 BONA FIDES の社会構造

lippa が突然登場する (570ff.). 育ててきた娘がここへ売られて来たと聞いて探索に来たのである. 既に妻を亡くしている Periphanes と Philippa は感動的な再会を果たし, そればかりか先手を打つように実の娘が取り戻されている. その娘と母との再会の場面. 舞台に初めて登場した Acropolistis を見て Philippa もまた Periphanes を寝ぼけているのではないか (575: tu, homo, insanis) となじる. Acropolistis もまた「(お前の母ではないと言っているが, と問われて) そう言いたければそう言うのも悪くない, 確かに彼女の意思に関係なく私は私の母の娘である」(584: Ne fuat/Si non uult; equidem hac inuitia tamen ero matris filia)！「しかしお前はお父さんと呼んだではないか」,「呼んでいない, あなたが勝手に娘と呼んだだけで, 私の責任ではない」！「本案」による治癒は砕け散る[5]. 父からせしめた金銭をいよいよ danista に支払い Telestis を受領する場面では, Epidicus が実は Telestis とその素性を知っていたということがわかる (607ff.). Stratippocles が購入した女は何とたまたまその Telestis であり, そうだとすると Stratippocles の姉である. Stratippocles は, 席を外して戻ってみると弟になってしまった (650: frater factus, dum intro eo atque exeo) と嘆く. 他方騙されたと気付いた Periphanes は Apoecides と共に Epidicus を糾問する (666ff.)[6].「確かに実の娘と言ったな」(698),「はい, 確かに」,「しかし Philippa が違うと言っている, 自白するか」,「いえ, 本当に実の娘ですから」(713: Hoc ita esse). と言ったところで Acropolistis のかわりに Telestis が現れる, という演出が効果的であろう (「入ってみなさい, 私の功績がわかりますから」が原文). いずれにせよ, Periphanes は Epidicus に謝り, 感謝し, 彼を解放する, ところで幕となる. meretrix はこうして意識することさえなく連帯する. まるで占有が占有なのに連帯するようだ.

以上のような *Epidicus* の解釈を裏付けるのが *Bacchides* である. Epidicus に相当する切れ者の奴隷 Chrysalus は, 自分が依拠すべきモデルとして「最近評判の喜劇の中の Epidicus」に metatheatrical に言及する (214). 事実冒頭から同じく Bacchis と名乗る姉妹たる meretrix (39: duae germanae meretrices) が舞台の上に居て, Pistoclerus という若者に, そのうちの一人 Bacchis I が自分の恋人であるふりをして宴席にて寄り添ってくれと頼んでいる. もう一方 Bacchis II が或る軍人に買われ (て金銭も支払われたものの) 連れ去られてしまい

(45: pro ancilla sibi; 59: faciet iniuriam) たくないためである．領域の実力という筋道を阻止することが課題として暗示されている．この点では「女ほど惨めなものは無い」(41: Miserius nihil est quam mulier). しかし既に Bacchis I＋Bacchis II の間の sorores 連帯は何ほどかであり，まして Bacchis I に Pistoclerus がつけば全然違うのである．ところがこれが裏目に出る．何故ならば彼の養育係 Lydus があとをつけてきて彼の堕落振りを発見したと誤解し，これを彼の父 Proxenus に報告する．実は Pistoclerus は親友 Mnesilochus から Bacchis II を探し出してくれと「委任」され，探し当てたところであった．Mnesilochus は Ephesos 方面で取引をして戻って来るのであるが，その中に父 Nicobulus の債権を取り立てる任務が有り，債務者も信用のできる父の友人であるが，奴隷 Chrysalus は Nicobulus を騙し，受領した金銭は Diana 神殿付属の銀行に預託してあると信じさせ，その実，持参したその金銭で Bacchis II を解放しようというのである (235-367). Chrysalus の法螺話は寄託を軸に短期信用の粋を行くが，Nicobulus はと言えば「金持ちは信用できる」くらいの信用観しか持ち合わせない．要するに架空の短期信用が meretrix を救うといういつものパタンであるが，しかし執拗な Lydus によって破綻する．既に手紙で上首尾を Pistoclerus から知らされた Mnesilochus は帰ると友情を歌い上げる (385ff.) が，Lydus が Proxenus を連れて現場を押えに行く場面に遭遇してしまう (405ff.). Mnesilochus が顔を出すと Lydus は Pistoclerus の堕落振りを説明する．「いや彼は全くの善意で自分の友人にして無私の朋輩のために委任された事務を遂行しただけだ」(475: Nam ille amico et beneuolenti suo sodali sedulo/Rem mandatam exequitur) と決然と弁護する若者に対して Lydus は受任者の義務を遂行するのにこのようなことが必要なのか，と行為の詳細を描写する．Mnesilochus は目の前が真っ暗になる気分でショックを受け絶望する，fidelis (491) にして sodalis (493) たるべき関係，生命とも思う最も重要な関係が崩れたのである (500ff.). 彼は折角 Chrysalus が工面した金銭を父に返すことを決意する (516). この瞬間 Bacchis を守りそして解放する信用の連関は崩れたのである．Pistoclerus が繋いだのも無益であったことになる．その生命線こそは Mnesiclerus と Pistoclerus の間の固い信頼であった．

それだけに，Mnesilochus と Pistoclerus の対決 (530ff.) こそは中心の場面

3 BONA FIDES の社会構造

である[7]．遠まわしに責める Mnesilochus, 全く疑われる理由のわからない Pistoclerus, しかし幸い実は Bacchis は二人という点が浮上し，疑うならば中に入って見てみろ，ということになる．今やそれぞれの meretrix の実在こそが生命線を復元するのである．とはいえ金銭は返されてしまった，手遅れか？現に miles の使いとして parasitus がやって来て「金を返すか，一緒に来るか」と Bacchis に凄んでみせる（573ff.）．戸の叩き方からして乱暴である（578ff.: pultare, pulsatio etc.）が，返事を持って行くにしても "tuo periculo"（599）であり，mandatum と対照的である（infra）．「Bacchis 二人」を見た Mnesilochus は，今度は親友を一度は疑った自分が許せずに煩悶する（612ff.）が，そこへお待ちかね鼻高々の Chrysalus が登場する（640ff.）．金銭返却の事実を知って失望するが，一服する間も無く迫り来る miles を撃退するために信用を引き出さなければならない．「任せろ」というときそれは委任の関係であるから，全部受任者の責任と「占有」においてであり（752: Mea fiducia opus conduxi et meo periclo rem gero），そしてターゲットは再び Nicobulus 以外に無い．後半の焦点はそのためのトリックであり，Chrysalus は盛んに Troia 攻略の奸計をパラデイクマとして引く．つまり échange を通じて相手の懐に飛び込んで崩すという作戦である．まずは Mnesilocus に手紙を書かせてこれを届ける[8]．実行の場面（799ff.）でその趣旨ははっきりする．「Chrysalus がまた何かたくらんでいるから気を付けるように」という息子の手紙は，頭に血が上るほど奴隷に対して怒らせる反動で，息子のことをいとおしく思わせる．pater-filius-servus のうち pater-servus の線を消して領域直結から関心を逸脱させ，pater-filius の二重構造を植え付け，かつ内部の filius の部分がそれ自身懐深く大切なものに思われる，という仕組である．そのような心理状態を作っておいていきなり miles が息子を襲う場面を見させる．Bacchis は実は妻だと吹き込む．姦通であればその場で殺戮することが許される．動転した父は，金は幾らでも出すから「彼と和解する」（865: pacisci cum illo）よう，Chrysalus に頼む．そして要式的な支払約束 promissio（876ff.）をしてしまう．言うならば短期信用が滑るための高架線を敷く試みとその成功である[9]．しかも欲の深い Chrysalus はこれにとどまらずもう一本手紙を Mnesilochus に書かせ，「miles の女に手を出してしまったので幾ら幾ら無いと大変なことになる」と言って金を出さ

せる[10]．もちろんこれで Bacchis I を Pistoclerus のために解放するつもりである．もう一人の父 Proxenus が登場する（1076ff.）と，二人の父は Bacchides を訪ねる（1120ff.）．ヨリ宥和的な Proxenus は怒りの収まらない Nicobulus に対して「半額を返すから」となだめる．しかしこれは自分の息子の分で当然とも言える．つまり何のことはない，Nicobulus は「繋ぎ融資」をさせられたのである．しかしお蔭で Bacchides は二人揃って解放され，そして二人の若者の友情は不朽のものとなる．Chrysalus は彼の抱負の通りに Epidicus を凌いだかもしれない．

[3・6・1] Konstan, *Roman Comedy*, p. 101ff. はここに絞って解釈する．"major blocking figure" をこの母にずらすことによって，都市国家外的因子尊重の要求がなされた，というのである．それはまた疎外された socii のことでもあるとされる．しかし，この母は作品において古い意識を代弁しているにすぎない．socii 復権は Selenium の幸福によってもたらされる．これが市民権という deus ex machina による，というギリシャ的部分に Konstan は幻惑された．

[3・6・2] Epidicus については具体的な「原作」が見当たらず，Plautus 独自とする説も最近は有力である．cf. Slater, *Plautus in Performance*, p. 20.

[3・6・3] Epidicus の自問自答は Slater, *Plautus in Performance*, p. 21ff. によって作者がフィクションに乗り出す前の彼我往復と捉えられる．

[3・6・4] Slater, *Plautus in Performance*, p. 27 : "the high-speed improvisation...even run away with the story line in directions the author did not intend."

[3・6・5] Slater, *Plautus in Performance*, p. 35 : "one extends improvisation by the title character...the descendant of the nonliterary Atellan farce...has no one Greek exemplar...a play celebrating the powers of self-creation."

[3・6・6] Segal, *Roman Laughter*, p. 137ff. は奴隷に対する supplicium を論ずる．こうした脅しが有るにもかかわらず奴隷達が敢えて主人を欺くことに驚く学説を尻目に，実際には決して罰せられない，むしろ罰せられるのは常に leno の方である，とかわして見せる．祝祭内の reversal だからという趣旨であるが，しばしば結末において解放されるように，servi のところを相対的に自立させるのも Plautus の重要な課題である．Segal の分析は *Captivi* などで破綻する．

[3・6・7] Anderson, *Barbarian Play*, p. 5ff. は，Menandros の "Dis exapaton" と比較し，Mnesilochus の煩悶と友情の危機が Plautus では "sentimental" で "serious" というより「現実とずれた滑稽さ」を特色とする，と指摘する．恋と友情に真っ直ぐ突き進むのを暖かくからかうという精神は Plautus の基本である．

[3・6・8] Slater, *Plautus in Performance*, p. 107 : "every joke and strategy of the dictation scene in later drama has a germ here."

[3・6・9] 925ff. の Chrysalus の（勝利の味をかみしめる）アリア，"Atridae duo fratres...O Troia, o patria...Ego sum Vlixes..." (Slater, *Plautus in Performance*, p. 110 : the sounds of p's, t's, r's mingle in rich confusion) は論議の的であり，ギリシャ悲劇から Menandros ないし Ennius を経て辿り着いた，と系譜が研究されてきたが，Fraenkel, *Plautine Elements*, p. 45ff. においては，逆にまさに Plautus 的脚色の粋とされた（contra, J.-Chr. Dumont, La stratégie de l'esclave plautinien, *REL,* 44, 1966, p. 182). その後の研究は早くからギリシャ的パラデイクマの浸透を肯定するから, ここは, Aeneas を Odysseus によって引っ繰り返しているのである, という Fraenkel の先駆的指摘に同調しうる.

〔3·6·10〕 stipulatio や ius iurandum というタイプの fides を W. M. Owens, The third deception in Bacchides: fides and Plautus' originality, *AJP,* 115, 1994, p. 381 はローマ版による付加部分とする, のはよいとしても, 実直なローマ的父親と Chrysalus のギリシャ的奸計を対比して前者に共感するのはテクストに対する裏切りである.

3·7

　Plautus にとって filius＋meretrix によって実現される構造は, 確かに前者につき amici や fratres, 後者につき sorores 等, で与えられる政治システム上の信義を土台とするものであるが, しかしそれをも脱却して一層自由な結合を基盤としており, これは同一政治システム内の保障を越えるものである. かつ, 越えてなお信頼は成り立つか, という側面と, そこにこそ却って複雑な連関から解放された透明な信頼が生まれる, という側面, の両方が存在する. *Stichus* は基礎資源の一つ婚姻が時空を引き裂かれ却って資産が離陸するという話である. いきなり Panegyris＋Pamphila という姉妹 sorores が登場し, 二人は Penelopeia のパラデイクマを歌い上げる. 二人はそれぞれ兄弟と結ばれ, かつその兄弟は船を仕立てて海上貸付に乗り出したまま三年を経ても帰らず行方不明である. 彼女達の父 Antipho は盛んに再婚を勧めて彼女達を困らせている. あくまで信義を守ろうとする彼女達は父から入って来る権力が強力であるだけに苦慮している (58ff.). この鋭い応酬はよく構造を明らかにしている. Penelopeia は確かに信用の原点である. しかし問題はこれにとどまらないし, またその部分こそが政治システムそのものの問題から一歩進める要素である. 彼女達の何某かの占有から発生する果実の存在を示す指標の如くに, 飢えないことによってその役割りを果たす食客 parasitus が今まさに飢えようとしている (155ff.). 競売 auctio のパラデイクマが使われ, 素朴な果実に寄生する parasitus の解体・ばら売りは買主に (本体の占有を度外視して) 果実収取のみを分離して獲得させるものであることが示される. ところがそこで知らせが届き夫の船が成功を収めて入港したことがわかる. parasitus は言う, 「もう言葉をばら売りする必要が無い, 競売はやめだ, 相続財産が降って湧いた, 悪辣な取立人は競売の機会を失った」(383ff: Non uendo logos. /Iam non facio auctionem; mihi optigit hereditas. /Maliuoli perquisitatores auctionem perierint) と叫ぶ．資産のレヴェルの果実へと出世できたというわけである．しかし既にauctio が示唆されたとおり，そこは多くの者で分け合うという世界で，個別の占有／果実から解放されている．夫は事実たくさんの人身を連れて賑々しく帰ってきたのである．夫 Epignomus は parasitus たる Gelasimus に対してお前の分は有るかどうかと冷たい（454ff.）．もちろん Epignomus の商いはうまく行ったのであり，彼は「金銭は何と力のあることか」（410 : Quid potest pecunia）と感嘆し，それも「不在中妻が私の家産を責任を持って管理した」（525 : Nam ita me absente familiarem rem uxor curauit meam）からであり，つまり信用が利益を資産として実体にするのであるが，問題はそこからの果実である．Gelasimus の個別占有付着タイプは無効で（579ff.），Stichus 等，二人の兄弟にまたがる使用人が互いに御馳走を分け合うポトラッチタイプのみが繁茂する（430ff.; 641ff.）．また，しっかりと信用を優先的に回収しようとする者も現れる．「誰でも儲かれば友達がついて来る，財産がしっかりしていれば友達も固い，財産こそが友を創る」（520ff. Vt cuique homini res paratust, perinde amicis utitur. /Si res firma est, firmi amici sunt...Res amicos inuenit) というわけである．彼の出資は海上貸付と同時に（担保としての）嫁資 dos という形態を重ねたものであったらしく，その分の返還を寓話に託して請求し兄弟を辟易させる．もちろん，本当はこの裏返しで，「友情こそが資産を創る」のである．

　同じ問題は *Trinummus* でも扱われる．この作品は全篇信用に関するモノグラフの様相を帯びるが，やはり或る人物が商用で不在たることから，この人物に代わってその役割を果たさなければならない者の存在が要請され，これだけで既に信用が生まれる．Charmides があとを Callicles に託す関係は commendare（113），或いは mandatum ないし fiducia（117）の語によって指示されるが，Callicles の友人 Megaronides の心配は，Callicles が Charmides の息子から家を買ったことが Callicles の信用を害するのではないか，ということである．amici たるの精髄を語った Megaronides はこの売買の真偽を確認すると，「それでは若者は悪い信義＝悪意に委ねられたわけだ」（128 : fide adulescentem mandatum malae）と叫ぶ．利益相反の自己取引であるというばかりではない．*Mostellaria* の Tranio の作り話が実現したようなものであるから，放蕩息子に

3 BONA FIDES の社会構造

放蕩をさせた，禁治産者に後見人がつけ込んだようなものである．「彼に売買させてはならないのではないか，お前に委任した者の利益に反するではないか，何という委任，何という委託，後見の方がましだった，よほど善良に管理しただろう」(134ff: Neque de illo quicquam neque emeres neque uenderes, /.../Inconciliastin eum qui mandatust tibi, /.../Edepol mandatum pulchre et curatum probe!/Crede huic tutelam; suam melius rem gesserit.)．やはり具体的な政治システムが現存していなければ信用は成り立たないのか．Callicles が与える信用はもちろん具体的な回収を目指すものではない．一個の信用の構造に貢献することによりその構造から反対給付はやって来る．だからこそ任務に背けば大変なことになる．しかし Callicles の考えはもう一段深い平面に降りていく．「信用は秘密のレヴェルに在る」(142: taciturnitati clam, fide et fiduciae) と言う．実は家には黄金が埋まっている (150)．Charmides は出発前に「友情と信義にかけて」(153: per amicitiam et per fidem) これを決して息子や他の第三者に知られるなと言い残した．ところが自分が領域に行っている隙に (167) 息子は公式に売りに出してしまった．埋まっている黄金のことを教えて思いとどまらせることもできず，第三者に渡すわけにもいかず，「私はむしろ自分で買うこととし，黄金のために金銭を給付した，それを無事友に引き渡すべく．決して自分のために買ったのでなく，決して自分の利殖のためではない，彼のために買い戻したのであり，その金銭を融通したのである」(179: Emi egomet potius aedis; argentum dedi/Thensauri causa, ut saluom amico traderem. /Neque adeo hasce emi mihi nec usurae meae; /Illi redemi russum, a me argentum dedi.)．或る物に誰も手を出せないようにするためにそれを買い取った，自分ももちろん手を出さない，というのである．もし信用が不在を乗り越えれば，不在こそが処分を遷延させ，誰も手を付けられない価値が存続するという予期が短期信用を発生させ，これがまた処分を回避する．資本によって構成された資産の具体的実体が別のレヴェルに置かれるのと似ている．thensaurus のドラマトゥルギーはこの点の例解を目指している．Megaronides もこの点を理解するや否や信用の輪の中に入る (191ff.)．

しかしこの信用の輪は実に分厚い．放蕩息子 Lesbonicus の親友 Lysiteles はその友情をその妹に対する愛情に変換する (223ff.)．嫁資無しの妻 (uxor indotata）を迎えるという決意を語って父 Philto を説得する（276ff.）．たとえ放蕩息子でも助けねばならず，大きな資産こそ良いことに使わなければならない．少々古い倫理観を表明してやまなかった父もその倫理（政治的信義）を新しい信義に変換する[1]．もっとも，これがただの慈善では何ら古い政治的紐帯と変わらない．息子のために妹を頂きたいという Philto の申し込みに Lesbonicus は激しく反発する．Philto は晩餐 cena のパラデイクマを持ち出して無限の融通を示唆する（468ff.），同じポトラッチなら，とばかりに Lesbonicus は嫁資 dos として自分達に最後に残った領域の土地を差し出そうとする（508: est ager sub urbe hic nobis; eum dabo）．これには奴隷の Stasimus が「一体どうやって食べていくのか」と仰天する．ここから Philto と Stasimus との間に興味深い農場経営談義が始まるが，dos の問題を棚上げし婚姻に関してのみ両者は約束を交わすに至る．しかしこちらから信用が入ったのでは Callicles は立場が無くなりそれこそ信用問題である（602ff.）．さらにまた親友の Lysiteles と Lesbonicus は大激論を交わす（626ff.）．Lysiteles による政治的友愛の提示（637: beneficium）は Lesbonicus をそれへと更生させる構想さえ含む（651: in foro operam amicis da）が，Lesbonicus は貧窮に不名誉まで着せる気か（689: Sed ut inops infamis ne sim）と反撃し，さらにこれに対して Lysiteles が土地まで取って基盤を失わせれば「私のせいだ，私のどん欲のせいだ，君が祖国を追われたのは，と人々が言うだろう」（703: Mea opera hinc proterritum te meaque auaritia autument）と切り返す．問題は，領域に手を出さずに，なおかつ端的に sine dote という（経済度外視の）政治的解決を避ける，にはどうしたらよいかである．Callicles は Megaronides に相談する（729ff.）．Callicles が自分で支払って父からの回収を目指せばよいのではないか（737: ob amicitiam patris），という策は，Callicles 自身が債権者になるのであるから，またしても利益相反である．thensaurus の存在を明かすわけにも行かない．他の友人から融資を受ける（758: Ab amico alicunde mutuum argentum rogem）のも一案であるが，果たして誰が貸してくれるだろうか．ここで Megaronides にアイデアが閃く（764）．外国人に身をやつす者を雇って偽の手紙を届けさせ，連絡を受けた父が金銭を届けると見せかける．その金銭を Callicles が用立てるうちに thensaurus を掘り出し父帰還まで預かる．この繋ぎ方でよいのかどうか，折しも

3 BONA FIDES の社会構造

Charmides が帰って来て (820ff.), しかも仕立て上げた人物とばったり遭ってしまう (843ff.). 何と自宅へ向かう見慣れない服装の人物に対して Charmides は一体誰からの手紙で一体それはどういう人物で一体それはどのような国で一体そもそもどのような珍しい国を知っているのかとしつこくきき, その答えこそは笑いのクライマックスである. しかし Callicles が現れて事の全てを知ると (1093ff.), Charmides は最高の友人に資産を委ねたと感嘆し (1095: Qualine amico mea commendaui bona), Callicles もまた信義に基づいてしたまで (Probo et fideli et fido et cum magna fide) と応ずる.

　Miles Gloriosus は実力の跋扈を克服するときに二個の異なる政治システム間の〈分節〉, ないし隔絶, が大きく益するということを痛快に例解する. Pleusicles は Athenae で meretrix と結ばれようとしていたが, ここで miles たる Pyrgopolinices[2] が彼女の母と共謀し強奪し, Ephesus へと去ってしまう. Pleusicles は外国への使節の一員として留守でこれを知らない. 従者の Palaestrio は知らせようとして船に飛び乗るが, 折悪しく海賊 praedones によって捕らえられ, 売られてしまう. しかし偶然にも結局は Pyrgopolinices に贈与され, その meretrix, Philocomasium とばったり再会し, そして秘密裏に互いの事情を交換する. Palaestrio は手紙で連絡を取り, Pleusicles は今「父譲りの賓客関係のもとに」(136: Apud suum paternum hospitium) Ephesus に来ている. Periplectomenus は「恋する若者のために賓客関係として当然の任務を果たす」(Isque illi amanti suo hospiti morem gerit). Pyrgopolinices が Philocomasium を住まわすアパートの隣に居を構え, 壁を抜いて秘密の通路を造り, 二人を密会させているのである. Pyrgopolinices は冒頭から手柄話を過大に膨らませて非現実にまで至り凡そ批判のきかない軍人の典型として描かれる. 領域に足がつかない, そしてこの場合は領域と自分の間の空間に張り巡らされるネットに気付かない, 間抜けさを体現している. しかしその奴隷の一人で愛人見張り役の Sceledrus が密会の場面を雨樋のために庇が切れる隙間から見てしまう. Plautus は実質最初の場面 (156ff.) を Periplectomenus が使用人達を叱咤激励するところから始める. つまり集団が有り, 人員 (familiares) 対人員の間に緊張が走る状況である. 都市中心でありながら明らかに領域に見立てられている. 政治的な信義の関係は存在しない. おそらく Plautus が原典から傭兵批判

を受け継いでいるのである．しかるに，AthenaeとEphesusというように遠く離れなおPeriplectomenusとPleusiclesの間には固い団結が有る．複数の政治システム相互の間には実力の問題が有りうるが，その個別構成員間には直接の実力問題は論理的に存在しえない．論理的に，領域が連続していないからである．以下ストーリーは，そうした（独特のタイプの）信義で結ばれた人々の連携が如何に一人一人各人の批判力と策謀力（その種類の自由）を極大化して見事か，ということを見せつけるためのものである．反対側の頭脳の働きが如何に鈍重で傲慢かということでもある．事実fidesが有ればこそその反対のdolusがまさにfidesのために最大限に使われる（197ff.）．建築家architectusはPalaestrioである[3]．これに女性の本領（189aff.）が加味される．まずは双子の姉妹が訪れているという話（238ff.）が作られてSceledrusをたぶらかすこととなる（272ff.）．この目で見た（autopsie）というSceledrusをPalaestrioは，嘘なら命が無いし本当でも見張りの失敗ということで罰せられる，と脅す．Plautusは実力集団内の人的関係を対比しているのである．それでもSceledrusも領域に貼りつく人員固有の頑固さを示す．通路で見張っているSceledrusに，Philocomasiumは自分のアパートに居るではないか，と言うPalaestrioのその言葉（319）を信じない．まずはそこからPhilocomasiumが出て見せる（354ff.）．双子の妹が訪ねて来た夢を見たなどと暗示をかけると，今度は隣のアパートからPhilocoamsiumが出て（411ff.）着いたばかりの風情で航海の無事を感謝したりするので，Sceledrusは腰を抜かす．Sceledrusは実力行使し「法廷へ」（453: Lege agito）と領域の論理を振り回してみるが，誓うふりをしたPhilocomasiumは放した隙に逃げてあかんべえをする始末．要するに領域に「足がついていない」から捕まえようがない，うえに都市中心の拠点としてさえここかと思うと向こうで捕らえどころがない．Sceledrusには新しい信義はわからないのである．気の毒にも「もう何を見ているのかさえわからない」（518: Sicut etiam nunc nescio quid uiderim）．

敵を警戒するPalaestrioの科白で始まる，彼とPeriplectomenusとPleusiclesの場面（596ff.）は，新しい信義の絆と倫理を確認し合う大きな挿入場面であり，一個の論考の趣を漂わす．そしてその中から指輪の奸計が生まれて来る（771ff.）．それに従ってmeretrixのAcroteleutiumがPeriplectomenusの若い

「妻」に仕立て上げられ (874ff.)，侍女の Milphidippa が「夫」の指輪を Palaestrio の取り次ぎで愛の証として miles に差し出そうというのである．Palaestrio が miles に接近し「Periplectomenus の若い妻が恋い焦がれている」と言うと，miles はもちろん有頂天になり，自分の美しさにうっとりする (947ff.)．いよいよ Milphidippa が指輪を持って現れる (991ff.) と，彼女までがぽっとなったふりをし，Palaestrio は彼女は自分の婚約者と言うものの，これやあれやで延々とかき立てられ Pyrgopolinices は完全に疑う力を失う．既にそのことを示唆してある (977ff.) Palaestrio は，Philocomasium を宝飾品付きで発たせ厄介払いするよう miles をし向ける (1094ff.)．再び女達を含めた連携と結束が謳歌される (1137ff.)．Philocomasium はもちろん去りたくないと泣く演技をして Pyrgopolinices を感動させる (1200ff.)．彼は Palaestrio すら自由にする約束をする．二人の女がたっぷり誘惑し (1216ff.)，船乗りの扮装をした Pleusicles が母と妹の使いとして Philocomasium を連れに来る (1284ff.) と，悲しい別れの場面，Palaestrio も惜しまれつつ去る．さあと勇躍自分の情事へと走る Pyrgopolinices の現場を Periplectomenus は人員によって実力で押さえる (1378ff.)．*Odysseia* ないし Euripides 以来の奸計による内部からの破砕・救出のパタンであるが，動因が新しい質の連帯になっている．それは外からやって来て，そして外に開かれていることが保障するのである．

　もちろん，政治システムの多元性は可能性ではあっても保障ではない．もしそれを越えて信義が成り立てば全く新しい質のものになる，それは存外同一政治システム内のものよりも堅固である，というにすぎない．これを発芽させる中核の部分には何が有るか．政治システム固有の信義が出発点であることは疑いない．即ちディアレクティカを経た意識を相互に有していることである．一層直接的にはデモクラシーの一局面として現れる横断的結合である．最も端的には Pythagoras の理念における友情の像である．二人は政治システムの外で互いに命を預けあう．平気で身代わりたりうる．ローマも早くにこの思潮の洗礼を受けたと考えられている．そして Plautus は *Captivi* においてさらにこれに重要な変化を与える．幼い時に攫われた Tyndarus は売られた先 Elis で同年代の Philocrates のために仕えてきた．Philocrates の父が息子の特有財産とし，兄弟同様に育てたのである．息子のために働く奴隷はここでは一歩進んで兄弟

間の如き固い信義でその息子と結ばれている．二人は Aitolia との戦争において捕虜となり[4]，Aitolia で売られ Hegio という者の手に落ちるが，今その Hegio のもとに引っ立てられて来た（195ff.）二人は互いに相手になりすましている．「決して逃げない」というのに無闇に警戒し拘束したがるのに対し，Tyndarus がする唯一の要求は「ただしわれわれにわれわれだけで互いに話す余地をくれないか」（212: Atque uobis nobis detis locum loquendi）である．互いの間でだけ言語を交換する自由だけは不可欠である．何故ならばそうでなければ dolus が dolus でなくなる（doli non doli sunt）．「君が私の主人で私が君の奴隷であることを私が演じるだけでは」（si erus mihi es tu atque ego me tuum esse seruum assimulo）不十分だと Philocrates も言う．言語を使わなければならない．精査した上で精密に（docte et diligenter）実行しなければならないから．そうでなければ良かれと思っても最悪の事態を招く（234ff.）．そうであっては決してならないことには，「君のかけがえの無い（高価な）命のために私のかけがえのない（高価な）命を無償で（安価で）提供している」（pro tuo caro capite/Carum offerre meum carum caput uilitati）のである．確かに捕虜になればどうせ二人とも奴隷である．しかし Philocrates が言うには，「（だからといって）かつて君が私のために仕えていた時と同じだけの尊厳を私に認めてくれ，そして君がかつてどうであったかということを今どうであるかということと同じように想起しておくことを忘れないで欲しい」（Ne me secus honore honestes quam quom seruibas mihi, /Atque ut qui fueris et qui nunc sis meminisse ut memineris）．Tyndarus も答えて「今は私が君で君が私であるということはよく心得ている」（Scio quidem me te esse nunc et te esse me）．同じ境遇で繋がっているのではなく，主従入れ替わりながらその互換性で繋がっているのである．それは Tyndarus がかつて奴隷でありながら厚遇されたことによって支えられている．今度は Tyndarus の番であり，かつその先にはきっと Philocrates の番が有るだろう．そこには政治システムは直接には存在しない．本来は「特有財産」であり，元来は外国人である．

二人に対する Hegio の尋問が始まる（251ff.）．従者たる Tyndarus と思って Philocrates に対し主人の境遇をきく．Elis における最高級の名望家・資産家であるということがわかり大満足である．何故ならば Hegio の息子 Philopolemus

も反対に Elis で捕虜となっており，交換したいのである．他方二人にとっての勝負の分かれ目は互いに相手になりきって話せるかである．実質が問われる．Philocrates は自由人でありながら奴隷の感じ方というものを完全に理解していなければならない．また Hegio が何ならば信用し何に弱いかを直感し抜いた上で父のイメージを作っていく．Philocrates が余りにうまいので Tyndarus は，Thales も真っ青，「詐欺師どころではない，哲学をさえしている」(philosophatur quoque iam, non mendax modo est) と叫ぶ．次は奴隷たるのに裕福な家の息子が今不幸にも奴隷に身を落としたばかりというところを演じなければならない奴隷の Tyndarus の場面である．しかしまさに分け隔てなく育てられた Tyndarus にとってはプライドの高さを示すくらい朝飯前である．Hegio はここで富を呪い吝嗇振りを披露するモットーをひとしきり並べ (324ff.)，交換を提案する．つまり金銭を払いたくないということのように見えるが，二人を買うためには支払っているから，そうではなく，信用でなく物的な réel 力を頼みとするタイプであるということである．現に二人は現物売買で (258: praesenti pecunia) 購入されている．幸い Philopolemus は二人と関係の深い方面に買われていて十分に取引可能である．そこで Tyndarus は提案する．同時履行の抗弁を放棄して自分は連れて来るまでとどまるから，父のもとへ行く使者として「この者は金銭評価した上私にくれないか」(340: ut aestumatum hunc mihi des)．初め Hegio は抵抗するが，父が信用しないだろうという言葉，そして何よりも，そのようにして発たせた奴隷を自分のリスクにおいて信頼するという賭け (349: meo periclo huius ego experiar uice fidem/Fretus ingenio eius, quod me esse scit sese erga beniuolum)，に免じて結局は同意する．Hegio の réel な信用観は主従二人の間の人身リスク賭け合いと融合し錯覚を生み裏切られようとしている．後者はしかし新しい高度な脈絡に置かれており，その中では古い形態に見えるものが全く新しい原理を獲得しているのである．確かに内容は交換 mutatio である (366)．しかるに形式は何と合意である (378: ita conuenit inter me atque hunc; 395 Dicito patri quo pacto mihi cum hoc conuenerit)．もっとも，Plautus は周到にもこれらのことを Tyndarus が Philocrates に指示するふりをする科白の中に置いている．ここにはもちろん新しい構造の全てが隠されている．そればかりか表面上も全く新しい精神に則った mandatum

(445f.) として描かれるのである.「われわれの間には凡そ不協和にいたる要素というものが全く存在しない,君は一回たりとも責められねばならないことはしなかったし,私は一回たりとも君に敵対したことはない,私は決して君を見捨てなかった,危機においてこそ信義に則って行動した」(402ff. inter nos fuisse ingenio haud discordabili, /Neque te commeruisse culpam, neque me aduersatum tibi, / . . . /neque med umquam deseruisse te neque factis neque fide/Rebus in dubiis, egentis). 立場をひっくり返して演技をし,しかも mandatum に仕立て上げていながら,全て二重の意味によって二人にとっては二人だけにわかる形で二人の固い友情の確認になっている. Hegio にも何某かは伝わる. そして極めつけは, Tyndarus の「考えてみてくれ,私の信義において君は家に帰る,金銭評価のもと. しかるに私の生命が君のためにここでは質 pignus として設定されている」(432: cogitato hinc te mea fide mitti domum/Te aestumatum, et meam esse uitam hic pro te positam pignori). fides が基盤として有り,しかしこれを支えるために pignus が設定されている. 国際間で.「信義で結ばれた者のために信義で結ばれている者であるようにせよ,信義を台無しにするような行為を避けよ」(439: Fac fidelis sis fideli, caue fidem fluxam geras). この fides 中核を pignus が強烈な光で照らすことになる.

万事うまく行ったように見えた. まんまと主人の方を脱出させたのである. 置いてきたのは奴隷であるから,帰る,連れて来る,動機は希薄である. 516ff. の Tyndarus のアリアは自分の最後を予感して悲痛である. 満足感は有っても,これはただの忠義ではないから,自分も脱出できなければ意味が無い. Philocrates を信頼していないわけではない. しかし Hegio の方は信頼していない. だからこそ立場をひっくり返して最悪の場合に備えたのである. 計画は思わぬところから崩れる. Hegio が同じく捕虜となった Aristophantes を連れて来る. 彼は Philocrates の親友であるという. ところが会わせて見たならば,彼は Philocrates たるはずの人物を Tyndarus と同定するではないか. この対面の場面 (533ff.) における Tyndarus の手練手管の言い逃れは Plautus の独壇場であり見事である. しかしついに自白せざるをえない. Tyndarus は Aristophantes を一目見たときから破滅を覚悟していた. あとは Tyndarus 処分が待つだけである. ここでの Hegio と Tyndarus の果し合い (659ff.) も見事な緊

3 BONA FIDES の社会構造

迫感に満ちる[5]．攫んだ pignus が無価値だったと知った（655）Hegio の怒りは収まらず，極刑を示唆する（681: cum cruciatu maxumo tuo）．殺されても決して尊厳と栄誉は失われないという Tyndarus に対して Hegio は冷たく「この世で死んでもらえればよいだけで，栄誉などあの世で幾らでも勝手に享受していろ」と言い放つ．Tyndarus は最後の切り札として，しかしそのようにすれば高い代償を払いますよ，と息子が帰還した場合取り返しがつかないということを示唆するしかない（695f.）．観客にとってはこれは実は二重の意味を持つおそろしい科白であるが，知る由も無い Hegio は聞き入れず，しかしその効果か，石切り場の重労働でゆっくりと死んでいくという刑が与えられる．そもそも冒頭の場面から Hegio の奴隷観（野生の鳥を檻に容れるパラデイクマ）は丁寧に描かれていて，これは彼の現物を押さえないと気が済まない意識を表現している[6]．そしてそれが危うく致命的となるところであったことが判明する．

例によって parasitus の Ergasilus が登場する（781ff.）．頼ってきた息子が捕虜になってしまって一度は「自己破産」を考えた彼も今日ばかりは上機嫌で御馳走に与かれると確信している．極度に遠まわしにして Hegio を焦らし御馳走を約束させた彼は，港で息子が帰って来たのを見た，幼少のもう一人の息子をかつて攫って逃亡した奴隷も一緒である，と告げる．Hegio は喜びの余り Ergasilus に一生分の御馳走を約束する．構造は成った，資産からの果実は安泰だ！しかも何と Philocrates じきじき Philopolemus を連れて来ている．Hegio は Philocrates に，何を要求されても断れる立場には無い，と感謝する．Philocrates はもちろん Tyndarus を解放するから返してくれと言う．Hegio は自責の念に駆られるものの，致命的とは思わずに直ちに呼びにやる．ところが，かつての逃亡奴隷を尋問すると，彼が奪った幼児の売却先こそは Philocrates の父で，今は Tyndarus と名を変えていることがわかる．Hegio はすんでのところで子殺しをするかもしれなかったのである．その子殺しはしかしここでは奴隷殺しであり，そして何よりも pignus，質権の対象物に自分で手を付けることである．それは結局息子を殺すことになる．その息子に全てが懸かっているのではなかったか．それを自分の手で殺すところであった．すると，信義と合意で出来上がった構造において pignus を用いるならば，やはりあくまで信頼にのみ基づいてこれを扱わなければならず，いざというときに処分しうるとい

う力に物を言わせてはいけないのである．逆にそのような前提を受け入れるときには構造を補強するであろう．否，それが補強になるための条件を通じて，凡そこの構造が一体何の上に乗っているのかということが鮮やかに照らし出されたのである．

〔3・7・1〕 Moore, *Playing to the audience*, p. 81ff. はこの点をよく捉え，Plautus が "moralizing" の動機を提出してはそれを引っ繰り返したり揶揄したりする，と分析する．Stasimus の役割にも注目し，705ff. で "actor" から "spectator" に変身して突き放す，と分析する．

〔3・7・2〕 Segal, Roman Laughter, p. 94: "war, after all, was very Roman busyness". しかしながら，賢い奴隷の書く芝居と時代遅れの軍人の妄想のどちらがリアルか．

〔3・7・3〕 Moore, *Playing to the audience*, p. 73 は，Palaestrio は "playwright" として振る舞い，こうして観客に metatheatrical な楽しみを与える，と解する．

〔3・7・4〕 最近の "metatheatrical" な解釈がおそらく苦手とするのがこの作品であろう．伝統的に，友愛，反戦，反奴隷制で解される．中で例えば J. C. Dumont, Guerre, paix et servitude dans les captifs, *Latomus*, 33, 1984, p. 505sqq. は 190 年前後の具体的な軍事的支配拡大路線への批判を読み取る．III-2 で述べた路線の対立に関連付ける限り，このような解釈も全く的はずれというわけではない．

〔3・7・5〕 Konstan, *Roman Comedy*, p. 63ff. はこれを主たる材料に解釈する．Lessing 以来の "moralizing" な解釈に敢えて帰り，その内容を問うから，Hegio の立場，つまり「人道」はともかく Tyndarus が欺したこと自体はやはり道義的に非難されるべきではないかという立場，を真剣に受け取る．麗しい主従愛だけならば Tyndarus 救出は不要である，救出時の Tyndarus の青ざめた表情を見よ，古い都市国家の価値原理がヘレニズム的コスモポリタニズムから批判されているのである，と．しかし Hegio の背後にこそヘレニズム期ギリシャ諸都市の問題が横たわっている．

〔3・7・6〕 奴隷制を主題と捉え，奴隷制批判を読み取る，解釈とこれを批判する解釈，が多いが，pignus の問題はそのようにすると消えてしまう．McCarthy, *Slaves, Masters*, p. 167ff. のように，Tyndarus が奴隷になっても自由人の高貴さを失わないという "essentialism" の "precept" を読み取るほどテクストから遠い解釈は無い．逆に "slaves are morally inferior to free persons" という先入見への挑戦を見る Moore, *Playing to the audience*, p. 181ff. の方が相対的に優れる．

3・8

Plautus はパラデイクマの諸ヴァージョンを自在に屈折させ，一つの小宇宙，屈折体複合，要するに小社会構造を自力で作り出すが如くであり，またそのような形で多くのヴァージョン対抗ないし屈折を掬ってくる．この小宇宙性は喜劇というジャンルに固有のものでもある．執拗で頑固，一筋縄ではいかない代物である．しかしそうであればこそ，われわれはここで一個の全体社会構造を扱っているということにはならないことに留意する必要がある．外に大きな対

抗の要素を抱えているのである．同レヴェルに豊富なテクストをわれわれは持たない（同じジャンル内の後述の Terentius が既に外を相当に代弁する他，Cato を有するにすぎない）から，これもまた Plautus のテクストに投影されてくる限りで管見する以外にない．

　Plautus はほとんど意識的に同一のパラデイクマを選んでこれにヴァージョン対抗を発生させていく（定型）から，われわれが対抗を読み取るのはたやすく，actant も容易に判読しえ（仮面），actantiel な分析に最適である．少し雑に作品中の典型相互の間に張られる対抗を軸に読むだけで近似的に背後の社会構造に接近しうるのである．例えば Asinaria で父親の地位が弱く父と息子が癒着するとき，精確には pater-filius 激突と pater-filius 癒着が対抗しており pater や filius は対抗の要素を括り出す前提となる actantiel な単位にすぎないが，「Asinaria では pater-filius によって造られる構造が弛緩している」と言っても相当程度に有意味である．つまりテクストが解釈されていく．事実父 Demaenetus は登場するなり奴隷の Libanus にさえ頭が上がらない．Libanus が恐れるのは彼の妻である（43）．これに比例するように彼は息子と meretrix の間の関係を禁ずるどころか成就させてやりたい（52ff.）．父の役割をしている（79: Patres ut consuerunt）のは母親で，父は資力を有しない．何故ならば妻の嫁資 dos が圧倒的で，妻が連れて来た奴隷の Saurea が全てを牛耳っている（85f.）．Demaenetus は「金銭を受け取った（債務の返済？），imperium を嫁資と引き換えに売った」（87: Argentum accepi, dote imperium uendidi）と力なく言う．ということは息子のところに力の有る信用が入らない，dos からの信用は（pater-mater 間の均衡を欠いてここが分節せずに）filius に回らない，ということを意味する．仕方なく取られる手段は servi が自力で何とかするというもので，今 Demaenetus は Libanus に頼み込んでいるのだが，かつ可能な資源は「私自身（Demaenetus）から詐取せよ」（91: Me defraudato）のみであり，それさえ「そんなことを言ったって旦那の手には何も有りはしないじゃないですか」（94: cui ipsi nihil est in manu）と領域上の実在を否定される始末である[1]．つまりは全て虚構の上に虚構（102: fabricare）というように「無因的」に構築せざるをえない[2]．父という actant の設定により生まれる屈折体は，新しく生まれる構造の前提を担っているのであり，われわれはほとんど寓意的

に，paterが第一次的な政治システム（ローマないしsocii諸都市の領域占有を直接保障するシステム）を表現している，と理解することができる．こちらの体制が新しい構造への迂回路を許すかどうかであるが，迂回路はもちろん「本道」のライヴァルでもあり，「本道」に挑戦しなければならない．Plautusは今や「母」の手に落ちた「本道」をも丁寧に描き，127-264はDiabolusが目標のmeretrixをその母たるlenoのCleaeretaから買おうとする厳しい現実売買のやりとりである．

さて，これを打ち破る手段は有るか．奴隷のLeonidaは絶好の機会を見つけて飛んで帰りLibanusに報告する（267ff.）．ロバの売掛代金を弁済しにきた商人の手代に遭遇，既に自分が支払い先の例のSaureaであると偽っている．領域で使用するための特定物をロバは表現している（333ff.：rure...rus...）．二人の奴隷は手はずを整える．手代が家に到着してSaureaを訪ねようとするとLibanusが応対して床屋に行って留守だと言い話を合わせる（381ff.）．そこへSaureaに扮したLeonidaが現れ，Leonida/Libanus間に上下関係を演出する．その中には別件の弁済受領が含まれる（433ff.）．オリーヴ油やワインの取引で銀行にて決済される．信用に基づく使用貸借も有る（445）．圧倒された手代はそれでもDemaenetusに面会を求めるが，Leonidaは「弁済したければ彼の名で自分が弁済受領する」(453：si uis denumerare, /Repromittam istoc nomine solutam rem futuram)，つまり自分の責任において相手の債務は解消する，と応ずる．焦点はここに独自の信用が成り立つかである．手代はしかし「自分は外国人だから」と主人によるSaurea本人たるの認証を求め信用しない（463ff.）．「私は自分が不確かであるうちは誰にであれ決して弁済しない」（Ego certe me incerto scio hoc daturum nemini homini）．口論になると彼はin ius vocatioやsuppliciumといった領域のメカニズムを持ち出す（480ff.）．「どのような人物か知らない間は，人は人に対して人でなく狼だ」（495：Lupus est homo homini, non homo, quom qualis sit non nouit）．Leonidaがpeculiumを持ち出して「単独で支払ってくれた」（Absente ero solus mihi.../Adnumerauit et credidit）事例をでっち上げても無駄である．

他方meretrixの側でも母娘間でimperiumは母が握っていて二人の意識の差は架橋しがたい（504ff.）．策謀の方は幾ら奴隷に信用が無くともうまく行く，

3 BONA FIDES の社会構造

なにしろ主人がグルなのだから認証自体を偽りうる (580ff.)．つまりまんまと一個の資産から主人自身が横領したことになる．もちろん若い二人は純粋である (591ff.)．Diabolus に買われた以上別れなければならない．愛と絶望．そこへ現れる二人の奴隷はさんざん焦らした挙句資金が出来たことを伝える．しかし条件 (735: pactis legibus) が付いている．父もまた meretrix の果実を得たいというのである．息子は簡単に承諾し，恐れられるのは母だけである．しかし契約が成って Diabolus がいよいよ引渡を求むべく現れた (810ff.) ところから事態は暗転する．目の前に有るのは息子ばかりか父も参加する meretrix との宴席である (828ff.)[3]．Diabolus に密告されて母＝妻が現場に到着すると，Demaenetus が妻をこきおろしている言葉を全て聞き，怒りを爆発させて乱入する[4]．グロテスクな場面がこうして破砕される[5]が，新しい信用の世界はこのように外部からの信用資源調達なしには自滅する．自分の資本を食い潰す以外になくなる．そしてそれだけに外部との間の障壁と分節が生命線となる．

息子のために働く切れ者の奴隷は多くの派生的信用を回転させて息子を助けるが，この派生的信用はどこまで離陸できるか．主たる信用が有ればこれを補強するが，ここを欠いて生き延びうるか．*Persa* では主人は海外に出掛けて不在で (29b) その友人達も全く姿を現さない．しかも奴隷たる Toxilus が meretrix と恋に落ち[6]，しかも今日中に支払わなければ永遠に失う (33ff.)．彼が Herakles (3) つまり〈二重分節〉単位たりうるかの瀬戸際であるが，しかし彼のところには全く信用が入って来ない (5: quaerendo argento mutuo)．同僚の奴隷 Sagaristio に何と amicitia (19: amicis utere) と fides を求めるが，Sagaristio は領域で単純に活動するタイプであり (imperare oportet)，自分を売ったってそんな金は出ないと答えるしかない．Toxilus はそこで一転 parasitus の Saturio に娘を使わせてくれと頼み (127ff.) 成功する．最下層市民の人身を元手に一勝負である[7]．Plautus は，Toxilus が使っている少年の Paegrinum に手紙をことづけ (183ff.)，Paegrinum が meretrix の侍女 Sophoclidisca にそれを渡す (201ff.)，場面を置いてこの階層のコミュニケーションの様子を細やかに描く．丁度そこで Sagaristio に雄牛を購入する任務が入り，彼はその代金を流用する (262: hoc argentum alibi abutar) こととする．使者のところにさえ小さな信用が発生し，これを元に何かできるというわけである．彼が

Toxilusに会う前段でPaegrinumを相手にしなければならない場面（272-301）は重要である．Paegrinumは自分の主人たる（276: tuus erus）Toxilus（奴隷！）が「奴隷として労働しても自由人としての言葉を持て」（280: Seruam operam, linguam liberam erus iussit me habere）と命じたと言い，「僕はいつか自由人になると信じているが，君はそれを望んでさえいない」（286: Nam ego me confido liberum fore; tu te numquam speras）と言う．それでもSagaristioは貴重な繋ぎの信用をToxilusにもたらす．Dordalusがmeretrixの代金を今日を最後と取り立ててきた時に（405ff.），意外にもToxilusは耳を揃えて支払うことができる．Dordalusは売掛代金について一切信用を与えていなかった（432: Quia te negabas credere argentum mihi）．銀行を信用しない（433ff.），つまり代金を口座に付けて貰ったとしても銀行自体が夜逃げすると思っている彼も，突然の支払に銀行さえ信用できるようになったと上機嫌である．

現物を見るところりと参る彼のその隙を突いてToxilusは話を持ちかける（470ff.）．今日は何でも信じられる気分だというDordalusは「ペルシャ人の手紙」を見せられる．略取した娘を（贓物 res furtivaだから）担保責任解除の特約付で売りたいというのである．ペルシャ人になりすましたSagaristioにSaturioの娘が連れられてくる．この娘は既に329-399で父との間で印象に残る会話を交わし，Plautusは，娘を，しかも自分のためでなく仲間のために，リスクに曝さねばならない貧しい階層の境遇と，それでも父を信ずる娘の態度，を描きこんである．これに応じて娘は完璧に演技する[8]．この異国はどう映る，立派な城壁だろう，ときかれ，「もし住民の精神が良ければ，それが良い城壁，悪意と横領と吝嗇を掃き出してあること，第四に嫉妬，第五に野心，第六に濡れ衣，第七に偽証，第八にずさん，第九に不法行為，最悪の第十は悪党，これらを追放できれば一重の城壁で十分，巣食っていれば百重でも心もとない」（554: Si incolae bene sunt morati, id pulchre munitum arbitror; /Perfidia er Peculatus ex urbe et Auaritia si exulant, /Quarta Inuidia, quinta Ambitio, sexta Obtretatio, /Septimum Periurium...Octaua Indiligentia, /Nona Iniuria, decimum, quod pessimum adgressust, Scelus, /Haec unde aberunt, ea urbs moenia muro sat erit simplici; /Vbi ea aderunt, centumplex murus rebus seruandis parumst）と立石に水，Cicero, *De officiis* からMontesquieuまでを先取りする．新しい構造に

おける都市の階層の倫理学である．否，そもそも倫理学が鍵となることの意味である．彼女の資質をアピールできた結果として契約が締結され，Dordalus は Sagaristio に支払う（683ff.）．これを確認してから，Saturio が「自由人の取り戻し」のために現れる（738ff.）．Verginia の前で Dordalus は完璧に打ちのめされる．遠いペルシャのはずで父が簡単に現れるはずがないと思っていたのである．Toxilus は meretrix と抱擁し合い（753ff.），一同盛大なパーティーとなる（778ff.）．全て奴隷や下層民の．Dordalus さえここに加わる[9]．この賑やかな連中の将来を Plautus がどう見ていたのかはわからない．しかし少なくともこれを通じて新しい信用の基盤とその敵はよく例解される．彼らに投資しなければ魅力的な社会の一側面が死ぬだろうと．

　新しい信用を支える構造が浮かぶ空間が微妙な均衡を前提として辛うじて成り立つものであることを Plautus は熟知している．既に度々示唆してきたように彼のテクストは堅固な空間的なパースペクティヴの上に編まれているが，*Truculentus* はその空間的なパースペクティヴ自体を一つの見取り図のように示した作品で，そのため一見筋書きは弱く見える[10]．例によって Diniarchus という若者が Phronesium という meretrix に惚れて財産をつぎ込むがついぞ獲得し切れない．彼は侍女の Astaphium に言う，「財（果実）をお前達のところで失っただけでなく，基盤（占有）自体を崩された」（139: Rem perdidi apud uos; uos meum negotium abstulistis）と．Astaphium「じゃああんたは，恋の公共空間を支配する法則は仕事を支配する法則と同じだと思ってるの」（An tu te Veneris publicum aut Amoris alia lege/Habere posse postulas, quin otiosus fias?）．そんなことはわかっている，しかし「放牧料が払えないからと言って家畜まで取り上げることはないじゃないか」（Nam aduorsum meam legem ob meam scripturam pecudem cepit），「せめてつぎ込んだ分につき持ち分として小さな占有をお前達のところに持ちたいものだ」（nunc uicissim/Volo habere aratiunculam pro copia hic apud uos）．Astaphium「いいえ，ここは畑ではなく放牧地，畑がよければ汗水垂らして働く小僧達のところへでもとっととお行き」（Non aruus hic, sed pascuus est ager. Si arationes/Habituris, qui arari solent, ad pueros ire meliust）．Diniarchus は信用を欠いてまとまった資金が得られず，小口に手付を払いながら期限付きで押さえるものの本済ができずにこれらを結局無駄に

しかかっている．悪い相場に手を出したようなものである．22ff. の Diniarchus による長い独白は重要である．消費財を貪って切りがない「愛の世界」，財も信用も失わせられる世界（45, 58），は直ちに銀行の周囲にイメージされる．彼女達が居るのは今や銀行のカウンターの周りであり，秤や分銅よりも多い，まあしかし帳簿さえあればよいようなのだけれど（66ff.）．*Mostellaria* では同じイメージが肯定的に用いられていた．ここでは銀行をツールとする信用の取引が全てを呑み込んでしまうことが問題とされている．この世界には外からの流入が不可欠である．しかし連結点を越えて浸食していってしまうのである．「友人と愛人では雲泥の差」（171: longe aliter est amicus atque amator）という Diniarchus の言葉は，領域の古い信義と新しい信用の差異に関わると同時に，前者との分節的関係に成功した信用と浸食的なそれとの差異をも暗示している．新しい信用は一筋縄ではいかず，二枚舌などが要求されるのである．しかしとにかく彼には領域に基盤が有る（174: sunt mi etiam fundi et aedes）．

　210ff. の Astaphium の独白は，できる限り多くの財を手玉に取ることを宣言することにおいて最も強烈であり，他の作品にも meretrix の一つの生き方として同種のマニフェストが現れるが，中でも最高傑作である[11]．何故ならば信用を領域に投下して制圧しているからである．Diniarchus の領域の基盤もまた愛の抵当権によって縛り付けられている（214: Nam fundi et aedes obligatae sunt ob Amoris praedium）．Plautus の把握は精密で，このタイプと，都市と切れている領域の基盤，おそらくローマ中央から直接保障されている占有，は区別される．Astaphium は Diniarchus のライヴァル Strabax を土まみれの若者（246: agrestis adulescens）と切り捨て，その下の奴隷 Truculentus は「端的に腕力だけ」（251: uiolentissimus）とされる．256ff. における Astaphium と Truculentus の丁々発止は見物である．この家に何しに来た，と警戒するのは Truculentus の方で，若主人が破滅させられそうだと脅威を感じている．「さっさと用件を言わねえと子豚のように踏みつぶすぞ」（268: quasi catulos pedibus proteram）という威嚇に，しかし Astaphium「あら珍しい，本物の田舎だこと」（rus merum hoc quidemst）．「銅の指輪なんかして何か現物で手に入れよう（mancipion accipias）てのかい，木製の贋物でないという保証でもくんな（pignus da）」，「宴会よりも領域で牛と格闘している方がよほどまし」，とやら

れても動じず，女達はいないのか，と Astaphium はきく．Truculentus「全然，雌牛さえいない」「皆領域に出ている」(Rus abierunt)．Truculentus が「この家のブロックだって一つ一つと剝ぎ取られつつある」と言えば，Astaphium「古けりゃ崩れる」(lateres si ueteres ruunt)．しかし Diniarchus の前に立ちふさがるのは Strabax ではない．やっと Phronesium に会えて喜ぶのも束の間，ただし miles たる Stratophanes の子を出産したというのはトリックで，彼に出資させるため赤ん坊を拾ってきたのであることが判明する (352ff.)．Diniarchus「恋する女のすることではない，心を一つにした同盟者，信義で結ばれた者，のすることだ」(434f.: non amantis mulieris, /Sed sociae unanimantis, fidentis fuit)．Phronesium にとって一人の子供は他から信用を引き出すための道具にすぎない (448ff.)．それは軍事的中心からやって来る (482ff.)．meretrix が全てを呑み込み全てを洗う海である (568) としても，それはまさにこの最後のものからも信用を引き出す馬力が無ければならないからであり，そうして多くの審級をして信用（それぞれ趣向を凝らした贈り物）を交換させなければならないからである (551ff.=Diniarchus; 631ff.=Stratophanes; 645ff.=Strabax)．Astaphium は Strabax からの給付で Diniarchus にサーヴィスする案を示す (700ff.)．皆で融通し合えばよい．しかし今は Diniarchus が悔しがっても彼の贈与に基づいて miles が楽しんでいるのである．depositum irregulare または societas のパラデイクマが働いている (747: participem; 749: ratio accepti)．しかし Diniarchus は我慢できない．「二重売買もよいところではないか，違法だ」(760: aduersum legem accepisti a plurimis pecuniam)．要式行為 (767: conceptis uerbis) の観念に固執する．それに導かれるように Callicles が登場する (775ff.)．赤ん坊の母親の父である．取得に関わった女達を彼が（刑事裁判の例に従い）糾問して事実を確かめると，そこに居る Diniarchus こそは父親であるということになる．その娘との婚姻により治癒するしかない Diniarchus が Phronesium に対して赤ん坊を請求する場面は同時に二人の別れの場面である (854ff.)．出資者 Diniarchus は退散する．権原による治癒は meretrix との間では働かず，治癒と信用は分裂する．現物の側に引き上げられて信用は収縮せざるをえない．それでも Phronesium は諦めない．その子を今しばらく貸さないか，miles から資金を引き出すまで，と持ちかけ，Diniarchus は応ずる (872ff.). 893ff. の最後の場面は, Phronesium が miles から資金を引き出すために Strabax さえ使って嫉妬させるというものである. 彼女の成功に観客が同意させられて終わる.

　Diniarchus や Truculentus の不安を拡大鏡で示して見せたのが *Aulularia* である. 似たパースペクティヴが示され, それが作品を支える, のも当然である. Lar 神のプロローグにおいて既に明確に主題が示される. 都市中心に転移しているとはいえ, 明らかに領域を含意する状況の中で, 一軒の家の竈の中に (7: in medio foco) こっそりと (clam) 黄金が鍋 aula に容れられ蓄蔵財 (thensaurus) として隠されている. これは占有の中枢であり, だからこそ Lar が司るのであり, Lar が「占有している」 (4: possideo) とさえ表現される. Lar に対する儀礼を欠かさない限りにおいてこれは神聖であり, 祖父は Lar に忠実であった. しかし祖父は父の堕落を怖れて知らせず, 父は Lar に対して現に冷淡であった. 現当主の Euclio が突然これを発見するに至るのは, Lar がその気の毒な娘の嫁資を工面させようとしてのことであった (26f.). これが実現すれば蓄蔵財が信用に供されるということに留意しなければならない. ところが第一に, Euclio はこの蓄蔵財の存在自体が知られることを猛烈に怖れている. 何故怖れるのか. 第二に, 全篇この危惧が徹底的に笑いのめされて知らぬ人の無い古典となる[12]. 何故これほどまでに可笑しいのか. いきなり Euclio は使用人の女 Staphyla を猛然と叩き出す (40ff.) が, そのようなことは日に十回も有り (70), 彼は毎晩見張って過ごす (72). それでいて実は娘が出産間近であることを知らない (75). 今回も無事であることを確認すると Staphyla を家の中に戻し, 「誰も入れるな, 隣人が農具を借りに来たら泥棒が全部持って行って何も有りませんと言え, 幸運の女神 (資産と信用!) が来ても入れるな」と命ずる (96ff.). 今日は政治システムからの分配金を受け取る日であるが, 憂鬱であるのは, 行けば留守になり, 行かなければ宝を隠しているから行く必要が無いだろうと勘ぐられる, という二律背反に遭遇するからである (105ff.). 帰ると裕福な紳士 Megadorus が来て挨拶する (178ff.). 金持が貧乏人に愛想を言う (blande) のは, 黄金のことを知っているからではないか. 貧乏を嘆いても「足るを知るは幸せ」などと言う, Staphyla がばらしたに違いない. 行き遅れた娘が, と言うとそれを頂きたいなどと言う, これはもう確実に知られて

しまった，否，もう取られたかもしれない，見に行かなくては．「おい，ちょっとどこへ行くんだい」(203: Quo abis?)．金持は貧乏人を放っておいて欲しい，危険だから，嫁資も無いし，と言えば，嫁資は要らないなどと言う，「では申し上げますが，私が埋もれた宝物を発見したなどとはお考えにならないように」(240: Eo dico, ne me thesauros repperisse censeas)！「わかってます」，「わかってますだって，もうおしまいだ」！　第一に，隠している (clam) から怖い．相手も隠していると思い，その内部は闇で，何が出て来るかわからないばかりか，おそらく自分が考える最悪が出て来るのではないか，と無限に syntagmatique に辿る．これは恐怖の定義である．では何故可笑しいか．彼は地中の黄金の物的な存在しか信用していない．antiquarianism か．領域の占有に二重構造を構えて立て籠もっているのである．ディアレクティカ拒否という笑いの普遍パターンに連なっている．しかもこれとディアレクティカの間のディアレクティカがディアレクティカを一段高次のものにし，そのときのディアレクティカ拒否の方を突き放す動機が笑いを呼ぶ．主人公は打ちのめされるというよりは遥かに親しみを覚えざるえない個性として現れる．この場合，「一段高次のディアレクティカ」が達成すべきであるのは新しい（後述の bona fides の）構造 (cf. 213) であり，バネであり被害者として描かれるのが領域の古典的な占有である．確かにそれは常に実力に曝される．その点を克服して新しい信用を創り出す道は有る．しかしそれは十分か．そしてまたその場合にも実力に曝される領域の占有を（廃棄することはできず）そのまま残すこと，否，それを安定させること，こそが基盤なのではないか．それなしで済まされるというのは幻想ではないか．

　いよいよ婚礼となり大勢料理人などが雇われる (280ff.) が，最悪なのは locatio conductio（後述）が占有の内部に「善意で」他人を入れるということである．開け放たれた自宅を見て Euclio はてっきりやられたと思う (388)．「何の関係が有って家の中に入った？」「調理するために」「調理されていようといまいと私には関係ない！」(426ff.)．料理人を追い出して黄金の存在を確認した Euclio はこれをそっと隠して持ち出す．Megadorus が取るために料理人等を送り込んだと思えたためである．そこへ Megadorus が当世銀行決済が全てになったなどと言いながらやって来る (475ff.)．Euclio にはそれだけで怪しい

人物であるが,「貧乏はこまりもので」「いや,今お持ちのものさえ大事にしていればいつかきっと」.「今お持ちのもの」などと言いやがった,もう駄目だ(545ff.). もうこうなったら Fides（信義,善意）神殿に預けるしかない(580ff.). 神殿の内部に隠し終わった Euclio は初めて安心する（608ff.). ところがそのように言うのを Megadorus の奴隷 Strobilus に聞かれてしまう. 烏が鳴き (624ff.), 胸騒ぎを覚えた Euclio は心配になって戻ると Strobilus が居るので引き摺り出して尋問する (628ff.). 奪取されていなかったものの不信感を抱いた Euclio は Fides よりは Silvanus（森）を信頼することとする (667ff.). 都市中心外の人の往来の無い場所であれば安全と思ったのである[13]. ところが Strobilus に跡を付けられてしまう. ここで話は一転, Megadorus を母方の叔父とする Lyconides が現れ, 彼こそが Euclio の娘が産もうとしている子の父であることを告白する（682ff.). 治癒のパラデイクマの乱入である. かつそこへ奪われたと知った Euclio が泣きながら登場し, 観客に向けて「あなた方の中の一人がやったに違いない」と嘆き懇願する (713ff.). がそこでいきなり Lyconides に「私がやりました, 許してください」と言われて驚く (731ff.).「あなたのもの（彼女＝女性形）を奪いました」「私のもの（aula＝olla＝鍋＝女性形）を奪ったのか」「はい, ついつい神々の力に押されて」「私の物（中性形）を奪った以上裁きを受けろ」「えっ, あなたの物など奪ってはいません」. 他方 Strobilus は手柄話を持って現れ, Lyconides に解放して貰おうと思う (808ff.). ところが話が符合し, lacuna ながら, おそらく黄金は Euclio に返されて dos となり Lyconides に交付されるであろう. ポトラッチに曝されて危機を感じ逃げた先の都市中心の神殿はしかし安全ではなかった. 領域の実力のメカニズムを避けるはずの寄託の原理は働かなかった. 領域神殿の杜には烏すらいなかったのか. 同盟都市の公共空間は成り立っていないのではないか. 蓄蔵財を基礎に信用を創出したくともできないではないか. Euclio は観客に向かってそう訴えかけた. 確かにそれは或る意味で Lyconides の治癒と同じ問題である. こちらは権原によって政治的解決が与えられる. そこが復旧すればこれに託すことにより信用は安全に創出される. これは socii の政治システムの復権を意味するであろう. しかしながら領域の実力と, それが socii の都市を浸食するという問題, は本当に克服されたのだろうか.

Asinaria と *Aulularia* にはそれぞれ cognatique な結合体（uxor dotata の imperium, avunculus）が登場し，領域の組織原理を寓意している．ここから filius が解放されて meretrix（ないし virgo）と結ばれるかどうかが焦点であった．*Menaechmi* における Epidamnus の Menaechmus は言うならば末路を示す存在である．最初から妻に悪態をつきながら登場する（110ff.）．行動のいちいちをチェックされるので堪忍袋が切れたらしい．もっとも，彼はこっそり妻のマント（palla）を盗み出している（130）．これから meretrix との宴会である．もちろん，parasitus がくっついて来る，「旦那，奥さんがつけて来はしまいかと振り返ってばかりですね」（161: Ne te uxor sequatur, respectas identidem）などと言いながら．meretrix 獲得に失敗した，しかし未練たらたら，資産は成立しなかったが今仮初めのものができるというので parasitus は果実ねらいである．盗んだコートはもちろんその Erotium への贈り物であり，Menaechmus の武勇談は惨めなことに窃盗の実行行為である（182ff.）．しかしそれでも彼らは御馳走にありつけない[14]．何故ならばその時丁度もう一人の Menaechmus (II) が現れてさらってしまうからである．人格は目に見えない．記号を使って指示する必要が有る．記号は第一に身体であり，第二に名前である．これが〈分節〉単位頂点＝政治的主体，および〈二重分節〉単位頂点＝法的主体，の在処を指示する．しかるに，瓜二つの双子の兄弟のうちの一人が海外で攫われ，これを惜しんだ人々が残った一人に失われた一人の名を付けたらどうなるか．身体と名前が全く同一の人物がこの世に現れる．同じ signifiant がしかし全く異なる signifié を呼び出しているのである．signifié はこの場合最も難しいカテゴリーに属する．個体，固有名詞，である．actantiel な切り出しを重ねに重ねると軸が分化する．signifié はそれに関わり，Menaechmus II には「妻を怖れる」「コートを盗む」「meretrix に入り浸る」などの対抗の要素は全く付着しない[15]が，signifiant はこの点を識別できない．だからこそ兄弟を探索する旅を続けはるばる Syracusae から Epidamnus にやって来た Menaechmus II にまずは料理人が親しく話しかけ，全く話が食い違う様でわれわれを爆笑させる（273ff.）．signifiant/signifié の（まるで占有のような）固い結合が喜劇のように何が何であろうと牙をむくはずであるという，そこのところが一層突き放されているのであるから，それは何がどうあろうと面白いのである．Menaechmus II は，しかし港に船が入港したときには凡そ meretrix は客をこのようにして勧誘するものだ，と考えて招待には喜んで応ずる．meretrix-uxor 間の死闘が繰り広げられているとも知らず．Erotium になれなれしく歓待されても (352ff.) meretrix とはそうしたものと割り切るが，名前を正しく呼ばれたのには流石に驚き (383)，Syracusae 生まれと知っているのにも不思議がるが，「マントを妻から奪ってお前に贈っただって！」「妻さえ持たないのに」(394ff.)．なお悪いことにマントを修繕する労をとってこれを持って出る (424ff.)．ここは signifié と連動するパラデイクマが物に実現しているので，Parmenides の公準が働いて関係は一義的になり，解釈による誤魔化しが効かない．食べてしまった果実も同様に取り返しがつかないから，parasitus はかんかんになって怒る (446ff.)．

この parasitus の怒りは事態を大きく転換させる (559ff.)．妻に密告し，二人で Menaechmus I を追及するからである (604ff.)．気の毒にまだ Erotium のところへ戻る途上の彼は，同盟都市と領域とを往き来する階層のディレンマを表現する重要な clientela 論 (571ff.)[16]をぶつぶつやりながら歩いて来たところである．もちろん出口は無く，贈ったのでなく貸しただけである (657) と逃げるのが精一杯である．パラデイクマは使用貸借を通じてまたしても寄託に移ったことになる．彼は Erotium に返して貰えば済むと簡単に考えるが，自分で修繕のため持って行ったはずのものを寄越せとは余りに理不尽，もともとこちらが要求したものでなく，お前が呉れると言うから貰っただけだ，と啖呵を切る Erotium に，もう二度と来るなと言われてしまう (675ff.)．現金を預託しておいて帳簿の上で支払った，なのにその現金を引き出そうとは図図しい，ということである．他方，直したコートを持って帰る Menaechmus II は Menaechmus I の妻につかまってしまう (701ff.)．現物を持ったところを現行犯逮捕されたに等しいのに，もちろん Menaechmus II にとっては見たこともない女がいきなり噛みついてきた (Hecuba, canis) わけであるから，ののしりあいになる．「別れて一生独身で暮らしてやる」「この世の終わりまでそうしようと知ったことか」．お前など知らないというのは余りの侮辱，とここで彼女は実父を呼ぶ (734ff.)[17]．実父はまたいつもの夫婦喧嘩とばかりに宥めにかかる (753ff.) が，Menaechmus II が「一体お前は誰だ，こんな家には住んだこと

がない」等々と答える（811ff.）ので，仰天して医者を呼ばなければということになる．その隙に Menaechmus II は行ってしまうが，実父が医者を連れて戻って来ると折悪しく Menaechmus I が Erotium のところから出てきたところ（889ff.），医者は問診にかかる（914ff.），やけ気味の Menaechmus I の答はいちいち重病の徴表と捉えられ，観客は爆笑の連続，医者が自分のところへ強制的に連れて行き 20 日は薬を飲ませると言えば，「おれはお前を 30 日間吊して針で突いてやる」と返すも虚しく，四人の屈強の者達が呼ばれて拉致されそうになる．いよいよ cognatique な結合体の動員である．そこへ丁度 Menaechmus II の従者 Messenio が現れて奮闘の末 Messenio I を解放する（966ff.）．これを主人と間違えている Messenio は報償として自分に自由身分を与えるように要求，Menaechmus I は誰の奴隷だか知らずに解放する（1023ff.）．それでも付き随うと言ったり，金銭の入った鞄を持って来ると言う Messenio の態度は，Menaechmus I にとっては新鮮で（1031ff.），ここに先の clientela 論が効いてくる．別の次元では主従はほとんど水平的な連鎖として信用を創る．単純な手足ではない．逆に領域では一義的な身体を巡って実力が行使されうるのである．Menaechmus II はそこへうっかり降りたことになり，考えられない目に遭う．しかし他面で全く signifiant としてのみ身体が働く次元も存在していて，これは実力では捉えられない．しかもこの場合「同一の」身体が領域上だったり signifiant だったりして，二重に作用しているため，どうにも捉えようがないのである．一方を捕まえても他方が逃げている．問題の解決は，Menaechmus I と II が初めて遭遇し互いに顔を見合わせて驚き呆れる，ことによってしかもたらされない．二つの次元を突き合わせて対照すると同時に区別するということである．

　同一の signifiant が異なる二つの signifié を呼び出し，しかも後者が主体の構成に関わるとき，重大な問題が発生しうるわけであるが，逆に異なる二つの signifiant が同一の signifié を呼び出すとき，一層問題は深刻である．signifiant は物的レヴェルになければならないが，それ自身パラデイクマに服している．このパラデイクマのところ（上流）を押さえられると，signifiant/signifié は所詮パラデイクマの syntagmatique な分節であるから，元の signifiant I は上流を押さえた signifiant II に乗っ取られ，インターセプトされた形になる．勝手に

signifié を呼び出された上に，これが実現し，しかも actantiel な安定軸を切り出すまでに至ると，signifié の側に corpus さえ発生しかねない．相手は所詮パラデイクマを通じて認知するから，主体として通用するのは乗っ取った方であり，実現体は正真正銘の記号として主体を指し示し返し続ける．*Amphitruo* の主題はこれであり，乗っ取る方が元来物的性質を越えている純パラデイクマ（精確には，ゼロ＝パラデイクマの存在に対応して，対等に客体化されない actantiel な軸）とされる必要からここには Iuppiter が置かれる．もちろん，Homeros のテクストにおけるように神々が互いに引っ掻き合ったりはしない．なおかつ，乗っ取る方は Iuppiter/Mercurius というように〈二重分節〉していて，これに対応して乗っ取られる方も Amphitruo/Sosia と〈二重分節〉している．Iuppiter が Amphitruo に化け，Mercurius が Sosia に化けるのである[18]．Zeus が Alkmena のところに来て Herakles が誕生するという（デモクラシー創設時に活躍した）パラデイクマがこうして何か別の二重構造の創出のために使われようとしている．明らかに，〈二重分節〉システムどうしの間の〈二重分節〉が考えられている．言うならば Iuppiter も Amphitruo も〈二重分節〉主体であり，だからこそ Mercurius や Sosia を従えて客体と具体的に関わる局面で主体としての地位を確立する．関わろうとする客体は Alcmena で与えられ，その果実は Hercules，かつ果実が「第二の」主体として自立する．

　作品は Mercurius の長い口上によって幕を開ける．彼はもちろん通商（mercimonia），売買（emundis uendundisque），計算（rationes），利潤（lucrum）を司り，内外を問わない（5）．他方 Iupiter の指示（iussum）に従って動く存在である．その任務を説明するとき，Iupiter が主体＝客体連関をインターセプトする（107: clam）こと，（Alcmena の）corpus を獲得して果実 usura を享受するためであること，を示唆する．他方 Sosia は imperium を行使した（192）主人の戦勝から帰還したばかりであり，領域の労働（166: seruitia dura）と主人の命令（173: imperium）を嘆く．そして朗報をもたらすべく主人の家に接近しようとして Mercurius が立ちはだかるのを見てぞっとする（292ff.）．拳固（pugni）を握りしめていて如何にもやられそうな気がする．Mercurius はこれを見て怖れ（metus）で勝負すべく「昨日は四人もぶちのめした」と呟いて見せる．pugni を巡る長いやりとりは彼らが互いに言わば manus そのものとして

3 BONA FIDES の社会構造

対峙していることが示される必要が有るからである[19]. Mercurius の高圧的な誰何が始まる（341ff.）と，Sosia はまず自分の帰属を言う（356ff.）が無駄で，次に帰属先の名（Amphitruo）を言う（363）と嘘だと決めつけられ，自分の名を言えば（365ff.）「馬鹿を言え，Sosia はこのオレだ」（374）と返ってくる. Sosia は自分を actant とする一連のパラデイクマを syntagmatique に辿って見せる（399ff.）が，Mercurius に易々と先を続けられ，ヴァージョンのディーテイルを言わせても詳しく知っているので，ついには「Sosia でないとすると一体自分は誰なのか，教えてくれ」（458）ときく始末. 簡単に追い払われ，Iupiter は邪魔されることがない. 確かに pugni の問題であり，遮蔽に成功したのであるが，しかし実際には pugni のイメージ（パラデイクマ）だけが機能したのであり，そして切り札は同一の actantiel な軸を有する諸ヴァージョンの制圧であった.

果実（472: satietas）をこっそり（490: clandestina）吸い取った，その上前をはねた（498: usuraria），Iupiter は公務（528: res publica）だからと Alcmena を振り切って去ろうとするが，戦利品の杯を贈ることは忘れない（534ff.）. 他方 Amphitruo のところへ戻った Sosia は，家に戻ったら自分がもう居た，と言って信じて貰えない.「同じ人間が同時に二つの場所に居ただって？」（568: Homo idem duobus locis ut simul sit?），「真実が力に負けるとは」（591: si id ui uerum uincitur）良き従者にとって最大の不幸,「誰がお前をブロックしただって？」,「今言った Sosia の奴で」,「それでその Sosia とは誰だ？」,「私で」,「だから拳固を振り回したというのは？」,「つまりあっちの方の私で」. Iupiter を見送ったばかりの Alcmena のもとに Amphitruo が晴れて帰還する（633ff.）. しかし感動の対面は拍子抜けである.「もう戻って来たの？」（660）. 昨晩一旦戻って来た，いや来なかった，で言い争いとなる. しようと思っていた手柄話も Alcmena は知っている（744ff.）.「夫を信じないのか？」,「私は自分自身のことを一番信ずる，言った通りのことが起こったことを私は確かに把握している」（756: mihi credo et scio istaec facta proinde ut proloquor）. 贈ろうと思っていたものまで符合しているのでお手上げである（760ff.）. しかし事実であるとすると Alcmena は夫を裏切ったことになる，と Amphitruo は怒り始め（810ff.），ついには喧嘩別れとなる. 最後の部分の展開は lacuna に災いされて

確かでない[20]が，Iupiter が Alcmena を宥め，Amphitruo に真実を告げて説得し，そして Hercules が生まれる．果実収取の上に別の占有を発生させて占有を二重にする，ということを領域の方の〈二重分節〉体制に認めさせるのである．これが Plautus が構築してきた構造の端的な帰結である．それが維持されるためには記号の繊細な使用が不可欠である．

[3・8・1] 68ff. で父はかつて自分が息子として演じ今日に至ったことを回顧する．いつまでも息子のまま，つまり中間の政治システムが政治システムとしては自立しない，とも解しうる．Slater, *Plautus in Performance*, p. 57f. は，*Asinaria* に対する「不統一」というレッテルを斥けるべく，「書き手の競合」という "metatheatrical" な観点を提出するが，「書き手」としての父の敗北には，それ自身としての面白さに加えて如上の対抗が存在する．Slater の方法はここでは成功を収めない．

[3・8・2] 屋上屋を重ねる虚構の何階以上が Plautus の expansion，悪乗り，であるのかと最良の学説は論じ，それ以前は不首尾破綻を列挙するばかりであった，つまりは実証主義 Philologie の格好の標的であった，ことにつき，cf. J. C. B. Lowe, Aspects of Plautus' originality in the Asinaria, *CQ*, 42, 1992, p. 152. Fraenkel の功績に丹念な理解を示すなど，Plautus 解釈史一般においても優れる．

[3・8・3] Slater, *Plautus in Performance*, p. 64f. はライターとしての父が出しゃばったための失敗と解するが，両極の癒着という実体の問題が存在する．

[3・8・4] cf. Slater, *Plautus in Performance*, p. 62: "the failure of all the successive playwrights"; p. 67: "a tale of failed improvisation".

[3・8・5] 例によって「気の毒なこの老人（Demaenetus）が叩きのめされることから救いたければ，どうか万雷の拍手を」という最後の科白（946f.）がこの場合特に効果的である．問題を観客に引き受けさせるのである．

[3・8・6] McCarthy, *Slaves, Masters*, p. 122: "combining the types of young lover and clever slave into a single character". 奴隷が主役たるのインパクトに驚き，主人を犠牲にするわけにはいかないから leno を犠牲にした，と "farcical" 過多の言い訳を勝手にする．Slater, *Plautus in Performance*, p. 37 はこれはパロディーでも諷刺でもない（観客は嘲笑しない）とするが，その通りである．

[3・8・7] Slater, *Plautus in Performance*, p. 41: "the transformation from helpless lover to intriguing slave is complete... Toxilus is creating improvisational theatre here".

[3・8・8] 何と，娘の性格が一貫しないことを問題とする学説が有るらしいが，健気な娘は演技が出来ないなど，どこの田舎者の先入見か．とにかく，この場面を Plautus の真骨頂が現れたとする J. C. B. Lowe, The *virgo callida* of Plautus Persa, *CQ*, 39, 1989, p. 390ff. に異論の余地がない．

[3・8・9] Segal, *Roman Laughter*, p. 81ff. は，祝祭壊し屋さえ最後には祝祭に加わると解す．cf. Slater, *Plautus in Performance*, p. 52.

[3・8・10] D. Konstan, *Roman Comedy*, p. 142ff. は，諸学説にとって *Truculentus* が解読不能である様をよく描く．彼自身の答 "satiric" は全然説明的でないが．

[3・8・11] Hispala Faecenia の存在にもかかわらず，Moore, *Playing to the audience*, p. 140ff. の解釈，ギリシャ風高級娼婦に少しずつ染まりつつある現実の風俗の批判であるという理解，は一つの限界を示すものである．信用に関する繊細極まりない識別と，これをベースにした皮

3 BONA FIDES の社会構造

肉,が展開されている.

〔3・8・12〕 Segal, *Roman Laughter,* p. 54ff. は,祝祭をぶち壊す存在としての Euclio を Balzac と対比し,Plautus では女が金のための手段ではなく,女のためにのみ金を使って放蕩に至る (damnosa libido),ことに驚く.これはしかし祝祭でも逸脱でも夢でもなく,現実に構築される構造である.しかも「資本主義の精神」の欠如ではなくその基礎である.

〔3・8・13〕 D. Konstan, Aulularia: city-state and individual, in: E. Segal, *Oxford Readings in Menander, Plautus, and Terence,* Oxford, 2001, p. 141f. は,隠し場所が Fides-Silvanus というように "doublet" で "redundant" であるのは,社会的人的紐帯の基礎で "the basis of all contracts" である "good faith" を信頼できずに自然と野蛮に身を委ねて失敗する "miser" の反社会性を示す,と優れた分析を展開する.社会的統合拒否の点で vis et violentia に依拠した Lyconides も同様で,それぞれ市場と婚姻という échange を斥けている,とも付け加える.しかし彼らは別の社会原理に正確にコミットしているのであり,Euclio は bona fides/都市にリンクしない領域を,Lyconides は領域に対して固有の権利を認めない都市,都市たるに値しない,領域自体のような都市を,それぞれ体現している.「自然と野蛮」(Silvanus) を文字通りに理解してはならない.

〔3・8・14〕 M I が forum/negotium に邪魔されて御馳走に至らないのに M II が sine causa にそれを享受する,点について E. Segal, The Menaechmi: Roman Comedy of Errors, in: Id., ed., *Oxford Readings,* p. 115ff. は,彼の祝祭 reversal 論に忠実に,Freud 流 alter ego で解し,現実に拘束された M I の夢が M II であり,妻が industria を体現しているとすれば Erotium は voluptas を表している,と論ずる.むしろ,ローマから入る clientela の絆から脱出すると Syracusae から入って自由な Erotium と結ばれる,という夢である.コートは M I/M II 間の「二重の占有」(depositum irregulare) を例解する(「横領」になるかどうか).

〔3・8・15〕 McCarthy, *Slaves, Masters* は,"farcical"/"naturalistic" (supra) のうち,ここでは (p. 41ff.) M I に前者を,M II に後者を割り振る.しかし M I は領域/政治直結から離脱しようとしていない.全体として枝分節のメカニズムとしてさえ捉えられている.M II は秩序でなく或る種の解放を表現している.

〔3・8・16〕 cf. E. Gabba, Arricchimento e ascesa sociale in Plauto e Terenzio (1985), in: Id., *Del buon uso,* p. 72s.; P. Desideri, Parassitismo e clientela nel teatro di Plauto, in: Agostiniani et al., edd., *Plauto testimone,* p. 59s. Desideri は,*Captivi, Stichus, Persa* などに現れる parasitus の危機意識,特に奴隷に取って代わられるという不安,を大規模奴隷経済登場の兆候とする.しかしそれにしては少々早すぎるといぶかしがるように,これはそうではなく,bona fides の構造によって伝統的〈二重分節〉が切断されることが危惧されているのである.息子の自立,奴隷の上昇,が念頭に置かれるのはそのためである.

〔3・8・17〕 E. Schuhmann, Der Typ der uxor dotata in den Komödien des Plautus, *Philologus,* 121, 1977, S. 45ff. は結局 uxor dotata の力を背後の経済力に見るが,そしてローマの familia の構造からして異形であり嫌悪されたと見るが,そもそも matronae の伝統が有るうえに,新たな信用の構造が dos によって生まれ,そして誇張が笑いを誘うほど根底には快感が有る.patria potestas や imperium を挫くのは凡そ〈二重分節〉の基本であり,まして新たに洗練された審級が出来上がろうとしているのである.

〔3・8・18〕 Euripides, *Bacchai* との関係(なりかわりという metatheatrical なテーマ等)はつとに気付かれており,Tarentum 経由さえ想定されている(cf. Z. Stewart, The "Amphitruo" of Plautus and Euripides' "Bacchae", *TAPA,* 89, 1958, p. 348ff.; F. Dupont, Signification théatrale du double dans *l'Amphitryon* de Plaute *REL,* 54, 1976, p. 129sqq.)が,N. W. Slater, Amphitruo,

Bacchae, and metatheatre, in : Segal, ed., *Oxford Readings*, p. 189ff. は一歩進めて，神々のなりかわりを役者のなりかわりで mimesis し，中和ないし批判する ("performance criticism")，点に作品解釈の鍵を見出す．神々ないし animus がいきなり身体を持つ違法行為への批判，Appius Claudius Caecus 流にローマ中央からいきなり Herakles 降下をして領域を占めることへの批判，でもあるだろう．

〔3・8・19〕 役者の割り振りや仮面の有無等については，cf. E. Fantham, Towards a dramatic reconstruction of the forth act of Plautus'Amphitruo, *Philologus,* 117, 1973, p. 198ff.

〔3・8・20〕 再構成の歴史と問題点につき，cf. Fantham, Towards a dramatic reconstruction, p. 204ff. Fantham 自身の提案は両カップル，つまり両次元 (A-B と a-b) が決して舞台上に重ならないという法則をもとにする．再構成はともかく，解釈として優れる．

3・9

Plautus から二世代若い Terentius の手になる 160 年上演の作品 *Adelphoe* に，われわれは早くも重要な対抗ヴァージョン，ないし鋭い対抗屈折体の構築，の試みを見ることができる．こちらも精巧で考え抜かれたものである．一見元に戻る[1]ように，再び若者が暴力を介して若い娘と結ばれるという筋[2]が復活する．これは問題が再び領域に設定されるであろうことを示唆するが，Aeschinus はのみならず leno たる Sannio から meretrix を力づくで奪う (155f.)[3]．もちろん，売買である．しかし第一に実力行使が伴った．Sannio の方が fides の立場に立ち (161)，そして実力行使という領域上の事実 (re) は消えないから，iniuria に対して「断固自分の権利を追求する」(ego meum ius persequar) と言う．万人に平等の自由の名において (183: libertatem aiunt esse aequom omnibus)．そもそも売買契約自体強制されたものである (192f.: si ego tibi illam modo uendere, /coges me?)．しかしここで Aeschinus は切り札を持ち出す (193ff.)．「自由身分の女はもともと売られるべきでない，私は「自由のための回復訴訟」の名においてこの娘を捕捉する，金を受け取るかこの訴訟を受けて立つか，考えるがいい」(neque uendundam censeo, /quae liberast; nam ego liberali illam adsero causa manu. /Nunc uide utrum uis, argentum accipere an causam meditari tuam)[4]．占有パラデイクマの積み上がりはここでは権原と等価な切り札として作用している．元々占有であるから直ちに占有を主張して引渡さえ不要とし，代金は後に forum で支払われる (277)．いずれにせよ実力の問題が（政治システムの介在抜きに，関係が領域に在るまま）実力によって克服されるという青写真がここに看て取れる．そうすれば少なくとも売買代金

3 BONA FIDES の社会構造

に関する短期信用は成り立つだろうと．

　Terentius が socii の諸都市を跨いで形成された信用を領域に投下する，ないし領域にも成り立たしめる，ことをねらっていることは確かである．Aeschinus には資金源が有る．義父の Micio は登場するなり「私は柔和な都市の生活と閑暇を追求してきた」(42f. ego hanc clementem uitam urbanam atque otium/secutus sum)，それにひきかえ弟の Demea は全て正反対で「領域で生活し」(ruri agere uitam)，厳しく自分を律してきた，と呟く．しかし彼はあくまで imperium より amicitia を信ずる (65ff.)．Demea は，Micio を養父とする実子 Aeschinus の行状を心配し，二人は教育論を戦わす (80ff.)[5]．Plautus 以来の主題 (*Mostellaria!*) である．しかし信義は依然生きている．Aeschinus は実は自分の兄弟たる Ctesipho のために蛮行に及んだのである．その父 Demea は決して許さないからここからは信用は供給されない，ならばこれを Micio が補うだろう，という計算である．Ctesipho は領域から娘を受け取りに出て来る (254ff.)．しかし彼の加担を聞きつけた Demea もまた追ってくる．Micio の奴隷 Syrus が対応，まずは「領域に追っ払っておきました，今頃領域で一仕事でしょう」(401: abigam hunc rus. iamdudum aliquid ruri agere arbitror)．あとは Ctesipho がもっぱら Aeschinus を止めに入っていると喧伝して Demea を感激させる．領域では早くも (Cato の，ただし Hesiodos 以来の) "speculum"（行動の手引き）が流行るのか (415)．父が領域 (villa) へ去ったことを知った (517) Ctesipho は「近いというだけでうんざりだ，もっと遠ければよかったのに」(523f.: et illud rus nulla alia causa tam male odi nisi quia propest: /quod si abesset longius)．近接 villa のイメージが領域からの都市の分立の問題に重ね合わされている．もちろんそれは領域の側の自立の問題をも含意するが．事実 Demea は villa の賃労働者達 (mercennarii) から Ctesipho の不在を知らされすぐに戻って来る (540ff.)．何か別のことを聞いたようで今度は Micio を探している．Syrus は偽の居場所をできるだけ複雑に教え迷わせるようにする．実はもう一つの筋書きが進行している．Aeschinus の許嫁 Pamphilia とその母 Sostrata は自分達の使用人 Geta から Aeschinus の行為を聞き，てっきり自分のためにしている，つまり臨月の Pamphilia は裏切られた，と勘違いし (288ff.)，法的措置を取るために縁戚の Hegio を領域から呼ぶ．Hegio は Demea と同じ

tribusの, 古い政治的資質virtusと信義fidesの人である (439ff.). しかしMicioとHegioが話し合い全ては了解されている (592ff.). MicioはSostrataの家で, この家の娘をepiklerosの権利に基づいて妻とする者が現れたので訴訟だ, と言って演技し, Aeschinusを試し, そしてかつての暴力を戒める (635ff.). 残る問題はDemeaで, Micioはとりあえずその竪琴弾きの娘 (psaltria) は自分のためだと言って「正気でない」と呆れられる (719ff.) が, ついに自分の息子をそこに発見したDemeaは憤死寸前 (787ff.), しかしMicioの説得に最後は降参する. Terentiusのテクストはこの辺りから独自の内省を示すようになり, 作品はDemeaを糾弾しては終わらない[6]. なるほどDemeaは少し視野を広げてMicioの生き方にも理解を示し始めるが, psaltriaを領域にCtesiphoの妻として連れて行く (842f) ばかりか急に寛大になり, MicioとSostrataを結婚させ, Micioの (請負に出している) 領域上の占有をHegioに使用収益させるように言い (949), 年を取ってから金銭に執着するのは病弊と諭す有様. 真の兄弟になったと言っては二つの家の間の壁を打ち抜く. Syrus夫妻まで解放される. 領域を完全に都市の信用に組み入れ, そして両方の間に信用の絆を張ったのである. 領域に信用が投下されたのでもある.

　161年上演のEunuchusは酷似する性質を有する. 兄Phaedriaの方がmeretrixたるThaisと愛し合い, 弟Chaereaがその妹, しかし実は幼くして攫われた後にThaisの母に引き取られて一緒に育った自由人, と暴力を介して結ばれる. 先に有るのは都市の信用で, これは冒頭の場面, すなわちPhaedriaがThaisの行動に振り回されて苦しみ, Thaisが賢明に誤解を解こうとする場面, で例解される. 彼女は, 元々のパトロンは別としても, 今一人のmilesに対して表見的な関係を続けなければならない事情にある. 離ればなれになった妹を彼が買い取り, これをThaisに贈ろうとしているのである. 一方を他方へ融通する関係である. しかもこれが自立できるかどうかの岐れ目である. ここには友人も親戚も誰も居ない (147f.: sola sum; habeo hic neminem/neque amicum nec cognatum). 妹Pamphilaの元来の家族を捜して絆を築きたい. そしてここが成り立てばPhaedriaの方に回る余地が有る. それまで彼は, 「領域に行こう, そこで二日間身を粉にしよう」 (187: rus ibo: ibi hoc me macerabo biduum). そればかりではない. 何故ならばそのmilesたるThrasoに連れられた妹を偶然

目撃した Chaerea が一目惚れしてこれを追いかける（292ff.）．どうしても欲しい，平穏でなかろうと公然でなかろうと決定的でなかろうと（319: uel ui uel clam uel precario）．しかし訴訟のことで話しかけられ（335ff.），一旦見失う．しかし奴隷の Parmenio が Thais の家に連れてこられたのを見ている（344ff.）．Phaedria が贈った宦官（eunuchus）になりすまして入り込み接近することとなる．宣言した通りの占有簒奪である．その間，Pamphila の実兄 Chremes が登場，彼の基盤も領域である（519: rus ecquod haberem et quam longe a mari）．さらに Chaerea の友人 Antipho も．連帯，誓約（539: adulescentuli coiimus... dati anuli）．出て来た Chaerea は Antipho に成功を物語る（549ff.）．簒奪は新しい次元の占有を生むか？ そこには横断的結合が有るか？ Antipho でさえ懐疑的である．Thraso は簡単には手放さず，Chremes も現れ，この二人は Thais の前で火花を散らす（615ff.）．そこへ Phaedria までふらふらと現れる．領域に行ったはよいが，道すがら考え込むうちに，自分の villa を通り過ぎ，引き返すときには今度は意識的に通り過ぎた（629ff.: Dum rus eo, coepi egomet mecum inter uias..../Praeterii inprudens uillam..../... uillam praetereo sciens）のである．領域の拠点は信用面で分節的関係を持ちえない．まさにそこで，自分が贈った eunuchus が娘を襲った（！）と信じられないような非難を浴びせかけられる（643ff.）．しかし eunuchus はそのようなことはしていない（664ff.）．都市では領域からの第一次的果実は発生しないはずである．しかし他面，まず無意識に miles の権力をインターセプトしたことになる．Thais は miles が実力で取り返しに来る（752: a me ui nunc ereptum uenit）と予測する．迎撃するのは，miles が外国人であることをよいことに（759f.），領域上の Verginia 本体である．こちらも隊列を組んで，と言う Chremes に対して Thais は，「妹だ」と言えばよいだけだ，「実力を使うならば法廷に連れて行きなさい」（768: si uim faciet, in ius ducito hominem），と指示する．Thraso がやって来て「何故私のものに触れてはいけないのか」（798: ...ego non tangam meam）と主張するのに対して「そもそも彼女は自由だ」（805: principio eam esse dico lberam）との答弁がなされ，簡単に結着する．がしかしこれをさらに Chaerea が簒奪したのである．その Chaerea を Thais は許すだろうか（840ff.）．少なくとも愛は瑕疵を治癒するだろうか．権原さえあれば占有は侵害してもよい？

それとも占有原則違反は失格させるか．Thais は前者の立場を，彼女の侍女たる Pythias が後者の立場を代弁する．にもかかわらず，解決は全く外から[7]，いきなり領域から現れた兄弟の父によってもたらされる (971ff.)．「領域の占有が都市中心に近いので便利である，領域に対しても都市中心に対してもうんざりした気持を持たずに済む」(Ex meo propinquo rure hoc capio commodi: /Neque agri neque urbis odium me umquam percipit)．Pamphila は自由人であるとわかったばかりか，Chaerea の行為は愛ばかりか父が治癒させ，さらに Phaedria のために父が資金を出して Thais を請け出したのである (1039)．Thraso すら良き隣人として隊列に加わる[8]．Phaedria の meretrix 獲得は領域に新しいタイプの信用を成り立たせるだろう．そのために新しい構造は寄与した．しかし今やそれを領域の占有自体が保証し，その傘になっているのである (Thais patri se commendauit in clientelam et fidem)．この fides は Plautus でさんざん見せつけられた fides とは違うものであろう．

163 年上演の *Heauton timorumenos* でも自由身分の娘と meretrix を親友たる二人の若者が獲得しようとするが，meretrix の側は挫折する．そもそも meretrix たる Bacchis に恋する Clitipho 自身，慎み深く清楚に育った Clinia の恋人 Antiphila と比較して「私の方は強力，強欲，尊大，贅沢，派手」(228: meast potens, procax, magnifica nobilis) と言い，贈与を当然の如く受け取る態度を嘆く．Antiphila は孤児で貧しい．Clinia はまさにこの恋愛沙汰のため父に追放された，その間の彼女が心配でならない (256ff.)．帰って来た Clinia が奴隷の Syrus を呼びに遣わした，その時の Antiphila の様子，つまり化粧と装身具無しに (288f.) 貧相な格好 (298) で機織に専心する姿，は二人の若者によって賞賛される．これと相関するかのように舞台自体がはっきりと領域の（隣接する）二軒の家に設定される．Clinia の父 Menedemus が「領域で隣の単位を買って」(54: agrum in proxumo hic mercatus es) 入って来て以来，という「最近の仲」(53: nuper notitia) にすぎないが，Clitipho の父 Chremes は Menedemus の深い悩みを理解して相談に乗る．領域上の近接性 (vicinitas) は amicitia に近接している (57) からである．つまり政治的結合から一歩距離を取ってなお横断的に繋がる，Plautus にしばしば現れた関係が今領域の只中にぽっかり浮かんでいるのである．Menedemus は近隣では最高価の土地を保有し，多くの

3 BONA FIDES の社会構造

人員を抱えている (Meliorem agrum neque preti maioris nemo habet; Seruos conpluris). 最近までは都市で成功した商人であった. Plautus が用意した構造が生み出した階層に属したのである. しかし息子の恋愛沙汰を叱責し息子を追放したようになったことを後悔し,「領域の労働に」(142: opere rustico/faciundo) 資する人員以外, 動産の全て, を売り払い, 都市中心の邸宅を競売に付し, 全てを領域に投下し, なおかつ塞ぎこんでいる. ほとんど Plautus の挫折である. ただし領域に構造を拡張するのであるとも言うことができる. 分水嶺は息子の帰趨である. Clinia は秘かに帰っていて今 Clitipho がかくまっている (175ff.). Menedemus の苦悩をも知る Chremes は息子 Clitipho と協議して何とか Menedemus/Clinia 父子を和解させたい. 他方まずは賑やかに Bacchis と Antiphila を含む女達を集めた (大変な物入りの) Syrus の作戦 (332ff.) は, Bacchis の方を Clinia の恋人に仕立て上げ, 後悔している方の Menedemus に (Bacchis の侍女に扮した) Antiphila ごと買わせる, というものである. Bacchis は Antiphila を祝福する (381ff.). 具体案を知らないながら Chremes は Menedemus に息子の所在を知らせ, そして後悔しているならば Syrus の奸計にはまった振りをしろ, 息子を回復できれば安いものではないか, と諭す. そして近隣の境界争いの仲裁 (499: Vicini nostri hic ambigunt de finibus; /me cepere arbitrum) に行ってしまう. その間際に彼と Syrus が交わすやりとり (512ff.) は重要である. Chremes は Plautus の典型 servus callidus として Syrus が役不足と見ており, 盛んに悪巧みを奨励する. ここから Chremes と Syrus の虚実を織り交ぜた駆け引きが全篇を通じて続いていく. 次は「Bacchis が借金のかたにとった娘をも Menedemus に払わせる」というアイデア, しかし Chremes は「Menedemus は払うまい」と却下する (602ff.). そうでなくとも Syrus の作戦は致命的に破綻するかの如くに見える. 何故ならば Chremes の妻 Sostrata が Antiphila の指輪を発見, これがかつて Chremes の命令で泣く泣く遺棄した時に持たせたものであることから, Antiphila は夫妻の実子であると判明したのである (614ff.). Antiphila の方を押し立てて正規に Menedemus を説得する道が開けたのである. しかしそれでは友人の Clitipho が救われない, と Clinia は考える. Syrus はまた考えなければならない (695ff.). Syrus の戦術は, 予定通りに芝居を続け, なおかつありのままに

Menedemus に話すというものである．呆れる Clinia に対して Syrus は自信満々である．Bacchis を予定通り送り込むといよいよ Syrus は Chremes との勝負に出る (757ff.)．「Bacchis は実は Clitipho の恋人だが，Chremes に隠すためにここへ連れてきた」と Clinia が（真実を）父の Menedemus に説明した，と Chremes に説明，Chremes はこれこそが芝居と思い怒るどころか褒める．「Clinia は Antiphila を見て急に気が変わって彼女を選んだ」は婚礼の費用を支出させるための芝居．ところが Chremes はたとえ芝居でも結婚は許さないと言い出し (781ff.)，Syrus の偽の計画はまたしても破綻するが，所詮これ自体偽物である．それでも今や実子とわかった娘が「Bacchis に借金した」（実は虚偽）分の返済だけは残り (790ff.)，今や芝居の中では Bacchis は Clitipho の恋人（実は真実）なのだから彼から払った方が効果的との入れ知恵で Clitipho が支払って Bacchis 自身を身請けする (829ff.)．しかしこの作品ではこうした虚構は最後には全て一掃される[9]．つなぎの信用は無駄ではなかったとしても．Menedemus が出て来て Chremes と会見 (842)，Chremes は Menedemus が芝居に引っかかっただけだと思って最初は御機嫌であるが，ついには引っかかったのは自分だと気付く (908ff.)．Clinia と Antiphila の結婚については Menedemus が dos を要求しない (939) 限りにおいて諦めることにした Chremes であるが，Bacchis については資産を食い尽くすという理由で (945ff.) 決して許さない[10]．それどころか Sostrata まで加わって Clitipho には別の結婚が用意されてしまう (1003ff.)．領域に信用は拡張された．しかしそれは都市に戻って来ない．回収されないのである．

[3・9・1] ギリシャ新喜劇，特に（Terentius が好んで採用した）Menandros，に帰るような印象が得られる点はしばしば指摘される．例えば，S. M. Goldberg, *Understanding Terence*, Princeton, 1986, p. 21 は "character" の復活を言い，これとの関係で p. 22ff. はモノローグの多用を指摘する．なお，以下テクストは ed. Marouzeau による．

[3・9・2] Goldberg, *Understanding Terence*, p. 66ff. は Mendandros の *Dyskolos* における plot の重要性，幕による分節の明快さ，を押さえた上で，Plautus 流の "loose ends" と Menandros の古典的筋立ての両方を選択肢として持ちえたのが Terentius であると捉える．Goldberg は近年の critic にしばしば見られるように 19 世紀実証主義・ロマン主義の解釈を徹底的に批判する．自然で「よくできた」筋書きを「恋愛」中心の観点から求めてギリシャ原版礼賛に至り，徹底した Quellenforschung をする，という長く支配的であった研究傾向を批判する．しかしその場合，Plautus が真っ先に復活するとして，Terentius は相対的に高く（ギリシャ原版に忠実と）評価されてきた分，問題を惹起する．Goldberg が Terentius の複合性を一貫し

3 BONA FIDES の社会構造

〔3・9・3〕 口上から,この場面が contaminatio つまり原作 Menandros 版 adelphoi でなく Diphilus の作品切片接合によることがわかり,Goldberg, *Understanding Terence*, p. 97ff. はその意味を探究する.そして Micio の失敗,Aeschines の暴力的傾向,を強調するためであるとするが,そうだとすると,少なくともこの contaminatio においては Terentius が,Plautus の構造がギリシャ都市領域の問題を未解決のまま放置していることを,原点に帰って突き付けていることになる.contaminatio は構造摘出のテクニックでさえあることになる.

〔3・9・4〕 自由であるはずなのに manus で解放したとは,Terentius がここで原作と矛盾したのではないか,とする学説に対する H. Lloyd-Jones, Terentian technique in the *Adelphi* and the *Eunuchus*, CQ, 23, 1973, p. 281 の(例によってバランスの取れた)反論,"manu" を単純に「実力で」と解すること,にわれわれも賛成する.奴隷を自由人にする解放と,捕縛された自由人を解放する解放,はローマでは同じである.なお,Lloyd-Jones は,Menandros 発見後の Terentius 解釈の(主としてドイツでの)振幅について簡潔だが的確な導入を付している.

〔3・9・5〕 これが(例えば Lessing において)啓蒙の名のもとに解釈され,Micio の挫折は有ったのかなかったのか,という論争が展開されたいきさつについては,cf. Goldberg, *Understanding Terence*, p. 98ff. Goldberg 自身は質実というローマ固有の価値(したがって反 Micio)への訴えかけが有るのであって啓蒙とは無関係であるとするが,一面的な解釈である.ローマ或いは少なくとも socii にとって,そして啓蒙にとって.

〔3・9・6〕 教育論と並んで,結末が「Micio 晶冒」の Molière, Voltaire, Lessing に気に入らないため論争を呼んだ,とする Lloyd-Jones, Terentian technique, p. 281ff. は,contaminatio 説を斥け,大団円のための当然の帰結とする.E. Fantham, *Hautontimorumenos* and *Adelphoe*: a study of fatherhood in Terence and Menander, Latomus, 30, 1971, p. 989f. もまた,Heauton と Adelphoe の間の大規模な構造的同一性を論証した後,Demea を Heauton の Chremes と重ねて不可思議な「転調」を構造的にはありうるものとする.都市―領域間のバランスという点に関する限りそうであるが,Terentius における限り,ギリシャ原版回帰の(実際より遙かに大きく見える)ポーズ,であるようにも見える.

〔3・9・7〕 おそらく意識的な逆行の所産であり,Terentius においては翻案は Plautus におけるのと大きく違う意味を有する.J. C. B. Lowe, The eunuchus: Terence and Menander, CQ, 33, 1983, p. 442ff. でこの最後の部分の字句毎の「Menandros のものであっておかしくない」性質が検証される(いずれにせよ,Donatus の証言とピンセットでつまむような断片による,しかもしばしば後者を欠いての作業である).

〔3・9・8〕 cf. Lloyd-Jones, Terentian technique, p. 283f.

〔3・9・9〕 この断層ないし違和感から,contaminatio においてこの Clitipho/Bacchis 組が付加されたと考えられるから,philologie の格好の餌食となるが,口上 (4-6) の emendation と並んで論争が結着しないようであり,その様子は A. J. Brothers, The construction of Terence's *Heautontimorumenos*, CQ, 30, 1980, p. 108ff. に覗くことができる.

〔3・9・10〕 Goldberg, *Understanding Terence*, p. 135ff. は,"double plot" ではなく,その意図的破綻を読む.したがって実は "a simple design lies just below the surface" である.質実な領域の Menedemus が質実な娘との息子の正規の婚姻に恵まれる.彼の失敗を慮る Chremes は自分自身かつての Menedemus を踏襲するが,市民的価値を有しない女 Bacchis が対象であるから矛盾ではない."This unmasking of Chremes creates the argumentum simplex" (p. 144). 単一の価値観が貫かれる点でギリシャ新喜劇の伝統を引き,エリザベス朝の "double plot" と区

別される，とする．しかしそうした価値観の称揚は読み取れない．Plautus が創ろうとした複合性の苦い挫折である．ローマ史の挫折そのものを予告する．

3・10

　Terentius が meretrix と自由身分の娘を並行して扱うのは都市と領域を意識してのことであり，テクストにこの要素はしばしば意識的に書き込まれるが，要するにそうした舞台設定の上で，二人の息子が体現すべき二つの〈二重分節〉体系の共存と相互信用が成り立つかどうか，が問われる．Phormio（161年）は，この点が成り立たなくなっている状況の批判的スケッチであり，そして都市と領域という寓意を越えて凡そ〈二重分節〉が機能しなくなる恐れがある，という認識ないし警告を含む．舞台は都市中心で，富裕な商人で兄弟たる Demipho と Chremes は揃って今海外である（66ff.）．それぞれの息子 Antipho と Phaedria はその留守に案の定恋に落ち（80ff.），例によってそれぞれ相手は貧しい自由人とリュート弾きの娘である．若者達は問題解決能力を持たない．有能な奴隷が登場するか，友人間の団結は？　奴隷の Geta は Phormio という parasitus に頼り切り，その手先となっている（122ff.）．全篇 Phormio の策謀で筋が進むが，Geta ばかりが登場し，Phormio の機会は少ない．間接化され，冷淡に扱われる[1]．Phormio の作戦もまた到底洗練されたものではない．Antipho の恋人 Phanium が孤児であることに目をつけ，その場合近親者と結婚しなければならないという法律を利用する（125f.）．Geta の描写でしか語られないが，Phanium の関係者になりすました Phormio が Antipho を彼女の結婚すべき親族とみなして訴え，Antipho 側は通謀により自白し，自動的に婚姻に至る，ということに見事成功する．帰って来た Demipho はかんかんに怒り（231ff.），両当事者がなれ合ったならば裁判は成り立たない，と批判する（266）．〈分節〉体制そのものの危機だと．Phaedria は，当事者主義とはそのようなもので，陪審 iudices が決めたことで誰にも責任は無い，と弁護する．しかし Demipho によれば「そもそも弁論を放棄すれば陪審といえども真実は審理できない」．信用の工面でなく，端的に既判力（419: actum ne agas）が利用されたのである．この作品では父達の方が友人同士繋がっていて（448ff.），訴訟行為や判決が無効（Cratinus: restitui integrum）か取消不可か（Hegio:

mihi non uidetur quod sit factum legibus/rescindi posse），論争が戦わされる．

他方，Phaedria のために Pamphila を leno から解放する作戦（465ff.）には初め Phormio は関与せず，「私が私の金で買った女を」（511: ancillam aere/Emptam meo）私が遠くへ売り払って何が悪い，と言う leno に対して Phaedria は「支払約束した金銭を友人に工面して貰うまで」（Dum id quod est promissum ab amicis/Argentum aufero）待ってくれ，と抗弁し，Antipho は引渡債権を害すべく故意に遠くへ売る悪意さえ糾弾する．手形で弁済し，まだ期限が来ていない，という信用の立場と，leno のように現金が先に到達した方へ引き渡すという立場，の争いである．しかし急いで金銭を用意しなければならないことには変わりなく，ここで再び Phormio に頼る（591ff.）．自分が Phanium を引き取って結婚し厄介払いに力を貸すから，dos をたくさん寄越せ，と Demipho に（Geta を通じて）迫る．折から帰国していた Chremes がこれに賛同したため，金銭さえ直ちに支払われる．これが本当になったらおしまいと Antipho はおろおろするばかりである．一方に基づく信用を他方に回すという常套であるが，ゆすって資金を引き出したに等しい．しかも Phanium について Demipho の家に来た乳母が隣家の Chremes とばったり出会ったことから，Phanium は Chremes と異国の女性との間の子であることがわかる（728ff.）．Antipho と Phanium の婚姻は歓迎すべき内婚であるということになる．困ったのは Phormio で（829ff.），金銭の返還を求められ，Demipho と厳しいやりとりをしなければならない．Phormio は「隠し子」のことを Chremes の妻 Nausistrata に告げて介入を求める，という最後の手段に訴える（990ff.）[2]．結局最も狭い「権原」，endogamie，が deus ex machina として積み重ねのアプローチを明示的に否定している[3]．占有原理が必要かどうか．これが効かない meretrix の方は出口無しで混乱のまま放置される．

　Plautus の新しい構造は一度として磐石ではなかったのではないかと思われることには，165 年の *Hecyra* において既に Pamphilus は meretrix たる Bacchis を諦めて父が勧めた隣家の Philumena と結婚している．冒頭から別の meretrix とその侍女が，愛を誓う男が一人として忠実であったことがない，と嘆く．にもかかわらず Pamphilus は Philumena には手も触れず，Bacchis のところへ通う．父の Laches はしかし姑の Sostrata との関係がうまく行かないために Philumenaが隣の実家に帰ってしまったのではないか，と疑う（198ff.）．たまたま海外に出掛けたPamphilusの留守中，父は「領域に行ったきりで滅多に都市中心にやって来ない」（175: Rus abdidit se, huc raro in urbem commeat）から，家ではPhilumenaはSostrataと二人きりである．そうしたLachesとPhilumenaの父Phidippusは固い信頼で結ばれている（251ff.: diligentia, nec clam etc.）．こうであればMenandros風が十分に有効である．案の定，悲嘆に暮れるPamphilusが戻ってみると，実家に入って誰も寄せ付けないPhilumenaが大きな物音を立て（314ff.），急いで駆けつけると，何と彼女は妊娠しており，しかも生まれてくる子の父は知らない若者である（361ff.）．Pamphilusは自分の子であると振舞って表面的に「治癒」することを約束する．なおかつPhilumenaにとって自分は邪魔な存在と考え，母を立てる振りをして別れることも決意する（451ff.）[4]．ところがPhilumenaの母Myrrinaが飛び出して来てPhilumenaの出産を知らせる（516ff.）．喜ぶPhidippus．他方Sostrataは自分さえ引けばと領域に身を移す決意を告げる（586ff.）．Pamphilusは都市中心を見捨てて欲しくないと言い張る．この状況はPhidippusがLachesに「孫」の誕生を告げて（Lachesが婚姻の上首尾を確信し）たちまち転回する（638ff.）．あとはPhilumenaが戻ればよいだけである[5]．彼等はBacchisに一役買って貰って彼女を説得することとする（716ff.）．そして何とこの芝居ここで初めて登場して来るmeretrixがdeus ex machinaとなる．Pamphilusと切れていることを誓約するばかりでなく，こうした下世話の信義を通り越し政治的次元（797: nobilitas, gloria）に立つ．しかし意外にも，Pamphilusが贈って寄越した指輪が何とPhilumenaのものであることが判明，赤ん坊の父親はPamphilus自身だったのである．人々は新しい構造は諦め，しかも単純な権原によって生きることとした．meretrixとて解放されて（結合し変身して）初めて新しい構造に寄与する．ところがBacchisのした保証は，決して領域に関わりませんという姿勢によって消極的に領域に信用をもたらしただけである．

　Andria（166年）はPlautusの構造に真っ直ぐ異論を唱えた作品である．*Mostellaria*と符合する教育観を語る父Simoの息子Pamphilusは，遊び仲間に染まらず立派だということで，隣家のChremesの娘Philumenaと結婚させることで両家で合意したが，その後，meretrixたるChrysisの葬儀でその「妹」

3 BONA FIDES の社会構造

Glycerium との仲が発覚, Plautus パターンを打ち破るべく Simo は, 陽動作戦として Pamphilus と Philumena の結婚を強行する姿勢を示す. 実は Pamphilus の親友 Charinus は Philumena と恋仲である (324) ので, 若者達は恐慌に陥り, 対策を考えなければならず, これが Pamphilus の奴隷 Davus に託される (301ff.). ところが二人だけになった Davus が Pamphilus に授ける策は意外にも「従順に従って見せる」というもの (375ff.). Glycerium の件を知る Chremes が承諾しないだろうという計算だが, Simo の強硬姿勢が敵を欺くための演技であるということに気付かない弱点を有する. 他方 Simo も Glycerium が出産間近であることを Davus の仕組んだ芝居であると思い込む (459ff.). *Heauton* を予期させる, 策略の自滅 (495: se ipse fallit) という動機が明確である. 新しい構造に対する Terentius の批判である. しかしこのためにゲームが成り立たず, 構造が形成されない. 確かなのは事実出産するという物的な結果だけである (512f.). まずは Davus が窮地に陥る. 意外にも Chremes は Simo に説得され (533ff.), 無策の策はただの無策に終わる. 何も知らなかった Charinus は結果だけを聞いて Pamphilus の裏切りないし日和見に怒りを爆発させる (625ff.)[6]. 同じく絶望する Pamphilus は全てを Davus のせいにする. 常に受身であり, 策を弄したとしても父達の権威付けを引き出す以外に術を知らない. やっと出した Davus の策も, 子を戸の前に置かせて Glycerium の意図的な妨害工作と見せ Chremes の考えを改めさせるというものである (716ff.). 権威付けは事実の突きつけによって引き出され, 何ら精巧なフィクションに基づかない. そして事実は法令によって補強される. 子供が出来たならば父たる Pamphilus は結婚しなければならない. Glycerium は Athenae の市民であることが判明した, と Davus は言う (780). Chremes にとっては娘のリスクを意味する. そして海外から Crito が現れてこのことを裏付ける証言 (796ff.), それもこれも全てトリックと言って Chremes の言葉さえ信じない Simo は (820ff.), 最終的には, この Crito の話から「何とそのうえ Glycerium は Chremes の娘である」と判明する (905ff.), ことによってしか同意しない[7]. 単一の政治システムが有り, それに対して受動的に操作しようとするローマ型の〈二重分節〉体制が有るにすぎない. 例えば Davus の策謀の貧困は Terentius の想像の貧困を意味しない. 逆に苦く味付けられた意識的な

造形の産物である．これが Plautus と綺麗に対抗している．しかもその分，Terentius の方が全体に関わるディアレクティカに参画している．これが喜劇として欠点であったとしても[8]．Plautus に比して一層シアリアスな作家であると批評が重視するのは，それ自身アイロニーである．そしてこれはローマの社会構造の発展，ないし未完に終わった発展，のアイロニーでもある[9]．芽は摘まれていくのである．

[3・10・1] Geta が観客の前に立ちはだかる点につき，cf. Goldberg, *Understanding Terence*, p. 79, おかげで Phormio が引っ込んでいられる点につき，cf. p. 80.

[3・10・2] この場面の解釈がつかず戸惑う学説に対して Konstan, *Roman Comedy*, p. 125ff. は結局 "With the inner dislocation of the old structure, the old men cede place to a new type: Phormio." というところへ持って行ってしまうが，そもそもギリシャ新喜劇と一緒くたに Plautus を「都市国家弛緩解体」で読むことが（あれだけ新鮮な息吹に満ちる）Plautus（およびローマの新しい社会構造）に対して不当であるばかりか，この箇所では逆にその新鮮な「解体」が危機に瀕しており，Phormio は「妻」の側に「上訴」する以外にないところへ追い詰められているのである．つまり，Terentius のギリシャ原版に戻る動きには（単に戻っているのではなく）固有の意味が存する．

[3・10・3] Goldberg, *Understanding Terence*, p. 79: "Yet that marriage is a fait accompli". Geta でなく Phormio が悪巧みを支配しているように見え，実はそうでさえなかった，というアイロニーを Goldberg は Molière の *Scapin* との対比で鋭く指摘する．これが筋立てのエコノミーをもたらした，と．

[3・10・4] 既にローマで *Hecyra* が不人気であったことに関連して Konstan, *Roman Comedy*, p. 136 は "I like to think that it was at this point that the Roman audience deserted" と述べる．それとも優柔不断こそが痛快喜劇ならぬ「Terentius の "humanism" ないし "realism"」か？　われわれには恐ろしい皮肉に見える．cf. F. H. Sandbach, How Terence's Hecyra failed, *CQ*, 32, 1982, p. 134f. 観客はボクシングや綱渡りに行ってしまったのでなく，それをその場で要求した，と（失敗を告げる後代の）口上の解釈として皮肉がきく．Terentius がその皮肉まで演出したとは思えないが．

[3・10・5] Goldberg, *Understanding Terence*, p. 157 は servus callidus たる Parmeno の役割が浮いていることを指摘する．さらに p. 152 は，866f. の Pamphilus の科白（placet non fieri hoc itidem ut in commoediis/omnia omnes ubi resciscunt）を引いて "More than a comic-convention is being mocked here" と述べる．勘違いやすれ違いはそのままにしておかれ大団円が無い．サスペンスは未消化なまま放置される（p. 159ff.）し，判明シーンも曖昧に小出しである（p. 158）．かくして *Hecyra* 失敗作説が有力なわけである．しかし多かれ少なかれ Terentius にはこうしたブラックな部分が存在し，到底心の底から笑えない．

[3・10・6] Goldberg, *Understanding Terence*, p. 126ff. は，Terentius がしばしば前口上で誇る contaminatio（複数の下敷のこね合わせ）に関連して，Donatus のコメント "duplex comoedia" つまり（原作には無い）Charinus の恋の付加がどのような効果をもたらしたかを検証する．そしてこの Charinus の（Cretics の韻律を持つ）canticum を取り上げ，友情がポイントであると把握するものの，"nevertheless the passivity of Carinus remains curious" と首を傾げる．ギリシャ原作ではなく Plautus を意識して初めて意味を持つ付加である．

〔3・10・7〕　Goldberg, *Understanding Terence*, p. 126 : "Schemes, however, prove unnecessary".
〔3・10・8〕　Goldberg, *Understanding Terence*, p. 218 は喜劇としての失敗を指摘し，p. 220 はむしろ Lucilius 等に受け継がれたとする．
〔3・10・9〕　Goldberg, *Understanding Terence*, p. 203 は，ローマ喜劇が西ヨーロッパの喜劇伝統の核となったのは皮肉なことである，ローマ文学の黄金時代には既に死滅していたのであるから，人文主義による発掘を待たねばならなかったのであるから，と述べる．そしてこのことを Terentius 問題に暗に接続する．この観察にわれわれも同意しうる．そしてそれが socii の構造の帰趨に見事に対応している，と付け加えうる．ということは（人文主義はともかく）少なくとも 19 世紀以後は本当には再発掘しえていないということである．

4 BONA FIDES の諸原理——契約法の基礎

4・0

　前節で扱った〈神話〉的パラデイクマの内部に，如何に深く Verginia 屈折体が浸潤しているか，われわれに圧倒的な印象を残さざるをえないが，他面でそれらは新しい屈折体を分化させていて，原屈折体とヴァージョン対抗する場面さえ認められた．社会構造のレヴェルの問題が存在すると見ざるをえない所以である．

　しかるに，"Verginia" は exemplum としても与えられており，儀礼としてそのまま公共空間で演じられた．このことはローマ共和政の基本的特質によく適合する事柄であった．もちろん，Plautus のテクストは単にテクストたるにとどまらず，これもそのまま演じられた．紀元前 1 世紀以後 philologie の対象となりあまり演じられなくなったとしても，2 世紀においては確かに演じられていたのである．しかも喜劇，なおかつ喜劇の中の特異なジャンルとして．とはいえこれは（如何に勧進元が政務官であったとしても）政治システムの儀礼空間とは切り離され，あまつさえ，これに鋭く牙をむいて対抗している．むしろ，その中に敢えて exemplum iuridicum とその延長が取り込まれていることの方が注目に値する．もちろん，喜劇にはわれわれ市井の人間をそのまま舞台の上に上げるという側面が有る．そうだとしても，それはそれ自身政治システムに対する対抗であり，であれば公式の exemplum の取り込みは注目すべきである．民会や裁判が登場すれば必ず皮肉られているはずである．かくして第一にそれまでの exemplum iuridicum とその延長は独特の屈折を施されて登場しているだろうと予測できる．他面でギリシャ原典に必ずカウンターパートを見出し，

これも屈折させて突き合わせているだろう．要するに明らかに大規模なディアレクティカが行われている．しかも独立の社会圏を形成するようにして．その社会圏は直ちに socii の諸都市というわけではない．実質的にこれが大きく画面に取り込まれているから，この諸都市は不可欠な存在であろうが，しかしながらその小さな政治システム自体がテクストの中で周到に批判の目に曝されている．

問題は，現実のこの社会圏において，exemplum iuridicum "Verginia" に属しかつそこから分化して発展した固有のジャンルというものが検出されるかである．まず，Plautus のテクストの表面にこれを見る考えは誤りである．それでは Homeros のテクストの上で社会人類学をするのと同じである．しかしテクストは exemplum iuridicum "Verginia" に極めて意識的に関わるから，M0 に対する M1 の構築が反射的に P1 を生むようにして，或るジャンルの現実のパラデイクマを形成させ，元来の性質からして，多かれ少なかれ exemplum つまり儀礼的パラデイクマとして，それを機能させたのではないか，と推測しうる．ただし厳格な意味での儀礼的性質は緩和されているに違いない．ディアレクティカが介入し，一段突き放されている．或る狭い社会圏の特定の階層の意識に埋め込まれたエートスないし倫理としてそうした再現的パラデイクマが生息した可能性が大である．

そしてこの推測は若干の外的徴表から補強することができる．さらには，紀元前1世紀においてわれわれはこのジャンルの再現的パラデイクマ（現実社会で人々をその通りに動かしたパラデイクマ）を幾分知りうる手段を持ち，ここから逆算で裏付けることもできる．ただしこの場合，2世紀末から1世紀かけての激動を慎重に差し引かなければならず，次章でこの激動を扱う作業と堂々巡りになってしまう．それでもそれを怖れずに行ったり来たりを繰り返す以外にない．

4・1

最も確かな徴表は Cicero の最初期80年の法廷弁論 *Pro Roscio Amerino* である (ed. Clark)．Umbria の municipium たる Ameria の名望家殺害事件でその息子が訴追されたとき，Cicero はその弁護を引き受ける．被害者は同時に Sulla 体

制下の財産没収（proscriptio）に遭い，Ameria の都市参事会は使節を送って Sulla の腹心の部下に陳情した．その使節団 legati の中に，事件の全体によって利益を得ている Capito という者が含まれ，利益相反関係にある．ここで Cicero が持ち出すのが委任 mandatum のパラデイクマである[1]．しかも，「私法上の委任であった場合ですらこれは違法であるのにまして公法上の委任であるから」という a fortiori の論法を用いる．かくしてわれわれは私法上の委任のパラデイクマをたっぷりと聴かされることになる．「私法上の事柄においてさえ，単にもし或る者が悪意で（malitiosius）自分の利得（quaestus）と便益（commodum）のために委任された事項を遂行した場合ばかりか，不注意で（neglegentius）そのようにした場合にも，その者は最高度の汚辱であると先人達は評価してきた[2]．だからこそ，委任のための法廷（陪審団）が構成され，それは窃盗 furtum にさえ準ずる破廉恥弾劾の性質を有した．思うに，われわれが自分の利害を考えることを許されないこのような場合には，われわれの任務には友人間の信義（fides amicorum）に匹敵する（uicaria）ものが前提とされるからである」(111: In priuatis rebus si qui rem mandatam non modo malitiosius gessisset sui quaestus aut commodi causa, uerum etiam neglegentius eum maiores summum admisisse dedecus existimabant. Itaque mandati constitutum est iudicium non minus turpe quam furti, credo propterea quod quibus in rebus ipsi interesse non possumus, in iis operae nostrae uicaria fides amicorum supponitur). そもそも Plautus のテクストにおいて mandatum は主役の座の一角を占めた．ここではそれに対して或る iudicium が概念されている．原理は fides であり[3]，ほぼ確実にそれは既に十分に古く，ほとんど自明のこととして弁論のリソースを構成する．もっとも，直ちに中心の exemplum iuridicum に吸収されたとは言えない．praetor の民事訴訟であれば iudicium の構成は重要でない．ところがこの場合もう少し実質的な陪審団が役割を有したと考えられる．第一にこの新式の（V. infra）刑事司法における陪審団の前では弁論が炸裂しうるという状況でこの locus が使われており，第二に（後述のように plebiscitum に起源を有する）furtum が引照され，recuperatores の如き第二列の人的組織からの陪審団が示唆されているからである．さらに，Cicero は陪審の意識をあてこんで，被害者の二人の息子のうち領域で活動する方をそこへ追いやったのである

という殺人の動機に関する論拠を駁するために，Plautus の次の世代の喜劇作者 Caecilius を引く．「二人の息子」と領域との関係につき，われわれはとりわけ Terentius のテクストに沿ってたっぷり見てきた．もっとも，socii の政治的階層の政治的意識を端的に頼みとしているのではない．そもそもの partitio（公法―私法）からして，mandatum のパラデイクマを観念するとき民事訴訟の一変種が概念される．つまりそれはまずローマの，政治的パラデイクマのどこか末端に属するはずであり，なおかつその原理たる fides は（民事訴訟たる分）政治的紐帯から隔たる．"vicaria" というニュアンスを付けた表現もこの点に関わるが，この後直ぐに Cicero は委任があくまで（自分のではないがしかし個別的な）「共通の利益」（commune commodum）を目指す制度であることを強調する．また自分の利益のためにしなければよいのであり，それ以上に自己犠牲を払う必要は無い．その利益（interesse）も，果実に対してさらに占有を発生させるタイプ（quaestus＝賃貸借モデル）と単なる果実享受（commodum＝使用貸借モデル）を識別するが如き次元の概念である．さらに，委任者の利益に反する行為をしたときの責任の問題が分化して論じられること自体一つの特徴であるが，「極小さな点においても受任事項について不注意であった者は破廉恥責任効果を伴う陪審により有責判決を受けなければならない」（113：in minimis rebus qui mandatum neglexerit, turpissimo iudicio condemnetur necesse est），「最小の私法上の事項における受任事務の不注意遂行でさえも信用剥奪の責任を問う刑事的色彩を含む裁判にかかる，何故ならば，正しく事が遂行されたとしても，委任者は不注意であってもよいが，受任者はそうであってはならないからである」（In minimis priuatisque, rebus etiam neglegentia mandati in crimen iudiciumque infamiae uocatur, propterea quod, si recte fiat, illum neglegere oporteat, qui mandarit, non illum, qui mandatum receperit）等とされ，故意責任つまり悪意ないし信義の破壊についての責任が原則であるが，mandatum の場合にはそれが加重され専門家としての厳重な責任を負う，というのである．他方，iudex よりは大きな陪審母集団が概念されるとしても，選任されるのは「一人の仲裁人」であり（114：damnatus per arbitrum）[4]，民事訴訟の技術的性質に対応する．つまり彼に何をきくか，否，そもそも彼にきくこと，までを作るところに大きな比重が置かれる．ただしおそらく（この場合

明らかに陪審母体の属する第二列の）政治システムに fides 自体が近接するところから，判決は政治的決定たるの元来の性質を回復し，判決の効力は柔軟である．原状回復と信用剥奪のための具体的措置が形成的に決められる（et rem restituere et honestatem omnem amitteret）．

われわれは，Plautus のテクストが編み出す構造の中では信頼・信用が生命でありまた繊細な識別がなされているのを見た．それはしばしば単に fides という語で指示され，実体は様々であったが，様々な "fides" がテクスト内でディアレクティカにかけられ，向こう側に一個の新しい理念が見込まれているとも解しえた．盛んに「新しい信用の構造」等と記した所以である．これは時を隔ててこの Cicero のテクストと大きく符合する．しかるに Plautus のテクストは，凡そこのジャンルの事象につき既に一定の蓄積と高度な意識を有する特定の階層が存在しなければ成り立たない．舞台の上にのせられ喝采の対象とならねばならない．特定の裁判実務よりは遥かに広範囲に共有されるパラデイクマである．ローマの公式の裁判制度が何らかの時点でこれに関わったとして，その基盤は先に出来上がっていたであろう．その基盤は個々の政治システムの，とりわけローマの，狭い信頼関係を克服し一層広い自由な関係の中で構築された．それどころか，異なる政治システム間にこそ発生しうる信用について Plautus のテクストがなかなかの省察を行っていたのをわれわれは記憶している（III-3-6）．政治的階層が元来有する資質に加えて，その政治システムの混乱を避けてそれからも自由でありうる平面というものには，その政治システムが保証する以上の透明性が生まれうる．少なくとも単純に，言語しか頼りにならずこれを尽くす以外にない．他方で枝分節のメカニズムは政治システムがしかも多元的であるということにより二重に切断されている．ただし，できれば複数の政治システムが戦争状態にあるのでない方がよい．さらに III-2 で見たような〈二重分節〉した国際的政治空間であれば，一面では「国際的な」取引関係であるが，他面では（ローマから見ると）単純な〈二重分節〉関係，占有の関係，民事的な関係，に見えるものが生ずる．socii の体制は意味を二重にする．高度な政治的判断に基づく外交交渉の結果か，はたまた中心の裁判所に持っていけば技術的に解決される問題か．否，同時に両方でありうる，というのである．既に見たように，ローマは既に 242 年に praetor peregrinus を任命

するようになっていて（Liv. Per. XIX），これは外国人の間の民事訴訟を管轄する（qui inter peregrinos ius dicit）．Liv. は XXIII, 30, 18 以下 praetor peregrinus の任命につき記録し続け，時にはその任務に言及する．第一次ポエニ戦争以後の体制と符合していることになる．もちろん，これが直ちに Cic. Rosc Am. の iudicium であるというわけではない．しかし一つの萌芽であり，かつ，peregrini が決定的な役割を果たしたのである．

　裏返して言えば，明らかにこれは通常の民事裁判とは別のジャンルであると概念されたに違いない[5]．praetor peregrinus の管轄下，様々特別の陪審構成がなされ，しかも前提や評価，執行の場面で多くの仲裁人が選出されたと考えられる．Cic. の "iudicium mandati" がテクニカルなものではないとしても，仲裁風に様々な審判機関が立たねばならなかった事情[6]は多くの政治システムにまたがる裁判実務の場合不可避である．この他に，様々な国際仲裁[7]や，socii 独自の裁判所の活動，が praetor peregrinus の活動と連続体を構成していたであろう．遠く後の時代から振り返る者に，これらは "bonae fidei iudicia" という総称を遺した．一部の学説は後の時代の法学者達が卒然と包括的に使う "bonae fidei iudicia" という語に引き摺られ，これの一元的な起源を探求し，多様性を含意する praetor peregrinus や国際関係自体に背を向け，praetor の実務に全てを帰せしめる[8]．しかし "bonae fidei iudicia" という呼称は Cicero すらまだ知らない[9]ものであり，後の法学者が一定のグループの案件を講学上括って争点決定に役立てるために使った分類概念であり，裁判制度の多元性が意味を持たなくなり同一判断主体に別種の判断を仰ぐだけになってしまった時代のものである．もちろん，"bonae fidei iudicia" はその間に基幹の民事訴訟に大きな影響を与えたに違いなく，しかも "bonae fidei iudicia" という語を要求するほどの刻印も遺したのではあるが，こうした相互作用が有ったからといって，(Gaius の図式的な見解に引き摺られて) 何もかも一度に起こったと考えてはならない．

　"bona fides"[10]の語はおそらくかなり早くから用いられたと考えられる．Plautus のテクストは決定的でなく，"bona fides" が exemplum iuridicum に固有のタームとして用いられているとは言えない．しかし，テクストの性格からしてテクニカルな用語法には揶揄が入る．特に Most. 670 は作品の基本軸とよく

絡まって予断を許さない（V. infra）．他はいずれも言語のやりとりにおいて「本気で言っているのか」と聞き返す表現であるが，しかし考えてみれば，言語のやりとりだけがあり，それが何か隠れた部分を持たず透明である，ということに繋がる表現である．確かに，vades として友のために命をかけるか，vades たる友のために必死に戻るか，という fides とは大いに違う．その場の透明性，言語との関係における一義性，が保障されればよいのである．さらに，Cic. de off. III, 66（ed. Atzert）の「（Cato は）売主が知った瑕疵が買主にも知られているということは bona fides に属する事柄であると明言した」（ad fidem bonam statuit pertinere notum esse emptori vitium, quod nosset venditor）から Cato，つまり 2 世紀前半に遡らせることも可能である．ちなみに，"De agri cultura"（14）には，後述のように，農場で或る仕事を人に頼むときの対価について "bona fides" に即して支払いをなすようにとの指示が有る．これがテクニカルな用法からの派生であるとの解釈も不可能ではない．他方，確実な徴表は Q. Mucius Scaevola が Asia の総督であった時（94 年）に発した edictum であり，50 年に同じ職に就いた Cicero が踏襲するところによれば，「bona fides に基づけば到底そのようであるべきでないという態様で事務管理が行われた場合を除いて」（Cic. Att. VI, 1, 15, ed. Constans/Bayet: extra quam si ita negotium gestum est ut eo stari non oporteat ex fide bona）という抗弁が定められていた[11]．いずれにせよ，「pontifex maximus でもあったあの Q. Scaevola は，（判断を仰ぐための文言の中に）「bona fides に基づいて」（ex bona fide）というフレーズの入った仲裁手続に強力な効力を認め，bona fides という語にも極めて広範な射程を付与し，後見，組合，信託，委任，売買，locatio conductio にまで適用した」（de off. III, 70: Q. quidem Scaeuola, pontifex maximus, summam vim esse dicebat in omnibus iis arbitriis, in quibus adderetur ex fide bona, fideique bonae nomen existimabat manare latissime, idque versari in tutelis societatibus, fiduciis mandatis, rebus emptis venditis, conductis locatis）という Cicero の証言[12]からすると，確実に 2 世紀末以前に bona fides は実体的手続的な識別のために使われ，Scaevola はおそらく（socii 諸都市中心を対象として）既に完全に定着していたこの原理を一般化（つまり領域上の関係へと拡張）しようとしたと考えられる．この時彼は iudicium の性質を arbitrium と捉えたことも確

4 BONA FIDES の諸原理——契約法の基礎

実である．他面，"bona fides" の語は法学者とその産物たる訴訟文書によってしかおそらく用いられず[13]，Cicero でさえ晩年の著作で法学に触れる時にしかこの語を検出させない．同じ 40 年代と推定される碑文上のテクストが（不法行為からの損害発生に対する賠償約束の）stipulatio に関する民事訴訟に触れる中で "ex bona fide" という文言を使う[14]が，これも手続法上の識別と結び付いた専門用語であり，倫理一般に入らないのはもちろん，後代の法学者達にとってのように同一訴訟手続内における実体法上の識別にしか関わらないものではない．

とはいえ，振り返れば socii の体制の精髄をこの bona fides の語で指示することも可能である．前節でわれわれはこの語が機能するため前提となる構造を探ったことになる．要するに信頼であり fides であるというすっかり退化したアプローチ[15]は知性の空疎を暴露するだけであり，何も創造しない．実際 bona fides は極めて独特で可能性の大きな信用を基礎付けるのである．それは以下に見るような繊細な諸原則に分岐して存在する．そしてこれらがわれわれの契約法の疑う余地のない岩盤である．

〔4・1・1〕 cf. infra, 4-5.

〔4・1・2〕 これは sine culpa の抗弁が効かないということを言うものである（V. infra）．過失責任主義が姿を現した頃に bona fides の責任（故意責任）を原則として振り返る表現である．

〔4・1・3〕 L. Lombardi, *Dalla "fides" alla "bona fides"*, Milano, 1961, p. 165ss. は，"fides" の元来の二重性（人的関係と宣誓）に対応して，"bona fides" も二つに分かれると考え，Cicero にとってはまだ mandatum 等々前者の系譜が強く，emptio venditio 等後者の系譜のものは二次的である，と解する．ましてただの "fides" が言われるだけの *Pro Roscio Amerino* は扱われない．しかしこの弁論の構造ははっきりと私法上の mandatum を識別し，しかも伝統的な "fides" とは違う波長を与えている．そもそもしばしばテクニカルにさえ "fides" と "bona fides" は語として互換的である（前者を脈絡に応じて "good faith" と訳すのは誤りではない）．まして Cicero においてはそうである．Plautus において見たように，語に執着するのでなく，働いているパラデイクマ（の屈折）を見なければならない．さもなければこの弁論には古い fides ばかり読み込み，挙句の果て mandatum 自体が固い人的紐帯に基づくのであるという誤った理解に辿り着く．

〔4・1・4〕 cf. Cic. Pro Quinctio, 13 ; Pro Rosc. Com., 25. いずれも societas に関する．後者は通常の審級に行くかこの仲裁人に行くかが大きな分かれ目であることを強調する．いずれにせよ mandatum に関する Cicero の証言を含めて，bona fides と仲裁 arbitrium の間の親和性は動かない．これに強く反発するのが A. Carcaterra, *Intorno ai bonae fidei iudicia*, Napoli, 1964 であり，こうした性格把握が iudex の裁量を広く概念させるのを批判する．「国際的」「社会規範的」「倫理的」な要素の重視をも強く拒否する．確かに b. f. は厳密に思考しうる概念であり，精密な論理が発展していった．しかし最も形式的儀礼的な要素と鋭く対抗することも確かで

あり，Carcaterra は Cic. の思弁に固執して fiducia（領域上の boni 間の制度）を切り札として論ずるなど著しく混乱している．

〔4・1・5〕 praetor peregrinus が大きな転機であることはよく認識されている．そしてまた背後に地中海世界支配に伴う通商の発展が存することも通念に属する．この認識自体を大きく改める必要は無いが，問題は，その「通商の発展」の質と構造である．諸学説が時間的射程をどう捉えるかを見ると問題がはっきりする．通説的理解は所謂 ius honorarium ないし方式書訴訟一般をも直ちに呼び出し，(しばしば紀元後 3 世紀にさえ及ぶ) 古典期全体を視野に入れる．この後紀元前 1 世紀初頭に大きな hiatus が有ることを看過する．そこから致命的な断層が発達するにもかかわらず．praetor の実務の変化は折角の bona fides を伝統の側に再収容するモーメントに対応する．切り返し＝対抗の関係であり，深刻な問題を孕む．この点，Schiavone, *Ius,* p. 118ss. は，3-2 世紀の発展を後ろに吸収し，Q. Mucius Scaevola の革命を強調する点で例外であり，示唆的である．とはいえ，逆に bona fides の革命も吸収されてしまい，方式書訴訟も諾成契約も一緒にされた上に革命前最後の小エピソードにとどめられる．

〔4・1・6〕 学説は既に述べたように多くのことをセットで概念するために，例えば praetor peregrinus が "inter peregrinos" を管轄するとどうしてどのような実体法手続法が生まれるのかを詰めようとはしない．Serrao, *Pretore peregrino* がまさに嘆く点であるが，しかし彼も関係付けを急ぎ，審判団体の性質，その政治性，を飛ばして「方式書」にいきなり結び付けようとする (p. 36ss.). imperium（国法学的管轄）の差故に対処を迫られたとする Mommsen 説を論駁し積極的創造的なものを見ようとするのはよいとして，「ローマ市民間」とは "modus agendi" が異なるために "per concepta verba" となった，という説明は通説と大差無い．"per concepta verba" はわれわれにとっては bona fides 前哨の反 Appius モーメントの産物であり，praetor (urbanus) が既に創出していたはずである．かくして，引用されこそすれ理解されていない W. Kunkel, Fides als schöpferisches Element im römischen Schuldrecht, in : *Festschr. P. Koschaker,* Weimar, 1939 (!), II, S. 1ff. は十分に先駆的である．praetor の技術を大きく離れ独自の慣習的法源として bona fides を展望する．ゲルマニストの "Treue" が猛威を振るっている中での静かな指摘である．

〔4・1・7〕 recuperatores はその痕跡である．C. Sell, *Die Recuperatio der Römer,* Leipzig, 1837 で定式化される伝統的な recuperatores 国際仲裁起源説は M. Wlassak, *Die römische Prozeßgesetze, II,* Leipzig, 1891, S. 298ff. でドグマ化されるが，Y. Bongert, Recherches sur les récupérateurs, dans : *Varia, III,* Paris, 1952, p. 99sqq. と B. Schmidlin, *Das Rekuperatorenverfahren. Eine Studie zum römischen Prozess,* Freiburg Schw., 1963 によって解体されるものの，何故特定の場合だけこの名称の，そしてこの型の陪審が現れるのか，そして「古典期」には姿を消すのか，は説明されない．第二列に相対的に独立の審級を置かなければならないとき（例えば repetundae における賠償額算定，占有訴訟等における金銭評価）に現れるという特性がはっきり認められるが，これは，「国際的」とは言ってもまさに socii の構造のような相対的なものが recuperatores にとって元来適したものであり，その構造が紀元前 1 世紀になって単一のシステムに組み込まれるときに様々な現れ方をし，しかしそれも含めて b. f. 残滓の形骸化とともに (実体法の影は遺っても) 手続などは到底遺らないから法文におけるプレゼンスが希薄になる，という予想をさせる．

〔4・1・8〕 F. Wieacker, Zum Ursprung der bonae fidei iudicia, *SZ,* 80, 1963, S. 1ff. praetor の実務＝方式書訴訟は lex Aebutia で導入されたとの伝承から，praetor peregrinus より時代的にも下げて 2 世紀に多かれ少なかれ入る時点に bona fides のための訴訟は降ろされる．すると，自然法＝ius gentium＝方式書訴訟＝「法務官法」のドグマからして，脱要式の社会学的レヴ

4 BONA FIDES の諸原理——契約法の基礎　　807

ェルの取引が取り上げられた，とされることになる．しかしこの傾向は現在では減衰し，例えば Bretone, *StDir,* p. 127ss. など，"diritto commerciale"（P. Huvelin, *Etudes d'histoire du droit commercial romain,* Paris, 1929, p. 33 sgg. は「国際的」に着目しながら商事分化不全を言わざるをえなかった；ローマは「民商」とは別の高度な分節形態を持った）を正面から肯定し，外国人をポイントと見る，学説が有力である．ちなみに lex Aebutia については〔4-10-2〕参照．

〔4・1・9〕　Lombardi, *Bona fides,* p. 194.

〔4・1・10〕　bona fides については，ここでも，人的忠誠関係の方を向く学説と取引の方を向く学説に岐れる．そのときに，ローマ社会の元来の基本とされる "fides" をどう見るか，そしてその "fides" と "bona fides" の関係をどう見るか，が分水嶺である．Lombardi, *Bona fides,* p. 47ss. が "fides" を "potere" と "promessa" に分解し，G. Freyburger, *Fides. Étude sémantique et religieuse depuis les origines jusqu' à l' époque augustéenne,* Paris, 1986 が一層精緻な philologie（意味の三層の弁別）を展開した後，人的忠誠関係一辺倒で理解する道は閉ざされたが，それでも la foi jureé と，一層自由な信頼関係，の両極の間で学説は思考する．例えば Lombardi, *Bona fides,* p. 168 は consensualisme を強調する A. Magdelain, *Le consensualisme dans l'édit du préteur,* Paris, 1958 を批判する．いずれにせよ，政治システム，consensualisme，ギリシャとの関係，国際的多元性，等々を説明できない理解は的を得ていないと考えられる．テクニカルではなく，しかも "bona" を付加するとしないとで意味を変じない，としても，Plautus においてすら "bona fides" は "bona" という形容に値する新しいニュアンスを帯びている．さらに "bonus" や "boni viri" の方にも注意を向けなければならない．政治システムから離れてなお信頼しうる，という含意を有する．

〔4・1・11〕　L. Peppe, Note sull' editto di Cicerone in Cilicia, *Labeo,* 37, 1991, p. 14ss. は Att. 6, 1, 15 に関する細かい考証であり，特にこの exceptio を巡る Mucius/Cicero 継承関係を詳細に考察する（p. 32ss.）が，exceptio doli と bona fides を安易に近付けすぎる．なお，negotiorum gestio については，cf. infra, 4-4-1.

〔4・1・12〕　同様のテクストは他に，De nat. deor., III. 30, 74；Top. 17, 66. いずれも実質的ないし形式的にも bona fides という語を用いる．cf. E. Costa, *Cicerone giureconsulto,* I, Bologna, 1927, p. 179.

〔4・1・13〕　Lombardi, *Bona fides,* p. 179.

〔4・1・14〕　これは "lex Rubria" なる法律の文言に従ったものであり，現在のピアチェンツァ近くの或る colonia のために立てられた碑文のテクストである（cf. F. J. Bruna, *Lex Rubria. Caesars Regelung für die richterlichen Kompetenzen der Munizipalmagistrate in Gallia Cisalpina,* Leiden, 1972）．colonia のおそらく centuriatio を脅かす構築物に対して，脅威を感じた側が予防的に賠償の誓約を取った場合，これについての民事訴訟を受け付ける，というのである．脈絡は次章で扱う複合 fundus 周辺の占有問題であるが，賠償関係に入るときは（cf. Lombardi, *Bona fides,* p. 203ss.）bona fides が擬制される．ここでは市民権の有無に関して多様な当事者が想定され，仲裁がモデルとして機能している．"praetor inter peregrinos" の引照さえ有る．これは bona fides が領域に浮出した場合の現象である．一見原点に戻るようなことになる．裏から言えば原点をこうして再確認しうる．

〔4・1・15〕　"fides" 自体について 19 世紀後半から "Treu und Glauben"/"Ein Mann ein Wort" 式の理解がドイツを中心に生じ，これが例えば（bona fides を何か古色蒼然たる閉鎖的固定的人的関係における「信義」のように解するプロパガンダ風バイアスを特徴とする）Wieacker, Zum Ursprung der bonae fidei iudicia に見られるように bona fides を巡る議論にも流れ込む．

「言葉の要物的性質」とさえ言いうる，したがって"Hand wahre Hand"という要物的無因的観念とさえ親近性のある，枝分節的結合体に固有の特定人間の「信頼関係」ないし「倫理的」価値が，そこに流れる思考を貫く．他方で（後述のdominiumの構造に起因して）bona fidesの「主観的理解」つまり知不知への還元が元首政期以降今日の実定法学に至るまで広く存在し，これに対する修正としての「客観的理解」は常に試みられるが，「倫理的」理解は常にこの「客観的理解」を汚染してきた．大いに払拭されたかに見える今日でも根強く，例えばA. Söllner, Bona fides-guter Galube? SZ, 123, 2006, S. 1ff. は，（諾成契約と合意から一応スタートしながら）Lombardiがあれだけ切り離したbonae fidei possessioも同一の倫理的原理が貫通すると主張し，actio Publicianaに（フォーミュラ再構成上自明でない）bona fidesを持ち込み，「物権法」におけるbona fidesにつき「客観的理解」を復権する．しかしbona fidesに対しては，本来の生息地（sociiの都市），そこから領域に降りる微妙な段階，dominiumとの関連における作動，という諸層の区別を完全に破壊する作業以外の何ものでもない．Digesta諸法文中のまさに「主観的な」bona fidesですら「倫理」を持ち込まれれば不当に扱われたことになる．

4・2

bona fidesの社会構造においてもVerginiaのexemplum iuridicumが様々な派生形を通じて重要な役割を果たし続けたとして，具体的にはどのような派生的exemplumが概念されていたか．そもそもVerginiaのexemplum iuridicumの一つの有力な形態として既に述べたようにmancipatioというものが有った．これは占有の移転に関わる．領域上で厳格な儀礼，つまり人々が参加して行われるパラデイクマ再現実化行為，が必要とされ，政治システムの関与（公認publicité）に準じて占有の人的隊形を再形成するのである．このときしかし自ずからéchangeが行われた．つまり金属の一定量が厳格に反対給付されたのである．このようにしてこの行為が決して政治システムの直接関与するところでないことが明示された．それでも，mancipatioは一旦行われると決して戻らない性質を生命とする．échangeの一般的性質として，何か主要な財物を給付するのと引き換えに種類物の流れを引き出し，この流れが止まった瞬間，その主要な財物を引き上げてしまう，というメカニズムが支配的であり，政治システムも占有＝法もこの切断を使命としたのである．ちなみに，ヘレニズム期のギリシャ都市の領域においてはこの切断はうまく機能していないということが，われわれの先の分析（DEM, III-3-5）から十分に予想される．

以上の問題群に対するPlautusの考察は精巧を極める[1]．Mostellariaのハイライトは Tranioが家の売買をでっち上げる場面である．高利貸から借りた金

銭の用途[2]として咄嗟に「家を買った」と言ってしまった Tranio は Theopropides の次の質問「どこの家を買った」で詰まってしまうが，考えあぐねた末「いっそこの隣の家だと言おう」，「最良の嘘は熱い嘘」というではないか (665: calidum hercle esse audiui optimum mendacium)，となる．syntagmatique な延長に依存しないパラデイクマは syntagmatisme の Critique の攻撃に曝されにくい，ということが転じて，独立度の高い都市中心の隣人間における信頼関係の懐に飛び込むのが最良，ということであり，これにより話の転回が準備されている．「隣の家を買った」に対する Theopropides の反応は "Bonan fide?" (670) である．ここだけであると「本気か？」とも取れる[3]し，「善意に基づいてか？」とも取れるが，この場合は他と違って Tranio の返答に具体的なエコーが見出される．「代金を支払えば善意で買ったということになるし，支払わなければ善意でなく買ったということになる」(Siquidem tu argentum reddituru's, tum bona, Si redditurus non es, non emit bona)．すると bona fides は言葉の実行，約束の履行，パラデイクマの実現のことか[4]．しかしわれわれは喜劇のアイロニーを忘れてはならない．支払は将来実現さるべきパラデイクマとして措定され，しかもそこには合意しかない．bona fides 以外に何の保障もない．自分の出任せに "bonan fide" と思わぬ前のめりになった主人を，おやおやと Tranio は冷ややかに面白がり，「何でも実現されればあとから麗しい bona fides だったということになる」と言い，自由な合意だけでたちまちそれが実現されるという新式の装備をはなから信じない．実際結果だけを見れば Tranio にも理解できる mancipatio 等要式行為と合意は同じである．どうせ高々そうだろう，という Tranio らしい目線の低い現実主義でもある．……ということはこの Tranio の皮肉の裏側に，確かに新しい原理が現れている．パラデイクマの実現が将来に引き延ばされている．mancipatio や占有原理の努力は水泡に帰すか．パラデイクマが時間軸上に伸びれば枝分節は発生しやすい．変なものを押しつけられていつまでもゆすられるか．否，どうやら将来のことであるのに現在既に一義的で決定的でそこから過去も未来も切断されているらしい．ならば政治的決定と同じではないか．確かに，パラデイクマだけが一義的決定的に確定されるのであるから，これは個別当事者間の政治的決定すなわち合意である．政治的決定たる以上当事者は自発的に履行するはずであり，そこに何

の曇りも無いはずである．パラデイクマが実現されていなくとも実現されたも同然でなくてはならない．案の定，Theopropides はそのように考える（"Bonan fide" の解釈を裏付ける）．「直ぐにその家を内覧（inspicere）したい」(674: Cupio hercle inspicer hasce aedis)．inspicere は直ちに占有が移転したことを前提とする．将来の一義的な占有移転が現在一義的に確定されているわけであるから，現在移転したも同然である．あのものものしい儀礼行為も無しに．

否，政治的決定ならば，一義的であっても決定と実現を混同したりはしない．あくまで政治的次元の事柄，自由が支配する領分の事柄である．決定だとて何の手続も無く何かを奪うことは無い．否，奪うような決定はできない[5]．Theopropides の方はここで逸脱した．Tranio の皮肉はこの逸脱の部分を突いたのでもある．われわれの笑いは二重になる．Tranio の頑迷，Theopropides のお先走り．後者をねらって，Tranio はこの意味でも熱い，つまり直近の，嘘を選択したのである．Theopropides にとっては占有が移転したも同然で隣家の主人 Simo にとっては全く移転していない（諾成売買基本則）が，それでいて，否，だからこそ両者は大変友好的でありうる．決して親しい友人であるというのではない．しかし都市中心に居を構える者どうしとして互いに紳士的である．Tranio が「見たいと言っても中にはまだ女達も居て」と言えば，Theopropides は十分理解して「そこを紳士的に懇請しろ」(682) と指示し Tranio を先に遣る．Tranio は Simo に対して「主人が息子の結婚に備えて増築するときの参考のために中を見たい（inspicere）」のである，「日頃からその建築を称賛しているから」と言い (758ff.)，Simo は，ろくな家ではないがどうぞ，「中をご覧（inspicere）下さい」と大変好意的である (772ff.)．"inspicere" は「（ただ）中を見る」も「（手に入れたものを）予め内覧する，精査する」も意味するために，Tranio はここをねらった．作り話は本物の錯誤 error になっていく．もちろん全て辻褄を合わせる Tranio は一苦労で，「同時に息を吐いて吸うのは行うに楽ではない」(791: Simul flare sorbereque haud factu facilest) はこの時の彼の叙情詩風の科白である．彼はこれからの二人の会話が破綻しないよう予防線を張る．Simo が売ってしまったこと (796: uendidisse) を後悔しているからその積もりで．解除を提案した (ut remittat sibi) くらいだから．買い戻しや解除は占有原則が切断したその当の相手である．Theopropides は

鼻高々に「領域では誰もが自分で自分の収穫に責任を持つ．もし買ってみて悪かったからと言って決して解除することなどできない．取引の結果は皆甘んじて自分の家に持ち帰るのである」(Sibi quisque ruri metit. Si male emptae/Forent, nobis istas redhibere haud liceret. /Lucri quicquid est, id domum trahere oportet)[6]．どうやら新しい売買にも占有原則は適用されるらしい[7]．まさにbona fides たるが故に "inspicere" の二重の意味がうまく機能する．その余り，Simo「あたかも御自分の家のようにして (tamquam tuas) 好きにお回り下さい」．Theopropides「おい，あたかもだなんて言ったぞ」．Tranio「それほど後悔しているのだから，あなたも「買った」などと口が裂けても言わないように」．Theopropides は担保責任に備えてか瑕疵 vitium のチェックを怠らず[8]，また逆に犬の危険負担 (periculum) にも遭遇する[9]．全て瞬時に占有が移転してしまったという意識の表れである．それでも Simo に不信感を抱かせず，そしてそれが笑いの中心であり，Theopropides の間抜けぶりこそが作品の柱である．明らかに，この楽しい場面を味わえるのは，bona fides に基づく売買の基礎となる観念構造を深く装備した人々である．その場合には，Tranio の皮肉が縫うようにして走る隙間が合意（の正確な理解）から発生する[10]こと，かつこの隙間を互いの理解（言語）と信頼（構造）によって埋めていくことが可能でもあれば社会関係の粋でもあること，隙間こそが大きな可能性を生み出す妙味であること，はしっかりと共有されている．問題はそうした意識はどのような構造的条件の下に生まれるのか，そのとき例えば売買に関してどのような豊富な創造的なパラデイクマが生まれるのか，である．

　Plautus が占有移転を問題の中枢と見たことは Theopropides/Simo/Tranio の長い場面が中心に置かれていることから明瞭である．依然占有は一義的に移転するが，第一にそれは儀礼抜きにであり，第二に狐につままれることにはヴァーチャルと現実の二段移しにである．瞬間占有は二重になる．既に買主に行ったとも言えるし，いや売主のところへとどまっているとも言える．買主はだからといって直ぐに土足で踏み込むことがなく，別途引渡の行為[11]を紳士的に待つが，売主とてだからといって引渡を拒むことはなく必ず自発的に引き渡さなければならない．だからこそ（占有は移転しているはずであるのに）これを待つ．Theopropides はこの点を逸脱して買ったからにはすぐにでも入って行

けると錯覚した．批判はここに集中する．しかし何故そうか．彼は本当に合意しているか．していない．合意を言語で確認しながら進むという態度がない．にもかかわらず合意をしたと思うのは何故か．まず息子の Philolaces がしたことの効果は当然に自分に帰属すると思いこんでいる．息子が改心して商売に打ち込んでくれればよいと思う余り，効果の移転は自動的であると思い込む．次に Tranio のすることにさえ Critique（Philolaches の哲学！）が及ばない．そもそも言語に対して粗雑にしか反応せず[12]，吟味しないから簡単に引っかかるのであるが，そのことと Theopropides-Philolaces-Tranio の組織を不分明に一体化してやまない，自分の気に入る方向に動く限りそうに違いないと思い込む，性癖を有する．Plautus が精魂を傾けて構築しようとしている構造の鍵を握るのは息子と meretrix の結合である．これによって父から自立し，新しい中間のレヴェルが分節する．これは Theopropides の意識の縺れを断つだろう．しかるにその縺れが Theopropides をして占有に関する新しい微妙なパラデイクマを蹂躙させたとすれば，縺れを一刀両断にすることは彼に新しい規範を理解させ，その存在を認めさせることになるだろう．Philolaces は友人達とその規範を体現していく．他方 Tranio は取引における従たる地位に引き下がるか，いっそ領域に戻るだろう．

　占有原則が何か新たに高度な次元を獲得したとすれば，広く「売買」と呼ばれる様々な échange の中から mancipatio に続いて新しいものがそのことに基づいて分化した[13]であろうことは自明であり，*Mostellaria* はそのことを意識している．これが Cic. de Off. の（bona fides を原則とする）"emptio venditio" に直結し，それはまた所謂諾成契約としての emptio venditio の基礎に来るものであることも十分な蓋然性を有するが，しかしそれは直ちに全ての財物を対象としえたであろうか．*Mostellaria* では家である．しかし Plautus は「家」に関して厳密ではなかったか．そもそも Philolaces がいきなり人間を都市中心の家に見立てて「哲学」して見せる．Philolaces は言葉を厳密に使うディアレクティカを知っているという想定で，Theopropides の特質がクローズ・アップされるばかりではない．家は今や〈分節〉単位の中枢たるから大いに崩れて変質している．だからといって領域の砂の中に埋没したりはしない．立派に立っているが，しかし今や取引の対象となっているのである．裏を返せば，領域でな

く都市中心に在って変質したとしても政治システムが直接裏打ちしていることが要件となっているのである[14]. 逆に Theopropides と Tranio は共に「客殺しの亡霊」というパラデイクマに対して弱点を有する. 前者にとって〈分節〉単位中枢ということになれば（本来）簡単に交換しうるものではない. 後者にとっては, 買ったはよいが第三者からの（私のものだ, 私の貸し金のカタだ等）とんでもないクレームを背負い込むという世界ほど恐ろしいものはない. だからこそ占有原則が有り, 有れば追奪担保責任は不要であり, これの存在は怖れを表現している. この意識は両者を領域売買＋高利貸に向かわせるものでもある. 要するに新しい売買が可能であるのはまずは極めて特殊な条件に置かれている都市中心の家であり, 新しい高度な占有原則はこれにしか適用されない. Plautus な周到な筆致は決して空論ではない. われわれは1世紀に入って Cicero の手紙から彼の周辺の多くの不動産取引の実例を得るが, socii の階層より若干上の中央の階層とはいえ今や裾野を広げている彼らはローマ周辺都市に散開する住居を互いに高い頻度で次々に売買していく. その形態は直ちには明らかでないが, 非常にしばしば信用売買であり, 代金支払債務は遷延されこれが却って信用を取引させる. mancipatio の型の占有原則は考えにくく, にもかかわらず引渡は大きな問題を惹起しない.

[4・2・1] Plautus をローマ法の研究に使いうるか, は（とりわけ19世紀末から20世紀前半において）それ自体一つの科目を形成するほどの論題であった. E. Costa のような素朴な使用, Dareste や Paoli による批判, 主として Attika の「法」を反映するとするそうした批判説への批判, およそフィクションであって全く使えないとする説（L. Labruna, Plauto, Manilio, Catone: premesse allo studio dell' "emptio" consensuale, *Labeo*, 14, 1968, p. 24ss.）, 等々存在するが, 他方モノグラフでは現在でも種々な方法に基づいて現に使われている. われわれの方法はもちろん, 一旦社会構造の分析を独自に行い Menandros 引き写しとそこからの偏差自体社会構造分析の最も重要なデータと考える点に存する. そうした偏差の中で Plautus がしかし個々の屈折体に考察を加える. そうした屈折体の一部は exemplum iuridicum に結実した, と想定される. かくして多くの分析のように語からはアプローチせず, 各作品の全体（パラデイクマの屈折）を考察する. それらはしばしば意外な例解である.

[4・2・2] 元来この金銭は meretrix を請け出すための手付け（arra）のためのものである. arra は（既に見たように *Rudens* や *Pseudolus* にも登場することから）「Plautus における売買」を論ずるときの最重要 topos であり, 19世紀にローマ的と信じられた後 Dareste を経て M. Talamanca, *L'arra della compravendita in diritto greco e in diritto romano*, Milano, 1953, p. 49ss. が決定的にギリシャ的要素たることを論証したと言ってよい. とはいえ, F. Pringsheim, *The Greek Law of Sale*, Weimar, 1950, p. 419ff. の慎重な考察が一層的確であり, Talamanca も「praetor peregrinus にとっては……」と認めるとおり, そして彼のようにこれを無視して

「ローマ法」を語っても無意味であるから，まさにギリシャを取り込んだ新しいローマの法を概念しなければならない．そこからは新しい概念が生まれようとしている．Plautus にとって何がギリシャ的かは作劇の問題であり，arra がすべて meretrix の請け出し（の予約）に関わり，Mostellaria では danista がくっついていることを誰も論じない．「ギリシャ的」はギリシャの現実の問題ではなく，克服すべき réel な思考のことである．翻ってローマの人々をもぐさっと刺すはずである．反動で全く新しい諾成契約が概念されようとしている．

〔4・2・3〕 さしあたりそれ以上の意味には解しえないように見える箇所が Plautus の場合大部分である（必ず "dicere" にかかる）．cf. Lombardi, Bona fides, p. 33. とはいえ，そうした場合にも隠れた魂胆が無いという透明性（心裡留保排除）の動機は存在する．他方，「絶対にそうすると誓うか」と迫るニュアンスは存在しない．

〔4・2・4〕 Lombardi, Bona fides, p. 36 は fides の二層のうち promissio の方を軸として解釈し，ただしこれが社会的信用の層にまで至っている，とする．「ただし」以下で水平的関係を指摘するものの，Tranio のアイロニーが汲み取られていない．Söllner, Bona fides, S. 24 などは「bona fides が自分の言葉に忠実であることを意味する」ことの論拠としてこの Tranio の捨て台詞を使う．Tranio は自分にも理解できる promissio の素朴な立場から，理解不能の「パラデイクマが自動的にそのまま実現される」，「何の装置も無く履行される」，という新種の制度に対してあかんべえと舌を出しているのである（喜劇固有の視線）．ビジネスを気取るものの基本的に領域から抜け出ない彼にとって，本文で再現した consensualisme のディアレクティカは余りに高度である．そして Tranio だけでなく観客にとってもそうである．Plautus にも観客にも，だからといってそれを葬る積もりは全く無いが．自分達自身をからかいながら愉快にこの新種のメンタリティーを身に付ける，のが市民社会の真骨頂である．

〔4・2・5〕 諾成契約における基本的な責任原理は dolus 故意になる．この点を明快に説いたのは V. Arangio-Ruiz, Responsabilità contrattuale in diritto romano, Napoli, 1927, p. 38ss. であり，古典期法文にまで浸透する bona fides/dolus malus のコントラストを明らかにする．つまり過失責任の排除である．もっとも，今日この点は完全に等閑視されているように思われる．一つには Arangio 自体，法文総体から契約責任の諸層堆積を論理的に推量するという作業を行うのみで，bona fides との関係さえどこまで詰められているか微妙である，ということがある．まして何故か，とか何時までか，という分析は断念されている．もう一つには，Arangio の力点は「基軸は（dolus に次いで）culpa ではなく custodia である」というテーゼの論証に在った．これは interpolatio 研究に端を発する 20 世紀初頭からの「過失狩り」の巨大な潮流の要の研究の一つであったから，脱過失ないし過失概念の客観的理解の方向で受け取られた．例えば C. A. Cannata, Ricerche sulla responsabilità contrattuale nel diritto romano, I, Milano, 1966, p. 9 など，dolus に関する部分は読み取らない．結果として，stipulatio 以下のっぺらぼうにあたかも厳格責任が貫通するかのような理解さえ漠然と漂い，諾成契約の責任原理の基本は独自には考察されないこととなった．しかるに，bona fides 概念作動を支える構造に視線を向ければ，例えば元来自律的審級に委ねられたという点一つ採っても，「特殊な」責任原理は明らかである．事実，bona fides に基づいて行為していれば，元々自由な合意であるから，合意されたパラデイクマが実現されなかったとしても仕方がない．関係を淡々と修復するのみである．責任を追及し，賠償を課し，まして無理な実現を迫る，ことは政治システムの基本精神に反する．後者は厳格責任の対極に在る．要するに，契約責任の基本は故意であり，その概念内容はおよそ b. f. 違反であるから，「故意」だからといって積極的な加害行為が必要なわけではない（受任者や売主などは b. f. が厳格な基準で判定される）ことは Arangio-Ruiz が強調するとおりであり，他方過失については責任は問われず，その分，b. f.

4 BONA FIDES の諸原理——契約法の基礎

違反については懲罰的な賠償とともに infamia（信用世界からの追放）が課される．

[4・2・6] Kunkel, Fides als schöpferisches Element, S. 13ff. はこの科白を受けて Theopropides が Simo を簡単に訴迫できると考える後の場面を彼の仮説の重要論拠とする．

[4・2・7] E. Costa, *Il diritto privato romano nelle commedie di Plauto,* Torino, 1890, p. 370 は，この辺りの Theopropides の科白から「諸成売買契約が既に法的拘束力を有した」ことの史料として使えるとする．この「拘束力」の観念こそ「まだ consensualisme が無い」ことを物語る．それが皮肉られるとき，その皮肉に consensualisme が存する．

[4・2・8] vitium についての責任は b. f. の根幹の一つである．何よりも隠れていることが最もよくない．従って culpa の有無を問わずに直ちに b. f. 違反となり，売主の側には「知らなかった」の抗弁はありえない．これが原型である．厳格責任や（契約責任でない）「法定責任」のように見えるのはそのためである．こうして，われわれは b. f. i.（原型）ないし praetor peregrinus の実務において vitium は重要な概念であったと推測するが，他面，vitium については aedilis の訴訟管轄が存する．この点については売買に固有の問題として後述する．

[4・2・9] periculum が合意とともに直ちに移転するかのように言うのは，確かに差し当たりは Theopropides の性急に対応するが，しかしそうした原理が批判されているというよりも，periculum が付着するのにそうとは知らずそうであるのに即時占有移転を欲した Theopropides がからかわれているのであり，ということは原理自体は存在する．つまり periculum emptoris は bona fides の（引き受けなければならない必然的）コロラリーとして意識されている．つまり，periculum emptoris「危険負担の債権者主義」は合意による即時占有移転のコロラリーである（したがってそうでない hypothèse について「債権者主義」をむやみに適用するのは誤りである）．また periculum がどこから来るかの判断も慎重を要する．問題となるのは「即時に移転する，その占有」であるからである．その種の占有にとっての危険とは何か，を考えなければならない．例えば倉庫の中の一定量の穀物が，地震で滅失したとき，倉庫の帳簿を書き換える前に負担は買主に移っている．都市中心の邸宅の場合，引渡以前の段階に関する限り，売主は，買主に占有が帰属するにかかわらず，これを預かっていることになる．……この点，Arangio-Ruiz, *Responsabilità contrattuale,* p. 67ss. が dolus の次に（特定の類型に関して）custodia が来る如くに言うのはミスリーディングであり，dolus/custodia は b. f. 原理の中で表裏をなしている．custodia に反すれば b. f. に反するのである（プロとして「ぬかった」は通らない）．占有が移転するのに何故いつまでも責任を負うのか，否，引渡が未だであるのに何故危険負担が移転するのか，という二つの別方向の愚問に対しては，占有が移転しているからこそ責任は重いのである，というように答えうる．ぎりぎりまで売主が負担するから，periculum emptoris は不合理ではなく，線の引き方はこれで決まる，つまり危険は凡そどちらの当事者にもどうすることもできない不可抗力に限定される．periculum emptoris と custodia のこの相補性はつとに Schulz によって指摘され，Arangio-Ruiz, *Responsabilità contrattuale,* p. 158 によって裏書されている．まず "periculum" の語は（locatio についてであるが）比較的初期の法文（Labeo ないしそれへの早い時期の註解たる D. 19, 2, 62; D. 19, 2, 59）において単純に責任分配（占有の所在）の意味に用いられるのを確認しうる．しかるに預かった conductor は（占有が無いにもかかわらず）一般には大きく責任を負担するが，vis maior 不可抗力に関してのみ抗弁しうる．一層明確なのは D. 18, 6, 15, 1 (Paul. 3 epit. Alfeni): Materia empta si furto perisset, postquam tradita esset, emptoris esse periculum respondit; si minus, venditoris. Videri autem trades traditas, quas emptor signasset. であり，まだ Alfenus（紀元前 1 世紀）にとってここまで述べてきた原理をやっと修正し始めたばかりである．領域での占有移転を基準に領域での危険を負担する（"materia" と "furtum"！）とい

うのである．とはいえ「引渡」は象徴的なものでよい（possessio civilis を念頭に置く）という．ならば EV 純粋型の場合合意と同時に危険は移転するであろう．しかし領域から来る危険は別で，これは売主が身を挺してブロックする責任を負う．EV が領域に降りて間もない頃の議論を彷彿とさせる．……EV に custodia 概念が付着する事情は以上の通りであり，売主の「善良なる管理者の注意義務」は今日でも大原則として意識される所以である．b. f. のメカニズムと深く関わり，したがって基本のパラデイクマは mandatum であり，また depositum, commodatum 等々に同じ原理が見出される．ちなみに，一見「要物的」であるこれらの類型に同じ原理が見出される（そして学説上「この行為類型に custodia が由来する」のか「それとは独立の責任原理である」のか争われる）のは，そこに bona fides のメカニズム（それに固有の占有概念）を支えるミクロの装置が存在するからである．"custodia" という語は，売主のその厳格な責任を制限しうる場合を対極に意識するために，「要物的」に見える如上の類型から借りて来られたに違いないが，しかしそれとて偶然ではなかった．これは dominium 登場のコロラリーであるから，結局 custodia についての詳細は後述することになる．

〔4・2・10〕 諾成主義 consensualisme の根幹が合意（conventio, pactum）であることは言うまでもなく，consensualisme と合意はわれわれの伝統の太い柱であるが，その意味については議論が絶えず，まして基盤については論じられることが稀である．既に述べたように 3 世紀からの発展や通商の拡大と関連づけるのは通説であるが，何故これらが consensualisme を要請するのかということは論ぜられず，そのとき時代についても「通商」についてもおよそ学問的に把握されるに程遠い．他方 bona fides との関係も全く自明視されるが，19 世紀以降は consensualisme を限定的に捉える動向が存在し，四つの契約類型に限定されていたこと，その役割は小さかったこと，が盛んに主張され，そのとき bona fides も古い人的紐帯を脱しないと説かれた．われわれも問題とする 1 世紀以降の consensualisme を支える構造の弱化とは別に，そうした理解は長い伝統に反するが，そうした中で貴重な試みは Magdelain, *Le consensualisme* である．如上の傾向とパラレルなこととして，edictum における "de pactis" の章が権利放棄の約款のみを念頭に置くこと，「単純な合意は債務を発生させない」という nudum pactum ドグマ，「pactum からは訴権は生まれない」という non nascitur ドグマ，等々が強調された，のに対し，まず "pactum" のターミノロジーを行い (p. 6sqq.)，次いでこれを約款の意に貶めたのは Ulpianus であることを論証し (p. 22sqq.)，「前古典期」にはそうではなかったことを Cic. 等で指摘し (p. 49sqq.)，Cic. 等の過度を（近代の自然法流の単純化を意識してか）排除した上でなお edictum に関連した用法も Ulpianus におけるほど狭かったわけではない，と論ずる．そのうえで Lenel による edictum 再構成を睨みつつ，権利放棄約款であるならば exceptio であるから独自の edictum たりえないはずである，であるのに一章を構成するとすると，かつてそうだったのが変化したのではないか (p. 85: archéologie)，"de pactis" のフォームは "iudicium dabo" 文言を欠く "sans édit" の形態であるから母胎もそうだったのではないか，それは限られ "oportere" 文言の第十九章（Lenel）"bonae fidei iudicia" しかない，と展開する．こうして consensualisme と bona fides を初めて具体的に繋いで見せたのである．しかし Cic. のテクストは promissum と conventio の融合という dominium 段階独特の曖昧さ (infra) に毒されており，Cic. から consensualisme を救うのであれば voluntas が助けに入ったその瞬間を捉えて脅威の側を特定し反射的にこの原理を理解する，以外にない．consensualisme の概念もやや定かでないことには，Tit. XIX の寄託 depositum スタートを（「諾成例外」や「要物的 b. f.」で理解する伝統説と人的紐帯に駆け込む批判説を同時に斥けるのはよいとしても）非要式性で括る (93sqq.)．

〔4・2・11〕 Diosdi, *Ownership*, p. 141 は，諾成売買契約が現れると引渡 traditio が問題になると

して盛んに Plaut. を引くが，この段階では traditio は債務を構成しない．逆に「債権者」は紳士的に待たなければならない．その限りで問題となる．Diosdi はこの段階で dominium を見るからこのような混乱に陥る．

〔4・2・12〕 合意が政治システムからの派生であることを忘れると，言語の扱いがおかしくなる．言語はもちろん合意にとって不可欠であるが，言語さえ用いればよいのでなく，言語は危険でさえあり，要するに言語に対する特定の態度が合意概念を基礎付ける．したがって，bona fides が言語前の人的信頼関係でないことは当然だが，stipulatio 等々の場合と対照的に，「自分が与えた言葉への忠実さ」でもない．この点，M. Talamanca, La bona fides nei giuristi romani: "Leerformel" e valori dell'ordinamento, in: L. Garofalo ed., *Il ruolo della buona fede oggettiva nell'esperienza giuridica storica e contemporanea* (*St. Burdese*), Padova, 2003, IV, p. 40ss. は，折角諾成契約と bonae fidei iudicia に bona fides 概念を絞り込み合意に連結する伝統に従い3世紀末以前には遡らせないにもかかわらず，「言葉へのフェアな態度」というように内容を単純化するために bona fides と言うときの前提の中に込められた含意が全て飛んでしまう．

〔4・2・13〕 EV は諾成契約の代名詞として扱われ，その起源が論じられる．特異であるのは Th. Mommsen, Die römische Anfänge von Kauf und Miethe, *SZ*, 6, 1885=*Jur. Schr.*, III の公売起源説であり，他方これを否定する代表的存在 Arangio-Ruiz, Compravendita も正確に性格を捉えながら起源となると首を傾げ，"salto" に "quid-intermedio" が有りはしないかと述べる．後述のように Cato を使う学説が登場する理由はこれであるが，boni viri から bona fides へという筋道はアナロジーとして間違っていないものの，むしろ "salto" と断絶を強調し新しい社会構造を想定する方が事態に即する．

〔4・2・14〕 Talamanca, La bona fides は，先述の前提理解の曖昧さのために，bona fides ないし consensualisme と「諾成契約の典型性」の間で悩む (p. 50ss.)．正しく合意すれば全て法的に認知されるはずであるのに，後の法学者は約款を巡り複雑な議論をする．しかしながら，合意こそ実に高度な条件の上に成り立っている．自由な合意だからこそ，がんじがらめに条件付けられていると言うことができる．これを満たしたものでなければ bonae fidei iudicia は受け付けない．後述の委任を見れば一目瞭然である．狭いレインジでしか成り立たず，放っておくとすぐにありふれたエイジェンシーにずれこんでしまう．

4・3

以上のことからして，bona fides に基づく諾成売買契約 emptio venditio [EV] は単純なモデルではなく一個の小屈折体としてのみ存在し，それ故論争と対抗をのみ生きることになるだろうと予想される[1]が，なおかつ前提となる社会構造のこれまでにない複雑さからして，多くの素材が複雑にディアレクティカを経て対抗的に組み合わさっているというように捉えなければ誤るという予測も成り立つ．現に Plautus はこの点またしても周到である．meretrix の解放というパラデイクマはよく彼の欲する構造を例解しえた．その解放をもたらす要因は様々であったが，売買もまたその一翼を担った．causa liberalis という Verginia 本体の直接の後継とライヴァルの関係に立つ．身請けのため買い

切ることに成功するか,そのための資金=信用の調達に成功するか,は劇的の焦点でもあった.ならばその売買は決して無意味なエピソードではない.その売買には何が懸かっているか.自由である.占有原則が厳格に適用されなければ売主や(しばしば二重売買の)債権者が réel な力や追奪メカニズムを働かせてくる[2].ならば EV こそ理想ではないか.全ては自由な空間で展開される.しかし meretrix が解放された暁には EV が働くのであって,EV が働いて meretrix が解放されるのではない.実力の問題をこれから処理しなければならないのである.実力の世界で売買が展開されるその様子をまずは冷徹に分析しなければ売買はそこから解放されない.しかも mancipatio に甘んじるのでなく新しい可能性を探ろうというのである.儀礼性を解除したときにあらゆる要因がなだれ込む.このときにあわてふためくようでは EV に将来は無い.解放前の meretrix はどのような状態に置かれているだろうか.既に触れたように,causa liberalis を圧倒的に謳歌する *Poenulus* は祭礼に際して「売れない」 meretrix 達が自らを商人達の前に陳列して買い手を募る「meretrix 市」 mercatus meretricius (339) に言及する.Adelphasium 達は囚われて広く誘惑することもままならないから,チャンスであるが,Agorastocles はすかさず「信用のある商品はたとえ奥深く置かれていても容易に買主を見出す」(Proba merx facile emptorem reperit tam etsi in abstruso sitast) と反対し,女達は「引き止めても資金が無いくせに」と逆襲する.ポトラッチは,開かれてはいるが現物に依存し信用の余地が無く,信用を大事にすれば現物には依存しないが閉鎖的な人的関係に依存し公開性を欠き資金を広く求めえない,というディレンマである.しかし EV がまさにこのディレンマを克服するものであることは疑いない.つまりこのディレンマのあぶり出し自体既に一歩前進である.

ポトラッチの空間,固い人的結合,は共に資源であることがわかった.確かな切断と解放に某か貢献するだろう.しかしもちろん十分でない.書面はどうか.徹底的に細かく条件を書き連ねるのである.*Asinaria* における Diabolus は捕らえどころが無く浮遊してつぎ込んでもつぎ込んでも飲み尽くす海のような meretrix に今度こそけりを付けて引導を渡してやると息巻く (139: ad egestatis terminos).しかし lena たる Cleaereta は手強い相手であり,如何なる言葉であれ現金にしか換算しない (153ff.).大変に尽くしたと考える Diabolus

4 BONA FIDES の諸原理——契約法の基礎

がその分の優位を見込んでも無駄で，現に給付がなされている限りで約されたにすぎない（166：Semper tibi promissum habeto hac lege, dum superes datis）．「現金分のサーヴィス」（opera pro pecunia）なのである．信用できるのは日が昇り月が出るくらいのもので，他は現金を出しても果たして来るか来ないか（199：Graeca fides）．それでも粘る Diabolus は一年限りの切り売りを提案し（230），その条件（ea lege）が受け容れられる．果たして一年の間 meretrix を確かに独占しうるだろうか．Diabolus は書面を要求する（syngraphum）．しかし lena は，先に現金さえ支払えば好きなことを書き込むがいいと余裕綽々である．彼女の原則にとって書面は痛くもか痒くもないようだ．かくして 746ff. の契約文言の場は 750ff. の長大な契約テクストの引用からなるパロディーである．押さえた meretrix が他と通じないよう一挙手一投足禁ずる文言は滑稽の極みである．直接的に作動するパラデイクマを細部に渡って書き込む精神は法の対極に在る[3]．否，ディアレクティカの対極である．書き切れるわけがなく，簡単に裏を突くことができる．いずれにせよ書面はそれだけでは lena が生きる réel な世界から meretrix を解放しない．

　最高度に発達した売買，海上貸付の果実としての売買はどうか．*Mercator* の Carinus は一旦 meretrix を断念し，領域の占有が資産化（infra）されたのを前提に資産帳簿上の商品 merces aestimatae（96）を与えられて出航する．一人の女を発見してそれを買う（104：ut uendat mihi）．しかしその真相は出資者たる父には隠されている（clam）．母のために召使いの女を買ったという筋書が用意されている．父 Demipho はここにつけ込んで転売すると見せ，実はダミーを使って自分が奪おうと考えている．Charinus がこの女を終局的な形で獲得できなければ Plautus の作業は水泡に帰す．その瀬戸際で，Charinus は契約解除（売り主への返却）を提案する（si igitur reddatur illi unde emptast）．転売の理由が「召使いには相応しくない美貌」であるから．Charinus は「売主は気に入らなかったらいつでも引き取ると言った」（Dixit se redhibere, si non placeat）と主張する[4]．父の答「私は争いを全然欲しない，お前の信義が非難されるのもな」（Litigari nolo ego usquam, tuam autem accusari fidem）．なお転売の差損を示唆して抵抗する息子に対してもう一度間接的な関係を使って押さえ込む．既に買ってくれと委任を受けた，と．この特徴的な間接性はこの売

買が特別のレールの上を滑走することと密接であるが，それを支える信用 fides に忠実な所以は果たしていつでも返却することか，一旦契約したらそのようなことはしないことか．ちなみに Plautus は後に "bona fides" とテクニカルに呼ばれるであろう関係についてもしばしば単純に "fides" をあててくる．すると EV の指導原理たる bona fides とは何かがこの場面に懸かっていることになる．つまり海上貸付の関係の中でされた売買の性質はこれであったことになる．振り返れば Demipho の立場は Theopropides とそっくりである．この場合売買は架空ではないから，Demipho の立場は一見強い．bona fides の解釈も筋が通るように見える．しかし致命的な部分が有る．まさにそのレールを用意するかのような間接的関係が合意を不鮮明なものにしているのである．Charinus の作り話自体彼は（ただし父に対する）fides に違背すると気にする．ここが透明でなければ売主との関係も透明ではありえない[5]．どの資格での売買か．合意の概念が成り立つためには当事者が一義的で完全に独立していなければならない．その場合には放って置いても当事者は履行するだろう．曖昧なのを敢えて言質を取った如く引き返しえないとばかりに突っ走るのは到底紳士的な関係ではなく，bona fides にもとるだろう．履行は完全に自発的になされ，かつこれが期待される，というのが元来政治システムの決定の特徴である．強制や言質取りにはなじまない．Charinus が主張した特約がこの精神を表すものならばこちらこそが bona fides である．そしてここからは責任論に関する重大な帰結が生まれる．bona fides の原理に基づけば，履行は自発的になされて当然であるから，この点を故意にはずせばそれは重大な問題となる．この父子が気にする所以である．しかし例の特約が間接的に伝えてくるように，何らかの事情で合意が実現しなかったとしても，当事者が基本の精神に忠実である限り仕方がなく，これを甘受することこそが紳士的たる所以である．つまりまさに善意 bona fides で履行に努めたのであれば責任を追及する方が非難されることになる．そしてまさにこのように考えることのできる前提として，合意が一定の条件をクリアした上でなされたということが有る．この条件は Plautus ではしっかり構造的なものとして捉えられ，個別の要素にはまだ分解されていない．1 世紀に入る頃，構造的な支えが希薄化し，ここが特定の再現的パラデイクマ，意思 voluntas という概念（近代における「合意の瑕疵」の概念），によ

って規律されなければならなくなる．しかしそれ以前にそれらの要素は全て内蔵されている．

　EV にとって大きな問題の一つは担保責任である．mancipatio においては，売主は百パーセントの auctor を有し，この瞬間それ以前は全て消去されるから，買主の少なくとも占有は百パーセントになる．過去の占有移転の瑕疵を突く者が後に現れたとしても別の問題である．原「売買」ではこの切断は不完全であり，売主から離れるのも百パーセントでなければ，それ以前の売主等から追奪される危険は払拭されない．だからこそまた，自己に占有の無い物を売っておいて後にこれを買主に得させる売主の責任が概念され，これができなければ責任を問うか問わないかの問題が発生する．この泥沼の連関を断つのがまさに占有概念であるが，もし EV が mancipatio をしなければ再びこの泥沼に迷い込まなければならないのではないか．Persa では，短期の信用で繋ぎ一旦 meretrix を解放する．leno たる Dordalus は現金が支払われたのでこの世が信じられるようになり，fides を連発する．bona fides さえも (485)．そこにつけ込む Toxilus は，meretrix が確かに解放されて安全圏に入ったこと，つまり今更追奪されたり買い戻されたりしないこと，をしつこく確認した後，一見おいしい話を持ちかけて leno を騙す．贓物たる女 furtiua の売買で，追奪のメカニズム，この場合は政治システムの権原作用，が及ばない外国に売り払われたケースである．ただし，「当事者たる買主は自らの危険にて買う，担保責任切断移転の (mancipio) 約束はなされないし，また現に切断されない，現金によってのみ対価が支払われる」(524: Ac suo periclo is emat qui eam mercabitur: /Mancipio neque promittit neque quisquam dabit. /Probum et numeratum argentum ut accipiat face)．追奪遮断も及ばない，こんな地下売買が何と bona fides の売買とよく似ているのである．追奪の力は却って好きなだけ加わる．もちろん，その分安く仕入れることができる．大きな差額を稼げる．しかし気の毒な Dordalus は何度も特約を言わされた (589: hanc mancipio nemo tibi dabit) 挙げ句，たちまち実は自由人の娘であるということが判明し，トリックに気付いても (714ff.) これでは Verginia 本体さえ助けないどころか攻めて来る (745: me in ius uocas?) [6]．彼の支払った代金は調達した短期信用の穴を埋めるために使われる．確かに追奪と権原の勝利である．それで野放しの réel

な関係を料理した．それはギリシャ原版のモティフであったかもしれない．しかし Plautus にとってそれはトリックの中の話であり，権原と野放しの réel な関係が相討ちした（追奪が襲って追奪力を破砕した）後に笑う者が居る．この者にとって，bona fides という以上売主は信頼されていなければならないが，他人に取り返されてしまう物，贓物，等を売ったのでないということは構造が担保するのであり，それが意図的に仕組まれたのでない限り，結果が伴わなければそれは誰の責任でもないことであり，その責任を問えば（前主にかわって）買い主の方が今度は芋蔓を引っ張ることになり，逆の réel な力を引き出してしまうことになる．まさにそのような réel な次元に契約は関わらないというのが新しい理念であるはずである．だからこそ，Curculio では逆に「担保無し」ではなく「担保文言」自体が利用される．Dordalus が「担保無し」を暗唱させられたように，Cappadox は「担保文言」を確認させられる．「第三者が自由身分訴訟で追求して来たならば，全ての金銭は返却されねばならない」(490: si quisquam hanc liberali/Causa manu adsereret, mihi omne argentum redditum eri)，「私は追奪を遮断する責任を持って引き渡します」(et mancipio tibi dabo)．Curculio はここぞとばかりこの種の担保文言への不信感を表明する．文言など構造が無ければ何ら機能しない．「お前等は平気で他人の物を mancipatio するし，……auctor などどこにいるやら」(alienos mancupatis/... Nec uobis auctor ullus est)．しかしまさにこれが決定的となって meretrix はまたしても無償で解放される（667ff.）．Plautus が担保解除文言と担保文言のしかも悪用を面白く描いたということは，第一に彼は担保文言の信奉者ではなく，第二にだからといって売主の信用はどうでもよいと考えていたわけでもない．裏を返せば，追奪と追奪担保のいたちごっこ自体を嫌って新たな切断のメカニズムが構想されているのであり，そのときの売主の責任は別の次元で展開されるはずである．

　他方，EV がこのように基礎付けられたとして却って発生する問題を「meretrix 解放」の脈絡で（つまり新しい構造の構築の観点から）考察するときにも Plautus の筆は冴える．占有が売主に残っていながら買主に移転しているものなあに，というスフィンクスの謎に似た先述の EV における占有はこの世のものであるとしても既に領域の上のものではない．ということは別のレ

ヴェルの占有が生まれたということである．しかしならば現物売買の方が余程明快ではないか．leno たる Ballio に対して Calidorus が果たして買い切れるかどうかの例の火を吹くような場面（*Pseudolus*）で，「ありったけ支払ったではないか」に対して Ballio は「支払われた分は請求しない」（257 : Non peto quod dedisti），「金ができたら払うから」に対して「金ができたときに引き渡しましょう」（Ducito, quando habebis）と一点の曇りもない．信用の間隙，売主と買主の間のあの小さな隙間，を信頼しない Ballio は高利貸を指示し（287），高利貸（danista, fenus）が信用拒絶に対して現金を調達するための手段であることを明らかにするが，次には反転して，そんなに信用で meretrix の引渡を望むくらいならば，信用で現金を引き出して工面して来い，という科白を吐く．「オリーヴ油を空買いし，空売りしろ」（301 : Eme die caeca hercle oliuom, id uendito oculata die）．都市中心の家と並んで領域の上の占有という桎梏を容易に脱しうるのは倉庫とその帳簿によって簡単に占有移転しうる種類物の売買である．占有の形態自体高い信用に裏付けられて存在している．合意通りの占有移転は高い蓋然性で見込まれる．EV に適したものであり，それが適用される主要ジャンルであったとしてもおかしくない[7]．われわれは次の 1 世紀になっても Sicilia での穀物買い付けが強固な EV の概念装置によって行われること，否，decuma という穀物の現物徴収においてすら個々の負担者といちいち合意が交わされて徴収量が決定され，この合意と履行の関係は EV の概念装置によること，を確認しうる．相手方は市場で簡単に仕入れて要求に応じ差益を取ることすらするのである．そのように帳簿の上で占有が瞬時に動くのならば，売り買いの期日をブラインドにしたままの取引，オプション付きの先物取引，が可能である．EV の間隙を極大化して利用するものである．この時金銭の決済もまた帳簿上で瞬時に行われるが，間隙に応じてこれだけを先に現実化することも可能である．これを使って来い，というのである．先端の EV ですら野放しならば現実売買の思う壺で，現実売買の方をひたすら高貴なものに見せる，枝分節上の échange 特有のタイムラグを実現したにすぎない代物になりさがる．実際高度な投機的売買の手法自体は bona fides 無しに幾らでも発達しうる．しかるに bona fides の上にこそ先物取引を発達させうるという側面も有るが，この場合を識別するにはどうすればよいか．

meretrix が終局的に解放されるか，連れて来た，連れ戻された，の泥沼にはまらないか，を分けるのは引渡の占有原理（或いは causa liberalis）と共に十分な資金の裏付けである．丁度そのように，EV における例の間隙をきちんと埋めるのは文字通りの信用たると同時に資金の裏付けの意味の信用である．しかし信用は信用を生む．A の行為を信頼して B が何かをすることにすれば，これを信頼して何かをする C を生む．Epidicus がこの原理を最大限に利用するのをわれわれは見た．まず父に対し娘だと言って一人の meretrix を解放させる．しかし息子は別の女を高利貸から借りて解放している．Epidicus は父に対して第二の架空の売買を演出し，第一の売買の代金支払いと第二のそれを混同させる．第一が第二の役割を果たして余った第二の給付で高利貸に弁済してしまう．第二の売買の対象こそが実の娘であったために綺麗に辻褄が合い，手形が落ちることになる．短期信用の世界である．しかしこの最後のことが全体を救う条件になっている．Cicero の手紙には都市の不動産を売買する傍らで盛んに金銭を融通し合う，それを資源として支払いがなされ決済されていく，という関係が随所に登場する．Caesar の手によって一切相殺され Cicero は自分が多くの債権につき自分で最後の部分の取り立てをしなければならず苦境に立つ．何らかの権力による突然の信用収縮が EV にとって最も致命的なことである．しんがりの入力は実体を要し，それは結局領域からの果実でなければならない．そうであれば問題は領域の問題に戻ってしまう．

[4・3・1] 諾成売買契約としての EV について，依然基本文献は V. Arangio-Ruiz, *La compravendita in diritto romano*[2], Napoli, 1954 である．何よりも，一部に存在した諾成＝「無方式」説，太古から存在するとする説，元首政期以降の（帝政末期になるにつれ強まる）「広く双務関係に法的保護を与える」見解（或いは Proculiani と Sabiniani の論争等）を重視する説，を断じて斥け，合意を厳格に要件とする諾成売買契約の登場を（「商取引が盛んになる」とされる）紀元前 2 世紀に特定する（p. 46ss.）．また，stipulatio を前段の重要なステップと考える（p. 57ss.）．もっとも，Cato/Plautus を低評価し（p. 73ss.），ローマ市民間への適用を 150 年頃に下げる（p. 82）．lex Aebutia（による「方式書訴訟導入」）に引き摺られたためである．

[4・3・2] 既に述べたように causa liberalis と usucapio は連帯の関係にある．追求に対してこれをブロックする．しかしこの追求は furtum と同じメカニズムであり，そのメカニズムを通じて奪われ転々流通させられ逃げられてしまった場合，これを追いかける困難な追求を待ち受けるのは何と usucapio である．識別のための切り札は bona fides である．敵はこれを欠いているはずである．「但し bona fide でない場合は」という抗弁が創出されるであろう．

Gell. XVII, 7: Legis veteris Atiniae verba sunt: Quod subruptum erit, eius rei aeterna auctoritas (ed. Hosius) は，前段の相，つまり bona fides の構造が暗に働いて usucapio が causa liberalis と並んで使われた相，に対応している．実力奪取の場合 auctoritas は永遠である，つまり時効は排除される，という抗弁が定められている．例えばローマ市民が海賊に攫われ Delos の市場で売られた場合を想定すれば理解が簡単である．被告の側の占有が瑕疵を帯びていなくとも遡って瑕疵を問題とするというのであり，十二表法の反 furtum 感情を言わば贓物 res furtiva に拡大したものである．ただし "subruptum" は明らかに占有自体の瑕疵を言うのであり，furtum が auctoritas 連関つまり権原の欠如と捉えられているのではない．それが遡って過去のことである，という点が異なるだけである．Gellius のテクストはウィットに富んだ逸話としてこのことを伝えている．"subruptum erit" は未来完了とも接続法過去完了ともとれるから，Q. Mucius Scaevola は「父 Publius Mucius Scaevola と Manilius と Brutus に抗して」「立法以後に盗まれたものだけに適用されるのか，それとも以前に盗まれたものにも適用されるのか」と問い，どちらの時制にもとれるから，どちらも含む，と答えた，と．遡って過去を問うのでなければ無意味である，というのである．と同時に，（少なくとも Gellius の時点までに，たぶん Scaevola の頃には既に）"subruptum" は "furta" と読みかえられている．写本は "sub rutum" であるにかかわらず，"subreptum" という校訂が流布する所以でもある．「こっそり奪った」の方が通りがよい．それは，窃盗が「必ずしも実力の点では問題があるとは限らない占有侵奪」であるため，注意を権原欠如に向けやすいからである．furtum 自体は決してそのような方向にのみ解釈される概念ではない．「実力の点で問題があるとは限らない」のは中に入り込むような形で auctoritas が擬装され組織立ち一層悪質であるからである．したがって Mucius による読替は直ちに誤読であるのではない．にもかかわらずそのような方向付けは初めから存在したとも思われる．lex Atinia の exceptio rei furtivae はしばらくして「ただし bona fide でない場合には」の抗弁と解釈されたと考えられる．lex Atinia は，Publius Mucius Scaevola への言及から 140 年代くらいを terminus ante quem とすることがわかるばかりである（cf. Rotondi, *LPPR*, p. 291）が，以上の推論が正しいとすると 2 世紀前半を深く遡ると思われる．Publius 等はおそらく後述の新しい段階でこの抗弁を制限し時効の余地を広く取ろうとしたと考えられるが，Quintus はこの抗弁を再度 bona fides の意味に使いうるということを示して大きく利用しようとしたに違いない．

〔4・3・3〕　諾成契約のメルクマールを「無方式」と捉え，極端な場合方式が欠ければ（現実売買などでもない限り）直ちに諾成契約である，とする傾向も見られる．古い時期のギリシャの売買が書面を欠くばかりかしばしば禁止するため，諾成主義はギリシャ起源であるという説さえありえたが，これを一掃したのが Pringsheim, *Law of Sale*, p. 14ff. の大きな功績である．領域の政治組織全体が保障しているために方式の排除，特に書面の禁止，が出てくる．同時に「所有権」移転である．publicity が存するからである．書面の使用はデモクラシーとともに政治システムが多元化したためである．bona fides に基づく諾成契約はこれをもう一度切り返す．一面で政治的決定のメカニズムに依拠する（合意）のであるが，他方で政治システムへの依存を極端に嫌う．こうして一旦書面拒否を内に秘めた上で，証拠として書面を使う，という構成が生まれる．ディアレクティカを詰めればパラデイクマを厳密な言語にすることが必要である．この手段として書面が用いられるが，しかし決して拘束しない，という考え方である．

〔4・3・4〕　これが vitium に関する actio aedilicia 存在の論拠として使われる箇所である．cf. R. Monier, *La garantie contre les vices cachés dans la vente romaine*, Paris, 1930, p. 21. 一層詳細な分析は今日 L. Manna, Actio redhibitoria e responsabilità per i vizi della cosa nell' editto de mancipis vendundis, Milano, 1994, p. 11ss. に見られ，Capt. 803ff. と Most. 795ff. も挙げられる．

aedilis が iurisdictio を保有するということは imperium と一体どう関係するか，という問題は実証主義の国法概念下に盛んに論じられたが，そもそも正規の iurisdictio ではなく元来都市中心の空間に対する警察的権能である (cf. G. Impallomeni, *L'editto degli edili curuli*, Padova, 1955, p. 125). むろんだからといって b. f. の自由な空間が否定されるのでなく保障される. そのうえ，都市ローマの空間ばかりかヴァーチャルにのみこれ (の第二次元) に属する socii 空間での取引が管轄される (「ローマ法」上の制度としては珍しくギリシャの「市場警察」に類比を探ることが可能とされ，研究者の興味を惹く：vgl. E. Jakab, Praedicere und cavere beim Marktkauf. Sachmängel im griechischen und römischen Recht, München, 1997, S. 53ff.). だからこそ restitutio in integrum ないし解除・返却 redhibitio が命じられもし (Impallomeni, *Editto*, p. 137ss.)，実現されもする (これは actio quod metus を経由して大きな遺産となる). 公共空間に関する排除命令に似る. おそらくそれに似た売買，プロの素人向け売買，に適用されたに違いない. その他の類型につき正規の b. f. i. が管轄したであろうと推測した所以である. Gell. XVII, 6 は, dos を巡る夫婦財産関係において servus の裏切りを性質の瑕疵と捉えた Cato の演説に対して古事学的関心が向けられた痕跡を記録する (cf. Monier, *Garantie*, p. 23). bona fides の根幹をなす以上 Cic. De off. は当然のこととして取り上げる (III, 16-17). 問題は actio empti にどこまで転移したか，その場合「故意―過失」弁別が作動して (知っていたという意味の) 故意責任に限定されはしなかったか (cf. Monier, *Garantie*, p. 119sqq.), actio civilis に何時取り込まれたか (cf. N. Donadio, La tutela del compratore tra actiones aediliciae e actio empti, Napoli, 2004, p. 37ss.), ということであるが，それでも (少なくとも) 元来 actio aedilicia たるは実際の手続的弁別が無くなってからも遅くまで記憶される, b. f. i. のように. そのようにして記憶された aedilis の告示の内容 (D. 21, 1) によれば，責任は瑕疵を開示することとして概念され，やがて開示した点に齟齬があったときの責任が加わる. 効果は (珍しく) 解除＝返還と (資産上の差額に対する) 懲罰的賠償である. 突き返しうるという背景には, bona fides に基づく契約が元来任意の履行を根底に概念しており，「気に入らなければ何時でも返品」の特約 pactum displicentiae がこの *Mercator* における如く許される所以である.

[4・3・5] cf. Lombardi, *Bona fides*, p. 36.

[4・3・6] Jakab, *Praedicere*, S. 153ff. はこの箇所を論じて追奪担保責任 (Rechtsmängel) と瑕疵担保責任 (Sachmängel) を区別しない. このドイツ語に幻惑されると, vitium と evictio は全然違う事柄であるばかりか後者は嫌われ前者は bona fides の核心である，という対照性が理解されない.

[4・3・7] Pseudolus, 133ff. で (既に見た通り) 現物売買の世界の Ballio はこの種の売買に敵意を燃やす.

4・4

凡そ信用ということについて概括的に述べるならば，それは複数主体間の協働に懸かっていると言える．AはBが必ずそのように動いてくれるだろうと信じて動く，ここに信用が有る．かの Phintias は友の帰還を信じて出頭保証人になった．さて，すると協働の前提となる人的組織のあり方に信用の問題は依存する．枝分節組織においてはこれまで見てきたように，裏切り合う，裏を

取り合う，関係があり，またすぐに状況が軍事化してしまうから，相互依存の分一見確かに他者の動きを当てにしうるようではあっても，実は信用は極小化されている．枝分節に依存する以上，政治や法に媒介されない réel な関係も同様である．他者が支配するテリトリーをいずれ自分が実力で押さえうる（それを他人が甘受する）という予測は枝分節組織特有の「信用」であるが，これは枝分節組織の性質上極めて流動的で不安定である．要するに，その名に値する信用が発生するのは〈分節〉と政治システムの成立以後であり，政治システムこそはその母胎である．各〈分節〉単位はそれぞれ自由に多方向にしかし政治的決定の趣旨を汲んで明快に動いていく．おのずから，他からの干渉を招き入れる意識の混濁は払拭されている．政治的決定の内容は言語によって批判的に確定され皆に公開されている．この透明性が本来信用の精髄である．〈二重分節〉はどうか．占有原則は前項で見たようにやはりよく限定された信用を領域の真っ直中に樹立する．或る者がそれを占有しているということは明快で信頼しうる事実である．mancipatio は狭くこの点に依拠した行為である．もっとも，基盤の政治システムがそこに作用していることをわれわれは忘れるべきではない．échange や réel な関係の外観も儀礼の舞台上のことである．ただし，このとき信用に或る特殊な要素が加わったことも見逃してはならない．協働は今や具体的でない．二つの syntagmatique な経路がやがて synatagmatisme の観点から（存在の公理や時間空間のグリルの点で）綺麗に符合することが協働の定義であるとすると，政治的決定，否，政治的精神自体，は一個のパラデイクマの決定によって複数の全く〈分節〉された人々の自由な動きがそれにもかかわらず綺麗に符合するという快感をもたらす，その最高度のものであり，外から見れば最も強力なものであるが，占有がもたらす信用は逆に，一方は全く梃子でも動かないということを他方が信頼してその分自由にできる，という性質のものであり，独立のパラデイクマが syntagmatique に符合するのでなく，互いに抵触しないだけである，という信用である．

さて今このような性質の法的信用に，ほんの少し協働をもたらすことはできないか．政治は人が他人の手足となって動くことを拒否し，一列横断的にのみ結合させ，法はこの結合すら拒絶し，協働自体を極小化してしまった．そうした中で個別的に二人や三人の協働を復活させれば，それは政治システムそのも

のの結合ではないから，放っておけば人が人を手足として使う協働になってしまう．これは定義上枝分節であり，そうした信用は当てにならない．しかし第一に，もし政治的に結合している人々が居れば，彼らが互いに信頼し合っているというばかりか，まさにそれ故に，関係のない外の人間から見ても高度に信頼しうるであろう．互いに信頼で結ばれているということは，二重三重に保障されているようなものであるから，単一の人物が信頼できるというより信用は遥かに分厚い．信用は外に信用を生む．しかもこのときの信用は法的である．何故ならば，第三者は同一の政治システムに属さず，「彼らが信用できる」ということを自分のためにだけ利用しているからである．当てにだけして必ずしも協働しない主体に，自由を与えている．このとき同時に「彼ら」の方も個々具体的関係においては例えば当の相手ないし二人ならその二人が（政治的結合体自体から）相対的に切り出されている．こうした信用を概念化し，そしてその性質に従って法的信用と捉え，なおかつそこに法的パラデイクマ／exemplum iuridicum を構築するとどうであろうか．固い小さな協働が一方に有り，（別個の政治システムに属するが故に）これとはよく〈分節〉された地位に立つ第三者が他方に有る，とすればこれは十分に新しい性質の独創的な信用創出体である．以上のような前提が揃うのは bona fides の社会構造における以外にはありえない．

　Plautus のテクストが圧倒的にこの問題に拘泥するということは前節からして明白である．そうした関係の実に多種多様のヴァリアントが登場し，丹念に考察される．Stichus において或る parasitus が言うには，近頃「他人の財産のことを最大限の熱意で配慮する」（199: Alienas res qui curant studio maximo）タチの悪い物好きが居て，この連中は競売が有るというと嗅ぎつけやって来て，原因は何だ，金銭債権の執行か，不動産の引渡債権の執行か，離婚による嫁資返還債権の執行か，などと問いただす．その者がうまく入り込めれば，本人とその者が緊密な関係を作った，その向こうに第三者が居る，という図ができあがる．二人が協働している，そして第三者と関係を結んでいくのである．しかし「他人の事務を執り行う者」[1]にも多種有って，同一の政治システムによって結ばれた立派な関係であるとは限らない．非常に多くの場合むしろ奴隷が関与する．そしてそれにも多種存在する．Mostellaria 冒頭がまず提案する分類は

言わずと知れた都市と領域である．いきなり従僕の Grumio が同僚の Tranio に向かってわめいている．「出て来い，お前なんか領域の方へ引き摺り出してお仕置きだ」（1ff.）．Tranio も負けずに言い返す．「大声を出して，ここをどこだと思っているんだ，領域じゃないぞ，とっとと領域へ失せろ」（An ruri censes te esse?...Abi rus).「留守の主人を貪り尽くしやがって」「留守のものをどうやって食うんだ」．Grumio が使われる関係は水車小屋での労働である．これに対して Tranio の任務は異なり，売買などであるが，いずれにせよそれは主人が委任した（25: mandauit）のであり，任務の性質は curare であり，officium である．つまり無償で純粋に他人の利益を追求するという概念が存する．自分にかかってくる責任は fiducia[2] という語で指示される信頼に対するものである．それにしても奴隷には似つかわしくない語の数々である．それでも，*Mostellaria* は作品全体が主人の売買を第三者（息子や従僕）が執り行うという筋書によって織り成されている．当の主人がこれを信じて動くことで話が進んでいく．しかも，Grumio/Tranio の partitio で言えば Tranio つまり都市の側に発生する二個主体間協働の信用に焦点が合っているのである．どうやら 2+1 関係が枝分節にならず本来の信用を生み出すための要件は都市であるようだ．それも socii の都市．

　それにしても，2+1 は完全に水平たるべきところ，何故 pater-filius はたまた servus などが絡むのであろうか．そもそも，都市の政治的階層たるべきものがもっぱら「経済的」関心で動いているのが Plautus の人々の特徴であるが，その階層の者達はまた必ず主従組み合わさって登場する．これにはほとんど例外が無い．これは何故か．もちろん形而上学が関係する．主体は二元的に捉えられている．その場合の含意は様々でありうるが，そもそも政治的階層に属すればもっぱら animus を生きなければならない．なおかつ幽霊のようでなく物的な部分に拘束される側面を持たなければならない．corpus が付着する．Plautus において特殊であるのは，にもかかわらず corpus の側も宙を華麗に舞うという点である．corpus は今や端的に領域の物的な関係であるのではなく，都市中心におけるしかも固有に物的な要素へと変成しようとしている，その瞬間に Plautus は関心を寄せるように思われる．反対側の主体上層部はそれとともに pater-filius に綺麗に二重化される．新しい corpus に直接関わるのは filius

の方である，という分節である．要するに新しい構造は，二つの政治的主体相互間の関係を切り出す以前に，一人を切り出し，その瞬間にそれを既に1+1に分節する．さらにそういうユニットが二つ結合し，そして第三者との関係を築く，そうした形態は単純型と連続的に現れはするが，一層高度のものである．

corpus も宙を舞わねばならない，が故にこそ Tranio は確かに越権をして懲罰にかけられるが，結局は救われる．都市中心にも二重構造は無ければならず，かつそれは領域への端的な同定を意味しない．*Asinaria* において，このわずかな差異，（言うならば Grumio から Tranio への）上昇分，は厳密に描かれる．ロバを売った代金を支払いに来た商人は相手を同定することができない（外的な）存在である（353ff.）．ここにつけこむ servi はどうしたか．債権者自身でなく弁済受領権限者をでっち上げる．そしてこのとき servi 間で Leonida-Libanus という主従を作って見せる．テクストは周到で，forum で商人に遭遇し弁済受領権限者たる Saurea に一旦扮した Leonida は，どういうわけかどうしても Libanus に会わねばならないと考える（274ff.）．二人組んで（288: socium ad malam rem quaerit quem adiungat sibi）初めて演じられるというのである．自分の責任で一勝負できる，つまり（従たるとはいえ）自前の信用主体たりうる（peculium, in tergo）．Saurea はとりわけ女主人の一切の取引を差配しているが，まず本件は現物による弁済の受領という行為に関わり，これに対応して原因たる売買もどうやら現物売買である（333ff.）．ロバは領域で使われていたことがわざわざ明示される（341）．ただし代金支払いの部分に小さな信用が介在している．いよいよ商人がやって来ると演技の意味が判明する（381ff.）．Libanus は Leonida の風貌を描写してそれを Saurea のものであると言い（400f.），ひとまず話を符合させるが，もちろんこれほど間抜けな認証は無い．Saurea に扮した Leonida は猛烈に威張って見せる，Libanus に対して（407ff.）．彼は "imperiosus" でなければならない．誰も従えていないのでは "imperiosus" でありえない．その分，物的な次元から少しだけ浮かび上がっている．Libanus が怠けている仕事はと言えば敷地内から汚物を掃き出す等のことであり（424ff.），他方自分が三日間 forum に釘付けだったのは「高利での金銭の借り手を探すため」（429: reperiam qui quaeritet argentum in fenus）であった．もっとも，ここまでは現金による弁済受領といい消費貸借といい，それは

ど高度な取引ではない．しかし Leonida の演技は調子に乗ってエスカレートしていく．ギアの切り換えを Plautus は明確に指示している．つまり関係はもう一段間接的になる（432ff.）．「オリーヴ油を送ったその代金はどうした？ 弁済してきたか？」(ecquis pro uectura oliui/Resoluit?)「弁済されました」(Soluit)「誰にだ？」(Cui datumst?)「あなた自身の代理人 Stichus に」(Sticho uicario ipsi/Tuo)「昨日ワイン商人の Exaerambus に売ったワインの代金は Stichus に弁済されたか？」(Sed uina quae heri uendidi uinario Exaerambo, /Iam pro is satis fecit Sticho?)「Exaerambus が自分で銀行屋を連れて来ているのを見ました」(nam uidi huc ipsum adducere trapezitam Exaerambum)「前回信用売りしたときは一年経ってやっとこさ弁済された，今回は進んで家までやって来て金額を記帳したぞ，Dromo は対価を支払ったか？」(prius quae credidi, uix anno post exegi ... adducit domum etiam ultro et scribit nummos. /Dromo mercedem rettulit?)「半分だけだと思います」「残りはどうした？」「自分の方に入金され次第弁済すると言ってました，請け負った仕事が完成するまで代金を留保されているということです」(Aibat reddere, quom extemplo redditum esset: /Nam retineri, ut quod sit sibi operis locatum efficeret)．種類物の売買 (EV) を銀行で決済したり，後述の locatio conductio に対して請負人に材料を売り掛け向こうの対価実現の間信用を与えたり，というときにさえ，一方で少なくとも signifiant レヴェルの記号行為を行う「物的」過程は残り，しかし他方でそれはそれでますます高度化し高い信用に裏付けられた者にしかさせられない．かつそうであればあるほどそこに独立の信用を概念しなければ責任の問題が曖昧になる．もちろん，Libanus/Leonida はこれをバネにして解放を勝ち取り，自立しようとねらっているのである．しかし既に見たように，これには成功しない．まず商人は演技にもかかわらず認証を受け容れず，確かに最終的に弁済受領には成功するが，それは主人の手になる認証を要した．そしてこの場合，それは pater-filius 癒着の所産であって，mater/Saurea が構成する「本人」から「受任者」が本当に自立できたわけではない．

　それでも Plautus にとって実質的主役であるこのカテゴリーの人物達が解放を経て自立することは（filius＋meretrix 結合に次いで）構造構築にとって不可欠のことである．明らかに後者を支える特権的手段であるとさえ考えられて

いる．そうした狡猾な奴隷達の名を冠した作品のうちの一つ Pseudolus では，見事な駆け引きにより独立の信用が獲得される．既に詳細に見たように，Pseudolus はまず主人 Simo との間に長々とポトラッチを演じて独立の準備をする．これを許す Simo は新しい構造に対して開かれた意識を持つ人物として描かれたことになる．トリックはまたしても弁済受領である．今回は肝心の meretrix を第三者が買うその金銭自体をインターセプトして解放つまり自分達のために働かせよう，これを塡補する資金を父に出させよう，というのである．実質は A→B→C という転売の軸受けを一手に引き受ける信用が成り立つかという問題である．そのようなレールの上を売買が滑るためには第三者 P が全てを媒介していれば効果的である．Pseudolus にはこの舞台装置を演出できるかが懸かっている．しかし当初売買は現実売買である．買主が金銭を持って来て始めて meretrix は引き渡される．leno は猜疑心が強い．とはいえ，金銭を引き渡すのはミニマムに物的な行為であり，手足を使う．ここでは使者 Harpax を通じてこのことが舞台上に可視化される．Pseudolus がこの間隙を突くということは既に述べた通りである．信用の萌芽が無限に引き延ばされていく．金銭を Pseudolus が預かることができれば，つまり信用を装備すれば，別途一旦引渡を受け，買主との関係では引渡前の売買対象物を創り出し，そのままこれを第三買主（C）に買わせることができる．大事なことは，最初の買主（B）に引き渡されて現物の海に沈んでしまうことがないようにすること，それ以前に A のところの現物の深淵からサルヴェージすることである．Pseudolus は leno の procurator を名乗り Harpax に接近する（608）．しかし彼の能弁を以てしても Harpax を信用させることはできない．しかし Harpax は逆の弁済受領権限を示す印章を渡してしまう（716）．そもそも残金のみとなっていたその分の見せ金を作れば，引渡を受領しうるのである．そしてここで分節的でない signifiant（アイコン）と書かれた（物化された）言語の弱点を突いて見事 leno の信頼を盗み取る（956ff.）．口頭言語により言語のパラデイクマ分節機能を最大化させれば leno はこの事態を避けえたであろう．物的な同一性による手足の認証は所詮致命的な弱点を有する．しかしそれを利用して引き剝がす行為がここでは meretrix を海面上にもたらすのである．bona fides の水平結合のもたらす信用の平面に浮上させる．ここに成功すれば，もとより C は最後には

「出資」して基本の信用を与える積もりである.

　そもそも何故 Pseudolus のところの独自の信用は重要か. 仮に単純な弁済受領であったとしても, そして債務者が相手を認証できなかったとしても, 相手に独自の信用が有れば彼に責任を取らせることができるから,「本人」をどうしても探し出さなければならないということがない. 彼もまた自由で, したがって独自の責任主体である.「本人」へ弁済を伝達する責任を負わせることもできる. つまり, 第三者から見てここに二人の自由な主体の〈分節〉的結合があれば, その分, 彼も「本人」もこの二人の関係も信頼できる透明なものになる. 彼と本人の間の関係については言うまでもない. 手足の関係であれば責任の分配が不透明であるばかりか, 彼らは常に互いに裏切ったり癒着したりするだろうことが予想される. 代償として必死に絶対の手足たる認証を求めることになるが, それを追求すればするほどリスクも大きくなる, のはこの Pseudolus が示すとおりであり, この裏を取って Pseudolus は独立を果たしたのである. そして Plautus は出来上がった bona fides の構造からいきなり 2+1 の 2 を切り出して来るのでなく, 辛抱強くゼロからこれを形成し, そしてゆくゆくは彼らに socii の政治システムをさえ担わせるという道を選ぶようである. そうでなければ Epidicus や Pseudolus 達が躍動することはないであろう. bona fides を担う階層を創出するためには, 単に socii を束ねればよいというのでなく, 従者を伴って信用を高めた層を用意し, しかもその従者にも一定の資質を要求しその相対的独立を認め, そして彼らの意外にも複層的な横断的結合を実現するのでなければならない. こうして初めて政治的かつ透明でありながら, 同時に別の脈絡で一個の占有主体として振る舞う, という事態を演出しうるのである[3].

〔4・4・1〕　*Mostellaria* は negotiorum gestio 事務管理の絶好例であるようにも見えるが, negotiorum gestio を巡る議論において Plautus が大きく扱われる様子は無い (vgl. H. H. Seiler, *Der Tatbestand der Negotiorum Gestio im römischen Recht*, Köln, 1968). 信義の面は強調され過ぎていさえするが, それよりは遥かに自由で bona の上にのみ展開される 2+1 の関係は却って把握されず, 不在中の領域占有に不安を抱える意識のみが法学者のテクストの断片からは浮かび上がる. 学説はかつて, mandatum の拡張か, それとも方式書訴訟と共に古いか, と争った. 雄弁な証拠は M. Wlassak, *Zur Geschichte der Negotiorum Gestio*, Jena, 1879 であり, このウルトラ自由主義者は, neg. gest. を社会人類学的祖型にまで遡らせ, それが法務官法に取り入れられ, 最後に actio civilis になっても遺伝子を失わない, と考えた (vgl. S. 35ff.).

bona fides もこの文脈のものとされる．もちろん，われわれの bona fides に位置付ける見解も無くはないが，いずれにせよ学説は actio civilis への編入の時期探求に血道をあげる（cf. G. Finazzi, *Ricerche in tema di negotiorum gestio, I. Azione pretoria e azione civile,* Napoli, 1999, p. 165ss.）．しかもなお，dominus—procurator 間に何時拡大されたか，否，そもそもこの形態が（少なくとも actio civilis としては）先で「授権なし」は派生型であるか，と争われる始末である．dominium のロジックと代理にしか 19 世紀以降の学説は興味が無い．そしてこれは法文を反映しており，それは Servius/Alfenus の遺産であり，はからずも negotiorum gestio 原型破壊の原因を開示している．（初期）近代私法学の古典的構成の方が（人文主義の所産か）正確な認識を有し，実証主義が（法文の）バイアスに忠実であればあるほど negotiorum gestio の古典的形姿が消える，のは皮肉である．

[4・4・2] Plautus においてはまだ，"fiducia" は "bona fides" と完全に同義で用いられる．後述の「担保」というニュアンスは存在しない．fiducia 論において terminus post quem たる論拠である．

[4・4・3] いわゆる actio adiecticiae qualitatis に関する議論の出発点はここに置かざるをえない．前提として，mandatum はおろか institor の場合にも仲介者の自立と関係間接性は原則であるということが存在する．そのうえで諸種の類型において何故 dominus が直接責任を負うことが認められるのかと問わなければならない．この点，S. Solazzi, L'età dell'actio exercitoria, in : Id., *Scritti di diritto romano, IV,* Napoli, 1963 が示す方向，つまり信用の拡大に伴いまず海上貸付の領分でショートカットが起こるという視点が重要である．これに対しては家＝代理作用論ないし奴隷モデル論を起源に設定する脈々たる流れが存在し，これは 1 世紀になってからの発展（dominium）を何らか反映するものであるが，議論の性質からして多くは始原に関係を遡らせる．最近でも institor に関して，20 世紀末の状況を反映し，経済組織の発達をどう見るかという論争が存在した．A. Di Porto, *Impresa collettiva e schiavo "manager" in Roma antica* (*II sec. a. C.-II sec. d. C.*), Milano, 1984 は，institor が締結した契約の責任が主人に及ぶにつき，少なくとも Servius/Labeo に遡るとし（p. 66），しかも長年の定着が意識されているから，その前の 2 世紀にさえ遡ると付け加え，かつ *Digesta* のテクストから，農場支配人 vilicus には "institor" という語の適用を躊躇する傾向を読み取り，institor を商取引に方向付けられた存在であったとする（p. 72ss.）．発達した商業組織，例えば有限責任のシステムが早くに存在した，というのが Di Porto の主張であるが，他方 J.-J. Aubert, *Business Managers in Ancient Rome. A Social Economic Study of Institores, 200 B. C.-A. D. 250,* Leiden, 1994 は，ローマ法における「直接代理」排除を確認した後，a. a. q. が 2 世紀末までに出揃ったとする一般的見解に賛同しつつも，*Digesta* から得られるこの画像が *Digesta* の外に確認できない（法文の事例は実務というより法学的目的のものである）とし（p. 116），結局 vilicus が唯一の適用可能例であると結論する（p. 117ff.）．"agency" という無差別概念から出発し mandatum のような繊細な概念を知らない（替わりに Common Law と Equity のような司法組織分岐でカヴァーする）英語圏で institor/vilicus の滑り込みが簡単に生ずることがわかるが，そしてそのために Aubert は Cato の農場（cf. 4-10）から dominium（cf. IV-3）まで vilicus サイドを一緒くたにする粗雑さである（L. De Ligt, Legal history and economic history : the case of the actiones adiectae qualitatis, *TR,* 67, 1999, p. 205ff. はこれを引き継いで早期に "agency" を家的関係と共に遡らせ商業にまで及ぼし，actio de peculio 始原説を唱える混乱振りである）が，しかし Di Porto も組織を過大に肥大させ，dominium の構造の下の問題（actio de in rem verso 等）と古典的な institor 問題を区別できない．まず，Di Porto の直感は原則として正しく，institor ないし凡そ Pseudolus 型エイジェントは都市のものであり，領

域における関係とはコントラストをなす．しかしそうした層は法文においては希薄であり，そこにおける「商業的関係」は（後述のように）領域の関係によって侵食されている．Digesta の institor は Aubert の言うほどにヴァーチャルなものではないが，どこか領域にシフトしていると感ずる直観は正しい．いずれにせよ，この点では procurator との差異が一つのポイントであることを次章で確認する．bona fides の構造においては，直接代理排除という大きな保障の下，次項の mandatum と（Plautus ではこの語は用いられないが）institor が繊細に役割分担する．後者の例解が Plautus によって行われる，そのときにまさに Pseudolus 一族が活躍するのである．反対に代理論の脈絡でだけ整理すれば A. Wacke, Die adjektizischen Klagen im Überblick, I, SZ, 111, 1994, S. 280ff. の退屈な概説風叙述を結果せざるをえない．「代理」の複合的性質をさえ見失わせる．

4・5

 Persa でも弁済受領をインターセプトする手法は補助的に使われるが，信用の円環を奴隷だけで構成するこの作品においては結局自由人の娘という現物を見せて信用を創らざるをえなかった．非対称的な一対は現物世界たる一階の上にこれと異なる二階を築くために不可欠なのである．ただし，とにかく一対であり「頭と手足」あればよいというのではない．pater-filius はそのための重要な条件を例解する．そしてまた政治システムの多元性と海もまた大きな役割を演ずる．Mercator 冒頭では，敢えて領域に降りて重労働に励み果実を蓄えた父 Demipho が，「土地を売ってその金銭で船を用意しそれで商品を至る所に輸送し」（74ff. Agrum se uendidisse atque ea pecunia/Nauium.../parasse atque ea se mercis uectatum undique）「資産」（bona）を得る[1]．次に彼は船を建造し（87：Aedificat nauim），積荷を購入し（mercis emit）息子を旅立たせる．既に見たようにこの息子の売買が父のものか息子のものか曖昧であることから問題が発生するのであるが，元来は，海の上の船およびその上の商品という，極端によく分節されかつ実力の無限定な作用をひとまず免れた財の形態と，（これも海が道具立てとなる）取引当事者を隔てる政治システムの分立が，信用を創り出すのである．およそ父と息子の関係が有って息子が手足として働くときには父の信用がものを言う，ということではない．ならば海も船も要らない．pater-filius 間の計算も厳密でなければならず，だからこそ，peculium が必ず概念される．それどころか，この事例を少し早く回転させてみることでわかるとおり，領域の占有は海と船を使えば容易にヨリ高次の信用に変換されうるのである．父が領域に居るまま息子を船に載せるケースを想定すれば，確かに息子の取引

は父の資力に依存するが，父はこの形態を創ったことにより初めて海外で信用を作動させたことになる．そしてそれは却って息子の独立が尊重されるであろうという予測に依存している．領域で息子をこきつかっているときには得られない父の信用である．

　Plautus も一般と同様に mandare, mandatum という語を命令や依頼の関係に幅広く使うが，両者の関係が水平的で，互いに独立自由度が高く，それぞれ固有の信用に依拠して行為している場合には，欠かさず mandare, mandatum を用いるように思われる．*Mercator* における[2]最初の売買につき既に，息子は「委任された事務についてまずは専念しようとした」（374: mandatis rebus praeuorti uolo）「委任された事務にまず専心するのが知的な人間に相応しいこと」（376: Rei madatae omnis sapientis primum praeuorti decet）「委任対象物は友人が友人に対してのように引き渡すもの（385: ut quae mandata amicus amicis tradam)[3]．息子 Charinus は是が非でも mandatum にする積もりである．そして先に述べた売買の bona fides 談義が有った後，（既に触れたように）父が「私に丁度そのような種類のものを私が購入するよう私に委任した一人の老人が有った」（426: Senex est quidam, qui illam mandauit mihi/Vt emerem ad istanc faciem）．委任に際しては依頼された売買の当事者は自分自身であることが明示されている．息子「いやしかし私にも一人の若者が居て，そのような女を彼のために私が買うように委任した」（427: At mihi quidam adulescens, pater,/Mandauit, ut ad illam faciem, ita ut illast, emerem sibi）．既にテクニカルな mandatum の概念が完璧に出来上がっている[4]．それが証拠に，売買の性質について，息子「でも実体的占有のレヴェルで引渡を受けたのではありませんよ」（449: Non ego illam mancupio accepi）「あなたは彼女を正規に（実体的占有のレヴェルで）売ることはできませんよ」．かつこの主題はこの作品にとって偶然ではない．父は二重委任を目指す．A→B→C で受任者 B を通過していくとき，B は無償であり，しかも一切占有にタッチできない．しかしもちろん父は占有したい．そこで C が受任者で B が委任者という関係を設定，対価を帳消しにすると同時に B が占有を獲得する．この作品では念のいったことに，C のところがオープンで競売になる．委任者未定の受任である．既に述べたようにここで父の友人と息子の友人（これがまた父子）が競る．「友，連帯者，隣

人」(475: amicus, sodalis, uicinus) である．勝った父の友人 Lysimachus は「友誼に基づいて友のために働いた」(499: Amice amico operam dedi) と言う[5]．他方息子の方の友情は危機を迎える．二重委任で一層立派に友情が謳歌されるか．とんでもない．実はダミーで実物の世界に meretrix を引っ張り込む寸前である．二重委任を境とする対称的な光景は，鏡の中のように逆さである．Plautus はこれで委任の原理を明らかにしている．基本の信頼，対価，取引の性質，特に受任者が行ってはならないこと（父が二重委任のトリックを使って触れようとした占有に触れること）．

同様のことの例解は Bacchides でもなされる．友人の Pistoclerus に意中の女性を捜し出すことを頼んだ Lydus はその Pistoclerus が双子の姉妹に口吻するのを誤解する．「彼は委任されたことを彼の善意の友のために誠実に遂行しただけだ」(475f.: Nam ille amico et beneuolenti suo sodali sedulo/Rem mandatam exsequitur) というのに，「友からの受任事項を誠実に遂行するためには」(Itane oportet rem mandatam gerere amici sedulo, /Vt...) あのようなことをしなければならないのか，あれ以外に「受任事項が実行される仕方がなかったのか」(Nullon pacto res mandata potest agi) と怒る．占有に手を出すということが表現されている．契約当事者であるのにこれができないのである．そしてこのことは bona fides による売買と同じように占有に関して二重の状況を創り，そして売買におけるそれを拡張し制度化する．

Trinummus において[6] Callicles は不在の友人のため息子を委ねられる．それは「君の信義のもとへとそして信託へと委任された」(117: tuae mandatus est fide et fiduciae) と表現される．もちろん，実質は友人の全財産が包括的に委ねられたということであり，このとき，bona fides に基づく包括的な mandatum が fiducia という語で指示されたことになる．しかも精確な忠実義務を伴う．息子を相手として家を買い取った，きちんと対価を支払った (Emi atque argentum dedi) が，しかしこれでは bona fides でなく mala fides 悪意へと委任された (fide mandatum malae) と言われてしまう[7]．「一切買ってもいけないし売ってもいけない，財務状態を悪くしてはいけない，委ねられた者（受益者）を陥れたのか，委ねた者（委託者）を駆逐したのか」(134ff.: Neque de illo quidquam neque emeres neque uenderes, /Nec qui deterior esset faceres copiam. /Inconciliastin eum qui mandatust tibi, /Ille qui mandauit eum exturbasti ex aedibus). しかし既に述べたように真相は逆であった．家に隠された蓄蔵財を本人にも手を付けさせないために売買の形式で寄託させたのである．Callicles の科白はゆっくりと事情を説いて原理を明らかにする．委任は本人の実力支配からさえ超越した次元に占有を置く．こうやって領域の桎梏から物事を解放するのである．ただし受任者が一定の条件を満たしている場合．つまり彼が取ってしまえば何にもならない．しかし敢えて売買するのは，託された事柄がひとまず端的に領域の上のことであり，単純な委任では保障が無いからである．事実，その売買は「実体上の占有移転を伴って引渡が受領された」（421 : et ille aedis mancipio aps te accepit) のである．これは仮装の mancipatio である．却ってこれこそが二重の占有を作ることになる．A の隠れた実体的占有と一段高次の占有，A のその高次の占有と B の仮装の実体的占有．ローマでは最後のものについて決して占有とは言わせないが．

〔4・5・1〕 bona 資産については後述参照．
〔4・5・2〕 cf. Costa, *Nelle commedie di Plauto,* p. 390.
〔4・5・3〕 ただしテクストに問題が有る．Ernout は写本に比較的忠実であるが，韻律が合わないために，"amice amicis" や，"mi mandarunt amici, is tradam" さえ提案されてきたという．
〔4・5・4〕 mandatum については依然 V. Arango-Ruiz, *Il mandato in diritto romano,* Napoli, 1949 が最も信頼に値する．その理由は，第一に procurator との区別を詰めて考え，これを古くもあれば mandatum 後の事象でもあると捉えるばかりか，法学者の間に mandatum に引き寄せようとする傾向があることさえ指摘する，からである．こうして言わば紀元前 2 世紀の層が抉り出される．現に第二に 3 世紀末からの地中海世界大の商取引空間を背景に置き，外国人間の関係を決定的要因と見る (p. 44ss.)．ただし全ての学説と同様に p. 79ss. の教義学部分では受任者の債務について十分な考察が無い．費用償還の点は明快であるが，無償性にしても (p. 114)，占有を発生させてはならないから果実を取れない，故に果実を引き渡してなお対価が取れない，という論理は描かれない．法文に引かれて友誼関係に直行する．かくして資産のレヴェルに領域から手を付けえない占有が発生するがゆえに信用が構築される，という最も肝心な存在理由が考察から落ちる．すると何故 bona fides なのか，何故商取引空間なのか，何故複数の政治システムを跨ぐのか，といった点は出てこない．
〔4・5・5〕 mandatum と locatio conductio の間の区別は古くから論じられてきたが，ローマでは疑問とされることは無く，artes liberales でさえ決して mandatum の対象ではなく（高々）locatio の領分であり，また対価の有無をメルクマールとする単純な識別も Gaius の初級向け図式にすぎない (cf. H. T. Klami, Mandatum and labour in Roman Law, *SZ,* 106, 1989, S. 575ff.)．ならば何が区別するか．仕事の内容（法律行為か否か）や対価や契約原理 (b. f.) は確かに当てにならない．唯一のメルクマールは占有である．受任者は占有をしてはならず，conductor は占有に少なくとも介入する．対価や果実等他の項目はコロラリーにすぎず，したがって特約の対象となる．

〔4・5・6〕　cf. Costa, *Nelle commedie di Plauto*, p. 390.
〔4・5・7〕　Lombardi, *Bona fides*, p. 23 はこのテクストを扱いながらこうした点を綺麗にはずす.

4・6

　かくして，mandatum は bona fides の社会構造の繊維素であるが，これをそのまま拡張した制度が societas である[1]．*Mercator* において meretrix を簡単には転売させないための息子の武器の一つはこれであった．息子 Charinus「それにもう一つ，彼女は私と他の者とで共有している，彼の意思がどうか，どうやって知りえようか，彼女を売ることを欲するのか欲しないのか」(451: Post autem communis est illa mihi cum alio)「彼だって自分の財を自分の占有に置くのが衡平というもの」(Quia illi suam rem esse aequomst in manu)「彼女は彼との共有に属するにもかかわらず彼はここに居ない」(Communis mihi illa est cum illo; is hic nunc non adest)．父 Demipho「自分のためにお前が買うようにお前に委任した者が有れば，彼はそれを欲しているのだ，私が委任した者のために買うとき，彼がそれを欲してないなどということがあろうか」(illi quoidam qui mandauit tibi si emetur, tum uolet; /Si ego emo illi qui mandauit, tum ille nolet?)．societas の語は無いが，Charinus は明らかに，societas を形成してそのために買ったものの処分のためには合意を要する，と主張しており，そして父 Demipho の一段飛ばしの反論から中間を推定する限り，その主張の理由は委任である．つまり互いにパートナーのために取引した結果は受任事項と同じであり，組合つまりパートナーの追認を待つ状態にある．したがってこれを勝手に処分するわけにはいかない．拘束のかかった状態に置かれる．しかも委任におけるのと異なって，委任者が支払うが如くに組合資産から弁済がなされ結果が組合帳簿に記載されても，晴れて委任者が好きにするようにもできない．今度は受任者を務めたばかりの反対のパートナーが立ち塞がる．この復路のメカニズムのために組合資産はどこまで行っても実体的占有へと決定的に入ることがない．だからこそ Demipho はこうした委任理解そのものに挑戦し，一見論理の飛躍ながら，売る場面でなく，買う場面を論ずる．委任者の意思が自動的に受任者の行為を追認して委任者の実体占有の中に対象物が入る，と．意思 voluntas の概念が pater/filius で正反対であることに注意する必要がある．そ

して Plautus は明らかに父の言うならば「授権」の思想に対して息子の概念構成に加担している．その形成に携わっているのである．それは高度な概念構成である．何故ならば委任において過程の中で現れるにすぎない状態を永続化し，財をあたかも公共空間のような透明性の元に置くからである．財が特定主体の支配の中に入って行かないから，その透明性は大きな信用を生み出す．

二人の Menaechmi はまさに societas における二人のパートナーであり[2]，先に見た bona fides を支える形而上学は societas のそれでもある．MI は現物のレヴェルでマントを出資する．ただしこれは贓物であり，追奪を受けるはずのものである．MII はこのことを知らないが，マントを修繕したいという Erotium に対して「それはよい考えだ，同じものとはわからなくなる，あなたが着ていたって奥さんにはわからない，道で出遭ったとしても」(428f.: Hercle qui tu recte dicis; eadem ignorabitur, /Ne uxor cognoscat te habere, si in uia conspexerit) と言う．この瞬間，追認はもちろん復路の行為に対しても出たことになる．MI の領域の占有 P が変換されて (Erotium のもとで) P' になったと思う間もなく，これが MII の Q' に変換され，MII は自分でこれを Q に変換し直す．二重の二重関係を媒介するのに双子の兄弟ほど優れたパラデイクマは存在しない．現にこうした操作の効果は絶大である．MI の妻がマントを追奪しようとしたとき (604ff.)，単純な寄託 (ないし MI 自身によれば使用貸借) であれば到底逃げ切れない．しかしこの場合，受託者 Erotium の支配下すら離れているばかりか，「まさにお前に渡してお前が持って行ったではないか」(681: Tibi dedi quidem illam...ut ferres) ということになる．同一主体の高次の占有に留保されそこで回転している．本人にすら困難なほど簡単には追奪されえない (688ff.)，ということは領域の危険からその分安全であるということであり，その分信用は大である．もっとも，パートナーが実力により襲われたとき，かわりに自分が標的になる，という危険は存在する．MII はマントを手にのんきに戻って来たところを集団によって拉致されそうになる (701ff.)．しかしこれがうまく行かない．第一に変換されているために corpus つまり領域上の責任財産の同定が不可能で，第二にそれを防御するための資源が拡張されているからである．第一に両パートナーが一致している場面を捉え，かつ第二に二重の占有が一致している瞬間をねらって差し押さえなければ領域からは把

握困難である.

　societasはこのようにして,財の占有を新しいレヴェルで明確に概念するための装置でもある.領域の占有に基盤を持つ財のあり方に対比して,資産bonaという語がテクニカルにも次第に使われるようになっていき,手続上必要な局面においては(次項で見るように)このbonaに対して明示的に占有を成り立たせる概念構成も行われるが,societasはこのbonaと深く関わる.そして財政の基盤が単純な領域の占有からこのbonaに変わるとき,societasが大きな役割を果たす.元来政治システムがその物的装置のために財を把握するとき,諸々の資源が組み合わさって意味をなすが,資源を調達する組織がそのまま実現の役割を担い,組織内部での各自寄与分は漠然たる評価を通じて報われるだけである.しかし少なくとも或る段階以降,領域上の個々の占有が貢献と実現の単位となったとき,両者とも一定の尺度で厳密に評価されざるをえない.個々の占有は果実をもとに評価され,それに応じた負担が求められ,物的装置実現のための費用も同様に種類物の尺度で換算される.いずれそれは金銭価額となる.いずれにせよ政治システムは金銭価額による財の評価を不可欠とするが,領域の財の形態がsociiの都市のレヴェルで資産の占有として現れてきたとき,政治システムにとってそれは大変に自己に親和的な事態である.しかし他方個々の資産に単独で特定の物的実現を託せば,それは領域上の端的な占有と選ぶところ無くなる.この破壊を怖れて,第一に関係を間接化するために,負担の面と実現の面双方において中間の担い手を挿入し,かつこれを競争入札の仕方でする.第二にしかもそのように中間に介在してくる資産自体にもう一段societasを作らせる.societasには高い信用の基準が適用されるばかりでなく,各都市のそれとはまた別個の小さな政治的決定機構が備えられる.これがsocietas publicanorumであり,既に見たようにPolybiosを驚かせ,そして1世紀になってもCiceroに訴追のための重要な論拠を提供する.現にわれわれは,Siciliaのsocietas publicanorumが堅固な組織を有すべきものとされ,様々な原則を蹂躙したVerresが周到に非難されるのを見る.

　もちろん次章で見るように,丁度その頃には既にsocietasは危機に瀕している.Ciceroの法定弁論 *Pro Roscio Comoedio* はsocietasが或る構造上の理由で壊滅したという事案である.それでもCiceroは巧みにsocietasの基本原則を盾

にとって相手を追い詰めていく．才能のある子供の奴隷 Panurgus を有した Fannius は大喜劇役者の Roscius と societas 契約を締結する．Fannius が現物出資し，Roscius が芸を仕込む．Panurgus は組合資産に属することになったということになる．しかし Flavius という者に殺されてしまう．不法行為に基づく損害賠償債権が成立する．societas 自体を追い詰める構造上の理由に関心を有する次章に，法廷での実質的な争点に関する議論を譲ることとして，ここでは，要するに Cicero が，Fannius の請求は到底 societas 契約に基づく（pro socio）性質のものではない，というのも，もしそうであればずっと重大でなくてはならない，と論ずるその内容のみを簡単に見ることとする．Cicero にとって，和解とそれに基づく誓約というもう一つの道は塞いであるから，pro socio を閉ざせば勝てることになる．いずれにせよこの二つは大違いである．Fannius は Flavius と最近和解し，同時に，かつて Roscius が和解して受け取ったものの償還も受けようとしている．受けるための誓約が存在すれば無因で Roscius の債務の存在が肯定されることになるが，ここが遮断されると，Fannius の和解も Roscius の和解も pro socio であるという原因が原告 Fannius によって論証されなければならなくなる．Cicero によるとそれは到底できることではない．何故ならば，信託 fiducia[3]，後見 tutela（*Trinummus!*）と並んで societas について陪審を立てるということは最重要ランクに位置する（16）．或る事務に関して自分と固く結ばれたパートナーを陥れた（socium fallere, qui se in negotio coniunxit）ということは bona fides 違反（perfidiosum）である．すると訴えは詐欺を主張し相手の信用を根底から葬ることになり，単なる給付訴訟ではなくなる．次に Cicero は例の特別の arbitrium について述べて societas の基本精神を一層印象付ける（25）．さらには傍論と断った上で，持分比率を論ずる（27ff.）．Panurgus は共有（communis）である．元 Fannius に属していた．そして Roscius が一銭も支払っていないから全て Fannius のもの，という相手の議論に対して Cicero の的確な論拠選択が冴える．「Fannius のものだったものは何か？ corpus！ Roscius のものだったものは？ 専門訓練 disciplina！」「誰もあの子の体軀を見ていたわけではない，喜劇役者としての技芸を評価していたのだ」（Nemo enim illum ex trunco corporis spectabat, sed ex artificio comico aestimabat）．何と出資比率の極端な societas なことか！　領域

の直中に Panurgus を置いた時の価値と，Roscius の手によって成長を遂げた Panurgus が特定の環境で果実を取得しうる点に着目した時の価値と，の間の落差を Cicero は綺麗に印象付ける．後者はまさに資産としての価値であり，それはまさに societas によって初めて形成されたものである．

しかし主要な論点は何と言っても最初の給付の性質である．Roscius が和解する前，Fannius は Flavius と裁判をしていた．Fannius は "cognitor" の資格においてと主張している (32)．その意義は明らかでないから，Cicero は詰めに入る．「半分についてか societas 全体についてか」(Utrum pro dimidia parte an pro tota societate)「私のためか，それとも私のためかつあなたのためか」(Utrum pro me an et pro me et pro te)．本来の論点である争点決定と既判力の問題にここでは立ち入れないが，Cicero は各々が Flavius と和解したという線に持って行って請求を斥けたい．このときに委任の論理を持ち出す．一人のメンバーが固有の資格でしたことは当然には全体に結果をもたらさない．仮に委任があったとしても．受任者の首尾不首尾は彼自身のリスクに懸かり，相手方もそれを織り込んで行動する以外にない．そのままならば半分だけ免責されるにとどまる．もっとも，Cicero の時代には一歩先へ物事を進める手段が用意されている．pro socio で訴訟し，かつ第三者つまり他の同僚が並行して訴えていくことがないことを保証する (satis dat neminem eorum postea petiturum)，というものである (35)．この場合ですら既判力のみによって訴権が消滅するのではない．第三者に襲われたとき，第一原告に対して被告が求償しうるのみである．Cicero は念を押すために最後にまさにこの点に関して相続財産の占有 hereditatis possessio をパラデイクマとして用意する (52)．確かに societas は相続から発展したと意識されていた．全ての承継財産を一旦売却し，金銭価額とした上で分数で分配する，ときに自動的に全ての領域の占有は一旦資産 bona になる．その過程では共有と societas が生まれる．

[4・6・1] societas についても基本をバランスよく叙述するのは V. Arangio-Ruiz, *La società in diritto romano*, Napoli, 1950 である．何よりも (bona fides の「倫理的」理解に対応する) F. Wieacker, *Societas : Hausgemeinschaft und Erwerbsgesellschaft, I*, Weimar, 1936 の如き (「反個人主義」的) 家団論的理解の黒い歴史を最も免れている．そして共有との異同を緻密に分析する (p.32ss.)．特に dominium の出現は「共有と組合が必ずしも合い覆わない」事態を生む．契約としての組合の独自の意義が確かに重要である．「出資」は一見何も変えないことがあ

る．当事者間で秘かに指定され，その財物，できればその資産，の果実が皆に分配されるだけである．これが相互的であることで契約が成り立つ．売却したときの対価も同様であるが，資産として弁別されやすく，金銭が組合のために一組合員によって別途消費寄託されうる．ここに至っても共有とは平行線である．他方翻って見ると，例えば F.-S. Meissel, *Societas. Struktur und Typenvielfalt des römischen Gesellschaftsvertrags,* Frankfurt a. M., 2004 は，まさに Wieacker から出発し，ただし類型化によって批判するが如くに見せ，Hausgemeinschaft 系統でないものも有ると譲るが，直ちに，後の時代にも Hausgemeinschaft 的なものも有力である，と発展史観を批判する振りによって Wieacker を秘かに復権する有様である．societas universorum が家族関係で使われる例などを盛んに引く (vgl. S. 122ff.)．都市の資産の基盤が単一 dominium になっただけあるのに．総じて，学説は societas の根底に存する政治システムの問題に全く気付かない．Ulpianus でさえ決して忘れなかったというのに．

〔4・6・2〕 ローマ法理解にとっての Plautus の主要な意義は諾成契約存在の典拠たる点にあるとする Costa, *Nelle commedie di Plauto* も，"socius" という語を追って空を切る (p. 397ss.)．*Menaechmi* に触れさえしないのは，まさに語を追ってパラデイクマ（のヴァージョン化態様）を見ない方法の弱点を雄弁に物語る．

〔4・6・3〕 本節後註で述べる動向から (bona fides 本流から分かれて) 出る fiducia が早くも bona fides と再合流し始めている．fiducia の改心か，bona fides の堕落か．晩年の Cicero の大連合構想については IV-3 で触れる．

4・7

同じ Cicero 初期の法廷弁論 *Pro Quinctio* もまた societas の事案である (ed. Clark)．ここでも実は領域の上でこの頃生じている深刻な事態が色濃く影を投げかけているが，敢えてその点を取り去って 2 世紀の目で見れば，扱われるのは以下のような問題である．C. Quinctius と Sex. Naevius は societas を締結し，Gallia に土地を購入，牧畜を経営する (11f.)．しかし実際に経営にあたったのは Naevius の方で，また財務上の紛争から二人は arbitrium pro socio を仰ぐ (13)．ここで C. Quinctius の死亡により相続が絡み，弟の P. Quinctius が societas の持分を承継する (14)．ここで，societas として Gallia の農場を処分するという件，或いはひょっとすると societas の清算の件，で二人の関係はギクシャクし，方針も右往左往する．Quinctius が問題処理のため Gallia に発った隙に，Naevius は Quinctius を被告とする金銭給付訴訟を提起し，被告不出廷と債務超過を理由として praetor に或る命令を請求し，これを獲得する (25)．「資産を占有することが許可される」(ut bona possidere liceat)．もちろんこの場合，資産 bona に対する占有がテクニカルに概念される．bonorum possessio である．これは明らかに領域上の通常の占有とは次元の異なる占有

4 BONA FIDES の諸原理——契約法の基礎

である．何故ならば，およそ Quinctius に帰属する全ての経済的価値を差押えうるからである．内部が複合であるばかりか，債権や帳簿上の金銭等，領域上の占有が成り立たないものをも対象とする．友人の Alfenus は都市中心における Quinctius の使用人（servus）の差押票を実力で破棄する（27）．この interdictum の請求者はもちろん債権者でなければならず，Naevius の請求の原因となったものが何であるか，Cicero 自身判然としないことを攻撃するが，彼が言うように，端的に pro socio の請求，つまり societas 契約に基づく請求，でなかったとしても二人の間には厳然と societas が存在するから，差押自体 bona fides の破壊である（26）．しかし資産 bona[1] を巡る紛争であるが故にこそ，責任は bona の上に築かれていて，したがってこれを目がけて執行がなされる．そのときには bona の性質からして，個別の債権者が個別の占有にアプローチすることは許されず，政治的決定により債務者の資産が凍結され，債権者のうちの許可された一人が全ての債権者のために差押を実行する．したがって透明性が生命であり，かつ bona であるからこそそれは容易に担保される．われわれは既にローマが nexum 克服のために包括執行に向かって進むのを見た．ギリシャの領域では逆に個別の実力支配に対して個別の実力行使が行われるということも見た．ローマ型理念は bonorum possessio という制度（或いは missio in bona）によって完成すると見ることもできる．破産法と破産財団の基本理念の確立である．

　まさにこれを盾にとって Cicero は Naevius を攻め立てる．bonorum possessio もまた占有に違いない．interdictum により仮に与えられた方がリスクを負う，様々な抗弁に対して．この点は 3 世紀前半以降確立されているはずである．interdictum によって占有を付与される前提となる「相対的に有利な」状況が万が一不当な実力行使により作り出されたものであったときは逆に占有獲得は致命傷になる．しかるに問題は bonorum possessio であり，資産つまり計算上の占有の応酬である．丁度 societas の当事者が厳格に bona fides に統御されるのと同様に，bonorum possessio を獲得した者は領域の占有レヴェルに降りて自ら先に手を出し抜け駆けしてはならない．もっとも，これをしようとした第三者や債務者自身に対して防御するための実力行使であるという抗弁がありうるから，問題は単純ではない．この面での Cicero の当時最新のロジックにつ

いては次章で見る以外にない．しかし Gallia の農場にアクセスしようとした Quinctius を実力で阻止させた行動が決定的な論拠の一つとなる (28). Naevius は当然全ての行動を bonorum possessio 防御のための実力行使であると構成してくる．このため戦線を自らの bonorum possessio 存在の確認に設定し，この点を誓約と賭金によって争う．しかしおよそ bonorum possessio とは何かに関わるこの戦線は Cicero にとって思う壺であり，36ff. の三段の論拠は彼の爆発的成功を予想させる．そもそも原因債権の不存在もしくは明白性の欠如 (37ff.). しかしもちろん一旦獲得された占有はそれでも尊重されなければならない．そこで第二にその占有獲得態様自体の不当性 (48ff.). しかも第三にその不法な占有すら成り立っていないこと (73ff.). 要するに全くの空洞でゼロであるということ．しかしこのように三段になること自体，bonorum possessio の成り立ちをよく例解する．第一のレヴェルは，単純な占有と違って bona が問題である以上，売買であれ組合であれ原因が直ちに或る次元の占有を呼び出す，というものである．ここに実体，厳密な意味で原因が有効かどうかとは別にひとまず bona を動かしたと当事者が考える実体，が無ければ bonorum possessio 付与の形式要件すら満たさない．bonorum possessio は単純な possessio に比して全く無因的に働く部分が相対的に小さい．第二はこのレヴェルの占有の実体部分である．つまり bona に対して占有を獲得しうるのは当然 bona fides の構造の上に乗っている者，端的に言えば bona fides を備えた者，であり，当然，praetor の指示に基づくとはいえ特定の行動様式が要求される．Cicero は，善意で行動すべきその基準 (officii ratio) と（特定の儀礼を要求される人でなく）万人が取るべき作法 (omnium consuetudo) の観点から判断する，と宣言する．そして二人の関係を裏打ちするのが societas であったことをたっぷりと聞かせてから，bonorum possessio を取る行為は債務者の信用 (fama) と評価 (aestimatio) に致命傷を与えるわけであるからこそ，決して悪意でなされてはならない，と説く (50). 高い善意の程度が要請されるという．にもかかわらず，欠席を理由に訴訟手続を簡単に打ち切り直ちに差押えた行為は初めから Quinctius の資産の剥ぎ取りを意図したものだったのではないか，というのである．手続上の Naevius の戦術は「およそ悪意と詐害のために技術を磨いてきた人々が獲得したものを総動員した」(52: omnia tela coniecisti,

quae parata sunt in eos, qui permulta male agendi causa fraudandique fecerunt）も
のであった，と．そればかりか明示的に告示にも違反する（60ff.）．つまり
bona fides は以下のような文言として表現されている．「（債務者が）詐害のた
めに逃亡する恐れがある場合には」（QUI FRAUDATIONIS CAUSA LATITAR-
IT）．Cicero はここに主観的要件が入っていることを強調し，単純な欠席の事
実を以てはしえない，と論ずる．そしていきなり都市中心の奴隷を実力で押え
に出たことを指摘し，以下では友人のために応戦を買って出た Alfenus の手続
上の行為を無視したことを非難する．Alfenus はまさに Plautus の登場人物風
に事務管理 negotiorum gestio を行ったのであり，bona fides 行為準則からして
鏡のような存在である．Cicero はここをたっぷりと効かせて陪審を陶酔させた
に違いない．Alfenus の行為は同一の階層からいちいち多くの証人を立ち会わ
せるものであった（66）．そうしておいて最後に Naevius の bonorum possessio
が実効性を欠くものであったことを論証する．第一に，bonorum possessio は
皆のためにするものであるのに，「何故，資産が公に売却されなかったばかり
か，他の誓約債権者や一般債権者が参集しなかったのか」（cur bona non
uenierint, cur ceteri sponsores et creditores non conuenerint），「他に Quinctius
の債権者は誰もいなかったのか？」（Nemone fuit, cui deberet Quinctius?），し
かし現にたくさん居るではないか，C. Quinctius は相当多数の相続債権者を遺
したのではなかったか．彼らが bona fides の関係にある債権者かどうか疑わし
い．ところが彼らが何もせずに，bona fides になければならない Naevius がし
たというわけだ！ 「むしろ彼らはよく知られた Quinctius の fides が Naevius
の perfidia に崩されないように働こうとしている」（75: fides huius multis locis
cognita ne perfidia Sex. Naeui derogetur, laborant）．bonorum possessio も
possessio である以上何か一義的な関係を創っているというのでなければなら
ないが，ここでは債権者達の作る小さな政治システムと透明性の下，特定人物
に属する資産を凍結して動かさないという消極的なものである．小さな政治シ
ステムの欠如が既に大きな瑕疵であるが，最も致命的であるのは bona とその
傘下の領域上の占有との間の関係である．もちろん初めから領域の農場の関係
が bonorum possessio の差押の対象たりえたかは疑問だが，その点を先に送る
とすれば，Quinctius が Gallia でブロックされた事件は Cicero にとって決定的

な論点である（79ff.）．ただし債務者自身が動いたということにもなるから，その場合ブロックしたのはまさに bonorum possessor としてのこととなる．これをひっくり返し逆に一気に圧倒的優位に持ち込むため，Cicero はクロノロジーを使う．syntagmatisme である．Naevius が bonorum possessio を得たのは intercalatio の初日の前5日であり，事件はその前日である．Cicero はローマと Gallia の間の距離を指摘する．ブロックするようにという指示は praetor の告示後では間に合わないはずである．その意味で悪意である．他方 Quinctius は差押については知らない．その意味の善意である．ならば Naevius が bonorum possessio を防御しようとしたというテオレマは崩壊する．逆に自分が自力救済を試みたわけであるから，bonorum possessio の一義的な妥当を底で崩して曖昧な状況を作り出した，ということになる．自分で bonorum possessio の膜を踏み抜いて手を出したということになる．

　bonorum possessio を取るということはもちろん債務の引き当てとしての債務者の総資産を差押えるということを意味する．bona を構成する特定の要素を特定の債権のために押さえることは本来は予定されていなかったに違いない．4世紀のローマが金銭債務の問題にアプローチした姿勢はそのように考えさせる．しかし他方，ギリシャでは既に見たように売買を含む様々な手法でこのことが行われ，しかも押えた特定構成要素は売却されずにそのまま債権者の手に落ちた．bonorum possessio を許して競売が行われ，各債権が合議で確定され，そして売却益が分配される，これに対して不服の者は占有者たる bonorum possessor に請求する，といった手続の中でこの問題はどのように処理されたか．特定の構成物に対して質権 pignus を設定すること（pigneratio）はおそらく bona fides の社会構造の中で認められたと考えられる．ギリシャ的要素は払拭しえなかったであろう．多くは元来ギリシャ都市である．しかし *Captivi* を信頼する限り，ローマは大きな変化をもたらしたに違いない．事実この作品は単に信義を謳歌するばかりではない．それによってギリシャ的実力行使を倫理的に（政治的に）非難するばかりではない．既に181ff. で，窮した parasitus の Ergasilus が「自分を農場の如くに売りたい，自分自身を実体占有のレヴェルで儀礼行為つきで引き渡したい」（Quasi fundum uendam, meis me addicam legibus）と彼が言うのに対して，Hegio は「お前が売るのは農場ではなくもう

一段底のものだろう」(Profundum uendis quidem, haud fundum, mihi) と，"fundus" と "profundus" をかけて見せ，bona のレヴェルの売買と領域占有のレヴェルの引渡を対比する．433 の「私の命に君のための質権が設定されている」(meam esse uitam hic pro te positam pigneri) は二人の若者の強烈な fides が滔々とかき鳴らされる中での科白であり，これに忠実な債務者はきっちり弁済を欠かさない[2]．約束どおり戻ってきた Philopolemus は「自分というより遥かに私のために居てくれた，私のためのあの質」(939: Pigunus pro me, qui mihi melior quam sibi semper fuit) を請け出す時が来たと胸を熱くするが，何とその前に債権者によって手を付けられていた．それでも債権が回収できればよいか．否，これは債権者が拠って立つ基盤自体を崩す行為である．彼が信用の循環を大事にしたいのであればすべきことではなかった，何故ならばそれは自分の息子であったから．潰してしまえばその分資産が回転せずに死ぬことになる．回転させるためには公の市場で売買しなければならない．それによって債権を回収し，同時に他の債権者をたとえ後順位たろうとも参加させねばならない．pignus に関するこの原理は，Cicero が強調した bonorum possessio の bonorum possessio たる要件と同一の屈折体に属する．かくして pignus はたとえ mancipatio 等の引渡を伴って設定されたとしても，一旦包括執行の中に戻されて，その部分の売却益に対して質権者が優先弁済権を有する，というにすぎない制度[3]としてのみ認められたはずである．

〔4・7・1〕 "bona" は bonorum possessio ないし missio in bona 等包括執行手続の中で最もその意味が明瞭である．このこと自体が大きな意義を有するが，他方とりわけ後の法学者達が遺したテクストには "in bonis esse"，"in bonis habere" 等の表現が現れ，古くから謎とされてきた．Vico の「平民の所有権」説は著名であるが，Gaius 発見後は緩やかに (dominium ex iure quiritium に対する) ius gentium 上の所有権と解された．これに反対するフランスの学説の終着点が Ch. Appleton, *Histoire de la propriété prétorienne et de l' action publicienne, I, II*, Paris, 1889 であり，最良の実証主義が初めて議論を学問的平面にもたらした，と言うことができる．丹念な検証に基づくその結論は，要式行為を欠く引渡を受けた者と同様に (むしろ主として) 無権利者から譲り受けた (iusta causa + bona fides を有する) 者に対して保護する praetor の訴権 actio Publiciana に帰着する，というものであった．しかしこれに対しては，P. Bonfante, Sul cosidetto dominio bonitario e in particolare sulla denominazione "in bonis habere", in: Id., *Scritti giuridici varii, II*, p. 380ss. が鋭い反論を加え，"denotare il patrimonio, cioè un complesso di diritti pertinenti a un subbietto o destinati a uno scopo" という概念規定を提案する (M. Kaser, In bonis esse, *SZ*, 78, 1961, S. 173ff. はこれを全面的に踏襲し，H. Ankum, E. Pool, Rem in bonis meis esse and rem in bonis meam esse : Traces of the development of Roman double ownership, in : P. Birks, ed., *New Perspectives in the Roman Law of Property,* Oxford, 1989, p. 12ff. は単に「複合的である」ばかりでなく資産として金銭評価で概念される要素を一層繊細に摘出する．そればかりか Appleton の主軸は成り立たないと疑問を呈した（p. 387s.）．言うならば，引渡後の買主を守るのは占有それ自体であり，精々引渡前の買主の地位こそが問題である，ということである．さらに Diosdi, *Ownership,* p. 166ff. は思い切って actio Publiciana との必然的関係は認められないとする．ところが今度は「形式を問わずに帰属を指示する非テクニカルな語」であると言う（!?）．いずれにせよ，問題は "un complesso" につき占有を概念させるものは何かである．このとき bonorum possessio に帰って論ずる必要がある．ここには精巧な制度構築とその前提が存在する．

[4・7・2]　Costa, *Nelle commedie di Plauto,* p. 259ss. は，réel な関係としての原「質」概念が法的関係を裏打ちする，という側を見るばかりで Plautus のメッセージには無頓着である．

[4・7・3]　「そもそもローマ法は物的担保の諸制度を発達させなかった」という広く共有される認識は正しく，かつそれは通常与えられるニュアンスに反して「限界」ではなく，偉大な足跡である．占有原則と（nexum 克服に伴う）包括執行確立のコロラリーとして，社会人類学的メカニズムに深く根ざした領域の質的関係（"pignus"）は一旦払拭されたはずである．唯一特殊な条件下で pignoris capio という特権が認められたと思われる．Plautus の "pignus" は明らかに主として包括執行の新しい段階に関わる．テクスト上の "pignus" がどのような概念かではなく，それを巡るディアレクティカを検討する必要が有る．そして高々本文で述べたような個別的 pignus 復活が包括執行の政治的諸制度発達の見返りとして許されたかもしれないと推測されるのみである．テクストから言えるのはそれだけであり，かつこの後の pignus を理解するうえでも有効な想定であるが，他方，多数説に目を転ずると，史料が全く存在しないことを認め（そのくせ反対説に史料的根拠が無いのを批判し）つつ，「質というものそのものの性質」を基礎にあらぬ思弁を重ね，「太古以来占有質にして実力型にして流質型が支配し，非占有質はようやく紀元後 2 世紀になって現れた」とする，理解（好適例は M. Kaser, Studien zum römischen Pfandrecht, *TR,* 44, 1976, S. 244ff.）が猛威をふるっているのを見出す．自分の浅ましいバイアスを勝手に相手に投影するほど惨めなことはないが，史料が無いと言いながら Plautus を一顧だにできないばかりか，責任と執行の全体像もどこかに忘れてきている（ただし，「自力救済」などやたら実力を振り回すのでなく「占有質」に絞る慎重なヴァージョンが W. Kunkel, Hypothesen zur Geschichte des römischen Pfandrechts, *SZ,* 90, 1973, S. 150ff. に見られる）．D. Schanbacher, Zu Ursprung und Entwicklung des römischen Pfandrechts, *SZ,* 123, 2006, S. 49ff. は Plautus を使った Kaser 批判の試みであるが，首を傾げざるをえないテクスト解釈から古いギリシャ起源説を復興し「占有移転抜きに設定されるが自力執行される」という型を導く．逆に，おそらくローマはギリシャ都市の Demosthenes 型物的担保を解体していったであろう．

4・8

　bona fides は諾成契約の必要条件であるが，後者だけが前者を原理とするのではない．先に触れた Cicero のパッセージが既にそのように把握しているように，寄託 depositum を基本のパラデイクマとする一連の関係は何かを現実に移転することを要件とするが，にもかかわらず高度な信用と合意を支柱とする．

そもそも depositum は受寄者が最大限の注意を払って寄託者のために何かを保管し，実力の介入を遮蔽し，そして裁判抜きに寄託者は受寄者にその何かの交付を何時でも要求しうる．つまり占有は寄託者側に留保される[1]．既にわれわれは，*Aulularia* の気の毒な Euclio が折角自分で占有する無限の不安から脱出したいと考えて Fides 神殿に頼り，しかしよりによってこの Fides 神殿の機能不全によって期待を裏切られる，のを見た．この素朴な原理にしかし bona fides の構造全体が懸かっていたのである．既に見た mandatum の内部でも depositum の関係は常に発生する．*Mercator* における Demipho の不吉な夢はそのパラデイクマに関わる．「猿を信用してその寄託下に」(233: In custodelam simiae concredere) 雌山羊を置く．ところがその雌山羊が受寄者のところに預けられた別の物，つまり嫁資を食ってしまい，妻から責め立てられた猿の苦情を受けてしまう，という悪夢である．Demipho は隣人をダミーに使って二重委任により息子の恋人を奪おうとするが，その隣人が強力な妻から誤解を受けて窮し，苦情が自分に回ってくるのである．寄託者の側にも高い行動準則が課され，なおかつ全体として第三者に対して透明でなければならない．*Casina* において Lysidamus は隣人にして友人の Alcesimus の家を借りて思いを遂げようとするが，この使用貸借（commodatum）[2]もまた寄託同様の関係である．Lysidamus はまさに高度の友情を強調する（515ff.）．しかしだからと言ってそれが bona fides であるとは限らない．commodatum 自体が衆目に曝されると，それは希代の醜聞となる．bona fides 概念の中に，小さな政治システムの中に，しっかり置かれている，感覚的な語で言えば，皆の信頼を得て正々堂々とオープンになされる，という要素を含むのであり，寄託パラデイクマの系統の場合にそれは殊更に強調される．二重の関係を作るということは隠れ蓑を創出するということでもあるからである．

　Bacchides において弁済受領のため海外に旅立った息子が帰還するとき，息子に付き随った奴隷の Chrysalus は父 Nicobulus に或る作り話をする．受領した黄金は一旦奪われたものの取り返した，と一発効かしておいて，「全て Theotimus のもとに寄託した，彼は Ephesos の Artemis 神殿の神官である」(306: Nos apud Theotimum omne aurum deposiuimus, /Qui illic sacerdos est Dianae Ephesiae)[3]．誰だ一体その Theotimus という者は，という Nicobulus

に対して Chrysalus は彼が Ephesos において高く評価されていることを説明するが, Nicobulus は「その黄金のために私を一杯引っかければ, その分私には一層彼は高くつく男だなどとならなければよいが」(Ne ille hercle mihi sit multo tanto carior. /Si me illo auro ante circumduxit) と信用しない. Chrysalus 「いや Diana の神殿自体に寄託されているのに, そこで公に保管されているのだが」(Quin in eapse aede Dianai conditumst/Ibidem publicitus seruant). しかし Nicobulus は自分のところに持ち帰ってくれていた方が余程安全だと言ってきかない. 今や符牒の指輪を携えてはるばる海を越えて引き出しに行かない限り黄金を手にしえない, と聞いて絶句する. 寄託が元来公共空間, その基幹たる神域, を必要とすること, を Nicobulus は余り理解しえない. 逆に新しい bona fides の社会構造はおそらくギリシャで発達したこの銀行制度[4]を取り込むであろう.

にもかかわらず, Plautus が構想しようとする銀行[5]は「私的」な性質のものである. depositum が種類物や金銭でなされるとき, 量目で返却がなされるから, 実物は融通される. 混同の結果自分が何を寄託したかということは記号を使わなければ確保できない. 量目は記号を使わない限り見えないからである. 人々は帳簿上の数字で占有することになる. かつ受寄者のところには常に余剰が発生し, これを独自に融通する余地が生まれている. 必ず返ってくるという信用は転用を可能にする. 以上が基本的に「公的」な銀行の形成であり, depositum を信用の生命線とする概念構成であるが, われわれは別の道も有する. A が B に売買等を原因として支払わなければならない金銭が有るとしよう. P は A から金銭を預かり B に支払う. 否, これを先に D に支払い, 後に C から取り立てた金銭を B に支払う. この形で融通する. これらのことを多数引き受ければ, P は何時でも誰にでも立て替え払いし, 後に取り立て, その間の信用を媒介することになる. この関係が Plautus のテクストにふんだんに登場するということは既に見たとおりである. この形態であれば, AB, CD 間の信用, つまり確かに支払うという信頼, に全てが依存してくる. しかも銀行 argentarius の方が彼らを信頼できるかどうかである. その契約が bona fides に基づいているかどうかである. 個々の都市の政治システムはむろん無関係ではない. その財政に関係する弁済や公の競売, 破産に関係する競売, 等々には喜んで

argentarius が関わるであろう．しかし depositum 自体を政治システムが支えるのでなく，原因の方を支え，これに依拠して個別的に実質的な寄託関係が発生するのである．素朴な寄託は無因関係であることに注意する必要が有る[6]．

　現金主義者 Dordalus は信用のない Toxilus が信用売りを懇請するのに対して「お前なんかに信用を与えなくてよかった，時々銀行屋がするようなことをされたに違いない，ちょっとでも信用しようものなら forum からたちまち脱兎の如くトンズラする」（Persa, 433ff.: Mirum quin tibi ego crederem, ut idem mihi/Faceres quod partim faciunt argentarii : /Vbi quid credideris, citius extemplo foro/Fugiunt quam ex porta ludis cum emissust lepus）．取り立てうることが信じられるから銀行は取り立てずとも支払う，銀行が取り立てずとも支払うだろうということを信ずれば，先に引き渡してもよいではないか？　弁済の保証，つまりもう一段の与信である．Dordalus はここを信用しない[7]．Epidicus はくるくると売買代金支払いを流用していくケースであった．制度化すれば完全に銀行になる．こうなってくると現金は徐々に不必要になる．立て替え払い分を受け取らずに留保しておく．何かの書面に「プラス100」と書いておけばよい．相手は「マイナス100」である．やがて自分に「マイナス80」が付くかもしれない．期限が来たならば差し引きすればよい．Dordalus はこれをこそ嫌ったと読むこともできる．しかし Aulularia では，何も信ずることができない Euclio を尻目に，Megadorus は都市中心における消費生活を羅列して見せ，最後に財政負担までやって来て，ようやく銀行帳簿上の辻褄を合わせたと思いきや，「そこで銀行屋と計算を争わねばならない，場合によって銀行に対して一方的に債務を負担することになる」（527: Vbi disputata est ratio cum argentario,/Etiam ipsus ultro debet argentario）[8]．差し引きした最後に残るマイナスは，完全に無因的に銀行に対する債務となる．Asinaria においては Leonida の作り話の中で銀行 trapezita が取り立てにくっついて来た．しかし現金は動かず，「書く」という記号行為のみが行われた[9]．もちろん，これで契約上の弁済はなされ，債務は消滅する．

　何故債務が消滅するか．Plautus の答は Bacch, 865ff. に見出すことができる[10]．miles たる Cleomachus の突然の乱入で腰を抜かした Nicobulus は奴隷の Chrysalus に慌てて命ずる，「和解しろ」（pacisci）と．和解は一切の債務を

消滅させる消尽効を有するが，それに伴う給付は現金であるとは限らない．Chrysalus は Nicobulus を指差しながら Cleomachus に向かって言う，「この人があなたに約束します，あとは文言が保証します」(876f.: is promittit tibi... ceterum uerbum sat est)．記号行為を儀礼化して遮断効を創出しているのである．1028ff. には父に対する息子のトリックの中で次のように言われる．「私は儀礼的文言によって誓約を与えてしまいました，今日その額を女に支払う，と」(Ego ius iurandum uerbis conceptis dedi, /Daturum id me hodie mulieri)．「お父さん，私を破滅させないでください，できる限りの力で私をここから抜け出させてください」(pater, ne perierem/Cura, atque abduce me hinc ab hac quantum potest)．実際サンクションは破滅であり，だからこそ弁済と同じ効果を有するのである[11]．もっとも，銀行に寄託された各人の帳面の上の記載は mancipatio の如き儀礼にその効力の基盤を有するというより，遥かに信用の回転とその回転の規模に基礎付けられている．つまり消費寄託の上に発生する剰余である．極端な信用収縮が起こらない限り事実として支払われるだろうことである．記帳自体が formel な行為であるに違いないにせよ．かくして Plautus 流に言えば，むしろ息子と meretrix の愛に支えられている．*Mostellaria* 冒頭，Philolaches と Philematium という熱い二人が酔いしれるのは何と銀行のパラデイクマである[12]．甘い言葉をささやき合う二人はその文言（verbum）ごとに互いの口座に対価が付けられたと想定して楽しむ (296ff.)．Philematium「10 mina にまけておくわ，あなたのことだから特別に安く提供致します」(Cedo, amabo, decem ; bene emptum tibi dare hoc uerbum uolo)，Philolaces「(20 mina としても) なお君のところに (私の勘定が) 10 mina 残るはずだよ，帳簿を見てご覧よ，君を解放するために 30 mina 払ったんだから」(Etiam nunc decem minae apud te sunt ; uel rationem puta: /Triginta minas pro capite tuo dedi)，Philematium「何で私のせいにするの？」(Cur exprobras ?)，Philolaches「君のせいだって？　どんなにこれが全部自分のせいだったらいいことか．こんなに割のいい投資をついぞしたことがない」(Egone id exprobrem, qui mihimet cupio id obprobrarier, /Nec quicquam argenti locaui iam diu usquam aeque bene)，Philematium「私だって，こんな有利にビジネスを売ったことがない」(Certe ego...operam nusquam melius potui ponere)，Philolaces「じゃあ，僕達は完全

4 BONA FIDES の諸原理——契約法の基礎

に銀行の帳尻が合っているということだ」(Bene igitur ratio accepti atque expensi inter nos conuenit). 売買が有ればプラスとマイナスを銀行の各自の帳簿に記入していく (ratio accepti et expensi)[13]. これらは原因で結ばれていちいち符合して行かなくてはならない. そこに信用が有り, 投資が有る, というのである.

Curculio は銀行自体を主題としたとさえ解しうる作品である. Therapontigonus と Cappadox の間の売買において (343ff.), 決済に使われるのは「銀行に在る」(apud trapezitam situm est) 金銭である. Lyco の銀行に Therapontigonus がプラスの勘定を持っているのである. ローマの銀行の成り立ちからして, この金銭をあらためて託したのではなく, 別の取引によるプラスの勘定が引き出されずにいるのであろう[14]. さて今これが Cappadox の勘定に付け替えられねばならないのであるが, この操作はもちろん原因に符合していなければならない. この場合その有因関係を保障するのは同時履行であり, 売買対象物の引渡と勘定の付け替えが当事者の目の前で行われる. しかし Therapontigonus はこの行為を委任しており, 委任関係は物的な符牒で認証される (ei mandaui, qui anulo/Meo tabellas obsignatas attulisset). ほとんど代理であり, だからこそ "operam dare" という locatio conductio (infra) の如きタームが用いられる. この場合しかも, Lyco に付け替えさせることと女を引き渡させることの二つが懸かっている. もちろん Curculio によって符牒の偽造が行われ (365), Lyco が信用し, 引渡に彼が立ち会う (487ff.). もちろん現金は動かない.「あとで払い出される, 明日支払請求せよ」(526 : Dabuntur ; cras peti iubebo). 第一の問題は, 原因を欠いた付け替えが有効かどうか, Lyco に責任は無いのか, それとも Therapontigonus は依然自分のプラスの勘定は無傷であると主張しうるか, である.「お前のところに寄託した 30 minae を」(triginta minas/quas ego apud te deposiui) 直ちに払わないと命は無いぞ (535f.)[15]. 明らかにプラスの勘定を持つ関係は depositum と捉えられ, depositum において占有は確かに Therapontigonus に在る. Lyco「しかし移転してしまったものは移転してしまったのであり, これを今更返せと詰め寄っても, 全く支払う考えは無い」(Nec tu me quidem umquam subiges redditum ut reddam tibi, /Nec daturus sum), Therapontigonus「信用していたから, 信用を与えたのに, まさか払い戻され

るようなことはないだろう（信用の撤回など不要だろう＝お前は決して返しはしないだろう，という意味もかかる＝）と」(Idem ego istuc, quom credebam, credidi, /Te nil esse redditurum), Lyco「では何故今更私に請求する」(quor nunc a me igitur petis ?), Therapontigonus「せめて誰のために払い出したのか，知りたい」(Scire uolo quoi reddidisti). Cappadox に対する Therapontigonus の請求も正当に債務弁済（引渡）が行われた（債権の準占有）として拒否される (557ff.) が，銀行から払い戻しを受けようとした Cappadox も少なくとも一旦は支払いを拒否される．「銀行に託した占有は安心ではないという者が居るが，愚かなことを言ったものだ，安心も安心でないもない，全然返って来ない（つまり占有していない）のだから不良債権というより端的に失ったも同然だ，このことを今日はたっぷり味わった，たった 10 mina でも払いたいと思ったそれが，いつまでたっても引き出せず，あっちの勘定，こっちの帳簿，と先送りされるばかりだ」(679ff.: Argentariis male credi tui aiunt, nugas praedicant. /Nec bene nec male credi dico ; id adeo ego hodie expertus sum. /Non male creditur qui numquam reddunt, sed prorsum perit. /Velut decem minas dum soluit, omnis mensas dum soluit, omnis mensas transit)[16]．もちろん，これが原因関係の欠如を理由とする払い出し拒否かどうかはわからない．続く三行は，Cappadox が実力にものを言わせようとしたときに argentarius が in ius vocatio をし，しかし結局 praetor の前で Cappadox は彼に支払わせることができた，と読める．実物のレヴェルにいきなり降りるテクストに違和感を覚えざるをえないが，しかし信用の維持，つまりずっと次から次へと宙に浮いていて決して着地しないこと，が銀行の使命であり，それには反発も有ったということである．そしてそれへの反発から紙一重ながら以下の批判を区別することが重要であり，また Plautus の与えた科白は様々な立場を交錯させる中でこれが行われたであろう可能性を示唆している．つまり，実体レヴェルの占有に対応させよというのでも理由の無い金銭（信用）の移転は無効であるというのでもなく，寄託された金銭の占有を独自に考え，これに従わせるべく記号行為の作動不作動を的確に判定すべしという立場からの批判．現に Cappadox の観点を打ち消すように，それより前の箇所で Lyco は次のように言う．「確かに私は幸福に見えるかも知れない，今帳簿を引っ張り出して見ると，どれだけの金銭が私の分で，どれ

だけが他人のものか，わかる．もし彼らに負う分を払い戻さなければ私は裕福だし，負う相手に全部払い戻せば，他人の分の方が多くなる．……債務超過となれば praetor のところで何とか支えねばならないが，大多数の銀行は，第三者が第三者に請求するばかりで，自分は誰にも払い戻さない，それでも請求してくれば一発お見舞いする，すぐに稼いだ者はすぐにけちけちしないとすぐに金詰まりになる」(371ff.: Beatus uideor. Subduxi ratiunculam, /Quantum aeris mihi sit quantumque alieni siet. /Diues sum, si non reddo eis quibus debeo. /Si reddo illis quibus debeo, plus alieni est. / . . . Si magis me instabunt, ad praetorem sufferam. /Habent hunc morem plerique argentarii, /Vt alius alium poscant, reddant nemini, /Pugnis rem soluant, siquis poscat clarius. /Qui homo mature quaesiuit pecuniam, /Nisi eam mature parsit, mature esurit). 最後に実体の占有が控えていたとしても，銀行は滅多なことでそこには行かない覚悟を決めている，というのも短期の信用は回転をこそ生命とする，けちけち渋くしか払い戻さない，というのである．

Truculentus, 22ff. における Diniarchus による長い独白の中では，meretrix こそが銀行，しかも帳簿，の周囲にイメージされた[17]．これは単純に世相を嘆くのでなく，言うまでもなく，meretrix こそはその自由さによって（échange から信用を生み出すのでなく）信用自体を échange にもたらす点で銀行の等価物である．filius と meretrix の間に確固たる愛が成り立つかどうかということは，この審級が自立しかつ透明なものになり，したがってここに占有が成り立つかどうか，ということである．もちろんそのためには，様々な構造的前提とともに量が必要である．既に見たように，210ff. の Astaphium の科白は信用を貪欲に吸い出す力感に溢れる．領域の占有でさえ信用で縛り付ける．しかしそれでも「愛する男は誰も決してしかし愛する女に保証を与えなかった，われわれだって決して保証を受け取らなかった，かわりに彼の方も決してそれを要求しない，愛する男がたまたま手元不如意になって，与えるものが無いと言ったとしても，保証人無しに信用し，保証を受け取らない，そもそも保証になるものなど持ってやしないからである，むしろ常に新たな払い手を探さねばならない，無傷の蓄蔵財から本当に支払ってくれる者を」(numquam satis dedit suae quisquam amicae amator, /neque pol nos satis accepimus neque umquam ulla satis poposcit. /Nam quando sterilis est amator ab datis, /Si negat se habere quod det, soli credimus, /nec satis accipimus, satis cum quod det non habet. /Semper datores nouos oportet quaerere, /Qui de thensauris integris demus danunt）．保証 satis dare とは，保証人をパラデイクマにしつつも信用の基盤一般を示唆している．短期信用は決して領域の信用を基盤として生きたりはしない，というのである．次々に別の短期信用に先送りし，短期信用だけで堂々巡りの自律性を獲得しなければならない，という．Astaphium は「今や新たな満杯の蓄蔵財が躍り出た」(725: Integrum et plenum adortast thensaurum) と言う．Strabax からの給付で Diniarchus にサーヴィスするというのである．Strabax が今「一人でわれわれのところの全部を賄う，彼が今は新たな基盤（「領域の農場」）である」(Solus summam habet hic apud nos: nunc is est fundus nouos)．Diniarchus は「つぎ込んだ資産を失った，債務のみ残った」(Bona perdidi, mala repperi) と思う．勝った者が山を全てかっさらうゲームなのだから．しかしこれは早合点である (Stultus es)．確かに今は自分の給付が食われていて悔しいが，しかしこれは今給付している者の分を自分が次はただで食えるということである．ところが Diniarchus にどうしても通じない．彼は今給付したのだから，今享受できるはずだ，と言い張る．わかっている，「まさにその貢献で今彼らが楽しんでいる」(De eo nunc bene sunt tua uirtute)．それは私の敵が私の資産を浸食しているということではないか．じれた Astaphium の捨て台詞，「自分の持ち分をどうしても楽しみたいというのならば，家を半分切り取って持って行け，ここじゃあ，地獄風の勘定だよ，プラスの記帳がなされたら，入ったきり，払い出しは無しだよ」(Si uolebas participari, auferres dimidium domum: /Nam item ut Acherunti hic ratio accepti scribitur/Intro accipitur; quando acceptumst, non potest ferri foras)．組合や銀行帳簿上の持ち分は信用であって，だからといって実物を切り取って持って行ってしまうことなどできない，ということである．出資したならば実物と信用の間の彼我を隔てる絶対の障壁を尊重して貰う，過半数株主だからと言って工場の敷地を半分に仕切ってそこを取り壊して自宅を建てることなどできない，ということである．しかし Diniarchus には，既に述べたように，二重売買にしか見えない (aduersum legem accepisti a plurimis pecuniam)．「この人殺しめ，四倍額の訴訟をかけて実力で召喚してやる」

(Postid ego te manum iniciam quadrupuli, uenefica).

[4·8·1]　R. Robaye, *L'obligation de garde. Essai sur la responsabilité contractuelle en droit romain*, Bruxelles, 1987, p. 36sqq. は, Gai. Inst. III, 207 : custodiam non praestat からスタートし, Arangio-Ruiz の custodia/dolus 全称一義的区分システムに反対し, culpa が入り込む隙間の存在を主張する. 反対に Ulpianus が肯定する custodia は "matérielle" の意味であり, 責任原理ではない, というのである. しかし Gaius は「少なくともかつては custodia が概念された」ことを完全に理解している. Ulpianus になるとこれも理解できなくなる, というにすぎない. Robaye は, 有償の場合にのみ責任が重くなるという思考を掬ってくるが, これは領域の真ん中に置かれ始めて locatio のようになったからである. locatio としても対価の向きが反対であるが, 本来は depositarius に占有が無いから custodia 責任が発生する. 逆に青空駐車場のような場合, 自己責任で勝手に置け, となる.

[4·8·2]　commodatum の責任原理も bona fides であり, だからこそ custodia 責任が問題となる. F. Pastori, *Il commodato nel diritto romano*, Milano, 1954, p. 26 は Plautus を引いて "amici", "vicini" を強調し, 初めから actio in factum であったとし (p. 32), fiducia cum amico に近づける (p. 38ss.) から, custodia を認識しても (p. 189ss.) 思考が領域にとどまる. Gai. Inst. III, 206, 207 から "l' alternative dol-custodia" を引き出した Arangio-Ruiz, *Responsabilità contrattuale*, p. 72 を批判する Robaye, *L' obligation de garde*, p. 267 も, locatio conductio のアナロジー (事実上の保持から来る custodia) に引き摺られ, actio furti の帰趨との関係で commodatum に culpa を付着させる多くの法文を批判的に読まない. commodatum はすっかり領域のロジックに感染し, Gai. Inst. にのみ微かに原型が記憶された. その事情については IV-3 で触れる. なお Pastori は actio commodati の形成を古典期以降のこととし, Plautus の頃には慣習規範にすぎなかったと見る. 確かに actio の形成は債務概念平準化の後のことであったかもしれないが, そもそも「bona fides に基づく actio」の形成自体 bonae fidei iudicia が ius civile に吸収されたことのコロラリーであり, それ以前に純然たる bona fides 上の仲裁審級を有した可能性は排除されない. bona fides 上の制度は全て平準化まで正式の actio を有しなかったかもしれないが, だからと言って法でなかったわけではない.

[4·8·3]　cf. Costa, *Delle commedie di Plauto*, p. 316.

[4·8·4]　cf. J. Andreau, Banque grecque et banque romaine dans le theâtre de Plaute et de Terence, *MEFRA*, 80, 1968, p. 501sqq. Bogaert がこれを「ギリシャの銀行」の史料として扱ったことの正当性が論証される.

[4·8·5]　凡そ銀行について (そして以下に見るように Plautus の銀行の基本的意義について) われわれは J. Andreau, *La vie financière dans le monde romain : les métiers de manieurs d'argent (IVe siècle av. J.-C.-IIIe siècle ap. J.-C.)*, Rome, 1987 に依拠しうる (他の研究と比較して水準が大きく異なる). Andreau は Plautus の史料価値について慎重な姿勢を崩さないが, 決定的であるのは, "L'argentarius d'époque hellénistique, tel que Plaute ou Polybe le font voir, c'est avant tout la pratique du crédit et l'acceptation de dépôts non-scellés... Les textes littéraires des siècles suivants attestent, certes, que les argentarii continuaient, à l'apogée de l'histoire de Rome, à pratiquer le double service de dépôt et du crédit et à fournir un service de caisse, mais ils l'attestent de manière allusive et pâle, sans ces détails dont abondent les comédies de Plaute" (p. 356) という観察眼である. (私的) 競売にあたって信用を与えるという活動が無いこと, 金属貨幣の両替をする nummularii が見当たらないこと, も見落とさない. ちなみに, Andreau はローマの銀行を独自のものと見ており, ギリシャ人が営んだとは見ない. そして

鋳造貨幣の登場とは相対的に独自に捉え，mensa が存在しうる都市ローマの考古学的痕跡から 4 世紀末以降の出現を想定し，なおかつ Plautus の形態は 3 世紀の最後の四分の一を待たねばならないのではないかとする．Andreau の分析枠組の優れる点は，銀行と（高利貸 danista はもちろん）一般の金融業者を峻別できる点に在る（例えば，argentarii＝銀行・信用対 nummularii＝両替をギリシャ・ローマに貫通させる L. Mitteis, *Trapezitika*, SZ, 19, 1898, S. 198ff. と対比せよ）．こうして相対的に金融を復権すると同時にその短命をも指摘することができるが，他方，与信機能の諸々の差異をさらに厳密に識別する必要は随所で感じさせる．「二重機能」とは言っても短期の信用にとどまるか，mutuum まで行くか，で大きく事態は異なる．真の対抗軸を見出すためにはこの区別が必要である．一層複雑な形態（操作，テクニック，実体経済との関連）における（しばしば隠れた）混淆を解析して真の限界・袋小路を認識しなければならない．とはいえ他の文献，とりわけそうした識別を得意とするはずの法学的文献，は遥かに低い水準に在る．例えば A. Petrucci, *Mensam exercere. Studi sull'impresa finanziaria romana (II secolo a. C.-metà del III secolo d. C.)*, Napoli, 1991 は，Andreau の（銀行と金融業者の）区別を認容しながらなお「商人が institor を使って mensa を経営した」というリンク（Di Porto）によって批判する．こうして「時代を貫通して銀行が大きく商取引を媒介していた」という像を単純に維持するからこの「リンク」が抱える深刻な問題が浮かび上がらない．

〔4・8・6〕 Andreau, *Banking and business*, p. 17 : "I am now certain of the correct answer to that question (although in the past I have been in two minds about it). Non-sealed deposits of money were reserved for professional bankers." 1 世紀になってから登場する金融ブローカーは二重機能と無縁であるという正しい認識であるが，なお，この "no-sealed deposits" を有因と無因に区別しなければならない．

〔4・8・7〕 cf. Andreau, Banque dans le theâtre de Plaute, p. 472. この論文は Plautus のテクストに対する最良の分析である．Costa の如く「ローマ法」だけを抽出するのでもなく，Dareste や Paoli のように「ギリシャ的」と葬るのでもなく，Plautus の意識的な「ギリシャ化」（文学的営為）と相互作用を踏まえて慎重に stratigraphie を行い，その上でローマの銀行の基本的性格を把握する．

〔4・8・8〕 cf. Andreau, Banque dans le theâtre de Plaute, p. 485. マイナスのコントをしばし許されるという形態の信用授与でもあるが，これが「ギリシャ＝ローマ共通」とされる．確かにそうであるが，問題は「銀行の対顧客無因的信用授与」がこれだけかどうかであり，テクスト上この形態が一種の限界として受け取られていることは，ローマではギリシャにおけると異なってこの形態に限られた，と推測させる．

〔4・8・9〕 cf. Andreau, Banque dans le theâtre de Plaute, p. 514. このテクニックがギリシャ的かローマ的かで論争が存在する．しかし（ギリシャ起源，かつその後急速に廃れたにせよ）十分にローマでもありえたであろう．なお，"perscribere" について Andreau, *La vie finacière*, p. 568sqq. が優れた考察を展開する．その多義性は「書く」ことの多義性（支払の証明手段，支払，債務負担，付け替えによる支払，等々）そのものであるが，多義的空間の変容自体興味深いテーマであり，なおかつ，銀行の脈絡外に広く分布するのは，IV-3 で見る独特の構造のなせる業である．

〔4・8・10〕 Andreau, Banque dans le theâtre de Plaute は一般にテクスト表面で銀行を捉えるのでなく作品に即することを十分に行うが，この箇所は扱わない．しかしさらに研究を進めるためには実体債務との関係でパラデイクマ自体を扱う必要がある．

〔4・8・11〕 stipulatio や promissio はこのように Plautus にも登場するが，まだ元来の機能を大

きくは逸脱していない（Bacch., Rud.）．諾成原理の対抗物として，要式的仲裁的原理を体現する．Gripus の stipulatio 要求は領域の意識に対応する．Bacch. では衝突回避作用を担う．4世紀後半以降に萌芽的に現れる「領域の決済審級」を思わせる．次章で見るように共和末になると様相は一変する（V. Infra）．

〔4・8・12〕 cf. Andreau, Banque dans le theâtre de Plaute, p. 486. codex accepti et expensi の技術的側面については R. M. Thilo, *Der Codex accepti et expensi im römischen Recht*, Göttingen, 1980 が詳しいが，致命的なことに基本を家政の出納帳に求め，銀行について（S. 221ff.）は異形すなわち日誌・補助帳とする．"Kassenbuch" とする Keller-Savigny 説（vgl. S. 7ff.）さえ斥けられる．まずギリシャの銀行におけると異なって無因消費寄託の帳簿ではない．（もちろんこれさえ単純な倉庫台帳でもなければ債権債務登録でもないが）有因で記載していくために取引記録のようになる（cf. J. Andreau, Pouvoirs publics et archives des banquiers professionnels, AA., VV., *La mémoire perdue. A la recherche des archives oubliées, publicques et privés, de la Rome antique*, Paris, 1994, p. 5）．さらに，この codex は1世紀以降銀行外の金銭消費貸借に用いられる．そしてやがて家政の中に入ってしまう．Andreau はかくして codex を銀行のメルクマールとはしえない（rationes の方である）とさえ述べる（ibid., p. 3sq.）．しかし史料上優勢なこうした派生的事態と Plautus が示す原点は区別されなければならない．

〔4・8・13〕 銀行は記号を必要とし，しかも signifiant は物体として存続し，皆の前に置かれなければならない．ローマの場合このことは端的な透明性や開示義務としてではなく，私的銀行に相応しく（Andreau, Pouvoirs publics, p. 13sqq. の考察が参考になる），裁判の場面で現れる．民事裁判において如何なる訴権によって原告が提訴しているかを文書で示し被告の防御の対象を明確にしなければならず，この行為は editio（actionis）と呼ばれるが，その同じ概念が，裁判所による銀行帳簿に対する文書提出命令に際して用いられる（cf. Petrucci, *Mensam exercere*, p. 141ss.）．つまり提出行為が editio であり，その要件についての規律が法学断片に痕跡をとどめる．証拠に依存しないローマの裁判において例外的に確たる証拠として採用される．その若干の光景をわれわれも次章で見る．

〔4・8・14〕 Andreau, Banque dans le theâtre de Plaute, p. 488sq. は，accipere/expendere と codex によるのでないからここは意識的に Plautus がギリシャの銀行を混淆してきているとする．まるで銀行の mensa に帳簿が有るが如くの部分は確かにそうである．しかし原理は（ギリシャからのインパクトで）ローマにおいて定着するそれである．

〔4・8・15〕 Petrucci, *Mensam exercere*, p. 69 は「二重機能」を Andreau のようには決して詰めて考えることが無いから，mutuum と depositum の双方が営まれたと簡単に結論する．テクスト上の根拠は希薄であり，唯一 Curc. 506-511 が表面上 mutuum を窺わせるが，しかしこれは Curculio が悪態をついている場面であり，argentarius が leno の類比で捉えられている．Most. に見られるような danista 批判を前提とすると，ここでも Curculio の迷妄と Lyco のあくどさを通じてローマ風ナイフさとギリシャ風混交の双方が皮肉られ，銀行が離陸しようとしているのである．

〔4・8・16〕 cf. Andreau, Banque dans le theâtre de Plaute, p. 478. このアイロニーに着目し，ローマ固有の意味連関であるとする．

〔4・8・17〕 cf. Andreau, Banque dans le theâtre de Plaute, p. 487.

4・9

locatio conductio の原概念は，費用＝果実の関係の中で，対価を払う替わり

に果実を取る者を介在させる，というパラデイクマを潜ませる[1]．この者が費用＝果実関係を取る形になる．逆から見れば，対価を受け取って果実を早期に収受し，費用として投下したものを回収するのである．占有は費用＝果実関係を一義的にするから，このような二重構造を作ることは嫌われたはずである．財政との関係では，既に見たように，そこに〈二重分節〉を与える手段となる．しかしここは政治システムと直結しているだけに危険性は少ない．しかるに，Plautus のテクストは locatio conductio をしばしば描くばかりでなく，これに対して鋭い省察を加えているように見える．

まず，必ず費用＝果実関係において locatio conductio が概念されうる点，つまり mandatum との区別は完璧に貫かれる．領域に降りて果実に関わる，ところに locatio conductio の最初の動機が存在する．しかしながら同時に，まさに領域だからこそその上の二重構造は危険極まりない．土地の実力の関係が錯綜してしまう．すると辛うじてこれを概念しうる間隙は，都市中心でなおかつ具体的な費用＝果実が発生する（「領域におけるが如き」）場面である．それは資産に発生する果実であるということになる．さてそうすると，第一は都市の住居であり，現に Merc.（560）では，例の Demipho が期待に胸を膨らませて二重委任を通じて買った女を妻に隠れて住まわせるためにこれを使う．「彼にはどこかに住居を借りて貰おう」（Vt mihi aedis aliquas conducat uolo）．locatio conductio は EV の如くに委任の対象となっている．

Plautus の圧倒的な関心はしかしながらこれとは別の局面に向かう．彼が servus や meretrix の解放に全てを賭けてくるのをわれわれは何度も見たが，locatio conductio の関連でも彼の関心は人的な絆の中で自由を探求するというものである．一貫して描かれるのは，土地の上でなくして人々が具体的に働き果実を得るという関係である[2]．一つの理想は自由な公共空間，誰のものでもない大空，で協業が成り立つことである．しかし都市中心といえども私的空間が有り，そこには性質が異なるとはいえ占有が成立し，そしてそうでなければ経済活動，つまり費用投下＝果実収取，はできない．Aulularia において，結婚する気の Megadorus は早速「料理人達とフルート吹きの女達を雇った」（280f.: conduxit coquos/Tibicinasque）．これは無意味なエピソードではない[3]．"operam dabo"（284）は対価を取って果実を取らせる側の決まり文句であるが，

料理人達は，半分は Megadorus の家で，半分は Euclio の家で，と聞いて腰を抜かす (293)．テリトリーの区分に拘泥しない役務を提供するつもりであるのに．ところが Euclio はたとえ煙と匂いであってもそれが逃げることを許さないけちぶりである (299ff.)．案の定，Euclio は帰って来ると悪夢を見る．「何ということだ，私の家が明け放しだ！」(Sed quid ego apertas aedis nostras conspicor)．しかも中で料理人が壺の話などしているからもういけない．料理人同士は隣りと材料を融通し合っている．Euclio は逃げる料理人を追いかけ回し捕らえては追及する (426ff.)．「私の留守にここで何をしている，何の関係があって入った」「料理です」「オレが焼いて食おうと生で食おうとお前の知ったことか」「料理をするのかしないのか，それが知りたい」「オレのあれが家の中で無事かどうかそれが知りたい」．Euclio は中でどこに入ったか詮索する．locatio conductio においては必ず占有が交錯する．入り込まれる．そしてこれは conductor の側ばかりでない．locator の側もまた実は自分の掛け替えのない労働を他人に使わせるのである．

　では一体どのような条件が必要か．Epidicus は一種の見せ金として「身請けした女」に仕立てたフルート吹きの女を conducere する (313ff.)．しかし買ったとばかり思っている Periphanes に対してこの女は，「幾ら金銭を積んだって決して誰も私を買うことなどできたわけがない，5 年以上，私は自由の身なのだから」(Neque me quidem emere quispiam ulla pecunia/Potuit; plus iam sum libera quinquennium)．売買との差を使って，まず当事者が絶対的に自由でなければ成り立たない，と Plautus は言う．かつ逆にそれがあれば，互いに占有を交錯させることは信頼の極である．しかしここからまた，bona fides が絶対の条件であることも理解される．この場合 Epidicus の策謀はまさに Periphanes の側の占有を危殆に瀕させるが，同時に善意で儀礼を執り行うためとばかり考えていた彼女の方が対価を受け取れるかどうかも問題である．

　実際対価は locatio conductio が正常に機能したときの結果であると同時に条件でもある．明確な対価こそが両当事者の〈分節〉的関係を創り出す．*Mercator* において，隣家を使っての怪しい策謀はそこへ呼んだ料理人から妻に露見していく．一体誰が雇った！　息子が言う，「お前を雇ったのは私ではない」(758: Non ego sum qui te dudum conduxi)，とっとと失せろ．全てをばらして協

力する料理人も，しかし対価 merces は要求する（mercedem cedo）．明日また来いと言う息子に対して，その間に何が起こっても「私の過失ではない」(id non est culpa mea)．受領遅滞はお前の方だ，というのである．今日連れてきたスタッフには今日払わなければならない，その分を請求する（Drachmam dato）と，"Dabitur" と未来形で返るので，これを直ちに支払わせる．初期費用はどんどん対価に上積みされる．こうした駆け引きができる地位に locator は通常立つ．しかしこの点で少々厳しい立場に立つ料理人も居る．*Pseudolus* で Ballio に雇われる料理人は気の毒である．さんざ悪態を付く Ballio に対して「じゃあ一体何で雇ったんだ」(799: Quor conducebas)．たった一人でスタッフも連れていないじゃないか，に対して「料理人を雇おうという者は直ぐに見つかるんだが，連中は，最良かつ最高値の料理人ではなく，それよりはむしろ一番安いのを選ぶ」(Quia enim, cum extemplo ueniunt conductum coquom, /Ne illum quaerit qui optimus et carissimust : Illum conducunt potius qui uilissimust)，のでいつまでたっても貧乏でスタッフを持てない，と答える．

　テクストにおいてしばしば相手を騙すためのダミーの役が locatio conductio という契約によって調達される．筋書の進行上重要な場面が locatio conductio の成否に懸かることになる．とりわけ重要な箇所は，*Pseudolus* においてタイトル・ロールが Simia に詳しく指示を行う場面（905ff.）を受けて，1184ff. で Ballio が本当の使者である Harpax の方をてっきり Pseudolus に雇われた贋物であると思い込む下りである．「幾らで雇われた？」(quanti conductast?)，「何のことだ？」，「その旅行帽の対価で主人に幾ら稼がせた？」(Quid mercedis petasus hodie domino demeret?)，「全部自分のものだ，私のリスクで私が買った」，「どれだけのはした金で Pseudolus に雇われたんだ？」(Quantillo argento te conduxit Pseudolus?)．Ballio には利益で買収された人間にしか見えない．つまり主人に依存している証拠が échange である．ところが同じ対価 merces 関係でも Pseudolus＝Simia は〈分節〉的である．事実彼の言葉と裏腹に Ballio はこのことを予感して脅威を感じている．協働は一層強力で単一の点を崩せば足りるとは行かない．とはいえそれは bona fides の言わば二次的な転用であり，その本体ではない．この点は mandatum との対比が一貫することによって裏付けられる．locatio conductio は，大事なダミーのために使われると

はいえ，この場合受任者たる役割が locatio conductio によって果たされる，ということでもあり，受任者が決して受け取らない対価の関係が存在するということでもある．策謀の側から言うと，自発的協力者ではない，ということになる．*Trinummus* の Megaronides が「一人雇って……外国人に仕立てる」(765f.: Homo conducatur alquis.../Quasi sit peregrinus) のは，自分達および放蕩息子の信頼圏の中の人物ではいけないからである．演技をするという費用＝対価関係が切り離されて概念されなければならない．雇われた者の心境はかくして，「こんなしがない芸のために今日も二束三文で自分の労働を locare した（貸した）」(843: ego operam meam/Tribus nummis hodie locaui ad artis nugatorias) というものである．

〔4・9・1〕 われわれの基本的な理解は既に「sarta tecta in: Cic. Verr. II-I-50-130ff.」（片岡輝夫他「古代ローマ法研究と歴史諸科学」(1986)，127 頁以下で示された．そこでは一種の基本型の構造的把握が目指されている．ただし（碑文等による原型分析の後，後述の Cato からスタートし）まさに Plautus が欠けている．locatio conductio の三分法 (operis, operarum, rei) がローマの法学者達のものではないことの指摘は 20 世紀初頭以来指摘されて久しい（Arangio-Ruiz が既に講義録で主張したと言われ，U. Brasiello, L'unilatarietà del concetto di locazione in diritto romano, 1, *RISG*, 2, 1927, p. 529ss. で既に明確に見られる）が，統一説の普及の割には対価の方向等々で斬新な研究は見られず，統一説の基盤たるパラデイクマは提供されず，まして三分法に替わるしっかりした類型は論じられない．そもそも統一説と陰に陽に重なりながら断続的に主張されてきた「公法起源説」も十分な論証を持たずに来た．中で Felix Olivier-Martin の論文 (Des divisions du louage en droit romain, *RHD*, 15, 1936, p. 419sqq.) は（単に統一説を掲げるだけでなく）近世において三分法が形をなしていく過程を追跡した貴重な意義を有し，そのときに彼が（近代において抹殺される）「自由な労働」の再評価を問題解決の鍵と見たことは大変に示唆的である．

〔4・9・2〕 逆に「労働」の側から見たとき，「自由な労働」を敢然と再評価する場合にすら，locatio は視野から消え，不思議なことに Plautus 自身扱われない（思想史的な分析になる）．F. M. De Robertis, *Lavoro e lavoratori nel mondo romano*, Bari, 1963 とこれに対する丁寧な書評である D. Nörr, Zur sozialen rechtlichen Bewertung der freien Arbeit in Rom, *SZ*, 82, 1965, S. 67ff., さらに S. M. Treggiari, Urban labour in Rome: mercennarii and tabernarii, in: P. Garnsey, ed., *Non-Slave Labour in the Greco-Roman World*, Cambridge, 1980, p. 48ff. 等々が示す通りである．その理由は，（とりわけ Nörr, S. 86ff. で論じられるように）locatio が fundus 内に埋没し，mercennarii の賃労働を念頭において locatio operarum が（講学上）類型化されるからである．conductor の方に労働に対する「占有」までも移転してしまう．fundus の占有と混同されるのである．やがては対価さえ fundus 占有内種類物流通と区別がつかなくなり，生活の糧の支給という趣になる．つまり servi との一体化である．自由な労働が成り立つための条件は都市が握っている．E. Lepore, Grecia: il lavoro urbano, *Ibid.*, p. 26ff. が Athenai の例で示唆するように，しかもデモクラシーの段階に至った都市の複合的構造を要する．Plautus においてわれわれは，socii の社会構造に展開されたその一ヴァージョンを見ていることになる．

〔4・9・3〕 学説は一体何時諾成契約としての locatio conductio が現れるかに関心を集中させる．要物的な関係にとどまったという説さえ多い中で，典型的には例えば Th. Mayer-Maly, Locatio conductio. Eine Untersuchung zum klassischen römischen Recht, Wien, 1955, S. 82f. が「既に諾成契約が存在していた」ことの典拠とするのが，まさに Congrio の科白 (447f.; 455ff.) である．これらは追及＝決裂後の対価請求問題に関わる．「無方式」なのに訴えうるというのであるが，Plautus が場面のおかしさを通じて言いたいことは，諾成契約として成り立つ条件であり，占有を危機に瀕しさせるという危険であり，両当事者を自由に置くことの難しさである．そしてこの点を認識することはわれわれにとって極めて重要である．財政の関係や後述の Cato の fundus 内関係における二重構造形成とは別に，自由が基盤を有する bona fides の圏内で locatio conductio が本格的なスタートを切った，ということである．一方でこれこそ近代はおろか紀元前 1 世紀に既に衰退するものであり，他方で locatio conductio の主役になる "rei"（今日の「賃貸借」）はまた別にこの紀元前 1 世紀に特殊な条件を得て登場する．この間にも主として公共部門で原型 ("operis") は維持されるが，これも紀元前 1 世紀に大きく変容していく．

4・10

Terentius のテクストから浮かび上がってくる法的パラデイクマ即ち exemplum iuridicum は多くなく，これは既に述べた作品の性格と彼が構築する屈折体の内容に基づくが，テクストが示唆する少数の法的概念の様相も Plautus におけるのと異なる．丁度 Mercator において領域の占有を畳んで都市に出て海上貸付に投資する過程を巻き戻すように，Heauton において Menedemus は「最近」都市の資産を畳んで領域に農場を購入したのであった (54ff.)．これがコントラストの全てを説明する．一面で信用は領域に拡張されるが，他面で領域に再び後退し始めたとも解しうるのである．この両義性が Terentius のテクストの全てである．事実，この売買の性質についてわれわれは十分な示唆を受けうる．Adelphoe において，Sannio が売買を巡る（bona fides の最上級）"optuma fides" を主張する (161) のを見たが，われらが主人公 Aeschines はお構い無しに対象物たる女を力づくでもぎ取って来る．ここでは脈絡をわざとずらして "possidere" という語も使われる (176f.) が，再び売買対象物の占有は難解な問題を突き付けるようになっている如くである．「売るのを強制したではないか」(193) という Sannio はもちろん合意の観点に立って批判しているが，「売買を強制などしない」に対して異議を唱える Sannio を，「何故ならば，そもそも自由人の女を売買してよいはずがない」の一撃で倒す Aeschines も，偽の諾成契約で簡単に持って行かれることに対して占有の立場から批判を加えている

のであり，事実，一転ならばせめて代金を (202: iam cupio si modo argentum reddat) と考える Sannio はもう直ちに現実売買に観点をシフトさせて尻尾を出し，しかしこれを直ちには払わない Aeschines の態度は Sannio にとってありふれた典型的な悪い顧客の態度であるが，Aeschines にとってはこれこそ bona fides かもしれない．つまり合意と占有移転の間の関係は単純ではないという思考である．こちらの方が，次の1世紀の領域の上に見られる EV の生態である．

領域上の占有にはっきりと関心を移しているのは *Eunuchus* である．舞台を見れば都市中心のことであっても，パラデイクマは明瞭に領域，しかもローマのそれ，に関わる．前の世紀の前半には確立されたと見られる interdictum の文言 "uel ui uel clam uel precario" が現れる (319) のは徐々に新たな関心が領域上の端的な占有に向かいつつあることの証左である．このフレーズが偶然紛れ込んだのではないことには，この作品の基本の筋書がまさに usurpatio である．Chaerea が eunuchus になりすまして秘かに内部に入り込み目的を達成するというパラデイクマは上のフレーズの実践であり，しかも作品はこれをカテゴリカルに拒否するのでなく，治癒することに関心を有する．それはギリシャ原版におけるように権原の偉大さを再確認するためでなく，再び領域の占有に自律性を与えるためであろう[1]．都市中心からどんな信用が入って来ようと占有を固めた方が勝ちというわけである．以上のことと，*Heauton* において（作り話の中ながら）娘を借金のかたにとるということが登場する (602ff.) こととは無関係ではないと思われる．*Captivi* の pignus は領域という沖に出れば動揺を免れず，新たな方策を要求するだろう．また，Phormio が駆使した既判力もまた無関係ではない．確かに，bona fides の原理に基づく arbitrium が有ったとすれば，通謀による訴訟上の自白で既判力を創出するなど，bona fides に反する極みである．しかし，Phormio 型こそが民事訴訟の強みであるとも言うことができ，所謂 bonae fidei iudicium はそのままでは脆弱であるかもしれない[2]．

Adelphoe においては兄弟を介して都市中心と領域が具体的に結び付いており，領域の villa が具体的に描かれる．そこには賃労働者群が有り (541: mercennarium)，villa は都市中心から遠くない (523)．そこから簡単に人が出てくる．

Heauton では領域の隣人どうし (vicini) が描かれるが，彼らは境界争いの仲裁のために出掛けなくてはならない．これは良き人士 boni uiri の務めである．そして locatio conductio も新たな様相の下に登場する．そもそも前項で見たタイプの locatio conductio は次の世紀に大発展することはなく，Plautus の画像は孤立する．これは EV などがどのように変質を蒙ろうとここに基礎を持つのと対照的である．しかるに *Adelphoe* では，最後に Hegio に報いるために領域の農場を locare することが提案されるのである (949)[3]．占有にとって厄介な問題を提起するから，これはギリシャ原版を locatio で翻訳したとも見うる．しかし2世紀末には少なくともこのタイプの locatio conductio はよく普及していることを具体的に見ることができる（次章）以上，少なくとも嚆矢がここに有ると見ざるをえない[4]．Hegio は領域の上に張り付いて活動する以外に無い古いタイプとして描かれるから，都市中心からここへと排他的な信用関係[5]，つまりうまく行かなければいつでも丸ごと引き上げうる関係[6]，を創出していることになる．しかもこの作品の主題に密接である．

この作品の中で Demea は以下のように言う．「鏡を覗くように他の全ての人の生活を見るように命ずる，他人から自分のためにその通り実行する再現的パラデイクマ exemplum を採取すること」(415f.: inspicere tamquam in speculum in uitas omnium/iubeo atque ex aliis sumere exemplum sibi)．Cato は Terentius と同じ頃，農場をどのように経営するのがよいのか，「その通りに従えばよい」タイプのテクストを書いた．その *De agri cultura* (ed. Goujard) は Terentius のテクストと深い関係に在る．「市場で財を追求することも，余り危険でない限り，そして高利を求めることすら十分にフェアであれば，ときにはなかなかよいことである．……とはいえわれわれの祖が賞賛した良き人士というのは，やはり良き農夫であり，良き耕作者であった」(Est interdum praestare mercaturis rem quaerere, nisi tam periculosum sit, et item fenerari, si tam honestum sit... Et virum bonum quom laudabant, ita laudabant: bonum agricolam bonumque colonum) という冒頭の文章は，Plautus に対して Terentius 風に対抗したとも解しうる．第一に都市中心での経済活動は決して否定されないし，高く評価されさえする[7]．第二に "agricola" や "colonus" は Curius の主題であり，ひたすら個別の占有と古い政治的階層に固執するものではない．領域に何らかの横断

的組織を概念する限りにおいて bona fides を先取りしたとさえ見うる立場である．したがって，vir bonus や honestus といった価値観は，socii を評価するそれと両立可能である．にもかかわらず重心は今領域に移る．内部に対抗線が走る，その亀裂を冒頭のパッセージ，序の部分，は宣明しているのである．だからこそテクストは盛んに商品について言及し，その農場は閉鎖的なものとは凡そ異なる．そもそも *Adelphoe* におけるように農場を買って投資するという場面が設定され，そうした者へのアドヴァイスという形式が取られる．「土地を購入しようと思う者は以下のことに留意しなければならない，決して欲につられて買わないこと……」(1: Praedium quom parare cogitabis, sic in animo habeto: uti ne cupide emas...). その場合，水利・地形もさることながら隣人 (vicini) を確かめること，そして都市中心に近い（！）ものを選ぶこと，がまず推奨される．ただし持主を余り変えないもの，売主が売ったことを後悔するようなもの（！）．「持主」は "dominus" であるが，すぐに述べるように人員付きでの売買が想定されるから，「主人」の意味であり，だからこそ農場の方が主語で「主人をとりかえる」と表現される．"aedificare"「建築する」がキーワードとして登場するが，「良き主人＝良き耕作者＝良き建築者から買うのがよい」(De domino bono colono bonoque aedificatore melius emetur) と言われるように，売主自身がそこに構築物を備えているものが標準と考えられている．「まず villa に着いたならば」(ad villam cum venies) 備蓄種類物のための壺等の備品に至るまでチェックせよ，というのはここから来る．自分で見回った次の日には管理人 vilicus を呼ばなければならない (2). "opus" つまり農場内の営繕の状況を彼から把握し，またワイン，穀物，オリーヴ油の生産状況についてもきく．これらは帳簿上で厳密に精査される．このとき vilicus は「忠実に仕事を遂行したけれども，人員の質が悪く，嵐も来たし，人員は逃亡し，公共負担もあった，などいろいろ理由を並べ立てて弁解するだろう」(sedulo se fecisse, seruos non ualuisse, tempestates malas fuisse, seruos aufugisse, opus publicum effecisse, ubi eas aliasque causas multas dixit) と予測されている．その場合は「仕事と人員の帳簿を示して vilicus を追求せよ」(ad rationem operum operarumque uilicum reuoca) となる．つまり vilicus もまた villa 同様付いたまま売買の対象となる．だからこそ引渡時には一種の棚卸しが不可欠なので

ある.その上で,「その年のフローで欠けているものは購入し,余剰分は売却するように」(Si quid desit in annum, uti paretur: quae supersint, ut ueneant: quae opus sint locato, locentur),「営繕で locare すべきものは locare し,自分達の労働力で賄える部分と他から locare されなければならない部分を識別してその旨命令し,これを帳簿に記すように」(quae opera fieri uelit quae locari uelit, ut imperet et ea scripta relinquat),とも指示しなければならない.以上のように,この農場は種類物の商品生産に関わり,役務や労働力をそれ自体として取引しうるものである.locatio conductio が Plautus におけるのと違った相貌で大いに活躍するのは,領域にまさに bona fides が変形して降りて来ているからである.「36歳にもなったならば,領域をきちんと占有すべく,そこに建築をして見せるべきである」(3: Vbi aetas accessit ad annos XXXXVI, tum aedificare oportet, si agrum consitum habeas) と勧める下りは Theopropides でさえ十分に感激させうる.

とはいえ,Theopropides の頭の中におけると正反対に,ここでの取引には制約が加わる.「隣人には善き人でなければならない」(4: Vicinis bonus esto) まではよいとして,もし隣人達が君のことをよく思っていれば,ヨリ容易に君のものを売ることができ,ヨリ容易に労働力を賃貸し,ヨリ容易に労働者を賃借することができる」(Si te libenter uicinitas uidebit, facilius tua uendes, opera facilius locabis, operarios facilius conduces) と言われればどうか.この信頼は一個の領域の内部に在って,海外に広がらない.そうした信頼の内部でのみ互いに占有の内部に入り合う locatio conductio が構想される.「villa を新築すべく locare するとき」(14: Villam aedificandam si locabis nouam) もおそらく同様であろう.conductor に指示すべきことが事細かに記されるのは,Euclio の心配からして当然であるが,材料は全て locator が供給する.Plautus の料理人と同じである.費用 impensa の基本を留保する.しかしそればかりではない.通常の locatio ならば対価を支払わせ果実を持って行かせる.ところが何とここでは逆転してしまう.「この仕事の場合は主人の方からプレミアムを支払わねばならない,必要な材料を供給しつつもなお bona fides にそって金銭を支払うのが良き主人の務めである,即ちタイル一枚につき2セステルティウス」(huic operi pretium ab domino bono, qui bene praebeat quae opus sunt et nummos fide bona soluat, in tegulas singulas II)．これは locatio conductio 自体の対価 merces ではない，ことにはタイル一枚ごと等材料に絡んで概念される．元来は locator が提供した材料の上に発生する果実を取って対価を払うのが conductor の債務である．しかしこの場合材料が villa に附合してしまうため，果実を取れない．そこで bona fides に基づいて精算する，というのである．この bona fides は相当に特殊な派生型である．しかしとにかく領域にもありうるということになる．

　以上の locatio conductio においては労力を提供する側が conductor と概念されることになるが，これは当然基礎の占有を領域の上に取るからである．そしてそこからあらゆる変形が加わる．もっとも，「オリーヴを収穫すべく locare をする」(144: Oleam legendam locare) 場合には一応原型が保たれるように見える．conductor は果実を取るからこそ厳重にコントロールされる．またがらこそオリーヴ油を精製して売るタイプ (145) および木についたままのオリーヴを売るタイプ (146)[8] と並列に扱われる．いずれにも conductor は果実を取って売り，利ざやを稼ぐと見られる．それが証拠に，監督のために locator だけでなく「オリーヴが売られる相手（買主）」(cui olea uenierit) が関わり，また精製に際して必要なだけの労働力を確かに揃えたかのチェックにも「そのオリーヴを買った者」(quis eam oleam emerit) があたる．ということは locator は先に資金を回収することになる．にもかかわらず，基礎の占有が作用して多くの逸脱をもたらす．まさに占有内の規律が働いて conductor の行為はいちいち監視される (arbitratu domini, iniussu domini)．違反があった場合，その日の収穫につき「誰も支払わないし，誰も債務を負わない」(pro eo nemo soluet neque debebitur)．つまり売買代金の支払債務が生じず，売れないオリーヴを conductor が自分で食べても仕方がない．そもそも売買と不可分になっているから，果実について conductor に一度も占有は発生せずに終わるとさえ考えられる．全部綺麗に売って引き渡さねばならない，というのも「一切オリーヴを盗まなかった，また誰も農場からのオリーヴを悪意で手元に置いていない」(sese oleam non subripuisse neque quemquam suo dolo malo ea oletate ex fundo) と宣誓しなければならないからである．この dolus malus つまりは bona fides は確かに本来の意味を想起させないわけではないけれども，ずいぶんと一方的

である．そしてこれについても "pro eo argentum nemo dabit neque debebitur" という条項が付くが，要するに決済は一度に行われ，買主から帳簿で dominus＝locator に conductor の頭越しに支払われ，若干の差額を conductor が口座に受け取るだけであろう．そしてまたこの記帳分からさらに幾らか差し引かれる．つまり占有内で使用したものへの損害の分であり，その評価は「善き人士の仲裁」(arbitratus boni viri) による．実際にはここでも対価関係は逆転したように見えることであろう．とはいえ conductor は locator としての料理人などとは違って労力を直接提供するわけではない．資金を持って人を集める．「契約の人数を供給しえなかったならば，conducere した，ないし locare した，分の対価を差し引く」(si non praebuerit, quanti conductum erit aut locatum erit, deducetur)．この "conductum aut locatum" は "dominus" とのものではなく，人員雇い入れの形態を指す．それが料理人風都市風の locatio なのか，それともどこかの主人に服する人員を借りてきたのか，という趣旨である．資金力を当てにされて帳簿上の存在であるならば，societas が適する．「オリーヴの収穫や精製の locatio が高くつくように誰も策してはならない，ただしパートナーが確かに居ると言えば免責される」(ne quis concedat, quo olea legunda et faciunda carius locetur, extra quam si quem socium in praesentarium dixerit)．bona fides が推定される．それでも dominus の求めに応じて socii は全員宣誓しなければならない，却って結託しているのではない，と．この場合宣誓をして存在を明らかにしないパートナーには差益額は振り込まれない．精製の場合，サブリースに関する分は織り込まれて差し引いて振り込まれる（Si operarii conducti erunt aut faciunda locata erit, pro eo resoluito aut deducetur)．一段飛ばして労務提供者に直接支払われることになる．後述の mercenarii に近付く．societas については dominus の指示によるものとする点で一層厳格である．収穫前売買のケースでさえ，支払い期日が厳格に定められるのは当然として，買主の側が収穫・精製を locare した場合，この分の追加の支払いの期日も定められる．このとき，dominus は買主側が持ち込んだものを質に取る[9]．

要するに，領域上の locatio conductio はこの段階では混乱していて，その理由は以下の vilicus の役務におけるように「占有内」の原理が働くからである．実際，その内部は無分節でなければならなかった．vilicus は決して結び目に

なってはならないのである．中は紀律（disciplina）が支配しなければならない（5）．vilicus という単一の頂点が置かれるのは無分節の実質を保障するためである．彼は人員内の争いを解決し，dominus に忠実であるのは当然として，「主人の友を自分の友としなければならない」（Amicos domini eos habeat sibi amicos）．「主人の指示なくして誰にも信用を与えてはならない，主人が与えたときはそれを取り立てねばならない」（Iniussu domini credat nemini; quod dominus crediderit, exigat）．特に種類物を扱うだけにその消費貸借が警戒される．しかし二三の相手先を有することは却って奨励される．主人と共に帳簿を作成しなければならない．一日を越えて賃労働者（mercennarius）を雇ってはならない．主人から直接でない locatio は危険である．「主人の知らない売買を主人にさせてはならない，主人にフェアでないことをしたことにさせてはならない」（Ne quid emisse uelit insciente domino, neu quid dominum celauvisse uelit）．指導原理は diligenter（十分な注意を払って）であり，その忠実さは確かに bona fides に一見似るが，しかしその実，むしろ対照的である[10]．

〔4・10・1〕 既に述べたように bona fides は usucapio 制度の中に，exceptio rei furtivae と時として相補的に，時として対抗的に，浸潤していったに違いない．これは "nec vi nec clam" によって占有要件が厳格になる動向の延長線上に位置する．しかるに，後代のテクストは usucapio の占有要件に関して "bonae fidei possessio" の語を用いる．possessio 自体に bona fides が付着するのは，possessio はあくまで領域において使われるのが原則の語であるから，説明を要する事態である．Lombardi, *Bona fides,* p. 210ss. は，bona fides をもっぱら契約法に限定する視角から，lex Atinia の段階はもちろん，その後 usucapio pro emptore と actio Publiciana が創設される頃に（紀元前1世紀に）なっても "bonae fidei possessio" は現れず，Sabinus の頃（紀元後1世紀）に初めて "pro emptore" を bona fides で限定する試みがなされ，ずっと後にようやく "bonae fidei possessio" が "pro emptore" から独立して一般化する，と考える．確かに lex Atinia に関する Gellius のテクストは "possessio" の語に触れないから，明らかにそれ以降の産物である．何か別のモーメントに対応している．しかし果たしてそれほど遅いか．鍵を握るのが Gai. Inst. I, 43 のテクストである．fundus については二年という十二表法の usucapio 規定を述べた後，いきなり「所有権者から引き渡されたのでない場合でも，但し bona fides によって受領したのであれば，（時効取得可能であり，）それは例えば引渡をした者が所有権者であると信じてしまった場合である」（quae non a domino nobis traditae fuerint, si modo eas bona fide acceperimus, cum crederemus eum qui traderet dominum esse）と来る．「しかし時として他人の物を全く bona fides によって占有していたとしても，usucapio には至らない場合が有る．例えば占有している物が贓物である，実力で奪われた物である，場合である．というのも十二表法が贓物については時効取得を禁じており，lex Iulia et Plautia が実力によって占有された物について禁じているからである」（45: Sed aliquando etiamsi maxime quis bona fide alienam rem possideat, non tamen illi usucapio procedit, veluti si quis rem furtivam aut vi possessam possideat ; nam furtivam lex XII tabularum usucapi prohibet, vi possessam lex Iulia et Plautia). Gaius は b. f. を exceptio rei furtivae が遮断したと考えるが、この論理的連鎖は既に十二表法時には完結したと考え、lex Atinia には言及しない。伝統学説は (Gai. Inst. 発見以前ながら、このテクストが当然に前提している思考に基づき)「正しい所有権移転が無かったが有ったと信じかつ信ずるにつき理由が有った場合」を初発から想定する (例えば Pothier). b. f. を基本に見る考えである。これに対して現在の通説は R. Stintzing, *Das Wesen von Bona fides und Titulus in der Römischen Usucapionslehre*, Heidelberg, 1852 による転換に由来する。b. f. の下に一層存在することを掘り当てたのはよかったのであるが、そこに見出した反窃盗感情を iusta causa 要求と理解した (正規の所有権取得に対して error の場合が時効である、と Savigny が「錯誤理論に回収した誤り」を指摘する). これに対して後に bona fides が付加された、というのである。b. f. が付加的であるとして何に付されたか。通説に対しては Ch. Appleton の有力な反対説が存在する他、P. Bonfante (La "iusta causa" dell'usucapione e il suo rapporto colla "bona fides", in : Id., *Scritti giuridici varii*, II, p. 503ss.) も "iusta causa" を (維持するものの、それを) もっぱら「正しい態様の占有取得」と解し、実質占有次元の独自性を固守する (共和末 iusta causa に直ちに引き続いて b. f. が要件をさらに絞ったと見る). ……いずれにせよ、大きな対抗ないしイタチゴッコの内部に Gaius のテクストも諸学説も巻き込まれていることだけは確かであり、正体はこの屈折体の方である。少なくともテクストはいきなり「所有権者からの引渡」と「所有権者と信じた点」を問題とする点で大きな飛躍とバイアスを露呈する (現在でも iusta causa を凡そ possessio civilis とリンクさせる考えが存在する : vgl. Kaser *RPR I*, S. 420 ; dominium 登場のずっと後に iusta causa が問題となる、ということを言うのであれば正解でさえあるが). bona fides をここからしか見られない時代のものである。これを拭い去ると単純に furtum 連関が残り、これに bonae fidei possessio が再抗弁として付加されたという事態のみが存する。その場合 furtum は何ら iusta causa に関わらない (この部分は完全な学説の読み込みである). そうすると、根底には上述の lex Atinia を巡るやりとりの段階が想定される。しかるに Gaius がこのパースペクティヴを採らないとすると、何らか季節の変化が痕跡をとどめている可能性がある。exceptio rei furtivae の思考は明らかに dominium という強い刻印のもとに置かれている。そこからのレトロスペクティヴな視線によって全てが捉えられている。bona fides は dominium の真偽という一点に収縮してしまっている。それは auctoritas 権原の系譜に属するように思われる。そうだとすると bona fides は完全に反対側に回ってしまったことになる。もっとも、それでは余りに突然であると考えるときには媒介をなした段階を想定せざるをえない。もう一つの新しい段階の特徴は、possessio/traditio という語、そして冒頭の fundus、から判断して、関係が再び領域に降りているということである。領域の占有につき、lex Atinia が想定する事態をそのまま拡張し bona fides をメルクマールとして使えばどうか。ローマ中央の auctoritas に基づく追求に対して抵抗し exceptio rei furtivae を bona fides で遮るとき、逆に usucapio を (exceptio rei furtivae をヴァージョン・アップし)「bona fides 無し」で遮るとき、弱点は自分の方が auctoritas 思考をしているということである。その auctoritas 連関は socii の個々の都市の政治システムに置かれる。そこから伸びる。それによって追求するのであれば、或いは守るのであれば、ローマ中央の同種の札はもっと強いものとして現れざるをえない。ローマ中央における正統性連関を破って (res furtiva として) 流れてきた物に対する請求を、socii における正統性連関で遮断するということは難しい。exceptio rei furtivae で早々に切り返された、そのモーメントが Gaius のテクストに保存されている。とはいえ、短命ながら bona fides が領域に降りて一旦 usucapio を主張した、

4 BONA FIDES の諸原理——契約法の基礎

ということが裏から推測される．そしてそれが切り返されたとしても，dominium 自体かつての auctoritas に基づくのではなく，領域に流れ出た bona fides を原理とするのでもある．「正統な dominus」は bona fides に支えられている．Lombardi が正しくも遅い時期に設定したこの段階の（possessio 連関）bona fides につき（個別のケースの丹念な列挙を通じて）倫理的色彩を一切否定し多くの種類の正統性連関誤認を概念内容と解した H. Hausmaninger, *Die Bona Fides des Ersitzungsbesitzers im klassischen römischen Recht,* München, 1964 の作業は無益ではない．

〔4・10・2〕 所謂 lex Aebutia は bona fides 盛期というよりこの相に属する．いきなり方式書訴訟を創出したようにも読める Gai. IV, 30 等々にもかかわらず praetor peregrinus の実務がローマ市民にも開放されたとする Serrao, *Pretore peregrino,* p. 120ss. の指摘には従うと思われるが，その意義は，（*Pro Tullio* 等を挙示して Italia 大に人のカテゴリーが融合したとする Serrao にもかかわらず）bona fides を "149-123" の時代に領域に拡張する点に存した．lex Aebutia が存在したとすれば，それは既に広範に浸潤していた言語の要素を全面化し，領域に直接関わる訴訟についても現実の儀礼を完全に廃止した，ということになるが，逆に bonae fidei iudicia でも領域の占有を扱う儀礼を，言わば言語によってスクリーンに映し出して代替的に取り込むように，ヴァーチャルに再現する，というようにも見ゆる．その必要はまさに「都市の信用の領域投下」の相から生まれるとしか考えられない．そうだとすれば lex Aebutia の年代は 2 世紀の後半に降りることになる．

〔4・10・3〕 P. W. De Neeve, *Colonus. Private Farm Tenancy in Roman Italy during the Republic and the Early Principate,* Amsterdam, 1984, p. 73f. がこれを史料として重視する点に賛成である．Terentius の全テクストが伝えてくるところと整合するからである．ただし「早くから "tenancy"（賃貸）が存在した」のでなく，（Plautus との差において）まさに新しい傾向である．

〔4・10・4〕 旧稿「sarta tecta」において欠ける視点が locatio conductio が領域に降りるこのフェイズであり，そこにおける信用の問題である．これを単純に locatio rei に分類して扱うことについては既に P. Pinna Parpaglia, *Vitia ex ipsa re. Aspetti della locazione in diritto romano,* Milano, 1983, p. 107ss. に鋭い批判を見出しうる．危険負担の分析からむしろ locatio operis 耕作請負であるとし，三分法を解体し統一像を目指す．単純な物のやりとりでないのはその通りであるが，第一にこの類型が直ちに「諾成契約としての locatio conductio」であるのではない（次に見る Cato のそれでさえ違う）．この段階では都市の賃労働や不動産についてのみと思われる．第二に「単純な物のやりとり」としての loc. cond. は存在しない．locatio rei と分類されるものもまた高度に果実が安定しているからこそ却って複雑な債務の側面を捨象しうる．locator は投資しただけで経営しない．だからこそ「諾成契約としての locatio conductio」の典型になっていくと思われる．かつ法文にはわずかな痕跡しかとどめない．

〔4・10・5〕 bona fides が領域に降りる，ないし bona fides によって形成された信用が領域に投下される，形式として fiducia や locatio conductio と並んで大きな役割を果たすのが dos 嫁資である．これらの諸形象については，IV-2 でそれらが dominium 形成の触媒となる様をつぶさに見ることになるが，まさにその故に，dos の責任原理は揺れていくことになる．仲裁との親和性等々 bona fides を原理とする典型的な制度の一つであることは Cic. De off. III, 15, 61 などから明らかであるが，D. 24, 3, 66pr. (infra) などから早くに culpa 概念を受容することも知られる．それでも，K. L. Streicher, *Periculum dotis. Studien zum dotalrechtlichen Haftungssystem im klassischen römischen Recht,* Berlin, 1973, S. 85 が「主要な責任原理は periculum であって，dolus/culpa はこれを衡平の観点から一定程度修正するだけである」と

結論付けるのに一定程度同意しうる．占有の所在で一義的に決まる．D. 24, 3, 66pr. が pecunia numerata を除外して妻の側の危険負担を維持するのは，bona のレヴェルの占有は妻に残り，夫には custodia が生ずるのみであるからである．反射的に元来は夫の dolus 責任が原則として意識されていたはずである．これも遅くまで執拗に痕跡をとどめる．そもそも，例えば fundus が dos として給付された場合，返還は物的にではなく換算額で行われる（ex-istimatio）．変則であるが，少なくとも信用授与者（妻側）の関心は bona であったことが示されている．これを前提として，D. 13, 6, 18pr.（Gaius）: scriptum quidem apud quosdam invenio, quasi dolum tantum praestare debeas : sed videndum est, ne et culpa praestanda sit... sicut in rebus...dotalibus aestimari solet とされる．また，D. 23, 4, 6 : Pomponius ait maritum non posse pacisci, ut dolum solummodo in dotem praestet...quamvis pacisci possit, ne sit periculo eius nomen debitoris は，culpa 原理の浸潤を前にして当事者が約定で dolus に復帰しようとして法学者が手を焼き，そのような約定は債権に限られると述べる．これにつき妻側に危険負担が在るのは当然で，約定の必要は無い．しかしともかくこの限りで bona と領域上の占有物を区別する思考は生き延びている．Frag. Vat. 101 : Paulus respondit rebus non aestimatis in dotem datis maritum culpam, non etiam periculum praestare debere も，実物でさえ periculum のみで判定しようとする傾向に対して「実物の場合は culpa だ」と声をからしている．

〔4・10・6〕 fiducia の浮上はこの相に位置付けられる．少なくとも Plautus においては réel なニュアンスが全く無く，逆に紀元前 1 世紀には既に pignus とダブってしかも譲渡担保のように使われる（IV-3）．まず N. Bellocci, La tutela della fiducia nell' epoca repubblicana, Milano, 1974, p. 40ss. が「legis actio の段階」を否定する点は首肯できる．初めから mancipatio を絡めた réel な力を装備していたわけではない．そうでなければ後に bonae fidei iudicia に概念上ほとんど収容されることはありえない．したがって Bellocci が紀元前 2 世紀に中小農民が疲弊して売渡担保が発達したことに起源を求めるのは，方式書訴訟との連関が強調されるならばなおのこと，混乱している．確かに，後述の仲裁文言が boni viri の圏内を指示し，領域に場面がシフトしている．しかし依然 socii の階層が領域をも統御しようという現れであり，領域の信用が端的に réel な担保を求めることに流用される事態はこれとは区別される．Bellocci は訴権の性質が "in ius concepta" か "in factum concepta" かと問い，正しくも（boni viri の arbitrium から）b. f. 本体からの分岐を確認する（p. 69）が，infamia を社会的サンクションとして "in factum" に結論を持っていく（p. 90）のは，b. f. "commerciale" と対比されるだけに捻れてしまっている．外＝"in factum" が "commerciale" であり，fiducia が領域の上の関係を決定づけるモーメントを有するとすれば，その分 "in ius"（civilis）であると論じなければならないところであった．

〔4・10・7〕 E. Gabba, Riflessioni antiche e moderne sulle attività commerciali a Roma nei secoli II e I a. C., in : Id., Del buon uso, p. 89ss. はこの Cato のテクストに対する素晴らしい註である．Plout. の記事が海上貸付組合を組織する Cato の姿を捉えるように，Cato は都市の b. f. に基づく取引に積極的であり，なおも b. f. に固執する限り奢侈暴利反対の路線を貫きうるのである．この点，Gabba が Cicero との比較を行う下りは特に重要であり，Cicero にとっては取引は領域の上に在る分（政治変動を除けば）安全であり，反対に都市の（経済的）リスクの多い取引は敬遠される．b. f. という狭い中間の平面が成り立つ余地を失ったのである．

〔4・10・8〕 ワインの売買と共に EV の実例として論じられることが多いが，A. Burdese, Catone e la vendita di vino, SDHI, 66, 2000, p. 269ss. は多くの異形点（特に要式担保文言）を指摘し，形成途上であるとする．形成途上というのではなく，(bona fides に浸潤されているとはい

4 BONA FIDES の諸原理——契約法の基礎

え）領域における独自の形象である．学説による b. f. 理解の曖昧さが fiducia と並んで Cato の農場を吸収し，もっと曖昧になる．3世紀前半からの boni viri の脈絡を再発掘する F. Gallo, In tema di origine della compravendita consensuale, *SDHI*, 30, 1964, p. 299ss. はこの曖昧さを逃れるが，Cato のテクストが既に複雑な交錯の産物であると見るには至らない．

〔4・10・9〕　諸学説はこの pignus を質権論ないし物的担保論の起点とする（vgl. Kaser, Pfandrecht, S. 237ff.）．しかしこうした使い方自体正しくない．約定に基づくとはいえ領域に固有の留置権であり，これにつき「非占有質」か（dominus の fundus 支配が被さっているから）占有質か，を論ずる意味は無い．占有原理および dominium 双方の無理解から来る．

〔4・10・10〕　だからこそ Aubert, *Business managers*, p. 122ff. が Regulus 伝承を引いて「任せておける」エイジェント型の vilicus を早くに見るのは誤りである．Liv. Per. XVIII によると，255年頃カルタゴとの戦いのため帰還できない Regulus は元老院に，「自分の土地片 agellus から賃労働者 mercennarii が放棄して居なくなる」（quod agellus eius a mercennariis desertus esset）という理由で交替を要求した．"mercennarii" を vilicus と読むことは必ずしも恣意的でないが，任せうるのであれば要求の必要は無かった．Cato の vilicus と同様に一心同体で活動しなければならないということがこの伝承のポイントであり，Aubert の言うように Cato 型の農場は3世紀半ばから現れるのかもしれないが，そうだとしても（Aubert が言うのと反対に）Cato のそれでさえ dominium の構造の農場とは異なる．一心同体の忠実さは，Regulus が捕虜となって捕虜交換用の使者となるも，元老院に交換拒否を勧め，結局カルタゴの手によって殺される，という exemplum に対応している．ius iurandum に従ってカルタゴに「信義を守って戻った」（fide custodita reversus），元老院にも取引させなかった，という美談は Cato の農場の vilicus と重なり，Plautus の servi と対照的である．

IV
占有概念の再構造化

0 序

0·1

　占有概念は2世紀に至るまで豊富なヴァリアントと雄大な対抗関係によって厚みを増していったと考えられ，その一端をわれわれは追跡してきた．そこには後に決して「占有」(possessio) の語によっては指示されないものも多く含まれる．Verginia の exemplum iuridicum が発展して出来上がったと見ることができるジャンルの総体，法，ないし法的諸概念，に焦点を合わせるならば，われわれはかなり膨大で相対的に独立の観念体系が既に出来上がっているのを見る．それに従事する固有の文献ジャンル，法学，も3世紀前半から積み上がり，この観念体系の構築のために主導的な働きをしつつある．exemplum iuridicum 総体の中でも，bona fides という概念に支えられた部分ジャンルは相対的に自律的に形成さるべきものであり，かつ最も洗練された精髄とも言うべき質を誇る．

　しかし他方，このように充実したが故にこそ，exemplum iuridicum 総体は既に相当に複合的であり，全体を整合的に働かせるためには高度の意識が必要とされる．ましてそれを支える社会構造のレヴェルには，解決できていない問題が有り，とりわけ bona fides 概念が機能する空間は脆弱な基盤をしか有しない．対するに，exemplum iuridicum はその特徴として，社会構造をそれ自身で端的に支える，つまりそれがその通りに働くことで特定の社会構造をその通りに現出させる，面を持つ．ここが強みでもあり弱みでもある．すると例えば bona fides 概念の基盤の脆弱さは直ちに響いてくる．複雑さと脆弱さを柔らかに吸収し自らを変身させる，というわけに行かないのである．

さらに，exemplum iuridicum 総体は不可欠の基盤として政治システムを前提していた．しかもなお，政治的パラデイクマやその基盤たるディアレクティカの問題をサスペンドしたまま新しい社会構造を作ってきた．デモクラシーを代替しさえし，また政治的パラデイクマの（ローマ流による）民主化自体の中でまた鍵を握る立役者として振る舞った（反 Appius Claudius）．こうした発展が全て政治的パラデイクマとその基盤の面でのデフィシットと解決先送りを意味することは言うをまたない．socii の体制はまさにそのデフィシットを奇貨として逆利用したものであった．しかし果たしてそれで長期にわたって安定させうるだろうか．政治システムという観点からすると socii の体制は rebus 以外なにものでもない．

0・2

事実，2 世紀の最後の三分の一において，問題がまるで突然の噴火のように大爆発する．そしてやがてそこから百年の後に基盤たる政治システム自体を吹き飛ばしてしまう．この余りにも著名なスペクタクルが一体何故どのように起こったのか，今なお興味が尽きないが，さて占有概念はどうなったか．これもまたかつ最も繊細にローマ型政治システムの上に乗っていたはずである．ローマ共和政と運命を共にしたはずではないか．ところが不思議なことに，大噴火の直中で，占有概念はもう一段，しかも決定的な，発展を遂げ，かつそれはディアクロニクな再構造化であるとさえ形容しうるものである．つまり，ローマ型〈二重分節〉を基礎に持つ一個の屈折体，exemplum iuridicum の鍵を握る屈折体，が多くのヴァリジョンで存在し，その屈折体にディアクロニクな延長すら考えうるとして，そこでは概念は端的に再現的なものとして内容で定義されるのでなく，一個の構造で捉えられている，としよう．すると，それに匹敵し，かつそれまでの全てを一括りにして捉えたそれと（ディアクロニクな）ヴァージョン関係にある，そうしたこれまたディアクロニクな延長を有する（中に様々なヴァリアントを有する），屈折体，そしてまた端的に再現的なものとして内容で定義することが難しい概念，が発展の中から出て来るのである．そしてこれは exemplum iuridicum 総体（法）を飛躍的に増殖させる．

そればかりではない．実は刑事裁判等々政治的パラデイクマ自体もこの爆発

炎上の中で最高の段階に到達する．そしてそれは占有概念の再構造化と密接に関係するが，しかし他方ついにローマにもデモクラシーが本格的に導入されたか，しかも全く新しい独創的なものではないか，と一瞬感じさせるものでもある．もちろん，こちらの方は共和政が轟沈していくと共に見事に砕け散る．占有概念の方は，その火花だけが宙に舞ってゆっくりと水面下に降りていきなおも海面でしばらくは浮かんでいるように，徐々にしか解体されないから，対照的であるが，それにしても，何故最良のものが最悪の時期に一瞬現れ，にもかかわらず登り詰めたその瞬間に生木を折るように発展が断絶し暗転するのか．そのうえ，実はこの爆発は Homeros 以来積み上がったものの最終局面でもある．もちろんなおも二次的エコーはその後に続く．しかしここで一旦，如何にローマという捻れて特殊な脈絡においてではあろうとも，積み上がったものが集大成され，その瞬間砕け散る．誰の目にも明らかに無理な集大成としても．いずれにせよ，歴史家にとってこれほど興味の尽きない対象は無い．われわれにとっては，POL から DEM そしてこの POSS と続けた旅が突然暴力的に破断されるということになる．何故そうなるか．

　もちろん，この三部作は形成と積み上げに関わり，破砕と崩壊を正面から扱う準備を持たない．しかしいずれにせよ前者は後者を扱うための不可欠な準備である．その観点からささやかな貢献ができるかもしれない．そして同じことであるが，われわれ独自の視角（さしあたり占有）は意外な一側面を明らかにするかもしれない．ここには他にも増して膨大な蓄積が有るばかりか，近年において真に信頼できる高度な総合がなされたが故に，決してその全体像を改める必要は存在しない，にしても．

1 Gracchi

1·1

　共和政崩壊劇の幕が開くのが133年であることについては珍しく同時代人と人文主義以降の人々が大きく一致する．われわれもまた史料に入って行けば行くほどその確信を深める．しかしその133年に Tiberius Gracchus の試みたことの内容，動機，そして評価となるとこれほど定まらない主題もない[1]．もちろん崩壊劇全体の解釈の複雑さ，崩壊劇の当事者達の見解の対立の深刻さ，等々が全てここに投影される．そのうえ実は Gracchi に関する良い史料は失われてわれわれに遺されていない．Cicero の活動期に関するのと余りに大きなギャップである．しかもこの点の解釈に全てが懸かっている．われわれの主要な関心，即ち占有，に関しては実はなお一層これが全てである．

　主史料 Appianos が何をソースとしたかについてはわれわれは重要な研究を有し，そのソースとなる歴史記述には他ならぬ socii の政治的階層が解体され再編されていくに際して保持した意識が強烈に刻印されていることを知る[2]．しかるに，tribunus plebis に選出された Ti. Gracchus が如何なることを問題と考えて改革立法に着手したかについて Appianos は，まず "Italici" という語で指示されうるカテゴリーの人々の状況に関わる（App. BC, I, 9, ed. Gabba: $περὶ τοῦ\ Ἰταλικοῦ\ γένους$）ことを鮮明にする．彼らがどのような状態に陥っているかと言えば，彼らは「少しずつ貧窮と減少へと落ち込み，建て直しの希望を持てない」（$φθειρομένου\ δὲ\ κατ'\ ὀλίγον\ εἰς\ ἀπορίαν\ καὶ\ ὀλιγανδρίαν\ καὶ\ οὐδὲ\ ἐλπίδα\ ἔχοντος\ ἐς\ διόρθωσιν$）のである．なぜこれが問題か．その空間を，軍事的したがって政治的に編成できない奴隷集団が埋めるから（$ἐπὶ\ τῷ\ δουλικῷ$

ὡς ἀστρατεύτῳ) であり，彼らはまた個別的にもコントロール不能である (καὶ οὔποτε ἐς δεσπότας πιστῷ). その論拠は「Sicilia で領域の人員が主人達に生ぜしめた最近の災厄」(τὸ ἔναγχος ἐν Σικελίᾳ δεσποτῶν πάθος ὑπὸ θεραπόντων γενόμενον) であり，これが発生した理由は何か「領域利用関係の変化によって領域の人員が増殖した」(ηὐξημένων κἀκείνων ἀπὸ γεωργίας) からである．この人員が起こしたことを軍事的に鎮圧するためにローマは多大のエネルギーと時間を要した．最も核心部分に在って動かないのは領域の軍事化という事態である．何にとっての領域かと言えばそれは socii 諸都市にとってということになる．"Italici" という語は Gracchi の時代におそらくまだ実質を具備せず，後に見るようにその実質は socii が解体再編されて新たに形成さるべきものである[3]が，しかしそこから振り返ってまさにそうした帰結にも繋がった彼らにとっての初発の刻印がこのように捉えられているのである．そしてそれによって Tib. Gracchus の意識が解釈されていることになる．少なくとも彼の試みが一部でそのように受け取られたということである．実際，元来 socii 諸都市はそれぞれの領域の把握に関して空白の部分を持ち，Cato/Terentius ヴァージョンの socii 体制も領域に関心を寄せる分だけ逆に socii 諸都市を空洞化させかねない懸念を抱かせるものであった．それでなくともそもそも socii 体制が吸収した主力ギリシャ都市は領域問題を解決できず，その周縁に今や数多い諸「都市」も，ギリシャ系都市の領域や後背地で噴出した様々な組織の軍事的結集を基盤とする面を持った．socii の体制はこれらの問題の堆積を処理しえずに言うならば海岸べりにネットワークを張っただけであった．

　Appianos のテクストに痕跡を遺す状況把握が特定の階層の一方的な思い込みではなかったことを示すことには，このテクストに見られる Sicilia/Italia 対比がしばらくの間ディアクロニクに貫通する軸として作動したらしいことを確認しうる．ここでは Tib. Gracchus の（おそらく元老院での）提案理由に仮託して Sicilia のケースが警告パラデイクマとして使われるが，Cic. Verr. II-V 冒頭では 70 年代の奴隷戦争に触れて，Verres が「Italia でのそれの Sicilia への拡大を阻止した」功績が「そもそもそうした拡大は無かった」として論駁される．Cicero によれば，それはそもそも領域の構造が歴史的成り立ちにおいて異なるからであり，そしてまたそのことに対応して Sicilia では或る特殊な形態

の核を形成することが成功しつつあったからである．このCiceroの把握が正しいかどうかは別として，少なくともこの時点でSicilia/Italia対比は奴隷戦争を巡ってアクチュアルなものであり，Tiberiusが引く130年代のSicilia奴隷戦争のパラデイクマとそれに付着する屈折体は生々しく甦ったはずである．それから間も無く成立するDiodorus Siculusのテクストに（われわれはこれについて遅い時期の要約しか持ちえないけれども）以上のことは明瞭に現れる．それによると130年代の奴隷反乱の原因は以下のようである（Diod. XXXIV/V, 2 ; ed. Fischer）．第一にカルタゴ解体から60年間Siciliaは繁栄を誇った．既にimplicitに（先に見た）「空洞化されるLatiniの都市」などと対比されている．これは後にCiceroが通念に従ってlex Hieronica体制の功績とする事態であり，上述の後背地の不安定がSiciliaではTimoleon/Agathoklesの遺産を換骨奪胎した体制によってよく克服されていたのである．具体的には領域の二次的結合体に厳格な（ローマ流ではないとはいえ）占有保障機能を持たせたのである．そしてこれは歴史的前提の違うItaliaではできない相談である．しかし第二にDiod.によるとこのことが裏目に出る．繁栄で得た富によって大量の奴隷をマーケットで仕入れ，そしてそれを大層粗放に使ったのである．別ヴァージョンの要約（26）によると，「この強力な島の果実収取者達に剰余が過大に発生したため」（διὰ γὰρ τὴν ὑπερβολὴν τῆς εὐπορίας τῶν τὴν κρατίστην νῆσον ἐκκαρπουμένων）となる．lex Hieronica体制を前提しながらなおかつそこで発生した信用が領域に向かったことが問題に繋がったという認識である（反乱の拠点もlex Hieronica体制の中心地Hennaに置かれる）．そしてそのようにする発想は西から，即ちItaliaからやって来ると意識される．「事実，多大の富を得たSiciliaの人々はItaliaの人々の傲慢，強欲，悪質さに競うように挑戦した（27 : καὶ γὰρ τῶν Σικελιωτῶν οἱ πολλοὺς πλούτους κεκτημένοι διημιλλῶντο πρὸς τὰς τῶν Ἰταλιωτῶν ὑπερηφανίας τε καὶ πλεονεξίας κακουργίας）．そしてItaliciはまさに粗放な仕方で奴隷を使っていた，と付け加えられる．他方反乱の中枢に位置した奴隷達はことごとくSyria, Achaia, Cilicia等の東方出身者とされ，そこでの王権や記号操作を盛んに意識して自分達の組織を作り対抗する．同時期にAristonikosの反乱やAttikaやDelosでの奴隷蜂起があったことをもテクストは引照する．当時ローマないしItaliaから商人が盛んに行って活

動したことが知られ，これによって緊張がもたらされたという認識である．領域問題は解決しえないものとして確かに残った，しかしそれでもそこには様々な性質の組織が有って，これを原理的に否定する占有システムなどはもってのほかであるというのである．Diod. のテクストがローマの equites に言及したことは確かである (3, 28)．奴隷のイメージは武具を擁して大きなテリトリーを確保する武装集団のそれであり，Sicilia は危険で旅すらできなくなったとされるが，非難は奴隷の使用者に向けられる．間に管理する者が無く，直接武装集団を放漫に使って大きくテリトリーを囲い込む．直接的に軍事的なこの権力故に，彼ら despotes は tyrannos に喩えられ，奴隷の反乱自体，虐待に起因し，そしてそれ故に奴隷達から残虐に報復される，というように描かれる．全て領域上の組織の性格を示すためのパラデイクマであるが，さらにそればかりか，それは都市中心のコントロールを完全に免れている．その象徴が equites の存在で有り，ローマ直結でテリトリーをかつ直接押えているのである．propraetor の刑事制裁もかくして無力となる．ローマ中央の刑事裁判の陪審を equites が独占するかどうかという C. Gracchus 風の問題をここに読み込むことはしかし正しくなく，Cic. Verr. を参照すれば propraetor の裁判の陪審母体たる conventus を equites が実質有力に構成するという事態が念頭に置かれていると解される．そしてこの形態こそ西から東に打ち込まれた楔の先端であり，二つの世界の間の不連続線は Sicilia/Italia を走る．都市中心間を繋ぐレヴェルでは東方も大きく一つのネットワークに参加しうるとしても，確かに，信用が領域に向かう段になると事情は全く違ってくる．

しかし反対側 Italia から見れば事態は簡単である，占有さえあれば，とは到底ならない．Italia におけるギリシャ的領域基盤の弱さは（占有概念への積極的な反撃の希薄さを帰結はしても）占有概念浸透のための隠れた補強リソースの欠如をも却って意味しうる．軍事化は組織原理を欠いて Sicilia におけるような積極的形態を取りえないものの，実質的には既に進行している，ということを Diod. のテクスト自体暗示するし，Tiberius にも明白であったはずである．Italia も大部分は（弱くとも）ギリシャ的領域基盤の地域である．Etruria, Umbria, そしてやがて Gallia が占有をストレートに適用しうるのとは訳が違う．この Etruria と Umbria を旅して兄 Tiberius は荒廃を痛感した，とする弟

Gaius Gracchus の証言に関する伝承は後述のように, 弟の施策のバイアスを見事に照らす分, 兄 Tiberius の考えからは遠い. しかし兄の思考は初めから二つの極の間で引きちぎられるようにして存在したと想像される. いずれにせよ, 領域に関する「東の解決」つまりギリシャ風の解決に大きく心を動かされた契機が皆無ではなかったはずである.

〔1・1・1〕 もっとも, 今日緩やかな通説, つまり各学説が当然として疑わない部分は存在する. 中枢をなす lex agraria 関係では, 非常に古くから, Gracchi (特に Tiberius) は軍事勤務の中核たる中小農民の没落に直面し, 大土地所有を解体分与しようとした, と理解され, Niebuhr の占有/ager publicus/lex agraria 学説以降は公有地上の大規模土地占拠・分配が手段として想定される. 先述の Tibiletti の研究は伝承の stratigraphie を試みる (ただし Gracchi 以前に力点を置く) 通説の決定版であり, Gabba の研究が Appianos のテクストと史料批判の点で (まさに Gracchi に集中し) これを補った. ちなみに, K. Brinkmann, *Die Agrarreform des Tiberius Gracchus. Legende und Wirklichkeit*, Stuttgart, 1985 は, 大土地所有問題なのに何故 ager publicus 限定なのか, と素朴に疑問を提起し, その前提に立つと彼自身読む Appianos のテクストを徹底攻撃し (S. 15), Niebuhr 定式と Mommsen/大土地所有/ユンカーのギャップも突く (S. 16). ここから Brinkmann は, 大土地所有も兵員不足も無かった等々と, 全て Gracchi のプロパガンダに帰せしめ, Gracchi 問題を虚構として葬る. かけた眼鏡を間違ったため画像が歪んだからといって映っているものが幻想だとするのはおそろしく幼稚な判断である. われわれは Gracchi 自身に通じる Niebuhr の問題設定も Tibiletti/Gabba の問題追究もそのまま受け継ぐ. Gracchi による問題発見の偉大さは予めここで強調しておいて過ぎることはない. ただ, Appianos に Niebuhr 占有学説をそのまま投入することを避ける. この結果通説に正面から挑戦する形になる. というより, 18 世紀以前に戻って旧通説をあらためて論証することになる.

〔1・1・2〕 E. Gabba, *Appiano e la storia delle guerre civili*, Firenze, 1956 である. App. BC, I のソースが未整理なまま多様であることを確認しながら, "Italici" の視線をはっきりと他のソースから識別できるとし, p. 79ss. で Asinius Pollio にそれを同定する. 一層詳細なテクスト分析は Id., *Appiani Bellorum Civilium Liber Primus*, Firenze, 1958 で与えられるが, それまでの Quellenkritik を脱して史料批判から構造を分析する方法の先駆的試みである. われわれは三部作を通じて大きな影響下に在る. しかもなお, 大きく見ればこの方向は以後の世代によって発展させられることなく終わろうとしていると言える.

〔1・1・3〕 Gabba, *Appiano*, p. 84s. の Livius/Asinius コントラストの分析は見事であるが, Gabba は "la visuale italica" をやや静態的に捉えるきらいがあり, 初めから socii が "Italici" としてローマの政治的階層への参画を目指したと考える. これは後述のように bellum sociale の解釈に直ちに響くが, この見方であると Caesar の組織に入ってこれをチャンネルとしてローマ中央に食い込む旧 socii=Italici の意識を無媒介に遡らせることになる. Pollio の経歴は確かにこれである. しかし彼は後にここから離脱し歴史学に入る. この時に自らの視座の stratigraphie, 形成のズレ, を感知しないという保障はない. 後述の Caecina の例が物語るように, 敗れた socii が変身して基盤を獲得し, そして様々な角度で再上昇していく, ということ, そして Caesar のブロックとはまたべつに Cicero の "tota Italia" なども構想としては有ったこと, も考慮に入れなければならない. 変身後の視角を bellum sociale 以前に直線

的に投影してはならないし，Pollio 自身そのように単純ではなく様々な屈折を Appianos のテクストにまで伝えたかもしれない．

1・2

では彼が具体的に採用した手段は何であったか．Ti. Gracchus に関する限り lex agraria 以外には伝えられない．そしてそれこそが全てを坩堝に放り込んだ．猛烈な反発をも巻き起こし，それによって解放された全エネルギーが共和政を葬る．一体何故か．lex agraria はなかなかに過激とはいえ伝統的な手法の一つではなかったか．しかしそれよりも何よりも，この伝統的な手法が問題に適合的でありえたのか．それは確かに領域の問題であり，ローマであれば占有，そしてそのパラデイクマ群に位置する lex agraria，は武器貯蔵庫内の大きな面積を占めるだろう．しかし問題の鍵を握っているのは socii をどうするかである．ともあれ，Ti. Gracchus がただ単に伝統的手法しか持ちえない的外れの人物であったという解釈はもとより完全に成り立たない．むしろあらゆる徴候から判断してローマ中央の政治的階層の中の最良の知性を代表する存在であり，決して孤立していたのではなく彼を支えるサークルが有ったとする学説には十分な説得力が有る．そのサークルにおいてギリシャの知的遺産のプレゼンスは十分に想定できるし，他方われらが Quintus Mucius Scaevola の父 Publius Mucius Scaevola も傍らに居て，しかも彼は 133 年 consul として政治過程で重要な役割りをも果たす．そして Mucii Scaevolae は既に見たように bona fides の概念世界の大いなる理解者であり，であればまさに反 Appius Claudius の法学主流を担う存在である．

Ti. Gracchus の lex agraria（lex Sempronia de modo agrorum）の具体的内容はわれわれに十分伝わらない．それが lex agraria の中でも "de modo agrorum" の類型に属すること，したがって Licinius Stolo の系譜を引くこと，は明らかであるが，それ以上のことは定かでない．Appianos のテクストはこの点，Tiberius が例の 500 iugera ルールを革新した（I, 9: $ἀνεκαίνιζε$），と表現する．つまりディアクロニクに新しいヴァージョンに改めたというのである．しかしまさにこのような表現自体によって「誰も 500 iugera 以上を保有することができない」（$μηδένα\ τῶν\ πεντακοσίων\ πλέθρων\ πλέον\ ἔχειν$）というルールがま

た適用されたという以上の情報を与えることを閉ざしているようにさえ見える．このルールの意味については既に論じたところであるが，一体これをどう修正したのか，如何なるテクストも明らかにしないように見え，またそう解釈されてきた．というのも，確かに Appianos は或る付加条項について述べているが，それは「自身の子供達にかつての法律の分（500 iugera）を越えてその半分（250 iugera）を認めた」（παισὶ δ' αὐτῶν ὑπὲρ τὸν παλαιὸν νόμον προσετίθει τὰ ἡμίσεα τούτων）というものであり，修正点を明らかにするどころか一層解釈を難しくする．Liv. Per. 58 のように単純に 1000 iugera としたと述べるヴァージョンが有ることから，許容規模の拡大だけが新しかったかもしれないが，このヴァージョンは孤立している上に，何が画期的であったのかを明らかにするものではない．二つのヴァージョンを組み合わせて「500＋250＋250＝1000」故に子供は二人まで，と解するのは最悪の選択である．Plout. Tib. Gr., 8ff. は単純に 500 iugera という数字だけ挙げ，何ら具体的な付加については示唆しない．それを大規模に適用することがギリシャ固有の領域問題の政治解決の伝統を引くものである点を背景説明を通じて示唆するばかりである．しかしふと振り返ると，lex Licinia に関して pater-filius のパラデイクマが作動していたことがわれわれの頭をよぎる．例の fraus legis の例解において，Licinius Stolo 自身，一見 500 という基準に合致しながら pater/500＋filius/500 で実は 1000 の複合体を作り，これこそが違法の典型であると判断された．上述の伝承には pater-filius も 1000 も現れたことになる．しかし注目すべきことに，今回は複合体は一定限度で許されるのである．500＋250＋250＋250……のように．非常に綺麗なディアクロニクなヴァージョン対抗である．Licinius Stolo に関する伝承は明らかに lex Sempronia を受けて出来上がったものであろう．雷光のように元来の lex agraria de modo の意義をディアクロニクなコントラストによって照らし出したのである．するとこのディアクロニクなヴァージョン対抗こそは社会構造と切り結ぶ立法の意義に関わる．そのように思考を切り替えると，Appianos が lex Sempronia に先立つ直近の挫折した立法案として（同じ 500 iugera 規定に加えて）描く「かつその占有の内部に一定数の自由人を保持し，彼らが中で生ずることを監視しまた外に明らかにするようにすること」（I, 9: καὶ ταῦτα δ' αὐτοῖς ἀριθμὸν ἐλευθέρων ἔχειν ἐπέταξαν, οἳ τὰ γιγνόμενα

$\varphi\upsilon\lambda\acute{\alpha}\xi\epsilon\iota\nu$ τε καὶ μηνύσειν ἔμελλον) という規定に急に光があたる．テリトリー上のひとかたまりの巨大な人員が作る単一性よりも，幾つかの自由人が中に入って作る二重構造の方が，確かに，遥かに透明性が大きい．lex Sempronia はこのような直接の規定を避けつつ同じ目的を達成しようとしたのではないか．おそらく 500 iugera 以上という点はそのままで，かつ何も付け加えず，その対象を初めて厳密な意味で占有 possessio と概念し[1]，その概念の内包を，バックアップする人々，とりわけ P. Mucius Scaevola，が供給したのではないか[2]．少なくともその概念はテリトリー上の人的組織を端的なものから少し上部へと辿りうるものであったに違いない．Diod. の Sicilia イメージは少し単純すぎ，実際の軍事化は何か不透明な複合体から生じ，実力組織の黒幕は大きくそれを束ねるのではないか．だからこそ Diod. のイメージにおいても信用を媒介に隣接地を買い進めるという契機が登場する．それが原因で崩れて大きな軍事化単位が出来上がる，Diod. のイメージはそこを捉え，そしてそう意識する限りにおいて App. の拘泥の反転像になって両者符合している．つまり何かそのように二重構造を遡って対象を捉える．そしてそれに 500 iugera ルールを適用する．すると初めてわれわれは人々のパニックを想像できる．言うならば Licinius Stolo 型の抗弁によって逃れていた[3]ものが，一網打尽になる．反発はテロルにさえ値するだろう．しかももちろんここには運命的な両義性が伏在している．「怪しい二重構造を撃つ」→「二重のものを一つとみなす」，なるほど結構，「しかし二重構造を，ならば承認するのか」→「確かに，いっそ堅固な二重構造を作らせる方が透明性は高まるのではないか」[4]．

このような手段を，socii の立場から見ればどうなるか．そもそも Appianos の内戦史はテーマを概観した後もちろん Gracchi から叙述を始めるが，いきなり「そもそもローマは Italia を……」(I, 7: Ῥωμαῖοι τὴν Ἰταλίαν...) と切り出す．はっきり Italia に視線を据えてスタートする[5]．と思いきや，テクストは何とも不具合に colonia の話になってしまう．確かに Italia もまた colonia 建設の対象地ではあるが，socii を念頭に置く読者にとってテクストは全然焦点を結ばない．一方に colonia が有り，これは新たに建設されるか，既存の都市に補強が送り込まれるか，のどちらかである．5 世紀末から 4 世紀の状況か．「他方征服地については」(τῆς δὲ γῆς τῆς δορικτήτου) と，別の類型について

語り始める Appianos は後の agrimensores のカテゴリーに従って ager occupatorius を描く[6]. viritim に分配するか ager quaestorius にするか ager censorinus か vectigal 徴収か. 何だ見当はずれの agrimensores がソースか, そのコピーか. とにかく3世紀半ばの状況に降りてみたらしい. それにしても何というギャップか[7]. もっとも, これは lex agraria という手段の教科書的解説の積りかもしれない. 確かに扱いのこうした分岐はいちいち lex agraria によって規定される. 分配 adsignatio の対象となるテリトリーは厳密に指定され, これは 390 年代の最初の lex agraria において既にそうであったはずである. もっともその対象地は一瞬現れては分配され切って消える. しかし3世紀に降りると, 直ちに viritim に分配されるものを除いて, 対象地は指定されたまま存続し, 将来の分配候補地たるままサスペンドされ, その間様々な形態の賃料と引き換えに利用が暫定的に許される. これが lex Sempronia 後にテクニカルに ager publicus と呼ばれるようになるもので, それは目に見える形でしばしそこに存在する. stratigraphie でよく読むと凡庸ではない. と思う間も無く, 「かつ彼らはこれらのことを Italici というカテゴリーの人々の人口増進のために行った」($καὶ\ τάδε\ ἔπραττον\ ἐς\ πολυανδρίαν\ τοῦ\ Ἰταλικοῦ\ γένους$)（？！）. 何と的外れな解釈か. しかしまたいきなり Italici に主題が戻った. 明らかに socii 空洞化が意識されている[8]. ローマ人にとって「最も勤勉」($φερεπονωτάτου$) とみなされた？ Plautus の息子達とは正反対ではないか. 領域に戻って働いている？ しかし socii という主旋律は明白である ($ἵνα\ συμμάχους\ σφίσιν\ ὀφθέντος$). なおかつ「事柄は彼らの考えと正反対の方へそれてしまった」($ἐς\ δὲ\ τοὐναντίον\ αὐτοῖς\ περιῄει$)！ ここでわれわれはやっとテクストのちぐはぐが綺麗に目的 (socii) と手段 (lex agraria/ager publicus) のちぐはぐに対応していることを理解する. そもそも ager publicus 政策と socii 振興は互いにボタンを掛け違ったような関係に立つだろう. だから裏目も何もないが, そこを架橋しようとした Tiberius の意図は不的中を通り越して事態を取り返しが付かない形で悪化させた, というのではないか.

もちろんテクストは直接的には ager occupatorius アプローチの失敗のみを言う. しかし Plout. 等が ager publicus 上の賃貸関係だけの問題であるかの漠然とした記述をするのに比して, App. のソースはもう少し具体的な弊害を描

写しえた如くである.「というのも,富裕な者達が非分割地を大量に分け取り」(οἱ γὰρ πλούσιοι τῆςδε τῆς ἀνεμήτου γῆς τὴν πολλὴν καταλαβόντες) というのであるから, lex agraria 非難といってもむしろ Gracchi 以後,甚だしくは bellum sociale 以後ないし Sulla 下での大規模な socii 諸都市解体の結果生じていった領域空白に言及しているとさえ読める.これが ager occupatorius のイメージとフラッシュ・バックで重ねられる.共に lex agraria が解体すべき状況として.ところがその帰結でもあるから混乱が生じ, ager occupatorius へのフラッシュ・バックになる. coloni 送り込みの傍らで,或いはその失敗の残骸の上に,こうした囲い込みが横行した,という記憶である. Tiberius は遠くこれを惹起したが,しかしこれに類したことをまさに問題としたのでもあった,というのである.そう言えば似たような状況が有った,彼ら占拠者は「時間の経過を頼んで誰にも奪われないと自信を深め」(καὶ χρόνῳ θαρροῦντες οὔ τινα σφᾶς ἔτι ἀφαιρήσεσθαι)——Gracchi にこれを奪われやしないかと常に怖れ——,「近隣の,確かに存在してはいたが零細な,農民達の土地を」(τά τε ἀγχοῦ σφίσιν ὅσα τε ἦν ἄλλα βραχέα πενήτων)——Sulla 後われわれがそれらを丹念に組み込むようにはせずに——「説得を通じての売買か端的に実力で奪い取り,まとまった農場でなく広大な平面を経営した」(τὰ μὲν ὠνούμενοι πειθοῖ, τὰ δὲ βίᾳ λαμβάνοντες πεδία μακρὰ ἀντὶ χωρίων ἐγεώργουν)[9].テリトリーの「法的」資格でなく占拠の形態が端的に捉えられている. lex agraria 対象地内部の問題でなく,少なくともその外へ侵食するという問題であり,結局は凡そ領域一般の問題である.そしてこれならば socii にとって致命的で, App. の画像はやっと焦点を結んでくる.つまり問題は焦点に合致し,救済策ははずれているのである.だからまるで救済策 (lex agraria,それも Gracchi 以後の第二段階のもの) が Tiberius の課題を生み出したように叙述される.そしてその因果連鎖の次のステップになると一層「課題状況」の記述として信憑性を増す.獲得された大きな平面に市場で購入された労働力が投入され (ὠνητοῖς ἐς αὐτὰ γεωργοῖς),しかもそれが何か自己増殖する.この人員自己増殖すら利殖 (κέρδος) に使われ,強者 (οἱ δυνατοί) はますます富み (ἐπλούτουν),領域は無頼の人員で溢れる (ἀνὰ τὴν χώραν ἐπλήθυε).ここまで来れば Italici に問題を接続できるというのか,対比は直ちにそちらへ向かう.「これに対し, Italici を襲ったのは人口減少と弱体化であり，彼らは貧困と重税と軍務に押し潰された」(τοὺς δ' Ἰταλιώτας ὀλιγότης καὶ δυσανδρία κατελάμβανε, τρυχομένους πενίᾳ τε καὶ εἰσφοραῖς καὶ στρατείαις). 確かに，領域を剝ぎ取られて都市が成り立つはずもない．「仮にそれら負担を免れたとしても，やはり彼らは徒に閑暇に明け暮れただけだったろう，富裕者達に領域を占拠され，自由人でなく無頼の者が領域の労働力となっているのだから」(εἰ δὲ καὶ σχολάσειαν ἀπὸ τούτων, ἐπὶ ἀργίας διετίθεντο, τῆς γῆς ὑπὸ τῶν πλουσίων ἐχομένης καὶ γεωργοῖς χρωμένων θεράπουσιν ἀντὶ ἐλευθέρων). Plautus の息子達は見限られている．Italici の関心ももっぱら領域に向かう．そしてこのように迂回して説明されれば，確かに冒頭のタイプ (ager publicus) の lex agraria であれば的はずれでも，改良型 500 iugera ルールならば全く如何なる pertinence も有しないとは言えない，と思えてくる．Appianos は事実次節 (I, 8) 以下でまさに既に紹介した lex sempronia の内容に関する記述に入る．Tiberius がそれを提案する下りも既に見た．つまり大規模な違法占有排除が行われようとしているのである．

　もちろん直ちに反発が押し寄せる (I, 10)．中に，「隣地購入のために投資した金銭を」(τιμὴν δεδομένην γείτοσιν) 回収できない不満が有り，既に先祖を祀る物的装置を定礎したと苦情をいう者有り，嫁資の対象として信用が懸かっていると言う者有り，「高利貸はその土地を担保とする債権を示して抗弁する」(δανεισταί τε χρέα καὶ ταύτης ἐπεδείκνυον) 有様である．明らかに目標の違法占有は相続や質権設定の対象となるタイプである．元老院主力はこの反発を受けて同僚 tr. pl. たる Octavius に intercessio させる (12)．Tiberius は，権限は結局は民会に在るからという理由で，彼を民会に罷免させる．政治システムを実質的に捉える観念であり，一旦儀礼で確定されたものは民会といえども覆せないというローマ型の政治的パラデイクマには全く馴染まない．それはよいとして，この賭は成算の有るものであったか．このような実質主義は根底に本格的ディアレクティカが有る場合にのみうまく行く．前提が欠けるところでいきなり政治の実質化を試みてよいのか．辛うじてそれを支えた防波堤を覆せばとんでもないことになるのではないか．先例に儀礼的に拘束される政治システムはそれなりの硬さを有するものの，一旦その先例を破られたときに収拾がつ

かなくなる．彼自身と弟を含む triumviri が領域の精査に向かうものの，翌年のための選挙の季節を迎えると，都市中心の公共空間では両派が集団をなして結集し，これらが公共空間において激突し，Tiberius はその中で殺害される (14-17)．この実力はまだ領域のそれとは違い，まして本格的な軍事力ではないが，それでもこの一歩は余りにも大きく，Tiberius は領域の実力を平らげようとして都市中心に実力を跋扈させてしまった，と言うことができる．

それでもメンバーを補充した triumviri の活動は続き，lex Sempronia は実施された[10]．そしてこれが領域問題を増幅していく (18)．500 iugera 以上の占有を確定しなければならないが，端的な占有が問題であるのではない以上，占有者の「意思」に多くを依存するが，まず占有者がその申告をサボタージュする (ἀμελούντων τῶν κεκτημένων(=possessorum))．そこで告発させることとするが，これが「たちまち苛烈な糾問を蔓延させた」(καὶ ταχὺ πλῆθος ἦν δικῶν χαλεπῶν)．糾問の矛先は占有の複雑な成り立ちである．「というのも，隣接の単位を合わせ購入したり，socii から奪い取ったりした，その分を全て一体として単一の単位として糾問した．どれだけ購入したかどれだけ奪い取ったかを示す売買契約書や土地台帳を誰も持たない中．しかしそのようにして得られた結果がまさに疑わしいものであった」(ὅση γὰρ ἄλλη πλησιάζουσα τῇδε ἐπέπρατο ἢ τοῖς συμμάχοις ἐπιδιῄρητο, διὰ τὸ τῆσδε μέτρον ἐξητάζετο ἅπασα, ὅπως τε ἐπέπρατο καὶ ὅπως ἐπιδιῄρητο, οὔτε τὰ συμβόλαια οὔτε τὰς κληρουχίας ἔτι ἐχόντων ἁπάντων· ἃ δὲ καὶ εὑρίσκετο, ἀμφίλογα ἦν)．この結果，よく蓄積された最良の部分が放棄され，荒れた部分だけが保持された．こういう部分に限って占有はそのまま許容された．ager occupatorius の spes colendi パラデイクマを追認するように．こちらでは兼併のプロセスさえ進んでいく．要するに違法の確定がおそろしく困難で実施は不安定であった．まして不確定なまま争われているところへ強引に coloni を突っ込んだならば，一体どうなるか．socii の領域はますます軍事化したに違いない．

いずれにせよ，皮肉なことに Tiberius の立法の被害者は socii であるということになり[11]，彼らは穏健派の Scipio Aemilianus のところへ駆け込む (19)．彼の周辺はひょっとすると二重構造追認どころか将来に繋がるその積極的創出 (ギリシャモデル＝権原思考による軍事化対策) を漠然とでも目指す．そして

consul の Tuditanus が triumviri に入り，計算通り作業を懈怠する．ところが今やこれを許さじと突き上げる勢力がまさにここで現れる．テクストは"plebs"という語で指示して来るが，その内実には多大の注意を要する．しかし socii と不連続の関係にあり，そしてその限りで Tiberius の元来の名宛人ではない．そして誰にせよ lex agraria の適用によって入植したいと希望する者達である．そう，彼らの目には，lex agraria は de modo などではなく，単純に ager occupatorius に colonia を建設するためのものである．彼らの突き上げとの因果関係が不明なまま，Scipio は謎の死を遂げる (20)[12]．これが早くも決定的な転機で，この132年に役者は揃ったも同然である．

[1・2・1] Labruna, *Vim fieri veto*, p. 276 は，"uti possidetis" に "vim fieri veto" 文言が付着するのを lex de modo agrorum と同じ要因によったとし，Gracchi と関連づける．しかし共に ager publicus 限定の話である，のに Toynbee の荒廃と大土地所有を援用するのは滑稽である．もちろん Labruna というよりローマ法学者一般が ager publicus の上にしか占有問題を認めないためであるが，歴史学者も lex agraria をそのように扱うから同罪であり，たまたま Labruna が両者を一緒にしたため目立つのである．1世紀には確かに "possessio" が「私有地」に使われるが，その変化がどのように経過したのか，誰も説得的に論証しない．ちなみに，vis 規制は Gracchi の時代ではなく，その直後の段階で浮上する．

[1・2・2] Plout. Ti. Gr. 9, 1 と Cic. Accad. 2, 13 が起草者として P. Crassus (Mucianus) と P. Mucius Scaevola の名を伝える．Cicero は前者が公然と (palam)，後者がヨリ隠れた形で (obscurius)，寄与したとする．ちなみに，P. Mucius の息子たる Q. Mucius が占有を genus-species によって分類概念したことはよく知られる．O. Behrends, Tiberius Gracchus und die Juristen seiner Zeit, in : K. Luig et al., edd., *Das Profil des Juristen in der europäischen Tradition*, Edelsbach, 1980, S. 25ff. や Bauman, *Lawyers*, p. 245ff. などは延々と lex Sempronia の「イデオロギー」をストア諸流派に割り当てて Mucius の関与を推測するが，法学者の位置と政治党派布置とイデオロギーとヘレニズム哲学を図式的に一致させる幼稚な方法に基づき，立法の内容を考察しない．"obscurius" はおそらく「秘かに占有概念の内包を入れ替えた」ことから生じた Tiberius にとっての誤算 (Mucius の立場の微妙さ) に対応する．

[1・2・3] Plout. Tib. Gr. 8 (ed. Flacelière) は，後述のモラトリアム立法後の partitio を反映して，征服地は初めから売却されるか賃貸されるかであり，lex Sempronia はこのうち後者＝ager publicus のみに関わる，と考える．ならば一体それが何故領域一般かつ一面の荒廃に繋がるのか，直後の下りと整合性を有しないが，それでも，賃貸地上に発生する弊害として，隣接地を他人の名で借りる脱法が有ったと記す (τῶν γειτονιώντων πλουσίων ὑποβλήτοις προσώποις μεταφερόντων τὰς μισθώσεις εἰς ἑαυτούς)．見当はずれとはいえ，同一の観念構造が働いている．

[1・2・4] Plout. Tib. Gr. 8, 5 の Laelius の法案が App. の直近先行法案と同一かどうかは定かでないが，Laelius は所謂「Scipio のサークル」に居て，Tiberius とは同じ圏内でも少々対抗的に二重構造認容に傾くヴァージョンで思考したかもしれない．他方，「自由人規定」自体はもちろん後述の dominium 形成後の思考に適合的であり，59年の Caesar の lex agraria

〔1・2・5〕 Gabba, *AppBCComm*, p. 15 : "Errate le interpretazioni che vogliono prescindere del tono "italico" della narrazione".

〔1・2・6〕 cf. C. Moatti, Étude sur l'occupation des terres publiques à la fin de la République romaine, *Cahiers du Centre G. Glots*, II, 1991, p. 57sqq.

〔1・2・7〕 Gabba, *Appiano,* p. 109ss. がソースの多元性を再確認するのに異論は有りえない．しかもその「ソース」(fonti) の意味は単純ではない．同じ Pollio の内部にしかもディアクロニクな対抗を見なければならないと思われる．Caesar の組織の内部での旧 socii（しばしば Cic. Phil. V, 32 : e mediis Caesaribus partibus から「穏健 Caesar 派」と呼ばれるブロック）に対立する入植切望組の視線を，敵としてであれ Asinius のテクストは Appianos に伝えたかもしれない．

〔1・2・8〕 Y. Shochat, *Recruitment and the programme of Tiberius Gracchus,* Bruxelles, 1980, p. 78ff. は，Appianos における Tiberius の演説をその通りに受け取り，なおかつ解釈がつかないために強引に意図を再構成し，socii 軍事編成と対市民土地分配を別個に考え，ただ前者のための代償として副次的に socii にも土地を配給したとする．

〔1・2・9〕 L. Perelli, *I Gracchi,* Roma, 1993, p. 78 は，最近の（考古学的な）研究を引き，2 世紀にはまだ latifundium は無く，そもそも latifundium は複合体でありかつ Sulla 後に出来上がるから，App. のテクストはアナクロニズムで信憑性を欠く，と主張する．しかし問題はそのように単純でなく，Gracchi 以前の領域の問題が巡り巡って Sulla 後の "latifundium" を生み出すのであり，こうした連関は旧 socii/municipales の意識の中で把握され受け継がれた．複合体のイメージ自体も若干の政治的階層の頭の中で先取りされていたとさえ言える．

〔1・2・10〕 「実施」は具体的には centuriatio を意味する．この頃は，colonia 建設ともかなり近い意味になっている．しかるに centuriatio 自体は土地保有の区画を示すのではなく，グリルによってそれらを方向付け直し，既存の土地保有を解体する，作用を有する．この点雄弁な分析は，Latium と Campania において航空写真と villa 等の形態を重ねた G. Chouquer, Le tissue rurale, dans : Id. et al., edd., *Structures agraires en Italie centro-méridionale. Cadastres et paysage ruraux,* Rome, 1987, p. 285sqq. である．これを Id., et al., Formes et évolution de la cadastration romaine en Italie centro-méridionale, *Ibid.,* p. 233sqq. の諸図と重ねると一層理解が進む．これらの図は libri coloniarum の記述に従ったものにすぎないが，このテクニカルなレヴェルでは Gracchi の事業も Sulla や Caesar の事業も大差ないことがわかる．

〔1・2・11〕 cf. Y. Shochat, The Lex agraria of 133 BC and the Italian allies, *Athenaeum,* 48, 1970, p. 40ff.

〔1・2・12〕 A. E. Astin, *Scipio Aemilianus,* Oxford, 1967, p. 238ff. は，Gracchi 派の勢いを過大に評価し，Aemilianus がこれに果敢に抵抗した，というように描き，socii 上層の不平を口実に使った，と見る．しかし彼の立場は曖昧で，これは Gracchi グループの思惑，ないしは計画自体，の両義性に対応している．Aemilianus の人的関係が Gracchi と密接であることはよく知られるが，それ以上に，dominium の予感が両義性をもたらす．

1・3

　Appianos は Scipio の死について述べた後畳みかけるように弟の C. Gracchus に叙述を移す (21)．possessores ($οἱ\ κεκτημένοι$) は土地分割を ($τὴν$

διαίρεσιν τῆς γῆς) 手練手管で引き延ばした，と抵抗を伝えると，「そして或る者達は」(καί τινες) と直ぐに続け，「領域問題で最も異議申し立てをしたsocii の全体を」(τοὺς συμμάχους ἅπαντας, οἳ δὴ περὶ τῆς γῆς μάλιστα ἀντέλογεν) ローマ市民として登録しようと提案した，と述べる．しかし一体この二つの事柄にどのような関係が有るというのか．Appianos は，領域はもう懲り懲りで領域より市民権の方がよい，という socii の考えを伝え，triumviri の一人でかつこの年 125 年の consul たる Fulvius Flaccus の法案について触れる[1]が，しかしこれは簡単に葬り去られる．しかも Appianos はこれで土地を待ち望む plebs ががっかりした (ἠθύμει) という．そしてその連中の後押しで Gaius がいよいよ登場し，124 年の選挙に勝って 123 年の tr. pl. に就任するのである．論理的に破綻しているこのパッセージを「復元」するためには，例によって巻き戻して逆さに読む以外にない．Gaius の選出を望んだのはとにかく土地を欲する人々であり，そうすると，lex agraria の中でも LA I，つまり既定の土地に関し coloni の入植を決定するタイプのもの，が欲せられた，ということはどうやら確からしい．socii にとって脅威となる「占有」を解体するタイプのもの (LA II) ではない．すると，彼らは lex agraria の誤作動に苦しむタイプの socii ではない．これとは違う socii 諸都市の或る階層が有って，彼らは失うものが無いから入植には危険を感じず，逆に coloni たるを欲し，そして coloni となるためには市民権が必要であった．この連中の圧力は colonia を待って久しい既存 "plebs" に好都合だった，ということである．短絡させると，LA II が念頭に置く Tiberius タイプの政策対象たる socii が市民権を欲した，となってしまう．LA も socii もすりかわったというのに．しかも後に領域上の既存の関係の安定のために本当にローマ市民権が必要となる時代が来るから，そしてここに Appianos のソースの視座が有るから，彼のテクストはどうしてもそうなる．

しかしそうであるとすると，C. Gracchus の試みは，二つの lex agraria の間のギャップ，ズレコミ，を体現していることになる．Plout. は，Gaius は Tiberius の構想に反対でこれを解体した，という説 (C. Gr. 1, 1) を否定してまで Gaius を Tiberius の真正の後継者に仕立て上げるが，しかし Appianos のテクストにおける上述のちぐはぐに対応するズレ，即ち領域問題にメスを入れ

るという目的と，結局は大量の軍団兵士を送り込んで領域を破壊するという結果しか残さない手段，との間の乖離を Gaius は Tiberius に対して演出してしまうのではないか．そうであるとすると，socii の政治的階層にとっては早くも致命的である．

　もっとも，そうした中で Gaius の立場といえども単純ではない．Plout. は「Gaius もまた lex agraria を提案した (122 年)」ようにも読めるテクスト (ed. Flacelière) を示すが，"κληρουχικός" とだけ素っ気なく (5, 1)，単純な coloni 送り込み法案とも読めるし，そのときには対象地（後の ager publicus）は既定であるから，lex agraria は ager publicus だけを対象としたという Plout. の信じてやまない枠組に合ってくる．そして何よりも Appianos はこれについて語らない．つまり Gaius は Plout. のヴァージョンに従ってもやはり Tiberius から隔たるうえに，Plout. のバイアス自体が Gaius の視角の屈折に対応している．事実 Plout. のソースに流れ込んだのは，この先歴史の舞台上を圧倒的にのし歩く退役巨大軍団兵士達の土地願望を帆に孕んだ諸々のヴァージョン，そこから見た Gaius 像，である．ということは，確かにこれが Tiberius と区別させるが，しかしこのヴァージョンだけで Gaius を理解するわけにも行かない，ということである．Tiberius に関する Plout. の記述の不正確さも旧 socii のヴァージョンに基盤を持たない弱点であるが，しかしそこでは Tiberius の背後にあるギリシャ系知的サークルに視座が在って一定の節度が保たれていた．ところが Gaius の段では，軍団兵士優遇立法と都市貧困層への穀物配給 frumentatio を逃さないばかりか，Livius Drusus pater との間の熾烈な競合に焦点が合う (8, 4-10, 1)．Gaius の独裁的権力を怖れた元老院は，Gaius の同僚護民官たるこの Drusus を使って Gaius の法案に対して intercessio させる．Plout. によって Gaius を引き写したような雄弁等の資質を与えられた Drusus は，次々と Gaius のプランを簒奪する立法をかけていく．Plout. は同一の民衆的基盤を争うと把握したうえでそれを喜劇に喩える (ὥσπερ ἐν κωμῳδίᾳ)．Gaius が二つの colonia を提案すれば Drusus は 12，Gaius が土地分配に若干の対価を付して都市 plebs（への frumenatio）のために配慮すれば，Drusus はこれ無しの分配を約束し，Gaius が Latini に投票権 suffragium を与えようとすれば，Drusus は Latini 軍事勤務に身体刑免除特権を提案し，土地分配の triumviri に Gaius

が自ら加わるのに対し，Drusus は自らは加わらず，といった具合である．しかし本当に Gaius は旧軍団兵士や領域の浮動分子のための入植立法に明け暮れたのか．

App. は Gaius と Drusus の間に横たわる鋭い溝を見逃していない．Gaius は Latini に市民権を付与しようとし，他の socii には suffragium を認めようとした（23）[2]．Plout. は Drusus が少し違う方策ながらここもフォローしようとしたと伝えるが，Appianos によると，まさにこれを特定的に拒否するために Drusus が立てられた．そしてそれ以外の活動について Appianos は語らない．もっとも，Appianos のヴァージョンによっても Gaius が plebs と対立する意味における socii をその都市と領域において保護するためにしたとは到底解しえない[3]．そもそも suffragium が領域問題から遠いことにかわりはないし，suffragium さえ有れば lex agraria I を後押しして自分もその回路に流れ込める，という思惑を Gaius もあくまで汲み取る．事実 App. によると元老院は蜜の周りに集まってくるこうした分子をローマ都市中心から排除する布告を出す．ここで Drusus が拒否権を発動し，そして彼もまた Gaius に対抗して colonia を大量に派遣しようとする．明らかに彼の背後には，入植メカニズムに socii 下層とはまた別に流入して来る分子，socii によって自分達の取り分が減るのを快く思わない元来の plebs，が居る．これは Fulvius/Gaius と Drusus の間の深刻な対立を生み出す．まさに App. のヴァージョンにおいて，Fulvius は 125 年に既に suffragium 付与失敗を補うべく「せめて provocatio を」と提案する[4]．一方でこれは socii の中核の思考から遠いことを示す．plebs の一枚岩への統合が概念されているからである．しかし他方で「plebs への統合」とはいっても一つではなく，入植よりは司法制度上の権利を欲しがる者が居た，ということであり，これが Gaius を Drusus から分かつ．いずれにせよ元老院がこの亀裂をねらって楔を打ち込んだことは明らかである．

しかもこれはコップの中の嵐ではない．App. が Gaius の立法の根幹として大きくスペースを割くのは司法改革で，法廷つまり陪審を senatores から equites に移したというのである（22）．既にその嚆矢を見たように，属州派遣政務官を属州民のために訴追する刑事裁判が行われているが，App. によると無罪判決が陪審買収のために度重なり，陪審を務める senatores に対する不信感

に senatus 自身が折れざるをえないほどであった，という．App. はこの問題が以後決定的な争点になっていくという見通しを述べる．Plout. はこの問題を重視しないばかりか，300 senatores＋300 equites という（明らかに後述の Livius Drusus filius の法案を先取りする）混乱した解釈を示し，そのソースが元 socii, 現 Italici の記憶に裏付けられた見通しを欠くことを証明している．とはいえ，反対に equites が socii の利益を代弁する，というのではない．この点にこのヴァージョンが無神経である，というのではない．逆に，equites への repetundae 法廷付託は socii にとって脅威であった．いずれにせよ Gaius には軍団兵士とは別のこの equites という基盤が有る分，彼は Drusus よりは遥かに複雑な立場を取るのであるが，その equites という要素が何を意味するかを具体的に見ることによって，quaestio repetundae を巡る状況の逆転にわれわれは気付くことになる．

　まず Gaius は Drusus を回避するようにして Carthago 植民に没頭する（App. BC, I, 24 ; Plout. C. Gr., 10, 2ff.）．これについては，Italia 外へのこうした colonia 建設こそ，Tiberius の理念からの決定的な離別を意味する，という解釈が実に的確である[5]．しかるにこうした属州都市は Gaius にとってもう一つの意味を有するものであった．この時期になると，後の Italia, まさにこの当時の socii 主力都市，から多くの商人 negotiatores が地中海大に展開していることがよく知られる．この階層はまたしばしばローマの政治的階層に直属するようにして付着し，そして equites という centuria 制度上の区分をほとんど一個の政治勢力であるかのように変えてしまう．Gaius が（後の視角からして）「Italia」を視野に入れるとき，彼は「Italia を通貫するようにして大きな公道を切り拓き，そして商工業者を多数自分の影響下に収めた」（καὶ ὁδοὺς ἔτεμνεν ἀνὰ τὴν Ἰταλίαν μακράς, πλῆθος ἐργολάβων καὶ χειροτεχνῶν）．Plout. 7, 1 の対応記事はまるで Appius Claudius の再来のように書くが，力点は公共事業ではなく，特定の都市民であり，それは非政治的な階層である．そう，(socii ではなく，その隊列から）逸脱したまま帰って来ない Theopropides (Delos の Campani/collegia) である．Plout. によると，Gaius は tr. pl. 以前のキャリアにおいて Sardinia (2, 2) や Hispania (6, 2) の諸都市を保護する施策を採るが，これはローマに直結して publicani として活動する層のためのものである．例えば Hispaniaで徴収穀物を「諸都市に」返却してpropraetorたるFabiusの措置を否定するが，まさに属州総督を攻撃する点でquaestio repetundarumと同じ構図に従う．そして相手方は明らかにHispania諸都市を基盤に活動するnegotiatoresかpublicaniであり，穀物の返却先は彼らの穀物倉庫である．われわれはDiod. の記事を通じてSiciliaにおいては既にこのequitesの階層に属する連中が領域にさえ拠を構えるのを見た．彼らと結託していればpropraetorは安泰であるが，もし属州民，特にそこの同盟都市の政治的階層のために彼らと対立するとどうなるか．quaestio repetundarumではsenatoresが陪審を握って政治的階層に加担してきた．今この点をGaiusが突破しようとしているのである．実際近い将来，equitesから成る陪審によってあのbona fidesのチャンピオンたるQuintus Mucius ScaevolaはCiliciaのproconsulとして副官を訴追されることになる．

　C. Gracchusもまた非業の死を遂げるが，これもまた都市中心における実力行使によるものであり，結局はequitesというもう一方の基盤を持つ[6]が故に「入植待ちのplebs」という道具に裏切られ，そしてこの集団の実力によって事を動かすという道ばかりを定着させることになった[7]，ということである．

〔1・3・1〕 U. Hall, Notes on M. Fulvius Flaccus, *Athenaeum*, 55, 1977, p. 280ss. とW. L. Reiter, M. Fulvius Flaccus and the Gracchan coalition, *Ibid.*, 56, 1978, p. 125ss. はともにFulvius Flaccus復権の試みであり，前者はGracchiと並ぶ改革理念の人物として，後者はGracchiの脇で最も戦術にたけた人物として，描く．しかし「sociiへの市民権付与」自体が理念としても戦術としても混乱している以上，Plout. 等が彼を混乱の元凶として描くのは当然のことである．後述のDrusus息子の評価に関わる論点であり，そこで述べるように，この二つの論文が補強するはずのGabbaの基本テーゼ（*Athenaeum*は彼の雑誌である）自体疑問とせざるをえない．

〔1・3・2〕 Diod. のテクストのビザンツ期抜粋写本の批判的な再校訂を試みたP. Botteri, *Les fragments de l'histoire des Gracques dans la Bibliothèque de Diodore de Sicile*, Genève, 1992 を予期しつつC. Gracchusの背後に（Tiberiusにとってよりも一層鮮明に）ギリシャ流「人民主権」の観念が（少なくともギリシャ側から見ると）有ったとするのは，Cl. Nicolet, éd., *Demokratia et aristokratia. A propos de Caius Gracchus : mots grecs et réalités romaines*, Paris, 1983 である．中でもP. Botteri, M. Raskolnikoff, Diodore, Caius Gracchus et la Démocratie, *Ibid.*, p. 59sqq. を参照．これは他の幾つかの事象の解釈に道を拓く重要な認識である．対するに，Bleicken, *Lex publica*, S. 314ff. はGracchiを破壊者としてしか見ない．政治社会学的方向に抗して新たにMommsenの国法学を甦らせようと図り，3世紀からの立法による意識的な公法の形成を描こうとするにかかわらず，その極であるGracchiを扱えもしなければlex agrariaも無視するのは，立法に着目しながらデモクラシーは視野の外に置き，もっぱら客観的規範の面しか

見ず,「状況に適合するために法を客観化した瞬間にのみ公法は現れた」といった分析が続くばかりである.もっとも,一定の「人民主権」をローマ共和政全体についてここから導くDucos, *La loi*, p. 110sqq. には別の逸脱,ないし「C. Gracchus 逸脱の見逃し」が有る.「populus の iussum」という道具の危うさに対して無感覚である.

[1・3・3] E. Gabba, Mario e Silla, *ANRW, I, 1,* 1972, S. 766 は,この要素を真正の socii 政治的階層と解してこれが equites と対立すると考えるが,そうであると Drusus が説明できない.

[1・3・4] E. Gabba, *Esercito e società nella tarda repubblica romana,* Firenze, 1973, p. 197s. に重厚な分析を見出す.Gabba は後の bellum sociale における対抗状況を投影しないように警告し,市民権付与といっても個別的防御的で政治参加志望でない,という.明らかにこれに従う P. A. Grant, Italian aims at the time of the Social War, in: Id., *The Fall of the Roman Republic and Related Papers,* Oxford, 1988, 94ff. はしかしながら Gaius を引っ張り出して部分的に政治参与願望を復活させる.なお,Gabba が provocatio を Gaius の lex agraria に対する防波堤と理解しているふしが認められるが,これは(象徴的にせよ)tr. pl. の刑事司法における権能に関わる.占有においては働かない.後述のように,bellum sociale においてさえまだ政治参加＝占有保障の回路はスローガンとしても存在しないから,Gabba でさえ App. のテクストに幻惑され bellum sociale/Fulvius 間のディアクロニクな混戦を避けえていない.

[1・3・5] Gabba, Mario e Silla, S. 768.

[1・3・6] Gabba, Mario e Silla, S. 767: "concretamente rotto il normale genere di lotta politica". また護民官と騎士身分の同盟という新しい政治力学が開拓されたことも大きいと Gabba は評価する.なお,この段階の "equites" が社会的カテゴリーというより「ローマ直結志向」(「人民主権」適合)富裕層を広く指す,という本文で示した理解のために,cf. Cl. Nicolet, *L'ordre équestre à l'époque républicaine, I,* Paris, 1966, p. 459.

[1・3・7] 少々長い因果連鎖になるが,領域の軍事化が根底に有ることは疑いない.Gracchi はこれに立ち向かい,しかし都市中心まで軍事化してしまった.ただしこの軍事化は領域の上の小さな軍事化と同じであり,巨大な軍事編成とは交わらない.W. Nippel, *Aufruhr und "Polizei" in der römischen Republik,* Stuttgart, 1988 はこの点を認識し (S. 54) ながらも,ここからおよそ(自然と有るに決まっている)治安攪乱への対処という観点で論じ始めるため,近年ますます目立つ歴史学の自滅に与するばかりである.伝承は一致して元老院の側が独特の軍事化を遂げることを明示する.populares という看板だけを見て Catilina 事件と同一視するわけにはいかない.Gracchi の側の動き,senatus の側の軍事化,この先の Saturninus のケース,それぞれに異なる理由が存在し,衝突する両方が深い根を有するのである.都市中心の公共スペースの特殊事情がこれと交わる.理由を問わなければ歴史学は成り立たない.「エリート層の一体性と下層に対する権威が保たれている限り制圧は可能であった」という全くトリヴィアルな結論 (S. 78) にしか至らない所以である.もっとも,その前に A. W. Lintott, *Violence in Republican Rome,* Oxford, 1968 がもっと些末化してはいた.彼は Clodius ないし Milo の実力行使とドイツ法学 (cf. p. 31) の「アルカイックな自力救済」を結び付けた (E. Lepore, *PP,* 24, 1969, p. 394ss. に痛快な書評が有る).「実力とは何か」についての考察が欠落した結果である.

1・4

Gaius の死後,coloni として実力集団が旅立ったためかどうか,equites が獲

得した特権を着実に発揮し，しばらく一定の均衡が保たれる如くである．Appianos のソースだけが socii にとってのあの問題の出発点を忘れない．領域では Tiberius 以来の余震が続いている．そしてそれに対処する立法も行われた (27)．まず最初の立法は，「係争地を売却してしまうことを占有者に許す」(τὴν γῆν, ὑπὲρ ἧς διεφέροντο, ἐξεῖναι πιπράσκειν τοῖς ἔχουσιν). App. は Tiberius の立法によって分与地の譲渡が禁止されていた，と付け加えるが，それが解除されただけではない．新占有者と旧占有者が入り交じる状況の中で「現占有者」を自認する者が売り抜けてしまう，こうして原状を追認・固定してしまう，ことをねらったものである．しかしこれがまた裏目に出て悪夢が続くばかりか一層事態を悪化させる．「にもかかわらず直ちに富裕者達が零細農民から土地を買い集め，或いは，買ったと称して実力で入って来た」(καὶ εὐθὺς οἱ πλούσιοι παρὰ τῶν πενήτων ἐωνοῦντο, ἢ ταῖσδε ταῖς προφάσεσιν ἐβιάζοντο). 早くも権原思考による事態の打開が却って実力を誘発する．占有を無視すれば当然である．App. によればまさにますます追い込まれて苦し紛れに制定されたのが lex Thoria である．「今後一切土地の再分配は行わず，現占有者に帰属するものとする」(τὴν μὲν γῆν μηκέτι διανέμειν, ἀλλ' εἶναι τῶν ἐχόντων). もっとも，当初は「ただしその占有に対して賃料が」(καὶ φόρους ὑπὲρ αὐτῆς) 課された．つまりなお ager publicus の暫定性を保ち，正規の占有とはしないつもりである．しかしこの賃料徴収は時を経ずして（第三の立法によって？）廃止される．

今日，或るまとまった碑文上のテクスト[1]がわれわれの手に遺されていて，これが上の三つの lex のどれかに該当することはほぼ確実である．とはいえ，lacuna も広範に及ぶから，その精確な内容を把握することは困難である．テクストは特徴的な思考様式によってまず要件を一つ一つ厳密に列挙していく．冒頭の文言，"Quei ager poplicus populi Romani in terram Italiam P. Muucio L. Carpur [..." は，l. 4 の "...Carpurnio cos. fuit, extra eum agrum, quei ager ex lege [..." と，l. 6 の "...] lege plebiue scito, quod C. Sempronius Ti. f. tr. pl. rog (auit), exceptum cauitumue est nei diuiderentur" とによって捉えるから，まず重要な定型，"Quei ager poplicus populi Romani in terram Italiam P. Muucio L. Carpurnio cos. fuit, extra eum agrum, quei ager ex lege plebiue scito, quod C.

Sempronius Ti. f. tr. pl. rog(auit), exceptum cauitumue est nei diuiderentur"「P. Mucius と L. Carpurnius が consul であった年（133年）に ager publicus とされた Italia の土地で，Tiberius の息子たる C. Sempronius の提案にかかる平民会議決によって分配免除の特区とされた領域を除く部分は」が再構成できる．つまり Tiberius の lex agraria によって解体対象となった領域を大きく括った上で，Gaius が colonia のために取り除けた（サスペンドした）部分を除外する，ということである．この定型で大きく括られるカテゴリーはさらにいくつかに分かれる．第一は大きく毀損しているものの，"...] agrum locum sumpsit reliquitue, quod non modus maior siet, quam quantum unum hominem ex lege plebeiue sc(ito) sibei sumer[..."「平民会議決によって一人が自分で占有獲得（しまたは占有継続）することが（認められた）分量を越えない場合には，その土地を占有獲得しまたは占有継続した（者は……）」というテクストから，500 iugera ルールの適用を免れた占有，lex agraria が発動されなかった占有，であると推定しうる．それはそもそも ager publicus とならなかったはずであるから，表現は矛盾しているように見える[2]が，Tiberius の措置が占有が入り組んだり粗放であったりした地区を包括的に対象として指定したためと考えられる．つまりほとんど「誤って認定された占有は」ということであり，必然的に論理的には矛盾する．第二は，"...] quoieique de eo agro loco ex lege plebeiue sc(ito) IIIuir sortito ceiui Romano dedit adsignauit, quod non in eo agro loco est, quod ultr[..."「平民会議決に基づいて土地分与三人委員がローマ市民に分配した占有は，（……）を越えた分の土地を除いて」というわずかな残存テクストから推して，明らかに triumviri の活動の結果没収＝再分配され終わった占有である．第三項は末尾の "...]dditus est" しか遺らず，難しいが，これを "redditus" と読めば，係争の結果返却された土地と考えられる．第四項は，"...]ue agri locei publicei in terra Italia, quod eius extra urbem Romam est, quod eius in urbe oppido uico est, quod eius IIIuir dedit adsignauit, quod..."「Italia 内の公共空間たろうとも，ローマ都市中心以外である限り，都市中心や領域の中心であろうとも，また土地分与三人委員が分配した土地であろうとも」を辛うじて回復しうるのみであるが，"quod eius" という特徴的なフレーズからして，何か下位の場合分けを譲歩に使っていると読め，ひょっとすると，このような

空間が簒奪された場合でさえ，今確実に確保されていれば，それを一つの要件充足と見ようというのである．第五項は，第二項とダブルようであるが，この第四項の解釈によって初めて意味を救い出せる．つまり，簒奪を認めるといっても，「土地分与三人委員が分与分配し占有させたものが一旦占有を定着させるかまたは土地台帳に登録され[3]，または登録さるべく命じられている場合」(IIIuir dedit adsignauit reliquit inue formas tabulasue retulit referiue iusit) は，簒奪を否認するようにしてこちらの正規占有者を対象とする，というのである．そしてこの直後に一旦まとめて効果が規定される．「上記の土地建物の全ては」(ager locus aedificium omnis quei supra scriptu[...])，「他の私有の土地建物がそうであるのと同一たるべし」(ita, utei ceterorum locorum agrorum aedificiorum priuatorum est, esto). さらに「censor は誰であろうともこれらを……にせしめなければならない」(censorque queicomque erit fa[c]ito, utei is ager ...). つまり財産評価の対象たるローマ市民の正規の占有，つまり mancipatio によって基礎付けられたように auctoritas を付与された占有になる，というのである．まずは徹底して権原付与によりこの方面から状況を一義的にさせようという発想の存在が認められる[4]．もっとも，直ちに「何人も以下のことをなしてはならない，即ち，その土地建物が現在そして将来に渡って平民会議決に従う占有 (possessio) たるべき限りにおいて，その土地 (建物を使用収益占有しえないようにしてはならない)，また何人もこの件について (争う者は？……) 必ず判決を求めなければならず，(自力で) 以下のようにしてはならない，即ち，その土地建物が現在そして将来に渡って平民会議決に従う占有 (possessio) たるべき限りにおいて (，その者がその土地建物を使用収益占有しえないようにしてはならない) し，また彼の意思に反して占有が，たとえ彼の死後であろうとも (奪われてはならない)」(neiue quis facito, quo, quoiius eum agrum locum aedificium possessionem ex lege plebeiue scit[o ess]e oportet oportebitue, eum agrum l[ocum...]...quis de ea re...deicito neiue ferto, quis eorum, quoium eum agrum...quoue possesio inuito, mor[tuo...]) と付け加えられるから占有の観点は失われていない (「その土地建物を使用収益占有しえないようにしてはならない」は l. 11 の "quo minus ei oetantur fruantur habeant po[ssideant...]" により近似的に補いうる)．否，まさにこれが明らかに法学の

成果と認められる占有概念のテクニカルな使用として，最古の例であるということになる．そのときに "possessio" という名詞形が検出されたことが注目に値する．にもかかわらず，権原が占有と分離して強く意識されたことの反射効としてこのことが実現した可能性が高い，少なくともこのテクストにおいてはそうである，という点も認めざるをえない．

続く l. 11f. では "viaseis vianiis" の土地，つまり公道維持のための負担付の土地，について規定される．譲渡がなされなかった限りにおいて，ただしこの法律自体によって譲渡返却が規定された場合を含み，占有保護が与えられる (quo minus ei oetantur fruantur habeant po[ssideant...])．ここでも権原に対して，ただしそれが占有と一致している限りでではあるが，占有保護が概念される[5]．そして次に条項に移ると再び冒頭の基本要件の限定が置かれ (13)，「第1条」のカテゴリーが明らかに除外される（われわれは辛うじて "...e]xtraque eum agrum, quem uetus possessor ex lege plebeiue [..." 「平民会議決によって旧占有者が……した土地を除いて」を救い出しうる）と，「その土地に 30 iugera を越えない分量を占有し保持することになる……，その土地は私有地とする」（...]sa in eum agrum agri iugra non amplius XXX possidebit habebitue: [i]s ager priuatus esto) という効果がいきなり書かれる．確かに，認知された占有と，解体・入植の対象となった占有は，集合の全体を尽くさない．後者未完の領域が残る．ここに新たな入植が行われる場合，「第1条」の全てのカテゴリーと同視しうるというのである．この碑文テクストは入植タイプの lex agraria でもあることをわれわれは知る．それにしても，おそらくは「第1条」の lacuna にも有ったと思われるこの「その土地は私有地とする」(is ager priuatus esto) という文言は如何にも非法学的な bricolage であり，良い意味でも悪い意味でも政治的介入の結果たるを物語る．というのも，領域の上の実力問題にまたしても非適合な手段によって苦しまぎれに接近する，とにかく一旦取った取られたの応酬をストップしたいとだけ考える，ことのコロラリーであり，この碑文テクストが一種のモラトリアム立法であることを示唆する[6]．時効に近いのであるから占有に着目すべきであるのにそれができないのは領域に手を付ける具体的な手掛かりを失っているのである．

苦境をよく映すのは次の条項である．ここでは近年の lex agraria により割

り付けられた者がしかしまだその土地を占有しえないでいる状況が前提される．おそらくその割付分を譲渡していない限りにおいて（...］nauit abalienaueritue, neque heres eius abalienauit abalienau[eritue...］），まず自力で執行することを禁じておいて，裁判に訴えるよう指示し（...d］ecernitoque），その裁判で請求さるべき対象を占有とする（utei possessionem secundem eum heredemue eius det）．モラトリアム立法としてこれは大いなる冒険であり，辛うじて手続上の占有原理を働かせる点においてのみ面目を保つが，その反面一度も占有したことのない者に占有を付与しようとする権原思考の点で大きく踏み外すものである．次の条項は一層の混乱を示す．triumviri が一旦割り付けたものの旧占有者へと原状回復を認めた場合（...proue ue]tere possessionem dedit adsignauit reddidit; quoi is ager utere proue uetere possessore datus adsignatusue...），しかしまだ占有を回復していない場合，しかも（おそらく前条でもこの限定が有ったと思われるが）一定の出訴期限内に本案原告たりうると一旦されていた者に限り（quei eorum de ea re ante eidus Martias primas in ious adierit ad eum, quem ex h. l. de eo agro ius deicere oportebit），前条と同じ占有訴訟を認める（is de ea re ita ius deicito d[ecernitoque...］）．かつこれら二つのカテゴリーの者（s(upra) s(criptus) est）がその間に占有侵奪を受けていた場合（ex possessione ui eiectus est），被侵奪者が占有していたその条件が（第三者からでなく）侵奪者から平穏公然安定的に占有したというものであった場合に限り（quei eiectus est possederit, quod neque ui neque clam neque precario possederit ab eo, quei eum ea possessione ui eiec[erit...］），同じ出訴期限を付して別途占有回復のための訴訟を認める．同じ出訴期限たることから推して，これは一旦占有を回復させる迂遠な手続であるというのでなく，実力の行使がはっきりすれば，取った取り返したの中で，その当事者は資格を失ったと考えられる．そしてこの辺りは少なくとも3世紀初頭から定着していた実務の踏襲である．

l. 21 以下では lex agraria を受けて colonia が建設されたときにつき同様の規定が置かれる．つまり「第1条」の「triumviri による分配」というのは viritim なものを指していたということになる．colonia の場合，そこにローマ市民ばかりでなく Latini を含む socii も登録されたと認識し，そしてなおかつそこでも旧占有者が残ったり（de sua possessione uetus possessor proue uetere possessr[e...], 訴えて返還されたり，といったことが想定されていることが注目される．いずれにせよここでも "is ager priuatus esto" 文言とその後の占有訴訟について二段に分けて規定がなされる．次に l. 29 では以上の全てが Latini ばかりか peregrini 外国人に拡張適用されると規定され，30 はその場合の訴訟につき手続規定が用意される．通常の iudices にかえて recuperatores が立ちうるとされる．次 (31) には，Romani か Latini かとは別の基準で凡そ coloni ないし municipes として（おそらく隣接の）土地を賃料と引き換えに占有した (ager fruendus datus...frui possidere defendere licuit) 場合につき，それが占有に達していることを条件に，占有たるを認める (ita ei habere o[eti...]) 規定が置かれる．33f. ではこれらを受けてまとめるように，凡そ全ての（おそらく本案の）係争事件につき，若干の手続規定を置き，vadimonium や recuperatores の運用が予定される．

テクストは他に共同放牧地の賃料関係，凡そ賃料引き換えの例外的タイプの領域，に関して金銭請求権の扱い，その訴訟手続などを定める規定を有し，また 52ff. では Africa の colonia とその領域に関し詳細な規定を展開する[7]が，それらを総合しても，このテクストは明らかに Appianos の第三の立法に対応すると思われ，110 年頃までの領域の状況，Tiberius のイムパクトがもたらしたもののなれの果て，がそこから見て取れる．

[1·4·1]　Riccobono, *FIRA²*, *I*, p. 102ss.(=CIL I², 585) による．A. Lintott, *Judicial Reform and Land Reform in the Roman Republic. A New Edition, with Translation and Commentary, of the Laws from Urbino*, Cambridge, 1992, p. 176ff. のテクストと注釈は人文主義以来の校訂を確認するために（のみ）有用である．

[1·4·2]　"vetus possessor" を Mommsen 以来 lacuna に補うのは正しい．Lintott, *JRLR*, p. 205 は補訂に従いながら理解せずに "the current occupier" と読むが見当はずれである．だから「制限内」という限定に驚き，「原状回復」は Gracchi の趣旨に従った限定的なものだったのか，と感嘆する．

[1·4·3]　"forma" と "tabula" は C. Moatti, *Archives et partage de la terre dans le monde romain* (*IIe siècle av.-Ier siècle ap. J.-C.*, Rome, 1993 が丹念に発掘するように区別されなければならない．そもそも coloni を登録 adscriptio して adsignatio 分配を行うとき，元来は colonia 都市中心のみを土地の上に（測量して）確定し，ここに（ヴァーチャルな保持）面積と名前を登録するのみであったはずである．しかるに測量家 (agrimensores) マニュアル集積テクスト（帝政期も遅い時期にかけてのもの）からは領域上を広く測量する仕方，そして航空考古学からは様々な morphologie を示す方陣形状が検出される．この morphologie と土地の法的資格を端的に結び付けようとしたのが M. Weber, *Die römische Agrargeschichte in ihrer Bedeutung für das Staats-und Privatrecht*, Stuttgart, 1891 であったが, F. T. Hinrichs, *Die Geschichte der gromatischen Institutionen. Untersuchungen zu Landverteilung, Landvermesssung, Bodenverwaltung und Bodenrecht im römischen Reich*, Wiesbaden, 1974 はこれを批判し, scamnatio/strigatio（長方形入り組み型）を centuriatio（方陣）に先行する固有の方法であったとした. centuriatio の後発性（S. 56ff.）自体はその後 E. Gabba, Per un'interpretazione storica della centuriazione romana, in : AA. VV., *Misurare la terra : centuriazione e coloni nel mondo romano*, Modena, 1983, p. 22 によって追認される. しかし（おそらく初発である）Gallia Cisalpina の大規模な centuriatio も colonia と同じだけの年代を持つかどうかは定かでない. Moatti は, 記号化の物的側面を端的に問題とし, われわれの碑文のこの表現に鋭く着目する (p. 32). 実際, 領域に一杯方陣を概念しなおかつこれを引照基準として名前を記していく方法はこの時期から初めて必要になったと考えられる. 測量家テクストは Gracchus から年代を概念するのを常とするが, 初めて領域の特定点に各 colonus がプロットされたことになる. そもそも centuriatio の意義は多義的であり (cf. G. Chouquer, M. Clavel-Lévêque, F. Favory, Catasti romani e sistemazione dei paesaggi rurali antichi, in: *Misurare la terra*, p. 39ss.), ギリシャ植民都市（例えば Metapontion）の chora 再編成の手法が輸入されたものに違いなく, この場合には領域にデモクラシータイプの〈二重分節〉を与えることが目的である. ローマにとっての当初の colonia は共和初期と同じタイプの領域しか創成しなかったと考えられるが, 4世紀からの colonia Latina はローマ型〈二重分節〉を領域に実現しようとする. この時の（領域に対する）測量の有無と形態は Gabba, *op. cit.* にかかわらず不明である. しかし scamnatio/strigatio が (M. Clavel-Lévêque, F. Favory, Les gromatici veteres et les réalités paysagères : présentation de quelques cas, in : Behrends ed., *Feldmeßkunst*, p. 88sqq. の見事な分析が Minturnae を例として明らかにする通り) colonia 都市中心から領域に向かって公道をヨリ丁寧に配線しようとする（boni viri の秩序に対応する）ものであるように思われるとすると, Gracchi には先行し, これを打ち消すように彼らの centuriatio はこれに重ねられたのかもしれない. 占有は都市を起点としつつも公道を飛ばして領域に張り巡らされたヴァーチャルな基準線の上に直接（Metapontion 風, Gracchi 好みのギリシャデモクラシー風に）構想される. もちろんこの forma は決して個々の占有単位の形を示すものではなかった（Moatti, p. 33）. 量目で土地は占有される. 占有保障の基本は維持される. それでも第一に, (特に揺り戻し立法において) これが権原思考に一歩ヨリ有利であることは疑いない. 都市と公道から離れての直接性はローマ型占有保障に対する独立 (dominium) にも有利である. 第二にここに scamnatio/strigatio による「公道から折れ曲がってまで通路を保障する思考」を併用すれば, dominium 内部にまたひとつ〈二重分節〉を保障しようとする方向に沿うこともできる. Clavel-Lévêque, Favory が分布の複雑さ, 多義性, そして何よりも測量方式の複雑な重畳, を地表面の考古学的探究から強調するのはこのためである.

〔1・4・4〕「私有地とする」とは何のことか, それまでも（分配等で）私有地であったとすればこれは確認を意味するのみか, 等々学説が戸惑うのも当然である (cf. Lintott, *JRLR*, p. 210). 「革命的状況の中でカテゴリー」が混乱していた (Lintott) のではなく, 初めて権原で lex agraria 免除特区を画する試みがなされ, 自動的に「私有地」と「公有地」がこの時代に生まれたのである. これを Niebuhr 以来遡って投影し, possessio の原理についても lex agraria についても誤解してきたため, 学説は自分の方から一方的にわからなくなってしまったのである（状況より一層混乱しているのが Lontott であるが, 驚いたことに輪をかけて混乱している O. Sacchi, *Regime della terra e impostazione fondiaria nell' età dei Gracchi. Testo e commento storico-giuridico della legge agraria del 111 a. C.*, Napoli, 2006 が現れた）.

〔1・4・5〕 ここは解釈が分かれる（cf. Lintott, *JRLR*, p. 213）．Mommsen がこれを ager publicus のままにおいたと解するのに対して，近年の学説はこれも私有地としたとする．結論としては Mommsen が正しいが，それは，「私有地」という権原によってではなく，独自の権原で占有の絶対的保護（！？）がなされたと解すべきであるからである．占有という固有のカテゴリーを放棄して「公有」「私有」という二義的カテゴリーのみを振り回すから無用の論議をしなければならなかった．

〔1・4・6〕 Lintott, *JRLR*, p. 52 が "the overall impression of variety", "an attempt to balance interests" と言うのは不正確だがその通りである．

〔1・4・7〕 極めて印象的であるのは，ここでは占有は全然問題にならず，テクストはひたすら登録された coloni を「原隊復帰」させようとしているということである．入植後の解体状況に対して，「登録」を以てするしかなかったと思われる．

1・5

107 年に C. Marius が consul に就任する時，前年の選挙で彼を支えたのは，Sallustius の権威有る分析によると，或る種の plebs であった（Bell. Jug. 73, 6, ed. Ernout）．「ついには，plebs が大いに沸き立って，手工業者ばかりか領域の人員（agrestes）を広く巻き込むことになり，彼らは結局自分の腕力にしか頼むところが無かったところ，仕事を放り出して Marius を追い回し，Marius 選出の後にツケを払う，という勢いであった」（Denique plebes sic accensa uti opifices agrestesque omnes, quorum res fidesque in manibus sitae erant, relictis operibus frequentarent Marium et sua necessaria post illius honorem ducerent）．支持が agrestes に拡大したのが決定的であったというのである．このことは他の伝承によっても裏付けることができる[1]が，すると，例の入植希望の領域の人員を動員したわけであるから，Drusus 父の基盤を相続したことになる．しかも，選挙は tr. pl. でなく，consul のためのものであり，すると agrestes の動向は他の多くの分子の背中も押したということである．

いずれにせよ，元老院が C. Gracchus を葬った時のやり方は明らかに通用しなくなっている．equites と agrestes の分断に成功し，一旦ヘゲモニーを取り返した senatus であったが，一つには法廷を equites に握られたままになったのが大きく，そして第二に決定的なことには，Numidia での戦争の処理を誤り，自ら分解してしまう．王国の内紛から発生する枝分節型給付（賄賂）にかき回されるのである．Sallustius が見立てるように nobiles は堕落した[2]のであるが，そのことの意味は，領域の利害が政治システムを直撃するという回路が出来上

がったため，遠くこの種の給付でさえ恐ろしい破壊力を持つことになった，ということである．直撃するようになったのは，もちろん，領域の問題が解決できずに，政治空間が lex agraria I の際限ない発動と原状回復の応酬のアレーナと化したからである．入植希望，没収に対する回復希望．ここにさらに publicani の金銭とこれを押さえたり押さえなかったりする政務官との確執や馴れ合いが加わる．tr. pl. たる C. Mamilius 率いる大規模な調査委員会（109年）は弱体化を明るみに出し，equites が占拠する法廷と連動して完全に nobiles の威信を葬り去る（Sal. Iug. 41, 1ff.）[3]．そもそも Numidia への軍事介入自体 equites の基盤たる negotiatores 商人・事業家が Numidia の主要都市で大量に殺害されたことを契機とし，全体の経過自体この negotiatores の動向抜きに考えられない[4]．Iugurtha は Adherbal を Cirta に追い詰めるが，ローマの調停の試みにもかかわらず，一緒に降伏して城外に出ても自分達には危害が加えられないだろうという "Italici" たる negotiatores の期待を見事に裏切る（26, 3）．107年の consul 職に向けて燃え上がる Marius の野心が自分のリソースとするのは，一方で軍団兵士（milites）であるが，他方では「当時 Utica に大規模な集団を有した negotiatores」（64, 5 : negotiatores, quorum magna multitudo Vticae erat）であり，Marius は彼らに短期間での軍事的解決を約束し扇動した．equites もまた，自分達に規律を要求してくる厄介な政務官から逃れたいと思うばかりでなく，何か積極的な給付を中央から要求し始めているのである．入植希望の軍団兵士と同じである．そして特定の軍事的成功を望むという点においても完全に利害が一致する．equites と agrestes＝milites の固い同盟が成立するのは目に見えている．そもそも Africa の "Italici" は出身を指示するばかりで，決して socii としての実質を持たない．socii の政治的審級を抛り出した，抛り出したい，連中であり，否，属州のそれぞれの都市に居着いてしまった分子である．socii もまた，〈二重分節〉体制と並んで，ローマの政治システムから見れば，重要なフィルターであり，特に socii 諸都市がそれぞれの領域の問題をしっかり解決しておくことはローマの政治システムにとって生命線であったはずである．この点からすれば，repetundae の法廷すら両義的である．socii を保護するというより，属州の利害関係一般が無媒介にローマの政治システムの多元構造に響いてしまう．まして問題の抜本的解決を目指した Tiberius の施策は同

時に性急であり，直接問題を解決しようとすればするほど生命線たるフィルターを悉く破壊する結果となっていく．socii 自体が今や多くの分子を negotiatores として流出させ，まさに彼らの活動原理たる bona fides の基盤たる二次的政治システムの「国際的」ネットワークの政治的基幹部分を掘り崩してしまう．

では軍事的成功の方はどのようにして得られたか．116 年，C. Gracchus 派弾圧の立役者 L. Opimius を長とする十人委員が Numidia 王国分割線引のために送られる (16, 2)．その結果が Iugurtha にもたらすのは「ローマでは全てが売り物だ」(20, 1: omnia Romae uenalia esse) という確信である．Cirta での事件で怒ったローマが派遣した軍事力はどうか．111 年，L. Carpurnius Bestia は 115 年の consul たる M. Aemilius Scaurus を従えて転戦し，一定の成果を収めたとしても (28, 7)，(勇猛の士でありながらも金銭にだけは弱く)「貪欲によって簡単に覆った」(29, 1: auaritia facile conuorsus est)[5]．Iugurtha は彼の洞察に従って既にローマ内部に手掛かりを摑むべく金の力でロビー活動を展開しつつあり，まして Scaurus の関与を知ると確信を深める (29, 3)．Iugurtha は降伏するが，「爾余については Bestia および Scaurus と秘密裏に取引した」(29, 5: relicua cum Bestia et Scauro secreta transigit)．もちろん，ここから Sallustius が史学史上に不朽の名をとどめるに至る叙述が始まる．この取引の不透明さは雲のようにローマを覆い，tr. pl. たる Memmius の扇動[6]が始まる (30, 3ff.)．Iugurtha を証人喚問することとなり (32, 1)，その間にも Africa 駐留軍の腐敗が進む中，現に彼はローマへやって来る (33, 1)．そして買収作戦によって切り抜けてしまう．110 年の consul, Sp. Postumius Albinus もまた腐敗した部隊を率いて Iugurtha により惨敗を喫する (36, 1ff.)．109 年は Mamilius の委員会が活動する中，Numidia 方面には Q. Caecilius Metellus (Numidicus) を迎える (43, 1ff.)．Sallustius によると，Metellus は Numidia 方面軍の腐敗を十分に認識し，「先人達の紀律によって兵士達に訓練を強いるまでは戦闘を開始しない」(45, 3: non prius bellum attingere quam maiorum disciplina milites laborare coegisset) 決意を固める．彼の方策は徹底した部隊内 échange の禁止である．これを知った Iugurtha は戦意喪失する (46, 1ff.)．もっとも，この組織に既に Marius が副官として入っており (46, 7)，そしてまた Metellus

が拠を構えるのは Italici たる negotiatores が集う「最大の交易都市」Vaga である (47, 1ff.). とはいえ Metellus は Iugurtha の提案に肯定も否定もせず, 要するに échange 拒否は貫かれる (47, 4). こうして Iugurtha を正面からの戦いへと強いる. Sallustius の目にはやっと往年の栄光が戻ったように見える (52, 1). 二つの立派な軍事的精神の激突. Metellus は連戦連勝であり, ローマでは「まるでかつてのように部隊を率いている」(55, 1: exercitum more maiorum gereret) と評判になる[7]. しかし実態は Metellus が「奸計によって消耗させられ, 戦いの機会を与えられないと見る」(56, 1: ubi se dolis fatigari uidet neque ab hoste copiam pugnandi fieri) 通りである[8]. 拠点を本当には抜けず, 一旦逃げた相手に奇襲を受ける. Zama を包囲して Iugurtha を誘い出す作戦も, 結局膠着状態になり, Metellus はしびれを切らし[9], そして Iugurtha と連合する Bomilcar を裏切らせるという方向へ転換する (61, 3). 実にここが決定的な転換点である. disciplina の崩壊が問題であるからにはそれを立て直せばよいではないか. ところがそうしてもなお及ばない, というのである. Sallustius の筆は syntagmatisme の血を十分に吸っている. 何か空間と構造が拡大し, 伸びきって, ローマが誇る disciplina の射程外に出たのである. 確かに, 横断的結合の長所は, ローマ型〈二重分節〉型二段構えの陣形であろうと, 何か守るべき線が明確でありそれに対して守備的である場合にだけよく機能する. そうした戦略的前提に立って (Salamis 以来の) 戦術的伝統が存在した. その大きな前提が欠け始めているというのである.

　事実 Sallustius は直ちに, 彗星の如く現れる Marius の過去のために digression を割く (63f.). 既に触れた Marius のキャンペーンは, まず上官たる Metellus に選挙のためのローマ帰還を申し出るところから始まる. Metellus の戦いはもちろん続くが, Bomilcar が絡まって一層有利に展開するも同時に一層乱戦状態となる (66ff.). Bomilcar は失敗して殺されたばかりか, 陰謀が発覚し, Metellus は「全て一から戦争を準備し直さ」(73, 1: rursus tamquam ad integrum bellum cuncta parat) なければならない. こうして最後の努力も尽きたところで Marius が解き放たれる. 戦いには勝っても Iugurtha 軍を捕捉できない Metellus は, Marius が 107 年の軍指揮を執ると知るや否や衝撃を受けて戦意を喪失してしまう (82, 2). 反対に Marius は (Sallustius が異例の長さで

1 Gracchi

伝える演説において）新しい紀律を説く（84,33ff.）．虚飾なしの実際的な（utile），そして対価なしの有無を言わさぬ（civile）imperium に基づくという[10]．共和初期に入植した plebs ないし clientela の如く．そして募兵に全く新しい原理を導入する（86,2）．「財産資格によってでなく，それぞれの志願に従って大多数無産資格にて」（neque ex classibus, sed uti cuiusque lubido erat, capite censos plerosque）兵士が登録された．共和政崩壊へ踏む出す決定的瞬間として名高いが，画期的というよりこれ自身としてはそれまでの趨勢を引き継ぐものであったという評価[11]がおそらく妥当する．Marius の私兵樹立の野心はまして認められない．むしろこの新しい軍団が置かれた脈絡が致命的なものであった．つまり〈分節〉が崩れて枝分節のジャングルが広がるところで，崩れた〈分節〉隊形は失敗を免れず，しかもなお枝分節を暫定的に克服する手段が無くてはならない．奸計を使っても裏切らせれば裏切られるばかりである．裏切らせてなおかつ決して裏切られない手段はないものか．翻って考えて見て，ローマには政治システムと別にもう一つ資源が有った．〈二重分節〉のフィルターも政治システムのコロラリーであるから役に立たないし，これも崩壊しているが，しかしこれの一部を構成する垂直的な人的関係が有った．原型は〈二重分節〉以前の領域に対して頂点から伸びるものであった．全てを取り払ってこの遺産だけを生かせばどうか．十分に使えるのではないか．使うということは，Coriolanus から Manlius Capitolinus に至る伝承を全て復活させるということでもある．Sp. Cassius とその foedus を否定して，「人頭だけの財産資格」（capite census）は少なくともこの演説においてはこのことを意味した．

たちまち部隊には別種の一体感が生まれ（87,3: uirtus omnium aequalis facta），Marius は快進撃を続ける．もっとも，それでも栄光ばかりで実利無しという Metellus と変わらない（88,4）．彼のやり方は一つ一つ辛抱強く様々な手段で確保していくというものである（89,1）．その継続性のために新たな紀律が必要であった．地形等を調べ上げる糾問的精神である．なおも実はひと味足りない．これを補うべく登場するのが L. Cornelius Sulla である．彼は何と Latini と socii から募集された騎兵を率いている（95,1）．Sallustius は Sisenna の伝記に基づいて Sulla の紹介に掛かる[12]．Marius とは違って antiquarian の緻密さを持ち合わせる．糾問的 syntagmatisme を言わば vilicus として遂行し

うるタイプである．Marius の縦の固い人的組織に，このような核ができる．そしてこの Sulla がとどめを刺す．しかも交渉によって．確かに最後は外交交渉を一転虐殺と捕獲の瞬間に変えることによってであった（103）．しかしそこまで，Sulla は辛抱強く Mauri の王 Bocchus を完全に勝ち取っている．つまり外交交渉の勝利である[13]．

〔1・5・1〕 Gabba, *Esercito e società*, p. 38.

〔1・5・2〕 もとより近代初期の西ヨーロッパにおいて圧倒的な影響力を持った動機である．つまり，共和政ないし政治が如何にして成り立つか，つまりは何故崩壊するのか，を考えるときの中心的トポスの一つとなった．他方，事実の評価に関しては，R. Syme, *Sallust*, Berkeley, 1962, p. 175 に例によって冷め切った判定を読むことができる．通常の賄賂が度を越しただけというのである．しかし Sallustius はそのようにも見える事象の背後に構造を読み取っている．

〔1・5・3〕 A. La Penna, *Sallustio e la rivoluzione romana*, Milano, 1968, p. 194 は，tr. pl. の扇動が C. Gracchus 風の Memmius の段階から言うならば Marius 前兆たる Mamilius 委員会の段階に移ったのを捉える Sallustius の鋭さを指摘する．cf. Syme, *Sallust*, p. 167.

〔1・5・4〕 E. Gabba, Mario e Silla, *ANRW*, I, 1, p. 776.

〔1・5・5〕 cf. Syme, *Sallust*, p. 157f.

〔1・5・6〕 cf. Syme, *Sallust*, p. 16f.

〔1・5・7〕 そもそも戦勝全体を Metellus に帰するヴァージョンの有力さについて，cf. La Penna, *Sallustio e la rivoluzione romana*, p. 197.

〔1・5・8〕 cf. Syme, *Sallust*, p. 159 は Sallustius が Metellus に対してアンフェアと言えないにしても Marius＝Caesar のバイアスも払拭しえていないとする．しかしむしろ栄光と悲惨を余すところなく描いたように見える．

〔1・5・9〕 La Penna, *Sallustio e la rivoluzione romana*, p. 202ss. は Metellus の戦術変化を捉え，長距離追撃作戦や取引に乗り出す Metellus を Sallustius が思いの外肯定的に描くと解す．ほとんどその不十分さを批判する如くである．しかし，La Penna が欲するようにここでも彼は大いに「党派的」，つまり痛烈であり，ただし disciplina を立て直してもなお反対方向に転換せざるをえない悲喜劇を Metellus 個人の頭越しに批判しているのである．このディアレクティカが La Penna にさえ戸惑いを与えた．cf. Syme, *Sallust*, p. 63: "In rendering this ambiguous character he skilfully mixes the good and the bad".

〔1・5・10〕 Sallustius の Marius 評価については，La Penna, *Sallustio e la rivoluzione romana*, p. 210ss. が留保と戸惑い，両義性と複雑さを強調する．確かに彼がその後に持った否定的意義を Sallustius が知っていることも大きいであろうが，それを単純に露わにする叙述は行っておらず，むしろ依然或る種の不徹底さを払拭できない矛盾を細かい叙述で例解しているように思われる．例えば紀律と一体性は気分ばかりで，支える原理を欠いている，要するに Coriolanus であって Caesar でない，等々．

〔1・5・11〕 Gabba, *Esercito e società*, p. 1ss. 原型の "Le origini dell'esercito professionale in Roma : i proletarii e la riforma di Mario" (*Athenaeum*, 23, 1949) は画期的な論文である．

〔1・5・12〕 La Penna, *Sallustio e la rivoluzione romana*, p. 227 は Sisenna に対する対抗をも読むが，Sisenna を Sulla 礼賛の立場と決めるのはどうか．

〔1・5・13〕 La Penna, *Sallustio e la rivoluzione romana*, p. 230ss. は Sulla 自身の "Commentarii" をソースに想定し Sallustius のバイアスを検証しようとし，結局 Marius に戦勝功績を帰する点は動かないとするが，やや強引に Sallustius を popularis の立場に引っ張る解釈であり，結局 Sulla に関する部分は十分に理解されていない．もちろん Sulla 体制に対する評価は別であるが，Sallustius は Sulla 個人に関する限り領域を制しうる資質を見逃していない．

1・6

　Numidia から凱旋した Marius は直ちに 104 年の consul に選出される．十年の再選禁止期間の定めを正面から打ち破る（Plout. Mar. 12, 1）．「plebs が反対する者達を駆逐した」と Plout. は言う．Gallia で Cimbri と Teutoni の反乱が有ってこれが怖れられたからであるという．とにかく Marius の軍事組織はこうして西方に向かった．App. BC, I, 33 が「もはや誰も自由だろうとデモクラシーだろうと法律だろうと政治的評価だろうと政務官職だろうと享受していない」（οὐδένα ἔτι ὠφελούσης οὔτε ἐλευθερίας οὔτε δημοκρατίας οὔτε νόμων οὔτε ἀξιώσεως οὔτε ἀρχῆς）と言う状態に陥るのは，この Marius の軍事組織が Gallia から帰還した時である．しかも，この軍事組織が政治システムを蹂躙するというのでは毛頭無い．Appianos のテクストは精確ながら Marius の動きを追跡しないから，C. Gracchus を惨殺した動因から直接にこの事態に繋がるかのような印象を与えるが，確かに同じ構造が深まっていくのではあるにしても，そもそもテロルの方向が逆である．

　Marius が 104 年から連続 5 回当選していくこと自体，新しい軍事組織が実力によってでなく政治システムの中で事柄を動かしたいと考えたことを意味する．Plout. Mar. 28, 5 は Marius がその実力を政治的な力に変換するのに苦労したという解釈を示す．伝導する歯車が存在しないのである．まさにその歯車として浮上するのが L. Appuleius Saturninus である．彼は 103 年の tr. pl. として早くも Marius の退役兵のための植民を準備する（Auct. de vir. ill., 73, 1）．つまり Marius が政治的チャンネルを必要としたのはこのためである[1]．しかるに Saturninus の「実体」は何か．平民会を牛耳る力であるが，しかしその力はどこから生まれるか．agrestes は既に 108 年に Marius を当選させた．しかし Marius はもう一つこれとは違う力を必要とした．Plout. 28, 7 によると Saturnunus や相棒の Glaucia は何をするかわからない連中で，現に tribus を巡って

金をばらまき，Marius を当選させる．しかしそればかりではない．彼ら自身の権力基盤を物語ることには，Metellus が（102 年の）censor として彼らの市民権を降格させようとして失敗した後，101 年には批判派の Nonius が tr. pl. に当選するやいなやこれを簡単に殺害する（App. BC, I, 28 ; Plout. Mar. 29, 1）．まるで Nemi 湖の奴隷王のような Saturninus は公共空間を実力で満たす．しかしそれは決して領域でやがて来る出番を待つ本物の実力ではない．やがて来る悪夢を蜃気楼のように映す予兆である．或いは，Marius が不適切に選んだ（cf. Plout. Mar. 30, 1），自らの意思を体現する指標である，と言った方がよいかもしれない[2]．

もっとも，実力のこの両次元が全く截然としていたわけでもない．100 年，Saturninus は lex agraria を提案する（App. BC, I, 29 ; Plout. Mar. 29, 2）．主として Cimbri の故地たる Gallia が対象である（App. *ibid.*）．Saturninus は民会の投票結果に対する忠誠義務を元老議員達に課し，宣誓を強制する．Metellus 一人が拒否して亡命を余儀なくされるが，この時，Saturninus は「Marius に従って軍事勤務をしたが故に最も信頼できると考えた，今や領域に散っている分子達を回って」（τοῖς οὖσιν ἀνὰ τοὺς ἀγρούς, οἷς δὴ καὶ μάλιστ᾽ ἐθάρρουν ὑπεστρατευμένοις Μαρίῳ）民会開催の公告を怠らない．agrestes は一旦領域に戻って遠方への入植を待っている．Saturninus は政治過程においてもここからの増援を期待したのである．そればかりではない．「この法律には Italici もまた含まれていたから，plebs は穏やかでなかった」（πλεονεκτούντων δ᾽ ἐν τῷ νόμῳ τῶν Ἰταλιωτῶν ὁ δῆμος ἐδυσχέραινε）．Saturninus は自分の直接の権力基盤から却って攻撃される（30）．C. Gracchus を葬った亀裂の再現である[3]．この瞬間を nobiles が見逃すはずがない[4]．直ちに戒厳令（senatus consultum ultimum）を発して Saturninus 一派を法的保護外に置き，consul たる Marius は命令を受けて彼らを Capitolium に追い詰める．伝承は一斉に Marius の逡巡や中途半端な態度を伝えるが，彼とても彼らを利用していただけであるから到底心中する気はない．それでも彼等が Capitolium から降りてきたところで民衆にリンチされたのは誤算であったろう．二つの玉に乗る曲芸を試み，直接の基盤から裏切られたと思われ，悲惨な最期となるが，しかしこのリンチという形態自体，もちろん禍根を遺さずにはおかないであろう．

[1・6・1〕 C. Gracchus が口火を切って populares が生まれる，plebs urbana が大きな力となる，元老院がコントロールを失う，という事態はもちろん古くから議論の的であるが，近年，Gracchi の理念に真正デモクラシーを見る傾向が現れたのに呼応するかのように，populares にデモクラシーを見て clientela＝寡頭政中心のローマ政治像を覆すレヴィジオニスムが存在する．これについては H. Mouritsen, *Plebs and Politics in the Late Roman Republic*, Cambridge, 2001 による丹念な批判が有る．それ以前の民会に真の民衆参加を見るのは誤りであるが，2世紀末から新しい動員チャンネルが民会の形式的同意マシンたるを覆す（p. 68ff.）．元老院側は反対動員の試みさえしないが，これは clientela 基盤を初めから持っていなかったことを示す．しかし contio はデモンストレーションのための道具にすぎず（p. 45ff.），結局新現象は既存システムの脆弱性と瓦解のバロメータでしかない（p. 128ff.），と．それにしても，レヴィジオニスムの視野の狭さを批判する Mouritsen にさえ Gabba が agrestes に着目したようなスケールが完全に欠けてしまっている．

[1・6・2〕 この時期の populares を「ならず者」扱いする傾向に対して，G. Doblhofer, *Die Popularen der Jahre 111-99 v. Chr.*, Köln, 1990, S. 73ff. は Saturninus に関して丁寧に史料のバイアスを検証し，一貫した理念や政策を持っていたことを示唆する．しかし問題は，それがどうであれその手段である．

[1・6・3〕 App. のテクストは Saturninus に "οἱ ἀγροίκοι" が，反対側に "οἱ ἀστικοί" が居る，というように叙述するが，これは文字通りに受け取るべきでなく，逆転が言われている．

[1・6・4〕 実際には例によって彼らが Memmius という反対派の当選を殺害によって葬った時をねらった（App. *ibid.*, 32）．

1・7

　Saturninus 一派の追放はしばしの安定をローマ中央にもたらしたと思われる．しかしその間に少しずつ進行していった或る事態が有り，これが 91 年に一つの出口を迎える．この年の tr. pl. たる Livius Drusus (filius) が或る思い切った内容の立法に着手し，これが以下の大変動の口火を切ることになる．ここへ向けての長い叙述に掛かる Appianos の筆致は十分に重々しい（34）．そしてまずは前史として Fulvius Flaccus の立法の試み（125 年）に言及する．彼は，Italici にローマ市民権を付与しようとした，その趣旨は「臣従するのをやめて覇権を共有する」(ὡς κοινωνοὺς τῆς ἡγεμονίας ἀντὶ ὑπηκόων ἐσομένους) という政治的なものであった，というのである．彼はやがて C. Gracchus と協働し，そして殺される．それに Italici が憤慨した，という[1]．しかし既に示唆した通りここには大きなディアクロニクな短絡が潜んでいる．確かに，lex agraria I の入植回路に乗ろうという者が socii の中に居ないわけではなかった，という限りにおいてのみこのように言えるかもしれない．しかし Drusus の源流をここに至らしめるのは，socii，後の "Italici"，のうち少なくとも一部の者

だけであろう．入植希望どころか入植を危険と感ずる層が有ったはずであり，さもなくば Gracchi に socii はこぞってなびいていたであろう．まして，「市民権」から本格的な政治参画構想を推測することには根拠が無い[2]．立場を一般化するときにのみこの幻影が現れる．そもそも「覇権の共有」は何ら「政治的参画」を意味せず，単なる征服地入植であるかもしれない．

既に指摘されているとおり，Fulvius Flaccus が見ていたと思われる状況は実は既に90年代には無い[3]．Appianos が Drusus の立法を説明するために引かなければならなかったのは95年の lex Licinia Mucia である．「socii と Latini に対してそれぞれの都市に帰ることを命じる」(ad Cic. Schol. Bob., p. 129, 10-14 Stangl : ut redire socii et Latini in civitates suas iuberentur) という内容からして，また伝承によっては "summa cupiditate civitatis" と（勝手な）解釈を入れてくる (Ps. Asc. p. 54 Stangl) から，socii からの市民権付与への圧力に対抗したものであり，その圧力の存在の証明を通じて Drusus の法案趣旨を例解するように見える[4]．しかし Cic. de off. IV, 11, 47 は，Pennus と Papius の「不当な立法」が外国人の諸都市中心享受を禁じた (peregrinos urbibus uti prohibent eosque exterminent) と述べた後，「最高の識見を有した consul 達 Crassus と Scaevola の法律のように，市民でない者が市民たるを偽ることを許さないのは正しい．まったく，外国人に都市中心享受を禁ずるのは非人道的である」(Nam esse pro cive, qui civis non sit, rectum est non licet quam legem tulerunt sapientissimi Crassus et Scaevola. Usu vero urbis prohibere peregrinus, sane inhumanum est) と述べる[5]．焦点は「都市中心の享受」である．lex Licinia Mucia はそれぞれ互いに外国人として都市中心を享受し合うのを容認した．逆に端的にローマ市民として入って来るのは拒否した．Pennus と Papius はこの点につき排他主義を採った．それが裁判等をも含む意味であるのか，わからない．しかし少なくとも lex Licinia Mucia は多元主義を採り，コロラリーとして socii それぞれの都市中心存続を奨励したと考えられる．bona fides の構造の何らかの進化型である．テクスト自体が socii 再建の脈絡に在ることにも留意しなければならない．逆に scholia はこの点を理解せず，Pennus や Papius の立法と混同した．それぞれ領域を重視するようにさせた，と読めなくはないにしても．すると，大弁論家と大法学者である Licinius と Mucius は，入植立法の

キャンペーンに利用すべく市民権をちらつかせ挙げ句の果てには流入分子を都市の plebs にこっそり忍び込ませる populares の系列の政治家の対極に在る. 彼らは既に見た2世紀前半の socii/Latini 再建, 空洞化阻止, の立法を受け継ぐものであり,「帰れ」というのはその趣旨である. そもそも Q. Mucius Scaevola は97年に Cilicia の総督として鮮明な記憶を人々に遺すことになる. "bona fides" の語が登場するためにわれわれが既に見た Cicero の手紙において, 彼は, 如何に現地の equites/publicani を押さえて現地の諸都市を保護するか, というテーマにおいてパラデイクマとして使われていた. まさにそのせいで, 彼自身ではないにせよ副官たる P. Rutilius Rufus がまさに Drusus 登場の前年たる92年に訴追される. これが equites の陪審のなせる業であったことは明白である. そしてこの統治とこの訴追は揃って遅い時期の多くのテクストに至るまで非常に多くの反響を伝承上に遺す. その背後には何か socii 保護の新しい次元が隠されていて, Mucius はそのシンボルとして扱われている. すると, 明らかに「市民権を欲しがる」socii とは別個の層が確固として存在し, またこれを独自に政治構想の中に位置付ける政治的階層も存在したのである.

もしこの脈絡を重視するならば, Appianos のテクストは格段に明晰に解読される. Tiberius のところで味わったようにテクストの進行は極度に辻褄を欠く. Flaccus を先行者として Drusus が登場し (35), 彼は (予想通り) Italici に市民権付与を約束する. その意味はまたしても高度に政治的であるとされ (同じフレーズの繰り返し), しかも「Italici はそれを熱望していた」($\delta\epsilon\eta\theta\epsilon\hat{\iota}\sigma\iota\ \tau o\hat{\iota}\varsigma\ \text{'}I\tau\alpha\lambda\iota\omega\tau\alpha\iota\varsigma$) が加わる. 入植回路志望の socii も再度浮上したかもしれない.「plebs に代償を与えて癒すために」($\tau\grave{o}\nu\ \delta\hat{\eta}\mu o\nu\ \grave{\epsilon}\varsigma\ \tau o\hat{\upsilon}\tau o\ \pi\rho o\theta\epsilon\rho\alpha\pi\epsilon\acute{\upsilon}\omega\nu$) Italia と Sicilia に植民を送った, という. すると市民権付与は何か plebs の利益を侵害する性質のものであるということであり, 案の定, 入植回路におけるパイの分け合いである[6]. しかも同じ Italia/Sicilia に送るのであるから, (自分が加われれば, 残った) 自分の同胞が侵害されても構わない階層の socii がここでは念頭に置かれている. socii に市民権を与えて占有を保障したかわりに, そこへ入ろうとしていた plebs に代替地を与えた, という解釈は成り立たない. やはり Drusus filius は Drusus pater と同じか. Drusus pater の「市民権」は確かにこれであった. と思う間もなく, テクストは断絶

を伴って Drusus の刑事法廷改革と元老院改革に入り，そのまま出て来ない．出て来たと思うと，また断絶を伴って植民の話となる．「かつ plebs だけが植民を歓迎した」(καὶ μόνος ὁ δῆμος ἔχαιρε ταῖς ἀποικίαις)．市民権の話ではなかったのか．Drusus が一番そのためを思って策を練ったはずの Italici は，「入植立法に不安を覚えた，何故ならば，彼等は或る者は実力で或る者は秘かに（平穏公然でなく）未分割の ager publicus を占有していて，それが取り上げられるのではないかと思ったのである，そもそも私有地すら脅かされたと感じた」(περὶ τῷ νόμῳ τῆς ἀποικίας ἐδεδοίκεσαν, ὡς τῆς δημοσίας Ῥωμαίων γῆς, ἥν ἀνέμητον οὖσαν ἔτι οἱ μὲν ἐκ βίας, οἱ δὲ λανθάνοντες ἐγεώργουν, αὐτίκα σφῶν ἀφαιρεθησομένης, καὶ πολλὰ καὶ περὶ τῆς ἰδίας ἐνοχλησόμενοι)[7]．どうやら Drusus filius には，Drusus pater にとってとは異なり，入植希望の socii が存在せず，「凡そ socii は……」の誤魔化しがきかない．何か構造が変わっている．反射的に socii 本隊がやっと登場した．彼らにとっては，市民権ではなく，占有が問題である．そのためには市民権付与は無意味かつ（植民を介して）危険でさえある．Gracchi の悪夢の復活である．しかしそればかりではない．かつて Gracchi の善意を認めえたとすると，それは手段の不適合であり，彼ら自身領域に実力組織を作られて苦しんでいたことには違いない．ところが今や Gracchi 流ははなから的はずれである．とすると彼らは何か新しい基盤を自ら作りつつあるということになる．そしてそこにおいて新しい脅威が生まれつつある．Drusus はこれを全然理解しない．Drusus を葬る勢力はもっと理解しない．これが彼らの絶望である．

Appianos のテクストの最大の難点は，にもかかわらずその「Drusus の殺害を知って Italici は」(38: καὶ οἱ Ἰταλοὶ τοῦ τε Δρούσου πάθους πυνθανόμενοι) 蜂起した，という部分である．Drusus とともに市民権を欲し，それが成らなかったため絶望して反乱したという通説が生まれる所以である．しかし少なくとも，(Drusus が本当に Flaccus の線で動いたとして) 入植希望層のみが失望したのであり，それは反乱の全体を説明しないから，伝承の混線ないし短絡である．さらに 38 をよく吟味する必要が有る．まず「nobiles に対する非常な悪事が極大化すると，plebs が嘆き悲しんだ，貢献の有る者達を一度に失ったからである」(Ἐπιπολάζοντος δ' ἐς πολὺ τοῦ κακοῦ κατὰ τῶν ἀρίστων, ὅ τε δῆμος ἤχθετο τοιῶνδε καὶ τοσάδε εἰργασμένων ἀνδρῶν ἀθρόως ἀφαιρούμενος）と来て，上の「Drusus を殺されて Italici が」が挟まると，「そしてまたその者達（貢献有る者達）が亡命したその理由を知ると」（καὶ τῆς ἐς φυγὴν τούτων προφάσεως）というように，挟まった部分を飛ばしてその前に接続し，最早到底耐えられなくなった，と続く．市民権獲得を目指して，というフレーズがその後に付きはするが，明らかに，Drusus の部分を括弧で括り出すのが正しい読みであり，蜂起の原因は，（市民権に関する絶望と Drusus の失脚でなく）「貢献有る者達の追放」である．するとこの者達は一体誰かということになる．既に nobiles と規定されているように，37 では lex Varia が多くの senatores を（ただしここでも「socii への市民権付与を推進した廉で」）訴追し迫害したと伝えられる（「市民権」を括り出せば senatores は何か socii のために働こうしたことになり，この分は首肯しうる）．それは全く equites 主導とされ[8]，そして先に見た Rutilius 訴追は Cicero の諸々のテクストにおいてはこの lex Varia に基づく訴追と同列に扱われていたのである．すると，socii は，法廷が equites のために自分達の保護者（Mucius のようなタイプの人々）を駆逐することに対して絶望した，という解釈が浮上する[9]．ならば翻って Drusus も若干 socii のために働いたと言える．何故ならば，突然始まった刑事裁判改革と元老院改革の話の中身は，Drusus が「法廷を元老院に戻そ」（ἐς τὴν βουλὴν ἐπανενεγκεῖν τὰ δικαστήρια）うとしたというものであった．ただし彼はそれができずに，equites を 300 人 senatus に入れて，300＋300 とし，この形で senatus だけに陪審を務めさせようとした．これが両方から反対されて頓挫したのである．この限りでは C. Gracchus の改革と逆方向である．したがって，Drusus を単純に Flaccus の線で解することは誤りである．「市民権付与」にさえ疑問符が付く．少なくとも populares の圧力と Mucius 等の意向の間に妥協を図ったと解すべきである．この時期には socii 保護は初めて具体的に，（商業でなく）都市の（珍しく）領域に定着しつつある層を指すものである．後にこそそうした占有の保障のために市民権が機能する．しかしこの段階ではそれは考えられないから，「Drusus の市民権付与」は Flaccus 以来の線と，後の機能，が「Drusus の妥協」において合流した幻影である．事態のこの複合性に応じて伝承は混乱し，Appianos が採ったヴァージョンは一方から全てを平準化す

る傾向を有する．他からも採るために幸いなことに矛盾し，われわれに事態を認識させるが．かくして Appianos のテクストで「市民権」か書かれる部分はどこか抽象的で浮いており，高々内部に具体的な材料を補って読む必要が有る．もちろん lex agraria I も幻影ではない．Mucius の線と Tiberius の線は Drusus の頭の中では整合的であったかもしれない．しかしいずれにせよ現実はこれを致命的な誤りとするほどに変化していたのである．socii＝Mucius の側も遮る者無しに敵と力勝負を強いられ，そして敗れる．真っ先に血祭りに上げられるのが Drusus であるというのみである．しかも populares が Drusus を中途半端だというので殺すのではなく，Mucius などとは全く異なる新種の反 populares，直後に Sulla の権力を基礎付ける動力が全てを根刮ぎにしていく．

事実，反乱の様相は以上のことを裏付ける．まず Drusus への反発が極大化されているのは Etruria と Umbria である．Etrusci と Umbri は先んじて consul のところへ陳情に行き，これが Drusus 殺害に大きく寄与する (36)．そして彼らは Drusus の lex agraria さえ引っ込めば equites の暴走が有ったとしても耐えられると見え，反乱には加わらず，戦争が続く中，さっさと市民権を受け取ってしまう (49)．おそらく初めて領域上の占有の保障のためにローマ市民権が働くと観念された場面である．socii との戦争においてそれは軍事的加担ないし忠誠と抱き合わせであった．そしてこれを告げる Appianos のテクストは重要である．「そしてまさにこれらのことがイオニア海側の Italia で生じていた一方で，他方反対のローマ側の Italia では Etrusci と Umbri と彼らに隣接する諸集団が……」(Καὶ τάδε μὲν ἀμφὶ τὴν Ἰταλίαν ἦν τὴν περὶ τὸν Ἰόνιον·...δ'...οἱ ἐπὶ θάτερα τῆς Ῥώμης Τυρρηνοὶ καὶ Ὀμβρικοὶ καὶ ἄλλα τινὰ αὐτοῖς ἔθνη γειτονεύοντα)．蜂起の中心は Asculum であり，Marsi, Peligni, Vestini, Marrucini, Picentini, Venusii, Apuli 等々と，ティレニア海沿いの通商圏から見て後背地に属する集団が主力である．明らかに問題は端的に領域であり，しかも都市中心と密接でこれに依存しているタイプである．典型的には colonia のように．これに対して，交易ネットワークに近く都市中心から信用が既に十分に入っていると見られる地帯は，相対的に自立的な基盤が領域に出来つつあると思われる．そしてこれらの方面ではまさに個々の都市を含む十分な媒介を経て信用が領域に投下されるのに対して，反対側ではそれが政治的中

心を迂回してしかも無媒介に入ったに違いない．いずれにせよ，こちら側が反乱の中心であるということは，socii は negotiatores でなく，その要求も彼らを個々の都市の政治に戻すということではなかったということを示唆するが，やがてまさに "Italici" の中心イメージを後に創っていくこれらの地帯の人々が端的に領域のことを懸念した，そしてとりわけ equites/negotiatores の跋扈を怖れた，ということを裏付けるのは，「同じ時期に」($Τοῦ\ δ'\ αὐτοῦ\ χρόνου$) 高利貸を巡る騒動が有ったと伝えられるからである．Appianos は忽然とこのことを挿入する (54) が，そして確かにそれはローマでのことであるが，明らかに lex Varia の結果 equites/negotiatores を抑制するものが無くなり，だからこそ socii と並んで plebs さえ嘆いたのであった．a fortiori に，反乱を起こした側の Italici の素朴な領域においては，信用が粗放な形で入って脅かしていたと考えられるから，equites への via libera は絶望を呼びうるのである．

〔1·7·1〕 bellum sociale は socii が市民権を求めて蜂起したのであるという確たる通説は結局この Appianos のフレーズをそのまま受け取ったことになる．

〔1·7·2〕 Brunt, Italian aims, p. 125 は App. を最も文字通りに受け取り，欲したのは純粋に政治的権利，投票である，とする．彼は後述の Gabba の「商業」説その他社会的経済的背景を一切受け付けない．ならば App. の "$τῆς\ ἡγεμονίας$" が説明できなければならないだろう．

〔1·7·3〕 Gabba, Esercito e società, p. 197s. ただし変化の内容についての見解をわれわれは異にする．

〔1·7·4〕 Brunt, Italian aims, p. 99ff.

〔1·7·5〕 ギャップ自体は Gabba, Esercito e società, p. 178 によって鋭く指摘されている．登録していない者の混入でなく，偽の登録自体が規制されたとする．

〔1·7·6〕 Drusus の「薄めて広く分配する」姿勢を反映するのが，インフレ政策，つまり改鋳政策である．cf. L. Pedroni, Crisi finanziaria e monetazione durante la Guerra Sociale, Bruxelles, 2006, p. 192ss. 以後この手法と引き締め＝信用回復とが交互に現れる．財政面だけでなく，入植者にとって大きな負担である借財，つまり金融面でもインフレ策は望まれたに違いない．

〔1·7·7〕 この余りテクスト上明示的でない「Drusus の lex agraria」については，cf. Gabba, Esercito e società, p. 200ss. socii の反対から，Drusus 失脚への失望は lex agraria を巡るものではなかった（このレヴェルでは，Etrusci/Umbri の危機感をバネとして親 Drusus の senatores を改心させたのみ），と正しくも推測する．しかしそうであるならば，パッケージのもう一方市民権立法の挫折のみを考えて socii は Drusus 失脚を悲しんだのか？　大反乱に至るには中途半端である．

〔1·7·8〕 Gabba の解釈はこれまでで最も優れたものであるが，この点を決定的なポイントとして成り立っている（Esercito e società, p. 245ss.）．Gabba は市民権付与拒否を bellum sociale の原因とする通説の大雑把さに満足しえず，市民権が一体何を意味しえたのかを特定しにかかる．そのために socii 上層の分析を重ね，彼らが negotiatores, つまり個々の都市でなく地中海世界大に展開する商業階層，であるという結論を得，それが故に equites と競合し，

equites の専横をブロックするために自分達に市民権を欲した,そして lex Varia とともに equites が乱入し,市民権付与が阻止されて絶望した,と解する.しかしわれわれは折角 Drusus の lex agraria に関する懸念という socii の肉声を聴したのではなかったか.そもそも negotiatores が個別的に市民権を得て equites になっていく道はとっくに拓かれていたはずである.

〔1・7・9〕 App. の解釈を有力に駁するのは,Cic. De off. II, 21, 75 : tantum Italicum bellum propter iudiciorum metum excitatum である.cf. Gabba, *Esercito e società*, p. 195.

1・8

socii との戦いは大戦争の様相を呈し,ローマはいくつもの本格的な軍団を組織しなければならず,それでも苦戦を強いられ,大きな損失を被る.自らの軍事力の中核を socii に依存してきたのであるから当然である.弱体化したこの基礎を再建するどころか敵に回し叩き潰したのである.Appianos のソースにとって事態の推移が概括的にこのように見えたとしても異論の余地は少ない.それが事柄のポイントでは毫もないにせよ.

さて彼らを結局叩き潰した軍事力はどこから来たか.Marius か.lex Varia で勢いを付けた equites は大波に乗って叩き潰しの利益を吸ったか.まず Marius はこの戦争と無関係ではないが,少なくとも途中からは大変に影が薄い.かわりに彗星の如く上昇するのが Sulla である.彼は consul 軍を助けて副官として別働隊を率いるが,終盤の輝かしい勝利はほとんど彼のものである.これに続くのが大 Pompeius の父 Cn. Pompeius であり,Picenum というから socii 反乱の基盤中枢で旗揚げする.

何故 Marius でないか.戦争が始まると次々と市民権付与の手が打たれる.それは上に見たように入植回路への参加許可とは全然違う意味を有した.別の性質のものが別の仕方で今ローマ中央と直結しようとしている.新しいチャンネルは,時々亀裂を生ぜしめながらも equites との連携を可能にしてきたものではない.大規模な échange の機会を供給するのでなく,何か固い直接的な結び付きを示唆する.そもそも socii が最後の政治カード(軍事化)を切った以上,equites は埒外である.Marius が頼みとした同盟者,彼が依存しさえしていた回路,これらがいずれも過去のものとなりつつある.この依存を端的に示したのが彼の Saturninus 症候群であった.何であんな連中と? tr. pl. の入植立法が無ければ生きていけなかったのである.そういう Marius に,ローマ軍

の伝統的精鋭そのものとさえ言える socii の緻密な隊列を崩すことができよう
か．確かに垂直的に組織され機動的な部隊を既に組織しえていたにせよ，その
操縦はまだ大いに粗放なものであった．戦術を支える戦略的な視野に欠けたの
である．

　この点，Sulla は全然違った．人々がこのことを理解するのはもはや取り返
しが付かなくなってからのことである．即ち Sulla は，88 年の consul に任命
されると，東方 Mithridates との戦争のために派遣されることになる．Mithri-
dates は negotiatores を徹底的に攻撃した．もし equites と連携した Marius 派
が Sulla の任命・派遣を面白く思わなかった[1]とすれば，それだけで Sulla が
違う地盤を有することを物語るが，Sulpicius Rufus という tr. pl. が Marius 派
の意向を受けて populares の伝統的な手法を復活させようとした途端，Sulla
は Campania に集結させていた軍事力の踵を返して，そのままローマに進軍,
これを武力制圧してしまう．この軍事力はローマ中央の機能に依存していない．
それだけで立ちえて，かつ領域上に足をつけたその実力はそのままローマとい
う都市中心を押さえうるのである．この実力は C. Gracchus を惨殺したそれと
も，Saturninus が玩具にして遊んだそれとも，全然違うのである．領域から出
て，領域に帰りうる．政治的中心がたとえ停止していても．領域に既に実力の
基盤が有り，そしてそうであるからには，領域で何らか実力の問題を処理しえ
ているのである．都市中心に依存しない限りにおいて，明らかに領域に何か独
自の基盤が出来上がりつつある．一面で才気溢れる領域問題解決であると同時
に，初めて政治システムのコントロールを領域の実力問題が離れたのであるか
ら，恐るべき事態であり，呆気ない幕切れである．『政治の成立』以来の．こ
の「三部作」にとっても．

　　〔1・8・1〕　Gabba, Mario e Sulla, p. 794.

2　領域上の複合体

2・0

　socii の体制はわれわれに極めて大きな可能性を切り開いて見せた重要なものであったが、そのままでは解決できない問題を内包し、そして領域からその問題はやって来た。そしてまさにこの領域の問題をローマが解決できない、ばかりか性急に解決しようとして却って socii の体制を破壊してしまい、かくしてあらゆる障壁を失ってローマの政治システム自体が壊滅していく。繰り返し予告すれば、これは Homeros 以来の全遺産の崩壊であり、われわれの最初の(試みの) 失敗の清算書が突き付けられる瞬間である。したがって以後しばらくは無である。そういうときにも人々が生きるならば果たしてどうすべきかという、劣らず崇高な課題と試みが検出されるばかりである。それもやがて細々としたものになっていく。そうした時代はまだ続いているかもしれない。

　とはいえ、予告したとおり、実に不思議なことに、その中で、予想より崩壊を遅らせるかに見える或る創造がなされる。それがせめてもの抵抗の形態であるのか、それとも袂を分かつどころか崩壊自体に寄与するものであったのか、いずれにせよそれがわれわれの重要な遺産である、のかどうか、わからない。ただし現に非常に多く生き残ってわれわれの幾つかのジャンルを支配している。

　この創造には、或る基盤が存在し先立った。派生物もまた同型の基盤の上にのみ存在しうるのかどうかはわからないが、少なくともこの基盤から先に説明することが不可欠である。その基盤は領域の上のほとんど物的な実体である。つまり或るパラデイクマがそのまま領域の上に実現し、物的痕跡とさえなりうる、という事態である。パラデイクマのヴァージョン対抗ないし屈折が極小化

されることに注意する必要が有る．ちなみに，ローマの政治的パラデイクマは儀礼とよく似ていたから，そこからこの基盤へと視線を移動してもわれわれは目を回すようなことはない．

その基盤は，前節に即して言えば，Mucius が秘かに念頭において socii を眺め始めたものであり，Drusus の無謀な試みに対して socii の一隊が何とか防衛しなければならないと考えた実体であり，そして Sulla がみずからの軍事組織の基盤として Marius に勝利しえたものである．ただし Sulla にこの基盤を同定するわけには行かず，Sulla を採れば，われわれの「基盤」の際どいーヴァージョンに加担するにとどまってしまう．極小化されてもそこには屈折体と対抗，したがって構造は有る．

2・1

80 年，Sulla が consul である年，Cicero は Ameria の Roscius のための刑事弁護を引き受ける．(mandatum を扱う際に既に触れたその) 弁論は後述の Sulla による刑事司法改革にとって重要な史料であるが，事案は，Ameria (Umbria) の名望家 Roscius 父が殺害されたというもので，その息子に対して公訴が提起されたのである．背景には Sulla による大規模な財産没収が有る．一旦権力を掌握した Sulla が Mithridates 制圧のために遠征に出ると，Cinna をエイジェントとして Marius 派がしばし巻き返す．しかし 82 年には帰還した Sulla が再度の内戦を制して独裁体制を固め，大規模な改革を実行する．この時に何度目かの大規模財産没収が実行された．bellum sociale 以来，これは旧 socii 諸都市の名望家を解体させる．この弁論からも明確に知れるように，没収対象は資産であり，したがって都市中心の家に帰属する動産を含む (*pro Roscio Amerino,* 23)．しかし同時に資産を構成する領域の占有に手が付けられ，これが主たるターゲットでさえある[1]．既に見たように，この弁論では，父が都市中心に構え，息子が領域に出て二重構造を作る．「古典的」ないし Terentius 風の形態が保たれていたのである．Roscius 父の資産の剝奪に対しては，都市の政治的階層は使節団による陳情という政治的行為で応ずる[2]が，しかし Cicero によると中に敵に通じて利益にありつこうという者も居る．没収された占有は極めて安く公売に付される．Sulla の人的組織は，彼が上昇していくと

きに見られたように，一切を差配する直属のマネージャーを一人備える．彼などは個人的に大量の占有を安く購入し，これを売りさばいたと見られる．そこに群がる人々[3]をCiceroはsocietasのパラデイクマで描いた．そして陳情中のRoscius殺害は彼ら自身の手になるもので，これを息子に帰せしめることで二重に利益を得ようとしたのである，というのがCiceroの基本的な防御線である．Sullaの権力を前提とすれば，若いCiceroにとって相当な危険を伴う弁論であるが，しかし成功すれば一躍名が上がることになるだろう．彼は注意深く，Sullaが関与していないことを論証しながら，暗にSullaの体制にとってもこのやり方ではマイナスであることを示唆する（mandatumのパラデイクマを暗示的に使って縦の信義の関係を透かして見せる）．

その息子の活動を描写するために描く彼の領域上の占有は古典的なタイプのものである．敵のうちの一人は既に被告人の占有を獲得しているが，それは「三箇所の土地を占有している」(17 : tria huisce praedia possidere) のであり，父が遺したのは「13の別々の土地であり，どれもそれぞれTiberis河に沿った（最良の）ものであった」(20 : fundos decem et tres reliquit, qui Tiberim fore omnes tangunt).　三つにしても，獲得者個人にそれぞれしっかり占有移転が行われている (21 : tria praedia uel nobilissima Capitoni propria traduntur, quae hodie possidet).　おそらく解体されつつある，socii名望家の古典的な占有である．拠点を都市中心に持って占有を成り立たせているのである．bona fidesに基づく占有であるということもできる．少なくともAppius Claudius Caecusに対してはこの質を持った占有が防護壁として構想された．

AmeriaはUmbriaに属するが，確かにTiberis河沿いの，したがってローマ近郊のLatiumの，フィジオロジーを共有した[4]と考えられる．bellum socialeで例外地域をなしたEtruria/Umbriaの典型ではなかったであろう．しかるに，前年81年に行われたCiceroの法廷弁論 *Pro Quinctio* には全然別の領域の様相が見られ，なるほどそれはGallia（それもNarbonensisつまり南フランス，アルプス越えのGallia）であるが，後述のようにEtruriaにこそ中核が存するから，むしろ（かつてのItaliaの例外）Etruria/Umbria型が既にGalliaに拡がろうとしている，と判断される．

bonorum possessioについて知るために既に覗いてみたこの弁論はsocietas

2 領域上の複合体

を巡るものであった．一方の socius たる Naevius につき Cicero の性格規定は精緻を極める．「善き人士ではあるが，しかし societas の諸権利や忠実義務などに一定種類の家長が通じているのと対比すれば，到底そのようには自己形成されていない」(11: uiro bono, uerum tamen non ita instituto, ut iura societatis et officia certi patris familias nosse posset)．領域の占有を持たせてもよいタイプではあるが，到底 bona fides を習得して都市中心で活躍するわけには行かない，というのである．もっとも，では領域のことであるならば任せられるかというと，それも違う．他方の C. Quinctius が「賢慮に満ちかつ注意義務に溢れた家長」(pater familias et prudens et attentus) と形容されるのに比して，つまりこちらは都市中心の政治的理性も（そこに基礎を有する）領域の占有の方も大丈夫であるというのに対して，「そういうわけで，まあ，この者を socius に加えるならば，金銭について任せて金銭自体の果実をどうとるかについての知識を生かす，以外にはない」(12: Quare quidem socium tibi eum uelle adiungere, nihil erat, nisi ut in tua pecunia condisceret, qui pecuniae fructus esset)．領域の占有とは言っても本格的には任せられないから，長期の信用は無理で，短期の信用に使うしかない，というのである．しかも本格的な socius は無理だというのであるから，短期信用とは言っても派生的なものである．そこにどうしても垂直の関係が概念されてしまう．マネージャーや支配人として一定の分肢を任せるということが限度である．にもかかわらず C. Quinctius は，「通念と親密さに惑わされ，Gallia で本格的に立ち上げつつあった事業のための societas を彼と結んでしまった．それは大規模な牧畜とよく整備されて収益の多い農耕（の組み合わせ）から成る事業であった」(tamen inductus consuetudine ac familiaritate Quinctius fecit ... societatem earum rerum, quae in Gallia comparabantur. Erat ei pecuaria res ampla et rustica sane bene culta et fructuosa)．つまり Naevius を長期信用のために使ってしまった．もっとも，societas を長期信用のために使ったこと自体，大きな疑問符が付く．Quinctius＝Naevius の取り合わせと結合形態の異例さは，むしろこのことと関係している．非対称的でなければならなかったのは，領域に降りようとするからである．逆に言えば，societas の形で資産（信用，資金＋経営手腕）を形成しておいて，これを領域に投資しようというのである．Quinctius の誤算を強調するふりをして，

Cicero はこうした捻れを短い表現で的確に把握し，やがてはそれを逆手に取り，それに相応しい行動（否，構造！）が欠けたことを非難の材料に使っていく，ための伏線とする．「Naevius は証券取引所とシティーから退き，遠く Gallia へとしかもアルプスを越えて身を移す．全く偉大なる場所の移動，だが性質の移動を伴うわけもなく」（Tollitur ab atriis Liciniis atque a praeconum consessu in Galliam Naevius et trans Alpes usque transfertur. Fit magna mutatio loci, non ingeni）．「というのも，彼は若い頃から利潤追求には慣れていたが，ただし費用負担無しのそれであり，その後，一体どれだけ費用負担したか，どれだけ組合財産に出資したのか，わからないが，凡庸な利潤では到底満足できなかった」（Nam qui ab adulescentulo quaestum sibi instituisset sine impendio, posteaquam nescio quid impendit et in commune contulit, mediocri quaestu contentus esse non poterat）．長期信用の安定的だが低い収益について述べられている．Cicero によるとこの意識のギャップが Naevius の最初の会計上の不正に繋がった．とはいえ，領域の上の占有とその果実が，（既に Cato にとっても帳簿自体は慣れないものではなかったが，）societas の一層本格的な会計帳簿において経営されるのである．societas が領域に降りたこと自体違和感をもたらすが，しかし一旦形成された資産を投下するのでなければ出来ない何かが今領域の上で企てられているのである．

　信用とは〈分節〉的多項関係であるが，そうであるとすると，都市中心の C. Quinctius と領域の Naevius の間に信用が介在していると言ってもよい[5]し，societas と possessio が信用で繋がれていると言ってもよい．しかるに，弟の P. Quinctius が Gaius を相続する[6]と，P. Quinctius は自ら Gallia に赴き，二人で農場経営をすることになる（15）．この段階では，まるで societas 自体が領域に降り立った，ないし農場が societas として経営され始め societas が農場と同一化したかの如くであったという．「P. Quinctius が相続人として Gallia に，お前のところに，共有の領域に，赴いた，ということは単に実物ばかりか，全ての会計と全ての帳簿が今やそこに有ったということである」（38: Heres eius P. Quinctius in Galliam ad te ipsum uenit in agrum communem, eo denique, ubi non modo res erat, sed ratio quoque omnis et omnes litterae）．しかし P. Quinctius の後ろ髪を引っ張るように相続債権者が現れ，仕方なく Publius は Gallia の農場

を売却せざるをえなくなる．これをしかし一旦 Naevius が押しとどめる．ここで一体 Naevius が何をどう負担したのか，Cicero が決して明かすことのない事項である．ゴタゴタの末，それでも Publius は農場を売却せざるえず，Gallia で競売を実行する（20: auctionatur）．単純な私的売買のためにオークションを使うことは Plautus のテクストにも見られる特徴であるが，Cicero は（Naevius の引き延ばしを非難する趣旨か）これが大変不利な売却であったことを強調する．かつ，ここで Quinctius/Naevius 間の交渉が持たれ，結局それは訴訟沙汰となる（22: Itaque ex eo tempore res esse in uadimonium coepit... uenit ad uadimonium Naeuius）．何を巡る訴訟か，Cicero は明かさないが，societas の観点から言っても Naevius の追認が無ければ実体は動かないし，占有の観点から言えば（売買契約有りといえども）引渡がまだだという問題がある．これらを含んで Naevius は売買自体の無効確認を求めたに違いない．ところが一転，Naevius は「Gallia で競売したのは自分だ，自分の見解によれば売主は自分だ，組合が自分に対して有する債務は一切弁済された，これ以上一切訴訟だ，召喚だ，という必要はない，Quinctius が訴訟を続行したければ，自分は一切抗弁しない」（23: Ait se auctionatum esse in Gallia; quod sibi uideretur, se uendidisse; curasse, ne quid sibi societas deberet; se iam neque uadari amplius neque uadimonium promittere; si quid agere secum uelit Quinctius, non recusare）と宣言する．却って売買代金を獲得して組合清算金とし，弁済受領の形で結着し，裁判の方は自白してしまう．つまり売買は有効である方がよい．いずれにせよ，問題は単純に売買当事者は誰か，誰に単体の占有が帰属していたのか，ということに還元され始めた．

まさにここで Naevius によって bonorum possessio が奪取される．Quinctius が Gallia に旅立った隙をねらってのことであった．「ローマでそのようなことが進行している間に，Quinctius は，法と慣行と praetor の告示に反して，放牧地つまり共有の領域からまさに共有にかかる奴隷達によって実力で駆逐された，Gallia で生じたこのことは彼が文書を通じて指示したことであった」（28: Haec dum Romae geruntur, Quinctius interea contra ius, consuetudinem, edicta praetorum de saltu agroque communi a seruis communibus ui detruditur, quod per litteras istius in Gallia gestum est）．「地所から駆逐され占有侵奪された Quinc-

tius は重大なる不法行為を蒙ったという理由で管轄軍司令官たる C. Flaccus の
もとへ駆け込んだ」(Expulsus atque eiectus e praedio Quinctius accepta insigni
iniuria confugit ad C. Flaccum imperatorem). 要するに占有訴訟である. その前
提として, 一人の socius が socius として領域の端的な占有に関わったという
ことが有る. なおかつ,「一旦出て入り直す」ことができない. おそらく周辺
に牧畜用のスペースが有り, ここにむろん共有にかかる人員が居るが, この人
員が軍事化してブロックしてしまうのである. ということは, この占有は複合
的であって, 外縁部で既に掃き出されてしまった Quinctius は中枢, 帳簿の在
る中枢, おそらく堅固な建物 villa の在るセンター[7], には触れることもでき
なかったのである. これを軍事化として捉える観点は, 秘かに複合体内に〈二
重分節〉を観念している. そこが大いに〈二重分節〉していて, 通路がなくて
はならず, 中枢に「公的に」アクセスできなければならない, であるのにそれ
を縦断する実力を形成した, 単一の単位内に収まらない実力, 違法な実力, を
構えた, 軍事化した, というのである. この複合性はさしあたり農耕と牧畜の
多元性と関連している. しかしそれよりも, societas の資金力によって実現さ
れたのであり, Quinctius + Naevius の複合性は (そうでなくともこれらのこと
は実現可能であるが) 農場の構造の複合性を具体的に例解するイメージになっ
ている. しかし Quinctius は本当に中枢を把握しえていたのであろうか. 占有
が今やこれに懸かっているというのに. 少なくとも人員の方は Naevius に握ら
れている. しかもその握り方は, 現地で一緒に頑張っているというのとはわけ
が違う. ローマから文書でこのように具体的な行動を指示しうるのである. 現
地で指示を受けて統率しうる機能が備わっている[8]. 単位が複合的でありなお
かつこのような継続的な一元的指示関係が存するということは, そこに政治シ
ステム (〈分節〉メカニズム) が無い限り, 超越的頂点が存するということで
あり, 超越的であるということは, そこを離れうるということである[9]. ただ
し文書のような物的な伝達手段, つまりパラデイクマを言語によって分節した
ものに透過性を与えること, が必要とされる. 文書の働きは societas や argen-
taria におけるそれと対照的となる. そして頂点がそこを離れうるということ
はまたそのような単位を複数束ねうるということである.

　Cicero はしかしまさにそのような地位に Quinctius こそが立っていたという

ことを陪審に印象付けて論証を進めていく．Naevius の bonorum possessio の違法性，非実効性，を攻撃する．債権者が信義と透明性に厳格に則って取るはずの資産の占有であるにもかかわらず，「それとも，資産の占有を申し立てる以前に，所有権者（dominus）が自分の農場から自分の人員によって実力で排除されるように取り計らう者を送り込んでいたのか」(81: An, antequam postulasti, ut bona possideres, misisti, qui curaret, ut dominus de suo fundo a sua familia ui deiceretur)．しかし Quinctius も societas の構成員として占有ではなく収益にだけ関心を有するのでなかったか．bona fides を信条としたのではなかったか．彼の方は実力で実物を把握してよかったのか．「しかしながらまさに一個の動かない事実として，まさに他ならぬ彼が，自分の農場から駆逐された，他ならぬ先祖伝来の竈からまっさかさまに叩き出された，何とも屈辱的なことに，自分自身の人員の実力によって，自分自身の指示と命令によって蹂躙されたのである」(83: At hic quidem iam de fundo expulsus, iam a suis dis penatibus praeceps eiectus, iam, quod indignissimum est, suorum seruorum manibus nuntio atque imperio tuo uiolatus esset)．その特別の地位に立つ特別に指定された者が "dominus" という語で指示されている．Plautus においては常に具体的な人的な主従関係において使われていた語である．もちろんここでもそのニュアンスは失われていないが，その主従関係を裏打ちする物的装置が不可分に概念されている．そして既に，bonorum possessio を付与する praetor の告示の文言がテクニカルにこの語を用いる．「以下の条件において占有しているものとみなされる，債務者が正しい仕方で管理・保管しえたその同じポジションで管理・保管すること，そのようにしえていなかった部分については奪取・搬送可能である，しかしその意思に反して所有権者を駆逐することは許されない，詐害の目的で逃亡した場合でも，応訴しえない状態の者でも，全ての債権者に対して悪意に振舞った者でも，所有権者の意思に反してその占有を侵奪することは禁じられる」(84: EOS ITA UIDETUR IN POSSESSIONE ESSE OPORTERE. QUOD IBIDEM RECTE CUSTODIRE POTERUNT, ID IBIDEM CUSTODIANT; QUOD NON POTERUNT, ID AUFERRE ET ABDUCERE NON PLACET. EUM IPSUM, QUI FRAUDANDI CAUSA LATITET, EUM IPSUM, QUEM IUDICIO NEMO DEFEDERIT, EUM IPSUM, QUI CUM OMNIBUS

CREDITORIBUS SUIS MALE AGAT, INUITUM DE PRAEDIO DETRUDI UETAT). 何時の間にか，possessio は dominium に置き換わっている．否，正確には，所有権者の有する占有に，である．占有原理自体は高らかに宣言されているから．

　以上に見られるような領域上の新しい構造物は比較的急速に普及したと見られる．*Pro Roscio Comoedio* もまた societas の事案であることは既に見たとおりであるが，組合財産に対する不法行為に際して，Roscius は被告 Flavius と和解し，その金額は 10 万 sestertii（HS）であったと言われる．この和解が単独でのものであったのか，それとも組合としてのものか，がまさに争点であるが，単独であったとする論拠の一つに Cicero は額の低さを挙げる．そしてその低さと関連させて，代物弁済（datio in solutum）のために交付された領域上の占有について以下のように形容する．「その結果彼は土地を受領した，当時土地の価格は地を這うものであった，その土地は villa も備えず，如何なる部分もよく耕作されていなかった，しかし今では当時とは比べ物にならないほどの高い価値を有する，そしてそのことは何ら驚くに値しない，当時は政治システムの解体のため全ての者達の占有が不安定であったが，今や神々の思し召しで幸い安定している，当時建物無しの荒蕪地であったものが，今や最高の villa を備えて[10]精緻に耕作されている，Roscius は鮮やかに事業を遂行したのである，極めて収益性の高い農場を創り出した，それがお前に何の関係が有るというのか」（33：Accepit enim agrum temporibus iis, cum iecerent pretia praediorum; qui ager neque uillam habuit neque ex ulla parte fuit cultus; qui nunc multo pluris est, quam tunc fuit. Neque id est mirum. Tum enim propter rei publicae calamitates omnium possessiones erant incertae, nunc deum immortalium benignitate omnium fortunae sunt certae; tum erat ager incultus sine tecto, nunc est cultissimus cum optima uilla.... Praeclare suum negotium gessit Roscius, fundum fructuosissimum abstulit; quid ad te?）．今回の訴訟の原告，かつての socius たる Fannius は，代物弁済された無一文の土地を見て放っていたところ，今急に価値が出てきたので，組合の持分に応じた分につき争い始めたのである．古い悪党の仲間がゆすってきたようなものである（正確には，その結果一旦 Roscius＝Fannius 間に和解が成立したかどうか，その効果はどこまで及ぶか，が争われた）．その

2 領域上の複合体

間の時間の経過は 15 年である (36). 始点をどの内戦にとるかでこの弁論の年代を決める必要が有り，逆ではないので，この土地がどこに在ったのかも定かでなく，判断は困難であるが，下限は 82−15＝67，上限は 90−15＝75 であると考えられ，仮に 88−15＝73 を採用したとすると，bellum sociale と Marius/Sulla の内戦後 Roscius は問題の農場を築いたということになる．

〔2・1・1〕 以下これはこの論考の重要な主題であるが，しかし他方で諸市の階層は再建される．Cicero の構想の中でも，Augustus の事業の中でも．問題は再建されたものがどこまで異質なものになったかである．これは都市の政治的機能を中心に検証されなければならないが，これまでのところ十分な実証研究は存在しない．大きな手掛かりはこの時期に急に増える（ないし遺される）公共建造物関連の碑文である．しばしば都市政務官や参事会員として名望家が自己の事蹟を顕彰する．M. Cébeillac-Gervasoni, Le notable local dans l'épigraphie et les sources littéraires latines : problèmes et équivoques, dans : AA. VV., *Bourgeoisies municipales*, p. 51sqq.; Ead., *Les magistrats des cités italiennes de la seconde guerre punique à Auguste. Le Latium et la Campanie*, Roma, 1998, p. 99sqq. はこの点に関する重要な研究である．しかし *Les magistrats des cités italiennes*, p. 118 以下の表が年代別でなく都市別であるのが惜しまれ，そして "formulation de l'action" の項目がありながら分析が無いのも残念である．その前の時期の碑文がそもそも少ないために比較は難しいが，それでも Sulla 期とされる Pompeii のものに微かに "fac. coer. locav. dederunt" が現れる．年代記系の記事や他の碑文を総合すると，locare は，負担の請負を通じて政務官たる主体の「政治力」を表現し，これに対して，端的な "de sua pecunia ded." は何らか個別の資産への依存を表現する (cf. *SartTect*, p. 150ff.). curare は後者の形態を複数組み合わせるものと考えられる．そして単一資産依存型の背景には信用が dominium を後ろ楯にする事情が寄与したと考えられる．そうすると，都市は資産形成力を失い，したがって資産レヴェルでの財の統合・集積力を失い，dominium の形式的な束と化していることになる．であるとすれば，E. Gabba, Considerazioni politiche ed economiche sullo sviluppo urbano in Italia nei secoli II e I a. C. in : AA. VV., *Hellenismus in Mittelitalien*, S. 315ff. には不満が残る．むしろ一世紀になってからの都市建造物増加，それも "de sua pecunia" の増加，を bellum sociale 後もなお socii が健在であった証左と見るからである．一面では確かにそうであり，Augustus 以後もこの諸市しか健在ではないとさえ言える．しかし他方で 2 世紀の体制が永遠に葬られたことも確かであり，すると見かけの背後の変質に着目せざるをえない．

〔2・1・2〕 bellum sociale 以前の諸市の政治組織については多くの研究が有るが，colonia を除く諸市における多様性独自性の検証が中心テーマである．U. Laffi, I senati locali nell'Italia repubblicana, dans : AA. VV., *Bourgeoisies municipales*, p. 59ss. は精度の高い検証の成果であり，bellum sociale 以後 quattuorviri 体制に統一される様をも描く．少なくとも curare には適した形態である．

〔2・1・3〕 新しい階層について分析することは容易ではない．Pompei のみならず凡そ社会構造一般の研究にとって画期的であった E. Lepore, Orientamenti per la storia sociale di Pompei, in : AA. VV., *Pompeiana. Raccolta di studi per il secondo centenario degli scavi di Pompei*, Napoli, 1950, p. 144ss. はこの問題を巡るものであった．豊富な碑文史料を前に，Osci/Samnites 系から Sulla の coloni への「ethnos の交替」に関心を向ける傾向を批判し，経済基盤に着目する．しかも単純な大土地所有論や「産業化」論をも批判し，小土地所有との組み合わせや複数 fundus からの複合体形成を指摘する．もちろん領域の構造に早くも視線が注がれ，商業の織り込まれ方，請負や liberti の役割にも注意が払われる．結局人的代謝というよりは，様々な要素がそれぞれに変身を遂げていき一つの新しい構造を結ぶ，という経過が描かれる (Id., Il quadro storico, in: F. Zevi, ed., *Pompei 79*, Napoli, 1979, p. 17ss.) とき，われわれは画像の厚みに圧倒されるばかりである．例えば同じ Pompei に関する P. Castrén, *Ordo populusque Pompeianus. Polity and Society in Roman Pompeii*, Roma, 1975 (2ed., 1983) が（誠実な prosopography とはいえ）如何に（データの解釈において）平板に見えることか (cf. Id., Cambiamenti nel gruppo dei notabili municipali dell'Italia centro-meridionale nel corso del 1 secolo a. C., dans: AA. VV., *Bourgeoisies municipales*, p. 91ff.).

[2・1・4] Latium や Campania では Praeneste, Tibur, Terracina, Capua といった中心において2世紀末から1世紀初めにかけて大規模な都市中心改変，そしてそれに合わせた大規模神殿の構築，が行われたことが知られる．F. Coarelli, I santuari del Lazio e della Campania tra i Gracchi e le guerre sociali, in: AA. VV., *Bourgeoisies municipales*, p. 217ss. は極めて優れた考古学的分析であり，主として建設担当（各都市の）政務官に関する碑文から「Sulla 前では決してないが，さりとて大きくは遡らない」年代を特定し，東方に展開した negotiatores との prosopographical な一致を経て祭祀の性格を商業圏，しばしば解放奴隷等の守護神たる女神，に同定する．（碑文と文献を符合させて）Tibur の "Octavius Graecinus" は Sertorius 旗下で戦った人物であると推測する．既に示唆したように，socii は一方で領域に侵出すると同時に，他方で領域から切れて地中海大商業圏に展開する．そしてこれは一種の分裂となって弱体化を帰結したと考えられる．Latium/Campania は大きく傾き，こうした可能性を持たない Etruria と大きく異なった．それだけに Sulla に迫害される階層は決して単純な旧名望家ではなく，Praeneste, Tibur のような場合は，彼らは，後述 Veneri や Martiales のような領域からの擡頭勢力と区別されこれと対抗的に，しかし同様に都市を祭祀によって再編することを完遂していた．彼らは一部 Sertorius に組織され（故に後述のように単純には旧 socii と一括りできず），そして Pompeius の風船の内部を宙に舞う．

[2・1・5] M. Christol, Narbonne: un autre emporion à la fin de l'époque républicaine et à l'époque augustéenne, dans: AA. VV., *Les Italiens*, p. 45sqq. は，C. Quinctius を Gallia 定住の伝統的土地保有者，Naevius を投機的商業階層，と見る．しかしそのようには単純でない．単に中継貿易点であった Massilia に対して125年頃から Italia 出身の negotiatores が内陸に入り込み，Narbo 建設（118-116年）はこの局面に対応する，という M. Bats の考古学的知見を Christol が引くのは重要であり，まして自身の考古学的知見から，Usuleni という一族が Narbo の後背地に "un groupe familial relativement ramifié" を展開して Italia 式農場を築き，liberti を使ってタイルの生産とワイン取引を大規模に行った，と指摘するのは大変示唆的である．しかしこれは Naevius の一方的な事蹟でなく，Quinctius の寄与も不可欠であった．

[2・1・6] この相続は実は最新の異形である．これ以前に相続財産が全て競売に付されて金銭で分配される透明な手続が定着している．つまりそこには小さな合議体が形成され，誰かが皆の信頼に基づいて皆とは別に皆のために (erga omnes, super partes) 事務を執行し，皆は合議に従って正確に分配する，誰も相続財産を構成する財物を勝手に占有することが無い，という制度が bona fides を支える socii 諸都市を背景に整備されていたはずである．具体的には bonorum possessio と全く同型の手続を praetor が管轄した．そもそも相続は放っておいても資産を概念させる．被相続人に帰属していたものは複合的である．相続財産 hereditas は bona の性質を有する．他方相続人や受遺者は複数でありうる．完全な遺言自由と徹底した遺言習慣の存するローマでは，なおさらである．しかるに占有の承継は一義的でなけ

2 領域上の複合体

ればならない（P. Bonfante, L'origine dell' "hereditas" e dei "legata" nel diritto successorio romano, in : Id., *Scritti giuridici varii, I*, Torino, 1916, p. 101ss.; Id., Theorie vecchie e nuove sull'origine dell'eredità, *ibid.*, p. 469ss. が言う "sovranità"）. かくして十二表法において既に団体（政治システム）を形成し具体的に占有を割付調整する（政治的決定の一義性に立ち返る）手続が規定された. 相続分の分数に見合った形にもたらすのは種類物の給付である. この段階では hereditas = bona (census の aestimatio の対象) であったとしても一瞬ヴァーチャルにそうであっただけである. しかるに bona fides の構造が出来上がる（例えば Bonfante はこの時の飛躍を全然視野に入れない）と, bona が現実に現れるばかりか, その占有が bonorum possessio のように概念され制度が構築される (P. Voci, *Diritto ereditario romano*, Milano, 1956, p. 123ss.). hereditatis possessio と bonorum possessio は（Cicero において）語として互換的でさえある (*ibid.*, p. 124). つまり自称相続人が勝手に財物を押えることのないように erga omnes の誰かに占有を取らせ, 遮断する. しかも売却益のみが分配され, 相続人といえども個別の財物には最終的にさえ触れえない. そこで働く原理は societas であり, 既に述べた通り, societas は相続を起源とすると考えられた. そして Quinctius は明らかに bona fides の階層であり, 領域で（十二表法風の）相続をするタイプではない. にもかかわらず弟は兄に帰属していたものをそのまま占有している. これをどのようなテクニックで実現したか Cicero は語らない. 後述の *pro Caecina* では自己競落という迂回ないしトリックが使われる. いずれにせよ, このような動向は dominium 形成に向かう流れの中で生まれる. Verr. II-I-104f.; 114 では Cicero が盛んに "potissimus heres" に hereditatis possessio が与えられるべきであった（いずれ現物を承継する者に与えておくべきであった）と Verres を攻撃する. Verres は dominium 化した hereditas を Aebutius の如きエイジェントによって下から剥ぎ取り, Cicero は上から守る. どちらにせよ hereditatis possessio を経てなお dominium が争われている. しかし考えてみれば, 複合体をそのまま維持させることは決して本来の bonorum possesio を排除しない. 全体を売却して金銭を分けることは dominium 維持に適合的でさえある. しかしおそらくイデオロギーのなせる業で, dominium の継続性は現物の承継を強く観念させる. こうして, 残存法学書断片における例えば hereditatis petitio の様相は全く別物になってしまう. かつて socii の構造を背景に praetor が本格的な合議体を形成させ相続人や債権者に手を触れさせなかったが, この手続が失われた後は, hereditatis possessio と言っても erga omnes の部分, 手続の透明性と政治システムとしての性質, は消えてしまい, erga omnes の者に押さえさせて彼へと「本案で」請求させる (hereditatis petitio) という占有原理も, 直ちに把握した者と真の相続人間のトラブルの解決法の如きものに転落する. 学説も, 相続紛争を解決する手続であって相続人たる蓋然性の高い者に占有が付与されたのが起源であるとするに至る (M. Talamanca, *Istituzioni di diritto romano*, p. 673 ; C. Masi Doria, *Bona libertorum. Regimi giuridici e realtà sociali*, Napoli, 1996, p. 96). Verr. が論拠として使われるが, これが使えないことは述べた通りであり, 逆に Cluent. 60, 165 ; Val Max. VII, 7, 5 などは強く第三者への占有付与を示唆する. かくして学説も遺言に書かれた相続人の他に衡平によって適宜他へ付与されたと述べざるをえず (Masi Doria, *Bona libertorum*. p. 125), しかもそのときその者への相続を考えている. しかしこれがやがて常態となったらしく, そもそも hereditatis possessor は "pro herede" か "pro possessore" か（相続財産構成物を相続人＝所有権者として押さえているのか, つまり相続権を主張しているだけか, それとも領域の占有を既に把握しているのか）という問題さえ法文に存在し (cf. S. Di Paola, *Saggi in materia di hereditatis petitio*, Milano, 1954, p. 41ss.), hereditatis petitio の性質は相続権（無体権）の請求か, それとも端的に物的な請求か, という 19 世紀以来の論争も存在する (cf.

ibid., p. 1ss.). hereditatis possessor が相続債権者ないし受遺者等に支払った後に「真の相続人」から hereditatis petitio が提起されたときにどうなるのかという問題も立てられる。erga omnes であれば分配の基礎が変わるだけであるから、hereditatis possessor は真の相続分を支払い、債権者から過剰配当分を取り戻すだけである。しかし法学者達は hereditatis possessor が真の相続人でなかった以上債務も負わなかったから condictio の問題になると言う (vgl. M. Müller-Ehlen, *Hereditatis petitio. Studien zur Leistung auf fremde Schuld und zur Bereicherungshaftung in der römischen Erbshcaftsklage,* Köln, 1998).

〔2・1・7〕 villa rustica に関する文献はもちろん多数であるが、考古学的に検証しうる建築学的構造（および技法と材料）に複合 fundus が一対一対応するわけでないことは当然である。かくして例えば M. Andreussi, Stanziamenti agricoli e ville residenziali in alcune zone campione del Lazio, in: A. Giardina et al. edd., *Società romana e produzione schiavistica I: L'Italia: insediamenti e forme economiche* 〔*SRPS, I*〕, Bari, 1981, p. 349ss. が Latium につき 4 世紀から villa rustica の検証を始めるとき、われわれは十分な注意が必要である。「4 世紀から 2 世紀」の単純質素なそれと「2 世紀から 1 世紀」の一段ヨリ複雑なそれとが区別されてなお後者につき即断することができない。Campania につき M. Frederiksen, I cambiamenti delle strutture agrarie nella tarda repubblica: la Campania, in: *SRPS I,* p. 271s. も同様であり、Cato のそれと複合 fundus は区別されず、豪奢な滞在用 villa への移行に目が移る。ただし滞在目的の villa urbana ないし suburbana とのジャンルの区別は一般的には定着しており、villa rustica が持つ fundus 全体との機能的連関は一応認定しうる。また帝政後期の巨大 villa とは全然違う次元のものと容易に判定しうる。興味深いのは Ameria（現 Amelia）のケースであり、1 世紀に入っていきなり villa rustica の一斉開花が見られる（D. Manconi et al., La situazione in Umbria dal III sec. a. C. alla tarda antichità, in: *SRPS I,* p. 377ss.）という。Roscius の元来の占有ではなく、それが乗っ取られる原因となったものである。

〔2・1・8〕 統括作用を担う人物は vilicus と呼ばれるが、Cato にとってのそれとは異なる (Aubert, *Business Managers,* p. 129ff. が、この段階の vilicus について、locatio との差異の相対性を含めて、参考になる). 単一の単位を占有者に代わって統御するのではなく、複合的なものを束ねる積極的な意義を担う。したがって彼自身が fundus を離れうる。旧 vilicus を残して、仮に servus としても自由人に準ずるし、libertus が形態上相応しい。そして後述の小単位に対してと同様にここにも colonus という語が使われる。後述の peculium や actio de in rem verso の背景に fundus の構造変化が存在することの指摘はつとに G. Giliberti, *Servus quasi colonus. Forme non tradizionali di organizzazione del lavoro nella società romana,* Napoli, 1981, p. 29ss. によってなされている。確かにこの問題に鋭く反応したのは Servius-Alfenus であり、例えば D. 40, 7, 14pr.: Servus, qui testamento domini, cum decem heredi dedisset, liber esse iussus erat, heredi mercedem referre pro operis suis solebat: cum ex mercede heres amplius decem recepisset, servus liberum esse aiebat: de ea re consulebatur. respondit non videri liberum esse: non enim pro libertate sed pro operis eam pecuniam dedisse nec magis ob eam rem liberum esse, quam si fundum a domino conduxisset et pro fructu fundi pecuniam dedisset. は、servus とは言っても独立の経営単位を locatio によって委ねられているのでなければ出て来ない。相続人に対する一定額の給付により解放されるということを遺言で明記された奴隷が、働いた分の対価を解放金に積み立てていったところ、その額に達してもまだ解放には至らない、fundus の locatio 対価が差し引かれなければならない、というのである。原資はいずれにせよ fundus 果実であり、これは独立排他的に一旦 servus に帰属した。彼は次にこれを相続人に給付し続ける。問題はこの給付の性質である（vgl. W. Waldstein, *Operae libertorum. Unter-*

suchungen zur Dienstpflicht freigelassener Sklaven, Stuttgart, 1986, S. 117ff.). servus は自己解放金と考え，相続人は主として賃料であると考えた．Giliberti のように servus が契約関係に立つことに驚くべきではない．厳密な計算に基づく信用の問題になったことに着目すべきである．

〔2・1・9〕 この地位に立つ dominus はもちろん複数のこうした単位をあちこちに保持しうるが，そうすると，vilicus も（fundus を今や離れうる以上）複数の管理を任されうる．数の問題をともかくとして（たとえ単一の fundus にしか関わらないとしても），こうした側面に一層光を当てたとき procurator という呼称が使われる（Caec. で "quasi dominus" と言われたり "procurator omnium bonorum" が現れたりする：cf. P. Angelini, *Il procurator,* Milano, 1971, p. 28ss.）．dominium を乗っ取りうる存在である．他方だからこそ dominus の側からは信用の回収に固執することになる．第一に peculium という手法が用いられ，第二にそれを越えて相続時に回収しようとするため "bona libertorum" に対する patronus の全部一部の収用権が立法によってさえ規定される（Masi Doria, *Bona libertorum,* p. 131ss.）．なおかつこの規定はむしろ制限であると解される．Gai. Inst. III, 40f. が古い clientela に起源を求めたとしても驚くに値しないが，しかし元首政期からの実態は苛烈な信用回収問題である．

〔2・1・10〕 ager Cosanus の発掘調査は現在のところこの時期の領域の構造変化に関して最も詳細な情報を提供する．北部 Etruria に設置された colonia である Cosa の領域は centuriatio の明確な痕跡を有するが，bellum sociale の後に（おそらく Sulla の coloni により）劇的な変化を被る（D. Manacorda, L'ager Cosanus tra tarda repubblica e impero: forme di produzione e assetto della proprietà, in: J. H. D'Arms et al. edd., *The Seaborne Commerce of Ancient Rome: Studies in Archaeology and History,* Rome, 1980, p. 173f.）．villa が centuriatio を無視して点在するようになり，注目すべきことにこの villa とは別の点においてワイン運搬用 amphorae の工房が発掘される．この amphorae は Gallia で頻繁に発掘される碑銘を有し，その一つは（本論考にも後に登場する）Sestius であり，また Domitii Ahenobarbi であり，Cic. Verr. II-V, 158ff. の "municeps Cosanus P. Gavius" である（p. 176）．領域の構造の詳細はとりわけ M. Grazia Celuzza, E. Regoli, Gli insediamenti nella Valle d'Oro e il fondo di Settefinestre, in: A. Carandini ed., *Settefinestre. Una villa schiavistica nell'Etruria romana, I,* Modena, 1984, p. 52s. に見ることができ，villa のうち Settefinestre のそれ（おそらく Sestii のもの）については D. Manacorda, L'interpretazione della villa dai Sestii agli Imperatori, *ibid.,* p. 101s. が優れた分析を提供するが，villa の構造自体の複合性，villa が割拠したと見られる領域の土地の性状においてさえの複合性は明瞭に看て取れる．

2・2

以上の状況において，領域の実力の問題が新しい様相を帯びてきていることが覗われる．この点が先鋭かつ前面に出てきたのが *Pro Tullio*（73 ないし 72 年）の事案である（ed. De la Ville de Mirmont）．Magna Graecia 深奥部，Sybaris の故地たる Thurii は（ひょっとすると Gracchi のそれをも含む）度重なる植民都市建設にもかかわらず荒れた状態にある[1]．「審判人諸君，M. Tullius という者が Thurii の領域に父祖譲りの農場を保有していた，そしてその

ことを決して悪く思っていなかった，境界につき，法によって守るよりは武力で拡張しようという輩が隣の農場を獲得するまでは．即ち，P. Fabius という者が新たに元老院議員の C. Claudius から土地を購入し，その広大な農場に M. Tullius が直接面することとなったのである．その土地は，Claudius が自ら買った時にはまだ健在で諸施設も立派に整い高額であったが，それが，villa もどれも廃屋となり，荒蕪地の状態となり[2]，半分の価値しかなかった」(14 : Fundum habet in agro Thurino M. Tullius paternum, recuperatores, quem se habere usque eo non moleste tulit, donec vicinum eius modi nactus est qui agri finis armis proferre mallet quam iure defendere. Nam P. Fabius nuper emit agrum de C. Claudio senatore, cui fundo erat adfinis M. Tullius, sane magno, dimidio fere pluris incultum exutis villis omnibus quam quanti integrum atque ornatissimum carissimis pretiis ipse Claudius [lacuna])．「審判人諸君，その領域には "Populiana" という centuria が存在した．それは長く M. Tullius に帰属した，というのも既に父がそれを占有していたからである……」(16 : Est eo agro centuria quae Populonia nominatur, recuperatores, quae semper M. Tulli fuit, quam etiam pater pos[sederat...]). centuria というのは，colonia 建設に際して領域を碁盤の目のように公道で区切り，そこに包括的で不透明な占有を発生させないようにする，その碁盤の目で区切られた一区画である．そこは通常複数の占有が多元的に競合する．しかしこの場合，Tullius は隣接の fundus に組み込む形でまるごと占有してしまったらしい．確かではないが，lacuna を挟んで読み取れる "posita esse et ad fundum eius convenire"「……位置するので，彼の fundus には好都合……」はこのことに関わるかもしれない．ただしこれは Tullius の敵たる隣接農場にとっての記述である．「それでも最初は，取引全体，その売買，を彼は後悔していて，農場を売りに出した．しかし Cn. Acerronius という者が現れて socius になると，買ったこの農場を保有することとした」(Ac primum, quod eum negoti totius et emptionis suae paenitebat, fundum proscripsit ; eum autem emptum habebat cum socio Cn. Acerronio...)．主語は明らかに Fabius であり，彼は買ってはみたものの荒廃しているのでがっかりしたところ，マネージャーたる Acerronius が現れて立て直す気になったのである．そのとき Acerronius が centuria に目を付けたことは疑いない．これを組み込めば何とかな

ると考えたのである．しかし，その対象が Tullius が組み込んだものと同じではなかったとしても，Acerronius の青写真において後者は楔を打ち込んだようになっていて少なくとも邪魔であった．排除しなければならなかった．lacuna により紛争の経過は定かでないが，互いに事務執行者や農場管理人 (procurator, vilicus) に対して文書を送付し境界を争うということになる．その経過の中で一旦 Tullius は境界の認定で譲ったようである．ただし「centuria Populiana を空洞で引き渡したわけではなかった」(neque tamen hanc centuriam Populianam vacuam tradidit). つまり自分の占有の基幹部とエクステンションたる centuria が島づたいのようになり間隙を Acerronius が通り目標を組み込む（組み込み合い橋頭堡を対等に持つ）ことは承諾したが，そのとき占有基幹部分と centuria Populiana を繋ぐ構造を壊滅させてこの centruia を流出させ呑み込みのっぺらぼうにしてしまうような濁流を Acerronius の側で発生させ（分節解消丸取りし）てよいとは言っていない，というのである．

事実 Tullius は centuria の占有を必死に保持したと考えられる．というのも Acerronius は，「獰猛で筋骨たくましい人員を放牧地に集め，彼らにそれぞれ特異な武具を供給した，誰でもこれを見れば領域上の紛争というより本物の殺人・戦争のための準備と思うような有様であった」(18: Adducit...in saltum homines electos maximis animis et viribus et eis arma quae cuique habilia atque essent comparat, prorsus ut quivis intelligeret non eos ad rem rusticam, verum ad caedem ac pugnam comparari). ここでは，占有が何か複合的に概念されていて，それに centuria のような伝統的な占有の形態が却って単位として利用され，そしてそれを巡って二つの複合体が複合的故に入り組んで相互干渉してしまい，実力衝突が発生する．そしてその実力衝突は当然，単純な占有二つが互いに表面張力を保ちながら Demokritos の原子のようにして衝突する場合に比して，複雑な様相を呈するばかりか，糾合する人員の規模が相対的に大きくなる．にもかかわらず依然占有単位内の糾合と観念される．実質は〈二重分節〉を広範囲にわたって流動化させた本当の領域軍事化であるにかかわらず．この結果死者まで出る有様で，それは Q. Catus Aemilianus に属する人員二名であると言われる．つまり Tullius に直接属するわけではない．"vacua" ではない，と言われた所以である．現にこの後ようやく Tullius は現地に駆けつける（19:

Venit in Thurinum interea Tullius). つまりそれまでおそらくローマに居たのである. それまでには既に彼らは「武装してうろつき回り」(passim vagabantur armati),「領域一帯を公道を含めて軍事化した」(agros, vias denique infestas habebant). それでもまだ centuria Populiana は完全に "vacua" な状態ではない. Fabius は Acerronius を伴って視察すると,「centuria Populiana の真っ直中にそれほど大きくない建物と M Tullius の奴隷 Philinus が居る」(in hac ipsa centuria Populiana aedificium non ita magnum servumque M. Tulli Philinum) ではないか[3].「私の土地でお前一体何をやっているんだ?」(Quid vobis istinc negoti in meo est?).「奴隷はおそるおそる, しかししっかりと, dominus は villa に居ると答えた」(Servus respondit pudenter, at non stulte, dominum esse ad villam). 二人は Tullius のところへ行く.「Tullius は villa に居た」(Ad villam erat Tullius)[4]. ここからは占有を争う儀礼的なやりとりになる. どちらが原告になるか, どちらが追い出しどちらが追い出されたことにしてその正しさを争うか. Tullius は暫定占有を取り, 占有訴訟原告を選択する. ローマの裁判所に係属することとなる. しかし次の晩, Fabius の実力組織は centuria Populiana を襲い, 多数で少数の人員を相手に暴力を振るい, 死者さえ生み, 建物を破壊した.

69 年の *Pro Caecina* の事案 (ed. Boulanger) はここまで述べてきた要素を全て含み全面展開したような典型であり, 後世の人々のために彼らは実演して見せたのではないかと疑われるほどである.「審判人諸君, M. Fulcinius は municipium たる Tarquinia の出身であった. 彼は自分の都市においては第一級の列に加わることができる名望家であり, ローマにおいては並々ならぬ銀行を営んでいた. 彼は Caesennia という女性と婚姻関係に在り, 彼女は同じ都市の最高位の政治的階層の出身であり, また, 非の打ちどころのない女性であったことは彼自身が生前多くの事実によって, そしてまた死後はその遺言によって, 示し明言した通りである」(10: M. Fulcinius fuit, recuperatores, e municipio Tarquiniensi ; qui et domi suae cum suae cum primis honestus existimatus est et Romae argentariam non ignobilem fecit. Is habuit in matrimonio Caesenniam, eodem e municipio summo loco natam et probatissimam feminam, sicut et vivus ipse multis rebus ostendit er in morte testamento declaravit). われわれは Etruria の中心的

な地帯に居る[5]ということになる．Tarquinia はいずれにせよこの弁論の時期には socii たるを失って municipium と化しているが，しかし婚姻成立の時期には少なくとも独立の都市たる実質を失っておらず，その政治的階層は健在であり，二人はいずれもそれに属する．ただし，Caesennia が文字通り政務官を歴任するような階層に属した[6]のに比して Fulcinius は高々参事会員どまりである，という相対的な非対称性が存在する[7]．これに対応して Fulcinius は銀行を経営する．逆に言えばこのことは都市の政治的階層に帰属したままであることを妨げない，否，むしろ後者のことは前者のことを促進したかもしれない[8]．いずれにせよ，これまで見たケースにおけると異なって前提をなす socii の体制とその役割がまだ明確に枠組として残っているからこそ，Cicero はこのように紹介し，かつまた実はこれを弁論のリソースとして彼は利用する．先取りして言えばこの枠組を再生させようという彼の構想にさえ繋がっているのである．

「債務の弁済・決済が非常に困難な時期に，彼はこの Caesennia に Tarquinia 領域内の農場を売却する．同時に，この農場に嫁資を設定するようにした．妻からの金銭給付を嫁資として使用収益するのであるが，その方が婦女子にはヨリ安全だというので，このようにしたのである」（11: Huic Caesenniae fundum in agro Tarquiniensi vendidit temporibus illis difficillimis solutionis; cum uteretur uxoris dote numerata, quo mulieri res esset cautior, curavit ut in eo fundo dos conlocarentur）．夫婦間の財産関係は完全に〈分節〉されていて，また Caesennia は Terentius に登場したような絵に描いたような（泣く子も黙る）uxor dotata である．ならば問題の農場 fundus も絵に描いたような Cato 型のそれであろう．いずれにせよ，夫婦間で資産が結合され，またそれが〈分節〉的であるが故にそれは bona たる実質を保障される．その〈分節〉と結合を socii レヴェルの都市の政治システムが下支えしているのである．銀行までをカウントすれば socii 諸都市の多元性も寄与している．さてしかし，信用で支えられたこのシステムに危機が訪れる．信用不安ということは，この銀行が取り立てえない債権に土砂降り的に遭遇したということであり，それが都市の階層の政治的軍事的被災であるとすれば，例えば Saturninus の一暴れか．とりあえず 100 年前後と仮定しよう[9]．婦女子への危険と言うことを計算に入れるのであるから，災厄は領域に発生したようであり，それは軍事的なものである．穴の開い

た信用を補塡する方法は Caesennia から信用を得るというものであった．資産を資産たらしめている〈分節〉＝結合関係自体を使うのである．これが確かにほとんど信用の定義であった．かくして dos が信用の形式となるが，このときに興味深い操作が行われる．つまり，いきなり金銭を Caesennia が持ち寄るというのでなく，fundus を売買し，買い取ったその fundus を dos として持ってくるのである．かくして Caesennia は信用を供与しつつ物的な担保を取ったことになり，なおかつそれを Fulcinius に使用収益させたままにしうるのである．「ヨリ安全」はしたがって二重の意味を帯びている．買った農場の占有の安全と債権者としての安全．いずれにせよ重要なことは，またしても資産複合体がこのようにして領域の占有の方角に向かい，そして二重に縛る形式によって信用が領域の占有を囲い込んだ，ということである．債権者としての Caesennia はいつでもまるごとこの fundus を引き上げうるのである．

「ほどなく，Fulcinius は銀行を清算すると，この妻の農場に連続して接する幾つかの地所を購入して結合した」(Aliquanto post iam argentaria dissoluta Fulcinius huic fundo uxoris continentia quaedam praedia atque adiuncta mercatur)．これほど明晰に新しい占有の形態とその成立史を述べるテクストも無い．またしてもわれわれは複合的構造を有する fundus に遭遇しつつある．おそらくわれわれは Q. Mucius Scaevola が束の間の静寂を与えつつある90年代に居る．資産とその複合的性質（多くの要素を資産価値にならして帰属させる性質）がまるごと領域に反映されようとしているのである．少なくとも Fulcinius は風の吹く方向を嗅ぎ付けて bona の全てを解消し領域に投下することとした[10]．このときにしかし元来有した核となる fundus の周りに，連続的だが相対的に分節的に，幾つかの praedia を結合する．決して何か包括的な「空洞の」占有（vacua possessio）に全てを注ぐというようにはしないのである．このことを防止しているのは，中核の fundus に dos が設定されていて，これが元来 Caesennia のものであり，Fulcinius の自由にはならない，という事情である．元をただせば資産であり，資産複合体である．そしてそれがまるごと領域の上に出ても，占有の方に複合的な性質を残し，それを残せば束ねねばならないから，資産的性質，つまり一個一個実力で押えるというのでなく間接的に帳簿の上で経営するという性質，は残る[11]．

2 領域上の複合体

「Fulciniusが死ぬ」(Moritur Fulcinius). Ciceroはここで「このような言い方をするのは，事案の法的性質とは直接の関係を有しないが故に，事実の経過に関わる多くの点を省略したいと思うからである」(multa enim, quae sunt in re, quia remota sunt a causa, praetermittam) と思わせぶりな一句を挟む．明らかに彼の死に関しては弁論に不利な事情が絡んでいる．弁護の線からしてFulciniusに不利な点でもあろう．bellum socialeにおいてEtruriaは反乱に加担しなかった．それでも身の処し方の難しい場面が有ったに違いない[12]．「遺言によってCaesenniaとの間にもうけた息子が相続人に指定される．その全ての資産の使用収益は息子と共同で果実収取することを条件にCaesenniaに遺贈される」(testamento facit heredem quem habebat e Caesennia filium; usum et fructum omnium bonorum suorum Caesenniae legat ut frueretur una cum filio). 相続が絡み，したがって相続財産が機能し，これは性質上bonaであるが，この場合相続とは別レヴェルでbonaはbonaとして維持され，これはCaesenniaに帰属する．ただし息子との共同が条件となっているから，部分的に信託の関係になる．嫁資設定自体信託と同一の機能を有するから，ここで逆転したことになる．設定者＝受益者が受託者になり，（息子ではあるが）受託者が設定者＝受益者になった．ただし，前の場合には信託は資産が領域上の運用を委ねられるのであったのに対し，今回は領域の占有が信託により資産として運用される．いずれにしても信用が容易には処分を許さない形を作ったということになる．そして今回の場合，その縛りはCaesenniaが自分のfundusと息子のfundiを一体として経営するという目的に対応している．そしてこの複合体維持の故に，領域の包括的占有はbonaとして把握されることになる．Ciceroの正確な表現"usus fructus omnium bonorum"はここから来る[13]．そしてCaesennia主導となった分，都市に再回収されたというより，まるごと領域に浮出したと言うことができる．資産でありかつ間接性を維持しながらも．いずれにせよ，複合fundus経営は一層実質的で堅固なものになるはずであった．「事実，彼女は自分自身の資産の相続人となって欲しいその者（彼女にとっても息子である）と共に（のために）資産を果実収取することになったのだし，また現に自身にも最高の果実を得ていた」(12: frueretur enim bonis cum eo quem suis bonis heredem esse cupiebat et ex quo maximum fructum ipsa capiebat).

しかしこの相続の順序は逆になる.「というのも,時を経ずして(息子)M. Fulcinius が若くして死んでしまう」(Nam brevi tempore M. Fulcinius adulescens mortuus est). 相次ぐ死亡が何を意味するのか定かではないが, 88年, 遅くとも 83 年の内戦, 或いはその間の動乱, をわれわれは十分に想定しうる.「相続人には P. Caesennius が指定されていた. 若者の妻には十分な量の現金(計量貨幣)が,母(Caesennia)には資産 bona の過半が遺贈されていた」(heredem P. Caesennium fecit; uxori grande pondus argenti matrique partem maiorem bonorum legavit). 再び相続が介在する. 分割のためには資産の全体を実際に金銭価額に変換する必要がある. こうして, 領域に降りた資産も少なくとも一旦は都市中心のレヴェルに戻らねばならないはずである. 問題はその後である. 領域に帰ってくるのか, どのようにか. それで新しい構造は無に帰することはないか. これで全て Caesennia の手に収まるのであるから目出度し目出度しではないか. しかしまさに相続, そして資産, したがって分数, が絡むから, 大部分は彼女の手に収まるのにみすみす全てを売却しなければならない. これこそが資産と信用と都市の階層のプライドであったはずである.「相続財産のための競売期日が定められた時」(13: Cum esset haec auctio hereditaria constituta), Aebutius という者が踊り出てくる.「しばらく前から未亡人の孤立感に付け込んで Caesennia の懐に忍び込んだ」(qui iam diu Caesenniae viduitate ac solitudine aleretur ac se in eius familiaritatem insinuasset) 輩である[14].「自分は不慣れな女であるから, Aebutius が居なければ何一つ狡猾には遂行しえないと Caesennia に思い込ませるに至っている」(in eam opinionem Caesenniam adducebat ut mulier imperita nihil putaret agi callide posse, ubi non adesset Aebutius).「狡猾な」"callidus" は法律家・実務家に強く付着した形容詞であり, Livius のテクストにおいては例の Appius Claudius Caecus に使われていた. 彼は決して bona fides に基づく信認関係に立ったのではない, ということを Cicero は強調する.「偽りの献身と見せかけの忠実義務によって結び付いた, いざというときに信頼できるというより, 都合の良いときだけちょくちょく顔を出してはちょっとサーヴィスして点数を稼ぐ関係であった」(ficto officio simultaque sedulitate coniunctus magis opportuna opera non numquam quam aliqunado fideli). さて「ローマでの競売が決定されたとき, 友人達や縁

戚の者達は Caesennia に，彼女の元々の fundus に連続して接続する「Fulci-nius 農場」というものをおよそ購入するまたとない機会である，この機会を逃す手はない，特に財産分割によって自分は帳簿上の金銭を占有しこれで代金を売主（相続財産）と相殺しうる，これ以上によい投資先は無い，と盛んに勧め，彼女自身も秘かに同意見であった」(15 : Cum esset constituta auctio Romae, suadebant amici cognatique Caesenniae, id quod ipsi quoque mulieri veniebat in mentem, quoniam potestas esset emendi fundum illum Fulcinianum, qui fundo eius antiquo continens esset, nullam esse rationem amittere eius modi occasionem, cum ei praesertim pecunia ex partitione deberetur; nusquam posse eam melius conlocari). 確かに自分で買い戻すのが一番良い．さもなくば，おそらく有機的に作動し始めていたと見られる周囲の fundi はばらばらになり，芯だけが残される．今更金銭を保有してもこの農場と切り離されては意味が無い．しかしもちろん自己競落は禁止である．そこで「自分のために農場を買うように委任する」(mandat ut fundum sibi emat). 誰に？「Aebutius に事務 (negotium) が与えられる」(Aebutio negotium datur). この場合 negotium は売買であり，かつ売買当事者となることである．事実「彼は確かに会場＝公簿の前に居る，応札する，他の多くの買主達が或いは Caesennia のためを慮って，或いは競り上がった値のため，引き下がる．農場は Aebutius によって競り落とされる．Aebutius は銀行に対して金銭を約束する (promittit)，まさにここにいらっしゃる立派な御仁が確かに私が買主ですとこの証拠をもとにおっしゃる」(Adest ad tabulam, licetur Aebutius; deterrentur emptores multi partim gratia Caesenniae, partim etiam pretio. Fundus addicitur Aebutio ; pecuniam argentario promittit Aebutius ; quo testimonio nunc vir optimus utitur sibi emptum esse). 既に見た通り，資産であるから，銀行が必ず関係し，全てはその帳簿の上を滑る．"promittit" は支払約束であり，帳簿に記載されたと同時に支払ったと同じことになる[15]．これが Aebutius 名義であるということは，まさに Aebutius が買主であるということで，競売制度の趣旨からも，委任の概念からも，まさにこうでなくてはならない．にもかかわらず，Cicero によれば「この売買において金銭は Caesennia によって支払われた」(17 : Hac emptione facta pecunia solvitur a Caesennia). だから買主は Caesennia に決まっているではないか，と彼は固

執する．委任 mandatum の趣旨からすれば売買の結果は確かに Caesennia に帰属しなければならず，受任者はこのことを実現する高い信認義務を負う．しかしこのことは Caesennia が買主であることを意味しない．にもかかわらず Cicero は（もちろん極めて意識的に）この点を徹底的に回避する．明らかにそうしなければならない理由を抱えている．銀行の帳簿上 Caesennia からの入金によって決済された，ないし（彼女に配当された金銭と）相殺された，という部分は証拠として出て来ない．元々売買自体は契約書などを残さない．Cicero は証拠の無いことはそうでないことを意味しないという線で防御せざるをえない．そうまでしてでも，後に述べるように彼が構築する論陣にとってここは譲れず，その論陣は出来上がりつつある二重構造に初めてそれに相応しい本格的な exemplum iuridicum を付与するために不可欠なものであるが，そのときにまるで代理，そのままでは〈分節〉と占有体制と相容れない原理，が容認されるが如き主張をしなければならないことは注目に値する．そしてその同じ線で，Cicero は都合の良い事実だけをぴたりぴたりと指摘していく．第一に「Caesennia は農場を占有した」(Caesennia fundum possedit)，第二にその証拠に「彼女は請負に出した」(locavitque)．Caesennia は複合 fundus を間接的に資産として経営するばかりでなく，端的に全体を占有し，locator にさえなるのである[16]．

　大きく言って Sulla の時代，80 年代の少なくとも半ばから 70 年代にかけて，Caesennia の下で Aebutius が牛耳る形で経営は順調であったと思われる．Sulla 引退後 70 年代に入っても（彼の財産没収に対する個々の原状回復にかかわらず）体制の基本に変化が無いことは良く知られており，Aebutius は Cicero 自身の形容によってもまるで Marius の下の Sulla 自身のように Sulla の組織原理にぴたりの人物である．新型のマネージャー層に属する．しかしその間に Caesennia は A. Caecina と再婚する．これが Aebutius に直ちに大きな緊張をもたらしたとは考えられないが，水面下で敵意は生まれ始めていたであろう．いずれにせよ，この機を見るに敏な女性は再び乗り換え，これで三番目である．一つの転機である 70 年に近付く時点でこの新たな結婚は先見の明があったと評価されたに違いない．しかしそこで Caesennia もまたこの世を去る．遺言により，Caecina に 24 分の 23，先夫の解放奴隷 M. Fulcinius に 72 分の 2，Aebu-

tius に 72 分の 1 という配分になった．Aebutius と Caecina の敵意を先鋭化さ
せるに十分な数字である．そもそもこの数字は明らかに Caecina に fundus Ful-
cinianus 全体を取らせるものである．わずかの金銭でペイアウトしうる．相続
の問題は相続財産を概念してこれを全部売却し分配するなどというものではな
くなっている[17]．この農場を誰が取るか，の一点に懸かる．

　Aebutius の戦術は Caecina の相続資格を全否定するというものである．「彼
は（出身の）Volaterrae が有するハンディキャップ，その都市自体の不幸のた
めに他の市民達よりも劣る（ローマ）市民権しか有しない」(quod is deteriore
iure esset quam ceteri cives propter incommodum Volaterranorum calamitatemque
civilem) というのがその論拠である．bellum sociale 後に普く市民権が付与さ
れた状況の中で，Etruria 北部の Volaterrae は 82 年に Marius 残党と Sulla 軍
との激しい戦いの場となった．Marius 残党の中には bellum sociale で屈強に戦
いここに流れ着いた分子も有った．敗北後 Volaterrae は Sulla からもちろん重
い処分を科される[18]．今そこからの分子が市民権を受容しつつ，そして新た
に形成された領域上の複合体を，しかも何か上から奪取し，Sulla 体制化で力
を伸ばし領域に根を張った Aebutius のようなタイプと対決しようというので
ある．Cicero はこの後の彼の構想に真っ直ぐ繋げるようにして，この Caecina
弁護のための精緻な論理を組み立てる．

　Caecina 側の戦術は，まず委細構わず相続財産の占有を取ってしまうことで
ある．"In possessione bonorum cum esset" と表現されるから，hereditatis pos-
sessio は性質の同じ "bonorum possessio" によって指示されることも可能であ
ったらしい．Caecina は最大相続分を占有するから当然にこれを握り，そして
相続財産の分与を請求する (hereditatis petitio) Aebutius に対応することとな
る．筋書き通りそれは不調に終わると，今度は「相続人たる資格で相続財産分
割の仲裁を請求する」(19: nomine heredis arbitrium familiae herciscundae
postulavit)．しかしここで Aebutius はまたもう一つの切り札を使う．Cicero
は「ただ委任によって買主だっただけ」(emptorem fuisse mandatu) のくせに
「その fundus は自分のものだ，自分が自分のために買ったのだから」(suum
esse seseque sibi emisse) などと言う，と非難するが，われわれによれば逆で，
委任だからこそ自分が買った，ということになる．Cicero はまたここを飛ばし，

Caesennia が占有していた (possedit), 農場の使用と果実が現に Caesennia に帰属した (usus eius fundi et fructus fuerat Caesenniae) と述べておいて, Caecina が反転して占有訴訟に戦線を移した, と話を先に進める. 訴訟を両当事者間で作るための一種の訴訟契約が交わされる. 立会人を呼んでおいて Caecina が fundus から追い出され占有侵奪されるポーズを取る (de fundo deduceretur) のである. Thurii で見たものと同種である.

「約束の日, Caecina は友人達と Castellum Axia にやって来る, そこから問題の fundus へは遠からぬ距離である」(20: Caecina cum amicis ad diem venit in castellum Axiam, a quo loco fundus is de quo agitur non longe abest). "Castellum Axia" は今日の Castel d'Asso に同定されていて, その遺跡も発掘されている〔巻末地図5参照〕. Tarquinia から内陸にずっと入ったかつての後背地に在り, 到底5世紀までは領域を構成していたとも思われない. castellum は, 領域の空洞拠点 (ネクロポリスをすぐ外に集結させる以外には公共施設を持たない公共空間) であり, 都市中心から公道を通じてこの公共空間まで来ることはともかく保障されていて, そこから各 fundus へとアクセスすることができる[19]. mancipatio 等非公式の公共空間が領域に求められる場合にも機能したのではないかと考えられる. 領域は奥深くなっていて, 都市中心からアクセスするためには, まっすぐ伸びた公道から単純に行くのでは足りず, 何か領域連続的に作られた非公式組織の中心を経由しなければならない. しかしそこまで来た Caecina を待つのは予測しない事態である.「そこで次々に情報が入って来て Aebutius が非常に多くの自由人や奴隷を集めて武装させているということが刻々と確かなものになっていく」(Ibi certior fit a pluribus homines permultos liberos atque servos coegisse et armasse Aebutium). それでも半信半疑でいると, Aebutius 本人が castellum にやって来る (ipse Aebutius in castellum venit).「Caecina に対して, 自分は武装集団を有する, アクセスして来たとしても引く考えは無い, と宣告する」(denuntiat Caecinae se armatos habere; abiturum eum non esse, si accessisset). Caecina 達は身の安全が確保される限度でどこまで行けるか試してみようと決める.「castellum を出て fundus に入ろうと動き始める」(De castello descendunt, in fundum proficiscuntur). ひょっとするとそこまで向こう見ずなことはしないのではないかとも思えたからであるが,「に

2　領域上の複合体

もかかわらず Aebutius は，係争物件たる fundus のみならずこれに隣接する何の問題も無い fundus へさえ，そこへ入るための入口を全て武装集団で固めて立ちはだかった」(Atque iste ad omnis introitus qua adiri poterat non modo in eum fundum de quo erat controversia, sed etiam in illum proximum de quo nihil ambigebatur armatos homines opponit). このため，最も近いということもあり最初にかつて核となった fundus に入ろうとしたのであるけれども，密集した武装集団に対抗されてしまう．そこから駆逐された Caecina は可能な限りで約定に基づいて実力を行使されるはずのその fundus に向かう．その境界はまっすぐなオリーヴの並木で画されている．そこへ接近すると，Aebutius は全兵力を以て待ち構えていて，Antiochus という奴隷を自分のもとに呼び，高らかな声で命じた．オリーヴの並木の線の内側に入った者は殺すようにと．なおもぎりぎりまで Caecina は入ろうとした，と Cicero は強調するが，いずれにせよこの線までで Caecina 一同は引き上げることになる．

　何よりも目を射るのは，領域の状況が複雑でアクセスも対峙も単純でないということである．中核の fundus は Caesennia のための dos であったものであるが，ここが一つの焦点であるとしても，これとは別の fundus に，しかもそれと区別して，入るかどうかが，予め決められた儀礼行為の成否を決するのである．そしてしかも，Aebutius はその周辺のその他の fundus を巻き込んでいる．つまり元来複合的である fundus を一時的か継続的かさらに複合的にしたうえでその全体を軍事化している．にもかかわらず，辺り一面際限の無い軍事化かと言えばそうではなく，各 fundus を基準としてみれば確かに軍事化であるとしても，全体は大きいがコムパクトな単位であり，よく区切られその外に出ることはない．この点はオリーヴの並木とそれに依拠する Aebutius の指示の内容によって明快に例解されている．Cicero の極めて周到な配慮に基づく．

　そしてこの新しい大きな単位[20]を牛耳っているのは今や Aebutius の如き者である．元来手足となってきた者である．ただし彼は直属の関係においてさらに下部[21]に対して一元的に指令してきた．そうした実力を蓄えた分子が今上からの統率を拒否しているのである．彼の築いたものに対して上から入ろうとする者は手も足も出ない．

　[2・2・1]　Italia の領域の荒廃は，既に見た Gracchi 伝承 (Appianos) のおかげで，人文主義以

来「共和政崩壊」原因論(中小農民の没落)の不可欠のトポスであった．ここにはもう一つイタリアの南北問題が絡まってイタリア歴史学にとっては「特に南で著しい」という問題となる．その限りで北についてのレヴィジオニズムは相対的に早く，決定的な影響を今なお残す(人文主義以来のテーゼの 20 世紀ヴァージョンたる) Toynbee, *Hannibal's Legacy* はこの脈絡にも置きうる．もちろん，Hannibal 戦争の後遺症は依然学説上の地位を保ち，拡張による奴隷労働力の流入，安価な穀物の輸入，大規模な商業的農業の展開，等々の議論も支配的な地位を保っている．しかしながら以下に見るように，近年はまず地域別見直しが進み，さらに一般的にも J. E. Skydsgaard, Non-slave labour in rural Italy during the late republic, in : Garnsey, ed., *Non-Slave Labour*, p. 65ff. のように否定する見解が現れた．われわれの基本的な立場は以下の通りである．第一に学説の多くはスペキュレーションの産物であり，見直し説の言うように直ちには信頼できない．第二に領域の軍事化傾向は否定できず，そうでなければ Gracchi の試みは現れない．第三にならば領域の軍事化は何故現れたかであるが，そもそも領域問題の解決に失敗した南のギリシャ都市域では以前から常態である．ローマの支配体制は都市中心の回復をもたらしたが，信用が領域に向かい始めるとたちまち古い問題に突き当たったと考えられる．非ギリシャ都市域では，既に示唆したように，socii 体制が同化によって空洞化することが一番の問題であった．要するに，諸都市がどれだけ領域を統御できるかが全てであるとわれわれは考える．そしてそれが厳しい状況下に置かれたことは否定できない．Cato の記述や Ameria の都市名望家を越えた事態である．

〔2・2・2〕 このパッセージについては E. Lepore, Roma e le città greche o hellenizzate, in : AA. VV., *Bourgeoisies municipales*, p. 351 が重い響きを有する．つまりギリシャ植民都市の領域問題がこじれ続け，ローマからの植民さえ事実上失敗に終わった果てに，この事案が現れるというのである．socii 体制を夢としても保持しえないことがその後の歴史を大きく分岐させていく．

〔2・2・3〕 P. G. Guzzo, Il territorio dei Brutii, *SRPS, I*, p. 117s. は，villa を多く発掘させない考古学的データと *Pro Tullio* が一致すると述べる．散開する定住痕跡と複合 fundus は矛盾しないから，断定はできないが，この辺りでは複合 fundus の形成は少なくとも大変に成功したというわけではなかったかもしれない．「組み込み」は持続的には保持されえなかったと思われる．

〔2・2・4〕 この方面の villa のうち，Locri 領域の Gioiosa Ionica に在る帝政期大規模 villa がよく知られるが，これは 1 世紀後半にスタートするとされ(cf. A. De Franciscis, ed., *La villa romana del Naniglio de Gioiosa Ionica*, Napoli, 1988, p. 25)，後述 Campania の villa II に該当する．Cic. のテクストには垂直分節のみを特徴とする villa I が現れていると考えられる．なお，発掘状況に制約されて精度は悪いが，S. Accardo, *Villae romanae nell'ager Bruttius. Il paesaggio rurale calabrese durante il dominio romano*, Roma, 2000, p. 53ss. が主として帝政期 villa の概観を与える．しばしば Augustus 期に出発点が在る．

〔2・2・5〕 Etruria の socii 体制は少なくとも政治的側面において微弱ではなかったかと思わせることには，Latium や Campania から出る性質の碑文が出ない．cf. C. Borrendonner, L'Étrurie septentrionale entre la conquête et Auguste : des cités sans magistrats ?, dans : Cébeillac-Gervasoni et al., edd., *Les élites et leur facette*, p. 168. 考古学的観点からも Tarquinia 等都市中心の「公共建築」は極めて不活発である (cf. M. Torelli, Edilizia pubblica in Italia centrale tra guerra sociale ed età augustea : ideologia e classi sociali, in : AA. VV., *Bourgeoisies municipales*, p. 245)．その分，dominium 形成に有利であったかもしれない．bellum sociale における特異な行動様式もこれと関係すると思われる．

2 領域上の複合体

[2・2・6] Tarquinia 中心の "Ara della Regina" 神殿は元首政期に入るまで生命を保つが，その発掘から紀元後一世紀半ばの碑文が発見される．当時 senatores の列に食い込んだ Spurinnae 一族は祖を称えるためにこの碑文を立てたと思われるが，あらためて校訂して検討した M. Torelli, *Elogia Tarquiniensia*, Firenze, 1975, p. 93ss. は，背景に antiquarian な関心と旧氏族の再生を見る．傍証を得るべく Torelli は Tarquinia 都市政務官名を墓碑銘史料と付き合わせ (p. 185ss.)，紀元前一世紀に Etrusci 固有の名前が一旦消えることを明らかにする．つまりは（これも大復活を遂げると言われる）Caesennii (cf. p. 192) が Aebutii に取って替わられるが如くである．

[2・2・7] B. W. Frier, *The Rise of the Roman Jurists. Studies in Cicero's* pro Caecina, Princeton, 1985, p. 4f. は双方を一様に「上層」と捉えて区別しない．Cicero の形容が微妙に異なることについては「銀行」という選択の故であるとする (p. 7f.)．Tarquinia 都市中心の政治的階層と，後述「領域の中心」に結集する富裕層，の間には決定的な違いが有り，このケースはまさに両者が結合するところにポイントを持つ．領域の側の階層として，しかし中心に結集するばかりか「新しい貴族」の顔を有することについては，Tarquinia 領域に属する Tuscania の Corunas 一族の三段階に連続する（1世紀前半に及ぶ）豪壮な副葬品の墓が雄弁に物語るとおりである (M. Moretti et al., edd., *I Corunas di Tuscania*, Roma, 1983).

[2・2・8] Fulcinius の銀行については Andreau, *La vie financière*, p. 414sqq. に素晴らしい分析を見出しうる．Caec. 内に登場するもう一人の銀行業者 Phormio とは異なるタイプであること，Plautus の段階の argentarius と同じく競売手続に関与しない点がこれを主軸とする次の時期の argentarius/coactores との差異であること，ローマに出るというように出身都市を離れ多都市を跨いで活躍すること (Verres の犠牲者の中にこのカテゴリーが若干見出されること), "argentariam facere" という表現に現れるとおり解放奴隷などに店を任せるのでなく，かつ店舗を構えること，おそらく解放奴隷と思われる Phormio と異なって socii 名望家に繋がること（ただし最上級の都市名望家ではない——Andreau はもちろん Cic. の表現の差異を見逃さない）．要するにこれまで存在しこれから消えるタイプであること．これはわれわれが描く社会構造の変化に完璧に対応する．Andreau が問題とする信用構造の変化は socii の社会構造がその目を摘まれた禍根を介して現代に繋がる．

[2・2・9] Frier, *The Rise of the Roman Jurists*, p. 9 は 89 年の Mithridates (Asia 侵攻) を想定する．80 年代はしかし既に Aebutius 登場が推定され，近過ぎる．

[2・2・10] Frier, *The Rise of the Roman Jurists*, p. 11f.: "the capital-intensive, "Catonian" type... the newer mode of production". 第一に Cato の段階とは区別される．第二に「小片を整理して大型の農場を作った」というのは誤りである．「大土地所有」論一般の弱点に引き摺られている．

[2・2・11] 「大土地所有の発展」という古い図式自体の問題については後述するが，支配拡張，戦利品流入，小農民疲弊，奴隷労働力，が土地以外の投資先の貧弱故にこれを生んだという学説は根強い（極端な一例は K. Hopkins, *Conquerors and Slaves*, Cambridge, 1978, p. 48ff. に見られる）が，領域に投下されるのは socii の構造の果実である．なおかつ fundus の特殊な構造がこれを資産化するからである．他方 Pompeius の時代に属州から流入する資産がこの fundus に向かうのは，既に構造が出来上がっているからであり，信用膨張を支えたのが dominium であって逆ではない．

[2・2・12] Frier, *The Rise of the Roman Jurists*, p. 13 は Sulla 後を見る．しかも Fulcinius がどのサイドについたか定かでないとする．死後 Aebutius が直ちに接近，Caesennia の乗り換えが有った，ということを考慮すべきである．

[2・2・13] 領域に基体が存し果実を割合で分け合う，という通説のイメージを批判し，共同で経営にあたるというイメージで解釈する J. W. Tellegen, O. Tellegen Couperus, Joint usufruct in Cicero's Pro Caecina, in : Birks ed., *New Perspectives*, p. 198ff. に同意しうる（D. 7, 2, 8 の引照も的確である）．M. Bretone, *La nozione romana di usufrutto*, I, Napoli, 1962, p. 43ss. は Kaser を批判し，ususfructus の資産化作用，それ故にその dominium との（Labeo による）類比と識別，をよく捉える．領域の占有の「上空」に垂直分節二重構造をかぶせただけで一種の信託効果が発生する．

[2・2・14] cf. Frier, *The Rise of the Roman Jurists*, p. 15ff. Aebutius のポートレートおよびオークションの場面が Frier の理解の最も弱い部分である．

[2・2・15] この銀行，Phormio の銀行，Terentius の *Phormio* を当てこすって Cicero が皮肉る銀行，が Fulcinius のそれと全く異なるという鋭い指摘は Andreau, *loc. cit.* に見られる．この労作の全体のみが論証しうる点である．もっとも，機能面のみから見れば短期信用媒介という点で変わらない．しかしそれが領域の土地に関わるときに脈絡の変化が生まれ，これに対応して社会的分業に微妙な影が落ちる．やがて coactores argentarii が取り立てに際して物的担保を取り流質をするとき，分岐ないし交替は完結する（cf. Andreau, *op. cit.*, p. 363）．

[2・2・16] De Neeve, *Colonus*, p. 71 はこれをも一様に "tenancy" と解すが，多様性を認めつつ「賃貸」のみで括るために，Terentius に登場するものとの区別が曖昧である．もっとも後述のように Cicero は意識的にその性質を両義的なままにしておく．経営委託であるのか，それとも基底安定化であるのか．いずれにせよ下部軀体を独立させる趣旨である．この二つが分離することこそは dominium の（Cato 型と区別される）特徴であり，かくして単純な "tenancy" アプローチは破綻する．例えば D. P. Kehoe, *The Jurists and the Roman Agrarian Economy*, Ann Arbor, 1997, p. 137ff. は，信用の関係にして収益を安定させるための手法として "tenancy" を見るが，問題はそのようにできるのは何故かである．dominium の二重構造故であり，そうでなければ乗っ取られる．Kehoe は tutor が土地に投資しようとする傾向を的確に描き出し（p. 40ff.），alimenta 碑文などを使って基金が土地の上に設定されることも指摘する（p. 81ff.）が，そしてそれに相応しい安定した収益を実現する手法が "tenancy" であるとするが，都市の信用が没落し，dominium の二重構造が唯一の信用源泉となり，その二重構造が信用形態としての "tenancy" を可能とし，だからこそ信託遺贈や alimenta が可能になる，というメカニズムを理解せずに一種のトートロジーに陥っている．

[2・2・17] Frier, *The Rise of the Roman Jurists*, p. 20ff. は（既にオークションの辺りから）相続と領域占有の間の緊張に無感覚で，問題について行けていない．結局法学史という全く的はずれな方角に行ってしまう．

[2・2・18] cf. Frier, *The Rise of the Roman Jurists*, p. 97ff. Caec. 95-102 におけるこの点に関する Cicero の弁論を扱うが，訴訟の中心的論点との関連を見出しかねている．一方に socii が，他方に領域が，そして新しい dominium が，その中で Cicero 後年の consensus omnium bonorum ex tota Italia という構想に繋がる重要な萌芽が，パノラマをなしているというのに．なお Volaterrae は Aretium と並んで（他の Tarquinia 等特に南の Etruria 都市と異なり）2 世紀末に活発な都市中心構築の痕跡を遺し，Caecina 一族は 1 世紀初頭に劇場を建設する（cf. Torelli, Edilizia, p. 248 ; O. Luchi, I territori di Volterra e di Chiusi, in : *SRPS, I*, p. 414s.）．

[2・2・19] この castellum は現在に至るまで "Castel d'Asso" という地名を遺し，ネクロポリスに関する詳細な発掘報告をも得た（E. Colonna de Paolo et al., *Castel d'Asso, I, II*, Roma 1970）．河の合流点が三角形の二辺を河に見立てるように作るテラスの上に，アクロポリス状の空間が出来る．両方の流れの対岸の崖には大いにモニュメンタライズされた墓が集結する．Tar-

2 領域上の複合体

quinia から大きく入った内陸のこの周辺には同種の経過を辿る考古学的中心が数個存在し，それらはいずれも古い墓群を持つものの一旦（Etrusci 諸都市，この場合 Tarquinia，の勃興とともに）存在を希薄化され，遅く，4世紀から反転ネクロポリスを発達させたりアクロポリスを構造化したりする．これら「領域の中心」については最近発掘が進み，San Giovenale について，B. E. Thomasson, *San Giovenale. Vol. 1, Fasc. 1 : General Introduction*, Stockholm, 1972 以下，総括として I. Pohl, Riassunto generale : risultati e problemi, in : S. Forsberg et al., edd., *San Giovenale. Materiali e problemi*, Stockholm, 1984, p. 91ff. が，Blera につき，S. Quilici Gigli, *Blera. Topografia antica della città e del territorio*, Mainz, 1976, Norchia につき，E. Colonna di Paolo et al., *Norchia I*, Roma, 1978 が有る．Castel d'Asso は，Blera 等に比して若干発展の頂点が遅く，むしろローマ時代になって，つまり 3-2 世紀に墓建築様式を発達させ，優に Caesar の時代に至る．元来は何かの脈絡で moitié 軍事化拠点が蘇生したのであったとしても，Axia の場合は municipium からの占有保障の線が延びるのを補う（例えば mancipatio をする）役割を果たしたと考えられる．ネクロポリスは，しかしその集結によって単純占有のままたるを保つのに資するものであったろう．つまり dominium や複合 fundus を妨害したであろう．この意味で典型的な boni viri 関係に有利な装置であったろう．この意味で，fora や conciliabula と castellum はニュアンスを異にする．

〔2・2・20〕 「大土地所有」の問題は，既に lex agraria に関連して述べてきたように，伝統的にローマ史の中心問題であった．19世紀末以降社会経済史が発展するようになった時も関心の的であり，膨大な文献が生み出されてきた．しかし占有概念が理解されなくなるのと同時にようやく社会経済史が発達したことは不幸であった．確かに 20 世紀の後半には単純な像は大いに反省されてくる．G. Tibiletti, Lo sviluppo del latifondo in Italia dall'epoca graccana al principio dell'impero, in : *Relazioni del X Congresso Internazionale de Scienze Storiche, II*, Firenze, 1955, p. 235ss. や 1969年の Pontignano の研究会（*DArch*, 4/5, 1970/1, 特に M. W. Frederiksen, The contribution of archaeology in the agrarian problem in the Gracchan period, *ibid*., p. 330ss.）が方法的反省のために重要であり，分布の複雑さ，事象の複合性，段階の多層性，概念の精緻化，等が要求され始める．E. M. Staerman, *Die Blütezeit der Sklavenwirtschaft in der römischen Republik*, Wiesbaden, 1969 も Cato の「中規模農場」を Columella 以後の大農場と区別する．Toyenbee, *Hannibal's Legacy, II*, p. 10ff. の古典的な像に対する Brunt, *Italian Manpower*, p. 269ff. の批判も重要である（cf. F. De Martino, *Storia economica di Roma antica*, I, Firenze, 1979, p. 111ss. ; J. Kolendo, L'Italia romana : campagna e ceti rurali, AA. VV., *Storia della società italiana*, II, Milano, 1983, p. 167ss.）．これを受けて M. Corbier, Proprietà e gestione della terra : grande proprietà fondiaria ed economia contadina, in : *SRPS I*, p. 427ss. は vilicus による市場向け大規模直接経営と独立農民向け賃貸借が一個の fundus 内に組み合わさる図を（Columella と Plinius から）描く．しかしながら探求がその後深まっていかない理由は，Lepore の早くからの問題提起（Pompei 領域の villa に関する Orientamenti, p. 153ss.）にもかかわらず，領域の構造をしっかり捉えないからであり，そしてその場合占有概念の変容はポイントとならざるをえない．Curius Dentatus が固めたもの，bona fides によって培われた信用が socii 諸都市の領域に降りて形成されるもの（Fundus Fulcinianus の原型），そして複合 fundus，その内部が空洞化して粗放になってしまった形態，を区別しなければならない．後二者ではもたらす問題が異なる．しかもともに「大土地所有」の問題でありうる．最後のものに対しては学説は反応してきているから，問題は dominium の基盤となる複合 fundus の秘訣であるということになる．これこそが多義的な存在であり，しかも多くの変形ないし半崩壊形態が存在した．

〔2・2・21〕 この最下部を安定させることが複合 fundus の死活を制する．ここに coloni が置かれ，かつ locatio conductio が擬制される．彼らが「自由人」であることは相対的な意味しかない．粗放な単位の内部を構成する人員ではない，というのみである．De Neeve, Colonus, p. 121 の問い「何故 tenancy は増加するか」の答はこれである．彼の答「穀物価格の上昇によって利潤が見込まれたから」(p. 130) は部分的にしか正しくない．つまり dominium に伴う経営委託としての locatio rei．P. Garnsey, Non-slave labour in the Roman world, in : Id., ed., *Non-Slave Labour*, p. 34ff. は "tenant" を二つに区別し，帝政期のそれの悲惨と一過性を強調する．

2・3

われわれは以上のようなケースのヴァリアントと見られる光景を Sicilia においても見ることができる[1]．しかもその光景をバックに展開される Cicero の法廷弁論 *In Verrem* は，実質上新しい原理を樹立したに等しい，記念碑的テクスト（ed. De la Ville de Mirmont）として後世に大きな刻印を遺すことになる．70 年，Cicero は前 Sicilia 総督（propraetor）C. Verres を弾劾するための公訴提起者として，糾問の権限を与えられ Sicilia で捜査活動を繰り広げる．Cicero は 74 年に Sicilia の quaestor を務めているから，4 年ぶりに Sicilia を訪れたことになるが，領域の激変振りを陪審の意識に焼き付けるために，以下のように言う（ただし第一弾の手続で被告人 Verres が亡命したので実際にはこの第二弁論は行われないまま発表された）．Sicilia の豊かな領域は荒れ果てて耕作放棄の状態に陥り，「牛に引かせる鋤ばかりかあの所有権者の大群は一体どこに行ってしまったのかと嘆き求められるほどである」(Verr. II-III-18-47 : ut non solum iugorum sed etiam dominorum multitudinem quaereremus)．この（鋤と所有権者という）ダイコトミーは単なる修辞ではなく，そこには深い意味が込められている．

Sicilia 諸都市の領域は複雑な変転の後，第一次ポエニ戦争でローマのパートナーを務める Syrakousai の Hieron II 世の下で大規模に再編成される．Syrakousai から見て領域の第二次的政治システムと化した諸都市を介して，領域と中心の間に確定的な果実＝種類物の流れが設定される．伝統的なギリシャ系都市でない多くの中心がこの段階で却って成長するが，それらの中心では領域の果実取得者（ローマがこのシステムを吸収したときのローマ側の呼称においては "arator"「耕作者」）は領域中心ごとに登録され，彼らは各中心ごとの入札によって権限を得た請負人（同じくローマ側呼称で "decumanus"）に対して

2 領域上の複合体

収穫の十分の一（decuma）を現物で給付する．算定，徴収方法，等々について Hieron は厳格な規範を事細かに定めていたと言われる (8-20)．それは領域の小さな政治システムの決定に替わるものであり，またそれを枠付けるものである．徴収請負人と耕作者の間の関係は領域の二次的結合体の内部での両当事者関係であり，誰が耕作者かという問題，ローマ流に言えば占有の問題，もまた決してローマ流にその結合体と無関係に決まるのでなく，その結合体の裁可を前提として権原の問題として扱われたはずである．つまり誰が耕作者かときかれれば，それは結合体の人々が誰であると考えているかが答として返ってくるはずであり，ローマにおけるように「人々が何と考えようとも占有しているのは自分である」というような思考は存在していなかったに違いない[2]．

しかし Cicero のテクストに現れる関係はこれと大いに異なる．やがて（おそらく 2 世紀中）穀物の徴収はローマに引き継がれ，穀物自体ローマに運ばれるようになり，既存の土地の上の関係を温存する替わりに貢租 vectigalia を課されていった諸々の属州と変わらないように見えるが，元来の厳格な規範体系（Lex Hieronica）はそのまま維持され，実質は特別な性質のものであった．したがってこれと異なるとすればその状況は極めて新しく，Cicero が Verres 自身が全てを改変したと言うのもあながち誇張ではない．もっとも仔細に見ると，Verres とて最近に生じた或る構造的な変化に付け込んだのであることが判明する．そしてこの構造的な変化こそが「鋤」たる単純耕作者に換えて，ないし加えて，「所有権者」（dominus）を制度の支柱に据えたのである[3]．例えば Syracusae の衛星都市の中でも元来は周縁部に属する Centuripae はローマとの特権的な関係も手伝って裕福な arator を擁するが，そのうちの一人 Nympho は，「Sicilia では彼のように裕福な者でさえそうするのが通例であるのだが，大きな耕作単位を幾つも請け負い，かつそれらを大きな費用と大きな設備とによって維持していた」(21-53: cum arationes magnas conductas haberet, quod homines etiam locupletes, sicut ille est, in Sicilia facere consuerunt, easque magna impensa magnoque instrumento tueretur). 請負という限りにおいて[4]何らかの二重構造が存在するが，しかし Nympho は小作人のような存在ではなく，まず第一に請け負う単位が大きくかつよく組織されており，第二にそれを複数，おそらくは領域結合体の境界を越えて Sicilia 中に転々と，保持しているので

ある．このようなことは，第一にそのような結合体から相対的に離れて独自に土地の上の関係を直接組織している者が予め把握している単位が存在し，第二にこれを（こちらの方は一転少なくとも元来はおそらく結合体と密接な関係において）間接的に経営し計算の上でほとんど資産として保有する者が存在し，第三にそうしてこの経営を簡単に賃貸に出して資金を回収しようとする者に応じて賃借して投資しようという者が存在する，ということによって初めて可能である．「Menae の Xeno は最高級の政治的階層に属し，彼の妻の fundus は直接耕作人 colonus に請負に出されていた．直接耕作人は decumanus の不法に耐えかねて領域から逃亡してしまった」（22-55: Xenonis Menaeni, nobilissimi hominis, uxoris fundus erat colono locatus; colonus, quod decumanorum iniuriae ferre non poterat, ex agro profugerat）．Xeno は第一にこの請負の事実を以て decuma 徴収に抗弁し，第二に自分は dominus でなくこれは妻のものであると抗弁する．この "dominus" はギリシャ的観念のそれであり，したがって結合体との関係で決まる元来の耕作者が妻だと抗弁していることになる．同様に直接耕作人の抗弁もこれがそれに該当すると言ったことになる．しかしそのように捉えても尻尾を隠せないことには，夫婦財産関係が介在した上に，colonus が土地の上の関係を固めたその基礎に乗って経営がなされている．この colonus との関係における locatio は Nympho のそれと全然違うのである．これらのケースを捕捉するのに領域の結合体に頼る伝統的な方法は無力であろう．Verres が導入した一つの手段は耕作面積の申告（professio iugerum）である．Xeno に対して彼は，colonus の分についてこの申告義務に違背したとして刑事的制裁で責めることになる．"SI PARERET IVGERA EIVS FVNDI PLVRA ESSE QVAM COLONVS ESSET PROFESSVS"（もし colonus が申告した以上の面積をその fundus が持っていた場合には）という告示である．この告示からわかるのは，Xeno が単に自分に帰属する部分を colonus に付けたばかりでなく（それであれば皆で払う部分は同じになる），そうやって分割することによって全体の数字を削減したということである．複合体のうちの何片かは colonus によって反映されるが，中枢や設備やユーティリティーの部分はそれでは反映されず，複合体全体の面積よりは遥かに低く出るのである．ということはまさに問題は複合体であったということである．「Polemarchus は Murgentia の者で，

2 領域上の複合体

善良でかつ声望を有した」(23-56: Polemarchus est Murgentinus, vir bonus atque honestus). 領域に定着すると同時に結合体の中でしっかり地位を築いているという. 彼などもおそらく領域に対しては間接的に関わる都市の階層の如き態様に在ったと考えられる. にもかかわらず領域に直接の基盤を主張しうるのはもっぱら上のような構造を介してである. 現に Cicero は Centuripae の Eubulida について「自都市における政治的階層としての実績, そしてそれに見合う資質の点で, しかし他方金銭の方面でも, 共に第一人者であった」(homo cum virtute et nobilitate domi suae, tum etiam pecunia princeps) と形容する. 完全に socii 体制の中心的階層と同じ扱いである. にもかかわらず arator として Verres から攻撃を受けた. Sostratus, Numenius, Nymphodorus は同じ Centuripae の三兄弟であるが, 組合を形成している (consortes). そして大規模に複数の農場を経営しているに違いない. そうであれば少なくとも結合体の伝統的な機能は不要である. Cicero が列挙する arator の中にはローマの equites に属する者が目立ち, 中には senator も居る. "eques Romanus" たる Q. Septicius は, 「decumanus と契約締結するまでは小麦を集積場から何人も運び出すことをえず」(14-36: ne quis frumentum de area tolleret ante quam cum decumano pactus esset) という告示に苦しみ, 雨などによって「小麦が集積場で朽ちるのを甘受しなければならなかった」(frumentum corrumpi in area patiebatur) が, 逆に一定期日後は「公水に接する地点まで搬出しておくこと」(ad aquam deportatas haberent) を命じられる. 工場で種類物を大量生産する事業者と変わりない. だからこそ, 同一単位, そして複数単位, 間で搬出の問題が浮上しているのである. C. Cassius は 73 年の consul であるが, 彼の妻は Leontini の領域において arator として登録されている (41-97). "paternae arationes" という Cicero の表現からしてこれは dos であり, かつおそらく vilicus を通じて彼女自身が占有していると思われる. 前提には彼女の父が Leontini の領域に基盤を有したということが有ったはずであり, Caesennia のケースとは逆に Cassius の側から信用が入り, 大規模な複合 fundus が形成されたと思われる.

以上のような領域上の単位の性質に着目して, これに対する Verres の攻撃は当然これを二段に分断する作戦に基づくこととなる. 即ち, 一方において経営体のところにある経済的価値を剝奪し, 他方において領域において築かれた

複合体の基盤を解体してしまう．後者においては当然に Aebutius のような立場にあった者を利用するほか，領域の人的組織の古い原理を地中深くから呼び覚ます仕方が採られた．まず前者の攻撃方法について見ると，Sicilia でも socii の体制における如くに都市の政治システムを独自にしっかりと維持しているところが有り，Verres はここへは資産（bona, hereditas）そのものをねらってそれを剥ぎ取りにかかるが，一見似ているがこれとは別に，aratores の結合体としての都市中心において aratores の帳簿上の金銭と帳簿上の穀物を奪う．その手法は多岐にわたるが，第一は lex Hieronica によって予定されている decumanus-arator 間の訴訟である．刑事民事の裁判を通じて様々な種類物給付・金銭給付を獲得し，それをどしどし自力執行させていく．Cicero は Verres の手先となった decumanus の Apronius に「decuma を購入したのでなく，aratores の資産そのものを購入したのだ」(13-31: non se decumas emisse, sed bona fortunasque aratorum) と豪語させているが，このことを示唆している．また「多くの者達から，大きな数量の穀物が奪い去られたばかりでなく，多額の金銭給付が強制された」(15-39: magnus a multis frumenti numerus ablatus magnaeque pecuniae coactae sunt) とも言われる．つまり簡単に金銭執行しうるような立場に arator が有る．そして実は穀物についても，確かに多くの農場を回って略奪していく場面も以下に述べるように有りはしたが，そうでなくともよかった．そのことを示すのは弁論で大きなスペースが割かれる第二の手段である．Agyrium は「最高に富裕な aratores によって構成される」(27-67: lucupletium summorumque aratorum) 都市であるが，Apronius はここの decuma 徴収権を競り落とすと，「多額の金銭を請求し始めた，差益分を受け取ったならば立ち去るというのである」(poscere pecuniam grandem coepit ut accepto lucro discederet)．事実彼はさっさと金を受け取って次の都市へ行きたいという様子であった．しかしこれに従いたくない Agyrium の人々は「五人の最有力者」(quinque primi) を代表に立てて争うが，却って「果実の全て，そして占有本体を空洞にして，引き渡す」(fructusque omnes arationesque vacuas tradere) から勘弁して欲しいと言う以外になくなる．つまり，落札額は穀物の量目であり，これを decumanus は何らか財源たりうる形態，例えば倉庫の帳簿上の占有，にし，ここへ財政債権者が割り付けられる，のであるが，

実はこれは穀物市場で調達するので十分なのである．もちろん decumanus は実際に落札量より多い量を徴収して差額を稼ぐが，これを市場でさばいて購入金額の穴を埋めるであろう．ならばいっそ差額を金銭で寄越せ，というのである．落札量は aratores が指定された倉庫に振り込むであろう．ということは，aratores の側もまた実は果実を倉庫に帳簿上ストックし，これを取引する，したがって対応する銀行の上で金銭の方を決済する，そうした存在である．その中枢は，複合 fundus の拠点もしくはこうした小さな領域上の「都市」に据えられた帳簿なのである．もちろん decumanus 自身元来そうした取引の世界の者達であり，通常 societas を形成している．徴収人といっても，一軒一軒現物で持って行くタイプではない．Apronius がスキャンダラスであったのはむしろこのタイプであったからである．Panhormus の Diocles は arator として個人的に lucrum を要求された（Panhormus は decuma を課されないから，他の領域に手広く占有を有したと思われる）．一定の金銭と一定の穀物量で結着することとなったが，Cicero は自らの捜査によって証拠を文書として提出しうる．「この事実を彼自身の（私的な）文書によって認識したまえ．朗読，Panhorumus の Diocles の支払約束債務」（40-93: Id ex tabulis ipsius cognoscite. NOMEN DIOCLES PANHORUMITANI）．これは両者の合意文書のことではない．そうであれば "ipsius" という表現にはならない．先に見たように，銀行および倉庫業者の帳簿，その自分用の帳面，の上に債務が登録され，これは弁済と同じ効力を有する．ということは，Diocles はこうした帳簿の上で活動していて，したがって decumanus も奪取は簡単である．つまり信用を媒介として資産剥奪をしうるのである．Cicero は lucrum に関連して各都市の公文書を盛んに証拠として提出するが，これも公的決定が有ったから残ったというばかりではない．金銭や種類物の給付が帳簿上で行われたのである．そしてそうした信用の拠点は Sicilia でも若干の都市に集中したと思われる．とりわけ Syracusae がそれであった可能性が高く，arator と decumanus の間の訴訟について，陪審は Syracusae の "conventus" から選ばれることになっていた（13-32）．conventus は equites を中核とする（しかしローマ市民とは限らない）negotiatores が独自の団体構成を行って様々な機能を果たすものである．この圏内に arator も decumanus も属したということである．

その Apronius はむろん領域でも大暴れである．先の三兄弟の基盤を壊滅さ
せるやり方について Cicero は極簡単に「人員を糾合して占有内に侵入し，全
ての設備を破壊し，全ての人員を連れ去り，家畜を引っ張って行った」(23-
57: hominibus coactis in eorum arationes Apronius venit, omne instrumentum
diripuit, familiam abduxit, pecus abegit) と述べるだけであるが，領域の人員が
大規模に動員され，かつそれに実力レヴェルの抵抗は無く，fundus の基盤た
る人的組織がまるごと「流出」してしまって跡形も無い．領域の軍事化が
Aebutius の如き者の協力と加担を得てなされたと考えられる．それを裏付け
るのは，II-V 冒頭で述べられる「奴隷反乱」の問題である．Italia の側で野火
のように拡がった 70 年代半ばの「奴隷反乱」は，Tarquinia や Thurii の領域
で見た事態がついにローマ側の誰の統制も効かない臨界状態に陥ったもので
あると考えられるが，これがついに Sicilia には波及 (2-5: ex Italia transire in
Siciliam) せず，しかもそれが Verres の功績に帰せしめられる (1-1) とあっ
ては，Cicero は論駁せざるをえない．Cicero の論駁手段は，この問題でも
Verres が不正を働いた，という事実であり，その不正の態様は以下のような
ものである．Triocala の Leonida に対しては「彼に属する人員に軍事化謀議の
嫌疑がかけられる」(4-10: familia in suspicionem est vocata coniurationis). 告
訴に基づいて「名前の挙がった人員が逮捕され Lilybaeum に拘禁される」
(homines qui fuerant nominati comprehensi sunt adductique Lilybaeum). 「所有
権者には通告が行われ，その上でその人員に対して訴追が行われ，有罪判決が
出る」(domino denuntiatum est, causa dicta, damnati). ローマ市民ではないか
ら provocatio も exilium もない．いよいよ supplicium というとき，しかし釈放
されて「Triocala の所有権者（主人）のところに返される」(Triocalino illi
domino redditi). 賄賂を取ったに違いない，というのが Cicero の主張である．
Halicyae の Eumenida には「商品価値の高い管理人 vilicus が居たが，彼は
Verres のさしがねで冤罪により訴追される」(7-15; magnae pecuniae vilicus
cum impulsu tuo insimulatus esset). Verres はこの件でも多額の金銭を「所有
権者＝主人から受け取った」(a domino accepisti). 「ローマ騎士の C. Matrinius
はローマに居て不在だったが，その管理人達と牧人達が嫌疑をかけられたと言
って Verres は彼から」(Ab equite Romano C. Matrinio absente, cum is esset

2　領域上の複合体

Romae, quod eius vilicos pastoresque tibi in suspicionem venisse duxeras）多額の金銭を奪った．Panhormus の Apollonius は Diocles の息子であるが，彼はいきなり刑事被告人として召喚される (16f.).「Verres は牧人長であるという奴隷の名前を挙げ，彼が軍事化謀議を行い，人員を扇動した，と述べる．そのような奴隷は全然人員の中におりません，と抗弁されると，直ちにそれを差し出せと命ずる」．Apollonius がなおも抗弁すると，彼は勾留され，やむなく金銭が支払われる．もちろん勾留しただけで違法であるが，Cicero の矛先は取引で刑事司法を動かしたという点に向かう．取引のために，いずれの場合も言うならば人員の方が人質に取られる．現実に拘束されるか，拘束するぞと言うか，架空の人員を押さえて呼び出すのである．しかし何故このようなやり方をするのか．標的の組織の人員が堅固で，容易に奴隷戦争には加担しないということが有ることは確かである．結束の蝶番の位置に vilicus が居て，これが dominus に忠実なのである．dominus もこれを失いたくない．だからこの責め方は効果的と判断された．現に商品価値も高い．有能なマネージャーである．さてすると，Sicilia に奴隷反乱が波及しなかったのはこのような dominium の構造が堅固で安定していたからであろうか．Sicilia の奴隷反乱（130 年代）については既に述べた．おそらくその教訓から dominus に監督を義務付け刑事責任を課すことが行われていたに違いなく，Verres の刑事司法の運用はこのことを前提としている．刑事立法が効果を収めたのか．しかしそうとは限らないだろう．Apronius の活動は何故かくも容易であったのか．確かに fundus の人員の外が大きく糾合され，膨れ上がり，古い全く別種の（後背地部族連合神殿に結集する）組織まで浮上したということはある．しかしこれは 130 年代の奴隷戦争でも見られたことである．今回はこれをローマ総督である Verres の方が握っていたということになる．その前提として，おそらく一般には vilicus，つまり Aebutius のような者達，を一個一個組織しえたに違いない．これが Italia の奴隷反乱に対する免役となったのである．だからこそ vilicus のところに目を付けるこのような組織作りがうまく行かない若干の場合においては，まさにその vilicus のところを押さえて質に取り，結束の硬さを逆利用したのである．そちらの側が何か奴隷戦争に加担したかのようになる．Verres の側が領域の軍事化を掌握しているのに，これになびかないのであるから．

consul に選出され，翌年（63年）の就任を控える Cicero は，tr. pl. たる Rullus が提案した lex agraria に対する反対演説を行わなければならない．この頃には周辺の多数の枝分節組織がまるごとローマ国民が征服したり「遺贈される」等々の事情によって「ローマ国民のもの」になっている．lex agraria はこれらを「売却する」，つまり有料でそこに coloni を入植させる（その限りで枝分節組織を解体する）ことを内容とするばかりか，その金銭で Italia の土地を購入し，ここにも coloni を送り込む，ことを定めていた．後者の操作のための候補地として特に Capua 周辺の ager Campanus が挙げられていた．第二次ポエニ戦争以来，ここは丁度 Sicilia の lex Hieronica 体制の土地のように，占有認容に対しては穀物徴収が課されていた．したがって Cicero はそのような大事な財源を特定の者達に利するために失うのか，と論陣を張ることになる．しかしそればかりでなく，入植していく人々の意欲をそがねばならない．「（分配のための十人委員は）自分の配下の者達を入植させるだろう，そして彼らの名で，しかし実際は自分自身で保有し果実収取するだろう，そして爾余を買い集めるだろう」（*De lege agraria,* II, 28-78, ed. Boulanger: deducent suos, quorum nomine ipsi teneant et fruantur; coement praeterea). そして Sulla の Praeneste 植民の例を引いて，「今やその領域は少数の者のみが占有している」（agrum Praenestinum a paucis possideri）と付け加える．「彼らの金銭を以てすれば，多数の人員を擁する Cumae や Puteoli の別荘の経費を支えるというのでもない限り，何だって可能である」（Neque istorum pecuniis quicquam aliud deesse video nisi eius modi fundos quorum subsidio familiarum magnitudines et Cumanorum ac Puteolanorum praediorum sumptus sustentare possint)[5]．期待しているのとは違って入植後の世界は dominium であるというのである．「しかしでは一体どんな連中が占有するだろうか．まず間違いなく，激情的で実力衝突待ってましたの連中，いつでもクーデタの準備が出来ている連中，武装しては市民を襲い，殺人のための道具となる連中」（30-81f.: At qui homines possidebunt? Primo quidem acres, ad vim prompti, ad seditionem parati qui...armati in civis et expediti ad caedem esse possint). 実際には Aebutius 配下の者達のようなカテゴリーが領域を覆うというのである．Cicero はこれと対比して追い出される方を以下のように描く．「領域から平民が脅かされ駆逐される，隊列を

2 領域上の複合体

整えて定着させるどころではない．全 ager Campanus が平民によって耕作され，占有されている，最良の平民，限りなく謙虚な平民によって．この種の人々が最良の精神を有する，最高の耕作者兼兵士なのである」(31-84: exturbari et expelli plebem ex agris, non constituti et conlocari. Totus enim ager Campanus colitur et possidetur a plebe, et a plebe optima et modestissima; quod genus hominum optime moratum, optimorum et aratorum et militum...)，「しかるにこの地で生まれ育ち土塊の上に汗を垂らしてきたこの気の毒な人々が落ち着く先が無いではないか」(Atque illi miseri nati in illis agris et educati, glebis subigendis exercitati, quo se subito conferant non habebunt)．「あの頑丈で腕っ節が強く何をするかわからない十人委員の手先共に ager Campanus の占有を全て引き渡すのか」(his robustis et valentibus et audacibus Xvirum satellitibus agri Campani possessio tota tradetur)．しかしこのイメージ[6]にはバイアスがある．Sicilia におけると同じように ager Campanus でも dominium はその芽を出しているはずである[7]．これを意識的に Curius の coloni のように描く．ただしそのようにして Cicero は同じ dominium の基底の質を比較している．領域の最下部の人員の性質を比較している．ager Campanus の土地は有償で獲得される．売るのは domini であり，「彼ら」は domini によって売られてしまう．替わりに新しい domini の下に来るであろう人々の質を Cicero は嘆いているのである．この差は微妙である．そして Rullus の背後に Caesar が居るだけに，重大な分岐点である．複合 fundus 対単純 colonia などという図式は通用しない．Marius の coloni に単純 fundus を擁する socii が対峙していた頃とは状況はすっかり変わっている．Cicero は 31-84f. で ager Campanus に ager Stellas が付け加わっている問題に触れる．これであると，Cales や Teanum，果ては Atella, Cumae, Neapolis, Pompei, Nuceria, Puteoli 等々の municipium を脅かすという．すると，Cicero の側の構想であれば脅かさないというのか．複合 fundus は再び何か第二次的都市に関連付けられうるのか．Caesar のそれとはそこが違うというのだろうか．

〔2・3・1〕 以下 Sicilia の領域の状況については，「"In Verrem" と "De re publica"」(五)(六) 国家学会雑誌，103 巻 7-8, 9-10 号 (1990) で詳細に論じたところである．

〔2・3・2〕 最近の批判にもかかわらず，小規模な土地保有が基盤をなしたとする J. Carcopino の精力的な論陣 (Les cités de la Sicile devant l'impôt romain. Ager decumanus et ager censorius,

MEFRA, 85, 1905, p. 3sqq.; La Sicile agricole du dernier siècle de la République Romaine, *Sonderabdruck aus Vierteljahrschrift für Sozial- und Wirtschftsgeschichte*, 1906, S. 128ff.; *La loi de Hieron et les Romains*, Paris, 1914) は決して誤ってはいなかったと考えられる．ギリシャ型の領域組織に支えられた土地保有が確かに有ったと思われ，lex Rupilia が年代からして lex Sempronia と同一のインスピレーションに基づくという推測すら一定程度首肯しうる（もっとも，内容からして socii の「国際的多元性」に賭けたものであって，手法は異なる）．批判は現在考古学から来る．F. Coarelli, La Sicilia tra la fine della guerra annibalica e Cicerone, *SRPS, I*, p. 1ss. は，4世紀の徴表からの偏差で 3-1 世紀を通して見る．おそらく Timoleon の活動に基づく領域政治組織の独立は，Magna Graecia にも見られる，そして Samnites を相手にした時にローマが手を焼く，Hannibal が蘇生を当て込んだ，現象であるが，これに対応する活発な領域徴表が 3 世紀の初頭に忽然と消えたからといって直ちに粗放な土地保有が優越したとは言えない．非政治的領域組織は痕跡を十分には遺さない．Attika が示すとおりである．もちろん，Verr. から判断する限り，1世紀になっても Carcopino が想定するものが残っていて Verres の攻撃の的となった，というのではない．2 世紀末以降の激変は Carcopino の捉えるところではない．

〔2・3・3〕 Coarelli, La Sicilia, *SRPS, I* と M. Mazza, Terra e lavoratori nella Sicilia tardorepubblicana, *ibid.*, p. 19ss. は多かれ少なかれ少なくとも 1 世紀に関して Carpopino の画像を批判しようとし，その限りでは正しいが，ダイナミズムを完全に見失っている．Verres は新しい構造の弱点につけこむのであり，一見改革的に見えるが旧来の領域軍事化を利用しているだけである．対する Cicero は新しい構造を伝統的な土地保有擁護のトポスを使って防御しようとする．捩れた対立構造の向こう側に果たして如何なる土地保有を想定すればよいか，がわれわれの問題であり，少なくとも答えは単純ではありえない．

〔2・3・4〕 Mazza, Terra e lavoratori, p. 47, 49 が「大規模」の論証のために着目する点であるが，問題は大きさではなく，こうした形態が発達する水面下には何が在るかである．他方 De Neeve, *Colonus*, p. 85 は例によって "tenancy" という形式のみに着目する．

〔2・3・5〕 Campania の状況としては，ager Campanus とその他を相対的に区別しなければならないであろう．諸都市との関係では既に複合 fundus が発達している．その一奇形として豪華 villa が存在する．Cicero のフレーム・アップにもかかわらず ager Campanus は相対的に不安定で，coloni や Cato 型単純 fundus や大型の粗放単純 fundus が混在している．それだけに Cicero は lex agraria が結局 Aebutius 型軍事化をもたらすことを警戒している，ないし警戒する振りをして論陣を張る．再編成をおよそ拒絶するというのではないであろう．既に触れたように Frederiksen, Cambiamenti, p. 265ss. は，Hannibal 後の荒廃（Toynbee）の後 (i) 単純 fundus, (ii) Cato 型投資対象 fundus, (iii) 豪華 villa rustica の三段階モデルを提示する．Cato や Fulcinius I のタイプと dominium タイプの間の識別メルクマールを持たない．前者はまさに Cato のテクストにおいて Campania をターゲットとする．これはおそらく ager Campanus の体制とも整合的であったであろう．municipia が支えない体制を敢えて内陸に展開しておくのである．しかしその後の構造変化は Campania における municipia-ager publicus 相互補完体制に亀裂をもたらす．いずれにせよ（ager publicus であろうと municipium であろうと）支えは必要とされない．そのままであれば Sicilia におけるように ager Campanus は Aebutius 型に傾斜し，Caesar による再編成もこれを継ぐものであったと思われる．これに対して Cicero はそれらを敢えて municipia に繋ぎ止めたい．これが同じ dominium の一層安定的資産的なヴァージョンを意味する．

〔2・3・6〕 犠牲者としての plebs rustica が意外にも ager publicus 上に現れる点，他方で没収跡

地購入の不安定地主が売り抜けることが危惧される点，等々から状況の極度の複雑さを説くのは J.-P. Vallat, Centuriazioni, assegnazioni, regime della terra in Campania alla fine della repubblica e all'inizio dell'impero, in: *SRPS, I,* p. 294ss. である．確かに様々な土地分割が行われたであろう（libri coloniarum からの推測）から分布上の多様性も有ったであろうが，Cicero は垂直的多様性を言っている．

[2・3・7] ちなみに，M. Aylwin Cotton, *The Late Republican Villa at Posto, Francolise,* London, 1979, p. 16f. は，比較的単純で vilicus 一家族が住むような villa rustica を 2 世紀末から 80 年以前の段階の建築と年代付け，これを大幅に改築し複雑な構造を与えた年代を 30 年以前とする（p. 37ff.）．垂直的二重構造は前代からの経過を媒介し，対応する水平的複合化の跡を追うように耐えきれず遅れて大改築がなされる，と解される．M. Aylwin Cotton, et al., The San Rocco Villa at Francolise, London, 1985 は全く同様に villa I と villa II について 100-90 と 30 という年代を与える．

3   dominium

3・0

　断片的な史料しか有しないものの，おそらく90年代あたりから Italia を中心に Sicilia や Gallia にかけて，各都市の領域には新しい単位が形成されつつあった，ということをわれわれは推測しうる．既に見たテクストにおいて明白なように，それは直ちに占有概念に関わる．2世紀までの間に占有概念は既に単純ではなく，多種多様であったはずであるが，しかし今や領域上の同一の占有に関して極めて複雑な事態が生じているのである．しかもそれは単純な混乱ではない．占有の捉え方自体が鋭く対立するヴァージョンに分岐し，しかもその対抗関係はどうやらディアクロニクな延長さえ持ちそうな気配である．つまり一個の新しい屈折体として構造化されつつある．

　万が一そうであるとすると，幾つかの問題が発生する．第一は，この屈折体は小さな社会構造であると言ってよいが，それをどう評価するかである．一方でどうやら領域の上でパラデイクマが全く再現的物的に働き，物理的な実体（建物や境界）が実現する．これを（例えば発掘遺跡として）見るだけでわれわれは既に社会構造を例解するパラデイクマを見ているような錯覚にとらわれる．そして明らかにこの小さな社会構造にとってこのことはエッセンスに属する．何が何でもこの物的な砦が維持されることが何と社会構造を保たせるのである．このあり方は少なくとも Homeros 以来の積層の中で特殊である．儀礼的パラデイクマを発達させたローマにおいてさえそうである．領域上の複合体は儀礼ではない．そのように立て籠もるための砦のような社会構造というものは一体他とはどのような関係に立つのか，それとも関係に立たないのか．する

と何か射程の局限された「異郷」のようなものか．それとも，領域上のこの複合体を構成するパラデイクマの屈折は社会のあらゆる場面で見られるのか．とはいっても，今や空間的に余りにも広く多様である．何よりも基幹をなしてきた政治的パラデイクマ群，或いは〈分節〉や〈二重分節〉の社会構造，との関係はどうか．

　第二は，これだけ占有が問題になるとすると，あの exemplum iuridicum とその派生パラデイクマ群はどうなるのか．それと政治システムとの関係はどうか．特に領域上複合体の形成に深く関わる bona fides のジャンルに属する諸概念はどうなるのか．他面でその複合体は socii と bona fides の基盤を崩してしまうのではないか．この節ではまずこの第二の問題を扱う．第一の問題と相対的に独自に，領域上の複合体からむしろ直接的に発展するからである．第一の問題が深く社会構造および政治システムと関わるだけに，これと相対的に無関係のジャンルとして何事も無かったかのように事態が進展するということ自体，一つの重大な問題であり，むしろこちらから先に論じうるということ自体われわれに思考を強いる．

3・1

　Castellum Axia の事件は，Aebutius 競落の場面を切り取れば誰に帰属するのかという意味での権原の問題として処理しえたはずのものを凌駕し，それより遥かに前提的な問題を突きつけた．まず〈二重分節〉単位が確定されなければ権原を争っても仕方がない．〈二重分節〉を至上命令と考える思考はまだ微動だにしていない．つまり権原の問題はどうであれ，一方が領域上に固い〈二重分節〉単位を築いているのに，他方が，主張する権原は何であれ，その原則に適っていない，ということになれば，そこで勝敗は決する．そもそも Caesennia と Aebutius の争いであったとしても，実質的買主の如何ないし委任事務遂行の有無を争う展開にはなっていなかったであろう．高々 bona fides に基づいて契約責任の追及が行われただけである．あくまで事柄はこの fundus を誰が握るかを巡る．だからこそ Caesennia も Aebutius もそれぞれにこの fundus 経営を牛耳った．そしてそうでなければ，幾ら「買主」の積もりであったとしても，ノコノコ初めて見るその土地に出掛けたとしても，相手にされない．〈二

重分節〉単位の移転は，まさに〈二重分節〉単位であるからこそ，曖昧な枝分節単位の移転などではないからこそ，生やさしいものではない．確かに，Caesennia も Aebutius もこの領域と密接に関わっている．かつ単位は一つで関係は一義的でなければならない．であれば，どちらがその一義的な関係の主体であるのか，熾烈な戦いが予想される．そしてそれだけで結着する．負けた方があらためて委任か代理かを主張して引渡を求めるということは，可能ではあっても，問題の焦点でないことを誰でも知っており，事実そのようにならない．これが〈二重分節〉の社会構造であり，実際「法的な」問題は必ずこの様相を帯び，そしてそれは必ず，脅かされた固い小さな単位を「常識」に抗して防御する，そうした必要を人々が感ずる瞬間である．この点，Aebutius は圧倒的に有利である．どう考えても彼の方がより領域に密接に活動し，Caesennia はその上に立っている．相手が Aebutius たる限り Caesennia はそれに覆い被さるように何か複合的な組織を代弁している．そうである以上〈二重分節〉の公理からして敗北せざるをえない．この公理を利用し尽くしたのが Appius Claudius Caecus であった．Caesennia は "nec vi, nec clam, nec precario" の抗弁を以てする以外にない．まして Caecina にとっては Caesennia と異なってスタートラインにさえ立てない．Caesennia の死後に彼女の地位を相続によって承継したにすぎない．引渡等何の占有移転も無い上に，そもそも本来相続人は相続分を相続財産売却額から受け取りうるだけで，fundus には手を付けえない．それがノコノコと fundus に手を出していくということ自体全くの違法である．

　それでも Caecina は占有の争いに持ち込み，そして Cicero は彼を弁護しえた．これは何故であろうか．

　そもそも占有を切り離して固有の訴訟手続で争うこと自体，3 世紀初頭以降の産物であることは既に述べた．"uti possidetis" という interdictum が発給され，原状の実力支配をひとまず固定してこれを占有とみなし，それについての抗弁を争った．つまりその状態が違法な行為の結果であれば（獲得した「占有」に瑕疵が有れば）敗北し，多額の賠償金を支払うと同時に事実上その領域から駆逐される．この手続は，もちろん既存の占有を保護するためのものである．そして，（占有概念にとってこれが生命線であるのだが）占有を失った者がそれを返せと主張することは認められない．彼は如何なる意味でも占有者で

3 dominium

なく，相手が占有者なのである．この「返せ」を認めれば収拾がつかなくなる．自分のものを返せと互いに取り合う図と変わらない．〈二重分節〉を（二重の政治システムでなく）独特の儀礼で支える以上は，今現に占有していることが全てであり，そうでなければゼロである．正確に言えば，今現に占有しているということを主張するための儀礼を取ることが全てであり，この儀礼は領域の状態に対して完全に paradigmatique な関係に置かれる．しかもそれをそのまま写し取る写像である．

しかるに，実は *Pro Caecina* の裁判は "unde vi" というタイプの interdictum を巡るものである．これは「今現在」を近傍に拡大し，奪われたばかりのときにはその回復を命令し，そして回復されたところでその「現状」を固定して訴訟に入るのである．ただし，この interdictum を請求し発給を受けた当事者は原告にならなければならない．「現状」を保持するにかかわらず．Castellum Axia 近辺で行われるはずであった儀礼，侵奪を演ずる芝居，は「奪われたばかり」を演出するためのものであり[1]，Caecina は直ちに "unde vi" を請求するつもりであった．しかし芝居は流れる．にもかかわらず Caecina は "unde vi" を請求し，そしてその発給を受けた．「praetor の P. Dolabella は interdictum を発した」(8, 23: P. Dolabella praetor interdixit)，「抗弁の文言を付けることなく」(sine ulla exceptione)，「端的に駆逐したその地点へと原状回復するようにと」(tantum ut unde deiecisset restitueret)．Aebutius も praetor の命令には従う．「Aebutius は我原状回復せりと宣言する」(Restituisse se dixit)．従わなければ直ちに全てを失うからである．そうしておいて「sponsio がなされた」(Sponsio facta est)．つまり「汝が実力によって駆逐したその地点に原状回復すべし」という文言に対応して，実際に「実力によって駆逐した」かどうかにつき金銭を賭けて争うのである．賭けに伴う誓約が sponsio であり，一種の確認訴訟によって問題を切り取りそこで全てを結着するローマ一流の方式である．したがって形式的には「この sponsio について諸君は評決すべきこととなる」(Hac de sponsione vobis iudicandum est)．この審級の感覚に見合って，陪審は recuperatores という比較的大型のタイプのものとなる．領域の同輩達がアマチュアとしての判定をすることになる．以上のような "unde vi" の手続の骨格がいつ成立したかについて確かな史料が遺るわけではないが，"unde vi" が

restitutio 原状回復の命令を不可欠の要素とすることから，Gracchi の時代，ないしその直後の（先述の）lex agraria epigraphica の時代，が有力である[2]．極小化されているとはいえ「回復する」という発想は，元来異質のものであり，大きな変動が無ければ出て来ないし，lex agraria の応酬によって剥奪されたばかりの占有を可能な限り戻したいという意欲は Gracchi 後において最も強固であったと思われる[3]．そして既に見たようにそこには権原思考への接近が顕著に見られる．さらに，restitutio は侵奪者からとにかく取り返しておかないと取り返しが付かないという焦燥に対応している．占有訴訟でノック・アウトしてゆっくり追い出すことは不可能に違いだろう，という感覚である．exceptio を工夫し sponsio に勝てばよいとは考えにくいのである．"unde vi" と "sine ulla exceptione" は関係するとわれわれは読む．そうした領域上の切迫感は Gracchi 以後強くなるものであろう．*Pro Caecina* の領域の状況が如何に第 1 節で見た変遷の帰結であるかということをわれわれは前節で見た．

　それでも Cicero の任務は難度の高いものであったに違いない．"unde vi" といえども，占有を一旦完全に失ってしまった者が使えるわけではない．まして一度も占有したことのない者は問題外である[4]．だからこそ芝居が設定されたのであり，Caecina はちょっとでも対象物に触って追い出されるポーズを取るはずであったが，これにさえ失敗している．にもかかわらず，とにかく interdictum が出るには出た．その秘訣は何であったか．実は単純な "unde vi" のタイプの interdictum が発給されたのではなく，その中でも特別の "DE VI HOMINIBUS ARMATIS" というカテゴリーのものが出されたのである．「実力によって駆逐した」の部分に一種 exceptio のようにして「武装集団による実力を形成して駆逐した」が入るのである．だからこそ，事実を陳述し終わると Cicero はいきなり「人員を糾合し，彼らを武装し，その糾合武装した人員によって実力行使した者は，それだけで非難さるべきである」（9, 23: Improbus fuit, quod homines coegit, armavit, coactis armatisque vim fecit）と斬りつけることになる．確かに〈二重分節〉体制は何よりも実力解体のシステムであり，徒党を組んで実力組織を作るなど言語道断である．要するに暴力はいけないという常識の話か．確かに Cicero が人々に染みついた〈二重分節〉感覚に訴えていることは疑いない．しかしそれならば単純な "de vi" でよいではないか．何故 "de vi

3 dominium

hominibus armatis" というのか．しかも "armati" は "coacti" を伴い，しかも後者が論理的に先行するように言われるのはどうしてか．そもそも，実力とはいうが「違法な実力」の概念は微妙で，占有はその識別のためにあったのではないか．〈二重分節〉単位内はガスタンクのように「実力」に満ちている．「違法な実力」はだからこそこの〈二重分節〉を侵食・横断する実力のことであった．この区別もまたアマチュアとはいえ人々の意識に完全に定着しているはずである．確かに，Cicero は感覚的な実力嫌悪感を煽っておきはするが，以下，精緻な論証を欠かさない．何故 "de vi hominibus armatis" であると，一度も占有したこともない者が「占有を侵害され」うるようになるのか[5]．

Cicero が披露する最初の戦術は，相手が力を込めて立証してくる点を全て自分の論拠とする，というものである．古典的なカウンター戦術である．相手の論証が完璧であればあるほど自分の論証対象が固まっていく．では相手の力点はどこに置かれたか．何と完璧な実力組織が形成されて水も漏らさなかったという点である．Aebutius 側の訴訟代理人 Piso は，一瞬農場に触るようなことさえ出来ない者に占有は絶対成り立たないという自明の理に依拠してここで Cicero の論証の線を遮断するつもりである．Aebutius の「隣人」(propinquus) Vetilius は「自分は Aebutius に協力するために武装集団を率いて駆けつけました」(24 : se Aebutio cum armatis servis venisse advocatum)，「確かに間違いなく多数の武装した人員が居ました」(fuisse compluris armatos)，と得意げである．Castellum Axia から fundus Fulcinianus に接近しようとする Caecina がその fundus に確かに触れえなかったことを論証するためには，その手前で既に立ち往生したことを論証するに如くはなく，このことを論証するためには前面の別の単位が協力して一体としてブロックしたことを証明するに如くはない．人員の固い壁を言うために，別の証人は自身「Aebutius の奴隷である Antiochus に対して Caecina が近付いて来たならば武器を取って襲えと命令した」(25 : Antiocho, Aebuti servo, se imperasse ut in Caecinam advenientem cum ferro invaderet) と豪語する．だから到底近付けるわけがない，というのである．Cicero は Caecina の人身に対する脅威が存在したことをすかさず確認する．別の証人はこれに対して Caecina の側が如何に少数の者しか伴っていなかったかを証言する．これでは到底ブロックを突破しえなかったろう，というのである．

しかし既に実力自体が黒いイメージで提示されているから，Ciceroによって取り上げられると，農場の前面を分厚く固めれば固めるほど悪質に見えていく．被告側証人に対するCiceroの反対尋問を想定してみれば容易に理解できる．

　Pisoの防御ラインは明らかに古典的な〈二重分節〉単位の境界に置かれている．「その他に二人の証人が居るが，実力については何も証言せず，本案つまり農場の売買について証言した．P. Caesenniusは農場の保障人（auctor fundi）である，といってもその権威（auctoritas）は体ほどは重くない，もう一人は銀行のSex. Clodiusである．彼はPhormioという苗字だが，TerentiusのPhormioに劣らず腹黒く信用できない．彼も実力については全然語らず，したがって諸君の評決に関係することは何も付け加わらない」(10, 27: Duo praeterea testes nihil de vi, sed de re ipsa atque emptione fundi dixerunt: P. Caesennius, auctor fundi, non tam auctoritate gravi, quam corpore, et argentarius Sex. Clodius cui cognomen est Phormio, nec minus niger, nec minus confidens, quam ille Terentianus est Phormio, nihil de vi dixerunt, nihil praeterea quod ad vestrum iudicium pertineret)．これはauctorおよびauctoritasに関する貴重なテクストであり，占有の次元と区別された何か（売買のような）権原に関わる語として現れている．われわれはII-3において〈二重分節〉形態P-pのPに該る存在は一種の包括的な保証人，つまり「保障人」，として"auctor"と呼称され，権原はauctoritasではないか，と考えたが，これもまたその傍証である．もしそうであるとすると，Pisoは古典的な〈二重分節〉形態を取って見せることを怠らなかったということになる．彼が占有と権原を混同したとは考えられないからである．古典的な〈二重分節〉単位を固めて防御した，と言ったのである．対するにCiceroの方は，このP-pの繋がりを問題としない．証人の扱いからしてむしろ捨象したのではないかとさえ思われる．反対に，形成された実力そのものをそれだけ見せる．それが繋がりにおいて何を侵害したかでなく，形成自体違法だというのである．たとえ誰に何の被害が無くとも．それはPisoから見ると防御的で一定の単位に収まっていて，それを中から守っているだけである．しかしそれが違法であるということになると，秘かに，論理的に，以下の操作が行われたことになる．つまりその中に形成された実力自体が単位を横断・蹂躙している，と観念すること．そうでなければ論理的にCicero

の立論は成り立たない．実際に Aebutius がしたことは「オリーヴの並木」を尊重してその線を決して出ない見事なオフサイド・トラップであったが，Cicero はここへの助力，そして目標前方でのストップ，を材料に盛んに複数横断的な実力が辺りを浸潤したようにイメージする．そうであれば，本物の武装蜂起であり，奴隷反乱に類し，刑事法の問題である．だから真にそうであるというわけでないが，中ではそれに類したことが起こった，と印象付けるのである．そしてそれがそれで何らかの単位を蹂躙したというのであるから，論理的に，内部に複数の〈分節〉単位が存在する，ということになる．そのように観念したということである．単に蹂躙したばかりではない．それを一点に糾合した．Piso から見ればだからこそ統率が取れて中に収まっているわけであるから，何の問題も無い．しかし Cicero からするとこれこそが脅威であり危険である．ただしその場合態様は区別しなければならない．たとえば，一番端の下部単位がまずはありったけの実力で抵抗した，或いは下部単位間の抗争において出入りが有った，若干の糾合が有って一部の下部単位を襲った，などという実力と次元が違って全包括単位一丸となって火の玉となった，という軍事化でなければならない．"coacti armati" はこの概念を指示する語であり，だからこそ "coacti armati" すなわち interdictum de vi hominibus armatis は古典的な〈二重分節〉の古典的な防禦も場合によって違法としうる概念なのである．

「それとも，糾合された多数の人員，武装，武具，つまり明白にして（perspicuum）現在の（praesens）死と殺害の強迫（metus）と危険（periculum）の中に，何か実力が内在している（inesse）と考えられたということについて（これらの証言において）諸君は何か疑いを抱く余地を見出しえただろうか？これが実力でなくて何が実力か？」(10, 31 : An in coacta multitudine, in armis, in telis, in praesenti metu mortis perspicuoque periculo caedis dubium vobis fuit inesse vis aliqua videretur necne ? Quibus igitur in rebus vis intellegi potest, si in his non intellegetur ?)．確かに，中に宿るようにして（inesse）今や実力が存在しており，それ（その危険）を違法と認定するには，（あくまで危険にとどまるから）「明白にして現在」の要件が不可欠である．そしてこのような論理構成は，「私は駆逐しない，ただ抵抗・防禦しただけである．君が農場に入ることを許しはしなかった，しかし，もし農場に一歩でも足を踏み入れれば命がな

いということを君にわからせるために武装集団を対置しただけである」(11, 31 : Non deieci, sed obstiti. Non enim te sum passus in fundum ingredi, sed armatos homines opposui, ut intellegeres, si in fundo pedem posuisses, statim tibi esse pereundum) という抗弁を簡単に打ち砕くであろう.

[3・1・1] *Pro Caecina* の（法学上の）史料価値を大きく減殺すると考えられてきたのは，この "deductio moribus" の儀礼であり，その故に全体を interdictum 本来の手続とは別個と考える学説が有力に存在してきた（cf. Labruna, *Vim fieri veto,* p. 159ss.）. しかしその「短絡」は現在では Falcone, Uti possidetis, p. 252ss. によって丹念に批判されている.

[3・1・2] Falcone, Uti possidesit, p. 227 は "lex agraria epigraphica" の l. 18 を "unde vi" と同一の思考様式を示すものとする.

[3・1・3] Labruna, *Vim fieri veto,* p. 270ss. は，lex agraria の新段階の背景として領域の軍事化が有ったことをよく見ながら，これを "vim fieri veto" 文言付加に持っていくために，dominium に向かう動きの胎動に気付かない. つまり若干でも遡る傾向が生まれる背景に無頓着である.

[3・1・4] G. Nicosia, *Studi sulla "deiectio" I,* Milano, 1965, p. 5ss. は，deiectio の要件が possessio であることをあらためて法文によって確認する. 占有概念の根幹に関わるから当然であり，それよりも Cicero がこの原則を迂回して見せるトリックこそ注目の的である. J. L. Barton, Animus and possessio nomine alieno, in : Birks, ed., *New Perspectives,* p. 52f. は「占有補助者」を通じての占有や不在間の侵奪を引き合いに出して Caec. における Cicero の苦衷を論ずる. 実際，以下に見るように単純な animus パラデイクマでは救済されないケースであり，だからこそまさに animus パラデイクマの本来の立体像が現れる. Labeo に遡る D. 41, 2, 6 のパラデイクマはその派生形である.

[3・1・5] Nicosia, *Deiectio,* p. 30ss. は大いに真に受けて，vis armata については本当に possessio 要件抜きに deiectio が認定されるのか，と悩み，しかし幸いにも全て Cicero のレトリックがなせる業であるという結論に辿り着き，悪夢から醒める. 実は Cicero の論理は，単なる思いつきどころか，その時代にのみ一定の力を有したというのでもなく，とどのつまりは，法学者達のそれと矛盾しないのである. 通常の占有概念からすると Caecina は一度も占有していない，しかし後の法学者が当然の前提とする占有概念からすると占有を有しかつ違法に剥奪されたのである.

3・2

しかしながら，内部軍事化が否定的に評価されるとしても，これに対して救済を与える何の訴権も無いではないか. exemplum iuridicum に該当するというように論理構成しない限り，民事訴訟は動かない.「もう一度きこう，こうしたことについて何の訴権も無いのか」(12, 33 : iterum quaero sitne eius rei aliqua actio, an nulla), 何か政務官による行政刑罰的な規制（a magistratibus animadvertenda）は別として.「もし Caecina がそこから駆逐されたというそ

3 dominium 979

の農場に居たのであるならば，そのときはこの interdictum を通じて彼は原状回復されるべきである，しかし居なかったところからはどうやったって駆逐されようがない，この interdictum によってわれわれが追求しうるものは何もない」(12, 35: si Caecina, cum in fundo esset, inde deiectus esset, tum per hoc interdictum eum restitui oportuisse; nunc vero deiectum nullo modo esse inde ubi non fuerit; hoc interdicto nihil nos assecutos esse). だからこそ友人の L. Carpurnius は不法行為訴権を勧める．後に述べるようにこれは系統も異なる．「一体占有訴訟に何の関係があると言うんだい．原状回復さるべき者を原状回復するなどということではないだろう．だから市民法および praetor の概念把握 (exemplum iuridicum) と命令には関係ない．不法行為で訴えればどうだ」(Quid ad causam possessionis, quid ad restituendum cum, quem oportet restitui; quid denique ad ius civile aut ad praetoris notionem atque animadversionem? Ages iniuriarum). 「実際不法行為訴権は，占有の権利を追求するものではなく，不可侵の自由が傷つけられた痛みを判決と懲罰的賠償によって緩和するだけである」(actio enim iniuriarum non ius possessionis adsequitur sed dolorem immunitae libertatis iudicio poenaque mitigat). 不法行為は市民法および praetor の外に概念されている．後述のように確かにそれは占有を基準とする．しかし占有を求めることも実現することもできない．相手の占有の内部からぽんと飛んで来た鉄砲玉がこちらの占有の内部に当たって損害が発生したときのものである．

それでも Caecina に占有が有ったこととし，そして Caecina に占有を確保させる，とすればそれは絶望的な綱渡りである[1]．ここでも Cicero はまずは少々ラフな常識論を先に意識の底に埋め込んで下地を作る作戦に出る．「われわれの父祖達は，全ての事柄につき exemplum iuridicum を全体に渡って細心の注意を払ってかつバランスをとって定め切った，重大なことばかりか些細なことについてさえ．であるのに，もし誰かが武装集団により私が私の家から出て行くよう強いたとしたとき，私が訴権を有する，もし誰かが私に私の家への立ち入りを禁じたとき，私に訴権が無い，というこの最も重大な一つの種類のことに限って見落としたということがあろうか」(12, 34: Cum maiores nostri tanta diligentia prudentiaque fuerint ut omnia omnium non modo tantarum rerum sed etiam tenuissimarum iura statuerint persecutique sint, ut hoc genus unum vel maximum praetermitterent, ut, si qui me exire domo mea coegisset armis, haberem actionem, si qui introire prohibuisset, non haberem?).「きこうではないか，もし君が今日自分の家に帰ると武装した集団が君の家の壁の中屋根の下ばかりか門の中ポーチへさえ入らせないとしたならば，君はどうやって訴えるのか」(35: Quaero, si te hodie domum tuam redeuntem coacti homines et armati non modo limine tectoque aedium tuarum sed primo aditu vestibuloque prohibuerint, quid acturus sis).「私の家」という素朴なレトリックを敢えて使い，そして立ち入り禁止命令（prohibitio）を概念として使ってきたことが注目に値する．

　prohibitio はさらに例解されていく．「praetor は毎日実力行使を禁じ（vim fieri vetat），原状回復を命じ（restitui factam iubet），堀，水路，そしてどんなに小さな公水でも公道でも争いに際して interdictum を発する」(13, 36: Qui dies totos aut vim fieri vetat, aut restitui factam iubet, qui de fossis, de cloacis, de minimis aquarum itinerumque controversiis interdicit). 公共空間が登場したことは極めて重要である．これは政治的決定に基づいて有無を言わさず実力排除が適用される空間であり，占有概念が機能しない．政治システムの側に権原が有りそしてそれが全てであるかのようにことが処理される．権原が占有を保持させる．かつその公共空間を守る機能が interdictum を通じてまさにその占有保護のために働く，というのである．そうなると媒介項として prohibitio が効いてくる[2]．公共空間の自由アクセス妨害にアナロジーが繋がる．確かにそこでは「入る自由」が概念されている．Cicero はこうしてパラデイクマを少しずつずらしながら螺旋的に元に戻ってくる．一体どこが違うと言うのか，「足を踏み入れた，占有内に痕跡を遺した，後に駆逐された，のと，同じ実力同じ武装で予め立ちはだかり，入ることはもとより臨み見ることもできない，のと」(14, 39: utrum, pedem cum intulero atque in possessione vestigium fecero, tum expellar ac deiciar, an eadem vi et isdem armis mihi ante occurratur, ne non modo intrare verum aspicere aut aspirare possim?).「一体何が違うから，入ってしまっている者を駆逐した者が原状回復すべく強制されるのに，入ろうとした者を撃退した者はそのように強制されないと言うのか？」(Qui hoc ab illo differt ut ille cogatur restituere, qui ingressum expulerit, ille qui ingredientem reppulerit,

3 dominium

non cogetur?)．ここに彼岸と此岸の差を見るのが占有概念であり法であったのではなかったか？

現に決定的な差は実力 vis の概念の根幹に関係している．入ってくるのをブロックするとき，実力は決して境界を越えない．もちろん内部臨界の危険なイメージは既に植え付けてある Cicero であるが，しかし実力の法学的に厳密な概念はやはり相手にせざるをえない．実際に境界を越えて侵入すれば何か痕跡が遺るはずである．今日の若干の刑法学者ならば「法益侵害の結果発生」と言うかもしれない．重要な観点である．しかしただブロックしただけ，しかも相手が退散してしまったとき，何も遺らない．ここでは Cicero の概念構成は形而上学的に正確である．「われわれの身体（corpus）と生命に及ぶ実力ばかりが実力ではない．生命の危険（periculum）を突き付けられて恐怖におののく精神（animus）をその場所から，しかもしっかり踏みとどまったその場所から，排除する実力は遥かに大きなものである．強者はしばしば，たとえ身体が弱っても，精神で踏みとどまり，死守すべく与えられた持ち場を決して放棄しない」(15, 42 : non ea sola vis est quae ad corpus nostrum vitamque pervenit, sed etiam multo maior ea quae, periculo mortis iniecto, formidine animum perterritum loco saepe et certo de statu demovet. Itaque saucii saepe homines, cum corpore debilitantur, animo tamen non cedunt neque eum relinquunt locum quem statuerunt defendere).「それ故に全く疑いを容れない，その者の精神を恐怖させる実力を用いた場合のその実力は，その者の身体を傷つけた実力に比してずっと大きい」(ut non dubium sit quin maior adhibita vis ei sit cuius animus sit perterritus, quam illi cuius corpus volneratum sit)．animus-corpus の形而上学的パラデイクマを用いて対象を animus のレベルに持って行ってしまう[3]．そのレヴェルでは境界を越えているというのである．既に述べたように危険 periculum と強迫ないし脅威 metus の両概念はこうした把握のコロラリーである．そしてこの概念世界に事柄を運んでおいて Cicero は再び螺旋的に戻り (16, 45ff.)，このような形態でも Caecina はテクニカルに「駆逐された」(deiectus) と言えるのであると括る (17, 50)．だから praetor の命令に反した，「それに反して実力行使をしていないとするならば」(NI ADVERSUS EDICTUM PRAETORIS VIS FACTA ESST) という挑戦と誓約（sponsio）の対象となるのである，という

のである.

　しかしそれは interdictum の文言解釈として無理ではないか．待ってました とばかりに Cicero はここで voluntas 意思という概念を持ち出す．既に事象を animus の次元に運び上げている．voluntas と animus は実は非常に異なる[4]．しかし混同の原因となる通路が無いわけではない．これを彼は巧みに利用する．語 verba は実体 res を指すためのものであり，したがって法律だろうと議決であろうと告示であろうと契約であろうと必ず実体が有り，これが重要である (18, 51).「家の中の命令権であっても，語の範囲でだけわれわれに従えばよいと従僕達に譲歩すれば何の意味も無くなる，語から解釈される内容に従うというのでなければならない」(52: imperium domesticum nullum erit, si servolis hoc nostris concesserimus ut ad verba nobis aboediant, non ad id quod ex verbis intellegi possit obtemperent). 非常に不正確であるが，語とパラデイクマを区別しようとしている．パラデイクマとその実現を十分には区別できないが．まして呼び出したパラデイクマの paradigmatique な展開を区別できない．この不正確さに対応して提出するパラデイクマが実は的はずれである．もっとも，全て理解した上でずれた例を出して，この例示の方角へ事柄を引き摺って行こうとするのかもしれない．事実羅針盤は正確に Cicero の最終目的地を示している．つまり弁論のこの場面では誰も気付かない飛躍であるが，聴き手は飛躍させられて目的地への特急便に乗り換えさせられる．L. Crassus は何と Q. Mucius を相手として以下のことを論証して成功した，「M' Curius は「遺児が死亡した場合は」(MORTUO POSTUMO FILIO) という条件付きで相続人に指定されていたが，息子は死ななかっただけでなく，そもそも生まれて来なかった（死産した）ときにも，相続人たるべきである」(18, 53: M' Curium, qui heres institutus esset ita: MORTUO POSTUMO FILIO, cum filius non modo non mortuus, sed ne natus quidem esset, heredem esse oportere). 一見，遺言の類推解釈が exemplum として引かれているだけである．しかし類推を推進する実体は何か．「如何なる実体が勝利したか？　意思 voluntas である，これはもしわれわれが暗黙裏に解釈しなければ語だけでは到底出て来ない」(Quae res igitur valuit? Voluntas, quae si tacitis nobis intellegi posset, verbis omnino non uteremur). 後に詳述するように，この例（世にも名高い causa Curiana）は被

相続人の意思を推測してこれを尊重するものであり，相続を分割に持って行かずそのまま保持させる実質を有する．Caesennia が苦慮した，そして Caecina が今当然の如くに主張していることである．こちらに解釈を寄せるという隠れた意図が秘められているのである．

　しかもなお Cicero の旋回は続いていく．「被相続人の意思」によって遥か上空の隠れた位置に頂点を持って行っておいて，再び人員の方へ降りてくる．かつ文言の解釈である．そして実質的解釈のその「実質」は設定されている．それこそが遥か上空の頂点である．「そこから汝が，または人員が，または汝の事務管理人が（駆逐した）」(19, 55 : VNDE TV AVT FAMILIA AVT PROCVRATOR TVVS)[5]．もし vilicus だけが行為した場合，人員の中の一人だけが行為した場合，要件を満たさない．ポイントは複数の人間が組織されて動いたというところにあり，そのように解釈させるのは告示における praetor の voluntas であり，法学者の consilium であり，auctoritas である，というのである (56)．特に "procurator" というのは彼一人の意味ではない．それはきちんと任命された (58 : praepositus) procurator でなければならず，そうであればこそ誰か全く不在の者の事務も遂行する，「あたかも主人 dominus がするのと同じように」(57 : quasi quidam paene dominus)．それが誰であろうと，「君の委託により君の名において」(tuo rogatu aut tuo nomine)．こうしてさりげなく攻撃側，侵奪側，にも頂点が設定され，それは dominus の語で指示され始めた．

　「人員を糾合し」(HOMINIBVS COACTIS) の解釈も簡単である (21, 59)．「君は言うだろう，誰をも糾合したりしていない，と．彼らは自発的に集まったのだ，と．確かに人々を糾合したという者は，集め召集した者である．誰かによって一箇所に集められた者が「糾合された」という．召集もされていなければ集まってもいない，そこにいただけである，もとから実力行使のためでなく耕作や牧畜のために領域に居るのを常とした連中である，というのならば，君は糾合していないと弁護することができる」(Neminem coegeris, ipsi convenerint sua sponte. Certe sunt ii qui ab aliquo sunt unum in locum congregati. Si non modo convocati non sunt, sed ne convenerunt quidem, sed ii modo fuerunt qui etiam antea, non vis ut fieret, verum colendi aut pascendi causa esse in agro consuerant, defendes homines coactos non fuisse)．しかしながら実質はそうでは

なく，その実質は外形ではわからない．同様に「武装した」（ARMATIS）もただ武具を持たせたというのではなく，身体に危害を加える態勢にあるということである（61）．こうしてCiceroはまたしても鍵となる抗弁「駆逐しなかった，近づかせなかっただけである」（23, 64: Non deieci; non enim sivi accedere）に戻る．実質において二つは同じではないかと（特に66）．小刻みに迂回しては戻る螺旋戦術である．

この後Ciceroは法学に話を転じ（24, 67ff.），そして市民法を礼賛しておいて，各人に各人のものをという素朴な帰属正義に触れ（25, 70），両者を同一視する．その上で「自分の家」パラデイクマに戻れば，格段に説得的になっている．「実際何の意味があろうか，父から家や土地を遺され，或いは何らかの原因で立派に獲得し保持したとしても，mancipium に基づく権利として君が享受できるはずの日の光を君が保持できるかどうか不確かであれば，（隣家との）共有の壁の権利が私法および公法によって第三者の介入に対して保護されていなければ．農場を保持したとしても何の利益になろうか，もし父祖によって細心の注意で書かれた境界と占有と公水公道の法が何らかの理由で掻き乱され変質してしまったならば」（26, 74: Quid enim refert aedis aut fundum relictum a patre, aut aliqua ratione habere bene partum, si incertum est quae lumina tua iure mancipi sint, ea possisne retinere, si parietem communium ius civili ac publica lege contra alicuius gratiam teneri non potest? Quid prodest fundum habere, si, quae diligentissime descripta a maioribus iura finium, possessionum, aquarum itinerumque sunt, haec perturbari aliqua ratione commutarique possunt?）．もちろん偽りではない．Ciceroとて〈二重分節〉原理そのものに依拠しようとしている．それなくしてCaecinaを守れない．にもかかわらず，その〈二重分節〉を本来そうでないものに与えようとしている．与え終わったならば何事も無かったかのように普通の〈二重分節〉を主張して彼を守るであろう．そしてそうしながら，こっそりと「自分の家」のパラデイクマにCiceroは権原を忍ばせた．しかも相続，そしてその他の占有獲得原因．原因が来る，占有を保護しなければ一体この原因も何になろう，と続ける，この間髪を容れない仕方は実に計算されたものである．螺旋は一回転しても同じ地点には居させない．

またぐるりと法学者C. Aquiliusを経由すると（27, 77），最大の難関にさし

かかる．「駆逐していない，入れなかっただけだ」という基本の問題も，さらに一歩進んで「Caecina が来ようとしたその地点 (A) ではなく，彼がそこから逃げ出したその地点 (B) から駆逐されただけだとすると」(28, 80 : si non ex eo loco quem in locum venire voluit, at ex eo certe unde fugit)，「praetor はそこから駆逐されたその地点に原状回復せよと命じているから，それは A 地点ではなくどこだか知らない B 地点であるということになる」(Praetor interdixt ut, unde deiectus esset, eo restitueretur, hoc est, quicumque is locus esset, unde deiectus esset) というように攻められると万事休すとならざるをえない．Piso はこれを切り札として使ったと見られる．interdictum の文言は動かない．B 地点に戻すということたらざるをえず，これでは Caecina 側は嘲笑の的である．何という間抜けな sponsio かと．Cicero も初め Piso に対して厳格な文言解釈の非を鳴らし，占有を実質的に考えようと呼び掛ける以外にない (81)．「私は私が近傍の農場 (B) を通って目的の農場 (A) に行こうとしたその近傍の農場から駆逐された，そこへ行く道から，或いは何か私有の或いは公有の土地から駆逐された．「そこへ」原状回復さるべしと命令が出た．君は (B へ) 原状回復したという．私は「praetor の告示に従った」原状回復がなされたということを認めない」(29, 82 : Sum ex proximo vicini fundo deiectus qua adibam ad istum fundum, sum de via, sum certe alicunde, sive de privato, sive de publico. Eo resititui sum iussus. Restituisse te dixti. Nego me ex edicto praetoris restitutum esse)．しかしこの A 地点と B 地点のギャップを埋めるのは衡平 aequitas しかないのか (83)．Cicero は最後のリソースを投入する．interdictum には二種類有るとされてきたという (30, 86ff.)．「そこに居た者がそこから外へ (ex eo) 駆逐されたと主張する場合と，そこへ行こうとしたそこによって (ab eo) 駆逐された場合」(unum, si qui ex eo ubi fuisset se deiectum, diceret, alterum si qui ab eo loco quo veniret)．「もし誰かが私の人員を私の農場から駆逐したならば，私はそこから (ex eo) 駆逐された，もし誰かが武装集団で以て私の農場の外で私を待ちかまえていて私が農場に入るのを阻止したのであれば，そこから私を駆逐したのでなく，そこによって (ab eo) 私を駆逐した」(87 : Si qui meam familiam de meo fundo deiecerit, ex eo me loco deiecerit ; si qui mihi praesto fuerit cum armatis hominibus extra meum fundum et me introire prohibuerit, non ex eo, sed ab eo loco me deiecerit). ここから Cicero は "unde"「そこから」という語が追い出す意味と近付かせない意味の二つを有することを二流の学者の論文風に論証する．しかし問題はやはり実質だともう一度逃げ，「もし君が forum から君の家に帰ってくると武装集団を使って誰かが君を家に入れないとしたら，どう訴えるかい？」(31, 89 : si qui iam de foro redeuntem armatis hominibus domum tuam te introire prohibuerit, quid agis ?) と Piso に持ちかける．「私の家」のパラデイクマが周到に配備され，常にそれが想定されていることに注意しなければならない．

そのうえでようやく Cicero は二種類の interdictum のテクニカルな差異について述べ始める．第一は通常型 (cotidianum) interdictum である．この場合「私を実力で駆逐したその地点に」という本体に対して，「ただし私が占有している場合」(31, 90 : CVM EGO POSSIDEREM) という抗弁が付着するのは何故か，と Cicero は問う．「もし誰であれ占有していない者は占有侵奪されないのならば」(si deici nemo potest qui non possidet) 不要だろうと．「しかし武装人員についてというタイプの interdictum には付加されない」(aut in hoc interdictum DE HOMINIBVS ARMATIS non additur)．「もし占有していたかどうかを審理しなければならないのであれば」(si oportet quaeri, posssiderit necne)，これは一体どうしたことか，と．Cicero はこれが中核の argumentum だと明示する (ostendo)．「もし武装集団紛合が無ければ，誰が駆逐されようとも，駆逐したと自白した者でも，相手が占有していなかったことを論証すれば，sponsio に勝利する」(si sine armatis coactisve hominibus deiectus quispiam sit, eum qui fateatur se deiecisse, vincere sponsionem, si ostendat eum non possedisse)．「武装集団に関する interdictum に依拠する場合には，駆逐された者が占有していなかったと論証しうる者も sponsio の手続において敗訴せざるをえない，駆逐したと自白しさえすれば」(ex hoc interdicto DE ARMATIS HOMINIBVS, qui possit ostendere non possedisse eum, qui deiectus sit, condemnari tamen sponsionis necesse esse, si fateatur esse deiectum)．この弁別が A 地点と B 地点のギャップを埋める．DE ARMATIS HOMINIBVS の方ならば追い出される地点は直近の外であり，外である以上は少々距離を取りうるのである．

こうして vis 自体が二つに分類される．通常の vis，vis cotidiana と武装した

3 dominium

vis, vis armata. 後者は複数の単位を糾合した実力がまた一つに束となって一単位を構成するものである.「通常型 vis の場合には自分が占有侵奪されたと主張するだけでは不十分である. 占有侵奪されたときに占有していたということを論証しなければならない. 否, それでさえ十分でない. 平穏公然確定的に占有していたということを論証しなければならない. だからこそ, 原状回復したと宣言する者はしばしば平然と確かに自分は占有侵奪したと自白する. そして「ただし相手は占有していなかった」と付け加える. 否, ここを譲ってさえなお sponsio に勝利しうる. 自分との関係において占有取得が平穏でなく公然でなく確定的でなかったことを証明しさえすれば」(32, 92: In illa vi cotidiana non satis est posse docere se deiectum, nisi ostendere potest, cum possederet, tum deiectum. Ne id quidem satis est, nisi docet ita se possedisse ut nec vi, nec clam, nec precario possederit. Itaque is qui se restituisse dixit magna voce saepe confiteri solet, se vi deiecisse dixit; verum illud addit: non possedebat vel etiam cum hoc ipsum concessit, vincit tamen sponsionem, si planum facit ab se illum aut vi, aut clam, aut precario possedisse). 抗弁 exceptio は予想通り vis cotidiana に固有のものである. 対するに vis armata の場合には通常の占有要件がはずれ, したがって抗弁を論ずる余地が無くなる. それが証拠に interdictum には「ただし占有していた場合」という但書が無いではないか, と Cicero は論ずる.

「それでもなお, 私はこの点において Caecina を弁護するのではない!」(94: Atque ego in hoc Caecinam non defendo).「審判人諸君, Caecina は占有していた」(possedit enim Caecina, reciperatores)[6]. 長々と vis armata に聴き手を引きつけおいて一気に a fortiori の論拠を叩き付ける鮮やかな手法である. 占有が無くてさえ成り立つのに, ましてこの場合占有が有る, というのである.「使用収益していたのだから Caesennia が占有していたことは否定できないだろう. さて Caesennia から農場を請け負ったそのまさにその耕作者 (colonus) がまさにその請負に基づいて農場に確かに居たことは疑いないから, その耕作者が農場に居る限り Caesennia は (それを通じて) 占有していたわけであり, 彼女の死後その地位を相続人として引き継いだ者は同じ資格において占有する, ということに何の疑いが有りえよう. ちなみに Caecina 自身, 地所を一巡りした時にこの fundus に入っていて, 耕作者から帳簿を受け取ってさえいる」

(Caesenniam possedisse propter usum fructum non negas. Qui colonus habuit conductum de Caesennia fundum, cum idem ex eadem conductione fuerit in fundo, dubium est quin, si Caesennia tum possidebat, cum erat colonus in fundo, post eius mortem heres eodem iure possederit? Deinde ipse Caecina, cum circuiret praedia, venit in istum fundum, rationes a colono accepit). Aebutius のさらに下に居る colonus を使って軸を立てる，「その同一の colonus が」(qui colonus...idem) と強調する，見事な論証であり，Ciceroの背後に最先端の法学者が居たことが予想される[7]．colonus の地位を正統化するのは locatio conductio であり，この関係も枠組として不可欠である．つまりこうして占有者は一段上のレヴェルに昇ってしまい，そうであれば Caesennia から Caecina への空中での占有移転は自明のように思われてくる．いずれにしても Aebutius は上下から挟撃されて論理的に壊死する．決して権原を天下りさせるのではなく，colonus を使ってあくまで占有を論証して見せたのである．しかしこの colonus に感謝することを Cicero 型占有理論は今後忘れない方がよいであろう[8]．忘れれば自分が成り立たないだけである．そしてその colonus の地位が成り立つとすれば，それは Cicero 自身弁論前半で的確に描写した fundus の二重構造，その複合性，が有るからである[9]．interdictum の二類型，vis の二類型，から精神や相続のレヴェルへの飛翔にいたるまで，こうした論証を可能にするのは，領域上の複合 fundus であり，それはかくして端的に物的な代物であるにとどまらず，対抗的な議論の根底に横たわる磁場のようなもの，一個の小さな社会構造，である．

[3・2・1] こうしたパッセージにおいてわれわれの頭を actio Publiciana がよぎる．Publicius なる praetor の活動の年代は推測の域を出ないが，紀元前一世紀前半が諸学説の傾向であり，そうであるとすればわれわれの仮説における dominium の生成とは関係が深いはずである．法文の緩やかな焦点は「引渡を受けながら所有権を得なかった者が第三者から侵奪を受けた場合に rei vindicatio 代償的手段を与えられる」というケースに在る．mancipatio 等の方式を欠くが故に ius civile 上の救済が与えられないか，原因が無効等で欠落するか，前主に所有権が無いか，等々を巡り usucapio と絡めて学説は議論する．しかし注目すべきは D. 6, 2, 9, 4: Si duobus quis separatim vendiderit bona fide ementibus, videamus, quis magis Publiciana uti possit, utrum is cui priori res tradita est an is qui tantum emit et Iulianus libro septimo digestorum scripsit, ut, si quidem ab eodem non domino emerint, potior sit cui priori res tradita est, quod si a diversis non dominis, melior causa sit possidentis quam petentis, quae sententia vera est. である．これは有因主義に関する隠れた有力論拠でもあるが，しかし二重売買の場

3 dominium

合には引渡を受けた側が actio Publiciana を有するとされる．このとき bona fides が条件となり，これを欠くと幾ら引渡を（先に）受けても保護されないが，重要であるのは，引渡を受けない段階の「単なる買主」(qui tantum emit) も actio Publiciana 適格者である，ということである（Huschke はこのように素直に読むが，その後の学説は「traditio こそが actio Publiciana の要件であることに矛盾する」としてテクストをさえ修正する；vgl. P. Apathy, Die actio Publiciana beim Doppelkauf vom Nichteigentümer, *SZ*, 99, 1982, S. 163f.；そもそも占有を飛ばして「第一取得者」などと言う）．他に引渡を受けた者が居た場合に初めて劣後する．それはかりではない．Iulianus の見解では，「異なる非所有権者」からである場合には，引渡の先後ではなく現に占有している者に actio Publiciana が帰属する (melior causa sit possidentis quam petentis)．「非所有権者」は前主の所有権を問わない（権原思考を切断する）ための設定であるが，しかし「同一」の場合と「異なる」場合で何故差が出るか．「同一」の場合は possessio civilis の三者間調整の問題であるが，この連関は「異なる」場合には働かず，端的に占有の問題となる．現在で言えば登記としての possessio civilis では結着せず実質としての possessio civilis によらざるをえない，というのである．誰が第三占有者に対して追求するかがこれで決まるというのである．二人の買主の間で争いが有る場合，原告になっている方でなく，被告になっている方が第三者に対して防御するというのである．「占有者が第三占有者に対して actio Publiciana する」のは論理矛盾であると見て Iulianus がこのことを想定しているとは学説は夢にも思わない (vgl. Apathy, Die actio Publiciana, S. 182f.)．二人の譲受人間の争いであると考える．しかしこれは常に第三者を想定して actio Publiciana を論ずる法文全体の脈絡を無視する解釈であろう．すると「占有者」の占有と「第三占有者」の占有は違うのでなければならない．一方は posssessio civilis であり，他方はそこから逸脱する端的な占有である．このことは "a diversis non dominis" という理論上の与件に対応している．要するに，何かを共同する者達が外からの侵害に対峙しており，この共同状態は売主＝買主等の間で生じ，二重売買における二人の買主に拡張されて概念される．actio Publiciana はこれに関する．ならば actio Publiciana は元来「引渡を受けたが原因を欠く」者でなく「原因を具えながら引渡を欠く」者のためにあったのではないか．Caecina のような者である．引渡債権を有する買主はこれを bona のうちに保有するとも言いうる．その観念は法的表現を見なかったであろうが，これが領域に降りてきたとき，actio Publiciana が用意された，のではないか（先述の Appleton が praetor を軸に bona から actio Publiciana に橋を渡そうとするとき，これを考えている）．そうすると，後述の dominium のコロラリーたるばかりか，possessio civilis の所在が領域からの力で崩されたときの回復手段であるということにもなる（Appleton の思考は dominium/possessio civilis に焦点を持ち，しかもそれを bona や bona fides にぎりぎり寄せて考えようとしていることになる）．複数の買主間で誰が防御するかということは possessio civilis を誰が持つかという問題である．もっとも，「引渡を受けたが原因を欠く」者は，所有権が未完であるという一点において，「原因を具えながら引渡を欠く」者と同等である．第一に前者のためにも actio Publiciana が使われるようになり，第二にこのケースが優越するようになる．これは後述するところの「traditio が一人歩きして単独の所有権移転方式であるかのようにさえ考えられる」傾向と軌を一にする．さらに勅法が示す傾向から推すと，再度方式を重視する傾向の中，はっきりしない帰属関係をモラトリアム的に整理するために使われる．ならば usucapio のはずであるが，さらにはっきりしないことに一段だけ取り戻しも認める（所有権証明困難者の救済）のである（これをそのまま初発時の制度目的と考えるのは F. Wubbe, Quelques remarques sur la fonction et l'origine de l'action Publicienne, *RIDA*, 8, 1961, p. 417sqq. である）．actio Publiciana が（異なる

フェイズに在るとはいえ）遠くに bona fides との間に持っていた関係が清算されるのである．

〔3・2・2〕 prohibitio は Ulp. D. 43. 24. 1. 5 : vi factum videri Quintus Mucius scripsit, si quis contra quam prohiberetur fecerit ; D. 50. 17. 73. 2（Q. M. Scaevola l. sing.）: Vi factum id videtur esse, qua de re quis cum prohibetur に現れるものと関係すると思われる．"Quod vi aut clam" という interdictum に関する法文である．学説は隣地の所有権者等の禁止に関わらず工作物を実現した者に対する interdictum と解する（cf. I. Fargnoli, *Studi sulla legittimazione attiva all'interdetto* quod vi aut clam, Milano, 1998, p. 9s.）が，「禁止」の法的性格が不明な上に，法文は何も言わない．"vi aut clam" が占有の古典的フォーミュラから来ているに違いない点についても（学説法文とも）黙してバラバラのカズイスティックに終始する．しかし Q. Mucius Svaevola の関心は本格的なものであり（cf. D. 43. 24. 5. 8），しかも "tu aut tuorum quis aut tuo iussu" は *pro Tullio* の事案を強く想起させ，いずれにせよ占有保護に関して何か新しい概念が予感されている頃のものである．すると Mucius の "prohibitio" には，まだ二重構造の論理は完成していないものの，既に違法占有をそれ自体客観的に（何も侵害しなくとも危険なものとして）捉えるモーメントが包含されていたと考えられる．公的空間に対する侵害の如くに．これが，実際に隣りを侵害していなくとも脅威を与える工作物を実現するだけで排除命令を請求しうる，という概念に転化することは容易であろう．Aebutius が「中で」実現した vis と同じである．"clam" の理解においても学説は曖昧であるが，一見安全そうでも中に毒を秘めたかに見える複雑面妖な建物は（何が出てくるかわからないから）もっと恐ろしいのである．複合体に対する怖れである．Mucius の関心はむしろ複合 fundus 形成よりは（初期のそれに対する）警戒であったろう．Mucius に続いて Labeo が深く関心を寄せたこと（cf. D. 43. 24. 5. 9 ; 13）もよく理解できる．

〔3・2・3〕 19世紀まで「占有の意思」ほど賑やかな論題は無かった．その後清算され，現在では全くマージナルな扱いを受ける，ないし完全に忘却された，状態にある．専門分化して袋小路に入った20世紀のローマ法学自体そうである．B. Albanese, *Le situazioni possessorie nel diritto privato romano*, Palermo, 1985, p. 35ss. のような例外（他に C. A. Cannata, L' "animo possidere" nel diritto romano classico, *SDHI*, 26, 1960, p. 71ss. ; G. MacCormack, The role of animus in the classical law of possession, *SZ*, 86, 1969, S. 105ff.）が法文の皮相な整理とスコラ的概念論しかしない知的退化を示すのを見るとき，痛ましい思いを禁じえない．占有はもちろん自由な行為に基づくから，広義の「意思」が伴うことは当然である．しかし "animus" はそのことに関わるのではなく，dominium の二重構造に関わる．このことは，明確に捉えられはしなかったとしても，伝統的パラデイクマが生きていた限りそこに当然に織り込まれていた．一つ一つの esegesi による場合はもちろん，Savigny 後実証主義 philologie が媒介するようになってもテクストが機械的に一列に並べられることはなかった．

〔3・2・4〕 voluntas については後述する．ここで既に voluntas と animus の混淆は始まっている．voluntas はしかし元来，domini をもまた bona fides に基づく契約主体たらしめるべく，インフラを欠くその（分節）単位頂点を保障する任務を帯びている．Cicero はこれを，頂点が下部を統御する作用に転換するレトリックを展開していることになる．

〔3・2・5〕 Ulp. D. 43. 16. 1 : Praetor ait : "Unde tu illum vi deiecisti aut familia tua deiecit..." は "procurator" を落とす．Hadrianus 時代の告示集成で既に落ちていたとする通説に対して Nicosia, *Deiectio*, p. 87ss. は脱落を Iustinianus の編纂事業に帰せしめる．つまり interpolatio であるというのである．どちらが正しいかはわからないが，procurator 脱落は「全体が動いたとき二重構造の敷居を越えたと見る」思考，「そこに二重構造を見る」思考が希薄になったことを意味する．頂点の下には一群の人員が居るだけである，というイメージである．

Ciceroの論理は確かに或る意味で逸脱であるが、しかし精緻なもので、繊細な識別能力を誇る。しかしdominiumの骨格が消失すれば一体となった実力組織だけが映る常識の鏡しか無くなる。

〔3・2・6〕 Nicosia, *Deiectio*, p. 50にはこれが（詭弁たるを決定的に暴露する）矛盾に見える。Caecinaに占有が有るという防御線なのか、不要だという防御線なのか。

〔3・2・7〕 Frier, *The Rise of the Roman Jurists*, p. 172ff. は、この頃まではinterdictumの要件など固まっていなかったからCic.のようにも有力に主張しえた、と述べ、後の法学者達の考えを基準に断ずる通説を批判する（*Pro Tullio*との符合を指摘する点は的確である）。"a clear technical concept of deiectio as dispossession" (p. 182) はまだ無かったと。ご冗談を。大きな屈折体の設立先例であるというのに。後の全ての法学者のためのexemplum iuridicumであるというのに。

〔3・2・8〕 このcolonus/locatioについてのM. I. Finley, Private farm tenancy in Italy before Diocletian, in ; Id., ed., *Studies in Roman Property*, Cambridge, 1976, p. 105 は in extenso の引用に値するだろう。"...let to a single tenant, who remained in possession throughout the various deaths...how common a practice this was for large holdings...It merely shifts all the problem from A to B, whether B then sub-let or works the estate himself through a vilicus and slaves". locatioの存在とfundusの構造を区別する（そして前後では "colonus" という語の出現もさらに区別する）視点が光る。"The normal practice when a large unit was leased, I infer from the sources, was to divide it into smaller lettings"。つまり彼は複合fundusを基軸として捉える。すると、それぞれconductorでありうる複数のcoloniと、全体のconductorは別次元で現れる。それともこの構造が無く、「全体のconductor」が居ようと居まいとvilicus媒介の直接型か。一方の極に緊縛型colonatusを、他方の極に自由で単純な「賃貸借」を、そしてイメージとしては零細な中世風分益小作農などを一貫して見る、（華々しい論争に彩られた）通説の前提（その精度）を唯一大きく抜く。もっとも、この箇所に関する限りは、この「単一conductor」は古いタイプの「領域に最も近接した」耕作者である。そうでなければ占有の争いの楯にならない。しかも将来はFinleyの言うところの "smaller lettings" に対応して（Aebutiusレヴェルにおける変動に抗して）"throughout" に基盤を固め、Aebutiusの裏切りに備え、そしてdominusの占有を成り立たせる、そういう存在である。つまりこの二つのディアクロニクに対立する観念の交点に表現が位置する。「束ねてはいるが浮き上がっていない」、「形式的には統一的な、実質的には個々の下部単位の安定に対応する」作用である。

〔3・2・9〕 fundusの二重構造は人員に関して深刻なディレンマをもたらす。mancipatioはmancipiumという包括概念によって占有の全体を移転する。traditioはどうか。instrumentumというテクニカルな用語がその範囲を指し示す。例えばAlfenusのD. 33, 7, 12, 2は遺贈に際して特約の無い限り人員は含まれないとする。そしてこのテクストの解釈自体実に微妙である。まずUlpianusはAlfenusの見解を否定し、包括説を採り、他方LabeoとPegasusは "quasi colonus" のみをはずす中間説であったことがわかる。Giliberti, *Servus quasi colonus*, p. 99ss. はAlfenusに「人員自立」を見るが、M. A. Ligios, *Interpretazione giuridica e realtà economica dell' "instrumentum fundi" tra il I sec. a. C. e il III sec. d. C.*, Napoli, 1996, p. 34ss. は逆にAlfenusの立場を特異と捉え、Mucius-Serviusの頃から（物的施設だけでなく人員をも）包括するようになっていくとする。しかし複合体維持の二つの意義が混同されている。D. 28, 5, 35, 3のMuciusは、dominusがたまたま派遣していたり他から「使用貸借」されているような人員は含まれない、と考えることによって、bona fides関係における対領域不可侵を強調しているのであり、遺贈というbonaレヴェルの行為であることが大きな意味を持っている。逆に

領域において複合体的維持の中に人員を含めるとすると，dominus に人的に結び付く要素は控除しなければならない．Ligios が着目しない（Giliberti が強調する）Labeo の見解はここに該当する．これと遅い時期（Ulpianus にとって）の一体化はまた別の様相である．Ligios はここを切り分けて論ずるべきであったのに，fundus 組織化一般を一続きに捉えてしまった．Scaevola でさえ vilicus の帰趨に大変アムビヴァレントな姿勢を採る（D. 33, 7, 18, 4）．

3・3

事実，Cicero の定式化はそのまま議論の余地無く認容されていったのではない．このままの形ではむしろ異説であると言えるかもしれない．要するに概念は対抗関係と屈折体を生きたのである．

そもそも度々示唆してきたように Cicero の概念構成自体大きな矛盾を孕むものである．中から一歩も外に出ずしてどうして実力行使なのか．論理的に内部に占有の区分が有ることになるが，しかしそうすると二重構造の下部の単位に占有が成立し，彼，否，彼らの占有を認めなければならないのではないか．確かに Aebutius は違法である．しかし Caecina が取ろうとする占有も違法である．Caecina は，攻撃するときには小さい単位を主張し，取った暁には大きな単位を主張するという二枚舌を使っているではないか．そもそも占有が二重に成り立ってよいはずがない．〈二重分節〉を根幹から破壊する．

確かにやがて占有は分類される．Caesennia から Caecina に移転されたものは possessio civilis 市民的占有と呼ばれて単純な占有から区別されるようになる[1]．しかしここにももう一つの矛盾が影を落とし，多くのパラデイクマが，対抗し屈折するヴァージョンとして発展ないし自閉していく．Caesennia から Caecina への移転は相続という「権原の移転」と不可分ではないか．そうすると（その前の段階の locatio において）"colonus" が押さえていたものは一体何か[2]．そもそもこれは二重構造の下部単位ではあるまい．何か包括的なものである．Cicero は帳簿 ratio を強調することも忘れていない．それ自身何かを包括するようにして Caesennia/Caecina の占有を直ちに裏打ちしているものである．これの占有たるをしかし Cicero はおよそ認めないだろう．しかしこの下請占有は何故反抗しないのか．否，Aebutius こそはこの下請占有の主体であろう．Cicero は下部単位たる "colonus" を使って下を固め対抗したが．Aebutius こそは全体を一括りにして抵抗したのである．自分自身のためをプリテンドした点を除けば本来この働き自体はあっぱれである[3]．第三者が何かの権原を傘に着てやって来たとしよう．相当の人数を連れていたとしよう．そのときにまさにこうやって Aebutius はブロックした．Caesennia/Caecina のために第三者に対して番犬のごとく牙をむいた．procurator の誉れではないのか．否，ひょっとするとこの第三者は正しい権原を持っているかもしれない．Caesennia から生前に購入したと称する第三者が正真正銘の売買契約書を持って現れたならばどうか．「否，あの colonus は私のためにおさえてくれていたのだよ」と．Caecina のために Aebutius が実力でこの者の侵入を阻止したら Caecina は違法だと言うだろうか．Caecina はやはりドアを自分のためだけに確保し開けてくれと言うだろう．他の奴に対しては開くな，と．しかし「Caecina だけに」という部分はどうして決まるのか．どこかに名前でも書いてあるのか．登録でもされているのか．権原ではありえない．Caecina は実質権原しか主張しえなかったが．権原であれば，売買か相続か，はたまた二重売買の二つの買主のどちらか，で大もめである．するとこれとは異なる一義的なメルクマールが必要で，一義的というならばそれは再び占有以外にない．どうしても，単純な占有でなく，Caesennia から Caecina に何かが移転した，そのレヴェルにおいて一つ占有を概念せざるをえない．これが possessio civilis である．するとこれは二重構造に確かに対応してはいるが，二重構造の全体を上の部分で単純に捉えた占有ではない．頂点がこれを下請・裏打ちとして予定する．しかし自身或る構造を踏み台とする．Aebutius が有したいざという時束ねる作用は占有でなく何とこの踏み台である．この踏み台自体[4]単純でなく，ヴァーチャルなものである．しかし possessio civilis はさらにそうである．物的明証性を欠く．かくして，Cicero は権原移転と別に占有移転を論証しなければならなかった[5]．この占有移転は通常は引渡 traditio という語で指示される．売買においては権原とこの traditio は厳密に区別される．相続も本来であれば売買を経由しなければ如何なる占有移転も生じさせない．しかし Cicero はここで実に微妙なところに論証の線を置き，その分 traditio 無視の概念構成に無限に接近する．「私の家」パラデイクマを使用したこととも関係する．つまり権原のみのレヴェルで占有も移転するという考え方に極めて近い．相続，しかも hereditatis possessio 抜きの直接承継，であるからこそこの概念構成で何とかなるのか，それとも全く違法な論理構成か，見解は分かれ続ける（近代における評価は概して厳しい）．

とはいえ，possessio civilis という新しい概念と共に，(Cicero がまさに曖昧にしている部分であるが）占有概念は辛うじて自己を貫く．有効な買主といえどもいきなり乗りこんで来てはならない．traditio が不可欠であり，それまでは Aebutius をされても文句が言えない．対抗 Aebutius をすれば重大な違法行為である．これがローマから近代の正統的な法学的概念構成に引き継がれる有因主義である[6]．一面で当たり前のことである．つまり占有原則そのものである[7]．しかし修正されている[8]．一旦 traditio がなされると[9]，ひとりだけ今まで一度も入ったことがなくとも彼の接近を拒絶しえない者が指定される．指定席が用意され，指定席に座る人物も特定される．Cicero のテクストにおいてはまだ少なくともテクニカルでないが，この者はやがてテクニカルに "dominus" 所有権者と呼ばれ，権原と市民的占有の両方を備えた完璧な dominus がそのようにして持っている客体が dominium 所有権と呼ばれる．これは決して単純な帰属概念でなく[10]，複雑な関係の中に在り，かつまた複雑な構造を前提し，かつまた幾つかの層の概念を下敷きにしている，ということを忘れるべきではない[11]．占有，そしてその複雑型，ばかりでなく，実は bona fides が予定されている．Caesennia や Caecina の階層を考えればわかるばかりでなく，売買や相続を生命線としていることは自明である．Cicero は迷わず animus 精神という語を用いた．直接的に領域的な関係から一段離れた位置に dominus は居る．socii のあの都市から確かに一段領域の側に降りて行ってはいるが．Caecina が fundus Fulcinianus に入って真っ先に気にするのは帳簿である．

以上の問題と実力の問題は確かに密接に関係しているが，例によって Cicero によって意識的に混同されているから幻惑されてはならない．「指定席の男」dominus に抵抗するためには糾合が必要であろう．だからこそ dominium の問題と vis armata の問題は無関係ではない．しかし，指定席の男と全く無関係に複合 fundus 内に勝手に武装集団が結成されたらどうか．隣の fundus にしかし決して侵入しない．そこに有るのは危険だけである．これに対して占有のパラデイクマが何かできるか．この問題は一つ独立のものとして成り立つ．

3 dominium

　もう一つ隠れた問題は，possesio civilis および「踏み台占有」とはさらに別に，第三に，複合体の個々の土地片の占有が有る，ということである[12]．ここにも colonus の語を用いることが混乱を防ぐ所以であるが，この colonus はもちろん本来の意味の占有を到底持ちえないとして，しかし例えば Aebutius の如き者が勝手に colonus の領分に介入しやがて追い払ったならばどうであろうか．fundus 内は一気に軍事化する．上の危険を発生させるばかりか，これは dominus にとってダメージとなる．colonus のところが安定していてこそ，頂点に経営（帳簿）が確立され，これをまた（ここを離れながら）一個の価値ある対象として動かす余地が生まれているのである．翻って考えれば，Tiberius Gracchus の問題提起が今思いも寄らぬ方向で解決されようとしているのであり，そして Tiberius の意図に関するテクストにはこの解決の方向が明らかに投影されていた．しかるにまさにこの脈絡において，colonus は鍵を握っているのである．

　にもかかわらず，見通しは明るくない．何故ならば，例えばまさにこの colonus は既存の如何なる概念装置によっても構造を支ええない位置に置かれている．ここには光が差さない．〈分節〉構造はもちろん無い．〈二重分節〉システムは及ばない．何か複合体の内部に閉じこめられている．そもそも政治システムから見てこの複合体の内部は透明でない．政治と法からして定義できない人的関係が内部に発生している．初めから，厄介なことの温床にならなければよいがという悪い予感がする．そのうえ，特権的な「指定席の男」に対してだけ門が開く，彼にだけ忠誠を尽くすように命じられている「改心した Aebutius」が居る．この関係こそ，政治と法の概念に反するものである．確かに共和初期，ローマの領域には少し似た関係が有った．しかしそれはそれで強烈な連帯と一体感に支えられていた．今回は，同一の形態の実力が向かう方向によって合法にも違法にもなる．まして，dominus が指揮してその形態が有るというのであれば，それが違法な形態に対する救済手段となる．内部での反抗，外部からの侵入，いずれに対しても fundus 内軍事化で対処されるだろう．しかしその同じ形態が dominus 追い落としに使われれば，最も重大な罪である．区別は内心（animus）次第であるから，dominus は疑心暗鬼になり，「危険」を外部ではなく dominus がいち早く察知するのみならず，妄想する．上から

弾圧する．初めて合法的な軍事化が内に向かう．Sulla が初めて破った点である．しかしあれはまさに政治的パラデイクマに反する行為であった．

それでもこうした構造は，少なくとも束の間は，領域の軍事化を防ぎ，そして何よりも内部に二重構造を蓄えてこれを譲らない独立の〈二重分節〉単位というものを実現する．自由の先験的単位であるかのように感じうるし，初めて政治システムに依存しない自由というものが存在しうるかのようにも感じさせる．これらのこと自体，大きな精神的可能性を切り開くのである．

[3・3・1] possessio civilis については，或る意味で取得時効適格の占有という Savigny の把握に尽きる部分が有る．しかし第一に，彼がその的確なテクスト分析によって占有の諸類型に明確な見通しを与えた瞬間，彼のその philologisch な分析の意図された効果として，possessio は単一の相の下に生きることとなり，possessio civilis も生命を終えてしまった．第二に，当然ながら，possessio civilis が現れるのは何時で何故かということは体系思考の中では問われない．この概念が抱える深刻な軋轢は視界から消える．Savigny 批判で幕を開ける激しい占有論争の中でも，かくして possessio civilis は「かつての講学上の概念」としての静かな余生を送り，唯一 interpolatio 狩の時期にこうした分類概念がビザンツ的等としてその餌食になったにとどまる．頂点は S. Riccobono, Zur Terminologie der Besitzverhältnisse, *SZ*, 31, 1910, S. 321ff. であり，poss. civ. は一転凡そ「（特に ius civile 上の）法的効果をもたらす占有」と解され，Savigny が批判される．これを鋭く批判する W. Kunkel, Civilis und naturalis possessio. Eine Untersuchung über Terminologie und Struktur der römischen Besitzlehre, in : AA. VV., *Symbolae Friburgensis in honorem Ottonis Lenel*, Leipzig, 1935, S. 40ff. は interpolatio の一部を否定し，古典期には Riccobono の主張するような明確な概念化は存在しないとする．現在ではおそらく誰の関心も惹かない．実定法上もその欠落に苦しむ場面が有るというのに．

[3・3・2] Iulianus による D. 41, 5, 2, 1 : Quod vulgo respondetur, causam possessionis neminem sibi mutare posse, sic accipiendum est ut possessio non solum civilis, sed etiam naturalis intellegatur, et propterea responsum est neque colonum, neque eum apud quem res deposita aut cui commodata est lucri faciendi causa pro herede usucapere posse. は Aebutius 対策そのものである．まず占有判断，特に possessio civilis，において原因（売買か相続か）が決定的に重要となるが，そこに possessio naturalis が絡む．占有判断は領域上の形態を下から積み上げて行われ，だからこそ usucapio が認められるのであるが，今や，Aebutius がそのことをよいことに Caesennia の相続人としての占有者（個別割付占有者）に何時の間にか横滑りすることは認められない（poss. nat. をプリテンドしうる Aebutius ないし colonus の両義性については触れた）．唯一の識別根拠は causa であり，Aebutius の possessio naturalis にも causa による識別は適用されるというのである．同じ Iulianus の D. 41, 3, 33, 1 : nec causam possessionis sibi mutare videbitur. Cum haec igitur recipiantur in eius persona, qui possessionem habet, quanto magis in colono recipienda sunt, qui nec vivo nec mortuo domino ullam possessionem habet. Et certe si colonus mortuo domino emerit fundum ab eo qui existimabat se heredem eius vel bonorum possessorem esse, incipiet pro emptore possidere. も同様であり，Aebutius はあらためて競落によって相続財産占有者から引き渡されなければならない．手続を経れば causa の変更は許されるというのである．

〔3・3・3〕　後の法学者達の間で，そもそも「possessio 無くして deicere されたと主張しうる」点が受け入れられた形跡が無いのと同様に，「possessio 無くして入りうる」ことも論外とされた．つまり有因主義は，第一に，原因と別個に引渡が無ければ占有は移転しない，原因を欠く引渡といえども占有移転としては有効である，返還には別途手続を要する，と考える．しかし第二に，(正しい) 原因を欠く占有取得は欠格事由を有する，例えば取得時効のためには足りない，とも (時として) 考える．後者は，そのままではないとしても，Caecina を弁護する Cicero の論理に極めて近く，"iusta causa" に大きな意義を求める思考をこそ Cicero は大きく準備した，と言いうる．対抗によって発展する点はなおも続いたと見られることには，例えば錯誤のため無効の売買契約によって占有が移転したとき，iusta causa が無いからこの占有には時効資格が無い (しかし善意の場合には有る) と考えるか，iusta causa は有るから時効資格が認められる (しかし悪意の場合には無い) と考えるか，紙一重である (Pothier の b. f. 重視を見よ)．いずれにせよ法学者達は対抗に耐えかねてか，前主における dominium の有無，dominium 承継の有無，をメルクマールとし始め，「所有権移転」が有るかどうか，というタームで論ずることしかしなくなる．個々の占有問題を区々論ずる思考様式を崩落させたのである．

〔3・3・4〕　実はこれが possessio naturalis であり，このことは Savigny がつきとめた (再び Pothier を見よ)．不思議とその後この Savigny の発見に誰も注目しない．もっとも，Savigny 自身，取得時効適格でもなく，端的な interdictum 適格でもない，例えば dos に際して見られるような占有，としか述べず，概念の意義について何ら考察していない．そのような不可思議な占有概念が何故必要かと言えばわれわれが例解した通りであり，Caecina のために Aebutius に奮闘してもらわねばならない場合がある．通常は隠れていて占有と認められない．しかし possessio civilis が空洞化したときに，踏み台が踏み台の資格で (決して dominus の占有を乗っ取らず) 現れて作用を果たす．これが possessio naturalis である．Riccobono, Zur Terminologie, S. 325ff. は凡そ法的効果に結び付かない保持のことであると解した．これを支持しうるテクストも多い．しかし Kunkel, Civilis und naturalis, S. 49ff. は interdictum に possessio naturalis を結び付けるテクストを復権した．彼は，所有権取得の脈絡においてはっきりと civilis/naturalis が意識されるが，他面この脈絡外の possessio は一律 naturalis とされるばらつきが存在するという (S. 61)．G. MacCormack, Naturalis possessio, *SZ*, 84, 1967, S. 47ff. はついに interpolatio という最後の史料批判もやめてテクストを一列に並べ，グループ毎に poss. nat. は「(それだけでは法的効果に結び付かない) 占有概念の実力契機」，「それだけで法的効果に結び付く事実としての保持」，「法的効果としての事実上の保持」，「告示上の責任基礎」を意味するとする (今日では認識は一層幼稚化し，B. Albanese, *Le situazioni possessorie*, p. 58s. は「所持」=「他主占有」のことであるとし，R. Böhr, *Das Verbot der eigenmächtigen Besitzumwandlung im römischen Privatrecht*, München, 2002, S. 85ff. は学生風通説再述として「凡そ時効適格としての possessio civilis でないもの」とするが，いずれもテクストを全然読めていない)．いずれにせよ決定的であるのは Savigny が引く D. 43, 16, 9-10 : Deicitur is qui possidet, sive civilis sive naturalis possideat : nam et naturalis possessio ad hoc interdictum pertinet. Denique et si maritus uxori donavit eaque deiecta sit, poterit interdicto uti : non tamen colonus. である．Riccobono は interpolatio を随所に認め全体として Justinianus 期に位置付けるが，この法文に思考の乱れは認められない．焦点はしっかりと poss. nat. に合っている．それは uxor が持ち colonus が持たないもので，interdictum 適格である．poss. civ. と「踏み台」を分節的にして信用で繋ぐことはサプリースのようにさしづめ dominium の骨格を公示するようなものである．しかしこれは簡単には認められない，つまり上

級 colonus がだからといって主張しても通らない．Caesennia と Aebutius の違いである．こうした概念が Servius に遡るらしい痕跡が遺る．Iulianus の D. 41, 5, 2, 2: Filium quoque donatam rem a patre pro herede negavit usucapere Servius, scilicet qui existimabat naturalem possessionem penes eum fuisse vivo patre. である．そうすると，例えば D. 45, 1, 38, 7: sed quamvis civili iure servus non possideat, ad possessionem naturalem hoc referendum est も単純ではない可能性が有る．「servus にも保持は有る」と言っているのではなく，procurator や peculium といった形式で浮上した Aebutius が頑張る姿であるかもしれない．さらに D. 41, 2, 12 pr.: Naturaliter videtur possidere is qui usum fructum habet も有る．もちろんこうした繊細な構造が崩れるとき概念は維持されないから，比較的早くから Riccobono が主張する用法が多数現れたことも否定しえない．それでも civilis/naturalis の対が何に関連しているかは明白である．

〔3・3・5〕 かくして dominium は，実は単なる二重構造ではなく，二重の二重構造である．単純な占有のレヴェルを脱した次元が開けているが，この平面において権原と占有（この場合 possessio civilis）の二重になっており，二枚のカードを持たなければ dominus ではない．反対に一度でも二枚持つと，どちらか一枚だけ得た者に対して優越する．一枚失っていながら．引渡がなされても契約が無効ならば取り返しうるし，契約が有効でも引渡がなされなければ契約責任しか発生させず，rei vindicatio はできない．翻って考えればしかし，まさにこの (Caecina の) ように，dominium は占有の確保を指導理念とする．そのかわり possessio civilis という目に見えないもので，信義に基づき，下部単位による支持構造尊重義務に服するが．こうして rei vindicatio は復権したと考えられる．元来，占有移転の瑕疵を遡らせ，auctoritas 構造欠落を主張し，forum の名において取り戻す，ことは裁判を通じて可能であったと思われるが，bona fides の登場とともに関心は薄れたと推測される．causa liberalis において訴訟上の地位を転換された実質上の被告が必死に防御する中で「元来も自分のものである」と論証するのが関の山で，何かの間違いで行ってしまった物の現物への関心は低いに違いなく，bona fides に欠けた相手方を追求するか，bona fides に欠けなかった相手方との帳尻を合わせる，にすぎなかったであろう（直接の相手に占有が残っていれば，これは自発的に返還されるし，特定の文脈においては aedilis が原状回復させる）．ところが dominium の登場は，有因主義故に幾らでも占有の回復を概念させることになる．問題はこの関係をどのようなレールに乗せるかである．一方には占有の問題であるから絶対であるということがある．しかし他方にはまさに被告の占有が尊重される．前者はさらに，売買契約等における引渡債務者の地位を類推させる．善管注意義務である．訴訟で被告になった途端，これが発生するのか．否，事柄が異なるか．やけになった被告が毀損させたり転売したらどうか．それだけで責任が生ずるか．故意の場合だけか．否，(dominium 故に容易に概念される) 過失についてもか．19 世紀以降の法学者もローマ元首政期の法学者も区々に分かれて論陣を構える (vgl. Wimmer, *Besitz und Haftung des Vindikationsbeklagten*, Köln, 1995)．dominium のディレンマが手に取るようである．

〔3・3・6〕 この正統に対して牙をむいたのが 19 世紀以降の法の歴史である．その前に「所有権の移転」というテーマが「普通法的」に図式化され，自然法的に単純志向となる．その思惑は多岐にわたったと思われるが，最後に「所有権が合意のみによって移転する」という理想が宣言される．にもかかわらず（ないしその故に）フランスで登記実務が正統の有因主義を維持するが，Savigny の物権行為を経て，少なくとも Jehring 以来，反動のように，ローマの所有権移転を「近代のそれ」と対比して実力に基礎付ける反対の一元主義，無因主義，も現れる．mancipatio の再発掘は大きな役割を果たし，政治性＝権力性を強調すべく放棄／原

3 dominium

始取得の二段階が存したなどという構成さえ提案された．崇める風さえ存する．実定法の無因的ないし占有無視的傾向と無関係でない．性急な産業化のコロラリーであることは明らかである．F. Gallo, *Studi sul trasferimento della proprietà in diritto romano,* Torino, 1955 の大きな功績は，まず dominium の段階を legis actio の段階とはっきり区別し，後者について留保した上で，少なくとも dominium の段階では放棄／原始取得の二段階など認められず，一体的双方的行為としての traditio が決定的であるということを論証した．古典的な *Digesta* の法文を引くだけでよかったとはいえ (p. 75ss.)．その経済性 (＝非政治性) をはっきりと認識し，無意識に mancipatio ないし占有直接連関からの離脱を指摘したことになる．

〔3・3・7〕 第一の側面は，如何なる原因が有ろうとも引渡が無ければ取得できない，というものである．このとき重要であるのは，引渡が何に関わり，何が取得できないのか，ということである．この点の把握が粗雑であると混乱する．事実中世以来混乱の歴史を辿ってきた．引渡はこの場合 possessio civilis の移転であり，取得するのは dominium である．この側面は，C. 2, 3, 20 : Traditionibus...dominia rerum non nudis pactis transferetur が格言となって，圧倒的な正統となった．このことは公知の事実である．とはいえ，法文に明確な定式化が見られるわけでもなければ，豊富な量が有るわけでも，多くの事例を通じて原則が敷衍されているわけでも，ない．したがってこの原則が何を意味し何故重要であるのかという考察を導く材料は皆無と言ってよい．かくして Gallo, *Trasferimento* でさえ「合意のみで所有権を移転させる」近代との差を「限界」として指摘する (p. 125ss.)．W. M. Gordon, *Studies in the Transfer of Property by Traditio,* Aberdeen, 1970, p. 9ff. も，何故ローマ法で合意のみによる所有権移転への発展にブレーキがかかったかと問い，債権優位 (対物訴権劣勢) や金銭賠償原則を理由として挙げる．こういう「近代」ならば既に Cicero のレトリックの中に存在する．また，「引渡が無ければ所有権は移らない」とするか「所有権は移っても引渡までは占有を主張しえない」(買主が所有権に基づく物権的請求権を有するわけではない) とするかの差異は無視しえないにしても，占有から見れば共に大原則に従うものである．これを共に打ち破る動きは「近代」にとっても致命傷になりかねなかった．そもそも，移転対象は単なる帰属関係でなく特殊な，dominium という，代物である．したがって possessio civilis が鍵を握り，引渡自体場合によって「合意」とさえ捉えうる性質のものであり，移転してしまったとしても取り返すのも相対的に簡単で，ただし bona fides を要求される．だからこそこれを登記制度 (透明性！) にリンクさせうるのである．登記＝記号によって表象せざるをえない，とさえ言える．これと端的な占有は別次元に立つ．Pothier, Savigny などまでは見られるこうした繊細な感覚は現代には見られないし，また実は法文にも見られない．

〔3・3・8〕 第二の側面は，引渡が有ったとしても原因が欠ければ移転しない，というものである．移転の対象はもちろん dominium である．引渡はここでも possessio civilis に関わる．こちらの側面は中世以来 "iusta causa traditionis" というトポスによって論じられてきた．むしろこちらが (有因主義を巡る) 法学的論争のパラデイクマであり続けてきた．中でも Iulianus vs. Ulpianus は格好の論題を提供してきた．D. 41, 1, 36 (Iul. 3 Digestorum): Cum in corpus quidem quod traditur consentiamus, in causis vero dissentiamus, non animadverto, cur inefficax sit traditio, veluti si ego credam me ex testamento tibi obligatum esse, ut fundum tradam, tu existimes ex stipulatu tibi eum deberi...は「原因について錯誤が存しても引渡が有れば所有権を移転させる」と解されてきた (cf. R. Evans-Jones, G. D. MacCormack, Iusta causa traditionis, in : Birks, ed., *New Perspectives,* p. 103)．これに対して D. 12, 1, 18 (Ulp. 7 Digestorum): Si ego pecuniam tibi quasi donaturus dedero, tu quasi mutuam accipias, Iulianus scribit donationem non esse : sed an mutua sit, videndum. Et puto nec mutuam esse magisque nummos accipientis non fieri, cum alia opinione acceperit. は「原因に関する錯誤は所有権を移転させない」と解された（cf. *ibid.*, p. 105). しかし第一に Ulpianus 文は Iulianus 文引用部後続の金銭に関わる部分に反応し，もっぱら金銭給付に関わる．これは明らかに condictio indebiti 等々のジャンルに属し，dominium ないし fundus の連関に属さない（cf. W. M. Gordon, The importance of the *iusta causa of traditio*, in: Birks, ed., *New Perspectives*, p. 127f.). 第二に Iulianus 文は「traditio は有効である」と言っているにすぎず，所有権が移転するとは言っていない．引渡が有効であるならば即所有権が移転するというバイアスのみが伝統的な解釈を支える．原因はどうあれ traditio が traditio として有効である要件というものがあり，Iulianus はこれはこれとして別であると主張している．このとき占有は独自になり，所有権は移転しないから取り戻しは可能である．rei vindicatio により何ができて何ができないかはまた別論である．第三に Iulianus 文において顕著であるのは traditio が合意のターム ("consentiamus") で捉えられているということである．"corpus" という二元論のタームと oblique な関係を結んでいる．明らかに，possessio civilis だからこそ原因たる合意と引渡が連続的で混同される，がしかし混同してはならない，と Iulianus は言っているのである．つまりこのテクストは何よりも先述の「第一の側面」を雄弁かつ正確に表現している．第四に，possessio civilis だからこそ pecunia の問題と連続的である，という意識が Iulianus には有って Ulpianus には無い．後者は "accipientis fieri" で素朴な帰属概念を暴露し，所有権と占有を区別できない．原因の錯誤が金銭の移転そのものをストップさせる．Iulianus であれば移転させておいて取り戻させる方策を講じうるし，他方移転自体の固有の要件を探りうる（誤振込み等）．Ulpianus においては Iulianus に存在した fundus/pecunia の立体感も消えている（Gordon, The *iusta causa of traditio*, p. 129f. が嘆く「法文上における売買＝引渡という典型例の欠落」は Ulpianus の意識を見れば簡単に理解できる）．かくして Ulpianus の方が有因主義を担ってきたのはまさに歴史の皮肉である．それでも有因主義が正確に理解されたならばよいが，例えば M. Kaser, Zur "iusta causa traditionis", *BIDR*, 64, 1961, S. 61ff. とこれに続く G. Jahr, Zur iusta causa traditionis, *SZ*, 80, 1963, S. 141ff. のように，causa usucapionis, solutionis, dotis 等々を一緒くたにして所有権把握に向かう teleologisch な意思＝行為連続体をスコラ的に概念する学説を見る（Evans-Jones, MacCormack, Iusta causa traditionis は解体の試みである）とき，精密な概念の獲得は不可欠と思われる．

〔3・3・9〕 若干の法文は引渡のみならず反対給付＝対価も必要であるとする．ないし少なくとも「対価に関する支払保証」を必要と考える（cf. G. G. Archi, *Il trasferimento della proprietà nella compravendita romana*, Padova, 1934). 学説上もかくして，引渡のみでよいかそれとも対価を要するか，争われる．少なくとも引渡は不可欠であるという準則自体は動かないという Gordon, *Transfer of Property*, p. 10 の指摘も有るものの，そうした若干の法文の背後には重要な問題が横たわる．本来，合意が存在し，占有移転も行われた，しかし対価の支払いはまだである，とき，売主は元来対価に対する債権のみを有し，それで足りる．にもかかわらず対価を得るまで「所有権」を留保したいという売主の動機は何であろうか．買主がうまく売り抜けて金銭が回ってくる事態以外のことが生ずるのを恐れるのではないか．domini 間取引の圏外に fundus が出たとき，そして買主が外にいるその第三者から金銭を回収できないとき，つまり買主の信用が極小化したとき，売主は物的な権能を留保したくなる．ということは，当事者がすぐ外側に自分達の取引圏とは異質な世界を意識していればいるほど留保の判断は強くなる．逆に言えば，domini 間の取引はやはり possessio civilis のレヴェルで収益目的＝信用回収を本旨とするということである．

〔3・3・10〕 現在のローマ法学においては，(Gallo 等にかかわらず）驚くべき理解が流布してい

3 dominium

る．例えば Kaser, *RPR*, S. 402 は "dominium ex iure Quiritium" という形容矛盾のような（しかし実際に使われた）タームを真に受け，legis actio 下の meum esse ex iure Quiritium と dominium を区別せず（「所有権が絶対化」する部分の内容が希薄なわけである），traditio は praetor の便法であり元来非ローマ市民に関わる，とされる．これを裏書する G. Grosso, *Schemi giuridici e società nella storia del diritto romano*, Torino, 1970, p. 140s. は "dominium" は Alfenus からという Monier の見解に従いながら，meum esse ex iure Quiritium にニュアンスの差（力にかわって経済）が加わっただけとする（p. 144："Questo spostamento di contenuto e di accento, che avviene attraverso sfumature complesse e sfasamenti di termini, conserva la unità e continuità dello schema nella sua semplicità, cioè del meum esse (ex iure Quiritium), che esprime la attribuzione di un oggetto al potere di un soggetto..."）．もちろん，既に法文において，bona と dominium の区別が後者を "ius civile" に方向付けることによってなされる傾向が存する．これに依拠して meum esse/dominium 連続体が出来上がる．どのように問題を孕もうとも「ローマ法」が生み出した頂点のメカニズム，中世イタリア以来とにもかくにも金科玉条とされてきた二段構造・有因主義，についての叙述を結局これらの「教科書」は事実上放棄するが，占有原則放棄（占有概念が理解できなくなってしまったこと）の帰結であることは自明である．

〔3・3・11〕 「引渡無ければ所有権移転無し」はローマ法の諸原則の中で最も著名とさえ言われるが，実際には法文も学説も右往左往の状態である．これは既に述べたとおりであり，概念自体の複雑さに起因するが，もう一つ，「所有権移転の態様」が列挙される中に時効，先占等と並んで引渡 traditio が挙げられてしまった，ことがある．すると何か traditio は「所有権移転」の自足的一方法のように誤解される．一方でこうした法文は現実の二段構造崩壊に対応していた可能性，占有原則が実力現実主義に置き換わった状況に対応していた可能性，が有る．しかし他方で，売買等の後 traditio こそが所有権移転の行為と概念された，つまり possessio civilis がその性質ゆえにこそ dominium と近似的に等置された，可能性も有る．いずれにせよ例えば P. Voci, *Modi di acquisto della proprietà*, Milano, 1952, p. 67ss. に至ってなお，この図式で traditio を捉え，上の二つの事情には無頓着である．原則の一側面肥大＝自足化の理由は dominium についての無理解，畢竟は占有についての無理解，「所有権」だけを扱う vulgarization，に基づく．

〔3・3・12〕 cf. D. 43, 16, 18pr.: Cum fundum qui locaverat vendidisset, iussit emptorem in vacuam possessionem ire, quem colonus intrare prohibuit: postea emptor vi colonum expulit. De interdictis unde vi quaestum est. Placebat colonum interdicto venditori teneri, quia nihil interesset, ipsum an alium ex voluntate eius missum intrare prohibuerit... Emptorem quoque, qui postea vim adhibuit, et ipsum interdicto colono teneri: non enim ab ipso, sed a venditore per vim fundum esse possessum, cui possessio esset ablata. 買主が「空洞の占有」へと引き渡されたと思い込んで入って行くと colonus にブロックされた．そこで実力でその colonus を駆逐した．占有訴訟となる（まるで Caecina のケースである）．何と売主に対する colonus の占有侵害であるという．買主は売主の占有を代弁する．colonus の拒絶は違法である．しかし他方，だからといって（拒絶しない）colonus を買主が駆逐したとき，彼は端的に対 colonus 占有侵害をしたことになる．まだ彼のものでない占有を奪ったからであるという．このように間接的に colonus は占有連関の主人公でありうる．

3·4

　法，即ち法的パラデイクマ，つまりは Verginia-exemplum iuridicum の発展諸ヴァージョン，は根底に占有概念を有する以上，その占有概念が以上のように転回して再構造化されたとき，全体として大きくその相貌を変えざるをえない．或いは少なくとも，大きく相貌を変えた新たな層を堆積させざるをえない．実際この変化は全面的で，したがって多岐にわたり，大きく捉えればこの膨大な層がわれわれに伝えられ，そして依然われわれの法的観念体系の中で大きな地位を占めているのである[1]．

　新しい占有概念は，例えば不法行為法を直ちに変える．もっとも，ここまで不法行為についてはわずかしか述べて来なかった．しかし十二表法にその起源が在ることは伝承が一致して承認するところであり，"iniuria" の語が十二表法テクストに存在しなかったとしても，後継立法はこの語を使って十二表法の「自由人身体損害」，paradigmatique には「手足を折る」行為，を想起していった (II-3-8)．賠償思考は枝分節を呼び醒ますから政治システムや占有に嫌われるが，自由人の殺害が端的な crimen となる場合にこれと峻別しうる傷害に関するのならば，枝分節構造は極小化しうる．自由人の頭ないし精神と手足の間の間隔しかない．賠償は極力懲罰的なものにされたであろう．確かに人格の破壊ではない以上政治システムの骨格に触れないが，身体も重要であり，傷害へのサンクションは領域も重要であるというメッセージに連動していて，plebs の例外的な横断的結合体が古い部族的意識を発掘した一環として浮上したものであろう．かくして不法行為法の歴史は少しずつ立法によってこの中核に対し対象を拡大していく過程である．そして立法の形式は tr. pl. 主導の plebiscitum であるということになる．つまり正規の exemplum iuridicum に対して常に「部外者」たり続けるのである．もちろん占有が賠償思考を嫌うからである．

　そうした立法の中で後代あらゆる場合に必ず引かれるのが lex Aquilia であり，訴権自体特殊な法源を有することからして "actio Aquiliana" ないし単に "Aquiliana" とさえ呼ばれる．lex Aquiliana の年代を特定することはできないが，lex Hortensia を連想する伝承は plebiscitum という形式に引かれたのであろうとしても，3世紀前半に想定する多数説は首肯しうる[2]．何故ならば既に

3 dominium

述べたようにこの時期に（領域の単純な）占有概念に最初の変化が認められるからである．iniuria 概念の根底には占有が有る．身体は占有の根幹であるが，そこに損害 damnum が生じたとしても何ら占有が侵害されていなければ iniuria にはならない．公共の儀礼空間における競技で相手を傷つけても iniuria ではない（D. IX, 2. 6. 4）．ここでは占有は成り立たないからである（今日では「違法性が阻却される」と言われる）．勝手に入って来た者が庭の切り株に躓いたとしても iniuria ではない．他面損害は不可欠である．というのも damnum が無ければ占有侵害が有ってもそれは占有のみによって解決しうる．占有が回復されてもなお失われた部分が有るとき，初めて不法行為法は発動される．つまりこの部分については回復しようがないので代償として金銭が支払われる．しかるに lex Aquilia のテクストのうち比較的確かであるのは，「他人の（男女）奴隷ないし四つ足の家畜を iniuria によって殺害した者は」（D. IX, 2, 2pr.: qui servum servamve, alienum alienamve quadrupedem vel pecudem iniuria occiderit）「その年の最高市場価格によって，その分の金銭を奴隷・家畜の主人に支払うべく敗訴すべし」（quanti id in eo anno plurimi fuit, tantum aes dare domino damnas esto）である．つまり，まず自由人の身体からその支配下の人員へおそるおそる対象を拡大し，かつその人員の殺害に限定している．そしてしかし次に大胆に市場価格を想定している．自由人の身体に固執したのはかつて領域の強い連帯であった．その限りで賠償思考から派生する枝分節は極小化される．それに代替するのが「市場」であり，失った奴隷を金銭に換算し，金銭を同等の奴隷に換算しうる，というその市場がもたらす信用である．おそらく4世紀の後半から少しずつ領域に（新式の municipium で）この市場が組織されたと推測されることは既に見たが，3世紀の前半には占有を副次的に基礎付ける領域の非公式の横断的結合が大きな役割を果たし，法学に痕跡をとどめる．明らかにこの回路が lex Aquilia を成立させたと思われる．Gai. Inst. III, 215 が「第二項」として伝える adstipulator つまり誓約による連帯保証人を主債務者の詐害行為から保護する規定もこの推測を補強する．

しかるに，*Pro Tullio* は76年の praetor, M. Lucullus[3]がこの lex Aquilia に対して追加的に発給した告示に基づく訴えの原告のためのものであった（4, 8）．「彼は初めてこの法廷を設立した．誰もが自分の人員を十分に抑えるようにと，

その結果武装集団が誰に対しても損害を与えないばかりか損害を受けた者が武装集団によってでなく法によって防御するようにと．彼は損害については lex Aquilia が有ることを重々知っていたが，……当時はまだ武装糾合組織による実力行使について（de vi coactis armatisque hominibus）の法廷など必要が無かった」(primus hoc iudicium composuit et id spectavit ut omnes ita familias suas continerent ut non modo armati damnum nemini darent verum etiam lacessiti iure se potius quam armis defenderent; et cum sciret de damno legem esse Aquilia, ... nihil opus fuisse iudicio de vi coactis armatisque hominibus）ことを考慮して付け加えた，という．内戦の現実を重く受け止め，「人員組織によってなされたと主張する事柄に対しては人員組織全体に対する（in universam familiam）訴えが認められねばならないとも考えたし，可能な限り迅速に判決するために recuperatores を陪審とするのでなければならないとも考え，また一層重い懲罰的賠償が課されねばならないとも考えた」(5, 10: necesse putavit esse et in universam familiam iudicium dare, quod a familia factum diceretur, et recuperatores dare, ut quam primum res iudicaretur, et poenam graviorem constituere）．そして Cicero は弁論全体の鍵になる事柄に触れる．lex Aquilia に存する "damnum iniuria" が「逃げ場」(latebra) となるので，Lucullus はこれを取り去った，というのである．事柄はこの "iniuria" という部分に関わる．recuperatores にきかれた問いの正式のフォーミュラはこうである．「P. Fabius の人員が武装糾合組織の実力によって（VI HOMINIBVS ARMATIS COACTISVE）故意に（DOLO MALO）M. Tullius に与えた損害（DAMNVM DATVM）はどれだけの金銭に値すると考えられるか」(3, 7: QVANTAE PECVNIAE PARET DOLO MALO FAMILIAE P. FABI VI HOMINIBVS ARMATIS COACTISVE DAMNVM DATVM ESSE M. TVLLIO). この金額に対して四倍額（in quadruplum）の賠償が課されるという．確かに lex Aquilia において "damnum" に寄り添っていた "iniuria" が消えている．替わりに入ったのは「故意に」(dolo malo) であり[4]，われわれを散々悩ませた「武装糾合組織の実力行使によって）(vi coactis armatisque hominibus) である．これは何を意味するか．Cicero は，もし通常型であれば「recuperatores でなく通常の審判人が与えられただろう，人員全体に対して（in universam familiam）でなく，誰か特に名指しで

3 dominium

指定された争うべき相手に対して (in eum quicum nominatim ageretur) であったろう，四倍額でなく二倍額であったろう，damnum には iniuria が付されていただろう．この (recuperatores) の法廷を設立した者も，損害なしには決して訴えることが出来ないその他の損害の場合には (de ceteris damnis) 決して lex Aquilia の規定をはずそうとしたのではない」(17, 41: nec recuperatores potius darent quam iudicem nec in universam familiam, sed in eum quicum nominatim ageretur, nec in quadruplum, sed in duplum, et ad "DAMNVM" adderetur "INIVRIA". Neque enim is qui hoc iudicium dedit, de ceteris damnis ab lege Aquilia recedit, in quibus nihil agitur nisi damnum)，しかし特別のタイプの軍事化をにらんで特則を設けたのである，と説明する．

　Cicero は何故「その他の損害の場合には」(de ceteris damnis) と言うのか．通常型と特別型を分けるのは理解できる．しかし損害の区分をどうして区別の基準とするのであろうか．唯一の手掛かりは「人員全体に対して (in universam familiam) でなく，誰か特に名指しで指定された争うべき相手に対して (in eum quicum nominatim ageretur)」という部分である．明らかに何か全体とその一つ一つの構成要素が概念されている．「全体が動いて損害が発生したのならば全体に」，これが特別で，「一つ一つならばそれぞれに」，これが通常でありかつ残余である，というのである．さて，自由人の身体から出発し lex Aquilia とともにそれを奴隷の生命にまで拡張してきたわれわれもまた，「残余」に遭遇する．D. IX, 2, 27, 5 は何と lex Aquilia は「第三項」を有し，「人員と家畜を殺害する以外に残余の事柄につき (Ceterarum rerum) 他人に損害を発生せしめた者は，……直近30日におけるその物の価格を所有権者に (domino) 支払うべく敗訴すべし」(Ceterarum rerum praeter hominem et pecudem occisos si quis alteri damnum faxit, ...quanti ea res erit in diebus triginta proximis, tantum aes domino dare damnas esto) と規定していたと述べる[5]．何に対して残余か．直接的には前項の奴隷の殺害で，間接的には自由人の傷害も入る．したがって奴隷の傷害以下が概念されるのであり，テクストはそれによって解説し，しかも "iniuria" はここに付く．(「他の全ての損害につき」(de omni cetero damno) という強調形で伝えてくる) Gai. III, 217 はなかなか文言をそのまま伝えないが，こちらの場合も iniuria は解説のさらに細部に付く．*Pro*

Tullio は複合 fundus に関わった．少し雑に言えばここには二重に占有が成立していた．スケールを全体の占有に合わせるならば，頂点の dominus の殺害は論外として，まずは複合 fundus 中枢の破壊と各下部単位の頂点の破壊が古典的な iniuria のパラデイクマに合致する．しかし他面ではこれらの損害発生は侵害者の側が全単位を糾合し軍事化して襲った場合にのみ可能であろう．これは重大であり，だからこそ Cicero は盛んに対応する軍事化形態指示用語「武装糾合組織の実力行使によって」(vi coactis armatisque hominibus) を弁論全体で何度繰り返すか知れない．昔であるならば古典的なこのタイプが，占有のスケールが上がったため今や特殊になる．これに対して占有のスケールを下げると，そこには個々の下部単位が現れる．互いに境界を接する下部単位どうしの衝突が全体を煩わせる必要は無い．「誰か特に名指しで指定された争うべき相手に対して」(in eum quicum nominatim ageretur) はこのことであり，損害賠償である以上，dominus から見れば人員の一部にすぎない頂点の，そのまた身体以下のものの破損に対してのみ認められる．この場合この次元で占有要件が効いてくるのは当然であり，Cicero はこのことを強調する．つまり "iniuria" とはこのことである．反対に特別型では軍事化の事実さえ論証すれば自動的に賠償が認められる，というのが Cicero の立場であり，*Pro Caecina* における論証の線と一致する．"iniuria" は要件として不要と言うことになる[6]．ならば法学者達に流れていったテクストにおける "iniuria" の不安定はどう説明できるか．同じ「残余」に関して Cicero とこれらのテクストが想定する賠償先が違う．否，正確には，違うる．Cicero は被告に固執しそれを「残余」=「通常型」に関して下部単位に設定する．原告については言わないが原告も同じレヴェルであろう．これに対して法学者のテクストは，原告についてであるが "dominus" と指定してくる．「第一項」の場合その意味は自明である．「奴隷」の殺害であるから，殺害された奴隷の「主人」に賠償するのは当然である．しかし占有のスケールが一つ降りたとき，この解決は自明ではない．賠償先=原告は二つ考えうる．Cicero はコントラストのため dominus とは言わない，或いは少なくとも dominus とは限らないと解する，のではないか．他方法学者のテクストは "dominus" によっておそらく帰責先=被告をも遡らせるに違いない．だからこそ iniuria は敢えて傷害事件の起こった末端で判断すると注意

してくるのである．

　以上のように対応していると考えれば，謎の「第三項」は少なくとも lex Aquilia の原テクストではありえない．そもそも法学者のテクストは細部で揺れるから，直接原点を見ているのではなく，tralatizio な性質のものであり，孫引きに孫引きを重ねたものである．その経過の中で少なくとも praetor が付した付加文言ないし抗弁はいつのまにかテクストを構成したに違いないし，法学者の tralatizio な解釈すら組み込まれたに違いない．これを如実に示すのが「残余」文言であり，Cicero のテクストとさえ符合する．しかも，原点に有るとすると実に意味不明である．何故奴隷の殺害と傷害のところで分けなければならないのか．そして何故 adstipulator を挟んで「第三項」なのか．確かに「第一項」と「第三項」で損害の市場評価の期間が違う．「一年間の最高」か「直近 30 日」か．前者が安定的で活発な市場の動く価格を念頭に置いているとすると，後者は領域での単発的な売買の標準である．前者が市場関係者の判定によるとすると，後者は近所の人々であり，recuperatores が相応しい[7]．この弁別は 3 世紀の boni viri には不要で，dominium にのみ必要である．

　Gaius が学説の資格で付加する但し書ないし抗弁はこうした成り立ちを例解する．「第一項」について述べた Gaius は，「しかし「iniuria によって殺害する」というのは，その者の故意（dolus）または過失（culpa）によってそれが起こったと解されなければならない」(III, 211 : Iniuria autem occidere intellegitur, cuius dolo aut culpa id acciderit)，と切り返す．さらに「他の如何なる法律によっても iniuria 無しで発生した損害については責任を問われない．したがって，過失も故意も無く偶発的に損害を発生せしめた者は罰せられない」(nec ulla alia lege damnum quod sine iniuria datur, reprehenditur ; itaque inpunitus est, qui sine culpa et dolo malo casu quodam damnum committit)．何故 iniuria を culpa et dolus malus に置き換える，或は限定するのか．おそらく，占有侵害と別個に責任を考える，以上は判断は二段になる．占有侵害が認定され，しかしまだ次の判断の審級が有る．これが Gaius の切り返しに対応する．ならば幻想の「第三項」にこそ相応しい．Cicero が想定するケースに関してはその必要が無いが，もし「通常型」責任を dominus にまで遡らせるのであれば，いずれにせよそこに第二段の判断，判断の分節，が現れる．事実の経過＝因果関係も

syntagmatique に分節されて二つになる．そして「第三項」の付加と，Gaius によるテクスト上の付加は実によく対応する．そして「第三項」により出来上がった思考形態で「第一項」の単純事案を見ればそこに二段自動充足，culpa+dolus，があるはずである．

さてすると，故意過失の問題は Cicero が弁論の軸に据えた Aquilius/Lucullus の二段と深く関係するということになる．Lucullus のフォーミュラにおいて事実「故意」dolus malus は決定的な要件である．そしてこの要件を Cicero は徹底的にあの vis の分類，vis cotidiana/vis armata，に関連付け，「誰か特に名指しで指定された争うべき相手に対して」(in eum quicum nominatim ageretur) と「人員全体に対して」(in universam familiam) の二項関係にも関連付ける．つまり三つのダイコトミーは連帯の関係にあるというのである．Cicero は dolus malus の概念を決して常識に委ねず厳密に分析する．そのうえで「Fabius に dolus malus 有り」を論証する．語からすると "dolus malus" は "bona fides" と polarité をなす．この polarité によって単純に機能する概念であった．つまり bona fides に合致する行為であるか，これを破壊する行為であるか．われわれにとってこれは「善意」―「悪意」で訳したくなる語用である．しかし Cicero は全く異なる語用を丁寧に論証する．おそらく dolus malus がこの分野に適用されるのはまだ新しいことであったと考えられる．

「われわれの証人は人が殺されたという．多くの地点で流血が有り，建物が侵奪されるのを見たという．それだけである．Fabius が何か？　これらについて何一つ否定しない．それだけですか？　自分の人員を集めました．どのような態様で？　武装糾合人員による実力の態様で．どんなパラデイクマのもとに (Quo animo)？　見ての通りのことが実現するようにと．ということは？M. Tullius の人員を殺すようにという仕方で．人々を一箇所に集め，武器を取らせ，明確な算段を持って明確な場所に向けて出発し，適当な時間をねらって殺害を実行する，というパラデイクマを意識に据えて (eo animo) した実行行為，これを彼らは意欲し思惟し実行した，その意思 (voluntas)，算段 (consilium)，行為 (factum)，を諸君は「故意」(dolus malus) と区別できるだろうか」(Nostri testes dicunt occisos homines; cruorem in locis pluribus, deiectum aedificium se vidisse dicunt; nihil amplius. Quid Fabius? Horum nihil negat. Quid ergo addit amplius ? Suam familiam fecisse dicit. Quo modo ? Vi hominibus armatis. Quo animo ? Vt id fieret quod factum est. Quod est id ? Vt homines M. Tulli. Occiderentur. Quod ergo eo animo factum est ut homines unum in locum convenirent, ut arma caperent, ut certo consilio certum in locum proficiscerentur, ut idoneum tempus eligerent, ut caedem facerent, id si voluerunt et cogitarunt et perfecerunt, potestis eam voluntatem, id consilium, id factum a dolo malo seiungere?). 結果として確定される単純な事実が有る．これと Fabius は一見何の関係も無いように見える．つまり両者の間には距離が有る．これを繋ぐのは何か．意欲であり精神（animus）である．その意味の「意思」(voluntas)，意図 consilium, である．つまり二元論の形而上学である．その特定的な一ヴァージョンである．かつ animus だけではそれは無である．Fabius と実行行為を繋ぐ部分に具体的な事実が並ばなければならない．それは組織である．組織は単なる人員の存在ではない．これに極めて明確な指示が与えられていなければならない．先に見た一点に統合されて「火の玉」の如くなった内的軍事化とパラレルである．Cicero が vis armata をパラデイクマとして引くわけである．以上が，dolus malus に他ならない，というのである．それは極めて具体的に分節した概念であり，確たる形而上学の上にのっている．そしてその形而上学の基本パラデイクマはあの複合 fundus によって見事に例解されるのである．事案自体が，二つの中心から複合 fundus を形成しようとして拡張する動きの相互干渉であった．そこでの実力衝突とそれにより発生した損害を捉えて責任を論ずるとき，確かに Cicero が概念規定した装置によるのでなければ捉ええないであろう．

　弁論はこの概念規定の一つ一つの要素を解説していく形で進む，ということはテクストが不完全であっても明瞭に見て取れる．第一は familia 人員の存在である（11, 27ff.）．当該 familia が familia として殺害に関与するつもりが無かったとしたら (si quae familia ipsa in caede interesse noluisset)，原告の論証は崩壊してしまう．familia が familia として武装集団行為によって損害を与えた (eam ipsam familiam vi armatis hominibus damnum dedisse) のでなければならない．そうでなければ dolus malus は論証されない．第二はその familia が取るべき特定の形態である．つまり vis armata の軍事化形態である．Cicero は，

「praetor達が近年与え続けているinterdictumの形式」(12, 29 : praetores per hos annos interdicere hoc modo) を引照して論証に換える[8]．これをdolus malusと同義であると捉えるのである．既に述べたようにこれがiniuriaの論証を省かせることになるが，同時に，少なくともiniuriaのジャンルにおいてdolus malusが論じられるのはvis armataが論じられるのと同じ新しさであるということになる．つまりdolus malusの責任とそうでない通常の責任を区別すること，通常の責任もゼロではない（bona fidesの対比においてはdolus malusが無ければ即責任ゼロであるからそこが違う）からそれについても考えなければならないということ，そうすると三分法（dolus malus, 通常有責，責任無し）で考えねばならず責任の側にはdolus malusと対をなす語が要請されるということ，そうでなくともおよそ責任有りはculpaの語で与えられるから（dolus malusでない）ただの責任には慣用としてculpaの語が対応していくようになること，はこの時期に新たに生じたことであるに違いない．

いずれにしてもCiceroにとって故意の問題は実力の形態の問題でも有り，「故意は実力に内在する」(in vi dolus malus inest)．しかし他方実力の特定の形態自体，特定の計画に向けて具体的に指示を出した（consilium inisse）ことを不可欠とする．告示のdolus malusはヨリ特定的にはこれに対応する，とCiceroは指摘し，行為が無ければ意図＝目的は認識できないが，この意図＝目的consiliumが無ければ行為も無い（13, 32 : cum consilium sine facto intellegi possit, factum sine consilio non possit）と一種の行為理論を述べる．しかもパラデイクマのsyntagmatiqueな分節の鎖の一つ一つにつきいちいち（singillatim）consiliumが無ければならないという．「彼らはM. Tulliusの人員に向かっていく時にconsiliumをキャッチする．つまり故意によって行為する．武具をとった．故意によって行為する．待ち伏せに最適の時間を設定する．故意によって行為する．実力によって建物内に侵入する．故意によって行為する．実力自身の中に故意が在る．人員を殺し建物を破壊する．故意なしには人を殺せないし，謀って他人に損害を与えるということはできない．全てのsyntagmatiqueな切片はその一つ一つに故意が付着するとき，諸君は全体について故意なしに実行されたと判断することができようか（14, 34 : Consilium capiunt ut ad servos M. Tulli veniant; dolo malo faciunt. Arma faciunt; dolo malo faciunt. Tempus ad insidiandum atque celandum idoneum eligunt; dolo malo faciunt. Vi in tectum inruunt; in ipsa vi dolus est. Occidunt homines, tectum diruunt; nec homo occidi nec consulto alteri damnum dari sine dolo malo potest. Ergo si omnes partes sunt eius modi ut in singulis dolus malus haereat, universam rem et totum facinus sine dolo malo factum iudicabitis?）．

　以上は一般的な行為理論ないし形而上学であるから，全ての行為にこのような構造を見ることも可能である．しかしながら元来は「通常型」が基本であり，単純な占有を概念して iniuria を主張することになる．原告の側から二重構造を指摘し，なおも被告に責任が遡るということになれば，これはよほどのことで重大であり，これが dolus malus の問題である．しかし二重構造は少なくとも単純な帰責を一旦遮断する．（「通常型」）被告の占有から損害が発生させられたように見えるが，実は二重構造が有り，下部単位の責任であって dominus たる自分には責任が及ばない，そこまでは統御できない，という抗弁である．これが「過失無し」（sine culpa）の抗弁であり，culpa の概念は二重構造，つまり占有の新しい概念構成，と寄り添うように，しかしながら抗弁の中で棲息した，と考えられる[9]．これは既に見た Gaius のテクストからも明らかであるが，D. IX, 2, 52, 4 に採録された大いに tralatizio な性質を有すると見られるパラデイクマ[10]もまたこのことをよく示す．「複数の者達がボールで遊んでいる．そのうちには奴隷の子供が混じっている．彼がボールを受け取ろうとして駆け出した時，別の奴隷がそれを転ばせ，足を折ってしまった．奴隷の子供の所有権者は lex Aquilia に基づいて転ばせた者を訴えることができるか．否という解答が与えられた．過失によるというよりは偶然になされたと考えられるからである」（Cum pila complures luderent, quidam ex his servilum, cum pilam percipere conaretur, impulit, servus cecidit et crus fregit: quaerebatur, an dominus servili lege Aquilia cum eo, cuius impulsu ceciderat, agere potest. respondi non posse, cum casu magis quam culpa videretur factum）．典型的な「第三項」の事案である．dominus-servus-servilum によって二重構造は強調されている．一方の servus が他方の servilum に与えた傷害である．テクストではこの一方の servus を他方の dominus が訴えるとされていて，二重構造の遮断作用が原告側に生じている．にもかかわらず同様に被告によって抗弁が援用されえたので

ある[11]．原告が servilum の父たる servus で被告が servus の主人たる dominus の場合には a fortiori にこの思考が妥当したと思われる．法学者は一段ひねった難しい問題のつもりで遊んでいるのである．

[3・4・1] この「dominium 革命」が明確に捉えられたケースは存在しないように思われる．"ius honorarium" の登場によって実体法のメニューは完成したかの如くである．一例を挙げれば，Bretone, *St. DR,* p. 153ss. は，("il diritto commerciale" の復権さえ辞さなかったのに) 2 世紀の変化の後は法学の形態変化だけを追う．"dominium" 概念が新たに登場することを扱う場合にも学説は一般にこれを 2-1 世紀の漠然たる変化の一環としてしまう．刑事法の変化にしてもそうである．そして犠牲になるのは dominium の方ではなく，bona fides の方である．断層不連続線が把握されないとき，後者が前者の側に埋没してしまう．「古典法」の名の下に．

[3・4・2] vgl. U. von Lübtow, *Untersuchungen zur lex Aquilia de damno iniuria dato,* Berlin, 1971, S. 15ff. Von Lübtow は遅いテクストが伝える "secessio" という脈絡を否定し，実際法律の内容には全く plebs の運動は関係ない，とするが，あながちそうとは言えない．例えば，彼は強引に legis actio に接近させ，noxae datio や manus iniectio との連動を再構成するが，元来 legis actio とは無関係にいきなり賠償を規定し，その基盤は領域の仲裁であった可能性が有る．いずれにせよ，民事訴訟の根幹にとって異端であったという認識は必要である．

[3・4・3] cf. Serrao, *Pretore peregrino,* p. 83ss., 112.

[3・4・4] Manfredini, *Iniuria,* p. 100ss. は，この件を，「lex Aquilia の "iniuria" 概念は故意過失と区別された「違法性」=客観要件のことではなく，自足的であった」ということの論拠とする．主張自体は 20 世紀に入ってからの大きな思潮に従うものであるが，"iniuria" と "dolus" がオルターナティヴの関係にある以上前者は後者を含まない，というのである．しかしすると "dolus" も自足的になってしまうので Manfredini は当惑する (p. 105)．それでも「Cicero が dolus と言いながら一貫して客観的事実を述べている」ことを健気に論証する．その通りで "dolus" は組織形態に翻訳される．そして Manfredini も認めるとおり (p. 110)，lex Aquilia のこの新段階は vis/vis armata に対応するから，まさに客観的形態において dolus は iniuria に対して付加的に働いたのである．反射的に残余として culpa が浮上する．

[3・4・5] にもかかわらず今日「第三項」からは "de omni cetero" や "ceterarum rerum" は落として再構成される．するともっと何のことだかわからなくなる．vgl. Von Lübtow, Lex Aquilia, S. 21.

[3・4・6] S. Schipani, *Responsabilità "ex lege Aquilia". Criteri di imputazione e problemi della "culpa",* Torino, 1969, p. 75ss. は，Cicero とは反対側の当事者の（想定される）防御線として，"dolus" を譲って iniuria で勝負した，つまり「確かに組織的に動いたが，しかしそれは正当防衛である」という違法性のラインを敷いた，可能性を示唆する．dolus/culpa を iniuria とは相対的に独立の要素として考え直そうとする Schipani の試みは貴重であるが，テクストは dolus が一定の形態を含意し，したがって直ちに占有侵害を基礎付ける，と考えている．対するに，正当防衛もまさに占有ないし実力の形態のレヴェルで争わなければならない．そうした弁護は現に有ったかもしれない．しかしそれは「主観的要素としての dolus」が残した空隙であるのではない．

[3・4・7] 頂点から見るとき（「第一項」）資産の評価となる．領域に近いところで見ると個物の評価となる．この書き分けも二重構造の証左である．Von Lübtow, *Lex Aquilia,* S. 120 は損

3 dominium

害の重大さの違いであるとするが,重大さと期間は何故対応するのであろうか. 異なる性質の市場を念頭に置いている,としか考えられない. cf. 3-6-2.

〔3・4・8〕 「最近の interdictum」が "de vi hominibus armatis" のことであることは明白であるが, 他方 19, 44 には interdictum の引用が有り, そこには "tu aut familia aut procurator tuus" という Pro Caecina におけると同様の文言が見える他, "illum aut familiam aut procuratorem illius" という原告側実体要件が現れることから, 論争が生ずる. すなわち, これを通常型 interdictum と解した上で, "de vi armata" の場合には "aut, aut" の付加ないし拡張は無かったとする Lenel に対して, 類推して後者にも有ったとする古い学説を Nicosia, *Deiectio*, p. 135ss. は支持する. "aut, aut" はしかし基本的に vis armata が概念化される状況における新式のフォーミュラである. まず "de vi hominibus armatis" によって出され, しかし解釈適用の場面では単純ケースでも参照されたと考えられる. つまり vis armata が無い場合, 不法行為ならば culpa のみが問題となり, これが有るか, これさえ無いか, のときにも二重構造を暗に視野に入れなければならない. *Pro Tullio* のケースでは全体が動いたのであるが, それでも個々の colonus が駆逐された場面が描かれる. それが dolus malus によったのであるが, 彼の dominus に訴権が帰属し, この dominus が占有訴訟の原告にもなるであろう. この点で大変に興味深いのは Nicosia の以下の見事な論証である (p. 170ss.). 彼は Labeo の頃まで interdictum には "aut, aut" 文言が付いていたとする. その証拠に, D. 19. 2. 60. 1 (*Lab. 5 poster. a Iav. Epit.*) は "Heredem coloni, quamvis colonus non est, nihilo minus domino possidere existimo" と述べる. さらに D. 43. 16. 20 (*Lab. 3 pith. a Paulo epit.*) は "Si colonus tuus vi deiectus est, ages unde vi interdicto. idem si inquilinus tuus vi deiectus fuerit" というテクストを採録する. Ulpianus の頃には人員を使って占有しうることは当たり前であるから書くまでもないとされるが, Labeo は当たり前のことを述べているのではない. familia や procurator が絡めば vis armata であり故意が推定される. このとき dominus に占有訴訟の当事者適格が在ることは当然であるが, 不法行為ならば culpa を通じて colonus 関係が dominus に遡ることが有ることがやっと認められていたとしても, 占有訴訟でも同じかはまだ未確定であった. Labeo は今言わば culpa ケース (主として fundus 内の一人の colonus が駆逐されただけの場合) についても familia や procurator に関する規定を類推する, と言っているのである. 一旦, 複合 fundus 内の colonus 単位が基盤を固めた局面が現れている. 少なくとも Labeo はその方向に加担する側に立とうとした. やがては「底抜け fundus」が蔓延したとしても. Ulpianus にとってはこれしか見えない.

〔3・4・9〕 もとより, culpa を dominium の構造, 独特の二重占有の構造, に関連づけることは, 通常の学説と異なるばかりか, 全く思考様式自体を異にする. 厳格責任から過失責任への移行は学問的説明の課題として広く意識されてきたが, actio Aquiliana における culpa の問題は明らかにこれとは異なる次元の事柄である (或いはまた正しくも厳格責任克服後の事柄であると考えられた) ために, 伝統的に culpa は lex Aquilia が当然に織り込んでいると解されてきた. その場合の culpa は iniuria に対して付加的に働く主観的要件の主軸である. 19世紀の過失責任主義肥大時には culpa は狭く心理主義的に理解されるようになる. 所有権概念の伝統的な強固さと 19 世紀におけるその全盛のなせるわざである. しかしこれに対する反動は既に 19 世紀後半から始まっており, iniuria/culpa を一元的客観的に捉え始める. 違法性の強調は一見占有への回帰であるように見えるが, 逆に占有侵害要件が忘れられて「行為の悪性」に焦点が絞られる過程であった. culpa 自体 interpolatio の犠牲となり, W. Kunkel, Exegetische Studien zur aquilischen Haftung, *SZ*, 49, 1929, S. 160ff. のように緻密な主観主義化批判も生むものの, 結局は例えば Von Lübtow, *Lex Aquilia*, S. 83ff. に帰結するように, lex

Aquilia が初めから客観的責任原理たる culpa を包含していた（要するに culpa と厳格責任の区別が無い，否，或る種の悪性としての「故意」も同一であった），と考える傾向が強まると，culpa を別途考える課題自体が消えてしまう．そのようなわけで歴史学が新しくなって以後，問題自体が立てられないのであるから，われわれの解答は今のところ hapax とならざるをえない．ただし，B. Beinart, The relationship of iniuria and culpa in the lex Aquilia, *St. Arangio-Ruiz, I*, Napoli, 1953, p. 273ss. は，(Pollock 以来の英語圏における伝統的スタンス維持に鼓吹されてか) 20 世紀の傾向を免れ，少なくとも，culpa が責任を限定する（大きな占有から見ると抗弁になる）場合と拡張する (dominus に遡らせる) 場合，そもそも関わらない場合，を認識する．また S. Schipani, *Responsabilità "ex lege Aquilia"*, p. 133ss. は，Mucius, Servius, Ofilius, Alfenus の層につき，極めて複雑多様の事案が扱われる中で一元的な帰責原理は存在しないこと，culpa はその内の一部にのみかつ原則を類型に応じて修正する機能を有して関わること，を指摘する．さらには，契約法における culpa には冷淡な Arangio-Ruiz, *Responsabilità contrattuale* も，iniuria については，「culpa の原理が確立されるのはどの時点かは定かでないが，始点においてそれが存せず終点においてはそれが存することだけは確かである」(p. 238) とし，"culpa" という語はこの分野で初めてテクニカルな意味を持った（それがゆっくりと遅い時期に契約法に波及する）と述べる．

〔3・4・10〕 cf. Schipani, *Responsabilità "ex lege Aquilia"*, p. 175 : "la rilevata chiara tripartizione" ; p. 165s. : "assenza della diretta causazione" ; p. 168 : "la concatenazione causale".

〔3・4・11〕 もっとも，"culpa" のこの概念がどこで初めて現れるかを突き止めることは難しい．*Pro Tullio* は terminus post quem を提供するし，またそこからそう遠くないであろうことは理解できるが，"sine culpa" の抗弁が具体像を得るというのは微かに異なる事柄であるから，Servius から Augustus 期の法学者の断片を注意深く分析する必要が有る．法律や告示の文言としてはついに現れることが無かったと言われる (Arangio-Ruiz, *Responsabilità contrattuale*, p. 230) だけに．そもそも，dolus 類型を二重構造の識別に従って認めえたとしても，まずはこれと単純型の区別が意識されるはずで，二重構造の内部での責任分配や抗弁の要件には直ちには思考が進まないのではないか．この点を示すのが D. 9, 2, 39pr. : Quintus Mucius scribit : equam cum in alieno pasceretur, in cogendo quod praegnas erat eiecit : quaerebatur, dominus eius poscetne cum eo qui coegisset lege Aquilia agere, quia equam iniciendo ruperat. Si percussisset aut consulto vehementius egisset, visum est agere posse である．馬が他人の牧草地に迷い込んだため追い払われたのであるが，宿っていた子が失われた．馬の持主 (dominus) は lex Aquilia に基づいて訴えることができるか．Mucius の答は，馬を叩くなどして殊更に追った場合は可能である，というものであった．占有の内部を軍事化して当たった場合には iniuria が成立する，というのである．損害は dominus から見て馬のそのまた内部に発生している．ちなみに Euripides（ないし "Oresteia"）以来のパラデイクマ（子殺し）が作動して不当さが印象付けられており，Mucius らしい側面である．その分 culpa を問うてもよさそうに見えるが，問題は「他人の土地に入り込んだ分子を駆逐した」という正当防衛ないし違法性に設定され，占有自体を問題とする方向で思考される．Gracchi の強迫観念が濃厚であり，Gracchi が既に二重構造を意識しているにもかかわらず決して dominium に至らないように，Mucius も二重構造の問題を占有と実力規制の観点からだけ眺めている．D. 9, 2, 31 に登場する Mucius も同様であり，伐採された枝が公的なスペースに対して落ちて通行人を殺した場合と同様に私的なスペースに向かって落ちた場合も責任が肯定される，という．dominium 中枢を公的に概念する方向に在ってもまだそこに至らず，実力規制の Gracchi 風パラデイクマの存在が認められるにすぎない．Servius を登場させる D. 43, 24, 7, 4 も違法性

阻却の抗弁に関するものであるが，Ofilius を引く D. 9, 2, 9, 3 は dominus-servus-equus の三段構造を有し，equus のところに入った侵害故に servus が死んだときの dominus への賠償というのであるから，少なくとも culpa を潜在的に問題としている．Ofilius が例によって師たる Servius を忠実に踏襲しているとすれば，Servius に萌芽が認められるかもしれない．いずれにせよ，本文で扱った Alfenus に至ると culpa の定着は疑いなく，Alfenus には他の法文も知られる．

3・5

　占有概念の再構造化は bona fides に基づく契約の概念をも大きく変える．諾成契約の中核は言うまでもなく合意であり，合意が合意たるを保障するのは政治システムである．政治システムに透明性を保障されながらも政治的決定とは別に当事者が個別的に合意するとき，政治システムからも相対的に自由であり，そして複数の政治システムを自由に跨ぐことも可能であった．このとき徐々に bona fides という語が好んで使われていった．

　Sicilia で arator が decumanus に一定量の穀物を給付する関係は諾成契約＝合意に基づいた．例えば Verr. II-III-14-37 の "NISI PACTUS ERIT" や 62-143 の "tam iniquas pactiones" 等々から明白である．もちろん arator と decumanus の間には政治システムなど有ろうはずもないから，これは高々距離の大きなアナロジーであろう，というように一見思われる．所詮租税の徴収関係ではないか．decumanus が契約によって徴収を請け負った私人であるとしても．にもかかわらずとにかく Cicero は arator-decumanus 間に厳格な法的パラデイクマを適用する．そしてこれを基準として Verres を完膚なきまでに弾劾する．まずは Verres の告示（edictum）を攻撃する．「arator は decumanus が自分に給付すべきと告知した量の decuma を給付しなければならず，その数量の decuma を decumanus に給付することを強制される」(10, 25: Quantum decumanus edidisset aratorem sibi decumae dare oportere, ut tantum arator decumano dare cogeretur). どんな契約でも法的に有効であるならば履行強制されるのは当たり前ではないか．この edictum が違法であるのは，「強制される」(cogeretur) ではなく，高々，「decumanus が告知した」(decumanus edidisset) が一方的だという部分であろう，と考えると全く間違える．確かに，このような考えは法の観点からすると素人の俗説である．「なるほど君（Verres）は decumanus を

被告として，もし債務に見合う分量より多くを奪取したならば，八倍額賠償の法廷を与える，と言う」(Dicis enim te in decumanum, si plus abstulerit quam debitum sit, in octuplum iudicium daturum). "dare oportere" は諾成契約から生ずる債務のことで，この "debitum sit" に対応していよう．"cogeretur" はその執行の問題にすぎないか．しかし "abstulerit" は既に機能しない．しかも decumanus が被告というのはもっと機能しない．執行段階であってももう一度債務者が被告でなくてはならない．そう言えば，執行といえども決して「強制」などはされないのではなかったか．「arator の方が decumanus を法廷で訴求しなければならないだって？」(Iudicio ut arator decumanum persequatur?). いつだってどこだって「徴税請負人 publicanus の方が請求者（債権者）かつ質権者[1]であり，決して強奪者にして占有者であったためしがないというのに」(11-27: publicanus petitor ac pignerator, non ereptor neque possessor soleat esse).「decumanus が請求するのと arator が返還請求するのではどちらが衡平か」(Utrum est aequius, decumanum petere aratorem repetere?).「原状において裁判が行われるのと，原状が覆ってからであるのでは？」(iudicium integra re an perdita fieri). それとも decumanus が「占有する」(possidere) とでも言うのか．確かに，これが占有原則であり (II-3)，これが法であった．どちらであろうと両当事者が取り分を最終的に取ればよいというのは法とは無関係の思考である．"cogeretur" は占有の転換に基づく債権者の自力執行のことであり，執行段階における第二段階の占有原則作動の無視を意味した．

しかしながら，合意と権原の問題はどうであろうか．もし bona fides が作用するのであれば，売買の対象物を自発的に引き渡さない売主は言語道断なのではなかったか．買主の方の責任で引渡を完遂しえないのであれば仕方が無いが，信用が全てである以上，合意が成立すれば占有は或る意味では転換されているのではないか．少なくとも買主が自らの負担で引渡を実現するのを阻止することはできないであろう．一方に領域の占有が有り，他方に種類物についての債務 (mutuum) が有るとき，占有原則は絶対である．しかし，bona fides に基づく emptio venditio が倉庫内の穀物の量目に関わるとき，いずれ合意だけで占有が移転するのではないか．売主は委任における受任者の如くとなって，たとえ帳簿上まだ彼の占有ではあっても，本当の占有は彼のところには無く，果実

は取れない．そればかりか，他人の占有に在る物を預かっているのであるから，重い責任を負う[2]．そうであるとするならば，Verres の告示はあながち非難さるべきではない．現に Cicero の筆致は両義的である．「decumanus に欲しい量をそのまま請求させた，請求した量をそのまま持って行かせた」（13-32: ut quantum vellet posceret, quantum poposcisset auferret）ことがよくないのであるという．持って行ったこと自体でなく，その量が一方的で恣意的であった点が非難されるべきであると言っているようにも見える．「君の全ての果実を publicanus に引渡し，事を君の手から離し，その後に君の資産を返還請求し，訴訟を起こし，裁判に臨む」（cum tuos omnes fructus publicano tradidisses et rem de manibus amisisses, tum bona tua repetere ac persequi lite atque iudicio）のが正しいのか，という言い方もする．果実＝種類物＝量目を意識した言い方である．さらにはもっとはっきりと，「誰も Apronius の意思に反して（量を）主張すれば作付面積申告に関する訴訟に召喚されるから，この法廷に対する怖れのために多くの者達から大量の穀物が奪取され，多額の金銭が誅求された」（15-39: Ut enim quisque contra voluntatem eius dixerat, ita in eum iudicium de professione iugerum postulabatur, cuius iudicii metu magnus a multis frumenti numerus ablatus magnaeque pecuniae coactae sunt）とも言われる．何か合意とともに占有は既に移転しており，そうである以上は奪取自体はたやすく，その奪取の態様においてしか抗弁は成り立たない．「Apronius が債務として告知した量がそのまま告示によって給付されるべしとされた」（29-70: Quantum Apronius edidisset deberi, tantum ex edicto dandum erat）．「かくも不衡平な合意が実力と強迫によって確定された」（62-143: tam iniquas pactiones vi et metu expressas）．

　だからこそ，arator にとってのもう一つの防御ラインはすぐに見るように（占有それ自体ではなく）合意のところに構えられる．この砦を抜かれたならば防御はし難くなる．Verres の攻撃も pactio の部分に集中したと考えられる．そこさえ取ってしまえば自分のものであると考えたに違いない．多くの手段で pactio にこぎつけると一息に全経営体を剝ぎ取りえたのである．何故ならば，既に見たように arator の経営体は二重構造から成っており，なおかつ，上部の頂点さえ突破してしまえば，領域の側の基体をこちらに向かって動かすこと

には Verres は自信を持っていた．arator は dominus として，一面で bona fides により直ちに責任を問われる性質を有した．conventus や都市中心での裁判という装置はこのことに対応しているはずであった．しかし他面で arator は領域の側に拋り出された存在である．合意を支える基盤は弱く，そして合意をすると直ちに領域の基盤に手を出される．合意即占有移転という擬制は領域においては極めて不安定な要因をもたらす．都市中心においてのみ合意という制度はよく基礎付けられていた．ところが「合意」の外形を言質に取られて一気に領域の基盤になだれこまれるとすると，dominus はほとんど抵抗力を持たない．Aebutius のような procurator に依存している．この階層を Verres に把握されると手も足も出ないのである．

　ならばどうしても，やはりもう一つ防波堤が必要である．合意のところで砦を築くばかりでなく，第二列の防御ラインも不可欠である．かくして Cicero が大前提として置く占有原則は，合意原則の抗弁を受けて，再度出番を迎え，再抗弁のようにして働く．一段発達したヴァージョンにおいて．上に見た占有の二重構造に対応し，有因主義と軌を一にする．この事情は arator の側が pactio に抵抗した例外的事例において初めて露わになる．抵抗しようと思うのは流石にどうやらローマ騎士に限られる．「Q. Septicius は声望の高いローマ騎士であり，Apronius に抵抗し，十分の一以上は決して給付しないと豪語した」(14-36: Q. Septicius, honestissimo equite Romano, resistente Apronio et adfirmante se plus decuma non daturum). これは具体的徴収量で合意しないという決意を意味する．基本合意を受けた引渡にあたる行為は，dominus であれば，領域の上の事柄であっても端的な占有移転とは異なる．possessio civilis の移転である．この部分に Septicius は抵抗した．しえた．おそらくそれは彼が例外的に dominium の二重構造をよく掌握しているからである．「そうすると何とも奇妙な告示が突然出る．「decumanus と合意するまでは何人も穀物を集積場から搬出することならず」と．Septicius はこの不衡平にも耐え，集積場で穀物が降雨により朽ちるのも甘受した．すると今度は突然豊饒かつボロもうけの告示が突然生まれる．「8月1日までに decuma 全部を公水にまで搬出しておくべし」」(exoritur peculiare edictum repentinum, ne quis frumentum de area tolleret antequam cum decumano pactus esset. Ferebat hanc quoque iniquitatem

Septicius et imbri frumentum corrumpi in area patiebatur, cum illud edictum repente uberrimum et quaestuosissimum nascitur, ut ante Kalendas Sextilis omnis decumas ad aquam deportatas haberent).「一体どのような告示であったのか[3]，聴きたまえ．「合意されない限り集積場から持ち去るべからず」．不衡平な合意をさせるのに十分大きな威力（vis）である．適時に集積場から搬出できないならばいっそ十分の一より多くでも給付してしまおうと私でも考える．しかしこの威力によってさえ，Septicius やそれに類した若干の者達を強制しえなかった，合意するくらいならば搬出しない，と．これに対抗して「8月1日までに搬出しておくべし」が出る．ならば搬出しましょう．「合意していない限り決して動かすべからず」．搬出の期限が画されることによって集積場からの運び出しが強制される．「合意しない限り」という搬出禁止文言は合意への威力となる，決して合意（pactio）に意思（voluntas）を与えはしないが」（Attendite enim cuius modi edicta sint. NE TOLLAT, inquit, EX AREA, NISI ERIT PACTVS. Satis haec magna vis est ad inique paciscendum; malo enim plus dare quam non mature ex area tollere. At ista vis Septicius et non nullos Septici similis non coercet, qui ita dicunt, "non tollam potius quam paciscar". His hoc opponitur, "Deportatum habeas ante Kalendas Sextilis". Deportabo igitur. "Nisi pactus eris, non commovebis". Sic deportandi dies praestituta tollere cogebat ex area: prohibitio tollendi, nisi pactus esset, vim adhibebat pactioni, non voluntatem）．Verres は，合意しないならば，そもそも占有は第一の合意とともに移転したはずだ，お前は他人の物を管理しているだけだ，という観点を出すぞ，と脅している．衣の下から鎧をちらりと見せた．今や第一の占有が移転したはずであるのに，第二の占有は移転していない，この二つの点の間の距離を縮めてゼロにする，という課題・構想ないしパラデイクマが浮上する．このパラデイクマは種類物が具体的に搬出される経路として今や領域の上で syntagmatique な延長を有し伸びている．ここをどう動かすかをクローズ・アップするとき，これと第一の合意の間で第二の合意は飛び越されてしまう．Verres の一般戦術は基本合意とこのパラデイクマの両方を制圧して（possessio civilis のレヴェルに相当する）第二の合意を挟み撃ちにし窒息させるというものである．Septicius は領域の上の syntagmatique な延長をまだ十分にコントロールしている．

彼とて自分の農場を自分達で死守するようなタイプではない．どうやら fundus には area などというものが備わっている．そもそも種類物の（現実の）引渡は大商人どうしの関係において一つの問題点である．Verres はここをねらい，付遅滞による占有転換，引渡合意の強制実現，を目指す．しかし引渡合意なしには弁済地[4]まで搬出させても占有転換が生じない．syntagmatique に伸びたパラデイクマに沿って契約の履行の問題，受領や受領遅滞[5]の問題，が意識され始めた．その線上で，穀物が雨で朽ち果てれば一体どちらの責任か[6]．要するに「契約責任」に関する基本パラデイクマが初めて樹立されたのである[7]．syntagmatique に伸びた線に沿って責任は分配される．例えば venditor に厳格な custodia 責任が課される一方，それでも合意が実現しなければ一切責任は問われず，bona fides が一元的な責任原理である，という一義性は失われる．dominium の構造が絡むときにはこの原則に多くの抗弁が用意される．その抗弁は少なくとも Cicero の時代の直後には "culpa" という語を軸に形成される[8]．その抗弁は責任を再分配するものである．syntagmatique な区分に対応して責任が組み替えられ，dominium の二重構造がその区分の基本を画する．この点で iniuria における culpa 概念付着と全く同様である．

　こうして合意は領域の基体との関係で新しい問題を抱えたことになる．政治システムが裏打ちしている限り合意は有るか無いか一義的である．力が加わってはならない．信義に反してはならない．瑕疵有る合意が現れても効果がない．皆で無かったものとして原状回復する．しかし今合意は領域の方へ裸で抛り出され，しかも領域の上に長く伸びた syntagmatique なパラデイクマ連鎖を実現しなければならない[9]．否，ときとして合意があるらしいというだけで実際に領域の方で物事が動いてしまう．それは領域のこととて簡単には戻らない．侵害が発生してしまうのである．だからこそ翻って領域の上では合意に分厚い装甲を施さなければならない．Cicero の論証のもう一つの軸がこうして現れて来る．voluntas 意思概念である[10]．意思を欠落させる，つまり意思も無いのに「合意」させる，ものは一種の vis と観念される．もちろん基本戦術は決まり切ったこととして占有原則違反を大々的に言うことである．このとき Cicero の表現はもちろん単一の次元において進む．何にせよおよそ力ずくで占有を蹂躙した，と．しかし実は蹂躙は二段であり，かつこの二段を尊重せずに一気に

踏み破ったことがもっと非難されている．合意にすぎないにかかわらず占有を踏み破った，合意で占有が移転しなおも残る占有を踏み破った，と．これは端的に一種の vis であるが，そうしておいてまずは possessio civilis を奪った，つまり「自発的な引渡行為」を強いた，大いに紳士的で b. f. さえ要求される行為を力づくでさせた，これは合意を強いたと同然である，というのである．もちろん，まして基本合意を強いた部分が同時に非難される．Verres が去り，後任の L. Metellus が赴任して来ると，senator たる C. Gallus は Apronius を召喚する（65-152）．最新の手段である Formula Octaviana[11] によって訴えるためである．"QUOD PER VIM AVT METVM ABSTULISSET"（実力ないし強迫によって奪取した場合）が文言である．Metellus は praetor urbanus としてこの formula を採用していたから大いに期待された．しかし実際には，既に Verres 弾劾が係属中であるために praeiudicium 予断を与える訴訟はできない，という理由で訴えは受理されなかった．それでもこの formula こそは新しいジャンルに大きな可能性を開くものである．ここでは vis と metus 強迫がアナロジーの関係に立ち，vis が占有を基盤として領域で概念されるとすると，metus は合意のレヴェルで精神にとっての vis に相当するのである[12]．つまり voluntas の欠如を主張するときの論拠となる．metus も voluntas もかくして dominus 相互の〈分節〉に関わる概念である．そこには bona fides も概念される．しかしそれを支える保障の代償として voluntas 原則が重ねて適用されなければ構造が維持されない，というのである．

　　〔3・5・1〕　この pignerator も学説から無視されるが，極めて重要である．質権者は債権者であるからこそ占有者ではありえない，反対はスキャンダルである，ということがすっかり定着した観念であるのでなければ Cicero のこのレトリックは炸裂しない．しかもわれわれは（そうした原則をさらに高次に展開しなおかつギリシャの流質実力型を鋭く批判する）Plautus の Captivi を見た．「占有質」（質権者が実力によって目的物を押える型）しかも自力執行型を原則とする現在の通説（infra）は史料不存在を自白しながらこうしたテクストは顧慮しない．後述のように学説は非占有質が一体何時何故現れるのかということに神経を集中するが，逆に，にもかかわらず何故質権設定に占有移転を要することになるのかを問うべきである．こうした視角はしかし伝統的に欠落するから，このテクストは，publicani が特権として有した pignoris capio という訴権ないし（学説によっては）自力執行権は廃止されたはずであるのに属州故に残存したか（H. Degenkolb, *Die lex Hieronica und das Pfändungsrecht der Steuerpächter. Beitrag zur Erklärung der Verrinen,* Berlin, 1861, S. 52f.），それとも両方の手段を選択しえた（F. De Martino, La storia dei pubblicani negli scritti dei giuristi, *Labeo,* 39, 1993, p. 14 ; L. Maganzani, *Pubblicani e debitori d'imposta. Ricerche sul titolo edittale de publicanis,*

Torino, 2002, p. 39) か，それとも "ac" は「債権者が同時に場合によって質権を保持し」「そのまま（C. Trapenard, *L'ager scriptuarius*, Paris, 1908, p. 75 ; B. Schmidlin, *Rekuperatorenverfahren*, S. 66f. ; G. Klingenberg, *Commissum. Der Verfall nichtdeklarierter Sachen im römischen Recht*, Graz, 1977, S. 136f.），ないし裁判を経て（Carcopino, *La loi de Hiéron*, p. 143）執行する」ことを意味するか，そもそも "ac" は "aut" (ed. Zumpt, ed. Müller) と読むべきか，というように争ってきた．pignoris capio の要式性緩和に関する Gaius のテクストが存するからでもあるが，「Verres のせいで異常が発生している」とする Cicero の文脈を大きく外れている．問題が占有であるという大前提を全く理解しない．

[3·5·2] すぐに述べるように諾成契約の基本原則は大きく修正されるが，その後も custodia は basso continuo をとして執拗に残る．そのはずで，契約責任の個々の準則はこの custodia という基本に対する枝葉の抗弁として成り立つ．だからこそ，Arangio-Ruiz, *Responsabilità contrattuale* (1927) が culpa 登場を遅くに位置付けるべくどこまでも custodia を追跡したのは無駄ではない．このモメントをしっかり押さえなければ culpa も理解できないし，まして culpa 登場の理由，その緊迫感，矛盾，相克，は全く視野の外に置かれることになる．20世紀の後半になって Arangio 批判が相次ぎ，その中ではしばしば culpa が全面復権するが，共和末に既に culpa が存在するという認識は正しくとも，ずっと存在しこれが原則であり続けた如くに説かれ，culpa 登場の時期の確定にも理由の考察にも及ばないのは，そうした文献において Arangio-Ruiz らの問題設定が全く理解されないからである．そもそもローマ法学が水準を失った後であるから仕方がないとしても．例えば Cannata, *Ricerche sulla responsabilità contrattuale*, p. 62ss. は，他人の物を預かったとしても第三者からの不法行為は防ぎようがないから責任を負わないという Iulianus (D. 19, 6, 19) に対して（若干の場合にはそうとは限らないと）異議申し立てをする Marcellus (D. 19, 2, 41) は custodia の走りであるが，まだ定着していたとは言えない，として custodia 責任の方の後古典性を言う．custodia といえども売買目的物を実力で奪われた場合までは及ばないとする Neratius (D. 19, 1, 31pr.) も引かれる (p 75)．しかしこれらは custodia を精一杯観念してきた法学者達が領域の実力の前に崩されていく光景である．受寄者であろうと売主であろうと．むしろ，2世紀になっても venditor に custodia が意識され，領域の実力といえども簡単には culpa 問題にはならない（後述参照），ことが示されている．Marcellus で初めてそうであり，Iulianus/Neratius はまだ単純に領域の危険負担で考えている．depositum のような b. f. 類型までそれで律するのは，領域の実力に屈して情けない，というのみである．さらに G. MacCormack, Custodia and culpa, *SZ*, 89, 1972, S. 149ff. も，EV において venditor の責任は culpa であり，ただ売買目的物を預かる局面が有るから custodia も関係する，と述べ，何と両者を別々に並存させる．何故 custodia 責任が問題となるのかを理解していない．占有が二重になることが見えていないのである．R. Robaye, *L'obligation de garde*, p. 343sqq. も，同じく venditor の責任を扱って（culpa 復権はよいとして），そうした事実レヴェルの（"matérielle"）custodia 自体事例によって問題になったりならなかったりする，と解する．

[3·5·3] Cicero の議論に重要な法学的価値を見出すことを妨げてきたのは，これが属州固有の告示実務に関わるという視点である．Cic. Att. VI, 1, 15（既出）には Cilicia の告示に関して "genus provinciale" が登場するため，この視点は強まる．R. Martini, *Ricerche in tema di editto provinciale*, Milano, 1969, p. 12ss. は，法の多元性故の手続的側面を除くと法原則の実質に相違はなく，bonorum possessio などにおいて praetor urbanus の告示が比較的そのまま拡張される，と，カテゴリカルな二分法に疑問を呈した．Cicero が主張するような原理的な側面において共通であるばかりか，bona fides に関する場合，Q. Mucius のそれのように，属

3 dominium   1023

州で先進的なものが現れた可能性が有る．この点からも Martini の言うように Verr. を再評価する必要が有る．

〔3·5·4〕 locus solutionis 履行地は，かくして遅滞や危険負担を判定する重要なメルクマールとなる（cf. D. 22, 1, 32pr.; 46. 3, 39）．Dig. のテクストにおいて目立つのはむしろ今日の国際私法の基となる性質の議論である．すなわち，l. s. は概ね合意によるとされる他（cf. Fr. Amarelli, *Locus solutionis. Contributo alla teoria del luogo dell'adempimento in diritto romano*, Milano, 1984, p. 56ss.），Savigny, *System, VIII*, S. 205ff. の記念碑的叙述，さらには S. Solazzi, *L'estinzione dell'obbligazione nel diritto romano*, Napoli, 1935, p. 106ss. が示すように，訴を提起すべき場所，ないし訴訟における金銭評価を行う市場の所在，等々が，給付の性質，契約地，住所との関係で問題とされる．

〔3·5·5〕 mora accipiendi ないし mora creditoris 受領遅滞に関する Verres の態度は決して不条理なものではない．種類物に関する占有は元来一瞬にして移転する．万が一 mora 遅滞が発生すればそれはもっぱら債務者の責任である．逆に不可抗力は除かれる．最初の問題提起は Cato の農場で行われる．ワインの売買に関し履行地と期日が約定され責任が分配される（157）．債務者はこれを境に領域上の危険に対しても免責される．Septicius が依拠するのはこのパラデイクマであるが，Verres は境界点を時空に引き伸ばすことによってそれを無力化してしまった．こうして浮上するのが，「確かに自分は境界点には達しえないが，その責任は相手に在る」という抗弁である．これが mora accipiendi ないし mora creditoris の問題であり，以後の法学者が盛んに論じたことが知られる．M. Pennitz, Zu den Voraussetzungen der mora accipiendi im klassischen römischen Recht, *SZ*, 123, 2006, S. 152ff. は，この抗弁の登場と，この抗弁に対する再抗弁「受領しえなかったことは認めるが，しかしやむをえない事情による」の登場を混同している．このため抗弁の方を一種の厳格責任の如くに考えて共和末以前からの伝統とし，再抗弁の側を緩和と捉え，古典期初以降のこととする（ただし両者が入り混じってはっきりした像を結ばないとする）．抗弁再抗弁の前に基礎（しかも厳格責任ではなく，占有と bona fides による責任分配）を捉えるということを怠る．結果，受領遅滞に過失責任主義が妥当するか，という伝統的問題設定をしながら答ええない．D. 23, 5, 18, 18 (Iav. 6 ex post. Labeonis): Si per mulierem mora fieret, quo minus aestimationem partis fundi viro solveret et fundum reciperet, cum hoc pactum erat : fructus interim perceptos ad virum pertinere ait Labeo. puto potius pro portione fructus virum habiturum, reliquos mulieri restiturum : quo iure utimur. について Labeo の思考を Iavolenus が修正しにかかる点に着目する（S. 159）のは的確であるが，dos に関して Labeo は既に，返還時に受領遅滞が有れば原則が覆って夫の占有が一転甦る，故に果実を取得できる，と言っている．事案はまさに fundus Fulcinianus そのものであり，複合 fundus 自体は解体しえないから，部分につき設定されている dos は金銭で精算される．この場合約定により全体は妻に返還され，夫の分が払い戻される．この手続に妻が応じないのである．これに対し Iavolenus の "pro portione" は，協議不成立の費用に応じて果実は分配さるべきであるとするものである（「fundus 持分に応じて」では意味が通らないし，「過失相殺」は思考として飛躍になる）．事実，Pennitz が明らかにするように（S. 167ff.），古典期以降，費用のみを精算し責任を不問にし遅れても実現を目指す，という思考が強まる．つまり再抗弁は曖昧な形でしか現れなかったことになる．

〔3·5·6〕 諾成契約の原点においては dolus＝custodia＝periculum emptoris は連帯の関係にあった．そしてこれも Arangio-Ruiz, *Responsabilità contrattuale* の custodia に関する指摘が結果的によく示すように，この連帯は dominium が基本の構造を用意する時代になっても決して消えることがない．しかし中で periculum は占有に従うのであるから，売主＝債務者にとっ

て統御不能（custodia 越え）の力によって損害が発生したとき，その損害は二つの次元の占有に対応して二通りに帰属する．合意によって直ちに移転する占有に従えば既に買主に，したがって periculum emptoris の維持．領域の占有は直ちには移転していないから売主に，したがって periculum emptoris は覆る（われわれのケースで言えば，放置された穀物が雨にあたる危険は Septicius に在ることになる；しかし Apronius が自分に占有が移転していることを強く主張して手足を縛ってくるとき，「ならば知らないよ，お前の責任さ」と逆をとることも可能であった）．この矛盾をどう解決するか．力 vis は占有毎に判断された．すると加わった力がどちらの占有に対するものであるのかによって判断するしかない．領域の個別占有に対する侵害であるとき，periculum emptoris は働かない．traditio を基準に periculum は移転する．ただしこれが custodia 拡張を意味しないことに注意を要する．どうせまだ自分の責任下に在るのであるから，venditor は custodia を負わない，ことを意味する．したがって，代金を求めえないのみで，意図的に破壊し bona fides を問われでもしない限り賠償を求められることはない．これが原則であるが，しかしそれでも本来は既に emptor の資産を構成しているという事情が効かないわけでもない．つまり意図的な破壊（b. f. 違反）ではないとしても，あまりにもお粗末ではないか，という場合，culpa を問いうる．custodia＝periculum 排他的一義性は崩れ，占有＝periculum 一致の一義性も消える．periculum の問題は traditio 不実現の責任の問題に転化する（M. Pennitz, *Das peliculum rei venditae*, Wien, 2000 は力作であるが，訴権的把握を志しながら，抗弁再抗弁の多層性とその実体的基盤を見ずに，要するにどちらが訴えうるか，というように問題を解消し混乱した）．このとき periculum と culpa は別問題である（culpa を問うときには，損害を債務者に負担させるのみならず債権者の資産に生じた損失を賠償させる）ことに注意する必要が有る．しかし culpa を問わない結果のとき periculum が単純型で現れ，culpa＝periculum は排他的連帯に復帰するように見える．いずれにせよこの他に「第一の占有に対する custodia の及ばない規模の vis」が存し，これが最も典型的な「危険負担」問題となる（後述〔3・5・8〕D. 24, 3, 66pr. 参照）．ただし，引渡前に他から加わった力について債務者に負担させる他 culpa を問うまでするかどうかは大きく岐れる点であり，ローマの法学者達は遅い時期にならなければそこまではしないように思われる．

〔3・5・7〕 dominium 概念登場以後，つまり *Digesta* 中の大部分の法文にとって，諾成契約が働く次元と対象物が動く次元の間の距離が最重要の問題の一つであり，それに由来して，そして何故か同じ構造を創り出したため，今日われわれが意識する「契約責任の問題」とはこれであると言って過言ではない．基本となる占有移転が二つの次元で同時に進行するのであるから当然である．合意とともに占有が移転することから生ずる問題については III-4 で既に述べたが，今，にもかかわらず領域の占有はまだ移転していない，という事態が初めて捉えられ，そしてそのギャップは，克服すべき障害である（揃えればよい）というのでなく，逆にその維持が占有原則の生命線であるということになる．契約責任は 20 世紀に入ってから学説が最も劇的に変化した分野である．過失責任主義を当然のこととして立論がなされた状況は，19 世紀後半に見られる胎動（Jhering 等）の後，interpolatio 研究を経て，一個の頂点たる W. Kunkel, Diligentia, *SZ*, 45, 1925, S. 266ff. と Arangio-Ruiz, *Responsabilità contrattuale* (1927) によって決定的に変化する．既に述べた不法行為に関する分野におけるのとパラレルに，Kunkel は custodia の客観責任を diligentia の主観性によって置き換える動きを追跡し（culpa 自体ならずとも）culpa の主観主義的理解を清算し，Arangio-Ruiz は culpa 概念の登場を後古典期にまで引き下げ，それまで特殊な位置に置かれてきた custodia を一躍基本的な責任原理として浮上させる．20 世紀の後半になると，例えば Cannata, *Ricerche sulla re-*

sponsabilità contrattuale (1966) や R. Robaye, *L'obligation de garde* (1987) のように, custodia を再び (その中で場合によって過失を問いうる) 行為類型に限定して捉える学説が現れて批判するが, その場合も "culpa" 概念の客観化は遺産として遣り, その分皮肉なことに責任の実質は歴史的にのっぺらぼう (その内訳を法学者が分割しただけということ) になり (Kaser, *RPR*, S. 502ff. の何とも曖昧な叙述を見よ), 何時何故 culpa 概念が諾成契約に付着するか, そこにどのような大きな構造変化が有ったか, という問いは消えてしまう. custodia 学説は確かに批判の余地を残したが, 問題を鋭く切り出した功績を有し, 反面これの修正は, 丁度ローマ法学自体がその生命を失う時期にあたって, 解明するところが少ない上に, テクストの読み方も水準を著しく落とす. I, De Falco, "*Diligentiam praestare*". *Ricerche sull'emersione dell'inadempimento colposo delle "obligationes"*, Napoli, 1991 や F. M. De Robertis, *La responsabilita contrattuale nel diritto romano dalle origini a tutta l'età postclassica*, Bari, 1993 のように, 過失概念登場の事情を問題とする研究も, 大まかに厳格責任緩和を言うばかりで, 却って bona fides の層の独自性を掻き消す.

〔3・5・8〕 culpa を伝統説における地位にまで復権させるとしても, MacCormack, Culpa, *SDHI*, 39, 1972, p. 146ff. のように「凡そ共和期から culpa 概念は存在していた」とするのでは, この概念の意義は明らかにならない. そもそも Q. Mucius Scaevola, 否, P. Mucius Scaevola にさえ遡らせる推論は全く無批判的である. 注目すべきテクストは, D. 24, 3, 66pr. (Iav. 6 ex posterioribus Labeonis): In his rebus, quas praeter numeratam pecuniam doti vir habet, dolum malum et culpam eum praestare oportere Servius ait, Ea sententia Publii Mucii est: nam is in Licinnia Gracchi uxore statuit, quod res dotales in ea seditione, qua Gracchus occisus erat, perisset, ait, quia Gracchi culpa ea seditio facta esset, Licinniae praestari oportere. (夫が債務として付けられた金銭以外の物を嫁資として負う場合, 故意ばかりか過失の責任に服する. Servius が言うには, Publius Mucius も同意見であった. というのも, Gracchus の妻の Licinia の件に関して, Gracchus が殺されたその内乱によって嫁資を構成する物が滅失したとき, Gracchus の過失でその内乱が起こったのであるから, Licinia に対して彼は責任を負わなければならない, と Publius Mucius が裁定したからである. そのように Servius は述べている) である. Servius が Publius Mucius の「意見」を仕立て上げた如くに仕立てる Labeo のテクストを Iavolenus が抜書きしたそのテクストを, MacCormack (p. 147) のように真に受けるわけには行かない. そもそも事案は Gracchus に関わるから伝説化されていることは明らかで, しかも屈折した皮肉の存在が認められる. Servius が culpa 概念使用を Publius に押し付けるとき, 「seditio という明白な vis maior の場合は債権者つまり Licinia の側に危険が存する」(dos は, 既に述べたように, b. f. が領域に降りる相で大きな役割を果たしたが, b. f. を指導原理とすることに変わりない) という Publius の思想が想定されており, これに対して「しかしそもそもその seditio が夫たる Gracchus のせいではないか」と再抗弁しているのである. 「これを Publius も認めざるをえないだろう, 何しろ lex Sempronia に加担したのだから」という悪意ある中傷である. おそらく, 「故意に動乱を招いた」というより一種の誤算であった, という共通理解が底に流れており, 当て擦りは「culpa 概念を知らないナイフさ」に及ぶ. Labeo はやや中立的に Mucii と Servius 一派の (おそらくはディアクロニクな) 対抗を眺めて面白がっており, 多少の根拠を有しながら話を脚色しているのである. ということは, Mucii はまだ sine culpa の抗弁を知らず, Servius 一派がこれを (端的に導入したのではないとしても) 自慢気に推進したのである. culpa 登場は Servius の段階, したがって 60 年代以降, に初めてはっきりと感じられたと思われる (dos も領域上の, 例えば fundus 管理における注意力の, 問題である). Q. Mucius Scaevola もまた知らない, もしく

は反対であった，と考えられることには，(MacCormack が彼にまで遡る典拠とする) D. 13, 6, 5, 3: Commodatum autem plerumque solam utilitatem continet eius cui commodatur, et ideo verior est Quinti Mucii sententia existimantis et culpam praestandam et diligentiam... である．使用貸借 commodatum は合意不存在型 b. f. 契約であるが，Ulpianus は何と custodia でなく culpa しかも diligentia であるという．そしてその点について Quintus を典拠に引くのであるが，明らかに "et diligentia"，もしくは "et...et..." 文，にかかる．Ulpianus はむしろ新古典的に culpa に流れたのを custodia の方に戻そうとする，が実際は diligentia に流れてしまう．つまり Kunkel が指摘した典型的な custodia/diligentia 混同であり（例えば売買につき Diligentia, cit., S. 278ff. の鮮やかなテクスト分析を見よ），かつ Ulpianus における実体的な過程である．ということは "et diligentia" に関する interpolatio の嫌疑は晴れる．以上は，Ulpianus が（おそらく commodatum に限らずおよそ）culpa 浸潤を免れるために時として Quintus Mucius にまで遡らなければならなかったことを意味する．ということは，Mucius はまだ culpa 概念に少なくともまだ大変に積極的なわけではない．これに対して Servius の弟子 Alfenus (De Robertis, *La responsabilita contrattuale*, p. 48ss. は Labeo ないし直前から「厳格責任が緩和される」とする；b. f. は履行を全く任意とし責任を故意に限るのであるから，「厳格責任」でもなければ「緩和」でもないが），否，彼が「彼が答えた」と書くときの「彼」が師たる Servius であるとすると，既に Servius 自身によって，culpa がパラデイクマとして明確に捉えられていることがわかる．D. 18, 6, 12: Si vendita insula combusta esset, cum incendium sine culpa fieri non possit, quid iuris sit? respondit, quia sine patris familias culpa fieri potest neque, si servorum neglegentia factum esset, continuo dominus in culpa erit, quam ob rem si venditor eam diligentiam adhibuisset in insula custodienda, quam debent homines frugi et diligentes praeesse, si quid accidisset, nihil ad eum pertinebit.（売買契約締結後その対象物たる都市中心の建物が焼失したとき，火事は何の落度も無く生ずるわけがないのであるが，一体どのように考えるべきか．答．家長の過失無く生ずることもあるし，奴隷の不注意で起ったときには必ずしも所有権者に過失が在るわけでもないから，そのようなわけで，売主が建物を管理するにあたって，堅実で注意深い人がすべき注意を怠らなかった場合には，何が起こっても彼の責任ではない）は，テクスト伝達のせいか Alfenus の思考のせいか，極めて雑然としているが，それでも dominus-servus のパラデイクマだけは完全に保存している．確かに culpa の語は多義的であるが，緩やかにこのパラデイクマの底に潜む二重構造と対応している．売主の custodia は insula に関しては（b. f. 妥当の中心的レインジに属するから）本来完全に貫かれるはずである．"in insula custodienda" にはっきりと痕跡をとどめている．しかし他方で dominus から pater familias/diligentia の線がこれを鋭く横切っている．そして何と servus の neglegentia を理由に免責の余地が認められているのである．つまり領域のロジックを許す，fundus でもないのに．もちろんこの "diligentia/neglegentia" は culpa 思考の範囲内で，custodia の方に折り返すときに現れる自足的責任原理ではない．その限りで interpolatio は否定される．De Falco, *"Diligentiam praestare"*, p. 70ss. が（折角 Arangio の dolus と b. f. に戻りそこに culpa が加わる契機を探そうとしながら b. f. i. を逆に「諸般の事情の勘案の場」と誤解して b. f. 側に culpa が出る真の理由を理解しないときに）基軸とする実質 Servius ("respondit") の D. 19. 2. 30. 4 (Alf. 3 Dig. A Paul. Ep.) もそうである (dominus-colonus-servus で colonus の servus 監督責任が免えないとされた) が，同じパラデイクマは Augustus 期の Labeo の意識をも支配している．D. 19, 1, 54pr.: Si servus quem vendideras iussu tuo aliquid fecit et ex eo crus fregit, ita demum ea res tuo periculo non est, si id imperasti, quod solebat ante venditionem facere, et si id imperasti, quod etiam non vendito servo imperaturus eras. Paulus: minime...（君が売却した（引渡前の）奴隷が君に命じられて何かをした結果骨折したとき，売買以前に通常していたことを君が命じた限り，また他の売却していない奴隷に対してと同じことを命じた限り，それは君の責任ではない。Paulus：いやしかし……）において "culpa" の語は Paulus の反論部分にしか現れないが，dominus-servus, そして servus-crus という綺麗な二重構造がパラデイグマを支配しており，EV における venditor の custodia は dominus-servus にしか及ばず，servus-crus で発生した損害については exceptio が可能である，とされる（periculum は所謂「危険負担」の意味ではない）。部分的に反撃する Paulus の論拠は，決して純粋な custodia に戻るわけではないこと，否，たとえそのように意識していたとしても別の方向にそれていくこと，をよく示す。

[3・5・9]「実現」つまり現実履行への固執は近代なかんずく 19 世紀ドイツにおけるように極端になることはないが，それでも dominium はこの傾向を一定程度助長する。その現れは多岐にわたるが，一つは同時履行関係の浮上である。元来 bona fides は同時履行の観念を排除する。当事者は相手を信頼して幾らでも先に履行する。当事者の責任ではない問題が生じても解決は合理的になされる。そうでなければ periculum emptoris のような原則は出て来ない。bona fides が領域に勢いよく出るフェイズ（infra）においても，一方の債権が独立して転々とするくらいであり，これを帳簿等の様々な手段が促進する。ところが dominium のみを狭く視野に入れることが始まると，一方の債務履行が不能になっているのに契約の名において他方の履行を迫ることは著しく不当に見えてくる。既に Labeo, D. 19, 1, 50 はこの悩みを抱え，一転 bona fides の名において他方の債務の消滅を言う。もっとも，この伝統的 topos は最近 M. Talamanca, Lex ed interpretatio in Lab. 4 post. A. Iav. epit. D. 19, 1, 50, in : *St. Gallo, II,* Napoli, 1997, p. 353ss.; F. Gallo, A proposito di aeque in D. 19, 1, 50 : un giudizio con comparazione sottesa, *SDHI,* 66, 2000, p. 1ss.; L. Vacca, Buona fede e sinallagma contrattuale, *Iura,* 48, 1997, p. 125ss. に繊細なテクスト解釈を見出し，"sinallagma funzionale" の立場に Labeo が到達したわけでは必ずしもないとされるに至る。引渡がされてしまっていれば仕方が無いとするテクスト後半は，文章上著しく困難である（テクスト自体疑わしい）が，おそらく純然たる bona fides の立場に後ろ髪を引かれているに違いないし，また b. f. の強調は（stipulatio を想起すれば理解できるように）高度の信頼関係を反映した柔軟な訴訟的解決を示唆しているかもしれない。いずれにせよ領域の只中における留置的効力を念頭に置く後のテクスト，evictio を想定し dominium 実現を正義の基準とする後のテクスト，とは確かに大きく隔たる。

[3・5・10] voluntas 概念が正しく扱われているとは言い難い。以上の Cicero のテクスト自体 voluntas 論では扱われず，metus 論においてさえ voluntas への着目は皆無である。voluntas は，実は後述の causa Curiana を素材として，もっぱら scriptum/verba（この場合は遺言）との対比で論じられる（cf. M. Talamanca, Trebazio Testa fra retorica e diritto, in : G. G. Archi, ed., *Questioni di giurisprudenza tardo-repubblicana,* Milano, 1985, p. 178ss.）。Cic. Verr. と causa Curiana において voluntas 概念の位相は大きく異なり，したがって学説の選択は何かの犠牲において何かを優先させたということになる。causa Curiana においては（後述のように） dominium とその頂点の継続が関心である。第一に死者の「意思」は一方的であり，それだけで大いに animus に近付く。もっとも，遺言の資格要件審査において voluntas を使うことも可能であるが，第二に，具体的なパラデイグマの実現が voluntas によって積極的に基礎付けられた。合意の解釈に相当する。しかるに合意はディアレクティカの帰結であり，したがって解釈はディアレクティカの継続である。これに対して遺言に書かれた言語の専制的性質が存し，その背後に voluntas が隠れると一層権威は強まる。相続，信託遺贈などで盛んに voluntas が用いられるのは，元来合意における自由に似たものが尊重されるからであり，

これはまた bona fides を hereditas が根底の原理として持つからである（vgl. G. Dulckeit, Voluntas und fides im Vermächtnisrecht, in: *Festschr. Koschaker,* II, S. 314ff.）．これに対して，Cic. Verr. においては，合意が有効であるように見えても瑕疵が有り，まさに合意らしき過程で（複数当事者を巻き込むことから）自由の侵害が生じたとき，合意に対する抗弁ないし阻却事由が合意当事者団より小さい主体＝一方当事者の離脱のために提出されるのである．もちろんこれも（causa Curiana におけると同様に）dominium に対応している．何故ならば，本来は政治システムのバックアップが有り，両当事者の自由が厚く保障されているべきところ，合意が領域に出てこの保障が文字通りには働かない，（causa Curiana におけると異ってこの）ときに初めて voluntas の出番となる．bona fides を補強するのである．

〔3・5・11〕 Formula Octaviana が actio quod metus causa の祖型であることは遍く承認されている（A. S. Hartkamp, *Der Zwang im römischen Privatrecht,* Amsterdam, 1971, S. 245）．反 Sulla 原状回復期の 70 年代に Octavius（候補は二人）によって導入され，まさに Sulla 派に対して矛先が向けられた（cf. Cic. Q. fr. I, 1, 2, 7）．actio quod metus causa（D. 4, 2）はそれ自体（今日民法の一大分野を構成するほど）極めて重要な訴権であり，他方 metus は voluntas との関係で近代の思想上重要であり，特に Hobbes にとって決定的である．actio quod metus causa については Hartkamp, *Der Zwang* のバランスのよい記述に十分に依拠しうる．重要であるのは第三者に対してまで原状回復を請求しうるということ（S. 263ff.）である（Hartkamp は Verr. のテクストを十分に使って論証する）．学説は repetundae との親近性（政治権力による圧力）に引かれるが，むしろ restitutio in integrum という特異な手段に着目すべきである．actio arbitraria との関係，recuperatores による審判等はあっても actio aedilicia との関係を直接示すテクストは存在しないが，ここに淵源を求める以外に無い．第三者効との関係で取消＝解除を問題とするテクストが存在する（vgl. Hartkamp, *Der Zwang,* S. 231ff.）ことは一つの間接的論拠たりうる．都市中心の bona fides 圏でのみ aedilis の命令が集団的原状回復を直ちに可能にする．restitutio in integrum も，その第三者効も，一見似ているが réel ないし in rem の思考の対極に在る．問題はこれが領域に降りて fundus の「原状回復」を課題としたときに生ずる．それを担うのが Formula Octaviana であり actio quod metus causa であり，b. f. の側に回収しようという方向性を持つのが前註の voluntas であり「合意の瑕疵」の理論であり，こうして独特のハイブリッドな訴権とジャンルが受け継がれ，そしてまた 19 世紀ドイツで「法律行為」等「総則」の基軸が創られるときに土台となった．

〔3・5・12〕 こうして中世ローマ法学は vis absoluta と vis contemplativa というスコラ的区分を考案する．しかし元首政期が進むにつれてこの区別は判然としなくなったと思わせる徴候には事欠かない．合意や bona fides の審級と領域の審級が区別されにくくなるのである．例えば，publicani の vis に対する牽制は属州 edictum の課題であり続けたことは D. 39, 4 から知られるが，端的に publicanus の familia による furtum が問題となり，quod metus causa の領域版変質型とも言うべき vi bonorum raptorum が中心的位置を占める（cf. Maganzani, *Publicani e debitori,* p. 161ss.）．そもそも publicani 自体廃れたこともあり，おそらくテクストは切り取られる以前の脈絡を十分意識しないものになっていたと思われる．

3・6

bona fides によって結ばれた諾成契約当事者は，以上のように，第二の段階で bona fides を指導原理とするだけでは足りない領分に入らざるをえない．決

3 dominium

して bona fides を放棄するわけではないが，元来この概念に含まれていた装置では十分でないことは確かである．こうした立体的な舞台装置によって法的パラデイクマの興味深いヴァリアントが簇生する．それは十分に一つのスペクタクルであり，少なくとも紀元前一世紀後半以降膨大な法学文献を生み出した．そして大きく途切れながらも基本的に現代までその状況が続くのである．

例えば，Roscius と Fannius は societas を締結していた[1]．典型的な bona fides の関係に在った．それがどういうことかについては既に見たが，二人の共有の奴隷 Panurgus を Flavius に殺された事実は，一方で組合資産に対する侵害であると同時に，端的な不法行為である[2]．このことと直接は関係しないが，事件後 Roscius が fundus を育てて dominus になっていく様をもわれわれは既に見た．彼にその機会を与えたのは代物弁済[3]であり，代物弁済は和解契約の履行であった．そして和解契約は，不法行為を原因とする損害賠償のための裁判に替わるものであった．さてでは今回 Fannius が Roscius を訴えるのは，何に基づくものか，如何なる性質を有するか．到底単純には理解できない．

既に述べたように，最初の訴訟自体，その性質は自明でない．そもそも Fannius が訴訟を遂行し，Roscius が和解した．前者は，Fannius が Fannius のためにしたのか，組合のためにしたのか，Roscius のためにしたのか，という三種類の解釈を可能とする．「自分のために訴訟する者と，訴訟代理人に任命されてする者と，一体どのような差異が有るか．争点決定する者は，自分自身のためにのみ原告となるのであり，誰も他の者のためにすることができない，訴訟代理人に任命された者を除いて．そうではないか？ 彼が君の訴訟代理人であるのならば，そして裁判に勝訴したのならば，君は君のものとしてそれを獲得する．彼が自分の名において原告となったとき，獲得したものを自分のためでなく君のために執行していくなどということがあろうか？」(18, 53 : Quid interest inter eum, qui per se litigat, et eum, qui cognitor est datus? Qui per litem contestatur, sibi soli petit, alteri nemo potest, nisi qui cognitor est factus. Itane vero? cognitor si fuisset tuus, quod vicisset iudicio, ferres tuum; cum suo nomine petit, quod abstulit, tibi, non sibi exegit?). つまり Cicero は「Fannius が Roscius のために訴訟遂行した」と主張し，そしてそれは litis contestatio で確定されていた，という．本案，つまり apud iudicem，に移行する前に両当事者

の占有は確定され，これを以後は動かせない．民事訴訟はこうした儀礼的形態の確定の上に成り立つ．訴訟要件，そして原告，被告，訴えの性質，等々．陪審にきかれることも全て予め公式に決定される．かつ，これらのことは本来は占有判断によって自動的に明白になり，仔細に吟味する必要はない．しかしRoscius/Fanniusの場合，Panurgusの占有が漠然と自分達の側に在るものの，果たしてどのような形態において自分達の側に在るのか，そこに争いを伏在させている．このときには，民事訴訟の前段手続においてこの点を決定してから本案に入るしかなく，そしてそれと同時にこれだけ重大な実体法上の問題，占有の問題，に秘かに結着をつけてしまうことになり，当事者はそれに既判力の名において拘束されるのである．かくして，Roscius/Fannius関係が何時の間にかCaesennia/Aebutiusのような垂直的関係になり，Caesenniaの占有が主張されたように，Rosciusの占有が主張される，そのコロラリーが「RosciusのためにFanniusが訴訟した」という解釈になる．これはsocietasから和解と代物弁済を経て舞台がbona fidesからdominiumに移っていくその結果を遡って投影した解釈である．したがって到底自明ではなく，この過程の始点に近い立場を取れば取るほどsocietasの平面でのlitis contestatioが浮かび上がるはずである[4]．「それとも，訴訟代理人でなくとも他人のために訴えることができるというのか，ならばきこう，Panurgusが殺害されてFlaviusとの間で争点決定が不法行為に基づく損害と定められた時，何でまた君はその同じ訴訟のためにRosciusの訴訟代理人などになったのか，とりわけ君の弁論によるならば，君自身のために請求することはRosciusのためであり，君自身のために執行することは組合に帰する，ということであるのに」(54: Quodsi quisquam petere potest alteri, qui cognitor non est factus, quaero, quid ita, cum Panurgus esset interfectus et lis contestata cum Flavio damni iniuria esset, tu in eam litem cognitor Rosci sis factus, cum praesertim ex tua oratione, quodcumque tibi peteres, huic peteres, quodcumque tibi exigeres, id in societatem recideret)．明らかにCiceroはsocietasしたがってmandatumの概念構成を意識している．FanniusがRosciusの訴訟代理人であったとしても，本人たるRosciusが組合のために訴えているとき，Rosciusは自分の名で獲得したものを組合資産に持ち来たらなければならず，そしてそれはFanniusにも分かたれるはずである．litis contestatio

3 dominium

がこの趣旨で行われた可能性を代理関係の存在のみによって性急にねじ伏せる[5]Ciceroの少々強引な論法をわれわれは目撃していることになる．

いずれにしてもlitis contestatioまで行ったこの民事訴訟の解釈が和解の解釈を左右する．「Rosciusは自分の持ち分についてFlaviusと和解したのか，組合全体についてしたのか．もし共同の債権によってRosciusが獲得したものならば彼は組合に対してそれを給付しなければならない，ということを私はもちろん認める．Flaviusからfundusを受け取ったときに自分の訴訟に勝ったのではなく組合の訴訟に勝ったというのであれば．しかしそうであるならば何故「以後何人も一銭も請求せず」(neminem petiturum)との保証文言がなさ (satis dare) れなかったのか．自分の持ち分についてのみ独自に結着する者は，残余の者に訴権全体を残し，組合のために和解する者は「以後何人も請求せず」の保証をする」(12, 35 : utrum Roscius cum Flavio de sua parte an de tota societate fecerit pactionem. Nam ego Roscium, si quid communi nomine tetigit, confiteor praestare debere societati. — Societatis, non suas lites redemit, cum fundum a Flavio accepit. — Quid ita satis non dedit amplius assem neminem petiturum? Qui de sua parte decidit, reliquis integram relinquit actionem eorum postea petiturum). もちろん，FlaviusはPanurgusが組合資産を構成すること，RosciusとFanniusがsocietasを結成していること，を熟知していた．「何故ならばFlaviusはFanniusとの争点決定を経ていたからである」(nam iste cum eo litem contestatem habebat). つまり十分な識別の上「何人も請求せず」の文言を付さなかった，というのである．「そうでなければ何故fundusから退去したか，裁判から解放されていないのに」(cur de fundo decedit et iudicio non absolvitur ?). 一方に領域上の占有移転＝引渡という極めて固い事実が有る．もし委任であって追認＝批准等々のことがさらに必要であるならば，同時履行の問題が有るから到底引渡に応じなかっただろう．部分的にせよ問題が片付いたからこそではなかったか，というのである．訴訟が和解に移行したとき，和解に基づく給付が一体如何なる訴権を消滅させるのか，これが大問題である．とりわけbona fides上の関係における訴訟につき何か領域の上の給付で結着した場合[6]にそうであり，そしてこれが法学上の難題，ないし最も魅力的な論題，になるのは，まさにdominiumとともに舞台が二階建てになり，bona fidesの関係が領域に

降り立ったからである．そしてこれは litis contestatio の問題と完全にパラレルである[7]．如何なる litis contestatio が並行する如何なる訴権を消滅させるかさせないか，が致命的な問題となるのは，そしてそれが法学者達の主戦場となるのは，明らかに dominium の概念構成が法的パラデイグマを席巻するからである．同じことはもちろん訴訟物と既判力の範囲（res iudicata）の問題についても妥当する．

　15 年前に発生したこの事案は 12 年後一層こじれる．既に述べたように Roscius が得たものが二束三文の土地であったため Fannius は一旦関心を失っていたところ，この土地の価格が上昇したために蒸し返そうとする．自分の方も Flavius とおそらく仮装の和解をして見せる．"QVOD A FLAVIO ABSTVLERO, PARTEM DIMIDIAM INDE ROSCIO ME SOLVTVRVM SPONDEO"（Flavius から獲得したものの二分の一を私は Roscius に弁済することを約する）という宣誓誓約 stipulatio である（13, 37）[8]．だからそっちの方も半分寄越せということである．しかしこれは Cicero のカウンターアタックを浴びる．もし 15 年前のものが組合のための和解であったとするならば，もう何も残っていないはずである．残っていたとするならば，それは各自別個に持ち分を請求したということではないか，というのである（38）．

　今回の訴訟の訴訟物は実はさらに異なる．この stipulatio には当然裏が有る．おそらく Fannius は Roscius が意外にうまくやっているのを知ってゆすりにかかる．これから自分が Flavius からさらに幾らかせしめるから，その fundus を半分寄越せ，というのである．これに対して Roscius は一定の金銭をその「半分」に換えた，というより手切れ金に近い金銭を約束した．要するに第二の，一層性格のはっきりしない，和解である．この金銭を今 Fannius は請求している．「君に対して負っている特定額金銭債務が今審判人を通じて請求されているわけだ，そのために法定分の誓約が行われたわけだ」（4, 10: Pecunia tibi debebatur certa, quae nunc petitur per iudicem, in qua legitimae partis sponsio facta est）．話せば長くなる複雑な理由によってしかしとにかく一定の金銭債務が存在している，それを払え，というのである．

　しかしどうしてこんなことが可能か．何か売買のようなものが有れば可能であり，また何か金銭を払うと約束した場合も可能である．しかし何かはっきり

しなければ exemplum iuridicum に適合しない．占有のパラデイクマに沿うのでなければ何も動かない．第一に，一定の金銭が現に給付された時に certa pecunia の請求は可能である．それが何の原因にも基づかなければ基づかないほど危険であるから返還を厳格に遂行させうる．mutuum は基本の占有に手を出せないとしても，返せないままの状態を放置することはもっと従属状態を固定することに繋がる．領域における金銭の帰属に関する〈二重分節〉を保持するための訴権として，mancipatio のように厳格な要式行為，否，厳格な訴訟儀礼，によって返還請求する，という手続が legis actio の一種として何時の時点かに法律によって設立される．nexum 克服過程にある4世紀が蓋然的かもしれない．これが condictio 不当利得返還請求訴権である[9]．一種の sponsio 手続で，一定額を給付せよと相手に挑戦し，負ければ逆に三分の一の額を失う．これが "legitimae partis" である．しかし Cicero は condictio のこの元来の機能，種類物流入によって発生した枝分節関係の儀礼的切断，はこの事案には無関係であるという．Fannius が現実に（例えば mutuum として）金銭給付したという事実は彼自身によって否定されている（4, 13: adnumerasse sese negat）からである．次は，一歩進んで stipulatio である[10]．「残るのは彼が stipulatio を有すると主張するかもしれないという点である」(Reliquum est, ut stipulatum se esse dicat)．Plautus のテクストにおいて "promissio" の語とともにわれわれは，支払いの誓約が支払いと同じ効力を有するのを見た．stipulatio は誓約 sponsio によって支払いを約するのであり，その瞬間金銭の占有は移転する．にもかかわらず金銭がいつまで経っても物理的に移転しない，ということは受け手の占有の方を害することになる．そこで condictio が適用される[11]．しかし Cicero は簡単にこれを片付ける．stipulatio に不可欠の，およそ儀礼に不可欠の，証人を Fannius は呼ぶことができないのである．

　実は Cicero が一番苦戦するのは lacuna の部分を含め最初に論述されたと見られる第三の理由である．5, 14 で "aut data aut expensa lata aut stipulata" とまとめられるうちの "expensa lata" に該当するものである．われわれは Plautus において人々が銀行の帳簿上にプラスとマイナスを付けて決済するのを見た．Cicero の時代には何と銀行を迂回して人々はそれぞれ帳面を有しそこに直接出金と入金を書き付ける（1, 4: codex accepti et expensi）[12]．証人の前で記帳を

互いに符合させるだけでこれを他への支払手段としうるのである．約束手形のようなものである．Roscius が約束した金銭はここに記帳されたとの主張がなされたと思われる．しかしこの点については証拠が挙がらない．もっとも，Fannius は「確かにそうした債権は codex accepti et expensi に見出すことができないことを自白するが，しかし付属帳 adversaria からは明白に見て取れる」(2, 5 : non habere se hoc nomen in codicem accepti et expensi relatum confiterur, sed in adversariis patere) と争った．しかし Cicero は単なる証拠と，公式の帳簿への記載の差異を強調する．たとえ adversaria に何の徴候が無くとも codex に有ればそれだけで重大な帰結を招く，と．つまり codex にありながらその履行が無い，手形が落ちない，となるとその者の信用が根底から覆る．「Roscius が詐欺行為を働いただって？」(7, 19 : fraudavit Roscius ?).

それでいてなお，Cicero は上に見たように言うならば原因そのものが無かったことを徹底的に論証した．原因関係次第では，派生した後今や切れて独自の軌道を回っているように見える債務も，有効ではなくなるのである[13]．差し当たりの厳格な債務と，実質的な最終的債務は，分節的な関係を保ち，先送りの関係を築く．手続の分節を一方に生み出すが，これが弱くなった場合，一方の債務は他方のどの債務に該るか，或る弁済は一体どのレヴェルに属するのか，といった複雑な議論を繁茂させる．そしてこの巨大なジャンルは，stipulatio のような制度が，bona fides に基づく関係が領域に降りたときにもう一度息を吹き返す，そのような構図の中で発展していくのである．codex accepti et expensi すら今や領域に降りて泳いでいる[14]．mutuum は nexum とともに克服された．argentaria は短期信用を発達させた．ここには mutuum 固有の危険は無かった．透明であった．しかるに今や人々は領域の真っ直中で好きなように債務を作り condictio certae pecuniae で調整している[15]．こうした形で信用のやりとりを始めたのである．

〔3・6・1〕 既に示唆したようにこの societas は変質しかけており，その変質はまさに dominium 形成途上で生じたのであるが，変質の糸口は何と言っても一方の（組合契約内における）給付（出資）が労務であったということである．Roscius の役者としての高い能力，とりわけ訓練能力であり，Cicero が全力を挙げて礼賛するものである．Gai. Inst. III, 149 は "magna quaestio" について伝え，それは，労務を計算に入れて損益分配に差異を設けることが違法かどうか，を巡る大論争である．Q. Mucius Scaevola はそのような societas を認めず，Servius は認めた．精緻な stratigraphie を展開する F. Bona, *Studi sulla società consensuale in diritto romano*, Milano, 1973, p. 26 は，この論争とこうした実務自体 Mucius/Servius の頃，したがって Rosc. Com. の頃，に生じたとするが，われわれも同意しうる．他方 Gai. Inst. III, 149 は societas の類型として "totorum bonorum" 対 "unius alcuius negotii" という図式を伝える．Bona, *Società consensuale*, p. 19ss. は通説を維持して他に頻出する "omnium bonorum" とこの "totorum bonorum" は同一であるとし，D. 17, 2, 7 の "universorum quae ex quaestu veniunt" に一致させる Bianchini を斥け，"omnium bonorum" が相続や遺贈と関連して現れることからこれを古いタイプとし，反射的に "unius rei" を "questura" に一致させる．古い "omnium bonorum" を最初に叙述する伝統を伝え続けて Gaius に繋げる Sabinus/Cassius のテクストの再構成等 Bona の stratigraphie は説得的であり，Labeo の革新的態度をこれらに対置する部分，他方 Servius の「計算」は優勢を獲得しながらも具体的方法において揺れる，つまり労務提供を具体的な損失において計算するか，それとも労務果実連関を資産として評価する（ノウハウや暖簾のようなものを把握する）か，の間で争われる，様を叙述する部分，も一定の価値を有するが，通説ともども基本の理解を全く誤っている．第一に Gaius の "totorum bonorum" と "omnium bonorum" を簡単に一致させる粗雑さである．対比からして前者は「全体としての資産の」という意味である．「資産全体」はそもそも「誰のか」を特定しなければ意味をなさない概念であるが，だからこそ「相続財産の共有」の場合などにしか概念しえない．合意による societas の場合そもそも有りえない．それとも二人が全資産を共同する合意をするというのか．そのときは「部分資産」か「資産全体」かの対比になる．ところがここでは凡そ資産 bona と「資産を構成しうる要素たる個物ないし個々の取引」が対比されている．もし遅い時期の法学テクストが「単一人の資産の全体」という意味で（したがって相続を念頭に置きつつ）"omnium bonorum" と言い，なおかつ Gaius 文に流れ着いた伝統に従って "unius rei" と対比させたとすれば，ひどい混乱である．にもかかわらずそのように考えたとすれば，bona が崩壊したためである．相続等の場合にしかもはや bona は実務上概念されなくなり，他方収益のための societas は一回限りの取引の共同さらには fundus の「共有」でしかありえなくなったのである．しかるにこの最後のケースにおいて dominium の構造が大きな意味を持ってくる．dominus とマネージャーは対等ではない．或いは，等質ではない．マネージャーはそこで自分の労務を大きく評価させようとするであろう．われわれは *Pro Quinctio* の Naevius を思い浮かべざるをえない．そしてこうした論争が持ち上がってくる頃天に昇る星座は（societas というのであれば）明らかに "unius rei" である．Q. Mucius Scaevola がこの方向に反対であったこと，Servius がこの方向に向けて口火を切ったこと，は完璧にわれわれの理解と符合する．Bona が精緻に分析する Mucius から Sabinus/Cassius への線は，しかしながら守旧派であるのではない．societas (bona) vs. societas (res) が上述の理由で societas (hered.) vs. societas (res) に変質したとき，societas (bona) に societas (hered.) が投影されるばかりか，元来 societas (bona) がそこから発達した基層とイメージがダブる．Mucius/Servius 論争すら既に Gai. Inst. にとって遠い思い出である．遅いテクストは全然この緊張を理解できない．Roscius の力量の評価は bona fides から見て，リスクではあっても，そうしたものさえ bona の概念に取り込みうるチャンスでもある．いずれにせよ，原 societas からディアレクティカによる飛躍を経て合意による societas が考案されたのに，まさにディアレクティカの巻き戻しが大規模に起こって解消されていったのである．

[3・6・2] 二つの次元は同時に二つの評価方法である．ローマでは後の法学校でこの弁論から採ったのではないかとさえ思われるパラデイクマを用いて例解したことが知られるが，突き詰めればそれは，損害に該当する物を何らかの市場に置いて評価する仕方と，損害が発生し

ない，もしくは契約が履行された，ならば資産はどうなっていたかに応じて bona を評価する仕方，の二つである．19世紀ドイツ法学もまたこのことを一応は理解した思われるが，bona を本当には理解できない未熟さを推定させることには，損害を個別機械的に市場にのせる「抽象的な」評価か原告の（たまたま高く転売しえたであろうといった）具体的事情を考慮に入れた評価か，という図式で解釈する傾向を伏在させる．ここを付け込まれて例えばH. Honsell, *Quod interest im bonae fidei iudicium. Studien zum römischen Schadensersatzrecht*, München, 1969, S. 62ff. により「資産差額説」が（法文の読みとして）徹底的に攻撃される．議論の対象は瑕疵担保責任であるが，個別具体的な因果連鎖探求は資産の概念に沿って行われるのでなく，瑕疵という事柄の性質上のことであるとする．確かに法文テクストは「抽象的―具体的」という polarity を有さないが，これは把握が誤っているのであり，何の区別も無いのではない．dolus が関与するときに bona 全体の評価を強く問い（bona 全体を視野に入れればそこには複合的な因果連鎖が存在し），dolus が無ければ単純に領域レヴェルで過程を巻き戻す，という点に対抗軸が存在し，瑕疵担保責任は（既に述べたように）dolus の領分に入る．

〔3・6・3〕 和解でなくとも代物弁済 datio in solutum 自体解決を両義的にする．移転についての原因の特定は一層厳格に要請される．金銭支払等の替わりに債権を与える場合弁済の意義を有するかどうか，の問題も存在する．法学者達は様々な形態について ipso iure に債務が消滅するか，それとも exceptio を与えるだけか，を争った．dominium の両義性，そしてそれに伴う債権の平準化，がもたらすパズルである．その様子は S. Solazzi, *Estinzione*, p. 161ss. に明快に描写されている．

〔3・6・4〕 もちろん既に述べたように Cicero は論拠を用意している．pro socio であるならば通常の手続はこうではなかろう，というものである．「だと言うのならば何故 societas のための仲裁手続を請求しなかったのか」（9, 25：cur non arbitrium pro socio）．裁判の性質の違い，手続の質の違い，を考慮することは litis contestatio 問題を必要以上に肥大させないことに繋がる．一つ一つ手続が分節して連関していれば，段階を追って問題を解決していけばよい．この手続分節が曖昧になったり一元化すると一層 litis contestatio が全てになる．

〔3・6・5〕 litis contestatio の結果は書面には記されない．だから Fannius の解釈は，「争点決定され，不法行為に基づく損害の裁判が与えられたにもかかわらず」（12, 32：Lite contestata, iudicio damni iniuria constituto）自分に相談無しに Roscius は勝手に和解した，というものである．これであると和解の結果から litis contestatio の内容を逆算することを遮断しうるが，Cicero がそこを突くように，和解の方を当初の脈絡たる societas から遠ざける．

〔3・6・6〕 訴権競合という論題もこうして生まれる．例えば D. 47, 2, 72pr.：Si is qui commodata res erat furtum ipsius admisit, agi cum eo furti et commodati potest. et, si furti actum est, commodati actio exstinguitur, si commodati, actioni furti exceptio obicitur. commodatum は bona fides 上の関係であり，対象物を預かった側がこれを費消したときには重大な責任が発生する．この法文はこのときしかし窃盗も成り立つと考える．つまり一切の装置を剝ぎ取れば窃盗という意味がそこにダブって生じている．どちらの訴権も使えるが，ただし一方を行使すれば訴権が消尽し，他方は使えない．ヨリ根底的であるのは窃盗の方であり，消尽は訴訟判決を帰結するが，反対であれば，消尽は部分的で実体判断における抗弁の問題となる，というのである．もちろん，actio の性質自体多義的であるから，法文の態度は散々に乱れる．そのうえ（この法文自体にも伺われるように）bona fides 上の制度は理解されなくなり，また dominium の二階構造も混乱する．これが学説を大いに幻惑する．まして実体法と手続法が分解した後の学説は，訴権競合問題の実体を論ずることができない．否，テクストの状況

はこの問題をそもそも意識させえないほどであり，実体的には説明しない選択肢は今日自明視される．凡そ競合問題にどう対処するかという手続法の論拠をのみ思弁する（vgl. D. Liebs, *Die Klagenkonkurrenz im römischen Recht. Zur Geschichte der Scheidung von Schadenersatz und Privatstrafe*, Göttinngen, 1972, S. 87ff.）．

〔3・6・7〕 このように，litis contestatio が法律学の華であるのは dominium という概念の繊細な成層に由来する．しかし他方，この制度が正規の民事訴訟成否を分けるとも考えられるのは，結局これが訴訟手続における占有概念成否を分けるからである．占有判断が本案から手続上独立すること，これが二段階訴訟（in iure-apud iudicem）の区分に対応することは既に II-3 で述べたが，in iure では ante litteram に litis contestatio が行われていると言うことができる．訴訟物と既判力の範囲も決めている．この部分の判断が dominium 段階に入ると大変独特にテクニカルになる，ということである．かくして本来は litis contestatio の語を以後にのみ用いるのが正しい．学説は「歴史的に」思考し始めて却って混乱した．F. L. Keller, *Ueber Litis Contestation und Urtheil nach classischem Römischen Recht*, Zürich, 1827 は legis actio 固有の「審判人に対する in iure 帰結の伝達」に意義を求めたため，方式書訴訟時には残滓でしかなくなる．対するに M. Wlassak, *Die Litiskontestation im Formularprozeß*, Leipzig, 1889 は訴訟契約起源ないし仲裁起源を主張した．その後はむしろ Wlassak の方が通説化して批判の対象となる（vgl. S. Schlossmann, *Litis contestatio*, Leipzig, 1905）．Keller が見出した要請を方式書訴訟においても確認し不均衡当事者説を主張する（*Pro Quinctio* の Alfenus/stipulatio 問題を重要な材料とする）J. G. Wolf, *Die litis contestatio im römischen Zivilprozeß*, Karlsruhe, 1968 や legis actio の時期に遡らせその宗教的解決委付文言に着目する N. Bellocci, *La genesi della «litis contestatio» nel procedimento formulare*, Napoli, 1965 などが有る．しかし Fest. に遺る擬似語源学説，その arcaizzante な調子，に幻惑されることは正しくない．明らかに，bona fides 上に発展した制度を取り込んで手続上の一元化が遂行される過程で litis contestatio は制度として生まれたと考えられる（bona fides が必ずしも condemnatio をせずに紳士的解決に委ねる点が取り込みに際して方式の複雑なモザイク問題を生ぜしめることに着目するのは R. Fiori, *Ea res agatur. I due modelli del processo formulare repubblicano*, Milano, 2003 である）．この点で所謂「lex Aebutia 後の praetor urbanus の民事訴訟」を意識する学説は決して根拠を欠くわけではない．ただし dominium の構造を視野に入れなければ正しい理解に至らない．

〔3・6・8〕 この stipulatio は以下，前の時期のそれと比較される（cf. III-4-8）．一層自由に使われる様は次項において見る．和解 transactio に伴うこの種の stipulatio は acceptilatio と呼ばれ，verbis つまり口頭言語の儀礼によることになるが，この弁論にも登場する帳簿の上（litteris）で同様の効果を得ることも可能であり，この場合（つまり stipulatio によらない場合）は expensilatio と呼ばれる．これらについては Solazzi, *Estinzione*, p. 245ss. が極めて明快である（cf. D. 46, 4）．一旦債務を完全に消滅させるのは当然であるが，興味深いのは，法学断片テクストが（要式ないし儀礼性にもかかわらず）"naturaliter" 等々によって却って bona fides 上の関係への変換を示唆してくる点である．確かに，acceptilatio が如何なる組織によってサンクションされるかを考えれば，単純な領域の関係は少なくとも若干超越されなければならないことがわかる．この点で興味深いのは，和解からこの acceptilatio を経て或る特定の質の法的関係を把握しようとする K. Oumé, *De la transaction*, Paris, 1889, p. 37sqq. である．実際一般に novatio 更改は領域からの再離陸の小さな手段となる．novatio については，Salpius 学説以来「太古の」宣誓的手続消尽効が引照され，自由主義全盛期の訴訟契約起源説と結び付いた．仲裁や儀礼的行為の因果切断作用は確かに novatio のどこかに潜む．stipulatio との親和的関係を想起するだけで十分である．和解論にも関係する論点である．しかし

ながら，伝統説を批判するために F. Bonifacio, *La novazione nel diritto romano,* Napoli, 1950, p. 15ss. が論拠とする (Gai. Inst. III, 179 で引かれる) Servius の見解が重要である．彼は (如何なる条件が付こうとも) novatio が即時効を有するとし，後代の法学者達と対立する．原因の契約が有り，これに stipulatio を被せたとき，原因債務が消尽するか．novatio は消尽を説明するための道具であり，Salpius 学説における litis contestatio のアナロジーを生み出す．しかし後述するように，stipulatio はやがて原因との関係を一層強く問われるようになり，原因に浸潤されかかる．novatio のための stipulatio でさえ条件に依存するという事態が Gaius にとってさえ存在するのである．この状況では却って原点が有用であろう．儀礼的性質を強調し直して切断するのである．逆に Servius にとって即時効が当然であるのは，Bonifacio がそれをこそ novatio の起源とする如く，次項で見る債務平準化による移転可能性を支えるためである．だからこそここで問題となっているのは delegatio や versura であり，こうした信用授受を円滑にするためには債務を占有のようにして移転できるのでなければならない．原因を欠く引渡も占有移転としては有効である．

〔3・6・9〕 以上のことは Gai. Inst. IV, 17bff. のみを典拠とせざるをえず，condictio の起源については大変に争われる．簡単な学説概観のためには S. Hähnchen, *Die causa condictionis. Ein Beitrag zum klassischen römischen Kondiktionenrecht,* Berlin, 2003, S. 37ff. が有用である．いきなり特定額の金銭を切りつけるように相手に請求し挑戦する (一切原因を挙げない) フォーミュラは，一部学説が主張する賠償起源を打ち消すように思われる．利息も変動要因であるから，打ち消される．nexum 克服過程上の包括執行前段に最も相応しい ("iudicis capiendi causa")．

〔3・6・10〕 *Pro Quinctio* でも主たる争点の外で同様の問題が発生していた．Scapula に対する債務が履行期限に来ているため Quinctius は Gallia で若干の私財を競売に付して資金を作ろうとするが，これを Naevius が有力な資金源を示して思いとどまらせる．Naevius が示唆したのは後述の versura であると思われるが，その裏書き (確かに資金を調達してくるという誓約) を Naevius はした (5, 18: pollicitus erat...numeraturum se dicebat...)．これを基盤として Quinctius は Scapula (息子達) に弁済誓約する，まるで自分の家にもう金銭が控えているかのように (quasi domi nummos haberet, ita constituit Scapulis se daturum)．これが Quinctius を切迫した事態に追い込む．つまり支払誓約の趣旨・原因が曖昧で (この種の問題は litis contestatio のみならず「訴訟上で当事者が何を含意しているのか確かめなければならない」という楽しい擬似実体法的意思探究問題を生ぜしめる：U. Barbusiaux, *Id quod actum est. Zur Ermittlung des Parteiwillens im klassischen römischen Zivilprozeß,* München, 2006), Naevius はこれを「組合契約を清算するに際して万が一自分に債務が有ることになれば」というように解する．だから先に清算せよと主張するばかりである．清算に際して競売が行われる，その売却益の立て替え支払いならば別だが，とも付け加える (5, 19: quod promisisset, non plus sua referre quam si, cum auctionem venderet, domini iussu quippiam promisisset)．保証の関係など知らない，"domini iussu" のエイジェントの関係のみ，というのである．直後に花開く信用の世界の短命が暗く予言されている．Naevius は societas はおろか凡そ bona fides と短期信用のパラデイクマに従わない．societas は端的なエイジェントの装置と考えられている．君が現金を用意できなければ君の負けだ，私が売ったのならば私の利益だ (6, 23: se auctionatum esse in Gallia...se vendidisse...)，君には渡さない，これが清算金である，というのである．委任の関係は概念されず，一つのポストを乗っ取るか乗っ取られるかである．どこかの国の「表見代理」のように．結局ここでも和解がアジェンダとして浮上するように，多くの複雑な債権債務が錯綜し，これを充当したり清算したりしているうちに難

解な問題が発生してしまう．societas のような bona fides の関係，そうした信用が領域に降りて咲くあだ花，bona fides の世界で転用されて使われていた誓約行為が第三の世界に流れ出て曖昧になる事態，そして浮上しつつある dominium 特有の現物志向の信用，これらが競合するとき，人々は法学者の virtuosismo に逃げ込むしかなくなる．

〔3・6・11〕 mutuum の次に stipulatio が condictio と親和性を有することはまさにこの Cicero のテクストから知られる．原因の欠ける stipulatio をしてしまったときの返還請求が問題になっているのではないことに注意を向ける必要がある．

〔3・6・12〕 これは極めて大きな問題に繋がる．Andreau, *Banking and Business*, p. 74ff. は，Camodeca が批判的に校訂して世に出した（紀元後 20 年代から 60 年代までの）「Sulpicii 文書」（Pompei で発掘された Puteoli 金融ブローカーの文書）につき，Camodeca に反対して，「銀行」のものではなく faenerator のものであると主張する．確かに商取引に対して有因的に金銭が帳簿に付けられる部分も有るが，中央の有力者がここに貸し込んであり，これは mutuum であり，depositum ではない．商業信用にしても réel な担保が取られる．一見似た（Pompei から出土した Pompei の）「Jucundus 氏の文書」につき Andreau は「銀行」の語を躊躇無く使うが，ここでは全て有因的商業信用であり，都市の名望家との関係が濃厚であり，額を表す数字が相対的に低い（J. Andreau, *Les Affaires de Monseur Jucundus*, Rome, 1974, p. 304sqq.）．Andreau は，銀行にしては（無因の）預託文書が無いことを不審に感ずる（p. 307）が，これこそが銀行たる所以である．銀行はとどまった．Jucundus はとどまった．しかし Sulpicii の方が端的な mutuum を始め，そして銀行の業務も乗っ取ったのである．このとき codex の流出が決定的であった．

〔3・6・13〕 この事情が生み出す概念が solutio indebiti 非債弁済であり，（語自体は遅い時期のものとしても）condictio indebiti という問題もこの事情に起因する．先に述べた dominium を巡る有因主義と同様にまさに dominium の構造を根底の要因として有するから，両者は複雑に絡んで解釈され，これが中世以降の法学をも彩ることになるが，しかし双方を同一視することは正しくない．例えば「原因の無い引渡は無効であるのに何故非債弁済は所有権を移転させるか」と問い causa traditionis と causa solvendi を並べる（vgl. Kaser, *Iusta causa traditionis*, S. 69ff.）のは一つの混乱である．Kaser の答は solutio の和解的形成的作用であるが，占有を無視して終局の結果だけ見る誤りが存する．占有が有効に移転する点は同様であり，しかるにその占有の性質が異なり，一方では物的な追求の対象となり，他方は債権的な請求の対象にしかならない，というにすぎない．もっとも，弁済としての特定物引渡や代物弁済の場合に（だからこそ）深刻な問題が発生する．原因が欠落したとき，代償のみを求めうるか，それとも第三者に対してまでその物を追求しうるか．給付自体は有効だが原因を欠くという多義性は dominium 固有の問題であり，しかも弁済であれば必ず bona fides が関係するから，一方で代償のみで十分であり，他方に互いに原状回復にも進んで協力する，ということになる．つまり condictio と（rei vindicatio でない）restitutio in integrum が用いられるであろう．しかしこれがまた矛盾に思われて多くの学説を生む．

〔3・6・14〕 depositum や commodatum のような元来 bona fides 関係を陰で支える類型，結節点であるからこそ要物的である b. f. 契約，も mutuum に引っ張られて新 condictio の餌食になる．この点は Pastori, *Commodatum* のような丁寧な法文分析をすら幻惑した．commodatum が b. f. 訴権に分類されたりしなかったりという揺れを，actio in factum を鍵として解こうとする Pastori は，mutuum とのアナロジー（p. 92ss.）から領域上の関係=原型とし，in factum の方を基礎に後発的に in ius になった，そのときには b. f. が in ius に昇格していたので，ここから in factum/b. f. のダイコトミーが現れ，quanti ea res erit であるはずが id quod interest が混入した (p. 139ss., 147s.), と歴史的経過を再構成する (cf. p. 354ss.). 固有の訴権はともかくとして b. f. 関係であったものが先に in ius と合併し, すぐ続いて債務概念の平準化とともに in factum に出た, のである. この帰結は大きい. custodia 固有の restitutio (b. f. 特有の意識が可能にする原状回復) が新 condictio のレールに載るからである.

〔3・6・15〕 "certa pecunia" についての condictio は lex Sillia によって初めて認められたという Gai. Inst. IV, 19 の孤立した証言は学説を悩ませる. 他方同時に伝えられる "certa res" の方についてはわれわれにとっては容易に理解できる. まさに本件のように datio in solutum の可変性に対応している. lex Carpurnia は確かに dominium 生成期に年代付けられるであろう. Gaius の列挙順序から通常はその前の時期に置かれる lex Sillia はさらに発展した段階, Cicero の時代, の産物ではないか. つまり錯綜した紛争や点々とした債務の最後の整理の段階に condictio certae pecuniae は相応しい. これは結局非常に多くの場面を包摂することになり, 後述の actio de in rem verso もその一つであるが, ずっと後代に condictio indebiti と講学上総称される諸類型を生み出し, 衡平等々の空洞概念に包摂される (vgl. Hähnchen, *Die causa condictionis*, S. 88ff.) ようになる要因となる.

3・7

おそらくは領域における占有の二重構造が功を奏して束の間の安定が訪れる 70 年代から, 特に 60 年代に入り, ローマ中央の政治的階層の間で新しいタイプの信用の形態が急速に発達する[1]. われわれは Cicero の手紙によって, この信用が頂点を極めると同時に 40 年代に入り劇的に窒息していく, 様を如実に見ることができる.

前提として, senatores, equites は盛んに都市中心の住居と郊外の villa (Att. I, 14, 7＝61 年) を売買するという実態が存在する[2]. 都市中心はローマに限られない (Att. I, 6, 1＝68 年; IV, 8＝56 年). その売買は彼ら相互の間で行われる. しばしば極めて狭い人的サークルの間でなされる (Fam. V, 6＝62 年; Att. II, 4, 1＝59 年; IV, 5, 2＝56 年). hereditas と dos が非常にしばしば介在し, bona fides に基づいて bona を扱うという性質は確かに存在している. 少なくとも引渡は重要な争点ではなく, 合意のみにより行われる売買は少なくとも短期の信用の余地を大きく許す. Atticus 宛の手紙において, Cicero は積極的に不動産を売買する関係上絶えず資金の融通を付けるよう Atticus に指示している[3]. ローマ中央の政治的階層が bona fides の階層にすりかわった印象を与える.

それでももちろん, 彼等は socii の諸都市を横断して活動する negotiatores では到底ない. 高々この階層から信用を得る, ないし吸収する, ないし奪う,

3 dominium

のである．つまりこの階層が非常にしばしば短期信用のエイジェント，ないしブローカーとして現れる[4]．だからこそ信用を得てすることは種類物の大規模国際取引ではなく，都市中心の住居の売買であり，そしてこれは政治的地位の取引，或いはその結果，を意味する．そして何よりも，郊外の villa の取引はあたかも都市中心の住居 domus が今や領域の側に張り出したかの如くに展開される，と同時に，その villa は dominium ないし複合 fundus のように構築されてこの階層があたかも自分達の基盤を絶えず確認するが如くである[5]．Cicero は 54 年 Arpinum の fundus を Fufidius から購入，これが弟 Quintus の fundus に隣接すること，つまり緩やかな複合性を，喜ぶ（Q. fr. III, 1, 3, ed. Constans）[6]．「お前がこの fundus Fufidianus を手放す積もりがないと聞いている．Caesius によると水利を獲得しその法的資格も確定し fundus 自体に地役権が設定されている．だからわれわれが転売するとしても価格を維持できる」(Fundum audio te hunc Fufidianum uelle retinere. Caesius aiebat aqua dempta et eius aquae iure constituto et seruitute fundo illi imposita tamen nos pretium seruare posse, si uendere uellemus). もちろん公道・公水へのアクセスは政治システムへの連結の道として占有にとって生命線である．しかし今この（言うならば）法定地役権の外に，地役権 servitus の新しい意義が生まれつつある[7]．fundus 等構造の内部に引き込まなければならない．するとこれらを隣接 fundus 間で連結しなければならない．何故ならば少なくとも水はどこかにはけ口を必要とする．villa 内の街路をインスペクションした（uiam perspexi）Cicero は大満足で，「まるで公共の事業のようだ」(4: ut opus publicum uideretur esse). もちろん vilicus を通じて管理するが，この vilicus はもはや Cato の農場におけるそれと異なって自分で「法律行為」する[8]．彼のした locatio のチェックは不可欠で，Cicero は不在の弟の分までするが，これも法的な関係で，事務管理 negotiorum gestio に他ならない（ibid.）．その vilicus たる Nicephorus は mandatum を通じて指示されているが，なおかつ自分で特定の工事を請け負い自ら conductor となっている（5）．

　諾成契約をそのように機能させうる都市の住居は，emptio venditio ばかりでなく，locatio conductio の対象となりうる．かつて自由人の自由な労働が都市の信頼関係に支えられてそうであったように．Cicero は少なくとも最晩年 45

年において多くの都市不動産を locatio conductio に出し，そこからの賃料 mercedes を息子の Athenai 留学費用に直接充当することができる（Att. XII, 32）．彼は Atticus に宛てて conductores が誰で何人かをチェックするよう指示しているが，すると明らかに単一の住居を居住目的のために貸すというのでは全くない．元々これは妻の嫁資 dos に属し，信用が関係している（Att. XV, 20：de mercedibus dotalium praediorum）．収益＝果実取取は管理責任の問題である．その果実は短期の信用を伴って簡単に移転しうる．つまりこれを見込んで息子には先払いされる（permutatio）[9]．そして何を見込むかと言えば，「insula からの果実」(ad fructum insularum) と表現される（Att. XVI, 1）．複数の insula, つまり都市中心の区画，をそれぞれ丸ごと locatio に出しているのである[10]．或いはまた Puteoli の taberna の locatio も有る．つまり営業と営業利益が locatio に出されているのである[11]．利益を先に回収し保証を得たことになる． conductor は資本を供給されてリスクを引き受ける．また，相続によって承継した都市の不動産を「分割して」(partes fecit) domus を多数創り出すことも知られる（Att. XII, 33）．基礎単位が多数であった方がこれを束ねてテナントを管理するマネージャーの役割は大きくなり，同時にこの部分を委ねるオーナーのリスクは極小化し，利益は安定する．locatio rei つまり「物の locatio」は基礎占有のこのような二重構造の上に成り立っている．実力の問題が魔法を使ったかのように消えている．都市中心の政治的階層の連帯が直接には作動していないにもかかわらず，単純な占有が資産と化している．

　以上のような取引，総じて諾成契約を通じてなされる行為，は信用介在の余地を大きく開く．売買であれば，金銭と対象物を現実に用意することなく次々に展開していくことができる．しかるに，ここへ入って来る信用の方の性質はどうか．59 年の Cicero の法廷弁論 *Pro Flacco* では（ed. Boulanger），属州総督弾劾のために送られた証人への信頼を剥ぎ取るべく Cicero が論じていく中に， Temnos 出身の Heraclides という者が登場する（18-42ff.）．彼は「ローマで Cumae 近郊の fundus を Meculonius という被後見下の者から購入した（Fundum Cymaeum Romae mercatus est de pupillo Meculonio）．東方のギリシャ都市の富裕なビジネス階層の者が今やローマ周辺の不動産の「政治的」市場に参入している．しかし資金は？「第一級の人士たる Sex. Stloga から消費貸借をし

た」(pecuniam sumpsit mutuam a Sex. Stloga...primario uiro).「他方彼は厳正なる人物 P. Fuluius Neratus の保証のもとに信用を与えた」(qui tamen credidit P. Fului Nerati, lectissimi hominis, fide). おそらく equites クラスの人物 Stloga から資金を得たのであるが, これは金融のスペシャリスト[12]で, 仲介しているにすぎず, 実質は Fuluius が後ろで保証している. 後述の形態を参考にすれば, おそらく Fuluius が Stloga 名義の帳簿上の金銭を, しかし実質上は自分の金銭を, 自分が貸主となり, 提供したのである. 委任でこの間を結べば, 弁済されなかった場合でも Fuluius は受任者の責任において Stloga に少なくとも元本は返還しなければならない. さて Heraclides はしかし弁済に成功する. しかし「弁済するに際しては, 第一級の人士でローマ騎士たる C. と M. の Fufii 兄弟から資金を調達した」(Ei cum solueret, sumpsit a C. M. Fufiis, equitibus Romanis, primariis uiris)[13]. しかし直接には同郷の Hermippus という人物を通じて (eius fide) であった. つまり Hermippus が保証に立った. Heraclides は「君の保証で借りた金銭は弟子達から直接 Fufii に支払わせるから」(cum iste se pecuniam quam huius fide sumpserat a discipulis suis diceret Fufiis persoluturum) と言った. つまり彼は弁論術を教えていて, この locatio からの対価を弁済に充当するというのである. しかもそれは第一次的資金提供者 Fufii に対して直接にである. ひょっとすると locatio に基づく債権に質権が設定されたかもしれない. Heraclides の生徒は裕福な家の子弟であったという. ところが実際にはさっぱりこの弁済は行われない. この間にも Heraclides は次々と同じ「詐欺的手口で」小さな借財を続ける (minutis mutuationibus). Asia に帰っていた Hermippus に Fufii の解放奴隷が書面を持って (litteris) 現れる. つまり言うならば手形を出して保証した Hermippus に対して請求を行ったのである. もちろん Hermippus は Heraclides に求償するが, 自分は別途 (Fufii を面前にしないながら, つまり stipulatio できないながら) 支払誓約し保証債務を弁済した (ipse tamen Fufiis satus facit absentibus et fidem suam liberat)[14]. 以上の経過で明瞭であるのは, Heraclides のような人物も Cicero のように不動産を取得し, これに対して個人から消費貸借が行われる. もっとも, その個人の手元の流動性が直ちに動員されるわけではない. 少なくとも当座は帳簿上の短期の信用が流用される[15]. これが弁済されないときにその個

人が請求される．丁度保証の関係に立ったことになる[16]．したがってその個人は債務者に求償する．逆の面から見れば，主たる債権者は実はエイジェントで，保証人が実質的な信用提供者である．しかも，形式上は実質上の信用提供者が受任者の地位に立ち，委任者たる主債権者は受任者の責任を追求できる．このとき受任者が債務者に対して求償を求めるのである．翻って見ればしかし，帳簿上の短期信用の資金がこの形で領域上の消費貸借に転用されている．後者が前者を利用しているとも見うるが，もし弁済が滞れば後者が領域に吸い出されたままになる．確かに，後者は前者の後ろ盾を得て領域に乗り出し，前者をも自己のネットワークに取り込んだとも言える．しかしながらこの綱引きの帰趨は一義的ではない．

同種の信用の構造に Cicero 自身が深く依存していたことは疑いない．例えば 45 年，「Cocceius が失望しないようにはからえ，というのも Libo が誓約したことは確かだと思うから」（Att. XII, 18, 3＝45 年：Cocceius uide ne frusturetur. Nam Libo quod pollicetur...non incertum puto）と Cicero が Atticus に書くとき，Cocceius/Libo は保証人／債務者であり，投資先であるが，「（いずれにせよ）元本に関する限り Sulpicius に委ねてある，もちろん Egnatius にも」（De sorte mea Sulpicio confido, et Egnatio scilicet）と付け加えられるから，Cicero の信用において（fide）Sulpicius や Egnatius が貸主であり，受任者たるこの両者は Cicero に対して元本を保証していることになる[17]．委任が創り出す半透性の障壁は，領域の信用を領域に投下する際に少なくとも信用が直ちに réel な介入に結び付くことを回避すると同時に，リスクが直ちに買主に跳ね返ることを回避し，短期信用の市場でヘッジすることを可能にする．48 年の手紙（Att. XI, 3）には "Pecunia apud Egnatium est" という記述があり，Egnatius のもとに金銭が消費寄託される[18]ことによって，委任と消費寄託が対になって障壁を創り出していることがわかる．もっとも，Egnatius が一体実質的貸し手の金庫なのか借り手の金庫なのかわからない[19]ケースも有る．49 年，Cicero は弟 Quintus に対する債権を回収しようとする Atticus に猶予するように依頼する．弟は「Egnatius から君に債務を弁済するように必死に取りはからっているのだから」（Att. VII, 18, 4, ed. Bayet：laborat ut tibi quod debet ab Egnatio soluat）と．弁済のみの委託である可能性も有るが，関係の親密さか

ら言って融資自体 Egnatius を通じてであったろう．Atticus は先におそらく元本だけを回収しようというのである．しかしこの時は短期の信用が逼迫していて Egnatius にも融通が付かない．「Egnatius に弁済の意思が無いわけでも資金が無いわけでもない」（nec Egnatio uoluntas deest nec parum locuples est）のに．同じ弁解を弟のためにする Att. X, 11 では，自分だって「その息子のために Axius に融通した金銭を」（quae dedi eius filio mutua）回収できないという．Att. X, 15 では「弟は versura のために並々ならぬ努力を払っているが，これまでのところ L. Egnatius に出金させるに至らない」（eum non mediocriter laborare de uersura, sed adhuc nihil a L. Egnatio expressit）と書く．versura とは，新しい信用提供者に債務を弁済して貰い，彼が替わりに債権者になるという操作を意味する[20]．VII, 18 でも Egnatius とは別個に「versura は不可能」と書かれていたから，Egnatius の出金はこの場合無因ではなく，真の債務者による弁済の当てがついてからこれを見込んでなされるものであったことがわかる．

　領域の，或いは少なくとも領域に出ることのできる，信用が bona fides 固有の信用から資金を引き出したりこれを媒体として使ったりするのを越えて，保証を端的に réel な形態に求めることも始まっている[21]．短期信用によって媒介された信用がここに担保を求めることもまた珍しくない．上述の *pro Flacco* の続くパッセージ（21-51）には，同じ Temnos の Lysanias という若者を Decianus という者が性的に弄んだ末に高利を貸し付け，この時 fiducia という形式が用いられた（fiducia accepta）ことが述べられる．III-4-10 で示唆した通り，fiducia は（53 年の Trebatius（法学者）宛書簡（Fam. VII, 12, ed. Constans）に登場する）"ut inter bonos bene agier oportet"「良き人士間でよろしく裁定さるべきこと」というフォーミュラが示す如く dos に該当する形態を通じて領域に擬似 bona fides 関係ないし信用を進出させるものである．領域の占有を託して果実を収取させる替わりに，一定期間後これを成長した状態で受け取るのである．高度の信頼関係が相互間に無ければ到底成り立たない．そしてこれは受託者 fiduciarius が信用を受け取っているとも見うる形態である．したがって彼は返還しなければならない．しかしこの点に着目して反対給付を発生させることも可能である．fiduciarius は金銭を交付し，これが弁済されない場合には占有を返還せず，自らのものにしてしまう．するとこれは物的な担保となる[22]．

Decianus は既にこの「流質」を達成している（hanc fiduciam commissam）．したがって既に「保持し占有している」（tenes hodie ac possides）．Lysanias は今「父祖の農場を取り戻そうとて」（spe recuperandi fundi paterni）Decianus のために偽証するのである．領域に進出した bona fides は何と最も警戒すべき枝分節的関係，réel で自力執行型の担保を生み出した．

　51年，Cicero は Caesar に対する債務の返済に苦しむ．"De Annio Saturnino curasti probe"（Att. V, 1, ed. Constans）「Annius Saturninus については君が何とかしてくれ」というのは明らかに自分の債務者に対して催告して弁済を受領し Caesar への弁済に充当したいのである．「保証方は君に頼む」（de satis dando uero te rogo）は，Atticus に Egnatius の役割を依頼するものである[23]．この場合も有因的にのみ Atticus は「裏書」する．「そしてまた mancipium を通じた担保の方法も有る，Mennius や Atilius の類の者達の地所のように」（Et sunt aliquot satisdationes secundum mancipium ueluti Mennianorum praediorum uel Atilianorum）は，債務者の不動産を mancipatio によって「売買」した形にして物的担保を取り[24]，これに基づいて Atticus や Egnatius に支払わせるのである．つまりこの mancipatio secundum mancipium は売買を物的担保に使う形式である．「Oppius については思う通りしてくれた，800000 sertertii の（負の）コントを開いてくれたからね，これは直ちに，または versura をして，落とすことにしよう，われわれの債権を現実レヴェルで執行することは期待できないからね」（De Oppio factum est, ut uolui, et maxime quod DCCC aperuisti. Quae quidem ego utique uel uersura facta solui uolo, ne extrema exactio nostrorum nominum expectetur）．つまり実際にはひとまず Caesar にとっての Egnatius に該当する Oppius の帳簿の上で Caesar のプラスと Cicero のマイナスを発生させて Caesar への弁済遅滞を免れ，Cicero は Oppius に債務を負うことになる[25]が，これはもちろん短期であり，自身の債務者からの弁済か，さもなければ替わる債権者への付け替えで乗り切ろうというのである．ひょっとするとこの Oppius に satisdatio secundum mancipium を取らせるのかもしれない．

　同じ頃，Cicero のエイジェントの一人 Philotimus[26]が Milo の資産を引き当てにして何か事業ないし資金操作を展開していた（Att. V, 8, ed. Constans：quod Philotimus socius esset in bonis suis）ところ，（赴任先の）Cicero のところ

へ Milo から "iniuria" を受けたとの苦情が来る．Cicero はそこで Duronius という「実務家」のアドヴァイスを Atticus に伝える．「物件を常にわれわれの支配下に置くこと，それを外部の悪しき買い主がふんだんに有する人員を使って剝ぎ取るなどということがないようにすること」(ut in potestate nostra esset res, ne illum malus emptor alienus mancipiis, quae permulta secum habet, spoliaret). Philotimus は Milo の妻に帰属する不動産を買うと見せてこれを担保に資金を得た[27]．債権者は第二の買主として権利を行使して来る可能性を有するが，もちろん現実の占有を獲得するということは Philotimus にしても第二の買主にしても論外でなければならない．ところがその点の信頼に問題のある「買主」＝債権者を Philotimus が使ってしまったのである．その脅威が "iniuria" であるに違いない．買主たる権利をこのように信用創出に使うときは，「引渡を受けない買主」たるまま居ることが望ましく，この地位を移転することさえできる．"in bonis habere" であり，「法学文献」断片はこの地位自体を保護する訴権 (actio Publiciana) についても伝える[28]．bona の意味がこちらを軸とするものに変化し，そしてやがては (bonorum possessio 等における) 元来の意味は後景に退く．

　以上のような信用の流通は，信用がどこかから継続的に流れ込んでくるという仕組の存在を推測させる．senatores が直ちに大規模なワイン・オリーヴ油生産者であるわけではない．それよりは遥かに影の金融ブローカーである．「水源地」に関する包括的な研究は不可能であるが，われわれは Cicero の Cilicia 赴任に伴う一連の手紙から少なくともその一端を覗うことはできる．50 年に Cicero は書く (Fam. V, 20, ed. Constans/Bayet)．「私へと合法的に到達した全ての金銭は Ephesos にて publicani のもとに寄託されている……その全てを Pompeius がかっさらっていった」(me omnem pecuniam, quae ad me saluis legibus peruenisset, Ephesi apud publicanos deposuisse...eam omnem pecuniam Pompeium abstulisse). 48 年にも (Att. XI, 1)，「私は現地通貨建てで Asia に (幾ら幾ら) 保有している，その金銭を振り替えれば君は容易にわれわれの信用を維持できるだろう」(Ego in cistophoro in Asia habeo...Huius pecuniae permutatione fidem nostram facile tueuere). 丁度 repetundae の刑事訴追の対象となるような違法な金銭授受が Cicero をも覆ったのだろうか．そうでないと

しても，財政への信用供与に参加・投資するのは利益相反ではないか．徴税請負人 publicani のところに自己の金銭を有するというのはそれを自白するようなものではないか．そしてまさにその資金が Caesar との決戦を控えた Pompeius に渡ったのではないか．51 年，赴任して間もない Cicero は Puteoli の Cluvius のために圧力をかけるよう副官たる propraetor に依頼する（Fam. XIII, 56, ed. Constans）．Mylasa と Alabanda という Asia の二つの都市が Puteoli の富裕な銀行家である Cluvius に負債を負っている，その件でローマへ使節が派遣されるかもしれないが，他方「Alabanda の Philocles は個人として Cluvius に対する負債のために抵当権を設定されている，しかもそれは落ちてしまっている．私が君にして欲しいのは，彼が抵当から離脱しないようにすること，Cluvius の事務執行人にそれを引き渡すこと，それとも弁済すること，同様に負債を有する Heraklea と Bargylia の者達もまた弁済するかはたまた果実を以て保証をなす（果実＝占有を取らせて一種代物弁済する）こと」（Praeterea Philocles Alab. Cluuio dedit. Eae commissae sunt. Uelim cures ut aut de hypothecis decedat easque procurationibus Cluuii tradat aut pecuniam soluat, praeterea Heracleotae et Bargylietae, qui item debent, aut pecuniam soluant aut fructibus suis satis faciant）．ギリシャ都市の領域の性質に付け込んで réel な担保を好き放題に取っている[29]こともさることながら，Puteoli で形成された信用がこのようにして流れ込んでいるのである．Puteoli ではもちろんワインとオリーヴ油がこれを築く．しかるにギリシャ都市が都市として負債を有する[30]ということは，これがローマからの財政負担に関係していて，しかもそれは金納化されているということである．その仕組みはどうであったか．publicani が入る場合には彼らが立て替える．彼等のプラスのコントとギリシャ都市のマイナスのコントが創られる．彼等のプラスのコントの上に attributio がなされうるから，これは財政支出に充当さるべく移転され，そこからまた具体的に支出先へ出て行くが，その間に publicani の手元にはプラスのコントが存在する．publicani を介さない場合，ギリシャ都市は attributio の対象となるプラスのコントを独力で作らなければならず，これは Italia での財政支出方面で形成されるコントが移転されることによって実現されうる．publicani が介在する場合でも，形成された短期の負債に充当するためにこのように長期に借り入れることはあり

うる．このいずれの場合にも Cluvius の債権は発生しうるのである．さて，Cluvius はこの資金をどこから？ それは Cicero のものでありうる．彼は全資産を Cicero に遺贈したくらいである．では Cicero は？ Cluvius から融通して貰ったかもしれない．この往復は Cluvius にとっては信用に後ろ盾を備える一つの手段である．いずれにせよ，こうして Cicero はエイジェントを通じて「Asia にコントを保有し」うるのである．

　50 年，赴任地 Cilicia で Cicero は Brutus から Scaptius や Matinius などという (Chyprus 島の) Salaminii に対する債権者を紹介される (Att. V, 21, ed. Constans/Bayet)．Scaptius には面会する．「Salaminii が彼に弁済するよう，Brutus のために，私はとりはからうよう約束した」(Pollicitus sum curaturum me Bruti causa ut ei Salamini pecuniam soluerent)．Scaptius は "praefectura" まで要求するが，Cicero はこれは断る．つまり実力による執行，特にそのための人員を貸し与えることである．第一に，ここでも Brutus は直接でなくエイジェントを通じて多くの信用を蓄えている[31]．第二に，しかしその信用を回転させるのを停止して現実に回収しようという動きが出ていて，Cicero はこれに消極的である．同じ構図は Cicero と近い Caelius が Cilicia 諸都市に Sittius という者を通じて有する債権，"syngrapha Sittiana" 問題にも見られる (Fam. VIII, 5 ; 9)．執行は Sittius という中間項を飛ばすことを意味する．短期信用の圧縮である．この時期のこうした事案は，属州へのアプローチが信用の移転ではなく例えば現物の移転（穀物の徴収，現物運搬）に転換した場合，媒介する都市の諸装置をショートカットされた場合，ローマ中央でもパニックさえ引き起こしかねない急激な信用収縮が生ずるであろうことを予測させる．しかも，末端のところで réel なタイプの担保を基礎としているので，ここに火薬庫を抱えていることになる．領域の軍事化が一気に進んだならば，或いは，領域に向かった信用をモラトリアムにされたならば，或いは，そのような懸念だけでも，折角花開いたこの金融の世界を崩壊させるであろう．逆に，先に引いた Cicero の Cilicia 告示，Mucius Scaevola の再評価，bona fides の再確認，は Cicero なりに基盤を見抜いた抵抗であったと考えられる．

　事実，既に引いた 49 年の書簡は急速な信用収縮による手元の流動性の欠如，一種の窒息状態，を劇的に表現しているが，同年から始まる Caesar の独裁下，

彼の施策によって信用は徹底的に圧縮される．代物弁済を命じ，不確かになっていた債権を整理してしまうのである．不動産の所有権が大規模に移転し，債務が露と消える，というわけである．そもそも誰かが幾らか支払うであろう，という予期を対価として何かを動かす，その予期が転々流通する，このときいつまで経っても現実には支払われず，しかし予期だけは生き続け，誰もそれを疑って「いますぐに支払え」とは言わない，ことによって信用，特に短期信用，は維持され拡張される．媒介と先送り（renvoi）は信用の生命である．これが大規模かつ高度な社会的活動の連携を可能にする．しかし理由はともかくCaesar はこの状態を不安定なものとし解体することに決意したのである[32]．
46 年ないし 45 年の Att. XII, 3 において Cicero は "illud nomen, quod a Caesare"「あの債権，Caesar に押しつけられた債権」の処理に難渋する様を書く．どうしたものか，と．Caesar 自身実は信用の巨大な結び目であった．Cicero が Caesar のエイジェントたる Faberius の名からこの不良債権群を "nomina Faberiana" と呼ぶ（Att. XIII, 2a）ところからすれば，Cicero は Pompeius にしたように Caesar に信用を提供した，ないし Pompeius に提供したものが Caesar の手に渡った，のである．X から入るはずの金銭の見返りに Cicero 名義のプラスのコントが存在するとしよう．他方 Y は Faberius から某かの金銭を借りる．Y のマイナスのコントと Faberius のプラスのコントが存在している．Faberius はその間に Cicero からそのプラスのコントの移転を受けた，つまり信用を与えられた．それによって何か物的なことを実現しえた．問題はその（Faberius から Cicero への）返済であるが，Y に対する Faberius の債権がこれに充当された[33]．Cicero によるとこの債権の回収手段は三つある．第一は "emptio ab hasta" つまり債務者 Y の不動産の競売である．第二は "delegatio ab mancipe annua die" であり[34]，譲り受けたプラスのコント，つまり短期信用を第三者に譲り，その者が Y に対して物的なレヴェルの債権を行使する，というものである．第三は "Vettieni condicio semissum" であり，Vettienus の銀行[35]で半分の価額で割り引くという，出血覚悟の手段である．Att. XIII, 2a では Y に該当する人物として Piso, Caelius, Verginius, Hortensius といった名前が並ぶ．Cicero としても，nomina Faberiana は死活問題である．これが売れなければ不動産購入に関する別の信用問題が解けない（Att. XII, 31 ; 47）．もちろん

若干の債務者は必死に資金繰りをしている（Att. XIII, 6）．他方 Cicero 自身債権者に弁済を迫られている．Ovia に対しては代物弁済やむなしの状況である（Att. XII, 21）が，明らかに彼女は nomina Faberiana を摑まされることを拒否したのである．それでも完全な決済を免れたらしく，Atticus はその不動産をまだ管理しなければならない（Att. XIII, 22）．Ovia は nomina Faberiana を与えられたかわりに，不動産の上に物的担保を設定させることに成功し，ただしそれはまだ「落ちていない」のである．いずれにせよこうして「債権」は原因関係を離れてなおかつ領域の上にそのまま立つ[36]．つまり短期信用に媒介されて一旦転々するのはよいとして，信用を縮約されるとき，原因関係も短期信用の諸装備も剥ぎ取られたまま，領域の上を蠢くのである．われわれは契約法を離れ，なおかつ bona fides によるその拡張も忘れ，「債権」のみをそれとして扱うようになる．

〔3・7・1〕 M. Iohannatou, *Affaires d'argent dans la correspondance de Cicéron. L'aristocratie sénatoriale face à ses dettes,* Paris, 2006, p. 483 : "cet endettement aristocratique...omniprésent et quotidien...". しかし Iohannatou は Cicero の書簡を分析した結果として，dignitas ないし honos の意識に基づく出費のための債務，親族や友人間の貸借，を特徴ないし限界として挙げる．専門的な金融ブローカーはこれに寄生するとする．これは，"senatores" の意識や行動様式として遺る部分に幻惑された解釈であり，確かに政治的文脈が表面に見えるものの，これが信用を要請する古い構造は転換されており，逆に今や信用だけが政治的階層を支えている．(bona fides を支える階層の代替物として) そのレゾンデトルとなっている．かくしてその崩壊が階層の崩壊に直結する．これがこの時期の信用の異様な突出を帰結する．それでも一過性のエピソードでないことには，共和政の残滓というより元首政を予告するからであり，元首権力自体この種の信用のみに基づいた側面を有する．

〔3・7・2〕 P. Garnsey, Urban property investment, in : Finley, ed., *Roman Property,* p. 123ff. はこの局面を捉えた極めて重要な論文である．領域への投資と，投機ないし高利貸，という二極しか考え付かない長い経済史の伝統の中で，都市中心の不動産に対して着実な果実をねらった投資が存在しえたことを論証する．「産業資本」に偏した見方の修正である．E. Rawson, The Ciceronian aristocracy and its properties, *Ibid,* p. 85ff. は都市と領域を区別しないが，18世紀イングランドとの対比において，土地を代々保持したまま様々な収益の形態を築くのでなく端的に売買する傾向を指摘する．投資一回収は売買によって行われ，信託一受益によるのではない．軸が都市の短期信用（銀行に寄託された金銭）に在るか，長期の土地保有に在るか，の違いである．しかし後述のようにローマでもやがて基軸が dominium に移り，しかもそれを踏み台として都市の信用が離陸するというのでなく，後者が前者に依存するようになる．いずれにせよ "Ciceronian Aristocracy" の不動産投資はあだ花に終わる．Garnsey も Rawson も支持構造の分析に欠けるためこの点の限定に至らない．

〔3・7・3〕 cf. Iohannatou, *Affaires d'argent,* p. 315sqq. Cicero は Palatium に住居を構えるために借財をする．

〔3・7・4〕　cf. J. Andreau, A propos de la vie financière à Pouzzoles : Cluvius et Vestorius, dans : AA. VV., *Bourgeoisies municipales,* p. 9sqq.; Iohannatou, *Affaires d'argent,* p. 323sqq. D'Arms, *Commerce and Social Standing,* p. 28ff. は Avianii, Sittius, Vestorius というように例を挙げていき，この階層の自立的な力を高く評価する．であるとすれば変形 socii であり，Cicero の "Italici"（後述）も何らの基盤も持たないのでもないということになる．しかし変質もまた重要である．また Cluvius や Vestorius のカテゴリーは短命であったかも知れない．Andreau は senatores が何故 "intermédiaires" を使うかと問う．D'Arms のようにカモフラージュと解する（cf. Id., Senators' involvement in commerce on the late republic : some Ciceronian evidence, in : Id. et al., edd., *Seaborne Commerce,* p. 77ff.）ことはできない．dominium の上に Pompeius の風船が膨らみ，その信用が短期信用の回路に変換されることを欲したのである．この限りで Vestorius の仲間は socii 代替的である．しかし Andreau が的確に分析するように，Puteoli の政治的階層を担うことは決してない．再建された仮象の Italici でさえ相対的に別世界を構成する．そのうえ，短期信用の回路を利用すること自体，衰滅していく（Andreau, *Banking and Business,* p. 22ff., 51ff. は都市の政治的階層の資産信用と "entrepreneurs" の貸付を区別する；ただし前者につき "capital" の観点が無く "patrimony" のそれのみである点を限界として挙げるが，"patrimony" の観点の発展こそ評価さるべきであり，限界はその脆弱ないし「領域の生産をコントロールしえなかったこと」である）．これは以下に示唆するようにわれわれの法学遺産に深刻な影を投げかける．近代に比しての弱点ではない．反対に近代に貢献しえたはずのことの脱落（われわれの欠陥の淵源）である．

〔3・7・5〕　この様相は J. H. D'Arms, *The Romans on the Bay of Naples,* Cambridge, 1970 によって見事に描かれた．

〔3・7・6〕　cf. Rawson, The Ciceronian aristocracy, p. 98.

〔3・7・7〕　servitus 地役権についても二つの層を区別することが重要である（これも今日にまで影を落とす）．元来 "iura praediorum urbanorum et rusticorum" と呼ばれる（S. Solazzi, *Requisiti e modi di costituzione delle servitù prediali,* Napoli, 1947, p. 2）．"praedium" という語自体そうであるが，表現は全体として単純な〈二重分節〉体制を滲ませる．つまり領域のどの単位も等しく公道・公水にアクセス権利を有する．他方 servitus には二人の domini 間（cf. *ibid.,* p. 15）の要式行為によって設定されるものがある（*ibid.,* p. 85ss.）．こちらは徹底して dominium を強調する．Digesta, Lib. VIII の珍しく体系的な編別にのってこの二つの層の存在が明確に認められる．そしてまた servitus の起源に関する学説を二つに分ける（*ibid.,* p. 3ss.）．問題は第二のものの存在意義である．法学書断片は多く水に関する．それは公水から dominus が複数の単位に跨って引いたものである（D. 8, 33, 1 : per plurium praedia aquam ducis quo modo imposta servitute...）．これをしなければ彼の単位が死ぬわけではない．しかしすることによって改良が加えられる．おそらくこれを受忍する諸単位においてもそうである．それぞれが幹線に繋がるというのでなく，それぞれの内部を幹線が走り，内部の第二次単位がそれに繋がりうるのである．それを軸に様々な機能分化を達成しうる．こうして元来の「占有のための地役権」が「所有権のための地役権」に変容する．

〔3・7・8〕　この局面を見て Regulus から中世までこれで覆ったのが Aubert, *Busines Managers* (p. 129ff.) であり，"tenancy" も "agency" も同列に扱われる．「取引をする」と言っても都市のそれか領域のそれかで全く異なるし，coloni を束ねるか，それとも占有を直接担うか，でも全く異なる（cf. 3-2）．

〔3・7・9〕　cf. Iohannatou, *Affaires d'argent,* p. 333.

〔3・7・10〕　他に不動産等ブローカー Damasippus による Tiberis 河畔分譲事業につき cf. Rawson, The Ciceronian aristocracy, p. 101; Iohannatou, *Affaires d'argent*, p. 116sq.

〔3・7・11〕 locatio conductio rei については基本的に既に述べた通りであるが，ここに見られるように都市中心においては重要なヴァリアントが発達する．つまり dominium が創り出した基体の上に（信用形成のための）二重構造（経営委託）が容易に行いうるようになった（諾成契約）とすれば，都市中心ではそのような基体は初めから有るわけであるから，当然ここに転移する．都市中心の住居は投資の対象となる（B. W. Frier, *Landlords and Tenants in Imperial Rome*, Princeton, 1980, p. 23ff.）が，これに対応して住居の複合構造を前提にしばしばサブリース型になる（p. 30ff.）．Cicero が念頭に置く形態であり，Servius が扱った（p. 59）．locatio conductio rei についてはこのことを押さえて考察する必要が有る．「賃借人」は（自分で住むなら）富裕者でそうでなければサブリースする．もう一つの形態が locatio horrei である．倉庫に depositum が発生する通常の関係の外に，その特定スペースの経営を他人に任せ，この者がそのスペース内で第三者に対して寄託を許すのである．Labeo の D. 19. 2. 60. 9: Rerum custodiam quam horrearius conductoribus praestare deberet, locatorem totorum horreorum horreario praestare non debere puto...が基本である．学説は激しく争う．預かるという特定の役務を請け負うことから保管債務が発生するのであるならば，locatio operis になり，すると horrearius が conductor でなければならないのに，locator というのはどういうことか．そもそもこの "custodia" は保管か無過失責任のことか．例えば F. Wubbe, Zur Haftung des Horrearius, *SZ*, 76, 1959, S. 508ff. は，第一の locatio を単純な賃貸借として片付けた後，第二のそれは三類型のどれにも入らない特殊なものとする．これに反対する C. A. Cannata, Su alcuni problemi relativi alla "locatio horrei" nel diritto romano, *SDHI*, 30, 1964, p. 235ss. は第二のものも locatio rei であるとし，しかもなお無過失の保管責任を認め，「保管機能付の場所を貸す」契約であると無理を重ねる．Robaye, *L'obligation de garde*, p. 97sqq. は Labeo のケースは特殊で，他は全て dominus が locator（スペース貸し）である，と問題自体を解消しにかかる．実際勅法を中心に後期のテクストは単純形ばかりで，しかも dominus の custodia 責任を否定する．depositum に関して指摘したように，都市中心の寄託作用も実力の前に無力であり，しかもこれが追認されている姿であるが，たとえ Labeo 一文であるとしても，こちらが標準型で勅法型が逸脱型であることは明らかである．その前におそらく三当事者の二重構造は崩れて，単純形になりながら，かつての寄託に復帰せず，依然 dominus の locatio のままであるという異常も指摘しうる．そもそも depositum に locatio が押しかけたことの事情から学説は問題を考え始めなければならなかったはずである．すると Labeo 文は，depositum＝b. f.＝custodia は horrearius のところに在り，同じ関係が重なっているように見えても dominus/horrearius 間関係は全く異質で depositum 連関とは無縁であると言っている，ことがわかる．第一の連関について実務で既に locatio のタームが使われていたか，それとも Labeo を抜粋する Iavolenus の手が加わったか（紀元後1世紀半ばには既に locatio タームが単純型優勢のもと支配していることが碑文からわかる），はわからない．しかし Labeo は，dominus の占有は第一の連関を既定のこととして尊重しその上に初めて成り立つ，この基体を第二の連関の中でやりとりする，ことをよく知っている．だから custodia を持たせない，ということは干渉させない．逆に vis maior（ないし政治連関）に対しては責任を持たなければならず，勅法は哀れな凋落ぶりを示すものでしかない．

〔3・7・12〕 以下に多く登場するこのタイプを一切分析対象に含めないとする Andreau, *La vie financière*, p. 422 が光る（ここに銀行が有りうると思い無いことを発見する A. Bürge, Fiktion und Wirklichkeit: Soziale und rechtliche Strukturen des römischen Bankwesen, *SZ*, 104, 1987, S. 495 は二重のバイアスを帯びていることになる）．高々彼らの道具にすぎず，そうなったと

き argentarii は役割りを半ば終えている．またこのタイプの信用の行く末自体定かでなく，いずれにせよ Andreau の分析対象は全く違うアングルに棲息することになる．この識別は一見するより難しい．所謂「二重機能」というメルクマールがこの識別を可能にしたことは疑いないとしても，無因の depositum がローマに存在したかどうかは微妙であるため，これだけに注意を向けると（ローマでは常に有因である）銀行の操作と金融ブローカーのそれは異ならないように見えてしまう．信用を得て信用を与える点では変わりない．テクニックと社会構造両面の複合的な判断のみが有効である．

〔3・7・13〕 Iohannatou, *Affaires d'argent*, p. 368 はこの箇所を「政治的地位の危機としての破綻」の観点から捉え，良からぬ金融業者への接近が余儀なくされたとする．しかし信用が領域に出たその具体的脈絡を分析すれば違う意味が検出されたであろう．

〔3・7・14〕 A の C に対する金銭債務につき B が stipulatio によって弁済することによって簡単に信用が形成される．弁済はもう一段先送りされる．B は A に対する求償債権を獲得するから，A が B に対して支払い，B が C に対して支払う，ことが予定されることになる．これを銀行外で行い始めたという点については既に述べたが，ここではそれが保証の意味を獲得している．そもそも諾成契約は信用を発生させる．例えば代金がやがて支払われるだろうという予測を生む．しかしその支払のところにもう一段先送りを入れることもできる．Plautus ではこれを銀行が行う．私的ながら独立に小さな公共空間を作る argentarius の帳簿である．これは弁済受領の平面の独立や自由な servi の役割に対応していて，合意と現物の二元的構造はこれらによって補われなければならない．ベアリングのように．しかし今これを stipulatio や promissio が担う．codex accepti et expensi が銀行を離れ各人が持つようになることとも対応する．この微妙な差異は極めて重要である．「もう一段の先送り」，いきなり領域の底に降りてしまわない保障，を領域の個人が儀礼によって支える．traditio のために mancipatio が再利用されるのとパラレルな現象である．こうしてわれわれに遣された法学テクスト断片を圧倒的に覆うのはこの層に属する stipulatio である．いずれにせよ bona fides の deficit を補うように人為的に二層を創り出し関係を暫し領域に降ろさないようにし擬似 bona fides を現出させようとするのであるから，traditio 問題とはまた異なる原因問題を発生させる．最初の形態はわれわれのテクストにおけるように平準化された金銭債務の決済，とりわけ物的なレヴェルの決済，を遅らせるものであり，保証作用が顕著である．われわれのテクストの直後の時期にも，法学用に少々縮減された形ながら，論じられた（D. 33, 4, 6 (Lab. 2 post. a Iav. epit.)：Cum scriptum esset：«quae pecunia propter uxorem meam ad me venit quinquagenta, tantumdem pro ea dote heres meus dato», quamvis quadraginta dotis fuissent, tamen quinquaginta debere Alfenus Varus Servium respondisse scribit,...Item...Ofilius Cascellius, item et Servii auditores...は，dos 返還を夫が遺贈＝stipulatio の形で自ら保証するとき，stipulatio が抗弁を切断して優先するとする；cf. G. Sacconi, *Ricerche sulla stipulatio*, Napoli, 1989, p. 90；D. 23, 3, 80：Si debitor mulieris dotem sponso promiserit, posse mulierem ante nuptias a debitore eam pecuniam petere neque eo nomine postea debitorem viro obligatum futurum ait Labeo. は，妻の債権を dos として stipulatio により獲得した婚約者が婚前における実体での妻への弁済に対抗しえないとする；cf. *ibid.*, p. 79s.）．次は bona fides の契約履行に stipulatio を被せる形態であり，これは bona fides 支持構造代替機能を特徴とする（Alfenus に遡る D. 17, 2, 71pr.：Duo societatem coierunt, ut grammaticam docerent et quod ex eo artificio quaestus fecissent, commune eorum esset：de ea re quae voluerunt fieri in pacto convento societatis proscripserunt, deinde inter se his verbis stipulari sunt：«haec, quae supra scripta sunt, ea ita dari fieri neque adversus ea fieri？ Si ea ita data facta non erunt, tum viginti milia dari?»; cf. *ibid.*, p. 68). 最後は単純な領域の給付に代替する金銭債務，ないし端的な領域の mutuum（高利貸）を辛うじて引っ張り上げるためのもの，であり，法学テクストの中では非常に目立つために多く論じられる（cf. *ibid.*, p. 39ss.）が，全くの退行ないし遡行形態である．さて，これらの何れにおいても原因関係は微妙な問題をもたらす．この点，stipulatio の文言内部に原因が特定されたとき原因無効は stipulatio 自体を無効にする，という Siber/Kaser 説は J. G. Wolf, *Causa Stipulationis,* Köln, 1970, の優れた分析によって完全に解体された．stipulatio 自体はあくまで「無因的」「抽象的」であり，そうでなければ原因関係との区別ができない．原因関係を切断するために儀礼を用いるのである．ただし dos 等の制度において stipulatio 自体に条件が組み込まれる類型は存在した（*ibid.*, S. 90ff.）．他方，原因が欠落したとき，stipulatio に基づく請求はどのように斥けられるか．exceptio doli が主たる手段であり，次が condictio である．D. 12, 7, 1, 2 (Ulpianus): Sive ab initio sine causa promissum est, sive fuit causa promittendi quae finita est vel secuta non est, dicendum est condictioni locum fore is, condictio が stipulatio の実現のためでなく，誤って実現した stipulatio に対する救済のために用いられることを示す（*ibid.*, S. 32ff.）．さらに delegatio の場合に condictio incerti によって stipulatio 自体を消去する制度も存在した（*ibid.*, S. 163ff.）．いずれにせよ，結果として発生した給付に対して condictio が反応するのでなく，stipulatio 固有の原因関係（のみ）が問題とされるのは，債務の平準化が大きく進んだ証左である．

〔3・7・15〕 *Pro Flacco* の "perscribere" は銀行媒介の付け替えである点につき，cf. Andreau, *La vie financière*, p. 576sq. この場合 permutatio (cf. Petrucci, *Mensam exercere*, p. 116ss.) とほぼ同義であり，弁済の効力を有する．しかしこの時期の "perscriptio" が全てこれであるかどうかは慎重な吟味を要する点であることも Andreau の指摘通りである (Petrucci, *Mensam exercere*, p. 120ss. は全否定する)．銀行の外，つまり領域，へと出て帳簿が無媒介に機能している．例えば Att. 12, 51, 3 で Atticus が "perscribere" によって債務を消すように勧めるとき，Andreau, *La vie financière*, p. 580; Iohannatou, *Affaires d'argent*, p. 405 にもかかわらず，プラスのコントを移転して帳消しにすることが概念されていると解され，"perscribere" の最もテクニカルな用法であると思われるが，それでも実体債権のレヴェルにおける相殺が想定されているのか，銀行帳簿の上での相殺を考えているのか，定かでない．相殺に関しては法学テクストから様々な要件が知られ，しかもそれは裁判上 praetor が litis contestatio で行う (S. Solazzi, *La compensazione nel diritto romano*[2], Napoli, 1960, p. 174ss.)．確かに，債権債務を銀行帳簿上のものに換えてしまえば「同一の causa」等の要件はクリアしやすくなるし，その形のものであれば Cicero の時代の例外的な信用拡張期に両実体債権者の合意で相殺を推進しえたかもしれない．それでも，信用解体後は約款によっても銀行を介しても簡単には認められず，学説も exceptio pensatae pecuniae すら argentarius 自身に関するものと考え，そうでないとするテクストを interpolatio とする傾向を有する (*ibid.*, p. 41ss.)．

〔3・7・16〕 保証一般のパノラマの中で，このフェイズは明らかにされていない (cf. P. Frezza, *Le garanzie delle obligazioni*. I, Pisa, 1956, p. 14). praedes とともに文献資料・碑文には登場するものの (Gaius 以外の) 法学者の著作では中心を占めないからであろう．一方に伝統的な sponsio が存在し，他方に stipulatio という形式への着目が存在する．そして fideipromissio, fideiussio という「保証」の軸とそこにおける附従性（抗弁援用可能性）に関心が集注する．sponsor は auctor と同形態であり，単一の形姿としての〈二重分節〉そのものである．stipulatio は mancipatio と同形態であり，〈二重分節〉単位間の〈二重分節〉儀礼そのものである．praedes は praedium との並行関係からして個別単純占有が特に公共事業入札等で担保に立つ場合を指す．以上に対し，Cic. の手紙に登場する類型は，bona fides によって蓄積さ

れた短期信用が領域の長期信用をカヴァーするという稀な構造を持つ．これは「Pompeius の風船」の内部で一瞬 bona fides がローマ中央政治的階層をエイジェントとして領域を制覇するかに見えたことに対応する．強いて言えば fideipromissio のお化けである．他方，以後は fideicommissum, fideiussum のように，dominium が短期信用の後ろ盾につく類型ばかりが発達する．これは元首政の構造に対応する．こうしてわれわれのテクストに盛んに登場する satisdatio 等の保証の形態は見果てぬ夢と終わる．確かに，元首政期になっても似た光景は直ちに無くなるわけではない．D. 16, 1, 19, 5 (Africanus): Cum haberes Titium debitorem et pro eo mulier intercedere vellet nec tu mulieris nomen propter senatus consultum sequeris, petit a me mulier mutuam pecuniam solutura tibi et stipulanti mihi promisit ignoranti, in quam rem mutuaretur, atque ita numerare me tibi iussit: deinde ego, quia ad manum nummos non habebam, stipulanti tibi promisi など Cicero の周辺の光景であってもおかしくないではないか．A の債務者 B の妻 C は保証したいが SC Velleianum によって禁止されている，そこで D に頼み自分が金銭消費貸借を受け D の債権を A に向ける，というのも D の手元に金銭が無いのでここも stipulatio となる．stipulatio が保証機能を果たす典型であると同時に一種の delegatio (infra) が媒介している．設問は C に対する D の請求が SC Velleianum に基づく無効の抗弁を受けるかである．C を無視して D が直接 fideiussum をしたとするか，単純に CD 間の mutuum しかないとする，のが法学者の腕前である (cf. V. Mannino, *L'estensione al garante delle eccezioni del debitore principale nel diritto romano*, Torino, 1992, p. 113ss.) ようであるが，(都市の) 妻の資産が裏打ちする形態は SC によるとはいえブロックされ，第二保証人を要することとなり，Dom.-Bon.-Dom. は結局 Dom.-Dom. に還元されてしまっている．(女性に保証を禁じた) SC 自体この種の信用圧縮を目的としたことをよく窺わせる事例である．結果 fideiussum はもっぱら domini 間に直接展開される．この事例で exceptio が問題になるのは，bona ないし bona fides に固有の抗弁を後盾についた dominium が援用できるかどうかであり，附従性がその後も一貫して中心主題となるのは，dominium が domini 間の (しばしば b. f. に基づく) 取引に対して保証する以上二つの次元間の関係は視野から消えることが無いためである．他方 fideicommissum については Inst. II, 25pr.:...primus Lucius Lentulus, ex cuius persona etiam fideicommissa coeperunt, codicillos introduxit. Nam cum decederet in Africa, scripsit codicillos testamento confirmatos, quibus ab Augusto petiit per fideicommissum, ut faceret aliquid: et cum divus Augustus voluntatem eius implesset, deinceps reliqui auctoritatem eius secuti fideicommissa praestabant et filia Lentuli legata, quae iure non debebat, solvit. が全てを物語る．相続財産は bona に属する制度であり，voluntas で表現されるその自由は遺言の絶対的自由で表現されるが，他方相続人や受遺者は獲得すればそれをどのようにしようと自由である．これは占有原理の帰結である．しかし Augustus の頃から遺言に付帯文言を添付して条件付けることが行われ，これを裁判を通じて実現しうるようになる．このテクストにおいては Lentulus が何か公共的な事業を実現しようとしたのであるが，都市の資産がこれに当たることは当然として，しかし相続人の政治的資格における活動に信頼を置けない彼は，一旦一定の財産を Augustus に委ね，彼が事業実現を担保する (cf. V. Giodice Sabbatelli, *La tutela giuridica dei fideicommessi fra Augusto e Vespasiano*, Bari, 1993, p. 49ss.)．この auctoritas を得て初めてこのことが可能たるばかりか，効果絶大で，受遺者などが自発的に事業のために喜捨し始める．Augustus は巨大な dominium ないしその縦型ネットワークを体現している．bona は dominium に信用を与えて見返りを獲得するが，Bon.-Dom.-Bon. においてヘゲモニーは完全に dominium の側に存する．

〔3・7・17〕 Iohannatou, *Affaires d'argent*, p. 283 は，政治的階層間の信用交換が尽きた果ての現

象とするが，実際はこうした関係の結節点としてのみこの政治的階層は存在意義を有している．ちなみに Iohannatou の債務関係把握には不正確な点がある．

〔3・7・18〕 この消費寄託はおそらく二重であり，Cicero の Egnatius に対する (A) は Egnatius の銀行に対する (B) によって一層安定するであろう (Andreau, *Banking and Business*, p. 21 も対 Marcus 送金問題に関してこのように想定する)．ローマの場合後者もまた無因ではなく，Egnatius 名義の具体的な取引の名残である．とはいえ，これは信用が二重になっていることを意味する．その結果，A が B との対照において depositum でなく mutuum の側に理解される契機が潜伏している．だからこそ B の裏打ちが貴重であるわけであるが，B ではなく A が軸になるばかりか B が落ちてしまうと，領域の只中で行われるのと外形上差が無くなり，すると depositum と mutuum の区別は理解されにくくなる．同一主体に b. f. 適格を与えるべく浮上させる二重構造と，水平的信用授与，の区別が無くなることと，短期の信用と mutuum の区別が無くなることは，おそらく並行して生じたと思われる．その一つのコロラリーとしての depositum/mutuum 混同は，法学者達を煩わせる．D. 17, 1, 34pr.：. . . quod, si pecuniam apud te depositam convenerit, ut creditam habeas, credita fiat, quia tunc nummi, qui mei erant, tui fiant; item quod, si a debitore meo iussero te accipere pecuniam, credita fiat. この Iulianus-Africanus 文 (vgl. H. T. Klami, *"Mutua magis videtur quam deposita". Über die Geldverwahrung im Denken der römischen Juristen*, Helsinki, 1969, S. 109f.) においては，"deposita" か "credita" かの錯誤がエイジェントの関係を通じて生じ，"credita" という平準化によって解決される．Scaevola の D. 16, 3, 28：Viginti quinque nummorum, quos apud me esse voluisti, notum tibi hac epistula facio ad ratiunculam meam eos pervenisse: quibus ut primum prospiciam ne vacua tibi sint: id est ut usuras eorum accipias, curae habebo. においては，寄託された金銭が高利貸付に回されるのであるが，しかもこれが寄託者の指示による．利息の請求を認めるかどうかが争われるが，認めると寄託は消費貸借に化けるし，認めないと，受寄者に占有＝果実取得を認めることになる．明らかに背後の dominus (tu) の吐く息がこの混同をもたらしている．D. 12, 1, 9, 9：Deposui apud te, postea permisi tibi uti. . . condicere quasi mutua tibi haec posse aiunt. . . . (Ulpianus) や D. 12, 1, 18, 1：Si ego quasi deponens tibi dedero, tu quasi mutuam accipias, nec depositam nec mutuum est. . . . (Id.) や D. 16, 3, 29, 1：Si ex permissu meo deposita pecunia is penes quem deposita est utatur. . . . (Paulus) や Paul Coll. 10, 7, 9：Si pecuniam deposuero eaque uti tibi permisero, mutua magis videtur quam deposita ac per hoc periculo tuo erit. などはむしろ，遅くまで法学者達は区別に執心したことを覗わせる．これらを depositum irregulare 不認容説，Scaevola (Papinianus) を認容説，とする解釈 (W. Litewski, Le dépôt irrégulier, *RIDA*, 21, 1974, p. 215sqq.) は (ニュアンスの差異に着目した功績を有するとはいえ) 正しくない．運用＝利息の場合に mutuum とする識別が，"uti" という単純な表現に置き換わり金庫型寄託との対比になる，という変化のみが認められる．決してそうは言わないが，量目に対する占有という概念を知っているため，受寄者のもとでの混同は決して寄託を疑わしめない．問題はどこまでこれを運用しうるか，特に領域に投下しうるか，である．境界線で思考しえた Scaevola に対して，その記憶に生きるか遠く隔たった現状を反映してあっさり分けるか，という選択しかない Severi 期の法学者が居る，というだけである．"depositum irregulare" という語は「所有権」でしか思考できない (寄託者にか受寄者にかも問わずに凡そ利息を付けうるのが近代的な銀行であるという粗雑な理解しかできない) 近世以降の解釈学説が「所有権を移転させる異常な寄託」として考案したものである．つまり「消費寄託」である．これは一旦 interpolatio 狩によって否定されたものの，F. Bonifacio, Ricerche sul deposito irregolare in diritto romano, *BIDR*, 8/9, 1947, p. 80ss. によって

生き返った．しかるに，depositum と mutuum の区別は元来は安定的であり，銀行はこうして mutuum（領域の高利貸）から安全に区別されていた．かつそれでもなお無因の depositum を受け入れなかった．経済社会の主軸から遠ざかり，競売を契機に領域での取立てや現物の担保といった領分に手を出すことによって，こうした基盤が崩されたことは Andreau が既に説得に分析したところである．

[3・7・19] 前註で見た通りの経過をやがて辿ることによって，Pseudolus 型エイジェントばかりか filius＝peculium 型エイジェント，そして mandatum，が区別されなくなる．Cicero のような政治的階層にとって，エイジェントはますます独立するが，独立の意味は，今や政治システムに伴う自立ではなく，dominus と都市の間の懸隔である．その間の関係はかくして（mutuum でなくとも）平準化した金銭債務関係である．そればかりではない．包括的エイジェントは大きく単一の dominium を後盾にする．その上で多元的に信用を媒介する．おそらくこの時である，actio institoria が登場する．したがって Servius や Labeo は（institor 自体は古いものであるとしても）この訴権を最近導入されたものとして扱った（contra, Di Porto, *Impresa collettiva*, p. 31ss.; cf. D. 14, 3, 5, 1）．とにかく Servius や Labeo は委任型の関係において委任者＝受任者連帯ないし委任者の領域占有への無限責任を言う（第一次的に institor に，しかし副次的に dominus に直接，という構成はまさに dominium のものである）．これに付加されたと見られる "Sed et si in mensa habuit quis servum praeposuit" (Labeo, *loc. cit.*) は，Egnatius（の存在自体異形であったものが，これ）を dominus が呑み込み，同時に裏打ちする銀行をも呑み込んだ，図である（actio institoria の実質登場はこの段階か）．金融ブローカーも裏打ち銀行も単一の dominium からの信用に依存し，これらは丸ごと弁済受領の Pseudolus 型のようになる．逆に言えばこれがこのように肥大し分節してくる．古典期の法学者にとって exemplum はもっぱらこれであったようである．D. 14, 3, 19, 1: Si dominus, qui servum institorem apud mensam pecuniis accipiendis habuit...; D. 3, 5, 30pr.: Liberto vel amico mandavit pecuniam accipere mutuam...; D. 17, 1, 10, 5: quia dominus procuratori mandaverat, ut pecuniam mutuam acciperet....しかも dominus は institor を使って mutuum のやりとりをし，設例は（原因のある）弁済受領でなく要物的金銭受取である．これは dominus の信用ということを強調するための画像である．本来 b. f. に基づくべき短期信用が dominium からの長期信用に裏打ちされ，前者に後者を引き込む（Antonini 期の法学者にとって actio quod domini iussu こそが基本モデルで，actio institoria などはここから派生したと発生論をする；cf. G. Coppola Bisazza, *Lo iussum domini e la sostituzione negoziale nell'esperienza romana*, Milano, 2003, p. 168）．ただし前者を利用するため dominus は直接自分が借主になるのではなく，トンネルを使う．dominium が端的に領域上で信用を発給している関係とは相対的に区別される（Di Porto, *Impresa collettiva*, p. 63ss., 207ss. は D. 14, 3, 13, 2 の institor 共有奴隷型を徹底して論じ，垂直分節と水平分節を区別して見せる；J. Andreau, Les esclaves "hommes d'affaires" et la gestion des ateliers et commerce, in: Id., et al. edd., *Mentalités et choix économiques des Romains*, Bordeaux, 2004, p. 111sqq. の Di Porto 批判は，領域 peculium に直行し，短期主導とこれとの間に長期へゲモニーながら間接型が有るを見逃す点で的をえない）．短期と長期を意識的に混合する姿は D. 14, 3, 13pr.; Habebat quis servum merci oleariae praepositum Arelate, eundem et mutuis pecuniis accipiendis: acceperat mutuam pecuniam: putans creditor ad merces eum accepisse egit proposita actione: probare non potuit mercis gratis eum accepisse. licet consumpta est actio nec amplius agere poterit, quasi pecuniis quoque mutuis accipiendis esset praepositus....先に見た訴権の競合さえ生じている．単純な売掛代金に関する信用に dominus 背景の信用が絡まるからこそ，前者と mutuum が混同され，結局 domi-

3　dominium　　　　　　　　　　　　　　　　　　　1059

nus 故に後者の責任を取らされる．こうなれば dominus が procurator によって領域で売買するときの信用問題も構造的に同一であるということになる．D. 19, 1, 13, 25 Si procurator vendiderit et caverit emptori, quaeritur, an domino vel adversus dominum actio dari debeat. et Papinianus libro tertio responsorum putat cum domino ex empto agi posse utili actione ad exemplum institoriae actionis. つまり procurator や vilicus と institor は極めて接近することになる．procurator への拡張と見る P. Angelini, Osservazioni in tema di creazione dell' "actio ad exemplum institoriae", *BIDR*, 71, 1968, p. 230ss. と，「praepositio 抜きでも」という拡張を見る通説に立つ A. Burdese, "Actio ad exemplum institoriae" e categorie sociali, *BIDR*, 74, 1971, p. 61ss. の間の論争は故無しとしない．個別の取引を超えるという意味でも各種取引を含むという意味でも包括性（vgl. T. Chiusi, Landwirtschaftliche Tätigkeit und actio institoria, *SZ*, 108, 1991, S. 154ff.）は dominus（領域）の指標であり，かくしてそこに procurator が居なければならない，からである．ちなみに，Angelini は E. Rabel, Ein Ruhmesblatt Papinians. Die sogenante actio quasi institoria, in ; *Festschr. Zitelmann*, II, Leipzig, 1913, S. 8（ただし頁は各論文毎）を受け継ぐが，Rabel は institor そのものを奴隷の相の下に捉え，procurator と対比する．代理効果説明のため委任の側面を否定する．Pseudolus を全く理解しないわけであるが，逆様ながら画像を捉えたことになる．

〔3・7・20〕 versura については，cf. Sacconi, *Delegazione*, p. 11 ; Iohannatou, *Affaires d'argent*, p. 377sq.

〔3・7・21〕 Iohannatou, *Affaires d'argent* の一つの問題点は réel な関係に信用についての視野を広げることがないことである．dominium の構造の浸潤こそは束の間の信用膨張を特徴付ける．

〔3・7・22〕 Bellocci, *Fiducia*, p. 118s. は，この転倒に気付かずにこの機能が元来の制度趣旨と見るために，Fam. VII, 12 のアイロニー，否，Cic. のテクストにおける fiducia 全体のアイロニーに気付かない．確かに，太古の人的絆にまで持って行く一部の学説を清算したのは Bellocci の功績としても，したがって信用の装置たるは初発からであったとしても，なお，b. f. が領域に降りる Terentius の相と端的に「譲渡担保」のために使われる相は区別される．しかもここでわれわれは後述の晩年の Cicero の思想の問題抜きにこれらのテクストを（ただ法学のためにのみは）扱えない．原点の bona fides と Terentius（ないしあの Fulcinius の領域の活動）を大同団結させるのが Cicero 最後の構想である．これは，dominium を容認しつつも限定し再度都市に結集させたい，という彼の到達点と関係している．

〔3・7・23〕 個人の介在による先送りを手段とする信用形成が広く展開されたことが Cic. のテクストから知られるが，決済は広く delegatio と呼ばれる方法によって行われた．Gai. Inst. III, 128 はなお銀行を前提した用語法を残し，ないし両者を習合させ，"transcriptio a persona in personam" という（おそらく講学上の）語を使用している．(cf. G. Sacconi, *Ricerche sulla delegazione in diritto romano*, Milano, 1971, p. 133ss.). つまり A が B に金銭債務を負い，B が C に金銭債務を負うことは，消費寄託を媒介として B＝argentarius 上の帳簿において A と C が例えば代金を決済することに似る．銀行媒介の場合この帳簿上の関係は移転する（プラスのコントを弁済のために他人に付け替える）ことができるが，このとき帳簿上の金銭を目的とするものとして様々な債務は平準化していなければならない．平準化は帳簿によって達成され，なおかつこのように次々と移転することによって信用は維持されていく．B は簡単には取立てや払い出しに応じないし，全体としては常に残高が有るのでなければならない．これに対して個人の介在によるときは，A が直接 C に弁済し，一種相殺のようにして信用を解消してしまうことができた．恣意的に信用収縮がもたらされる危険と隣り合わせであった．もっとも delegatio 自体を stipulatio によって行うことも知られる（*ibid.*, p. 53ss.）が，この

こと自体，信用維持の苦しさを物語る．

〔3・7・24〕 未発達であった物的担保の諸形態がこうして fiducia 以外にも一定程度発達することになる．とは言ってもこの時期のこの特別の空間に花開いた諸形式がそのまま存続したとは思われない．われわれに伝わる「法学文献」断片から得られる像は一定程度これから隔たる．「物的担保未発達」という画像がこちらから得られたとすると様々な方向に慎重に割り引かなければならない．そもそもそれは欠陥ではなく健全さの現れであるが，他方（次節で見る理由によって一瞬現れた信用の世界が異形としても，その）若干の発達を葬った動因も決して褒められたものではないからである．いずれにせよ，風船の中であろうとしぼんだ後であろうと，物的担保は dominium の上にのみ，これを基礎として成り立った．この点を見落とすと錯乱した議論をする羽目に陥る．現在の通説は錯乱の行き着く先のお粗末さを雄弁に示す．既に述べたように学説は（史料抜きに sic）「占有質」が始原に存したと信じて疑わないが，それでは債務者の利用を排除して不便であるというので「非占有質」が用意される (A. Biscardi, *Appunti sulle garanzie reali in diritto romano,* Milano, 1976, p. 147)，という．どのようにか．基本的に locatio conductio を通じてである (*ibid.,* p. 150ss.)．locator は conductor が持ち込んだ物（locator が占有していない？物）を代金債権のために質に取る（Cato の農場，interdictum de migrando, interdictum Salvianum, actio Serviana）．俗流が考え付きそうな抵当権も譲渡担保も出てこないのは論拠が interdictum Salvianum 等々しかないからであるが，ここには既に「救済手段が出来たから質権者は占有を手放しえた」という論点先取り論法 (G. Krämer, *Das besitzlose Pfandrecht. Entwicklung in der römischen Republik und im frühen Prinzipat,* Köln. 2007 の幼稚さを見よ）が先取りされている．しかも，(Biscardi の場合占有移転すなわち「占有質」が原則であるという後代についての形式上正しい認識に基づくが) M. Kaser, Besitzpfand und "besitzloses" Pfand, *SDHI,* 45, 1979, S. 8ff. になると loc. cond. に伴う「非占有質」も "eigenmächtig" であるとされ（ならば「占有質」ではないか！ 否，実力質だ！？），もう一つの形は traditio 後債権者が債務者に賃貸するというものでこの時 dominus たる債務者には precarium のみで possessio は無い（ならば「占有質」ではないか！？）と付け加えられる (S. 42ff.)．いずれもテクストに基づく (D. 47, 2, 56: Cum creditor rem sibi pigneratam aufert, non videtur contractare, sed pignori suo incumbere.; D. 13, 7, 35, 1: Pignus manente proprietate debitoris solam possessionem transfert ad creditorem: potest tamen et precario et pro conducto debitor re sua uti.; C. 8, 13, 3: Creditores, qui non reddita sibi pecunia conventionem legis ingressi possessionem exercent, vim quidem facere non videntur....; D. 2, 8, 15, 2: Creditore, qui pignus accepit, possessor non est, tametsi possessionem habeat aut sibi traditam aut precario debitori concessam.; D. 13, 7, 37: Si pignus mihi traditum locassem domino, per locationem retineo possessionem, quia antequam conduceret debitor, non fuerit eius possessio ....) が遅い時期の混乱を批判する力を持たない上に，自身もはや何が「占有質」で何が「非占有質」かわからなくなってしまっている．まして「占有」の概念を詰めない．最後の「譲渡担保」型の（崩れた）事例は，「非占有」というが「債権者の占有質」を越えて「債務者にとっての反占有質」とも形容すべきものである．確かにテクストは「占有移転」を要件とさえ考えている (D. 47, 2, 67pr.: Si is, qui rem pignori dedit, vendiderat eam: quamvis dominus sit, furtum facit, sive eam tradiderat creditori sive speciali pactione tantum obligaverat...)．しかしその意味は dominium を前提として把握すべきこと，Savigny が指摘したとおり，そして Jhering でさえこの「派生的占有」忘却を非難したとおり，である．これを潜る方面に必死で「非占有質」を探るのは「譲渡担保」「売渡担保」の誘惑に負けているだけで，債務者の占有を尊重するのとは正反対の方角である．「占有の移転」を要件と

3 dominium

する質は債務者の占有を尊重する（彼らの言う）「非占有質」であり，これを崩して債務者に precarium をさせて収奪するのは曖昧状態創出＝占有原則逸脱である．何故ならばここで移転されるのは「かりそめの possessio civilis」＝「派生的占有」にすぎず（D. 41, 3, 33, 4 = Iulianus: Qui pignori rem dat, usucapit, quamdiu res apud creditorem est: si creditor eius possessionem alii tradiderit, interpellabitur usucapio: et quantum ad usucapionem attinet, similis est ei qui quid deposuit vel commodavit, quos palam est desinere usucapere, si commodata vel deposita res alii tradita fuerit ab eo, qui commodatum vel depositum accepit.), 二重に領域の安定を損なわない（locatio rei に対応して例えば fundus の経営への経営委託付信用導入である）．他方 possessio civilis といえどもその状態は一義的でなければならない．しかもなお，実務は潜り抜けようとする．法学者達も追認する（loc. cond. を使ったものの他に売買を使った「譲渡担保」型も少数ながら存在することについては，cf. Biscardi, *Garanzie reali*, p. 182ss.)．しかし彼らはそれでも Cicero のテクストに見られる流質型物的担保，lex commissoria に対して決して手放しではなかった．D. 13, 7, 6pr. (Pomponius): Quamvis convenerit, ut fundum pigneraticium tibi vendere liceret, nihilo magis cogendus es vendere, licet solvendo non sit is qui pignus dederit, quia tua causa id caveatur. sed Atilicius ex causa cogendum esse creditorem ad vendendum dicit...は，辛うじて債務者の債務超過を前提に対象物を取らせるとする考えに，それでもなお売却しなければならないとする説が執拗に抵抗する様を伝える．A. Burdese, *Lex commissoria e ius vendendi nella fiducia e nel pignus*, Torino, 1949, p. 34ss. は"[pigneraticium]‹fiduciarium›" 等々徹底して fiducia に修正するが，pignus が fiducia の影響を蒙って流質型になっていくという図式を一方的に適用する恣意的なものである．Burdese は正当にも「始原における実力流質」という像を根拠無しとするが，占有原則のところに何ら痛痒を感じずに「流質売却」への発展を謳歌する始末で，fiducia を長く引っ張り，これへの pignus の同化を延々と論証した積りである（悉く pignus は fiducia の interpolatio とする）が，全て「売却が流質を排除する」典拠となりうべきテクストであるのに D, 13, 7, 6 すら緊張感抜きに扱われる．残存テクストが盛んに第三者への売買の諸問題を扱うこと自体，まずは考察して然るべき問題である．上に述べたようにそのように扱い易い対象が pignus とされているのである．

[3・7・25] 銀行における perscriptio という操作を想定してこのテクストを読むべきか，判断の決め手は存在しない．銀行が寄り添ったことが全く排除されるわけではないとしても，codex は既に銀行外に出た．そもそも銀行は消費寄託を通じて金銭に対する占有を精密に自立させる装置として記号を必要とする．その占有が領域上に無い以上記号を以てする以外に無い．ローマにおいてこれがどこまで発達したかについては争いが有る．しかし二つの問題を区別する必要が有る．大規模な公簿の形を取らずに私的個人別に帳簿が作られる点に関して，これを「銀行不存在」と見る見解が存在する（Bürge, Bankwesen, S. 509ff.）が，「開かれた寄託」（無因の消費寄託）と「利息契約」をメルクマールとすることに対応する（近代の銀行を一律粗雑に捉え問題無しとする点でも）方法的に誤ったアプローチの所産である．私的に銀行帳簿は作られうる．他方帳簿の存在は必ず銀行を意味しない．既に示唆してきたように直接債権債務者に codex accepti et expensi を持たせて「約束手形」風に機能させる実務が Cicero の時代になると存在する．紀元前2世紀を頂点として展開された銀行（Bürge は Plautus を全く扱わない）は以後狭い空間に追いやられる．Andreau によって検証されたこうした立体像抜きに元首政中期以降の（しかも法学者の）混乱を論拠として「銀行不存在」を言う（Bürge, Bankwesen, S. 553）ことは愚かである．しかもなお，われわれのテクストにおいて銀行と銀行外の関係は定かでない．そして仮になお銀行の媒介が有ったとしても，

それが影のように寄り添う存在になっていること自体，大きな変化を意味するであろう．Egnatius のような存在のところへの寄託が銀行への寄託と二重に生じうるのである．

〔3・7・26〕　Philotimus は Cicero の libertinus である（cf. Iohannatou, *Affaires d'argent*, p. 63, 116, 334, 372, 374）．D'Arms, *Commerce and Social Standing*, p. 121ff. は Puteoli と Ostia の libertini（主として Augustales）を分析し，decuriones とは別個であるがこれに次ぐ高い地位と経済力を有し，collegia を牛耳り，しばしば多都市で役職を兼務し，patroni に対して独立性を保つ，と結論する．socii とも「ビジネス階層」とも違って dominium を直接の後ろ盾とする．libertinus という形態は dominium をバックに相対的な独立（したがってそうした形態の商業）を表現するのに最も相応しい（cf. Treggiari, *Roman Freedmen*, p. 88ff.）．紀元前一世紀になって浮上するのは当然である（Catilina の collegia との関係につき，cf. Treggiari, *Roman Freedmen*, p. 168ff.）．Augustales という形式は都市ないし政治システムから独立し事実上これに取って替わる組織に相応しい（Treggiari, *Roman Freedmen*, p. 200ff. は意義を理解していない）．

〔3・7・27〕　Iohannatou, *Affaires d'argent*, p. 462 はこの件が単純な破綻処理のケースでないその背景を探究しない．

〔3・7・28〕　actio Publiciana については既に述べた．現在の学説はこの局面を無視し，逆に引渡を受けたものの原因を欠く者についてのみ考察する．もちろん法文はこちらに傾斜する．

〔3・7・29〕　cf. J. Andreau, Les financiers romains entre la ville et la campagne, dans : Id., *Patrimoines*, p. 85sqq. しかし一般的傾向というより Mithridates 後ないし Sulla 後一層強まったとわれわれは考える．

〔3・7・30〕　cf. Andreau, Entre la ville et la campagne, p. 75sqq.; Id., Brèves remarques sur les banques et crédit au Ier s. av. J.-C., dans : Id., Patrimoines, p. 73. ギリシャ都市の側の問題としては，cf. L. Migeotte, *L'emprunt public dans les cités grecques : recueil des documents et analyse critique*, Paris, 1984.

〔3・7・31〕　cf. Andreau, *Banking and Business*, p. 17. 委任を通じてリスク無く貸したとする．その裏打ちとして銀行の介在を想定するようである．こうした認識は誤りではないが，Id., Roman financial systems, p. 123 がリスク回避のみを見てやや安易に mandatum を他のエイジェンシーと並列的に置くことには不満が残る．Id., Brèves remarques はわれわれのこの時期を断面で切った見事なスケッチであるが，そのスペクトラムにおいて bona fides の遺産と新しい domnium 型エイジェントが折り重なっている部分に一層の注意が払われる必要が有る．そうでなければこの世界のやがての崩壊が説明できない．Id., Roman financial systems がネットワークを強調して成功しながら，これの「インフラ」に何があるか，bona fides の基盤はどこまで効いているのか，どこまで再生しているのか，という微妙な問題は必ずしも浮かび上がってこない．

〔b3・7・32〕　Caesar の aestimatio，不動産評価を通じての代物弁済・債務圧縮，については，cf. Iohannatou, *Affaires d'argent*, p. 394sqq.

〔3・7・33〕　ここも perscriptio を前提にして読むか迷うところであるが，この場合しかしこの問題は重要でない．Cicero はいずれにせよ実体レヴェルで債権を回収し，自分の債務の弁済に当てなければならない．大規模な整理の局面であるからである．本来対応するプラスとマイナスのコントをできるだけ存続させておくのが信用の維持である．期限が到来しても延命手段は存在する．既に述べたように当事者も銀行も一方的にも合意によっても相殺しえないとする考えが支配的である．帳簿上の金銭もそれぞれ原因を得ている．ノミナルな圧縮は危険である．しかし Caesar による大規模整理の局面で何が行われたかは別の問題である．債

務圧縮手段として銀行を舞台とする相殺が推進された可能性は捨てきれない．その上生き残った債権債務につき領域レヴェルでさえ執行した可能性が有る．ちなみに "cum compensatione" というフォーミュラ（Solazzi, *La compensazione*, p. 31ss.）が法学テクストから知られるが，これは argentarius が取り立てに行ったときにプラスのコントを差し引いた上でなければならないとするもので，argentarius が coactor 化するという Andreau が問題とした事柄に関わるうえに，明らかに整理の局面で銀行対当事者の片面関係が残存したケースが想定されている．いずれにせよ勝手な時期の決済は認められない（*ibid.*, p. 39s.）．

〔3・7・34〕 先述の例で言えば，B たる Cicero は A に対する債権を C に回収させる．最後の給付が物的になる．こうした例は法文から豊富に知られる（cf. Sacconi, *Delegazione*, p. 45ss.）．B はもちろん C から対価を得る．このときに暗に C → B の債権が発生し，B はこれを A に対して取り立てろと言ったことになる．短期信用が領域を征服しに出掛けたように見えて，このように収縮時には dominium の傘の下でやっとカヴァーされる．

〔3・7・35〕 Andreau, *La vie financière*, p. 690sqq. もこれを他と区別して銀行に近い存在とする．Iohannatou, *Affaires d'argent*, p. 343sqq. もこれに倣う．Att. 10, 5, 3; 11, 5; 13, 2; 15, 4 の不動産取引でも Vettienus は与信による値引きを買主から獲得する．Petrucci, *Mensam exercere*, p. 105ss. は銀行なのか mandatum なのか大変に迷うが，これはここでだけ仲介と銀行が重なった証拠である．短期信用が dominium 従属 procurator の如く作用したという病理現象である．

〔3・7・36〕 法学者達はやがて dominium を精巧な信用創出装置に仕立て上げていく．その一歩を踏み出したのもほぼ間違いなく Servius Sulpicius Rufus である．D. 15, 3, 16 (Alfenus): Quidam fundum colendum servo suo locavit et boves ei dederat: cum hi boves non essent idonei, iusserat eos venire et his nummis qui recepti essent alios reparari: servus boves vendiderat, alios redemerat, nummos venditori non solverat, postea conturbaverat: qui boves vendiderat nummos a domino petebat actione de peculio aut quod in rem domini versum esset, cum boves pro quibus pecunia peteretur penes dominum essent. respondit non videri peculii quicquam esse, nisi si quid deducto eo, quod servus domino debuisset, reliquum fieret: illud sibi videri boves quidem in rem domini versos esse, sed pro ea re solvisse tantum, quanti priores boves venissent: si quo amplioris pecuniae posteriores boves essent, eius oportere dominium condemnari. Alfenus が設定する事例は，dominus が fundus を自分の奴隷へと locatio に出し，少々の家畜を与え，必ずしも良好でないそれら家畜を売ったその代金で家畜を買い直すように命じたところ，奴隷は命令どおり行動したものの売主に代金を払わず逃亡してしまった，というものである．売主は dominus に actio de peculio ないし，dominus のもとに代金に値する家畜が現存するので，「転用物が存する場合」という条項（actio de in rem verso）を向けうるか（T. Chiusi, *Die actio de in rem verso im römischen Recht*, München, 2001, S. 94f. は，この "aut" に訴権形成途上を見る）．Alfenus は，師たる Servius の答えは以下のようなものであったと伝える．奴隷が dominus に負う部分を差し引くのでなければ peculium は残っていないが，残りを計算してみるに，確かに家畜が dominus のものとして収まったように見えるが，しかし dominus は少なくとも最初の家畜が売却されたその価額分を既に支払っている．もしそれ以上の価額で次の家畜が売買されたのであれば，その差額分だけ原告勝訴判決されるべきである．以上の精緻な思考において，第一に，peculium が特殊な形態をとるようになっている．既に見たように，元来 peculium は AC 間 bona fides を媒介すべく A を AC に分節させるためのものであった．B の独立を尊重するほど A は資産といえどもその占有に間接的にのみ関わり，信用を増す．ところがこのケースでは，まず AB 間分節は dominium の内部分節であり，fundus の構造に依存している．また端的に領域上の占有が，しかも垂直分節される（actio de in rem verso の事案には非常にしばしば locatio が関与する）．これに応じて C は bona fides 上の信用ではなく A の領域上の占有ないし彼が作った dominium の構造を引き当てに B と取引した．かくして第二に，取引関係の中ではいざというとき（B が債務超過になると）dominium 二重構造の第一〈分節〉が現れ，トリック用の舞台仕掛けであった第二〈分節〉がさっと引き払われる．元来 peculium といえども（最後には精算されるとはいえ）独立が生命であったところ，C はいきなり A を訴えうるのであり，これが actio de peculio である（既述のように actio institoria が考案されるのもこの頃と推測される）．しかもこれは全て領域の占有の関係であるから，引き払われた途端 dominus は自動的に全ての占有を獲得する．C は A に代金を請求しうる．しかし第三に，契約関係ではなく資産の問題として考えた場合，AC 第一〈分節〉間で A は原因無く C から利得した故に返還を請求されるが，その利得は，失った牛と獲得した牛の差額分でしかない．これは C の契約関係から見ると不当に見えるが，AC 共に B に対する債権者であるとすると，A ゼロ配当まで持ち込めばそれ以上まさかマイナスにするわけにはいかない．もっとも，A に対する信用を隠れ蓑に使ったではないかという反論が予想される．しかし A はまさに B 相当の peculium として「直接経営対象」から「投資対象」に切り換えて様子を見たのであり，このゲームに C も乗ったではないか．もっとも，そのような 100 パーセント子会社化は，都合のいいときに解消しうる信用の関係であり，第三者を害するのではないか．以上のような揺らぎが Servius の解答の背後に見え隠れする．いずれにせよ，これは全て dominium 固有の構造のみが用意する道具立てである（Chiusi, Die actio d. i. r. v. が一貫して familia の「権力関係」を基本メカニズムとするのは制度の特徴を無視した解釈である）．しかし dominium はその内部分節故に全く新たな，包括執行と erga omnes を旨としたローマの伝統に反する少々閉鎖的な，信用を生むのである．

3・8

　占有概念が再構造化されれば刑事法においても諸概念が変成を被る．確かに刑事法は政治システムに関わるのであるが，占有概念が変われば（広い意味の〈分節〉構造の一ヴァリアントである）〈二重分節〉の骨格が変わるから，刑事法が変わり，やがて政治システム自体変わらざるをえない．かつこの順序で事柄が展開していくところに共和末ローマの特徴が在る．

　十二表法とともに〈二重分節〉が現れただけで既に crimen の概念に plebs（したがって全ての自由人）の殺害が含まれるようになった．しかし自由人の傷害以下は iniuria の問題であり，決して刑事責任を問う対象ではない．この点の峻別は徹底されていたと考えられる．自由人の殺害は実力の形成無しには生じえない．偶発的な占有侵害とは異なって〈二重分節〉単位を軍事化させた場合に初めて「殺人」の概念に該当することになる（「故意」が要件である）から，これは必然的に「政治的な」含意を帯び，特別の弾劾手続がその都度設営される．軍事化を多かれ少なかれ要件とする crimen の概念に変化の兆しが

見られるのは2世紀前半に入ってからである．184年，praetor たる Naevius は「毒殺に関する糾問裁判」(Liv. XXXIX, 41, 5 : quaestiones veneficii) を臨時に設営し，「大部分は都市ローマ外，諸々の municipium や conciliabula（領域の非政治的性質の中心）を軒並み」(quarum magnam partem extra urbem per municipia conciliabulaque) 対象とするもので，Valerius Antias のヴァージョンによれば二千人が弾劾されたという．同様の quaestio は138年にも設営され，南イタリア Sila の山間部での秘かな殺人について consul が捜査に乗り出した（Cic. Brutus, 22, 85）．142年には事案はわからないが "quaestio inter sicarios" が praetor たる Tubulus に委ねられた（Cic. de fin., 2, 16, 54）[1]．"inter sicarios" つまり刺客を使って秘かに殺すこと（sicaria）は，確かに，領域で堂々と実力を構えてなされる殺人とは異なる．何も無い振りをしていて，他方どこかで誰かが突然死んでしまうのである．この点は毒殺 veneficia も同じである．軍事化に関わることなど全く無い素振りを貫く政治的階層に固有の行為であり，〈分節〉構造破壊である．socii の体制（或いは municipia）は初めてそのような政治的階層をローマから見て領域の側に発生させた．かつこの場合，訴追のためには領域の側に二段降りなければならない．municipales を捉えるだけでなく，彼らが隠すその内側に捜査が入って行かなければならない．殺人は（一点から発するも）一旦水面下に潜り思わぬところで上昇し目的を遂げる．政治システムから遠いところで，にもかかわらず組織犯罪が発生している．糾問を発達させる所以である．こうした殺人の形態はローマ中央の政治的階層を疑心暗鬼に駆り立て，180年（Liv. XL, 37, 4）と152年（Per. XLVIII）にはローマ中央の政治的有力者の妻が訴追される．これらの場合，弁論と評決で決し exilium が認められるという弾劾主義の基本原則が適用されない（152年のケースで iudicium domesticum が現れるのはこれを表現するものである）．訴追の対象が女子であることも paradigmatique な意味を有する．

既に見た *Pro Roscio Amerino*（80年）の事案も基本的に以上の延長線上に在り，socii の政治的階層が古典的な領域占有を実現しているところへ Sulla 派が攻撃を仕掛けこれを解体する[2]，その時に Roscius pater の殺害を Roscius filius に帰せしめて一石二鳥がねらわれる．でっちあげられたこの殺人の形態こそは上述の sicaria である．政治的階層間の，しばしば骨肉の，陰謀の帰結

としての殺人であり，非常にしばしば相続が関係する．しかしそのような形態が予定されているからこそ，犯罪を論証するためには複雑な線を辿らなければならない．しかしこの時代になると，少なくとも被告人 Roscius filius のようにローマ市民に対する場合，糾問の権限は弾劾主義の基本原則によって制約されるに至っている．"inter sicarios" という構成要件を掲げる糾問刑事裁判はおそらく常設されるに至っている（quaestio perpetua）と思われるが，しかしにもかかわらず比較的大型（例えば32人）の陪審の前で Cicero は弁舌を振るいうる．そして訴追側に対して完全な論証を要求しうる以上，犯罪の概念が長い syntagmatique な補給線を有することは（糾問権限を要請する反面）弁護側にとって大変に有利な条件ともなる．もちろん Cicero は動機の問題を軽視しない．むしろ無かったことを積極的に論証する．「しかし私は君に Sex. Roscius は何故父を殺したかと尋ねはしない．どのようして殺したのか，と私は尋ねる．そのように君に尋ねる，C. Erucius 君，どのようにして，と．そしてこの点で君と対論しよう，私に替わって君の方が答えを遮り，そしてお望みならば尋問する権限をさえ与えよう．どのように殺したのか．自分で手を下したか．それとも他人に殺害を依頼したか．もし自分でと君が言うのならば，彼はその時ローマにはいなかった．他人を介して実行行為を行ったと言うのならば，自由人を介してか奴隷を介してかと問おう，自由人ならば一体誰か，Ameria の連中か，それともこの都の刺客達か．……どこで彼らと落ち合ったか．誰が彼らと話したか．どうやって説得したか．対価を与えたとして，誰に与えたか．誰を通じて与えたか．どこからどれだけ支出されたか．こうした痕跡を辿って犯罪実行行為の頂点（caput）にまで辿るのが（弾劾主義の）通例ではないか」(27, 73: Non quaero abs te, quare patrem Sex. Roscius occiderit, quaero, quo modo occiderit. Ita quaero abs te, C. Eruci: quo modo, et sic tecum agam, ut meo loco vel respondendi vel interpellandi tibi potestatem faciam vel etiam, si quid voles, interrogandi. Quo modo occidit? ipse percussit an aliis occidendum dedit? Si ipsum arguis, Romae non fuit; si per alios fecisse dicis, quaero, servosne an liberos? Si liberos, quos homines? indidemne Ameria an hosce ex urbe sicarios? ...ubi eos convenit? qui collocutus est? quo modo persuasit? Pretium dedit; cui dedit? per quem dedit? unde aut quantum dedit? Nonne his vestigiis ad caput maleficii perveniri solet?). まさに sicaria の概念とともに弾劾主義が一段精緻化される必要が浮上し，そして一層その精神に輝きが加わる，そのことを告げる記念碑的なパッセージである．明らかに，「殺す」という概念が syntagmatique に分節している．これを辿るためにこそ捜査・糾問（証拠の差押等）を要し，そしてこれに対抗して弾劾主義は幾重にも強化された弁護手段を備えるに至る．

Cicero が sicaria を都市の行為類型であると捉えていることは当然である．基本的に領域に単純な基盤を有する (in rusticis moribus) Roscius filius がこのような周到な取引ができるだろうか，と弁護のための切断が準備される (75)．そして「こんな密やかな」(tam occultum) 犯罪を，そしてもちろん「居ないところで」(praesertim absens) 実現するためには，よほど人と人の繋がりに (inter homines) 長けていなければならないが，Roscius はそのようなタイプか，と Cicero は攻める (76)．彼は Ameria の領域（in agro Amerino）に居て犯罪はローマで起こったとすれば，少なくとも「刺客に文書が送られていなければならない」(Litteras misit alicui sicario)．この部分の論証は有るのか．しかし他方，こうしたパラデイクマの syntagmatique な切片一つ一つの論証を要求してその一つでも切断すれば弁護に成功するという前提は，最後の頂点，つまり確かに殺人が実行され，その結果人が死んだということ，を絶対の条件とする．この頂点 (caput) が無ければ全ては有りえないのである．

まさにこの最後の点が，80 年の立法，Sulla による lex Cornelia de sicariis et veneficiis によって大きく修正される．そして，決してその論理的に必然的な帰結でないにかかわらず，そこには占有概念の変化が大きな影を落としている．このことをわれわれが目の当たりにしうるのは，66 年の Cicero の刑事弁護 *Pro Cluentio* を通じてである（ed. Boyancé）．bellum sociale の震源地に近いアドリア海沿いの Larinum という都市を舞台として，次々におぞましい殺人事件が発生する．この都市随一の名望家 A. Cluentius Habitus pater は 88 年に死ぬが，妻の Sassia は娘の花婿たる A. Aurius Melinus を強奪し，離婚させた上で自分が結婚する[3]．他方この都市には Dinaea という母がおり (7, 21ff.)，（別の）Aurius との間の二人の息子のうち，一人（Numericus）は死亡，もう一人（Marcus）は bellum sociale に参加し，蜂起の拠点 Asculum で捕虜となり，今

や ager Gallicus で奴隷の身である．Magius との間には息子 Gnaeus と娘 Magia がおり，Numericus が死ぬと Gnaeus が相続人となる．しかし Magia も Gnaeus も死亡し，相続人には Magia が夫 Oppianicus との間に設けた息子 Oppianicus filius が指定され，Dinaea に相当な金銭が遺贈される．ここで母には Marcus 生存の知らせが届き，彼女は死に際して全てを唯一残ったこの息子に遺贈する．さて，しかし Oppianicus は先手を打って奴隷たる Marcus を殺害させることに成功する．しかし（さらに別の）A. Aurius を初めとする Larinum の政治的階層はこれに猛反発し，Oppianicus は居られなくなり，Sulla 派の軍指揮官 Metellus のところへ遁走する．Sulla 外征中権力を握った populares は 82 年には帰還した Sulla によって追放され，容赦ない残党狩りが行われる．Oppianicus はこれを背景として Larinum に帰り，（おそらく populares ないし Marius の側についた）Larinum の（最高政務官 quattuor viri 等）政治的階層を文字通り一掃してしまう (8, 25)．さてこの Oppianicus が先の Sassia と結ばれる (9, 26ff.)．もちろんこのために若い夫は殺される．そればかりかその間に Oppianicus が Novia そして（近隣の Teanum 在の）Papia との間に設けた息子達は悉く殺される．おそらく Sassia の要求に基づく．Oppianicus はそればかりか弟とその懐妊中の妻を殺さなければならない (10, 30)．実は Gnaeus 死去に際しては彼の懐妊中の妻に Oppianicus は金銭を与えて堕胎させている (12, 33)．こうして Oppianicus＝Sassia 以外には誰も居なくなり，ここに全ての hereditas が流れ込むという体制が出来上がる[4]．にもかかわらず唯一残るのが Sassia の実の息子 Cluentius であり，彼がこの裁判の被告人である．公訴事実は他ならぬ Oppianicus の殺害である．

　Larinum には "Martiales" という神殿奴隷が居る (15, 43)．Cicero はこれを Sicilia の Veneri のようなものだと紹介するが，そうであれば，神殿に直属の集団をなして領域を占拠する者達である[5]．Verres は彼らを使って arator の fundus を襲い，その人員を巻き込んだ．Oppianicus は彼らに目を付け，「彼らは全て自由かつローマ市民であることを弁護し始めた」(eos omnis liberos esse civisque Romanos coepit defendere)．つまり Appius Claudius のように「自由身分への取戻訴訟」にかけたというのである．Oppianicus が Martiales を動かしたということは，Verres の行動とパラレルに，領域で人員を結集し，municipiumの名望家層が有した基盤を簒奪しようとしたということである．Aebutiusのようなマネージャー層の糾合も含まれたかもしれない．彼はhereditasのレヴェルで策謀を巡していたはずが，並行して領域で陣地を築きつつあったのであり，hereditasのレヴェルにおける極端な一点集中の，ないし一点集中に躍起になる理由，はこの新しい基盤の性質に基づくものであった蓋然性が高い．その点を示唆する如何なる徴表もテクストに見出せないながら，そうであるとするならばその新しい基盤はdominiumであったろう．Martiales解放はおそらくAebutiusのようなマネージャー層をいちいち寝返らせ裏切らせる意味を持ったに違いない．

　もちろんLarinumの残存名望家層はこぞって反対の動きに出る．使節をローマに派遣しMartiales解放を阻止しようとし，使節の中心に他ならぬCluentiusを立てる．彼は実母および義父と真っ向から対立することになる．そうとなれば当然にOppianicusはCluentiusを抹殺する必要を感ずる．しかしその毒殺は未遂に終わり，しばらくして逆にOppianicusが殺害されたのである．この二つの未遂既遂の殺人はパラレルであり，未遂に関する裁判の陪審を買収した廉を含めて今やCluentiusが被告人席に立たねばならない．以上の経過が応報に見えるため，Ciceroは弁護のために第一の殺人未遂から論じていかざるをえない．そのうえ，これについての裁判は買収されたということで裁判長が有罪となった（33, 89）から，買収はOppianicus側からであって，評決の結果が動かされたのでないということも言わなければならなかった．しかしそれらを通じてOppianicus側の不動のメカニズムを抉り出し，第二の殺人はOppianicus側に残るもう一人Sassia自身の陰謀である，というように印象付ける作戦でもある．かくして攻防はシメトリクな二つの長いフィールドで行われる．まずCluentius殺害未遂であるが，まずAletrium出身のFabricius兄弟が動く（15, 46）．彼らがOppianicusと昵懇の間柄であることをCiceroはもちろん強調する．次にFabricius兄弟は医者のCleophantusに接近する（47）．Cluentiusは病弱である．しかもなお買収の相手はCleophantusではなく，その奴隷のDiogenesである．この者を通じて行われる投薬に目を付けたのである．しかしDiogenesはこのことをCleophantusに告げる．Cluentiusと相談し，元老院議員のM. Baebiusの援助を得て，仕掛けて来たところを罠にはめることとな

る．Cluentius は自ら Diogenes を買っておく．これは一種の証拠差押である．そして友人達を動員し，「毒薬購入のための（ob eam rem）封印された金銭が Fabricius の解放奴隷たる Scamander の手に在るところを差し押さえた」(pecunia obsignata quae ob eam rem dabatur in manibus Scamandri, liberti Fabriciorum, deprehenditur). この筋書きの入り組み方はまるで Plautus であるが，場面は到底都会的でない．フィジカルな存在の抹殺合戦である．それでも入り組を利用して罠が設定されたのである．Oppianicus-Fabricius-Scamander-Diogenes と来る線の Diogenes のところを押さえてあるので，これにより Scamander の具体的な行為と物証を獲得しえた．そして Scamander-Fabricius-Oppianicus と訴追は辿っていくことになる．

そういうわけで，まず Scamandrus が裁判にかけられる (18-50ff.). しかしまだ誰も死んでないではないか？ 彼が一旦何をしたというのか．封印された金銭を持ち歩いていただけではないか．Oppianicus を訴追するために辿るパラデイクマの syntagmatique な連鎖の一コマにすぎず，そして逆の側の殺害という結果が無い以上，ここを論証する意味が有るのか．にもかかわらず，まずは Scamander 自身が訴追されるのはどうしたわけか．ここでまさに Sulla の新しい立法が効いてくる．「誰であれ毒殺した者，毒殺すべく売った者，買った者，所持した者，与えた者は」(54. 148: QVICVMQVE FECERIT, VENDIDERIT, EMERIT, HABVERIT, DEDERIT). もちろん，明確にある事実が存在しなければならない．しかしそれ自身では到底犯罪でないその事実がたまたま或る結果に方向付けられているときには，その結果が仮に発生しなくとも犯罪になる，というのである．こうなるとパラデイクマの syntagmatique な分節は弁護の複数機会ではなく訴追の着々たる橋頭堡を意味するようになる．だからこそ Scamander がまず有罪になる．いずれにせよこうして未遂が罰せられることになる．その前提として，人間の行為を捉える形而上学が大きく変化した．これに抵抗するつもりがあってかなくてか，Cicero は何とこの時は Scamander を弁護したという．それでもここは簡単に有罪になってしまう．次は Fabricius である (21, 58). そしてこの二つの有罪判決は Oppianicus の裁判にとって「先決判断」praeiudicium をなすと Cicero は論ずる (22, 59). また，こうしてひたひたと迫る動きこそは Oppianicus を陪審買収へとかきたてたという

(24, 64)．つまり危険 periculum, 恐怖 metus, 希望 spes の心理であり，これは上に述べたのと同じ形而上学に基づく．買収自体，エージェントを通じて行われる．「Statius Abbius が審判人団買収のため大金を審判人 C. Aelius Staienus に与えた」(24, 65: C. Aelio Staieno iudici pecuniam grandem Statium Abbium ad corrumpendum iudicium dedisse)．金銭の授受はどうしても "ad corrumpendum iudicium" という gerundivum を使った表現を使わなければ犯罪行為として概念できない．エージェントは二重であり，渡した人物，受け取って配る人物である．

それでも Oppianicus は有罪となる (28, 76)．依然 exilium は保障されており，「至るところから締め出され漂白の身でさまよい，ager Falernus の C. Quintilius のところへ身を寄せた……Sassia それから Statius Abbius というかつての農場管理人（colonus）が同行した」(62. 175: Cum vagus et exsul erraret atque undique exclusus Oppianicus in Falernum se ad C. Quinctilium contulisset...Cum esset una Sassio et Statio Abbio quodam colono...)．Oppianicus の死後，Sassia は「丁度 Cluentius が Diogenes を買ってしたのと同じように」(63. 176: quasi ut idem faceret quod Habitus in emendo Diogene fecerat), Oppianicus が利用していた医者の A. Rupilius から Straton という奴隷を買う．そして拷問にかけるが，Cluentius から手が伸びたという証言は得られない．3年後の69年になって Sassia は今回の訴追を準備すべくまず娘を Oppianicus filius に嫁がせる (64. 179)．彼に告訴させるためである．そしてその頃 Strato が Sassia の家に対する窃盗と殺人の廉で訴追される (64. 181). lex Cornelia は furtum 自体を crimen とはしないものの furtum 目的の実力形成や家宅侵入を罰するに至っている．この件で Strato は拷問され，遂に veneficium について自白した，とされる (65. 183)．自白調書 tabella quaestionis が署名封印の上 (obsignata) 提出される．攻撃の方法は同一で，ここでは物証の替わりに物化された供述が使われている．「自分の奴隷」がこれを取るための唯一の手段である．そしてこの攻撃方法が存在するということは，veneficium という行為概念と相並んで，個人が有する一定の圏内の要素に秘かに侵入する（をものにする）ことが犯罪と捉えられていることを意味する．paradigmatique に働くのが「医者の手代として投薬をする者」である．手引きをする農場内管理人も同様であろう．dominium の基礎に存する二重構造はかくして行為概念とその形而上学を制圧したということになる.

　Cicero の弁護はこの二重の〈分節〉構造を的確に盾に取るものである.「すると, 窃盗について尋問が行われ, その窃盗については確かに彼が実行したことが争いの無いところであるにかかわらず, 当のその尋問の対象については何ら供述は得られず, いきなり彼が毒殺について自白した, というのか. 窃盗については, 本来取ろうとした部分の供述はおろか, どこか末端の部分とか, 中間の部分とか, どこでも何らかの部分についての尋問調書も無いというのか」(185: Cum igitur de furto quaereretur, et eo furto quod ille sine controversia fecerat, tum ille de eo quod quaerebatur verbum nullum fecit? de veneno statim dixit, de furto si non eo loco quo debuit, ne in extrema quidam aut media aut in aliqua denique parte quaestionis verbum fecit nullum?). 訴因の概念がはっきりと浮上している. 二重構造を繋ぐ線で証言は取られなければならず, 他のためのものを流用してはならない, というのである. 別の訴因に基づく糾問手段は無効であるという論理である. syntagmatique にパラデイクマを辿るという要素が crimen の概念に浸潤するとき, 一方で目的を被せた限りで「頂点」に至らない前段を処罰することが可能になるが, 目的を逆手に取り, 訴追側の論証の線を切断していくことも可能になる.

　いずれにせよ, lex Cornelia は dominium 登場の帰結としての犯罪概念の変化を劇的に物語る[6]. それが包括的な刑事司法改革の結果たる立法であることは明らかであるが, 最も雄弁であるのはやはり "de sicariis et veneficiis" であり, テクストが確かに伝わるわけではないが, 幾つかのソースは一貫して "hominis occidendi causa" (D. 48, 8. 1pr) ないし "hominis necandi causa" (Paul. Sent. V, 23, 1) という形で「殺人目的で」という概念規定を伝える. これには "furti faciendi causa"（窃盗目的）が付け加わっていたことが確かである. 行為は「武具を擁して徘徊する」(cum telo ambulare) か「武具を擁してその場に居た」(cum telo esse) と規定される. 同じ殺人目的が被さった上で, 次に「毒を調合し与えた」(venenum confecerit dederit) が来る. もっと真正な文言については既に Cicero の証言を得た (cf. D. 48, 8. 3; Coll. I, 2, 1). そしてまさに同趣旨で偽証が規定され, 後に「故意」と解される要件が加えられる (D. 48, 8. 1, 1: falsum testamentum dolo malo). この "dolo malo" はそれまでの crimen 概念に当然に包含されていた「故意」ではなく，敢えて syntagmatique なパラデイクマ連鎖を辿らせる（明確な陰謀と組織を要件とする）趣旨であり，おそらく Coll. I, 2, 1 の "quo quis periret"（誰かを死に追いやるために）の方が原文に近い．

　もう一つ確実に Sulla の手になるのが lex Cornelia testamentaria nummaria[7] または（後に）de falsis であり，これはまず何よりも遺言に関する偽造罪を設立した．偽証とさえ混同されるほど後代にはテクスト自体が伝わらず，われわれのソースの表現が大いに定まらない，のは遺言以外の部分が "lex Cornelia" の解釈として付着したからではないか．不確かさの中で辛うじて保存されていると思われる特徴は，第一に行為類型が多数並べられる（Paul. Sent. IV, 7, 1 ; V, 25, 1）点である．ゼロからの偽造，偽った内容のものの作成，変造，抹消，使用等々，有形無形の偽造がこれでもかと列挙される．次の特徴は，少なくとも解釈のレヴェルで，故意が強調され，また「偽造させる」行為が意識されることである．これもまた，犯罪行為が行為たるために凡そ要求される故意とは異なって策謀の存在を強調する趣旨である．そもそも政治システムが力を持つギリシャ・ローマにおいて文書の偽造は怖くない．手続の中で批判されて信憑性を失うからである．口頭言語がヘゲモニーを握っている．初めてそうはいかないのが socii の階層にとっての遺言や銀行関係の文書であり，bona fides を裏付ける政治システムはこれを公文書に準じて（公共空間の破壊に準じて）刑事司法の対象としたと考えられる．しかるに，銀行はそのまま都市の空間に依存するとしても，今 dominium に対応して都市という環境の外で hereditas を動かす階層が現れている．しかも dominium の形成はこの遺言に大きく懸かったということを *Pro Roscio Amerino* 等々でわれわれは見たばかりである．ところが遺言は性質上死者が遺すものであり，反対尋問等 Critique の手続にかけえない．物化された言語が作成者の手を放れ，一人歩きしていく．そしてまさにこれは dominium の構造にぴたりである．その「意思」animus は領域の上空に有る．死者の「意思」voluntas は文字通り彼岸に存する．しかるにそれが何か物的な実体を動かし支配する．そしてここにはありとあらゆる障害波が入ってくるのである[8]．もし dominium の基本構造を新しい〈二重分節〉体制の根幹であると考えるならば，即ち二重構造の骨格自体が政治システムの観点から

枢要であると考えるならば，遺言に対する有形無形の偽造はこの体制の根幹に対する攻撃とみなしうる．それで領域の〈分節〉構造が違法に動いてしまうからである．われわれは既に vis の概念の面でこの新しい小さな骨格が違法性のメルクマールになるのを見た．

　lex Cornelia de iniuriis についてもほぼ確かな Sulla の刻印を見出すことができる．iniuria は身体に対して損害を与える行為であり，lex Aquilia によって特別に actio が設定されたと考えられることは既に見たとおりである．lex Cornelia はその一部の構成要件に関して訴権に一層明確な懲罰的性質を付加したと考えられる (Paul. Sent. V, 4, 8: mixto iure)．上に述べたように，dominium 内部の骨格は見方によって〈分節〉構造の基本であると同時に占有内部の損害にすぎない．こうして初めて刑罰と不法行為は交錯するようになる．lex Cornelia de iniuriis は果たして刑事法なのか民事法なのか，テクストが不明朗に見えるのはそのためである．事実比較的確かな証言によれば，三つのケース (ex tribus causis) が想定されているという (D. XLVII, 10. 5pr.)．"pulsare" と "verberare" と "domum vi introire" である．まず単純な傷害でなく，付加的要件が存在していることに着目しなければならない．しかし "pulsare" と "verberare" は共にさんざんに打ちのめすことであり，区別がし難い．他方何故これに唐突に「住居に実力で侵入すること」(domum vi introire) が加わるのかという違和感も拭い難い．ところが全体を一つのターゲットとして理解すると疑問は氷解する．dominium 内部の中枢神経系を担う (procurator のような) 人員の人身と，彼が拠点とする dominium の領域側中枢 (villa)，は二重構造の中で同じ位置に立ち，かつ同じ性質の重要性を有する．要するにここを実力で襲うことを特別に重大なこととする思考の存在が認められる．「もし所有権者が農場を請負に出しているとき，その農場が実力で襲われたならば訴権は請負人の方に帰属し，所有権者にではない．ところが，他人に請け負わせた農場を所有権者が耕していたところで襲われた場合につき，Labeo は所有権者に対して lex Cornelia に基づく訴権を否認した．至る所に住所を有する，つまり多くの villa を有する場合のその全ての villa において該当する，などということはないからであるという．しかし私は家長がそこに住んでいる全ての住居でこの法律に該当すると考える」(*ibid.* 4f. Etsi dominus fundum locaverit inque eum impetus factus sit, colonus aget, non dominus. Si tamen in fundum alienum qui domino colebatur, introitum sit, Labeo negat esse actionem domino fundi ex lege Cornelia, quia non possit ubique domicilium habere, hoc est per omnes villas suas. ego puto ad omnem habitationem in qua pater familias habitat). 数十年後の Labeo にはまだ構造がはっきりと見えているが，その先二百年後には Labeo の区別は理解できず，おそらく「住所」domicilium 等の語による不正確な解釈，ないし domicilium 等の語の時代錯誤の解釈，を通じて陳腐なテクストを作ってしまう．ローマに勉強のために来て住んでいてもそうなのかと．

〔3・8・1〕 vgl. Kunkel, *Kriminalverfahren*, S. 45.

〔3・8・2〕 cf. F. Hinard, *Les proscriptions de la Rome républicaine*, Rome, 1985, p. 145sqq.

〔3・8・3〕 元来の娘との結婚自体 cognatique な従兄妹婚であったことについては，cf. Ph. Moreau, Structures de parenté et d'alliance à Larinum d'après le *pro Cluentio*, dans: AA. VV., *Bourgeoisies municipales*, p. 99sqq. cognatique な endogamie は信用の円環を完結させるためのものであろう．しかし Sassia においてその完結力は（狂って）領域に向かうと同時に領域の上で閉鎖する力となったはずである．そして Oppianicus というエイジェントを見出した．socii 自壊の典型的な構図であったと思われる．これを Sulla は資源とした．

〔3・8・4〕 後述の Oppianicus 訴追においては多くの訴因が掲げられたと見られるが，その内の一つが Avillius を使っての Asuvius 殺害および遺言偽造である (13, 36-39). この時に Manlius という "tresvir" の糾問活動があったと報告される．これが（Kunkel 説におけるような）正規の刑事裁判でなく予審であったとする Santalucia の見解 (La repressione dei reati comuni, p. 135) が妥当であり，なおかつ，そのような組み合わせはこの時期の刑事手続複合化の産物である．同じことは D. Mantovani, Il pretore giudice criminale in età repubblicana, *Athenaeum*, 78, 1990, p. 19ss. が指摘する「praetor の刑事裁判」についても妥当するかもしれない．praetor が決して刑事裁判に関わらないとするドグマへの果敢な挑戦であるが，微かな徴表としての史料はいずれも糾問的日常犯罪的（例えば女子に関わる）即決的であり，深刻さに欠ける．

〔3・8・5〕 都市に横付けされる形で貼りつき，領域を簒奪する．Sicilia の Veneri と同等である．Oppianicus が彼らに市民団を乗っ取らせ，（Sulla 後の包括組み込み立法により）自動的にローマ市民にしてしまった，という明快な解釈が E. Deniaux, Le passage des citoyennetés locales à la citoyenneté romaine et la constitution de clientèles, dans: AA. VV., *Bourgeoisies municipales*, p. 276sq. に見られる．

〔3・8・6〕 Kunkel, *Kriminalverfahren* の大きな功績は，「通常」(gemein) 犯罪概念，つまり政治的でない crimen の概念という問題を提起した点にある．民会刑事訴訟で日常的犯罪を処理することなど不可能である，という直感から，全く別の発展経路を想定し，tresviri の刑事権限と並ぶ糾問式の刑事裁判を共和後期に探究し，Sulla の立法をその頂点に置くが，この再構成を現在支持しえない（cf. Santalucia, La repressione dei reati comuni）としても，Kunkel は一種の不連続を認識したことになる．そして，「日常的」ないし「通常」と呼びたくなる，つまり通俗的犯罪概念に近くなる，所以は dominium の構造に crimen の概念が懸かるためである．

〔3・8・7〕 "nummaria" 通貨偽造に関して，立法の背景に関する学説と内容を伝えるテクストは B. Santalucia, La legislazione sillana in materia di falso nummario, in : Id., *Studi di diritto penale*, p. 77ss. において詳細に検討されている．しかし，テクストが混乱していることはその通りとして，D. XLVIII, 10, 8-9 をそのまま優先する解釈は疑問である．peculatus との混同も，元来共通の思想が有った故に違いない．つまり変造も当初より規定されていたと考えられる．何故ならば，背景はまさに Sulla の巨大 clientela であり，Sulla から見ると配下の政務官の「偽造」と変造は，途上で再配分の結び目を作る点において同じである．そもそも計量貨幣は少なくとも理念上はその都度計量するのであるから，「偽造」の問題は無い．鋳造貨幣は計量分節を透過してそのまま貨幣が流通することを目的とする．それでも，偽造も変造も crimen にはならない．垂直分節の駆け引きにすぎない．auctor が被保証人を裏切ったとしても crimen ではない．まして領域における交換は各自のリスクにおいてなされる．Sulla が crimen にしたのは，ambitus に関する crimen におけると同様に，自分と "homines" の間に domini という必然的結び目の存在を感じ取り，そこから簒奪されることを嫌ったためである．dominium は複合体を束ねるが，完全に透明でなければならない．ただし政治システムの対 dominium 警戒ではなく，単一の実力中枢への体制の依存が Sulla の動機であったろう．なお，ambitus は古くからの単一犯罪概念の一訴因である（若干の伝承が存する）が，Sulla 以降立法が頻発するのは，やはり同じ事情に基づき，そのことは構成要件における "divisores" の浮上によって示される（vgl. Mommsen, *StrR*, S. 869）．L. Fascione, *Crimen e quaestio ambitus nell' età repubblicana. Contributo allo studio del diritto criminale repubblicano*, Milano, 1984 は常設化を早くに見るばかりで，包括 crimen の一訴因であった段階（年代記上の exempla）と共和末立法を区別できない．特有のモルフォロジーを看過するからである．

〔3・8・8〕 lex Cornelia でなく lex Iulia (Caesar のことか Augustus のことか，両説の間で結着しない) を法源とする peculatus 公金横領罪に関しても，同様の考察が可能である（先行学説とテクスト検討は F. Gnoli, *Ricerche sul crimen peculatus*, Milano, 1979 に譲ることができる）．sacrilegium や "de residuis" といった後代にまで痕跡をとどめる類型から知られるように，元来は共和的財政原理の根幹に関わる犯罪である（聖俗間公私間で全てを分配し切らないで残し結び目を作ることは王たる権力を作ることを意味する）から，一元的 crimen に含まれたはずであり，年代記にその痕跡を探ることは幾らも可能である．そうすると，何故（われわれがむしろそちらに傾く）元首政初期に敢えて立法されたかである．D. XLXIII, 13, 11, 2ff. に登場する Labeo が決定的である．pecunia publica の窃盗との間の混同，つまり対象が pecunia publica であれば窃盗が横領になる，という混乱に彼は苛立っている．持ち逃げは窃盗であって横領ではない，と．確かに，〈分節〉システムかそれに準じた（委任や寄託の）場合にのみ横領は問題となる．信用が関係する．しかし Labeo の苛立ちにもかかわらず lex Iulia が規定されたのは，pecunia publica が cura 等の形式において，dominium の構造の中で，代理の如き関係で執行されるようになったからである．出資者 dominus，端的にはその元締めたる元首，の意向通りに支出されるか，という（19世紀ドイツの概念で言えば）「背任」と紛らわしい観点が登場したのである．

3・9

とりわけ *Pro Roscio Amerino* において垣間見たように，刑事裁判手続の面でも占有概念の再構造化は重要な変化をもたらす．犯罪の概念が変わり，論証の

3 dominium

対象が複雑化するのであるから当然である．振り返って見れば，弾劾主義の基本原則は共和革命による政治システム確立と同時に定礎され，そして次に〈二重分節〉の登場とともにその弾劾主義原則は一層の発展を見た．provocatio という抗告手続によって被告人の人身保護は二重になり，訴追は二段階の陪審を前にしなければならなくなった．この安定的な骨格に唯一修正をもたらしたのは，III-2 の末尾で示唆した repetundae の刑事手続であった[1]．属州の socii からの苦情を処理すべく senatus が個々の属州政務官を ad hoc に弾劾する手続は 2 世紀の後半になると，おそらく 149 年の lex Calpurnia によって（Cic. Brutus, 27. 106），常設化される．ちなみにこれがそもそも最初の常設刑事裁判所であったとされる．まさにこの repetundae の刑事裁判手続に関してわれわれは詳細な情報を有する．つまり Cicero の *In Verrem*（70 年）である．しかも，通常 123 年の lex Acilia のテクストそのものと解される碑文が有り，Verr. のどの部分がここに遡るのかについてさえ，われわれはほぼ確実に論じうるのである．

Verr. はそもそも第一演説（actio prima）第二演説（actio secunda）の二つから成る．そして第二演説は五巻からなり，例えば第三巻は "causa frumentaria" を扱う．つまり訴追の弁論自体が二重分節しているのである．actio prima は総括的であり，actio secunda は causa の種類毎に分かれる．するとこの "causa" は単に訴訟，訴追，を指すのでなく，一個の訴追を言わば二重分節したその個々の訴因を意味することになる．事実，表現としても「犯罪とその訴因を弁ずる」（II-I-9-25: crimina causamque explicare）と言われる．かつこの "causa" はテクニカルである．Cicero は盛んに犯罪を証明するだけでなくその causa をも糾明しなければならない（Causam enim cognosci oportet）ということを，まさに actio secunda の課題，そこにおける公訴提起者の使命，として強調する．さもなければ弁護人の「Hortensius が新種の異議を使ってくるだろう，訴追者が陳述しない件で被告人を断罪した，無実の被告人にとって反対当事者の沈黙ほど危険なものはない，と」（Nunc ne novo querimoniae genere uti possit Hortensius et ea dicere, opprimi reum de quo nihil dicat accusator, nihil esse tam periculosum fortunis innocentium quam tacere adversarios）．もちろん，弾劾主義（adversarios）の基本原則の明確な定式であり，後世に与えた影響は

計り知れないが，単純に論証対象たる公訴事実を明確にし防御のために目標を開示する，ということを言うばかりではない．Ciceroは「新種の」と言っている．そして明らかにそれは "crimina causamque explicare" の分節に対応し，actio secunda 冒頭という位置からして，犯罪自体に加えて訴因をも開示しなければならない，つまりこれをも明示しつつ糾明し防御に曝されなければならない，と全体の課題が設定されているのである．訴追者から見ると，犯罪を証明するだけでなく，その向こう側にもう一段入っていかなければならないわけであるから，「糾明」(cognoscere) という糾問 (inquisitio) の概念が現れることになる．これは刑事裁判自体が "quaestio" という語で指示され始めることとも関係する．「そうでなければ (causa が糾明されることなしには) 被告人が如何に有罪であろうとも弾劾することができない……もちろん，causa を糾明したからといって無罪になる場合も多い，しかし糾明しなければ誰も弾劾されえないのである」(aliter condemnari reus, quamvis sit nocens, non potest...nam causa cognita possunt multi absolui, incognita quidem condemnari nemo potest)．こうして，弾劾主義が精緻化されるときには訴因の概念が鍵を握るということになる．そして今や証拠手続がクローズアップされ (aut in tabulis aut in testibus)，それはこの訴因を巡る攻防ということになる．単純な論証（論拠）では不十分であり，具体的な証拠によらなければならない．

　以上のような概念は審級の構成自体を精緻なものにする．「Glaucia が初めて被告人たるが更新されるべく立法した」(9, 26: Glaucia primus tulit ut comperendinatur reus)．comperendinatio は公判手続の必要的更新であり，陪審において一旦形成された心証を全て流して再度一から訴追を始めなければならないという手続である[2]．Verr. から明らかであるのは，actio prima によって十分な嫌疑有りとなって初めて第二の陪審の形成に進めるということである．ここで初めて訴因を含めた，ないし訴因に分節された，論証が展開されるが，これを新たな陪審が初めて聴くのであるから，訴追者は一つ一つ訴因を証明してはこれを犯罪自体へと辿らねばならない．例えば個々の arator から穀物や財を奪ったということが何か政治システムの骨格 res publica の侵害に該当するのであるということを論理的に追跡しなければならない．crimen は個々の財の強奪ではなく，「socii 等から財産的価値を剥奪した」ことである．socii 等の

個々の政治システムを少なくとも領域の自由人の抹殺に準じて刑事責任追及の対象とするのであるが，それは単純な破壊ではなく，属州政務官の imperium の濫用に基づくものでなければならない．例えば末端の手先による様々な侵害行為をここまで辿るのでなければ訴追は不可能である．ローマの政治システムから socii の政治システム，そしてそこから個々の領域へ，と伸びた線が有り，この線の分節がしかも政治的に重要である，ときに初めて crimen-causa の〈二重分節〉が不可欠となる[3]．このような政治システムの（非公式の）分節構造は，「被害者」から見ると二重三重に保障されているということを意味する．それをきちんと辿り被告人に二重三重の保障を与えないということは自らの二重三重の保障を放棄することになる．かくして民事的な制裁にその余地が開かれる．属州政務官が socii の体制を破壊したとき，socii 諸都市の性質からして資産総体への侵害とみなしうるから，剥奪された資産を socii はその公共空間に（或いは公共空間を通じて）取り戻さなければならない．かくして被告人に exilium を強いる他に資産のレヴェルでの返還が制度として確立される．

lex Acilia において既にこの最後の点は周到に規定され[4]，特に金銭価額への評価手続 litis aestimatio が定められる[5]が，これはさらにそれ以前 149 年の lex Calpurnia を相当程度受け継ぐものと考えられる．l. 31ff. の "conquaeri in terra Italia in oppedeis foreis conciliab[oleis...", "quai ita conquaesiuerit et sei qua tabulas libros leiterasue pop[licas..." 等々は糾問的捜査の概念を備えていることを示す[6]し，l. 42ff. の "q]uei eam rem quaeret, ex h. l. causam non nouer[it" 等々は causa 訴因概念を既に分化させていることを覗わせる．この表現からするとおそらく，何らかの主体が予審の機能を果たし，しかし訴因について論証しえないとき，praetor は審判に付することなく審理を打ち切ることができる（"fec[isse uideri..."）[7]．公訴提起者を定める手続 nominis delatio も明確に姿を現しており，ただ Verr. における divinatio の手続，つまり八百長を防ぐために公訴提起者を陪審の前の弁論を通じてコンクールで選任する手続，が欠けるのみである．他方既に述べたように comperendinatio は 106-100 年頃と考えられる C. Servilius Glaucia の立法を待たねばならず，lex Acilia は任意的な公判の更新 ampliatio を規定するのみ[8]である（l. 48）．

repetundae については Sulla の立法も知られ，この lex Cornelia de repetundis

は quaestiones の一分肢を設立したと考えられるが，この quaestio が Verr. に見られる発達した弾劾手続を共有したことは疑いなく，そして Pro Cluentio による限り，他の quaestio においてもこの手続は準用された．divinatio や comperendinatio や賠償は確かに repetundae に固有のものであったが，決定的である crimen-causa の分節と糾問的捜査，そしてこうした配置を前提とした攻撃防御，は Pro Cluentio はおろか既に（lex Cornelia がまだ施行されない）*Pro Roscio Amerino* においてさえ見られるところである[9]．つまりここでの〈分節〉構造に対応して犯罪概念は（repetundae におけるほど大掛かりではないが）二重構造を獲得している．或る自由人の殺害という一点に方向付けられた行為が syntagmatique に連なる．一度失敗してやり直すとき，犯罪は同一であるが訴因は別個である．それともこの二つの行為は縦に syntagmatique に連なっているか．いずれにせよ攻撃防御は点と線の繋ぎ合い切り合いになる．そして証拠手続はこれに方向付けられる．

〔3・9・1〕 iudicium publicum の発達を（最初特別立法で，やがて常設化される）quaestio に見る Mommsen, *StrR*, S. 187ff. の基本線は揺るがない（lex Calpurnia について S. 190）．その弾劾主義を私訴から導く点のみが誤る．しかし弾劾主義そのものは正確に捉えられる（S. 343ff.）．もっとも，以下に見るようにこれは「弾劾主義の精緻化」であって導入ではない．これに対して Kunkel, *Kriminalverfahren*, S. 45ff. は，quaestio を（Mommsen 理論の心臓部で provocatio が適用される）「民会刑事訴訟」と全く別種別層のものと捉え，古い糾問式刑事手続の系譜を引くと考える．（既に述べた通り）彼の鍵概念は（非政治的という意味の）「日常的（通常）犯罪」であり，（これも既述の）142 年の praetor/Tubulus の刑事法廷（Cic. De fin. II, 54）と 137 年の Cassius のそれ（Asc. Mil. 32）を重視する．Sulla の時代に "Polizei" を指導理念とする刑事司法像を嵌め込み（S. 67）ここへ teleologisch に全て流し込む．確かに元首政期へはスムースに繋がり，Mommsen 理論における突然の断絶は経験しない．しかし何よりも 2-1 世紀の刑事手続の豊富な発展の具体像（例えばわれわれが重視する causa criminalis や comperendinatio）を全く見ない．それこそが近代初期において決定的であったというのに．Sulla の改革もこの血をたっぷり吸っているのである．そしてまた，Kunkel にとっては殺人は自然的に存在し，したがってとにかく罰せられねばならない．しかしギリシャでもローマでもこのような粗雑な考えは存在せず，全て政治システムの破壊であることを論証しなければ罰しえない．素朴には如何に「悪い」ことと考えられようとも．弾劾主義は合理化によって糾問主義に到達することがまだできないでいるということではない．政治システムの論理を厳格に貫くということを意味する．政治システムが精緻になれば，弾劾主義も精緻になる．

〔3・9・2〕 依然として Mommsen, *StrR*, S. 423ff. が ampliatio と comperendinatio に関して基本的である．ただし何故するのかについては明確でない．Pontenay de Fontette, *Leges repetundarum*, p. 76sq. は，lex Servilia Glauciae に関して comperendinatio については言及するだけであるが，Cic. Pro Rabirio から，奪取された金銭の移転先まで追求することができるとする

（quo ea pecunia pervenerit の手続）ことと関連づける．

〔3・9・3〕　テクストの分析は VR5, p. 72ff. に譲る．なお，かくも詳細にその理念を確認できるこのテクストの全体が Sulla の lex Cornelia repetundarum を根拠とし，したがって彼の刑事司法改革全体と連動していることに注意しなければならない（cf. Pontenay de Fontette, *Leges repetundarum,* p. 92sqq.）．

〔3・9・4〕　所謂 "Tabula Bembina" であり，ここでは Riccobono, *FIRA I*^{2}, p. 84ss. にテクストを負う．共和末の刑事訴訟という，言うならば凡そ近代の古典的弾劾主義の方向を決める事件については，それに相応しい扱いも最近では稀であり，唯一の本格的な研究は D. Mantovani, *Il problema d'origine dell'accusa popolare. Dalla "quaestio" unilaterale alla "quaestio" bilaterale,* Padova, 1989 である．一般犯罪概念の確立と糾問手続の完成という全く別のものを見る Kunkel に反対して Mommsen 以来久しぶりに弾劾主義を正面から扱い，なおかつ Mommsen の私訴起源説をも批判して C. Gracchus を媒介とするギリシャ的民衆訴訟流入（デモクラシー）を見る．"Tabula Bembina" を C. Gracchus と結び付けて詳細に分析する部分（p. 81ss.）を中心とする．repetundae の賠償請求に幻惑されることなく，quaestio（litis contestatio 無し）としての（糾問的）性格を押さえ，なおかつこれに初めて私人訴追形式が与えられる，と見る．しかし nominis delatio のみを捉え，一層テクニカルな手続原理にこそ新しい理念が生きているという側面の分析が薄い．Kunkel の歴史像を踏襲し，政務官による職権的刑事訴訟の部分（quaestio）のみが当事者主義化すると考えるからである．「賠償」の側面も，crimen の概念の方の綿密な分析を経れば，犯罪主体が bona でもあり，他の bona に対する致命的抹殺マシーンの形成こそが犯罪の中核である，という事情が浮かび上がるはずである．追放＝切除に該当するのは返還以外に無い．

〔3・9・5〕　l. 58. cf. Lintott, *JRLR,* p. 140f.

〔3・9・6〕　cf. Lintott, *JRLR,* p. 125.

〔3・9・7〕　Lintott, *JRLR,* p. 129f. は，訴追者欠席に対する制裁と解する Mommsen に疑問を呈する．

〔3・9・8〕　vgl. Mommsen, *StrR,* S. 424.

〔3・9・9〕　Mantovani, *Accusa popolare,* p. 218ss. は，"inter sicarios et veneficia" に関しても Sulla 以前に repetundae と同じ訴訟手続が採用されていたと推論する．

4 政治の瓦解

4·0

　領域上に堅固な複合体が現れて dominium の屈折体が定着していくとき，社会構造の全体はどうなるだろうか．このような屈折体連合が網の目を張るということは何を意味するのか，どうしてそうなるのか，多大の考察を要するが，その一つの要因が領域軍事化問題の解決に人々が失敗したということであることは疑いない．socii の体制は大きな可能性を有したが，これを全開させることはできなかったのである．何故そうだったか，についても複雑な考察を要するが，翻って考えてみればそのようなことを可能にする高度なデモクラシーはローマならずともわれわれも有しない．それを裏打ちする強靱な質のディアレクティカはまだこの世には登場しない．そうした中で，dominium は唯一必然とは言わないまでも，重要な解決方式であった．遠く Euripides にさえその萌芽は見られると言うこともできる．

　しかしながら，dominium は明らかに少なくとも解決したのと同量の困難な問題群を突き付ける．dominium が占有ないし〈二重分節〉体制の発展型であることは疑いない．しかるに〈二重分節〉体制は論理的に政治システムの作用を前提する．ところが，この政治システムは dominium にとって有用であるかどうか，必ずしも自明ではない．しかし政治システムこそはアプリオリではないか．否，今や dominium こそがアプリオリである．dominium は性質上少なくとも自己完結的である．ここを前提にとるとき，他はこれに資するかどうかで取捨選択され生き残りが左右される可能性がある．政治システムが有用でないどころか有害であると判定されたならばどうであろうか．このことは決して

4 政治の瓦解

非現実的ではない．現に socii が切り捨てられたではないか．確かに，ローマ中央の政治システムの威信は凡庸なものではない．しかし Sulla は初めて組織された軍事力を中央の政治的空間に向けなかったか．それともそれはまさに政治的空間を回復するための一時的な逸脱か．

政治システムの先験性といっても，もちろん机上の空論ではない．そこから占有保障がやって来るということである．そして dominium の観念複合体は占有概念の或る錯綜した形態である．ならば dominium が政治システムを不要とすることはありえないではないか．しかし Aebutius がもたらした状況に対しては，少なくとも従来の政治システム＝〈二重分節〉の意識に依存した保障は不十分であった．実力規制の態様が全然異なった．同一の形態でもどの方向から誰が形成しているのかで判定が正反対になるのである．そもそも Aebutius 状況の本格的進展に対してはヨリ大きな実力を差し向けて鎮圧する必要すら有る．これは，政治システムが創り出した状況が一人歩きし，切り離されて今度は全く反政治システムによって統御されなければならない，ということを意味する．この転換を，ローマ中央の政治システム，差し当たりは nobiles の政治体制，は乗り切れたであろうか．それとも Sulla の一撃は崩壊の合図であるのか[1]．

占有に対する政治システムのもう一つの大きな役割は信用の供給である．ローマでも共和初期より領域へと信用は供給されてきたし，占有概念成立後はこの部分の関係をどうするかは対立の焦点となり，そして幾重にも重要な制度を生み出していった．dominium の観念複合体が機能する領域の基体についてどのような信用のシステムを構築するかは，当然決定的な問題となる．socii／都市体制が十分に機能していれば，これは決定的な媒介項となりうるが，その階層自体，少なくとも政治的には都市を担わなくなり，経済的にも都市を越えて活動し，さらには equites としてローマ中央でロビイスト的役割を果たす方向に舵を切る．まして bellum sociale 後，そうでない立場は壊滅する．しかもなお，socii／都市体制の中で蓄積された信用は直接領域に向かう．dominium はその所産であった．それでも高度の信用は政治システムのバックアップを要する．ローマ中央が直接その任に曝されるが，それに堪えるか．堪えたとしてもその形態でよいか．伝統的な規律は十分か．それとも新しい信用の形態は現れ

うるのか．dominium とそのすぐ頭上で何が生じたかについては多少見てきたが，政治システムの側から見るとどうか．

> 〔4・0・1〕 もとより本章全体がローマ共和政崩壊論である．この論考は徹頭徹尾領域問題こそがその原因であったと考える．だからこそ Gracchi からスタートする伝統的な仕方はそれ自身としては妥当である，と考える．そしてまた本節では，しかしその崩壊が何故かくも長引き，そして少々の果実を生んだか，をも考える．ローマ共和政崩壊論の長い歴史について今更言及する必要は無いが，反対に，最近はどのように論じられているのか，必ずしも把握が容易ではない．この点で大きな助けとなるのは M. Beard et al., *Rome in the Late Republic*[2], London, 1999 である．最近年の傾向を的確に反映し，Gracchi を出発点とするその理由を，Tiberius と Caius の違い，つまり後者が初めて "a new role in politics for the Roman people" を見出したということ，に基礎付ける（p. 6）．"the poor, the land, the army, the empire" という "a nexus of problems" が出来上がったこと，これが崩壊の原因であるとする．事実近年の研究はこの「民衆」の大きな役割に着目し，これを再評価するか，崩壊原因とするか，である．Beard et al. の場合に特徴的であるのは，第一にこれを "culture" に結び付け，非エリート層に（ギリシャの影響を消化して今形成された）固有文化が生まれ（"take-off"），彼らが専門技術層として繁栄を担っていく，という図を描く点である．第二に，政治的資源のこうした極大化が競争を極大化させてメカニズムを破断するが，それは分業の進行と社会の高度化を伴ったのであるから，決して悪いことではなかった，とする点である．「民衆」が政治的資源に化ける近年の諸論文一般がそうであるが，軍事的要素，軍事化の問題，ないしそれが実力の問題でしかないこと，が看過されている．

4・1

88 年に Sulla が端的に政治システムを破壊したことは疑いない．確かに，一度都市中心を軍事化のもとに置けば直ちに政治システムが死ぬというわけではない．ギリシャでは間歇的に tyrannos が現れるが，それは最期を意味しない．しかしローマの政治システムは例えば軍事化抑止一つを取ってもそれは儀礼が支えている．儀礼は神話的パラデイクマの再現実化であるが，この場合それを本当の現実にし，それによって保障を実現しているのである．堂々とここを破られパラデイクマを変えられてしまえば致命的である．全ての伝承が Sulla の進軍こそ此岸と彼岸を分けるものであったとするのもうなずける．

それでいてなお Sulla の意図が政治システムの破壊であったということはできない．彼は直ちに精力的な立法活動に着手し，それらは Caesar 以降に踏襲される長い射程を有する[1]．否，それらに比しても唯一ここでのみ見られる先進性をすら感じさせる．そのように描かれることが稀であるのは，既に指摘されているように，伝承のバイアスの故であり，まさにこのバイアスこそは Sul-

4 政治の瓦解

la にアプローチする場合の最良の材料である．われわれは例によってまず Appianos に依存せざるをえないのであるが，そのソース，おそらく主として Asinius Pollio, に流れ着いた観点は，独自の政治的基盤を解体された旧 socii, Italici, のものである．Sulla の再度の権力奪取を帰結する内戦を締めくくるテクストは，ローマだけでなく Italici の悲惨を言う．そしてそれは Italia 外の socii に拡散していったと．テクストはその前に旧 socii 名望家の大量殺戮を執拗に伝える．ひとまず違うと思われるソースを有する例えば Velleius Paterculus, II, 19ff. なども Sulla の残虐さを強調するのに事欠かない．これは明らかに Caesar の近傍から発信されるが，Caesar は Sulla と同じ基盤に鋭く競合するアプローチを保持しようとした．Asinius Pollio と Sallustius がそれぞれ独自に Caesar の視点と袂を分かつ，そこに存在する屈折は重要であるが，その上流においてはこれらは合流して Sulla 弾劾で協調する[2]．つまりそこに大きな対抗が存在する．するとまさにこれらは良き史料であることになるが，同時に Cicero が同様に良い史料として浮上する．確かに決して Sulla を称えたりはしないが，しかし Appianos の Sulla 攻撃からは極めて遠く，特にその立法は依るべき前提として引かれる．初期の弁論が Sulla 派を相手にしながら Sulla 批判を巧みに避けるのもあながち単純な戦術的配慮ないし迎合であるとは言えない．

　Appianos は，既に示唆したように，争いが内紛に，内紛が殺戮に，殺戮が戦争に，発展し，「市民軍」($στρατὸς\ πολιτῶν$) が「祖国に向かって」($ἐς\ τὴν\ πατρίδα$) 武力行使した最初のケースになったと述べた後，以後内紛は「軍事衝突によって」($στρατοπέδοις$)「決せられる」($κρινόμεναι$) ことになったとする (BC, I, 60) が，「まさにそのように」($τότε\ δὲ$) と切り返し，Sulla が取った最初の措置を伝える．"$κρινόμεναι$" は元来政治的決定とその一義性を指示しうる言葉である．それが今武力結着によることとなったというのであるが，「現に」と続けられた最初の証しは，Sulla が Marius や (tr. pl. たる) Sulpicius 以下十二人を「公敵」(hostis rei publicae) と宣言した措置であるという．"$ἐψήφιστο$" は議決の有ったことを意味するが，しかし民会なのか元老院なのか，伝承は定かでない．裁判抜きに，まして provocatio 抜きに，十二人は誰でもが殺害しうる状態に置かれ，財産が没収された．もっとも，確かにこれは

凡そ政治の根源に在る作用の剥き出しの姿ではある．〈分節〉体制は全体としてはその領域に対して無分節の関係を有する．つまり他にその〈分節〉体制に比肩しうる審級が有ってはならない．その意味で政治的決定は絶対である．これはもちろん一義的に排除するという原理である．もっとも，この原理から殺すか殺されるかの二者択一の具体的関係を直ちに帰結させれば，それは社会構造と再現的パラデイクマを混同する議論である．まして，〈分節〉体制の個々の〈分節〉単位に対して殺すか殺されるかの択一を迫るものではない．そのように思考するとすれば混乱および蒙昧の極である．いわんや，〈分節〉体制を儀礼的に保障するために方々に設けられた装置に対して向けられれば致命的である．しかし Sulla にとってみれば，この装置の主力である intercessio を通じて政治的空間が実力による妨害を被るようになり，これが政治システムを破壊せんとしている．対 Mithridates 戦争の imperium が自分に与えられたにかかわらず，Sulpicius は Marius に全権を与えるべく consul の権限を実力で蹂躙しようとした．これを緊急避難の行為として実力で鎮圧することにおいてこそ政治システムの本領が発揮されるのではないか．それを露わにすれば "hostis rei puclicae" の概念に行き着く．Sulla の目の前には Gracchi 以来，Saturninus などの権力が悉く状況を破壊していった光景が有ったに違いない．

　その点において Sulla の措置は一貫していてほとんど論理的でさえある．まず tribuni plebis の権限を制限し[3]，comitia tributa を廃止，comitia centuriata に一元化する（App. BC, I, 59）．厳格な probouleusis もこの一環と考えられる．補強された senatus に一旦全てを一元的に統御させるのである[4]．或る意味で共和初期の patres の体制がモデルであったろう．そもそもローマの共和政は（今日の主権論を真っ向否定するかのように）互いに至高かつ絶対の権力を複数立てて veto を行使し合う形にし〈分節〉体制を保障しようとする傾向を有し，デモクラシーになるとこれを言うならば垂直的にも構築していく．Sulla が標的にしたのはこの部分である．同時に彼は「Sulpicius の立法パッケージ」を廃止する．これは「Italia 出身の新ローマ市民を全ての tribus に編入する」(App. BC, I, 55 : τοὺς ἐκ τῆς Ἰταλίας νεοπολίτας ἐς τὰς φυλὰς ἁπάσας) というものであった．socii 諸都市はおろか tribus へと場を移して政治的審級を形成することも許さないというのである．すると Sulla は政治的単一性を oligarchy

に担わせる積もりであったのか．probouleusis は反面民会による批准を不可欠とする概念である．また二段に決定過程を把握することを強調すればデモクラシーのコロラリーでもありうる．App. のテクストが comitia centuriata への一元化を述べるに際して Servius Tullius への復帰を言うのは決して Sulla のサイドとは無関係に流れ出た伝承によるのではないであろう．全ての枠を取り払った上で自由に人々を一元的回路の中で上昇させる積もりである．集めた資産はそのまま「票数」になるのが centuria 制の骨子である．その限りで政治資源は極めて流動化され，それを頂点は取り合う．明らかに oligarchy ではなく polyarchy である．その限りでデモクラシーなのである[5]．そのローマ型の保障を嫌ってギリシャ型の原点に近付こうとしたとさえ評価しうる．ただし polyarchy の型において．そして polyarchy は容易に oligarchy に，そして無媒介で剥き出しの単一性[6]，そして端的な軍事支配，へ極めて移行しやすい．それでもローマ型保障の方を一掃したかったのは，dominium にとってそれが障害でしかなかったからであり，dominium はそのようなものを欲せず，ひたすらそこには空白が有れば好適であったからである．政治的単一性さえ保障されていれば．否，dominium 自体剥き出しの政治的単一性のミニチュアではなかったか．剥き出しになれば真正の単一性は成り立たず腐敗に対してのみ開かれているのではあるが．

　このように推測するということは Sulla の権力基盤，ないしもっと端的に軍事的基盤，について仮説を立てるということを意味する．つまりその後の彼の行動において彼が依拠し彼に勝利をもたらすのはどのような人々であるかということである．そしてこの点を明らかにするには却って Sulla に立ちはだかって敗れる側のブロックの構成を見るにしくはない．Sulla が東方へ向けて遠征に旅立つと，87 年の consul たる Cinna は Sulla から託されたことを実行するどころか Sulpicius のパッケージを復活させる（App. BC, I, 64）．つまり新市民を多くの tribus に配置して民会を通じて状況を覆そうというのである．もう一人の consul たる Octavianus と実力衝突するに至り，Cinna は一旦駆逐される．この時 Cinna が支持を訴えた相手は，Tibur や Praeneste から Campania の Nola に至る「近隣の諸都市，ローマ市民になったばかりの者達」（ἐς τὰς ἀγχοῦ πόλεις τὰς οὐ πρὸ πολλοῦ πολίτιδας Ῥωμαίων γενομένας）であった

(65). Sertorius 等の参加を得て Capua に軍事集結した Cinna は，senatus が imperium はおろか市民権をすら剝奪したにもかかわらず，「同盟諸都市を基盤として」(ἐπὶ τὰς συμμαχίδας πόλεις) そこからローマへ進軍する (66). まるで消えたはずの socii が復活してきているようである．紛れもない municipium として再編成されるまで，この種の単位は地下に潜ったのではなかったのか．それとも Asinius Pollio の妄想か．Marius は 6000 人を Etruria で集め (67)，(bellum sociale の余波を) Samnites と戦う consul (Metellus) を見ると却ってこの Samnites と結ぶ (68). Cinna と Marius 派は Sulla がしたのと同じことを真似て見せ，ローマを武力制圧し，Octavius を初めとする nobiles 主流を弾圧する．テロルと大量殺戮である．83 年，Sulla は Mithridates に勝利した軍団を Italia へ上陸させる (79ff.). Cinna 派の consul, Norbanus と Scipio は果敢に Campania 方面で迎撃するが，惨敗する．いずれにせよ再び苛烈な内戦である．Marius の息子は Praeneste で包囲される (88). 敗色濃厚の Cinna 派はローマで元老院議員を虐殺する．もちろん，Sulla の勝利の後は大規模な粛清と財産没収が待っている．これにありつこうと人々が群がる．この内戦の往復において，Italici 各都市の内部では骨肉の争い，ないし殺し合い，が生じた．その一端をわれわれも Cicero の弁論を通じて見た．その内戦における軍事編成に関して，われわれが持つ唯一の徴表は，Cinna が Italici に対してアプローチするときそれは幻影のような都市中心を介してであったということである．ならば反射的に Sulla はそれぞれの領域を直接押さえる勢力を束ねたであろう．軍事化を競うというのならば，後者の勝利は目に見えている．それとも Cinna は今は亡き各都市の軍事化方式を当てにしただろうか．否，それを復興する意図も方策も持たなかったであろう．直接ローマ市民団に組み込み tribus を通じて把握するというのであるから．この点に大きな矛盾を抱える以上，ブロックは結局四分五裂せざるをえず，領域の人員を直接捕捉して組織するための呼び掛け（奴隷に対する呼び掛け）も自己撞着そのものであり，苦し紛れの域を出ない．対するに Sulla は，既に示唆したとおり，タテ型組織のユニットを直接基礎とすることを十分に知っており，領域の新しい原理が dominium であることが自分にとって決定的な資源であることも熟知していたものと思われる．Cinna は確かに nobiles 中枢よりは遥かに広い基盤を有する．しかし Sulla の軍事

組織を前に，あれやこれやの被排除分子を集めても連帯の核を有しない．すると政治的単一性復元の道具として Sulla が使う oligarchy と領域を把握した新しい階層によって挟み撃ちに遭う以外にない．

Sulla にとって 88 年が pars destruens であったとすれば，83 年に東方からローマを再征服した後こそが pars construens に該る．確かに旧 socii 諸都市に対する警戒心は依然消え去らない．Praeneste に続いて Norba が裏切りによって陥落し，市民達が自害すると，Appianos のテクスト (95) は，「そのようなわけでこの者達はかくも誇り高く死んでいった．Italia の方々で彼らが戦火と大量殺戮によって滅んだ後，Sulla に従う将軍達は諸都市に進駐し，不穏な部分を固めた」(Καὶ οἵδε μὲν οὕτως ἐγκρατῶς ἀπέθανον· ἡνυσμένων δὲ τῶν ἀμφὶ τὴν Ἰταλίαν πολέμοις καὶ πυρὶ καὶ φόνῳ πολλῷ) とそのソースを露わにする．内戦につきものの報復，密告，リンチ，財産の強奪，が解禁され，Sulla のイメージを黒く染める．Italici もまた大量に追及され，人的金銭的等々反 Sulla 派とのあらゆる関係が罰せられた (96)．「かつ懲罰は富裕者に対してその頂点に達した．個々の市民に対する懲罰をしない場合には」(καὶ ταῦτ᾽ ἤκμαζε μάλιστα κατὰ τῶν πλουσίων. ὡς δ᾽ ἐξέλιπε τὰ καθ᾽ ἕνα ἄνδρα ἐγκλήματα) 都市自身にそれが向けられた．つまり都市中心の物的装置の徹底的破壊が行われ，そして植民が送られ，これら coloni は Sulla の強固な軍事的基盤を形成していった，という．都市中心の名望家の資産の解体，そしてそれが既に消失している場合には都市中心の物的基盤の解体，が組織的に行われた，ということである．しかし裏を返すと，既にローマ市民権を与えられてしまっている旧 socii 名望家層が都市中心を捨てて領域に降りて基盤を有する限りは手を付けなかった，ということを後段のセンテンスは示唆している．事実，*Pro Roscio Amerino* を正面から受け止める限り，旧 socii 諸都市名望家層の一定程度の復権をすら許容するようにさえ思える．確かに領域を軍事化することで解体の動因を得たのであるが，pars construens では領域での解体作業は推進せず，dominium に基盤を移した旧 socii 諸都市名望家層はこれに対する侵害から防御するようになる．少なくとも Sulla は *Pro Roscio Amerino* を黙認したのである．そして彼の刑事立法[7]は既に見たように dominium の構造を周到に保護しようとするものであった．下から覆す動きはいつの間にか Cinna 派のものと考えられて，これ

を制圧する「保守的な」姿勢を身にまとうことにSullaは成功していく．senatus復元作業は実を結ぶことになるし，また早々に自ら引退して70年代のポストSulla時代が実にスムースに訪れようとすることも十分に理解できることになる．

もちろん政治構想は維持される．Sullaはinterregnumを利用してそのまま無期限のdictatorに任命される（98f.）[8]．そして次々に立法を行う．第一にtribuni plebisの権限を無力化する（100）．そればかりかtr. pl.に就任した者は以後一切の通常官職には就けないこととする．政治空間の外側の全く無縁なところに括り出してしまったのである．intercessioを排除するというSullaの基本構想を最も端的に表現する．第二にcursus honorumを整備してquaestorを務めない限りpraetorに就任できない等々とし，また凡そ官職には十年の間隔を空けなければ就任できないとした．政務官magistratusが固有のhonos，つまり政治基盤と財政負担，を持って個々に自律的に動くことを制約し[9]，全体として一個のhonosを分有する方向に一歩進めるものである．その意味の「官僚化」である，全体が依然一個のhonosつまり財政的に自弁することはやめないとしても．裏を返せば従来の政治空間はマッサラにして残す．したがって意外にもconsulは任命し，senatusは復元するばかりか強化する．即ちequitesの中から300人を抜擢し計600人とするのである．反対から見れば政治的アクターとしてのequitesの解体でもある．これも単一で障壁の無い，非分節的な，政治空間を形成する，という思考に沿う．財産没収した者達の奴隷を10000人もローマ市民とし彼らを"Cornelii"とするという施策も，Aebutiusの如き者の直接把握を，そして遠くAppius Claudius Caecusを想起させる．年代記に刻印されたパラデイクマは新たな光彩を放ち，「後期年代記作者達」のテクストに生気を与えたことであろう．この新しい"plebs"（sic App.）は単に政治的にSullaの個人的政治基盤を構成するばかりか，Italia全体にcoloniaを創って橋頭堡となる．

この新しい政治空間の意義について，例えばPlout. Syll. 34ff.は上に述べた個々の立法を無視して徹底的に或る側面を描く．つまり従来とは異なる儀礼の使用である[10]．政治的パラデイクマを儀礼によって画し保障しようというのでない．政治空間を儀礼的空間の中に取り込んでしまうのである．このために

4 政治の瓦解

は神話的パラデイクマの再使用が有効である．さらにそのためには発達した〈神話〉的パラデイクマの遺産をこのように逸脱させたヘレニズム諸王国に倣うことが有用であった．もっとも，この手法はあくまで伝統的な政治空間の或るエッセンスを取り出したうえでそれを復活させるための方便であったとも見うる．App. の（おそらくは Italici とは別の，ひょっとすると Plout. Syll. 37, 1 に登場する Sulla 自身の回想録およびこれをソースとする Sisenna の歴史記述に遡る）ソースは明らかにその立場に立ち，その見地から Sulla の「自発的退位」問題を例解する．つまり 79 年，Sulla は突然全ての役職を退いて一介の私人に戻るが，このときに当然ながら（Sulla が復元して「後期年代記作者達」ばかりか最新の antiquarius を熱狂させたであろう）王政期に遡る imperium 表徴を全部捨て去る（104）．すると途端に或る若者がなれなれしく近付いて悪口雑言，それでも Sulla はこれに耐えるが，私宅に戻るや「この若者は（やがて）他の者が権力を握って離さない時には決してそれを妨げないだろう」（ὅτι κωλύσει τὸ μειράκιον τόδε ἕτερον ἄνδρα ἀρχὴν τοιάνδε ἔχοντα ἀποθέσθαι）と洩らしたという．実際 Caesar は決して「退位」しなかった，とは Appianos のコメントであるが，Caesar との対比は Augustus に繋がり，そこで Sisenna の（適切な）Sulla 弁護が生かされたのである．「若者」は後述のように Catilina から 50-40 年代にかけての「新世代」というトポスに関連し，これは同時に Caesar 世代ということでもある．Caesar は，単独支配が一人一人の支持者を確固として捉える現実のものであるわけではなく，政治空間の単一性を演出するためのヴァーチャルなものであるにすぎない，ということを忘れた，というのである．Plout. の採録する対抗ヴァージョン（32, 6ff.）は，後を託した Pompeius がとんでもない人物を consul に仕立て上げたため，お前自身がそれと戦う羽目になるぞ，と Sulla は予言した，というものである．ヴァーチャルになったはずの政治的空間において政治的党争を復元して見たが，ヴァーチャルにならず現実化し挙げ句の果て実力闘争にさえ至った，という皮肉である．実質的に一元的権力をしっかり握っていなければ全て崩れる，というメッセージを読み取りうる．実際 Sulla が遺した政治的空間は彼が望んだとおり巨大な空白で，それだからこそ多義的であり，そこに大きな可能性が開かれていた，それぞれに希望を託した，とりわけ nobiles が新しい生態を見出して行った，とも

言うことができるし，まさにだからこそCaesarがその風船をぺちゃんこにするのはたやすかった，とも言いうる．しかもなおそれがCaesarの失敗で，巡り巡ってSullaの射程の大きさにわれわれは驚く，とも言いうるし，それとても仮面を剝がせば常にPlout.のヴァージョンに転落し，その度に権力は筋肉を示さねばならなかった，とも言える．

以上の如く両義的な空間が成立した基盤にはdominiumが相対的に自足的に安定しその上に巨大な空白を生み出すという事情が働いていることは疑いない．この意味でSullaの体制は大きな出発点であり，「引退」後の幾つもの反動や原状回復にもかかわらず最も信頼しうる学説が「体制の継続」を鋭く指摘するのは当然である[11]．

[4・1・1] E. Lepore, La crisi della "nobilitas": fra reazione e riforma, in: Momigliano et al. edd., *StR,* 2, I, p. 738. U. Laffi, Il mito di Silla, *Athenaeum,* 45, 1967, p. 177ss., 255ss. の功績が大きい．Laffiは，まずSullaの体制がその後も（反SullaキャンペーンとChartered的に）残存したことを明らかにし，Caesarによって初めて解体されたとする．次いで，Sulla像の淵源を辿る史料批判的作業にかかり，Macer/popularesのみならずsenatus/optimatesにおいてもSulla/crudelitas神話が圧倒的であったことを追跡した後，これを最も利用したのがCaesarであったとする．

[4・1・2] Lepore, La crisi della "nobilitas", p. 739. Sullaの近傍に位置するSisennaの隠れた功績を評価する．（表面の弾劾にかかわらず）Ciceroの秘かな（前提に忍ばせた）Sulla体制評価に流れ込んだと見る．テクストからはさらに，反Sulla的伝承の内部に若干の微妙な偏差を認めうる．CaesarとSallustius，そしてまたAsinius，と"Italici"の語義や位置付けが絡まってスペクトラムをなしたはずである．

[4・1・3] Th. Hantos, *Res publica constituta. Die Verfassung des Dictators Sulla,* Stuttgart, 1988, S. 74ff. は弱体化でなく正常化であると解する．確かにtribunicia potestasの通常権力化は混乱の一つの原因であるが，Sullaにとって単一政治空間の側からの括り出しのみが重要であったことは間違いない．同じく正常化ないし正常論者たるF. Hurlet, *La dictature de Sylla: monarchie ou magistrature républicaine? Essai d'histoire constitutionelle,* Bruxelles, 1993, p. 158sqq. はtr. pot. に触れない．dictaturaに焦点を絞るためである．

[4・1・4] vgl. Hantos, *Res publica constituta,* S. 45ff. 拡大＝希釈は執行権限者がsenatusに制約されにくくするためであるとする．しかし司法制度等でsenatusは古のpatres体制のように一元的権威として機能する．それが書き割りであると言うのならば，政務官の方もそうである．

[4・1・5] Hantos, *Res publica constituta,* S. 79ff. は"Funktionseinheit"という語によって，政治空間単一性に立法という行為が寄与した点を捉える．

[4・1・6] Chr. Meier, *Res publica amissa. Eine Studie zu Verfassung und Geschichte der späten römischen Republik*[2], Frankfurt a. M., 1980, S. 246ff. は，Sullaの反nobiles的側面を指摘してoligarchy説を批判するが，"Einheit"に気付かない．そもそも問題設定は「共和国ではなく国家が崩壊した」と捉え直した上でその原因を探るというもので，国家の基盤はclientela (S. 24ff.)と貴族の国家帰依 (S. 45ff.)に求められる．しかしこれに支配の拡大（Extensivierung) が所与として与えられ，にもかかわらず旧体制は奇跡的に維持される（S. 201）．まさにこれがしかし変革を妨げ，結局この固さが命取りとなる（S. 301ff.）．崩壊は Drusus から始まり（S. 208ff.），Sulla も踏襲して equites と Italici の吸収（例えば sen. 拡張）を図ったが，しかしその手段が初めて後の独裁者のものに変化した，にとどまる……．結局 Sulla は前後に引き裂かれ固有の意義を奪われた．これでは師たる Carl Schmitt に申し訳が立たない，というよりまさにその種の思考の帰結である．「国家」の単一性といえども政治が不可欠で，間隙に敷かれたこの一枚の膜が鍵を握るのであるが，そして今これが危機に陥り，だからこそ政治空間の復元が図られるのであるが，これに気付かないということは，"Einheit" が贋物だからであり，だから（Sulla の）贋物作りの営為を評価しえない（まして贋物と見抜けない）のである．この種の（極めて曖昧な）「国家」概念が貴族そして clientela と親和性を有することは，"polyarchy" にとって極めて示唆的である．

〔4・1・7〕 Hantos, *Res publica constituta*, S. 154ff. は何と陪審常設化までをも新しい統治課題への効率的対応で説明する．何故 Sulla 以前でなく以後でもなかったのか，何が継承され継承されなかったのか．

〔4・1・8〕 Hurlet, *La dictature de Sylla*, p. 55sqq. は「無期限」問題を丁寧に扱うが，全く正統かつ「課題の大きさからして当然であった」（？）という珍妙な結論に至る．Sulla を「無法な独裁者」として扱うのに飽き足りないのは近年の研究の共通項であるが，そこに意図と合理性を見出すということと「合憲性」を弁証することは異なる．dictatura 利用に十分な理由が有ったのはその通りであるが，ローマの dictatura が担った政治的単一性が秘かに置かれる（稀にしか姿を現さない）のか常時具体的に作動しているのかでは両極ほどの違いが有る．

〔4・1・9〕 honos に野心を持った腹心の Lucretius Ofella を残酷に始末したエピソードはこのことの例解である（App. BC, I, 101 ; Plout. Syll. 33, 5f.）．なお，Hantos, *Res publica constituta* はこの点を高く評価して Sulla 復権の révisionisme に参加する試みである（vgl. S. 33ff.）．regimen morum 強化や属州統治に規制等々と組み合わせてもっぱら紀律化を鍵として解する．むろん Cicero/Caesar/Augustus に見られる政治体制の純化構想を先取りする意義は否定しえないが，その評価自体微妙であり，直ちに「拡大に伴う新しい行政課題への効率的対応」と解するのは乱暴である．そもそも概説書に登場したレヴェルの「結果」を机上で評するばかりで，この研究に史料批判は皆無である．

〔4・1・10〕 vgl. Hantos, *Res publica constituta*, S. 120ff.

〔4・1・11〕 もちろん，このことは実質は既に崩壊しているということであり，Sulla が再建したものが持続したというのではない．E. S. Gruen, *The Last Generation of the Roman Republic*, Berkeley, 1974, p. 8ff. は，Sulla に（元老院拡張も equites の取り込みであったとするなど）利益多元主義を見た上で，そうした「正常な政治システム」が「反 Sulla 原状回復」のプロパガンダにもかかわらず維持されたと全編で論じていく．根本的な誤解が存する．

4・2

Sulla が遺した体制における最大の問題は，Plout. のヴァージョンにおいて Sulla 自身が予言する通り，今や芝居の書き割りに描かれた海中の魚のようでなければならないはずの政治的支持関係，支持集団，それら相互の競い合い，衝突，財の巨大な流れ，等々（honos 選挙＝官職に伴う動態）が実際に泳ぎ出

してしまうことである．確かにSullaの意図は真正の政治空間を再生させることで，そうであればhonosは存在しなければならず，ただそれが必ず実力衝突を帰結して政治空間を破壊するから，ヴァーチャルなレヴェルに置かれなければならない，というのである．しかし書き割りに描かれた魚といえどもじっとしている保障は無い[1]．

早速Pompeiusの誤算のその当の相手であるAemilius Lepidusは書き割りのconsul（78年）として振る舞うことに満足できないばかりか，「Sullaの業績を取り消すために，戦争を仕掛けた」(Liv. Per. XC: cum acta Sullae temptaret rescindere, bellum excitavit). 政治的に現実のアクターたらんとするLepidusに残されている資源はSullaが振るった大ナタに対する不満以外にない．そしてこれを資源とするということは内戦をやり直すことになる．確かにLepidusに何のプログラムも無かったというのではなく，Sall. Hist. Fr. I, 55, 12 Kurfessで彼の民会での演説が復元されているように，彼は旧socii名望家への原状回復の訴えを忘れてはいない．少なくとも最初はtribunicia potestasの復権に反対した（Granius Licinianus, p. 34 Flemisch）のであり，彼がもう一人のconsul, Catulus, とミニ内戦を戦って敗れることになる武力衝突に少なくとも呼応してEtruriaではSullaのcoloniに対して蜂起が有り，領域を復元しようとした（Gr. Lic. *ibid.*）．つまりSaturninusの再現では決してなかったという解釈は成り立ったのである．Sallustiusその他の少なくともその点まではCaesarに近いヴァージョンは政治システム再実質化の試みの担い手（先駆）としてLepidusを見る[2]．Sullaによる意図的な空洞化が唯一政治システムの生き延びる道であるという立場の対極である．しかし他方，明らかにLepidusは少なくとも未だ再実質化の広範な担い手を見出していない．「Sullaの被害者」はこれに値せず，旧socii名望家層は今や存在しない階層である．まさにそこから事物を観るはずのAppianosのソースが冷淡であるのはこのためであり，決してSullaに付くためではない．「Italiciの支持を稼ぐためにSullaが奪った土地を返還すると公約した」(I, 107: τοὺς Ἰταλικοὺς προσποιούμενος ἔλεγεν, ὅτι τὴν γῆν αὐτοῖς, ἣν ὁ Σύλλας ἀφῄρητο). しかしsocii各都市という船に残って土地を返せと手だけ伸ばしている人々がどれだけ残っていたか．Ciceroの手によってさえSulla黙認の下，dominiに変身さえすれば続々と旧socii名望家層は領域

4 政治の瓦解

上で復権しつつある．彼らはもはや政治空間の空洞化の方を好むであろう．Lepidus は簡単に破れざるをえない．nobiles 主力の組織力で十分である[3]．どうしても政治を再実質化したければ，Italia の地を離れる以外にない．Lepidus の部隊は Sardinia 経由で副官 Perpenna に率いられ Hispania に飛び，そして Sertorius に合流するのである．

　Sertorius は元 Marius 派の部将であり，Sulla 帰還後の内戦で Cinna 派が敗れると，Cinna 派の政権によって「任地」とされた Hispania で imperium を独自に行使する[4]．「引き継ぎ」を拒否した前任者を武力で追放し，Sulla によって送られた Metellus 指揮下の部隊を撃退する（App. BC, I, 108）．Sertorius の特徴は，300人を選んで「ローマ元老院」と称したように，完全にローマの政治システムのオルターナティヴを形成しようとしたことである．Plout. Sert. 22, 5 (ed. Flacelière) によると praetor や quaestor まで選出し，「全てをローマの旧政治的パラデイクマに調和させる」（καὶ πάντα τοῖς πατρίοις νόμοις τὰ τοιαῦτα κοσμεῖν）ことを目指した．まるで Sulla に対抗して実質的な政治空間を樹立しようとするが如くである．彼はまた Hispania の首長層の息子達を Osca (!) という都市に集住させて教育し，政治的階層に相応しいように育てようとする (ibid., 14, 3ff.)．他方彼が Italia の諸都市から若干の層を吸引したことも疑いない．Perpenna は初めは自分自身のコントで軍事行動しようとするが，部隊を構成する者達の強い希望で Sertorius に合流したとされる (ibid., 15)．「Italia 出身の兵士達にもまた」（ἀλλὰ καὶ τοῖς ἐξ Ἰταλίας στρατευομένοις）圧倒的に支持されたことの証左として Plout. はこの点を挙げる．ならば旧 socii が bellum sociale の旗印を再び高く掲げることに Sertorius が寄与しえたのか[5]．socii を含む政治的パラデイクマの実質化が視野に入っていたのか．

　この点，われわれには素晴らしい史料が遺されている．Cic. Verr. II-V-28-72; 56-146; 58-151; 59-154 は，Pompeius による平定直後に Verres が Sicilia において「Sertorius の残党」と称して「ローマ市民」を捕らえたという．事実誤認であるというのではない．Pompeius は大らかにも離脱者を受け入れ保護したのに Verres はこれを弾圧した，という非難である．証言すべく「Puteoli の全員が臨席している」（Adsunt enim Puteoli toti）と Cicero は言う．

Granius は，解放奴隷と船と積荷を奪われたと．新しい「Italia の人々」は旧 socii の政治的階層ではなく，各都市で政治的責任を担うよりは遥かに通商のために海外に出て帰って来ない人々である．Hispania がこれらの人々の拠点を有することはよく知られる．この人々が政治的に活発に動くときには equites という圧力団体を作ってむしろ中央で行動する．したがって，Sulla の反 equites 抑圧策に反発する分子であると見ることの方が妥当である．そしてとりわけ財の動態の面で，これが「政治システム実質化」の最も重要な資源であった．Sulla による儀礼化・空洞化によってこの階層が致命傷を被ることは目に見えている．何故ならば財の動態が無くなれば彼らの生命線たる信用が崩壊するからである．Perpenna が糾合しえた者の中には，dominium の形成に関わった「領域に降りたビジネス階層」が含まれていたであろう．Aebutius より前に Sulla の反転を察知して叛旗を翻した者があったであろう．そもそも Cinna のブロックが意外に長い反 Sulla 体制を維持するのは早くにこの階層の動きがあったからではないか．そしてまさに Cicero が 70 年になってこのように言えるということは，Sulla が築いた空洞の中で政治的パラデイクマが再実質化されるときに，依然 Sulla の線が続いていると誤解した Verres を切り捨てるほどまでに，この階層の動きは復権して来るのである．つまり Sertorius の体制は実は 70 年体制を先取りする要素をすら含む．だからこそ，それは決して socii の体制の復元を目指すものではなく，70 年体制と同じ程度において Sulla の土台の上に乗っており，同じく単一の政治空間の樹立が追求されている．
Plout. 22, 6f. は，彼の「政治構想」に触れた直後に，幾ら Hispania の人々を重く用いたとしても「至高の権力に関しては」（τῆς ἄκρας ἐξουσίας）決して譲らなかった，と記す．彼の行動は全てローマのためであった，というのも，彼はむしろ帰って一私人として静謐に暮らしたかった，と述べるのは，この趣旨である．Sulla の政治空間では，単一の政治権力と全くゼロの私人の両極しか存在せず中間が無い．

既に述べたように Sulla の軍事組織の強みは垂直によく伸びてなおかつ機能的である点であった．Marius のそれが既にそうであり，垂直に伸びたとしても枝分節原理に侵食されて腐敗するということが無い．Sulla が加えた改変によってもっと積極的に垂直の機能分節を有するにさえ至っている．〈二重分節〉

4 政治の瓦解

とはいえ横断的な戦術単位はそのままに，多くの副官を通じて機能的に複合的な軍事組織を形成し，広大に広がる枝分節組織社会を面的に切り裂いて行くことが可能になる．こうしたSullaの軍事組織をSertoriusはしかし撃破することに成功する．少なくともSullaの別働隊Metellusの組織は歯が立たないのである．Sertoriusは正規軍の正規戦を避けて後背地諸集団の部隊の「機能的装備と機動性を利用しフルに戦術を変転させた」(Plout. Sert. 12, 6: $πᾶσαν\ δὲ\ μεταβαλλομένῳ\ μεταβολὴν\ εὐσταλείᾳ\ καὶ\ κουφότητι$)．そもそもSullaの軍事組織において戦略的な観点はますます重要になっている．確かにHannibalに対してローマはもっぱら戦略的にのみ勝利した．しかしこれは戦略的観点を直ちに戦術に反映させるものではなかった．しかしSullaの組織は地誌を調べ上げてこれを戦術に利用することを受け容れ可能とした．これに対してSertoriusは時空の複合的空間に様々な性質の組織を散開させて連動させることで迎撃したと思われる．守備的な戦いでなければ採れない方針であるが，しかし地誌を利用して機動的な作戦を構築し，「敗走しながら追撃する側の利点を有した」(13, 3: $ὁ\ δὲ\ τῷ\ φεύγειν\ εἶχε\ τὰ\ τῶν\ διωκόντων$)のである．彼の訓辞は「遷延は力よりも効率的である，いちどきに捉えることができない大きなものも少しずつの小さな歩みについには負ける」(16, 9: $τὴν\ ἐπιμονὴν\ ἀνυσιμωτέραν\ τῆς\ βίας\ οὖσαν\ καὶ\ πολλὰ\ τῶν\ ἀθρόως\ ἀλήπτων\ ἐνδιδόντα\ τῷ\ κατὰ\ μικρόν$)というものであったという．具体的には徹底的に補給面での戦いを仕掛けた．もちろんこのsyntagmatismeは伝統である．しかし今や単に疲弊を待つというのではない．そしてここで先述のこと，つまり広く散開したnegotiatoresを組織していること，が効いてくる．機能的効率的持続的に多方面での同一の作戦を展開するための垂直分節が及ばない側面は，échangeに適し金融の裏打ちをさえ保持する無数の単位が飛び回るという高度な後方支援であった．

既に述べたようにPompeiusはSullaが創った前提を受け容れつつも描かれた魚を本当に泳がせようとする．そうであればこれを化石化したSullaとは異なってSertoriusの補給基盤を徐々に吸収することもできる．否，緒戦において手痛い敗北を喫したPompeiusはSertoriusからこそこの点を学んだと思われる．この点でもSertoriusは大きく時代を先取りした．この系譜関係は以後の

展開にとって極めて大きなこととなっていく．逆に Sertorius は，これだけ枝分節組織を利用して機動的なものに転換しえたことの代償として，もっぱら裏切りによって滅びていく．Appianos は，突然，Sertorius の側から敵へと脱走する者が続出し，以後自暴自棄の軌跡を辿っていく，というように描く（I, 112）．このため部下の信頼を失って結局は殺害される．Plout. はこの微妙な syntagmatique な切片を逃していきなり部下の裏切りが始まったように書く．しかしわれわれは全く同時代の Cicero の証言を既に見た．Pompeius が大きく手を広げて待っていたのである．これが成功すれば Sertorius の組織は信用が崩壊した状態となる．自滅は避けられない．

　75 年，末期の Sertorius は Mithridates と同盟を結んだと言われる（App. Mith. 68 ; Plout. Sert. 23f.）．Plout. のヴァージョンによれば同盟に至らせたその回路は「西方から航海して（Pontos に）やって来た者達」（οἱ πλέοντες ἀπὸ τῆς ἑσπέρας）であり，彼らは「舶来の商品に劣らず Sertorius についての評判で」（καὶ τῶν περὶ αὑτοῦ λόγων ὥσπερ φορτίων ξενικῶν）Pontos を満たした，という．Italici や Hispanienses 等々が都市を跨ぐばかりかそこから浮出して黒海沿岸に至る，そしてそこから内陸に échange のネットワークが拡散していく，ということが表現されており，Sertorius 側が延ばす食指の先端の様相としてよく理解できるパッセージではある．しかしながら，このヴァージョンによると Mithridates の方が同盟を持ちかけ，かつ積極的であったと描かれる．これに対して App. のヴァージョンは，Sertorius に従う重要メンバーのうち Magius, Fannius, Varius といった連中が提案し，彼らが軍事顧問団として Mithridates を援護する，というように描く．彼らは主として Campania 出身で，ローマ中央に積極的に参入しようとする，その限りで政治システムの再実質化を志すグループである．この鋭く対立する二つのヴァージョンはどうして生まれるのか．そもそも Sertorius＝Mithridates 同盟は如何なる意味を有したか．

　App. Mith.（ed. Viereck/Hoos）は Mithridates 戦争の淵源を遠くまで遡るモノグラフである．Aisa の後背地はもちろん枝分節に固有の正義観に基づきテリトリーの占拠が決まっている．そこには王位の継承や実力による征服が含まれる．例によってローマはこれに巻き込まれていく．枝分節関係においてヨリ下位の単位を保護し切断することは彼らの〈二重分節〉観念からして当然であり，

4 政治の瓦解

これによって後背地の巨大実力形成を未然に防止することはこちら側の Asia 諸都市の安全にとって枢要である．しかしローマはこれに次々に失敗していく．既に述べたように，成功するためには外交ばかりでなく新種の軍事組織が必要とされたのである．これを彼らは Numidia で学習したばかりであった．そして 88 年，ようやくその Sulla に対 Mithridates 軍指揮権が付与される (22)．しかし Sulla は内戦に足を取られ直ちには遠征できない．その間にも Mithridates は着々と広大な軍事化に成功していく．Asia 諸都市に関する限り，彼のターゲットは「凡そ Italia 出身の者達」($ὅσοι\ γένους\ Ἰταλικοῦ$) であった．東方に彼らが多数居たことは疑いないが，大規模な資産の没収が呼び掛けられたことからして，彼らは商人・事業家 negotiatores であることがわかり，さらに決定的なことには，(債権者たる Italici を密告したり引き渡した)「債務者には債権者に対する債務の半減が」($χρήσταις\ δ'\ ἐπιδανειστὰς\ ἥμισυ\ τοῦ\ χρέους$) 約束された．つまり前節で見た債権の跋扈が既に生じていて，これに対する Asia 諸都市の一部の階層の反発を Mithridates はバネとして用いたのである[6]．呼び掛けに呼応して Asia 各都市では Italici の虐殺が進行する．Ephesos, Pergamon, Adramyttion 等々．神殿に逃げ込んだ者も引き摺り出される．ローマの総督は Rhodos へ逃げ，Italici の多くもここへ逃げ込む (24ff.)．Rhodos は海軍力を駆使して善戦する．しかしギリシャ本土の各都市も続々と Mithridates の側に付く (28ff.)．こちら側では Italici の強いプレゼンスということが必ずしも言われないから，バネの性質は結局 Italici や彼らの装備する観念自体への反発ではない．領域に入って来る信用に対する領域の横断的結合からの反撃という伝統的な動力が蘇ったのである．だからこそ，Asia でよりもなお一層ギリシャ本土で強い蜂起が生じたと考えられる．現に，87 年にいよいよ Sulla が到着すると，Mithridates 側の部隊を招き入れた Athenai は特に Piraeus で執拗に抵抗し，そして破れ，虐殺される (38)．Sulla を前にして，socii の政治的結束は禁物である．完膚無きまでに叩きのめされる．東方に舞台を移してであるとはいえ，socii は negotiatores と政治的階層に分裂していて，これは Italici とギリシャ都市民の差異に緩やかに連動している．前者は後者と結託した Mithridates に叩かれ，後者は前者の救援に来た如き Sulla の手によって壊滅する．ならば Mithridates はせめて Asia で後者を守ったかと言えばそうではなく，

例えば些細な口実によって Chios を攻撃するなど，本来的な不信を隠すことなく，要するに利用したにすぎなかったのである．確かに Asia に関して Sulla の追及は苛烈ではないが，既に述べた通り Sulla が negotiatores の保護に熱心なわけはなく，だからこそ Sertorius の工作は一時的な成功を収めた．Sulla のねらいは彼らの頭上遥か上空を通過し，後背地に絶対的なテリトリーの安定をもたらすことに存する．要するに，negotiatores と政治的階層への分裂，そして後者の Mithridates への盲目的加担，という政治的判断の誤りが，Sulla と Mithridates の見事な「連携」による socii 基盤への痛打を許したのである．

もっとも，この分裂は多年に渡るものである．少なくとも 2 世紀後半からは徐々に進行していたと思われる．しかし二つのヴェクトルは少なくとも直接は衝突しなかったではないか．それに何故このように東方でだけ表に出てくるのであろうか．そもそも，bona fides とその後ろに控えるローマの民事裁判はギリシャ諸都市に若干の軋轢をもたらさないではなかったとしても，bona fides を支える構造は何と言っても諸都市の政治的存立そのものであり，bona fides という原理に基づく諸制度はこれを尊重する性質をも有した．しかるに，今諸都市のこの政治的基盤を決定的に放棄する階層が多くなるとどうか．否，本当にそちらへと舵を切りうるのは dominium が浮上して後のことであろう．かつ，dominium が浮上するとき，negotiatores の関心は大きく領域へ向かう．信用はここで réel な担保を取る．ところがこれこそはギリシャ諸都市の多年に渡るアキレス腱であった．したがって，Mithridates の「反 negotiatores」の実質は dominium への反発である．他方 Sulla はこれの形成で触媒の役割を果たした negotiatores をもはや不要としてかなぐり捨て，直接 dominium 諸単位の上に軍事的性質の権力を築くことを目指した．おそらく後背地においても，伝統的な枝分節型権原は否定されたとしても，占有＝〈二重分節〉とはいっても全く新しい性質のものが付与されたに違いない．Sulla と Mithridates の休戦協定はテリトリー毎に dominus が誰かということを確定し名義を与えることによったと思われる．

「Pontos に現れた西方の商人達」は確かに Sulla に対する negotiatores の反発を期待できる限りで大きな可能性を意味した．Sulla 後急速に彼らは復活しつつある．Sertorius の側は，Mithridates がこの資源を理解して接近してきたの

であったならば大いに貢献できたはずである．しかし同じ都市を見ても Mithridates は別のものを当てにしてきた．Sertorius 主導の同盟であったとしても Mithridates が受け取ったのはやがて彼らの裏切りが致命傷となる軍事顧問団のみであったろう．Mithridates 主導であったとすれば，提供されようとしたものに対して当惑を隠さなかっただろう．Plout. のテクストにまでこのことは投影されている．いずれにせよ，socii の政治的階層とそれ出身の negotiatores のズレの分だけ両者はすれ違うことになる．剰え，すぐにこれらの資源は全て彼らから閉ざされる．73 年に Mithridates に向かった Lucullus は，Sertorius から Pompeius が学んだ以上に補給戦の名手である．まず Mithridates は結局今回は後背地からしか軍事力を動員できない (69)．そしてその数は膨大ながら，その弱点を突かれる．Lucullus は巧みにこの大群を Kyzix 後背地において補給しづらい場所へと誘導し，この時 Sertorius から派遣された顧問団が Lucullus に通じたとされる（App. Myth. 72）．App. のテクストは，Lucullus が「自分は補給をしうる，そして敵はそれから遮断される，ことが期待できるその場所で」($\H{o}\theta \varepsilon \nu$ $\alpha \dot{\upsilon} \tau \grave{o}\varsigma$ $\mu \grave{\varepsilon} \nu$ $\varepsilon \dot{\upsilon} \pi o \rho \acute{\eta} \sigma \varepsilon \iota \nu$ $\check{\varepsilon} \mu \varepsilon \lambda \lambda \varepsilon \nu$ $\grave{\alpha} \gamma o \rho \tilde{\alpha} \varsigma,$ $\tau o \grave{\upsilon} \varsigma$ $\delta \grave{\varepsilon}$ $\pi o \lambda \varepsilon \mu \acute{\iota} o \upsilon \varsigma$ $\grave{\alpha} \pi o \kappa \lambda \varepsilon \acute{\iota} \sigma \varepsilon \iota \nu$) 決戦を挑んだ，とする．Mithridates はまさに Kyzix に出口を見出そうとするが，Kyzix はよく抵抗する (73ff.)．Asia の都市ははっきりとローマ側に付き，negotiatores も Sertorius 亡き後ローマに刃向かう理由を有しない．Lucullus は Mithridates 軍が自滅するのを悠々と待ち，その後に攻勢に転ずる．Mithridates はローマ側の大きな状況の変化を読み切れなかったのである．変化の指標は negotiatores,「西方の商人達」の遇され方であった．

〔4・2・1〕 Gruen, *The Last Generation* が数百頁を費やしこの書き割りないし風船の時代の独自の意義を分析する，つまり単なる崩壊ないし専制準備期間とは見ない，ことは重要であり，かつそうしうるについては十分な理由も存在する．しかし実際には書き割りに騙されて真の政治システム，少なくとも nobiles 体制が，本当に有ると思ってしまった気の毒なケースであるにすぎない．独自の法則性を見出しえないのである．Lepore, *Princeps* の二十年後に，これを引用することなく，余りにもかけ離れた水準の歴史学をしたということである．

〔4・2・2〕 cf. Lepore, La crisi della "nobilitas", p. 742. 近代の歴史学の一方は今なおこれをそのまま受け取り Sulla の貴族政復旧の限界露呈として populares/Caesar の側からポスト Sulla を見る．例えば J.-M. David, *La République romaine de la deuxième guerre punique à la bataille d'Actium*, Paris, 2000, p. 182sq.

〔4・2・3〕 Gruen, *The Last Generation*, p. 12ff. は，かくして Lepidus 事件の意義は Sulla 体制の安定振りが示されたことであったとする．

〔4・2・4〕 Sertorius に関する最良の研究は Gabba, *Esercito e società*, p. 284ss. である．"Le origini della guerra sociale e la vita politica dopo 89 a. C." という (Lepore, *Princeps* と同じ) 1954 年の論文の一部であるが，完全に独立のモノグラフの性質を有する．ただし，やや Italia＝negotiatores の観点のみによって説明しようとするきらいがある．本文ではかくして伝承を再検討してニュアンスをつける必要が有った．

〔4・2・5〕 Gabba, *Esercito e società*, p. 311.

〔4・2・6〕 ここでわれわれは前節の Cicero の手紙に卒然と現れた属州都市債務問題の脈絡に若干ながら接することができる．まず現在の水準で概観を得るときには，Kallet-Marx, *Hegemony to Empire*, p. 101ff. に依拠することが可能である．Aristonicus 討伐は，「Attalus 王の遺産」をめぐる紛争に絡んでいるが，後背地 échange 結節が交代期にギリシャ都市領域問題を呑み込むのに対抗してギリシャ諸都市を防衛する，ために介入は行われる．この件を provincia Asia の出発点に置く Kallet-Marx の見解は的確である．ローマはしかしギリシャ諸都市領域の整理に苦しみ (cf. p. 116)，例の publicani 問題 (p. 138ff.) はまさにそのコロラリーである．すなわち，Verr. から明白に読み取れるように，種類物＝果実循環に介入するのはよいとして，その回路はしばしば反都市的に働く．Aristonicus のかわりに proconsul が務めるようなものである．かくして後の Sulla による転換を重視する Kallet-Marx の見解は (碑文を材料とし Italici と Graeci の対立を強調する) J.-L. Ferrary (La création de la province d'Asie et la présence italienne en Asie mineure, dans : AA. VV., *Les Italiens*, p. 132sqq. ; Rome et les cités grecques d'Asie mineure au IIe siècle, dans : A. Bresson et al., edd., *Les cités d'Asie mineure occidentale au IIe siècle*, Bordeaux, 2001, p. 104sqq.) の批判を浴びることになる．privincia 設置後直ちに publicani 問題は発生しているではないか，と．しかし A. Bresson, Italiens et Romains à Rhodes et à Caunos, dans : AA. VV., *Les Italiens*, p. 147sqq. が鋭く指摘するように，Delos に比して Rhodos には Italici のコミュニティーが存在せず，negotiatores が通過するだけであるので，Rhodos は親ローマの態度を維持する，のに対して，Kaunos で Mithridates に呼応する形で人々が Italici を虐殺するのは，内陸との交易を生命とするこの都市のその部分を publicani として彼らが握ったためである．Rhodos では領域に手を出す Italici が無く，socii vs. negotiatores が生じない．しかし Kaunos では手を出し，そして Mithridates を呼び出す．しかも socii と bona fides をバックアップする proconsul の活動は Sulla 以前はまだありえたのである．consul とギリシャ都市の連帯は基本的には揺らいでいない．Mithridates による「Italia 出身 negotiatores の虐殺」(88 年) を「ギリシャ」の責任とはしない (ギリシャ諸都市の責任はないとする) Cicero の論調を強調する Kallet-Marx の評価 (p. 153ff.) も是認できるものである．「都市の借財」自体，publicani に反都市的動向が連動するのを財力で請け出そうとした結果である．対するに，Sulla は諸都市の失敗を決して見逃さず，徹底した publicani 方式へと舵を切る (cf. 264ff.)．Verres 自身，Sicilia においてではあるが，この流れに棹さした人物であった．この段階で初めて関係は大きく変質する．

4・3

実際，Sulla 後ゆっくりと形成される新体制は 70 年の Pompeius/Crassus による consul 職の実現で確立される．それは一見復元である．最後に復元されたのが tribunicia potestas である．政治システムは実質化し，書き割りの魚は

4 政治の瓦解

泳ぎ出したかのように見える．しかしながらよく見るともちろん Sulla が築いた土台の上に「動く書き割り」が形成されているにすぎないことは明白であった．それでもニュアンスの差を重視すれば，Sulla 体制に対比して Sulla＝Pompeius 体制とでも表現しうる．

　Plout. Pomp. (ed. Facelière) はいきなりこう書き出す．Pompeius に対してローマの平民は当初から Aischylos の Prometheus が Herakles に対して抱いたのと同じ感情を抱いた，即ち「にっくき父親からさしも愛すべき息子が生まれたものよ」（Ἐχθροῦ πατρός μοι τοῦτο φίλτατον τέκνον）．Zeus によって懲罰を受ける Prometheus は Zeus の息子 Herakles に救出される．Plout. は直ちに Pompeius の父，Cn. Pompeius Strabo，に記述を移し，その粗野な性質を描き，そして息子の愛すべき性質と対比する．pater-filius のパラデイクマは十分に屈折体を担っていると見られる．何故ならば，対比するときに Plout. は filius の脇に早速 meretrix を置くのである．第一に Pompeius は meretrix の Flora に素晴らしい記憶を遺し，彼女は後年になってもそのように回顧してやまなかったという (2, 5)．Plautus のパラデイクマを生かす存在であったし，またこの filius には信用が供給されていた．すると父は Pompeius Strabo だけとは限らないことになる．彼は Sulla に協力して bellum sociale で socii を壊滅させた．その軍事力は Picenum において直接組織された．Picenum は Larinum 等アドリア海側 socii の北端に在り，Asculum は先鋭化して部族連合形態にさえ至った反乱の中心であった．その領域側を独自に大規模に軍事化しえたのである．他方 Sulla に対しては全く従順であり，Sulla と同様に socii 都市中心を目の敵にしたと思われる．これが彼の「粗野」たる所以である．ならば父は Sulla でもあり，その場合 Pompeius が息子であるのは，Sulla の信用において力を有したにもかかわらずまさにその傘の下で都市と meretrix を得意としたからである．実際確かに Pompeius は 83 年の内戦で Sulla のために貢献し，これにより浮上したのである．父亡き後独力で Picenum で軍事力を樹立した (6, 1)．しかしこの時，Pompeius は Picenum の有力者達がなだれを打って Sulla のもとに参ずるのを横目でにらみ，Sulla につくにせよ威厳を保ってしようと考え，独立の公的な権力（forum 都市中心）を演出して見せる (6, 5f.)．そして独力で Cinna 派の部隊を次々と破り，その上で Sulla に自分を受け容れさせるので

ある．pater-filius 分節の例解であり，filius は常に都市である．だからこそ Flora の記憶において (2, 6)，Pompeius は，Flora に接近して叶わなかった自分の部下の Geminius の懇願を容れてこれに彼女を「譲り」($\epsilon\pi\iota\tau\rho\acute{\epsilon}\psi\alpha\iota$)，かつ「決して以後手を触れなかった」($\mu\eta\kappa\acute{\epsilon}\tau\iota\ \ddot{\alpha}\psi\alpha\sigma\theta\alpha\iota$). 実力で独占し回転を阻害するということが無かったのである．もっとも，後代から見てこのことは両義的である．「しかし彼女の方は meretrix としてこのことを耐え難く思い，長い間悲嘆に暮れて病に臥した」($\tauο\hat{υ}\tauο\ \delta'\ \alpha\mathring{v}\tau\grave{η}ν\ ο\mathring{v}\chi\ \mathring{\epsilon}\tau\alpha\iota\rho\iota\kappaω̃\varsigma\ \mathring{\epsilon}ν\epsilonγ\kappa\epsilon\hat{\iota}ν,\ \mathring{α}λλ\grave{α}\ πολ\grave{υ}ν\ \mathring{υ}π\grave{ο}\ λ\acute{υ}πης\ κα\grave{ι}\ π\acute{ο}θου\ χρόνου\ νοσ\hat{η}σαι$). 実際，Plautus におけるのと異なって二人が固く結ばれるということにはならない．meretrix にとって大いなる空白を作ってくれるばかりで，そこに繁茂するものが本当の都市とは限らない．だからこそ clientela 関係を平気で侵入させこれを甘受する．filius は結局自立していない．Sulla の創った空間に寄生しているだけである．現に，と Plout. は続ける，自分の解放奴隷で哲学にも通じた富裕な Demetrius の美しい妻に対しては一転貪欲であった，と．Pompeius は多額の信用を得ていた ($πλε\hat{ι}στον\ \mathring{ι}σχ\acute{υ}σαντος\ παρ'\ α\mathring{υ}τ\hat{ω}$). 莫大な財産を遺して Demetrius が死んだ時，逃すわけにはいかなかったのである．

　以上のような性格付けは Pompeius がその後辿る軌跡と完全に符合するばかりか，70 年代後半から 60 年代一杯の時代の構造に鮮明な光をあてる．Pompeius の役割は Sulla が遺した空洞の中に全てを収容しそして保護することであった[1]．Sulla によって迫害された要素をさえも．もちろんその保護下で全ては標本のように見事な形で死んでいる．しかし空洞は解消されて世界は蘇ったように一瞬見える．ところがその全てが本当でないばかりか，存在するのは理念としての単一性ではなく実体として跋扈する単一性のみである，ことを雄弁に論証することには，Pompeius は一人でなければならず，そして彼は唯一の保護者であることによってのみ存在意義を有したのである．彼でなければ誰かがその一人になったであろう．いずれにせよ常に同じ人物でなければならない．そうでなければそのあからさまな保護関係は互いに激しい党派争いになってしまい，標本が生き返って動き出す．

　全てを吸収する Pompeius がしかし柱として受け継ぐのは Sulla が遺した空虚な senatus 体制であったように思われる．にもかかわらず初期には反元老院

勢力の上に彼が乗っているように見えるのは，とりわけ tribunicia potestas を復元したからに他ならない．問題は復元されたものの実質である．Sulla が tribunicia potestas を徹底的に無力化したのは Saturninus 等々の例を意識してのことであった．ならば蘇ったのはこれであるか[2]．この点に関する限りわれわれは優れた史料を有する．Sall. Hist. III, 48M (ed. Ernout) は，73 年の tr. pl. たる Licinius Macer の演説を再現する．plebs に向かって Macer はまず「父祖によって遺された政治的パラデイクマと Sulla によって準備された隷従の間の根本的な相違」(quid inter ius a maioribus relictum uobis et hoc a Sulla paratum seruitium interesset) に注意を喚起する．「諸君自身に由来する権力を諸君自身に対して向ける不当な少数者」の弾劾が続くことは目に見えているが，Macer はこれを以下のように表現する．「諸君は家畜のように十把一絡げに一人一人占有され果実収取さるべく身を曝している」(more pecorum, uos, multitudo, singulis habendos fruendosque praebetis)．全てを失い，残っているのは投票権だけだが，それを通じて自らに戴くのは「かつては保障の傘であったが，今は所有権者」(praesides olim, nunc dominos) である，と．Macer が示唆するのは tribuni plebis の権力の復活である．75 年の consul, C. Aurelius Cotta が若干の権限を回復させたこと[3], tr. pl. たる L. Sicinius が初めて正面から試みて挫折したこと，Lucullus が L. Quinctius の同様の試みを圧殺したこと，等に触れ，内戦に利用されるばかりで隷従を強いられるのは tribunicia potestas の全面回復に失敗しているからである，と論ずる．ということは，内戦に持ち込んで権力闘争における主導権を握ることを提案するのではない，決して Saturninus の往事に帰れというのでない，と Macer は言う．「私は何かことさらに不法行為をせよというのではない，むしろ静謐を求めよ，と言いたいのである．連中が断罪してくるように不協和を求めるのではなく，不協和に終止符を打って万民の法に基づいて事柄を回復したいというのである」(Neque ego uos ultum iniurias hortor, magis uti requiem cupiatis; neque discordias, ut illi criminantur, sed earum finem uolens iure gentium res repeto)．「そして，もし連中が頑固にそれを手放さないとしても，決して武力にも secessio にも訴えることなく，ただ単に諸君の血をこれ以上提供しないようにと思うばかりである．連中は連中の仕方で imperium を保持し行使すればよい，凱旋をやったり Mithridates や Sertorius を追及したりその他の亡命者の財産を祖先の胸像もろとも差押えていればよい，しかし果実の如何なる部分にも与れない者には危険も費用もまた存在しない」(et, si pertinaciter retinebunt, non arma neque secessionem, tantummodo ne amplius sanguinem uostrum praebeatis censebo. Gerant habeantque suo modo imperia, quaerant triumphos, Mithridatem, Sertorium et reliquias exulum persequantur cum imaginibus suis; absit periculum et labos quibus nulla pars fructus est). Macer はさらに，新しい lex frumentaria によって懐柔されないようにと警告する．これっぽっちで家政の不安が消えるわけではない（sic neque absoluit cura familiari tam parua res），と．少なくとも Sallustius は 70 年代半ばからの plebs の新しい運動の性質を（Caesar へと繋がる線を読みとり）明確に捉えていたと思われる．少なくとも Macer は基盤たる plebs の何らか新しい性質に着目して新しい運動の形態を考えていた[4]．だからこそ Saturninus 等々との決定的な違いを強調しているのである．彼らは単純な形態の colonia を要求する，否，それ以前の出口の無い軍事化をして見せるだけであった，しかし自分達が今立ち上がるのは，内戦に明け暮れる連中を全体として遠ざけて自分達の何か安定的な基盤を守るのである，というのである．静謐を守る，という表現はここから出てくる．そしてその安定的な基盤の何たるかを暗示するように，Macer に与えられたテクストは終始 dominium のパラデイクマによって貫かれる．domini の客体たる果実出力装置の如き存在に成り下がっている，という鼓舞は，dominium 自体への攻撃ではない．むしろ domini の地位を回復せよというのである．だからこそ iniuria でなく "res repeto" の論理を振りかざし，fructus に periculum と labos を対置してくる．さしあたりその「地位」は tribunicia potestas を保持するという「地位」であるが，これなくして domini たる地位が保持されない，ないし domini たる地位を保持する如くに tribunicia potestas を保持せよ，というパラデイクマの使い方である[5]．frumentatio への言及は，家計の苦しさを想起させるが，これは dominium へ入る信用の枯渇を指示する文句であり，この問題は以後深刻になっていく．要するに，新しい plebs は domini である．ここに基盤を移して plebs の運動体を再構築する以外にないという洞察が示されている．裏から言えばそうした資源，ないしそうした問題を含みうる存在，として domini が早くも成長して来ているのである．

4 政治の瓦解

Sulla の空洞ドームが覆っていれば安心というわけにはいかない，そこからこそ深刻な侵害が次々に災害の如くもたらされる，これに対して堤防を築く必要が有る，堤防は tribunicia potestas であるから，これを復元しよう，というわけである．

そして Sallustius は大いに時代を先取りさせて Macer にこう言わせる．「Pompeius は諸君の意思に基づいて princeps たる用意がある」(Pompeium... malle principem uolentibus uobis esse)．"princeps" はやがて Cicero の手によって時代の鍵に仕立て上げられる概念であるが，そのほとんど最終段階を反映して「単一の空間の主宰者」の如き意味を響かせている[6]．そして事実 Pompeius は確かに「tribunicia potestas を復活させた」のである．もっとも，その内容が何であったかについては定かでない．多くの史料が判で押したように「70 年に Pompeius が tribuni plebis を甦らせた」と述べるが，Sulla が廃止した一体何なのか，それまでに一体どこまで復活していたのか，等についてこれらは触れない．最も重要であるのは Cic. Verr. I-15-44f. であるが，ここでは Pompeius が consul に立候補する時「tribunicia potestas を回復すると公約した」(ostendit se tribuniciam potestatem restiturum) とされるのみであり，しかもその脈絡は，repetundae の刑事裁判が機能不全であることをこれによって是正する，「そうでなければ人々がこれほど tribunicia potestas を希求することは無かったであろう」(non tanto opere homines fuisse tribuniciam potestatem desideraturos)，というものである．字義通りに読めば tr. pl. の刑事訴追権さえ復活させればよかったとさえ解しうる．他に精々 provocatio が考えられるだけであり，Macer も sacrosanctitas 等運動主導に関わる部分，intercessio 等の imperium に関わる部分，を意識的に後景に追いやっていた．高々違法な募兵に対する auxilium があれがよいということになろう．しかるにこの同時代証言に対して，例えば Vell. Pat. II, 30, 4 は回復の事実だけ伝えて簡単であるが，Sall. Catil. 38 (ed. Ernout) は「Cn. Pompeius と M. Crassus が consul であった年，tribunicia potestas が回復され，以後若者達が至高の権力を獲得した」(postquam Cn. Pompeio et M. Crasso consulibus tribunicia potestas restituta est, homines adulescentes summam potestatem nacti) とドラスティックであり，何よりも Pompeius その人が退き，そして何かいきなり若者の運動体が湧き出し

たように描かれる．Plout. Pomp. 21, 7 が Pompeius の対 plebs 迎合と捉えるのもこうした見解のエコーであり，App. BC, II, 29 (ed. Mendelssohn/Viereck) に至ると，「かくして Pompeius は，Sulla によって無力化されていた tribunicia potestas を再び原初の状態に戻したことを後悔した」(ὅτε δὴ καὶ μάλιστα τῷ Πομπηίῳ μετεμέλησε τὴν δημαρχίαν, ἐς ἀσθενέστατον ὑπὸ Σύλλα καθῃρημένην, ἀναγαγόντι αὖθις ἐπὶ τὸ ἀρχαῖον) と書くことになる．明らかに，何のためにどういうニュアンスでどこを回復したのかということを離れて，tribunicia potestas は暴走し，Pompeius は Caesar との熾烈な闘争の中で悔やむことになる[7]．Cicero 自身，後年の *de legibus* では，一方の論者に Sulla を称えさせ，そして，通常は称えることの多い Pompeius であるが「tribunicia potestas に関する限り私は黙る」(de tribunicia potestate taceo)，と言わせる (III, 9, 22)．もっとも他方の論者には，Pompeius の置かれた状況を理解していない，決して理想を追求したのでなく，現実的な必要を考えたのである，と弁護させる．この Cicero のテクストに格好の対抗関係を演出させる両義性を Pompeius の措置は持っていたのであり，そして少なくとも意図としては，そしてまたひょっとすると立法自体，運動体を想定せずにもっぱら domini の司法的権利保障をねらったもの，もっと狭くは Sulla によって単一性を担わされた senatus の司法上の専横を牽制するためのもの，であった．

70 年体制のもう一つの柱は，repetundae の刑事司法において陪審の構成を senatores 独占から equites 中心に変える立法であった[8]．再び確かな同時代証言たる Cic. Verr. II-II-71-174 によれば，「ヨリ厳格な法廷を欲する者達がまさにその者たちによって陪審が構成さるべしとするその人々の（判断によって Verres は既に糾弾されている）．それはもちろん現在人々が彼らこそが法的にも陪審を務めるべしと要求しているその階層，彼らをわれわれが陪審として有することになるよう，われわれの如く元来騎士身分出身というのでなく古くからの consul 就任階層の者によって法案が提出されている，その階層である」(Nempe eorum quos ii qui seueriora iudicia desiderant, arbitrantur res iudicare oportere; quos uidelicet nunc populus iudices poscit, de quibus, ut eos iudices habeamus, legem ab homine non nostri generis, non ex equestri loco profecto, sed nobilissimo promulgatam uidemus)．後代の注釈によればこれは 70 年の praetor,

L. Aurelius Cotta であり，Verres 弾劾は Pompeius のこの改革が推進されようとしている空気の中で成功を収めたのである．このパッセージにおいては，Syrakousai の negotiatores，主として decuma 徴収に関係して societas を結成している人々，つまり decuma 徴収経路で穀物流通・循環を握っている商人，が equites ないし実質これと同等の階層として描かれ，彼らを Verres が如何に迫害したか，ということが強調されるのである．

　しかし翻って考えれば全く奇妙である．equites が repetundae の陪審を要求するのは，Verr. から生ずるステレオタイプのイメージにおけるのとは異なって，自分達と結託した属州総督を守るためではなかったか．socii と equites は鋭く対立するのではなかったか．Sulla の equites 押さえ込みは，同じく彼に嫌われた階層であるとはいえ，socii に一息つかせる側面をも有したのではなかったか．Sulla の原点に唯一依然忠実な Verres，否，Metelli を初めとして Sulla 中核基盤のバックアップを受けた Verres，は領域に組織を有して negotiatores の資産を解体しにかかったのではなかったか．初めて刑事訴追がこの種の措置に対して，つまり属州民の保護ではなく equites の保護のために，行われて成功したのである．このことを雄弁に物語るのが翌 69 年の *Pro Fonteio* (ed. Boulanger) である[9]．新装なった repetundae の法廷で Cicero は一転 Gallia の propraetor であった Fonteius を弁護するが，態度に一点の矛盾も存在しない．「彼が praetor であるときに Gallia は負債によって押し潰されたというのであるが，それだけ巨額の債権は一体誰の手に在ると言っているか．Gallia の人々の？　全然．では一体？　そう，Gallia で事業をするローマ市民の手に在る．ならば何故彼らの証言を聴かないのか．彼らの帳簿が何故証拠として一切提出されないのか」(5, 11: ...hoc praetore oppressam esse aere alieno Galliam. A quibus uersuras tantarum pecuniarum factas esse dicunt? A Gallis? Nihil minus. A quibus igitur? A ciuibus Romanis qui negotiantur in Gallia. Cur eorum uerba non audimus? cur eorum tabulae nullae proferantur?)．「Gallia は事業家に満ちている，ローマ市民で溢れている．ローマ市民抜きには Gallia 人は誰一人事業を遂行できない．Gallia ではローマ市民抜きには一銭たりとも帳簿上の金銭を動かせない」(Referta Gallia negotiatorum est, plena ciuium Romanorum. Nemo Gallorum sine ciue Romano quicquam negoti gerit; nummus in Gallia nullus sine ciuium Romanorum tabulis commouetur). repetundae の厳格化はこの階層を叩いて「属州民」を保護する政務官を規制するものであり，逆ではない．Sulla が創った舞台の上で Pompeius が書き割りの絵に魚を描き込むとやがて negotiatores/argentarii/equites が再びもくもくと湧き出してくる．否，Gallia は Hispania に近い．Fonteius は Pompeius に従って対 Sertorius 戦線の後方に該る Gallia を押さえ経営したのである．先に推定した Sertorius の地盤，そして Pompeius がこれを乗っ取る努力をしたこと，を *Pro Fonteio* はよく裏付ける．

しかし湧き出したのは 2 世紀の，Plautus の，あの人々か？ Fonteius を礼賛する Cicero の筆が既に異なる色調を示す．Sicilia においてそうであったように，事業の階層は領域の一定の階層と連続的である．Fonteius は公道のための負担を軽減して便益を図った (8, 17)．Italia からのワインの輸送に関税をかけてブロックした (9, 19)．明らかに上記の特定の階層と結託しているのであり，その階層とは，領域に居ながらワインの商業生産において今 Italia に肩を並べるべく保護されたい人々から成る．domini であればこれに相応しいであろう．この変質こそが Pompeius をして，Sulla が築いた基盤の上に直接，過剰とさえ思える信用の世界を乗せることを可能とさせる．都市の政治的機能抜きに．そして人々はしばしこの信用に沸き返ることになる．70 年に cursus honorum を無視して「違法に」consul 職に就いた Pompeius の同僚は M. Licinius Crassus である．もし Pompeius が dominium を上空で大きく覆う天蓋であるとすると，Crassus こそはその保護対象を一身に具現する人物である．何と言っても Crassus はその philoploutia「飽くなき富の追求」によって名高い (Plout. Crassus, 1f., ed. Flacelière)．しかるにその「富」の内容は十分に特定されている．例えば Vestalis たる Licinia との関係が疑われて危うくスキャンダルになろうとも彼女の「豪奢な郊外の villa」(προάστειον καλόν) を安く手に入れるために徹底的に接近する (1, 5)．もちろんだからと言って「商売」に熱心でないのではない．資産の最大化を追求する手段は事業を含む．しかしその「事業」は第一に戦争である．外征こそが巨万の富の源泉である (2, 4)．内戦もまた好都合であるのは，戦火による破壊の後に訪れる建設需要に着目するからである．「建築関係の人的資源と労働力を購入しておいた」(2, 5: ἐωνεῖτο δούλους ἀρχιτέκτονας καὶ οἰκοδόμους). また焼け跡を安く大量に購入し、ローマの大部分を手に入れたと言われるほどである。そして何よりも領域に多くの資産構成要素を保持した。第一に銀山、第二に「資産価値の高い領域・農場とそこで使用する人員」(2,7: πολυτιμήτου χώρας καὶ τῶν ἐργαζομένων ἐν αὐτῇ). Plout. によれば、とりわけ保有する人員の質的価値 (τῶν οἰκετῶν τιμή) への着目こそ Crassus の資産を特徴付けたという。単純な占有内労働力ではない。高度なスキルを有するマネージャー層である。"ἀναγνώστης"(「下調べ屋」コンサルタント)、"ὑπογραφεύς"(次席書記官)、"ἀργυρογνώμων"(会計士)、"διοικητής"(マネージャー)。専門家ではあるが、これを極めて従属性の高い形態で働かせる。自分で知識を持って監督・育成し、dominus の任務は「経営体の生きた諸器官としての人員に対して払う直接の注意」(τὴν περὶ τοὺς οἰκέτας ἐπιμέλειαν ὡς ὄργανα ἔμψυχα τῆς οἰκονομικῆς) であると考えた。Ploutarchos は (2,8)、Crassus は「他のことは人員を通じてなさるべし、人員は自分で動かすべし」(τὰ μὲν ἄλλα διὰ τῶν οἰκετῶν χρῆναι, τοὺς δ' οἰκέτας δι' αὐτοῦ κυβερνᾶν) という格率に忠実であったと評する。Ploutarchos はしかし批判も忘れず、そして Crassus を Curius Dentatus と対比する (2,9f.)。つまり固い単純な占有との比較である。われわれが先に引いた箇所はこの文脈のものだったのである。さらには、Crassus がその dominium 本拠において外国人に対してさえ開かれており、そして多く金銭を貸し付けたが無利子であった、ただし取り立ては厳重であった、と述べる (3,1f.)。つまり少なくとも Crassus において domini は依然短期信用の世界に居り、かつての領域直接投下の信用と区別されるばかりか、その後の dominium 内の閉鎖的信用とも区別される、というのである。Pompeius の天蓋の下で花開いた束の間の信用の性質を把握する上で示唆的である。

Crassus もまた Sulla の翼の下から育った。Marius/Cinna 派によって父と兄弟を殺され辛うじて Hispania に逃げる (4,1ff)。この時彼は Vibius Pacianus という者の dominium 基盤に逃げ込む (4,2)。Sertorius の基盤とわれわれが推測したものと際立った対照をなす。しかも Vibius の奴隷に周囲を探索させ、或る洞窟に潜む (4,4ff.)。基盤単位自体何か複合的な構造を持ち、「その奥」というものが有る、かの如くである。政治システムからは見えない部分であり、

安全ではあるが,〈二重分節〉の透明性からは程遠い. 83 年の Sulla の帰還に際しては Hispania から Libya に渡って軍事組織を自力で樹立し (6, 1ff.), Sulla からは困難な軍事作戦を与えられるが, これに成功する. ここで早くも Pompeius とのライヴァル関係に立ったわけである. しかし彼が決定的に頭角を現すのは Spartachus の奴隷反乱を鎮圧したからである. 既に触れたように 70 年代末のことであり, Lucullus が Mithridates と戦っている頃, 彼は Italia で軍事力を動かし, そして Sertorius を平らげた Pompeius が帰還して介入する直前に辛うじて対 Spartachus 戦争に終止符を打つ (11, 8). Spartachus の反乱は bellum sociale とは全く異なって,「都市は全く加担しなかった」(App. BC, I, 117 : οὐ γάρ τις αὐτοῖς συνέπραττε πόλις). しかし「領域から多くの逃亡奴隷や若干の自由人さえ」集めた (ibid., 116 : πολλοὺς ἀποδιδράσκοντας οἰκέτας καί τινας ἐλευθέρους ἐκ τῶν ἀγρῶν). つまり領域固有の軍事化であった. こうした事柄に対して初めてローマは正規軍を向けざるをえなくなったのであるが, Crassus はこの種の領域網羅型の作戦に適した組織力を有したと思われる. 彼が指示した作戦は, 敵の部隊を「円く囲んで」(Plout. Cras. 10, 2 : κύκλῳ περιέπεμψεν) 決して戦闘行為に出ない, というものであった. これはわれわれが丁度 Spartachus が占拠するに至る Thurii 近傍で見た domini どうしの占有獲得戦と同じ様相である. 内に閉じた複合体によって独立の占有単位を殺して組み込む. もっとも, 副官は Crassus の指示に従うことに失敗して挑発され惨敗する. これに対する懲罰 (10, 4) は到底自由人市民に対するものではなく, まさに奴隷に対する domini のものである. さらに Crassus は Spartachus 軍を岬に追い詰めると, 付け根の地峡を切るべく両方の海を繋ぐ大工事に取りかかる (10, 8 : Μέγα μὲν οὖν ἦν καὶ χαλεπὸν τὸ ἔργον). もちろん, 領域上に工作物を建造することは彼の特技である.

　こうして天蓋と地塊が組み合わされるのは必然であり, Pompeius と Crassus は良き友であって然るべきであった. しかし現実にはそうは行かない, その理由は, 天蓋の方は地塊以外の多くの要素を包含するから以外に無い[10]. 70 年の両 consul がもめた時, C. Aurelius という名も無いローマ騎士が突然現れて見た夢に仮託して諫言するが, 彼は「領域で活動する, 人との交わりに疎い人物」(12, 4 : ἀγροῖκος δὲ τῷ βίῳ καὶ ἰδιώτης) であった. これを Crassus が歓

4 政治の瓦解

迎し Pompeius が嫌うことになるが，Crassus の地盤を性格付けるエピソードである．

　実際 Pompeius はさらにスケールの大きい存在になっていく[11]．consul 職を退いた 69 年に敢えて proconsul 職に就かなかった[12]のは天蓋に帰って別格たるを示したのかもしれない．67 年に lex Gabinia によって呼び戻される時，彼には特別のものが与えられる．imperium infinitum であり，これは imperium に固有の要素である時空の限定を取り外されたものである．つまりまず 3 年間持続することが予め予定され，そして地理的限定（provincia）は一切無く，辛うじて海岸から一定の距離までという空間的限定が残る．つまり海に関して包括的な作戦遂行権限が与えられたのである[13]．任務は海賊掃討であった．そしてまた膨大な人的物的動員権限をも付与され，praetor 格の副官を 24 人も保持しえた．これが単に儀礼的厳格さを誇ったローマの政治的パラデイクマに違背するばかりでなく，非常に新しい権力の形成に対応するものであったことを示すのは，翌 66 年の lex Manilia によって Mithridates に対する作戦遂行権限までもが Pompeius によって与えられた事実である．これは前年に既に権限を剝奪されていた Lucullus に換える趣旨であった．Lucullus こそは，Pompeius も Sertorius から吸収した諸都市連携機能を一身において具現する人物であったから，確かに海賊掃討は negotiatores を利するためのものであるとしても，交易・通商の基盤が今や少々新しいものでなくてはならなくなってきたのではないかと考えさせる．

　Lucullus もまた Sulla の翼に下で育った名門出身の若者であったが，完璧なギリシャ的教養を備えた文人でもあった（Plout. Lucullus, 1, 4ff., ed. Flacelière）．主としてその海軍組織力によって Sulla に認められる（2, 3ff.）．それもギリシャ諸都市方面で発揮された力であり，内紛に苦しむ都市のための仲裁的国制案提示さえよくした．十数年後，今度は自分自身がその補給力で Mithridates を破ったことは既に述べた通りであり，さらに東方奥深く Armenia に至るまで征服する．しかしその絶頂期に Lucullus は軍事組織中核と既に相容れなくなっている．冬を越すに際して「ただの一度もギリシャの同盟都市の中へ」（33, 4：εἰς Ἑλληνίδα καὶ φίλην οὐδ' ἅπαξ）部隊を入れなかったため，兵士達の不満は極点に達する．おそらくは Pompeius が復活させた tr. pl. の策動により 67

年には遂に imperium を剥奪される（33, 6）．Pompeius への交替[14]を示唆する措置であったと思われ，兵士達は Pompeius を待って Lucullus に従わず早くも規律は失われる（34, 6）．いずれにせよ一説によれば Pompeius への交替は凱旋の横取り以上の意味を有しなかった（35, 9）．Lucullus は巨額の戦費を Pompeius に授与することになる（37, 6）．Lucullus の一生は結局「古の喜劇のようだ」（καθάπερ ἀρχαίας κωμῳδίας）というのは Ploutarchos の至言である（39, 1）．失意の Lucullus はしかし目覚めたように第一線から退き享楽と学芸に突き進む．この filius にも信用は入った．したがって資源に事欠かない．しかしながらそれは Plautus におけるような諸都市の基盤の確立では決してなかった．Lucullus とて socii の政治的役割が Sulla の舞台の書き割りの中で復活するとは考えてはいなかったであろう．しかし舞台である以上はせめて綺麗な形は尊重されると思った．社交と芸術．しかし着々と力を増す新しい土台はこれをも不要とした．海は物資の流れだけ保障すればよいのである．こうして Lucullus が一矢を報いるその活動の舞台は対極に在る Crassus と変わらず，郊外の豪奢な villa である．ここに大図書館を築き，ギリシャから哲学者を招く．

　しかし，Lucullus の隠遁こそは Pompeius の新しい権限の趣旨を物語ると同時に，その隠遁を強いる都市機能の完全無視こそはついに海を無分節状態に置き，大規模な実力組織，今までとは質の違う海賊，の跋扈を許すのではないか．海賊が Pompeius の理由でなく，Pompeius が海賊の理由ではないか．lex Manilia のための Cicero の弁論 *De imperio Cn. Pompei* は *Pro Fonteio* と同じ調子を奏でてスタートする．いきなり "Equitibus Romanis, honestissimis uiris"（2, 4），そして Asia からの vectigalia が生命線であること．父祖達もローマ市民を殺されて黙ってはいなかった，と（5, 11）．Asia の領域の豊かさ（6, 14）．しかしこれを守るのか．そうではなく，穀物の輸送が懸かっている．そして Sertorius や Fonteius にとってさえそうであったようにその地方の negotiatores ないしローマ市民の利益が懸かっているばかりではない．そればかりでなく「多くのローマ市民の資産に関わる」（7, 17: quod ad multorum bona ciuium Romanorum pertinet）．「公共事業請負人，あの誉れ高き人々，光輝に溢れる人々，がかの属州に自分の計算と財力を投下している」（publicani, homines honestissimi, atque ornatissimi, suas rationes et copias in illam prouinciam contulerunt).「さらには他の階級の人々,十分な専門知識を有し勤勉な人々,は或いは自身 Asia で事業をし,或いはそうでなくともその属州に巨大な金銭を投資している」(18: Deinde ex ceteris ordinibus homines gnari atque industrii partim ipsi in Asia negotiantur,...partim eorum in ea prouincia pecunias magnas conlocatas habent).「Asia で多くの者達が大きな損失を被った時,ローマで弁済がブロックされ如何に信用が収縮したか」(19: tum, cum in Asia res magnas permulti amiserant, scimus Romae solutione impedita fidem concidisse).「この信用この計算が,ローマの forum に終局債権者を持つこれが,かの Asia の金銭と如何に絡まっており如何に密接であるか」(haec fides atque haec ratio pecuniarum quae Romae, quae in foro uersatur, implicata est cum illis pecuniis Asiaticis et cohaeret)[15].確かに信用は provincia を越えて網目を広げている.しかしそれは諸都市のネットワークに依存するものであり,かつての方こそヨリ栄えたのではなかったか.そもそも諸都市間の政治的分節自体信用の柱であった.海賊掃討の巨大な一元的軍事力の必要と何の関係が有ろうか.否,われわれは見た.ローマからの債権,ないしこれと連動した債権,が Asia の都市の領域に向かいそこに réel な担保を獲得するに至っていた.Mithridates の政治的資源は伝統的な領域問題であり,この réel な軛に対する不満およびそれからの解放の力に依存した.第一に各都市にこの問題を解決する権能が与えられない.第二に各属州単位の措置が信頼されない.Sertorius と Mithridates を結び付けたかもしれないあのネットワークが敵に回っていたとすれば,それは十分に理解できる.Cicero は Terentius の筋書きでも再現するように,遠く東方から海賊が現れて Italia,それも Gaeta や Puteoli や Ostia から人身を奪って行くこと,それも praetor,ローマ海軍力,の目の前で堂々とすること,を述べる (11, 31ff.).彼らの réel な力,ないしローマから発信される réel な力,への抵抗,が後者の広がりに対応して拡大してしまったことを物語る.海の平和はよく分節された海上実力組織が支える.ローマはこれを解体した.それだけで危険であるが,他方地上においては軍事化に対する措置としてヨリ大規模な軍事化を以てすることとした.軍事化は「国際的な」問題を解決する手段ではもはやなく,そのヨリ大規模な軍事化に対する軍事化を抑えるためのものになる.自己目的化である.もちろん,これは dominium の内部で用意された論理であり,

事実これの存立を保障するために有意義である．mutatis mutandis に海の上にも同等の実力が用意されようとしている．陸の上ではまだ常設化されるに至っていないが，都市間の〈分節〉的海上スペースに替わって，dominium 間の空洞の海上スペースが登場すれば，ここには単一性を原理とする，しかし現実の，海上実力組織[16]が要請される．dominium といえども信用を取る必要が有る．ましてその信用を最大限に花開かせようと人々はしている．

〔4・3・1〕 Pompeius という存在の意義に関しては今なお R. Syme, *The Roman Revolution*, Oxford, 1939, p. 28ff. が圧倒的な古典である．例によって短く乾いた刺すような Tacitus 風文体により一言で Pompeius の弱点を抉る（"Pompeius was Princeps beyond dispute-but not at Rome ; Every thing went wrong ; Despite patronage at home and armed power in the provinces, the ascendancy of Pompeius was highly unstable"）．包括的で無敵に見えるが核が無い権力基盤を当時最新の prosopography を用いた分析で描いた．Pompeius が一種の不安定均衡の上に乗っていると見るのは今なお標準でさえある（cf. David, *La République romaine*, p. 192）が，「populares 改革立法を Sulla 後一層頑なになった寡頭派がブロックする行き詰まり」として均衡が描かれるばかりで，Pompeius の権力基盤に対する詳細な分析は欠ける．

〔4・3・2〕 Lepore, La crisi della "nobilitas", p. 743ss. は，"populares" の変容を 70 年代の様々な試みの失敗を丹念に追跡することであぶり出す．そしてそれが最後に Pompeius の手の中の一枚のカードになる．Gruen, *The Last Generation*, p. 23ff. はこれにも幻惑され古い無害化された tr. pl. がそのまま甦ったとする．Sertorius 等の危険が取り除かれて安堵感が漂ったためであるという．なお，最近のローマ史学を代表する F. Millar, *The Crowd in Rome in the Late Republic*, Ann Arbor, 1998, p. 49ff. は典型的な幼児化の結果，「Sulla にもかかわらず人民による政治が生きている」証拠として何と 70 年代の tr. pl. の動きを挙げる．そもそも選挙はしていたし，「共和末に向けての人民の力の増大はとどまるところがなかった」と．C. Gracchus も Saturninus も Macer も同列で，彼ら自身目をぱちくりであろう．Sallustius のテクストを注意深く読むという基本さえできていない．見かけに欺されるのでよければ何も歴史学など必要ない．

〔4・3・3〕 Millar に対する M. Jehne, Zur Debatte um die Rolle des Volks in der römischen Republik, in : Id., *Demokratie in Rom ?* Stuttgart, 1995, S. 1ff. の批判に応える形で，G. Laser, *Populo et scaenae serviendum est. Die Bedeutung der städtischen Masse in der späten römischen Republik*, Trier, 1997, S. 36ff. は，Cotta の演説を再現する Sallustius のテクストから，「確かにアクティヴな投票は存在しなかったが，政治指導者は，Augustus に至るまで，投票しない大衆の日常の要求に常に耳を傾けていた」とし，この意味のデモクラシーの作動を再復権して見せる．勝手な社会学的「相互作用」を想定する分だけ一層空疎で（書き手の）時代を映しただけに終わっている．「ローマのデモクラシー」復権については，J. A. North, Democratic politics in republican Rome, *P & P,* 126, 1990, p. 3ff. にもバランスのとれた紹介がある．確かにわれわれもまた，ただし Gracchi 以前の，「ローマ型デモクラシー」にくみする．Millar でもなく Gelzer でもなく．

〔4・3・4〕 Lepore, La crisi della "nobilitas", p. 748 は Macer に帰せしめられたこのテクストを前にして書かれている．"populares" の多様性ないし分裂の問題の背後には本文で述べたような理由が有ったと思われる．Sertorius/Pompeius 間の分裂というよりは．

4 政治の瓦解

〔4・3・5〕 B. Marshall et al., Tribunician agitation and aristocratic reaction 80-71 B. C., *Athenaeum,* 65, 1987, p. 361ss. は，Sulla 派による押さえ込みの成功を主張するが，結果としてそうであったとしても，そもそも tr. pl. の側自体に変質が存した．

〔4・3・6〕 cf. Lepore, La crisi della "nobilitas", p. 749.

〔4・3・7〕 L. Thommen, *Das Volkstribunat der späten römischen Republik,* Stuttgart, 1989 は Gracchi 以後の tr. pl. を網羅的に扱い，一貫した個性も固有の基盤も無く共和中期以降の体制内化した tr. pl. と何ら変わりない，と révisionisme をして見せる（Millar, *The Crowd,* p. 73ff. も Gruen の跡を追って「出口＝Caesar を 69-65 年に投影するのは誤りで，tr. pl. は本当に甦り人民は立派に機能していた」とする）が，第一に Gracchi 以後 Sulla を挟んで一様に扱うことが致命的であり，また権限毎に分解して並べるために，各時点における複雑な動きに全く対応できない．「復元」は空疎なものにすぎないし，そして空疎であってもその時々に逆説的な役割を果たしていく．Caesar にとっても Augustus にとっても tr. pl. は鍵であり続けるのである．しかし結局双方ともに風船と同居しうる点につき，cf. E. J. Parrish, Crassus' new friends and Pompey's return, *Phoenix,* 27, 1973, p. 357ff.

〔4・3・8〕 lex Aurelia については，Gruen, *The Last Generation,* p. 28ff. も通説に対して異議を唱える．Cicero のレトリックに幻惑されてはならないのはその通りとしても，Sulla によって既に senatores と equites が一体化していたから陳腐な措置であったとするのは，歴史学としての資格を疑わしめる．

〔4・3・9〕 cf. Lepore, La crisi della "nobilitas", p. 752.

〔4・3・10〕 Gruen, *The Last Generation,* p. 62ff., 66ff. は，それぞれ nobiles の通常を越える権力基盤を有しながら Pompeius は nobiles との連携に心を砕き，Crassus はそれを求めない，という差を指摘する．

〔4・3・11〕 Lepore, La crisi della "nobilitas", p. 751: "L'ordinamento sillano...sembrava dunque riassestato su nuove basi".

〔4・3・12〕 cf. Lepore, La crisi della "nobilitas", p. 755.

〔4・3・13〕 ローマへの穀物供給がバロメータとして機能する．あの古い領域信用のメカニズム維持が，Sp. Cassius のパラデイクマにもかかわらず，新種の一元的権力を生み出していく（cf. Virlouvet, *Famines et émeutes,* p. 48）．元首にとって主要な任務になる．

〔4・3・14〕 Lepore, La crisi della "nobilitas", p. 752 は鋭くも「Pompeius との関係」でだけ見る Gelzer 以来の学説の傾向を批判して元老院空洞体制全体の Lucullus 見放しを指摘する．p. 753 では，Sulla 体制とのコントラストよりも継続性，そして属州支配体制の側から要請される修正，という見方が提示される．実際，Lepore の分析の素材 repetundae は空洞体制を支える信用の水源に関わる．

〔4・3・15〕 M. R. Torelli, La De imperio Cn. Pompei: una politica per l'economia dell'impero, *Athenaeum,* 60, 1982, p. 3ss. はテクスト全般にわたる優れた読解である．

〔4・3・16〕 cf. Lepore, La crisi della "nobilitas", p. 757.

4・4

　Pompeius の金魚鉢の中で最も生き生きと泳いだ魚は M. Tullius Cicero である．Sulla が一掃したピースを少しずつ埋める作業を Sulla の体制の範囲内で行うために必要な頑丈な現実認識を有した．そしてそのための道具とそれを言

論に生かす技術を有した．一方で彼は（これまで見てきたように）基盤に存する dominium の性質をしっかり把握している．他方でこれを前提に政治システムを組み立てる真の情熱を持ち，なおかつ旧来の政治システムのそのままの再現は前提の変化故に可能でもなければ望ましくもないことを知っていた．70年代以降，徐々に nobiles の体制は復興したように見え[1]，またかつてならばありえない経済的ブームをその nobiles が生きる．しかし同時に equites は発言力を回復し，tribuni plebis さえ活動を再開している．Cicero は自ら nobiles の中核に身を置くようになっていくが，決して Sulla の菊人形に収まりかえったわけではなく，既に見たように，equites をバックに反 Sulla 風に repetundae を動かし，菊人形諸氏の反発を尻目に Pompeius への授権法を推進する[2]．lex Gabinia の Gabinius も，lex Manilia の Manilius も共に tribunus plebis である．Pompeius によって地位を回復した tr. pl. は，御礼奉公するようにこれらの立法を促進し，そしてまだ決して Saturninus のような動きはして来ない．全て危ういことはよくわかっている．しかし全て差し当たりうまく行っている．そして大事であるのはそれらの要素も決して自分が本気で甦ったなどと幻想を抱かないことである．これを Cicero は "concordia ordinum"[3] と呼ぶ．そしてこの絶妙の和合こそが 64 年の選挙において自分を 63 年の consul に当選させたと信じてやまない．

　しかるにまさにそこで Cicero は，虚構の政治システムは長く存立するものではない，積み上がった信用には根拠が無く早晩露と消える，ことを万人に知らしめる事件に遭遇する．Catilina のクーデタ未遂事件を Cicero は consul として処理しなければならなかったのである．L. Sergius Catilina もまた Sulla の弟子である．（Catilina が既に予兆を示していたとはいえ）事件前である 64 年の Cicero の弟宛のテキスト，Comm. Pet. 9 は，nobiles に属する階層ながら没落した父の貧困の中で生まれた（natus in patris egestate）Catilina の政治の世界へのデビューはローマ騎士達の屍を積み上げることによって果たされた，と述べる．Sulla による反 Sulla 派弾圧の先兵として処刑と財産横奪を遂行していった．その中には数々の親族が含まれた．ここから彼は Sulla 体制の屈折を一身に引き受けていくことになったと思われる[4]．Sulla の擬似 nobiles は当然 Sulla の闇を欲しないから，Catilina がここに加わるべく cursus honorum を歩

4 政治の瓦解

んだ (pr. 68) としても，consul 職は一方的に拒まれてしまう (66 年). Sulla の体制がますます Pompeius のものになり金魚鉢の魚が泳げば泳ぐほど，Catilina にとっては面白くない. 欲するのは Sulla 体制の生血であって幻灯パーティーではない.

　こうした点を Sallustius が見逃すはずがない. 彼の Catilina 事件の分析が不朽の名声を有するのは，事件の根底の構造を抉り出す灼熱の光線の故であり，そしてそれが抉り出した構造がそのままローマにおける政治の崩壊の構造であるからである[5]. つまり Catilina 事件は単なる偶発的な事件であるのではなく，Sallustius が名作を遺したのは彼の全てを賭けた一瞥が任意の一事件を捉えたからではない. Sallustius (ed. Ernout) はまず Catilina を心身共に (5, 1: et animi et corporis) 強力な人物であったと形容して始める. そのうち身体は文字通り堅固で逆境に耐える. しかるに精神の強力さはどうかと言えば，「大胆不敵，奸計を秘め，変幻自在，何でも好きなものを装い脱ぎ捨てる」(animus audax, subdolus, uarius, cuius rei lubet simulator ac dissimulator). つまり強力さはどこへでも向かいえて糸が切れたようになっている. しかし現実にはそれは一つの方向へ向かう. 「他人のものを奪わんと追い求め，自分のものを浪費し，焼け付くような欲望に駆られる」(alieni adpetens, sui profusus, ardens in cupiditatibus). つまり本来 corpus の領分である方向へ向かう. animus が corpus から切り放されてかつ強力でありどこへでも行きうる，ので corpus を侵食し，corpus に呑み込まれた，とすると完全な逆説であり，animus-corpus 分節のこの混線はただの混線ではない悪性のものである. 「L. Sulla の支配の後には政治システムを奪取したいという最大級の欲望が彼を覆い尽くす」(Hunc post dominationem L. Sullae lubido maxuma inuaserat rei publicae capiundae). つまり Catilina の大混線は政治システムを呑み込む. するとその政治システム＝領域間の分節を混線させるであろう. 「かてて加えて政治社会を支える意識の腐敗がこれを搔き立てていった」(Incitabant praeterea corrupti ciuitatis mores). つまり政治システム＝領域間には既に枝分節状態が進行していて，この corruptio が Catilina の心理メカニズムを急速に培養する養分となった. Sallustius が Iugurtha 戦争時に起源を遡らせた corruptio は今や全てを激しく破壊し尽くしている. そしてとどめを刺すために現れた人物の確かに一人である Catilina

は領域の上に無意味に膨らんだ風船である虚偽の政治システムを叩き潰し，領域の上に全てを叩き付けるようにして短絡させる．領域の上にはもちろん dominium が有る．

　Sallustius は状況を再確認する（6ff.）．ローマの歴史をさえ辿る．堅固な基盤．しかし征服はまず金銭への，ついで権力への，欲望を増長させる（10, 3）．貪欲が政治システムを支える意識を構成する諸々の屈折体，価値概念，を破壊していく．特に Sulla が「武力で政治システムを立て直してからは」（11, 4：armis recepta re publica），他人の家と土地を際限なく貪り，残虐な手段を用いることにおいて節度が無くなる．栄誉と権力が単純に富の帰結になる（12, 1）．「奢侈と貪欲が不遜と共に若者達を侵食する」（12, 2：iuuentutem luxuria atque auaritia cum superbia inuasere）．まさにこれが崩す主体である．「都市中心の邸宅や villa がまるで都市であるかのように大々的に建築されている」（domos atque uillas...in urbium modum exaedificatas）．これが，風船のように膨らんだところの，今若者達が崩そうとしているその対象である．ちなみにこれを父祖達が建てた神殿と比較するとよい．思い上がって神々になった，というより神々の如く空虚な，ヴァーチャルな，存在に成り下がったのである．そう読者にイメージさせておいて Sallustius は若者の風俗の堕落を指摘する（13, 1ff.）．これは陳腐な慨嘆ではなく，緻密なパラデイクマの設定である．到底文字通りに受け取ってはならない．「これほどの，これほどに腐敗した政治社会において」（14, 1：In tanta tamque corrupta ciuitate）Catilina が人を集めるのは簡単であった．まさにこの放蕩息子達が居るからである．「なかでも若者達の間にコネクションを築くということを追い求め続けた」（14, 5：Sed maxume adulescentium familiaritates adpetebant）．先に例解した心理メカニズムを簡単に煽ることができるからである．Sallustius はだめ押しのメタファーとして性的放縦，挑戦的逸脱，を使い（14, 7ff.），パラデイクマを着地させる．Plautus の息子達が悪く描かれているばかりではない．変調を来して暴れている．信用が入らないどころでない．根拠の無い信用が過剰に入って狂ってしまっている．虚偽の政治空間は正しい filii＝信用を創り出せなかった．しかもなお虚偽の政治空間には息子に対して説教する資格は残っていないであろう．かつてはここに bona fides の成否が懸かっていたというのに．いずれにせよ Catilina が集める

のは「凡そ借財を巨大に膨らませてしまった者」(14, 2 : quique alienum aes grande conflauerat) である.

　63 年の事件は突然起こったものではない. 66 年に P. Autronius と P. Sulla が翌年の consul たるべく当選すると, 買収があったとしてこれが無効とされ, 選挙がやり直された結果 L. Cotta と L. Torquatus が当選するが, Cn. Piso は Catilina および Autronius と謀ってこの二人を殺害する計画を立てる (18, 1ff.; cf. Cic. Catil. I, 6, 15)[6]. これが発覚すると今度は元老院議員の殺害を含む計画を実行しようとするが, これも不首尾に終わる (18, 6ff.). 首謀者 Piso は背後に居た Crassus の手で Hispania に propraetor として赴任しようとするが, そこで (おそらく Pompeius の指示により)「Hispania の騎士達」に殺害される. Crassus/Pompeius 間の確執は個人間のもの (Sall.) を越えて domini 対 equites のレヴェルに達している. そして Suet. Caes. 9, 1ff. によれば, この 66 年のクーデタ計画には急速に台頭しつつあった Caesar が加担したという嫌疑がかかった. Suetonius はなかなかの典拠を挙げている. いずれにせよ Crassus＝Caesar に某かの連続性を観念しうるのである. なおかつ, 翌 65 年には Catilina 自身が Clodius によって repetundae で訴えられる (Asc. p. 66 Or.). tribunicia potestas を道具とする運動と Catilina は区別され, しかも前者が遠く Saturninus 以来の populares のコースを引き摺っているとしても, Caesar はさらにこれからも区別されるであろう. 具体的加担の問題とは別に, Sulla の暗黒部と Saturninus の亡霊, これが Caesar と Clodius になる, これらがクロスする十字渡河点に Catilina が位置する.

　当事者の Cicero は Plautus のパラデイクマなどに耽溺している場合ではない. そもそも 64 年の彼の立候補に際して Catilina の再度の挑戦を斥けなければならなかった. 圧倒的に勝利したとはいえ, 66 年の事態に, そしてそもそも久しく実力が政治を蹂躙してやまないことを, 気付かないはずがない (Catil. I, 1, 2 ; ed. Bornecoue : O tempora, o mores). 元老院で Catilina を前にしてなされた第一演説は Gracchus を Sp. Maelius に結び付けた後, Saturninus に言及するのを忘れない (2, 4). そして直ちに M. Porcius Laeca の家に結集してなされた謀議につき明かす (4, 8ff.). Italia 各地で蜂起するのと同時にローマを焼き討ちする, 未明に Cicero を訪ね殺す, 等々. Cicero が逐一把握していたについて

は理由が有る．Sallustius の視点はおそるべきである．Q. Curius は典型そのものであり，誇り高き Fulvia に言い寄るものの「資力不足で大盤振る舞いと行かず」(23, 3 : quia inopia minus largiri poterat) ずっと良い返事が貰えない．ところが「突然羽振りの良い話をし始め，海も山も呉れてやるとばかりの態度を示し始めた」(repente glorians, maria montisque polliceri coepit). Fulvia は冷静に理由を聞き出す．もう一人 Sempronia という女が居て大きな役割を果たすが，Sall. が彼女についてもその教養と（特に金銭と信用の面の）深慮を称える (25, 1ff.). まさに彼女達が Cicero の情報源であった．ということは，Plautus において meretrix は信用の欠如した息子のためにその父やパトロンを欺いたが，ここでは filii は meretrix に裏切られる．まるで Plautus の強欲な軍人や人買いのように振る舞った挙げ句．かくして Cicero は早くから対策を講じていたばかりか，もちろん Fulvia ないし今や Fulvia によって手玉に取られている Curius を通じて Laeca の家での密議を把握しており，自宅への攻撃も予測していた (26, 3). Catilina の腹心の部下 Manlius が Etruria に陣営を築きそこへ人を集めつつある過程をも追跡していた (Cic. Catil. I, 2, 5). 機先を制して Praeneste を占領してもいる (3, 8). にもかかわらず Cicero の第一演説の目的は目の前の Catilina にローマから退去させ，そして Manlius に合流させること，であった．この奇妙な戦術の理由は民会での第二演説において明かされる．彼はまず Catilina 派を都市ローマ中心から駆逐することに成功したことを報告する (II, 1, 1). 何故直ちに捕らえなかったか．かつてとは状況が違う (2, 3 : sed temporum) と Cicero は言う．直ちに抹殺しにかかればリスクを冒した[7]．対するに今，領域で見慣れた軍事化が生じているにすぎない．しかも軍事的には微弱な集団である (3, 5). 彼らは Italia 全体 (tota Italia) から，都市中心ばかりか領域から (non solum ex urbe uerum etiam ex agris) とんでもない連中を集めている (4, 7f.). これに対処するためにはまずローマの政治システムを緊急避難させ (O fortunatam rem publicam!)，次いでそれを再生させた (recreata res publica) ところで反撃に出る以外にない．内に入られて見えない，そして疑心暗鬼の入り組んだ市街戦をしなければならない，ことを怖れたのである．同僚 consul の Antonius，後ろの Crassus に Caesar，全て油断がならず，彼らが混戦になれば介入することを Cicero は知っている．決して過信はしない．

クリアで一義的な戦線を作らない限り，守れない，そしてまた最後の政治的資源（正統性）を投入して加担を最小限に食い止めるにはこちらが 100 パーセント合法であるという塗り分けを実現するしかない．それでも平気で向こうに加担する連中がいる時代であるから．

このような Cicero の戦術について Sallustius は黙する．後者にとってそれは無力かつ無益であるということになろう．真実，真の構造，が今露わになろうとしているのに，これをとどめる力は人間には無い．この点を Cicero が認識していなかったというのは誤った理解である．不可避の過程でも束の間の停止による節目を与えることに大きな意味が有る．それが文化ではないか．少なくとも政治と法の側の．しかし如何なる資源で節目を作るか．そもそもどうやって資源を確認するか．それにはまず Catilina の地盤を精密に分析しなければならない．何が冒され，何が残っているか．かくして大きな構造のメカニズムの解明に直感的な冴えを見せるのが Sallustius であったとすれば，冷静な弁別において一段上の分析を提示するのはむしろ Cicero のテクストである[8]．Catilina の陣営は如何なる人々によって構成されているか（II, 8, 17）．六つのカテゴリーが詳細に分析される．第一は，「借財を多く抱えているもののそれを上回りさえする占有を保持し，そしてその占有を愛する余りその若干でも処分して弁済に充てることができない」（8, 18: qui magno in aere alieno maiores etiam possessiones habent, quarum amore adducti dissolui nullo modo possunt）人々である．「君は土地を十分に備えている，建物も，金銭も，人員も，全てを備え資力に満ちる，それでも占有から差し引かれると債務に足りないとでも言うのか」（Tu agris, tu aedificiis, tu argento, tu familia, tu rebus omnibus ornatus et copiosus sis et dubites de possessione detrahere, adquirere ad fidem?）．「全てを荒廃させて君の大事な占有が安泰であるとでも思っているのか，それでも債務一律帳消しを望むか，それを Catilina に期待する者は誤っている，私がするのであれば，それは競売による債務大整理である，占有を保持している者が救われるとすれば実際これ以外にない，彼らが，事を速やかに処理しよう，土地からの果実によって利息と戦うのをやめよう，というのならば，ヨリ資力を有するのでもありヨリ良き市民でもある人々を役に立てようではないか」（in uastatione omnium tuas possessiones sacrosanctas futuras putas? An tabulas nouas？ Errant qui istas a Catilina expectent: meo beneficio tabulae nouae proferentur, uerum auctionariae；neque enim isti, qui possessiones habent, alia ratione ulla salui esse possunt. Quod si maturis facere uoluissent neque...certare cum usuris fructibus praediorum, et locupletioribus his et melioribus ciuibus uteremur）．domini の階層を Cicero は視線の先に明確に捉えている．そこへ réel な信用が入っている．domini は弁済に苦労しているが，債務超過というわけではない．ただ果実を片端から持って行かれる不条理を感じている．Cicero はこれを十分に理解し，かつ政治システムを通じた（おそらくは部分的な）包括執行，ないし新しい債権者のもとでの再生，を提案する．逆に不快だからとこの信用を破壊してしまえば domini の階層こそ立ち行かなくなる．確かに．しかしあの bonorum possessio のシステムを領域に降ろすことほど難しいことは無いのではなかったか．それどころが都市でもこのシステムは廃れているのではないか．socii の体制を破壊されて．それにもかかわらず膨張した信用のその弱点こそが Catilina をここまで成長させたのではないか．それでも問題の根底が見事に洞察されているのにわれわれは驚かざるをえない．

　第二のカテゴリーは，「債務に圧迫されながらも乗っ取りを期待し，物的支配さえ手に入ればと思っている，そして政治システムが安定していればそれも期待薄だが，大荒れであれば地位・権原を獲得しうる，と踏んでいる」(9, 19: qui, quamquam premuntur aere alieno, dominationem tamen expectant, rerum potiri uolunt, honores, quod quieta re publica desperant, perturbata se consequi posse arbitrantur）人々である．政治的階層ないし端的に domini に資金を負ったマネージャー層であり，破綻して一発逆転をねらっている．Naevius が Quinctius の地位を乗っ取ったように．Cicero の処方箋は magna concordia である．senatores が自分の野心のためにこうした連中を引っ張り上げるからこの隙を作る．senatores, equites, boni viri が整然とコンパクトに諸列をなしていれば，彼らに筋道を与えない．その concordia 和合の先頭に自分が立つ，と Cicero は言う．またしても信用の問題であり，またしても政治体制による解決が見通されたが，concordia が機能せず，そして機能しないのは虚偽であるからである，からこそ Catilina は登場する，と Sallustius ならば言うであろう．

　第三のカテゴリーは，Sulla が創った colonia の植民者であり，「ひとえに最

良にして最強の市民達から成っている」(9, 20: uniuersas ciuium esse optimorum et fortissimorum uirorum) ことは疑いないが，ところが今彼らは「思いがけない金銭を得てやや無謀な出費へと突き進んでいる」(qui se in insperatis ac repentinis pecuniis sumptuosius insolentiusque iactarunt).「彼らは，しきりに或いは成金のように建築をし，或いは農場を最新モデルにし，大規模な人員を購入し，宴席に備えたがる，そしてそのために多額の借金にはまりこみ，挙げ句の果てに弁済しようとすれば，Sulla を地獄から呼び出さずにはおかない，そして領域の人員，小さな土地片を有して困窮している人々，を少なからずあのかつての土地強奪の希望に満たして扇動する」(Hi dum aedificant tamquam beati, dum praediis lectis, familiis magnis, conuiuiis apparatis delectantur, in tantum aes alienum inciderent, ut, si salui esse uelint, Sulla sit eis ab inferis excitandus; qui etiam nonnullos agrestis, homines tenuis atque egentis, in eandem illam spem rapinarum ueterum impulerunt). 政治的に過剰な信用が入ったがために拡張するが，それが止まった途端苦しくなる coloni は，domini になろうとしてなれずに，結局マネージャーのさらにその下で領域に貼りついている人員と一体化する．またしても信用が鍵を握っており，そしてこの面で政治システムは不信任を突き付けられている．Cicero は Sulla の名において過去の遺物であると切り捨てるが，しかしこの連中はやがて Caesar によって新しい衣装を着せられて力を振るう．

　第四のカテゴリーは雑多であるという (10, 21).「かつて債務に圧迫され，そして爾来決して浮かび上がれず，一部は怠惰のため，一部は事業の失敗のため，一部は浪費のため，古い債務に溺れている」(qui iampridem premuntur, qui numquam emergunt, qui partim iertia, partim male gerendo negotio, partim etiam sumptibus in uetere aere alieno uacillant) 人々である．彼らは裁判や資産の差押等々のことに疲れ果て，都市にも領域にも居られず，Catilina の陣営に馳せ参ずる．領域に降りえないビジネスの古い階層のなれの果てであり，今や都市という船が沈んだのであるから，行き場所が無い．Cicero はこれも滅ぶに任せる積もりであるが，たとえ彼ら自身を切り捨てるにせよ，やがて都市の機能の方は再建せざるをえないと考える時が来るであろう．第五のカテゴリーは本当のアウトローであり，第六のカテゴリーは Catilina の子飼いの者達である．

さてこの分析結果を受けて，Cicero は一体何を動員しうるか．「遭難した船から叩き出されたかの弱り果てた連中に対して，全 Italia の精華と精鋭を差し向けよ，間違いなく諸々の都市が，colonia が，municipia が，Catilina の森の奥の空騒ぎに応戦するだろう」(11, 24：contra illam naufragorum eiectam ac debilitatam manum, florem totius Italiae ac robur educite. Iam uero urbes coloniarum ac municipiorum respendebunt Catilinae tumulis siluestribus)．政治的信用に冒されていない，都市からしっかりした信用の入っているタイプの domini が基盤であるということである．socii は真正の municipia に変じつつある．とはいえ，これは幻影ではないか．事実 Cicero はまだこの時は「元老院，ローマ騎士，都市ローマ，共和財政，貢租，全 Italia，全ての属州，その外側の諸国民」(11, 25：senatu, equitibus Romanis, Vrbe, aerario, uectigalibus, cuncta Italia, prouinciis omnibus, exteris nationibus) と並べることを忘れていない．concordia ordinum の中で，基礎に有る要素 domini も政治空間に立ち現れればヴァーチャルな存在たらねばならない．それだけが今や生きている魚であるとは考えていない．それを基礎に生きている都市をどう創り直すか，という課題は視野に入っていない．政治空間はやはり生きていなければならないとは考えていない．

Sallustius の側は信用の問題をどのように捉えるか．Catilina の策謀へ加担する者達を列挙するとき，Sallustius はまず元老院身分 (17, 3：senatorii ordinis) を挙げ，多くの名前を特定する．これに加えて colonia や municipia の名望家が居る (ad hoc: multi ex coloniis et municipiis, domi nobiles)．しかも nobiles には潜在的な加担者が居る (participes nobiles)．彼らは自分が困窮しているというより，この状況を利用して支配権を獲得しようと野心に燃えているという．そして若者達 (iuventus)．十分に柔弱な生活をしうるにかかわらず，それに倦み疲れて戦乱を欲するという[9]．そして背後に少なくとも Crassus が居る．早い話が Cicero が頼みとする連中がほとんど勢揃いであり，これらが信用問題をむしろ利用しようとしている．もちろん Cicero はこれを十分承知すればこそ上述の戦術を用いたのである．そもそも Cicero が元老院と共に非常事態宣言をする時の状況を Sallustius は全く異なったイメージで描く．「この事件によって政治社会は根底から揺さぶられ，都市ローマはその様相を

一変させた．長く続いた静謐が生み出していた最高度の浮かれ気分とお祭り騒ぎから一転，突然，あらゆる種類の悲嘆が覆った」(31, 1 : Quibus rebus permota atque inmutata urbis facies erat. Ex summa laetitia atque lasciuia, quae diuturna quies pepererat, repente omnis tristitia inuasit). Sulla 後，ないし Lepidus 後，たかが十数年，明らかに Sallustius は誇張している．しかし彼は故無く膨らんだ風船が一気にしぼむ様を表現したいのである．夢から醒めた瞬間がこれであったと．彼が Catilina に演説させるそのテクストの中で (20, 2ff.)，風船即ち res publica は「少数の権力者の手に正統性・実質支配共握られている」(in paucorum potentium ius atque dicionem). その結果何が生じたか．「われわれには家計を支える必需品さえ欠ける，一軒の家も無い，というのに連中は二つやそれ以上の家を兼併する，絵画に彫像に調度品を買う，壊しては新しく建築する，挙げ句の果てあらゆる仕方で金銭をかっさらって行く，家捜しをしていく，それでも欲望はとどまるところを知らず，富の増殖に歯止めがかからない．しかるにわれわれはと言えば，家では無資力，都市中心では債務超過，現実も厳しいが，将来はもっと厳しい」(nobis rem familiarem etiam ad necessaria deesse? illos binas aut amplius domos continuare, nobis larem familiarem nusquam ullum esse? Cum tabulas, signa, toreumata emunt, noua dirunt, alia aedificant, postremo omnibus modis pecuniam trahunt, uexant, tamen summa lubidine diuitias suas uincere nequeunt. At nobis est domi inopia, foris aes alienum, mala res, spes multo asperior). これはそっくりそのままわれわれが Cicero の手紙を通じて Cicero 自身の生活として裏付けうるものである．売買，とりわけ不動産売買，これに絡まる信用，それを支える債権と réel な担保．風船の中の政治社会の実態がこれであるとすると，問題は，第一にこれに飽き足りないとりわけ若い nobiles が出てきていること，つまり Plautus の息子がパラデイクマとしてでなく一世代の生身の人間として現れてきていること，第二に政治システムが基盤に対して合理的な信用を与えるというより不必要な桎梏と化していること，である．

　かくして Sallustius の視点は同じく債務に苦しむ連中を描くとしても，Cicero のようにその法的地位から捉えるのではなく，端的に，そして物的に，構成される．Etruria の Faesulae に陣取った Manlius が集めるのは，「Sulla 支

配下で領域と全ての資産を失ったが故に」(28, 4 : quod Sullae dominatione agros bonaque omnia amiserat) 困窮している者達，Etruria には多い盗賊の類，Sulla の coloni，であるが，"Sullae dominatione" は Sallustius のように後から大きく振り返る目にとっては Sulla 後の体制全体を指すだろう．そうすると，Aebutius のような者が信用を断たれ領域の軍事化を続けるしかないという状況，同じ階層で信用を断たれた coloni, といった像が浮かび上がる．Catilina は Capua や Apulia で領域の人員を組織することもねらった (30, 2 : seruile bellum)．Manlius の手紙 (33, 1ff.) はもっぱら高利貸しの執行のみを強調し，政治システムに関する要求は無く自由のみを欲する，と述べる．Cicero の求めに応ずる形で Massilia へ発つ (34, 2) Catilina は，しかししばらく「Arretium の領域で C. Flaminius のもとに」(36, 1 : apud C. Flaminium in agro Arretino) とどまる．Flaminius が fundus を固めているところに重ねてさらにその周辺を固める趣旨である．senatus は Catilina と Manlius を「公敵」(hostis) と宣言し (36, 2)，一方の consul たる Antonius が北に進発，Cicero は都市ローマを守ることになるが，ここで Sallustius は Cicero が全く伝えない側面を記す．Catilina 支持が無視できない広がりを獲得していった事実を捉えて「凡そ plebs の全体」(37, 1 : omnino cuncta plebes) という語を使うのである．まず Cicero の第四カテゴリーが都市ローマに流れ込んで plebs urbana を形成していると分析する．次に Sulla のことが忘れられない，言わば挫折した Aebutius 達である．第三に，「領域では労働の対価を得て無資力だろうと痛痒を感じなかったものの，私的公的な資金流入に掻き乱されて都市の浮かれた生活の方が甲斐無き労苦よりもずっとよいと感ずるようになった若者達」(iuuentus, quae in agris manuum mercede inopiam tolerauerat, priuatis atque publicis largitionibus excita, urbanum otium ingrato labori praetulerat) が居る．要するに都市からばかりでなく領域からも浮出した階層が居場所を求めているのである．そして Sallustius は「Cn. Pompeius と M. Crassus が consul の時に原状回復された tribunicia potestas」(38, 1 : Cn. Pompeio et M. Crasso consulibus tribunicia potestas restituta) こそはこの若者の力を結集する核となった，と見る．特に Pompeius が外征に出た後一層これ見よがしに nobiles の寡頭政が行われ，これが火を付けたという (39, 1)．Clodius そして Caesar 以後の事態の推移をこのように先

4 政治の瓦解

取りしてここで読み取ってよいものかは予断を許さない．しかしながら，束の間の繁栄をもたらした空洞体制がつなぎ止めえない階層が形成されつつあることは確かであるように思われる[10]．そしてその体制内の若い世代でさえ不満である，もしくは不安を拭うことはできないのである[11]．

この最後の者達の一部は以下のような経過によって裁判抜きに処刑されることになる．まずCatilinaの後を追って加わろうとしたFulviusは元老院議員たる父親の手によって処刑される（39, 5）．Catilina派のLentulusは丁度ローマを訪れていたGalliaの一支族Allobrogesの使節に働きかけようとする（40, 1ff.）．「公私両面で借財に苦しむ」（publice priuatimque aere alieno oppressos）連中であるからである．しかしまず例のSemproniaが工作のルートの近くに在り，Allobrogesの態度も曖昧なままである．こうしてQ. Fabius Sangaの知るところとなり，SangaはCiceroに通報する．相当に自然発生的な都市での軍事化の萌芽はpraetorのQ. Metellus Celerが元老院の指示によって逮捕・捕縛によって制圧する（42, 3）．他方LentulusはFaesulaeのCatilina軍と連動し蜂起し，tr. pl.を使ってCiceroを逮捕する計画を立てる．その中でCiceroと通じたAllobrogesは集会に顔を出し，（Galliaでの蜂起という）協力の見返りにつき誓約付きの書面を要求する（44, 1ff.）．喜んで交付されたこの書面は，ローマを発とうとするAllobrogesがMuluius橋を渡ろうとするところでCiceroが派遣した二人のpraetor，FlaccusとPomptinusによって押収される．罠を使って獲得されたこの物証によってLentulus以下のnobilesが多数逮捕される．罠を使ったことに対応して，証言を得るに際してpublica fidesが盛んに用いられる．不訴追の保障である．こうして組織を解体していく．その中からはCrassusの名前さえ出てくる．しかし他方暴動の気配は収まらず，逮捕者を実力で奪還される怖れさえ出て来たので，Ciceroは元老院を召集し，取り扱いを諮る（50, 1ff.）．争点は，直ちに処刑するかどうか，であった．そしてこれを是とする結論に達して実行される．

Ciceroが公にした第三，第四演説がこの点について黙しクーデタ鎮圧の功績のみを誇るのに対して，Sallustiusが彼の歴史記述の核心部分に据えるのは，まさにこの論点に関するCaesar（51）とCato（52）の長大な演説である[12]．Sallustiusは，まずCaesarに，もし政治システムが生きているのであれば，虚

構にすぎないのでなければ，厳格な手続を尊重する余裕が有るのでなければならない，と言わせる．精神が爾余を統御できている状態でなければ所詮被告人達と択ぶところはない．「諸君の怒りよりも consul 権限の信用に鑑みて判断して欲しい」(51, 7 : neu magis irae uostrae quam famae consulatis). つまり政治システムが真実であるのか既に虚偽であるのか，その信用がこれに懸かっている．人々がこれを見てどちらかを判定するだろう，というのである．Caesar は一種の追放刑として，municipia に彼らの身柄をそれぞれ預けるという刑を提案する．そうでなく手続抜きに処刑するならば，これは前例となって今回の Cicero のようでは到底ない専制者が恣に使うことになるだろう，と論ずる．そのパラデイクマにそのまま従えば政治システムの死を意味する，というパラデイクマを創れば，それだけで，政治システムが自らの死について自己暴露するようなものだ，と．これに対して Cato は真っ向から反論する[13]．他のことはそれが既遂になってから政治システムが対処すればよい，しかし既遂になったならば政治システム自体が死んでしまう場合には，そうは行かない．皆が自己利益を追いかけ，放恣に流れるそのような状況で，「かつてのわれわれのヴォキャブラリーは全然通用しない，他人の財産を食い物にして大盤振る舞いをすることが名望家の所以とされたり，悪事をためらうことなく実行することが強靱さと言われたりするのであるから，政治システム自体最後の一線に追い詰められていることになる」(52, 11 : Iam pridem equidem nos uera uocabula rerum amisimus : quia bona aliena largiri liberalitas, malarum rerum audacia fortitudo uocatur, eo res publica in extremo sita est). 政治システムの，風船のように膨らんだ空虚な部分と，その最後の基盤がいよいよ崩壊しようかという場面，この二つはそもそも捻れの位置に在るが如くに交わらない，というのである．むしろ空虚だからこそその部分は捨てて堆積原点，つまり imperia Manliana のパラデイクマに帰る (30) 以外にない，というのである．"ragione di stato" である．周知の如く Sallustius はこの二人を歴史記述の歴史に不朽の名をとどめる皮肉を以て称える．政治システムを支えるメンタリティー (virtus) が存在している時，政治的パラデイクマが頑丈でなくともよかった．しかしそれが腐敗する時，政治的パラデイクマ (res publica) が頑丈でなければならなかった．そこでは大した人物が現れなくともよかった．ところが自分の時代になって，正反

対の性質ながら，二人の偉大な人物が現れてしまった．つまり，virtus も res publica も崩れ去る瞬間を迎えた，ということである．

〔4・4・1〕 Gruen, *The Last Generation,* p. 50ff. は，Catulus/Hortensius/Lucullus グループ，Cato グループ，Metelli, Claudii Pulchri, Aemilii Lepidi といった具合に nobiles 固有のパーティー・ポリティクスを復元して共和政健在を論証する．もっとも，Gruen にとっては 70 年代さえ同じ光景であり (p. 38ff.)，59 年までは Caesar でさえその一員である (p. 75ff.)．

〔4・4・2〕 *De imperio Cn. Pompei* において，かくして新しい政治的階層ないしリーダーの素描が行われる．cf. A. Marcone, Il nuovo stile dell'uomo politico : Pompeo "princeps civilis", *Athenaeum,* 78, 1990, p. 475ss.

〔4・4・3〕 E. Lepore, *Il princeps ciceroniano e gli ideali politici della tarda repubblica,* Napoli, 1954, p. 23ss. cf. Id., Il pensiero politico romano del I secolo, in : Momigliano et al. edd., *StR,* 2, I, p. 858ss. concordia ordinum は（ここで Lepore が依拠する）H. Strasburger, *Concordia ordinum,* Amsterdam, 1956 (Leipzig, 1931) が明らかにしたとおり Gracchi 以来少なくとも Livius Drusus や Licinius Macer (Cnaeus Flavius の Concordia 神殿！) において equites 復権の動機であり，Cicero はこれを Pompeius 体制の基本原理に昇華させた．Strasburger の緻密な分析が描くように (S. 15ff.)，Cicero の 60 年代前半の弁論を独自の concordia ordinum が彩る．"ordinum" と言っても senatores+equites にすぎない (S. 13)．さて，これに対して consensus omnium bonorum が取って替わる，という Strasburger のテーゼ (S. 13) は，やや単純化のきらいがあり，特にこの概念が旧来の体制を新しい広い基盤において再建するためのものと捉えられる (S. 59ff.) とき，その点は顕著になる．Cicero は体制の構造自体を転換する構想を有したのである．Caesar とも元首政とも全く別に真の政治システムとして．この点を明らかにしたのが Lepore の功績であるということになる．

〔4・4・4〕 E. Lepore, La decisione politica e l'*auctoritas* senatoria, in : Momigliano et al. edd., *StR,* 2, I, p. 764ss. は Catilina の基盤が複雑な性質を帯びたことを強調する．

〔4・4・5〕 例によって Syme, *Sallust,* p. 136 は事件過大評価自体を歴史家としての Sallustius の咎とする．その原因は史料を Cicero に依存したからであるという．見えない構造を拒否する乾いた実証主義者 Syme らしい判断であるが，文芸的価値の賞賛 (p. 67) と歴史学的価値の否定が分裂しうるのは，テクスト解釈のレヴェルで盲点が有ることを示す．

〔4・4・6〕 このエピソードの扱いが Syme, *Sallust* に Sallustius の歴史学的手続に対する疑義を抱かせた (p. 84ff.)．これもまた Cicero の弁論に依拠したためとされる．

〔4・4・7〕 Nippel, *Aufruhr,* S. 95 は，領域へと軍事化が連なる可能性が初めから有ったのではなく，Cicero が中心を押さえたから拡散した，とする．この評価は，Nippel が以下で，伝来の手段でまだ対処しえた事例であり，後述の summarius な処刑は不要であった，とすることと対応している．しかし Cicero は新しい状況に対して遥かに深い洞察をし，取りうる方策の限界を知悉している．都市中心でしか勝ち目は無く，かつ切断すればひとまず限定的に勝利しうる，と考えている．Nippel はそれを知らずに「まだ本格的な警備力と巨大収容施設が出る幕ではなかった」と言う．「それが無い悲しい限界故に Cicero は summarius な手段をとったのだが」と．しかし治安武装力の存在は (Mommsen が欲しがった「近代国家」の徴表であるとしても) われわれ (「近代国家」) の限界であり，Cicero は依然それ無しに実力を解体することへ絶望的に挑戦している (だから Nippel とは違って眼前に現れた実力を精密に分析しうる)．もちろんこれが政治存在の条件であり，政治成立以来決して治安武装力は存在してこなかった．

〔4・4・8〕 Syme, *Sallust* は, Sallustius の主要ソースを Cicero であると見る (p. 73). これが不正確や矛盾 (p. 75ff.) の大きな淵源であるという (p. 84). しかし仮にソースであるとしても, 二人のヴィジョンは鋭く対立する. これは Sallustius の史料批判からしか出てこないであろう.

〔4・4・9〕 B. D. Shaw, Debt in Sallust, *Latomus*, 34, 1975, p. 187ff. は, Sallustius の崩壊原因分析の中でこの「luxuria と債務問題の関係」が占める大きさに着目し, なおかつそれに見合う現実が有ったとする.

〔4・4・10〕 La Penna, *Sallustio e la rivoluzione romana*, p. 98ss. は Sallustius 作品中の Caesar を分析し, 単純な反 Cicero 親 Caesar パンフレット説を斥けつつも, むしろ (執筆時に一層近い) 後年の Caesar 体制下の姿勢に叙述を重ねる. 例えば債務問題, plebs urbana の扱い, 等々. 確かに, Caesar 体制と Sallustius の共通項は空洞体制批判である.

〔4・4・11〕 La Penna, *Sallustio e la rivoluzione romana*, p. 120ss. は Caesar と Sallustius のズレ (vis の許容等) を測定し, Caesar 穏健派とその失望, 下野, に Sallustius を位置付ける. 逆に Augustus 期には日の目を見るとする. 更生して Catilina と袂を分かち Caesar の下で働いたとしても苦難が待つということである.

〔4・4・12〕 Syme, *Sallust* にとってこの部分のみが Sallustius を救うかのごとくである (p. 109ff.).

〔4・4・13〕 Caesar 派の Sallustius が Cato を肯定的に描くとは, という研究者を悩ませた問題については, Syme, *Sallust*, p. 116ff. に丁寧な解答が用意されている.

4・5

63年を境とするようにして急速に頭角を現すのが Caesar であり, もちろん, 政治崩壊のために最終的に手を下すのはこの人物である. それはいともたやすいことであり, 紙だけで出来上がった空虚な模型を引き裂くに等しかった. 少なくとも Sulla 以降 dominium の上空には幻影しか存在せず, 幻惑さえされなければ幻影にすがる者達が何の基盤も有しないことは自明であった. Catilina 事件は Pompeius が東方にあって留守である間に起こる. 主人が留守の間の束の間の宴はこの時期に繰り返された光景であるが, 宴さえ暗転した. その上, この年に Mithridates は死に至り, Pompeius 帰還は時間の問題となる[1]. 彼の凱旋や帰還は nobiles の手によって引き延ばされ, 空洞は遠くでこそ支えていて欲しいというが如くであるが, 彼らに現実を突き付けるのは60年の三頭体制であり, その triumviri は Pompeius＋Crassus に今や Caesar を加える[2]. 62年に praetor を務めると, 61年, Caesar はおそらく proconsul として Hispania に赴任する. 60年には後任到着を待たずにローマに戻り, 凱旋を要求, これを容れられないものの, まさに triumviri の力で59年の consul に選ばれる[3].

これをステップに Gallia での長期の imperium を獲得するのに，何の抵抗もありえなかった．三人の密約が意味するところはもちろん多義的であるが，大きな丸天井と礎石たる dominium をそれぞれ代弁する Pompeius と Crassus にとって，唯一の「本気で泳ぐ魚」を背景とする Caesar をひとまず丸天井支持の力に組み込む意味が有ったと思われる．逆に言えば，この魚を標本にして陳列することは徐々に不可能になりつつあることを意味する．

　Caesar は他と違って Sulla の翼の下からではなく，その外から這い上がった人物である．Marius や Cinna と cognatique に繋がる故に，彼もまた「息子」であるとしても父 Sulla からは追放される以外になく，もっぱら母のみの息子である．だからこそ東方に逃げてもそこで海賊に捕らえられる（Plout. Caes. 1, 8; ed. Ziegler）．身代金を払って貰って辛うじて生き延びるが，この時東方ギリシャ諸都市の力に多くを負う（2, 1ff.）．Suet. Caes. 4, 2 のヴァージョンによれば，ポスト Sulla 体制下の repetundae で訴追に失敗した後 Rhodos で勉学する，その時に海賊に身柄を奪われた．いずれにせよ東方滞在は彼に絶好の勉学の機会となり，彼を成長させる．つまり Caesar は Terentius の作品における「息子」であり，果たして後悔する父が居たかどうか．Suet. のヴァージョンであればポスト Sulla 体制が父であることになる．なおかつ meretrix は登場しない．その意味の都市を迂回して剛直に領域に降り，なおかつ Crassus のように粗野に振る舞うのでなく，都市の階層の社交力を身につけるであろう（Plout. Caes. 4, 4ff.）．つまり domini の上空，あの束の間の好景気，で立派に振る舞えるのであり，Marius の系譜を引いて Sulla 体制にやがて復讐するからと言って決して Sertorius のようではない．しかもなおこの適応が手段にすぎず，彼のねらいが全然そのようなところにないことは，要点に直行する記述をする Suet. のテクストがこれを無視することからわかる．

　実際 Caesar を一言で表現するならば，それは新式の巨大な産業銀行である．新次元の大盤振る舞いで cursus honorum を駆け上る時，人々は「早々に出費も枯渇し」（Plout. Caes. 4, 6: $\tau\alpha\chi\grave{\upsilon}\ \tau\hat{\omega}\nu\ \dot{\alpha}\nu\alpha\lambda\omega\mu\dot{\alpha}\tau\omega\nu\ \dot{\epsilon}\pi\iota\lambda\iota\pi\acute{o}\nu\tau\omega\nu$）衰えるだろうと考えたけれどもそうはならなかったという．「無限に支出をし，高いコストで」（5, 8: $X\rho\acute{\omega}\mu\epsilon\nu o\varsigma\ \delta\grave{\epsilon}\ \tau\alpha\hat{\iota}\varsigma\ \delta\alpha\pi\acute{\alpha}\nu\alpha\iota\varsigma\ \dot{\alpha}\phi\epsilon\iota\delta\hat{\omega}\varsigma\ldots\mu\epsilon\gamma\acute{\alpha}\lambda\omega\nu\ \dot{\alpha}\nu\alpha\lambda\omega\mu\acute{\alpha}\tau\omega\nu$）官職を得たように見えて，実は「低いコストで最高のものを購入した」

(ὠνούμενος... τὰ μέγιστα μικρῶν). 膨大な信用を集める，しかしこれを着実に投資するために，返ってくる，したがってこれを媒介すべく獲得された官職は十分にペイする．しかしどうやって信用を集めるのか．彼はスタート時点で早くも莫大な負債を抱えたと言われるが，例えば via Appia の curator となって巨大な出費を支えなければならないとき，自分の財産を財源としたという (9)．その意味は，publicani を使わないということである．都市の negotiatores の信用を当てにせず attributio の諸対象たる細かい単位が請け戻すようにしていきなり費用を拠出する，これを curator が束ねる，逆にあとからこの負担を vectigal 等へと再 attribuere し，「出資者」を満足させるのである．都市中心の物的装置の維持増強を任務とする aedilis 職に Caesar は 65 年に就任するが，これは希に見る事業規模であったと言われる (*ibid.*)．人々は一種のブームのように競って出資した，その見返りを期待して．domini から幅広く信用を得る．だから「自分で」支払うが如くとなる．このときに既に Verres が Sicilia で試みた cura という財政の新方式が力を発揮する．Caesar はこれを希望に満ちた装置に換える．人々は大きな利潤を期待する．直ちに大盤振る舞いがなされ，もうそれだけで多くの恩典が「株主」にもたらされると彼らは期待を膨らます．返るか返らざるかを問わず，この期待が持続する限り Caesar は巨大な力を得る．nobiles でさえ出資しようとするだろう．否，彼らへと信用が投下されるだろう．彼らの信用の水源をかっさらうばかりか，彼らを信用で縛り付けさえするだろう．

　もちろん，Caesar が最終的に逃げ切る前に危機は訪れる．細分化された膨大な貸し手と若干の大口の借り手が有るだけで，自分は間に立っているにすぎないから，いざというとき自分が引いて貸し手＝借り手の直接関係に委ねてしまえば簡単である．しかしこれではゲームは終わってしまうから，自分の権力を樹立するまでは繋がなければならない．そしてうまく回転がつかない局面を迎えることもある．61 年に彼が Hispania に赴任するに際しては，「執拗に迫る債権者達の件」(11, 1: τὸ περὶ τοὺς δανειστὰς ἐνοχλοῦντας) に難渋し，Crassus のところへ駆け込む．「Crassus は最も苛烈で執拗な債権者達を引き受け，債務を保証する」(ἀναδεξαμένου δὲ τοῦ Κράσσου τοὺς μάλιστα χαλεποὺς καὶ ἀπαραιτήτους τῶν δανειστῶν, καὶ διεγγυήσαντος)．債権を償還できない

Caesar は，Crassus という巨大 dominus の保証を得て信用を繋いだのである．Caesar の基盤が直接に domini であることをよく示す逸話であり，かつまた，Crassus は伝統的な信用を領域に単に投下しているだけである点，つまり domini の通常の活動をただ大規模にしているだけである点，が Caesar とは異なることも推測できる．いずれにせよ，こうなれば債務処理は réel な次元（例えば Crassus の物上保証）で行われる．しかもなお，このように政治的な性質を欠かさない．つまり債権債務関係は新たに構築し直され，先送りされる．そしてこの最後の手法を Caesar は赴任した Hispania の諸都市の内部に介入して実行する．例によって借財問題に帰因する対立に苦しむ（12, 2: $τὰς\ τῶν\ χρεωφειλετῶν\ καὶ\ δανειστῶν\ ἰώμενος\ διαφοράς$）これらの都市に，債権者へと果実から緩やかに償還していく更生計画を示し，問題を解決してしまうのである．これは 4 世紀に帰るような処理であり，またやがて Caesar が虚偽に膨らんだ信用の風船に始末を付けるときの手法を予告するものである．

Sulla のように domini を空洞の下支えに使うばかりでなく，少なくとも軍事的な，直接のアクターに仕立て上げていく，そうした Caesar の道筋にとって，時系列的にも，そしてまた事実の連関の上でも，媒介になっていくのは tribunicia potestas であり[4]，この形でローマ中心においてひとまず「政治的に」彼らを組織し，実験していく．Caesar は cursus honorum の早い時期に tribunicia potestas 復元のために論陣を張ったことが知られ（Suet. 5, 1），これが単なる反 Sulla 的親 Marius 的ポーズと受け取られたとしても，Pompeius による実際の復元の後には，Caesar と歩調を合わせ tribuni 達は実質的な役割を回復していく．もっとも，Caesar は常に後ろに居る，ないし距離を取って決して一体化しない．彼の意図が別のところに在ることは明白である．最初の顕著な行動は 63 年の rogatio Servilia である[5]．tr. pl. に提案させた lex agraria の内容は，結局この法律が成立しなかったにもかかわらず，Cicero の精力的な反対弁論が残存する[6]ために，詳細に知られる．そこにおいて Caesar の存在は明らかでないが，59 年の彼の consul 職の柱が lex agraria であり，そしてその内容が基本的に rogatio Servilia を踏襲するものであったことは明らかである．

しかし lex agraria は伝統的な手段である．Gracchi のそれが革命的であったとしても，政治の破壊そのものであるというスケールは到底持たない．rogatio

Servilia の一体何が致命的であったのか．われわれは既にこの lex agraria が想定する領域の状況については詳しく観察した．しかるに Cicero によれば，これにより王権が樹立されてしまうという (de lege agraria, II, 11, 29 ; 14, 35)．ならば確かに政治の終焉である．しかし選出された十人委員 x viri は「売って買う」だけである．確かに何を売るかに関して余りにも広範な裁量が容認されている．先祖が長年築き上げてきた「ローマ国民の資産」をこんな形で売ってしまってよいのか (I, 1, 2ff.) ということはある．しかし具体的には未分割＝占有未成立地たる例えば silva Scantia を「分譲する」のは伝統的な手法である (ibid., 3)．「Italia の占有を売却する」(2, 4 : Vendit Italiae possessiones) はショッキングであるが，この頃には possessio は時々「単に占有にすぎないもの」を意味するようになっており，したがって dominium の構造を持たない土地，そして何よりも dominium の構造の如何にかかわりなくそれを公認されずに公租を課される土地のことである．かくして地中海世界各地のその種の土地，とりわけ王権支配下の土地，が列挙されていく (5ff.)．Cicero に言わせれば全世界の全財産を，公共のものも含めて，勝手に売るということになるが，明らかに誇張である．II, 14, 35ff. も同じ調子であるが，ところがその 18, 47 にさらなる条文として「もし金銭が不足するならば」(si forte desit pecunia) という文言の有ることが示唆される．その場合には「x viri は諸君の vectigalia を売却しなければならないと法律は個別名を挙げて強制し命じている」(cogit atque imperat ut xuiri uestra uectigalia uendant nominatim)．定期収入が無くなるということは一大事であるが，それに尽きない．その果実は信用を得て回収してきた．しかし今そういう短期の信用はやめるというのである．売却ということは巨大な信用を引き上げることを意味する．膨大な数の買い手から膨大な量の信用を吸収するということでもある．つまり短期で回転するものを直接土地の上に降ろさせる．そしてそれよりも重要なことは，それと反対の流れを利用して領域から引き上げた巨大な信用のストックをしばし x viri が一手に握るという事態が発生するということである．買収する土地がどうなるかと Cicero は言うが，"si forte deest pecunia" は，rogatio の関心はそこには無く，資金を集める方に在る，ということを明確に示す．そしてその資金を好きに投資できるのであれば，つまり領域にも投下できるのであれば，独占的な長期信用銀行，な

4 政治の瓦解

いし産業銀行, が出来上がるも同然である. potestas regia そのものである. ストックを独占的に集めて分配しうる権力こそが「王権」である. われわれの脈絡においては, これは何よりも折角築いた短期の信用の自律的な空間を短絡するということを意味する. Cicero は 19, 52ff. で盛んに Pompeius の権益を侵害するということを言う. これは単に弁論の上での党派戦術であるのではない. われわれは先に nobiles 間の束の間の信用拡大の水源がとりわけ東方の priuincia に在るということを見た. この店を畳ませてしまう怖れのある立法に Cicero は脅威を感じているのである.

「地上に有る限りの金銭が x viri の手に握られる, 何一つ見逃されない, 全ての都市, 領域, 王国に至るまで, そして諸君の vectigalia すら, が売られる, 諸君の軍指揮官の得た戦利品までもがこれに加わり積み上げられる (II, 23, 62: Parta sit xuiris tanta quanta sit in terris, nihil praetermissum sit, omnes urbes, agri, regna denique, postremo etiam uectigalia uestra uenierint, accesserint in cumulum manubiae uestrorum imperatorum). "in terris" は或る意味でメタファーではない. 文字通り領域の上の信用をねらっているからである. その大規模な還流が念頭に置かれている.「法律はその金銭で土地を購入し諸君を coloni として送り込むことを命ずる」(24, 63: Hac pecunia iubet agros emi quo deducamini). 集められた信用は直ちに領域に投下される. 債券を買った投資家のように果実を期待する人々が居るとすれば, 言わば債券を売って得た資金で領域を購入しここへ入植させる x viri は, 明らかに領域に投資している. Cicero は言う. そもそも私有地を買って coloni を送り込むこと自体, 前例の無いことであり, これまでは必ず公有地に colonia を設立した (25, 65).「x viri はこれら全ての領域ないしこれと同等の領域を単に買うだけでなく兼併するに足る巨額の金銭を保有する」(25, 66: Habes tantam pecuniam qua hosce omnis agros et ceteros horum similis non modo emere uerum etiam coaceruare possis). x viri による大規模な投資は新たな領域の構造を創り出し, ここに人員を入れていくことを可能にする. また, 好きなところを選べる, ということは好きな人物に資金が流れ, 彼らが投資しうる.「諸君の金銭をもとに利得が追求されている, 買い主と売り主の双方に有益な場合に限って売買がなされるというのであるから」(25, 67: inibitur enim ratio quaestus de uestra pecunia, et tum denique ager emetur cum idem expediet emptori et uenditori). そればかりではない．これまで lex agraria は過大な占有を解体することを任務としてきた (26, 68) が，ところが今や状況はと言えば，「占有の広大さを維持できない，Sulla によって与えられた土地の負担に耐えきれない，者達がたくさん居て，しかも彼らは売りたくとも買い主が見つけられない，やけくそで何が何でもその土地を手放したい」(multos . . . qui latitudinem possessionum tueri, qui inuidiam Sullanorum agrorum ferre non possint, qui uendere cupiant, emptorem non reperiant, perdere iam denique illos agros ratione aliqua uelint). 資金を投じてまさに信用不足により立ち枯れようとしている domini を救済するのが新しい lex agraria の現実である，というのである．購入される土地には二類型有り (26, 70)，一方は耐えられずに domini が逃げた (domini fugiunt) 土地，他方は広大すぎる土地．前者を言い値で買う，そのツケは全部われわれに回る，後者は安値でも摑まされて損をする．他面でこの lex agraria はどこにでも colonia を築いて良いとする (27, 73ff.)．例えば Capua ないし ager Campanus がねらい撃ちになる (28, 76ff.)．するとよく整った領域の体制の替わりに何が現れるか．「彼らは，確かにその名においてではあるが実質は自分達自身で保持し果実収取する，そういう子飼いの者達を入植させる」(28, 78: deducent suos, quorum nomine ipsi teneant et fruantur)．すると x viri は担保を占有取得型にて確保しつつ投資した長期信用銀行に等しい．土地売却に成功した没落 domini が colonia に参加するならば，coloni の初期投下費用をも供給したことになり，この直接金融によって x viri は大規模に人々を直接組織しえたことになる．もちろん，誰が coloni に登録されるかにも懸かってくるが，この点 Cicero は x viri の広大な裁量権を問題とする (29, 79)．全 ager Campanus が「資金を潤沢に与えられた少数の者の手に」(30, 82: ad paucos opibus et copiis adfluentis) 渡ってしまう，と．

　triumviri 体制に支えられた Caesar の consul 職 (59 年) において最も目覚ましいのは lex agraria である[7]．Cic. Att. I, 19, 4 はその前に (Pompeius を背景に) 60 年の tr. pl. たる Flavius の rogatio が存在したこと，Cic. Att. II, 1, 6 は 60 年に既に Caesar 自身の計画が存在したこと，をそれぞれ証言する．59 年初頭は Atticus 宛て手紙が途絶えるため，われわれは 5 月になっていきなり

4 政治の瓦解

Cicero が Campania への lex agraria 適用に危惧する光景を目撃する (II, 16, 1) が，最も詳しい Dio Cassius, XXXVIII, 1ff. によれば，Caesar は rogatio Servilia の流産に鑑みて，少なくとも当初は一種の妥協案を提示して抵抗を緩和しようとした．即ち，まず Campania を除き，次に希望者のみから土地を購入する．もっとも，この第二の点は如何なる痛痒をも与えない．しかし第三に，購入価額を客観化し，また委員会の構成員を増やすと共に人選を公正にし，自分を排除した．恣意的であるという非難はこれにより相当程度かわすことができたと思われるが，直接金融の巨大な極を創るという Caesar の目標は全く切り下げられておらず，その機能の公正化を図ることは望むところでさえ有ったろう．書き割りの魚が泳ぎ出さないようにすることが彼の目標であり，泳ぎ出した信用を叩き潰すということは，個々人の信用＝権力を許さないということである．それでも，或いはそれだからこそ，optimates は Cato と Bibulus を先頭に抵抗する (2, 2ff.)．これを押さえ込むのは Crassus と Pompeius であり，彼らは自ら民会に現れて場を制圧する (4, 4ff.)．一旦法案が通過した (6, 4) 後も認証等の点で同僚 consul たる Bibulus の抵抗が続くが，ここでは exemplum にならって senatores に服従宣誓が強制される．そして認証された lex agraria には Campania が含まれた (7, 3)．これが抵抗のコストであった．Cic. Att. II, 16 はこの結果を映しており，そして Suet. Caes. 20, 5 は端的に Campania への coloni 派遣を consul としての Caesar の事蹟の柱に据える．

〔4・5・1〕 cf. Lepore, La decisione politica, p. 763.

〔4・5・2〕 Gruen, *The Last Generation*, p. 83ff. は，第二次三頭政治のイメージを投影することを拒否し，Pompeius がその行き詰まりから Caesar を使わざるをえなくなり，そこに Crassus が「投資した」ため，偶発的に同盟が成立したとする．意義はむしろこれへの反動の方に存し，Pompeius への失望が彼がまとめていた分子を離反させ，かといって Cato も反対勢力をまとめきれず，nobiles は元来の分立性質もあり分解してしまう，と見る．他方 Caesar が nobiles の外に基盤を築く，というわけである．Catilina そして Clodius 等々を視野に入れれば，Cicero や Cato さえ気付いた全く新しい現実が見えたであろうに．

〔4・5・3〕 cf. Lepore, La decisione politica, p. 769ss.

〔4・5・4〕 P. J. J. Vandenbroeck, *Popular Leadership and Collective Behavior in the Late Roman Republic (ca. 80-50 B. C.)*, Amsterdam, 1987, p. 35ff. が，70 年代以降 tr. pl. が "leader" に従う "assistant leader" となっていく，と分析するのは的確である．根底に集団の質の変化が在る．さらに "intermediate leader" として divisores を挙げる (p. 62ff.) 点も，ambitus 規制に見られる構造変化を考えると示唆的である．（他に財産没収に対する原状回復等を含む）法案全体のパッケージ性を否定し，そこから tr. pl. がそれぞれに理念を追求したのであるから「黒

〔4・5・4〕幕説」はあたらないとする．A. Drummond, Tribunes and tribunician programmes in 63 B. C., *Athenaeum*, 87, 1999, p. 121ss. は説得力を欠く．

〔4・5・5〕 cf. Lepore, La decisione politica, p. 767.

〔4・5・6〕 A. J. E. Bell, Cicero and the spectacle of power, *JRS*, 87, 1997, p. 1ff. は，弁論の場に陳腐な社会学ないし行動科学を適用する視野の狭い論文の一つであり，英語圏・ドイツ語圏で膨大に生み出されつつあるこの種のガラクタほど「フレームワークの恣意性」という語を実感させるものも少ない．

〔4・5・7〕 cf. Lepore, La decisione politica, p. 775.

4・6

以上のような事態の進行を Cicero はむしろ正確に捉えていたと思われる．膨らんだ風船の幻想たることは遅くとも Catilina 事件後には認識し，今や唯一の確かな基盤となりつつある実体にアプローチする[1]．もっとも，Caesar のようにこの実体のみを認知しその上に合理的な権力を樹立することを目指すのではなく，Cato のようにこの実体に立て籠もって権力の積み上げを拒否するのでもない．実体の上に新しい政治システムを構築するということを構想し続けるのである．したがって，昔の匂いを漂わせる空洞にしがみつく optimates とは大いに異なって[2]，しばしば Caesar とすら共鳴する．

63 年末，consul として Catilina 事件処理の渦中に在った Cicero は，翌 62 年の consul に当選していた Murena のための刑事弁護に立つ．罪状は ambitus つまり選挙キャンペーンにおける買収・供応であるが，Cicero はここではまだ equites の「階層としての政治的寄与」に信を置いている[3]．訴因の一つは equites 層に対する大規模な接待である（*Pro Murena*, 26, 54 etc.）が，彼は周到に 67 年の lex Roscia を引用し（19, 40），ludi や scaena 劇場を大いに復興したことを称える．Murena の父は Lanuvium の名望家であり，しかし Sulla 側について都市政治の自立は捨てている．こうして上昇してくる階層が Murena の地盤であり，Cicero はこの魚を泳がせ続けることに吝かでない[4]．Cato の厳格主義への対抗も認められる．しかし翌年の *pro Sulla* になると様相が一変する（ed. Boulanger）．Sulla にかけられた嫌疑は Catilina への加担であるが，Cicero はこの敵に対して刑事法の大原則，弾劾主義の基本（13, 39），に従って弁護を惜しまない．具体的な行動が論証されない限り訴追はできないというのである．もっとも，政治的意図は別のところに在る．Cicero は Caesar 自身へ向けられ

4 政治の瓦解

た嫌疑も斥けたと言われるが,明らかに Catilina に糾合されそうな要素の中から本体ともいうべきものを切り離し,そして Catilina を孤立させて切除しようとしている. Cat. で見せた Catilina 追及勢力のイメージは微妙に修正され, Sull. では一貫して「全ての良き人士」(omnes boni) という語が使われる (3, 9; 5, 15; 7, 21; 10, 29). 確かにまだ ordines という語と時に併用されはするし,その内実は後におけるほど明確ではないが,しかし早くも「全 Italia から選出された」(ex tota Italia delecti) という表現も有る (8, 24)[5]. 他方,「Caesar 本隊」弁別の微妙な線は注意深く引かれる. 事件当時 Sulla は Neapolis に居た (19-53) という免責の論拠は,自分自身の procurator 事務管理人 Sittius を Hispania に送った目的は決して反乱扇動ではない,ということの論証と結び付いている. 確かに Sittius は,ないしその名において Sulla は,借財を抱えるが,その占有に固執する (20, 56: cupiditas retinendae possessionis) ことなくさっさと土地を売却して債務を弁済した (praediis uenditis aes alienum eiusdem est dissolutum) のであるから,反乱に加わる動機が無い,と. 確かに Catilina 事件に関する Cicero の分析は Caesar の lex agraria と基本方針において一致するのである. そればかりではない. Sulla は自前の債務者であるばかりでなく,手広く信用を集めては地中海世界全体に投資している. したがって債権者でもあり (58), procurator 達には,自分の債務者からの弁済が滞って占有を押さえたまま立ち往生するのでなく,さっさと自分の債権者に弁済すべくそれらを売却してしまうよう,指示していた. もちろん Cicero は Caesar との違いを留保することも忘れない. coloni の中から落伍して Catilina に加わるという要素を扱うに際しては,遠く bellum sociale の残像を使って Pompeius に属する coloni の隊列を守る,という論法を使う (21, 60ff.)[6]. 同年の *Pro Archia* は,この詩人の市民権を擁護するに,Magna Graecia の圏内で一度名声と市民登録を得たということを踏み台として,ここからの自動的なローマ市民権取得を論証する. socii の体制が変身を遂げて残存するが如き懐かしい響きをこの弁論は有する. Italici を何らかの意味であくまで政治的に復興したいという Cicero 独自の線が芽生えている.

59 年の *Pro Flacco* は既にわれわれに幾つかの印象的な場面を提供した. それらは風船内部の典型的な信用の有様を物語っていた. 注目に値するのは,そう

した場面に登場する人々は前属州総督 Flaccus を弾劾するための証人であり，Cicero は彼らを攻撃するということである．確かに，反対に equites の証言を尊重する彼は *Pro Fonteio* を踏襲しているだけのようにも見える．しかし Cicero は冒頭と結部において今や明晰に新しい基盤階層を概念化している．それこそが omnes boni であり，optimus quisque であり，optime meritus civis である．equites も今ここに入らなければならず，その限りで信頼される．そしてその信用は風船内の喧噪に対して今や少々敵対的なのである[7]．

　59 年内に Caesar は tr. pl. を使って自分の proconsul たる任地を Gallia に定める（籤の回避）．この方向へ舵が切られたことには歴史的な意義が有る．Gallia から Hispania というローマ型領域が ex nihilo に明快に形成される方面を，しかも内陸に深く分け入って，押さえるということは，永遠の領域問題に苦しむ東方，その領域問題に後背地の王権が絡まってくる構造，の対極を選んだことになる．Italia の新しい基盤を完全に掌握し切るまでにはまだ少々時間がかかる．それまでその延長を把握し包囲を完結させておくに如くはない．かくして彼の不在の間だけ風船は延命し，なおかつその間も彼の手足はローマで確実に基盤を獲得しつつある．差し当たり 58 年の両 consul はまさにその手先である．もっとも，58 年の tr. pl. たる Clodius は少なくとも同じ意味で手先であるとは言えない．彼こそがローマ中央における 50 年代の主役であり[8]，58 年に精力的に護民官立法を行った後も，或る種の伝統を引いて「都市ゲリラ」と実力衝突を繰り返す．彼は，nobiles の息子達の中からも大挙して Caesar に流れる，その若者達の典型であり，その一番の跳ね上がりである．Bona Dea の祭礼の禁忌を同時に破る仕方で Caesar の妻と姦通し，しかもなお Caesar の黙認のもと無罪となるや，今度は patrici から plebs に転じ，tr. pl. となるや，Caesar と協働するが如くにしてなおかつこれを大きく逸脱する．彼の立法は，まず第一に lex frumentaria を含んだ．Cic. Sest. 25, 55 によれば元来低価格に抑えられていた穀物配給対価をゼロにするものであった．Cic. Dom. 10, 25 (ed. Wuilleumier) によれば「全ての公私の穀物供給，全ての穀物供給属州，全てのディーラー，全ての倉庫」(omne frumentum priuatum et publicum, omnis prouincias frumentarias, omnis mancipes, omnis horreorum clauis) を壊滅させるものであった．Caesar の信用供与の中で入植していく者にとって，穀物スト

4 政治の瓦解

ックの供給は死活問題であり,この第二次的信用が有ってこそ果実は上がってくる.例えば信用を得てこれを買う,つまり人員に供給すべき種類物を調達する,ということは domini の domini たる証しであり,もし価格政策が存在すればもちろん信用の裏打ちになる.しかしその前提としてストックを外から供給する体制が不可欠であり,これは短期の信用が媒介して存立している.Clodius は明らかに Caesar の信用短絡をさらに過激にして完全に一掃することをねらったのである.Pompeius 体制は確かにこれで跡形も無くなるだろう.逆に信用供与先は domini ではなくなる.ただの領域の人員に直接種類物が渡り,短絡の先はこちらになり,例の「新しい基盤」は打ち抜かれる.だからこそ第二に,立法によって「元老院議決に反してかの古い同業者団が復元された」(Cic. Sest. *ibid.* : ut collegia illa uetera contra senatus consultum restituerentur).「同業者団の名で」(*ibid.*, 15, 34 : nomine collegiorum)「領域の人身＝奴隷の徴募」(seruorum dilectus) が行われた.「地区毎に人員が登録され,自治団体化され,暴力,実力,殺戮,破壊,へと掻き立てられた」(uicatim homines conscriberentur, decuriarentur, ad uim, ad manus, ad caedem, ad direptionem incitarentur)[9].こうなると Caesar＝Cicero 共通の基盤の破壊そのものであり[10],かつ Cicero の方と一層鋭い緊張関係に立つ.政治的結合体をあくまで domini に作らせるのが彼の構想になっていくとすれば.Clodius の画像の中に,儀礼で画されたあのローマ型政治的パラデイクマは一切存在しえない.そうした制約を破壊していく[11].こうしてまずは ad personam の立法により Cicero を追放する.Catilina 弾圧にデュープロセスが欠けたという理由による報復であるが,存外基盤の取り合いで最も目障りな人物であったかもしれない.ということは Cicero には Caesar に抗するオルターナティヴが存した可能性があるということである.なおかつ,そうであれば triumviri にとって Cicero より(選択肢外の)Clodius の方がずっと危険であるということになる.57 年,Pompeius 等の尽力により Cicero は帰還を果たす.以後 Cicero は Clodius 掃討に大きな犠牲を払うとしても,少なくとも自分の初めての本格的な政治構想を温めるに足る余地を獲得する.それが Caesar の構想の直線的な実現を越える射程を有しなかったとは限らないのである.それでも政治は二度と再び甦らなかった,としても.

57年の帰還はまだローマ中央を Clodius の実力が大きく制約する中でのことであった．この時，Pompeius が Italia 特に Capua に工作して大挙市民達を復権議決の投票のためにローマに上らせる（Cic. Sen. 11, 29, ed. Cousin）．元老院での答礼演説で Cicero は，「諸君は議決してくれた，私一人のために，うちひしがれほとんど消えたこの私一人を復帰させ擁護するために全 Italia から政治システムの安泰を願う全ての人々が馳せ参ずることを」(Sen. 9, 24: uos decreuistis ut cuncti ex omni Italia qui rem publicam saluam uellent ad me unum, hominem fractem et prope dissipatum, restituendum et defendendum uenirent)，「元老院が声を揃えて，あらゆる領域あらゆる都市中心から来た市民達つまり全 Italia を一人の者の安泰を守るべき方向に掻き立ててくれた」(eadem uoce senatus omnis ex omnibus agris atque oppidis ciuis totamque Italiam ad unius salutem defendendam excitaret)，「かくも信じがたい大群，まさに全 Italia，がローマへとやって来た時」(10, 25: cum illa incredibilis multitudo Romam et paene Italia tota uenisset)，「全 Italia がまさにそこに現存し傾聴し」(10, 26: adstante atque audiente Italia tota)，等々と述べる．Pompeius は Caesar 不在下その lex agraria の受益者である．「(Pompeius は）最近植民都市を構築するに際して自らその政務官職を遂行した，そこにおいては買収された者が intercessio を行使する余地もなく……」(11, 29: qui in colonia constituta cum ipse gereret magistratum, in qua nemo erat emptus intercessor...)．民会での答礼演説（Quir. 1, 1）では，res publica と omnes boni が等置される[12]と，これは直ぐに Italia universa に転じ，そして何よりも間の審級を排除してここから直接に政治的合意が形成される如くにイメージされる（consensu Italiae）．この背景の広大な人々は一個の意思を持つが如くに擬人化され（5, 11: luctum bonorum, Italiae gemitum；7, 16: rogari ab Italia cuncta），また，その人々は合意の過程を通じて高みに上昇する（8, 18: tanta consensione Italiae, tanto studia bonorum omnium）．その飛躍のためにどのようなステップ板が必要かについてはまだ考察されないが[13]．翌56年，Clodius の実力をかき分けて自分を帰還させるのに功があった Sestius を Cicero は弁護する．*Pro Sestio* は Cicero の到達点を示す傑作であり，この政治的立場は，如何にこれを蹂躙する事態が進行しようとも放棄されることなく，彼の晩年の理論的著作の基礎となったと思わ

4 政治の瓦解

れる[14]. まず, *Pro Sestio* においては, "cum bonis omnibus fortissimis atque optimis ciuibus" (1, 1), "Italia cuncta permota, omnes denique omnium generum atque ordinum ciues" (11, 25), "uos et omnes boni" (13, 31), "ex senatus auctoritate cum omnibus bonis" (24, 53), 等々の表現が全篇に横溢し, とどまるところを知らない. さらに, "multitudo ex tota urbe cunctaque Italia ... equites Romani et omnes boni ueste mutata" (11, 26) は "ueste mutata"「威儀を正して」という表現によって何か質的な転換を示唆しており, "pro uno ciui et bonos omnis priuato consensu et uniuersum senatum publico consilio mutasse uestem" も同様である. 否, 後者は omnes boni が一人一人自発的に儀礼的隊形を取るというイメージを使っている. それと同時に新たに equites と ordines の概念が復活しつつある[15].「全ての良き人士のかくも信じがたい合意にもかかわらず, かくも決然と隊列を組んだ equites の存在にもかかわらず, 全 Italia があらゆる臨戦態勢を厭わないにかかわらず」(16, 36 : consensu tam incredibili bonorum omnium, tam parato equestri ordine, tota denique Italia ad omnem contentionem expedita) は, 一旦完全に中間の審級が一掃された上で再度形態の分節が模索されることを示唆している. そしてこの微妙な変化をもたらすのは,「かの Capua の市民集会, 都市参事会員」(4, 9 : conuentus ille Capuae ... decuriones)「その決議」(DECVRIONVM DECRETA) である. omnes boni は (亡命して帰るところのない Cicero と違って)「なおかつ彼ら (socii et Latini) には帰るべき諸都市が有り, 帰るべき家の神が居る」(13, 30 : Atque illis tum erat reditus in suas ciuitates, ad suos lares familiaris) という境遇として捉えられる. Cicero の追放を悲しんで隊列を組んだのは, 全ての municipium, colonia, praefectura, societas vectigalium, collegium であり, 全体会 concilium か何らかの公的決定 commune consilium によった, という (14, 32). cuncta Italia ないし boni omnes はその行動に際して "suis decretis" つまり何らかの機関決定を通じてする.「全 Italia はそれぞれ公に, 全ての良き人士はそれぞれ独自に」(16, 38 : cuncta Italia publice, omnes boni proprie enixeque) と表現されることもある. 実際「全 Italia から使節が参集した」(33, 72 : concursus legatorum ex Italia cuncta). こうして今や domini は確かに直接の基盤であるが, 何らかの意味で二次的な政治システムに結集した上で正規の政治的階層を構成する存在へと変

身しつつある．この濾過装置の果てに現れるのが「最良の個々人」(optimus quisque) であり，「第一人者達」(principes) であり，彼らが政治システムを操縦するのであり (in gubernanda re publica)，それが「閑暇有る階位の基礎」(otiosae dignitatis fundamenta) である (45, 96ff.)．otiosa dignitas は，政治システムから距離を取りながらも，領域に埋没することのない状態を指す[16]．一段退きながらも政治的階層の某かを分有する，というのである．そしてこの距離を埋めるのは，「Italia の全ての諸都市が長駆して」(63. 130: cunctae itinere toto urbes Italiae) という表現に見られるように，まるで socii の体制を復元するかのような自治組織の存在である[17]．この構想が現実的であったというのではない．現実的であったかどうかが問題であるのではない．しかしこの構想[18]を抱かせた現実は確かに存在したのである[19]．

同年の *Pro Caelio* は，弁論家としての自分のかつての弟子であった若い Caelius のための刑事弁護である．Caelius の父は或る municipium 出身の eques Romanus である (2, 5, ed. Cousin)．「不在でも最高位に列せられた」(quem et absentem in amplissimum ordinem cooptarunt) というのであるから，municipium の政治的階層に属する．Cicero はその息子が Catilina に惹かれたことを否定しない (4, 10ff.)．しかし多くの優れた若者がそうだった，と弁護する．借財が有った，という非難に対しては (少なくとも自分の名においてはできなかった，と) 否定し，versura などしたこともない，と言う (7, 17)．この若者は Clodius の妹 Clodia と (後述の) neoterici に接近する．Cicero は Terentius の主題を意識する．Caelius filius に対して meretrix Clodia であるが，そこに Cicero pseudo pater が加わる (16, 37, 38: quem patrem potissimum sumam)．もちろん，寛大な方の赦す父親である．Clodia の frater は "urbanius", "urbanissimus" と烙印付けされ (15, 36)，Camillus, Fabricius, Curius のイメージが対置される (17, 37)．確かに，omnes boni は今や改心してまるで Curius のようになった息子である．ただし domini であり，単純な占有を離れて久しいが．かくして Caelius は悪辣な Clodia とは別れなければならない．そして別れたからこそ Cicero は弁護するのであるが，このような過去を消すのは一苦労である．第一に Clodius がらみの外交案件に巻き込まれエジプトからの使節 Dio を殺害した廉に問われる．具体的には Lucceius のところに逗留した Dio を殺害

4 政治の瓦解

した人員に Clodia から渡された黄金を使った，というのである．第二は Clodia 毒殺未遂である．いずれにおいても新しい crimen 概念の躍如たるところがあり，これに対応して Cicero は弾劾主義原則を駆使する．

しかし Cicero は Luca で triumviri 体制が更新され，ほとんど公式のものになったことを知らない．56年春，しばし Formiae に滞在した頃である．もっとも，衝撃はどこまでか．Sulla 空洞体制に固執するとは思えない．というのも，同年中の *De privinciis consularibus* では，Caesar 派の Piso と Gabinius の provincia 更新に反対する．Macedonia/Syria には二人の現 consul を持って行かなければならない，何故ならば Caesar の lex Iulia de repetundis 自体によってこの Caesar 派の二人の将軍は属州不適格であるから Macedonia/Syria から更迭されなければならない，というのである．これは，反 Caesar 派が Macedonia/Syria をそのままに現 consul を Gallia に持って行って Caesar を妨げようとするのに反対したことになる．Cicero は Caesar 支持を弁解し，大義のために対立を越える，と言って見せ，Caesar を称賛しさえする[20]が，これは半ば本気である．なおかつそのようにして巧妙に Caesar 派の二匹の魚を泳がせない作戦である．

さらに同年内の *Pro Balbo* は，対 Sertorius 戦争において Pompeius によって市民権を付与された Gades 出身の Balbus に対し，Gades は同盟都市 foederata であるから個別付与は無効である，という訴訟が提起されたのに対する弁護である．foederata への特権付与に関する "populus fundus" 原則が詳細に論じられる (8, 19-24, 55)．Cicero によれば，この原則は，特権が与えられた場合に foederata はこれを採択するか否かの自由を保持する，というものであり，決して採択してはならない，ということを意味しない．おそらく bellum civile 以前においては強い閉鎖に基づく結束が有りえたと思われる．Sulla 後の全面解体を経て，今 foederata が再浮上する時，しかしかつての排他性ではなく，ローマの政治システムに同時に属しながら foederata の政治的結合にも貢献する道が探られ始めたのである．55年の *In Pisonem* は，Piso と対照させて自分の事蹟を誇るばかりの弁論であるが，かつて自分を支持したのは cuncta Italia だと豪語する，そのときに Capua に触れる部分が重要である (11, 24ff.)．Caesar の lex agraria の結果 Piso は Capua で duumviri を務めるが，彼はその Capua

を享楽に満ちた「昔の Capua」(クリシェ) と混同した, というのである. "concursus Italiae" や "cuncta Italia" はやたらと socii, oppida, municipia に満ちている (17, 40ff.) が, その内容は「質実に変身した Capua」なのである.

〔4・6・1〕 concordia ordinum というスローガンの (Cicero における) 落日と consensus omnium bonorum という理念への移行こそ, Lepore, *Princeps* の基軸主題であり, 同種の表現が微妙に色調を変化させていくその分析はテクスト分析ないし凡そ思想史の古典である. ここからさらに Cicero 晩年の思弁が鮮やかに説明されていく. cf. Id., *La decisione politica*, p. 769s.; *Il pensiero politico*, 857ss. 対するに「Catilina 明け」の Cicero を捉えて「元老院支配体制維持に自信を深め勝ち誇った」姿を見る T. N. Mitchell, *Cicero. The Senior Statesman*, New Haven, 1991, p. 63 には到底納得できない. *Pro Sestio* や *De legibus* さえ引用して 62 年の Cicero の思想に投影する論証手続も疑問であるが, Cicero の視野は狭く破綻を運命付けられていたという Syme のカリカチャーが横溢する点に知的退化を見ざるをえない. concordia ordinum から consensus omnium bonorum への移行を連続体内のヴァリエーションとして捉え断絶を必ずしも把握しない Strasburger はもとより, Lepore でさえ Catil. の段階で, 否, Verr. の段階でさえ, Cicero が旧体制崩壊を見通していることを十分には強調しないが, 少なくとも Catil. 後 Cicero は一段と構想を変えてくることはつとに明らかになっていたはずである. なおかつそれが限界を有し現実に挫折することと, 初めから元老院支配体制構想しか持っていなかったこと, は全く異なる.

〔4・6・2〕 19 世紀以来の「Cicero 無原則」, そして 20 世紀に入ってからの「Cicero 元首政加担」(しかも礼賛) は Lepore によって清算され, 初めて学問的歴史学的分析対象に Cicero がなった (!), にもかかわらず, これは定着しない. だからこそ C. Habicht, *Cicero der Politiker*, München, 1990 が折角 C. Schmitt 流の歪んだ政治概念を勝手に Cicero に適用して彼を失格させるのに抗議しても, Catilina 弾劾で共和国を守って自信を深めた Cicero がいきなり三頭政治故にショックを受ける, という像しか描けない (S. 58ff.). Cic. Cat. の注意深いテクスト分析を欠いて Cicero の情緒ばかり再構成するからである. だから共和政殉教者としての Cicero を称えるエピローグ (S. 105ff.) は無惨に情緒的になる. 事態はむろん大規模な地滑りであり, Cicero はそれをよく見通した栄誉に浴するべきである. 地滑り阻止に失敗したことを蔑むことも, 何の見通しもなく殉教を称えることも, 自らが少なくとも Cicero より愚かであることを自白することになる. 逆に Cicero 解釈のためには Lepore がしたように分厚い社会構造についての方法を持たなければならない. Lepore が稀にしか正しく解釈されない所以である.

〔4・6・3〕 Millar, *The Crowd in Rome*, p. 113ff. は, まだ forum に集まる「人民」が機能していると見る. contio の forum 外流出, 並行する (既述の) lex agraria をやがて tr. pl. でなく consul 自ら (Caesar) が提案すること, 等に変化の徴候を見るが, それでも基本は維持されているいうのである. しかし forum の出来事こそ膨らんだ風船の中の幻影の最たるものである.

〔4・6・4〕 cf. Lepore, *Princeps*, p. 191ss. Lepore は equites の変質が想定されていると見る. しかし全般に "omnes boni" を少し早く見過ぎる傾向を有する (V. infra).

〔4・6・5〕 Lepore, *Princeps*, p. 114ss. は見事にこのテクストの先駆性を把握する. 本格的な展開は *Pro Sestio* を待つとして, Mitchell, *The Senior Statesman*, p. 73 は Cicero のスタンスの微妙さを全く理解しない.

4 政治の瓦解

〔4・6・6〕 Mitchell, *The Senior Statesman*, p. 74ff. は 60 年代末における Cicero の Pompeius 離反を丹念に描くが，Pharsalus を投影して Pompeius を体質的な nobiles 支持者のように描く．それに期待した Cicero が幻滅したという筋書は存在しない．彼は Pompeius の何たるかは常に把握している．

〔4・6・7〕 Lepore, *Princeps*, p. 126 に見事な分析が有る．"...la fine della concordia...l'attenzione sui boni omnes, elemento finora non meglio definito...tutto il finale dell'orazione con le reiterate invocazioni alla giuria come portavoce di quell'ordine...le lettere che precedono quest'orazione parlano spesso con fiducia dei boni, sono invece troppo chiare sull'atteggiamento dei cavalieri".

〔4・6・8〕 Lepore, *La decisione politica*, p. 776ss. は Clodius を病理現象としてでなく正面から扱う優れた分析である．一層詳細には，collegia を的確に扱う J.-M. Flambard, Clodius, les collèges, la plèbe et les esclaves. Recherches sur la politique populaire au milieu du Ier siècle, *MEFRA*, 89, 1977, p. 115sqq. が参照されるべきである．

〔4・6・9〕 Nippel, *Aufruhr*, S. 110ff. もまた Clodius の独自の役割を大きく評価し，彼が Caesar と元老院の隙を突いて frumentatio を通じて plebs urbana を持続的に繋ぎ止めた結果初めて元老院の都市中心治安維持機能が破綻した，と解する．しかし frumentatio における Pompeius との競合はよく捉ええても，「反 Cicero」は（その構想の可能性故であるのに）個人的な憎悪と解され，Caesar/Catilina との微妙な関係は無視される．

〔4・6・10〕 cf. Mouritsen, *Plebs and Politics*, p. 58.

〔4・6・11〕 Millar, *The Crowd in Rome*, p. 180ff. は，共和政の政治の生命をぎりぎりまで引っ張り，何と，Clodius，否，Clodius と Milo の間の衝突まで破壊されなかった（「この頃突然暴力化した」？）とする．forum で populus が機能していることをメルクマールとするのであるが，少なくとも Saturninus 以来機能していない．Clodius 自身徒花のようなものである．時々の plebs urbana の実体を精密に分析しないからこのような突拍子もない画像になる．

〔4・6・12〕 例えば D. Stockton, *Cicero. A Political Biography*, Oxford, 1971, p. 182ff., 192f. などを読むと，"boni" の重要性も Cicero 帰還のメカニズムも把握されていながら Lepore の指摘が全く理解されていないことを発見する．背後に社会を構造的に見通そうとする意思が欠落しているから，同じ事実を捉えても意味が問われない．

〔4・6・13〕 Lepore, *Princeps*, p. 171s. は加えて "consensus" という語に注意を払う．Cicero 帰還は corporatism 型和合でないタイプの合意を実験したと Cicero 自身が捉えたことになる．

〔4・6・14〕 もちろん *Pro Sestio* の重要性は誰の目にも明らかであるが，全く新しい光の下に置いたのが Lepore, *Princeps* であり (cf. p. 145ss.)，テクストの背後に初めて大規模な社会構造を置いたと言うことができる．このためテクストは格段に雄大な相貌を帯びて甦った．新しい構想を確認した後，基盤とする階層の社会経済上の位置を探り (p. 175ss.)，再度戻る p. 201ss. は *De re publica* に繋がる新しい政治的階層の概念構成を扱う．

〔4・6・15〕 この辺りの部分が Brunt のテーゼの中心的論拠となった（P. A. Brunt, The fall of the Roman republic, in: Id., *The Fall of the Roman Republic*, p. 57ff.）．この作品はおそらく真剣に取り上げるに足るローマ共和政崩壊論の最後のものであろう．前半 (p. 12ff.) で nobiles/oligarchy を混合政体＝polyarchy に転換して見せる．Nicolet などにも共通の révisionisme であり，Syme, Gelzer の批判になるが，社会構造を一層深く抉ろうとする Lepore の批判とは異なる．デモクラティックな要素を含む政治的リソースの存在は前提されてしまう．Appius Claudius Caecus 以来部分的に正しい画像であるとしても．こうして演説，特にその出版の機能，公衆の役割，が措定される (p. 45ff.)．では何故これが崩壊するか．公衆や "otium cum dignitate" のフレーズから "property owners" に同定され (p. 54ff.), 彼らに保障を与えるという作用を実現する optimates 側の構想がまさに *Pro Sestio* によって捉えられる．しかし populares の脅威に対して十分でない．その構想のピースの一つ一つを Augustus がヨリ安定的に実現した，ので体制の移行が生じた，公衆の要求であった，というのである (p. 61 : "Augustus...his re-establishment of order in itself reinforced the rule of lex"; p. 66 : "in fact Augustus was to realize Cicero's ideal of enhancing the dignitas imperii"; p. 68 : "the new regime was approved by the boni et beati because Augustus did what Cicero's optimates were to have done ; why did the senate fail to achieve that consensus which Augustus obtained ?"). optimates は結局拡大と軍事組織の把握に失敗した (p. 68ff.) とされるが，何と言っても Augustus のプロパガンダをそのまま受け取った初歩的な誤りが存在し，Cicero の "consensus omnium bonorum" と俗流政治用語の「コンセンサス」の間の混同，"otium cum dignitate" の不正確な理解，等 philologique な問題も有る．そもそも Sulla のところで崩壊してしまっているではないか．Caesar は一体何であったのか．Cicero は単なる optimates の理論家か．"property owners" は没歴史的なカテゴリーに過ぎるではないか．まさにその内実が大きく変化している時期であるのに．Cicero の思考の複雑な動き，元首政の致命的な不安定，なども見通しに入っていない．

〔4・6・16〕 "otium cum dignitate" の混乱した解釈に（並行テクストとの丁寧な突合せによって）ひとまず終止符を打ったのは，P. Boyancé, "Cum dignitate otium" (1948), dans: Id., *Études sur l'humanisme cicéronien*, Bruxelles, 1970, p. 114sqq. であった．

〔4・6・17〕 Lepore, *Princeps*, p. 175ss. はこれを求めて municipia と Italia を，さらに *De lege agraria* 等を手掛かりに "individui delle classi abbienti e specialmente proprietari terrieri medi e piccoli" (p. 181) を，探り出す．ここからはもちろん諸都市の動向と領域の状況が目に入ってくる．Lepore のその後の研究はそこへ奥深く入っていく．当時 Cicero 研究として，或いはおよそ思想史ないしテクスト研究として，画期的であった．そして現在の研究はこの水準から後退する一方であるが，われわれがささやかに付け加えるところがあったとすれば，第一に，少なくとも Cicero のテクスト上は基盤に関する限り Lepore はこのように少し遡り，政治構想転換との間にタイムラグがあるが，これをどう理解するかということをあらためて考察した．Lepore の叙述に従えばもう少し早く "tota Italia" と "consensus omnium bonorum" が出ていてもよいと感ずる．事実 Lepore は若干のものを引くが，しかしこの同じ階層から直接政治的階層を構成しなければならない，またしうる，と Cicero が考えるに至るのには別途理由が必要だったのではないか．初めは同じ基盤の上に concordia ordinum を築きうると考えた，しかしそれは幻想であった．この小さな折れ曲がりが Lepore の叙述に望まれた．第二に，単に基盤とするのと，政治的階層をそこに求める，まして一段 municipia を形成させ中間の政治システムを構築する，のとでは全然異なる．そしてそのようにしなければならない性質を基盤自体が有したのではないか．「土地保有」の内容・形態を特定することによってわれわれは再び微かに付け加えたかもしれない．dominium であればこそ必要な中間的な政治作用が存在した．なおかつこれを政治資源としえたし，そして Pompeius 体制はそれを収奪するばかりで不適合であった．Cicero の見通しの大転回は Lepore の言うとおりこれに気付くことによって起こったが，認識したものの中には，今まで見ていた基盤のこの特定的な性質というものが有った．

〔4・6・18〕 Millar, *The Crowd in Rome*, p. 147 は forum の populus が一瞬甦ったと評価する．というのも，Millar にとって「Italia の人々」が forum の populus になりにくいことが共和政崩壊の要因であるからである．Pompeius の期待にもかかわらず「Italia の人々は Rubicon の

Caesar に対して立ち上がらなかった」(p. 195) という. 否, Caesar に彼らはついたのであり, そして彼らは plebs urbana とは似ても似つかぬ代物であり, Cicero の構想においてもそうであった. こういう頓珍漢な誤解が生じたのは *Pro Sestio* のテクストを読む力を持たず, Lepore のテクストも読むことさえしないからである.

[4・6・19]　E. Deniaux, *Clientèles et pouvoir à l'époque de Cicéron*, Rome, 1993 は Cicero の手紙から Cicero 自身の clientela に対して網羅的な prosopography を行った研究であり, Lepore の予測を裏付ける意味を有する.「推薦」の宛先は（しばしば新しく加わった要素であるとはいえ）Pompeius の空洞政治空間の階層であるが, 推薦された人物（commendati）は主として Italia と Sicilia の旧 socii であり（p. 133sqq.）, Volaterrae, Cales, Cumae などが目立つ存在である（p. 374sqq.）. しかしその属性を見ていくと, IV-3 で見たように, 土地保有者に対して, そして信用・金融面での, 推薦をしているのであり（p. 216sqq.）, 2 世紀末に分解した socii と negotiatores 層が再び融合している. この脈絡で Asia, Africa が Cicero の視野に入っている. 基本的に *In Verrem* で Cicero が保護対象として「練り上げた」階層である.

[4・6・20]　51 年後の Cicero, つまり Rep. を持った Cicero が, 如何に明晰な見通しを保持して内戦と Caesar 独裁の時代を生きたか, は Lepore, *Princeps*, p. 329ss. において詳細に描かれる. どの勢力とも距離を保ちつつ相互を媒介する彼の軌跡は, オポチュニストどころではなく, 基盤を見据えた上の悠々たるステップであり, 最晩年の思弁と完全に連続的であると捉えられる.

4・7

　もちろん, 以上のようにして確実に成長を遂げた岩盤は, とりあえず Sulla が中和してしまっただけの古い天蓋に満足できるわけがない. それは単純な占有を原理とせず, したがって内部に固有の論理を有し, それと合理的な関係を保ちうる「政治」を要求する. それが政治であろうとなかろうと. 最も苛立たしいのが政務官職の遂行の物的側面に絡まった信用の錯綜である. 多元的構造そのものが dominium の内部原理に適合しない. 閉じた資源を最適に用益することに汲々とするからである. こうして, 最初に立場を無くすのが Pompeius である[1]. Luca は 55 年の consul として Pompeius と Crassus を立たせ, 彼らは三人で好き放題に権限延長された imperium を山分けする[2]. しかし明らかにこれは, Caesar が念頭に置く新しい単一性と, Pompeius の単一の空洞, の間の同床異夢である. 53 年に Parthia との戦いを欲した Crassus が敗死すると, 二つの単一性を両義的な基底として結ぶものが無くなる. そうでなくとも空洞に相応しく Pompeius は imperium (Hispania) を付与されながら軍事任務に発たず, (さりとて imperium を持ったまま都市内に入れないから) ローマの周辺でぶらぶらしていて, 空洞を維持すべく都市内実力衝突を制圧するにとどま

る．いっそ空洞の単一性を実体化しようとしても，空洞に固執するが故に彼にとって不可欠な Cato 率いる nobiles 残存部にブロックされる．

　この間に Caesar は着々と体制を固めつつある．そして 50 年代末に暗雲のように立ち籠め始めるのは内戦の予感である．半世紀来，ローマでは珍しいものではなくなっているが，Pompeius の天蓋と空洞が健在な期間，しばらく見なかったものである．問題は，triumviri 体制の帰結として Caesar に与えられた imperium が来る 49 年の何時の時点かにおいて失効するという点であった．51 年のキャンペーンを受けて 50 年に選挙をし 49 年の consul に就任すれば（懸隔期間条件もクリアして）丁度よいが，このためにはローマに戻らなければならず，ローマに入るためには imperium を脱ぎ捨てなければならない．しかし Gallia に築いた基盤は Caesar の生命線であった．それは一つの体制として全 Italia と連続的でありうるのである[3]．さらに 50 年の consul たる Marcellus は Gallia 平定を理由に端的に Caesar から即刻 imperium を奪おうとする．Caesar 派はローマ中央にも堅固に築かれており，tr. pl. たる Curio は拒否権を連発する．これに対して Marcellus はついに Pompeius に勝手に imperium を譲り，dilectus を促す．Caesar が元老院に対して送った手紙は，その読み上げ自体が一つのイッシューになるほどであったが，Pompeius の武装解除と引き換えに自分も武装解除する用意があるという和平提案であった．ultimatum でもあり，これが拒否され，結局 senatus consultum ultimum によって tr. pl. の権限も停止されるや，既に Ravenna にあった Caesar は Ariminium と Arretium に向けて軍団を発進させる．当時のカレンダーにおいて，49 年初頭のことである．最も重要な点は，Caesar の進軍に対してほとんど戦いにすらならずローマ中央の政府全体が Pompeius と共に東方に脱出する以外になかった，という事実である．ついに風船は東に飛んで行かざるをえなかった．西の方の領域の形態がヨリ強力であり，少なくともその形態のみが安定的であるようになっていた．東の方の領域は不安定で，それと連動したローマ中央の政治空間は存在意義を失った．ないし，抑圧的にしか感じられなかったのである．nobiles 内，Cicero の周辺からさえ，若い世代が大挙 Caesar の側につく．

　もちろん Caesar とて中央の「政治システム」を復興しないわけではない．しかし「政治的パラデイクマ」の性質は正反対のものに転化する．Caesar に

4 政治の瓦解

dictator の名の下に長期の権力が保障される一方，他の諸々の官職や元老院議員は一元的に彼により任命される．或る意味で Sulla 体制に酷似するが，異なるのは書き割りの中にももはや魚は泳いでいないということである．否，舞台と書き割りそのものが無く，人々がひたすら実務的に動いている．立法は盛んに行われる[4]．その中で若干の実務的な人々の間にも対立が生ずるが，それでも着々と体制は新築されていく．Caesar に具申するという形式を持つ「Sallustius の手紙」は，真作であろうと偽作であろうと[5]，Caesar 体制のポイントを明快に示す．dominium の内部に信用を自閉させ拡張させないこと，大規模な種類物分配，「水源」の閉鎖（東方属州収奪機構の廃止）[6]．Caesar の体制を圧倒的に特徴付けるのは信用の大規模な消却である[7]．具体的には信用の連鎖を徹底的に短絡させる手段が用いられたことは前節において見た通りである．Caesar の体制の根幹もまた信用対策に存した．

しかもなお，Caesar が成功したわけでは決してない．44 年 3 月に彼が非業の死を遂げなかったとしても，信用の問題に決定的な解決を与えることはできなかったであろう．domini は Kyklopes ではないから，信用無しでは生きられない．しかるに Caesar が与ええたのはその lex agraria における対 coloni のもののみであった．彼は自身債権債務の巨大な結び目となり相殺で消却し，他も現物決裁させ，脅威を取り除いた．しかし domini に対して合理的に信用を供給する体制を積極的に創る術は全く持たなかった．以後の「非公式」権力は流石にこの点に意を用いる．もっとも，これさえ成功の余地を多く持たなかったであろう．晩年の Cicero の構想は全てこれに関わり，そして最も先進的であったと言いうるが，それでさえ成功の見込みを持たない．

[4・7・1] 以下，政治瓦解の最終幕最終場について，われわれは Lepore, La decisione politica, p. 780ss. に最新のダイナミックな鳥瞰図を有する．David, La République romaine, p. 213sqq. は nobiles 体制崩壊の理由を主として（confiscatio 等を通じた）senatores 間格差寡占に見るが，支配層の未曾有の富裕化に着眼する点は正しいとして，それをもたらしたのが何であったか，それと Caesar の施策がどう関係していたか，を考察せずに直ちに寡占から単一化へと筆を進める点は説得力を欠く．

[4・7・2] Plout. Caes. 21, 5ff. 三人外の者達も集まって堂々と会議および議決が行われた．App. BC, II, 17 などはここに既に Caesar の圧倒的優位を見る．cf. De Martino, StCost, III, p. 177.

[4・7・3] Asinius Pollio などの存在から Caesar の基盤の一つを Italici に見る伝統的な解釈，特に Syme (Caesar, the senate and Italy, PBSR, 14, 1938, p. 1ff.) のそれに対して，H. Bruhns, Caesar und die römische Oberschicht in den Jahren 49-44 v. Chr., Göttingen, 1978, S. 82ff. は，

Caesar の *Bellum civile* を典拠に，むしろ平穏のみを願望して勝者に与したまでで bellum sociale 以来の脈絡は存在しない，とする．しかし，Bruhns が同じ態度を boni について指摘する (S. 94) とき，boni の実体把握が弱く (S. 91)，かくして Italici と boni の異同，Italici の実質，等について全く考察を欠くことを露わにしている．「Italia が Caesar を支持した」として，様々な構成分子を抱えたその社会の全体がそうしたということは全く意味しない．

[4・7・4] Lepore, La decisione politica, p. 787: "spezzare oltre le clientele gentilizie, la potenza del grande capitale mobile, delle societates equestri, dei grandi finanzieri e del ceto commerciale: limitazione dei liquidi tesaurizzabili, il controllo dei crediti e della moneta circolanti, la rivalutazione dei possessi fondiari e l'obbligo di investimenti in terre italiche...." cf. R. E. Smith, the significance of Caesar's consulship in 59 B. C., *Phoenix*, 18, 1964, p. 303ff.

[4・7・5] 真作説の復権等につき，cf. De Martino, *StCost*, III, p. 223ss. sen. の基盤拡大（による nobiles 掣肘）構想が Caesar にとって有意味であっておかしくないことの論証は C. Virlouvet, Le sénat dans le seconde lettre de Salluste à César, dans : C. Nicolet, ed., *Des ordres à Rome*, Paris, 1984, p. 101sqq. に見られる．

[4・7・6] Sall. Ad Caesarem de re publica (ed. Kurfess), I, 5, 3ff.: firmanda igitur sunt vel concordiae bona et discordiae mala expellenda. id ita eveniet, si sumptuum et rapinarum licentiam dempseris, non ad vetera instituta revocans, quae iam pridem corruptis moribus ludibrio sunt, sed si suam quoique rem familiarem finem sumptuum statueris...: 7f.: quare tollendus est fenerator in posterum, ut suas quisque res curemus. ea vera simplex via est, magistratuum populo, non creditori gerere.... この後，徹底した金融敵視＝生産重視のテクストが続く．8, 6 : et frumentum...per municipia et colonias illis dare conveniet, qui stipendiis emeritis domos reverterint. II, 3, 2 : primum omnium summam potestatem moderandi de vectigalibus sumptibus iudiciis senatoribus paucis tradidit, plebem Romanam, quoius antea summa potestas erat, ne aequeis quidem legibus in servitute reliquit, iudicia tametsi, sicut antea, tribus ordinibus tradita sunt, tamen idem illi factiosi regunt.... これは Pompeius が "pauci senatores" の側に寝返ったことの批判である．

[4・7・7] lex Iulia de pecuniis mutuis については，Suet. Jul. 42 ; ed. Ihm : decreuit tandem, ut debitores creditoribus satis facerent, per aestimationem possessionum, quanti quasque ante ciuile bellum comparassent ; Caes. BC, III, 1 : constituit ut arbitri darentur ; per eos fierent aestimationes possessionum et rerum, quanti quaeque earum ante bellum fuisset, atque eae creditoribus traderentur. 債権処理委員会の如きものが不動産の評価を一方的に下した（「内戦前市場価格」が Suet. では「購入価格」に化ける）上で，これを債務者から債権者に引き渡させ，一方的に債務を消却してしまう．債務問題の清算ばかりでなく，réel な担保の結果占有が不分明になっていることの処理もまた問題を構成したのではないか，と推測される．しかし Caesar の立法が無くともおそらく政治変動は大規模な信用収縮をもたらしつつあったはずである．Cic. Fam. V, 20, 9 ; Att. XII, 21, 4 ; 25 等々に見られる事態，不動産によって不動産を購入したり (permutatio)，現物が転々として債務が幾つも消却される事態，はどこまでが立法の効果であるのかわからない．fam IX, 16, 7 (46 年) は，Neapolis に住む騎士 eques にして Epikouros の徒，L. Papirius Paetus に向かって，「無資力の抗弁」(bonam copiam eiurare) など無駄だ，現物を取られておしまい，いい資産があるのだからじっくり待って果実により回収しようなどという余地はない，債権者としての君もいさぎよく受け取って諦めろ，私を家に招いた以上は仕方ないのと同じだ，等々と言う．

5　ディアレクティカの隠遁

5・0

　以上に述べたきたような社会構造の大規模な変動は社会構造の基底をなすディアレクティカにどのような変化をもたらしたであろうか．ローマの政治を支えるディアレクティカは，なるほど，決して明示的でもなければ圧倒的に発達したのでもなかった．直接支えるのはあくまで儀礼であるように見えたし，これによって培養された政治的階層の強いエートス以外にそれを補強するものは無いようにも見えた．しかしよく見れば，共和初期以来ギリシャの影響は濃厚であり，儀礼を基礎付ける étiologie は後々までも明白な痕跡を遺すほどにディアレクティカを施されて生き続け，大規模なディアクロニクな構造変化をも経過していた．そして，3世紀半ば以降の第二波のギリシャからの影響の時代においては，この étiologie をギリシャにおける M の如くに突き放して基礎に据える作業も行われた．もっとも，これは決してギリシャ型の政治システムへと転換することを意味しなかった．むしろ，ローマ型の政治システムを外側から捉え返す要素を含むようになる独特の複合化の帰結であった．ただしだからこそ同時に，一見既にデモクラシーを思わせる影響も見られ，歴史学や悲劇喜劇が花開く．しかし一方で政治的パラデイクマの先例性および étiologie と，他方で歴史学と Critique，を連続的に構成することこそ Fabius Pictor 独特の年代記の秘訣であった．決して両者を区別できないわけではないが，両者はクロノロジクに接合される．喜劇の突出した発達は，上の複合性のうち最も豊かな可能性を内蔵した部分の突出性に由来した．要するに，たとえ共和末に Ennius が「国民的」な叙事詩と見なされるようになったとしても，当初それは

一種外付けされているにすぎなかったであろう．

　しかるに，少なくとも Gracchi の時代以降，こうした微妙な均衡が崩壊していったであろうことは容易に想像される．否，それどころか，政治自体の瓦解が明白である以上，ディアレクティカが全面的に壊滅していくということすら予測しうる．つまり共和政を支えた étiologie も，接岸したばかりの諸々の明示的なディアレクティカの形態も，雲散霧消したとして何ら不思議は無い．ところが周知の如く外見は全く逆である．むしろこの時代に初めてローマに固有の文芸が花開く．しかもギリシャからの本格的な影響をテクスト自体が自認する．この時代に初めてギリシャの哲学が本格的にローマに上陸したと言われる．確かに輸入であり再述である側面を多く有したが，それでも人々が哲学し始めたという事実は残る．様々な性質を有する諸々の専門学が発達し，多くはギリシャから受け継がれながらもギリシャには無かった特徴を獲得し，その部分が人文主義以降の西ヨーロッパの文化の基礎を与える．何よりも探求しなければならないのは，以上のようなディアレクティカの諸形態は何故この時期に頂点を極めたのか，それは総じてどのような性格のものであったのか，われわれが想定してきた具体的な社会構造の変化と符合するものであるか，ということである[1]．ちなみに，例えば叙情詩のように崩壊後にさらに一段発展する分野も有りはするが，それも Augustus 期までで，たとえ一気に消滅することは無いにせよ，全ての分野において，以後大きな上昇の線というものは見られない．大きく見れば散り去る時の壮麗な輝きである．

〔5・0・1〕　C. Moatti, *La raison de Rome. Naissance de l'esprit critique à la fin de la République*, Paris, 1993 はこの問題に挑戦した重要な研究である．Momigliano や Lepore をよく踏まえる．ただし，exempla と mos maiorum に依拠していた政治体制が突如として「危機」に陥り，立法等精緻に思考しなければならない事情が生じたために Critique が発達した，という結論は採りえない．彼女の言うように確かにローマでは Critique は特殊な形態を帯びるが，それは Gracchi 以後ではなく，少なくとも 3 世紀から，厳密には共和初期からである．そのディアレクティカが壊滅するときに光り輝く．しかし決して初めて生まれたわけではない．そもそも Moatti による「危機」の捉え方は具体的でない．そのうえ何も新しい社会構造はできあがらなかった（ひたすら崩壊した）ように映る．政治は崩壊する．しかし何も無いわけではない．

5・1

　155 年，Athenai から哲学の三つの学派の三つの学校を主宰する三人の人物

5 ディアレクティカの隠遁

がローマに使節としてやって来る．外交目的とは別に行われた講演ないし実演はローマの政治的階層に決定的な印象を遺した．その中の一人 Scipio Aemilianus は以後の時期の最大の軍事的政治的リーダーであり，そして彼を取り巻く政治的階層の人々はその後特に Cicero によって理想化され，19 世紀になると「Scipio のサークル」[1]として学説上も伝説化される．この媒体を通じてギリシャ哲学が（それまで哲学とは凡そ異質な）ローマ社会に流入した，というように捉えられることが今日でも通例である[2]．これまで述べてきたようにローマがディアレクティカを実質的に知らなかったのでは決してない．そして哲学がディアレクティカを独占するのでもない．その分割り引かなければならないが，それでもこれは大きな出来事である．政治的階層が本当に哲学化されたわけでもないし，伝える Cicero のテクストのバイアスを差し引くべきである，という見解も軽視しえないが，それでも何かが変化する兆しは確かに存在する．

　この事象を正確に位置付けるためには視野が欠かせない[3]．一体何が来たか．浸透したとして高々何であったか．繰り返し強調するようにディアレクティカ自体は既に来ていた．一層自覚的で明示的なディアレクティカも，例えば Ennius が Homeros を意識し Fabius Pictor が Ephoros を意識するようにして，既に到達していた．それに加えて 2 世紀後半に幹から辿るようにして全面的なディアレクティカ総体が及んだか？　否，である．では何が？　「哲学」の分化自体十分に問題を含む事態である．いわゆる "sophistes" について既に一応の分化を言いうるとして，しかし Platon 以後一層固有の意味で分化し立て籠もったものが少なくとも狭義の「哲学」であり，おそらく（直前まで警戒されながら）Scipio のサークルにようやく入っていったのはまさにこれであったと思われる．ディアレクティカの活動は Platon の学校 Akademeia 以降，Aristoteles の Lykeion，ストア派，Epikouros 派，というように，制度化されていき，しかもその継承はほとんど不動産（としての学校）の承継でさえあり，主宰者の交替は王権のそれの如くである．学派間の論争には完全に決まったパラデイクマが存在した．いずれにせよ，われわれの作業はまずディアレクティカのこの形態が一体何を意味するかということを確認することから始めなければならない[4]．もちろん本来は，そのような作業は占有概念に関するこの小さな論考の射程外である．それでもさしあたりのことを，独自の論証抜きに既存の

学説を追認するだけであるとしても、確認しなければわれわれの論証は完結しない。

振り返れば、5世紀末のAthenaiではデモクラシーの二段のディアレクティカが形を崩しつつあり、paradigmatismeが横行し始めていた。これを徹底的に批判した人物がSokratesであり、彼はディアレクティカの二段という全体的脈絡を復活させ、第一段から第二段への短絡を排除した[5]。「自然学批判」はこの趣旨であり、それが前提的批判に関わるべきであって決して政治的決定を論拠付けえない、という主張であった。政治的決定の論拠付け、つまり「正義」の問題、は君臨して牽制するものの、まず前提的批判に送られ、知の問題にネガティヴに還元される。そしてここではCritiqueが徹底的に強調されるから、政治的決定に至ることは絶望的であるように思える。こうしてSokratesは政治からディアレクティカへ貫通する原理を突き詰めた人物であるということになるが、にもかかわらず彼の（このようにネガティヴな）主張は、政治的決定の前に人が一人一人保持しなければならない態度として受容される。つまりそれ自身一個の直接的パラデイクマと受け取られたのである。確かに政治的決定の重要性を方法的に前提しつつ、それと峻別された次元で手続を要求するのであるから、まるで領域において政治的文脈と無関係に従うべきパラデイクマを提示しているように見える。何かの「教え」のように思われたとしても不思議はない。この誤解は彼を糾弾させるとともに追随者達を生み出すことにもなる。

4世紀に入って以降、人々はSokratesの危機意識を忠実に継承し続ける。paradigmatisme、およびparadigmatisme批判のparadigmatismeへの転化、を批判し続ける。なおかつこの後者を避けえなかった。Isokratesのsophistes批判はparadigmatisme批判であると同時にPlaton流「哲学」の批判でもある。前提的批判は一義的クリテリウムを要請する。ここからの指令は第二段でも特定のパラデイクマを押しつけてきて政治を破壊する。このように見たIsokratesは、政治的決定本体における自由な論拠付け、その多元性、目的に応じた様々なparadigmatiqueな分節の形態、個々の状況認識、等々の復権を試みた[6]。或る意味でHomerosに帰るという動機であり、*Areopagitikos*などはSolonを標語とする穏健デモクラシーへの回帰である。前提的批判の専制から

言語の応酬を解放することが彼の目的であるから，広い意味の論理学的操作によって弁論の前提資格を問う（sophistes 的）「弁論学」をも彼は排斥する．なおかつ，この主張に基づいて模擬弁論を書き続け，そして彼の学校でそれが教えられるとすると，それ自身無限に paradigmatisme に近付くのみならず，実は前提的批判の縮減形態に接近する．刑事裁判を例に取ろう．或る文書が真正かどうかは，その文書の証拠力に対する前提的総合判断と相対的に別個にも判定されうる．証拠の資格を前提的にチェックすることの重要性を論証本体との緊張の中で強調したのが Sokrates であったとすれば，専門家に例えば筆跡のみを鑑定させ以下判断を停止することは反 Sokrates 的である．一見重要な前提的批判であるかのように見えるが，これは Critique もまたディアレクティカの一局面であるということを忘れさせ，当該 Critique からディアレクティカたる質を奪わしめる．真偽等の結論は単純になり，真作であれば絶対の証拠力を持つというような短絡した判断さえもたらしかねない．Momigliano が antiquarianism と名付けるに至る知の形態は，sophistes の活動の中で前提的批判の小さな部品をなしていたものが 4 世紀以降外へ流れ出して独立の閉鎖的ジャンルになっていくことによって成立する．Momigliano がまさに問題とするこの知の形態の問題性は，ディアレクティカたる質の脱落ということに尽きる．そして Isokrates さえも，こうした知の形態に属する一ジャンル，修辞学，の創設という役割を結果として斥けえなかったのである．しかも，Isokrates の真正な主張と短絡させれば，修辞学は政治的決定の結論を左右しうるということになる．

　Isokrates とほぼ並行して，Platon は Sokrates にひたすら忠実になおかつ paradigmatisme の極にまで達する．例えば *Menon* において，政治的階層を構成するに足る個人の資質 arete は教ええないという典型的な Sokrates 的対 Protagoras 論難に際し，arete とは何かについての多様な見解が検討され共通の要因が探られ概念の単一性が措定される．確かにそれには達せず提案は悉く崩される．ここまでは Sokrates であるが，しかもなお，そこに eidos というものが現れるのにわれわれは気付く．単一の範型，パラデイクマ，への paradigmatique な関係が理論的に追求される端緒である[7]．かつこうした範型は anamnesis によって先験的先天的にわれわれは記憶しているとされる．だからこそ

「教ええない」（！）．*Phaidon* においてこの思考は洗練の度を増す．目の前の個物が確かにそれであると判断されるとき，そこには直感的な同一性の判断，paradigmatique な作用が有るとされ，例えば机が作られた由来（aitia）を幾ら探求しても無駄で，直ちに eidos を探求せよ，と言われ，自然学（syntagmatisme）批判は徹底される[8]．*Politeia* においては，個人＝ポリスの paradigmatisme（アナロジー）[9]から政治的パラデイクマに対して倫理学的にアプローチされる．正しい政治的決定の手続と内容（「正義」）は個人にとっての最高善の追求と同義であると措定される．まず一大 mimesis 論を展開して詩を攻撃する．叙情詩，悲劇等，もっぱら社会構造に働きかけ「だからそうする」から完全に切り離された平面にべったり貼りついたまま一回限りの問題状況を凍り付かせる思考様式，これから Platon は政治的階層を解放しようとする．ディアレクティカの秘訣 M の否定である．そうではなく，机を机たらしめる eidos が有るように，最高価値 to agathon にも eidos が有るから，これをひたすら目指さなければならないというのである[10]．to agathon のような場合には eidos は個物から無限に離れ無限の飛躍・上昇を要求する．このとき eidos は idea という語に置き換えられる傾向がある．なおかつこの遠い idea に向かって初めて本格的に認識論が問題提起される．idea はほとんど彼岸に置かれる．そして誰が認識しうるのかという問いも初めて立てられる．太陽のパラデイクマは，idea を認識させる原理自体が idea よりもさらに高次の存在であるように考えさせ，洞窟のパラデイクマは，その原理と idea 自体を彼岸に置き，敢えてそれを認識した者に特権的地位を与え，なおかつ彼に他を導く使命を付与する．*Phaidros* ではこの動機が大いに展開され[11]，前半では一種の狂気としての eros（Kassandra！）が個別の者に超越的視野を与えるように描かれ，そうした能力を根源に持つ魂は Pythagoras 風に metempsychos を許し，神のそれが唯一実在・真実を見うるとして，他はこれをどこまで共有しうるかに懸かり，いずれにせよ個々の肉体に宿る頃その魂はなかなかもはや真実を思い出せない．そこで火を見た者が他を導くときの方法 dialektike の必要が導出され，弁論術はここに関わる．これは eidos への paradigmatique な統合において下降の動機を構成する．つまり具体的事象を eidos 支配下のどういうヴァリエーションであるのか説明する作業であり，Platon 後期の diairesis に繋がる．

5 ディアレクティカの隠遁

　Sokrates の公準，否，そもそも二重のディアレクティカと前提的批判自体，クリテリウムのところで徹底的に一義性を追求する．クリテリウムは精密科学の実証性の方へ赴くことも論理学に赴くこともあり，多種多様であるが，その中において Platon が以後専門的に哲学的と称されるようになるジャンルのクリテリウムを初めて提起した功績は疑いなく巨大である．前提的批判のパラデイクマ操作において一個の一義性として一貫性が要求されるとするならば，eidos 問題は避けて通りえず，しかもそこには無限の paradigmatique な飛躍が存在する．すると，それは作用として政治本体（ディアレクティカ第二段）と同一である．ただし所与から無限に拡散するヴァージョンを引き出すというのでなく，逆に厳密な同一性を保ったまましかも遠くへ引き出すのである．この点は Critique であるからこそである．そうすると放っておいても Critique は性質上政治的決定に近接する．剰え，正しい政治的決定の仕組みや内容とは何か，という前提的批判問題を立てる（politeia）ならば，二重に政治的決定を先取りしているように見えてしまう．しかしこれは何を意味するだろうか．少なくとも，デモクラシーと共に領域に降りたディアレクティカが政治抜きに或いは政治から独立に生命を保とうとする姿であると言える．その paradigmatisme は政治から精錬されたエッセンスとしての自由な構想と現実改変を短絡的に代弁しており，目標が彼岸にさえ置かれれば狂おしくも崇高な理念となる．人々を本来の意味の政治へと飛躍させさえするだろう．否，Critique と共にデモクラシーすらそこに含まれると考えさせるだろう．後期の Platon が露わにしていくように，デモクラシー最奥部からの声でさえある．それでも，この前提的批判は政治の外に在り，ディアレクティカは政治へと出て行かない．Sokrates を貫きながらその余りどこか混乱している．かくして，後期 Platon 自身が悩む理論的難点を eidos 問題定式が抱える．

　パラデイクマを全体として，しかも大きなヴァージョン対抗の中で，捉えるはずのディアレクティカにとって，Platon が個物から出発し，抽象概念に至ってもなお「何々とは何か」と問い続けることに，直ちに大きな疑問が存在するが，そしてここには個物の切り出しや actantiel な原理が関係していることが直感できるが，案の定 Platon は *Kratylos* で言語の問題に取り組まざるをえない[12]．記号連関を前提として彼は語と対象物の関係を追究し，ここに真偽を

問いうるという立場を採る．対象物や行為には一定の性質が有り，これが安定しないと語は使えないとばかりに，語を使う行為も自ずからその性質に対応する，と考える．そして原初の事象識別は何と nomothetes, ないし demiourgos, に帰せしめられる．この者の把握は徹底して自然主義的であったとされる．擬音語に着目し，優れた肖像画を描くように語は創造されたというのである．なおかつ paradigmatique な関係における序列は存在し，実体に対して語は派生的とされる．恣意性，同音異義語のような問題，はこのことのコロラリーとされる．言うまでもなく Saussure が打破する相手の成立である．Theaitetos ではやっとパラデイクマそれ自体を問題とする[13]．三つの知の形態の批判であるが，主題は第一と第二の対抗であり，第一は前提的批判（aisthesis），第二は政治的決定（例えば裁判 krisis，「真の doxa」）であるが，前者は，対抗するパラデイクマないしヴァージョンたる P と Q のいずれもがパスしうるので正しくなく，後者も，P か Q のいずれかが必ずパスする（例えば当事者主義）ので正しくないとされる．確かにどちらも手続であって「実体的真実」は保障されない．パラデイクマの対抗という平野に出るや Platon はかくして引き返してしまう．もっとも，前提的批判の「paradigmatique な連帯」論に戻るとそこには実は Parmenides が立ち塞がる（Parmenides）．「馬」という eidos は成り立つか．個物としての馬，メリーゴーランドの馬，よりはよほど安定的であり存在の名に値する．しかし「動物」や「生物」との関係ではどうか．一体どのレヴェルで存在を構築するのか．Parmenides は凡そ存在だけが存在すると言い，Demokritos は atomos だけが存在すると言い，それぞれに極めて安定的である．しかし eidos は全くとりとめがない．前提的批判の確かなメルクマールたりうるのか[14]．かくして晩年の Platon は理論的な難点から idea 説を放棄したとさえ言われることがある．Sophistes では Parmenides に抗して「存在しなくとも存在する」と逃げざるをえない．怪物の像のように無いものも有るように見せることができ，そしてこれも有る．しかし「存在するものが存在する」のと「存在しないものが存在する」のとでは程度の差が有り，存在の意義，カテゴリーの安定，には階梯が有る，とされる．どこで切るのか悩まずに済む反面，eidos 理論の魅力は半減する[15]．それでも例えば Politikos では分類—下位分類等が認められ，その弁別 diairesis が基礎付けられる．存在そのもの，模造，

逸脱，等が概念されうることになる．正しい模造が区別されもする．*Sophistes* では「哲学者」と「ソフィスト」を区別するためにこのロジックが用いられる．存在そのものはあれほど嫌われた syntagmatisme つまり aitia によって得られる．つまり最初に作る行為，ないし正しく模造する行為，と模造，それも逸脱せる模造，が対比されるのである．「作る」か「作らない」かは決定的な区分であり，「ソフィスト」は対価を取って知を売り買いするだけであるとされる．都市中心の取引・商業はかくして貶められ，領域に視座が据えられることになる．作る側の頂点には神が居るが，これが第一に demiourgos であり[16]，これに派生的 demiourgos，正しく把握して作る者，が加わる．その下に拙く作ったり，存在しないものを作ったりする者が居て，しかしこれらも存在し，「ソフィスト」の eidos さえ有る．最晩年の Platon は大規模な二つの具体的政治構想を著すが，*Politeia* における idea としての構想とは性質を異にする．politikos は派生的な知の保有者にすぎないから，複数有りえ，したがって階層をなす．一種のアリストクラシーである．さらにその知をコピーしておくことも必要である（nomoi）．politikos が忘れても大丈夫．*Nomoi* はこの第二派生形態の詳細な各論である．こうして結局 idea 理論を最後に支えるのは作る作用，demiourgos の作業であった．この一点に情熱を傾ける作品が *Timaios* である[17]．Atlantis のパラデイクマは二つのデモクラシーの挫折を意味する．海の〈二重分節〉は今やオリエント的帝国の枝分節系にすぎない（Atlantis）．迎え撃つ原始 Athenai は陸（領域）の結束で対抗するが，寡頭派のクーデタの如くあえなく滅び，両者が消えた後，demiourgos が森羅万象を創造する．Platon は最後には壮大な自然学，しかも cosmogonie，つまり大 syntagmatisme，ほとんど Ionia，に辿り着いたのである．demiourgos は元来は職人であると同時に民衆のリーダーであり，Hephaistos をモデルとする．今や追い詰められて絶望するその demiourgos が完全に自らを閉ざし自己完結的な自律世界を孤独に描き続ける．

　Platon の弟子，Aristoteles（384-322）はやがて Platon の Akademeia から独立して学校（Lykeion）を築く．彼の Platon 批判は，個物を越えた eidos の存在が論証されない[18]，個物を離れて決して実在は無い，という点に存した．eidos は運動や変化の原因でありえない[19]ばかりでなく，個物は何かを模写せ

ずとも生まれ，そして多くの属性を集める軸となりうる．とはいえ Aristoteles は Platon の基本を放棄するわけではない[20]．個物は eidos 形相と ousia/hyle 質料との組み合わせであり，これが前提的批判の前提に措定される[21]．形而上学である．形相において Platon の paradigmatisme は生かされる．しかしこうして構成された個物相互の関係，生成消滅や運動，への関心は完全に復活し，その意味ではイオニアに帰るのである．つまり，Aristoteles においてはこうして Platon とイオニアは矛盾無く接合される．彼は盛んに学説史を追い，多くの理論が再解釈され体系的に統合される．退避のディアレクティカが構想されるのでなく，ディアレクティカの堆積全体が退避させられ，小さなカプセルに収められる．現に，イオニアの理論からは彼らの無方向的空間概念や機械論的説明はそぎ落とされる．彼らの理論においてそのパラデイクマは根底で働き決して実現しないものであった．atomos も決して目に見えない．しかし Aristoteles においてはその関係はフラットな原因結果関係になってしまう[22]．事象を全て原因とそれ自体に分節するのはよいとしても，原因は目的に置き換えられる．かくして技術から自然現象にアナロジーがなされ，鉄が何かの製品へと作られることが説明全体のパラデイクマとなる．Zenon の厳密さは消え，運動や生成もこの範型による．つまり demiourgos は踏襲されたのである．他方 Aristoteles も Parmenides の公準に従い，そして Platon のような困難を覚えずに済む．何故ならば質料が或る意味で最後の砦となるからである．こうして極めて具体的に公準を展開する[23]．或るものが有ると同時に無いということはない．これはそれ以上に遡りえないが，逆にここへ持って行って論駁する (elegchos) ことは可能であり，これが論証の基本とされる (apodeixis)．形相一質料をフルに生かし，「存在が存在する」は何か個物の質料が属性としての形相を得るが如く，壁は白いか黒いかで中間は無い，という原理から相手を追い詰める．全ては個物とその属性の関係の一義性に分解され，このタイプの論証は analytike と名付けられる[24]．個物の分類へ思考が進むのは明白で，主語述語の分析，命題 protasis の分析，から論証は行われる．狭義の論理学の創始である．初めに事象の中に属性を見抜く知的活動（存在そのものの把握）が有り，ここから組み立てて体系を概念する知的活動が dialektike と呼ばれ，他方，これらの結果を受けて論証を正しく行うのが analytike である．こうして自然

学と論理学は分解され，遡ってディアレクティカの堆積も分解される．

　Aristoteles はありとあらゆるパラデイクマを一つの方法で網羅的に扱う．弟子を使って膨大な経験的探求にも乗り出す[25]．例えば，歴史学のパラデイクマより文学のパラデイクマが優るのは，典型という eidos のモーメントを有するからである．倫理学と政治的パラデイクマの間の緊張もほとんど消え失せる．倫理学においても自然学におけるのと同じように目的因が支配する[26]．確かにそこには agathon ariston という絶対的な目的が概念されるとはいえ，これは何にとってのという質料の相違に対応し，この場合それは魂 psyche であり，これが arete に従って動くときに最高価値が達成されるが，そのクリテリウムは ethike arete であり，これは政治的階層としての資質に換えて領域の立派な人間たる資質とでも解する他ない一種のトートロジーである．それでも真っ直ぐなパラデイクマ orthos logos に従うことと言い換えられ，後者はさらにパラデイクマが調整・調合されていることに置き換えられ，こうして中点 mesotes の理念が出てくる．to meson はしかし公共性でもあるから，公共性とは領域からの利害を調整することであると言われているような錯覚に陥る．しかし Aristoteles は少なくともこの意味において平等論者であり，isotes は微妙な比例の絶対的均衡点であり，経済倫理，階層間の均衡，制定法と自然的正義の均衡，行為における意図・目的の重視（故意を尊重し厳格責任を排すること），人格ないし psyche 自体の判定（節制やバランスの重視），等々に及ぶ大原理である．具体的な政治的パラデイクマにも同じ方法が適用され，体系化される[27]．それはそれ自身一個の体系であり，一個の範型に向かって発展する．そればかりではない．Aristoteles は人間の生物学的生存から様々な社会学的結合関係を経て政治的結合までつるべ落としに一気に説明してみせる．目的である政治的結合の目的はさらに「良く生きること」eu zen とされ，そもそも自然においてこの意味の生存に向かうよう人々は方向付けられている．なおかつ政治システムの中に家等の結合は残るのである．Aristoteles の考察を特徴付けるのはむしろ質料に該当するこの方面，つまり領域の問題への深い洞察である．政治システムの形式的な分類を斥け，実質どの階層がヘゲモニーを握っているのかに着目する．そして実際的な理由に基づいて穏健なデモクラシーを最良とする．これが彼の "politeia" であり，土地の上にしっかりとした基盤を有する

者達が中核を担う[28].

　PlatonとAristotelesの学校は凡そディアレクティカという活動を一個の制度の中に閉じこめるかの如きことになる．同時にその内容を完全にPlaton/Aristoteles風にしてしまう．哲学諸分野ばかりでなく，凡そ知の総体が刻印されていく．否，文芸の諸ジャンルすら，喜劇を除き，Aristotelesの直接の影響ではないとしても大きな影の下には立ち，まずは古事学的ないしphilologiqueな部分から入りテクストのstratificationの上に自らの制作を位置付けるという様式に変化していく[29]．Isokratesから出発する修辞学もAristoteles抜きには存立しえないものになっていく．ヘレニズム期，特に3世紀のギリシャ諸都市の社会構造に立ち入る余裕を持たない以上，何故このようになるのかについて考察することは時宜に適わないが，ディアレクティカがこのような形でのみ行われたとするならば，諸都市の政治的階層にとってディアレクティカは政治特にデモクラシーの場で行うものではなく，確かに学校時代に涵養する素地であるとしても，一旦それは済ませて，政治の場ではいきなり諸々のパラデイクマに，多分余りCritiqueを経ないまま，否，鋭い論拠付けの応酬をさえ経ないまま，従わざるをえない，ということを意味する．卑俗に言うならば，予め諦める心の準備を済ませて，心ならずの政治的決定を行うのである．諸王国の諸権力との関係の中で極端に言えばこの二段（心の準備）にのみ今や「前提的批判」前置は対応する．すると，明らかにデモクラシー（失敗）の後遺症である．ディアレクティカ本体から一旦距離を取ってさえ事を決することを要請された．危機になればなるほど政治的決定の前に自分として如何なる直接的パラデイクマに従うかということに関心は集中していった．全ては倫理学，或いは「良く生きる」こと，に結果していった．政治的決定の過程や内容は逆にそのコロラリーとして捉えられるようになっていった．元来ディアレクティカは凡そ全てのパラデイクマを徹底的に吟味加工することを趣旨としたから，われわれは大きな隔たりを感じざるをえない．とりわけ素材として採るパラデイクマが時代を経るごとにPlaton/Aristoteles（や場合によってそれ以前のテクスト），そしてその解釈，解釈を争う対立学説，自体に閉鎖されていく．以上のようなアプローチは，デモクラシーを追憶（ないし追悼？）するものであるとはいえ，結局，政治の無いところでどのようにディアレクティカをするかと問題を立て

ることと等価である．現実の総体を大規模にディアレクティカにかけることはできない．なおかつ，おそらくこうした形においてのみディアレクティカは種子として地中深く保存されたであろう．少なくとも本当のディアレクティカの所産がテクストとして発見されるまでは．また後者を発見させる唯一の糸口であったろう．

300年頃Zenon（333-261）によって，「柱廊」と称されるStoa派の学校が創設される．Stoa派は以上のようなディアレクティカの退行形態に一層相応しい内容を説く．Zenonの出発点[30]はPlaton/Aristotelesであるが，それでも部分的にそれを覆す．初めからideaの如きものが有るのではないとして，彼は知覚から議論を起こす．対象物から何かわれわれの知覚に刻印がなされる（typosis）．そればかりでなく，われわれの側でそこから概念のようなものが形成され（anatypomata），このときに対象物を把握するわれわれの精神の能動（phantasia kataleptike）も重要な役割を果たす．われわれの外に存在は確かに存する．他方でしかしphantasiaもまた立派な存在である[31]．Critiqueはもっぱらこのようなプロセスを経る認識の真偽に関わる．両者の符合である．ディアレクティカ本体として見た場合，把握の能動の部分にparadigmatiqueな要素が潜んでいるが，それでも（パラデイクマというより個物を捉えるが，この点を置くとして）パラデイクマの忠実な再現を基準とする．確かにその通りだったかどうか．ならば前提的批判に相応しいかと言えば，原子論に赴くわけでも，社会構造を概念するわけでもない．知覚，写像，刻印，といった概念が基軸となるのである．もっとも，経験的な，ないし帰納的な，判断に関する広い論理学を大いに発達させる．「ナイフが布を切る」という事象を扱って二つの個物の関係を見るとき，しかしこの両者に還元できない第三の要素が有り，言語はこれに関わる（lekton），といった認識も生まれる[32]．記号論の嚆矢であり，パラデイクマの復権であるが，事実次のChrysippos（280/76-208/4）になると[33] "σημαῖνον"，"σημαινόμενον" という術語が現れ，signifiantはsignifiéないし概念のみに関わり，事象はさらにその外に在る，という把握はしっかりと基礎付けられる．他方，Zenonの自然学はAristotelesに依拠しながら一見イオニアに還るが如くである．宇宙全体を貫く目的因は再び火というように特定され，eidosは具体的なsyntagmatiqueな連鎖に置き換えられる．しかし自

然全体を貫く原理は神が保障する法則性によって裏打ちされ，したがって依然宇宙は一つの方向に方向付けられているのである．この原理は直ちに心身論に適用され，Sokrates に端を発する理念たる「魂の自律性」は（宇宙の如き）魂自身の内的一貫性と捉えられる．内的秩序の理法に精神を合致させる（homologoumenos）ことが正しい生き方である．外からの入力がまず動かす感情に左右されることがあってはならない．「被らないこと」apatheia が Stoa 派賢者の理想となる．Zenon 後にはむしろ宇宙を貫く理法に魂を共鳴させるというように理解され，こうなると明示的に自然と倫理の Sokrates 的峻別は消えてしまう．そのときにはポリスも政治も緊張感をもたらさない．凡そ社会的レヴェルの習俗や規範は特別の意味をなさなくなり，自然の理法に従うことが自由・自律と考えられる．Chrysippos はさらに進んで実定的規範をも自然の理性に合致したものにすべきである説く．

Epikouros（341-271）もまた知覚を復権させる．しかしそこから（Platon/Aristoteles を受け継いだ）Stoa 派と反対に論理学にではなく自然学に赴く．自然学の自律性を最も強固に主張したのは Demokritos であるから，ここに依拠して Aristoteles 批判を行う．paradigmatisme（eidos 等）を徹底拒否して syntagmatisme を貫くというのである．Stoa とほぼ同時期に「庭園」と呼ばれる学校を成立する．しかし Stoa 派と同様に，全てのパラデイクマをディアレクティカにかけるというのに遠く，syntagmatisme の根底も Demokritos を借りるばかりで，目の前に現れて来るパラデイクマ，否，その実現のみに反応するかのように，知覚 aisthesis が絶対の前提で，かつ徹底することには，知覚自体は全体に真であり，これは存在しているとされる[34]．また存在しているものは真である．もちろんこれは無批判を意味せず，知覚が第一のクリテリウムであるとすると，知覚から自然に形成される概念たる prolepsis が第二のそれであり，これらが勝手な思い込みを払拭するのである[35]．「被らない」のではなく，逆に知覚ないし感覚にそのまま従うということが倫理学の内容となる．快―不快はそのコロラリーであり，これを無視しても無駄であり，直ちに従うことが正しい．これが明証性 enargeia である[36]．知覚の根拠は Demokritos に従って飛び込む原子である[37]．かくして目的因も生成消滅も神の介入も拒否されるが，Demokritos におけるようには原子は対抗・反発しあっておらず，重

5 ディアレクティカの隠遁

さを有してひたすら落下し続けている．これが偶然によって衝突しそらされることで自然的事象が成り立つが，その完璧に唯物論的な心身論も，この法則に貫かれる．精神ももちろん原子によって構成される．この原子は特別にすべすべしたもので自然に動くが，外界から原子が衝突して身体から精神にそのことが伝わってくると，精神を構成する原子のその自然の運動を妨げる．これが不快である．Demokritos において原子の差異と衝突こそが基本であったことと正反対である．そもそも身体自体が精神を構成する原子の自然の動き＝落下を受け止めて妨害している．逆に死によって身体が滅失すると受け止めるものが無くなった魂は雲散霧消してしまう．霊魂不滅はもとより成り立たない．快は倫理学を基礎付ける[38]．心身の要求に耳を傾けて従うことが人々のすべきことであり，原子を粉塵として巻き上げているような衝突の極たる現実政治こそは忌み嫌うべき事である．しかし都市中心を離れれば，人々は互いにすべすべした精神原子を有する以上，そこには高貴な友愛[39]が成り立つ．

以上のような傾向，特に Aristoteles の体系と Stoa 派に対して，執拗に Sokrates に還る動機が対抗していくのも 4 世紀末以降の一貫した特徴である．懐疑派は大きな一角を占め続ける[40]．簡単にはディアレクティカ第二段に行かせないための議論は徹底され，「自分が知らない」ということさえ人は認識できない，と説かれるに至る．Pyrrho (ca. 365-270) の思想は依然論争の的であるが，彼を仰ぐ人々は途切れながらも少なくとも Sextus Empiricus のテクストを遺すほどには続いていく．この人々とは別に，Pyrrho からの剽窃を非難されながら，Akademeia は懐疑派の代名詞になっていく．3 世紀の半ばに Akademeia の長となった Arkesilaos (315-240) はあらゆる断定（特に Stoa 派）を徹底的に攻撃したと言われる．文字通り Platon を飛び越えて Sokrates に還ったことになるが，典拠は Platon のテクストであり，このとき Platon の別の面がどのように扱われたかについては論争が絶えない．いずれにせよ，これら懐疑派の人々の特徴は，二重のディアレクティカの正しい前提の復元という側面を持ったことを否定できないものの，全ての次元の全ての性質の判断につき，両極とも等しく成り立つ (isosthenia) ために選択しえない，としたばかりか，それが故に選択すべきではない，判断を停止 (epoche) することがまさに幸福に繋がる．これにより掻き乱されずに済む (ataraxia)，等々と説いたことで

ある．知覚や認識における判定の不確かさではなく，ディアレクティカ第二段の決定を凡そしないことを中核とした．Pyrrho が後者ばかりでなく前者を説いたかどうか争われるが，逆は争われない．つまり Sokrates の公準を直ちに決定的にその通り従うべきパラデイクマにしてしまったのであり，この限りで Stoa 派とも Epikouros 派とも共通の波長を有する．明らかに"Dissoi logoi"の系譜を引いてディアレクティカを強いながら，かつ解体状況に絶望的に抵抗しながら，ディアレクティカを生きることはもはやできないのである．

155 年にローマにやって来た三人の哲学者は，それぞれ Akademeia と Lykeion と Stoa を代表した．ということは，以上のように縮減され以上のような性質のものに変じたディアレクティカが，高々，現れたということである．なおかつ Epikouros 派は直前にねらい撃ちされ追放されている．Akademeia を代表した Karneades は Platon の教説というより彼自ら先鋭化させた懐疑を担っていた．Homeros 以来のディアレクティカの根幹がやっと伝わろうとしているのではなく，むしろそれは「時代遅れ」のまま伝わり続けて来ていたのであり，初めて最新のヴァージョンに関心が示されたということであり，かつ最新のヴァージョンは最も変質したヴァージョンであった．もちろん，ローマ中央でもギリシャ社会の最新の問題と同じ平面の問題が浮上し始めているということであり，初めて直接に同じ，問題の取り扱い方が意味を持ちつつある，ということでもある．ローマなりのディアレクティカも危機を迎えているということでもあるし，初めてこれを正面から明示的に扱わなければならなくなったということでもあり，しかし他方，ディアレクティカ崩壊に備えてディアレクティカがサナギのようになるための準備が行われた始めた，ということでもある．ギリシャ諸都市では先にそれが崩壊していた．

〔5・1・1〕 cf. Astin, *Scipio Aemilianus,* p. 292ff.
〔5・1・2〕 cf. Ferrary, *Philhellénisme,* p. 589sqq. Ferrary 自身は「ギリシャ哲学到来」について懐疑的姿勢を崩さない．
〔5・1・3〕 従来の学説の様子を知るために M. Griffin, Philosophy, politics, and politicians at Rome, in: Ead., ed., *Philosophia Togata. Essays on Philosophy and Roman Society,* Oxford, 1989, p. 1ff. が便利であるし，哲学とローマという異質の取り合わせに必要以上に懐疑的でない点はバランスがとれているが，セクトの問題を越えてそもそもギリシャの「哲学」自体が変質してしまっているという問題，Cicero の懐疑には，「健全な素人の常識」以上の「ディアレクティカの復興」がギリシャの哲学に対してさえ存在した，ことを見逃している．議論状況の

5 ディアレクティカの隠遁

大きな限界である．

〔5・1・4〕 この点に関しては，G. Cambiano, *La filosofia in Grecia e a Roma*, Roma-Bari, 1987, とりわけ "Le metamorfosi del filosofo" と題された第一章 (p. 3ss.) の鋭く皮肉の効いたデッサンが参照さるべきである．

〔5・1・5〕 Sokrates については，cf. DEM, II-4-8, p. 645ff.

〔5・1・6〕 Isokrates については，結局遺された現実の，ないしヴァーチャルな，弁論テクストによる以外にないが，他に，cf. P. Cloché, *Isocrate et son temps*, Paris, 1978.

〔5・1・7〕 cf. V. Goldschmidt, *Les dialogues de Platon*, Paris, 1971, p. 117sqq.

〔5・1・8〕 cf. Goldschmidt, *Les dialogues de Platon*, p. 183sqq.; G. Vlastos, Reasons and causes in the Phaedo, in : Id., *Paltonic Studies*^{2}, Princeton, 1982, p. 76ff.

〔5・1・9〕 Platon の paradigmatisme については，Goldschmidt, *Les dialogues de Platon, passim* の他，Politeia に関しては cf. Id., La ligne de la République et la classification des sciences, dans : Id., *Questions platoniciennes*, Paris, 1970, p. 203sqq. Id., Le paradigme platonicien et les "regulae" de Descartes. dans : Id., *Questions platoniciennes*, p. 231sqq. も大変に興味深い．Id., *Le paradigme dans la dialectique platonicienne*, Paris, 1947 は，Platon からありとあらゆる paradigmatique な作用に関する考察を引き出す．パラデイクマなしには何も認識できないし，何か認識しなければパラデイクマを得られない，というディレンマを，どちらも paradigmatique な作用である，として解決する試みとしても読める．

〔5・1・10〕 cf. Goldschmidt, *Les dialogues de Platon*, p. 275sqq.

〔5・1・11〕 cf. Goldschmidt, *Les dialogues de Platon*, p. 324sqq.

〔5・1・12〕 以下議論の進行・構造につき，cf. V. Goldschmidt, *Essai sur le "Cratyle". Contribution a l'histoire de la pensée de Platon*, Paris, p. 38sqq. の詳細な註解が参照さるべきである．

〔5・1・13〕 cf. Goldschmidt, *Les dialogues de Platon*, p. 81sqq.

〔5・1・14〕 cf. Goldschmidt, *Les dialogues de Platon*, p. 143sqq.

〔5・1・15〕 cf. Goldschmidt, *Les dialogues de Platon*, p. 165sqq.; G. Vlastos, Degrees of reality in Plato, in : Id., *Platonic Studies*, p. 58ff.

〔5・1・16〕 cf. P. Vidal-Naquet, Étude d'une ambiguïté : les artisans dans la cité platonicienne, dans : Id., *Le chasseur noir. Formes de pensée et forme di société dans le monde grec*, Paris, 1983, p. 289sqq. イオニアからの文脈における意義については，cf. G. Vlastos, *Plato's Universe*, Seatle, 1975, 25ff.

〔5・1・17〕 cf. P. Vidal-Naquet, Athènes et l'Atlantide. Structure et signification d'un mythe platonicien, dans : Id., *Le chasseur noir*, p. 335sqq.

〔5・1・18〕 G. E. R. Lloyd, *Aristotle : the Growth and Structure of His Thought*, Cambridge, 1968, p. 45. Aristoteles についてはもちろんそれぞれの立場からの研究が有り，今なおまるで歴史学の対象でないかのごとくでさえある．ここでは特定の主義主張からする Aristoteles 引照を回避すべく，単純に Lloyd に依拠することとする．

〔5・1・19〕 Lloyd, *Aristotle*, p. 46.

〔5・1・20〕 Lloyd, *Aristotle*, p. 51.

〔5・1・21〕 Lloyd, *Aristotle*, p. 47ff.

〔5・1・22〕 Lloyd, *Aristotle*, p. 57f.

〔5・1・23〕 Lloyd, *Aristotle*, p. 115ff.

〔5・1・24〕 Lloyd, *Aristotle*, p. 122ff.

〔5・1・25〕 Lloyd, *Aristotle*, p. 94ff.

〔5・1・26〕　Lloyd, *Aristotle*, p. 202ff.
〔5・1・27〕　Lloyd, *Aristotle*, p. 246ff.
〔5・1・28〕　cf. DEM, p. 670ff.
〔5・1・29〕　依拠しうる研究を見出しがたく，さしあたり AA. VV., *La philologie grecque à l'époque hellenistique et romaine*, Genève, 1994 や G. Nagy ed., *Greek Literature in the Hellenistic Period*, New York, 2001 によって（とりわけ Alexandria を中心とする知的活動について）概括的な特徴を知る以外にない．
〔5・1・30〕　cf. M. Isnardi Parente, *Introduzione allo stoicismo ellenistico*, Roma-Bari, 1993, p. 9ss. ヘレニズム期のテクストが直接残らないため，一般に，ローマ期のものを含め，かつ倫理学ないし直接パラデイクマの内容に即する，解説が多く（cf. J. M. Rist, *Stoic Philosophy*, Cambridge, 1969），（特に原点における）ディアレクティカの特徴を明確にする紹介は少ない．stratigraphie の極点であるはずの M. Pohlenz の巨大な二巻本（*Die Stoa. Geschichte einer geistigen Bewegung*, Göttingen, 1948-49）でさえ，不思議なことに，変容ばかりに焦点があたり，ディアレクティカは発掘されない．
〔5・1・31〕　R. Muller, *Les Stoïciens*, Paris, 2006, p. 64sqq. は「特異な唯物論」という表現でこの辺りの機微をよく捉える．
〔5・1・32〕　Isnardi Parente, *Lo stoicismo*, p. 66ss.
〔5・1・33〕　Isnardi Parente, *Lo stoicismo*, p. 17.
〔5・1・34〕　J. M. Rist, *Epicurus. An Introduction*, Cambridge, 1972, p. 17ff.
〔5・1・35〕　cf. V. Goldschmidt, *La doctrine d'Épicure et le droit*, Paris, 1977, p. 28sqq. ("prénotion").
〔5・1・36〕　Rist, *Epicurus. An Introduction*, p. 26.
〔5・1・37〕　Rist, *Epicurus. An Introduction*, p. 30ff.
〔5・1・38〕　Rist, *Epicurus. An Introduction*, p. 100ff.
〔5・1・39〕　Rist, *Epicurus. An Introduction*, p. 127ff.
〔5・1・40〕　以下「懐疑派」の複雑な様相について，V. Celluprica, Lo scetticismo, in : P. Rossi et al., edd., *Storia della filosofia. 1. L'Antichità*, Roma-Bari, 1993, p. 265ss. による．

5・2

　Cic. Lael.（*de amicitia*）は，Cicero が少年時代に Q. Mucius Scaevola（augur）から Laelius の思い出を聞いたという事実の紹介を導入とする．そして対話篇の場面は 129 年，Scipio の死の直後，Scipio の親しい友人たる Laelius, Fannius, Q. Mucius Scaevola が集まって来るというように設定される．19, 69 では Scipio が若干年少の Philus や Rupilius 等と対等の関係を保ったことが称賛される．27, 101 では Scipio 周辺の若い世代として Q. Tubero や Fannius, Q. Mucius（augur）などが挙げられる．Cicero によって理想化されるとはいえ，おそらくこの人々の特別の繋がりは実在したと考えられ，そして（そこだけであるかどうかは別として）彼らは確実に当時最先端のギリシャの哲学に関心を有した．少なくとも Scipio の傍らに常に（当時最も革新的であった Stoa 派理

論家) Panaithios が居たことは Cicero の時代には広く知られていた（例えば Cic. Tusc. I, 81). 当時のローマでは特異なこの人的結合形態と哲学との関係はどうか. Stoa 派にとって，自然秩序と魂を共鳴させるのであれば自ずからそうした人々の間に友愛が生まれたとしても不思議は無いが，友愛の精神そのものにおいては Epikouros 派に大きく譲ったに違いない. とはいえ，彼らが Epikouros 派の教説を実践した可能性は無いし，そもそも彼らは政治的階層であり，「庭園」の仲間ではない. Cic. Mur. 31, 66 は，Stoa 的杓子定規の批判という脈絡ながら，Panaithios が傍に居ながら（居るからこそ？）むしろ Scipio と Laelius は一層柔和になったと述べる. イムパクトは教説の字義通りの実践などではなかったというのである. 要するに，Cicero が Laelius に託した精神は，決してギリシャからの波動到達と無関係ではなかったとしても，特定の学派からの端的な輸入の産物ではなかった（近年の学説はますます Scipio＝Panaithios に懐疑的になりつつある). ならばむしろディアレクティカ自体の覚醒という側面を見た方がよい. 政治空間を律するのが儀礼であれば，政治的階層の倫理や結合の形態もこれを媒介したものになる. これに対して初めて非儀礼的な関係によって媒介された政治的階層が出来始めたのである. こうした階層の意識は直接にディアレクティカによって覆われていなければならない. Cicero が作るイメージが誇張であるとしても，彼が消え行く政治とのコントラストにおいて夢を託すに足る何かは有ったと考えられる.

しかしながらこの政治的階層はこの後大きな可能性を有したであろうか. 狭い儀礼の枠組みでは処理しえない問題を確かに本格的に論議しなければならない. 外側に在ったはずの諸々の社会が直接的課題を突きつけてくる. 大胆で積極的な政治的決定を要求される.「Scipio のサークル」が実在でなかったとしても何らか実質的政治的階層の胎動が有ったとすれば，これを感じ取っていたはずである. 何故ならば Gracchi 自身ほとんどこのサークルの内部に在ったと言って過言ではない. Lael. 11, 37 は (132 年) Tubero 以下同世代の友人達が Ti. Gracchus を見捨てたエピソードを伝える.「Scaevola の家の賓客」たる Cumae の Blossius（Stoa 派）が Laelius のところに懇願に来た時も Laelius は冷たく突き放す. ということは元来は Gracchi は同一サークルに属し，そこには Stoa 派が及んでいる. しかしにもかかわらず，Gracchi は見捨てられる. 明ら

かに深刻な亀裂が存在する．決定的であるのは Tusc. IV, 51 (ed. Pohlenz) である．怒りに身を任せないという Stoa 派の徳目を論ずる中で Cicero は突き放した調子で以下のように言う．Scipio でさえ「私人としては賢者であるとは見えない，Ti. Gracchus に対して怒りに任せたからである，consul が無力であるのを見限って，私人であるにもかかわらずあたかも consul であるかの如くに，政治システムを救わんとする者は自分に付き従えと命令したからである」(numquam privatum esse sapientem, iratus videtur fuisse Ti. Graccho tum, cum consulem languentem reliquit atque ipse privatus, ut si consul esset, qui rem publicam salvam esse vellent, se sequi iussit)．Gracchus に対しては怒りも有効，と言って Stoa 派の教説に距離を取る（Scipio の離反？）．しかし Stoa 派と Scipio の間には逡巡する consul, P. Mucius Scaevola が居て，同一のブロックの間に生じた亀裂と悲劇が一幅の絵のように捉えられている．一方でこの人々は結局本気で領域の最も困難な問題に挑戦する気はない．ディアレクティカは閉鎖されている．政治的階層の内側とかつての学説に対してだけ向けられている．儀礼的な性質の政治的パラデイクマの安定から放り出された以上，退行ディアレクティカに乗り換えてでも政治的階層を演ずる以外に無いというにすぎないか．他面で，ならば Gracchi に加担すればよかったかと言えば，そうであるとも限らない．少なくとも Cicero の考えはそうである．Stoa 派の中でもおそらく精緻な概念構成論が Gracchi には及んだと思われる．Platon 以来の diairesis の伝統である．複数の占有概念を周到に使い分けえた[1]．しかしながら，ヘレニズム期の哲学が全てデモクラシー失敗の負の遺産である．高々，領域の問題を一息にたちまち政治的中心にて解決しようとする，前提的な批判や手続を積み上げていくという基盤は希薄である．この点で Sparta 等での実験例を引き継ぐと同時に，Sokrates 後の知の限界の全てを背負う．

　これらのことも認識されていた，少なくともこのサークルの内部に居ながら全て冷静に観察する一人の詩人によって．否，限界ばかりか，全く新たな可能性すら示唆される．Cic. De oratore, II, 6, 22 で主人公 Crassus は回想する，舅たる Laelius からかつて聞いたことを．Laelius は非常にしばしば領域遠くに Scipio と滞在し，そこでは大いにふざけあって楽しんだ，と．Quinctius から大 Scipio までの伝統が何か新しい段階を迎えつつある．villa が発展し，それが新

しい機能を獲得しつつある．政治的階層の第二の横断的な居場所として[2]．そして別ヴァージョン（Hor. Sat. 2, 1, 71ff.）によれば，ここに Lucilius も居た．諷刺詩の伝統の創始者である．最も示唆的な証言は Cic. *De finibus,* I, 3, 7 (ed. Schiche) である．Cicero はここで，自分の議論は単なるギリシャ直輸入ではなく，Ennius が Homeros を引くように基礎を踏まえたのみである，と弁解している．「われらが Lucilius のように『皆が自分の作品を読むなどということはさせない』などとは自分は思わない」（Nec vero, ut noster Lucilius, recusabo quo minus omnes mea legant）．Persius だろうと Scipio だろうと Rutilius だろうと読むがよい，「Lucilius はこの者達の判定を嫌って自分は Tarentini や Consentini や Siculi のために書くと言った」（quorum ille iudicium reformidans Tarentinis ait se et Consentinis et Siculis scribere）．作品の名宛人がここでは階層として意識され，Cicero の堂々のギリシャ趣味は Scipio の周辺に形成された頂点の政治的階層に同定されると同時に，そこに属しながらもそこから微妙に距離を取る Lucilius の姿勢が選択肢として考慮されている．しかも Lucilius の立場は「皆には読ませない」という反俗主義を捻って「エリートだけには読ませない」という逆さのエリーティズムないし反骨精神である．そのための口実として引かれたのは socii の人々である．

　今日引用断片から伝わる限りにおいてではあるが，この姿勢は全く新しい独特のディアレクティカがもたらすものであった．何よりもローマの政治的階層に初めて叙情詩というものが生まれた．叙情詩は儀礼と深い関係を有するが，しかし儀礼を楯に使って儀礼が属する脈絡から個人を解放する．例えば政治的現在を鋭く切り出しうる．切り出しは，そこにディアレクティカが介在している限りにおいて，現実に再現しているパラデイクマを Critique によって厳密に確定する意味をも有しうる．乾いたリアリズムはギリシャ以来叙情詩の一般的特権である．Lucilius の存在は，ともかく，ローマの政治的階層も実質を有しかかった，ということを物語る[3]．彼の場合，政治的現在はまず〈神話〉M の対極に構築される．既に示唆した通り，Ennius や Pacuvius は叙事詩や悲劇をものにしたが，全てギリシャ的素材を使い，儀礼的な政治的パラデイクマの étiologie に抵触することは避けられていた．言わば理論上のものにとどまったのである．しかし Lucilius は同時代に Accius を有し，Porphyr. ad Hor. Sat. I,

10, 53 の証言が正しければ，彼の諷刺詩集の 3, 9, 10 巻は Accius を狙い撃ちにするものであった．Accius は依然主としてギリシャの素材を用いるものの，遠く深い意識に働きかけるよりはずっと卑近な政治的イッシューに示唆をもたらそうとした．26 巻は Pacuvius のパロディーに満ちるが，これらは間接的な Accius 攻撃[4]とも考えられる．パロディーの方法は，叙事詩ないし悲劇内のパラデイクマに（同じ再現性の，しかし無批判な）日常的パラデイクマを差し向け，残酷に混同してしまう，というものであり，Aristophanes[5]がデモクラシーに対して（領域のパラデイクマを以て）したことを思わせる．例えば XVII, 2 Charpin＝540-6M は，「ところで，「芳しき黒髪の」，「輝く踵の」，この女の乳房が垂れ下がって腹にまで達することもありうるとは思えないかい？ Amphitryon の「恋女房」Alcmena は長く曲がった足の持ち主で，他の女達，否，Helena でさえ，ま，これは言わないでおくが．君が自分で考えて好きな二音節を（epithetos として）選べばよい，「高名なる父の御子なる娘」は何かしら特徴を持っている，いぼがある，だの，しみがある，だの，口をぽかんと開けている，だの，出っ歯一本，だの」(nunc censes καλλιπλόκαμον, καλλίσφυρον illam/non licitum esse uterum atque etiam inguina tangere mammis?/conpernem aut uaram fuisse Amphitryonis ἄκοιτιν/Alcmenam, atque alias, Helenam ipsam denique nolo/dicere: tute uide disyllabon elige quoduis/ κούρην eupatereiam aliquam rem insignem habuisse/uerrucam, naeuum, rictum, dentem eminulum unum?) とこきおろす．敢えてギリシャ語まで動員して叙事詩の言語を茶化し，その時に最も卑俗なイメージ（単純な同一性モードの卑近な再現的パラデイクマ）を使い，ディアレクティカのバネたる作用を殺してしまう．ディアレクティカの産物としての Homeros の残酷なまでの精度を誇る身体表現とは異質のものである．第一巻はどうやら叙事詩のパロディーを含み，神々の政治システムが登場している．I, 4Ch＝4M は「神々は人々の至高の事柄について会議を持った」(Consilium summis hominum de rebus habebant) であるが，"summis hominum" のアイロニーは或る意味で既に Homeros に見られたものである．しかし人事に介入する神々の姿勢は真剣そのもので，原理の正面からの対立であった．しかるに Lucilius においてはおそらく迷走の序曲であり，Neptunus (Poseidon) は「冥府の王 Orcus が（Scipio のサークルに大きな影響

5 ディアレクティカの隠遁

を与えた懐疑派の) Karneades を送り返してきたとしても [解決？ 説得？] できない」(I, 17Ch＝31M: non Carneaden si ipsum Orcus remittat) と嘆く始末である. I, 16Ch＝19-23M では神々が「わしらの中で pater の称号を持たない者はおらん始末じゃ, 神々の最良の父だの, Neptunus pater だの, Liber Saturnus pater だの, Mars Ianus Quirinus pater だの. 一人のみにつき言われるべきじゃ」(nemo sit nostrum quin aut pater optimus diuum, /aut Neptunus pater, Liber Saturnus pater, Mars/Ianus Quirinus pater siet ac dicatur ad unum) と会議の最中に混乱してわけがわからなくなる. "Mars Ianus Quirinus" 等の習合に対する揶揄も籠められている. もちろん, こうした詩句において Lucilius は daktylos の hexametre を用いる. 「人々は Homeros の詩句に現れる架空の怪物を本当に化けて出ると思っている. 中でも Kyklops の Polyphemos, ……」(XV, 18Ch＝480-2M: Multa homines portenta in Homeri uersibus ficta/monstra putant, /quorum in primis Polyphemus.../Cyclops...). パロディーのためには「高貴な」韻律が不可欠である. Satura は元来 Ennius 等が発掘した民衆的な座興の歌であるが, ジャンルの意識的混淆が新しい表現形式を誕生させたのである.

　叙情詩を創造するためにはしかしまずラテン語の音韻上の切れ味を上げる必要が有った. 語と音韻の探求はそれ自体詩句を成し, おそらく Lib. IX に収められていたものと思われる. 叙情詩は確かに音自体を切り出しうる. パロディーは philologie を要求するから, 合わせてやがて Varro に流れ込む総合 antiquarianism の諸要素の一角がここに存在することになる. そうして意識的に練られた言語によってまずはアルカイック期のギリシャ叙情詩を髣髴とさせる政治的現在の切り出しが行われる. 政治世界はもはや儀礼上の仮面によっては構成されておらず, 具体的な人格を持った人々の具体的な結びつきである. そして一人一人相手を冷静に観察分析し, 互いの間に鋭い緊張関係を形成するのでなければならない[6].「今は, praetor, 君のもの, 来春退けば私のもの, そうだね Gentius 君」(VII, 6Ch＝273-4M: Nunc, praetor, tuus est; meus, si discesserit horno, /Gentius).「だから言わないことか, こんなことを演台から吠えたり唸ったり. まるで競りの売人の掛け声」(VI, 20Ch＝261-2M: Haec, inquam, rudet ex rostris atque heiulitabit, /concursans ueluti angarius clareque quiritans).

自由な造語，特に擬態語などを動詞化するなどの手法は同僚を突き放し自分を突き放すのに有効な武器である．再現的パラデイクマとしての言語の作用自体が連帯する事柄と共に皮肉られる．際立つのは固有名詞を挙げての政治的個人への皮肉であり，諷刺の原点を確立するものである．政治が極めて実質的なディアレクティカの場であるということになれば，儀礼的仮面を取り去った後にその人物に何が残るかが全てということになる．そこに非〈分節〉的関係しか無かったならば，参加ではなく頂点の選択を生命とするローマの政治システムにおいて，もっぱら笑いと侮蔑の種である．「Lucius Cotta 老人は，この偉丈夫 Pacenus のお父さん，偉大なペテン師にして金貸し，引き伸ばした挙句，誰にも払わず」(XI, 9Ch=413-5M ; Lucius Cotta senex, crassi pater huius, Paceni, /magnus fuit trico nummarius, soluere nulli/lentus.)．「Quintus Opimius はこの Iugurta 族のお父さん，姿形も悪評も遠くに聞こえた，若い頃は両極，年とともにどっちも凡庸」(XI, 10Ch.=418-420M : Quintus Opimius ille, Iugurtini pater huius/et formosus homo fuit et famosus, utrumque/primo adulescens, posterius dare rectius sese)．「praetor 就任予定者の嘴やら爪先やらは見るではないぞ」(V, 24Ch=210-1M : ne designati rostrum praetoris pedesque/spectes)．Scipio のライヴァル，Caecilius Metellus Macedonicus の息子が標的であると言われる．H85Ch=1130M の「praetor の Caecilius は芋丸出しとなるのが落ち」(...Cecilius pretor ne rusticus fiat) も同趣旨である．しかし Scipio および自分達に対する少々の皮肉も忘れない．「われらが Cornelius Publius，Scipio の系譜とでも呼ばれようが，閑暇の時間さえ犠牲にし，素敵な事々繰り出し，光明を演出，この切のない浮かれ者達，否，正しく言い直せば自ら自身の熱狂的支持者達に尽くす．その彼が私邸に御帰還とならば，われらも大挙して馳せ集おうか」(H82Ch=1138-42M : Cornelius Publius noster/Scipiadas dicto tempus quae intorquet in ipsum/oti et deliciis, luci effictae atque cinaedo et/sectatori adeo ipse suo, quo rectius dicas. /Ibat forte domum. Sequimur multi atque frequentes.)．こうした一瞬を切り出すだけで，自分達の政治行動を笑いつつ，これを親密さに転化し，なおかつ Scipio と自分達の間の関係を分節する[7]．わずかに遺された断片でさえ当時の多くの政治的階層の人々の固有名詞を検出させるが，刺すような批判は常に行動様式を問うものである．ならばいっそギリシャで発達し

た倫理学を勉強するか．それをその通りに実践するか．先の Cic. De fin. のパッセージは実はその直後に最大級の断片を採録する．「君, Albucius 君, ローマ人や Sabini というよりギリシャ人の君, Pontus や Tritannus など屈強の小隊長達精鋭の旗手達の同郷者と呼ばれたい君, そういうわけで Athenai ではギリシャ風に praetor を気取る．君の好みだから, 君が私に近付けば, 私に君にハロー, ジョージと挨拶しよう, 護衛兵も取り巻き立ちもハローの大合唱, ハロー, ジョージ！ 爾来君は私の敵にして仇」(II, 19Ch＝88-94M : Graecum te, Albuci, quam Romanum atque Sabinum, /municipem Ponti, Tritanni, centurionum, /praeclarorum hominum ac primorum signiferumque/maluisti dici. Graece ergo praetor Athenis, /id quod maluisti, te cum ad me accedis, saluto : /$\chi\alpha\hat{\iota}\rho\epsilon$, inquam, Tite！ Lictyores, turma omnis chorusque : /$\chi\alpha\hat{\iota}\rho\epsilon$ Tite！ Hinc hostis mi Albucius, hinc inimicus). もちろん決して排外反ギリシャというのではない．儀礼的思考そのままに儀礼としてギリシャ語を取り入れる可笑しさ[8]を取り出して見せたのである．猿真似を．肝心のディアレクティカが儀礼のために飛んでしまっている．解釈と距離が無ければそれは凡そ無理解を意味するが, まして相手がギリシャであればひどく反ギリシャ的になる, かぶれればかぶれるほど．

　断片の中にさえギリシャ哲学は至るところ顔を見せる．われわれは既に Karneades の名を見たが, Sokrates（XXVII, 22）, Xenokrates（XXVIII, 13）, Polemon（XXVIII, 14）, Epikouros 派（XXVIII, 15 ; XXVI, 53）等々を見ることもできる．学説が諸派に帰するのを常とする格率も多いが, Stoa 派の影響が見られると言われる（virtus を定義する内容の）最大の断片（H23＝1326-1338M）におけるより, 叙情詩ならではの世界, 内省を通じて全く独立の個人の存在を確立していく詩句において, の方が遥かに Lucilius の本領が発揮されているように思われる[9]．「苦悶する精神を尻目に, 身体によって合図が送られてくるのを感知する」(XXVI, 65Ch＝638M : animo qui aegrotat, uidemus corpore hunc signum dare). 「そういうときには痛みに襲われた身体は精神に立ちはだかる」(XXVI, 66Ch＝639M : Tum doloribus confectum corpus animo obsistere.). 心身のクリアな分節の意識が心身間のアイロニーを切り出しうる．この意識は一人一人独立たる政治的階層構成員にとって不可欠である．「先に述べたように, 判定, 決定, はこれらのことに関わる, すなわち, 何を採るか,

何を採らないか，どこに置くか」(X, 1Ch＝386-7M：Horum est iudicium, crisis ut discribimus ante, /hoc est, quid sumam, quid non, in quoque locemus). "sumam" の一人称からして，これは（合議の一義性ではなく，それ以前にしておくべき）個人の判断の一義性，その前提としての Critique に関わる[10]．個人にとってこれが最も具体的な政治的現在である．全ての断片はこの意識がもたらす批評の世界であると言うことができる．「そういうわけで，われわれの一人一人が各人において一人ずつ動かされている」(XIX, 1Ch＝563M：Sic singillatim nostrum unus quisque mouetur)．しかもなお苦い現実が存在する．「というのも，人が満足するもので満足しえたならばそれは満足であったろうが，しかし現にそうでないというのだから，一体何をあてにしてよいものやら．精神を満足させうる富の程度というものはあるのか」(V, 14Ch＝203-5M：Nam si, quod satis est homini, id satis esse potisset, /hoc sat erat；nunc hoc non est, qui credimus porro/diuitias ullas animum mi explere potisse？).

　こうした意識はもちろん政治的階層それ自体のものであり，政治を離れるものではない．しかし，政治の状況（例えば崩壊過程に入った状況）にもよるが，Lucilius の切り出しは時に逸脱を凍りつかせ読み手をどきっとさせる．そしてそのときには，少なくとも潜在的可能性として，第二の政治的階層が仄見える．伝統的な領域の階層でもなく，来るべき領域の支配者でもなく．「人々は自ら進んで厄介と艱難を引き受ける，妻を連れ，それらを生み出す子供を引き連れる」(XXVI, 47Ch＝678-9M：Homines ipsi hanc sibi molestiam ultro atque/aerumnam offerunt：ducunt uxores, producunt/quibus haec faciant liberos)．明確にHesiodos の動機を有するこの断片は，Metellus Macedonicus の婚姻出産奨励立法への皮肉と解されている．政敵への攻撃であるばかりでなく，苦難を進んで(ultro) 引き受けるというアイロニーと緊張で構成されている領分への（政治的決定による）介入そのものを揶揄する．「全く偶然に（forte）幸運に恵まれて（fortuna）戦争に勝つこともある，もし全く偶然かつたまたまであるとしたら，人にとって一体何ほどのことを意味するか？」(XIII, 8Ch＝450-1M：aut forte omnino ac fortuna uincere bello；/si forte ac temere omnino, quid rursum ad honorem？)．誰かの凱旋，ないし凱旋式を巡る政争，を皮肉るものであるが，ローマではこれが政治の中心であり，virtus がこれに懸かる．「罪を犯しても

罰せられずに済むと思っている，政治的階層（consul 経験者層 nobilitas）たるをかさに着て敵を駆逐できると思っている」(VI, 18Ch＝258-9M：. . . peccare inpune rati sunt/posse et nobilitate facul propellere iniquos). しかしこれも equites 支持のための nobiles 批判ではない．そもそも喧騒と化した政治そのものを刺す．「それにしても今や全く，朝から晩まで，平日も祝日も，連日一様に，民衆も元老院議員も，こぞって forum に没頭し，退散することがない，誰もがこの一つの熱情と技芸に全てを投げ出す，防備を固めるべく言語を操り，奸計を以て戦い，甘言を弄し，良き人士を演じ，罠を仕掛け，万人が万人の敵であるといった状態である」(H41＝1228-34M：Nunc uero a mani ad noctem, festo atque profesto/totus item foro se omnes, decedere nusquam, /uni se atque eidem studio omnes dedere et arti, /uerba dare ut caute possint, pugnare dolose, /blanditia certare, bonum simulare uirum se, /insidias facere ut si hostes sint omnibus omnes). もっとも，この境地は Ti. Gracchus と Scipio の死後に到達したものかもしれない．両者の亀裂の中で Gracchi に対して批判的と解されている (H54＝1200M：legem uitemus Licini . . .はその点に関係するか) が，それはいきなり「人民主権」を振りかざす手法についてであり，直ちに反 Gracchi 派に与したということを意味しない[11]．事実，彼は trochaic の切迫したリズムに乗せて「かくしてもはや元老院階級は自ら恣に許した悪行を……（追認した？）」(XXVII, 9Ch＝690M：ergo iam ‹nunc› uester ordo scelera quae in se admiserit) と歌う．例のリンチ，殺戮，のことであると解される．「如何なる栄誉も，如何なる相続人の涙も，如何なる葬儀も無く」(XXVII, 10Ch＝691M：nullo honore, heredis fletu ‹nullo›, nullo funere). 「密議結託には，人民の全体を到底納得させえない」(H48＝1147M：cui, si coniuret, populus uix totus satis sit). 「突然彼は去った，苦悶が一瞬にして奪った」(XXX, 8＝1093M：Insperato abiit quem una angina sustulit hora) という，程なく訪れた Scipio の謎の死と相俟って，Lucilius は意識を研ぎ澄ましていくが，だからといって決してその意識は反政治的であるわけではない．その内省のスタイル自身が，政治的階層に固有のものであり，政治に方向付けられる．ただ現実の中心的政治社会からは一歩退き，第二列の政治的階層を形成する潜在的可能性を秘める．なおかつそれはデモクラシーにおけるような能動性と明確な手続を有しない．ともかく領域に

降りてしまうわけではない．諷刺詩というジャンルと共に遠い将来に受け継がれる「政治的にアクティヴな，しかし純然たる市民社会」という類型の出発点がここに在る．ディアレクティカ受容が実質を伴えば，ギリシャの模倣でなく新たな創造になる．nobiles をギリシャ化しないが，新しいタイプの政治的階層が展望される．「Asia で公共事業請負人になるなど，Lucilius さんのかわりに関税徴収人さんになるなど，真っ平御免だ，そんなことのために全てを引き換えにしたりしない」（XXVI, 31Ch＝671-2M：Publicanus uero ut Asiae fiam, ut scripturarius/pro Lucilio, id ego nolo, et uno hoc muto omnia）．領域の，否，それ以前の，物的循環のロジックがそのまま大いに政治的に形成された自分の内面[12]に土足で上がりこむことへの強い反発である．彼のシンパシーはかくして equites にではなく，socii へ向かう[13]．「socii 諸君，君達に彼らはどれほどの制裁を加える積もりか，放免することもできように」（XXX, 98Ch＝1089M：quanti uos faciant, socii, cum parcere possint）．「その法律によってまさにその都市全体が「無法状態」になる法律を彼らは受け容れる」（XXX, 99Ch＝1088M：accipiunt leges, populus quibus legibus exlex）．何か個別の同盟都市の（叛乱容疑による）破壊が問題となっていると思われる[14]．法律を作り適用して「法律適用外」とする矛盾を笑う．「おお，socii の諸君，われわれは勝った，大きな戦いを戦い抜いた」（H69Ch＝1323M：Vicimus, o socii, et magnam pugnauimus pugnam）．彼の政治工作が如何なるものであり，一体どの場面であったか，うかがい知る手段は無い．

　叙情詩こそはこうした微妙な立場というものを表現するのに適するが，Lucilius の断片は（断片のためもあるが）日常の細かい瞬間の鋭いスナップ写真に満ちる．政治社会からも経済社会（領域）からも超越して写生するように日常の光景に厳密な目を向ける．これは極めて意識的方法的な態度である．「われわれが生活の写し絵だと考えるものを（軽視する？）君の如きは……」（XXX, 33Ch＝1029M：sicuti te, qui ea quae speciem uitae esse putamus）．詩句には様々な職業が登場するが，中でも儀礼は，それ自体パラデイクマの再現であるから，この儀礼的現在の取材は切れ味を鍛える絶好の場面であったようである[15]．例えば IV, 2Ch＝153-8M は，剣闘士が言語で挑発し合う，その言語の中の生々しい表現，肉体を侵害する瞬間，を写し取る．経済行為，échange は

まさに切れ味の発揮されるジャンルである．「最初に取れたてのイチジクを出し貴重な初物とて高値を提示する仲買人のように」(V, 6Ch=198-9M: sicuti cum primus ficos propola recentis/protulit et pretio ingenti dat primitus paucos)．「家畜も奴隷も従者も無い者がありったけの金銭を子袋に入れて持ち運ぶ．食べる時も寝る時も浴びる時も．彼の全てが一つの子袋に尽きる．二の腕にしっかり子袋をくくりつけて」(V, 9Ch=243-6M: Cui neque iumentum est nec seruus nec comes ullus/bulgam, et quidquid habet nummorum, secum habet ipse; /cum bulga cenat, dormit, lauat; omnia in una/sunt homini bulga; bulga haec deuincta lacerto est). "bulga" という音の連発が取立て屋か何かの様子を鋭く捉える．「溶鉱炉から出た瞬間の鉄のように一瞬閃光を発する」(VII, 15Ch=291M: Primum fulgit, uti caldum ex fornacibus ferrum)．スナップ写真は，一面で meretrix (XV, 13Ch; XXVI, 49f. Ch9) を含め Plautus の様相を示すが，他面で明らかに既に少なくとも Terentius の程度において領域に出始めている．「Fundius 君，もしほんの少し vilicus が素早く応対に出て来たならば，君も立派だと褒められたろうに」(XVI, 1Ch=532-3M: Fundi, delectat uirtus te, uilicus paulo/strenuior si euaserit...)．「vilicus の Aristocrates と管理人と牛飼いをひっくるめて打ち叩き，瀕死に至らしめた」(XV, 1Ch=512-3M: uilicum Aristocratem, mediastrinum, atque bubulcum/conmanducatus conrupit, ad incita adegit)．vilicus はまだ Cato によって描かれたそれで，しかも扱いに苦慮している．まだ決して dominus ではないが，しかし Fulcinius のように少しずつ基盤を領域に移しつつあり，占有の二重構造は漠然とながら人々の意識において漂い始めている．一歩引き下がった批判的な政治意識の基盤などでは未だ到底ないが．

[5・2・1] P. Mucius Scaevola の関与は既に述べた通りほぼ確実であるが，背景には法学の変容という重大問題が横たわっている．A. Schiavone, *Giuristi e nobili nella Roma repubblicana*, Roma-Bari, 1987 はこの点についての画期的な研究である．この時期に法学にもヘレニズム哲学の影響が及ぶことについては古くから論じられたが，Schulz の決定的な研究 (*History*, p. 62ff.) が，影響を表層的とする認識を「定着」させた (C. A. Cannata, *Histoire de la jurisprudence européenne, I : La jurisprudence romaine*, Torino, 1989, p. 62sqq. の浅薄な叙述，R. Martini, *Le definizioni dei giurisit romani*, Milano, 1966, p. 89ss. の些末な分析，を見よ)．(diairesis による整理が利用されたものの) 学問的専門的合理的法学 (特に哲学的論拠付け) から結局隔ったままで職人的カズイスティクにとどまった，と (これを受けて P. Stein, *Regulae iuris. From Juristic Rules to Legal Maxims*, Edinburgh, 1966, p. 33ff. は「結果法曹法が生まれた」と積極的に評価し，F. Horak, *Rationes decidendi. Entscheidungsbegründungen bei den älteren* römischen Juristen bis Labeo, Aalen, 1969, S. 292ff. は論拠付けに関して「多種混合均衡未整理」像を結論とする）．ディアレクティカの本格的受容が無かったという点は動かないとわれわれも判断する．これに対して Schiavone は法学の思考様式に特定の哲学的思惟が深く浸潤したことを論証した．第一にギリシャ研究の最先端を受容し「哲学＝合理的体系的思考」同一視から脱し，第二に政治的営為を視野に入れ，第三になおかつギリシャとの偏差を内在的に吟味した（Schulz が区別しない Q. Mucius-Servius-Labeo の偏差がこうして明快になった）．P. Mucius に関する章（p. 3ss.）は，概念化，そして脱党派性，を説得的に描く．III-1 でその誕生を見た法学は，確かに異質なものになりかけた．Schiavone の分析に欠ける視角は，では何故この変化が欲しられたかである．以前の形態に関する本格的な考察が無いために脱口頭言語をこの時期に見るなどの混乱が存する他，以下で見るように，学問的であることと政治的であることとの間の関係について誤解に陥っている．ヘレニズム期の哲学自体への批判の欠落でもある．ディアレクティカ不全において職人的法学とヘレニズム期哲学は共犯たりうる．それでいてなお例えば diairesis もしくは概念化のみが必要とされたのは，故郷においてデモクラシーがもたらす政治システム＝判断審級の多元性多層性があったように，IV-3 で見た占有概念の複層性が存在したからであった．これを通じて問題がまさに社会構造に繋がっている．

〔5・2・2〕 cf. J.-M. André, *L'otium dans la vie morale et intellectuelle romaine des origines à l'époque augustéenne,* Paris, 1966, p. 155sqq.

〔5・2・3〕 Lucilius-Horatius-Persius-Iuvenalis と続く諷刺詩の伝統を振り返ってまさにローマ的アイデンティティーを感じ取るのは既にローマ（少なくとも Quintilianus）で定着した（cf. D. M. Hooley, *Roman Satire,* Oxford, 2007, p. 20）慣例であるが，ジャンルの探究から「ローマ固有」に滑る研究には留保が必要である．確かに（Basta, basta！と叫びたくなる）これほど手の付けられない諷刺というもの，全てをやり玉に挙げるが故に却って如何なる状況の変転にも抗する諷刺というもの，は強烈な印象を遺すが，ローマ固有の構造において，しかしそれでも例外的に真の政治的階層を志向した，その痕跡であり（cf. M. Citroni, Musa pedestre, in : Cavallo et al., edd., *Lo spazio letterario, 1,* p. 315ss.），その限りで最もギリシャに近付いた瞬間である．この点，見事な分析を展開するのが K. Freudenburg, *Satires of Rome. Threatening Poses from Lucilius to Juvenal,* Cambridge, 2001, p. 17ff. であり，Horatius, *Sermones,* I, 4 での Lucilius から始め，Horatius を Lucilius との差異において徹底的に解剖することを通じ却って Lucilius 論としても出色のものとなった．政治的に地位と自由（と villa）を持つ Lucilius の政治的にオープンな諷刺と，Horatius の対無名氏攻撃に潜む上昇志向，が鋭く対比される．Lucilius を範としつつ到底及ばないとするポーズの持つ屈折，屈託のない真の野放図・過剰の欠如，Lucilius＝Scipio 関係対 Horatius＝Maecenas 関係，"the hidden recesses...Lucilius ...really is there...stuffed into a narrow, hidden space"（p. 117），等々．

〔5・2・4〕 XXVI, 29＝649M : Quid ni et tu idem in litteratum me atque idiotam diceres（「私を文芸的文言にして白痴呼ばわりしないとも到底限らない」）は，詩人の団体を組織してラテン語の表記等を取り仕切った Accius との鞘当における一節と考えられている．悲劇という大看板の方面における本格的ギリシャ化の旗手としての Accius について，cf. Gentili et al., *La letteratura di Roma arcaica,* p. 143ss. Accius のテクスト断片については ed. J. Dangel, Paris, 1995 に依拠することができる．ギリシャとの関係については，J. Dangel, Accius et l'altérité à l'œuvre : théâtre idéologique et manifeste littéraire, in : S. Faller et al., edd., *Accius und seine Zeit,* Würzburg, 2002, S. 105ff. が極めて繊細な分析を展開する．

〔5・2・5〕 Hor. Satir. I, 4 でパラレルとされることから，悲劇をからかうという点を軸に Aris-

5 ディアレクティカの隠遁

tophanes と Lucilius の親和性を見るのが B. Zimmermann, Lucilius und Aristophanes, in: G. Manuwald, hrsg., *Der Satiriker Lucilius und seine Zeit* [*SatLucZeit*], München, 2001, S. 188ff. である.

〔5・2・6〕 伝統の危機と崩壊が Lucilius を生んだとするのが一般的な解釈である. vgl. E. Lefèvre, Lucilius und die Politik, in: *SatLucZeit*, S. 139ff.

〔5・2・7〕 amicitia に関する XXVI, 69ff. Ch は政治的階層の横断的関係を生真面目に扱う. U. Gärtner, Lucilius und die Freundschaft, in: *SatLucZeit*, S. 90ff. は私的な友人関係の発見を見るが, ギリシャの叙情詩において明白なように, 政治的空間は言わば楽屋を必要とするのであり, 個人的な友情はここで育まれ, 領域の私的なものと異なる. 郊外の villa に出て行ったとしても同様である. ただしおそらく晩年の Lucilius にはそうした世界自体に対する幻滅が有ったかもしれない.

〔5・2・8〕 vgl. Th. Baier, Lucilius und die griechischen Wörter, in: *SatLucZeit*, S. 39.

〔5・2・9〕 「(Laelius のようなヴェジェタリアンが学識から愛好する) スイバなんか, 糞食らえだ, 汝自身を知れったってお前がなにものかをこちとら十分には認識しておらぬぞ, Laelius の奴がいつも見つけては学識ある奇声を発する代物だが, それでわれわれを強いて次々ともういやだというほど食わせる」(H30=1235-7M: O lapathe, ut iactare, nc es satis cognitus qui sit!/in quo Laelius clamores sophos ille solebat/edere, compellans gumias ex ordine nostros). これも Cic. De fin. からの断片である. 「黄金と大衆人気もそれぞれにとっては達成すべき価値 (virtus) の一種である. 持てばその分お前の価値が上がり, 価値有ると見なされる」(H36=1119-20M: aurum atque ambitio specimen uirtutis utrique est:/tantum habeas, tantum ipse sies tantique habearis). いずれも Lucilius の哲学の受容態様をよく示す. Stoa 派というのでもなく, 懐疑派の方法的徹底にも懐疑的であったろう.

〔5・2・10〕 cf. XXVII, 3Ch=639M; 4Ch=696M.

〔5・2・11〕 W. J. Raschke, *Arma pro amico*-Lucilian satire at the crisis of the Roman republic, *Hermes*, 115, 1987, p. 299ff. は, (Scipio から哲学と Panaithios という看板をはずし) Lucilius の生々しい政治性を復権して見せる. しかし Scipio の党派性にぴたりと従わせる度合いが大きすぎる. Scipio の政治的勢力の翳りと支持基盤拡張の試みに寄り添わせるが, テクストは明らかな全方位的距離に満ちる. 反 Gracchi とさえ決めてかかりえない.

〔5・2・12〕 cf. V, 1Ch=181-2M: Quo me habeam pacto, tam etsi non quaeris, docebo./Quando in eo numero mansi, quo in maxima non est/pars hominum... (「君はきかないけれども教えよう, 私が如何なる姿勢で居るかを, 大半の人々が属さないカテゴリーに私がとどまる以上……」). これもエリーティズムではなく, 個人としての完全独自性の主張である.

〔5・2・13〕 先に触れた de fin. からの断片と並んで, 同じく Persius に言及する Cic. De oratore, II, 25 からの断片 (XXVI, 16Ch=592-3M) が名宛人を巡る論争を介して「第二列」問題に触れる.

〔5・2・14〕 伝統的に 125 年の Fregellae 破壊のことと考えられている. cf. Raschke, *Arma pro amico*, p. 316.

〔5・2・15〕 儀礼ということであれば, 十二表法に対する皮肉が XVII, 5Ch=552-3M に見られる. 実質を正確に捉える目の所産であり, この後の法学の展開を予告する. H40=1219M は legis actio の廃れぶりを記録する.

5·3

　Luciliusが注目に値するのは，それまでローマ中央の政治システムからの距離を確保するための手段であった（少なくともそれに単純でない基盤を与えるための装置であった）ギリシャ的文芸が端的にローマ中央を占め，ギリシャ的文芸を共有しつつもこれからの距離を意識することこそがむしろ社会の複合性に対応する，という新しい事態の指標であるからである．なおかつ，Luciliusが占めたいそのmilieuxは（模倣でない）「真の」ギリシャ的教養に満ちているはずである．長寿を授かり103年に死ぬLuciliusは最晩年において，彼の理念を実現しようとしている，かつそこにローマ政治システムの中枢を置こうとする，サークルを見たかもしれない．186年生まれのScipio Aemilianusから157年生まれのQ. Mucius Scaevola augurに至るまでの世代に対して，新世代を代表する人物は140年生まれのL. Licinius Crassus (cos. 95, cens. 92)である[1]．CiceroはLael.において旧世代を理想化して見せたが，De oratoreでは新世代に理想のSokrates的対話篇を演じさせる．本格的なポストGracchi時代，つまりMariusを主役とする110年以降，に政治の世界に登場したはずの彼らは，ローマにおけるディアレクティカの第二幕を構成する人々である．Ciceroはこの点を鋭く意識し，そして対話を91年，Crassusの死の直前に設定する．III, 1ff.（序文）はCrassusの最後の演説と死を劇的に描くばかりか，9ff.は他の登場人物の最期をも記す．彼らはSullaに対して報復するMarius派クーデタの犠牲となった．Q. Lutatius Catulus (cos. 102)は詩人でもあるが，Mariusと共同の武勲を誇りながら，Mariusに栄誉を奪われ，結局殺害される．M. Antonius (cos. 99, cens. 97)はCrassusと並ぶ弁論家であるが，これまた首を曝される（こんなことはそれまでありえなかった）運命である．（むしろ法学者である）GaiusとLuciusという二人のIulius Caesar Straboもその隣に横たわる．対話篇には老いたQ. Mucius Scaevola augurが少し登場し，法学の立場を代弁するが，Crassusと同年のconsulであったのはこの世代の法学の傾向を代表するQ. Mucius Scaevola pontifexである（ただしCiceroは登場させない）．Ciceroが意識しているのは，一つの可能性の突然の破断である．以後四半世紀，つまり50年代に入るまで，Sulla・Pompeiusの空虚な復古的nobiles体制は法学と

年代記を例外としてディアレクティカの痕跡を多くは遺さない．Cicero が描く Crassus の最後の演説の場面，consul たる Philippus が senatores を見限ったのに対して渾身の力を振り絞って論駁する様子，は Drusus 改革が中途半端で空中分解する前夜の様子を生々しく再現する．

　Crassus の周辺の者達は基本的に socii の体制に理解を示す人々であった[2]．諸都市の体制，その政治的階層，富裕層，を彼らの対領域支配共々重視する．その破壊を辞さない populares とは鋭く対立するが，nobiles の体制にしがみつく守旧派であるのではない．（結局 Marius 派の手に掛かるとはいえ）最後に勝利を収める Sulla 支持者層とも相容れないに違いない．なおかつ，socii をどう処遇するのか，方策を持ったわけではない．否，到底持ちえなかったであろう．一方でギリシャ型デモクラシーを実現する基盤は全く欠けていた．市民権を与えて権力を広く「人民」に基礎付ける C. Gracchus 流の道でさえ，実際には populares が濫用する入植回路による無限の攪乱を意味するにすぎなかった．やがて Sulla によって粛清・浄化の末に新式の領域基盤のみを認知する手段となる．他方でまさにこれら複数の暴風に対して古い bona fides 体制は抵抗力を持たない．socii の政治的階層は，自らを迂回する直結型信用の虜となっていく自身の基盤に対して危機感を覚えるが，これを受け止める構想はついに出ない．ゆるやかな独立と自律，それらを互いに分別して共存させる仕方，多くのファイア・ウォール，こうした手法が通用しない．他面，こうして政治制度の面でデモクラシーを実現する方途は存在しないとしても，頑固な socii 型でもなく，populares/C. Gracchus 流，最悪の場合には Marius 流，の「人民直接統治」でもない，なおかつもちろん旧来の nobiles 体制の固守では全くない，中間で曖昧だが地歩を築く余地がないわけでもない平面というものが存在した．socii としてのまま，司法制度においてのみ ad hoc に権利保障していく，という道である．一種立憲主義的なデモクラシーである．もしこの形が可能であれば，初めて socii 障壁を取り払った（これを尊重しつつ正面から扱う）ディアレクティカ圏が現れる．ローマでは政治は中央を堅固にローマ流に固めているから，ギリシャ流のオープンなディアレクティカはデモクラシーの側から崩して形成するのでなければ有りえない．そして現に，90 年までのおそらく 20 年間はローマ史においてディアレクティカが最も生々しく動いた時期である．そ

のチャンピオンが Crassus であるのも故無しとしない．初めて大型の陪審団が動いた時期である．repetundae であれば，一方の実質当事者は市民権を越えて向こう側に在る．儀礼を超越し，パラデイクマを自在に言語で切って見せなければならない．刑事司法手続はますます〈二重分節〉していくから，脈絡と連関の識別は不可欠となっていく．かくして弁論術が時代の花形となる．これはもちろん元来デモクラシーのものである．唯一の問題は，司法もまた（socii 障壁自体を取り払う）populares 型のアプローチのアリーナであり，かくして Crassus は弁論という分野においてこのアプローチとの間でヘゲモニーを争わなければならなかった．

「次いでその元老院決議の何年か後，Cn. Domitius Ahenobarbus と L. Licinius Crassus は censores として，Latini 出身の弁論術教師 rhetores Latini に対する行政規制の布告を行った．『われわれのもとに新しい種類の学芸を創始する者達がおり，自ら rhetores Latini と名乗る彼らの学校に若者達が集まり，年少たるうちから終日入り浸る，と報告されている．父祖達は子供に何を教え如何なる学校に通わせるかについてその欲するところを確立してきた．父祖の慣習外のこうしたことは望ましくもないし正しくもない．そうであるからには，学校を保持する者，そこへ通い続ける者，に対して，われわれがこれを是としないことを示すべく，明快な意思表示をしなければならない』」(Gell. XV, 11, 2 ; ed. Hosius : Aliquot deinde annis post id senatusconsultum Cn. Domitius Ahenobarbus et L. Licinius Crassus censores de coercendis rhetoribus Latinis ita edixerunt : Renuntiatum est nobis esse homines, qui novum genus disciplinae instituerunt, ad quos iuventus in ludum conveniat ; eos sibi nomen inposuisse Latinos rhetoras ; ibi homines adulescentulos dies totos desidere. Maiores nostri, quae liberos suos discere et quos in ludos itare vellent, instituerunt. Haec nova, quae praeter consuetudinem ac morem maiorum fiunt, neque placent neque recta videntur. Quapropter et his, qui eos ludos habent, et his, qui eo venire consuerunt, visum est faciundum, ut ostenderemus nostram sententiam nobis non placere). テクストは 161 年の事蹟を exemplum としてくるが，ここにも rhetores Latini という語が使われているもののこれは混線で[3]，こちらは単純な哲学者の追放である．これに対して 92 年の censor たる Crassus の措置は逆で，ギリシャ追放ではなく

「ラテン的」修辞学者の規制である．しかし "rhetores Latini" とは何か[4]．何故 "Latini" なのか．Cic. Br. 164 (ed. Wilkins) は，その oratores 列伝の中で，Cicero 自身少年の頃から，Crassus が 106 年に lex Servilia に賛成して元老院の権威を守った演説を模範と仰いだ，ということを伝える．「(repetundae の) 法廷に対して，訴追者の一党に対して，憎悪を掻き立てた，この一党の権力に対してはへつらう以外にないという時代に」(et invidia concitatur in iudicium et in accusatorum factionem, contra quorum potentiam populariter tum dicendum fuit). 敵が accusatorum factio であることは疑いないとして，Cic. Pro Balbo, 54; ed. Cousin: hanc Latinis, id est foederatis, uiam ad ciuitatem populi iussu patere passi sunt, neque ius est reprehensum Licinia et Mucia lege, cum praesertim genus ipsum accusationis et nomen et eiusmodi praemium… 「Latini つまり同盟者達にこの市民権への道が民会の決定によって開かれたことを堪え忍んだ，この権利は lex Licinia Mucia によっても撤回されなかった，とりわけ訴追ということ，その名分，そしてそこから得られる報償（もっぱら元老院議員の首の追求，がおぞましいものとして怖れられた時代だった）」を単純に重ねて読んでよいか．socii と factio (=equites) は対立するから，Crassus は反 socii ではない．socii が市民権を欲するとは限らないから，反市民権付与も反 socii を意味しない．確かに Br. 169 には「socii や Latini からも oratores は輩出した」(Atque etiam apud socios et Latinos oratores habiti sunt) とあるが，しかし少なくともここで Cicero は以下に列挙する者達を貶めておらず，彼らのギリシャ的教養にさえ触れている．ただ強いて言えば，urbanitas（都会風）の色 (color) が欠けている，とは言われる．例えば Crassus についてこの都会風の軽妙さが絶賛される (143)．「しかし，全く無教養で非都会的で田舎丸出しの全ての嚙みつき犬型弁論家の中で」(180: Sed omnium oratorum sive rabularum, qui et plane indocti et inurbani aut rustici etiam fuerunt) というように，urbanus-rusticus は Cicero にとって基本的な polarité である．「C. Rusius という訴追者があった，C Hirtilius 訴追の時，弁護に立った Sisenna は，彼の犯罪行為の若干は「身の毛がよだつ」と言ったところ，Rusius は，審判人諸君，助けを求めたい，私は包囲された，Sisenna が何を言ったのかわからない，罠ではないかと怖れる，「身の毛がよだつ」とは何のことだ，「ミノケ」はわかるが，「ガ

ヨダツ」がわからない,と言ったので一同大笑い」(260 : Fuit accusator, inquit, vetus, quo accusante C. Hirtilium Sisenna defendens dixit quaedam eius sputatilica esse crimina. Tum C. Rusius: Circumvenior, inquit, iudices, nisi subvenitis. Sisenna quid dicat nescio ; metuo insidia. Sputatilica, quid est hoc? sputa quid sit scio, tilica nescio. Maximi risus). 発言者は当代きっての eruditus たる Atticus であり,同じく eruditus たる Sisenna を主人公とする話であり,そして話題は少々珍しいラテン語の語彙である. "doctus" たる orator の要件の中には後に Varro について詳しく見る言語学的知識が含まれていた.彼らはいずれも Italici の出身である.つまり一方に Cato 以来の伝統的なローマ的弁論が有り,他方にギリシャ的バックボーンが有る.この両端を結ぶ線上に Crassus も,してかなりの socii 出身の oratores も,存在した.対するにこの線からはずれた人々[5]が,ギリシャ的でもローマ的でもなく,田舎風,つまり socii 都市中心からも遠い,とイメージされたのである. Crassus の布告はこれを嫌ったものである[6]. "Latini" はおそらく "tibicines Latini" のあの "Latini" であり,中心からの直結・拡散 (populares!) を表現している.

彼らの弁論に何か技術上の特徴が有ったのか.おそらく,却って彼らの方が端的に「ギリシャそのまま」であったと考えられる.われわれは格好の比較の材料を持つ.長く Cicero のテクストと考えられ,Valla がおそらく初めて本格的にそれを疑った,*Ad Herennium*(「Herennius のための弁論術教則本」)は,現在なお,Cicero の若い頃の習作 *De inventione* と内容面で酷似すると考えられている.引かれる例から共に 80 年代の後半の作と考えられるが,相互に系譜関係が想定されたり,少なくとも共通のソースが探求されたりする.確かに共通の内容も非常に多く,当時の弁論のマニュアルの標準が知られるが,それはおそらくギリシャから渡ってきた伝来のものであり,むしろ重要であるのはこれをどのように扱うかである.このレヴェルになると,両者の間には明確な差異が存在する.

Ad Herennium がわれわれを驚かせる点は,弁論がディアレクティカの頂点であるにもかかわらず,徹頭徹尾反ディアレクティカであることである.弁論家志望者に特定の行為や考慮を指示する内容からなり,皮肉の全くないパラデイクマのその通りの実行を当然とするが,その通りにするときにもちろん相手

5 ディアレクティカの隠遁

にいちいち理由を開示していられないとしても，何故そのようにすれば例えば効果的なのか，という理由付けもまた全く欠如する．ひたすら特定の場合に特定のようにせよという叙述が並ぶ．このときどこまでも際限なく場合を分ける．しかしこの場合分けには理由が付されない．causa は三種類に分類されたかと思うと別の観点から五種類にも分類されるが，双方はどういう関係に立つのか，という理論的考察は皆無である．かくしてトレーニングは imitatio を重要な要素とする．勧める内容にしても，Critique は決して勧めない．弁論にとって華であるのは二段のディアレクティカに固有の前提的批判である．それは最も単純には syllogismos の観点から相手の論理的矛盾を指摘することである．しかし逆に徹底的に直接の効果をねらう．そもそもこのような形でギリシャからこれらは伝わってきたのである．つまり死んだ形で．むしろ実用のために著者は健闘する．刑事裁判における争点整理 distributio (I, 17)，hereditas 案件における遺言の解釈問題 (I, 20)，刑事法規における構成要件解釈 (I, 21)，ギリシャと違って in iure と iudicium の区別が有ること (I, 22)，Accius の著作権紛争 (I, 24)，刑事裁判における阻却事由の問題 (I, 25)．伝来の分類によく当てはまる素材をローマの実務の中から見つける能力には優れる．その調子で蓋然性 (probabile) を使え (II, 5)，アナロジー (conlatio) を使え (II, 6)，状況証拠 (signum) で攻めろ (II, 6ff.)，うわさ (rumor) も味方に付けろ (II, 12) と来る[7]．常識によってはならない，という刑事裁判の基本，そしてイオニア以来の精神，が完全に正面から脱落している．Crassus が怒った理由をわれわれは見る．こうなると配列は全然体系的でない．実質的な繰り返しも多い．外枠が借り物だからである．要するに思考に分節が欠けている点，まさに populares ないし C. Gracchus 型「人民主権」に親和的であり，その分ギリシャ丸映しになる．

De inventione を読んでも，イオニアから下って来たわれわれの目には同じに映ったであろう，もし *Ad Herennium* を読んでいなかったならば[8]．確かに同じ骨組みとテクニカル・タームが登場する．しかし inventio（基礎となるパラデイクマの採取）にテーマが絞られているためもあって，スタイルが全然異なる．そもそも法廷弁論を主として扱う．確かに，ここだけが新たな要素であり，元老院では Cato 流の弁論で十分であろう．弁論術の位置付け，意義を一応気

にかけ，各パートの連関に意が用いられる．Aristoteles が弁論術を括り出すとき，他の分野の存在は前提されている．Aristoteles を意識し，Akademeia を通じて後期 Platon にも触れた，若い Cicero は（*Ad Herennium* の下敷きでもある）Hermagoras に依拠しつつもその欠点を修正しようとする．I, 46ff. などでは論理学に踏み込み，そしてまた記号論の領分をもかすめる．II, 62ff. では法律と事実の間に事実からの法律構成の問題が有ることを論ずる．事実のための弁論ではこうせよ，法文が問題ならばこうせよ，という単純なマニュアルには還元しえない部分である．*Pro Roscio Amerino* や *Pro Cluentio* で Cicero が如何に刑事手続の大原則の精神を強烈な弁論効果のために生かすかということを見たわれわれには，その萌芽がここに存在することは明らかである．

　事実こうした批判の立場は後年の Cicero 自身が強く意識するものであり，55 年の *De oratore*（ed. Kumaniecki）は Crassus に仮託しつつこれに成熟した表現を与えた作品である．Crassus が現実にここまでバランスの取れた思考をしていたという保障は無いが，設定された問題状況は歴史的にも一定程度吟味されたものである．対話篇第一巻において Crassus は，弁論家は同時に諸科学について深い知識を有しなければならない，と主張し，まさにディアレクティカの全体脈絡の復元について語る．対するに，一方には Q. Mucius Scaevola augur が居て，そうした可能性に懐疑的な姿勢を示し，そしてそうした可能性の無い以上弁論は大きな役割を有しえないし，また有しなかった，と論ずる（I, 34ff.）．他方には Antonius が居て，弁論はむしろ諸科学を凌駕しうる，少なくともそれらなしで大きな力を保持しうる，と弁ずる（I, 207ff.）．諸科学の中で一つの焦点となるのが法（ius civile）である．これ自身が哲学と異質の性質を具有するにもかかわらず，弁論の主戦場は今や法廷である．もちろん，法も儀礼の共有のみに依存するにとどまることなく，法学という独特のジャンルを形成してきている．それでも言語によって伝達されるパラデイクマは儀礼的要素を残し，理由や基礎付けを超越している．自由でオープンな議論を生命とするディアレクティカとは大きな対照をなし続ける．そして後者の側に哲学も弁論術も含まれる．ここから法廷で役立つのは法学的知識か雄弁かという定石的問題設定が生まれる．ローマの法学がギリシャ哲学と遭遇した，と学説上把握されてきたテーマであるが，しかし実は秘かにディアレクティカはローマでも根

付いたと見るわれわれにとっては，その形態，それも大きく修正されてきたその形態が新しい社会構造を前にしてどうなるか，という問題の一つであり，ただし確かに（法の基軸性に鑑みて）枢要な部分である．なおかつ Crassus の議論はわれわれに問題が単純でないことを気付かせる．弁論術か哲学かという縦軸が絡むからである．Crassus は法学と哲学に同盟を結ばせ，これを弁論の前提的素養として課し，少なくとも単純な弁論術自足論に対抗しようとする．これは一体何を意味するだろうか．そして未来を展望するものであったか．それとも Antonius の鋭い切り返しが予言するように，法と哲学の融合は法と弁論を隔て，結局は法と哲学の融合をも分解してしまうのか．

　Crassus は，法廷に立ったとき弁論家といえども法学的素養を不可欠とする，ということを論じ始める（I, 166ff.）．第一の理由は，十二表法以来の根拠を有する根幹の儀礼的手続に反しては問題外に失格である，ということである（167）．弁済期限未到来の抗弁や一事不再理の抗弁もこれに属する（168）．Crassus はここでこの段階の「弁論と法学の融合」を例解すべく，例の P. Mucius Scaevola および P. Licinius Crassus Mucianus 兄弟の存在を引く（170）．しかし中心は何と言っても自分達の世代の活躍である[9]．Antonius のことを持ち上げたか（172）と思うと，その活躍の場 centumviri の法廷に焦点をあてる．ここでは時効，後見，身分，近隣紛争，nexum, mancipatio, 遺言，等々あらゆるジャンルが扱われた，と述べられる（173）．centumviri という大型陪審団を有するこの法廷は元来は相続に関する特別法廷である．しかしながら，われわれは相続財産は bona fides の社会構造の中で特別の地位を占めることを見た．socii の社会構造に対応して bonae fidei iudicium や recuperatores に接続する本格的な陪審が要請されることも十分に理解できる．いずれにせよ十二表法に根拠を持つ民事訴訟とは異質のものたらざるをえない．ここでこそ弁論は重要である．しかるに，bona fides と hereditas さえ知っていればよいか．ひょっとするとそうであったかもしれない．しかし Crassus によればそうではなく，おそらくもはやそうではありえなくなっているのである．われわれは相続財産の形態で蓄えられた信用がおそらく 90 年代から今までとは違う具体性を以て領域に降りる様を見た．Caecina の問題は相続の問題でもあるが，あれが centumviri のところへもたらされたとして，hereditas だけでは問題は解決し

ない．かくして Crassus のリストの中には，ひょっとすると Cicero によって誇張され，都市中心の占有問題はおろか領域の占有問題が入ってくる．Crassus は例示を怠らない．息子が戦死したと報じられて父親が遺言を書き換えたとき，生きて還った息子は遺言の無効を主張して相続財産を取り戻しうるか (175)．手続そのものには如何なる瑕疵も無いから，肯定するためには特別の思考が必要となる．Marius Gratidianus が C. Sergius Orata に家を売ったところ，その不動産の一部に役権が付いていた．これを占有移転の条項の中で（in mancipii lege）明記していなかった場合，賠償を請求しうるか (178)．原告には Crassus がつき，被告には対話篇の相手 Antonius がついたという．M. Bucculeius が L. Fufius にやはり都市中心の邸宅を売った．このとき採光は保証されていた，採光ごと引き渡された（in mancipio lumina）．しかしやがて離れてはいるが光を遮る位置に建物が建ったので，Fufius は Bucculeius を訴えた (179)．水利等となればこの種の問題は領域に降り，そして dominium の構造が有れば問題は先鋭化するであろう．これが centumviri の法廷で審理されるということは，獲得された，あるいは潜在的な，相続財産を構成するこの要素の上の占有の関係を少なくとも確認し賠償請求する訴訟もここに係属した，ということを意味する．そして例示の頂点は causa Curiana である (180)．最も名高い（clarissima）と言われるこの裁判[10]は確かに遺言を巡るものである．「生まれた子が死んだ場合には第二順位で相続人たるべしと指定されていた後見予定者は，被相続人の死後生まれて一旦被後見の関係に立ってそして死んだ，というのでない限り（死産の場合は）相続人たりえない」（negaretque, nisi postumus et natus et, antequam in suam tutelam venisset, mortuus essset, heredem eum esse posse, qui esset secundum postumum, et natum, et mortuum, heres institutus）と主張した当代随一の法学者 Q. Mucius Scaevola（pontifex），P. Mucius Scaevola の息子，に対して，Crassus は遺言者の意思（mens）を推測して後見予定者 M' Curius の弁護に立ち，そして彼を勝利に導いたのである．対立点は，さもなければ hereditas は法定相続に戻って細かく細分される，ということである．しかるに Crassus は何か頂点を維持する遺言者の「意思」を引き出し，centumviri の陪審の構造を味方に付けて勝利を収めたのである．明らかに，Crassus は hereditas が複合 fundus を介して dominium に変身を遂げ

5　ディアレクティカの隠遁

る過程を嗅ぎ取っている．もちろん意思は既に bona fides の構造の中で重要な要素である．合意の主体は完全に自由でなければならない．これを欠く合意は無効である．しかしこの場合にはなお bona fides を支える政治的構造は言わば外から意思を保障している．ここでおかしなことをすれば追放される．しかるに，もし相続財産が dominium という形で直接のこの脈絡から離れればどうか．ローマ中央の裁判所では特にこの部分に制裁を用意しなければならないだろう．これが voluntas のジャンルに属する諸制度を生み出していくが，causa Curiana においてはまさに「外へ出る」一瞬が捉えられ，そこで意思の概念が使われたのである．ただし外力はここでは法定相続というにすぎず積極的な侵害は概念されないから，それは voluntas ではなく，反対にまるで dominus のように自分の財産に積極的な形姿を与えようとする作用が肯定されている．ならば mens ないし animus が相応しい．Crassus はまだ明確には姿を現していなかったと考えられる dominium の性質を予感したのである．そしてこれを予感しうるためには，儀礼的知識の保持だけでは足りず，より深い洞察が不可欠である．

　ならば洞察の性質はどのようなものか．単に弁論に法学的知識が不可欠というのでなく，法についての学問的考察が必要である，つまり法学自体を改変しなければならない，というのがまさに Crassus の立場であった．一旦（Crassus の時代に既に神話化されていたかは疑問であるが）Cn. Flavius 伝承に戻り，それでもなお全然体系化されていなかった，と述べた（186f.）Crassus は，ほとんど Aristoteles 流の，素材から学術を形成する仕方を例解し，結論として以下のように提案する[11]．「そうしたならば次に種を識別しなければならない，一定の小さな数に限定して．しかるに種というのは，何らか共通点によって類似するものの，様相＝類においては異なる，二つないし複数の部分を含む．しかるにこの部分というものはそこから派生したその種に服する．これら種と部分が如何なる名称を与えられるかが，全て定義によって，そしてまたそれぞれ如何なる効力を有するかが，明確に言われるべきである」（189: Tum sunt notanda genera et ad certum numerum paucitatemque revocanda. genus autem id est, quod sui similis communione quadam, specie autem differentis, duas aut pluris complectitur partis. Partes autem sunt quae generibus iis ex quibus manant, subiciuntur ; omniaque quae sunt vel generum vel partium nomina, definitionibus, quam vim habeant, est exprimendum）．確かにこれはディアレクティカがやがて採るに至った一つの形態，diairesis である[12]．そして今や確かに何故 centumviri なのか，何故 dominium の予感なのか，ということも一目瞭然である．伝統的なジャンルが有った，そこも多層的であったが，この外に bona fides の領分が有った，これらを今や同時に扱う，特に初めてこの最後のものを直接扱う，なおかつ第三の領分に転進し，なおそれまでの諸層を融解させない，つまり決して流動化させず，なおかつ多層的な領分をしかもアナロジーで機動的に動きまくる，これが要求される，とするならば diairesis は不可欠である．前提としてディアレクティカはできなくてはならない．Crassus の世代，中でも（causa Curiana の敵役ではあるが）Q. Mucius Scaevola pontifex はこの思考のチャンピオンである．そのことは *Digesta* に遺された断片からさえ知ることができる[13]．diairesis の重要な対象として占有があったことも知られ，ひょっとするとその萌芽は父の Publius に在ったかもしれないとわれわれは Gracchi の立法に即して推測した．そうして見てくると，Mucius が bona fides のジャンルに格別の理解を示したその理論的脈絡もはっきりしてくる．その stratigraphie の中で枢要な地位を占めたであろう．そればかりでなく，その政治的含意も既に明らかである．socii 保護は今や決して伝統的な障壁政策に基づくものではない．機動的に作動する司法において的確な次元を維持させるためにこのジャンルはジャンルとしての自律性を与えられる．socii の政治構造について決して敵対的なのではない．しかしそれをこそ死活とする層は失望したかもしれない．もっとも，その前に Crassus らのサークルは抹殺され，それこそが絶望を招き，初めから失望していた階層のヘゲモニーを許した．

234ff. の Antonius の発言は Crassus の時代のものというより遥かに Cicero 自身の反問に近いが，それだけに Crassus の立場，まして Mucius の法学，の何が問題かを示唆するところ大である．Antonius はもちろん orator が学識を備えることに反対はしない．しかしそのためには「市民法に関する学識を新しい衣装で飾ら」（novo et alieno ornatu ornare iuris civilis scientiam）ねばならず，その挙げ句「その学識から伝来のものを剝がし裸にしはしないか」（suo quoque eam concesso et tradito spolies atque denudes）と危惧する．要するにそれぞ

5 ディアレクティカの隠遁

れの領分が截然としていてこそ機能が保たれる，というのである．確かに，デモクラシーのデフィシットをこれで補おうとしても無理で破綻は免れないのではないか，少なくとも代替物にはならない．逆に市民法は政治システムから相対的に自律的であることを生命とした．逆に市民法が前提的批判で武装したとき，そのような代物がいきなり決定の場に乗りこめば，結論をオープンにしてこそ生きる政治が，死んでしまう．Antonius はこの政治の側から挑戦していく（239ff.）．P. Crassus Mucianus が農民から訴訟に関する相談を受ける（accessisse ad Crassum consulendi causa quendam rusticanum）．伝統的な法学の典型的な場面であるが，既に見たように，そこには政治，否，デモクラシーのダイナミズム，すら含まれていた．解答が行われた様子であるが，クライアントは浮かぬ顔である．これを見ていた Ser. Galba は，農民から一部始終を聞き出し，Mucianus に一体どういう積もりか，と問い質す．しかし学識ある（homo peritissimus）Mucianus は自信満々に「私が解答したとおりの事案であったと思う」（ita se rem habere, ut respondisset）と答える．Galba はありとあらゆるアナロジーと衡平を持ち出し，Mucianus は伝統的な法学を典拠に挙げる[14]．以下 Antonius は，法学的知識抜きにこそ法廷で優れた弁論ができる，という例を挙げていく．その中には Crassus が挙げた例が含まれる．つまり予め拘束されてなどいない自由な決定が要求されるとき，客観的な探求（前段の判定）に基づく弁論は不適切である，ディアレクティカの原点である対抗性においてこそ自由で創造的な正しい結論に至りうる，というのである．Mucianus は一世代前であるから，儀礼的手続の自動性の（自由な決定のための手続への）侵出が問題であるとも見うるが，少なくともこれが哲学の客観的探求と結び付いて実体的結論を先取りすれば，手続の自動性が却って保障した自由な対抗性が動かなくなる（〈法学哲学連合〉対〈政治弁論連合〉）．しかるに，Cicero さえ認識していたかどうか，ディアレクティカから見ても逸脱であるこの種類の客観的探求は，dominium に立て籠もってまずは司法に不可欠な政治的対抗性を殺し，政治システム自身の衰弱と歩調を合わせる．デフィシットを補わないどころか，崩落を助長するか，少なくともそのコロラリーとなる．

このサークルは，*De oratore* の主人公の一人 Lutatius Catulus を筆頭に Alexandria 風の叙情詩を創作し Catullus に道を拓いたことでも知られる．そのモ

ットーとでも言うべきは Crassus の理念でもあったと思われる urbanitas であり，これは政治システムからの離脱と同時に領域からの超越を意味する．既に示唆してきたように villa での華麗な社交が典型である．もちろん，政治的党派抜きの，そして学識ある．叙情詩は五つの引用断片しか遺らないが，そのうちの一つ，Gell. XIX, 9, 13 所引の Porcius Licinus の断片は鮮烈である．「羊の群れの雲の切れ端のような牧童諸君，火をお探しかい？ ならばここへどうぞ，どこだどこだだって？ ここだ私だこれが火だ！ 指先で触ろうものならば，たちまち森全体が火に包まれ全焼さ！ 一頭一頭火だるま，一面焼け野原[15]」 (Custodes ouium uernae propaginis, agnum, /Quaeritis ignem？Ite huc. Quaeritis？Ignis homost. /Si digito attigero, indendam siluam simul omnem; /omne pecus flammast, omnia quae uideo). 火は何と自分自身，個々人の内に宿り，これが他に拮抗している，その返す刀で領域からの諸力を一撃で倒して見せる．火＝animus が．同じ Gell. XIX, 9, 12 の Valerius Aedituus は同じ主題を持ち，そしてここでは火は恋愛する．「松明掲げて一体何故？ Phaleros 君，われわれにはそんなものは要らないのに．これこのとおりのままで，胸に十分な炎が輝く．ひきかえ松明など，荒々しい風の一拭きで消えてしまう，まして空から白く輝く大粒の雨が降下しようものなら．たとえそれでも Venus の火なら消すことはできない，Venus 自身でもない限り」(Quid faculam praefers, Phaleros, quae nil opus nobis？/Ibimus sic：lucet pectore flamma satis. /Istam nam potis est uis saeua exstinguere uenti, /aut imber caelo candidus praecipitans. /At contra hunc ignem Veneris, nisi si Venus ipsa, /Nulla est quae possit uis alia opprimere). 情熱の絶対的自動性！ Gell. XIX, 9, 14 から Lutatius Catulus 自身．「私から情熱が逃げる．さてはまた，Theotimus のところだな，確かにその通り，そこに腰を落ち着けたか．それにしてもどうして interdictum を発しなかったのだろう．逃亡奴隷を内部に匿うことを禁ず，そんなのは駆逐して占有侵奪しろ，と．それともいっそ追い求めるか．いや，こちらまでが囚われるのがおちか．恐ろしや．一体どうしよう．Venus よ，お助けを」(Aufugit mi animus; credo, ut solet, ad Theotimum/Devenit. Sic est：perfugium habet. /Quid si non interdixem, ne illunc fugitiuom/Mitteret ad se intro, sed magis eiceret？/Ibimus quaesitum. Verum, ne ipsi teneamur, /Formido. Quid ago？Da, Venus, consilium). animus の

5 ディアレクティカの隠遁

自動性は勝手に動いて自分でも押しとどめられないほどである．政治的自我の射程外である．もちろん Lutatius Catulus は praetor 経験者である．ならば interdictum を以てする．しかし自分の手先が勝手に相手を侵奪していく．interdictum は何とこれに対して対抗的に侵奪（駆逐）してくれと頼む代物にならざるをえない．さらに傷は深く，パラデイクマは furtum である（ad se intro）．取り返しに行くのは相手の中に入ってしまうことか，もう訳がわからない．占有原則の敗退である．要するに，dominium 移転の新しいメカニズムはかほどに手に負えない．意思だけで動く．

〔5・3・1〕 Crassus 解釈においては，*De oratore* 読解が決め手となるが，ギリシャ弁論術に対して伝統的なローマ政治からバランスを取ったという見解，ギリシャの哲学，ないし哲学的弁論術，からバランスを取ったという見解，逆に（*De oratore* テクスト上に登場する）causa Curiana を引いて弁論術で伝統的言語空間を初めて圧倒したという見解，が混線する．例えば G. Kennedy, *The Art of Rhetoric in the Roman World 300B.C.-A.D.300*, Princeton, 1972, p. 84ff. 参照．

〔5・3・2〕 cf. Gabba, *Esercito e società*, p. 175ss.＝Politica e cultura in Roma agli inizi del I secolo a. C., *Athenaeum*, 31, 1953．「Lutatius Catulus の文芸サークル」は Crassus を軸にもう少し拡張しうる．G. Calboli, La retorica preciceroniana e la politica a Roma, AA. VV., *Éloquence et Rhétorique chez Cicéron*, Genève, 1982, p. 71ff. は Gabba を引くにかかわらず奇妙なことに Crassus を単純 optimates の陣営に位置付ける．Crassus の転向を論ずる（p. 83ff.）が，そもそも反 Marius の人物をおしなべて optimates とし，Sulla の体制とも一体視するので，説得的でない．

〔5・3・3〕 cf. Calboli, La retorica preciceroniana, p. 80.

〔5・3・4〕 "Latini" は概して注意深くは解されていない．例えば Kennedy, *The Art of Rhetoric*, p. 90ff. は素材のギリシャ使用言語のギリシャかはっきりさせないまま「ラテン語によれば卑俗」と理解する．それでいて Crassus のギリシャ修辞学批判を言う（infra）．この点，J.-M. David, Promotion civique et droit à la parole: L. Licinius Crassus, les accusateurs et les rhétores latins, *MEFRA*, 91, 1979, p. 135sqq.; Id., "Eloquentia popularis" et conduites symboliques des orateurs de la fin de la République: problèmes d'efficacité, *QS*, 12, 1980, p. 171ss. の把握は初めて一段具体的で，Kennedy が批判する Crassus＝反 populares という政治史的理解を越えて，populares が主として repetundae の刑事司法での訴追を武器にキャンペーンを展開すること，そして後半には現に新しい階層の訴追者が現れること，を丹念に論証する．しかし Id., Les orateurs des municipes à Rome: intégration, réticences et snobismes, dans: AA. VV., *Bourgeoisies municipales*, p. 309sqq. はこれを "domi nobiles" と重ね，ディレンマも指摘はするものの，populares と socii の間の亀裂に無頓着である．

〔5・3・5〕 rhetores Latini のチャンピオンは伝承上 L. Plotius Gallus とされる．cf. Suet. Rhet. 26 etc.

〔5・3・6〕 Calboli, La retorica preciceroniana, p. 71sqq. は，*De oratore* をそのまま受け取って「哲学的修辞学」の理念に基づいて Crassus が追放措置を決めたとするが，或る意味で，そして Cicero から見て，そうであるとしても，optimates＝ギリシャ語＝哲学は単純過ぎる．同様

に，A. Manfredini, L' editto "De coercendis rhetoribus Latinis" del 92 a. C., *SDHI*, 42, 1976, p. 99 は完全に政治的性格を否定し，「行政措置」という法的性質から出発して，単純な「Crassus の個人的守旧的手段」とする．

[5・3・7] 幾つか提出された疑念に対して既に Calboli, La retorica preciceroniana, p. 93sqq. が精力的に反論した後，P. M. Martin, Sur quelques thèmes de l'éloquence *popularis*, notamment l'invective contre la passivité du peuple, dans : G. Achard et al. edd., *Orateur, auditeurs, lecteurs : à propos de l'éloquence romaine,* Lyon, 2000, p. 29sqq. は *Ad Herennium* の実例集が populares の政治スローガンと親近性を有することを Sallustius などを使って論証する．"rhetores Latini" と（C. Gracchus 以来の）populares の関係はこの作品を通じて強く主張されてきた．しかし例えば "luxuria et avaritia" などは同じスローガンでディアクロニクに異なるものを攻撃した可能性を否定しえない．2 世紀末は政治的階層の領域侵出（占有複合化）を，70 年代以降は Sulla/Pompeius 体制の信用構造を．Sallustius 自身両者間に意識的に橋を架けて歴史学を成り立たしめているのである．

[5・3・8] *De inventione* におけるディアレクティカの回復については，cf. A. Michel, *Les rapports de la rhétorique et de la philosophie dans l'oeuvre de Cicéron,* Paris, 1960, p. 72sqq., 174sqq.

[5・3・9] F. Bona, Cicerone e i "Libri iuris civilis" di Quinto Mucio Scevola, in : Archi, ed., *Questioni di giurisprudenza,* p. 205ss. は，Q. Mucius pontifex の書物から Cicero が全素材を採ったという仮説を提示する．

[5・3・10] Crassus の勝利は多くの解釈に曝されるが，一つの典型は Kennedy, *The Art of Rhetoric,* p. 88 のように，ようやくここへ到達した弁論術が法学に対して圧倒的に勝利したというものである．しかし実は法学―弁論術―哲学三つどもえの対立の中の出来事であり，これが Crassus 解釈のポイントであるし，まして事案はもっと複雑な考察を強いる．

[5・3・11] Schiavone, *Giuristi e nobili,* p. 38ss. はこのパッセージから Crassus を（Q. Mucius が選ばなかった）徹底 diairesis 派として描くが，P. Mucius の方向を向いているのか，Servius の先取りか，容易には断じえない．

[5・3・12] Moatti, *La raison de Rome,* p. 230sqq. が Platon と Aristoteles を踏まえて diairesis ローマ流入の優れた概観を与えてくれる．しかしながら，bellum sociale 以後の「統一」が "la diversité du réel" を踏まえた "la constitution d'un ensemble stable" を要請したという解釈は飛躍である．Lepore の "tota Italia" や "consensus omnium bonorum" を引きながらこれの（伝統的な）「単純 stoa 的理解」をも合わせて並べる点も首を傾げさせる．

[5・3・13] Q. Mucius についての思想史的分析をひとまず Schiavone, *Giuristi e nobili,* p. 25ss. に譲ることができる．それまでのレヴェルを塗り替えたと評しうる．Q. Mucius が素材を "genera" に整理したという Pomponius の言葉は，決して全体を diairesis によって体系化したというのではなく，例えば種々の "contractus" はそれぞれ締結された態様に応じてしか解消されないといった整理を意味したのはその通りである．しかし例えば societas (p. 63ss.) について伝統的な consortium との関係を論じ新旧を統合する概念で括ると同時に差異を識別するのは，伝統への固執ではなく，ius civile に対して bona fides 原理の独自性を維持して前者へ解消してしまわないようにする態度の表れである．この点はこれまで見てきたとおりであり，p. 68ss. は bona fides を伝統的 fides の側に再吸収させると解するが，これは bona fides に関する 20 世紀の学説に無意識に影響された結果であり，テキストからは出ない．Q. Mucius が nobiles 体制保守派であることは否定されないが，bona fides は既に古い側に属し，彼が古い農業社会を念頭に置くというイメージは根拠が無い．領域の側に閉ざされる方こそ新しいのである．いずれにせよ，Q. Mucius の diairesis に何故限界が存したかの分析は有っ

ても何故それを使ったかの分析はまたしても無い．彼の場合 ius civile と bona fides の調和が目的であった．

[5・3・14] Schiavone, *Giuristi e nobili*, p. 16ss. は法学の観点から原エピソードに歴史的実体を認め，弁論が指し示す本格的政治性も，脱党派専門客観性も，Mucianus の時代に画期的であったとする．その通りであった反面，Cicero の解釈を離れてこのエピソードを解しうるとしても，伝統的党派性によるディアレクティカ攻撃でも，伝統的非政治性からのディアレクティカ攻撃でも，ある．三角関係の中の枢軸の取り合いである．

[5・3・15] éd. J. Granarolo, *D'Ennius à Catulle. Recherches sur les antécedents romains de la "poésie nouvelle"*, Paris, 1971, p. 39. 一行目のテクストは全く不安定である．しかし鍵になる "prop-aginis" について疑いが無いのが幸いである．

5・4

80 年代の内乱期以降，50 年代までは少なくともディアレクティカの大きな新展開は見られない．次は既に Varro (116-27) と Cicero (106-43) の世代であるが，Varro や Atticus が独自の知的世界を形成していくのは少なくとも 60 年以後であり，Cicero の弁論は確かに金字塔であるが，前項で述べた遺産の上に全て乗り，独自の思索がテクストを生み出していくのは 50 年代後半になってからである．もちろん，Sulla の時代にディアレクティカが直ちに消滅したと言うことはできない．彼の立法，刑事司法改革自体，なかなかの理論家の存在を背後に予想させる．Pompeius の背後にも有能な「国法学者」が居てしかるべきである．しかるに，こうした「国法学」はもちろん exempla の蓄積によって与えられてきた．それは年代記の役割である．Fabius Pictor 以来そこには最低限の批判，ヴァージョン対抗確定，が加わった．おそらくそれは Cato のインパクトを受け，L. Calpurnius Piso Frugi (cos. 133) の頃，Gracchi 直前には全く標準的なヴァージョン偏差の域内に収められている．反対に Gracchi 以降は白紙からの自由を特徴とする政治システムの究極の特徴が引っ張り出され，反射的に Scipio のサークルの若いメンバー，P. Rutilius Rufus や Lutatius Catulus は "annales" ではなく，"Historiae" を書いたと言われる．Sulla/Pompeius 体制に至って初めて，内容こそ大胆に共和国制を骨抜きにするものながら，様式においては極めて復古的に空虚な形骸を復元して見せる「改革」が実行される．古いスタイルであれば exempla に全てが懸かる．かくして annales の第二の開花期が訪れる．ただし，nobiles に属する知られた名前はもはやここには無い．exempla は名も無い職人達の手によって宝物殿に収められる．ヴァージョン対

抗の意義は極小化され，例えば Sulla の如き構想を持ったとしてももはやスキャンダルではありえない．細かく見れば逸脱は幾らでも有る．こうしてこの時代に初めて登場する種類の annales の作者はほとんど無名であるということになり，Claudius Quadrigarius や Valerius Antias については出自年代が全く知られない[1]．中で特異な位置を占めるのが Licinius Macer である．Sallustius の筆によって演説する彼をわれわれは既に見たが，Cicero と同世代でおそらく有罪判決の後 66 年に死を迎える彼は，復活狂言内の populares を演じてみせるに飽きたらず，"Annales" を通じて exempla の大胆な再解釈を提案し続けた．その端的な表れが既に見た Cn. Flavius 伝承の根底的な改変である．Cn. Flavius に仮託された攻撃に対する防壁として形成された nobiles 法学を切り崩し新たに地歩を固めつつある法学が有ったに違いなく，Macer は Cn. Flavius 自身をそうした法学者として描く．自動的に，Ap. Claudius Caecus の事蹟は Sulla とその手足の事蹟と重ねられることになる．もちろん，だからといって Macer は nobiles の側を擁護するわけではない．F 19P が示すように，Fabius「擁立」をもデニグレートする姿勢を有し，そうであれば，Ap. Claudius の手先たる Cn. Flavius から populares の手に，しかし同じ種類の法学を取り戻す，こと（或いは Flavius の裏切り）がねらいであるということになる[2]．反対側の Sulla の方にはしかしながら L. Sisenna（Varro と同世代）が居る．"Historiae" を標榜し，Sulla の伝記を任されてもおそらく最低限の Critique を欠かさなかったと思われ，commentarii というあの乾いたジャンルへの道を実質的に拓く[3]．

　同じく exempla の職人的加工に従事し始めたのがこの時期の法学である．法学者は突然に nobiles 中枢の大きな名前でなくなる[4]．*De oratore* の中の麗しい光景は在りし日のものにすぎない．それでいてなお，少なくとも Cicero の法廷弁論から判断する限り，dominium にまつわる諸々のデヴァイスは 70-60 年代に考案されたものである．弁論との関係，ディアレクティカとの関係，など論ずる場合ではない．彼らは繊細な diairesis をもっぱら職人的に用いて次々に新しい枝葉のヴァージョン対抗を造り出していったのである．そこでは Q. Mucius Scaevola の遺産は大いに生かされ，例えば Caecina を救ったのもこれであったと思われる．domini も解釈次第で bona fides の正統な担い手である．C. Aquilius Gallus の名が最も重要である．

5 ディアレクティカの隠遁

しかるに,最後の真正なディアレクティカは,この風船の内部における意識の苦悶,そしてそれが弾けて砕け散るダイナミズム,の中からのみ現れ,若干のものは凍り付いたまま Augustus 体制下に花開く.Varro の長寿はやがて,新しい社会構造の最も持続的な柱とともに最も安定的な知の形態,パラデイクマ群およびパラデイクマ処理方法,を一人で構築するに至らしめるが,どうやら出発点は Lucilius であったらしく,断片のみ遺る Varro の諷刺詩は,Lucilius が市井の生活,特に領域の活動,に降りていって切り取る切片の切れ味を想起させる.ただしそれよりは遥かに強固に立て籠もって牙をむく.Laevius の叙情詩は明らかに Lutatius Catulus の延長線上に在るが,果たしてどれほどそこから隔たるか,断片は測定を許さない[5].風船の歪みに対して鋭い感受性を発揮し,前もって言語の上で破壊してみせるのは,もちろん,既に Sallustius と共に見た neoterici の人々[6],つまり 80 年代生まれの世代である.その旗手は何と言っても Catullus である.

Catullus はローマ中央の政治的階層の若いメンバーの中に在り,そして同じ立場の同世代の者達と共に叙情詩を作り,そしてそれを通じて交友を繰り広げた[7].Lutatius Catulus の世代から Alexandria を受け継ぎ,Alexandria の philologie を通じて Sappho や Archilochos の系譜さえ引く.叙情詩という選択[8]は具体的な政治的階層の具体的な人的関係の真正性に賭けるところ大[9]であるからである.儀礼的政治システムから離脱したい限りにおいて,これと結合した叙事詩などは嫌う嗜好を示し,かつこれを誇る.Lucilius を引き継ぐ面は皆無ではない[10].かくして仲間の中で唯一詩集(Liber)をテクストとしてわれわれに遺す Catullus の作品の大部分は,その仲間を固有名詞によって呼び掛ける形式を持つ.もちろんそこには échange が絡まる.叙情詩の生理的基盤であるのみならず,その瞬間瞬間の意識的切り出しは政治的主体の醸成に有用である.政治的言語の使用前に主体は自由でなければならない.〈分節〉されていなければならない.「私の Fabullus 君,神々の恵みがあれば,近日中に君は私のところで素晴らしい晩餐にありつけるさ,君が良質かつ多量の晩餐を持って来さえすればだが,白く輝く娘も忘れないように.……というのも君の Catullus ちゃんの財布は満杯さ,蜘蛛の巣で(完全空き家).でも引き換えに掛け値無しの愛情を受け取れる,これ以上に素敵でエレガントなものが有るか

い？　私のあの娘にVenus達やCupido達が贈った香水をプレゼントさ．これをかごうものなら，君は全身鼻にしてくれと神々に祈願するさ，ね，Fabullus君」(XIII: Cenabis bene, mi Fabulle, apud me/Paucis, si tibi dei fauent, diebus, /Si tecum attuleris bonam atque magnam/Cenam, non sine candida puella/...nam tui Catulli/Plenus sacculus est aranearum. /Sed contra accipies meros amores/Seu quid suauius elegantiusue est ; /Nam unguentum dabo, quod meae puellae/Donarunt Veneres Cupidinesque, /Quod tu cum olfacies, deos rogabis, /Totum ut te faciant, Fabulle, nasum)[11]．échangeは敢えて誇張され (Sed contra)，晩餐への招待は賓主の信用逼迫のために賓客の信用に依存することになる．しかるに何に対して賓客は信用を投下するかと言えば，それはCatullusとその恋人の間の濃密な関係であり，これをしかも香しい匂いに化体させて表現する．それは宙を舞う．そこに仲間意識が懸かる[12]．いずれにせよCatullusにおいてはéchangeの資源は単なる叙情詩のプリーテクストではなく，むしろ資源が全てという様相を呈する．つまり占有である．XIIは招待に乗じてなされた些細な窃盗行為を恨む内容を持つ[13]．Hesiodosにさえ至る．「Furius君には奴隷も無く金庫も無く……有るのは岩をも砕く歯の持ち主，父と継母のみ．……でも心配御無用，みんな元気で立派に耐えて何も怖れず．火事も破壊行為も，残虐も謀略も……角より固く乾いた体，日照りだろうと低温だろうと飢饉だろうとこれ以上に絞ることはできません．何で立派でないことが，何で幸せでないことが，あろうか．……これこそ便宜と幸福，Furius君，蔑むなかれ侮るなかれ，100セステルティウスの金策などやめてしまえ，十分足りて幸福なのだから」(XXIII, Furei, cui neque seruos est neque arca/...Verum est et pater et nouerca, quorum/Dentes uel silicem comesse possunt, /...Nec mirum ; bene nam ualetis omnes, /Non incendia, non graues ruinas, /Non facta impia, non dolos ueneni, /...Atqui corpora sicciora cornu/Aut siquid magis aridum est habetis/Sole et frigore et esuritione. /Quare non tibi sit bene ac beate ? /...Haec tu commoda tam beata, Furei, /Noli spernere nec putare parui. /Et sestertia quae soles precari/Centum desine, nam sat es beatus)．かりかりに削ぎ落とされていて付け込む隙がない状態が幸福の定義であるという[14]．信用の拒否である．まるでCatilinaのための忠告である．

5 ディアレクティカの隠遁

こうして一旦領域の上で地を這う方向に紐帯を持って行くにもかかわらず、理想の échange の手段は詩である．擬似 Hesiodos 的自足性を領域単位に与えたいのはむしろこの échange のためであり，かつこの échange は仲間内の趣味を強く主張し，なおかつ個別的で非政治的である．この点でこのサークルは Lucilius のそれとは全く違う波長を有する[15]．XXXIX は，Egnatius が裁判で白い歯を見せて田舎者ぶりを発揮し全然 "urbanus" でない[16]，Sabinus でも Tibur でもない，郊外の villa と無関係だ，とさんざんにこきおろし，XXXVI は，「Volusius の年代記，便所の糞拭き紙」（Annales Volusi, cacata carta）とからかうが，しかし "urbanus" であればよいというのではない．「Varus 君，君もよく知るかの Suffenus，優美軽妙 urbanus な男，右に出る者のない多作ぶり．……とはいえ一旦君が読んだなら，あのお洒落で urbanus な Suffenus が何と搾乳人夫か穴掘り人夫，見れば見るほど見る影も無し．こりゃ一体どうしたことか．伊達男に見えていた者が，もっと手練れなはずの男が，間抜けな農夫より間抜けだなんて．それでも詩が書けて，そして書いている時が一番幸せで，あれほど喜びあれほど悦に入っている．事実誰もが陥る錯覚だ，何かの分野で Suffenus のような者を見出さない者が居ようか．各人に各人の，過ちを，だ．それにしても，なかなか自分が背中に背負っているものを言い当てることなどできないものだ」（XXII: Suffenus iste, Vare, quem probe nosti, /Homo est uenustus et dicax et urbanus, /Idemque longe plurimos facit uersus. /. . .Haec cum legas tu, bellus ille et urbanus/Suffenus unus caprimulgus aut fossor/Rursus uidetur; tantum abhorret ac mutat. /Hoc quid putemus esse? qui modo scurra/Aut siquid hac re tritius uidebatur, /Idem infaceto est infacetior rure, /Simul poemata attigit, neque idem umquam/Aeque est beatus ac poema cum scribit; /Tam gaudet in se tamque se ipse miratur. /Nimirum idem omnes fallimur, neque est quisquam/Quem non in aliqua re uidere Suffenum/Possis. Suus cuique attributus est error; /Sed non uidemus manticae quod in tergo est)[17]．Lutatius Catulus の世代の後を追いながらも，さらにそこに芯になるものを求めつつあり，しかもなおそれを見出すことの困難，錯覚に陥りやすい罠，が自覚されている．そして前の世代に対する極めて攻撃的な挑戦，断絶の意識こそが 60 年代後半から 50 年代に neoterici を相互に結び付けたものであり，かつその中でそれぞれが

独自の方向を求めて競い合い，共通の方向は同志的な関係を生み出す．これがまた人的紐帯の理想として歌われる．「目に入れても痛くない愉快な Calvus 君，でもこの贈り物には参りました，Vatinius が君を憎む憎悪をそのまま私から差し向けますよ．こういう代物に対しては一体何をしてよいやら何を言ってよいやら．何でまたこの多量のへぼ詩人の山で私を圧殺するのか」(XIV: Nei te plus oculis meis amarem, /Iocundissime Calue, munere isto/Odissem te odio Vatiniano; /Nam quid feci ego quidue sum locutus, /Cur me tot male perderes poetis?). Licinius Calvus は若干の断片をわれわれにさえ遺す Catullus と相並ぶ詩人であるが，「へぼ詩人集」なるアンソロジーを作り Catullus に贈った[18]．参った振りをしながらも，Catullus は負けじと本屋を回ってへぼ詩人の本を買い集め，仕返しをする．このポトラッチを歌う Catullus の何と楽しそうなことか．しかし紐帯は確かに高踏的だが政治的たるからは遠くなる．政治空間の中にしかし親密かつ個別的に浮かぶ．「昨日は閑暇に浴し，Licinius 君，私のノートの上で二人で遊んだ，とことん遊ぼうと約束した通りに．かわるがわる詩行を書き付け，あの韻律この韻律を試して楽しんだ．遊びと酒を互いに取り交わして．でも，Licinius 君，私は君の興ずる勢いに焚きつけられて出て行く．惨めな私を一口の食べ物も慰めえず，一睡も静謐で目を閉じさせるということがない．荒れ狂ってベッドの上で七転八倒，ひたすら朝日がさすのを心待ちにする．君と話すため，君の隣に在るため．でも終わると手足は疲れに打ちひしがれ，半死状態でベッドに貼りついたまま動かない．でも，愉快な友よ，できたよ，君のために．この詩から，私の痛みを見抜いておくれ」(L: Hesterno, Licini, die otiosi/Multum lusimus in meis tabellis, /Vt conuenerat esse delicatos. /Scribens uersiculos uterque nostrum/Ludebat numero modo hoc modo illoc, /Reddens mutua per iocum atque uinum. /Atque illinc abiei tuo lepore/Incensus, Licini, facetiisque, /Vt nec me miserum cibus iuuaret, /Nec somnus tegeret quiete ocellos, /Sed toto indomitus furore lecto/Versarer cupiens uidere lucem, /Vt tecum loquerer, simulque ut essem. /At defessa labore membra postquam/Semimortua lectulo iacebant, /Hoc, iocunde, tibi poema feci, /Ex quo perspiceres meum dolorem)[19]．こうして作り直された単位を再結集して新しい政治的階層，政治空間，を作りうるだろうか．Catilina の失敗を踏まえ，来るべき Caesar に

供える青写真は有るのか．ひとまずそれは神話化される．「我ら，Diana に帰依せし，汚れ無き少年少女．Diana のために汚れ無き少年，少女は歌を歌います……」（XXXIV, Dianae sumus in fide/Puellae et pueri integri；/Dianam pueri integri/Puellaeque canamus/...）という歌は，自分達を反逆せる子供達と意識する彼らに相応しく，Artemis[20] の潔癖さを標榜する．XLVI では，春の訪れとともに Asia ないし Phrygia に想像力を飛ばす Catullus が，「飛ぼう，Asia の諸都市へ，君の心は待ちきれずに打ち震え，今にも浮かれ出んばかり，喜びに恋い焦がれ足は力を漲らせる．さらば，達者で，愛すべき朋輩諸君，また集う日まで」（XLVI：Ad claras Asiae uolemus urbes. /Iam mens praetrepidans auet uagari, /Iam laeti studio pedes uigescunt. /O dulces comitum ualete coetus）と歌う．"coetus comitum"[21] は政治言語でありうるが，それは，彼の赴任に際してであれ，心が遠くに飛んだその反射としてしか現れない．

　それにしても，具体的には詩作に何が必要であるというのであろうか．真剣なディアレクティカを怠って居眠る既存世代に叩き付けるものは何か．Lesbia である．遠く叙情詩の故郷を思わせる謎の呼称で一貫して呼び掛けられる一人の女性に対する思慕こそが詩集を貫く主題であり，友人間で交換し話題とする資源の中で図抜けたものである．Lesbia が Clodia の中でもあの Clodia に特定できるとすれば，極度にスキャンダラスになり，スキャンダルを衒う彼らに相応しいが，われわれにはそうでなくとも十分である．Plautus の設定と比較するだけで興味深い．息子は meretrix[22] を獲得するだろうか．確かに資金不足の filius の存在は認めうる．しかし pater の影は見あたらない．高潔な友人達は居るだろうか．meretrix は裏切らないか．否，皆で共有したり融通し合ったりすることができるか．ともかく Catullus は真剣である[23]．それはついにあらゆるジェネアロジクな関係を削ぎ落とすのに成功している．裏から言えば，政治的文脈を持ちえない．かわりにそこに居るのは雀であり，雀は彼女の掛け替えの無さを体現している．「雀よ，あの娘のお気に入り，お前と戯れ，お前を胸に抱き，指先を出す，えさを欲しがるお前の嘴に，つつかれて痛っと声を上げる．私の恋い焦がれる対象が求めてやまないこの遊び，一体どこが面白いのやら，しかしあの娘の痛みを癒す薬．そう，私の重篤なこの熱情も鎮静させるかもしれない，私も彼女のようにお前と遊べたならば．心の悲しみを和らげて

おくれ」(II: Passer, deliciae meae puellae, /Quicum ludere, quem in sinu tenere, / Quoi primum digitum dare adpetenti/Et acris solet incitare morsus, /Cum desiderio meo nitenti/Karum nescio quid lubet iocari/Et solaciolum sui doloris, / Credo, ut tum grauis acquiescat ardor ; /Tecum ludere sicut ipsa possem/Et tristis animi leuare curas!)[24]．「泣いてくれ，Venus ども Cupido ども，ありとあらゆる伊達男ども，雀が死んだ，私のあの娘の雀が，目に入れても痛くないと可愛がっていたあの雀が，それもそのはず，女の子が母を慕うように彼女を慕っていたあの可愛い雀，彼女の懐から出ようともせず，でもそこからあっちへぴょこぴょここっちへぴょこぴょこ，彼女だけに従ってぴーぴー鳴いていた．その雀が逝ってしまった，黒い影に覆われた道を，誰もそこからは戻って来れない向こうへ，冥府の帝王の悪い影ども，くたばれ，すべての麗しきものを呑み込む輩め，私のこんなに可愛い雀を奪い去って，何と悲しい現実，何と哀れな雀，でもお前のせいだ，私のあの娘が涙に目を赤く腫らしたのは」(III: Lugete, o Veneres Cupidinesque, /Et quantum est hominum uenustiorum. /Passer mortuus est meae puellae, /Passer, deliciae meae puellae, /Quem plus illa oculis suis amabat ; /Nam mellitus erat suamque norat/Ipsam tam bene quam puella matrem, /Nec sese a gremio illius mouebat, /Sed circumsiliens modo huc modo illuc/Ad solam dominam usque pipiabat, /Qui nunc it per iter tenebricosum/Illuc, unde negant redire quemquam. /At uobis male sit, malae tenebrae/Orci, quae omnia bella deuoratis ; /Tam bellum mihi passerem abstulistis. /O factum male! o miselle passer! /Tua nunc opera meae puellae/Flendo turgidoli ruebent ocelli)[25]．もちろん，世間の全てを敵に回す恋は死すべき運命と重ね合わされ，官能の度合いを増す．「生きよう，私の Lesbia，愛そう，頑固爺どもの雑音は全て 1 as に資産評価しよう，太陽は沈んでもまた甦る，われわれは一度沈めば二度と甦らない短い光明，それっきり永遠に眠らねばならない夜．私に千の接吻をおくれ，次に百の，そしてもう千の，また百の，もう千回まで，また百回まで……」(V: Viuamus, mea Lesbia, atque amemus, /Rumoresque senum seueriorum/ Omnes unius aestimemus assis. /Soles occidere et redire possunt ; /Nobis cum semel occidit breuis lux, /Nox est perpetua una dormienda. Da mi basia mille, deinde centum, /Dein mille altera, dein secunda centum, /Deinde, usque altera mille, deinde centum)[26]．しかし Plautus の meretrix と異なって，彼女は裏切る．「哀れな Catullus 君よ，馬鹿はよせ……さらば，可愛い娘よ，Catullus 君は立派に耐えます，心変わりの君を求めて泣きません，誰にも求められずに泣くがいい，……今度は誰を愛するか，誰のものになったとおっしゃる，誰に接吻する，誰の唇を嚙む？　それでも Catullus 君よ，何が何でも耐えて見せろ！」(VIII：Miser Catulle, desinas ieneptire, /...Vale, puella. Iam Catullus obdurat, / Nec te requiret nec rogabit inuitam; /At tu dolebis, cum rogaberis nulla. /...Quem nunc amabis/cuius esse diceris? /Quem basiabis? cui labella mordebis? /At tu, Catulle, destinatus obdura.)[27]．何故裏切りか．心をとるかとられるかの関係だからである．それは定員一名のゲームである．leno から奪うという場合とは心の動きである点が異なり，他人の計算で meretrix を楽しむというのとは排他性故に異なる．しかし何故この女は裏切るか．領域上の御しがたい枝分節固有の échange の深みだからではないか．しかし心なのに領域とはどういうことか．心ならば高邁な連帯が可能なのではないか．そうでなくとも，領域抜きの二人だけの愛が．しかしこれでは満足できない Catullus は大胆に領域を取りに行く．政治的連帯の文脈など真っ平だ，父からの信用など欺して取る価値もない，才覚の有る奴隷は消えて久しい．これら全て抜きの自律した愛のためには何が必要か．全て抜きでなければ新しい詩は書けない．老人どもを馬鹿にできない．他方，領域に沈めば田舎者だ．沈まずにしかし基盤だけは政治の向こうを張って領域に在る，とは行かないものか．否，それは réel な関係の綱引きだ．土地を担保に金を貸すのと同じだ．事実，彼女を奪うのは怪しい信用を展開する例の空虚な政治空間の紳士達である．「私の懐から逃げたあの娘は，二度とそれほど愛されることはないほど愛されたのに，彼女のために私はどれほど偉大な戦いを戦い抜いたか知れないほどなのに，今はあっちに腰掛けてる，今や良き人士も幸福な人士も皆彼女の愛人だ，おぞましいことに，その辺の小者や間道専門の間男どもまで」(XXXVII：...Puella nam mei, quae meo sinu fugit, /Amata tantum quantum amabitur nulla, /Pro qua mihi sunt magna bella pugnata, /Consedit istic. Hanc boni beatique/Omnes amatis, et quidem, quod indignum est, /Omnes pusilli et semitarii moechi)[28]．

　おそらく裏切りの中で，そして裏切りを歌いながら，Catullus は同時に c.

LXI, c. LXII の婚礼歌を友人に贈ったと思われる．儀礼の中の厳粛さを適度に保ち，民衆の素朴さ[29]をこれに加える．別世界の牧歌的風景の中に新郎新婦を置く．現実の Lesbia との関係は泥沼であり，泥沼故に鋭いディアレクティカの源となるが，幸福な結合は儀礼空間の彼方にしかない．なおかつ Catullus は自らの状況を本格的に〈神話〉化する術をも知っていた．c. LXIII は Cybele のもとで蘇生する Attis を歌う[30]が，Magna Mater の名の下にローマにも輸入されたこの秘儀は根底的な懐疑と皮肉に曝される．女神の導きで両性を超越して秘儀集団の中に溶け込み幸せを得るかに見える Attis は，かつて有望な若者であった自分を思い出し，「祖国よ，祖国，私の源，何と惨めなことにこれを見捨てた，逃亡奴隷が所有権者に対してするように」(Patria o mei creatrix, patria o mea genetrix, /Ego quam miser relinquens, dominos ut erifugae/Famuli solent…) と叫ぶ．空虚な政治空間に突き付けた挑戦，しかしその（刀折れ矢尽きて流れて来た Attis が象徴する）挫折（Lesbia!）は，相手側の基盤の欠落（famuli 逃亡）と同時に，自分達もその逃亡 famuli にすぎないという突き放した認識を生む[31]．これがどこまで Catilina に対する幻滅にとどまるか，それとも大いに Caesar に対する幻滅を含むか，はわからない．いずれにせよ，最大の c. LXIV になると，Catullus の認識は一層精密になる．「ミニ叙事詩」と称されるものの，これは Pindaros 風に〈神話〉的現在を切り取り，ここから中間部を形成して立体的な意味空間を創出する作品である[32]．選ばれた〈神話〉的現在は Peleus の結婚である．Peleus は Argonautes の一員と捉えられ，海と波のイメージが横溢する中，現れた Nereides の一人 Thetis と恋に落ちる[33]．〈二重分節〉の旗印となるパラデイクマである．Lesbia と結ばれていたらこうなったか．Plautus の meretrix はこれか．裏切りは Lesbia のせいか．婚礼の衣装のヴェールはふと見ると Theseus のパラデイクマを織り成すではないか[34]．もう一人の〈二重分節〉のチャンピオンにしてデモクラシーの代名詞．もちろん，祖国を救うために Minos 王の本拠に乗りこむ．娘の Ariadne[35]は Theseus に首ったけになり身も心も捧げ尽くす．Theseus はこれを裏切る[36]．裏切りは，老いた父王へ合図を送る行為の看過を帰結し，老人は絶望して命を絶つ．pater-filius の信用が入ったのに[37]，過失によるとはいえ，filius の方が裏切ったのである．meretrix を勝手に捨てた．Ariadne は

5 ディアレクティカの隠遁

Dionysos の集団によって回収される．Attis は Maenas になった自分を嘆いた．明らかに，Catullus によれば，一個の〈二重分節〉体制としての dominium は，形の上では立派に成り立ってはいるものの虚偽である．Ariadne に囚われた Theseus が還って来るのでなければデモクラシーは保たれない．ギリシャでも Ariadne は捨てられたままである．領域の具体的な単位の一つ一つは放置された．信用と債務の領域問題は永遠に未解決であった．かつ Catullus が固執するのはこちらの方の問題であり，デモクラシーの方ではない．そして今まさにここでその問題が生じている，というのである．不実なのは Lesbia ではなく Theseus である，領域の単位ではなく新しく勃興しつつあるはずの政治的階層自身である，というのである．

「君はいつか Catullus だけを知ると言っていた，Lesbia，たとえ Iuppiter だろうとも私をさしおいて抱くことをしないと」（LXXII: Dicebas quondam solum te nosse Catullum, /Lesbia, nec prae me uelle tenere Iouem）[38]．「Lesbius 君はハンサムだ，決まってるだろ，Lesbia は君よりお好みだって，Catullus 君，君に連帯する全ての諸君にもかかわらず」（LXXIX: Lesbius est pulcer; quid ni? quem Lesbia malit/Quam te cum tota gente, Catulle, tua.）．「Lesbia は夫の眼前で私にひどい言葉を膨大に投げつける，あの間抜けに最高の喜びをもたらしたというわけだ」（LXXXIII: Lesbia mi praesente uiro mala plurima dicit; /Haec illi fatuo maxima laetitia est）．Lesbia の裏切りは反射的に潜在的な仲間がこれを奪うということであり，dominium の上には societas は余り成り立たない．連帯を切れ切れにしていくだろう．c. XI では彼女への言葉を仲間に託すばかりか，余りよい言葉をかけるな，と余裕を示した Catullus であるが，裏切られた後も未練にさいなまれ（LXXV, LXXXVI, LXXXVII, XCII），並行して[39]仲間の政治的裏切りないし脱落を攻撃するようになる[40]．抜け駆け対象たる資源はもはや Lesbia ではない．中核的要素は fundus である．ただしこれは，「おお，われらが fundus よ，Sabinus だろうと Tibur のそれだろうと……君の郊外の villa で私は本当に楽しかった，胸から悪い咳を駆逐して……（XLIV: O funde noster seu Sabine seu Tiburs, /...Fui libenter in tua suburbana/Villa malamque pectore expuli tussim）のように，元来は urbanitas を媒介する道具である．互いにそこへ招き合う．しかし今や，「Mentula 君は，Firmanum の農場が本物で，

大金持ちで通ってる，何でもかでも豪華に備わり，鳥打ちにあらゆる種類の魚，牧草地に耕作地，野獣に至るまで，甲斐もなく，というのも費用で果実を凌駕する，なるほど大金持ちだが，何もかにも不足，見事な農場が称賛されても，本人は火の車」（CXIV：Firmano saltu non falso Mentula diues/Fertur, qui tot res in se habet egregias, /Aucupium, omne genus piscis, prata, arua ferasque. /Nequiquam; fructus sumptibus exuperat. /Quare concedo sit diues, dum omnia desint. /Saltum laudemus, dum modo ipse egeat.）．一人で豪奢に構えても実は脆弱な信用に依存して，いつ差し押さえられるか．「Mentula 君は，言うならば 30 iugera の牧草地，40 iugera の耕作地，を保有，その他は海の如し．富において Croesus を凌がないと言えようか，かくも広大に占有し．牧草地に耕作地，大森林に放牧地と沼地，Hyperborei の地まで，Oceanus の海まで，全ては大きいが，その上彼自身はもっと大きい，いや，人物のことではない，大きい男根 (mentula) は本当に脅威だ[41]」（CXV：Mentula habet instar triginta iugera prati, /Quadraginta arui; cetera sunt maria. /Cur non diuitiis Croesum superare potis sit, /Vno qui in saltu totmoda possideat, /Prata, arua, ingentis siluas saltusque paludesque/Vsque ad Hyperboreos et mare ad Oceanum？/Omnia magna haec sunt, tamen ipsest maximus ultro, /Non homo, sed uero mentula magna minax）．このような最新のお化け複合 fundus を前にして，Catullus はさんざやじり倒す．それというのもこの Mentula こと Mamurra は Caesar[42] に付き随って立身を遂げていく人物であるからである．「悪徳放蕩者の麗しい合意，極楽とんぼの Mamurra と Caesar．どっちもどっちの汚さ，一方は都市中心の，他方は Formiae の．シミは染みついて洗っても取れません．どっちも病気，互いに双子，一つベッドで，お勉強家．互いに劣らぬ間男，娘達を相手にライヴァルにして利益共同者．悪徳放蕩者の麗しい合意」（LVII：Pulcre conuenit improbis cinaedis, /Mamurrae pathicoque Caesarique. /Nec mirum; maculae paris utrique, /Vrbana altera et illa Formiana, /Impressae resident nec eluentur; /Morbosi pariter, gemelli utrique/Vno in lecticulo, eruditulli ambo, /Non hic quam ille magis uorax adulter, /Riuales sociei puellularum. /Pulcre conuenit improbis cinaedis）．

〔5・4・1〕　Valerius Antias については Sulla 時代説と Caesar 時代説が大きく対立する（vgl. S. Walt, *Der Historiker C. Licinius Macer,* Leipzig, 1997, S. 303ff.; M. Chassignet, *L'annalistique romane, III,* Paris, 2004, p. LXIVff. 一つの争点は, Cic. De leg. I, 6-7 が Clodius, Asellio, Coelius の後 Macer と Sisenna しか挙げず, Valerius の名が落ちている, が故にこの時点 (52年) でまだ Valerius は著作していない (7末尾の表現も参照) のではないか, というものである. しかしながら Cicero のパッセージは全く網羅性を感じさせず, 新しい年代記に対する全面的不信と Sisenna のみを別格とする見方しか読み取れない. Livius における Valerius の重要性は Cicero におけるそれを意味しない. Clodius 以下の例示は「十把一絡げ」の扱いであり, この中に Valerius も含まれたと考えられる.

[5・4・2] Cic. Mur. 25 (63年) は既に Cn. Flavius＝法学という連関を中立的に伝える. 対抗する側も一段普及したところで営みを継続する方向へ収束したのである.

[5・4・3] Sisenna について最も包括的であるのは, E. Rawson, L. Cornelius Sisenna and the early first century BC, in: Ead., *Roman Culture,* p. 363ff. である. しかし bellum sociale に関して "Italici" の観点を採ったとし, そうした部分の App. のソースに見立てる点は賛成できない. "Historiae" という発想が実はドラマティックな脚色を意味したのではないかという指摘は鋭いが, Sulla が政治を回復したニュアンスの分, ディアレクティカを回復したとして, やはり Sulla の分空疎かつ劇場的であったろう. socii の実質的な政治的観点に波長を合わせたとは考えにくい. cf. P. Frassinetti, Sisenna e la guerra sociale, *Athenaeum,* 50, 1972, p. 78ss.

[5・4・4] Kunkel, *Herkunft,* S. 56ff. はプロソポグラフィーによってこの変化を捉え, principes civitatis の largitio/officium であった法学を今や equites や Italici が担う, とする. Schiavone, *Giuristi e nobili* も結果においてこの変化を捉えたと見ることができる. Servius とりわけ Labeo が Q. Mucius とは根本的に違う活動形式を有することを明確に述べる. この点, O. Behrends, Les "veteres" et la nouvelle jurisprudence à la fin de la République, *RHD,* 55, 1977, p. は, この階層変化を, Stoa 派対懐疑派に置き換え, 自動的に Q. Mucius を Stoa 派, Servius を懐疑派, に仕立てるばかりか, Sabiniani 対 Proculiani にまで貫徹させる. まずギリシャ哲学の影響を (しかもお粗末に理解された) 学派教説の受容としか考えず, 変化はその乗り換えとしか考えず, 思考様式の変化を捉えることなく, 結局は同じ性質の社会的活動が継続したと概念してしまう. しかし, Mucius と Servius, Servius と Labeo の間に共和政が崩壊し, 活動の形態が全く変わる.

[5・4・5] そもそも年代の同定が著しく困難である (cf. Granarolo, *D'Ennius à Catulle,* p. 16sqq.). 性格付け, つまり (特に韻律を判断材料として) neoterici に引きつけるかヨリ伝統的と関するかについては, 同 p. 163sqq. 参照.

[5・4・6] 誰が属したかという考証, そして詩作の特徴につき, cf. R. O. A. M. Lyne, The neoteric poets, *CQ,* 28, 1978, p. 167ff.

[5・4・7] cf. A. L. Wheeler, *Catullus and the Traditions of Ancient Poetry,* Berkeley, 1974 (1934), p. 77ff. Cic. Tusc. III, 45 および Att. VII, 2, 1 で "neoteroi" のレッテルが貼られた. T. P. Wiseman, *Catullus and his World. Reappraisal,* Cambridge, 1985, p. 54ff. は, Lesbia＝Clodia 仮説のソース, Cic. *Pro Caelio* から Caelius に焦点をあて, Lesbia＝Clodia 仮説を否定しつつなお世代典型としての Caelius の Cicero 離反―改心―スラローム―破滅の軌跡を Catullus と無関係に描き, 却って Catullus を時代と世代に還元し, ロマンティシズムを破壊する.

[5・4・8] 叙情詩一般, 特に近代を意識した先鋭なタイプ, に Catullus は決定的な影響力を有した. 受容史, 解釈史, に立ち入る余裕は無いが, 第一にそれは Petrarca に遡り, 第二に (特に Lesbia＝Clodia 仮説と結合して) ロマンティシズム＝実証主義的個人伝記主義的 Philologie に息吹を与え (cf. Wiseman, *Catullus,* p. 217ff.), 第三に 19-20 世紀の徹底的に切断され孤立した自我の概念に寄与した. 20世紀の後半は, 文学一般がこの第三から脱却する動

〔5・4・9〕 この点，つまり個人の奥に在る真正なものの開示という点，から入って近代の文学との関係をよく捉えるのが T. Barboud, *Catulle. Une poètique de l'indicible*, Louvain, 2006, p. 6sqq. であり，この研究は Catullus の周囲の極めて具体的な事物（詩，女性，友人，神話，等々）を一つ一つ辿って検証する．

〔5・4・10〕 J. Granarolo, *L'oeuvre de Catulle. Aspects religieux, éthiques et stilistique*, Paris, 1967, p. 162sqq.

〔5・4・11〕 テクストは ed. Lafaye, Paris, 1922 による．C. J. Fordyce, *Catullus. A Commentary*, Oxford, 1961, p. 132f. は「招待」という叙情詩のジャンルの中で逸脱して見せる様子を読む．脱線の差異・特権形成効果については，cf. Fitzgerald, *Catullan Provocations*, p. 98ff.

〔5・4・12〕 XXVIII (Pisonis comites, cohors inanis/...) は司令官の親衛隊として従軍し帰還した (Fabullus を含む) 友人達の「すっからかん」ぶりを従軍時の物資欠乏と織り混ぜて歌う．

〔5・4・13〕 cf. Fitzgerald, *Catullan Provocations*, p. 93ff.

〔5・4・14〕 cf. Fitzgerald, *Catullan Provocations*, p. 83ff. Fordyce, *Commentary*, p. 152 は，ギリシャ iambos の影響を嗅ぎ取るが計り切れない．Furius の金策は本当であったかどうか，Cicero の手紙の世界との対比は有効である．同様に，XXIV では Midas への傾倒が警告され，"neque seruus neque arca" という表現が再登場する．XXVI は「風にも負けず」を短く主題とする．Wiseman, *Catullus*, p. 105ff. は Sallustius の "luxuria et avaritia" と重ね，小商人の規範に絡む若干の作品を引く．

〔5・4・15〕 Granarolo, *L'oeuvre de Catulle*, p. 232 は，amoralisme（アヴァンギャルド振り）と信義尊重・裏切り非難の双方を否定しがたいとし，特に前者に傾く批評を批判した後，この両方の間の矛盾は "irréductible" であるとする．旧来の政治的階層，特にその儀礼的側面から（Lucilius 段階よりもさらに一層）離脱しようとする分，そしておよそ政治的階層から離脱しようとする側面を有するから，amoralisme の印象が出るが，それでも自由で横断的な結合を Catullus は求め，そういうものとして離脱しようとするのであるから，全然矛盾しない．

〔5・4・16〕 Fordyce, *Commentary*, p. 185f. は "urbanitas" をありきたりに解説するが，Catilina 集団たる若者の両義性の中に "urbani" がアイロニカルな意味を帯びる点を指摘する K. Quinn, *Catullus. An Interpretation*, London, 1972, p. 211ff. が示唆的である．Wiseman, *Catullus*, p. 107ff. は質実テーマを colonia（出身地北イタリア）に方向付ける（確かに colonia のプレゼンスは有る）が，urbanitas については言及しない．

〔5・4・17〕 Fordyce, *Commentary*, p. 146 は XXII と XXXVI を結び付け，Ennius 風，年代記風「叙事詩」への対抗を読む．他方 Wray, *Catullus*, p. 79 は七篇のライヴァル詩人攻撃を列挙し，この c. XXXVI を分析する (p. 75ff.)．Wray は，Baudelaire を典型とする種類の近代叙情詩への Catullus の圧倒的影響を念頭に置いて，この脈絡における解釈から脱しようとし（「ポストモダン」?），（どちらがヨリ Kallimachos 風かさえ競う）地中海世界特有のマッチョな攻撃性を鍵とするが，正しく「近代叙情詩」から脱したければ p. 167ff. で折角 Archilochos を引く以上，束の間の政治的空間復活に Archilochos 風「叙情詩」を結び付ければよかった．そのはかなさを把握しているからこそ Archilochos とは違う調性，そして「近代の」人々を惹き付ける凄みが出た．

5 ディアレクティカの隠遁

〔5・4・18〕 P. Fedeli, La poesia d' amore, in: Cavallo et al., edd., *Lo spazio letterario*, 1, p. 144: "perché proprio in quegli anni il poeta decide di mitizzare la donna? perché l' amore diviene un'esperienza totalizzante?" 一人の女性の存在と批評が完全に一体化する点を追求するJ. C. Juhle, *La critique littéraire chez Catulle et les élégiaques augustéens*, Louvain, 2004, p. 48sqq. は，結局Cicero の urbanitas との丹念な比較に至るが，政治的空間と〈二重分節〉単位が dominium によって直結する，ということである．Ciceroの構想においてはこれをしかしもう一段媒介しようとする．この「もたつき」はCatullus 達にとっては耐えがたかったと思われる．

〔5・4・19〕 cf. Fordyce, *Commentary*, p. 152: "the *novi poetae* at play". otium の作用（詩人間世代間公共性）についてはHoratius との関係で，cf. M. C. J. Putnam, *Poetic Interplay. Catullus and Horace*, Princeton, 2006, p. 48f. こうした解釈に対してはしかし Fitzgerald, *Catullan Provocations*, p. 110ff. が牙をむく．叙情詩が真実の瞬間に達するどころではなく，自己を危険なまでに特権的な地位に置くポーズであるという．これこそurbanitas の正体であるとし，c. XII などを解釈する（p. 93ff.）．確かにこれが「他のローマ作家に比してCatullus をしてわれわれをほっとさせる所以である」（p. 20）．完全に私的な空間を涵養することが始まったことに対応する（p. 25 etc.）．しかしそうしたポーズは或る構造のなせる業である．一方に固い拠となる殻が初めて現れ，他方でそれが蜃気楼のような政治空間に繋がっている．

〔5・4・20〕 Fordyce, *Commentary*, p. 171 は，全く独自で翻訳でないとしつつ，Diana を十分にArtemis と解しうると読む．Putnam, *Poetic Interplay*, p. 116ff. は，Hor. Carmen saeculare の下敷きとする余りこれをも〈二重分節〉儀礼の中に閉じこめる．

〔5・4・21〕 cf. Fordyce, *Commentary*, p. 210. Putnam, *Poetic Interplay*, p. 18 が指摘する季節の"cyclicity"は結合へと戻る動機を示唆するが，それがまさに遠くへ飛ばされていく．なお，政治説（Mommsen）と非政治＝純叙情詩説（Wilamowitz）の対立以来伝統的に後者に傾く学説と最近の見直しについて，cf. W. J. Tatum, Friendship, politics, and literature in Catullus: poems 1, 65 and 66, 116, *CQ*, 47, 1997, p. 482ff.

〔5・4・22〕 c. LVIII に関する Barboud, Catulle, p. 14 参照．

〔5・4・23〕 Fitzgerald, *Catullan Provocations*, p. 115ff. は，これほど純真な（脈絡から切り離されて純粋に個人的な）恋愛感情も無いという伝統的解釈に叛旗を翻し，裏切られ報われないことこそがCaesar の Rubicon に相当する非拘束の pretext であるとする．Lesbia との関係に割って入る fides, foedera 等の政治言語（c. LXXXVII etc.）をこの方向で解する．確かに，Caesar を生むものではあるが，しかしその後 Caesar に捨てられるものでもあるだろう．Lesbia は切断の用具であるに違いないが，それ故にこそ帯びる毒気と切断の清澄さ（"Passer..."）とは両立する．

〔5・4・24〕 この "Passer" は知らぬ者の無い傑作の一つである（Fordyce, *Commentary*, p. 87f.）ことに誰しも頷くであろう．

〔5・4・25〕 ギリシャ elegeia の伝統を独自に完成させて続く世代もついに凌げなかったというFordyce, *Commentary*, p. 92 の評価に異論無い．Quinn, *Introduction*, p. 85: "Poems 2 and 3 were hardly written to perpetrate a double entendre. The most obvious and the simplest explanation seems to me the most likely: Lesbia had a sparrow and it died" というコメントを生むことは成功の証であり，失敗を物語るものではない．

〔5・4・26〕「資産評価」から政治空間との緊張関係を読むのは，Wray, *Catullus*, p. 145ff. である．

〔5・4・27〕 cf. Fitzgerald, *Catullan Provocations*, p. 121ff.

〔5・4・28〕 動詞 amare のパラダイム上の変化に（変転する内面の表現手段として）着目する

のは，Barboud, *Catulle,* p. 33 である．
〔5・4・29〕 cf. Wheeler, *Catullus,* p. 189ff. ローマ的伝統の吸収に傾く学説に対しては Fordyce, *Commentary,* p. 235ff. が，Homeros（Achilleus の楯）以来の epithalamium の伝統を引くと同時に，Catullus のそれが現実の儀礼からは離れていることを指摘する．彼の他の作品とのコントラストのみが儀礼的安堵感を与え，大きな脈絡ではこの場合も Fordyce の言う個人的な性質が濃厚であると感じさせる．
〔5・4・30〕 Fordyce, *Commentary,* p. 261ff. によってそれまでの諸ヴァージョンを一覧できる．しかし Catullus のヴァージョンが極めて特異である点の分析に欠ける．
〔5・4・31〕 Granarolo, *L' oeuvre de Catulle,* p. 141sqq. は異例に強烈な深奥の吐露を，愛と官能（＝東方の宗教）に身を委ねて社会の絆から離脱した後悔と解す．神話を内面化して理想を投影するのであるとしながら，それでは全然〈神話〉化していないことになる．それならば軍事化ないし組織の問題（去勢）を出す必要が無い．
〔5・4・32〕 時間軸のアーティキュレーションが大きな構造を作る点については，Barboud, *Catulle,* p. 46sqq. に優れた分析が有る．
〔5・4・33〕 目と目の間に愛の閃光が走るが如く，完全に個人化されているのがヘレニズム的特徴である（Granarolo, *L' oeuvre de Catulle,* p. 150）のはその通りとしても，だからと言って元来のコードが "doctus" たる Catullus によって見失われているはずもなく，ただ理想の愛のために Pindaros を引く（p. 149）のは不適切である．Peleus パラデイクマについては，cf. DEM, p. 108, 114ff.
〔5・4・34〕 二つのパラデイクマの関係につき（Alexandria での定型を把握できない以上解釈不能として）困惑する学説の様子につき差し当たり cf. Wheeler, *Catullus,* p. 130ff.; Fordyce, *Commentary,* p. 274. Granarolo, *L'oeuvre de Catulle,* p. 147sqq. は対称的な二つの超越的愛を構築して現実を内面で代償した（統合した）と解する．入れ子になっている詩の構造を無視している．Dionysos による表見的救済は混乱と捉えられている．Theseus の裏切りと Ariadne の悲嘆に焦点を当てること自体 Catullus の独創である可能性が有る．Theseus パラデイクマについては，cf. DEM, p. 161ff.
〔5・4・35〕 cf. Barboud, *Catulle,* p. 101sqq.
〔5・4・36〕 Fitzgerald, *Catullan Provocations,* p. 150ff. は，Alexandria 模倣習作説と Lesbia 体験投影説の両方を斥け，なおも統一テーマを探るべく Theseus を見送る Ariadne の視線に焦点をあてる．（しかもギリシャの）神話時代から取り残され遠く隔てられたという挫折，見るしかないという挫折，しかも見せつけられるということ，特に後者を強調して Fitzgerald は一定の成功を収める．婚礼の宴席に領域から招かれて織り成された話を見るしかない客達，神々に対する最初の傲慢としての Argonautes の試み，Peleus の婚姻の不幸な帰結，Achilleus を「予言する」不吉な運命の女神達，等々．しかし失墜＝挫折を形作る具体的パラデイクマは伝統的コードによっており，Catullus がこれに通じていないわけはない．デモクラシーとその暗転，その代償，これらがいずれも実を結ばないのである．
〔5・4・37〕 このときの父親の心情をたちまち叙情詩に仕立てるところに Catullus の価値を見るのは，Barboud, *Catulle,* p. 38sqq., 111sq. である．
〔5・4・38〕 cf. Fitzgerald, *Catullan Provocations,* p. 135ff.
〔5・4・39〕 失望は，失望から出た挑戦のそのまた挫折に対するものであり，言わば全体的なものあるが，そのことを却って示すように，Lesbia 喪失に弟の死が加わり，彼は書く気力さえ失う．これによって友のためにさえ書けなくなったことを歌う c. LXVIII は沈痛である．c. CI は弟の死地，東方を訪れた時の歌か．

〔5・4・40〕　cc. XCVI, C, CII, CIX のような素晴らしい友情の歌も消えるわけではない．しかし他方で，一連の Gellius 攻撃（cc. LXXIV, LXXX, LXXXVIII, LXXXIX, CX, CXI）のように，その不良ぶりを過激すぎると非難する「仲間割れ」の罵りも有る．cc. XXX, LXXIII, LXXVII は高い友情を求める余りの失望の歌であり，むしろ彼が諦めたわけではないことを示すかもしれない．

〔5・4・41〕　c. LXIII における Attis 去勢の意味がここで判明する．Mentula＝Mamurra につき，cf. Fordyce, *Commentary*, p. 159f.

〔5・4・42〕　cf. cc. XXIX, CIII. c. XXIX では Caesar の広大な支配域の中で跋扈する Mamurra を許す Caesar を「放蕩者 Romulus」に喩えて皮肉る．Mamurra は Horatius 等後のテクスト上で一つの典型となって遺る．確かに Quinn, *Introduction*, p. 267ff. が指摘するように，hendecasyllabi を含めて iambus と呼ばれるジャンルに関する通念を生み出す（韻律が記号たるを越えて内容を化体してしまう）については Archilochos の遠い作用が有るが，Catullus の場合，自由な仲間の間の楽しい揶揄というより，その世界が裏切られた恨み節になる．なお Caesar との関係については，W. C. Scott, Catullus and Caesar (c. 29), *CP*, 66, 1977, p. 17ff. で諸説を概観しうる（ただし，Caesar というより社会全体の腐敗がターゲットだったとする Scott の解釈は，Catullus の独特の視角を汲まない）．

5・5

　同じ 50 年代からは一本の鮮烈な叙事詩が現れる．Lucretius の *De rerum natura* である．人物についても作品成立の脈絡についてもほとんど情報を欠くが，テクスト自体が如何に孤立して伝達されたとしても[1]，やはり他との鋭い対抗関係に立っていることに変わりはない．テクストは Epikouros 派の哲学的マニフェストであり，Epikouros 自身についてまとまったテクストが少数しか遺らないことから，重要なソースでもあるが，他方，この時代の政治的階層にも Epikouros 派を標榜する人物は希ではなかったことは十分に知られている[2]．そしてまさにその原子論は Demokritos のそれから明確な偏差を示しており，おそらく Epikouros には無かったであろう詳細も生き生きと一貫して主張される．

　Venus に呼び掛ける叙事詩という形式[3]自体，韻律（hexameter）を手段としてパラデイクマ総体への大ディアレクティカ[4]を試みる，という考えを示すものであり，なおかつこの作品は〈二重分節〉の立場を鮮明にする．テクストは Ennius を引照するが，他方後の Vergilius にも確かに繋がっているのである．しかしなお，もちろん Lucretius は形而上学の伝統に確信を持って立つ（II, 7f.: Sed nil dulcius est bene quam munita tenere/edita doctrina sapientum templa serena)．その理由についても彼は明快である．一言で言えば religio との戦いである（I, 62ff.）．（hexameter に相応しく）"Iphianassa" という Homeros のヴァージョンを採用しつつも，彼は悲劇におけるように痛烈に Iphigeneia パラデイクマを批判する（80ff.）[5]．失敗ないし死への恐怖，およそあやふやなパラデイクマへの追随，から人命を犠牲にしたという．III, 31ff. では，死の恐怖から多くの悪行が生まれるとし，死というものからあらゆる神秘のヴェールを剝ぎ取ると宣言する．恐怖自体，何か不透明で見えないということから生まれる，という理解である．要するに，とことん〈分節〉し切る，とりわけもう一段中をも分解し切る，〈二重分節〉する，という思考である．これは政治をさらに突き抜けていくデモクラシーの思考様式であり，テクストからはこの時代のローマでそれが決して絵空事ではなかったということが生き生きと伝わってくる[6]．Lucretius は事実直ちに前提的批判の核心的命題，Parmenides の公準，から出発する．「如何なるものも無からは」（nullam rem e nihilo）生じない，「何も無からは創られない」（I, 156f.: nil posse creari/de nihilo）．存在の強固で厳密な一貫性．

　さてしかし，強固に一貫するその存在は原子（primordia）である．Demokritos のヴァージョンを彼は選択する．このヴァージョンにおいては syntagmatisme はとことん分断されていて，それが得体の知れない因果応報に戻ることが拒否されているはずである．言わば初めから〈二重分節〉単位をアプリオリな存在とする．Lucretius が原子論を採る理由はどうか．存在が一貫するにもかかわらず何かが発生したり消滅したりするように見えるのは，その存在が極小で見えないからである（I, 265）と述べ，風や匂いなどの例を並べる．Demokritos において存在の絶対的〈分節〉のために不可欠であった空間ないし虚空（inane）の存在は，これが無ければ物体が動けないからである，と説明される（329ff.）．「虚空が無ければ物体は一体どこを通過することができるか」（356f.: nisi inania sint qua possint corpora quaeque/transire）．具体的な事象を因果連鎖で説明するための仮説である，という Aristoteles 流の考えがテクストからは濃厚に漂う．Aristoteles の解釈，そして Epikouros 自身の解釈，が経過されている[7]のであるから当然ではあるが，しかし明らかにそれ以上に強調されている．原子は果たしてこれほど生成の説明のためのものであったか．し

かるにテクストは "gigni"（150）, "creari"（158）, "genus nasci semine"（160）, "seminibus certis"（169）, "gigni"（172）, "inest secreta facultas"（173）というように初めから徹底して生物のパラデイクマの連続である[8]．そればかりではない．174ff. は fundus における各種果実 fructus のイメージで溢れかえる．原子というより生成変転を媒介する種子ではないか[9]．215ff. で物は決して消えはしないということを言うとき，corpus が partes に分解されるだけである，という説明も，全ての単位はさらに中に構造を有する，というだけのことかと読める．Demokritos において原子の存在は理論上のもので，他の現象と因果連鎖する同列の事象ではなかったはずである．そもそも前提的批判は政治的決定に大きく立ちはだかる．原子と原子の衝突の鉄の法則に反する決定は無意味である．これはデモクラシーの contingency を容認し，その上に決定を積み上げる思考に接続し，この contingency が決定を麻痺させる弊害すら生んだ．しかるに Lucretius においても，政治的決定の imperative に抗する術は十分に存在する．しかし立ち塞がるのは鉄の物理法則でもデモクラシーの contingency でもない．土地の上の生成消滅のリズムであり，fundus 内における果実収取の鉄の法則である．ここを乱す決定は前提的な資格を欠く．Lucretius は徹底的に有因的に思考した．何事にも原因が無いということはない．原因をきちんと辿れなければならない．政治は儀礼を介してこれを切断し，いきなり物事を降らせる．これを Lucretius は徹底的に糾弾する．それは下からの有因主義である．政治的決定が無ければ決して占有は動いてはならない，というのでなく，占有が実際に動かなければ，否，それが正しく維持されるのでなければ，移転の決定・合意は無意味であり，勝手に移ったと思って入って行ってもおでこにこぶをつくるだけである，というのである．唯物論はここに懸かる．しかし Lucretius の場合，立ち塞がる有因主義の基盤は領域の上を文字通り地を這う原理であるというより，何か一つ一つの小さなメカニズムの単位であるという印象が拭えない[10]．

「そのうえ，如何に堅固な物を考えてみても，中はすかすかの実体でできていることに気付くだろう．岩石や洞窟を水が染み込んでいき貫く，全てのものはふんだんに水滴を垂らしうる」（346ff.: Praeterea quamuis solidas res esse putentur, /hinc tamen esse licet raro cum corpore cernas. /In saxis ac speluncis permanat aquarum/liquidus umor, et uberibus flent omnia guttis). または有機体の中を養分が運ばれる血流のイメージ. そしてこれは空隙の説明である. しかしDemokritos において, 原子と空間の厳密な二元的存在論は, 1と0の区別, そして妥協の無さ, を意味した. 二つの〈二重分節〉単位を絶対的に隔て無媒介とする趣旨であった. しかしここでは, 何かの内部にさらに隙間が有り, それが複合体をなす, 何かの単位の中にも通路が有る, ことの説明のために inane は置かれる. 確かに彼も, corpus と inane のどちらかに尽き, 第三の実体 (432 : tertia) は存在しない, と言う. 公共空間か占有かでそれ以外は有りえない. しかし res を反転積極的に corpus と inane の複合体と捉え返して行く姿勢 (449ff.) は, 占有の内部にも占有が有り, 内部に公共空間の支脈が入り組んでいる, ということを強く想わされる. 他方, 原子そのものが常に衝突しているという, Demokritos にとって生命線である理論は存在しない. 635ff. でイオニアの単純質料主義を次々に批判していくが, それに替わって原子論を採る理由は, 化学主義批判というより, 機械的な複合構造を概念するためではないかと疑わせる[11]. 事実, II, 52ff. の運動論は 167ff. の Stoa 批判を準備するが, 「定められた筋書き」を解体する以上の積極的意味を有さず, 184ff. の (Epikouros 譲りの) 万物落下論も, 全てを領域に叩き付けて政治を崩壊させる迫力に欠ける. むしろ詳細で驚かせるのは 333ff. の具体的な物の性状論であり, 多様な原子の組み合わせを Lucretius は楽しむ. 「その性質が一見して理解できる物でも, 単一の種類の原子のみから成る物は無い, 混合せる種子によって構成されていない物も無い, 自身にヨリ大きな力を秘める物は, 原子の種類数と形状数を自身の中で極大化していると言える」(II, 543ff. : nil esse, in promptu quorum natura uidetur, /quod genere ex uno consistat principiorum, /nec quicquam quod non permixto semine constet; /et quodcumque magis uis multas possidet in se/atque potestates, ita plurima principiorum/in sese genera ac uarias codet esse figuras). しかも組み合わせは恣意的でなく, そこには法則がある (700ff.).

III-IV 巻の心身論に至ると, 上に述べたことは明瞭に裏付けられる. 既に述べたように, 死への恐怖を拭い去るという明確な目標を有するこの議論は, 死の過程を完全に物理的に捉え一切の不明瞭を解消してしまう. 417 以降三分の

二は霊魂不滅論の批判に費やされる．精神 animus もまた原子によって構成され，一定の組み合わせのもとに出来上がったそれは同じく原子によって構成された身体 corpus と接合される．死は，精神が分解した挙げ句身体から去ることに他ならない．この基本において，原子論に忠実である．ところが詳細を見ると，至る所で独特の波長を感知することができる．何と言っても animus 構成分子は元来特殊であり，ヨリ小さくすべすべしていて流動的である．この観点から Demokritos は明示的に批判される（370ff.）．これに対応して，心身の間には厳格な序列が存する．animus ないし mens には，「生命体全体の司令所統制所が在る」（III, 95 : in quo consilium uitae regimenque locatum est）．それだけではない．Lucretius は animus と anima を区別する．anima の方は手足にも宿る（117ff.），それをにょきにょきと動かすもの，神経系，であるが，このように中枢が animus-anima に分節（130 : coniuncta）すると当時に，「(両者同じ材質とはいえ) しかしながら言わば頭として体全体に対して支配するのはわれわれが animus ないし mens と呼ぶ中枢の方である」（138f. : sed caput esse quasi et dominari in corpore toto/consilium quod nos animum mentemque uocamus）．徹底した下からの有因主義であるはずであるのに，「意思」を重視する限りにおいて，小さな単位内では上からの有因主義への転向がなされる．それも一個の〈二重分節〉単位にすぎないという立場は堅持されるが．しかも，dominus には vilicus や procurator がそれぞれ居るように，anima が animus を補佐していて，「他方の片割れたる anima は全身に散開している)」（143 : cetera pars animae per totum dissita corpus）．「そして生命体を障壁で統御するのはむしろ animus であり，これが生命体にとって anima の力よりも支配的である」（396 : Et magis est animus uitae claustra coercens, /et dominantior ad uitam quam uis animae）．

以上のような構造は知覚理論に投影される．知覚は物体から直接飛び込んでくる（IV, 43 : summo de corpore rerum）ものによってイメージ simulacra, figurae, effigiae, imago が形成されることによって起こる[12]が，この simulacra は固有の極小の原子から構成される（110ff.）．つまりあくまで領域の物的過程から出発させるのであり，信用や政治システムを作るにしてもここからである，ということになり，経験論はそうした構成に対応しているのであるが，simulacra が独特の原子を維持する限りにおいて,少なくとも素材において知覚は独自の根拠を有し,しかも(独自でありながら)物を映して誤らない(230ff.).では沖の船を知覚するときのように錯覚が生ずるのはどういうことか.Lucretius は錯覚自体は知覚として誤りではなく,ここから認識に繋げるのは animus の役割である(384 : hoc animi demum ratio discernere debet)とする.政治システムに抗しながらなおかつ物的過程から独立の想像の世界に根拠が有りうる,という市民社会の理論である[13].これをさらに批判しなければ認識は全く成り立たない,しかもその Critique が可能であるという保障はない,という懐疑派の立場に対する批判(462ff.)こそはこの巻の目的である.なおかつ simulacra の粒子はどうやら勝手に動く.一旦知覚したものからどうやって精神がイメージを形成するかという議論(722ff.)が用意される.偶発的に馬のイメージと人のイメージが重なることは,simulacra の独自の動きが mens にもたらす産物であり,Centaurus はこうした出来上がった,という.Locke から Peirce に繋がる記号論の弱点が見て取れる.Stoa 派のそれに比して.

〔5・5・1〕 以下テクストは ed. Ernout による.写本の校訂にどれだけ「ギリシャ語をラテン語化した問題」「Epikouros の概念をラテン語で作り替えることから生じた問題」を絡ませるかは大問題であるらしく,Lucretius のその面の努力を最大限に生かした校訂の試みが M. Bollack, *La raison de Lucrèce. Constitution d'une poétique philosophique avec un essai d'interprètation de la critique lucrétienne,* Paris, 1978 に見られ,われわれの以下の議論(Lucretius 批判)も理論上は大いに左右されるが,少なくとも以下で指摘するブレに関する限り(紀元後の写本作成者でなく)紀元前 50 年代に有りえて十分然るべきである.

〔5・5・2〕 法学者 Trebatius (Fam. VII, 12) 等について,cf. P. Boyancé, Les méthodes de l'histoire littéraire. Cicéron et son oeuvre philosophique (1936), dans : Id., *Humanisme cicéronien,* p. 214. なお,neoterici の問題(或いはローマ型叙情詩の成立)と Epikouros 派を重ねる傾向は,André, *L'otium,* p. 214sqq. によって完全に解体された.そうした精度において,Epikouros 派に関する最も詳しいローマ社会史でもある.otium の概念が,Palliata と Scipio のサークルのポジティヴな意義から,一旦転落するが,これは Epikouros 派の大衆化と符合し,他方 Lucretius とともに正しい思想が再認識されると人気を落とす,という経過が Cicero による断罪の仕方の変遷(加えて Catullus のテクストの分析)を通じて辿られる.実際,Palliata における socii,Scipio のサークルにおける自由な政治的階層,擬似政治空間の満たされない渇望,新しい基盤の自足性(Lucretius における "otium" を扱う André, p. 238sqq. は大変に説得的である),はそれぞれ全く違う.

〔5・5・3〕 19 世紀以来の多くの研究の跡を追って M. Gale, *Myth and Poetry in Lucretius,* Cambridge, 1994, p. 50ff. はそもそも作品の形式や「神話使用」につき Parmenides や Empedokles の系譜を,D. Sedley, *Lucretius and the Transformation of Greek Wisdom,* Cambridge, 1998, p. 10ff. は Lib. I, proem. における Empedokles の影響を,細かく論証する.他方,ローマにおけるギリシャ叙事詩受容自体少なくとも Ennius 以来の伝統が有ったはずであるから,Ennius との

関係はしばしば論じられる．vgl. O. Gigon, Lukrez und Ennius, dans : AA. VV., *Lucrèce,* Genève, 1978, p. 167sqq.

[5・5・4] D. F. Kennedy, *Rethinking Reality. Lucretius and the Textualization of Nature,* Ann Arbor, 2002 p. 71 : "a final theory . . . the explanation of everything ; an explanation of every phenomenon in the universe".

[5・5・5] J. D. Minyard, *Lucretius and the Late Republic,* Leiden, 1985, p. 37ff. は，ローマの mos maiorum ないし "civic" な原理自体，その中核の religio, の否定，ないし religio と pietas の間の連結解体，を読み込む．哲学の文脈でなくローマ中心の体制全体の危機という文脈を採り，社会の全カテゴリーの再編を手がけたのが Lucretius であったとする．しかしながらギリシャのデモクラシーも共和末ローマの哲学も，何一つとして「危機」に対する応答でないものはない．また mos maiorum 攻撃は（指摘される）諷刺詩ばかりか Plautus に見られた．

[5・5・6] Lucretius ないし Epikouros と政治，は否定的に捉えられるか，皮相なメッセージの読み取りを帰結する，ことが多い．この点，D. P. Fowler, Lucretius and politics, in : Griffin ed., *Philosphia togata,* p. 120ff. は重要であり，政治言語が徹底してメタファーとして用いられるのを分析し，まさにそこに政治の突き放しを見る．特に原子が自然法を持たず同盟条約しかない，とされる点など．しかもなお Fowler は政治への懐疑をデモクラシーに固有のこととする．なお，当時のローマの Epikouros 派が如何に深く体制の問題に関心を寄せたか，については，（書評の一節ながら）Caesar への反応を列挙する A. Momigliano, in : Id., *Secondo contributo,* p. 379ss. の古典的なパッセージがある．cf. P. Grimal, Le "bon roi" de Philodème et la royauté de César, *REL,* 44, 1966, p. 254sqq.

[5・5・7] Sedley, *Lucretius,* p. 166ff. は Epikouros 経由で Theophrastos の doxography が反論対象のソースとなったことを論証する．反作用的影響の有無は別の問題であるが，Aristoteles を通じてのイオニア理解に問題が存することは疑いない．さらに興味深いのはこのバイアスとローマ移転バイアスの関係であるが，そうした野心的な研究を管見の限り見出せない．

[5・5・8] この点を Kennedy, *Rethinking Reality,* p. 76ff. は的確に捉える．materies＜mater (p. 85) 等 causation の思考についても指摘する．Kennedy は翻訳についての Lucretius の意識にも触れつつ，知覚や常識と全く接続しないところに存在や真実を置く点に意義を有する原子論でさえ，representation やメタファーを必要とする，ことの例証を Lucretius を通じて得ようとする．原子が「発見」された 20 世紀以降 Lucretius の衝撃が薄れ古典学者しか関心を持たなくなったことを嘆きつつ．representation よりは，実在が端的に construction に懸かる，とする constructivism による科学史理論が念頭に置かれる．しかしながら，少なくとも Lucretius が生成ないし原因に傾くには特殊な理由が存した．

[5・5・9] もちろん，R. Wardy, Lucretius on what atoms are not, *CP,* 83, 1988, p. 112ff. が豊富に検証するように，原子の説明は極めて意識的にメタファーを使ってなされる．もっとも，そこではわれわれが問題とするタイプのものは分析されないが．いずれにせよ，あらゆる理論は何らかモデルを必要とする，ということと，Demokritos のようにそのモデルが再現的に働くのを拒否するということ，は別次元の事柄である．言わばモデルの質の差がここでのわれわれの関心である．

[5・5・10] もちろん重要であるのは如何なる内容のパラデイクマが支持されるかに尽きない．P. H. Schrivers, Le regard sur l'invisible. Etude sur l'emploi de l'analogie dans l'œuvre de Lucrèce, dans : AA. VV., *Lucrèce,* p. 77sqq. はこの観点に立った優れた分析である．われわれもまた手掛かりとして Lloyd に従いイオニアにおけるアナロジーの多用を再確認し，Lucretius の表現全体を記号と捉える．このような立場からは記号として使用されるパラデイクマ

の具体的な内容は直ちには分析を許さず，先送りされて指示の対象となった実体は別個に考察されなければならない．しかしそれでも，つまり Demokritos の硬い物理的アナロジーも Lucretius の生物学的アナロジーも同じことを指示しうるとしても，paradigmatisme の選択自体，そしてそこで或る波長の屈折に対してより敏感なパラデイクマを選択したこと自体，大きな差異を物語っているように思われる．

[5・5・11] 対 Demokritos のポレーミクについては K. Kleve, The philosophical polemics in Lucretius, dans: AA. VV., *Lucrèce*, p. 45, 55f., 63, 66 が丹念に列挙する．

[5・5・12] 神話批判=哲学の伝統に立ち，まして鋭く神話批判した Epikouros を標榜しながら，Lucretius が神話的形象を多用し，あまつさえ叙事詩という形式を採用した，ことについて，限界や退行と解する学説を批判する Gale, *Myth and Poetry*, p. 129ff. は，Lucretius 固有の神話理論に着目する．ただし，それ以外の箇所における「神話使用」につき「パロディーと説得を兼ねさせた」とする点は疑問を残す．Gale にとっては（しかし理論的根拠無く）「神話」であっても Lucretius にとっては simulacra ではなく多かれ少なかれディアレクティカ途上のパラデイクマであるからである．

[5・5・13] cf. Minyard, *Lucretius*, p. 65ff. なお，D. Furley, Lucretius the Epicurean, dans: AA. VV., *Lucrèce*, p. 1ff. は，「社会の起源論」(Lib. V) に関して，反 Stoa 派の要素が無いとして Epikouros をそのまま受け継ぐものとする．しかし Lucretius のテクストがそもそも表面のレヴェルでローマの状況を反映するとは思えない．

5・6

M. Tullius Cicero (106-43) は，Catullus 等 "neoterici" を批判し，彼らから批判された旧世代に属し，Catilina の前に立ちはだかった．しかし 50 年代に入るとはっきりと旧体制に見切りをつけるようになった[1]ことは既に述べたとおりであり，亡命と Luca における三頭政治再確立以降，特に 55 年以降，政治世界から大きく疎外されるのに比例して，全く独自の構想を樹立するに至る．51 年に Cilicia 総督としてローマを離れ中断し，帰ってすぐの内戦，曖昧に Pompeius 側につき Caesar の寛容を俟つ[2]という難しい局面，等々によってその中断は延引するが，大きく引き下がったところで構想を理論化する著述作業は彼の最後の時期 46-44 年に集中的に結実する[3]．およそ政治というものが崩壊するのを眼前にしてこれにどう立ち向かうか，という観点からする限り Cicero のこの晩年の著作が最も重要であることは疑いない．そればかりか，如何にそれ自身慎ましい石を素材とするものであれ，ここを掘れば素晴らしい遺産が掘り出せるということを示し続けることになる大いなる墓標でもある．それまでの蓄積の集大成として，少なくとも人文主義以降，ここから導かれて人々は坑道に入っていった．と同時に，墓標の地表面の何も持たない人々の思

5 ディアレクティカの隠遁

考をその限界によって枠付けてしまった側面も存在する．慎重な吟味を要する所以である．

まず 55 年の *De oratore* (ed. Kumaniecki) が全体を把握するうえで解釈の鍵となる．少なくとも次の *De re publica*，そして 51 年までには完成せず高々後になって出版されたと見られるが実質 50 年代の作と見なすべきであるさらに次の *De legibus* の都合三作は，*De oratore* で明確にされた Cicero の姿勢から生み出される三連の雄峰である．晩期の大量の著作とは明らかに相対的に異なる色調を示す．弟 Quintus に宛てた *De oratore* 第 I 巻の短い序文において，Cicero は自分の新しい状況認識を示す．「最良の政治システムの中で，官職を通じて達成された栄光に包まれながら，同時に危険なく任務を果たしたり名誉ある閑暇を過ごしたり，といった生涯を送ることができた」(I, 1 : qui in optima re publica, cum et honoribus et rerum gestarum gloria florerent, eum vitae cursum tenere potuerunt, ut vel in negotio sine periculo vel in otio cum dignitate esse possent) かつての人々は大変に幸せであったが，今まさに自分がやっと学問に専念できるはずの時期を迎え，しかも「その思弁と構想の望みは時代の，そして個人的な，様々な重大な事情によって破られてしまった」(2 : Quam spem cogitationum et consiliorum meorum cum graves communium temporum, tum varii nostri casus fefellerunt)．「静謐に満ちた場であろうと思われたその場に，最大級の災厄の塊と猛威をふるう大嵐が腰を据えた」(qui locus quietis et tranquillitatis plenissimus fore videbatur in eo maxime moles molestiarum, et turbulentissimae tempestates exstiterunt) 結果，「閑暇の果実」(fructus otii) は与えられず，学問に没頭することができない．「consul 職以来全ての時間を費やして大波に抗して身を投げ出してきた，そして皆のためにそれを防いだ，しかしわれわれ自身呑み込まれた」(3 : et hoc tempus omne post consulatum obiecimus eis fluctibus qui per nos a communi peste depulsi in nosmet ipsos redundarent)．しかしそれでもなおかつ，敵の罠をかいくぐり，味方のために弁ずる，その傍らで可能な限り学問的著述をする，そのことを決意したと Cicero は述べる．根本的な条件が失われた，しかるにその根本的な条件とは，単に政治的階層が安んじて政治に携わるというのでなく，それ (negotium) と閑暇 (otium) の間を往復しうるということである．(Quinctius や大 Scipio のように) 失意で領域に落ちると

いうのでなく，政治の外＝領域でなお領域に埋没しないばかりか官職とは別に政治的階層たる（otium cum dignitate）ことが肝要とされ，そしてそれができなくはなったけれども，それでも追求する，というのである[4]．まず otium の内容自体 negotium と対立するものではないと捉えられ，"cum dignitate" によって政治との連関が明示され，かつその政治は学問によって特徴付けられ，第二に，政治的階層はむしろここに基盤を持ちなおかつ政治に身を投ずる者でなければならない，少なくとも何時でもここに帰りうる者でなければならない，というのである．例によってこの条件は意識的に小 Scipio や Crassus の時代に投影されている．既に見たようにこの作品の Crassus はそうした理想像である．しかしこれは明らかに文芸上のデヴァイスであり，Cicero は今全く新しい政治的階層の概念を提示しようとしている．弁論の中で既存のそれに替わる Italici の隊列を提示して見せた彼は，今度は理論的にそれを把握して見せ，そして新しい政治的階層は領域に，しかしながら領域の事柄から自由な，拠点を有するのでなければならない，とするのである．

作品は既に見たように理想の弁論家を追求するもので，対話篇の舞台は Crassus の Tusculum の villa である．しかし "in summos homines quaerendum" (6) という表現が示す通り，理想の弁論家は政治的階層の範型である[5]．作中人物としての Crassus によれば，新しい弁論家＝政治的階層は哲学＝ディアレクティカを修めていなければならない．対する作中人物 Antonius はこれに反対で，そもそもそんなことは不可能であるし，必要もなく，法学など学問化するとろくなことはない，と言う．弁論は弁論であり，学問とは無関係である，と[6]．作中人物 Mucius は逆に（同じくディアレクティカとは無関係であるが）専門分野としての法学を優先し弁論家の出番などには懐疑的である．Crassus の立場は複雑である．実用的でなくそれ自身ディアレクティカを経た専門諸学を基礎に持ち，しかも専門学の範囲外に立つ，非技術的な弁論家の資質というものがそれ自身別途存在する，というのである．つまり二段になっており，第一段はディアレクティカの一形態 Critique が妥当し，第二段はこれが妥当しないが，しかし相対的な経験知の蓄積が可能である，とされる．政治的決定手続を無媒介に復権するのでなく，専門学の上に築く[7]，しかしそこでは政治の原点に戻って全体的ディアレクティカを復権させる，そこに入り込ん

5 ディアレクティカの隠遁

だ技術的弁論術を排除する[8]．デモクラシーの二重のディアレクティカの復権でもあるが，しかし第一段のディアレクティカは変形して専門学になってしまっている点だけは承認される．それは artes であり antiquarianism でもありうるだろう．そこに Critique が置かれるのはよいとして，しかしイオニアや Thoukydides の意味ではないだろう．文芸がまずは素地を創るという関係でもないだろう．デモクラシーの要素に満ちた市民社会の上に政治を構築する，というのとは違う．否，単純に市民社会の上に構築する，というのとも違う．明らかに，dominium の上に構築する，というのである．「法学，まして学問化した法学，なんか要らない」という Antonius は，「誰か自分の fundus へと出向くことが許されない者がいるとでもいうのか，農場のことを，果実のチェックでも休養のためでもよいが，見てくることができない者がいるとでも」(I, 248 : Cui nostrum non licet fundos nostros obire aut res rusticas vel fructus causa vel delectationis, invisere ?)，と Crassus を批判する．Mago の農事書など不要であると．dominium についての共通了解から裁判は片が付く，と．Crassus はまさにこの短絡を許さず，まずは dominium に関する細密な Critique が無ければならず，しかるになお，それに拘泥しない自由なディアレクティカがその上に構築される，それが新しい弁論家，つまりは政治的階層，の理想であるというのである．第 II 巻第 III 巻はそれぞれ Antonius と Crassus[9] による原初 Homeros 流ディアレクティカの大復元[10]の試みである．些末な弁論術の規則の一掃は，しかし化石と化した政治的階層を蘇生しようとする最後の絶望的な声でもある．些末主義弁論術は実は Sulla/Pompeius 体制で死んだ魚となった政治的階層である．Crassus の弁論術講義は身振り手振り交えて聴衆の意識無意識に訴えかける口頭言語の手練手管の大洪水であり，その virtuosismo は Cicero の（政治再生への）執念を感じさせる．

De oratore において orator は，Crassus を Antonius が盛んに揶揄するように，ほとんどありえないほどにまで極端に理想化される．そうしておいてしかしそこに辿り着くステップは意外に現実的に用意される．超越的というより大いに媒介的なのである．少なくともこの時期 Cicero が後期の Platon に鼓吹されていることは疑いない．媒介を次々と要請するようにして懐疑を連発し反射的に超越的次元を演出する新 Akademeia 学派の人々よりも，そこで学びながらも，

具体的な媒介の像を積極的に提示しうると考える後期 Platon そのものに近い．同様の特徴を示すのが De re publica (ed. Bréguet) であり，政治的階層再構築を今度は仮託なしに正面から扱う．つまり政治システム再興のためにはどうしたらよいかと問題を立て，そしてかくかくしかじかの政治的階層を樹立することが答である，と論ずるのである．テクストはほとんど伝わらないに等しいから，断片からの推論は細部の同定を許さないが，第 I 巻序文は De oratore とは逆に少なくとも「otium を享受しうる者こそ敢えて政治に身を投ずべきである」と主張する部分を含む[11]．しかしこれは同じ事を逆から言ったまでで，「哲学も（政治の中で）使わなければならない」というもう一つの命題も「まずは哲学をしなければならない」という命題を根拠付けこそすれ否定するものではない[12]．依然二段で思考される．すっかり萎縮した旧来の nobiles を批判するが如き I, 4ff. に続いて Epikouros 派批判 (7ff.) が始まるが，艱難に敢えて身を置くという姿勢も必ずしも Stoa 派への傾倒を意味しないことには，それは摂理でも何でもなく，「私は元来他の者達よりも少年時代以来学問を種々嗜んで (suavitas) きたために閑暇 (otium) の果実を多く取りうる立場に在ると同時に，何か辛いことが皆に降りかかればたとえ他に抜きん出てではなくとも他と対等にそれに立ち向かう運命を甘受することができる立場に在った」(I, 7: Is enim fueram cui cum liceret aut maiores ex otio fructus capere quam ceteris propter variam suauitatem studiorum in quibus a pueritia uixeram aut, si quid accideret acerbius uniuersis, non praecipuam sed parem cum ceteris fortunae condicionem subire) のでまさに立ち向かったのであると説明される．8 で説かれる祖国への貢献はあくまで互酬的なものである．10ff. で展開される「危機にのみ政治に関わる」という立場の批判も，この態度が深い省察を欠いて学問的でないことに基づく．学問を前もってしておかなければならない (11: omnia essent ei (＝sapienti) praeparanda)．そしてこれはそのための書物である (12f.)．前提が有り，そして次に極めて意識的選択的な行為が有る，その先には到達可能かどうかわからない問題解決が有る，……．これは, otium と suavitas にかまけていられるからこそ学問をして問題に立ち向かえる，という思考の回路と一致する．

　対話篇が始まると，予想通り問題設定は政治システムそのものの崩壊である．

これを前にしてどうするか．Cicero は場面を 129 年という絶妙の年に設定する．Ti. Gracchus 後の混乱の中状況をコントロールしうる地位からはずれた最晩年の小 Scipio を主人公とし，彼の villa に黄昏の彼の「サークル」が集まって来る．この otium に相応しいテーマは何か．Tubero が「元老院に太陽が二つ同時に観測されたという情報がもたらされた」ことはどうかと提案する (15)．Scipio は大いにこれに惹かれる．Tubero が「生き方」を考察の対象として優先させた Sokrates を持ち出してもである (16)．しかし Laelius の登場は修正をもたらす (19ff.)．狭い世界に議論を限るより広い宇宙をという Philus に対して，Laelius は「二つの太陽」には占有に関する interdictum を差し向けて暫定解決し，本案に進もうと提案する (20)．Philus (21f.) の最新式天球儀論は示唆的である．Scipio はすっかり天上界のことに夢中である (23ff.)．そしてこの Philus-Scipio の線は結末第 VI 巻を理解する鍵になる．特に 26ff. の Scipio の発言においては，ローマでさえ小さな地片に貼りついているだけ，宇宙から見れば何段も下で，これが何法に従えば誰のものなどというより宇宙の理法の方が遥かに素晴らしく，僭主が財産を奪っても Archimedes にはかなわない，等々と徹底的に知の優越を説く．imperium も magistratus も regnum も，人間界のことを見下ろして永遠なるものを目指す人に劣ると．この Platon 的動機を Stoa 派の Laelius が辛うじて覆す．太陽でなく政治システムが二つに分解しているという事実を突き付け (31)，方策を探求すべきであると主張し，ただしそれでも，前提となる理論を論じようという姿勢は動かさない (33)．かくして論題は理想の政体（optimus status）であり，その含意は Gracchi の試みによって引き起こされた分解に耐える政治システムを探すということであり，そのために Platon，否それ以前，から蓄積されてきた理論を動員するということである．しかるに，これが実は 50 年代後半に遂に最後の形骸に至るまで政治が瓦解していく事態を念頭に置いた設問であることは余りにも自明である[13]．Gracchi からそれが始まったということも含めて．

　Scipio の答はしかし，決して明快なものではない．論述の対象を言語で指示するときその意味を厳格に画定しなければならないことに言及し (38)，そして政治システム res publica の概念規定に入る．ただし Aristoteles 風の「家族の自然的結合から辿る」議論は繰り返さないと言って省略し (38)，確かに

Aristoteles 風の定義を一応掲げる（39）が，「法について合意し利益を共同する水平結合」（iuris consensu et utilitatis communione sociatus）は societas モデルの分微かに独自であり，かつ自然 natura に内蔵されている傾向のなせる業である（naturalis quaedam hominum congregatio）とはいえ形成に合意を要するから，目的よりはディアレクティカという点で微かに Platon 風でもある．この「自然」の概念の特殊性は後の著作から一層明らかになるが，おそらくここでも lacuna で論ぜられたと思われる（41: de qua exposui）．いずれにせよ，特別の原因（causa）に基づいて結合した人々は，この causa に基づいて（ad eam causam referendum）政治的決定をする合議体 consilium を装備する．つまり何でも決定できるというわけではないが，まさにこの consilium の構成のされ方によって政体は三つに分類される（42）[14]．そして全く常套的に三つそれぞれの欠点が述べられ（43），しかもそれは最良の場合であり[15]，それぞれは転落形態を有する（44）．そういうわけで Scipio はひとまず Polybios 風と思われる混合政体を推奨する（45）ことになるが，奇妙であるのは，その後に Laelius が，しかし敢えて三つのうちで選ぶならばどれか，と答を強要する（46）点である．しかも以下（47-53）それぞれ理想的形態においてどうかが吟味されるが，それでも一長一短であるされ，なおかつこの部分は，個々の論拠にローマ的バイアスが見られるとしても，標準的学説の域を出ない．かくして Laelius は 54 で「三つのうちどれか」という問いを繰り返さざるをえない．あたかも何か標準的とは違う次元の議論を引出さんとするが如くである．さてすると，答は王政である[16]．まず父 pater，次に Iuppiter（56），さらに Romulus（58）が論拠として持ち出されるが，「何故王政か」の核心は 59ff. が握る．Scipio は論拠を心理特に怒りに採ると言う[17]．すると Laelius が（われわれにとっては Pyrrhos 戦争の舞台である）Tarentum 郊外の villa に Archytas（Platon 派）が訪れたときのエピソードを自分にとっての exemplum として紹介する．Architas は任務を遂行していなかった vilicus に対して「怒っていたならば死罪だ」と言った．死罪とすれば怒りにまかせたことになるからこれを避ける，として自分をコントロールしたのである（Cato 型 fundus のための Stoa 派転向？）．（これに動じない）Scipio は，ratio に一致する animus の働きが全体を統御する作用に「王の imperium」，「単一の決定の妥当」（unius dominatus consilii）を見る．animus のように，統御中枢は単一でなければならないという．そして，Laelius（Stoa 派）が「理法に合致して正しければ統御主体は単一でも複数でもよいではないか」と言うと，Scipio は核心のパラデイクマ[18]を用意する．Formiae の君の農場にわれわれが行った時，「君は農場の人員に対して断固，単一のパラデイクマに従うように，と命令したではないか」，確かに vilicus のみに従うようにと言った，ならば都市中心の家ではどうか，複数の者に事務を委ねているか，いや一人だ，都市中心の君の家全体を支配するについて君以外に誰か居るか（61 : te familiae ualde interdicere ut uni dicto audiens esset. /Quippe uilico. /Quid ? domi pluresne praesunt negotiis tuis ? /Immo uero unus. /Quid ? Totam domum num quis alter praeter te regit ?）．極めて注目すべき論拠付けである．単なる「主人の一元支配」というパラデイクマが有るのではない．まずは下部管理対象につき管理中枢が一元的に存在しなければならず，これに応じて dominus の一元的関係が基礎付けられるというのである（fundus 新モデルによる Platon 的切り返し？）．この similitudo は "uni gubernatori"，"uni medico" として拡張され（62），やがて政治システムそのものに至り，緊急時における一層の必要が論拠を補強する（63）．つまり，理論的には王政が優れる，という見解は極めて異質な論拠を持っているのである．にもかかわらずその王政こそは一番 tyrannus に転化しやすく（65ff.），だからこそ，理論的には王政が一番優れるとはいえ，やはり混合政体を採らざるをえない（69）．しかるに，この新しい原理を承認した上で混合政体を構想し直すとすると，それは微妙に新しい色調を有することになりはしないか．現に Scipio は第 II 巻でローマの政治システムの歴史的発展に全面的な再解釈を施す．具体的政治的パラデイクマはローマの場合ここに蓄積されてきたのである．いずれにせよ，王政そのものよりもこの新しい原理が作品後半では主役となるが，すると，具体的な一人支配を基礎付けるよりも，新しい原理を体現した政治的階層の基礎付けに Cicero の意図が存したことは明らかである[19]．かつその骨子は，vilicus がどの部分利益にも加担せず，またとりわけ自分を度外視して，委託された全体のために考え，かつ全体を統御する，という点に存する．一元性は部分利益への拘泥・虜囚の排除を意味する限りのことである．にもかかわらず fundus がパラデイクマとして使われたことは，これが特殊領域のパラデ

イクマである以上，大変な逆説である．確かに同種のものとして Platon の demiourgos が存した．これがモデルであろう．しかるに demiourgos は Cicero において dominium に置き換わったのである．これが領域平面からの具体的な飛躍・浮揚を担う．dominium が無ければ otium も無く，もっぱら全体を考える精神も涵養されない，というのである．

案の定，Lib. II のローマ政治システム形成史は王政の部分が大きく分量を占める仕方で叙述される．それでも共和政の根幹，そして provocatio 等の第二段階，をしっかり踏まえる[20]．言うならば骨格だけは死守するということである．ただし何をどう死守するかについては次作 *De legibus* に譲られているふしがある．そして，いずれにせよ問題はこの骨格に如何なる政治的階層を盛るかである，と言わんばかりに[21]，大きな lacuna を経て幸い遺された末尾は，以下のような議論で覆われている．L.「ひょっとすると賢慮有る人物を求めているのでは」，S.「まさにその通り」，L.「しかし君の周囲に居る人々から見事な一団を形成しうるではないか，君自身を初めとして」，L.「いや，元老院全体のせめてかなりの部分がそうであってくれればよいのだが」(II, 67: Prudentem fortasse quaeris ? /Istum ipsum. /Est tibi ex eis ipsis qui adsunt bella copia, uelut a te ipso ordiare. /Atque utinam ex omni senatu pro rata parte esset !). ここから Scipio は突然象使いのパラデイクマを持ち出す．大きな lacuna を経て最後の部分は壮麗なイメージで飾られる．「決して自分は自己形成と省察を怠らない，そして他に自分を模倣させる，自分の精神と生活の輝きによって市民達に鏡を提供する．器楽と合唱においては様々な音からも一定の調和が保たれねばならない，それが共鳴していなかったり分裂していると学識有る耳には耐え難い，そしてまさに彼らの手によって異なる音から調和が調整によって実現され綺麗に響き合う，まさにそのように，積み重なる高音低音中音のように高層低層中層から成る市民団が比率の調整によって互いに異なる分子の合意を通じて綺麗に響く．合唱の分野で音楽家達によって和声と呼ばれるこれこそ，市民団における和合に該当する」(69: ut numquam a se ipso instituendo contemplandoque discedat, ut ad imitationem sui uocet alios, ut sese splendore animi et vitae suae sicut speculum praebeat ciuibus. Ut enim in fidibus aut tibiis atque ut in cantu ipso ac uocibus concentus est quidam tenendus ex distinctis sonis, quem inmutatum aut discrepantem aures eruditae ferre non possunt, isque concentus ex dissimillimarum uocum moderatione concors tamen efficitur et congruens, sic ex summis et infimis et mediis interiectis ordinibus, ut sonis, moderata ratione civitas consensu dissimillimorum concinit; et quae harmonia a musicis dicitur in cantu, ea est in ciuitate concordia). 合唱におけるリード役の歌い手に喩えられた新しい政治的階層は，かくして，宙空にその対象を持つ[22]．concordia は決して既存の階層の corporatistic な妥協ではない．かつての concordia ordinum とは異なって，政治空間自体が革新されていることを前提とする．しかし Cicero はこれを一体どこに実現しようというのか．本当にローマか．それとも socii 各都市か．それとも若干の者達の内面の中にか．

　Lib. III 冒頭は Cicero 自身の序文であり，立場の如何を問わず知の追究の高い価値について述べられる．これこそが人間を引き上げるという Sokrates/Platon 流のマニフェストである．対話篇に入ると，まず Philus が，自然的正義が存在するというのならば，一体何故宗教や実定法のこれほどのばらつきが存在するのか，と Stoa 派を攻撃する (8-28)．これに対しては Laelius が単一同一の法の妥当を主張して譲らない (32-41)．lacuna が大きく引用断片からの再構成は説得力を欠くから，確かな解釈は不可能であるが，Philus の議論が新 Akademeia 派の挑発的スタイルに基づくことは確かであり[23]，これと Stoa 派の，近いだけに壮絶な，バトルを彷彿とさせる[24]．実はしかし真実や正義を彼岸に置くか現世に置くかの差異にすぎない面が有り，Scipio (43ff.) は現に，具体的な制度が端的に自然的正義に合するというのでもなく，しかしもちろん彼岸でなく実際の制度の中に自然的正義が存するとし，一種，制度の背後に動く理念のようなところに正義を見る[25]．例えば，政治システムが一部の者達の利益によって一方的に支配されている状態は形態の如何を問わず悪である，といった命題であり，さらには，provocatio なしに処罰することは悪である，などが含まれる．De legibus を予感させるが，lacuna はこの議論の展開の先を予測させない．De legibus におけると同じように，Cicero が個々の制度の contingency とは別のレヴェルで具体的な判断基準を有することは明らかで，彼はこれまで法廷でそこに議論を持ち込み勝利してきた．政治システムの基本原理から導かれる限りで個々の政治的決定に依存しないから「自然的」であるが，

全ての社会が保有するわけではない限りでは全然自然的でない，そのような判断である．新しい政治的階層はこのレヴェルに基礎を置き，その限りで具体的であり，その限り抽象的である，ということになる．

　Lib. IV は明らかに政治的階層を創り出すための教育論であり[26]，Lib. V は再びいよいよ政治的階層構成員の具体的イメージであるが，ここはテクストが存在しないに等しい．写本破片から採られる以下の Scipio の発言のみ引用する．「vilicus が土地の性質について知るように，執事が文書について知るように，どちらとも学識の楽しみを物事実現の利益に結び付けている，そのように，われらが政治システムの導き手も，勉強して法について学識を深め，その源を透視し，解答講義著述に妨げられることなく，政治システムの執事のように，ほとんど政治システムという fundus の vilicus のように，働かねばならない(V, 5 : ut uilicus naturam agri nouit, dispensator litteras scit, uterque autem se a scientiae delectatione ad efficiendi utilitatem refert, sic noster hic rector studierit sane iuri et legibus cognoscendis, fontis quidem earum utique perspexerit, sed se responsitando et lectitando et scriptitando ne impediat, ut quasi dispensare rem publicam et in ea quodam modo uilicare possit)．まるで 15 世紀 Firenze の cancelliere のようであるが，なおかつ彼らはこのテクストを知るよしもなかったのである．公益のためにもっぱら学識を以てする密やかな活動[27]に Cicero は政治システム蘇生の鍵を見る．

　それにしても，政治的階層の理想が何と奴隷でもありうる vilicus のように惨めに働くことであるというのであるから，つまり富も栄光も他の如何なる対価も無いというのであるから，人は一体何のためにこのようなことをするのか，政治をする，ディアレクティカをする，ということ自体の意義付けが根本から変わりつつある，或いはそもそも初めて意義付けが必要になり，しかもそれが現実社会の中では与えられなくなりつつある．Lib. VI の「Scipio の夢」はこうした巨大な転位を刻印するテクストである．大 Scipio が小 Scipio に対して夢の中で与える nekromanteia という形態自体，Homeros を意識したものであるが，その分，〈神話〉が政治を支えるのでなく，政治は〈神話〉化せざるをえないのである．人々の意識の成層にのみ関わり，直ちに現実でないことを通じてのみ意義を持つ[28]．圧政だろうと独裁だろうと，これを内蔵した人々が

行えば色調が違うだろうという一点に賭ける．しかしそれは本来〈神話〉なしには有りえなかったものではないか．本当の〈神話〉が装備されたとき，例えば Oresteia が衝撃を与えたとき，政治のこの生き延び方は維持されうるのか．いずれにせよ，天上界で既に地位を得ている大 Scipio は，孫に声をかける．「お前は政治システムの健在が全てそこに懸かる唯一の者になるだろう」(12: tu eris unus, in quo nitatur ciuitatis salus)．その結果ここ天上界で永遠の生命を得るだろうというのであるが，それはここでは「法に基づいて結合せる人々の結合体」(13: concilia coetusque hominum iure sociati) ほど歓迎されるものはないからである．その指導者 rector や保全者 conservator はここ天上界から出発しここに帰ってくる．しかし天上界に昇れるのであれば，何でまた地上でぐずぐずしている必要があろうか (15: quid moror in terris?)．否，精神が肉体から解放されなければここへ来れない．Homeros の eschatology であるが，しかしその精神は星の世界に来る (16)．星を見上げれば何と地球はちっぽけなことか．天球は九層をさえなし (17)，地球はその末端である．九層は例の和声を奏でる (18)．「この天上界を常に見つめよ，人間界を下に見下せ」(20: haec caelestia semper spectato, illa humana contemnito)．否，地上界でさえ実は広大である (21ff.)．現実の政治世界ではぼろぼろに傷つくであろう (25)．しかし「その人というのはその人の精神のことである」(26: mens cuiusque is est quisque)．そして自分から動く自動物のみが永遠であり，それはまさに精神のことである (27)．そうした本性を持った精神こそは永遠によって構成される天上界に達する．こういう絶望的な形でしかディアレクティカを保存できないと見るべきか，それによって却って最も純粋な形のディアレクティカの固有の意義が宣言されたと見るべきか．しかし実際には dominium という基盤を得てこれが構想されたのであり，Platon の構想も初めて dominium という具体的な基盤を獲得した，と言うこともできる．これを dominium の功績とすべきか，また一つの混乱をもたらしたと見るべきか．

De legibus (ed. De Plinval) は最初の三巻しか遺されず，全体で何巻であるのかさえ知られないが，残存部分から著作の意図は明確に読み取れる[29]．閑暇は Cicero 兄弟の詩作を話題とするに十分であるが，詩行の内容と事実との符合につき Atticus がきく (I, 3) と，Marcus は詩と歴史学との関係に問題を先

送りする（3ff.）．年代記の歴史に触れた後，ローマでも本格的な歴史学が書かれなければならないと抱負を述べるが，これには半端な閑暇では足りないと嘆き（9），閑暇と法廷活動の必要が対比され，本来後者にも本格的な学問的探求が必要なのだが，とふと洩らした（12）ことから，この短い閑暇にでもこの点なら論じうるのでは，ということになる．ただし Marcus は，解答活動をする最高の人士が「些末なことにしか傾注しない」（14: in paruis esse uersatos）ことに不満で，まさか相隣関係や stipulatio や訴訟方式書について論ぜよというのではあるまい，として全く別の新しい次元に乗り出す．新しい知的体系は ius civile を含むが，これを「小さく狭い空間に閉ざす」（17: in paruum quendam et angustum locum concludatur）．De re publica が前提され，「そこで定立された政治システムの性質に全ての法律は合致しなければならず」（20: omnesque leges adcommodandae ad illud ciuitatis genus），そのようにして「この論考全体が［テクストに疑義］それに導かれなければならないその自然というものに法の根源が求められる」（repetam stirpem iuris a natura, qua duce nobis omnis est haec disputatio explicanda）．法は政治的階層が従事する重要ジャンルであるが，政治的階層の根本的再編に伴って[30]全面的に組み替えられなければならないというのである．

　組み替えに際して原理となるのは natura であり，これが ratio として lex をあらしめる．natura＝ratio＝lex という議論は 22ff. で延々と展開される[31]．とりわけ人の精神を貫く，万物の理法である．もちろん，自生的な社会秩序を正当化することとは対極的である．「諸国民の制度法律として定められたものが全て正しいと評価することほど愚かしいことはない」（42: stultissimum, existimare omnia iusta esse quae scita sint in populorum institutis aut legibus）．であれば tyrannus が勝手に制定した法律も正しいということになる．時の利益を正当化すれば，利益に叶えば，法も無視しうるということになる．時の政治的決定とは別の次元に法の基礎（43: fundamenta iuris）はなければならない．Gracchi が民会の意思に直接基礎付け，以後はそれさえなく，恣意的に政治システムの根幹を改変したことに対する危機感がここには存する．だからといって nobiles 体制としての共和国制にしがみつけばよいというのでなく，新たに再建しなければならない．しかしその内容は学問的に特定される．そのように

5 ディアレクティカの隠遁

概念することこそが新しい政治的階層の資格である[32]．なるほど，問われることの中には民事法の構想自体含まれるだろう．だからこそ新しい知的体系は刑事民事の裁判の手続実体の全てを包含するだろう．つまり政治と法の区別・連結自体再考される．そのとき依拠するのが natura であり，これは勝手な青写真を排除するだろう．しかしその内容は何か．どうやって認識するのか．既に厳しい論争が展開されてきたのではないか．そもそもこの natura 論自体陳腐ではないか（36 の Atticus の発言）．しかし既に Rep. III の Philus/Laelius 論争を克服している Marcus ないし Cicero はひるまない．大事なことは再建された政治システムの根幹を踏まえることである（37）．そうであれば学派の対立は立論を妨げない（38）．およそ基準が存在するとする限りでは（48）．問題はまたしても懐疑派と Stoa 派の間に存する（53）．しかし畢竟，唯一の正義が存在するか，それともそれは最高の正義である（他に下位の正義が有る）のか，の相違にすぎない（55）．絶対の正義は彼岸に在ってまだ探求しなければならないのか，それとももうそれが絶対の正義なのか，は別としてそこに在るその正義には従う，そしてそれは間違いではない．重要なのは哲学することである（58ff.）．ディアレクティカをしてやまないことである（62）．これが根底であるとする Cicero は司法制度全体をディアレクティカから退避するのでなくディアレクティカを積極的に担うものに変えようとしていると評価しうる．根幹に比べれば個々の司法判断とその基準は第二義的である．これがそもそも *De re publica* に対して *De legibus* が有する関係である．しかるになお，Cicero はむしろ具体的に（それが絶対的正義か暫定的かに関わりなく）基準を示しうるという自信を持っている．個々の立法や慣習に依存しない普遍的な原理であるが，なおかつ思弁的抽象的な命題では全然ない，そうした基準を．これは法廷で培ってきたものである．これが新しい政治的階層が裁判活動を展開しうるその岩盤であるというのである．留保された形而上学的論争は *De finibus* に譲られる．第 I 巻最後の哲学とディアレクティカの強調は原 Akademeia 派への共感を強く予感させるとはいえ．

第 II 巻はあらためて対話篇の場面を設定し直す．とある島に出て遊び，ローマと municipium の両方に市民権を持つことを正当化する "germana patria" 論が示唆される（5）．論述をさらに一層留保された空間に置く意図は確かであ

り，何か新たに colonia を設立するようなこと，つまり中枢の政治的階層とは異なる第二列，が念頭に置かれているようにも見える．いずれにせよ，natura に基づくと称せられる Marcus の leges は際立った特徴を有する．natura ということで Iuppiter から出発するのはよいとして，まず神々と人々の間の関係を律する規範が書かれる．つまり十二表法の如き擬古的スタイルでモデルとなる規範条項が起草されるのである（19ff.）．これに解説が付される（23ff.）形で対話篇は進行していくが，確かに儀礼であるから当然ではあるが，lex は極度の再現的パラデイクマとして立ち現れたことになる．つまりディアレクティカの対極である．むろん，他面でこれはローマの伝統に属する．だからこそこれを聴いた Quintus は，既存のルールをそのまま書いただけではないかという感想を洩らす（23）[33]．しかし書き切ってしまえば自ずから性質は変化する．だからこそディアレクティカの成果である，と Cicero はする積もりであろうが，そのディアレクティカは特殊なものであり，"Attidographer" の antiquarianism ないし国制史を思わせる．もっとも，Lib. II に関する限りそれは lex sacra の特殊性であるという抗弁も成り立とう．ところが Lib. III は政治的パラデイクマ自体にディアレクティカを施して，なおかつ包括的な再現的パラデイクマ，規範の体系，を用意する（6ff.）．つまり憲法を書いてしまうに等しい．しかも，16 世紀の antiquitates publicae から Mommsen までを初めから拘束する積もりでもあるかのように，"De magistratibus" の形態で書かれる．つまり個々の政務官ないし機関ごとにそれが遵守すべき規範を書いていくという形である．またしても Quintus が皮肉るとおりローマの政治システムそのままである．事実十二表法以来この精神でローマの政治システムは動いてきた．Cicero は十二表法からも規範を採用し，全体に古色蒼然たる調子を与えている．もちろん，ここで序が効いてくるのであり，儀礼思考は意識的に利用されているのであり，これこそがディアレクティカであるという意図はさらさら存在しないであろう．それに，この巻になれば例えば tribunicia potestas に関して（19ff.），senatus の構成と決定の効力について（27f.），とりわけ公開式か秘密式かいう投票方法について（33ff.），極めて実質的な考察がなされ，実は新機軸も打ち出されている．しかし民会と元老院の議長に対する「柔和たれ」という訓示規定（40f.），収賄禁止（46），任期後の報告義務（47），などは新機軸ながら如何に

も再現的パラデイクマに縛り付けるという性質のものであり，Caesar によって実現される反面，政治システムに元来適合的かどうか．少なくともそれは vilicus や procurator に相応しいであろう．第 IV 巻以降の内容をわれわれは知らず，教育制度や司法制度（"de iudiciis"）が書かれたであろう（そして刑事法や民事法の細部でこそ，これまでの法廷弁論で掲げられた原則が確認されるであろう）ことを推測しうるにとどまるが，Cicero の思考は具体的な平面に出れば出るほど，そしてディアレクティカを経て彫琢されればされるほど，独特の色調，Varro の名とともにローマの遺産の代名詞になっていく様式，が濃くなる．

中断を経て Caesar 統治時代の後半になってようやく Cicero は著述活動に専念しうるようになる．45-44 年に彼の晩期の多くの作品が集中し，われわれは一見大きく異なる風景を前にする．哲学的思弁の産物であり，極めて専門的であるように見える．ヘレニズム期の哲学史についての専門的な知見が問われる．失われたヘレニズム期哲学史の研究のための掛け替えのない資料である．stratigraphie は必須のステップである．しかしこれらの作品群は Cicero にとって何を意味したか．「現実政治における挫折と絶望」は余りに容易な解答である[34]．何もこのようなジャンルにこのように没頭する必要は無い．それに，奇妙に快活なテクストの様子は説明がつかない．事実精査すればいずれも内容的に De legibus の延長線上に在る．

De finibus bonorum malorum（「価値の究極的根拠について」）の序論（ed. Schiche）は作品群全体を予告するような役割を兼ね備える．この作品は，まさに Rep. III そして Leg. I で扱われ後者で先送りされたテーマについてのものであり，主として懐疑派対 Stoa 派の文脈で形而上学の根拠に決着をつける，そしてこの場合それが直ちに倫理学上の結論を左右するからこの点も解決する，ことを目指すはずのものである．もっとも，それにしては奇妙な内容を有するが，序論は明快にそのことも説明し切っている．序論は，敢えてラテン語で哲学することを弁明することから始める．そもそも哲学は無意味か，するにしてもほどほどがよいか，哲学ならばギリシャのものを読んだ方がよほどよいか．しかしするならばとことんせざるをえないものであり，そしてまた飾っておいても意味が無く実際にしなければならない（I, 3: non paranda nobis solum ea, sed fruenda etiam est)．悲劇喜劇の翻案も読む価値を有し，翻案にすぎないと侮るのは誤りである．ギリシャの学説にしても「われわれ独自の判断と配列を付け加える」(6: eisque nostrum iudicium et nostrum scribendi ordinem adiungimus) ことが不可欠である．否，彼ら自身決して止まらず，解釈に解釈を積み重ねてきたではないか．まさにここでわれわれが既に見たLucilius批判が登場する (7ff.)．堂々とHomerosにつく，正道を歩む，受けて立つ，というのである．つまりLuciliusの第二列でなく基幹のディアレクティカを復権したい (cf. 10)，と言っている．そのためにはHomerosに還ってなおかつ自ら展開して見せなければならない．しかしならば何故叙事詩でないか．政治活動自体の再建でないか．文字通りHomerosのしたようなことをしてHomerosのしたことをしうるか．ディアレクティカをするということは分厚い堆積に働きかけるということを意味する．悲劇を翻案したとしてもデモクラシーは過ぎ去った季節である．Homerosに相当することをするのであれば，一段構成のMを強固に作りなおかつ政治的決定の結論に決して持って行かれないようにしなければならない．借りるとするならばM2の道具立てでもCritiqueの手続でもなく，Critique抜きに実体パラデイクマが鋭くヴァージョン対抗する状態である．しかもここに至ったその堆積を貫くものでなければならない．Ciceroが選ぶのは「よく生き正しく行動するための全パラデイクマ」(11: omnia bene vivendi recteque faciendi consilia) を基礎付ける究極の原理である．確かにHomerosに見られるのはこれらの激突である．確かにこれならば全てを一段に貫くが，しかし直ちに政治的決定のレヴェルに上がって来はしないか．叙事詩の周到な装置が欠けている．替わるのは（元来はデモクラシーと二重のディアレクティカの遺産である）哲学の思考様式であり，ここでは「究極の根拠」(finis extremus ultimus) という概念であり，とりわけその錨を自然naturaに降ろさせるという構成である．

　そうであればCiceroの論考が独特のスタイルを獲得するのは当然である．学説上の対立は極めて友好的な雰囲気の中でもっぱら楽しまれるように展開され，結論は留保される．ヴァーチャルなディアレクティカの場自体を現出させることに著述の目的が在るかの如くである．確かに相対的には懐疑派に傾くが，それもこの立場こそが（後世から見ればもっぱら）Platonに蓄積されたディア

5 ディアレクティカの隠遁

レクティカの手続をそのまま受け継ぐからである[35]．そして，原点に復することを強調するように，三つの大作に見られたような，政治的階層を具体的に再建するというパトスは大きく退く．De fin. I は Epikouros 派の大弁論に当てられるが，これを代弁する作中人物 Torquatus は，作中人物としての Cicero が形而上学ないし自然学，つまり原子論から問う (17ff.) のに対して，敢えて倫理学，つまりその「快楽」(voluptas) 理論のみを弁ずる (28ff.)．それは相当に単純化された一元論であり，他の価値を全てここに還元する．Lib. II は作中人物 Cicero 自身による論駁である．この部分のテクストは談論風発の精彩を放つ[36]．まずは概念の定義以下の論理的操作の欠如が徹底的に批判される (4ff.)．特に「快楽」の概念が「苦痛からの解放」と「快楽」それ自身にまたがって曖昧である点が執拗に突かれる (8ff., 18ff.)．この問題は決してトリヴィアルでなく，二つの異なる次元の事象の混同である，と (20ff.)．感覚知覚のレヴェルと価値判断のレヴェル（「よい」）の峻別が主張される (23ff.)．丁度そのように，欠落しているのは感覚の上にさらに加えられる判断・批判，それへの正当な評価，である．だからこそ（！）分類が混乱する (26ff.)．natura に議論を基礎付けること自体は誤りではない，Akademeia/Lykeion 以来の共通基盤である (34ff.)．しかしその natura は，事象や行為をヨリ高度な判定にかけて識別しうる，という所与の事態を意味し，感覚に対してと同時にこの判定にまで向けられる Carneades の懐疑は論外である (38, 43)．かくして究極基準はこの判定の目標 honestum であり (44ff.)，これこそが voluptas と対峙する．細かな反論は瑣末に見えるが，全ては「われわれはヨリ高いこと，より素晴らしいこと，のために生まれてきた」(113: Ad altiora quaedam et magnificentiora nati sumus) という極めて Sokrates 的 Akademeia 的命題に尽きる．事実，明らかに Platon 対話篇の Sokrates，否，sophistes の空気 (cf. 1) に作品は強く影響されている．Lib. III の序では，Stoici への反論は，voluptas 説排除で一致したその内部での争いになり (1f.)，かつ Stoici が精緻な論理構成 (3ff.)，特に néologisme (5) を誇るために，一層厳しいものになることが予告される．Cato に託された Stoici のための弁論は，子供を例証に使い (16ff.: parvi)，知覚を能動的に捉えて把握する作用が自ずから備わっている[37]とし (17)，この自然的能力によって根本の方向を受け取ったならばこれからそれな

いように残余を評価していく (20) ことがまずは価値として与えられる．natura は規範的に外から与えられ，animus をこれに合わせるという動機が生まれる (21, 33f.)[38]．価値基準は徹底的に一元的であり (41ff.)，種類の別は無く，しかし知覚は中間混合的な性質のもの (indifferens) を捉えてくることがあり (50ff.)，この中から弁別して良いことと悪いことを識別することが honestum の第二の内容となり，この知の働きは officium として要請される (58)．かくしてこの領分において多くの具体的な格率が導かれる (60ff.)．Cato の弁論は訓示の羅列になる．これに対する Cicero 自身の批判 (Lib. IV) は，政治学・弁論術の欠落（論理学優先），論理学自体 Aristoteles の域を出ず inventio などは落ちてしまうこと，自然学の凡庸さ，等々を一旦おくとして (6ff.) 倫理学に集中する (14ff.)．その基本は "antiqui" つまり旧 Akademeia と Lykeion の学説を出ない，という[39]．格率の細かい照合に多くのスペースが当てられる (24ff.)．これに対して Piso に委ねられた Akademeia 派のための本格的な弁論 (Lib. V) は，Stoici の「自然に従って」(secundum naturam) という理念をまずは各派における natura 概念の相違に照らして検討する (17ff.)．ここで既に natura は諸々の命題の発見さるべき源 (fons reperiendus) として捉えられているが，以下自説 (24ff.) に入ると，距離の有るところに何かを求める (Stoici におけるように自ずからやって来るのでない) 精神の作用 (animi appetitus) が基幹に置かれ，かつその目標は「自己を保存する」(se conservare)「自己を愛する」(se ipsum diligere) という個別的なものであり，natura は少なくとも分岐的である (naturas esse diversas)．これに応じて「自動性」(sponte) つまり中からの駆動で動くことが前提とされる (46ff.)[40]．animus と corpus も appetitus に従ってんでに活発に動く[41]．そこに価値が見出される．子供でも「対等者の中の優越者」(61: aequalium principes) になろうと動く．能動性の頂点に人間は水平的結合体（政治システム）を作る (coniunctio inter homines hominum)．以上の Piso の議論はしかし結論ではない．そもそも第 V 巻の場面は Cicero の勉学時代 (Athenai) に設定され，Piso はローマ人でありながらラテン語でしかも Akademeia の分離派 Antiochos の学説を再現する．最後 (73ff.) には Cicero 自身の疑念が表明され，これへの弁明 (Piso) の後も Cicero と弟・従兄弟そして Atticus が大いに楽しんだ旨を言って終わる．

De natura deorum（「神々の本性について」）(ed. Ax) は De leg. II を裏付ける位置に在るが，一人支配が不可避となった以上政治の現実的復元は不可能であることを正面から認める言葉（I, 7）と符合するように，序の全体は結論の留保，不確かなままことへ急がないことの重要性，が一層強調され，講ずることが auctoritas に基づくことを批判，探求心のみが正当化する，とする（10）. Epikouros 派のための弁論は（Cicero が採らないにかかわらず）生き生きとしており，*Timaios* の "aedificator" (demiourgos) としての神[42]や（18），Stoici の幾何学的立体としての神（19）が揶揄され，神々の存在を原因から説明する思考を批判し（何かが原因で生まれるのか，それ以前は無いのか，どうしていたのか），atomos の衝突によって引き起こされたイメージ prolepsis の一つとして人間形の神が現れるにすぎない，しかしそのようなものとしては確かに存在する，とする．Cotta に託された批判（57ff.）は，原子論自身の批判から始まって，anthropomorphism（神々の手足は一体何のために役立つのか）を批判し（71ff.），prolepsis は存在証明でないではないかと攻撃し（103ff.），実質神々の存在を否定する危険なものだと断ずる（115ff.）. Stoici のための Lib. II はそれに相応しく[43]厳格な四部構成が採られ，I）まず神々の存在の証明が天空や予兆，物理現象等，神々無しでは説明が付かない森羅万象によって行われ（4ff.），II）次いで神々は宇宙として球形で回転しているとされ（45ff.），物事をそのように創り出す技芸を有するとされる．III）その結果摂理（providentia）が現れ（73ff.），人々をも貫通し，IV）しかも全ては人々のために用意される（154ff.）. Lib. III の Stoici 批判は再び軽快であり[44]，まずは I）で挙げられた証拠自体の信憑性（例えば prodigia）から批判され（7ff.），II）は宇宙の存在自体と価値を司る神々との間の混同の点で批判され（20ff.），III）と IV）はまとめて予定調和を勝手に前提する無根拠により攻撃される[45]．人の行為の独自性，能動性を復権する．ディアレクティカは一層一個の人物の密やかな知性の内部にのみヴァーチャルに再現されている．presepe のように．

　実質最後の作品たる *de officiis* (ed. Atzert) は一見正反対の印象を与える．極めて具体的な格率に満ちるテクストは Cicero が再び具体的な政治的階層の再建に乗り出したか，*De legibus* の延長か，と思わせる．しかしまず I, 5 で彼が明らかにするように，これは *De finibus* を追完するものである．究極の原理に

ついて探求したとしても具体的な場面で直接従うパラデイクマ（officii praecepta firma）を論じえなければ不十分である，というのである．そもそも準則 officium は最高価値から直接出てくるものと生活の局面における直接パラデイクマ praecepta のうちに存するものの二つである（7）．前者，完全 officium でなく，後者，中間 officium を扱うのが作品の目的である（8）．既に *De finibus* において見たようにこれはむしろ Stoa 派の理論であり，混合事象が現れたときに識別して良い方に従うことがそもそも officium の中核，テクニカルには officium medium であり，これは honestum の外に立つものであった．それでも Cicero が Akademeia 派の立場を捨てたわけではないことは II の序文（7）が示す．確かなこと以外には決して従わない，ということは決して蓋然的たるにすぎないことを暫定的に認めることを排除せず，却って多義的で暫定的なことを多様に認めてこれらと向き合うことを可能にする．絶対的真実のみが有るという立場は結局多くの事象を扱えない．だからこそ素材としては Stoici にとっての下位の指示準則を採る，というのである[46]．しかし何故そのようなことをするのか．II の序文において（2ff.），政治崩壊の不可逆性について一層痛切に述べられる．Caesar 暗殺と彼自身の *Philippicae* は如何なる幻想をも彼に抱かせていない．III の序文ではいきなり大 Scipio の隠遁が引かれ，（元老院も絶滅し法廷も廃棄された extincto senatu deletisque iudiciis）自分のそれと対比させながら，領域に落ちてなおディアレクティカをし続ける不屈さないし矜持だけは共通である，と述べられる．しかも思弁でなく実際である，絶対正義でなく暫定的蓋然的パラデイクマ選択である，とすると，この一歩引き下がった姿勢は明らかに市民社会を指示している[47]．全く新しい質の．隠遁から這い出し，微かに手を伸ばして繋がり，政治システムに依存せず，しかし政治のあの理念を受け継ぐ……．

　officia media 自体三つの局面を持つ（I, 9）．単純に正しさ honestum を識別すべき場合（Lib. I）と，むしろこれと一見反してでも有益さ utile を追いかければ正しさに行き着く場合（Lib. II）と，この両者がさらに衝突する場合（Lib. III）である．Lib. I ではまず真理の探究（18f.）について簡単に述べられた後，人々の政治的結合（societas）（20ff.）の諸側面が吟味され，公私の区別に触れた後（21），基本は政治的信義とされ（23），それ，つまり〈分節〉，を破壊す

る形態と動機が論じられる（23ff.）．同様に国際的〈分節〉システム（34ff.），そこでの信義（39ff.），が扱われた後，政治システムに固有の贈与（beneficentia, liberalitas）に入り（42ff.），Caesarの贈与が不当な没収に基づいたことも非難される（43）．50ff. で〈分節〉的結合原理が称えられた後，61ff. ではそれに適合的な精神構造（animus magnus）の例解に入る．そして最後に（93ff.）しかしいずれのロジックをも単純に貫徹させずにバランスを取る資質 decorum の重要性が強調される[48]．これは以下の議論の受け皿を，政治を受け継ぐ何か新しい（ローマの政治空間を占めるとは限らない）階層に備えさせるためと思われる．事実 Lib. II は有益性 utile[49] を（決して honestum に矛盾しないどころか III で見るようにこれ無しでは誤る場面が有るとして）復権させる試みである．utile の内容は自然に人が働きかけて果実を生む作用であり，demiourgos の着想が dominium/fundus に転成せしめられている．なおかつそれは一人の作業でなく協働として捉えられ（16），協調こそが fortuna をも克服するとされる（19ff.）．つまり domini は暗渠に閉じこもらず出て来て透明に交わらねばならない．ここから metus 批判が基礎付けられる（23ff.）．そしてその力が metus を体現する tyrannus を打倒する[50]．Caesar が念頭に置かれた議論であり，初めて政治的にでなく市民社会から tyrannus 批判のメカニズムが構想された，ということができる[51]．反射的に真の gloria は市民社会で得るものとされる（31ff.）．つまり善意 benevolentia や信義 fides を通じて人々の称賛をかちうることが推奨される．44-51 で政治的手段による gloria 達成が描かれるが，これが何を意味するかやや不明である反面，52-89 における議論は政治的寄与の物的側面を論じて詳細であり，本格的都市財政論である．明らかに全体として municipia としての都市が念頭に置かれている[52]．結合はここに焦点を持つらしい．市民社会の新しい核であり，Cicero は domini にこれを支える働きを期待する．Lib. III はこうした複合的画像において的確にバランスを取り弁別する思考を彼らに要求する．Cicero がライトモティフとして（exempli gratia）使うのは tyrannus 殺しであり，一見「人を殺す莫れ」という honestum を便益によって裏切っているように見えるが，実はそれを通じて結局は正義に資した，とする（19）．政治的原理を領域からの原理で阻却すべき場合がある，と言いたいのである．根拠は societas hominum という上位の原理

であり（21ff.），領域の中にも政治的結合体が理念的に措定されることを意味するが，ここから政治的結合体自体が捉え直され，それは人類全体にさえ拡張される．ここを基盤に tyrannus 殺しの正当性は全面展開される（32-39）が，これは，政治システムのロジックと市民社会のロジックが正面衝突するとき，後者から前者を是正することが却って政治システムに利する，という議論である．40ff. の各論は，amicitia（43ff.）から始まり，*In Verrem* 流の socii 保護を彷彿とさせる都市擁護（46ff.）と来て，取引正義ないし bona fides を 50ff. で大々的に扱う[53]．政治的 fides とは区別されていることが重要であるが，そうすると bona fides と ius civile の複層性こそはこの作品に最も相応しいテーマであることになり（69ff.），Q. Mucius Scaevola の名を見出すのに苦労しない．そして次は bona fides を担う，しかし既に都市だけには居ない，人々，新しい boni viri を論ずる番である（75ff.）．exemplum はしかし年代記の中の大きな政治的判断のバランスによって例解される．売買に関する excursus（89ff.）が置かれた後，最後はこれも当然に誓約 promissa，ius iurandum を阻却する場合について（92ff.）ということになる．

〔5・6・1〕 J. Boes, *La philosophie et l'acton dans la correspondance de Cicéron,* Nancy, 1990, p. 101sqq. は，gloria を鍵として手紙を辿り，59 年に転換が有ったことを論証する．つまり（Lepore に言わせれば同じ基盤を見据えつつも）Caesar と一線を画しヨリ精神的な資質ないし Platon に傾斜する．これが後年の哲学的著作に結び付くとすると，退避でなく，それには積極的意義が存することとなる．これが Boes の隠れた分析意図と考えられ，現に彼は *de re publica* に向かう時期に Cicero の思考が成熟するのを見る（p. 270sqq.）．Lepore の見解を別の方向から裏付けるもので，十分に説得的である．

〔5・6・2〕 cf. P. A. Brunt, Cicero's "officium" in the civil war, *JRS,* 76, 1986, p. 30ff.

〔5・6・3〕 われわれは Caesar 独裁下（現実政治に対する）失意と断念が Cicero を哲学的思索に向かわせたという一種のクリシェ（近年でも例えば M. Fuhrmann, *Cicero und die römische Republik. Eine Biographie,* München, 1990, S. 219ff.）に与しない．最後の二三年に一段と思弁的になることは疑いないとしても，第一にこれは 50 年代からの延長線上にあり，第二に最後まで彼の思索は社会構造に反応している限りにおいて現実的である．かくして，かつて Lepore が *De legibus* の（中断を挟んで再開という）成立過程に仮託して Cicero の思索の持続性を論証したように，われわれもそうした視点を保持する．Cicero の哲学的著作が晩年に集中することは，このジャンルを切り離すこと，そして独創性を否定しもっぱら Quellen のみを研究すること，Cicero の本領は現実家弁論家であるとすること，を助長してきたが，既に Boyancé, Les méthodes de l'histoire littéraire, p. 199 に丹念な批判が存在する．

〔5・6・4〕 「断念」の動機に引き摺られて *Pro Sestio* の "cum dignitate otium" と区別する見解は，Boyancé, "Cum dignitate otium", p. 127 が指摘するとおり正しくない．引くのも現実的な戦術である．それまでの otium 概念の変遷を踏まえた J.-M. André, *L'otium,* p. 306sqq. の見事な読

5 ディアレクティカの隠遁

解も参照されるべきである.

[5・6・5] *De oratore* については，Lepore, *Princeps*, p. 45ss. (cf. p. 219) が基本であり，以下われわれもこれを基本的に踏襲する．つまり新しい意味の政治的階層の資質の探求という解釈である．なお後期 Cicero の政治的ディスコースにおけるディアレクティカ (「哲学」) 復権を再構成する Michel, *Les rapports*, p. 538sqq. も Lepore に全面的に従う．また，(Lepore への依拠を明示しないが) G. Achard, Pouquoi Cicéron a-t-il écrit le De oratore?, *Latomus*, 46, 1987, p. 318sqq. は，この段階から思弁に逃避したと見て純粋に理論的営為としてのみ解釈する傾向に反対し，政治的動機を強調する.

[5・6・6] E. Narducci, *Cicerone e l'eloquenza romana. Retorica e progetto culturale*, Roma/Bari, 1997, p. 42ss. は，ギリシャにおける「哲学対弁論術」論争を背景にしながらもこれから隔たる独自の構想が用意されると解する.

[5・6・7] cf. Michel, *Les rapports*, p. 447sqq.

[5・6・8] cf. Michel, *Les rapports*, p. 142.

[5・6・9] II につき Narducci, *Cicerone e l'eloquenza*, p. 47ss., III につき p. 64ss. を参照．Antonius が「改心」して Crassus の立場に同調し分担するように見える点についての解釈として，Narducci は，Platon の対話篇におけるのと異なって，同質的貴族内の親密さが立場を入れ替えて楽しむ otium を許したとする．親密さは Narducci が的確に描き出した特徴であるが，われわれは結局 dominium の構造に帰因すると考える.

[5・6・10] A. Michel, La théorie de la rhétorique chez Cicéron : éloquence et philosophie, dans : AA. VV. *Eloquence et rhétorique chez Cicéron,* Genève, 1981, p. 109sqq. は，Vico から Perelman に至る線に沿って，ディアレクティカ大復興＝人文主義の先駆を見る．logique に対する意味での dialectique の再建，rhétorique と philosophie の統合，等々．ただし本文で指摘するような限界が存在する．Lib. III の詳細な分析は Michel, *Les rapports*, p. 328sqq. に譲ることができる.

[5・6・11] André, *L'otium*, p. 310sqq. は，*In Pisonem* に見られる皮相な Epikouros 派批判 (cf. p. 254sqq.) とこれを丁寧に区別する．Lucretius によって真の Epikouros を知ったからではないか (cf. p. 246) と André は言う．晩年の Cicero の Epikuros 理解が辿られる (p. 261sqq.).

[5・6・12] cf. P. Boyancé, Cicéron et la vie contemplative (1967), dans : Id., *Humanisme cicéronien,* p. 101sqq. Cicero にとって思弁は基本であり，現実に立ち向かう武器である．現実を断念して思索に，という動機は存在しない．両方が追求されたとする Boyancé の分析すらなお両者を別個に捉える.

[5・6・13] Lepore, *Princeps*, p. 231: "Come il suo principale modello, Polibio, non trascurava i fini pratici..., Così Cicerone sentiva nascere quella trattazione dall'esigenza...di spiegarsi cause e fattori della cirsi che gli sembrava giunta nel 54 a. C. ...".

[5・6・14] この政体論が Polybios 等のそれと質を異にすることについて，cf. Lepore, *Princeps,* p. 233.

[5・6・14] この議論の中ではまだ concordia ordinum のモティフが残ることにつき，cf. Lepore, *Princeps,* p. 230. つまり既存の政治的階層 (「貴族政」) の復権ともとれる．ところが Cicero の構想は別次元の理論的なものに移り，そのレヴェルでの「理論的な意味の政治的階層」に関わるというのが Lepore の解釈であり，これが consensus omnium bonorum に対応するというのである.

[5・6・16] この王政に関する excursus につき Lepore, *Princeps*, p. 76ss. が，まず Cicero＝単一支配者主義論の論拠として使う学説，単一のソースを設定する解釈，を批判し，これを批判する学説の混乱をも指摘した後，政体論の他の部分と論拠の質が異なるという繊細な読みを

展開し，"una differenza di piani" を指摘する．論拠に関しては "il carattere teoretico più che politico-prammatico del motivo" が分析され，パラデイクマを端的に「Ciceroが表面で従いたいモデル」と解する短絡が批判される．元首政準備説（R. Reitzenstein, Die Idee des Prinzipats bei Cicero und Augustus, Gott. Nachr. 1917）と伝統貴族政説（R. Heintze, Ciceros Staat als politische tendenzschrift, Hermes, 59, 1924）の間の激しい論争に後者の側で決着を付けた（P. Boyancé, Les problèmes du De republica de Cicéron (1964), dans : Id., Humanisme cicéronien, p. 194）のではなく（P. Boyancé, Travaux récents sur Cicéron (1960), dans : Id., Humanisme cicéronien, p. 61），方法からして全く新しい（ただし P. Grenade, Autour du De republica, REL, 29, 1951, p. 162sqq.）道を開いた．

[5・6・17]　Lepore, Princeps, p. 87s. で丹念に Politikos の Platon へと辿られる．p. 89: "non va confusa nello stesso Platone con un atteggiamento pratico politico : il fondamento della scelta è di ordine teorico". ちなみに Lepore 自身それを一つのステップとして思索したと思われる V. Pöschl, Römischer Staat und griechisches Staatsdenken bei Cicero, Berlin, 1936 と比較すると Lepore の斬新さが理解できる．Platon に定位したのは正解として，徹頭徹尾 Politeia が引かれ，これが（作品中の）Scipio 像に投影される．ローマの古の国制と国家の idea が重ねられている，と説かれるのみで，Platon の側の細かなニュアンスも Cicero の構想の具体像も立体的には浮かび上がらない．テクストにアプローチするときの方法が全く違う次元に存するということが如実である．

[5・6・18]　cf. Lepore, Princeps, p. 93s. : "exempla domestica...la funzione che chiameremo dialettica di permettere il passaggio e il ritorno della speculazione teorica...a quellio della ragion storica".

[5・6・19]　われわれはこの認識こそを Lepore, Princeps に負う（例えば p. 97ss., 102ss.）．ここから，その中心的分析対象たる De re publica 理解の道が拓かれるばかりか，Cicero 全体の解釈の見通しが急に開かれる．

[5・6・20]　J.-L. Ferrary, L'archéologie du De re publica (2, 2, 4-37, 63): Cicéron entre Polybe et Platon, JRS, 74, 1984, p. 87ff. は Pöschl の Platon 説を採り，あまつさえ Nomoi に焦点を絞る．Lepore の結論を確認したことになる．

[5・6・21]　Lepore, Princeps, p. 234 は Lib. II が制度より人，"praestantes viri" に方向付けられているとする．

[5・6・22]　Lepore, Princeps, p. 234ss. は，Cic. のテクストをふんだんに引き，政体変遷の Polybios 流ペシミズムでなく，Theophrastos の折衷派的把握起源を持つことを論証する．政治的階層の prudentia と moderatio により concordia は達成可能であり，〈分節〉に不可欠な争いすら復活させうる（p. 240ss. - Pro Balbo, 60＝p. 245 と Pro Plancio, 9＝p. 248 - が実に見事である）．

[5・6・23]　J.-L. Ferrary, Le discours de Philus (Cicéron, De re publica, III, 8-31) et la philosophie de Carnéade, REL, 55, 1977, p. 128sqq. は，（その要約が失われたテクスト復元の資源とされてきた）Lactantius の俗流解釈（Platon＝正義 vs. ソフィスト）を斥けてテクストを再構成し直そうと試みる重要な研究である．少なくとも，Platon を原ディアレクティカで理解し dogmatisme を排した Akademeia 派の基本線に戻る姿勢を読むことは正しいと考えられる．

[5・6・24]　J.-L. Ferrary, Le discours de Laelius dans le troisième livre du De re publica de Cicéron, MEFRA, 86, 1974, p. 745sqq. は Laelius の「ソース」についての詳細な学説史について述べた後，Stoa 派や Panaithios を考える通説を批判し，Platon 自身もしくは Cicero 独自の作とする．Stoa 派が Platon の一面を切り出した点を重視し，Platon に遡及しうる側面がヨリ顕著であるとするのである．Ferrary の研究によって却ってしかし，ここで重要であるのは思考

5 ディアレクティカの隠遁

様式のコントラストであり,ソースではない,ということが判明する. つまり, Akademeia 派と Stoa 派の衣装をまとった登場人物が演ずるのは, Platon に内在する或る対抗関係であり, これを Cicero が独自に再構成しているのである.

〔5・6・25〕 Lib. III については cf. Lepore, *Princeps,* p. 268ss. Lepore は Aristoteles 風の媒介を中間層介在構想 (consensus omnium bonorum に繋がる) に連結して解釈する. この中間層がどこまで socii を継げるかが一大問題である. 「普遍的」正義が成り立つかどうかは, 絶対的に答えうるものでなく, 第二の政治システムの審級が成り立つかどうかに懸かる相対的な問いになる. p. 273s.: "Costituzione e classe politica vengono dunque a coincidere nell'ideale di mediazione politica e sociale ed è naturale che a questo stesso si ispiri nella sua condotta ogni cittadino che voglia far parte di quella élite e partecipare a realizzazione di quell'ordine, essere cioè optimus civis, secondo l'espressione ciceroniana".

〔5・6・26〕 Lib. IV については cf. Lepore, *Princeps,* p. 252s.

〔5・6・27〕 Lepore, *Princeps,* p. 254ss. は Cicero が nobiles 党派政治の克服を中心的課題とした (しかも多元性を維持しようとした) ことを徹底的に論証する.

〔5・6・28〕 ただし Platon 流の超越を読み込むことは誤りであり, あくまで具体的な政治的階層が念頭に置かれている, という Lepore, *Princeps,* p. 251 の留保は重要である.

〔5・6・29〕 内容面からの精密な年代考証は Lepore, *Princeps,* p. 274ss. に見られる. 50 年代末から中断を経て最後の時期に再開されるまで, *Rep.* を引き継ぐ形で連続的に形成されたとされる. Boyancé, Travaux récents, p. 63: "je partage pleinement les vues de M. Lepore, qui a repris en détail la question... est revenu à la date traditionelle, pour laquelle il apporte une série d'arguments nouveaux".

〔5・6・30〕 Lepore, *Princeps,* p. 283 は, 王政加担を読み取る学説を周到に批判し, 同時期の弁論との連続性を徹底的に論証し, Cicero は *Politikos* の Platon を, しかも "un fraintendimento prammatico dei concetti platonici" を糺してさえ, 忠実に使った, と解す. L. Troiani, Per un'interpretazione delle "Leggi" ciceroniane, *Athenaeum,* 60, 1982, p. 315ss. は Lepore の結論 (理想の政治的階層のための書) を裏書きするが,「現実を超越」という部分を強調しすぎた. Cicero は (その現実性とは別に) 具体的な処方を有する. Ducos, *La loi,* p. 40sqq. は, lex は (ギリシャにおけるとは異なって) 元来政治的決定でなく「書かれた動かない規範」であったところ, 共和末の不安定は恣意的権力掣肘のため lex の増強を要請し, Cicero のこの著作にそれが反映されている, とする. 具体的なテクストからはこのことは読み取れない.

〔5・6・31〕 vgl. K. M. Girardet, *Die Ordnung der Welt. Ein Beitrag zur philosophischen und politischen Interpretation von Ciceros Schrift* de legibus, Wiesbaden, 1983, S. 60ff. 伝統的な「自然法/実定法の図式」で読むことは正しくない (Cicero=ストア的自然法論者=「財産権のための国家」論者という通俗解釈は依然例えば N. Wood, *Cicero's Social and Political Thought,* Berkeley, 1988 に見られる). しかし Girardet の主張するように, 自然法の内容が実定法的プログラムとして構想された, と全てを一次元的な再現的パラデイクマとして扱えば, 結局ローマの世界支配云々という見当違いの reference を与えるなど極めて曖昧になる.

〔5・6・32〕 cf. Lepore, *Princeps,* p. 285ss.

〔5・6・33〕 Lepore, *Princeps,* p. 287ss. は "riformismo" の現れとするが, Cicero が所与を大事にするディアレクティカをするがために微妙に逸脱する面を否定しえないと考えられる. これがどれだけ作品形成の経年に対応するかはわからない.

〔5・6・34〕 既に Boyancé と Lepore によって「隠遁」説は完全に解体されている. Lepore, *Princeps,* p. 307ss. は amicitia 概念をめぐって論じ, Pompeius を前にしようと Caesar を前にしよ

うと Rep. 後 Cicero の政治的行動自体一層明晰にさえなったと述べる．根底に存するものが見えている人間の自信である．たとえ理念の実現に遠いとしても，遠いこと自体百も承知である．Caesar に期待を寄せる局面も有るが，偽の optimus vir を識別することは忘れない (p. 341ss.)．Pompeius や senatores が基盤たる Italici を採ろうとせず Caesar に奪われた，Caesar のもとに居る，限りでの接近である (p. 346)．Caesar 支配下の弁論では Caesar を修正しようとする (p. 357ss.)．にもかかわらず如何なる幻想をも持たない (p. 370ss.)．このスタンスは理論的著作においても完全に一貫する．つまり以上を通じて Rep. の理念を Cicero は貫いたと言うことができる．如何なる思弁もそうであるが，彼の思弁も極めて現実的であった．だからこそディアレクティカは隠遁するのである．Narducci, *Cicerone e l'eloquenza*, p. 108 は *Brutus* について，Brindisium 後の絶望が却って作品に精気を与え，Brutus, Atticus といった登場人物の個人描写に文芸的な価値が存する，と見る．Atticus の協力を得て antiquarian な探究を遂行するのもそうした「気象条件」故であるとする．しかし「急な絶望」(とっくに絶望している) 故ではなく，新しい現実的な知性が探られた故である．

〔5・6・35〕　C. Lévy, *Cicero Academicus. Recherches sur les Académiques et sur la philosophie cicéronienne*, Rome, 1992, p. 394 は正確にも，新 Akademeia 派異端の Antiochos を批判のために利用しこそすれ最後にはこれに対しても距離をとる，と指摘する．

〔5・6・36〕　忠実な Epikouros 派批判というより，彼らのディアレクティカ拒否に対してのみ向けられた批判である，という Lévy, *Cicero Academicus*, p. 394sqq. の読解に同意しうる．

〔5・6・37〕　Stoa 的 oikeosis については，cf. Lévy, *Cicero Academicus*, p. 404sqq.

〔5・6・38〕　cf. Lévy, *Cicero Academicus*, p. 407sqq.

〔5・6・39〕　cf. Lévy, *Cicero Academicus*, p. 414sqq. つまり内容ではなく，Stoa 派が言葉だけ入れ替えて実体ディアレクティカをしない，ことが批判される．ただし Akademeia 派による伝統的な Stoa 派批判を踏まえたものであることは自明である．

〔5・6・40〕　Spinoza の "conatus" との関係については，cf. Lévy, *Cicero Academicus*, p. 377sqq. Stoa 派の oikeiosis を転倒させた点を重視する．予定調和論ないし決定論でなく，ディアレクティカを遂行しうる自由という意味になる．

〔5・6・41〕　Lévy, *Cicero Academicus*, p. 419：" l'homme ne peut être réduit ni à son âme ni à son corps".

〔5・6・42〕　cf. Lévy, *Cicero Academicus*, p. 567sqq. Lib. III における Cotta の Stoa 派攻撃において Timaios は切り札となったと解される．

〔5・6・43〕　Boyancé, Les preuves stoïciennes de l'existence des dieux d'après Cicéron (1962), dans: Id., *Humanisme cicéronien*, p. 301sqq. は再評価の必要を訴える．つまり Cicero の学問的手続を高く評価し Stoa 派理論理解のための信憑性を認める．

〔5・6・44〕　Akademeia 風の批判を Cicero の考えととれば，déisme と政治的装置しか残らないが，これはまた分類をも帰結する．Varro の Akademeia 派思考はこちらに傾き，しかも「詩人の神々」を加えて三分法となる，という微妙な関係について J.-M. Andrén, La philosophie religieuse de Cicéron : dualisme académique et tripartition varronienne, dans : A. Michel et al., edd., *Ciceroniana*, Leiden, 1975, p. 11sqq. は繊細な分析を展開する．

〔5・6・45〕　末尾で Epikouros 派 Velleius が Cotta に軍配を上げるのに対して Cicero は Stoa 派 Balbus の方に傾く，点につき Lévy, *Cicero Academicus*, p. 557sqq. は，安易に神々の存在を認める Stoa 派を攻撃した Karneades の議論が Epikouros 的無神論へと誤解されたことが背景にあるとするが，テクストを離れすぎ説得的でない．若干の学説のように，結論留保のためのコーダであると解する方が適当である．

〔5・6・46〕 Panaithios を下敷に使うのはどこまでかと問い，Cicero による付加分を Caesar との緊張関係と想定してこれを測り，結局伝統的貴族による個人権力掣肘志向を読み取る，伝統的な解釈法は，なお K. Bringmann, *Untersuchungen zum späten Cicero*, Göttingen, 1971, S. 229ff. に見られる．

〔5・6・47〕 *De officiis* に関しては，E. Gabba, Per un'interpretazione politica del *De officiis* di Cicerone, *RAL*, 34, 1979, p. 117ss. が決定的である．何と言っても "Quellenforschung" の Panaithios 還元を清算した．stratigraphie は還元のためにあるのではなく，作品の生々しい意義の把握のためにある．Gabba は第二に，やや性急であるとしても，何故このテクストが市民社会を基礎として tyrannis を批判する立場にとってのマニフェストとなりえたのかを明らかにする．そして最も重要なことには第三に，Lepore, *Princeps* および E. Lepore, Da Cicerone a Ovidio. Un aspetto di storia sociale e culturale, *PP*, 1958, p. 90ss. を受けて，その「市民社会」なるものの実体を具体的に想定した．"il ceto dei medi proprietari italici" ないし "la mentalità e le esigenze dei ceti medi italici" である．

〔5・6・48〕 honestum-decorum 落差については，G. Lotito, Modelli etici e base economica nelle opere filosofiche di Cicerone, in : AA. VV., *Società romana e produzione schiavistica, III : Modelli etici, diritto e trasformazioni sociali*, Roma-Bari, 1981, p. 111ss. 哲学的センスに溢れる素晴らしい読解が有る（Büchner-Bringmann と比較せよ）．

〔5・6・49〕 cf. Lotito, Modelli etici, p. 121ss.

〔5・6・50〕 cf. Gabba, Per un'interpretazione politica, p. 124ss.

〔5・6・51〕 M. Pani, L'ultimo Cicerone fra crisi dei *principes* e ciclo delle repubbliche, in : A. Gora et al. edd., *Il triumvirato costituente alla fine della repubblica romana*, Como, 1993, p. 21ss. は，II, 3 の一フレーズから，commutatio rerum（政体変遷）を放棄して共和的独裁者にシフトする Cicero を描き，手紙によって Caesar への接近・正統化を裏付ける．後者における現実の動きはともかく，*De officiis* の全体脈絡はこのような読解を許さない．ただし，dominium 基盤の市民社会による限り「主権者を掣肘する」という動機に流れ易い点は否定できない．それでも，既に Lepore が厳密な一線を画したように，このことと「単一支配者正統化」とは異なり，Pani の対 Lepore レヴィジオニスムは成功していない．

〔5・6・52〕 cf. Gabba, Per un'interpretazione politica, p. 130ss. しかし Sulla や Caesar の evergetismo への批判と解する点がやや性急である．

〔5・6・53〕 既にどうしても，純粋な bona fides と dominium 対応変性 bona fides の間のバランスが問題となり，例えば商取引における情報開示義務につき，Akademeia 風に Antipater の全面開示義務説と Diogenes の限定義務説の間の（Stoa 派内）対抗がそのまま保存される．J. Annas, Cicero on Stoic moral philosophy and private property, in : Griffin, ed., *Philosophia togata*, p. 151ff. は，Stoe 派内を整合的に調和させ，倫理学的立場と法学的立場の違いにすぎないものを Cicero が誤解して対立させた，とするが，そうとは限らず，いずれにせよ，Cicero にとっては両者は鋭く対立してこそ彼の構想の梁をなす．

5・7

Varro (116-27) は Cicero より十歳年長でやはり政治的階層に属し，第一級とは言えないが官職を歴任する．しかしその膨大な著述活動が少なくとも本格化するのは 50 年代に入って以降のことであり，しかもそれは内戦＝Caesar 体

制＝内戦という激動から既に一歩引き下がったところでの活動である．Caesar の公共図書館プロジェクトに協力するのも卓越した "eruditus" としてであり，決して政治的協力でない．だからこそ Augustus 期にかけてその長寿を生かした継続的な著述が実現する．一方の代表作とも言うべき *De lingua Latina* の中核部分は *De finibus* の頃の Cicero に捧げられ，*Academica* の決定版は主人公を Varro とするが，Cicero 最晩年のポジションに沿ったその延長線上に，同じ性質の "eruditus" であった Atticus ともども，独自の安定的な知的平面を築き，まさにローマ的要因として後世を決定付けることになる．*Philippicae* と共に撃って出て討ち死にする Cicero とは対極的な意味で．否，もう少し大きな目で捉えれば，われわれは政治的階層がディアレクティカをする最後の時期に居る．文学史の登場人物が政治的階層である最後である．しかも Catullus, Lucretius, 晩期 Cicero, Varro, そして後述の Asinius Pollio, Sallustius と，全て政治的活動の第一線からしばしば迫害・疎外されたところで文学を成り立たせた．次の世代，Vergilius, Horatius 以下は同じ位置から，しかし決して政治的階層であった経験無しに，スタートし，そしてだからこそパトロンを持たなければならなかった．政治的緊張関係に身を置く限りは以後 Lucanus, Seneca, Tacitus 等々まさに苦難の道を歩まねばならなかった．実際，あれほどローマ的知性の代名詞のように見える Varro も，後継者を持ったとは言えない．ひたすら引用され続けたのみである．

　政治的階層に属した以上 Varro は全然本当の専門家ではない．しかしにもかかわらず閉じた事象につき知識を濃密かつ網羅的に体系化し収蔵していく．あらゆる分野にわたって．こうして Momigliano が初めて学問的考察対象とした antiquarian の頭目となり，編別まで踏襲されるが，第一に，もちろんヘレニズム期，否，sophistes の時代，に既に同種の知性やテクストは存在する[1]．ディアレクティカの二段構成は前提的批判の一ジャンルとして専門的技術的鑑定を生み出す．Herodotos の記述にさえ痕跡を見出す．ディアレクティカ第二段の政治的総合がますます弱まっていくヘレニズム期にはこうした知的活動がそれぞれ様々な方向に独走していくであろうことは容易に想像される．他に確かなものはないし，そもそも確かなものにすがろうとする．対極を簡単に示すためには Homeros で十分である．そこでは全てのパラデイクマが加工されて

いった．対するに，例えば Aristoteles の分類と論理学に従って事象を切り分け，個々の単位の内部で単一の Critique の基準を以てする．そこで全ては完結する．その頑固さは驚嘆に値するとしても，視野はおそろしく欠ける．かつその Critique の内容は，特定の基準で識別されたパラデイクマがその通りに実現されているか，逸脱しているか，に一元化される．真贋の鑑定である．技術の評価も同様の性質の判断である．同じパラデイクマが厳密に同じパラデイクマをもたらしうるか．ヴァージョン対抗の無限の増幅・変化を楽しむことは決してない．同じ事柄の珍種を愛好することはあっても，構造を媒介として思わぬジャンルの思わぬ事象に関連付けを行うことは無い．そして第二に，まさにこの点でローマの伝統はこれと直ちに意気投合する．その儀礼思考については何度も述べてきた．だから Varro はギリシャにばかりか少なくとも Cato に偉大な先行者を見ざるをえない．既に儀礼を知的考察の対象としたのである．なおかつ Cato が専門家でないのは，儀礼がローマでは政治生活の基本だからである．かくして Varro には何も新しいところが無いように見える[2]．この点を確かめるためにはテクストにつく以外に無いが，しかし主要な著作は失われてしまった．唯一遺るのが *De lingua Latina* の一部である．

V-X 巻（ed. Spengel）しか遺らない中で，第 V 巻冒頭が叙述の整理をしてくれることがわれわれを若干救う．それによると現在の主題は「語が事物の上に搭載されている」（V, 1 : vocabula essent imposita rebus）その「淵源」（a qua）と「現状」（in qua）のうち前者であり，これが II-VII を占めるという．Varro はこれが一応ギリシャの "ἐτυμολογία" と "περὶ σημαινομένων" に該ると述べる．この前者の方法は「継続的トレース」（pertendendo）であるという．ディアクロニクたるを言うものと思われる．II-IV は音韻論であり（cf. 6），commutatio の法則を知らなければ判断を誤ると言われる．音の側の分節とそのディアクロニーである．V-VII はいよいよ実体の語源学であるが，それぞれ V : locorum, VI : temporum, VII : de utraque re となる（10）．というのも，Pythagoras の polarité に従って（11）事象をまず天と地の二つに分節することから始める（16 : Loca naturae secundum antiquam divisionem prima duo, terra et caelum）．これが locorum であるが，temporum の軸も同様に考えられる．しかるに事象の分節と語は体系的に一対一対応するものと考えられている．そして完結する．

現実の語はこのように説明できない[3]からこそ,始原に遡らなければならない.言語を特権的対象とする antiquarian の起源志向(語源愛好)は常にサンクロニクな体系優位の思考に起因し,ディアクロニクな分析は見かけだけであることが多いが,さらにこの場合,始原は遥かかなたに措定される[4]. Varro は Akademeia 派である. 論証の四段階を認め (7),明証的自明,文献遡及による論証,哲学的思弁による推論,そして不明ないし俗説の紹介,の第四について「病気でもないのに苦しむ患者に対しても医者は探求をする」と弁解する. 言語は何よりもその通りに音を実現する儀礼的行為によって成り立ち,かつこれは何が変動しようとその通りに実現され続ける. 不変の日常である. そこで足場を固めるという思考は最晩年の Cicero にとってさえ説得的であったと考えられる. たとえ絶対的真実でなくとも. 市民社会の繊維素の中核であるから.

したがってこの作品もマニュアルでも字引でもない. 意味論もそれほど素朴ではない. 広い意味の意味論 (in qua) に入って,第二部は語形変化論 (declinatio) であり,VIII-XIII はこれで占められるはずであり,その後に syntax が来ることも VIII 冒頭で予告される. syntactique な分節,したがってヴァージョン対抗の問題,を経なければ「意味」に到達しないことが直感されていると考えられる. にもかかわらず実際にはその思考には至らない[5]. Lib. IX 冒頭で Varro は或る論争に参加する[6]. Krates は Chrysippos に依拠して Aristarchos の analogia 論を攻撃した,そのときの論拠は同音異義と異音同義であった,しかし analogia 論は維持しうる,analogia に反する事態 anomalia (例えば不規則変化) は consuetudo により説明され,Aristarchos もこの限りでは譲歩していたし,Krates もならば全て anomalia であるとしたわけではなく,若干は説明しうるとした,……. analogia 論の背後には Platon/Aristoteles の idea/eidos 論があり,概念をもっぱら paradigmatique に構想する遺産が見て取れる. 後期 Platon はこれの理論的困難に逢着したが,別の次元で Stoici はこれを攻撃したと思われる. 彼らにとっては,事象を知覚したとしてもこれはまだ何物でもなく,そこに ratio を見抜くための独自の活動が要求され,言語と論理は重要な手段である. それぞれ独自のオーダーを形成する. その表れが anomalia である. 恣意性に極めて近い概念であり[7],彼らが記号論をよくし signifiant と signifié を区別したことも知られる. しかしこれを受け入れない Varro にと

って語はやはり事物そのものから出たのでなければならない．にもかかわらず Akademeia 派たる所以は，オリジナルばかりか偽造模造も彼の関心を惹く点である[8]．だからこそ起源の探究ばかりかその後の変形が探求の対象となる．医者のメタファーはそのことを指示する．逆に言えば Varro は新しい方法で全事象を説明しようとした．区々にではあれ，代替的な全体ディアレクティカをこの理性によって構築しようとしたのである．何か社会構造の確たる基礎をここに見出しているに違いない．

　37年，80歳の彼は *rerum rusticarum* 三巻（ed. Heurgon）を著し，これが唯一テクストほぼ全体をわれわれに遺す作品であるが，主著の一つであるかどうかはわからない[9]．それでも単なる農業経営マニュアルでないことを強調するかのように，擬似対話篇の形式を有する．事実，新たに土地を購入して経営を始める者への手引きではあるが，全篇で意識される Cato の先行書に比しても，幾つか重要な特徴を有する[10]．まずは Italia とその土地および農業の称賛である（I, 2, 3ff.）．次はギリシャ以来の一般哲学自然学を含む先行研究の網羅的精査である（I, 1, 8ff.）．いずれにせよソースは明らかにされ，それは自分の経験と文献と専門家であるという（I, 1, 11）．「文献」は学術的のそれで専門技術者のそれではないということになる[11]．農業を三区分した後，第I巻は fundus 経営に当てられるが，そもそもこれが学術の対象たりうるかどうかは問題とされ（I, 3），そして農場経営は明確に二つの目的，つまり利益と満足，を持つと規定される（I, 4）．そしてこれに沿ってこの disciplina も厳密に四区分される（I, 5）．fundus 自体の吟味つまり土地を各部分において知ること，fundus の装備，作業，作業の季節．土地の種類は四つに，形状は二つに分類される（I, 6）．地名入りの詳細な記述が続く．次は中枢 villa である（11, 2ff.）が，fundus 内の複雑な構造に対応して villa 自身複雑な装置と化している（13, 1ff.）．柵が設けられるから境界は閉じている（14, 1ff.）．公道公水および取引の場との関係が決定的に重要で（16, 1ff.），果実は全て市場に出すことが予定されている．人員を全て fundus 内で供給するかどうかは論争点で，Varro は目的に応じて専門家を外から雇い入れることを推奨する．fundus は土地自体に関連する四つの部分と，fundus 外だが耕作に関係する四つの部分から成る（17, 1）．まず人員について．Varro は定住型であれ賃労働型であれ自由人労働を奨める．

奴隷労働を使う場合には専門技能を持った指揮者を必要とする．こうした中間の人員には固有の資産（peculium）を fundus 内に持たせることがよい．利益をインセンティヴとして合理的に行動させ，鞭など振るわせないようにする． fundus は既に，それぞれ熟練と知識を要求する非常に異なる要素からなる高度な組織体である．第三の要素たる家畜（20, 1ff.）も第四の要素たる施設・用具（22, 1ff.）も専門特化に備えて吟味される．かくして fundus は学問を成り立たせる．それぞれの農学的専門知識は Cato におけるのと比較にならないくらい専門的である．なおかつこれは全体をなし，しかもよく分岐した各部分は的確に組み立てられなければならない[12]．antiquarianism の少なくとも一つの母胎であり，そして最も堅固な砦である．Varro が全体性を標榜しうるとき，その少なくとも一つの拠は，このミクロコスモスの上を如何なる体制が飾ろうともこれを破壊すれば自滅である，という事情である．自律性の基盤である．

にもかかわらず peculium の制度自体に既に明瞭に見て取れるように，fundus ないし dominium は決して閉じた世界ではない．一旦閉じて見せたかと思うと明確な二重構造を利用して相互に関係を結び計算を成り立たしめる．Cic. De off. において見たようにそこには bona fides すら措定される．正確には，横に連結した世界が政治的決定に対して閉じているのである．その内部についての精密かつ微細な認識は外から妨げられてはならない．Varro より少し若い，ほぼ Cicero と同世代の，Servius Sulpicius Rufus は equites の階層から出て consul にまで達し，法学を得意なジャンルとするが，後の法学者にとって Q. Mucius Scaevola と並び立つ雄峰である．しかし彼は後者に鋭く対抗したことが知られ，これに対応するように，Mur. で相手側弁護人たる Servius を（軍事等を中核とすべき）政治的階層に相応しからぬ技術的法学の徒として貶めた Cicero は，最晩年の Brut. 41, 152ff. において，*De oratore* での（Mucius をモデルとするかの如き登場人物 Crassus の）理想から微妙に隔たりつつ，Mucius より Servius の方が優れる，それは真の"scientia"に到達したからである，「全体を部分に配分し，定義によって潜在的な部分を明示化した」（rem universam tribuere in partes, latentem explicare definendo），要するに"dialectica"をした，と述べる．この"dialectica"は diairesis に基づく論理的体系化のことで，Mucius の雄大なバランス構造の構築とは対極に位置する細部の厳格さを意味

する.

　実際,今日に遺された微かな Servius の活動の痕跡は,初期 Cicero の法廷弁論の向こう側に見える dominium 概念形成期の法学からさらに一段と変化した独特の波長を有する.彼が IV-3-7 で見た 70-50 年代の信用空間で解答活動したことは一目瞭然である(典型的には novatio に関する Gai. III, 179, pecunia traiecticia に関する D. XXII, 2, 8, insula 全体の locatio に関する D. XIX, 2, 35pr.)が,そしてこの領分で Cicero が意識する新しい世代の法学者達が跋扈したことも疑いないが,Servius は,この信用空間の壊滅を十分に生き延びうる固い信用の核を構想していた[13].そしてこれこそが法学を政治の崩壊の後末永く表見的に生き延びさせる,丁度 Varro の古事学のように[14],これと同じく新しいものを付け加えることなくひたすら踏襲,ないし分解・再縫合・混迷しつつ.「ちなみに peculium というものは,dominus に対して負う債務を差し引いて計算されなければならない.何故ならば dominus が差し押さえたり自分の奴隷と訴訟したりすることを想定しなければならないからである.この定義に Servius は以下のように付け加えた.同じ dominus を頂く者に対して負う債務もまた同様である,これもまた結局は dominus に負うことにつき異論の余地がないからである」(D. XV, 1, 9, 2f.: Peculium autem deducto quod domino debetur computandum esse, quia praevenisse dominus et cum servo suo egisse creditur. Huic definitioni Servius adiecit et si quid his debeatur qui sunt in eius potestate, quoniam hoc quoque domino deberi nemo ambigit). Ulpianus の雑然たるテクストが切り取られて伝わる,その中の一節であるが,peculium が細かい計算の問題と捉えられる根に Servius が居て,しかもその計算は細かいという意味において精緻を極めたことが伺える.Servius は他でも計算と評価について細心の注意を払うことが知られる.Mucius に対抗して societas の利益割合計算に損失負担を含めることを主張する D. XVII, 2, 30, 穀物のストックとフローの識別に関する Gell. IV, 1, 20(やはり Mucius への異論),訴訟物の評価額の算定時を判決の時点とする D. XIII, 3, 3, 等々.それはしばしば分節された同一組織内の連結計算に関する.同一組織は主として fundus である.このことは Varro とのターミノロジーの一致が著しい "instrumentum" に関する D. XXXIII, 7, 12; 16 などから推測される.だからこそ peculium が彼の得意のジャ

ンルであったことが推測されるが，Plautus におけるのと異なって，今やそれは同一 dominium 内の計算の上に設定される．相対的に独立採算の分節部分が自分の計算で取引し，その分節部分を元本として dominium 本体からの出資に負い，信用を得て（利息を差し引いた）果実を初めて自己に固有のものとする．第三者はもちろん背後で信用を与えている dominium を信頼して取引をする．fundus がそこになくとも Servius にとって全ての関係はこのタイプの dominium たるが如くに見えているものと思われる．institor に関する D. XIV, 3, 5, 1 (cf. XXXIV, 2, 4 ; XXXV, 1, 40, 3 ; XL, 4, 48)，societas に関する先述の見解，その societas と procurator が絡まる XVII, 2, 65, 8，insula 全体の locator が改装の結果（経営委託を受けた）conductor に入る果実を消滅させたときの責任に関する D. XIX, 2, 35pr., 等々．しかしもちろん dominus と colonus の関係への関心は格別であり（D. XIX, 2, 15, 2 ; 33），細かい責任の区分が論じられる．実際，二重構造における下部単位として peculium が閉じこめられても計算上の独立，したがって第三者との水平的な関係，は Plautus の頃と変わらない．しかもなお今や信用は広く横断的な結合から生まれているのではない．dominium の内部にしっかりと内蔵されているということ，その結果 dominus の fundus 自体が（その上の様々な装備がたとえ —— insula 上の障壁等装備を改装によって破壊してしまった先述のケースのように —— 壊滅しようとも）最後の後ろ盾となっているということ，が信用の基盤なのである[15]．「或る者が自分の農場を耕作させるべく自分の奴隷と locatio を締結した．そしてその奴隷に雄牛（複数）を供与した．ところがこの雄牛があまり上質でなかったのでそれらを売るように，そして受け取った代金で他の雄牛を補充するように，と命じた．奴隷は雄牛を売った．他の雄牛を購入した．ところが奴隷は売り主に支払わず，そして結局破産してしまった．雄牛を売った者が dominus に対して，請求の対象たる金銭に相当する雄牛が dominus のところにあるからという理由で，actio de peculio もしくは actio de in rem domini verso によって代金の支払いを求めた．彼は以下のように解答した．奴隷が主人に対して負っていた債務を差し引いた後残余が存するのでない限り，peculium は残存すると思われない．確かに雄牛は dominus のものに転入してしまっているものと思われるが，ただし，前の雄牛の売却代金の部分は既に主人は支払ったとみなされる．したが

って差額分についてだけ，このdominusは有責判決を受ける」(D. XV, 3, 16: Quidam fundum colendum servo suo locavit et boves ei dederat: cum hi boves non essent idonei, iusserat eos venire et his nummis qui recepti essent alios reparari: servus boves vendiderat, alios redemerat, nummos venditori non solverat, postea conturbaverat: qui boves vendiderat nummos a domino petebat actione de peculio aut quod in rem domini versum esset, cum boves pro quibus pecunia peteretur penes dominum essent. respondit non videri peculii quicquam esse, nisi si quid deducto eo, quod servus domino debuisset, reliquum fieret; illud sibi videri boves quidem in rem domini versos esse, sed pro ea re solvisse tantum, quanti prores boves venissent: eius oportere dominum condemnari). Servusの忠実な弟子Alfenusのテクストにおいて「彼が解答した」の主語がServus自身である蓋然性が高く，そうでなくともパラデイクマの立て方と概念自体Servusのものに間違いない．actio de in rem verso（転用物訴権）はおそらく彼が考案したものと考えられる．ここではまず何よりもdominusが与えるこの型の信用は，相手に領域の占有をさらけ出してのものである代償として，いざとなればdominusが二重構造の中間障壁を叩き切って自らの直接の端的な占有を主張して押さえ優先弁済を受けてしまう（先に引き上げる）利便性を有する，ということが高らかに容認されている．確かに分節は責任の有限化である．前提として「持たせた元本」「果実」「その後の債務」の別が帳簿上で明晰でなければならず，Servusの独壇場だったであろう．最後のものについてはdominiumの占有効果が担保を取ったような形を演出する．元本に相当する分まで吸い出したときには返せ，という心憎い計算までServusは怠らない[16]．つまりかくも閉鎖的で各嗇な信用が形成され，それでもこのように渋くdominusが出してきたものが，それだけが，信じられる，一番確かである，ということである．Servusはそのような時代に相応しい権威であり，精緻な分析を明らかにVarroと同一のメンタリティーによって展開したのである．bona fidesの世界において発達した精緻な思考が，しかしdominiumの小さな空間においてふんだんに用いられているのである．

　vilicus, procurator, institor等々が計算について詳細な報告を求められたことは想像に難くない．報告には中立性が求められたはずである．自分の立場を

犠牲にすることは考えられないが，dominus の観点は常に意識しなければならない．同じように，政務官が会計報告を義務付けられるようになる[17]．先鞭を付けたのは Pompeius であると言われる．やがて会計報告ばかりでなく，事業報告（commentarii）も元老院に対して行われるようになる．Caesar の二つの commentarii[18]，*Bellum Gallicum* と *Bellum civile* は文芸史に名をとどめる．dominus のための報告は正確であったとしても文学にはならない．ディアレクティカが欠ける．しかしそれを dominus 自身が書き直し発信し直した[19]ならばどうか．historia になるか．Caesar の出版目的はかならずしも定かでない．しかし明らかに凡庸な commentarii ではない．新しい理性を確立しようとしているようにさえ見える．これは報告を受け取った dominus がすべき吟味の範を示すべくそうした吟味の結果を例解しようとしているのではないか．そこにはミニマムにディアレクティカがありうる．淡々と実際に生じた事だけが叙述されるように見える．*Bellum civile* には自己正当化も混じっていようが，それでもローマの政治世界に対する醒めた視線，fundus 内部を精査するごとき姿勢，は際立つ．vilicus が fundus 内部の地を這う出来事を報告するとき，dominus は情緒を排してこれを濾過しなければならない．地を這う以上は syntagmatisme か[20]．軍事的視点が圧倒的分量を占める叙述は syngtagmatisme に適するであろう．しかしながらよく見ると，いきなり軍団が宙を飛んで現れるかの如き部分が皆無とは言えない．歴史学の基本原則に反するのではないか．まして原因についての深い探求や構造の鮮やかな例解は無い．Asinius Pollio の批判（Suet. Iul. 56, 4）を招くに十分である．Caesar が如何に冷徹に vilicus の報告を吟味しようと，鮮やかなヴァージョン対抗を叙述に編み込んだ場合の客観性（しかもそこに鉄の軸を発見しようとした Thoukydides の堅固さ）と，出来事を見たようにしかし最大限に過不足無くエコノミーに沿って並べていく「客観性」，は全然違うのである．如何に情報の取捨選択があろうとも．

　Asinius Pollio は Caesar 派から Antonius に転じ，再度 Octavianus につく．しかし権力の世界から離れて *Historiae* を書いた．今日これは残存しないが，同じく Caesar 派から離脱して学究生活に向かった[21]Sallustius のテクストは，少なくとも二つのモノグラフについてわれわれに遺された．*Historiae* についても若干の断片をわれわれは読むことができる．両者ともこのタイトルで年代記

に対する対抗意識を表現している．やがて Tacitus が二つのジャンルを新たに使い分ける，その原点である．その間踏襲されることはなかったとしても．二人とも 80 年代生まれで neoterici に属する[22]．しかも annales に対する不満ばかりか，Caesar の死の前であろうと後であろうとこれへの失望は，Caesar の *commentarii* を，自分の作品自体を通じて，色あせさせる破壊力をもたらした．少なくとも Sallustius のモノグラフには，既に見たように，正真正銘の歴史学の輝きが存在する[23]．れっきとした syntagmatisme，深い構造的な原因の探求，如何なる幻想をも持たない姿勢，Thoukydides をも彷彿とさせる[24]．Caesar におけるような時空をまたぐ気楽な散歩は存在せず，全ては一分の隙もなく必然の鎖で縛られている．

　Cat. の序文は心身論で始まる[25]．心身の分節が人間と動物を分かつ．animus の優位こそがノーマルな事態であり，corpus ないし富などは当てになるものではない (1)．この状態は王という一元的頂点に整然と他が従うというパラデイクマで表現し直される (2)．整然たる世界である[26]．ところが欲望 cupiditas/lubido が浸潤してくるとリソース奪い合いの競争が生ずる．imperium を最良の者が取るというシステム，栄光 gloria を求めて戦う共和政である．そのとき人々はてんでに領域に出る（航海する），そして領域に働きかける，そして「自然に反して身体が官能に向かい，精神が労苦に向かう」(contra naturam corpus uoluptati, anima oneri fuit)．心身混線である[27]．何故 Sallustius はもっぱら歴史学に身を捧げるか．この混線を避けるためである．まず政治に献身することは大いに称賛さるべきである (3)．次にそれを称える著述も素晴らしい．確かに両者は同じだけの栄光をもたらすというわけではない．しかし事蹟を書くのもなかなかに困難なことである．事蹟に値するものでなければならないし，悪意で書いたと批評されもする．そのうえ，栄光の話ならば素直に受け取ってくれるとしても，「それ以上であればでっち上げだ偽りだと思われる」(supra ea ueluti ficta pro falsis ducit)．要するに，歴史学は政治と一応分節される活動であるとしても一蓮托生であり，「それ以上」に進みたいのであれば，完全に対抗から切れてしまわねばならない，ということが示唆されている[28]．「そう言う私も若かりし頃初めは」(Sed ego adulescentulus initio) 政治に身を投じたが，今ではすっかり嫌気がさした．廉恥心と節度にか

わって貪欲と破廉恥が支配している．「悪い手練手管に無縁だった私の精神が拒否していたのに，若さ故に腐敗した野心に動かされて多くの愚行に囚われ続けた」(Quae tametsi animus aspernabatur, insolens malarum artium, tamen inter tanta uitia imbecilla aetas ambitione corrupta tenebatur). つまり腐敗した政治を打倒しようとする野心自体もおぞましいものであったというのである．しかし今や「精神は多くの悲惨と危険から逃れて静謐を見出し，私は残りの人生を政治システムから遠く離れたところで送ると宣言した」(4: animus ex multis miseriis atque periculis requieuit et mihi reliquam aetatem a re publica procul habendam decreui). とはいえ，閑暇に身を任せ，農耕に励むというのでは奴隷と変わらなくなる[29]. 「そうではなく，悪い野心が私を遠ざけた，まさにその企図と情熱に戻り」(sed a quo incepto studioque me ambitio mala detinuerat eodem regressus), ローマの政治史を書く．「今や，希望からも恐怖からも政治システムの如何なる部分からも精神が自由であるだけに」(eo magis quod mihi a spe, metu, partibus rei publicae animus liber erat). このように迂回して[30]敢えて政治史に戻る，しかも自分が政治を離れるに至った事情に拘泥しつつ．否，道を間違えてはしまったが一旦は問題を感じたその地点に戻って．ディアレクティカは隠遁の中でも放棄されずに受け継がれるという．しかしその宛先は政治システムの崩壊それ自体である．少なくとも前提的批判を行い，その後ろには政治的決定が控える，ということはない．もう政治は控えていない．デモクラシーをそのように批判したThoukydidesにとってさえ政治は控えていたであろう．政治の崩壊は前提的事象としてはっきりと捉えられる．animus-corpusの分節の混線[31], 中心からのとめどもない介入，領域からのとめどもない入力，これを支える物的循環．Sallustiusが嫌った事情，Caesarにその破壊を期待して幻想を打ち砕かれたその事情，を分析対象とし，そのときの武器はリソースの世界を貫く客観的な法則であり，これに完全に囚われた主人公達の心理である．それを見通しえない指導者の愚かさが浮かび上がる．Sulla/Pompeius体制の虚偽を見抜く目は，「これを破壊しても決して政治システムは再建しえない」ことをも必然として認識しえたのである．現在でも読めば煮え湯を飲まされるような気がする彼の叙述は，ディアレクティカの全く例外的な一瞬の相であり，Tacitusにしか引き継がれないが，政治を失ったわれわれ全

てに影響を与える.

　Iug. の序文は状況が微かにせよ悪化していることを感じさせる[32]. ここでは一旦 animus-corpus は virtus-fortuna[33] に置き換えられ (1), 次に animus-corpus の主題が繰り返され (2), 混線せずに前者が統御している状態が政治システムが正常に機能している状態, 優れた者が gloria を手にする事態, とみなされる[34]. ところがこの時勢では, 政務官職も imperium も, 要するに政治システムへの関わりそのものが何ら欲すべきものでなくなってしまった (3). 詐欺によって獲得されたものは何ら栄えあるものでなく, 安全でさえない. 実力によって支配するなど, たとえできたとしても, 益のあることではない. 変転の中で結局殺戮, 逃亡, 等々の結果になるだけである[35]. そうであるから, 事蹟を記録するなど, 大変良いように見える (4). これについては既に大いに称えられているから今更であるが, 自分は誰か自分の傾注を称賛するだろうと考えるほどナイッフではない. 大衆に向けて媚びを売ることしか知らない連中が, 私が隠遁を宣言したため, 私の仕事に暇人のレッテルを貼るだろうけれども, かつて私が官職を獲得した時はどのような時代で, 今やどのような人々がそれを得られずにいるか, どんな連中が元老院に辿り着くか, を勘案したならば[36], 直ちに私の精神のなせるこの判断の正しさを悟るだろう. 私の閑暇は他の人々の活動より政治システムに寄与すると考えるだろう. Sallustius は政治が有った頃の輝かしい事蹟を称えることなど到底する気がしない. 政務官職自体唾棄すべき手段で得るものに成り下がっている以上は. しかしここでも単なる隠遁もまた否定される. 彼にとって真剣に考える価値が有るのは, 何故そのようになったかの積極的追究である. つまりこの緊張感がディアレクティカを彼に与える. 諦念の中で客観的な歴史記述に成功した, というのではおよそない. 全面的な対決がそこに有る. それが政治に替わる. それをしえた最後の世代であった.

〔5・7・1〕　Varro については, Momigliano, *Classical Foundations*, p. 58ff. に優るテキストは無い. Varro についてはわずか数行 (p. 68f.) であり, 前史に厚く, そして圧倒的な踏襲が指摘される ("But there was never another Varro"!) が, もっぱら Varro 以外を語ってこれほど明快な Varro 像が浮かび上がることに驚嘆せざるをえない.

〔5・7・2〕　実際 Moatti にはそのように見える. Moatti, *La raison de Rome* の中核をなすのは Varro である (p. 111sqq.) が, mos maiorum の危機から出発し, その整理が antiquarianism をもたらしたとする, テーゼ (cf. p. 107) が災いする. 確かに儀礼思考, そして政治的パラ

デイクマの儀礼的性質が根底に存する．だからこそ法学が一翼を担う．しかし Cato, Fabius Servilianus, Gracchanus, Tudutanus 等々と Varro や Cincius や Atticus (cf. p. 134sqq.) との間には大きな違いが存する．儀礼のヴァリエーションに抵抗しなければならないということと，独特のディアレクティカによって（全く実用を離れ）動かない始原を探究することの間には大きな隔たりが存する．Momigliano は見事に後者の独特の匂いを摘出した．

〔5・7・3〕 syntagmatisme の二つの軸で説明できないものの代表は詩人の創造に懸かる語源であり，Lib. VII の中心である (cf. A. Traglia, Dottrine etimologiche ed etimologie varroniane con particolare riguardo al linguaggio poetico, dans: AA. VV., *Varron,* Genève, 1962, p. 33sqq.). Traglia は，実際にはほとんど詩のテクストに対する philologie (crux 解釈) であることから，Alexandria の philologie と Stoa 的自然主義の融合を見る．確かに，Varro には後の市民社会の微かな予感が有る．

〔5・7・4〕 第三の類型の一つとして "prisca verba" が有り，意味と音韻を結ぶ syntagmatique な連鎖が太古のローマに遡る類型であるが，R. Schröter. Die varronische Etymologie, dans: AA. VV., *Varron,* p. 81sqq. はこれを第四の類型として（しかもその）特権的地位を主張する．しかし (Fondation Hardt における討論で遠まわしに疑問が提起されているように) これはバランスを失した解釈である．何故時空混合が Gorgias/Spinoza の復権に繋がるのか．Varro の思考は混乱しているが，それでも (carmina 学説を想起するまでもなく) "prisca verba" は詩的言語を指しているにすぎない．確かに 19 世紀ドイツの実証主義の遠い先祖は Varro であること，Momigliano が指摘した通りであるが，Varro を 19 世紀ドイツで塗り潰すことは誤りである．

〔5・7・5〕 F. Della Corte, *La filologia latina dalle origini a Varrone*^{2}, Firenze, 1981 は実質極めて独自の Varro 論であり，注目に値する．とりわけ p. 177ss. において，Varro が政治の瓦解の中で philologie に立て籠もる過程を *De lingua Latina* に即して再構成する．哲学的 Critique に対抗する (probabilismo と analogia を支えとする) philologie, それが Varro に至ると起源探究に自足完結性の拠を求めるに至る理由が Della Corte の叙述により伝わってくる．彼らにとって何故 analogismo でなければいけないかということが理解される．

〔5・7・6〕 cf. J. Collart, Analogie et anomalie, dans: AA. VV., *Varron,* p. 119sqq.

〔5・7・7〕 cf. A. Michel, Le philosophe et l'antiquaire: à propos de l'influence de Varron sur la tradition grammaticale, dans: J. Collart, ed., *Varron grammaire antique et stylistique latine,* Paris, 1978, p. 169.

〔5・7・8〕 Michel, Le philosophe et l'antiquaire, p. 163sqq. は，ありのままを承認する antiquaire な精神，Aristoteles 流，と Platon 流論理的思考の (Akademeia 派風) 折衷を高く評価するが，確かにそれが Varro の「影響」であったとしても，そして Varro がそれに値するとしても，彼が philosophe と antiquaire を統合していたとするには早すぎる．antiquaire な精神と paradigmatisme の関係は複雑であり，哲学が syntagmatisme を元来嫌うわけではない．Michel の直感的評価が正しいとしても，内実をよく分解しなければ「影響」を測れない．

〔5・7・9〕 経済史の史料としてこれほど使われながら作品として思想史研究の対象となることは極めて稀である．そのことを嘆く J. E. Skydsgaard, *Varro the Scholar. Studies in the First Book of Varro's de re rustica,* Copenhagen, 1968, p. 7ff. の指摘は現在なお妥当する．

〔5・7・10〕 E. Noè, I proemi del De re rustica di Varrone, *Athenaeum,* 55, 1977, p. 289ss. は，三巻それぞれの序文を比較し，「都市への対抗＝農耕礼賛」と「(II pr. の) 中小農民没落のペシミズム」を矛盾するものではないと指摘する．実際には，dominium とともに自信を取り戻し

5 ディアレクティカの隠遁

た領域がペシミズムを払拭している．特に虚偽の政治空間への訣別ははっきりと嗅ぎ取れる．それでも影が差すと読めるのは，もちろん，政治の断念が十分に苦いからであり，villa rustica 再建は，ディアレクティカをそこに投影せざるをえないアイロニーに満ちた行為である．

〔5・7・11〕 経済史を除くと，唯一の文献ジャンルは Varro にとっての "Quellen" を探究するものであり，20 世紀初頭までのドイツに見られた．しかしそれがやや不毛であったこと，Varro が余り専門技術的な文献に依拠していないこと，は Skydsgaard, *Varro the Scholar*, p. 64ff, が指摘するとおりと思われる．何よりも Varro 自身がそのように抱負を述べている．その分素人の著作であり，ディアレクティカが欠かせない．逆にマニュアル引き写しの方が「高度」に見えたであろう．

〔5・7・12〕 Skydsgaard, *Varro the Scholar*, p. 12f., 18, 35f. が徹底的に明らかにするように，"analytic method" は完結しない．叙述冒頭で明らかにされる体系構想は放棄されるように見える．また p. 42 が指摘するように例示は厳密な包摂を含意せず，言わば「開かれている」．一つには antiquarianism と或る種の哲学的思考の相違故であるが，他方ではディアレクティカの維持による．このことはまた fundus といえども閉じた世界でないということに対応する．

〔5・7・13〕 Servius についても Schiavone, *Giuristi e nobili*, p. 109ss. がそれまでとは質的に違う画像を提供する．初めて本格的な思想史の対象としたと評しうる．"...la cognizione del ius può ormai star lontana dall'esercizio diretto del potere politico: è diventato uno spazio che obbedisce a sue proprie ragioni." (p. 116) といった把握は重要である．しかしこの自律空間，本性を持った事物，を商取引ないし経済とした (p. 118: "Servio scopre economia") のはほとんど誤りであり，確かに経済合理性の一つの追究の仕方であるが，それは信用の基礎としての dominium である．p. 118ss. で描かれる「自由な奴隷」への着目も，経済一般の効果ではなく，dominium の二重構造故である．

〔5・7・14〕 Schiavone, *Giuristi e nobili*, p. 128ss. が Servius の antiquarianism を発見したのは重要であるが，変化を追究する歴史主義とするのは的はずれであり，Servius は領域に帰る実体的動機を有した．

〔5・7・15〕 cf. 〔3・7・36〕．Servius の形而上学ないし存在論 (D. 5, 1, 76: quod si quis putaret partibus commutatis aliam rem fieri, fore ut ex eius ratione nos ipsi non idem essemus qui abhinc anno fuissemus, propterea quod, ut philosophi dicerent, ex quibus particulis minimis consisteremus, hae cottidie ex nostro corpore decederent aliaeque extrinsecus in earum locum accederent. quapropter cuius rei species eadem consisteret, rem quoque eandem esse esistimari) に関する "una razionalità interna all'oggetto studiatio" や "L'unità è nella struttura interna dell'oggetto e dei metodi con i quali lo si indaga" といった Schiavone, *Giuristi e nobili*, p. 135 の解釈に完全に同意しうる．

〔5・7・16〕 cf. Bretone, *Tecniche e ideologie*, p. 77ss. は設問から回答が屈曲するのを見るが，これは dominium の構造の屈曲に実体的に対応している．

〔5・7・17〕 元老院議事録の作成を Caesar が強いたことについては，cf. M. Coudry, Sénatus-consultes et *acta senatus*: rédaction, conservation et archivage des documents émanant du sénat de l'époque de César à celle de Sévères, dans. Nicolet ed., *La mèmoire perdue*, p. 83sqq. 元首政期に引き継がれるから，senatus は institor に成り下がったことになる．Coudry は，決定文言の寄託により効力が発するという慣行と，議論の経過が書かれて公表されるという事態の差を的確に指摘する．

〔5・7・18〕 commentarii という形式の前史を F. E. Adcock, *Caesar as Man of Letters*, Cambridge,

1956, p. 7ff. はオリエントやヘレニズム王国にまで辿る．

〔5・7・19〕　とりわけ文体の斬新さに対する古典的な称賛は，例えば Adcock, *Caesar*, p. 63ff. に見られる．報告の吟味・精錬に Caesar のメリットを見る．しかし歴史学との性質の差に敏感でない．

〔5・7・20〕　Moatti, *La raison de Rome*, p. 68sqq. は「世界支配＝ethnographie の発達」という線で commentarii を理解するが，それだけでは Sallustius の眼力は出て来ない．*Bellum Gallicum* の "ethnographie" は実に機能的に軍事作戦の対象として把握がなされた結果である．これは Herodotos が例えば Dareios の失敗の構造的要因を探るためにした知的作業の対極にある．

〔5・7・21〕　Syme, *Sallust*, p. 36 は Sallustius と Asinius Pollio のキャリアを綺麗に描き分ける．Syme の筆は大変微妙な Sallustius の経歴を余すところ無く描く．

〔5・7・22〕　cf. Syme, *Sallust*, p. 22.

〔5・7・23〕　Syme, *Sallust*, p. 67 は Sallustius が年代記風を拒否すると指摘し，これと連結するようにして歴史学としての質を低評価する（p. 83: "Sallust underestimated the difficulty of his new vocation"）．とりわけクロノロジーの混乱が非難される（p. 142）．しかし Sallustius は Syme と同じ職業を選択したと思っていない．

〔5・7・24〕　Syme, *Sallust*, p. 53f. は Quintilianus 等の Thoukydides 匹敵説を見当違いとして（ほとんど自分が傷つけられたように）斥けるが，Thoukydides の擬似年代記風に幻惑されている．Sallustius に対する Thoukydides の影響については一定の文献が存在し，例えば T. F. Scanlon, *The Influence of Thucydides on Sallust*, Heidelberg, 1982 のようにモティフやスタイルごとに丹念に対照する研究が存する．cf. La Penna, *Sallustio e la rivoluzione romana*, p. 48.

〔5・7・25〕　以下で扱う二つの proemium に関しては，La Penna, *Sallustio e la rivoluzione romana*, p. 15ss. の詳細な分析が存在する．歴史叙述におけるこの種の proemium が定型であったこと，心身論や otium の主題は必ずしも（若干の学説がそう考えるように）Platon の特定のテクストに遡るものでなく大いに流布したものであったこと，等を明らかにした．

〔5・7・26〕　cf. E. Tiffou, *Essai sur la pensée morale de Salluste à la lumière de ses prologues*, Paris, 1973, p. 37sqq. この段階で gloria と fortuna も位置付けられていることについて，cf. p. 42, 50.

〔5・7・27〕　単純に animus の静謐・独立を目指す立場には到底ないことについては，cf. La Penna, *Sallustio e la rivoluzione romana*, p. 51ss. 領域ないし経済的ないし心理的条件は受けて立つ．それらは分析され立ち向かわれる．それから逃避すればよいというのでない．Cato (Uticensis) とは対極の立場である．Tiffou, *La pensée morale de Salluste*, p. 195sqq. はこの部分を扱うが，次の切り返しの準備であることを見逃す．

〔5・7・28〕　La Penna, *Sallustio e la rivoluzione romana*, p. 30s. は，Sallustius においてそれが正しいものでありさえすれば政治の優越は揺らいでいない，にもかかわらず歴史学の方が正しい選択になる苦渋と危機を描く．しかし Sallustius は全く別次元の高度のディアレクティカ（今自分が始めたこと）こそが真の政治とさえ考えていたであろう．La Penna が，（如何にクリシェのように映っても）スコラ学の背景に人文主義を置いたときのものに似た感動を元来 Sallustius の proemium はもたらす，と感ずるのであればこの故であろう．そのディアレクティカは十分に戦闘的であり，政治そのものをただ唱えるのでなくその基礎を冷厳に見つめるという人文主義的動機に満ちている．ギリシャ・ローマの全経験をやり直さねばならないとさえ思ったかもしれない．

〔5・7・29〕　cf. Tiffou, *La pensée morale de Salluste*, p. 215sqq.

〔5・7・30〕　S. Ducroux, Échos et ruptures dans les premiers chapitres du Catilina de Salluste,

MEFRA, 89, 1977, p. 105sqq. は "glissement" という語でこのズレコミを丹念に（同一の語の意味のズレコミとしてさえ）捉える．

〔5・7・31〕 Ducroux, Échos et ruptures, p. 107sqq. が animus-corpus 分節を，序と本論を繋ぐ，否，Catilina の人物に関する中間章をさえ貫く，鍵とすることに全面的に賛成である．哲学的に新奇な心身論でないとしてもこの点は Sallustius にとってどうでもよく，多くの学説にとってと異なって（当然）序を単独で解釈されるべきものと考えない以上，本論におけるモデルの展開こそがポイントである，とする Ducroux の解釈は優れている．

〔5・7・32〕 cf. La Penna, *Sallustio e la rivoluzione romana*, p. 28.

〔5・7・33〕 cf. La Penna, *Sallustio e la rivoluzione romana*, p. 61.

〔5・7・34〕 Tiffou, *La pensée morale de Salluste*, p. 58sqq. は animus が一層強調されているのを捉える．

〔5・7・35〕 Tiffou, *La pensée morale de Salluste*, p. 213sqq. はこの「驚くべき」切り返しの意義を必死に追うが，状況の悪化を差し引けば，Cat. における価値選択（animus＝政治）は維持されているとする．確かに Sallustius の otium は領域にではなく政治の側に在る．しかしその尺度の維持が彼の真骨頂であるのではなく，その維持の鬼気迫る仕方がわれわれの心を打つ．

〔5・7・36〕 これが何を指しているかを推理することから年代を特定する試みは La Penna, *Sallustio e la rivoluzione romana*, p. 62ss. に譲る．状況ないし危機認識の深い部分に関して Lepore の影響が顕著であるが，Sallustius がこれを（Cicero と）共有していたとして不思議は無い．

Excursus 「その後」に関する若干のエピローグ

exc・1

　44年のCaesarの死後，結局再びローマは内戦を経験する．ただし一旦は三頭政治の樹立により簡単に片が付く．Octavianusの登場により，Caesarの遺産を独占しようとするAntoniusの思惑ははずれ，しかし両者の突然の結託により分裂に希望を託した一部共和派（Cicero）の思惑もはずれ[1]，BrutusとCassiusは敗れる．要するに第二次三頭政治 triumviri[2]下，実体として存立するのはSex. Pompeiusの抵抗を除けばCaesarの組織だけであるということになった．その後はOctavianusがItaliaのdomini階層を把握することにより徐々に当初優位のAntoniusを凌駕していき，31年の最後の内戦に勝利した後は本格的な体制を固める．このAugustus体制は30年代後半からは始まっていたと見うる．この体制は徐々に変質しながらもその後紀元後二世紀半ばまでは何とか持続する．元首政と呼ばれる体制であるが，ここに政治が無いことは自明である．むしろその外観は周到に用意され，それが何故かは重要な問題であるが，実質が無いことについては疑いを容れる余地がない．全てがAugustusとその後継者の意向に左右され，その地位とて明確な準則に従って受け継がれるのではない．何と言ってもCaesarの組織は軍事的性格を強く持つ．入植した退役兵をも含めて．これは，しばしば余り整序されない，枝分節組織である．頂点の地位はしばしば実際の軍事化によって決せられる．枝分節組織の流動性は極点において維持されていく．他の全ての要素はこの多分にアモルフな実力組織に抵抗しえない．

　こうしてわれわれはTacitusの以下の高名な言説に同意せざるをえない．

「これまで述べてきたことの多く，これから述べるであろうことの多くは，ひょっとすると，貧弱で瑣末で記憶するに値しないことである，かのように見えるということを私は知らないわけではない．しかし誰も，われわれの年代記を，ローマ国民の古の事蹟を再構成して書き記した人々の書物と比較しようとはすまい．彼らが書き記したのは，大規模な戦争，都市の攻略，様々な王を追放したり捕らえたりしたこと，そしてまた内政に目を転じた場合には，consul 達が tribuni plebis と反目して争ったこと，土地法や穀物配給法について，plebs と optimates の闘争について，などであり，彼らはこうしたことに自由に分け入って叙述を展開することができたのである．これに対してわれわれは，何とも窮屈な思いをしつつパッとしない骨折りをしなければならない．どうにも動きが取れない，というか，ほどほどに荒れているにすぎない漫然とした安定と，首都ローマにおける気の滅入る事どもしかなく，元首は政治体制の伸張に気を配るでもない．もっとも，だからといって一見詰まらなそうに見える事柄をよく見直して中を見透かしてみることは決して無益なことではない．その詰まらないことから，しばしば，重大な事柄を動かす動因が発生するのであるから．以上のことをもう少し説明すると，そもそも，どんな国民でも都市でも，人民が支配するか，有力者達が支配するか，一人が支配するか，である．もちろん，これらの良い面を抽出して組み合わせる政治構造を構想することもできるが，これは称賛する方が実現するよりも容易であるという種類のものであり，実現したとしても長続きしない．さらに言い換えると，以下のような対比が可能である．すなわち，かつては plebs が強力であり，patres が十分に有能であったこともあって，大衆の性向を操作し，どのようにしてそれを穏やかなものに調整するかということが考えられ，今では失われたと言われる元老院ないし最良の者達の才知，時流を素早く見抜く賢者達，が信用されていた．それに対して現在は，政治構造がひっくり返り，一人が命令をするという以外の政治構造がローマに無い以上，このことを探究し，このことを伝えていく以外にない．その名に値する賢慮を悪質なものから区別する，あるいは有益なものを有害なものから区別する，者が少なく，こぞって他の人々のすることをもっぱら模倣する方向に逃避している，という状況では特にこのことに意味が有る．さらにまた以下のようにも言える．かつて彼らは有益であると同時に最小限面白い叙述

をした．諸族の配置，陣形のヴァリエーション，輝かしい戦果をもたらす成功がわくわくする魂を捉えて離さなかった．これに対してわれわれは，残虐な命令，引き続く弾劾，偽りの友情，無実の者の処刑，これらの結果に至った原因，をつないでいくしかなく，しかも同じような事が何度も繰り返し登場しうんざりするほど続くのである」(Annales, IV, 32-33, ed. Goelzer : Pleraque eorum quae rettuli quaeque referam parva forsitan et levia memoratu videri non nescius sum : sed nemo annalis nostros cum scriptura eorum contenderit qui veteres populi Romani res composuere, Ingentia illi bella, expugnationes urbium, fusos captosque reges, aut, si quando ad interna praeverterent, discorsias consulum adversum tribunos, agrarias frumentariasque leges, plebis et optimatium certamina libero egressu memorabant : nobis in arto et inglorius labor, immota quippe aut modice lacessita pax, maestae urbis res et princeps proferendi imperii incuriosus erat. Non tamen sine usu fuerit introspicere illa primo aspectu levia ex quibus magnarum saepe rerum motus oriuntur. Nam cunctas nationes et urbes populus aut primores aut singuli regunt : delecta ex iis et consociata rei publicae forma laudari facilius quam evenire, vel, si evenit, haud diuturna esse potest. Igitur ut olim plebe valida, vel cum patres pollerent, noscenda vulgi natura et quibus modis temperanter haberetur, senatusque et optimatium ingenia qui maxime perdi dicerant, callidi temporum et sapientes, credebantur. Sic converso statu neque alia re Romana quam si unus imperitet, haec conquiri tradique in rem fuerit, quia pauci prudentia honesta ab deterioribus, utilia ab noxiis discernunt, plures aliorum eventis docentur. Ceterum ut profutura, ita minimum oblectationis adferunt : nam situs gentium varietates proeliorum, clari ducum exitus retinent ac redintegrant legentium animum ; nos saeva iussa, continuas accusationes, fallaces amicitias, perniciem innocentium et easdem exitii causas coniungimus, obvia rerum similitudine et satietate)．このテキストは，根本から前提が変わってしまったことを鋭く意識すると同時に，それでもディアレクティカをやめまいとしている．Sallustiusのように．だからこそ却ってディアレクティカを欠かせばもっと危ないという精密な認識が有る．しかしこれは別のジャンルである．われわれの三部作はやはり前節までで終わらざるをえないということがTacitusによ

って裏書きされたことに違いはない．われわれの如く低く底の方にまで降りなければ別のジャンルの開拓も儘ならないだろうという自負は有るとしても．

> [exc・1・1] 今なお Syme, RR, p. 97ff. の長い叙述は圧巻であり，凌駕されていない．この作品の最良の部分である．
> [exc・1・2] 近年，triumviri 支配の法的側面，正確には反法的側面，を丹念に一項目ずつ検証する法学的＝実証主義的研究が現れ，Augustus 期より露骨な政治破壊が強烈に印象付けられる．J. Bleicken, *Zwischen Republik und Prinzipat. Zum Charakter des zweiten Triumvirats*, Göttingen, 1990；U. Laffi, Poteri triumvirali e organi repubblicani, in: A. Gara et al., edd., *Il triumvirato costituente all fine della repubblica romana*, Como, 1993, p. 37ss. である．

exc・2

それにしても，崩壊期にこそ初めて現れた輝かしい，頂点を極めたとも言える，諸制度はどうなるのか．若干の点に限って極めて簡単に確認することとする．なお，以下の叙述は概説レヴェルの知見を要約するのみであり，固有の研究に基づくものではない．

まず，政治の実質が失われたとしても，それは直ちには政治的パラデイクマの消失を意味するものではなかった．共和国制を構成する諸制度はほとんど全て少なくとも元首政中期までは残存する[1]．かれこれ150年は延命したことになる．それどころか，少なくとも Augustus が復元に腐心したことは周知の事実であり，彼は，様々な官職を歴任して見せることを決してやめなかった．senatus はもちろん残存させられるが，tribunicia potestas は Augustus の権力正統化の柱であった．共和末ローマの「デモクラシー化」は極大化される．tribunicia potestas はその鍵の一つを握った．これが元来正規の政治的パラデイクマの外に立つ点も大いに利用価値が有った．Augustus は終身かつ連続してその地位に就く．次は imperium であるが，軍事行動を正統化するために不可欠であり，特に proconsul として imperium を利用する．これらのことの前提として政務官制度自体は存続させられ，Augustus 以外の者，senatores が交互に務めもする．しかしこれに混じって Augustus はやはり（consul にならない年にも，そして provincia を越えて）imperium infinitum ないし imperium maius という包括的権力を有した．さらには，或る段階から senatores が nobiles 体制を模倣して proconsul を務める属州と元首が実質上これと無関係に proconsul を任命する属州が分かれるようになる．いずれにも共和末の偉大な

「到達点」を受け継ぐものである．とりわけ socii を弾圧し"maiestas"侵犯の罪に問いうるようになる変化の延長線上にある．「反逆と逆賊」が最も神経質な概念となる．

他方，民会は残されたとしても，元首の権力にとって最も重要な儀礼は軍団の兵士による忠誠宣誓であった[2]．そしてなお，この権力の継承はついに完璧には儀礼化されるに至らなかった．軍事力の実質，つまり少なくともヴァーチャルなその都度の内戦，しばしば本当の内戦，によったのである[3]．あれほど儀礼的性格の強かったローマの政治的パラデイクマであるのに，儀礼の破壊行為としてしか権力の樹立を画しえなかったのである．とりわけ「相続」という神話再現実化を確立しえなかったことは注目に値する．通常は王政忌避の観念の強さによって説明される．しかし後の項で述べる体制にとっての最も根幹的な問題の故ではないか．いずれにせよ，少なくとも元首政の実質が存続する間は，多元性のカムフラージュは体裁以上に不可欠とされた．むしろ，多元性を維持しなければならないにもかかわらず，そうすると壊れるため，背後の軍事的権力が仕方なく動員されるが，それも全て多元性維持のためである，ということである．

ここから独特のパラデイクマが生まれる[4]．政治的パラデイクマでありながら，儀礼的＝現実的には作動しない，しかしディアレクティカの産物ではなく，神話的に作動するのである．極めて意識的に元首から発信されるこの種のパラデイクマは，初めて政治的プロパガンダと呼ぶに相応しいものであったと思われる．第一は，Augustus による「私人として貢献した」，あるいは「権力は「私人としての」ものにすぎなかった」キャンペーンである．これは表舞台の多元性を維持し，これを支える単一の軍事力を「陰で支える」ものと概念する，ために不可欠のパラデイクマである．外から非公式に支えるから，auxilium という語があてられる．第二は，伝統的な auctoritas である．ローマ型〈二重分節〉の曖昧さを利用し，元首は個人として res publica との間で auctor の地位に立つ．第三は，その派生型であり，pater patriae や vindex libertatis といったスローガンが乱発される．つまりかの Manlius のように res publica を救う「救国者」になるのである．第四はもっと実質的に，cura の語も乱発される．これは特定の公共事業を一旦立て替えるようにして財政負担するための概念で

ある.真の負担者にやがて再転嫁されることが前提される.

あらゆる政治存続の外観にもかかわらず,刑事司法は最も端的に政治喪失を物語る[5].一見,元首政期の刑事司法は Sulla の改革を受け継ぐように見える.新しい犯罪類型に関する立法は Augutus 期にかけて連続的に発せられる.すると,弾劾主義の精緻化に伴った完成した犯罪概念がそのまま受け継がれているのか.しかし翻って考えてみれば,弾劾主義の精緻化は糾問 inquisitio の概念を用意した.これは防御のラインが延びたことに対応していた.もしこの部分だけが受け継がれ,そして陪審も,公訴権獲得のメカニズムも,消え,職権で訴追され,職権によって判定さえなされる,のであれば,弾劾主義が失われた以上の恐るべきマシンが現れたことを意味する.現にそれが起こった.もちろん民衆のイニシャティヴは一層強化される.「デモクラシー」の時代にそれは欠かせない.つまり告訴,密告,こそが奨励される.政治犯罪追求は何よりも危うい元首権力を転覆する「反逆」の陰謀に向けられ,権力の性質を最も雄弁に表現する.つまり常に疑心暗鬼に駆られ,とめどもない猜疑心に神経をすり減らしているのである.

もとより supplicium 廃止は撤回される.死臭が刑事制度全体を覆う.身体を拘束する自由刑が現れ,強制労働,島流し等々陳腐な光景が広がる.拘留と科刑の間の区別も曖昧連続的となる.逆に元首自身への上訴と恩赦こそが唯一の出口となる.つまり刑事司法ほど瞬時の劇的な崩壊を示すジャンルは他に無い.

〔exc・2・1〕 元首政政治制度に関する最もまとまった叙述は F. De Martino, *Storia della costituzione romana,* IV, 1, Napoli, 1974, p. 168ss. に見られる.Mommsen 学説,Syme の貢献,等が最近どのように理解されているかを初めとして,Augustus 体制評価の近年の動向は K. A. Raaflaub et al., edd., *Between Republic and Empire. Interpretations of Augustus and his Principate,* Berkeley, 1990 から伺える.

〔exc・2・2〕 この側面については,vgl. A. Von Premerstein, *Vom Werden und Wesen des Prinzipats,* Berlin 1937.

〔exc・2・3〕 cf. F. Jacques et al., *Rome et l'intégration de l'Empire, 44 av. J.-C.-260 ap. J.-C.,* I, Paris, 1990, p. 21sqq.; F. Milazzo, *Profili costituzionali del ruolo dei militari nella scelta del Princeps. Dalla morte di Augusto all'avvento di Vespasiano,* Napoli, 1989.

〔exc・2・4〕 以下については主として,cf. J. Béranger, *Recherches sur l'aspect idéologique du principat,* Basel, 1953.

〔exc・2・5〕 この側面は,共和政期の弾劾主義自体が疑われたためにしばらくクローズアップされなかったが,それだけに,弾劾主義復権に基づく B. Santalucia, Diritto e processo penale,

p. 110ss.; Id., La giustizia penale, in : A. Momigliano et al., edd., *Storia di Roma, 4 : Caratteri e morfologie*, Torino, 1989, p. 211ss. は貴重である（cf. Id., *Diritto e processo penale*, p. 114ss.）．以下はこれに依拠する．

exc・3

政治的階層もまた復元される．しかし彼らの地位ほど微妙なものはない．

　Catullus 後も，叙情詩は生き残るばかりか大いに書かれる．しかし第一に Catullus までにその基本的性質，つまり私的空間の自足性を許されるかどうかという緊張を生きる点，その拠点が結局は dominium である点，は準備されている．少なくとも Augustus の「原状回復」にとってこの性質は適合的である．第二に，Augustus との間に側近の Maecenas をクッションに置き，Maecenas の庇護下に Augustus からの自由を獲得した．既に新しい権力との間の関係は政治システムのそれではない，ということである．かくして Horatius の諷刺詩は Lucilius のそれとは質的に異なる．或る意味で，政治など無いところにも通用する日常の自立性に資する普遍性を獲得した[1]．第三に，以上の構図すら，Augustus 治下，否，Maecenas が舞台を退く紀元前 20 年頃までにしか妥当しないと言われる．確かに Ovidius の文学の質と運命は異なる．もとより Augustus 礼賛は不可避というより新たな積極的な意義を有するジャンルでさえあった．しかしこの自由の代償，échange が効かなくなり，端的に追放刑に処されれば，元首におもねるというジャンルさえ成り立たなくなる．Tiberius 帝以後もう一度暗転するという見方は大変に説得的である[2]．

　叙事詩はむしろ再生するようにさえ見える．Ennius や Lucretius を土台として，或いは Alexandria を土台として，Vergilius こそが頂点を極めたのではないか．しかし既に多くの批評が有るように，ローマ型〈二重分節〉を称揚する点にのみ彼の文学の質が懸かっていて，Augustus が体制に対してさえ，自らとの間の擬似〈二重分節〉を樹立し，そうして内乱に決着を付けた，ことに依存している．hexameter を敢えて用いる Hesiodos 的 *Bucolica* も *Georgica* もむしろ（socii 抜きの）端的な〈二重分節〉に加担しており，*Aeneis* において Vergilius は socii の痛みに哀悼を表することを忘れないし，そこにのみはつらつとした描写があるとさえ読みうるとしても，主人公 Aeneas 自身はローマ型

〈二重分節〉がそこだけ取り出せば如何に脆弱なものであるかを体現したうつろな人物である．ローマ型〈二重分節〉は絶頂期に在ったときでも政治との距離のために文学からは遠かった．まして何とかその〈二重分節〉の形態だけ生き残らせようとし，しかもそれを文学にし Augustus の期待に応えようとする，のは至難の業であるはずである．

　元首政の形姿は Augustus の「原状回復」においてしか実際には現実でない，とすら考えうる点が存するが，彼の「文化政策」（政治的階層の表見的再建）に大いに依存したローマ文学黄金期は確かに短命に終わり，一旦，少なくともわれわれに伝わる大きな名を欠く時期を迎える[3]．しかし Nero 帝の時代に一転開花する如くであり，そしてこれがまた Nero 自身の政策ないし個人的嗜好に大きく依存した[4]．文芸は徹底的に支援奨励され，結果として一大「宮廷文学」が生まれるかの如くである．もし本当に文芸が再生したならば，政治的階層が復活し，たちまち元首政の虚偽は批判に曝されたであろう．しかしそれをせずに本当の文学が成り立つだろうか．文学を形だけ復元するという（自らも詩人である）Nero の野心は叶えられたか．否である．しかも詩人たちが本当の文学を選んだという方の失敗であった．少なくとも Lucanus は *Pharsalia* を叙事詩に仕立て，そしてこれは，Catullus 風叙情詩が古びたものとして拒否した叙事詩伝統にさえ，Vergilius にさえ，歯向かい憑かれたように対抗を暴走させる．ディアレクティカをバロックなまでに復元しようとし，敢えて破綻させる．同様に，敢えて「叛逆」に連座し死を選ぶのである．もちろん Persius におけるように Catullus 以来の叙情詩の線は生き残るが，文学の先端は今や専制権力に対する絶望的抵抗により自由のために殉死するという道を選ぶようになった[5]．盛んに奨励された「告訴」のために弁論術が用いられこれが文学の一ジャンルにさえなる一方，殉教者の伝記を書いては元首批判の嫌疑を受け死に処せられ自らも殉教し，そして伝記を書かれ，そしてその書き手にまた死を選択させる，ということが重要な文学のジャンルとなる．事実，まさにそのことを演出するためにのみ文芸を奨励したかのように，Nero は敢えて魚を一旦放流しておいてそれを皆殺しにする．そのスペクタルのみが真のスペクタルであるかの如くに．Seneca の悲劇は，悲劇というジャンルに内在する対権力の緊張感のみを生命とする．書かれたとしても演劇がそのプラグマティクスを

全うしえたとは思われない．Petronius の恐るべき精度の現実批判は，暴走の一形態にすぎなかったかもしれない．

68-9 年の再度の内戦を経て権力を得た Vespasianus 治下，殺戮の沈静化は文芸非奨励のコロラリーにすぎず，現に，今や秘かに行われるようになった元首批判は，猜疑心をのみ強めたように思われる．Domitianus 治下，文芸は大量生産されると言われる[6]が，露骨に事蹟にへつらう叙事詩等々，確立したジャンルの複製にすぎず，Iuvenalis の皮肉を買う．他方，もう一つの基本動機が現れる．大 Plinius はおそるべき博識ないし科学精神を黙々たる没批判的精神と同居させた最初の人物であり，Varro の末裔である．

Nerva/Traianus が Tacitus にさえ一種の解放感をもたらしたことは確かであり，そして小 Plinius はともかくとして Tacitus と Iuvenalis という偉大な精神はこの転換抜きにはありえなかったと思われるが，これら二人を一瞥するだけで明らかなように，ディアレクティカは「抵抗」の皮相をさえ突き抜けて根底的な洞察に達し，したがって元首権力と衝突のしようもなくなった，ということでもある．「過去」をプリーテクストに使う批判は決して退避ではなく痛烈であるだけに，奇跡のようにも思えるが，一瞬の煌きにとどまり，以後完全に，真の文芸の名に値するものは消える．

他方，Critique の側は一層の惨状を呈した[7]．antiquarianism のそれさえ，新たな Critique をするというより，集積し語り継ぐばかりである．哲学はもはや完全に倫理学と化し[8]，高々権力への絶望的抵抗を心理的に支えるにすぎず[9]，そのストア派の教説もやがて権力と矛盾しない現実的パラデイクマを模索するばかりである[10]．つまり，如何なるパラデイクマにせよ，それに従うということが（万が一別のことを強いたい）権力にとって許しえないという場合が有るから，およそそうしたパラデイクマを立てる，しかもせめて論理的一貫性のクリテリウムに適ったパラデイクマを立てる，ということ自体がリスクを意味する．権力の恣意と矛盾しない首尾一貫した行為準則という，針の穴を通るような芸当を強いられた．もちろん，さらに時が経れば権力のアパラートに属するためのエートスを与えるようになる．

むしろ，ローマ中央の擬似政治的階層と離れて，諸都市の側に，非常に縮減された形ではあれ，ディアレクティカが少なくとも記憶として生きることに注

目すべきである[11].

[exc・3・1] Augustus 期の文学についての端的な評価は, A. La Penna, La cultura letteraria, in : A. Momigliano et al., edd., *Storia di Roma, 4 : Caratteri e morfologie,* Torino, 1989, p. 799s. に依拠する.

[exc・3・2] M. Citroni, Produzione letteraria e forme del potere. Gli scrittori latini nel I secolo dell'impero, in : Momigliano et al., edd., *Storia di Roma, 2, III,* p. 385.

[exc・3・3] Citroni, Produzione letteraria, p. 390ss. は高度な分析枠組を具えてこの薄暗い時代を描く.

[exc・3・4] 以下 Citroni, Produzione letteraria, p. 405ss. に全面的に依拠する.

[exc・3・5] 以下 Citroni, Produzione letteraria, p. 435ss. に全面的に依拠する.

[exc・3・6] cf. AA. VV., Opposition et résistences à l'empire d'Auguste à Trajan, Genève, 1986 ; I. Cogitore, *La légitimité dynastique d'Auguste à Néron à l'épreuve des conspirations,* Rome, 2002.

[exc・3・7] Cambiano, *La filosofia in Grecia e a Roma,* p. 83ss. に優れた全体像を見出すことができる.

[exc・3・8] G. Cambiano, La filosofia tra l'impero e il cielo, in : Momigliano et al., edd., *Storia di Roma, 2, III,* p. 322.

[exc・3・9] Cambiano, La filosofia tra l'impero e il cielo, p. 325ss. に Seneca に関する詳細な分析が存する.

[exc・3・10] Cambiano, La filosofia tra l'impero e il cielo, p. 338ss.

[exc・3・11] Cambiano, La filosofia tra l'impero e il cielo, p. 344ss.

exc・4

政治は確かに以上のようであったとして,社会と経済はどうであろうか.元首政は未曾有の平和と繁栄をもたらしたのではなかったのか.このように問題が立てられて久しいが,同時に,やがて来る崩壊が逃れようのない事実として存在し,したがって平和と繁栄に忍び寄る危機を読み取ることもまた久しく行われてきた.それはこの「経済」に致命的な限界を見る立場とも連帯の関係にある[1].

これに対して,むしろ近年「経済」の再評価がなされる傾向にあることは既に示唆したとおりである.しかしわれわれはこれに全く同意できない.近代と全く異なるからというのではない.むしろ近代と同じ限界を有するからである.

「経済」で何を言うかは大きな問題であるが,広く言って領域の問題であり,また領域と都市の間の関係の問題である.一方に生産が有り,他方に流通と信用がある.元首政期には既に紀元前2世紀以来の構造が存する.つまり政治の中心から見て,領域の側には非常の多くの都市が存在し,その諸都市の領域と

複合体をなす．この方面の物的な循環が問題の焦点である．デモクラシー期のギリシャ都市に agora ができて以来，政治が都市＝領域循環自体を客体として領域側に見ることが定着し，これが「経済」という（彼ら自身は決して持つことのなかった）視点を基礎付ける．socii の体制はその延長線上に在ると言ってよい．この意味の諸都市こそが信用の問題を高度に解決し，そしてそれ以上の概念をわれわれが持ちえない以上，こうした概念構成は理論上相対的な普遍性を有する．短期の信用・金融と長期の信用・生産をどう結び付けるか，と言い換えてもよい．

もし以上のように言えるとすると，鍵を握ったのは，socii 体制亡き後の municipium 体制であった．つまり新種の諸都市がどうか，それと個々の領域の間の関係はどうか[2]．

municipium はまずます単純な dominium の束と化していった．都市の物的装置は「経済」に不可欠である．個々の municipium の政治システムがこれを実現する．しかしますます，この「物的装置実現」以外の目的を政治的結合は持ちえなくなっていった．都市政務官や都市参事会員に就任するということは，彼の諸々の dominium に特定の物的装置実現を割り当てるということしか意味しなくなった．協働と信用が媒介しないのである[3]．資産を作らないのである．それどころか，曲がりなりにも資産を束ねた cura という形式も，都市全体が単一ないし複数の dominium の傘の下に立つときに用いられる．政治は課税の方式以外でなくなり，極端な場合，政治的官職に就く（honos）ということは刑罰を意味した．

ならば dominium だけは安泰であったか．確かにこれだけが元首政権力にとって基盤であろう．この上に軍事組織がのっていた．しかし都市との関係が正常でなく，元首権力との間でだけ諸〈分節〉を保つ関係を構築すれば，第一に dominium が依拠する複合構造が保たれえない．dominium はこの複合性によってのみ信用を調達した．安定を誇示できた．ところが頂点が元首権力との間で保障されるだけであると，その内部が空洞化し，巨大な軍事化空間と化す．第二に，dominium の基底を安定させようとすると，今度は下部に安定的な課税単位を直接保持させられることになり，桎梏となる[4]．主として帝国東部で生じていったことであり，この第一と第二の分離自体，dominium の自己矛盾の

帰結であり，全体崩壊の原因となった．そしてどちらも「経済」にとって致命的であった．何故ならば，上に述べたアーティキュレーションにそれは依存するからである．

〔exc・4・1〕 この項については，cf. A. Schiavone, *La storia spezzata. Roma antica e Occidente moderno*, Roma-Bari, 1996 が第一級の読書を可能にする（英訳＝*The End of the Past. Ancient Rome and the Modern West*, London, 2000）が，単純な primitivist の議論ではないとはいえ，共和末の社会構造の変化に対する斬新な見通しには欠ける．

〔exc・4・2〕 この，鍵を握る研究分野における比較的近年の研究は，J. C. Balty, *Curia ordinis. Recherches d'architecture et d'urbanisme antiques sur les curies provinciales du monde romain*, Bruxelles, 1983；F. Jacques, *Les curateurs des cités dans l'Occident romain de Trajan à Gallien*, Paris, 1983；Id., *Le privilège de liberté. Politique impériale et autonomie municipale dans les cités de l'Occident romain*（*161-244*）, Rome, 1984；Id., *Les cités de l'Occident romain*, Paris, 1990；M. Cébeillac-Gervasoni ed., *Les élites municipales de l'Italie péninsulaire de la mort de César à la mort de Domitien. Classes sociales dirigeantes et pouvoir central*, Rome, 2000 等々である．変質に十分注意が払われるものの，むしろ遅くまで都市の形態が曲がりなりにも残存したことを再評価する傾向が認められる．もちろん，Lepore が Cicero 解釈として「挫折した歴史の筋道」「可能性の有った選択肢」を提示したことを陰に陽に受ける研究であるが，この点興味深いのは，A. Schiavone, Aspetti della politica tardo-repubblicana nella riflessione di Ettore Lepore, in：AA. VV., *L'incidenza dell'antico*, p. 217ss. であり，死の直前 1990 年に Lepore が（*Storia di Roma* において）自らの（*Il princeps* の）結論を再確認したことをリマインドした上で，その選択肢は現実に成り立っていたのか，それとも Cicero の幻想か，それは同時に Lepore の幻想でもあったか，と問う．Schiavone にとっては *la storia spezzata* に繋がる重要な動機である．われわれは，Cicero でさえ現実的とは考えていなかった，と解する．まして Lepore は厳格な歴史認識の枠を決して出なかった．Gabba に比してさえ，直接的な処方箋と考えることからヨリ遠い．われわれにとっても，「socii の体制」は挫折の奈辺を探る道具であり，決して直接に働くパラデイクマではない．

〔exc・4・3〕 元首政も深まってからではあるが，municipium に最小限の都市の実体がある限りそれでも残存した，銀行と貸金業の区別が 2 世紀になった崩壊する過程は，J. Andreau, Declino e morte dei mestieri bancari nel Mediterraneo Occidentale (II-IV D. C.), Id., *Patrimoine*, p. 133sqq. で鮮やかに描かれる．

〔exc・4・4〕 さしあたり，cf. A. Marcone, Il lavoro nelle campagne, in：Momigliano/Schiavone edd., *Storia di Roma, 3：L'età tartoantica, 1：Crisi e trasformazioni*, Torino, 1993, p. 823ss. J. M. Carrié, L' economia e le finanze, *Ibid.*, p. 751 は再分配式枝分節組織の整備に伴って課税とともに貨幣が復活する様を興味深く描く．もちろん，空洞化と課税の両面から coloni の緊縛が問題となり，多くの議論が蓄積されてきた．一つの総決算として，F. De Martino, Il colonato fra economia e diritto, *Ibid.*, p. 789ss. が有る．

exc・5

そうであれば，法だけが生き延びるというチャンスは非常に少なくなる．少なくとも，dominium だけが生き延びるのと同じチャンスになる．

民事法は確かに一見元首政下でも隆盛であったように見える．元首とその「官僚」達による裁判においても，少なくとも実体法は十全に形を保ったかの如く言われる．少なくとも3世紀までは，そのようにしたいという願望をテクストは伝えなくはない．しかし個々の概念・制度が如何に実質を変性させていくかについてはIV-3の諸々の註で示唆したとおりである．そもそも民事手続法は壊滅状態である．cognitio extra ordinem の存在のみで既にそのように言える．確かに共和末の極度に洗練された諸概念がいつまでたっても意識されてはいる．しかしとりわけ訴訟要件に関する手続を厳格に区分する視点は早くから混乱したように見受けられる．そうであれば，実質，占有概念は貫徹しない．占有訴訟が *Pro Caecina* におけるように生き生きと機能した形跡も存在しない．

　もっとも，dominium を都市に繋ぎ止める利害関心を元首権力は有したから，この限りにおいて，争いを bona fides にもとづく形態へ流し込もうとした形跡は存する．こうして変型したものであっても bona fides 上の諸制度や bona に対する執行手続などは擬制的にせよ大いに用いられたと考えられる．しかしその場合でも，背後にあるべき諸手続，ましてそれをかつて担った階層，が存在したかどうかは定かではない．それでもおそらく，dominium に bona fides を与えることを元首政権力はやめることをしなかったであろう．dominus の地位が二重構造に依拠する限りにおいて，それは制度であり，儀礼に適い，尊重するに値するものであった．如何に背後に強大かつ不安定な軍事力が有ったとしても．これは元首の地位に似る．かくして Augustus が基礎を与えた体制が形ばかりにせよ残存する間は，とりわけ共和末最後の法学の所産は少なくとも元首の官房で尊重されたのである．

　しかし何よりもこれはこれ以上決して発展することのない袋小路であった．否，細部においても何も創造せず，少しずつ空洞化していった．テクニカルで些末に見える事柄でさえ少なくとも Augustus の治世において出尽くしている．加わったのは混乱の諸形態のみである．

　法学はどうか？　法学は Servius の手によって共和政崩壊直前に小舟で脱出していたと考えられる．カプセルに入り，政治とは運命を共にしない積もりである．Servius について見たように強固な論拠集合を有し，これが政治の自由な論議から完全に切り離されている．この限りで元来儀礼的自律性を誇るジャ

ンルが儀礼崩壊を生き延びうることとなった．Labeo[1]がAugustusの勧誘を断って自立し続けえたのはこの故であり，政治的階層の自負故ではなかったと考えられる．それでもなお，法学は多元性を生命とする．土木技術や測量術とは訳が違うのである．共和政が崩壊した後，その形が欲しかったAugustusが苦労したのは却って法学の再建である．権力が一元化してしまえば誰が法学者の助言を仰ぐであろうか．元首の言葉のみが有効である．これでは多元性芝居が成り立たないと考えたか，Augustusはius respondendiなるものを考案したと伝えられる[2]．解答しうる者を特許によって制限したのではなかろう．多元的な者達に権威付けを与えたのである．彼らの言うことには干渉しない，という表明である．この引き下がり，ないし分節，の宣言ほどAugustusの体制にピタリのパラデイクマは存在しない．そして，それでもこれを本気にして自由に振る舞うとろくなことが待っていない．したがって基本的には元首の意向に沿わねばならないが，しかし元首の手足であると思われたならば却って元首の利益に反することになる．自由である如く振る舞わねばならない．Pliniusの手紙[3]に登場する（当代随一の法学者）Priscus (Iavolenus) に対する元老院貴族達の困惑はこの辺りの事情をよく物語る．既に日常のくすぐりのみになっていた戯れ歌において，「Priscusよ，汝は命令する……」と無邪気に歌い出した者がいただけで，座が緊迫してしまったのである．

〔exs・5・1〕 Labeoに関しては，Schiavone, *Giuristi e nobili*, p. 153ss. に従うことができる．

〔exc・5・2〕 D. I, 2, 2, 49. "iuris ‹prudentium› auctoritas" はしかし，写本通り "iuris auctoritas" で十分であると考える．Augustusの関心は，法学者の権威を買い支えるというより，多元性を演出しなければ彼の体制自体が買い支ええない，というところにあった．beneficiumは元来法学者の活動の性質を指すが，ここではAugustusの行為の性質になってしまっている．Pomponiusの時代，Hadrianusは梯子をはずし，「自由化」して見せた．自分の解答にお墨付きを与えよという「請求」を突き放したのである，元来はmunusであったはずではないか，と．同様にAugustusの行為もbeneficiumであり，したがってその地位を請求しうるはずのものではない，と畳みかけられたのである．cf. A. Schiavone, *Linee di storia del pensiero giuridico romano*, Torino, 1994, p. 197.

〔exc・5・3〕 Plin. Ep. VI, 15.

exc・6

以上のように，崩壊の過程は，Tacitusのような文学を生み出したことを頂点として，大変に興味深いが，何にも繋がらず，何も生み出さなかった，とい

う通常の評価は全く正しいと判断される．そういう時代が有ったとして，そこに置かれた場合どのようにするか，を考えるための素材としては大変に好適である．

　こうして最初の試みにして最初の失敗たる経験は終わったのであるが，次の試みが何時始まったか，については序で述べた以上の知見を有しない．少なくとも人文主義以降，とにもかくにも始まったと評価しうるように思われるが，しかし成功かどうかはまだわからない．非常に異なる試みであり，そして失敗の理由も非常に異なるということになるであろう，ということを言いうるのみである．どちらの経験も深い問題を抱えた，抱えている，ことだけは確かである．

結
法の概念について

0

　この三つの論考が辿った全行程は，われわれの現在の世界が如何に遠くそこから隔たったかを示したと思われる．そのように認識するこの種の伝統的作業自体，われわれは遠くに忘れ去った．しかもなお，われわれのなけなしの資産がこれらの論考により不十分ながら辿られたその経験に大きく依拠していることは明らかである．すると，われわれは自らの基本から大きく乖離してしまっていることになる．大いに滑稽たる所以である．

　とはいえ，だから帰る，或いは，取り戻す，ということにはならない．これらの論考が辿った経験は，われわれの最初のではあれ，失敗の経験であった．この「第 III 部」においてとりわけそのことははっきりと示されたはずである．失敗の様相が濃くなる段階でわれわれとの間の距離が最も近いと感じられたはずである．いずれにせよ，この土台は迷ったときには単純にそこへ帰ればよいという代物ではない．そもそもまさにわれわれがその土台から受け取った思考は，何かのモデルに単純に依拠するという姿勢を拒否する，（およそ依拠するものを顧みないという姿勢と同様に）それは前提的資格を欠く，とするものであった．

1

　さて，失敗が露わになる様相，皮肉にもわれわれが相対的に距離が近いと感ずる段階，で舞台の中心に陣取っていたのは法であった．政治はみるみるうちに崩壊していき，デモクラシーは存在せず，有るように見える相は政治の崩壊態にすぎない，という場面で，法は少なくとも同程度には打撃を受けなかった．大きな変質を被るが，しかしその変質はこのような全般的な崩壊を主導し体制を塗り替える能動的要因でさえあった．

　われわれはこの「第 III 部」において占有概念の起源を探った．そのことの意味は政治やデモクラシーについてのものと同じであった．極めて重要な概念

であるという認識のもと，明らかにローマからそれが来る以上，ローマにおいて一体何時何故どのようにそれが現れるかを探ろうとした．探るためにはとりわけ研ぎ澄まされた Critique が要求される，ということは熟知していたつもりである．その Critique（伝承批判）の過程でギリシャとの関係が大きな要因として現れた．そして結論としても，占有概念ないし占有原理は，紀元前5世紀半ばから後半にかけて初めて登場したものであるとの認識に至った．500年頃にローマでも政治が成立し，それをもう一度大きく転換しデモクラシーを築く，という第二の段階に，占有概念の形成が相当する，ということが理解された．何故ならば，同じく〈二重分節〉という社会構造のメルクマールによって，占有概念を成立させる社会構造を記述しうるからである．ローマの場合，政治＝〈分節〉もこの〈二重分節〉も，事実としてもギリシャからの強い影響に基づくことは明らかである．しかるに，ローマの〈二重分節〉はギリシャ・デモクラシーのそれとは異なっていた．両者は二つの対抗ヴァージョンとして捉えられる．ローマが先行するギリシャ・モデルに対してどれだけ意識的に対抗したのか，それとも所与に規定されてズレただけなのかは定かでない．しかし明確な対抗関係はやがて意識されざるをえなかった．

　以上の認識は，占有概念形成の経験が政治形成およびデモクラシー形成の経験と連続的なものであったことを示唆する．確かに理論的に，〈分節〉は〈二重分節〉の論理的前提であり，占有概念は政治を論理的に前提している．占有概念は実際には儀礼を核として作動したが，その儀礼にさえ，政治の成立は織り込まれていた．その儀礼自体裁判という政治的パラデイクマの一種に属した．この認識は平凡ではあっても，決して忘れ去られてはならない．占有概念を原理として持つ裁判手続は，明らかに今日「民事訴訟」と呼ばれるものであった．占有原則はそれを裁判一般の概念から区別する．裁判一般の概念は政治的パラデイクマの一ジャンルであり，今日の精密な意味での刑事裁判が典型である．これを論ずるのに政治的パラデイクマ一般を以てするので十分であった．どんなにテクニカルになってもギリシャではそれを扱う特殊な言説は分化し発達することがない．しかるに，そもそも儀礼を生命とし（相対的に）ディアレクティカを縮減する点において占有と民事訴訟が形成していくパラデイクマは政治的パラデイクマと著しく性質を異にする．やがてジャンルの違いは自明となり，

専門家も自明の如く人的に区別される．この新しいジャンルのパラデイクマを法と呼ぶことが正しいように思われる．政治とはっきり区別して法を意識するときに必要なメルクマールがほとんど揃うからである．そうであるとすると，法は政治の盤石な成立を前提としてのみ成り立つことになる．このことがまさに留意さるべき点であった．

　以上の認識が正しいとすると，無数のコロラリーの一つは，法がデモクラシーと対抗する，かつこれと同等のヴァージョンである，ということである．法はさしあたり民事法であるということになるが，そして民事法においてこそ法の最も特徴的な側面が現れるということに誰しも異論が無いと思われるが，しかしその法が政治的パラデイクマを解釈し記述し直す，或いは別ヴァージョンに変換する，とすれば，つまり公法や刑事法が生まれるとすると，それはおそらくデモクラシーと等価の位置を有するからであると考えられる．と同時に，そうであればこそ，法的パラデイクマが政治的パラデイクマと異質な部分を有することが問題とならざるをえない．その問題のうちには，そもそも法的パラデイクマの固有の発達は，基盤であるところの政治の基礎を崩壊させるのではないか，反対に政治の基礎が崩壊した後も法は生き延びてしまうのではないか，というものが含まれる．ローマ共和末以降に露わになった問題の解釈の一つはこれである．

2

　以上のように法が深く政治に依存することを忘れてはならないとしても，もちろん，法に固有の価値が無いというのでは全くない．占有概念を究明したことの最大の成果は，思わぬことに法の概念に到達したということよりも，逆に法の根源に存する価値から出発しえたことに存する．つまり，占有概念は，一見法的概念世界の中で最も難解な技術的性質を有するように見えて，実は或る根源的な価値の保障を原点としたのである．

　確かにその価値は〈二重分節〉ということに含まれるであろう．したがってデモクラシーが保障しようとした価値と同じか？　或る意味ではそうであろう．しかしそれにしても明らかにその一方の面を絶対的に不可侵とする動機を含む．

結　法の概念について

その突出振りは〈二重分節〉という理念をさえ突破する勢いである．その限りで，全く固有の価値を認めてよいように思われる．

　そこに繋がる導線は Sophokles の「最後の一人」であった．Philoktetes に ante litteram な占有理念を見ない者はいないであろう．Oidipous の漂泊にさえ．しかしもちろんこれらはデモクラシーの問題を提出しているのであり，デモクラシーの決定内容がこの理念を尊重するように，というメッセージが込められている．正確には，そのような決定を行うであろう前提的な意識の培養に賭けている．この点，Euripides は特殊であり，同じ「最後の一人」に子を持たせ，この一義的なメルクマールで原理を試すと同時に，そうした保障の内的矛盾を突き付けた．実は一層占有理念に近い．しかしそれでもやはりデモクラシーを担う人々の意識に働きかけるのであり，デモクラシーの決定手続を拒否して何かを先験的に保障するという考えは無い．Andromache の前で政治的決定実現を阻止するのは何か絶対の手続ではない．問題はデモクラシーに投げ返される．これに対して占有概念は手の施しようのない切り札であった．全ての人が見放した「最後の一人」にまだ何か依拠すべきものが存するか？　〈分節〉を保障する政治もが彼を見放したならばどうか．政治的パラデイクマ内に内蔵された儀礼が存在し，万が一該当してこの儀礼を作動させると，儀礼的硬直のおかげで誰も手が出せない．政治的単一性が解除される．もちろん，政治的単一性が予め恣意的な権力を全て一掃してくれているがためにこそこのような効果が生ずるのである．とはいえその政治的単一性によってさえ手を付けえない．このような原理登場の意義はどんなに強調しても強調しすぎることはない．

　このように占有原理は絶対の切り札を意味するが，ただし二つの要件が存在し，これが欠けるときにこの儀礼を振り回せば醜悪なことになる．少なくとも政治的単一性，ひいてはデモクラシーの重大な侵害になる．第一に，「最後の一人」にだけこの保障は与えられる．そうでない者にこの保障を与えればこれほど有害なものもないということになってしまう．「万人が等しく備える」などと抽象的に思考することがあってはならない．実力集団のボスは決して主張することができない．ならばどうやって「最後の一人」は識別されるか？　決して内容によっては識別しない．形態を手続によって識別するのみである．儀礼たるが再び大きな意義を持ってくる．内容によって識別すればそれは結局或

る集団の判断を通すことになる．「最後の一人」でなくその集団の勝ちである．しかるにその形態なるものは，相対的である．ヨリ個別的でヨリ「最後の一人」に近い方が保障を得る．つまり「最後の一人」といえども何か通行証のようなものを発給されるわけではない．その瞬時において「最後の一人」は見逃されるのである．そうでなければ，「最後の一人」がやがて徒党を組んだらどうなるか？　それでも彼に「最後の一人」の資格証明が残ったらどうなるか？

　第二に，これもデモクラシーによる「最後の一人」擁護と大きく異なる点であるが，人を人として保障するのではない．人と対象物の関係を保障する．対象物は身体であってよいから，（政治やデモクラシーにおけると）同じ心身二元論が妥当するようにも見える．しかし亡命して自由に振る舞える自由が保障されるのではなく，逆に徹頭徹尾領域の上に生存することこそが保障されるのである．一つの限界として，予め領域の上に生存していなければ保障は与えられないということがある．しかし，確かに，予め領域の上に生存していないのに保障を与えれば，何か入って来て侵害する自由を認めてしまうことになる．かわりに，保障は具体的である．その理念は，例えば「精神的自由とは言っても具体的な表現手段とその受容まで保障されなければ無意味である」というような考えに繋がる．保障が具体的であるということのもう一つの側面は，必ず auctor との関係で保障がなされる．これは形態によって政治システムから領域へと分節的に架橋するということを意味し，したがって具体的な政治システムに具体的に関連付けてその具体的な領域の上で保障がなされるということである．「最後の一人」は必ず誰か一人保障の任に当たる政治的主体を持つということであるが，しかしこれは，この者が欠ければ保障が働かないということも意味する．ならば抽象的に保障を与えた方がよいか．彼らはそうは考えなかった．第一に時効制度が存在して auctor は彼岸に擬制された．彼岸に擬制される以上，誰も手が付けられない．第二にやがて少なくとも誰でも auctor になれるようになった．vindex libertatis の制度である．彼らは具体的な形態で現に保障することに拘泥したのである．これは，単に人権の保持を宣言されただけであるよりも，まして国家が侵害した場合にのみ保障が働くとされるよりも，遥かに優れたシステムである．確かに芽を吹いただけで，どこまで発展したか，全社会を覆ったか，覚束ない（それには深い理由が有った）．しかしわれわれ

の制度もまた少なくとも同程度に覚束ないのである．

3

　以上のような基本動機は，causa liberalis のような端的な制度において維持されるばかりか，少なくとも Plautus の喜劇全体を貫く．そしてその背後の社会を想定しうるかぎりにおいて，形を変えて大いに発展したとさえ言いうる．この「背後の社会」なるものはとりわけ通商と信用を高度に発達させたから，そうすると，通商と信用の一定の高度の発展のために占有の基本動機は不可欠であるということになる．もちろん，もう一度政治システムが複雑密接に絡まり合うのではあった．それでもわれわれの基本動機が大いに洗練されたということは否定できない．

　翻って考えれば，確かに信用にとって政治システムの透明性が理想的であるとしても，これがただの徒党に転化したとき，「最後の一人」ほど透明なものはない．それに儀礼的硬直性が加われば，極めて堅固な信用基盤となる．そしてこの基盤を維持したままもし政治システムに基因する信用の解放性を加えることができたならば，それは理想的であろう．ローマは領域問題をついに克服しえたということになる．現に，ローマは決してギリシャと同じ意味で領域問題を抱えることはなかった．占有の概念は直ちに Demosthenes の問題を解決する．領域の上に信用が入ったとしても，〈二重分節〉を直ちに崩すということはない．nexum の克服はこの意義を有した．まして上のように拡張された基盤が存すれば，大きな可能性が開かれているはずである．現に 2 世紀に獲得されたと考えられる法的パラデイクマの豊かさは目を射るものがある．この論考が到達した数少ない結論の一つは，法的パラデイクマの総体（今日のわれわれの「民法」等の概念体系の全体）は占有概念の高次のヴァリエーション，発達した諸対抗ヴァージョン，であるということであった．

　そうすると，もしこの概念体系が「経済」や「信用」にとってなけなしの資産であったとして，それは何と「最後の一人」を強固に守るという観念のコロラリーである．短絡して言えば，「最後の一人」を強固に守るということを怠れば少なくとも堅固な信用秩序は成り立たない，ということになる．もちろん，

これは直感にも合致する．土地の上に利害関係が渦巻き実力が秘かに横行し集団の前に個人が泣いていれば，その社会の金融は悲惨な状態のままであろう．土地の上でなくとも，あらゆる組織において同型の事態が常態化していれば，高度な取引は発達しないであろう．またしても腐敗し壊滅するであろう．占有概念がどんなにビジネス・ローとして成長したとしても，否，すればするほど，占有の原点は重要度を増す．

　ローマでは，第一に前提の政治システムの崩壊によってこうした成長は阻害された．第二に，鍵を握った socii の政治システムが脆弱であり，中央の政治システムに根強く残った反 socii 派に抵抗しえなかったばかりか，とりわけ自らの領域を制圧できなかった．要するにローマは行きの切符のみを有し帰りの切符を持たなかった．精密に区別して占有概念を多層的に積み上げることには成功した．そうして成立した発達し洗練された部分のその成立を祝うことはできた．しかし他方，統御できない領域方面から圧力が加わると，特に領域の体制が崩れたとき，有効な反撃手段を持たなかった．ただし，近代のわれわれはこの精密な区別さえ失う傾向にある．それでいて領域を制覇できたわけではないのである．

　所有権 dominium の評価は最も難しいものの一つである．一面で，まさにこの「信用による領域の統御」を志したとも評しうる．しかし他面，折角の区別が穴を空けられたとも言うこともできる．占有の側から見ても，一層強化されたとも言いうるし，占有概念に致命的な矛盾を内包させ，結局崩壊させた，とも言いうる．そもそも政治システムから見てなかなか見えにくい暗がりが発生したことも否めない．そして何よりもディアレクティカを疎外する構造を発生させた．いずれにせよ，危機の領域問題に対処するための切り札が，まさに崩壊の決定打となった歴史の皮肉をこそ省察しなければならない．多くの場合と同様に，答は両義的である．つまり政治やデモクラシー等々が発達していれば，所有権は，必要の度合いが少ないにもかかわらず有用である．逆の条件であれば，所有権によって信用を作り出すしかないにもかかわらず，大変に有害であろう．

4

　以上のように考察してくると，法は極めて微妙な生態系においてのみ棲息するということが明らかである．政治とデモクラシーについても，厳密にそれが成り立つ条件を探りそこへアプローチしていかなければ声高に重要性を叫んでも無意味であると述べた．法については一層強い程度においてこのことを言わなければならない．政治の成立もまた，或る種の自覚的な積み上げを必要とした．観念の分厚い成層を要した．しかしそこへと舵を切ること自体はむしろ一点で切るような断絶を意味した．デモクラシーの形成のためには確かに一層の積み上げが必要であった．しかし政治へと舵を切ったまま論理的に進んでいけばよいという側面が有った．そもそもデモクラシーを形成する人々の意識は一層論理的に研ぎ澄まされている．ところが，法に関する限り，以上のような方向に舵を切っておいてなお直ちに反対に切り直すような操作を要求される．しかもそれは最初に舵を切るときに拒否した方向ではなかったか．ディアレクティカの放棄のようにさえ一瞬見える．そればかりではない．一転具体的な形態を追求するというが，それはしかしながら一義性をもたらさず，それらの形態は常に両義性を有して現れる．或る角度から見れば或る意味を帯びているが，反対から見れば反対の意味を帯びる，が如き形態を巡って，対抗する意味が絶えず逆転しながら優勢を競う．この対抗が結ぶ構造のみが法を支えるのである．占有という概念はかくして極めて難解に見え，概念規定を拒む．変転の中で人々が構造の方は踏み外さないとすると，彼らは余程洗練されているに違いない．そのような形態がびっしり織り成す社会は，全く一筋縄では行かない．

　以上の限りでもなかなかに複合的な意識を備えなければならないが，もし bona fides を指導原理とする観念世界を発展させるとすると，それは一層である．悲劇はデモクラシーのものである．デモクラシーを生理的に呼吸する意識もまた到底単純ではない．しかしながら舞台の上は明確に区分されていた．ところが今や人々は虚実渾然一体たるを楽しみ，しかもその内部に Critique のクリテリウムを持たなければならない．日々の想像力のみが命綱である．これを多くの積み上げ，少なくとも政治以降の観念の重層の上に備える，というの

である．

これが市民社会の極である．しかし市民社会は既に占有を概念したときに論ずることができる．そしてそこから，デモクラシーに近く政治的にアクティヴなタイプも，所有権に引き籠もるタイプも，概念しうる．いずれにせよ，問題は市民社会が成り立つための社会構造上の条件であったということになる．単純な占有に基づくもの，これが原基である．極めて強固な繊維が編まれる．占有原理は結局これを編むことを如何なる他の正義よりも優先する考え方である．次に boni viri の流動的な網を張ることが有った．法学の故郷である．さらに bona fides の原理に基づく市民社会は極めて闊達で洗練され流暢である．法的観念体系の最も高度な部分はこの土壌に生まれたことは疑いない．そしてまだ見ぬ世界ではあるが，このような洗練された市民社会の上にもし政治を基礎付け直せば，或いはデモクラシーを構築し直せば，それは極めて強固な基盤を持つものとなるであろう．

繰り返せば，われわれの課題は，以上のようなヴァリエーションによって縦に長く延びた市民社会というものが一体如何なるときに単なる理念でなく実現しうるのかを探ることであった．理念は氾濫しているのに，現実の不存在がかくも大きな苦しみを与えている中で，具体的な実現を模索するしかないからである．或いは，実現したと思っても基礎が弱いためにすぐに壊れてしまうためである．

5

法に関しては，以上に類するような実質的な社会構造上の見通しを持って論じなければ無意味であり，混乱を免れない．法の概念を構成するときにはこのことが要請される．しかしこのように言えば直ちに違和感の表明があるであろう．法律家の具体的な議論（立法や実定法の解釈）はこれに完璧に呼応するものであるにかかわらず，法の概念を巡る議論はこれに全く呼応しないからである．もちろん，法の概念規定をどう行うかはそれぞれの目的に応じて全く自由である．しかしながら，われわれは具体的に以上のような法の基盤を考えたい．そしてこれが専門の法律家にとっての法であることも疑いないと思われる．

このような法の概念は，一種の実証主義的な法概念であろう．少なくとも正義とは全く異なり，正義の内容次第であるが，正義に反するとさえ判定される場面も迎えるであろう．しかし法実証主義の法概念とも，ざっと見ただけでも，大いに異なっている．法実証主義の概念規定の中には「法は政治的決定の内容を構成する規範である」というものが有る．しかし，法は元来内容的に特定されており，如何なる内容でも政治的に決定されさえすれば法であるという概念構成はおよそ成り立たない．そもそも政治さえ，如何なる内容でも決定しうるわけではない．そのうえ，しばしば法は政治的決定から独立するばかりかしばしばこれと鋭く対立する．「規範」については，一層複雑な考察が要求される．「規範」とは何か，は難しい問題であるが，儀礼と最も近い関係にあることは承認されるであろう．かくして儀礼を生命とする限りにおいて，特に手続において，法は規範に馴染む．政治とはどのような関係に立つか．明らかに，規範によって，決定ないしその実現の一義性を儀礼の一義性に託していると解される．儀礼の一義的再現実化は，ヴァージョン対抗に無感覚にとにかく決定が現実とならねばならないという政治システムの特徴に合致する．宣言やプログラムが相対的に嫌われる所以である．こうしてギリシャにおいても政治的決定はしばしば規範の言語形式を有した．ローマでもこれを借りて，手続を規範として政治的に決定した．しかしアナロジーはここまでである．実際には，法的パラデイクマは他のパラデイクマ以上に，つまりこれ見よがしの，対抗を生命とする．このために具体的なexemplumとその解釈こそが主軸となる．解釈こそが決定的に重要たる所以である．この自律的なパラデイクマ生態系と不可分の関係にあるのが法学とその「学問性」である．この側面において規範モデルが大きく地歩を失う点，異論が無いと思われる．
　もう一つ，法実証主義の内容として，サンクションないしエンフォースメントの程度が挙げられることがある．ここでも問題は多義的である．政治的決定は完璧に一義的に実現されるはずである，というならばそのとおりである．実現しないとき，ないし政治システムが破壊されたときには，政治システムは何らかのメカニズムを働かせるであろう，というのであれば，これもそのとおりである．しかしもし実現のために実力を用いるであろう，というのであれば，逆である．政治がそこに有るときには実力による強制の契機が有ってはならな

い．それは崩壊を意味する．そして政治のコロラリーである限りにおいて，法は元来強制の契機を有しない．執行の概念は存在する．しかし必ず儀礼や政治システムに依拠する．実力は用いないのである．まして bona fides が現れると，パラデイクマの現実化に固執すること自体，法に反するということになる．実際，「お前は契約したではないか，絶対に実行しろ」という精神ほど法に反するものはない．これは素人の考えで，法律家は反対に考える．

　また，法は政治的決定に依存しないが，しかし如何なる意味でも自然的所与ではない．反対に，「自然的」かどうかは別として，社会の中に一般的に広く見られる原理を周到に克服する装置である．この意味で人工の産物であり，主体的能動的営為の所産である．文化に属し，それも，高度な蓄積の上に初めて築きうる．自然的所与でない以上，この装置を備えるかどうかは選択の問題であり，選択すべきかどうかは開かれた問題である．選択することが正しいという論証は不可能であろう．選択した者達が楽しそうにして心をそそるしかない．

　こうして，「自然法」という概念は法にとって決定的に有用というわけではない．元来これは（Cicero のテクストの近傍にいるわれわれはこのように言うことができる），様々な社会の（しばしば「自生的」な）秩序に対して批判的に振る舞うという動機を含んでいる．この限りで法自体から生み出されたものではある．しかしながら，アプリオリを所与に転嫁する考え方が，既にソフィストにおいて，政治の破綻に対応したことも否定できない．「自然」の概念はイオニアに起源を有する由緒正しいものである．Critique の極である．デモクラシーから崩壊期の政治を批判するときに有力な資源であったであろう．ここに法を種付けする考えが無価値であるとは思われない．しかしながら，前提的 Critique の基準とデモクラシーのイムペラティヴは異なり，混同は重要な病理の一つであった．まして法のアプリオリとの混同は一層物事を神秘化し権威付ける．この距離に対応する議論の粗雑度に鑑みて，近代初期にかくも大きな力を誇った自然法論はやはり克服の対象でしかない．

　他方，「自然的所与」や「自然法則」の概念は，法に関してはとりわけ，ディアレクティカの素材に関する深い認識を獲得するための誘導概念として，無益ではない．つまり法ではない，しかしその素材となる，社会的事象について社会学を行うことは重要である．凡そ政治的法的観念体系を有しない社会を分

析することほど政治的法的観念体系の基盤を獲得するために有益なことはない．政治的法的観念体系からのアナロジーを厳密に排しうればうるほどこうした知的作業は他ならぬわれわれの弱点を探るために有効である．

6

　この論考，ないし「三部作」自体，は以上のような乏しい結論に至ったにすぎないが，これは全くの実験的な試みであり，多くのことが今後探究されなければならない．他方，実験的ではあるが，極めて伝統的な作業を踏襲した．可能な限り意識的に人文主義の最も先鋭な翼から発する系譜に帰ろうとした試みでもある．とりわけその20世紀後半における継承者に密接に付き随おうとした．これらのことの意義を汲み尽くしたとは到底考えられない．われわれはますますこのような思考が全く顧みられない状況が深まりつつあることを重々認識している．しかしこの種の省察をわれわれが欠けば，積み上げてきたものに対してわれわれ自身赤面せざるをえないのではないか．たとえ壊滅ないし無意味な延命が確実であるとしても，それに対して決定的な処方をもたらすわけではないとしても，この種の省察が欠ければわれわれの最後の尊厳が失われる．以上の全ては，「この種の省察」の中の，最近では珍しい，しかし最も初歩的で低レヴェルのものであった．

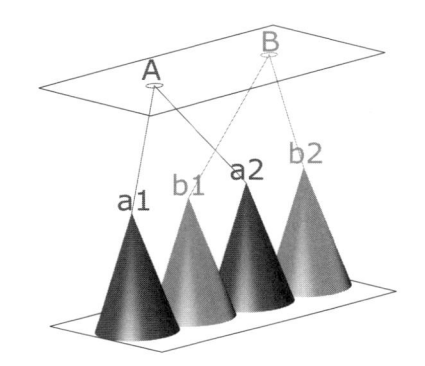

イメージ図1 占有ないしローマ型〈二重分節〉

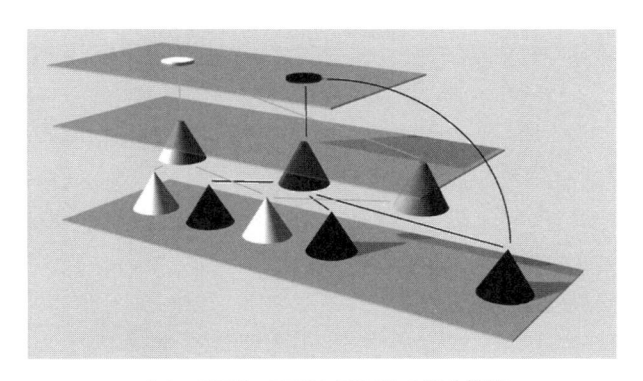

イメージ図2 BONA FIDES の社会構造

イメージ図3 dominium（所有権）

Designed by
Akiko Koba

地図1　紀元前8〜6世紀イタリア半島

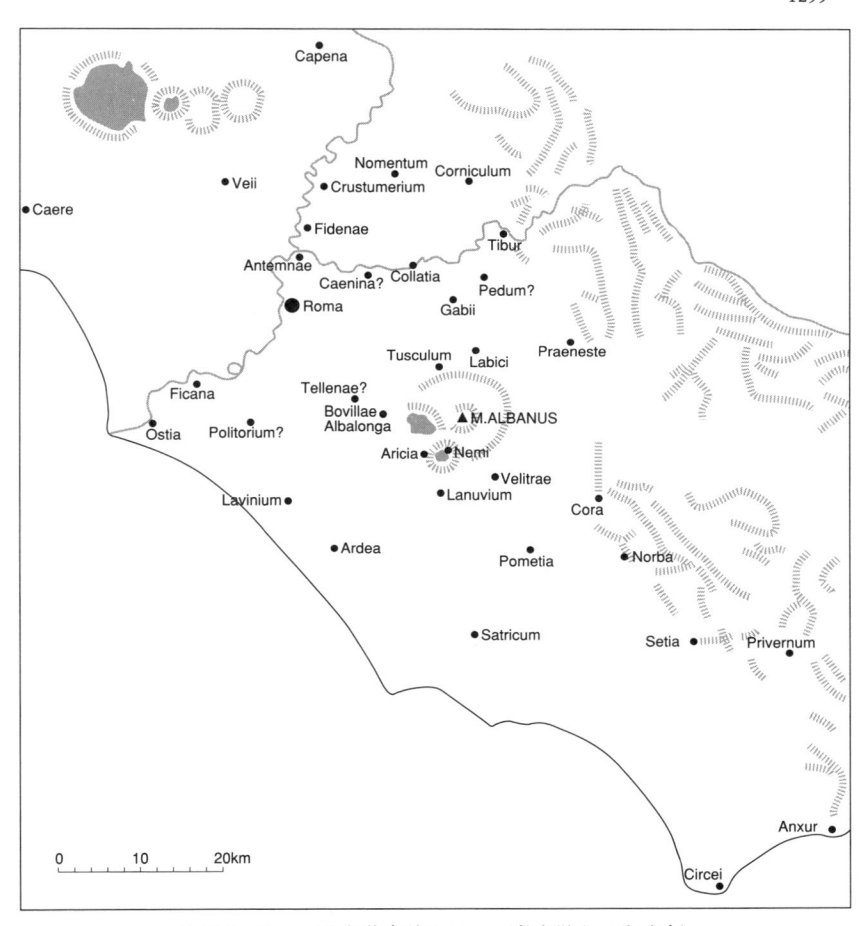

地図2　ローマ共和革命前 Latium（考古学上の痕跡点）

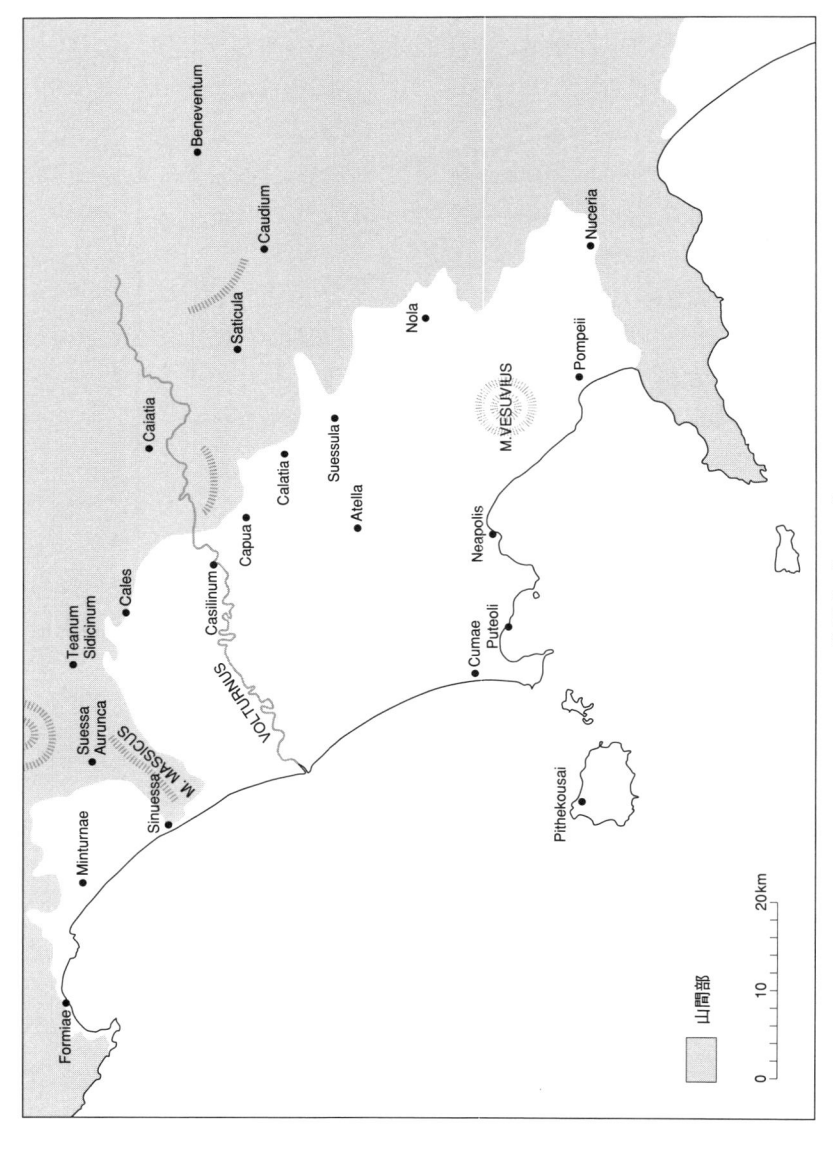

地図 3 Campania

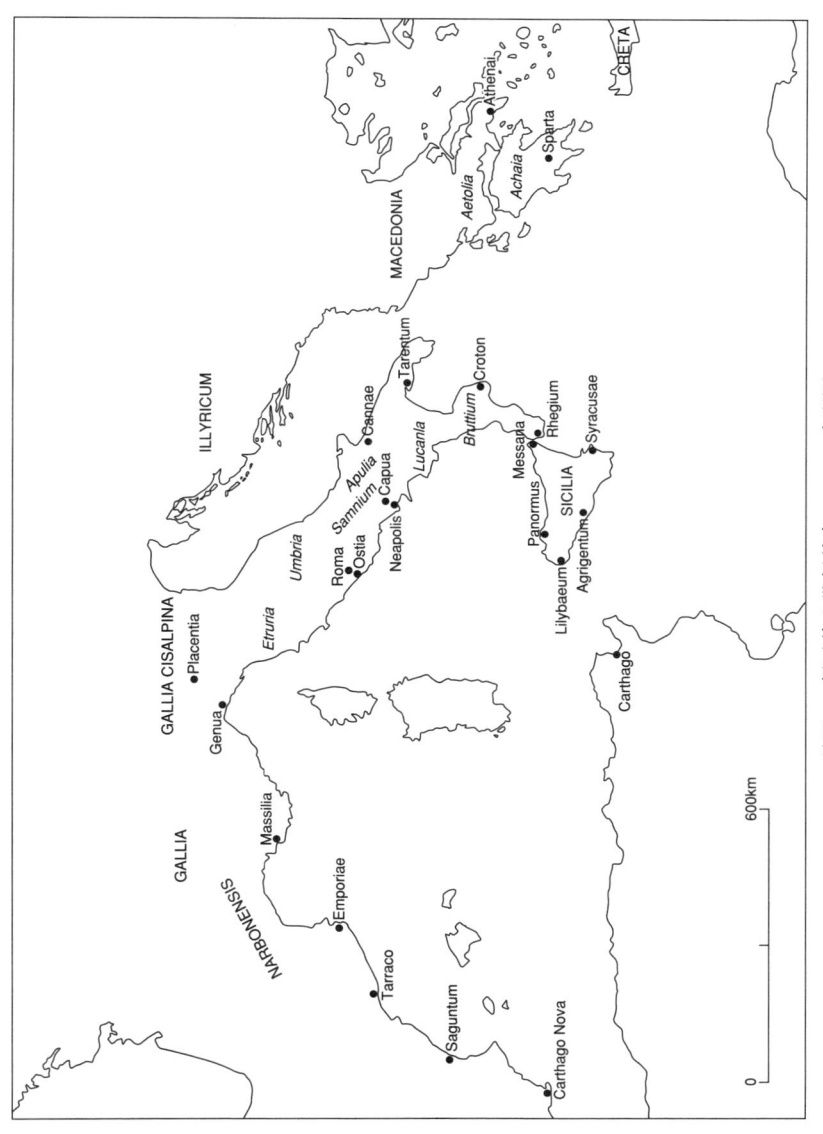

地図 4　紀元前 2 世紀前半ローマの支配圏

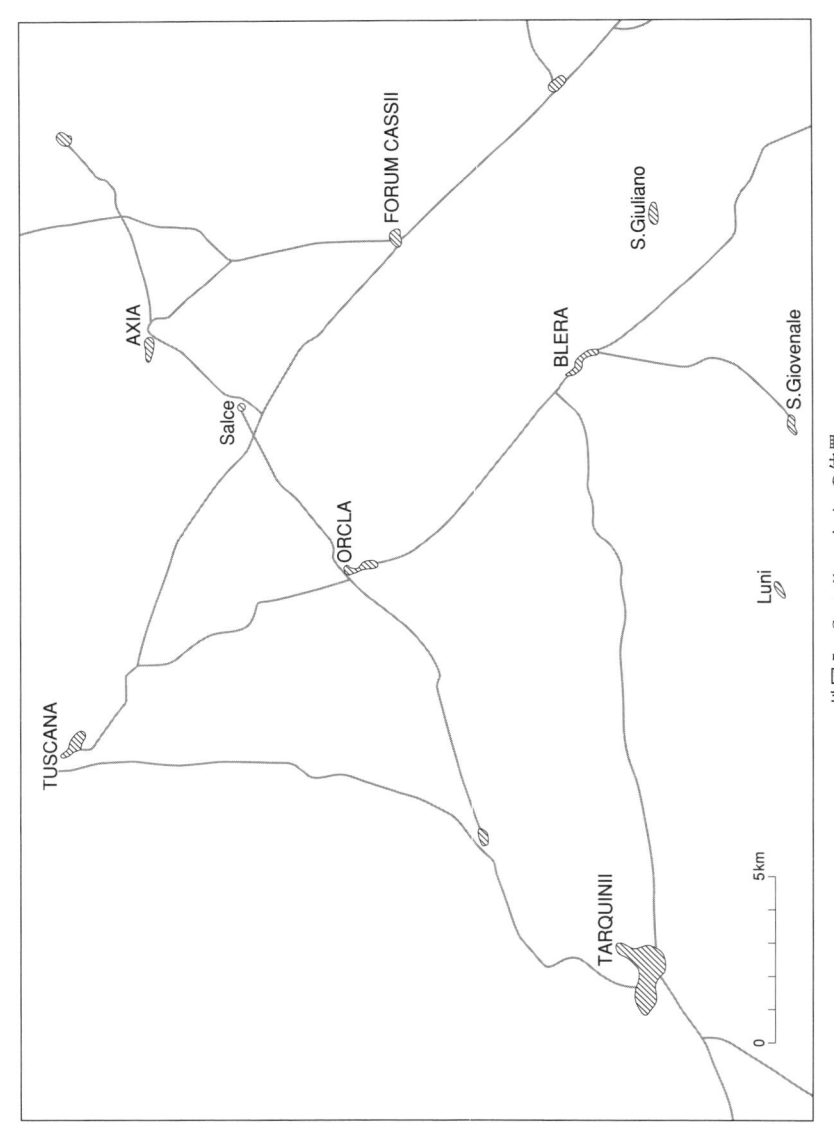

地図 5 Castellum Axia の位置

文献表

本論で引用した研究論文のみを以下にリストアップする．テクスト刊本，そして序の学説史で扱ったテクスト，を除く．

AA. VV., *Antiche civiltà lucane*, Galatina, 1975
AA. VV., *Aspetti e problemi dell'Etruria interna. Atti dell'VIII convegno nazionale di studi etruschi ed italici, Orvieto, giugno 1972*, Firenze, 1974
AA. VV., *Bilancio critico su Roma arcaica fra monarchia e repubblica*, Roma, 1993
AA. VV., Castel di Decima, *NSA*, Ser. 8, Vol. 29, 1975
AA. VV., *Civiltà del Lazio primitivo* [*CLP*], Roma, 1976
AA. VV., *Crise et transformation des sociétés archaïques de l'Italie antique au Ve siècle av. J.-C*, Roma, 1990
AA. VV., *Dinamiche di sviluppo delle città nell'Etruria meridionale*, Pisa, 2005
AA. VV., *Du châtiment dans la cité. Supplices corporels et peine de mort dans le monde antique*, Rome, 1984
AA. VV., *Enea nel Lazio. Archeologia e mito*, Roma, 1981
AA. VV., *Etruria e Lazio arcaico*, Roma, 1987
AA. VV., *Hellenismus in Mittelitalien*, Göttingen, 1976
AA. VV., *La Campania fra il VI e il III secolo a. C.*, Galatina, 1992
AA. VV., *La colonisation grecque en Méditerranée occidentale*, Roma, 1999
AA. VV., *La Magna Grecia nell'età romana. Atti del XV convegno di studi sulla Magna Grecia*, Taranto, 1976
AA., VV., *La mémoire perdue. A la recherche des archives oubliées, publicques et privés, de la Rome antique*, Paris, 1994
AA. VV., *La necropoli di Praeneste. Periodi orientalizzanti e medio repubblicano*, Palestrina, 1992
AA. VV., *La philologie grecque à l'époque hellénistique et romaine*, Genève, 1994
AA. VV., *La Romanisation du Samnium aux IIe et Ier siècles av. J.-C.*, Naples, 1991
AA. VV., *La Rome des premières siècles. Légende et histoire*, Firenze, 1992
AA. VV., *Le emissioni dei centri suculi fino all'epoca di Timoleonte e il loro rapporti con la monetazione dell colonie greche di Sicilia. Atti del IV convegno del centro internazionale di studi numismatici, Napoli, 1973*, Roma, 1975
AA. VV., *Le mythe grec dans l'Italie antique. Fonction et image*, Roma, 1999
AA. VV., *"Les bourgeoisies" municipales italiennes aux IIe et Ier siècles av. J.-C.*, Napoli, 1983
AA. VV., *Les Italiens dans le monde grec. IIe siècle av. J-C.-Ier siècle*, Paris, 2002
AA. VV., *Les origines de la république romaine. Neuf exposés suivis de discussions* (*Entretiens Fondation Hardt 13*) [=*ORR*], Genève, 1967
AA. VV., *L'incidenza dell'antico. Studi in memoria di Ettore Lepore*, I, Napoli, 1995
AA. VV., *Lucrèce*, Genève, 1978
AA. VV., *Misurare la tera : centuriazione e coloni nel mondo romano*, Modena, 1983
AA. VV., *Neapolis. Atti del XXV convegno di studi sulla Magna Grecia*, Taranto, 1986
AA. VV., Opposition et résistances à l'empire d'Auguste à Trajan, Genève, 1986
AA. VV., *Popoli e civiltà nell'Italia antica* [*PCIA*], I-IX, Roma, 1974-89
AA. VV., *Ricerche di pittura ellenistica. Lettura e interpretazione della produzione pittorica dal IV secolo a. C. all'ellenismo*, Roma, 1985
AA. VV., *Sannio. Pentri e Ferentani dal VI al I sec. a. C.*, Roma, 1980

AA., VV., *Società e diritto nell'epoca decemvirale,* Napoli, 1988
AA. VV., *Storia della Campania, I,* Napoli, 1978
AA. VV., *Veio, Cerveteri, Vulci. Città d'Etruria a confronto,* Roma, 2001
Aberson, M., *Temples votifs et butin de guerre dans la Rome républicaine,* Roma, 1992
Accardo, S., *Villae romanae nell'ager Bruttius. Il paesaggio rurale calabrese durante il dominio romano,* Roma, 2000
Achard, G., Pourquoi Cicéron a-t-il écrit le De oratore ?, *Latomus,* 46, 1987
Adam, A.-M., Monstres et divinités tricéphales dans l'Italie primitive. A propos de deux figurines de bronze étrusques, *MEFRA,* 97, 1985
Adam, A.-M., Emprunts et échanges de certains types d'armement entre l'Italie et le monde non-méditerranéen aux Ve et IVe siècles avant J.-C., dans : A.-M. Adam et al. edd., *Guerre et société en Italie aux Ve et IVe siècles avant J.-C.. Les indices fournis par l'armement et les techniques de combat,* Paris, 1986
Adamesteanu, D., L'opera di Timoleonte nella Sicilia centro meridionale vista attraverso gli scavi e le ricerche archeologiche, *Kokalos,* 4, 1958
Adamesteanu, D., Scavi e ricerche archeologiche in Basilicata, AA. VV., *Antiche civiltà lucane*
Adamesteanu, D. et al., *Macchia di Rossano. Il santuario della Mefitis. Rapporto preliminare,* Galatina, 1992
Adcock, F. E., *Caesar as Man of Letters,* Cambridge, 1956
Agostiniani, L. et al., edd., *Plauto testimone della società del suo tempo,* Napoli, 2002
Albanese, B., *Le situazioni possessorie nel diritto privato romano,* Palermo, 1985
Alföldi, A., *Der frührömische Reiteradel und seine Ehrenabzeichen,* Baden-Baden, 1952
Alföldi, A., *Early Rome and the Latins,* Ann Arbor, 1963, p. 56ff.
Almagro-Gorbea, M., L'area del tempio di Giunone Gabina nel VI-V secolo a. C., *Archeologia Laziale IV,* 1981
Amarelli, Fr., *Locus solutionis. Contributo alla teoria del luogo dell'adempimento in diritto romano,* Milano, 1984
Amirante, L., Famiglia, libertà, città nell'epoca decemvirale, AA., VV., *Società e diritto nell'epoca decemvirale*
Ampolo, C., Su alcuni mutamenti sociali nel Lazio tra l'VIII e il V secolo, *DArch,* IV-V, 1970-71
Ampolo, C., Servius rex primus signavit aes, *PP,* 29, 1974
Ampolo, C., Demarato. Osservazioni sulla mobilità sociale arcaica, *DArch,* IX-X, 1976-7
Ampolo, C., La storiografia su Roma arcaica e i documenti, in : a cura di E. Gabba, *Tria corda. Scritti in onore di A. Momigliano,* Como, 1983
Ampolo, C., Un supplizio arcaico : l'uccisione di Turnus Herdonius, dans : AA. VV., *Du châtiment*
Ampolo, C., La città riformata e l'organizzazione centuriata. Lo spazio, il tempo, il sacro nella nuova realtà urbana, in : Momigliano et al., edd., *Storia di Roma, 1*
Ampolo, C., La nascita della città, in : Momigliano et al., edd., *Storia di Roma, 1*
Ampolo, C., Enea ed Ulisse nel Lazio da Ellanico (FGH4F84) a Festo (432L), *PP,* 47, 1992
Ampolo, C., La ricezione dei miti greci nel Lazio : l'esempio di Elpenore ed Ulisse al Circeo, *PP,* 49, 1994
Andersen, H. D., The archaeological evidence for the origin and development of the Etruscan city in the 7th to 6th century BC, in : Id. et al. edd., *Urbanization in the Mediterranean in the 9th to 6th Centuries BC,* Copenhagen, 1997
Anderson, W. S., *Barbarian Play. Plautus' Roman Comedy,* Toronto, 1993
André, J.-M., *L'otium dans la vie morale et intellectuelle romaine des origines à l'époque augustéenne,* Paris, 1966
André, J.-M., La philosophie religieuse de Cicéron : dualisme académique et tripartition varronienne, dans : A. Michel et al., edd., *Ciceroniana,* Leiden, 1975
Andreau, J., Banque grecque et banque romaine dans le théâtre de Plaute et Térence, *MEFRA,* 80, 1968
Andreau, J., *Les Affaires de Monseur Jucundus,* Rome, 1974
Andreau, J., *La vie financière dans le monde romain : les métiers de manieurs d'argent (IVe siècle av. J.-C.-IIIe*

siècle ap. J.-C.), Rome, 1987
Andreau, J., *Patrimoines échanges et prêts d'argent. L'économie romaine*, Roma, 1997
Andreau, J., *Banking and Business in the Roman World*, Cambridge, 1999
Andreau, J., Banque grecque et banque romaine dans le théâtre de Plaute et de Terence, *MEFRA*, 80, 1982
Andreau, J., A propos de la vie financière à Pouzzoles : Cluvius et Vestorius, dans : AA. VV., *Bourgeoisies municipales*, 1983
Andreau, J., Brèves remarques sur les banques et crédit au Ier s. av. J.-C. (1982), dans : Id., *Patrimoines*
Andreau, J., Les financiers romains entre la ville et la campagne (1985), dans : Id., *Patrimoines*
Andreau, J., Modernité économique et statut des manieurs d'argent (1985), dans : Id., *Patrimoines*
Andreau, J., Declino e morte dei mestieri bancari nel Mediterraneo Occidentale (II-IV D. C.) (1986), Id., *Patrimoines*
Andreau, J., La cité antique et la vie économique (1989), dans : Id., *Patrimoines*
Andreau, J., Pouvoirs publics et archives des banquiers professionnels, AA., VV., *La mémoire perdue*, 1994
Andreau, J., Roman financial systems. Italy, Europe and the mediterranean : relation in banking and busyness during the last centuries BC (1994), dans : Id., *Patrimoines*
Andreau, J., Les esclaves "hommes d'affaires" et la gestion des ateliers et commerce, in : Id., et al. edd., *Mentalités et choix économiques des Romains*, Bordeaux, 2004
Andreussi, M., Stanziamenti agricoli e ville residenziali in alcune zone campione del Lazio, in : Giardina, ed., *SRPS I*
Angelini, P., Osservazioni in tema di creazione dell' "actio ad exemplum institoriae", *BIDR*, 71, 1968
Angelini, P., *Il procurator*, Milano, 1971
Ankum, H., E. Pool, Rem in bonis meis esse and rem in bonis meam esse : Traces of the development of Roman double ownership, in : Birks, ed., *New Perspectives*
Annas, J., Cicero on Stoic moral philosophy and private property, in : Griffin, ed., *Philosophia togata*
Apathy, P., Die actio Publiciana beim Doppelkauf vom Nichteigentümer, *SZ*, 99, 1982
Appleton, Ch., *Histoire de la propriété prétorienne et de l'action publicienne, I, II*, Paris, 1889
Appleton, Ch., Trois épisodes de l'histoire ancienne de Rome : les Sabines, Lucrèce, Virginie, *RHD*, 4s., 3, 1924
Arangio-Ruiz, V., *Responsabilità contrattuale in diritto romano*, Napoli, 1927
Arangio-Ruiz, V., *Il mandato in diritto romano*, Napoli, 1949
Arangio-Ruiz, V., *La società in diritto romano*, Napoli, 1950
Arangio-Ruiz, V., *La compravendita in diritto romano^2*, Napoli, 1954
Archi, G. G., *Il trasferimento della proprietà nella compravendita romana*, Padova, 1934
Archi, G. G., ed., *Questioni di giurisprudenza tardo-repubblicana*, Milano, 1985
Astin, A. E., *Scipio Aemilianus*, Oxford, 1967
Astin, A. E., *Cato the Censor*, Oxford, 1978
Aubert, J.-J., *Business Managers in Ancient Rome. A Social Economic Study of Institores, 200 B. C.-A. D. 250*, Leiden, 1994
Aylwin Cotton, M., *The Late Republican Villa at Posto, Francolise*, London, 1979
Aylwin Cotton, M. et al., *The San Rocco Villa at Francolise*, London, 1985
Badian, E., *Foreign Clientelae*, Oxford, 1958
Badian, E., *Roman Imperialism in the Late Republic^2*, Oxford, 1968
Badian, E., *Publicans and Sinners. Private Enterprise in the Service of the Roman Republic*, Ithaca, 1972
Baier, Th., Lucilius und die griechischen Wörter, in : Manuwald, hrsg., *SatLucZeit*
Bailo Modesti, G., *Cairano nell'età arcaica. L'abitato e la necropoli*, Napoli, 1980
Balsdon, J. P. V. D., Dionysius on Romulus : a political pamphlet ?, *JRS*, 61, 1971
Balty, J. C., *Curia ordinis. Recherches d'architecture et d'urbanisme antiques sur les curies provinciales du monde*

romain, Bruxelles, 1983
Barboud, T., *Catulle. Une poètique de l'indicible,* Louvain, 2006
Barbusiaux, U., Id quod actum est. *Zur Ermittlung des Parteiwillens im klassischen römischen Zivilprozeß,* München, 2006
Baroni, S. et. al., *Capua preromana. Terrecotte votive, V : Piccole figure muliebri panneggiate,* Firenze, 1990
Bartoloni, G., *La cultura villanoviana. All'inizio della storia etrusca,* Roma, 1989
Bartoloni, G. et al., Aspetti dell'ideologia funeraria nella necropoli di Castel di Decima, in : Gnoli et al., edd., *La mort, les morts*
Bartolini, G. et al., Veio : Piazza d'Armi, in : AA. VV., *Dinamiche di sviluppo*
Barton, J. L., *Animus* and *possessio nomine alieno,* in : Birks, ed., *New Perspectives*
Bauman, R. A., *Lawyers in Roman Republican Politics. A Study of the Roman Jurists in Their Political Setting, 316-82 BC,* München, 1983
Bayet, J., *Les origines de l'Hercule romain,* Paris, 1926
Bayet, J., Les origines de l'Arcadisme romain, *MEFRA,* 38, 1920
Beard, M. et al., *Rome in the Late Republic^2,* London, 1999
Bedello, M., *Capua preromana. Terrecotte votive, III : Testine e busti,* Firenze, 1974
Bedello Tata, M., *Capua preromana. Terrecotte votive, IV : Oscilla, Thymiateria, Arulae,* Firenze, 1990
Bedini, A., Abitato protostorico in località Acqua Acetosa Laurentina, *AL I,* 1978
Bedini, A., *AL II,* 1979
Bedini, A., *AL III,* 1980
Bedini, A., *AL IV,* 1981
Bedini, A., *AL V,* 1983
Bedini, A., Due nuove tombe a Camera presso l'abitato della Laurentina. Nota su alcuni tipi di sepolture nel VI e V secolo a. C., *AL V,* 1983
Behrends, O. et al., edd., *Die römische Feldmeßkunst. Interdisziplinäre Beiträge zu ihrer Bedeutung für die Zivilisationsgeschichte Roms,* Göttingen, 1992
Behrends, O., Les "veteres" et la nouvelle jurisprudence à la fin de la République, *RHD,* 55, 1977
Behrends, O., Tiberius Gracchus und die Juristen seiner Zeit, in : K. Luig et al., edd., *Das Profil des Juristen in der europäischen Tradition,* Edelsbach, 1980
Beinart, B., The relationship of iniuria and culpa in the lex Aquilia, *St. Arangio-Ruiz, I,* Napoli, 1953
Bell, A. J. E., Cicero and the spectacle of power, *JRS,* 87, 1997
Bell, M., *Morgantina Studies, I. Terracottas,* Princeton, 1981
Bellandi, F., Scelus Tulliae. Storiografia e tipologia tragica in Dionigi, Livio, Ovidio, *PP,* 31, 1976
Bellocci, N., *La genesi della «litis contestatio» nel procedimento formulare,* Napoli, 1965
Bellocci, N., *La tutela della fiducia nell'epoca repubblicana,* Milano, 1974
Bencivenga Trillmich, C., Il teatro sull'acropoli di Elea, in : Greco et al., edd., *Velia*
Benedittis, G., Alcune riflessioni sull'abitato italico di Monte Vairano, in : Salvatore, ed., *Basilicata. L'espansionismo romano*
Benedittis, G., Monte Vairano, dans : AA. VV., *La Romanisation du Samnium*
Béranger, J., *Recherches sur l'aspect idéologique du principat,* Basel, 1953
Bernardi, A., La Roma dei re fra storia e leggenda, in : Momigliano et al., edd., *Storia di Roma, 1*
Berrendonner, C., La formation de la tradition sur M'. Curius Dentatus et C. Fabricius Luscius : un homme nouveau peut-il être un grand homme ?, dans : Coudry et al., edd., *L'invention*
Bertino, A., Emissioni monetali di Abaceno, in : AA. VV., *Le emissioni dei centri suculi*
Bettini, M., Le riscritture del mito, in : Cavallo et al. edd., *Lo spazio letterario, 1*
Bettini, M., Testo letterario e testo folcrorico, in : Cavallo et al. edd., *Lo spazio letterario, 1*
Bietti Sestieri, A. M., Central and southern Italy in the late bronze age, in : Hackens et al. edd., *Crossroads*

文献表 1307

Bietti Sestieri, A. M., ed., *La necropoli laziale di Osteria dell'Osa*, Roma, 1992
Binford, L. R., *An Archaeological Perspective*, New York, 1972
Birks, P., ed., *New Perspectives in the Roman Law of Property*, Oxford, 1989
Biscardi, A., *Appunti, sulle garanzie reali in diritto romano*, Milano, 1976
Blanck, H. et al., *La tomba dei Rilievi di Cerveteri*, Roma, 1986
Bleckmann, B., *Die römische Nobilität im Ersten Punischen Krieg. Untersuchungen zur aristokratischen Konkurrenz in der Republik*, Berlin, 2002
Bleicken, J., *Das Volkstribunat der klassischen Republik. Studien zu seiner Entwicklung zwischen 287 und 133 v. Chr.*, München, 1968
Bleicken, J., *Lex publica. Gesetz und Recht in der römischen Republik*, Berlin, 1975
Bleicken, J., *Zwischen Republik und Prinzipat. Zum Charakter des zweiten Triumvirats*, Göttingen, 1990
Bloch, R., *Tite-Live et les premiers siècles de Rome*, Paris, 1965
Bodei Giglioni, G., Pecunia fanatica. L'incidenza economica dei templi laziali, in: F. Coarelli, ed., *Studi su Praeneste*, Perugia, 1978
Boëls-Janssen, N., *La vie religieuse des matrones dans la Rome archaïque*, Rome, 1993
Boes, J., *La philosophie et l'acton dans la correspondance de Cicéron*, Nancy, 1990
Böhr, R., *Das Verbot der eigenmächtigen Besitzumwandlung im römischen Privatrecht*, München, 2002
Bollack, M., *La raison de Lucrèce. Constitution d'une poétique philosophique avec un essai d'interprètation de la critique lucrétienne*, Paris, 1978
Bona, F., *Studi sulla società consensuale in diritto romano*, Milano, 1973
Bona, F., Cicerone e i "Libri iuris civilis" di Quinto Mucio Scevola, in: Archi, ed., *Questioni di giurisprudenza*
Bonamici, M. et al., *Orvieto. La necropoli di Cannicella*, Roma, 1994
Bonfante, P., L'origine dell' "hereditas" e dei "legata" nel diritto successorio romano, in: Id., *Scritti giuridici varii, I*, Torino, 1916
Bonfante, P., La "iusta causa" dell'usucapione e il suo rapporto colla "bona fides", in: Id., *Scritti giuridici varii, II*, Torino, 1918
Bonfante, P., Res mancipi e nec mancipi (1888-89) = Forme primitive ed evoluzione della proprietà romana, in: Id., *Scritti giuridici varii, II*
Bonfante, P., Sul cosidetto dominio bonitario e in particolare sulla denominazione "in bonis habere", in: Id., *Scritti giuridici varii, II*
Bonfante, P., Theorie vecchie e nuove sull'origine dell'eredità, in: Id., *Scritti giuridici varii, I*
Bongert, Y., Recherches sur les récupérateurs, dans: *Varia, III*, Paris, 1952
Bonghi Jovino, M., *Capua preromana. Terrecotte votive, I: Teste isolate e mezzeteste*, Firenze, 1965; *II: Le statue*, Firenze, 1972
Bonghi Jovino, M. et al., edd., *Tarquinia: ricerche, scavi e prospettive*, Milano, 1987
Bonghi Jovino, M., Gli scavi nell'abitato di Tarquinia e la scoperta dei "bronzi" in un preliminare inquadramento, Ead. et al., edd., *Tarquinia*
Bonghi Jovino, M., Tarquinia. Monumenti urbani, in: AA. VV., *Dinamiche di sviluppo*
Bonifacio, F., *La novazione nel diritto romano*, Napoli, 1950
Bonifacio, F., Ricerche sul deposito irregolare in diritto romano, *BIDR*, 8/9, 1947
Borba Florenzano, M. B., The coinage of Pyrrhus in Sicily: evidence of a political project, in: Hackens et al., edd., *The Age of Pyrrhus*
Borgeaud, P., Quelques remarques sur la mythologie divine à Rome, à propos de Denys d'Halicarnasse (ant. Rom. 2., 18-20), dans: Graf, *Mythos in mythenloser Gesellschaft*
Borrendonner, C., L'Étrurie septentrionale entre la conquête et Auguste: des cités sans magistrats?, dans: Cébeillac-Gervasoni et al., edd., *Les élites et leur facettes*

Borsacchi, S., La vicenda dell'agro Coriolano, in : Serrao ed., *Legge e società, I*
Bosio, B. et al., edd., *Gli Etruschi di Cerveteri. La necropoli di Monte Abatone*, Modena, 1986
Botteri, P., *Les fragments de l'histoire des Gracques dans la Bibliothèque de Diodore de Sicile*, Genève, 1992
Botteri, P., La définition de l' *ager occupatorius, Cahiers du Centre G. Glotz, II*, 1991
Botteri, P., M. Raskolnikoff, Diodore, Caius Gracchus et la Démocratie, dans : Nicolet, Cl., éd., *Demokratia et aristokratia*
Bottini, A., *Armi. Gli strumenti della guerra in Lucania*, Bari, 1994
Bottini, A. et al., *La necropoli italica di Braida di Vaglio in Basilicata*, Roma, 2003
Boyancé, P., Les méthodes de l'histoire littéraire. Cicéron et son œuvre philosophique (1936), dans : Id., *Études sur l'humanisme cicéronien*, Bruxelles, 1970
Boyancé, P., "Cum dignitate otium" (1948), dans : Id., *Humanisme cicéronien*
Boyancé, P., Les preuves stoïciennes de l'existence des dieux d'après Cicéron (1962), dans : Id., *Humanisme cicéronien*
Boyancé, P., Les problèmes du De republica de Cicéron (1964), dans : Id., *Humanisme cicéronien*
Boyancé, P., Cicéron et la vie contemplative (1967), dans : Id., *Humanisme cicéronien*
Brasiello, U., L'unilateralietà del concetto di locazione in diritto romano, 1, *RISG*, 2, 1927
Brecht, Chr. H., *Perduellio. Eine Untersuchung zu ihrer begrifflichen Abgrenzung im römischen Strafrecht bis zum Ausgang der Republik*, München, 1938
Brecht, Chr. H., Zum römischen Komitialverfahren, *SZ*, 59, 1939
Bremmer J. N., et al., edd., *Roman Myth and Mythography*, London, 1987
Bremmer, J. N., Romulus, Remus and the foundation of Rome, in : Id. et al., edd., *Roman Myth*
Bremmer, J. N., Three Roman aetiological myths, in : Graf, hrsg., *Mythos in mythenloser Gesellschaft*
Bresson, A., Italiens et Romains à Rhodes et à Caunos, dans : AA. VV., edd., *Les Italiens*
Bretone, M, *Tecniche e ideologie dei giuristi romani*, Napoli, 1971
Bretone, M., *Storia del diritto romano*, Bari, 1989,
Bringmann, K., *Untersuchungen zum späten Cicero*, Göttingen, 1971
Bringmann, K., *Die Agrarreform des Tiberius Gracchus. Legende und Wirklichkeit*, Stuttgart, 1985
Briquel, D., *Les Pélasges en Italie. Recherches sur l'histoire de la légende*, Rome, 1984
Briquel, D., *L'origine lydienne des Étrusques. Histoire de la doctrine dans l'Antiquité*, Roma, 1991
Briquel, D., *Les Tyrrhènes peuple des tours*, Roma, 1993
Briquel, D., L'oiseau ominal, la louve de Mars, la truie féconde, *MEFRA*, 1976
Briquel, D., Perspectives comparatives sur la tradition relative à la dispariton de Romulus, *Latomus*, 36, 1977
Briquel, D., La tradition sur l'emprunt d'armes samnites par Rome, dans : Adam et al. edd., *Guerre et société*
Briquel, D., La référence à Héraklès de part et d'autre de la révolution de 509, dans : AA. VV., *Le mythe grec*
Briquel, D., La référence à Héraklès, dans : AA. VV., *Le mythe grec*
Briquel, D., Sur un episode sanglant des relations entre Rome et les cités etrusques : les massacres de prisonniers au cours de la guerre de 358/1, dans : AA. VV., *La Rome de premiers siècles*
Briquel D. et al. edd., *Le censeur et les Samnites. Sur Tite-Live IX*, Paris, 2001
Broadhead, W., The local élites of Italy and the crisis of migration in the IInd century BC, in : Cébeillac-Gervasoni et al., edd., *Les élites et leur facettes*
Brothers, A. J., The construction of Terence's *Heautontimorumenos, CQ*, 30, 1980
Broughton, T. R. S., *The Magistrates of the Roman Republic, I*, New York, 1961
Brown, F. E., New soundings in the Regia, in : AA. VV., *ORR*
Bruhns, H., *Caesar und die römische Oberschicht in den Jahren 49-44 v. Chr.*, Göttingen, 1978
Bruna, F. J., *Lex Rubria. Caesars Regelung für die richterlichen Kompetenzen der Munizipalmagistrate in Gallia Cisalpina*, Leiden, 1972

文献表　　　　　　　　　　　　　　　　1309

Brunt, P. A., *Italian Manpower, 225 B. C.-A. D. 14*, Oxford, 1971
Brunt, P. A., Cicero's "officium" in the civil war, *JRS*, 76, 1986
Brunt, P. A., Italian aims at the time of the Social War, in : Id., *The Fall of the Roman Republic and Related Papers*, Oxford, 1988
Brunt, P. A., The fall of the Roman republic, in : Id., *The Fall of the Roman Republic*
Buchner, G. et al., *Pithekousai I. La necropoli : tombe 1-723*, Roma, 1993
Burdese, A., *Lex commissoria e ius vendendi nella fiducia e nel pignus*, Torino, 1949
Burdese, A., *Studi sull'ager publicus*, Torino, 1952
Burdese, A., "Actio ad exemplum institoriae" e categorie sociali, *BIDR*, 74, 1971
Burdese, A., Catone e la vendita di vino, *SDHI*, 66, 2000
Bürge, A., Fiktion und Wirklichkeit : Soziale und rechtliche Strukturen des römischen Bankwesen, *SZ*, 104, 1987
Burgers, G.-J. L. M., *Constructing Messapian Landscapes. Settlement Dynamics, Social Organization and Culture Contact in the Margins of Graeco-Roman Italy*, Amsterdam, 1998
Calboli, G., La retorica preciceroniana e la politica a Roma, in : AA. VV., *Éloquence et Rhétorique chez Cicéron*, Genève, 1982
Cambiano, G., *La filosofia in Grecia e a Roma*, Roma-Bari, 1987
Cambiano, G., La filosofia tra l'impero e il cielo, in : Momigliano et al., edd., *Storia di Roma, 2, III*
Camous, Th., *Le roi et le fleuve. Ancus Marcius Rex aux origines de la puissance romaine*, Paris, 2004
Cannata, C. A., *Ricerche sulla responsabilità contrattuale nel diritto romano, I*, Milano, 1966
Cannata, C. A., *Histoire de la jurisprudence européenne, I : La jurisprudence romaine*, Torino, 1989
Cannata, C. A., L'animo possidere nel diritto romano classico, *SDHI*, 26, 1960
Cannata, C. A., Su alcuni problemi relativi alla "locatio horrei" nel diritto romano, *SDHI*, 30, 1964
Capanelli, D., Appunti sulla rogatio agraria di Spurio Cassio, in : Serrao ed., *Legge e società, I*
Capdeville, G., Héraclès et ses hôtes, dans : AA. VV. *Le mythe grec*
Capogrossi Colognesi, L., I gromatici nella storiografia dell'Ottocento, in : Behrends et al., edd., *Feldmeßkunst*
Capogrossi Colognesi, L., *Persistenza e innovazione nelle strutture territoriali dell'Italia romana. L'ambiguità di una interpretazione storiografica e dei suoi modelli*, Napoli, 2002
Carandini, A., *La nascita di Roma,. Dèi, Lari, eroi e uomini all'alba di una civiltà*, Torino, 1997
Carandini, A. ed., *Settefinestre. Una villa schiavistica nell'Etruria romana, I*, Modena, 1984
Carandini, A., Variations sur le thème de Romulus. Réflexions après la parution de l'ouvrage *La nascita di Roma*, dans : M. Reddé et al., edd., *La naissance de la ville dans l'antiquité*, Paris, 2003
Carcaterra, A., *Intorno ai bonae fidei iudicia*, Napoli, 1964
Carcopino, J., *La loi de Hieron et les Romains*, Paris, 1914
Carcopino, J., Les cités de la Sicile devant l'impôt romain. Ager decumanus et ager censorius, *MEFRA*, 85, 1905
Carcopino, J., La Sicile agricole au dernier siècle de la République Romaine, *Sonderabdruck aus Vierteljahrschrift für Sozial-und Wirtschftsgeschichte*, 1906
Carrié, J. M., L'economia e le finanze, in : Momigliano et al., edd., *Storia di Roma, 3, 1*
Carter, J. C., The decline of Magna Graecia in the age of Pyrrhus ? New evidence from chora, in : Hackens et al., edd., *The Age of Pyrrhus*
Cascione, C., *Tresviri capitales. Storia di una magistratura minore*, Napoli, 1999
Cassola, F., *I gruppi politici romani nel III secolo a. C.*, Roma, 1968
Cassola, F., Problemi di storia neapolitana, in : AA. VV., *Neapolis*
Castrén, P., Ordo populusque Pompeianus. Polity and Society in Roman Pompeii, Roma, 1975 (2 ed., 1983)
Castrén, P., Cambiamenti nel gruppo dei notabili municipali dell'Italia centro-meridionale nel corso del 1

secolo a. C., dans : AA. VV., *Bourgeoisies municipales*
Cateni, G. et al., *Le urne di Volterra*, Firenze, 1984
Catucci, M. et al., *Il deposito votivo dall'acropoli di Cuma*, Roma, 2002
Cavallo, G. et al. edd., *Lo spazio letterario di Roma antica, 1 : La produzione del testo,*, Roma, 1989
Cébeillac-Gervasoni, M., *Les magistrats des cités italiennes de la seconde guerre punique à Auguste. Le Latium et la Campanie*, Rome, 1998
Cébeillac-Gervasoni, M., ed., *Les élites municipales de l'Italie péninsulaire de la mort de César à la mort de Domitien. Classes sociales dirigeantes et pouvoir central*, Rome, 2000
Cébeillac-Gervasoni, M., Le notable local dans l'épigraphie et les sources littéraires latines : problèmes et équivoques, dans : AA. VV., *Bourgeoisies municipales*
Cébeillac-Gervasoni, M. et al., edd., *Les élites et leur facettes. Les élites locales dans le monde hellénistique et romain*, Rome, 2003
Celluprica, V., Lo scetticismo, in : P. Rossi et al., edd., *Storia della filosofia. 1. L'Antichità*, Roma-Bari, 1993
Celuzza, M. G., E. Regoli, Gli insediamenti nella Valle d'Oro e il fondo di Settefinestre, in : Carandini ed., *Settefinestre*
Cerchiai, L., La rappresentazione di Teseo sulle stele felsinee, dans : AA. VV., *Le mythe grec*
Champeaux, J., *Fortuna. Recherches sur le culte de la Fortune à Rome et dans le monde romain des origines à la mort de César, I, Fortuna dans la religion archaïque*, Roma, 1982
Chassignet, M., *L'annalistique romane, III*, Paris, 2004
Chassignet, M., Étiologie, Étymologie et Éponymie chez Cassius Hemina : Mécanisme et fonction, *LEC*, 66, 1998
Cherici, A., Dinamiche sociali a Vulci : le tombe con armi, in : AA. VV., *Dinamiche di sviluppo*
Chiaramonte Treré, C., Altri dati dagli scavi alla Civita sugli aspetti cultuali e rituali, in : Bonghi Jovino et al., edd., *Tarquinia*
Chiarucci, P. et al., edd., *Area sacra di Satricum tra scavo e restituzione*, Roma, 1985
Chiesa, F., *Aspetti dell'orientalizzante recente in Campania. La tomba 1 di Cales*, Milano, 1993
Chiusi, T., *Die actio de in rem verso im römischen Recht*, München, 2001
Chiusi, T., Landwirdschaftliche Tätigkeit und actio institoria, *SZ*, 108, 1991
Chouquer, G. et al., edd., *Structures agraires en Italie centro-méridionale. Cadastres et paysages ruraux*, Rome, 1987
Chouquer, G., Le tissue rurale, dans : Id. et al., edd., *Structures agraires en Italie*
Chouquer, G. et al., Formes et évolution de la cadastration romaine en Italie centro-méridionale, dans : Id. et al., edd., *Structures agraires en Italie*
Chouquer, G., M. Clavel-Lévêque, F. Favory, Catasti romani e sistemazione dei paesaggi rurali antichi, in : AA. VV., *Misurare la terra*
Christol, M., Narbonne : un autre emporion à la fin de l'époque républicaine et à l'époque augustéenne, dans : AA. VV., *Les Italiens*
Ciaghi, S., *Le terrecotte figurate da Cales del museo nazionale di Napoli*, Roma, 1993
Ciancio, A. et al., *Monte Sannace. Gli scavi dell'acropoli (1978-1983)*, Galatina, 1989
Cicala, L. et al., Le indagini stratigrafiche nell'area della c. d. agora di Velia, in : Krinzinger, ed., *Velia, I*
Cimma, M. R., *Ricerche sulla società di publicani*, Milano, 1981
Cipriani, M., *S. Nicola di Albanella. Scavo di un santuario campestre nel territorio di Poseidonia-Paestum*, Roma, 1989
Citroni, M., Produzione letteraria e forme del potere. Gli scrittori latini nel I secolo dell'impero, in : Momigliano et al., edd., *Storia di Roma, 2, III*
Citroni, M., Musa pedestre, in : Cavallo et al., edd., *Lo spazio letterario, 1*
Clarke, D. L., *Analytical Archaeology*, London, 1978

Classen, C. J., Zur Herkunft der Sage von Romulus und Remus, *Historia*, 12, 1963
Clavel-Lévêque, M, F. Favory, Les gromatici veteres et les réalités paysagères : présentation de quelques cas, in : Behrends et al., ed., *Feldmeßkunst*
Cloché, P., *Isocrate et son temps*, Paris, 1978
Coarelli, F., *Il Foro Romano, I, Periodo arcaico*, Roma, 1983
Coarelli, F., *Il Foro Romano, III : il Foro Boario dalle origini alla fine della Repubblica*, Roma, 1986
Coarelli, F., I santuari del Lazio e della Campania tra i Gracchi e le guerre sociali, in : AA. VV., *Bourgeoisies municipales*
Coarelli, F., La Sicilia tra la fine della guerra annibalica e Cicerone, in : Giardina, ed., *SRPS, I*
Coarelli, F., Le pitture della tomba François a Vulci : una proposta di lettura, in : AA. VV., *Ricerche di pittura ellenistica*
Coarelli, F., I santuari, il fiume, gli empori, in : Momigliano et al., edd., *Storia di Roma, 1*
Coarelli, F., Praeneste in età repubblicana. Società e politica, in : AA. VV., *La necropoli di Praeneste*
Coarelli, F., I Sanniti a Fregellae, dans : AA. VV., *La romanisation du Samnium*
Cogitore, I., *La légitimité dynastique d'Auguste à Néron à l'épreuve des conspirations*, Rome, 2002
Coli, U., *Regnum*, Roma, 1951
Collart, J., ed., *Varron grammaire antique et stylistique latine*, Paris, 1978
Collart, J., Analogie et anomalie, dans : AA. VV., *Varron*, Genève, 1962
Colonna di Paolo, E. et al., *Castel d'Asso, I, II*, Roma 1970
Colonna di Paolo, E. et al., *Norchia I*, Roma, 1978
Colonna, G. ed., *Il santuario di Portonaccio a Veio*, Roma, 2002
Colonna, G., La cultura dell'Etruria meridionale interna con particolare riguardo alle necropoli rupestri, in : AA. VV., *Etruria interna*
Colonna, G., Un aspetto oscuro del Lazio antico, *PP*, 22, 1977
Colonna, G., La Dea di Pyrgi : bilancio aggiornato dei dati archeologici (1978), in : AA. VV., *Die Göttin von Pyrgi. Archäologische, linguistische und religionsgeschichtliche Aspekte*, Firenze, 1981
Colonna, G., Gli Etrusci, in : AA. VV., *La Campania fra VI e III*
Colonna, G., Praeneste arcaica e il mondo etrusco-italico, in : AA. VV., *La necropoli di Praeneste*
Combet-Farnoux, B., *Mercure romain. Le culte public de Mercure et la fonction mercantile à Rome de la république archaïque à l'époque augustéenne*, Roma, 1980
Comella, A., *Il materiale votivo tardo di Gravisca*, Roma, 1978
Comella, A., *Il deposito votivo presso l'Ara della Regina*, Roma, 1982
Comella, A., *I materiali votivi di Falerii*, Roma, 1986
Comella, A. et al., *Materiali votivi del santuario di Campetti a Veio*, Roma, 1990
Consolo Langher, S. N., La Sicilia dalla scomparsa di Timoleonte alla morte di Agatocle, in : Gabba et al., edd., *La Sicilia antica, II, 1*
Conte, G. B., Imitazione e arte allusiva. Modi e funzioni dell'intertestualità, in : Cavallo et al. edd., *Lo spazio letterario, 1*
Coppola Bisazza, G., *Lo iussum domini e la sostituzione negoziale nell'esperienza romana*, Milano, 2003
Corbier, M., Proprietà e gestione della terra : grande proprietà fondiaria ed economia contadina, in : Giardina, ed., *SRPS I*
Cordiano, G. et al., *Ricerche storico-topogarfiche sulle aree confinarie dell'antica chora di Rhegion*, Pisa, 2004
Cornell, T. J., *The Beginnings of Rome. Italy and Rome from the Bronze Age to the Punic War (c. 1000-264BC)*, London, 1995
Cornell, T. J., Aeneas and the twins : the development of the Roman foundation legend, *PCRS*, 201, 1975
Cornell, T. J., Alcune riflessioni sulla formazione della storiografia su Roma arcaica, in : *Studi in onore di U. Coli. Roma arcaica e le recenti scoperte archeologiche*, Milano, 1980

Cornell, T. J., The value of the literary tradition concerning Archaic Rome, in: Raaflaub, ed., *Social Struggles*
Costa, E., *Il diritto privato romano nelle commedie di Plauto*, Torino, 1890
Costa, E., *L'exceptio doli*, Bologna, 1897
Costa, E., *Cicerone giureconsulto*, I, Bologna, 1927
Coudry, M., Sénatus-consultes et *acta senatus* : rédaction, conservation et archivage des documents émanant du sénat de l'époque de César à celle de Sévères, dans : Nicolet ed., *La mèmoire perdue*
Coudry, M., Camille : construction et fluctuations de la figure d'un grand homme, dans : Ead. et al., edd., *L'invention des grands hommes*
Coudry, M. et al., edd., *L'invention des grands hommes de la Rome antique*, Paris, 2001
Crescenzi, L., Scavi ad Ardea, *AL V*, 1983
Crescenzi, L., Il caso di Ardea, *AL VI*, 1984
Crifò, G., *Ricerche sull' "exilium" nel periodo repubblicano*, Milano, 1961
Cristofani, M., *La tomba delle iscrizioni a Cerveteri*, Firenze, 1965
Cristofani, M., ed., *La grande Roma dei Tarquinii*, Roma, 1990
Cristofani, M., Osservazioni sulle decorazioni fittili arcaiche dal santuario di Sant'Omobono, *AL X*, 1990
Cristofani, M., I Volsci nel Lazio. I modelli di occupazione del territorio, in : AA. VV., *I Volsci*, Roma, 1992
D'Agostino, B., Il mondo periferico della Magna Grecia, in : AA. VV., *PCIA, II*, 1974
D'Agostino, B., La civiltà del ferro nell'Italia meridionale e nella Sicilia, in : AA. VV., *PCIA, II*
D'Agostino, B., in : AA. VV., *Storia del Vallo di Diano, I*, Salerno, 1981
D'Agostino, B., L'ideologia funeraria nell'età del ferro in Campania : Pontecagnano. Nascita di un potere di funzione stabile, in : Gnoli et al., edd., *La mort*, 1982
D'Agostino, B., Considerazioni sugli inizi del processo di formazione della città etrusca, in : AA. VV., *L'incidenza dell'antico, I*
D'Agostino, B., Pitecusa e Cuma tra Greci e indigeni, dans : AA. VV., *La colonisation grecque*, 1999
D'Agostino, B. et al., *Pontecagnano, II. La necropoli del Picentino, 1. Le tombe della Prima Età del Ferro*, Napoli, 1988
D'Agostino, B. et al., *Cuma. Le fortificazioi. 1. Lo scavo 1994-2002*, Napoli, 2005
D'Agostino, B. et al., La cultura materiale in età greca, in : AA. VV., *Storia della Campania*
Dahlheim, W., *Struktur und Entwicklung des römischen Völkerrechts im dritten und zweiten Jahrhundert v. Chr.*, München, 1968
Dangel, J., Accius et l'altérité à l'œuvre : théâtre idéologique et manifeste littéraire, in : Faller et al., edd., *Accius und seine Zeit*
D'Arms, J. H., *The Romans on the Bay of Naples*, Cambridge, 1970
D'Arms, J. H., *Commerce and Social Standing in Ancient Rome*, Cambridge M., 1981
D'Arms, J. H., Senators' involvement in commerce on the late republic : some Ciceronian evidence, in : Id. et al., edd., *Seaborne Commerce*
D'Arms, J. H. et al. edd., *The Seaborne Commerce of Ancient Rome : Studies in Archaeology and History*, Rome, 1980
David, J.-M., Promotion civique et droit à la parole : L. Licinius Crassus, les accusateurs et les rhétores latins, *MEFRA*, 91, 1979
David, J.-M., Les orateurs des municipes à Rome : intégration, réticences et snobismes, dans : AA. VV., *Bourgeoisies municipales*
David, J.-M., "Eloquentia popularis" et conduites symboliques des orateurs de la fin de la République : problèmes d'efficacité, *QS*, 12, 1980
David, J.-M., *La République romaine de la deuxième guerre punique à la bataiile d'Actium*, Paris, 2000
David, J.-M., Les étapes historiques de la construction de la figure de Coriolan, dans : Coudry et al., edd.,

L'invention des grands hommes
David, J. M., Coriolan, figure fondatrice du process tribunicien. La construction de l'événement, dans: Coudry et al., edd., *L'invention des grands hommes*
De Caro, S., Partenope—Paleopolis; la necropoli di Pizzofalcone, in: AA. VV., *Napoli antica*
De Casanove, O., Le sanctuaire de Cérès jusqu'à la deuxième secession de la plebe. Remarques sur l'évolution d'un culte public, AA. VV., *Crise et transformation,* p. 382sqq.
De Casanove, O., La chronologie des Bacchiade et celle des rois étrusques de Rome, *MEFRA*, 100, 1988
De Falco, I., *"Diligentiam praestare"*. Ricerche sull'emersione dell'inadempimento colposo delle *"obligationes"*, Napoli, 1991
De Francisci, P., *Primordia civitatis*, Roma, 1959
De Franciscis, A., ed., *La villa romana del Naniglio di Gioiosa Ionica*, Napoli, 1988
De la Genière, J., Essai sur les véhicules de la légende d'Héraclès en Occident, dans: AA. VV. *Le mythe grec dans l'Italie antique. Fonction et image*, Roma, 1999
De la Genière, J., Essai sur les véhicules de la légende d'Héraclès, dans: AA. VV., *Le mythe grec*
De Ligt, L., Legal history and economic history: the case of the actiones adiectae qualitatis, *TR*, 67, 1999
De Martino, F., *Storia della costituzione romana, I*, 2 ed., Napoli, 1972 [*StCost. I*]
De Martino, F., *Storia della costituzione romana*, IV, 1, Napoli, 1974
De Martino, F., *Storia economica di Roma antica*, I, Firenze, 1979
De Martino, F., Il colonato fra economia e diritto, in: Momigliano et al., edd., *Storia di Roma, 3, 1*
De Martino, F., La storia dei pubblicani e gli scritti dei giuristi, *Labeo*, 39, 1993
De Miro, E., Eraclea Minoa e l'epoca di Timoleonte, *Kokalos*, 4, 1958
De Natale, S., *Pontecagnano, II. La necropoli di S. Antonio: Propr. ECI, 1. Tombe della Prima Età del Ferro*, Napoli, 1992
De Neeve, P. W., *Colonus. Private Farm Tenancy in Roman Italy during the Republic and the Early Principate*, Amsterdam, 1984
De Puma, R. D. et al., edd., *Murlo and the Etruscans. Art and Society in Ancient Etruria*, Madison, 1994
De Robertis, F. M., *Lavoro e lavoratori nel mondo romano*, Bari, 1963
De Robertis, F. M., *La responsabilità contrattuale nel diritto romano dalle origini a tutta l'età postclassica*, Bari, 1993
De Sanctis, G., *Storia dei Romani, II, Torino, 1907*
De Sensi Sestito, G., La Sicilia dal 289 al 210 a. C., in: Gabba et al., edd., *La Sicilia antica, II, 1*
De Visscher, F., "Auctoritas" et "mancipium", *SDHI*, 22, 1956
Degenkolb, H., *Die lex Hieronica und das Pfändungsrecht der Steuerpächter. Beitrag zur Erklärung der Verrinen*, Berlin, 1861
Degrassi, A., *Inscriptiones Italiae, XIII, 1*, Roma, 1947
Degrassi, A., *Inscriptiones Latinae Liberae Rei Publicae, I*, Firenze, 1957
Deniaux, E., *Clientèles et pouvoir à l'époque de Cicéron*, Rome, 1993
Deniaux, E., Le passage des citoyennetés locales à la citoyenneté romaine et la constitution de clientèles, dans: AA. VV., *Bourgeoisies municipales*
Deniaux, E., Les gentes de Délos et la mobilité sociale à Rome au Ier siècle av. J.-C.: l'exemple de Marcus Seius e des Seii, dans: AA. VV., *Les Italiens*
Desideri, P., Parassitismo e clientela nel teatro di Plauto, in: Agostiniani et al., edd., *Plauto testimone*
Develin, R., Comitia tributa plebis, *Athenaeum*, 53, 1975
Di Paola, S., *Saggi in materia di hereditatis petitio*, Milano, 1954
Di Paolo, M., Alle origini della "lex Poetelia Papiria de nexis", *Index*, 24, 1996
Di Porto, A., *Impresa collettiva e schiavo "manager" in Roma antica (II sec. a. C.-II sec. d. C.)*, Milano, 1984
Di Porto, A., Il colpo di mano di Sutri e il plebiscitum de populo non sevocando, in: Serrao ed., *Leggi e*

società, I
Di Vita, A., Camarina e Scornavacche in età timolentea, *Kokalos*, 4, 1958
Diosdi, D., *Ownership in Ancient and Preclassical Roman Law*, Budapest, 1970
D'Ippolito, F., *Giuristi e sapienti in Roma antica*, Roma-Bari, 1986
Doblhofer, G., *Die Popularen der Jahre 11-99 v. Chr.*, Köln, 1990
Donadio, N., *La tutela del compratore tra actiones aediliciae e actio empti*, Napoli, 2004
Drossart, P., La mort de Rémus chez Ovide, *REL*, 50, 1972
Drummond, A., Tribunes and tribunician programmes in 63 B. C., *Athenaeum*, 87, 1999
Dubourdieu, A., *Les origines et le développement du culte de Pénates à Rome*, Rome, 1989
Duckworth, G. E., *The Nature of Roman Comedy. A Study in Popular Entertainment²*, Meksham, 1994 (Prineton, 1952)
Ducos, M., *L'influence grecque sur la loi des Douze Tables*, Paris, 1978
Ducos, M., *Les Romains et la loi. Recheches sur les rapports de la philosophie grecque et de la tradition à la fin de la République*, Paris, 1984
Ducroux, S., Échos et ruptures dans les premiers chapitres du Catilina de Salluste, *MEFRA*, 89, 1977
Dulckeit, G., Voluntas und fides im Vermächtnisrecht, in: *Festschr. P. Koschaker*, Weimar, 1939
Dumont, J. C., La stratégie de l'esclave plautinien, *REL*, 44, 1966
Dumont, J. C., Les gens de théâtre originaires des municipes, dans: AA. VV., *Bourgeoisies municipales*
Dumont, J. C., Guerre, paix et servitude dans les captifs, *Latomus*, 33, 1984
Dury-Moyaers, G., *Énée et Lavinium. A propos des découvertes archéologiques récentes*, Bruxelles, 1981
Eder, W., hrsg., *Staat und Staatlichkeit in der frühen römischen Republik*, Stuttgart, 1990
Eder, W., The political significance of the codification of law in archaic societies: an unconventional hypothesis, in: Raaflaub ed., *Social Struggles*
Eder, W., Zwischen Monarchie und Republik: das Volkstribunat in der frühen römischen Republik, in: AA. VV., *Bilancio critico*
Erim, K., La zecca di Morgantina, in: AA. VV., *Le emissioni dei centri suculi*
Evans-Jones, R., G. D. MacCormack, Iusta causa traditionis, in: Birks, ed., *New Perspectives*
Falcone, G., Ricerche sull'origine dell'interdetto *uti possidetis*, in: *Annali del seminario giuridico dell'università di Palermo*, 44, 1996
Faller, S. et al., edd., *Accius und seine Zeit*, Würzburg, 2002
Fantham, E., The Curculio of Plautus: an illustration of Plautine methods in adaptation, *CQ*, 15, 1965
Fantham, E., Towards a dramatic reconstruction of the forth act of Plautus' Amphitruo, *Philologus*, 112, 1968
Fantham, E., *Hautontimorumenos* and *Adelphoe*: a study of fatherhood in Terence and Menander, *Latomus*, 30, 1971
Fargnoli, I., *Studi sulla legittimazione attiva all'interdetto* quod vi aut clam, Milano, 1998
Farrel, J., The distinction between comitia and concilium, *Athenaeum*, 64, 1986
Fascione, L., *Crimen e quaestio ambitus nell'età repubblicana. Contributo allo studio del diritto criminale repubblicano*, Milano, 1984
Fasolo, F. et al., *Il santuario della Fortuna Primigenia*, Roma, 1953
Fedeli, P., La poesia di amore, in: Cavallo et al., edd., *Lo spazio letterario, 1*
Ferenczy, E., *From Patrician State to the Patricio-Plebeian State*, Amsterdam, 1976
Ferrary, J. L. *Philhellénisme et impérianisme. Aspects idéologiques de la conquête romaine du monde hellénistique, de la seconde guerre de Macédoine à la guerre contre Mithridate*, Rome, 1988
Ferrary, J.-L., Le discours de Laelius dans le troisième livre du De re publica de Cicéron, *MEFRA*, 86, 1974
Ferrary, J.-L., Le discours de Philus (Cicéron, De re publica, III, 8-31) et la philosophie de Carnéade, *REL*, 55, 1977

Ferrary, J.-L., L'archeologie du re publica (2, 2, 4-37, 63): Ciceron entre Polybe et Platon, *JRS*, 74, 1984
Ferrary, J.-L., Rome et les cités grecques d'Asie mineure au IIe siècle, dans : A. Bresson et al., edd., *Les cités d'Asie mineure occidentale au IIe siècle*, Bordeaux, 2001
Ferrary, J.-L., La création de la province d'Asie et la présence italienne en Asie mineure, dans : AA. VV., *Les Italiens*, 2002
Finazzi, G., *Ricerche in tema di negotiorum gestio, I. Azione pretoria e azione civile*, Napoli, 1999
Finley, M. I., *The Ancient Economy*, Berkeley, 1973
Finley, M. I., ed., *Les problèmes de la terre en Grece ancienne*, Paris, 1973
Finley, M. I., ed., *Studies in Roman Property*, Cambridge, 1976
Finley, M. I., Private farm tenancy in Italy before Diocletian, in : Id., ed., *Studies in Roman Property*
Fiori, R., Ea res agatur. *I due modelli del processo formulare repubblicano*, Milano, 2003
Fitzgerald, W., *Catullan Provocations. Lyric Petry and the Drama of Position*, Berkeley, 1995
Flambard, J.-M., Clodius, les collèges, la plèbe et les esclaves. Recherches sur la politique populaire au milieu du Ier siècle, *MEFRA*, 89, 1977
Flambard, J. M., Les collèges et les élites locales à l'époque républicaine d'après l'exemple de Capoue, dans : AA. VV., *Bourgeoisies municipales*
Fleck, M., *Cicero als Historiker*, Stuttgart, 1993
Follet, S., Les Italiens à Athènes (IIe siècle av. J.-C.-Ier siècle ap. J.-C.), dans : AA. VV., *Les Italiens*
Fordyce, C. J., *Catullus. A Commentary*, Oxford, 1961
Forni, G., Manio Curio Dentato uomo democratico, *Athenaeum*, 31, 1953
Forsythe, Some notes on the history of Cassius Hemina, *Phoenix*, 44, 1990
Fowler, D. P., Lucretius and politics, in : Griffin ed., *Philosphia togata*
Fraenkel, E., *Plautinisches im Plautus*, Berlin, 1922 (=*Elementi Plautini in Plauto*, Firenze, 1960=*Plautine Elements in Plautus*, Oxford, 2007)
Franko, G. F., The characterization of Hanno in Plautus' *Poenulus*, *AJP*, 117, 1996
Fraschetti, A., La sepoltura delle Vestali e la città, dans : AA. VV., *Du châtiment*
Fraschetti, A., Ovidio, i Fabii e la battaglia del Cremera, *MEFRA*, 110, 1998
Frassinetti, P., Sisenna e la guerra sociale, *Athenaeum*, 50, 1972
Frederiksen, M. W., The contribution of archaeology in the agrarian problem in the Gracchan period, *DArch*, 4/5, 1970/1
Frederiksen, M. W., I cambiamenti delle strutture agrarie nella tarda repubblica : la Campania, in : Giardina, ed., *SRPS, I*
Frederiksen, M. W., The Etruscans in Campania, in : Ridgway et al., edd., *Italy before the Romans*
Frederiksen, M. W. et al., The ancient road systems of the central and northern Ager Faliscus, *PBSR*, 1957
Freudenburg, K., *Satires of Rome. Threatening Poses from Lucilius to Juvenal*, Cambridge, 2001
Freyburger, G., *Fides. Étude sémantique et religieuse depuis les origines jusqu'à l'époque augustéenne*, Paris, 1986
Frezza, P., *Le garanzie delle obligazioni*. I, Pisa, 1956
Frier, B. W., *Libri Annales Pontificum Maximorum : The Origins of the Annalistic Tradition*, Roma, 1979
Frier, B. W., *Landlords and Tenants in Imperial Rome*, Princeton, 1980
Frier, B. W., *The Rise of the Roman Jurists. Studies in Cicero's* pro Caecina, Princeton, 1985
Fugazzola Delpino, M. A., The Proto-Villanovian : A survey, in : Ridgway et al., edd., *Italy before the Romans*
Fuhrmann, M., *Cicero und die römische Republik. Eine Biographie*, München, 1990
Fulminante, F., *Le "sepolture principesche" nel Latium vetus tra la fine della prima età del ferro e l'inizio dell'età orientalizzante*, Roma, 2003
Furley, D., Lucretius the Epicurean, dans : AA. VV., *Lucrèce*
Gabba, E., *Appiano e la storia delle guerre civili*, Firenze, 1956

Gabba, E., *Appiani Bellorum Civilium Liber Primus*, Firenze, 1958
Gabba, E., *Esercito e società nella tarda repubblica romana*, Firenze, 1973
Gabba, E., *Del buon uso della ricchezza. Saggi di storia economica e sociale del mondo antico*, Milano, 1988
Gabba, E., *Dionysius and the History of Archaic Rome*, Berkekey, 1991
Gabba, E., *Aspetti culturali dell'imperialismo romano*, Firenze, 1993
Gabba, E., *Roma arcaica. Storia e storiografia*, Roma, 2000
Gabba, E., Studi su Dionibi da Alicarnasso, I : La costituzione di Romolo, in : Id., *Roma arcaica* (*Athenaeum*, 38, 1960)
Gabba, E., Studi su Dionigi da Alicarnasso II : il regno di Servio Tullio, in : Id., *Roma arcaica*
Gabba, E., Studi su Dionigi da Alicarnasso, III : La proposta di legge agraria di Spurio Cassio, in : Id., *Roma arcaica* (=*Athenaeum*, 42, 1964)
Gabba, E., Dionigi d'Alicarnasso sul processo di Spurio Cassio, in : Id., *Roma arcaica* (=*La storia del diritto nel quadro delle scienze storiche. Atti del I convegno internazionale della Societa Italiana di Storia del Diritto*, Firenze, 1966)
Gabba, E., Considerazioni sulla tradizione letteraria sulle origini della repubblica, in : Id., *Roma arcaica* (= *ORR*)
Gabba, E., Il "Brutus" di Accio, *Dioniso*, 43, 1969
Gabba, E., Mario e Silla, *ANRW*, I, 1, 1972
Gabba, E., Considerazioni politiche ed economiche sullo sviluppo urbano in Italia nei secoli II e I a. C. in : AA. VV., *Hellenismus in Mittelitalien*
Gabba, E., Esercito e fiscalità a Roma in età repubblicana, in : Id., *Del buon uso* (=AA. VV., *Armées et fiscalité dans le monde antique*, Paris, 1977)
Gabba, E., Per la tradizione dell'heredium romuleo, in : Id., *Roma arcaica* (=*RIL*, 112, 1978)
Gabba, E., Per un'interpretazione politica del De officiis di Cicerone, *RAL*, 34, 1979
Gabba, E., Dionigi e la dittatura a Roma, in : Id., *Roma arcaica* (=a cura di E. Gabba, *Tria corda. Scritti in onore di A. Momigliano*, Como, 1983)
Gabba, E., Dionigi, Varrone e la religione senza miti, in : Id., *Roma arcaica* (=*Rivista Storica Italiana*, 96, 1984)
Gabba, E., The collegia of Numa : problems of method and political ideas, in : Id., *Roma arcaica* (=*JRS*, 74, 1984)
Gabba, E., Allora i Romani conobbero per la prima volta la ricchezza, in : Id., *Del buon uso*
Gabba, E., Arricchimento e ascesa sociale in Plauto e Terenzio (1985), in : Id., *Del buon uso*
Gabba, E., Aspetti culturali dell'imperialismo romano, in : Id., *Aspetti culturali*
Gabba E., Ricchezza e classe dirigente romana tra III e I sec. a. C., in : Id., *Del buon uso*
Gabba, E., Problemi di metodo per la storia di Roma arcaica, in : Id., *Roma arcaica* (=AA. VV., *Bilancio critico*, 1993)
Gabba, E., La nascita dell'idea di Roma nel mondo Greco, in : Id., *Roma arcaica* (=*Rivista Storica Italiana*, 109, 1997)
Gabba, E., Per un'interpretazione storica della centuriazione romana, in : AA. VV., *Misurare la terra*
Gabba, E., Riflessioni antiche e moderne sulle attività commerciali a Roma nei secoli II e I a. C., in : Id., *Del buon uso*
Gabba, E., Storia e politica nei Gromatici, in : Behrends et al., edd., *Die römische Feldmeßkunst*
Gabba, E., Storiografia greca e imperialismo romano (III-I secolo a. C.), in : Id., *Aspetti culturali*
Gabba, E., Sulla valorizzazione politica della leggenda delle origini troiane di Roma (III-II secolo a. C.), in : Id., *Aspetti culturali*
Gabba, E. et al., edd., *La Sicilia antica, II, 1 : La Sicilia greca dal VI secolo alle guerre puniche*, Napoli, 1980
Gabba, E. et al., Hannibal's Legacy trenta anni dopo, in : E. Lo Cascio et al., edd., *Modalità insediative e*

strutture agrarie nell'Italia meridionale in età romana, Bari, 2001

Gagé, J., Matronalia. Essai sur les dévotions et les organisations cultuelles des femmes dans l'ancienne Rome, Bruxelles 1963

Gagé, J., La chute des Tarquins et les débuts de la république romaine, Paris, 1976

Gagé, J., Les clients de M. Manlius Capitolinus et les formes de leur libération, RHD, 44, 1966

Gagé, J., Les chevaliers romaines et les grains de Cérès au Ve siècle av. J.-C.. A propos de l'épisode de Spurius Maelius, Annales ESC, 25, 1970

Gagé, J., Comment Enée est devenu l'ancêtre des Silvii albains, MEFRA, 88, 1976

Gagé, J., "Rogatio Maecilia": la querelle agro-militaire autour de Bolae en 416 av. J.-C. et la probable signification des projets agraires de Sp. Cassius vers 486, Latomus, 38, 1979

Gaggiotti, M., Saepinum. Modi e forme della romanizzazione, in: Salvatore ed., Basilicata. L'espansionismo romano

Gaggiotti, M., La fase ellenistica di Sepino, dans: AA. VV., La romanisation du Samnium

Gale, M., Myth and Poetry in Lucretius, Cambridge, 1994

Gallo, F., Studi sul trasferimento della proprietà in diritto romano, Torino, 1955

Gallo, F., In tema di origine della compravendita consensuale, SDHI, 30, 1964

Gallo, F., A proposito di aeque in D. 19, 1, 50: un guidizio con comparazione sottesa, SDHI, 66, 2000

Galsterer, H., Herrschaft und Verwaltung im republikanischen Italien. Die Beziehung Roms zu den Italischen Gemeinden vom Latinerfrieden 338 V. Chr. bis zum bundesgenossenkrieg 91 V. Chr., München, 1976

Garnsey, P., ed., Non-Slave Labour in the Greco-Roman World, Cambridge, 1980

Garnsey, P., Urban property investment, in: Finley, ed., Studies in Roman Property

Garnsey, P., Non-slave labour in the Roman world, in: Id., ed., Non-Slave Labour

Gärtner, U., Lucilius und die Freundschaft, in: Manuwald, hrsg., SatLucZeit

Garzetti, A., Appio Claudio Cieco nella storia politica del suo tempo, Athenaeum, 25, 1947

Gelzer, M., Die Nobilität der römischen Republik, Leipzig, 1912

Gentili, B., G. Cerri, La letteratura di Roma arcaica e l'Ellenismo, Torino, 2005

Giardina, A. et al. edd., Società romana e produzione schiavistica I: L'Italia: insediamenti e forme economiche [SRPS, I], Roma/Bari, 1981

Gierow, P. G. The Iron Age Culture of Latium, II, 1, Lund, 1964; I, Lund, 1966

Giffard, A.-E., Le sens du mot "auctoritas" dans les lois relatives à l'usucapio, RHD, 17, 1938

Gigon, O., Lukrez und Ennius, dans: AA. VV., Lucrèce

Giliberti, G., Servus quasi colonus. Forme non tradizionali di organizzazione del lavoro nella società romana, Napoli, 1981

Ginge, B., Excavations at Satricum (Borgo le Ferriere) 1907-10. Northwest Necropolis, Settlement, Sanctuary and Acropolis, Amsterdam, 1996

Giodice Sabbatelli, V., La tutela giuridica dei fideicommessi fra Augusto e Vespasiano, Bari, 1993

Giovannini, A., Il passaggio dalle istituzioni monarchiche all'istituzioni repubbliche, in: AA. VV., Bilancio critico

Girardet, K. M., Die ordnung der Welt. Ein Beitrag zur philosophischen und politischen interpretation von Cieros Schrift de legibus, Wiesbaden, 1983

Gjerstad, E., Early Rome, I. Stratigraphical Reserches in the Forum Romanum and along the Sacra Via, Lund, 1953

Gjerstad, E., Early Rome, II, 1, 2. The Tombs, Lund, 1953, 56

Gjerstad, E., Early Rome, III. Fortifications, Domestic Architecture, Sanctuaries. Stratigraphic Excavations, Lund, 1960

Gjerstad, E., Early Rome, IV, 1, 2. Synthesis of Archaeological Evidence, Lund, 1966

Gnade, M., ed., The Southwest Necropolis of Satricum. Excavations 1981-86, Amsterdam, 1992

Gnade, M., *Satricum in the Post-Archaic Period*, Leuven, 2002
Gnoli, F., *Ricerche sul crimen peculatus*, Milano, 1979
Gnoli, G. et al., edd., *La mort, les morts dans les sociétés anciennes*, Cambridge, 1982
Goldberg, S. M., *Understanding Terence*, Princeton, 1986
Goldberg, S. M., *Constructing Literature in the Roman Republic*, Cambridge, 2005
Goldschmidt, V., *Le paradigme dans la dialectique platonicienne*, Paris, 1947
Goldschmidt, V., La ligne de la République et la classification des sciences, dans : Id., *Questions platoniciennes*, Paris, 1970
Goldschmidt, V., *Essai sur le "Cratyle". Contribution à l'histoire de la pensée de Platon*, Paris, 1986
Goldschmidt, V., Le paradigme platonicien et ; les "regulae" de Descartes. dans : Id., *Questions platoniciennes*
Goldschmidt, V., *Les dialogues de Platon*, Paris, 1971
Gordon, W. M., *Studies in the Transfer of Property by Traditio*, Aberdeen, 1970
Gordon, W. M., The importance of the *iusta causa* of *traditio*, in : Birks, ed., *New Perspectives*
Graf, F., ed., *Mythos in mythenloser Gesellschaft. Das Paradigma Roms*, Stuttgart, 1993
Graf, F., Der Mythos bei den Römern. Forschungs-und Problemgeschichte, in : Id., ed., *Mythos in mythenloser Gesellschaft*
Graham Mason, G., The agrarian role of coloniae maritimae, *Historia*, 41, 1992
Granarolo, J., *L'œuvre de Catulle. Aspects religieux, éthiques et stilistique*, Paris, 1967
Granarolo, J., *D'Ennius à Catulle. Recherches sur les antécedents romains de la "poésie nouvelle"*, Paris, 1971
Gratwick, A. S., Hannos Punic speech in the Poenulus of Plautus, *Hermes*, 99, 1971
Greco, E., *Archeologia della Magna Grecia*, Roma-Bari, 1992
Greco, E., L'impianto urbano di Neapolis greca : aspetti e problemi, in : AA. VV., *Neapolis*
Greco, E. et al., *Poseidonia— Paestum I : La "Curia"*, Rome, 1980 ; *II : L'Agora*, Rome, 1983 ; *III : Forum nord*, Rome, 1987
Greco, G., ed., *Serra di Vaglio. La "Casa dei Pithoi"*, Modena, 1991
Greco, G. et al., edd., *Fratte. Un insediamento etrusco-campano*, Modena, 1990
Greco, G. et al., edd., *Velia. Studi e ricerche*, Modena, 1994
Greco, G. et al., Le terrecotte architettoniche di età arcaica ed ellenistica da Elea-Velia, in : Ead. et al., edd., *Velia*
Grenade, P., Autour du *De republica*, *REL*, 29, 1951
Griffin, M., ed., *Philosophia Togata. Essays on Philosophy and Roman Society*, Oxford, 1989
Griffin, M., Philosophy, politics, and politicians at Rome, in : Ead., ed., *Philosophia Togata*
Grimal, P., Le "bon roi" de Philodème et la royauté de César, *REL*, 44, 1966
Gros, P., M. Torelli, *Storia dell'urbanistica. Il mondo romano*, Roma-Bari, 1988
Grosso, G., *Schemi giuridici e società nella storia del diritto romano*, Torino, 1970
Gruen, E. S., *The Last Generation of the Roman Republic*, Berkeley, 1974
Gruen, E. S., *The Hellenistic World and the Coming of Rome, I*, Berkeley, 1984
Gruen, E. S., Greek Πιστις and Roman fides, *Athenaeum*, 60, 1982
Guaitoli, M., L'abitato di Castel di Decima, *AL II*, 1979
Gualtieri, M. et al., *Roccagloriosa II. L'oppidum lucano e il territorio*, Napoli, 2001
Gualtieri, M., *La Lucania Romana. Cultura e società nella documentazione archeologica*, Napoli, 2003
Guarino, A., *La rivoluzione della plebe*, Napoli, 1975
Guittard, Ch., La tradition manuscrite du livre IX. Problèmes d'établissement du texte, dans : Briquel et al. edd., *Le censeur*
Guzzo, P. G., Il territorio dei Brutii, in : Giardina, ed., *SRPS I*
Habicht, C., *Cicero der Politiker*, München, 1990
Hackens, T. et al. edd., *Crossroads of the Mediterranean*, Providence, 1984

文献表 1319

Hackens, T. et al., edd., *The Age of Pyrrhus*, Louvain-la-Neuve, 1992
Hähnchen, S., *Die causa condictionis. Ein Beitrag zum klassischen römischen Kondiktionenrecht*, Berlin, 2003
Hall, U., Notes on M. Fulvius Flaccus, *Athenaeum*, 55, 1977
Halloway, R. R., *The Archaeology of Early Rome and Latium*, London, 1994
Halloway, R. R., Variations sur le thème de Romulus. Réflexions après la parution de l'ouvrage *La nascita di Roma*, dans: M. Reddé et al., edd., *La naissance de la ville dans l'antiquité*, Paris, 2003
Hanell, K., Probleme der römischen Fasti, in: AA. VV., *ORR*
Hantos, Th., *Das römische Bundesgenossensystem in Italien*, München, 1983
Hantos, Th., *Res publica constituta. Die Verfassung des Dictators Sulla*, Stuttgart, 1988
Harari, M. et al., edd., *Il protovillanoviano al di qua e al di là dell'Appennino*, Como, 2000
Harris, W. V., *Rome in Etruria and Umbria*, Oxford, 1971
Harris, W. V., *War and Imperialism in Republican Rome 327-70 B. C.*, Oxford, 1979
Harris, W. V., Roman warfare in the economic and social context of the fourth century B. C., in: Eder, ed., *Staat und Staatlichkeit*
Harris, W. V., Between archaic and modern: some current problems in the history of the Roman economy, in: Id., ed., *The Inscribed Economy. Production and distribution in the Roman empire in the light of instrumentum domesticum*, Ann Arbor, 1993
Hartkamp, A. S., *Der Zwang im römischen Privatrecht*, Amsterdam, 1971
Hasenohr, Cl., Chr. Muller, Gentilices et circulation des Italiens: quelques réflexions méthodologiques, dans: AA. VV., *Les Italiens*
Hatzfeld, J., *Les trafiquants italiens dans l'Orient hellénique*, Rome, 1919
Hausmaninger, H., *Die Bona Fides des Ersitzungsbesitzers im klassischen römischen Recht*, München, 1964
Heintze, R., Ciceros Staat als politische Tendenzschrift, *Hermes*, 59, 1924
Hempel, K. G., *La necropoli di Taranto nel II e I a. C.*, Taranto, 2001
Hermon, E., *Habiter et partager les terres avant les Gracques*, Rome, 2001
Heurgon, J., *Recherches sur l'histoire, la religion et la civilisation de Capoue préromaine des origines à la deuxième guerre punique*, Paris, 1942
Heurgon, J., *Rome et la méditerranée occidentale jusuqu'aux guerres puniques*, Paris, 1969
Heurgon, J., Les pénates étrusques chez Denys d'Halicarnasse (IX, 5, 4), *Latomus*, 18, 1959
Heurgon, J., Magistratures romaines et magistratures etrusques, in: AA. VV., *ORR*
Hill, H., *The Roman Middle Class in the Republican Period*, Oxford, 1952
Hinard, F., *Les proscriptions de la Rome républicaine*, Rome, 1985
Hinrichs, F. T., *Die Geschichte der gromatischen Institutionen. Untersuchungen zu Landverteilung, Landvermesssung, Bodenverwaltung und Bodenrecht im römischen Reich*, Wiesbaden, 1974
Hölkeskamp, K.-J., *Die Entstehung der Nobilität. Studien zur sozialen und politischen Geschichte der römischen Republik im 4 Jhdt. v. Chr.*, Stuttgart, 1987
Hölkeskamp, K.-J., Die Entstehung der Nobilität und der Funktionswandel der Volkstribunats: die historische Bedeutung der lex Hortensia de plebiscitis, Id., *Senatus Populusque Romanus. Die politische Kultur der Republik— Dimensionen und Deutungen*, Stuttgart, 2002
Honsell, H., *Quod interest im bonae fidei iudicium. Studien zum römischen Schadensersatzrecht*, München, 1969
Hooley, D. M., *Roman Satire*, Oxford, 2007
Hopkins, K., *Conquerors and Slaves*, Cambridge, 1978
Horak, F., *Rationes decidendi. Entscheidungsbegründungen bei den älteren römischen Juristen bis Labeo*, Aalen, 1969
Horn, H., *Foederati. Untersuchungen zur Geschichte ihrer Rechtsstellung im Zeitalter der römischen Republik und des frühen Prinzipats*, Diss. Frankfurt a. M., 1930
Horsfall, N., Some problems in the Aeneas legend, *CQ*, 29, 1979

Horsfall, N. M., Myth and mythography at Rome, in : Bremmer et al., edd., *Roman Myth*
Horsfall, N. M., The Aeneas legend from Homer to Virgil, in : Bremmer et al. edd., *Roman Myth*
Horvat, M., Réflexions sur l'usucapion et l'auctoritas, *RIDA*, 3, 1956
Humbert, M., *Municipium et civitas sine suffagio. L'organisation de la conquête jusqu'à la guerre sociale*, Roma, 1978
Humbert, M., L'incorporation de Caere dans la civitas Romana, *MEFRA*, 84, 1972
Humbert, M., Hispala Faecenia et l'endogamie des affrachis sous la République, *Index*, 15, 1987
Humbert, M., La crise politique du Ve siècle et la législation décemvirale, dans : AA. VV., *Crise et transformation*
Humm, M., *Appius Claudius Caecus. La république accomplie*, Rome, 2005
Humm, M., La figure d'Appius Claudius Caecus chez Tite-Live, dans : Briquel et al. edd., *Le censeur*
Hunter, R. L., *The New Comedy of Greece and Rome*, Cambridge, 1985
Hurlet, F., *La dictature de Sylla : monarchie ou magistrature républicaine ? Essai d'histoire constitutionelle*, Bruxelles, 1993
Huvelin, P., *Etudes d'histoire de droit commercial romain*, Paris, 1929
Impallomeni, G., *L'editto degli edili curuli*, Padova, 1955
Iohannatou, M., *Affaires d'argent dans la correspondance de Cicéron. L'aristocratie sénatoriale face à ses dettes*, Paris, 2006
Isnardi Parente, M., *Introduzione a lo stoicismo ellenistico*, Roma-Bari, 1993
Jacoby, F., *The Local Chronicles of Ancient Athens*, Oxford, 1949
Jacoby, F., *Die Fragmente der griechischen Historiker, IIIb, Kommentar*, Berlin, 1955
Jacoby, F., *Die Fragmente der griechischen Historiker, Ia, Kommentar*, Berlin, 1957
Jacques, F., *Les curateurs des cités dans l'Occident romain de Trajan à Gallien*, Paris, 1983
Jacques, F., *Le privilège de liberté. Politique impériale et autonomie municipale dans les cités de l'Occident romain (161-244)*, Rome, 1984
Jacques, F., *Les cités de l'Occident romain*, Paris, 1990
Jacques, F. et al., *Rome et l'intégration de l'Empire, 44 av. J.-C.-260 ap. J.-C.*, I, Paris, 1990
Jaeger, M., *Livy's Written Rome*, Ann Arbor, 1997
Jahr, G., Zur iusta causa traditionis, *SZ*, 80, 1963
Jakab, E., *Praedicere und cavere beim Marktkauf. Sachmängel im griechischen und römischen Recht*, München, 1997
Jannot, J. R., Enquête sur l'enlèvement des Sabines, dans : AA. VV., *La Rome des premières siècles*
Jehne, M., Zur Debatte um die Rolle des Volks in der römischen Republik, in : Id., *Demokratie in Rom ?*, Stuttgart, 1995
Jehne, M. et al., edd., *Herrschaft ohne Integration ? Rom und Italien in republikanischen Zeit*, Frankfurt a. M., 2006
Jenkins, G. K., The coinages of Enna, Galaria, Piakos, Imachara, Kephaloidion, in : AA. VV., *Le emissioni*
Johannowsky, W., La situazione in Campania, in : AA. VV., *Hellenismus in Mittelitalien*
Johannowsky, W., L'abitato tardo-ellenistico a Fioccaglia di Flumeri e la romanizzazione dell'Irpinia, in : Salvatore ed., *Basilicata. L'espansionismo romano*
Johannowski, W., Problemi riguardanti la situazione culturale della Campania interna in rapporto con le zone limitrofe fra il VI sec. a. C. e la conquista romana, in : AA. VV., *La Campania fra VI e III*
Johannowsky, W., Circello, Casalbore e Flumeri nel quadro della romanizzazione dell'Irpinia, dans : AA. VV., *La romanisation du Samnium*
Jones, G. B. D., Capena and the Ager Capenas, *PBSR*, 1962
Juhle, J. C., *La critique littéraire chez Catulle et les élégiaques augustéens*, Louvain, 2004
Kahane, A. et al., The Ager Veientanus, north and east of Veii, *PBSR*, 1968

文献表　　　　　　　　　　　1321

Kahane, A., The Ager Veientanus. The area south and west of La Storta, *PBSR*, 1977
Kallet-Marx, R. M., *Hegemony to Empire. The Development of the Roman Imperium in the East from 148 to 62 B. C.*, Berkeley, 1995
Kaser. M., *Eigentum und Besitz im älteren römischen Recht*, Köln, 1956
Kaser, M., In bonis esse, *SZ*, 78, 1961
Kaser, M., Zur "iusta causa traditionis", *BIDR*, 64, 1961
Kaser, M., *Das römische Zivilprozessrecht* [*RZPR*], München, 1966
Kaser, M., *Das römische Privatrecht. I. Das altrömische, das vorklassische und klassische Recht*² [*RPR, I*], München, 1971
Kaser, M., Studien zum römischen Pfandrecht, *TR*, 44, 1976
Kaser, M., Besitzpfand und "besitzloses" Pfand, *SDHI*, 45, 1979
Kehoe, D. P., *The Jurists and the Roman Agrarian Economy*, Ann Arbor, 1997
Keller, F. L., *Ueber Litis Contestation und Urtheil nach classischem Römischen Recht*, Zürich, 1827
Kennedy, D. F., *Rethinking Reality. Lucretius and the Textualization of Nature*, Ann Arbor, 2002
Kennedy, G., *The Art of Rhetoric in the Roman World 300 B. C.-A. D. 300*, Princeton, 1972
Kierdorf, W., Catos "Origines" und die Anfänge der römischen Geschichtsschreibung, *Chiron*, 10, 1980
Kirk, G. S., *The Nature of Greek Myths*, London, 1974
Klami, H. T., "Mutua magis videtur quam deposita". Über die Geldverwahrung im Denken der römischen Juristen, Helsinki, 1969
Klami, H. T., Mandatum and labour in Roman Law, *SZ*, 106, 1989
Kleve, K., The philosophical polemics in Lucretius, dans: AA. VV., *Lucrèce*
Klingenberg, G., *Commissum. Der Verfall nichtdeklarierter Sachen im römischen Recht*, Graz, 1977
Knoop, R. R., *Antefixa Satricana. Sixth-Century Architectural Terracottas from the Sanctuary of Mater Matuta at Satricum*, Assen/Maastricht, 1987
Kolendo, J., L'Italia romana: campagna e ceti rurali, AA. VV., *Storia della società italiana*, II, Milano, 1983
Konstan, D., *Roman Comedy*, Ithaca, 1983
Konstan, D., Aulularia: city-state and individual, in: E. Segal, *Oxford Readings in Menander, Plautus, and Terence*, Oxford, 2001
Krämer, G., *Das besitzlose Pfandrecht. Entwicklung in der römischen Republik und im frühen Prinzipat*, Köln, 2007
Kunkel, W., *Untersuchungen zur Entwicklung des römischen Kriminalverfahrens in vorsullanischer Zeit*, München, 1962
Kunkel, W., *Herkunft und soziale Stellung der römischen Juristen*², Köln, 1967
Kunkel, W., Diligentia, *SZ*, 45, 1925
Kunkel, W., Exegetische Studien zur aquilischen Haftung, *SZ*, 49, 1929
Kunkel, W., Civilis und naturalis possessio. Eine Untersuchung über Terminologie und Struktur der römischen Besitzlehre, in: AA. VV., *Symbolae Friburgensis in honorem Ottonis Lenel*, Leipzig, 1935
Kunkel, W., Fides als schöpferisches Element im römischen Schuldrecht, in: *Festschr. Koschaker*
Kunkel, W., Das Konsilium im Hausgericht, *SZ*, 83, 1966
Kunkel, W., Hypothesen zur Geschichte des römischen Pfandrechts, *SZ*, 90, 1973
La Penna, A., *Sallustio e la rivoluzione romana*, Milano, 1968
La Penna, A., La cultura letteraria, in: Momigliano et al., edd., *Storia di Roma*, 4
La Regina, A., Il Sannio, in: AA. VV., *Hellenismus in Mittelitalien*
Labruna, L., *Vim fieri veto. Alle radici di una ideologia*, Napoli, 1971
Labruna, L., Plauto, Manilio, Catone: premesse allo studio dell' "emptio" consensuale, *Labeo*, 14, 1968
Laffi, U., Il mito di Silla, *Athenaeum*, 45, 1967
Laffi, U., I senati locali nell'Italia repubblicana, dans: AA. VV., *Bourgeoisies municipales*

Laffi, U., Poteri triumvirali e organi repubblicani, in : A. Gara et al., edd., *Il triumvirato costituente alla fine della repubblica romana*, Como, 1993

Lafon, X., A propos de l'épisode de Tarente (282 avant J.-C.) : un développement précoce de la politique navale romaine et de sa flotte militaire ?, dans : E. Caire et al. edd., *Guerre et diplomatie romaines (IVe-IIIe siècles)*, Aix-en-Provence, 2006

Lamboley, J.-L., *Muro Leccese. Sondages sur la fortification nord*, Rome, 1999

Laser, G., *Populo et scaenae serviendum est. Die Bedeutung der städtischen Masse in der späten römischen Republik*, Trier, 1997

Le Bonniec, H., *Le culte de Cérès à Rome. Des origins à la fin de la République*, Paris, 1958

Lefèvre, E., Lucilius und die Politik, in : Manuwald, hrsg., *SatLucZeit*

Leigh, M., *Comedy and the Rise of Rome*, Oxford, 2004

Lejeune, M., *Méfitis d'après les dédicaces lucaniennes de Rossano di Vaglio*, Louvain-la-Neuve, 1990

Lepore, E., *Il princeps ciceroniano e gli ideali politici della tarda repubblica*, Napoli, 1954

Lepore, E., *Ricerche sull'antico Epiro. Le origini storiche e gli interessi greci*, Napoli, 1962

Lepore, E., *Colonie greche dell'occidente antico*, Roma, 1989

Lepore, E., *Origini e strutture della Campania antica. Saggi di storia etno-sociale*, Bologna, 1989

Lepore, E., Orientamenti per la storia sociale di Pompei, in : AA. VV., *Pompeiana. Raccolta di studi per il secondo centenario degli scavi di Pompei*, Napoli, 1950 (=in : Id., *Origini e strutture*)

Lepore, E., Da Cicerone a Ovidio. Un aspetto di storia sociale e culturale, *PP*, 1958

Lepore, E., in : AA. VV., *Storia di Napoli*, I, Napoli, 1967

Lepore, E., *PP*, 24, 1969

Lepore, E., in : AA. VV., *Taranto nella civiltà della Magna Grecia, Atti del X convegno di studi sulla Magna Grecia*, Taranto, 1970

Lepore, E., Strutture della colonizzazione focea in Occidente (1970), in : Id., *Colonie greche*

Lepore, E., La tradizione antica sui lucani e le origini dell'entità regionale, in : AA. VV., edd., *Antiche civiltà lucane*, 1975

Lepore, E., in : AA. VV., *Le emissioni dei centri suculi*, 1975

Lepore, E., La Campania preromana, in : Id., *Origini e strutture* (=AA. VV., *Storia della Campania*, I, 1978)

Lepore, E., Il quadro storico della Campania romana, in : Id., *Origini e strutture* (=F. Zevi, ed., *Pompei 79*, Napoli, 1979)

Lepore, E., Grecia : il lavoro urbano, in : Garnsey, ed., *Non-Slave Labour*, 1980

Lepore, E., Roma e le città greche o hellenizzate, in : AA. VV., *Bourgeoisies municipales*, 1983

Lepore, E., La città romana, in : AA. VV., *Napoli antica*, Napoli, 1985

Lepore, E., Il mediterraneo e i popoli italici nella transizione del V secolo, in : Momigliano et al. edd., *Storia di Roma, 1*

Lepore, E., Il pensiero politico romano del I secolo, in : Momigliano, et al., edd., *Storia di Roma, 2, I*

Lepore, E., La crisi della "nobilitas" : fra reazione e riforma, in : Momigliano et al. edd., *Storia di Roma, 2, I*

Lepore, E., La decisione politica e l' *auctoritas* senatoria, in : Momigliano et al. edd., *Storia di Roma, 2, I*

Lepore, E., Parallelismi, riflessi, incidenza degli avvenimenti del contesto mediterraneo in Italia, dans : AA. VV., *Crise et transformation*, 1990

Lepore, E., Le strutture economiche e sociali, in : AA. VV., *La Campania fra il VI e il III*, 1992

Letta, C., L' "Italia dei mores romani" nelle origines di Catone, *Athenaeum*, 62, 1984

Léveque, P., De Timoléon à Pyrrhos, *Kokalos*, 14-15, 1968-1969

Lévy, C., *Cicero Academicus. Recherches sur les Académiques et sur la philosophie cicéronienne*, Rome, 1992

Lévy-Bruhl, H., *Quelques problèmes du très ancien droit romain. Essai de solutions sociologiques*, Paris, 1934

Lévy-Bruhl, H., *Deux études : addicere et auctoritas*, Paris, 1942

Lévy-Bruhl, H., *Recherches sur les actions de la loi*, Paris, 1960

Liebs, D., *Die Klagenkonkurrenz im römischen Recht. Zur Geschichte der Scheidung von Schadenersatz und Privatstrafe*, Göttinngen, 1972
Ligios, M. A., *Interpretazione giuridica e realtà economica dell' "instrumentum fundi" tra il I sec. a. C. e il III sec. d. C.*, Napoli, 1996
Linderski, J., Religious aspects of the conflict of the orders: the case of confarreatio, in: *Social Struggles*
Linke, B., *Von der Verwandschaft zum Staat. Die Entstehung politischer Organisationsformen in der frühromischen Geschichte*, Stuttgart, 1995
Lintott, A. W., *Violence in Republican Rome*, Oxford, 1968
Lintott, A. W., Provocatio. From the struggle of the orders to the principate, *ANRW, I, 2*, 1972
Lintott, A. W., *Judicial Reform and Land Reform in the Roman Republic. A New Edition, with Translation and Commentary, of the Laws from Urbino*, Cambridge, 1992
Liou-Gille, B., L'enlèvement des Sabines, *Latomus*, 50, 1991
Liou-Gille, B., Le butin dans la Rome ancienne, dans: AA. VV., *La Rome des premiers siècles*
Liou-Gille, B., Une tentative de reconstruction historique: les cultes fédéraux latins de Diane nemorensis, *PP*, 47, 1992
Litewski, W., Le dépôt irrégulier, *RIDA*, 21, 1974
Lloyd, G. E. R., *Aristotle: the Growth and Structure of his Thought*, Cambridge, 1968
Lloyd-Jones, H., Terentian technique in the *Adelphi* and the *Eunuchus*, *CQ*, 23, 1973
Lo Cascio, E., Introduzione, in: Id., ed., *Credito e moneta nel mondo romano*, Bari, 2003
Lo Porto, F. G. et al., *Le "Lastre dei Cavalieri" di Serra di Vaglio*, Roma, 1990
Lo Porto, F. G., *Timmari. L'abitato, le necropoli, la stipe votiva*, Roma, 1991
Lobrano, G., *Il potere dei tribuni della plebe*, Milano, 1982
Lomas, K., *Rome and the Western Greeks 350 BC-AD 200. Conquest and Acculturation in Southern Italy*, London, 1993
Lombardi, L., Dalla "*fides*" alla "*bona fides*", Milano, 1961
Lotito, G., Modelli etici e base economica nelle opere filosofiche di Cicerone, in: AA. VV., *Società romana e produzione schiavistica, III: Modelli etici, diritto e trasformazioni sociali*, Roma-Bari, 1981
Lowe, J. C. B., The eunuchus: Terence and Menander, *CQ*, 33, 1983
Lowe, J. C. B., Plautine innovations in Mostellaria 529-857, *Phoenix*, 39, 1985
Lowe, J. C. B., The *virgo callida* of Plautus *Persa*, *CQ*, 39, 1989
Lowe, J. C. B., Aspects of Plautus'originality in the Asinaria, *CQ*, 42, 1992
Luchi, O., I territori di Volterra e di Chiusi, in: Giardina, ed., *SRPS, I*
Lukesh, S. S., Italy and the Apennine culture, in: Hackens et al. edd., *Crossroads*
Lulof, P. S., *Satricum V. The Ridgepole Statues from the Late Archaic Temple at Satricum*, Amsterdam, 1996
Lyne, R. O. A. M., The neoteric poets, *CQ*, 28, 1978
Maaskant-Kleibrink, M., *Settlements Excavations at Borgo le Ferriere "Satricum", I: The Campaigns 1979-81*, Groningen, 1987
Maaskant-Kleibrink, M., *Settlements Excavations at Borgo le Ferriere "Satricum", II: The Campaigns 1983-87*, Groningen, 1992
MacBain, B., Appius Claudius Caecus and the via Appia, *CQ*, 30, 1980
MacCormack, G., Naturalis possessio, *SZ*, 84, 1967
MacCormack, G., Nexi, iudicati, addicti in Livy, *SZ*, 84, 1967
MacCormack, G., The role of animus in the classical law of possession, *SZ*, 86, 1969
MacCormack, G., Culpa, *SDHI*, 39, 1972
MacCormack, G., Custodia and culpa, *SZ*, 89, 1972
MacCormack, G., The lex Poetelia, *Labeo*, 19, 1973
Maddox, G., The economic causes of the lex Hortensia, *Latomus*, 42, 1983

Maganzani, L., *Pubblicani e debitori d'imposta. Ricerche sul titolo edittale de publicanis*, Torino, 2002
Magdelain, A., *Le consensualisme dans l'édit du préteur*, Paris, 1958
Magdelain, A., *Recherches sur l' "imperium". La loi curiate et les auspices d'investiture*, Paris, 1968
Magdelain, A., *Jus imperium auctoritas. Études de droit romain*, Paris, 1990
Magdelain, A., *De la royauté et du droit. De Romulus à Sabinus*, Roma, 1995
Magdelain, A., Auctoritas rerum, *RIDA*, 5, 1950
Magdelain, A., "Auspicia ad patres redeunt", *Hommages Bayet*, Paris, 1964
Magdelain, A., "praetor maximus" et "comitiatus maximus" (1969), dans : Id., *Ius Imperium Auctoritas*
Magdelain, A., Remarques sur la perduellio, dans : Id., *Jus imperium auctoritas* (=*Historia*, 22, 1973)
Magdelain, A., De la coercition capitale du magistrat supérieur au tribunat du peuple (1987), dans : Id., *Jus imperium auctoritas*
Magdelain, A., La loi Poetelia Papiria et la loi Iulia de pecuniis mutuis, dans : *St. D'Ors, II*, Pamplona, 1987
Magdelain, A., Les XII tables et le concept de ius, dans : O. Behrends et al., edd., *Zum römischen und neuzeitlichen Gesetzbegriff*, Göttingen, 1987
Magdelain, A., Provocatio ad populum, dans : Id., *Jus imperium auctoritas* (=*Estudios Iglesias*, 1988)
Maggiani, A., Nuovi dati per la ricostruzione del ciclo pittorico della tomba François, in : AA. VV., *Ricerche di pittura ellenistica*
Manacorda, D., L'ager Cosanus tra tarda repubblica e impero : forme di produzione e assetto della proprietà, in : D'Arms et al. edd., *Seaborne Commerce*
Manacorda, D., L'interpretazione della villa dai Sestii agli Imperatori in : Carandini ed., *Settefinestre*
Manca di Mores, G., Terrecotte architettoniche dai templi di Ardea, *AL XI*, 1993
Manconi et al., D., La situazione in Umbria dal III sec. a. C. alla tarda antichità, in : Giardina, ed., *SRPS I*
Manfredini, A., *Contributi allo studio dell' "iniuria" in età repubblicana*, Milano 1977
Manfredini, A., L'editto "De coercendis rhetoribus Latinis" del 92 a. C., *SDHI*, 42, 1976
Manna, L., *Actio redhibitoria e responsabilità per i vizi della cosa nell'editto de mancipis vendundis*, Milano, 1994
Mannino, V., *L' "auctoritas patrum"*, Milano, 1979
Mannino, V., *L'estensione al garante delle eccezioni del debitore principale nel diritto romano*, Torino, 1992
Mantovani, D., *Il problema d'origine dell'accusa popolare. Dalla "quaestio" unilaterale all' "quaestio" bilaterale*, Padova, 1989
Mantovani, D., Il pretore giudice criminale in età repubblicana, *Athenaeum*, 78, 1990
Mantovani, D., L'occupazione dell'ager publicus e le sue regole prima del 367 a. C., *Athenaeum*, 85, 1997
Manuwald, G., hrsg., *Der Satiriker Lucilius und seine Zeit* [*SatLucZeit*], München, 2001
Manzo, A., *La lex Licinia Sextia de modo agrorum. Lotte e leggi agrarie tra il V e IV secolo a. C.*, Napoli, 2001
Marcone, A., Il nuovo stile dell'uomo politico : Pompeo "princeps civilis", *Athenaeum*, 78, 1990
Marcone, A., Il lavoro nelle campagne, in : Momigliano/Schiavone edd., *Storia di Roma, 3 : L'età tardoantica, 1 : Crisi e trasformazioni*, Torino, 1993
Marshall, B. et al., Tribunician agitation and aristocratic reaction 80-71 B. C., *Athenaeum*, 65, 1987
Martin, P. M., *L'idée de royauté à Rome : de la Rome royale au consensus républicain* [*Royauté I*], Clermont-Ferrand, 1982
Martin, P. M., Héraklès en Italie d'après Denys d'Halicarnasse (A. R., I, 34-44), *Athenaeum*, 50, 1972
Martin, P. M., Contribution de Denys d'Halicarnasse à la connaissance du ver sacrum, *Latomus*, 32, 1973
Martin, P. M., Des tentatives de tyrannies à Rome au Ve-IVe siècles, dans : Eder, ed., *Staat und Staatlichkeit*
Martin, P. M., Énée chez Denys d'Halicarnasse. Problèmes de généalogie, *MEFRA*, 101, 1989
Martin, P. M., Sur quelques thèmes de l'éloquence *popularis*, notamment l'invective contre la passivité du peuple, dans : G. Achard et al. edd., *Orateur, auditeurs, lecteurs : à propos de l'éloquence romaine*, Lyon, 2000

Martin, R., *Recherches sur l'agora grecque,* Paris, 1951
Martin, René, Essai d'interprétation économico-sociale de la légende de Romulus, *Latomus,* 26
Martini, R., *Le definizioni dei giurisit romani,* Milano, 1966
Martini, R., *Ricerche in tema di editto provinciale,* Milano, 1969
Masi Doria, C., *Bona libertorum. Regimi giuridici e realtà sociali,* Napoli, 1996
Masi Doria, C., Spretum imperium. La contentio tra L. Papirio Cursore e Q. Fabio Rulliano, in: Ead., *Spretum imperium,* Napoli, 2000
Massa-Pirault, Fr.-H., Problemi de lettura della pittura funeraria di Orvieto, in: AA. VV., *Ricerche di pittura ellenistica*
Massa Pairault, Fr.-H., Notes sur le problème du citoyen en armes: cité romaine et cité étrusque, dans: Adam et al. edd., *Guerre et société*
Massa-Pairault, Fr.-H., Mythe et identité politique. L'Étrurie du IVe siècle à l'époque hellénistique, dans: AA. VV., *Le mythe grec*
Massa-Pairault, Fr.-H., Relations d'Appius Claudius Caecus avec l'Etrurie et la Campanie, dans: Briquel et edd., *Le censeur*
Mastrocinque, A., *Lucio Giunio Bruto. Ricerche di storia, religione e diritto sulle origini della repubblica romana,* Trento, 1988
Mayer-Maly, Th., *Locatio conductio. Eine Untersuchung zum klassischen römischen Recht,* Wien, 1955
Mayer-Maly, Th., Studien zur Frühgeschichte der Usucapio I, *SZ,* 77, 1960
Mayer-Maly, Th., Studien zur Frühgeschichte der Usucapio III, *SZ,* 79, 1962
Mazza, M., Terra e lavoratori nella Sicilia tardorepubblicana, in: Giardina, ed., *SRPS, I*
Mazzarino, S., *Dalla monarchia allo stato repubblicano,* Catania, 1945
Mazzei, M. et al., Aspetti della romanizzazione della Daunia, in: Salvatore ed., *Basilicata. L'espansionismo romano*
McCarthy, K., *Slaves, Masters and the Art of Authority in Plautine Comedy,* Princeton, 2000
Meier, Chr., *Res publica amissa. Eine Studie zu Verfassung und Geschichte der späten römischen Republik^2,* Frankfurt a. M., 1980
Meissel, F.-S., *Societas. Struktur und Typenvielfalt des römischen Gesellschaftsvertrags,* Frankfurt a. M., 2004
Mele, A., *Il commercio greco arcaico. Prexis ed emporie,* Napoli, 1979
Mele, A., Crotone e la sua storia, in: AA. VV., *Crotone. Atti del XXIII convegno di studi sulla Magna Grecia,* Taranto, 1984
Mele, A., Aristodemo, Cuma e il Lazio, in: AA. VV., *Etruria e Lazio arcaico,* Roma, 1987
Menichetti, M., *Archeologia del potere. Re, immagini e miti a Roma e in Etruria in età arcaica,* 1994
Mercuri, L., *Eubéens en Calabre à l'époque archaïque. Formes de contacts et d'implantation,* Rome, 2004
Meurant, A., *L'idée de gémellité dans la légende des origines de Rome,* Bruxelles, 2000
Michel, A., *Les rapports de la rhétorique et de la philosophie dans l'œuvre de Cicéron,* Paris, 1960
Michel, A., Le philosophe et l'antiquaire : à propos de l'influence de Varron sur la tradition grammaticale, dans: Collart, ed., *Varron*
Michel, A., La théorie de la rhétorique chez Cicéron : éloquence et philosophie, dans: AA. VV. *Eloquence et rhétorique chez Cicéron,* Genève, 1981
Michels, A. K., *The Calendar of the Roman Republic,* Princeton, 1967
Migeotte, L., *L'emprunt public dans les cités grecques : recueil des documents et analyse critique,* Paris, 1984
Milazzo, F., *Profili costituzionali del ruolo dei militari nella scelta del Princeps. Dalla morte di Augusto all'avvento di Vespasiano,* Napoli, 1989
Millar, F., *The Crowd in Rome in the Late Republic,* Ann Arbor, 1998
Miller Ammerman, R., *The Sanctuary of Santa Venera at Paestum, II : The Votive Terracottas,* Ann Arbor, 2005

Minyard, J. D., *Lucretius and the Late Republic*, Leiden, 1985
Mitchell, R. E., *Patricians and Plebeians. The Origin of the Roman State*, Ithaca, 1990
Mitchell, T. N., *Cicero. The senior Statesman*, New Haven, 1991
Mitteis, L., Trapezitika, *SZ*, 19, 1898
Moatti, C., *La raison de Rome. Naissance de l'esprit critique à la fin de la République*, Paris, 1993
Moatti, C., *Archives et partage de la terre dans le monde romain* (IIe siècle av.-Ier siècle ap. J.-C.), Rome, 1993
Moatti, C., Étude sur l'occupation des terres publiques à la fin de la République romaine, *Cahiers du centre G. Glots*, II, 1991
Moltesen, M., et al., *Excavations at La Giostra*, Roma, 1994
Momigliano, A., *Roma arcaica*, Firenze, 1989
Momigliano, A., *Classical Foundations of Modern Historiography*, Berkeley, 1990
Momigliano, A., Ricerche sulle magistrature romane (1931), in: Id., *Roma arcaica* (=*Quarto contributo*)
Momigliano, A., Due punti di di storia romana arcaica, in: Id., *Roma arcaica* (=*SDHI*, 2, 1936=*Quarto contributo*)
Momigliano, A., Studi sugli ordinamenti centuriati, in: Id., *Roma arcaica* (=*SDHI*, 4, 1938=*Quarto contributo*)
Momigliano, A., Tre figure mitiche: Tanaquilla, Gaia Cecilia, Acca Larenzia (1938), Id., *Roma arcaica* (=*Quarto contributo*)
Momigliano, A., Camillus and Concord (1942), in: Id., *Secondo contributo alla storia degli studi classici*, Roma, 1960
Momigliano, A., Le origini di Roma, in: Id., *Roma arcaica* (=The origins of Rome, *Cambridge Ancient History*, VII, 2 ed., 1954=*Settimo contributo*)
Momigliano, A., Linee per una valutazione di Fabio Pittore, in: Id., *Roma arcaica* (=*RAL*, 1960=*Terzo contributo*)
Momigliano, A., Sul "dies natalis" del santuario federale di Diana sull'Aventino, in: Id., *Roma arcaica* (=*RAL*, XVII, 7-12, 1962=*Terzo contributo*)
Momigliano, A., Timeo, Fabio Pittore e il primo censimento di Servio Tullio, in: Id., *Roma arcaica* (=*St. Rostagni*, Torino, 1963=*Terzo contributo*)
Momigliano, A., Rapporto provissorio sulle origini di Roma, in: Id., *Roma arcaica* (=An interim report on the origins of Rome, *JRS*, 53, 1963=*Terzo Contributo*)
Momigliano, A., Osservazioni sulla distinzione fra patrizi e plebei, in: Id., *Roma arcaica* (=AA. VV., *Les origines de la république romaine*, 1967=*Quarto contributo*)
Momigliano, A., Praetor maximus e questioni affini, Roma arcaica (=*Studi Grosso*, Torino, 1968=*Quarto contributo*)
Momigliano, A., Il rex sacrorum e l'origine della repubblica, *Roma arcaica* (=*Studi Volterra*, Milano, 1969=*Quinto contributo*)
Momigliano, A., Le origini della Repubblica Romana, in: Id., *Roma arcaica* (=*Rivista Storica Italiana*, 81, 1969=*Quinto contributo*)
Momigliano, A., Prolegomena a ogni futura metafisica sulla plebe romana, in: Id., *Roma arcaica* (=*Labeo*, 23, 1977=*Sesto contributo*)
Momigliano, A., Come riconciliare greci e troiani (or., 1982), in: Id., *Roma arcaica* (=*Settimo contributo*)
Momigliano, A. et al., edd., *Storia di Roma, I: Roma in Italia*, Torino, 1988
Momigliano, A. et al., edd., *Storia di Roma, 2, I: La repubblica imperiale*, Torino, 1990
Momigliano, A. et al., edd., *Storia di Roma, 2, III: La cultura e l'impero*, Torino, 1992
Momigliano, A. et al., edd., *Storia di Roma, 3: L'età tartoantica, I: Crisi e trasformazioni*, Torino, 1993
Momigliano, A. et al., edd., *Storia di Roma, 4: Caratteri e morfologie*, Torino, 1989
Mommsen, Th., *Die römische Chronologie bis auf Caesar*, Berlin, 1859

文献表　　　　　　　　　　1327

Mommsen, Th., *Römische Forschungen* [*RF*], *II*, Berlin, 1879
Mommsen, Th., *Römisches Staatsrecht*, III, 2, Berlin, 1888
Mommsen, Th., *Römisches Strafrecht* [*StrafR*], Graz, 1899
Mommsen, Th., Die römische Anfänge von Kauf und Miethe, *SZ*, 6, 1885=*Jur. Schr.*, *III*
Mommsen, Th., Die Erzählung von Cn. Marcius, in: Id., *RF II*
Mommsen, Th., Sp. Cassius, M. Manlius, Sp. Maelius, die drei Demagogen der älteren republikanischen Zeit, in Id., *RF, II*
Monier, R., *La garantie contre les vices cachés dans la vente romaine*, Paris, 1930
Montanari, E., *Mito e storia nell'annalistica romana delle origini*, Roma, 1990
Montepaone, Cl., Artemis taurica a Brauron, in: Ead., *Lo spazio del margine*, Roma, 1999
Moore, T. J., *The Theater of Plautus. Playing to the Audience*, Austin, 1998
Mora, F., *Fasti e schemi cronologici. La riorganizzazione annalistica del passato remoto romano*, Stuttgart, 1999
Moreau, Ph., Structures de parenté et d'alliance à Larinum d'après le *pro Cluentio*, dans: AA. VV., *Bourgeoisies municipales*
Moretti M. et al., edd., *I Corunas di Tuscania*, Roma, 1983
Moretti Sgubini, A. M., ed., *Veio, Cerveteri, Vulci. Città d'Etruria a confronto*, Roma, 2001
Moretti Sgubini, A. M., Usi funerari a Vulci, in: AA. VV., *Dinamiche di sviluppo*
Morris, I., *Death Ritual and Social Structure in Classical Antiquity*, Cambridge, 1992
Mouritzen, H., *Italian Unification*, London, 1998
Mouritsen, H., *Plebs and Politics in the Late Roman Republic*, Cambridge, 2001
Muller, R., *Les Stoïciens*, Paris, 2006
Müller-Ehlen, M., *Hereditatis petitio. Studien zur Leistung auf fremde Schuld und zur Bereicherungshaftung in der römischen Erbshcaftsklage*, Köln, 1998
Münzer, F., *Römische Adelsparteien und Adelsfamilien*, Stuttgart, 1920
Musti, D., *Tendenze nella storiografia romana e greca su Roma arcaica. Studi su Livio e Dionigi d'Alicarnasso*, Roma, 1970
Musti, D., Problemi della storia di Locri Epizefirii, in: AA. VV., *Locri Epizefirii. Atti del XVI conevgno di studi sulla Magna Grecia*, Taranto, 1977
Nagy, G., ed., *Greek Literature in the Hellenistic Period*, New York, 2001
Narducci, E., *Cicerone e l'eloquenza romana. Retorica e progetto culturale*, Roma/Bari, 1997
Naso, A., *La tomba dei Denti di Lupo a Cerveteri*, Firenze, 1991
Naso, A., Il tumulo del Sorbo a Caere, in: AA. VV., *Dinamiche di sviluppo*
Nicolau, M., *Causa liberalis*, Paris, 1933
Nicolet, Cl., *L'ordre équestre à l'époque républicaine*, *I*, Paris, 1966
Nicolet, Cl., éd., *Demokratia et aristokratia. A propos de Caius Gracchus : mots grecs et réalités romaines*, Paris, 1983
Nicolet, Cl., *Tributum. Recheches sur la fiscalité directe sous la republique romaine*, Bonn, 1976
Nicosia, G., *Studi sulla "deiectio" I*, Milano, 1965
Nielsen, E., Ultime indagini al tempio dei Castori, *AL VIII*, 1987
Nippel, W., *Aufruhr und "Polizei" in der römischen Republik*, Stuttgart, 1988
Nitzsch, K. W., *Die Römische Annalistik von ihren ersten Anfängen bis auf Valerius Antias*, Berlin, 1873
Noailles, P., Nexum, *RHD*, 19, 1940-41
Noailles, P., Vindicta, *RHD*, 19, 1941
Noailles, P., "manum injicere", *RHD*, 4s. 20, 1942
Noailles, P., Le procès de Virginie, *REL*, 20, 1942
Noè, E., I proemi del De re rustica di Varrone, *Athenaeum*, 55, 1977
Nörr, D., Zur sozialen rechtlichen Bewertung der freien Arbeit in Rom, *SZ*, 82, 1965

North, J. A., Democratic politics in republican Rome, *P & P*, 126, 1990
Nylander, C. et al., Indagini al tempio dei Castori, *AL VII*, 1985
Oakely, S. P., *A Commentary on Livy. Books VI-X, Vol. 1 : Introduction and Book VI*, Oxford, 1997
Ogilvie, R. M., *A Commentary on Livy Books 1-5*, Oxford, 1965
Olivier-Martin, F., Des divisions du louage en droit romain, *RHD*, 15, 1936
Orlandini, P., La rinascita della Sicilia nell'età di Timoleonte all luce delle nuove scoperte archeologiche, *Kokalos*, 4, 1958
Oumé, K., *De la transaction*, Paris, 1889
Owens, W. M., The third deception in Bacchides : fides and Plautus'originality, *AJP*, 115, 1994
Paananen, U. et al., edd., *Senatus Populusque Romanus. Studies in Roman Republican Legislation*, Helsinki, 1993
Pailler, J.-M., *Bacchanalia. La répression de 186 av. J.-C. à Rome et en Italie*, Rome, 1988
Pais, E., *Storia critica di Roma, II*, Roma, 1915
Paladino, I., *Fratres Arvales. Storia di un collegio sacerdotale romano*, Roma, 1988
Palmer, R. E. A., *The Archaic Community of the Romans*, Cambridge, 1970
Palmer, R. E. A., The censors of 312 B. C. and the state religion, *Historia*, 14, 1965
Pani, M., *Politica in Roma antica*, Roma, 1997
Pani, M., L'ultimo Cicerone fra crisi dei *principes* e ciclo delle repubbliche, in : A. Gora et al. edd., *Il triumvirato costituente alla fine della repubblica romana*, Como, 1993
Panitschek, P., Sp. Cassius, Sp. Maelius, M. Manlius als exempla maiorum, *Philologus*, 133, 1989
Panvini Rosati, F., Monetazione preromana in Italia. Gli inizi della monetazione romana in Italia e la monetazione romano-campana, in : Id., ed., *La moneta greca e romana*, Roma, 2000
Parise Badoni, F., *Ceramica Campana a figure nere, I*, Firenze, 1968
Parker, H. N., Plautus vs. Terence : audience and popularity reexamined, *AJP*, 117. 1996
Parrish, Crassus'new friends and Pompey's return, *Phoenix*, 27, 1973
Pastori, F., *Il commodato nel diritto romano*, Milano, 1954
Pedroni, L., *Crisi finanziaria e monetazione durante la Guerra Sociale*, Bruxelles, 2006
Pennitz, M., Zu den Voraussetzungen der mora accipiendi im klassischen römischen Recht, *SZ*, 123, 2006
Pensabene, P. et al., edd., *Scavi del Palatino I*, Roma, 2001
Peppe, L., *Studi sull'esecuzione personale. I. Debiti e debitori nei primi due secoli della repubblica romana*, Milano, 1981
Peppe, L. Note sull'editto di Cicerone in Cilicia, *Labeo*, 37, 1991
Peppe, L., Le forti donne di Plauto, in : Agostiniani et al., edd., *Plauto testimone*
Perelli, L., *I Gracchi*, Roma, 1993
Perret, J., *Les origines de la légende troyenne de Rome*, Paris, 1942
Petrucci, A., *Mensam exercere. Studi sull'impresa finanziaria romana (II secolo a. C.-metà del III secolo d. C.)*, Napoli, 1991
Pfeilschifter, R., "How is the empire ?" Roms Wissen um Italien im dritten und zweiten Jahrhundert v. Chr. In : Jehne et al. edd., *Herrschaft ohne Integration ?*
Philipps, E. J., Roman politics during the second samnites war, *Athenaeum*, 50, 1972
Piccaluga, G., *Terminus. I segni di confine nella religione romana*, Roma, 1974
Picon, M., Production, artisanat et manufacturière à l'époque romaine. À propos de L'histoire brisée d'Aldo Schiavone, in : Y. Roman et al., edd., *L'économie antique, une économie de marché*, Lyon, 2008
Piérart, M., L'historien ancien face aux mythes et aux légendes. 1. Les limites de la rationalisation, *LEC*, 51, 1983
Pieri, G., *L'histoire du cens jusq'à la fin de la république romaine*, Paris, 1968
Pinna Parpaglia, P., *Vitia ex ipsa re. Aspetti della locazione in diritto romano*, Milano, 1983

Platner, S. B., T. Ashby, *A Topographical Dictionary of Ancient Rome*, Oxford, 1929
Pohl, I., Riassunto generale: risultati e problemi, in: S. Forsberg et al., edd., *San Giovenale. Materiali e problemi*, Stockholm, 1984
Pohlenz, M., Die Stoa. Geschichte einer geistigen Bewegung, Göttingen, 1948-49
Pollera, A., La carestia del 439 a. C. e l'uccisione di Sp. Maelius, *BIDR*, 82, 1979
Poma, G., *Tra legislatori e tiranni. Problemi storici e storiografici sull'età dell XII Tavole*, Bologna, 1984
Pontenay de Fontette, Fr., *Leges Repetundarum. Essai sur la répression des actes illicites commis par les magistrats romains au détriment de leurs administrés*, Paris, 1954
Pontrandolfo, A., et al., Ideologia funeraria e società a Poseidonia nel IV secolo a. C., dans.: Gnoli et al., edd., *La mort*
Pontrandolfo, A., L'Italia meridionale e le prime esperienze della pittura ellenistica nelle officine pestane, dans: Rouveret, ed., *L'Italie méridionale*
Pöschl, V., *Römischer Staat und griechisches Staatsdenken bei Cicero*, Berlin, 1936
Potter, T. W., *A Faliscan Town in South Etruria. Excavations at Narce 1966-71*, London, 1976
Potter, T. W., *Storia del paesaggio dell'Etruria meridionale. Archeologia e trasformazioni del territorio*, Roma, 1985 (or., London, 1979)
Poucet, J., *Les origines de Rome. Tradition et histoire*, Bruxelles, 1985
Poucet, J., *Les rois de Rome. Tradition et histoire*, Louvain-la-Neuve, 2000
Poucet, J., Les Sabins aux origines de Rome. Orientation et problèmes, *ANRW*, I, 1, 1972
Poucet, J., Fabius Pictor et Denys d'Halicarnasse : les enfances de Romulus et Rémus, *Historia*, 25. 1976
Poucet, J., Préoccupations érudites dans la tradition du règne de Romulus, *AC*, 50, 1981
Poucet, J., La diffusion de la légende d'Énée en Italie centrale et ses rapports avec celle du Romulus, *LEC*, 57, 1989
Poucet, J., Les préoccupations étiologiques dans la tradition "historique" sur les origines et les rois de Rome, *Latomus*, 51, 1992
Poulsen, B., Ricerche nel Vicus Tuscus lungo il lato ovest del Tempio dei Castori, *AL IX*, 1988
Pouthier, P., *Ops et la conception divine de l'abondance dans la religion romaine jusqu'à la mort d'Auguste*, Rome, 1981
Pringsheim, F., *The Greek Law of Sale*, Weimar, 1950
Puchta, B. F., *Cursus der Institutionen, I: Geschichte des römischen Privatrechts*[10], Leipzig, 1893
Putnam, M. C. J., *Poetic Interplay. Catullus and Horace*, Princeton, 2006
Quilici, L. et al., *Fidenae*, Roma, 1986
Quilici Gigli, S., *Blera. Topografia antica della città e del territorio*, Mainz, 1976
Quinn, K., *Catullus. An Interpretation*, London, 1972
Raaflaub, K. A., The conflicts of the orders, in: Id., ed., *Social Struggles*
Raaflaub, K. A., From Protection and defense to offense and participation: stages in the conflict of the orders, in: Id., ed., *Social Struggles*
Raaflaub, K. A., Rome, Italy, and Appius Claudius Caecus before the Pyrrhyc Wars, in: Hackens et al., edd., *The Age of Pyrrhus*
Raaflaub, K. A., ed., *Social Struggles in Archaic Rome. New Perspectives on the Conflicts of the Orders*, Berkeley, 1986
Raaflaub, K. A. et al., edd., *Between Republic and Empire. Interpretations of Augustus and his Principate*, Berkeley, 1990
Rabel, E., Ein Ruhmesblatt Papinians. Die sogenannte actio quasi institoria, in: *Festschr. Zitelmann*, Leipzig, 1913
Ranouil, P.-Ch., *Recherches sur le patriciat*, Paris, 1975
Raschke, W. J., *Arma pro amico*—Lucilian satire at the crisis of the Roman republic, *Hermes*, 115, 1987

Rawson, E., *Roman Culture and Society. Collected Papers,* Oxford, 1991
Rawson, E., The Ciceronian aristocracy and its properties, in: Finley, ed., *Roman Property*
Rawson, E., Cicero the historian and Cicero the antiquarian, *JRS,* 62, 1972
Rawson, E., Caesar, Etruria, and the *Disciplina Etrusca,* in: Ead., *Roman Culture*
Rawson, E., L. Cornelius Sisenna and the early first century BC, in: Ead., *Roman Culture*
Rawson, E., Prodigy lists and the use of the "Annales Maximi", in: Ead., *Roman Culture*
Rawson, E., The first Latin annalists, in: Ead., *Roman Culture*
Rawson, E., The literary sources for the pre-Marian army. in: Ead., *Roman Culture*
Reiter, W. L., M. Fulvius Flaccus and the Gracchan coalition, *Athenaeum.,* 56, 1978
Reitzenstein, R., Die Idee des Prinzipats bei Cicero und Augustus, *Gott. Nachr.* 1917
Riccioni, G., Vulci: a topographical and cultural survey, in: Ridgway et al., edd., *Italy before the Romans*
Riccobono, S., Zur Terminologie der Besitzverhältnisse, *SZ,* 31, 1910
Richard, J.-Cl., *Les origines de la plèbe romaine. Essai sur la formation du dualisme patricio-plébéen,* Paris, 1978
Richard, J. Cl., L'œuvre de Servius Tullius: essai de mise au point, *RHD,* 61, 1983
Richard, J.-Cl., Sur trois problèmes du premier âge républicain, *MEFRA,* 97, 1985
Richard, J.-Cl., Patricians and plebeians: the origin of a social dichotomy, in: Raaflaub, ed., *Social Struggles*
Richard, J. Cl., Réflexions sur le tribunat consulaire, *MEFRA,* 102, 1990
Richard, J.-Cl., Historiographie et histoire: l'expédition des Fabii à la Crémère, in: Eder, hrsg., *Staat und Staatlichkeit*
Richard, J.-Cl., Les Fabii à la Crémère: grandeur et décadence de l'organisation gentilice, dans: AA. VV., *Crise et transformation*
Richard, J. Cl., À propos du premier triomphe de Publicola, *MEFRA,* 106, 1994
Ridgway, D. et al., edd., *Italy before the Romans. The Iron Age, Orientalizing and Etruscan Periods,* London, 1979
Rist, J. M., *Stoic Philosophy,* Cambridge, 1969
Rist, J. M., *Epicurus. An Introduction,* Cambridge, 1972
Rizzo, M. A., Le tombe orientalizzanti di San Paolo a Cerveteri, in: AA. VV., *Dinamiche di sviluppo*
Robaye, R., *L'obligation de garde. Essai sur la responsabilité contractuelle en droit romain,* Bruxelles, 1987
Ross Halloway, R., Le monetazioni di Agyrion, Aluntion, Entella, Nakone, Stiela, in: AA. VV., *Le emissioni dei centri suculi*
Rostovtzeff, M., *The Social and Economic History of the Roman Empire,* Oxford, 1926
Rotondi, G., *Leges publicae populi romani,* Milano, 1912
Rouveret, A., ed., *L'Italie méridionale et les prmières expériences de la peinture hellénistique,* Rome, 1998
Rouveret, A., Tite-Live, Histoire Romaine IX, 40: la description des armées samnites ou les pièges de la symétrie, dans: Adam et al. edd., *Guerre et société*
Ruggiero, I., La cinta muraria presso il Foro Boario in età arcaica e medio repubblicana, *AL X,* 1990
Rüpke, J., *Domi militiae. Die religiöse Konstruktion des Krieges in Rom,* Stuttgart, 1990
Rüpke, J., *Kalendar und Öffentlichkeit. Die Geschichte der Representation und religiosen Qualifikation von Zeit in Rom,* Berlin, 1995
Russell, D. A., Plutarch's life of Coriolanus, *JRS,* 53, 1963
Rystedt, E., *Acquarossa IV. Early Etruscan Akroteria from Acquarossa and Poggio Civitate (Murlo),* Stockholm, 1983
Sacchi, O., *Regime della terra e impostazione fondiaria nell'età dei Gracchi. Testo e commento storico-giuridico della legge agraria del 111 a. C.,* Napoli, 2006
Sacconi, G., *Ricerche sulla delegazione in diritto romano,* Milano, 1971
Sacconi, G., *Ricerche sulla stipulatio,* Napoli, 1989
Salmon, E. T., *Samnium and the Samnites,* Cambridge, 1967

Salmon, E. T., *Roman Colonization under the Reupublic*, Ithaca, 1969
Salmon, E. T., Rome and the Latins, *Phoenix*, 7, 1953
Salmon, E. T., The coloniae maritimae, *Athenaeum*, 41, 1963
Salvatore, M., ed., *Basilicata. L'espansionismo romano nel sud-est d'Italia. Il quadro archeologico*, Venosa, 1990
Sandbach, F. H., How Terence's Hecyra failed, *CQ*, 32, 1982
Sandberg, K, The concilium plebis as a legislative body during the Republic, in: Paananen, et al. edd., *Senatus Populusque Romanus*
Santalucia, B., *Diritto e processo penale nell'antica Roma*, Milano, 1989
Santalucia, B., *Studi di diritto penale romano*, Roma, 1994
Santalucia, B., La giustizia penale, in: Momigliano et al., edd., *Storia di Roma*, 4
Santalucia, B., La legislazione sillana in materia di falso nummario, in: Id., *Studi di diritto penale*
Santalucia, B., La repressione dei reati comuni in età repubblicana, in: Id., *Studi di diritto penale*
Santalucia, B., Osservazioni sui duumviri perduellionis e sul procedimento duumvirale, in: Id., *Studi di diritto penale*
Santili, A., Le agitazioni agrarie dal 424 a. C. alla presa di Veii, in: Serrao ed., *Legge e società I*
Sauvage, A., Les éléments du prestige, le fonctionnement et la nature du pouvoir d'Énée, *REL*, 57, 1979
Savunen, L., Debt legislation in the fourth century B. C., in: Paananen et al., edd., *Senatus Populusque Romanus*
Scanlon, T. F., *The Influence of Thucydides on Sallust*, Heidelberg, 1982
Schanbacher, D., Zu Ursprung und Entwicklung des römischen Pfandrechts, *SZ*, 123, 2006
Schiavone, A., *Giuristi e nobili nella Roma repubblicana*, Roma-Bari, 1987
Schiavone, A., *Linee di storia del pensiero giuridico romano*, Torino, 1994
Schiavone, A., *La storia spezzata. Roma antica e Occidente moderno*, Roma-Bari, 1996
Schiavone, A., *Ius. L'invenzione del diritto in Occidente*, Torino, 2005
Schiavone, A., Aspetti della politica tardo-repubblicana nella riflessione di Ettore Lepore, in: AA. VV., *L'incidenza dell'antico*
Schilling, R, *Rites, cultes, dieux de Rome*, Paris, 1979
Schilling, R., Les "Castores" romains à la lumière des traditions indo-européennes, dans: Id., *Rites, cultes*
Schilling, R., La déification à Rome. Tradition latine et interférence grecque, *REL*, 58, 1980
Schilling, R., Romulus l'élu et Rémus réprouvé, dans: Id., *Rites, cultes*
Schipani, S., *Responsabilità "ex lege Aquilia". Criteri di imputazione e problemi della "culpa"*, Torino, 1969
Schmidlin, B., *Das Rekuperatorenverfahren. Eine Studie zum römischen Prozess*, Freiburg Schw., 1963
Schnapp, A., *La conquête du passé. Aux origines de l'archéologie*, Paris, 1993
Schnapp, A., Les voies du commerce grec en occident, dans: AA. VV., *La colonisation grecque*
Schnapp-Gourbeillon, A., L'invasion dorienne a-t-elle eu lieu ?, *L'Histoire*, 48, sept. 1982
Schrivers, P. H., Le regard sur l'invisible. Etude sur emploi de l'analogie dans l'œuvre de Lucrèce, dans: AA. VV., *Lucrèce*
Schröter. R., Die varronische Etymologie, dans: AA. VV., *Varron*, Genève, 1962
Schuhmann, E., Der Typ der uxor dotata in den Komödien des Plautus, *Philologus*, 121, 1977
Schulz, F., *History of Roman Legal Science*, Oxford, 1946
Schwegler, A., *Römische Geschichte, III: Vom ersten Decemvirat bis zu den licinischen Gesetzen*, Tübingen, 1858
Sciortino, I. et al., Rinvenimento di un deposito votivo presso il clivio capitolino, *AL X*, 1990
Scott, R. T., Regia-Vesta 1987, *AL IX*, 1988
Scott, R. T., Lavori e ricerche nell'area sacra di Vesta 1990-91, *AL XI*, 1993
Scott, W. C., Catullus and Caesar (c. 29), *CP*, 66, 1977
Sedley, D., *Lucretius and the Transformation of Greek Wisdom*, Cambridge, 1998

Segal, E., *Roman Laughter. The Comedy of Plautus,* Cambridge, Mass., 1968
Segal, E., The Menaechmi: Roman Comedy of Errors, in: Id., ed., *Oxford Readings*
Seiler, H. H., *Der Tatbestand der Negotiorum Gestio im römischen Recht,* Köln, 1968
Sell, C., *Die Recuperatio der Römer,* Leipzig, 1837
Serrao, F., *La "iurisdictio" del pretore peregrino,* Milano, 1954
Serrao, F., ed., *Legge e società nella repubblica romana, I,* Napoli, 1981
Serrao, F., Individuo, famiglia e società nell'epoca decemvirale, in: AA., VV., *Società e diritto nell'epoca decemvirale*
Serrao, F., Lotte per la terra e per la casa a Roma dal 485 al 441 a. C., in: Id., ed., *Legge e società I*
Serritella, A., *Pontecagnano, II, 3: Le nuove aree di necropoli del IV e III sec. a. C.,* Napoli, 1995
Sharrock, A. R., The art of deceit: Pseudolus and the nature of reading, *CQ,* 46, 1996
Shaw, B. D., Debt in Sallust, *Latomus,* 34, 1975
Sherwin White, A. N., *The Roman Citizenship^2,* Oxford, 1973
Shimron, B., Ciceronian Historiography, *Latomus,* 33, 1974
Shochat, Y., *Recruitment and the programme of Tiberius Gracchus,* Bruxelles, 1980
Sigward, G., Römischen Fasten und Annalen bei Diodor, *Clio,* 6, 1906
Sjöquist, E., Timoleonte e Morgantina, *Kokalos,* 4, 1958
Skydsgaard, J. E., *Varro the Scholar. Studies in the First Book of Varro's de re rustica,* Copenhagen, 1968
Skydsgaard, J. E., Non-slave labour in rural Italy during the late republic, in: Garnsey, ed., *Non-Slave Labour*
Slater, N. W., *Plautus in Performance. The Theatre of the Mind,* Princeton, 1985
Slater, N. W., Amphitruo, Bacchae, and metatheatre, in: Segal ed., *Oxford Readings*
Small, A., ed., *Gravina. An Iron Age Settlement in Apulia, Vol. I: The Site,* London, 1992
Small, J. P., *Cacus and Marsyas in Etrusco-Roman Legend,* Princeton, 1982
Smith, C. J., *Early Rome and Latium. Economy and Society c. 1000 to 500 BC,* Oxford, 1996
Smith, R. E., The significance of Caesar's consulship in 59 B. C., *Phoenix,* 18, 1964
Solazzi, S., *L'estinzione dell'obbligazione nel diritto romano,* Napoli, 1935
Solazzi, S., *Requisiti e modi di costituzione delle servitù prediali,* Napoli, 1947
Solazzi, S., *La compensazione nel diritto romano^2,* Napoli, 1960
Solazzi, S., L'età dell'actio exercitoria, in: Id., *Scritti di diritto romano, IV,* Napoli, 1963
Söllner, A., Bona fides — guter Glaube?, *SZ,* 123, 2006
Sordi, M., *I rapporti romano-ceriti e l'origine della civitas sine suffragio,* Roma, 1960
Sordi, M., *Roma e i Sanniti nel IV secolo a. C.,* 1969
Sordi, M., *Il mito troiano e l'eredità etrusca di Roma,* Milano, 1989
Sordi, M., Virgilio e la storia romana del IV secolo, *Athenaeum,* 42, 1964
Sordi, M., Il IV e III secolo da Dionigi I a Timolente, in: Gabba et al., edd., *La Sicilia antica, II, 1*
Staerman, E. M., *Die Blütezeit der Sklavenwirtschaft in der römischen Republik,* Wiesbaden, 1969
Stavely, E. S., The significance of the consular tribunes, *JRS,* 43, 1953
Stavely, E. S., Tribal legislation before the lex Hortensia, *Athenaum,* 33, 1955
Stavely, E. S., The political aims of Appius Claudius Caecus, *Historia,* 8, 1959
Stein, P., *Regulae iuris. From Juristic Rules to Legal Maxims,* Edinburgh, 1966
Stewart, Z., The "Amphitruo" of Plautus and Euripides' "Bacchae", *TAPA,* 89, 1958
Stibbe, C. M. et al., *Lapis Satricanus. Archaeological, Epigraphical, Linguistic and Historical Aspects of the New Inscription from Satricum,* Rome, 1980
Stintzing, R., *Das Wesen von Bona fides und Titulus in der Römischen Usucapionslehre,* Heidelberg, 1852
Stockton, D., *Cicero. A Political Biography,* Oxford, 1971
Storchi Marino, A., *Quinqueviri mensarii:* censo e debiti nel IV secolo, *Athenaeum,* 81, 1993

Strandberg Olofsson, M., *Acquarossa V. The Head Antefixes and Relief Plaques. Pt. 1 : A Reconstruction of a Terracotta Decoration and its Architectural Setting*, Stockholm, 1984
Strasburger, H., *Concordia ordinum*, Amsterdam, 1956 (Leipzig, 1931)
Streicher, K. L., *Periculum dotis. Studien zum dotalrechtlichen Haftungssystem im klassischen römischen Recht*, Berlin, 1973
Syme, R., Caesar, the senate and Italy, *PBSR*, 14, 1938
Syme, R., *The Roman Revolution*, Oxford, 1939
Syme, R., *Sallust*, Berkeley, 1962
Talamanca, M., *L'arra della compravendita in diritto greco e in diritto romano*, Milano, 1953
Talamanca, M., *Istituzioni di diritto romano*, Milano, 1990
Talamanca, M., Trebazio Testa fra retorica e diritto, in : Archi, ed., *Questioni di giurisprudenza*
Talamanca, M., Lex ed interpretatio in Lab. 4 post. A. Iav. epit. D. 19, 1, 50, in : *St. Gallo, II*, Napoli, 1997
Talamanca, M., La bona fides nei giuristi romani : "Leerformel" e valori dell'ordinamento, in : L. Garofalo ed., *Il ruolo della buona fede oggettiva nell'esperienza giuridica storica e contemporanea (St. Burdese)*, Padova, 2003, IV
Tang, B. ed., *Hellenistic and Roman Pontecagnano. The Danish Excavations*, Napoli, 2007
Taplin, O., *Comic Angels and other approaches to Greek Drama through Vase-Paintings*, Oxford, 1993
Tatum, W. J., Friendship, politics, and literature in Catullus : poems 1, 65 and 66, 116, *CQ*, 47
Täubler, E., *Untersuchungen zur Geschichte des Decemvirats und der Zwölftafeln*, Berlin, 1921
Taylor, L. R., *The Voting Districts of the Roman Republic*, Roma, 1960
Tellegen, J. W., O. Tellegen Couperus, Joint usufruct in Cicero's Pro Caecina, in : Birks ed., *New Perspectives*
Thilo, R. M., *Der Codex accepti et expensi im römischen Recht*, Göttingen, 1980
Thomas, Y., Remarques sur la jurisdiction domestique à Rome, dans : AA. VV., *Parenté et stratégies familiales dans l'antiquité romaine*, Roma, 1990
Thomasson, B. E., *San Giovenale. Vol. 1, Fasc. 1 : General Introduction*, Stockholm, 1972
Thommen, L., *Das Volkstribunat der späten römischen Republik*, Stuttgart, 1989
Thomsen, R., *King Servius Tullius. A Historical Synthesis*, Copenhagen, 1980
Thuillier, J.-P., Denys d'Halicarnasse et les jeux romains (Antiquités Romaines, VII, 72-73), *MEFRA*, 84, 1972
Tibiletti, G., Il possesso dell' *ager publicus* e le norme *de modo agrorum* sino ai Gracchi, *Athenaeum*, 26, 1948, 27, 1949
Tibiletti, G., Lo sviluppo del latifondo in Italia dall'epoca graccana al principio dell'impero, in : *Relazioni del X Congresso Internazionale de Scienze Storiche, II*, Firenze, 1955
Tiffou, E., *Essai sur la pensée morale de Salluste à la lumière de ses prologues*, Paris, 1973
Timpe, D., Fabius Pictor und die Anfänge der römischen Historiographie, *ANRW, I, 2*, Berlin, 1972
Tocco Sciarelli, G., Spazi pubblici a Velia : l'agora o un santuario ?, in : F. Krinzinger, edd., *Velia, I*, Wien, 1999
Tondo, S., Presupposti ed esiti dell'azione del trib. pl. Canuleio, in : AA. VV., *Bilancio critico*
Torelli, M., *Elogia Tarquiniensia*, Firenze, 1975
Torelli, M., *Storia degli Etruschi*, Roma-Bari, 1981
Torelli, M., Ideologia e rappresentazione nelle tombe tarquiniesi dell'Orco I e II, in : AA. VV., *Ricerche di pittura ellenistica*
Torelli, M., La situazione in Etruria, in : AA. VV., *Hellenismus in Mittelitalien*
Torelli, M., *PP*, 22, 1977
Torelli, M., Delitto religioso. Qualche indizio sulla situazione in Etruria, dans : AA. VV., *Le délit religieux dans la cité antique*, Rome, 1981
Torelli, M., Per una storia dell'Etruria antica, in : AA. VV., *Storia della società italiana*, 1, Milano, 1981

Torelli, M., Per la definizione del commercio greco-orientale : il caso di Gravisca, *PP*, 1982
Torelli, M., Edilizia pubblica in Italia centrale tra guerra sociale ed età augustea : ideologia e classi sociali, in : AA. VV., *Bourgeoisies municipales*
Torelli, M., I Galli e gli Etruschi, in : D. Vitali ed., *Celti e Etruschi nell'Italia centro-settentrionale dal V secolo a. C. all romanizzazione*, Bologna, 1987
Torelli, M., Le popolazioni dell'Italia antica : società e forme del potere, in : Momigliano et al., edd., *Storia di Roma, 1*
Torelli, M. R., La *De imperio Cn. Pompei* : una politica per l'economia dell'impero, *Athenaeum*, 60, 1982
Tortorici, E., Ardea, *AL IV*, 1981
Toti, O. et al., La "civiltà protovillanoviana" dei Monti della Tolfa, Civitavecchia, 1987
Toynbee, A., *Hannibal's Legacy. The Hannibalic War's Effects on Roman Life, I*, London, 1965
Traglia, A., Dottrine etimologiche ed etimologie varroniane con particolare riguardo al linguaggio poetico, dans : AA. VV., *Varron*, Genève, 1962
Trapenard, C., *L'ager scriptuarius*, Paris, 1908
Treggiari, S., *Roman Freedmen during the Late Republic*, Oxford, 1969
Treggiari, S. M., Urban labour in Rome : mercennarii and tabernarii, in : Garnsey, ed., *Non-Slave Labour*
Troiani, L., Per un'interpretazione delle "Leggi" ciceroniane, *Athenaeum*, 60, 1982
Vacca, L., Buona fede e sinallagma contrattuale, *Iura*, 48, 1997
Vagnetti, L., *Il deposito votivo di Campetti di Veio (materiali delgi scavi 1937-1938)*, Firenze, 1971
Valditara, G., *Studi sul magister populi. Dagli ausiliari militari del rex ai primi magistrati repubblicani*, Milano, 1989
Valenza Mele, N., Eracle Euboico a Cuma, dans : AA. VV., *Recherches sur les cultes grecs et l'occident, I*, Napoli, 1979
Valenza Mele, N., La necropoli cumana di VI e V a. C. o la crisi di una aristocrazia, in : AA. VV., Nouvelle contribution à l'étude de la société et de la colonisation eubéennes, Napoli, 1981
Vallat, J.-P., Centuriazioni, assegnazioni, regime della terra in Campania alla fine della repubblica e all'inizio dell'impero, in : Giardina, ed., *SRPS, I*
Vallet, G., *Rhégion et Zancle. Histoire, commerce et civilisation de cités chalcidiennes du détroit de Messine*, Paris, 1958
Vallet, G. et al., Fouilles de Megara Hyblaea, IV. Le temple du IV siècle, Rome, 1966
Vallet, G. et al., Le repeuplement du Mégara Hyblaea à l'époque de Timoléon, *Kokalos*, 4, 1958
Van Oven, J. C., Le procès de Virginie d'aprè le récit de Tite Live, *TR*, 18, 1950
Vandenbroeck, P. J. J., *Popular Leadership and Collective Behavior in the Late Roman Republic (ca. 80-50 B. C.)*, Amsterdam, 1987
Vanggaard, J. H., *The Flamen. A Study in the History and Sociology of Roman Religion*, Copenhagen, 1988
Venturini, C., Il plebiscitum de multa T. Menenio dicenda, in : Id., ed., *Legge e società I*
Vernole, V. E., *Servius Tullius*, Roma, 2002
Vidal-Naquet, P., Étude d'une ambiguïté : les artisans dans la cité platonicienne, dans : Id., *Le chasseur noir. Formes de pensée et forme di société dans le monde grec*, Paris, 1983
Vidal-Naquet, P., Athènes et l'Atlantide. Structure et signification d'un mythe paltonicien, dans : Id., *Le chasseur noir*
Vigourt, A., L'intention criminelle et son châtiment : les condamnations des aspirants à la tyrannie, dans : Coudry et al., edd., *L'invention des grands hommes*
Vigourt, A., M'. Curius Dentatus et C. Fabricius Luscinus : les grands hommes ne sont pas exeptionnels, dans : Coudry et al., edd., *L'invention des grands hommes*
Virgili, P., Area sacra di Sant'Omobono : una cisterna fra i Templi Gemelli, *AL IX*, 1988
Virlouvet, C., *Famines et émeutes à Rome des origines de la République à la mort de Néron*, Rome, 1985

文献表 1335

Virlouvet, C., Le sénat dans le seconde lettre de Salluste à César, dans : C. Nicolet, ed., *Des ordres à Rome*, Paris, 1984
Vlastos, G., Reasons and causes in the Phaedo, in : Id., *Platonic Studies*², Princeton, 1982
Voci, P., *Modi di acquisto della proprietà*, Milano, 1952
Voci, P., *Diritto ereditario romano*, Milano, 1956
Voisin, J.-L., Deux archétypes de la mort volontaire : Lucrèce et Horatius Coclès, dans : AA. VV., *Rome des premiers siècles*
Volpe, G., *La Daunia nell'età della romanizzazione. Paesaggio agrario, produzione, scambi*, Bari, 1990
Volterra, E., Il preteso tribunale domestico in diritto romano, *RISG*, ser. 3, 2, 1948
Von Lübtow, U., *Untersuchungen zur lex Aquilia de damno iniuria dato*, Berlin, 1971
Von Premerstein, A., *Vom Werden und Wesen des Prinzipats*, Berlin 1937
Von Ungern-Sternberg, J., *Capua im Zweiten Punischen Krieg. Untersuchungenn zur römischen Annalistik*, München, 1975
Von Ungern-Sternberg, J., The formation of the annalistic tradition : the example of the Decemvirate, in : Raaflaub ed., *Social Struggles*
Von Ungern-Sternberg, J., Romulus-Bilder : die Begründung der Republik im Mythos, in : Graf, hrsg., *Mythos in mythenloser Gesellschaft*
Waarsenburg, D. J., *The Northwest Necropolis of Satricum. An Iron Age Cemetary in Latium Vetus*, Amsterdam, 1995
Wacke, A., Die adjektizischen Klagen im Überblick, I, *SZ*, 111, 1994
Walbank, F. W., *A Historical Commentary on Polybius*, I, Oxford, 1957
Waldstein, W., *Operae libertorum. Untersuchungen zur Dienstpflicht freigelassener Sklaven*, Stuttgart, 1986
Walt, S., *Der Historiker C. Licinius Macer*, Leipzig, 1997
Ward-Parkins, J., *Veii. The Historical Topography of the Ancient City*, London, 1961
Wardy, R., Lucretius on what atoms are not, *CP*, 83, 1988
Watson, A., *Rome of the XII Tables*, Princeton, 1975
Weber, M., *Die römische Agrargeschichte in ihrer Bedeutung für das Staats-und Privatrecht*, Stuttgart, 1891
Werner, R., *Der Beginn der römischen Republik*, München, 1963
Wheeler, A. L., *Catullus and the Traditions of Ancient Poetry*, Berkeley, 1974 (1934)
Wieacker, F., *Societas : Hausgemeinschaft und Erwerbsgesellschaft*, I, Weimar, 1936
Wieacker, F., Die XII Tafeln in ihrem Jahrhundert, dans : AA. VV., *ORR*
Wieacker, F., Zum Ursprung der bonae fidei iudicia, *SZ*, 80, 1963
Wikander, Ch., *Acquarossa I. The Painted Architectural Terracotta, Pt. 1.*, Stockholm, 1981
Wikander, O., *Acquarossa VI, The Roof-Tiles, Pt. 1 : Catalogue and Architectural Context*, Stockholm, 1986
Will, Ed., *Doriens et Ioniens. Essai sur la valeur du critère ethnique appliqué à l'étude de l'histoire et de la civilisation grecque*, Paris, 1956
Willems P., *Le sénat de la république romaine. Sa composition et ses attributions*, I, Louvain, 1878
Williams, G., Some problems in the construction of Plautus' Pseudolus, *Hermes*, 84, 1956
Wilson, A. J. N., *Emigration from Italy in the Republican Age of Rome*, New York, 1966
Wimmer, *Besitz und Haftung des Vindikationsbeklagten*, Köln, 1995
Wiseman, T. P., *Catullus and his World. Reappraisal*, Cambridge, 1985
Wiseman, T. P., *Remus. A Roman Myth*, Cambridge, 1995
Wiseman, T. P., Topography end rhetoric : the trial of Manlius, *Historia*, 28, 1979
Wiseman, T. P., *Domi nobiles* and the Roman cultural élite, in : AA. VV., *Bourgeoisies municipales*, p. 299ff.
Wissowa, G., *Religion und Kultus der Römer*, München, 1912
Wlassak, M., *Zur Geschichte der Negotiorum Gestio*, Jena, 1879
Wlassak, M., *Die Litiskontestation im Formularprozeß*, Leipzig, 1889

Wlassak, M., *Die römische Prozeßgesetze, II,* Leipzig, 1891
Wolf, J. G., *Die litis contestatio im römischen Zivilprozeß,* Karlsruhe, 1968
Wolf, J. G., *Causa Stipulationis,* Köln, 1970
Wood, N., *Cicero's Social and Political Thought,* Berkeley, 1988
Wray, D., *Catullus and the Poetics of Roman Manhood,* Cambridge, 2001
Wubbe, F., Zur Haftung des Horrearius, *SZ,* 76, 1959
Wubbe, F., Quelques remarques sur la fonction et l'origine de l'action Publicienne, *RIDA,* 8, 1961
Yaron, R., Reflections on usucapio, *TR,* 35, 1967
P. Zaccagni, Gabii—la città antica ed il territorio, *AL I,* 1978
Zagagi, M., Exilium amoris in new comedy, *Hermes,* 116, 1988
Zehnacker, H., Rome : une société archaïque au contact de la monnaie (VIe-IVe siècle), dans : AA. VV., *Crise et transformation*
Zevi, F., Alatri, in : AA. VV., *Hellenismus in Mittelitalien*
Zevi, F., Alcuni aspetti della necropoli di Castel di Decima, *PP,* 22, 1977
Zevi, F., Note sulla leggenda di Enea in Italia, in : AA. VV. *Gli Etruschi a Roma,* Roma, 1981
Zevi, F., I santuari di Roma agli inizi della repubblica, in : AA. VV. *Etruria e Lazio arcaico*
Zevi, F., Demarato e i re "corinzio" di Roma, in : AA. VV., *L'incidenza dell'antico*
Zifferero, A., La formazione del tessuto rurale nell'agro cerite : una prospettiva di lettura, in : AA. VV., *Dinamiche di sviluppo*
Zimmermann, B., Lucilius und Aristophanes, in : Manuwald, hrsg., *SatLucZeit*
Ziolkowski, A., Between geese and the Auguraculum : the origin of the cult of Juno on the Arx, *CP,* 88, 1993
Ziolkowski, A., *The Temples of Mid-Republican Rome and their Historical and Topographical Context,* Rome, 1992
Zuffa, M., La civiltà villanoviana, in : *PCIA, V,* Roma, 1976

事項索引

項目としては，制度を指し示すラテン語のテクニカルタームを中心として採り，本論において多少ともまとまった論述のある部分に限り箇所を挙示することとした［特にまとまった叙述の有る箇所は太字］．そして日本語で対応語の存在する場合，訳語というよりも少し，広く併記することとした．したがって，頁数でなく，叙述の最小分節単位を記す．なお，註から採った項目は註番号で示した（例〔1・3・1〕）．緩やかに，「ローマ法」に関心を有する読者（の事典的使用）を優先し，歴史分析の理論や文学に関心を有する読者を犠牲にすることとなったが，後者の場合，事項を採ったとしても全編に満遍なく散らばっているので余り意味をなさないから，このような選択も正当化されると考えた．

A

acceptilatio　IV〔3・6・8〕
accusatio　弾劾主義　I 2・1, I 2・2, I 2・6, II 1・2
actio adiecticiae qualitatis　**III〔4・4・3〕**
actio de in rem verso　転用物訴権　**IV〔3・7・36〕**
actio in factum　IV〔3・6・14〕
actio Publiciana　**IV〔3・2・1〕**
actio quod metus causa　IV〔3・5・11〕
addictio　II 5・2
adoptio　養子縁組　III 2・7
adsiduus　II 3・5
adsignatio　IV 1・4, IV〔1・4・3〕
adversaria　付属帳　IV 3・6
aedilis　III 1・1, III 1・2, III 1・9
aedilis plebis　I〔1・2・1〕, II 1・1
aedis　家　III 3・3, III 4・2
aedis　神殿　I 5・2, I 7・1, I〔7・1・2, 4, 5, 6, 8, 10〕, II 2・1, II 2・5, II 4・6, II 2・8
aerarium　財政　I〔7・1・6〕, II 4・6
aerarius　II〔4・6・2〕
aes alienum　借財，負債，債務　I 7・2, II 5・1, II 5・4, IV 4・3, IV 4・4
aes signatum　貨幣　I〔5・5・8〕
aestimatio　I 5・4, I 5・5, II 1・1, II 5・4, IV〔3・4・7〕, IV〔4・7・7〕
ager　領域　I 4・2, I 4・3, I 4・4
ager censorinus　III 2・7
ager compascuus　II 4・1
ager occupatorius　II 4・1, III 1・7, IV 1・2, IV〔1・2・3〕
ager publicus　I 2・2, II 0・2, II 4・1, II 4・2, II 4・3, IV 1・3, IV 1・4
agnati　II 3・6
agrimensores　II 4・1, IV〔1・4・3〕
ambitus　II〔5・5・5〕, IV〔3・8・7〕, IV 4・6
amicitia　III 3・3, III 3・4, III 3・6, III 3・8, IV 5・2
ampliatio　IV 3・9, IV〔3・9・2〕
analogia　IV 5・7, IV〔5・7・5〕
analytike　IV 5・1
anatypomata　IV 5・1
anima　IV 5・5
animus　IV 3・2, IV 3・3, IV 4・4, IV 5・3, IV 5・5, IV 5・7, IV〔5・7・27, 31〕
animus possessionis　占有意思　IV〔3・2・3〕
annales　年代記　I〔1・2・6〕, I 1・3, I〔1・3・1〕, IV 5・4, IV〔5・4・1〕
Annales Maximi　I 1・2
annona　I〔7・1・7〕, I〔7・2・3〕, I 7・3, II 4・5
anomalia　IV 5・7
anquisitio　II〔1・4・4〕
anuli　指輪　III 1・2
apatheia　IV 5・1
apodeixis　IV 5・1
apud iudicem　II 3・9, IV 3・6
aqua publica　公水　II 3・8
arator　IV 2・3
arbitrium　仲裁　II 4・3, III 4・1, III〔4・1・4〕, III 4・6
argentaria　銀行　III 3・5, III 3・6, III 3・8, **III 4・8**, III〔4・8・5〕, IV 2・2, IV〔2・2・8, 15〕, IV〔3・7・12〕, IV〔3・7・31, 33〕
arra　手付　III〔4・2・2〕, III 3・5
arx　I 3・2, I 5・2, I〔7・4・9〕, II 2・8
ataraxia　IV 5・1

Atellana　III 3・2
atomos　原子　　IV 5・1, IV 5・5
attributio　　III 2・6, IV 3・7
auctio　　IV 2・2
auctor　権原　　II 3・1, II〔3・1・9, 11〕, II 3・7, IV 3・1
auctoritas　　I 7・7, II 3・7
auspicium　　I 3・3, I〔3・3・9〕, I〔3・4・10〕, I〔7・6・2〕
auxilium　　II 1・3
avunculus　　I 2・6, I 6・3, II 2・10

B

bellum servile　奴隷戦争　　IV 1・1, IV 2・3, IV 4・3
bellum sociale　同盟市戦争　　IV〔1・3・4〕, **IV 1・7**
bona　資産　　III 2・6, III 4・6, **III 4・7**, III 4・8, IV 2・2, IV 2・3, IV〔3・2・1〕, IV 3・7
bona fides　善意，信義誠実　　**III 4・1**, III〔4・1・3, 10〕, III 4・2, III 4・3, III〔4・3・2〕, III 4・5, 4・6, IV〔3・3・5〕, IV 3・5, IV 3・6, IV 3・7, IV 5・3, IV 5・6, IV 5・7
bona Porsennae　　I 6・5
bonae fidei iudicia　　III 4・1, **III〔4・10・1〕**
boni viri　　III 4・10
bonorum possessio　資産占有　　**III 4・7**, III〔4・7・1〕, IV 2・1, IV 2・2

C

Carmentalia　　II 2・5
castellum　　IV 2・2, **IV〔2・2・19〕**
causa criminalis　訴因　　II 1・2, II 5・2, IV 3・9
causa Curiana　　IV 5・3
causa liberalis　　II 3・4, II〔3・4・3〕, III 3・5
causa possessionis　占有の原因　　IV〔3・3・2〕
cauta iuris consulta　　**III 1・8**
censor　　**II 4・5**, II〔4・5・4〕, III 1・2, III 2・6, III 2・7
census　　I 5・5, **II 4・5**, II〔4・5・5〕, II 5・4, III 2・7
centumviri　　IV 5・3
centuria　　I 5・5, I 7・2, I〔7・2・2〕
centuriatio　　IV〔1・2・10〕, IV〔1・4・3〕
civitas　市民権　　III〔2・1・2〕, IV 1・3, IV 1・7
civitas sine suffragio　　**II 5・3**, II〔5・3・4〕
classici　　I 5・5
clientela　　II 2・7, III 1・2, III 1・9, III 3・8, IV 4・3

coactio　履行強制　　IV 3・5, IV〔3・5・9〕, IV 3・7
codex accepti et expensi　　IV 3・6, IV〔3・7・25〕
coercitio　　I〔3・1・7〕
coloni　　IV 1・3
colonia　　I 7・2, II 4・1, II 4・2, II 4・3, II〔5・6・9〕, III 1・7, IV 1・2, IV 1・4, IV 1・7, IV 4・5
colonia Latina　　II〔4・3・6〕, II 4・4
colonus　　IV〔2・2・16〕, IV 2・3, IV 3・2, IV〔3・2・8〕, IV 3・3
comitia centuriata　　I 6・2, II 1・2, IV 4・1
comitia curiata　　I 3・3, I 7・7, II 1・2
comitia tributa　　II 1・1, II 1・4, II〔1・4・5〕, II 4・5, II〔4・5・10〕, IV 4・1
commentarii　　IV 5・7, IV〔5・7・17, 18〕
commercium　通商　　I 5・4, I〔5・4・3〕, I〔7・1・7〕
commodatum　使用貸借　　**III 4・8**, III〔4・8・2〕, IV〔3・6・14〕
compensatio　相殺　　IV〔3・7・33〕
comperendinatio　公判手続の必要的更新　　IV 3・9, IV〔3・9・2〕
conatus　　IV〔5・6・40〕
concordia　　II 5・5, IV 4・4, IV〔4・4・3〕, IV〔4・6・1〕
concurrentia actionum　訴権競合　　IV〔3・6・6〕
condictio　不当利得　　IV〔3・6・9〕
condictio certae pecuniae　不当利得　　**IV 3・6**, IV〔3・6・15〕
condictio indebiti　不当利得　　IV〔3・6・13〕
confarreatio　婚姻　　II〔3・3・6〕
coniuratio　　I 6・3, II 5・6, III 1・4
conscripti　　I〔7・6・2〕
consensus omnium bonorum　　IV〔4・6・1〕, IV〔5・6・25〕
consul　　I 1・1, I 6・1, I 6・2, I 7・7, II 5・4
conubium　通婚権　　I 3・3, II 2・10, II〔3・3・6〕, II 4・4, II 5・6
conventio　合意　　III〔4・2・10〕
conventus　　IV 1・1, IV 2・3
corpus　　I 3・1, I 6・1, I 6・5, I 7・7, II 1・5, II〔1・5・2〕, II〔3・6・6〕, II 5・1, II 5・7, III 3・8, III 4・4, III 4・6, IV 3・2, IV〔3・3・8〕, IV 4・4, IV 5・5, IV 5・6
corruptio　　IV 4・4
creditor　債権者，「物権と債権の峻別」　　II 5・1, **II 5・7**

事項索引   1339

crimen 犯罪　　I 2・1, I 2・2, I 2・5, I 2・6, I 3・1,
　　I 6・3, IV 3・8, IV〔3・8・6〕
culpa　過失　　**IV 3・4**, IV〔3・4・8, 9〕, IV〔3・5・
　　7, **8**〕
curator　　II 3・6, IV 4・5
curia　　I 3・3, I〔3・3・3, 4, 5, 6〕, I 7・2, I 7・7
cursus honorum　　IV 4・1
custodia　善管注意義務　　**III〔4・2・5〕**, IV 3・
　　5, **IV〔3・5・2〕**

D

damnum　損害　　IV 3・4
danista　高利貸　　III 3・3, III 3・5, III 3・6
datio in solutum　代物弁済　　IV 2・1, IV 3・6,
　　IV〔3・6・3〕, IV〔4・7・7〕
debitor　債務者　　II 5・1, **II 5・7**
Decemviri　十二表法起草委員　　II 1・1, II 1・
　　2, II 1・4, II 3・3, II〔3・3・1〕
decorum　　IV 5・6
decretum　　II 3・1, II〔3・1・6〕
decuma　　II 4・6, IV 2・3
dedicatio　　I 6・5, I〔7・1・6〕
deditio　　I 5・2, III〔2・5・8〕
deiectio　占有侵奪　　IV 3・1
delegatio　　IV〔3・6・8〕, IV 3・7, IV〔3・7・**23**, 34〕
demiourgos　　IV 5・1, IV 5・6
depositum　寄託　　**III 4・8**, III〔4・8・1〕, IV〔3・
　　6・12〕, IV〔3・6・14〕, IV 3・7, IV〔3・7・11〕
depositum irregulare　消費寄託　　**IV〔3・7・18〕**
devotio　　II 5・5, II 5・6
diairesis　　IV 5・1, IV 5・2, IV〔5・2・1〕, IV 5・3
dictator　　I 2・2, I〔2・2・18, 19〕, I 2・3, I〔2・3・4,
　　6〕, I 7・2, II 5・4, II 5・7
dilectus　募兵　　I 7・2
diligentia　注意義務　　IV〔3・5・7〕
disciplina　軍事紀律　　IV 1・5
dolus　悪意, 故意　　III 3・5, III〔**4・2・5**〕, III
　　4・3, IV 3・4
domi nobiles　　IV〔2・2・7〕
dominium　所有権　　IV〔1・4・3〕, IV 2・1, IV 3・
　　2, IV〔3・2・1〕, **IV 3・3**, IV〔3・3・5, 11〕, IV 3・5,
　　IV 3・6, IV 3・8, IV 4・3, IV 5・6, IV 5・7
dominium ex iure Quiritium　　IV〔3・3・10〕
dos　嫁資　　III 3・7, III 3・8, **III〔4・10・5〕**, IV
　　3・7
dos numerata　　IV 2・2
duumviri perduellionis　　I 2・6, I 3・1

E

edictum provinciale　　IV〔3・5・3〕
editio　　III〔4・8・13〕
eidos　　IV 5・1
elegchos　　IV 5・1
eleutheria　　III 2・5, III〔2・5・1, 14〕
emptio venditio　売買　　III 2・6, **III 4・2**, III〔4・
　　2・13〕, **III 4・3**, III〔4・3・1〕, IV 2・2, IV 3・5, IV
　　3・7
enargeia　　IV 5・1
epikleros　　III 3・2
epoche　　IV 5・1
eques　　I 5・5, III 1・2, III〔2・6・10〕, IV 1・1, IV
　　1・3, IV 1・5, IV 1・7, IV 1・8, IV 4・1, IV 4・3, IV
　　4・3, IV 4・6
evictio　追奪担保　　III 3・5, III 4・2, III 4・3
exceptio　抗弁　　III 1・1, III 1・9, IV〔3・4・11〕
exceptio vitiosae possessionis　瑕疵ある占有の
　　抗弁　　III〔1・9・6〕
exilium　亡命権　　II 1・2, II〔1・2・8〕, II 1・3, II
　　〔1・3・7〕
expensilatio　　IV〔3・6・8〕

F

faenerator　高利貸　　I 7・2, II 5・5, II 5・6
fasti　暦　　I 1・2, I〔1・2・10, 11, 13, 14, 15〕, I
　　〔3・4・9〕, II 2・2, II 2・5, III 1・2, III〔1・2・15〕
Fasti Consulares　　I 1・2, I〔1・2・8〕
fideipromissio　保証　　IV〔3・7・16〕
fideiussio　保証　　IV〔3・7・16〕
fides　信用　　II 5・2, III 2・6, III〔2・6・3〕, III 3・
　　5, III 3・6, III 3・7, III 3・8, **III 4・4**, III 4・8, IV 2・
　　1, **IV 3・7**, IV 4・4, IV 4・5, IV 4・7
fiducia　　III〔4・6・3〕, **III〔4・10・6〕**, IV 3・7, **IV
　　〔3・7・22〕**
filia　娘　　II 2・9, II 3・1, III 3・8, III 3・8
filius　息子　　IV 4・4, IV 4・6
Flamen　　I 7・8
foederati　　III〔2・1・2〕
foedus　条約　　I 3・1, IV〔3・5・11〕, **III 1・3**
Foedus Cassianum　　I 2・4
fratres　兄弟　　III 3・7, III 3・8
fraudatio　詐害　　III 4・7
fructus　果実　　III 4・9, IV 3・5
frumentatio　穀物配給　　I〔7・1・7, 8〕, I 7・2, I
　　〔7・2・3〕, II 4・5

frumentum　　Ⅳ 3・5
fundus　　Ⅲ 3・9, Ⅲ 4・10, Ⅳ 2・1, Ⅳ 2・2, Ⅳ〔2・3・5〕, Ⅳ 3・1, Ⅳ 3・2, Ⅳ〔3・2・9〕, Ⅳ 3・7, Ⅳ 5・5, Ⅳ 5・7
furiosus　行為無能力　　Ⅱ 3・6
furtum　窃盗　　Ⅱ 3・1, Ⅱ〔3・4・11〕, **Ⅱ 3・8**, Ⅲ 4・1

G

gens　　Ⅰ 7・6, Ⅰ〔7・6・5, 6, 7, 8〕, Ⅰ 7・7, Ⅰ〔7・7・2〕
gloria　　Ⅳ〔5・6・1〕

H

hereditas　相続財産　　Ⅰ 5・4, Ⅲ 3・2, Ⅳ 2・1, **Ⅳ〔2・1・6〕**, Ⅳ 2・2, Ⅳ 2・3, Ⅳ 3・7, Ⅳ 3・8
heredium　　Ⅱ 4・1, Ⅱ 4・4
historia　　Ⅳ〔5・4・3〕, Ⅳ 5・7
homologoumenos　　Ⅳ 5・1
honestum　　Ⅳ 5・6
hostis rei publicae　公敵　　Ⅳ 4・1
hyle　　Ⅳ 5・1
hypotheca　「抵当権」　　Ⅳ 3・7

I

idea　　Ⅳ 5・1
impensa　費用　　Ⅲ 4・9
imperia Manliana　　Ⅱ 5・5, Ⅱ 5・6, Ⅱ 5・7, Ⅳ 4・4
imperium　公権力　　Ⅰ 2・3, Ⅰ 3・3, Ⅰ〔3・3・3〕, Ⅰ 4・5, Ⅰ 4・6, Ⅰ 5・3, Ⅰ〔5・3・3〕, Ⅰ 6・2, Ⅰ 6・3, Ⅰ 6・4, Ⅰ 7・7, Ⅰ 7・8, Ⅳ 4・1, Ⅳ 4・2, Ⅳ 4・5, Ⅳ 4・7
imperium infinitum　　Ⅳ 4・3
in bonis habere　　Ⅳ 3・7
in iure　　Ⅱ 3・9, Ⅳ〔3・6・7〕
in ius vocatio　召喚　　Ⅱ 3・1, Ⅱ〔3・4・13, 14〕
iniuria　不法行為, 身体損害の不法行為　　**Ⅱ 3・8, Ⅳ 3・4**
inquisitio　糾問　　Ⅰ 2・6, Ⅱ〔1・4・4〕, Ⅳ 3・9
institor　　Ⅲ〔4・4・3〕, **Ⅳ〔3・7・19〕**, Ⅳ 5・7
instrumentum　　**Ⅳ〔3・2・9〕**
intercessio　　Ⅰ 7・7, Ⅳ 4・1
interdictum　　**Ⅲ 1・1**, Ⅲ〔1・1・1〕, Ⅲ 1・9, Ⅲ 4・7, Ⅳ 3・1, Ⅳ 3・2, Ⅳ〔3・4・8〕
interdictum Salvianum　　Ⅳ〔3・7・24〕
interregnum　　Ⅰ 5・3, Ⅰ 6・2, Ⅰ〔7・6・2〕
isopoliteia　　Ⅱ 4・4, Ⅳ 5・1
iudicium publicum　刑事裁判, 裁判　　Ⅰ 1・1, Ⅰ 2・1, Ⅰ 2・6, Ⅰ〔2・6・6〕, Ⅰ 2・7, Ⅰ 3・1, Ⅰ〔3・1・11〕, Ⅰ〔7・3・6〕, Ⅱ 1・4, Ⅳ〔3・9・1〕
iuris periti　法学, 法学者　　**Ⅲ 1・8, Ⅲ 1・9**, Ⅳ〔5・2・1〕, Ⅳ〔5・3・13, 14〕, Ⅳ 5・4, Ⅳ〔5・4・4〕, Ⅳ 5・7, Ⅳ〔5・7・13, 14, 15, 16〕
ius　法, 民事法, 民事訴訟　　Ⅱ 3・1, **Ⅱ 3・9**, Ⅲ 1・2
ius Flavianum　　Ⅲ〔1・2・10〕
iussum domini　　Ⅳ〔3・6・10〕
iusta causa possessionis　占有の正原因　　Ⅳ〔3・3・3〕

L

latifundium　　Ⅳ〔2・2・1〕, Ⅳ〔2・2・11〕, Ⅳ〔2・2・20〕
Leges XII (Duodecim) Tabularum　十二表法　　Ⅱ 0・5, Ⅱ 1・1, Ⅱ 3・3, Ⅱ〔3・4・1〕
legis actio　　Ⅱ 3・4, Ⅱ〔3・4・4〕
lekton　　Ⅳ 5・1
lex Acilia　　Ⅳ 3・9
lex Aebutia　　Ⅲ〔4・10・2〕
lex agraria　　Ⅰ 2・2, Ⅱ 0・2, Ⅱ 4・1, Ⅱ 4・2, Ⅱ 4・3, **Ⅱ 4・6**, Ⅳ〔1・1・1〕, **Ⅳ 1・2**, Ⅳ 1・3, Ⅳ 1・4, Ⅳ 2・3
lex agraria de modo agrorum　　Ⅱ 4・7
lex Atinia　　Ⅲ〔4・3・2〕
lex Calpurnia　　Ⅳ 3・9
lex Canuleia　　Ⅱ 3・3, Ⅱ 5・4, Ⅲ 2・7, Ⅲ 2・8
lex commissoria　流質　　Ⅳ〔3・7・24〕
lex Cornelia de iniuriis　　Ⅳ 3・8
lex Cornelia de repetundis　　Ⅳ 3・9
lex Cornelia de sicariis et veneficiis　　Ⅳ 3・8
lex Cornelia testamentaria nummaria　　Ⅳ 3・8
lex curiata de imperio　　Ⅰ 3・3, Ⅰ〔7・7・3, 4〕
lex frumentaria　　Ⅳ 4・3, Ⅳ 4・6
lex Gabinia　　Ⅳ 4・3, Ⅲ 2・4, Ⅲ〔2・4・6〕
lex Hieronica　　Ⅳ 1・1, Ⅳ 2・3
lex Hortensia　　Ⅲ 1・9, Ⅲ〔1・9・4〕
lex Iulia Papiria　　Ⅰ 1・1, Ⅱ 0・4, Ⅱ 1・1
lex Licinia　　Ⅱ 4・7, Ⅱ 5・4, Ⅳ 1・2
lex Licinia Mucia　　Ⅳ 1・7
lex Manilia　　Ⅳ 4・3
lex Pinaria Furia　　Ⅰ 1・2
lex Poetelia　債務超過, 包括執行　　Ⅱ 5・7
lex Rubria　　Ⅲ〔4・1・14〕
lex Sempronia　　Ⅳ〔1・2・2〕
lex Sempronia de modo agrorum　　Ⅳ 1・2
lex Tarpeia Aternia　　Ⅰ 1・1, Ⅱ 0・4, Ⅱ 1・1, Ⅱ 1・

事項索引　　　　　　　　　　　　　　　　　　　　1341

2
lex Thoria　　IV 1・4
lex Valeria　　I 6・4, I〔6・4・2〕, II 1・4, II 3・3, III 1・9
libertas　自由　　II 3・1, II 3・4
liberti　　III 1・2
Libri Lintei　　I〔1・2・1〕, I〔1・2・8〕
libri magistratuum　　I〔1・2・1〕, IV〔3・6・4, 5, 7〕
litis contestatio　争点決定　**IV 3・6**, IV〔3・6・4, 5, 7〕
locatio conductio　（請負・雇傭・賃貸借）　　III 3・5, III〔4・5・5〕, **III 4・9**, III〔4・9・1〕, III 4・10, III〔4・10・4〕, IV 2・2, IV 2・3, IV〔3・2・8〕, IV 3・7
locatio conductio rei　賃貸借, サブリース　　IV 3・7, **IV〔3・7・11〕**
locatio horrei　　IV〔3・7・11〕
locatio operarum　雇傭　　III〔4・9・2〕
locatio operum publicorum　公共事業の請負　　III 2・6, III 2・7
locus solutionis　履行地　**IV〔3・5・4〕**
ludi　　I 7・4, II 5・5, III 3・1
Lupercalia　　I 7・6, I 7・8, II 2・5

M

mancipatio　　II 3・5, II 3・7, II 5・3, III 1・3, III 4・2, IV〔3・2・1〕
mancipatio secundum mancipium　　IV 3・7
mancipium　　II 5・7
mandatum　委任　**III 4・1, III 4・5**, III〔4・5・4, 5〕, IV 2・2, IV 3・7, IV〔3・7・31〕
manipulatim　戦術　　II〔5・6・6〕
manubiae　戦利品　　III 2・8
manus　　II〔3・3・6〕, **II 3・4**
manus iniectio　　II 3・1, II〔3・1・3, 4〕, II〔3・4・13, 14〕, II 5・1
mare commune　公海　　III 3・5
Martiales　　IV 3・8, IV〔3・8・5〕
mater　母　　I 7・5, II 2・9
Matralia　　II 2・5
matrona　　I 7・5, II 2・2, II 2・3, II 2・4, II 2・5, II 2・10, II 4・6, II 5・7, III 3・3, III 3・4, III〔3・4・9〕, III 3・8
mensa　　III〔4・8・14〕
mensarii　　II 5・5, II〔5・5・12〕
mercennarii　　III 3・9, III 4・10
merces　対価　　III 4・9, IV〔3・3・9〕

meretrix　　III 3・2, III 3・3, III 3・4, **III 3・5**, III 3・7, III 3・8, III 3・9, III 3・10, IV 4・3, IV 4・4, IV 4・5, IV 4・6, IV 5・4
mesotes　　IV 5・1
metus　強迫　　IV 3・1, IV 3・2, IV 3・5, **IV〔3・5・11〕**
mimesis　　IV 5・1
modus adquirendi　（所有権取得の態様）　**IV〔3・3・11〕**
mora　遅滞　　III 4・9, **IV〔3・5・5〕**
multa　罰金　　II 1・1
municipales　　IV〔2・1・1〕, IV 3・8
municipium　　**II 3・5**, II 5・6, II〔5・6・8〕, II 5・7, III 1・1, III 1・3, III 1・4, III 1・5, IV 5・6
mutuum　消費貸借　　III 3・5, III〔4・8・15〕, III 4・10, IV 3・6, IV〔3・6・12〕, IV 3・7

N

natura　　IV 5・6
nec vi nec clam nec precario　平穏公然　　III 1・1, III 1・9
negotiatores　　III 2・2, III〔2・6・3, 6, 10〕, IV 1・5, IV〔2・1・5〕, IV 4・2, IV〔4・2・6〕, IV 4・3, IV 4・3
negotiorum gestio　事務管理　**III〔4・4・1〕**, IV 2・2
neminem petiturum　　IV 3・6
neoterici　**IV 5・4**, IV〔5・4・7〕
nexum　　I 7・2, II 5・7
nobiles　**II 5・4**, II〔5・4・7〕, III 1・2
Nomen Latinum　　I 2・2, I〔2・2・4〕, I 2・3, I 2・4, I 7・1, I 7・3, I〔7・7・1〕, II 2・3, II〔2・3・7〕, II 5・3, II 5・4, II 5・6
nomina Faberiana　　IV 3・7
nominis delatio　　IV 3・9
nomothetes　　II 3・3, IV 5・1
Nonae Caprotinae　　II 2・5
novatio　更改　　IV〔3・6・8〕
nummaria　通貨偽造　　IV〔3・8・7〕
nuptiae　婚姻　　II 2・9, II 2・10
nutrix　乳母　　II 2・10

O

occupatio　先占　　III 3・5, III〔3・5・16〕
officium　　IV 5・6
officium medium　　IV 5・6
omnes boni　　IV〔3・6・1〕, IV 4・6

otium　　　IV〔5・5・2〕, IV 5・7, IV〔5・7・35〕
otium cum dignitate　　IV 5・6, IV〔5・6・4〕
ousia　　IV 5・1

P

pactio　合意　　**IV 3・5**
Palliata　　III 3・2
parasitus　　III 3・5, III 3・7, III 3・8, III〔3・8・16〕
parricidium　殺人罪　　I 2・6, I 3・1, I〔3・1・2〕, II 1・2
pater　父　　II 2・10, II 3・1
pater familias　　**II 3・6**
pater/filius　父と息子　　I 2・6, I 2・7, I 3・1, III 3・2, III〔3・2・11〕, III 3・3, III〔3・3・2〕, III 3・4, III 3・6, III 3・8, IV 1・2, IV 4・3
patres　　I 5・3, I 7・6, I〔7・6・2〕, I 7・7, I 7・8, IV 4・1
patria　　I 6・5
patria potestas　　II 3・6
patrici　　I 7・6, I〔7・6・2〕, II 1・1, II 1・2, II 3・3
peculatus　横領　　I 5・2, IV〔3・8・8〕
peculium　　III 4・5, IV〔3・7・36〕, IV 5・7
perduellio　反逆罪　　I 2・6, I 3・1, I〔3・1・2, 9〕, II 1・2, II 5・2
peregrinus　　III 2・1
periculum　　III 2・6, III 4・2, **III〔4・2・9〕**, III 4・9, **IV〔3・5・6〕**
periculum perspicuum et praesens　明日にして現在の危険　　IV 3・1
permutatio　　IV 3・7
perscriptio　　III〔4・8・9〕, **IV〔3・7・15〕**
phantasia kataleptike　　IV 5・1
pignus　質権　　III 3・7, **III 4・7**, III〔4・7・3〕, IV〔3・5・1〕, **IV〔3・7・24〕**
plebs　　I 2・5, I〔7・1・8〕, I〔7・2・4, 5, **6**, 8, 10〕, II 1・1, II 1・2, II 1・4
plebs urbana　　IV 1・6, IV〔1・6・1〕
pomerium　　I 3・1
pontifex maximus　　I 1・2, I 7・8
pontifices　　II 4・6, III 1・2
Poplifugia　　I〔7・8・4〕, II 2・5
populares　　IV〔1・6・1〕
populus　　IV〔1・3・2〕
possessio　占有　　**II 3・2**, II 3・9, IV 1・2, IV〔1・2・2〕, IV 1・4, IV〔1・4・2〕, IV 2・2, IV 3・1, IV 3・2, IV 3・3, IV 3・5
possessio civilis　市民的占有　　IV〔3・2・1〕, IV 3・3, **IV〔3・3・1〕**, IV 3・5, IV〔3・7・24〕
possessio naturalis　自然的占有　　**IV〔3・3・4〕**
possessorium　占有訴訟　　III 1・1
praeda　戦利品　　I 5・2, I 7・1, IV〔3・7・16〕
praefectus iure dicundo　　III 1・4, III 2・3
praetor　　**II 5・4**, II〔5・4・4〕, III 1・1, III 2・1, III 4・1, IV 4・1
praetor maximus　　I 2・3
praetor peregrinus　　III 4・1, **III〔4・1・5〕**
praetor urbanus　　III 1・1
prata Quinctia　　II 1・2, II 1・5
prisca verba　　IV〔5・7・7〕
procurator　　III 4・4, IV〔2・1・9〕, IV 3・3, IV 5・7
prodigus　禁治産者　　III 3・6
prohibitio　　IV 3・2, **IV〔3・2・2〕**
prolepsis　　IV 5・1, IV 5・6
promissio　支払約束　　III 3・3, III〔4・2・4〕
proscriptio　　IV 2・1, IV 4・1
provocatio　　I 3・1, I〔3・1・5〕, I 6・4, II 0・4, II 1・2, II 1・3, II 1・4, II〔1・4・1, 2, 3〕, II 1・5, II 5・7, IV 5・6
publicani　　III 2・6, III〔2・6・7〕, IV 2・3

Q

quaestio　　III 2・8
quaestio repetundarum　　III 2・8, IV 1・7, IV 4・3
quaestor　　**II 4・5**, II〔4・5・9〕, IV 4・1
quaestores　　I 2・6, I 3・1, I〔3・1・3〕, II 1・3
quasi colonus　　IV〔3・2・9〕

R

ratio accepti et expensi　　III 4・8, III〔4・8・12〕
recuperatores　　III 2・8, III 3・5, III 4・1, **III〔4・1・7〕**
redhibitio　解除　　III 4・3
Regifugium　　I〔7・3・2〕, I〔7・8・4〕
rei vindicatio　　II〔3・1・4〕, II〔3・1・9〕, II 3・4, II〔3・4・8, 10〕
religio　　I〔1・1・2〕
res communis　共有物　　**III 4・6**
res furtiva　贓物　　II 3・8, III 3・5, III 3・8, III〔4・3・2〕
res iudicata　訴訟物, 既判力　　III 3・10, IV 3・6
res mancipi　　II 3・5
restitutio in integrum　原状回復　　III 4・1, IV

事項索引　1343

[3・5・11], IV[3・6・13]
rex　I 1・1, I 2・2, I 2・6, I 3・3
rex Nemorensis　I[7・3・2]
rex sacrorum　I[2・2・12], I 6・4
rhetores Latini　IV 5・3, IV[5・3・4, 5, 6]
rhetorike　弁論術　IV 5・1, IV 5・3
rogatio Servilia　IV 4・5

S

sacerdotium　神宮　I 3・4, I 7・8
satisdatio secundum mancipium　IV 3・7
scamnatio/strigatio　IV[1・4・3]
scriba　III 1・2
secessio　I 2・5, I[7・1・8], I 7・2
sella curulis　III 1・2
semainomenon　IV 5・1
senatus　元老院　I 2・2, I 2・6, I[3・1・10], I 4・6, I 6・5, I 7・6, I 7・7, I[7・7・6], I 7・8, IV 4・1, IV 4・2, IV 5・6
senatus consultum　I 7・8
senatus consultum ultimum　戒厳令　IV 1・6
senatus lectio　III 1・2
serva　女奴隷　I 5・4, II 2・10
servi　III 3・8, III[3・8・6]
servitus　地役権　IV 3・7, **IV[3・7・7]**
servus　III 4・4, III 3・7
servus callidus　III 3・3, III 3・5, III 3・10
sicaria　殺人（謀殺）　IV 3・8
simulacra　IV 5・5
sine culpa　過失無しの抗弁　IV[3・4・11]
societas　組合　III 2・6, **III 4・6**, III[4・6・1], III 4・7, III[2・6・5], IV 2・1, IV 2・3, IV 3・6, **IV[3・6・1]**
socii　I[1・2・9], I 2・5, I 4・2, I 4・3, I[4・3・5], I 4・4, I 5・4, III 2・1, III[2・1・11], III 2・2, III 2・3, III 2・5, III[2・6・3, 6], IV 1・1, IV 1・2, IV[1・2・8], IV 1・3, IV 1・7, IV 1・8, IV 2・1, IV 4・1, IV 5・2, IV 5・3
socii navales　III 2・1
sodales　III 3・6
solutio　弁済　III 3・5
solutio indebiti　非債弁済　IV[3・6・13]
soror (sorores)　姉妹　I 2・6, I 3・1, I[3・1・4], I 7・5, III 3・7
spes colendi　IV 1・2
spolia opima　I 3・2, II 4・6
sponsio　III 1・3, IV 3・6, IV[3・7・16]

sponsor　II 3・1, II[3・1・9]
stipendium　**II 4・5**, II 4・6
stipulatio　III 1・3, III 3・5, III[3・6・10], III 4・1, IV[3・6・8], **IV[3・7・14]**, IV 3・6
suffragium　投票権　IV 1・3
supplicium　身体刑, 死刑　I 6・3, II 1・1, II 1・2, III[3・6・6], I 3・1, I 3・3
symmachia　III 2・5, III[2・5・4, 7, 12]
synallagma　IV[3・5・9]
syngraphum　III 4・3

T

tabella quaestionis　自白調書　IV 3・8
Tabula Bembina　IV[3・9・4]
Terminalia　II 4・2
testamentum　遺言　IV 3・2
tibicines　III 1・2, III 1・8
traditio　引渡　III 4・2, III 4・3, IV[3・7・24], IV 3・3, IV[3・3・6, 7, 8]
trans Tiberim　II 1・2
transactio　和解　III 4・6, IV 3・6
tresviri capitales　III[1・6・1], IV[3・8・4]
tribuni militum consulari potestate (=TMCP)　**II 4・5**, II[4・5・6], II 5・4
tribuni plebis　護民官　I 2・2, I 2・5, I 7・2, I[7・2・7, 9], II 1・1, II 1・2, II 1・3, II 1・4, II[1・4・6], IV 1・5, IV 1・6, IV 4・1
tribunicia potestas　IV 4・2, IV 4・3, IV 4・5, IV 5・6
tribus　I 5・3, I 5・5, I 7・6, I 7・7, I[7・7・7], I 7・8, II 2・7, II 2・8, III 1・2
tributum　**II 4・5**, II[4・5・3]
triumviri　IV 4・5, IV 4・7
tutela　後見　II 3・6
tutor　後見人　II 2・9
typosis　IV 5・1

U

ultro tributa　III 2・6, III 2・7
unde vi　IV 3・1
urbanitas　IV 5・3, IV 5・4
usucapio　取得時効　**II 3・7**, III[4・3・2], III[4・10・1], III 1・1, III[1・1・7], III 4・10
usus　II 3・7
usus fructus　III 3・9, IV 2・2, **IV[2・2・13]**
uti possidetis　IV 3・1
uxor　I 7・5

uxor dotata　　III 3・4, III 3・8, III〔3・8・17〕

V

vacua possessio　　IV〔3・3・12〕
vades　出頭保証人　　II 1・2, II〔1・2・2〕
vadimonium　出頭保証金　　II 1・2, II〔1・2・2〕, II 1・3
vectigalia　　III 2・6, III 2・7, IV 2・3, IV 4・3
veneficia　　IV 3・8
Veneri　　IV 3・8, IV〔3・8・5〕
verba　　III 1・8, III 1・9, III〔4・1・6〕
versura　（第三者弁済による更改）　　IV〔3・6・8〕, IV 3・7, IV〔3・7・20〕
via Appia　　III 1・2
via publica　公道　　II 3・8
vicini　隣人　　III 3・3, III 3・4, III 4・10
vilicus　　III 3・4, III〔4・4・3〕, III 4・10, III〔4・10・10〕, IV〔2・1・8〕, IV 2・3, IV 3・2, IV 5・6, IV 5・7

villa　　III 3・9, III 4・10, IV 2・1, IV〔2・3・5〕, IV 3・7, IV 5・6, IV 5・7
villa rustica　　IV〔2・1・7〕, IV〔2・3・7〕
vindex libertatis　　II 3・5, II 5・2
vindiciae　　II 3・1, II〔3・1・8〕, II 3・4, III 3・5
vindicta　　I 6・3, II 3・4, II〔3・4・9〕
viritim　　II 4・2, II 4・3, II 4・4, III 1・7, III 2・2
vis　実力　　II 3・5, IV 1・1, IV〔1・2・1〕, IV〔1・3・7〕, IV 2・1, IV 2・2
vis absoluta　　IV〔3・5・12〕
vis armata　　IV 3・1, IV 3・2, IV 3・3, IV 3・4
vis contemplativa　　IV〔3・5・12〕
vis cotidiana　　IV 3・2
vitium　瑕疵, 瑕疵担保責任　　III 4・2, III〔4・2・8〕, **III〔4・3・4〕**
voluntas　意思　　III 3・5, III 4・3, **IV〔3・5・10〕**, IV〔3・5・11〕, IV 3・8, IV 5・6
votum　　I 5・2, II 4・6

人名・地名索引

本論に関する限り、そして古代の人名・地名に関する限り、で項目を採った。箇所は頁数による。同一名がラテン語表記ギリシャ語表記にまたがるときは、便宜でどちらかを採り、場合により併記し、ローマの人名については、gens 名を優先する厳密な仕方でなく、通りのよさと区別できることを旨とした。

A

Aborigines　176, 288, 289, 385, 394, 414, 419-424, 428
Accius　1175, 1176, 1184
Achaia　886, 669-673
Achaioi　154, 177, 392, 707
Achilleus　146, 282, 285, 286, 343, 348, 353, 376, 426, 562, 1216
Adherbal　912
Adramyttion　1099
Aebutius　939, 948-953, 955, 956, 962, 964, 966, 968, 971-973, 975, 977, 988, 992-998, 1018, 1030, 1069, 1083, 1090, 1096, 1128
Aelius Tubero　190, 196, 200
Aemilius Paulus　677
Aemilius, M. Lepidus　1094, 1095, 1127
Aemilius, M. Scaurus　913
Aemulius →Amulius
Amulius (Aemulius)
Aeneas (Aineias)　103, 176, 178-183, 187, 240, 243, 244, 287, 374-376, 378, 379, 381-388, 391-396, 398-400, 402, 403, 409, 411-413, 416-420, 423, 426, 430, 432, 518, 562, 704-706, 726, 755, 1274
Aequi　429, 434, 499, 500, 507, 511, 616, 619
Aesernia　618
Africa　643, 650, 675, 682, 909, 912, 1151
Africanus　1056
Agamemnon　145, 402, 427
Agathokles　626, 645, 646, 668
Agyrium　962
Aischylos　180, 413, 1103
Aitolia (Aitoloi)　670-676
Akarnania　671
Akrisios　396
Alalia　641

Alba　103, 125, 126, 128, 144, 145, 147, 149, 150, 154, 171, 196, 199, 200, 205, 260, 261, 374, 379, 392, 399, 412, 417, 419, 505, 557
Aletrium　1069
Alexandria　1197, 1172, 1203, 1216, 1264, 1274
Alfenus　834, 991, 1014, 1026, 1063
Alifae　615
Allecto　396-398, 409
Allobroges　1129
Amata　393, 395-397, 406, 409, 427, 430
Amazon　410
Ameria　799, 800, 929, 930, 940, 1066, 1067
Ameriola　214, 266
Amulius (Aemulius)　125, 184-187, 189, 195, 196, 198
Anchises　375, 376, 379, 385, 392, 403
Ancus Marcius　159, 192, 210, 214, 216, 581, 582
Antigone　145, 369, 427
Antilochos　416
Antiochos　675, 1242, 1250
Antipater　1251
Antium (Antiates)　177, 278-280, 282, 293, 407, 495-497, 569, 571, 625
Antonius, C. Hibrida　1122, 1128
Antonius, M. (cos. 99)　1226, 1227, 1247, 1186, 1192-1194, 1196, 1197
Antonius, M. Triumvir　1260, 1268
Anxur　507
Aphrodite →Venus
Apiolae　213, 214, 277
Apollo (Apollon)　325, 401, 518, 519, 707, 717
Apronius　962-965, 1017, 1018, 1021, 1024
Apuli　573, 924
Apulia　610, 619, 653, 654, 1128
Aquilius, C. Gallus　984, 1202

Aquilonia 618
Archilochos 1203, 1214, 1217
Archimedes 1229
Archytas 625, 1230
Ardea 171, 177, 235, 238, 243, 277, 326, 388-391, 393, 396, 397, 400, 405, 407, 411, 424, 428, 430-434, 437, 438, 457, 459, 497, 503, 505, 507, 510, 513, 518, 536-538, 541, 581
Ares 183
Aretium 697
Argei 417, 422, 423
Argonautes 1210, 1216
Argos 178, 179, 385, 395, 405, 421, 673, 674
Ariadne 1210, 1211, 1216
Aricia (Aricini) 118, 119, 123, 126, 212, 222, 240, 256, 258, 259, 277, 323, 390, 391, 407, 411, 428, 497, 568
Ariminium 1152
Aristarchos 1254
Aristodemos (Aristodemus) 104, 119, 124, 279, 323, 624
Aristomachus 661, 662
Aristonikos 886, 1102
Aristophanes 720, 1176
Aristoteles 179, 348, 538, 544, 1157, 1163-1169, 1171, 1192, 1195, 1218, 1229, 1230, 1242, 1249, 1253, 1254
Arkadia 196, 377, 380, 669
Arkesilaos 1169
Arpinum 690
Arretium 612, 616, 651, 682, 1128, 1152
Artemis →Diana
Ascanius 398, 399, 409
Asculum 623, 1103
Asia 1048, 1099, 1100, 1114, 1115, 1151, 1207
Asinius Pollio 888, 879, 1085, 1088, 1092, 1153, 1252, 1260, 1266
Atella 657, 658, 688, 711, 967
Athena 377, 400
Athenai 413, 432, 608, 626, 641, 669, 672, 673, 686, 1099, 1156, 1158, 1242
Attalos (Attalus) 672, 1102
Atticus, T. Pomponius 376, 1040, 1044-1047, 1051, 1055, 1061, 1138, 1201, 1235, 1237, 1250, 1252, 1264
Attika 419, 420, 669, 719, 886, 968
Attis 1210, 1211, 1217

Augustus (Octavianus) 195, 376, 399, 417, 514, 596, 667, 937, 1014, 1056, 1076, 1091, 1093, 1116, 1117, 1132, 1150, 1156, 1203, 1252, 1260, 1268, 1271-1275, 1277, 1281
Aurelius, C. Cotta 1105, 1109, 1116, 1243
Aurunci 121, 277, 278, 562, 572
Ausones 611, 613
Aventinum 195, 201, 222, 268, 389, 407, 415, 455, 518, 620, 703
Axia 952, 957, 971, 975

B

Bacchai 397, 398, 403
Bacchus →Dionysos
Bacchylides 409, 432, 711, 717
Balbus 1147, 1250
Bantius, L. 656
Bibulus, M. Calpurnius 1139
Blossius 1173
Bocchus 916
Boiotia 669, 673
Bolae (Bolani) 287, 499-501, 505-507, 510, 511, 515, 537, 544, 546
Bomilcar 914
Bona Dea 406, 407, 417
Bovianum 617
Bovillae 287
Brindisium 1250
Brutti 619, 621, 626, 661-663
Brutus, L. Iunius 103, 135, 137-139, 146, 235, 238-249, 251-253, 255-257, 281, 370, 567, 575
Brutus, M. Iunius 1049, 1250, 1268
Brutus, M. Iunius (praetor 140?) 825

C

Cacus 181, 197, 382, 414-418
Cadmus 401
Caecilius, C. Statius 719, 801
Caecina, A. 888, 950-953, 972-975, 978, 979, 981, 983-985, 987-989, 991-994, 997, 998, 1001, 1193, 1202
Caelius, M. Rufus 1146, 1213
Caelus Vivenna 210-213, 216
Caenina 156-158, 195, 249
Caere 318, 320, 324, 328, 330, 393, 394, 423-425, 519, 520, 538, 541, 544-548, 551, 556, 560, 563, 612, 615, 682, 697

人名・地名索引   1347

Caesar   153, 206, 581, 824, 888, 896, 897, 957, 967, 968, 1046, 1048-1050, 1062, 1076, 1084, 1085, 1091-1094, 1101, 1106, 1108, 1117, 1121, 1125, 1128-1135, 1138-1143, 1147, 1149-1154, 1210, 1212, 1215, 1217, 1223, 1224, 1239, 1244-1247, 1249-1252, 1260-1262, 1265, 1266, 1268
Caesennia   944-950, 952, 953, 955, 961, 971, 972, 983, 987, 988, 992-994, 996, 998, 1030
Calatia   616, 658
Cales   572, 614, 658, 967, 1151
Calpurnius, L. Bestia   913
Calpurnius, L. Piso Frugi (cos. 133)   696
Camarina   643
Cameria   121, 214, 266, 267
Camilla   409-411
Camillus, L. Furius   97, 389, 391, 516, 518, 520, 521, 531, 534-539, 541-544, 546, 601, 1146
Campani   323, 386, 564, 566, 569, 570, 573, 603-605, 608, 613, 614, 623, 624, 640, 645, 646, 656-658, 661, 688-691, 711, 901
Campania   119, 178, 316, 317, 319, 321, 386, 417, 563, 564, 599, 609, 611, 614, 615, 624, 654, 655, 657, 662, 666, 667, 675, 683, 686, 690, 696, 705, 745, 897, 927, 938, 940, 954, 968, 1087, 1088, 1098, 1139
Campus Martius   250, 251, 258
Cannae   654, 656, 659, 695
Capania   656
Capenae   325, 517
Capenates   519
Capitolinum   101, 159, 165, 168, 216, 217, 267, 327, 531, 534, 535, 537, 539-541
Capua   316, 317, 319, 321, 323, 386, 393, 564-566, 569, 573, 604, 605, 608-612, 614, 618, 628, 645, 654, 655, 657-659, 661, 671, 688, 691, 694, 711, 938, 966, 1088, 1128, 1138, 1144-1148
Carmenta   197, 380, 384, 535
Carthago   640-644, 646-648, 677, 735, 736, 901
Carthago Nova   650
Carutius   192
Casilinum   657, 695
Cassius   1035
Cassius Hemina   100, 101, 375, 379, 388, 710
Cassius, Spurius Vecellinus   90, 91, 94, 95, 99, 114-119, 121, 122, 125, 127, 129-133, 135-141, 143, 144, 146, 152, 153, 165, 166, 169, 171, 173, 202, 220, 233, 245, 249, 254, 259, 267, 268, 270, 273-276, 280-282, 286, 287, 295, 298, 300, 301, 304, 310, 334, 336, 339, 340, 344, 355-357, 360, 361, 368, 488, 494, 495, 497, 498, 503, 510, 539, 540, 557, 915, 1035, 1117
Castor   118, 189, 200, 267, 268, 376
Catilina, L. Sergius   614, 1091, 1118-1123, 1125-1129, 1131, 1139-1141, 1143, 1146, 1148, 1204, 1210, 1214, 1224, 1267
Cato, M. Porcius   93, 95-97, 100, 102, 125, 190, 197, 219, 231, 379, 387, 388, 393, 463, 464, 628, 629, 705, 709, 726, 767, 785, 804, 824, 826, 834, 876, 877, 885, 932, 940, 955-957, 968, 1041, 1060, 1183, 1190, 1191, 1201, 1230, 1253, 1255, 1256, 1264
Cato, M. Porcius Uticensis   1129, 1132, 1139, 1140, 1152, 1241, 1242
Catullus   1203, 1204, 1206, 1209-1217, 1222, 1224, 1252, 1274, 1275
Caudini   605
Caudium (Furculae Caudinae)   604, 608, 609
Celer   202, 243
Centuripae   959, 961
Ceres   104, 134, 135, 267-270, 282, 363, 588
Chalkis   696
Chios   1100
Chrysippos   1167, 1168, 1254
Cicero, M. Tullius   90-97, 99, 102, 103, 115, 117, 127, 131, 133, 134, 153, 161, 194, 205, 206, 242, 709, 799-803, 805, 813, 824, 841, 843-850, 885, 886, 888, 896, 921, 923, 929-933, 936, 937, 939, 945, 947-951, 953, 955, 956, 958, 959, 961, 963-968, 972, 974-994, 997, 999, 1004-1010, 1012, 1015, 1017, 1020-1022, 1027, 1029, 1031-1034, 1036, 1040-1044, 1046, 1047, 1049, 1050-1053, 1055, 1057, 1059, 1061-1063, 1066-1070, 1072, 1077, 1078, 1085, 1088, 1093, 1094, 1096, 1098, 1102, 1107, 1108, 1110, 1114, 1115, 1117, 1118, 1122-1132, 1135-1137, 1139-1153, 1157, 1170, 1172-1175, 1186, 1187, 1189, 1190, 1192, 1194, 1196, 1201, 1202, 1213-1215, 1224, 1225-1227, 1229, 1231-1233, 1235, 1237-1246, 1248-1252, 1254, 1256, 1257, 1268, 1279, 1280
Cicero, Q. Tullius   1044, 1225, 1238
Cilicia   886, 902, 921, 1022, 1047, 1049, 1224
Cilnii (Cilnius)   616, 617, 619
Cimbri   917, 918

Cincius Alimentus, L.   126, 127, 190, 194, 463, 464
Cincius, L.   1264
Cinna, L. Cornelius   929, 1087-1089, 1095, 1096, 1103, 1111, 1133
Circei   286-288, 392
Cirta   912
Claudii   299, 592, 655, 660, 661
Claudius Quadrigarius   572, 607, 1202
Claudius, Ap. Caecus   96, 189, 250, 433, 555, 562, 563, 570, 586, 590-594, 596-602, 604, 608, 609, 611-615, 617-620, 622, 624, 625, 629, 634, 636, 642, 653, 678, 784, 882, 901, 930, 948, 972, 1068, 1090, 1149, 1202
Claudius, Ap. Decemvir   281, 289, 368, 369, 434-438, 440, 442-450, 452, 457, 461, 471, 506, 523, 528, 529, 532, 591, 633, 652, 731
Claudius, M.   434, 435, 438, 440, 441, 443, 444, 447, 448, 450-452, 455, 462, 477, 481, 506, 523, 528, 634, 652, 731
Clausus, Atta   299
Clodia   1146, 1147, 1207, 1213
Clodius, P. Pulcher   587, 1121, 1128, 1139, 1142-1144, 1149
Cloelia   263, 264
Cluilius, C.   147, 149, 155
Clusium   258, 323, 536, 537, 682, 697
Cluvius   1048, 1049, 1052
Coelius   660, 1213
Collatia   214, 235, 238, 239, 244
Collatinus   235, 236, 238, 239, 241, 247-250, 252, 253, 255
Columella   489, 524, 957
Cora   277, 572
Corbio   286, 287
Coriolanus, Cn. Marcius   103, 105, 125, 251, 279-282, 285-292, 295, 302, 336, 338, 345, 356, 364, 496, 498, 502, 503, 915
Corioli   123, 278, 279, 286, 287, 497, 498, 503
Cornelius, A. Cossus   514, 515
Corniculum   214, 223, 224, 226, 266
Corsica   641
Coruncanius, Ti.   99, 600, 627, 629, 630, 633
Cosa   697, 941
Crassus, L. Licinius   982, 1174, 1175, 1186-1190, 1192-1196, 1198-1200, 1226, 1227, 1247, 1256

Crassus, M. Licinius   1102, 1107, 1110-1114, 1117, 1121, 1128, 1132-1135, 1139, 1151
Crassus, P. Licinius Mucianus   896, 920, 1193, 1197, 1201
Cremera   296, 297, 300, 302, 308, 334, 356, 358, 360, 371, 411, 534, 644, 654, 676
Cremona   651
Crustumerium   214, 266, 324
Cumae (Cumani)   104, 115, 118, 119, 123, 124, 178, 179, 181, 227, 244, 256, 259, 270, 279, 282, 300, 316, 318, 319, 321-323, 386, 397, 417, 426, 431, 569, 604, 605, 608, 614, 641, 656-658, 689, 690, 966, 967, 1042, 1151
Cures   162, 171
Curiatius   143, 145
Curius, M'. Dentatus   618, 623, 626-630, 633, 635, 638, 639, 957, 967, 1111, 1146
Curius, Q.   157, 159, 1122
Curtius Mettius   557

D

Danae   179, 184, 188, 292, 396, 397, 402
Danaides   731
Dardanos   376, 377
Decius, P. Mus   126, 567, 590, 612, 615, 617, 618, 627
Delos   669, 686, 694, 886, 901, 1102
Delphoi   241, 242, 244, 518
Demaratos   225, 227
Demokritos   943, 1162, 1168, 1169, 1217-1221, 1223, 1224
Demosthenes   641, 717
Deukalion   386, 421
Diana (Artemis)   123, 126, 220, 391, 393, 407-412, 417, 423, 427, 1207, 1215
Diogenes   1251
Diomedes   180, 240
Dionysios   102, 112, 425, 625, 626
Dionysos (Bacchus)   190, 270, 397, 401, 402, 745, 1211
Dioskouroi   184, 200, 203, 268, 380
Dius Fidius   504
Dodona   421, 422, 425
Dolabella, P. Cornelius   973
Domitianus   1276
Doros   384, 386
Drusus, M. Livius (cos. 112)   899, 900, 903,

人名・地名索引　1349

911, 921-924
Drusus, M. Livius　901, 902, 919-922, 925, 929, 1093, 1131, 1187

E

Ecetra　287, 288
Egeria　173, 404, 408
Egerius (Arruns)　214, 225, 239
Egnatius　1044-1057, 1062
Elektra　369, 427
Elpenor　392
Empedokles　1222
Ennius, Q.　99, 104, 144, 152, 174, 187, 201, 379, 464, 701, 703, 705-707, 709, 711, 712, 1155, 1157, 1175, 1177, 1217, 1274
Epeiros　649
Ephesos　459, 1047, 1099
Ephoros　1157
Epikouros　1154, 1157, 1168, 1170, 1173, 1179, 1217, 1218, 1220, 1222-1224, 1228, 1241, 1243, 1247, 1250
Erichthnios　432
Erinyes (Furiae)　292, 294, 367, 396, 398, 405
Eryx　181, 648
Etruria　178, 181, 188, 189, 210, 211, 213, 217, 225, 316, 318, 322, 325, 330, 376, 379, 381, 410, 423, 432, 511, 521, 537, 558, 581, 612, 614-616, 623, 651, 667, 675, 682, 697, 887, 924, 930, 938, 941, 947, 951, 954, 1088, 1094, 1122, 1127, 1128
Etrusci (Tyrrheni)　104, 105, 118, 119, 124, 125, 127, 128, 130, 159, 192, 194, 198, 203, 209, 212, 213, 215, 216, 219-222, 224, 225, 227, 228, 231, 237, 242, 244, 256, 267, 268, 276, 288, 296, 300, 317-319, 321, 323, 325, 328, 334, 338, 393, 394, 400, 409, 418, 423-426, 504, 513, 515, 518, 537, 541, 543, 548, 553, 554, 556, 559, 563, 604, 605, 612, 615, 617-619, 641, 642, 644, 648, 654, 687, 702, 924, 925, 955, 957
Euripides　184, 741, 745, 1014, 1082
Evander　196-198, 203, 380-384, 386, 400, 402, 414, 416, 417, 419, 423, 425

F

Faberius　1050
Fabii　197, 198, 296-299, 301, 304, 305, 309, 346, 355, 392, 418, 496, 531, 537, 554, 563, 599, 709
Fabius Pictor, Q (Quintus Fabius)　91, 95, 101, 104, 105, 172, 182, 183, 185, 187, 190, 194, 195, 209, 215, 219, 225, 230, 231, 239, 251, 259, 281, 285, 287, 288, 345, 386, 387, 392, 400, 412, 417, 439, 627-629, 634, 647, 652, 654, 687, 703, 708, 709, 1155, 1157, 1201
Fabius, Q. Maximus Rullianus　575-577, 590, 596, 604, 611, 612, 615, 617-619, 623
Fabius, Q. Maximus Verrucosus (Cunctator)　588, 652, 653, 657, 709
Fabricius, C. Luscinus　621, 622, 624, 629, 633, 638-640, 645, 653, 1146
Faesulae　651, 1127, 1129
Falerii (Falisci)　315, 325, 424, 514, 517, 519, 537, 543, 547, 560
Faunus　197, 198, 383, 385, 395, 406, 407, 417
Faustulus　190, 191, 195, 200, 202, 203
Ferentinum　120-122, 126, 138, 239, 267, 561
Ficulea　214, 266
Fidenae　324, 326, 330, 405, 501, 513, 515, 520
Flaccis, L. Valerius　1142
Flamininus, T. Quinctius　673, 674, 676, 677
Flaminius, C.　648, 651-654, 687, 688
Flavius, Cn.　96, 101, 593-597, 600, 631, 633, 634, 1131, 1195, 1202, 1213
Flora　1103, 1104
Fonteius, M.　1109, 1110, 1114
Formiae　569, 618, 690, 1147, 1212, 1231
Fortuna　226, 403-405, 407, 695, 697
Fortuna Muliebris　282, 288, 289, 293-295
Fortuna Virilis　294
Forum Boarium　226, 294, 295, 327
Fossa Cluilia　286, 287, 289, 294
Fregellae　693, 694, 1185
Fulcinius, M.　944-947, 955, 956, 1059, 1183
Fulvia　1122
Fulvius, M. Flaccus　898, 919-923
Fulvius, M. Nobilior　705
Fulvius, Q. Flaccus　688-690, 692, 695
Fundi　569, 572, 690

G

Gabii　191, 192, 195, 200, 240, 242, 244, 326, 504, 507, 543, 582
Gabinius, A.　1118, 1147
Gades　1147

Gaeta   1115
Galba, Ser. Sulpicius   1197
Galli   389, 405, 517, 531, 534-538, 541, 544, 545, 557, 558, 560-563, 616-618, 648, 650, 651
Gallia   675, 687, 846-848
Gallia Cisalpina   887, 910, 917, 918, 930-933, 938, 941, 970, 1038, 1109, 1110, 1129, 1133, 1142, 1152
Ganymedes   376
Gellius, Cn.   269, 710
Genucius, Cn.   356, 357
Genucius, L.   565
Geryon   181, 413-415
Gracchanus   1264
Gracchi   118, 131, 458, 490, 491, 495, 517, 525, 555, 568, 580, 667, 684, 885, 888, 891, 893, 896, 897, 902, 903, 909, 910, 922, 941, 953, 954, 974, 1014, 1084, 1086, 1131, 1135, 1156, 1173, 1174, 1181, 1185, 1186, 1201, 1229, 1236
Gracchus, Caius Sempronius   462-465, 631, 838, 849, 859, 874, 887-903, 904, 911, 913, 917-919, 923, 927, 1007, 1011, 1022, 1035, 1038, 1040, 1055, 1081, 1116, 1117, 1187, 1200
Gracchus, Tiberius Sempronius   614, 884, 885, 887-889, 892, 893, 896-899, 901, 905, 921, 924, 1173, 1174, 1181, 1229, 1274
Gravisca   615

H

Hadrianus   1281
Hamilcar   643, 647, 648
Hannibal   647, 649-657, 659-663, 666, 667, 670-672, 688, 695, 746, 954, 968, 1097
Hanno   657, 662
Hekabe   286, 398
Hekataios   312, 386, 412, 414
Helene   396, 398, 717
Hellanikos   178, 179, 181, 182, 378, 385, 391, 392
Helorus   664
Henna   664, 665, 886
Hephaistos   224, 286
Herakleidai   384, 413, 420
Herakleitos   459
Herakles (Hercules)   177, 180, 181, 184, 189, 192-194, 197-199, 380, 382-385, 392, 402, 407, 408, 413-418, 420, 422, 425, 782, 784, 1103

Herbesus   664
Herdonius, Ap.   507
Hermagoras   1192
Hermes   375
Hermodoros   459
Hernici   117, 507, 541, 557, 558, 616
Herodotos   104, 105, 162, 375, 717, 1252, 1266
Hesiodos   177, 275, 284, 293, 308, 348, 493, 524, 622, 639, 644, 653, 785, 1204, 1205, 1274
Hiberus   647-649
Hieron   640, 642, 663-665, 667, 668, 958, 959
Hieronymos   663
Himera   641
Himilco   664
Hippolytos   348, 408
Hirpini   605
Hispala Faecenia   745, 782
Hispania   640, 641, 644, 647-650, 675, 679, 682, 697, 901, 902, 1095, 1096, 1110, 1112, 1121, 1132, 1135, 1141, 1142
Homeros   103, 113, 139, 148, 154, 208, 236, 240, 282, 285, 289, 375, 376, 379, 383, 396, 400, 410, 416-418, 701, 705, 707, 711, 720, 741, 780, 799, 883, 928, 970, 1157, 1158, 1170, 1175, 1176, 1216, 1218, 1227, 1234, 1235, 1240, 1252
Horatius   1184, 1217, 1252
Horatius Cocles   259-261, 266
Horatius Puluillus   256, 257
Horatius, M. Barbatus   103, 143-147, 152, 153, 155, 156, 171, 253, 258, 301, 303, 336, 337, 360, 362, 363, 367, 369, 403, 576
Hortensius, Q. Hortalus   635, 1077
Hostius Hostilius   157, 158, 164, 171
Hostus Hostilius   203
Hyperboreoi   385

I

Iason   185, 186, 394
Iavolenus (Iavolences)   1023, 1025, 1053, 1281
Icilius   434, 435, 437, 440, 444-446, 448, 450, 451, 480
Ilia   185-187, 401
Illyricum   649
Inachos   396
Ino   401-403
Ion   185, 186, 189, 386
Iones   420

人名・地名索引　　　　　　　1351

Ionia　669, 675
Isokrates　1158, 1159, 1171
Italia　385, 387, 388, 392, 409, 413, 421, 599, 623, 640-643, 648, 651, 667, 678, 686, 696, 885-887, 891, 901, 905, 921, 924, 938, 953, 964, 966, 970, 1048, 1085, 1088, 1095, 1096, 1102, 1110, 1112, 1115, 1121, 1122, 1136, 1141, 1142, 1144-1146, 1150, 1152, 1154, 1255, 1268
Italici　649, 656, 666, 686, 884-886, 888, 892, 894, 912, 914, 921, 923, 925, 1052, 1085, 1088, 1089, 1091, 1098, 1099, 1102, 1153, 1154
Italos　381
Iugurtha　912-914, 1119
Iulianus　989, 998, 1000, 1022, 1057
Iulius Caesar Strabo　1186
Iulius, C. Iullus　205, 344, 345
Iulus　399, 409
Iuno　293, 381, 383, 395-398, 400, 402, 403, 407, 409, 519, 535
Iuno Lacinia　695
Iuno Lucina　381, 382, 400, 401
Iuno Moneta　390, 401, 509, 541, 561, 562
Iuno Regina　389, 401, 518, 519, 703
Iuno Sospita　407, 568
Iupiter (Iuppiter)　172, 188, 215, 216, 267, 283, 293, 307, 363, 780, 781, 782, 1230, 1238
Iupiter Capitolinus　240
Iupiter Feretrius　156, 157, 514
Iupiter Fidius　191
Iupiter Maximus　256, 257
Iupiter Stator　159
Iuvenalis　407, 1184, 1276
Iuventus　216, 218

K

Kallimachos　1214
Karneades　1170, 1179, 1241, 1250
Kassandra　398, 402
Kaunos　1102
Kineas　620
Kirke　177, 179, 239, 391
Kleisthenes　413, 600, 608
Kleomenes　671
Kleonymos　626
Klytaimestra　145, 369, 427
Korinthos　225, 641, 673, 677
Korkyra　671

Krates　1254
Kreousa　185
Kroton (Croton)　268, 417, 661-663, 666, 695
Kynoskephalai　673
Kypselos　225, 227
Kyzix　1101

L

Labeo　587, 990-992, 1013, 1023, 1025, 1026, 1035, 1053, 1058, 1074, 1076, 1184, 1213, 1281
Labici　286, 287, 499, 505-507, 510, 511, 515, 537, 544, 546, 557, 558, 571
Lactantius　1248
Lacus Curtius　158, 557
Laelius, C.　896, 1172-1174, 1185, 1229-1231, 1233, 1237, 1248
Laetorius　269, 270
Lakonia　419
Lanuvium　277, 324, 521, 568, 569, 581, 1140
Lapis Niger　160, 203, 207
Larcius, T. Flavus　91, 127, 269, 273
Larentia　190-194
Larinum　1068, 1069, 1103
Lastrigones　288
Latini　104, 117-132, 138, 154, 168, 169, 171, 176, 199, 203, 212-214, 220, 221, 233, 239, 244, 256, 259, 261, 264, 266-268, 273, 276, 277, 280, 286-289, 302, 303, 318, 323, 327, 334, 385, 387, 388, 391, 392, 395, 399, 400, 401, 405, 407, 409, 411, 412, 417, 419, 420, 423-425, 428, 494, 496, 498, 499, 503, 505, 507, 510, 511, 520-522, 541-543, 546, 551-563, 566, 567, 568, 570, 603, 604, 609, 646, 687, 691, 693, 886, 899, 900, 908, 909, 921
Latinius　282, 283
Latinus　176, 183, 184, 385, 387, 388, 393-398, 411
Latium　124, 178, 275, 280, 293, 318-320, 324, 327, 375, 383, 386, 393, 395, 397, 401, 402, 423, 432, 507, 521, 547, 563, 566, 614, 643, 644, 654, 662, 667, 675, 696, 897, 930, 938, 940, 954
Lavinia　183, 384, 387, 388, 394-399, 409, 411, 427, 430, 432
Lavinium (Laurentum)　169, 170, 173, 268, 277, 286, 287, 292, 324, 327, 373-379, 381, 388, 389, 391, 392, 398-400, 407, 411, 412, 417, 419
Leleges　421

Leontini   663, 664, 668, 961
Lesbia   1207, 1208, 1210, 1213, 1215, 1216
Libya   643, 644, 1112
Licinius Calvus   1206
Licinius Macer   125, 126, 169, 170, 192, 390, 509, 520, 557, 558, 562, 596, 634, 1202, 1104, 1106, 1107, 1116, 1131
Licinius, C. Stolo   489, 522, 523, 541, 550, 553-556, 559, 561-564, 608, 890
Ligures   648, 695
Ligustinus   693
Lilybaeum   643
Livius Andronicus   102-104, 181, 701-703, 711, 712
Lokroi (Locri)   181, 198, 268, 417, 626, 642, 661, 666, 667, 695, 954
Longula   278, 286
Luca   1147, 1151, 1224
Lucani   288, 573, 617, 619-621, 623, 626
Lucania   323, 324, 610, 681
Lucanus   1252, 1275
Luceria (Lucera)   610, 659
Lucilius   463, 1176, 1179-1182, 1184-1186, 1240
Lucretia   103, 234, 236-238, 241, 242, 245, 261, 263, 281, 292, 294, 295, 433, 537
Lucretius   235, 236, 238, 239, 245, 256
Lucretius Ofella   1093, 1217-1224, 1247, 1252, 1274
Lucullus, M. Licinius   1101, 1112-1114, 1117
Lucullus, M. Terentius Varro   1003, 1004, 1008
Lucumo   210, 211, 225-227
Lutatius, Q. Catulus   647, 1186, 1197-1199, 1201, 1203, 1205
Lybia   640
Lykophron   378, 388, 391

M

Macedonia   1147
Maecenas   1184, 1274
Maelius, Spurius   90, 336, 511, 513, 528, 532, 539, 540, 1121
Magna Mater   1210, 1213
Mago   1227
Makedonia   670, 672, 673, 675
Mamertini   624, 626, 640, 642, 646, 648, 706, 707
Mamilius, C. Limetanus   266, 912, 913, 916, 1118
Manilius, M'   825
Manlii   531, 563
Manlius M. Capitolinus   90, 135, 168, 336, 529-542, 544, 547, 548, 559, 561-564, 575, 578, 579, 581, 915, 918, 1272
Manlius, L. Imperiosus   556
Manlius, T. Torquatus   556, 557, 566
Marcellus, C. Claudius   1022, 1152
Marcellus, M. Claudius   663-665, 694, 696
Marius, C.   911, 912, 914-918, 926, 927, 929, 937, 950, 951, 1085, 1086, 1088, 1095, 1096, 1111, 1133, 1186, 1187, 1199
Marrucini   924
Mars   162, 171, 172, 184-186, 189, 199, 307, 624
Marsi   924
Massilia   222, 641, 938, 1128
Massurius Sabinus   193
Mastarna   128, 211, 213, 222, 226
Mater Matuta   295, 401-405, 407, 518, 522, 562
Medeia   394
Medullia   160, 214, 266
Megalopolis   669
Megara   664, 668
Melampous   617
Meleagros   146
Memmius, C.   913, 916, 919
Menae   960
Menandros   713, 714, 716-718, 720-722, 791, 794, 813
Menenius, T. Lanatus   355, 356, 360
Mercurius   267-269, 780, 781
Messana   624, 640, 642, 645, 646, 672, 695
Messenia   669
Metabus   410
Metapontum (Metapontion)   181, 626, 663, 910
Metellus, L. Caecilius (cos. 68)   1021
Metellus, Q. Caecilius Macedonicus   1178
Metellus, Q. Caecilius Numidicus   913-916, 918
Metellus, Q. Celer   1129
Mettius Fufetius   149, 155, 156
Mezentius   387, 393, 394, 398, 400, 423
Milo, T. Annius   587, 1046, 1047, 1149

人名・地名索引   1353

Minerva   325, 703
Minos   1210
Minturnae   618
Misenum   657
Mithridates   625, 927, 929, 955, 1086, 1088, 1098-1102, 1112, 1113, 1115, 1132
Moericus   665
Mons Sacer   357
Mucius, Publius Scaevola   264, 825, 889, 891, 896, 1025, 1049, 1183, 1184, 1193, 1200
Mucius, Q. Scaevola (augur)   1172, 1174, 1184, 1186, 1192, 1226
Mucius, Quintus Scaevola (pontifex)   259, 261-263, 579, 581, 804, 806, 825, 889, 902, 920, 921, 924, 929, 946, 982, 990, 991, 1014, 1022, 1025, 1026, 1034, 1035, 1186, 1194, 1196, 1200, 1202, 1213, 1246, 1257
Mugilla   286
Murena   1140
Murgantia   664, 960
Mykenai   396
Myrmidones   286

N

Nabis   672, 674, 677
Naevius, Attus   217-219, 221, 418
Naevius, Cn.   104, 375, 379, 392, 703, 705, 706, 708, 711, 712
Naevius, Q. Matho   1065
Narbo   938
Narbonensis   930
Narce   325
Narnia   617
Neapolis (Neapolitani)   573, 574, 580, 602-605, 608, 609, 613, 641, 642, 656, 658, 665, 672, 689, 967, 1141, 1154
Nemi   123, 222, 277, 407, 408, 918
Nepete   325
Nepi   617
Nereides   402, 1210
Nero   1275
Nerva   1276
Nestor   416
Niobe   421
Nola (Nolani)   573, 605, 611, 613, 656-658, 1087
Nomentum   214, 266, 267, 568
Nonius   918
Norba   566, 572, 1089
Norbanus, C.   1088
Nuceria   605, 656, 967
Numa Pompilius   94, 98, 100, 159, 161, 170-174, 195, 203, 216, 242, 301, 304, 307, 334, 337, 404, 408, 492, 493, 601
Numidia   911-913, 917, 1099
Numitor   125, 184, 185, 187, 195, 196, 198, 200
Numitorius, Publius   435-437, 440-442, 444, 445, 448, 450, 451, 480

O

Ocresia (Ocresia)   210, 223, 224, 404
Octavius Mamilius   120, 239, 241
Odysseus   177, 178, 183, 188, 239, 240, 284, 382, 385, 391, 400, 418, 704, 755
Ofilius   1014, 1015
Opimius, L.   913
Opous   673
Oppius   1046
Orestes   145, 369, 427
Ostia   216, 582, 663, 682, 1115
Ovia   1051
Ovidius   100, 381, 401-403, 408, 1274

P

Pacula Cluvia   688
Pacuvius Calavius   655, 1175, 1176
Paestum (Poseidonia)   316, 321, 613, 614
Palatium (Palatinum)   159, 195, 196, 199, 201, 268, 329, 383, 572, 1051
Panaithios   1173, 1185, 1248, 1251
Panhormus   642, 963, 965
Papirius, L. Cursor   575, 576, 610-612, 615
Papirius, L. Paetus   1154
Parmenides   641, 1162, 1164, 1222
Parthia   1151
Patroklos   353, 416, 562
Paulus   1027, 1033
Pedum   286, 287, 567-569, 604
Pegasus   991
Pelasgoi (Pelasgi)   180, 288, 289, 419-425, 428
Pelasgos   715
Peleus   178-180, 1210, 1216
Pelias   185
Peligni   924

Penates   374-384, 391, 392, 394, 400, 403, 411, 534
Pentheus   189
Pentri   605
Pergamon   672, 1099
Perikles   652
Perpenna   1096
Perseus   179, 184, 397
Persius   1175, 1184, 1185
Perusia   612, 682, 697
Petronius   1276
Phaiekes   701
Phaneas   676
Pharsalus   1149
Phileas   662
Philippos   671-674, 676
Philotimus   1046, 1047, 1062
Philus, L. Furius (cos. 136)   1229, 1237
Phintias   826
Phokaia   641
Phrygia   1207
Picentini   924
Picenum   648, 926, 1103
Pindaros   184, 1210, 1216
Piraeus   1099
Piso, Cn. Calpurnius   1121, 1147
Piso, L. Calpurnius Frugi   95, 165, 190, 215, 1201, 1242
Placentia   651
Platon   90, 1157-1164, 1166-1171, 1174, 1227, 1228, 1230-1233, 1235, 1241, 1246-1249, 1254, 1266
Plautus, T. Maccius   189, 191, 591, 712-714, 719-722, 726, 727, 731-734, 739, 741, 745, 747, 748, 754, 755, 759, 761, 763, 764, 766, 767, 770-772, 782-784, 789-791, 794, 796, 799-803, 805, 808, 811-814, 822, 824, 829, 831, 833, 835, 836, 840, 847, 850, 852-854, 860-863, 865, 868, 870, 892, 894, 933, 935, 955, 1070, 1103, 1104, 1110, 1114, 1120, 1122, 1127, 1183, 1207, 1209, 1210, 1258
Pleminius   694, 695
Plinius maior   957, 1276
Plinius minor   1276, 1281
Plotius, L. Gallus   1199
Polusca   278, 286
Polybios   91, 93, 280, 383-385, 439, 625, 641, 642, 644, 645, 647-650, 652, 670, 671, 677, 678, 686, 841, 1230, 1247, 1248
Polyneikes   369
Pometia   121
Pompei   613, 694, 937, 938, 957, 967, 1039
Pompeius, Cn. Magnus   1047, 1048, 1050, 1052, 1091, 1094, 1095, 1097, 1098, 1101-1104, 1107-1114, 1116-1119, 1121, 1128, 1131-1133, 1137, 1139, 1143, 1144, 1147, 1149, 1151, 1152, 1186, 1201, 1224, 1227, 1249, 1250, 1260, 1262
Pompeius, Cn. Strabo   926, 1103
Pompeius, Sex.   1268
Pomponius   461, 466, 590, 1200, 1281
Pontius, C.   606-608
Pontius, Herennius   606
Pontos   1098, 1100
Populonia   682
Porcius Licinus   1198
Porcius, M. Laeca   1121, 1122
Porsenna   119, 123, 124, 212, 256-259, 262-264, 330
Poseidon   421
Postumius Cominius   121, 127, 129
Postumius, A. Albus Regillensis   267, 268, 270
Postumius, Sp. Albinus   913
Potitii   601
Praeneste   181, 203, 267, 293, 319, 324, 327, 329, 407, 499, 569, 695, 697, 938, 966, 1087-1089, 1122
Priamos   282
Privernum   410, 566, 572, 573
Procne   742
Proculiani   824
Prometheus   1103
Protagoras   1159
Publilius, Q. Philo   552, 568, 608, 613
Puteoli   682, 683, 966, 967, 1039, 1042, 1048, 1095, 1115
Pyrgensis (M. Postumius)   680
Pyrrhos (Phyrrho)   392, 620-623, 625, 627, 642, 1169, 1170, 1230
Pythagoras   94, 173, 217, 601

Q

Quinctii   358, 381, 503, 513
Quinctius, K. (C.)   97, 281, 346-352, 354, 355, 358, 359, 362, 364, 368, 369

人名・地名索引　　　　1355

Quinctius, L. Cincinnatus　　346, 358, 359, 370, 627, 1105, 1174, 1225
Quintilianus　　1184, 1266
Quintilii　　197, 298, 307, 346
Quirinus　　162, 172

R

Ravenna　　1152
Rea Silvia　　184, 185
Regillus (lacus)　　118, 120, 121, 125-127, 129, 130, 138, 200, 267, 268, 271, 277, 286
Regulus, M. Atilius　　643
Remus　　180, 183, 188, 195, 197, 199-204, 220, 243, 261, 268, 298, 372, 373, 381, 385
Rhea　　186
Rhegium (Rhegion)　　623, 624, 626, 633, 640, 645, 648, 672
Rhodos　　641, 672, 1102, 1133
Romani　　419
Romulus　　103, 105, 125, 126, 139, 156, 157, 159-162, 164, 166, 167, 169, 171-173, 180, 183, 184, 188, 189, 192-195, 197-205, 207, 210-213, 218-221, 224, 243, 261, 263, 268, 290, 298, 301, 304, 309, 313, 319, 320, 334, 337, 338, 372, 373, 378, 380-383, 385, 386, 391-393, 401, 405, 406, 412, 418, 490-493, 504, 506, 515, 543, 624, 1230
Roscius　　746, 842, 843, 936, 937, 1029-1032, 1034-1036
Rusellae　　682
Rutilius, P. Rufus　　921, 923, 1175, 1201
Rutilius, P.　　692
Rutuli　　243, 387, 388, 394-396, 405, 409, 411, 419, 423, 424, 498, 509

S

Sabinae　　374, 401, 405, 419
Sabini　　121, 139, 156, 157, 159-162, 164, 166-168, 170, 171, 173, 176, 195, 201-203, 210, 215, 238-240, 244, 261, 280, 289, 290, 299, 318, 337, 418, 419, 425, 627, 628, 631
Sabiniani　　824
Sabinus　　1035
Saguntum　　647-650
Salaminii　　1049
Salamis　　914
Sallustius　　911, 913-917, 1085, 1092, 1094, 1106, 1107, 1116, 1119, 1120, 1122-1124, 1126- 1130, 1132, 1153, 1200, 1202, 1203, 1252, 1260-1263, 1266, 1267
Samnites　　275, 288, 289, 560, 563, 564, 566, 570, 573, 575, 580, 581, 603-608, 610, 611, 613, 616, 617, 618, 619-621, 626, 627, 650, 693, 937, 968
Samnium　　618, 619, 653, 660, 687, 697
Samothrake　　376, 377
Sappho　　1203
Sardinia　　643, 647, 648, 650, 679, 901, 1095
Satricum　　280, 286, 326, 328, 330, 407, 521, 522, 562, 694
Saturninus, L. Appuleius　　917-919, 926, 927, 945, 1086, 1094, 1104, 1106, 1116, 1118, 1121, 1149
Saturnus　　267-269, 327, 425
Scaptius　　493, 497, 498, 500, 502, 503, 513, 515, 522
Scipio, P. Cornelius Africanus　　651, 666, 682, 694, 695, 705, 708, 1088, 1225, 1234
Scipio, P. Corneilius Africanus Aemilianus　　895-897, 1157, 1172-1175, 1178, 1181, 1184-1186, 1222, 1226, 1229-1231, 1233, 1234
Semele　　401
Sempronia　　1122, 1129
Sempronius, Ti. Longus　　651, 652
Seneca　　1252, 1275
Sentinum　　618
Seppius Loesius　　658
Sertorius　　938, 1088, 1095-1098, 1100-1102, 1110, 1112-1116, 1133, 1147
Servilius Ahala　　97
Servilius, C. Glaucia　　1078, 1079
Servilius, Cn. Geminus　　707, 708
Servilius, Sp. Strustus　　356
Servius Tullius　　99, 103, 128, 209, 210, 213, 218, 220-222, 224, 226-232, 242, 243, 245, 273-275, 289, 293-295, 304, 334, 338, 403, 404, 407, 408, 493, 508, 512, 518, 520, 529, 548, 608
Servius Sulpicius Rufus　　463, 464, 834, 991, 998, 1014, 1015, 1025, 1026, 1034, 1035, 1038, 1053, 1058, 1063, 1064, 1087, 1184, 1200, 1213, 1256-1259, 1265, 1280
Sestius, P.　　941, 1144
Setia　　566, 572
Sextus Empiricus　　1169
Siccius, L. Dentatus　　341-343, 357, 457, 565

Sicilia   118, 181, 279, 388, 623, 640, 642-644, 646, 648, 663, 665, 675, 679, 694, 823, 885-887, 891, 902, 921, 958, 962-965, 967, 970, 1015, 1068, 1075, 1095, 1110, 1134
Sicinius, L.   1105
Siculi   420
Sidicini   563, 564, 566, 572, 603, 605, 623
Silva Ciminia   612
Silvia   393, 409
Sinuessa   618
Sisenna   915, 1091, 1092, 1189, 1190, 1213
Sittius   1049, 1052
Sokrates   1158, 1159, 1161, 1168-1171, 1174, 1179, 1186, 1229, 1233, 1241
Solon   456, 458, 459, 527
Sophus, Sempronius   630, 633
Sora   611, 613, 616, 619
Sosis   665
Sparta   413, 626, 668-672, 1174
Spartachus   1112
Stesichoros   376
Suessa Aurunca   572
Suessa Pometia   215, 240, 277
Sulla, L. Cornelius   135, 154, 166, 167, 195, 251, 746, 800, 893, 897, 915-917, 924, 926, 927, 929, 930, 937, 938, 941, 950, 951, 955, 966, 1028, 1065, 1067, 1073-1076, 1079-1081, 1084, 1086-1097, 1099-1105, 1107-1114, 1116-1120, 1124, 1125, 1127, 1128, 1132, 1133, 1135, 1138, 1140, 1147, 1153, 1186, 1187, 1199, 1201, 1202, 1212, 1213, 1227, 1273
Sulla, P. Cornelius   1140, 1141
Sulpicius, P. Rufus   927, 1085, 1086
Sutrium   617
Sybaris   641, 941
Syrakousai (Syracusae)   425, 426, 563, 625, 626, 640-642, 645, 646, 648, 663-668, 671, 672, 675, 692, 694, 958, 959, 963, 1109
Syria   886, 1147

T

Tacitus   212, 213, 1252, 1261, 1262, 1268, 1276, 1281
Talassius   164
Tanaquil   223-227, 294
Tantalos   249
Tarentum   104, 573, 574, 619-625, 635, 642, 662, 663, 705, 783, 1230
Tarpeia   135, 139, 164-166, 168, 171, 173, 216, 217, 337, 534
Tarquinia   213, 222, 225, 318-320, 324, 325, 328, 521, 558-560, 563, 566, 615, 682, 697, 944, 945, 952, 955, 957, 964
Tarquinius Priscus   209, 210, 212, 215, 217-219, 221, 223, 224, 227, 229, 239, 241, 267, 294, 580
Tarquinius Superbus   104, 120, 124, 209, 215, 217, 221, 239, 241, 244, 245, 251, 269, 277, 294, 504
Tarquinius, Sex.   191, 238, 240, 543
Tarrutius   192
Tatius   139, 156, 160-162, 164-170, 173, 211, 212, 218, 238, 243, 261, 290, 298, 301, 304, 373, 374, 418, 557
Teanum   658, 967
Telemachos   180
Tellenae   581, 582
Tellus   135
Temnos   1042, 1045
Terentius, P. Afer   589, 591, 719, 720, 767, 784-786, 790-792, 796, 797, 801, 866, 868, 885, 929, 945, 956, 976, 1059, 1115, 1133, 1146, 1183
Terminus   216-218
Terracina   938
Teutoni   917
Thebai   396
Theophrastos   1223, 1248
Theseus   184, 432, 1210, 1211, 1216
Thessalia   421, 671, 673
Thetis   178, 1210
Thoukydides   1227, 1261, 1262, 1266
Thurii   293, 619, 621, 623, 625, 648, 662, 663, 941, 952, 964, 1112
Tiberis   348, 349, 513, 569, 688, 930, 1052
Tibur   277, 327, 329, 557, 558, 560, 569, 597-599, 652, 653, 697, 938, 1087
Ticinus   651
Tifata   657
Timaios   105, 230, 232, 375, 377, 378, 380, 385, 388, 392, 393
Timoleon   668, 968
Tolerium   287
Torquatus, L.   1241
Traianus   1276

人名・地名索引

Trasumennus 651, 653-655
Trebatius 1045, 1222
Trebia 652
Trebium 286
Triocala 964
Troades 179, 180, 182-184, 199, 382, 383, 385, 400, 706
Troes 154, 287, 386, 394, 412, 419, 562
Troia 374-377, 392, 396, 398, 400, 411, 412, 706
Tubero, Q. Aelius 520, 634, 1172, 1173, 1229
Tubulus, L. Hostilius 1065, 1080
Tuditanus 1264
Tullia 294, 404, 405
Tullius, Attus 282, 287
Tullus Hostilius 103, 126, 143, 157, 159, 160, 269, 379, 493, 505
Turnus Herdonius 240, 387, 388, 393-398, 409, 430
Tusculum (Tusculani) 126, 130, 268, 277, 288, 327, 329, 391, 418, 499-501, 503, 505, 506, 513, 542, 543, 545-548, 551, 552, 557, 558, 565, 567, 569, 604, 633, 1226

U

Ulpianus 587, 816, 844, 859, 991, 992, 1000, 1013, 1026, 1055
Umbri 128, 421, 924, 925
Umbria 615, 617, 682, 799, 887, 924, 929, 930
Utica 912

V

Valeria 289-291, 293-295
Valerius Aedituus 1198
Valerius Antias 192, 520, 660, 1065, 1202, 1212, 1213
Valerius, L. Potitus 363
Valerius, M. Corvus 561, 567
Valerius, M. Laevinus 121, 124, 125, 665, 671, 1203
Valerius, P. Publicola (Poplicola) 103, 140, 235, 238, 239, 242, 245, 247-250, 252, 253, 255-259, 261, 263, 264, 266, 282, 290, 541
Varro, M. Terentius 156, 159, 162, 164, 172, 212, 269, 339, 376, 378, 422, 425, 433, 459, 581, 1177, 1190, 1201, 1203, 1239, 1250-1257, 1263-1265, 1276

Veientanus (T. Pomponius) 681
Veii 288, 296, 299, 315, 319, 321, 322, 324-328, 330, 389, 393, 407, 418, 501, 512-520, 523, 534-537, 547
Velia 614, 641, 642
Velitrae 278, 288, 569
Velleius 1250
Venus (Aphrodite) 375-377, 383, 388, 389, 391, 398, 407, 1204, 1208, 1217
Venusii 924
Vergilius 378, 393, 395-398, 400, 402, 409-412, 415, 416, 419, 423, 424, 426, 430-435, 1217, 1252, 1274, 1275
Verginia 103, 436-439, 440-448, 452, 455, 457, 459-462, 474-477, 480, 481, 485, 501, 505, 506, 532, 586, 633, 634, 733, 745, 771, 798, 808, 817, 881
Verginius 266, 436, 442, 443, 446-448, 477, 634
Verginius, Op. 121
Verres, C. 939, 955, 958-962, 964, 965, 968, 1015, 1017-1019, 1022, 1023, 1068, 1095, 1108, 1109, 1134
Vespasianus 1276
Vestia Oppia 688
Vestini 924
Vetelia 286
Vettienus 1050
Veturia 289, 291, 292
Vibius Pacianus 1111
Vica Poca 253
Vicus Tuscus 256, 258
Vindicius 137, 249, 250, 252, 577, 746
Vitruvius Vaccus 572, 573
Volaterrae 617, 697, 951, 1151
Volcanal 160, 207
Volero Publilius 359-362, 365, 368-370
Volsci 129, 130, 215, 271, 273, 274, 277-280, 282, 283, 285-291, 293-295, 393, 407, 409-411, 424, 429-432, 437, 438, 495, 496, 498, 501, 503, 507, 511, 516, 518, 521, 522, 541, 542, 546, 557, 562, 566, 568, 569, 572, 605, 608
Volscius, M. Fictor 347, 349, 350, 359
Volsinii 321, 323, 615
Volumnia 289-291
Vulcanus 206, 224, 404, 415
Vulci 213, 222, 226, 318, 320, 697

XYZ

Xenokrates 1179
Zama 914
Zeno (Stoa) 1167, 1168
Zenon 1164
Zeus 421, 1103

著者略歴
1951年　東京に生れる
1974年　東京大学法学部卒業
現　在　東京大学名誉教授

著　書
『政治の成立』（1997年，東京大学出版会）
『デモクラシーの古典的基礎』（2003年，東京大学出版会）
『笑うケースメソッド　現代日本民法の基礎を問う』（2015年，勁草書房）
『笑うケースメソッドⅡ　現代日本公法の基礎を問う』（2017年，勁草書房）
『誰のために法は生まれた』（2018年，朝日出版社）
『笑うケースメソッドⅢ　現代日本刑事法の基礎を問う』（2019年，勁草書房）

法存立の歴史的基盤

2009年3月31日　初　版
2023年10月25日　第4刷

［検印廃止］

著　者　木庭　顕（こば　あきら）

発行所　一般財団法人　東京大学出版会

代表者　吉見俊哉

153-0041　東京都目黒区駒場 4-5-29
電話 03-6407-1069　Fax 03-6407-1991
振替 00160-6-59964
https://www.utp.or.jp/

印刷所　株式会社三陽社
製本所　牧製本印刷株式会社

Ⓒ 2009 Akira Koba
ISBN 978-4-13-036136-1　Printed in Japan

JCOPY〈出版者著作権管理機構　委託出版物〉
本書の無断複写は著作権法上での例外を除き禁じられています．複写される場合は，そのつど事前に，出版者著作権管理機構（電話 03-5244-5088，FAX 03-5244-5089, e-mail: info@jcopy.or.jp）の許諾を得てください．

木庭　顕著	政治の成立	A5	10000 円
木庭　顕著	デモクラシーの古典的基礎	A5	22000 円
来栖三郎著	法とフィクション	A5	6000 円
G・トイブナー編 村上・小川訳	結果志向の法思考 利益衡量と法律家的論証	A5	4800 円
K・W・ネル著 村上淳一訳	ヨーロッパ法史入門 権利保護の歴史	46	2600 円
村上淳一著	新装版〈法〉の歴史	46	2800 円
村上淳一著	新装版 ゲルマン法史における自由と誠実	46	3400 円
村上淳一著	新装版 ドイツ市民法史	46	3600 円
井上達夫著	法という企て	A5	4200 円
笹倉秀夫著	法哲学講義	A5	4200 円
笹倉秀夫著	法思想史講義 上 古典古代から宗教改革期まで	A5	3600 円
笹倉秀夫著	法思想史講義 下 絶対王政期から現代まで	A5	3800 円
瀧川裕英著	国家の哲学 政治的責務から地球共和国へ	A5	4500 円

ここに表示された価格は本体価格です．ご購入の際には消費税が加算されますのでご了承下さい．